מחזור קורן לפסח • נוסח אשכנז

The Koren Pesaḥ Maḥzor • Nusaḥ Ashkenaz

ירושלים

קורן ירושלים

THE APPLBAUM EDITION

מחזור קורן לפסח
THE KOREN PESAḤ MAḤZOR

את חג המצות תשמר

WITH INTRODUCTION, TRANSLATION
AND COMMENTARY BY

Chief Rabbi Lord Jonathan Sacks שליט״א

•

KOREN PUBLISHERS JERUSALEM

The Koren Pesaḥ Maḥzor
The Applbaum Edition
Nusaḥ Ashkenaz, Third North American Hebrew/English Edition, 2014

Koren Publishers Jerusalem Ltd.
POB 4044, Jerusalem 91040, ISRAEL
POB 8531, New Milford, CT 06776, USA

www.korenpub.com

Koren Tanakh Font © 1962, 2020 Koren Publishers Jerusalem Ltd.
Koren Siddur Font and text design © 1981, 2020 Koren Publishers Jerusalem Ltd.
English translation and commentary © 2006, 2013 Jonathan Sacks.

The creation of this Maḥzor was made possible through the generous support
of Torah Education in Israel.

Standard Size, Hardcover, ISBN 978-965-301-318-6
Compact Size, Hardcover, ISBN 978-965-301-664-4

PA23

Printed in PRC

עֲשֵׂה לְךָ רַב

We dedicate this Maḥzor
to the memory of our first rabbi

Rabbi Sidney Applbaum
הרב יהושע בן הרב מנחם צבי, ע"ה

who, by his example, inspired us to devote
ourselves to serving the Jewish community;

to our rabbi in Oakland

Rabbi Judah Dardik, נ"י

who has not only taught us Torah, but has instilled in
us a love of learning, a sense of community and who
continues to be a role model for our entire family;

and to

HaRav Shmuel Rabinovitch, נ"י

the Chief Rabbi of the Western Wall and the Holy Sites,
who is an integral part of our spiritual life in Israel.

Hilda & Yitz Applbaum

CONTENTS

PREFACE

In every generation, one must view himself as if he had left Egypt…

The Koren Pesaḥ Maḥzor is a project of such scope, that it would have
been virtually impossible without the partnership of the Applbaum fam-
ily. One of the central tenets of this festival is וְהִגַּדְתָּ לְבִנְךָ, "And you shall
explain to your child," the passing on of wisdom and experience through
the generations, ensuring we never forget our journey from slavery to
freedom. The Applbaum family's dedication to this chain of tradition and
heritage, and zeal in continuing the example set by their parents, come
together in their support for the creation of this Maḥzor. On behalf of the
scholars, editors and designers of this volume, we thank you; on behalf of
the users and readers of this Maḥzor, we are forever in your debt.

We could not have embarked on this project without the moral lead-
ership and intellectual spark of Chief Rabbi Lord Jonathan Sacks. Rabbi
Sacks provides an invaluable guide to the liturgy through his remarkable
introduction, translation, and commentary. His work not only clarifies
the text and explains the teachings of our sages, but uniquely and seam-
lessly weaves profound concepts of Judaism into the reality of contempo-
rary life. It was our distinct privilege to work with Rabbi Sacks to create a
Maḥzor that we believe appropriately reflects the complexity and depth
of Jewish prayer.

We only hope that Rabbi Sacks' contribution is matched by the
scholarship, design and typography that have been hallmarks of Koren
Publishers Jerusalem for more than fifty years. Raphaël Freeman led
Koren's small but highly professional team of scholars, editors and artists.
Rabbi David Fuchs supervised the textual aspects of the work. Rachel
Meghnagi edited the English texts. Efrat Gross edited the Hebrew texts,
and these were ably proofread by Yisrael Elizur and Simon David Kurtz.
Jessica Sacks supplied the superb translation to *Shir HaShirim*. Aviva
Arad translated *Mishnayot Pesaḥim* and Rabbi David Fuchs elucidated the
Mishnayot commentary. Rabbi Eli Clark contributed the informative and
useful Halakha Guide. We thank Chaya Mendelson for typesetting the
text, and we are grateful to Adina Luber for her translation of the *piyutim*

◄ and *Keriat HaTorah*

and *Keriat HaTorah*. Special thanks go to Dena Landowne Bailey, Esther Be'er, and Rabbi Ḥanan Benayahu for their invaluable assistance.

This new edition of the Koren Maḥzor continues the Koren tradition of making the language of prayer more accessible, thus enhancing the prayer experience. One of the unique features of the Maḥzor is the use of typesetting to break up a prayer phrase-by-phrase – rather than using a block paragraph format – so that the reader will naturally pause at the correct places. No commas appear in the Hebrew text at the end of lines, but in the English translation, where linguistic clarity requires, we have retained the use of commas at the end of lines. Unlike other Hebrew/ English maḥzorim, the Hebrew text is on the left-hand page and the English on the right. This arrangement preserves the distinctive "fanning out" effect of the Koren text and the beauty of the Koren layout.

We hope and pray that this Maḥzor, like all our publications, extends the vision of Koren's founder, Eliyahu Koren, to a new generation to further *Avodat HaShem* for Jews everywhere.

Matthew Miller, Publisher
Jerusalem, 5773 (2013)

INTRODUCTION

FINDING FREEDOM:
*Essays on the themes
and concepts of Pesaḥ*

by
CHIEF RABBI LORD
JONATHAN SACKS

INTRODUCTION

1. Pesaḥ and the Jewish Task

Pesaḥ is the oldest and most transformative story of hope ever told. It tells of how an otherwise undistinguished group of slaves found their way to freedom from the greatest and longest-lived empire of their time, indeed of any time. It tells the revolutionary story of how the supreme Power intervened in history to liberate the supremely powerless. It is a story of the defeat of probability by the force of possibility. It defines what it is to be a Jew: a living symbol of hope.

Pesaḥ tells us that the strength of a nation does not lie in horses and chariots, armies and arms, or in colossal statues and monumental buildings, overt demonstrations of power and wealth. It depends on simpler things: humility in the presence of the God of creation, trust in the God of redemption and history, and a sense of the non-negotiable sanctity of human life, created by God in His image: even the life of a slave or a child too young to ask questions. Pesaḥ is the eternal critique of power used by humans to coerce and diminish their fellow humans.

It is the story more than a hundred generations of our ancestors handed on to their children, and they to theirs. As we do likewise, millennia later, we know what it is to be the people of history, guardians of a narrative not engraved in hieroglyphics on the walls of a monumental building but carried in the minds of living, breathing human beings who, for longer than any other have kept faith with the future and the past, bearing witness to the power of the human spirit when it opens itself to a greater power, beckoning us to a world of freedom, responsibility and human dignity.

Pesaḥ is more than simply one festival among others in the Jewish calendar, more even than the anniversary of Israel's birth as a free people setting out on its journey to the Promised Land. In this section, I want to show how it emerged, in four ways, as the central event around which most of Judaism turns.

First, close examination shows us that the Torah narrative of Genesis from Abraham to Jacob is a series of anticipations of the exodus, focusing our attention on, and heightening our anticipation of, what would eventually take place in the days of Moses.

◄ Second

Second, remembering "that you were once slaves in Egypt" is the single most frequently invoked "reason for the commands." The exodus was not *just* an event in history – though it *was* an event in history.* It forms an essential part of the logic of Jewish law.

Third, key elements of Jewish law and faith are best understood as a protest against and alternative to the Egypt of the pharaohs even where the Torah does not state this explicitly. Knowledge of that ancient world gives us fresh insights into why Judaism is as it is.

Fourth, sustained meditation on the contrast between Egypt and the society the Israelites were called on to create reveals a fundamental choice that civilizations must make, then, now and perhaps for all time. There is nothing antiquarian about the issues Pesaḥ raises: slavery, freedom, politics, power, state, society, human dignity and responsibility. These are as salient today as they were in the days of Moses. Pesaḥ can never be obsolete.

At the heart of the festival is a concrete historical experience. The Israelites, as described in the Torah, were a fractious group of slaves of shared ancestry, one of a number of such groups attracted to Egypt from the north, drawn by its wealth and power, only to find themselves eventually its victims. The Egypt of the Pharaohs was the longest-lived empire the world has known, already some eighteen centuries old by the time of the exodus. For more than a thousand years before Moses, its landscape had been dominated by the great pyramid of Giza, the tallest man-made structure in the world until the construction of the Eiffel Tower in 1889. The discovery in 1922 by the English archaeologist Howard Carter of the tomb of a relatively minor pharaoh, Tutankhamun, revealed the astonishing wealth and sophistication of the royal court at that time. If historians are correct in identifying Rameses II as the pharaoh of the exodus, then Egypt had reached the very summit of its power, bestriding the narrow world like a colossus.

At one level it is a story of wonders and miracles. But the enduring message of Pesaḥ is deeper than this, for it opens out into a dramatically

---

* On the historicity of the exodus, see among others, James K. Hoffmeier, *Israel in Egypt: The Evidence for the Authenticity of the Exodus Tradition* (Oxford: Oxford University Press, 1996); Colin J. Humphreys, *The Miracles of Exodus* (London: Continuum, 2003).

◀ new vision

new vision of what a society might be like if the only Sovereign is God, and every citizen is in His image. It is about the power of the powerless and the powerlessness of power. Politics has never been more radical, more ethical or more humane.

Heinrich Heine said, "Since the exodus, freedom has spoken with a Hebrew accent." But it is, as Emmanuel Levinas called it, a "difficult freedom," based as it is on a demanding code of individual and collective responsibility. Pesaḥ makes us taste the choice: on the one hand the bread of affliction and bitter herbs of slavery; on the other, four cups of wine, each marking a stage in the long walk to liberty. As long as humans seek to exercise power over one another, the story will continue and the choice will still be ours.

2. Prefigurations of the Exodus

Almost at the beginning of the Jewish story, something surpassingly strange happens. The initial sequence is clear. God calls Abraham to leave his land, his birthplace and his father's house and travel "to the land I will show you" (Gen. 12:1). Abraham does so immediately, without delay or demur, and arrives in the land of Canaan.

It is then that something unexpected happens. No sooner has he arrived than he is forced to leave: "There was a famine in the land" (ibid. 10). Abraham must travel to Egypt where there is food. Sarah is a beautiful woman; Abraham fears he will be killed so that Sarah can be taken into the royal harem. He asks her to pretend to be his sister, which she does, and Pharaoh takes her into the palace. Plagues then strike him and his household. He intuits – the text is not clear how – that this has something to do with Abraham and Sarah. He summons Abraham who tells him the truth, whereupon Pharaoh sends both of them away. Meanwhile, in Egypt, Abraham has grown wealthy. The story then resumes where we left it, with Abraham and his household in the land of Canaan.

What is this story doing here? It is not there simply because it happened. The Torah never records events merely because they happened. It omits vast tracts of the patriarchs' lives. Later, it omits thirty-eight of the forty years of the Israelites in the wilderness. If an event is told in the Torah, it is there to teach us something. "Torah" means teaching. What, then, is the lesson we are meant to learn?

◀ A midrash

A midrash (*Bereshit Raba* 40:6) gives us the answer. Abraham's forced descent into Egypt is an intimation of, and rehearsal for, what would eventually happen to his descendants. The parallels are many and precise. Here are some:

ABRAHAM	THE ISRAELITES
There was a famine in the land (Gen. 12:10)	For two years now there has been famine in the land (Gen. 45:6)
and Abram went down to Egypt (ibid.)	Our forefathers went down into Egypt (Num. 20:15)
to live there for a while (ibid.)	We have come to live here awhile (Gen. 47:4)
because the famine was severe (ibid.)	because the famine is severe (ibid.)
"They will kill me but will let you live" (Gen. 12:12)	"Every boy that is born you must throw into the Nile, but let every girl live" (Ex. 1:22)
The LORD plagued Pharaoh and his house with great plagues (Gen. 12:17)	The ten plagues
Pharaoh gave orders about Abram to his men, and they sent him on his way (Gen. 12:20)	The Egyptians urged the people, that they might send them out of the land in haste (Ex. 12:33)
Abram had become very wealthy in livestock and in silver and gold (Gen. 13:2)	He brought out Israel, laden with silver and gold (Ps. 105:37)

The similarities are so exact and multiple as to be unmistakable. Even the verb *sh-l-ḥ*, "to send," in the penultimate parallel means, among other things, to liberate a slave. Abraham was not a slave but he was, in a certain sense, a captive. The midrash explains: "The Holy One said to our father Abraham: Go forth and tread a path for your children. For you find that everything written in connection with Abraham is written in connection with his children." The exile and exodus were not accidental. They were rehearsed at the very beginning of the Jewish journey.

In case we should miss the point, the story is repeated twice more with minor variations, first with Abraham and Sarah in Gerar in the land

◀ of the Philistines

of the Philistines (Gen. 20), then with Isaac and Rebecca in the same place with the same key figure, King Avimelekh (Gen. 26). There is the same emphasis on danger, the same circumstance of the key figures, Abraham and Sarah, Isaac and Rebecca, being forced into a lie to save a life, the same discovery of the facts just in time, the same anxious release. Something is taking shape.

So it was in the life of the first two generations of the family of the covenant. What about the third, Jacob? Jacob too is forced, by famine, to send members of his family to Egypt for food. Eventually he and the rest of the family join them. But this was not a rehearsal for exile. It was the exile itself. Did something similar happen earlier in Jacob's life? It did, and the Haggada in a famous passage points this out: "Go and learn what Laban the Aramean sought to do to our father Jacob."

On the face of it, there is no connection between the events of Pesaḥ and the earlier life of Jacob. The Israelites were forced into Egypt because of famine; Jacob fled his home because his brother Esau was threatening to kill him. Yet it is Jacob's life with Laban that presents many other parallels to the events that would later take place in Egypt. Just as Pharaoh was generous in offering hospitality to Joseph's family, so Laban welcomed Jacob: "You are my own flesh and blood" (Gen. 29:14). Just as the Israelites multiplied in Egypt, so Jacob had many children. He "grew exceedingly prosperous and came to own large flocks, and maidservants and menservants, and camels and donkeys" (Gen. 30:43). Just as the political climate in Egypt changed – a new king arose who "knew not Joseph" (Ex. 1:8) – so the climate in Laban's family changed: "Jacob noticed that Laban's attitude toward him was not what it had been" (Gen. 31:2).

Moses asks Pharaoh: "Let my people go" (Ex. 5:1). Jacob asks Laban: "Send me on my way so I can go back to my own homeland" (Gen. 30:25). Pharaoh refuses. Laban is reluctant. Jacob then works for Laban for a further six years – the length of service after which, in Jewish law, a slave goes free (Ex. 21:2). The Israelites and Jacob eventually leave, against the will of their hosts. Pharaoh and Laban both follow in pursuit. In both cases divine intervention protects pursued from pursuer: an impenetrable cloud comes between the Israelites and the Egyptians. God Himself appears to Laban telling him not to harm Jacob (31:24). Again the parallels

◀ are clear

are clear. The Haggada is drawing our attention to a connection we might otherwise have missed.*

Over and above all these events is one scene in which the entire drama of exile and exodus is foretold, long in advance, to Abraham:

> As the sun was setting, Abram fell into a deep sleep, and a thick and dreadful darkness came over him. He [God] said to Abram, "Know that your descendants will be strangers in a land not their own, and they will be enslaved and oppressed for four hundred years; but know that I shall judge the nation that enslaves them, and then they will leave with great wealth. You, however, will go to your ancestors in peace and be buried at a good old age. In the fourth generation your descendants will come back here, for the sin of the Amorites has not yet reached its full measure." (Gen. 15:12–16)

This scene, "the Covenant between the Pieces," makes it clear that the entire sequence of events leading up to exile and exodus did not simply happen. They were pre scripted. They were meant to be. That is what the Haggada means when it says that God "calculated the end," and that Jacob "went down to Egypt – compelled by what had been spoken." Despite the apparently free actions of human agents, there was a Providence at work behind the scenes. This is as close as Judaism gets to Greek tragedy.

The story of Pesaḥ is thus understood by the Torah not as just a historical event, not even an event that involved signs and wonders and miraculous deliverances. It always was meant to be part of the journey, prefigured five times in advance by four exiles and a night-time vision before there even was a Jewish people. *The way to the Promised Land passes through Egypt and exile.* This was not a detour but part of the route itself, anticipated at the very outset. Why so? The answer lies in the inner logic of the Torah as a set of commands and a way of life, not just for individuals but as a nation in its land.

---

*   See David Daube, *The Exodus Pattern in the Bible* (London: Faber and Faber, 1963).

◂ 3. Reasons

3. Reasons for the Commands

The journey to the Promised Land had to pass through Egypt because Israel was to construct a society that would be the antithesis of Egypt. Therefore they had to know Egypt, experience Egypt, feel it in their bones, carry it with them as an indelible memory that they would hand on to all future generations. They had to experience what it was like to be on the wrong side of power: strangers, outsiders, metics, *apiru* as they were known in Egypt in those days, people without rights who were subject to the whim of a merciless ruler. The taste of that affliction was never to be forgotten.

To this day, the Temples, colossi and pyramids of Egypt are awe-inspiring. They were meant to be, and they succeeded. But there is a question to be asked about monumental architecture through the ages, much of it religious: at whose cost were they built? Virtually none was produced without exploitation on a massive scale: treasures won through war, wealth through taxes on subject populations, and forced labor, the corvée, the earliest and most primitive form of taxation, imposed by rulers on the ruled almost from the dawn of civilization. The Giza pyramid, for example, with its 2,300,000 blocks of stone, each weighing on average more than a ton, was built during the twenty years of Pharaoh Khufu's reign (c.2545–2525 BCE). A simple calculation shows that the builders would have had to set one stone in place every two minutes for ten hours each day for two decades. This suggests forced labor of the most extensive kind involving tens of thousands of people at any time.

It is against this feature of the first great civilizations – Mesopotamia from which Abraham's family came, and the Egypt Moses and the Israelites left – that the Torah is a protest. In Genesis and Exodus we hear little about the idolatry and pagan rituals that were later to earn the scorn of the prophets. We hear much, however, about something else, namely the hierarchical society by which some presume to rule over others. This, to the Torah, is the unforgivable. In *Paradise Lost*, Milton, like the sages, traces this back to Nimrod, the first great ruler of Assyria and by implication the builder of the Tower of Babel (see Gen. 10:8–11). Milton writes that when Adam was told that Nimrod would "arrogate dominion undeserved," he was horrified:

◄ O execrable son

O execrable son so to aspire
Above his Brethren, to himself assuming
Authority usurped, from God not given:
He gave us only over beast, fish, fowl
Dominion absolute; that right we hold
By his donation; but man over men
He made not lord; such title to himself
Reserving, human left from human free.
(*Paradise Lost*, Book XII: 64–71)

To question this – the right of humans to rule over other humans, without their consent, depriving them of their freedom – was, at that time and for most of history, utterly unthinkable. All advanced societies were like this. How could they be otherwise? Was this not the very structure of the universe? Did the sun not rule the day? Did the moon not rule the night? Was there not in heaven itself a hierarchy of the gods?

Monotheism is a theology, but it is also and no less fundamentally a political philosophy with revolutionary implications. If there is only one God, then there is no hierarchy in heaven. And if He set His image on human beings as such, then there is no justified hierarchy-without-consent on earth either. But to say this is one thing: to live it, breathe it, feel it, was another. There is only one way of so doing. A nation in exile must experience what it feels like to be on the wrong side of power. Why not a nation in its own land? Because a nation in its land cannot but assume that the way things were is the natural course of things. To create a new society you have to leave an old one. That is why Abraham had to leave behind all that was familiar to him. That is why the Israelites could be charged to construct a different social order, because they knew they were not Egyptians. They did not think they were. The Egyptians did not think they were. Outsiders can see the relativity of social structures that insiders believe to be inscribed in the nature of the human condition itself.

Time and again, when Moses explains to the Israelites the reason for the commands, he does so by asking them to *remember what it felt like* to live in a society where matters were arranged otherwise:

◄ Observe

Observe the Sabbath day by keeping it holy, as the LORD your God has commanded you. Six days you shall labor and do all your work, but the seventh day is a sabbath to the LORD your God. On it you shall not do any work, neither you, nor your son or daughter, nor your male or female servant, nor your ox, your donkey or any of your animals, nor any foreigner residing in your towns, so that your male and female servants may rest as you do. *Remember that you were slaves in Egypt* and that the LORD your God brought you out of there with a strong hand and an outstretched arm. It is for this reason that the LORD your God has commanded you to observe the Sabbath day. (Deut. 5:12–15)

And you shall love the stranger, for *you yourselves were strangers* in the land of Egypt. (Deut. 10:19)

If your Hebrew kinsman or kinswoman is sold to you, he shall work for you for six years, and in the seventh year, you must release him from your service, free. When you set him free from your service you must not send him away empty-handed. You must give generously to him of your flock, your granary and your wine-vat with which the LORD your God has blessed you; so you shall give him. And you shall remember that you were once a slave in the land of Egypt and the LORD your God redeemed you; this is why, today, I command you thus. (Deut. 15:12–15)

Do not deprive the foreigner or the fatherless of justice, or take the cloak of the widow as a pledge. *Remember that you were slaves in Egypt* and the LORD your God redeemed you from there. That is why I command you to do this. (Deut. 24:17–18)

When you harvest the grapes in your vineyard, do not go over the vines again. Leave what remains for the foreigner, the fatherless and the widow. *Remember that you were slaves in Egypt*. That is why I command you to do this. (Deut. 24: 21–22)

As the instances accumulate, the plan of the Torah becomes clear. The exodus functions not simply as a fact of history, but also and primarily

◄ as the fundamental

as the fundamental principle of jurisprudence, the logic and justification of the Law.

The Israelites were commanded to create *a society that was not Egypt*, that was different, opposite, counter-cultural. It would be a society in which even slaves rested every seventh day and breathed the wide air of freedom. It would be one in which no one was destitute, no one deprived of the basic necessities of life. It would be one in which no one became trapped endlessly in debt, or forced irretrievably to sell ancestral property. Everyone would have access to justice. Those at the margins of society – the widow, the orphan, the Levite, the stranger – were to be treated with dignity and included in national festivals and celebrations.

This made sense because the Israelites had been on the receiving end of Egypt. They knew what it felt like to be poor, to be deprived of justice, to be treated as less than human. They knew what it felt like to work without cease. In the words of Exodus, they "knew the soul of a stranger" (23:9). They knew from the inside what powerlessness feels like.

Scholars have drawn attention to the fact that what makes Torah law different from other law codes in the ancient world is its appeal to reason. Ancient law in general was "apodictic, without justification and without persuasion. It style is categorical, demanding, and commanding." It "enjoins, prescribes, and orders, expecting to be heeded solely on the strength of being an official decree." It seeks no understanding and solicits no consent.* Against this the Torah represents "the Jewish predilection for justified law."

It is a point made by the great medieval commentator Ralbag (Gersonides, 1288–1344) who also argues that this is what makes the Torah different:

> Behold our Torah is unique among all the other doctrines and religions that other nations have had, in that our Torah contains nothing that does not originate in equity and reason. Therefore this Divine Law attracts people in virtue of its essence, so that they behave in accordance with it. The laws and religions of other nations are not like

---

* David Weiss Halivni, *Midrash, Mishnah, Gemara: The Jewish Predilection for Justified Law* (Cambridge, MA: Harvard University Press, 1986), 5.

◀ this: they

this: they do not conform to equity and wisdom, but are foreign to the nature of man, and people obey them because of compulsion, out of fear of the threat of punishment but not because of their essence.*

We now begin to see something singular about the Jewish experience. For as long as human beings have thought about morality, they have asked the question: Why be moral? Why act for the benefit of others if it is to your advantage to behave otherwise? We are self-seeking creatures, driven by desire. Why then desist from something you want to do and can do, merely because you ought not to? Plato, in *The Republic*, uses a thought experiment. He recalls the legend of Gyges' ring which had the power to make anyone who wore it invisible. One who had such a ring could commit any crime and get away with it. Why then would such a person be moral?**

Many answers have been given in the history of thought, none of them wholly satisfactory. The most famous attempt in the second half of the twentieth century was John Rawls' principle of "the veil of ignorance."*** What kind of society would you construct if you did not know in advance who you would be: black or white, rich or poor, upper or lower class, gifted or otherwise? You would, he says, choose a society with equal liberties for all – precisely the kind of society the Torah seeks to create within the constraints of the human, political and social realities of its time.

The trouble with Rawls' principle is that social structures are created by real people in real positions of privilege and power. Outside the classroom there is no veil of ignorance. We are born into the world as this, not that; with these parents, this history, this ethnicity, in this specific place and time. We make decisions on the basis of what we are, not on hypothetical consideration of what, in another life, we might have been.

The Torah gives the most powerful grounding ever contemplated for a moral system. It provides not a veil of ignorance but a sustaining stream of knowledge – acquired through experience, nurtured by memory, enacted in ritual, retold in sacred story, tasted on the tongue, never to be forgotten.

---

* Gersonides, Commentary to *Va'et-ḥanan*, par. 14.
** Plato, *The Republic*, Book II: 359a–360d.
*** John Rawls, *A Theory of Justice* (Cambridge, MA: Harvard University Press, 1971).

◂ Indeed

Indeed, says God through the prophets from Moses to Jeremiah, if you ever forget it, you will be forced to relive it, through further exiles, other persecutions.

Egypt was, for the Israelites, the school of the soul. They knew what it was like to be on the receiving end of absolute power: Rameses II, the greatest ruler of the longest-lived empire the world has ever known. They had then experienced something that would serve as a source of wonder from that day to this. They had been rescued by the Creator of heaven and earth who had brought them from slavery to freedom, taken them through the sea on dry land, given them bread from heaven and water from a rock, and then made a covenant with them, not for His sake but for theirs, inviting them under His sovereignty to build a society that would use their God-given freedom to honor the liberty of others.

However, as we will now see, it is not just the commands that explicitly refer to "remembering Egypt" that were shaped by the Egyptian experience. So were many other features of Jewish law and belief.

4. Ozymandias

Stimulated by Napoleon's Egyptian campaign, Europe in the early nineteenth century was intrigued by the rediscovery of the magnificence of the civilization that once dominated the world but now lay in ruins, leading the young English poet Shelley to publish, in 1818, the most famous and haunting of all critiques of self-aggrandizing rulers:

> I met a traveller from an antique land
> Who said: Two vast and trunkless legs of stone
> Stand in the desert. Near them, on the sand,
> Half sunk, a shattered visage lies, whose frown,
> And wrinkled lip, and sneer of cold command,
> Tell that its sculptor well those passions read
> Which yet survive, stamped on these lifeless things,
> The hand that mocked them and the heart that fed:
> And on the pedestal these words appear:
> "My name is Ozymandias, king of kings:
> Look on my works, ye Mighty, and despair!"

◄ Nothing

> Nothing beside remains. Round the decay
> Of that colossal wreck, boundless and bare
> The lone and level sands stretch far away.

Ozymandias was the Greek name for the most famous Pharaoh of all, third ruler of the nineteenth dynasty who dominated Egypt for some sixty-six years and is thought by many scholars to be the Pharaoh of the exodus, Rameses II. To the extent that the Torah is a deliberately contrarian work, a protest against and conscious alternative to, the great civilizations of its day, it is worth reflecting more fully on who Rameses was and what he represented.

Early in his reign, in 1274 BCE, he fought a well-documented campaign to reconquer the strategic town of Kadesh in what is now western Syria. Some years earlier it had been taken by the Hittites. Rameses himself led the Egyptian army, and was informed that the Hittites, hearing of his advance, had fled. Approaching the town he discovered that he had been misinformed and that the Hittites were actually hiding behind the town, preparing to make a preemptive strike. A ferocious battle ensued, with the Egyptians initially suffering devastating losses. The arrival of reinforcements just saved the day. The next day, the two forces clashed again, but both were too weakened to achieve a decisive result and a peace treaty was signed. Rameses had barely avoided humiliating defeat, but on returning to Egypt declared that he had won a momentous victory, accounts and depictions of which were, during the ensuing years, inscribed on temple walls throughout the land.

In a culture in which truth took second place to royal glory, it is perhaps not surprising that no record of either the Israelites or the exodus survives in Egyptian inscriptions, with one exception. It is contained in the Merneptah stele inscribed in the reign of Rameses II's successor Merneptah IV. It contains the following line:

> Israel is laid waste, her seed is destroyed.

The first ever reference to Israel outside the Bible is an obituary: another triumph of wishful thinking over reality.

◂ No one

No one in history constructed more monuments to his glory than Rameses II. His architectural ambitions were vast, his self-adulation even more so. He undertook huge building projects at Luxor, where he enlarged the already spacious temple, as well as constructing new temples throughout his realm from Lebanon to Sudan. One of his most grandiose projects was the temple of Rameses-beloved-of-Amun at Abu Simbel. The entrance to the smaller of the two buildings has, on each side, a statue of queen Nefertari, flanked by two giant statues of Rameses thirty feet high. The facade of the larger temple has four vast statues of the seated king, each seventy feet high (three-and-a-half times as tall as the Lincoln Memorial in Washington). Inside, the pillared hall – each column adorned with a statue of Rameses depicted as Osiris, the Egyptian god of the afterlife – leads to four vast statues of Egypt's main gods, Ptah, Amun, Ra-Horakhty, the sun god, and Rameses himself. As one scholar writes, "Few autocrats in human history have conceived a more dramatic expression of their personality cult."[*] It is clear that when Pharaoh responds angrily to Moses' request in God's name to let the Israelites go, saying, "Who is the LORD that I should obey His voice to let Israel go? I do not know the LORD," what he means is, "Here, I am god."

It was Rameses II who constructed an entirely new city near Hutwaret where his father Seti I had built a summer palace. It was a vast panoply of mansions, storehouses and barracks which took two decades of construction to complete. The royal quarter alone covered four square miles, and the steps leading to the throne were adorned with images of the king's enemies so that he could symbolically tread on them each time he ascended to the throne. He called it Per-Rameses, "the house of Rameses," and it is one of the two cities mentioned in Exodus 1:11 as being built by the Israelites. The other, "Pithom," or Per-Atum (Tell el-Maskhuta) was in the eastern Nile delta, a day's journey away.

By the time of Moses, Egypt of the pharaohs was eighteen centuries old, already longer lived than any subsequent empire. Its wealth and military power were unsurpassed, but it was not altogether unassailable. The Egyptians had, in the sixteenth century BCE, endured the rule of foreigners, the Hyksos, a fact that gives an edge to the statement of pharaoh

[*]   Toby Wilkinson, *The Rise and Fall of Ancient Egypt* (London: Bloomsbury, 2010), 332.

◄ at the beginning

at the beginning of Exodus, "Look, the people of the children of Israel are more and mightier than we" (Ex. 1:9). This was not a theoretical fear. The Egyptians knew themselves to be vulnerable to incursion especially, though not only, from the north. Egypt had many gods, some 1,500 of them according to recent estimates. But by Rameses' day the real gods of Egypt were its rulers. It was they who were divine, who had communication with the gods and ruled even after death, whose buildings testified to their immortality, whose colossi dominated the landscape, striking fear in all who passed by. Rameses ruled Egypt as the sun ruled the sky.

The wealth of the royal court was astonishing, as become clear after the 1922 discovery of the tomb of Tutankhamun, with its coffin of pure gold, its funerary mask of gold, lapis lazuli, carnelian, quartz, obsidian and turquoise, and its treasury of precious objects. At the same time the population as a whole lived a wretched existence. Remains of human skeletons show that they suffered not infrequently from starvation. There were regular epidemics among the urban population living crammed together in unsanitary conditions. Hepatitis, amoebic dysentery and schistosomiasis were common. Those who did not die were often disfigured. Contemporary documents speak of whole villages of people with impaired eyesight, the bleary-eyed, the one-eyed and the blind.

Farming at best yielded subsistence. Taxes had to be paid on all produce. Defaulters were thrown into prison. The vast majority of the population were illiterate, and virtually all able-bodied men were subject to the corvée, forced to work when the Nile flooded and fields were inundated, on the pharaoh's latest building extravaganza. The corvée was not abolished in Egypt until 1889. The conditions under which the Egyptians worked were not significantly better than those suffered by the Israelites. Their rations were barely enough to sustain life, and the backbreaking work under a sweltering sun with little food and less water meant that many died in the course of the great constructions.

Infant mortality was high, even in royal circles. We do not have independent evidence of what happened during the plagues, but we do know that Rameses II prematurely lost his twelve eldest sons, because his successor, Merneptah, was his thirteenth. Mortality was one of the central preoccupations of ancient Egypt: it was, in T.S. Eliot's phrase, "much possessed with death." Pharaohs, however, even those that did not see

◀ themselves

themselves as gods, on death joined the gods and became immortal. That is what the pyramids were initially: buildings through which the soul of the departed pharaoh ascended to heaven to join the immortals. Temples, although not themselves mausoleums (pharaohs were buried in tombs in the Valley of the Kings on the west bank of the Nile),were nonetheless intended to be eternal memorials, for even deceased pharaohs continued to rule over the destiny of Egypt from their court in heaven. Not until much later was the promise of immortality extended to ordinary people.

Against this background certain features of the Torah appear in a new or stronger light. First and most obvious is the sharpest possible *rejection of permanent economic hierarchy*, of a society in which some are fabulously rich while others are desperately poor. Even a king in Israel was not allowed to accumulate "much silver and gold" (Deut. 17:17). The entire welfare structure of the Torah, the corner of the field, other parts of the harvest, the tithe for the poor in the third and sixth years, the release of debts in the seventh and so on were intended to prevent the despair and destitution that existed in Egypt. "The great concern of Moses," wrote Henry George, "was to lay the foundation of a social state in which deep poverty and degrading want should be unknown."* When the wealth of the rich led to indifference to the poor, the prophets were incensed:

> You lie on beds adorned with ivory and lounge on your couches. You dine on choice lambs and fattened calves ... but you do not grieve over the ruin of Joseph. (Amos 6:4–6)

Isaiah says, "The LORD enters into judgment with the elders and princes of His people: 'It is you who have devoured the vineyard, the spoil of the poor is in your houses. What do you mean by crushing My people, by grinding the face of the poor?' says the LORD God of hosts" (Is. 3:14–15). Jeremiah says simply of the reforming king Josiah, "He judged the cause of the poor and needy; then it was well. Is this not to know Me? says the LORD" (Jer. 22:16). Judaism is not socialism or communism: it distrusts the power of governments and sees private property as one of the primary safeguards of liberty. But deep-seated economic inequity offends against

---

*   Henry George, *Moses: A Lecture* (Berlin: J. Harrwitz, 1899).

◄ the fundamental

the fundamental values of *tzedaka* and *mishpat,* social and legislative justice, deemed by God Himself to be "the way of the LORD" (Gen. 18:19).

Second, in reaction against Rameses II specifically and rulers of the ancient world generally, the Tanakh redefines the institution of monarchy. Leaving aside the well-known ambivalence of the Torah about monarchy altogether, two features in particular of the Jewish law of kings were unique for their time and significant for all time. One was that the king had no major religious role whatsoever.* He was not the high priest; he was not the performer of key rituals; he was not the intermediary of the nation in relation to the gods; he had no privileged access to their will or favor. The sages famously objected to the later Hasmonean kings because they broke this rule: they said to Alexander Jannaeus (king of Judea, 103–76 BCE), "Let the crown of kingship be sufficient for you; leave to the descendants of Aaron the crown of priesthood" (*Kiddushin* 66a).

The other was that the king had no legislative power. As many scholars have shown, there are parallels between the Israelite system of law and that of other ancient Near-Eastern powers. But everywhere else, acts like the remission of debts or the restoration of ancestral property were within the grant of the king. In Israel all such acts were in the power of God alone. God alone is the legislator. So unique was this that Josephus, trying to explain it to the Romans, had to coin a word for it – there was no other system like it. The word he coined was *theocracy,* "rule by God," but since, in the course of time, the term has come to mean rule by clerics, a better word would be *nomocracy,* "the rule of laws, not men." The king was neither the author of the law nor above the law. As the prophets made clear – Nathan to David, Elijah to Ahab – when it came to the pursuit of private interest rather than the public good, there was no royal prerogative in Israel.

The effect of these two principles was to *secularize* power. The king rules; he is entitled to honor and has many rights, but the power he holds is conditional: first on God, second on God's law, third on the will of the people. Divine sovereignty and human freedom are the fundamental realities in the politics of covenant. To these, monarchy (except in later

---

* To be sure, the king officiated at *Hak-hel,* the septennial public reading of the Torah, but this was not a sacramental function, a form of worship.

◄ messianic

messianic interpretations) comes a poor third. Michael Walzer puts it slightly differently: the Hebrew Bible "relativizes" all political regimes.* None is sacrosanct; none is written into the scheme of things. Ideally there would be no politics at all, just a vertical relationship between the people and God and a horizontal relationship of mutual responsibility between the people and one another. *The secularization and relativization of power in Judaism are a direct and specific rejection of the politics of the ancient world, never more clearly exemplified than by Rameses II, the ruler who turned himself into a god.*

Perhaps most significantly of all, Egypt left its mark on the Hebrew Bible in its unerring focus on life, not death. Given the obsession of ancient Egypt with the realm of death and the afterlife, the almost complete absence of these subjects from Tanakh is astonishing. There is no mention of it where we would most expect it. Ecclesiastes, for example, is a sustained meditation on mortality; everything is meaningless because we are all going to die. All the questions asked by Job could be answered in a single sentence: "Though you have suffered in this world you will receive your reward in the World to Come." The problematics of both books would be removed at a stroke by reference to the afterlife, but it is not there. Instead, says Moses, "This day I call the heavens and the earth as witnesses against you that I have set before you life and death, blessings and curses. Therefore choose life, that you and your children may live" (Deut. 30:19).

It is not that Judaism denies the afterlife or the resurrection of the dead. These are central to its faith. They emerge from their concealment, as it were, in the later prophets and the post-biblical sages. But it is impossible to read the Torah without realizing that it is, at specific points and to a high degree, a polemic against beliefs about the afterlife and the practices and cultures to which they give rise that it finds profoundly objectionable. There is almost no injustice that cannot be justified by reference to life after death. Terrorist suicide bombing is the latest example. When Karl Marx called religion "the opium of the people," this is what he

---

* Michael Walzer, *In God's Shadow: Politics in the Hebrew Bible* (New Haven, CT: Yale University Press, 2012), 204.

◄ had in mind

had in mind: that the promise of bliss in an afterlife makes people accept chains and injustices in this life.

Nikolai Berdyaev in *The Meaning of History* argues that this is Judaism's fundamental error of judgment: its belief that perfect justice can ever be found in this world. That, he says, is what gives Judaism its eternal restlessness: it is why people dislike it so much. Christianity, he believes, made the better choice, by transferring its vision of justice, peace and perfection to life after death.

Berdyaev may or may not be right in his characterization of Judaism and Christianity, but the Jewish reply is compelling and unfaltering. If this physical life, set in this physical universe, is to be forever fraught with pain, cruelty, injustice and betrayal; if humans are doomed in advance by original sin to fail in all their moral aspirations; if life down here is to be endured rather than perfected, then why did God create the universe in the first place? Why was He not content with the angels? Why did He make man? To create a being destined to suffer, fated to fail, unable to achieve anything on his own, briefly granted God's image only to have it snatched away after the first sin – this, to Jews, is not the work of a loving Creator. If all hope belongs in heaven, why do we strive on earth? Berdyaev's is not the Jewish voice in Christianity but the unmistakable accent of ancient Greece, with its orphic cults and Gnostic mysticism and platonic devaluation of the physical world. Rejecting Egypt's cult of death, Judaism commands, "Choose life."

We will understand more of Judaism the more we know about what it was a reaction against,* and in this equation the figure of Rameses II plays a key role. There are two features in particular of the story of Moses that cannot be understood other than in this light. One is the statement, at the end of Deuteronomy, that Moses was buried by God Himself, in the plain of Moab, opposite the Holy Land, and that "no one knows his burial place to this day" (Deut. 34:6). This is directed against the monuments and mausoleums of ancient Egypt. It says in effect: no one needs to know, let alone stand in awe, of the place where you are buried for you

* This, of course, is Maimonides' approach in *The Guide for the Perplexed*. See also Jan Assmann, *Moses the Egyptian* (Cambridge, MA: Harvard University Press, 1997).

◂ to be immortal

to be immortal. "We do not make monuments for the dead: their words are their memorial" (Yerushalmi, *Shekalim* 2:5).

The other is a curious feature of the narrative of Moses' birth. We recall that he was placed in a basket and set afloat on the Nile where he was seen and subsequently adopted by Pharaoh's daughter. She gives him the name Moshe (Moses), saying, "I have drawn him [*meshitihu*] from the water" (Ex. 2:10). It takes a while before we realize that there is something strange about this sentence. It presupposes that Pharaoh's daughter spoke Hebrew. It also makes the impossible assumption that not only would she adopt a Hebrew child in direct contravention to her father's decree that every male child be killed, but would advertise the fact by giving him a Hebrew name. In short, the Hebrew etymology of the name is only half of the story.

Moses – in the form Mose, Mses or Messes – is in fact an Egyptian word. It figures in the names of several Pharaohs, including Thutmose, and most significantly Rameses himself. The word means "child." Understanding this we stand before one of the Torah's boldest and most revolutionary strokes. Years later, two men are to be involved in a monumental confrontation: Rameses and Moses. Their names tell us what is at stake. Rameses means "child of the sun god Ra." Rameses, as we have seen, saw himself as a god and erected a temple at Abu Simbel to that proposition. Moses was simply, anonymously, "a child" – with no more identification than that, exactly as there is no name given to his parents when we first encounter them in the biblical text, other than the bare description, "A man of the tribe of Levi married a Levite woman" (Ex. 2:1).

It is not one man, a supreme ruler, who is in the image of God, but every man, woman and child on the face of the earth. It is not one infant who is a child of God but all infants: "My child, My firstborn, Israel," as God tells Moses to tell Pharaoh on their first meeting (Ex. 4:22). The greatest ruler, if he holds himself to be a god, stands lower in the true order of things than any child who serves God rather than making God serve him. Moses means "a mere child." Nothing could be more skewed than the various commentators, most famously Otto Rank and Sigmund Freud, who read the story of the childhood of Moses as a variant on the "birth-of-the-hero myth" to be found in the ancient world in endless versions, among them the stories about Sargon, Oedipus, Paris and many

◂ others

others. What they failed to see is that the story of the birth of Moses is *a polemic against such myth*: an anti-myth, a sharp, stinging rejection of the idea that every hero is really of noble blood, raised by commoners, but truly royal and destined by birth to conquer and rule. This is not the world of Israel: it is the world Israel rejects.

Rameses II, worshiped in his lifetime, revered ever since, left gigantic statues of himself all over Egypt and beyond. One of the greatest of these was the huge granite colossus that stood in the mortuary temple he built in his own honor at Thebes. It was eventually destroyed by an earthquake. The account of the shattered fragments, inscribed with Rameses' throne name Usermaatra – rendered in Greek as Ozymandias – inspired Shelley's famous poem, testimony to the iron law of history that the greatest empire will eventually crumble and fall. But it was not this that had a lasting impact on the Hebraic mind but something else altogether: that when humans try to be more than human they end up less than human. Only when God is God can we be us. Only under divine sovereignty can a truly humane social order be built.

5. Exodus Politics

The political vision to emerge from the crucible of exile was unique, an ideal never fully realized yet never ceasing to make Jewish life different from the way other societies have structured themselves. Essentially it is a sustained critique of power at every level: political, economic, military, even demographic.

The use of power by one human over another is a form of violence. It diminishes victim and perpetrator alike. Power is a zero-sum game. I use it to buy my freedom at the cost of yours. It is a way of getting you to do my will despite your will. It turns you into a means to my end. Dominance, the use of force, brutality, whether raw as in primitive societies, or cultivated as in the case of hierarchical, class- or caste-based social orders, is an act of defiance against the principle of the first chapter of Genesis, that we are all created equally in the image and likeness of God.

So ideally Israel would not have a power structure in the form of kings at all. As Gideon the judge said when the people sought to make him king, "I will not rule over you, nor will my son rule over you, God will rule over you" (Judges 8:23). Israel's army will not rely on force of arms or

◄ brute

brute strength: God "does not take delight in the strength of horses, nor pleasure in the fleetness of man" (Ps. 147:10). Whether it is Joshua against Jericho, Gideon against the Midianites, David against Goliath, or Elisha predicting the sudden end of an Aramean siege, the emphasis is always on the few against the many, the weak against the strong, intelligence against brute force, the unexpected outcome through unconventional means.

Wealth may be as much of a danger as poverty: "When you build fine houses and settle down, and when your herds and flocks grow large and your silver and gold increase and all you have is multiplied, then your heart may become proud and you will forget the Lord your God, who brought you out of Egypt, out of the land of slavery" (Deut. 8:12–14). Nor, despite the repeated promises in Genesis of as many children as the stars of the sky, the dust of the earth or the sand on the seashore, would Israel find strength in numbers: "The Lord did not set His affection on you and choose you because you were more numerous than other peoples, for you were the fewest of all peoples" (Deut. 7:7).

The political structure envisaged by the Torah emerges out of a profound meditation – beginning in the opening chapters of Genesis – on the tension between freedom and order. God creates order, calling the universe into being day after day by mere speech ("And God said"); for the first three days creating carefully differentiated domains: night and day, upper and lower waters, sea and dry land, then for the next three days furnishing them with the appropriate forms: sun and moon, birds and fish, animals and humans. This finely tuned order, seven times pronounced "good," is disrupted because of the freedom God has bestowed on man, sin leading to murder and from there to a Hobbesian state of nature, a war of all against all in which life is nasty, brutish and short. The human alternatives set out in Genesis and Exodus are stark: there is freedom without order – the world before the Flood – and there is order without freedom – the Egypt of the pharaohs.

How then can there be both? This is the problem and it is not simple. The sages had a tradition that the question, "What is this service to you?" (Ex. 12:26) was asked by "the wicked son." The Haggada attributes this to the phrase "to you" – implying "but not to me." Other commentators*

* Rabbi Moshe Silber, *Ḥashukei Kesef* to Exodus 12:26.

point to the verb used in the verse. Normally a question is *asked*, but here it is *said* ("And if your children should *say* to you…"). When you ask a question, you seek an answer, but when you state a question you merely seek to challenge and undermine.

The Talmud Yerushalmi (*Pesaḥim* 10:4), though, has a quite different explanation. It focuses on the word "service," and has the child asking, "What is the point of all this effort at which you are toiling?" What the Yerushalmi is alluding to is that the word the Torah uses for the enslavement of the Israelites to Pharaoh, *avoda*, is exactly the same as it uses for serving God. In what sense, then, were the Israelites liberated from slavery to freedom? Before the exodus they were *avadim*. After the exodus they were *avadim*. The only difference was to whom. Before it was to Pharaoh, thereafter it was to God. On the face of it, this looks less like freedom than a mere change of masters. One may be cruel, the other benign, but *avdut*, service or servitude, is still the opposite of freedom. Where then does liberty enter the human condition?

The Torah's answer consists of three elements. First is the principle of consent. Read the Torah carefully and we see that God binds Himself to make a covenant with the Israelites only if they agree. He tells Moses to make a proposal to the people. God will take them as His *am segula*, favored people, if and only if they willingly assent to become "a kingdom of priests and a holy nation" (Ex. 19:5–6). Both before and after the revelation at Mount Sinai the people give their consent. Note the wording. Before the revelation:

> *All the people answered as one* and said, "All that God has spoken, we will do" (Ex. 19:8)

Afterward, we read:

> Moses came and told the people all of God's words and all the laws. The people *all responded with a single voice*, "We will keep every word that God has spoken" […] He took the book of the covenant and read it aloud to the people. They replied, "We will do and obey all that God has declared." (Ex. 24:3, 7)

◄ Unlike

Unlike all other covenants in the ancient world this was not made on behalf of the people by their ruler. Moses is not empowered to speak on behalf of the Israelites. They all have to be asked; they all have to give their consent. This, argues political philosopher Michael Walzer, is part of what makes the political structure of the Torah an "almost democracy."*

Note also that God insists on asking the people whether they agree to the covenant and its terms, despite the fact that He has rescued them from slavery, and that they have already called themselves, in the Song at the Sea, "the people You acquired" (Ex. 15:16). Implicit in this strong insistence on voluntary agreement is the principle (stated in the American Declaration of Independence**) that *there is no government without the consent of the governed, even when the governor is God Himself.* The presence or absence of assent is what makes the difference between freedom and slavery.***

The second is that throughout Deuteronomy, the Torah's key covenantal document, the commandments are not given as "decrees of the king" to be obeyed merely because they have been ordained. Reasons are constantly given, usually in terms of the phrase, "remember that you were slaves in the land of Egypt." By this appeal to reason, God "invites the receiver of the law to join in grasping the beneficent effect of the law, thereby bestowing dignity upon him and giving him a sense that he is a partner in the law."****

There is a fundamental difference between a parent teaching a child why certain things are wrong, and a commander instructing those under his command not to do this or that. The one is a form of education; the other is a relationship of command-and-control. Education is an apprenticeship in liberty; command-and-control is a demand for obedience,

---

* Michael Walzer, *In God's Shadow: Politics in the Hebrew Bible* (New Haven, CT: Yale University Press, 2012), 200.

** "To secure these rights, Governments are instituted among Men, deriving their just powers from the consent of the governed."

*** The Talmud (*Shabbat* 88a) famously questions whether the consent given at Mount Sinai was truly free. The covenant however was subsequently renewed several times under different circumstances.

**** David Weiss Halivni, *Midrash, Mishnah, Gemara: The Jewish Predilection for Justified Law* (Cambridge, MA: Harvard University Press, 1986), 14.

pure and simple. One of the most striking facts about biblical Hebrew is that, despite the Torah containing 613 commandments, it contains no word that means "to obey." Modern Hebrew had to adopt the Aramaic word *letzayet*. The word the Torah uses instead of "to obey" is *shema*, a word that means "to listen, to hear, to understand, to internalize, and to respond." God does not call for blind submission to His will. As the sages said, "God does not act like a tyrant to His creatures" (*Avoda Zara* 3a).

God wants us to keep His laws freely and voluntarily because we understand them. Hence the unique insistence, throughout the Torah, on the importance of education as the constant conversation between the generations. Parents are to talk to their children repeatedly about them, "when you sit at home and when you travel on the way, when you lie down and when you rise" (Deut. 6:7).

> When your children ask you, "What are the testimonies, the statutes and laws that the LORD our God has commanded you?" tell them: "We were slaves of Pharaoh in Egypt, but the LORD brought us out of Egypt with a strong hand … The LORD commanded us to obey all these decrees and to fear the LORD our God, so that we might always prosper and be kept alive, as is the case today. (Deut. 6:20–24)

Third is the radical alternative to a hierarchical society: the horizontal society formed by the covenant, through which each is responsible for playing his or her part in the maintenance of a just and gracious order: by helping the poor, acting justly, honestly and compassionately, educating children, not neglecting marginal members of society and so on, the principle later formulated by the sages as "all Israel are sureties for one another" (*Sanhedrin* 27b; *Shevuot* 39a).

This is a radically devolved leadership that Exodus calls "a kingdom of priests and a holy nation," (Ex. 19:6) and to which Moses alludes to when he says, "Would that all God's people were prophets" (Num. 11:29). Covenant, as set forth in the Hebrew Bible, is the dramatic idea that the people, individually and together, accept responsibility for determining their fate by acting righteously with one another, relying on the God of justice to secure justice in the arena of history. They have autonomy: only God has sovereignty. If the people act well, God will ensure that they fare

◂ well

well. If they act badly, it will end badly. All depends on faithfulness to God and decency to people. All else – governments, rulers, armies, alliances, strategy, warfare, the entire repertoire of power – will prove illusory in the long run.

The politics of the Torah are unlike any other in the emphasis they place on society rather than the state; "we the people" rather than governments, monarchs or rulers; voluntary welfare rather than state-based taxation; devolved rather than centralized authority; education and social sanction rather than the coercive use of power. It never fully succeeded in biblical times. The reluctant conclusion of the book of Judges is that "In those days there was no king in Israel; everyone did what was right in his own eyes" (Judges 17:6 and 21:25). Without government there is anarchy. Even the Israelites were forced to this Hobbesian conclusion ("Pray for the welfare of the government, for were it not for fear of it, people would swallow one another alive" [*Avot* 3:2]). Thus monarchy was born and with it the corruptions of power.

Yet the ideal remained and gained in strength after the reforms of Ezra, the growth of rabbinic Judaism and its academies, and the dispersion of Jewry after the collapse of the Bar Kokhba rebellion. What emerged was a unique collection of semi-autonomous communities, each with its own religious, educational and welfare institutions, self-funded and self-governing, with fellowships, *ḥevrot*, for almost every conceivable communal need – supporting the poor, visiting the sick, performing last rites for the dead, helping families who had suffered bereavement, and so on through the catalogue of requirements of dignified life as a member of the community of faith. The educational structure, lynchpin of the entire system, worked on the assumption that everyone was expected to be learned in the law – to know it, understand it, keep it and ensure that it was kept by others.

In a manuscript found among his papers after his death, the French political philosopher Jean-Jacques Rousseau expressed amazement at the power of this "astonishing and truly unique spectacle," an exiled, landless and often persecuted people, "nonetheless preserving its characteristics, its laws, its customs, its patriotic love of the early social union, when all ties with it seem broken." Athens, Sparta and Rome, he says, "have perished and no longer have children left on earth; Zion, destroyed, has not lost its children." He continues:

◂ What

> What must be the strength of legislation capable of working such won-
> ders, capable of braving conquests, dispersions, revolutions, exiles,
> capable of surviving the customs, laws, empire of all the nations, and
> which finally promises them, by these trials, that it is going to continue
> to sustain them all, to conquer the vicissitudes of things human, and
> to last as long as the world?*

The short answer is that in its unique political structure, in which all sov-
ereignty belongs to God and where the other covenantal partner is not
the king, high priest or prophet but the nation as a whole, responsibility
is maximally diffused and ethics does the work of what in other systems is
done by politics. The opposite of one man ruling over a nation is a nation
ruling over itself, under the eye of, following the laws of, and accountable
to, God Himself. Utopian to be sure and never fully realizable in a world
of wars, yet it remains the greatest experiment ever undertaken in the idea
of politics without power, the rule of right not might.

6. The Future of the Past

As we noted above, the exodus happened five times *before* it happened.
First Abraham and Sarah went into exile in Egypt, then Abraham fore-
saw the fate of his descendants in a night vision, then he and Sarah were
forced into exile to Gerar, then Isaac and Rebecca suffered the same fate,
then Jacob went into exile to Laban: four journeys and a prophecy, each
prefiguring what the Israelites would have to endure, but each also a kind
of assurance that they would survive and return.

So it came about that the exodus also happened *after* it happened. In
one of his most remarkable flights of prophecy, Moses warned the people
even before they had entered the land, that one day they would dishonor
the covenant and be forced into exile again. There, far from home, they
would reflect on their fate and come to the conclusion that defeat and
disaster were not the mere happenstance of history but the result of their
faithlessness to God. If they would return to God then God would return
to them and bring them back to their land:

---

* Quoted in Leon Poliakov, *The History of Anti-Semitism*, vol. III, (London: Routledge
  and Kegan Paul, 1975), 104–5.

◀ Then

Then the LORD your God will restore your fortunes and have compassion on you and gather you again from all the nations where He scattered you. Even if you are scattered to the furthermost lands under the heavens, from there the LORD your God will gather you and take you back. (Deut. 30:3–4)

It was an astonishing vision but, as it happened, a necessary one. Israel's existence as a nation in its land could never be taken for granted. It was a small country, surrounded not only by other small nations but by large and hungry empires. It was also fractious. The tribal confederation that lasted throughout the period of the judges gave way to a monarchy, but the nation was imperfectly united and after a mere three generations of kings it split into Israel and Judah, north and south. Most of the literary prophets either anticipated defeat and exile, or experienced it. Yet they had hope.

Theirs was not *mere* hope, optimism, wishful thinking. It was grounded in historical experience and theological principle. God had redeemed the people in the past. He would do so again in the future. Partly because the people, sobered by suffering, would repent. Partly because God had given His word and would not break it. Partly because the bond between God and the people was unbreakable, like that between a father and a son, or as the prophets preferred to see it, like that between a husband and a faithless wife he cannot bring himself to divorce because he still loves her. But fundamentally, because the exodus is the shape of Jewish time. Sin brings exile. Repentance brings return. So it was; so it will be.

So the prophets foresaw a second exodus. Hosea did, long in advance:

"They shall come trembling like a bird from Egypt, like a dove from the land of Assyria. And I will let them dwell in their houses," says the LORD. (Hos. 11:11)

Likewise Amos:

I will bring back the captives of My people Israel; they shall build the waste cities and inhabit *them;* they shall plant vineyards and drink wine from them; they shall also make gardens and eat fruit from them. I will plant them in their land.... (Amos 9:14–15)

◄ Amos

Amos and Hosea both prophesied in the eighth century BCE and both directed their words to the northern kingdom, which did indeed fall to the Assyrians as they had foreseen. A century and a half later the southern kingdom of Judea also fell, this time to the Babylonians. There in exile it was Ezekiel who gave the people hope, though his was a dark hope.

In one of the most haunting of all prophetic visions – we read it on Shabbat Ḥol HaMo'ed – Ezekiel sees his people as a landscape of corpses, a valley of dry bones. They are devastated. They say *avda tikvatenu*, "our hope is gone." God then asks him: "Son of man, can these bones be revived?" The prophet does not know what to say. Then he sees the bones slowly come together and grow flesh and skin and come to life again. Then he hears God say:

> Son of man, these bones are all the house of Israel: behold, they say, "Our bones have dried, our hope is lost, our decree has been sealed." Therefore, prophesy, saying to them, "Thus spoke the LORD God: Behold, I shall open your graves and lift you out of your graves, My people; I shall bring you to the land of Israel. And you will know that I am the LORD when I open your graves and lift you out of your graves, My people." (Ezek. 37:11–13)

Isaiah, the poet laureate of hope, had a more positive vision – we read it as the Haftara for the eighth day. The prophet foresaw a day in which "the LORD will reach out His hand a second time to reclaim the surviving remnant that is left of His people from Assyria, from Lower Egypt, Pathros, Cush, from Elam, Shinar, Hamath and the islands of the sea." Once again He would prevail over the waters, drying up "the gulf of the Egyptian sea" and the Euphrates river, so that the Israelites will once again walk through waters that have become dry land, and "There will be a highway for the remnant of His people that is left from Assyria, as there was for Israel when they came up from Egypt" (Is. 11:11–16).

Isaiah's younger contemporary Micah put it most simply: "As in the days of your exodus from Egypt, so I will show you wonders" (Mic. 7:15). And so it happened. Barely half a century after conquering Judea and destroying the Temple, Babylon fell to the Persians. First Cyrus, then Darius, gave the Jews permission to return, rebuild the Temple and reestablish

◂ their

their national life. It may have been less miraculous than the prophets hoped: not all the people returned, nor was there true political independence. But it was a second exodus.

Then came Greece, the empire of Alexander the Great, and then Rome. There were times when these Hellenistic powers allowed Jews a measure of autonomy and religious freedom, but others when that freedom was denied. Three times Jews rose in revolt, once successfully against Antiochus IV, twice unsuccessfully against Rome, the Great Revolt of 66–73 and the Bar Kokhba rebellion of 132–135. These were two of the greatest disasters of Jewish history. In the first, the Temple was destroyed again. In the second, the whole of Judea was devastated (see "Surviving Grief," page lxii).

Jews went into exile again, some to Babylon, others to Egypt, yet others to Rome and other parts of the Mediterranean and beyond. A rabbinic midrash,* commenting on Jacob's dream of a ladder stretching from earth to heaven with angels ascending and descending, interprets it as a reference to the empires that would conquer Jacob's children. He saw the angels of Babylon, the Medes and Persians, and Greece rise and then come down, but the angel of Rome kept rising, showing no sign of decline, and Jacob was afraid. This was an exile seemingly without end.

For the first time we hear a note of absolute despair. In the wake of the Hadrianic persecutions that followed the defeat of Bar Kokhba, we find the following statement in the Talmud: "By rights we should issue a decree that no Jews should get married and have children, so that the seed of Abraham might come to an end of its own accord" (*Bava Batra* 60b). Rarely before and rarely since have such words been said, let alone recorded in one of Judaism's canonical texts.

Yet despair did not prevail. From Babylon in Talmudic or early post-Talmudic times, we begin to hear of a new custom, of saying at the beginning of the Seder service in Aramaic: "This is the bread of oppression our fathers ate in the land of Egypt. Let all who are hungry come in and eat; let all who are in need come and join us for the Pesaḥ. Now we are here; next year in the land of Israel. Now – slaves; next year we shall be free." As if to say: yes, we are in exile again. But we have been here before, and we have returned before. Next year.

---

*   *Vayikra Raba, Emor* 29.

The centuries passed. Then came the 1860s and the childhood of a young member of a highly assimilated family in Austro-Hungary, Theodor Herzl. Previously, in the atmosphere of European nationalism and the unification of Italy, rabbis like Zvi Hirsch Kalischer and Yehuda Alkalai had to begun to advocate a return to Zion. Moses Hess, a secular Jew and one-time companion of Karl Marx, had found himself drawn back to the fate of his people by the Damascus blood libel of 1841, and he too had become a Zionist. Herzl knew none of this at the time, but in later life, he recalled the following childhood dream:

> One night, as I was going to sleep, I suddenly remembered the story of the exodus from Egypt. The story of the historical exodus and the legend of the future redemption, which will be brought about by King Messiah became confused in my mind... One night I had a wonderful dream: King Messiah came... On one of the clouds we met the figure of Moses... and the Messiah... turned to me: "Go and announce to the Jews that I will soon come and perform great miracles for my people and for the whole world."*

Herzl's parents had given him little Jewish instruction and he grew up to be somewhat dismissive of religion. But this he knew: that once there was an exodus and there would be again.

At the end of the Second World War, as in Moses' day, the Jewish people had barely survived attempted genocide. As the scale of the Final Solution became clear, the Jewish people were closer to Ezekiel's vision than ever before. A third of them had become a valley of dry bones. Now in a last-ditch effort to restore to the Jewish people its ancient, ancestral home, David Ben Gurion stood to address the United Nations Commission charged with deciding the fate of the land to which Moses had led his people those many centuries before. If it voted for partition, then in effect the United Nations would be deciding to bring into being the modern State of Israel, restoring sovereignty to the people that had lost it two thousand years earlier. Ben Gurion must have known that it was the

---

* Quoted in T. Herzl, *The Jewish State* (Borgo Press, 2008), intro. Alex Bein, 17.

◄ most

most important speech of his life and that the fate of the Jewish people rested on its outcome. In the course of his remarks he said this:

> Three hundred years ago a ship called the Mayflower set sail to the New World. This was a great event in the history of England. Yet I wonder if there is one Englishman who knows at what time the ship set sail? Do the English know how many people embarked on this voyage? What quality of bread did they eat? Yet more than 3,300 years ago … the Jews left Egypt. Every Jew in the world, even in America or Soviet Russia knows on exactly what day they left – the fifteenth of the month of Nisan – and everyone knows what kind of bread the Jews ate."*

The United Nations voted, with the requisite majority, for partition. Seven months later the State of Israel was reborn. The third exodus had taken place.

The narrative arch is vast, from the banks of the Jordan to Babylon to Austro-Hungary to the United Nations in New York, spanning more than half the history of civilization. Yet the Pesaḥ story lived on, time and again rescuing a people from despair.

There is no proof of hope, no scientific theory on which it can be grounded, no compelling, unequivocal historical evidence that the human story is destined to end well. The optimistic reading, which used to be called the Whig theory of history, was dealt a catastrophic blow in the twentieth century: two world wars, a hundred million deaths, and two evil empires, the Third Reich and the Soviet Union, as bestial as any the world has ever known. The end of the Cold War and the fall of the Berlin Wall led to vicious ethnic conflict in Bosnia, Kosovo, Chechnya and elsewhere. The "Arab Spring" of 2011 has not, as I write, yet led to the spread of freedom, civil rights and the rule of law in the Middle East. There is no straight inference from the past to optimism about the human future. But there are grounds for hope: the story of Israel, its exiles, its exoduses, its survival against the odds, its refusal to despair.

---

* Quoted in Lawrence Hoffman, *Israel: A Spiritual Travel Guide* (Woodstock, VT: Jewish Lights, 2005), 114–15.

◀ Israel's

Israel's existence has never been easy: not in biblical times and not today. It has always been a small country surrounded by large empires, without the natural resources, the wealth, the landmass or the demographic strength ever to become, in worldly terms, a superpower. All it had, then and now, was the individual strength and resourcefulness of its people – that and its faith and way of life. The relationship between God and the Jewish people has been fraught. There were times when the people turned away from God. There were times when God "hid His face" from the people. But the name "Israel" itself, according to the Torah (Gen. 32:28), means one who wrestles with God and with man and prevails. We never stop wrestling with God, nor He with us.

Reading the story of the exodus against the history of the Jewish people through the ages, one thing shines with greater intensity than all others: the way that monotheism confers dignity and responsibility on the individual, every individual equally. There is no hierarchy in heaven; therefore there is, ideally, no hierarchy on earth. We are each called on to be holy, to be knowledgable like priests, visionary like prophets, willing to fight battles like kings.

The ideal society is one formed by covenant, in which we each accept responsibility for the fate of the nation. That is not democracy in the Greek sense, which is about government and power. It is about society as a moral enterprise. It is about freedom-as-responsibility, not freedom-as-autonomy. It is, as John Locke put it, about liberty, not license. It is about freedom as the collective achievement of a people who know what it tastes like to eat the bread of affliction and know also that a society of everyone-for-himself is less like the route to the Promised Land than like the way back to Egypt. It is a difficult freedom, but it is one worth having.

Societies where everyone is valued, where everyone has dignity, where there may be economic differences but no class distinctions, where no one is so poor as to be deprived of the essentials of existence, where responsibility is not delegated up or down but distributed throughout the population, where children are precious, the elderly respected, where education is the highest priority, and where no one stands aside from their duties to the nation as a whole – such societies are morally strong even if they are small and outnumbered. That is the Jewish faith. That is what Israel, the people, the land and their story mean.

◄ There is

There is one passage missing from the Haggada that, perhaps, deserves to be reinstated. It occurs at the point where Rabbi Elazar ben Azaria has compared himself to a seventy-year-old man (the burdens of leadership made his hair turn gray overnight [*Berakhot* 28a]) but he never understood until now why we must mention the exodus from Egypt at night until Ben Zoma explained it to him. Ben Zoma inferred it from the phrase, "so that you may remember the day of your exodus out of Egypt *all* the days of your life." The word "all," says Ben Zoma, comes to include nights. Not so, said the sages. It comes to include the messianic age.

There the text breaks off. It is, in fact, an extract from the Mishna. However, the Talmud (*Berakhot* 12b) tells us how the conversation continued. Ben Zoma said to the sages: Will we remember the going out of Egypt in the messianic age? Did not the prophet Jeremiah say otherwise? For he said, "The days are coming – declares the LORD – when people will no longer say, 'As surely as the LORD lives, who brought the Israelites up out of Egypt,' but they will say, 'As surely as the LORD lives, who brought the descendants of Israel up out of the land of the north and out of all the countries where He had banished them.' Then they will live in their own land" (Jer. 23:7–8). The sages concurred, adding simply that when that time comes we will still remember the exodus from Egypt, even though we will have another and larger exodus for which to thank God.

So it has come to pass, and it is wondrous in our eyes. There are stories that change the world, none more remarkable than that of Pesaḥ, the master-narrative of hope.

7. The Omer: Three Studies

Pesaḥ, as befits a celebration of beginnings, is not only a self-contained festival in its own right. It also looks forward. It is the start of a journey through space and time. Hence the command, associated with the bringing of the grain offering known as the Omer, to *count time*, numbering the days and weeks until the next festival, Shavuot. The following three essays are about this command. The first is about a famous controversy that arose between different Jewish groups in the late Second Temple period. The second is about a later disagreement, in the era of the Geonim (c.589–1038). The third is about the post-Talmudic custom to mark this time, or at least a major portion of it, as a period of collective mourning.

◀ New Light

NEW LIGHT ON AN OLD CONTROVERSY

One feature of Pesaḥ occasioned intense controversy between the various factions in the Second Temple period and in early medieval Jewish life. It concerned the offering known as the Omer and the count it initiated to the next festival, Shavuot. Here is the law as stated in Leviticus:

> When you enter the land which I am giving you, and you harvest its grains, you shall bring the first omer measure of your harvest to the priest. He shall wave the omer in the presence of the LORD so that it may be accepted from you; the priest shall wave it on the day following the [Pesaḥ] rest day… And you shall count seven complete weeks from the day following the [Pesaḥ] rest day, when you brought the omer as a wave-offering. To the day after the seventh week you shall count fifty days. Then you shall present a meal-offering of new grain to the LORD. (Lev. 23:10–11, 15–16)

The passage raises obvious questions. What did the Omer offering signify? What did it have to do with Pesaḥ, or for that matter with Shavuot? Why the counting of the days between, something we do not find in connection with any other festival?

The real historical controversy however, and it was prolonged and acrimonious, was about the phrase "the day following the [Pesaḥ] rest day." What does this mean? If we translate *moḥorat haShabbat* as "the day following the Sabbath," then the plain sense is Sunday. But which Sunday? And why? And did it really mean Sunday here? There are after all two cycles of time in the Jewish year. There is weekly time, determined by the cycle of seven days culminating in the Sabbath, set by God Himself in the act of creation. And there is monthly time, entrusted by God in His first command to the Israelites themselves (Ex. 12:2), to determine the calendar in a complex synthesis between the sun that gives rise to seasons and the moon that gives rise to months. So the reference to the Sabbath in the context of Pesaḥ and Shavuot seems discordant, a confusion of two time modes – God's time (the Sabbath) and Israel's time (the festivals).

There was a tension here and it highlighted the deep schisms in Jewish life in the late Second Temple period between Pharisees on the one hand, and other groups like the Boethusians, Sadducees, Samaritans and the

Qumran sect on the other. Later in the period of the Geonim, from the eighth century onward, a similar controversy arose between the followers of the rabbis and the Karaites. The Pharisees and the rabbis held, as we do, that there is an Oral tradition, the *Torah Shebe'al Peh*, of equal authority with the Torah's written text, the *Torah Shebikhtav*. That tradition said that "the day following the rest day" meant "the day after the first day of the festival," which, being a day of rest, could also be called Shabbat.

The other groups, denying the oral tradition, held that the word "Shabbat" was to be construed literally. For them the Omer was offered on a Sunday, and Shavuot would fall on Sunday seven weeks later. The Boethusians, Sadducees and Karaites understood the phrase to mean "the day after the Shabbat *during* Pesaḥ." The Qumran sect understood it to refer to the Shabbat *after* Pesaḥ. The Jews of Ethiopia held a fourth view, understanding it to mean the last day of the festival, so for them Shavuot fell six days later than for the Pharisees and rabbis. The result was chaos: different groups celebrating a major festival on different days.

Almost certainly the controversy arose because of an ambiguity that developed in post-biblical Judaism. Two concepts that in the Torah are quite distinct became blurred: the word *Pesaḥ* and the phrase *Ḥag HaMatzot*, "the festival of unleavened bread." *Pesaḥ* in the Torah refers to the fourteenth day of Nisan, on the afternoon of which the Paschal offering (the Pesaḥ) was brought. *Ḥag HaMatzot* is the name of the seven-day festival that begins the next day, on the fifteenth of Nisan (see Lev. 23:5–6). Pesaḥ itself was not a day of rest, but the first day of *Ḥag HaMatzot* was (Lev. 23:7). That is why in this chapter, Leviticus 23, the Torah uses the phrase "the day after the Sabbath," meaning "the day after the day of rest," to make it clear that it does *not* mean, "the day after Pesaḥ," that is, the day after the fourteenth, but rather, "the day after the fifteenth, which is a day of rest." Only in post-biblical usage, when Pesaḥ began to be used as a synonym for *Ḥag HaMatzot*, did the confusion, and thus the controversy, arise.

Why, though, did it take the shape it did? I will argue in this essay that a different issue was at stake than the authority of the Oral Law. But first, though, the count itself. What did it represent? There were two types of approach, depending on whether we understand the festivals seasonally or historically. Historically Pesaḥ was the anniversary of the exodus,

Shavuot the anniversary of the giving of the Torah on Mount Sinai.* On this reading, the counting of days has to do with the journey between Egypt and Sinai, between liberation on the one hand and the making of the covenant – the constitution of liberty – on the other. The count is a way of marking the significance of this key seven-week journey, italicizing time for emphasis.

The rationalist and mystical traditions, in the form of Maimonides and the *Zohar*, understood this in their respective ways. For Maimonides** it was a counting-to. The Israelites keenly anticipated their encounter with God at Sinai and counted the days as they traveled to the destination. For the *Zohar* it was a counting-from. The Israelites, defiled by their long stay in Egypt, were engaged in a process of purification.***

The festivals, though, also have a seasonal dimension, relating to the agricultural year. The Omer was an offering of the first produce of the barley harvest. It was this that allowed the people to eat from the new produce of the field: until then it was forbidden to do so. The following seven weeks were the most intensive time of the farmer's year, the period of the grain harvest, culminating in Shavuot with its offering of two loaves of bread made of leavened wheat.

From this perspective, counting the days had to do with the extended period of the grain harvest. It was a way of praying for a good crop (Abudraham), or of giving thanks for God's blessings in the fields (Sforno). Probably it was both. There is a further theory that the counting was necessary because people were in the fields, away from the town. There was a danger that people might forget when the festival was due. Hence the count so as not to lose track of the fact that Shavuot was imminent (*Roke'aḥ*).

---

*   Note, however, that the association of Shavuot and the giving of the Torah at Sinai is nowhere mentioned in Tanakh. This too is part of the oral tradition.

**   *The Guide for the Perplexed*, 3:43.

***   *Zohar, Emor* 97a. This difference neatly coincides with two other commands of counting in Jewish law. A *nidda*, a woman who has menstruated, counts the days until she can become purified again – a counting-from (Lev. 15:28). And in biblical times the court counted the seven cycles of seven years to the Jubilee – a counting-to (Lev. 25:8). The former corresponds to the *Zohar*'s reading of the Omer count, the latter to Maimonides' interpretation.

◄ To return

To return now to the phrase "the day following the rest day": those who understood it literally as Sunday had some compelling arguments in their favor. First, that is what the phrase usually means. If the Torah meant, as the Pharisees said, "the day after the first day of the festival," why did it not say so? Besides which, only by starting the count on the first day of the week does a count of forty-nine days yield "seven complete weeks" in the usual sense, namely a seven-day period beginning on Sunday and ending on Shabbat. One Boethusian reported in the Talmud (*Menaḥot* 65a) offered a third and touchingly human consideration. Moses, he said, was "a lover of Israel." Realizing that after seven exhausting weeks in the field, farmers would be tired, Moses (or rather, God) had compassion on them and gave them a festival that immediately followed Shabbat – in other words a long weekend!

However there is a further reason, not mentioned in the Talmudic sources but clearly hovering in the background. The word "Omer," in addition to meaning "sheaf," has a highly significant connotation in the context of the exodus. It was the measure of the manna that fell for the Israelites when they had exhausted the matza they had brought with them from Egypt. The Torah (Ex. 16:1–18) tells us that the food ran out, the people were starving, they complained to Moses and God sent them the manna, one of whose miraculous properties was that however much people collected they always found that they had an Omer's quantity (one tenth of an ephah).

This suggests that the Boethusians and other sectarians may have had a specific historical understanding of the Omer. It was a way of remembering the manna itself – the bread of freedom they ate in the wilderness once the unleavened bread of affliction had been consumed. This is not absurd: still today we observe the custom of having two loaves of bread on Shabbat to recall the double portion of manna that fell on Friday in honor of Shabbat. If this is so then the Boethusians would have had another and yet more powerful argument to deploy in their debate with the Pharisees: *the manna first fell on a Sunday*! On this even the Talmud, the classic text of rabbinic Judaism, agrees.* That, the Boethusians might

---

*   *Shabbat* 87b; Rashi to Exodus 16:1.

◂ have argued

have argued, is why the Omer is always offered on Sunday since it recalls the manna that first fell on Sunday.

The mention of manna, however, brings us to one of the simplest and most compelling arguments against the Boethusians. It is given by Maimonides.* He refers to the passage in the book of Joshua that we read as the Haftara for the first day of Pesaḥ:

> The children of Israel camped at Gilgal and they made the Pesaḥ offering on the fourteenth day of the month in the evening, on the plains of Jericho. They ate of the produce of the land on the day after the Pesaḥ, matzot and roasted grain, on that very day. And the manna ceased [to come down] the next day, when they ate of the produce of the land, and the children of Israel no longer had manna; they ate of the crops of the land of Canaan that year. (Josh. 5:10–12)

Here we see the Israelites eating from the new produce "the day after the Pesaḥ [*mimoḥorat haPesaḥ*]," not "the day after the Sabbath." New produce may only be eaten after the Omer has been brought. Clearly then the Omer was brought on the day after the festival, rather than on a Sunday. The proof is impressive.** But Maimonides is implicitly telling us something more. *The offering of the Omer recalls not the beginning but the end of the manna.* If this is so, the implications are immense.

The differences between the manna and the new produce of the land, the food Joshua and his contemporaries were the first to eat, were these:

1. The manna came from the wilderness, the new grain from the land of Israel.
2. The manna was in many respects miraculous, the new grain was not.

---

* *Mishneh Torah*, Laws of Daily and Additional Offerings 7:11. See also Ibn Ezra to Leviticus 23:11; Judah HaLevi, *Kuzari*, III:41.

** Note, however, Ibn Ezra's critique of this proof in his commentary to Leviticus 23:11.

◄ 3. The manna

3. The manna was the gift of God; the new grain involved the work of humans, farmers.*

4. The manna is described in the Torah as "bread from heaven" (Ex. 16:4); the new grain is "bread from the earth" (Ps. 104:14).

5. The manna was, according to Rabbi Akiva, "bread that the angels eat" (*Yoma* 75b). The Omer, brought from barley, was coarse food, sometimes the feed of animals.

The manna was special. The Israelites did not have to work for it. There was no plowing and planting and tending and reaping. It was God's gift; it fell from the sky. New manna appeared every day and all they had to do was collect it. Entering the land must have seemed in one sense a disappointment, an entry into the prosaic quotidian world of labor in the fields and waiting anxiously to see whether the harvest would be a good one or whether it would be ruined by drought as often happened in the land of Israel.

Judaism, though, has historically and from the outset taken a different view of the world of work. It contains a deep polemic against the idea of a leisured class, and a strong sense of the dignity of labor. God Himself, in Genesis 2, plants a garden and fashions the first human from the earth. The first man is charged with serving and protecting the garden. "Sweet is the sleep of a laboring man," says Ecclesiastes (5:11). "When you eat the fruit of your labor, happy and fortunate are you," says the Psalm (128:2). The vision of happiness in the prophets is "each man under his vine and his fig tree" (Mic. 4:4).

Flay carcasses rather than be dependent on others, said the third-century Amora Rav (*Pesaḥim* 113a). Someone who does not engage in *yishuv ha'olam*, constructive work, is invalid as a witness in Jewish law (*Sanhedrin* 24b). Rabbi Yehoshua said of the nasi Rabban Gamliel, "Woe to the generation that has you as a leader," since you do not understand people's struggle to earn a livelihood (*Berakhot* 28a). Work is a source of dignity and self-respect. Dependence is the opposite. As we say in

---

* To be sure, the grain the Israelites ate at Gilgal in the days of Joshua was not the result of the Israelites' work but that of the Canaanites. Nonetheless it represented the fruit of human labor, which in the future would be that of the Israelites themselves.

◄ the Grace

the Grace after Meals, "Do not make us dependent on the gifts or loans of other people... so that we may suffer neither shame nor humiliation." Jewish mysticism coined the phrase *nahama dekisufa*, "the bread of shame," for food you receive from others without having to work for it.

Work is dignity. Work without cease, however, is slavery. *Parekh*, the term used to characterize the labor the Egyptians imposed on the Israelites, probably means: work without rest and without an end in sight.[*] That is why Shabbat is central to the project of constructing a world that is not Egypt. Keep Shabbat, said Moses in the second iteration of the Ten Commandments, in Deuteronomy, so that "Your male and female slaves may rest as you do. Remember that you were slaves in Egypt... It is for this reason that the LORD your God has commanded you to observe the Sabbath day" (Deut. 5:13–14). Freedom does not mean not working. It means the ability to stop working. Shabbat is the first taste of freedom. That is why the first day of Pesaḥ is described in the Torah as Shabbat.

What is the larger significance of the phrase *moḥorat haShabbat*, "the day following the rest day"? To understand this we have to go back to the story of creation itself. In six days God created the world, and on the seventh He rested. As the sages read the text, dovetailing the two accounts in Genesis 1 and 2–3, God created the first humans on the sixth day. That same day they sinned and were sentenced to exile from the garden. God granted them one complete day in paradise, Shabbat itself. Immediately after Shabbat they left Eden for the darkness of the world. God however made them "garments of skin" (read in the school of Rabbi Meir of the Mishna as "garments of light")[**] and, according to rabbinic tradition, taught them how to make fire, which is why we make a blessing over light in *Havdala*, the service to mark the end of Shabbat (Yerushalmi, *Berakhot* 8:5). Again, this has far-reaching implications. *On Shabbat we celebrate the world God creates. The day after Shabbat is when we celebrate the world we create.* The phrase *moḥorat haShabbat* is a metaphor for human endeavor and achievement – the space God makes for us.

The argument between the Boethusians and the Pharisees now takes on a completely new dimension. It is generally argued by scholars that the

---

[*]   Ex. 1:13, 14; normally translated as "with rigor"; *Sifra, Behar* 6:6.
[**] Genesis 3:21; *Bereshit Raba* 20:12.

◀ Sadducees

Sadducees and Boethusians were an elite. They were either priests in the Temple or officials or landowners, as close as Judaism came to a leisured class. The sectarians at Qumran were an elite community who had turned their backs on society as a whole. The Pharisees were, as far as we can tell, largely made up of the working class. Certainly the image we have of figures like Hillel, Rabbi Akiva, Rabbi Yehoshua and others, is that they were poor but refused to live on charity. It is to them that we owe many of the key rabbinic statements about the importance of independence and of working for a living.

We can now hypothesize that for the Boethusian, Sadducees and sectarians, the event we would wish to memorialize is the first falling of the manna. This was holy, miraculous, spiritual, the gift of God, bread from heaven that fell through no earthly labor. This, the bread that first fell on Sunday, is what we recall when we offer the Omer, whose dimensions (one tenth of an ephah) are precisely those of the manna itself.

For the Pharisees the complete opposite was the case. As long as the Israelites were completely dependent on God they were querulous, ungrateful, rebellious, and immature. That is what dependence does. It arrests the growth of character. The one time the Israelites achieved their real dignity was when they labored together to build the Tabernacle. They worked; they gave of their time and skills and possessions. There was harmony. They gave so much that Moses had to say, Stop. That was their true apprenticeship in liberty.

The supreme moment of religious achievement came when, no longer homeless nomads, they entered the land God had promised Abraham. The first moment they ate of its produce was the first taste of that long-delayed fulfillment. Each year that moment was recaptured in a single symbolic moment: the first produce of the grain harvest. This was the dream finally made real: a holy people working the land God had called holy – at last, His partners in the work of creation. The land was His, the labor was theirs; the rain was His, the grain was theirs. They had sown in tears; now they were reaping in joy. And though the grain was coarse – barley – and though it was entirely non-miraculous, coming from earth not heaven, it was precious in their eyes because it was precious in God's eyes. It was the humble symbol of the-day-after-Shabbat, the first day of

◄ human

human creation after the seven days of God's creation. They had received so much from God. Now God had given them the greatest gift of all – the ability to give Him a gift. What mattered was not that it was refined like the finest wheat flour (that came later, in the two loaves of Shavuot) but that it was the work of their hands.

Now, too, we can understand the significance of counting the days. Genesis 1 describes divine creation. God said "Let there be light," and there was light. For God there is no delay between conception and execution, the idea and the fact. For humans, however, there is a delay. It is the ability to endure the delay that makes all human creative achievement possible. It takes time to become a farmer, to learn how to plow and plant and tend. It takes time to become anything worth becoming.

A slave never learns this. He or she lives in the moment. The master commands, the slave carries out the task. The slave does not have to worry about long-term risks and consequences. In this sense, the manna the Israelites ate in the wilderness was not yet the bread of freedom, for it involved no time consciousness. It fell each day; it had to be eaten each day; with the exception of Friday it could not be kept for the morrow. The Israelites ate it the way slaves eat their daily subsistence diet. It had the taste of holiness but not yet the taste of freedom. A free human being has to learn the art of time that goes with risk-taking and creation. He or she has to acquire skill and wisdom, patience and the ability to persist through many failures without giving way to despair. The fundamental lesson of the wilderness years, as Maimonides emphasizes in *The Guide for the Perplexed* (3:32), is the time it takes for erstwhile slaves to acquire the mental and emotional habits of free and responsible human beings. In the case of the Israelites it took a generation.

The mark of a free human being is the ability to count time, to endure a lengthy delay between the start of a journey and its completion. "Teach us rightly to number our days," says the psalm, "that we may gain a heart of wisdom" (Ps. 90:12). Counting the days, without impatience or attempting shortcuts, is the precondition of all creative endeavor – and at the heart of the Pharisees' and rabbis' creed is the belief that the God of creation wants us to be creative rather than be dependent on the creativity of others. There were some who believed otherwise: the

◂ wealthy

wealthy Sadducees, the apocalyptic desert dwellers of Qumran, mystics like Rabbi Shimon bar Yoḥai who at one stage apparently believed that the words, "you shall gather in your grain, wine and oil" were not a blessing but a curse and who viewed with contempt those who plowed fields (*Berakhot* 35b; *Shabbat* 33b). But these were voices at the margins. The mainstream held otherwise.

The Omer is the immensely powerful symbol of an offering from the first fruits of the humanly planted and reaped grain, brought on the anniversary of the day the "bread from heaven" ceased and "bread from the land" of Israel began. Coarse and unsophisticated, yet the combined work of land and rain from God and labor from man – partners in the work of creation. The journey to freedom begins on Pesaḥ with *HaShabbat* "the rest day," the first taste of freedom, which is knowing that you do not have to work without cease. But immediately, on the second day, it passes to "the day following the rest day," the world of human work, the day on which Adam and Eve left paradise to make their way in the world, a task full of difficulties and threats, yet one in which they were robed, in Rabbi Meir's lovely phrase, in "garments of light." You do not have to live in Eden to be bathed in divine light. Work that is creative is not the work of slaves. But it requires one discipline: the art of counting time or as Freud put it, the ability to defer the gratification of instinct. Indeed most of Jewish law is a form of training in the art of disciplining and deferring the gratification of instinct.

So the argument about the Omer and its significance was a deep one and not just one about the authority of the Oral Law. It was about the nature of the religious life. Does God want us to be involved with society, contributing to it and being creative within it, or is that for others, not for us? It is fair to say that the argument has not yet ceased. This side of the end of days, perhaps it never will.

TWO CONCEPTS OF TIME

More minor, but in its way no less interesting, is the disagreement that arose between two of the great sages of the period of the Geonim (sixth to tenth century) on a seemingly minor detail of the command to count the Omer. The Torah states the law in the following terms:

◀ And you shall

> And you shall count seven complete weeks from the day following the [Pesaḥ] rest day, when you brought the omer as a wave-offering. To the day after the seventh week you shall count fifty days. Then you shall present a meal-offering of new grain to the LORD. (Lev. 23:15–16)

The following question arose: What is the law for someone who forgets to count one of the forty-nine days? May he continue to count the remainder, or has he forfeited the entire commandment for that year? There were two sharply contrasting views. According to the *Halakhot Gedolot* (a work usually attributed to Rabbi Shimon Kayyara, first half of the ninth century) the person has indeed forfeited the chance to fulfill the command. According to Rav Hai Gaon he has not. He continues to count the remaining days, unaffected by his failure to count one of the forty-nine (see *Tur*, OḤ 489).

How are we to understand this disagreement? According to the *Halakhot Gedolot*, the key phrase is "seven full [*temimot*, i.e. complete] weeks." One who forgets a day cannot satisfy the requirement of completeness. On this view, the forty-nine days constitute a single religious act, and if one of the parts is missing, the whole is defective. It is like a Torah scroll: if a single letter is missing, the entire scroll is invalid. So, too, in the case of counting days.

According to Rav Hai Gaon however, each day is a separate command – "You shall count fifty days." Therefore, if one fails to keep one of the commands, that is no impediment to keeping the others. If, for example, one fails to pray on a given day, that neither excuses nor prevents one from praying on subsequent days. Each day is a temporal entity in itself, unaffected by what happened before or after. The same applies to the Omer. Forgetting one day does not invalidate the others.

The final law mediates between these two opinions. Out of respect for Rav Hai, we count the subsequent days, but out of respect for the *Halakhot Gedolot* we do so without a blessing – an elegant compromise (*Terumat HaDeshen*, 37).

We might, before moving on, note one salient fact. Usually in the case of a dispute about Jewish law, the doubt lies in us, not in the biblical text. God has spoken, but we are not sure what the words mean. In the case of

counting the Omer, however, the doubt lies *within the biblical text itself.*
Unusually, the command is specified in two quite different ways:

1. "Count seven complete weeks"
2. "Count fifty days"

There is a view that this dual characterization signals two distinct commands, to count the days, and to count the weeks (Abaye in *Menaḥot* 66a). However, as we have seen, it also suggests two quite different ways of understanding the counting itself – as a single extended process (*Halakhot Gedolot*) or as fifty distinct acts (Hai Gaon). This duality was not born in the minds of two halakhic authorities. It is there in the biblical text itself.

Within Judaism there are two kinds of time. One way of seeing this is in a Talmudic story about two of the great sages of the Second Temple period, Hillel and Shammai:

> They used to say about Shammai the elder that all his life he ate in honor of the Sabbath. So, if he found a well-favored animal he would say, "Let this be for the Sabbath." If he later found a better one, he would put aside the second for the Sabbath and eat the first. But Hillel the elder had a different approach, for all his deeds were for the sake of heaven, as it is said, "Blessed is my LORD for day after day" (Ps. 68:20). It was likewise taught: The school of Shammai say, From the first day of the week, prepare for the Sabbath, but the school of Hillel say, "Blessed is my LORD for day after day." (*Beitza* 16a)

Shammai lived in teleological time, time as *a journey toward a destination.* Already from the beginning of a week, he was conscious of its end. We speak, in the *Lekha Dodi* prayer, of the Sabbath as "last in deed, first in thought." Time, in this view, is not a mere sequence of moments. It has a purpose, a direction, a destination.

Hillel, by contrast, lived each day in and for itself, without regard to what came before or what would come after. We speak in our prayers of God who "in His goodness, continually renews the work of creation, day after day" (page 472). From this perspective, each unit of time is a separate entity. The universe is continually being renewed. Each day is a

◄ a universe

universe; each has its own challenge, its task, its response. Faith, for Hillel, is a matter of taking each day as it comes, trusting in God to give the totality of time its shape and direction.

The dispute is strikingly similar to the more recent disagreement about the nature of light. Is it a continuous wave or a series of discrete particles? Paradoxically, it is both, and this can be experimentally demonstrated.

The argument, however, goes deeper. Much has been written by historians and anthropologists about two distinctive forms of time consciousness. Ancient civilizations tended to see time as a circle – *cyclical time*. That is how we experience time in nature. Each day is marked by the same succession of events: dawn, sunrise, the gradual trajectory of the sun across the sky to its setting and to nightfall. The year is a succession of seasons: spring, summer, autumn and winter. Life itself is a repeated sequence of birth, growth, maturity, decline and death. Many of these moments, especially the transition from one to another, are marked by religious ritual.

Cyclical time is time as a series of eternal recurrences. Beneath the apparent changes, the world remains the same. The book of Ecclesiastes contains a classic statement of cyclical time:

> Generations come and generations go, but the earth remains forever. The sun rises and the sun sets, and hurries back to where it rises... All streams flow into the sea, yet the sea is never full. To the place the streams come from, there they return again... What has been will be again, what has been done will be done again; there is nothing new under the sun. (Eccl. 1:4–9)

In Judaism, priestly time is cyclical time. Each part of the day, week and year has its specific sacrifice, unaffected by what is happening in the world of historical events. Halakha – Jewish law – is priestly in this sense. Though all else may change, the law does not change. It represents eternity in the midst of time.

In this respect, Judaism did not innovate. However, according to many scholars, a quite new and different form of time was born in ancient Israel. Often, this is called linear time. I prefer to call it *covenantal time*. The Hebrew Bible is the first document to see time as an arena of

◄ change

change. Tomorrow need not be the same as yesterday. There is nothing given, eternal and immutable about the way we construct societies and live our lives together.

Time is not a series of moments traced on the face of a watch, always moving yet always the same. Instead it is a journey with a starting point and a destination, or a story with a beginning, middle and end. Each moment has a meaning, which can only be grasped if we understand where we have come from and where we are going to. This is time not as it is in nature but as it is in history. The Hebrew prophets were the first to see God in history.

A prophet is one who sees the future in the present, the end already implicit in the beginning. While others are at ease, he foresees the catastrophe. While others are mourning the catastrophe, he can already see the eventual consolation. There is a famous example of this in the Talmud. Rabbi Akiva is walking with his colleagues on Mount Scopus when they see the ruins of the Temple. They weep. He smiles. When they ask him why he is smiling, he replies: Now that I have seen the realization of the prophecies of destruction, shall I not believe in the prophecies of restoration? (*Makkot* 24b). Rabbi Akiva's companions see the present; he sees the future-in-the-present. Knowing the previous chapters of the story, he understands not only the current chapter, but also where it leads to. That is prophetic consciousness – time as a narrative, time not as it is in nature but in history, more specifically in covenant history, whose events are determined by free human choices but whose themes have been set long in advance.

If we look at the festivals of Judaism – Pesaḥ, Shavuot and Sukkot – we see that each has a dual logic. On the one hand, they belong to cyclical time. They celebrate seasons of the year – Pesaḥ is the festival of spring, Shavuot of first-fruits, and Sukkot of the autumn harvest.

However, they also belong to covenantal/linear/historical time. They commemorate historic events. Pesaḥ celebrates the exodus from Egypt, Shavuot the giving of the Torah, and Sukkot the forty years of wandering in the wilderness. It follows that the counting of the Omer also has two temporal dimensions.

It belongs to cyclical time. The forty-nine days represent the period of the grain harvest, the time during which farmers had most to thank God for – for "bringing forth bread from the earth." Thus understood, each

◀ day of

day of the counting is a separate religious act: "Blessed is my LORD for day after day." Each day brought forth its own blessing in the form of new grain, and each therefore called for its own act of thanksgiving. This is time as Hillel and Rav Hai Gaon understood it. "Count fifty days" – each of which is a command in itself, unaffected by the days that came before or those that will come after.

But the Omer is also part of historical time. It represents the journey from Egypt to Sinai, from exodus to revelation. This, in the biblical worldview, is an absolutely crucial transition. The late Sir Isaiah Berlin spoke of two kinds of freedom, negative liberty (the freedom to do what you like) and positive liberty (the freedom to do what you ought). Hebrew has two different words for these different forms of freedom: *ḥofesh* and *ḥerut*. *Ḥofesh* is the freedom a slave acquires when he no longer has a master. It means that there is no one to tell you what to do. You are master of your own time.

This kind of freedom alone, however, cannot be the basis of a free society. If everyone is free to do what they like, the result will be freedom for the strong but not the weak, the rich but not the poor, the powerful but not the powerless. A free society requires restraint and the rule of law. There is such a thing as a constitution of liberty. That is what the Israelites acquired at Mount Sinai in the form of the covenant.

In this sense, the forty-nine days represent an unbroken historical sequence. There is no way of going directly from escape-from-tyranny to a free society. The attempt to do so only results in a new form of tyranny (sometimes the "tyranny of the majority" as Alexis de Tocqueville called it). In human history prophetically understood, time is an ordered sequence of events, a journey, a narrative. Miss one stage, and one is in danger of losing everything. This is time as *Halakhot Gedolot* understood it: "Count seven complete weeks," with the emphasis on "complete, full, unbroken."

Thus, both forms of time are present in a single mitzva – the counting of the Omer – as they are in the festivals themselves.

We have traced, in the argument between the two authorities of the period of the Geonim, a deeper duality, going back to Hillel and Shammai, and further still to the biblical era and the difference, in their respective forms of time-consciousness, between priests and prophets. There is

the voice of God in nature, and the call of God in history. There is the word of God for all time, and the word of God for *this* time. The former is heard by the priest, the latter by the prophet. The former is found in halakha, Jewish law; the latter in *aggada*, Jewish reflection on history and destiny. God is not to be found exclusively in one or the other, but in their conversation and complex interplay.

There are aspects of the human condition that do not change, but there are others that do. It was the greatness of the biblical prophets to hear the music of covenant beneath the noise of events, giving history its shape and meaning as the long, slow journey to redemption. The journey *has* been slow. The abolition of slavery, the recognition of human rights, the construction of a society of equal dignity – these have taken centuries, millennia. But they happened only because people learned to see inequalities and injustices as something other than inevitable. Time is not a series of eternal recurrences in which nothing ever ultimately changes. Cyclical time is deeply conservative; covenantal time is profoundly revolutionary. Both find their expression in the counting of the Omer.

Thus an apparently minor detail in Jewish law turns out, under the microscope of analysis, to tell us much about the philosophy and politics of Judaism – about the journey from liberation to a free society, and about time as the arena of social change. The Torah begins with creation as the free act of the free God, who bestows the gift of freedom on the one life-form that bears His image. But that is not enough. We must create structures that honor that freedom and make it equally available to all. That is what was given at Sinai. Each year we retrace that journey, for if we are not conscious of freedom and what it demands of us, we will lose it. To see God not only in nature but also in history – that is the distinctive contribution of Judaism to Western civilization, and we find it in one of the most apparently minor commands: to count the days between negative and positive liberty, from liberation to revelation.

SURVIVING GRIEF

Beginning in the period of the Geonim, from the eighth century onward, we find the period of the Omer given a character it had not had before, as a time of mourning. The customs developed not to celebrate a wedding

◄ during

during this period, or have a haircut.* The earliest sources speak of this applying to the whole of the Omer period with the exception of *Lag BaOmer*, the thirty-third day. Later sources speak of thirty-three days of mourning only, but here customs start to diverge. Sephardim – the Jews of Spain and Portugal, as well as the majority of those in Israel – observe the period from Pesaḥ to *Lag BaOmer* (*Shulḥan Arukh*, OḤ 493:2), while Ashkenazi communities begin the ban on weddings and haircuts after Rosh Ḥodesh Iyar (Rema ad loc. 493:3).

The custom of mourning during the Omer is not mentioned in the Talmud. Surprisingly, since he knew the literature of the Geonim in which it is mentioned, Maimonides makes no reference to it in his halakhic code, the *Mishneh Torah*. Unraveling the complex story behind the custom and its later variants yields a fascinating insight into how Jews responded to tragedy and may even guide us in understanding the response of religious Jewry to the Holocaust.

The sources all cite, as the basis of the custom, a passage in the Babylonian Talmud:

> Rabbi Akiva had twelve thousand pairs of disciples from Gabbatha to Antipatris, and all of them died at the same time because they did not treat each other with respect. The world remained desolate until Rabbi Akiva came to our masters in the South and taught the Torah to them. These were Rabbi Meir, Rabbi Yehuda, Rabbi Yose, Rabbi Shimon and Rabbi Elazar ben Shammua; and it was they who revived the Torah at that time. A Tanna taught: "All of them died between Passover and Shavuot." Rabbi Ḥama ben Abba, and some say Rabbi Ḥiyya ben Abin, said: "All of them died a cruel death." What was it? Rabbi Naḥman replied: "Croup." (*Yevamot* 62b)

This is a tantalizing passage. We have no other evidence of a plague that mysteriously claimed the lives of twenty-four thousand students, nor is it

---

* Rabbi Yitzḥak ibn Ghayyat (Spain, 1038–1089), *Me'a She'arim*, 109; *Tur*, OḤ 493.

◀ clear

clear in what way they "did not treat each other with respect." It is hard to believe that this was true of the disciples of the man who taught that "You shall love your neighbor as yourself" was the great principle on which the Torah was based (Yerushalmi, *Nedarim* 9:5), and who said that reverence for your teacher should be as great as your reverence for Heaven itself (*Kiddushin* 57a). Equally, as a number of commentators point out, it is puzzling as to why this event should be marked through the ages as an extended period of mourning, when there is no special day of mourning for other and more innocent deaths. Nor does the Talmud itself suggest that this incident be memorialized.

There is, however, a significantly different version of events given in the famous letter of Rabbi Sherira Gaon (906–1006). The letter, a reply to a series of queries about historical events, is our main source for many otherwise obscure events in rabbinic history up to the Geonic era and is highly regarded for its accuracy. Rabbi Sherira writes:

> After the death of Rabbi Yose ben Kisma [killed by the Romans for teaching Torah in public], Rabbi Akiva handed himself over [to the Romans] to be killed. Rabbi Ḥanina ben Teradyon was also killed, and after these deaths, wisdom decreased. Rabbi Akiva had raised many disciples, but a decree of persecution [*shemada*] was issued against them. Authority then rested on the secondary disciples of Rabbi Akiva, as the rabbis said: Rabbi Akiva had twelve thousand disciples from Gabbatha to Antipatris, and all of them died between Pesaḥ and Shavuot. The world remained desolate until they came to our masters in the South and taught the Torah to them.

Note the differences between Rabbi Sherira's account of events and that given in our text of the Talmud. First, the disciples did not die because of an epidemic, but as a result of religious persecution by the Romans. Secondly, the deaths occurred after Rabbi Akiva had been killed, not beforehand. This places a completely different construction on events.

Twice before, Jews in Israel had risen against the Romans. First came the great rebellion of 66 CE, which led to the destruction of the Second Temple under Vespasian and Titus. Second was the rebellion – not confined to Jews or Israel – that spread through the Roman Empire under

◀ Trajan

Trajan between 115 and 117. Third was the revolt of Bar Kokhba that be-
gan in 132. The Roman emperor of the time, Hadrian, had initially been
tolerant in his approach to the various nations under Roman rule, but
he became less so over time, undertaking a programme of enforced hel-
lenization that included a ban on circumcision, and the transformation
of Jerusalem into a pagan Roman city.

For as long as Hadrian was in the region, there was no large-scale
open revolt, but as soon as he left, Jews rose against their rulers in defense
of their religious freedom. Bar Kokhba was a charismatic leader. Rabbi
Akiva supported him, believing that he would liberate Israel and prove
to be the Messiah. It is not clear that Bar Kokhba himself had any mes-
sianic pretensions. In contemporary documents he is referred to as a *nasi*,
a leader or prince, rather than as a king. Other sages strongly dissented
from Rabbi Akiva's position. The Talmud Yerushalmi (*Ta'anit* 4:5) states
that Rabbi Yoḥanan ben Torta said, "Akiva, grass will grow from your
cheeks and still the son of David will not come" (i.e. the messiah will not
come in your lifetime).

Initially the rebellion succeeded. The Roman forces in Israel were
defeated. The nation briefly regained its independence. Coins were struck,
carrying the date of the relevant year "after the redemption of Israel." The
Romans sent additional troops from Syria and Egypt. These too were de-
feated. Realizing that nothing short of all-out war would save Rome from
humiliation, Hadrian summoned Julius Severus, the governor of Britain,
together with his troops and others from the Danube region. Slowly the
war turned against the Jewish forces, until only a refuge at Beitar, south-
west of Jerusalem, remained. Beitar fell in the summer of 135. Tradition
dates its defeat to the Ninth of Av (Tisha B'Av).

The result was devastating. The contemporary Roman historian Dio
estimated that 580,000 Jews died in the fighting, plus countless others
through starvation. Fifty of the country's strongest forts were destroyed,
together with 985 towns and settlements. "Nearly the entire land of Judea
lay waste." Jerusalem was leveled to the ground and rebuilt as a Roman
polis named Aelia Capitolina. Jews were forbidden entry except on Tisha
B'Av. Hadrian even changed the name of the land from Judea to Syria-
Palestina, the origin of the name Palestine by which it was known until
1948.

◄ Even more

Even more acute than the physical destruction was the spiritual catastrophe. Countless rabbis were put to death, giving rise to the famous account of "the Ten Martyrs," recited in different versions on Tisha B'Av and Yom Kippur. One sage, Rabbi Natan, has left us this account of what became almost commonplace at this time:

> "Those who love Me and keep My commandments" – those are the Jews who live in the land of Israel and give their lives for the sake of the commandments. Why are you to be killed? For having circumcised my son. Why are you to be burned? For having studied the Torah. Why are you crucified? For having eaten matza. Why are you flagellated? For having blessed the lulav. (*Mekhilta, Baḥodesh 6*)

Jews were prevented from meeting in synagogues, engaging in communal prayer, studying the Torah or maintaining communal institutions. It was a devastating period. There were Jews who lost their faith; the story of Elisha ben Abuya, the rabbi who became a heretic, dates from this period. Others de-Judaized and became Hellenistic in their way of life. Yet others despaired of the Jewish future. In human terms it was the worst disaster of Jewish history before the Holocaust.

We can now revisit the Talmudic passage that speaks of the death of Rabbi Akiva's students. If Rabbi Sherira Gaon's account is accurate, we have in the Babylonian Talmud a highly veiled reference to the persecutions that occurred shortly before, and then after, the Bar Kokhba revolt. It is not unknown for the Babylonian Talmud in particular to speak indirectly and allusively about historic events that were almost too painful to bear. It records a statement dating from this period, that "By rights we should issue a decree that no Jew should marry and have children, so that the seed of Abraham might come to an end of its own accord" (*Bava Batra* 60b). It seemed like the end of Judaism and the Jewish people.

This is what we mourn between Pesaḥ and Shavuot: the massacres and devastation that accompanied the failure of the Bar Kokhba rebellion, the loss of hundreds of thousands of Jewish lives, the de-Judaization of Israel and Jerusalem, and the loss of an entire generation of rabbis, among them almost all of the disciples of Rabbi Akiva. We can only guess at what is meant by the phrase "because they did not treat each other with respect,"

◄ but the

but the simplest explanation is that it refers to the deep division within the ranks of the sages as to whether the revolt was justified or not, whether it was likely to succeed or bring disaster, and whether or not Bar Kokhba himself warranted the messianic expectations Rabbi Akiva had of him. Divided, the Jewish people could not stand.

Another traumatic tragedy, almost a thousand years later, explains the differences of custom between Ashkenazim and Sephardim as to whether the thirty-three days of mourning are at the beginning or end of the Omer period. In 1095 Pope Urban II proclaimed the First Crusade, to take back Jerusalem and the Holy Land from Muslim to Christian hands. On their way toward the East, the Crusaders interrupted their journey in order to massacre Jewish communities in northern Europe. As Rabbi Solomon ben Samson, a Jewish chronicler of those times, puts it, the Crusaders argued, "here are the Jews dwelling in our midst ... First let us take vengeance on them and destroy them as a people, so that the name of Israel shall no longer be remembered."*

Jews in Cologne, Metz, Mainz, Speyer and Worms called on the Emperor, lords and local bishops to defend them, often offering large sums of money to do so, but to little avail. Some bishops did act heroically. Others found themselves powerless before the mob. Eight hundred Jews were murdered in Worms, eleven hundred in Mainz. Many families of Jews committed collective suicide rather than fall into the hands of the Christians, whom they knew would torture and kill them if they refused to convert. Three years later when the Crusaders reached Jerusalem, they gathered together all the Jews and burned them alive.

The massacres of 1096 traumatized Ashkenazi Jewry, as the Hadrianic persecutions had done in their time and as the expulsions of 1492 and 1497 would later do for the Jews of Spain and Portugal. Jews in Europe now knew that they were unsafe, whatever protection had nominally been offered to them. Rulers could turn against them whenever it was in their interest to do so. So could the Church, so could the mob. Here and there, there might be exceptions. Bishop Johann of Speyer, for example, was praised in Jewish sources for resisting and punishing the Crusaders

---

* Rabbi Solomon Ben Sampson, *The Massacres of 1096*, quoted in H.H. Ben Sasson (ed.), *A History of the Jewish People*, (Cambridge, MA: Harvard University Press, 1976), 413.

◀ and preventing

and preventing a massacre. But even well-intentioned Christians could no longer be relied on. From then on, for at least seven centuries, the situation of Jews in Europe was fraught with risk and fear.

The Rhineland massacres took place during the latter weeks of the Omer. An Ashkenazi custom developed to say special lament-type prayers from early Iyar onward. Later, the mourning customs of the Omer were associated with the same period. The Sephardi communities of Spain and Portugal were unaffected by the Crusades, so they continued the earlier custom of mourning for the victims of the Bar Kokhba revolt.

This, then, is the explanation of the custom of mourning during the Omer period, and why Ashkenazim and Sephardim do so in different ways. The Omer was Jewry's Holocaust memorial before there was a Holocaust. What is remarkable, though, is the rabbis' obliquity. There is not a word said during the Omer about the victims of the Romans: that is left to the story of the Ten Martyrs on Tisha B'Av and Yom Kippur. As for the victims of the Crusaders, they are recalled in the prayer *Av HaRahamim*, said before Musaf on Shabbat (see page 630), as well as in a number of *Kinot* on Tisha B'Av.

In general, Jewish communities set limits to their grief, knowing that if they looked back too directly on the destruction they might, like Lot's wife, be turned into a pillar of salt by their tears. Despite the many Jewish martyrs in history, it remains the Jewish way to look forward, to affirm life, to survive.

The same has proved true since the Holocaust. With some exceptions, the great religious leaders of Jewry, especially those who were Holocaust survivors themselves, spoke relatively little about the *Sho'a* for several decades. Instead they focused on rebuilding their shattered world in new lands. They encouraged their disciples to marry and have children. They built schools and yeshivot. Today they are the fastest growing group in the Jewish world.

The custom of mourning during the Omer without saying exactly why, testifies to the extraordinary Jewish capacity to suffer tragedy without despair, surviving and enduring through faith in the future and in life itself. Jews never forgot the victims of the past, but they contained their sorrow, saving their tears and confining their grief, for the most part, to Tisha B'Av, so as not to be overwhelmed by the accumulated weight of

◂ unredeemed

unredeemed affliction. They carried the past with them, but even while doing so they looked forward not back.

Perhaps it is no coincidence that, having had no new days added to the calendar in more than two thousand years, four have been added in living memory: *Yom HaSho'a* (Holocaust Memorial Day), *Yom HaZikaron* (Memorial Day for Israel's fallen), *Yom HaAtzma'ut* (Israel Independence Day) and *Yom Yerushalayim* (Jerusalem Day), all of them within the seven-week period of the Omer. It is as if the journey from Egypt to Mount Sinai continues to be fraught with history, beginning in tears yet ending in the joy of the Jewish return to the holy land and the holy city at its heart.

8. The Song of Songs: Faith as Love

> The biblical "love of one's neighbor" is a very special form of love, a unique development of the Judaic religion and unlike any to be encountered outside it. (Harry Redner, *Ethical Life*)

> If love in the Western world has a founding text, that text is Hebrew. (Simon May, *Love: A History*)

> My soul thirsts for you, my body longs for you, as in a dry, parched land where there is no water. (Ps. 63:2)

Shir HaShirim, the Song of Songs, is the strangest book in the Hebrew Bible, one of the strangest ever to be included in a canon of sacred texts. It is written as a series of songs between two human lovers, candid, passionate, even erotic. It is one of only two books in Tanakh that does not explicitly contain the name of God (Esther is the other) and it has no obvious religious content. Yet Rabbi Akiva famously said: "The whole world is not as worthy as the day on which the Song of Songs was given to Israel, for all the [sacred] Writings are holy but the Song of Songs is the Holy of Holies" (Mishna, *Yadayim* 3:5).

Rabbi Akiva's insight is essential. *Shir HaShirim,* a duet scored for two young lovers, each delighting in the other, longing for one another's presence, is one of the central books of Tanakh and the key that unlocks the rest. It is about love as the holy of holies of human life. It is about the

◄ love

love of Israel for God and God for Israel, and the fact that it is written as the story of two young and human lovers is also fundamental, for it tells us that to separate human and divine love and to allocate one to the body, the other to the soul, is a false distinction. Love is the energy God has planted in the human heart, redeeming us from narcissism and solipsism, making the human or divine Other no less real to me than I am to myself, thus grounding our being in that-which-is-not-me. One cannot love God without loving all that is good in the human situation.

Love creates. Love reveals. Love redeems. Love is the connection between God and us. That is the faith of Judaism, and if we do not understand this we will not understand it at all. We will, for example, fail to realize that the demands God makes of His people through the prophets are expressions of love, that what Einstein called Judaism's "almost fanatical love of justice" is about love no less than justice, that the Torah is God's marriage-contract with the Jewish people, and the mitzvot are all invitations to love: "I seek You with all my heart; do not let me stray from Your commands" (Ps. 119:10).*

Sadly, one must emphasize this point because it has long been said by the enemies of Judaism that it is a religion of law not love, justice not forgiveness, retribution not compassion. Simon May in his *Love: A History* rightly calls this "one of the most extraordinary misunderstandings in all of Western history."**

If we seek to understand the nature of biblical love, the place to begin is the exodus itself. One feature of the narrative from the beginning of Exodus to the end of the book of Numbers is unmistakable. The Israelites are portrayed as ungrateful recipients of divine redemption. At almost every stage of the way they complain: when Moses' first intervention makes their situation momentarily worse, when they come up against the barrier of the Sea of Reeds, when they have no water, when they lack food, when Moses delays his return from the mountain, and when the spies return with a demoralizing report about the Promised Land and its inhabitants.

They sin. They rebel. They make a golden calf. They engage in false

* Psalm 119, which is entirely about Torah and mitzvot, contains the word "love" twelve times.

** Simon May, *Love: A History* (New Haven, CT: Yale University Press, 2011), 20.

◂ nostalgia

nostalgia about Egypt. More than once they express the desire to return whence they came. God gets angry with them. At times Moses comes close to despair. So unlovely is the portrait painted of them in the Torah that it almost seems to invite the thought, "How odd / of God / To choose / the Jews."

Yet as we proceed through Tanakh another picture emerges. We hear it in the eighth century BCE from one of the first literary prophets, Hosea. The story Hosea has to tell is extraordinary. God appears to him and tells him to marry a prostitute, a woman who will bear him children but will be unfaithful to him. God wants the prophet to know what it feels like to love and to be betrayed. The prophet, uncertain perhaps about whether the children are in fact his, is to call them "Unloved" and "Not my people."

He will then discover the power and persistence of love. He will wait until his wife is abandoned by all her lovers, and he will take her back, despite her betrayal. He will love her children, whatever his doubts about their parentage. He will change their names to "My people" and "Beloved." He will, in other words, know from his own experience what God feels about the Israelites. It is an astonishing and daring narrative, suggesting as it does that God cannot, will not, cease to love His people. He has been hurt by them, wounded by their faithlessness, but His love is inextinguishable. Hosea then hears God say this:

> I will lead her into the desert and speak tenderly to her. There I will give her back her vineyards, and will make the Valley of Trouble a door of hope. There she will sing as in the days of her youth, as in the day she came up out of Egypt. (Hos. 2:16–17)

This is a *retelling of the exodus as a love story*. In Hosea's vision, it has become something other and more than the liberation of a people from slavery. Israel left Egypt like a bride leaving the place where she has lived to accompany her new husband, God, on a journey to the new home they will build together. That is how it was "in the days of her youth" and how it will be again. The desert is now no longer simply the space between Egypt and Israel, but the setting of a honeymoon in which the people and God were alone together, celebrating their company, their intimacy.

Two centuries after Hosea, the people are now in exile in Babylon.

◄ There the

There the prophet Ezekiel retells the past in a different but related way. God had first seen Israel as a young girl, a child. He watched over her as she grew to adulthood:

> You grew and matured and came forth in all your glory, your breasts full and your hair grown, and you were naked and exposed. Later I passed by, and when I looked at you and saw that you were old enough for love, I spread the corner of My garment over you and covered your nakedness. I gave you My solemn oath and entered into a covenant with you, declares the Sovereign LORD, and you became Mine. (Ezek. 16:7–8)

Again, a daring love story. God sees Israel as a young woman and cares for her. He "spreads the corner of His garment" over her, which as we recall from the book of Ruth (3:9) constitutes a promise to marry. The marriage itself takes the form of a solemn oath, a covenant. The giving of the Torah at Mount Sinai has been transformed by the prophet into a marriage ceremony. Hosea and Ezekiel both envisage the exodus as a kind of elopement between a groom – God – and His bride – Israel. However, in both cases it is God who loves and God who acts. It was left to Jeremiah, Ezekiel's somewhat older contemporary, to deliver the decisive transformation in our picture of the exodus, saying in the name of God:

> I remember of you the kindness of your youth, your love when you were a bride; how you walked after Me in the desert, through a land not sown. (Jer. 2:2)

Now it is not just God who calls, but Israel who responds – Israel who follows her husband faithfully into the no-man's-land of the desert as a trusting bride, willing in the name of love, to take the risk of traveling to an unknown destination. The message of Hosea, Ezekiel and Jeremiah is that the exodus was more than a theological drama about the defeat of false gods by the true One, or a political narrative about slavery and freedom. It is a love story – troubled and tense, to be sure – yet an elopement by bride and groom to the desert where they can be alone together, far out of sight of prying eyes and the distractions of civilization.

◄ That is

That is the theme of the Song of Songs. Like God summoning His people out of Egypt, the lover in the song calls on his beloved, "Come ... let us leave" (2:10). The beloved herself says: "Come, draw me after you, let us run!" (1:4). Then in an image of extraordinary poignancy we see the two of them emerging together from the wilderness: Who is this, rising from the desert, leaning on her beloved? (Song. 8:5).

Israel, leaning on God, emerging, flushed with love, from the wilderness: that is the exodus as seen by the great prophets. Nor were they the first to develop this idea. It appears, fully fledged, in the book of Deuteronomy, where the word "love" appears twenty-three times as a description of the relationship between God and the people. When we read the Song of Songs on Pesaḥ as a commentary to the exodus, it spells out Jeremiah's message. God chose Israel because Israel was willing to follow Him into the desert, leaving Egypt and all its glory behind for the insecurity of freedom, relying instead on the security of faith.

GOD LOVES

The depth and pathos of this idea goes much deeper, however. Monotheism as it appears for the first time in the Hebrew Bible raises a fundamental question. Why would an infinite God create a finite universe? The idea of creation did not arise in the world of myth. Matter was eternal. The gods themselves were part of nature. They argued, fought, established hierarchies of dominance, and that is why the world is as it is. But in Judaism, God transcends nature. Why then would He create nature? Why make a creature as troublesome as Homo sapiens, the one being capable of defying His will?

The Torah does not give an explicit answer, but one is implicit. God loves. Love seeks otherness. Love is emotion turned outward. Love seeks to give, to share, to create. Rabbi Yaakov Tzvi Mecklenburg translated the repeated phrase in Genesis 1 not as "God saw *that* it was good" but as "God saw *because* He is good."* Goodness creates goodness. Love creates life. God sought to bestow the gift of being on beings other than Himself. We exist and the universe exists because God loves.

This is one of the most radical ideas ever to have transformed the

---

* Rabbi Yaakov Tzvi Mecklenburg, *HaKetav VeHaKabbala* to Genesis 1:4.

◂ human

human mind. The very fact that we can say the words "God loves" is itself a measure of the influence Judaism has had on the West. It is an idea that would have sounded strange, counterintuitive, even incomprehensible to the ancient world.

In the world of myth, the gods did not love human beings. At best they were indifferent to them, at worst actively hostile. When one of the immortals, Prometheus, steals for humans the secret of fire from the gods, he is punished by Zeus by being chained to a rock and having his liver pecked out by an eagle every day. In King Lear, Shakespeare has Gloucester say: "As flies to wanton boys are we to the gods; they kill us for their sport."

Equally, the idea that God loves would have been unintelligible to the Greek philosophers who rejected myth. Plato thought that we love what we lack. Since God lacks nothing, by definition He cannot love. Aristotle thought similarly, though for a different reason. To love as husband and wife or parent and child love, we must focus on the particular: this person, not that. But for Aristotle, God did not have knowledge of particulars, only universals. So the idea of a loving God in the biblical sense would have been unintelligible to him also. The God of Aristotle might love humanity but not individual humans. Plato and Aristotle wrote insightfully about interpersonal love. But that the relationship between God and humanity might be one of love: that to them would have seemed like a categorical mistake, an intellectual absurdity.

What made Israel different was its belief that "In the beginning, God created ..." In love God brought energy, matter, stars and planets into being. In love He created the biological forms of self-organizing complexity that constitute life. In love He created the one being capable of asking the question "Why?" – setting His own image on each of us. In love He fashioned the first human from the dust of the earth, breathing into him His own breath. In love, so that man should not be loveless, He created woman, bone of his bone, flesh of his flesh.

Even for God, however, love involves risk. Again the idea sounds paradoxical in the extreme. God is God, with or without the universe, with or without the worship of man. Yet whether one is finite or infinite, to love is to make oneself vulnerable. That is the story the Torah tells in its opening chapters. Having made humanity in love, bestowing on it His own image, God finds that His love is not reciprocated. Adam and Eve disobey His

command. Cain murders. Within a few chapters we find ourselves in an earth "filled with violence" (Gen. 6:13). God "regretted that He had made man on earth and He was grieved to His very core" (6:6).

God brings a flood and begins again, making a covenant, through Noah, with all humanity. Still, divine love is not reciprocated. Humans build Babel, a cosmopolis, a man-made civilization in which humans do not serve God but seek to make God serve them by turning religion into an endorsement of a hierarchical society in which kings are priests, even demigods. Religion becomes a force for injustice. Where is there a human being willing to abandon this entire civilization of self-aggrandizement and follow God out of self-sacrificing love? God calls. Abraham hears. That is the act of love with which Judaism begins. It is also, as we have seen, the first of several prefigurations of the exodus.

When Rabbi Akiva called the Song of Songs the Holy of Holies of religious poetry, he was reading it in the context of the entire story of Israel. For it was Israel's willingness, first in the days of Abraham, then later in the time of Moses, to leave behind the great civilizations of their time and live in a land where they could never found an empire, never grow rich like the Mesopotamians and Egyptians, where they would be vulnerable to famine, drought, invading armies and surrounding powers, but where their love for God vindicated God's love for humanity. It was an imaginative leap but not a blind or irrational one to conclude that the lovers of the Song of Songs are God and His people, seeking one another in the wilderness of space and time.

EROS

That is the first level of meaning in the Song of Songs. But there is a second. For *Shir HaShirim* is unmistakably a book about *eros*, love as sexual passion. An old Western tradition, the result of a synthesis of Christianity and the culture of ancient Greece, has contrasted *eros*, love as physical desire, with *agape*, love as selfless devotion. *Eros* is physical, *agape* spiritual. *Eros* is about the body, *agape* about the soul. *Eros* seeks personal pleasure, *agape* bestows impersonal, generalized care. This may make sense in terms of an Platonic bifurcation of body and soul, but it makes little sense in terms of the union of body and soul characteristic of the Hebrew Bible. What then is the place of *eros* in Judaism?

◄ To understand

To understand this we have first to turn to one of the great theological puzzles of Judaism. It concerns the book of Genesis. The central theme of the Hebrew Bible is the battle against idolatry. Abraham, if not the first monotheist, is at least the first to rediscover monotheism. In Jewish legend he breaks his father's idols. According to Joshua (24:2), "Teraḥ, father of Abraham... served other gods." Maimonides believed that the rationale of most of the *ḥukkim*, the laws of the Torah for which there is no apparent reason, is that they are barriers against idolatrous practices.

Yet, with the possible exception of the subplot of Rachel stealing her father Laban's "images" (Gen. 31:19), there is very little mention of this theme. In Genesis we see Abraham, Isaac, Jacob and their families, evidently living among idolaters – Canaanites, Hittites, Egyptians and the rest – but we find a lack of reference to idolatry, no polemic against it. If Genesis is about monotheism as against idolatry, should it not be more present?

One theme however *is* significantly present. It figures so regularly that it cannot be dismissed as mere happenstance – namely, sexual anomie: the power of *eros* to disturb law and justice, threatening life itself. Leaving aside the question of whether *eros* was involved in the first sin – Adam, Eve, the serpent and the forbidden fruit – it is certainly the key element in at least six other stories in Genesis.

Three are variations of the same basic situation. Famine forces the patriarchal family to leave home in search of food. Abraham is forced first to Egypt, then to Gerar and the land of the Philistines. Isaac similarly has to travel to Gerar (Gen. 12, 20, 26). In all three cases the patriarch fears that he will be killed so that his wife – Sarah, Rebecca – can be taken into the local harem. They have to pretend that they are brother and sister.

The fourth scene is Sodom, city of the plain. There, seeing Lot's two visitors, the members of the town – "all the men from every part of the city of Sodom, both young and old" (Gen. 19:4) – demand that they be brought out for an act of homosexual rape. In an attempt to placate them, Lot offers the mob his two daughters, "who have never known a man," giving the townsmen permission to "do what you like with them" (ibid. 8). Lot has become corrupted, as have his two daughters who after the destruction of Sodom both engage in an act of incest with their father.

◂ The fifth

The fifth episode is the story of Dina who goes out "to visit the women of the land" (Gen. 34:1) in Shekhem, where she is abducted, raped and held hostage by the son of the local king. This prompts an act of bloody vengeance on the part of her brothers Shimon and Levi, for which Jacob never forgives them.

Sixth is the story of Joseph and Potiphar's wife. Seeing that the Hebrew servant is handsome, she attempts to seduce him. He replies, "My master has withheld nothing from me except you, because you are his wife. How then could I do such a wicked thing and sin against God?" (Gen. 39:9). It would be an act of disloyalty as well as adultery, and a sin as well as an immoral deed. Potiphar's wife takes her revenge by successfully accusing him of rape.*

These six episodes tell a story. When a member of the covenantal family leaves his or her domestic space and enters local territory they enter a world of sexual free-for-all, with all its potential for violence, murder, rape, false accusations and unjust imprisonment.

The setting of the scenes is also significant. For the most part they take place in cities; cities are not good places in Genesis. The first city is built by Cain the first murderer (Gen. 4:17). The great city, Babel, becomes a symbol of hubris. Sodom represents the lawlessness that exists in ancient cities toward foreign visitors. There may even be a linguistic connection between the Hebrew word *ir*, city, and the verb *ur* (and its intensive *urar*), a keyword of *Shir HaShirim* which means (sexual) arousal. Cities are places where sexual fidelity is compromised.

We cannot be sure precisely what we are meant to infer from these stories, but this seems possible: *Eros* allied to power is a threat to justice, the rule of law and human dignity. When a ruler sees an attractive woman it is taken for granted that, if she is married, the life of her husband is in danger. A mob will not stop at homosexual rape and those like Lot who

---

* There is a seventh story about Judah and Tamar (Gen. 38) which has many sexual under- and overtones. However, it is more complex than the other six. Here it is Judah and his sons who, having become separated from the rest of the family and married into a Canaanite environment, have become morally lax, while Tamar acts with propriety throughout.

◀ try to

try to stop them are themselves in danger. A prince protected by his father can get away with abduction and rape. The combination of sexual desire and lawless power results in people being used as means to ends, with no respect for persons. So it was; so it will be. So it is among the primates: the alpha male dominates access to females. It was this that led Freud to believe that sexual envy is at the heart of the Oedipus complex.

The argument against idolatry in Genesis is conducted almost entirely in terms of sexual ethics, or more precisely, the conspicuous absence of a sexual ethic. The gods in myth cohabited promiscuously, often incestuously, sometimes bestially. Pagan temples often had sacred prostitutes. Herodotus documents this in the case of Mesopotamia, from which Abraham came. Strabo says the same about Egyptian priestesses in the Temple of Amun in Thebes. Rameses II, often believed to be the Pharaoh of the exodus, married his own daughter. Baal, the Canaanite god, having defeated the goddess of the sea is then conquered by the god of death but is resurrected each year to impregnate the earth. And so on. Outlandish sexuality by the gods and their devotees was regarded as essential to the fertility of the land and the life it sustained.

All of this, Genesis testifies, is profoundly shocking to the monotheistic mind. Faithfulness in marriage is not merely a biblical norm: it is the closest human equivalent to the relationship between God and His people. There is one God and there is one people, Israel, who have chosen to bind themselves to one another in a covenant of faith. That is why the prophets consistently describe idolatry as a form of adultery: it is an act of infidelity, the betrayal of a marriage vow. The covenant is love-as-loyalty and loyalty-as-love. *Eros* plus power leads to violence and death. *Eros* plus faithfulness leads to caring and life. The difference between love and lust is that lust is the service of self, love is the service of the Other. The love that is faith is *eros* moralized. As Hosea beautifully put it in the name of God:

> I will betroth you to Me forever; I will betroth you to Me in righteousness and justice, loving-kindness and compassion: I will betroth you to Me in faithfulness, and you will know the LORD. (Hos. 2:21–22)

In Judaism there is no renunciation of the physical: no monasteries,

convents, celibacy or other asceticisms of the flesh.* In this context, the Song of Songs is a restatement of the case for *eros*. It is not passion that corrupts, but power. The two lovers sing of a love that is faith not faithlessness. Their songs evoke the innocence of Eden before the sin. They seek to escape from the city to the garden, the hills, the countryside. This is love as it might have been without the serpent; love that is as strong as death; love like purifying fire. The Song of Songs is about the power of love purged of the love of power.

THREE BIBLICAL BOOKS ABOUT LOVE

But *Shir HaShirim* is not the only biblical book about love. It is a complex emotion that cannot be defined from a single perspective, nor do all its dimensions become apparent at the same time. In a way that is subtle and richly complex, the three pilgrimage festivals all have their special book, each about love but about different phases of it. The Song of Songs on Pesaḥ is about love as passion. The lovers are young. There is no mention of marriage, a home, children, responsibility. They have no thought for the morrow nor for others. They are obsessed with one another. They live conscious of the other's absence, longing for the other's presence. That is how love should be some of the time if it is to be deep and transforming all the time.

The book of Ruth, the scroll we read on Shavuot, is about love as loyalty: Ruth's loyalty to her mother-in-law Naomi, and Boaz's to Naomi, Ruth and the family heritage. It is about "loving-kindness," the word coined by Myles Coverdale in his Bible translation of 1535 because he could find no English word that meant ḥesed. Beginning as it does with death, bereavement and childlessness, and ending with marriage and the birth of a child it is about the power of love to redeem grief and loneliness and "make gentle the life of this world." It is about what the Song of Songs is not: about marriage, continuity and keeping faith with "the living and the dead" (Ruth 2:20). That too, in Judaism, is a significant

---

*   The major exception was the voluntary adoption of Naziriteship, about which some of the sages were critical. The sages even interpreted Miriam and Aaron's criticism of Moses (Num. 12:1) as condemnation of his refusal to have relations with his wife (*Sifri*, 99).

◀ the dead

part of love, for we are not just selves: we are part of the living chain of generations.

On Sukkot we have a third story about love: love grown old and wise. *Kohelet*, Ecclesiastes, is a book easy to misread as a study in disillusionment, but that is because of sustained series of mistranslations of its key word, *hevel*. This is variously rendered as "vanity, vapor, meaningless, futile, useless," leading readers to think that its author finds life without purpose or point. *Hevel* does not mean that: it means "a fleeting breath." It is about the brevity of life on earth. It begins with the author seeking happiness in philosophy (*ḥokhma*), pleasure, laughter, the accumulation of wealth, fine houses and pleasure gardens, the perennial secular temptations. He discovers that none of them can defeat death. Objects last but those who own them do not. Wisdom may be eternal, but the wise still die.

We defeat death not by seeking a this-worldly immortality but by *simḥa*, the spiritually and morally textured exhilaration about which William Blake wrote, "He who binds to himself a joy / Does the winged life destroy. / He who kisses the joy as it flies / Lives in eternity's sun rise." *Kohelet* learns that happiness is to be found not in what you own (bind to yourself) but in what you share. It exists not where you invest your money but where you give of yourself. It lives in work and love: "Enjoy life with the woman you love all the days of this fleeting life you have been given under the sun, all the fleeting days, for that is your portion in life and in all your labor under the sun" (Eccles. 9:9). This is love that has grown from passion to responsibility to existential joy: the joy of being with one you love.

The essential message of Judaism is contained in no one of these books but in the combination of all three. *Eros* is the fire that gives love its redemptive, transforming, other-directed quality. Marriage is the covenantal bond that turns love into a pledge of loyalty and brings new life into the world. Companionship, experience and a life well lived bring *simḥa*, a word that appears only twice in *Shir HaShirim*, not at all in Ruth but seventeen times in *Kohelet*.

Love as passion; love as marriage and childbirth and continuity; love as abiding happiness: three stages of love, traced out in the course of a life and the course of a year and its seasons: the Song of Songs in spring,

◄ Ruth

Ruth in harvest time, Ecclesiastes in autumn as the days grow colder and the nights longer. With a wonderful touch of serendipity, Ecclesiastes ends with the advice, "Remember your Creator in the days of your youth, before the days of trouble come and the years approach when you will say, I find no pleasure in them" (12:1), thus leading us back to youthfulness, spring and the Song of Songs where we began.

LOVE AND JUSTICE

Judaism is about love. But it does not make the mistake of thinking with Virgil that *omnia vincit amor*, "Love conquers all." Much of Genesis, surprisingly, is about the problems love creates.

With Abraham, loves enters the world. But it is not an easy love. The first time in the Torah that we encounter the verb *a-h-v*, "love," is at the start of the greatest trial of them all: the binding of Isaac. "Take your son, your only son, whom you love – Isaac" (Gen. 22:2). What the trial is about is not simple, but it is certainly about love. The conventional reading is that God is testing Abraham by asking him to sacrifice what he loves most, to show that he loves God more than he loves his son. The reading I prefer is that the trial is a definitive rejection of the principle, common in the ancient world and known in Roman law as *patria potestas*, which held that a child is the property of its parent. What God sought from Abraham at the trial was not his willingness to kill his son – in Judaism, child sacrifice is not the highest virtue but the lowest vice – but rather his willingness to renounce ownership of his son. That, though, is a subject for elsewhere. Here we merely note how precisely the note is struck in the Torah. Love is not simple. It leads to conflict and to the question: whom do you love more?

The verb "to love" occurs fifteen times in Genesis, always between humans and almost always as the prelude to strife. Isaac loves Esau while Rebecca loves Jacob, thus setting in motion one of the great sibling rivalries of the Bible. Jacob loves Rachel but is induced unwittingly to marry Leah. Leah feels unloved ("And God saw that Leah was hated" – 29:31), and this leads not only to a palpable tension between the two sisters, but also between their respective children. Jacob's love for Joseph ("more than his other sons" – 37:3) leads to envy on the part of the other brothers,

◄ talk

talk of murder, and eventually the sale of Joseph into slavery in Egypt, the act that begins the long sequence of events that leads to exile.

This is an important and unexpected insight. Love – real, passionate, the very love that humanizes us, leading us to great acts of self-sacrifice – unites and divides, divides as it unites. It creates rivalries for attention and affection. Without such love, an essential element of our humanity is missing. But it creates problems that can split families apart and lead to estrangement and violence.

Something else must enter the scene: *love as justice*. Something larger than the family must be its vehicle. Love must be transformed from a form of kinship into a societal bond. It is this that makes exile necessary. That is why Genesis must be followed by Exodus. The way to the Promised Land lies through the formative experiences of persecution and the wilderness.

Three things must happen before love can become the basis of a nation. First, people must feel bound to one another by the common experience of suffering. They must be more than an extended biological family. Families argue and split apart. When they do the opposite they can become narrow and exclusive, suspicious of outsiders. In Genesis, Abraham's children are a family. In the first chapter of Exodus we hear a word used to describe them that has not been used before: *Am*, a people. The word *am* is related to *im*, "with." A people is a group who are, in a strong sense, *with* one another. They suffer the same fate, recall the same history; they have been through a journey together. That is the first thing that happens to them.

The second is that they become not just an *am* but also an *eda*, a congregation, a community, from the word *ed*, "witness," and *y-a-d*, "to designate, specify, arrange." There must be more than fellow-feeling and kinship. There must be an act of shared testimony and commitment to work together for the sake of the common good.

Third, the Sovereign of the nation thus formed must be someone beyond the human situation, God Himself, otherwise the nation will fall like all others into a competition for status and power, in which the strong prevail, the weak suffer, and the people are divided into rulers and ruled. It must be a society in which the only legitimate form of power is delegated power, held conditionally on honoring a moral code, and always subject to moral limits. It must be "one nation under God." Otherwise justice

◀ will become

will become what Thrasymachus tells Socrates it is: the interests of the stronger party. That is not justice but its abuse.

This is the essential journey traced out in *Sefirat HaOmer*, the counting of days between Pesaḥ and Shavuot. In Egypt the Israelites become an *am*. They suffer together. They develop a sense of shared fate. Two weeks prior to their departure, they receive their first collective command (to fix the calendar, to structure time) and become, in that act, an *eda* (Ex. 12:1–3). At Sinai, on Shavuot, they enter into a covenant with God making Him their sole Sovereign, and making each responsible for the fate of the nation as a whole. Covenant – a political form of treaty in the ancient Near East – here becomes a kind of marriage-writ-large, a bond of love between God who loves this people, descendants as they are of those who first heard and heeded His call, and the people who owe their liberty to God. At that moment, covenant – a bond of love as loyalty – received its highest expression as the code and destiny of a nation.

THE POLITICS OF LOVE

So we arrive at one of the most remarkable projects ever undertaken by a nation: a society held together by love: three loves. You shall love the LORD your God with all your heart, all your soul and all your might. You shall love your neighbor as yourself. And you shall love the stranger, for you were once strangers in the land of Egypt. There is no other morality quite like it.

A society is thus formed on the basis of love of neighbor and of stranger. This is not an abstract kind of love. It is translated into practical imperatives. Provide the poor with food from the corners of the field and the leavings of the harvest. Let them eat freely of the produce of the field in the seventh year and provide them with a tithe on the third and sixth. One year in seven, release debts and Hebrew slaves. One year in fifty return all ancestral land to its original owners. Make sure there are courts throughout the land and that everyone has access to justice. Ensure that no one is left out of the festival celebrations, and no one denied access to dignity. Treat employees and debtors ethically and give slaves rest one day in seven. Here in a magnificent passage is how Moses describes this ethic of love:

◄ And now

And now, O Israel, what does the LORD your God ask of you but to fear the LORD your God, to walk in all His ways, to love Him, to serve the LORD your God with all your heart and with all your soul… To the LORD your God belong the heavens, even the highest heavens, the earth and everything in it. Yet the LORD set His affection on your ancestors and loved them, and He chose you, their descendants, above all the nations, as it is today. Circumcise your hearts, therefore, and do not be stiff-necked any longer. For the LORD your God is God of gods and LORD of lords, the great God, mighty and awesome, who shows no partiality and accepts no bribes. He defends the cause of the fatherless and the widow, and loves the stranger, giving him food and clothing. And you are to love the stranger, for you yourselves were strangers in Egypt. (Deut. 10:12–19)

This is a unique vision that shaped the moral horizons of the West (there are Eastern religions, notably Buddhism, that are also based on love, but of a more cosmic, less personal form). The moral life as Judaism conceives it is a combination of love – *ḥesed* and *raḥamim* – and justice – *tzedek* and *mishpat*. Love is particular; justice is universal. Love is interpersonal; justice is impersonal. Love generates ethics: the duties we owe those to whom we are bound by kinship or consent. Justice generates morality; the duties we owe everyone because they are human. Both are ultimately based on our love for God and His for us. It is the fusion of the moral and spiritual that is the unmistakable mark of Israel's prophets.

Simon May's comment is very much to the point: "What we must note here, for it is fundamental to the history of Western love, is the remarkable and radical justice that underlies the love command of Leviticus. Not a cold justice in which due deserts are mechanically handed out, but a justice that brings the other, as an individual with needs and interests, into a relationship of respect."* This is the kind of love that exists within the family transposed to society as a whole, built on *tzedaka* as loving justice and *ḥesed* as loving charity. Out of it emerges the first great attempt in history to build a society (as opposed to a state) on the basis of a radically extended love.

---

* Simon May, *Love: A History* (New Haven, CT: Yale University Press, 2011), 17.

◄ This too

This too is part of the relationship between the Song of Songs and Pesaḥ. It highlights the radical contrast between a society based on fear and one based on love. The persecution of the Israelites in Egypt began with the words of Pharaoh: "The Israelites have become far too numerous for us. Come, let us deal shrewdly with them or they will become even more numerous and, if war breaks out, will join our enemies, fight against us and leave the country." Oppression is the result of the politics of fear. Its opposite is the politics of justice and love, of covenant and collective responsibility, a principled respect for the humanity of each under the sovereignty of God.

TO LOVE AND BE LOVED

Judaism is incomprehensible without love. How else would God have stayed faithful to a people that so often abandoned Him? How often would a people have stayed loyal to a God who seemed sometimes to have abandoned them? There is a passion, an intensity, a fervor to the books of Bible explicable in no other terms. There is daring language throughout. Speaking to Hosea, God compares Israel to a prostitute. Speaking to his fellow mourners in the ruined Jerusalem, the author of Lamentations says that God has become "like an enemy" (2:5). Each accuses the other of desertion. There are fierce arguments on either side. God calls to humanity, "Where are you?" There are times when humanity makes the same cry to God. There is not the slightest suggestion anywhere in Tanakh that love is easy, calm, idyllic. Yet it is never less than passionate. The epicenter of that passion is contained in the Song of Songs, and it is this that makes it, as Rabbi Akiva said, the Holy of Holies of Scripture.

That love has been the text and texture of Jewish life ever since. It was there in the second century when Rabbi Akiva prepared to die as a martyr, saying, "All my life I have been wondering when I will have the opportunity to fulfill the command, 'Love the LORD your God…with all your soul' [Deut. 6:5], meaning, 'even if He takes your soul.' Now that I have the opportunity, shall I not seize it?" (*Berakhot* 61b). It was there when the Jews of northern Europe died at their own hands during the Crusades rather than be forcibly converted to Christianity. It was there in the twelfth century when Maimonides defined what it is to serve God with love:

◄ What is

What is the love of God that is befitting? It is to love God with a great and exceeding love, so strong that one's soul shall be knit up with the love of God such that it is continually enraptured by it, like love-sick individuals whose minds are at no time free from passion for a particular woman and are enraptured by her at all times ... Even more intense should be the love of God in the hearts of those who love Him; they should be enraptured by this love at all times. (*Mishneh Torah*, Laws of Repentance 10:3)

It was there in the sixteenth century in Safed when Rabbi Eliezer Azikri wrote the passionate song to God we sing every Shabbat, "Beloved of the soul":

Like a deer will Your servant run
and fall prostrate before Your beauty.
To him Your love is sweeter
than honey from the comb, than any taste.

It is there every weekday when Jewish men put on the tefillin, "like a seal on your arm," saying, as they wrap its strap around the finger like a wedding ring, the words of Hosea: "I will betroth you to Me forever ... I will betroth you to Me in faithfulness, and you will know the LORD" (2:21–22).

Jews were and often still are the God-intoxicated people. For the knowledge of God in Judaism is not a form of theology; it is a form of love. That is what the Hebrew verb "to know" means. It is inescapably an *eros*-word: "And Adam knew Eve his wife; and she conceived" (Gen. 4:1). It is the knowledge of intimacy: deep, emotive, physical and spiritual at once. Through love, and only through love, divine blessing flows into the world. Kohanim, as they prepare to bless the congregation, recite the blessing "who has commanded us to bless His people Israel with love," because only when we love do we become vehicles for God's love.

Plato held that we love what is beautiful. Judaism believes something subtly but fundamentally different: what we love *becomes* beautiful. Beauty does not create love: love creates beauty. That is why the Jewish people, derided by others for centuries as pariahs, never internalized that

◀ image

image. "I am dark yet fair, daughters of Jerusalem" (Song. 1:5). If they were beautiful in God's eyes, that was sufficient. That seems to me to be the right source of self-respect and the right sort of love. For to love God is to love the world He made and the humanity He fashioned in His image. To love God is to love His people, despite its many faults. To be loved by God is the greatest gift, the only one we can never lose.

9. Renewing the Covenant:
On the Haftara of the Second Day

How do you defeat the decline and fall of civilizations, the fate of almost every world power since the dawn of history itself? That is the question posed and implicitly answered in the Haftara for the second day.

It records a momentous event in Jewish history. The year was 622 BCE and the young king Josiah had been engaged in a massive program of reform to remove the idolatrous shrines and pagan practices of his grandfather, King Manasseh. During the course of the cleansing of the Temple a copy of the Torah was found, evidently hidden during Manasseh's reign for fear it would be destroyed.

Reading it, the king and his advisers were forcibly reminded of Moses' teachings in the book of Deuteronomy, which identified the nation's fate with its faithfulness to its covenant with God. Deuteronomy records a terrifying series of curses spelling out what would happen to the people if they strayed from the covenant. This struck fear into the king. These were not abstract theological reflections. They were a clear and present warning of what might happen to the nation now if they did not collectively return and repent. A century earlier, a not dissimilar fate had happened to the northern kingdom, Israel, at the hands of the Assyrians, and now only the smaller kingdom of Judah was left.

The king assembled the people and together with them renewed the covenant:

> He read to them all that was written in the Book of the Covenant that had been found in the Temple. The king stood on his platform and made a covenant before the LORD, [pledging] to walk after Him and to observe His commandments and statutes and laws with all his heart and all his soul, to observe the words of that covenant written in the

◂ scroll

scroll of the Torah – and all the people committed themselves to the covenant. (II Kings 23:2–3)

The king redoubled his efforts to purify the kingdom. That year, as part of the national renewal, there was a massive celebration of Pesaḥ in Jerusalem: "For the Pesaḥ had not been observed [with such ceremony] in the times of the judges who judged Israel, nor throughout the times of all of the kings of Israel or the kings of Judea" (II Kings 23:22; see also the parallel account in II Chronicles 35:1–18).

This was not the only historic occasion in which Pesaḥ marked a covenant renewal. A similar event took place earlier in the days of King Hezekiah. The king had messengers go throughout the land, including those sections of the northern kingdom (the text mentions members of the tribes of Ephraim, Manasseh, Issachar and Zebulun) who remained, inviting them to come not just to celebrate the festival but also to renew their commitment to God and the covenant: "People of Israel, return to the LORD, the God of Abraham, Isaac and Israel, that He may return to you who are left, who have escaped from the hand of the kings of Assyria" (II Chr. 30:6).

Many came. The text reports, "There was great joy in Jerusalem, for since the days of Solomon, son of David, King of Israel there had been nothing like this in Jerusalem" (II Chr. 30:26). Evidently Josiah's later celebration eclipsed even this, because in the days of Hezekiah not all the members of the northern tribes responded favourably to his invitation.

These two great celebrations of Pesaḥ represent something fundamental about biblical politics. They are rooted in the idea of a covenant. Covenants were widely known and used in the ancient Middle East as treaties between nations. Uniquely in the case of Israel, the covenant was between God and a people, through which the people recognized God as their Sovereign and committed themselves to keeping His law. The entire book of Deuteronomy is structured as such a covenant.

The idea of covenant reentered the West in the sixteenth and seventeenth centuries, notably in Switzerland, Holland, Scotland, England and the first colonies in America. Only in America does it continue to exist, if not as an active principle, then at least as part of its rhetoric of self-understanding.

Covenant is a distinctive form of politics, different from three others.

◂ One is

One is *hierarchical* society, of which the greatest in the past were the ancient civilizations of Egypt and Mesopotamia. Another is the *civic republican* society, inspired by the city states, especially Athens and Sparta, of ancient Greece. Most recently, a further type emerged in the liberal democracies of the West in the second half of the twentieth century: the *contract* society, a new phenomenon in which the state is seen as an enterprise restricted to keeping the peace and providing services in return for taxation.

Covenant societies tend to be politically, though not economically, egalitarian. They are fundamentally opposed to hierarchy. They aim to create a nation, in Abraham Lincoln's phrase, "conceived in liberty, and dedicated to the proposition that all men are created equal." Although all societies contain some hierarchical, non-egalitarian elements, covenant societies insist that all are equal in dignity and must be treated as such.

They are also opposed to one feature of civic republican societies, namely the belief that there is no higher good than the state. Civic republican societies came into vogue in the modern era with the French Revolution and they tend to turn politics into a form of religion, which is as dangerous as turning religion into a form of politics. So in the European nation states of the nineteenth century, politics became replete with the trappings of the ceremonial: flags, symbols, emblems, anthems, parades, oaths, flags, coins, national gatherings and institutions. The state became an object of worship with an exclusive claim on loyalty. This, in biblical terms, is idolatry.

As for the politics of contract, it is too new to know what its future will be. The phrase "social contract" is associated with Hobbes, Locke and Rousseau, but they did not mean by it what Western liberal democracies have taken it to be since the 1960s: societies with no shared morality, where the supreme values are autonomy and rights, and the primary political calculations are those of advantage. Almost certainly such societies are too shallow to survive in this form, especially since they fail to make sense of the one value on which all politics depends, namely loyalty.[*]

---

[*]   See Michael Sandel, *Liberalism and the Limits of Justice* (Cambridge: Cambridge University Press, 1982); Paul Kahn, *Putting Liberalism in Its Place* (Princeton, NJ: Princeton University Press, 2005).

◀ One important

One important feature of the politics of covenant, though, is illustrated by the Pesaḥ celebrations of Hezekiah and Josiah. Covenantal societies are conscious of their origin at a specific time and place. They emerge out of history: usually a history of persecution, followed by the experience of liberation, often involving a struggle, a journey, and a conscious new beginning driven by certain principles of a moral nature. In the case of Israel it was to honor God, keep His commandments and serve Him alone, thus becoming "a kingdom of priests and a holy nation" (Ex. 19:6).

Covenants can be renewed. That is what happened in the last month of Moses' life (Deut. 29), at the end of Joshua's life (Josh. 24), in the time of Jehoiada, high priest during the reign of Joash (II Chron. 23:16) and in the days of Ezra and Nehemiah (Neh. 8–10), as well as during the reigns of Hezekiah and Josiah. The renewal – a national ceremony freighted with religious gravitas – always takes the form of a retelling of the history of the people, emphasizing the kindness of God and the waywardness of the nation. When it obeyed God it prospered; when it disobeyed, it suffered defeat. Therefore the people pledge themselves to remain true to the covenant and loyal to God. Covenant renewal is part historical recollection, part mission statement, part rededication, and there is nothing quite like it in other political systems.

This had real historical repercussions. As Shelley made unforgettably clear in his poem Ozymandias (above, page xxvi), even the greatest empires have declined, fallen, and been consigned to archeological relics and museums. Except in the case of Israel and the Jewish people it has become a law of history. The fourteenth-century Islamic thinker, Ibn Khaldun (1332–1406), said that when a civilization becomes great, its elites get used to luxury and comfort, and the people as a whole lose what he called their *asabiyah*, their social solidarity. The people then become prey to a conquering enemy, less civilized than they are but more cohesive and driven.

Italian political philosopher Giambattista Vico (1668–1744) described a similar cycle: "People first sense what is necessary, then consider what is useful, next attend to comfort, later delight in pleasures, soon grow dissolute in luxury, and finally go mad squandering their estates." We might call this the law of entropy – the principle that all systems lose energy over time – applied to nations.

Covenant renewal defeats national entropy. A people that never forgets

◄ its purpose

its purpose and its past, that reenacts its story in every family every year, a nation that attributes its successes to God and its failures to itself, cannot die. It may go into exile but it will return. It may suffer eclipse but it will be reborn. That is no small exception to the otherwise universal law of the decline and fall of nations – no small gift of Pesaḥ to the eternity of Israel.

10. The Division of the Reed Sea:
On the Torah Reading for the Seventh Day

One thing makes God laugh: human beings who think they are gods. This is a divine response we often do not recognize because we were neither looking for it nor expecting it. The use of humor is one of the Torah's most subtle devices, and its intent is deadly serious. God mocks those who mock Him. Not because He is jealous of His honor. To the contrary, as Rabbi Yoḥanan said in the Talmud: God's greatness is His humility (*Megilla* 31a).

God mocks those who set themselves up above others, who have divine or semi-divine pretensions, because He cares for their victims. His use of humor is precisely judged and measure-for-measure. Those who are high He brings low. Those who are low He lifts high. Those who take themselves seriously, He turns into jokes. Those the world laughs at, He takes as His own. Unless we understand this, we will miss an essential dimension of the division of the Reed Sea. We will see it as a mere miracle – the sea divided, water turned into dry land, the order of nature overturned – which it is, but only secondarily. Its real point is more serious. It is about the will to power, the ethics of militarism and faith in arms and armies. Its message is deep, precise, ominous and very much still relevant.

The best way of understanding the Torah's approach to human self-pretension is through examples. The obvious case is Balaam. Balaam is the archetype of the shaman, the wonder-worker who uses religion in a way the Torah regards as blasphemous, as a means of enlisting supernatural powers to human ends. As Balak, King of Moab says to him:

> Now come and put a curse on these people, because they are too powerful for me. Perhaps then I will be able to defeat them and drive them out of the land. For I know that whoever you bless is blessed, and whoever you curse is cursed. (Num. 22:6)

◄ Balaam

Balaam goes through the usual formalities. He cannot, he says, do anything against God's will. He must first find out whether the mission is acceptable. This turns out however to be mere show because when a second attempt is made to persuade him, promising him more honor and reward, he consults with God again, proving that he believes that God, like man, can change His mind, be bribed and so on. God is angry, though the text does not tell us this yet. The form His anger takes is that He gives permission to Balaam to go. Since Balaam has shown he only half-accepts the answer "No," God gives him the answer "Yes." The sages described this as the rule that "Where you want to go, that is where you will be led" (*Makkot* 10b). The next morning Balaam sets out, and the famous scene with the ass takes place.

A joke is being played on Balaam. His ass sees an angel that Balaam, the greatest seer of his age, cannot see. The ass speaks, proving what God told Moses at the burning bush: "Who gave human beings their mouths? Who makes them deaf or mute? Who gives them sight or makes them blind? Is it not I, the LORD?" (Ex. 4:11). Balaam has the hubris to think he is the master of God's word, that he can decide who will be blessed and cursed. God shows him that even an ass can see and speak if God wills it. Balaam cannot see an angel with a drawn sword even when it is directly in front of him, and far from cursing the Israelites finds himself losing a moral argument with a talking donkey.

Satire descends into farce as the man Balak has offered a fortune to curse the Israelites proceeds to bestow on them some of the most unforgettable blessings in the entire Torah. This happens because Balak and Balaam believe that blessings and curses are for sale and that divine powers can be exploited for human ends.

The second scene occurs in the story of the tower of Babel. The people on the plain of Shinar propose to build a city with "a tower that reaches heaven" (Gen. 11:4). This is one of the biblical narratives for which the realia are well known through archeology. More than thirty Mesopotamian ziggurats or towers have been unearthed, the most famous of which, and one of the largest, was that of Babylon which rose to a height of some three hundred feet from a square base, with a sanctuary at the summit.

At the beginning of the second millennium BCE the Sumerian ruler of Lagash, Gudea, says of the temple of Eninnu that "it rose to the sky."

◄ Later

Later Esarhaddon says of the temple of Ashur that he made "its top high as heaven." The same language is used of the temple of Marduk in Babylon. So the ambition was real. The towers of the first great civilization on earth, the place Abraham and his family left, were man-made structures, artificial holy mountains, on which it was believed people – kings especially – could ascend to heaven to meet the gods.

The biblical text, having described this briefly and with precision, then says: "God said … Come, *let us descend*" (11:6–7). So miniscule is the tower that God has to "descend" to be able to see it at all: a joke we can only fully appreciate now that we are able to fly over skyscrapers from a height of thirty thousand feet and see how small the highest building looks from even a modest elevation in the sky. The builders had been led to this hubris by a simple technological advance: the use of kilns to make bricks harder and more durable than their sun-dried equivalents.

No sooner had they achieved this than they began to believe that humans can make mountains, reach the sky and be like gods. In response God uses no high technology, no miracle. He merely confuses the language of the builders. Immediately the serious project of human self-aggrandizement is reduced to farce as orders are shouted out by the supervisors and no one understands what they are saying. Not only can the builders not converse with the gods. They cannot even converse with one another. It is a *coup de theatre* designed to make fun of those who take themselves seriously as masters of the universe.

The result is precisely judged. The builders sought to make the city so that they "would not be scattered over the face of the earth" (v. 4). The result is that they were "scattered over the face of the earth" (vv. 8, 9). They sought to "make a name for ourselves" (v. 4) and they succeeded, but not as they intended. Babel became the eternal name, not for order but for confusion.

The logic of these and similar narratives is given in Psalm 2, the text that speaks about God's laughter:

Why do the nations clamor, why are the peoples speaking futilities?
The kings of this earth have assembled;
the leaders have banded together
against the LORD and His anointed.

◄ "Let us

"Let us cut their bonds," they have said, "and cast from us their cords."
The One who presides in heaven shall laugh;
the LORD will jeer at them. (Psalm 2:1–4)

Turning to the division of the Reed Sea, we begin by noting a pointed ambiguity in the Torah's description of what happened and how:

> Moses raised his hand over the sea, and the LORD *moved the sea with a strong easterly wind* all that night; it turned the sea into dry land, and the waters were divided. So the children of Israel walked into the midst of the sea on dry land, and the water was *like a wall for them on their right and on their left*. (Ex. 14:21–22)

Of the two phrases emphasized above, the second phrase, "the water was like a wall," suggests a supernatural event. God suspended the laws of nature. The Israelites walked on dry land between walls of water held in place by the divine will alone. This is the first reading, with all its drama. The Egyptians, with their horse-drawn chariots, see themselves as an invincible military power about to crush a group of powerless, fugitive slaves. God unleashes against them the forces of nature itself, using the sea (in ancient times a symbol of primal chaos, the Ugaritic god Yam, or in Egyptian mythology Apep, enemy of the sun god Ra), wielding it as a weapon to defend His otherwise defenseless people to overthrow the army of the man who thought himself a god.

But the first phrase, *moved the sea with a strong easterly wind,* suggests a different reading. No suspension of the laws of nature is needed for a strong east wind, in the right place at the right time, to uncover dry land where, at other times, there was sea. To mention just one of many recent scientific accounts, in September 2010, researchers at US National Center for Atmospheric Research and the University of Colorado showed by computer simulation how a sixty-three-miles-per-hour east wind, blowing overnight, would have pushed back water at a point in the Nile Delta where an ancient river merged with a coastal lagoon. The water would have been driven back into the two waterways and a land bridge opened at the bend, allowing people to walk across the exposed mud flats. As soon as the wind died down, the waters would have rushed back. The leader of

the project said when the report was published: "The simulations match fairly closely with the account in Exodus."* This is one of several explanations offered by scientists to show how the division of the sea might have happened naturally.

This does not mean that it was not a miracle. Rather, it suggests a different way of understanding the nature of a miracle: not an event that suspends the laws of nature but rather one that, by happening when, how and to whom it did, constituted a deliverance that was a signal of transcendence, written unmistakably in God's handwriting, a divine intervention but not a scientific impossibility.**

The second reading suggests a quite different way of understanding the events that took place at the sea. The military dominance of the Egyptians was based on the horse-drawn chariot, introduced into Egypt by the Hyksos in the sixteenth century BCE. This made the Egyptian army invincible. It was the symbol of their strength. There is however one form of terrain in which the horse-drawn chariot is a source not of strength but of weakness, namely an uncovered, saturated sea-bed. The Israelites, traveling on foot, were able to walk across, but the Egyptians, pursuing after them in their chariots, found that "the wheels of their chariots were unfastened and drove with difficulty" (Ex. 14:25). They became stuck in the mire, unable to move forward or back. Their very obsession with catching up with the Israelites had driven them heedless into danger. By the time they found themselves trapped, they were helpless. As the wind dropped and the waters returned they were caught, defeated not by an

---

* A report can be found at https://www2.ucar.edu/atmosnews/news/2663/parting-waters-computer-modeling-applies-physics-red-sea-escape-route. For another account by a professor of materials science at Cambridge University, see Colin Humphreys, *The Miracles of Exodus* (London: Continuum, 2003).

** The sages offered a third, mediating possibility. By a play on the word *le'eitano*, "the sea returned *to its original strength*," the sages said, this means *letano*, "to its condition," suggesting that "the Holy One, blessed be He, made a condition with the elements of the universe during the six days of creation." One of these was that the sea should split before the Israelites (*Bereshit Raba* 5:5). On this reading the division of the sea was programmed into the script of nature from the beginning of time. Thus did the sages seek to reconcile the supernatural with the natural: miracles happen but the universe retains its law-like character.

◀ army

army but by their own desire to exercise power over the vulnerable and by their own reliance on military technology.

On this reading the significance of the event is not its supernatural quality but something more consequential, an irony that echoes through the centuries: those who trust in weapons of war, perish by weapons of war. Those who worship military technology eventually become its victims. We become, says Psalm 115 (part of Hallel), what we worship. If we worship instruments of death, we die. If we worship the God of life, we live. Or, as Psalm 147 puts it:

> He does not take delight in the strength of horses nor pleasure in the fleetness of man. The LORD takes pleasure in those who fear Him, who put their hope in His loving care. (Psalm 147:10–11)

The scene of the Israelite refugees, on foot, crossing the sea to safety while the Egyptian army floundered, rendered helpless by the very vehicles that had made them believe they were invulnerable, is unforgettable. The powerful have been rendered powerless while the powerless make their way to freedom. The truth conveyed by that image does not require for its proof a suspension of the laws of nature. It is one of the laws of human nature, forgotten in every generation by those who worship power. Those who see themselves as more than human become less than human. Those who laugh at God become the laughing-stock of history.

11. Empathizing with Your Enemies: On Some Laws and Customs of Pesaḥ

There are two aspects of Pesaḥ that make it different from the other pilgrimage festivals, Shavuot and Sukkot. First, in the Torah, the word *simḥa*, "rejoicing," does not appear at all in connection with it. In Leviticus the word appears specifically in connection with Sukkot. In Deuteronomy it figures twice in connection with Sukkot, once with Shavuot. But there is no explicit command to rejoice on Pesaḥ.

The second is that a Full Hallel is said only on the first day (outside Israel, the first two days). The Talmud (*Arakhin* 10a–b) gives a reason for this. The sacrifices offered in the Temple did not vary on the seven days of Pesaḥ (Num. 28:24), whereas they did on Sukkot. This gives each day

◀ of Sukkot

of Sukkot something of the status of a festival in its own right whereas on Pesaḥ the subsequent days are a mere repetition of the first.

However, the answer of the Talmud is not sufficient to explain one phenomenon: the fact that we do not say a Full Hallel on the seventh day. According to tradition, the division of the Reed Sea took place on the seventh day. Moses had initially asked Pharaoh for permission to travel with the people three days into the wilderness to worship God. When it became clear that they were not about to return, Pharaoh was notified on the fourth day. He and his chariots traveled on days five and six. On the seventh the Israelites crossed the Sea and sang the Song (Rashi to Exodus 14:5). That is why the crossing of the Sea is the Torah Reading for the seventh day. The Talmud, in its discussion of the origin of Hallel (*Pesaḥim* 117a), lists a number of historic occasions on which it was sung. The first of these is *at the Reed Sea*! In other words, according to the Talmud, Hallel originated on the seventh day of Pesaḥ. Therefore, regardless of the sacrifices, it should at least be said on that day.

A midrash (*Yalkut Shimoni, Emor* 654) gives a similar answer to both questions. Rejoicing is not mentioned in connection with Pesaḥ because it was a period "during which the Egyptians died." We do not say a Full Hallel other than on the first day because of the principle (Prov. 24:17), "Do not rejoice when your enemy falls; when they stumble, do not let your heart be glad" – a prohibition against Schadenfreude. This recalls another passage in the Talmud (*Sanhedrin* 39b), which says that during the division of the Reed Sea, the angels above wanted to sing a song of triumph like the Israelites below. God silenced them with the words, "The works of My hands are drowning in the sea and you wish to sing a song?"

There is an obvious question: if God stopped the angels singing, why did He not stop the Israelites? The technical answer is that there is a halakhic difference between Hallel said at the time of the event and Hallel said subsequently on the anniversary of the event. The first is a direct expression of emotion; the second is an act of memory. The first does not require a blessing, the second does. That is why we do not make a blessing on the Hallel said at the Seder table whereas we do in the synagogue. At the Seder table there is a halakhic requirement that "each person must see himself as if he himself had come out of Egypt" (Mishna, *Pesaḥim* 10:5). Therefore Hallel for us is as it was for the Israelites at the

◀ time:

time: an immediate personal experience. At the time of a miraculous escape we are overwhelmed with gratitude and a sense of relief and release. It is not a time for balanced emotion and detachment. However, for the angels (and for the Israelites themselves on subsequent years) Hallel was not the result of an immediate experience. Hence it was overridden by the prohibition against taking pleasure at seeing your enemy fall, and only an abridged version ("Half Hallel") is said.

The same reasoning – "Do not rejoice when your enemy falls" – appears in the famous explanation offered by Abudraham (Abu Dirham, Seville, fourteenth century) as to why we spill drops of wine while reciting the Ten Plagues at the Seder table: to remind ourselves of the suffering of the Egyptians. The implication may be that we should feel sorry for the Egyptians who suffered for the recalcitrance of a single individual, Pharaoh (Moses once said to God, "Shall one man sin and will You be angry with the whole congregation?" [Num. 16:22]). Or perhaps the point is that even the execution of justice should occasion mixed feelings. The Talmud rules that the command, "You shall love your neighbor as yourself," applies even to a criminal who has committed a capital crime (*Sanhedrin* 52a). Death must be as painless as possible, because though a person has forfeited his life, he has not forfeited his status as a human.

Are these sentiments merely the products of post-biblical Judaism? Or do they have some basis in Tanakh itself?

There are two puzzling passages which may shed light on the question. The first is the strange insistence by God that, before they leave, the Israelites should ask their Egyptian neighbors for "articles of silver and gold" (Ex. 11:2). Did they need silver and gold for the journey? Besides which, as the sages pointed out, if they had not taken gold from Egypt they would not have been able to make a golden calf (*Berakhot* 32a). Yet there is nothing minor or accidental about this detail. God mentioned it to Moses before he had even started his mission (Ex. 3:22). Centuries earlier He alluded to it to Abraham: "Afterward they will come out with great possessions" (Gen. 15:14). Even before then it had been a feature of Abraham's own exile to Egypt: "Abram had become very wealthy in livestock and in silver and gold" (Gen. 13:2).

It cannot be that the years of exile and suffering were for the sake of wealth. Divine blessings are to be found in Israel, not exile. Nor is there

◀ anything

anything to be said for taking money from the wicked. As Abraham said to the king of Sodom, "I will accept nothing belonging to you, not even a thread or the strap of a sandal, so that you will never be able to say, 'I made Abram rich'" (Gen. 14:23).

Instead, the explanation is to be found in the later law of Deuteronomy about releasing a slave:

> When you set him free from your service you must not send him away empty-handed. You must give generously to him of your flock, your granary and your wine-vat with which the LORD your God has blessed you; so you shall give him. And you shall remember that you were once a slave in the land of Egypt and the LORD your God redeemed you; this is why, today, I command you thus. (Deut. 15:13–15)

There are two elements at stake here. The first is that when you release a slave you must give him initial support to start a new life in freedom. The other and more significant is emotional closure. Slavery is humiliating. The parting gift from the master does not compensate for the years of freedom lost, but it does mean that there is a final act of goodwill. It is there precisely to mitigate the resentment that otherwise exists between a former slave and his or her master. It is there to prevent some form of revenge (see Lev. 19:18).

The law in Deuteronomy refers to an Israelite releasing a slave. But there is no reason to doubt that the same logic applies to God's insistence that the Israelites receive gifts from the Egyptians. The Torah is calibrated to human nature. It was, as the sages say, "not given to angels" (*Berakhot* 25b). Humiliation, resentment and the desire for revenge have destroyed civilizations in the past.* They are no basis for a nation about to create a free society under the sovereignty of God. The Israelites were to leave Egypt without a legacy of hate.

The same logic applies to the arresting statement of Moses: "You shall not despise an Egyptian, for you were strangers in his land" (Deut. 23:8). This is one of the great apparent non-sequiturs in the Torah. The Egyptians

* See Rene Girard, *Violence and the Sacred* (Baltimore: Johns Hopkins University Press, 1977).

◂ enslaved

enslaved our ancestors. They tried to carry out a program of genocide. It is not as if Moses wanted the people to forget their suffering in Egypt. To the contrary, God had commanded the Israelites never to forget it, never to cease reenacting it once a year.

Rather, the explanation is this: If the Israelites continued to resent the Egyptians for the way they had been treated, then Moses would have taken the Israelites out of Egypt, but would not have taken Egypt out of the Israelites. In a psychological sense they would still be slaves to the past. They would see themselves as victims, and victimhood is incompatible with freedom. Victimhood defines you as an object not a subject, someone others act upon not someone who takes destiny into his own hands. Victims destroy; they do not build. Victims look back, not forward. *To be free, you have to let go of hate.* That is the burden of Moses' command.

Egypt never became, in the Jewish imagination, a symbol of evil. That was reserved for the Amalekites. The humanizing of the Egyptians led Isaiah to one of the most remarkable prophecies in all religious literature. The day will come, he says, when the Egyptians will themselves suffer from a tyrannical leader. On that day they will cry out to God, who will respond by performing the same kind of miracle for them as once before He had performed for the Israelites:

> When they cry out to the LORD because of their oppressors, He will send them a savior and defender, and He will rescue them. So the LORD will make Himself known to the Egyptians, and in that day they will acknowledge the LORD. (Isaiah 19:20–21)

There will come a day when God Himself will bless the Egyptians, saying, "Blessed be Egypt, My people" (ibid. 25).

This same biblical concern that one should not dehumanize one's enemies is a key theme of the book of Jonah. It is the lesson God seeks to teach the prophet by sending him a leafy plant to give him shade during the day. When the plant dies, Jonah curses his fate. God then says:

> "You cared about that plant, which you did not toil for and did not grow, which appeared overnight and was lost overnight. And am I not

◀ to care

to care for the great city of Nineveh, which has more than a hundred and twenty thousand people in it – who do not know their right hands from their left – and many animals?" (Jonah 4:10–11)

The fact that the Assyrians were Israel's once and future enemies does not justify depriving them of the chance to repent and be forgiven.

This entire cluster of attitudes is extraordinary, yet it is central to our understanding of the exodus. The sin of the Egyptians was that they dehumanized the Israelites. Therefore if Israel is to be the antitype, the opposite, of Egypt, it must not dehumanize the Egyptians. We must not hate them. We must not say a Full Hallel on the day they drowned in the Sea. Because Egyptians died, our entire "joy" on the festival is muted, not even mentioned in the Torah at all.

Retribution is not revenge. Punishment is not hate. Justice is not vindictiveness. The moral system of the Torah depends on making a fundamental distinction between interpersonal emotion and impersonal law. Revenge, hate and vindictiveness are all I–Thou relationships. Justice is the opposite: the principled refusal to let I–Thou relationships determine the fate of individuals within society. Justice means that all must submit to the impartial process of law. Retribution is an act of restoring moral order to society. It has nothing to do with revenge which is, strictly speaking, lawless. When law and justice prevail, there can be punishment without animosity. The law-based society envisaged by the Torah is one where people hate not the sinner but the sin.

One of the recurring dangers of religion, indeed of civilizations generally, is that they divide humanity into the saved and the damned, the redeemed and the accursed, the believer and the infidel, the civilized and the barbarian, the children of light and the children of darkness. There is no limit to the evils that can be visited on those not of our faith, since one is doing so in the name of God, truth, and right, and since one's victims are less than fully human. That is an abomination, an offense against God and His image – humankind.

Spilling wine during the recitation of the plagues, refraining from Full Hallel on the seventh day, not hating an Egyptian: all these and more are fundamental to the Torah's insistence that *our humanity precedes our*

◄ *religious*

religious identity. Man was made in God's image long before the covenant with Abraham or the Israelites. To be a Jew is the Jewish way of being human. It is not a justification for seeing others as less than human.

If Rabbi Yaakov Emden is right, then there is a statement to this effect at the very beginning of the Seder. The first words we say at the opening of *Maggid* are: "This is the bread of oppression our fathers ate in the land of Egypt. Let all who are hungry come in and eat; let all who are in need come and join us for the Pesaḥ." The difference between the first invocation and the second, says Rabbi Emden, is that the first, "Let all who are hungry come in and eat" is addressed to non-Jews, on the basis of the principle that "We must support non-Jews as well as Jews because of the ways of peace" (*Gittin* 61a).*

This is no small principle. We are commanded not to forget the victims of our victories, not to lose empathy with our enemies, nor to dehumanize the human other. That does not mean abandoning the search for justice: quite the reverse. But law is one thing, interpersonal emotion another. There is a haunting line in the account of the plagues, when Pharaoh's own advisers tell him: "Let the people go…Do you not yet realize that Egypt is ruined?" (Ex. 10:7). Hate destroys the hater, not just the hated.

To be free, you have to let go of hate.

Chief Rabbi Jonathan Sacks
London, 5773 (2013)

---

*   Rabbi Yaakov Emden, *Siddur Amudei VeSha'arei Shamayim.*

מחזור קורן לפסח

THE KOREN PESAḤ MAḤZOR

REMOVAL OF ḤAMETZ

On the night before Pesaḥ, a search for ḥametz, such as breadcrumbs, products containing leaven and grain alcohol, is made in the house. The custom is to do so at night by the light of a candle, but a flashlight may also be used. If Pesaḥ falls on Motza'ei Shabbat, the search is made on Thursday night. Those who plan to be away on Pesaḥ should conduct the search the night before their departure, but without making a blessing.

Before the search, make the following blessing:

בָּרוּךְ Blessed are You, LORD our God, King of the Universe,
who has made us holy through His commandments,
and has commanded us about the removal of leaven.

After the search, say:

כָּל חֲמִירָא May all ḥametz or leaven that is in my possession
which I have not seen or removed
be annulled and deemed like the dust of the earth.

---

cal logic is that Pesaḥ is a time of departure, the beginning of a journey, the transformation of a nation from slavery to freedom. Clearing the house of *ḥametz* is a symbolic jettisoning of the past, the preparation for a leave-taking.

The search for *ḥametz* is done on the night of the fourteenth of Nisan. The Talmud (*Pesaḥim* 7b) derives from biblical verses that it should be done by the light of a candle. This remains the custom, though an electric light or flashlight may be used. A search should be made of every place in the home or at work into which *ḥametz* may have been brought. There was a debate among the medieval commentators as to whether the command "You must have your homes cleared of all leaven" involves a positive act of find-and-destroy or merely a requirement that there be none to be found. To accommodate the first view, many have the custom of deliberately placing ten pieces of *ḥametz* so that they can be found and destroyed (*Kol Bo*). Although the blessing is made immediately prior to the search at night, the blessing itself refers to the burning of the *ḥametz* the next day, since it is the destruction that is the commanded act and the search merely a preliminary to it.

כָּל חֲמִירָא *All ḥametz.* This declaration, made in slightly different forms at night after the search and the next morning after the burning, is known as *Bitul Ḥametz*, "nullification of [ownership of] *ḥametz*." It constitutes a formal renunciation of ownership of any leaven that may physically still remain within our domain. It is written in Aramaic since that was the language spoken by

ביעור חמץ

On the night before פסח, a search for חמץ, such as breadcrumbs, products containing leaven and grain alcohol, is made in the house. The custom is to do so at night by the light of a candle, but a flashlight may also be used. If פסח falls on מוצאי שבת, the search is made on Thursday night. Those who plan to be away on פסח should conduct the search the night before their departure, but without making a blessing.

Before the search, make the following blessing:

בָּרוּךְ אַתָּה יהוה אֱלֹהֵינוּ מֶלֶךְ הָעוֹלָם
אֲשֶׁר קִדְּשָׁנוּ בְּמִצְוֹתָיו וְצִוָּנוּ עַל בִּעוּר חָמֵץ.

After the search, say:

כָּל חֲמִירָא וַחֲמִיעָא דְּאִכָּא בִרְשׁוּתִי, דְּלָא חֲמִתֵּהּ וּדְלָא בִעַרְתֵּהּ
לִבְטִיל וְלֶהֱוֵי הֶפְקֵר כְּעַפְרָא דְאַרְעָא.

REMOVAL OF ḤAMETZ

The Torah not only commands us to eat matza on Pesaḥ and to avoid eating leaven or leavened products. It also contains three distinct commands about removing all leaven from our property and possession: (1) "By the first day you must have your homes cleared [*tashbitu*] of all leaven" (Ex. 12:15). This involves the physical removal of all leaven, and is the source of the command of *Biur Ḥametz,* the burning or destruction of leavened products. (2) "No leaven may be seen in your possession. No leaven may be seen in all your territories" (Ex. 13:7). (3) "During [these] seven days, no leaven may be found in your homes" (Ex. 12:19). Whereas the first command enjoins a positive act to remove all *ḥametz,* the second and third are the negative corollaries, forbidding us to leave any leaven or leavened products in our possession.

These are unique commands. Not only must we (at least on Seder night) eat matza; not only must we refrain, throughout the festival, from eating leavened bread or any product that has even the slightest admixture of *ḥametz;* we must also ensure that no leaven or leaven-containing food is in our possession and we must take active steps to remove it, destroy it and disown it. We do not find such extreme measures in the case of any other forbidden food. The halakhic logic is the temporary nature of the ban on leaven. During the rest of the year it is permitted. Therefore, were there any in the house or in our ownership during the festival we might come to eat it inadvertently; hence we must remove it completely (*Sefer Mitzvot Katan,* 222). The psychologi-

On the following morning after burning the ḥametz, say:

כָּל חֲמִירָא May all ḥametz or leaven that is in my possession,
whether I have seen it or not, whether I have removed it or not,
be annulled and deemed like the dust of the earth.

EIRUV TEḤUMIN

*On Shabbat and Yom Tov it is forbidden to walk more than 2000 cubits (about 3000 feet)
beyond the boundary (teḥum) of the town where you live or are staying when the day begins.
By placing food sufficient for two meals, before nightfall, at a point within 2000 cubits
from the town limits, you confer on that place the status of a dwelling for the
next day, and are then permitted to walk 2000 cubits from there.*

בָּרוּךְ Blessed are You, LORD our God, King of the Universe,
who has made us holy through His commandments,
and has commanded us about the mitzva of Eiruv.

By this Eiruv may we be permitted to walk from this place,
two thousand cubits in any direction.

EIRUV ḤATZEROT

*On Shabbat it is forbidden to carry objects from one private domain to another, or from
a private domain into space shared by others, such as a communal staircase, corridor or
courtyard. An Eiruv Ḥatzerot is created when each of the Jewish households in a court or
apartment block, before Shabbat, places a piece of matza in one of the homes. The entire
court or block then becomes a single private domain within which it is permitted to carry.*

בָּרוּךְ Blessed are You, LORD our God, King of the Universe,
who has made us holy through His commandments,
and has commanded us about the mitzva of Eiruv.

By this Eiruv may we be permitted to move, carry out and carry in
from the houses to the courtyard, or from the courtyard to the houses,
or from house to house, for all the houses within the courtyard.

EIRUVIN

Eiruvin are halakhic devices relating to Shabbat and the festivals by which
the sages "joined" different domains of space and time. *Eiruv* comes from
the same root (ע-ר-ב, literally: combine or join) as *erev*, "evening," the time
that joins day and night; *arev*, "a guarantor," who joins another person or

On the following morning after burning the חמץ, say:

כָּל חֲמִירָא וַחֲמִיעָא דְּאִכָּא בִרְשׁוּתִי, דַּחֲמִתֵּהּ וּדְלָא חֲמִתֵּהּ
דְּבִעַרְתֵּהּ וּדְלָא בִעַרְתֵּהּ, לִבְטִיל וְלֶהֱוֵי הֶפְקֵר כְּעַפְרָא דְאַרְעָא.

עירוב תחומין

On שבת and יום טוב it is forbidden to walk more than 2000 cubits (about 3000 feet) beyond the boundary (תחום) of the town where you live or are staying when the day begins. By placing food sufficient for two meals, before nightfall, at a point within 2000 cubits from the town limits, you confer on that place the status of a dwelling for the next day, and are then permitted to walk 2000 cubits from there.

בָּרוּךְ אַתָּה יהוה אֱלֹהֵינוּ מֶלֶךְ הָעוֹלָם
אֲשֶׁר קִדְּשָׁנוּ בְּמִצְוֹתָיו וְצִוָּנוּ עַל מִצְוַת עֵרוּב.

בְּדֵין עֵרוּבָא יְהֵא שְׁרֵא לִי לְמֵיזַל מֵאַתְרָא הָדֵין תְּרֵין אַלְפִין אַמִּין לְכָל רוּחָא.

עירוב חצרות

On שבת it is forbidden to carry objects from one private domain to another, or from a private domain into space shared by others, such as a communal staircase, corridor or courtyard. An עירוב חצרות is created when each of the Jewish households in a court or apartment block, before שבת, places a piece of matza in one of the homes. The entire court or block then becomes a single private domain within which it is permitted to carry.

בָּרוּךְ אַתָּה יהוה אֱלֹהֵינוּ מֶלֶךְ הָעוֹלָם
אֲשֶׁר קִדְּשָׁנוּ בְּמִצְוֹתָיו וְצִוָּנוּ עַל מִצְוַת עֵרוּב.

בְּדֵין עֵרוּבָא יְהֵא שְׁרֵא לַנָא לְטַלְטוּלֵי וּלְאַפּוּקֵי וּלְעַיּוּלֵי מִן הַבָּתִּים לֶחָצֵר
וּמִן הֶחָצֵר לַבָּתִּים וּמִבַּיִת לְבַיִת לְכָל הַבָּתִּים שֶׁבֶּחָצֵר.

Jews in the Talmudic era; if one does not understand Aramaic it should be said in one's normal spoken language. It should also be said by all members of the family living in the house. At night the formula specifies *ḥametz* we are unaware of, since we may be keeping some to be eaten at breakfast the next day, and this we intend to keep in our ownership until then. In the morning, after the burning, the formula is extended to include all *ḥametz*.

EIRUV TAVSHILIN

It is not permitted to cook for Shabbat when a Yom Tov falls on Thursday or
Friday unless an Eiruv Tavshilin has been made prior to the Yom Tov. This is
done by taking a piece of matza together with a boiled egg, or a piece of cooked
fish or meat to be used on Shabbat. While holding them, say the following:

בָּרוּךְ Blessed are You, LORD our God, King of the Universe,
who has made us holy through His commandments,
and has commanded us about the mitzva of Eiruv.

By this Eiruv may we be permitted to bake, cook, insulate food,
light a flame and do everything necessary on the festival for the sake of Shabbat,
for us and for all Jews living in this city.

CANDLE LIGHTING

On Erev Yom Tov, say the following blessing and then light the candles from an
existing flame. If also Shabbat, cover the eyes with the hands after lighting the
candles and say the following blessing, adding the words in parentheses.

בָּרוּךְ Blessed are You, LORD our God, King of the Universe,
who has made us holy through His commandments,
and has commanded us to light (the Sabbath light and)
the festival light.

On the first two evenings of Pesaḥ, the blessing
"Sheheḥeyanu" ("Who has given us life") is added:

בָּרוּךְ Blessed are You, LORD our God, King of the Universe,
who has given us life, sustained us, and brought us to this time.

---

mediately precedes Shabbat. All three were instituted to enhance the joy of
the festival and the delight of Shabbat without weakening the essential struc-
ture of Jewish law that surrounds and protects the holiness of space and time.

CANDLE LIGHTING
Candle lighting on Shabbat and festivals represents *shelom bayit*, "peace in the
home." The sages say that Adam and Eve were created on the eve of Shabbat,
the sixth day, and sinned and were sentenced to exile from Eden on the same

עירוב תבשילין

It is not permitted to cook for שבת *when a* יום טוב *falls on Thursday or Friday unless an* עירוב תבשלין *has been made prior to the* יום טוב*. This is done by taking a piece of matza together with a boiled egg, or a piece of cooked fish or meat to be used on* שבת*. While holding them, say the following:*

בָּרוּךְ אַתָּה יהוה אֱלֹהֵינוּ מֶלֶךְ הָעוֹלָם
אֲשֶׁר קִדְּשָׁנוּ בְּמִצְוֹתָיו וְצִוָּנוּ עַל מִצְוַת עֵרוּב.
בַּדֵין עֵרוּבָא יְהֵא שְׁרֵא לָנָא לְמֵיפֵא וּלְבַשָּׁלָא וּלְאַטְמָנָא
וּלְאַדְלָקָא שְׁרָגָא וּלְמֶעְבַּד כָּל צָרְכָּנָא מִיּוֹמָא טָבָא לְשַׁבְּתָא
לָנוּ וּלְכָל יִשְׂרָאֵל הַדָּרִים בָּעִיר הַזֹּאת.

הדלקת נרות

On ערב יום טוב*, say the following blessing and then light the candles from an existing flame. If also* שבת*, cover the eyes with the hands after lighting the candles and say the following blessing, adding the words in parentheses.*

בָּרוּךְ אַתָּה יהוה אֱלֹהֵינוּ מֶלֶךְ הָעוֹלָם
אֲשֶׁר קִדְּשָׁנוּ בְּמִצְוֹתָיו וְצִוָּנוּ
לְהַדְלִיק נֵר שֶׁל (שַׁבָּת וְשֶׁל) יוֹם טוֹב.

On the first two evenings of פסח*, the blessing* שֶׁהֶחֱיָנוּ *is added:*

בָּרוּךְ אַתָּה יהוה אֱלֹהֵינוּ מֶלֶךְ הָעוֹלָם
שֶׁהֶחֱיָנוּ וְקִיְּמָנוּ, וְהִגִּיעָנוּ לַזְּמַן הַזֶּה.

---

persons in a bond of shared responsibility, and *arev*, "pleasant," the mood that prevails when people join in friendship. An *eiruv* softens the sharp divide of boundaries.

An *eiruv teḥumin* is a device that allows us to walk for up to two thousand cubits beyond the two-thousand-cubit boundary that marks how far we may walk outside the limits of a town. An *eiruv ḥatzerot* joins multiple homes into a single private domain for the purpose of carrying between them on Shabbat. An *eiruv tavshilin* permits us to prepare food for Shabbat on a festival that im-

On Erev Shabbat Ḥol HaMo'ed that is not a Yom Tov, cover the eyes with the hands after lighting the candles, and say:

בָּרוּךְ Blessed are You, Lord our God, King of the Universe,
who has made us holy through His commandments,
and has commanded us to light the Sabbath light.

Some add:

יְהִי רָצוֹן May it be Your will, Lord our God and God of our ancestors, that the Temple be speedily rebuilt in our days, and grant us our share in Your Torah. And may we serve You there in reverence, as in the days of *Mal. 3*
old and as in former years.

Prayer after candlelighting (add the words in parentheses as appropriate):

יְהִי רָצוֹן May it be Your will, Lord my God and God of my forebears, that You give me grace – me (and my husband/and my father/and my mother/and my sons and my daughters) and all those close to me, and give us and all Israel good and long lives. And remember us with a memory that brings goodness and blessing; come to us with compassion and bless us with great blessings. Build our homes until they are complete, and allow Your Presence to live among us. And may I merit to raise children and grandchildren, each one wise and understanding, loving the Lord and in awe of God, people of truth, holy children, who will cling on to the Lord and light up the world with Torah and with good actions, and with all the kinds of work that serve the Creator. Please, hear my pleading at this time, by the merit of Sarah and Rebecca, Rachel and Leah our mothers, and light our candle that it should never go out, and light up Your face, so that we shall be saved, Amen.

---

the week lose their sharpness and we begin to feel the unity of all things in the sensed presence of their Creator.

יְהִי רָצוֹן *May it be Your will.* A beautiful prayer usually said by the woman of the house, invoking the merits and enduring influence of the matriarchs of our people – Sarah, Rebecca, Rachel and Leah – and the courage and devotion of their steadfast love for God and their families. It is a touching summary of the values by which Jewish women through the millennia lived and taught their children.

On ערב שבת חול המועד *that is not a* יום טוב*, cover the eyes with the hands after lighting the candles, and say:*

בָּרוּךְ אַתָּה יהוה אֱלֹהֵינוּ מֶלֶךְ הָעוֹלָם
אֲשֶׁר קִדְּשָׁנוּ בְּמִצְוֹתָיו וְצִוָּנוּ לְהַדְלִיק נֵר שֶׁל שַׁבָּת.

Some add:

יְהִי רָצוֹן מִלְּפָנֶיךָ יהוה אֱלֹהֵינוּ וֵאלֹהֵי אֲבוֹתֵינוּ, שֶׁיִּבָּנֶה בֵּית הַמִּקְדָּשׁ
בִּמְהֵרָה בְיָמֵינוּ, וְתֵן חֶלְקֵנוּ בְּתוֹרָתֶךָ, וְשָׁם נַעֲבָדְךָ בְּיִרְאָה כִּימֵי עוֹלָם וּכְשָׁנִים
קַדְמֹנִיּוֹת. וְעָרְבָה לַיהוה מִנְחַת יְהוּדָה וִירוּשָׁלָםִ כִּימֵי עוֹלָם וּכְשָׁנִים קַדְמֹנִיּוֹת: מלאכי ג

Prayer after candlelighting (add the words in parentheses as appropriate):

יְהִי רָצוֹן מִלְּפָנֶיךָ יהוה אֱלֹהַי וֵאלֹהֵי אֲבוֹתַי, שֶׁתְּחוֹנֵן אוֹתִי (וְאֶת אִישִׁי/ וְאֶת
אָבִי/ וְאֶת אִמִּי/ וְאֶת בָּנַי וְאֶת בְּנוֹתַי) וְאֶת כָּל קְרוֹבַי, וְתִתֶּן לָנוּ וּלְכָל יִשְׂרָאֵל
חַיִּים טוֹבִים וַאֲרֻכִּים, וְתִזְכְּרֵנוּ בְּזִכְרוֹן טוֹבָה וּבְרָכָה, וְתִפְקְדֵנוּ בִּפְקֻדַּת יְשׁוּעָה
וְרַחֲמִים, וּתְבָרְכֵנוּ בְּרָכוֹת גְּדוֹלוֹת, וְתַשְׁלִים בָּתֵּינוּ וְתַשְׁכֵּן שְׁכִינָתְךָ בֵּינֵינוּ.
וְזַכֵּנִי לְגַדֵּל בָּנִים וּבְנֵי בָנִים חֲכָמִים וּנְבוֹנִים, אוֹהֲבֵי יהוה יִרְאֵי אֱלֹהִים, אַנְשֵׁי
אֱמֶת זֶרַע קֹדֶשׁ, בַּיהוה דְּבֵקִים וּמְאִירִים אֶת הָעוֹלָם בַּתּוֹרָה וּבְמַעֲשִׂים
טוֹבִים וּבְכָל מְלֶאכֶת עֲבוֹדַת הַבּוֹרֵא. אָנָּא שְׁמַע אֶת תְּחִנָּתִי בָּעֵת הַזֹּאת
בִּזְכוּת שָׂרָה וְרִבְקָה וְרָחֵל וְלֵאָה אִמּוֹתֵינוּ, וְהָאֵר נֵרֵנוּ שֶׁלֹּא יִכְבֶּה לְעוֹלָם
וָעֶד, וְהָאֵר פָּנֶיךָ וְנִוָּשֵׁעָה. אָמֵן.

---

day (*Avot deRabbi Natan* 1). God took pity on them and delayed the start of their exile by a day so that they were able to spend one day, Shabbat, in paradise. On that day, said the sages, the sun did not set. It was a day of light, physical and spiritual, in which the first man and woman experienced the harmony of the universe and of their relationship. The candles of Shabbat – customarily two, though Jewish law requires minimally one – symbolize the two aspects of holy time: *zakhor*, "remember" (Ex. 20:8) and *shamor* "guard" (Deut. 5:12). They also symbolize man and woman, humanity and God, heaven and earth, united on this day. Though, since the first humans, we no longer inhabit paradise, we capture something of it on Shabbat and the festivals when in the soft light of the flickering flames, the jagged edges of

Minḥa for Weekdays

אַשְׁרֵי Happy are those who dwell in Your House; Ps. 84
they shall continue to praise You, Selah!
Happy are the people for whom this is so; Ps. 144
happy are the people whose God is the LORD.
A song of praise by David. Ps. 145

I will exalt You, my God, the King, and bless Your name for ever and all time. Every day I will bless You, and praise Your name for ever and all time. Great is the LORD and greatly to be praised; His greatness is unfathomable. One generation will praise Your works to the next, and tell of Your mighty deeds. On the glorious splendor of Your majesty I will meditate, and on the acts of Your wonders. They shall talk of the power of Your awesome deeds, and I will tell of Your greatness. They shall recite the record of Your great goodness, and sing with joy of Your righteousness. The LORD is gracious and compassionate, slow to anger and great in loving-kindness. The LORD is good to all,

---

through many streets and across the marketplace throughout the day. He almost forgets that there is a Maker of the world. Only when the time for the afternoon prayer comes, does he remember, 'I must pray.' And then, from the bottom of his heart, he heaves a sigh of regret that he has spent his day on idle matters, and he runs into a side street and stands there and prays. God holds him dear, very dear, and his prayer pierces the heavens."

אַשְׁרֵי *Psalm 145. Ashrei,* at the beginning of Minḥa, is an abridged form of the more extended *Pesukei DeZimra,* the Verses of Praise, of the morning service. It is a meditation prior to the Amida. The Amida is prayer in its purest form, and it requires *kavana,* a direction of the mind, a focusing of our thoughts. *Kavana* involves "clearing your mind of all extraneous thoughts, and seeing yourself as if you are standing before the Divine Presence. Therefore it is necessary to sit for a while before prayer in order to direct your mind, and then pray gently and pleadingly, not like one who prays as if he were carrying a burden which he is keen to unload and leave" (Maimonides,

מנחה לחול

אַשְׁרֵי יוֹשְׁבֵי בֵיתֶךָ, עוֹד יְהַלְלוּךָ סֶּלָה: תהלים פד

אַשְׁרֵי הָעָם שֶׁכָּכָה לּוֹ, אַשְׁרֵי הָעָם שֶׁיהוה אֱלֹהָיו: תהלים קמד

תְּהִלָּה לְדָוִד תהלים קמה

אֲרוֹמִמְךָ אֱלוֹהַי הַמֶּלֶךְ, וַאֲבָרְכָה שִׁמְךָ לְעוֹלָם וָעֶד:

בְּכָל־יוֹם אֲבָרְכֶךָּ, וַאֲהַלְלָה שִׁמְךָ לְעוֹלָם וָעֶד:

גָּדוֹל יהוה וּמְהֻלָּל מְאֹד, וְלִגְדֻלָּתוֹ אֵין חֵקֶר:

דּוֹר לְדוֹר יְשַׁבַּח מַעֲשֶׂיךָ, וּגְבוּרֹתֶיךָ יַגִּידוּ:

הֲדַר כְּבוֹד הוֹדֶךָ, וְדִבְרֵי נִפְלְאֹתֶיךָ אָשִׂיחָה:

וֶעֱזוּז נוֹרְאֹתֶיךָ יֹאמֵרוּ, וּגְדוּלָּתְךָ אֲסַפְּרֶנָּה:

זֵכֶר רַב־טוּבְךָ יַבִּיעוּ, וְצִדְקָתְךָ יְרַנֵּנוּ:

חַנּוּן וְרַחוּם יהוה, אֶרֶךְ אַפַּיִם וּגְדָל־חָסֶד:

MINHA – AFTERNOON SERVICE

The Afternoon Service corresponds to the daily afternoon sacrifice (*Berakhot* 26b). The *Minḥa*, or "meal-offering," was not unique to the afternoon sacrifice. The afternoon service may have become known as Minha because of the verse in Psalms (141:2): "May my prayer be like incense before You, the lifting up of my hands like the afternoon offering [*minḥat arev*]."

The sages (*Berakhot* 6b) attached special significance to the afternoon prayer, noting that Elijah's prayer was answered at this time (1 Kings 18:36). It is easier to pray in the morning and evening as we are about to begin or end our engagement with the world for the day. Minḥa is more demanding. It means that we are turning to God in the midst of our distractions. We are bringing Him into our life when it is maximally preoccupied with other things. Minḥa is the triumph of the important over the urgent, of what matters ultimately over what matters immediately. That is why prayer in the midst of the day has a special transformative power.

The Ba'al Shem Tov said: "Imagine a man whose business hounds him

and His compassion extends to all His works. All Your works shall thank You, LORD, and Your devoted ones shall bless You. They shall talk of the glory of Your kingship, and speak of Your might. To make known to mankind His mighty deeds and the glorious majesty of His kingship. Your kingdom is an everlasting kingdom, and Your reign is for all generations. The LORD supports all who fall, and raises all who are bowed down. All raise their eyes to You in hope, and You give them their food in due season. You open Your hand, and satisfy every living thing with favor. The LORD is righteous in all His ways, and kind in all He does. The LORD is close to all who call on Him, to all who call on Him in truth. He fulfills the will of those who revere Him; He hears their cry and saves them. The LORD guards all who love Him, but all the wicked He will destroy. ▸ My mouth shall speak the praise of the LORD, and all creatures shall bless His holy name for ever and all time.

We will bless the LORD now and for ever. Halleluya!   *Ps. 115*

---

which include three times the word *Ashrei* ("happy"), the first word of the book of Psalms; and one at the end, which ends with *Halleluya*, the last word of the book of Psalms. Thus *Ashrei* is a miniature version of the book of Psalms as a whole.

Ashrei means "happy, blessed, fruitful, flourishing." It refers not to a temporary emotional state but to a life as a whole. One who is *ashrei* does well and fares well, living uprightly and honestly, respected by those worthy of respect. The word is in the plural construct, literally "the *happinesses* of," as if to say that happiness is not one thing but a harmonious blend of many things that make up a good life. Psalm 1 gives a vivid picture of such a life:

Happy is one who does not walk in step with the wicked, or stand in the place of sinners, or sit in the company of mockers, but whose delight is in the Torah of the LORD, and who meditates on His Torah day and night. He is like a tree planted by streams of water that yields its fruit in season and whose leaf does not wither – whatever he does prospers. (Verses 1–3)

טוֹב־יהוה לַכֹּל, וְרַחֲמָיו עַל־כׇּל־מַעֲשָׂיו:

יוֹדְוּךָ יהוה כׇּל־מַעֲשֶׂיךָ, וַחֲסִידֶיךָ יְבָרְכוּכָה:

כְּבוֹד מַלְכוּתְךָ יֹאמֵרוּ, וּגְבוּרָתְךָ יְדַבֵּרוּ:

לְהוֹדִיעַ לִבְנֵי הָאָדָם גְּבוּרֹתָיו, וּכְבוֹד הֲדַר מַלְכוּתוֹ:

מַלְכוּתְךָ מַלְכוּת כׇּל־עֹלָמִים, וּמֶמְשַׁלְתְּךָ בְּכׇל־דּוֹר וָדֹר:

סוֹמֵךְ יהוה לְכׇל־הַנֹּפְלִים, וְזוֹקֵף לְכׇל־הַכְּפוּפִים:

עֵינֵי־כֹל אֵלֶיךָ יְשַׂבֵּרוּ, וְאַתָּה נוֹתֵן־לָהֶם אֶת־אׇכְלָם בְּעִתּוֹ:

פּוֹתֵחַ אֶת־יָדֶךָ, וּמַשְׂבִּיעַ לְכׇל־חַי רָצוֹן:

צַדִּיק יהוה בְּכׇל־דְּרָכָיו, וְחָסִיד בְּכׇל־מַעֲשָׂיו:

קָרוֹב יהוה לְכׇל־קֹרְאָיו, לְכֹל אֲשֶׁר יִקְרָאֻהוּ בֶאֱמֶת:

רְצוֹן־יְרֵאָיו יַעֲשֶׂה, וְאֶת־שַׁוְעָתָם יִשְׁמַע, וְיוֹשִׁיעֵם:

שׁוֹמֵר יהוה אֶת־כׇּל־אֹהֲבָיו, וְאֵת כׇּל־הָרְשָׁעִים יַשְׁמִיד:

‹ תְּהִלַּת יהוה יְדַבֶּר פִּי, וִיבָרֵךְ כׇּל־בָּשָׂר שֵׁם קׇדְשׁוֹ לְעוֹלָם וָעֶד:

וַאֲנַחְנוּ נְבָרֵךְ יָהּ מֵעַתָּה וְעַד־עוֹלָם, הַלְלוּיָהּ: תהלים קטו

Laws of Prayer 4:16). *Ashrei* is the way we "sit for a while before prayer" in order to direct our mind (*Berakhot* 32b). Therefore, though it may be said standing or sitting, the custom is to say it sitting.

It consists of Psalm 145, chosen for three reasons: (1) It is an alphabetical acrostic, praising God with every letter of the alphabet (except *nun*, missing lest it refer to a verse that speaks about the fall, *nefila*, of Israel). (2) It contains the verse, "You open Your hand, and satisfy every living thing with favor," regarded by the sages as one of the essential features of prayer, namely recognition of our complete dependence on God (*Berakhot* 4b). (3) As the psalm speaks of the joy and serenity of those who trust in God, it fulfills the requirement to pray joyfully (see Rashi, *Berakhot* 31a). Psalm 145 is also the only one of the 150 psalms to be called a psalm (*tehilla*) in its superscription.

Added to Psalm 145 are verses from other psalms: two at the beginning,

HALF KADDISH

Leader: יִתְגַּדַּל Magnified and sanctified
may His great name be,
in the world He created by His will.
May He establish His kingdom
in your lifetime and in your days,
and in the lifetime of all the house of Israel,
swiftly and soon – and say: Amen.

All: May His great name be blessed for ever and all time.

Leader: Blessed and praised, glorified and exalted,
raised and honored, uplifted and lauded
be the name of the Holy One, blessed be He,
beyond any blessing,
song, praise and consolation
uttered in the world – and say: Amen.

THE AMIDA

The following prayer, until "in former years" on page 32, is said silently, standing with feet together. If there is a minyan, the Amida is repeated aloud by the Leader. Take three steps forward and at the points indicated by ▾, bend the knees at the first word, bow at the second, and stand straight before saying God's name.

When I proclaim the LORD's name, give glory to our God. *Deut. 32*
O LORD, open my lips, so that my mouth may declare Your praise. *Ps. 51*

PATRIARCHS

▾בָּרוּךְ Blessed are You, LORD our God and God of our fathers,
God of Abraham, God of Isaac and God of Jacob;
the great, mighty and awesome God, God Most High,
who bestows acts of loving-kindness and creates all,

---

represents the dawn of Jewish faith, and Jacob the nighttime of exile, Isaac represents the afternoon joining of past and future, the unspectacular heroism of Jewish continuity. We are each a link in the chain of generations, heirs

חצי קדיש

ש״ץ: יִתְגַּדַּל וְיִתְקַדַּשׁ שְׁמֵהּ רַבָּא (קהל: אָמֵן)
בְּעָלְמָא דִּי בְרָא כִרְעוּתֵהּ
וְיַמְלִיךְ מַלְכוּתֵהּ
בְּחַיֵּיכוֹן וּבְיוֹמֵיכוֹן וּבְחַיֵּי דְכָל בֵּית יִשְׂרָאֵל
בַּעֲגָלָא וּבִזְמַן קָרִיב, וְאִמְרוּ אָמֵן. (קהל: אָמֵן)

קהל וש״ץ: יְהֵא שְׁמֵהּ רַבָּא מְבָרַךְ לְעָלַם וּלְעָלְמֵי עָלְמַיָּא.

ש״ץ: יִתְבָּרַךְ וְיִשְׁתַּבַּח וְיִתְפָּאַר וְיִתְרוֹמַם וְיִתְנַשֵּׂא
וְיִתְהַדָּר וְיִתְעַלֶּה וְיִתְהַלָּל
שְׁמֵהּ דְּקֻדְשָׁא בְּרִיךְ הוּא (קהל: בְּרִיךְ הוּא)
לְעֵלָּא מִן כָּל בִּרְכָתָא וְשִׁירָתָא, תֻּשְׁבְּחָתָא וְנֶחֱמָתָא
דַּאֲמִירָן בְּעָלְמָא, וְאִמְרוּ אָמֵן. (קהל: אָמֵן)

עמידה

The following prayer, until קַדְמֹנִיּוֹת *on page 33, is said silently, standing with feet together. If there is a* מנין*, the* עמידה *is repeated aloud by the* שליח ציבור*. Take three steps forward and at the points indicated by* ˈ*, bend the knees at the first word, bow at the second, and stand straight before saying God's name.*

דברים לב — כִּי שֵׁם יהוה אֶקְרָא, הָבוּ גֹדֶל לֵאלֹהֵינוּ:
תהלים נא — אֲדֹנָי, שְׂפָתַי תִּפְתָּח, וּפִי יַגִּיד תְּהִלָּתֶךָ:

אבות

ˈבָּרוּךְ אַתָּה יהוה, אֱלֹהֵינוּ וֵאלֹהֵי אֲבוֹתֵינוּ
אֱלֹהֵי אַבְרָהָם, אֱלֹהֵי יִצְחָק, וֵאלֹהֵי יַעֲקֹב
הָאֵל הַגָּדוֹל הַגִּבּוֹר וְהַנּוֹרָא, אֵל עֶלְיוֹן
גּוֹמֵל חֲסָדִים טוֹבִים, וְקוֹנֵה הַכֹּל

THE AFTERNOON AMIDA

The sages (*Berakhot* 26b) associated the afternoon Amida with Isaac, who "went out to meditate in the field toward evening" (Gen. 24:63). If Abraham

who remembers the loving-kindness of the fathers
and will bring a Redeemer to their children's children
for the sake of His name, in love.
King, Helper, Savior, Shield:
▼Blessed are You,
LORD, Shield of Abraham.

DIVINE MIGHT

אַתָּה גִּבּוֹר You are eternally mighty, LORD.
You give life to the dead
and have great power to save.

On Erev Pesaḥ (see laws 29–30):
He makes the wind blow and the rain fall.

In Israel, on Ḥol HaMo'ed:
He causes the dew to fall.

He sustains the living with loving-kindness,
and with great compassion revives the dead.
He supports the fallen, heals the sick, sets captives free,
and keeps His faith with those who sleep in the dust.
Who is like You, Master of might,
and who can compare to You,
O King who brings death and gives life,
and makes salvation grow?
Faithful are You to revive the dead.
Blessed are You,
LORD, who revives the dead.

When saying the Amida silently, continue with "You are holy" on the next page.

---

political requests: for the ingathering of exiles, the restoration of sovereignty, and the removal of enemies, and (4) collective spiritual requests: for the righteous, the rebuilding of Jerusalem, and the restoration of the kingdom of David. The thirteenth blessing is all-embracing, asking God to hear and heed our prayer.

וְזוֹכֵר חַסְדֵי אָבוֹת

וּמֵבִיא גוֹאֵל לִבְנֵי בְנֵיהֶם לְמַעַן שְׁמוֹ בְּאַהֲבָה.

מֶלֶךְ עוֹזֵר וּמוֹשִׁיעַ וּמָגֵן.

בָּרוּךְ אַתָּה יהוה, מָגֵן אַבְרָהָם.

גבורות

אַתָּה גִּבּוֹר לְעוֹלָם, אֲדֹנָי

מְחַיֵּה מֵתִים אַתָּה, רַב לְהוֹשִׁיעַ

On ערב פסח *(see laws 29–30):*

מַשִּׁיב הָרְוּחַ וּמוֹרִיד הַגֶּשֶׁם

In חול המועד *on* ארץ ישראל*:*

מוֹרִיד הַטָּל

מְכַלְכֵּל חַיִּים בְּחֶסֶד, מְחַיֵּה מֵתִים בְּרַחֲמִים רַבִּים

סוֹמֵךְ נוֹפְלִים, וְרוֹפֵא חוֹלִים, וּמַתִּיר אֲסוּרִים

וּמְקַיֵּם אֱמוּנָתוֹ לִישֵׁנֵי עָפָר.

מִי כָמְוֹךָ, בַּעַל גְּבוּרוֹת

וּמִי דּוֹמֶה לָּךְ

מֶלֶךְ, מֵמִית וּמְחַיֶּה וּמַצְמִיחַ יְשׁוּעָה.

וְנֶאֱמָן אַתָּה לְהַחֲיוֹת מֵתִים.

בָּרוּךְ אַתָּה יהוה, מְחַיֵּה הַמֵּתִים.

When saying the עמידה *silently, continue with* אַתָּה קָדוֹשׁ *on the next page.*

---

of our ancestors, guardians of our children's future, remembering God in the midst of time and placing our destiny in His hands.

The Central Blessings. There are thirteen central blessings in the weekday Amida and they are grouped into four sets of three: (1) personal spiritual requests: for knowledge, repentance and forgiveness, (2) personal material requests: for redemption, healing and prosperity, (3) collective material-

KEDUSHA

During the Leader's Repetition, the following is said standing with feet together, rising on the toes at the words indicated by ▴.

Cong. then Leader: נְקַדֵּשׁ We will sanctify Your name on earth,
as they sanctify it in the highest heavens,
as is written by Your prophet,
"And they [the angels] call to one another saying: *Is. 6*

Cong. then Leader: ▴Holy, ▴holy, ▴holy is the LORD of hosts;
the whole world is filled with His glory."
Those facing them say "Blessed –"

Cong. then Leader: ▴"Blessed is the LORD's glory from His place." *Ezek. 3*
And in Your holy Writings it is written thus:

Cong. then Leader: ▴"The LORD shall reign for ever. He is your God, Zion, *Ps. 146*
from generation to generation, Halleluya!"

Leader: From generation to generation we will declare Your greatness,
and we will proclaim Your holiness for evermore.
Your praise, our God, shall not leave our mouth forever,
for You, God, are a great and holy King.
Blessed are You, LORD, the holy God.

The Leader continues with "You grace humanity" below.

HOLINESS

אַתָּה קָדוֹשׁ You are holy and Your name is holy,
and holy ones praise You daily, Selah!
Blessed are You, LORD,
the holy God.

KNOWLEDGE

אַתָּה חוֹנֵן You grace humanity with knowledge
and teach mortals understanding.
Grace us with the knowledge, understanding
and discernment that come from You.
Blessed are You, LORD,
who graciously grants knowledge.

קדושה

During the חזרת הש״ץ, *the following is said standing with feet together, rising on the toes at the words indicated by* ˄.

then קהל ש״ץ: נְקַדֵּשׁ אֶת שִׁמְךָ בָּעוֹלָם, כְּשֵׁם שֶׁמַּקְדִּישִׁים אוֹתוֹ בִּשְׁמֵי מָרוֹם
כַּכָּתוּב עַל יַד נְבִיאֶךָ: וְקָרָא זֶה אֶל־זֶה וְאָמַר — ישעיה ו

then קהל ש״ץ: ˄קָדוֹשׁ, ˄קָדוֹשׁ, ˄קָדוֹשׁ, יהוה צְבָאוֹת, מְלֹא כָל־הָאָרֶץ כְּבוֹדוֹ:
לְעֻמָּתָם בָּרוּךְ יֹאמֵרוּ

then קהל ש״ץ: ˄בָּרוּךְ כְּבוֹד־יהוה מִמְּקוֹמוֹ: — יחזקאל ג
וּבְדִבְרֵי קָדְשְׁךָ כָּתוּב לֵאמֹר

then קהל ש״ץ: ˄יִמְלֹךְ יהוה לְעוֹלָם, אֱלֹהַיִךְ צִיּוֹן לְדֹר וָדֹר, הַלְלוּיָהּ: — תהלים קמו

ש״ץ: לְדוֹר וָדוֹר נַגִּיד גָּדְלֶךָ, וּלְנֵצַח נְצָחִים קְדֻשָּׁתְךָ נַקְדִּישׁ
וְשִׁבְחֲךָ אֱלֹהֵינוּ מִפִּינוּ לֹא יָמוּשׁ לְעוֹלָם וָעֶד
כִּי אֵל מֶלֶךְ גָּדוֹל וְקָדוֹשׁ אָתָּה.
בָּרוּךְ אַתָּה יהוה, הָאֵל הַקָּדוֹשׁ.

The שליח ציבור *continues with* אַתָּה חוֹנֵן *below.*

קדושת השם

אַתָּה קָדוֹשׁ וְשִׁמְךָ קָדוֹשׁ
וּקְדוֹשִׁים בְּכָל יוֹם יְהַלְלוּךָ סֶּלָה.
בָּרוּךְ אַתָּה יהוה, הָאֵל הַקָּדוֹשׁ.

דעת

אַתָּה חוֹנֵן לְאָדָם דַּעַת, וּמְלַמֵּד לֶאֱנוֹשׁ בִּינָה.
חָנֵּנוּ מֵאִתְּךָ דֵּעָה בִּינָה וְהַשְׂכֵּל.
בָּרוּךְ אַתָּה יהוה, חוֹנֵן הַדָּעַת.

דֵּעָה בִּינָה וְהַשְׂכֵּל *Knowledge, Repentance and Forgiveness.* Note the sequence. First we pray for knowledge and understanding. Without these it is as if we

REPENTANCE

הֲשִׁיבֵנוּ Bring us back, our Father, to Your Torah.
Draw us near, our King, to Your service.
Lead us back to You in perfect repentance.
Blessed are You, LORD,
who desires repentance.

FORGIVENESS

Strike the left side of the chest at °.

סְלַח לָֽנוּ Forgive us, our Father, for we have °sinned.
Pardon us, our King, for we have °transgressed;
for You pardon and forgive.
Blessed are You, LORD,
the gracious One who repeatedly forgives.

REDEMPTION

רְאֵה Look on our affliction,
plead our cause,
and redeem us soon for Your name's sake,
for You are a powerful Redeemer.
Blessed are You, LORD,
the Redeemer of Israel.

HEALING

רְפָאֵֽנוּ Heal us, LORD, and we shall be healed.
Save us and we shall be saved,
for You are our praise.
Bring complete recovery for all our ailments,

---

but humility. Knowing how we should live, we come to realize how we fall
short, and this brings us to repentance. Only then do we ask for forgiveness.
We must put in the work of self-understanding and self-judgment before we
can ask God to excuse our lapses.

תשובה

הֲשִׁיבֵנוּ אָבִינוּ לְתוֹרָתֶךָ
וְקָרְבֵנוּ מַלְכֵּנוּ לַעֲבוֹדָתֶךָ
וְהַחֲזִירֵנוּ בִּתְשׁוּבָה שְׁלֵמָה לְפָנֶיךָ.
בָּרוּךְ אַתָּה יהוה, הָרוֹצֶה בִּתְשׁוּבָה.

סליחה

Strike the left side of the chest at °.

סְלַח לָנוּ אָבִינוּ כִּי °חָטָאנוּ
מְחַל לָנוּ מַלְכֵּנוּ כִּי °פָשָׁעְנוּ
כִּי מוֹחֵל וְסוֹלֵחַ אָתָּה.
בָּרוּךְ אַתָּה יהוה, חַנּוּן הַמַּרְבֶּה לִסְלֹחַ.

גאולה

רְאֵה בְעָנְיֵנוּ, וְרִיבָה רִיבֵנוּ
וּגְאָלֵנוּ מְהֵרָה לְמַעַן שְׁמֶךָ
כִּי גּוֹאֵל חָזָק אָתָּה.
בָּרוּךְ אַתָּה יהוה, גּוֹאֵל יִשְׂרָאֵל.

רפואה

רְפָאֵנוּ יהוה וְנֵרָפֵא
הוֹשִׁיעֵנוּ וְנִוָּשֵׁעָה, כִּי תְהִלָּתֵנוּ אָתָּה
וְהַעֲלֵה רְפוּאָה שְׁלֵמָה לְכָל מַכּוֹתֵינוּ

travel blind. Judaism is a religion of emotion, but emotion instructed by the
mind. Second, understanding should lead us not to intellectual arrogance

---

The following prayer for a sick person may be said here:

May it be Your will, O LORD my God and God of my ancestors, that You speedily send a complete recovery from heaven, a healing of both soul and body, to the patient (*name*), son/daughter of (*mother's name*) among the other afflicted of Israel.

---

for You, God, King,
are a faithful and compassionate Healer.
Blessed are You, LORD,
Healer of the sick of His people Israel.

PROSPERITY
בָּרֵךְ Bless this year for us,
LORD our God,
and all its types of produce for good.

> *On Erev Pesaḥ (see law 38):*
> Grant dew and rain as a blessing
>
> *On Ḥol HaMoʼed:*
> Grant blessing

on the face of the earth,
and from its goodness satisfy us,
blessing our year as the best of years.
Blessed are You, LORD,
who blesses the years.

INGATHERING OF EXILES
תְּקַע Sound the great shofar for our freedom,
raise high the banner to gather our exiles,
and gather us together
from the four quarters of the earth.
Blessed are You, LORD,
who gathers the dispersed of His people Israel.

The following prayer for a sick person may be said here:

יְהִי רָצוֹן מִלְּפָנֶיךָ יהוה אֱלֹהַי וֵאלֹהֵי אֲבוֹתַי, שֶׁתִּשְׁלַח מְהֵרָה רְפוּאָה שְׁלֵמָה
מִן הַשָּׁמַיִם רְפוּאַת הַנֶּפֶשׁ וּרְפוּאַת הַגּוּף לַחוֹלֶה/לַחוֹלָה *name of patient*
בֶּן/בַּת *mother's name* בְּתוֹךְ שְׁאָר חוֹלֵי יִשְׂרָאֵל.

כִּי אֵל מֶלֶךְ רוֹפֵא נֶאֱמָן וְרַחֲמָן אָתָּה.

בָּרוּךְ אַתָּה יהוה

רוֹפֵא חוֹלֵי עַמּוֹ יִשְׂרָאֵל.

ברכת השנים

בָּרֵךְ עָלֵינוּ יהוה אֱלֹהֵינוּ אֶת הַשָּׁנָה הַזֹּאת

וְאֶת כָּל מִינֵי תְבוּאָתָהּ, לְטוֹבָה

On ערב פסח *(see law 38):*
וְתֵן טַל וּמָטָר לִבְרָכָה

On חול המועד:
וְתֵן בְּרָכָה

עַל פְּנֵי הָאֲדָמָה, וְשַׂבְּעֵנוּ מִטּוּבָהּ

וּבָרֵךְ שְׁנָתֵנוּ כַּשָּׁנִים הַטּוֹבוֹת.

בָּרוּךְ אַתָּה יהוה

מְבָרֵךְ הַשָּׁנִים.

קבוץ גלויות

תְּקַע בְּשׁוֹפָר גָּדוֹל לְחֵרוּתֵנוּ

וְשָׂא נֵס לְקַבֵּץ גָּלֻיּוֹתֵינוּ

וְקַבְּצֵנוּ יַחַד מֵאַרְבַּע כַּנְפוֹת הָאָרֶץ.

בָּרוּךְ אַתָּה יהוה

מְקַבֵּץ נִדְחֵי עַמּוֹ יִשְׂרָאֵל.

JUSTICE

הָשִׁיבָה Restore our judges as at first,
and our counselors as at the beginning,
and remove from us sorrow and sighing.
May You alone, LORD,
reign over us with loving-kindness and compassion,
and vindicate us in justice.
Blessed are You, LORD,
the King who loves righteousness and justice.

AGAINST INFORMERS

וְלַמַּלְשִׁינִים For the slanderers let there be no hope,
and may all wickedness perish in an instant.
May all Your people's enemies swiftly be cut down.
May You swiftly uproot, crush, cast down
and humble the arrogant swiftly in our days.
Blessed are You, LORD,
who destroys enemies and humbles the arrogant.

THE RIGHTEOUS

עַל הַצַּדִּיקִים To the righteous, the pious,
the elders of Your people the house of Israel,
the remnant of their scholars,
the righteous converts, and to us,
may Your compassion be aroused, LORD our God.
Grant a good reward to all who sincerely trust in Your name.
Set our lot with them,
so that we may never be ashamed,
for in You we trust.
Blessed are You, LORD,
who is the support and trust of the righteous.

השבת המשפט

הָשִׁיבָה שׁוֹפְטֵינוּ כְּבָרִאשׁוֹנָה וְיוֹעֲצֵינוּ כְּבַתְּחִלָּה
וְהָסֵר מִמֶּנּוּ יָגוֹן וַאֲנָחָה
וּמְלֹךְ עָלֵינוּ אַתָּה יהוה לְבַדְּךָ בְּחֶסֶד וּבְרַחֲמִים
וְצַדְּקֵנוּ בַּמִּשְׁפָּט.
בָּרוּךְ אַתָּה יהוה, מֶלֶךְ אוֹהֵב צְדָקָה וּמִשְׁפָּט.

ברכת המינים

וְלַמַּלְשִׁינִים אַל תְּהִי תִקְוָה
וְכָל הָרִשְׁעָה כְּרֶגַע תֹּאבֵד
וְכָל אוֹיְבֵי עַמְּךָ מְהֵרָה יִכָּרֵתוּ
וְהַזֵּדִים מְהֵרָה תְעַקֵּר וּתְשַׁבֵּר וּתְמַגֵּר וְתַכְנִיעַ בִּמְהֵרָה בְיָמֵינוּ.
בָּרוּךְ אַתָּה יהוה, שׁוֹבֵר אוֹיְבִים וּמַכְנִיעַ זֵדִים.

על הצדיקים

עַל הַצַּדִּיקִים וְעַל הַחֲסִידִים
וְעַל זִקְנֵי עַמְּךָ בֵּית יִשְׂרָאֵל
וְעַל פְּלֵיטַת סוֹפְרֵיהֶם
וְעַל גֵּרֵי הַצֶּדֶק, וְעָלֵינוּ
יֶהֱמוּ רַחֲמֶיךָ יהוה אֱלֹהֵינוּ
וְתֵן שָׂכָר טוֹב לְכָל הַבּוֹטְחִים בְּשִׁמְךָ בֶּאֱמֶת
וְשִׂים חֶלְקֵנוּ עִמָּהֶם
וּלְעוֹלָם לֹא נֵבוֹשׁ כִּי בְךָ בָּטָחְנוּ.
בָּרוּךְ אַתָּה יהוה, מִשְׁעָן וּמִבְטָח לַצַּדִּיקִים.

REBUILDING JERUSALEM

וְלִירוּשָׁלַיִם To Jerusalem, Your city,
may You return in compassion,
and may You dwell in it as You promised.
May You rebuild it rapidly in our days
as an everlasting structure,
and install within it soon the throne of David.
Blessed are You, LORD,
who builds Jerusalem.

KINGDOM OF DAVID

אֶת צֶמַח May the offshoot
of Your servant David soon flower,
and may his pride be raised high by Your salvation,
for we wait for Your salvation all day.
Blessed are You, LORD,
who makes the glory of salvation flourish.

RESPONSE TO PRAYER

שְׁמַע קוֹלֵנוּ Listen to our voice, LORD our God.
Spare us and have compassion on us,
and in compassion and favor accept our prayer,
for You, God, listen to prayers and pleas.
Do not turn us away, O our King,
empty-handed from Your presence,
for You listen with compassion
to the prayer of Your people Israel.
Blessed are You, LORD,
who listens to prayer.

בנין ירושלים

וְלִירוּשָׁלַיִם עִירְךָ בְּרַחֲמִים תָּשׁוּב
וְתִשְׁכֹּן בְּתוֹכָהּ כַּאֲשֶׁר דִּבַּרְתָּ
וּבְנֵה אוֹתָהּ בְּקָרוֹב בְּיָמֵינוּ בִּנְיַן עוֹלָם
וְכִסֵּא דָוִד מְהֵרָה לְתוֹכָהּ תָּכִין.
בָּרוּךְ אַתָּה יהוה
בּוֹנֵה יְרוּשָׁלָיִם.

משיח בן דוד

אֶת צֶמַח דָּוִד עַבְדְּךָ מְהֵרָה תַצְמִיחַ
וְקַרְנוֹ תָּרוּם בִּישׁוּעָתֶךָ, כִּי לִישׁוּעָתְךָ קִוִּינוּ כָּל הַיּוֹם.
בָּרוּךְ אַתָּה יהוה
מַצְמִיחַ קֶרֶן יְשׁוּעָה.

שומע תפלה

שְׁמַע קוֹלֵנוּ יהוה אֱלֹהֵינוּ
חוּס וְרַחֵם עָלֵינוּ
וְקַבֵּל בְּרַחֲמִים וּבְרָצוֹן אֶת תְּפִלָּתֵנוּ
כִּי אֵל שׁוֹמֵעַ תְּפִלּוֹת וְתַחֲנוּנִים אָתָּה
וּמִלְּפָנֶיךָ מַלְכֵּנוּ רֵיקָם אַל תְּשִׁיבֵנוּ
כִּי אַתָּה שׁוֹמֵעַ תְּפִלַּת עַמְּךָ יִשְׂרָאֵל בְּרַחֲמִים.
בָּרוּךְ אַתָּה יהוה
שׁוֹמֵעַ תְּפִלָּה.

TEMPLE SERVICE

רְצֵה Find favor, LORD our God,
in Your people Israel and their prayer.
Restore the service to Your most holy House,
and accept in love and favor
the fire-offerings of Israel and their prayer.
May the service of Your people Israel always find favor with You.

On Erev Pesaḥ, continue with "And may our eyes" on the next page.

On Ḥol HaMo'ed:

אֱלֹהֵינוּ Our God and God of our ancestors,
may there rise, come, reach,
appear, be favored, heard,
regarded and remembered before You,
our recollection and remembrance,
as well as the remembrance of our ancestors,
and of the Messiah son of David Your servant,
and of Jerusalem Your holy city,
and of all Your people the house of Israel –
for deliverance and well-being,
grace, loving-kindness and compassion, life and peace,
on this day of the Festival of Matzot.
On it remember us, LORD our God, for good;
recollect us for blessing, and deliver us for life.
In accord with Your promise of salvation and compassion,
spare us and be gracious to us;
have compassion on us and deliver us,
for our eyes are turned to You
because You, God, are a gracious and compassionate King.

(*Kuzari* 3:19) highlights that at this juncture in the Amida we are praying for
the *Shekhina* to return to Jerusalem. We must therefore bow at *Modim* as if
we were standing in the presence of the restored *Shekhina*." (Rabbi Joseph
Soloveitchik)

עבודה

רְצֵה יהוה אֱלֹהֵינוּ בְּעַמְּךָ יִשְׂרָאֵל וּבִתְפִלָּתָם
וְהָשֵׁב אֶת הָעֲבוֹדָה לִדְבִיר בֵּיתֶךָ
וְאִשֵּׁי יִשְׂרָאֵל וּתְפִלָּתָם בְּאַהֲבָה תְקַבֵּל בְּרָצוֹן
וּתְהִי לְרָצוֹן תָּמִיד עֲבוֹדַת יִשְׂרָאֵל עַמֶּךָ.

On ערב פסח, continue with "וְתֶחֱזֶינָה" on the next page.

On חול המועד:

אֱלֹהֵינוּ וֵאלֹהֵי אֲבוֹתֵינוּ
יַעֲלֶה וְיָבוֹא וְיַגִּיעַ, וְיֵרָאֶה וְיֵרָצֶה וְיִשָּׁמַע
וְיִפָּקֵד וְיִזָּכֵר זִכְרוֹנֵנוּ וּפִקְדוֹנֵנוּ וְזִכְרוֹן אֲבוֹתֵינוּ
וְזִכְרוֹן מָשִׁיחַ בֶּן דָּוִד עַבְדֶּךָ
וְזִכְרוֹן יְרוּשָׁלַיִם עִיר קָדְשֶׁךָ
וְזִכְרוֹן כָּל עַמְּךָ בֵּית יִשְׂרָאֵל, לְפָנֶיךָ
לִפְלֵיטָה לְטוֹבָה, לְחֵן וּלְחֶסֶד וּלְרַחֲמִים, לְחַיִּים וּלְשָׁלוֹם
בְּיוֹם חַג הַמַּצּוֹת הַזֶּה.
זָכְרֵנוּ יהוה אֱלֹהֵינוּ בּוֹ לְטוֹבָה
וּפָקְדֵנוּ בוֹ לִבְרָכָה
וְהוֹשִׁיעֵנוּ בוֹ לְחַיִּים.
וּבִדְבַר יְשׁוּעָה וְרַחֲמִים
חוּס וְחָנֵּנוּ, וְרַחֵם עָלֵינוּ וְהוֹשִׁיעֵנוּ
כִּי אֵלֶיךָ עֵינֵינוּ, כִּי אֵל מֶלֶךְ חַנּוּן וְרַחוּם אָתָּה.

Temple Service and Thanksgiving. "As the Jew recites *Retzeh* and beseeches God to accept his sacrifices, he is no longer praying in his local synagogue in Warsaw, Vilna or New York. He is suddenly transported to Jerusalem, and his prayer is transformed into an offering in the Temple. Rabbi Judah HaLevi

וְתֶחֱזֶינָה And may our eyes witness
Your return to Zion in compassion.
Blessed are You, LORD, who restores His Presence to Zion.

THANKSGIVING   *Bow at the first nine words.*

מוֹדִים׳ We give thanks to You,
for You are the LORD our God
and God of our ancestors
for ever and all time.
You are the Rock of our lives,
Shield of our salvation
from generation to generation.
We will thank You and
declare Your praise for our lives,
which are entrusted into Your hand;
for our souls,
which are placed in Your charge;
for Your miracles
which are with us every day;
and for Your wonders and favors
at all times, evening,
morning and midday.
You are good –
for Your compassion never fails.
You are compassionate –
for Your loving-kindnesses never cease.
We have always placed our hope in You.

*During the Leader's Repetition,
the congregation says quietly:*
מוֹדִים׳ We give thanks to You,
for You are the LORD our God
and God of our ancestors,
God of all flesh,
who formed us
and formed the universe.
Blessings and thanks
are due to Your great
and holy name for giving us
life and sustaining us.
May You continue
to give us life and sustain us;
and may You gather our
exiles to Your holy courts,
to keep Your decrees,
do Your will and serve You
with a perfect heart,
for it is for us
to give You thanks.
Blessed be God to whom
thanksgiving is due.

וְעַל כֻּלָּם For all these things may Your name be blessed and exalted,
our King, continually, for ever and all time.
Let all that lives thank You, Selah! and praise Your name in truth,
God, our Savior and Help, Selah!
▸Blessed are You, LORD, whose name is "the Good"
and to whom thanks are due.

וְתֶחֱזֶינָה עֵינֵינוּ בְּשׁוּבְךָ לְצִיּוֹן בְּרַחֲמִים.
בָּרוּךְ אַתָּה יהוה, הַמַּחֲזִיר שְׁכִינָתוֹ לְצִיּוֹן.

הודאה

Bow at the first five words.

'מוֹדִים אֲנַחְנוּ לָךְ
שָׁאַתָּה הוּא יהוה אֱלֹהֵינוּ
וֵאלֹהֵי אֲבוֹתֵינוּ לְעוֹלָם וָעֶד.
צוּר חַיֵּינוּ, מָגֵן יִשְׁעֵנוּ
אַתָּה הוּא לְדוֹר וָדוֹר.
נוֹדֶה לְּךָ וּנְסַפֵּר תְּהִלָּתֶךָ
עַל חַיֵּינוּ הַמְּסוּרִים בְּיָדֶךָ
וְעַל נִשְׁמוֹתֵינוּ הַפְּקוּדוֹת לָךְ
וְעַל נִסֶּיךָ שֶׁבְּכָל יוֹם עִמָּנוּ
וְעַל נִפְלְאוֹתֶיךָ וְטוֹבוֹתֶיךָ
שֶׁבְּכָל עֵת,
עֶרֶב וָבֹקֶר וְצָהֳרָיִם.
הַטּוֹב, כִּי לֹא כָלוּ רַחֲמֶיךָ
וְהַמְרַחֵם, כִּי לֹא תַמּוּ חֲסָדֶיךָ
מֵעוֹלָם קִוִּינוּ לָךְ.

During the חזרת הש״ץ, *the* קהל *says quietly:*

'מוֹדִים אֲנַחְנוּ לָךְ
שָׁאַתָּה הוּא יהוה אֱלֹהֵינוּ
וֵאלֹהֵי אֲבוֹתֵינוּ
אֱלֹהֵי כָל בָּשָׂר
יוֹצְרֵנוּ, יוֹצֵר בְּרֵאשִׁית.
בְּרָכוֹת וְהוֹדָאוֹת
לְשִׁמְךָ הַגָּדוֹל וְהַקָּדוֹשׁ
עַל שֶׁהֶחֱיִיתָנוּ וְקִיַּמְתָּנוּ.
כֵּן תְּחַיֵּנוּ וּתְקַיְּמֵנוּ
וְתֶאֱסֹף גָּלֻיּוֹתֵינוּ
לְחַצְרוֹת קָדְשֶׁךָ
לִשְׁמֹר חֻקֶּיךָ
וְלַעֲשׂוֹת רְצוֹנֶךָ
וּלְעָבְדְּךָ בְּלֵבָב שָׁלֵם
עַל שֶׁאֲנַחְנוּ מוֹדִים לָךְ.
בָּרוּךְ אֵל הַהוֹדָאוֹת.

וְעַל כֻּלָּם יִתְבָּרַךְ וְיִתְרוֹמַם שִׁמְךָ מַלְכֵּנוּ תָּמִיד לְעוֹלָם וָעֶד.
וְכֹל הַחַיִּים יוֹדְוּךָ סֶּלָה, וִיהַלְלוּ אֶת שִׁמְךָ בֶּאֱמֶת
הָאֵל יְשׁוּעָתֵנוּ וְעֶזְרָתֵנוּ סֶלָה.
'בָּרוּךְ אַתָּה יהוה, הַטּוֹב שִׁמְךָ וּלְךָ נָאֶה לְהוֹדוֹת.

PEACE

שָׁלוֹם רָב Grant great peace to Your people Israel for ever,
for You are the sovereign LORD of all peace;
and may it be good in Your eyes
to bless Your people Israel
at every time, at every hour, with Your peace.
Blessed are You, LORD, who blesses His people Israel with peace.

The following verse concludes the Leader's Repetition of the Amida.
Some also say it here as part of the silent Amida.
May the words of my mouth and the meditation of my heart   Ps. 19
find favor before You, LORD, my Rock and Redeemer.

אֱלֹהַי My God,   Berakhot
                                                                  17a
guard my tongue from evil and my lips from deceitful speech.
To those who curse me, let my soul be silent;
may my soul be to all like the dust.
Open my heart to Your Torah and let my soul
pursue Your commandments. As for all who plan evil against me,
swiftly thwart their counsel and frustrate their plans.
    Act for the sake of Your name; act for the sake of Your right hand;
    act for the sake of Your holiness; act for the sake of Your Torah.
That Your beloved ones may be delivered,   Ps. 60
save with Your right hand and answer me.
May the words of my mouth and the meditation of my heart   Ps. 19
find favor before You, LORD, my Rock and Redeemer.

Bow, take three steps back, then bow, first left, then right, then center, while saying:
May He who makes peace in His high places,
make peace for us and all Israel – and say: Amen.

יְהִי רָצוֹן May it be Your will, LORD our God and God of our ancestors,
that the Temple be rebuilt speedily in our days,
and grant us a share in Your Torah.
And there we will serve You with reverence,
as in the days of old and as in former years.
Then the offering of Judah and Jerusalem will be pleasing to the LORD   Mal. 3
as in the days of old and as in former years.

ברכת שלום

שָׁלוֹם רָב עַל יִשְׂרָאֵל עַמְּךָ תָּשִׂים לְעוֹלָם
כִּי אַתָּה הוּא מֶלֶךְ אָדוֹן לְכָל הַשָּׁלוֹם.
וְטוֹב בְּעֵינֶיךָ לְבָרֵךְ אֶת עַמְּךָ יִשְׂרָאֵל
בְּכָל עֵת וּבְכָל שָׁעָה בִּשְׁלוֹמֶךָ.
בָּרוּךְ אַתָּה יהוה, הַמְבָרֵךְ אֶת עַמּוֹ יִשְׂרָאֵל בַּשָּׁלוֹם.

The following verse concludes the חזרת הש״ץ.
Some also say it here as part of the silent עמידה.

יִהְיוּ לְרָצוֹן אִמְרֵי־פִי וְהֶגְיוֹן לִבִּי לְפָנֶיךָ, יהוה צוּרִי וְגֹאֲלִי: תהלים יט

אֱלֹהַי ברכות יז.
נְצֹר לְשׁוֹנִי מֵרָע וּשְׂפָתַי מִדַּבֵּר מִרְמָה
וְלִמְקַלְלַי נַפְשִׁי תִדֹּם, וְנַפְשִׁי כֶּעָפָר לַכֹּל תִּהְיֶה.
פְּתַח לִבִּי בְּתוֹרָתֶךָ, וּבְמִצְוֺתֶיךָ תִּרְדֹּף נַפְשִׁי.
וְכָל הַחוֹשְׁבִים עָלַי רָעָה
מְהֵרָה הָפֵר עֲצָתָם וְקַלְקֵל מַחֲשַׁבְתָּם.
עֲשֵׂה לְמַעַן שְׁמֶךָ, עֲשֵׂה לְמַעַן יְמִינֶךָ
עֲשֵׂה לְמַעַן קְדֻשָּׁתֶךָ, עֲשֵׂה לְמַעַן תּוֹרָתֶךָ.
לְמַעַן יֵחָלְצוּן יְדִידֶיךָ, הוֹשִׁיעָה יְמִינְךָ וַעֲנֵנִי: תהלים ס
יִהְיוּ לְרָצוֹן אִמְרֵי־פִי וְהֶגְיוֹן לִבִּי לְפָנֶיךָ, יהוה צוּרִי וְגֹאֲלִי: תהלים יט

Bow, take three steps back, then bow, first left, then right, then center, while saying:

עֹשֶׂה שָׁלוֹם בִּמְרוֹמָיו
הוּא יַעֲשֶׂה שָׁלוֹם עָלֵינוּ וְעַל כָּל יִשְׂרָאֵל, וְאִמְרוּ אָמֵן.

יְהִי רָצוֹן מִלְּפָנֶיךָ יהוה אֱלֹהֵינוּ וֵאלֹהֵי אֲבוֹתֵינוּ
שֶׁיִּבָּנֶה בֵּית הַמִּקְדָּשׁ בִּמְהֵרָה בְיָמֵינוּ, וְתֵן חֶלְקֵנוּ בְּתוֹרָתֶךָ
וְשָׁם נַעֲבָדְךָ בְּיִרְאָה כִּימֵי עוֹלָם וּכְשָׁנִים קַדְמֹנִיּוֹת.
וְעָרְבָה לַיהוה מִנְחַת יְהוּדָה וִירוּשָׁלָםִ כִּימֵי עוֹלָם וּכְשָׁנִים קַדְמֹנִיּוֹת: מלאכי ג

FULL KADDISH

Leader: יִתְגַּדַּל Magnified and sanctified
may His great name be,
in the world He created by His will.
May He establish His kingdom
in your lifetime and in your days,
and in the lifetime of all the house of Israel,
swiftly and soon –
and say: Amen.

All: May His great name be blessed for ever and all time.

Leader: Blessed and praised,
glorified and exalted,
raised and honored,
uplifted and lauded be
the name of the Holy One, blessed be He,
beyond any blessing,
song, praise and consolation
uttered in the world –
and say: Amen.

May the prayers and pleas of all Israel
be accepted by their Father in heaven –
and say: Amen.

May there be great peace from heaven,
and life for us and all Israel –
and say: Amen.

*Bow, take three steps back, as if taking leave of the Divine Presence,
then bow, first left, then right, then center, while saying:*
May He who makes peace in His high places,
make peace for us and all Israel –
and say: Amen.

קדיש שלם

ש״ץ: יִתְגַּדַּל וְיִתְקַדַּשׁ שְׁמֵהּ רַבָּא (קהל: אָמֵן)
בְּעָלְמָא דִּי בְרָא כִרְעוּתֵהּ
וְיַמְלִיךְ מַלְכוּתֵהּ
בְּחַיֵּיכוֹן וּבְיוֹמֵיכוֹן וּבְחַיֵּי דְכָל בֵּית יִשְׂרָאֵל
בַּעֲגָלָא וּבִזְמַן קָרִיב
וְאִמְרוּ אָמֵן. (קהל: אָמֵן)

קהל ושׄ״ץ: יְהֵא שְׁמֵהּ רַבָּא מְבָרַךְ לְעָלַם וּלְעָלְמֵי עָלְמַיָּא.

ש״ץ: יִתְבָּרַךְ וְיִשְׁתַּבַּח וְיִתְפָּאַר
וְיִתְרוֹמַם וְיִתְנַשֵּׂא וְיִתְהַדָּר וְיִתְעַלֶּה וְיִתְהַלָּל
שְׁמֵהּ דְּקֻדְשָׁא בְּרִיךְ הוּא (קהל: בְּרִיךְ הוּא)
לְעֵלָּא מִן כָּל בִּרְכָתָא וְשִׁירָתָא, תֻּשְׁבְּחָתָא וְנֶחֱמָתָא
דַּאֲמִירָן בְּעָלְמָא
וְאִמְרוּ אָמֵן. (קהל: אָמֵן)

תִּתְקַבַּל צְלוֹתְהוֹן וּבָעוּתְהוֹן דְּכָל יִשְׂרָאֵל
קֳדָם אֲבוּהוֹן דִּי בִשְׁמַיָּא
וְאִמְרוּ אָמֵן. (קהל: אָמֵן)

יְהֵא שְׁלָמָא רַבָּא מִן שְׁמַיָּא
וְחַיִּים, עָלֵינוּ וְעַל כָּל יִשְׂרָאֵל
וְאִמְרוּ אָמֵן. (קהל: אָמֵן)

Bow, take three steps back, as if taking leave of the Divine Presence, then bow, first left, then right, then center, while saying:

עֹשֶׂה שָׁלוֹם בִּמְרוֹמָיו
הוּא יַעֲשֶׂה שָׁלוֹם עָלֵינוּ וְעַל כָּל יִשְׂרָאֵל
וְאִמְרוּ אָמֵן. (קהל: אָמֵן)

Stand while saying Aleinu. Bow at ▾.

עָלֵינוּ It is our duty to praise the Master of all,
and ascribe greatness to the Author of creation,
who has not made us like the nations of the lands
nor placed us like the families of the earth;
who has not made our portion like theirs,
nor our destiny like all their multitudes.
(For they worship vanity and emptiness,
and pray to a god who cannot save.)
▾But we bow in worship
and thank the Supreme King of kings,
the Holy One, blessed be He,
who extends the heavens and establishes the earth,
whose throne of glory is in the heavens above,
and whose power's Presence is in the highest of heights.
He is our God; there is no other.
Truly He is our King, there is none else,
as it is written in His Torah:
"You shall know and take to heart this day *Deut. 4*
that the Lord is God,
in heaven above and on earth below.
There is no other."

Note the contrast between the first and second paragraphs. The first is a statement of Jewish particularity. We thank God for the uniqueness of the Jewish people and its vocation. We are different. It is not our highest aspiration to be like everyone else. We have been singled out for a sacred mission, to be God's ambassadors, His witnesses, part of a nation that in itself testifies to something larger than itself, to a divine presence in history.

The second paragraph is a no less emphatic prayer for universality, for the day when all humanity will recognize the sovereignty of God. All humans are in God's image, part of God's world, heirs to God's covenant with Noah,

Stand while saying עָלֵינוּ. *Bow at* ׳.

עָלֵינוּ לְשַׁבֵּחַ לַאֲדוֹן הַכֹּל
לָתֵת גְּדֻלָּה לְיוֹצֵר בְּרֵאשִׁית
שֶׁלֹּא עָשָׂנוּ כְּגוֹיֵי הָאֲרָצוֹת
וְלֹא שָׂמָנוּ כְּמִשְׁפְּחוֹת הָאֲדָמָה
שֶׁלֹּא שָׂם חֶלְקֵנוּ כָּהֶם וְגוֹרָלֵנוּ כְּכָל הֲמוֹנָם.
(שֶׁהֵם מִשְׁתַּחֲוִים לְהֶבֶל וָרִיק
וּמִתְפַּלְלִים אֶל אֵל לֹא יוֹשִׁיעַ.)
׳וַאֲנַחְנוּ כּוֹרְעִים וּמִשְׁתַּחֲוִים וּמוֹדִים
לִפְנֵי מֶלֶךְ מַלְכֵי הַמְּלָכִים, הַקָּדוֹשׁ בָּרוּךְ הוּא
שֶׁהוּא נוֹטֶה שָׁמַיִם וְיוֹסֵד אָרֶץ
וּמוֹשַׁב יְקָרוֹ בַּשָּׁמַיִם מִמַּעַל
וּשְׁכִינַת עֻזּוֹ בְּגָבְהֵי מְרוֹמִים.
הוּא אֱלֹהֵינוּ, אֵין עוֹד.
אֱמֶת מַלְכֵּנוּ, אֶפֶס זוּלָתוֹ
כַּכָּתוּב בְּתוֹרָתוֹ
דברים ד וְיָדַעְתָּ הַיּוֹם וַהֲשֵׁבֹתָ אֶל־לְבָבֶךָ
כִּי יהוה הוּא הָאֱלֹהִים בַּשָּׁמַיִם מִמַּעַל וְעַל־הָאָרֶץ מִתָּחַת
אֵין עוֹד:

ALEINU

Aleinu, one of Judaism's great affirmations of faith, is an ancient prayer, originally composed as the prelude to *Malkhiyot,* the verses relating to God's kingship in the Musaf Amida of Rosh HaShana. Only in the twelfth century did it begin to be said daily at the conclusion of each service.

Therefore, we place our hope in You, LORD our God,
that we may soon see the glory of Your power,
when You will remove abominations from the earth,
and idols will be utterly destroyed,
when the world will be perfected
under the sovereignty of the Almighty,
when all humanity will call on Your name,
to turn all the earth's wicked toward You.
All the world's inhabitants will realize and know
that to You every knee must bow
and every tongue swear loyalty.
Before You, LORD our God,
they will kneel and bow down
and give honor to Your glorious name.
They will all accept the yoke of Your kingdom,
and You will reign over them soon and for ever.
For the kingdom is Yours,
and to all eternity You will reign in glory,
as it is written in Your Torah:
"The LORD will reign for ever and ever."   Ex. 15

▸ And it is said:
"Then the LORD shall be King over all the earth;   Zech. 14
on that day the LORD shall be One and His name One."

Some add:

Have no fear of sudden terror or of the ruin when it overtakes the wicked.   Prov. 3
Devise your strategy, but it will be thwarted; propose your plan,   Is. 8
but it will not stand, for God is with us.
When you grow old, I will still be the same.   Is. 46
When your hair turns gray, I will still carry you.
I made you, I will bear you, I will carry you, and I will rescue you.

being what we uniquely are, do we contribute to humanity as a whole what
only we can give.

עַל כֵּן נְקַוֶּה לְּךָ יהוה אֱלֹהֵינוּ
לִרְאוֹת מְהֵרָה בְּתִפְאֶרֶת עֻזֶּךָ
לְהַעֲבִיר גִּלּוּלִים מִן הָאָרֶץ
וְהָאֱלִילִים כָּרוֹת יִכָּרֵתוּן
לְתַקֵּן עוֹלָם בְּמַלְכוּת שַׁדַּי.
וְכָל בְּנֵי בָשָׂר יִקְרְאוּ בִשְׁמֶךָ
לְהַפְנוֹת אֵלֶיךָ כָּל רִשְׁעֵי אָרֶץ.
יַכִּירוּ וְיֵדְעוּ כָּל יוֹשְׁבֵי תֵבֵל
כִּי לְךָ תִּכְרַע כָּל בֶּרֶךְ, תִּשָּׁבַע כָּל לָשׁוֹן.
לְפָנֶיךָ יהוה אֱלֹהֵינוּ יִכְרְעוּ וְיִפֹּלוּ
וְלִכְבוֹד שִׁמְךָ יְקָר יִתֵּנוּ
וִיקַבְּלוּ כֻלָּם אֶת עֹל מַלְכוּתֶךָ
וְתִמְלֹךְ עֲלֵיהֶם מְהֵרָה לְעוֹלָם וָעֶד.
כִּי הַמַּלְכוּת שֶׁלְּךָ הִיא וּלְעוֹלְמֵי עַד תִּמְלֹךְ בְּכָבוֹד
כַּכָּתוּב בְּתוֹרָתֶךָ, יהוה יִמְלֹךְ לְעֹלָם וָעֶד: שמות טו
◂ וְנֶאֱמַר, וְהָיָה יהוה לְמֶלֶךְ עַל־כָּל־הָאָרֶץ זכריה יד
בַּיּוֹם הַהוּא יִהְיֶה יהוה אֶחָד וּשְׁמוֹ אֶחָד:

Some add:

אַל־תִּירָא מִפַּחַד פִּתְאֹם וּמִשֹּׁאַת רְשָׁעִים כִּי תָבֹא: משלי ג
עֻצוּ עֵצָה וְתֻפָר, דַּבְּרוּ דָבָר וְלֹא יָקוּם, כִּי עִמָּנוּ אֵל: ישעיה ח
וְעַד־זִקְנָה אֲנִי הוּא, וְעַד־שֵׂיבָה אֲנִי אֶסְבֹּל ישעיה מו
אֲנִי עָשִׂיתִי וַאֲנִי אֶשָּׂא וַאֲנִי אֶסְבֹּל וַאֲמַלֵּט:

---

and in the future, as polytheism and atheism reveal themselves to be empty creeds, all humanity will turn to the One God.

There is no contradiction between particularity and universality. Only by

MOURNER'S KADDISH

The following prayer, said by mourners, requires the presence of a minyan.
A transliteration can be found on page 1289.

Mourner: יִתְגַּדַּל Magnified and sanctified may His great name be,
in the world He created by His will.
May He establish His kingdom
in your lifetime and in your days,
and in the lifetime of all the house of Israel,
swiftly and soon – and say: Amen.

All: May His great name be blessed for ever and all time.

Mourner: Blessed and praised, glorified and exalted,
raised and honored,
uplifted and lauded
be the name of the Holy One, blessed be He,
beyond any blessing,
song, praise and consolation
uttered in the world – and say: Amen.

May there be great peace from heaven,
and life for us and all Israel – and say: Amen.

Bow, take three steps back, as if taking leave of the Divine Presence,
then bow, first left, then right, then center, while saying:

May He who makes peace in His high places,
make peace for us and all Israel – and say: Amen.

On Erev Pesaḥ continue on the next page.

On the seventh night of Pesaḥ, continue with Ma'ariv on page 58 (if Erev Shabbat,
on page 52); on Ḥol HaMo'ed on page 1088; on Shabbat Ḥol HaMo'ed on page 876.

---

for ever and all time." According to the Talmud, whenever Jews enter a syna-
gogue or a house of study and say "May His great name be blessed," the Holy
One, blessed be He, nods His head and says: "Happy is the King who is thus
praised in this house" (*Berakhot* 3a). Note that Kaddish speaks neither of
death nor of the past. It speaks about the future and about peace. We honor
the dead by the way we live. We honor the past by the future we create.

קדיש יתום

The following prayer, said by mourners, requires the presence of a מנין.
A transliteration can be found on page 1289.

אבל: יִתְגַּדַּל וְיִתְקַדַּשׁ שְׁמֵהּ רַבָּא (קהל: אָמֵן)

בְּעָלְמָא דִּי בְרָא כִרְעוּתֵהּ

וְיַמְלִיךְ מַלְכוּתֵהּ

בְּחַיֵּיכוֹן וּבְיוֹמֵיכוֹן וּבְחַיֵּי דְכָל בֵּית יִשְׂרָאֵל

בַּעֲגָלָא וּבִזְמַן קָרִיב, וְאִמְרוּ אָמֵן. (קהל: אָמֵן)

קהל
ואבל: יְהֵא שְׁמֵהּ רַבָּא מְבָרַךְ לְעָלַם וּלְעָלְמֵי עָלְמַיָּא.

אבל: יִתְבָּרַךְ וְיִשְׁתַּבַּח וְיִתְפָּאַר

וְיִתְרוֹמַם וְיִתְנַשֵּׂא וְיִתְהַדָּר וְיִתְעַלֶּה וְיִתְהַלָּל

שְׁמֵהּ דְּקֻדְשָׁא בְּרִיךְ הוּא (קהל: בְּרִיךְ הוּא)

לְעֵלָּא מִן כָּל בִּרְכָתָא וְשִׁירָתָא

תֻּשְׁבְּחָתָא וְנֶחֱמָתָא

דַּאֲמִירָן בְּעָלְמָא, וְאִמְרוּ אָמֵן. (קהל: אָמֵן)

יְהֵא שְׁלָמָא רַבָּא מִן שְׁמַיָּא

וְחַיִּים, עָלֵינוּ וְעַל כָּל יִשְׂרָאֵל, וְאִמְרוּ אָמֵן. (קהל: אָמֵן)

Bow, take three steps back, as if taking leave of the Divine Presence,
then bow, first left, then right, then center, while saying:

עֹשֶׂה שָׁלוֹם בִּמְרוֹמָיו

הוּא יַעֲשֶׂה שָׁלוֹם עָלֵינוּ וְעַל כָּל יִשְׂרָאֵל, וְאִמְרוּ אָמֵן. (קהל: אָמֵן)

On ערב פסח *continue on the next page.*

On the seventh night of פסח, *continue with* מעריב *on page 59 (if* ערב שבת,
on page 53); on חול המועד *on page 1089; on* שבת חול המועד *on page 877.*

MOURNER'S KADDISH

We bring credit to the memory of the dead by doing acts that confer merit
on the living. This especially applies to the saying of Kaddish, since it causes
the congregation to praise God by saying, "May His great name be blessed

ORDER OF THE PESAḤ OFFERING

Many have the custom of recounting the Order of the Pesaḥ Offering, the sacrificing of the Paschal Lamb and preparing it for the Festival night. Most read the version of the Ya'avetz siddur (Rabbi Yaakov Emden, eighteenth century Hamburg), which includes a short prefatory prayer, a recital of the Torah verses in which we are commanded to make the offering, and a summary of the laws pertaining to it. Some, following the Vilna Gaon, have the custom of reciting all the biblical passages refering to the Pesaḥ Offering (page 1152).

Master of the Universe, You have commanded us to offer the Pesaḥ sacrifice at its appointed time, on the fourteenth day of the first month, with the priests at their service, the Levites on their platform and the Israelites at their post, reading out the Hallel. Now, because of our sins, the Temple is destroyed and the Pesaḥ offering discontinued, and we have no priest at his service, no Levite on his platform, no Israelite at his post. But You said: "We will offer in place of bullocks [the prayer of] our lips." *Hos. 14* Therefore may it be Your will, LORD our God and God of our ancestors, that the prayer of our lips be considered before You as if we had offered the Pesaḥ sacrifice at its appointed time, and had stood at our post, and the Levites had raised their voices in song and praise to give thanks to the LORD. And establish Your Sanctuary on its site, and let us go up and offer the Pesaḥ sacrifice to You at its appointed time, as You have written in Your Torah, at the hand of Your servant Moses, as it is said:

The LORD spoke to Moses and Aaron in the land of Egypt, and said: *Ex. 12:1–11* This month shall be the beginning of months to you; it is the first of the months of your year. Tell all the congregation of Israel: On the tenth

---

The first was prayer. The morning, afternoon and additional prayers were instituted in place of the corresponding sacrifices on the basis of a verse in Hosea (14:3): "We shall give the service of our lips in place of the oxen [of the sacrifices]" (*Berakhot* 26a). The second was study. The Talmud (*Ta'anit* 27b) says that when Abraham asked God how his children would find atonement when the Temple no longer stood and they could bring no sacrifices, God replied "I have already long ago provided for them in the Torah the order of sacrifices, and whenever they read it I will deem it as if they had offered them before Me and I will grant them pardon for all their iniquities."

On the basis of these two principles the custom arose to recite, at the time

סדר קרבן פסח

Many have the custom of recounting the סדר קרבן פסח*, the sacrificing of the Paschal Lamb and preparing it for the Festival night. Most read the version of the Ya'avetz siddur (Rabbi Yaakov Emden, eighteenth century Hamburg), which includes a short prefatory prayer, a recital of the Torah verses in which we are commanded to make the offering, and a summary of the laws pertaining to it. Some, following the Vilna Gaon, have the custom of reciting all the biblical passages refering to the* קרבן פסח *(page 1152).*

רִבּוֹן הָעוֹלָמִים, אַתָּה צִוִּיתָנוּ לְהַקְרִיב קָרְבַּן הַפֶּסַח בְּמוֹעֲדוֹ בְּאַרְבָּעָה עָשָׂר יוֹם לַחֹדֶשׁ הָרִאשׁוֹן, וְלִהְיוֹת כֹּהֲנִים בַּעֲבוֹדָתָם וּלְוִיִּם בְּדוּכָנָם וְיִשְׂרָאֵל בְּמַעֲמָדָם קוֹרְאִים אֶת הַהַלֵּל. וְעַתָּה בַּעֲוֹנוֹתֵינוּ חָרַב בֵּית הַמִּקְדָּשׁ וּבָטֵל קָרְבַּן הַפֶּסַח, וְאֵין לָנוּ לֹא כֹהֵן בַּעֲבוֹדָתוֹ וְלֹא לֵוִי בְּדוּכָנוֹ וְלֹא יִשְׂרָאֵל בְּמַעֲמָדוֹ, וְלֹא נוּכַל לְהַקְרִיב הַיּוֹם קָרְבַּן פֶּסַח.
אֲבָל אַתָּה אָמַרְתָּ: וּנְשַׁלְּמָה פָרִים שְׂפָתֵינוּ: לָכֵן יְהִי רָצוֹן מִלְּפָנֶיךָ, הושע יד
יהוה אֱלֹהֵינוּ וֵאלֹהֵי אֲבוֹתֵינוּ, שֶׁיִּהְיֶה שִׂיחַ שִׂפְתוֹתֵינוּ חָשׁוּב לְפָנֶיךָ כְּאִלּוּ הִקְרַבְנוּ אֶת הַפֶּסַח בְּמוֹעֲדוֹ וְעָמַדְנוּ עַל מַעֲמָדוֹ, וְדִבְּרוּ הַלְוִיִּם בְּשִׁיר וְהַלֵּל לְהוֹדוֹת לַיהוה. וְאַתָּה תְּכוֹנֵן מִקְדָּשְׁךָ עַל מְכוֹנוֹ, וְנַעֲשֶׂה וְנַקְרִיב לְפָנֶיךָ אֶת הַפֶּסַח בְּמוֹעֲדוֹ, כְּמוֹ שֶׁכָּתַבְתָּ עָלֵינוּ בְּתוֹרָתֶךָ עַל יְדֵי מֹשֶׁה עַבְדֶּךָ, כָּאָמוּר.

וַיֹּאמֶר יהוה אֶל־מֹשֶׁה וְאֶל־אַהֲרֹן בְּאֶרֶץ מִצְרַיִם לֵאמֹר: הַחֹדֶשׁ שמות יב א–יא
הַזֶּה לָכֶם רֹאשׁ חֳדָשִׁים רִאשׁוֹן הוּא לָכֶם לְחָדְשֵׁי הַשָּׁנָה: דַּבְּרוּ אֶל־
כָּל־עֲדַת יִשְׂרָאֵל לֵאמֹר בֶּעָשֹׂר לַחֹדֶשׁ הַזֶּה וְיִקְחוּ לָהֶם אִישׁ שֶׂה

ORDER OF THE PESAḤ OFFERING

With the destruction of the Second Temple, sacrifices ceased, among them the *Korban Pesaḥ*, the Paschal offering brought after the afternoon sacrifice on the 14th of Nisan. A central element of Jewish life was now missing. The response of the sages was not merely to preserve a memory of what once had been, but to create alternative expressions of the same inner spiritual act. Of these there were many, but two in particular stand out.

day of this month, let every one of you take a lamb for his family, a lamb for his household. If his household is too small to eat a lamb, let him share with his neighbor, the one nearest to his house, according to the number of people – reckon the lamb according to the amount each person eats. Let it be a male, unblemished yearling lamb you take; take it from among the lambs or the goats. Keep it until the fourteenth day of this month, and then, all the congregation of Israel, slaughter it toward evening. Take of its blood and apply it to the two doorposts and to the lintel of the houses in which you are to eat it. And eat its meat on that night; eat it roasted by fire, with unleavened bread and bitter herbs. Do not eat it raw or cooked in water; eat it roasted by fire, its head with its legs and with its innards. Do not leave any of it over to the morning; and if any is left over to the morning, burn it by fire. This is how you shall eat it: with your belts tied ready, with your shoes on your feet and your staffs in your hands – and you shall eat it in haste; it is a Pesaḥ offering to the LORD.

And so, this is how the service of the Pesaḥ offering was performed in the House of our God, on the fourteenth day of Nisan:

[The offering] was only to be slaughtered after the regular afternoon offering. On the eve of Pesaḥ, whether it falls on a weekday or on the Sabbath, the regular [afternoon] offering would be slaughtered at half past the seventh hour and offered up at half past the eighth hour; but if the eve of Pesaḥ falls on the eve of the Sabbath, they would slaughter it at half past the sixth hour and offer it up at half past the seventh; and the Pesaḥ offering [was slaughtered] after that.

Every person of Israel, man or woman – everyone who is able to come to Jerusalem for the time of the slaughtering of the Pesaḥ sacrifice, is included in the obligation to offer it.

---

the early sixteenth century. It was subsequently popularized by Rabbi Isaiah Horowitz, (Shelah, 1565–1630) and Rabbi Yaakov Emden in their prayer books. Many Jews in Jerusalem and beyond developed the custom of saying it at the Kotel, the Western Wall. It became an intense mental enactment of the Passover sacrifice itself.

לְבֵית־אָבֹת שֶׂה לַבָּיִת׃ וְאִם־יִמְעַט הַבַּיִת מִהְיוֹת מִשֶּׂה וְלָקַח הוּא וּשְׁכֵנוֹ הַקָּרֹב אֶל־בֵּיתוֹ בְּמִכְסַת נְפָשֹׁת אִישׁ לְפִי אָכְלוֹ תָּכֹסּוּ עַל־הַשֶּׂה׃ שֶׂה תָמִים זָכָר בֶּן־שָׁנָה יִהְיֶה לָכֶם מִן־הַכְּבָשִׂים וּמִן־הָעִזִּים תִּקָּחוּ׃ וְהָיָה לָכֶם לְמִשְׁמֶרֶת עַד אַרְבָּעָה עָשָׂר יוֹם לַחֹדֶשׁ הַזֶּה וְשָׁחֲטוּ אֹתוֹ כֹּל קְהַל עֲדַת־יִשְׂרָאֵל בֵּין הָעַרְבָּיִם׃ וְלָקְחוּ מִן־הַדָּם וְנָתְנוּ עַל־שְׁתֵּי הַמְּזוּזֹת וְעַל־הַמַּשְׁקוֹף עַל הַבָּתִּים אֲשֶׁר־יֹאכְלוּ אֹתוֹ בָּהֶם׃ וְאָכְלוּ אֶת־הַבָּשָׂר בַּלַּיְלָה הַזֶּה צְלִי־אֵשׁ וּמַצּוֹת עַל־מְרֹרִים יֹאכְלֻהוּ׃ אַל־תֹּאכְלוּ מִמֶּנּוּ נָא וּבָשֵׁל מְבֻשָּׁל בַּמָּיִם כִּי אִם־צְלִי־אֵשׁ רֹאשׁוֹ עַל־כְּרָעָיו וְעַל־קִרְבּוֹ׃ וְלֹא־תוֹתִירוּ מִמֶּנּוּ עַד־בֹּקֶר וְהַנֹּתָר מִמֶּנּוּ עַד־בֹּקֶר בָּאֵשׁ תִּשְׂרֹפוּ׃ וְכָכָה תֹּאכְלוּ אֹתוֹ מָתְנֵיכֶם חֲגֻרִים נַעֲלֵיכֶם בְּרַגְלֵיכֶם וּמַקֶּלְכֶם בְּיֶדְכֶם וַאֲכַלְתֶּם אֹתוֹ בְּחִפָּזוֹן פֶּסַח הוּא לַיהוָה׃

כָּךְ הָיְתָה עֲבוֹדַת קָרְבַּן הַפֶּסַח בְּבֵית אֱלֹהֵינוּ בְּיוֹם אַרְבָּעָה עָשָׂר בְּנִיסָן.

אֵין שׁוֹחֲטִין אוֹתוֹ אֶלָּא אַחַר תָּמִיד שֶׁל בֵּין הָעַרְבַּיִם. עֶרֶב פֶּסַח, בֵּין בְּחֹל בֵּין בְּשַׁבָּת, הָיָה הַתָּמִיד נִשְׁחָט בְּשֶׁבַע וּמֶחֱצָה וְקָרֵב בִּשְׁמוֹנֶה וּמֶחֱצָה. וְאִם חָל עֶרֶב פֶּסַח לִהְיוֹת עֶרֶב שַׁבָּת, הָיוּ שׁוֹחֲטִין אוֹתוֹ בְּשֵׁשׁ וּמֶחֱצָה וְקָרֵב בְּשֶׁבַע וּמֶחֱצָה, וְהַפֶּסַח אַחֲרָיו.

כָּל אָדָם מִיִּשְׂרָאֵל, אֶחָד הָאִישׁ וְאֶחָד הָאִשָּׁה, כָּל שֶׁיָּכוֹל לְהַגִּיעַ לִירוּשָׁלַיִם בִּשְׁעַת שְׁחִיטַת הַפֶּסַח, חַיָּב בְּקָרְבַּן פֶּסַח.

---

when the Paschal offering would have been made (after Minḥa on the eve of Pesaḥ), the Torah passage relating to the act, together with a detailed account of how it was performed. We first hear of this custom in the *Seder HaYom* of Rabbi Moses ibn Makhir, head of the yeshiva in Ein Zeitun, near Safed, in

They would bring an unblemished male lamb or kid, and it did not require the pressing on of hands, and it could be slaughtered in any part of the Courtyard after the evening sacrifice had been finished and the lights had been tended. The Pesaḥ offering would not be slaughtered, nor its blood thrown or its fat burned, [by one who still had] *ḥametz* [in his possession]. (If even an olive-measure of *ḥametz* was in the domain of one of the members of the group at the time of any part of the Pesaḥ service – the person was liable to receive lashes but the offering was valid.)

Anyone (even a lay-Israelite) could perform the slaughter, and the priest at the front of the row [of priests] would receive the blood [of the offering] and pass it to his fellow, and his fellow to the next, and the priest closest in line to the Altar would throw [the blood] all at once against the base. The vessel would then be returned empty to the next priest in line; he would receive the full vessel and then pass on the empty one. And the priests would stand in rows, holding bowls all of silver or all of gold – they were not intermingled [in the rows] – and none of them had flat bases, so that [the priests] would not set them down, and the blood congeal.

After that they would hang the offering on hooks (or on thin poles, placed on one man's shoulder and on the shoulder of his fellow with [the animal] hung [between]), and they would flay it in its entirety (on the Sabbath only as far as the breast, and from there downwards in strips), and tear out the stomach and take out the innards, the fat that covers the stomach, and the appendage of the liver, and the two kidneys with the fat on them, and the fatty tail, if the animal was a lamb; and fat around the tail bone. They would place these in a sacred vessel and the priest would salt them and burnt them on the Altar fire – the fats of each offering separately; on a weekday they would do this while it was yet day, rather than in the night which would already be the festival; but if the eve of Pesaḥ fell on the Sabbath they would continue the burning all through the night. They would take out the innards and wipe them off until they had removed all the discharge (so that they would be clean when the offering was roasted with them). The slaughter of the Pesaḥ offering, the throwing of its blood and the wiping of its innards and the burning of its fats override the laws of the Sabbath; the other parts of its service did not.

מְבִיאוֹ מִן הַכְּבָשִׂים אוֹ מִן הָעִזִּים, זָכָר תָּמִים בֶּן שָׁנָה, וְשׁוֹחֲטוֹ בְּכָל מָקוֹם בָּעֲזָרָה, אַחַר גְּמַר עֲבוֹדַת תָּמִיד הָעֶרֶב וְאַחַר הֲטָבַת הַנֵּרוֹת. וְאֵין שׁוֹחֲטִין הַפֶּסַח, וְלֹא זוֹרְקִין הַדָּם, וְלֹא מַקְטִירִין הַחֵלֶב עַל הֶחָמֵץ.

שָׁחַט הַשּׁוֹחֵט, וְקִבֵּל דָּמוֹ הַכֹּהֵן שֶׁבְּרֹאשׁ הַשּׁוּרָה בִּכְלִי שָׁרֵת, וְנוֹתֵן לַחֲבֵרוֹ, וַחֲבֵרוֹ לַחֲבֵרוֹ. כֹּהֵן הַקָּרוֹב אֵצֶל הַמִּזְבֵּחַ זוֹרְקוֹ זְרִיקָה אַחַת כְּנֶגֶד הַיְסוֹד, וְחוֹזֵר הַכְּלִי רֵיקָן לַחֲבֵרוֹ, וַחֲבֵרוֹ לַחֲבֵרוֹ. מְקַבֵּל אֶת הַמָּלֵא וּמַחֲזִיר אֶת הָרֵיקָן. וְהָיוּ הַכֹּהֲנִים עוֹמְדִים שׁוּרוֹת וּבִידֵיהֶם בָּזִיכִין שֶׁכֻּלָּן כֶּסֶף אוֹ כֻּלָּן זָהָב, וְלֹא הָיוּ מְעֹרָבִים. וְלֹא הָיוּ לַבָּזִיכִין שׁוּלַיִם, שֶׁלֹּא יַנִּיחוּם וְיִקְרַשׁ הַדָּם.

אַחַר כָּךְ תּוֹלִין אֶת הַפֶּסַח בְּאֻנְקְלָיוֹת, וּמַפְשִׁיט אוֹתוֹ כֻּלּוֹ, וְקוֹרְעִין בִּטְנוֹ וּמוֹצִיאִין אֵמוּרָיו – הַחֵלֶב שֶׁעַל הַקֶּרֶב, וְיוֹתֶרֶת הַכָּבֵד, וּשְׁתֵּי הַכְּלָיוֹת וְהַחֵלֶב שֶׁעֲלֵיהֶן, וְהָאַלְיָה לְעֻמַּת הֶעָצֶה. נוֹתְנָן בִּכְלִי שָׁרֵת וּמוֹלְחָן, וּמַקְטִירָן הַכֹּהֵן עַל הַמַּעֲרָכָה, חֶלְבֵי כָּל זֶבַח וָזֶבַח לְבַדּוֹ. בְּחֹל, בַּיּוֹם וְלֹא בַלַּיְלָה, שֶׁהוּא יוֹם טוֹב. אֲבָל אִם חָל עֶרֶב פֶּסַח בְּשַׁבָּת, מַקְטִירִין וְהוֹלְכִין כָּל הַלַּיְלָה. וּמוֹצִיא קְרָבָיו וּמְמַחֶה אוֹתָן עַד שֶׁמֵּסִיר מֵהֶן הַפֶּרֶשׁ. שְׁחִיטָתוֹ וּזְרִיקַת דָּמוֹ וּמִחוּי קְרָבָיו וְהֶקְטֵר חֲלָבָיו דּוֹחִין אֶת הַשַּׁבָּת, וּשְׁאָר עִנְיָנָיו אֵין דּוֹחִין.

In a penetrating analysis of the custom, Rabbi Menaḥem Mendel Schneerson, the Lubavitcher Rebbe, suggests that the reading of the narrative account at the very time the Paschal lamb was offered combines the elements of both study and prayer and thus has peculiar existential and spiritual power. It also contains elements of both joy and sadness; joy at the imaginative recreation of the great Temple ritual celebrating the festival of freedom, sadness that it is only an imagined act and that the Temple has not yet been rebuilt (*Siḥot*, Erev Pesaḥ 5748).

The Pesaḥ offering was slaughtered in three groups; no group would contain fewer than thirty people. The first group would enter, and would fill up the Courtyard. They would close its doors, and as the people slaughtered and sacrificed, the priests would blow the shofar, the flute would sound before the Altar, and the Levites would sing out Hallel. If they finished before they had performed all the sacrifices they would sing it a second time, and if they finished the second round they would sing it a third, and with each reading they would sound a *tekia*, *terua*, and a *tekia*. When the first group had finished sacrificing, the Courtyard would be opened; the first group would leave and the second group would come in. They would close the doors of the Courtyard. The second group would finish and leave, and the third group would come in. And as the first group had done, so did the second and third.

When all of them had left, they would clean the Courtyard of the splatters of blood, even on the Sabbath. The water channel passed through the Courtyard, and when they wanted to rinse the floor they would plug the place where the water poured out, and the channel would overflow its sides until the water rose and covered the ground and gathered all the blood and dirt in the Courtyard, and then they would open the plug and all the water would leave, and the dirt with it, and the floor would be left clean – that was the honor of the House.

Each person would leave with his Pesaḥ offering (and its skin), and they would roast [the offerings]. How would they roast them? They would bring a spit of pomegranate wood, and insert it from the mouth to the anus, and hang it in the oven with the fire beneath it, and hang the legs and entrails outside [the animal]; they would not impale the Pesaḥ [on a metal spit] as one does with other meat.

On the Sabbath they could not bring the Pesaḥ home, but rather the first group would go out with their offerings and sit on the Temple Mount; the second would go out with theirs and sit on the Temple rampart, and the third would stand in place [in the Courtyard]. When it grew dark, they would go out and roast their Pesaḥ offerings.

When the Pesaḥ offering was sacrificed, a peace-offering would be sacrificed with it on the fourteenth day [of Nisan], of the cattle or of the

בְּשָׁלֹשׁ כִּתּוֹת הַפֶּסַח נִשְׁחָט, וְאֵין כַּת פְּחוּתָה מִשְּׁלֹשִׁים אֲנָשִׁים. נִכְנְסָה כַּת אַחַת, נִתְמַלְּאָה הָעֲזָרָה, נוֹעֲלִין אוֹתָהּ. וּבְעוֹד שֶׁהֵם שׁוֹחֲטִין וּמַקְרִיבִין, הַכֹּהֲנִים תּוֹקְעִין, הֶחָלִיל מַכֶּה לִפְנֵי הַמִּזְבֵּחַ, וְהַלְוִיִּם קוֹרְאִין אֶת הַהַלֵּל. אִם גָּמְרוּ קֹדֶם שֶׁיַּקְרִיבוּ כֻּלָּם, שָׁנוּ. אִם שָׁנוּ, שִׁלְּשׁוּ. עַל כָּל קְרִיאָה תָּקְעוּ הֵרִיעוּ וְתָקְעוּ. גָּמְרָה כַּת אַחַת לְהַקְרִיב, פּוֹתְחִין הָעֲזָרָה, יָצְאָה כַּת רִאשׁוֹנָה, נִכְנְסָה כַּת שְׁנִיָּה, נָעֲלוּ דַּלְתוֹת הָעֲזָרָה. גָּמְרָה, יָצְאָה שְׁנִיָּה וְנִכְנְסָה שְׁלִישִׁית. כְּמַעֲשֵׂה הָרִאשׁוֹנָה כָּךְ מַעֲשֵׂה הַשְּׁנִיָּה וְהַשְּׁלִישִׁית.

אַחַר שֶׁיָּצְאוּ כֻּלָּן, רוֹחֲצִין הָעֲזָרָה מִלִּכְלוּכֵי הַדָּם, וַאֲפִלּוּ בְּשַׁבָּת. אַמַּת הַמַּיִם הָיְתָה עוֹבֶרֶת בָּעֲזָרָה, שֶׁכְּשֶׁרוֹצִין לְהָדִיחַ הָרִצְפָּה סוֹתְמִין מְקוֹם יְצִיאַת הַמַּיִם וְהִיא מִתְמַלֵּאת עַל כָּל גְּדוֹתֶיהָ, עַד שֶׁהַמַּיִם עוֹלִין וְצָפִין וּמְקַבְּצִין אֲלֵיהֶם כָּל דָּם וְלִכְלוּךְ שֶׁבָּעֲזָרָה. אַחַר כָּךְ פּוֹתְחִין הַסְּתִימָה וְיוֹצְאִין הַמַּיִם עִם הַלִּכְלוּךְ, נִמְצֵאת הָרִצְפָּה מְנֻקָּה. זֶהוּ כְּבוֹד הַבַּיִת.

יָצְאוּ כָּל אֶחָד עִם פִּסְחוֹ וְצָלוּ אוֹתָם. כֵּיצַד צוֹלִין אוֹתוֹ? מְבִיאִין שַׁפּוּד שֶׁל רִמּוֹן, תּוֹחֲבוֹ מִתּוֹךְ פִּיו עַד בֵּית נְקוּבָתוֹ, וְתוֹלֵהוּ לְתוֹךְ הַתַּנּוּר וְהָאֵשׁ לְמַטָּה, וְתוֹלֶה כְּרָעָיו וּבְנֵי מֵעָיו חוּצָה לוֹ. וְאֵין מְנַקְּרִין אֶת הַפֶּסַח כִּשְׁאָר בָּשָׂר.

בְּשַׁבָּת אֵינָן מוֹלִיכִין אֶת הַפֶּסַח לְבֵיתָם, אֶלָּא כַּת הָרִאשׁוֹנָה יוֹצְאִין בְּפִסְחֵיהֶן וְיוֹשְׁבִין בְּהַר הַבַּיִת, הַשְּׁנִיָּה יוֹצְאִין עִם פִּסְחֵיהֶן וְיוֹשְׁבִין בַּחֵיל, וְהַשְּׁלִישִׁית בִּמְקוֹמָהּ עוֹמֶדֶת. חָשֵׁכָה, יָצְאוּ וְצָלוּ אֶת פִּסְחֵיהֶן.

כְּשֶׁמַּקְרִיבִין אֶת הַפֶּסַח בָּרִאשׁוֹן, מַקְרִיבִין עִמּוֹ בְּיוֹם אַרְבָּעָה עָשָׂר זֶבַח שְׁלָמִים - מִן הַבָּקָר אוֹ מִן הַצֹּאן, גְּדוֹלִים אוֹ קְטַנִּים, זְכָרִים אוֹ

flock, male or female, and this was known as the festival offering of the
fourteenth. Of this it is said in the Torah: "You shall bring a Pesaḥ offering   *Deut. 16*
to the LORD your God, sheep and cattle"; the Scriptures did not make
this obligatory, but optional, but nonetheless it is obligatory by rabbinic
ruling, so that the Pesaḥ offering be eaten when hunger is already satisfied.
When would the festival offering be brought along with it? Only when
it was brought on a weekday, in a state of purity, and when [the Pesaḥ
alone] was not sufficient [as a meal for all the people subscribed to it]. The
festival offering could then be eaten for two days and one night. And its
regulations were those of all the peace-offerings; it required pressing on
of the hands and libations and two applications of blood which were four,
and for the remaining [blood] to be poured out at the base of the Altar.

This is the Order of the Service of the Pesaḥ offering, and of the festival
offering that is to be brought with it in the House of our God, which will
be rebuilt speedily in our days, Amen. Happy is the people who whom   *Ps. 144*
this is so; happy are the people whose God is the LORD.

Our God and God of our ancestors, merciful King, have compassion
upon us. You who are good and do good, respond to our call. Return to
us in Your abounding mercy, for the sake of our fathers who did Your will.
Rebuild Your Temple as at the beginning, and establish Your Sanctuary
on its site. Let us witness its rebuilding, and gladden us by its restoration.
Bring the priests back to their service, the Levites to their song and music,
and the Israelites to their homes. And there we will go up and appear and
bow before You, and we will eat there of the offerings and of the Pesaḥ
sacrifices, of which the blood shall reach the side of Your Altar in favor.
May the words of my mouth and the meditation of my heart find favor   *Ps. 19*
before You, LORD, my Rock and Redeemer.

נְקֵבוֹת, וְהִיא נִקְרֵאת חֲגִיגַת אַרְבָּעָה עָשָׂר, עַל זֶה נֶאֱמַר בַּתּוֹרָה:
וְזָבַחְתָּ פֶּסַח לַיהוה אֱלֹהֶיךָ צֹאן וּבָקָר: וְלֹא קְבָעָהּ הַכָּתוּב חוֹבָה דברים טז
אֶלָּא רְשׁוּת בִּלְבַד, מִכָּל מָקוֹם הִיא כְחוֹבָה מִדִּבְרֵי סוֹפְרִים, כְּדֵי
שֶׁיְּהֵא הַפֶּסַח נֶאֱכָל עַל הַשֹּׂבַע. אֵימָתַי מְבִיאִין עִמּוֹ חֲגִיגָה? בִּזְמַן
שֶׁהוּא בָּא בְּחֹל, בְּטָהֳרָה וּבְמוּעָט. וְנֶאֱכֶלֶת לִשְׁנֵי יָמִים וְלַיְלָה אֶחָד,
וְדִינָהּ כְּכָל תּוֹרַת זִבְחֵי שְׁלָמִים, טְעוּנָה סְמִיכָה וּנְסָכִים, וּמַתַּן דָּמִים
שְׁתַּיִם שֶׁהֵן אַרְבַּע, וּשְׁפִיכַת שִׁירַיִם לַיְסוֹד.

זֶהוּ סֵדֶר עֲבוֹדַת קָרְבַּן פֶּסַח וַחֲגִיגָה שֶׁעִמּוֹ בְּבֵית אֱלֹהֵינוּ, שֶׁיִּבָּנֶה
בִּמְהֵרָה בְיָמֵינוּ, אָמֵן. אַשְׁרֵי הָעָם שֶׁכָּכָה לּוֹ, אַשְׁרֵי הָעָם שֶׁיהוה תהלים קמד
אֱלֹהָיו:

אֱלֹהֵינוּ וֵאלֹהֵי אֲבוֹתֵינוּ, מֶלֶךְ רַחֲמָן רַחֵם עָלֵינוּ, טוֹב וּמֵטִיב הִדָּרֶשׁ
לָנוּ. שׁוּבָה אֵלֵינוּ בַּהֲמוֹן רַחֲמֶיךָ בִּגְלַל אָבוֹת שֶׁעָשׂוּ רְצוֹנֶךָ. בְּנֵה
בֵיתְךָ כְּבַתְּחִלָּה וְכוֹנֵן מִקְדָּשְׁךָ עַל מְכוֹנוֹ. וְהַרְאֵנוּ בְּבִנְיָנוֹ וְשַׂמְּחֵנוּ
בְּתִקּוּנוֹ. וְהָשֵׁב שְׁכִינָתְךָ לְתוֹכוֹ, וְהָשֵׁב כֹּהֲנִים לַעֲבוֹדָתָם וּלְוִיִּם
לְשִׁירָם וּלְזִמְרָם, וְהָשֵׁב יִשְׂרָאֵל לִנְוֵיהֶם. וְשָׁם נַעֲלֶה וְנֵרָאֶה וְנִשְׁתַּחֲוֶה
לְפָנֶיךָ, וְנֹאכַל שָׁם מִן הַזְּבָחִים וּמִן הַפְּסָחִים אֲשֶׁר יַגִּיעַ דָּמָם עַל
קִיר מִזְבַּחֲךָ לְרָצוֹן. יִהְיוּ לְרָצוֹן אִמְרֵי־פִי וְהֶגְיוֹן לִבִּי לְפָנֶיךָ, יהוה תהלים יט
צוּרִי וְגֹאֲלִי:

Erev Yom Tov

KABBALAT SHABBAT

On weekdays, Ma'ariv begins on page 58. On Shabbat begin here:

מִזְמוֹר A psalm. A song for the Sabbath day.   *Ps. 92*
It is good to thank the LORD
and sing psalms to Your name, Most High –
to tell of Your loving-kindness in the morning
and Your faithfulness at night,
to the music of the ten-stringed lyre and the melody of the harp.
For You have made me rejoice by Your work, O LORD;
I sing for joy at the deeds of Your hands.
How great are Your deeds, LORD,
and how very deep Your thoughts.
A boor cannot know, nor can a fool understand,
that though the wicked
spring up like grass and all evildoers flourish,
it is only that they may be destroyed for ever.
But You, LORD, are eternally exalted.

---

for evening, morning and afternoon are different, a phenomenon unique to
Shabbat). There is the Shabbat of the past – Shabbat as a memorial of cre-
ation. There is the Shabbat of the present – the Shabbat of revelation when,
resting from work, we encounter the Divine Presence more acutely than at
other times, and we read the Torah, itself the record of revelation. And there
is the Shabbat of the future – the messianic age, when all humanity will ac-
knowledge the one God, and peace will reign. It is this Shabbat of the future
to which the psalm is dedicated. People will then look back on the history of
the suffering humans have caused one another, and see clearly how, though
the wicked flourished briefly "like grass," in the long term, justice prevailed.
"A fool cannot understand" that evil, however invulnerable it seems at the time,
has a short life span. It never wins the final victory. The psalm ends with a
vindication of God's justice.

ערב יום טוב

קבלת שבת

On weekdays, מעריב *begins on page 59. On* שבת *begin here:*

תהלים צב

מִזְמוֹר שִׁיר לְיוֹם הַשַּׁבָּת:
טוֹב לְהֹדוֹת לַיהוה, וּלְזַמֵּר לְשִׁמְךָ עֶלְיוֹן:
לְהַגִּיד בַּבֹּקֶר חַסְדֶּךָ, וֶאֱמוּנָתְךָ בַּלֵּילוֹת:
עֲלֵי־עָשׂוֹר וַעֲלֵי־נָבֶל, עֲלֵי הִגָּיוֹן בְּכִנּוֹר:
כִּי שִׂמַּחְתַּנִי יהוה בְּפָעֳלֶךָ, בְּמַעֲשֵׂי יָדֶיךָ אֲרַנֵּן:
מַה־גָּדְלוּ מַעֲשֶׂיךָ יהוה, מְאֹד עָמְקוּ מַחְשְׁבֹתֶיךָ:
אִישׁ־בַּעַר לֹא יֵדָע, וּכְסִיל לֹא־יָבִין אֶת־זֹאת:
בִּפְרֹחַ רְשָׁעִים כְּמוֹ עֵשֶׂב, וַיָּצִיצוּ כָּל־פֹּעֲלֵי אָוֶן
לְהִשָּׁמְדָם עֲדֵי־עַד:
וְאַתָּה מָרוֹם לְעֹלָם יהוה:

KABBALAT SHABBAT / WELCOMING SHABBAT

Our regular service for Kabbalat Shabbat dates back to the sixteenth century and the circle of Jewish mystics in Safed. However the custom of saying Psalms 92 and 93, respectively the psalms for Shabbat and for Friday – the day the first humans were created – goes back many centuries before this. Therefore when Yom Tov or Ḥol HaMo'ed fall on Shabbat, we say only these psalms, regarded as more obligatory than the other psalms and the song *Lekha Dodi* (*Pri Megadim* 488:1).

מִזְמוֹר שִׁיר *Psalm 92.* The superscription, "A psalm, a song for the Sabbath day," is part of the psalm itself, testifying to the antiquity of the custom of saying it on the Sabbath as part of the Temple service. The connection between it and Shabbat is not immediately clear. The explanation is that there are three dimensions of Shabbat (that is why on a regular Shabbat the Amida prayers

For behold Your enemies, LORD, behold Your enemies will perish;
all evildoers will be scattered.
You have raised my pride like that of a wild ox;
I am anointed with fresh oil.
My eyes shall look in triumph on my adversaries,
my ears shall hear the downfall of the wicked who rise against me.
‣ The righteous will flourish like a palm tree
and grow tall like a cedar in Lebanon.
Planted in the LORD's House,
blossoming in our God's courtyards,
they will still bear fruit in old age,
and stay vigorous and fresh,
proclaiming that the LORD is upright:
He is my Rock, in whom there is no wrong.

יהוה מָלָךְ The LORD reigns. He is robed in majesty.   *Ps. 93*
The LORD is robed, girded with strength.
The world is firmly established; it cannot be moved.
Your throne stands firm as of old; You are eternal.
Rivers lift up, LORD, rivers lift up their voice,
rivers lift up their crashing waves.
‣ Mightier than the noise of many waters,
than the mighty waves of the sea is the LORD on high.
Your testimonies are very sure;
holiness adorns Your House, LORD, for evermore.

---

over all. The universe is the result of a single creative Intelligence; therefore
struggle and combat are not written into its script. Faith is the ability to hear
the music beneath the noise, the order beneath the seeming chaos.

נָשְׂאוּ נְהָרוֹת *Rivers lift up.* The repetitions of this verse and the rhythms of
the next capture in sound the rolling of mighty waves, culminating in the
magnificent, "LORD on high," the great affirmation ringing out above the
sound of the sea.

כִּי הִנֵּה אֹיְבֶיךָ יהוה, כִּי־הִנֵּה אֹיְבֶיךָ יֹאבֵדוּ
יִתְפָּרְדוּ כׇּל־פֹּעֲלֵי אָוֶן:
וַתָּרֶם כִּרְאֵים קַרְנִי, בַּלֹּתִי בְּשֶׁמֶן רַעֲנָן:
וַתַּבֵּט עֵינִי בְּשׁוּרָי
בַּקָּמִים עָלַי מְרֵעִים תִּשְׁמַעְנָה אׇזְנָי:
צַדִּיק כַּתָּמָר יִפְרָח, כְּאֶרֶז בַּלְּבָנוֹן יִשְׂגֶּה:
שְׁתוּלִים בְּבֵית יהוה, בְּחַצְרוֹת אֱלֹהֵינוּ יַפְרִיחוּ:
עוֹד יְנוּבוּן בְּשֵׂיבָה, דְּשֵׁנִים וְרַעֲנַנִּים יִהְיוּ:
לְהַגִּיד כִּי־יָשָׁר יהוה, צוּרִי, וְלֹא־עַוְלָתָה בּוֹ:

תהלים צג

יהוה מָלָךְ, גֵּאוּת לָבֵשׁ
לָבֵשׁ יהוה עֹז הִתְאַזָּר, אַף־תִּכּוֹן תֵּבֵל בַּל־תִּמּוֹט:
נָכוֹן כִּסְאֲךָ מֵאָז, מֵעוֹלָם אָתָּה:
נָשְׂאוּ נְהָרוֹת יהוה, נָשְׂאוּ נְהָרוֹת קוֹלָם, יִשְׂאוּ נְהָרוֹת דׇּכְיָם:
מִקֹּלוֹת מַיִם רַבִּים, אַדִּירִים מִשְׁבְּרֵי־יָם, אַדִּיר בַּמָּרוֹם יהוה:
עֵדֹתֶיךָ נֶאֶמְנוּ מְאֹד, לְבֵיתְךָ נַאֲוָה־קֹדֶשׁ, יהוה לְאֹרֶךְ יָמִים:

כַּתָּמָר...כְּאֶרֶז *Like a palm tree… a cedar.* The difference between a date palm and a cedar is that we benefit from the palm tree while it is alive: we eat its fruit, we sit in its shade. A cedar is used for its wood. Only when a cedar is cut down do we realize how tall it was. So it is with the righteous. While they live we enjoy their presence: we eat the fruit of their wisdom, we sit in the shade of their piety. When they are cut down and are no longer with us, only then do we realize their true stature.

יהוה מָלָךְ *Psalm 93.* This psalm is, among other things, a polemic against the world of myth. In many ancient myths there was a struggle between the god of order and the forces of chaos, represented by the god or goddess of the primordial sea. Not so, says the psalm. The waters may roar but God is supreme

MOURNER'S KADDISH

The following prayer, said by mourners, requires the presence of a minyan.
A transliteration can be found on page 1289.

Mourner: **יִתְגַּדַּל** Magnified and sanctified
may His great name be,
in the world He created by His will.
May He establish His kingdom
in your lifetime and in your days,
and in the lifetime of all the house of Israel,
swiftly and soon –
and say: Amen.

All: May His great name
be blessed for ever and all time.

Mourner: Blessed and praised,
glorified and exalted,
raised and honored,
uplifted and lauded
be the name of the Holy One,
blessed be He,
beyond any blessing,
song, praise and consolation
uttered in the world –
and say: Amen.

May there be great peace from heaven,
and life for us and all Israel –
and say: Amen.

Bow, take three steps back, as if taking leave of the Divine Presence,
then bow, first left, then right, then center, while saying:
May He who makes peace in His high places,
make peace for us and all Israel –
and say: Amen.

קדיש יתום

The following prayer, said by mourners, requires the presence of a מִנְיָן.
A transliteration can be found on page 1289.

אבל: יִתְגַּדַּל וְיִתְקַדַּשׁ שְׁמֵהּ רַבָּא (קהל: אָמֵן)

בְּעָלְמָא דִּי בְרָא כִרְעוּתֵהּ

וְיַמְלִיךְ מַלְכוּתֵהּ

בְּחַיֵּיכוֹן וּבְיוֹמֵיכוֹן וּבְחַיֵּי דְכָל בֵּית יִשְׂרָאֵל

בַּעֲגָלָא וּבִזְמַן קָרִיב

וְאִמְרוּ אָמֵן. (קהל: אָמֵן)

קהל
ואבל: יְהֵא שְׁמֵהּ רַבָּא מְבָרַךְ לְעָלַם וּלְעָלְמֵי עָלְמַיָּא.

אבל: יִתְבָּרַךְ וְיִשְׁתַּבַּח וְיִתְפָּאַר

וְיִתְרוֹמַם וְיִתְנַשֵּׂא וְיִתְהַדָּר וְיִתְעַלֶּה וְיִתְהַלָּל

שְׁמֵהּ דְּקֻדְשָׁא בְּרִיךְ הוּא (קהל: בְּרִיךְ הוּא)

לְעֵלָּא מִן כָּל בִּרְכָתָא וְשִׁירָתָא

תֻּשְׁבְּחָתָא וְנֶחֱמָתָא

דַּאֲמִירָן בְּעָלְמָא

וְאִמְרוּ אָמֵן. (קהל: אָמֵן)

יְהֵא שְׁלָמָא רַבָּא מִן שְׁמַיָּא

וְחַיִּים, עָלֵינוּ וְעַל כָּל יִשְׂרָאֵל

וְאִמְרוּ אָמֵן. (קהל: אָמֵן)

Bow, take three steps back, as if taking leave of the Divine Presence,
then bow, first left, then right, then center, while saying:

עֹשֶׂה שָׁלוֹם בִּמְרוֹמָיו

הוּא יַעֲשֶׂה שָׁלוֹם עָלֵינוּ וְעַל כָּל יִשְׂרָאֵל

וְאִמְרוּ אָמֵן. (קהל: אָמֵן)

Ma'ariv for Yom Tov

BLESSINGS OF THE SHEMA

The Leader says the following, bowing at "Bless," standing straight at "the LORD." The congregation, followed by the Leader, responds, bowing at "Bless," standing straight at "the LORD."

Leader: **BLESS**
the LORD, the blessed One.

Congregation: Bless the LORD, the blessed One,
for ever and all time.

Leader: Bless the LORD, the blessed One,
for ever and all time.

On weekdays, some congregations follow the ancient custom of saying piyutim here.
The piyutim for Ma'ariv, commonly known as Ma'aravot,
are interweaved in the blessings of the Shema.
For Ma'aravot for the first night of Pesaḥ, turn to page 108;
for Ma'aravot for the second night of Pesaḥ, turn to page 128;
for Ma'aravot for the seventh night of Pesaḥ, turn to page 156;
for Ma'aravot for the last night of Pesaḥ, turn to page 172.
(If the last night falls on Sunday, say the Ma'aravot on page 108.)

Abraham. It has known the full brightness of day, its ages of peace and continuity, associated with Isaac's life after the binding. But it has also known its nights. Night is when we take with us the spirit of Jacob, a man who knew fear but was never defeated by it.

בָּרְכוּ אֶת יהוה *Bless the LORD.* A call by the leader of prayer to the community to join him in praising God, in the spirit of the verse, "Magnify the LORD with me, and let us exalt His name together" (Ps. 34:4). This is a formal summons to public prayer in the presence of a *minyan.*

בָּרְכוּ *Bless.* We do not bless God; God blesses us. To speak of blessing God as we do in this prayer means (1) we acknowledge Him as the source of all our

מעריב ליום טוב

קריאת שמע וברכותיה

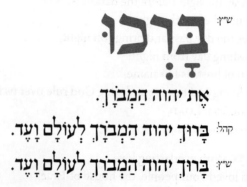

The שליח ציבור *says the following, bowing at* בָּרְכוּ, *standing straight at* ה׳*.*
The קהל*, followed by the* שליח ציבור*, responds, bowing at* בָּרוּךְ, *standing straight at* ה׳*.*

ש״ץ: בָּרְכוּ
אֶת יהוה הַמְבֹרָךְ.

קהל: בָּרוּךְ יהוה הַמְבֹרָךְ לְעוֹלָם וָעֶד.

ש״ץ: בָּרוּךְ יהוה הַמְבֹרָךְ לְעוֹלָם וָעֶד.

On weekdays, some congregations follow the ancient custom of saying piyutim here.
The piyutim for מעריב*, commonly known as* מערבות*,*
are interweaved in the blessings of the שמע*.*
For מערבות *for the first night of* פסח*, turn to page 109;*
for מערבות *for the second night of* פסח*, turn to page 129;*
for מערבות *for the seventh night of* פסח*, turn to page 157;*
for מערבות *for the last night of* פסח*, turn to page 173.*
(If the last night falls on Sunday, say the מערבות *on page 109.)*

EVENING SERVICE

Ma'ariv is the prayer associated with Jacob, the man whose greatest encounters with God were at night. At night he had a vision, symbolic of prayer itself, of a ladder stretching from earth to heaven. Awakening from that vision he gave the most profound description of the effect of prayer: "Surely God was in this place and I did not know it" (Gen. 28:16). At night he wrestled with an angel and was given the name Israel, one who "struggles with God and with men and prevails" (Gen. 32:28).

Judaism has known its dawns, its ages of new hope, associated with

בָּרוּךְ Blessed are You, LORD our God, King of the Universe,
who by His word brings on evenings,
by His wisdom opens the gates of heaven,
with understanding makes time change and the seasons rotate,
and by His will
orders the stars in their constellations in the sky.
He creates day and night,
rolling away the light before the darkness,
and darkness before the light.
➤ He makes the day pass and brings on night,
distinguishing day from night:
the LORD of hosts is His name.
May the living and forever enduring God rule over us for all time.
Blessed are You, LORD,
who brings on evenings.

אַהֲבַת עוֹלָם With everlasting love
have You loved Your people, the house of Israel.
You have taught us Torah and commandments,
decrees and laws of justice.
Therefore, LORD our God, when we lie down and when we rise up
we will speak of Your decrees, rejoicing in the words of Your Torah
and Your commandments for ever.
➤ For they are our life and the length of our days;
on them will we meditate day and night.
May You never take away Your love from us.
Blessed are You, LORD,
who loves His people Israel.

Hebrew word for "knee" is *berekh*. The word for a pool or reservoir of water
is *berekha*. Common to them all is a sense of downward movement – of
genuflection in the case of the body, of water from a spring to a pool, and of
blessing flowing from heaven to earth as we align ourselves with its energies,
moving from self-sufficiency and pride to humility in the face of the Infinite.

בָּרוּךְ אַתָּה יהוה אֱלֹהֵינוּ מֶלֶךְ הָעוֹלָם

אֲשֶׁר בִּדְבָרוֹ מַעֲרִיב עֲרָבִים

בְּחָכְמָה פּוֹתֵחַ שְׁעָרִים

וּבִתְבוּנָה מְשַׁנֶּה עִתִּים וּמַחֲלִיף אֶת הַזְּמַנִּים

וּמְסַדֵּר אֶת הַכּוֹכָבִים בְּמִשְׁמְרוֹתֵיהֶם בָּרָקִיעַ כִּרְצוֹנוֹ.

בּוֹרֵא יוֹם וָלָיְלָה

גּוֹלֵל אוֹר מִפְּנֵי חֹשֶׁךְ וְחֹשֶׁךְ מִפְּנֵי אוֹר

וּמַעֲבִיר יוֹם וּמֵבִיא לָיְלָה

וּמַבְדִּיל בֵּין יוֹם וּבֵין לָיְלָה

יהוה צְבָאוֹת שְׁמוֹ.

אֵל חַי וְקַיָּם תָּמִיד, יִמְלֹךְ עָלֵינוּ לְעוֹלָם וָעֶד.

בָּרוּךְ אַתָּה יהוה, הַמַּעֲרִיב עֲרָבִים.

אַהֲבַת עוֹלָם בֵּית יִשְׂרָאֵל עַמְּךָ אָהָבְתָּ

תּוֹרָה וּמִצְוֹת, חֻקִּים וּמִשְׁפָּטִים, אוֹתָנוּ לִמַּדְתָּ

עַל כֵּן יהוה אֱלֹהֵינוּ בְּשָׁכְבֵנוּ וּבְקוּמֵנוּ נָשִׂיחַ בְּחֻקֶּיךָ

וְנִשְׂמַח בְּדִבְרֵי תוֹרָתֶךָ וּבְמִצְוֹתֶיךָ לְעוֹלָם וָעֶד

כִּי הֵם חַיֵּינוּ וְאֹרֶךְ יָמֵינוּ, וּבָהֶם נֶהְגֶּה יוֹמָם וָלָיְלָה.

וְאַהֲבָתְךָ אַל תָּסִיר מִמֶּנּוּ לְעוֹלָמִים.

בָּרוּךְ אַתָּה יהוה, אוֹהֵב עַמּוֹ יִשְׂרָאֵל.

---

blessings, (2) we humble ourselves in this acknowledgement, (3) we seek to be vehicles of His blessings by creating the space for them to fill. That space – humility, self effacement, an opening of the soul to the presence of God – is what we seek to achieve in prayer.

We bow, some bending the knee, when we say the word *Barekhu*. The

The Shema must be said with intense concentration.
When not with a minyan, say:

God, faithful King!

The following verse should be said aloud, while covering the eyes with the right hand:

Listen, Israel: the LORD is our God, the LORD is One.

Deut. 6

Quietly: Blessed be the name of His glorious kingdom for ever and all time.

וְאָהַבְתָּ Love the LORD your God with all your heart, with all your soul, and with all your might. These words which I command you today shall be on your heart. Teach them repeatedly to your children, speaking of them when you sit at home and when you travel

Deut. 6

---

fore its natural state is harmony. We believe that ultimately all humanity will acknowledge the unity of God. Then and only then, will harmony prevail in the affairs of humankind.

בָּרוּךְ שֵׁם *Blessed be the name.* This was the response of the congregation in the Temple when the officiating priest recited the first verse of the Shema (the equivalent of our "Amen"). Though we continue to say it in memory of the Temple, we now say it quietly on account of the Temple's destruction and because it is not part of the biblical text (*Pesaḥim* 56a).

וְאָהַבְתָּ אֵת יהוה אֱלֹהֶיךָ *Love the LORD your God.* Judaism was the world's first civilization to place love at the heart of the moral universe. Not abstract or dispassionate love, but "with all your heart, with all your soul, and with all your might," meaning: with the totality of your being, emotion, intellect and will. Love begets love; love reciprocates love; our love for God is the response to God's love for us.

עַל־לְבָבֶךָ *On your heart.* Rabbi Menaḥem Mendel of Kotzk once asked: "Why does the Torah say that these words should be 'on your heart'? Should it not say, 'in your heart'?" He answered: "The human heart is not always open. Therefore the Torah commands us to lay these words *on* our heart, so that when it opens, they will be there, ready to enter."

וְשִׁנַּנְתָּם לְבָנֶיךָ *Teach them repeatedly to your children.* Education is the conversation between the generations. In the only place in the Torah to explain why

The שמע *must be said with intense concentration.*

When not with a מנין*, say:*

אֵל מֶלֶךְ נֶאֱמָן

The following verse should be said aloud, while covering the eyes with the right hand:

דברים ו שְׁמַע יִשְׂרָאֵל, יהוה אֱלֹהֵינוּ, יהוה ׀ אֶחָד:

Quietly בָּרוּךְ שֵׁם כְּבוֹד מַלְכוּתוֹ לְעוֹלָם וָעֶד.

דברים ו וְאָהַבְתָּ אֵת יהוה אֱלֹהֶיךָ, בְּכָל־לְבָבְךָ וּבְכָל־נַפְשְׁךָ וּבְכָל־
מְאֹדֶךָ: וְהָיוּ הַדְּבָרִים הָאֵלֶּה, אֲשֶׁר אָנֹכִי מְצַוְּךָ הַיּוֹם, עַל־לְבָבֶךָ:
וְשִׁנַּנְתָּם לְבָנֶיךָ וְדִבַּרְתָּ בָּם, בְּשִׁבְתְּךָ בְּבֵיתֶךָ וּבְלֶכְתְּךָ בַדֶּרֶךְ,

---

THE BLESSINGS OF THE SHEMA

The blessings that surround the Shema, evening and morning, are a precisely articulated summary of the three basic elements of Jewish faith: *creation, revelation* and *redemption.* Creation: God is the Author of the universe, Architect of the cosmos. Revelation: God has revealed Himself to us in the form of His word, the Torah, the text of our covenant with Him and our constitution as a holy nation. Redemption: God's interventions in history, as when He brought our ancestors from slavery to freedom. These paragraphs are directed to these three ways through which we come to know God: the wonders of the natural universe, the teachings of the Torah, and the miracles of Jewish history.

The Siddur and Maḥzor are the supreme expressions of Jewish faith. For the most part Jews did not write books of theology; they wrote prayers. In Judaism we do not speak *about* God; we speak *to* God. We do not *discuss* faith; we *express* faith. Faith is our relationship with God made articulate in the words of prayer.

שְׁמַע יִשְׂרָאֵל *Listen, Israel.* Since God's primary revelation is through words, the highest religious act is the act of listening – creating a silence in the soul in which we hear the call of God.

יהוה אֱלֹהֵינוּ *The Lord is our God.* He alone is our ultimate Sovereign. To be a Jew is to be a citizen in the republic of faith under the sovereignty of God.

יהוה אֶחָד *The Lord is One.* An ultimate unity pervades the diversity of the world. The universe is the expression of a single creative intelligence; there-

on the way, when you lie down and when you rise. Bind them as a sign on your hand, and they shall be an emblem between your eyes. Write them on the doorposts of your house and gates.

וְהָיָה If you indeed heed My commandments with which I charge *Deut. 11* you today, to love the Lord your God and worship Him with all your heart and with all your soul, I will give rain in your land in its season, the early and late rain; and you shall gather in your grain, wine and oil. I will give grass in your field for your cattle, and you shall eat and be satisfied. Be careful lest your heart be tempted and you go astray and worship other gods, bowing down to them. Then the Lord's anger will flare against you and He will close the heavens so that there will be no rain. The land will not yield its crops, and you will perish swiftly from the good land that the Lord is giving you. Therefore, set these, My words, on your heart and soul. Bind them as a sign on your hand, and they shall be an emblem between your eyes. Teach them to your children, speaking of them when you sit at home and when you travel on the way, when you lie down and when you rise. Write them on the doorposts of your house and gates, so that you and your children may live long in the

---

his life, Moses told the next generation, those who would enter the land, that they would find it "not like the land of Egypt, from which you have come, where you planted your seed and irrigated it by foot as in a vegetable garden. But the land you are crossing the Jordan to take possession of is a land of mountains and valleys that drinks rain from heaven" (Deut. 11:10–11). Unlike the Nile Valley and Delta, it did not have a constant, regular supply of water. In Egypt, the natural instinct is to look down to the river for sustenance. In Israel, dependent on rain, the natural instinct is to look up to heaven.

הִשָּׁמְרוּ לָכֶם פֶּן־יִפְתֶּה לְבַבְכֶם *Be careful lest your heart be tempted.* Throughout the book of Deuteronomy, from which this paragraph is taken, Moses warns the people that their greatest trial was not the wilderness years when they wandered without a home. It would be when they entered the land and became prosperous. The greatest challenge to faith is not poverty but affluence. It is then we are in danger of becoming complacent, forgetting why we are here.

וּבְשָׁכְבְּךָ וּבְקוּמֶךָ: וּקְשַׁרְתָּם לְאוֹת עַל־יָדֶךָ וְהָיוּ לְטֹטָפֹת בֵּין
עֵינֶיךָ: וּכְתַבְתָּם עַל־מְזֻזוֹת בֵּיתֶךָ וּבִשְׁעָרֶיךָ:

דברים יא וְהָיָה אִם־שָׁמֹעַ תִּשְׁמְעוּ אֶל־מִצְוֹתַי אֲשֶׁר אָנֹכִי מְצַוֶּה אֶתְכֶם
הַיּוֹם, לְאַהֲבָה אֶת־יהוה אֱלֹהֵיכֶם וּלְעָבְדוֹ, בְּכָל־לְבַבְכֶם וּבְכָל־
נַפְשְׁכֶם: וְנָתַתִּי מְטַר־אַרְצְכֶם בְּעִתּוֹ, יוֹרֶה וּמַלְקוֹשׁ, וְאָסַפְתָּ
דְגָנֶךָ וְתִירֹשְׁךָ וְיִצְהָרֶךָ: וְנָתַתִּי עֵשֶׂב בְּשָׂדְךָ לִבְהֶמְתֶּךָ, וְאָכַלְתָּ
וְשָׂבָעְתָּ: הִשָּׁמְרוּ לָכֶם פֶּן־יִפְתֶּה לְבַבְכֶם, וְסַרְתֶּם וַעֲבַדְתֶּם
אֱלֹהִים אֲחֵרִים וְהִשְׁתַּחֲוִיתֶם לָהֶם: וְחָרָה אַף־יהוה בָּכֶם, וְעָצַר
אֶת־הַשָּׁמַיִם וְלֹא־יִהְיֶה מָטָר, וְהָאֲדָמָה לֹא תִתֵּן אֶת־יְבוּלָהּ,
וַאֲבַדְתֶּם מְהֵרָה מֵעַל הָאָרֶץ הַטֹּבָה אֲשֶׁר יהוה נֹתֵן לָכֶם:
וְשַׂמְתֶּם אֶת־דְּבָרַי אֵלֶּה עַל־לְבַבְכֶם וְעַל־נַפְשְׁכֶם, וּקְשַׁרְתֶּם
אֹתָם לְאוֹת עַל־יֶדְכֶם, וְהָיוּ לְטוֹטָפֹת בֵּין עֵינֵיכֶם: וְלִמַּדְתֶּם
אֹתָם אֶת־בְּנֵיכֶם לְדַבֵּר בָּם, בְּשִׁבְתְּךָ בְּבֵיתֶךָ וּבְלֶכְתְּךָ בַדֶּרֶךְ,
וּבְשָׁכְבְּךָ וּבְקוּמֶךָ: וּכְתַבְתָּם עַל־מְזוּזוֹת בֵּיתֶךָ וּבִשְׁעָרֶיךָ: לְמַעַן

God chose Abraham to be the bearer of a new covenant, it says, "For I have singled him out so tht he may instruct his children and his posterity to keep the way of the Lord by doing what is just and right" (Gen. 18:19). Educating our children is the first duty of a Jewish parent.

וּקְשַׁרְתָּם...וּכְתַבְתָּם *Bind them… write them.* Because God is often hidden in this world, we surround ourselves with reminders of His presence.

וְהָיָה אִם־שָׁמֹעַ תִּשְׁמְעוּ *If you indeed heed.* This, the second paragraph of the Shema, was described by the sages as an act of acceptance of the yoke of the commandments, while the first is acceptance of the sovereignty of heaven (Mishna, *Berakhot* 13a). In Judaism, faith is not merely a general state of mind but also and fundamentally a way of life, the life of the commandments. On this, our fate as a nation depends.

וְנָתַתִּי מְטַר־אַרְצְכֶם בְּעִתּוֹ *I will give rain in your land in its season.* At the end of

land that the LORD swore to your ancestors to give them, for as long as the heavens are above the earth.

וַיֹּאמֶר The LORD spoke to Moses, saying: Speak to the Israelites and tell them to make tassels on the corners of their garments for all generations. They shall attach to the tassel at each corner a thread of blue. This shall be your tassel, and you shall see it and remember all of the LORD's commandments and keep them, not straying after your heart and after your eyes, following your own sinful desires. Thus you will be reminded to keep all My commandments, and be holy to your God. I am the LORD your God, who brought you out of the land of Egypt to be your God. I am the LORD your God. *Num. 15*

True –

The Leader repeats:

▸ The LORD your God is true –

וֶאֱמוּנָה – and faithful is all this,
and firmly established for us
that He is the LORD our God,
and there is none beside Him,
and that we, Israel, are His people.

אֱמֶת *True.* The Hebrew word *emet* means more than "truth" in the conventional Western sense of fact as opposed to falsehood. *Emet* also means "being truthful," keeping your word, honoring your commitments. Hence the importance here of connecting past redemption to future deliverance. Indeed the word *emet* itself is composed of the first, middle and last letters of the alphabet, subliminally suggesting a truth continuous through past, present and future. Thus as the Shema segues into the blessing of Redemption, we base our faith in God's future redemption on the basis of the history of the past when He brought us out of Egypt as He said He would. God honors His word. His truth is the basis of our hope.

יִרְבּוּ יְמֵיכֶם וִימֵי בְנֵיכֶם עַל הָאֲדָמָה אֲשֶׁר נִשְׁבַּע יהוה לַאֲבֹתֵיכֶם
לָתֵת לָהֶם, כִּימֵי הַשָּׁמַיִם עַל־הָאָרֶץ:

וַיֹּאמֶר יהוה אֶל־מֹשֶׁה לֵּאמֹר: דַּבֵּר אֶל־בְּנֵי יִשְׂרָאֵל וְאָמַרְתָּ במדבר טו
אֲלֵהֶם, וְעָשׂוּ לָהֶם צִיצִת עַל־כַּנְפֵי בִגְדֵיהֶם לְדֹרֹתָם, וְנָתְנוּ
עַל־צִיצִת הַכָּנָף פְּתִיל תְּכֵלֶת: וְהָיָה לָכֶם לְצִיצִת, וּרְאִיתֶם אֹתוֹ
וּזְכַרְתֶּם אֶת־כָּל־מִצְוֹת יהוה וַעֲשִׂיתֶם אֹתָם, וְלֹא תָתוּרוּ אַחֲרֵי
לְבַבְכֶם וְאַחֲרֵי עֵינֵיכֶם, אֲשֶׁר־אַתֶּם זֹנִים אַחֲרֵיהֶם: לְמַעַן תִּזְכְּרוּ
וַעֲשִׂיתֶם אֶת־כָּל־מִצְוֹתָי, וִהְיִיתֶם קְדֹשִׁים לֵאלֹהֵיכֶם: אֲנִי יהוה
אֱלֹהֵיכֶם, אֲשֶׁר הוֹצֵאתִי אֶתְכֶם מֵאֶרֶץ מִצְרַיִם, לִהְיוֹת לָכֶם
לֵאלֹהִים, אֲנִי יהוה אֱלֹהֵיכֶם:

אֱמֶת

The שליח ציבור *repeats:*

◂ יהוה אֱלֹהֵיכֶם אֱמֶת

וֶאֱמוּנָה כָּל זֹאת וְקַיָּם עָלֵינוּ
כִּי הוּא יהוה אֱלֹהֵינוּ וְאֵין זוּלָתוֹ
וַאֲנַחְנוּ יִשְׂרָאֵל עַמּוֹ.

צִיצִת *Tassels.* The third paragraph of the Shema is largely about the command of *Tzitzit*, one of the perennial reminders of God's presence in our lives. Since *Tzitzit* were not obligatory at night (the command is that "you shall see them" and at night they could not be seen), the primary message of the third paragraph at night is its concluding verse, about the exodus. It fulfills the command "so that you will remember the day you left Egypt all the days of your life" (Deut. 16:3). As we will mention in the Haggada, Ben Zoma interpreted the emphatic word "all" to include not just days but also nights (Mishna, *Berakhot* 12b).

He is our King,
who redeems us from the hand of kings
and delivers us from the grasp of all tyrants.
He is our God,
who on our behalf repays our foes
and brings just retribution on our mortal enemies;
who performs great deeds
beyond understanding
and wonders beyond number;
who kept us alive, not letting our foot slip;   *Ps. 66*
who led us on the high places of our enemies,
raising our pride above all our foes;
who did miracles for us
and brought vengeance against Pharaoh;
who performed signs and wonders
in the land of Ham's children;
who smote in His wrath all the firstborn of Egypt,
and brought out His people Israel from their midst
into everlasting freedom;
who led His children
through the divided Reed Sea,
plunging their pursuers and enemies into the depths.
When His children saw His might,
they gave praise and thanks to His name,
▸ and willingly accepted His Sovereignty.
Moses and the children of Israel
then sang a song to You with great joy,
and they all exclaimed:

> "Who is like You, LORD, among the mighty?   *Ex. 15*
> Who is like You, majestic in holiness,
> awesome in praises, doing wonders?"

הַפּוֹדֵנוּ מִיַּד מְלָכִים
מַלְכֵּנוּ הַגּוֹאֲלֵנוּ מִכַּף כָּל הֶעָרִיצִים.
הָאֵל הַנִּפְרָע לָנוּ מִצָּרֵינוּ
וְהַמְשַׁלֵּם גְּמוּל לְכָל אוֹיְבֵי נַפְשֵׁנוּ.
הָעוֹשֶׂה גְדוֹלוֹת עַד אֵין חֵקֶר
וְנִפְלָאוֹת עַד אֵין מִסְפָּר
הַשָּׂם נַפְשֵׁנוּ בַּחַיִּים, וְלֹא־נָתַן לַמּוֹט רַגְלֵנוּ: תהלים סו
הַמַּדְרִיכֵנוּ עַל בָּמוֹת אוֹיְבֵינוּ
וַיָּרֶם קַרְנֵנוּ עַל כָּל שׂוֹנְאֵינוּ.
הָעוֹשֶׂה לָּנוּ נִסִּים וּנְקָמָה בְּפַרְעֹה
אוֹתוֹת וּמוֹפְתִים בְּאַדְמַת בְּנֵי חָם.
הַמַּכֶּה בְעֶבְרָתוֹ כָּל בְּכוֹרֵי מִצְרָיִם
וַיּוֹצֵא אֶת עַמּוֹ יִשְׂרָאֵל מִתּוֹכָם לְחֵרוּת עוֹלָם.
הַמַּעֲבִיר בָּנָיו בֵּין גִּזְרֵי יַם סוּף
אֶת רוֹדְפֵיהֶם וְאֶת שׂוֹנְאֵיהֶם בִּתְהוֹמוֹת טִבַּע
וְרָאוּ בָנָיו גְּבוּרָתוֹ, שִׁבְּחוּ וְהוֹדוּ לִשְׁמוֹ
‹ וּמַלְכוּתוֹ בְּרָצוֹן קִבְּלוּ עֲלֵיהֶם.
מֹשֶׁה וּבְנֵי יִשְׂרָאֵל
לְךָ עָנוּ שִׁירָה בְּשִׂמְחָה רַבָּה
וְאָמְרוּ כֻלָּם
מִי־כָמֹכָה בָּאֵלִם יהוה שמות טו
מִי כָּמֹכָה נֶאְדָּר בַּקֹּדֶשׁ
נוֹרָא תְהִלֹּת עֹשֵׂה פֶלֶא:

Your children beheld Your majesty
as You parted the sea before Moses.
"This is my God!" they responded, and then said:

> "The LORD shall reign for ever and ever." *Ex. 15*

And it is said,

> "For the LORD has redeemed Jacob *Jer. 31*
> and rescued him from a power stronger than his own."

Blessed are You, LORD,
who redeemed Israel.

הַשְׁכִּיבֵנוּ Help us lie down,
O LORD our God, in peace,
and rise up, O our King, to life.
Spread over us Your canopy of peace.
Direct us with Your good counsel,
and save us for the sake of Your name.
Shield us and remove from us every enemy,
plague, sword, famine and sorrow.
Remove the adversary from before and behind us.
Shelter us in the shadow of Your wings,
for You, God, are our Guardian and Deliverer;
You, God, are a gracious and compassionate King.
➤ Guard our going out and our coming in,
for life and peace, from now and for ever.
Spread over us Your canopy of peace.
Blessed are You, LORD,
who spreads a canopy of peace over us,
over all His people Israel, and over Jerusalem.

---

the previous one (see 4b). It takes the theme of redemption and translates it
into the here-and-now of night, a time of vulnerability and danger, especially
in the ancient world. We pray for a peaceful night under the protective canopy
of God's sheltering presence.

מַלְכוּתְךָ רָאוּ בָנֶיךָ, בּוֹקֵעַ יָם לִפְנֵי מֹשֶׁה
זֶה אֵלִי עָנוּ, וְאָמְרוּ
יהוה יִמְלֹךְ לְעֹלָם וָעֶד: שמות טו
וְנֶאֱמַר
כִּי־פָדָה יהוה אֶת־יַעֲקֹב, וּגְאָלוֹ מִיַּד חָזָק מִמֶּנּוּ: ירמיה לא
בָּרוּךְ אַתָּה יהוה, גָּאַל יִשְׂרָאֵל.

הַשְׁכִּיבֵנוּ יהוה אֱלֹהֵינוּ לְשָׁלוֹם
וְהַעֲמִידֵנוּ מַלְכֵּנוּ לְחַיִּים
וּפְרֹשׂ עָלֵינוּ סֻכַּת שְׁלוֹמֶךָ
וְתַקְּנֵנוּ בְּעֵצָה טוֹבָה מִלְּפָנֶיךָ
וְהוֹשִׁיעֵנוּ לְמַעַן שְׁמֶךָ.
וְהָגֵן בַּעֲדֵנוּ
וְהָסֵר מֵעָלֵינוּ אוֹיֵב, דֶּבֶר וְחֶרֶב וְרָעָב וְיָגוֹן
וְהָסֵר שָׂטָן מִלְּפָנֵינוּ וּמֵאַחֲרֵינוּ
וּבְצֵל כְּנָפֶיךָ תַּסְתִּירֵנוּ
כִּי אֵל שׁוֹמְרֵנוּ וּמַצִּילֵנוּ אָתָּה
כִּי אֵל מֶלֶךְ חַנּוּן וְרַחוּם אָתָּה.
◂ וּשְׁמֹר צֵאתֵנוּ וּבוֹאֵנוּ לְחַיִּים וּלְשָׁלוֹם מֵעַתָּה וְעַד עוֹלָם.
וּפְרֹשׂ עָלֵינוּ סֻכַּת שְׁלוֹמֶךָ.
בָּרוּךְ אַתָּה יהוה
הַפּוֹרֵשׂ סֻכַּת שָׁלוֹם עָלֵינוּ וְעַל כָּל עַמּוֹ יִשְׂרָאֵל וְעַל יְרוּשָׁלָיִם.

הַשְׁכִּיבֵנוּ *Help us lie down.* Since there is supposed to be no interruption between redemption (the paragraph ending "who redeemed Israel") and the formal act of prayer (Amida), this paragraph is regarded as an extension of

On Shabbat, the congregation stands and, together with the Leader, says:

וְשָׁמְרוּ The children of Israel must keep the Sabbath, *Ex. 31*
observing the Sabbath in every generation
as an everlasting covenant.
It is a sign between Me and the children of Israel for ever,
for in six days God made the heavens and the earth,
but on the seventh day He ceased work
and refreshed Himself.

The congregation, then the Leader:

וַיְדַבֵּר Thus Moses announced the LORD's appointed seasons *Lev. 23*
to the children of Israel.

HALF KADDISH

Leader: יִתְגַּדַּל Magnified and sanctified
may His great name be,
in the world He created by His will.
May He establish His kingdom
in your lifetime and in your days,
and in the lifetime of all the house of Israel,
swiftly and soon –
and say: Amen.

All: May His great name be blessed for ever and all time.

Leader: Blessed and praised,
glorified and exalted,
raised and honored,
uplifted and lauded
be the name of the Holy One,
blessed be He,
beyond any blessing,
song, praise and consolation
uttered in the world –
and say: Amen.

On שבת*, the* קהל *stands and, together with the* שליח ציבור*, says:*

וְשָׁמְרוּ בְנֵי־יִשְׂרָאֵל אֶת־הַשַּׁבָּת שמות לא
לַעֲשׂוֹת אֶת־הַשַּׁבָּת לְדֹרֹתָם בְּרִית עוֹלָם:
בֵּינִי וּבֵין בְּנֵי יִשְׂרָאֵל, אוֹת הִוא לְעֹלָם
כִּי־שֵׁשֶׁת יָמִים עָשָׂה יהוה אֶת־הַשָּׁמַיִם וְאֶת־הָאָרֶץ
וּבַיּוֹם הַשְּׁבִיעִי שָׁבַת וַיִּנָּפַשׁ:

The קהל*, then the* שליח ציבור*:*

וַיְדַבֵּר מֹשֶׁה אֶת־מֹעֲדֵי יהוה אֶל־בְּנֵי יִשְׂרָאֵל: ויקרא כג

חצי קדיש

ש״ץ: יִתְגַּדַּל וְיִתְקַדַּשׁ שְׁמֵהּ רַבָּא (קהל: אָמֵן)
בְּעָלְמָא דִּי בְרָא כִרְעוּתֵהּ
וְיַמְלִיךְ מַלְכוּתֵהּ
בְּחַיֵּיכוֹן וּבְיוֹמֵיכוֹן וּבְחַיֵּי דְכָל בֵּית יִשְׂרָאֵל
בַּעֲגָלָא וּבִזְמַן קָרִיב
וְאִמְרוּ אָמֵן. (קהל: אָמֵן)

קהל וש״ץ: יְהֵא שְׁמֵהּ רַבָּא מְבָרַךְ לְעָלַם וּלְעָלְמֵי עָלְמַיָּא.

ש״ץ: יִתְבָּרַךְ וְיִשְׁתַּבַּח וְיִתְפָּאַר וְיִתְרוֹמַם וְיִתְנַשֵּׂא
וְיִתְהַדָּר וְיִתְעַלֶּה וְיִתְהַלָּל
שְׁמֵהּ דְּקֻדְשָׁא בְּרִיךְ הוּא (קהל: בְּרִיךְ הוּא)
לְעֵלָּא מִן כָּל בִּרְכָתָא וְשִׁירָתָא
תֻּשְׁבְּחָתָא וְנֶחֱמָתָא
דַּאֲמִירָן בְּעָלְמָא
וְאִמְרוּ אָמֵן. (קהל: אָמֵן)

THE AMIDA

The following prayer, until "in former years" on page 86, is said silently, standing with feet together. Take three steps forward and at the points indicated by ▾, bend the knees at the first word, bow at the second, and stand straight before saying God's name.

O Lord, open my lips, Ps. 51
so that my mouth may declare Your praise.

PATRIARCHS

▾בָּרוּךְ▾ Blessed are You, Lord our God and God of our fathers,
God of Abraham, God of Isaac and God of Jacob;
the great, mighty and awesome God, God Most High,
who bestows acts of loving-kindness and creates all,
who remembers the loving-kindness of the fathers
and will bring a Redeemer
to their children's children
for the sake of His name, in love.
King, Helper, Savior, Shield:
▾Blessed are You, Lord,
Shield of Abraham.

DIVINE MIGHT

אַתָּה גִּבּוֹר You are eternally mighty, Lord.
You give life to the dead
and have great power to save.

On the first night of Pesaḥ:
He makes the wind blow and the rain fall.

In Israel, on other Festival nights:
He causes the dew to fall.

---

the seventh month (Tishrei), the seventh year (*Shemitta*, the year of release), and the Jubilee at the end of seven cycles of seven years. In the case of the festivals, the basic text of the central prayer is ancient, several of its various parts already mentioned in the Talmud (*Berakhot* 33b, *Pesaḥim* 117b, *Yoma* 87b).

עמידה

The following prayer, until קַדְמֹנִיּוֹת *on page 87, is said silently, standing with feet together. Take three steps forward and at the points indicated by* ˚*, bend the knees at the first word, bow at the second, and stand straight before saying God's name.*

תהלים נא
אֲדֹנָי, שְׂפָתַי תִּפְתָּח, וּפִי יַגִּיד תְּהִלָּתֶךָ:

אבות

˚בָּרוּךְ אַתָּה יהוה, אֱלֹהֵינוּ וֵאלֹהֵי אֲבוֹתֵינוּ
אֱלֹהֵי אַבְרָהָם, אֱלֹהֵי יִצְחָק, וֵאלֹהֵי יַעֲקֹב
הָאֵל הַגָּדוֹל הַגִּבּוֹר וְהַנּוֹרָא, אֵל עֶלְיוֹן
גּוֹמֵל חֲסָדִים טוֹבִים, וְקֹנֵה הַכֹּל
וְזוֹכֵר חַסְדֵי אָבוֹת
וּמֵבִיא גוֹאֵל לִבְנֵי בְנֵיהֶם לְמַעַן שְׁמוֹ בְּאַהֲבָה.
מֶלֶךְ עוֹזֵר וּמוֹשִׁיעַ וּמָגֵן.
˚בָּרוּךְ אַתָּה יהוה, מָגֵן אַבְרָהָם.

גבורות

אַתָּה גִּבּוֹר לְעוֹלָם, אֲדֹנָי
מְחַיֵּה מֵתִים אַתָּה, רַב לְהוֹשִׁיעַ

On the first night of פסח*:*

מַשִּׁיב הָרְוּחַ וּמוֹרִיד הַגֶּשֶׁם

In ארץ ישראל *on other Festival nights:*

מוֹרִיד הַטָּל

THE AMIDA

On Shabbat and festivals (with the exception of Musaf of Rosh HaShana) the Amida consists of seven blessings. The first three (expressions of praise) and the last three (expressions of thanks) are as for all Amida prayers, while the middle blessing is dedicated to the specific sanctity of the day (*Kedushat HaYom*). Seven is the sign of the sacred – the seventh day (Shabbat),

He sustains the living with loving-kindness,
and with great compassion revives the dead.
He supports the fallen, heals the sick, sets captives free,
and keeps His faith with those who sleep in the dust.
Who is like You, Master of might,
and who can compare to You,
O King who brings death and gives life,
and makes salvation grow?
Faithful are You to revive the dead.
Blessed are You, LORD,
who revives the dead.

HOLINESS

אַתָּה קָדוֹשׁ You are holy and Your name is holy,
and holy ones praise You daily, Selah!
Blessed are You, LORD,
the holy God.

---

the other. Has anything so great as this ever happened, or has anything
like it ever been heard of? Has any other people heard the voice of God
speaking out of fire, as you have, and lived? Has any god ever tried to
take for himself one nation out of another nation, by tests, by signs and
wonders, by war, by a mighty hand and an outstretched arm, or by great
and awesome deeds, like all the things the LORD your God did for you in
Egypt before your very eyes? (Deuteronomy 4:32–34)

Non-Jewish sages, among them Blaise Pascal, Jean-Jacques Rousseau, Leo
Tolstoy and Winston Churchill, wrote about the uniqueness of the history
of the Jewish people, its survival against the odds and its continuity in the
most varied and adverse circumstances. It is said that King Frederick the
Great once asked his physician, Zimmermann of Brugg-in-Aargau, "Zim-
mermann, can you name me a single proof of the existence of God?" The
physician considered the matter, and could think of only one answer not
open to refutation. His reply: "Your majesty, the Jews." Through its history
the singular people bears witness to the single God.

מְכַלְכֵּל חַיִּים בְּחֶסֶד, מְחַיֵּה מֵתִים בְּרַחֲמִים רַבִּים
סוֹמֵךְ נוֹפְלִים, וְרוֹפֵא חוֹלִים, וּמַתִּיר אֲסוּרִים
וּמְקַיֵּם אֱמוּנָתוֹ לִישֵׁנֵי עָפָר.
מִי כָמְוֹךָ, בַּעַל גְּבוּרוֹת
וּמִי דְּוֹמֶה לָּךְ
מֶלֶךְ, מֵמִית וּמְחַיֶּה וּמַצְמִיחַ יְשׁוּעָה.
וְנֶאֱמָן אַתָּה לְהַחֲיוֹת מֵתִים.
בָּרוּךְ אַתָּה יהוה, מְחַיֵּה הַמֵּתִים.

קדושת השם
אַתָּה קָדוֹשׁ וְשִׁמְךָ קָדוֹשׁ
וּקְדוֹשִׁים בְּכָל יוֹם יְהַלְלְוּךָ סֶּלָה.
בָּרוּךְ אַתָּה יהוה, הָאֵל הַקָּדוֹשׁ.

The first three paragraphs of prayer represent the three patriarchs. The first is about Abraham, the first to heed God's call to leave his land, birthplace, and father's house and begin the journey of faith. The second with its theme of resurrection is associated with Isaac, the child who unflinchingly faced death but was restored to life, an eternal symbol that life is God's gift. The third, about holiness, represents Jacob whose children all continued the covenant and whose descendants became, at Sinai, "a kingdom of priests and a holy nation" (Ex. 19:6), meaning a people dedicated to God, His ambassadors and witnesses to the world.

אַתָּה בְחַרְתָּנוּ *You have chosen us.* This striking emphasis on Jewish singularity is common to all three pilgrimage festivals, Pesaḥ, Shavuot and Sukkot, for they are all festivals of history. The truths of Judaism are universal; the history of the Jewish people is not.

Ask now about the former days, long before your time, from the day God created human beings on the earth; ask from one end of the heavens to

HOLINESS OF THE DAY

אַתָּה בְחַרְתָּנוּ You have chosen us from among all peoples.
You have loved and favored us.
You have raised us above all tongues.
You have made us holy through Your commandments.
You have brought us near, our King, to Your service,
and have called us by Your great and holy name.

On Motza'ei Shabbat:

וַתּוֹדִיעֵנוּ You have made known to us, LORD our God,
Your righteous laws, and have taught us to perform Your will's decrees.
You have given us, LORD our God, just laws and true teachings,
good precepts and commandments.
You have given us as our heritage seasons of joy,
holy festivals, and occasions for presenting our freewill offerings.
You have given us as our heritage the holiness of the Sabbath,
the glory of the festival,
and the festive offerings of the pilgrimage days.
You have distinguished, LORD our God, between sacred and secular,
between light and darkness, between Israel and the nations,
between the seventh day and the six days of work.
You have distinguished between the holiness of the Sabbath
and the holiness of the festival,
and have made the seventh day holy above the six days of work.
You have distinguished and sanctified Your people Israel
with Your holiness.

---

mentioned in the Talmud (*Berakhot* 33b). Havdala represents a most beautiful way in which we become "partners with the Holy One, blessed be He, in the work of creation," by beginning the week with a ceremony inviting us to share in a key activity in which God engaged when creating the universe. In Genesis 1 the verb *b-d-l*, "to distinguish, differentiate, separate" occurs five times. So we, too, begin each week with an act of Havdala, separation. Normally the separation is between Shabbat and secular time (*ḥol*). Here it is between two different forms of holy time, that of Shabbat and that of a

קדושת היום

אַתָּה בְחַרְתָּנוּ מִכָּל הָעַמִּים
אָהַבְתָּ אוֹתָנוּ וְרָצִיתָ בָּנוּ, וְרוֹמַמְתָּנוּ מִכָּל הַלְּשׁוֹנוֹת
וְקִדַּשְׁתָּנוּ בְּמִצְוֹתֶיךָ, וְקֵרַבְתָּנוּ מַלְכֵּנוּ לַעֲבוֹדָתֶךָ
וְשִׁמְךָ הַגָּדוֹל וְהַקָּדוֹשׁ עָלֵינוּ קָרָאתָ.

On מוצאי שבת:

וַתּוֹדִיעֵנוּ יהוה אֱלֹהֵינוּ אֶת מִשְׁפְּטֵי צִדְקֶךָ
וַתְּלַמְּדֵנוּ לַעֲשׂוֹת חֻקֵּי רְצוֹנֶךָ
וַתִּתֶּן לָנוּ יהוה אֱלֹהֵינוּ מִשְׁפָּטִים יְשָׁרִים וְתוֹרוֹת אֱמֶת
חֻקִּים וּמִצְוֹת טוֹבִים
וַתַּנְחִילֵנוּ זְמַנֵּי שָׂשׂוֹן וּמוֹעֲדֵי קֹדֶשׁ וְחַגֵּי נְדָבָה
וַתּוֹרִישֵׁנוּ קְדֻשַּׁת שַׁבָּת וּכְבוֹד מוֹעֵד וַחֲגִיגַת הָרֶגֶל.
וַתַּבְדֵּל יהוה אֱלֹהֵינוּ בֵּין קֹדֶשׁ לְחֹל, בֵּין אוֹר לְחֹשֶׁךְ
בֵּין יִשְׂרָאֵל לָעַמִּים, בֵּין יוֹם הַשְּׁבִיעִי לְשֵׁשֶׁת יְמֵי הַמַּעֲשֶׂה.
בֵּין קְדֻשַּׁת שַׁבָּת לִקְדֻשַּׁת יוֹם טוֹב הִבְדַּלְתָּ
וְאֶת יוֹם הַשְּׁבִיעִי מִשֵּׁשֶׁת יְמֵי הַמַּעֲשֶׂה קִדַּשְׁתָּ
הִבְדַּלְתָּ וְקִדַּשְׁתָּ אֶת עַמְּךָ יִשְׂרָאֵל בִּקְדֻשָּׁתֶךָ.

וְרוֹמַמְתָּנוּ מִכָּל הַלְּשׁוֹנוֹת _You have raised us above all tongues._ The Hebrew language has a special sanctity. For some this is because it was the language of creation; for others, Maimonides especially, it was because of the modesty of its expressions. Robert Frost said that "poetry is what is lost in translation." Many of the misunderstandings of Judaism have arisen because of the untranslatability of many of its key terms into Western languages, influenced as they were by Greek concepts that are very different from their Judaic counterparts.

וַתּוֹדִיעֵנוּ _You have made known to us._ A form of the Havdala prayer specific to occasions when a festival falls immediately after Shabbat. The text is already

On Shabbat, add the words in parentheses:

וַתִּתֶּן לָנוּ And You, LORD our God, have given us in love
(Sabbaths for rest and) festivals for rejoicing,
holy days and seasons for joy,
(this Sabbath day and) this day of the festival of Matzot,
the time of our freedom
(with love), a holy assembly in memory of the exodus from Egypt.

אֱלֹהֵינוּ Our God and God of our ancestors,
may there rise, come, reach, appear, be favored, heard,
regarded and remembered before You,
our recollection and remembrance,
as well as the remembrance of our ancestors,
and of the Messiah son of David Your servant,
and of Jerusalem Your holy city,
and of all Your people the house of Israel –

This insistence on the *inclusive* nature of festivity – simultaneously a moral, political, social and spiritual idea – is fundamental to Judaism and to the kind of community and society we are commanded to create.

THE FOUR NAMES FOR "FESTIVAL"
The *Kedushat HaYom* blessing uses four different terms to describe the festivals: *mo'ed, ḥag, zeman,* and *mikra kodesh. Mo'ed* comes from the same root as *ed,* "a witness." The idea that history is itself a witness to divine redemption is thus embedded in the Hebrew language. *Ḥag* alludes to the festival offering (*ḥagiga*) brought at the Temple. *Zeman* indicates a time dedicated to a particular event or idea; Pesaḥ to liberation, Shavuot to revelation, Sukkot to joy. It also conveys the sense of season: Pesaḥ in spring, Shavuot at the time of first-fruits, and Sukkot in the fall. *Mikra kodesh* means a day made holy by declaration, that is, by *Kiddush,* prayer, and the recitation of Hallel. Rabbi Yaakov Tzvi Mecklenburg (Germany, nineteenth century) understands it to mean "a call to holiness." *Mikra* also means sacred Scripture, for these are days of public gathering when the Torah is read.

יַעֲלֶה וְיָבוֹא וְיַגִּיעַ *Rise, come, reach* …. A crescendo of eight verbs, signifying the seven heavenly realms, with God above them all – a spatial metaphor

On שבת*, add the words in parentheses:*

וַתִּתֶּן לָנוּ יהוה אֱלֹהֵינוּ בְּאַהֲבָה
(שַׁבָּתוֹת לִמְנוּחָה וּ)מוֹעֲדִים לְשִׂמְחָה, חַגִּים וּזְמַנִּים לְשָׂשׂוֹן
אֶת יוֹם (הַשַּׁבָּת הַזֶּה וְאֶת יוֹם) חַג הַמַּצּוֹת הַזֶּה, זְמַן חֵרוּתֵנוּ
(בְּאַהֲבָה) מִקְרָא קֹדֶשׁ, זֵכֶר לִיצִיאַת מִצְרָיִם.

אֱלֹהֵינוּ וֵאלֹהֵי אֲבוֹתֵינוּ
יַעֲלֶה וְיָבוֹא וְיַגִּיעַ וְיֵרָאֶה וְיֵרָצֶה וְיִשָּׁמַע
וְיִפָּקֵד וְיִזָּכֵר זִכְרוֹנֵנוּ וּפִקְדוֹנֵנוּ וְזִכְרוֹן אֲבוֹתֵינוּ
וְזִכְרוֹן מָשִׁיחַ בֶּן דָּוִד עַבְדֶּךָ, וְזִכְרוֹן יְרוּשָׁלַיִם עִיר קָדְשֶׁךָ
וְזִכְרוֹן כָּל עַמְּךָ בֵּית יִשְׂרָאֵל, לְפָנֶיךָ

---

festival. The principle, however, remains the same: knowledge ("You have made known to us") is the ability to differentiate one kind of thing from another. The ability to make distinctions is the mark of the educated mind.

שַׁבָּתוֹת לִמְנוּחָה וּמוֹעֲדִים לְשִׂמְחָה *Sabbaths for rest and festivals for rejoicing.* There is a significant difference between rest and joy. Rest renews, joy uplifts. There is no exact English equivalent of the word *simḥa* since it essentially means "joy shared" or "collective celebration." *Simḥa* in Judaism, especially in relation to the festivals, is communal. It must involve everyone, even the poorest and loneliest. The Torah is emphatic in insisting that festive celebration should include "you, your sons and daughters, your male and female servants, and the Levites, the foreigners, the fatherless and the widows who live in your towns" (Deut. 16:14). Maimonides writes:

> While eating and drinking [on a festival], it is one's duty to feed the stranger, the orphan, the widow, and other poor and unfortunate people, for he who locks the doors to his courtyard and eats and drinks with his wife and family, without giving anything to eat and drink to the poor and the bitter in soul – his meal is not a rejoicing in a divine commandment, but a rejoicing in his own stomach.... Rejoicing of this kind is a disgrace to those who indulge in it. (Laws of Festival Rest 6:18)

for deliverance and well-being,
grace, loving-kindness and compassion, life and peace,
on this day of the festival of Matzot.
On it remember us, LORD our God, for good;
recollect us for blessing, and deliver us for life.
In accord with Your promise of salvation and compassion,
spare us and be gracious to us;
have compassion on us and deliver us, for our eyes are turned to You
because You, God, are a gracious and compassionate King.

On Shabbat, add the words in parentheses:

וְהַשִּׂיאֵנוּ Bestow on us, LORD our God, the blessings of Your festivals
for good life and peace, joy and gladness,
as You desired and promised to bless us.
(Our God and God of our fathers, find favor in our rest.)
Make us holy through Your commandments
and grant us a share in Your Torah.
Satisfy us with Your goodness, gladden us with Your salvation,
and purify our hearts to serve You in truth.
Grant us as our heritage, LORD our God (with love and favor,)
with joy and gladness, Your holy (Sabbath and) festivals,
and may Israel, who sanctify Your name, rejoice in You.
Blessed are You, LORD,
who sanctifies (the Sabbath and) Israel and the festive seasons.

---

backward to their ancestors" (Edmund Burke). We ask God to remember;
God asks us to remember.

וְהַשִּׂיאֵנוּ... מְקַדֵּשׁ הַשַּׁבָּת וְיִשְׂרָאֵל וְהַזְּמַנִּים *Bestow on us… who sanctifies the Sabbath and Israel and the festive seasons.* The precise order of the conclusion of this blessing is important. "Israel" comes before "seasons" since it is God who sanctifies Israel, and Israel who consecrates times by fixing the calendar, the first command given to us as a people (Ex. 12:2). Shabbat precedes both, since it was consecrated by God on the seventh day of creation (Gen. 2:1–3), before there was an Israel or a calendar of festivals.

לִפְלֵיטָה, לְטוֹבָה, לְחֵן וּלְחֶסֶד וּלְרַחֲמִים, לְחַיִּים וּלְשָׁלוֹם
בְּיוֹם חַג הַמַּצּוֹת הַזֶּה.

זָכְרֵנוּ יהוה אֱלֹהֵינוּ בּוֹ לְטוֹבָה, וּפָקְדֵנוּ בוֹ לִבְרָכָה
וְהוֹשִׁיעֵנוּ בוֹ לְחַיִּים.

וּבִדְבַר יְשׁוּעָה וְרַחֲמִים, חוּס וְחָנֵּנוּ, וְרַחֵם עָלֵינוּ וְהוֹשִׁיעֵנוּ
כִּי אֵלֶיךָ עֵינֵינוּ, כִּי אֵל מֶלֶךְ חַנּוּן וְרַחוּם אָתָּה.

On שבת, add the words in parentheses:

וְהַשִּׂיאֵנוּ יהוה אֱלֹהֵינוּ אֶת בִּרְכַּת מוֹעֲדֶיךָ
לְחַיִּים וּלְשָׁלוֹם, לְשִׂמְחָה וּלְשָׂשׂוֹן
כַּאֲשֶׁר רָצִיתָ וְאָמַרְתָּ לְבָרְכֵנוּ.
(אֱלֹהֵינוּ וֵאלֹהֵי אֲבוֹתֵינוּ, רְצֵה בִמְנוּחָתֵנוּ)
קַדְּשֵׁנוּ בְּמִצְוֹתֶיךָ, וְתֵן חֶלְקֵנוּ בְּתוֹרָתֶךָ
שַׂבְּעֵנוּ מִטּוּבֶךָ, וְשַׂמְּחֵנוּ בִּישׁוּעָתֶךָ
וְטַהֵר לִבֵּנוּ לְעָבְדְּךָ בֶּאֱמֶת.
וְהַנְחִילֵנוּ יהוה אֱלֹהֵינוּ (בְּאַהֲבָה וּבְרָצוֹן)
בְּשִׂמְחָה וּבְשָׂשׂוֹן (שַׁבָּת וּ) מוֹעֲדֵי קָדְשֶׁךָ
וְיִשְׂמְחוּ בְךָ יִשְׂרָאֵל מְקַדְּשֵׁי שְׁמֶךָ.
בָּרוּךְ אַתָּה יהוה, מְקַדֵּשׁ (הַשַּׁבָּת וְ) יִשְׂרָאֵל וְהַזְּמַנִּים.

---

meaning, may our prayers reach the innermost heart of God. Note the motif
of memory in this paragraph: the root *z-kh-r* appears seven times, and the re-
lated verb *p-k-d* three times. Judaism is a religion of memory, God's and ours.
The Egyptians memorialized their history by monuments and inscriptions.
Our history is engraved not on walls of stone but on the mind. We live not
in the past but *with* the past: it is our satellite navigation system as we travel
the wilderness of time, reminding us where we have come from and where
we seek to go. "People will not look forward to posterity who never look

TEMPLE SERVICE

רְצֵה Find favor, LORD our God,
in Your people Israel and their prayer.
Restore the service to Your most holy House,
and accept in love and favor
the fire-offerings of Israel and their prayer.
May the service of Your people Israel always find favor with You.
And may our eyes witness Your return to Zion in compassion.
Blessed are You, LORD, who restores His Presence to Zion.

THANKSGIVING

Bow at the first nine words.

מוֹדִים We give thanks to You,
for You are the LORD our God and God of our ancestors
for ever and all time.
You are the Rock of our lives,
Shield of our salvation from generation to generation.
We will thank You and declare Your praise for our lives,
which are entrusted into Your hand;
for our souls, which are placed in Your charge;
for Your miracles which are with us every day;
and for Your wonders and favors
at all times, evening, morning and midday.
You are good – for Your compassion never fails.
You are compassionate – for Your loving-kindnesses never cease.
We have always placed our hope in You.

וְעַל כֻּלָּם For all these things
may Your name be blessed and exalted, our King,
continually, for ever and all time.
Let all that lives thank You, Selah!
and praise Your name in truth, God, our Savior and Help, Selah!
˒Blessed are You, LORD,
whose name is "the Good" and to whom thanks are due.

עבודה

רְצֵה יהוה אֱלֹהֵינוּ בְּעַמְּךָ יִשְׂרָאֵל וּבִתְפִלָּתָם
וְהָשֵׁב אֶת הָעֲבוֹדָה לִדְבִיר בֵּיתֶךָ
וְאִשֵּׁי יִשְׂרָאֵל וּתְפִלָּתָם בְּאַהֲבָה תְקַבֵּל בְּרָצוֹן
וּתְהִי לְרָצוֹן תָּמִיד עֲבוֹדַת יִשְׂרָאֵל עַמֶּךָ.
וְתֶחֱזֶינָה עֵינֵינוּ בְּשׁוּבְךָ לְצִיּוֹן בְּרַחֲמִים.
בָּרוּךְ אַתָּה יהוה, הַמַּחֲזִיר שְׁכִינָתוֹ לְצִיּוֹן.

הודאה

Bow at the first five words.

מוֹדִים אֲנַחְנוּ לָךְ
שָׁאַתָּה הוּא יהוה אֱלֹהֵינוּ וֵאלֹהֵי אֲבוֹתֵינוּ לְעוֹלָם וָעֶד.
צוּר חַיֵּינוּ, מָגֵן יִשְׁעֵנוּ, אַתָּה הוּא לְדוֹר וָדוֹר.
נוֹדֶה לְּךָ וּנְסַפֵּר תְּהִלָּתֶךָ
עַל חַיֵּינוּ הַמְּסוּרִים בְּיָדֶךָ
וְעַל נִשְׁמוֹתֵינוּ הַפְּקוּדוֹת לָךְ
וְעַל נִסֶּיךָ שֶׁבְּכָל יוֹם עִמָּנוּ
וְעַל נִפְלְאוֹתֶיךָ וְטוֹבוֹתֶיךָ שֶׁבְּכָל עֵת, עֶרֶב וָבֹקֶר וְצָהֳרָיִם.
הַטּוֹב, כִּי לֹא כָלוּ רַחֲמֶיךָ
וְהַמְרַחֵם, כִּי לֹא תַמּוּ חֲסָדֶיךָ
מֵעוֹלָם קִוִּינוּ לָךְ.

וְעַל כֻּלָּם יִתְבָּרַךְ וְיִתְרוֹמַם שִׁמְךָ מַלְכֵּנוּ תָּמִיד לְעוֹלָם וָעֶד.
וְכֹל הַחַיִּים יוֹדוּךָ סֶּלָה, וִיהַלְלוּ אֶת שִׁמְךָ בֶּאֱמֶת
הָאֵל יְשׁוּעָתֵנוּ וְעֶזְרָתֵנוּ סֶלָה.
בָּרוּךְ אַתָּה יהוה, הַטּוֹב שִׁמְךָ וּלְךָ נָאֶה לְהוֹדוֹת.

PEACE

שָׁלוֹם רָב Grant great peace to Your people Israel for ever,
for You are the sovereign LORD of all peace;
and may it be good in Your eyes to bless Your people Israel
at every time, at every hour, with Your peace.
Blessed are You, LORD, who blesses His people Israel with peace.

Some say the following verse.

May the words of my mouth and the meditation of my heart find favor before You, LORD, my Rock and Redeemer. *Ps. 19*

אֱלֹהַי My God, *Berakhot 17a*
guard my tongue from evil and my lips from deceitful speech.
To those who curse me, let my soul be silent;
may my soul be to all like the dust.
Open my heart to Your Torah
and let my soul pursue Your commandments.
As for all who plan evil against me,
swiftly thwart their counsel and frustrate their plans.
Act for the sake of Your name; act for the sake of Your right hand;
act for the sake of Your holiness; act for the sake of Your Torah.
That Your beloved ones may be delivered, *Ps. 60*
save with Your right hand and answer me.
May the words of my mouth and the meditation of my heart *Ps. 19*
find favor before You, LORD, my Rock and Redeemer.

Bow, take three steps back, then bow, first left, then right, then center, while saying:

May He who makes peace in His high places,
make peace for us and all Israel – and say: Amen.

יְהִי רָצוֹן May it be Your will, LORD our God and God of our ancestors,
that the Temple be rebuilt speedily in our days,
and grant us a share in Your Torah.
And there we will serve You with reverence,
as in the days of old and as in former years.
Then the offering of Judah and Jerusalem *Mal. 3*
will be pleasing to the LORD as in the days of old and as in former years.

On Shabbat, continue with "Then the heavens" on the next page.

If Yom Tov falls on a weekday, the service continues with Full Kaddish on page 90. On the Seder nights, some congregations say Full Hallel (page 512) before the Kaddish; this is the prevailing custom in Israel.

ברכת שלום

שָׁלוֹם רָב עַל יִשְׂרָאֵל עַמְּךָ תָּשִׂים לְעוֹלָם

כִּי אַתָּה הוּא מֶלֶךְ אָדוֹן לְכָל הַשָּׁלוֹם.

וְטוֹב בְּעֵינֶיךָ לְבָרֵךְ אֶת עַמְּךָ יִשְׂרָאֵל

בְּכָל עֵת וּבְכָל שָׁעָה בִּשְׁלוֹמֶךָ.

בָּרוּךְ אַתָּה יהוה, הַמְבָרֵךְ אֶת עַמּוֹ יִשְׂרָאֵל בַּשָּׁלוֹם.

Some say the following verse.

תהלים יט

יִהְיוּ לְרָצוֹן אִמְרֵי־פִי וְהֶגְיוֹן לִבִּי לְפָנֶיךָ, יהוה צוּרִי וְגֹאֲלִי:

ברכות יז.

אֱלֹהַי

נְצֹר לְשׁוֹנִי מֵרָע וּשְׂפָתַי מִדַּבֵּר מִרְמָה

וְלִמְקַלְלַי נַפְשִׁי תִדֹּם, וְנַפְשִׁי כֶּעָפָר לַכֹּל תִּהְיֶה.

פְּתַח לִבִּי בְּתוֹרָתֶךָ, וּבְמִצְוֹתֶיךָ תִּרְדֹּף נַפְשִׁי.

וְכָל הַחוֹשְׁבִים עָלַי רָעָה

מְהֵרָה הָפֵר עֲצָתָם וְקַלְקֵל מַחֲשַׁבְתָּם.

עֲשֵׂה לְמַעַן שְׁמֶךָ, עֲשֵׂה לְמַעַן יְמִינֶךָ

עֲשֵׂה לְמַעַן קְדֻשָּׁתֶךָ, עֲשֵׂה לְמַעַן תּוֹרָתֶךָ.

תהלים ס

לְמַעַן יֵחָלְצוּן יְדִידֶיךָ, הוֹשִׁיעָה יְמִינְךָ וַעֲנֵנִי:

תהלים יט

יִהְיוּ לְרָצוֹן אִמְרֵי־פִי וְהֶגְיוֹן לִבִּי לְפָנֶיךָ, יהוה צוּרִי וְגֹאֲלִי:

Bow, take three steps back, then bow, first left, then right, then center, while saying:

עֹשֶׂה שָׁלוֹם בִּמְרוֹמָיו

הוּא יַעֲשֶׂה שָׁלוֹם עָלֵינוּ וְעַל כָּל יִשְׂרָאֵל, וְאִמְרוּ אָמֵן.

יְהִי רָצוֹן מִלְּפָנֶיךָ יהוה אֱלֹהֵינוּ וֵאלֹהֵי אֲבוֹתֵינוּ

שֶׁיִּבָּנֶה בֵּית הַמִּקְדָּשׁ בִּמְהֵרָה בְיָמֵינוּ, וְתֵן חֶלְקֵנוּ בְּתוֹרָתֶךָ

וְשָׁם נַעֲבָדְךָ בְּיִרְאָה כִּימֵי עוֹלָם וּכְשָׁנִים קַדְמֹנִיּוֹת.

מלאכי ג

וְעָרְבָה לַיהוה מִנְחַת יְהוּדָה וִירוּשָׁלָםִ כִּימֵי עוֹלָם וּכְשָׁנִים קַדְמֹנִיּוֹת:

On שבת, *continue with* וַיְכֻלּוּ *on the next page.*

On יום טוב *which falls on a weekday, the service continues with* קדיש שלם *on page 91.*
On ליל הסדר, *some congregations say* הלל שלם (*page 513*)
before the קדיש; *this is the prevailing custom in Israel.*

On Shabbat all stand and say:

וַיְכֻלּוּ Then the heavens and the earth were completed, and all their array.   *Gen. 2*
With the seventh day, God completed the work He had done.
He ceased on the seventh day from all the work He had done.
God blessed the seventh day and declared it holy,
because on it He ceased from all His work He had created to do.

> *The following until "who sanctifies the Sabbath" below,*
> *is omitted when the first day of Pesaḥ falls on Shabbat.*

ME'EIN SHEVA

בָּרוּךְ Blessed are You, LORD our God and God of our fathers,
God of Abraham, God of Isaac and God of Jacob,
the great, mighty and awesome God,
God Most High, Creator of heaven and earth.

The congregation then the Leader:

מָגֵן אָבוֹת By His word, He was the Shield of our ancestors.
By His promise, He will revive the dead.
There is none like the holy God
who gives rest to His people on His holy Sabbath day,
for He found them worthy of His favor to give them rest.
Before Him we will come in worship with reverence and awe,
giving thanks to His name daily, continually, with due blessings.
He is God to whom thanks are due, the LORD of peace
who sanctifies the Sabbath and blesses the seventh day,
and in holiness gives rest to a people filled with delight,
in remembrance of the work of creation.

The Leader continues:

אֱלֹהֵינוּ Our God and God of our ancestors,
may You find favor in our rest.
Make us holy through Your commandments
and grant us our share in Your Torah.
Satisfy us with Your goodness, grant us joy in Your salvation,
and purify our hearts to serve You in truth.
In love and favor, LORD our God,
grant us as our heritage Your holy Sabbath,
so that Israel who sanctify Your name may find rest on it.
Blessed are You, LORD, who sanctifies the Sabbath.

On שבת all stand and say:

וַיְכֻלּוּ הַשָּׁמַיִם וְהָאָרֶץ וְכָל־צְבָאָם: בראשית ב
וַיְכַל אֱלֹהִים בַּיּוֹם הַשְּׁבִיעִי מְלַאכְתּוֹ אֲשֶׁר עָשָׂה
וַיִּשְׁבֹּת בַּיּוֹם הַשְּׁבִיעִי מִכָּל־מְלַאכְתּוֹ אֲשֶׁר עָשָׂה:
וַיְבָרֶךְ אֱלֹהִים אֶת־יוֹם הַשְּׁבִיעִי, וַיְקַדֵּשׁ אֹתוֹ
כִּי בוֹ שָׁבַת מִכָּל־מְלַאכְתּוֹ, אֲשֶׁר־בָּרָא אֱלֹהִים, לַעֲשׂוֹת:

The following until מְקַדֵּשׁ הַשַּׁבָּת below,
is omitted when the first day of פסח falls on שבת.

ברכה מעין שבע

בָּרוּךְ אַתָּה יהוה, אֱלֹהֵינוּ וֵאלֹהֵי אֲבוֹתֵינוּ
אֱלֹהֵי אַבְרָהָם, אֱלֹהֵי יִצְחָק, וֵאלֹהֵי יַעֲקֹב
הָאֵל הַגָּדוֹל הַגִּבּוֹר וְהַנּוֹרָא, אֵל עֶלְיוֹן, קֹנֵה שָׁמַיִם וָאָרֶץ.

The קהל then the שליח ציבור:

מָגֵן אָבוֹת בִּדְבָרוֹ, מְחַיֵּה מֵתִים בְּמַאֲמָרוֹ, הָאֵל הַקָּדוֹשׁ שֶׁאֵין כָּמוֹהוּ
הַמֵּנִיחַ לְעַמּוֹ בְּיוֹם שַׁבַּת קָדְשׁוֹ, כִּי בָם רָצָה לְהָנִיחַ לָהֶם
לְפָנָיו נַעֲבֹד בְּיִרְאָה וָפַחַד
וְנוֹדֶה לִשְׁמוֹ בְּכָל יוֹם תָּמִיד, מֵעֵין הַבְּרָכוֹת
אֵל הַהוֹדָאוֹת, אֲדוֹן הַשָּׁלוֹם, מְקַדֵּשׁ הַשַּׁבָּת וּמְבָרֵךְ שְׁבִיעִי
וּמֵנִיחַ בִּקְדֻשָּׁה לְעַם מְדֻשְּׁנֵי עֹנֶג, זֵכֶר לְמַעֲשֵׂה בְרֵאשִׁית.

The שליח ציבור continues:

אֱלֹהֵינוּ וֵאלֹהֵי אֲבוֹתֵינוּ, רְצֵה בִמְנוּחָתֵנוּ.
קַדְּשֵׁנוּ בְּמִצְוֹתֶיךָ וְתֵן חֶלְקֵנוּ בְּתוֹרָתֶךָ
שַׂבְּעֵנוּ מִטּוּבֶךָ וְשַׂמְּחֵנוּ בִּישׁוּעָתֶךָ
וְטַהֵר לִבֵּנוּ לְעָבְדְּךָ בֶּאֱמֶת.
וְהַנְחִילֵנוּ יהוה אֱלֹהֵינוּ בְּאַהֲבָה וּבְרָצוֹן שַׁבַּת קָדְשֶׁךָ
וְיָנוּחוּ בָהּ יִשְׂרָאֵל מְקַדְּשֵׁי שְׁמֶךָ.
בָּרוּךְ אַתָּה יהוה, מְקַדֵּשׁ הַשַּׁבָּת.

FULL KADDISH

Leader: יִתְגַּדַּל Magnified and sanctified
may His great name be,
in the world He created by His will.
May He establish His kingdom
in your lifetime and in your days,
and in the lifetime of all the house of Israel,
swiftly and soon –
and say: Amen.

All: May His great name be blessed
for ever and all time.

Leader: Blessed and praised,
glorified and exalted,
raised and honored,
uplifted and lauded be
the name of the Holy One,
blessed be He, beyond any blessing,
song, praise and consolation
uttered in the world –
and say: Amen.

May the prayers and pleas of all Israel
be accepted by their Father in heaven –
and say: Amen.

May there be great peace from heaven,
and life for us and all Israel –
and say: Amen.

*Bow, take three steps back, as if taking leave of the Divine Presence,
then bow, first left, then right, then center, while saying:*

May He who makes peace in His high places,
make peace for us and all Israel –
and say: Amen.

קדיש שלם

ש״ץ יִתְגַּדַּל וְיִתְקַדַּשׁ שְׁמֵהּ רַבָּא (קהל אָמֵן)

בְּעָלְמָא דִּי בְרָא כִרְעוּתֵהּ

וְיַמְלִיךְ מַלְכוּתֵהּ

בְּחַיֵּיכוֹן וּבְיוֹמֵיכוֹן וּבְחַיֵּי דְכָל בֵּית יִשְׂרָאֵל

בַּעֲגָלָא וּבִזְמַן קָרִיב

וְאִמְרוּ אָמֵן. (קהל אָמֵן)

קהל
ושׁ״ץ יְהֵא שְׁמֵהּ רַבָּא מְבָרַךְ לְעָלַם וּלְעָלְמֵי עָלְמַיָּא.

ש״ץ יִתְבָּרַךְ וְיִשְׁתַּבַּח וְיִתְפָּאַר

וְיִתְרוֹמַם וְיִתְנַשֵּׂא וְיִתְהַדָּר וְיִתְעַלֶּה וְיִתְהַלָּל

שְׁמֵהּ דְּקֻדְשָׁא בְּרִיךְ הוּא (קהל בְּרִיךְ הוּא)

לְעֵלָּא מִן כָּל בִּרְכָתָא וְשִׁירָתָא, תֻּשְׁבְּחָתָא וְנֶחֱמָתָא

דַּאֲמִירָן בְּעָלְמָא

וְאִמְרוּ אָמֵן. (קהל אָמֵן)

תִּתְקַבַּל צְלוֹתְהוֹן וּבָעוּתְהוֹן דְּכָל יִשְׂרָאֵל

קֳדָם אֲבוּהוֹן דִּי בִשְׁמַיָּא

וְאִמְרוּ אָמֵן. (קהל אָמֵן)

יְהֵא שְׁלָמָא רַבָּא מִן שְׁמַיָּא

וְחַיִּים, עָלֵינוּ וְעַל כָּל יִשְׂרָאֵל

וְאִמְרוּ אָמֵן. (קהל אָמֵן)

Bow, take three steps back, as if taking leave of the Divine Presence,
then bow, first left, then right, then center, while saying:

עֹשֶׂה שָׁלוֹם בִּמְרוֹמָיו

הוּא יַעֲשֶׂה שָׁלוֹם עָלֵינוּ וְעַל כָּל יִשְׂרָאֵל

וְאִמְרוּ אָמֵן. (קהל אָמֵן)

KIDDUSH IN THE SYNAGOGUE

On the last nights of Pesaḥ, the Leader raises a cup of wine and says:
Please pay attention, my masters.
בָּרוּךְ Blessed are You, LORD our God, King of the Universe,
who creates the fruit of the vine.

On Shabbat, add the words in parentheses.
בָּרוּךְ Blessed are You, LORD our God, King of the Universe,
who has chosen us from among all peoples,
raised us above all tongues,
and made us holy through His commandments.
You have given us, LORD our God, in love
(Sabbaths for rest), festivals for rejoicing,
holy days and seasons for joy,
(this Sabbath day and) this day of the festival of Matzot,
the time of our freedom (with love),
a holy assembly in memory of the exodus from Egypt.
For You have chosen us and sanctified us above all peoples,
and given us as our heritage (Your holy Sabbath in love and favor and)
Your holy festivals for joy and gladness.
Blessed are you, LORD,
who sanctifies (the Sabbath,) Israel and the festivals.

> *On Motza'ei Shabbat, the following Havdala is added:*
> בָּרוּךְ Blessed are You, LORD our God, King of the Universe,
> who creates the lights of fire.
>
> Blessed are You, LORD our God, King of the Universe, who distinguish-
> es between sacred and secular, between light and darkness, between
> Israel and the nations, between the seventh day and the six days of
> work. You have made a distinction between the holiness of the Sabbath
> and the holiness of festivals, and have sanctified the seventh day above
> the six days of work. You have distinguished and sanctified Your people
> Israel with Your holiness. Blessed are You, LORD, who distinguishes
> between sacred and sacred

> *The wine should be drunk by children under the age
> of Bar/Bat Mitzva or, if there are none, by the Leader.*

קידוש בבית הכנסת

On the last nights of פסח*, the* שליח ציבור *raises a cup of wine and says:*

סַבְרִי מָרָנָן

בָּרוּךְ אַתָּה יהוה אֱלֹהֵינוּ מֶלֶךְ הָעוֹלָם בּוֹרֵא פְּרִי הַגָּפֶן.

On שבת*, add the words in parentheses.*

בָּרוּךְ אַתָּה יהוה אֱלֹהֵינוּ מֶלֶךְ הָעוֹלָם
אֲשֶׁר בָּחַר בָּנוּ מִכָּל עָם
וְרוֹמְמָנוּ מִכָּל לָשׁוֹן, וְקִדְּשָׁנוּ בְּמִצְוֹתָיו.
וַתִּתֶּן לָנוּ יהוה אֱלֹהֵינוּ בְּאַהֲבָה
(שַׁבָּתוֹת לִמְנוּחָה וּ) מוֹעֲדִים לְשִׂמְחָה
חַגִּים וּזְמַנִּים לְשָׂשׂוֹן
אֶת יוֹם (הַשַּׁבָּת הַזֶּה וְאֶת יוֹם) חַג הַמַּצּוֹת הַזֶּה
זְמַן חֵרוּתֵנוּ (בְּאַהֲבָה) מִקְרָא קֹדֶשׁ, זֵכֶר לִיצִיאַת מִצְרָיִם.
כִּי בָנוּ בָחַרְתָּ וְאוֹתָנוּ קִדַּשְׁתָּ מִכָּל הָעַמִּים (וְשַׁבָּת)
וּמוֹעֲדֵי קָדְשֶׁךָ (בְּאַהֲבָה וּבְרָצוֹן) בְּשִׂמְחָה וּבְשָׂשׂוֹן הִנְחַלְתָּנוּ.
בָּרוּךְ אַתָּה יהוה, מְקַדֵּשׁ (הַשַּׁבָּת וְ) יִשְׂרָאֵל וְהַזְּמַנִּים.

On מוצאי שבת*, the following* הבדלה *is added:*

בָּרוּךְ אַתָּה יהוה אֱלֹהֵינוּ מֶלֶךְ הָעוֹלָם, בּוֹרֵא מְאוֹרֵי הָאֵשׁ.

בָּרוּךְ אַתָּה יהוה אֱלֹהֵינוּ מֶלֶךְ הָעוֹלָם, הַמַּבְדִּיל בֵּין קֹדֶשׁ לְחוֹל, בֵּין אוֹר לְחֹשֶׁךְ, בֵּין יִשְׂרָאֵל לָעַמִּים, בֵּין יוֹם הַשְּׁבִיעִי לְשֵׁשֶׁת יְמֵי הַמַּעֲשֶׂה. בֵּין קְדֻשַּׁת שַׁבָּת לִקְדֻשַּׁת יוֹם טוֹב הִבְדַּלְתָּ, וְאֶת יוֹם הַשְּׁבִיעִי מִשֵּׁשֶׁת יְמֵי הַמַּעֲשֶׂה קִדַּשְׁתָּ, הִבְדַּלְתָּ וְקִדַּשְׁתָּ אֶת עַמְּךָ יִשְׂרָאֵל בִּקְדֻשָּׁתֶךָ. בָּרוּךְ אַתָּה יהוה, הַמַּבְדִּיל בֵּין קֹדֶשׁ לְקֹדֶשׁ.

The wine should be drunk by children under the age of בר מצווה *or* בת מצווה *or, if there are none, by the* שליח ציבור*.*

COUNTING OF THE OMER

The Omer is counted each night from the second night of Pesaḥ until the night before Shavuot. On the first night of Pesaḥ (and in communities which follow the custom of counting the Omer at the Seder table), continue with Aleinu on page 98.

Some say the following meditation before the blessing:

For the sake of the unification of the Holy One, blessed be He,
and His Divine Presence, in reverence and love,
to unify the name *Yod-Heh* with *Vav-Heh*
in perfect unity in the name of all Israel.

הִנְנִי I am prepared and ready to fulfill the positive commandment of Counting the Omer, as is written in the Torah, "You shall count seven complete weeks from the day following the [Pesaḥ] rest day, when you brought the Omer as a wave-offering. To the day after the seventh week you shall count fifty days. Then you shall present a meal-offering of new grain to the LORD." *Lev. 23* May the pleasantness of the LORD our God be upon us. Establish for us the work of our hands, O establish the work of our hands. *Ps. 90*

בָּרוּךְ Blessed are You, LORD our God, King of the Universe,
who has made us holy through His commandments,
and has commanded us about counting the Omer.

Even though with the destruction of the Temple, the Omer can no longer be offered, nonetheless we continue, as a rabbinic law in memory of the Temple, to count the days (and weeks). As with the festivals, so the counting of days has two dimensions of meaning: one seasonal, the other historical. Seasonally, the count represents the time when new grain is harvested. Thus we thank God daily during this time for "bringing forth bread from the ground."

Historically it represents the seven weeks from the exodus to the revelation at Sinai, during which the Israelites counted the days in anticipation.

The Feast of Weeks is the anniversary of the Revelation on Mount Sinai. In order to raise the importance of this day, we count the days that have passed since the preceding festival, just as one who expects his most intimate friend on a certain day counts the days and even the hours. This is the reason why we count the days that pass from the offering of the Omer, between the anniversary of our departure from Egypt and the anniversary of the Lawgiving. (Maimonides, *The Guide for the Perplexed*, III:43)

סדר ספירת העומר

The עומר is counted each night from the second night of פסח until the night before שבועות.

On the first night of פסח (and in communities which follow the custom of counting the עומר at the Seder table), continue with עָלֵינוּ on page 99.

Some say the following meditation before the blessing:

לְשֵׁם יִחוּד קֻדְשָׁא בְּרִיךְ הוּא וּשְׁכִינְתֵּהּ בִּדְחִילוּ וּרְחִימוּ לְיַחֵד שֵׁם י״ה בּו״ה בְּיִחוּדָא שְׁלִים בְּשֵׁם כָּל יִשְׂרָאֵל.

הִנְנִי מוּכָן וּמְזֻמָּן לְקַיֵּם מִצְוַת עֲשֵׂה שֶׁל סְפִירַת הָעֹמֶר. כְּמוֹ שֶׁכָּתוּב בַּתּוֹרָה, וּסְפַרְתֶּם לָכֶם מִמָּחֳרַת הַשַּׁבָּת, מִיּוֹם הֲבִיאֲכֶם אֶת־עֹמֶר הַתְּנוּפָה, שֶׁבַע שַׁבָּתוֹת תְּמִימֹת תִּהְיֶינָה: עַד מִמָּחֳרַת הַשַּׁבָּת הַשְּׁבִיעִת תִּסְפְּרוּ חֲמִשִּׁים יוֹם, וְהִקְרַבְתֶּם מִנְחָה חֲדָשָׁה לַיהוה: וִיהִי נֹעַם אֲדֹנָי אֱלֹהֵינוּ עָלֵינוּ, וּמַעֲשֵׂה יָדֵינוּ כּוֹנְנָה עָלֵינוּ, וּמַעֲשֵׂה יָדֵינוּ כּוֹנְנֵהוּ:

ויקרא כג

תהלים צ

בָּרוּךְ אַתָּה יהוה אֱלֹהֵינוּ מֶלֶךְ הָעוֹלָם אֲשֶׁר קִדְּשָׁנוּ בְּמִצְוֹתָיו וְצִוָּנוּ עַל סְפִירַת הָעֹמֶר.

COUNTING OF THE OMER

For essays on the Counting of the Omer, see Introduction, section 7.

The Torah commands that we count for seven weeks (or fifty days) "From the day after the Sabbath, the day you brought the sheaf of the wave offering." (Lev. 23:15). The meaning of the phrase "the day after the Sabbath" occasioned one of the great disputes in Second Temple times between those who did and did not accept the Oral Law (those who did not included the Boethusians, the Sadducees and later the Karaites). The latter understood the phrase literally, meaning Sunday. The Pharisees, who accepted the Oral Law, understood it to mean "the day after the first day of Pesaḥ." Maimonides brings a simple proof that "the day after the Sabbath" means "the day after Passover" since it states in the book of Joshua: "The day after Passover, that very day, they ate some of the produce of the land: unleavened bread and roasted grain" (Joshua 5:11): that is, they ate from the new grain, something they were only permitted to do after offering the Omer (Maimonides, Laws of Daily Offerings, 7:11).

Insert the appropriate sefira for the day:

16 Nisan

Today is the first day of the Omer.

21 Nisan

Today is the sixth day of the Omer.

22 Nisan

Today is the seventh day, making one week of the Omer.

הָרַחֲמָן May the Compassionate One
restore the Temple service to its place
speedily in our days. Amen, Selah.

Some add:

לַמְנַצֵּחַ For the conductor of music. With stringed instruments. A psalm, a song. *Ps. 67*
May God be gracious to us and bless us. May He make His face shine on us, Selah.
Then will Your way be known on earth, Your salvation among all the nations. Let
the peoples praise You, God; let all peoples praise You. Let nations rejoice and
sing for joy, for You judge the peoples with equity, and guide the nations of the
earth, Selah. Let the peoples praise You, God; let all peoples praise You. The earth
has yielded its harvest. May God, our God, bless us. God will bless us, and all the
ends of the earth will fear Him.

אָנָּא Please, by the power of Your great right hand, set the captive nation free.
Accept Your people's prayer. Strengthen us, purify us, You who are revered. Please,
mighty One, guard like the pupil of the eye those who seek Your unity. Bless them,
cleanse them, have compassion on them, grant them Your righteousness always.
Mighty One, Holy One, in Your great goodness guide Your congregation. Only
One, exalted One, turn to Your people, who proclaim Your holiness. Accept our
plea and heed our cry, You who know all secret thoughts. Blessed be the name
of His glorious kingdom for ever and all time.

---

light in the world: "Teach us to number our days that we may acquire a heart
of wisdom" (Ps. 90:12). If we do this, then each day will bring us nearer to
the rebuilding of the Temple.

לַמְנַצֵּחַ *Psalm 67.* The custom of saying this psalm arose because (without
its introductory formula) it contains forty-nine words, one for each day of
the Omer.

Insert the appropriate ספירה *for the day:*

טז בניסן

הַיּוֹם יוֹם אֶחָד בָּעֹמֶר. יסוד שבחסד

כא בניסן

הַיּוֹם שִׁשָּׁה יָמִים בָּעֹמֶר. יסוד שבחסד

כב בניסן

הַיּוֹם שִׁבְעָה יָמִים, שֶׁהֵם שָׁבוּעַ אֶחָד בָּעֹמֶר. מלכות שבחסד

הָרַחֲמָן הוּא יַחֲזִיר לָנוּ עֲבוֹדַת בֵּית הַמִּקְדָּשׁ לִמְקוֹמָהּ
בִּמְהֵרָה בְיָמֵינוּ, אָמֵן סֶלָה.

Some add:

לַמְנַצֵּחַ בִּנְגִינֹת, מִזְמוֹר שִׁיר: אֱלֹהִים יְחָנֵּנוּ וִיבָרְכֵנוּ, יָאֵר פָּנָיו אִתָּנוּ סֶלָה: לָדַעַת תהלים סז
בָּאָרֶץ דַּרְכֶּךָ, בְּכָל־גּוֹיִם יְשׁוּעָתֶךָ: יוֹדוּךָ עַמִּים אֱלֹהִים, יוֹדוּךָ עַמִּים כֻּלָּם: יִשְׂמְחוּ
וִירַנְּנוּ לְאֻמִּים, כִּי־תִשְׁפֹּט עַמִּים מִישֹׁר, וּלְאֻמִּים בָּאָרֶץ תַּנְחֵם סֶלָה: יוֹדוּךָ עַמִּים
אֱלֹהִים, יוֹדוּךָ עַמִּים כֻּלָּם: אֶרֶץ נָתְנָה יְבוּלָהּ, יְבָרְכֵנוּ אֱלֹהִים אֱלֹהֵינוּ: יְבָרְכֵנוּ
אֱלֹהִים, וְיִירְאוּ אוֹתוֹ כָּל־אַפְסֵי־אָרֶץ:

אָנָּא, בְּכֹחַ גְּדֻלַּת יְמִינְךָ, תַּתִּיר צְרוּרָה. קַבֵּל רִנַּת עַמְּךָ, שַׂגְּבֵנוּ, טַהֲרֵנוּ, נוֹרָא. נָא
גִבּוֹר, דּוֹרְשֵׁי יִחוּדְךָ כְּבָבַת שָׁמְרֵם. בָּרְכֵם, טַהֲרֵם, רַחֲמֵם, צִדְקָתְךָ תָּמִיד גָּמְלֵם. חֲסִין
קָדוֹשׁ, בְּרֹב טוּבְךָ נַהֵל עֲדָתֶךָ. יָחִיד גֵּאֶה, לְעַמְּךָ פְּנֵה, זוֹכְרֵי קְדֻשָּׁתֶךָ. שַׁוְעָתֵנוּ קַבֵּל
וּשְׁמַע צַעֲקָתֵנוּ, יוֹדֵעַ תַּעֲלוּמוֹת. בָּרוּךְ שֵׁם כְּבוֹד מַלְכוּתוֹ לְעוֹלָם וָעֶד.

According to the *Zohar*, the Israelites counted the days as they purified themselves of the influence of Egypt, preparing to receive God's word in a state of purity of soul.

הָרַחֲמָן הוּא יַחֲזִיר *May the Compassionate One restore.* A prayer for the rebuilding of the Temple, specifically because the counting of the Omer, as we do it nowadays, is in memory of the Temple. Rabbi Yosef David of Sassov gave a beautiful Hasidic interpretation of this prayer: "May God restore the Temple speedily [not "in" but] *because* of our days." The Torah says of Abraham that he "came with his days" (Gen. 24:1), meaning, he used every day of his life to serve God. So, too, the counting of the days of the Omer reminds us of the precious nature of time, teaching us to use every day to increase the divine

רִבּוֹנוֹ שֶׁל עוֹלָם Master of the Universe, You commanded us through Your servant Moses to count the Omer, to cleanse our carapaces and impurities, as You have written in Your Torah: "You shall count seven complete weeks from the day following the [Pesaḥ] rest day, when you brought the Omer as a wave-offering. To the day after the seventh week, you shall count fifty days." This is so that the souls of Your people Israel may be purified from their uncleanliness. May it also be Your will, LORD our God and God of our ancestors, that in the merit of the Omer count that I have counted today, there may be rectified any defect on my part in the counting of (*insert the appropriate sefira for this day*). May I be cleansed and sanctified with Your holiness on high, and through this may there flow a rich stream through all worlds, to rectify our lives, spirits and souls from any dross and defect, purifying and sanctifying us with Your sublime holiness. Amen, Selah. *Lev. 23*

Stand while saying Aleinu. Bow at ▾.

עָלֵינוּ It is our duty to praise the Master of all,
and ascribe greatness to the Author of creation,
who has not made us like the nations of the lands
nor placed us like the families of the earth;
who has not made our portion like theirs,
nor our destiny like all their multitudes.
(For they worship vanity and emptiness,
and pray to a god who cannot save.)
▾But we bow in worship
and thank the Supreme King of kings, the Holy One, blessed be He,
who extends the heavens and establishes the earth,
whose throne of glory is in the heavens above,
and whose power's Presence is in the highest of heights.

---

sages interpreted as meaning: "If you are My witnesses, then I am God, but if you are not My witnesses it is as if I were not God" (*Yalkut Shimoni* 271). It is our task to bear witness to God on earth, to be His ambassadors to humanity.

That is the Jewish vocation. At times of paganism it involved the fight against myth and the idea that the universe was the arena of a cosmic struggle of heavenly powers, played out on earth in the form of wars, battles, and a hierarchy of power. At times of secularism it means insisting that the material universe is not the only, or even the most important dimension in which we

רִבּוֹנוֹ שֶׁל עוֹלָם, אַתָּה צִוִּיתָנוּ עַל יְדֵי מֹשֶׁה עַבְדְּךָ לִסְפֹּר סְפִירַת הָעֹמֶר, כְּדֵי לְטַהֲרֵנוּ
מִקְּלִפּוֹתֵינוּ וּמִטֻּמְאוֹתֵינוּ. כְּמוֹ שֶׁכָּתַבְתָּ בְּתוֹרָתֶךָ: וּסְפַרְתֶּם לָכֶם מִמָּחֳרַת הַשַּׁבָּת, ויקרא כג
מִיּוֹם הֲבִיאֲכֶם אֶת־עֹמֶר הַתְּנוּפָה, שֶׁבַע שַׁבָּתוֹת תְּמִימֹת תִּהְיֶינָה: עַד מִמָּחֳרַת הַשַּׁבָּת
הַשְּׁבִיעִת תִּסְפְּרוּ חֲמִשִּׁים יוֹם: כְּדֵי שֶׁיִּטָּהֲרוּ נַפְשׁוֹת עַמְּךָ יִשְׂרָאֵל מִזֻּהֲמָתָם. וּבְכֵן
יְהִי רָצוֹן מִלְּפָנֶיךָ יהוה אֱלֹהֵינוּ וֵאלֹהֵי אֲבוֹתֵינוּ, שֶׁבִּזְכוּת סְפִירַת הָעֹמֶר שֶׁסָּפַרְתִּי
הַיּוֹם, יְתֻקַּן מַה שֶּׁפָּגַמְתִּי בִּסְפִירָה (*insert appropriate* ספירה *for each day*) וְאֶטָּהֵר
וְאֶתְקַדֵּשׁ בִּקְדֻשָּׁה שֶׁל מַעְלָה, וְעַל יְדֵי זֶה יֻשְׁפַּע שֶׁפַע רַב בְּכָל הָעוֹלָמוֹת, לְתַקֵּן
אֶת נַפְשׁוֹתֵינוּ וְרוּחוֹתֵינוּ וְנִשְׁמוֹתֵינוּ מִכָּל סִיג וּפְגָם, וּלְטַהֲרֵנוּ וּלְקַדְּשֵׁנוּ בִּקְדֻשָּׁתְךָ
הָעֶלְיוֹנָה, אָמֵן סֶלָה.

Stand while saying עָלֵינוּ. *Bow at* *.

עָלֵינוּ לְשַׁבֵּחַ לַאֲדוֹן הַכֹּל, לָתֵת גְּדֻלָּה לְיוֹצֵר בְּרֵאשִׁית
שֶׁלֹּא עָשָׂנוּ כְּגוֹיֵי הָאֲרָצוֹת, וְלֹא שָׂמָנוּ כְּמִשְׁפְּחוֹת הָאֲדָמָה
שֶׁלֹּא שָׂם חֶלְקֵנוּ כָּהֶם וְגוֹרָלֵנוּ כְּכָל הֲמוֹנָם.
(שֶׁהֵם מִשְׁתַּחֲוִים לְהֶבֶל וָרִיק וּמִתְפַּלְלִים אֶל אֵל לֹא יוֹשִׁיעַ.)
*וַאֲנַחְנוּ כּוֹרְעִים וּמִשְׁתַּחֲוִים וּמוֹדִים
לִפְנֵי מֶלֶךְ מַלְכֵי הַמְּלָכִים, הַקָּדוֹשׁ בָּרוּךְ הוּא
שֶׁהוּא נוֹטֶה שָׁמַיִם וְיוֹסֵד אָרֶץ
וּמוֹשַׁב יְקָרוֹ בַּשָּׁמַיִם מִמַּעַל
וּשְׁכִינַת עֻזּוֹ בְּגָבְהֵי מְרוֹמִים.

רִבּוֹנוֹ שֶׁל עוֹלָם *Master of the Universe.* Some add this prayer based on the mystical idea that on each day of the Omer the Israelites purified themselves in respect of one of the forty-nine attributes (*Sefirot*) of the soul.

עָלֵינוּ *It is our duty.* In the first line of the Shema, the final letter of the first and last words – written, in a Torah scroll, larger than the other letters – spell out the word *Ed,* meaning "witness." The first and last letters of *Aleinu* spell out the same word. This recalls the great passage in Isaiah in which God declares "You are My witnesses … and My servant whom I have chosen … You are My witnesses – declares the Lord – that I am God" (Is. 43:10–12), which the

He is our God; there is no other.
Truly He is our King, there is none else,
as it is written in His Torah:
"You shall know and take to heart this day *Deut. 4*
that the LORD is God, in heaven above and on earth below.
There is no other."

Therefore, we place our hope in You, LORD our God,
that we may soon see the glory of Your power,
when You will remove abominations from the earth,
and idols will be utterly destroyed,
when the world will be perfected under the sovereignty of the Almighty,
when all humanity will call on Your name,
to turn all the earth's wicked toward You.
All the world's inhabitants will realize and know
that to You every knee must bow and every tongue swear loyalty.
Before You, LORD our God, they will kneel and bow down
and give honor to Your glorious name.
They will all accept the yoke of Your kingdom,
and You will reign over them soon and for ever.
For the kingdom is Yours,
and to all eternity You will reign in glory,
as it is written in Your Torah: "The LORD will reign for ever and ever." *Ex. 15*
▸ And it is said: "Then the LORD shall be King over all the earth; *Zech. 14*
on that day the LORD shall be One and His name One."

Some add:
Have no fear of sudden terror or of the ruin when it overtakes the wicked. *Prov. 3*
Devise your strategy, but it will be thwarted; *Is. 8*
propose your plan, but it will not stand, for God is with us.
When you grow old, I will still be the same. *Is. 46*
When your hair turns gray, I will still carry you.
I made you, I will bear you, I will carry you, and I will rescue you.

---

burden, attracting the scorn and sometimes the violence, of others. Yet this is the message we are called on to bear witness to, and *Aleinu* expresses it with great power.

הוּא אֱלֹהֵינוּ, אֵין עוֹד.

אֱמֶת מַלְכֵּנוּ, אֶפֶס זוּלָתוֹ

כַּכָּתוּב בְּתוֹרָתוֹ

דברים ד

וְיָדַעְתָּ הַיּוֹם וַהֲשֵׁבֹתָ אֶל־לְבָבֶךָ

כִּי יהוה הוּא הָאֱלֹהִים בַּשָּׁמַיִם מִמַּעַל וְעַל־הָאָרֶץ מִתָּחַת, אֵין עוֹד:

עַל כֵּן נְקַוֶּה לְּךָ יהוה אֱלֹהֵינוּ, לִרְאוֹת מְהֵרָה בְּתִפְאֶרֶת עֻזֶּךָ

לְהַעֲבִיר גִּלּוּלִים מִן הָאָרֶץ, וְהָאֱלִילִים כָּרוֹת יִכָּרֵתוּן

לְתַקֵּן עוֹלָם בְּמַלְכוּת שַׁדַּי.

וְכָל בְּנֵי בָשָׂר יִקְרְאוּ בִשְׁמֶךָ לְהַפְנוֹת אֵלֶיךָ כָּל רִשְׁעֵי אָרֶץ.

יַכִּירוּ וְיֵדְעוּ כָּל יוֹשְׁבֵי תֵבֵל

כִּי לְךָ תִּכְרַע כָּל בֶּרֶךְ, תִּשָּׁבַע כָּל לָשׁוֹן.

לְפָנֶיךָ יהוה אֱלֹהֵינוּ יִכְרְעוּ וְיִפֹּלוּ, וְלִכְבוֹד שִׁמְךָ יְקָר יִתֵּנוּ

וִיקַבְּלוּ כֻלָּם אֶת עֹל מַלְכוּתֶךָ

וְתִמְלֹךְ עֲלֵיהֶם מְהֵרָה לְעוֹלָם וָעֶד.

כִּי הַמַּלְכוּת שֶׁלְּךָ הִיא וּלְעוֹלְמֵי עַד תִּמְלֹךְ בְּכָבוֹד

שמות טו

כַּכָּתוּב בְּתוֹרָתֶךָ, יהוה יִמְלֹךְ לְעֹלָם וָעֶד:

זכריה יד

◂ וְנֶאֱמַר, וְהָיָה יהוה לְמֶלֶךְ עַל־כָּל־הָאָרֶץ

בַּיּוֹם הַהוּא יִהְיֶה יהוה אֶחָד וּשְׁמוֹ אֶחָד:

Some add:

משלי ג

אַל־תִּירָא מִפַּחַד פִּתְאֹם וּמִשֹּׁאַת רְשָׁעִים כִּי תָבֹא:

ישעיה ח

עֻצוּ עֵצָה וְתֻפָר, דַּבְּרוּ דָבָר וְלֹא יָקוּם, כִּי עִמָּנוּ אֵל:

ישעיה מו

וְעַד־זִקְנָה אֲנִי הוּא, וְעַד־שֵׂיבָה אֲנִי אֶסְבֹּל

אֲנִי עָשִׂיתִי וַאֲנִי אֶשָּׂא וַאֲנִי אֶסְבֹּל וַאֲמַלֵּט:

---

live. There is a world of the spirit to which meaning and freedom – two es-
sentials of our humanity – belong. Judaism has often been the countervoice
in the human conversation, and this has often meant shouldering a heavy

MOURNER'S KADDISH

The following prayer, said by mourners, requires the presence of a minyan.
A transliteration can be found on page 1289.

Mourner: **יִתְגַּדַּל** Magnified and sanctified
may His great name be,
in the world He created by His will.
May He establish His kingdom
in your lifetime and in your days,
and in the lifetime of all the house of Israel,
swiftly and soon –
and say: Amen.

All: May His great name be blessed
for ever and all time.

Mourner: Blessed and praised,
glorified and exalted,
raised and honored,
uplifted and lauded
be the name of the Holy One,
blessed be He,
beyond any blessing,
song, praise and consolation
uttered in the world –
and say: Amen.

May there be great peace from heaven,
and life for us and all Israel –
and say: Amen.

Bow, take three steps back, as if taking leave of the Divine Presence,
then bow, first left, then right, then center, while saying:

May He who makes peace in His high places,
make peace for us and all Israel –
and say: Amen.

קדיש יתום

The following prayer, said by mourners, requires the presence of a מנין.
A transliteration can be found on page 1289.

אבל: יִתְגַּדַּל וְיִתְקַדַּשׁ שְׁמֵהּ רַבָּא (קהל: אָמֵן)
בְּעָלְמָא דִּי בְרָא כִרְעוּתֵהּ
וְיַמְלִיךְ מַלְכוּתֵהּ
בְּחַיֵּיכוֹן וּבְיוֹמֵיכוֹן וּבְחַיֵּי דְכָל בֵּית יִשְׂרָאֵל
בַּעֲגָלָא וּבִזְמַן קָרִיב
וְאִמְרוּ אָמֵן. (קהל: אָמֵן)

קהל
ואבל: יְהֵא שְׁמֵהּ רַבָּא מְבָרַךְ לְעָלַם וּלְעָלְמֵי עָלְמַיָּא.

אבל: יִתְבָּרַךְ וְיִשְׁתַּבַּח וְיִתְפָּאַר
וְיִתְרוֹמַם וְיִתְנַשֵּׂא וְיִתְהַדָּר וְיִתְעַלֶּה וְיִתְהַלָּל
שְׁמֵהּ דְּקֻדְשָׁא בְּרִיךְ הוּא (קהל: בְּרִיךְ הוּא)
לְעֵלָּא מִן כָּל בִּרְכָתָא וְשִׁירָתָא
תֻּשְׁבְּחָתָא וְנֶחֱמָתָא
דַּאֲמִירָן בְּעָלְמָא
וְאִמְרוּ אָמֵן. (קהל: אָמֵן)

יְהֵא שְׁלָמָא רַבָּא מִן שְׁמַיָּא
וְחַיִּים, עָלֵינוּ וְעַל כָּל יִשְׂרָאֵל
וְאִמְרוּ אָמֵן. (קהל: אָמֵן)

Bow, take three steps back, as if taking leave of the Divine Presence,
then bow, first left, then right, then center, while saying:

עֹשֶׂה שָׁלוֹם בִּמְרוֹמָיו
הוּא יַעֲשֶׂה שָׁלוֹם עָלֵינוּ וְעַל כָּל יִשְׂרָאֵל
וְאִמְרוּ אָמֵן. (קהל: אָמֵן)

The following poems, on this page and the next, both from the Middle Ages,
are summary statements of Jewish faith, orienting us to the spiritual contours
of the world that we actualize in the mind by the act of prayer.

LORD OF THE UNIVERSE,
who reigned before the birth of any thing –

When by His will all things were made
then was His name proclaimed King.

And when all things shall cease to be
He alone will reign in awe.

He was, He is, and He shall be
glorious for evermore.

He is One, there is none else,
alone, unique, beyond compare;

Without beginning, without end,
His might, His rule are everywhere.

He is my God; my Redeemer lives.
He is the Rock on whom I rely –

My banner and my safe retreat,
my cup, my portion when I cry.

Into His hand my soul I place,
when I awake and when I sleep.

The LORD is with me, I shall not fear;
body and soul from harm will He keep.

---

way it moves seamlessly from God, Creator of the universe, beyond time and
space, to God who is close and ever-comforting, each day as I sleep and awake.

It thus beautifully crystallizes the central miracle of faith, that God – vaster
than the universe, older than time – is nonetheless closer to us than we are to
ourselves. The final verse, "Into His hand my soul I place," explains the differ-
ence faith makes to life. Reality is not indifferent to our existence. We are here
because God wanted us to be. We are surrounded by His love, protected by
His care, held in His everlasting arms. Therefore we can live in trust, not fear.

The following poems, on this page and the next, both from the Middle Ages, are summary statements of Jewish faith, orienting us to the spiritual contours of the world that we actualize in the mind by the act of prayer.

אֲדוֹן עוֹלָם

אֲשֶׁר מָלַךְ בְּטֶרֶם כָּל־יְצִיר נִבְרָא.

לְעֵת נַעֲשָׂה בְחֶפְצוֹ כֹּל אֲזַי מֶלֶךְ שְׁמוֹ נִקְרָא.

וְאַחֲרֵי כִּכְלוֹת הַכֹּל לְבַדּוֹ יִמְלֹךְ נוֹרָא.

וְהוּא הָיָה וְהוּא הֹוֶה וְהוּא יִהְיֶה בְּתִפְאָרָה.

וְהוּא אֶחָד וְאֵין שֵׁנִי לְהַמְשִׁיל לוֹ לְהַחְבִּירָה.

בְּלִי רֵאשִׁית בְּלִי תַכְלִית וְלוֹ הָעֹז וְהַמִּשְׂרָה.

וְהוּא אֵלִי וְחַי גֹּאֲלִי וְצוּר חֶבְלִי בְּעֵת צָרָה.

וְהוּא נִסִּי וּמָנוֹס לִי מְנָת כּוֹסִי בְּיוֹם אֶקְרָא.

בְּיָדוֹ אַפְקִיד רוּחִי בְּעֵת אִישַׁן וְאָעִירָה.

וְעִם רוּחִי גְּוִיָּתִי יהוה לִי וְלֹא אִירָא.

אֲדוֹן עוֹלָם *Adon Olam.* One of the simplest and most beautiful hymn-like celebrations of Jewish faith. It has been attributed to several possible authors, among them Rabbi Sherira Gaon and Rabbi Hai Gaon in the tenth century. Most scholars however believe it was written by the poet and philosopher Rabbi Solomon ibn Gabirol (born Malaga, Spain, c.1021; died Valencia, c.1058). Little is known about Ibn Gabirol's life or death, except that he spent several unsettled years wandering from town to town and that he died comparatively young. He was the author of a philosophical work, *Mekor Ḥayyim* (in Latin, *Fons Vitae*) and was one of the first since Philo ten centuries earlier, to synthesize Judaism with Greek philosophy. Apart from the limpid simplicity, what gives *Adon Olam* its power and enduring popularity is the

Most congregations sing Yigdal at this point.

GREAT

is the living God and praised.
He exists, and His existence is beyond time.

He is One, and there is no unity like His.
Unfathomable, His Oneness is infinite.

He has neither bodily form nor substance;
His holiness is beyond compare.

He preceded all that was created.
He was first: there was no beginning to His beginning.

Behold He is Master of the Universe; every creature
shows His greatness and majesty.

The rich flow of His prophecy He gave
to His treasured people in whom He gloried.

Never in Israel has there arisen another like Moses,
a prophet who beheld God's image.

God gave His people a Torah of truth
by the hand of His prophet, most faithful of His House.

God will not alter or change His law
for any other, for eternity.

He sees and knows our secret thoughts;
as soon as something is begun, He foresees its end.

He rewards people with loving-kindness according to their deeds;
He punishes the wicked according to his wickedness.

At the end of days He will send our Messiah,
to redeem those who await His final salvation.

God will revive the dead in His great loving-kindness.
Blessed for evermore is His glorious name!

---

physicality of God; principles 6–9 are about revelation; principles 10–13 are
about divine providence, reward and punishment, and end with faith in the
messianic age and the end of days when those who have died will live again.

Most congregations sing יִגְדַּל *at this point.*

יִגְדַּל

אֱלֹהִים חַי וְיִשְׁתַּבַּח, נִמְצָא וְאֵין עֵת אֶל מְצִיאוּתוֹ.

אֶחָד וְאֵין יָחִיד כְּיִחוּדוֹ, נֶעְלָם וְגַם אֵין סוֹף לְאַחְדוּתוֹ.

אֵין לוֹ דְּמוּת הַגּוּף וְאֵינוֹ גוּף, לֹא נַעֲרֹךְ אֵלָיו קְדֻשָּׁתוֹ.

קַדְמוֹן לְכָל דָּבָר אֲשֶׁר נִבְרָא, רִאשׁוֹן וְאֵין רֵאשִׁית לְרֵאשִׁיתוֹ.

הִנּוֹ אֲדוֹן עוֹלָם, וְכָל נוֹצָר יוֹרֶה גְדֻלָּתוֹ וּמַלְכוּתוֹ.

שֶׁפַע נְבוּאָתוֹ נְתָנוֹ אֶל־אַנְשֵׁי סְגֻלָּתוֹ וְתִפְאַרְתּוֹ.

לֹא קָם בְּיִשְׂרָאֵל כְּמֹשֶׁה עוֹד נָבִיא וּמַבִּיט אֶת תְּמוּנָתוֹ.

תּוֹרַת אֱמֶת נָתַן לְעַמּוֹ אֵל עַל יַד נְבִיאוֹ נֶאֱמַן בֵּיתוֹ.

לֹא יַחֲלִיף הָאֵל וְלֹא יָמִיר דָּתוֹ לְעוֹלָמִים לְזוּלָתוֹ.

צוֹפֶה וְיוֹדֵעַ סְתָרֵינוּ, מַבִּיט לְסוֹף דָּבָר בְּקַדְמָתוֹ.

גּוֹמֵל לְאִישׁ חֶסֶד כְּמִפְעָלוֹ, נוֹתֵן לְרָשָׁע רָע כְּרִשְׁעָתוֹ.

יִשְׁלַח לְקֵץ יָמִין מְשִׁיחֵנוּ לִפְדּוֹת מְחַכֵּי קֵץ יְשׁוּעָתוֹ.

מֵתִים יְחַיֶּה אֵל בְּרֹב חַסְדּוֹ, בָּרוּךְ עֲדֵי עַד שֵׁם תְּהִלָּתוֹ.

יִגְדַּל *Yigdal.* A poetic setting of the most famous "creed" in Judaism: Moses Maimonides' Thirteen Principles of Jewish Faith. Faced with a philosophically sophisticated, contemporary Islamic culture, Maimonides felt the need to set out the principles of Jewish faith in a structured way, which he did in his Commentary to the Mishna to *Sanhedrin* 10. So influential was this account that it was summarized, after his death, in both prose and poetry. The prose form, thirteen paragraphs each beginning, "I believe with perfect faith" (אֲנִי מַאֲמִין בֶּאֱמוּנָה שְׁלֵמָה), is printed in most prayer books. The poetic form is *Yigdal.* The first five principles have to do with the unity, eternity, and non-

Ma'aravot

MA'ARIV FOR THE FIRST NIGHT

The recitation of piyutim for Ma'ariv (Ma'aravot) varies among different
communities. Many congregations omit Ma'aravot altogether.

Each set of piyutim is essentially one long piyut divided into six parts, one part recited
before each of the four blessings of the Shema, and two before the two verses in the
Geula blessing: "Who is like You, LORD, among the mighty," and "The LORD shall
reign for ever and ever." In many congregations, an additional piyut is recited following
the Ma'aravot, before the concluding blessing, "Who spreads a canopy of peace."

בָּרוּךְ Blessed are You, LORD our God,
King of the Universe,
who by His word brings on evenings,
by His wisdom opens the gates of heaven,
with understanding makes time change and the seasons rotate,
and by His will orders the stars in their constellations in the sky.

---

or fourth century CE, and eventually spread to all major centers of Jewish
life. Babylon, Spain, Italy, and northern Europe all contributed richly to the
poetry of the synagogue, and different rites reflect that variety.

Piyut grew more or less contemporaneously with the development of
Midrash Aggada, rabbinic reflection on and commentary to biblical nar-
rative. *Piyut* incorporates much of this material, suggesting that part of its
purpose was educational as well as aesthetic. It reminded people of the laws
and traditions relating to the day. It may even have been a way of circum-
venting the bans that occurred from time to time on the public teaching of
Judaism.

We do not know the names of the earliest writers of *piyut*. The first we
know by name is Yose ben Yose who lived in Israel, probably in the fourth or
fifth century. The first great master of the genre, a century later, was Yannai.
A century later still (according to most authorities) came the virtuoso, Rabbi
Elazar HaKalir, who brought the art to extreme sophistication, coining new
words, developing new literary techniques, and creating, in short phrases
and sometimes single words, dense networks of association and allusion.

מערבות

מעריב לליל יום טוב ראשון של פסח

The recitation of piyutim for מעריב (מערבות) *varies among different communities. Many congregations omit* מערבות *altogether.*

Each set of piyutim is essentially one long piyut divided into six parts, one part recited before each of the four blessings of the שמע*, and two before the two verses in the* גאולה *blessing: "*מִי־כָמֹכָה בָּאֵלִם יהוה*," and "*יהוה יִמְלֹךְ לְעֹלָם וָעֶד*." In many congregations, an additional piyut is recited following the* מערבות*, before the concluding blessing, "*וסלהַפּוֹרֵשׂ סֻכַּת שָׁ*."*

בָּרוּךְ אַתָּה יהוה אֱלֹהֵינוּ מֶלֶךְ הָעוֹלָם
אֲשֶׁר בִּדְבָרוֹ מַעֲרִיב עֲרָבִים
בְּחָכְמָה פּוֹתֵחַ שְׁעָרִים
וּבִתְבוּנָה מְשַׁנֶּה עִתִּים וּמַחֲלִיף אֶת הַזְּמַנִּים
וּמְסַדֵּר אֶת הַכּוֹכָבִים בְּמִשְׁמְרוֹתֵיהֶם בָּרָקִיעַ כִּרְצוֹנוֹ.

PIYUT: THE POETRY OF THE PRAYER BOOK

Jewish prayer is structured around the tension between the fixed and the free, the elements that do not change and those that do. Historically the first formulation of Jewish prayer goes back to the time of Ezra and the Men of the Great Assembly in the fifth century BCE. A second major consolidation occurred in the time of Rabban Gamliel II after the destruction of the Second Temple. In the absence of sacrifices, prayer assumed greater significance, and it was important for the spiritual unity of the people that they pray the same prayers at the same time in the same way.

No sooner had the formal structure been completed than a new type of prayer, *piyut* (the word comes from the same root as "poetry"), began to develop. What makes it different from other prayers is that it is non-obligatory, not part of the halakhic requirement of prayer. *Piyut* was created to augment, adorn, beautify; to reflect more deeply on key points of the service; to bring out in greater depth the distinctive character of specific days; to bring variety to the rhythm and pace of prayer; to inform, educate, and sometimes simply to create a mood. It originated in Israel in the third

He creates day and night,
rolling away the light before the darkness,
and darkness before the light.
He makes the day pass and brings on night,
distinguishing day from night:
the Lord of hosts is His name.
May the living and forever enduring God rule over us for all time.

The Ma'aravot for the first night consist of an ancient piyut by an unknown author, which was said in most medieval communities, in both Europe and the Orient. The first two stanzas "prepare" for the redemption at midnight.

This is a guarded night, which God divided in two,
as He marched forth at midnight into Egypt.
He who prevails over Edom, may He divide
[the night of redemption] too;
Beloved One, who brings on evenings,
we shall sing to You with souls full of love.

Some add here the piyut אֶזְכְּרָה שְׁנוֹת עוֹלָמִים *(page 1160).*

Blessed are You, Lord,
who brings on evenings.

The *piyutim* for the second night were written by Rabbi Meir ben Isaac of Worms, who lived in the eleventh century. Known as *Shaliaḥ Tzibbur*, the "prayer-leader" of Worms, he was a prolific writer of liturgical poetry. His most famous composition is *Akdamut Millin*, said on Shavuot. The author of the piyutim for the first night is not known. Some attribute them likewise to Rabbi Meir ben Isaac, others to Rashi, but there is no conclusive evidence. Rabbi Meir ben Isaac did write the poem *Ezkera shenot olamim*, said by some on the first night prior to the Amida.

לֵיל שִׁמֻּרִים, אוֹתוֹ אֵל חָצָה *This is a guarded night, which God divided in two.* The poem is divided into five sections, said at different points between here and the Amida. *A guarded night:* The Torah says about Pesaḥ that, "It was a night of vigil [*leil shimurim*] for the Lord, [preparing] to bring them out of Egypt. This night remains for the Israelites a vigil to the Lord for all generations"

בּוֹרֵא יוֹם וָלָיְלָה
גּוֹלֵל אוֹר מִפְּנֵי חֹשֶׁךְ וְחֹשֶׁךְ מִפְּנֵי אוֹר
וּמַעֲבִיר יוֹם וּמֵבִיא לָיְלָה
וּמַבְדִּיל בֵּין יוֹם וּבֵין לָיְלָה
יהוה צְבָאוֹת שְׁמוֹ.
אֵל חַי וְקַיָּם תָּמִיד, יִמְלֹךְ עָלֵינוּ לְעוֹלָם וָעֶד.

The מערבות *for the first night consist of an ancient piyut by an unknown author, which was said in most medieval communities, in both Europe and the Orient. The first two stanzas "prepare" for the redemption at midnight.*

לֵיל שִׁמֻּרִים, אוֹתוֹ אֵל חָצָה
בַּחֲצוֹת לַיְלָה בְּתוֹךְ מִצְרַיִם כְּיָצָא
גִּבּוֹר עַל אֱדוֹם, יְחֶצֶנּוּ כְּחָצָה
דּוֹד מַעֲרִיב עֶרֶב, וּנְזַמְּרֶנּוּ בְּנֶפֶשׁ חֲפֵצָה.

Some add here the piyut אֶזְכְּרָה שְׁנוֹת עוֹלָמִים *(page 1160).*

בָּרוּךְ אַתָּה יהוה, הַמַּעֲרִיב עֲרָבִים.

To judge by the complexity and popularity of *piyut*, the communities to which it was addressed were exceptionally literate, testimony to the high levels of education sustained by Jewry even in ages of persecution and poverty.

Not everyone approved of *piyut* entirely. There were notes of dissent from Rav Hai Gaon, Ibn Ezra, Maimonides and others, on a number of grounds: they were unwarranted interruptions; they made the services too long; they are hard to understand; their use of language was uneven and eccentric. Their theology, thought Maimonides, was sometimes suspect. Yet *piyut* survived and thrived. It remains as a magnificent set of solo intervals in the choral symphony Israel has sung to its Maker, King, Judge and Redeemer. It is prayer as poetry and poetry as prayer, and its sacred beauty still challenges the mind as it lifts the heart.

אַהֲבַת עוֹלָם With everlasting love
have You loved Your people, the house of Israel.
You have taught us Torah and commandments,
decrees and laws of justice.
Therefore, LORD our God,
when we lie down and when we rise up
we will speak of Your decrees,
rejoicing in the words of Your Torah
and Your commandments for ever.

▸ For they are our life and the length of our days;
on them will we meditate day and night.
May You never take away Your love from us.

> This very night is a guarded night [for Israel],
> preordained by God when He announced His coming at midnight.
> The One to whom both day and night belong –
> may He recall His constant love
> for the offspring of [Abraham] who divided his camp at night.

Blessed are You, LORD,
who loves His people Israel.

חָלַק לַיְלָה *Who divided his camp at night.* Genesis 14 tells the story of how four
kings waged war against the cities of the plain, taking many captives among
whom was Lot, Abraham's nephew. Abraham gathered a force, pursued the
kings, and "engaged them in battle at night" (Gen. 14:15). The phrase can
also be translated literally as "He divided against them the night," which the
Midrash interprets to mean that God divided the night of miraculous power
into two, using the first half to help Abraham to defeat the kings, while saving
the second half of the night as His deliverance of the Israelites from Egypt
(*Bereshit Raba* 43:3). Note how both the Midrash and the poem link these
two events, separated by centuries, as if to say: there is a pattern in history.
Time is not a mere succession of unrelated events. Redemptive moments
have a repeated and recognizable structure: they bear the unmistakable signs
of God's handwriting.

אַהֲבַת עוֹלָם בֵּית יִשְׂרָאֵל עַמְּךָ אָהָבְתָּ
תּוֹרָה וּמִצְוֹת, חֻקִּים וּמִשְׁפָּטִים, אוֹתָנוּ לִמַּדְתָּ
עַל כֵּן יהוה אֱלֹהֵינוּ בְּשָׁכְבֵנוּ וּבְקוּמֵנוּ נָשִׂיחַ בְּחֻקֶּיךָ
וְנִשְׂמַח בְּדִבְרֵי תוֹרָתֶךָ וּבְמִצְוֹתֶיךָ לְעוֹלָם וָעֶד
כִּי הֵם חַיֵּינוּ וְאֹרֶךְ יָמֵינוּ, וּבָהֶם נֶהְגֶּה יוֹמָם וָלָיְלָה.
וְאַהֲבָתְךָ אַל תָּסִיר מִמֶּנּוּ לְעוֹלָמִים.

לֵיל שִׁמֻּרִים הוּא זֶה הַלַּיְלָה
וְעִתְּדוֹ אֵל, בְּאָמְרוֹ בַּחֲצוֹת הַלַּיְלָה
זֶה אֲשֶׁר לוֹ יוֹם וְגַם לַיְלָה
חֹק אַהֲבָתוֹ יִזְכֹּר לִבְנֵי חֵלֶק לַיְלָה

בָּרוּךְ אַתָּה יהוה, אוֹהֵב עַמּוֹ יִשְׂרָאֵל.

(Ex. 12:42). The Talmud (*Rosh HaShana* 11b) records two interpretations of the phrase "for all generations." According to Rabbi Yehoshua it means the night designated from the beginning of time as the night of redemption. According to Rabbi Eliezer it is the night protected each year from danger. *Which God divided:* The tenth plague to strike the Egyptians took place at midnight, hence the division of the night in two, before and after the critical moment that made Pharaoh resolve to let the Israelites go. *May He divide… too:* As God redeemed our ancestors from Egypt, may He redeem us from those who seek our harm.

אַהֲבַת עוֹלָם *With everlasting love.* Of all the ways in which God has made Himself known to us, the one that is central is revelation: God's word as recorded in Torah. The history of the Jewish mind is the story of a love affair between a people and a book. Heinrich Heine called the Torah "the portable homeland of the Jew." Wherever Jews went they took Torah with them. Where Torah study was strong Jewish life was strong. This paragraph expresses that love.

The Shema must be said with intense concentration.
When not with a minyan, say:

God, faithful King!

The following verse should be said aloud, while covering the eyes with the right hand:

Listen, Israel: the LORD is our God, the LORD is One.

Deut. 6

Quietly: Blessed be the name of His glorious kingdom for ever and all time.

וְאָהַבְתָּ Love the LORD your God with all your heart, with all your soul, and with all your might. These words which I command you today shall be on your heart. Teach them repeatedly to your children, speaking of them when you sit at home and when you travel on the way, when you lie down and when you rise. Bind them as a sign on your hand, and they shall be an emblem between your eyes. Write them on the doorposts of your house and gates. *Deut. 6*

וְהָיָה If you indeed heed My commandments with which I charge you today, to love the LORD your God and worship Him with all your heart and with all your soul, I will give rain in your land in its season, the early and late rain; and you shall gather in your grain, wine and oil. I will give grass in your field for your cattle, and you shall eat and be satisfied. Be careful lest your heart be tempted and you go astray and worship other gods, bowing down to them. Then the LORD's anger will flare against you and He will close the heavens so that there will be no rain. The land will not yield its crops, and you will perish swiftly from the good land that the LORD is giving you. Therefore, set these, My words, on your heart and soul. Bind them as a sign on your hand, and they shall be an emblem between your eyes. Teach them to your children, speaking of them when you sit at home and when you travel on the way, when you lie down and when you rise. Write them on the doorposts of your house and gates, so that you and your children may live long in the land that the LORD swore to your ancestors to give them, for as long as the heavens are above the earth. *Deut. 11*

The שמע must be said with intense concentration.
When not with a מנין, say:

אֵל מֶלֶךְ נֶאֱמָן

The following verse should be said aloud, while covering the eyes with the right hand:

דברים ו

שְׁמַע יִשְׂרָאֵל, יְהֹוָה אֱלֹהֵינוּ, יְהֹוָה ׀ אֶחָד:

Quietly בָּרוּךְ שֵׁם כְּבוֹד מַלְכוּתוֹ לְעוֹלָם וָעֶד.

דברים ו

וְאָהַבְתָּ אֵת יְהֹוָה אֱלֹהֶיךָ, בְּכָל־לְבָבְךָ וּבְכָל־נַפְשְׁךָ וּבְכָל־מְאֹדֶךָ: וְהָיוּ הַדְּבָרִים הָאֵלֶּה, אֲשֶׁר אָנֹכִי מְצַוְּךָ הַיּוֹם, עַל־לְבָבֶךָ: וְשִׁנַּנְתָּם לְבָנֶיךָ וְדִבַּרְתָּ בָּם, בְּשִׁבְתְּךָ בְּבֵיתֶךָ וּבְלֶכְתְּךָ בַדֶּרֶךְ, וּבְשָׁכְבְּךָ וּבְקוּמֶךָ: וּקְשַׁרְתָּם לְאוֹת עַל־יָדֶךָ וְהָיוּ לְטֹטָפֹת בֵּין עֵינֶיךָ: וּכְתַבְתָּם עַל־מְזֻזוֹת בֵּיתֶךָ וּבִשְׁעָרֶיךָ:

דברים יא

וְהָיָה אִם־שָׁמֹעַ תִּשְׁמְעוּ אֶל־מִצְוֹתַי אֲשֶׁר אָנֹכִי מְצַוֶּה אֶתְכֶם הַיּוֹם, לְאַהֲבָה אֶת־יְהֹוָה אֱלֹהֵיכֶם וּלְעָבְדוֹ, בְּכָל־לְבַבְכֶם וּבְכָל־נַפְשְׁכֶם: וְנָתַתִּי מְטַר־אַרְצְכֶם בְּעִתּוֹ, יוֹרֶה וּמַלְקוֹשׁ, וְאָסַפְתָּ דְגָנֶךָ וְתִירֹשְׁךָ וְיִצְהָרֶךָ: וְנָתַתִּי עֵשֶׂב בְּשָׂדְךָ לִבְהֶמְתֶּךָ, וְאָכַלְתָּ וְשָׂבָעְתָּ: הִשָּׁמְרוּ לָכֶם פֶּן־יִפְתֶּה לְבַבְכֶם, וְסַרְתֶּם וַעֲבַדְתֶּם אֱלֹהִים אֲחֵרִים וְהִשְׁתַּחֲוִיתֶם לָהֶם: וְחָרָה אַף־יְהֹוָה בָּכֶם, וְעָצַר אֶת־הַשָּׁמַיִם וְלֹא־יִהְיֶה מָטָר, וְהָאֲדָמָה לֹא תִתֵּן אֶת־יְבוּלָהּ, וַאֲבַדְתֶּם מְהֵרָה מֵעַל הָאָרֶץ הַטֹּבָה אֲשֶׁר יְהֹוָה נֹתֵן לָכֶם: וְשַׂמְתֶּם אֶת־דְּבָרַי אֵלֶּה עַל־לְבַבְכֶם וְעַל־נַפְשְׁכֶם, וּקְשַׁרְתֶּם אֹתָם לְאוֹת עַל־יֶדְכֶם, וְהָיוּ לְטוֹטָפֹת בֵּין עֵינֵיכֶם: וְלִמַּדְתֶּם אֹתָם אֶת־בְּנֵיכֶם לְדַבֵּר בָּם, בְּשִׁבְתְּךָ בְּבֵיתֶךָ וּבְלֶכְתְּךָ בַדֶּרֶךְ, וּבְשָׁכְבְּךָ וּבְקוּמֶךָ: וּכְתַבְתָּם עַל־מְזוּזוֹת בֵּיתֶךָ וּבִשְׁעָרֶיךָ: לְמַעַן יִרְבּוּ יְמֵיכֶם וִימֵי בְנֵיכֶם עַל הָאֲדָמָה אֲשֶׁר נִשְׁבַּע יְהֹוָה לַאֲבֹתֵיכֶם לָתֵת לָהֶם, כִּימֵי הַשָּׁמַיִם עַל־הָאָרֶץ:

וַיֹּאמֶר The LORD spoke to Moses, saying: Speak to the Israelites and tell them to make tassels on the corners of their garments for all generations. They shall attach to the tassel at each corner a thread of blue. This shall be your tassel, and you shall see it and remember all of the LORD's commandments and keep them, not straying after your heart and after your eyes, following your own sinful desires. Thus you will be reminded to keep all My commandments, and be holy to your God. I am the LORD your God, who brought you out of the land of Egypt to be your God. I am the LORD your God. *Num. 15*

True –

The Leader repeats:

‣ The LORD your God is true –

וֶאֱמוּנָה – and faithful is all this,
and firmly established for us
that He is the LORD our God,
and there is none beside Him,
and that we, Israel, are His people.
He is our King, who redeems us from the hand of kings
and delivers us from the grasp of all tyrants.
He is our God, who on our behalf repays our foes
and brings just retribution on our mortal enemies;
who performs great deeds
beyond understanding
and wonders beyond number;
who kept us alive, not letting our foot slip; *Ps. 66*
who led us on the high places of our enemies,
raising our pride above all our foes;
who did miracles for us
and brought vengeance against Pharaoh;
who performed signs and wonders
in the land of Ham's children;

וַיֹּאמֶר יהוה אֶל־מֹשֶׁה לֵּאמֹר: דַּבֵּר אֶל־בְּנֵי יִשְׂרָאֵל וְאָמַרְתָּ במדבר טו
אֲלֵהֶם, וְעָשׂוּ לָהֶם צִיצִת עַל־כַּנְפֵי בִגְדֵיהֶם לְדֹרֹתָם, וְנָתְנוּ עַל־
צִיצִת הַכָּנָף פְּתִיל תְּכֵלֶת: וְהָיָה לָכֶם לְצִיצִת, וּרְאִיתֶם אֹתוֹ וּזְכַרְתֶּם
אֶת־כָּל־מִצְוֹת יהוה וַעֲשִׂיתֶם אֹתָם, וְלֹא תָתֻרוּ אַחֲרֵי לְבַבְכֶם
וְאַחֲרֵי עֵינֵיכֶם, אֲשֶׁר־אַתֶּם זֹנִים אַחֲרֵיהֶם: לְמַעַן תִּזְכְּרוּ וַעֲשִׂיתֶם
אֶת־כָּל־מִצְוֹתָי, וִהְיִיתֶם קְדֹשִׁים לֵאלֹהֵיכֶם: אֲנִי יהוה אֱלֹהֵיכֶם,
אֲשֶׁר הוֹצֵאתִי אֶתְכֶם מֵאֶרֶץ מִצְרַיִם, לִהְיוֹת לָכֶם לֵאלֹהִים, אֲנִי
יהוה אֱלֹהֵיכֶם:

אֱמֶת

The שליח ציבור *repeats:*

› יהוה אֱלֹהֵיכֶם אֱמֶת

וֶאֱמוּנָה כָּל זֹאת וְקַיָּם עָלֵינוּ
כִּי הוּא יהוה אֱלֹהֵינוּ וְאֵין זוּלָתוֹ
וַאֲנַחְנוּ יִשְׂרָאֵל עַמּוֹ.
הַפּוֹדֵנוּ מִיַּד מְלָכִים
מַלְכֵּנוּ הַגּוֹאֲלֵנוּ מִכַּף כָּל הֶעָרִיצִים.
הָאֵל הַנִּפְרָע לָנוּ מִצָּרֵינוּ
וְהַמְשַׁלֵּם גְּמוּל לְכָל אוֹיְבֵי נַפְשֵׁנוּ.
הָעוֹשֶׂה גְדוֹלוֹת עַד אֵין חֵקֶר, וְנִפְלָאוֹת עַד אֵין מִסְפָּר
הַשָּׂם נַפְשֵׁנוּ בַּחַיִּים, וְלֹא־נָתַן לַמּוֹט רַגְלֵנוּ: תהלים סו
הַמַּדְרִיכֵנוּ עַל בָּמוֹת אוֹיְבֵינוּ
וַיָּרֶם קַרְנֵנוּ עַל כָּל שׂוֹנְאֵינוּ.
הָעוֹשֶׂה לָּנוּ נִסִּים וּנְקָמָה בְּפַרְעֹה
אוֹתוֹת וּמוֹפְתִים בְּאַדְמַת בְּנֵי חָם.

who smote in His wrath all the firstborn of Egypt,
and brought out His people Israel from their midst
into everlasting freedom;
who led His children through the divided Reed Sea,
plunging their pursuers and enemies into the depths.
When His children saw His might,
they gave praise and thanks to His name,
‣ and willingly accepted His Sovereignty.
Moses and the children of Israel
then sang a song to You.

The Zulat, the long piyut before the third part of the Ma'aravot, is probably not an integral part of them. However, it fits well the theme of the first night's Ma'aravot, describing the eating of the first Paschal sacrifice in Egypt on the night of the Redemption. It concludes with the stanza "On Pesaḥ we shall give praise," which in most congregations replaces the original third stanza of the piyut, "This is a guarded night, ordained."

That Pesaḥ offering, eaten in haste, while beholding wonders,
in the days of that Pesaḥ.

Pesaḥ must be observed for all our generations; turn to us and show us Your wonders once more, as in the days of that Pesaḥ.

On Pesaḥ He decreed the affliction of His faithful, for the precise duration of four hundred years, in the days of that Pesaḥ.

On Pesaḥ, He shall fulfill the sevenfold seventy-year prophecy, and reveal His day of vengeance, as in the days of that Pesaḥ.

On Pesaḥ He slew the firstborns of Ham [in Egypt], but took pity on Israel, His own firstborn son, in the days of that Pesaḥ.

_____

your people and your holy city until the measure of transgression is filled and that of sin complete, until iniquity is expiated and eternal righteousness ushered in, and prophetic vision ratified and the Holy of Holies anointed" (Dan. 9:24), that is, 490 years after the destruction of the First Temple. According to Malbim, had Jews fully repented during this time the final redemption would have taken place.

בְּכוֹרֵי חָם *Firstborns of Ham.* The Egyptians were descended from Mitzrayim, the son of Ham, one of the sons of Noah (Gen. 10:6). *His own firstborn son* refers to Israel: "My son, My firstborn, Israel" (Ex. 4:22).

הַמַּכֶּה בְעֶבְרָתוֹ כָּל בְּכוֹרֵי מִצְרָיִם
וַיּוֹצֵא אֶת עַמּוֹ יִשְׂרָאֵל מִתּוֹכָם לְחֵרוּת עוֹלָם.
הַמַּעֲבִיר בָּנָיו בֵּין גִּזְרֵי יַם סוּף
אֶת רוֹדְפֵיהֶם וְאֶת שׂוֹנְאֵיהֶם בִּתְהוֹמוֹת טִבַּע
וְרָאוּ בָנָיו גְּבוּרָתוֹ, שִׁבְּחוּ וְהוֹדוּ לִשְׁמוֹ
‹ וּמַלְכוּתוֹ בְּרָצוֹן קִבְּלוּ עֲלֵיהֶם
מֹשֶׁה וּבְנֵי יִשְׂרָאֵל, לְךָ עָנוּ שִׁירָה.

The זולת, the long piyut before the third part of the מערבות, is probably not an integral part of them. However, it fits well the theme of the first night's מערבות, describing the eating of the first Paschal sacrifice in Egypt on the night of the Redemption. It concludes with the stanza "שׁוֹכֵן שְׁחָקִים לְהַפֶּסַח תֵּת," which in most congregations replaces the original third stanza of the piyut, "לֵיל שִׁמֻּרִים טִכְּסוּ".

פֶּסַח אָכְלוּ פְּחוּזִים   וְנִפְלָאוֹת חוֹזִים   בִּימֵי חַג פֶּסַח.
פֶּסַח בָּנוּ לִשְׁמֹר לְדוֹרוֹת   פְּנֵה לָנוּ לְהוֹרוֹת   כִּימֵי חַג פֶּסַח.
פֶּסַח גָּזַר עִנּוּי אֱמוּנִים   אַרְבַּע מֵאוֹת נִמְנִים   בִּימֵי חַג פֶּסַח.
פֶּסַח דָּת שָׁבוּעִים יְמַלֵּא   וְיוֹם נָקָם יְגַלֶּה   כִּימֵי חַג פֶּסַח.
פֶּסַח הָרַג בְּכוֹרֵי חָם   וּבֵן בְּכוֹרוֹ רִחַם   בִּימֵי חַג פֶּסַח.

פֶּסַח אָכְלוּ פְּחוּזִים *That Pesaḥ offering, eaten in haste.* A poem constructed as an alphabetical acrostic, contrasting in alternating verses the miracles that happened in the past and our prayers for similar miracles to happen in the future, in accordance with the verse in Micah (7:15), "As in the days when you came out of Egypt, I will show them My wonders." History is a spiral in which the events of the past prefigure similar events in the future.

פֶּסַח גָּזַר עִנּוּי אֱמוּנִים *On Pesaḥ He decreed the affliction of His faithful.* A reference to the vision (Gen. 15:12–16) in which Abraham was told that his descendants would be "strangers in a land not theirs," after which God would bring them to freedom. According to tradition, the night of the vision was itself the night of Pesaḥ (*Pirkei deRabbi Eliezer* 27).

דָּת שָׁבוּעִים *The sevenfold seventy-year prophecy.* A reference to Daniel's vision in which he was told by the angel Gabriel, "Seventy 'sevens' are decreed for

Pesaḥ – He has designated it as the day to judge the wicked, and to bring [Israel's] saviors up to Zion,   as in the days of that Pesaḥ.

On Pesaḥ His pruning hook was set loose upon Egypt, to redeem the children of [Abraham] the steadfast one,   in the days of that Pesaḥ.

On Pesaḥ a sharp sword shall come down upon Edom, at the hand of the One bright and rosy,   as in the days of that Pesaḥ.

On Pesaḥ He slew the descendants of [the brother of] Kush, bringing forth His people laden with wealth,   in the days of that Pesaḥ.

On Pesaḥ – to Your beloved, plundered nest [Jerusalem] gather up Your wandering nation,   as in the days of that Pesaḥ.

On Pesaḥ He struck down those who set taskmasters over us, bringing His people forth amid miracles,   in the days of that Pesaḥ.

On Pesaḥ He shall subdue our oppressors, and heal our deepest wounds,   as in the days of that Pesaḥ.

On Pesaḥ He restored the wealth of His destitute people, and led that choicest vine [to His land],   in the days of that Pesaḥ.

On Pesaḥ He shall lay all persecuting rulers low, and double His people's joy,   as in the days of that Pesaḥ.

On Pesaḥ He delivered the arrogant over to pestilence, while healing His own people's brokenness,   in the days of that Pesaḥ.

Pesaḥ – reserved for the [downfall of] nations; for exacting vengeance for His people, as He promised,   as in the days of that Pesaḥ.

On Pesaḥ He filled the houses of the Egyptians with terror, and enlightened His faithful with a [Pesaḥ] ordinance,   in the days of that Pesaḥ.

This Pesaḥ – the time has come to bring destruction upon faithless reigns, and to gather Your inscribed nation,   as in the days of that Pesaḥ.

On Pesaḥ He bound destruction to our persecutors, redeeming His beloved ones from slavery,   in the days of that Pesaḥ.

On Pesaḥ You shall devastate arrogant rulers, and betroth Yourself to Your beloved bride [Israel],   as in the days of that Pesaḥ.

On Pesaḥ He caused cries to go out from every [Egyptian] home, as He went forth at midnight,   in the days of that Pesaḥ.

Pesaḥ is ordained and inscribed as a sign, for You will show us wonders on this day,   as in the days of that Pesaḥ.

פֶּסַח וְעַד לִשְׁפֹּט מַרְשִׁיעִים	וּלְהַעֲלוֹת לְצִיּוֹן מוֹשִׁיעִים	כִּימֵי חַג פֶּסַח.
פֶּסַח זֶמֶר בְּנוֹף נִתַּן	לִגְאֹל בְּנֵי אֵיתָן	בִּימֵי חַג פֶּסַח.
פֶּסַח חֶרֶב חַדָּה עַל אֱדוֹם	בְּיַד צַח וְאָדֹם	כִּימֵי חַג פֶּסַח.
פֶּסַח טְבִיחַת נִינֵי כוּשׁ	לְהוֹצִיא עַמּוֹ בִּרְכוּשׁ	בִּימֵי חַג פֶּסַח.
פֶּסַח יְדִידוּת קַן שְׁדוּדָה	כַּנֵּס לְאֹם נְדוּדָה	כִּימֵי חַג פֶּסַח.
פֶּסַח כָּרַת לְשָׁמוֹ מִסִּים	וְהוֹצִיא עַמּוֹ בְּנִסִּים	בִּימֵי חַג פֶּסַח.
פֶּסַח לוֹחֲצֵנוּ יִלְחַץ	וִירַפְּאֵנוּ מִמַּחַץ	כִּימֵי חַג פֶּסַח.
פֶּסַח מִלֵּא הֲמוֹן הֲרֵיקָה	וְהִסִּיעַ גֶּפֶן שׂוֹרֵקָה	בִּימֵי חַג פֶּסַח.
פֶּסַח נְגִידוּת צַר יַשְׁפִּיל	וְגִיל עַמּוֹ יַכְפִּיל	כִּימֵי חַג פֶּסַח.
פֶּסַח סִגֵּר זֵדִים לַדֶּבֶר	וְרִפֵּא עַמּוֹ מִשֶּׁבֶר	בִּימֵי חַג פֶּסַח.
פֶּסַח עֲבוּר כָּל גּוֹי שָׁמוּר	וְנָקָם עַמּוֹ כָּאָמוּר	כִּימֵי חַג פֶּסַח.
פֶּסַח פַּחַד בָּתֵּי מִצְרַיִם	וּבָן בְּצִוּוּי נוֹצְרִים	בִּימֵי חַג פֶּסַח.
פֶּסַח צְפִירַת צַר לַעֲלוּקָה	כַּנֵּס לְאֹם חֲקוּקָה	כִּימֵי חַג פֶּסַח.
פֶּסַח קָשַׁר לְצַר אֲבֵדָה	וְגָאַל יְדִידִים מֵעֲבוֹדָה	בִּימֵי חַג פֶּסַח.
פֶּסַח רָמִים זֵדִים הֲרַסְתָּ	וְרַעְיָתְךָ אֵרַסְתָּ	כִּימֵי חַג פֶּסַח.
פֶּסַח שָׁת בְּכָל בַּיִת יְלֵל	בְּצֵאתוֹ בַּחֲצוֹת לֵיל	בִּימֵי חַג פֶּסַח.
פֶּסַח תְּכַן וְהוּחַק לְאוֹת	לְהַרְאֵנוּ בוֹ נִפְלָאוֹת	כִּימֵי חַג פֶּסַח.

וְעַד *He has designated it as the day.* Just as the great deliverance of the past took place on Pesaḥ, so will the great deliverance of the future.

צַח וְאָדֹם *Bright and rosy.* A description of God in the Song of Songs (5:10).

נִינֵי כוּשׁ *The descendants of Kush.* Kush was the brother of Mitzrayim (the progenitor of Egypt), both of them sons of Ham (Gen. 10:6).

קַן שְׁדוּדָה *Your beloved, plundered nest.* A reference to Jerusalem and the Temple, as in Psalm 84:2–4: "My soul yearns, even faints, for the courts of the Lord… Even the sparrow has found a home, and the swallow a nest for herself, where she may have her young – a place near Your altar."

גֶּפֶן שׂוֹרֵקָה *That choicest vine.* A description of Israel, as in, "You transplanted a vine from Egypt" (Ps. 80:9), and "I had planted you like a choice vine" (Jer. 2:21).

On Pesaḥ we shall give praise to the One who resides in the heavens;
all those near and far will tell of His might.
His mighty glory was established at the sea,
where all sang and played music to praise and exalt Him.

> *Some say this original third stanza instead of, or in addition*
> *to, the above stanza "On Pesaḥ we shall give praise":*

This is a guarded night, ordained by the Friend of my Youth,
for saving the descendants of the blessed [ancestors]
from the accursed [foes].
As He frightened those who had embittered our lives
causing the Egyptians to bury [their dead],
the children of those chosen ones [our ancestors] spoke sweet words
praising Him for the plague of the firstborn sons.

With happiness, with song, with great joy,
and they all exclaimed:

"Who is like You, LORD, among the mighty?   *Ex. 15*
Who is like You, majestic in holiness,
awesome in praises, doing wonders?"

▸ Your children beheld Your majesty
as You parted the sea before Moses.

> *The three final stanzas turn to hope in the future redemption. The most commonly*
> *said versions appear below, with alternative texts printed in parentheses.*

This guarded night is a sign for the time to come
that the Exalted One shall come
to redeem the people close to Him;
He is Our Rock: let us rejoice and exult in Him!

He is Our Rock of salvation;
[Israel] opened their mouths and exclaimed:

"The LORD shall reign for ever and ever."   *Ex. 15*

---

night He saved Hezekiah, Hananiah and his companions, and Daniel from
the lion's den and on that night the Messiah and Elijah will appear" (*Shemot
Raba* 18:12).

פֶּסַח תְּהִלָּה לְשׁוֹכֵן שְׁחָקִים / תָּקְפוּ יַבִּיעוּ קְרוֹבִים וּרְחוֹקִים
תְּקֶף כְּבוֹדוֹ בַּיָּם מְחַקְקִים / שִׁיר וְתִשְׁבָּחוֹת מְשׁוֹרְרִים וּמְשַׂחֲקִים

Some say this original third stanza instead of, or in addition to, the above stanza "פֶּסַח תְּהִלָּה":

לֵיל שִׁמֻּרִים, טִכְּסוּ אַלּוּף נְעוּרִים / יַלְדֵי בְרוּכִים לְהוֹשִׁיעַ מֵאֲרוּרִים
כְּהִפְחִיד זַעַם חַיֵּינוּ מְמָרְרִים / לִהְיוֹת מִצְרִים מְקַבְּרִים
מֶלֶל הַמְּתִיקוּ בְּנֵי בְחוּרִים / נִצְּחוּהוּ יַחַד עַל מַכַּת בְּכוֹרִים.

בְּגִילָה, בְּרִנָּה בְּשִׂמְחָה רַבָּה
וְאָמְרוּ כֻלָּם

שמות טו מִי־כָמֹכָה בָּאֵלִם יהוה
מִי כָּמֹכָה נֶאְדָּר בַּקֹּדֶשׁ
נוֹרָא תְהִלֹּת עֹשֵׂה פֶלֶא:

› מַלְכוּתְךָ רָאוּ בָנֶיךָ, בּוֹקֵעַ יָם לִפְנֵי מֹשֶׁה

The three final stanzas turn to hope in the future redemption. The most commonly said versions appear below, with alternative texts printed in parentheses.

לֵיל שִׁמֻּרִים, סִימָן הוּא לֶעָתִיד לָבוֹא
עֶלְיוֹן כִּי בוֹא יָבוֹא
פָּקֹד יִפְקֹד עַם קְרוֹבוֹ
צוּרֵנוּ, נָגִילָה וְנִשְׂמְחָה בוֹ.

זֶה צוּר יִשְׁעֵנוּ, פָּצוּ פֶה, וְאָמְרוּ
שמות טו יהוה יִמְלֹךְ לְעֹלָם וָעֶד:

לֵיל שִׁמֻּרִים, סִימָן הוּא לֶעָתִיד לָבוֹא *This guarded night is a sign for the time to come.* A resumption of the earlier alphabetical poem.

"Why is it called 'a guarded night'? Because on that night He performed great things for the righteous as He had done for Israel in Egypt. On that

And it is said, "For the LORD has redeemed Jacob and rescued him from a power stronger than his own." *Jer. 31*

A guarded night: so was it named by the One awesome in deed, for on that night He broke the bars of the yoke, which the calf [Egypt] placed upon us.

(*Alternate verse:* On this guarded night,
please bring the time of redemption near;
have mercy upon Your bannered nation.)

One day He will destroy that nation [Edom] that has trampled and consumed us, / redeeming us yet again.*

Blessed are You, LORD, who redeemed Israel.

**Some end the blessing as follows (see commentary below):*

Blessed are You, LORD, King, Rock and Redeemer of Israel.

הַשְׁכִּיבֵנוּ Help us lie down, O LORD our God, in peace,
and rise up, O our King, to life.
Spread over us Your canopy of peace.
Direct us with Your good counsel,
and save us for the sake of Your name.
Shield us and remove from us every enemy,
plague, sword, famine and sorrow.
Remove the adversary from before and behind us.

---

it *trampled and consumed* its victims and crushed underfoot whatever was left" (Dan. 7:7). The last is thought to refer to the Roman Empire.

גָּאַל יִשְׂרָאֵל...מֶלֶךְ צוּר יִשְׂרָאֵל וְגוֹאֲלוֹ *Who redeemed Israel... King, Rock and Redeemer of Israel.* The difference between these two endings to the blessing reflects an ancient variation between the Jewish communities of Israel and Babylon. The Talmud Bavli (*Pesaḥim* 116b) records the first, the Talmud Yerushalmi (*Berakhot* 1:6) the second. Since most of the early *piyutim* were composed in Israel, it became customary to use the ending of the Israel tradition on festival nights when *piyutim* are said.

וְנֶאֱמַר: כִּי־פָדָה יהוה אֶת־יַעֲקֹב, וּגְאָלוֹ מִיַּד חָזָק מִמֶּנּוּ: ירמיה לא

לֵיל שִׁמֻּרִים קָרְאוּ נוֹרָא עֲלִילָה
כִּי בוֹ שָׁבַר מוֹטוֹת עֶגְלָה

(*Alternate verse* לֵיל שִׁמֻּרִים, קָרֵב קֵץ גְּאֻלָּה / רַחֵם אֹם נִדְגָּלָה)

רָעֹץ יֵרָעֵץ אֹם מְדוּקָה וַאֲכָלָה
שְׁנִית בּוֹ לְהִגָּאֲלָה.*

בָּרוּךְ אַתָּה יהוה, גָּאַל יִשְׂרָאֵל.

**Some end the blessing as follows (see commentary below):*

בָּרוּךְ אַתָּה יהוה, מֶלֶךְ צוּר יִשְׂרָאֵל וְגוֹאֲלוֹ.

הַשְׁכִּיבֵנוּ יהוה אֱלֹהֵינוּ לְשָׁלוֹם
וְהַעֲמִידֵנוּ מַלְכֵּנוּ לְחַיִּים
וּפְרֹשׂ עָלֵינוּ סֻכַּת שְׁלוֹמֶךָ
וְתַקְּנֵנוּ בְּעֵצָה טוֹבָה מִלְּפָנֶיךָ
וְהוֹשִׁיעֵנוּ לְמַעַן שְׁמֶךָ.
וְהָגֵן בַּעֲדֵנוּ
וְהָסֵר מֵעָלֵינוּ אוֹיֵב, דֶּבֶר וְחֶרֶב וְרָעָב וְיָגוֹן
וְהָסֵר שָׂטָן מִלְּפָנֵינוּ וּמֵאַחֲרֵינוּ, וּבְצֵל כְּנָפֶיךָ תַּסְתִּירֵנוּ

עֶגְלָה *The calf.* Another name for Egypt, as in "Egypt is a beautiful heifer" (Jer. 46:20).

אֹם מְדוּקָה וַאֲכָלָה *That nation [Edom] that has trampled and consumed us.* A reference to the vision in which Daniel saw four beasts, each representing one of the nations that oppressed Israel: Babylon, Persia, Greece, and a fourth "terrifying and frightening and very powerful. It had large iron teeth;

Shelter us in the shadow of Your wings,
for You, God, are our Guardian and Deliverer;
You, God, are a gracious and compassionate King.
Guard our going out and our coming in,
for life and peace, from now and for ever.
Spread over us Your canopy of peace.

> This guarded night He spoke to His beloved nation –
> whom He saved from the hand of Lehavim [Egypt] –
> of salvation for Bat-Rabbim [Israel];
> they shall lie down in respite and peace, without fear.

(*Alternate verse:* This guarded night is ordained for future generations;
> they shall be redeemed on it just as their ancestors once were.
> Fathers and sons shall rejoice in [their salvation]
> and You will spread Your [canopy of] peace
> over the people who are called Your children.)

*Some say here the piyut "*אֶזְכְּרָה שְׁנוֹת עוֹלָמִים*" (page 1160).*

Blessed are You, LORD,
who spreads a canopy of peace over all His people Israel,
and over Jerusalem.

*Continue with "Thus Moses announced" (and on Shabbat,
with "The children of Israel must keep") on page 72.*

לְבַת רַבִּים *Bat-Rabbim.* Literally, "daughter of multitudes," a phrase used to
describe Jerusalem (Song. 7:5), a city of many people.

כִּי אֵל שׁוֹמְרֵנוּ וּמַצִּילֵנוּ אָתָּה

כִּי אֵל מֶלֶךְ חַנּוּן וְרַחוּם אָתָּה.

וּשְׁמֹר צֵאתֵנוּ וּבוֹאֵנוּ לְחַיִּים וּלְשָׁלוֹם מֵעַתָּה וְעַד עוֹלָם.

וּפְרֹשׂ עָלֵינוּ סֻכַּת שְׁלוֹמֶךָ.

לֵיל שִׁמֻּרִים, שִׁמְעוּ לְעַם אֲהוּבִים
אֲשֶׁר הִצִּיל מִיַּד לְהָבִים
תְּשׁוּעָה הִיא לְבַת רַבִּים
בְּנַחַת וְשָׁלוֹם בְּלִי פַּחַד שׁוֹכְבִים.

(*Alternate verse* לֵיל שִׁמֻּרִים, שָׁמוּר הוּא לָאַחֲרוֹנִים
לְהִגָּאֵל בּוֹ כָּרִאשׁוֹנִים
וְיִשְׂמְחוּ בוֹ אָבוֹת וּבָנִים
וְתִפְרֹשׂ שְׁלוֹמְךָ עַל עַם קְרוּאֵי בָנִים.)

*Some say here the piyut "*אֶזְכְּרָה שְׁנוֹת עוֹלָמִים*" (page 1160).*

בָּרוּךְ אַתָּה יהוה

הַפּוֹרֵשׂ סֻכַּת שָׁלוֹם עָלֵינוּ וְעַל כָּל עַמּוֹ יִשְׂרָאֵל וְעַל יְרוּשָׁלָיִם.

*Continue with "*וַיְדַבֵּר מֹשֶׁה*" (and on Shabbat, with "*וְשָׁמְרוּ*") on page 73.*

לְהָבִים *Lehavim.* Descendants of Mitzrayim, the progenitor of Egypt (Gen. 10:13).

MA'ARIV FOR THE SECOND NIGHT

בָּרוּךְ Blessed are You, LORD our God,
King of the Universe,
who by His word brings on evenings,
by His wisdom opens the gates of heaven,
with understanding makes time change and the seasons rotate,
and by His will
orders the stars in their constellations in the sky.
He creates day and night, rolling away the light before the darkness,
and darkness before the light.
▸ He makes the day pass and brings on night,
distinguishing day from night:
the LORD of hosts is His name.
May the living and forever enduring God rule over us for all time.

The Ma'aravot for the second night, composed by Rabbi Meir ben Isaac of Worms,
continue the first night's theme of "a guarded night" and expand it more generally
beyond the night of redemption from Egypt. Unlike most Ma'aravot, this set is
divided into only five parts; the final piyut, "The evening before the day of [the Omer]
waving," replaces the last part and is not a later addition. This indicates that, uniquely,
this set of Ma'aravot was written as a complete liturgical composition.

A guarded night, when the Light of Israel,
the Holy One of those as awesome as a bannered army,
appeared in Tzo'an, and fulfilled the word of his messengers
[Moses and Aaron].
Ever since, His greatness has been glorified
in the song of praiseful congregations,
 telling of Your loving-kindness in the mornings, *Ps. 92*
and Your faithfulness at night.

Blessed are You, LORD, who brings on evenings.

בְּצֹעַן *In Tzo'an.* A city in Egypt (Num. 13:22), here used as a metonym, a part
for the whole.

וֶאֱמוּנָתְךָ בַּלֵּילוֹת *Your faithfulness at night.* Specifically on this night of Pesaḥ

מעריב לליל יום טוב שני של פסח

בָּרוּךְ אַתָּה יהוה אֱלֹהֵינוּ מֶלֶךְ הָעוֹלָם
אֲשֶׁר בִּדְבָרוֹ מַעֲרִיב עֲרָבִים
בְּחָכְמָה פּוֹתֵחַ שְׁעָרִים
וּבִתְבוּנָה מְשַׁנֶּה עִתִּים וּמַחֲלִיף אֶת הַזְּמַנִּים
וּמְסַדֵּר אֶת הַכּוֹכָבִים בְּמִשְׁמְרוֹתֵיהֶם בָּרָקִיעַ כִּרְצוֹנוֹ.
בּוֹרֵא יוֹם וָלָיְלָה
גּוֹלֵל אוֹר מִפְּנֵי חֹשֶׁךְ וְחֹשֶׁךְ מִפְּנֵי אוֹר
וּמַעֲבִיר יוֹם וּמֵבִיא לָיְלָה
וּמַבְדִּיל בֵּין יוֹם וּבֵין לָיְלָה
יהוה צְבָאוֹת שְׁמוֹ.
אֵל חַי וְקַיָּם תָּמִיד, יִמְלֹךְ עָלֵינוּ לְעוֹלָם וָעֶד.

The מערבות for the second night, composed by Rabbi Meir ben Isaac of Worms, continue the first night's theme of "a guarded night" and expand it more generally beyond the night of redemption from Egypt. Unlike most מערבות, this set is divided into only five parts; the final piyut, "אור יום הֶנֶף," replaces the last part and is not a later addition. This indicates that, uniquely, this set of מערבות was written as a complete liturgical composition.

לֵיל שִׁמֻּרִים   אוֹר יִשְׂרָאֵל קָדוֹשׁ אֲיֻמָּה נִדְגָּלוֹת
בְּצֹעַן, עֲצַת מַלְאָכָיו הִשְׁלִים בְּהִגָּלוֹת
גְּדֻלָּתוֹ מֵאָז יְרַנְּנוּ בְּמַקְהֲלוֹת הַלֵּלוֹת
לְהַגִּיד בַּבֹּקֶר חַסְדֶּךָ, וֶאֱמוּנָתְךָ בַּלֵּילוֹת: תהלים צב

בָּרוּךְ אַתָּה יהוה, הַמַּעֲרִיב עֲרָבִים.

לֵיל שִׁמֻּרִים אוֹר יִשְׂרָאֵל *A guarded night... Light of Israel.* A reference to Isaiah 10:17, "The Light of Israel will become a fire, their Holy One a flame," describing God's radiance as He freed His people from slavery.

אַהֲבַת עוֹלָם With everlasting love
have You loved Your people, the house of Israel.
You have taught us Torah and commandments,
decrees and laws of justice.
Therefore, LORD our God, when we lie down and when we rise up
we will speak of Your decrees, rejoicing in the words of Your Torah
and Your commandments for ever.
▸ For they are our life and the length of our days;
on them will we meditate day and night.
May You never take away Your love from us.

The Ma'aravot for the second night have a well-crafted structure, each stanza opening with a longer first line – so that the recurring phrase "guarded night" stands apart – and ending with a biblical quotation.

On that guarded night,
He fulfilled wondrously His deep and concealed word of old,
faithfully drawing [Abraham's] children out of servitude;
He brought them together as one,
making them a single entity forever – *1 Kings 10*
for the LORD's love for Israel is eternal.

Blessed are You, LORD, who loves His people Israel.

The Shema must be said with intense concentration.
When not with a minyan, say:

God, faithful King!

The following verse should be said aloud, while covering the eyes with the right hand:

Listen, Israel: the LORD is our God, the LORD is One. *Deut. 6*

Quietly: Blessed be the name of His glorious kingdom for ever and all time.

---

have to do with dependability and faithfulness to that which is placed in one's charge or care. Note that God announces Himself at the outset as the Father of the people He is about to liberate. He tells Moses to say to Pharaoh, "My child, My firstborn, Israel" (Ex. 4:22).

אַהֲבַת עוֹלָם בֵּית יִשְׂרָאֵל עַמְּךָ אָהָבְתָּ
תּוֹרָה וּמִצְוֹת, חֻקִּים וּמִשְׁפָּטִים, אוֹתָנוּ לִמַּדְתָּ
עַל כֵּן יהוה אֱלֹהֵינוּ בְּשָׁכְבֵנוּ וּבְקוּמֵנוּ נָשִׂיחַ בְּחֻקֶּיךָ
וְנִשְׂמַח בְּדִבְרֵי תוֹרָתֶךָ וּבְמִצְוֹתֶיךָ לְעוֹלָם וָעֶד
כִּי הֵם חַיֵּינוּ וְאֹרֶךְ יָמֵינוּ, וּבָהֶם נֶהְגֶּה יוֹמָם וָלָיְלָה.
וְאַהֲבָתְךָ אַל תָּסִיר מִמֶּנּוּ לְעוֹלָמִים.

The מערבות for the second night have a well-crafted structure, each stanza opening with a longer first line – so that the recurring phrase "שִׁמֻּרִים לֵיל" stands apart – and ending with a biblical quotation.

לֵיל שִׁמֻּרִים הִפְלִיא עֲצוֹת מֵרָחוֹק עָמֹק וְנֶעְלָם
וּבוֹ כְּאֹמֶן נִינָיו מִשִּׁעְבּוּד הֶעֱלָם
זְקַת חֲטִיבָה אַחַת עֲשָׂאָם לְעַלָּם
בְּאַהֲבַת יהוה אֶת יִשְׂרָאֵל לְעוֹלָם: מלכים א׳ י

בָּרוּךְ אַתָּה יהוה, אוֹהֵב עַמּוֹ יִשְׂרָאֵל.

The שמע must be said with intense concentration.
When not with a מנין, say:

אֵל מֶלֶךְ נֶאֱמָן

The following verse should be said aloud, while covering the eyes with the right hand:

דברים ו **שְׁמַע יִשְׂרָאֵל, יהוה אֱלֹהֵינוּ, יהוה ׀ אֶחָד:**

Quietly בָּרוּךְ שֵׁם כְּבוֹד מַלְכוּתוֹ לְעוֹלָם וָעֶד.

---

and exile when God was faithful to His promise to Abraham that He would bring his descendants to freedom, and "I will finally bring judgment against the nation who enslaves them" (Gen. 15:14).

כְּאֹמֶן *Faithfully.* The word *omen,* literally "one who nurses" (see Numbers 11:12), has the same root as *emuna,* "faith." The many resonances of the root *a-m-n,* which also include "craftsman," "carer," and "covenant" (*amana*), all

וְאָהַבְתָּ Love the LORD your God with all your heart, with all your soul, and with all your might. These words which I command you today shall be on your heart. Teach them repeatedly to your children, speaking of them when you sit at home and when you travel on the way, when you lie down and when you rise. Bind them as a sign on your hand, and they shall be an emblem between your eyes. Write them on the doorposts of your house and gates. *Deut. 6*

וְהָיָה If you indeed heed My commandments with which I charge you today, to love the LORD your God and worship Him with all your heart and with all your soul, I will give rain in your land in its season, the early and late rain; and you shall gather in your grain, wine and oil. I will give grass in your field for your cattle, and you shall eat and be satisfied. Be careful lest your heart be tempted and you go astray and worship other gods, bowing down to them. Then the LORD's anger will flare against you and He will close the heavens so that there will be no rain. The land will not yield its crops, and you will perish swiftly from the good land that the LORD is giving you. Therefore, set these, My words, on your heart and soul. Bind them as a sign on your hand, and they shall be an emblem between your eyes. Teach them to your children, speaking of them when you sit at home and when you travel on the way, when you lie down and when you rise. Write them on the doorposts of your house and gates, so that you and your children may live long in the land that the LORD swore to your ancestors to give them, for as long as the heavens are above the earth. *Deut. 11*

וַיֹּאמֶר The LORD spoke to Moses, saying: Speak to the Israelites and tell them to make tassels on the corners of their garments for all generations. They shall attach to the tassel at each corner a thread of blue. This shall be your tassel, and you shall see it and remember all of the LORD's commandments and keep them, not straying after your heart and after your eyes, following your own sinful desires. Thus you will be reminded to keep all My commandments, and be holy to your God. I am the LORD your *Num. 15*

דברים ו

וְאָהַבְתָּ אֵת יהוה אֱלֹהֶיךָ, בְּכָל־לְבָבְךָ וּבְכָל־נַפְשְׁךָ וּבְכָל־מְאֹדֶךָ:
וְהָיוּ הַדְּבָרִים הָאֵלֶּה, אֲשֶׁר אָנֹכִי מְצַוְּךָ הַיּוֹם, עַל־לְבָבֶךָ: וְשִׁנַּנְתָּם
לְבָנֶיךָ וְדִבַּרְתָּ בָּם, בְּשִׁבְתְּךָ בְּבֵיתֶךָ וּבְלֶכְתְּךָ בַדֶּרֶךְ, וּבְשָׁכְבְּךָ
וּבְקוּמֶךָ: וּקְשַׁרְתָּם לְאוֹת עַל־יָדֶךָ וְהָיוּ לְטֹטָפֹת בֵּין עֵינֶיךָ:
וּכְתַבְתָּם עַל־מְזֻזוֹת בֵּיתֶךָ וּבִשְׁעָרֶיךָ:

דברים יא

וְהָיָה אִם־שָׁמֹעַ תִּשְׁמְעוּ אֶל־מִצְוֹתַי אֲשֶׁר אָנֹכִי מְצַוֶּה אֶתְכֶם
הַיּוֹם, לְאַהֲבָה אֶת־יהוה אֱלֹהֵיכֶם וּלְעָבְדוֹ, בְּכָל־לְבַבְכֶם וּבְכָל־
נַפְשְׁכֶם: וְנָתַתִּי מְטַר־אַרְצְכֶם בְּעִתּוֹ, יוֹרֶה וּמַלְקוֹשׁ, וְאָסַפְתָּ דְגָנֶךָ
וְתִירֹשְׁךָ וְיִצְהָרֶךָ: וְנָתַתִּי עֵשֶׂב בְּשָׂדְךָ לִבְהֶמְתֶּךָ, וְאָכַלְתָּ וְשָׂבָעְתָּ:
הִשָּׁמְרוּ לָכֶם פֶּן־יִפְתֶּה לְבַבְכֶם, וְסַרְתֶּם וַעֲבַדְתֶּם אֱלֹהִים אֲחֵרִים
וְהִשְׁתַּחֲוִיתֶם לָהֶם: וְחָרָה אַף־יהוה בָּכֶם, וְעָצַר אֶת־הַשָּׁמַיִם
וְלֹא־יִהְיֶה מָטָר, וְהָאֲדָמָה לֹא תִתֵּן אֶת־יְבוּלָהּ, וַאֲבַדְתֶּם מְהֵרָה
מֵעַל הָאָרֶץ הַטֹּבָה אֲשֶׁר יהוה נֹתֵן לָכֶם: וְשַׂמְתֶּם אֶת־דְּבָרַי אֵלֶּה
עַל־לְבַבְכֶם וְעַל־נַפְשְׁכֶם, וּקְשַׁרְתֶּם אֹתָם לְאוֹת עַל־יֶדְכֶם, וְהָיוּ
לְטוֹטָפֹת בֵּין עֵינֵיכֶם: וְלִמַּדְתֶּם אֹתָם אֶת־בְּנֵיכֶם לְדַבֵּר בָּם, בְּשִׁבְתְּךָ
בְּבֵיתֶךָ וּבְלֶכְתְּךָ בַדֶּרֶךְ, וּבְשָׁכְבְּךָ וּבְקוּמֶךָ: וּכְתַבְתָּם עַל־מְזוּזוֹת
בֵּיתֶךָ וּבִשְׁעָרֶיךָ: לְמַעַן יִרְבּוּ יְמֵיכֶם וִימֵי בְנֵיכֶם עַל הָאֲדָמָה אֲשֶׁר
נִשְׁבַּע יהוה לַאֲבֹתֵיכֶם לָתֵת לָהֶם, כִּימֵי הַשָּׁמַיִם עַל־הָאָרֶץ:

במדבר טו

וַיֹּאמֶר יהוה אֶל־מֹשֶׁה לֵּאמֹר: דַּבֵּר אֶל־בְּנֵי יִשְׂרָאֵל וְאָמַרְתָּ
אֲלֵהֶם, וְעָשׂוּ לָהֶם צִיצִת עַל־כַּנְפֵי בִגְדֵיהֶם לְדֹרֹתָם, וְנָתְנוּ עַל־
צִיצִת הַכָּנָף פְּתִיל תְּכֵלֶת: וְהָיָה לָכֶם לְצִיצִת, וּרְאִיתֶם אֹתוֹ וּזְכַרְתֶּם
אֶת־כָּל־מִצְוֹת יהוה וַעֲשִׂיתֶם אֹתָם, וְלֹא תָתוּרוּ אַחֲרֵי לְבַבְכֶם
וְאַחֲרֵי עֵינֵיכֶם, אֲשֶׁר־אַתֶּם זֹנִים אַחֲרֵיהֶם: לְמַעַן תִּזְכְּרוּ וַעֲשִׂיתֶם
אֶת־כָּל־מִצְוֹתָי, וִהְיִיתֶם קְדֹשִׁים לֵאלֹהֵיכֶם: אֲנִי יהוה אֱלֹהֵיכֶם,

God, who brought you out of the land of Egypt to be your God.
I am the LORD your God.

True –

The Leader repeats:
▸ The LORD your God is true –

וֶאֱמוּנָה – and faithful is all this,
and firmly established for us
that He is the LORD our God,
and there is none beside Him,
and that we, Israel, are His people.
He is our King, who redeems us from the hand of kings
and delivers us from the grasp of all tyrants.
He is our God, who on our behalf repays our foes
and brings just retribution on our mortal enemies;
who performs great deeds beyond understanding
and wonders beyond number;
who kept us alive, not letting our foot slip;   *Ps. 66*
who led us on the high places of our enemies,
raising our pride above all our foes;
who did miracles for us
and brought vengeance against Pharaoh;
who performed signs and wonders
in the land of Ham's children;
who smote in His wrath all the firstborn of Egypt,
and brought out His people Israel from their midst
into everlasting freedom;
who led His children through the divided Reed Sea,
plunging their pursuers and enemies into the depths.
When His children saw His might,
they gave praise and thanks to His name,
▸ and willingly accepted His Sovereignty.
Moses and the children of Israel
then sang a song to You.

אֲשֶׁר הוֹצֵאתִי אֶתְכֶם מֵאֶרֶץ מִצְרַיִם, לִהְיוֹת לָכֶם לֵאלֹהִים, אֲנִי יהוה אֱלֹהֵיכֶם:

אֱמֶת

The שליח ציבור *repeats:*

‣ יהוה אֱלֹהֵיכֶם אֱמֶת

וֶאֱמוּנָה כָּל זֹאת וְקַיָּם עָלֵינוּ
כִּי הוּא יהוה אֱלֹהֵינוּ וְאֵין זוּלָתוֹ
וַאֲנַחְנוּ יִשְׂרָאֵל עַמּוֹ.
הַפּוֹדֵנוּ מִיַּד מְלָכִים
מַלְכֵּנוּ הַגּוֹאֲלֵנוּ מִכַּף כָּל הֶעָרִיצִים.
הָאֵל הַנִּפְרָע לָנוּ מִצָּרֵינוּ
וְהַמְשַׁלֵּם גְּמוּל לְכָל אוֹיְבֵי נַפְשֵׁנוּ.
הָעוֹשֶׂה גְדוֹלוֹת עַד אֵין חֵקֶר, וְנִפְלָאוֹת עַד אֵין מִסְפָּר
הַשָּׂם נַפְשֵׁנוּ בַּחַיִּים, וְלֹא־נָתַן לַמּוֹט רַגְלֵנוּ: תהלים סו
הַמַּדְרִיכֵנוּ עַל בָּמוֹת אוֹיְבֵינוּ
וַיָּרֶם קַרְנֵנוּ עַל כָּל שׂוֹנְאֵינוּ.
הָעוֹשֶׂה לָּנוּ נִסִּים וּנְקָמָה בְּפַרְעֹה
אוֹתוֹת וּמוֹפְתִים בְּאַדְמַת בְּנֵי חָם.
הַמַּכֶּה בְעֶבְרָתוֹ כָּל בְּכוֹרֵי מִצְרָיִם
וַיּוֹצֵא אֶת עַמּוֹ יִשְׂרָאֵל מִתּוֹכָם לְחֵרוּת עוֹלָם.
הַמַּעֲבִיר בָּנָיו בֵּין גִּזְרֵי יַם סוּף
אֶת רוֹדְפֵיהֶם וְאֶת שׂוֹנְאֵיהֶם בִּתְהוֹמוֹת טִבַּע
וְרָאוּ בָנָיו גְּבוּרָתוֹ, שִׁבְּחוּ וְהוֹדוּ לִשְׁמוֹ
‣ וּמַלְכוּתוֹ בְּרָצוֹן קִבְּלוּ עֲלֵיהֶם
מֹשֶׁה וּבְנֵי יִשְׂרָאֵל, לְךָ עָנוּ שִׁירָה.

The Zulat for the second night is an integral component of the Ma'aravot, rather than a separate piyut. It describes many miraculous events that occurred through our history, on the nights of Pesaḥ.

A guarded night, by the Mighty One, fitting are His praises,
for He has made remembrance for His wonders Ps. 111
on the nights of the Pesaḥ festival.

On this guarded night I shall praise the One
who bestows acts of loving-kindness,
whose praise is in the assembly of the devoted Ps. 149
on the nights of the Pesaḥ festival.

A guarded night, designated for greatness from the days of creation;
a night for us to observe eternally on the nights of the Pesaḥ festival. Neh. 4

A guarded night; as reward for my Paschal offering,
may my meditation be as pleasing to Him as that sacrifice Ps. 104
on the nights of the Pesaḥ festival.

A guarded night, planned from the moment light first beautified the world,
when He uttered those first words, creating light Ps. 119
on the nights of the Pesaḥ festival.

On this guarded night, [Abel] approached to offer up his pleasing sacrifice
of the firstborn of his flock and its choicest animals Gen. 4
on the nights of the Pesaḥ festival.

On this guarded night, [Abraham,] the star of the East emerged,
singing his Song of Ethan the Ezrahite on the nights of the Pesaḥ festival. Ps. 89

On this guarded night, [Abraham] pursued kings and struck them down,
their swords entering their own hearts on the nights of the Pesaḥ festival. Ps. 37

---

victorious in his battle against the four kings who had captured his nephew Lot; Sarah was saved from the advances of Pharaoh and Avimelekh; Lot was rescued from the overthrow of Sodom; Rebecca arranged for Jacob to receive Isaac's blessing; Jacob was saved from Laban; Jacob wrestled with an angel; Gideon and Boaz were given strength; Israel was saved from the Assyrians; Balshazar saw the writing on the wall, interpreted by Daniel to indicate

The זולת *for the second night is an integral component of the* מערבות*, rather than a separate piyut. It describes many miraculous events that occurred through our history, on the nights of* פסח*.*

לֵיל שִׁמֻּרִים אַדִּיר וְנָאֶה לִתְהִלּוֹתָיו
זֵכֶר עָשָׂה לְנִפְלְאוֹתָיו בְּלֵילֵי חַג פֶּסַח. תהלים קיא

לֵיל שִׁמֻּרִים אָנוּהוּ גּוֹמֵל חֲסָדִים
תְּהִלָּתוֹ בִּקְהַל חֲסִידִים בְּלֵילֵי חַג פֶּסַח. תהלים קמט

לֵיל שִׁמֻּרִים בָּא מִבְּרֵאשִׁית לְהִתְאַמָּר
לָנוּ הַלַּיְלָה מִשְׁמָר בְּלֵילֵי חַג פֶּסַח. נחמיה ד

לֵיל שִׁמֻּרִים בְּגִין קָרְבַּן פִּסְחִי
יֶעֱרַב עָלָיו שִׂיחִי בְּלֵילֵי חַג פֶּסַח. תהלים קד

לֵיל שִׁמֻּרִים גִּיהַּ עוֹלָם הִתְאִיר
פֵּתַח־דְּבָרֶיךָ יָאִיר בְּלֵילֵי חַג פֶּסַח. תהלים קיט

לֵיל שִׁמֻּרִים גָּשׁ רָצוּי לְכַהֵן
מִבְּכוֹרוֹת צֹאנוֹ וּמֵחֶלְבֵהֶן בְּלֵילֵי חַג פֶּסַח. בראשית ד

לֵיל שִׁמֻּרִים דָּרַךְ כּוֹכָב מִזְרָחִי
מַשְׂכִּיל לְאֵיתָן הָאֶזְרָחִי בְּלֵילֵי חַג פֶּסַח. תהלים פט

לֵיל שִׁמֻּרִים דָּלַק מְלָכִים וְלִבָּם
חַרְבָּם תָּבוֹא בְלִבָּם בְּלֵילֵי חַג פֶּסַח. תהלים לז

לֵיל שִׁמֻּרִים אַדִּיר *A guarded night, by the Mighty One.* This piyut is set as a double alphabetical acrostic followed by the letters of the author's name, Meir. Its theme is the way the (second) night of Pesaḥ has been a time of protection through the generations as evidenced by the many deliverances that took place at that time: God created the first man in Nisan; Abel offered a sacrifice; Abraham was summoned to begin his journey; he was

On this guarded night, Yiska [Sarah] was praised in [Pharaoh's] palace,
and led to the king in richly embroidered dress   *Ps. 45*
                               on the nights of the Pesaḥ festival.

On this guarded night, that king was overwhelmed and driven away,
by a sign brought down upon Egypt   on the nights of the Pesaḥ festival. *Is. 20*

On this guarded night, the ordained decree of our slavery was revealed,
along with God's wondrous works and plans for us   *Ps. 40*
                               on the nights of the Pesaḥ festival.

On this guarded night, He chastised Avimelekh in private,
making him tremble in his dream at night,   *Gen. 20*
                               on the nights of the Pesaḥ festival.

On this guarded night, He poured His retribution
down upon the arrogant [people of Sodom and Gomorrah],
setting forth His hand, overturning [their cities]   *Job 28*
                               on the nights of the Pesaḥ festival.

On this guarded night,
the nimble [Rebecca] redirected the blessings to her son Jacob   *Gen. 27*
                               on the nights of the Pesaḥ festival.

On this guarded night,
He muted the voice of Laban the Aramean, appearing to him in a dream, *Gen. 31*
preventing him from speaking even good words [to Jacob]
                               on the nights of the Pesaḥ festival.

On this guarded night, [Jacob,]
the one inscribed on Your majestic throne prevailed over an angel *Hos. 12*
                               on the nights of the Pesaḥ festival.

On this guarded night,
the Goodly One acquiesced to that angel's pronouncement [to Jacob],
fulfilling the word of His servant   on the nights of the Pesaḥ festival. *Is. 44*

On this guarded night, [Pharaoh's daughter] saw that her business goes well, *Prov. 31*
and her [life's] lamp does not go out on night,
                               on the nights of the Pesaḥ festival.

לֵיל שִׁמֻּרִים הַלַּיְלָה יָסֹכָּה בְּפֶלֶךְ
לִרְקָמוֹת תּוּבַל לַמֶּלֶךְ בְּלֵילֵי חַג פֶּסַח. תהלים מה

לֵיל שִׁמֻּרִים הַסְחַף וְנִדְחַף אֲחוֹרַיִם
מוֹפֵת עַל־מִצְרַיִם בְּלֵילֵי חַג פֶּסַח. ישעיה כ

לֵיל שִׁמֻּרִים וָעַד לְבָרֵר עָלֵינוּ
נִפְלְאֹתֶיךָ וּמַחְשְׁבֹתֶיךָ אֵלֵינוּ בְּלֵילֵי חַג פֶּסַח. תהלים מ

לֵיל שִׁמֻּרִים וְכַח חֲשָׁאִי בְּחִילָה
אֲבִימֶלֶךְ בַּחֲלוֹם הַלַּיְלָה בְּלֵילֵי חַג פֶּסַח. בראשית כ

לֵיל שִׁמֻּרִים זֵדִים רִדּוּי שָׁפַךְ
שָׁלַח יָדוֹ, הָפַךְ בְּלֵילֵי חַג פֶּסַח. איוב כח

לֵיל שִׁמֻּרִים זְרִיזָה בְּרָכוֹת כִּוְּנָה
אֶל־יַעֲקֹב בְּנָהּ בְּלֵילֵי חַג פֶּסַח. בראשית כז

לֵיל שִׁמֻּרִים חָסַם בְּטוֹב לְאֻלָּם
לָבָן הָאֲרַמִּי בַּחֲלֹם בְּלֵילֵי חַג פֶּסַח. בראשית לא

לֵיל שִׁמֻּרִים חָקוּק בְּהוֹד כִּסְאָךְ
וַיָּשַׂר אֶל־מַלְאָךְ בְּלֵילֵי חַג פֶּסַח. הושע יב

לֵיל שִׁמֻּרִים טוֹב הַסְכֵּים לְיָדוֹ
מֵקִים דְּבַר עַבְדּוֹ בְּלֵילֵי חַג פֶּסַח. ישעיה מד

לֵיל שִׁמֻּרִים טָעֲמָה כִּי־טוֹב סַחְרָהּ משלי לא
לֹא־יִכְבֶּה בַלַּיְלָה נֵרָהּ בְּלֵילֵי חַג פֶּסַח.

---

the imminent downfall of Babylon; Mordekhai stayed awake studying Torah and King Ahasuerus' sleep was disturbed, a turning point in the story of Purim.

This guarded night – its Creator divided it with wisdom;
He who knows the length of time;   on the nights of the Pesaḥ festival. *Ps. 74*

On this guarded night, there was a great cry in Egypt.
They rose while it was still night   on the nights of the Pesaḥ festival. *Prov. 31*

On this guarded night, Egypt's [firstborn] captives
and slaves were slain as well,
for those who rejoice in the downfall of others shall not go unpunished   *Prov. 17*
                                        on the nights of the Pesaḥ festival.

On this guarded night, the tombs [of Egypt's firstborn] were ransacked and
ravaged [by dogs]; overturned in the night, they were crushed   *Job 34*
                                        on the nights of the Pesaḥ festival.

On this guarded night, the engraved images [on their tombs]
were pulverized into fine dust – the firstborns of their strength –   *Ps. 105*
                                        on the nights of the Pesaḥ festival.

On this guarded night, their gods were afflicted,
defeated, rendered void, emptied, devastated,   *Nah. 2*
                                        on the nights of the Pesaḥ festival.

On this guarded night, You summoned lights of salvation for me,
holding on to my right hand   on the nights of the Pesaḥ festival. *Ps. 73*

On this guarded night, we bind profound praises to You
for Your righteous statutes   on the nights of the Pesaḥ festival. *Ps. 119*

On this guarded night, we hope for great wonders from You;
from one [Seder] night to night, they shall communicate   *Ps. 19*
                                        on the nights of the Pesaḥ festival.

On this guarded night,
the luminous stars waged war [with Sisera] from heaven,
to help the LORD fight our mighty enemies   *Judges 5*
                                        on the nights of the Pesaḥ festival.

On this guarded night, [Gideon's generation,]
emptied of righteousness, were saved
by merit of the loaf of barley [their observance of the Omer offering]   *Judges 7*
                                        on the nights of the Pesaḥ festival.

לֵיל שִׁמֻּרִים יוֹצְרוֹ חֲלָקוֹ בְּחָכְמָה
יוֹדֵעַ עַד־מָה בְּלֵילֵי חַג פֶּסַח. תהלים עד

לֵיל שִׁמֻּרִים יְדָלָה בְּנֹף נָפְלָה
וַתָּקָם בְּעוֹד לַיְלָה בְּלֵילֵי חַג פֶּסַח. משלי לא

לֵיל שִׁמֻּרִים כְּדָן וּשְׁבוּי לָקָה
שָׂמֵחַ לְאֵיד לֹא יִנָּקֶה בְּלֵילֵי חַג פֶּסַח. משלי יז

לֵיל שִׁמֻּרִים כּוֹכָם נֶחְטַט וְנִכְאוּ
וְהָפַךְ לַיְלָה וְיִדַּכָּאוּ בְּלֵילֵי חַג פֶּסַח. איוב לד

לֵיל שִׁמֻּרִים לְהָדֵק נִשְׁחַק אִקּוּנָם
רֵאשִׁית לְכָל־אוֹנָם בְּלֵילֵי חַג פֶּסַח. תהלים קה

לֵיל שִׁמֻּרִים לְבֵטָה יִרְאָתָם וְלוֹקָה
בּוּקָה וּמְבוּקָה וּמְבֻלָּקָה בְּלֵילֵי חַג פֶּסַח. נחום ב

לֵיל שִׁמֻּרִים מְאוֹרֵי יֶשַׁע לְהַזְמִינִי
אֲחֻזַּת בְּיַד־יְמִינִי בְּלֵילֵי חַג פֶּסַח. תהלים עג

לֵיל שִׁמֻּרִים מְאוֹדֵי הוֹדָאוֹת לַאֲדַקֶּךָ
עַל מִשְׁפְּטֵי צִדְקֶךָ בְּלֵילֵי חַג פֶּסַח. תהלים קיט

לֵיל שִׁמֻּרִים נוֹרָאוֹת בַּעֲשׂוֹתְךָ נְקַוֶּה
וְלַיְלָה לְּלַיְלָה יְחַוֶּה בְּלֵילֵי חַג פֶּסַח. תהלים יט

לֵיל שִׁמֻּרִים נִלְחֲמוּ כּוֹכְבֵי אוֹרִים
לְעֶזְרַת יהוה בַּגִּבּוֹרִים בְּלֵילֵי חַג פֶּסַח. שופטים ה

לֵיל שִׁמֻּרִים סִיַּע צֶדֶק נְעוּרִים
צְלִיל לֶחֶם שְׂעֹרִים בְּלֵילֵי חַג פֶּסַח. שופטים ז

On this guarded night, [Boaz] was protected like a fortified, walled city;
that wise man restrained himself with strength   *Prov. 24*
                              on the nights of the Pesaḥ festival.

On this guarded night He hastened to punish our Assyrian adversaries;
instead of their glory, a fire was kindled to scorch them   *Is. 10*
                              on the nights of the Pesaḥ festival.

On this guarded night,
the Omer measure of [Hezekiah's] sickle merited them salvation;
their wave-offering fought their battle   on the nights of the Pesaḥ festival. *Is. 30*

On this guarded night, that generation praised the Lofty One with their words,
with song from all ends of the earth   on the nights of the Pesaḥ festival. *Is. 24*

On this guarded night, God revealed His hidden works [to Daniel],
for He reveals His secret counsel to His faithful servants   *Amos 3*
                              on the nights of the Pesaḥ festival.

On that guarded night, the table was decked and laden,
and lo and behold – a hand came forth [writing on the wall]   *Ezek. 2*
                              on the nights of the Pesaḥ festival.

On that guarded night, [Belshazzar] was annihilated,
that very same night, for he had defiled the Lord's sanctified vessels   *Lev. 19*
                              on the nights of the Pesaḥ festival.

On this guarded night, the towering date-palm, Israel,
was saved by the merit of [Hananiah, Mishael and Azariah,]
the myrtle branches in the deep waters   on the nights of the Pesaḥ festival. *Zech. 1*

On this guarded night, [Mordekhai] engaged his disciples,
teaching laws of the meal-offering handfuls,
providing for his loved ones while they sleep   *Ps. 127*
                              on the nights of the Pesaḥ festival.

On this guarded night, relief and deliverance stood by [the Jews];
on that night, when [King Ahasuerus'] sleep was disturbed   *Esther 6*
                              on the nights of the Pesaḥ festival.

On this guarded night, my spirit seeks to speak words to God,
as I recall my nightly songs [in the Temple]   *Ps. 77*
                              on the nights of the Pesaḥ festival.

לֵיל שִׁמֻּרִים סְגַב בְּמִבְטָח וּמָעוֹז
גֶּבֶר־חָכָם בַּעוֹז בְּלֵילֵי חַג פֶּסַח. משלי כד

לֵיל שִׁמֻּרִים עָרִיצֵי פוּל שָׁקַד
וְתַחַת כְּבֹדוֹ יֵקַד בְּלֵילֵי חַג פֶּסַח. ישעיה י

לֵיל שִׁמֻּרִים עֹמֶר חֶרְמֵשׁוֹ פִּלְּחָם
וּבְמִלְחֲמוֹת תְּנוּפָה נִלְחַם בְּלֵילֵי חַג פֶּסַח. ישעיה ל

לֵיל שִׁמֻּרִים פְּאַר עֶלְיוֹן בַּאֲמִירוֹת
מִכְּנַף הָאָרֶץ זְמִרֹת בְּלֵילֵי חַג פֶּסַח. ישעיה כד

לֵיל שִׁמֻּרִים פַּעְנֵחַ צָפְנַת מַעְבָדָיו
סוֹדוֹ אֶל־עֲבָדָיו בְּלֵילֵי חַג פֶּסַח. עמוס ג

לֵיל שִׁמֻּרִים צָפִית סְדוּרָה וַאֲרוּחָה
וְהִנֵּה־יָד שְׁלוּחָה בְּלֵילֵי חַג פֶּסַח. יחזקאל ב

לֵיל שִׁמֻּרִים צְמַת בּוֹ בְּלֵיל
קֹדֶשׁ יהוה חִלֵּל בְּלֵילֵי חַג פֶּסַח. ויקרא יט

לֵיל שִׁמֻּרִים קוֹמַת תָּמָר הָצְּלָה
הַהֲדַסִּים אֲשֶׁר בַּמְּצֻלָה בְּלֵילֵי חַג פֶּסַח. זכריה א

לֵיל שִׁמֻּרִים קֹמֶץ הִשְׁבִּיעַ לְשַׁנְנָה
יִתֵּן לִידִידוֹ שֵׁנָא בְּלֵילֵי חַג פֶּסַח. תהלים קכז

לֵיל שִׁמֻּרִים רֶוַח וְהַצָּלָה עָמְדָה
בַּלַּיְלָה הַהוּא נָדְדָה בְּלֵילֵי חַג פֶּסַח. אסתר ו

לֵיל שִׁמֻּרִים רוּחִי חִפְּשָׂה לְמַלְּלָה
אֶזְכְּרָה נְגִינָתִי בַּלָּיְלָה בְּלֵילֵי חַג פֶּסַח. תהלים עז

This guarded night, reserved for God's planned vengeance
upon Tyre, the crowning city [of the Roman empire],   *Is. 23*
                    on the nights of the Pesaḥ festival.

This guarded night, the downfall of Egypt shall be recalled
until news comes of Tyre's fate, for it will make them tremble   *Ibid.*
                    on the nights of the Pesaḥ festival.

This guarded night, they shall seek in the Holy Scriptures,
and none [of the prophecies] will remain unfulfilled   *Is. 34*
                    on the nights of the Pesaḥ festival.

This guarded night has been prepared for salvation and miracles,
for He gathers the scattered ones of Israel   *Ps. 147*
                    on the nights of the Pesaḥ festival.

This guarded night, may He desire to hear my words;
He who has worked salvation since times of old   *Ps. 74*
                    on the nights of the Pesaḥ festival.

On this guarded night, when You granted repose to Your freed people,
we gave thanks to You, our God   on the nights of the Pesaḥ festival. *Ps. 75*

This guarded night, You shall give us joyous salvation,
and we shall give thanks to Your name forever   *Ps. 44*
                    on the nights of the Pesaḥ festival.

This guarded night, when You renew our song of joy,
we shall thank Your holy name   on the nights of the Pesaḥ festival. *Ps. 106*

> *The next stanza of the main piyut emphasizes the theme of singing God's*
> *praises for his loving-kindness, as shown by the second stich (based upon*
> *Psalm 42:9), and the fourth, which paraphrases Psalm 8:3.*

This guarded night, You were set apart by Israel's thankful song
    [at the Sea], celebrating Your perfect wonders;
    by day You perform acts of loving-kindness,
    and at night, You sit to hear Your praises sung.
    You graciously bestowed Your spirit upon Your beloved nation,
    and even the mouths of babes and sucklings
    opened in song to praise You.

לֵיל שִׁמֻּרִים שָׁמוּר לִנְקָמָה נְטוּרָה
עַל־צָר הַמַּעֲטִירָה בְּלֵילֵי חַג פֶּסַח. ישעיה כג

לֵיל שִׁמֻּרִים שֵׁמַע מִצְרַיִם לִנְצֹר
יָחִילוּ כְּשֵׁמַע צֹר בְּלֵילֵי חַג פֶּסַח. שם

לֵיל שִׁמֻּרִים תָּבוּעַ מִסֵּפֶר הַתּוֹרָה
אַחַת מֵהֵנָּה לֹא נֶעְדָּרָה בְּלֵילֵי חַג פֶּסַח. ישעיה לד

לֵיל שִׁמֻּרִים תִּכְנוּ לְיֵשַׁע וָנֵס
נִדְחֵי יִשְׂרָאֵל יְכַנֵּס בְּלֵילֵי חַג פֶּסַח. תהלים קמז

לֵיל שִׁמֻּרִים מַאֲמָרֵי יִרְצֶה לִשְׁעוֹת
מִקֶּדֶם פֹּעֵל יְשׁוּעוֹת בְּלֵילֵי חַג פֶּסַח. תהלים עד

לֵיל שִׁמֻּרִים אָז בְּהַנִּיחֲךָ שְׁלוּחִים
הוֹדִינוּ לְךָ אֱלֹהִים בְּלֵילֵי חַג פֶּסַח. תהלים עה

לֵיל שִׁמֻּרִים יֶשַׁע לָנוּ תְּחַדֵּה
וְשִׁמְךָ לְעוֹלָם נוֹדֶה בְּלֵילֵי חַג פֶּסַח. תהלים מד

לֵיל שִׁמֻּרִים רֶנֶן הַשִּׁיר בְּחַדְשֶׁךָ
לְהוֹדוֹת לְשֵׁם קָדְשֶׁךָ בְּלֵילֵי חַג פֶּסַח. תהלים קו

The next stanza of the main piyut emphasizes the theme of singing God's praises for his loving-kindness, as shown by the second stich (based upon Psalm 42:9), and the fourth, which paraphrases Psalm 8:3.

לֵיל שִׁמֻּרִים טֶכֶס פְּלָאוֹתֶיךָ מִשִּׁירֵי הוֹדָאוֹת נִתְיַחַדְתָּ
יוֹמָם לְחֶסֶד, וְלַיְלָה לְשִׁיר נִתְוַעַדְתָּ
כְּלוּלֶיךָ אָז בֶּאֱמוּנָה רוּחֲךָ חִסַּדְתָּ
מִפִּי עוֹלְלִים וְיֹנְקִים עֹז יִסַּדְתָּ.

With happiness, with song, with great joy,
and they all exclaimed:

> "Who is like You, LORD, among the mighty?   *Ex. 15*
> Who is like You, majestic in holiness,
> awesome in praises, doing wonders?"

▸ Your children beheld Your majesty
as You parted the sea before Moses.

> On this guarded night,
> Your children beheld Your majesty, living, enduring God;
> they opened and closed their [song of] praise to You in the
> future tense [to tell of the end of days].
> They saw the One who parted the Sea, at Moses' right hand;
> and with His scorching wind, He swept His hand over that river.   *Is. 11*

He is Our Rock of salvation;
[Israel] opened their mouths and exclaimed:

> "The LORD shall reign for ever and ever."   *Ex. 15*

▸ And it is said, "For the LORD has redeemed Jacob   *Jer. 31*
and rescued him from a power stronger than his own."

> A guarded night, adorned with Your righteous wonders
> on behalf of the hosts that bear Your sign;
> Your nearness shall be good for me,
> in the coming salvations.
> I have placed my trust in You,
> in Your works recounted by Your prophets;
> Israel's King and Redeemer, the LORD of hosts.*   *Is. 44*

Blessed are You, LORD, who redeemed Israel.

*Some end the blessing as follows (see commentary on page 124):
Blessed are You, LORD, King, Rock and Redeemer of Israel.

---

and all time," also in the future. Note that in Hebrew past and future are less
distinct than in most other languages. This is a matter not only of grammar
but of profound theological conviction, that the deliverances of the past

בְּגִילָה, בְּרִנָּה בְּשִׂמְחָה רַבָּה
וְאָמְרוּ כֻלָּם

מִי־כָמֹכָה בָּאֵלִם יהוה   שמות טו
מִי כָּמֹכָה נֶאְדָּר בַּקֹּדֶשׁ
נוֹרָא תְהִלֹּת עֹשֵׂה פֶלֶא:

▸ מַלְכוּתְךָ רָאוּ בָנֶיךָ, בּוֹקֵעַ יָם לִפְנֵי מֹשֶׁה

לֵיל שִׁמֻּרִים מַלְכוּתְךָ רָאוּ בָנֶיךָ, חַי וְקַיָּם
נִפְתַּח שִׁבְחֲךָ בִּלְשׁוֹן עָתִיד, וְנִסְתַּיֵּם
סֻכּוּ לִימִין מֹשֶׁה בּוֹקֵעַ יָם
וְהֵנִיף יָדוֹ עַל־הַנָּהָר בַּעְיָם: ישעיה יא

זֶה צוּר יִשְׁעֵנוּ, פָּצוּ פֶה. וְאָמְרוּ
יהוה יִמְלֹךְ לְעֹלָם וָעֶד: שמות טו

▸ וְנֶאֱמַר: כִּי־פָדָה יהוה אֶת־יַעֲקֹב, וּגְאָלוֹ מִיַּד חָזָק מִמֶּנּוּ:   ירמיה לא

לֵיל שִׁמֻּרִים עֲטוּר פִּלְאֵי צִדְקָךְ בִּצְבָא וָאוֹת
קִרְבָתְךָ לִי טוֹב יְשׁוּעוֹת הַבָּאוֹת
שַׁתִּי בְךָ מַחְסִי בְּמַלְאֲכוֹת הַנִּבָּאוֹת
מֶלֶךְ־יִשְׂרָאֵל וְגֹאֲלוֹ, יהוה צְבָאוֹת:*   ישעיה מד

בָּרוּךְ אַתָּה יהוה, גָּאַל יִשְׂרָאֵל.

**Some end the blessing as follows (see commentary on page 124):*

בָּרוּךְ אַתָּה יהוה, מֶלֶךְ צוּר יִשְׂרָאֵל וְגוֹאֲלוֹ.

נִפְתַּח שִׁבְחֲךָ בִּלְשׁוֹן עָתִיד *They opened and closed their [song of] praise to You in the future tense.* This recalls the Song at the Sea, which begins with the words *Az yashir*, in the future tense: not "then Moses sang," but literally "then Moses will sing." Likewise it ends with the phrase, "The LORD will reign for ever

הַשְׁכִּיבֵנוּ Help us lie down, O Lord our God, in peace,
and rise up, O our King, to life.
Spread over us Your canopy of peace.
Direct us with Your good counsel,
and save us for the sake of Your name.
Shield us and remove from us every enemy,
plague, sword, famine and sorrow.
Remove the adversary from before and behind us.
Shelter us in the shadow of Your wings,
for You, God, are our Guardian and Deliverer;
You, God, are a gracious and compassionate King.
▸ Guard our going out and our coming in,
for life and peace, from now and for ever.
Spread over us Your canopy of peace.

In the following elaborate piyut, each of the nine stanzas has six rhyming stichs, the last of which is a biblical quotation.

The evening before the day of [the Omer] waving,
the time of counting was set for candlelight.
This night the outcast Zion shall be sought out once again,
and her wounds healed.
That splendid edifice [the Temple];
[Jerusalem] a city that delights every heart and eye;
dwelling-place of the Most High; highest of the ten levels of sanctity;
the joy of hearts, beautiful Levanon,
bringing purity by the pleasant offerings brought there –
glorious things are spoken of you, O city of God! *Ps. 87*

---

rebirth of the State of Israel in 1948 there was indeed another exodus of Jews from around the world.

אור יום *The evening before the day.* An extended poem written by Rabbi Meir ben Isaac of Worms, specifically devoted to an account of the bringing of the Omer in the Temple, on this, the second night of Pesaḥ (for an essay on the Omer, see Introduction, section 7). An *omer,* or measure of barley from the new harvest, was brought as a wave offering "on the day after the Sabbath"

הַשְׁכִּיבֵֽנוּ יהוה אֱלֹהֵֽינוּ לְשָׁלוֹם
וְהַעֲמִידֵֽנוּ מַלְכֵּֽנוּ לְחַיִּים
וּפְרֹשׂ עָלֵֽינוּ סֻכַּת שְׁלוֹמֶֽךָ
וְתַקְּנֵֽנוּ בְּעֵצָה טוֹבָה מִלְּפָנֶֽיךָ
וְהוֹשִׁיעֵֽנוּ לְמַֽעַן שְׁמֶֽךָ.
וְהָגֵן בַּעֲדֵֽנוּ
וְהָסֵר מֵעָלֵֽינוּ אוֹיֵב, דֶּֽבֶר וְחֶֽרֶב וְרָעָב וְיָגוֹן
וְהָסֵר שָׂטָן מִלְּפָנֵֽינוּ וּמֵאַחֲרֵֽינוּ, וּבְצֵל כְּנָפֶֽיךָ תַּסְתִּירֵֽנוּ
כִּי אֵל שׁוֹמְרֵֽנוּ וּמַצִּילֵֽנוּ אָֽתָּה
כִּי אֵל מֶֽלֶךְ חַנּוּן וְרַחוּם אָֽתָּה.
◂ וּשְׁמֹר צֵאתֵֽנוּ וּבוֹאֵֽנוּ לְחַיִּים וּלְשָׁלוֹם מֵעַתָּה וְעַד עוֹלָם.
וּפְרֹשׂ עָלֵֽינוּ סֻכַּת שְׁלוֹמֶֽךָ.

In the following elaborate piyut, each of the nine stanzas has six rhyming stichs, the last of which is a biblical quotation.

אוֹר יוֹם הֶנֶף, סְפִירָה הָכְשָֽׁרָה בְּנוֹגְהִים
לְצִיּוֹן נִדָּחָה קְרֹא, דְּרוּשָׁה עֲלוֹת גֵּהִים
בִּנְיָן מְפֹאָר, כְּרַךְ מַחְמַד לֵב וְגֵהִים
מִשְׁכְּנֵי עֶלְיוֹן, בְּעֶֽשֶׂר מַעֲלוֹת קֹֽדֶשׁ גְּבוֹהִים
גִּיל לְבָבוֹת, לְבָנוֹן הַמְלַבֵּן נִיחוֹחִים שְׁלוּחִים
נִכְבָּדוֹת מְדֻבָּר בָּךְ, עִיר הָאֱלֹהִים: תהלים פז

will be repeated in the future. So, according to Isaiah (11:15–16), just as God divided the Sea of Reeds for those escaping from Egypt in the past so, for those in exile in Babylon, "with a scorching wind He will sweep His hand over the Euphrates River… so that people can cross over in sandals. There will be a highway for the remnant of His people that is left from Assyria, as there was for Israel when they came up from Egypt." Before and after the

To seek in Your sought-after dwelling place,
where sin-offerings bring atonement;
the roads leading up to Zion desire to fulfill their calling:
Lift all that could make one fall!
Remove our chains so that our celebrating multitudes
might ascend to be seen there –
for it is time to be gracious to Her; let there be no delay!
From the surrounding fields the first harvest shall be brought
by pure priests, like a voluntary offering –
break forth into song, sing together, O ruins of Jerusalem!   *Is. 52*

The Court of the Valley of Prophecy [Jerusalem]
hastened to send out emissaries, who went out on the eve of the Festival
to make bundles of the early grains.
Weekday or Sabbath, its work was augmented, performed in threes.
From the nearby towns all gathered to enhance the ceremony,
that it might be performed in splendor.
At nightfall they reaped it, placing [the Omer] in baskets,
bringing them to the Temple Courtyard –
how lovely is Your dwelling place, O Lord of hosts!   *Ps. 84*

Of the Omnipresent's doubled and redoubled
goodness we are obliged to relate,
for in the wilderness He provided myriad Omer measures,
but He asked only one in return.
[The barley] was threshed and placed in a perforated bowl
in the fire to be parched thoroughly,
and then spread out in the Courtyard to be dried by the wind,
sent by God in His great mercy.
Worth abundant wafts of myrrh,
a wind would be sent by our Guardian
so we might profit from our gathering;
by the One who keeps for us the appointed weeks of the harvest.   *Jer. 5*

The grain was taken to the Temple, and there threshed, parched, ground,
and sifted through thirteen sieves. A tenth of an ephah was given to the
priest, who added oil and frankincense, and would then "wave" it in his
outsteretched arms, moving it side to side, up and down. A handful was then

דְּרִישׁוּת לִדְרֹשׁ בְּשִׁכְנָךְ מְקוֹם כִּפּוּר שָׁלָיִם
סְלוּלֵי צִיּוֹן מְבַקְשִׁים תַּפְקִידָם, הָרֵם מִכְשׁוֹלָיִם
הָמוֹן חוֹגֵג עֲלוֹת יֵרָאֶה, הַתֵּר שַׁלְשְׁלָיִם
עֵת כִּי בָא לְחֶנְנָהּ בְּלִי רְשׁוּלָיִם
וּמֵהַקָּרוֹב לָהּ בִּכּוּרֵי נְדָבָה לְהַקְרִיב בְּטֹהַר שׁוּלָיִם
פִּצְחוּ רַנְּנוּ יַחְדָּו חָרְבוֹת יְרוּשָׁלָיִם: ישעיה נב

זָרְזוּ לְהַקְדִּים שְׁלוּחִים דַּיָּנֵי גֵיא נְבוּאוֹת
צֵאת מִבָּעֶרֶב, עֲשׂוֹת כְּרִיכוֹת מֵאַבִּיבֵי תְבוּאוֹת
חֹל וְשַׁבָּת, כְּרַבִּים מְלָאכוֹתָיו בִּשְׁלוֹשׁ בָּאוֹת
קִבְּצוּ עֲיָרוֹת הַסְּמוּכוֹת, עֵסֶק גָּדוֹל לְנָאוֹת
חֲשֵׁכָה, קְצָרוּהוּ וּנְתָנוּהוּ בְּקֻפּוֹת, לָעֲזָרָה מוּבָאוֹת
מַה־יְּדִידוֹת מִשְׁכְּנוֹתֶיךָ, יהוה צְבָאוֹת: תהלים פד

טוֹבָה כְּפוּלָה וּמְכֻפֶּלֶת לַמָּקוֹם, עָלֵינוּ לֵאמֹר
רִבָּה עֳמָרִים בַּמִּדְבָּר, כְּנֶגְדָּם אֶחָד לְתַמֹּר
יְחָבֵט וְנִתַּן לְאַבּוּב, הָאוּר בְּכֻלּוֹ לִגְמֹר
שְׁטָחוּהוּ בָּעֲזָרָה, עֲמָלוֹ לְרוּחַ חַיִּים לִכְמֹר
כַּמָּה כִּבְרֵי מוֹר, לַסַּנְטָר הַלָּז לִזְמֹר
שְׁבֻעֹת חֻקּוֹת קָצִיר יִשְׁמֹר: ירמיה ה

(Lev. 23:11), understood by the Oral tradition to be the day after the first day of Pesaḥ. This was a gift to God at the beginning of the grain harvest, acknowledging Him as the Sustainer of all.

The poem essentially follows the account given in the Mishna of *Menaḥot*, chapter 10. The barley would be brought from Jerusalem if it had ripened in time; otherwise it could be brought from elsewhere in Israel. Emissaries of the Beit Din would go out prior to the festival to designate in advance the sheaves that would be reaped. The reaping itself took place at night. People would gather from local towns and villages to see the ceremony. Three seahs of barley were reaped by three men, each with their own scythe and basket.

Prepared by soaking, it was heaped into a pile,
then ground without losing a grain.
Thirteen fine sieves were used to sift out one tenth of an ephah of the flour.
[The priest] poured in the required oil and frankincense, stirring it skillfully;
he waved it, brought it close [to the altar],
took a handful, salted it and burned it.
From the encrowned Divine Table [the priests] were awarded
what remained of the offering; any male descended from Aaron.   *Lev. 6*

As soon as the Omer had been offered,
the marketplaces of Jerusalem were overflowing, adorned with grain.
Trusting the Court's diligence, even distant places were permitted
[to consume the new grain] at mid-day.
From afar [in exile] remember the Lord,
the Source of your strength, all those who are drawn to Him.
Let the rebuilt Jerusalem come into your minds, fearful ones.
Be strong, that you might live to hear a song sung out over the mountaintops,
when the House of the Lord is established as the chief of all mountains.   *Is. 2*

Holiness shall adorn Your House; when You take pity on Your glorious abode.
House of the Forest of Lebanon,
you shall blossom, bringing forth sweet, fine fruits.
The blossoms and fruit made of Parvayim's gold [in the Temple]
shall wilt no longer – this will be a kindness to Isaac's children,
on the day of their redemption.
I shall exalt You with my first fruits,
adorned in gilded baskets, not everyday ones of straw,
and all the glory of Lebanon shall be brought to her,   *Is. 35*
and the splendor of the Carmel.

The dome of the kindling-house shall be beheld
by the whole city of Jerusalem all around;
your name shall be the name of your King;
the number of your gates shall be as that of the tribes.
The sages shall preside in your court;
you shall be adorned with their splendor as one wears a jewel,
and you shall be adorned with your tambourines,
and children will frolick in your streets once again.
Your priests shall bring offerings in bowls;
your Levites shall make pleasant music with their instruments.
Pray for the peace of Jerusalem: "may those who love You prosper."   *Ps. 122*

תְּכַן בְּלֶֽתֶת וְצָבוּר וְנִגְרַשׂ בְּלִי חִסָּרוֹן
בִּשְׁלֹשׁ עֶשְׂרֵה נָפָה, יוֹצִיאוּ מִמֶּנּוּ עִשָּׂרוֹן
נָתַן שַׁמְנוֹ וּלְבוֹנָתוֹ יָצַק וּבָלַל בְּהִדָּרוֹן
הֵנִיף וְהִגִּישׁ, קָמַץ וּמָלַח, וְהִקְטִיר הַזִּכָּרוֹן
מֵזֵר שֻׁלְחַן גָּבוֹהַּ זָכוּ כִּשְׁיָרֵי הַדּוֹרוֹן
כָּל־זָכָר בִּבְנֵי אַהֲרֹן: ויקרא ו

קָרֵב הָעֹמֶר, שׁוּקֵי יְרוּשָׁלַיִם מְלֵאִים, מְעֻטָּרִים
בִּזְרִיזוּת בֵּית דִּין, מֵחֲצוֹת רְחוֹקִים מֻתָּרִים
מֵרָחוֹק אֶת יהוה מַעֻזְּכֶם, זִכְרוּ מַזְכִּירִים וְנוֹהֲרִים
יְרוּשָׁלַיִם הַבְּנוּיָה תַּעֲלֶה עַל לְבַבְכֶם, נִמְהָרִים
חִזְקוּ וְתִזְכּוּ לִשְׁמֹעַ שִׁיר יְשׁוֹרֵר לֶהָרִים
בֵּית־יהוה בְּרֹאשׁ הֶהָרִים: ישעיה ב

לְבֵיתְךָ נַאֲוָה קֹדֶשׁ, נְוֵה תְהִלָּה חוֹמֵל
בֵּית יַעַר הַלְּבָנוֹן מְלַבְלֵב מְגָדִים וְגוֹמֵל
זְהַב פַּרְוַיִם פֵּרוֹת, פְּרָחָיו עוֹד מֵהֶאָמֵל
לְזַרְעוֹ שֶׁל יִצְחָק חֶסֶד, בְּיוֹם הִגָּמֵל
אֲרוֹמִמְךָ בְּעִטּוּר בִּכּוּרֵי בִקְלָתוֹת מֻזְהָבוֹת וְלֹא בְּתוֹרְמֶל
כְּבוֹד הַלְּבָנוֹן נִתַּן־לָהּ הֲדַר הַכַּרְמֶל: ישעיה לה

יֵרָאֶה כַּפַּת הַמּוֹקֵד, תַּשְׁלוּם שָׁלֵם סְבִיבַיִךְ
שְׁמֵךְ כְּשֵׁם מַלְכֵּךְ, שְׁעָרַיִךְ כִּשְׁבָטַיִךְ בַּהֲסָבַיִךְ
הָעֵת כַּעֲדִי תִלְבָּשִׁי הֲדַר סָבַיִךְ בִּמְסִבַּיִךְ
עוֹד תַּעְדִּי תֻפַּיִךְ, טִלּוּל רוֹבַיִךְ בִּרְחוֹבַיִךְ
שֵׁרוּת כֹּהֲנַיִךְ בַּאֲבִיבַיִךְ, נְעִימוֹת לְוִיַּיִךְ בְּאַבּוּבַיִךְ
שַׁאֲלוּ שְׁלוֹם יְרוּשָׁלָיִם, יִשְׁלָיוּ אֹהֲבָיִךְ: תהלים קכב

---

burned on the altar. Once this had been done, it was permitted to eat the grain of the new harvest. The poem ends with a prayer that the Temple be rebuilt so that Israel can again bring the Omer and other offerings.

How dear you are Jerusalem, how beautiful are your seventy names;
built as a city joined together; watchmen are set upon your walls.
We shall pray for mercy for you,
that you be exalted throughout the world,
that your desolate places be inhabited once again,
in fellowship and love,
with the Temple of God standing upon a beautiful mountain within you.
I shall speak and request goodness for you,
and that pure peace be your lot.
May there be peace within your ramparts, tranquility in your citadels!   *Ps. 122*

Blessed are You, LORD,
who spreads a canopy of peace over us,
over all His people Israel, and over Jerusalem.

Continue with "Thus Moses announced" on page 72.

יִתְרָה חִבָּתֵךְ יְרוּשָׁלַיִם בְּנוֹי שִׁבְעִים שְׁמוֹתַיִךְ
כְּעִיר שֶׁחֻבְּרָה לָּהּ, הִפְקִדוּ שׁוֹמְרֵי חוֹמוֹתַיִךְ
מַזְכִּירִים לְרַחֲמֵךְ, לְשׂוּמֵךְ תְּהִלָּה בָּאָרֶץ, לְיַשֵּׁב שׁוֹמְמוֹתַיִךְ
בְּאַחֲוָה וּבְרֵעוּת, וּמִקְדַּשׁ אֵל בְּרָמָה נְוֹיוֹתַיִךְ
אֲדַבְּרָה וַאֲבַקְשָׁה טוֹב וְשָׁלוֹם, בָּאֵר מְנוֹתַיִךְ
יְהִי־שָׁלוֹם בְּחֵילֵךְ, שַׁלְוָה בְּאַרְמְנוֹתָיִךְ: תהלים קכב

בָּרוּךְ אַתָּה יהוה
הַפּוֹרֵשׂ סֻכַּת שָׁלוֹם עָלֵינוּ
וְעַל כָּל עַמּוֹ יִשְׂרָאֵל וְעַל יְרוּשָׁלָיִם.

Continue with "וַיְדַבֵּר מֹשֶׁה" on page 73.

MA'ARIV FOR THE SEVENTH NIGHT

בָּרוּךְ Blessed are You, LORD our God,
King of the Universe,
who by His word brings on evenings,
by His wisdom opens the gates of heaven,
with understanding makes time change and the seasons rotate,
and by His will
orders the stars in their constellations in the sky.
He creates day and night,
rolling away the light before the darkness,
and darkness before the light.
▸ He makes the day pass and brings on night,
distinguishing day from night:
the LORD of hosts is His name.
May the living and forever enduring God rule over us for all time.

The Ma'aravot for the seventh night were composed by Rabbi Yosef ben Yaakov. Each piyut follows an alphabetic acrostic and is based upon the verses of the Song at the Sea.

The LORD saved a nation worthy of deliverance;
Israel watched as He set His anger [upon the enemy].
[Moses] sang out [the Song at the Sea]
in joy for His fortifying salvation.
[The LORD is] my strength, He is distinguished;
He brings day and night in their proper time.

Blessed are You, LORD, who brings on evenings.

---

forms an alphabetical acrostic. A different and self-contained poem, *Pesaḥ Emunim* (*page 165*), is inserted between parts two and three.

גִּיָהּ וְאִישׁוֹן *Day and night.* A reference to the subject of the first paragraph, God who "makes the day pass and brings on night." There may also be a reference to the fact that as the Egyptian army approached the Sea of Reeds, God set the Pillar of Cloud between the Egyptians and the Israelites, bringing darkness to one, light to the other (Ex. 14:19–20).

מעריב לליל יום טוב שביעי של פסח

בָּרוּךְ אַתָּה יהוה אֱלֹהֵינוּ מֶלֶךְ הָעוֹלָם
אֲשֶׁר בִּדְבָרוֹ מַעֲרִיב עֲרָבִים
בְּחָכְמָה פּוֹתֵחַ שְׁעָרִים
וּבִתְבוּנָה מְשַׁנֶּה עִתִּים וּמַחֲלִיף אֶת הַזְּמַנִּים
וּמְסַדֵּר אֶת הַכּוֹכָבִים בְּמִשְׁמְרוֹתֵיהֶם בָּרָקִיעַ כִּרְצוֹנוֹ.
בּוֹרֵא יוֹם וָלָיְלָה
גּוֹלֵל אוֹר מִפְּנֵי חֹשֶׁךְ וְחֹשֶׁךְ מִפְּנֵי אוֹר
וּמַעֲבִיר יוֹם וּמֵבִיא לָיְלָה
וּמַבְדִּיל בֵּין יוֹם וּבֵין לָיְלָה
יהוה צְבָאוֹת שְׁמוֹ.
אֵל חַי וְקַיָּם תָּמִיד, יִמְלֹךְ עָלֵינוּ לְעוֹלָם וָעֶד.

The מערבות *for the seventh night were composed by Rabbi Yosef ben Yaakov. Each piyut follows an alphabetic acrostic and is based upon the verses of* שירת הים.

וַיּוֹשַׁע יהוה אֹם לְמוֹשָׁעוֹת
וַיַּרְא יִשְׂרָאֵל בְּפֶרַע פְּרָעוֹת
אָז יָשִׁיר גִּילַת חֹסֶן יְשׁוּעוֹת
עָזִּי דָּגוּל גֵּיהַּ וְאִישׁוֹן לְהַשְׁעוֹת.

בָּרוּךְ אַתָּה יהוה, הַמַּעֲרִיב עֲרָבִים.

וַיּוֹשַׁע יהוה *The Lord saved.* A composition by Rabbi Yosef ben Yaakov, an eleventh-century liturgical poet. The *piyut* is dedicated to the primary theme of the seventh day, the division of the Sea of Reeds that took place on this date and which is described in the Torah reading of the seventh day. The poem is divided into five sections. Each line begins with the opening word of successive verses of the Song at the Sea. The second phrase of each line

אַהֲבַת עוֹלָם With everlasting love
have You loved Your people, the house of Israel.
You have taught us Torah and commandments,
decrees and laws of justice.
Therefore, Lord our God,
when we lie down and when we rise up
we will speak of Your decrees,
rejoicing in the words of Your Torah
and Your commandments for ever.
▸ For they are our life and the length of our days;
on them will we meditate day and night.
May You never take away Your love from us.

The Lord readied His weapons,
leading chariots and officers into confusion.
He drew them into the deep waters in His anger and wrath.
With Your right hand, You showed mercy to [Israel,]
the lot of Your inheritance.

Blessed are You, Lord, who loves His people Israel.

The Shema must be said with intense concentration.
When not with a minyan, say:

God, faithful King!

The following verse should be said aloud, while covering the eyes with the right hand:

Listen, Israel: the Lord is our God, the Lord is One.

Deut. 6

Quietly: Blessed be the name of His glorious kingdom for ever and all time.

וְאָהַבְתָּ Love the Lord your God with all your heart, with all your soul, and with all your might. These words which I command you today shall be on your heart. Teach them repeatedly to your children, speaking of them when you sit at home and when you travel on the way, when you lie down and when you rise. *Deut. 6*

אַהֲבַת עוֹלָם בֵּית יִשְׂרָאֵל עַמְּךָ אָהָבְתָּ
תּוֹרָה וּמִצְוֹת, חֻקִּים וּמִשְׁפָּטִים, אוֹתָנוּ לִמַּדְתָּ
עַל כֵּן יהוה אֱלֹהֵינוּ בְּשָׁכְבֵנוּ וּבְקוּמֵנוּ נָשִׂיחַ בְּחֻקֶּיךָ
וְנִשְׂמַח בְּדִבְרֵי תוֹרָתֶךָ וּבְמִצְוֹתֶיךָ לְעוֹלָם וָעֶד
כִּי הֵם חַיֵּינוּ וְאֹרֶךְ יָמֵינוּ, וּבָהֶם נֶהְגֶּה יוֹמָם וָלָיְלָה.
וְאַהֲבָתְךָ אַל תָּסִיר מִמֶּנּוּ לְעוֹלָמִים.

יהוה הֵכִין כְּלֵי מִלְחָמָה
מֶרְכְּבוֹת וְשָׁלִישִׁים נִהֵג בִּמְהוּמָה
תְּהֹמֹת זִמֵּן בְּאַף וּבְחֵמָה
יְמִינְךָ חֵבֶל נַחֲלָתְךָ רִחֲמָה.

בָּרוּךְ אַתָּה יהוה, אוֹהֵב עַמּוֹ יִשְׂרָאֵל.

The שמע *must be said with intense concentration.*
When not with a מנין*, say:*

אֵל מֶלֶךְ נֶאֱמָן

The following verse should be said aloud, while covering the eyes with the right hand:

דברים ו
שְׁמַע יִשְׂרָאֵל, יהוה אֱלֹהֵינוּ, יהוה | אֶחָד:

Quietly בָּרוּךְ שֵׁם כְּבוֹד מַלְכוּתוֹ לְעוֹלָם וָעֶד.

דברים ו
וְאָהַבְתָּ אֵת יהוה אֱלֹהֶיךָ, בְּכָל־לְבָבְךָ וּבְכָל־נַפְשְׁךָ וּבְכָל־
מְאֹדֶךָ: וְהָיוּ הַדְּבָרִים הָאֵלֶּה, אֲשֶׁר אָנֹכִי מְצַוְּךָ הַיּוֹם, עַל־לְבָבֶךָ:
וְשִׁנַּנְתָּם לְבָנֶיךָ וְדִבַּרְתָּ בָּם, בְּשִׁבְתְּךָ בְּבֵיתֶךָ וּבְלֶכְתְּךָ בַדֶּרֶךְ,

---

הֵכִין כְּלֵי מִלְחָמָה *Readied His weapons.* In the Song at the Sea, God is described as "A Master of war, Lord is His name." (Ex. 15:3) Humans fight with weapons. For God, His name is sufficient (Rashi).

Bind them as a sign on your hand, and they shall be an emblem between your eyes. Write them on the doorposts of your house and gates.

וְהָיָה If you indeed heed My commandments with which I charge you today, to love the LORD your God and worship Him with all your heart and with all your soul, I will give rain in your land in its season, the early and late rain; and you shall gather in your grain, wine and oil. I will give grass in your field for your cattle, and you shall eat and be satisfied. Be careful lest your heart be tempted and you go astray and worship other gods, bowing down to them. Then the LORD's anger will flare against you and He will close the heavens so that there will be no rain. The land will not yield its crops, and you will perish swiftly from the good land that the LORD is giving you. Therefore, set these, My words, on your heart and soul. Bind them as a sign on your hand, and they shall be an emblem between your eyes. Teach them to your children, speaking of them when you sit at home and when you travel on the way, when you lie down and when you rise. Write them on the doorposts of your house and gates, so that you and your children may live long in the land that the LORD swore to your ancestors to give them, for as long as the heavens are above the earth. *Deut. 11*

וַיֹּאמֶר The LORD spoke to Moses, saying: Speak to the Israelites and tell them to make tassels on the corners of their garments for all generations. They shall attach to the tassel at each corner a thread of blue. This shall be your tassel, and you shall see it and remember all of the LORD's commandments and keep them, not straying after your heart and after your eyes, following your own sinful desires. Thus you will be reminded to keep all My commandments, and be holy to your God. I am the LORD your *Num. 15*

וּבְשָׁכְבְּךָ וּבְקוּמֶךָ: וּקְשַׁרְתָּם לְאוֹת עַל־יָדֶךָ וְהָיוּ לְטֹטָפֹת בֵּין
עֵינֶיךָ: וּכְתַבְתָּם עַל־מְזֻזוֹת בֵּיתֶךָ וּבִשְׁעָרֶיךָ:

וְהָיָה אִם־שָׁמֹעַ תִּשְׁמְעוּ אֶל־מִצְוֹתַי אֲשֶׁר אָנֹכִי מְצַוֶּה אֶתְכֶם דברים יא
הַיּוֹם, לְאַהֲבָה אֶת־יְהוָה אֱלֹהֵיכֶם וּלְעָבְדוֹ, בְּכָל־לְבַבְכֶם
וּבְכָל־נַפְשְׁכֶם: וְנָתַתִּי מְטַר־אַרְצְכֶם בְּעִתּוֹ, יוֹרֶה וּמַלְקוֹשׁ,
וְאָסַפְתָּ דְגָנֶךָ וְתִירֹשְׁךָ וְיִצְהָרֶךָ: וְנָתַתִּי עֵשֶׂב בְּשָׂדְךָ לִבְהֶמְתֶּךָ,
וְאָכַלְתָּ וְשָׂבָעְתָּ: הִשָּׁמְרוּ לָכֶם פֶּן־יִפְתֶּה לְבַבְכֶם, וְסַרְתֶּם
וַעֲבַדְתֶּם אֱלֹהִים אֲחֵרִים וְהִשְׁתַּחֲוִיתֶם לָהֶם: וְחָרָה אַף־
יְהוָה בָּכֶם, וְעָצַר אֶת־הַשָּׁמַיִם וְלֹא־יִהְיֶה מָטָר, וְהָאֲדָמָה לֹא
תִתֵּן אֶת־יְבוּלָהּ, וַאֲבַדְתֶּם מְהֵרָה מֵעַל הָאָרֶץ הַטֹּבָה אֲשֶׁר
יְהוָה נֹתֵן לָכֶם: וְשַׂמְתֶּם אֶת־דְּבָרַי אֵלֶּה עַל־לְבַבְכֶם וְעַל־
נַפְשְׁכֶם, וּקְשַׁרְתֶּם אֹתָם לְאוֹת עַל־יֶדְכֶם, וְהָיוּ לְטוֹטָפֹת בֵּין
עֵינֵיכֶם: וְלִמַּדְתֶּם אֹתָם אֶת־בְּנֵיכֶם לְדַבֵּר בָּם, בְּשִׁבְתְּךָ בְּבֵיתֶךָ
וּבְלֶכְתְּךָ בַדֶּרֶךְ, וּבְשָׁכְבְּךָ וּבְקוּמֶךָ: וּכְתַבְתָּם עַל־מְזוּזוֹת בֵּיתֶךָ
וּבִשְׁעָרֶיךָ: לְמַעַן יִרְבּוּ יְמֵיכֶם וִימֵי בְנֵיכֶם עַל הָאֲדָמָה אֲשֶׁר נִשְׁבַּע
יְהוָה לַאֲבֹתֵיכֶם לָתֵת לָהֶם, כִּימֵי הַשָּׁמַיִם עַל־הָאָרֶץ:

וַיֹּאמֶר יְהוָה אֶל־מֹשֶׁה לֵּאמֹר: דַּבֵּר אֶל־בְּנֵי יִשְׂרָאֵל וְאָמַרְתָּ במדבר טו
אֲלֵהֶם, וְעָשׂוּ לָהֶם צִיצִת עַל־כַּנְפֵי בִגְדֵיהֶם לְדֹרֹתָם, וְנָתְנוּ
עַל־צִיצִת הַכָּנָף פְּתִיל תְּכֵלֶת: וְהָיָה לָכֶם לְצִיצִת, וּרְאִיתֶם אֹתוֹ
וּזְכַרְתֶּם אֶת־כָּל־מִצְוֹת יְהוָה וַעֲשִׂיתֶם אֹתָם, וְלֹא תָתוּרוּ אַחֲרֵי
לְבַבְכֶם וְאַחֲרֵי עֵינֵיכֶם, אֲשֶׁר־אַתֶּם זֹנִים אַחֲרֵיהֶם: לְמַעַן תִּזְכְּרוּ
וַעֲשִׂיתֶם אֶת־כָּל־מִצְוֹתָי, וִהְיִיתֶם קְדֹשִׁים לֵאלֹהֵיכֶם: אֲנִי יְהוָה

God, who brought you out of the land of Egypt to be your God.
I am the LORD your God.

True –

The Leader repeats:

▸ The LORD your God is true –

וֶאֱמוּנָה – and faithful is all this, and firmly established for us
that He is the LORD our God,
and there is none beside Him,
and that we, Israel, are His people.
He is our King, who redeems us from the hand of kings
and delivers us from the grasp of all tyrants.
He is our God, who on our behalf repays our foes
and brings just retribution on our mortal enemies;
who performs great deeds beyond understanding
and wonders beyond number;
who kept us alive, not letting our foot slip;   Ps. 66
who led us on the high places of our enemies,
raising our pride above all our foes;
who did miracles for us
and brought vengeance against Pharaoh;
who performed signs and wonders
in the land of Ham's children;
who smote in His wrath all the firstborn of Egypt,
and brought out His people Israel from their midst
into everlasting freedom;
who led His children through the divided Reed Sea,
plunging their pursuers and enemies into the depths.
When His children saw His might,
they gave praise and thanks to His name,
▸ and willingly accepted His Sovereignty.
Moses and the children of Israel
then sang a song to You.

אֱלֹהֵיכֶם, אֲשֶׁר הוֹצֵאתִי אֶתְכֶם מֵאֶרֶץ מִצְרַיִם, לִהְיוֹת לָכֶם
לֵאלֹהִים, אֲנִי יהוה אֱלֹהֵיכֶם:

אֱמֶת

The שליח ציבור *repeats:*

◂ יהוה אֱלֹהֵיכֶם אֱמֶת

וֶאֱמוּנָה כָּל זֹאת וְקַיָּם עָלֵינוּ
כִּי הוּא יהוה אֱלֹהֵינוּ וְאֵין זוּלָתוֹ
וַאֲנַחְנוּ יִשְׂרָאֵל עַמּוֹ.
הַפּוֹדֵנוּ מִיַּד מְלָכִים
מַלְכֵּנוּ הַגּוֹאֲלֵנוּ מִכַּף כָּל הֶעָרִיצִים.
הָאֵל הַנִּפְרָע לָנוּ מִצָּרֵינוּ
וְהַמְשַׁלֵּם גְּמוּל לְכָל אוֹיְבֵי נַפְשֵׁנוּ.
הָעוֹשֶׂה גְדוֹלוֹת עַד אֵין חֵקֶר, וְנִפְלָאוֹת עַד אֵין מִסְפָּר
הַשָּׂם נַפְשֵׁנוּ בַּחַיִּים, וְלֹא־נָתַן לַמּוֹט רַגְלֵנוּ: תהלים סו
הַמַּדְרִיכֵנוּ עַל בָּמוֹת אוֹיְבֵינוּ
וַיָּרֶם קַרְנֵנוּ עַל כָּל שׂוֹנְאֵינוּ.
הָעוֹשֶׂה לָּנוּ נִסִּים וּנְקָמָה בְּפַרְעֹה
אוֹתוֹת וּמוֹפְתִים בְּאַדְמַת בְּנֵי חָם.
הַמַּכֶּה בְעֶבְרָתוֹ כָּל בְּכוֹרֵי מִצְרָיִם
וַיּוֹצֵא אֶת עַמּוֹ יִשְׂרָאֵל מִתּוֹכָם לְחֵרוּת עוֹלָם.
הַמַּעֲבִיר בָּנָיו בֵּין גִּזְרֵי יַם סוּף
אֶת רוֹדְפֵיהֶם וְאֶת שׂוֹנְאֵיהֶם בִּתְהוֹמוֹת טִבַּע
וְרָאוּ בָנָיו גְּבוּרָתוֹ, שִׁבְּחוּ וְהוֹדוּ לִשְׁמוֹ
◂ וּמַלְכוּתוֹ בְּרָצוֹן קִבְּלוּ עֲלֵיהֶם
מֹשֶׁה וּבְנֵי יִשְׂרָאֵל, לְךָ עָנוּ שִׁירָה.

The Zulat compares the redemption of Egypt to the Final Redemption of the future.

On Pesaḥ faithful ones sang a song to Him,
    that day the LORD saved them   the Pesaḥ of Egypt.   *Ex. 14*
On Pesaḥ a heavenly voice shall be heard from on high [saying]:
    "Israel is saved by the LORD with everlasting salvation"   *Is. 45*
           the Pesaḥ of the future [redemption].

On Pesaḥ the redeemed ones passed through [the sea]
    by His uplifted hand,
    "And Israel saw the great power"   the Pesaḥ of Egypt.   *Ex. 14*
On Pesaḥ distinguished by the strength of His glory,
    "The LORD will reach out His hand a second time   *Is. 11*
    [to gather Israel]"   the Pesaḥ of the future [redemption].

On Pesaḥ He sent out His multitude of soldiers [Israel] laden with goods,
    "But the children of Israel walked on dry land   *Ex. 14*
    in the midst of the sea"   the Pesaḥ of Egypt.
On Pesaḥ He will wave His hand, bringing a scorching wind;
    the LORD will dry up the gulf of the sea   *Is. 11*
           the Pesaḥ of the future [redemption].

On Pesaḥ with His sharpened staff, He drove away in terror
    the Egyptian camp,   *Ex. 14*
    in a pillar of cloud and fire   the Pesaḥ of Egypt.
On Pesaḥ He shall renew His wonders of old,
    "Blood, fire, and pillars of smoke"   *Joel 3*
           the Pesaḥ of the future [redemption].

On Pesaḥ He laid plans against His enemies to destroy them,
    while the Israelites went out   *Ex. 14*
    with an uplifted hand –   the Pesaḥ of Egypt.
On Pesaḥ salvation and the strength of peace,
    "You shall go out in joy and in peace"   *Is. 55*
           the Pesaḥ of the future [redemption].

---

of the future). The prophet Micah said, "As in the days when you came out of Egypt, I will show them wonders" (Mic. 7:15); and the prophets of exile, Jeremiah and Ezekiel, foresaw that there would be an exodus in the future no less miraculous than that of the past (see Introduction, *page xliii*). In each line, the second stich is a biblical quotation.

The חזן *compares the redemption of Egypt to the Final Redemption of the future.*

פֶּסַח אֱמוּנִים שִׁיר שׁוֹרְרוּהוּ
וַיּוֹשַׁע יהוה בַּיּוֹם הַהוּא פֶּסַח מִצְרָיִם. שמות יד
פֶּסַח בַּת קוֹל יִשָּׁמַע מִמְּרוֹמִים
יִשְׂרָאֵל נוֹשַׁע בַּיהוה תְּשׁוּעַת עוֹלָמִים פֶּסַח לֶעָתִיד. ישעיה מה

פֶּסַח גְּאוּלִים עָבְרוּ בְּמַשְּׂאַת יָד
וַיַּרְא יִשְׂרָאֵל אֶת־הַיָּד פֶּסַח מִצְרָיִם שמות יד
פֶּסַח דָּגוּל בְּעֹז כְּבוֹדוֹ
יוֹסִיף אֲדֹנָי שֵׁנִית יָדוֹ פֶּסַח לֶעָתִיד. ישעיה יא

פֶּסַח הֲמוֹן חֲיָלָיו בְּטוּב דַּיִם
וּבְנֵי יִשְׂרָאֵל הָלְכוּ בַיַּבָּשָׁה בְּתוֹךְ הַיָּם פֶּסַח מִצְרָיִם שמות יד
פֶּסַח וְהֵנִיף יָדוֹ בְּרוּחַ בַּעְיָם
וְהֶחֱרִים יהוה אֵת לְשׁוֹן יָם פֶּסַח לֶעָתִיד. ישעיה יא

פֶּסַח זִלְעֵף בְּמִכְתָּב שִׁנָּן
מַחֲנֵה מִצְרַיִם בְּעַמּוּד אֵשׁ וְעָנָן פֶּסַח מִצְרָיִם שמות יד
פֶּסַח חִדּוּשׁ מוֹפֵת עֲלֵי יָשָׁן
דָּם וָאֵשׁ וְתִימְרוֹת עָשָׁן פֶּסַח לֶעָתִיד. יואל ג

פֶּסַח טִכֵּס בְּצָרָיו לְהַחֲרִימָה
וּבְנֵי יִשְׂרָאֵל יֹצְאִים בְּיָד רָמָה פֶּסַח מִצְרָיִם שמות יד
פֶּסַח יֶשַׁע וְתַעֲצוּם שָׁלוֹם
בְּשִׂמְחָה תֵצֵאוּ וּבְשָׁלוֹם פֶּסַח לֶעָתִיד. ישעיה נה

פֶּסַח אֱמוּנִים *Pesaḥ – the faithful ones.* A poem by Rabbi Yosef ben Yaakov structured as an acrostic of the alphabet followed by the author's name. Both this *piyut* and its counterpart for the eighth night (*Pesaḥ Ushru,* see *page 181*) are independent compositions, not part of the verses that precede and follow them, and share the theme of comparison between redemption in the past (Pesaḥ of Egypt) and the future redemption for which we pray (Pesaḥ

On Pesaḥ   He gathered the Anamim [Egyptians] to annihilate them,
for no house was without one dead   *Ex. 12*
[in the plague of the firstborn sons]   the Pesaḥ of Egypt.
On Pesaḥ   nations will speak vanities, plotting to plague [Israel]
but will be plagued themselves instead   *Zech. 14*
                the Pesaḥ of the future [redemption].

On Pesaḥ   He threw open all of the gates of mercy,
as the LORD passed over   *Ex. 12*
the opening [of each Israelite house]   the Pesaḥ of Egypt.
On Pesaḥ   the awesome deeds of Our exalted Master [will be revealed],
[as He] protects, saves, passes over and rescues   *Is. 31*
                the Pesaḥ of the future [redemption].

On Pesaḥ   [You rescued] the remnants of Your chosen seedling [Israel],
"For the LORD is waging war   *Ex. 14*
for them against Egypt"   the Pesaḥ of Egypt.
On Pesaḥ   You will redeem Your purified people,
"The LORD will go out and wage war against the nations"   *Zech. 14*
                the Pesaḥ of the future [redemption].

On Pesaḥ   [Miriam] voiced her responsive prophecy:
"Sing to the LORD,   *Ex. 15*
for He has triumphed gloriously"   the Pesaḥ of Egypt.
On Pesaḥ   visions of miracles to come [will be realized],
"Sing to the LORD, for He has done glorious things"   *Is. 12*
                the Pesaḥ of the future [redemption].

On Pesaḥ   He darkened the luminaries for his enemies
[in the plague of darkness],
Yet all the Israelites had light   the Pesaḥ of Egypt. *Ex. 10*
On Pesaḥ   the word of your Rock shall find favor,
"Rise up, shine, for your light has come"   *Is. 60*
                the Pesaḥ of the future [redemption].

On Pesaḥ   they praised His great strength,
for the LORD had redeemed His people   the Pesaḥ of Egypt.
On Pesaḥ   written prophecies of the power of His glory [will be realized]
by our Redeemer, who is known as the LORD of Hosts   *Is. 47*
                the Pesaḥ of the future [redemption].

---

anyone else or move about for three days. Yet all the Israelites had light in the places where they lived" (Ex. 10:23).

פֶּסַח כְּלִיל עֲנָמִים לְהַצְמִית
כִּי־אֵין בַּיִת אֲשֶׁר אֵין־שָׁם מֵת פֶּסַח מִצְרָיִם שמות יב
פֶּסַח לְאֻמִּים יֶהְגּוּ רִיק לְנָגְפָה
וְזֹאת תִּהְיֶה הַמַּגֵּפָה פֶּסַח לֶעָתִיד. זכריה יד

פֶּסַח מִלּוּי שַׁעֲרֵי רַחֲמִים פָּתַח
וּפָסַח יהוה עַל־הַפֶּתַח פֶּסַח מִצְרָיִם שמות יב
פֶּסַח נוֹרָאוֹת עִזּוּז רַב וְשַׁלִּיט
גָּנוֹן וְהִצִּיל פָּסוֹחַ וְהִמְלִיט פֶּסַח לֶעָתִיד. ישעיה לא

פֶּסַח סְגוּלִים לְמַטַּע שִׁירָיִם
כִּי יהוה נִלְחָם לָהֶם בְּמִצְרָיִם פֶּסַח מִצְרָיִם שמות יד
פֶּסַח עָתִיד לְפִדְיוֹן סְגוּיִם
וְיָצָא יהוה וְנִלְחַם בַּגּוֹיִם פֶּסַח לֶעָתִיד. זכריה יד

פֶּסַח פְּתִיחַת קוֹל עֲנִית נְבוּאָה
שִׁירוּ לַיהוה כִּי־גָאֹה גָּאָה פֶּסַח מִצְרָיִם שמות טו
פֶּסַח צָפוּי בָּאוֹת אֲשֶׁר נַעֲשָׂה
זַמְּרוּ יהוה כִּי גֵאוּת עָשָׂה פֶּסַח לֶעָתִיד. ישעיה יב

פֶּסַח קִדֵּר לְצָרָיו מְאוֹרֵי אוֹר
וּלְכָל־בְּנֵי יִשְׂרָאֵל הָיָה אוֹר פֶּסַח מִצְרָיִם שמות י
פֶּסַח רָצוּי בְּמַאֲמַר צוּרֵךְ
קוּמִי אוֹרִי כִּי בָא אוֹרֵךְ פֶּסַח לֶעָתִיד. ישעיה ס

פֶּסַח שַׁבְּחוּהוּ בְּעֹז תַּעֲצוּמוֹ
כִּי גָאַל יהוה אֶת עַמּוֹ פֶּסַח מִצְרָיִם
פֶּסַח תֹּקֶף תְּהִלּוֹת רִשּׁוּמוֹ
גֹּאֲלֵנוּ, יהוה צְבָאוֹת שְׁמוֹ פֶּסַח לֶעָתִיד. ישעיה מז

עֲנִית נְבוּאָה *Her responsive prophecy.* At the Sea of Reeds, Miriam led the women in song.

קִדֵּר *He darkened.* During the ninth plague, darkness, "No one could see

The following third part of the Ma'aravot is stylistically and thematically integrated with the Zulat. Based on Isaiah 23:5, which compares the future fall of Tyre to the fall of Egypt at the Reed Sea, it is a prayer to hasten the final redemption. This piyut completes the comparison between past and future redemptions (the theme of the Zulat) while returning to the Song at the Sea (the theme of the Ma'aravot as a whole). The subsequent verse "Who is like You, LORD, among the mighty" thus becomes the motif of both past and future songs of praise.

On Pesaḥ He shall heap salvation upon salvation;
     He will recall His promise to redeem us,
     saving the people close to Him with love,
     just as He once brought news of Tyre's fate to Egypt.

With happiness, with song, with great joy,
and they all exclaimed:
       "Who is like You, LORD, among the mighty?   *Ex. 15*
       Who is like You, majestic in holiness,
       awesome in praises, doing wonders?"

‣ Your children beheld Your majesty
as You parted the sea before Moses.

    And in Your great goodness You guided Your beloved ones;
    with the wind [parting the waves]
    their troops passed through the sea.
    The sinner [Egypt] had planned to drown the sojourners
    [the Israelite males],
    but was blown away [into the sea] instead, measure for measure.

He is Our Rock of salvation;
[Israel] opened their mouths and exclaimed:
       "The LORD shall reign for ever and ever."   *Ex. 15*

‣ And it is said, "For the LORD has redeemed Jacob and rescued him   *Jer. 31*
from a power stronger than his own."

    Who is like You, our Stronghold in times of distress?
    You have stretched out [Your right hand]
    upon your enemies with anger and wrath.
    You led Your chosen ones with a strong arm;
    nations heard of Your mighty salvation.*

Blessed are You, LORD, who redeemed Israel.

Some end the blessing as follows (see commentary on page 124):
Blessed are You, LORD, King, Rock and Redeemer of Israel.

The following third part of the מערבות *is stylistically and thematically integrated with the* זולת*. Based on Isaiah 23:5, which compares the future fall of Tyre to the fall of Egypt at the Reed Sea, it is a prayer to hasten the final redemption. This piyut completes the comparison between past and future redemptions (the theme of the* זולת*) while returning to* שירת הים *(the theme of the* מערבות *as a whole). The subsequent verse "*מִי־כָמֹכָה בָּאֵלִם ה׳*" thus becomes the motif of both past and future songs of praise.*

פֶּסַח יוֹסֵף עַל יְשׁוּעוֹת יְשׁוּעָה
בְּרִיתוֹ יִזְכֹּר לְהוֹשִׁיעָה
עַם קְרוֹבוֹ בְּאַהַב לְהִוָּשֵׁעָה
כַּאֲשֶׁר שֵׁמַע לְמִצְרַיִם, לְצוֹר נִשְׁמְעָה.

בְּגִילָה, בְּרִנָּה בְּשִׂמְחָה רַבָּה
וְאָמְרוּ כֻלָּם
שמות טו מִי־כָמֹכָה בָּאֵלִם יהוה
מִי כָּמֹכָה נֶאְדָּר בַּקֹּדֶשׁ
נוֹרָא תְהִלֹּת עֹשֵׂה פֶלֶא:

◂ מַלְכוּתְךָ רָאוּ בָנֶיךָ, בּוֹקֵעַ יָם לִפְנֵי מֹשֶׁה
וּבְרֹב טוּבְךָ נָחִיתָ יְדִידִים
וּבְרוּחַ יָם עָבְרוּ גְדוּדִים
אָמַר כּוֹשֵׁל לְהַצְלִיל נְדוּדִים
נָשַׁפְתָּ לִהְיוֹת בְּסַאסְּאָה נִמְדָּדִים.

זֶה צוּר יִשְׁעֵנוּ, פָּצוּ פֶה. וְאָמְרוּ
שמות טו יהוה יִמְלֹךְ לְעֹלָם וָעֶד:
ירמיה לא ◂ וְנֶאֱמַר, כִּי־פָדָה יהוה אֶת־יַעֲקֹב, וּגְאָלוֹ מִיַּד חָזָק מִמֶּנּוּ:
מִי כָּמֹכָה מִשְׂגָּב לְעִתּוֹת בַּצָּרָה
נָטִיתָ נוֹאֲצֶיךָ בְּאַף וְעֶבְרָה
נָחִיתָ סְגוּלֶיךָ בִּזְרוֹעַ גְּבוּרָה
שְׁמָעוּ עַמִּים גְּאֻלָּתְךָ לְהַגְבִּירָה.*

בָּרוּךְ אַתָּה יהוה, גָּאַל יִשְׂרָאֵל.

**Some end the blessing as follows (see commentary on page 124):*

בָּרוּךְ אַתָּה יהוה, מֶלֶךְ צוּר יִשְׂרָאֵל וְגוֹאֲלוֹ.

הַשְׁכִּיבֵנוּ Help us lie down,
O LORD our God, in peace,
and rise up, O our King, to life.
Spread over us Your canopy of peace.
Direct us with Your good counsel,
and save us for the sake of Your name.
Shield us and remove from us every enemy,
plague, sword, famine and sorrow.
Remove the adversary from before and behind us.
Shelter us in the shadow of Your wings,
for You, God, are our Guardian and Deliverer;
You, God, are a gracious and compassionate King.
▸ Guard our going out and our coming in,
for life and peace, from now and for ever.
Spread over us Your canopy of peace.

Unlike the Ma'aravot for the first nights, no additional piyut is recited after the Ma'aravot for the seventh and eighth nights.

As the punished ones [Egypt] were once terrified,
may cries and strife befall [our foes once again].
Please bring Your holy people to the Temple in their throng.
The LORD shall reign;
He recalls His promise to redeem His faithful.

Blessed are You, LORD,
who spreads a canopy of peace over us,
over all His people Israel, and over Jerusalem.

Continue with "Thus Moses announced" (and on Shabbat, with "The children of Israel must keep") on page 72.

---

sang a song. Likewise in the future they will be redeemed because of their faith. (*Tanḥuma, Beshallaḥ* 10).

הַשְׁכִּיבֵנוּ יהוה אֱלֹהֵינוּ לְשָׁלוֹם
וְהַעֲמִידֵנוּ מַלְכֵּנוּ לְחַיִּים
וּפְרֹשׂ עָלֵינוּ סֻכַּת שְׁלוֹמֶךָ
וְתַקְּנֵנוּ בְּעֵצָה טוֹבָה מִלְּפָנֶיךָ
וְהוֹשִׁיעֵנוּ לְמַעַן שְׁמֶךָ.
וְהָגֵן בַּעֲדֵנוּ
וְהָסֵר מֵעָלֵינוּ אוֹיֵב, דֶּבֶר וְחֶרֶב וְרָעָב וְיָגוֹן
וְהָסֵר שָׂטָן מִלְּפָנֵינוּ וּמֵאַחֲרֵינוּ, וּבְצֵל כְּנָפֶיךָ תַּסְתִּירֵנוּ
כִּי אֵל שׁוֹמְרֵנוּ וּמַצִּילֵנוּ אָתָּה
כִּי אֵל מֶלֶךְ חַנּוּן וְרַחוּם אָתָּה.
◂ וּשְׁמֹר צֵאתֵנוּ וּבוֹאֵנוּ לְחַיִּים וּלְשָׁלוֹם מֵעַתָּה וְעַד עוֹלָם.
וּפְרֹשׂ עָלֵינוּ סֻכַּת שְׁלוֹמֶךָ.

Unlike the מערבות *for the first nights, no additional piyut is recited after the* מערבות *for the seventh and eighth nights.*

אָז נִבְהֲלוּ פַּחְוֵי דִינִים
תִּפֹּל עֲלֵיהֶם צְוָחוֹת וּמְדָנִים
תְּבִאֵמוֹ קְדוֹשֶׁיךָ רֶגֶשׁ מְעוֹנִים
יהוה יִמְלֹךְ, שׁוֹמֵר תְּשׁוּעַת אֱמוּנִים.

בָּרוּךְ אַתָּה יהוה
הַפּוֹרֵשׂ סֻכַּת שָׁלוֹם עָלֵינוּ וְעַל כָּל עַמּוֹ יִשְׂרָאֵל וְעַל יְרוּשָׁלָיִם.

*Continue with "*וַיְדַבֵּר מֹשֶׁה*" (and on Shabbat, with "*וְשָׁמְרוּ*") on page 73.*

תְּשׁוּעַת אֱמוּנִים *Redeem His faithful.* Great is faith, for in the merit of the faith the Israelites had at the Sea, the Divine Presence rested on them and they

MA'ARIV FOR THE EIGHTH NIGHT

If the eighth night falls on Sunday, say the Ma'aravot on page 156.

בָּרוּךְ Blessed are You, LORD our God,
King of the Universe,
who by His word brings on evenings,
by His wisdom opens the gates of heaven,
with understanding makes time change
and the seasons rotate,
and by His will
orders the stars in their constellations in the sky.
He creates day and night,
rolling away the light before the darkness,
and darkness before the light.
► He makes the day pass and brings on night,
distinguishing day from night:
the LORD of hosts is His name.
May the living and forever enduring God rule over us for all time.

The Ma'aravot for the eighth night were composed by Rabbi Yekutiel ben Yosef. Like those of the seventh night, each piyut follows an alphabetic acrostic and is based upon the verses of the Song at the Sea.

The Guardian saved His flowering clusters,
His holy, glorious nation.
He saw their suffering; He, the One of awesome deeds.
He then did great wonders and brought light to their darkness.
God that made me, who gives cause for songs in the night. *Job 35*

Blessed are You, LORD, who brings on evenings.

זְמִרוֹת בַּלָּיְלָה *Song in the night.* A phrase from Job in which Elihu argues that people cry to God in distress but fail to thank Him in good times: "People cry out under a load of oppression; they plead for relief from the arm of the powerful. But no one says, 'Where is the God that made me, who gives cause for songs in the night'" (Job 35:9–10). This was one occasion in which the Israelites *did* sing in joyous thanksgiving.

מעריב לליל אחרון של פסח

If the eighth night falls on Sunday, say the מערבות *on page 157.*

בָּרוּךְ אַתָּה יהוה אֱלֹהֵינוּ מֶלֶךְ הָעוֹלָם
אֲשֶׁר בִּדְבָרוֹ מַעֲרִיב עֲרָבִים
בְּחָכְמָה פּוֹתֵחַ שְׁעָרִים
וּבִתְבוּנָה מְשַׁנֶּה עִתִּים וּמַחֲלִיף אֶת הַזְּמַנִּים
וּמְסַדֵּר אֶת הַכּוֹכָבִים בְּמִשְׁמְרוֹתֵיהֶם בָּרָקִיעַ כִּרְצוֹנוֹ.
בּוֹרֵא יוֹם וָלָיְלָה
גּוֹלֵל אוֹר מִפְּנֵי חֹשֶׁךְ וְחֹשֶׁךְ מִפְּנֵי אוֹר
◂ וּמַעֲבִיר יוֹם וּמֵבִיא לָיְלָה
וּמַבְדִּיל בֵּין יוֹם וּבֵין לָיְלָה
יהוה צְבָאוֹת שְׁמוֹ.
אֵל חַי וְקַיָּם תָּמִיד, יִמְלֹךְ עָלֵינוּ לְעוֹלָם וָעֶד.

The מערבות *for the eighth night were composed by Rabbi Yekutiel ben Yosef. Like those of the seventh night, each piyut follows an alphabetic acrostic and is based upon the verses of* שירת הים*.*

וַיּוֹשַׁע אוֹמֶן אֶשְׁכְּלוֹת פֶּרַח קֹדֶשׁ תְּהִלָּה
וַיַּרְא בְּעִנּוּי וְקֹשִׁי נוֹרָא עֲלִילָה
אָז גְּדֻלָּתוֹ הִפְלִיא וְהֵאִיר אֲפֵלָה
אֱלוֹהַ עֹשָׂי, נֹתֵן זְמִרוֹת בַּלָּיְלָה: איוב לה

בָּרוּךְ אַתָּה יהוה, הַמַּעֲרִיב עֲרָבִים.

וַיּוֹשַׁע אוֹמֶן *The Guardian saved.* Written by Rabbi Yekutiel ben Yosef, this is the counterpart to the seventh-night piyut, *Vayosha Hashem,* also on the theme of the division of the Sea of Reeds, and constructed as an alphabetical acrostic.

אַהֲבַת עוֹלָם With everlasting love
have You loved Your people, the house of Israel.
You have taught us Torah and commandments,
decrees and laws of justice.
Therefore, LORD our God, when we lie down and when we rise up
we will speak of Your decrees, rejoicing in the words of Your Torah
and Your commandments for ever.
▸ For they are our life and the length of our days;
on them will we meditate day and night.
May You never take away Your love from us.

The following stanza recalls the second verse of the Song at the Sea, which speaks of the relationship between God and Israel.

The Source of my strength skipped over mountains,
as He recalled the covenant and kindness [of the Patriarchs].
He leaped over hills; He, the Pure One, who founded all [the world],
to give a foundation to the descendants of the nation
sick with love for Him, hoping to hear [You say]:
"I have loved you with an everlasting love; *Jer. 31*
therefore have I drawn You [to Me] by cords of kindness.

Blessed are You, LORD, who loves His people Israel.

The Shema must be said with intense concentration. When not with a minyan, say:

God, faithful King!

The following verse should be said aloud, while covering the eyes with the right hand:

Listen, Israel: the LORD is our God, the LORD is One. *Deut. 6*

Quietly: Blessed be the name of His glorious kingdom for ever and all time.

וְאָהַבְתָּ Love the LORD your God with all your heart, with all *Deut. 6* your soul, and with all your might. These words which I command you today shall be on your heart. Teach them repeatedly to your children, speaking of them when you sit at home and when you travel on the way, when you lie down and when you rise.

אַהֲבַת עוֹלָם בֵּית יִשְׂרָאֵל עַמְּךָ אָהָבְתָּ
תּוֹרָה וּמִצְוֹת, חֻקִּים וּמִשְׁפָּטִים, אוֹתָנוּ לִמַּדְתָּ
עַל כֵּן יהוה אֱלֹהֵינוּ בְּשָׁכְבֵנוּ וּבְקוּמֵנוּ נָשִׂיחַ בְּחֻקֶּיךָ
וְנִשְׂמַח בְּדִבְרֵי תוֹרָתֶךָ וּבְמִצְוֹתֶיךָ לְעוֹלָם וָעֶד
כִּי הֵם חַיֵּינוּ וְאֹרֶךְ יָמֵינוּ, וּבָהֶם נֶהְגֶּה יוֹמָם וָלָיְלָה.
וְאַהֲבָתְךָ אַל תָּסִיר מִמֶּנּוּ לְעוֹלָמִים.

The following stanza recalls the second verse of שירת הים*,*
which speaks of the relationship between God and Israel.

עָזִּי הָרִים דִּלֵּג, כְּזָכְרוֹ בְּרִית וָחֶסֶד
וּגְבָעוֹת קִפֵּץ, טָהוֹר כֹּל יִסֵּד
זֶרַע אַהֲבַת חוֹלַת שְׁמַע לְהִוָּסֵד
ירמיה לא אַהֲבַת עוֹלָם אֲהַבְתִּיךְ, עַל־כֵּן מְשַׁכְתִּיךְ חָסֶד:

בָּרוּךְ אַתָּה יהוה, אוֹהֵב עַמּוֹ יִשְׂרָאֵל.

The שמע *must be said with intense concentration.*
When not with a מנין*, say:*
אֵל מֶלֶךְ נֶאֱמָן

The following verse should be said aloud, while covering the eyes with the right hand:

דברים ו **שְׁמַע יִשְׂרָאֵל, יהוה אֱלֹהֵינוּ, יהוה ׀ אֶחָד:**

Quietly בָּרוּךְ שֵׁם כְּבוֹד מַלְכוּתוֹ לְעוֹלָם וָעֶד.

דברים ו וְאָהַבְתָּ אֵת יהוה אֱלֹהֶיךָ, בְּכָל־לְבָבְךָ וּבְכָל־נַפְשְׁךָ וּבְכָל־
מְאֹדֶךָ: וְהָיוּ הַדְּבָרִים הָאֵלֶּה, אֲשֶׁר אָנֹכִי מְצַוְּךָ הַיּוֹם, עַל־לְבָבֶךָ:
וְשִׁנַּנְתָּם לְבָנֶיךָ וְדִבַּרְתָּ בָּם, בְּשִׁבְתְּךָ בְּבֵיתֶךָ וּבְלֶכְתְּךָ בַדֶּרֶךְ,

---

עָזִּי *The Source of my strength.* The poet here combines the theme of this blessing – God's love for Israel – with language heavily drawn from the Song of Songs, the Megilla specifically associated with Pesaḥ.

Bind them as a sign on your hand, and they shall be an emblem between your eyes. Write them on the doorposts of your house and gates.

וְהָיָה If you indeed heed My commandments with which I charge you today, to love the LORD your God and worship Him with all your heart and with all your soul, I will give rain in your land in its season, the early and late rain; and you shall gather in your grain, wine and oil. I will give grass in your field for your cattle, and you shall eat and be satisfied. Be careful lest your heart be tempted and you go astray and worship other gods, bowing down to them. Then the LORD's anger will flare against you and He will close the heavens so that there will be no rain. The land will not yield its crops, and you will perish swiftly from the good land that the LORD is giving you. Therefore, set these, My words, on your heart and soul. Bind them as a sign on your hand, and they shall be an emblem between your eyes. Teach them to your children, speaking of them when you sit at home and when you travel on the way, when you lie down and when you rise. Write them on the doorposts of your house and gates, so that you and your children may live long in the land that the LORD swore to your ancestors to give them, for as long as the heavens are above the earth. *Deut. 11*

וַיֹּאמֶר The LORD spoke to Moses, saying: Speak to the Israelites and tell them to make tassels on the corners of their garments for all generations. They shall attach to the tassel at each corner a thread of blue. This shall be your tassel, and you shall see it and remember all of the LORD's commandments and keep them, not straying after your heart and after your eyes, following your own sinful desires. Thus you will be reminded to keep all My commandments, and be holy to your God. I am the LORD your *Num. 15*

וּבְשָׁכְבְּךָ וּבְקוּמֶךָ: וּקְשַׁרְתָּם לְאוֹת עַל־יָדֶךָ וְהָיוּ לְטֹטָפֹת בֵּין
עֵינֶיךָ: וּכְתַבְתָּם עַל־מְזֻזוֹת בֵּיתֶךָ וּבִשְׁעָרֶיךָ:

דברים יא וְהָיָה אִם־שָׁמֹעַ תִּשְׁמְעוּ אֶל־מִצְוֺתַי אֲשֶׁר אָנֹכִי מְצַוֶּה אֶתְכֶם
הַיּוֹם, לְאַהֲבָה אֶת־יהוה אֱלֹהֵיכֶם וּלְעָבְדוֹ, בְּכָל־לְבַבְכֶם וּבְכָל־
נַפְשְׁכֶם: וְנָתַתִּי מְטַר־אַרְצְכֶם בְּעִתּוֹ, יוֹרֶה וּמַלְקוֹשׁ, וְאָסַפְתָּ
דְגָנֶךָ וְתִירֹשְׁךָ וְיִצְהָרֶךָ: וְנָתַתִּי עֵשֶׂב בְּשָׂדְךָ לִבְהֶמְתֶּךָ, וְאָכַלְתָּ
וְשָׂבָעְתָּ: הִשָּׁמְרוּ לָכֶם פֶּן־יִפְתֶּה לְבַבְכֶם, וְסַרְתֶּם וַעֲבַדְתֶּם אֱלֹהִים
אֲחֵרִים וְהִשְׁתַּחֲוִיתֶם לָהֶם: וְחָרָה אַף־יהוה בָּכֶם, וְעָצַר אֶת־
הַשָּׁמַיִם וְלֹא־יִהְיֶה מָטָר, וְהָאֲדָמָה לֹא תִתֵּן אֶת־יְבוּלָהּ, וַאֲבַדְתֶּם
מְהֵרָה מֵעַל הָאָרֶץ הַטֹּבָה אֲשֶׁר יהוה נֹתֵן לָכֶם: וְשַׂמְתֶּם אֶת־
דְּבָרַי אֵלֶּה עַל־לְבַבְכֶם וְעַל־נַפְשְׁכֶם, וּקְשַׁרְתֶּם אֹתָם לְאוֹת
עַל־יֶדְכֶם, וְהָיוּ לְטוֹטָפֹת בֵּין עֵינֵיכֶם: וְלִמַּדְתֶּם אֹתָם אֶת־בְּנֵיכֶם
לְדַבֵּר בָּם, בְּשִׁבְתְּךָ בְּבֵיתֶךָ וּבְלֶכְתְּךָ בַדֶּרֶךְ, וּבְשָׁכְבְּךָ וּבְקוּמֶךָ:
וּכְתַבְתָּם עַל־מְזוּזוֹת בֵּיתֶךָ וּבִשְׁעָרֶיךָ: לְמַעַן יִרְבּוּ יְמֵיכֶם וִימֵי
בְנֵיכֶם עַל הָאֲדָמָה אֲשֶׁר נִשְׁבַּע יהוה לַאֲבֹתֵיכֶם לָתֵת לָהֶם,
כִּימֵי הַשָּׁמַיִם עַל־הָאָרֶץ:

במדבר טו וַיֹּאמֶר יהוה אֶל־מֹשֶׁה לֵּאמֹר: דַּבֵּר אֶל־בְּנֵי יִשְׂרָאֵל וְאָמַרְתָּ
אֲלֵהֶם, וְעָשׂוּ לָהֶם צִיצִת עַל־כַּנְפֵי בִגְדֵיהֶם לְדֹרֹתָם, וְנָתְנוּ
עַל־צִיצִת הַכָּנָף פְּתִיל תְּכֵלֶת: וְהָיָה לָכֶם לְצִיצִת, וּרְאִיתֶם אֹתוֹ
וּזְכַרְתֶּם אֶת־כָּל־מִצְוֺת יהוה וַעֲשִׂיתֶם אֹתָם, וְלֹא תָתֻרוּ אַחֲרֵי
לְבַבְכֶם וְאַחֲרֵי עֵינֵיכֶם, אֲשֶׁר־אַתֶּם זֹנִים אַחֲרֵיהֶם: לְמַעַן תִּזְכְּרוּ
וַעֲשִׂיתֶם אֶת־כָּל־מִצְוֺתָי, וִהְיִיתֶם קְדֹשִׁים לֵאלֹהֵיכֶם: אֲנִי יהוה

God, who brought you out of the land of Egypt to be your God.
I am the LORD your God.

True –

The Leader repeats:
▸ The LORD your God is true –

וֶאֱמוּנָה – and faithful is all this, and firmly established for us
        that He is the LORD our God,
        and there is none beside Him,
        and that we, Israel, are His people.
        He is our King, who redeems us from the hand of kings
        and delivers us from the grasp of all tyrants.
        He is our God, who on our behalf repays our foes
        and brings just retribution on our mortal enemies;
        who performs great deeds beyond understanding
        and wonders beyond number;
        who kept us alive,   *Ps. 66*
        not letting our foot slip;
        who led us on the high places of our enemies,
        raising our pride above all our foes;
        who did miracles for us
        and brought vengeance against Pharaoh;
        who performed signs and wonders
        in the land of Ham's children;
        who smote in His wrath all the firstborn of Egypt,
        and brought out His people Israel from their midst
        into everlasting freedom;
        who led His children through the divided Reed Sea,
        plunging their pursuers and enemies into the depths.
        When His children saw His might,
        they gave praise and thanks to His name,
▸ and willingly accepted His Sovereignty.
        Moses and the children of Israel
        then sang a song to You.

אֱלֹהֵיכֶם, אֲשֶׁר הוֹצֵאתִי אֶתְכֶם מֵאֶרֶץ מִצְרַיִם, לִהְיוֹת לָכֶם לֵאלֹהִים, אֲנִי יהוה אֱלֹהֵיכֶם:

אֱמֶת

The שליח ציבור *repeats:*

◂ יהוה אֱלֹהֵיכֶם אֱמֶת

וֶאֱמוּנָה כָּל זֹאת וְקַיָּם עָלֵינוּ
כִּי הוּא יהוה אֱלֹהֵינוּ וְאֵין זוּלָתוֹ
וַאֲנַחְנוּ יִשְׂרָאֵל עַמּוֹ.
הַפּוֹדֵנוּ מִיַּד מְלָכִים
מַלְכֵּנוּ הַגּוֹאֲלֵנוּ מִכַּף כָּל הֶעָרִיצִים.
הָאֵל הַנִּפְרָע לָנוּ מִצָּרֵינוּ
וְהַמְשַׁלֵּם גְּמוּל לְכָל אוֹיְבֵי נַפְשֵׁנוּ.
הָעוֹשֶׂה גְדוֹלוֹת עַד אֵין חֵקֶר, וְנִפְלָאוֹת עַד אֵין מִסְפָּר
הַשָּׂם נַפְשֵׁנוּ בַּחַיִּים, וְלֹא־נָתַן לַמּוֹט רַגְלֵנוּ: תהלים סו
הַמַּדְרִיכֵנוּ עַל בָּמוֹת אוֹיְבֵינוּ
וַיָּרֶם קַרְנֵנוּ עַל כָּל שׂוֹנְאֵינוּ.
הָעוֹשֶׂה לָּנוּ נִסִּים וּנְקָמָה בְּפַרְעֹה
אוֹתוֹת וּמוֹפְתִים בְּאַדְמַת בְּנֵי חָם.
הַמַּכֶּה בְעֶבְרָתוֹ כָּל בְּכוֹרֵי מִצְרָיִם
וַיּוֹצֵא אֶת עַמּוֹ יִשְׂרָאֵל מִתּוֹכָם לְחֵרוּת עוֹלָם.
הַמַּעֲבִיר בָּנָיו בֵּין גִּזְרֵי יַם סוּף
אֶת רוֹדְפֵיהֶם וְאֶת שׂוֹנְאֵיהֶם בִּתְהוֹמוֹת טִבַּע
וְרָאוּ בָנָיו גְּבוּרָתוֹ, שִׁבְּחוּ וְהוֹדוּ לִשְׁמוֹ
◂ וּמַלְכוּתוֹ בְּרָצוֹן קִבְּלוּ עֲלֵיהֶם
מֹשֶׁה וּבְנֵי יִשְׂרָאֵל, לְךָ עָנוּ שִׁירָה.

*Like the Ma'aravot, the Zulat for the eighth night is probably a deliberate
echo of the piyutim for the seventh. The whole set hardly appears in ancient
manuscripts, but as the eastern European custom became formalized (c. 1450),
it became the accepted liturgy for the eighth night. The author has signed his
name,* יקותיאל בר יוסף, *in the acrostic after the alphabetical verses.*

On Pesaḥ	[Israel] was fortunate to shine with the light of life,		
	Yet all the Israelites had light –	the Pesaḥ of Egypt.	*Ex. 10*
On Pesaḥ	we shall be blessed with this miracle [of light] once again,		
	"rise up, shine, for Your light has come"		*Is. 60*
		the Pesaḥ of the future [redemption].	

On Pesaḥ	the redeemed ones then praised Him;		
	that day the LORD saved [Israel]	the Pesaḥ of Egypt.	*Ex. 14*
On Pesaḥ	the Distinguished One shall hasten our salvation,		
	"the LORD is our King; He shall save us"		*Is. 33*
		the Pesaḥ of the future [redemption].	

On Pesaḥ	those who had been embittered with suffering until weary,		
	went out on the day		*Num. 33*
	following the Pesaḥ offering	the Pesaḥ of Egypt.	
On Pesaḥ	You shall witness His day of vengeance,		
	"You shall go out [of exile] in joy"		*Is. 55*
		the Pesaḥ of the future [redemption].	

On Pesaḥ	the people accorded with merit were struck with awe		
	when the water was like a wall		*Ex. 14*
	[on their sides]	the Pesaḥ of Egypt.	
On Pesaḥ	He shall give of His bounty to those who await Him,		
	guiding them by springs of water		*Is. 49*
		the Pesaḥ of the future [redemption].	

On Pesaḥ	The Pure One humbled Himself greatly for their sake,		
	the LORD went before them	the Pesaḥ of Egypt.	*Ex. 13*
On Pesaḥ	He shall hasten the words of the prophets		
	[concerning the redemption],		
	"for the LORD shall go before you [out of exile]"		*Is 52*
		the Pesaḥ of the future [redemption].	

---

of darkness (Ex. 10:23) with the light that will shine on them in the messianic
age: "Rise up, shine, for your light has come, and the glory of the LORD rises
upon you" (Is. 60:1).

טָהוֹר *The Pure One.* Here and in the next verse the poet evokes the resonance

Like the מערבות, the זולת for the eighth night is probably a deliberate echo of the piyutim for the seventh. The whole set hardly appears in ancient manuscripts, but as the eastern European custom became formalized (c. 1450), it became the accepted liturgy for the eighth night. The author has signed his name, יקותיאל בר יוסף, in the acrostic after the alphabetical verses.

פֶּסַח אָשְׁרוּ בְּאוֹר הַחַיִּים לֵאוֹר
וּלְכָל־בְּנֵי יִשְׂרָאֵל הָיָה אוֹר פֶּסַח מִצְרָיִם שמות י

פֶּסַח בְּאוֹת זֶה עוֹד לְהִתְבָּרֵךְ
קוּמִי אוֹרִי כִּי בָא אוֹרֵךְ פֶּסַח לֶעָתִיד. ישעיה ס

פֶּסַח גְּאוּלִים אָז הִלְלְוּהוּ
וַיּוֹשַׁע יהוה בַּיּוֹם הַהוּא פֶּסַח מִצְרָיִם שמות יד

פֶּסַח דָּגוּל יָחִישׁ יִשְׁעֵנוּ
יהוה מַלְכֵּנוּ הוּא יוֹשִׁיעֵנוּ פֶּסַח לֶעָתִיד. ישעיה לג

פֶּסַח הֶמְרוּ בְּקֹשִׁי וְנִלְאוּ
מִמָּחֳרַת הַפֶּסַח יָצְאוּ פֶּסַח מִצְרָיִם במדבר לג

פֶּסַח וְיוֹם נָקָם תִּרְאוּ
כִּי־בְשִׂמְחָה תֵצֵאוּ פֶּסַח לֶעָתִיד. ישעיה נה

פֶּסַח זְכוּיִים אִיְּמוּ לְעָצְמָה
וְהַמַּיִם לָהֶם חוֹמָה פֶּסַח מִצְרָיִם שמות יד

פֶּסַח חוֹכָיו טוּבוֹ לְהַנְחִילֵם
וְעַל־מַבּוּעֵי מַיִם יְנַהֲלֵם פֶּסַח לֶעָתִיד. ישעיה מט

פֶּסַח טָהוֹר עַנְוָתוֹ הִרְבָּה עֲלֵיהֶם
וַיהוה הֹלֵךְ לִפְנֵיהֶם פֶּסַח מִצְרָיִם שמות יג

פֶּסַח יָעִיר נְאֻם חֶזְיוֹנַי
כִּי־הֹלֵךְ לִפְנֵיכֶם יהוה פֶּסַח לֶעָתִיד. ישעיה נב

פֶּסַח אָשְׁרוּ *On Pesaḥ [Israel] was fortunate.* This *piyut*, the counterpart to *Pesaḥ Emunim* of the seventh night, was composed by Rabbi Yekutiel bar Yosef.

בְּאוֹר הַחַיִּים... בְּאוֹת זֶה *With the light of life... with this miracle [of light].* The poet compares the light that shone in the Israelite houses during the plague

On Pesaḥ   the prophetess [Miriam] responded fittingly,
           "sing to the LORD,   *Ex. 15*
           for He has triumphed gloriously"   the Pesaḥ of Egypt.
On Pesaḥ   our enemies shall be despoiled;
           "sing to the LORD, for He has done glorious things" –   *Is. 12*
                              the Pesaḥ of the future [redemption].

On Pesaḥ   a song of thanks was sweetly sounded:
           "the LORD is my strength and song"   the Pesaḥ of Egypt. *Ex. 15*
On Pesaḥ   a song shall be sung by my multitudes,
           "The LORD, the LORD is my strength and my song"   *Is. 12*
                              the Pesaḥ of the future [redemption].

On Pesaḥ   the chosen ones [began] their return
           to their desired [Temple],
           walking on dry land through the sea   the Pesaḥ of Egypt. *Ex. 15*
On Pesaḥ   He shall return their captives
           from Hamath and the islands in the sea   *Is. 11*
                              the Pesaḥ of the future [redemption].

On Pesaḥ   their taskmasters fled before them,
           for the LORD waged war for them   the Pesaḥ of Egypt. *Ex. 14*
On Pesaḥ   He shall take away His people's distress and comfort them,
           "for the LORD shall go out and wage war"   *Zech. 14*
                              the Pesaḥ of the future [redemption].

On Pesaḥ   the Enlightened One dealt [the Egyptians] a crushing blow
           [in the plague of the firstborn sons],
           until all of Egypt urged the people [to go]   the Pesaḥ of Egypt. *Ex. 12*
On Pesaḥ   He shall deal a blow to [Israel's] haughty [enemies],
           "and ten men shall grasp   *Zech. 8*
           [the corner of each Israelite's garment]"
                              the Pesaḥ of the future [redemption].

───────────────────────────────────────

עֲשָׂרָה אֲנָשִׁים *Ten men.* A reference to Zechariah's prophecy that a day will come when, "Ten people from all languages and nations shall grasp one Jew by the hem of his robe and say, 'Let us go with you, because we have heard that God is with you'" (Zech. 8:23).

פֶּסַח כְּרָאוּי עָנְתָה נְבִיאָה
שִׁירוּ לַיהוה כִּי־גָאֹה גָּאָה   פֶּסַח מִצְרַיִם   שמות טו
פֶּסַח לוֹחֲמֵינוּ יִהְיוּ לִמְשִׁסָּה
זַמְּרוּ יהוה כִּי גֵאוּת עָשָׂה   פֶּסַח לֶעָתִיד.   ישעיה יב
פֶּסַח מְנֻעַם שִׁיר הוֹדָיָה
עָזִּי וְזִמְרָת יָהּ   פֶּסַח מִצְרַיִם   שמות טו
פֶּסַח נַגֵּן שִׁיר הֲמוֹנַי
כִּי־עָזִּי וְזִמְרָת יָהּ יהוה   פֶּסַח לֶעָתִיד.   ישעיה יב
פֶּסַח סְגוּלִים לָשׁוּב לִמְאוּיָם
הָלְכוּ בַיַּבָּשָׁה בְּתוֹךְ הַיָּם   פֶּסַח מִצְרַיִם   שמות טו
פֶּסַח עָתִיד לְהָשִׁיב שְׁבָיִם
מֵחֲמָת וּמֵאִיֵּי הַיָּם   פֶּסַח לֶעָתִיד.   ישעיה יא
פֶּסַח פּוֹרְכִים נָסוּ לִפְנֵיהֶם
כִּי יהוה נִלְחָם לָהֶם   פֶּסַח מִצְרַיִם   שמות יד
פֶּסַח צָרוֹת עַמּוֹ יָסִיר וְנִחַם
וְיָצָא יהוה וְנִלְחַם   פֶּסַח לֶעָתִיד.   זכריה יד
פֶּסַח קֶרֶץ נָאוֹר הֵרֵעַם
וַתֶּחֱזַק מִצְרַיִם עַל־הָעָם   פֶּסַח מִצְרַיִם   שמות יב
פֶּסַח רֶוַח עֲרִיצִים לְהַנְשִׁים
יַחֲזִיקוּ עֲשָׂרָה אֲנָשִׁים   פֶּסַח לֶעָתִיד.   זכריה ח

---

between the exodus from Egypt about which it says, "The Lord went before them" (Ex. 13:21) and that of the exodus of the future about which the prophet says, "for the Lord shall go before you" (Is. 52:12). The Talmud describes this as an act of humility (*Kiddushin* 32a) since normally a king is last in the procession. Here, forsaking His honor, God went before the people, as He will do in the future.

On Pesaḥ	the [Egyptians'] flesh rotted away and disappeared;		
	not one of them survived	the Pesaḥ of Egypt.	Ex. 14
On Pesaḥ	You shall give salvation to Your faithful,		
	"and none of the House of Esau shall survive"		Ob. 1
		the Pesaḥ of the future [redemption].	

On Pesaḥ	babes sang a song to proclaim His unity,		
	"this is my God, and I will beautify Him"	the Pesaḥ of Egypt.	Ex. 15
On Pesaḥ	[His] precious ones shall proclaim thus:		
	"See, this is our God" –	the Pesaḥ of the future [redemption].	Is. 25

On Pesaḥ	a sanctified song, in the feminine gender, was joyfully sung out;		
	this [shira] song	the Pesaḥ of Egypt.	Ex. 15
On Pesaḥ	that sanctified song shall turn about		
	and be phrased in the masculine:		
	"Sing a new [shir] song to the LORD"		Is. 42
		the Pesaḥ of the future [redemption].	

On Pesaḥ	You leapt to shorten our oppression,		
	and released from prison		Ex. 15
	the people You acquired	the Pesaḥ of Egypt.	
On Pesaḥ	He shall reveal His strong arm,		
	to reclaim the remnant that is left of His people [in exile]		Is. 11
		the Pesaḥ of the future [redemption].	

On Pesaḥ	He took His beloved people out at midday,		
	throwing the Egyptian camp into confusion	the Pesaḥ of Egypt.	Ex. 14
On Pesaḥ	He shall repay His foes their due;		
	"a great confusion from the LORD shall befall them"		Zech. 14
		the Pesaḥ of the future [redemption].	

"Even a servant saw at the Sea what Isaiah and Ezekiel did not see" (*Mekhilta Beshallaḥ, Shira* 3).

שִׁירָה...שִׁיר [*Shira*] *song*...[*shir*] *song* (*previous page*). The word "song" appears in sacred contexts in both the feminine and masculine form, *shira* and *shir*. At the Sea, the feminine form is used; in the future the "new song" will be masculine. A midrash explains the difference: a woman gives birth; a man does not. Prior to the messianic age, troubles give birth to new troubles. There is no final deliverance. In the time to come, however, there will be no new birth of trouble or grief (*Shemot Raba* 23:11).

פֶּסַח שְׁאָרָם נָמַק וְנִכְחַד
לֹא־נִשְׁאַר בָּהֶם עַד־אֶחָד פֶּסַח מִצְרָיִם שמות יד
פֶּסַח תִּתֵּן יְשׁוּעוֹת חוֹסָיו
וְלֹא־יִהְיֶה שָׂרִיד לְבֵית עֵשָׂו פֶּסַח לֶעָתִיד. עובדיה א

פֶּסַח תּוֹפְפוּ יוֹנְקִים לְיַחֲדֵהוּ
זֶה אֵלִי וְאַנְוֵהוּ פֶּסַח מִצְרָיִם שמות טו
פֶּסַח יְקָרִים יֹאמְרוּ כָּזֶה
הִנֵּה אֱלֹהֵינוּ זֶה פֶּסַח לֶעָתִיד. ישעיה כה

פֶּסַח קְדֻשָּׁה נִקְבָה בַּעֲלִיזוּת
אֶת־הַשִּׁירָה הַזֹּאת פֶּסַח מִצְרָיִם שמות טו
פֶּסַח וְגֶבֶר כְּסוֹבֵב וְיִקְדָּשׁ
שִׁירוּ לַיהוה שִׁיר חָדָשׁ פֶּסַח לֶעָתִיד. ישעיה מב

פֶּסַח תְּבִיעַת עֲנָוִי קְפָצַת
וּמִבֵּית כֶּלֶא, עַם־זוּ קָנִיתָ פֶּסַח מִצְרָיִם שמות טו
פֶּסַח יַחְשֹׂף זְרוֹעוֹ תַּעֲצוּמוֹ
לִקְנוֹת אֶת־שְׁאָר עַמּוֹ פֶּסַח לֶעָתִיד. ישעיה יא

פֶּסַח אוֹהֲבָיו הוֹצִיא צָהֳרַיִם
וַיָּהָם אֵת מַחֲנֵה מִצְרָיִם פֶּסַח מִצְרָיִם שמות יד
פֶּסַח לְהָשִׁיב לְקָמָיו גְּמוּלֵיהֶם
מְהוּמַת־יהוה רַבָּה בָּהֶם פֶּסַח לֶעָתִיד. זכריה יד

יוֹנְקִים *Babes.* At the Sea even children joined in the Song (*Sota* 30b). In this and the next verse the poet emphasizes the word *zeh*, "this," that appears in both the Song at the Sea, "This is my God" (Ex. 15:2), and in Isaiah's vision of what Israel will sing in the future: "Surely this is our God; we trusted in Him, and He saved us" (Is. 25:9). The word "this" signifies something that is directly visible. Applied to God, it suggests an unparalleled epiphany:

On Pesaḥ   they uttered words of praise when they witnessed
            the great power   the Pesaḥ of Egypt. *Ex. 14*
On Pesaḥ   they shall be satiated with the abundance of His glory,
            when the Lord will reach out His hand a second time   *Is. 11*
            [to gather Israel]   the Pesaḥ of the future [redemption].

On Pesaḥ   a prophetic song was brought before the Concealed One:
            "The Lord will reign for ever"   the Pesaḥ of Egypt. *Ex. 15*
On Pesaḥ   they shall sing to their redeemer in Zion:
            "The Lord shall reign for ever"   *Ps. 146*
                                  the Pesaḥ of the future [redemption].

The third stanza of the Ma'aravot continues the Zulat only by begining
with the word "Pesaḥ" instead of a verse from the Song at the Sea.

On Pesaḥ   Your nation was led to redemption with royal pageantry;
            You saved Your beloved ones, gladdened Your upright ones.
            Your chosen, pleasing ones viewed God's wondrous works,
                        then Moses and the Israelites sang.   *Ex. 15*

With happiness, with song, with great joy,
and they all exclaimed:

                "Who is like You, Lord, among the mighty?   *Ex. 15*
                Who is like You, majestic in holiness,
                awesome in praises, doing wonders?"

▸ Your children beheld Your majesty
  as You parted the sea before Moses.

            The first word of the fourth stanza recalls the verse "Who is like You" said above.
            Who told of the beauty of His works,
            glorifying His majesty as He guided them
            through the mighty waters?
            Babes and sucklings praised Him as they saw the path
            [he made for them]
                        [telling of] His mighty deeds   *Ps. 145*
                        and the glorious majesty of His kingship.

פֶּסַח בִּרְאוֹתָם נָמוּ לְסַלְסְלָה
אֶת־הַיָּד הַגְּדֹלָה פֶּסַח מִצְרָיִם — שמות יד
פֶּסַח רָוּות בְּזִיז כְּבוֹדוֹ
יוֹסִיף אֲדֹנָי שֵׁנִית יָדוֹ פֶּסַח לֶעָתִיד. — ישעיה יא

פֶּסַח חִזָּיוֹן שִׁירָה קִדְּמוּ לְנֶעְלָם
יהוה יִמְלֹךְ לְעֹלָם פֶּסַח מִצְרָיִם — שמות טו
פֶּסַח בְּצִיּוֹן יְשׁוֹרְרוּ לְגוֹאֲלָם
יִמְלֹךְ יהוה לְעוֹלָם פֶּסַח לֶעָתִיד. — תהלים קמו

The third stanza of the מערבות *continues the* זולת *only by begining with the word "*פֶּסַח*" instead of a verse from* שירת הים*.*

פֶּסַח טַכְסִיסֵי הוֹד מְאֻשֶּׁרֶת לְהִגָּאֵל
יְדִידֶיךָ הוֹשַׁעְתָּ, שַׁעְשַׁעְתָּ יִשְׁרֵי אֵל
כֹּשֶׁר לְקוֹחֶיךָ חָזוּ מִפְעֲלוֹת אֵל
אָז יָשִׁיר־מֹשֶׁה וּבְנֵי יִשְׂרָאֵל: — שמות טו

בְּגִילָה, בְּרִנָּה בְּשִׂמְחָה רַבָּה
וְאָמְרוּ כֻלָּם
מִי־כָמֹכָה בָּאֵלִם יהוה — שמות טו
מִי כָּמֹכָה נֶאְדָּר בַּקֹּדֶשׁ
נוֹרָא תְהִלֹּת עֹשֵׂה פֶלֶא:

◄ מַלְכוּתְךָ רָאוּ בָנֶיךָ, בּוֹקֵעַ יָם לִפְנֵי מֹשֶׁה

*The first word of the fourth stanza recalls the verse "*מִי־כָמֹכָה בָּאֵלִם*" said above.*

מִי מַלֵּל נוֹי כֹּחַ סִפּוּר מְלַאכְתּוֹ
סִלְסוּל תִּפְאַרְתּוֹ בְּעִזּוּז הַדְרִיךְ הֲלִיכָתוֹ
עוֹלְלִים וְיוֹנְקִים שִׁבְּחוּהוּ וְצָפוּ מְסִלָּתוֹ
גְּבוּרֹתָיו, וּכְבוֹד הֲדַר מַלְכוּתוֹ: — תהלים קמה

He is Our Rock of salvation;
[Israel] opened their mouths and exclaimed:

"The LORD shall reign for ever and ever."   *Ex. 15*

And it is said, "For the LORD has redeemed Jacob   *Jer. 31*
and rescued him
from a power stronger than his own."

> *The last two stanzas of the Ma'aravot open with the first two words*
> *of Exodus 15:13, "You have led, in Your loving-kindness,"*
> *emphasizing the guiding of Israel to safety.*

With Your strength, You guided Your precious pearls,
giving honor to Your people.
You overwhelmed their enemies with devastating blows.
Holy One of Israel, they proclaim Your Oneness
despite their suffering and travails,

"our Redeemer, the LORD of hosts."*   *Is. 47*

Blessed are You, LORD, who redeemed Israel.

Some end the blessing as follows(see commentary on page 124):
Blessed are You, LORD, King, Rock and Redeemer of Israel.

הַשְׁכִּיבֵנוּ Help us lie down,
O LORD our God, in peace,
and rise up, O our King, to life.
Spread over us Your canopy of peace.
Direct us with Your good counsel,
and save us for the sake of Your name.
Shield us and remove from us every enemy,
plague, sword, famine and sorrow.
Remove the adversary from before and behind us.
Shelter us in the shadow of Your wings,
for You, God, are our Guardian and Deliverer;
You, God, are a gracious and compassionate King.

זֶה צוּר יִשְׁעֵנוּ, פָּצוּ פֶה. וְאָמְרוּ

יהוה יִמְלֹךְ לְעֹלָם וָעֶד: שמות טו

וְנֶאֱמַר: כִּי־פָדָה יהוה אֶת־יַעֲקֹב, וּגְאָלוֹ מִיַּד חָזָק מִמֶּנּוּ: ירמיה לא

The last two stanzas of the מערבות *open with the first two words of Exodus 15:13,* נָחִיתָ בְחַסְדְּךָ *– You have led, in Your loving-kindness," emphasizing the guiding of Israel to safety.*

נָחִיתָ פְּנִינֶךָ בְּעֻזְּךָ עַמְּךָ לְהִתְנָאוֹת
צוֹרְרֵיהֶם הֲמַמְתָּ בְּמַכּוֹת לְהַלְאוֹת
קְדוֹשׁ יִשְׂרָאֵל מְיַחֲדִים מִסֵּבֶל וּתְלָאוֹת
גֹּאֲלֵנוּ, יהוה צְבָאוֹת* ישעיה מז

בָּרוּךְ אַתָּה יהוה, גָּאַל יִשְׂרָאֵל.

**Some end the blessing as follows (see commentary on page 124):*

בָּרוּךְ אַתָּה יהוה, מֶלֶךְ צוּר יִשְׂרָאֵל וְגוֹאֲלוֹ.

הַשְׁכִּיבֵנוּ יהוה אֱלֹהֵינוּ לְשָׁלוֹם
וְהַעֲמִידֵנוּ מַלְכֵּנוּ לְחַיִּים
וּפְרֹשׂ עָלֵינוּ סֻכַּת שְׁלוֹמֶךָ
וְתַקְּנֵנוּ בְּעֵצָה טוֹבָה מִלְּפָנֶיךָ
וְהוֹשִׁיעֵנוּ לְמַעַן שְׁמֶךָ.
וְהָגֵן בַּעֲדֵנוּ
וְהָסֵר מֵעָלֵינוּ אוֹיֵב, דֶּבֶר וְחֶרֶב וְרָעָב וְיָגוֹן
וְהָסֵר שָׂטָן מִלְּפָנֵינוּ וּמֵאַחֲרֵינוּ
וּבְצֵל כְּנָפֶיךָ תַּסְתִּירֵנוּ
כִּי אֵל שׁוֹמְרֵנוּ וּמַצִּילֵנוּ אָתָּה
כִּי אֵל מֶלֶךְ חַנּוּן וְרַחוּם אָתָּה.

Guard our going out and our coming in,
for life and peace, from now and for ever.
Spread over us Your canopy of peace.

In the final part, the emphasis is on the ultimate goal of the redemption –
bringing the people to the land of Israel in safety, and building the Temple.

In Your kindness, You raised up the pride of Your people,
who went out, relieved.
They glorified and praised Your name
with words of praise and song.
You will bring them and plant them
in the city of tranquility [Jerusalem]
in a peaceful domain and in secure dwellings.   *Is. 32*

Blessed are You, LORD,
who spreads a canopy of peace over us,
over all His people Israel, and over Jerusalem.

Continue with "Thus Moses announced" (and on Shabbat,
with "The children of Israel must keep") on page 72.

וּשְׁמֹר צֵאתֵנוּ וּבוֹאֵנוּ לְחַיִּים וּלְשָׁלוֹם מֵעַתָּה וְעַד עוֹלָם.
וּפְרֹשׂ עָלֵינוּ סֻכַּת שְׁלוֹמֶךָ.

In the final part, the emphasis is on the ultimate goal of the redemption – bringing the people to the land of Israel in safety, and building the Temple.

בְּחַסְדְּךָ רוֹמֵמְתָּ קֶרֶן עַמְּךָ יָצְאוּ מְרוּחִים
שֶׁבַח וּרְנָנוֹת לְשִׁמְךָ מְסַלְּדִים וּמְשַׁבְּחִים
תְּבִיאֵמוֹ וְתִטָּעֵמוֹ עִיר מְנוּחִים
בְּנֵה שָׁלוֹם וּבְמִשְׁכְּנוֹת מִבְטַחִים: ישעיה לב

בָּרוּךְ אַתָּה יהוה
הַפּוֹרֵשׂ סֻכַּת שָׁלוֹם עָלֵינוּ
וְעַל כָּל עַמּוֹ יִשְׂרָאֵל וְעַל יְרוּשָׁלָיִם.

Continue with "וַיְדַבֵּר מֹשֶׁה" (and on Shabbat, with "וְשָׁמְרוּ") on page 73.

Kiddush for Yom Tov Evening

On Shabbat add:

quietly: And it was evening, and it was morning – *Gen. 1*
יוֹם הַשִּׁשִּׁי the sixth day.

Then the heavens and the earth were completed, *Gen. 2*
and all their array.
With the seventh day, God completed the work He had done.
He ceased on the seventh day from all the work He had done.
God blessed the seventh day and declared it holy,
because on it He ceased from all His work He had created to do.

On other evenings Kiddush starts here:

When saying Kiddush for others, add:
Please pay attention, my masters.

Blessed are You, LORD our God, King of the Universe,
who creates the fruit of the vine.

On Shabbat, add the words in parentheses.

בָּרוּךְ Blessed are You, LORD our God,
King of the Universe,
who has chosen us from among all peoples,
raised us above all tongues,
and made us holy through His commandments.
You have given us, LORD our God, in love
(Sabbaths for rest), festivals for rejoicing,
holy days and seasons for joy, (this Sabbath day and) this day of
the festival of Matzot, the time of our freedom
(with love), a holy assembly in memory of the exodus from Egypt.
For You have chosen us and sanctified us above all peoples,
and given us as our heritage (Your holy Sabbath in love and favor and)
Your holy festivals for joy and gladness.
Blessed are you, LORD,
who sanctifies (the Sabbath,) Israel and the festivals.

קידוש לליל יום טוב

On שבת add:

quietly וַיְהִי־עֶרֶב וַיְהִי־בֹקֶר בראשית א

יוֹם הַשִּׁשִּׁי:

וַיְכֻלּוּ הַשָּׁמַיִם וְהָאָרֶץ וְכָל־צְבָאָם: בראשית ב

וַיְכַל אֱלֹהִים בַּיּוֹם הַשְּׁבִיעִי מְלַאכְתּוֹ אֲשֶׁר עָשָׂה

וַיִּשְׁבֹּת בַּיּוֹם הַשְּׁבִיעִי מִכָּל־מְלַאכְתּוֹ אֲשֶׁר עָשָׂה:

וַיְבָרֶךְ אֱלֹהִים אֶת־יוֹם הַשְּׁבִיעִי, וַיְקַדֵּשׁ אֹתוֹ

כִּי בוֹ שָׁבַת מִכָּל־מְלַאכְתּוֹ, אֲשֶׁר־בָּרָא אֱלֹהִים, לַעֲשׂוֹת:

On other evenings the קידוש starts here:

When saying קידוש for others, add:

סַבְרִי מָרָנָן

בָּרוּךְ אַתָּה יהוה אֱלֹהֵינוּ מֶלֶךְ הָעוֹלָם, בּוֹרֵא פְּרִי הַגָּפֶן.

On שבת, add the words in parentheses.

בָּרוּךְ אַתָּה יהוה אֱלֹהֵינוּ מֶלֶךְ הָעוֹלָם

אֲשֶׁר בָּחַר בָּנוּ מִכָּל עָם

וְרוֹמְמָנוּ מִכָּל לָשׁוֹן, וְקִדְּשָׁנוּ בְּמִצְוֹתָיו

וַתִּתֶּן לָנוּ יהוה אֱלֹהֵינוּ בְּאַהֲבָה

(שַׁבָּתוֹת לִמְנוּחָה וּ)מוֹעֲדִים לְשִׂמְחָה

חַגִּים וּזְמַנִּים לְשָׂשׂוֹן, אֶת יוֹם (הַשַּׁבָּת הַזֶּה וְאֶת יוֹם)

חַג הַמַּצּוֹת הַזֶּה, זְמַן חֵרוּתֵנוּ

(בְּאַהֲבָה) מִקְרָא קֹדֶשׁ, זֵכֶר לִיצִיאַת מִצְרָיִם

כִּי בָנוּ בָחַרְתָּ וְאוֹתָנוּ קִדַּשְׁתָּ מִכָּל הָעַמִּים (וְשַׁבָּת)

וּמוֹעֲדֵי קָדְשְׁךָ (בְּאַהֲבָה וּבְרָצוֹן)

בְּשִׂמְחָה וּבְשָׂשׂוֹן הִנְחַלְתָּנוּ.

בָּרוּךְ אַתָּה יהוה, מְקַדֵּשׁ (הַשַּׁבָּת וְ) יִשְׂרָאֵל וְהַזְּמַנִּים.

On Motza'ei Shabbat, the following Havdala is added:

בָּרוּךְ Blessed are You, LORD our God, King of the Universe, who creates the lights of fire.

Blessed are You, LORD our God, King of the Universe, who distinguishes between sacred and secular, between light and darkness, between Israel and the nations, between the seventh day and the six days of work. You have made a distinction between the holiness of the Sabbath and the holiness of festivals, and have sanctified the seventh day above the six days of work. You have distinguished and sanctified Your people Israel with Your holiness. Blessed are You, LORD, who distinguishes between sacred and sacred.

The following blessing is omitted on the last two nights of Pesaḥ (in Israel, the last night).

בָּרוּךְ Blessed are You, LORD our God, King of the Universe, who has given us life, sustained us, and brought us to this time.

It is customary for all present to drink of the wine.

On washing hands before eating matza:
Blessed are You, LORD our God, King of the Universe, who has made us holy through His commandments, and has commanded us about washing hands.

Before eating matza:
Blessed are You, LORD our God, King of the Universe, who brings forth bread from the earth.

On מוצאי שבת, the following הבדלה is added:

בָּרוּךְ אַתָּה יהוה אֱלֹהֵינוּ מֶלֶךְ הָעוֹלָם
בּוֹרֵא מְאוֹרֵי הָאֵשׁ.

בָּרוּךְ אַתָּה יהוה אֱלֹהֵינוּ מֶלֶךְ הָעוֹלָם, הַמַּבְדִּיל בֵּין קֹדֶשׁ לְחֹל,
בֵּין אוֹר לְחֹשֶׁךְ, בֵּין יִשְׂרָאֵל לָעַמִּים, בֵּין יוֹם הַשְּׁבִיעִי לְשֵׁשֶׁת יְמֵי
הַמַּעֲשֶׂה. בֵּין קְדֻשַּׁת שַׁבָּת לִקְדֻשַּׁת יוֹם טוֹב הִבְדַּלְתָּ, וְאֶת יוֹם
הַשְּׁבִיעִי מִשֵּׁשֶׁת יְמֵי הַמַּעֲשֶׂה קִדַּשְׁתָּ, הִבְדַּלְתָּ וְקִדַּשְׁתָּ אֶת עַמְּךָ
יִשְׂרָאֵל בִּקְדֻשָּׁתֶךָ. בָּרוּךְ אַתָּה יהוה, הַמַּבְדִּיל בֵּין קֹדֶשׁ לְקֹדֶשׁ.

The following blessing is omitted on the last two nights of פסח (in ארץ ישראל, the last night).

בָּרוּךְ אַתָּה יהוה אֱלֹהֵינוּ מֶלֶךְ הָעוֹלָם
שֶׁהֶחֱיָנוּ וְקִיְּמָנוּ, וְהִגִּיעָנוּ לַזְּמַן הַזֶּה.

It is customary for all present to drink of the wine.

On washing hands before eating מצה:

בָּרוּךְ אַתָּה יהוה אֱלֹהֵינוּ מֶלֶךְ הָעוֹלָם
אֲשֶׁר קִדְּשָׁנוּ בְּמִצְוֹתָיו וְצִוָּנוּ עַל נְטִילַת יָדָיִם.

Before eating מצה:

בָּרוּךְ אַתָּה יהוה אֱלֹהֵינוּ מֶלֶךְ הָעוֹלָם, הַמּוֹצִיא לֶחֶם מִן הָאָרֶץ.

Birkat HaMazon / Grace after Meals

שִׁיר הַמַּעֲלוֹת A song of ascents. When the LORD brought back the exiles of Zion we were like people who dream. Then were our mouths filled with laughter, and our tongues with songs of joy. Then was it said among the nations, "The LORD has done great things for them." The LORD did do great things for us and we rejoiced. Bring back our exiles, LORD, like streams in a dry land. May those who sowed in tears, reap in joy. May one who goes out weeping, carrying a bag of seed, come back with songs of joy, carrying his sheaves. *Ps. 126*

Some say:

תְּהִלַּת My mouth shall speak the praise of God, and all creatures shall bless *Ps. 145*
His holy name for ever and all time. We will bless God now and for ever. *Ps. 115*
Halleluya! Thank the LORD for He is good; His loving-kindness is for ever. *Ps. 136*
Who can tell of the LORD's mighty acts and make all His praise be heard? *Ps. 106*

ZIMMUN / INVITATION

When three or more men say Birkat HaMazon together, the following zimmun is said.
When three or more women say Birkat HaMazon, substitute "Friends" for "Gentlemen."
The leader should ask permission from those with precedence to lead the Birkat HaMazon.

Leader Gentlemen, let us say grace.

Others May the name of the LORD be blessed from now and for ever. *Ps. 113*

Leader May the name of the LORD be blessed from now and for ever.
With your permission, (my father and teacher / my mother and teacher / the Kohanim present / our teacher the Rabbi / the master of this house / the mistress of this house)
my masters and teachers,
let us bless (*in a minyan:* our God,)
the One from whose food we have eaten.

Others Blessed be (*in a minyan:* our God,) the One from whose food we have eaten, and by whose goodness we live.

**People present who have not taken part in the meal say:*
*Blessed be (*in a minyan:* our God,) the One whose name is continually blessed for ever and all time.

Leader Blessed be (*in a minyan:* our God,) the One from whose food we have eaten, and by whose goodness we live.
Blessed be He, and blessed be His name.

ברכת המזון

שִׁיר הַמַּעֲלוֹת, בְּשׁוּב יהוה אֶת־שִׁיבַת צִיּוֹן, הָיִינוּ כְּחֹלְמִים: אָז יִמָּלֵא שְׂחוֹק
פִּינוּ וּלְשׁוֹנֵנוּ רִנָּה, אָז יֹאמְרוּ בַגּוֹיִם הִגְדִּיל יהוה לַעֲשׂוֹת עִם־אֵלֶּה: הִגְדִּיל
יהוה לַעֲשׂוֹת עִמָּנוּ, הָיִינוּ שְׂמֵחִים: שׁוּבָה יהוה אֶת־שְׁבִיתֵנוּ, כַּאֲפִיקִים
בַּנֶּגֶב: הַזֹּרְעִים בְּדִמְעָה בְּרִנָּה יִקְצֹרוּ: הָלוֹךְ יֵלֵךְ וּבָכֹה נֹשֵׂא מֶשֶׁךְ־הַזָּרַע,
בֹּא־יָבֹא בְרִנָּה נֹשֵׂא אֲלֻמֹּתָיו:

Some say:

תהלים קמה
תהלים קטו

תְּהִלַּת יהוה יְדַבֶּר פִּי, וִיבָרֵךְ כָּל־בָּשָׂר שֵׁם קָדְשׁוֹ לְעוֹלָם וָעֶד: וַאֲנַחְנוּ

תהלים קלו

נְבָרֵךְ יָהּ מֵעַתָּה וְעַד־עוֹלָם, הַלְלוּיָהּ: הוֹדוּ לַיהוה כִּי־טוֹב, כִּי לְעוֹלָם

תהלים קו

חַסְדּוֹ: מִי יְמַלֵּל גְּבוּרוֹת יהוה, יַשְׁמִיעַ כָּל־תְּהִלָּתוֹ:

סדר הזימון

When three or more men say ברכת המזון *together, the following* זימון *is said.*
When three or more women say ברכת המזון, *substitute* חֲבֵרוֹתַי *for* רַבּוֹתַי.
The leader should ask permission from those with precedence to lead the ברכת המזון.

Leader — רַבּוֹתַי, נְבָרֵךְ.

תהלים קיג

Others — יְהִי שֵׁם יהוה מְבֹרָךְ מֵעַתָּה וְעַד־עוֹלָם:

Leader — יְהִי שֵׁם יהוה מְבֹרָךְ מֵעַתָּה וְעַד־עוֹלָם:

בִּרְשׁוּת (אָבִי מוֹרִי / אִמִּי מוֹרָתִי / כֹּהֲנִים / מוֹרֵנוּ הָרַב /
בַּעַל הַבַּיִת הַזֶּה / בַּעֲלַת הַבַּיִת הַזֶּה)

מָרָנָן וְרַבָּנָן וְרַבּוֹתַי

נְבָרֵךְ (במנין: אֱלֹהֵינוּ) שֶׁאָכַלְנוּ מִשֶּׁלּוֹ.

Others — בָּרוּךְ (במנין: אֱלֹהֵינוּ) שֶׁאָכַלְנוּ מִשֶּׁלּוֹ וּבְטוּבוֹ חָיִינוּ.

People present who have not taken part in the meal say:

*בָּרוּךְ (במנין: אֱלֹהֵינוּ) וּמְבֹרָךְ שְׁמוֹ תָּמִיד לְעוֹלָם וָעֶד.

Leader — בָּרוּךְ (במנין: אֱלֹהֵינוּ) שֶׁאָכַלְנוּ מִשֶּׁלּוֹ וּבְטוּבוֹ חָיִינוּ.

בָּרוּךְ הוּא וּבָרוּךְ שְׁמוֹ.

BLESSING OF NOURISHMENT

בָּרוּךְ Blessed are You, LORD our God,
King of the Universe,
who in His goodness
feeds the whole world
with grace, kindness and compassion.
He gives food to all living things,
for His kindness is for ever.
Because of His continual great goodness,
we have never lacked food,
nor may we ever lack it,
for the sake of His great name.
For He is God who feeds and sustains all,
does good to all,
and prepares food for all creatures He has created.
Blessed are You, LORD, who feeds all.

BLESSING OF LAND

נוֹדֶה We thank You, LORD our God,
for having granted as a heritage
to our ancestors
a desirable, good and spacious land;
for bringing us out, LORD our God,
from the land of Egypt,
freeing us from the house of slavery;
for Your covenant which You sealed in our flesh;
for Your Torah which You taught us;
for Your laws which You made known to us;
for the life, grace and kindness
You have bestowed on us;
and for the food
by which You continually feed and sustain us,
every day, every season, every hour.

ברכת הזן

בָּרוּךְ אַתָּה יהוה אֱלֹהֵינוּ מֶלֶךְ הָעוֹלָם

הַזָּן אֶת הָעוֹלָם כֻּלּוֹ בְּטוּבוֹ

בְּחֵן בְּחֶסֶד וּבְרַחֲמִים

הוּא נוֹתֵן לֶחֶם לְכָל בָּשָׂר

כִּי לְעוֹלָם חַסְדּוֹ.

וּבְטוּבוֹ הַגָּדוֹל, תָּמִיד לֹא חָסַר לָנוּ

וְאַל יֶחְסַר לָנוּ מָזוֹן לְעוֹלָם וָעֶד

בַּעֲבוּר שְׁמוֹ הַגָּדוֹל.

כִּי הוּא אֵל זָן וּמְפַרְנֵס לַכֹּל

וּמֵטִיב לַכֹּל

וּמֵכִין מָזוֹן לְכָל בְּרִיּוֹתָיו אֲשֶׁר בָּרָא.

בָּרוּךְ אַתָּה יהוה, הַזָּן אֶת הַכֹּל.

ברכת הארץ

נוֹדֶה לְּךָ, יהוה אֱלֹהֵינוּ

עַל שֶׁהִנְחַלְתָּ לַאֲבוֹתֵינוּ אֶרֶץ חֶמְדָּה טוֹבָה וּרְחָבָה

וְעַל שֶׁהוֹצֵאתָנוּ יהוה אֱלֹהֵינוּ מֵאֶרֶץ מִצְרַיִם

וּפְדִיתָנוּ מִבֵּית עֲבָדִים

וְעַל בְּרִיתְךָ שֶׁחָתַמְתָּ בִּבְשָׂרֵנוּ

וְעַל תּוֹרָתְךָ שֶׁלִּמַּדְתָּנוּ

וְעַל חֻקֶּיךָ שֶׁהוֹדַעְתָּנוּ

וְעַל חַיִּים חֵן וָחֶסֶד שֶׁחוֹנַנְתָּנוּ

וְעַל אֲכִילַת מָזוֹן שָׁאַתָּה זָן וּמְפַרְנֵס אוֹתָנוּ תָּמִיד

בְּכָל יוֹם וּבְכָל עֵת וּבְכָל שָׁעָה.

וְעַל הַכֹּל For all this, LORD our God,
we thank and bless You.
May Your name be blessed continually
by the mouth of all that lives, for ever and all time –
for so it is written:
"You will eat and be satisfied, *Deut. 8*
then you shall bless the LORD your God
for the good land He has given you."
Blessed are You, LORD,
for the land and for the food.

BLESSING FOR JERUSALEM

רַחֶם נָא Have compassion, please,
LORD our God,
on Israel Your people,
on Jerusalem Your city,
on Zion the dwelling place of Your glory,
on the royal house of David Your anointed,
and on the great and holy House that bears Your name.
Our God, our Father,
tend us, feed us,
sustain us and support us,
relieve us and send us relief,
LORD our God,
swiftly from all our troubles.
Please, LORD our God,
do not make us dependent
on the gifts or loans of other people,
but only on Your full, open, holy and generous hand
so that we may suffer neither shame nor humiliation
for ever and all time.

וְעַל הַכֹּל, יהוה אֱלֹהֵינוּ
אֲנַחְנוּ מוֹדִים לָךְ וּמְבָרְכִים אוֹתָךְ
יִתְבָּרַךְ שִׁמְךָ בְּפִי כָּל חַי תָּמִיד לְעוֹלָם וָעֶד
כַּכָּתוּב:
וְאָכַלְתָּ וְשָׂבָעְתָּ, וּבֵרַכְתָּ אֶת־יהוה אֱלֹהֶיךָ עַל־הָאָרֶץ הַטֹּבָה אֲשֶׁר נָתַן־לָךְ: דברים ח
בָּרוּךְ אַתָּה יהוה
עַל הָאָרֶץ וְעַל הַמָּזוֹן.

ברכת ירושלים

רַחֵם נָא, יהוה אֱלֹהֵינוּ
עַל יִשְׂרָאֵל עַמֶּךָ
וְעַל יְרוּשָׁלַיִם עִירֶךָ
וְעַל צִיּוֹן מִשְׁכַּן כְּבוֹדֶךָ
וְעַל מַלְכוּת בֵּית דָּוִד מְשִׁיחֶךָ
וְעַל הַבַּיִת הַגָּדוֹל וְהַקָּדוֹשׁ שֶׁנִּקְרָא שִׁמְךָ עָלָיו.
אֱלֹהֵינוּ, אָבִינוּ
רְעֵנוּ, זוּנֵנוּ, פַּרְנְסֵנוּ וְכַלְכְּלֵנוּ
וְהַרְוִיחֵנוּ, וְהַרְוַח לָנוּ יהוה אֱלֹהֵינוּ מְהֵרָה מִכָּל צָרוֹתֵינוּ.
וְנָא אַל תַּצְרִיכֵנוּ, יהוה אֱלֹהֵינוּ
לֹא לִידֵי מַתְּנַת בָּשָׂר וָדָם
וְלֹא לִידֵי הַלְוָאָתָם
כִּי אִם לְיָדְךָ הַמְּלֵאָה, הַפְּתוּחָה, הַקְּדוֹשָׁה וְהָרְחָבָה
שֶׁלֹּא נֵבוֹשׁ וְלֹא נִכָּלֵם לְעוֹלָם וָעֶד.

On Shabbat, say:

רְצֵה Favor and strengthen us, LORD our God,
through Your commandments,
especially through the commandment of the seventh day,
this great and holy Sabbath.
For it is, for You, a great and holy day.
On it we cease work and rest in love
in accord with Your will's commandment.
May it be Your will, LORD our God,
to grant us rest without distress,
grief, or lament on our day of rest.
May You show us the consolation of Zion Your city,
and the rebuilding of Jerusalem Your holy city,
for You are the Master of salvation and consolation.

אֱלֹהֵינוּ Our God and God of our ancestors,
may there rise, come, reach, appear, be favored, heard, regarded
and remembered before You, our recollection and remembrance,
as well as the remembrance of our ancestors,
and of the Messiah son of David Your servant,
and of Jerusalem Your holy city,
and of all Your people the house of Israel –
for deliverance and well-being, grace, loving-kindness and com-
passion, life and peace, on this day of
the Festival of Matzot.
On it remember us, LORD our God, for good;
recollect us for blessing,
and deliver us for life.
In accord with Your promise of salvation and compassion,
spare us and be gracious to us;
have compassion on us and deliver us,
for our eyes are turned to You because You are God,
gracious and compassionate.

On שבת*, say:*

רְצֵה וְהַחֲלִיצֵנוּ, יהוה אֱלֹהֵינוּ, בְּמִצְוֹתֶיךָ
וּבְמִצְוַת יוֹם הַשְּׁבִיעִי הַשַּׁבָּת הַגָּדוֹל וְהַקָּדוֹשׁ הַזֶּה
כִּי יוֹם זֶה גָּדוֹל וְקָדוֹשׁ הוּא לְפָנֶיךָ
לִשְׁבָּת בּוֹ, וְלָנוּחַ בּוֹ בְּאַהֲבָה כְּמִצְוַת רְצוֹנֶךָ
וּבִרְצוֹנְךָ הָנִיחַ לָנוּ, יהוה אֱלֹהֵינוּ
שֶׁלֹּא תְהֵא צָרָה וְיָגוֹן וַאֲנָחָה בְּיוֹם מְנוּחָתֵנוּ
וְהַרְאֵנוּ, יהוה אֱלֹהֵינוּ, בְּנֶחָמַת צִיּוֹן עִירֶךָ
וּבְבִנְיַן יְרוּשָׁלַיִם עִיר קָדְשֶׁךָ
כִּי אַתָּה הוּא בַּעַל הַיְשׁוּעוֹת וּבַעַל הַנֶּחָמוֹת.

אֱלֹהֵינוּ וֵאלֹהֵי אֲבוֹתֵינוּ
יַעֲלֶה וְיָבוֹא וְיַגִּיעַ, וְיֵרָאֶה וְיֵרָצֶה וְיִשָּׁמַע
וְיִפָּקֵד וְיִזָּכֵר זִכְרוֹנֵנוּ וּפִקְדוֹנֵנוּ, וְזִכְרוֹן אֲבוֹתֵינוּ
וְזִכְרוֹן מָשִׁיחַ בֶּן דָּוִד עַבְדֶּךָ
וְזִכְרוֹן יְרוּשָׁלַיִם עִיר קָדְשֶׁךָ
וְזִכְרוֹן כָּל עַמְּךָ בֵּית יִשְׂרָאֵל
לְפָנֶיךָ, לִפְלֵיטָה לְטוֹבָה, לְחֵן וּלְחֶסֶד וּלְרַחֲמִים
לְחַיִּים וּלְשָׁלוֹם בְּיוֹם
חַג הַמַּצּוֹת הַזֶּה.
זָכְרֵנוּ יהוה אֱלֹהֵינוּ בּוֹ לְטוֹבָה
וּפָקְדֵנוּ בוֹ לִבְרָכָה
וְהוֹשִׁיעֵנוּ בוֹ לְחַיִּים.
וּבִדְבַר יְשׁוּעָה וְרַחֲמִים, חוּס וְחָנֵּנוּ וְרַחֵם עָלֵינוּ, וְהוֹשִׁיעֵנוּ
כִּי אֵלֶיךָ עֵינֵינוּ, כִּי אֵל חַנּוּן וְרַחוּם אָתָּה.

וּבְנֵה And may Jerusalem the holy city be rebuilt soon, in our time.
Blessed are You, LORD, who in His compassion
will rebuild Jerusalem. Amen.

BLESSING OF GOD'S GOODNESS

בָּרוּךְ Blessed are You, LORD our God, King of the Universe –
God our Father, our King, our Sovereign,
our Creator, our Redeemer, our Maker,
our Holy One, the Holy One of Jacob.
He is our Shepherd, Israel's Shepherd,
the good King who does good to all.
Every day He has done, is doing, and will do good to us.
He has acted, is acting, and will always act kindly toward us for ever,
granting us grace, kindness and compassion, relief and rescue,
prosperity, blessing, redemption and comfort,
sustenance and support, compassion, life, peace and all good things,
and of all good things may He never let us lack

ADDITIONAL REQUESTS

הָרַחֲמָן May the Compassionate One reign over us
        for ever and all time.
May the Compassionate One be blessed
        in heaven and on earth.
May the Compassionate One be praised from generation to generation,
        be glorified by us to all eternity,
        and honored among us for ever and all time.
May the Compassionate One
        grant us an honorable livelihood.
May the Compassionate One break the yoke from our neck
        and lead us upright to our land.
May the Compassionate One send us many blessings to this house
        and this table at which we have eaten.
May the Compassionate One send us Elijah the prophet –
        may he be remembered for good –
        to bring us good tidings of salvation and consolation.

וּבְנֵה יְרוּשָׁלַיִם עִיר הַקֹּדֶשׁ בִּמְהֵרָה בְיָמֵינוּ.
בָּרוּךְ אַתָּה יהוה, בּוֹנֵה בְרַחֲמָיו יְרוּשָׁלָיִם, אָמֵן.

ברכת הטוב והמטיב

בָּרוּךְ אַתָּה יהוה אֱלֹהֵינוּ מֶלֶךְ הָעוֹלָם
הָאֵל אָבִינוּ, מַלְכֵּנוּ, אַדִּירֵנוּ
בּוֹרְאֵנוּ, גּוֹאֲלֵנוּ, יוֹצְרֵנוּ, קְדוֹשֵׁנוּ, קְדוֹשׁ יַעֲקֹב
רוֹעֵנוּ, רוֹעֵה יִשְׂרָאֵל, הַמֶּלֶךְ הַטּוֹב וְהַמֵּטִיב לַכֹּל, שֶׁבְּכָל יוֹם וָיוֹם
הוּא הֵטִיב, הוּא מֵטִיב, הוּא יֵיטִיב לָנוּ
הוּא גְמָלָנוּ, הוּא גוֹמְלֵנוּ, הוּא יִגְמְלֵנוּ לָעַד
לְחֵן וּלְחֶסֶד וּלְרַחֲמִים, וּלְרֶוַח, הַצָּלָה וְהַצְלָחָה
בְּרָכָה וִישׁוּעָה, נֶחָמָה, פַּרְנָסָה וְכַלְכָּלָה
וְרַחֲמִים וְחַיִּים וְשָׁלוֹם וְכָל טוֹב, וּמִכָּל טוּב לְעוֹלָם אַל יְחַסְּרֵנוּ.

בקשות נוספות

הָרַחֲמָן הוּא יִמְלֹךְ עָלֵינוּ לְעוֹלָם וָעֶד.
הָרַחֲמָן הוּא יִתְבָּרַךְ בַּשָּׁמַיִם וּבָאָרֶץ.
הָרַחֲמָן הוּא יִשְׁתַּבַּח לְדוֹר דּוֹרִים, וְיִתְפָּאַר בָּנוּ לָעַד וּלְנֵצַח נְצָחִים
וְיִתְהַדַּר בָּנוּ לָעַד וּלְעוֹלְמֵי עוֹלָמִים.
הָרַחֲמָן הוּא יְפַרְנְסֵנוּ בְּכָבוֹד.
הָרַחֲמָן הוּא יִשְׁבֹּר עֻלֵּנוּ מֵעַל צַוָּארֵנוּ
וְהוּא יוֹלִיכֵנוּ קוֹמְמִיּוּת לְאַרְצֵנוּ.
הָרַחֲמָן הוּא יִשְׁלַח לָנוּ בְּרָכָה מְרֻבָּה בַּבַּיִת הַזֶּה
וְעַל שֻׁלְחָן זֶה שֶׁאָכַלְנוּ עָלָיו.
הָרַחֲמָן הוּא יִשְׁלַח לָנוּ אֶת אֵלִיָּהוּ הַנָּבִיא זָכוּר לַטּוֹב
וִיבַשֶּׂר לָנוּ בְּשׂוֹרוֹת טוֹבוֹת יְשׁוּעוֹת וְנֶחָמוֹת.

May the Compassionate One bless the State of Israel,
    first flowering of our redemption.

May the Compassionate One bless
    the members of Israel's Defense Forces,
    who stand guard over our land.

A guest says:

יְהִי רָצוֹן May it be Your will that the master of this house shall not suffer shame in this world, nor humiliation in the World to Come. May all he owns prosper greatly, and may his and our possessions be successful and close to hand. Let not the Accuser hold sway over his deeds or ours, and may no thought of sin, iniquity or transgression enter him or us from now and for evermore.

הָרַחֲמָן May the Compassionate One bless –

When eating at one's own table, say (include the words in parentheses that apply):
me, (my wife/husband, / my father, my teacher / my mother,
my teacher/ my children,) and all that is mine,

A guest at someone else's table says (include the words in parentheses that apply):
the master of this house, him (and his wife,
the mistress of this house / and his children,) and all that is his,

Children at their parents' table say (include the words in parentheses that apply):
my father, my teacher, (master of this house,) and my mother,
my teacher, (mistress of this house,) them, their household, their
children, and all that is theirs.

For all other guests, add:
and all the diners here,

together with us and all that is ours.
Just as our forefathers
Abraham, Isaac and Jacob
were blessed in all, from all, with all,
so may He bless all of us together
with a complete blessing,
and let us say: Amen.

הָרַחֲמָן הוּא יְבָרֵךְ אֶת מְדִינַת יִשְׂרָאֵל
רֵאשִׁית צְמִיחַת גְּאֻלָּתֵנוּ.
הָרַחֲמָן הוּא יְבָרֵךְ אֶת חַיָּלֵי צְבָא הַהֲגָנָה לְיִשְׂרָאֵל
הָעוֹמְדִים עַל מִשְׁמַר אַרְצֵנוּ.

A guest says:

יְהִי רָצוֹן שֶׁלֹּא יֵבוֹשׁ בַּעַל הַבַּיִת בָּעוֹלָם הַזֶּה, וְלֹא יִכָּלֵם לָעוֹלָם הַבָּא, וְיַצְלִיחַ מְאֹד בְּכָל נְכָסָיו, וְיִהְיוּ נְכָסָיו וּנְכָסֵינוּ מֻצְלָחִים וּקְרוֹבִים לָעִיר, וְאַל יִשְׁלֹט שָׂטָן לֹא בְּמַעֲשֵׂה יָדָיו וְלֹא בְּמַעֲשֵׂה יָדֵינוּ. וְאַל יִזְדַּקֵּק לֹא לְפָנָיו וְלֹא לְפָנֵינוּ שׁוּם דְּבַר הִרְהוּר חֵטְא, עֲבֵרָה וְעָוֹן, מֵעַתָּה וְעַד עוֹלָם.

הָרַחֲמָן הוּא יְבָרֵךְ

When eating at one's own table, say (include the words in parentheses that apply):

אוֹתִי (וְאֶת אִשְׁתִּי / וְאֶת בַּעְלִי / וְאֶת אָבִי מוֹרִי /
וְאֶת אִמִּי מוֹרָתִי / וְאֶת זַרְעִי) וְאֶת כָּל אֲשֶׁר לִי.

A guest at someone else's table says (include the words in parentheses that apply):

אֶת בַּעַל הַבַּיִת הַזֶּה, אוֹתוֹ (וְאֶת אִשְׁתּוֹ בַּעֲלַת הַבַּיִת הַזֶּה /
וְאֶת זַרְעוֹ) וְאֶת כָּל אֲשֶׁר לוֹ.

Children at their parents' table say (include the words in parentheses that apply):

אֶת אָבִי מוֹרִי (בַּעַל הַבַּיִת הַזֶּה), וְאֶת אִמִּי מוֹרָתִי (בַּעֲלַת הַבַּיִת
הַזֶּה), אוֹתָם וְאֶת בֵּיתָם וְאֶת זַרְעָם וְאֶת כָּל אֲשֶׁר לָהֶם

For all other guests, add:

וְאֶת כָּל הַמְּסֻבִּין כָּאן

אוֹתָנוּ וְאֶת כָּל אֲשֶׁר לָנוּ
כְּמוֹ שֶׁנִּתְבָּרְכוּ אֲבוֹתֵינוּ
אַבְרָהָם יִצְחָק וְיַעֲקֹב, בַּכֹּל, מִכֹּל, כֹּל
כֵּן יְבָרֵךְ אוֹתָנוּ כֻּלָּנוּ יַחַד בִּבְרָכָה שְׁלֵמָה, וְנֹאמַר אָמֵן.

בַּמָּרוֹם On high, may grace be invoked for them and for us,
as a safeguard of peace.
May we receive a blessing from the Lord
and a just reward from the God of our salvation,
and may we find grace and good favor in the eyes of God and man.

On Shabbat: May the Compassionate One let us inherit
the time, that will be entirely Shabbat
and rest for life everlasting.

הָרַחֲמָן May the Compassionate One let us inherit the day,
that is all good.

הָרַחֲמָן May the Compassionate One make us worthy
of the Messianic Age and life in the World to Come.
He is a tower of salvation to His king, *II Sam. 22*
showing kindness to His anointed,
to David and his descendants for ever.
He who makes peace in His high places,
may He make peace for us and all Israel,
and let us say: Amen.

יְראוּ Fear the Lord, you His holy ones; *Ps. 34*
those who fear Him lack nothing.
Young lions may grow weak and hungry,
but those who seek the Lord lack no good thing.
Thank the Lord for He is good; *Ps. 118*
His loving-kindness is for ever.
You open Your hand, and satisfy every living thing with favor. *Ps. 145*
Blessed is the person who trusts in the Lord, *Jer. 17*
whose trust is in the Lord alone.
Once I was young, and now I am old, *Ps. 37*
yet I have never watched a righteous man forsaken
or his children begging for bread.
The Lord will give His people strength. *Ps. 29*
The Lord will bless His people with peace.

בַּמָּרוֹם יְלַמְּדוּ עֲלֵיהֶם וְעָלֵינוּ זְכוּת שֶׁתְּהֵא לְמִשְׁמֶרֶת שָׁלוֹם
וְנִשָּׂא בְרָכָה מֵאֵת יהוה וּצְדָקָה מֵאֱלֹהֵי יִשְׁעֵנוּ
וְנִמְצָא חֵן וְשֵׂכֶל טוֹב בְּעֵינֵי אֱלֹהִים וְאָדָם.

בשבת: הָרַחֲמָן הוּא יַנְחִילֵנוּ
יוֹם שֶׁכֻּלּוֹ שַׁבָּת וּמְנוּחָה לְחַיֵּי הָעוֹלָמִים.

הָרַחֲמָן הוּא יַנְחִילֵנוּ יוֹם שֶׁכֻּלּוֹ טוֹב.

הָרַחֲמָן הוּא יְזַכֵּנוּ לִימוֹת הַמָּשִׁיחַ וּלְחַיֵּי הָעוֹלָם הַבָּא

שמואל ב׳ כב

מִגְדּוֹל יְשׁוּעוֹת מַלְכּוֹ
וְעֹשֶׂה־חֶסֶד לִמְשִׁיחוֹ
לְדָוִד וּלְזַרְעוֹ עַד־עוֹלָם:
עֹשֶׂה שָׁלוֹם בִּמְרוֹמָיו
הוּא יַעֲשֶׂה שָׁלוֹם עָלֵינוּ וְעַל כָּל יִשְׂרָאֵל
וְאִמְרוּ אָמֵן.

תהלים לד

יְראוּ אֶת־יהוה קְדֹשָׁיו, כִּי־אֵין מַחְסוֹר לִירֵאָיו:
כְּפִירִים רָשׁוּ וְרָעֵבוּ, וְדֹרְשֵׁי יהוה לֹא־יַחְסְרוּ כָל־טוֹב:

תהלים קיח

הוֹדוּ לַיהוה כִּי־טוֹב, כִּי לְעוֹלָם חַסְדּוֹ:

תהלים קמה

פּוֹתֵחַ אֶת־יָדֶךָ, וּמַשְׂבִּיעַ לְכָל־חַי רָצוֹן:

ירמיה יז

בָּרוּךְ הַגֶּבֶר אֲשֶׁר יִבְטַח בַּיהוה, וְהָיָה יהוה מִבְטַחוֹ:

תהלים לו

נַעַר הָיִיתִי גַּם־זָקַנְתִּי
וְלֹא־רָאִיתִי צַדִּיק נֶעֱזָב וְזַרְעוֹ מְבַקֶּשׁ־לָחֶם:

תהלים כט

יהוה עֹז לְעַמּוֹ יִתֵּן
יהוה יְבָרֵךְ אֶת־עַמּוֹ בַשָּׁלוֹם:

BLESSING AFTER FOOD – AL HAMIḤYA

Grace after eating from the "seven species" of produce with which Israel is blessed: food made from the five grains (but not matza); wine or grape juice; grapes, figs, pomegranates, olives, or dates.

בָּרוּךְ Blessed are You, LORD our God, King of the Universe,

After grain products (but not matza):	*After wine or grape juice:*	*After grapes, figs, olives, pomegranates or dates:*
for the nourishment and sustenance,	for the vine and the fruit of the vine,	for the tree and the fruit of the tree,

After grain products (but not matza), and wine or grape juice:
for the nourishment and sustenance
and for the vine and the fruit of the vine,

and for the produce of the field; for the desirable, good and spacious land that You willingly gave as heritage to our ancestors, that they might eat of its fruit and be satisfied with its goodness. Have compassion, please, LORD our God, on Israel Your people, on Jerusalem, Your city, on Zion the home of Your glory, on Your altar and Your Temple. May You rebuild Jerusalem, the holy city swiftly in our time, and may You bring us back there, rejoicing in its rebuilding, eating from its fruit, satisfied by its goodness, and blessing You for it in holiness and purity. (*On Shabbat:* Be pleased to refresh us on this Sabbath Day.) Grant us joy on this Festival of Matzot. For You, God, are good and do good to all and we thank You for the land

After grain products (but not matza):	*After wine or grape juice:*	*After grapes, figs, olives, pomegranates or dates:*
and for the nourishment. Blessed are You, LORD, for the land and for the nourishment.	and for the fruit of the vine. Blessed are You, LORD, for the land and for the fruit of the vine.	and for the fruit. Blessed are You, LORD, for the land and for the fruit.

After grain products (but not matza), and wine or grape juice:
and for the nourishment and for the fruit of the vine. Blessed are You, LORD, for the land and for the nourishment and the fruit of the vine.

BLESSING AFTER FOOD – BOREH NEFASHOT

After food or drink that does not require Birkat HaMazon or Al HaMiḥya – such as meat, fish, dairy products, vegetables, beverages, or fruit other than grapes, figs, pomegranates, olives or dates – say:

בָּרוּךְ Blessed are You, LORD our God, King of the Universe, who creates the many forms of life and their needs. For all You have created to sustain the life of all that lives, blessed be He, Giver of life to the worlds.

ברכה מעין שלוש

Grace after eating from the "seven species" of produce with which Israel is blessed: food made from the five grains (but not מצה); wine or grape juice; grapes, figs, pomegranates, olives, or dates.

בָּרוּךְ אַתָּה יהוה אֱלֹהֵינוּ מֶלֶךְ הָעוֹלָם, עַל

After grain products (but not מצה):
הַמִּחְיָה וְעַל הַכַּלְכָּלָה

After wine or grape juice:
הַגֶּפֶן וְעַל פְּרִי הַגֶּפֶן

After grapes, figs, olives, pomegranates or dates:
הָעֵץ וְעַל פְּרִי הָעֵץ

After grain products (but not מצה), and wine or grape juice:
הַמִּחְיָה וְעַל הַכַּלְכָּלָה וְעַל הַגֶּפֶן וְעַל פְּרִי הַגֶּפֶן

וְעַל תְּנוּבַת הַשָּׂדֶה וְעַל אֶרֶץ חֶמְדָּה טוֹבָה וּרְחָבָה, שֶׁרָצִיתָ וְהִנְחַלְתָּ לַאֲבוֹתֵינוּ לֶאֱכֹל מִפִּרְיָהּ וְלִשְׂבֹּעַ מִטּוּבָהּ. רַחֶם נָא יהוה אֱלֹהֵינוּ עַל יִשְׂרָאֵל עַמֶּךָ וְעַל יְרוּשָׁלַיִם עִירֶךָ וְעַל צִיּוֹן מִשְׁכַּן כְּבוֹדֶךָ וְעַל מִזְבְּחֶךָ וְעַל הֵיכָלֶךָ. וּבְנֵה יְרוּשָׁלַיִם עִיר הַקֹּדֶשׁ בִּמְהֵרָה בְיָמֵינוּ, וְהַעֲלֵנוּ לְתוֹכָהּ וְשַׂמְּחֵנוּ בְּבִנְיָנָהּ וְנֹאכַל מִפִּרְיָהּ וְנִשְׂבַּע מִטּוּבָהּ, וּנְבָרֶכְךָ עָלֶיהָ בִּקְדֻשָּׁה וּבְטָהֳרָה (בשבת: וּרְצֵה וְהַחֲלִיצֵנוּ בְּיוֹם הַשַּׁבָּת הַזֶּה). וְשַׂמְּחֵנוּ בְּיוֹם חַג הַמַּצּוֹת הַזֶּה כִּי אַתָּה יהוה טוֹב וּמֵטִיב לַכֹּל, וְנוֹדֶה לְּךָ עַל הָאָרֶץ

After grain products (but not מצה):
וְעַל הַמִּחְיָה.
בָּרוּךְ אַתָּה יהוה עַל
הָאָרֶץ וְעַל הַמִּחְיָה.

After wine or grape juice:
וְעַל פְּרִי הַגָּפֶן.*
בָּרוּךְ אַתָּה יהוה עַל
הָאָרֶץ וְעַל פְּרִי הַגָּפֶן.*

After grapes, figs, olives, pomegranates or dates:
וְעַל הַפֵּרוֹת.**
בָּרוּךְ אַתָּה יהוה עַל
הָאָרֶץ וְעַל הַפֵּרוֹת.**

After grain products (but not מצה), and wine or grape juice:
וְעַל הַמִּחְיָה וְעַל פְּרִי הַגָּפֶן.*
בָּרוּךְ אַתָּה יהוה, עַל הָאָרֶץ וְעַל הַמִּחְיָה וְעַל פְּרִי הַגָּפֶן.*

*If the wine is from ארץ ישראל, then substitute גַּפְנָהּ for הַגָּפֶן.
**If the fruit is from ארץ ישראל, then substitute פֵּרוֹתֶיהָ for הַפֵּרוֹת.

בורא נפשות

After food or drink that does not require ברכת המזון or מעין שלוש – such as meat, fish, dairy products, vegetables, beverages, or fruit other than grapes, figs, pomegranates, olives or dates – say:

בָּרוּךְ אַתָּה יהוה אֱלֹהֵינוּ מֶלֶךְ הָעוֹלָם, בּוֹרֵא נְפָשׁוֹת רַבּוֹת וְחֶסְרוֹנָן עַל כָּל מַה שֶּׁבָּרָאתָ לְהַחֲיוֹת בָּהֶם נֶפֶשׁ כָּל חָי. בָּרוּךְ חֵי הָעוֹלָמִים.

מסכת פסחים

MASSEKHET PESAḤIM

NOTE TO COMMENTARY ON THE MISHNAYOT

References to the Mishna are often confusing, as the division of each chapter into individual mishnayot changes from edition to edition. Therefore, we have reluctantly adopted the policy of referencing mishnayot according to the page number of the Babylonian Talmud where the mishna appears. Mishnayot which have no Talmud tractate are also referenced according to the Vilna edition. One obvious exception is the references within *Pesaḥim*, where cross-references to the mishna, translation and notes appear according to the order we have followed here.

Likewise, references to the *Tosefta* are according to the Vilna edition. (Despite some other editions being considered more reliable, the Vilna Talmud edition is still more accessible, and in none of the references does the edition make any substantial difference.)

References to the Jerusalem Talmud have the chapter and mishna according to the Venice 1523 edition, which is the cornerstone for most printed editions. We have used the Hebrew name Yerushalmi.

Unless otherwise specified, an unreferenced citation refers to the Babylonian Talmud, and a citation of a page or a commentary refers to *Massekhet Pesaḥim*. Citations of the Rif and his commentators are according to the pages of *Hilkhot Rav Alfas* printed at the back of the Vilna edition.

In the commentary to the Maḥzor, the names Maimonides and Nahmanides are used; in these notes, we have used the Hebrew acronyms Rambam and Ramban. An unspecified citation of Rambam refers to his commentary on the Mishna.

The *Tur*, *Shulḥan Arukh* and commentaries around them are written in longhand; however, we have abbreviated the names of their components. Some commentaries only wrote on one of the components, and those we have left unspecified.

This commentary is narrower in scope than the preceding ones, of *Rosh HaShana* and *Yoma*. This was necessary, due to the length of *Massekhet Pesaḥim* – a comparable commentary was likely to exceed three hundred pages. Even so, this task would have been insurmountable without the help of my colleagues, especially Adina Luber, who edited it.

In the Hebrew text, the word פסח refers to both the Paschal offering and the festival. To avoid confusion, in this commentary we have referred to the former as *Pesaḥ* and to the latter as Passover.

Rabbi David Fuchs

Massekhet Pesaḥim

CHAPTER 1

1   On the night of the fourteenth [of Nisan],
        one searches for *ḥametz* by candlelight.
     Any place into which one does not bring *ḥametz*
        does not require a search.
     Why then did [the sages] say [to search]
        two rows in the cellar?
            They referred to one into which one brings *ḥametz*.
     Beit Shammai say:
        [One must search between] the [first] two rows [of casks],
            across the whole cellar;
     Beit Hillel say:
        [One must search only between] the two outer rows
            that are uppermost [in the stack].

———

mishna rather than referring to a presumably well-known statement or an
earlier teaching (*Sefer HaKeritot*, cited by Rabbi Akiva Eiger). According to
the version in the Talmuds, the end of the mishna reads: "What precisely is
the mishna referring to [when it requires a search]? To the two rows in the
cellar, into which one might occasionally bring *ḥametz* [when bringing wine
to one's table in the midst of a meal]" (8b, see Rashi there and in 2a).

שְׁתֵּי שׁוּרוֹת *Two rows.* In cellars, the barrels are stored one on top of the other,
standing in rows. According to the Tosefta (1:2), Beit Shammai are concerned
that *ḥametz* might be found anywhere within the "wall" of casks at the front
of the cellar, as well as within the top row of each column; the Talmud adds
another possible reading – that Beit Shammai referred to the two layers of
casks at the front of the cellar (8b).

שְׁתֵּי שׁוּרוֹת הַחִיצוֹנוֹת, שֶׁהֵן הָעֶלְיוֹנוֹת *The two outer rows.* When descending to a
cellar, anyone entering to take wine would initially encounter the casks on top
of the columns which form the front "wall." Assuming that any wine would
be taken from those casks, Beit Hillel explain that the early mishna referred
to the row comprised of the casks on top.

The Talmud records a dispute as to whether the phrase "two rows" means
the outer row and the one adjacent to it (Shmuel's opinion), or the two upper-

מסכת פסחים

פרק ראשון

א אוֹר לְאַרְבָּעָה עָשָׂר
בּוֹדְקִים אֶת הֶחָמֵץ לְאוֹר הַנֵּר.
כָּל מָקוֹם שֶׁאֵין מַכְנִיסִין בּוֹ חָמֵץ
אֵין צָרִיךְ בְּדִיקָה.
וְלָמָּה אָמְרוּ שְׁתֵּי שׁוּרוֹת בַּמַּרְתֵּף?
מְקוֹם שֶׁמַּכְנִיסִין בּוֹ חָמֵץ.
בֵּית שַׁמַּאי אוֹמְרִים:
שְׁתֵּי שׁוּרוֹת עַל פְּנֵי כָל הַמַּרְתֵּף
וּבֵית הִלֵּל אוֹמְרִים:
שְׁתֵּי שׁוּרוֹת הַחִיצוֹנוֹת, שֶׁהֵן הָעֶלְיוֹנוֹת.

CHAPTER ONE

Massekhet Pesaḥim consists of a detailed description of one single day – the fourteenth of Nisan, on which the Paschal offering (the Pesaḥ) was brought. The tractate begins with the eradication of all *ḥametz* in preparation for the offering, followed by the offering of the sacrifice itself. It concludes with the Seder night as it was celebrated while the Temple still stood – a festive meal, during which the Pesaḥ was eaten and the tale of the bondage and redemption from Egypt was recounted. This is what the Torah refers to as the festival of *Pesaḥ*. The seven days of Passover we celebrate today are called *Ḥag HaMatzot*, the festival of matza-cakes.

The prohibition against eating or displaying any *ḥametz* during the festival is repeated by the Torah several times; however, the sages deduced from Exodus 34:25 that the Torah expressly forbids one to have *ḥametz* in his possession as early as the time the Pesaḥ was slaughtered (see mishna 5:4). The first three chapters describe the eradication of all *ḥametz* prior to bringing the sacrifice; the first chapter is concerned with *bedikat ḥametz*, the search for *ḥametz*, and *bi'ur ḥametz*, the eradication of the *ḥametz* that is in one's possession. See page 3.

וְלָמָּה *Why then.* The text here follows the version of the ancient manuscripts; however, both Talmuds read "וּבַמָּה אָמְרוּ", with the intent of clarifying the

2 One need not be concerned that a rat might have brought [*ḥametz*]
from house to house,
or from place to place [after it has already been searched].
For by that reasoning [it could have been brought]
from courtyard to courtyard,
or from city to city –
there would be no end to it.

3 Rabbi Yehuda says:
One searches [for *ḥametz*]
on the night of the fourteenth,
or on the morning of the fourteenth,
or at the time of the eradication.
But the sages say:
If one did not search on the night of the fourteenth,
he should search on the morning of the fourteenth;
if he did not search on the morning of the fourteenth,
he should search during the festival,
if he did not search during the festival,
he should search after the festival.

---

sages warn against excessive worry concerning possible halakhic problems that might arise – perhaps out of concern that such worry might obscure the true significance of the day.

בּוֹדְקִין *One searches.* The Talmud debates whether Rabbi Yehuda actually requires three separate searches or merely suggests three possible times to conduct the search (10b). According to the latter opinion, the point Rabbi Yehuda is making is that one may not conduct a search after the time of the eradication of the *ḥametz*; this is meant to prevent a case in which one actually eats the found *ḥametz*.

הַמּוֹעֵד *Festival.* The word "מוֹעֵד" literally means "time." Rashi (ibid.) reads בְּתוֹךְ הַמּוֹעֵד ("during the time") as a reference to the aforementioned time designated for the eradication of all *ḥametz* (see mishna 1:4–5), and לְאַחַר הַמּוֹעֵד ("after the time") as a reference to the time that remains until the festival of matzot begins; however, Rif reads the latter phrase as a referrence

ב אֵין חוֹשְׁשִׁין שֶׁמָּא גֵּרְרָה חֻלְדָּה
מִבַּיִת לְבַיִת וּמִמָּקוֹם לְמָקוֹם

אִם כֵּן
מֵחָצֵר לְחָצֵר וּמֵעִיר לְעִיר –
אֵין לַדָּבָר סוֹף.

ג רַבִּי יְהוּדָה אוֹמֵר:
בּוֹדְקִין אוֹר אַרְבָּעָה עָשָׂר
וּבְאַרְבָּעָה עָשָׂר שַׁחֲרִית
וּבִשְׁעַת הַבִּעוּר

וַחֲכָמִים אוֹמְרִים:
לֹא בָדַק אוֹר אַרְבָּעָה עָשָׂר, יִבְדֹּק בְּאַרְבָּעָה עָשָׂר
לֹא בָדַק בְּאַרְבָּעָה עָשָׂר, יִבְדֹּק בְּתוֹךְ הַמּוֹעֵד
לֹא בָדַק בְּתוֹךְ הַמּוֹעֵד, יִבְדֹּק לְאַחַר הַמּוֹעֵד.

---

most rows in the front "wall" (Rav's opinion, 8b). Our version of the Talmud explicitly rules according to Shmuel's opinion; however, Rambam (*Hilkhot Ḥametz UMatza* 2:6) and Rosh (1:1) rule according to Rav's opinion, indicating that the phrase "וְהִלְכְתָא כְּוָתֵיהּ דִּשְׁמוּאֵל" ("The ruling follows Shmuel's opinion") did not appear in their text. Our translation follows their ruling.

אֵין לַדָּבָר סוֹף *There would be no end to it.* As the only way to ensure that no ḥametz remains would be for all of Israel to search for it simultaneously (Yerushalmi). Additionally, annulling the ḥametz in one's heart is sufficient for there to be no real concern that the Pesaḥ might become invalidated (4b; see mishna 3:7).

The phrase אֵין לַדָּבָר סוֹף appears in the Mishna twice – in our mishna, and in the first mishna of *Yoma*, when dismissing the concern that the High Priest's wife might die before he officiates. The phrase, therefore, appears in connection with the two pinnacles of worship each year: the Festival of Passover, which commemorates the choosing of the Jewish People by God, and the Day of Atonement, on which our sins are forgiven and the covenant renewed. At the outset of enumerating the preparations for both holidays, the

And whatever [*ḥametz*] he leaves over [until the morning] –
    he should put aside in a safe place,
        so that he will not have to search for it again.

4   Rabbi Meir says:
    One may eat [*ḥametz*] through the fifth hour
                                    [of the fourteenth],
    and burns it at the beginning of the sixth;
    but Rabbi Yehuda says:
    One may eat [*ḥametz*] through the fourth hour,
    and suspends it through the fifth hour,
    and burns it at the beginning of the sixth.

5   Rabbi Yehuda said further:
    [On the fourteenth of Nisan,] two loaves of the thanksgiving
                                    offering that had become unfit
    were placed on the roof of the Temple Portico.
    As long as they lay there,
        all the people ate [*ḥametz*].
    When one of them was removed,
        they would suspend [their *ḥametz*],
            neither eating nor burning it;
    when both were removed,
        all the people began burning.

_____

וְתוֹלִין *Suspend it.* While *ḥametz* may be eaten until midday, the sages decreed that it must be burned earlier, as a precaution against error. Rabbi Meir considers one hour a sufficient precaution, while Rabbi Yehuda requires a longer period of time. However, he agrees that during the fifth hour, only the consumption of *ḥametz* by humans is forbidden, but one may feed his animals with it until the time for burning arrives (Rashi, 11b; see also mishna 2:1).

פְּסוּלוֹת *Become unfit.* Consecrated objects which have become unfit are burned (73b). Thirty of the forty loaves of the thanksgiving offering were *ḥametz*; it was the only regular sacrifice that included *ḥametz* (Mishna, *Menaḥot* 52b), and should therefore have been burned with all other *ḥametz*.

וּמַה שֶּׁמְּשַׁיֵּר
יַנִּיחֶנּוּ בְצִנְעָא
כְּדֵי שֶׁלֹּא יְהֵא צָרִיךְ בְּדִיקָה אַחֲרָיו.

ד רַבִּי מֵאִיר אוֹמֵר:
אוֹכְלִין כָּל חָמֵשׁ
וְשׂוֹרְפִין בִּתְחִלַּת שֵׁשׁ
וְרַבִּי יְהוּדָה אוֹמֵר:
אוֹכְלִין כָּל אַרְבַּע
וְתוֹלִין כָּל חָמֵשׁ
וְשׂוֹרְפִין בִּתְחִלַּת שֵׁשׁ.

ה וְעוֹד אָמַר רַבִּי יְהוּדָה:
שְׁתֵּי חַלּוֹת שֶׁלְּתוֹדָה פְּסוּלוֹת
וּמֻנָּחוֹת עַל גַּג הָאִצְטַבָּא.
כָּל זְמַן שֶׁמֻּנָּחוֹת
כָּל הָעָם אוֹכְלִים.
נִטְּלָה אַחַת –
תּוֹלִין, לֹא אוֹכְלִין וְלֹא שׂוֹרְפִין
נִטְּלוּ שְׁתֵּיהֶן –
הִתְחִילוּ כָּל הָעָם שׂוֹרְפִין.

---

to the festival itself (4b), and Rabbeinu David (a disciple of Ramban) explains that the purpose of the final search is to avoid the halakhic problem of *ḥametz* which was in one's possession during the festival (see mishna 2:2). Our translation follows the latter opinion.

יַנִּיחֶנּוּ בְצִנְעָא *Put aside.* So that none of the *ḥametz* will go missing, thereby necessitating another search (9b and Rashi).

חָמֵשׁ *The fifth hour.* Throughout the Mishna, hours are measured as 1/12 of daytime.

Rabban Gamliel says:
> Unconsecrated [ḥametz] may be eaten through the fourth hour,
> while [ḥametz consecrated as] teruma may be eaten through
> > the fifth hour,
> but [all] must be burned at the beginning of the sixth hour.

6　Rabbi Ḥanina, the Deputy High Priest, says:
> In all the days of the priests they never refrained
> from burning meat that had become impure
> > through contact with a secondary impurity
>
> together with meat that had become impure
> > through contact with a primary impurity,
> > even though this added impurity to its impurity.
> Rabbi Akiva added:
> In all the days of the priests they never refrained from lighting
> > oil that had become unfit
> > through contact with someone who had immersed that day,
> in a lamp that had become impure
> > through contact with what was rendered impure by a corpse,
> > even though this added impurity to its impurity.

---

and so on. Impurity of the third degree renders *teruma* unfit, and impurity of the fourth degree renders sacrifices unfit.

מוֹסִיפִין טֻמְאָה *Added impurity.* The Talmud points out that this must refer to meat that carries first degree impurity and meat that carries third degree impurity. In this case, the meat carrying the lesser degree of impurity becomes contaminated to the second degree (14a).

טְבוּל יוֹם *Someone who had immersed that day.* After immersing, one becomes pure again; however, it is still forbidden to eat *teruma* or any sacrifices until sunset (Lev. 22:7). The sages understood this to mean that any טְבוּל יוֹם (one who has immersed himself during the day but is still waiting for sunset) is impure to the second decree, so that his contact disqualifies consecrated food (Mishna, *Zavim* 5:12).

בְּנֵר *A lamp.* The Talmud (ibid.) explains that this refers to a metal lamp, which becomes a primary source of impurity upon contact with a corpse.

רַבָּן גַּמְלִיאֵל אוֹמֵר:
חֻלִּין נֶאֱכָלִים כָּל אַרְבַּע
וּתְרוּמָה כָּל חָמֵשׁ
וְשׂוֹרְפִין בִּתְחִלַּת שֵׁשׁ.

ו רַבִּי חֲנַנְיָה סְגַן הַכֹּהֲנִים אוֹמֵר:
מִימֵיהֶם שֶׁלַּכֹּהֲנִים
לֹא נִמְנְעוּ מִלִּשְׂרוֹף אֶת הַבָּשָׂר שֶׁנִּטְמָא בִּוְלַד הַטֻּמְאָה
עִם הַבָּשָׂר שֶׁנִּטְמָא בְּאַב הַטֻּמְאָה
אַף עַל פִּי שֶׁמּוֹסִיפִין טֻמְאָה עַל טֻמְאָתוֹ.
הוֹסִיף רַבִּי עֲקִיבָא וְאָמַר:
מִימֵיהֶם שֶׁלַּכֹּהֲנִים
לֹא נִמְנְעוּ מִלְּהַדְלִיק אֶת הַשֶּׁמֶן שֶׁנִּפְסַל בִּטְבוּל יוֹם
בְּנֵר שֶׁנִּטְמָא בִּטְמֵא מֵת
אַף עַל פִּי שֶׁמּוֹסִיפִין טֻמְאָה עַל טֻמְאָתוֹ.

רַבָּן גַּמְלִיאֵל אוֹמֵר *Rabban Gamliel says.* Rabban Gamliel follows the same reasoning as Rabbi Yehuda in the previous mishna; however, he allows priests to eat *ḥametz* which they have received as *teruma* during the fifth hour, so as not to necessitate burning consecrated food. The Tosafot note that according to this opinion, even if no unfit loaves are to be found, regular loaves may be used; he assumes that the priests will eat the second loaf quickly enough so that it is fully consumed before the time of burning (13b). However, Rif understands that the "held over" *ḥametz* referred to in the mishna is *teruma,* which may neither be eaten nor burned during the fifth hour; accordingly, he rules against Rabban Gamliel (5b).

וְלַד הַטֻּמְאָה *A secondary impurity.* The Torah attaches ritual impurity to several types of people or objects. Various types of contact with a Torah-defined source of impurity render the person or object a secondary source of the first degree of impurity (see Mishna *Kelim* 1:1–4). Contact with a source of the first degree of impurity renders food or liquids impure to the second degree,

7 Rabbi Meir said:
From their words we have learned that pure *teruma*
may be burned for Pesaḥ with [*teruma*] which is impure.
Rabbi Yose said to him:
That is not the correct inference.
And both Rabbi Eliezer and Rabbi Yehoshua agree
that each is burnt separately.
What did they disagree about?
About [*teruma*] that is suspended or impure:
Rabbi Eliezer says: Each must be burned separately,
and Rabbi Yehoshua says: They [may be burned] together as one.

CHAPTER 2

1 As long as it is permitted to eat [*ḥametz*]
one may feed it to livestock, wild animals and fowl,
one may sell it to a gentile,
and may otherwise benefit from it.

---

mot and of the preceding mishna. He holds that Rabbi Ḥanina and Rabbi Akiva speak of *teruma* which is already impure. And while one might deduce that Rabbi Yehoshua would allow suspended and fully impure *teruma* to be burned together, even he requires it to be unfit, unlike pure *teruma* which can possibly be eaten until shortly before the time of burning (see note to mishna 5).

CHAPTER TWO

This chapter continues to discuss the prohibition of consuming *ḥametz* and the prohibition against deriving any benefit from it (2:1). This discussion leads to laws related to the prohibition of "no leaven shall be seen" (Ex. 13:7) (mishna 2–3), and prohibitions against acts which might lead to the fermenting of grain and flour (mishna 7–8). A corollary of these laws is that *ḥametz* is considered to be of no financial value, which paradoxically leads to a leniency regarding the prohibition against eating *teruma* (mishna 4). Mishnayot 5 and 6, which list the species of grain from which matza is prepared and the species of herbs that qualify as *maror* can be viewed as a digression; while the other mishnayot in the chapter deal with *ḥametz*, these mishnayot deal with what must be eaten on Passover.

כָּל שָׁעָה *As long.* The Talmud explains that as long as someone is still allowed

ז אָמַר רַבִּי מֵאִיר:
מִדִּבְרֵיהֶם לָמַדְנוּ
שֶׁשּׂוֹרְפִין תְּרוּמָה טְהוֹרָה עִם הַטְּמֵאָה בַּפֶּסַח.
אָמַר לוֹ רַבִּי יוֹסֵי:
אֵינָהּ הִיא הַמִּדָּה.
וּמוֹדִים רַבִּי אֱלִיעֶזֶר וְרַבִּי יְהוֹשֻׁעַ
שֶׁשּׂוֹרְפִין זוֹ לְעַצְמָהּ וְזוֹ לְעַצְמָהּ
עַל מַה נֶּחֱלָקוּ?
עַל הַתְּלוּיָה, וְעַל הַטְּמֵאָה.
שֶׁרַבִּי אֱלִיעֶזֶר אוֹמֵר: תִּשָּׂרֵף זוֹ לְעַצְמָהּ
וְרַבִּי יְהוֹשֻׁעַ אוֹמֵר: שְׁתֵּיהֶן כְּאַחַת.

פרק שני

א כָּל שָׁעָה שֶׁמֻּתָּר לֶאֱכוֹל
מַאֲכִיל לַבְּהֵמָה, לַחַיָּה וְלָעוֹפוֹת
וּמוֹכְרוֹ לַנָּכְרִי
וּמֻתָּר בַּהֲנָאָתוֹ.

רַבִּי אֱלִיעֶזֶר וְרַבִּי יְהוֹשֻׁעַ *Rabbi Eliezer and Rabbi Yehoshua.* This mishna refers to a well-known dispute regarding suspended *teruma*. According to Rabbi Eliezer, a cask of *teruma* whose purity is held in doubt is treated as stringently as it was when it was in its original pure state, since the prohibition against contaminating it still holds. Rabbi Yehoshua argues that one should intentionally leave it open, thus enabling it to become definitely impure – in order to avoid burning *teruma* which may still possibly be pure (Mishna, *Terumot* 8:8).

In our mishna, Rabbi Meir asserts that the testimony of Rabbi Ḥanina and the teaching of Rabbi Akiva prove that there is no prohibition against contaminating *teruma* which is to be burned anyway (as the *teruma* will be burned before Passover). He also asserts that this is the essence of Rabbi Yehoshua's teaching.

Rabbi Yose rejects Rabbi Meir's understanding of both the dispute in *Teru-*

After this time has passed,
one is forbidden to benefit from it,
and one may not light an oven or a stove with it.
Rabbi Yehuda says:
The eradication of *ḥametz* [may be done] only by burning.
While the sages say:
One may also crumble it and throw it to the wind, or cast it into the sea.

2 One is permitted to benefit
from *ḥametz* that belonged to a gentile during Passover.
But one is forbidden to benefit
from that which had belonged to a Jew.
As it is written: "No leaven shall be seen anywhere within your borders." *Ex. 13*

3 If a gentile lent a Jew [money before Passover] taking his *ḥametz* [as security] –
one is permitted to benefit from it after Passover.

שֶׁנֶּאֱמַר *As it is written.* The Talmud offers two readings of this mishna. One, that the prohibition of benefiting from *ḥametz* that belonged to a Jew during Passover is derived directly from the verse: the superfluous word לְךָ in "וְלֹא־יֵרָאֶה לְךָ" is understood as describing the leaven – i.e. "none of your leaven should be seen", thereby forbidding the leaven of a Jew while permitting a gentile's. The second reading asserts that this verse merely instructs one to eradicate all *ḥametz*: the ban on benefiting from any leftover *ḥametz* is a rabbinic decree penalizing those who neglected to eradicate their *ḥametz* (29a).

הִלְוָה אֶת יִשְׂרָאֵל *Lent a Jew.* Literally, "lent a Jew on his *ḥametz*." The Jew borrowed money (or anything else) from a gentile, pledging his *ḥametz* as security. He then failed to repay the debt on time. Therefore, the *ḥametz* became the gentile's property, and the Jew is no longer considered its owner (Rashi, 30b). The Talmud connects this to the general debate as to whether a security is considered to have changed hands only after the loan is defaulted, or retroactively from the moment it was pledged. This question remains unresolved. (see Rambam and Ra'avad, *Hilkhot Ḥametz UMatza* 4:5). In any case, the Talmud requires the *ḥametz* to actually change hands (31b).

עָבַר זְמַנּוֹ
אָסוּר בַּהֲנָאָתוֹ
וְלֹא יַסִּיק בּוֹ תַּנּוּר וְכִירַיִם.
רַבִּי יְהוּדָה אוֹמֵר:
אֵין בִּעוּר חָמֵץ אֶלָּא שְׂרֵפָה
וַחֲכָמִים אוֹמְרִים:
אַף מְפָרֵר וְזוֹרֶה לָרוּחַ, אוֹ מַטִּיל לַיָּם.
ב חָמֵץ שֶׁלַּנָּכְרִי שֶׁעָבַר עָלָיו הַפֶּסַח
מֻתָּר בַּהֲנָאָה
וְשֶׁלְּיִשְׂרָאֵל
אָסוּר בַּהֲנָאָה, שֶׁנֶּאֱמַר:
׳וְלֹא־יֵרָאֶה לְךָ שְׂאֹר׳. שמות יג
ג נָכְרִי שֶׁהִלְוָה אֶת יִשְׂרָאֵל עַל חֲמֵצוֹ
אַחַר הַפֶּסַח, מֻתָּר בַּהֲנָאָה

---

to eat *ḥametz*, anyone else may still benefit from it. Therefore, during the fifth hour, in which the priests may eat *teruma* of *ḥametz*, all are permitted to benefit from *ḥametz* in general (21a). This follows the opinion of Rabban Gamliel in 1:5.

יַסִּיק בּוֹ תַּנּוּר וְכִירַיִם *Light an oven or stove.* As these acts are considered benefit from the *ḥametz*. Only after the *ḥametz* is burnt to the extent that it is completely unrecognizable, one may use its cinders (Rashi, 21b).

רַבִּי יְהוּדָה אוֹמֵר *Rabbi Yehuda says.* Rashi and *Smag* rule according to Rabbi Yehuda, while the Geonim rule according to the sages (see Rosh, 2:3). This opinion was codified in the *Shulḥan Arukh* (OḤ 445:1). However, our custom is to burn the *ḥametz* whenever possible (Rema ibid.; see law 6).

חָמֵץ שֶׁלַּנָּכְרִי *Ḥametz that belonged to a gentile.* Not only is benefiting from it permitted, but consuming it is permitted as well (*Tur* OḤ 448, following the Yerushalmi and the Geonim, despite the Tosefta which implies that it is forbidden, and the *Ittur* who ruled accordingly).

But if a Jew lent to a gentile taking his *ḥametz* [as security] –
    one is forbidden to benefit from it after Passover.
If debris falls on top of *ḥametz*,
    it is considered to have been eradicated.
Rabban Shimon ben Gamliel says:
    Any [*ḥametz*] which a dog cannot search for.

4   One who eats *teruma* of *ḥametz* on Passover inadvertently,
    must pay the full amount and one-fifth.
But if he ate it deliberately –
    he is not liable for payments or even for its value as firewood.

5   These are the things
    with which one fulfills his obligation [to eat *matza* on]

                                     Passover:

    wheat, barley, spelt, rye and oats.

---

sacred thing to the priest." The mishna rules that this fine is paid in produce which has the potential of becoming *teruma*, but not in produce that already has the sacred status of *teruma* (*Terumot* 6:1).

בְּמֵזִיד *Deliberately.* One who eats *teruma* while fully aware of his transgression is exempt from the fine, but must repay the *teruma* itself to the priest (*Terumot* 7:1). However, in contrast to the case where *teruma* was eaten unwittingly, this payment is considered a financial restitution, and need not be repaid in produce. This applies to both pure and impure *teruma*, which should be given to the priest to be used as firewood (32a). On Passover *ḥametz* is considered to be worthless, so that no payment is required. However, if the *teruma* was eaten inadvertently, the priest must be repaid the same volume of produce, despite the *ḥametz's* lack of monetary value (Rashi, 31b).

אֵלּוּ דְבָרִים *These are the things.* Only bread made of these five types of grain is considered proper bread for the purposes of reciting certain blessings (*Berakhot* 36b–37a), taking *ḥalla*, liability for penalties regarding *ḥametz* on Passover, and fulfilling the mitzva of eating matza (Mishna, *Ḥalla* 1:1–2). The Talmud cites the opinion of Rabbi Yoḥanan ben Nuri, that rice is also considered a grain for these purposes – but his opinion is rejected (35a).

שִׁבֹּלֶת שׁוּעָל *Oats.* This is the traditional identification. Professor Yehuda Felix

וְיִשְׂרָאֵל שֶׁהִלְוָה אֶת הַנָּכְרִי עַל חֲמֵצוֹ
אַחַר הַפֶּסַח אָסוּר בַּהֲנָאָה.
חָמֵץ שֶׁנָּפְלָה עָלָיו מַפֹּלֶת
הֲרֵי הוּא כִּמְבֹעָר
רַבָּן שִׁמְעוֹן בֶּן גַּמְלִיאֵל אוֹמֵר:
כֹּל שֶׁאֵין הַכֶּלֶב יָכוֹל לְחַפֵּשׂ אַחֲרָיו.
ד הָאוֹכֵל תְּרוּמַת חָמֵץ בַּפֶּסַח
בְּשׁוֹגֵג – מְשַׁלֵּם קֶרֶן וָחֹמֶשׁ
בְּמֵזִיד – פָּטוּר מִן הַתַּשְׁלוּמִים וּמִדְּמֵי הָעֵצִים.
ה אֵלּוּ דְבָרִים
שֶׁאָדָם יוֹצֵא בָהֶן יְדֵי חוֹבָתוֹ בַּפֶּסַח:
בַּחִטִּים, בַּשְּׂעוֹרִים, בַּכֻּסְּמִין וּבַשִּׁיפוֹן וּבְשִׁבֹּלֶת שׁוּעָל.

אָסוּר בַּהֲנָאָה *One is forbidden to benefit.* This mishna poses a problem regarding the sale of *ḥametz* practiced today: the Jew sells his *ḥametz*, but leaves it in his home until he receives the payment, so that the *ḥametz* effectively becomes a guarantee for the debt. Some indeed follow the stringency not to eat any real *ḥametz* sold in this way, but the widespread practice is to sell the location in which the *ḥametz* is stored as well, thereby mitigating this problem (*Baḥ*, cited by the *Mishna Berura* 448:12).

אֵין הַכֶּלֶב יָכוֹל לְחַפֵּשׂ *A dog cannot search for.* Rabban Shimon ben Gamliel explains the logic behind the law regarding *ḥametz* buried under debris: any *ḥametz* which is out of the reach of a dog is considered to have been eradicated (see mishna 1:2). However, the *ḥametz* must still be annulled (31b), just like any unknown *ḥametz* after בְּדִיקַת חָמֵץ is completed (see law 1). According to Rashi, the annulment is a precaution against a case in which the debris is cleared, in which case the owner transgresses the prohibition of owning *ḥametz* on Passover.

הָאוֹכֵל *One who eats.* The law prescribing the payment of an additional fifth in the case of eating *teruma* inadvertently appears in Lev. 22:14: "And if a man eats of a sacred thing unwittingly, he shall add one-fifth thereof, and give the

And one fulfills it with *demai*
and *ma'aser rishon* whose *teruma* has been separated,
and with *ma'aser sheni* and consecrated property that have
been redeemed,
and priests [can fulfill it] with *ḥalla* and *teruma*.

But not with *tevel* nor with *ma'aser rishon* whose teruma has not
been separated,
nor with *ma'aser sheni* and consecrated property that have not
been redeemed.

---

the *ma'aser* may be eaten by anyone (Rambam, *Hilkhot Ma'aser* 1:2, following *Yevamot* 86a).

מַעֲשֵׂר שֵׁנִי *Ma'aser sheni.* The second *ma'aser*, which is a tithe taken from the produce remaining after *teruma* and *ma'aser rishon* are separated. It should ideally be kept pure, taken to Jerusalem and eaten there. If it is unfeasible to keep the *ma'aser sheni* until the next occasion on which one makes his pilgrimage, it may be redeemed, and then used for mundane purposes (Deut. 14:22–26).

וְהֶקְדֵּשׁ *Consecrated property.* Produce which has been consecrated as property of the Temple.

שֶׁנִּפְדּוּ *Have been redeemed.* One who redeems *ma'aser sheni* or *hekdesh* must add one-fifth of its value (Lev. 27:13, 31). The mishna states that once they have been redeemed, they are no longer sacred, even if the additional fifth has not yet been paid (35b).

כֹּהֲנִים *Priests.* Priests can fulfill the commandment with *ḥalla* and *teruma* despite the fact that they are the only ones who are permitted to eat it (Lev. 22:10). There is no requirement that the particular matza they are eating be permitted to the general population (35b).

טֶבֶל *Tevel.* Produce from which no *teruma* has been separated.

וְיוֹצְאִין בִּדְמַאי
וּבְמַעֲשֵׂר רִאשׁוֹן שֶׁנִּטְּלָה תְרוּמָתוֹ
וּבְמַעֲשֵׂר שֵׁנִי וְהֶקְדֵּשׁ שֶׁנִּפְדּוּ
וְהַכֹּהֲנִים בְּחַלָּה וּבִתְרוּמָה
אֲבָל לֹא בְטֶבֶל
וְלֹא בְמַעֲשֵׂר רִאשׁוֹן שֶׁלֹּא נִטְּלָה תְרוּמָתוֹ
וְלֹא בְמַעֲשֵׂר שֵׁנִי וְהֶקְדֵּשׁ שֶׁלֹּא נִפְדּוּ.

---

has argued that oats cannot be considered a grain in this category, as they do not contain any gluten, which causes the other grains to ferment; instead, he suggests that שִׁבֹּלֶת שׁוּעָל is a rare type of barley (הַצּוֹמֵחַ וְהַחַי בַּמִּשְׁנָה, Jerusalem 1982, page 155). However, most authorities uphold the traditional identification, which has a significant practical advantage: due to the absence of gluten in oats, special matza made of oats is often prepared for those who suffer from gluten intolerance (see *Teshuvot VeHanhagot* 5:130).

דְּמַאי *Demai.* According to the Tosefta (quoted in *Sota* 48a), Yoḥanan the High Priest conducted a survey and found that while all of Israel were careful about taking *teruma* from their produce, many neglected the mitzva of *ma'asrot*, tithing. Therefore, the sages of his generation instituted a new halakhic category, *demai*, which refers to produce whose source is from a person who is not known to be meticulous about setting aside *ma'asrot*. They decreed that *ma'asrot* must be taken from such produce but not *teruma*. However, in some cases one may eat *demai* without taking *ma'asrot* from it: for example, a poor person is exempted from this decree (Mishna, *Demai* 3:1). This is considered the law, not merely a special leniency; therefore, one may fulfill a mitzva, even that of matza, with *demai*.

מַעֲשֵׂר רִאשׁוֹן *Ma'aser rishon.* After receiving *ma'aser rishon* (the first *ma'aser* or tithe), the Levite must take a tenth of it and give it to the priest (Num. 18:28); this is called *terumat ma'aser*, and all the stringencies pertaining to *teruma* apply to it (Rashi, Num. 18:27). After *terumat ma'aser* is separated,

As for loaves of thanksgiving and a Nazirite's wafers –
  if one prepares them for himself,
    they may not be used to fulfill the obligation.
  But if one prepares them to sell in the market,
    they may be used to fulfill the obligation.

6 And these are the herbs
    with which one fulfills his obligation [to eat bitter herbs] on
                                                        Passover:
      lettuce, chicory, chervil, eryngo and sonchus.
    One fulfills it with them
      whether they are fresh or dried.
      But not if they are pickled, boiled or cooked.
    And they can be combined for the olive measure.

---

wood. However, the Talmud indicates that any bitter herb would suffice (39a, see Rabbeinu David), and this is the ruling of Rema (OḤ 473:5; however, the *Magen Avraham* ibid. 15 writes one should not recite a blessing over species not mentioned in the mishna).

חֲזֶרֶת *Lettuce.* In modern Hebrew, this word is used to refer to the Yiddish *ḥreyn*, or ground horseradish; however, the Talmud (ibid.) identifies it as lettuce – the only one of the five herbs whose identity is not held in doubt.

תַּמְכָא *Chervil.* The translation follows the identification provided by modern scholars. In Europe, however, this was identified as horseradish, which was widely used for *maror* in Northern Europe, as lettuce was not available there until in the late spring (*Arukh HaShulḥan*, OḤ 473:13).

אֲבָל לֹא *But not if they are.* As pickling or boiling changes their taste, causing it to lose its bitterness. In the Talmud, Rav Ḥisda adds that only the stalk may be eaten when dry; if the leaves are eaten, they must be fresh (39b and Rashi).

כַּזַּיִת *The olive measure.* An olive-bulk – the amount which one must eat to fulfill the mitzva of *maror*, which is the volume of an olive in Talmudic times. Several estimates have been made as to this measure – the most widely accepted one is 27 cc. (approximately 0.91 oz.), according to the calculation of Rabbi A"Ḥ Na'eh (*Shiurei Torah*).

חַלּוֹת תּוֹדָה וּרְקִיקֵי נָזִיר
עֲשָׂאָן לְעַצְמוֹ, אֵין יוֹצְאִין בָּהֶן
עֲשָׂאָן לִמְכּוֹר, בַּשּׁוּק יוֹצְאִין בָּהֶן.

ו וְאֵלּוּ יְרָקוֹת
שֶׁאָדָם יוֹצֵא בָהֶן יְדֵי חוֹבָתוֹ בְּפֶסַח:
בַּחֲזֶרֶת וּבְעֻלְשִׁין וּבְתַמְכָא וּבְחַרְחֲבִינָה וּבְמָרוֹר.
יוֹצְאִין בָּהֶן, בֵּין לַחִין בֵּין יְבֵשִׁין
אֲבָל לֹא כְבוּשִׁין וְלֹא שְׁלוּקִין וְלֹא מְבֻשָּׁלִין.
וּמִצְטָרְפִין לְכַזַּיִת.

חַלּוֹת תּוֹדָה *Loaves of thanksgiving.* Thirty of which are matza loaves. See note to 1:5.

וּרְקִיקֵי נָזִיר *A Nazirite's wafers.* Among the offerings which a Nazirite brings upon completion of his term is a basket of matza wafers (Num. 6:15). There are two types of wafers, and the Nazirite brings ten of each (*Menaḥot* 78a).

עֲשָׂאָן לְעַצְמוֹ *Prepares them for himself.* One who bakes matza for his own thanksgiving or Nazirite offering has the intention of setting it aside for that purpose. Thus, he does not fulfill the commandment "you shall preserve the matza-loaves" (Ex. 12:17); however, one who bakes them to sell in the market is fully aware that he may not find customers; he therefore bears in mind that these matzot might be used for the Seder (38b). There are different opinions as to when the obligation to preserve the matzot begins – see *OḤ* 453:4.

אֵלּוּ יְרָקוֹת *These are the herbs.* With regard to the Pesaḥ sacrifice, the Torah (Ex. 12:8) instructs: "with bitter herbs they shall eat it." Unlike matza, which merits an independent commandment (as in Ex. 12:20), the bitter herbs are only mentioned in conjunction with the Pesaḥ. Therefore, the Talmud (120a) states that in the present day, when no Pesaḥ is offered, *maror* is considered to be only a mitzva *derabanan* (by rabbinic enactment).

Identifying the species referred to in the Mishna as bitter herbs is highly problematic; other species which have been suggested are endives (a type of chicory mentioned in the Talmud; in our translation we have assumed the Mishna meant any type of chicory), picridium, coriander and even worm-

And one fulfills [his obligation] with their stalk,
And with *demai*
and *ma'aser rishon* whose *teruma* has been separated.
And with *ma'aser sheni* and consecrated property that have been redeemed.

7 One may not soak bran for chickens,
but one may steep it.

A woman may not soak the bran she takes with her to the bathhouse,
but she may scrub her skin with it when it is dry.
One may not chew wheat and put it on his wound on Passover,
because it ferments.

8 One may not put flour into *ḥaroset* or mustard
And if he did put it in,
he must eat it immediately.
But Rabbi Meir forbids this.

---

permitted (*Hilkhot Ḥametz UMatza* 5:17). Indeed, in *Hilkhot Ma'akhalot Asurot* 6:10 he requires steeping as a component of koshering meat.

שָׁפָה הִיא בִּבְשָׂרָהּ *Scrub her skin.* To this day, bran is used as a natural beauty product.

מִפְּנֵי שֶׁהֵן מַחְמִיצוֹת *Because it ferements.* From contact with his spittle. This mishna is the source for the stringency not to use flour which has become damp in any way on Passover (Rosh, 2:22).

יֹאכַל מִיָּד *He must eat it immediately.* The permission applies only to a mixture of flour and mustard, but not to a mixture of flour and *ḥaroset.* This is because mustard postpones fermentation, while *ḥaroset* is not considered strong enough to postpone fermentation (40b).

רַבִּי מֵאִיר אוֹסֵר *Rabbi Meir forbids this.* According to the Yerushalmi, Rabbi Meir admits that the flour does not ferment so quickly; he rules that the mixture may not be eaten so that one does not leave it for the length of time during which it might ferment.

וְיוֹצְאִין בְּקֶלַח שֶׁלָּהֶן
וּבִדְמַאי
וּבְמַעֲשֵׂר רִאשׁוֹן שֶׁנִּטְּלָה תְרוּמָתוֹ
וּבְמַעֲשֵׂר שֵׁנִי וְהֶקְדֵּשׁ שֶׁנִּפְדּוּ.

ז אֵין שׁוֹרִין אֶת הַמֻּרְסָן לַתַּרְנְגוֹלִים
אֲבָל חוֹלְטִין.
הָאִשָּׁה לֹא תִשְׁרֶה אֶת הַמֻּרְסָן שֶׁתּוֹלִיךְ בְּיָדָהּ לַמֶּרְחָץ
אֲבָל שָׁפָה הִיא בִּבְשָׂרָהּ יָבֵשׁ.
לֹא יִלְעֹס אָדָם חִטִּין, וְיַנִּיחַ עַל מַכָּתוֹ בְּפֶסַח
מִפְּנֵי שֶׁהֵן מַחְמִיצוֹת.

ח אֵין נוֹתְנִין אֶת הַקֶּמַח
לְתוֹךְ הַחֲרֹסֶת אוֹ לְתוֹךְ הַחַרְדָּל
וְאִם נָתַן – יֵאָכֵל מִיָּד
וְרַבִּי מֵאִיר אוֹסֵר.

וּבִדְמַאי וּבְמַעֲשֵׂר רִאשׁוֹן *And with demai and ma'aser rishon.* Despite the fact that *terumot* and *ma'asrot* are separated from vegetables by rabbinic enactment, not by Torah commandment (*Rosh HaShana* 12a), the same criteria for *matza* is applied with regard to *maror* as well (Rashi, *Pesaḥim* 39a).

מֻרְסָן *Bran.* Following Rashi in *Ketubot* 112a. The *Melekhet Shlomo* on *Terumot* 11:5 cites Rishonim who explain this word, מֻרְסָן, to mean chaff. However, such an interpretation seems less likely in this context, as chaff does not normally ferment.

חוֹלְטִין *Steep it.* In boiling water – since a short steeping does not make fermentation possible. However, a Geonic tradition states that nowadays, no one knows how to steep grain products in a manner that would prevent them from fermenting. Therefore, steeping is now forbidden (Rabbi Yitzḥak Giat; Ra'avan). Rambam states that this is merely a stringency that has been adopted as a custom, indicating that he considers steeping to be essentially

One may not cook the Pesaḥ in liquids or fruit juice.
But one may baste or dip it in them.
Water used by a baker should be spilled,
because it ferments.

CHAPTER 3

1 The following are removed for Pesaḥ:
Babylonian sauce,
Median ale,
Edomite vinegar,
Egyptian beer,
Dyers' pulp,
Cooks' starch,
and scribes' paste.
Rabbi Eliezer says:
Even women's lotions.

---

form of leaven: the second prohibition in the verse, for which no punishment is mentioned, prohibits the consumption of mixtures containing *ḥametz,* as well as *ḥametz nukshe* (hardened *ḥametz,* i.e. leaven which can no longer ferment). Mishnayot 1 and 2 discuss these prohibitions. Mishnayot 3–5 describe how one may bake matza for Passover, given the need to prevent fermenting, while mishnayot 6–8 conclude the topic of eradicating *ḥametz.*

אֵלּוּ עוֹבְרִין *The following are removed.* According to Rashi, the first sentence in this mishna should read "עַל אֵלּוּ עוֹבְרִין" – "for [ownership of] these, one transgresses [the prohibition of owning *ḥametz*] on Passover," thus instructing us that the products listed in the mishna are included in the ban against having any *ḥametz* in one's possession (42a). The Tosafot offer two simpler readings. The first, in accordance with Rashi's principle, understands the mishna as instructing that these products be utterly removed, i.e. eradicated (Riva); the second indicates that these items are merely to be removed from one's table; this is considered a completely separate prohibition (Rabbeinu Tam).

כֻּתָּח הַבַּבְלִי *Babylonian sauce.* A dish made of bread crumbs, sour milk and salt.

תַּכְשִׁיטֵי נָשִׁים *Women's lotions.* Following *Pesaḥim* 42b; the Yerushalmi and Rambam read this as "women's powders."

אֵין מְבַשְּׁלִין אֶת הַפֶּסַח
לֹא בְמַשְׁקִין וְלֹא בְמֵי פֵרוֹת
אֲבָל סָכִין וּמַטְבִּילִין אוֹתוֹ בָהֶן.
מֵי תַשְׁמִישׁוֹ שֶׁלַּנַּחְתּוֹם יִשָּׁפְכוּ
מִפְּנֵי שֶׁהֵן מַחְמִיצִין.

פרק שלישי

א אֵלּוּ עוֹבְרִין בַּפֶּסַח:
כֻּתָּח הַבַּבְלִי וְשֵׁכָר הַמָּדִי וְחֹמֶץ הָאֲדוֹמִי וְזִיתוֹם הַמִּצְרִי
וְזוֹמָן שֶׁלַּצַּבָּעִים וַעֲמִילָן שֶׁלַּטַּבָּחִים וְקוֹלָן שֶׁלַּסּוֹפְרִים.
רַבִּי אֱלִיעֶזֶר אוֹמֵר:
אַף תַּכְשִׁיטֵי נָשִׁים.

אֵין מְבַשְּׁלִין *One may not cook.* In Exodus 12:9, the Torah instructs: "Do not eat it [the Paschal lamb] raw, or cooked in water, but roasted over the fire." Despite the fact that other liquids are not considered water, a Pesaḥ basted with fruit juice or other liquids is still considered have been cooked rather than roasted (41a).

CHAPTER THREE

The third chapter of *Pesaḥim* continues the discussion of various types of *ḥametz* that require eradication, which began in the second chapter. The transition between the two chapters is unclear; in fact, the third chapter of the Tosefta, a *tannaic* source parallel to the Mishna, presents the cases in an entirely different order, beginning with the case of the dough in the cracks of a trough (mishna 3:2) followed by the case of the water used by a baker (mishna 2:8). It may be that the mishna chose to present the cases according to level of severity: while the second chapter deals with several cases punishable by *karet*, the current chapter deals with food which is not considered proper *ḥametz*, and for which there is no *karet* liability (Me'iri).

In Exodus 12:19–20, the Torah instructs: "For seven days no leaven shall be found in your houses; for whoever eats that which is leavened, his soul shall be cut off from the people of Israel… You shall eat nothing leavened." The Talmud (43a) notes the double prohibition in this verse regarding eating any

This is the rule:
    Anything that is [made with] one of the grains
        must be removed for Pesaḥ.
These [listed above] are prohibited,
    but do not incur *karet*.

2 Regarding dough in the cracks of a kneading trough,
        if there is an olive-bulk in one place –
            one must eradicate it.
        and if not –
            it is nullified because it is a small amount.
    The same holds for the matter of impurity.
        If one is scrupulous about [removing the dough] –
          it interposes [against impurity];
        but if one wants it to remain –
          it is [considered of the same status] as the kneading trough.

---

dough and may cause it to ferment (Tosafot, ibid.). The codifiers of Halakha made no distinction between the various cases, and held that the dough must be eradicated, regardless of its place in the trough (following Rambam, *Hilkhot Ḥametz UMatza* 2:15).

בָּטֵל *It is nullified.* And is considered a part of the trough.

הֲרֵי הוּא כָּעֲרֵבָה *It is as the kneading trough.* If any part of a vessel comes into contact with a source of impurity, the entire vessel becomes impure. However, food which has become impure does not transmit impurity to a vessel it touches (Mishna, *Para* 8:5). If one intends to remove the dough from the crack, it is still considered food; therefore, if any impurity touches it, the vessel is still pure. If, however, it is meant to remain in its place, it is considered an integral part of the vessel. For the purpose of *ḥametz*, this constitutes a leniency, but in the case of impurity, the result is severe: since the dough does not interpose, the whole vessel becomes impure (46a).

זֶה הַכְּלָל:
כָּל שֶׁהוּא מִמִּין דָּגָן
הֲרֵי זֶה עוֹבֵר בַּפֶּסַח.
הֲרֵי אֵלּוּ בְּאַזְהָרָה
וְאֵין בָּהֶן מִשּׁוּם כָּרֵת.

ב בָּצֵק שֶׁבְּסִדְקֵי עֲרֵבָה
אִם יֵשׁ כַּזַּיִת בְּמָקוֹם אֶחָד
חַיָּב לְבָעֵר
וְאִם לָאו
בָּטֵל בְּמִעוּטוֹ.
וְכֵן לְעִנְיַן הַטֻּמְאָה:
אִם מַקְפִּיד עָלָיו – חוֹצֵץ
וְאִם רוֹצֶה בְּקִיּוּמוֹ
הֲרֵי הוּא כָּעֲרֵבָה.

כָּרֵת *Karet.* Spiritual excision, the punishment decreed for eating *ḥametz* on Passover (Ex. 12:19).

בָּצֵק שֶׁבְּסִדְקֵי עֲרֵבָה *Dough in the cracks of a kneading trough.* This does not refer to leftover dough which has not been properly cleaned out after use of the trough, but rather to dough which was placed in cracks to glue the trough together. Even in such a case, an olive-bulk of the dough is considered to stand on its own, and must be eradicated. Rashi explains that this rule applies to a crack on the sides of the trough, but if the dough used to glue the trough together is on its surface, it is considered to have become an integral part of the trough, and is no longer *ḥametz* (45a). Rashi's great-grandson, Rabbeinu Yitzḥak (usually referred to as Ri) argued the opposite, that the dough on the kneading surface does require eradication, as it comes in contact with the

As for "silent dough,"
if there is another batch of dough
that [was kneaded at the same time and]
has already fermented,
it is forbidden.

3 How does one separate *ḥalla*
from an impure batch of dough on the holiday?
Rabbi Eliezer says:
[The woman] does not designate [any of it as *ḥalla*] until after
it is baked.
Rabbi Yehuda ben Beteira says:
She should put [the *ḥalla* as dough] in cold water.
Rabbi Yehoshua says:
This is not the *ḥametz*
regarding which we are commanded
that it may not be seen or found [on Pesaḥ].
Rather, she sets it aside
and leaves it until evening
and if it rises, it rises.

---

kneading the dough is impure – she is in a quandary: on one hand, the dough may not be baked, as the priest will not eat it, and only food which will be consumed may be prepared on Yom Tov; on the other hand, it cannot be left to sit, as it will ferment (Rashi, 46a). Rabbeinu David points out that the problem can be avoided by kneading the dough in small batches (containing less than one kilogram of flour each, according to the most stringent opinion), so that the dough is exempted from the obligation to separate *ḥalla*.

עַד שֶׁתֵּאָפֶה *Until after it is baked.* According to Rabbi Eliezer, *ḥalla* is only separated after the baked loaves are removed from the oven and placed in a basket (Mishna, *Ḥalla* 2:4). Therefore, it is permissible to designate one matza as *ḥalla* after baking it, when it will no longer ferment. This is the suggestion adopted by both Ri (Tosafot, 46a) and Rambam (*Hilkhot Yom Tov* 3:9).

בַּצּוֹנֵן *In cold water.* To halt the fermenting process. See Rabbi Akiva's suggestion in the following mishna.

שֶׁמֻּזְהָרִים עָלָיו *We are commanded.* See commentary to mishna 2:2.

בָּצֵק הַחֵרֵשׁ
אִם יֵשׁ כַּיּוֹצֵא בוֹ שֶׁהֶחְמִיץ
הֲרֵי זֶה אָסוּר.

ג כֵּיצַד מַפְרִישִׁין חַלָּה בְּטֻמְאָה בְּיוֹם טוֹב?
רַבִּי אֱלִיעֶזֶר אוֹמֵר:
לֹא תִקְרָא לָהּ שֵׁם, עַד שֶׁתֵּאָפֶה
רַבִּי יְהוּדָה בֶּן בְּתֵירָא אוֹמֵר:
תַּטִּיל בְּצוֹנִין.
אָמַר רַבִּי יְהוֹשֻׁעַ:
לֹא זֶה הוּא חָמֵץ שֶׁמֻּזְהָרִים עָלָיו בְּבַל יֵרָאֶה וּבְבַל יִמָּצֵא
אֶלָּא מַפְרִשָׁתָּהּ, וּמַנִּחָתָּהּ עַד הָעֶרֶב
וְאִם הֶחְמִיצָה – הֶחְמִיצָה.

בָּצֵק הַחֵרֵשׁ *Silent dough.* Inscrutable dough, for which there is no indication as to whether it has or has not fermented yet (Rashi). The Yerushalmi suggests that this refers to dough that has cooled down and developed a crust; therefore, it does not display the normal signs of fermentation (see Meiri).

The Hebrew phrase for this type of dough is בָּצֵק הַחֵרֵשׁ, literally "deaf-mute dough." According to Rashi, "deaf" is merely a simile for the lack of fermentation signs; other Rishonim take this phrase more literally, interpreting it as dough that makes no sound when struck (Rambam, *Hilkhot Ḥametz UMatza* 5:13; but see Ra'avad ibid.).

שֶׁהֶחְמִיץ *Has already fermented.* The Talmud rules that the dough is assumed to have fermented after the amount of time it takes to walk a *mil* (approximately one kilometer; modern decisors have estimated this to equal eighteen minutes); in the absence of any indication to the contrary, such dough is forbidden (46a).

כֵּיצַד מַפְרִישִׁין חַלָּה *How does one separate ḥalla.* One is allowed to prepare bread on Yom Tov – to knead the dough and bake it. When kneading it, one must separate *ḥalla* from it. The *ḥalla* is considered to be consecrated, like *teruma* (Num. 15:20): it is given to a priest; if it is pure – the priest eats it, but if it is not – he may feed it to his domestic animals, or use it for firewood (32a; see mishna 2:4). On Passover, however, if either the dough or the woman

4   Rabban Gamliel says:
         Three women may knead simultaneously
             and bake in one oven, one after another.
     While the sages say:
         Three women may work with the dough as follows:
             [While] one kneads,
             one rolls it out,
             and one bakes.
     Rabbi Akiva says:
         Not all women
         and not all wood
         and not all ovens
         are alike.
             This is the rule: if [the dough] begins to rise,
                 she should pat it with cold water.

5   Partially risen dough must be burned,
         but one who eats it is exempt [from *karet*].
     Cracked dough must be burned,
         and one who eats it is liable for *karet*.
     What is partially risen dough?
         [Dough with cracks shaped] like the antennae of locusts.
     What is "cracked dough"?
         [Dough] whose cracks cross each other.
             Thus says Rabbi Yehuda.
     While the sages say:
         In either case, one who eats it is liable for *karet*.
         And what is partially risen dough?
             Any dough whose appearance turns pale
             as a man whose hair stands on end.

---

and the dough will not become *ḥametz* (48b). This observation, combined with the one cited in the note to mishna 3:2, are the source for the eighteen-minute time limit for baking matza.

וַחֲכָמִים אוֹמְרִים *While the sages say.* The sages do not accept Rabbi Yehuda's criterion for partially risen dough because a crack on the surface of the dough

ד רַבָּן גַּמְלִיאֵל אוֹמֵר:
שָׁלֹשׁ נָשִׁים לָשׁוֹת כְּאַחַת
וְאוֹפוֹת בְּתַנּוּר אֶחָד זוֹ אַחַר זוֹ
וַחֲכָמִים אוֹמְרִים:
שָׁלוֹשׁ נָשִׁים עוֹסְקוֹת בַּבָּצֵק
אַחַת לָשָׁה וְאַחַת עוֹרֶכֶת וְאַחַת אוֹפָה.
רַבִּי עֲקִיבָא אוֹמֵר:
לֹא כָל הַנָּשִׁים
וְלֹא כָל הָעֵצִים
וְלֹא כָל הַתַּנּוּרִים שָׁוִין.
זֶה הַכְּלָל:
תָּפַח, תִּלְטשׁ בְּצוֹנֵן.

ה שִׂאוּר יִשָּׂרֵף
וְהָאוֹכְלוֹ פָּטוּר
סִדּוּק יִשָּׂרֵף
וְהָאוֹכְלוֹ חַיָּב כָּרֵת.
אֵיזֶהוּ שִׂאוּר?
כְּקַרְנֵי חֲגָבִים
סִדּוּק?
שֶׁנִּתְעָרְבוּ סְדָקָיו זֶה בָזֶה
דִּבְרֵי רַבִּי יְהוּדָה.
וַחֲכָמִים אוֹמְרִים:
זֶה וָזֶה, הָאוֹכְלוֹ חַיָּב כָּרֵת
וְאֵיזֶהוּ שִׂאוּר?
כֹּל שֶׁהִכְסִיפוּ פָנָיו, כְּאָדָם שֶׁעָמְדוּ שַׂעֲרוֹתָיו.

עוֹסְקוֹת בַּבָּצֵק *May work with the dough.* As long as the dough is not left alone, but is being kneaded, rolled out, or baked – the leavening process is halted

6 If the fourteenth [of Nisan] falls on Shabbat,
one eradicates all [*ḥametz*] before Shabbat.
Thus says Rabbi Meir.
While the sages say:
[All can be eradicated] at its appointed time.
Rabbi Elazar bar Tzaddok says:
Teruma [must be eradicated] before Shabbat
while unconsecrated *ḥametz* [can be eradicated] at its appointed time.

7 [In the case of] someone who is going to slaughter his Pesaḥ offering,
circumcise his son,
or eat a betrothal meal at his father-in-law's home
and recalls that he has *ḥametz* in his house –
if he can return and destroy it and resume his mitzva,
he should do so.
if he cannot,
he can annul [the *ḥametz*] in his heart.

לֶאֱכוֹל סְעוּדַת אֵרוּסִין *Eat a betrothal meal.* Which is considered a mitzva (*Pesaḥim* 48b), important enough to perform on Ḥol HaMo'ed (*Mo'ed Katan* 18b; see also *Zohar, Lekh Lekha* 91b). In Talmudic times, the betrothal consisted of *kiddushin*, the formal act rendering the couple legally married, even though they would not begin living together until after the *nisuin* ceremony (Rambam, *Hilkhot Ishut* 1:2–3). According to the Yerushalmi, this law applies not only to the actual betrothal but to any meal that establishes good familial relations. The reason given for this extension is גָּדוֹל הַשָּׁלוֹם – so great is peace, that it warrants halakhic leniencies.

אִם יָכוֹל לַחֲזוֹר *If he can return.* If sufficient time remains on the fourteenth of Nisan before the prohibition of *ḥametz* begins.

מְבַטְּלוֹ בְּלִבּוֹ *Annul in his heart.* See commentary on page 2.

ו אַרְבָּעָה עָשָׂר שֶׁחָל לִהְיוֹת בַּשַּׁבָּת
מְבַעֲרִים אֶת הַכֹּל מִלִּפְנֵי הַשַּׁבָּת
דִּבְרֵי רַבִּי מֵאִיר.
וַחֲכָמִים אוֹמְרִים:
בִּזְמַנָּן.
רַבִּי אֶלְעָזָר בַּר צָדוֹק אוֹמֵר:
תְּרוּמָה מִלִּפְנֵי הַשַּׁבָּת
וְחֻלִּין בִּזְמַנָּן.

ז הַהוֹלֵךְ לִשְׁחוֹט אֶת פִּסְחוֹ
וְלָמוּל אֶת בְּנוֹ
וְלֶאֱכוֹל סְעוּדַת אֵרוּסִין בְּבֵית חָמִיו
וְנִזְכַּר שֶׁיֵּשׁ לוֹ חָמֵץ בְּתוֹךְ בֵּיתוֹ –
אִם יָכוֹל לַחֲזוֹר וּלְבָעֵר, וְלַחֲזוֹר לְמִצְוָתוֹ
יַחֲזוֹר וִיבַעֵר
וְאִם לָאו
מְבַטְּלוֹ בְּלִבּוֹ.

---

indicates that several fissures (created by the emission of carbon dioxide while the dough ferments) already exist in it. Therefore, they interpret "partially risen dough" to mean dough whose appearance has already changed, but no crack has yet appeared on its surface.

מְבַעֲרִים אֶת הַכֹּל מִלִּפְנֵי הַשַּׁבָּת *One eradicates all before Shabbat.* Except for food intended for consumption on Shabbat morning (Rashi, 49a).

בִּזְמַנָּן *At its appointed time.* There is no need to eradicate unconsecrated *ḥametz* before the time it is prohibited, since one could easily find guests to help finish it. However, *teruma* may only be eaten by priests, who are more scarce; therefore, it should be eradicated before Shabbat (Tosefot Rash). Rif (16a) rules according to Rabbi Elazar bar Tzaddok; see law 10.

[If someone is going] to save [others] from
militias, a river, robbers, fire, or an earthquake -
he can annul [his *ḥametz*] in his heart.
[But if someone is going] for convenience,
he must return [home] at once.

8 The same applies to someone who left Jerusalem
and recalls that he has sanctified meat with him:
If he has passed Tzofim, he should burn it where he is.
If not – he should return and burn it before the Temple,
with wood of the altar's woodpile.
And for what amount [of either *ḥametz* or sanctified meat] must one return?
Rabbi Meir says:
In either case – for an egg-bulk.
Rabbi Yehuda says:
In either case – for an olive-bulk.
While the sages say:
For sanctified meat [one must return] for an olive-bulk,
But for *ḥametz* – only for an egg-bulk.

וְנִזְכַּר *Recalls.* Sanctified meat, even קָדָשִׁים הַקַּלִּים (sacrifices of lesser holiness, of which laymen may partake) must be eaten in Jerusalem (see page 399). Once it leaves the city, it is rendered unfit for consumption and must be burned there; however, disqualified sacrifices must be burned in the place where they were supposed to have been eaten (24a).

הַצּוֹפִים *Tzofim.* According to Rashi, this is the name of a village from which the Temple could be seen (49a). In *Makkot* 24b, it refers to Mount Scopus, a mountain at the outskirts of Jerusalem. Ri cites a Tosefta, according to which *Tzofim* (which translates as "viewers") refers to any place from which Jerusalem can be seen (Tosafot, 49a).

לִפְנֵי הַבִּירָה *Before the Temple.* This translation follows Reish Lakish's opinion. Rabbi Yoḥanan is of the opinion that בִּירָה is the name of a specific place on the Temple Mount (*Zevaḥim* 104b).

בִּכְזַיִת *For an olive-bulk.* Since one can annul the *ḥametz*, the sages did not compel him to return for a meager amount (Yerushalmi). An olive-bulk is half

לְהַצִּיל מִן הַגַּיִס
וּמִן הַנָּהָר
וּמִן הַלִּסְטִים
וּמִן הַדְּלֵקָה
וּמִן הַמַּפֹּלֶת –
יְבַטֵּל בְּלִבּוֹ
וְלִשְׁבּוֹת שְׁבִיתַת הָרְשׁוּת –
יַחֲזֹר מִיָּד.

ח וְכֵן מִי שֶׁיָּצָא מִירוּשָׁלַיִם
וְנִזְכַּר שֶׁיֵּשׁ בְּיָדוֹ בְּשַׂר קֹדֶשׁ:
אִם עָבַר הַצּוֹפִים –
שׂוֹרְפוֹ בִּמְקוֹמוֹ
וְאִם לָאו –
חוֹזֵר וְשׂוֹרְפוֹ לִפְנֵי הַבִּירָה מֵעֲצֵי הַמַּעֲרָכָה.
וְעַד כַּמָּה הֵן חוֹזְרִין?
רַבִּי מֵאִיר אוֹמֵר:
זֶה וָזֶה בִּכְבֵיצָה.
רַבִּי יְהוּדָה אוֹמֵר:
זֶה וָזֶה בִּכְזַיִת.
וַחֲכָמִים אוֹמְרִים:
בְּשַׂר קֹדֶשׁ בִּכְזַיִת, וְחָמֵץ בִּכְבֵיצָה.

לִשְׁבּוֹת שְׁבִיתַת הָרְשׁוּת *For convenience.* According to Rashi, the example here is of someone who goes to establish a location for *eruv teḥumin* (see page 5); despite *eruvin* being a mitzva, its ultimate object is one's own convenience (49a). Rabbeinu Ḥananel and Ri (cited in Tosafot) hold that if one travels out of town for the festival, his situation is not considered important enough to allow him to rely on the annulment; therefore, he must return home to properly eradicate his *ḥametz*.

CHAPTER 4

1   In a place where the custom is to work until noon

on Passover Eve –

one may work.

In a place where the custom is not to work –

one may not work.

One who goes from a place where they work

to a place where they do not work,

or one who goes from a place where they do not work

to a place where they work –

---

to the second day of Yom Tov, which is observed outside Israel but not in Israel (see laws 68–72).

The laws of work on the fourteenth of Nisan are discussed in the first part of mishna 1. Mishnayot 2–5 mention other instances of variant customs, only one of which is connected to Pesaḥ. The discussion of work on Passover Eve resumes at the end of mishna 5 and continues through mishnayot 6 and 7. Mishna 8 relates the unique customs of the people of Jericho, who apparently had a tendency to nonconformism, and mishna 9 lists the six controversial decisions of King Hezekiah.

לַעֲשׂוֹת מְלָאכָה...עַד חֲצוֹת *To work until noon.* Rif cites this law, as well as its application to Friday afternoons, and rules accordingly (16b). Rabbi Zeraḥya HaLevi objected to this ruling, since according to the reason provided by the Yerushalmi (see the previous note), there is no point whatsoever in forbidding work now that the Temple no longer exists (*HaMaor HaKatan* ad loc.); his objection was overridden by Ra'avad, who suggested that this prohibition should still be observed in memory of the Temple (see ch. 4 of Mishna *Rosh HaShana*), and by Ramban, who considered abstaining from work to be a rabbinic ordinance which is not voided even after its reason ceases to be relevant (*Milḥemet Hashem*).

Ramban argued further that the Babylonian Talmud supports the reason brought by Rashi (see the previous note), whereby the prohibition of work is meant to enable preparation for the Festival. Accordingly, any work which is considered preparation for the festival is allowed, including mending one's clothes (Ra'aviya, 495); the *Shulḥan Arukh* (OḤ 468:2) ruled accordingly.

פרק רביעי

א מְקוֹם שֶׁנָּהֲגוּ
לַעֲשׂוֹת מְלָאכָה בְּעַרְבֵי פְּסָחִים עַד חֲצוֹת
עוֹשִׂין
מְקוֹם שֶׁנָּהֲגוּ שֶׁלֹּא לַעֲשׂוֹת
אֵין עוֹשִׂין.
הַהוֹלֵךְ מִמְּקוֹם שֶׁעוֹשִׂין
לִמְקוֹם שֶׁאֵין עוֹשִׂין
אוֹ מִמְּקוֹם שֶׁאֵין עוֹשִׂין
לִמְקוֹם שֶׁעוֹשִׂין –

---

an egg-bulk (*Shulḥan Arukh* OḤ 486:1, following the Tosafot; according to the *Mishna Berura* ad loc., Rambam estimates it as about a third of an egg-bulk).

CHAPTER FOUR

The third chapter ended with the final eradication of all *ḥametz* on the morning before Passover; the fourth chapter extends to midday, and relates to a different rule pertaining to the fourteenth of Nisan – the prohibition of work. The Babylonian Talmud does not explain this as a prohibition unique to Passover Eve; it is compared to the requirement of refraining from work on Friday afternoons (50b). Accordingly, Rashi explains that the reasoning behind the custom of refraining from work (or, possibly, even publicly denouncing those who do work) is to ensure that people prepare for the festival properly. However, the Yerushalmi views the rule in the mishna as part of a general principle regarding sacrifices: one should refrain from work while his offering is being sacrificed; therefore, on the afternoon of fourteenth of Nisan, no one is allowed to work. It is apparent from the mishna that in some places, people observed the custom to completely refrain from work the entire day (*Tosefot Rash*).

The discussion of the custom of refraining from work on the fourteenth of Nisan evolves into a general discussion of variant local customs and of situations where people happen to be in places in which different customs are observed. This issue continues to be relevant today, especially with regard

both the stringencies
of the place he left
and of the place he came from
apply to him.
And one should not deviate [from the established custom],
so as to avoid controversy.

2   Likewise, one who brings produce of the Sabbatical year
from a place where it is no longer in season
to a place where it is in season –
or from a place where it is in season
to a place where it is no longer in season –
must remove it.
Rabbi Yehuda says:
They say to him:
"You too, go out and bring for yourself."

---

birds, has ready access to it. So long as produce can still be found in the fields, it may be eaten. After that, that crop may no longer be eaten, unless a removal ceremony (בִּיעוּר) is held. The Mishna states that the time of the בִּיעוּר is not determined for each field individually, but on a regional basis (*Shevi'it* 9:2–5, based on Lev. 25:6–7). Therefore, produce taken from one place in Israel to another might not require בִּיעוּר at the same time as local produce of the same variety if the agricultural seasons in the two places differ.

אוֹמְרִים לוֹ *They say to him.* The Talmud (52a) discusses Rabbi Yehuda's statement and concludes that he follows the opinion of Rabban Gamliel (*Shevi'it* 9:5), whereby any type of produce which can no longer be found in the field must be removed from one's home; therefore, in our mishna, people say to the owner of the produce: "Go out to the field, and bring some for yourself" (Bartenura). The Yerushalmi reads this conversely, interpreting Rabbi Yehuda's statement as offering a more lenient opinion: since anyone can go to the place where this type of produce can still be found, no obligation is placed upon the owner to remove his. According to this reading, Rabbi Yehuda argues that the case of בִּיעוּר is not subject to the rules of places with different customs (*Korban HaEda*).

נוֹתְנִין עָלָיו
חֻמְרֵי מָקוֹם שֶׁיָּצָא מִשָּׁם
וְחֻמְרֵי מָקוֹם שֶׁהָלַךְ לְשָׁם.
וְאַל יְשַׁנֶּה אָדָם
מִפְּנֵי הַמַּחֲלֹקֶת.
ב כַּיּוֹצֵא בוֹ:
הַמּוֹלִיךְ פֵּרוֹת שְׁבִיעִית מִמְּקוֹם שֶׁכָּלוּ
לְמָקוֹם שֶׁלֹּא כָלוּ
אוֹ מִמָּקוֹם שֶׁלֹּא כָלוּ
לְמָקוֹם שֶׁכָּלוּ –
חַיָּב לְבָעֵר.
רַבִּי יְהוּדָה אוֹמֵר:
אוֹמְרִים לוֹ: צֵא וְהָבֵא לְךָ אַף אַתָּה.

מִפְּנֵי הַמַּחֲלֹקֶת *So as to avoid controversy.* The Talmud reads this as "where it might cause controversy"; according to this reading, the mishna only objects to following one's customs in cases where his variant behavior would be noticeable. However, wherever it would not be widely noticeable, one should adhere to his customary stringencies. In our case, one who does not work on Passover Eve would not be viewed as causing controversy, but would simply be dismissed from people's minds as being either lazy or unemployed (51b). The Yerushalmi offers a different reading, whereby the sentence "so as to avoid controversy" qualifies the instruction by stating that someone whose stringent behavior would be noticed should follow the local custom in any case. Rosh ruled that this only applies to a visitor, while someone who moves to a new place must adopt all its customs (4:4, following Rav Ashi in 51a; see resp. Rashba 1:337).

חַיָּב לְבָעֵר *Must remove it.* All produce that grows in the Sabbatical year must be left unguarded in the fields so that any creature, including wild animals and

3   In a place where the custom is to sell small livestock to gentiles –
        one may sell it.
     In a place where the custom is not to sell small livestock to gentiles –
        one may not sell it.
     And nowhere may one sell them large livestock, calves or foals,
        whether healthy or maimed.
            Rabbi Yehuda permits [the sale of] lame livestock.
            Ben Beteira permits [the sale of] a horse.

4   In a place where the custom is to eat roasted meat
                                        on Passover night –
        one may eat it.
     In a place where the custom is not to eat roasted meat
                                        on Passover night –
        one may not eat it.

Yehuda allows the sale of maimed livestock, as it is not sold for purposes of
work but rather for food. Ben Beteira permits the sale of horses, since they are
sold for riding, which is only a rabbinic prohibition on the Sabbath (*Mishna
Beitza* 36b). The sages rejected both lenient opinions. However, the Talmud
permits sale through a middleman (*Avoda Zara* 15a); by the times of the
Rishonim, all restrictions against the sale of livestock had been lifted (*Shulḥan
Arukh* YD 151:4, following *Sefer HaTeruma*). Even renting out a working ani-
mal is permitted, as long as the owner declares it הֶפְקֵר (ownerless) prior to
every Shabbat (*Shulḥan Arukh* OḤ 246:3, following *Smak*; see Rema).

צָלִי *Roasted meat.* The Talmud (53a) relates how Todos established among
the Jews of Rome the custom to eat a young goat, roasted whole, on the
Seder night, in remembrance of the Temple (Rashi, *Berakhot* 19a and *Beitza*
22b); however, this practice was viewed as sacrilegious by the sages of his
generation, who considered placing him under a ban, since it appeared as
if they were eating the meat of the Pesaḥ outside of Jerusalem. According
to the Yerushalmi, any roasted meat (including fowl) is forbidden on the
Seder night; this was established as the custom of the Ashkenazi (following
Magen Avraham, 473:7) and Sephardi (*Birkei Yosef*, OḤ 476:1) communities. A
roasted זְרוֹעַ (shankbone) is placed on the Seder plate, in memory of the Pesaḥ
offering, but is not eaten. Some communities (Italians, Libyans, Yemenites)
still observe the custom of eating roasted meat on the Seder night.

ג מְקוֹם שֶׁנָּהֲגוּ
לִמְכּוֹר בְּהֵמָה דַקָּה לַגּוֹיִם
מוֹכְרִין
מְקוֹם שֶׁלֹּא נָהֲגוּ לִמְכּוֹר
אֵין מוֹכְרִין.
וּבְכָל מָקוֹם
אֵין מוֹכְרִין לָהֶם בְּהֵמָה גַסָּה
עֲגָלִים וּסְיָחִים
שְׁלֵמִין וּשְׁבוּרִין
רַבִּי יְהוּדָה מַתִּיר בַּשְּׁבוּרָה.
בֶּן בְּתֵירָה מַתִּיר בַּסּוּס.

ד מְקוֹם שֶׁנָּהֲגוּ
לֶאֱכוֹל צָלִי בְּלֵילֵי פְסָחִים
אוֹכְלִין
מְקוֹם שֶׁנָּהֲגוּ שֶׁלֹּא לֶאֱכוֹל
אֵין אוֹכְלִין.

לִמְכּוֹר בְּהֵמָה דַקָּה *To sell small livestock.* This mishna is repeated verbatim in *Avoda Zara* 14b. The Talmud there is concerned with prevention of bestiality, and explains that in a place where there is no suspicion of such abuse, small livestock (sheep and goats) may be sold to gentiles (14b–16a). In *Pesaḥim* 51a, Rashi offers a more mundane reason for this custom – that it is an expansion of the decree against the sale of large livestock (see following comment for explanation).

בְּהֵמָה גַסָּה *Large livestock.* Normally, large livestock (cattle and equidae) are used for work, and we are enjoined to prevent them from working on Shabbat (Ex. 20:10). This prohibition applies to any animal in a Jew's possession, even if a gentile has borrowed or rented it (compare to mishna 2:3). The ban against selling these animals to gentiles is a rabbinic decree meant as a preventative measure against lending or renting them out to them (Rambam, *Hilkhot Shabbat* 20:3; another reason is mentioned in *Avoda Zara* 15a). Rabbi

In a place where the custom is
    to light a candle on Yom Kippur nights –
        one may light it.
In a place where the custom is
    not to light a candle on Yom Kippur nights –
        one may not light it.
But one lights it in
    synagogues, study houses, dark alleys, and for the sick.

5   In a place where the custom is to work on Tisha B'Av –
        one may work.
In a place where the custom is not to work on Tisha B'Av –
    one may not work.
And everywhere scholars are idle.
    Rabban Shimon ben Gamliel says:
        A man should always conduct himself as a scholar.
While the sages say:
In Judea they would work on of the fourteenth of Nisan until noon.
And in the Galilee they would do no work at all.

לַעֲשׂוֹת מְלָאכָה בְּתִשְׁעָה בְּאָב *To work on Tisha B'Av*. A mourner is forbidden to work; this prohibition enables him to focus on his mourning. Tisha B'Av, however, is a day of mourning for historical events, and its grief is less immediate; the sages did not, therefore, impose a comprehensive requirement to abstain from work on that day (Meiri).

תַּלְמִידֵי חֲכָמִים בְּטֵלִים *Scholars are idle*. Rabban Shimon ben Gamliel is of the opinion that this stringency is not limited to scholars; one need not be concerned that he is acting presumptuously if he takes on this stringency (Meiri). This follows the reading found in the Yerushalmi and Rambam. Rabbeinu Ḥananel reads this sentence as pertaining to the first mishna in this chapter, returning to the laws of the fourteenth of Nisan. The latter reading reads more smoothly because it explains the ו in the following line וַחֲכָמִים "*While* the sages," by establishing a connection between the two juxtaposed sentences; however, this letter is missing in the Parma manuscript (Italy, eleventh century).

מְקוֹם שֶׁנָּהֲגוּ
לְהַדְלִיק אֶת הַנֵּר בְּלֵילֵי יוֹם הַכִּפּוּרִים
מַדְלִיקִין
מְקוֹם שֶׁנָּהֲגוּ שֶׁלֹּא לְהַדְלִיק
אֵין מַדְלִיקִין.
וּמַדְלִיקִין בְּבָתֵּי כְנֵסִיּוֹת וּבְבָתֵּי מִדְרָשׁוֹת
וּבִמְבוֹאוֹת הָאֲפֵלִים
וְעַל גַּבֵּי הַחוֹלִים.

ה הַמְּקוֹם שֶׁנָּהֲגוּ
לַעֲשׂוֹת מְלָאכָה בְּתִשְׁעָה בְּאָב
עוֹשִׂין
מְקוֹם שֶׁנָּהֲגוּ שֶׁלֹּא לַעֲשׂוֹת מְלָאכָה
אֵין עוֹשִׂין.
וּבְכָל מָקוֹם
תַּלְמִידֵי חֲכָמִים בְּטֵלִים.
רַבָּן שִׁמְעוֹן בֶּן גַּמְלִיאֵל אוֹמֵר:
לְעוֹלָם יַעֲשֶׂה אָדָם עַצְמוֹ תַּלְמִיד חָכָם.
וַחֲכָמִים אוֹמְרִים:
בִּיהוּדָה הָיוּ עוֹשִׂין מְלָאכָה בְּעַרְבֵי פְסָחִים עַד חֲצוֹת
וּבַגָּלִיל לֹא הָיוּ עוֹשִׂין כָּל עִקָּר.

לְהַדְלִיק אֶת הַנֵּר *To light a candle.* Unlike Shabbat, lighting candles for Yom Tov was not considered mandatory in Talmudic times. Only during the period of the *Rishonim* did it become customary to recite a blessing for lighting candles for Yom Tov (*Shulḥan Arukh* OḤ 514:11, following the *Roke'aḥ*). According to the Talmud, both of the customs mentioned in the mishna were instituted for purposes of modesty, the debate being whether the light encourages or discourages marital relations, which are prohibited on Yom Kippur (53b).

On the night [of the fourteenth of Nisan]
[work] is forbidden by Beit Shammai.
But Beit Hillel allow it until sunrise.

6 Rabbi Meir says:
Any work which one began
before the fourteenth [of Nisan]
he may finish on the fourteenth.
But he should not begin a new task on the fourteenth,
even if he could finish it [until noon].
And the sages say:
Three trades may work on Passover Eve until noon:
tailors, barbers and launderers.
Rabbi Yose bar Yehuda says:
Also shoemakers.

7 One may set up roosts for hens on the fourteenth [of Nisan].
If a hen escapes, one may return it to its place;

---

grimage to the Temple have become worn and are in need of repair. The Babylonian Talmud says that this opinion was not accepted, because shoemakers are unlikely to stop at mending shoes brought to them, but will also begin making new ones (55a). The Yerushalmi offers a different reason – normally, only wealthy people could afford to undertake the pilgrimage, and they would prefer to ride, not walk; consequently, the sages thought that no allowance for shoemakers was necessary.

שׁוֹבָכִין *Roosts.* The Hebrew word שׁוֹבָךְ normally means "dovecote." Rashi suggests that in our mishna it is used as a synonym for "roost," or that the mishna permits preparing both dovecotes and roosts (55b). Bartenura prefers the first explanation; most commentaries prefer the second one, and we have followed it in our translation.

תַּרְנְגֹלֶת שֶׁבָּרְחָה *If a hen escapes.* The Talmud (55b) permits returning an escaped hen even on Ḥol HaMo'ed, as the eggs are considered דָּבָר הָאָבֵד (literally "something perishable" – a case where refraining from work would incur a significant loss); although the letter ו ("and") appears before this sentence, connecting it to the previous statement regarding the fourteenth of Nisan, we have omitted it in order to avoid implying that this rule applies only to the fourteenth of Nisan and not to Ḥol HaMo'ed.

וְהַלַּיְלָה –
בֵּית שַׁמַּאי אוֹסְרִין
וּבֵית הִלֵּל מַתִּירִין, עַד הָנֵץ הַחַמָּה.

ו רַבִּי מֵאִיר אוֹמֵר:
כָּל מְלָאכָה שֶׁהִתְחִיל בָּהּ קֹדֶם לְאַרְבָּעָה עָשָׂר
גּוֹמְרָהּ בְּאַרְבָּעָה עָשָׂר
אֲבָל לֹא יַתְחִיל בָּהּ בַּתְּחִלָּה בְּאַרְבָּעָה עָשָׂר
אַף עַל פִּי שֶׁיָּכוֹל לְגָמְרָהּ.
וַחֲכָמִים אוֹמְרִים:
שָׁלֹשׁ אֻמָּנִיּוֹת עוֹשִׂין מְלָאכָה בְּעַרְבֵי פְסָחִים עַד חֲצוֹת
וְאֵלּוּ הֵן:
הַחַיָּטִים, הַסַּפָּרִים וְהַכּוֹבְסִין.
רַבִּי יוֹסֵי בַּר יְהוּדָה אוֹמֵר:
אַף הָרַצְעָנִים.

ז מוֹשִׁיבִין שׁוֹבָכִין לְתַרְנְגוֹלִים בְּאַרְבָּעָה עָשָׂר
וְתַרְנְגֹלֶת שֶׁבָּרְחָה
מַחֲזִירִין אוֹתָהּ לִמְקוֹמָהּ

הַלַּיְלָה *On the night.* Meaning the night between the thirteenth and the fourteenth. According to Beit Shammai, the stringent custom is to grant the fourteenth of Nisan the status of an additional Yom Tov; Beit Hillel, however, view this custom as inherently non-legitimate.

שָׁלֹשׁ אֻמָּנִיּוֹת *Three trades.* Rambam reads this as a stringency – even in places where work is allowed, the permission is extended only to these craftsmen, because their services might be of immediate need on Erev Yom Tov; other trades are prohibited from daybreak (*Hilkhot Yom Tov* 8:18). However, the Tosefta states that these craftsmen are permitted to work everywhere, even in places where the custom is to restrict work on the morning of the fourteenth. This reading is followed by most commentaries.

אַף הָרַצְעָנִים *Also shoemakers.* Because the shoes of people making their pil-

and if it died, one may place another there in its stead.
One may sweep away [dung] from under the feet of cattle on the fourteenth,
but during the [intermediate days of the] festival, one may [only] push it aside.
One may take vessels to and from a craftsman's house [on the fourteenth],
even if they are not needed for the festival.

8 The people of Jericho would do six things;
for three [the sages] reprimanded them,
and for three they did not reprimand them.
These are the things for which they did not reprimand them:
They grafted palm trees all day [on the fourteenth of Nisan],
connected the [passages of the] Shema,
and reaped and stacked [produce] before the Omer offering –
And they did not reprimand them for these.

---

of all six practices, but only reprimanded them for three of them. Bartenura follows the second view.

מַרְכִּיבִין דְּקָלִים *Grafted palm trees.* Despite the prohibition of work on that day; the *Tosafot Yom Tov* cites the *Arukh*, who explained why the people of Jericho considered this to be דָּבָר הָאָבֵד (see comment to mishna 6) to the extent that they allowed themselves to engage in this activity.

כּוֹרְכִין אֶת שְׁמַע *Connected the Shema.* According to Rabbi Yehuda, they omitted the verse of "*Barukh shem …*" ("Blessed is the name …"), thereby connecting the end of the first verse of the Shema with the second verse. According to Rabbi Meir, they connected the Shema's verses with each other, or possibly even words within a verse. Tosafot bring several cases that demonstrate how this might change the Shema's meaning (ad loc.; *Avoda Zara* 3a; *Menaḥot* 71a). The codifiers of Halakha placed great emphasis on the requirement to read the Shema properly (*Shulḥan Arukh* OḤ 61:14–23).

קוֹצְרִין וְגוֹדְשִׁין *Reaped and stacked.* Before the Omer is offered on the second day of Passover, eating the new crop of grain is forbidden (Lev. 23:14; for the leniency allowing eating of the new crop outside Israel see *Baḥ*, YD 293:1).

וְאִם מֵתָה
מוֹשִׁיבִין אַחֶרֶת תַּחְתֶּיהָ.
גּוֹרְפִין מִתַּחַת רַגְלֵי בְהֵמָה בְּאַרְבָּעָה עָשָׂר
וּבַמּוֹעֵד מְסַלְּקִין לַצְּדָדִין.
מוֹלִיכִין וּמְבִיאִין כֵּלִים מִבֵּית הָאֻמָּן
אַף עַל פִּי שֶׁאֵינָם לְצֹרֶךְ הַמּוֹעֵד.

ח שִׁשָּׁה דְבָרִים עָשׂוּ אַנְשֵׁי יְרִיחוֹ
עַל שְׁלֹשָׁה מִחוּ בְיָדָם
וְעַל שְׁלֹשָׁה לֹא מִחוּ בְיָדָם.
וְאֵלּוּ הֵן שֶׁלֹּא מִחוּ בְיָדָם:
מַרְכִּיבִין דְּקָלִים כָּל הַיּוֹם
וְכוֹרְכִין אֶת שְׁמַע
וְקוֹצְרִין וְגוֹדְשִׁין לִפְנֵי הָעֹמֶר –
וְלֹא מִחוּ בְיָדָם.

אִם מֵתָה *If it died.* Meiri and Bartenura read this as a straightforward continuation of the previous case; however, Rambam rules that one may replace a hen only on the fourteenth of Nisan (*Hilkhot Yom Tov* 8:21); *Tosafot Yom Tov* explains that this stringency is due to the great effort involved in this activity, which is inappropriate during Ḥol HaMo'ed.

מְסַלְּקִין לַצְּדָדִין *Push it aside.* On the fourteenth, one is allowed to sweep the dung out of the yard; during Ḥol HaMo'ed, only sweeping it out of the way is permitted. The Talmud adds that if the yard has become [filthy] "as a cowshed," one may sweep it to make the place habitable even on Ḥol HaMo'ed (55b).

מוֹלִיכִין וּמְבִיאִין כֵּלִים *One may take vessels.* However, this is prohibited during Ḥol HaMo'ed of the festival (ibid.).

לֹא מִחוּ בְיָדָם *They did not reprimand.* The meaning of this statement is debated in the Tosefta: some say that the sages perceived the last three acts listed in the mishna as legitimate customs; others understand that they disapproved

These are the things for which they reprimanded them:
They allowed [benefit from] branches of consecrated trees,
ate fallen fruit on Shabbat,
and left *pe'a* from vegetables –
And the sages reprimanded them for these.

9 King Hezekiah did six things;
concerning three [the sages] agreed with him [in retrospect],
and concerning three they did not agree with him.

---

for humans, and are not *muktzeh* (see also *Beitza* 6b); they even took the trouble to open the gates of their fields on Shabbat during years of drought, to enable the poor to enter and eat (56b). Even so, the sages rejected their reasoning, and admonished them for transgressing the decree.

נוֹתְנִים פֵּאָה לְיָרָק *Left pe'a from vegetables.* According to the Tosefta, the vegetables referred to in this context are turnips and cabbages (or possibly from all vegetables of the brassica family): the residents of Jericho set aside פאה (leaving one side of one's field unharvested, so that the poor can partake of it) in fields of turnips and cabbages. They were reprimanded by the sages because all vegetables are exempt from פֵּאָה (Mishna, *Pe'a* 1:4); leaving פֵּאָה in these fields would lead the poor to eat it without separating the requisite *terumot* and *ma'asrot* (56b; see Tosafot, 57a q.v. אֶלָּא).

מִחוּ בְיָדָם *Reprimanded them for these.* The difference between the two groups of leniencies can be explained as follows: the first three cases seem to involve laxity in observance, for which the people of Jericho might have been reproved discreetly but not publicly reprimanded. However, in the last three cases (as explained in the Tosefta) they posed as public benefactors, as if they cared about the poor more than the sages did. These actions could have been treated as additional cases of religious laxity, but the potential challenge to rabbinic moral authority made it necessary to take a strong position against them.

שִׁשָּׁה דְבָרִים *Six things.* This mishna does not appear in the ancient manuscripts we have, nor does it appear in the Yerushalmi. Rambam actually states that it is a Tosefta which was added to the Mishna in error, but he then proceeds to discuss it, as he considers the topics in it to be of fundamental importance.

וְאֵלּוּ שֶׁמִּחוּ בְיָדָם:
מַתִּירִין גַּמְזִיּוֹת שֶׁלַּהֶקְדֵּשׁ
וְאוֹכְלִין מִתַּחַת הַנְּשָׁרִים בַּשַּׁבָּת
וְנוֹתְנִים פֵּאָה לַיָּרָק
וּמִחוּ בְיָדָם חֲכָמִים.

ט שִׁשָּׁה דְבָרִים עָשָׂה חִזְקִיָּה הַמֶּלֶךְ.
עַל שְׁלֹשָׁה הוֹדוּ לוֹ
וְעַל שְׁלֹשָׁה לֹא הוֹדוּ לוֹ:

The sages permitted the farmers in the valleys, where the crop ripens early, to harvest before Passover, but not to stack the grains. Nevertheless, the people of Jericho disobeyed this instruction (*Menaḥot* 71a).

גַּמְזִיּוֹת שֶׁלַּהֶקְדֵּשׁ *Branches of consecrated trees.* When brigands became common in the Jordan valley, the people of Jericho consecrated all their sycamore trees in order to prevent their firewood from being stolen (57a; the Yerushalmi adds carob trees as well). With regard to the consecrating of trees, two opinions are presented in Mishna *Me'ila* 13a: one, that the act of consecration applies to the produce of the trees as well, so that benefiting from it is completely prohibited; the other opinion holds that only the trunks of the trees become consecrated. The people of Jericho ruled according to the latter opinion; thus, they allowed themselves to benefit from the branches and twigs (Rashi, 55b). According to Rambam, they even permitted eating the fruit itself, claiming that it was not consecrated. The Talmud relates the reason that the sages reprimanded the people of Jericho: even assuming that they were not liable for מְעִילָה (misappropriation of sacred property), it is certainly forbidden to benefit from the tree in any manner (see *Terumot* 9:4 and Rash).

אוֹכְלִין מִתַּחַת הַנְּשָׁרִים *Ate fallen fruit.* This is prohibited on Shabbat because it may lead one to pick fruit from a tree as well (*Beitza* 3a). Furthermore, the sages decreed all fallen fruit as *muktzeh*, forbidden to eat or even move, unless one has formed a specific intention regarding them before Shabbat began. According to the Talmud, the people of Jericho argued that as fallen fruit are "prepared" for the use of animals and birds, they are also considered prepared

He dragged out the bones of his father on a bed of ropes,
and they agreed with him.
He destroyed the copper serpent,
and they agreed with him.
He hid the book of remedies,
and they agreed with him.
Concerning three things [the sages] did not agree with him:
He cut down the doors of the Temple and sent them to the King of Assyria,
and they did not agree with him.
He stopped up the waters of the upper Giḥon spring,
and they did not agree with him.

סֵפֶר רְפוּאוֹת *The book of remedies.* According to Rashi, this was a list of remedies and potions which was hidden so that people would pray for healing rather than rely on medicine (*Berakhot* 10b). Rambam vehemently disagreed with this rejection of medical science, suggesting that the book was hidden because it was abused by wicked people who researched it for purposes of poisoning (see his commentary to the mishna), or that this book was a compendium of heathen magic (*Guide for the Perplexed* 3:17). On the other hand, Ramban (Lev. 26:11) upheld Rashi's reading, arguing at length that trusting physicians indicates a low spiritual level and a lack of faith. See also Maharal, *Netzaḥ Yisrael* 30.

קִצֵּץ דַּלְתוֹת שֶׁלַּהֵיכָל *Cut down the doors of the Temple.* See II Kings 18:16. The victorious Assyrian armies, having razed all the strong fortresses of Judea, converged upon Jerusalem. King Hezekiah became alarmed and sent the King of Assyria a huge sum of gold and silver as a bribe to induce him to stop the invasion. To augment the bribe, he replaced the golden doors of the Temple and added them to the bribe (Rashi; according to Radak, the doors were gold-plated, and he peeled the coating off). Despite this, the Assyrians proceeded to the very walls of Jerusalem, where their army was miraculously destroyed during the night.

מֵי גִיחוֹן הָעֶלְיוֹן *The upper Giḥon spring.* "He, Hezekiah, stopped up the upper watercourse of Giḥon, diverting it down to the west of the city of David" (II Chr. 32:30). This is most probably a description of the excavation of the famous Shilo'aḥ tunnel: in verses 3–4 of that chapter, Hezekiah is described

גֵּרֵר עַצְמוֹת אָבִיו עַל מִטָּה שֶׁלַּחֲבָלִים
וְהוֹדוּ לוֹ
כִּתֵּת נְחַשׁ הַנְּחֹשֶׁת
וְהוֹדוּ לוֹ
גָּנַז סֵפֶר רְפוּאוֹת
וְהוֹדוּ לוֹ.
עַל שְׁלֹשָׁה לֹא הוֹדוּ לוֹ:
קִצֵּץ דַּלְתוֹת שֶׁלַּהֵיכָל וְשִׁגְּרָן לְמֶלֶךְ אַשּׁוּר
וְלֹא הוֹדוּ לוֹ
סָתַם מֵי גִיחוֹן הָעֶלְיוֹן
וְלֹא הוֹדוּ לוֹ

גֵּרֵר עַצְמוֹת אָבִיו *Dragged out the bones of his father.* "And Ahaz lay with his forefathers, and they buried him in the city, in Jerusalem, for they did not bring him to the tombs of the Kings of Israel" (II Chr. 28:27). King Hezekiah denied his father the burial befitting his royal status. This was the ultimate sign of dishonor toward Ahaz. In context, the above verse follows a list of King Ahaz's severe crimes against God, and is followed by King Hezekiah's reforms destroying idol worship and restoring the worship of God; this indicates that the denial of royal burial constituted a public denouncement of Ahaz. The Talmud presents Hezekiah's act as an act of filial piety, providing Ahaz with atonement after his death (*Sanhedrin* 47a); however, Rashi (ad loc. and in *Berakhot* 10b) insists that the harsher assessment is the correct one.

כִּתֵּת נְחַשׁ הַנְּחֹשֶׁת *Destroyed the copper serpent.* II Kings 18:4. In Numbers 21:4–9 the Torah relates how the Israelites became restless on the way to the land of Israel, and were punished by an attack of poisonous serpents. After they repented, Moses made a copper serpent and raised it upon a standard so that people who were bitten would look up toward it and be healed. The Mishna presents the act of looking up toward the serpent as a pure act of faith (*Rosh HaShana* 29a); however, as time passed, the people came to view it as possessing magical powers, and in the end, they began to worship it (the Tosefta in *Avoda Zara* 4:3 insists that they viewed it only as a means of divine salvation, not as an independent deity).

He intercalated the month of Nisan during Nisan,
    and they did not agree with him.

CHAPTER 5

1   The daily offering is slaughtered at eight and a half hours
    and offered at nine and a half,

---

and would have done the same themselves had it been in their power. The
three latter issues involve political policy: relations with neighboring empires,
national defense and postponing a nationwide pilgrimage. Such questions are
bound to be controversial, and often cannot be resolved even with hindsight,
as is demonstrated by the debate among rabbinic authorities – even after the
Mishna pronounced its judgment. However, none of them belittles King
Hezekiah's towering achievement in the renewal of the covenant between
Israel and God, as expressed in that memorable Passover.

Once all *ḥametz* has been eradicated, the people gather in the Temple to
bring their Pesaḥ offerings.

CHAPTER FIVE
This chapter and the four that follow it transport us to the world of the Temple
service. As their content is inapplicable today, many of the *Rishonim* omitted
these five chapters from their commentaries. Meiri did write a commentary
on these chapters, but moved the tenth chapter up to precede them, as it deals
with the laws of the Seder, most of which are still applicable today.

Chapters five and six focus on the actual procedure of offering the Pesaḥ:
chapter five begins with the timing of the sacrifice (mishna 1); it continues with
transgressions related to the offering including those which disqualify it (2–4),
and the actual ceremony of its offering en masse (5–7). In none of the laws de-
tailed in mishnayot 2–7 is there any difference between weekdays and Shabbat;
mishna 8 confirms this, as it mentions one detail in which there ought to have
been such a difference. Mishnayot 9–10 mention two differences between
weekdays and Shabbat: one, in the manner of flaying (9, but see the comment
there); and the second, the rule requiring one to remain within the Temple
mount after the offering has been brought (10). The first part of mishna 10
describes the completion of the offering, once its fats are burned upon the altar.

תָּמִיד נִשְׁחָט *The daily offering is slaughtered.* In Exodus 29:41 and Numbers 28:4,
the Torah instructs: "Offer one lamb in the morning and the other toward

עִבֵּר נִיסָן בְּנִיסָן
וְלֹא הוֹדוּ לוֹ.

פרק חמישי

א תָּמִיד נִשְׁחָט בִּשְׁמוֹנֶה וּמֶחֱצָה
וְקָרֵב בְּתֵשַׁע וּמֶחֱצָה

as initiating this major project, which provided the defenders of Jerusalem with water in case of a siege, while denying it to the besiegers (Maharsha on *Berakhot* 10b suggests that this verse refers to a different undertaking). In a strikingly contradictory tradition, *Avot DeRabbi Natan* (ch. 2) lauds the diversion of the watercourse as one of four actions Hezekiah initiated that were approved by God Himself – a surprising accolade for an act which, according to the Mishna, was met with disapproval.

עִבֵּר נִיסָן *Intercalated the month of Nisan.* An essential stage of the religious reform under King Hezekiah was the renewal of the covenant between God and His people on Passover. According to *Sanhedrin* 12b, the decision to celebrate Passover as a community was taken on the 30th of Adar. This did not leave sufficient time for preparations to be completed. Rather than waiting until the month of Nisan of the following year, the king decided with his ministers and the people to hold the Passover in what was to be the month of Iyar of that year (II Chr. 30:2–4). To enable the celebration of Passover at its designated time in Nisan, Hezekiah and his ministers declared the intercalation of a second Adar. However, as Adar had already passed, it was too late to perform the intercalation properly, so Nisan was retroactively declared to have been the second Adar. Thus, Passover was postponed by a month to enable proper preparation for it.

Radak questions the mishna's criticism, especially as the King is said to have held an extensive consultation regarding this decision. However, circumventing the law is not the most effective way to uphold it: even after King Hezekiah added another month to enable more people to purify themselves, the Passover Festival was still held with most of the participants still impure (*Yad Rama, Sanhedrin* 11b).

לֹא הוֹדוּ לוֹ *They did not agree with him.* In all six cases, Hezekiah is presented as a bold leader, ready to shoulder responsibility and take on the onus of his decisions. In the first three cases, the sages clearly approved of his actions,

but on Passover Eve it is slaughtered at seven and a half hours
and offered at eight and a half,
whether on a weekday or on Shabbat.
If Passover Eve falls on Friday,
[the daily offering] is slaughtered at six and a half hours,
and offered at seven and a half,
and the Pesaḥ [offering] follows it.

2 A Pesaḥ that one slaughtered
for a different purpose,
or received or carried or sprinkled [its blood on the altar]
for a different purpose,
or [began one of these services] for its proper purpose,
but [completed it] for a different purpose,
or [began one of them] for a different purpose,
but [completed it] for its proper purpose –
is invalid.

---

of Nisan fell on a Friday, the daily offering was sacrificed two hours before its usual time, in order to enable the roasting of the whole Pesaḥ before Shabbat. People who neglected to roast it on time are permitted to begin to do so until just before sunset (*Shabbat* 19b).

Since the daily afternoon offering may be slaughtered as early as six and a half hours, this was set as the earliest time to pray Minḥa (*Berakhot* 26b). Some authorities ruled that this is the best time to do so, in order to avoid postponing a mitzva (Rosh, resp. 4:9); others prefer praying after nine and a half hours, the time at which the daily sacrifice was normally offered (Rambam, *Hilkhot Tefilla* 3:2).

שֶׁלֹּא לִשְׁמוֹ **For a different purpose.** The essence of offering an animal as a sacrifice is bringing its blood to the altar (Lev. 17:11). Each of the four stages of bringing the blood: slaughtering the sacrificed animal, receiving its blood in a bowl, carrying the bowl to the altar and sprinkling it, must be performed by the priest with the intent that he is an agent acting on behalf of the owner of the offering; while anyone may perform the slaughtering, the other three services must be done by a priest (see mishna 6 and commentary).

The first mishna of tractate *Zevaḥim* states that if the priest performs one

בְּעַרְבֵי פְּסָחִים
נִשְׁחָט בְּשֶׁבַע וּמֶחֱצָה
וְקָרֵב בִּשְׁמוֹנֶה וּמֶחֱצָה
בֵּין בַּחֹל בֵּין בַּשַּׁבָּת.
חָל עֶרֶב פֶּסַח לִהְיוֹת בְּעֶרֶב שַׁבָּת
נִשְׁחָט בְּשֵׁשׁ וּמֶחֱצָה
וְקָרֵב בְּשֶׁבַע וּמֶחֱצָה
וְהַפֶּסַח אַחֲרָיו.

ב הַפֶּסַח שֶׁשְּׁחָטוֹ שֶׁלֹּא לִשְׁמוֹ
וְקִבֵּל וְהִלֵּךְ וְזָרַק שֶׁלֹּא לִשְׁמוֹ
אוֹ לִשְׁמוֹ וְשֶׁלֹּא לִשְׁמוֹ
אוֹ שֶׁלֹּא לִשְׁמוֹ וְלִשְׁמוֹ –
פָּסוּל.

---

evening." The Talmud derives from the words בֵּין הָעַרְבַּיִם ("toward evening," literally "between the evenings") that the second lamb should be offered at the midpoint between the beginning of the afternoon and nightfall. The afternoon cannot be discerned until the sun can be viewed slanting toward the west; this occurs only after seven hours (measured from daybreak to nightfall – see mishna 1:4) have lapsed, an hour after midday. The sages therefore concluded that the daily sacrifice must be offered at nine and a half hours, the midpoint between the beginning of the visible afternoon and nightfall, and slaughtered an hour before (58a). Normally, it is the last sacrifice offered in the day (see "The Order of the Priestly Functions" on page 395).

בְּעַרְבֵי פְּסָחִים *But on Passover Eve.* Like the daily offering, the Pesaḥ offering must also be offered בֵּין הָעַרְבַּיִם (Ex. 12:6). However, in Deuteronomy 16:4 it is spoken of as being sacrificed "in the evening." The Talmud learns from this that it should be slaughtered after the daily afternoon offering, making it the only exception to the rule described in the previous note (59a; see Rashi). On Shabbat, the Pesaḥ is offered just as it is on a weekday (see mishna 8 below), so an hour is deemed sufficient for all to sacrifice it; but when the fourteenth

In what case [would a service be initiated] for its purpose,
and then [be completed] for a different purpose?
[One could begin it] for the purpose of a Pesaḥ
and [then complete it] for the purpose of a peace-offering.
In what case [would a service be initiated] not for its purpose,
and then [be completed] for its purpose?
[One could begin it] for the purpose of a peace-offering
and [then complete it] for the purpose of a Pesaḥ.

3 If one slaughtered [a Pesaḥ]
for those who cannot eat it,
for those not subscribed to it,
for the uncircumcised,
or for the impure –
it is invalid.

שְׁחָטוֹ שֶׁלֹּא לְאוֹכְלָיו *If one slaughtered for those who cannot eat it.* In *Zevaḥim* 46b, the Mishna states that an offering must be made for the sake of its owner; being aware of the type of sacrifice is insufficient. Regarding a Pesaḥ, the intention must be for the sake of all those who will be partaking of it (the laws of individuals sharing a single offering as a group are enumerated in chapter 8). If one slaughters the offering for those who are not subscribed to partake of it, or are physically incapable of eating their portion of it, uncircumcised (Ex. 12:48) or impure (Num. 9:6) – the sacrifice is invalid. Sacrificing it exclusively for the sake of those who cannot eat it invalidates the offering as well; however, if it was slaughtered with the intention of eating it improperly, raw or boiled, it is valid, as intentions which refer to the Pesaḥ feast do not disqualify the offering (Tosefta).

Unlike a case in which the intent was for a different type of sacrifice, if the offering was brought for both qualified and disqualified people, it remains valid, as having several disqualified people joining in does not prevent those who are qualified from partaking in it (Yerushalmi). The offering is invalidated only by slaughtering for the sake of a different person, as the owner's identity is irrelevant for the other services (Tosafot, 61a). This requirement of intent relates to the Pesaḥ as the focal point of the Seder meal rather than as an offering.

כֵּיצַד לִשְׁמוֹ וְשֶׁלֹּא לִשְׁמוֹ?
לְשֵׁם פֶּסַח וּלְשֵׁם שְׁלָמִים
שֶׁלֹּא לִשְׁמוֹ וְלִשְׁמוֹ?
לְשֵׁם שְׁלָמִים וּלְשֵׁם פֶּסַח.

ג שְׁחָטוֹ
שֶׁלֹּא לְאוֹכְלָיו וְשֶׁלֹּא לִמְנוּיָיו
לַעֲרֵלִים וְלִטְמֵאִים -
פָּסוּל

---

of the services for the purpose of a different offering (for example, receiving the blood of a guilt-offering while thinking that it is a burnt-offering), the sacrifice fails to achieve its purpose. Thus, the owner does not fulfill any of his obligations. However, the offering itself is still valid, and the process of its sacrifice may be continued. There are two exceptions to this rule: a sin-offering and a Pesaḥ. Most sin-offerings are brought to atone for a sin which incurs the punishment of *karet*, being cut off from the Israelite people; others are brought by an individual as a part of a purification process at the conclusion of a period of ritual impurity (such as leprosy), or by someone acting as a representative of the people (such as the twelve princes of the tribes who inaugurated the Sanctuary in the desert). Arguably, all sin-offerings are, in essence, a renewal of the covenant with God – just like the Pesaḥ. Once this renewal has not been achieved, the whole offering is pointless and becomes invalidated.

כֵּיצַד לִשְׁמוֹ *In what case.* This is a repetition of the mishna in *Zevaḥim* 13a. The offering is invalidated in cases where the priest willfully changed his mind or confused the purpose of the offering, as well as cases where he began the service properly but later acted with the wrong intention, or made a mistake but subsequently corrected it.

According to Rambam, any intention to perform the offering for the incorrect purpose invalidates it (*Hilkhot Ma'aseh HaKorbanot* 4:11); however, most *Rishonim* follow Rashi (*Zevaḥim* 41b) and Tosafot (*Bava Metzia* 43b), who are of the opinion that intent does not have the power to invalidate a sacrifice; only a verbal expression of purpose has the power to do so.

[But if one slaughtered it]
for those who can eat it and those who cannot eat it,
for those subscribed to it and those not subscribed to it,
for the circumcised and the uncircumcised,
for the impure and the pure –
it is valid.
If one slaughtered it before noon
it is invalid,
for it is written: "toward evening." *Ex. 12*
If one slaughtered it before the daily [afternoon] offering,
it is valid,
provided that someone keeps its blood stirring
until the blood of the daily offering is sprinkled;
but if [the blood of the Pesaḥ] was sprinkled earlier,
it is still valid.

4 One who slaughters the Pesaḥ
while [still] in possession of *ḥametz*,
transgresses a biblical prohibition.
Rabbi Yehuda says:
[The same applies to] the daily offering as well.

(mishna 1:4). The sages interpret this verse differently, understanding that the entire verse relates to the Pesaḥ: the words "*my offering*" instruct that even if one has transgressed the prohibition and slaughtered the Pesaḥ while in possession of *ḥametz,* the offering is not invalidated and may still be eaten, since it is God's sacrifice (Yerushalmi).

According to the Talmud, this restriction applies to *ḥametz* in the possession of either the person slaughtering the animal, the priest throwing the blood, or any member of the group which is about to partake of it (63a–b). Rashi states that all partners in the offering are considered liable; Ri (Tosafot, 63b) argues that only one who performs a service (either slaughtering or throwing the blood) is liable, while Rambam holds that only the person who is actually in possession of *ḥametz* is liable (*Sefer HaMitzvot,* negative commandment 115).

לְאוֹכְלָיו וְשֶׁלֹּא לְאוֹכְלָיו
לִמְנוּיָיו וְשֶׁלֹּא לִמְנוּיָיו
לַמּוּלִים וְלָעֲרֵלִים
לַטְּמֵאִים וְלַטְּהוֹרִים –
כָּשֵׁר.
שְׁחָטוֹ קֹדֶם חֲצוֹת – פָּסוּל
מִשּׁוּם שֶׁנֶּאֱמַר: 'בֵּין הָעַרְבָּיִם'. שמות יב
שְׁחָטוֹ קֹדֶם לַתָּמִיד – כָּשֵׁר
וּבִלְבַד שֶׁיְּהֵא אֶחָד מְמָרֵס בְּדָמוֹ עַד שֶׁיִּזָּרֵק דַּם הַתָּמִיד
וְאִם נִזְרַק – כָּשֵׁר.

ד הַשּׁוֹחֵט אֶת הַפֶּסַח עַל הֶחָמֵץ
עוֹבֵר בְּלֹא תַעֲשֶׂה.
רַבִּי יְהוּדָה אוֹמֵר:
אַף הַתָּמִיד.

קֹדֶם חֲצוֹת *Before noon.* Exodus 12:6: "And all the assembled congregation of the Israelites shall slaughter it toward evening." The sages derived from this verse that the Pesaḥ is disqualified if slaughtered prior to this time; however, immediately after noon, even before six and a half hours have lapsed, it is valid (*Mekhilta, Bo* 5). Even sprinkling its blood before offering the daily sacrifice does not invalidate it.

אַף הַתָּמִיד *The daily offering as well.* The commandment in Exodus 34:25 reads: "לֹא־תִשְׁחַט עַל־חָמֵץ דַּם־זִבְחִי, וְלֹא־יָלִין לַבֹּקֶר זֶבַח חַג הַפָּסַח" "Do not slaughter my offering along with leaven; the offering of the Pesaḥ festival must not be allowed to remain until morning." The Torah seems to allude to two different sacrifices: one is זִבְחִי, God's sacrifice, while the other is the Pesaḥ, which is eaten by all; Rabbi Yehuda indeed understands that the first sacrifice mentioned here is not the Pesaḥ, but a different sacrifice: a burnt-offering consumed whole upon the altar, i.e. the daily offering of the Passover Eve afternoon (*Mekhilta, Mishpatim* 20), which is also sacrificed after the eradication of all *ḥametz*

Rabbi Shimon says:

[If one slaughters] the Pesaḥ on the fourteenth [of Nisan]
[while in possession of *ḥametz*]

for its purpose,

he is liable,

[but if one slaughters it]

for a different purpose,

he is exempt.

Whereas [if he offered] any other sacrifice [under the same circumstances],

whether for its purpose or for a different purpose,

he is exempt.

On the festival itself,

[if one slaughters a Pesaḥ while in possession of *ḥametz*]

for its purpose,

he is exempt;

but if it is for a different purpose,

he is liable.

Whereas [if he offered] any other sacrifice under the same circumstances,

whether for its purpose or for a different purpose,

he is liable,

except for a sin-offering

that he slaughtered for a different purpose.

5 The Pesaḥ was slaughtered in three groups.

For it is written:

"And all of the assembly of the congregation of Israelites shall slaughter it" – *Ex. 12*

"assembly," congregation," and "Israelites."

___

ten others enter; after ten more finish, the last ten enter (64b). If fewer than fifty come to make the offering, the requirement is waived, as the offering is valid even if all made the offering together (Rambam, *Hilkhot Korban Pesaḥ* 1:11).

רַבִּי שִׁמְעוֹן אוֹמֵר:

הַפֶּסַח בְּאַרְבָּעָה עָשָׂר

לִשְׁמוֹ חַיָּב, וְשֶׁלֹּא לִשְׁמוֹ פָּטוּר

וּשְׁאָר כָּל הַזְּבָחִים

בֵּין לִשְׁמָן וּבֵין שֶׁלֹּא לִשְׁמָן – פָּטוּר

וּבַמּוֹעֵד –

לִשְׁמוֹ פָּטוּר, שֶׁלֹּא לִשְׁמוֹ חַיָּב

וּשְׁאָר כָּל הַזְּבָחִים

בֵּין לִשְׁמָן בֵּין שֶׁלֹּא לִשְׁמָן – חַיָּב

חוּץ מִן הַחַטָּאת שֶׁשְּׁחָטָהּ שֶׁלֹּא לִשְׁמָהּ.

ה הַפֶּסַח נִשְׁחָט בְּשָׁלֹשׁ כִּתּוֹת

שֶׁנֶּאֱמַר: 'וְשָׁחֲטוּ אֹתוֹ כֹּל קְהַל עֲדַת יִשְׂרָאֵל'

שמות יב

קָהָל וְעֵדָה וְיִשְׂרָאֵל.

פָּטוּר *He is exempt.* Since the offering is invalidated (see mishna 2), it is not considered a sacrifice; consequently, one is not liable for the prohibitions pertaining to it (64a). This is similar to the laws of פִּגּוּל (see mishna 10:9), which only apply if the offering has been performed with meticulous observance of all its details, but a sacrilegious intention was held (Mishna, Zevaḥim 29b).

וּשְׁאָר כָּל הַזְּבָחִים *Any other sacrifice.* Rabbi Shimon understands Exodus 34:25 as pertaining to any offering made on Passover when in possession of ḥametz. However, a sin-offering for a different purpose and a Pesaḥ not in its proper time are invalidated, and the prohibition does not apply to them (64a).

קָהָל וְעֵדָה וְיִשְׂרָאֵל *"Assembly," congregation," and "Israelites."* The three expressions in the verse allude to three groups, which the sages understood to be a formal requirement. Each group must be of thirty men. If only fifty are present, thirty enter at first. After ten of them have finished slaughtering,

The first group entered,
  the Temple Courtyard filled,
  they closed the doors of the Courtyard,
  [and] sounded a *tekia*, *terua*, and a *tekia*.
The priests stood row by row,
  and in their hands they held bowls of silver and bowls of gold.
    All of one row held only silver
    and all of one row held only gold;
      they were not intermingled.
  And the bowls did not have [flat] bottoms
    lest they would set them down
    and the blood would congeal.

6 An Israelite slaughtered it
  and the priest received [the blood in the bowl].
  He passed it to his fellow,
  and his fellow to his fellow;
    each would receive a full [bowl] and return an empty [one].
  The priest closest to the altar
    threw [the blood] in one toss toward the base [of the altar].

7 The first group went out
  and the second group came in.
  The second group went out
  and the third group came in.
  As the first group had done,
    so did the second and third groups.
  [While they were sacrificing their Pesaḥ offerings, the Levites]
  recited the Hallel.

---

that, as opposed to the other services which may only be performed by a ritually pure priest dressed in his vestments, no such requirement exists with regard to the slaughtering (*Zevaḥim* 31b–32a).

הַיְסוֹד *The base.* See Koren Maḥzor for Yom Kippur, commentary to *Yoma* 5:6 (page 361) and the diagram of the altar (page 446).

קָרְאוּ אֶת הַהַלֵּל *Recited the Hallel.* "Twelve days a year, the flute is played before

נִכְנְסָה כַּת הָרִאשׁוֹנָה
נִתְמַלֵּאת הָעֲזָרָה
נָעֲלוּ דַלְתוֹת הָעֲזָרָה.
תָּקְעוּ הֵרִיעוּ וְתָקָעוּ.
הַכֹּהֲנִים עוֹמְדִים שׁוּרוֹת שׁוּרוֹת
וּבִידֵיהֶם בָּזִכֵּי כֶסֶף וּבָזִכֵּי זָהָב.
שׁוּרָה שֶׁכֻּלָּהּ כֶּסֶף כֶּסֶף
וְשׁוּרָה שֶׁכֻּלָּהּ זָהָב זָהָב
לֹא הָיוּ מְעֹרָבִין.
וְלֹא הָיוּ לַבָּזִכִּין שׁוּלַיִם
שֶׁמָּא יַנִּיחוּם, וְיִקְרַשׁ הַדָּם.

ו שָׁחַט יִשְׂרָאֵל
וְקִבֵּל הַכֹּהֵן
נוֹתְנוֹ לַחֲבֵרוֹ וַחֲבֵרוֹ לַחֲבֵרוֹ
וּמְקַבֵּל אֶת הַמָּלֵא וּמַחֲזִיר אֶת הָרֵיקָן.
כֹּהֵן הַקָּרוֹב אֵצֶל הַמִּזְבֵּחַ
זוֹרְקוֹ זְרִיקָה אַחַת כְּנֶגֶד הַיְסוֹד.

ז יָצְתָה כַּת הָרִאשׁוֹנָה וְנִכְנְסָה כַּת הַשְּׁנִיָּה.
יָצְתָה הַשְּׁנִיָּה נִכְנְסָה הַשְּׁלִישִׁית.
כְּמַעֲשֵׂה הָרִאשׁוֹנָה
כָּךְ מַעֲשֵׂה הַשְּׁנִיָּה וְהַשְּׁלִישִׁית.
קָרְאוּ אֶת הַהַלֵּל.

לֹא הָיוּ לַבָּזִכִּין שׁוּלַיִם *The bowls did not have bottoms.* This requirement applies to all bowls in the Temple; the only bowls which were flat-bottomed were the two bowls containing frankincense which were placed near the showbread (Tosefta, *Menaḥot* 7:11; *Pesaḥim* 64b).

שָׁחַט יִשְׂרָאֵל *An Israelite slaughtered.* The Talmud learns from this statement

If they finished [reciting while the people were still offering]
they recited it a second time,
and if they finished the second recitation
they recited it a third time.
However, they never had to recite it a third time.
Rabbi Yehuda says:
Never did they reach
"I love the LORD for He hears"   *Ps. 116*
while the third group sacrificed their Pesaḥ offerings,
because its people were few.

8   As the procedure [of the offering] was on a weekday,
so it was on Shabbat.
Except that when the priests washed the Courtyard
[on Shabbat],
the sages disapproved [of their conduct].
Rabbi Yehuda says:
[A priest] would fill a cup with the mixed blood [that was on
the floor]
and throw it in one toss on the altar.
But the sages did not agree with [Rabbi Yehuda].

---

necessary for the Temple service itself, and therefore withheld their approval
(65a; see Tosafot).

כּוֹס הָיָה מְמַלֵּא *Fill a cup.* Rabbi Yehuda requires this in a case where the blood
of some of the offerings was spilled. Rabbi Yehuda considered the blood of all
the offerings to have become mixed on the floor, so that this cup would be suf-
ficient to fulfill the obligation of sprinkling the blood on the altar. The sages
disagree: they considered the blood of each individual offering to have been
annulled within the rest of the blood on the floor, so that this extra throw is
meaningless. Moreover, most of the blood on the floor is דַּם הַתַּמְצִית, blood
that flows from an animal after slaughter once the initial spurt of blood has
ceased, and should not be sprinkled upon the altar at all (65a, based on the
Mishna, *Zevaḥim* 77b–78a).

אִם גָּמְרוּ שָׁנוּ
וְאִם שָׁנוּ שִׁלֵּשׁוּ
אַף עַל פִּי שֶׁלֹּא שִׁלְּשׁוּ מִימֵיהֶם.
רַבִּי יְהוּדָה אוֹמֵר:
מִיָּמֶיהָ שֶׁל כַּת הַשְּׁלִישִׁית
לֹא הִגִּיעוּ לְ"אָהַבְתִּי כִּי־יִשְׁמַע ה'" תהלים קטז
מִפְּנֵי שֶׁעַמָּהּ מְעֻטִּין.

ח כְּמַעֲשֵׂהוּ בַחֹל
כָּךְ מַעֲשֵׂהוּ בַשַּׁבָּת
אֶלָּא שֶׁהַכֹּהֲנִים מְדִיחִים אֶת הָעֲזָרָה
שֶׁלֹּא כִרְצוֹן חֲכָמִים.
רַבִּי יְהוּדָה אוֹמֵר:
כּוֹס הָיָה מְמַלֵּא מִדַּם הַתַּעֲרֹבוֹת
זְרָקוֹ זְרִיקָה אַחַת עַל גַּבֵּי הַמִּזְבֵּחַ
וְלֹא הוֹדוּ לוֹ חֲכָמִים.

---

the altar: during the slaughtering of the first Pesaḥ and the second Pesaḥ, on the first day of Passover, on Shavuot and on the eight days of the Festival (Sukkot)" (Mishna, *Arakhin* 10a). This was done at the time the Levites sang the Hallel (Rashi ad loc.; see II Chr. 35:15).

שֶׁלֹּא כִרְצוֹן חֲכָמִים *The sages disapproved.* In the tenth chapter of *Eiruvin* (101b to the end of the *massekhet*), the Mishna lists rabbinic restrictions pertaining to the laws of Shabbat from which the priests in the Temple were exempted. The reason for the exemption was that priests are assumed to be meticulous when performing their duties, and would not break Shabbat, so that the restrictions were unnecessary for them (the general principle is אֵין שְׁבוּת בַּמִּקְדָּשׁ). The priests considered washing the floor to be one of the restrictions from which they were exempt; however, the sages thought this washing un-

9   How would they hang and flay [the offerings]?
         Iron hooks were affixed to the walls and pillars
                  upon which they would hang and flay [the offerings].
         And for whomever did not have a place to hang and flay,
                  there were [also] thin, smooth poles.
                           He would place [one end] on his shoulder
                           and [another end] on his fellow's shoulder,
                           and hang and flay.
         Rabbi Eliezer says:
                  If the fourteenth [of Nisan] fell on Shabbat,
                           he would place his hand on his fellow's shoulder,
                           and his fellow's hand would be on his shoulder,
                           and he would hang and flay.

10 He would tear open [the offering] and remove its fats,
                  put them into a bowl,
                  and burn them upon the altar.
         [If the fourteenth of Nisan fell on Shabbat]
         the first group went out and sat on the Temple Mount.
                  The second group went out [and sat] within the Temple rampart.
                  And the third group stood in place [in the Courtyard].
         Once darkness fell [and the Sabbath ended] –
                  they left and roasted their Pesaḥ offerings.

Rabbi Eliezer denied the principle of אֵין שְׁבוּת בַּמִּקְדָּשׁ (see note to mishna 8), but was overruled.

קְרָעוֹ וְהוֹצִיא אֵמוּרָיו *He tore open and removed its fats.* This applies on all days; the mishna merely states that there is no difference between weekdays and Shabbat with regard to the burning of the fats (see mishna 6:1). The rest of the mishna, however, applies only on Shabbat; on a weekday they would simply take the offerings home immediately. The *Tiferet Yisrael* suggests this might have been due to a custom not to make any *eiruv ḥatzerot* in Jerusalem.

   It should be noted that the different acts mentioned in our mishna are not necessarily all performed by the owner of the Pesaḥ: the burning of the fats on the altar was performed by a priest (65b; see *Sefer HaYashar* 359). The other acts may be performed by laymen; Meiri comments that due to the heavy workload upon the priests that day, anything that could be done by laymen, was.

ט כֵּיצַד תּוֹלִין וּמַפְשִׁיטִין?
אֻנְקְלָיוֹת שֶׁלְּבַרְזֶל הָיוּ קְבוּעִים בַּכְּתָלִים וּבָעַמּוּדִים
שֶׁבָּהֶן תּוֹלִין וּמַפְשִׁיטִין.
וְכָל מִי שֶׁאֵין לוֹ מָקוֹם לִתְלוֹת וּלְהַפְשִׁיט
מַקְלוֹת דַּקִּים חֲלָקִים הָיוּ שָׁם
וּמַנִּיחַ עַל כְּתֵפוֹ וְעַל כֶּתֶף חֲבֵרוֹ
וְתוֹלֶה וּמַפְשִׁיט.
רַבִּי אֱלִיעֶזֶר אוֹמֵר:
אַרְבָּעָה עָשָׂר שֶׁחָל לִהְיוֹת בַּשַּׁבָּת
מַנִּיחַ יָדוֹ עַל כֶּתֶף חֲבֵרוֹ וְיַד חֲבֵרוֹ עַל כְּתֵפוֹ
וְתוֹלֶה וּמַפְשִׁיט.

י קְרָעוֹ, וְהוֹצִיא אֵמוּרָיו
נְתָנוֹ בַּמָּגִיס
וְהִקְטִירָן עַל גַּבֵּי הַמִּזְבֵּחַ.
יָצְתָה כַּת הָרִאשׁוֹנָה
וְיָשְׁבָה לָהּ בְּהַר הַבַּיִת
הַשְּׁנִיָּה בַּחֵיל
וְהַשְּׁלִישִׁית בִּמְקוֹמָהּ עוֹמֶדֶת.
חָשֵׁכָה –
יָצְאוּ וְצָלוּ אֶת פִּסְחֵיהֶן.

אֻנְקְלָיוֹת שֶׁלְּבַרְזֶל *Iron hooks.* See Mishna *Tamid* 5:3.

בַּשַּׁבָּת *On Shabbat.* Because poles are considered *muktzeh* (set aside) items, which may not be used on Shabbat.

The Talmud compares this to the arranging of the rods that separated the showbread loaves in the Temple, which is likewise said to be prohibited on Shabbat (*Shabbat* 123b; Mishna, *Menaḥot* 96a). However, once the sages permitted the handling of utensils whose normal function is forbidden לְצֹרֶךְ גּוּפוֹ וּמְקוֹמוֹ (for the purpose of using the utensil or its place), the poles used for flaying the Pesaḥ were included in this allowance. Rambam explains that

CHAPTER 6

1 The following acts involved in offering the Pesaḥ
override Shabbat:
Slaughtering it,
sprinkling its blood,
cleaning its entrails,
and burning its fat.
But roasting it
and rinsing its entrails
do not override Shabbat.
Carrying it,
and bringing it from beyond the Shabbat limit,
and cutting off its cyst
do not override Shabbat.
Rabbi Eliezer says:
They do override [Shabbat].

---

the fat covering the abdomen, the flanks and the kidneys. In Lev. 7:23, the Torah prohibits eating any type of fat (חֵלֶב) under penalty of *karet*; however, the sages learned that only the three fats which are offered on the altar are forbidden (*Sifra Tzav, parsheta* 10:9). The Mishna distinguishes between חֵלֶב (those three fats, properly called "suet") and שֻׁמָּן, other animal fats which are kosher (*Keritot* 17b). In our translation, we have used the more general term "fat" to describe חֵלֶב.

הֲדָחַת קְרָבָיו *Rinsing its entrails.* The cleaning permitted at the beginning of the mishna constitutes piercing the entrails, then pressing them to extract the refuse they contain (68a). This is deemed necessary to prevent the entrails from spoiling; however, rinsing them with water is considered a preparation for roasting and must therefore be postponed to Saturday night.

חֲתִיכַת יַבַּלְתּוֹ *Cutting off its cyst.* In modern Hebrew, the word יַבֶּלֶת means wart. However, mere warts are not considered blemishes which must be removed (Rambam, *Hilkhot Biat Mikdash* 7:10). We have therefore translated it as cyst (see Mishna, *Eiruvin* 103a and Rashi; Rambam, following *Bekhorot* 40b, holds that only a bone cyst is considered a blemish for this purpose).

דּוֹחִין *They do override.* To sum up this mishna: all services pertaining to the offering itself are held on Shabbat – for example, the first stage of cleaning,

פרק שישי

א אֵלּוּ דְּבָרִים בַּפֶּסַח דּוֹחִין אֶת הַשַּׁבָּת:
שְׁחִיטָתוֹ וּזְרִיקַת דָּמוֹ וּמִחוּי קְרָבָיו וְהֶקְטֵר חֲלָבָיו
אֲבָל צְלִיָּתוֹ וַהֲדָחַת קְרָבָיו
אֵינָן דּוֹחִין אֶת הַשַּׁבָּת.
הַרְכָּבָתוֹ וַהֲבָאָתוֹ מִחוּץ לַתְּחוּם וַחֲתִיכַת יַבַּלְתּוֹ
אֵינָן דּוֹחִין אֶת הַשַּׁבָּת.
רַבִּי אֱלִיעֶזֶר אוֹמֵר:
דּוֹחִין.

CHAPTER SIX

The sixth chapter continues to enumerate the laws of the Pesaḥ offering that began in the fifth chapter, but it focuses on the laws of the offering in cases where Passover Eve falls on Shabbat. This chapter is noteworthy for the two debates among the *Tanna'im* recorded in it. In both cases, Rabbi Eliezer uses the principle of קַל וָחֹמֶר (*a fortiori* inference) – arguing from an established law to one which appears to be similar to it, at the very least. In both cases, Rabbi Yehoshua and his disciples refute the inference by raising points of dissimilarity. The established law used in both cases is that the Pesaḥ offering is slaughtered on Shabbat; according to the Tosefta (quoted in 66a), the question regarding the slaughtering of the Pesaḥ on Shabbat was still debated two generations prior to the argument in our mishna, until it was finally resolved by Hillel.

Mishnayot 1–2 record the debate regarding מַכְשִׁירֵי מִצְוָה, actions that facilitate performance of a mitzva, and whether they do or do not override Shabbat. The question arises only in cases where the mitzva in balance is deemed important enough – as it is with regard to the Pesaḥ a parallel debate (in chapter 19 of Tractate *Shabbat*) is held with regard to circumcision as well. Mishnayot 3–4 discuss a different offering, the festival peace-offering offered on the fourteenth of Nisan, which is only brought on weekdays. *Mishnayot* 5–6 return to the issue of improper sacrifices, which we encountered in the previous chapter; they discuss whether one who slaughters such offerings is liable for violating Shabbat.

הֶקְטֵר חֲלָבָיו *Burning its fat.* In Lev. 3:3–5 the Torah names three types of fats which are to be taken from any sacrificed animal and burnt upon the altar:

2   Rabbi Eliezer said:

   Can it not be derived from a logical inference?

      If slaughtering [the Pesaḥ offering],

      which is work,

         overrides Shabbat,

      should not those acts [only forbidden] as *shvut*

      override Shabbat?

   Rabbi Yehoshua said to him:

      [The laws of] the festival can prove [that your inference is
                                                   incorrect]:

         For certain types of work are permitted on it,

         but acts that are *shvut* are forbidden.

   Rabbi Eliezer said to him:

      What is this, Yehoshua?

         Can an optional act serve as proof for a commandment?

   Rabbi Akiva responded [to Rabbi Eliezer] and said:

      Sprinkling proves [that your inference is incorrect]:

מַה זֶּה, יְהוֹשֻׁעַ? *What is this, Yehoshua?* The Talmud (68b) explains that this argument is not chiefly concerned with inference techniques; it is an extension of the fundamental disagreement between the two *Tanna'im* as to whether שִׂמְחַת יוֹם טוֹב (joy on Yom Tov) is a mitzva or an optional observance (*Beitza* 15b). In *Pesaḥim* 109a, שִׂמְחַת יוֹם טוֹב is defined as enjoying oneself by eating meat and drinking wine. Rashi explains that Rabbi Yehoshua is of the opinion that joy on Yom Tov is a mitzva; therefore, he argues that if the rabbinic restrictions pertaining to the Yom Tov feast are not suspended for the mitzva, neither should those pertaining to the Pesaḥ (68b). Rabbi Eliezer seems scandalized by the comparison of a feast for one's own enjoyment to the unique mitzva of the Pesaḥ, as he holds that joy on Yom Tov is an optional observance.

This reading is followed by most commentaries; however, Rambam adds that Rabbi Yehoshua is not only referring to the preparation of the meal, but to music and dancing as well. Had these acts not been forbidden on Yom Tov, they would have been a central component of the joy on that day.

הַזָּאָה *Sprinkling.* In order to purify a person (or utensil) that has become impure through contact with a human corpse, he/she/it must undergo a seven day purification process, which involves being sprinkled with מֵי חַטָּאת (water

ב אָמַר רַבִּי אֱלִיעֶזֶר:
וַהֲלֹא דִין הוּא
מָה אִם שְׁחִיטָה, שֶׁהִיא מִשּׁוּם מְלָאכָה
דּוֹחָה אֶת הַשַּׁבָּת –
אֵלּוּ, שֶׁהֵן מִשּׁוּם שְׁבוּת
לֹא יִדְחוּ אֶת הַשַּׁבָּת?
אָמַר לוֹ רַבִּי יְהוֹשֻׁעַ:
יוֹם טוֹב יוֹכִיחַ
שֶׁהִתִּירוּ בוֹ מִשּׁוּם מְלָאכָה
וְאָסוּר בּוֹ מִשּׁוּם שְׁבוּת.
אָמַר לוֹ רַבִּי אֱלִיעֶזֶר:
מַה זֶּה, יְהוֹשֻׁעַ?
מָה רְאָיָה רְשׁוּת לְמִצְוָה?
הֵשִׁיב רַבִּי עֲקִיבָא וְאָמַר:
הַזָּאָה תוֹכִיחַ

---

which is considered immediately necessary – but any preparations for the Pesaḥ feast are forbidden. Regarding the preparation of the Pesaḥ to be sacrificed – Rabbi Eliezer considers all acts of preparation to be permitted, while the sages prohibit them all. This difference of opinion is debated in the next mishna.

שְׁבוּת *Shvut.* Rest – a general term for the restrictions instituted by the sages on Shabbat and the Festivals with one of two goals: either to prevent the violation of Torah prohibitions related to Shabbat observance, or to enhance the sanctity of the day. The argument in our mishna indicates that Rabbi Eliezer limits the types of work that would be permitted in order to facilitate the Pesaḥ offering: he permits only the types of carrying and bringing from beyond the Shabbat boundaries which are prohibited by rabbinic decree. However, in *Shabbat* 130a, he even permits cutting down trees in order to make a fire to warm an infant following its circumcision, indicating that even Torah prohibitions are overridden to facilitate this mitzva.

For it is a commandment, and a *shvut* act,
  but does not override Shabbat.
So, you too, do not wonder about those acts [related to the Pesaḥ
                                                        offering],
  which, even though they are commandments as well as *shvut*
                                                              acts,
    do not override Shabbat.
Rabbi Eliezer said to him:
  Regarding sprinkling, I argue [as well, that my initial logic
                                                    applies]:
  If slaughtering [the Pesaḥ offering], which is work,
    overrides Shabbat,
  should not sprinkling, which is *shvut*,
    override Shabbat?
Rabbi Akiva said to him:
  What if you reverse your inference:
    If sprinkling, which is *shvut*,
      does not override Shabbat,
    is it not logical that slaughter, which is a type of work,
      would not override Shabbat?
Rabbi Eliezer said to him:
  Akiva, [by this argument] you have uprooted what is written
                                              in the Torah!
    "[It shall be offered on the fourteenth day of this month,   *Num. 9*
    in the afternoon,] at its appointed time" –
    Whether on a weekday or on Shabbat.

---

to this that the very decree against sprinkling in this case is held in doubt.
Rabbi Akiva, however, is confident enough regarding the decree's applicability
to attempt to overturn Rabbi Eliezer's logic, arguing that if the comparison
between sprinkling and slaughtering is valid, slaughtering itself should be
forbidden – thus trying to refute his master's logic by *reductio ad absurdum*.
In *Pesaḥim* 69a, the Talmud states that Rabbi Eliezer himself was the one
who taught Rabbi Akiva that sprinkling does not override Shabbat. It offers
two explanations for his apparent change of heart: either he considered the
sprinkling for Pesaḥ to be a special case, or he simply forgot his own teaching.

שֶׁהִיא מִצְוָה, וְהִיא מִשׁוּם שְׁבוּת
וְאֵינָהּ דּוֹחָה אֶת הַשַּׁבָּת

אַף אַתָּה אַל תִּתְמַהּ עַל אֵלּוּ
שֶׁאַף עַל פִּי שֶׁהֵן מִצְוָה, וְהֵן מִשּׁוּם שְׁבוּת
לֹא יִדְחוּ אֶת הַשַּׁבָּת.

אָמַר לוֹ רַבִּי אֱלִיעֶזֶר:
וְעָלֶיהָ אֲנִי דָן

וּמָה אִם שְׁחִיטָה, שֶׁהִיא מִשּׁוּם מְלָאכָה
דּוֹחָה אֶת הַשַּׁבָּת
הַזָּאָה, שֶׁהִיא מִשּׁוּם שְׁבוּת
אֵינוֹ דִין שֶׁדּוֹחָה אֶת הַשַּׁבָּת?

אָמַר לוֹ רַבִּי עֲקִיבָא:
אוֹ חִלּוּף!

מָה אִם הַזָּאָה, שֶׁהִיא מִשּׁוּם שְׁבוּת
אֵינָהּ דּוֹחָה אֶת הַשַּׁבָּת
שְׁחִיטָה, שֶׁהִיא מִשּׁוּם מְלָאכָה
אֵינוֹ דִין שֶׁלֹּא תִדְחֶה אֶת הַשַּׁבָּת?

אָמַר לוֹ רַבִּי אֱלִיעֶזֶר:
עֲקִיבָא, עָקַרְתָּ מַה שֶּׁכָּתוּב בַּתּוֹרָה:
'בֵּין הָעַרְבַּיִם... בְּמֹעֲדוֹ'
בֵּין בַּחֹל בֵּין בַּשַּׁבָּת!

במדבר ט

of purification) on the third and seventh day (Num. 19:11–12). Sprinkling is not a prohibited form of work, but a *shvut* act, as it improves a person's halakhic position; a convert is not allowed to immerse in the mikveh on Shabbat for the same reason (Rashi, following *Yevamot* 46b).

Rabbi Akiva is pointing out that if the impure person's seventh day of purification falls on the fourteenth of Nisan which is a Shabbat, the decree against sprinkling would prevent him from making the offering. Rabbi Eliezer retorts

[Rabbi Akiva] said to him:
Master, bring me [proof of]
an "appointed time" for those [*shvut* acts related to the Pesaḥ offering],
like the "appointed time" for slaughtering!
A principle was stated by Rabbi Akiva:
Any prohibited labor that can be performed on Shabbat Eve
does not override Shabbat.
Slaughter, which cannot be performed on Shabbat Eve,
overrides Shabbat.

3 When does one sacrifice a festival peace-offering along with the Pesaḥ offering?
When the Pesaḥ offering is sacrificed
on a weekday,
in a state of purity,
and is insufficient [as a meal for all of the people subscribed to it].
When the Pesaḥ offering is sacrificed
on Shabbat,
when it is sufficient,
or [is offered] in a state of impurity,
one does not sacrifice a festival peace-offering along with it.

(see note to the previous mishna) (Mishna, *Ḥagiga* 2a following Deut. 16:15). The fourteenth of Nisan, on which people congregate to offer their sacrifices in the Temple, is not considered a pilgrimage festival; however, in Deuteronomy 16:2, the Torah instructs: "You shall bring a Pesaḥ offering to the LORD your God, sheep and cattle." Since the Pesaḥ must be of sheep or goats, not cattle, the sages learned that an additional offering, the festival offering of the fourteenth, must be sacrificed (*Sifri* 129). The Talmud, however, asserts that this offering is optional; its function is to ensure that the Pesaḥ is eaten after one has satiated his hunger (70a; see Rashi and Tosafot). Consequently, it does not override either Shabbat or impurity (as in mishna 7:4), and is only brought by a large group, to prevent any of the Pesaḥ offering being left over (Ex. 12:10).

אָמַר לוֹ:
רַבִּי, הָבֵא לִי מוֹעֵד לָאֵלּוּ
כַּמּוֹעֵד לַשְּׁחִיטָה!
כְּלָל אָמַר רַבִּי עֲקִיבָא:
כָּל מְלָאכָה שֶׁאֶפְשָׁר לַעֲשׂוֹתָהּ מֵעֶרֶב שַׁבָּת
אֵינָהּ דּוֹחָה אֶת הַשַּׁבָּת
שְׁחִיטָה, שֶׁאִי אֶפְשָׁר לַעֲשׂוֹתָהּ מֵעֶרֶב שַׁבָּת
דּוֹחָה אֶת הַשַּׁבָּת.

ג אֵימָתַי מֵבִיא חֲגִיגָה עִמּוֹ?
בִּזְמַן שֶׁהוּא בָּא בַּחֹל, בְּטָהֳרָה וּבְמֻעָט.
וּבִזְמַן שֶׁהוּא בָּא בַּשַּׁבָּת, בִּמְרֻבֶּה וּבְטֻמְאָה
אֵין מְבִיאִין עִמּוֹ חֲגִיגָה.

רַבִּי *Master.* The Yerushalmi mentions that Rabbi Akiva studied with Rabbi Eliezer for thirteen years, and that this was the first time he dared to argue against his master. This may account for the sharpness of Rabbi Eliezer's rebuke (in *Pesaḥim* 69a, an even fiercer rebuke is recorded), as well as Rabbi Akiva's conciliatory manner. Rabbi Akiva, however, stuck with his argument, holding that slaughtering does indeed override Shabbat, as proven by the verse Rabbi Eliezer cited – however, it is a special case, and cannot therefore be used as a source for laws pertaining to other mitzvot which do not have a designated time. Since only Torah commandments with a designated time can override Shabbat, only actions which could not be performed on any other day are permitted. This is congruous with the general principle Rabbi Akiva formulated, which appears at the end of this mishna (Rashi).

כְּלָל אָמַר רַבִּי עֲקִיבָא *A principle was stated by Rabbi Akiva.* The formulation of this rule also appears in Mishna *Shabbat* 130a, regarding the prohibitions which are overridden to facilitate circumcision.

חֲגִיגָה *A festival peace-offering.* Anyone who went up to Jerusalem for one of the three pilgrimage festivals was obligated to bring a special peace-offering, the eating of which constituted the fulfillment the mitzva of joy on the festival

4 The festival peace-offering would come from either
      small or large livestock,
      sheep or goats,
      male or female animals,
   and may be eaten for two days and one night.

5 If one slaughtered a Pesaḥ on Shabbat
      for a different purpose,
         he is liable for a sin-offering.
   Regarding any other offering
      that one slaughtered [on Shabbat]
      for the purpose of a Pesaḥ,
   if it is unfit [as a Pesaḥ],
      he is liable [for a sin-offering];
   if it is fit –
      Rabbi Eliezer requires a sin-offering
      and Rabbi Yehoshua exempts [him from a sin-offering].
   Rabbi Eliezer said:
      If regarding a Pesaḥ,
      which one is permitted [to slaughter on Shabbat] for its
                                                        purpose,
         when one changes its purpose, he is liable,
      is it not logical that regarding other offerings,
      which one is forbidden [to slaughter on Shabbat] for their
                                                        purpose,
         when one changes their purpose, he would be liable?

---

slaughter was performed under a double misconception: that the Pesaḥ could
be changed to another offering (such as the festival peace-offering), and that
the other offering was permitted (Rashi, 71b). The second misconception
brings about the slaughterer's liability.

אִם אֵינָן רְאוּיִין *If it is unfit.* Only a male lamb or goat less than a year old can
be brought as a Pesaḥ. If it is either a female, a calf or a goat that is two years
old, it is unfit; one who erroneously slaughtered such an offering on Shabbat
is liable (Rashi, ibid.).

ד חֲגִיגָה הָיְתָה בָאָה
מִן הַצֹּאן, מִן הַבָּקָר
מִן הַכְּבָשִׂים, וּמִן הָעִזִּים
מִן הַזְּכָרִים, וּמִן הַנְּקֵבוֹת.
וְנֶאֱכֶלֶת לִשְׁנֵי יָמִים וְלַיְלָה אֶחָד.

ה הַפֶּסַח שֶׁשְּׁחָטוֹ שֶׁלֹּא לִשְׁמוֹ בְּשַׁבָּת
חַיָּב עָלָיו חַטָּאת
וּשְׁאָר כָּל הַזְּבָחִים, שֶׁשְּׁחָטָן לְשׁוּם הַפֶּסַח
אִם אֵינָן רְאוּיִין חַיָּב
וְאִם רְאוּיִין הֵן –
רַבִּי אֱלִיעֶזֶר מְחַיֵּב חַטָּאת
וְרַבִּי יְהוֹשֻׁעַ פּוֹטֵר.
אָמַר רַבִּי אֱלִיעֶזֶר:
מָה אִם הַפֶּסַח, שֶׁהוּא מֻתָּר לִשְׁמוֹ
כְּשֶׁשִּׁנָּה אֶת שְׁמוֹ
חַיָּב
הַזְּבָחִים, שֶׁהֵן אֲסוּרִין לִשְׁמָן
כְּשֶׁשִּׁנָּה אֶת שְׁמָן
אֵינוֹ דִין שֶׁיְּהֵא חַיָּב?

נֶאֱכֶלֶת לִשְׁנֵי יָמִים וְלַיְלָה אֶחָד *Eaten for two days and one night.* Since it is an ordinary peace-offering, as opposed to the Pesaḥ. The Talmud brings the opinion of Ben Teima, who argued that like the Pesaḥ, the festival peace-offering was only eaten on the first night; however, his opinion was overruled (70a).

חַיָּב עָלָיו חַטָּאת *He is liable for a sin-offering.* Slaughtering is one of the thirty-nine primary categories of labor prohibited on Shabbat (Mishna, *Shabbat* 73a). Slaughtering intentionally is punishable by stoning, but if one performs it in error, he is liable for a sin-offering. In the present case, the

Rabbi Yehoshua said to him:
> No.
> For if you say [that one is liable for a sin-offering] for a Pesaḥ,
>> when he changes its purpose to something [that it is]
>>> forbidden [to offer on Shabbat],
>> would you say [one is also liable] for other sacrifices
>>> when one changes their purpose to something [one is]
>>>> permitted [to offer]?

Rabbi Eliezer said to him:
> Communal sacrifices can prove [your argument wrong]:
>> For they are permitted [on Shabbat] for their own purpose
>> but one who slaughters [other offerings] for their own
>>> purpose
>> is liable.

Rabbi Yehoshua said to him:
> No.
> For if you say [that one is liable for a sin-offering] for
>> communal sacrifices,
>> which are limited in number,
> would you say [the same] for the Pesaḥ,
>> which does not have a defined number?

Rabbi Meir says:
> One who slaughters [other offerings on Shabbat]
> for the purpose of communal offerings
>> is also exempt [from the sin-offering].

לְשֵׁם אֵמוּרֵי צִבּוּר *For the purpose of communal offerings.* Rabbi Eliezer cites the instance of communal offerings to prove that slaughtering for a permitted purpose does not exempt one from liability. Rabbi Yehoshua responds that since all communal offerings are limited in number, no permission is given to sacrifice an additional one; therefore, they cannot be compared to the Pesaḥ, which is brought by each individual and is therefore unlimited in number. Rabbi Meir, however, challenges the very case Rabbi Eliezer cites as proof, asserting that even one who slaughters for the purpose of communal offerings is exempt. According to the Talmud, this exemption applies even after all communal sacrifices have already been offered (as described in mishna 5:1), and even to a calf: as long as the animal is without blemish and is otherwise

אָמַר לוֹ רַבִּי יְהוֹשֻׁעַ:
לֹא
אִם אָמַרְתָּ בְּפֶסַח
שֶׁשִּׁנָּהוּ לְדָבָר אָסוּר
תֹּאמַר בִּזְבָחִים
שֶׁשִּׁנָּן לְדָבָר מֻתָּר?
אָמַר לוֹ רַבִּי אֱלִיעֶזֶר:
אֵמוּרֵי צִבּוּר יוֹכִיחוּ
שֶׁהֵן מֻתָּרִין לִשְׁמָן
וְהַשּׁוֹחֵט לִשְׁמָן חַיָּב.
אָמַר לוֹ רַבִּי יְהוֹשֻׁעַ:
לֹא
אִם אָמַרְתָּ בְּאֵמוּרֵי צִבּוּר
שֶׁיֵּשׁ לָהֶן קִצְבָה
תֹּאמַר בְּפֶסַח
שֶׁאֵין לוֹ קִצְבָה?
רַבִּי מֵאִיר אוֹמֵר:
אַף הַשּׁוֹחֵט לְשֵׁם אֵמוּרֵי צִבּוּר – פָּטוּר.

דָּבָר מֻתָּר *Something permitted.* According to the Tosefta quoted in *Pesaḥim* 62b and *Zevaḥim* 11a, Rabbi Yehoshua does not merely exempt the slaughterer, but actually validates *ex post facto* any sacrifice fit for a Pesaḥ, even a yearling lamb which was consecrated as a Pesaḥ while still under a year old. Since Rabbi Yehoshua validates the offering, he exempts the slaughterer, who has not in effect performed a transgression. Rabbi Eliezer considers the offering to be invalid, and holds the slaughterer liable.

אֵמוּרֵי צִבּוּר *Communal sacrifices.* The word אֵמוּרִים normally indicates the fats which are burned upon the altar (see mishna 5:10); here, however, it refers to communal offerings. The only offerings of this type which are sacrificed on Shabbat are the daily offerings and the מוּסָף (additional) offerings.

6 If one slaughtered
    for those who cannot eat it,
    for those not subscribed to it,
    for the uncircumcised,
    or for the impure –
        he is liable [for a sin offering].
  [But if one slaughtered]
    for those who can eat it and those who cannot eat it,
    for those subscribed to it and those not subscribed to it,
    for the circumcised and the uncircumcised,
    for the pure and the impure –
        he is exempt.
  If one slaughtered it
    and it was found to have a blemish,
        he is liable.
  If one slaughtered it
    and it was found to have become a *trefa* in a hidden place,
        he is exempt.
  If one slaughtered it
    and it became known that its owners
    withdrew [their subscription], or died, or became impure,
        he is exempt, since he slaughtered with permission.

---

in the mishna is exempt, because he is considered אָנוּס (literally "under compulsion"), as he had no way of knowing of this condition; however, if one slaughters the animal and it is subsequently found to have a blemish, he is liable – as he should have checked the animal for blemishes beforehand (Rashi, 71b). The Tosefta states that one who slaughters a daily offering without checking for blemishes on Shabbat is liable; the *Or Zarua* deduced from this statement that any offering which has not been checked for blemishes is invalid (2:228; see *Sukka* 42a).

וְנוֹדַע **And it became known.** This is an additional case in which the slaughterer is exempt due to being considered an אָנוּס, as he was not required to verify in advance whether one of these farfetched scenarios (that all of the owners have withdrawn, died or became impure) has occurred (Rashi, ibid.).

ו שְׁחָטוֹ
שֶׁלֹּא לְאוֹכְלָיו וְשֶׁלֹּא לִמְנוּיָיו
לָעֲרֵלִין וְלַטְּמֵאִין –
חַיָּב
לְאוֹכְלָיו וְשֶׁלֹּא לְאוֹכְלָיו
לִמְנוּיָיו וְשֶׁלֹּא לִמְנוּיָיו
לַמּוּלִין וְלָעֲרֵלִין
לַטְּהוֹרִים וְלַטְּמֵאִים –
פָּטוּר.
שְׁחָטוֹ, וְנִמְצָא בַּעַל מוּם –
חַיָּב.
שְׁחָטוֹ, וְנִמְצָא טְרֵפָה בַּסֵּתֶר –
פָּטוּר.
שְׁחָטוֹ, וְנוֹדַע
שֶׁמָּשְׁכוּ הַבְּעָלִים אֶת יָדָם, אוֹ שֶׁמֵּתוּ, אוֹ שֶׁנִּטְמְאוּ –
פָּטוּר, מִפְּנֵי שֶׁשָּׁחַט בִּרְשׁוּת.

---

not disqualified as an offering, it may be sacrificed for any permitted purpose without incurring liablility (72a–b).

שְׁחָטוֹ *If one slaughtered.* This entire mishna relates to a Pesaḥ offering brought on the fourteenth of Nisan that fell on Shabbat. The mishna follows the logic of Rabbi Yehoshua in the previous mishna (as explained in the comments there) and applies it to the cases detailed in mishna 5:3: one who slaughters a valid offering is exempt, but if the offering is invalid, the slaughterer is liable.

טְרֵפָה *A trefa.* An animal with a medical condition that will cause it to die within twelve months. Such an animal may not be sacrificed, or even eaten (Ex. 22:30). A list of the conditions which render an animal *trefa* is provided in Mishna *Ḥulin* 3:1–5. Many of these conditions are obvious to an outside observer, while others are internal.

One who slaughters an animal with one of the hidden conditions listed

CHAPTER 7

1 How does one roast the Pesaḥ offering?
He takes a spit of pomegranate wood,
inserts it from the mouth to the anus
and tucks the legs and entrails inside.
Thus says Rabbi Yose HaGlili.
Rabbi Akiva says:
This is a form of cooking.
Rather, one hangs [the entrails and legs] outside [the animal].

2 One does not roast the Pesaḥ offering,
neither on a [metal] spit nor on a grill.

---

first Pesaḥ. Perhaps this is the essence of the Pesaḥ feast – a reenactment of the first Pesaḥ which was offered on the night of the exodus itself. It is about renewing our covenant with God, trusting in His redemption and awaiting it. Today we can no longer sacrifice the Pesaḥ, but we are still enjoined by the verse: "In every generation one must view himself as if he had left Egypt" (mishna 10:5) – not only are we commanded to remember the bondage and redemption, but we are meant to actually relive the feeling of that night again, in order to regenerate the same trust in God.

כֵּיצַד צוֹלִין *How does one roast.* "Do not eat it raw, or cooked with water, but roasted over the fire, its head upon its legs and its entrails" (Ex. 12:9). The Talmud deduces that this verse includes three separate prohibitions: (a) It is forbidden to eat the Pesaḥ raw; (b) likewise, it is forbidden to eat it cooked (see mishna 2:8); (c) in general, it is forbidden to eat it in any other form than roasted (41a–b). Thus, the spit is of pomegranate wood, which is the driest wood available, and will not exude vapor which might condense and partially cook the offering (Yerushalmi).

The second part of the verse is held in debate: Rabbi Yose HaGlili reads the words "its head upon its legs and its entrails" as an instruction to roast the entire offering as one; the best method of achieving this is, in his opinion, removing the entrails and placing them inside the dissected animal. Rabbi Akiva disagrees; he is concerned that the limbs might become steamed inside the lamb, which he sees as a form of cooking.

לֹא עַל הַשִּׁפּוּד וְלֹא עַל הָאַסְכָּלָא *Neither on a spit nor on a grill.* The Torah in-

פרק שביעי

א כֵּיצַד צוֹלִין אֶת הַפֶּסַח?
מְבִיאִין שְׁפוּד שֶׁלְּרִמּוֹן
תּוֹחֲבוֹ מִתּוֹךְ פִּיו עַד בֵּית נְקוּבָתוֹ
וְנוֹתֵן אֶת כְּרָעָיו וְאֶת בְּנֵי מֵעָיו לְתוֹכוֹ
דִּבְרֵי רַבִּי יוֹסֵי הַגְּלִילִי.
רַבִּי עֲקִיבָא אוֹמֵר:
כְּמִין בִּשּׁוּל הוּא זֶה!
אֶלָּא תּוֹלֶן חוּצָה לוֹ.

ב אֵין צוֹלִין אֶת הַפֶּסַח
לֹא עַל הַשְּׁפוּד וְלֹא עַל הָאַסְכְּלָא.

CHAPTER SEVEN

After it enumerates the laws of sacrificing the Pesaḥ, the mishna continues with the laws pertaining to its preparation and eating. Mishnayot 1–3 are concerned with the manner of its preparation fulfilling the Torah's requirement that it must be roasted and may not be cooked (Ex. 12:8–9). Mishnayot 4 and 6 are somewhat of a digression, discussing the laws of the Pesaḥ in a case where most of the Jewish people are impure; however, these laws are intertwined with the laws of a Pesaḥ which contracts impurity (5; 7–9) and some of the laws unique to the Pesaḥ feast. These laws continue until the end of the chapter, which deals with eating the Pesaḥ in preordained groups (Ex. 12:4–5; mishna 13), burning any of it left over in the morning (Ex. 12:10; mishna 8–11), eating it in one house (Ex. 12:46; mishna 9; 12–13) and the prohibition against breaking any bones while eating it (Ex. 12:46; mishna 11–12).

The prohibition of breaking the bones of the Pesaḥ appears to be very important; in addition to the initial commandment in Exodus, it is repeated again in the laws of *Pesaḥ Sheni* (Num. 9–12). Rashbam explains that this mitzva indicates the haste with which the Pesaḥ was eaten prior to the exodus (Ex. 12:46). In a similar vein, Ibn Ezra connects the prohibition of taking any of the meat outside, to the first Pesaḥ held in Egypt; the other laws mentioned here are directly derived from the instructions regarding that

Rabbi Tzaddok said:
Once, Rabban Gamliel told Tavi, his slave:
Go out and roast us the Pesaḥ offering on a grill.
If it touches the clay of the oven,
one should peel off [the outer layer of the meat] where it touched.
If its gravy drips on the clay
and splatters back on the offering,
one should cut off [the layer] where it touched.
If its gravy dripped on flour,
one should remove a handful from that place.

Gamliel roasted on a grill in order to avoid imitating the actual Pesaḥ offering, thus reinforcing the mishna's point that a grill is prohibited. However, he admits that this reading contradicts both Talmudic readings. A more mundane explanation would be that this story pertains to the years before the destruction occurred – one of the last occasions when the Pesaḥ was actually offered.

נָגַע בְּחַרְסוֹ שֶׁלַּתַּנּוּר *If it touches the clay of the oven.* The ovens in Talmudic times were truncated cones, normally made of earthenware. The oven was ignited from below, and the Pesaḥ was lowered into it from the open top (see Mishna, *Shabbat* 19b). If it touched the oven, its surface is considered to have been roasted by both the fire and the oven itself, and must be peeled off. Likewise, if gravy from the upper part of the offering splatters on the oven, it is considered to have been cooked by it. However, when it splatters back onto a lower part, it is considered to have penetrated the meat, so that the whole surrounding area must be cut off (Rashi, 75b). The codifiers of halakha estimated the volume to be cut off as a cubic fingerbreadth (*Shulḥan Arukh* YD 22:1 and 105:4, following Rosh, *Ḥulin* 7:24).

נָטַף מֵרָטְבּוֹ *Dripped on flour.* If the gravy falls onto hot flour, it may not be eaten since it was cooked by the flour and not directly by the fire (76a). However, since the flour mixes with the gravy, a handful of it must be burned, as it is mixed with a disqualified sacrifice (Rashi). Alternatively, Rambam explains that any gravy that dripped from the offering before being fully roasted is not considered "roasted meat" and may not be eaten (*Hilkhot Korban Pesaḥ*

אָמַר רַבִּי צָדוֹק:
מַעֲשֶׂה בְּרַבָּן גַּמְלִיאֵל, שֶׁאָמַר לְטָבִי עַבְדּוֹ:
צֵא וּצְלֵה לָנוּ אֶת הַפֶּסַח עַל הָאַסְכְּלָא.
נָגַע בְּחַרְסוֹ שֶׁל תַּנּוּר
יִקְלֹף אֶת מְקוֹמוֹ.
נָטַף מֵרָטְבּוֹ עַל הַחֶרֶס, וְחָזַר עָלָיו
יִטֹּל אֶת מְקוֹמוֹ.
נָטַף מֵרָטְבּוֹ עַל הַסֹּלֶת
יִקְמֹץ אֶת מְקוֹמוֹ.

---

structs: "(Do not eat it raw...) but roasted over the fire." Had the animal been impaled on a regular, metal spit, the section of the spit adjacent to the fire would be thoroughly heated before the animal began roasting, metal being a far better heat conductor than flesh. The Pesaḥ would then be considered roasted by the heat of the spit, rather than by the fire itself. This concern does not apply to a wooden spit.

אָמַר רַבִּי צָדוֹק *Rabbi Tzaddok said.* The Talmud maintains that the first *tanna* and Rabbi Tzaddok do not disagree; rather, the word אַסְכְּלָה is a general term, which refers to different types of trays. A tray without gaps would be forbidden, as the Pesaḥ offering would be considered to have been roasted by the heat radiating from the tray, while roasting on an אַסְכְּלָה with gaps (a grill) is permissible, as the fire roasts the offering directly (75a). However, the Yerushalmi maintains that the sages consider the use of a grill to be forbidden, as the fire is not the sole heating agent in this case (Rabbeinu Ḥananel); Rabbi Tzaddok relates the story of his slave here in order to dispute this ruling and permit the use of a grill.

Rabban Gamliel was the *Nasi* (Head) of the Sanhedrin during the first generation after the destruction of the Temple; his slave, Tavi, is mentioned several times as the embodiment of a righteous slave (*Yoma* 87a; see Mishna, *Berakhot* 16b and *Sukka* 20b). Rashash suggests that the story does not actually describe a Pesaḥ offering, but an instance of Rabban Gamliel's custom to eat a גְּדִי מְקֻלָּס, a roasted kid, on Seder night (see note to mishna 2:8). According to this reading, Rabbi Tzaddok relates the story to say that Rabban

3   If one basted the Pesaḥ with oil of *teruma*:

      if it is for a group of priests – they may eat it;

      if it is [for a group of] Israelites:

          if [the Pesaḥ] is raw, it may be washed;

          if it is roasted, its surface must be peeled off.

    If one basted it with oil of *ma'aser sheni*,

      [the oil's] value may not be charged to its group of subscribers,

          since one may not redeem *ma'aser sheni* in Jerusalem.

4   Five [communal offerings] may be offered while impure,

    but may not be eaten while impure:

      the *omer*,

      the two loaves [offered on Shavuot],

      the showbread,

      the communal peace offerings

      and the goats of the New Moon.

   The Pesaḥ offering that is offered while impure

     may be eaten while impure,

        since its original purpose is to be eaten.

---

produce for money only applies outside Jerusalem (Deut. 14:24–25). Rashi emends the text of the mishna to "one may not *sell ma'aser sheni* in Jerusalem," as the recovering of costs is a transaction of sale rather than an act of redemption. However, Ri retained the original version, stating that selling *ma'aser sheni* is rabbinically prohibited, lest one redeem it (Tosafot, 75b).

זִבְחֵי שַׁלְמֵי צִבּוּר **The communal peace offerings.** This offering consisted of two sheep, and was offered on Shavuot.

שְׂעִירֵי רָאשֵׁי חֳדָשִׁים **The goats of the New Moon.** Most of the musaf (additional) offerings are burnt-offerings, which are not eaten; however, on the festivals and New Moons, one goat is brought as a public sin-offering (see page 397). This goat is eaten by the priests (Lev. 6:22). The same laws apply to the musaf goats of all festivals (Rambam).

נֶאֱכָל בְּטֻמְאָה **Eaten while impure.** In Numbers 28:2, regarding the daily offering, the Torah instructs: "Be careful to offer [them] to Me at their appointed time." The sages understood that this commandment overrides even considerations

ג סָכוּ בְּשֶׁמֶן תְּרוּמָה:
אִם חֲבוּרַת כֹּהֲנִים, יֹאכְלוּ
אִם יִשְׂרָאֵל –
אִם חַי הוּא, יְדִיחֶנּוּ
וְאִם צָלִי הוּא, יִקְלֹף אֶת הַחִיצוֹן.
סָכוּ בְּשֶׁמֶן שֶׁל מַעֲשֵׂר שֵׁנִי
לֹא יַעֲשֶׂנּוּ דָמִים עַל בְּנֵי חֲבוּרָה
שֶׁאֵין פּוֹדִין מַעֲשֵׂר שֵׁנִי בִּירוּשָׁלַיִם.

ד חֲמִשָּׁה דְבָרִים בָּאִין בְּטֻמְאָה
וְאֵינָן נֶאֱכָלִין בְּטֻמְאָה:
הָעֹמֶר וּשְׁתֵּי הַלֶּחֶם וְלֶחֶם הַפָּנִים
וְזִבְחֵי שַׁלְמֵי צִבּוּר וּשְׂעִירֵי רָאשֵׁי חֳדָשִׁים.
הַפֶּסַח שֶׁבָּא בְטֻמְאָה
נֶאֱכָל בְּטֻמְאָה
שֶׁלֹּא בָא מִתְּחִלָּתוֹ אֶלָּא לַאֲכִילָה.

8:12). This indicates that the flour in the case discussed here is inside the oven – either it is left over from baking the matzot, or, possibly, the matzot may have been baking together with the Pesaḥ (See *Tosefot Rash* regarding gravy that dripped onto cold flour).

סָכוּ בְּשֶׁמֶן תְּרוּמָה *If one basted the Pesaḥ with oil of teruma.* As mentioned in mishna 2:4–5, only priests may consume *teruma*; in 2:8 the Mishna permits basting the Pesaḥ in oil (according to Rambam – after roasting; according to Rashi, *Pesaḥim* 40b – even while roasting). While the meat is raw, we may assume that the oil has not yet been absorbed into it; therefore, washing it would suffice.

שֶׁמֶן שֶׁל מַעֲשֵׂר שֵׁנִי *Oil of ma'aser sheni.* The assumption here is that the owner of the oil that has become absorbed into the Pesaḥ wants to recover its cost, since it is now going to be consumed by many additional people. However, this is prohibited, since the law enabling an owner of produce to exchange his

5   If the flesh [of the Pesaḥ offering] became impure,
     but its fat is still pure
         one may not sprinkle its blood.
     If the fat became impure,
     but the flesh is still pure,
         one may sprinkle its blood.
     But for [other] offerings this is not so.
         Rather, even if the flesh [of the sacrifice] became impure,
         but the fat is still pure
             one may sprinkle its blood.

6   If the congregation, or the majority of it, becomes impure;
         or if the priests are impure, and the congregation pure,
             the Pesaḥ may be made in a state of impurity.

---

in case the offering becomes lost before the sprinkling of its blood (Rashi, *Menaḥot* 9a).

As mentioned in the previous mishna, the Pesaḥ offering, whose purpose is its eating, is an exception to this rule – its flesh must remain pure so that it can be eaten (according to the Tosefta, an olive's bulk must remain pure for each member of the group it belongs to). The Talmud states that the peace-offering brought by a Nazirite who has completed his term consitutes another exception to the rule (79a); Rashi explains that the entire purpose of this offering is also its eating (see Num. 6:17–20). However, the Tosefta only mentions the Pesaḥ; therefore, the Tosafot, citing the rebuttal of Riva to Rashi's reasoning, suggest that the reference to the Nazirite should be deleted from the Talmud.

שֶׁהָיוּ הַכֹּהֲנִים טְמֵאִים וְהַקָּהָל טְהוֹרִים *If the priests are impure, and the congregation pure.* Or even if both are pure, but the sacred vessels are impure – all of Israel offer the Pesaḥ as one. The minority who are still pure should not aspire to keep their offerings pure, as the Pesaḥ is a public offering; the people should not be divided into different levels according to the purity of their offerings (Tosefta, cited in 79a, and Rashi). The Talmud debates at great length whether this rule applies to any impurity, or is exclusive to impurity stemming from contact with human corpses (*Pesaḥim* 79b–80a; *Zevaḥim* 22b–23b). Rambam rules according to the latter opinion (*Hilkhot Korban Pesaḥ* 7:1, 8).

ה נִטְמָא הַבָּשָׂר, וְהַחֵלֶב קַיָּם
אֵינוֹ זוֹרֵק אֶת הַדָּם.
נִטְמָא הַחֵלֶב וְהַבָּשָׂר קַיָּם
זוֹרֵק אֶת הַדָּם.
וּבַמֻּקְדָּשִׁין אֵינוֹ כֵן
אֶלָּא אַף עַל פִּי שֶׁנִּטְמָא הַבָּשָׂר וְהַחֵלֶב קַיָּם
זוֹרֵק אֶת הַדָּם.

ו נִטְמָא הַקָּהָל אוֹ רֻבּוֹ
אוֹ שֶׁהָיוּ הַכֹּהֲנִים טְמֵאִים וְהַקָּהָל טְהוֹרִים
יֵעָשֶׂה בְטֻמְאָה.

---

of ritual purity, so that even when the majority of the nation is impure, the daily offering is brought (77a; *Menaḥot* 72b). Rabbi Meir holds that every offering for which a time is specifically designated in the Torah overrides considerations of purity, as it overrides considerations of Shabbat (Mishna, *Temura* 14a). However, these considerations are overridden only with regard to bringing the offering to the altar; their suspension does not necessarily extend to the actual eating of the sacrifice. Once sacrifices with a designated time have been offered, their purpose has been achieved; therefore, the prohibition against eating an offering while in a state of impurity remains in effect. This is the case with regard to the five offerings listed in the mishna, which are indeed offered upon the altar even if the community is impure, but may not be eaten in this state. The entire purpose of the Pesaḥ, however, is to be eaten, as Scripture reads: "every man according to his eating shall be counted for the lamb" (Ex. 12:4). Therefore, when it is offered in a state of impurity, the suspension of ritual purity considerations remains in effect and its eating is permitted (Rashi, 77a).

וּבַמֻּקְדָּשִׁין אֵינוֹ כֵן *For offerings this is not so.* This mishna follows the opinion of Rabbi Yehoshua in the Tosefta (6:3–4), that sprinkling the blood does not constitute the completion of a sacrifice; either some of its flesh or some of its fats must remain for burning on the altar (see note to mishna 6:1). At least an olive-bulk of either must remain intact and in a state of purity,

If a minority of the congregation becomes impure,
the pure offer the first [Pesaḥ],
and the impure offer the second.

7 If the blood of a Pesaḥ offering was sprinkled
and it later became known that it had been impure,
the frontlet effects acceptance [of the offering].
If the body [of the one sacrificing] became impure,
the frontlet does not effect acceptance –
because they said
regarding the Nazirite, and one who offers a Pesaḥ offering:
the frontlet effects acceptance when the blood is impure
but it does not effect acceptance when the body is impure.
[But] if one unknowingly contracts impurity from a concealed corpse,
the frontlet effects acceptance [of his sacrifice].

8 If the whole, or most of it [the Pesaḥ], became impure
they burn it before the Temple with the wood of the altar's woodpile.

---

valid sacrifices which should have been disqualified (80b, and in several other places). Consequently, the owners need not bring a second Pesaḥ a month later (Rashi). However, this atonement is effective only *ex post facto*; if the priest is aware of the impure status of the flesh, he may not sprinkle the blood (mishna 5 above). Neither may the owners partake of the Pesaḥ in such a case; the frontlet's atonement only spares them the duty of offering a second one.

טֻמְאַת הַגּוּף *When the body is impure.* As the Talmud puts it: עֲוֹן קָדָשִׁים – אִין, עֲוֹן מַקְדִּישִׁים – לֹא "[the frontlet bears] the iniquities of the sacred, not of those who consecrate" (*Menaḥot* 25a). The coupling of the Nazirite with those who offer the Pesaḥ is noteworthy (see note to mishna 5).

נִטְמָא טֻמְאַת הַתְּהוֹם *Unknowingly contracts impurity from a concealed corpse.* As he was an אָנוּס (see note to mishna 6:6). The Hebrew word רִצּוּי can be translated as "finding favor" (see page 28) – not only does it render the sacrifice valid, but it atones for the sin involved in offering it.

מֵעֲצֵי הַמַּעֲרָכָה *With the wood of the altar's woodpile.* Following the Torah's

נִטְמָא מִעוּט הַקָּהָל
הַטְּהוֹרִין עוֹשִׂין אֶת הָרִאשׁוֹן
וְהַטְּמֵאִין עוֹשִׂין אֶת הַשֵּׁנִי.

ז הַפֶּסַח שֶׁנִּזְרַק דָּמוֹ
וְאַחַר כָּךְ נוֹדַע שֶׁהוּא טָמֵא –
הַצִּיץ מְרַצֶּה.
נִטְמָא הַגּוּף –
אֵין הַצִּיץ מְרַצֶּה
מִפְּנֵי שֶׁאָמְרוּ:
הַנָּזִיר וְעוֹשֶׂה פֶסַח –
הַצִּיץ מְרַצֶּה עַל טֻמְאַת הַדָּם
וְאֵין הַצִּיץ מְרַצֶּה עַל טֻמְאַת הַגּוּף.
נִטְמָא טֻמְאַת הַתְּהוֹם –
הַצִּיץ מְרַצֶּה.

ח נִטְמָא שָׁלֵם אוֹ רֻבּוֹ –
שׂוֹרְפִין אוֹתוֹ לִפְנֵי הַבִּירָה, מֵעֲצֵי הַמַּעֲרָכָה.

עוֹשִׂין אֶת הַשֵּׁנִי *Offer the second.* See chapter 9 for a discussion of the second Pesah.

נוֹדַע שֶׁהוּא טָמֵא *It had been impure.* Either the blood, or the flesh of the offering (Rashi). The Mishna cites the testimony of Rabbi Yose ben Yoezer, that all the blood in the Temple Courtyard is ritually pure (*Eduyot* 8:4). Therefore, Rambam explains that this mishna is a relic of an earlier stage, in which people used to consider the blood susceptible to impurity (see *Avoda Zara* 37a; according to a dissenting opinion cited there, blood might still contract impurity).

הַצִּיץ מְרַצֶּה *The frontlet effects acceptance.* "The frontlet shall be on Aaron's forehead; and Aaron should bear the iniquity of the sacred offerings" (Ex. 28:38). The frontlet was a gold plate worn by the High Priest across his forehead; the Talmud explains that it atones for the sin of sacrifice impurity, rendering

If a small part of it, or the leftover meat of the offering, became
impure,
they burn it in their courtyards or on their roofs with their
own wood.
Misers burn [even a small part of] it before the Temple
in order to benefit from the wood of the altar's woodpile.

9 If [a Pesaḥ] was taken outside or became impure,
it is burned immediately.
If its owners became impure, or died,
its form is left to decay and then it is burned on the sixteenth
[of Nisan].

Rabbi Yoḥanan ben Broka says:
[The latter], too, must be burned immediately,
since there is no one to eat it.

─────────────────────────────

שֶׁיָּצָא *Taken outside.* "It must be eaten in one house – you may not take
any of its meat outside the house, and you may not break any of its bones"
(Ex. 12:46). Rambam reads the mishna as referring to this commandment,
which prohibits taking any of the Pesaḥ meat outside the house in which it is
eaten. However, the Talmud uses the mishna as a context for discussing the
prohibition of taking the meat of an offering outside its designated location
(based on Lev. 10:18). Accordingly, Bartenura reads it as referring to meat
taken out of Jerusalem, forming a sequel to mishna 3:8. *Tosafot Yom Tov* sup-
ports Bartenura's reading, arguing that this mishna is not concerned with
accidents which arose during the Pesaḥ feast but ones that occurred before it.

תְּעֻבַּר צוּרָתוֹ *Its form is left to decay.* Since the meat itself did not become
disqualified, the disqualification relating exclusively to the owner's status,
it may not be burned until its form has decayed (Rashi, 73b). Rabbeinu
Ḥananel explains that one must wait until the meat becomes inedible, and is
therefore disqualified (34b). However, Rashi (ibid.) states that once the time
designated for eating the meat has passed, it becomes disqualified as נוֹתָר, left
over, and may be burned.

אֵין לוֹ אוֹכְלִין *There is no one to eat it.* In the Talmud, Rav Yosef qualifies this
statement: if the owners became impure, or died before the blood was sprin-
kled, the offering is considered ownerless and is burned; but after the blood

נִטְמָא מִעוּטוֹ, וְהַנּוֹתָר –
שׂוֹרְפִין אוֹתוֹ בְּחַצְרוֹתֵיהֶן אוֹ עַל גַּגּוֹתֵיהֶן, מֵעֲצֵי עַצְמָן.
הַצַּיְקָנִין שׂוֹרְפִין אוֹתוֹ לִפְנֵי הַבִּירָה
בִּשְׁבִיל לֵהָנוֹת מֵעֲצֵי הַמַּעֲרָכָה.

ט הַפֶּסַח שֶׁיָּצָא אוֹ שֶׁנִּטְמָא
יִשָּׂרֵף מִיָּד.
נִטְמְאוּ הַבְּעָלִים, אוֹ שֶׁמֵּתוּ
תְּעֻבַּר צוּרָתוֹ, וְיִשָּׂרֵף בְּשִׁשָּׁה עָשָׂר.
רַבִּי יוֹחָנָן בֶּן בְּרוֹקָה אוֹמֵר:
אַף זֶה יִשָּׂרֵף מִיָּד
לְפִי שֶׁאֵין לוֹ אוֹכְלִין.

_____

instruction: "You must not leave any of it until morning, and what is left over until morning you shall burn" (Ex. 12:10). Regarding any sacrifice which is to be eaten, the Torah instructs: "And any meat which touches any impurity may not be eaten; it must be burned" (Lev. 7:19). Disqualified sacrifices should be burned in the place where they are meant to be eaten (see note to mishna 3:8) – in this case, Jerusalem (see page 399); however, if most of the Pesaḥ was contaminated, the sages decreed that it should be publicly burned before the Temple in order to shame the owners for their negligence (81b).

Using the altar's woodpile for personal purposes is prohibited as מְעִילָה, misappropriation of sacred property. Regarding the case presented in the mishna, Tosafot say that before the wood was consecrated, the Court added a provision allowing it to be used for burning disqualified offerings (81b). The Talmud rules that one who burns the leftover flesh in his own courtyard must use his own wood, to prevent the misappropriation of leftover altar wood for private purposes. However, one who burns the remains of his sacrifice before the Temple must use the altar's wood – so as not to shame the poor, and to avoid suspicion of theft – seeing him taking his own leftover wood home, others might suspect that he is stealing altar-wood (82a). When only a small amount was contaminated, only misers availed themselves of this possibility, as did visitors from outside of Jerusalem who had sanctified meat in their possession (mishna 3:8; see commentary there).

10 The bones, tendons, and the leftover meat [of the Pesaḥ offering]
   are burned on the sixteenth [of Nisan].
   If the sixteenth falls on Shabbat
   they are burned on the seventeenth,
   since [their burning] overrides neither Shabbat nor festival.

11 Anything that can be eaten of the large ox
   is fit to be eaten of the tender kid,
   as well as the tips of the shoulder blades and the gristle.
   One who breaks the bone of a pure Pesaḥ,
   receives forty lashes.
   But one who leaves meat left over from a pure Pesaḥ
   or breaks the bone of an impure one,
   is spared the forty lashes.

---

of a second *tanna*, the first *tanna* being of the opinion that the tips of the
shoulders and the gristle need not be eaten. A second reading views this line
as the continuation of the mishna's earlier statement: as these parts of an ox
could be eaten after poaching, they should be eaten after the roasting of the
kid; however, the tendons need not be eaten, even if they are edible (84b).
Even if one does eat the tendons, the mitzva of eating is not fulfilled (Rashi).
Rambam rules that even a young kid's bones may not be broken (*Hilkhot
Korban Pesaḥ* 10:9); thus, he connects this statement to the continuation
of the mishna. Ra'avad takes issue with Rambam's position, arguing that
the purpose of this mishna is to define what is included in the prohibition
of leaving over meat. Ra'avad's is indeed a more intuitive reading; however,
the division of mishnayot (which follows that of the ancient manuscripts)
supports Rambam's reading.

הַשּׁוֹבֵר אֶת הָעֶצֶם **One who breaks the bone.** Following the rule in Exodus 12:46
and Num. 9:12, no bone of the Pesaḥ may be broken under the penalty of
lashes, for willfully breaking a God-given prohibition (Deut. 25:2–3). This
seems odd, especially given the requirement to eat the entire offering (see
commentary to the previous mishna). *Sefer HaḤinukh* (mitzva 15) explains
that breaking bones is considered crass, common behavior; on the Seder
night, we are all considered royalty and should conduct ourselves accordingly.

אֵינוֹ לוֹקֶה אֶת הָאַרְבָּעִים **Is spared the forty lashes.** Although it is prohibited by
biblical law, leaving over meat is a לָאו שֶׁאֵין בּוֹ מַעֲשֶׂה, a prohibition that does

י הָעֲצָמוֹת וְהַגִּידִין וְהַנּוֹתָר
יִשָּׂרְפוּ בְּשִׁשָּׁה עָשָׂר.
חָל שִׁשָּׁה עָשָׂר לִהְיוֹת בְּשַׁבָּת
יִשָּׂרְפוּ בְּשִׁבְעָה עָשָׂר
לְפִי שֶׁאֵינָן דּוֹחִין לֹא אֶת הַשַּׁבָּת וְלֹא אֶת יוֹם טוֹב.

יא כָּל הַנֶּאֱכָל בְּשׁוֹר הַגָּדוֹל
יֵאָכֵל בִּגְדִי הָרַךְ
וְרָאשֵׁי כְנָפַיִם וְהַסְּחוּסִים.
הַשּׁוֹבֵר אֶת הָעֶצֶם בַּפֶּסַח הַטָּהוֹר
הֲרֵי זֶה לוֹקֶה אַרְבָּעִים
אֲבָל הַמּוֹתִיר בַּטָּהוֹר
וְהַשּׁוֹבֵר בַּטָּמֵא
אֵינוֹ לוֹקֶה אֶת הָאַרְבָּעִים.

---

was sprinkled, the absence of persons who were to have eaten it does not disqualify the meat itself. However, Rabbi Yoḥanan (the *amora*) insists that Rabbi Yoḥanan ben Broka is of the opinion that even in this case, the meat is disqualified (82b). In his commentary, Rambam explains the mishna according to Rav Yosef's reading. However, he rules that only the disqualification of the offering itself mandates (and permits) immediate burning, in accordance with the sages' opinion (*Hilkhot Korban Pesaḥ* 4:3).

הָעֲצָמוֹת וְהַגִּידִין *Bones, tendons.* Both are considered נוֹתָר and must be burned, as both the tendons and the bone marrow are edible. However, one who fails to eat them is not considered to have transgressed: the tendons need not be eaten (see the following mishna), and one is expressly forbidden to break the bones, even in order to suck out the marrow.

יִשָּׂרְפוּ בְּשִׁשָּׁה עָשָׂר *Burned on the sixteenth.* It is essential to wait until the sixteenth of Nisan (the first day of Ḥol HaM'oed in Israel) since burning consecrated items is prohibited on Yom Tov (*Shabbat* 24b).

רָאשֵׁי כְנָפַיִם וְהַסְּחוּסִים *The tips of the shoulder blades and the gristle.* The Talmud offers two different readings of this line: one, that it records the opinion

12 If part of a limb [of the Pesaḥ] protruded outside,
       one cuts until he reaches the bone,
       pares until he reaches the joint,
       and [then] severs [the limb].
   But for [other] offerings [whose limb partly exceeded their
                                                          boundary]
       one can chop [the limb] with a cleaver,
           since there is no prohibition of cutting the bone.
   From the doorpost in – is considered inside.
   From the doorpost out – is considered outside.
   And the windows and the width of the wall – are considered
                                                          inside.

13 If two groups are eating [a single Pesaḥ] in one house,
       one group may turn their heads in one direction and eat,
       and the other group may turn their heads in the other
                                                  direction and eat,
           and the urn may be placed between them.

Jerusalem (for קָדָשִׁים קַלִּים, sacrifices of lesser holiness, eaten by priests and
laymen alike) or the house in which the Pesaḥ offering is being eaten, by the
group subscribed to it.

שְׁתֵּי חֲבוּרוֹת שֶׁהָיוּ אוֹכְלוֹת בְּבַיִת אֶחָד *Two groups are eating in one house.* "They
shall take the blood and apply of it to the lintel and the two side-posts, on
the houses in which they will eat," (Ex. 12:7). The sages were concerned with
the phrase "the houses in which they will eat", which seems to contradict the
commandment to eat the Pesaḥ offering in one house (ibid. 46); their solu-
tion is to read the "house" in one of the contradicting verses as referring not
to a physical place, but to a household, i.e. the group which is subscribed to
a single offering (*Mekhilta, Bo* 15). The Talmud reads the mishna according
to the opinion of Rabbi Yehuda, who reads verse 7 as referring to several
sub-groups who might partake of one offering, but forbids any change of
location. Rabbi Shimon's opinion is diametrically opposed to that of Rabbi
Yehuda: he allows the group to change its location as long as the entire group
stays together (86a–b).

   According to Rashi, our mishna clarifies that the members of these two
groups need not sit together facing each other, but may face different directions,

יב אֵבֶר שֶׁיָּצָא מִקְצָתוֹ
חוֹתֵךְ עַד שֶׁמַּגִּיעַ לָעֶצֶם
וְקוֹלֵף עַד שֶׁמַּגִּיעַ לַפֶּרֶק
וְחוֹתֵךְ.
וּבַמֻּקְדָּשִׁין
קוֹצֵץ בַּקּוֹפִיץ
שֶׁאֵין בּוֹ מִשּׁוּם שְׁבִירַת הָעֶצֶם.
מִן הָאֲגַף וְלִפְנִים
כְּלִפְנִים
מִן הָאֲגַף וְלַחוּץ
כְּלַחוּץ.
הַחַלּוֹנוֹת וְעֹבִי הַחוֹמָה
כְּלִפְנִים.
יג שְׁתֵּי חֲבוּרוֹת שֶׁהָיוּ אוֹכְלוֹת בְּבַיִת אֶחָד
אֵלּוּ הוֹפְכִין אֶת פְּנֵיהֶם הֵילָךְ וְאוֹכְלִין
וְאֵלּוּ הוֹפְכִין אֶת פְּנֵיהֶם הֵילָךְ וְאוֹכְלִין
וְהַמֵּחַם בָּאֶמְצַע.

---

not involve an action; the breaking of a bone is forbidden only in the case of an offering which is to be eaten, as derived by the sages from the verse: "You may not break any of its bones" (Ex. 12:46). See 84a–b.

אֵבֶר שֶׁיָּצָא מִקְצָתוֹ *If part of a limb protruded outside.* The portion of meat that protruded (see note to mishna 9) must be burned, but the rest must be eaten; therefore, the sections of meat must be separated as meticulously as possible, without breaking a single bone.

מִן הָאֲגַף וְלִפְנִים *From the doorpost in.* The locations in this mishna refer to the gates of Jerusalem and its walls, which may have had windows in them (85b and Rashi). Rambam states that they refer to three different locations: the Temple Courtyard (for קָדְשֵׁי קָדָשִׁים, the holiest offerings, eaten by priests),

When the servant stands to mix [their wine with water],
he must close his mouth and turn his head away
until he returns to his group and eats.
But a bride may turn her face away and eat.

CHAPTER 8

1 If a woman is at her husband's house,
and both her husband and her father slaughtered [a Pesaḥ] on her behalf,
she should eat from her husband's.

CHAPTER EIGHT

In the next two chapters, the mishna discusses mishaps which might arise in the process of offering the Pesaḥ. This chapter addresses questions concerning groups of subscribers: multiple offerings being slaughtered for the same person (mishnayot 1–2) and tensions within the groups that are to eat the Pesaḥ (3–4). The major Talmudic principle discussed with regard to all of these cases is the principle of בְּרֵירָה, retroactive designation, which determines whether an object which was not explicitly designated initially for a certain purpose, may retroactively be considered as if it had been designated for that purpose from the outset. Had בְּרֵירָה been applicable, the difficulties of retroactively determining which group one should eat with (mishna 1), which of several offerings is to be eaten (mishna 2), and the way to identify the owner of an offering (mishna 3) would be easily resolved. However, the Talmud rules that בְּרֵירָה applies only with regard to rabbinic decrees, not Torah commandments like eating the Pesaḥ offering (*Beitza* 38a).

The question whether bringing the offering as part of a group is a requirement is raised in mishna 7, followed by issues raised with regard to groups which are problematic in and of themselves; these topics are preceded by mishna 6, which discusses groups that might not be able to eat the offering for a variety of reasons. An additional topic covered in these chapters is eligibility for offering the Pesaḥ: whether following a period of impurity (5), during mourning (8), or in cases of conversion (8).

שָׁחַט עָלֶיהָ בַּעְלָהּ, וְשָׁחַט עָלֶיהָ אָבִיהָ *Both her husband and her father slaughtered on her behalf.* In Talmudic times, the custom was for the bride to return to her

וּכְשֶׁהַשַּׁמָּשׁ עוֹמֵד לִמְזוֹג
קוֹפֵץ אֶת פִּיו
וּמַחֲזִיר אֶת פָּנָיו עַד שֶׁמַּגִּיעַ אֵצֶל חֲבוּרָתוֹ
וְאוֹכֵל.
וְהַכַּלָּה
הוֹפֶכֶת אֶת פָּנֶיהָ וְאוֹכֶלֶת.

פרק שמיני

א הָאִשָּׁה
בִּזְמַן שֶׁהִיא בְּבֵית בַּעְלָהּ
שָׁחַט עָלֶיהָ בַּעְלָהּ, וְשָׁחַט עָלֶיהָ אָבִיהָ
תֹּאכַל מִשֶּׁל בַּעְלָהּ.

---

as we are concerned only with their presence in one house. The urn (for mixing hot water with the wine) may be placed between the two groups for convenience, and is not considered a separation between them. On the other hand, Rambam reads this mishna as requiring the two groups to face different directions in order to effect a visible separation between them (*Hilkhot Korban Pesaḥ* 9:3). Our translation follows Rashi (and Bartenura); according to Rambam, the translation should read: "one group turns their heads in one direction and eats, and the other group turns their heads in the other direction and eats. If the urn was placed in between them, when the servant stands to mix their wine…"

מַחֲזִיר אֶת פָּנָיו *Turn his head away.* Once the members of a single Pesaḥ decide to split into two groups, they are not allowed to move from one group to another. Therefore, the servant must take care not to seem as if he is eating the Pesaḥ with both groups.

הַכַּלָּה *But a bride.* According to Rashi, a bride who feels ashamed to be eating in the presence of strangers may turn away and eat, because it is considered legitimate to split into sub-groups (86a); Tosafot suggest that this is not considered splitting the group as long as she does not actively move away from the group (in line with Rambam's ruling above), or because her turning away is a praiseworthy act, as it is a sign of modesty (86b).

If she went to spend the first festival [after her marriage] at her father's house,
and both her father and her husband slaughtered on her behalf,
she may eat where she chooses.
An orphan whose guardians [each] slaughtered [a Pesaḥ] on his behalf
may eat where he chooses.
A slave belonging to two partners
may not eat from either of their offerings.
A man who is half slave and half free
may not eat from his master's offering.

---

is not considered responsible for her education, and cannot subscribe her to his Pesaḥ without her consent.

עֶבֶד שֶׁלִּשְׁנֵי שֻׁתָּפִין *A slave belonging to two partners.* This mishna speaks of a non-Jewish slave (or maidservant). If the two owners so desire, they may reach an agreement – even agreeing to let the slave choose between the two of them. Otherwise, he may not eat from either of their offerings.

חֶצְיוֹ עֶבֶד וְחֶצְיוֹ בֶּן חוֹרִין *Half slave and half free.* The status of someone being half slave and half free is a halakhic anomaly, which can arise in the case of a slave belonging to two partners, one of whom has set him free. To resolve this anomaly (primarily to solve his most urgent problem, his being unable to marry neither a Jewess nor a slave), the sages decreed that his master is forced to set him free (Mishna, *Gittin* 41b; *Eduyot* 1:13).

According to Rashi's reading, the Talmud states that once this decree was instituted, the half-slave is able to offer his own Pesaḥ, even if his second master did not heed the decree to set him free (88a). However, Rambam ruled that the half-slave may not offer his own Pesaḥ (*Hilkhot Korban Pesaḥ* 2:13). Rambam's son suggested that his father's ruling refers to a case where the half-master took the decision to set his half-slave free; in such a case, the slave was forbidden to bring his own offering even if his master consented, as this might delay his liberation (resp. *Birkat Avraham*, 3). Most commentaries on the mishna follow Rashi's reading. Another solution is suggested by Rid (in his Tosafot): if the half-slave, of his own free will, agrees to participate in his half-master's Pesaḥ, he is allowed to do so.

הָלְכָה רֶגֶל הָרִאשׁוֹן לַעֲשׂוֹת בְּבֵית אָבִיהָ
שָׁחַט עָלֶיהָ אָבִיהָ, וְשָׁחַט עָלֶיהָ בַּעְלָהּ
תֹּאכַל בִּמְקוֹם שֶׁהִיא רוֹצָה.

יָתוֹם

שֶׁשָּׁחֲטוּ עָלָיו אַפִּטְרוֹפְּסִין
יֹאכַל בִּמְקוֹם שֶׁהוּא רוֹצֶה.

עֶבֶד שֶׁל שְׁנֵי שֻׁתָּפִין
לֹא יֹאכַל מִשֶּׁל שְׁנֵיהֶן.

מִי שֶׁחֶצְיוֹ עֶבֶד וְחֶצְיוֹ בֶן חוֹרִין
לֹא יֹאכַל מִשֶּׁל רַבּוֹ.

---

parents' home for the first festival after the marriage. Unless her father knew in advance that she was not coming for Passover, he was likely to subscribe her to the Pesaḥ he was sacrificing. The mishna states that since she is living at her husband's home, she should eat of his offering. However, if she goes to spend the festival with her parents, she can chose between the two offerings. The Talmud (87a) states that she can make her choice up to the time of slaughtering (see mishna 3); if she did so after that time, she may not partake of either sacrifice (Tosafot). The Talmud adds another factor, differentiating between a woman who is רְדוּפָה (literally: pursued), especially eager to visit her parents, and women who are content with remaining at their husbands' homes; see Meiri for a summary of the different readings.

יָתוֹם שֶׁשָּׁחֲטוּ עָלָיו אַפִּטְרוֹפְּסִין *An orphan whose guardians slaughtered on his behalf.* The Tosefta quoted in 88a, states: "One should not offer [the Pesaḥ] for his adult son or daughter, for his Jewish slave or maidservant or for his wife without their knowledge; but one may offer it for his minor son or daughter or for his non-Jewish slave, male or female, whether they are aware of it or not." A minor orphan should be provided for by his guardian. If a minor has two guardians and each of them subscribed him to his own offering, the orphan can choose which he prefers to eat. Rashi points out that a Jewish maidservant is always a minor, as she must be set free once she reaches maturity (Mishna, *Kiddushin* 14b following Ex. 21:11); nevertheless, her master

2   If one tells his slave, "Go and slaughter a Pesaḥ on my behalf" –
        if [the slave] slaughtered a kid – he should eat it;
        if [the slave] slaughtered a lamb – he should eat it.
        If [the slave] slaughtered a kid and a lamb –
        he should eat the [offering slaughtered] first.
    If [the slave] forgot what his master told him, what should he do?
        He should slaughter both a lamb and a kid and say,
            "If my master told me [to slaughter] a kid,
                the kid is for him and the lamb is for me.
            But if my master told me [to slaughter] a lamb,
                the lamb is for him and the kid is for me."
        If the master forgot what he told [his slave],
            both [animals] go out to the place of burning,
                but both [master and slave] are exempt from [offering on]
                                                    the second Pesaḥ.

3   If one tells his sons, "I will slaughter [the Pesaḥ]
    on behalf of the first among you to reach Jerusalem,"
        as soon as the first enters Jerusalem
        with his head, and most of his body,
            he acquires his portion, and acquires [the portions]
                                                    for his brothers as well.

גְּדִי שֶׁלּוֹ וְטָלֶה שֶׁלִּי *The kid is for him and the lamb is for me.* This contradicts our explanation of the previous mishna, which implied that a slave cannot slaughter his own Pesaḥ. The Talmud describes an elaborate scenario in which this solution would work (ibid., see Rashi).

פְּטוּרִין מִלַּעֲשׂוֹת פֶּסַח שֵׁנִי *Exempt from the second Pesaḥ.* The Talmud (ibid.) states that this applies only if the master forgot what he told his slave after the blood was sprinkled, so that the obligation to offer the Pesaḥ was fulfilled properly; however, if he forgot what he told him before the blood was sprinkled, and, effectively, the offering was completed for the sake of no one – both master and slave need to bring an offering on the second Pesaḥ.

מִי שֶׁיַּעֲלֶה מִכֶּם רִאשׁוֹן לִירוּשָׁלֵם *The first among you to reach Jerusalem.* Nothing of consequence is really at stake in this case; the father is just initiating a familial competition to encourage his sons to make the pilgrimage as early as possible. The father had intended to include them all in his Pesaḥ anyway (89a).

ב הָאוֹמֵר לְעַבְדּוֹ:
צֵא וּשְׁחֹט עָלַי אֶת הַפֶּסַח –
שָׁחַט גְּדִי יֹאכַל
שָׁחַט טָלֶה יֹאכַל
שָׁחַט גְּדִי וְטָלֶה, יֹאכַל מִן הָרִאשׁוֹן.
שָׁכַח מָה אָמַר לוֹ רַבּוֹ, כֵּיצַד יַעֲשֶׂה?
יִשְׁחֹט טָלֶה וּגְדִי, וְיֹאמַר:
אִם גְּדִי אָמַר לִי רַבִּי, גְּדִי שֶׁלּוֹ וְטָלֶה שֶׁלִּי
וְאִם טָלֶה אָמַר לִי רַבִּי, טָלֶה שֶׁלּוֹ וּגְדִי שֶׁלִּי.
שָׁכַח רַבּוֹ מָה אָמַר לוֹ
שְׁנֵיהֶם יֵצְאוּ לְבֵית הַשְּׂרֵפָה
וּפְטוּרִין מִלַּעֲשׂוֹת פֶּסַח שֵׁנִי.

ג הָאוֹמֵר לְבָנָיו:
הֲרֵינִי שׁוֹחֵט אֶת הַפֶּסַח
עַל מִי שֶׁיַּעֲלֶה מִכֶּם רִאשׁוֹן לִירוּשָׁלַיִם.
כֵּיוָן שֶׁהִכְנִיס הָרִאשׁוֹן רֹאשׁוֹ וְרֻבּוֹ
זָכָה בְחֶלְקוֹ, וּמְזַכֶּה אֶת אֶחָיו עִמּוֹ.

גְּדִי וְטָלֶה *A kid and a lamb.* The Pesaḥ must be a young lamb or kid less than a year old (Ex. 12:5).

The Talmud tells of a king and queen whose slave slaughtered both a kid and a lamb for them. Rabban Gamliel ruled that they should eat whichever was slaughtered first, but ordinary people should eat of neither in such a case (88b). The distinction he makes is that the king and queen are apathetic, which Rashi and Tosafot explain as not particularly caring about their menu for the festival: having many flocks, either a kid or a lamb would do. But Rambam sees this story as a reproof of the frivolity of temporal rulers regarding mitzvot: he rules that one is forbidden to partake of either of the offerings, but special permission was granted to the king and queen for the sake of peace, lest they become infuriated and dangerous (*Hilkhot Korban Pesaḥ* 3:1).

New members can join [a group subscribed to a Pesaḥ]
as long as there is an olive-bulk for each member.
[Members] can subscribe and withdraw [from the group]
until the Pesaḥ is slaughtered.
Rabbi Shimon says:
Until its blood is sprinkled.

4 If one subscribes others with him for his portion
[of the Pesaḥ offering],
the rest of the subscribers may give him his [portion],
and let him eat his [separately] while they eat theirs.

5 If a *zav* had two discharges,
[a Pesaḥ] may be slaughtered on his behalf on the seventh day.
If he had three,
it may be slaughtered on his behalf on the eighth day.

הַמְּמַנֶּה עִמּוֹ אֲחֵרִים *Subscribes others with him.* In this case, one member of a group introduces a new member into the group by agreeing to split his portion with him without the knowledge of the other members. According to Rabbi Yehuda, who allows the splitting of a group, if the other members are concerned that their own portions will be diminished, they may decide to split the group, taking their designated portions and eating separately from the new member and his "host." (Rashi, 89b; see commentary to 7:13). The Talmud adds that even if one of the members eats more quickly than the others, they can demand that he take his portion and eat it alone.

זָב שֶׁרָאָה שְׁתֵּי רְאִיּוֹת *If a zav had two discharges.* One who suffers from a disease characterized by non-volitional secretions from the sexual organs is considered a *zav* (literally: "one who leaks"; the female form is *zava*) and is ritually impure. A *zav* is a man who suffers from gonorrhea. If he experiences a non-volitional discharge, he is considered a *zav* for that day only (Lev. 15:3–4). However, if he experiences a second discharge on the same or following day (or a prolonged initial discharge), he is officially considered a *zav*, and must count seven "clean" days without any similar discharge, before immersing and becoming pure again (Mishna, *Zavim* 1:1). A third discharge experienced within the next twenty-four hours obligates him to bring a sacrifice as part of his purification process (Lev. 15:13–15).

לְעוֹלָם נִמְנִין עָלָיו
עַד שֶׁיְּהֵא בוֹ כַּזַּיִת לְכָל אֶחָד וְאֶחָד.
נִמְנִין וּמוֹשְׁכִין אֶת יְדֵיהֶן מִמֶּנּוּ
עַד שֶׁיִּשְׁחֹט.
רַבִּי שִׁמְעוֹן אוֹמֵר:
עַד שֶׁיִּזְרֹק עָלָיו אֶת הַדָּם.

ד הַמְמַנֶּה עִמּוֹ אֲחֵרִים בְּחֶלְקוֹ
רַשָּׁאִין בְּנֵי חֲבוּרָה לִתֵּן לוֹ אֶת שֶׁלּוֹ
וְהוּא אוֹכֵל מִשֶּׁלּוֹ וְהֵן אוֹכְלִין מִשֶּׁלָּהֶן.

ה זָב שֶׁרָאָה שְׁתֵּי רְאִיּוֹת
שׁוֹחֲטִין עָלָיו בַּשְּׁבִיעִי.
רָאָה שָׁלֹשׁ
שׁוֹחֲטִין עָלָיו בַּשְּׁמִינִי שֶׁלּוֹ.

עַד שֶׁיִּשְׁחֹט *Until the Pesaḥ is slaughtered.* This is derived from the verse: וְאִם־יִמְעַט הַבַּיִת מִהְיוֹת מִשֶּׂה ("And if the household is too small for a lamb" – Ex. 12:4, which is read in the Talmud as "and if the household becomes small, while the lamb exists (מִהְיוֹת): The household, or group, may become smaller (or larger) as long as the lamb still exists. The sages understand that this condition refers to the slaughtering of the lamb, when it ceases to live; Rabbi Shimon argues that until the blood is sprinkled, the offering is still considered "a lamb" and not yet "a Pesaḥ," and that it can therefore still be considered to exist; however, he agrees that no one can subscribe to the offering after it is slaughtered (89a; see *Or Zarua* 2:217 for a different derivation of Rabbi Shimon's opinion).

The Yerushalmi takes a different approach, explaining this as a dispute regarding *sevara*, logic, rather than exegesis: Rabbi Shimon argues that even after the Pesaḥ has been slaughtered, the withdrawal of some of its members does not prevent the others from fulfilling their obligation, because he views the offering of the Pesaḥ as the central goal of the festival. The sages probably give more weight to its eating, which depends exclusively on the slaughtering (see 78a).

For a woman who keeps watch, a day for a day,
it may be slaughtered on the second day.
If she discharged two days [in a row],
it may be slaughtered on her behalf on the third day.
But for a *zava*
it may be slaughtered on the eighth day.

6 A Pesaḥ offering may be slaughtered on behalf of
an *onen*,
a person removing debris,
as well as one who was promised to be released from prison,
and the sick and the elderly who are able to eat an olive-bulk.
For all of these, it may not be slaughtered only on their behalf,
lest they cause the offering to become disqualified.

הָאוֹנֵן *An onen.* A mourner who has not yet buried his dead. The mourner is exempt from all positive commandments from the time of the death of the close relative until after the burial, at which point his status changes to that of an ordinary mourner. An *onen* is forbidden to eat any consecrated food (Deut. 26:14).

According to the Torah, one is considered an *onen* only on the day of the death of a close relative. The sages, however, instituted an expansion of this law: if the relative was not buried on the day of his death, his relatives are considered *onenim* until the burial (*Zevaḥim* 100b, following Lev. 10:19). However, due to the special importance of the Pesaḥ offering, it overrides the rabbinic decree, and one partakes of the Pesaḥ even if his relative has not yet been buried (Sifra, *Shemini* ch. 2:8–11; *Zevaḥim* 99b).

הַמְפַקֵּחַ אֶת הַגַּל *A person removing debris.* In an attempt to save a person trapped under the rubble. Although the person may be found dead, as long as the corpse has not been discovered, the would-be rescuer is considered to be pure and is therefore eligible to partake of the Pesaḥ.

עַל כֻּלָּן *For all of these.* All the people listed above will most likely be allowed to partake of the Pesaḥ. However an uncertainty still lingers: a person removing debris might find a corpse and become impure, promises to release people from prison might go awry, and one who is barely able to eat an olive-bulk at noon may be unable to do so at night.

שׁוֹמֶרֶת יוֹם כְּנֶגֶד יוֹם
שׁוֹחֲטִין עָלֶיהָ בְּשֵׁנִי שֶׁלָּהּ.
רָאֲתָה שְׁנֵי יָמִים
שׁוֹחֲטִין עָלֶיהָ בַּשְּׁלִישִׁי.
וְהַזָּבָה
שׁוֹחֲטִין עָלֶיהָ בַּשְּׁמִינִי.
ו הָאוֹנֵן וְהַמְפַקֵּחַ אֶת הַגַּל
וְכֵן מִי שֶׁהִבְטִיחוּהוּ לְהוֹצִיאוֹ מִבֵּית הָאֲסוּרִים
וְהַחוֹלֶה וְהַזָּקֵן שֶׁהֵן יְכוֹלִין לֶאֱכוֹל כַּזַּיִת –
שׁוֹחֲטִין עֲלֵיהֶן.
עַל כֻּלָּן אֵין שׁוֹחֲטִין עֲלֵיהֶן בִּפְנֵי עַצְמָן
שֶׁמָּא יָבִיאוּ אֶת הַפֶּסַח לִידֵי פְסוּל.

A man who experiences two discharges, the second one being on the eighth of Nisan, immerses on the fourteenth, but may not eat *teruma* or sanctified meat until nightfall (Lev. 22:4–7). Nevertheless, he may partake of the Pesaḥ he subscribed to, and even if he sees a discharge later that day (which invalidates his purification) he is exempt from offering a second Pesaḥ (81a); however, he must immerse before the slaughtering, lest he forget to immerse before sunset (90b). If he sees three discharges or more, he must wait until his purification sacrifice is offered, on the eighth day, before being able to partake of the Pesaḥ.

שׁוֹמֶרֶת יוֹם כְּנֶגֶד יוֹם *A woman who keeps watch, a day for a day.* A woman is only considered a *zava* if she has vaginal bleeding on three consecutive days that are not during her menstrual period. Nevertheless, as soon as she has even one discharge, she becomes ritually impure (*zava ketana*) and must wait until a day has passed (called "a day for a day" in the Mishna) without any discharge of blood before she immerses to regain a status of ritual purity. Unlike a *zav*, a *zava* who experiences two days of discharge has to wait only one day; if she sees a discharge on the third day as well, she has to wait a full week before immersing and becoming pure (Lev. 15:25). Today, it is customary for women to follow all the laws pertaining to a *zava* whenever they have discharge of uterine blood (*Nidda* 66a).

Therefore, if something disqualifies them,
they are not required to bring an offering on the second Pesaḥ,
except for the person removing debris,
because he is considered to have been impure at the outset.

7 A Pesaḥ may not be slaughtered
on behalf of an individual.
Thus says Rabbi Yehuda.
But Rabbi Yose permits this.
A Pesaḥ offering may not be slaughtered
on behalf of a group of even a hundred people
who are not able to eat an olive-bulk.
And a group [of subscribers] may not be formed
of women, slaves and minors.

---

the verse in Deuteronomy 16:5: לֹא תוּכַל לִזְבֹּחַ אֶת־הַפָּסַח בְּאַחַד שְׁעָרֶיךָ ("You may not sacrifice the Pesaḥ offering in any one of your cities"). Rabbi Yehuda reads the words "*in any one*," as "for one", thereby forbidding offering a Pesaḥ for one person only (91a). Meiri adds a *sevara* (logical) dimension to the exegetical discourse: he suggests that Rabbi Yehuda's statement is based on an inference from the previous mishna regarding sudden disqualification: he is concerned that an individual will be unable to eat the entire offering; consequently, some of it will become נוֹתָר, left over, and will be burned. Rabbi Yehuda may have also been exceedingly concerned, as was his wont, about sudden events which might lead to disqualifying people from performing crucial mitzvot (see the first mishna of *Yoma*, and the commentary in the Koren Yom Kippur Maḥzor, page 264).

Rabbi Yose rejects both Rabbi Yehuda's reading of the verse as well as any of his other concerns. However, Rambam (*Hilkhot Korban Pesaḥ* 2:2) rules that it is still preferable to slaughter the Pesaḥ for more than one person, citing Exodus 12:47.

נָשִׁים וַעֲבָדִים וּקְטַנִּים *Women, slaves and minors.* This prohibition applies to forming mixed groups of women and slaves, of slaves and minors and similar mixed groups, due to the possibility of licentious behavior. However, women may form their own group, as may slaves (91a). Minors may not form their own group as they are not obligated to perform the mitzva (Rambam, *Hilkhot Korban Pesaḥ* 2:4).

לְפִיכָךְ:
אִם אֵרַע בָּהֶן פְּסוּל
פְּטוּרִין מִלַּעֲשׂוֹת פֶּסַח שֵׁנִי
חוּץ מִן הַמְפַקֵּחַ בַּגַּל
שֶׁהוּא טָמֵא מִתְּחִלָּתוֹ.
ז אֵין שׁוֹחֲטִין אֶת הַפֶּסַח עַל הַיָּחִיד
דִּבְרֵי רַבִּי יְהוּדָה.
וְרַבִּי יוֹסֵי מַתִּיר.
אֲפִלּוּ חֲבוּרָה שֶׁל מֵאָה
שֶׁאֵין יְכוֹלִין לֶאֱכוֹל כַּזַּיִת
אֵין שׁוֹחֲטִין עֲלֵיהֶן.
וְאֵין עוֹשִׂין חֲבוּרַת נָשִׁים וַעֲבָדִים וּקְטַנִּים.

Regarding an *onen* – Rashi explains that as he is still in the presence of the deceased, he might contract corpse impurity (90b–91a). However, Ramban (*Torat HaAdam, Sha'ar Aveilut*) rules that one is considered an *onen* until nightfall, even if the deceased has been buried; therefore, the consideration raised by Rambam, that a mourner might feel psychologically unable to partake of the festive meal, must be taken into account.

If the entire group is involved in the given situation – if all are clearing debris, or the group is that of a bereaved family – a Pesaḥ is not slaughtered for them alone, in case none of them is able to partake of it (Meiri).

מִתְּחִלָּתוֹ *At the outset.* With regard to all of the persons listed in the mishna, it is assumed that at the time the Pesaḥ was slaughtered, they were still eligible to partake of it; they are therefore exempt from bringing an offering on the second Pesaḥ. However, if a human corpse was found underneath the debris, the rescuer is considered to have been impure from the moment he began removing the stones, since he must have stood directly above the corpse (Rashi, 91a), and a person standing over a corpse is considered impure, as if his body formed a tent over it (Mishna, *Oholot* 15:10 following Num. 19:16).

עַל הַיָּחִיד *On behalf of an individual.* The Talmud records a dispute regarding

8 An *onen*
may immerse and eat his Pesaḥ in the evening;
but he may not do so for other sacrifices.
One who hears about the death of a relative,
or one who collects the bones,
may immerse and eat sacrifices.
As for a convert who converts on Erev Pesaḥ,
Beit Shammai say:
He may immerse and eat his Pesaḥ that evening.
Beit Hillel say:
One who leaves the foreskin is as one who leaves the gravesite.

CHAPTER 9

1 Someone who was impure, or on a long journey,
and did not offer the first Pesaḥ,
offers the second Pesaḥ.

כְּפוֹרֵשׁ מִן הַקֶּבֶר *As one who leaves the gravesite.* The sages decreed that a convert is considered impure for the seven days following his immersion, and is sprinkled with purifying waters on the third and seventh day (see mishna 6:2). Their decree was intended as a precaution; the year after his conversion, the convert may remember that he was able to purify himself by immersing and being circumcised on the fourteenth of Nisan – mistakenly thinking that that year too, if he is impure, he must only immerse and is then qualified to partake of the Pesaḥ the very same evening. A Jew (who for some reason has not been circumcised and) is circumcised on the fourteenth of Nisan may immerse and eat his Pesaḥ that evening (92a; see Rashi and *Tosafot Yom Yov*).

CHAPTER NINE

Mishna 7:6 states: "If the congregation, or the majority of it, becomes impure… the [Pesaḥ] offering may be made in a state of impurity. If a minority of the congregation becomes impure, the pure offer the first [Pesah] and the impure offer the second." This chapter continues the discussion of cases in which the Pesaḥ offering cannot be brought for various reasons (mishnayot 1–2). This topic is followed by the laws unique to the second Pesaḥ (mishna 3), a Pesaḥ offered in a state of impurity (mishna 4) and a

ח אוֹנֵן

טוֹבֵל וְאוֹכֵל אֶת פִּסְחוֹ לָעֶרֶב

אֲבָל לֹא בְּקֳדָשִׁים.

הַשּׁוֹמֵעַ עַל מֵתוֹ

וְהַמְלַקֵּט לוֹ עֲצָמוֹת

טוֹבֵל וְאוֹכֵל בְּקָדָשִׁים.

גֵּר שֶׁנִּתְגַּיֵּר בְּעֶרֶב פֶּסַח –

בֵּית שַׁמַּאי אוֹמְרִים:

טוֹבֵל וְאוֹכֵל אֶת פִּסְחוֹ לָעֶרֶב

וּבֵית הִלֵּל אוֹמְרִים:

הַפּוֹרֵשׁ מִן הָעָרְלָה, כְּפוֹרֵשׁ מִן הַקֶּבֶר.

פרק תשיעי

א מִי שֶׁהָיָה טָמֵא, אוֹ בְדֶרֶךְ רְחוֹקָה

וְלֹא עָשָׂה אֶת הָרִאשׁוֹן

יַעֲשֶׂה אֶת הַשֵּׁנִי.

אונן *An onen.* See commentary to mishna 6.

הַשּׁוֹמֵעַ עַל מֵתוֹ *One who hears about the death of a relative.* Any festival cancels the period of mourning. Even if someone sat *shiva* for only one hour before the festival, the *shiva* is considered to have been completed (*Shulḥan Arukh*, YD 399:1, following *Mo'ed Katan* 20a). However, if the deceased was buried on Ḥol HaMo'ed, or the relative did not hear about the death until Ḥol HaMo'ed, a full week of mourning is observed after the festival (*Shulḥan Arukh*, YD 402:6).

הַמְלַקֵּט לוֹ עֲצָמוֹת *One who collects the bones.* A burial practice in Talmudic times. First, a corpse would be buried in the ground. After the flesh had decomposed, the bones would be dug up, placed in a coffin, and buried in a vault. One collecting the bones of a relative for reburial would observe mourning that day until nightfall (*Mo'ed Katan* 8a).

Someone who by error, or coercion,
    did not offer the first,
        must offer the second.
If so, why does [the Torah] state:
    "impure or on a long journey"?
        [To teach that] these are exempt from *karet*,
        while the others are liable for *karet*.

2   What is a long journey?
        From Modi'in and beyond, or the same distance in any direction.
            Thus says Rabbi Akiva.
    Rabbi Eliezer says:
    From the threshold of the Temple courtyard and beyond.

---

this logic, the mishna should be read as: "the others [one who erred, or one coerced] might be liable for *karet*" if they intentionally fail to offer the second Pesaḥ. Since one who erred or was coerced was not actually exempted from the Pesaḥ at the time of the first Pesaḥ, he is liable for *karet* if he intentionally fails to bring the second. However, one who was impure or on a long journey on the first Pesaḥ is completely exempted from his obligation, and is therefore no longer liable for *karet* if he does not offer the second, even intentionally; for him, the second Pesaḥ is merely an opportunity to participate in the mitzva (*Hilkhot Korban Pesaḥ* 5:2; see Num. 9:7).

Ra'avad disagrees, arguing that both the Talmud (93a) and the reasoning provided by Rambam himself indicate that anyone who erred or was coerced on the first Pesaḥ is completely exempt as well; the Torah mentions impurity and distance as examples of cases where one is unable to offer the Pesaḥ. According to Ra'avad, the end of the mishna should be read: "[anyone similar to] these are exempt from *karet*, while the others [who refrained from offering intentionally] are liable for *karet* [unless they make amends by offering on the second Pesaḥ]." Liability is brought about only by intentionally failing to offer the Pesaḥ on both occasions; if on either of the occasions one erred or was coerced, he is exempt.

מִן הַמּוֹדִיעִים וְלַחוּץ *From Modi'in and beyond.* According to the Talmud, this distance equals fifteen *mil*, or half the distance an average man can walk from sunrise to sunset. If one is further away, even if it is possible to ride to Jerusalem and arrive there in time to bring the offering, he is not required to

שָׁגַג, אוֹ נֶאֱנַס
וְלֹא עָשָׂה אֶת הָרִאשׁוֹן
יַעֲשֶׂה אֶת הַשֵּׁנִי.
אִם כֵּן
לָמָּה נֶאֱמַר: טָמֵא אוֹ שֶׁהָיָה בְדֶרֶךְ רְחוֹקָה?
שֶׁאֵלּוּ פְּטוּרִין מִן הַהִכָּרֵת
וְאֵלּוּ חַיָּבִין בְּהִכָּרֵת.
ב אֵיזוֹ הִיא דֶּרֶךְ רְחוֹקָה?
מִן הַמּוֹדִיעִים וְלַחוּץ, וּכְמִדָּתָהּ לְכָל רוּחַ
דִּבְרֵי רַבִּי עֲקִיבָא.
רַבִּי אֱלִיעֶזֶר אוֹמֵר:
מֵאִסְקֻפַּת הָעֲזָרָה וְלַחוּץ.

---

comparison of the laws of the first, historical Pesaḥ in Egypt with the laws of the Pesah in later generations (mishna 5). The three mishnayot that follow return to the laws that pertain to sacrifices in general, as well as to the Pesaḥ in particular: an animal substituted for a Pesaḥ offering (mishna 6); an animal which may not be offered as a Pesaḥ offering although it was designated as such (mishna 7); a Pesaḥ offering whose owner has died (mishna 7); and a Pesaḥ offering which was mixed with other animals (mishna 8). As opposed to mishnayot 6–8 which deal with the status of the animal itself, the last three mishnayot in the chapter relate to owners of misplaced offerings.

נֶאֱנַס *Coercion.* Such as the cases presented in mishna 8:6, in which the Pesaḥ is not slaughtered (see commentary there).

אֵלּוּ חַיָּבִין בְּהִכָּרֵת *The others are liable for karet.* The mishna is referring to cases where a person misses both the first and second Pesaḥ. Someone who was impure or on a long journey on the first Pesaḥ and misses the second Pesaḥ as well is liable for *karet,* while one who failed to offer the first Pesaḥ due to error or coercion and then missed the second, is exempt. However, this exemption only applies when the failure to offer the second Pesaḥ was unintentional as well; If he intentionally missed the second Pesaḥ, he is liable for *karet.* This is the reading of Rambam, followed by most of the commentaries. According to

Rabbi Yose said:

> Therefore, there is a dot over the letter *heh*,
>> to say that it is not actually a distant place,
>>> but anywhere from the threshold of the Temple Courtyard
>>>> and beyond.

3 What is the difference between the first and second Pesaḥ
> [sacrifices]?

> For the first, there is the prohibition
> [that *ḥametz*] "shall not be seen" and "shall not be found"
>> [with it];
>> for the second, one can have matza and *ḥametz* along with
>>> it at home.
> The first requires the recitation of Hallel while eating it;
>> the second does not require the recitation of Hallel while
>>> eating it.

Ramban takes issue with this reading, arguing that Rabbi Akiva's reading should have been adopted; such is also the ruling of Rambam (*Hilkhot Korban Pesaḥ* 5:8).

מַה בֵּין פֶּסַח הָרִאשׁוֹן לַשֵּׁנִי *The difference between the first and second Pesaḥ.* "They may do this in the second month on the fourteenth day in the afternoon; they must eat it along with matzot and bitter herbs. They may not leave any of it until the morning, nor may they break any of its bones; they should bring it according to all the rules of the Pesaḥ offering" (Num. 9:11–12). The Torah makes a point of repeating that all the laws pertaining to the eating of the first Pesaḥ apply to the second Pesaḥ as well. The sages deduced from this that other mitzvot, such as the eradication of all *ḥametz*, do not apply to the second Pesaḥ (95a).

טָעוּן הַלֵּל *The recitation of Hallel.* "You shall have a song, as on the night of a holy festival" (Is. 30:29) – the prophetic verse is taken by the sages to imply that the festive night of Pesaḥ requires a song, i.e. Hallel. The second Pesaḥ is not a festival, but merely an opportunity for those who missed the first one to fulfill their obligation, and therefore does not require Hallel during its eating (95b and Rashi). However, Hallel is recited while the offering is being slaughtered in the Temple (as in mishna 5:7).

אָמַר רַבִּי יוֹסֵי:
לְפִיכָךְ נָקוּד עַל ה׳
לוֹמַר, לֹא מִפְּנֵי שֶׁרְחוֹקָה וַדַּאי
אֶלָּא מֵאַסְקֻפַּת הָעֲזָרָה וְלַחוּץ.

ג מַה בֵּין פֶּסַח הָרִאשׁוֹן לַשֵּׁנִי?
הָרִאשׁוֹן אָסוּר בְּבַל יֵרָאֶה וּבַל יִמָּצֵא
וְהַשֵּׁנִי, מַצָּה וְחָמֵץ עִמּוֹ בַּבַּיִת
הָרִאשׁוֹן טָעוּן הַלֵּל בַּאֲכִילָתוֹ
וְהַשֵּׁנִי אֵינוֹ טָעוּן הַלֵּל בַּאֲכִילָתוֹ.

---

do so; on the other hand, one who is nearer, but cannot come to Jerusalem on time due to traffic (in the Talmud, this consisted of camels and wagons), cannot rely on the exemption and is liable for *karet* unless he offers the second Pesaḥ (93b–94a).

The Talmudic *mil* is usually estimated as approximately a kilometer. This raises questions about the standard identification of historic Modi'in as Tel a-Ras, approximately five kilometers from the western side of modern Modi'in; two villages with an identical name may have existed. The Mishna mentions Modi'in as the outer boundary of the area within which people can be trusted to keep their vessels in a state of ritual purity (*Hagiga* 25b) – there too, this location is used as an estimate of the Jerusalem vicinity.

לְפִיכָךְ נָקוּד עַל ה׳ *There is a dot over the letter heh.* There is a tradition to place dots over the letters of certain words in several verses scattered throughout the Torah. The sages took these dots to indicate an alternative reading of each of these verses (see *Midrash Raba,* quoted by Rashi on Gen. 18:9). In our case, the dot is over the letter *heh* in Numbers 9:10. The Yerushalmi explains that deleting the *heh* in this verse changes the feminine רְחוֹקָה to the masculine רָחוֹק. Thus, the subject of the verse is changed: instead of referring to a long distance (distance being the feminine רְחוֹקָה), the verse is referring to a man (the masculine רָחוֹק) who stands just outside the threshold of the Temple but does not enter.

In his commentary on the Torah, whenever a letter is dotted, Rashi points it out and interprets accordingly. In our case, he cites Rabbi Eliezer's opinion.

For both,
the recitation of Hallel is required while offering them,
they are eaten roasted, with matza and *maror,*
and [their offering] overrides Shabbat.

4 If a Pesaḥ sacrifice is offered in a state of impurity,
a *zav* or *zava,*
menstruating women,
and women after childbirth
may not eat it.
But if they do eat it, they are exempt from *karet.*
Rabbi Eliezer exempts them even if they enter the Temple.

5 What is the difference between the Passover observed in Egypt and the Passover festival of subsequent generations?
The Pesaḥ offered in Egypt
had to be selected on the tenth [of Nisan];
[its blood] had to be sprinkled with a bunch of hyssop
on the lintel and two doorposts;

---

camp." This verse is understood as the source prohibiting the entry of the impure into the Temple. Rabbi Eliezer argues that once this prohibition is suspended for people with corpse impurity, thus permitting them to enter the Temple and offer their Pesaḥ, it is suspended for all other types of impurity as well; the sages disagree, arguing that the verse describes three separate cases of distancing from the camp, and that the prohibition regarding only one of them is suspended – the person with corpse impurity. However, the sages agree that the repeated prohibition against eating sanctified meat in a state of impurity (Lev. 7:19–20) indicates that once some impure people are allowed to eat, none is liable for *karet* (95b).

מִקָּחוֹ מִבֶּעָשׂוֹר *Selected on the tenth.* This verse (Ex. 12:3) is the source for the requirement that the daily offering be examined for blemishes four days before its slaughter (*Arakhin* 13a–b; see Rashi). However, the designation of an animal as a Pesaḥ in subsequent generations need not be that far in advance: one may both check several lambs and choose one of them on the fourteenth (Rashi, 96a; see note to mishna 6:6).

זֶה וָזֶה
טְעוּנִין הַלֵּל בַּעֲשִׂיָּתָן
וְנֶאֱכָלִין צָלִי עַל מַצָּה וּמְרוֹרִים
וְדוֹחִין אֶת הַשַּׁבָּת.

ד הַפֶּסַח שֶׁבָּא בְטֻמְאָה
לֹא יֹאכְלוּ מִמֶּנּוּ זָבִין וְזָבוֹת, נִדּוֹת וְיוֹלְדוֹת
וְאִם אָכְלוּ, פְּטוּרִים מִכָּרֵת.
רַבִּי אֱלִיעֶזֶר פּוֹטֵר אַף עַל בִּיאַת הַמִּקְדָּשׁ.

ה מַה בֵּין פֶּסַח מִצְרַיִם לְפֶסַח דּוֹרוֹת?
פֶּסַח מִצְרַיִם
מִקָּחוֹ מִבֶּעָשׂוֹר
וְטָעוּן הַזָּאָה בַּאֲגֻדַּת אֵזוֹב עַל הַמַּשְׁקוֹף וְעַל שְׁתֵּי הַמְּזוּזוֹת

וְדוֹחִין אֶת הַשַּׁבָּת *And overrides Shabbat.* As the Torah states that the second Pesah must also be offered בְּמוֹעֲדוֹ "at its appointed time" (Num. 9:3). However, in *Yoma* 51a this law is derived from the inclusive verse "they should bring it according to all the rules of the Pesah offering" (see Tosafot ad loc.; mishna 6:2).

לֹא יֹאכְלוּ מִמֶּנּוּ *May not eat it.* "Any man (אִישׁ) who is defiled by dead bodies (טָמֵא לְנֶפֶשׁ), or is on a long journey – for generations to come – may bring a Pesaḥ offering to the Lord" (Num. 9:10). The Talmud deduces from the word איש that impure individuals are required to bring a second Pesaḥ; However, if the entire nation is impure, the first Pesaḥ is offered by all in a state of impurity (mishna 7:6), excluding persons with the types of impurity listed in our mishna: the Talmud learns from the phrase טָמֵא לְנֶפֶשׁ that the law permitting the offering of the Pesaḥ by an impure community refers only to corpse impurity (66b–67a).

פּוֹטֵר אַף עַל בִּיאַת הַמִּקְדָּשׁ *Exempts them even if they enter the Temple.* The dispute regarding the liability for entering the Temple of persons with the types of impurity listed is based on Numbers 5:2: "Command the Israelites thus: all lepers, *zavim*, and those with corpse impurity shall be sent away from the

and it was eaten in haste in one night;
while the Passover of subsequent generations is observed all
seven days.

6 Rabbi Yehoshua said: I learned
that the substitution for the Pesaḥ is offered,
but also that the substitution for the Pesaḥ is not offered,
and I cannot explain it.
Rabbi Akiva said: I will explain it:
If a [lost] Pesaḥ was found
before the Pesaḥ [consecrated in its place] was slaughtered,
it is put to pasture until it becomes unfit for sacrifice,
and is sold, and a peace-offering is bought with its money,
and likewise for its substitute.

(Rashi, 96b). Rabbi Yehoshua remembered two seemingly contradicting statements regarding such a substitute, and was at a loss to reconcile them. In *Zevahim* 37b, Rabbi Yehoshua is reported to have known the difference between the two scenarios; he was only in doubt because the first case in the mishna seems to follow a minority opinion (that the substitute for a Pesaḥ may never be offered); according to this tradition, Rabbi Akiva's answer reconciled the first case with the majority opinion.

קֹדֶם שְׁחִיטַת הַפֶּסַח *Before the Pesaḥ was slaughtered.* This does not refer to the type of substitution prohibited by the Torah, but to an act of consecrating a new animal for the Pesaḥ offering in place of the lost one. According to Rambam, if the original offering is found on time, either of the animals can be sacrificed, as implied in Mishna *Temura* 22b (*Hilkhot Korban Pesaḥ* 4:6).

יִרְעֶה *Put to pasture.* When an animal designated as an offering becomes disqualified as a sacrifice, its use for mundane purposes is still forbidden. Consequently, the animal is sent out to pasture until it contracts a blemish that disqualifies it as a sacrifice (compare to mishna 7:9). Afterwards, it can be redeemed against money and used for mundane purposes; another sacrifice (in this case, a peace-offering) was purchased with the money.

וְכֵן תְּמוּרָתוֹ *And likewise for its substitute.* If the owner substituted a non-consecrated animal for it after it was sent to pasture, the substituted animal is not considered a peace-offering, but is sent to pasture as well (Rashi, 96b).

וְנֶאֱכָל בְּחִפָּזוֹן בְּלַיְלָה אֶחָד
וּפֶסַח דּוֹרוֹת נוֹהֵג כָּל שִׁבְעָה.

ו אָמַר רַבִּי יְהוֹשֻׁעַ:
שָׁמַעְתִּי שֶׁתְּמוּרַת הַפֶּסַח קְרֵבָה
וּתְמוּרַת הַפֶּסַח אֵינָהּ קְרֵבָה
וְאֵין לִי לְפָרֵשׁ.
אָמַר רַבִּי עֲקִיבָא, אֲנִי אֲפָרֵשׁ:
הַפֶּסַח שֶׁנִּמְצָא קֹדֶם שְׁחִיטַת הַפֶּסַח
יִרְעֶה עַד שֶׁיִּסְתָּאֵב
וְיִמָּכֵר, וְיִקַּח בְּדָמָיו שְׁלָמִים
וְכֵן תְּמוּרָתוֹ;

נֶאֱכָל בְּחִפָּזוֹן *Eaten in haste.* Exodus 12:23–24. Similar to the previous difference, this special haste was due to the circumstances of the night of redemption. However, the Pesaḥ in subsequent generations must also be eaten by the end of the night; this can also be considered to be "in haste" (see mishna 10:9).

כָּל שִׁבְעָה *All seven days.* Referring to the seven-day Festival of Matzot, during which all *ḥametz* is banned (Ex. 12:8); during the exodus, the Israelites were permitted to eat *ḥametz* after the first day of the festival (96b, based on Ex. 13:3–4).

אֵין לִי לְפָרֵשׁ *I cannot explain it.* This is the third and last time in this tractate that the actual proceedings of the tannaitic *beit midrash* are recorded (see mishna 6:2 and 6:5). However, the proceedings here do not concern a dispute, but present a case of a student assisting his teacher with a difficulty he encountered.

In Leviticus 27:33, the Torah forbids substitution – redeeming an animal designated for sacrifice by substituting another for it. The prohibition stands whether the substituted animal is worse or even better than the first. One who attempts to make the substitution ultimately fails, as the original animal remains designated for the sacrifice; but the substituted animal becomes consecrated as well. However, one person may not sacrifice two Pesaḥ offerings; therefore, the substituted animal is offered as a peace-offering after the festival

If it was found after [its substitute was] offered as a Pesaḥ,
it is offered as a peace-offering,
and likewise its substitute.

7 If one designated a female [lamb]
or a two-year-old male as his Pesaḥ,
it is put to pasture until it becomes unfit for sacrifice,
and is sold,
and its money is used for a free-will offering.
If one designated a Pesaḥ and then died,
his son should not offer it as a Pesaḥ instead of him,
but rather as a peace-offering.

8 If a Pesaḥ became mixed up with other offerings,
all of them are put to pasture until they become unfit for sacrifice,
and are sold,
and for the price of the best of them
[the owner] must offer one of each type,
and he absorbs the additional expense from his own pocket.

---

ings, as is the case with other animals sent to pasture (*Shekalim* 6:5); Meiri points out that this rule is indicated in the Talmud (98a, see Rashi). However, in *Hilkhot Korban Pesaḥ* 4:4 Rambam rules that the money reverts to the owner: if the animal contracted its blemish before the festival, the owner can buy another Pesaḥ with the money; otherwise, he purchases a peace-offering, as in the case enumerated in the previous mishna. This rule is supported by Tosafot (96b); indeed, in *Zevaḥim* 9b and *Menaḥot* 83b they quote this mishna as follows: "and its money is used for a peace-offering."

לֹא יְבִיאֶנּוּ בְנוֹ אַחֲרָיו לְשֵׁם פֶּסַח *His son should not offer it as a Pesaḥ.* If the father was the only one subscribed to it, so that it becomes a Pesaḥ without owners (Meiri, following 98a).

מִמִּין זֶה *One of each type.* This law is not unique to the Pesaḥ offering, but applies to any group of animals designated as different offerings. Once an animal has been consecrated for a certain offering, even if it cannot actually be sacrificed, its full value must be used for the same purpose.

For example: A male peace-offering, a female peace-offering, a sin-offering

אַחַר שְׁחִיטַת הַפֶּסַח
קָרֵב שְׁלָמִים
וְכֵן תְּמוּרָתוֹ.

ז הַמַּפְרִישׁ נְקֵבָה לְפִסְחוֹ
אוֹ זָכָר בֶּן שְׁתֵּי שָׁנִים
יִרְעֶה עַד שֶׁיִּסְתָּאֵב
וְיִמָּכֵר
וְיִפְּלוּ דָמָיו לִנְדָבָה.

הַמַּפְרִישׁ פִּסְחוֹ וָמֵת
לֹא יְבִיאֶנּוּ בְנוֹ אַחֲרָיו לְשֵׁם פֶּסַח
אֶלָּא לְשֵׁם שְׁלָמִים.

ח הַפֶּסַח שֶׁנִּתְעָרֵב בַּזְּבָחִים
כֻּלָּן יִרְעוּ עַד שֶׁיִּסְתָּאֲבוּ
וְיִמָּכְרוּ
וְיָבִיא בִּדְמֵי הַיָּפֶה שֶׁבָּהֶן מִמִּין זֶה
וּבִדְמֵי הַיָּפֶה שֶׁבָּהֶן מִמִּין זֶה
וְיַפְסִיד הַמּוֹתָר מִבֵּיתוֹ.

אַחַר שְׁחִיטַת הַפֶּסַח *Found after offered as a Pesaḥ.* A Pesaḥ which for any reason has not been sacrificed is automatically designated as a peace-offering, since the Pesaḥ itself is part of the larger category of peace-offerings (see mishna 6:2). In the previous case mentioned in this mishna, the two animals stood together before the owner; once he chose one of them, the rejected one was irrevocably disqualified from being sacrificed. However, in this case, the still-living Pesaḥ was never rejected, but simply went missing; it is therefore automatically designated as a peace-offering, as is any animal substituted for it (Rashi, ibid.).

נְדָבָה *A free-will offering.* In his commentary, Rambam explains that the money was donated to the Temple for the purpose of purchasing communal offer-

If it [a Pesaḥ] became mixed up with firstborn sacrifices,
Rabbi Shimon says:
If a group of priests [is subscribed to it] they may eat it.

9 If a group lost its Pesaḥ offering, and said to one of its members:
"Go and look for it, and slaughter it on our behalf,"
and he went and found it and slaughtered it,
while they bought [another animal] and slaughtered it –
if his [sacrifice] was slaughtered first,
he eats his,
and they eat his along with him.
if theirs was slaughtered first,
they eat theirs,
and he eats his.

---

to mishna 1:5). This is a general principle which is disputed elsewhere – in *Zevaḥim* 75b, Rabbi Shimon suggests a way to eat a peace-offering and a guilt-offering which have been mixed, but the sages allow this only for meat of offerings which became mixed up after slaughter, when no other option is available. Here, they likewise rule that all should be sent to pasture, and after all have contracted blemishes, a Pesaḥ offering is bought at the price of the best of them (98b).

הֵם לָקְחוּ וְשָׁחֲטוּ *They bought and slaughtered it.* As they were concerned he might not find it on time (Meiri).

הֵם אוֹכְלִים עִמּוֹ *They eat his along with him.* Since they appointed him to act for them, all of them are subscribed to the Pesaḥ he slaughters. The other offering they have slaughtered themselves becomes an offering with no owners, and is sent to the place of burning, as mentioned below (Rashi, 98b).

הֵם אוֹכְלִים מִשֶּׁלָּהֶן וְהוּא אוֹכֵל מִשֶּׁלּוֹ *They eat theirs, and he eats his.* By slaughtering a different offering, they have effectively withdrawn from the original one, which is permitted (see mishna 8:3); however, as the member sent to seek the lost one did not subscribe to their offering, he eats from the one he had slaughtered (Rashi ibid.).

נִתְעָרֵב בִּבְכוֹרוֹת –
רַבִּי שִׁמְעוֹן אוֹמֵר:
אִם חֲבוּרַת כֹּהֲנִים, יֹאכֵלוּ.

ט חֲבוּרָה שֶׁאָבַד פִּסְחָהּ
וְאָמְרוּ לְאֶחָד: צֵא וּבַקֵּשׁ וּשְׁחֹט עָלֵינוּ.
וְהָלַךְ וּמָצָא וְשָׁחַט
וְהֵם לָקְחוּ וְשָׁחֲטוּ –
אִם שֶׁלּוֹ נִשְׁחַט רִאשׁוֹן
הוּא אוֹכֵל מִשֶּׁלּוֹ, וְהֵם אוֹכְלִים עִמּוֹ מִשֶּׁלּוֹ
וְאִם שֶׁלָּהֶן נִשְׁחַט רִאשׁוֹן
הֵם אוֹכְלִים מִשֶּׁלָּהֶן וְהוּא אוֹכֵל מִשֶּׁלּוֹ

---

and a burnt-offering are all mixed together. The male peace-offering is the most expensive, followed by the burnt-offering, the female peace-offering and the sin-offering. The owner must purchase a peace-offering and a burnt-offering, each at the price of the more expensive male peace-offering; another peace-offering and a sin-offering are each bought at the price of the more expensive female peace-offering.

יֹאכֵלוּ *They may eat it.* "The firstborn was eaten only by the priests … prepared in any manner, during two days and one night" (page 399). Rabbi Shimon suggests that in a case where the Pesaḥ is mixed with firstborn sacrifices, priests may offer all of the animals on Passover Eve; they should stipulate that they are eating the one originally designated as a Pesaḥ as fulfillment of that commandment, while the rest are being eaten as firstborn sacrifices. Due to the unclear status of these animals, they would all be eaten roasted on the Seder night, as the laws of the Pesaḥ must be observed with regard to all of them.

However, other sages disagree, stating that it is forbidden to make a sacrifice without allowing it the proper amount of time to be eaten, as they might end up becoming נוֹתָר (left over) and will need to be burned (see note

If it is unknown which of them was slaughtered first,
or if both were slaughtered simultaneously,
he eats his, and they do not eat with him,
their [sacrifice] goes out to the place of burning,
and [the group] is exempt from observing the second Pesaḥ.
If the individual member said to the group:
"If I am delayed, go and slaughter on my behalf,"
if he went and found [the lost animal] and slaughtered it,
and they bought [another animal] and slaughtered it,
if theirs was slaughtered first,
they eat from theirs, and he eats with them;
if his was slaughtered first,
he eats from his and they eat from theirs;
if it is unknown which of them was slaughtered first,
or if both were slaughtered simultaneously,
they eat from theirs, and he does not eat with them,
his goes out to the place of burning,
and he is exempt from observing the second Pesaḥ.
If the individual and the group asked each other
[to slaughter a Pesaḥ offering on their behalf],
all of them eat from the animal slaughtered first.
If it is unknown which of them was slaughtered first,
both sacrifices go out to the place of burning.
If neither the individual nor the group asked each other,
they are not responsible for one another.

---

one of them (the agent's) is eaten – therefore, the group is exempt from observing the second Pesaḥ, as even a Pesaḥ that is left uneaten is considered a fulfillment of the mitzva (*Leḥem Mishneh, Hilkhot Korban Pesaḥ* 3:4, following Tosafot, 98b).

אָמַר לָהֶן *If the individual member said to the group.* In this case he appointed them to act on his behalf, but they did not ask him to act on theirs (Rashi ibid).

אֵינָן אַחֲרָאִין זֶה לָזֶה *They are not responsible for one another.* Even if it was well understood that each member was to act on behalf of the others, as long as there was no explicit appointment, they are considered two separate groups,

וְאִם אֵינוֹ יָדוּעַ אֵיזֶה מֵהֶן נִשְׁחַט רִאשׁוֹן
או שֶׁשְּׁחָטוּ שְׁנֵיהֶן כְּאֶחָד
הוּא אוֹכֵל מִשֶּׁלּוֹ, וְהֵם אֵינָם אוֹכְלִים עִמּוֹ
וְשֶׁלָּהֶן יֵצֵא לְבֵית הַשְּׂרֵפָה
וּפְטוּרִין מִלַּעֲשׂוֹת פֶּסַח שֵׁנִי.
אָמַר לָהֶן: אִם אִחַרְתִּי, צְאוּ וְשַׁחֲטוּ עָלַי
הָלַךְ וּמָצָא וְשָׁחַט
וְהֵן לָקְחוּ וְשָׁחֲטוּ.
אִם שֶׁלָּהֶן נִשְׁחַט רִאשׁוֹן
הֵן אוֹכְלִין מִשֶּׁלָּהֶן, וְהוּא אוֹכֵל עִמָּהֶן
וְאִם שֶׁלּוֹ נִשְׁחַט רִאשׁוֹן
הוּא אוֹכֵל מִשֶּׁלּוֹ, וְהֵן אוֹכְלִין מִשֶּׁלָּהֶן
וְאִם אֵינוֹ יָדוּעַ אֵיזֶה מֵהֶם נִשְׁחַט רִאשׁוֹן
או שֶׁשְּׁחָטוּ שְׁנֵיהֶם כְּאֶחָד
הֵן אוֹכְלִין מִשֶּׁלָּהֶן, וְהוּא אֵינוֹ אוֹכֵל עִמָּהֶן
וְשֶׁלּוֹ יֵצֵא לְבֵית הַשְּׂרֵפָה
וּפָטוּר מִלַּעֲשׂוֹת פֶּסַח שֵׁנִי.
אָמַר לָהֶן, וְאָמְרוּ לוֹ
אוֹכְלִין כֻּלָּם מִן הָרִאשׁוֹן
וְאִם אֵין יָדוּעַ אֵיזֶה מֵהֶן נִשְׁחַט רִאשׁוֹן
שְׁנֵיהֶן יוֹצְאִין לְבֵית הַשְּׂרֵפָה.
לֹא אָמַר לָהֶן, וְלֹא אָמְרוּ לוֹ
אֵינָן אַחֲרָאִין זֶה לָזֶה.

פְּטוּרִין מִלַּעֲשׂוֹת פֶּסַח שֵׁנִי *Exempt from observing the second Pesaḥ.* In mishna 8:2, the slave offered both a lamb and a kid under the assumption that his master would later declare which animal he had designated; therefore, if the owner forgot to do so before the sprinkling, it is as if no Pesaḥ was offered for him. In this case, however, both offerings sacrificed were clearly designated, and

10 If the Pesaḥ sacrifices of two groups became mixed up with each
other,

each group chooses one animal,
and one member of each group goes to the other group.
And they declare thus:
"If this Pesaḥ offering was [originally] ours,
you are hereby withdrawn from your group,
and subscribed to ours.

But if this Pesaḥ was yours,
we are hereby withdrawn from ours, and
subscribed to yours."

And likewise with five groups of five
or ten groups of ten –
they draw one member from each group, and they declare thus.

11 If two people's Pesaḥ offerings became mixed up with each other,
each one takes one animal,
and each one subscribes someone from the marketplace to his
offering.
[Then each of the initial subscribers] goes to the other group,
and they declare thus:
"If this was [originally] my Pesaḥ offering,
you are hereby withdrawn from yours, and subscribed to
mine.

If this was your Pesaḥ offering,
I am hereby withdrawn from mine, and subscribed to yours."

(quoted in 99a), Rabbi Yehuda is of the opinion that the groups must be
combined in a way that each group slaughtering a Pesaḥ offering should
contain at least one member of each of the original groups; this is to ensure
that one of the original subscribers to each Pesaḥ partakes from it. However,
Rabbi Yose does not insist upon this, as long as none of the offerings is left
at any stage with no owners at all.

אֶחָד מִן הַשּׁוּק *Someone from the marketplace.* A colloquialism, meaning "any
other person."

כָּךְ הֵם אוֹמְרִים *They declare thus.* The Talmud (99a) contrasts this mishna with
8:7, in which Rabbi Yehuda forbids slaughtering the Pesaḥ for an individual,

י שְׁתֵּי חֲבוּרוֹת שֶׁנִּתְעָרְבוּ פִסְחֵיהֶן
אֵלּוּ מוֹשְׁכִין לָהֶן אֶחָד, וְאֵלּוּ מוֹשְׁכִין לָהֶן אֶחָד
אֶחָד מֵאֵלּוּ בָּא לוֹ אֵצֶל אֵלּוּ
וְאֶחָד מֵאֵלּוּ בָּא לוֹ אֵצֶל אֵלּוּ
וְכָךְ הֵם אוֹמְרִים:
אִם שֶׁלָּנוּ הוּא הַפֶּסַח הַזֶּה
יָדֶיךָ מְשׁוּכוֹת מִשֶּׁלְּךָ, וְנִמְנֵיתָ עַל שֶׁלָּנוּ
וְאִם שֶׁלְּךָ הוּא הַפֶּסַח הַזֶּה
יָדֵינוּ מְשׁוּכוֹת מִשֶּׁלָּנוּ, וְנִמְנִינוּ עַל שֶׁלְּךָ.
וְכֵן חָמֵשׁ חֲבוּרוֹת שֶׁלַּחֲמִשָּׁה חֲמִשָּׁה וְשֶׁלַּעֲשָׂרָה עֲשָׂרָה
מוֹשְׁכִין לָהֶן אֶחָד מִכָּל חֲבוּרָה וַחֲבוּרָה
וְכֵן הֵם אוֹמְרִים.

יא שְׁנַיִם שֶׁנִּתְעָרְבוּ פִסְחֵיהֶם
זֶה מוֹשֵׁךְ לוֹ אֶחָד, וְזֶה מוֹשֵׁךְ לוֹ אֶחָד
זֶה מְמַנֶּה עִמּוֹ אֶחָד מִן הַשּׁוּק, וְזֶה מְמַנֶּה עִמּוֹ אֶחָד מִן הַשּׁוּק
זֶה בָּא אֵצֶל זֶה, וְזֶה בָּא אֵצֶל זֶה
וְכָךְ הֵם אוֹמְרִים:
אִם שֶׁלִּי הוּא הַפֶּסַח הַזֶּה
יָדֶיךָ מְשׁוּכוֹת מִשֶּׁלְּךָ, וְנִמְנֵיתָ עַל שֶׁלִּי
וְאִם שֶׁלְּךָ הוּא הַפֶּסַח הַזֶּה
יָדַי מְשׁוּכוֹת מִשֶּׁלִּי, וְנִמְנֵיתִי עַל שֶׁלְּךָ.

---

and no complications arise (Rambam, *Hilkhot Korban Pesaḥ* 3:6). The Talmud comments on the advantage of refraining from such requests and appointments by quoting the saying: "Silence is praiseworthy for the wise; how much more so for fools" (99a).

אֶחָד מֵאֵלּוּ בָּא לוֹ אֵצֶל אֵלּוּ *One member of each group goes to the other group.* The procedure required by the mishna is necessary because the Pesaḥ must not remain without an owner even for one moment. According to the Tosefta

CHAPTER 10

1   Every Passover Eve, close to the hour of Minḥa,
          one may not eat until nightfall.
      Even a poor man of Israel may not eat
          unless he reclines.
          And he must be given no less than four cups of wine,
              even if he subsists from the charity plate.

---

focal point of the hope expressed throughout the Seder for the full redemp-
tion and rebuilding of the Temple.

סָמוּךְ לַמִּנְחָה *Close to the hour of Minḥa.* The time that the mishna is referring
to is *minḥa ketana*, the "lesser minḥa", which begins at nine and a half halakhic
hours, two and a half halakhic hours before sunset. Eating is prohibited after
that time to prevent spoiling one's appetite in anticipation of the eating of
matza at the Seder later on (107b; see commentary to mishna 5:1). However,
fruit and vegetables, which do not satiate the appetite are permitted (Rashi);
some also allow meat (Rashbam) or cakes (Rosh, resp. 14:5).

עַד שֶׁיָּסֵב *Unless he reclines.* In Talmudic times, festive meals were eaten while
reclining on couches; one is expected to so at the Seder, since reclining indi-
cates the status of freedom all of Israel attained when redeemed from Egypt
(Yerushalmi; Rashi, 99b). Ra'aviya (525) ruled that today, as reclining is no
longer the custom, there is no need to recline. Nonetheless, the custom is to
recline; *Arukh HaShulḥan* wrote that reclining is appropriate today as well, as
it fits in with the goal of making the Seder a special night (OḤ 472:3).
      The Talmud states that a married woman does not recline, unless she is
a distinguished woman (108a). Rema cites the *Mordekhai*, who ruled that
today, all women are considered distinguished, and should, therefore, re-
cline (OḤ 472:4); this position was adopted by Rabbi Ḥayyim Sofer (*Kaf
HaḤayyim*, OḤ 472:28) and Rabbi Moshe Feinstein (*Iggrot Moshe*, OḤ 5:20).

אֲפִלּוּ מִן הַתַּמְחוּי *From the charity plate.* Even the poorest of paupers – those
who receive their food from the charity plate on a daily basis, receive four
cups of wine from charity (Rashbam, 99b, citing *Pe'a* 8:7). The *Tur* reads the
mishna: "even if he will subsist from the charity plate," enjoining one to buy
four cups of wine, even if that will necessitate accepting charity as a result (OḤ
472; compare to his ruling in OḤ 242). This is supported by the Yerushalmi,

פרק עשירי

א עַרְבֵי פְסָחִים סָמוּךְ לַמִּנְחָה
לֹא יֹאכַל אָדָם עַד שֶׁתֶּחְשַׁךְ.
וַאֲפִלּוּ עָנִי שֶׁבְּיִשְׂרָאֵל
לֹא יֹאכַל עַד שֶׁיָּסֵב.
וְלֹא יִפְחֲתוּ לוֹ מֵאַרְבָּעָה כוֹסוֹת שֶׁלַּיַּיִן
וַאֲפִלּוּ מִן הַתַּמְחוּי.

---

and concludes that each of the initial owners is assumed to have purchased his animal with the intention of having an additional person subscribe to it; according to Rabbi Yose, who allows slaughtering the Pesah for an individual, this mishna is readily understood.

CHAPTER TEN

In the tenth and final chapter, the culmination of Passover is reached at last – the actual feast, in which the offering is eaten and the miracle of the exodus recounted. Some of the laws pertaining to the consumption of the Pesaḥ have already appeared in mishnayot 7:11–13, but the actual Seder, literally "order of the rite," is presented here.

This chapter can be viewed as a combination of two entirely different *Sedarim:* the first three mishnayot seem to relate to the Seder night as it is observed today, but mishnayot 4–5 refer to a feast in which the Pesaḥ was actually eaten; both the four questions and Rabban Gamliel's explanation of the mitzvot of the Seder were later modified for the Haggada we read today. Mishna 6 refers to a prayer for redemption, returning again to the topic of the post-destruction Seder; but mishnayot 8–9 clearly return to the feast while the Temple stood.

The four cups serve as a common thread throughout this chapter, as they accompany four stages of the feast: the Kiddush, the story of the exodus, the Grace after Meals and the completion of Hallel (117b). The Yerushalmi (10:1) suggests several sources for the rabbinic requirement to drink the four cups; the best known of them, popularized by Rashi (99b), refers to the four times God promised Moses that Israel would be redeemed from slavery in Egypt (Ex. 5:6–7). After the destruction, the promise of redemption became the

2 When they pour him the first cup,
Beit Shammai say:
He recites the blessing for the festival,
and then the blessing for the wine.
Beit Hillel say:
He recites the blessing for the wine,
and then the blessing for the festival.

3 They bring it to him;
he dips the lettuce,
until he reaches the course secondary to the matza.

---

reason: the frequent blessing (over the wine) should precede the infrequent one (over the festival), in accordance with the Mishnaic rule (*Horayyot* 12b; *Zevaḥim* 89b): "כָּל הַתָּדִיר מֵחֲבֵרוֹ – קוֹדֵם אֶת חֲבֵרוֹ" (114a).

הֵבִיאוּ לְפָנָיו *They bring it to him.* The first few lines in this mishna are highly unclear, and various readings of it were offered (114a). Rashi reads it as follows: "They bring it [the lettuce, if no other vegetables are available] to him; he dips the lettuce in *ḥaroset*, before he reaches [the lettuce eaten for *maror* as a] course secondary to the matza." Rashbam follows this reading, but argues that the *ḥaroset* is not yet served at this stage, and that the vegetables are dipped in salt water; Rabbeinu Tam (cited in the Tosafot) preferred vinegar. Rabbeinu Ḥananel reads the mishna differently: "They bring it [the table on which the lettuce is placed] to him, he dips the lettuce, [as the only thing eaten] until he reaches the time for eating matza." Ramban (cited by Ran, 24b) explains that פַּרְפֶּרֶת הַפַּת in the mishna refers to the matza itself, since it is different from the bread normally served.

בַּחֲזֶרֶת *The lettuce.* The Talmud states that if other vegetables are available, it is preferable to dip them at this stage, keeping the lettuce for the mitzva of *maror* to be fulfilled later on; the regular blessing בּוֹרֵא פְּרִי הָאֲדָמָה "who creates the fruit of the ground" is recited for the other vegetables, while עַל אֲכִילַת מָרוֹר "to eat bitter herbs" is recited for the lettuce (114b). The *Rishonim* (beginning with the *Ittur, Hilkhot Matza UMaror*) attest that their custom was to use *karpas* (probably celery) as the other vegetable. Today, the term *karpas* refers to any vegetable used for this mitzva; some use parsley or potatoes.

ב מָזְגוּ לוֹ כּוֹס רִאשׁוֹן –
בֵּית שַׁמַּאי אוֹמְרִים:
מְבָרֵךְ עַל הַיּוֹם, וְאַחַר כָּךְ מְבָרֵךְ עַל הַיַּיִן
וּבֵית הִלֵּל אוֹמְרִים:
מְבָרֵךְ עַל הַיַּיִן, וְאַחַר כָּךְ מְבָרֵךְ עַל הַיּוֹם.
ג הֵבִיאוּ לְפָנָיו
מְטַבֵּל בַּחֲזֶרֶת, עַד שֶׁמַּגִּיעַ לְפַרְפֶּרֶת הַפַּת.

---

which quotes Rav Ḥiyya bar Ada: "no one enjoys needing the charity purse (from which money was distributed to the poor every week); but here – [one should resort] even to the charity plate."

מָזְגוּ לוֹ *When they pour him.* In Talmudic times, wine was normally mixed with water (*Shabbat* 77a). One was allowed to drink the four cups with undiluted wine, but was censured for drinking not as a sign of freedom, but in the manner of a drunkard (108b and *Piskei HaRid*). Rashbam and Tosafot suggest that in Talmudic times the wine was stronger than that available in Northern Europe, and that therefore their wine did not need diluting; this is probably true, as grapevines thrive in the warmer, more temperate climate of the Mediterranean.

The mixing and serving was done by the שַׁמָּשׁ, servant, who may have been a member of the group partaking of the Pesaḥ (see mishna 7:13). This serving role was not a sign of indignity or inferiority; in *Kiddushin* 32b Rabban Gamliel, the Nasi of the Sanhedrin, is mentioned as having served his guests in person.

מְבָרֵךְ עַל הַיּוֹם, וְאַחַר כָּךְ מְבָרֵךְ עַל הַיַּיִן *He recites the blessing for the festival, and then the blessing for the wine.* The dispute between Beit Shammai and Beit Hillel is not exclusive to Seder night; they disagree with regard to the order of blessings on Sabbath Eve and on other festivals as well (Mishna, *Berakhot* 51b). According to Beit Shammai the blessing for the festival should come first, because the festival begins before the wine is brought to the table; Beit Hillel argue that without the wine, the blessing for the festival would not be recited at all, and should therefore precede it. Beit Hillel offer an additional

They bring him

matza, lettuce, *ḥaroset,* and two cooked dishes,

  although eating *ḥaroset* is not a mitzva.

  Rabbi Eliezer bar Tzaddok says it is a mitzva.

  When the Temple stood – they would bring him the Pesaḥ itself

[at this point].

4   When they pour him the second cup,

  the son asks his father.

  And if the son has no aptitude, his father teaches him:

  What makes this night unlike all other nights?

---

women during the enslavement (*Sotah* 11b, based on Song. 8:5; see commentary to the Haggada). Rambam rules according to Rabbi Eliezer bar Tzaddok, calling *ḥaroset* a מִצְוָה מִדִּבְרֵי סוֹפְרִים, a mitzva instituted by the sages (*Hilkhot Ḥametz UMatza* 7:11).

הַבֵּן שׁוֹאֵל אָבִיו *The son asks his father.* Rashi explains that after the second cup is poured, an intelligent son would notice that instead of washing for bread (or, in this case, matza), the parents continue to drink (116a). According to the Talmud, the pouring of the second cup was preceded by the removing of the table, with the goal of stimulating the children to ask questions (115b). Tosafot point out that with the larger tables used today, removing the table would be impractical; therefore, our custom is to remove the Seder plate instead. Any question is acceptable, as long as interest is sparked and discussion triggered (116a). If the son fails to ask questions spontaneously, the father is obligated to teach the son all the details that follow. This explanation follows the version in the printed editions of the Mishna and in both Talmuds; this reading is supported by the four questions which refer to details unique to the Pesaḥ feast, but will not happen until later in the evening.

  Rashbam attributes a different tradition to Rashi, which reads "וְכֵן הַבֵּן שׁוֹאֵל", meaning: "When they pour... the son asks his father thus" – as opposed to asking any question that comes to mind, the son is supposed to ask these specific four questions. Rid (quoted in *Shibbolei HaLeket* 218) explains that these are the questions two scholars ask each other if there are no children to ask them; the questions serve as a formal introduction to מַגִּיד.

הֵבִיאוּ לְפָנָיו מַצָּה וְחַזֶרֶת וַחֲרֹסֶת וּשְׁנֵי תַבְשִׁילִין
אַף עַל פִּי שֶׁאֵין חֲרֹסֶת מִצְוָה.
רַבִּי אֶלְעָזָר בַּר צָדוֹק אוֹמֵר: מִצְוָה.
וּבַמִּקְדָּשׁ הָיוּ מְבִיאִים לְפָנָיו גּוּפוֹ שֶׁלַּפֶּסַח.

ד מָזְגוּ לוֹ כוֹס שֵׁנִי
וְכָאן הַבֵּן שׁוֹאֵל אָבִיו.
וְאִם אֵין דַּעַת בַּבֵּן, אָבִיו מְלַמְּדוֹ:
מַה נִּשְׁתַּנָּה הַלַּיְלָה הַזֶּה מִכָּל הַלֵּילוֹת?

מַצָּה וְחַזֶרֶת וַחֲרֹסֶת וּשְׁנֵי תַבְשִׁילִין *Matza, lettuce, ḥaroset, and two cooked dishes.* According to the Yerushalmi, there is no mention of the two cooked dishes in the mishna; however, it does mention the custom to eat these dishes outside Jerusalem in memory of the Temple – one to remember the Pesaḥ itself, and the other for the remembrance of the festival peace-offering of the fourteenth of Nisan (see mishna 6:3–4). The Babylonian Talmud records one custom of using beetroot and rice, and another of serving two different courses of meat (114b). The *Tur* records the custom of using an egg and a shankbone (*OḤ* 473); this custom is the one most widely followed today.

Rema records a custom of bringing a Seder plate to the table, in which seven different foods were placed: the five mentioned in the mishna, in addition to *karpas* and vinegar (for dipping the *karpas*, following Rabbeinu Tam's custom, cited in the previous note). The Kabbalists adopted a similar custom, substituting the vinegar for very bitter herbs (*Pri Etz Ḥayyim, Ḥag HaMatzot* 6). This custom, with slight modification, has become nearly universal; however, those following the customs of the Vilna Gaon place only the five types of food mentioned in the mishna on their Seder plate (*Ma'aseh Rav* 191).

שֶׁאֵין חֲרֹסֶת מִצְוָה *Ḥaroset is not a mitzva.* According to the sages, the *ḥaroset* is merely intended to offset the bitterness of the *maror*, Rabbi Eliezer bar Tzaddok considers it a mitzva, being a symbol of the mud used by the Israelite slaves in Egypt – therefore, the *ḥaroset* should have a mud-like consistency (116a). It should also contain apples, in memory of the travails of the Israelite

While every other night we eat *ḥametz* and matza,
tonight there is only matza;
and while every other night we may eat many different greens,
tonight we will eat *maror*;
and while every other night we may eat roasted, boiled, or cooked meat,
tonight we will only eat roasted meat;
and while every other night we dip once,
tonight we will dip twice.
According to the son's understanding, his father teaches him.
He starts with disgrace and ends with glory,
expounding from "My father was a lost Aramean" *Deut. 26*
until he concludes the whole passage.

5 Rabban Gamliel would say:
If one does not say these three things on Pesaḥ –
he has not not fulfilled his obligation:

---

ing of the shameful origins of the Jewish nation; only then can the glory of the exodus be fully appreciated (Maharal, *Netzaḥ Yisrael* ch. 1). Two opinions are offered in the Talmud as to the shameful origins: Rav says that this refers to the idol-worship of our ancestors, while Shmuel explains that it refers to our slavery in Egypt (116a). Our custom is to say both: we begin with "We were slaves…" in accordance with Shmuel, and after the four sons, we continue with "In the beginning, our ancestors were idol worshipers…"

דּוֹרֵשׁ מֵ'אֲרַמִּי אֹבֵד אָבִי' עַד שֶׁיִּגְמֹר כָּל הַפָּרָשָׁה כֻּלָּהּ *Expounding from "My father was a lost Aramean" until he concludes the whole passage.* Deuteronomy 26:5–8, which was also recited aloud by those bringing the first fruits (*Bikkurim* 3:6), in order to remember the lowly origins from which the Jewish people rose to inherit the land of Israel (Rashbam, Deut. 26:10). On the Seder night, this passage is read with the focus on the bondage of yesteryear rather than present success.

רַבָּן גַּמְלִיאֵל הָיָה אוֹמֵר *Rabban Gamliel would say.* This mishna in its entirety appears in the Haggada, following the paragraph concluding the song "דַּיֵּנוּ", albeit with more extensive explanations of Pesaḥ, matza and *maror*.

שֶׁבְּכָל הַלֵּילוֹת אָנוּ אוֹכְלִין חָמֵץ וּמַצָּה
הַלַּיְלָה הַזֶּה כֻּלּוֹ מַצָּה.
שֶׁבְּכָל הַלֵּילוֹת אָנוּ אוֹכְלִין שְׁאָר יְרָקוֹת
הַלַּיְלָה הַזֶּה מָרוֹר.
שֶׁבְּכָל הַלֵּילוֹת אָנוּ אוֹכְלִין בָּשָׂר צָלִי, שָׁלוּק וּמְבֻשָּׁל
הַלַּיְלָה הַזֶּה כֻּלּוֹ צָלִי.
שֶׁבְּכָל הַלֵּילוֹת אָנוּ מַטְבִּילִין פַּעַם אַחַת
הַלַּיְלָה הַזֶּה שְׁתֵּי פְעָמִים.
וּלְפִי דַעְתּוֹ שֶׁלַּבֵּן אָבִיו מְלַמְּדוֹ.
מַתְחִיל בִּגְנוּת וּמְסַיֵּם בְּשֶׁבַח
וְדוֹרֵשׁ מֵ׳אֲרַמִּי אֹבֵד אָבִי׳ דברים כו
עַד שֶׁיִּגְמֹר כָּל הַפָּרָשָׁה כֻלָּהּ.
ה רַבָּן גַּמְלִיאֵל הָיָה אוֹמֵר:
כָּל שֶׁלֹּא אָמַר שְׁלֹשָׁה דְבָרִים אֵלּוּ בַפֶּסַח
לֹא יָצָא יְדֵי חוֹבָתוֹ.

אָנוּ אוֹכְלִין בָּשָׂר צָלִי, שָׁלוּק וּמְבֻשָּׁל *We may eat roasted, boiled, or cooked meat.* Today, this question, which refers to the sacrifice which was once offered, is omitted; a different question, regarding reclining, is substituted for it.

אָנוּ מַטְבִּילִין פַּעַם אַחַת *We dip once.* This is the version in the printed edition of the Mishna and in the Yerushalmi. In 116a, the Babylonian Talmud brings Rava's suggested amendment: "…every other night we need not dip even once", emphasizing the obligation rather than the act of dipping; in the printed editions of the Talmud, this version appears in parentheses. At the Seder today, we recite the version that appears in Ra'avan's Haggada, "we do not dip even once," which is supported by Rambam's Haggada. Another idiosyncracy in Rambam's version is his placement of this question at the beginning of the list, as it is the first difference the child encounters; the same order appears in the Yerushalmi.

מַתְחִיל בִּגְנוּת *He starts with disgrace.* One must begin the exodus story by tell-

and these are: Pesaḥ, matza and *maror.*
Pesaḥ: because God passed over the houses of our ancestors in Egypt.
Matza: because our ancestors were redeemed in Egypt.
Maror: because the Egyptians embittered the lives of our ancestors in Egypt.

In every generation one must view himself
as if he had left Egypt,
as it is said, "And you shall explain to your child on that day, *Ex. 13*
'It is because of what the LORD did for me
when I went out of Egypt.'"

Therefore, it is our duty to
thank, praise, laud, glorify, exalt, honor,
bless, raise high and acclaim
the One who performed all these miracles for our ancestors and for us;
who has brought us out
from slavery to freedom,
from misery to joy,
from grief to celebration,
from darkness to great light,
and from enslavement to redemption;
and so we shall say before Him, Halleluya.

שֶׁנִּגְאֲלוּ... בְּמִצְרַיִם *Redeemed in Egypt.* This is the version of the printed Mishna and the Yerushalmi. In the Babylonian Talmud, the version is מִמִּצְרַיִם – "from Egypt," following Exodus 12:39, the verse cited in the longer explanation provided in the Haggada (116b). Rambam's version simply reads: "because they were redeemed."

לִרְאוֹת אֶת עַצְמוֹ *See himself.* Rambam's version is לְרָאוֹת עַצְמוֹ, "show himself" (*Hilkhot Ḥametz UMatza* 7:6).

וְנֹאמַר לְפָנָיו הַלְלוּיָהּ *And so we shall say before Him, Halleluya.* In the Haggada, the version is "and so we shall sing a new song before Him."

וְאֵלוּ הֵן:
פֶּסַח, מַצָּה וּמָרוֹר.
פֶּסַח –
עַל שׁוּם שֶׁפָּסַח הַמָּקוֹם עַל בָּתֵּי אֲבוֹתֵינוּ בְּמִצְרַיִם.
מַצָּה –
עַל שׁוּם שֶׁנִּגְאֲלוּ אֲבוֹתֵינוּ בְּמִצְרַיִם.
מָרוֹר –
עַל שׁוּם שֶׁמֵּרְרוּ הַמִּצְרִיִּים אֶת חַיֵּי אֲבוֹתֵינוּ בְּמִצְרַיִם.
בְּכָל דּוֹר וָדוֹר
חַיָּב אָדָם לִרְאוֹת אֶת עַצְמוֹ
כְּאִלּוּ הוּא יָצָא מִמִּצְרַיִם
שֶׁנֶּאֱמַר:
'וְהִגַּדְתָּ לְבִנְךָ בַּיּוֹם הַהוּא לֵאמֹר שמות יג
בַּעֲבוּר זֶה עָשָׂה ה' לִי בְּצֵאתִי מִמִּצְרָיִם'.
לְפִיכָךְ אֲנַחְנוּ חַיָּבִין
לְהוֹדוֹת, לְהַלֵּל, לְשַׁבֵּחַ
לְפָאֵר, לְרוֹמֵם, לְהַדֵּר
לְבָרֵךְ, לְעַלֵּה וּלְקַלֵּס
לְמִי שֶׁעָשָׂה לַאֲבוֹתֵינוּ וְלָנוּ אֶת כָּל הַנִּסִּים הָאֵלּוּ:
הוֹצִיאָנוּ מֵעַבְדוּת לְחֵרוּת
מִיָּגוֹן לְשִׂמְחָה
וּמֵאֵבֶל לְיוֹם טוֹב
וּמֵאֲפֵלָה לְאוֹר גָּדוֹל
וּמִשִּׁעְבּוּד לִגְאֻלָּה.
וְנֹאמַר לְפָנָיו הַלְלוּיָהּ.

6 Until where does one recite [Hallel]?

> Beit Shammai say: Until "a happy mother of children."   *Ps. 113*
>
> Beit Hillel say: Until "flint into a flowing spring,"   *Ps. 114*
>
> and one concludes [the Haggada] with [a blessing of]
>
> > redemption.

Rabbi Tarfon says: [one says] "Who has redeemed us
and redeemed our ancestors from Egypt,"

> and does not conclude [with a final blessing].

Rabbi Akiva says: [One adds] "So may the LORD our God

> and the God of our ancestors
>
> bring us to more holy days and festivals
>
> that are approaching us in peace,
>
> joyful in the rebuilding of your city,
>
> rejoicing in your worship,
>
> and we shall eat there from the sacrifices and the Pesaḥ offerings,"
>
> > and so on, until "Blessed are You, LORD, Redeemer of
> >
> > > Israel."

7 When they pour him the third cup,

> he recites the Grace after Meals.

Over the fourth cup,

> he concludes the Hallel,
>
> and recites the blessing of song.

---

recite Psalm 114 before midnight, which was the actual time of the redemption – they therefore rule that one should initially only say Psalm 113, which is a more general prayer of thanksgiving; Beit Hillel argue that the entire Seder night is meant to recount the redemption; therefore, the mitzva should be completed by reciting Psalm 114 as well.

וְלֹא הָיָה חוֹתֵם **And does not conclude.** According to Rabbi Tarfon, the recitation of the Haggada concludes with an ordinary blessing, "Blessed are You, LORD, who has redeemed … from Egypt." Being short and uniform, it does not require another blessing at the end. Rabbi Akiva, however, adds a prayer for the future redemption. This lengthening of the blessing, as well as the change of theme, mandates an additional, concluding blessing.

בִּרְכַּת הַשִּׁיר **The blessing of song.** In *Pesaḥim* 118a, Rav Yehuda says that this

ו עַד הֵיכָן הוּא אוֹמֵר?
בֵּית שַׁמַּאי אוֹמְרִים:
עַד 'אֵם־הַבָּנִים שְׂמֵחָה' תהלים קיג
וּבֵית הִלֵּל אוֹמְרִים:
עַד 'חַלָּמִישׁ לְמַעְיְנוֹ־מָיִם'. תהלים קיד
וְחוֹתֵם בִּגְאֻלָּה.
רַבִּי טַרְפוֹן אוֹמֵר:
'אֲשֶׁר גְּאָלָנוּ וְגָאַל אֶת אֲבוֹתֵינוּ מִמִּצְרַיִם'
וְלֹא הָיָה חוֹתֵם.
רַבִּי עֲקִיבָא אוֹמֵר:
'כֵּן ה' אֱלֹהֵינוּ וֵאלֹהֵי אֲבוֹתֵינוּ
יַגִּיעֵנוּ לְמוֹעֲדִים וְלִרְגָלִים אֲחֵרִים, הַבָּאִים לִקְרָאתֵנוּ
לְשָׁלוֹם
שְׂמֵחִים בְּבִנְיַן עִירֶךָ וְשָׂשִׂים בַּעֲבוֹדָתֶךָ
וְנֹאכַל שָׁם מִן הַזְּבָחִים וּמִן הַפְּסָחִים, כו'
עַד 'בָּרוּךְ אַתָּה ה', גָּאַל יִשְׂרָאֵל'.
ז מָזְגוּ לוֹ כוֹס שְׁלִישִׁי
מְבָרֵךְ עַל מְזוֹנוֹ
רְבִיעִי
גּוֹמֵר עָלָיו אֶת הַהַלֵּל
וְאוֹמֵר עָלָיו בִּרְכַּת הַשִּׁיר.

עַד הֵיכָן הוּא אוֹמֵר *Until where does one recite. Tosafot Yom Tov* explains this dispute as follows: the sages are concerned that the Haggada be completed before the children fall asleep; Beit Shammai therefore require that only one chapter of Hallel be recited before the meal; while Beit Hillel see it as essential that the second passage, which mentions the exodus, be recited in conjunction with the main section of the Haggada. The Yerushalmi, however, has a slightly different explanation: Beit Shammai consider it inappropriate to

Between these cups, if one wishes to drink,
one may drink,
[but] between the third and fourth cups
one may not drink.

8 After eating the Pesaḥ offering one does not eat anything more.

If some of the group slept [during the *seder*], they may [continue] to eat.

If all of them did, they may not eat.
Rabbi Yose says:
If they dozed, they may eat,
if they fell asleep, they may not eat.

אֵין מַפְטִירִין *One does not eat anything more.* One may not eat anything after the Pesaḥ offering, as its taste is meant to linger in the mouth (119b–120a). Today, we conclude the meal with a piece of matza in place of the Pesaḥ offering, and no eating is permitted following it (Rashi).

יָשְׁנוּ מִקְצָתָן *If some of the group slept.* Rashbam explains that sleeping is considered הֶסֵּחַ הַדַּעַת, a diversion of attention, which splits the feast in two: it is as if one is eating the Pesaḥ in two different groups. The first *tanna* suggests that as long as the other members of the group continue with the meal, the individual member is considered to have continued eating as well. Rabbi Yose offers a different, more general criterion: he distinguishes between fully sleeping and dozing; the latter is not considered a break (120a). This distinction is relevant to meals in general, with regard to the laws of blessings: if one falls asleep in the middle of a meal, one must repeat the blessings before eating again; however, dozing is not considered a break (*Shulḥan Arukh*, OḤ 178:7, following Rosh).

According to Rashbam, Rabbi Yose's criterion qualifies the first statement in the mishna: if some of the members of the group dozed off temporarily, they can continue to eat the Pesah; however, one who falls asleep may not. Rabbi Zeraḥya HaLevy (cited by Maharam Ḥlawa) rejected this reading, arguing that Rabbi Yose is actually adding a leniency: even if all members of the group dozed, they may continue to eat their meal.

בֵּין הַכּוֹסוֹת הַלָּלוּ, אִם רוֹצֶה לִשְׁתּוֹת
יִשְׁתֶּה
בֵּין שְׁלִישִׁי לָרְבִיעִי
לֹא יִשְׁתֶּה.

ח וְאֵין מַפְטִירִין אַחַר הַפֶּסַח אֲפִיקוֹמָן.
יָשְׁנוּ מִקְצָתָן - יֹאכֵלוּ
כֻּלָּן - לֹא יֹאכֵלוּ.
רַבִּי יוֹסֵי אוֹמֵר:
נִתְנַמְנְמוּ - יֹאכֵלוּ
נִרְדְּמוּ - לֹא יֹאכֵלוּ.

---

refers to the blessing recited at the conclusion of Hallel: "All Your works will praise You, Lord…" (page 526) while Rabbi Yoḥanan explains it as a reference to *Nishmat kol ḥai*, "The soul of all that lives…" (page 450).

In the Geonic Haggadot, only "All Your works" is recited; Rambam (*Hilkhot Ḥametz UMatza* 8:10, following Rav Sa'adia Gaon) suggests that one pour a fifth cup and recite Psalm 136 "Thank the Lord for He is good" (see page 426) along with it. On the other hand, the Vilna Gaon used to recite only *Nishmat kol ḥai* (*Ma'aseh Rav* 191, following the *Roke'aḥ* 283). However, most follow the opinion of Rashbam and Tosafot (ibid., following *Siddur Rashi*, 380) that one recites both. The Ashkenazi custom is to begin with "All Your works" without concluding with a blessing, followed by Psalm 136 and *Nishmat kol ḥai*, concluding with the blessing "King, God, Giver of life to the worlds," (*Levush*, OḤ 486 following Rabbi Issac Tirna); while the Sephardi and Hasidic custom is to say Psalm 136, *Nishmat kol ḥai* without its concluding blessing, and then "All Your works" (*Shulḥan Arukh*, OḤ 480:1).

בֵּין הַכּוֹסוֹת הַלָּלוּ *Between these cups.* Between the first two cups and the second two cups, i.e. during the meal, one may drink freely; however, after the third cup one may not drink, lest he become intoxicated and be unable to conclude the recitation of the Hallel properly (Yerushalmi, cited by Rashbam, 117b).

9 After midnight [on the night of the *seder*],
the Pesaḥ offering renders the hands impure.
[For] any sacrifice disqualified by improper intention, or left over,
renders the hands impure.
If one recited the blessing over the Pesaḥ,
it exempts the [festival peace-] offering [of the fourteenth].
If one recited the blessing over that offering,
it does not exempt the Pesaḥ.
Thus says Rabbi Ishmael.
Rabbi Akiva said:
Neither one exempts the other.

פָּטַר אֶת שֶׁלַּזֶּבַח *It exempts the offering.* Eating a peace-offering requires a blessing (Rashi, *Berakhot* 48b). However, since the *ḥagiga* is only a supplementary offering to the Pesaḥ (mishna 6:3), Rabbi Ishmael rules that the blessing for the Pesaḥ covers the peace-offering as well (Yerushalmi). However, Rabbi Akiva argues that the different laws regarding the sprinkling of the blood of the two offerings (see page 399), separate them to the extent that one cannot be exempted with the other's blessing (121a). Under ordinary circumstances, however, the peace-offering should be eaten first, rendering this dispute irrelevant; this is reflected in the blessing mentioned in mishna 5, "there we shall eat of sacrifices and Pesaḥ offerings" (Tosafot, 116b).

As stated in mishna 6:3, the peace-offering was not sacrificed on Shabbat; therefore, when the festival fell on Motza'ei Shabbat, it was not served at the feast. Rabbi Yaakov Weil (resp. 193) ruled that nowadays, when the festival falls on Motza'ei Shabbat, the blessing is changed to "there we shall eat of Pesaḥ offerings and sacrifices," mentioning the peace-offerings last. This was contested by many (see *Siddur Ya'avetz*), but has become the mainstream custom (*Magen Avraham*, 473:30), indicating that on Seder night we are meant to reenact not only leaving Egypt (see mishna 5), but the Pesaḥ feast as it should be held in its ideal situation with the Temple standing in Jerusalem.

ט הַפֶּסַח אַחַר חֲצוֹת מְטַמֵּא אֶת הַיָּדַיִם.

הַפִּגּוּל וְהַנּוֹתָר מְטַמְּאִין אֶת הַיָּדַיִם.

בֵּרַךְ בִּרְכַּת הַפֶּסַח

פָּטַר אֶת שֶׁלַּזֶּבַח

בֵּרַךְ אֶת שֶׁלַּזֶּבַח

לֹא פָטַר אֶת שֶׁלַּפֶּסַח

דִּבְרֵי רַבִּי יִשְׁמָעֵאל.

רַבִּי עֲקִיבָא אוֹמֵר:

לֹא זוֹ פּוֹטֶרֶת זוֹ, וְלֹא זוֹ פּוֹטֶרֶת זוֹ.

מְטַמֵּא אֶת הַיָּדַיִם *Renders the hands impure.* In Leviticus 7:17–18, the Torah decrees that the flesh of an offering left for longer than the time allowed for eating it must be burned, and the offering itself is disqualified. The *Sifra* (followed by Rashi) asserts that no offering is disqualified retroactively; therefore, פִּגּוּל refers to an offering disqualified by a priest who performs one of the four rituals (see mishna 5:2) with the intention of leaving the meat over after the time it is to be eaten; such an offering is immediately disqualified, and one who eats it is liable for *karet*. The leftover meat is also forbidden, and must be burned (mishna 7:8). The sages decreed that such meat imparts ritual impurity to the hands of one who touches it (120b–121a).

The Talmud clarifies that this mishna follows the opinion of Rabbi Elazar ben Azaria, who is of the opinion that the Pesaḥ may be eaten only until midnight; according to Rabbi Akiva, it may be eaten all night. Rambam rules that one should make an effort to eat the Pesaḥ before midnight as a preventive measure (*Hilkhot Korban Pesaḥ* 7:15; see Mishna, *Berakhot* 2a), but Rosh is of the opinon that the ruling in this case is uncertain; he therefore rules that one should follow the custom of Rabbeinu Tam, and finish the *Afikoman* before midnight (*Pesaḥim* 10:38).

Shaḥarit

The following order of prayers and blessings, which departs from that of most prayer books, is based on the consensus of recent halakhic authorities.

ON WAKING

On waking, our first thought should be that we are in the presence of God. Since we are forbidden to speak God's name until we have washed our hands, the following prayer is said, which, without mentioning God's name, acknowledges His presence and gives thanks for a new day and for the gift of life.

מוֹדֶה I thank You, living and eternal King,
for giving me back my soul in mercy.
Great is Your faithfulness.

Wash hands and say the following blessings.
Some have the custom to say "Wisdom begins" on page 362 at this point.

בָּרוּךְ Blessed are You, Lord our God, King of the Universe,
who has made us holy through His commandments,
and has commanded us about washing hands.

בָּרוּךְ Blessed are You, Lord our God, King of the Universe,
who formed man in wisdom
and created in him many orifices and cavities.
It is revealed and known before the throne of Your glory
that were one of them to be ruptured or blocked,
it would be impossible to survive and stand before You.
Blessed are You, Lord,
Healer of all flesh who does wondrous deeds.

אֲשֶׁר יָצַר אֶת הָאָדָם בְּחָכְמָה *Who formed man in wisdom.* There are a hundred trillion cells in the human body. Within each cell is a nucleus and within each nucleus a double copy of the human genome. Each genome consists of 3.1 billion letters of genetic code, sufficient if transcribed to fill a library of five thousand volumes. Even this is only the beginning of the miracle, for the development of the body is not a matter of simple genetic determinism. It is an elaborate process of interaction between genes and environment, nature and nurture, genetic and epigenetic influences. Faith is not opposed to

שחרית

The following order of prayers and blessings, which departs from that of most prayer books, is based on the consensus of recent halakhic authorities.

השכמת הבוקר

On waking, our first thought should be that we are in the presence of God. Since we are forbidden to speak God's name until we have washed our hands, the following prayer is said, which, without mentioning God's name, acknowledges His presence and gives thanks for a new day and for the gift of life.

מוֹדֶה/*women* מוֹדָה/ אֲנִי לְפָנֶיךָ מֶלֶךְ חַי וְקַיָּם
שֶׁהֶחֱזַרְתָּ בִּי נִשְׁמָתִי בְּחֶמְלָה
רַבָּה אֱמוּנָתֶךָ.

Wash hands and say the following blessings.
Some have the custom to say רֵאשִׁית חָכְמָה *on page 363 at this point.*

בָּרוּךְ אַתָּה יהוה אֱלֹהֵינוּ מֶלֶךְ הָעוֹלָם
אֲשֶׁר קִדְּשָׁנוּ בְּמִצְוֹתָיו וְצִוָּנוּ עַל נְטִילַת יָדָיִם.

בָּרוּךְ אַתָּה יהוה אֱלֹהֵינוּ מֶלֶךְ הָעוֹלָם
אֲשֶׁר יָצַר אֶת הָאָדָם בְּחָכְמָה
וּבָרָא בוֹ נְקָבִים נְקָבִים, חֲלוּלִים חֲלוּלִים.
גָּלוּי וְיָדוּעַ לִפְנֵי כִסֵּא כְבוֹדֶךָ
שֶׁאִם יִפָּתֵחַ אֶחָד מֵהֶם אוֹ יִסָּתֵם אֶחָד מֵהֶם
אִי אֶפְשַׁר לְהִתְקַיֵּם וְלַעֲמֹד לְפָנֶיךָ.
בָּרוּךְ אַתָּה יהוה, רוֹפֵא כָל בָּשָׂר וּמַפְלִיא לַעֲשׂוֹת.

מוֹדֶה אֲנִי *I thank You.* Sleep, said the sages, is a sixtieth, a foretaste, of death (*Berakhot* 57b). Waking each morning is therefore a miniature resurrection. We are new, the universe is new (we say later in our prayers, "who renews every day the work of creation"), and before us lies an open page of possibilities. In this simple prayer we thank God for giving us back our life. It does not contain God's name so that it may be said immediately on waking, even prior to washing hands.

אֱלֹהַי **My God,**
the soul You placed within me is pure.
You created it, You formed it, You breathed it into me,
and You guard it while it is within me.
One day You will take it from me,
and restore it to me in the time to come.
As long as the soul is within me,
I will thank You,
LORD my God and God of my ancestors,
Master of all works, LORD of all souls.
Blessed are You, LORD,
who restores souls to lifeless bodies.

TZITZIT

*The following blessing is said before putting on tzitzit. Neither it nor the subsequent prayer
is said by those who wear a tallit. The blessing over the latter exempts the former.*

בָּרוּךְ **Blessed are You, LORD** our God, King of the Universe,
who has made us holy through His commandments,
and has commanded us about the command of tasseled garments.

After putting on tzitzit, say:

יְהִי רָצוֹן **May it be Your will,** LORD my God and God of my ancestors, that
the commandment of the tasseled garment be considered before You as if
I had fulfilled it in all its specifics, details and intentions, as well as the 613
commandments dependent on it, Amen, Selah.

———————————————————————————————

fact that we have genetically encoded instincts and desires, there is nothing
predetermined about whether we use them for good or bad.

הַמַּחֲזִיר נְשָׁמוֹת לִפְגָרִים מֵתִים *Who restores souls to lifeless bodies.* Since waking
each morning is like a resurrection, it is an intimation of the fact that the dead
can be restored to life, as we believe they will be at the end of days. This prayer
is a simple, subtle way of making us daily aware of the interplay between
mortality and immortality in the human condition. It opens our eyes to the
wonder of being, the miracle that we are here at all.

אֱלֹהַי

נְשָׁמָה שֶׁנָּתַתָּ בִּי טְהוֹרָה הִיא.
אַתָּה בְרָאתָהּ, אַתָּה יְצַרְתָּהּ, אַתָּה נְפַחְתָּהּ בִּי
וְאַתָּה מְשַׁמְּרָהּ בְּקִרְבִּי, וְאַתָּה עָתִיד לִטְּלָהּ מִמֶּנִּי
וּלְהַחֲזִירָהּ בִּי לֶעָתִיד לָבוֹא.
כָּל זְמַן שֶׁהַנְּשָׁמָה בְקִרְבִּי, מוֹדֶה/*women* מוֹדָה/ אֲנִי לְפָנֶיךָ
יהוה אֱלֹהַי וֵאלֹהֵי אֲבוֹתַי
רִבּוֹן כָּל הַמַּעֲשִׂים, אֲדוֹן כָּל הַנְּשָׁמוֹת.
בָּרוּךְ אַתָּה יהוה, הַמַּחֲזִיר נְשָׁמוֹת לִפְגָרִים מֵתִים.

לבישת ציצית

The following blessing is said before putting on a טלית קטן*. Neither it nor* יְהִי רָצוֹן *is said by those who wear a* טלית*. The blessing over the latter exempts the former.*

בָּרוּךְ אַתָּה יהוה אֱלֹהֵינוּ מֶלֶךְ הָעוֹלָם
אֲשֶׁר קִדְּשָׁנוּ בְּמִצְוֹתָיו וְצִוָּנוּ עַל מִצְוַת צִיצִית.

After putting on the טלית קטן*, say:*

יְהִי רָצוֹן מִלְּפָנֶיךָ, יהוה אֱלֹהַי וֵאלֹהֵי אֲבוֹתַי, שֶׁתְּהֵא חֲשׁוּבָה מִצְוַת צִיצִית לְפָנֶיךָ כְּאִלּוּ קִיַּמְתִּיהָ בְּכָל פְּרָטֶיהָ וְדִקְדּוּקֶיהָ וְכַוָּנוֹתֶיהָ, וְתַרְיַ״ג מִצְוֹת הַתְּלוּיוֹת בָּהּ, אָמֵן סֶלָה.

---

science, nor is science incompatible with faith. Faith is wonder and gratitude. Therefore, said Maimonides, natural science is one of the paths to the love and awe of God, as we realize the vastness of the universe and the complexity of life (Laws of the Foundations of the Torah 2:2). Each new scientific discovery gives added resonance to the words of the psalm: "How numerous are Your works, Lord; You made them all in wisdom; the earth is full of Your creations" (Ps. 104:24).

נְשָׁמָה שֶׁנָּתַתָּ בִּי טְהוֹרָה הִיא *The soul You placed within me is pure.* Despite the

BLESSINGS OVER THE TORAH

In Judaism, study is greater even than prayer. So, before beginning to pray, we engage in a miniature act of study, preceded by the appropriate blessings. The blessings are followed by brief selections from Scripture, Mishna and Gemara, the three foundational texts of Judaism.

בָּרוּךְ Blessed are You, Lord our God, King of the Universe,
who has made us holy through His commandments,
and has commanded us to engage in study
of the words of Torah.
Please, Lord our God, make the words of Your Torah
sweet in our mouths and in the mouths of Your people,
the house of Israel,
so that we, our descendants (and their descendants)
and the descendants of Your people,
the house of Israel,
may all know Your name and study Your Torah for its own sake.
Blessed are You, Lord,
who teaches Torah to His people Israel.

בָּרוּךְ Blessed are You, Lord our God, King of the Universe,
who has chosen us from all the peoples and given us His Torah.
Blessed are You, Lord, Giver of the Torah.

בְּמִצְוֹתָיו *Through His commandments.* This blessing, said over commands between us and God, represents the intention to fulfill an act as a command, thus endowing it with holiness. Only commands between us and God require a blessing beforehand. Commands between us and our fellow humans – such as giving charity, visiting the sick, comforting mourners and so on – do not require a blessing beforehand, since in these cases the command has to do with its effect (*nifal*), rather than the act itself (*pe'ula*) or its agent (*po'el*). Since the effect of acts of kindness is independent of the intention of the agent, no preliminary declaration of intent – that is, a blessing – is necessary.

בָּרוּךְ אַתָּה...אֲשֶׁר בָּחַר בָּנוּ *Blessed are You... who has chosen us.* Unlike the previous blessing, which is one of the *birkhot hamitzvot*, blessings over a command, this is a *birkat hoda'a*, a blessing of thanks and acknowledgement.

ברכות התורה

In Judaism, study is greater even than prayer. So, before beginning to pray, we engage in a miniature act of study, preceded by the appropriate blessings. The blessings are followed by brief selections from תנ״ך, משנה *and* גמרא, *the three foundational texts of Judaism.*

בָּרוּךְ אַתָּה יהוה אֱלֹהֵינוּ מֶלֶךְ הָעוֹלָם
אֲשֶׁר קִדְּשָׁנוּ בְּמִצְוֹתָיו, וְצִוָּנוּ לַעֲסֹק בְּדִבְרֵי תוֹרָה.
וְהַעֲרֶב נָא יהוה אֱלֹהֵינוּ אֶת דִּבְרֵי תוֹרָתְךָ
בְּפִינוּ וּבְפִי עַמְּךָ בֵּית יִשְׂרָאֵל
וְנִהְיֶה אֲנַחְנוּ וְצֶאֱצָאֵינוּ (וְצֶאֱצָאֵי צֶאֱצָאֵינוּ)
וְצֶאֱצָאֵי עַמְּךָ בֵּית יִשְׂרָאֵל
כֻּלָּנוּ יוֹדְעֵי שְׁמֶךָ וְלוֹמְדֵי תוֹרָתֶךָ לִשְׁמָהּ.
בָּרוּךְ אַתָּה יהוה, הַמְלַמֵּד תּוֹרָה לְעַמּוֹ יִשְׂרָאֵל.

בָּרוּךְ אַתָּה יהוה אֱלֹהֵינוּ מֶלֶךְ הָעוֹלָם
אֲשֶׁר בָּחַר בָּנוּ מִכָּל הָעַמִּים, וְנָתַן לָנוּ אֶת תּוֹרָתוֹ.
בָּרוּךְ אַתָּה יהוה, נוֹתֵן הַתּוֹרָה.

BLESSINGS OVER THE TORAH

In Judaism, Torah study is the highest of all spiritual engagements, higher even than prayer (*Shabbat* 10a), for in prayer we speak to God but in Torah study we listen to God speaking to us, through the sacred texts of our tradition. Judaism is supremely a religion of study. Hence we preface prayer with an act of Torah study.

There are three types of Torah study: (1) study in order to know what to do, (2) study as a substitute for rituals that we are unable to perform, most notably the sacrifices, and (3) study as a religious act for its own sake, an aligning of our intellect with the mind of God.

אֲשֶׁר קִדְּשָׁנוּ *Who has made us holy.* Holiness is not a given of birth, a genetic endowment. It is what we become when we submit our will to that of God. We become holy by what we do. The word "holy" means distinctive, set apart. Just as God is holy because He transcends the physical universe, so we become holy by transcending natural impulses and instincts.

יְבָרֶכְךָ May the LORD bless you and protect you. *Num. 6*
May the LORD make His face shine on you
and be gracious to you.
May the LORD turn His face toward you
and grant you peace.

אֵלּוּ These are the things for which there is no fixed measure: *Mishna*
the corner of the field, first-fruits, *Pe'ah 1:1*
appearances before the LORD [on festivals, with offerings],
acts of kindness and the study of Torah.

אֵלּוּ These are the things whose fruits we eat in this world *Shabbat*
but whose full reward awaits us in the World to Come: *127a*
    honoring parents; acts of kindness;
    arriving early at the house of study
    morning and evening;
    hospitality to strangers; visiting the sick;
    helping the needy bride; attending to the dead;
    devotion in prayer;
    and bringing peace between people –
    but the study of Torah is equal to them all.

Some say:

רֵאשִׁית חָכְמָה Wisdom begins in awe of the LORD; *Ps. 111*
all who fulfill [His commandments] gain good understanding;
His praise is ever-lasting.
The Torah Moses commanded us is the heritage of the congregation of Jacob. *Deut. 33*
Listen, my son, to your father's instruction, *Prov. 1*
and do not forsake your mother's teaching.
May the Torah be my faith and Almighty God my help.
Blessed be the name of His glorious kingdom for ever and all time.

———————————————————————————

So here, "May the LORD bless you" is a passage from the Torah (Num. 6:24–26), "These are the things for which there is no fixed measure" is a passage from the Mishna (*Pe'ah* 1:1), and "These are the things of which a man enjoys the fruits in this life" is a teaching from the Talmud (*Shabbat* 127a).

וְתַלְמוּד תּוֹרָה כְּנֶגֶד כֻּלָם *The study of the Torah is equal to them all.* There was a debate among the sages as to which is greater, learning or doing? The conclusion was that "Great is learning, for it leads to doing" (*Kiddushin* 40b).

במדבר ו
יְבָרֶכְךָ יהוה וְיִשְׁמְרֶךָ:
יָאֵר יהוה פָּנָיו אֵלֶיךָ וִיחֻנֶּךָּ:
יִשָּׂא יהוה פָּנָיו אֵלֶיךָ וְיָשֵׂם לְךָ שָׁלוֹם:

משנה, פאה א:א
אֵלּוּ דְבָרִים שֶׁאֵין לָהֶם שִׁעוּר
הַפֵּאָה וְהַבִּכּוּרִים וְהָרֵאָיוֹן
וּגְמִילוּת חֲסָדִים וְתַלְמוּד תּוֹרָה.

שבת קכז.
אֵלּוּ דְבָרִים שֶׁאָדָם אוֹכֵל פֵּרוֹתֵיהֶם בָּעוֹלָם הַזֶּה
וְהַקֶּרֶן קַיֶּמֶת לוֹ לָעוֹלָם הַבָּא
וְאֵלּוּ הֵן
כִּבּוּד אָב וָאֵם, וּגְמִילוּת חֲסָדִים
וְהַשְׁכָּמַת בֵּית הַמִּדְרָשׁ שַׁחֲרִית וְעַרְבִית
וְהַכְנָסַת אוֹרְחִים, וּבִקּוּר חוֹלִים
וְהַכְנָסַת כַּלָּה, וּלְוָיַת הַמֵּת
וְעִיּוּן תְּפִלָּה
וַהֲבָאַת שָׁלוֹם בֵּין אָדָם לַחֲבֵרוֹ
וְתַלְמוּד תּוֹרָה כְּנֶגֶד כֻּלָּם.

Some say:

תהלים קיא
רֵאשִׁית חָכְמָה יִרְאַת יהוה, שֵׂכֶל טוֹב לְכָל־עֹשֵׂיהֶם, תְּהִלָּתוֹ עֹמֶדֶת לָעַד:
דברים לג
תּוֹרָה צִוָּה־לָנוּ מֹשֶׁה, מוֹרָשָׁה קְהִלַּת יַעֲקֹב:
משלי א
שְׁמַע בְּנִי מוּסַר אָבִיךָ וְאַל־תִּטֹּשׁ תּוֹרַת אִמֶּךָ:
תּוֹרָה תְּהֵא אֱמוּנָתִי, וְאֵל שַׁדַּי בְּעֶזְרָתִי.
בָּרוּךְ שֵׁם כְּבוֹד מַלְכוּתוֹ לְעוֹלָם וָעֶד.

יְבָרֶכְךָ יהוה *May the Lord bless you.* According to the sages (*Kiddushin* 30a), one should divide one's study time into three: (1) *Mikra,* study of the written Torah; (2) *Mishna,* study of the Mishna, primary text of the Oral Torah; (3) *Talmud,* that is, either the Babylonian or Jerusalem Talmud or other parts of the rabbinic literature dedicated to explaining the logic of the Oral Law (Maimonides, Laws of Torah Study 1:11).

TALLIT

Say the following meditation before putting on the tallit. Meditations before
the fulfillment of mitzvot are to ensure that we do so with the requisite intention
(kavana). This particularly applies to mitzvot whose purpose is to induce in
us certain states of mind, as is the case with tallit and tefillin, both of which are
external symbols of inward commitment to the life of observance of the mitzvot.

בָּרְכִי נַפְשִׁי Bless the LORD, my soul. LORD, my God, You are very great, *Ps. 104*
clothed in majesty and splendor, wrapped in a robe of light, spreading
out the heavens like a tent.

Some say:

For the sake of the unification of the Holy One, blessed be He, and His Divine Presence,
in reverence and love, to unify the name *Yod-Heh* with *Vav-Heh* in perfect unity in the
name of all Israel.

I am about to wrap myself in this tasseled garment (tallit). So may my soul, my 248
limbs and 365 sinews be wrapped in the light of the tassel (*hatzitzit*) which amounts to
613 [commandments]. And just as I cover myself with a tasseled garment in this world,
so may I be worthy of rabbinical dress and a fine garment in the World to Come in the
Garden of Eden. Through the commandment of tassels may my life's-breath, spirit,
soul and prayer be delivered from external impediments, and may the tallit spread its
wings over them like an eagle stirring up its nest, hovering over its young. May the *Deut. 32*
commandment of the tasseled garment be considered before the Holy One, blessed
be He, as if I had fulfilled it in all its specifics, details and intentions, as well as the 613
commandments dependent on it, Amen, Selah.

Before wrapping oneself in the tallit, say:

בָּרוּךְ Blessed are You, LORD our God, King of the Universe,
who has made us holy through His commandments,
and has commanded us to wrap ourselves in the tasseled garment.

According to the Shela (R. Isaiah Horowitz), one should say
these verses after wrapping oneself in the tallit:

מַה־יָּקָר How precious is Your loving-kindness, O God, and the children of men find refuge *Ps. 36*
under the shadow of Your wings. They are filled with the rich plenty of Your House. You
give them drink from Your river of delights. For with You is the fountain of life; in Your
light, we see light. Continue Your loving-kindness to those who know You, and Your
righteousness to the upright in heart.

According to Ashkenazi custom, on Ḥol HaMo'ed one puts on tefillin at this point. In some
communities, tefillin are not worn on Ḥol HaMo'ed at all. See commentary on page 745.

Wrapping oneself in a tallit to pray is already mentioned in the Talmud
(*Rosh HaShana* 17b). It symbolizes the idea of being enveloped by holiness.
It is said that God "wraps Himself in light as with a garment" (Ps. 104:2). To
be wrapped and robed in holiness as we begin to pray is a momentous way
of sensing the closeness of God, who bathes the universe in light if we have
eyes to see it or a heart to feel it.

עטיפת טלית

Say the following meditation before putting on the טלית. Meditations before the fulfillment of מצוות are to ensure that we do so with the requisite intention (כוונה). This particularly applies to מצוות whose purpose is to induce in us certain states of mind, as is the case with טלית and תפילין, both of which are external symbols of inward commitment to the life of observance of the מצוות.

בָּרְכִי נַפְשִׁי אֶת־יהוה, יהוה אֱלֹהַי גָּדַלְתָּ מְּאֹד, הוֹד וְהָדָר לָבָשְׁתָּ: תהלים קד
עֹטֶה־אוֹר כַּשַּׂלְמָה, נוֹטֶה שָׁמַיִם כַּיְרִיעָה:

Some say:

לְשֵׁם יִחוּד קֻדְשָׁא בְּרִיךְ הוּא וּשְׁכִינְתֵּהּ בִּדְחִילוּ וּרְחִימוּ, לְיַחֵד שֵׁם י״ה בו״ה בְּיִחוּדָא שְׁלִים בְּשֵׁם כָּל יִשְׂרָאֵל.

הֲרֵינִי מִתְעַטֵּף בְּצִיצִית. כֵּן תִּתְעַטֵּף נִשְׁמָתִי וּרְמַ״ח אֵבָרַי וּשְׁסָ״ה גִידַי בְּאוֹר הַצִּיצִית הָעוֹלָה תַּרְיַ״ג. וּכְשֵׁם שֶׁאֲנִי מִתְכַּסֶּה בְּטַלִּית בָּעוֹלָם הַזֶּה, כָּךְ אֶזְכֶּה לַחֲלוּקָא דְרַבָּנָן וּלְטַלִּית נָאָה לָעוֹלָם הַבָּא בְּגַן עֵדֶן. וְעַל יְדֵי מִצְוַת צִיצִית תִּנָּצֵל נַפְשִׁי רוּחִי וְנִשְׁמָתִי וּתְפִלָּתִי מִן הַחִיצוֹנִים. וְהַטַּלִּית תִּפְרֹשׂ כְּנָפֶיהָ עֲלֵיהֶם וְתַצִּילֵם, כְּנֶשֶׁר יָעִיר קִנּוֹ, עַל גּוֹזָלָיו דברים לב
יְרַחֵף: וּתְהֵא חֲשׁוּבָה מִצְוַת צִיצִית לִפְנֵי הַקָּדוֹשׁ בָּרוּךְ הוּא, כְּאִלּוּ קִיַּמְתִּיהָ בְּכָל פְּרָטֶיהָ וְדִקְדּוּקֶיהָ וְכַוָּנוֹתֶיהָ וְתַרְיַ״ג מִצְוֹת הַתְּלוּיוֹת בָּהּ, אָמֵן סֶלָה.

Before wrapping oneself in the טלית, say:

בָּרוּךְ אַתָּה יהוה אֱלֹהֵינוּ מֶלֶךְ הָעוֹלָם
אֲשֶׁר קִדְּשָׁנוּ בְּמִצְוֹתָיו וְצִוָּנוּ לְהִתְעַטֵּף בַּצִּיצִית.

According to the Shela (R. Isaiah Horowitz), one should say these verses after wrapping oneself in the טלית:

מַה־יָּקָר חַסְדְּךָ אֱלֹהִים, וּבְנֵי אָדָם בְּצֵל כְּנָפֶיךָ יֶחֱסָיוּן: יִרְוְיֻן מִדֶּשֶׁן בֵּיתֶךָ, תהלים לו
וְנַחַל עֲדָנֶיךָ תַשְׁקֵם: כִּי־עִמְּךָ מְקוֹר חַיִּים, בְּאוֹרְךָ נִרְאֶה־אוֹר: מְשֹׁךְ חַסְדְּךָ
לְיֹדְעֶיךָ, וְצִדְקָתְךָ לְיִשְׁרֵי־לֵב:

According to Ashkenazi custom, on חול המועד one puts on תפילין at this point. In some communities, תפילין are not worn on חול המועד at all. *See commentary on page 745.*

TALLIT

Tallit, which means a cloak or gown, is one of the ways in which we fulfill the mitzva of *tzitzit*, placing tassels on the corners of our garments to recall us constantly to our vocation: "Thus you will be reminded to keep all My commands, and be holy to your God" (Num. 15:39). In the course of time two different fringed garments were worn: the *tallit*, worn as a mantle during prayer, *over* our clothes; and the *tallit katan*, worn as an undergarment *beneath* our outer clothes.

PREPARATION FOR PRAYER

On entering the synagogue:

HOW GOODLY
Num. 24

are your tents, Jacob, your dwelling places, Israel.
As for me,
Ps. 5
in Your great loving-kindness,
I will come into Your House.
I will bow down to Your holy Temple
in awe of You.
Lord, I love the habitation of Your House,
Ps. 26
the place where Your glory dwells.

As for me,
I will bow in worship;

> I will bend the knee
> before the Lord my Maker.

As for me,
Ps. 69
may my prayer come to You, Lord,

> at a time of favor.
> God, in Your great loving-kindness,
> answer me with Your faithful salvation.

הכנה לתפילה

On entering the בית כנסת*:*

במדבר כד **מַה־טֹּבוּ**

אֹהָלֶיךָ יַעֲקֹב, מִשְׁכְּנֹתֶיךָ יִשְׂרָאֵל:

תהלים ה וַאֲנִי בְּרֹב חַסְדְּךָ אָבוֹא בֵיתֶךָ

אֶשְׁתַּחֲוֶה אֶל־הֵיכַל־קָדְשְׁךָ

בְּיִרְאָתֶךָ:

תהלים כו יהוה אָהַבְתִּי מְעוֹן בֵּיתֶךָ

וּמְקוֹם מִשְׁכַּן כְּבוֹדֶךָ:

וַאֲנִי אֶשְׁתַּחֲוֶה

וְאֶכְרָעָה

אֶבְרְכָה לִפְנֵי יהוה עֹשִׂי.

תהלים סט **וַאֲנִי תְפִלָּתִי־לְךָ יהוה**

עֵת רָצוֹן

אֱלֹהִים בְּרָב־חַסְדֶּךָ

עֲנֵנִי בֶּאֱמֶת יִשְׁעֶךָ:

*The following poems, on this page and the next, both from the Middle Ages,
are summary statements of Jewish faith, orienting us to the spiritual contours
of the world that we actualize in the mind by the act of prayer.*

LORD OF THE UNIVERSE,
who reigned before the birth of any thing –

When by His will all things were made
then was His name proclaimed King.

And when all things shall cease to be
He alone will reign in awe.

He was, He is, and He shall be
glorious for evermore.

He is One, there is none else,
alone, unique, beyond compare;

Without beginning, without end,
His might, His rule are everywhere.

He is my God; my Redeemer lives.
He is the Rock on whom I rely –

My banner and my safe retreat,
my cup, my portion when I cry.

Into His hand my soul I place,
when I awake and when I sleep.

The LORD is with me, I shall not fear;
body and soul from harm will He keep.

The following poems, on this page and the next, both from the Middle Ages,
are summary statements of Jewish faith, orienting us to the spiritual contours
of the world that we actualize in the mind by the act of prayer.

אֲדוֹן עוֹלָם

אֲשֶׁר מָלַךְ בְּטֶרֶם כָּל־יְצִיר נִבְרָא.

לְעֵת נַעֲשָׂה בְחֶפְצוֹ כֹּל אֲזַי מֶלֶךְ שְׁמוֹ נִקְרָא.

וְאַחֲרֵי כִּכְלוֹת הַכֹּל לְבַדּוֹ יִמְלֹךְ נוֹרָא.

וְהוּא הָיָה וְהוּא הֹוֶה וְהוּא יִהְיֶה בְּתִפְאָרָה.

וְהוּא אֶחָד וְאֵין שֵׁנִי לְהַמְשִׁיל לוֹ לְהַחְבִּירָה.

בְּלִי רֵאשִׁית בְּלִי תַכְלִית וְלוֹ הָעֹז וְהַמִּשְׂרָה.

וְהוּא אֵלִי וְחַי גּוֹאֲלִי וְצוּר חֶבְלִי בְּעֵת צָרָה.

וְהוּא נִסִּי וּמָנוֹס לִי מְנָת כּוֹסִי בְּיוֹם אֶקְרָא.

בְּיָדוֹ אַפְקִיד רוּחִי בְּעֵת אִישַׁן וְאָעִירָה.

וְעִם רוּחִי גְּוִיָּתִי יהוה לִי וְלֹא אִירָא.

GREAT

is the living God and praised.
He exists, and His existence is beyond time.

He is One, and there is no unity like His.
Unfathomable, His Oneness is infinite.

He has neither bodily form nor substance;
His holiness is beyond compare.

He preceded all that was created.
He was first: there was no beginning to His beginning.

Behold He is Master of the Universe; and every creature
shows His greatness and majesty.

The rich flow of His prophecy He gave
to His treasured people in whom He gloried.

Never in Israel has there arisen another like Moses,
a prophet who beheld God's image.

God gave His people a Torah of truth
by the hand of His prophet, most faithful of His House.

God will not alter or change His law
for any other, for eternity.

He sees and knows our secret thoughts;
as soon as something is begun, He foresees its end.

He rewards people with loving-kindness according to their deeds;
He punishes the wicked according to his wickedness.

At the end of days He will send our Messiah
to redeem those who await His final salvation.

God will revive the dead in His great loving-kindness.
Blessed for evermore is His glorious name!

יִגְדַּל

אֱלֹהִים חַי וְיִשְׁתַּבַּח, נִמְצָא וְאֵין עֵת אֶל מְצִיאוּתוֹ.

אֶחָד וְאֵין יָחִיד כְּיִחוּדוֹ, נֶעְלָם וְגַם אֵין סוֹף לְאַחְדּוּתוֹ.

אֵין לוֹ דְּמוּת הַגּוּף וְאֵינוֹ גוּף, לֹא נַעֲרֹךְ אֵלָיו קְדֻשָּׁתוֹ.

קַדְמוֹן לְכָל דָּבָר אֲשֶׁר נִבְרָא, רִאשׁוֹן וְאֵין רֵאשִׁית לְרֵאשִׁיתוֹ.

הִנּוֹ אֲדוֹן עוֹלָם, וְכָל נוֹצָר יוֹרֶה גְדֻלָּתוֹ וּמַלְכוּתוֹ.

שֶׁפַע נְבוּאָתוֹ נְתָנוֹ אֶל-אַנְשֵׁי סְגֻלָּתוֹ וְתִפְאַרְתּוֹ.

לֹא קָם בְּיִשְׂרָאֵל כְּמֹשֶׁה עוֹד נָבִיא וּמַבִּיט אֶת תְּמוּנָתוֹ.

תּוֹרַת אֱמֶת נָתַן לְעַמּוֹ אֵל עַל יַד נְבִיאוֹ נֶאֱמַן בֵּיתוֹ.

לֹא יַחֲלִיף הָאֵל וְלֹא יָמִיר דָּתוֹ לְעוֹלָמִים לְזוּלָתוֹ.

צוֹפֶה וְיוֹדֵעַ סְתָרֵינוּ, מַבִּיט לְסוֹף דָּבָר בְּקַדְמָתוֹ.

גּוֹמֵל לְאִישׁ חֶסֶד כְּמִפְעָלוֹ, נוֹתֵן לְרָשָׁע רָע כְּרִשְׁעָתוֹ.

יִשְׁלַח לְקֵץ יָמִין מְשִׁיחֵנוּ לִפְדּוֹת מְחַכֵּי קֵץ יְשׁוּעָתוֹ.

מֵתִים יְחַיֶּה אֵל בְּרֹב חַסְדּוֹ, בָּרוּךְ עֲדֵי עַד שֵׁם תְּהִלָּתוֹ.

MORNING BLESSINGS

The following blessings are said aloud by the Leader, but each individual should say them quietly as well. It is our custom to say them standing.

בָּרוּךְ Blessed are You, Lord our God,
King of the Universe,
who gives the heart understanding
to distinguish day from night.

Blessed are You, Lord our God,
King of the Universe,
who has not made me a heathen.

Blessed are You, Lord our God,
King of the Universe,
who has not made me a slave.

Blessed are You, Lord our God,
King of the Universe,
men: who has not made me a woman.
women: who has made me according to His will.

Blessed are You, Lord our God,
King of the Universe,
who gives sight to the blind.

שֶׁלֹּא עָשַׂנִי גּוֹי...עָבֶד *Who has not made me a heathen… a slave.* We each have our part to play in the divine economy. We thank God for ours, for the privilege of being part of "a kingdom of priests and a holy nation" (Ex. 19:6).

פּוֹקֵחַ עִוְרִים *Gives sight to the blind… etc.* A series of blessings originally said at home, later made part of the synagogue service. They were initially said to accompany the various actions involved in waking and getting up – opening our eyes, putting on clothes, stretching our limbs, setting foot on the ground and so on. Descartes said: I *think* therefore I am. A Jew says: I *thank*

ברכות השחר

The following blessings are said aloud by the שליח ציבור, but each individual should say them quietly as well. It is our custom to say them standing.

בָּרוּךְ אַתָּה יהוה אֱלֹהֵינוּ מֶלֶךְ הָעוֹלָם
אֲשֶׁר נָתַן לַשֶּׂכְוִי בִינָה
לְהַבְחִין בֵּין יוֹם וּבֵין לָיְלָה.

בָּרוּךְ אַתָּה יהוה אֱלֹהֵינוּ מֶלֶךְ הָעוֹלָם
שֶׁלֹּא עָשַׂנִי גּוֹי.

בָּרוּךְ אַתָּה יהוה אֱלֹהֵינוּ מֶלֶךְ הָעוֹלָם
שֶׁלֹּא עָשַׂנִי עָבֶד.

בָּרוּךְ אַתָּה יהוה אֱלֹהֵינוּ מֶלֶךְ הָעוֹלָם
men שֶׁלֹּא עָשַׂנִי אִשָּׁה. / *women* שֶׁעָשַׂנִי כִּרְצוֹנוֹ.

בָּרוּךְ אַתָּה יהוה אֱלֹהֵינוּ מֶלֶךְ הָעוֹלָם
פּוֹקֵחַ עִוְרִים.

MORNING BLESSINGS

A series of thanksgivings, designed to open our eyes to the wonders of the world and of existence. The religious sense is not so much a matter of seeing new things but of seeing things anew.

אֲשֶׁר נָתַן לַשֶּׂכְוִי בִינָה *Who gives the heart understanding.* The translation follows the view of Rabbeinu Asher (Rosh). Rashi and Abudarham translate it as "Who gives the cockerel understanding." The blessing, which tells us that understanding begins in the ability to make distinctions, refers to the first distinction mentioned in the Torah, when God divided darkness from light, creating night and day.

Blessed are You, Lord our God,
> King of the Universe,
> who clothes the naked.

Blessed are You, Lord our God,
> King of the Universe,
> who sets captives free.

Blessed are You, Lord our God,
> King of the Universe,
> who raises those bowed down.

Blessed are You, Lord our God,
> King of the Universe,
> who spreads the earth above the waters.

Blessed are You, Lord our God,
> King of the Universe,
> who has provided me with all I need.

Blessed are You, Lord our God,
> King of the Universe,
> who makes firm the steps of man.

Blessed are You, Lord our God,
> King of the Universe,
> who girds Israel with strength.

Blessed are You, Lord our God,
> King of the Universe,
> who crowns Israel with glory.

Blessed are You, Lord our God,
> King of the Universe,
> who gives strength to the weary.

בָּרוּךְ אַתָּה יהוה אֱלֹהֵינוּ מֶלֶךְ הָעוֹלָם
מַלְבִּישׁ עֲרֻמִּים.

בָּרוּךְ אַתָּה יהוה אֱלֹהֵינוּ מֶלֶךְ הָעוֹלָם
מַתִּיר אֲסוּרִים.

בָּרוּךְ אַתָּה יהוה אֱלֹהֵינוּ מֶלֶךְ הָעוֹלָם
זוֹקֵף כְּפוּפִים.

בָּרוּךְ אַתָּה יהוה אֱלֹהֵינוּ מֶלֶךְ הָעוֹלָם
רוֹקַע הָאָרֶץ עַל הַמָּיִם.

בָּרוּךְ אַתָּה יהוה אֱלֹהֵינוּ מֶלֶךְ הָעוֹלָם
שֶׁעָשָׂה לִי כָּל צָרְכִּי.

בָּרוּךְ אַתָּה יהוה אֱלֹהֵינוּ מֶלֶךְ הָעוֹלָם
הַמֵּכִין מִצְעֲדֵי גָבֶר.

בָּרוּךְ אַתָּה יהוה אֱלֹהֵינוּ מֶלֶךְ הָעוֹלָם
אוֹזֵר יִשְׂרָאֵל בִּגְבוּרָה.

בָּרוּךְ אַתָּה יהוה אֱלֹהֵינוּ מֶלֶךְ הָעוֹלָם
עוֹטֵר יִשְׂרָאֵל בְּתִפְאָרָה.

בָּרוּךְ אַתָּה יהוה אֱלֹהֵינוּ מֶלֶךְ הָעוֹלָם
הַנּוֹתֵן לַיָּעֵף כֹּחַ.

therefore I am. To stand consciously in the presence of God involves an
attitude of gratitude.

בָּרוּךְ Blessed are You, LORD our God, King of the Universe,
who removes sleep from my eyes
and slumber from my eyelids.
And may it be Your will, LORD our God
and God of our ancestors,
to accustom us to Your Torah,
and make us attached to Your commandments.
Lead us not into error, transgression,
iniquity, temptation or disgrace.
Do not let the evil instinct dominate us.
Keep us far from a bad man and a bad companion.
Help us attach ourselves
to the good instinct and to good deeds
and bend our instincts to be subservient to You.
Grant us, this day and every day,
grace, loving-kindness and compassion in Your eyes
and in the eyes of all who see us,
and bestow loving-kindness upon us.
Blessed are You, LORD,
who bestows loving-kindness on His people Israel.

יְהִי רָצוֹן May it be Your will, LORD my God and God of my ancestors, to save me today and every day, from the arrogant and from arrogance itself, from a bad man, a bad friend, a bad neighbor, a bad mishap, a destructive adversary, a harsh trial and a harsh opponent, whether or not he is a son of the covenant.

Berakhot 16b

---

the moment. We are also social animals. Therefore we are influenced by our environment. So we pray to be protected from bad social influences: not only from bad companions but also, in a secular age, from the ambient culture.

בָּרוּךְ אַתָּה יהוה אֱלֹהֵינוּ מֶלֶךְ הָעוֹלָם
הַמַּעֲבִיר שֵׁנָה מֵעֵינַי וּתְנוּמָה מֵעַפְעַפָּי.
וִיהִי רָצוֹן מִלְּפָנֶיךָ יהוה אֱלֹהֵינוּ וֵאלֹהֵי אֲבוֹתֵינוּ
שֶׁתַּרְגִּילֵנוּ בְּתוֹרָתֶךָ
וְדַבְּקֵנוּ בְּמִצְוֹתֶיךָ
וְאַל תְּבִיאֵנוּ לֹא לִידֵי חֵטְא
וְלֹא לִידֵי עֲבֵרָה וְעָוֹן
וְלֹא לִידֵי נִסָּיוֹן וְלֹא לִידֵי בִזָּיוֹן
וְאַל תַּשְׁלֶט בָּנוּ יֵצֶר הָרָע
וְהַרְחִיקֵנוּ מֵאָדָם רָע וּמֵחָבֵר רָע
וְדַבְּקֵנוּ בְּיֵצֶר הַטּוֹב וּבְמַעֲשִׂים טוֹבִים
וְכֹף אֶת יִצְרֵנוּ לְהִשְׁתַּעְבֶּד לָךְ
וּתְנֵנוּ הַיּוֹם וּבְכָל יוֹם לְחֵן וּלְחֶסֶד וּלְרַחֲמִים
בְּעֵינֶיךָ, וּבְעֵינֵי כָל רוֹאֵינוּ
וְתִגְמְלֵנוּ חֲסָדִים טוֹבִים.
בָּרוּךְ אַתָּה יהוה, גּוֹמֵל חֲסָדִים טוֹבִים לְעַמּוֹ יִשְׂרָאֵל.

ברכות טז: יְהִי רָצוֹן מִלְּפָנֶיךָ יהוה אֱלֹהַי וֵאלֹהֵי אֲבוֹתַי, שֶׁתַּצִּילֵנִי הַיּוֹם וּבְכָל יוֹם מֵעַזֵּי פָנִים וּמֵעַזּוּת פָּנִים, מֵאָדָם רָע, וּמֵחָבֵר רָע, וּמִשָּׁכֵן רָע, וּמִפֶּגַע רָע, וּמִשָּׂטָן הַמַּשְׁחִית, מִדִּין קָשֶׁה, וּמִבַּעַל דִּין קָשֶׁה בֵּין שֶׁהוּא בֶן בְּרִית וּבֵין שֶׁאֵינוֹ בֶן בְּרִית.

וִיהִי רָצוֹן *May it be Your will.* We ask for God's help in leading a holy and moral life. We need that help. We have primal instincts that can lead us to act badly if we do so without deliberation and foresight, in the heat of

THE BINDING OF ISAAC

On the basis of Jewish mystical tradition, some have the custom of saying daily the biblical passage recounting the Binding of Isaac, the supreme trial of faith in which Abraham demonstrated his love of God above all other loves. On Shabbat and Yom Tov, most omit the introductory and concluding prayers, "Our God and God of our ancestors" and "Master of the Universe." Others skip to "A person should" on the next page.

Our God and God of our ancestors, remember us with a favorable memory, and recall us with a remembrance of salvation and compassion from the highest of high heavens. Remember, LORD our God, on our behalf, the love of the ancients, Abraham, Isaac and Yisrael Your servants; the covenant, the loving-kindness, and the oath You swore to Abraham our father on Mount Moriah, and the Binding, when he bound Isaac his son on the altar, as is written in Your Torah:

It happened after these things that God tested Abraham. He said to him, "Abraham!" "Here I am," he replied. He said, "Take your son, your only son, Isaac, whom you love, and go to the land of Moriah and offer him there as a burnt-offering on one of the mountains which I shall say to you." Early the next morning Abraham rose and saddled his donkey and took his two lads with him, and Isaac his son, and he cut wood for the burnt-offering, and he set out for the place of which God had told him. On the third day Abraham looked up and saw the place from afar. Abraham said to his lads, "Stay here with the donkey while I and the boy go on ahead. We will worship and we will return to you." Abraham took the wood for the burnt-offering and placed it on Isaac his son, and he took in his hand the fire and the knife, and the two of them went together. Isaac said to Abraham his father, "Father?" and he said "Here I am, my son." And he said, "Here are the fire and the wood, but where is the sheep for the burnt-offering?" Abraham said, "God will see to the sheep for the burnt-offering, my son." And the two of them went together. *Gen. 22*

Jewish faith, Abraham. Abraham found himself caught within a seeming contradiction. On the one hand God had told him that it would be Isaac and Isaac's children through whom the covenant would continue and become eternal (Gen. 17:19). On the other, God had now commanded him to take

פרשת העקדה

On the basis of Jewish mystical tradition, some have the custom of saying daily
the biblical passage recounting the Binding of Isaac, the supreme trial of faith in
which Abraham demonstrated his love of God above all other loves. On שבת *and*
יום טוב, *most omit the introductory and concluding prayers,* אֱלֹהֵינוּ וֵאלֹהֵי אֲבוֹתֵינוּ
and רִבּוֹנוֹ שֶׁל עוֹלָם. *Others skip to* לְעוֹלָם יְהֵא אָדָם *on the next page.*

אֱלֹהֵינוּ וֵאלֹהֵי אֲבוֹתֵינוּ, זָכְרֵנוּ בְּזִכָּרוֹן טוֹב לְפָנֶיךָ, וּפָקְדֵנוּ בִּפְקֻדַּת יְשׁוּעָה
וְרַחֲמִים מִשְּׁמֵי שְׁמֵי קֶדֶם, וּזְכָר לָנוּ יהוה אֱלֹהֵינוּ, אַהֲבַת הַקַּדְמוֹנִים
אַבְרָהָם יִצְחָק וְיִשְׂרָאֵל עֲבָדֶיךָ, אֶת הַבְּרִית וְאֶת הַחֶסֶד וְאֶת הַשְּׁבוּעָה
שֶׁנִּשְׁבַּעְתָּ לְאַבְרָהָם אָבִינוּ בְּהַר הַמּוֹרִיָּה, וְאֶת הָעֲקֵדָה שֶׁעָקַד אֶת יִצְחָק
בְּנוֹ עַל גַּבֵּי הַמִּזְבֵּחַ, כַּכָּתוּב בְּתוֹרָתֶךָ:

בראשית כב

וַיְהִי אַחַר הַדְּבָרִים הָאֵלֶּה, וְהָאֱלֹהִים נִסָּה אֶת־אַבְרָהָם, וַיֹּאמֶר אֵלָיו
אַבְרָהָם, וַיֹּאמֶר הִנֵּנִי: וַיֹּאמֶר קַח־נָא אֶת־בִּנְךָ אֶת־יְחִידְךָ אֲשֶׁר־
אָהַבְתָּ, אֶת־יִצְחָק, וְלֶךְ־לְךָ אֶל־אֶרֶץ הַמֹּרִיָּה, וְהַעֲלֵהוּ שָׁם לְעֹלָה
עַל אַחַד הֶהָרִים אֲשֶׁר אֹמַר אֵלֶיךָ: וַיַּשְׁכֵּם אַבְרָהָם בַּבֹּקֶר, וַיַּחֲבֹשׁ
אֶת־חֲמֹרוֹ, וַיִּקַּח אֶת־שְׁנֵי נְעָרָיו אִתּוֹ וְאֵת יִצְחָק בְּנוֹ, וַיְבַקַּע עֲצֵי
עֹלָה, וַיָּקָם וַיֵּלֶךְ אֶל־הַמָּקוֹם אֲשֶׁר־אָמַר־לוֹ הָאֱלֹהִים: בַּיּוֹם הַשְּׁלִישִׁי
וַיִּשָּׂא אַבְרָהָם אֶת־עֵינָיו וַיַּרְא אֶת־הַמָּקוֹם מֵרָחֹק: וַיֹּאמֶר אַבְרָהָם
אֶל־נְעָרָיו, שְׁבוּ־לָכֶם פֹּה עִם־הַחֲמוֹר, וַאֲנִי וְהַנַּעַר נֵלְכָה עַד־כֹּה,
וְנִשְׁתַּחֲוֶה וְנָשׁוּבָה אֲלֵיכֶם: וַיִּקַּח אַבְרָהָם אֶת־עֲצֵי הָעֹלָה וַיָּשֶׂם עַל־
יִצְחָק בְּנוֹ, וַיִּקַּח בְּיָדוֹ אֶת־הָאֵשׁ וְאֶת־הַמַּאֲכֶלֶת, וַיֵּלְכוּ שְׁנֵיהֶם יַחְדָּו:
וַיֹּאמֶר יִצְחָק אֶל־אַבְרָהָם אָבִיו, וַיֹּאמֶר אָבִי, וַיֹּאמֶר הִנֶּנִּי בְנִי, וַיֹּאמֶר,
הִנֵּה הָאֵשׁ וְהָעֵצִים, וְאַיֵּה הַשֶּׂה לְעֹלָה: וַיֹּאמֶר אַבְרָהָם, אֱלֹהִים
יִרְאֶה־לּוֹ הַשֶּׂה לְעֹלָה, בְּנִי, וַיֵּלְכוּ שְׁנֵיהֶם יַחְדָּו: וַיָּבֹאוּ אֶל־הַמָּקוֹם

THE BINDING OF ISAAC

This passage, said daily by those whose liturgy follows the Jewish mystical
tradition, evokes the supreme moment of sacrifice by the grandfather of

They came to the place God had told him about, and Abraham built there an altar and arranged the wood and bound Isaac his son and laid him on the altar on top of the wood. He reached out his hand and took the knife to slay his son. Then an angel of the LORD called out to him from heaven, "Abraham! Abraham!" He said, "Here I am." He said, "Do not reach out your hand against the boy; do not do anything to him, for now I know that you fear God, because you have not held back your son, your only son, from Me." Abraham looked up and there he saw a ram caught in a thicket by its horns, and Abraham went and took the ram and offered it as a burnt-offering instead of his son. Abraham called that place "The LORD will see," as is said to this day, "On the mountain of the LORD He will be seen." The angel of the LORD called to Abraham a second time from heaven, and said, "By Myself I swear, declares the LORD, that because you have done this and have not held back your son, your only son, I will greatly bless you and greatly multiply your descendants, as the stars of heaven and the sand of the seashore, and your descendants shall take possession of the gates of their enemies. Through your descendants, all the nations of the earth will be blessed, because you have heeded My voice." Then Abraham returned to his lads, and they rose and went together to Beersheba, and Abraham stayed in Beersheba.

Most omit this passage on Shabbat and Yom Tov.

Master of the Universe, just as Abraham our father suppressed his compassion to do Your will wholeheartedly, so may Your compassion suppress Your anger from us and may Your compassion prevail over Your other attributes. Deal with us, LORD our God, with the attributes of loving-kindness and compassion, and in Your great goodness may Your anger be turned away from Your people, Your city, Your land and Your inheritance. Fulfill in us, LORD our God, the promise You made in Your Torah through the hand of Moses Your servant, as it is said: "I will remember My covenant with Jacob, *Lev. 26* and also My covenant with Isaac, and also My covenant with Abraham I will remember, and the land I will remember."

---

the contradiction, in the faith that God would resolve it in the course of time, that made him the hero of faith and its role model through the centuries.

אֲשֶׁר אָמַר־לוֹ הָאֱלֹהִים, וַיִּבֶן שָׁם אַבְרָהָם אֶת־הַמִּזְבֵּחַ וַיַּעֲרֹךְ אֶת־
הָעֵצִים, וַיַּעֲקֹד אֶת־יִצְחָק בְּנוֹ, וַיָּשֶׂם אֹתוֹ עַל־הַמִּזְבֵּחַ מִמַּעַל לָעֵצִים:
וַיִּשְׁלַח אַבְרָהָם אֶת־יָדוֹ, וַיִּקַּח אֶת־הַמַּאֲכֶלֶת, לִשְׁחֹט אֶת־בְּנוֹ:
וַיִּקְרָא אֵלָיו מַלְאַךְ יהוה מִן־הַשָּׁמַיִם, וַיֹּאמֶר אַבְרָהָם אַבְרָהָם, וַיֹּאמֶר
הִנֵּנִי: וַיֹּאמֶר אַל־תִּשְׁלַח יָדְךָ אֶל־הַנַּעַר, וְאַל־תַּעַשׂ לוֹ מְאוּמָה, כִּי
עַתָּה יָדַעְתִּי כִּי־יְרֵא אֱלֹהִים אַתָּה, וְלֹא חָשַׂכְתָּ אֶת־בִּנְךָ אֶת־יְחִידְךָ
מִמֶּנִּי: וַיִּשָּׂא אַבְרָהָם אֶת־עֵינָיו, וַיַּרְא וְהִנֵּה־אַיִל, אַחַר נֶאֱחַז בַּסְּבַךְ
בְּקַרְנָיו, וַיֵּלֶךְ אַבְרָהָם וַיִּקַּח אֶת־הָאַיִל, וַיַּעֲלֵהוּ לְעֹלָה תַּחַת בְּנוֹ:
וַיִּקְרָא אַבְרָהָם שֵׁם־הַמָּקוֹם הַהוּא יהוה יִרְאֶה, אֲשֶׁר יֵאָמֵר הַיּוֹם
בְּהַר יהוה יֵרָאֶה: וַיִּקְרָא מַלְאַךְ יהוה אֶל־אַבְרָהָם שֵׁנִית מִן־הַשָּׁמָיִם:
וַיֹּאמֶר, בִּי נִשְׁבַּעְתִּי נְאֻם־יהוה, כִּי יַעַן אֲשֶׁר עָשִׂיתָ אֶת־הַדָּבָר הַזֶּה,
וְלֹא חָשַׂכְתָּ אֶת־בִּנְךָ אֶת־יְחִידֶךָ: כִּי־בָרֵךְ אֲבָרֶכְךָ, וְהַרְבָּה אַרְבֶּה
אֶת־זַרְעֲךָ כְּכוֹכְבֵי הַשָּׁמַיִם, וְכַחוֹל אֲשֶׁר עַל־שְׂפַת הַיָּם, וְיִרַשׁ זַרְעֲךָ
אֵת שַׁעַר אֹיְבָיו: וְהִתְבָּרְכוּ בְזַרְעֲךָ כֹּל גּוֹיֵי הָאָרֶץ, עֵקֶב אֲשֶׁר שָׁמַעְתָּ
בְּקֹלִי: וַיָּשָׁב אַבְרָהָם אֶל־נְעָרָיו, וַיָּקֻמוּ וַיֵּלְכוּ יַחְדָּו אֶל־בְּאֵר שָׁבַע,
וַיֵּשֶׁב אַבְרָהָם בִּבְאֵר שָׁבַע:

Most omit this passage on שבת *and* יום טוב*.*

רִבּוֹנוֹ שֶׁל עוֹלָם, כְּמוֹ שֶׁכָּבַשׁ אַבְרָהָם אָבִינוּ אֶת רַחֲמָיו לַעֲשׂוֹת רְצוֹנְךָ
בְּלֵבָב שָׁלֵם, כֵּן יִכְבְּשׁוּ רַחֲמֶיךָ אֶת כַּעַסְךָ מֵעָלֵינוּ וְיִגֹּלּוּ רַחֲמֶיךָ עַל מִדּוֹתֶיךָ.
וְתִתְנַהֵג עִמָּנוּ יהוה אֱלֹהֵינוּ בְּמִדַּת הַחֶסֶד וּבְמִדַּת הָרַחֲמִים, וּבְטוּבְךָ
הַגָּדוֹל יָשׁוּב חֲרוֹן אַפְּךָ מֵעַמְּךָ וּמֵעִירְךָ וּמֵאַרְצְךָ וּמִנַּחֲלָתֶךָ. וְקַיֶּם לָנוּ יהוה
אֱלֹהֵינוּ אֶת הַדָּבָר שֶׁהִבְטַחְתָּנוּ בְּתוֹרָתֶךָ עַל יְדֵי מֹשֶׁה עַבְדֶּךָ, כָּאָמוּר:
וְזָכַרְתִּי אֶת־בְּרִיתִי יַעֲקוֹב וְאַף אֶת־בְּרִיתִי יִצְחָק, וְאַף אֶת־בְּרִיתִי אַבְרָהָם ויקרא כו
אֶזְכֹּר, וְהָאָרֶץ אֶזְכֹּר:

Isaac and offer him as a sacrifice (Gen. 22:2). It was Abraham's willingness, not merely to sacrifice that which was most precious to him, but to live with

ACCEPTING THE SOVEREIGNTY OF HEAVEN

לְעוֹלָם A person should always be God-fearing, privately and publicly, acknowledging the truth and speaking it in his heart. He should rise early and say: *Tanna DeVei Eliyahu, ch. 21*

Master of all worlds,
not because of our righteousness *Dan. 9*
do we lay our pleas before You,
but because of Your great compassion.

What are we? What are our lives?
What is our loving-kindness? What is our righteousness?
What is our salvation? What is our strength?
What is our might? What shall we say before You,
LORD our God and God of our ancestors?
Are not all the mighty like nothing before You,
the men of renown as if they had never been,
the wise as if they know nothing,
and the understanding as if they lack intelligence?
For their many works are in vain,
and the days of their lives like a fleeting breath before You.
The pre-eminence of man over the animals is nothing, *Eccl. 3*
for all is but a fleeting breath.

---

among the multitudes," refers to the martyrdom of those who went to their deaths rather than renounce their faith. Martyrdom is called *Kiddush HaShem*, "sanctifying [God's] name."

רִבּוֹן כָּל הָעוֹלָמִים *Master of all worlds.* This passage expresses the paradox of the human condition in the presence of God. We know how small we are and how brief our lives.

הֶבֶל *Fleeting breath.* The Hebrew word *hevel* – the key word of the opening chapters of Ecclesiastes, from which this line is taken – has been translated as "vain, meaningless, empty, futile." However, it literally means "a short breath." It conveys a sense of the brevity and insubstantiality of life as a physical phenomenon. All that lives soon dies, and is as if it had never been.

קבלת עול מלכות שמים

תנא דבי אליהו, פרק כא
לְעוֹלָם יְהֵא אָדָם יְרֵא שָׁמַיִם בְּסֵתֶר וּבְגָלוּי
וּמוֹדֶה עַל הָאֱמֶת, וְדוֹבֵר אֱמֶת בִּלְבָבוֹ
וְיַשְׁכֵּם וְיֹאמַר
רִבּוֹן כָּל הָעוֹלָמִים
דניאל ט
לֹא עַל־צִדְקוֹתֵינוּ אֲנַחְנוּ מַפִּילִים תַּחֲנוּנֵינוּ לְפָנֶיךָ
כִּי עַל־רַחֲמֶיךָ הָרַבִּים:
מָה אָנוּ, מֶה חַיֵּינוּ, מֶה חַסְדֵּנוּ, מַה צִּדְקוֹתֵינוּ
מַה יְּשׁוּעָתֵנוּ, מַה כֹּחֵנוּ, מַה גְּבוּרָתֵנוּ
מַה נֹּאמַר לְפָנֶיךָ, יהוה אֱלֹהֵינוּ וֵאלֹהֵי אֲבוֹתֵינוּ
הֲלֹא כָל הַגִּבּוֹרִים כְּאַיִן לְפָנֶיךָ
וְאַנְשֵׁי הַשֵּׁם כְּלֹא הָיוּ
וַחֲכָמִים כִּבְלִי מַדָּע, וּנְבוֹנִים כִּבְלִי הַשְׂכֵּל
כִּי רֹב מַעֲשֵׂיהֶם תֹּהוּ, וִימֵי חַיֵּיהֶם הֶבֶל לְפָנֶיךָ
קהלת ג
וּמוֹתַר הָאָדָם מִן־הַבְּהֵמָה אָיִן
כִּי הַכֹּל הָבֶל:

ACCEPTING THE SOVEREIGNTY OF HEAVEN

לְעוֹלָם יְהֵא אָדָם *A person should always.* This whole section until "Who sanctifies His name among the multitudes" appears in the ninth-century Midrash, *Tanna DeVei Eliyahu* (ch. 21). Some believe that it dates from a period of persecution under the Persian ruler Yazdegerd II who, in 456 CE, forbade the observance of Shabbat and the reading of the Torah. Jews continued to practice their faith in secret, saying prayers at times and in ways that would not be detected by their persecutors. This explains the reference to fearing God "privately" and "speaking truth in the heart" (that is, the secret practice of Judaism) and the recitation here of the first lines of the *Shema,* which could not be said at the normal time. The final blessing, "Who sanctifies His name

אֲבָל Yet we are Your people, the children of Your covenant,
the children of Abraham, Your beloved,
to whom You made a promise on Mount Moriah;
the offspring of Isaac his only one who was bound on the altar;
the congregation of Jacob Your firstborn son
whom – because of the love with which You loved him
and the joy with which You rejoiced in him –
You called Yisrael and Yeshurun.

לְפִיכָךְ Therefore it is our duty
to thank You, and to praise, glorify, bless, sanctify
and give praise and thanks to Your name.
Happy are we, how good is our portion,
how lovely our fate, how beautiful our heritage.

▸ Happy are we who, early and late, evening and morning,
say twice each day –

Listen, Israel: the LORD is our God, the LORD is One. *Deut. 6*

Quietly: Blessed be the name of His glorious kingdom for ever and all time.

Some congregations say the entire first paragraph of the Shema (below) at this point. If there is a concern that the Shema will not be recited within the prescribed time, then all three paragraphs should be said.

Love the LORD your God with all your heart, with all your soul, and with all your might. These words which I command you today shall be on your heart. Teach them repeatedly to your children, speaking of them when you sit at home and when you travel on the way, when you lie down and when you rise. Bind them as a sign on your hand, and they shall be an emblem between your eyes. Write them on the doorposts of your house and gates.

---

descendants of those You singled out to be witnesses to the world of Your existence and majesty.

יַעֲקֹב בִּנְךָ בְּכוֹרֶךָ *Jacob your firstborn son.* Though Jacob was not the biological firstborn of Isaac and Rebecca, God subsequently declared, "My child, My firstborn, Israel" (Ex. 4:22).

אֲבָל אֲנַחְנוּ עַמְּךָ בְּנֵי בְרִיתֶךָ

בְּנֵי אַבְרָהָם אֹהַבְךָ שֶׁנִּשְׁבַּעְתָּ לּוֹ בְּהַר הַמּוֹרִיָּה

זֶרַע יִצְחָק יְחִידוֹ שֶׁנֶּעֱקַד עַל גַּבֵּי הַמִּזְבֵּחַ

עֲדַת יַעֲקֹב בִּנְךָ בְּכוֹרֶךָ

שֶׁמֵּאַהֲבָתְךָ שֶׁאָהַבְתָּ אוֹתוֹ, וּמִשִּׂמְחָתְךָ שֶׁשָּׂמַחְתָּ בּוֹ

קָרָאתָ אֶת שְׁמוֹ יִשְׂרָאֵל וִישֻׁרוּן.

לְפִיכָךְ אֲנַחְנוּ חַיָּבִים

לְהוֹדוֹת לְךָ וּלְשַׁבֵּחֲךָ וּלְפָאֶרְךָ

וּלְבָרֵךְ וּלְקַדֵּשׁ וְלָתֵת שֶׁבַח וְהוֹדָיָה לִשְׁמֶךָ.

אַשְׁרֵינוּ, מַה טּוֹב חֶלְקֵנוּ

וּמַה נָּעִים גּוֹרָלֵנוּ, וּמַה יָּפָה יְרֻשָּׁתֵנוּ.

אַשְׁרֵינוּ, שֶׁאֲנַחְנוּ מַשְׁכִּימִים וּמַעֲרִיבִים עֶרֶב וָבֹקֶר

וְאוֹמְרִים פַּעֲמַיִם בְּכָל יוֹם

דברים ו

שְׁמַע יִשְׂרָאֵל, יהוה אֱלֹהֵינוּ, יהוה אֶחָד:

Quietly בָּרוּךְ שֵׁם כְּבוֹד מַלְכוּתוֹ לְעוֹלָם וָעֶד.

Some congregations say the entire first paragraph of the שמע (below) at this point.
If there is a concern that the שמע will not be recited within the
prescribed time, then all three paragraphs should be said.

וְאָהַבְתָּ אֵת יהוה אֱלֹהֶיךָ, בְּכָל־לְבָבְךָ, וּבְכָל־נַפְשְׁךָ, וּבְכָל־מְאֹדֶךָ: וְהָיוּ הַדְּבָרִים
הָאֵלֶּה, אֲשֶׁר אָנֹכִי מְצַוְּךָ הַיּוֹם, עַל־לְבָבֶךָ: וְשִׁנַּנְתָּם לְבָנֶיךָ, וְדִבַּרְתָּ בָּם, בְּשִׁבְתְּךָ
בְּבֵיתֶךָ, וּבְלֶכְתְּךָ בַדֶּרֶךְ, וּבְשָׁכְבְּךָ וּבְקוּמֶךָ: וּקְשַׁרְתָּם לְאוֹת עַל־יָדֶךָ וְהָיוּ לְטֹטָפֹת
בֵּין עֵינֶיךָ: וּכְתַבְתָּם עַל־מְזֻזוֹת בֵּיתֶךָ וּבִשְׁעָרֶיךָ:

אֲבָל *Yet.* Though we may be insignificant as individuals, we are part of something momentous, for "we are Your people, the children of Your covenant,"

אַתָּה הוּא It was You who existed before the world was created,
it is You now that the world has been created.
It is You in this world and You in the World to Come.
Sanctify Your name through those who sanctify Your name,
and sanctify Your name throughout Your world.
By Your salvation may our pride be exalted;
raise high our pride.
Blessed are You, LORD,
who sanctifies His name among the multitudes.

אַתָּה הוּא You are the LORD our God
in heaven and on earth, and in the highest heaven of heavens.
Truly, You are the first and You are the last,
and besides You there is no god.
Gather those who hope in You from the four quarters of the earth.
May all mankind recognize and know
that You alone are God over all the kingdoms on earth.

You made the heavens and the earth, the sea and all they contain.
Who among all the works of Your hands, above and below,
can tell You what to do?

Heavenly Father,
deal kindly with us
for the sake of Your great name by which we are called,
and fulfill for us, LORD our God, that which is written:

> "At that time I will bring you home, and at that time I will gather you, for I will give you renown and praise among all the peoples of the earth when I bring back your exiles before your eyes, says the LORD." *Zeph. 3*

אַתָּה הוּא יהוה אֱלֹהֵינוּ *You are the LORD our God.* A prayer for the end of exile, culminating with the verse from Zephaniah (3:20) which speaks of the ingathering of Jews and of a time when "I will give you renown and praise among all the peoples of the earth." This entire sequence of prayers is eloquent testimony to how Jews sustained faith and hope, dignity and pride, during some of the most prolonged periods of persecution in history.

אַתָּה הוּא עַד שֶׁלֹּא נִבְרָא הָעוֹלָם, אַתָּה הוּא מִשֶּׁנִּבְרָא הָעוֹלָם.
אַתָּה הוּא בָּעוֹלָם הַזֶּה, וְאַתָּה הוּא לָעוֹלָם הַבָּא.
קַדֵּשׁ אֶת שִׁמְךָ עַל מַקְדִּישֵׁי שְׁמֶךָ, וְקַדֵּשׁ אֶת שִׁמְךָ בְּעוֹלָמֶךָ
וּבִישׁוּעָתְךָ תָּרוּם וְתַגְבִּיהַּ קַרְנֵנוּ.
בָּרוּךְ אַתָּה יהוה, הַמְקַדֵּשׁ אֶת שִׁמְךָ בָּרַבִּים.

אַתָּה הוּא יהוה אֱלֹהֵינוּ
בַּשָּׁמַיִם וּבָאָרֶץ, וּבִשְׁמֵי הַשָּׁמַיִם הָעֶלְיוֹנִים.
אֱמֶת, אַתָּה הוּא רִאשׁוֹן, וְאַתָּה הוּא אַחֲרוֹן
וּמִבַּלְעָדֶיךָ אֵין אֱלֹהִים.
קַבֵּץ קוֶֹיךָ מֵאַרְבַּע כַּנְפוֹת הָאָרֶץ.
יַכִּירוּ וְיֵדְעוּ כָּל בָּאֵי עוֹלָם
כִּי אַתָּה הוּא הָאֱלֹהִים לְבַדְּךָ לְכֹל מַמְלְכוֹת הָאָרֶץ.
אַתָּה עָשִׂיתָ אֶת הַשָּׁמַיִם וְאֶת הָאָרֶץ, אֶת הַיָּם וְאֶת כָּל אֲשֶׁר בָּם
וּמִי בְּכָל מַעֲשֵׂי יָדֶיךָ בָּעֶלְיוֹנִים אוֹ בַתַּחְתּוֹנִים
שֶׁיֹּאמַר לְךָ מַה תַּעֲשֶׂה.
אָבִינוּ שֶׁבַּשָּׁמַיִם
עֲשֵׂה עִמָּנוּ חֶסֶד בַּעֲבוּר שִׁמְךָ הַגָּדוֹל שֶׁנִּקְרָא עָלֵינוּ
וְקַיֶּם לָנוּ יהוה אֱלֹהֵינוּ מַה שֶּׁכָּתוּב:
צפניה ג בָּעֵת הַהִיא אָבִיא אֶתְכֶם, וּבָעֵת קַבְּצִי אֶתְכֶם
כִּי־אֶתֵּן אֶתְכֶם לְשֵׁם וְלִתְהִלָּה בְּכֹל עַמֵּי הָאָרֶץ
בְּשׁוּבִי אֶת־שְׁבוּתֵיכֶם לְעֵינֵיכֶם, אָמַר יהוה:

אַתָּה הוּא *It was You who existed.* This prayer, with its emphasis on the changelessness of God, may have been incorporated at a time of persecution, expressing the refusal of Jews to abandon their faith. God does not alter or revoke His covenant; therefore, we may not renounce our religion or identity: "I, God, do not change; so you, children of Jacob, are not destroyed" (Mal. 3:6).

OFFERINGS

The sages held that, in the absence of the Temple, studying the laws of sacrifices is the equivalent of offering them. Hence the following texts. There are different customs as to how many passages are to be said, and one should follow the custom of one's congregation. The minimum requirement is to say the verses relating to The Daily Sacrifice on the next page.

THE BASIN

The LORD spoke to Moses, saying: Make a bronze basin, with its bronze stand for washing, and place it between the Tent of Meeting and the altar, and put water in it. From it, Aaron and his sons are to wash their hands and feet. When they enter the Tent of Meeting, they shall wash with water so that they will not die; likewise when they approach the altar to minister, presenting a fire-offering to the LORD. They must wash their hands and feet so that they will not die. This shall be an everlasting ordinance for Aaron and his descendants throughout their generations. *Ex. 30*

TAKING OF THE ASHES

The LORD spoke to Moses, saying: Instruct Aaron and his sons, saying, This is the law of the burnt-offering. The burnt-offering shall remain on the altar hearth throughout the night until morning, and the altar fire shall be kept burning on it. The priest shall then put on his linen garments, and linen breeches next to his body, and shall remove the ashes of the burnt-offering that the fire has consumed on the altar and place them beside the altar. Then he shall take off these clothes and put on others, and carry the ashes outside the camp to a clean place. The fire on the altar must be kept burning; it must not go out. Each morning the priest shall burn wood on it, and prepare on it the burnt-offering and burn the fat of the peace-offerings. A perpetual fire must be kept burning on the altar; it must not go out. *Lev. 6*

---

sacrifices, and was chosen because it does not contain any disagreement between the sages, and thus accords with the rule that one should pray "after a decided *halakha*" (*Berakhot* 31a), that is, an item of Jewish law about which there is no debate.

There are different customs about how many and which passages are to be said. The passages in large type represent the text as it exists in the earliest Siddurim, those of Rabbi Amram Gaon and Rabbi Sa'adia Gaon.

סדר הקרבנות

חז״ל held that, in the absence of the Temple, studying the laws of sacrifices is the equivalent of offering them. Hence the following texts. There are different customs as to how many passages are to be said, and one should follow the custom of one's congregation. The minimum requirement is to say the verses relating to the קרבן תמיד on the next page.

פרשת הכיור

וַיְדַבֵּר יהוה אֶל־מֹשֶׁה לֵּאמֹר: וְעָשִׂיתָ כִּיּוֹר נְחֹשֶׁת וְכַנּוֹ נְחֹשֶׁת לְרָחְצָה, שמות ל
וְנָתַתָּ אֹתוֹ בֵּין־אֹהֶל מוֹעֵד וּבֵין הַמִּזְבֵּחַ, וְנָתַתָּ שָׁמָּה מָיִם: וְרָחֲצוּ
אַהֲרֹן וּבָנָיו מִמֶּנּוּ אֶת־יְדֵיהֶם וְאֶת־רַגְלֵיהֶם: בְּבֹאָם אֶל־אֹהֶל מוֹעֵד
יִרְחֲצוּ־מַיִם, וְלֹא יָמֻתוּ, אוֹ בְגִשְׁתָּם אֶל־הַמִּזְבֵּחַ לְשָׁרֵת, לְהַקְטִיר אִשֶּׁה
לַיהוה: וְרָחֲצוּ יְדֵיהֶם וְרַגְלֵיהֶם וְלֹא יָמֻתוּ, וְהָיְתָה לָהֶם חָק־עוֹלָם, לוֹ
וּלְזַרְעוֹ לְדֹרֹתָם:

פרשת תרומת הדשן

וַיְדַבֵּר יהוה אֶל־מֹשֶׁה לֵּאמֹר: צַו אֶת־אַהֲרֹן וְאֶת־בָּנָיו לֵאמֹר, זֹאת ויקרא ו
תּוֹרַת הָעֹלָה, הִוא הָעֹלָה עַל מוֹקְדָה עַל־הַמִּזְבֵּחַ כָּל־הַלַּיְלָה עַד־
הַבֹּקֶר, וְאֵשׁ הַמִּזְבֵּחַ תּוּקַד בּוֹ: וְלָבַשׁ הַכֹּהֵן מִדּוֹ בַד, וּמִכְנְסֵי־בַד יִלְבַּשׁ
עַל־בְּשָׂרוֹ, וְהֵרִים אֶת־הַדֶּשֶׁן אֲשֶׁר תֹּאכַל הָאֵשׁ אֶת־הָעֹלָה, עַל־
הַמִּזְבֵּחַ, וְשָׂמוֹ אֵצֶל הַמִּזְבֵּחַ: וּפָשַׁט אֶת־בְּגָדָיו, וְלָבַשׁ בְּגָדִים אֲחֵרִים,
וְהוֹצִיא אֶת־הַדֶּשֶׁן אֶל־מִחוּץ לַמַּחֲנֶה, אֶל־מָקוֹם טָהוֹר: וְהָאֵשׁ עַל־
הַמִּזְבֵּחַ תּוּקַד־בּוֹ, לֹא תִכְבֶּה, וּבִעֵר עָלֶיהָ הַכֹּהֵן עֵצִים בַּבֹּקֶר בַּבֹּקֶר,
וְעָרַךְ עָלֶיהָ הָעֹלָה, וְהִקְטִיר עָלֶיהָ חֶלְבֵי הַשְּׁלָמִים: אֵשׁ, תָּמִיד תּוּקַד
עַל־הַמִּזְבֵּחַ, לֹא תִכְבֶּה:

OFFERINGS

There now follows a second cycle of study, with the same structure as the first, with passages from: (1) the Torah, (2) the Mishna, and (3) the Talmud (see below). The passages from the Torah relate to the daily, weekly and monthly sacrifices because, in the absence of the Temple, the sages held that study of the laws about sacrifice was a substitute for sacrifice itself (*Ta'anit* 27b). The passage from the Mishna (*Zevaḥim* 5) is also about

May it be Your will, LORD our God and God of our ancestors, that You have compassion on us and pardon us all our sins, grant atonement for all our iniquities and forgive all our transgressions. May You rebuild the Temple swiftly in our days so that we may offer You the continual-offering that it may atone for us as You have prescribed for us in Your Torah through Moses Your servant, from the mouthpiece of Your glory, as it is said:

THE DAILY SACRIFICE

וַיְדַבֵּר The LORD said to Moses, "Command the Israelites and tell them: 'Be careful to offer to Me at the appointed time My food-offering consumed by fire, as an aroma pleasing to Me.' Tell them: 'This is the fire-offering you shall offer to the LORD – two lambs a year old without blemish, as a regular burnt-offering each day. Prepare one lamb in the morning and the other toward evening, together with a meal-offering of a tenth of an ephah of fine flour mixed with a quarter of a hin of oil from pressed olives. This is the regular burnt-offering instituted at Mount Sinai as a pleasing aroma, a fire-offering made to the LORD. Its libation is to be a quarter of a hin [of wine] with each lamb, poured in the Sanctuary as a libation of strong drink to the LORD. Prepare the second lamb in the afternoon, along with the same meal-offering and libation as in the morning. This is a fire-offering, an aroma pleasing to the LORD.'" *Num. 28*

וְשָׁחַט He shall slaughter it at the north side of the altar before the LORD, and Aaron's sons the priests shall sprinkle its blood against the altar on all sides. *Lev. 1*

May it be Your will, LORD our God and God of our ancestors, that this recitation be considered accepted and favored before You as if we had offered the daily sacrifice at its appointed time and place, according to its laws.

It is You, LORD our God, to whom our ancestors offered fragrant incense when the Temple stood, as You commanded them through Moses Your prophet, as is written in Your Torah:

THE INCENSE

The LORD said to Moses: Take fragrant spices – balsam, onycha, galbanum and pure frankincense, all in equal amounts – and make a fragrant blend of incense, the work of a perfumer, well mixed, pure and holy. Grind it very finely and place it in front of the [Ark of] Testimony in the Tent of Meeting, where I will meet with you. It shall be most holy to you. *Ex. 30*

יְהִי רָצוֹן מִלְּפָנֶיךָ יהוה אֱלֹהֵינוּ וֵאלֹהֵי אֲבוֹתֵינוּ, שֶׁתְּרַחֵם עָלֵינוּ, וְתִמְחֹל לָנוּ עַל כָּל חַטֹּאתֵינוּ וּתְכַפֵּר לָנוּ עַל כָּל עֲוֹנוֹתֵינוּ וְתִסְלַח לָנוּ עַל כָּל פְּשָׁעֵינוּ, וְתִבְנֶה בֵּית הַמִּקְדָּשׁ בִּמְהֵרָה בְיָמֵינוּ, וְנַקְרִיב לְפָנֶיךָ קָרְבַּן הַתָּמִיד שֶׁיְּכַפֵּר בַּעֲדֵנוּ, כְּמוֹ שֶׁכָּתַבְתָּ עָלֵינוּ בְּתוֹרָתֶךָ עַל יְדֵי מֹשֶׁה עַבְדֶּךָ מִפִּי כְבוֹדֶךָ, כָּאָמוּר:

פרשת קרבן התמיד

במדבר כח
וַיְדַבֵּר יהוה אֶל־מֹשֶׁה לֵּאמֹר: צַו אֶת־בְּנֵי יִשְׂרָאֵל וְאָמַרְתָּ אֲלֵהֶם, אֶת־קָרְבָּנִי לַחְמִי לְאִשַּׁי, רֵיחַ נִיחֹחִי, תִּשְׁמְרוּ לְהַקְרִיב לִי בְּמוֹעֲדוֹ: וְאָמַרְתָּ לָהֶם, זֶה הָאִשֶּׁה אֲשֶׁר תַּקְרִיבוּ לַיהוה, כְּבָשִׂים בְּנֵי־שָׁנָה תְמִימִם שְׁנַיִם לַיּוֹם, עֹלָה תָמִיד: אֶת־הַכֶּבֶשׂ אֶחָד תַּעֲשֶׂה בַבֹּקֶר, וְאֵת הַכֶּבֶשׂ הַשֵּׁנִי תַּעֲשֶׂה בֵּין הָעַרְבָּיִם: וַעֲשִׂירִית הָאֵיפָה סֹלֶת לְמִנְחָה, בְּלוּלָה בְּשֶׁמֶן כָּתִית רְבִיעִת הַהִין: עֹלַת תָּמִיד, הָעֲשֻׂיָה בְּהַר סִינַי, לְרֵיחַ נִיחֹחַ אִשֶּׁה לַיהוה: וְנִסְכּוֹ רְבִיעִת הַהִין לַכֶּבֶשׂ הָאֶחָד, בַּקֹּדֶשׁ הַסֵּךְ נֶסֶךְ שֵׁכָר לַיהוה: וְאֵת הַכֶּבֶשׂ הַשֵּׁנִי תַּעֲשֶׂה בֵּין הָעַרְבָּיִם, כְּמִנְחַת הַבֹּקֶר וּכְנִסְכּוֹ תַּעֲשֶׂה, אִשֵּׁה רֵיחַ נִיחֹחַ לַיהוה:

ויקרא א
וְשָׁחַט אֹתוֹ עַל יֶרֶךְ הַמִּזְבֵּחַ צָפֹנָה לִפְנֵי יהוה, וְזָרְקוּ בְּנֵי אַהֲרֹן הַכֹּהֲנִים אֶת־דָּמוֹ עַל־הַמִּזְבֵּחַ, סָבִיב:

יְהִי רָצוֹן מִלְּפָנֶיךָ, יהוה אֱלֹהֵינוּ וֵאלֹהֵי אֲבוֹתֵינוּ, שֶׁתְּהֵא אֲמִירָה זוֹ חֲשׁוּבָה וּמְקֻבֶּלֶת וּמְרֻצָּה לְפָנֶיךָ, כְּאִלּוּ הִקְרַבְנוּ קָרְבַּן הַתָּמִיד בְּמוֹעֲדוֹ וּבִמְקוֹמוֹ וּכְהִלְכָתוֹ.

אַתָּה הוּא יהוה אֱלֹהֵינוּ שֶׁהִקְטִירוּ אֲבוֹתֵינוּ לְפָנֶיךָ אֶת קְטֹרֶת הַסַּמִּים בִּזְמַן שֶׁבֵּית הַמִּקְדָּשׁ הָיָה קַיָּם, כַּאֲשֶׁר צִוִּיתָ אוֹתָם עַל יְדֵי מֹשֶׁה נְבִיאֶךָ, כַּכָּתוּב בְּתוֹרָתֶךָ:

פרשת הקטורת

שמות ל
וַיֹּאמֶר יהוה אֶל־מֹשֶׁה, קַח־לְךָ סַמִּים נָטָף וּשְׁחֵלֶת וְחֶלְבְּנָה, סַמִּים וּלְבֹנָה זַכָּה, בַּד בְּבַד יִהְיֶה: וְעָשִׂיתָ אֹתָהּ קְטֹרֶת, רֹקַח מַעֲשֵׂה רוֹקֵחַ, מְמֻלָּח, טָהוֹר קֹדֶשׁ: וְשָׁחַקְתָּ מִמֶּנָּה הָדֵק, וְנָתַתָּה מִמֶּנָּה לִפְנֵי הָעֵדֻת בְּאֹהֶל מוֹעֵד אֲשֶׁר אִוָּעֵד לְךָ שָׁמָּה, קֹדֶשׁ קָדָשִׁים תִּהְיֶה לָכֶם:

And it is said:

> Aaron shall burn fragrant incense on the altar every morning when he cleans the lamps. He shall burn incense again when he lights the lamps toward evening so that there will be incense before the LORD at all times, throughout your generations.

The rabbis taught: How was the incense prepared? It weighed 368 manehs, 365 corresponding to the number of days in a solar year, a maneh for each day, half to be offered in the morning and half in the afternoon, and three additional manehs from which the High Priest took two handfuls on Yom Kippur. These were put back into the mortar on the day before Yom Kippur and ground again very thoroughly so as to be extremely fine. The incense contained eleven kinds of spices: balsam, onycha, galbanum and frankincense, each weighing seventy manehs; myrrh, cassia, spikenard and saffron, each weighing sixteen manehs; twelve manehs of costus, three of aromatic bark; nine of cinnamon; nine kabs of Carsina lye; three seahs and three kabs of Cyprus wine. If Cyprus wine was not available, old white wine might be used. A quarter of a kab of Sodom salt, and a minute amount of a smoke-raising herb. Rabbi Nathan the Babylonian says: also a minute amount of Jordan amber. If one added honey to the mixture, he rendered it unfit for sacred use. If he omitted any one of its ingredients, he is guilty of a capital offence. *Keritot 6a*

Rabban Shimon ben Gamliel says: "Balsam" refers to the sap that drips from the balsam tree. The Carsina lye was used for bleaching the onycha to improve it. The Cyprus wine was used to soak the onycha in it to make it pungent. Though urine is suitable for this purpose, it is not brought into the Temple out of respect.

It was taught, Rabbi Nathan says: While it was being ground, another would say, "Grind well, well grind," because the [rhythmic] sound is good for spices. If it was mixed in half-quantities, it is fit for use, but we have not heard whether this applies to a third or a quarter. Rabbi Judah said: The general rule is that if it was made in the correct proportions, it is fit for use even if made in half-quantity, but if he omitted any one of its ingredients, he is guilty of a capital offence.

It was taught, Bar Kappara says: Once every sixty or seventy years, the accumulated surpluses amounted to half the yearly quantity. Bar Kappara also taught: If a minute quantity of honey had been mixed into the incense, no one could have resisted the scent. Why did they not put honey into it? Because the Torah says, "For you are not to burn any leaven or honey in a fire-offering made to the LORD." *JT Yoma 4:5* *Lev. 2*

וְנֶאֱמַר
וְהִקְטִיר עָלָיו אַהֲרֹן קְטֹרֶת סַמִּים, בַּבֹּקֶר בַּבֹּקֶר בְּהֵיטִיבוֹ אֶת־הַנֵּרֹת יַקְטִירֶנָּה: וּבְהַעֲלֹת אַהֲרֹן אֶת־הַנֵּרֹת בֵּין הָעַרְבַּיִם יַקְטִירֶנָּה, קְטֹרֶת תָּמִיד לִפְנֵי יהוה לְדֹרֹתֵיכֶם:

כריתות ו. תָּנוּ רַבָּנָן: פִּטּוּם הַקְּטֹרֶת כֵּיצַד, שְׁלֹשׁ מֵאוֹת וְשִׁשִּׁים וּשְׁמוֹנָה מָנִים הָיוּ בָהּ. שְׁלֹשׁ מֵאוֹת וְשִׁשִּׁים וַחֲמִשָּׁה כְּמִנְיַן יְמוֹת הַחַמָּה, מָנֶה לְכָל יוֹם, פְּרַס בְּשַׁחֲרִית וּפְרַס בֵּין הָעַרְבַּיִם, וּשְׁלֹשָׁה מָנִים יְתֵרִים שֶׁמֵּהֶם מַכְנִיס כֹּהֵן גָּדוֹל מְלֹא חָפְנָיו בְּיוֹם הַכִּפּוּרִים, וּמַחֲזִירָן לְמַכְתֶּשֶׁת בְּעֶרֶב יוֹם הַכִּפּוּרִים וְשׁוֹחֲקָן יָפֶה יָפֶה, כְּדֵי שֶׁתְּהֵא דַקָּה מִן הַדַּקָּה. וְאַחַד עָשָׂר סַמָּנִים הָיוּ בָהּ, וְאֵלּוּ הֵן: הַצֳּרִי, וְהַצִּפֹּרֶן, וְהַחֶלְבְּנָה, וְהַלְּבוֹנָה מִשְׁקַל שִׁבְעִים שִׁבְעִים מָנֶה, מֹר, וּקְצִיעָה, שִׁבֹּלֶת נֵרְדְּ, וְכַרְכֹּם מִשְׁקַל שִׁשָּׁה עָשָׂר שִׁשָּׁה עָשָׂר מָנֶה, הַקֹּשְׁטְ שְׁנֵים עָשָׂר, קִלּוּפָה שְׁלֹשָׁה, קִנָּמוֹן תִּשְׁעָה, בֹּרִית כַּרְשִׁינָה תִּשְׁעָה קַבִּין, יֵין קַפְרִיסִין סְאִין תְּלָת וְקַבִּין תְּלָתָא, וְאִם לֹא מָצָא יֵין קַפְרִיסִין, מֵבִיא חֲמַר חִוַּרְיָן עַתִּיק. מֶלַח סְדוֹמִית רֹבַע, מַעֲלֶה עָשָׁן כָּל שֶׁהוּא. רַבִּי נָתָן הַבַּבְלִי אוֹמֵר: אַף כִּפַּת הַיַּרְדֵּן כָּל שֶׁהוּא, וְאִם נָתַן בָּהּ דְּבַשׁ פְּסָלָהּ, וְאִם חִסַּר אֶחָד מִכָּל סַמָּנֶיהָ, חַיָּב מִיתָה.

רַבָּן שִׁמְעוֹן בֶּן גַּמְלִיאֵל אוֹמֵר: הַצֳּרִי אֵינוֹ אֶלָּא שְׂרָף הַנּוֹטֵף מֵעֲצֵי הַקְּטָף. בֹּרִית כַּרְשִׁינָה שֶׁשָּׁפִין בָּהּ אֶת הַצִּפֹּרֶן כְּדֵי שֶׁתְּהֵא נָאָה, יֵין קַפְרִיסִין שֶׁשּׁוֹרִין בּוֹ אֶת הַצִּפֹּרֶן כְּדֵי שֶׁתְּהֵא עַזָּה, וַהֲלֹא מֵי רַגְלַיִם יָפִין לָהּ, אֶלָּא שֶׁאֵין מַכְנִיסִין מֵי רַגְלַיִם בַּמִּקְדָּשׁ מִפְּנֵי הַכָּבוֹד.

תַּנְיָא, רַבִּי נָתָן אוֹמֵר: כְּשֶׁהוּא שׁוֹחֵק אוֹמֵר, הָדֵק הֵיטֵב הֵיטֵב הָדֵק, מִפְּנֵי שֶׁהַקּוֹל יָפֶה לַבְּשָׂמִים. פִּטְּמָהּ לַחֲצָאִין כְּשֵׁרָה, לִשְׁלִישׁ וְלִרְבִיעַ לֹא שָׁמַעְנוּ. אָמַר רַבִּי יְהוּדָה: זֶה הַכְּלָל, אִם כְּמִדָּתָהּ כְּשֵׁרָה לַחֲצָאִין, וְאִם חִסַּר אֶחָד מִכָּל סַמָּנֶיהָ חַיָּב מִיתָה.

ירושלמי יומא ד, הלכה ה תַּנְיָא, בַּר קַפָּרָא אוֹמֵר: אַחַת לְשִׁשִּׁים אוֹ לְשִׁבְעִים שָׁנָה הָיְתָה בָאָה שֶׁל שִׁירַיִם לַחֲצָאִין. וְעוֹד תָּנֵי בַּר קַפָּרָא: אִלּוּ הָיָה נוֹתֵן בָּהּ קוֹרְטוֹב שֶׁל דְּבַשׁ אֵין אָדָם יָכוֹל לַעֲמֹד מִפְּנֵי רֵיחָהּ, וְלָמָּה אֵין מְעָרְבִין בָּהּ דְּבַשׁ, מִפְּנֵי שֶׁהַתּוֹרָה אָמְרָה: כִּי כָל־
ויקרא ב שְׂאֹר וְכָל־דְּבַשׁ לֹא־תַקְטִירוּ מִמֶּנּוּ אִשֶּׁה לַיהוה:

The following three verses are each said three times:

The Lord of hosts is with us; the God of Jacob is our stronghold, Selah. *Ps. 46*

Lord of hosts, happy is the one who trusts in You. *Ps. 84*

Lord, save! May the King answer us on the day we call. *Ps. 20*

You are my hiding place; You will protect me from distress and surround *Ps. 32*
me with songs of salvation, Selah.

Then the offering of Judah and Jerusalem will be pleasing to the Lord *Mal. 3*
as in the days of old and as in former years.

THE ORDER OF THE PRIESTLY FUNCTIONS

Abaye related the order of the daily priestly functions in the name of tradition *Yoma 33a*
and in accordance with Abba Shaul: The large pile [of wood] comes before
the second pile for the incense; the second pile for the incense precedes the
laying in order of the two logs of wood; the laying in order of the two logs of
wood comes before the removing of ashes from the inner altar; the remov-
ing of ashes from the inner altar precedes the cleaning of the five lamps;
the cleaning of the five lamps comes before the blood of the daily offering;
the blood of the daily offering precedes the cleaning of the [other] two
lamps; the cleaning of the two lamps comes before the incense-offering; the
incense-offering precedes the burning of the limbs; the burning of the limbs
comes before the meal-offering; the meal-offering precedes the pancakes;
the pancakes come before the wine-libations; the wine-libations precede
the additional offerings; the additional offerings come before the [frankin-
cense] censers; the censers precede the daily afternoon offering; as it is said,
"On it he shall arrange burnt-offerings, and on it he shall burn the fat of the *Lev. 6*
peace-offerings" – "on it" [the daily offering] all the offerings were completed.

Please, by the power of Your great right hand, set the captive nation free.
Accept Your people's prayer. Strengthen us, purify us, You who are revered.
Please, mighty One, guard like the pupil of the eye those who seek Your unity.
Bless them, cleanse them, have compassion on them,
grant them Your righteousness always.
Mighty One, Holy One, in Your great goodness guide Your congregation.
Only One, exalted One, turn to Your people, who proclaim Your holiness.
Accept our plea and heed our cry, You who know all secret thoughts.
Blessed be the name of His glorious kingdom for ever and all time.

Master of the Universe, You have commanded us to offer the daily sacrifice at its
appointed time with the priests at their service, the Levites on their platform, and
the Israelites at their post. Now, because of our sins, the Temple is destroyed and
the daily sacrifice discontinued, and we have no priest at his service, no Levite
on his platform, no Israelite at his post. But You said: "We will offer in place of *Hos. 14*

The following three verses are each said three times:

יהוה צְבָאוֹת עִמָּנוּ, מִשְׂגָּב לָנוּ אֱלֹהֵי יַעֲקֹב סֶלָה: תהלים מו
יהוה צְבָאוֹת, אַשְׁרֵי אָדָם בֹּטֵחַ בָּךְ: תהלים פד
יהוה הוֹשִׁיעָה, הַמֶּלֶךְ יַעֲנֵנוּ בְיוֹם־קָרְאֵנוּ: תהלים כ

אַתָּה סֵתֶר לִי, מִצַּר תִּצְּרֵנִי, רָנֵּי פַלֵּט תְּסוֹבְבֵנִי סֶלָה: תהלים לב
וְעָרְבָה לַיהוה מִנְחַת יְהוּדָה וִירוּשָׁלָם מלאכי ג
כִּימֵי עוֹלָם וּכְשָׁנִים קַדְמֹנִיּוֹת:

סדר המערכה

אַבַּיֵּי הֲוָה מְסַדֵּר סֵדֶר הַמַּעֲרָכָה מִשְּׁמָא דִגְמָרָא, וְאַלִּבָּא דְאַבָּא שָׁאוּל: יומא לג.
מַעֲרָכָה גְדוֹלָה קוֹדֶמֶת לְמַעֲרָכָה שְׁנִיָּה שֶׁל קְטֹרֶת, וּמַעֲרָכָה שְׁנִיָּה שֶׁל קְטֹרֶת
קוֹדֶמֶת לְסִדּוּר שְׁנֵי גִזְרֵי עֵצִים, וְסִדּוּר שְׁנֵי גִזְרֵי עֵצִים קוֹדֵם לְדִשּׁוּן מִזְבֵּחַ
הַפְּנִימִי, וְדִשּׁוּן מִזְבֵּחַ הַפְּנִימִי קוֹדֵם לַהֲטָבַת חָמֵשׁ נֵרוֹת, וַהֲטָבַת חָמֵשׁ נֵרוֹת
קוֹדֶמֶת לְדַם הַתָּמִיד, וְדַם הַתָּמִיד קוֹדֵם לַהֲטָבַת שְׁתֵּי נֵרוֹת, וַהֲטָבַת שְׁתֵּי
נֵרוֹת קוֹדֶמֶת לִקְטֹרֶת, וּקְטֹרֶת קוֹדֶמֶת לְאֵבָרִים, וְאֵבָרִים לְמִנְחָה, וּמִנְחָה
לַחֲבִתִּין, וַחֲבִתִּין לִנְסָכִין, וּנְסָכִין לְמוּסָפִין, וּמוּסָפִין לְבָזִיכִין, וּבָזִיכִין קוֹדְמִין
לְתָמִיד שֶׁל בֵּין הָעַרְבָּיִם. שֶׁנֶּאֱמַר: וְעָרַךְ עָלֶיהָ הָעֹלָה, וְהִקְטִיר עָלֶיהָ חֶלְבֵי ויקרא ו
הַשְּׁלָמִים: עָלֶיהָ הַשְׁלֵם כָּל הַקָּרְבָּנוֹת כֻּלָּם.

אָנָּא, בְּכֹחַ גְּדֻלַּת יְמִינְךָ, תַּתִּיר צְרוּרָה.
קַבֵּל רִנַּת עַמְּךָ, שַׂגְּבֵנוּ, טַהֲרֵנוּ, נוֹרָא.
נָא גִבּוֹר, דּוֹרְשֵׁי יִחוּדְךָ כְּבָבַת שָׁמְרֵם.
בָּרְכֵם, טַהֲרֵם, רַחֲמֵם, צִדְקָתְךָ תָּמִיד גָּמְלֵם.
חֲסִין קָדוֹשׁ, בְּרֹב טוּבְךָ נַהֵל עֲדָתֶךָ.
יָחִיד גֵּאֶה, לְעַמְּךָ פְּנֵה, זוֹכְרֵי קְדֻשָּׁתֶךָ.
שַׁוְעָתֵנוּ קַבֵּל וּשְׁמַע צַעֲקָתֵנוּ, יוֹדֵעַ תַּעֲלוּמוֹת.
בָּרוּךְ שֵׁם כְּבוֹד מַלְכוּתוֹ לְעוֹלָם וָעֶד.

רִבּוֹן הָעוֹלָמִים, אַתָּה צִוִּיתָנוּ לְהַקְרִיב קָרְבַּן הַתָּמִיד בְּמוֹעֲדוֹ וְלִהְיוֹת כֹּהֲנִים בַּעֲבוֹדָתָם וּלְוִיִּם בְּדוּכָנָם וְיִשְׂרָאֵל בְּמַעֲמָדָם, וְעַתָּה בַּעֲוֹנוֹתֵינוּ חָרַב בֵּית הַמִּקְדָּשׁ וּבָטַל הַתָּמִיד וְאֵין לָנוּ לֹא כֹהֵן בַּעֲבוֹדָתוֹ וְלֹא לֵוִי בְּדוּכָנוֹ וְלֹא יִשְׂרָאֵל

bullocks [the prayer of] our lips." Therefore may it be Your will, Lord our God and God of our ancestors, that the prayer of our lips be considered, accepted and favored before You as if we had offered the daily sacrifice at its appointed time and place, according to its laws.

On Shabbat: וּבְיוֹם הַשַּׁבָּת On the Shabbat day, *Num. 28*
make an offering of two lambs a year old, without blemish,
together with two-tenths of an ephah of fine flour
mixed with oil as a meal-offering, and its appropriate libation.
This is the burnt-offering for every Shabbat,
in addition to the regular daily burnt-offering and its libation.

LAWS OF OFFERINGS, MISHNA ZEVAḤIM

Zevaḥim Ch. 5

אֵיזֶהוּ מְקוֹמָן What is the location for sacrifices? The holiest offerings were slaughtered on the north side. The bull and he-goat of Yom Kippur were slaughtered on the north side. Their blood was received in a sacred vessel on the north side, and had to be sprinkled between the poles [of the Ark], toward the veil [screening the Holy of Holies], and on the golden altar. [The omission of] one of these sprinklings invalidated [the atonement ceremony]. The leftover blood was to be poured onto the western base of the outer altar. If this was not done, however, the omission did not invalidate [the ceremony].

The bulls and he-goats that were completely burnt were slaughtered on the north side, their blood was received in a sacred vessel on the north side, and had to be sprinkled toward the veil and on the golden altar. [The omission of] one of these sprinklings invalidated [the ceremony]. The leftover blood was to be poured onto the western base of the outer altar. If this was not done, however, the omission did not invalidate [the ceremony]. All these offerings were burnt where the altar ashes were deposited.

The communal and individual sin-offerings – these are the communal sin-offerings: the he-goats offered on Rosh Ḥodesh and Festivals were slaughtered on the north side, their blood was received in a sacred vessel on the north side, and required four sprinklings, one on each of the four corners of the altar. How was this done? The priest ascended the ramp and turned [right] onto the surrounding ledge. He came to the southeast corner, then went to the northeast, then to the northwest, then to the southwest. The leftover blood he poured onto the southern base. [The meat of these offerings], prepared in any manner, was eaten within the [courtyard] curtains, by males of the priest-hood, on that day and the following night, until midnight.

הושע יד
בְּמַעֲמָדוֹ, וְאַתָּה אָמַרְתָּ: וּנְשַׁלְּמָה פָרִים שְׂפָתֵינוּ: לָכֵן יְהִי רָצוֹן מִלְּפָנֶיךָ יהוה אֱלֹהֵינוּ וֵאלֹהֵי אֲבוֹתֵינוּ, שֶׁיְּהֵא שִׂיחַ שִׂפְתוֹתֵינוּ חָשׁוּב וּמְקֻבָּל וּמְרֻצֶּה לְפָנֶיךָ, כְּאִלּוּ הִקְרַבְנוּ קָרְבַּן הַתָּמִיד בְּמוֹעֲדוֹ וּבִמְקוֹמוֹ וּכְהִלְכָתוֹ.

במדבר כח
בשבת: וּבְיוֹם הַשַּׁבָּת שְׁנֵי־כְבָשִׂים בְּנֵי־שָׁנָה תְּמִימִם
וּשְׁנֵי עֶשְׂרֹנִים סֹלֶת מִנְחָה בְּלוּלָה בַשֶּׁמֶן, וְנִסְכּוֹ:
עֹלַת שַׁבַּת בְּשַׁבַּתּוֹ, עַל־עֹלַת הַתָּמִיד וְנִסְכָּהּ:

דיני זבחים

זבחים פרק ה
אֵיזֶהוּ מְקוֹמָן שֶׁל זְבָחִים. קָדְשֵׁי קָדָשִׁים שְׁחִיטָתָן בַּצָּפוֹן. פַּר וְשָׂעִיר שֶׁל יוֹם הַכִּפּוּרִים, שְׁחִיטָתָן בַּצָּפוֹן, וְקִבּוּל דָּמָן בִּכְלֵי שָׁרֵת בַּצָּפוֹן, וְדָמָן טָעוּן הַזָּיָה עַל בֵּין הַבַּדִּים, וְעַל הַפָּרֹכֶת, וְעַל מִזְבַּח הַזָּהָב. מַתָּנָה אַחַת מֵהֶן מְעַכָּבֶת. שְׁיָרֵי הַדָּם הָיָה שׁוֹפֵךְ עַל יְסוֹד מַעֲרָבִי שֶׁל מִזְבֵּחַ הַחִיצוֹן, אִם לֹא נָתַן לֹא עִכֵּב.

פָּרִים הַנִּשְׂרָפִים וּשְׂעִירִים הַנִּשְׂרָפִים, שְׁחִיטָתָן בַּצָּפוֹן, וְקִבּוּל דָּמָן בִּכְלֵי שָׁרֵת בַּצָּפוֹן, וְדָמָן טָעוּן הַזָּיָה עַל הַפָּרֹכֶת וְעַל מִזְבַּח הַזָּהָב. מַתָּנָה אַחַת מֵהֶן מְעַכָּבֶת. שְׁיָרֵי הַדָּם הָיָה שׁוֹפֵךְ עַל יְסוֹד מַעֲרָבִי שֶׁל מִזְבֵּחַ הַחִיצוֹן, אִם לֹא נָתַן לֹא עִכֵּב. אֵלּוּ וָאֵלּוּ נִשְׂרָפִין בְּבֵית הַדֶּשֶׁן.

חַטֹּאת הַצִּבּוּר וְהַיָּחִיד. אֵלּוּ הֵן חַטֹּאת הַצִּבּוּר: שְׂעִירֵי רָאשֵׁי חֳדָשִׁים וְשֶׁל מוֹעֲדוֹת. שְׁחִיטָתָן בַּצָּפוֹן, וְקִבּוּל דָּמָן בִּכְלֵי שָׁרֵת בַּצָּפוֹן, וְדָמָן טָעוּן אַרְבַּע מַתָּנוֹת עַל אַרְבַּע קְרָנוֹת. כֵּיצַד, עָלָה בַכֶּבֶשׁ, וּפָנָה לַסּוֹבֵב, וּבָא לוֹ לְקֶרֶן דְּרוֹמִית מִזְרָחִית, מִזְרָחִית צְפוֹנִית, צְפוֹנִית מַעֲרָבִית, מַעֲרָבִית דְּרוֹמִית. שְׁיָרֵי הַדָּם הָיָה שׁוֹפֵךְ עַל יְסוֹד דְּרוֹמִי. וְנֶאֱכָלִין לִפְנִים מִן הַקְּלָעִים, לְזִכְרֵי כְהֻנָּה, בְּכָל מַאֲכָל, לְיוֹם וָלַיְלָה עַד חֲצוֹת.

The burnt-offering was among the holiest of sacrifices. It was slaughtered on the north side, its blood was received in a sacred vessel on the north side, and required two sprinklings [at opposite corners of the altar], making four in all. The offering had to be flayed, dismembered and wholly consumed by fire.

The communal peace-offerings and the guilt-offerings – these are the guilt-offerings: the guilt-offering for robbery; the guilt-offering for profane use of a sacred object; the guilt-offering [for violating] a betrothed maidservant; the guilt-offering of a Nazirite [who had become defiled by a corpse]; the guilt-offering of a leper [at his cleansing]; and the guilt-offering in case of doubt. All these were slaughtered on the north side, their blood was received in a sacred vessel on the north side, and required two sprinklings [at opposite corners of the altar], making four in all. [The meat of these offerings], prepared in any manner, was eaten within the [courtyard] curtains, by males of the priesthood, on that day and the following night, until midnight.

The thanksgiving-offering and the ram of a Nazirite were offerings of lesser holiness. They could be slaughtered anywhere in the Temple court, and their blood required two sprinklings [at opposite corners of the altar], making four in all. The meat of these offerings, prepared in any manner, was eaten anywhere within the city [Jerusalem], by anyone during that day and the following night until midnight. This also applied to the portion of these sacrifices [given to the priests], except that the priests' portion was only to be eaten by the priests, their wives, children and servants.

Peace-offerings were [also] of lesser holiness. They could be slaughtered anywhere in the Temple court, and their blood required two sprinklings [at opposite corners of the altar], making four in all. The meat of these offerings, prepared in any manner, was eaten anywhere within the city [Jerusalem], by anyone, for two days and one night. This also applied to the portion of these sacrifices [given to the priests], except that the priests' portion was only to be eaten by the priests, their wives, children and servants.

The firstborn and tithe of cattle and the Pesaḥ lamb were sacrifices of lesser holiness. They could be slaughtered anywhere in the Temple court, and their blood required only one sprinkling, which had to be done at the base of the altar. They differed in their consumption: the firstborn was eaten only by priests, while the tithe could be eaten by anyone. Both could be eaten anywhere within the city, prepared in any manner, during two days and one night. The Pesaḥ lamb had to be eaten that night until midnight. It could only be eaten by those who had been numbered for it, and eaten only roasted.

הָעוֹלָה קֹדֶשׁ קָדָשִׁים. שְׁחִיטָתָהּ בַּצָּפוֹן, וְקִבּוּל דָּמָהּ בִּכְלִי שָׁרֵת בַּצָּפוֹן, וְדָמָהּ טָעוּן שְׁתֵּי מַתָּנוֹת שֶׁהֵן אַרְבַּע, וּטְעוּנָה הֶפְשֵׁט וְנִתּוּחַ, וְכָלִיל לָאִשִּׁים.

זִבְחֵי שַׁלְמֵי צִבּוּר וַאֲשָׁמוֹת. אֵלּוּ הֵן אֲשָׁמוֹת: אֲשַׁם גְּזֵלוֹת, אֲשַׁם מְעִילוֹת, אֲשַׁם שִׁפְחָה חֲרוּפָה, אֲשַׁם נָזִיר, אֲשַׁם מְצֹרָע, אָשָׁם תָּלוּי. שְׁחִיטָתָן בַּצָּפוֹן, וְקִבּוּל דָּמָן בִּכְלִי שָׁרֵת בַּצָּפוֹן, וְדָמָן טָעוּן שְׁתֵּי מַתָּנוֹת שֶׁהֵן אַרְבַּע. וְנֶאֱכָלִין לִפְנִים מִן הַקְּלָעִים, לְזִכְרֵי כְהֻנָּה, בְּכָל מַאֲכָל, לְיוֹם וָלַיְלָה עַד חֲצוֹת.

הַתּוֹדָה וְאֵיל נָזִיר קָדָשִׁים קַלִּים. שְׁחִיטָתָן בְּכָל מָקוֹם בָּעֲזָרָה, וְדָמָן טָעוּן שְׁתֵּי מַתָּנוֹת שֶׁהֵן אַרְבַּע, וְנֶאֱכָלִין בְּכָל הָעִיר, לְכָל אָדָם, בְּכָל מַאֲכָל, לְיוֹם וָלַיְלָה עַד חֲצוֹת. הַמּוּרָם מֵהֶם כַּיּוֹצֵא בָהֶם, אֶלָּא שֶׁהַמּוּרָם נֶאֱכָל לַכֹּהֲנִים, לִנְשֵׁיהֶם, וְלִבְנֵיהֶם וּלְעַבְדֵיהֶם.

שְׁלָמִים קָדָשִׁים קַלִּים. שְׁחִיטָתָן בְּכָל מָקוֹם בָּעֲזָרָה, וְדָמָן טָעוּן שְׁתֵּי מַתָּנוֹת שֶׁהֵן אַרְבַּע, וְנֶאֱכָלִין בְּכָל הָעִיר, לְכָל אָדָם, בְּכָל מַאֲכָל, לִשְׁנֵי יָמִים וְלַיְלָה אֶחָד. הַמּוּרָם מֵהֶם כַּיּוֹצֵא בָהֶם, אֶלָּא שֶׁהַמּוּרָם נֶאֱכָל לַכֹּהֲנִים, לִנְשֵׁיהֶם, וְלִבְנֵיהֶם וּלְעַבְדֵיהֶם.

הַבְּכוֹר וְהַמַּעֲשֵׂר וְהַפֶּסַח קָדָשִׁים קַלִּים. שְׁחִיטָתָן בְּכָל מָקוֹם בָּעֲזָרָה, וְדָמָן טָעוּן מַתָּנָה אֶחָת, וּבִלְבַד שֶׁיִּתֵּן כְּנֶגֶד הַיְסוֹד. שִׁנָּה בַּאֲכִילָתָן, הַבְּכוֹר נֶאֱכָל לַכֹּהֲנִים וְהַמַּעֲשֵׂר לְכָל אָדָם, וְנֶאֱכָלִין בְּכָל הָעִיר, בְּכָל מַאֲכָל, לִשְׁנֵי יָמִים וְלַיְלָה אֶחָד. הַפֶּסַח אֵינוֹ נֶאֱכָל אֶלָּא בַלַּיְלָה, וְאֵינוֹ נֶאֱכָל אֶלָּא עַד חֲצוֹת, וְאֵינוֹ נֶאֱכָל אֶלָּא לִמְנוּיָיו, וְאֵינוֹ נֶאֱכָל אֶלָּא צָלִי.

THE INTERPRETIVE PRINCIPLES OF RABBI YISHMAEL

רַבִּי יִשְׁמָעֵאל Rabbi Yishmael says:

The Torah is expounded by thirteen principles:

1. An inference from a lenient law to a strict one, and vice versa.
2. An inference drawn from identical words in two passages.
3. A general principle derived from one text or two related texts.
4. A general law followed by specific examples
   [where the law applies exclusively to those examples].
5. A specific example followed by a general law
   [where the law applies to everything implied in the general statement].
6. A general law followed by specific examples and concluding with a general law: here you may infer only cases similar to the examples.
7. When a general statement requires clarification by a specific example, or a specific example requires clarification by a general statement
   [then rules 4 and 5 do not apply].
8. When a particular case, already included in the general statement, is expressly mentioned to teach something new, that special provision applies to all other cases included in the general statement.
9. When a particular case, though included in the general statement, is expressly mentioned with a provision similar to the general law, such a case is singled out to lessen the severity of the law, not to increase it.
10. When a particular case, though included in the general statement, is explicitly mentioned with a provision differing from the general law, it is singled out to lessen in some respects, and in others to increase, the severity of the law.
11. When a particular case, though included in the general statement, is explicitly mentioned with a new provision, the terms of the general statement no longer apply to it, unless Scripture indicates explicitly that they do apply.
12. A matter elucidated from its context, or from the following passage.
‣ 13. Also, when two passages [seem to] contradict each other, [they are to be elucidated by] a third passage that reconciles them.

May it be Your will, Lord our God and God of our ancestors, that the Temple be speedily rebuilt in our days, and grant us our share in Your Torah. And may we serve You there in reverence, as in the days of old and as in former years.

_____

Torah is interpreted" (Maimonides, *Laws of Torah Study* 1:11). It was chosen because it appears at the beginning of the *Sifra*, the halakhic commentary to Leviticus, which is the source of most of the laws of offerings. It also reminds us of the indissoluble connection between the Written Law (the Mosaic books) and the Oral Law (Mishna, Midrash and Talmud). Rabbi Yishmael's principles show how the latter can be derived from the former.

ברייתא דרבי ישמעאל

רַבִּי יִשְׁמָעֵאל אוֹמֵר: בִּשְׁלֹשׁ עֶשְׂרֵה מִדּוֹת הַתּוֹרָה נִדְרֶשֶׁת

א מִקַּל וָחֹמֶר

ב וּמִגְּזֵרָה שָׁוָה

ג מִבִּנְיַן אָב מִכָּתוּב אֶחָד, וּמִבִּנְיַן אָב מִשְּׁנֵי כְתוּבִים

ד מִכְּלָל וּפְרָט

ה מִפְּרָט וּכְלָל

ו כְּלָל וּפְרָט וּכְלָל, אִי אַתָּה דָן אֶלָּא כְּעֵין הַפְּרָט

ז מִכְּלָל שֶׁהוּא צָרִיךְ לִפְרָט, וּמִפְּרָט שֶׁהוּא צָרִיךְ לִכְלָל

ח כָּל דָּבָר שֶׁהָיָה בִּכְלָל, וְיָצָא מִן הַכְּלָל לְלַמֵּד
לֹא לְלַמֵּד עַל עַצְמוֹ יָצָא, אֶלָּא לְלַמֵּד עַל הַכְּלָל כֻּלּוֹ יָצָא

ט כָּל דָּבָר שֶׁהָיָה בִּכְלָל, וְיָצָא לִטְעֹן טֹעַן אֶחָד שֶׁהוּא כְעִנְיָנוֹ
יָצָא לְהָקֵל וְלֹא לְהַחֲמִיר

י כָּל דָּבָר שֶׁהָיָה בִּכְלָל, וְיָצָא לִטְעֹן טֹעַן אַחֵר שֶׁלֹּא כְעִנְיָנוֹ
יָצָא לְהָקֵל וּלְהַחֲמִיר

יא כָּל דָּבָר שֶׁהָיָה בִּכְלָל, וְיָצָא לִדּוֹן בַּדָּבָר הֶחָדָשׁ
אִי אַתָּה יָכוֹל לְהַחֲזִירוֹ לִכְלָלוֹ
עַד שֶׁיַּחֲזִירֶנּוּ הַכָּתוּב לִכְלָלוֹ בְּפֵרוּשׁ

יב דָּבָר הַלָּמֵד מֵעִנְיָנוֹ, וְדָבָר הַלָּמֵד מִסּוֹפוֹ

◂ יג וְכֵן שְׁנֵי כְתוּבִים הַמַּכְחִישִׁים זֶה אֶת זֶה
עַד שֶׁיָּבוֹא הַכָּתוּב הַשְּׁלִישִׁי וְיַכְרִיעַ בֵּינֵיהֶם.

יְהִי רָצוֹן מִלְּפָנֶיךָ, יהוה אֱלֹהֵינוּ וֵאלֹהֵי אֲבוֹתֵינוּ, שֶׁיִּבָּנֶה בֵּית הַמִּקְדָּשׁ בִּמְהֵרָה בְיָמֵינוּ, וְתֵן חֶלְקֵנוּ בְּתוֹרָתֶךָ, וְשָׁם נַעֲבָדְךָ בְּיִרְאָה כִּימֵי עוֹלָם וּכְשָׁנִים קַדְמוֹנִיּוֹת.

THE INTERPRETIVE PRINCIPLES OF RABBI YISHMAEL

This passage is included as an item of Talmud, defined in its broadest sense as "deducing conclusions from premises, developing implications of statements, comparing dicta, and studying the hermeneutical principles by which the

THE RABBIS' KADDISH

The following prayer, said by mourners, requires the presence of a minyan.
A transliteration can be found on page 1288.

Mourner: יִתְגַּדַּל Magnified and sanctified
may His great name be,
in the world He created by His will.
May He establish His kingdom in your lifetime
and in your days,
and in the lifetime of all the house of Israel,
swiftly and soon – and say: Amen.

All: May His great name be blessed for ever and all time.

Mourner: Blessed and praised, glorified and exalted,
raised and honored, uplifted and lauded
be the name of the Holy One,
blessed be He,
beyond any blessing,
song, praise and consolation
uttered in the world – and say: Amen.

To Israel, to the teachers,
their disciples and their disciples' disciples,
and to all who engage in the study of Torah,
in this (*in Israel add:* holy) place or elsewhere,
may there come to them and you great peace,
grace, kindness and compassion,
long life, ample sustenance and deliverance,
from their Father in Heaven – and say: Amen.

May there be great peace from heaven,
and (good) life for us and all Israel – and say: Amen.

Bow, take three steps back, as if taking leave of the Divine Presence,
then bow, first left, then right, then center, while saying:
May He who makes peace in His high places,
in His compassion make peace
for us and all Israel – and say: Amen.

On Ḥol HaMo'ed weekdays, continue Shaḥarit on page 744.

קדיש דרבנן

The following prayer, said by mourners, requires the presence of a מנין.
A transliteration can be found on page 1288.

אבל: יִתְגַּדַּל וְיִתְקַדַּשׁ שְׁמֵהּ רַבָּא (קהל: אָמֵן)
בְּעָלְמָא דִּי בְרָא כִרְעוּתֵהּ
וְיַמְלִיךְ מַלְכוּתֵהּ
בְּחַיֵּיכוֹן וּבְיוֹמֵיכוֹן וּבְחַיֵּי דְכָל בֵּית יִשְׂרָאֵל
בַּעֲגָלָא וּבִזְמַן קָרִיב, וְאִמְרוּ אָמֵן. (קהל: אָמֵן)

קהל ואבל: יְהֵא שְׁמֵהּ רַבָּא מְבָרַךְ לְעָלַם וּלְעָלְמֵי עָלְמַיָּא.

אבל: יִתְבָּרַךְ וְיִשְׁתַּבַּח וְיִתְפָּאַר וְיִתְרוֹמַם וְיִתְנַשֵּׂא
וְיִתְהַדָּר וְיִתְעַלֶּה וְיִתְהַלָּל
שְׁמֵהּ דְּקֻדְשָׁא בְּרִיךְ הוּא (קהל: בְּרִיךְ הוּא)
לְעֵלָּא מִן כָּל בִּרְכָתָא וְשִׁירָתָא, תֻּשְׁבְּחָתָא וְנֶחֱמָתָא
דַּאֲמִירָן בְּעָלְמָא, וְאִמְרוּ אָמֵן. (קהל: אָמֵן)

עַל יִשְׂרָאֵל וְעַל רַבָּנָן
וְעַל תַּלְמִידֵיהוֹן וְעַל כָּל תַּלְמִידֵי תַלְמִידֵיהוֹן
וְעַל כָּל מָאן דְּעָסְקִין בְּאוֹרַיְתָא
דִּי בְּאַתְרָא (בארץ ישראל: קַדִּישָׁא) הָדֵין, וְדִי בְּכָל אֲתַר וַאֲתַר
יְהֵא לְהוֹן וּלְכוֹן שְׁלָמָא רַבָּא
חִנָּא וְחִסְדָּא, וְרַחֲמֵי, וְחַיֵּי אֲרִיכֵי, וּמְזוֹנֵי רְוִיחֵי
וּפֻרְקָנָא מִן קֳדָם אֲבוּהוֹן דִּי בִשְׁמַיָּא, וְאִמְרוּ אָמֵן. (קהל: אָמֵן)

יְהֵא שְׁלָמָא רַבָּא מִן שְׁמַיָּא
וְחַיִּים (טוֹבִים) עָלֵינוּ וְעַל כָּל יִשְׂרָאֵל, וְאִמְרוּ אָמֵן. (קהל: אָמֵן)

Bow, take three steps back, as if taking leave of the Divine Presence,
then bow, first left, then right, then center, while saying:

עֹשֶׂה שָׁלוֹם בִּמְרוֹמָיו
הוּא יַעֲשֶׂה בְרַחֲמָיו שָׁלוֹם
עָלֵינוּ וְעַל כָּל יִשְׂרָאֵל, וְאִמְרוּ אָמֵן. (קהל: אָמֵן)

On חול המועד *weekdays, continue* שחרית *on page 745.*

Shaḥarit for Shabbat and Yom Tov

A PSALM BEFORE VERSES OF PRAISE

מִזְמוֹר שִׁיר A psalm of David.   *Ps. 30*
A song for the dedication of the House.
I will exalt You, LORD, for You have lifted me up,
    and not let my enemies rejoice over me.
LORD, my God, I cried to You for help and You healed me.
LORD, You lifted my soul from the grave;
    You spared me from going down to the pit.
Sing to the LORD, you His devoted ones,
    and give thanks to His holy name.
For His anger is for a moment, but His favor for a lifetime.
At night there may be weeping, but in the morning there is joy.
When I felt secure, I said, "I shall never be shaken."
LORD, when You favored me,
You made me stand firm as a mountain,
    but when You hid Your face, I was terrified.
To You, LORD, I called; I pleaded with my LORD:
"What gain would there be if I died and went down to the grave?
  Can dust thank You? Can it declare Your truth?
  Hear, LORD, and be gracious to me; LORD, be my help."
  You have turned my sorrow into dancing.
▸ You have removed my sackcloth and clothed me with joy,
    so that my soul may sing to You and not be silent.
  LORD my God, for ever will I thank You.

---

to be sung on that occasion (Rashi). In it David relates how, when his life was
in danger, God delivered him to safety. Set here, it beautifully connects the
dawn blessings (waking from sleep as a miniature experience of being saved
from death to life) with the Verses of Praise that are about to follow ("So that
my soul may sing to You").

שחרית לשבת וליום טוב

מזמור לפני פסוקי דזמרה

מִזְמוֹר שִׁיר־חֲנֻכַּת הַבַּיִת לְדָוִד: תהלים ל
אֲרוֹמִמְךָ יהוה כִּי דִלִּיתָֽנִי, וְלֹא־שִׂמַּֽחְתָּ אֹיְבַי לִי:
יהוה אֱלֹהָי, שִׁוַּֽעְתִּי אֵלֶֽיךָ וַתִּרְפָּאֵֽנִי:
יהוה, הֶעֱלִֽיתָ מִן־שְׁאוֹל נַפְשִׁי, חִיִּיתַֽנִי מִיָּרְדִי־בוֹר:
זַמְּרוּ לַיהוה חֲסִידָיו, וְהוֹדוּ לְזֵֽכֶר קָדְשׁוֹ:
כִּי רֶֽגַע בְּאַפּוֹ, חַיִּים בִּרְצוֹנוֹ, בָּֽעֶרֶב יָלִין בֶּֽכִי וְלַבֹּֽקֶר רִנָּה:
וַאֲנִי אָמַֽרְתִּי בְשַׁלְוִי, בַּל־אֶמּוֹט לְעוֹלָם:
יהוה, בִּרְצוֹנְךָ הֶעֱמַֽדְתָּה לְהַרְרִי עֹז
הִסְתַּֽרְתָּ פָנֶֽיךָ הָיִֽיתִי נִבְהָל:
אֵלֶֽיךָ יהוה אֶקְרָא, וְאֶל־אֲדֹנָי אֶתְחַנָּן:
מַה־בֶּֽצַע בְּדָמִי, בְּרִדְתִּי אֶל שָֽׁחַת, הֲיוֹדְךָ עָפָר, הֲיַגִּיד אֲמִתֶּֽךָ:
שְׁמַע־יהוה וְחָנֵּֽנִי, יהוה הֱיֵה־עֹזֵר לִי:
◂ הָפַֽכְתָּ מִסְפְּדִי לְמָחוֹל לִי, פִּתַּֽחְתָּ שַׂקִּי, וַתְּאַזְּרֵֽנִי שִׂמְחָה:
לְמַֽעַן יְזַמֶּרְךָ כָבוֹד וְלֹא יִדֹּם, יהוה אֱלֹהַי, לְעוֹלָם אוֹדֶֽךָּ:

מִזְמוֹר שִׁיר *Psalm 30.* This psalm was a late addition to the morning prayers, appearing for the first time in the seventeenth century. Although entitled "A psalm of David. A song for the dedication of the House," we know that the Temple was not built in his lifetime. As a soldier and military leader he was deemed not to be privileged to build a Temple that symbolized peace (I Chr. 22:8). Hence it was built by his son King Solomon, whose name means peace and whose reign was marked by peace. Nonetheless, since it was David who conceived the plan to build the Temple, he wrote this psalm

MOURNER'S KADDISH

The following prayer, said by mourners, requires the presence of a minyan.
A transliteration can be found on page 1289.

Mourner: יִתְגַּדַּל Magnified and sanctified
may His great name be,
in the world He created by His will.
May He establish His kingdom
in your lifetime and in your days,
and in the lifetime of all the house of Israel,
swiftly and soon –
and say: Amen.

All: May His great name be blessed
for ever and all time.

Mourner: Blessed and praised,
glorified and exalted,
raised and honored,
uplifted and lauded
be the name of the Holy One,
blessed be He,
beyond any blessing,
song, praise and consolation
uttered in the world –
and say: Amen.

May there be great peace from heaven,
and life for us and all Israel –
and say: Amen.

Bow, take three steps back, as if taking leave of the Divine Presence,
then bow, first left, then right, then center, while saying:
May He who makes peace in His high places,
make peace for us and all Israel –
and say: Amen.

קדיש יתום

The following prayer, said by mourners, requires the presence of a מנין.
A transliteration can be found on page 1289.

אבל: יִתְגַּדַּל וְיִתְקַדַּשׁ שְׁמֵהּ רַבָּא (קהל: אָמֵן)

בְּעָלְמָא דִּי בְרָא כִרְעוּתֵהּ

וְיַמְלִיךְ מַלְכוּתֵהּ

בְּחַיֵּיכוֹן וּבְיוֹמֵיכוֹן וּבְחַיֵּי דְּכָל בֵּית יִשְׂרָאֵל

בַּעֲגָלָא וּבִזְמַן קָרִיב

וְאִמְרוּ אָמֵן. (קהל: אָמֵן)

קהל
ואבל: יְהֵא שְׁמֵהּ רַבָּא מְבָרַךְ לְעָלַם וּלְעָלְמֵי עָלְמַיָּא.

אבל: יִתְבָּרַךְ וְיִשְׁתַּבַּח וְיִתְפָּאַר

וְיִתְרוֹמַם וְיִתְנַשֵּׂא וְיִתְהַדָּר וְיִתְעַלֶּה וְיִתְהַלָּל

שְׁמֵהּ דְּקֻדְשָׁא בְּרִיךְ הוּא (קהל: בְּרִיךְ הוּא)

לְעֵלָּא מִן כָּל בִּרְכָתָא וְשִׁירָתָא

תֻּשְׁבְּחָתָא וְנֶחֱמָתָא

דַּאֲמִירָן בְּעָלְמָא

וְאִמְרוּ אָמֵן. (קהל: אָמֵן)

יְהֵא שְׁלָמָא רַבָּא מִן שְׁמַיָּא

וְחַיִּים, עָלֵינוּ וְעַל כָּל יִשְׂרָאֵל

וְאִמְרוּ אָמֵן. (קהל: אָמֵן)

Bow, take three steps back, as if taking leave of the Divine Presence,
then bow, first left, then right, then center, while saying:

עֹשֶׂה שָׁלוֹם בִּמְרוֹמָיו

הוּא יַעֲשֶׂה שָׁלוֹם עָלֵינוּ וְעַל כָּל יִשְׂרָאֵל

וְאִמְרוּ אָמֵן. (קהל: אָמֵן)

PESUKEI DEZIMRA

The following introductory blessing to the Pesukei DeZimra (Verses of Praise) is said standing, while holding the two front tzitziot of the tallit. They are kissed and released at the end of the blessing at "songs of praise" (on the next page). From the beginning of this prayer to the end of the Amida, conversation is forbidden.

Some say:

I hereby prepare my mouth to thank, praise and laud my Creator, for the sake of the unification of the Holy One, blessed be He, and His Divine Presence, through that which is hidden and concealed, in the name of all Israel.

BLESSED IS HE WHO SPOKE

and the world came into being, blessed is He.

    Blessed is He who creates the universe.

    Blessed is He who speaks and acts.

    Blessed is He who decrees and fulfills.

    Blessed is He who shows compassion to the earth.

    Blessed is He who shows compassion to all creatures.

    Blessed is He who gives a good reward
                  to those who fear Him.

    Blessed is He who lives for ever and exists to eternity.

    Blessed is He who redeems and saves.

    Blessed is His name.

בָּרוּךְ שֶׁאָמַר וְהָיָה הָעוֹלָם *Blessed is He who spoke and the world came into being.* In the sharpest possible contrast to the mythology of the pagan world, creation unfolds in Genesis 1 without clash or conflict between the elements. God said, "Let there be" and there was. There is an essential underlying harmony in the universe. All that exists is the result of a single creative will. The world is fundamentally good – the word "good" appears seven times in the opening chapter. The opening section of this two-part blessing is a ten-line litany of blessings, corresponding to the ten times in Genesis 1 in which the phrase, "And God said" appears: the "ten utterances" by which the world was made (*Avot* 5:1).

פסוקי דזמרה

The following introductory blessing to the פסוקי דזמרה *is said standing, while holding the two front* ציציות *of the* טלית*. They are kissed and released at the end of the blessing at* בַּתִּשְׁבָּחוֹת *(on the next page). From the beginning of this prayer to the end of the* עמידה*, conversation is forbidden.*

Some say:

הֲרֵינִי מְזַמֵּן אֶת פִּי לְהוֹדוֹת וּלְהַלֵּל וּלְשַׁבֵּחַ אֶת בּוֹרְאִי, לְשֵׁם יִחוּד קֻדְשָׁא בְּרִיךְ הוּא וּשְׁכִינְתֵּהּ עַל יְדֵי הַהוּא טָמִיר וְנֶעְלָם בְּשֵׁם כָּל יִשְׂרָאֵל.

בָּרוּךְ שֶׁאָמַר וְהָיָה הָעוֹלָם, בָּרוּךְ הוּא.

בָּרוּךְ עוֹשֶׂה בְרֵאשִׁית
בָּרוּךְ אוֹמֵר וְעוֹשֶׂה
בָּרוּךְ גּוֹזֵר וּמְקַיֵּם
בָּרוּךְ מְרַחֵם עַל הָאָרֶץ
בָּרוּךְ מְרַחֵם עַל הַבְּרִיּוֹת
בָּרוּךְ מְשַׁלֵּם שָׂכָר טוֹב לִירֵאָיו
בָּרוּךְ חַי לָעַד וְקַיָּם לָנֶצַח
בָּרוּךְ פּוֹדֶה וּמַצִּיל
בָּרוּךְ שְׁמוֹ

בָּרוּךְ שֶׁאָמַר *Blessed is He who spoke.* An introductory blessing to the Verses of Praise that follow, mainly taken from the Psalms. Their essential theme is God as He exists in Creation, designing and sustaining the universe in wisdom, justice and compassion. At their core are the last six psalms, 145–150, of the book of Psalms, which correspond to the six days of creation in Genesis 1.

Blessed are You, Lord our God,
King of the Universe,
God, compassionate Father,
extolled by the mouth of His people,
praised and glorified by the tongue of His devoted ones
and those who serve Him.
With the songs of Your servant David
we will praise You, O Lord our God.
With praises and psalms
we will magnify and praise You, glorify You,
Speak Your name and proclaim Your kingship,
our King, our God, ‣ the only One, Giver of life to the worlds
the King whose great name is praised
and glorified to all eternity.
Blessed are You, Lord,
the King extolled with songs of praise.

הוֹדוּ Thank the Lord, call on His name, make His acts known   *1 Chr. 16*
among the peoples. Sing to Him, make music to Him, tell of all
His wonders. Glory in His holy name; let the hearts of those who
seek the Lord rejoice. Search out the Lord and His strength; seek
His presence at all times. Remember the wonders He has done,
His miracles, and the judgments He pronounced. Descendants of
Yisrael His servant, sons of Jacob His chosen ones: He is the Lord
our God. His judgments are throughout the earth. Remember His

---

מְבַקְשֵׁי יהוה *Those who seek the Lord:* including those of other nations
(Radak).

בַּקְּשׁוּ פָנָיו *Seek His presence:* in prayer (Radak), or contemplation (Malbim;
see commentary on Psalms 105:4).

וּמִשְׁפְּטֵי־פִיהוּ *The judgments He pronounced:* the warnings God sends in
advance through His prophets, as Moses warned Pharaoh of the impending
plagues (Radak, Ps. 105:5).

בָּרוּךְ אַתָּה יהוה אֱלֹהֵינוּ מֶלֶךְ הָעוֹלָם
הָאֵל הָאָב הָרַחֲמָן הַמְהֻלָּל בְּפִי עַמּוֹ
מְשֻׁבָּח וּמְפֹאָר בִּלְשׁוֹן חֲסִידָיו וַעֲבָדָיו
וּבְשִׁירֵי דָוִד עַבְדֶּךָ
נְהַלֶּלְךָ יהוה אֱלֹהֵינוּ.
בִּשְׁבָחוֹת וּבִזְמִירוֹת
נְגַדֶּלְךָ וּנְשַׁבֵּחֲךָ וּנְפָאֶרְךָ
וְנַזְכִּיר שִׁמְךָ וְנַמְלִיכְךָ
מַלְכֵּנוּ אֱלֹהֵינוּ, ◄ יָחִיד חֵי הָעוֹלָמִים
מֶלֶךְ, מְשֻׁבָּח וּמְפֹאָר עֲדֵי עַד שְׁמוֹ הַגָּדוֹל
בָּרוּךְ אַתָּה יהוה, מֶלֶךְ מְהֻלָּל בַּתִּשְׁבָּחוֹת.

דברי הימים א׳ טז

הוֹדוּ לַיהוה קִרְאוּ בִשְׁמוֹ, הוֹדִיעוּ בָעַמִּים עֲלִילֹתָיו: שִׁירוּ לוֹ, זַמְּרוּ־לוֹ, שִׂיחוּ בְּכָל־נִפְלְאֹתָיו: הִתְהַלְלוּ בְּשֵׁם קָדְשׁוֹ, יִשְׂמַח לֵב מְבַקְשֵׁי יהוה: דִּרְשׁוּ יהוה וְעֻזּוֹ, בַּקְּשׁוּ פָנָיו תָּמִיד: זִכְרוּ נִפְלְאֹתָיו אֲשֶׁר עָשָׂה, מֹפְתָיו וּמִשְׁפְּטֵי־פִיהוּ: זֶרַע יִשְׂרָאֵל עַבְדּוֹ, בְּנֵי יַעֲקֹב בְּחִירָיו: הוּא יהוה אֱלֹהֵינוּ בְּכָל־הָאָרֶץ מִשְׁפָּטָיו: זִכְרוּ לְעוֹלָם

בָּרוּךְ אַתָּה *Blessed are You.* The second part of this two-part blessing is an introduction to the biblical passages that follow.

וּבְשִׁירֵי דָוִד עַבְדֶּךָ *With the songs of Your servant David.* A reference to the psalms that form the core of the Verses of Praise.

הוֹדוּ לַיהוה *Thank the Lord.* A joyous celebration of Jewish history, this is the song David composed for the day the Ark was brought, in joy and dance, to Jerusalem.

הוֹדִיעוּ בָעַמִּים עֲלִילֹתָיו *Make His acts known among the peoples.* According to Radak this is a reference to the miraculous afflictions that struck the Philistines when they captured the Ark (1 Sam. 5).

covenant for ever, the word He commanded for a thousand genera-
tions. He made it with Abraham, vowed it to Isaac, and confirmed it
to Jacob as a statute and to Israel as an everlasting covenant, saying,
"To you I will give the land of Canaan as your allotted heritage." You
were then small in number, few, strangers there, wandering from
nation to nation, from one kingdom to another, but He let no man
oppress them, and for their sake He rebuked kings: "Do not touch
My anointed ones, and do My prophets no harm." Sing to the Lord,
all the earth; proclaim His salvation daily. Declare His glory among
the nations, His marvels among all the peoples. For great is the
Lord and greatly to be praised; He is awesome beyond all heavenly
powers. ▸ For all the gods of the peoples are mere idols; it was the
Lord who made the heavens.

Before Him are majesty and splendor; there is strength and
beauty in His holy place. Render to the Lord, families of the peoples,
render to the Lord honor and might. Render to the Lord the glory
due to His name; bring an offering and come before Him; bow down
to the Lord in the splendor of holiness. Tremble before Him, all the
earth; the world stands firm, it will not be shaken. Let the heavens
rejoice and the earth be glad; let them declare among the nations,
"The Lord is King." Let the sea roar, and all that is in it; let the fields
be jubilant, and all they contain. Then the trees of the forest will sing
for joy before the Lord, for He is coming to judge the earth. Thank
the Lord for He is good; His loving-kindness is for ever. Say: "Save
us, God of our salvation; gather us and rescue us from the nations,
to acknowledge Your holy name and glory in Your praise. Blessed is

---

מְשִׁיחָי *My anointed ones.* Although only kings and high priests were anointed,
here the phrase is used as a metaphor meaning "chosen ones."

אֱלִילִים, וַיהוה שָׁמַיִם עָשָׂה *Mere idols; it was the Lord who made the heavens.* The
pagans worshiped the sun, moon and stars as gods, not realizing that none
was an independent power. Each had been made by the One God.

יִשְׂמְחוּ הַשָּׁמַיִם *Let the heavens rejoice.* A sentiment typical of the radiant vision
of the Psalms: the universe moves in accordance with both the natural and

בְּרִיתוֹ, דָּבָר צִוָּה לְאֶלֶף דּוֹר: אֲשֶׁר כָּרַת אֶת־אַבְרָהָם, וּשְׁבוּעָתוֹ לְיִצְחָק: וַיַּעֲמִידֶהָ לְיַעֲקֹב לְחֹק, לְיִשְׂרָאֵל בְּרִית עוֹלָם: לֵאמֹר, לְךָ אֶתֵּן אֶרֶץ־כְּנָעַן, חֶבֶל נַחֲלַתְכֶם: בִּהְיוֹתְכֶם מְתֵי מִסְפָּר, כִּמְעַט וְגָרִים בָּהּ: וַיִּתְהַלְּכוּ מִגּוֹי אֶל־גּוֹי, וּמִמַּמְלָכָה אֶל־עַם אַחֵר: לֹא־הִנִּיחַ לְאִישׁ לְעָשְׁקָם, וַיּוֹכַח עֲלֵיהֶם מְלָכִים: אַל־תִּגְּעוּ בִּמְשִׁיחָי, וּבִנְבִיאַי אַל־תָּרֵעוּ: שִׁירוּ לַיהוה כָּל־הָאָרֶץ, בַּשְּׂרוּ מִיּוֹם־אֶל־יוֹם יְשׁוּעָתוֹ: סַפְּרוּ בַגּוֹיִם אֶת־כְּבוֹדוֹ, בְּכָל־הָעַמִּים נִפְלְאֹתָיו: כִּי גָדוֹל יהוה וּמְהֻלָּל מְאֹד, וְנוֹרָא הוּא עַל־כָּל־אֱלֹהִים: › כִּי כָּל־אֱלֹהֵי הָעַמִּים אֱלִילִים, וַיהוה שָׁמַיִם עָשָׂה:

הוֹד וְהָדָר לְפָנָיו, עֹז וְחֶדְוָה בִּמְקֹמוֹ: הָבוּ לַיהוה מִשְׁפְּחוֹת עַמִּים, הָבוּ לַיהוה כָּבוֹד וָעֹז: הָבוּ לַיהוה כְּבוֹד שְׁמוֹ, שְׂאוּ מִנְחָה וּבֹאוּ לְפָנָיו, הִשְׁתַּחֲווּ לַיהוה בְּהַדְרַת־קֹדֶשׁ: חִילוּ מִלְּפָנָיו כָּל־הָאָרֶץ, אַף־תִּכּוֹן תֵּבֵל בַּל־תִּמּוֹט: יִשְׂמְחוּ הַשָּׁמַיִם וְתָגֵל הָאָרֶץ, וְיֹאמְרוּ בַגּוֹיִם יהוה מָלָךְ: יִרְעַם הַיָּם וּמְלוֹאוֹ, יַעֲלֹץ הַשָּׂדֶה וְכָל־אֲשֶׁר־בּוֹ: אָז יְרַנְּנוּ עֲצֵי הַיָּעַר, מִלִּפְנֵי יהוה, כִּי־בָא לִשְׁפּוֹט אֶת־הָאָרֶץ: הוֹדוּ לַיהוה כִּי טוֹב, כִּי לְעוֹלָם חַסְדּוֹ: וְאִמְרוּ, הוֹשִׁיעֵנוּ אֱלֹהֵי יִשְׁעֵנוּ, וְקַבְּצֵנוּ וְהַצִּילֵנוּ מִן־הַגּוֹיִם, לְהֹדוֹת לְשֵׁם קָדְשֶׁךָ,

---

לְאֶלֶף דּוֹר *For a thousand generations:* a poetic way of saying "forever."

אַבְרָהָם, יִצְחָק, יַעֲקֹב *Abraham, Isaac, Jacob.* God made a promise to each of the three patriarchs that their descendants would inherit the land.

וַיִּתְהַלְּכוּ *Wandering.* Each of the patriarchs was forced to leave the land because of famine.

וַיּוֹכַח עֲלֵיהֶם מְלָכִים *For their sake He rebuked kings.* A reference to God's affliction of Pharaoh (Gen. 12:17) and Abimelech, King of Gerar (Gen. 20:18) for taking Sarah; and Laban when he was pursuing Jacob (Gen. 31:24, 29).

the Lord, God of Israel, from this world to eternity." And let all the people say "Amen" and "Praise the Lord."

▸ Exalt the Lord our God and bow before His footstool: He is *Ps. 99*
holy. Exalt the Lord our God and bow at His holy mountain; for
holy is the Lord our God.

He is compassionate. He forgives iniquity and does not destroy. *Ps. 78*
Repeatedly He suppresses His anger, not rousing His full wrath. You, *Ps. 40*
Lord: do not withhold Your compassion from me. May Your loving-
kindness and truth always guard me. Remember, Lord, Your acts of *Ps. 25*
compassion and love, for they have existed for ever. Ascribe power *Ps. 68*
to God, whose majesty is over Israel and whose might is in the skies.
You are awesome, God, in Your holy places. It is the God of Israel
who gives might and strength to the people, may God be blessed.
God of retribution, Lord, God of retribution, appear. Arise, Judge of *Ps. 94*
the earth, to repay the arrogant their just deserts. Salvation belongs *Ps. 3*
to the Lord; may Your blessing rest upon Your people, Selah! ▸ The *Ps. 46*
Lord of hosts is with us, the God of Jacob is our stronghold, Selah!
Lord of hosts, happy is the one who trusts in You. Lord, save! May *Ps. 84* *Ps. 20*
the King answer us on the day we call.

Save Your people and bless Your heritage; tend them and carry *Ps. 28*
them for ever. Our soul longs for the Lord; He is our Help and *Ps. 33*
Shield. For in Him our hearts rejoice, for in His holy name we have
trusted. May Your loving-kindness, Lord, be upon us, as we have put
our hope in You. Show us, Lord, Your loving-kindness and grant us *Ps. 85*
Your salvation. Arise, help us and redeem us for the sake of Your love. *Ps. 44*
I am the Lord your God who brought you up from the land of Egypt: *Ps. 81*
open your mouth wide and I will fill it. Happy is the people for whom *Ps. 144*
this is so; happy is the people whose God the Lord. ▸ As for me, I *Ps. 13*
trust in Your loving-kindness; my heart rejoices in Your salvation. I
will sing to the Lord for He has been good to me.

רוֹמְמוּ *Exalt.* A selection of verses from the book of Psalms, on the themes of divine justice and compassion, moving seamlessly from national to individual thanksgiving.

לְהִשְׁתַּבֵּחַ בִּתְהִלָּתֶךָ: בָּרוּךְ יהוה אֱלֹהֵי יִשְׂרָאֵל מִן־הָעוֹלָם וְעַד־
הָעֹלָם, וַיֹּאמְרוּ כָל־הָעָם אָמֵן, וְהַלֵּל לַיהוה:

תהלים צט ‣ רוֹמְמוּ יהוה אֱלֹהֵינוּ וְהִשְׁתַּחֲווּ לַהֲדֹם רַגְלָיו, קָדוֹשׁ הוּא:
רוֹמְמוּ יהוה אֱלֹהֵינוּ וְהִשְׁתַּחֲווּ לְהַר קָדְשׁוֹ, כִּי־קָדוֹשׁ יהוה אֱלֹהֵינוּ:
תהלים עח וְהוּא רַחוּם, יְכַפֵּר עָוֺן וְלֹא־יַשְׁחִית, וְהִרְבָּה לְהָשִׁיב אַפּוֹ,
תהלים מ וְלֹא־יָעִיר כָּל־חֲמָתוֹ: אַתָּה יהוה לֹא־תִכְלָא רַחֲמֶיךָ מִמֶּנִּי, חַסְדְּךָ
תהלים כה וַאֲמִתְּךָ תָּמִיד יִצְּרוּנִי: זְכֹר־רַחֲמֶיךָ יהוה וַחֲסָדֶיךָ, כִּי מֵעוֹלָם הֵמָּה:
תהלים סח תְּנוּ עֹז לֵאלֹהִים, עַל־יִשְׂרָאֵל גַּאֲוָתוֹ, וְעֻזּוֹ בַּשְּׁחָקִים: נוֹרָא אֱלֹהִים
מִמִּקְדָּשֶׁיךָ, אֵל יִשְׂרָאֵל הוּא נֹתֵן עֹז וְתַעֲצֻמוֹת לָעָם, בָּרוּךְ אֱלֹהִים:
תהלים צד אֵל־נְקָמוֹת יהוה, אֵל נְקָמוֹת הוֹפִיעַ: הִנָּשֵׂא שֹׁפֵט הָאָרֶץ, הָשֵׁב
תהלים ג תהלים מו גְּמוּל עַל־גֵּאִים: לַיהוה הַיְשׁוּעָה, עַל־עַמְּךָ בִרְכָתֶךָ סֶּלָה: ‣ יהוה
תהלים פד צְבָאוֹת עִמָּנוּ, מִשְׂגָּב לָנוּ אֱלֹהֵי יַעֲקֹב סֶלָה: יהוה צְבָאוֹת, אַשְׁרֵי
תהלים כ אָדָם בֹּטֵחַ בָּךְ: יהוה הוֹשִׁיעָה, הַמֶּלֶךְ יַעֲנֵנוּ בְיוֹם־קָרְאֵנוּ:

תהלים כח הוֹשִׁיעָה אֶת־עַמֶּךָ, וּבָרֵךְ אֶת־נַחֲלָתֶךָ, וּרְעֵם וְנַשְּׂאֵם עַד־
תהלים לג הָעוֹלָם: נַפְשֵׁנוּ חִכְּתָה לַיהוה, עֶזְרֵנוּ וּמָגִנֵּנוּ הוּא: כִּי־בוֹ יִשְׂמַח
לִבֵּנוּ, כִּי בְשֵׁם קָדְשׁוֹ בָטָחְנוּ: יְהִי־חַסְדְּךָ יהוה עָלֵינוּ, כַּאֲשֶׁר יִחַלְנוּ
תהלים פה תהלים מד לָךְ: הַרְאֵנוּ יהוה חַסְדֶּךָ, וְיֶשְׁעֲךָ תִּתֶּן־לָנוּ: קוּמָה עֶזְרָתָה לָּנוּ,
תהלים פא וּפְדֵנוּ לְמַעַן חַסְדֶּךָ: אָנֹכִי יהוה אֱלֹהֶיךָ הַמַּעַלְךָ מֵאֶרֶץ מִצְרָיִם,
תהלים קמד הַרְחֶב־פִּיךָ וַאֲמַלְאֵהוּ: אַשְׁרֵי הָעָם שֶׁכָּכָה לּוֹ, אַשְׁרֵי הָעָם שֶׁיהוה
תהלים יג אֱלֹהָיו: ‣ וַאֲנִי בְּחַסְדְּךָ בָטַחְתִּי, יָגֵל לִבִּי בִּישׁוּעָתֶךָ, אָשִׁירָה לַיהוה,
כִּי גָמַל עָלָי:

---

moral laws that ensure its order and stability. Nature is not something to fear, but to celebrate.

וַיֹּאמְרוּ כָל־הָעָם *And let all the people say.* This was their response to the song sung the day the Ark was brought to Jerusalem (Ralbag).

לַמְנַצֵּחַ For the conductor of music. A psalm of David. *Ps. 19*
The heavens declare the glory of God;
    the skies proclaim the work of His hands.
Day to day they pour forth speech;
    night to night they communicate knowledge.
There is no speech, there are no words,
    their voice is not heard.
Yet their music carries throughout the earth,
    their words to the end of the world.
    In them He has set a tent for the sun.
It emerges like a groom from his marriage chamber,
    rejoicing like a champion about to run a race.
It rises at one end of the heaven
    and makes its circuit to the other:
    nothing is hidden from its heat.
The Lord's Torah is perfect, refreshing the soul.
    The Lord's testimony is faithful, making the simple wise.
The Lord's precepts are just, gladdening the heart.
    The Lord's commandment is radiant, giving light to the eyes.
The fear of the Lord is pure, enduring for ever.
    The Lord's judgments are true, altogether righteous.
More precious than gold, than much fine gold.
    They are sweeter than honey, than honey from the comb.
Your servant, too, is careful of them,
    for in observing them there is great reward.
Yet who can discern his errors?
    Cleanse me of hidden faults.

---

we encounter the world that is, but in Revelation we catch a glimpse of the world that ought to be, and will come to be when we align our will with the will of God. Finally comes the speech of humanity to God ("the words of my mouth and the meditation of my heart") in the form of prayer.

שְׁגִיאוֹת מִי־יָבִין *Yet who can discern his errors? The Psalmist notes the fundamental difference between humans and inanimate nature:* the latter automatically conforms to the will of its Creator, but mankind does not. He therefore prays to be protected from sin, deliberate or unwitting.

תהלים יט

לַמְנַצֵּחַ מִזְמוֹר לְדָוִד:
הַשָּׁמַיִם מְסַפְּרִים כְּבוֹד־אֵל, וּמַעֲשֵׂה יָדָיו מַגִּיד הָרָקִיעַ:
יוֹם לְיוֹם יַבִּיעַ אֹמֶר, וְלַיְלָה לְּלַיְלָה יְחַוֶּה־דָּעַת:
אֵין־אֹמֶר וְאֵין דְּבָרִים, בְּלִי נִשְׁמָע קוֹלָם:
בְּכָל־הָאָרֶץ יָצָא קַוָּם, וּבִקְצֵה תֵבֵל מִלֵּיהֶם
לַשֶּׁמֶשׁ שָׂם־אֹהֶל בָּהֶם:
וְהוּא כְּחָתָן יֹצֵא מֵחֻפָּתוֹ, יָשִׂישׂ כְּגִבּוֹר לָרוּץ אֹרַח:
מִקְצֵה הַשָּׁמַיִם מוֹצָאוֹ, וּתְקוּפָתוֹ עַל־קְצוֹתָם
וְאֵין נִסְתָּר מֵחַמָּתוֹ:
תּוֹרַת יהוה תְּמִימָה, מְשִׁיבַת נָפֶשׁ
עֵדוּת יהוה נֶאֱמָנָה, מַחְכִּימַת פֶּתִי:
פִּקּוּדֵי יהוה יְשָׁרִים, מְשַׂמְּחֵי־לֵב
מִצְוַת יהוה בָּרָה, מְאִירַת עֵינָיִם:
יִרְאַת יהוה טְהוֹרָה, עוֹמֶדֶת לָעַד
מִשְׁפְּטֵי־יהוה אֱמֶת, צָדְקוּ יַחְדָּו:
הַנֶּחֱמָדִים מִזָּהָב וּמִפַּז רָב, וּמְתוּקִים מִדְּבַשׁ וְנֹפֶת צוּפִים:
גַּם־עַבְדְּךָ נִזְהָר בָּהֶם, בְּשָׁמְרָם עֵקֶב רָב:
שְׁגִיאוֹת מִי־יָבִין, מִנִּסְתָּרוֹת נַקֵּנִי:

לַמְנַצֵּחַ *Psalm 19.* A magnificent psalm in three parts, corresponding to the basic tripartite structure of Jewish belief: Creation, Revelation and Redemption. The first seven verses are a hymn about Creation as God's work. The second section (verses 8–11) is about Revelation – Torah – as God's word. The third is a prayer for forgiveness, ending with the word "Redeemer." What connects them is the idea of speech. First is the silent speech of the universe, the "music of the spheres," that the universe continually utters to its Creator. Then comes the audible speech of God to humankind, the revelation of His will in the form of the Torah. The Psalmist speaks ecstatically about the power of Torah to transform those who open themselves to its radiance. In Creation

Keep Your servant also from willful sins;
 let them not have dominion over me.
Then shall I be blameless,
 and innocent of grave sin.
May the words of my mouth and the meditation of my heart
find favor before You, LORD, my Rock and my Redeemer.

לְדָוִד Of David. When he pretended to be insane before Abimelech, *Ps. 34*
who drove him away, and he left.
I will bless the LORD at all times;
 His praise will be always on my lips.
My soul will glory in the LORD;
 let the lowly hear this and rejoice.
Magnify the LORD with me;
 let us exalt His name together.
I sought the LORD, and He answered me;
 He saved me from all my fears.
Those who look to Him are radiant;
 Their faces are never downcast.
This poor man called, and the LORD heard;
 He saved him from all his troubles.
The LORD's angel encamps around those who fear Him,
 and He rescues them.
Taste and see that the LORD is good;
 happy is the man who takes refuge in Him.
Fear the LORD, you His holy ones,
 for those who fear Him lack nothing.
Young lions may grow weak and hungry,
 but those who seek the LORD lack no good thing.
Come, my children, listen to me;
 I will teach you the fear of the LORD.
Who desires life, loving each day to see good?

---

the arrogance of power: "The LORD is close to the brokenhearted, and saves
those who are crushed in spirit."

גַּם מִזֵּדִים חֲשֹׂךְ עַבְדֶּךָ, אַל־יִמְשְׁלוּ־בִי אָז אֵיתָם
וְנִקֵּיתִי מִפֶּשַׁע רָב:
יִהְיוּ לְרָצוֹן אִמְרֵי־פִי וְהֶגְיוֹן לִבִּי לְפָנֶיךָ, יהוה, צוּרִי וְגֹאֲלִי:

תהלים לד

לְדָוִד, בְּשַׁנּוֹתוֹ אֶת־טַעְמוֹ לִפְנֵי אֲבִימֶלֶךְ, וַיְגָרְשֵׁהוּ וַיֵּלַךְ:
אֲבָרְכָה אֶת־יהוה בְּכָל־עֵת, תָּמִיד תְּהִלָּתוֹ בְּפִי:
בַּיהוה תִּתְהַלֵּל נַפְשִׁי, יִשְׁמְעוּ עֲנָוִים וְיִשְׂמָחוּ:
גַּדְּלוּ לַיהוה אִתִּי, וּנְרוֹמְמָה שְׁמוֹ יַחְדָּו:
דָּרַשְׁתִּי אֶת־יהוה וְעָנָנִי, וּמִכָּל־מְגוּרוֹתַי הִצִּילָנִי:
הִבִּיטוּ אֵלָיו וְנָהָרוּ, וּפְנֵיהֶם אַל־יֶחְפָּרוּ:
זֶה עָנִי קָרָא, וַיהוה שָׁמֵעַ, וּמִכָּל־צָרוֹתָיו הוֹשִׁיעוֹ:
חֹנֶה מַלְאַךְ־יהוה סָבִיב לִירֵאָיו, וַיְחַלְּצֵם:
טַעֲמוּ וּרְאוּ כִּי־טוֹב יהוה, אַשְׁרֵי הַגֶּבֶר יֶחֱסֶה־בּוֹ:
יְראוּ אֶת־יהוה קְדֹשָׁיו, כִּי־אֵין מַחְסוֹר לִירֵאָיו:
כְּפִירִים רָשׁוּ וְרָעֵבוּ, וְדֹרְשֵׁי יהוה לֹא־יַחְסְרוּ כָל־טוֹב:
לְכוּ־בָנִים שִׁמְעוּ־לִי, יִרְאַת יהוה אֲלַמֶּדְכֶם:
מִי־הָאִישׁ הֶחָפֵץ חַיִּים, אֹהֵב יָמִים לִרְאוֹת טוֹב:

יִהְיוּ לְרָצוֹן אִמְרֵי־פִי *May the words of my mouth.* A beautiful prayer we say at the end of every Amida.

לְדָוִד *Psalm 34.* David, fleeing from Saul, took refuge in the Philistine city of Gath. There he was recognized, and knew that his life was in danger. He decided to pretend to be insane, "making marks on the doors of the gate and letting saliva run down his beard." The Philistine king, dismissing him as a madman, told his servants to remove him. Thus David was able to make good his escape (1 Sam. 21:11–16). He composed this psalm as a song of thanksgiving: "This poor man called, and the Lord heard… None who take refuge in Him shall be condemned." God is not on the side of those who embody

Then guard your tongue from evil
and your lips from speaking deceit.
Turn from evil and do good;
seek peace and pursue it.
The eyes of the LORD are on the righteous
and His ears attentive to their cry;
The LORD's face is set against those who do evil,
to erase their memory from the earth.
The righteous cry out, and the LORD hears them;
delivering them from all their troubles.
The LORD is close to the brokenhearted,
and saves those who are crushed in spirit.
Many troubles may befall the righteous,
but the LORD delivers him from them all;
He protects all his bones,
so that none of them will be broken.
Evil will slay the wicked;
the enemies of the righteous will be condemned.
▸ The LORD redeems His servants;
none who take refuge in Him shall be condemned.

תְּפִלָּה לְמֹשֶׁה A prayer of Moses, the man of God. LORD, You have been our shelter in every generation. Before the mountains were born, before You brought forth the earth and the world, from everlasting to everlasting You are God. You turn men back to dust, saying, "Return, you children of men." For a thousand years in Your sight are like yesterday when it has passed, like a watch in the night. You sweep men away; they sleep. In the morning they are like grass newly grown: in the morning it flourishes and is new, but by evening it withers and dries up. For we are consumed by Your anger, terrified by Your fury. You have set our iniquities before You, our secret sins in the light of Your presence. All our days pass away in Your wrath, we spend our years like a sigh. The span of our life is seventy years, or if we are strong, *Ps. 90*

אֶלֶף שָׁנִים... וְאַשְׁמוּרָה בַלָּיְלָה *A thousand years... a watch in the night.* A dramatic contrast between God's time-scale and ours. Note the succession of poetic

נְצֹר לְשׁוֹנְךָ מֵרָע, וּשְׂפָתֶיךָ מִדַּבֵּר מִרְמָה:
סוּר מֵרָע וַעֲשֵׂה־טוֹב, בַּקֵּשׁ שָׁלוֹם וְרָדְפֵהוּ:
עֵינֵי יהוה אֶל־צַדִּיקִים, וְאָזְנָיו אֶל־שַׁוְעָתָם:
פְּנֵי יהוה בְּעֹשֵׂי רָע, לְהַכְרִית מֵאֶרֶץ זִכְרָם:
צָעֲקוּ וַיהוה שָׁמֵעַ, וּמִכָּל־צָרוֹתָם הִצִּילָם:
קָרוֹב יהוה לְנִשְׁבְּרֵי־לֵב, וְאֶת־דַּכְּאֵי־רוּחַ יוֹשִׁיעַ:
רַבּוֹת רָעוֹת צַדִּיק, וּמִכֻּלָּם יַצִּילֶנּוּ יהוה:
שֹׁמֵר כָּל־עַצְמוֹתָיו, אַחַת מֵהֵנָּה לֹא נִשְׁבָּרָה:
תְּמוֹתֵת רָשָׁע רָעָה, וְשֹׂנְאֵי צַדִּיק יֶאְשָׁמוּ:
◂ פּוֹדֶה יהוה נֶפֶשׁ עֲבָדָיו, וְלֹא יֶאְשְׁמוּ כָּל־הַחֹסִים בּוֹ:

תְּפִלָּה לְמֹשֶׁה אִישׁ־הָאֱלֹהִים, אֲדֹנָי, מָעוֹן אַתָּה הָיִיתָ לָּנוּ בְּדֹר תהלים צ
וָדֹר: בְּטֶרֶם הָרִים יֻלָּדוּ, וַתְּחוֹלֵל אֶרֶץ וְתֵבֵל, וּמֵעוֹלָם עַד־עוֹלָם
אַתָּה אֵל: תָּשֵׁב אֱנוֹשׁ עַד־דַּכָּא, וַתֹּאמֶר שׁוּבוּ בְנֵי־אָדָם: כִּי אֶלֶף
שָׁנִים בְּעֵינֶיךָ, כְּיוֹם אֶתְמוֹל כִּי יַעֲבֹר, וְאַשְׁמוּרָה בַלָּיְלָה: זְרַמְתָּם,
שֵׁנָה יִהְיוּ, בַּבֹּקֶר כֶּחָצִיר יַחֲלֹף: בַּבֹּקֶר יָצִיץ וְחָלָף, לָעֶרֶב יְמוֹלֵל
וְיָבֵשׁ: כִּי־כָלִינוּ בְאַפֶּךָ, וּבַחֲמָתְךָ נִבְהָלְנוּ: שַׁתָּ עֲוֹנֹתֵינוּ לְנֶגְדֶּךָ,
עֲלֻמֵנוּ לִמְאוֹר פָּנֶיךָ: כִּי כָל־יָמֵינוּ פָּנוּ בְעֶבְרָתֶךָ, כִּלִּינוּ שָׁנֵינוּ
כְמוֹ־הֶגֶה: יְמֵי־שְׁנוֹתֵינוּ בָהֶם שִׁבְעִים שָׁנָה, וְאִם בִּגְבוּרֹת שְׁמוֹנִים

תְּפִלָּה לְמֹשֶׁה *Psalm 90.* A magnificent poem, the only psalm attributed to Moses, on God's eternity and our mortality. However long we live, our lives are a mere microsecond in the history of the cosmos. Wisdom consists in knowing how brief is our stay on earth, and in the determination to use every day in service of the right, the just and the holy. The good we do lives after us; the rest is oft interred with our bones.

אִישׁ הָאֱלֹהִים *The man of God.* This description also occurs in Deuteronomy 33:1, prefacing Moses' final blessing to the people. In the Torah only Moses is given this description. Elsewhere in Tanakh it is used as a synonym for a prophet.

eighty years; but the best of them is trouble and sorrow, for they quickly pass, and we fly away. Who can know the force of Your anger? Your wrath matches the fear due to You. Teach us rightly to number our days, that we may gain a heart of wisdom. Relent, O LORD! How much longer? Be sorry for Your servants. Satisfy us in the morning with Your loving-kindness, that we may sing and rejoice all our days. Grant us joy for as many days as You have afflicted us, for as many years as we saw trouble. Let Your deeds be seen by Your servants, and Your glory by their children. ▸ May the pleasantness of the LORD our God be upon us. Establish for us the work of our hands, O establish the work of our hands.

יֹשֵׁב בְּסֵתֶר He who lives in the shelter of the Most High dwells in the shadow of the Almighty. I say of the LORD, my Refuge and Stronghold, my God in whom I trust, that He will save you from the fowler's snare and the deadly pestilence. With His pinions He will cover you, and beneath His wings you will find shelter; His faithfulness is an encircling shield. You need not fear terror by night, nor the arrow that flies by day; not the pestilence that stalks in darkness, nor the plague that ravages at noon. A thousand may fall at your side, ten thousand at your right hand, but it will not come near you. You will only look with your eyes and see the punishment of the wicked. Because you said "The LORD is my Refuge," taking the Most High as your shelter, no harm will befall you, no plague will come near your tent, for He will command His angels about you, to guard you in all your ways. They will lift you in their hands, lest your foot stumble on a stone. You will tread on lions and vipers, you will trample on young lions and snakes. [God says] "Because he loves Me, I will rescue him; I will protect him, because he acknowledges My name. When he calls on Me, I will answer him, I will be with him in distress, I will deliver him and bring him honor. ▸ With long life I will satisfy him, and show him My salvation. With long life I will satisfy him, and show him My salvation." *Ps. 91*

---

yet overcoming it in the knowledge that we are not alone. "We have nothing to fear but fear itself," and faith is the antidote to fear. The psalm radiates a sense of confidence and trust even in a world full of hazards.

שָׁנָה, וְרָהְבָּם עָמָל וָאָוֶן, כִּי־גָז חִישׁ וַנָּעֻפָה: מִי־יוֹדֵעַ עֹז אַפֶּךָ,
וּכְיִרְאָתְךָ עֶבְרָתֶךָ, לִמְנוֹת יָמֵינוּ כֵּן הוֹדַע, וְנָבִא לְבַב חָכְמָה:
שׁוּבָה יהוה עַד־מָתָי, וְהִנָּחֵם עַל־עֲבָדֶיךָ: שַׂבְּעֵנוּ בַבֹּקֶר חַסְדֶּךָ,
וּנְרַנְּנָה וְנִשְׂמְחָה בְּכָל־יָמֵינוּ: שַׂמְּחֵנוּ כִּימוֹת עִנִּיתָנוּ, שְׁנוֹת רָאִינוּ
רָעָה: יֵרָאֶה אֶל־עֲבָדֶיךָ פָעֳלֶךָ, וַהֲדָרְךָ עַל־בְּנֵיהֶם: ‣ וִיהִי נֹעַם אֲדֹנָי
אֱלֹהֵינוּ עָלֵינוּ, וּמַעֲשֵׂה יָדֵינוּ כּוֹנְנָה עָלֵינוּ, וּמַעֲשֵׂה יָדֵינוּ כּוֹנְנֵהוּ:

יֹשֵׁב בְּסֵתֶר עֶלְיוֹן, בְּצֵל שַׁדַּי יִתְלוֹנָן: אֹמַר לַיהוה מַחְסִי וּמְצוּדָתִי, תהלים צא
אֱלֹהַי אֶבְטַח־בּוֹ: כִּי הוּא יַצִּילְךָ מִפַּח יָקוּשׁ, מִדֶּבֶר הַוּוֹת: בְּאֶבְרָתוֹ
יָסֶךְ לָךְ, וְתַחַת־כְּנָפָיו תֶּחְסֶה, צִנָּה וְסֹחֵרָה אֲמִתּוֹ: לֹא־תִירָא מִפַּחַד
לָיְלָה, מֵחֵץ יָעוּף יוֹמָם: מִדֶּבֶר בָּאֹפֶל יַהֲלֹךְ, מִקֶּטֶב יָשׁוּד צָהֳרָיִם:
יִפֹּל מִצִּדְּךָ אֶלֶף, וּרְבָבָה מִימִינֶךָ, אֵלֶיךָ לֹא יִגָּשׁ: רַק בְּעֵינֶיךָ תַבִּיט,
וְשִׁלֻּמַת רְשָׁעִים תִּרְאֶה: כִּי־אַתָּה יהוה מַחְסִי, עֶלְיוֹן שַׂמְתָּ מְעוֹנֶךָ:
לֹא־תְאֻנֶּה אֵלֶיךָ רָעָה, וְנֶגַע לֹא־יִקְרַב בְּאָהֳלֶךָ: כִּי מַלְאָכָיו יְצַוֶּה־
לָּךְ, לִשְׁמָרְךָ בְּכָל־דְּרָכֶיךָ: עַל־כַּפַּיִם יִשָּׂאוּנְךָ, פֶּן־תִּגֹּף בָּאֶבֶן רַגְלֶךָ:
עַל־שַׁחַל וָפֶתֶן תִּדְרֹךְ, תִּרְמֹס כְּפִיר וְתַנִּין: כִּי בִי חָשַׁק וַאֲפַלְּטֵהוּ,
אֲשַׂגְּבֵהוּ כִּי־יָדַע שְׁמִי: יִקְרָאֵנִי וְאֶעֱנֵהוּ, עִמּוֹ אָנֹכִי בְצָרָה, אֲחַלְּצֵהוּ
וַאֲכַבְּדֵהוּ: ‣ אֹרֶךְ יָמִים אַשְׂבִּיעֵהוּ, וְאַרְאֵהוּ בִּישׁוּעָתִי:
אֹרֶךְ יָמִים אַשְׂבִּיעֵהוּ, וְאַרְאֵהוּ בִּישׁוּעָתִי:

---

images conveying the brevity of human life: it flows as fast as a swollen river, as quickly as a sleep or a dream, it is like grass in a parched land that soon withers, it is like a sigh, a mere breath, like a bird that briefly lands then flies away.

וּמַעֲשֵׂה יָדֵינוּ כּוֹנְנָה עָלֵינוּ *Establish for us the work of our hands.* Help us create achievements that last. According to the sages, this is the blessing Moses gave the Israelites when they completed the building of the Tabernacle.

יֹשֵׁב בְּסֵתֶר *Psalm 91.* A psalm for protection at a time of danger. There is no life without risk, and courage does not mean having no fear; it means feeling it

הַלְלוּיָהּ Halleluya! Praise the name of the LORD. Praise Him, you servants of the LORD who stand in the LORD's House, in the courtyards of the House of our God. Praise the LORD, for the LORD is good; sing praises to His name, for it is lovely. For the LORD has chosen Jacob as His own, Israel as his treasure. For I know that the LORD is great, that our LORD is above all heavenly powers. Whatever pleases the LORD, He does, in heaven and on earth, in the seas and all the depths. He raises clouds from the ends of the earth; He sends lightning with the rain; He brings out the wind from His storehouses. He struck down the firstborn of Egypt, of both man and animals. He sent signs and wonders into your midst, Egypt – against Pharaoh and all his servants. He struck down many nations and slew mighty kings: Siḥon, King of the Amorites, Og, King of Bashan, and all the kingdoms of Canaan, giving their land as a heritage, a heritage for His people Israel. Your name, LORD, endures for ever; Your renown, LORD, for all generations. For the LORD will bring justice to His people, and have compassion on His servants. The idols of the nations are silver and gold, the work of human hands. They have mouths, but cannot speak; eyes, but cannot see; ears, but cannot hear; there is no breath in their mouths. Those who make them will become like them: so will all who trust in them. ▸ House of Israel, bless the LORD. House of Aaron, bless the LORD. House of Levi, bless the LORD. You who fear the LORD, bless the LORD. Blessed is the LORD from Zion, He who dwells in Jerusalem. Halleluya! *Ps. 135*

Many have been the idols of history: power, wealth, status, the nation, the race, the state, the ideology, the system. None has lasted, for each has crushed the human spirit. None has given rise to stable systems of liberty and dignity.

הוֹדוּ *Psalm 136.* This psalm, known as *Hallel HaGadol,* "the Great Hallel," is one of the earliest forms of a litany, a prayer in which the leader utters a series of praises to which the congregation responds with a set reply. Jewish prayer contains many litanies, most notably during *Seliḥot,* the penitential prayers prior to and during Yom Kippur, and the *Hoshanot* said on Sukkot and Hoshana Raba.

הַלְלוּיָהּ, הַלְלוּ אֶת־שֵׁם יהוה, הַלְלוּ עַבְדֵי יהוה: שֶׁעֹמְדִים בְּבֵית תהלים קלה
יהוה, בְּחַצְרוֹת בֵּית אֱלֹהֵינוּ: הַלְלוּיָהּ כִּי־טוֹב יהוה, זַמְּרוּ לִשְׁמוֹ
כִּי נָעִים: כִּי־יַעֲקֹב בָּחַר לוֹ יָהּ, יִשְׂרָאֵל לִסְגֻלָּתוֹ: כִּי אֲנִי יָדַעְתִּי
כִּי־גָדוֹל יהוה, וַאֲדֹנֵינוּ מִכָּל־אֱלֹהִים: כֹּל אֲשֶׁר־חָפֵץ יהוה עָשָׂה,
בַּשָּׁמַיִם וּבָאָרֶץ, בַּיַּמִּים וְכָל־תְּהֹמוֹת: מַעֲלֶה נְשִׂאִים מִקְצֵה
הָאָרֶץ, בְּרָקִים לַמָּטָר עָשָׂה, מוֹצֵא־רוּחַ מֵאֹצְרוֹתָיו: שֶׁהִכָּה
בְּכוֹרֵי מִצְרָיִם, מֵאָדָם עַד־בְּהֵמָה: שָׁלַח אוֹתֹת וּמֹפְתִים בְּתוֹכֵכִי
מִצְרָיִם, בְּפַרְעֹה וּבְכָל־עֲבָדָיו: שֶׁהִכָּה גּוֹיִם רַבִּים, וְהָרַג מְלָכִים
עֲצוּמִים: לְסִיחוֹן מֶלֶךְ הָאֱמֹרִי, וּלְעוֹג מֶלֶךְ הַבָּשָׁן, וּלְכֹל מַמְלְכוֹת
כְּנָעַן: וְנָתַן אַרְצָם נַחֲלָה, נַחֲלָה לְיִשְׂרָאֵל עַמּוֹ: יהוה שִׁמְךָ
לְעוֹלָם, יהוה זִכְרְךָ לְדֹר־וָדֹר: כִּי־יָדִין יהוה עַמּוֹ, וְעַל־עֲבָדָיו
יִתְנֶחָם: עֲצַבֵּי הַגּוֹיִם כֶּסֶף וְזָהָב, מַעֲשֵׂה יְדֵי אָדָם: פֶּה־לָהֶם
וְלֹא יְדַבֵּרוּ, עֵינַיִם לָהֶם וְלֹא יִרְאוּ: אָזְנַיִם לָהֶם וְלֹא יַאֲזִינוּ, אַף
אֵין־יֶשׁ־רוּחַ בְּפִיהֶם: כְּמוֹהֶם יִהְיוּ עֹשֵׂיהֶם, כֹּל אֲשֶׁר־בֹּטֵחַ בָּהֶם:
◂ בֵּית יִשְׂרָאֵל בָּרְכוּ אֶת־יהוה, בֵּית אַהֲרֹן בָּרְכוּ אֶת־יהוה: בֵּית
הַלֵּוִי בָּרְכוּ אֶת־יהוה, יִרְאֵי יהוה בָּרְכוּ אֶת־יהוה: בָּרוּךְ יהוה
מִצִּיּוֹן, שֹׁכֵן יְרוּשָׁלָםִ, הַלְלוּיָהּ:

הַלְלוּיָהּ *Psalm 135.* Psalms 135 and 136 are a matched pair, describing the same events: the exodus from Egypt and the battles prior to the Israelites' entry into the Promised Land. What Psalm 135 says in prose, Psalm 136 says in poetry. Both are joyous celebrations of the redeeming power of God in history. Blaise Pascal thought that the history of the Jews was proof of the existence of God. Israel are the people who, in themselves, testify to something greater than themselves. Their miraculous survival is a signal of transcendence.

פֶּה־לָהֶם וְלֹא יְדַבֵּרוּ *They have mouths, but cannot speak.* Those who put their faith in forces that are less than human, themselves become less than human.

The custom is to stand for the following psalm.

הוֹדוּ Thank the LORD for He is good; His loving-kindness is for ever. *Ps. 136*
Thank the God of gods, His loving-kindness is for ever.
Thank the LORD of lords, His loving-kindness is for ever.
To the One who alone
works great wonders, His loving-kindness is for ever.
Who made the heavens with wisdom, His loving-kindness is for ever.
Who spread the earth upon the waters, His loving-kindness is for ever.
Who made the great lights, His loving-kindness is for ever.
The sun to rule by day, His loving-kindness is for ever.
The moon and the stars to rule by night; His loving-kindness is for ever.
Who struck Egypt
through their firstborn, His loving-kindness is for ever.
And brought out Israel from their midst, His loving-kindness is for ever.
With a strong hand
and outstretched arm, His loving-kindness is for ever.
Who split the Reed Sea into parts, His loving-kindness is for ever.
And made Israel pass through it, His loving-kindness is for ever.
Casting Pharaoh and his army
into the Reed Sea; His loving-kindness is for ever.
Who led His people
through the wilderness; His loving-kindness is for ever.
Who struck down great kings, His loving-kindness is for ever.
And slew mighty kings, His loving-kindness is for ever.
Siḥon, King of the Amorites, His loving-kindness is for ever.
And Og, King of Bashan, His loving-kindness is for ever.

---

as here, "and God saw, *because* He is good." The phrase does not mean merely that what God created was good. It means that He created because of His goodness. One who is good seeks to share good with others. It was God's desire to share the blessing of existence with others that led Him to create the universe.

The custom is to stand for the following psalm.

הוֹדוּ לַיהוה כִּי־טוֹב כִּי לְעוֹלָם חַסְדּוֹ: תהלים קלו
הוֹדוּ לֵאלֹהֵי הָאֱלֹהִים כִּי לְעוֹלָם חַסְדּוֹ:
הוֹדוּ לַאֲדֹנֵי הָאֲדֹנִים כִּי לְעוֹלָם חַסְדּוֹ:
לְעֹשֵׂה נִפְלָאוֹת גְּדֹלוֹת לְבַדּוֹ כִּי לְעוֹלָם חַסְדּוֹ:
לְעֹשֵׂה הַשָּׁמַיִם בִּתְבוּנָה כִּי לְעוֹלָם חַסְדּוֹ:
לְרֹקַע הָאָרֶץ עַל־הַמָּיִם כִּי לְעוֹלָם חַסְדּוֹ:
לְעֹשֵׂה אוֹרִים גְּדֹלִים כִּי לְעוֹלָם חַסְדּוֹ:
אֶת־הַשֶּׁמֶשׁ לְמֶמְשֶׁלֶת בַּיּוֹם כִּי לְעוֹלָם חַסְדּוֹ:
אֶת־הַיָּרֵחַ וְכוֹכָבִים לְמֶמְשְׁלוֹת בַּלָּיְלָה כִּי לְעוֹלָם חַסְדּוֹ:
לְמַכֵּה מִצְרַיִם בִּבְכוֹרֵיהֶם כִּי לְעוֹלָם חַסְדּוֹ:
וַיּוֹצֵא יִשְׂרָאֵל מִתּוֹכָם כִּי לְעוֹלָם חַסְדּוֹ:
בְּיָד חֲזָקָה וּבִזְרוֹעַ נְטוּיָה כִּי לְעוֹלָם חַסְדּוֹ:
לְגֹזֵר יַם־סוּף לִגְזָרִים כִּי לְעוֹלָם חַסְדּוֹ:
וְהֶעֱבִיר יִשְׂרָאֵל בְּתוֹכוֹ כִּי לְעוֹלָם חַסְדּוֹ:
וְנִעֵר פַּרְעֹה וְחֵילוֹ בְיַם־סוּף כִּי לְעוֹלָם חַסְדּוֹ:
לְמוֹלִיךְ עַמּוֹ בַּמִּדְבָּר כִּי לְעוֹלָם חַסְדּוֹ:
לְמַכֵּה מְלָכִים גְּדֹלִים כִּי לְעוֹלָם חַסְדּוֹ:
וַיַּהֲרֹג מְלָכִים אַדִּירִים כִּי לְעוֹלָם חַסְדּוֹ:
לְסִיחוֹן מֶלֶךְ הָאֱמֹרִי כִּי לְעוֹלָם חַסְדּוֹ:
וּלְעוֹג מֶלֶךְ הַבָּשָׁן כִּי לְעוֹלָם חַסְדּוֹ:

כִּי־טוֹב *For He is good.* The phrase *ki tov* occurs repeatedly in Genesis 1: "And God said, Let there be ... and there was ... and God saw that it was good [*ki tov*]." Rabbi Yaakov Tzvi Mecklenburg suggested that the phrase be translated,

And gave their land as a heritage, His loving-kindness is for ever.
A heritage for His servant Israel; His loving-kindness is for ever.
Who remembered us in our lowly state, His loving-kindness is for ever.
And rescued us from our tormentors, His loving-kindness is for ever.
▸ Who gives food to all flesh, His loving-kindness is for ever.
Give thanks to the God of heaven. His loving-kindness is for ever.

רַנְּנוּ Sing joyfully to the LORD, you righteous, for praise from the upright is seemly. Give thanks to the LORD with the harp; make music to Him on the ten-stringed lute. Sing Him a new song, play skillfully with shouts of joy. For the LORD's word is right, and all His deeds are done in faith. He loves righteousness and justice; the earth is full of the LORD's loving-kindness. By the LORD's word the heavens were made, and all their starry host by the breath of His mouth. He gathers the sea waters as a heap, and places the deep in storehouses. Let all the earth fear the LORD, and all the world's inhabitants stand in awe of Him. For He spoke, and it was; He commanded, and it stood firm. The LORD foils the plans of nations; He thwarts the intentions of peoples. The LORD's plans stand for ever, His heart's intents for all generations. Happy is the nation whose God is the LORD, the people He has chosen as His own. From heaven the LORD looks down and sees all mankind; from His dwelling place He oversees all who live on earth. He forms the hearts of all, and discerns all their deeds. No king is saved by the size of his army; no warrior is delivered by great strength. A horse is a vain hope for deliverance; despite its great strength, it cannot save. The eye of the LORD is on those who fear Him, on those who place their hope in His unfailing love, to rescue their soul from death, and keep them alive in famine. Our soul waits for the LORD; He is our Help and *Ps. 33*

LORD's loving-kindness." Love and justice prevail in the end, not power and aggression. "No king is saved by the size of his army," and tyrannical regimes eventually fall.

וְנָתַן אַרְצָם לְנַחֲלָה כִּי לְעוֹלָם חַסְדּוֹ:
נַחֲלָה לְיִשְׂרָאֵל עַבְדּוֹ כִּי לְעוֹלָם חַסְדּוֹ:
שֶׁבְּשִׁפְלֵנוּ זָכַר לָנוּ כִּי לְעוֹלָם חַסְדּוֹ:
וַיִּפְרְקֵנוּ מִצָּרֵינוּ כִּי לְעוֹלָם חַסְדּוֹ:
◂ נֹתֵן לֶחֶם לְכָל־בָּשָׂר כִּי לְעוֹלָם חַסְדּוֹ:
הוֹדוּ לְאֵל הַשָּׁמָיִם כִּי לְעוֹלָם חַסְדּוֹ:

רַנְּנוּ צַדִּיקִים בַּיהוה, לַיְשָׁרִים נָאוָה תְהִלָּה: הוֹדוּ לַיהוה תהלים לג
בְּכִנּוֹר, בְּנֵבֶל עָשׂוֹר זַמְּרוּ־לוֹ: שִׁירוּ־לוֹ שִׁיר חָדָשׁ, הֵיטִיבוּ נַגֵּן
בִּתְרוּעָה: כִּי־יָשָׁר דְּבַר־יהוה, וְכָל־מַעֲשֵׂהוּ בֶּאֱמוּנָה: אֹהֵב
צְדָקָה וּמִשְׁפָּט, חֶסֶד יהוה מָלְאָה הָאָרֶץ: בִּדְבַר יהוה שָׁמַיִם
נַעֲשׂוּ, וּבְרוּחַ פִּיו כָּל־צְבָאָם: כֹּנֵס כַּנֵּד מֵי הַיָּם, נֹתֵן בְּאוֹצָרוֹת
תְּהוֹמוֹת: יִירְאוּ מֵיהוה כָּל־הָאָרֶץ, מִמֶּנּוּ יָגוּרוּ כָּל־יֹשְׁבֵי תֵבֵל:
כִּי הוּא אָמַר וַיֶּהִי, הוּא־צִוָּה וַיַּעֲמֹד: יהוה הֵפִיר עֲצַת־גּוֹיִם, הֵנִיא
מַחְשְׁבוֹת עַמִּים: עֲצַת יהוה לְעוֹלָם תַּעֲמֹד, מַחְשְׁבוֹת לִבּוֹ לְדֹר
וָדֹר: אַשְׁרֵי הַגּוֹי אֲשֶׁר־יהוה אֱלֹהָיו, הָעָם בָּחַר לְנַחֲלָה לוֹ:
מִשָּׁמַיִם הִבִּיט יהוה, רָאָה אֶת־כָּל־בְּנֵי הָאָדָם: מִמְּכוֹן־שִׁבְתּוֹ
הִשְׁגִּיחַ, אֶל כָּל־יֹשְׁבֵי הָאָרֶץ: הַיֹּצֵר יַחַד לִבָּם, הַמֵּבִין אֶל־כָּל־
מַעֲשֵׂיהֶם: אֵין־הַמֶּלֶךְ נוֹשָׁע בְּרָב־חָיִל, גִּבּוֹר לֹא־יִנָּצֵל בְּרָב־כֹּחַ:
שֶׁקֶר הַסּוּס לִתְשׁוּעָה, וּבְרֹב חֵילוֹ לֹא יְמַלֵּט: הִנֵּה עֵין יהוה
אֶל־יְרֵאָיו, לַמְיַחֲלִים לְחַסְדּוֹ: לְהַצִּיל מִמָּוֶת נַפְשָׁם, וּלְחַיּוֹתָם

רַנְּנוּ *Psalm 33.* A joyous creation psalm inviting us to sing God's praises on the earth He created and in the midst of the history He guides. To the Psalmist the universe has a moral as well as physical beauty: "The earth is full of the

Shield. ▸ In Him our hearts rejoice, for we trust in His holy name. Let Your unfailing love be upon us, LORD, as we have put our hope in You.

מִזְמוֹר שִׁיר A psalm. A song for the Sabbath day. It is good to thank *Ps. 92* the LORD and sing psalms to Your name, Most High – to tell of Your loving-kindness in the morning and Your faithfulness at night, to the music of the ten-stringed lyre and the melody of the harp. For You have made me rejoice by Your work, O LORD; I sing for joy at the deeds of Your hands. How great are Your deeds, LORD, and how very deep Your thoughts. A boor cannot know, nor can a fool understand, that though the wicked spring up like grass and all evildoers flourish, it is only that they may be destroyed for ever. But You, LORD, are eternally exalted. For behold Your enemies, LORD, behold Your enemies will perish; all evildoers will be scattered. You have raised my pride like that of a wild ox; I am anointed with fresh oil. My eyes shall look in triumph on my adversaries, my ears shall hear the downfall of the wicked who rise against me. ▸ The righteous will flourish like a palm tree and grow tall like a cedar in Lebanon. Planted in the LORD's House, blossoming in our God's courtyards, they will still bear fruit in old age, and stay vigorous and fresh, proclaiming that the LORD is upright: He is my Rock, in whom there is no wrong.

---

suffer and the guilty escape punishment? The psalm tells us that our time-horizon is too constricted. We look at the short term, not the long. Evil may win temporary victories but in the long run, right, justice and liberty prevail. Tyrants may seem impregnable in their day, but evil empires crumble, and are condemned by the full perspective of history. That is what "a fool cannot understand" but the wise know. The Sabbath of the psalm is thus not the Sabbath of past or present but of the future, the Messianic age, the "day that is entirely Shabbat," when there will be neither master nor slave, oppressor and oppressed, when hierarchies of power are abandoned and humanity finally recognizes the universe as God's work, and the human person as God's image. That is the ultimate Shabbat to which all our current Sabbaths are a prelude and preparation.

בְּרָעָב: נַפְשֵׁנוּ חִכְּתָה לַיהוה, עֶזְרֵנוּ וּמָגִנֵּנוּ הוּא: • כִּי־בוֹ יִשְׂמַח
לִבֵּנוּ, כִּי בְשֵׁם קָדְשׁוֹ בָטָחְנוּ: יְהִי־חַסְדְּךָ יהוה עָלֵינוּ, כַּאֲשֶׁר
יִחַלְנוּ לָךְ:

מִזְמוֹר שִׁיר לְיוֹם הַשַּׁבָּת: טוֹב לְהֹדוֹת לַיהוה, וּלְזַמֵּר לְשִׁמְךָ תהלים צב
עֶלְיוֹן: לְהַגִּיד בַּבֹּקֶר חַסְדֶּךָ, וֶאֱמוּנָתְךָ בַּלֵּילוֹת: עֲלֵי־עָשׂוֹר
וַעֲלֵי־נָבֶל, עֲלֵי הִגָּיוֹן בְּכִנּוֹר: כִּי שִׂמַּחְתַּנִי יהוה בְּפָעֳלֶךָ, בְּמַעֲשֵׂי
יָדֶיךָ אֲרַנֵּן: מַה־גָּדְלוּ מַעֲשֶׂיךָ יהוה, מְאֹד עָמְקוּ מַחְשְׁבֹתֶיךָ:
אִישׁ־בַּעַר לֹא יֵדָע, וּכְסִיל לֹא־יָבִין אֶת־זֹאת: בִּפְרֹחַ רְשָׁעִים
כְּמוֹ עֵשֶׂב, וַיָּצִיצוּ כָּל־פֹּעֲלֵי אָוֶן, לְהִשָּׁמְדָם עֲדֵי־עַד: וְאַתָּה
מָרוֹם לְעֹלָם יהוה: כִּי הִנֵּה אֹיְבֶיךָ יהוה, כִּי־הִנֵּה אֹיְבֶיךָ יֹאבֵדוּ,
יִתְפָּרְדוּ כָּל־פֹּעֲלֵי אָוֶן: וַתָּרֶם כִּרְאֵים קַרְנִי, בַּלֹּתִי בְּשֶׁמֶן רַעֲנָן:
וַתַּבֵּט עֵינִי בְּשׁוּרָי, בַּקָּמִים עָלַי מְרֵעִים תִּשְׁמַעְנָה אָזְנָי: • צַדִּיק
כַּתָּמָר יִפְרָח, כְּאֶרֶז בַּלְּבָנוֹן יִשְׂגֶּה: שְׁתוּלִים בְּבֵית יהוה, בְּחַצְרוֹת
אֱלֹהֵינוּ יַפְרִיחוּ: עוֹד יְנוּבוּן בְּשֵׂיבָה, דְּשֵׁנִים וְרַעֲנַנִּים יִהְיוּ: לְהַגִּיד
כִּי־יָשָׁר יהוה, צוּרִי, וְלֹא־עַוְלָתָה בּוֹ:

מזמור שיר *Psalm 92.* The sages interpreted the opening of this psalm as meaning not just "a song *for* the Sabbath day" but also "a song sung *by* the Sabbath day" (see page 694), as if the day itself gave testimony to the Creator, which in effect it does. By being the day on which we do no creative work, time itself makes us aware that we are not just creators; we are also creations. The more we understand about the nature of the universe, its vast complexity, and the way it is finely tuned for the emergence of life, the more we sense a vast intelligence at work, framing its "fearful symmetry."

Yet the psalm speaks not about creation but about justice. The universe is not simply matter and anti-matter governed by certain scientific laws. It is also – as Genesis 1 tells us seven times – "good." But how can we consider it good if, all too often, evildoers seize power, injustice prevails, the innocent

יהוה מָלָךְ The Lord reigns. He is robed in majesty. The Lord is robed, *Ps. 93*
girded with strength. The world is firmly established; it cannot be
moved. Your throne stands firm as of old; You are eternal. Rivers lift
up, Lord, rivers lift up their voice, rivers lift up their Crashing waves.
‣ Mightier than the noise of many waters, than the mighty waves of the
sea is the Lord on high. Your testimonies are very sure; holiness adorns
Your House, Lord, for evermore.

יְהִי כְבוֹד May the Lord's glory be for ever; may the Lord rejoice in His *Ps. 104*
works. May the Lord's name be blessed, now and for ever. From the *Ps. 113*
rising of the sun to its setting, may the Lord's name be praised. The
Lord is high above all nations; His glory is above the heavens. Lord, *Ps. 135*
Your name is for ever. Your renown, Lord, is for all generations. The *Ps. 103*
Lord has established His throne in heaven; His kingdom rules all. Let *1 Chr. 16*
the heavens rejoice and the earth be glad. Let them say among the
nations, "The Lord is King." The Lord is King, the Lord was King, the
Lord will be King for ever and all time. The Lord is King for ever and *Ps. 10*
all time; nations will perish from His land. The Lord foils the plans of *Ps. 33*
nations; He frustrates the intentions of peoples. Many are the intentions *Prov. 19*
in a person's mind, but the Lord's plan prevails. The Lord's plan shall *Ps. 33*
stand for ever, His mind's intent for all generations. For He spoke and it
was; He commanded and it stood firm. For the Lord has chosen Zion; *Ps. 132*
He desired it for His dwelling. For the Lord has chosen Jacob, Israel *Ps. 135*
as His special treasure. For the Lord will not abandon His people; nor *Ps. 94*
will He forsake His heritage. ‣ He is compassionate. He forgives iniquity *Ps. 78*
and does not destroy. Repeatedly He suppresses His anger, not rousing
His full wrath. Lord, save! May the King answer us on the day we call. *Ps. 20*

יְהִי כְבוֹד *May the Lord's glory.* An anthology of verses, mainly from the books
of Psalms, Proverbs, and Chronicles. God created the universe; therefore He is
sole Sovereign of the universe, ruling nature through scientific law, and history
through the moral law. Those who pit themselves against God are destined to
fail: "Many are the intentions in a person's mind, but the Lord's plan prevails."
Israel, as the people of the eternal God, is itself eternal, and though it often suf-
fers persecution, it will never be destroyed, for divine compassion ultimately
prevails over divine anger: "The Lord will not abandon His people."

תהלים צג

יהוה מָלָךְ, גֵּאוּת לָבֵשׁ, לָבֵשׁ יהוה עֹז הִתְאַזָּר, אַף־תִּכּוֹן תֵּבֵל בַּל־תִּמּוֹט: נָכוֹן כִּסְאֲךָ מֵאָז, מֵעוֹלָם אָתָּה: נָשְׂאוּ נְהָרוֹת יהוה, נָשְׂאוּ נְהָרוֹת קוֹלָם, יִשְׂאוּ נְהָרוֹת דָּכְיָם: ◂ מִקֹּלוֹת מַיִם רַבִּים, אַדִּירִים מִשְׁבְּרֵי־יָם, אַדִּיר בַּמָּרוֹם יהוה: עֵדֹתֶיךָ נֶאֶמְנוּ מְאֹד לְבֵיתְךָ נַאֲוָה־קֹּדֶשׁ, יהוה לְאֹרֶךְ יָמִים:

תהלים קד
תהלים קיג

יְהִי כְבוֹד יהוה לְעוֹלָם, יִשְׂמַח יהוה בְּמַעֲשָׂיו: יְהִי שֵׁם יהוה מְבֹרָךְ, מֵעַתָּה וְעַד־עוֹלָם: מִמִּזְרַח־שֶׁמֶשׁ עַד־מְבוֹאוֹ, מְהֻלָּל שֵׁם יהוה:

תהלים קלה

רָם עַל־כָּל־גּוֹיִם יהוה, עַל הַשָּׁמַיִם כְּבוֹדוֹ: יהוה שִׁמְךָ לְעוֹלָם,

תהלים קג

יהוה זִכְרְךָ לְדֹר־וָדֹר: יהוה בַּשָּׁמַיִם הֵכִין כִּסְאוֹ, וּמַלְכוּתוֹ בַּכֹּל

דברי הימים
א' טז

מָשָׁלָה: יִשְׂמְחוּ הַשָּׁמַיִם וְתָגֵל הָאָרֶץ, וְיֹאמְרוּ בַגּוֹיִם יהוה מָלָךְ:

תהלים י

יהוה מֶלֶךְ, יהוה מָלָךְ, יהוה יִמְלֹךְ לְעוֹלָם וָעֶד. יהוה מֶלֶךְ עוֹלָם

תהלים לג

וָעֶד, אָבְדוּ גוֹיִם מֵאַרְצוֹ: יהוה הֵפִיר עֲצַת־גּוֹיִם, הֵנִיא מַחְשְׁבוֹת

משלי יט
תהלים לג

עַמִּים: רַבּוֹת מַחֲשָׁבוֹת בְּלֶב־אִישׁ, וַעֲצַת יהוה הִיא תָקוּם: עֲצַת יהוה לְעוֹלָם תַּעֲמֹד, מַחְשְׁבוֹת לִבּוֹ לְדֹר וָדֹר: כִּי הוּא אָמַר וַיֶּהִי,

תהלים קלב
תהלים קלה

הוּא־צִוָּה וַיַּעֲמֹד: כִּי־בָחַר יהוה בְּצִיּוֹן, אִוָּהּ לְמוֹשָׁב לוֹ: כִּי־יַעֲקֹב

תהלים צד

בָּחַר לוֹ יָהּ, יִשְׂרָאֵל לִסְגֻלָּתוֹ: כִּי לֹא־יִטֹּשׁ יהוה עַמּוֹ, וְנַחֲלָתוֹ לֹא

תהלים עח

יַעֲזֹב: ◂ וְהוּא רַחוּם, יְכַפֵּר עָוֹן וְלֹא־יַשְׁחִית, וְהִרְבָּה לְהָשִׁיב אַפּוֹ,

תהלים כ

וְלֹא־יָעִיר כָּל־חֲמָתוֹ: יהוה הוֹשִׁיעָה, הַמֶּלֶךְ יַעֲנֵנוּ בְיוֹם־קָרְאֵנוּ:

יהוה מָלָךְ *Psalm 93.* Almost all ancient polytheistic myths saw the sea as an independent force of chaos against which the gods were forced to do battle. The great revolution of monotheism was to insist that there is only one creative power, that the universe is fundamentally good, and that chaos is merely order of a complexity we can neither understand nor predict. This is beautifully expressed in this psalm which sees the roar of the oceans as part of creation paying homage to its Creator. God is beyond – not within – nature, time and space.

The line beginning with "You open Your hand" should be said with special concentration, representing as it does the key idea of this psalm, and of Pesukei DeZimra as a whole, that God is the creator and sustainer of all.

אַשְׁרֵי Happy are those who dwell in Your House;   *Ps. 84*
they shall continue to praise You, Selah!
Happy are the people for whom this is so;   *Ps. 144*
happy are the people whose God is the Lord.
A song of praise by David.   *Ps. 145*

I will exalt You, my God, the King, and bless Your name for ever
and all time. Every day I will bless You, and praise Your name for
ever and all time. Great is the Lord and greatly to be praised;
His greatness is unfathomable. One generation will praise Your
works to the next, and tell of Your mighty deeds. On the glorious
splendor of Your majesty I will meditate, and on the acts of Your
wonders. They shall talk of the power of Your awesome deeds,
and I will tell of Your greatness. They shall recite the record of
Your great goodness, and sing with joy of Your righteousness. The
Lord is gracious and compassionate, slow to anger and great in
loving-kindness. The Lord is good to all, and His compassion
extends to all His works. All Your works shall thank You, Lord,
and Your devoted ones shall bless You. They shall talk of the glory
of Your kingship, and speak of Your might. To make known to
mankind His mighty deeds and the glorious majesty of His king-
ship. Your kingdom is an everlasting kingdom, and Your reign is
for all generations. The Lord supports all who fall, and raises
all who are bowed down. All raise their eyes to You in hope, and
You give them their food in due season. You open Your hand, and
satisfy every living thing with favor. The Lord is righteous in all

---

line, "You open Your hand, and satisfy every living thing with favor." It is
also (c) the only poem to be explicitly called *tehilla*, "a psalm" (the book of
Psalms is called, in Hebrew, *Sefer Tehillim*). To it have been added two verses
at the beginning and one at the end, so that the psalm begins with the word
Ashrei, the first word in the book of Psalms, and ends with *Halleluya*, the
book's last word.

The line beginning with פּוֹתֵחַ אֶת יָדֶךָ *should be said with special concentration, representing as it does the key idea of this psalm, and of* פסוקי דזמרה *as a whole, that God is the creator and sustainer of all.*

אַשְׁרֵי יוֹשְׁבֵי בֵיתֶךָ, עוֹד יְהַלְלוּךָ סֶּלָה: תהלים פד

אַשְׁרֵי הָעָם שֶׁכָּכָה לּוֹ, אַשְׁרֵי הָעָם שֶׁיהוה אֱלֹהָיו: תהלים קמד

תְּהִלָּה לְדָוִד תהלים קמה

אֲרוֹמִמְךָ אֱלוֹהַי הַמֶּלֶךְ, וַאֲבָרְכָה שִׁמְךָ לְעוֹלָם וָעֶד:

בְּכָל־יוֹם אֲבָרְכֶךָּ, וַאֲהַלְלָה שִׁמְךָ לְעוֹלָם וָעֶד:

גָּדוֹל יהוה וּמְהֻלָּל מְאֹד, וְלִגְדֻלָּתוֹ אֵין חֵקֶר:

דּוֹר לְדוֹר יְשַׁבַּח מַעֲשֶׂיךָ, וּגְבוּרֹתֶיךָ יַגִּידוּ:

הֲדַר כְּבוֹד הוֹדֶךָ, וְדִבְרֵי נִפְלְאֹתֶיךָ אָשִׂיחָה:

וֶעֱזוּז נוֹרְאֹתֶיךָ יֹאמֵרוּ, וּגְדוּלָּתְךָ אֲסַפְּרֶנָּה:

זֵכֶר רַב־טוּבְךָ יַבִּיעוּ, וְצִדְקָתְךָ יְרַנֵּנוּ:

חַנּוּן וְרַחוּם יהוה, אֶרֶךְ אַפַּיִם וּגְדָל־חָסֶד:

טוֹב־יהוה לַכֹּל, וְרַחֲמָיו עַל־כָּל־מַעֲשָׂיו:

יוֹדוּךָ יהוה כָּל־מַעֲשֶׂיךָ, וַחֲסִידֶיךָ יְבָרְכוּכָה:

כְּבוֹד מַלְכוּתְךָ יֹאמֵרוּ, וּגְבוּרָתְךָ יְדַבֵּרוּ:

לְהוֹדִיעַ לִבְנֵי הָאָדָם גְּבוּרֹתָיו, וּכְבוֹד הֲדַר מַלְכוּתוֹ:

מַלְכוּתְךָ מַלְכוּת כָּל־עֹלָמִים, וּמֶמְשַׁלְתְּךָ בְּכָל־דּוֹר וָדֹר:

סוֹמֵךְ יהוה לְכָל־הַנֹּפְלִים, וְזוֹקֵף לְכָל־הַכְּפוּפִים:

עֵינֵי־כֹל אֵלֶיךָ יְשַׂבֵּרוּ, וְאַתָּה נוֹתֵן־לָהֶם אֶת־אָכְלָם בְּעִתּוֹ:

פּוֹתֵחַ אֶת־יָדֶךָ, וּמַשְׂבִּיעַ לְכָל־חַי רָצוֹן:

אַשְׁרֵי *Happy are those.* Psalm 145 was seen by the sages as the quintessential expression of the book of Psalms, especially the creation psalms that dominate the Verses of Praise, because (a) it is an alphabetic acrostic, praising God with each letter of the alphabet (with the exception of *nun*, a letter omitted lest it recall *nefila*, the fall of ancient Israel), and (b) because it contains the

His ways, and kind in all He does. The LORD is close to all who call on Him, to all who call on Him in truth. He fulfills the will of those who revere Him; He hears their cry and saves them. The LORD guards all who love Him, but all the wicked He will destroy. ▸ My mouth shall speak the praise of the LORD, and all creatures shall bless His holy name for ever and all time.

We will bless the LORD now and for ever. Halleluya! *Ps. 115*

הַלְלוּיָהּ Halleluya! Praise the LORD, my soul. I will praise the LORD all my life; I will sing to my God as long as I live. Put not your trust in princes, or in mortal man who cannot save. His breath expires, he returns to the earth; on that day his plans come to an end. Happy is he whose help is the God of Jacob, whose hope is in the LORD his God who made heaven and earth, the sea and all they contain; He who keeps faith for ever. He secures justice for the oppressed. He gives food to the hungry. The LORD sets captives free. The LORD gives sight to the blind. The LORD raises those bowed down. The LORD loves the righteous. The LORD protects the stranger. He gives courage to the orphan and widow. He thwarts the way of the wicked. ▸ The LORD shall reign for ever. He is your God, Zion, for all generations. Halleluya! *Ps. 146*

הַלְלוּיָהּ Halleluya! How good it is to sing songs to our God; how pleasant and fitting to praise Him. The LORD rebuilds Jerusalem. He gathers the scattered exiles of Israel. He heals the brokenhearted and binds up their wounds. He counts the number of the stars, calling each by name. Great is our LORD and mighty in power; His understanding has no limit. The LORD gives courage to the humble, but casts the wicked to the ground. Sing to the LORD in thanks; make music to our God on the harp. He covers the sky with clouds. He provides the earth with rain and makes grass grow on the hills. He gives food to the cattle and *Ps. 147*

הַלְלוּיָהּ *Psalm 147.* God, the Shaper of history ("gathers the scattered exiles") and Architect of the cosmos ("counts the number of the stars"), is nonetheless close to us, healing the broken heart and ministering to our emotional wounds.

צַדִּיק יהוה בְּכָל־דְּרָכָיו, וְחָסִיד בְּכָל־מַעֲשָׂיו:
קָרוֹב יהוה לְכָל־קֹרְאָיו, לְכֹל אֲשֶׁר יִקְרָאֻהוּ בֶאֱמֶת:
רְצוֹן־יְרֵאָיו יַעֲשֶׂה, וְאֶת־שַׁוְעָתָם יִשְׁמַע, וְיוֹשִׁיעֵם:
שׁוֹמֵר יהוה אֶת־כָּל־אֹהֲבָיו, וְאֵת כָּל־הָרְשָׁעִים יַשְׁמִיד:
› תְּהִלַּת יהוה יְדַבֶּר פִּי, וִיבָרֵךְ כָּל־בָּשָׂר שֵׁם קָדְשׁוֹ לְעוֹלָם וָעֶד:
וַאֲנַחְנוּ נְבָרֵךְ יָהּ מֵעַתָּה וְעַד־עוֹלָם, הַלְלוּיָהּ: תהלים קטו

הַלְלוּיָהּ, הַלְלִי נַפְשִׁי אֶת־יהוה: אֲהַלְלָה יהוה בְּחַיָּי, אֲזַמְּרָה לֵאלֹהַי בְּעוֹדִי: אַל־תִּבְטְחוּ בִנְדִיבִים, בְּבֶן־אָדָם שֶׁאֵין לוֹ תְשׁוּעָה: תֵּצֵא רוּחוֹ, יָשֻׁב לְאַדְמָתוֹ, בַּיּוֹם הַהוּא אָבְדוּ עֶשְׁתֹּנֹתָיו: אַשְׁרֵי שֶׁאֵל יַעֲקֹב בְּעֶזְרוֹ, שִׂבְרוֹ עַל־יהוה אֱלֹהָיו: עֹשֶׂה שָׁמַיִם וָאָרֶץ, אֶת־הַיָּם וְאֶת־כָּל־אֲשֶׁר־בָּם, הַשֹּׁמֵר אֱמֶת לְעוֹלָם: עֹשֶׂה מִשְׁפָּט לָעֲשׁוּקִים, נֹתֵן לֶחֶם לָרְעֵבִים, יהוה מַתִּיר אֲסוּרִים: יהוה פֹּקֵחַ עִוְרִים, יהוה זֹקֵף כְּפוּפִים, יהוה אֹהֵב צַדִּיקִים: יהוה שֹׁמֵר אֶת־גֵּרִים, יָתוֹם וְאַלְמָנָה יְעוֹדֵד, וְדֶרֶךְ רְשָׁעִים יְעַוֵּת: תהלים קמו
› יִמְלֹךְ יהוה לְעוֹלָם, אֱלֹהַיִךְ צִיּוֹן לְדֹר וָדֹר, הַלְלוּיָהּ:

הַלְלוּיָהּ, כִּי־טוֹב זַמְּרָה אֱלֹהֵינוּ, כִּי־נָעִים נָאוָה תְהִלָּה: בּוֹנֵה יְרוּשָׁלַםִ יהוה, נִדְחֵי יִשְׂרָאֵל יְכַנֵּס: הָרוֹפֵא לִשְׁבוּרֵי לֵב, וּמְחַבֵּשׁ לְעַצְּבוֹתָם: מוֹנֶה מִסְפָּר לַכּוֹכָבִים, לְכֻלָּם שֵׁמוֹת יִקְרָא: גָּדוֹל אֲדוֹנֵינוּ וְרַב־כֹּחַ, לִתְבוּנָתוֹ אֵין מִסְפָּר: מְעוֹדֵד עֲנָוִים יהוה, מַשְׁפִּיל רְשָׁעִים עֲדֵי־אָרֶץ: עֱנוּ לַיהוה בְּתוֹדָה, זַמְּרוּ לֵאלֹהֵינוּ תהלים קמז

הַלְלוּיָהּ *Psalm 146.* A hymn of praise to God's justice and compassion. Put not your faith in mortals but in God, who cares for the oppressed, the hungry, the victims of injustice, and those who have no one else to care for them. The supreme Power supremely cares for the powerless.

to the ravens when they cry. He does not take delight in the strength of horses nor pleasure in the fleetness of man. The LORD takes pleasure in those who fear Him, who put their hope in His loving care. Praise the LORD, Jerusalem; sing to your God, Zion, for He has strengthened the bars of your gates and blessed your children in your midst. He has brought peace to your borders, and satisfied you with the finest wheat. He sends His commandment to earth; swiftly runs His word. He spreads snow like fleece, sprinkles frost like ashes, scatters hail like crumbs. Who can stand His cold? He sends His word and melts them; He makes the wind blow and the waters flow. ▸ He has declared His words to Jacob, His statutes and laws to Israel. He has done this for no other nation; such laws they do not know. Halleluya!

הַלְלוּיָהּ Halleluya! Praise the LORD from the heavens, praise Him in the heights. Praise Him, all His angels; praise Him, all His hosts. Praise Him, sun and moon; praise Him, all shining stars. Praise Him, highest heavens and the waters above the heavens. Let them praise the name of the LORD, for He commanded and they were created. He established them for ever and all time, issuing a decree that will never change. Praise the LORD from the earth: sea monsters and all the deep seas; fire and hail, snow and mist, storm winds that obey His word; mountains and all hills, fruit trees and all cedars; wild animals and all cattle, creeping things and winged birds; kings of the earth and all nations, princes and all judges on earth; youths and maidens, old and young. ▸ Let them praise the name of the LORD, for His name alone is sublime; His majesty is above earth and heaven. He has raised the pride of His people, for the glory of all His devoted ones, the children of Israel, the people close to Him. Halleluya! *Ps. 148*

---

a society under the sovereignty of God, dedicated to justice, holiness and respect for human dignity.

הַלְלוּיָהּ *Psalm 148.* A cosmic psalm of praise, beginning with the heavens, sun, moon and stars; then moving to earth and all living things, culminating with humanity.

בְּכִנּוֹר: הַמְכַסֶּה שָׁמַיִם בְּעָבִים, הַמֵּכִין לָאָרֶץ מָטָר, הַמַּצְמִיחַ הָרִים
חָצִיר: נוֹתֵן לִבְהֵמָה לַחְמָהּ, לִבְנֵי עֹרֵב אֲשֶׁר יִקְרָאוּ: לֹא בִגְבוּרַת
הַסּוּס יֶחְפָּץ, לֹא־בְשׁוֹקֵי הָאִישׁ יִרְצֶה: רוֹצֶה יהוה אֶת־יְרֵאָיו, אֶת־
הַמְיַחֲלִים לְחַסְדּוֹ: שַׁבְּחִי יְרוּשָׁלַםִ אֶת־יהוה, הַלְלִי אֱלֹהַיִךְ צִיּוֹן:
כִּי־חִזַּק בְּרִיחֵי שְׁעָרָיִךְ, בֵּרַךְ בָּנַיִךְ בְּקִרְבֵּךְ: הַשָּׂם־גְּבוּלֵךְ שָׁלוֹם,
חֵלֶב חִטִּים יַשְׂבִּיעֵךְ: הַשֹּׁלֵחַ אִמְרָתוֹ אָרֶץ, עַד־מְהֵרָה יָרוּץ דְּבָרוֹ:
הַנֹּתֵן שֶׁלֶג כַּצָּמֶר, כְּפוֹר כָּאֵפֶר יְפַזֵּר: מַשְׁלִיךְ קַרְחוֹ כְפִתִּים, לִפְנֵי
קָרָתוֹ מִי יַעֲמֹד: יִשְׁלַח דְּבָרוֹ וְיַמְסֵם, יַשֵּׁב רוּחוֹ יִזְּלוּ־מָיִם: › מַגִּיד
דְּבָרָו לְיַעֲקֹב, חֻקָּיו וּמִשְׁפָּטָיו לְיִשְׂרָאֵל: לֹא עָשָׂה כֵן לְכָל־גּוֹי,
וּמִשְׁפָּטִים בַּל־יְדָעוּם, הַלְלוּיָהּ:

תהלים קמח

הַלְלוּיָהּ, הַלְלוּ אֶת־יהוה מִן־הַשָּׁמַיִם, הַלְלוּהוּ בַּמְּרוֹמִים: הַלְלוּהוּ
כָל־מַלְאָכָיו, הַלְלוּהוּ כָּל־צְבָאָו: הַלְלוּהוּ שֶׁמֶשׁ וְיָרֵחַ, הַלְלוּהוּ כָּל־
כּוֹכְבֵי אוֹר: הַלְלוּהוּ שְׁמֵי הַשָּׁמָיִם, וְהַמַּיִם אֲשֶׁר מֵעַל הַשָּׁמָיִם:
יְהַלְלוּ אֶת־שֵׁם יהוה, כִּי הוּא צִוָּה וְנִבְרָאוּ: וַיַּעֲמִידֵם לָעַד לְעוֹלָם,
חָק־נָתַן וְלֹא יַעֲבוֹר: הַלְלוּ אֶת־יהוה מִן־הָאָרֶץ, תַּנִּינִים וְכָל־
תְּהֹמוֹת: אֵשׁ וּבָרָד שֶׁלֶג וְקִיטוֹר, רוּחַ סְעָרָה עֹשָׂה דְבָרוֹ: הֶהָרִים
וְכָל־גְּבָעוֹת, עֵץ פְּרִי וְכָל־אֲרָזִים: הַחַיָּה וְכָל־בְּהֵמָה, רֶמֶשׂ וְצִפּוֹר
כָּנָף: מַלְכֵי־אֶרֶץ וְכָל־לְאֻמִּים, שָׂרִים וְכָל־שֹׁפְטֵי אָרֶץ: בַּחוּרִים
וְגַם־בְּתוּלוֹת, זְקֵנִים עִם־נְעָרִים: › יְהַלְלוּ אֶת־שֵׁם יהוה, כִּי־נִשְׂגָּב
שְׁמוֹ לְבַדּוֹ, הוֹדוֹ עַל־אֶרֶץ וְשָׁמָיִם: וַיָּרֶם קֶרֶן לְעַמּוֹ, תְּהִלָּה לְכָל־
חֲסִידָיו, לִבְנֵי יִשְׂרָאֵל עַם קְרֹבוֹ, הַלְלוּיָהּ:

___

לֹא עָשָׂה כֵן לְכָל־גּוֹי *He has done this for no other nation.* Although there has
been a covenant between God and all humanity since the days of Noah, only
to Israel did He reveal an entire body of laws, the detailed architectonics of

הַלְלוּיָהּ Halleluya! Sing to the LORD a new song, His praise in the assembly of the devoted. Let Israel rejoice in its Maker; let the children of Zion exult in their King. Let them praise His name with dancing; sing praises to Him with timbrel and harp. For the LORD delights in His people; He adorns the humble with salvation. Let the devoted revel in glory; let them sing for joy on their beds. Let high praises of God be in their throats, and a two-edged sword in their hand: to impose retribution on the nations, punishment on the peoples, ▸ binding their kings with chains, their nobles with iron fetters, carrying out the judgment written against them. This is the glory of all His devoted ones. Halleluya! *Ps. 149*

הַלְלוּיָהּ Halleluya! *Ps. 150*
Praise God in His holy place;
praise Him in the heavens of His power.
Praise Him for His mighty deeds;
praise Him for His surpassing greatness.
Praise Him with blasts of the shofar;
praise Him with the harp and lyre.
Praise Him with timbrel and dance;
praise Him with strings and flute.
▸ Praise Him with clashing cymbals;
praise Him with resounding cymbals.
Let all that breathes praise the LORD. Halleluya!
Let all that breathes praise the LORD. Halleluya!

כֹּל הַנְּשָׁמָה *Let all that breathes.* The psalm mentions nine musical and creative expressions of praise, culminating in the tenth, the breath of all that lives – echoing the tenfold blessing with which the Verses of Praise begin, itself an echo of the ten creative utterances with which God created the universe (the ten times the phrase "God said" appears in Genesis 1). Note the difference between a scientific and a religious way of describing the universe. "Not *how* the world is but *that* it is, is the mystical" (Wittgenstein).

הַלְלוּיָהּ, שִׁירוּ לַיהוה שִׁיר חָדָשׁ, תְּהִלָּתוֹ בִּקְהַל חֲסִידִים: יִשְׂמַח תהלים קמט
יִשְׂרָאֵל בְּעֹשָׂיו, בְּנֵי־צִיּוֹן יָגִילוּ בְמַלְכָּם: יְהַלְלוּ שְׁמוֹ בְמָחוֹל, בְּתֹף
וְכִנּוֹר יְזַמְּרוּ־לוֹ: כִּי־רוֹצֶה יהוה בְּעַמּוֹ, יְפָאֵר עֲנָוִים בִּישׁוּעָה:
יַעְלְזוּ חֲסִידִים בְּכָבוֹד, יְרַנְּנוּ עַל־מִשְׁכְּבוֹתָם: רוֹמְמוֹת אֵל בִּגְרוֹנָם,
וְחֶרֶב פִּיפִיּוֹת בְּיָדָם: לַעֲשׂוֹת נְקָמָה בַּגּוֹיִם, תּוֹכֵחוֹת בַּלְאֻמִּים:
◂ לֶאְסֹר מַלְכֵיהֶם בְּזִקִּים, וְנִכְבְּדֵיהֶם בְּכַבְלֵי בַרְזֶל: לַעֲשׂוֹת בָּהֶם
מִשְׁפָּט כָּתוּב, הָדָר הוּא לְכָל־חֲסִידָיו, הַלְלוּיָהּ:

הַלְלוּיָהּ תהלים קנ
הַלְלוּ־אֵל בְּקָדְשׁוֹ, הַלְלוּהוּ בִּרְקִיעַ עֻזּוֹ:
הַלְלוּהוּ בִגְבוּרֹתָיו, הַלְלוּהוּ כְּרֹב גֻּדְלוֹ:
הַלְלוּהוּ בְּתֵקַע שׁוֹפָר, הַלְלוּהוּ בְּנֵבֶל וְכִנּוֹר:
הַלְלוּהוּ בְתֹף וּמָחוֹל, הַלְלוּהוּ בְּמִנִּים וְעוּגָב:
◂ הַלְלוּהוּ בְצִלְצְלֵי־שָׁמַע, הַלְלוּהוּ בְּצִלְצְלֵי תְרוּעָה:
כֹּל הַנְּשָׁמָה תְּהַלֵּל יָהּ, הַלְלוּיָהּ:
כֹּל הַנְּשָׁמָה תְּהַלֵּל יָהּ, הַלְלוּיָהּ:

הַלְלוּיָהּ *Psalm 149.* A song of victory. Israel emerges triumphant over those who seek to destroy it, not because of its strength but because of its faith.

חֶרֶב פִּיפִיּוֹת *A two-edged sword.* Literally, "a sword of mouths." Israel does not live by the physical sword but by words: the power of prayer. Thus the "sword of mouths" echoes the previous phrase, "praises of God be in their throats" (*Or Penei Moshe*).

הַלְלוּיָהּ *Psalm 150.* The last psalm in the book of Psalms, gathering all previous praise into a majestic choral finale. More than a third of the words consist of various forms of the verb "to praise."

בָּרוּךְ Blessed be the LORD for ever. Amen and Amen. *Ps. 89*
Blessed from Zion be the LORD *Ps. 135*
who dwells in Jerusalem. Halleluya!
Blessed be the LORD, God of Israel, who alone does wonders. *Ps. 72*
Blessed be His glorious name for ever,
and may all the earth be filled with His glory.
Amen and Amen.

Stand until "The soul" on page 450.

וַיְבָרֶךְ David blessed the LORD in front of the entire assembly. David *1 Chr. 29* said, "Blessed are You, LORD, God of our father Yisrael, for ever and ever. Yours, LORD, are the greatness and the power, the glory, majesty and splendor, for everything in heaven and earth is Yours. Yours, LORD, is the kingdom; You are exalted as Head over all. Both riches and honor are in Your gift and You reign over all things. In Your hand are strength and might. It is in Your power to make great and give strength to all. Therefore, our God, we thank You and praise Your glorious name." You alone are the LORD. You *Neh. 9*

---

national assembly gathered by Ezra and Nehemiah to renew the covenant between Israel and God; and (3) the song sung by the Israelites after they had crossed the Sea of Reeds and become "the people You acquired." These were key historic moments when the Jewish people came together as a collective body to praise God and pledge their loyalty to Him. Their presence here marks the transition from private to public prayer, which is about to begin.

A *tzibbur*, a public, is more than a mere assemblage of individuals, just as the human body is more than a collection of cells. It is an emergent phenomenon, a higher order of being. The *tzibbur* that prays is a microcosm of the Jewish people. At this moment of transition, therefore, we undergo a metamorphosis, and we do so by a historical reenactment, retracing the steps of our ancestors as they cast off their private concerns as individuals to become a community of faith dedicated to the collective worship of God.

בָּרוּךְ יהוה לְעוֹלָם, אָמֵן וְאָמֵן: תהלים פט
בָּרוּךְ יהוה מִצִּיּוֹן, שֹׁכֵן יְרוּשָׁלָםִ, הַלְלוּיָהּ: תהלים קלה
בָּרוּךְ יהוה אֱלֹהִים אֱלֹהֵי יִשְׂרָאֵל, עֹשֵׂה נִפְלָאוֹת לְבַדּוֹ: תהלים עב
וּבָרוּךְ שֵׁם כְּבוֹדוֹ לְעוֹלָם
וְיִמָּלֵא כְבוֹדוֹ אֶת־כָּל־הָאָרֶץ
אָמֵן וְאָמֵן:

Stand until נִשְׁמַת *on page 451.*

וַיְבָרֶךְ דָּוִיד אֶת־יהוה לְעֵינֵי כָּל־הַקָּהָל, וַיֹּאמֶר דָּוִיד, בָּרוּךְ אַתָּה יהוה, אֱלֹהֵי יִשְׂרָאֵל אָבִינוּ, מֵעוֹלָם וְעַד־עוֹלָם: לְךָ יהוה הַגְּדֻלָּה וְהַגְּבוּרָה וְהַתִּפְאֶרֶת וְהַנֵּצַח וְהַהוֹד, כִּי־כֹל בַּשָּׁמַיִם וּבָאָרֶץ, לְךָ יהוה הַמַּמְלָכָה וְהַמִּתְנַשֵּׂא לְכֹל לְרֹאשׁ: וְהָעֹשֶׁר וְהַכָּבוֹד מִלְּפָנֶיךָ, וְאַתָּה מוֹשֵׁל בַּכֹּל, וּבְיָדְךָ כֹּחַ וּגְבוּרָה, וּבְיָדְךָ לְגַדֵּל וּלְחַזֵּק לַכֹּל: וְעַתָּה אֱלֹהֵינוּ מוֹדִים אֲנַחְנוּ לָךְ, וּמְהַלְלִים לְשֵׁם תִּפְאַרְתֶּךָ: דברי הימים א׳ כט

אַתָּה־הוּא יהוה לְבַדֶּךָ, אַתְּ עָשִׂיתָ נחמיה ט

בָּרוּךְ יהוה לְעוֹלָם *Blessed be the Lord for ever.* A passage marking the end of the Verses of Praise, consisting of four verses from Psalms, each opening with the word "Blessed," thus echoing the opening paragraph, "Blessed is He who spoke."

וַיְבָרֶךְ דָּוִיד *David blessed.* There now follow three biblical passages that strictly speaking do not belong to the Verses of Praise, either in source or subject matter. The Verses of Praise are "songs of Your servant David" – that is, passages from the book of Psalms – and they are about "He who spoke and the world came into being," about God as Creator and Sovereign of the universe. None of the following passages belongs to either category. They are (1) the national assembly convened by David shortly before his death to initiate the building of the Temple under the aegis of his son and successor Solomon; (2) the

made the heavens, even the highest heavens, and all their hosts, the earth and all that is on it, the seas and all they contain. You give life to them all, and the hosts of heaven worship You. ▸ You are the LORD God who chose Abram and brought him out of Ur of the Chaldees, changing his name to Abraham. You found his heart faithful toward You, ◂ and You made a covenant with him to give to his descendants the land of the Canaanites, Hittites, Amorites, Perizzites, Jebusites and Girgashites. You fulfilled Your promise for You are righteous. You saw the suffering of our ancestors in Egypt. You heard their cry at the Sea of Reeds. You sent signs and wonders against Pharaoh, all his servants and all the people of his land, because You knew how arrogantly the Egyptians treated them. You created for Yourself renown that remains to this day. ▸ You divided the sea before them, so that they passed through the sea on dry land, but You cast their pursuers into the depths, like a stone into mighty waters.

וַיּוֹשַׁע That day the LORD saved Israel from the hands of the Egyptians, and Israel saw the Egyptians lying dead on the seashore. ▸ When Israel saw the great power the LORD had displayed against the Egyptians, the people feared the LORD, and believed in the LORD and in His servant, Moses. *Ex. 14*

אָז יָשִׁיר־מֹשֶׁה Then Moses and the Israelites sang this song to the LORD, saying: *Ex. 15*

I will sing to the LORD, for He has triumphed gloriously;
horse and rider He has hurled into the sea.

The LORD is my strength and song; He has become my salvation.

---

their minds at the same time. It was a moment of collective epiphany, and it expressed itself as song.

When language aspires to the transcendent and the soul longs to break free of the gravitational pull of the earth, it modulates into song. Richter called music "the poetry of the air." Tolstoy called it "the shorthand of emotion."

אֶת־הַשָּׁמַיִם, שְׁמֵי הַשָּׁמַיִם וְכׇל־צְבָאָם, הָאָרֶץ וְכׇל־אֲשֶׁר עָלֶיהָ,
הַיַּמִּים וְכׇל־אֲשֶׁר בָּהֶם, וְאַתָּה מְחַיֶּה אֶת־כֻּלָּם, וּצְבָא הַשָּׁמַיִם לְךָ
מִשְׁתַּחֲוִים: ◂ אַתָּה הוּא יהוה הָאֱלֹהִים אֲשֶׁר בָּחַרְתָּ בְּאַבְרָם,
וְהוֹצֵאתוֹ מֵאוּר כַּשְׂדִּים, וְשַׂמְתָּ שְּׁמוֹ אַבְרָהָם: וּמָצָאתָ אֶת־
לְבָבוֹ נֶאֱמָן לְפָנֶיךָ, ◂ וְכָרוֹת עִמּוֹ הַבְּרִית לָתֵת אֶת־אֶרֶץ הַכְּנַעֲנִי
הַחִתִּי הָאֱמֹרִי וְהַפְּרִזִּי וְהַיְבוּסִי וְהַגִּרְגָּשִׁי, לָתֵת לְזַרְעוֹ, וַתָּקֶם
אֶת־דְּבָרֶיךָ, כִּי צַדִּיק אָתָּה: וַתֵּרֶא אֶת־עֳנִי אֲבֹתֵינוּ בְּמִצְרָיִם,
וְאֶת־זַעֲקָתָם שָׁמַעְתָּ עַל־יַם־סוּף: וַתִּתֵּן אֹתֹת וּמֹפְתִים בְּפַרְעֹה
וּבְכׇל־עֲבָדָיו וּבְכׇל־עַם אַרְצוֹ, כִּי יָדַעְתָּ כִּי הֵזִידוּ עֲלֵיהֶם, וַתַּעַשׂ־
לְךָ שֵׁם כְּהַיּוֹם הַזֶּה: ◂ וְהַיָּם בָּקַעְתָּ לִפְנֵיהֶם, וַיַּעַבְרוּ בְתוֹךְ־
הַיָּם בַּיַּבָּשָׁה, וְאֶת־רֹדְפֵיהֶם הִשְׁלַכְתָּ בִמְצוֹלֹת כְּמוֹ־אֶבֶן, בְּמַיִם
עַזִּים:

שמות יד וַיּוֹשַׁע יהוה בַּיּוֹם הַהוּא אֶת־יִשְׂרָאֵל מִיַּד מִצְרָיִם, וַיַּרְא יִשְׂרָאֵל
אֶת־מִצְרַיִם מֵת עַל־שְׂפַת הַיָּם: ◂ וַיַּרְא יִשְׂרָאֵל אֶת־הַיָּד הַגְּדֹלָה
אֲשֶׁר עָשָׂה יהוה בְּמִצְרַיִם, וַיִּירְאוּ הָעָם אֶת־יהוה, וַיַּאֲמִינוּ
בַּיהוה וּבְמֹשֶׁה עַבְדּוֹ:

שמות טו אָז יָשִׁיר־מֹשֶׁה וּבְנֵי יִשְׂרָאֵל אֶת־הַשִּׁירָה הַזֹּאת לַיהוה, וַיֹּאמְרוּ
לֵאמֹר, אָשִׁירָה לַיהוה כִּי־גָאֹה גָּאָה, סוּס
וְרֹכְבוֹ רָמָה בַיָּם: עָזִּי וְזִמְרָת יָהּ וַיְהִי־לִי

THE SONG AT THE SEA

Rashi, explaining the Talmudic view (*Sota* 30b) that at the Sea of Reeds Moses and the Israelites spontaneously sang the song together, says that the holy spirit rested on them and miraculously the same words came into

This is my God, and I will beautify Him,
my father's God, and I will exalt Him.
The Lord is a Master of war; Lord is His name.
Pharaoh's chariots and army He cast into the sea;
the best of his officers drowned in the Sea of Reeds.
The deep waters covered them;
they went down to the depths like a stone.
Your right hand, Lord, is majestic in power.
Your right hand, Lord, shatters the enemy.
In the greatness of Your majesty, You overthrew those who rose
against You.
You sent out Your fury; it consumed them like stubble.
By the blast of Your nostrils the waters piled up.
The surging waters stood straight like a wall;
the deeps congealed in the heart of the sea.
The enemy said, "I will pursue. I will overtake. I will divide the spoil.
My desire shall have its fill of them.
I will draw my sword. My hand will destroy them."
You blew with Your wind; the sea covered them.
They sank in the mighty waters like lead.
Who is like You, Lord, among the mighty?
Who is like You – majestic in holiness, awesome in glory,
working wonders?
You stretched out Your right hand,
the earth swallowed them.
In Your loving-kindness, You led the people You redeemed.
In Your strength, You guided them to Your holy abode.
Nations heard and trembled;
terror gripped Philistia's inhabitants.

---

quotes Rilke: "Words still go softly forth towards the unsayable. / And music,
always new, from palpitating stones / Builds in useless space its godly home."
The history of the Jewish spirit is written in its songs.

לִישׁוּעָה, זֶה אֵלִי וְאַנְוֵהוּ, אֱלֹהֵי
אָבִי וַאֲרֹמְמֶנְהוּ: יהוה אִישׁ מִלְחָמָה, יהוה
שְׁמוֹ: מַרְכְּבֹת פַּרְעֹה וְחֵילוֹ יָרָה בַיָּם, וּמִבְחַר
שָׁלִשָׁיו טֻבְּעוּ בְיַם־סוּף: תְּהֹמֹת יְכַסְיֻמוּ, יָרְדוּ בִמְצוֹלֹת כְּמוֹ־
אָבֶן: יְמִינְךָ יהוה נֶאְדָּרִי בַּכֹּחַ, יְמִינְךָ
יהוה תִּרְעַץ אוֹיֵב: וּבְרֹב גְּאוֹנְךָ תַּהֲרֹס
קָמֶיךָ, תְּשַׁלַּח חֲרֹנְךָ יֹאכְלֵמוֹ כַּקַּשׁ: וּבְרוּחַ
אַפֶּיךָ נֶעֶרְמוּ מַיִם, נִצְּבוּ כְמוֹ־נֵד
נֹזְלִים, קָפְאוּ תְהֹמֹת בְּלֶב־יָם: אָמַר
אוֹיֵב אֶרְדֹּף, אַשִּׂיג, אֲחַלֵּק שָׁלָל, תִּמְלָאֵמוֹ
נַפְשִׁי, אָרִיק חַרְבִּי תּוֹרִישֵׁמוֹ יָדִי: נָשַׁפְתָּ
בְרוּחֲךָ כִּסָּמוֹ יָם, צָלְלוּ כַּעוֹפֶרֶת בְּמַיִם
אַדִּירִים: מִי־כָמֹכָה בָּאֵלִם יהוה, מִי
כָּמֹכָה נֶאְדָּר בַּקֹּדֶשׁ, נוֹרָא תְהִלֹּת עֹשֵׂה
פֶלֶא: נָטִיתָ יְמִינְךָ תִּבְלָעֵמוֹ אָרֶץ: נָחִיתָ
בְחַסְדְּךָ עַם־זוּ גָּאָלְתָּ, נֵהַלְתָּ בְעָזְּךָ אֶל־נְוֵה
קָדְשֶׁךָ: שָׁמְעוּ עַמִּים יִרְגָּזוּן, חִיל
אָחַז יֹשְׁבֵי פְּלָשֶׁת: אָז נִבְהֲלוּ אַלּוּפֵי

Goethe said, "Religious worship cannot do without music. It is one of the foremost means to work upon man with an effect of marvel." Words are the language of the mind. Music is the language of the soul.

Faith is the ability to hear the music beneath the noise. Philosopher Roger Scruton calls music "an encounter with the pure subject, released from the world of objects, and moving in obedience to the laws of freedom alone." He

The chiefs of Edom were dismayed,
    Moab's leaders were seized with trembling,
    the people of Canaan melted away.
Fear and dread fell upon them.
    By the power of Your arm,
    they were still as stone –
    until Your people crossed, LORD,
    until the people You acquired crossed over.
You will bring them and plant them
    on the mountain of Your heritage –
    the place, LORD, You made for Your dwelling,
    the Sanctuary, LORD, Your hands established.
    The LORD will reign for ever and all time.

The LORD will reign for ever and all time.
The LORD's kingship is established for ever and to all eternity.

When Pharaoh's horses, chariots and riders went into the sea,
    the LORD brought the waters of the sea back over them,
    but the Israelites walked on dry land through the sea.

‣ For kingship is the LORD's   *Ps. 22*
    and He rules over the nations.
    Saviors shall go up to Mount Zion   *Ob. 1*
    to judge Mount Esau,
    and the LORD's shall be the kingdom.

Then the LORD shall be King over all the earth;   *Zech. 14*
    on that day the LORD shall be One and His name One,

(as it is written in Your Torah, saying:
Listen, Israel: the LORD is our God, the LORD is One.)   *Deut. 6*

אֱדוֹם, אֵילֵי מוֹאָב יֹאחֲזֵמוֹ רָעַד, נָמֹגוּ
כֹּל יֹשְׁבֵי כְנָעַן: תִּפֹּל עֲלֵיהֶם אֵימָתָה
וָפַחַד, בִּגְדֹל זְרוֹעֲךָ יִדְּמוּ כָּאָבֶן, עַד־
יַעֲבֹר עַמְּךָ יהוה, עַד־יַעֲבֹר עַם־זוּ
קָנִיתָ: תְּבִאֵמוֹ וְתִטָּעֵמוֹ בְּהַר נַחֲלָתְךָ, מָכוֹן
לְשִׁבְתְּךָ פָּעַלְתָּ יהוה, מִקְּדָשׁ אֲדֹנָי כּוֹנְנוּ
יָדֶיךָ: יהוה יִמְלֹךְ לְעֹלָם וָעֶד:

יהוה יִמְלֹךְ לְעֹלָם וָעֶד.

יהוה מַלְכוּתֵהּ קָאֵם לְעָלַם וּלְעָלְמֵי עָלְמַיָּא.

כִּי

בָא סוּס פַּרְעֹה בְּרִכְבּוֹ וּבְפָרָשָׁיו בַּיָּם, וַיָּשֶׁב יהוה עֲלֵהֶם אֶת־מֵי
הַיָּם, וּבְנֵי יִשְׂרָאֵל הָלְכוּ בַיַּבָּשָׁה בְּתוֹךְ הַיָּם:

‹ כִּי לַיהוה הַמְּלוּכָה וּמֹשֵׁל בַּגּוֹיִם: תהלים כב

וְעָלוּ מוֹשִׁעִים בְּהַר צִיּוֹן עובדיה א

לִשְׁפֹּט אֶת־הַר עֵשָׂו

וְהָיְתָה לַיהוה הַמְּלוּכָה:

וְהָיָה יהוה לְמֶלֶךְ עַל־כָּל־הָאָרֶץ זכריה יד

בַּיּוֹם הַהוּא יִהְיֶה יהוה אֶחָד וּשְׁמוֹ אֶחָד:

(וּבְתוֹרָתְךָ כָּתוּב לֵאמֹר
שְׁמַע יִשְׂרָאֵל, יהוה אֱלֹהֵינוּ יהוה אֶחָד:) דברים ו

THE SOUL

of all that lives shall bless Your name, LORD our God,
and the spirit of all flesh shall always glorify
and exalt Your remembrance, our King.
From eternity to eternity You are God.
Without You, we have no King, Redeemer or Savior,
who liberates, rescues, sustains
and shows compassion in every time of trouble and distress.
We have no King but You, God of the first and last,
God of all creatures, Master of all ages,
extolled by a multitude of praises,
who guides His world with loving-kindness
and His creatures with compassion.
The LORD neither slumbers nor sleeps.
He rouses the sleepers and wakens the slumberers.
He makes the dumb speak, sets the bound free,
supports the fallen, and raises those bowed down.
To You alone we give thanks:
If our mouths were as full of song as the sea,
and our tongue with jubilation as its myriad waves,
if our lips were full of praise like the spacious heavens,
and our eyes shone like the sun and moon,
if our hands were outstretched like eagles of the sky,
and our feet as swift as hinds – still we could not thank You enough,
LORD our God and God of our ancestors,

The first section is an extended meditation on the last words of the book of Psalms: "Let all that breathes praise the LORD." Hebrew has many words for soul, all deriving from verbs related to breathing. *Neshama* – the word linking this passage to the end of Psalms, means to breathe deeply, as we are able to do in a state of rest. Hence the sages said that on Shabbat we have "an extra soul." In the still silence of the turning world, it is as if we hear all that lives sing a song of praise to God who brought the universe into being, sustains it, and guides the destinies of all things.

נִשְׁמַת

כָּל חַי תְּבָרֵךְ אֶת שִׁמְךָ, יהוה אֱלֹהֵינוּ

וְרוּחַ כָּל בָּשָׂר תְּפָאֵר וּתְרוֹמֵם זִכְרְךָ מַלְכֵּנוּ תָּמִיד.

מִן הָעוֹלָם וְעַד הָעוֹלָם אַתָּה אֵל

וּמִבַּלְעָדֶיךָ אֵין לָנוּ מֶלֶךְ גּוֹאֵל וּמוֹשִׁיעַ

פּוֹדֶה וּמַצִּיל וּמְפַרְנֵס וּמְרַחֵם

בְּכָל עֵת צָרָה וְצוּקָה אֵין לָנוּ מֶלֶךְ אֶלָּא אָתָּה.

אֱלֹהֵי הָרִאשׁוֹנִים וְהָאַחֲרוֹנִים, אֱלוֹהַּ כָּל בְּרִיּוֹת

אֲדוֹן כָּל תּוֹלָדוֹת, הַמְהֻלָּל בְּרֹב הַתִּשְׁבָּחוֹת

הַמְנַהֵג עוֹלָמוֹ בְּחֶסֶד וּבְרִיּוֹתָיו בְּרַחֲמִים.

וַיהוה לֹא יָנוּם וְלֹא יִישָׁן

הַמְעוֹרֵר יְשֵׁנִים וְהַמֵּקִיץ נִרְדָּמִים

וְהַמֵּשִׂיחַ אִלְּמִים וְהַמַּתִּיר אֲסוּרִים

וְהַסּוֹמֵךְ נוֹפְלִים וְהַזּוֹקֵף כְּפוּפִים.

לְךָ לְבַדְּךָ אֲנַחְנוּ מוֹדִים.

אִלּוּ פִינוּ מָלֵא שִׁירָה כַּיָּם, וּלְשׁוֹנֵנוּ רִנָּה כַּהֲמוֹן גַּלָּיו

וְשִׂפְתוֹתֵינוּ שֶׁבַח כְּמֶרְחֲבֵי רָקִיעַ, וְעֵינֵינוּ מְאִירוֹת כַּשֶּׁמֶשׁ וְכַיָּרֵחַ

וְיָדֵינוּ פְרוּשׂוֹת כְּנִשְׁרֵי שָׁמָיִם, וְרַגְלֵינוּ קַלּוֹת כָּאַיָּלוֹת

אֵין אֲנַחְנוּ מַסְפִּיקִים לְהוֹדוֹת לְךָ

יהוה אֱלֹהֵינוּ וֵאלֹהֵי אֲבוֹתֵינוּ

נִשְׁמַת *The soul.* This magnificent poem is composed of two parts. The first, according to Rabbi Yoḥanan, is the "blessing of the song" mentioned in the Mishna as a conclusion to Hallel in the Pesaḥ Seder service (*Pesaḥim* 118a). Just as there, so here, it stands as a conclusion to the recitation of Psalms. The second part, beginning "To You alone we give thanks," is mentioned in the Talmud (*Berakhot* 59b) as a thanksgiving prayer for rain.

or bless Your name
for even one of the thousand thousands
and myriad myriads of favors
You did for our ancestors and for us.
You redeemed us from Egypt, LORD our God,
and freed us from the house of bondage.
In famine You nourished us; in times of plenty You sustained us.
You delivered us from the sword, saved us from the plague,
and spared us from serious and lasting illness.
Until now Your mercies have helped us.
Your love has not forsaken us.
May You, LORD our God, never abandon us.
Therefore the limbs You formed within us,
the spirit and soul You breathed into our nostrils,
and the tongue You placed in our mouth –
they will thank and bless,
praise and glorify, exalt and esteem,
hallow and do homage to Your name, O our King.
For every mouth shall give thanks to You,
every tongue vow allegiance to You, every knee shall bend to You,
every upright body shall bow to You, all hearts shall fear You,
and our innermost being sing praises to Your name,
as is written:

> "All my bones shall say: LORD, who is like You?   *Ps. 35*
> You save the poor from one stronger than him,
> the poor and needy from one who would rob him."

Who is like You? Who is equal to You?
Who can be compared to You?
O great, mighty and awesome God, God Most High,
Maker of heaven and earth.
▸ We will laud, praise and glorify You and bless Your holy name,
as it is said:

> "Of David. Bless the LORD, O my soul,   *Ps. 103*
> and all that is within me bless His holy name."

וּלְבָרֵךְ אֶת שְׁמֶךָ

עַל אַחַת מֵאֶלֶף אֶלֶף אַלְפֵי אֲלָפִים

וְרִבֵּי רְבָבוֹת פְּעָמִים הַטּוֹבוֹת

שֶׁעָשִׂיתָ עִם אֲבוֹתֵינוּ וְעִמָּנוּ.

מִמִּצְרַיִם גְּאַלְתָּנוּ, יהוה אֱלֹהֵינוּ, וּמִבֵּית עֲבָדִים פְּדִיתָנוּ

בְּרָעָב זַנְתָּנוּ וּבְשָׂבָע כִּלְכַּלְתָּנוּ

מֵחֶרֶב הִצַּלְתָּנוּ וּמִדֶּבֶר מִלַּטְתָּנוּ

וּמֵחֳלָיִים רָעִים וְנֶאֱמָנִים דִּלִּיתָנוּ.

עַד הֵנָּה עֲזָרוּנוּ רַחֲמֶיךָ, וְלֹא עֲזָבוּנוּ חֲסָדֶיךָ

וְאַל תִּטְּשֵׁנוּ, יהוה אֱלֹהֵינוּ, לָנֶצַח.

עַל כֵּן אֵבָרִים שֶׁפִּלַּגְתָּ בָּנוּ

וְרוּחַ וּנְשָׁמָה שֶׁנָּפַחְתָּ בְּאַפֵּנוּ, וְלָשׁוֹן אֲשֶׁר שַׂמְתָּ בְּפִינוּ

הֵן הֵם יוֹדוּ וִיבָרְכוּ וִישַׁבְּחוּ וִיפָאֲרוּ

וִירוֹמְמוּ וְיַעֲרִיצוּ וְיַקְדִּישׁוּ וְיַמְלִיכוּ אֶת שִׁמְךָ מַלְכֵּנוּ

כִּי כָל פֶּה לְךָ יוֹדֶה וְכָל לָשׁוֹן לְךָ תִשָּׁבַע

וְכָל בֶּרֶךְ לְךָ תִכְרַע וְכָל קוֹמָה לְפָנֶיךָ תִשְׁתַּחֲוֶה

וְכָל לְבָבוֹת יִירָאוּךָ וְכָל קֶרֶב וּכְלָיוֹת יְזַמְּרוּ לִשְׁמֶךָ

כַּדָּבָר שֶׁכָּתוּב

תהלים לה

כָּל עַצְמֹתַי תֹּאמַרְנָה יהוה מִי כָמוֹךָ

מַצִּיל עָנִי מֵחָזָק מִמֶּנּוּ, וְעָנִי וְאֶבְיוֹן מִגֹּזְלוֹ:

מִי יִדְמֶה לָּךְ וּמִי יִשְׁוֶה לָּךְ וּמִי יַעֲרָךְ לָךְ

הָאֵל הַגָּדוֹל, הַגִּבּוֹר וְהַנּוֹרָא, אֵל עֶלְיוֹן, קוֹנֵה שָׁמַיִם וָאָרֶץ.

‏◂ נְהַלֶּלְךָ וּנְשַׁבֵּחֲךָ וּנְפָאֶרְךָ וּנְבָרֵךְ אֶת שֵׁם קָדְשֶׁךָ

כָּאָמוּר

תהלים קג

לְדָוִד, בָּרְכִי נַפְשִׁי אֶת־יהוה, וְכָל־קְרָבַי אֶת־שֵׁם קָדְשׁוֹ:

On Yom Tov the Leader begins here:

הָאֵל GOD –
in Your absolute power,
Great – in the glory of Your name,
Mighty – for ever,
Awesome – in Your awe-inspiring deeds,
The King – who sits on a throne.
High and lofty

On Shabbat of Ḥol HaMo'ed, the Leader begins here:

HE INHABITS ETERNITY;
exalted and holy is His name.
And it is written:

Sing joyfully to the LORD, you righteous,   Ps. 33
for praise from the upright is seemly.

‣ By the mouth   of the upright   You shall be praised.
By the words   of the righteous   You shall be blessed.
By the tongue   of the devout   You shall be extolled,
And in the midst of the holy   You shall be sanctified.

On Shabbat and festivals it is often the custom to change prayer leaders between the Verses of Praise, essentially a preparation for public prayer, and public prayer itself, beginning with *Barekhu*. The dividing point varies according to the day and its central theme. On Shabbat the division occurs at "He inhabits eternity," emphasizing creation. On Rosh HaShana and Yom Kippur, it is at "The King," highlighting the ideas of justice and judgment. On festivals, it is at "God – in Your absolute power," evoking God as He acts in history, for the festivals are commemorations of the formative events of Jewish history.

יְשָׁרִים, צַדִּיקִים, חֲסִידִים, קְדוֹשִׁים *Upright, righteous, devout, holy.* A fourfold classification of the types of human excellence, from the most people-centered to the most God-centered. Upright means dealing honestly and with integrity. Righteous means one who practices equity and justice. Devout, says Maimonides, means going beyond the letter of the law, doing more than is

On יום טוב *the* שליח ציבור *begins here:*

הָאֵל

בְּתַעֲצוּמוֹת עֻזֶּךָ

הַגָּדוֹל בִּכְבוֹד שְׁמֶךָ

הַגִּבּוֹר לָנֶצַח וְהַנּוֹרָא בְּנוֹרְאוֹתֶיךָ

הַמֶּלֶךְ הַיּוֹשֵׁב עַל כִּסֵּא

רָם וְנִשָּׂא

On שבת חול המועד *the* שליח ציבור *begins here:*

שׁוֹכֵן עַד

מָרוֹם וְקָדוֹשׁ שְׁמוֹ

וְכָתוּב

רַנְּנוּ צַדִּיקִים בַּיהוה, לַיְשָׁרִים נָאוָה תְהִלָּה: תהלים לג

◂ בְּפִי יְשָׁרִים תִּתְהַלָּל

וּבְדִבְרֵי צַדִּיקִים תִּתְבָּרַךְ

וּבִלְשׁוֹן חֲסִידִים תִּתְרוֹמָם

וּבְקֶרֶב קְדוֹשִׁים תִּתְקַדָּשׁ

The second section is composed around a phrase from Psalms: "All my bones shall say, Lord, who is like You?" – thus ingeniously linking the Psalms of praise with the Song at the Sea, which contains the same phrase "Who is like You?" Through a fine series of images, the poet expresses the human inadequacy in thanking God, itemizing how the various limbs ("All my bones") may praise Him, yet "still we could not thank You enough."

הָאֵל בְּתַעֲצוּמוֹת עֻזֶּךָ *God – in Your absolute power.* A word-by-word explication of the four terms above: "O great, mighty and awesome God," a phrase used by Moses (Deut. 10:17).

וּבְמַקְהֲלוֹת And in the assemblies
of tens of thousands of Your people, the house of Israel,
with joyous song shall Your name, our King,
be glorified in every generation.
For this is the duty of all creatures before You,
LORD our God and God of our ancestors:
to thank, praise, laud, glorify, exalt,
honor, bless, raise high and acclaim –
even beyond all the words of song and praise
of David, son of Jesse, Your servant, Your anointed.

> *Stand until after "Bless" on page 460.*
>
> יִשְׁתַּבַּח May Your name be praised forever, our King,
> the great and holy God, King in heaven and on earth.
> For to You, LORD our God and God of our ancestors,
> it is right to offer song and praise,
> hymn and psalm,
> strength and dominion,
> eternity, greatness and power,
> song of praise and glory,
> holiness and kingship,
> ‣ blessings and thanks, from now and for ever.

---

based on the prayers of the patriarchs or is it a reminder of the service in
the Temple? Ultimately, of course, it is both, but as we approach the start of
communal prayers, for which we require a *minyan*, we emphasize the public
dimension, the thronged assemblies such as gathered in the Temple. "In the
multitude of people is the glory of the King" (Prov. 14:28).

יִשְׁתַּבַּח שִׁמְךָ לָעַד *May Your name be praised for ever.* The concluding blessing
over the Verses of Praise which, like the introductory blessing, is said stand-
ing. The fifteen terms of glorification equal the number of psalms in the
Verses of Praise on Sabbaths and festivals, as well as the number of "Songs
of Ascents."

וּבְמַקְהֲלוֹת רִבְבוֹת עַמְּךָ בֵּית יִשְׂרָאֵל
בְּרִנָּה יִתְפָּאַר שִׁמְךָ מַלְכֵּנוּ בְּכָל דּוֹר וָדוֹר
◂ שֶׁכֵּן חוֹבַת כָּל הַיְצוּרִים
לְפָנֶיךָ יהוה אֱלֹהֵינוּ וֵאלֹהֵי אֲבוֹתֵינוּ
לְהוֹדוֹת, לְהַלֵּל, לְשַׁבֵּחַ, לְפָאֵר, לְרוֹמֵם
לְהַדֵּר, לְבָרֵךְ, לְעַלֵּה וּלְקַלֵּס
עַל כָּל דִּבְרֵי שִׁירוֹת וְתִשְׁבְּחוֹת
דָּוִד בֶּן יִשַׁי, עַבְדְּךָ מְשִׁיחֶךָ.

Stand until after בָּרְכוּ *on page 461.*

יִשְׁתַּבַּח שִׁמְךָ לָעַד, מַלְכֵּנוּ
הָאֵל הַמֶּלֶךְ הַגָּדוֹל וְהַקָּדוֹשׁ בַּשָּׁמַיִם וּבָאָרֶץ
כִּי לְךָ נָאֶה, יהוה אֱלֹהֵינוּ וֵאלֹהֵי אֲבוֹתֵינוּ
שִׁיר וּשְׁבָחָה, הַלֵּל וְזִמְרָה
עֹז וּמֶמְשָׁלָה, נֶצַח, גְּדֻלָּה וּגְבוּרָה
תְּהִלָּה וְתִפְאֶרֶת, קְדֻשָּׁה וּמַלְכוּת
◂ בְּרָכוֹת וְהוֹדָאוֹת, מֵעַתָּה וְעַד עוֹלָם.

---

required (*Laws of the Murderer and the Protection of Life* 13:4). Holy means dedicated to God, unconcerned with worldly goods or values. The initial letters of the second word in each phrase spell the name Yitzḥak, probably the name of the composer of this prayer.

וּבְמַקְהֲלוֹת *And in the assemblies.* There is a difference of opinion between Maimonides and Nahmanides as to whether prayer in origin is private or public – the inner conversation between the soul and God, or the public celebration of His presence in the midst of nation and community (see Maimonides, Laws of Prayer 1:1, Laws of Kings 9:1; Nahmanides on Exodus 13:16). Is it

Blessed are You, LORD,
God and King, exalted in praises,
God of thanksgivings,
Master of wonders,
who delights in hymns of song,
King, God, Giver of life to the worlds.

HALF KADDISH

Leader: יִתְגַּדַּל Magnified and sanctified
may His great name be,
in the world He created by His will.
May He establish His kingdom
in your lifetime and in your days,
and in the lifetime of all the house of Israel,
swiftly and soon –
and say: Amen.

All: May His great name be blessed
for ever and all time.

Leader: Blessed and praised, glorified and exalted,
raised and honored, uplifted and lauded
be the name of the Holy One,
blessed be He,
beyond any blessing,
song, praise and consolation uttered in the world –
and say: Amen.

---

different movements of a symphony rather than the beginning of a new piece, the Half Kaddish denotes an internal break between two connected sections of prayer. Like all other versions of Kaddish it requires a quorum of ten men, the smallest number that constitutes a community as opposed to a group of individuals.

בָּרוּךְ אַתָּה יהוה

אֵל מֶלֶךְ גָּדוֹל בַּתִּשְׁבָּחוֹת

אֵל הַהוֹדָאוֹת

אֲדוֹן הַנִּפְלָאוֹת

הַבּוֹחֵר בְּשִׁירֵי זִמְרָה

מֶלֶךְ, אֵל, חֵי הָעוֹלָמִים.

חצי קדיש

ש״ץ: יִתְגַּדַּל וְיִתְקַדַּשׁ שְׁמֵהּ רַבָּא (קהל: אָמֵן)

בְּעָלְמָא דִּי בְרָא כִרְעוּתֵהּ

וְיַמְלִיךְ מַלְכוּתֵהּ

בְּחַיֵּיכוֹן וּבְיוֹמֵיכוֹן וּבְחַיֵּי דְּכָל בֵּית יִשְׂרָאֵל

בַּעֲגָלָא וּבִזְמַן קָרִיב, וְאִמְרוּ אָמֵן. (קהל: אָמֵן)

קהל
 וש״ץ: יְהֵא שְׁמֵהּ רַבָּא מְבָרַךְ לְעָלַם וּלְעָלְמֵי עָלְמַיָּא.

ש״ץ: יִתְבָּרַךְ וְיִשְׁתַּבַּח וְיִתְפָּאַר וְיִתְרוֹמַם וְיִתְנַשֵּׂא

וְיִתְהַדָּר וְיִתְעַלֶּה וְיִתְהַלָּל

שְׁמֵהּ דְּקֻדְשָׁא בְּרִיךְ הוּא (קהל: בְּרִיךְ הוּא)

לְעֵלָּא מִן כָּל בִּרְכָתָא וְשִׁירָתָא

תֻּשְׁבְּחָתָא וְנֶחֱמָתָא

דַּאֲמִירָן בְּעָלְמָא, וְאִמְרוּ אָמֵן. (קהל: אָמֵן)

HALF KADDISH

This, the shortest of the five forms of Kaddish, marks the end of one section of the prayers. More like a semicolon than a period, or a pause between the

BLESSINGS OF THE SHEMA

The following blessing and response are said only in the presence of a minyan.
They represent a formal summons to the congregation to engage in an act of collective prayer.
The custom of bowing at this point is based on 1 Chronicles 29:20, "David said to
the whole assembly, 'Now bless the Lord your God.' All the assembly blessed
the Lord God of their fathers and bowed their heads low to the Lord and the King."
The Leader says the following, bowing at "Bless," standing straight at "the Lord."
The congregation, followed by the Leader, responds, bowing at "Bless,"
standing straight at "the Lord."

Leader: # BLESS
the Lord, the blessed One.

Congregation: Bless the Lord, the blessed One,
for ever and all time.

Leader: Bless the Lord, the blessed One,
for ever and all time.

The custom is to sit from this point until the Amida, since the predominant
emotion of this section of the prayers is love rather than awe.
Conversation is forbidden until after the Amida.
Some congregations interweave piyutim (known as Yotzerot) within the blessings of the Shema.
For Yotzerot for the first day, turn to page 1161;
for the second day, turn to page 1182; for Shabbat of Ḥol HaMo'ed, turn to page 1201;
for the seventh day, turn to page 1210; and for the eighth day, turn to page 1241.

בָּרוּךְ Blessed are You, Lord our God, King of the Universe,
who forms light and creates darkness,
makes peace and creates all.

יוֹצֵר אוֹר וּבוֹרֵא חֹשֶׁךְ *Who forms light and creates darkness.* This affirmation, based on a verse in Isaiah (45:7), is an emphatic denial of dualism, the idea, whose origin lay in Greek Gnosticism, that there are two supreme and contending forces at work in the universe, one of good, the other of evil – known variously as the demiurge, the devil, Satan, Belial, Lucifer or the prince of darkness. Dualism arises as an attempt to explain the prevalence of evil in the world by attributing it to a malign power, the enemy of God and the good.

קריאת שמע וברכותיה

The following blessing and response are said only in the presence of a מנין.
They represent a formal summons to the קהל *to engage in an act of collective prayer.*
The custom of bowing at this point is based on דברי הימים א׳ כט, כ, *"David said to the whole assembly, 'Now bless the Lord your God.' All the assembly blessed the Lord God of their fathers and bowed their heads low to the Lord and the King."*
The שליח ציבור *says the following, bowing at* בָּרְכוּ, *standing straight at* ה׳.
The קהל, *followed by the* שליח ציבור, *responds, bowing at* בָּרוּךְ, *standing straight at* ה׳.

ש״ץ: **בָּרְכוּ**
אֶת יהוה הַמְבֹרָךְ.

קהל: **בָּרוּךְ יהוה הַמְבֹרָךְ לְעוֹלָם וָעֶד.**

ש״ץ: **בָּרוּךְ יהוה הַמְבֹרָךְ לְעוֹלָם וָעֶד.**

The custom is to sit from this point until the עמידה, *since the predominant emotion of this section of the prayers is love rather than awe.*
Conversation is forbidden until after the עמידה.
Some congregations interweave piyutim (known as יוצרות*) within the blessings of the* שמע.
For יוצרות *for the first day, turn to page 1161;*
for the second day, turn to page 1182; for שבת חול המועד, *turn to page 1201;*
for the seventh day, turn to page 1210; and for the eighth day, turn to page 1241.

בָּרוּךְ אַתָּה יהוה אֱלֹהֵינוּ מֶלֶךְ הָעוֹלָם
יוֹצֵר אוֹר וּבוֹרֵא חֹשֶׁךְ
עֹשֶׂה שָׁלוֹם וּבוֹרֵא אֶת הַכֹּל.

בָּרְכוּ אֶת יהוה *Bless the Lord.* The formal start of communal prayer, to which the Verses of Praise have been a prelude and preparation. *Barekhu*, like the *zimmun* said before the Grace after Meals, is an invitation to others to join in an act of praise, based on the verse, "Magnify the Lord with me, let us exalt His name together" (Ps. 34:4).

On Shabbat continue with "All will thank You" on the next page.
On a weekday continue here:

הַמֵּאִיר In compassion He gives light to the earth and its inhabitants,
and in His goodness continually renews the work of creation,
day after day.
How numerous are Your works, LORD;   *Ps. 104*
You made them all in wisdom;
the earth is full of Your creations.
He is the King exalted alone since the beginning of time –
praised, glorified and elevated since the world began.
Eternal God,
   in Your great compassion, have compassion on us,
   LORD of our strength, Rock of our refuge,
   Shield of our salvation, Stronghold of our safety.
The blessed God, great in knowledge,
prepared and made the rays of the sun.
He who is good formed glory for His name,
surrounding His power with radiant stars.
The leaders of His hosts,
the holy ones, exalt the Almighty,
constantly proclaiming God's glory and holiness.
‣ Be blessed, LORD our God, for the magnificence of Your handiwork
and for the radiant lights You have made.
May they glorify You, Selah!

---

and then finding a smoother pebble or a prettier shell than ordinary, whilst
the great ocean of truth lay all undiscovered before me." The more we discover
about the universe, the greater its mystery and majesty inspire awe.

אֵל בָּרוּךְ *The blessed God.* An alphabetical acrostic of twenty-two words.
Although this, the first blessing before the Shema, is about creation as a
whole, the morning prayer emphasizes the element of which we are most
conscious at the start of the day: the creation of light. Of this, there are two
forms: the physical light of the sun, moon and stars, made on the fourth day of
creation, and the spiritual light created on the first day ("Let there be light").
The prayer modulates from the first to the second, from the universe as we
see it, to the mystical vision of God enthroned in glory, surrounded by angels.

On שבת *continue with* הַכֹּל יוֹדְוּךָ *on the next page.*
On a weekday continue here:

הַמֵּאִיר לָאָרֶץ וְלַדָּרִים עָלֶיהָ בְּרַחֲמִים
וּבְטוּבוֹ מְחַדֵּשׁ בְּכָל יוֹם תָּמִיד מַעֲשֵׂה בְרֵאשִׁית.
מָה רַבּוּ מַעֲשֶׂיךָ יהוה, כֻּלָּם בְּחָכְמָה עָשִׂיתָ תהלים קד
מָלְאָה הָאָרֶץ קִנְיָנֶךָ:
הַמֶּלֶךְ הַמְרוֹמָם לְבַדּוֹ מֵאָז
הַמְשֻׁבָּח וְהַמְפֹאָר וְהַמִּתְנַשֵּׂא מִימוֹת עוֹלָם.
אֱלֹהֵי עוֹלָם
בְּרַחֲמֶיךָ הָרַבִּים רַחֵם עָלֵינוּ
אֲדוֹן עֻזֵּנוּ, צוּר מִשְׂגַּבֵּנוּ
מָגֵן יִשְׁעֵנוּ, מִשְׂגָּב בַּעֲדֵנוּ.
אֵל בָּרוּךְ גְּדוֹל דֵּעָה
הֵכִין וּפָעַל זָהֳרֵי חַמָּה
טוֹב יָצַר כָּבוֹד לִשְׁמוֹ
מְאוֹרוֹת נָתַן סְבִיבוֹת עֻזּוֹ
פִּנּוֹת צְבָאָיו קְדוֹשִׁים, רוֹמְמֵי שַׁדַּי
תָּמִיד מְסַפְּרִים כְּבוֹד אֵל וּקְדֻשָּׁתוֹ.
◂ תִּתְבָּרַךְ יהוה אֱלֹהֵינוּ, עַל שֶׁבַח מַעֲשֵׂה יָדֶיךָ
וְעַל מְאוֹרֵי אוֹר שֶׁעָשִׂיתָ, יְפָאֲרוּךָ סֶּלָה.

Such a view is radically incompatible with monotheism. It is also exceptionally dangerous: it has led some groups to see others as the personification of evil. Nonetheless, there is evidence that such views were held by some sectarian groups of Jews in the late Second Temple period; hence the need to discountenance it at the very start of communal prayer.

Isaac Newton, the greatest scientist of the seventeenth century, once said: "I do not know what I may appear to the world, but to myself I seem to have been only like a boy playing on the sea-shore, and diverting myself in now

On a weekday continue with "May You be blessed, our Rock" on page 468.
On Shabbat continue here:

All will thank You. All will praise You.
All will declare: Nothing is as holy as the LORD.
All will exalt You, Selah, You who form all –
the God who daily opens the doors of the gates of the East
and cleaves the windows of the sky,
who brings out the sun from its place and the moon from its abode,
giving light to the whole world and its inhabitants
whom He created by the attribute of compassion.
In compassion He gives light to the earth and its inhabitants,
and in His goodness daily, continually, renews the work of creation.
He is the King who alone was exalted since time began,
praised, glorified and raised high from days of old.
Eternal God, in Your great compassion, have compassion on us,
LORD of our strength, Rock of our refuge,
Shield of our salvation, Stronghold of our safety.

אֵין כְּעֶרְכֶּךָ None can be compared to You, there is none besides You;
None without You. Who is like You?

> ‣ None can be compared to You, LORD our God –
>   in this world.
>   There is none besides You, our King –
>   in the life of the World to Come.
>   There is none but You, our Redeemer –
>   in the days of the Messiah.
>   There is none like You, our Savior –
>   at the resurrection of the dead.

---

joined the attribute of compassion (*Bereshit Raba* 8:5). One of the supreme ironies of literature is that Portia's speech in Shakespeare's *The Merchant of Venice*, framed in opposition to Jewish ethics, is in fact a precise statement of it:

The quality of mercy is not strained. It droppeth as the gentle rain from heaven
Upon the place beneath [...] / It is an attribute to God himself
And earthly power doth then show likest God's
Where mercy seasons justice. (IV, i)

On a weekday continue with תִּתְבָּרַךְ, צוּרֵנוּ *on page 469. On* שבת *continue here:*

הַכֹּל יוֹדְוּךָ וְהַכֹּל יְשַׁבְּחוּךָ
וְהַכֹּל יֹאמְרוּ אֵין קָדוֹשׁ כַּיהוה
הַכֹּל יְרוֹמְמוּךָ סֶּלָה, יוֹצֵר הַכֹּל.
הָאֵל הַפּוֹתֵחַ בְּכָל יוֹם דַּלְתוֹת שַׁעֲרֵי מִזְרָח
וּבוֹקֵעַ חַלּוֹנֵי רָקִיעַ
מוֹצִיא חַמָּה מִמְּקוֹמָהּ וּלְבָנָה מִמְּכוֹן שִׁבְתָּהּ
וּמֵאִיר לָעוֹלָם כֻּלּוֹ וּלְיוֹשְׁבָיו, שֶׁבָּרָא בְּמִדַּת הָרַחֲמִים.
הַמֵּאִיר לָאָרֶץ וְלַדָּרִים עָלֶיהָ בְּרַחֲמִים
וּבְטוּבוֹ מְחַדֵּשׁ בְּכָל יוֹם תָּמִיד מַעֲשֵׂה בְרֵאשִׁית.
הַמֶּלֶךְ הַמְרוֹמָם לְבַדּוֹ מֵאָז
הַמְשֻׁבָּח וְהַמְפֹאָר וְהַמִּתְנַשֵּׂא מִימוֹת עוֹלָם.
אֱלֹהֵי עוֹלָם, בְּרַחֲמֶיךָ הָרַבִּים רַחֵם עָלֵינוּ
אֲדוֹן עֻזֵּנוּ, צוּר מִשְׂגַּבֵּנוּ, מָגֵן יִשְׁעֵנוּ, מִשְׂגָּב בַּעֲדֵנוּ.

אֵין כְּעֶרְכֶּךָ, וְאֵין זוּלָתֶךָ
אֶפֶס בִּלְתֶּךָ, וּמִי דּוֹמֶה לָּךְ.

◂ אֵין כְּעֶרְכְּךָ, יהוה אֱלֹהֵינוּ, בָּעוֹלָם הַזֶּה
וְאֵין זוּלָתְךָ, מַלְכֵּנוּ, לְחַיֵּי הָעוֹלָם הַבָּא
אֶפֶס בִּלְתְּךָ, גּוֹאֲלֵנוּ, לִימוֹת הַמָּשִׁיחַ
וְאֵין דּוֹמֶה לְּךָ, מוֹשִׁיעֵנוּ, לִתְחִיַּת הַמֵּתִים.

הַכֹּל יוֹדְוּךָ *All will thank You.* This passage, said on Shabbat, is longer than its weekday equivalent since Shabbat is a memorial of creation (*Roke'aḥ*).

שֶׁבָּרָא בְּמִדַּת הָרַחֲמִים *Whom He created by the attribute of compassion.* According to tradition, God initially sought to create the world under the attribute of strict justice, but saw that it could not survive. What did He do? To justice He

אֵל אָדוֹן God, Lord of all creation,
the Blessed, is blessed by every soul.
His greatness and goodness fill the world;
knowledge and wisdom surround Him.

> Exalted above the holy Ḥayyot,
> adorned in glory on the Chariot;
> merit and right are before His throne,
> kindness and compassion before His glory.

Good are the radiant stars our God created;
He formed them with knowledge,
understanding and deliberation.
He gave them strength and might
to rule throughout the world.

> Full of splendor, radiating light,
> beautiful is their splendor throughout the world.
> Glad as they go forth, joyous as they return,
> they fulfill with awe their Creator's will.

Glory and honor they give to His name,
jubilation and song at the mention of His majesty.
He called the sun into being and it shone with light.
He looked and fashioned the form of the moon.

> All the hosts on high give Him praise;
> the Seraphim, Ophanim and holy Ḥayyot
> ascribe glory and greatness –

אֵל אָדוֹן עַל כָּל הַמַּעֲשִׂים *God, Lord of all creation.* An ancient prayer, influenced
by *Merkava* mysticism, envisioning God surrounded by the angels and the
myriad stars. *Merkava* or "Chariot" mysticism was based on the vision seen by
Ezekiel and described by him in the first chapter of the book that bears his name.

כָּל צְבָא מָרוֹם *All the hosts on high.* Having mentioned the sun and moon, the
Hebrew hints at the other planets of the Ptolemaic system: שֶׁבַח נוֹתְנִים לוֹ כָּל
צְבָא מָרוֹם – the שׁ of *shevaḥ* signaling Saturn (*Shabbetai*), and so on for Venus
(נ for *Noga*), Mercury (כ for *Kokhav*), Jupiter (צ for *Tzedek*), and Mars (מ
for *Maadim*).

אֵל אָדוֹן עַל כָּל הַמַּעֲשִׂים
בָּרוּךְ וּמְבֹרָךְ בְּפִי כָּל נְשָׁמָה
גָּדְלוֹ וְטוּבוֹ מָלֵא עוֹלָם
דַּעַת וּתְבוּנָה סוֹבְבִים אוֹתוֹ.

הַמִּתְגָּאֶה עַל חַיּוֹת הַקֹּדֶשׁ
וְנֶהְדָּר בְּכָבוֹד עַל הַמֶּרְכָּבָה
זְכוּת וּמִישׁוֹר לִפְנֵי כִסְאוֹ
חֶסֶד וְרַחֲמִים לִפְנֵי כְבוֹדוֹ.

טוֹבִים מְאוֹרוֹת שֶׁבָּרָא אֱלֹהֵינוּ
יְצָרָם בְּדַעַת בְּבִינָה וּבְהַשְׂכֵּל
כֹּחַ וּגְבוּרָה נָתַן בָּהֶם
לִהְיוֹת מוֹשְׁלִים בְּקֶרֶב תֵּבֵל.

מְלֵאִים זִיו וּמְפִיקִים נֹגַהּ
נָאֶה זִיוָם בְּכָל הָעוֹלָם
שְׂמֵחִים בְּצֵאתָם וְשָׂשִׂים בְּבוֹאָם
עוֹשִׂים בְּאֵימָה רְצוֹן קוֹנָם.

פְּאֵר וְכָבוֹד נוֹתְנִים לִשְׁמוֹ
צָהֳלָה וְרִנָּה לְזֵכֶר מַלְכוּתוֹ
קָרָא לַשֶּׁמֶשׁ וַיִּזְרַח אוֹר
רָאָה וְהִתְקִין צוּרַת הַלְּבָנָה.

שֶׁבַח נוֹתְנִים לוֹ כָּל צְבָא מָרוֹם
תִּפְאֶרֶת וּגְדֻלָּה, שְׂרָפִים וְאוֹפַנִּים וְחַיּוֹת הַקֹּדֶשׁ.

לָאֵל To God who rested from all works, and on the seventh day
ascended and sat on His throne of glory.
He robed the day of rest in glory and called the Sabbath day a delight.
This is the praise of the seventh day,
that on it God rested from all His work.
The seventh day itself gives praise, saying,
"A psalm, a song for the Sabbath day. *Ps. 92*
It is good to give thanks to the Lord."
Therefore let all He has formed glorify and bless God.
Let them give praise, honor and grandeur to God,
the King, who formed all things,
and in His holiness gave a heritage of rest
to His people Israel on the holy Sabbath day.
May Your name, O Lord our God, be sanctified,
and Your renown, O our King, be glorified
in the heavens above and on earth below.
May You be blessed, our Deliverer, by the praises of Your handiwork,
and by the radiant lights You have made: may they glorify You. Selah!

On all days continue here:

תִּתְבָּרַךְ May You be blessed,
our Rock, King and Redeemer,
Creator of holy beings.
May Your name be praised for ever,
our King, Creator of the ministering angels,
all of whom stand in the universe's heights,
proclaiming together, in awe, aloud,
the words of the living God, the eternal King.

---

understood not as a song *for* the Sabbath, but *by* the Sabbath. It is as if, in the silence of Shabbat, we hear the song creation sings to its Creator, the "music of the spheres."

תִּתְבָּרַךְ *May You be blessed.* Two prophets, Isaiah and Ezekiel, saw mystical visions of God enthroned among His heavenly host, the choir of angels. These visions, together with the words the prophets heard the angels sing ("Holy, holy, holy" in Isaiah's vision, "Blessed be the Lord's glory from His

לָאֵל אֲשֶׁר שָׁבַת מִכָּל הַמַּעֲשִׂים
בַּיּוֹם הַשְּׁבִיעִי נִתְעַלָּה וְיָשַׁב עַל כִּסֵּא כְבוֹדוֹ.
תִּפְאֶרֶת עָטָה לְיוֹם הַמְּנוּחָה
עֹנֶג קָרָא לְיוֹם הַשַּׁבָּת.
זֶה שֶׁבַח שֶׁלַּיּוֹם הַשְּׁבִיעִי
שֶׁבּוֹ שָׁבַת אֵל מִכָּל מְלַאכְתּוֹ
וְיוֹם הַשְּׁבִיעִי מְשַׁבֵּחַ וְאוֹמֵר
מִזְמוֹר שִׁיר לְיוֹם הַשַּׁבָּת, טוֹב לְהֹדוֹת לַיהוה: תהלים צב
לְפִיכָךְ יְפָאֲרוּ וִיבָרְכוּ לָאֵל כָּל יְצוּרָיו
שֶׁבַח יְקָר וּגְדֻלָּה יִתְּנוּ לָאֵל מֶלֶךְ יוֹצֵר כֹּל
הַמַּנְחִיל מְנוּחָה לְעַמּוֹ יִשְׂרָאֵל בִּקְדֻשָּׁתוֹ בְּיוֹם שַׁבַּת קֹדֶשׁ.
שִׁמְךָ יהוה אֱלֹהֵינוּ יִתְקַדַּשׁ, וְזִכְרְךָ מַלְכֵּנוּ יִתְפָּאַר
בַּשָּׁמַיִם מִמַּעַל וְעַל הָאָרֶץ מִתָּחַת.
תִּתְבָּרַךְ מוֹשִׁיעֵנוּ עַל שֶׁבַח מַעֲשֵׂה יָדֶיךָ
וְעַל מְאוֹרֵי אוֹר שֶׁעָשִׂיתָ, יְפָאֲרוּךָ סֶּלָה.

On all days continue here:

תִּתְבָּרַךְ
צוּרֵנוּ מַלְכֵּנוּ וְגוֹאֲלֵנוּ, בּוֹרֵא קְדוֹשִׁים
יִשְׁתַּבַּח שִׁמְךָ לָעַד
מַלְכֵּנוּ, יוֹצֵר מְשָׁרְתִים
וַאֲשֶׁר מְשָׁרְתָיו כֻּלָּם עוֹמְדִים בְּרוּם עוֹלָם
וּמַשְׁמִיעִים בְּיִרְאָה יַחַד בְּקוֹל
דִּבְרֵי אֱלֹהִים חַיִּים וּמֶלֶךְ עוֹלָם.

וְיוֹם הַשְּׁבִיעִי מְשַׁבֵּחַ *The seventh day itself gives praise.* A midrashic idea, based on the phrase that opens Psalm 92: "A psalm, a song of the Sabbath day," here

They are all beloved, all pure, all mighty,
and all perform in awe and reverence
the will of their Maker.
➤ All open their mouths
in holiness and purity,
with song and psalm,
and bless, praise, glorify,
revere, sanctify and declare the sovereignty of – ◄
the name of the great, mighty
and awesome God and King,
holy is He.
➤ All accept on themselves, one from another,
the yoke of the kingdom of heaven,
granting permission to one another
to sanctify the One who formed them,
in corone spirit,
pure speech and sweet melody.
All, as one, proclaim His holiness,
saying in awe:

> *All say aloud:*
> Holy, holy, holy is the Lᴏʀᴅ of hosts;   *Is. 6*
> the whole world is filled with His glory.

Some congregations say here a piyut (known as an Ophan).
For the Ophan for the first day, turn to page 1167;
for the second day, turn to page 1187; for Shabbat of Ḥol HaMo'ed, turn to page 1213;
for the seventh day, turn to page 1213; and for the eighth day, turn to page 1245.

This section of the prayers – the vision of the heavenly throne and the angels – is part of the mystical tradition in Judaism. Prayer is Jacob's ladder, stretching from earth to heaven, with "angels of the Lᴏʀᴅ" ascending and descending (*Zohar*). The three *kedushot* represent, respectively, the ascent, the summit, and the descent: the journey of the soul from earth to heaven and back again, transformed by our experience of the Divine.

כֻּלָּם אֲהוּבִים, כֻּלָּם בְּרוּרִים, כֻּלָּם גִּבּוֹרִים

וְכֻלָּם עוֹשִׂים בְּאֵימָה וּבְיִרְאָה רְצוֹן קוֹנָם

◂ וְכֻלָּם פּוֹתְחִים אֶת פִּיהֶם

בִּקְדֻשָּׁה וּבְטָהֳרָה

בְּשִׁירָה וּבְזִמְרָה

וּמְבָרְכִים וּמְשַׁבְּחִים וּמְפָאֲרִים

וּמַעֲרִיצִים וּמַקְדִּישִׁים וּמַמְלִיכִים ◂

אֶת שֵׁם הָאֵל הַמֶּלֶךְ הַגָּדוֹל, הַגִּבּוֹר וְהַנּוֹרָא

קָדוֹשׁ הוּא.

◂ וְכֻלָּם מְקַבְּלִים עֲלֵיהֶם עֹל מַלְכוּת שָׁמַיִם זֶה מִזֶּה

וְנוֹתְנִים רְשׁוּת זֶה לָזֶה

לְהַקְדִּישׁ לְיוֹצְרָם בְּנַחַת רוּחַ

בְּשָׂפָה בְרוּרָה וּבִנְעִימָה

קְדֻשָּׁה כֻּלָּם כְּאֶחָד

עוֹנִים וְאוֹמְרִים בְּיִרְאָה

All say aloud:

ישעיהו

קָדוֹשׁ, קָדוֹשׁ, קָדוֹשׁ יהוה צְבָאוֹת
מְלֹא כָל־הָאָרֶץ כְּבוֹדוֹ:

Some congregations say here a piyut (known as an אופן).
For the אופן for the first day, turn to page 1167;
for the second day, turn to page 1187; for שבת חול המועד, turn to page 1213;
for the seventh day, turn to page 1213; and for the eighth day, turn to page 1245.

place" in Ezekiel's), form the heart of *Kedusha*, the "Holiness" prayer. This is
recited three times in the morning prayers – (1) before the Shema, (2) dur-
ing the Leader's Repetition of the Amida, and (3) toward the end of prayer,
except on Shabbat and festivals, when the third is transferred to the afternoon.

▸ Then the Ophanim and the Holy Ḥayyot,
with a roar of noise,
raise themselves toward the Seraphim and,
facing them, give praise, saying:

All say aloud:
Blessed is the LORD's glory from His place. *Ezek. 3*

לָאֵל To the blessed God they offer melodies.
To the King, living and eternal God,
they say psalms and proclaim praises.
For it is He alone
who does mighty deeds and creates new things,
who is Master of battles and sows righteousness,
who makes salvation grow and creates cures,
who is is revered in praises, the LORD of wonders,
who in His goodness, continually renews the work of creation,
day after day,
as it is said:
"[Praise] Him who made the great lights, *Ps. 136*
for His love endures for ever."
▸ May You make a new light shine over Zion,
and may we all soon be worthy of its light.
Blessed are You, LORD,
who forms the radiant lights.

אַהֲבָה You have loved us with great love, LORD our God,
and with surpassing compassion
have You had compassion on us.
Our Father, our King,
for the sake of our ancestors who trusted in You,
and to whom You taught the laws of life,
be gracious also to us and teach us.

אַהֲבָה רַבָּה אֲהַבְתָּנוּ *You have loved us with great love.* Even before reciting the Shema with its command, "Love the LORD your God with all your heart,

וְהָאוֹפַנִּים וְחַיּוֹת הַקֹּדֶשׁ
בְּרַעַשׁ גָּדוֹל מִתְנַשְּׂאִים לְעֻמַּת שְׂרָפִים
לְעֻמָּתָם מְשַׁבְּחִים וְאוֹמְרִים

All say aloud:

בָּרוּךְ כְּבוֹד־יהוה מִמְּקוֹמוֹ: יחזקאל ג

לָאֵל בָּרוּךְ נְעִימוֹת יִתֵּנוּ
לַמֶּלֶךְ אֵל חַי וְקַיָּם
זְמִירוֹת יֹאמֵרוּ וְתִשְׁבָּחוֹת יַשְׁמִיעוּ
כִּי הוּא לְבַדּוֹ
פּוֹעֵל גְּבוּרוֹת, עוֹשֶׂה חֲדָשׁוֹת
בַּעַל מִלְחָמוֹת, זוֹרֵעַ צְדָקוֹת
מַצְמִיחַ יְשׁוּעוֹת, בּוֹרֵא רְפוּאוֹת
נוֹרָא תְהִלּוֹת, אֲדוֹן הַנִּפְלָאוֹת
הַמְחַדֵּשׁ בְּטוּבוֹ בְּכָל יוֹם תָּמִיד מַעֲשֵׂה בְרֵאשִׁית
כָּאָמוּר

לְעֹשֵׂה אוֹרִים גְּדֹלִים, כִּי לְעוֹלָם חַסְדּוֹ: תהלים קלו

◂ אוֹר חָדָשׁ עַל צִיּוֹן תָּאִיר
וְנִזְכֶּה כֻלָּנוּ מְהֵרָה לְאוֹרוֹ.
בָּרוּךְ אַתָּה יהוה, יוֹצֵר הַמְּאוֹרוֹת.

אַהֲבָה רַבָּה אֲהַבְתָּנוּ, יהוה אֱלֹהֵינוּ
חֶמְלָה גְדוֹלָה וִיתֵרָה חָמַלְתָּ עָלֵינוּ.
אָבִינוּ מַלְכֵּנוּ
בַּעֲבוּר אֲבוֹתֵינוּ שֶׁבָּטְחוּ בְךָ, וַתְּלַמְּדֵם חֻקֵּי חַיִּים
כֵּן תְּחָנֵּנוּ וּתְלַמְּדֵנוּ.

Our Father, compassionate Father, ever compassionate,
have compassion on us.
Instill in our hearts the desire to understand and discern,
to listen, learn and teach, to observe, perform and fulfill
all the teachings of Your Torah in love.
Enlighten our eyes in Your Torah
and let our hearts cling to Your commandments.
Unite our hearts to love and revere Your name,
so that we may never be ashamed.
And because we have trusted
in Your holy, great and revered name,
may we be glad and rejoice in Your salvation.

At this point, gather the four tzitziot of the tallit, holding them in the left hand.

Bring us back in peace from the four quarters of the earth
and lead us upright to our land.
▸ For You are a God who performs acts of salvation,
and You chose us from all peoples and tongues,
bringing us close to Your great name for ever in truth,
that we may thank You
and proclaim Your Oneness in love.
Blessed are You, LORD,
who chooses His people Israel in love.

---

the centrality of law in Judaism: "…the law of millennia, studied and lived,
analyzed and rhapsodized, the law of everyday and of the day of death,
petty and yet sublime, sober and yet woven in legend; a law which knows
both the fire of the Sabbath candle and that of the martyr's stake" (Franz
Rosenzweig, *On Jewish Learning*, 77). The law, through which Israel is charged
with bringing the Divine Presence into the shared spaces of our common life,
is itself based on a threefold love: for God, the neighbor, and the stranger.
Through law – the choreography of grace in relationship – we redeem our
finitude, turning the prose of daily life into religious poetry and making gentle
the life of this world.

אָבִֽינוּ, הָאָב הָרַחֲמָן, הַמְרַחֵם
רַחֵם עָלֵֽינוּ
וְתֵן בְּלִבֵּֽנוּ לְהָבִין וּלְהַשְׂכִּיל
לִשְׁמֹֽעַ, לִלְמֹד וּלְלַמֵּד, לִשְׁמֹר וְלַעֲשׂוֹת, וּלְקַיֵּם
אֶת כָּל דִּבְרֵי תַלְמוּד תּוֹרָתֶֽךָ בְּאַהֲבָה.
וְהָאֵר עֵינֵֽינוּ בְּתוֹרָתֶֽךָ
וְדַבֵּק לִבֵּֽנוּ בְּמִצְוֹתֶֽיךָ
וְיַחֵד לְבָבֵֽנוּ לְאַהֲבָה וּלְיִרְאָה אֶת שְׁמֶֽךָ
וְלֹא נֵבוֹשׁ לְעוֹלָם וָעֶד.
כִּי בְשֵׁם קָדְשְׁךָ הַגָּדוֹל וְהַנּוֹרָא בָּטָֽחְנוּ
נָגִֽילָה וְנִשְׂמְחָה בִּישׁוּעָתֶֽךָ.

At this point, gather the four ציציות *of the* טלית, *holding them in the left hand.*

וַהֲבִיאֵֽנוּ לְשָׁלוֹם מֵאַרְבַּע כַּנְפוֹת הָאָֽרֶץ
וְתוֹלִיכֵֽנוּ קוֹמְמִיּוּת לְאַרְצֵֽנוּ.
‹ כִּי אֵל פּוֹעֵל יְשׁוּעוֹת אָֽתָּה
וּבָֽנוּ בָחַֽרְתָּ מִכָּל עַם וְלָשׁוֹן
וְקֵרַבְתָּֽנוּ לְשִׁמְךָ הַגָּדוֹל סֶֽלָה, בֶּאֱמֶת
לְהוֹדוֹת לְךָ וּלְיַחֶדְךָ בְּאַהֲבָה.
בָּרוּךְ אַתָּה יהוה, הַבּוֹחֵר בְּעַמּוֹ יִשְׂרָאֵל בְּאַהֲבָה.

───────────────────────

with all your soul, and with all your might," we speak of God's love for us. Note how that love is expressed: in the fact that God taught us "the laws of life." Christianity at times contrasted law and love as if they were opposed. In Judaism law *is* love: the expression of God's love for us and ours for Him.

Franz Rosenzweig criticized Martin Buber for failing to understand

The Shema must be said with intense concentration. In the first paragraph one should accept, with love, the sovereignty of God; in the second, the mitzvot as the will of God. The end of the third paragraph constitutes fulfillment of the mitzva to remember, morning and evening, the exodus from Egypt.

When not praying with a minyan, say:

God, faithful King!

The following verse should be said aloud, while covering the eyes with the right hand:

Listen, Israel: the LORD is our God, the LORD is One.

Deut. 6

Quietly: Blessed be the name of His glorious kingdom for ever and all time.

וְאָהַבְתָּ Love the LORD your God with all your heart, with all your soul, and with all your might. These words which I command you today shall be on your heart. Teach them repeatedly to your children, speaking of them when you sit at home and when you travel on the way, when you lie down and when you rise. Bind them as a sign on your hand, and they shall be an emblem between your eyes. Write them on the doorposts of your house and gates. *Deut. 6*

וְהָיָה If you indeed heed My commandments with which I charge you today, to love the LORD your God and worship Him with all your heart and with all your soul, I will give rain in your land in its season, the early and late rain; and you shall gather in your grain, wine and oil. I will give grass in your field for your cattle, and you shall eat and be satisfied. Be careful lest your heart be tempted and *Deut. 11*

וְאָהַבְתָּ אֵת יהוה אֱלֹהֶיךָ *Love the LORD your God.* "What is the love of God that is befitting? It is to love God with a great and exceeding love, so strong that one's soul shall be knit up with the love of God, such that it is continually enraptured by it, like a lovesick individual whose mind is at no time free from passion for a particular woman and is enraptured by her at all times… Even more intense should be the love of God in the hearts of those who love Him; they should be enraptured by this love at all times" (Maimonides, Laws of Repentance, 10:3). For more on faith as love, see Introduction, section 8.

The שמע must be said with intense concentration. In the first paragraph one should accept, with love, the sovereignty of God; in the second, the מצוות as the will of God. The end of the third paragraph constitutes fulfillment of the מצווה to remember, morning and evening, the exodus from Egypt.

When not praying with a מנין, say:

אֵל מֶלֶךְ נֶאֱמָן

The following verse should be said aloud, while covering the eyes with the right hand:

דברים ו **שְׁמַע יִשְׂרָאֵל, יהוה אֱלֹהֵינוּ, יהוה אֶחָד׃**

Quietly בָּרוּךְ שֵׁם כְּבוֹד מַלְכוּתוֹ לְעוֹלָם וָעֶד.

דברים ו וְאָהַבְתָּ אֵת יהוה אֱלֹהֶיךָ, בְּכָל־לְבָבְךָ וּבְכָל־נַפְשְׁךָ וּבְכָל־מְאֹדֶךָ׃
וְהָיוּ הַדְּבָרִים הָאֵלֶּה, אֲשֶׁר אָנֹכִי מְצַוְּךָ הַיּוֹם, עַל־לְבָבֶךָ׃ וְשִׁנַּנְתָּם
לְבָנֶיךָ וְדִבַּרְתָּ בָּם, בְּשִׁבְתְּךָ בְּבֵיתֶךָ וּבְלֶכְתְּךָ בַדֶּרֶךְ, וּבְשָׁכְבְּךָ
וּבְקוּמֶךָ׃ וּקְשַׁרְתָּם לְאוֹת עַל־יָדֶךָ וְהָיוּ לְטֹטָפֹת בֵּין עֵינֶיךָ׃
וּכְתַבְתָּם עַל־מְזֻזוֹת בֵּיתֶךָ וּבִשְׁעָרֶיךָ׃

דברים יא וְהָיָה אִם־שָׁמֹעַ תִּשְׁמְעוּ אֶל־מִצְוֹתַי אֲשֶׁר אָנֹכִי מְצַוֶּה אֶתְכֶם
הַיּוֹם, לְאַהֲבָה אֶת־יהוה אֱלֹהֵיכֶם וּלְעָבְדוֹ, בְּכָל־לְבַבְכֶם וּבְכָל־
נַפְשְׁכֶם׃ וְנָתַתִּי מְטַר־אַרְצְכֶם בְּעִתּוֹ, יוֹרֶה וּמַלְקוֹשׁ, וְאָסַפְתָּ
דְגָנֶךָ וְתִירֹשְׁךָ וְיִצְהָרֶךָ׃ וְנָתַתִּי עֵשֶׂב בְּשָׂדְךָ לִבְהֶמְתֶּךָ, וְאָכַלְתָּ
וְשָׂבָעְתָּ׃ הִשָּׁמְרוּ לָכֶם פֶּן־יִפְתֶּה לְבַבְכֶם, וְסַרְתֶּם וַעֲבַדְתֶּם

שְׁמַע יִשְׂרָאֵל *Listen, Israel.* Most of the ancient civilizations, from Mesopotamia and Egypt to Greece and Rome, were predominantly visual, with monumental architecture and iconic use of art. Judaism with its faith in the invisible God emphasized hearing over seeing, and listening over looking. Hence the verb "Listen" in this key text, as well as our custom, when saying it, to cover our eyes, shutting out the visible world to concentrate on the commanding Voice.

you go astray and worship other gods, bowing down to them. Then the LORD's anger will flare against you and He will close the heavens so that there will be no rain. The land will not yield its crops, and you will perish swiftly from the good land that the LORD is giving you. Therefore, set these, My words, on your heart and soul. Bind them as a sign on your hand, and they shall be an emblem between your eyes. Teach them to your children, speaking of them when you sit at home and when you travel on the way, when you lie down and when you rise. Write them on the doorposts of your house and gates, so that you and your children may live long in the land that the LORD swore to your ancestors to give them, for as long as the heavens are above the earth.

Hold the tzitziot in the right hand also (some transfer to the right hand) kissing them at °.

וַיֹּאמֶר The LORD spoke to Moses, saying: Speak to the Israelites *Num. 15*
and tell them to make °tassels on the corners of their garments for all generations. They shall attach to the °tassel at each corner a thread of blue. This shall be your °tassel, and you shall see it and remember all of the LORD's commandments and keep them, not straying after your heart and after your eyes, following your own sinful desires. Thus you will be reminded to keep all My

---

cues to remind us of fundamental propositions: who we are and what we are called on to do. The Shema speaks of three such symbols: tefillin, mezuza and tzitzit. The first relates to who we are, the second to where we live, the third to how we dress and appear to the world and to ourselves.

וְלֹא תָתוּרוּ אַחֲרֵי לְבַבְכֶם וְאַחֲרֵי עֵינֵיכֶם *Not straying after your heart and after your eyes.* Note the unexpected order of the phrases. We would have thought that seeing gives rise to desiring rather than the other way around (see Rashi to Numbers 15:39). In fact, however, the story of the spies that precedes the command of tzitzit in the Torah (Num. 13–14) shows that the reverse is frequently the case. Our perception is framed and often distorted by our emotions. The spies were afraid: therefore they saw their enemies as giants and themselves as grasshoppers. They did not realize that the reverse was the case (see Joshua 2:9–11).

אֱלֹהִים אֲחֵרִים וְהִשְׁתַּחֲוִיתֶם לָהֶם: וְחָרָה אַף־יְהוָה בָּכֶם, וְעָצַר
אֶת־הַשָּׁמַיִם וְלֹא־יִהְיֶה מָטָר, וְהָאֲדָמָה לֹא תִתֵּן אֶת־יְבוּלָהּ,
וַאֲבַדְתֶּם מְהֵרָה מֵעַל הָאָרֶץ הַטֹּבָה אֲשֶׁר יְהוָה נֹתֵן לָכֶם:
וְשַׂמְתֶּם אֶת־דְּבָרַי אֵלֶּה עַל־לְבַבְכֶם וְעַל־נַפְשְׁכֶם, וּקְשַׁרְתֶּם
אֹתָם לְאוֹת עַל־יֶדְכֶם, וְהָיוּ לְטוֹטָפֹת בֵּין עֵינֵיכֶם: וְלִמַּדְתֶּם
אֹתָם אֶת־בְּנֵיכֶם לְדַבֵּר בָּם, בְּשִׁבְתְּךָ בְּבֵיתֶךָ וּבְלֶכְתְּךָ בַדֶּרֶךְ,
וּבְשָׁכְבְּךָ וּבְקוּמֶךָ: וּכְתַבְתָּם עַל־מְזוּזוֹת בֵּיתֶךָ וּבִשְׁעָרֶיךָ: לְמַעַן
יִרְבּוּ יְמֵיכֶם וִימֵי בְנֵיכֶם עַל הָאֲדָמָה אֲשֶׁר נִשְׁבַּע יְהוָה לַאֲבֹתֵיכֶם
לָתֵת לָהֶם, כִּימֵי הַשָּׁמַיִם עַל־הָאָרֶץ:

Hold the ציציות *in the right hand also (some transfer to the right hand) kissing them at* °.

וַיֹּאמֶר יְהוָה אֶל־מֹשֶׁה לֵּאמֹר: דַּבֵּר אֶל־בְּנֵי יִשְׂרָאֵל וְאָמַרְתָּ במדבר טו
אֲלֵהֶם, וְעָשׂוּ לָהֶם °צִיצִת עַל־כַּנְפֵי בִגְדֵיהֶם לְדֹרֹתָם, וְנָתְנוּ
°עַל־צִיצִת הַכָּנָף פְּתִיל תְּכֵלֶת: וְהָיָה לָכֶם °לְצִיצִת, וּרְאִיתֶם
אֹתוֹ וּזְכַרְתֶּם אֶת־כָּל־מִצְוֹת יְהוָה וַעֲשִׂיתֶם אֹתָם, וְלֹא תָתוּרוּ
אַחֲרֵי לְבַבְכֶם וְאַחֲרֵי עֵינֵיכֶם, אֲשֶׁר־אַתֶּם זֹנִים אַחֲרֵיהֶם: לְמַעַן

וְלִמַּדְתֶּם אֹתָם אֶת־בְּנֵיכֶם *Teach them to your children.* Jews are the only people to have predicated their very survival on education. The Mesopotamians built ziggurats, the Egyptians built pyramids, the Athenians the Parthenon and the Romans the Colosseum. Jews built schools and houses of study. Those other civilizations died and disappeared; Jews and Judaism survived.

לְמַעַן יִרְבּוּ יְמֵיכֶם וִימֵי בְנֵיכֶם *So that you and your children may live long.* Strong nations are impossible without strong families dedicated to passing on their heritage across the generations. Those who plan for one year plant crops. Those who plan for ten years plant trees. Those who plan for centuries educate children.

וּרְאִיתֶם אֹתוֹ, וּזְכַרְתֶּם *And you shall see it and remember.* Though Judaism is primarily a religion of hearing rather than seeing, we nonetheless need visual

commandments, and be holy to your God. I am the LORD your God, who brought you out of the land of Egypt to be your God. I am the LORD your God.

°True –

The Leader repeats:

▸ The LORD your God is true –

וְיַצִּיב And firm, established and enduring, right, faithful,
beloved, cherished, delightful, pleasant,
awesome, mighty, perfect, accepted,
good and beautiful
is this faith for us for ever.

True   is the eternal God, our King, Rock of Jacob,
Shield of our salvation.
He exists and His name exists through all generations.
His throne is established,
His kingship and faithfulness endure for ever.

At °, kiss the tzitziot and release them.

His words live and persist, faithful and desirable
°for ever and all time.

▸ So they were for our ancestors, so they are for us,
and so they will be for our children
and all our generations and for all future generations
of the seed of Israel, Your servants.

According to Rashi (to Exodus 6:3), the holiest name of God means "the One who is true to His word." This concept of truth serves as the bridge between the end of the Shema, with its reference to the exodus from Egypt, and the quintessential prayer, the Amida, that we are now approaching. The fact that God redeemed His people in the past is the basis of our prayer for redemption in the future. Just as God was true to His word then, so we pray He will be now. The sixfold repetition of *emet* acts as a reminder of the six steps we have taken – the three blessings surrounding the Shema and the three paragraphs of the Shema itself – toward the ultimate destination of prayer, the act of

תִּזְכְּרוּ וַעֲשִׂיתֶם אֶת־כׇּל־מִצְוֺתָי, וִהְיִיתֶם קְדֹשִׁים לֵאלֹהֵיכֶם: אֲנִי
יהוה אֱלֹהֵיכֶם, אֲשֶׁר הוֹצֵאתִי אֶתְכֶם מֵאֶרֶץ מִצְרַיִם, לִהְיוֹת לָכֶם
לֵאלֹהִים, אֲנִי יהוה אֱלֹהֵיכֶם:

°אֱמֶת

The שליח ציבור *repeats:*

◂ יהוה אֱלֹהֵיכֶם אֱמֶת

וְיַצִּיב, וְנָכוֹן וְקַיָּם, וְיָשָׁר וְנֶאֱמָן
וְאָהוּב וְחָבִיב, וְנֶחְמָד וְנָעִים
וְנוֹרָא וְאַדִּיר, וּמְתֻקָּן וּמְקֻבָּל, וְטוֹב וְיָפֶה
הַדָּבָר הַזֶּה עָלֵינוּ לְעוֹלָם וָעֶד.

אֱמֶת אֱלֹהֵי עוֹלָם מַלְכֵּנוּ
צוּר יַעֲקֹב מָגֵן יִשְׁעֵנוּ
לְדוֹר וָדוֹר הוּא קַיָּם וּשְׁמוֹ קַיָּם
וְכִסְאוֹ נָכוֹן
וּמַלְכוּתוֹ וֶאֱמוּנָתוֹ לָעַד קַיָּמֶת.

At °, kiss the ציציות *and release them.*

וּדְבָרָיו חָיִים וְקַיָּמִים
נֶאֱמָנִים וְנֶחֱמָדִים
°לָעַד וּלְעוֹלְמֵי עוֹלָמִים
◂ עַל אֲבוֹתֵינוּ וְעָלֵינוּ
עַל בָּנֵינוּ וְעַל דּוֹרוֹתֵינוּ
וְעַל כׇּל דּוֹרוֹת זֶרַע יִשְׂרָאֵל עֲבָדֶיךָ.

אֱמֶת *True.* The word *emet* does not just mean "true" in the narrow Western sense of something that corresponds to reality. In Hebrew it means honoring your promises, being true to your word, doing what you said you would do.

For the early and the later generations
this faith has proved good and enduring for ever –
True and faithful, an irrevocable law.
True You are the LORD: our God and God of our ancestors,
▸ our King and King of our ancestors,
our Redeemer and Redeemer of our ancestors,
our Maker, Rock of our salvation,
our Deliverer and Rescuer: this has ever been Your name.
There is no God but You.

Some congregations say here a piyut (known as a Zulat).
For the Zulat for the first day, turn to page 1171; for the second day, turn to page 1188;
for Shabbat of Ḥol HaMo'ed, turn to page 1208; for the seventh and eighth day, turn to page 1214.

עֶזְרַת You have always been the help of our ancestors,
Shield and Savior of their children
after them in every generation.
Your dwelling is in the heights of the universe,
and Your judgments and righteousness
reach to the ends of the earth.
Happy is the one who obeys Your commandments
and takes to heart Your teaching and Your word.
True You are the Master of Your people
and a mighty King who pleads their cause.
True You are the first and You are the last.
Besides You, we have no king, redeemer or savior.
From Egypt You redeemed us, LORD our God,
and from the slave-house You delivered us.
All their firstborn You killed,
but Your firstborn You redeemed.
You split the Sea of Reeds and drowned the arrogant.
You brought Your beloved ones across.
The water covered their foes; not one of them was left. *Ps. 106*

standing directly before God in the Amida. This is the seventh step, and in
Judaism seven is the sign of the Holy.

עַל הָרִאשׁוֹנִים וְעַל הָאַחֲרוֹנִים
דָּבָר טוֹב וְקַיָּם לְעוֹלָם וָעֶד
אֱמֶת וֶאֱמוּנָה, חֹק וְלֹא יַעֲבֹר.
אֱמֶת שָׁאַתָּה הוּא יהוה אֱלֹהֵינוּ וֵאלֹהֵי אֲבוֹתֵינוּ
◂ מַלְכֵּנוּ מֶלֶךְ אֲבוֹתֵינוּ
גֹּאֲלֵנוּ גּוֹאֵל אֲבוֹתֵינוּ, יוֹצְרֵנוּ צוּר יְשׁוּעָתֵנוּ
פּוֹדֵנוּ וּמַצִּילֵנוּ מֵעוֹלָם שְׁמֶךָ
אֵין אֱלֹהִים זוּלָתֶךָ.

Some congregations say here a piyut (known as a זולת*).*
For the זולת *for the first day,* *turn to page 1171**; for the second day,* *turn to page 1188**;*
for שבת חול המועד*,* *turn to page 1208**; for the seventh and eighth day,* *turn to page 1214**.*

עֶזְרַת אֲבוֹתֵינוּ אַתָּה הוּא מֵעוֹלָם
מָגֵן וּמוֹשִׁיעַ לִבְנֵיהֶם אַחֲרֵיהֶם בְּכָל דּוֹר וָדוֹר.
בְּרוּם עוֹלָם מוֹשָׁבֶךָ
וּמִשְׁפָּטֶיךָ וְצִדְקָתְךָ עַד אַפְסֵי אָרֶץ.
אַשְׁרֵי אִישׁ שֶׁיִּשְׁמַע לְמִצְוֹתֶיךָ
וְתוֹרָתְךָ וּדְבָרְךָ יָשִׂים עַל לִבּוֹ.
אֱמֶת אַתָּה הוּא אָדוֹן לְעַמֶּךָ
וּמֶלֶךְ גִּבּוֹר לָרִיב רִיבָם.
אֱמֶת אַתָּה הוּא רִאשׁוֹן וְאַתָּה הוּא אַחֲרוֹן
וּמִבַּלְעָדֶיךָ אֵין לָנוּ מֶלֶךְ גּוֹאֵל וּמוֹשִׁיעַ.
מִמִּצְרַיִם גְּאַלְתָּנוּ, יהוה אֱלֹהֵינוּ
וּמִבֵּית עֲבָדִים פְּדִיתָנוּ
כָּל בְּכוֹרֵיהֶם הָרָגְתָּ, וּבְכוֹרְךָ גָּאָלְתָּ
וְיַם סוּף בָּקַעְתָּ, וְזֵדִים טִבַּעְתָּ, וִידִידִים הֶעֱבַרְתָּ
וַיְכַסּוּ־מַיִם צָרֵיהֶם, אֶחָד מֵהֶם לֹא נוֹתָר: תהלים קו

For this, the beloved ones praised and exalted God,
the cherished ones sang psalms, songs and praises,
blessings and thanksgivings to the King,
the living and enduring God.
High and exalted, great and awesome,
He humbles the haughty and raises the lowly,
freeing captives and redeeming those in need, helping the poor
and answering His people when they cry out to Him.

Stand in preparation for the Amida. Take three steps back before beginning the Amida.

▸ Praises to God Most High,
the Blessed One who is blessed.
Moses and the children of Israel
recited to You a song with great joy, and they all exclaimed:

"Who is like You, Lord, among the mighty?   *Ex. 15*
Who is like You, majestic in holiness,
awesome in praises, doing wonders?"

▸ With a new song, the redeemed people praised
Your name at the seashore.
Together they all gave thanks,
proclaimed Your kingship, and declared:

"The Lord shall reign for ever and ever."   *Ibid.*

Congregants should end the following blessing together with the Leader so as to be able to move directly from the words "redeemed Israel" to the Amida, without the interruption of saying Amen.

▸ צוּר יִשְׂרָאֵל Rock of Israel! Arise to the help of Israel.
Deliver, as You promised, Judah and Israel.

Our Redeemer, the Lord of hosts is His name,   *Is. 47*
the Holy One of Israel.

In many congregations, a short piyut (on the following pages) is said here before the Amida. No such piyut is said on the eighth day of Pesaḥ, unless it falls on a Shabbat, in which case "Hasten, my Beloved, to your peaceful abode" (page 492) is said. If no piyut is said, continue with "Blessed" (below) and the Amida.

Blessed are You, Lord, who redeemed Israel.

On Yom Tov, say the Amida on page 498.
On Shabbat of Ḥol HaMo'ed, say the Amida on page 924.

עַל זֹאת שִׁבְּחוּ אֲהוּבִים, וְרוֹמְמוּ אֵל
וְנָתְנוּ יְדִידִים זְמִירוֹת, שִׁירוֹת וְתִשְׁבָּחוֹת
בְּרָכוֹת וְהוֹדָאוֹת לְמֶלֶךְ אֵל חַי וְקַיָּם
רָם וְנִשָּׂא, גָּדוֹל וְנוֹרָא
מַשְׁפִּיל גֵּאִים וּמַגְבִּיהַּ שְׁפָלִים
מוֹצִיא אֲסִירִים, וּפוֹדֶה עֲנָוִים וְעוֹזֵר דַּלִּים
וְעוֹנֶה לְעַמּוֹ בְּעֵת שַׁוְּעָם אֵלָיו.

Stand in preparation for the עמידה. *Take three steps back before beginning the* עמידה.

◂ תְּהִלּוֹת לְאֵל עֶלְיוֹן, בָּרוּךְ הוּא וּמְבֹרָךְ
מֹשֶׁה וּבְנֵי יִשְׂרָאֵל, לְךָ עָנוּ שִׁירָה בְּשִׂמְחָה רַבָּה, וְאָמְרוּ כֻלָּם
מִי־כָמֹכָה בָּאֵלִם, יהוה — שמות טו
מִי כָּמֹכָה נֶאְדָּר בַּקֹּדֶשׁ, נוֹרָא תְהִלֹּת, עֹשֵׂה פֶלֶא:

◂ שִׁירָה חֲדָשָׁה שִׁבְּחוּ גְאוּלִים
לְשִׁמְךָ עַל שְׂפַת הַיָּם
יַחַד כֻּלָּם הוֹדוּ וְהִמְלִיכוּ, וְאָמְרוּ
יהוה יִמְלֹךְ לְעֹלָם וָעֶד: — שם

The קהל *should end the following blessing together with the* שליח ציבור *so as to be able to move directly from the words* גָּאַל יִשְׂרָאֵל *to the* עמידה, *without the interruption of saying* אָמֵן.

◂ צוּר יִשְׂרָאֵל, קוּמָה בְּעֶזְרַת יִשְׂרָאֵל
וּפְדֵה כִנְאֻמֶךָ יְהוּדָה וְיִשְׂרָאֵל.
גֹּאֲלֵנוּ יהוה צְבָאוֹת שְׁמוֹ, קְדוֹשׁ יִשְׂרָאֵל: — ישעיה מז

In many congregations, a short piyut (on the following pages) is said here before the עמידה. *No such piyut is said on the eighth day of* פסח, *unless it falls on a* שבת *in which case* בְּרַח דּוֹדִי אֶל שֶׁאָנָן נָוֶה *(page 493) is said. If no piyut is said, continue with* בָּרוּךְ *(below) and the* עמידה.

בָּרוּךְ אַתָּה יהוה, גָּאַל יִשְׂרָאֵל.

On יום טוב, *say the* עמידה *on page 499.*
On שבת חול המועד, *say the* עמידה *on page 925.*

PIYUTEI GEULA – BERAḤ DODI

GEULA FOR THE FIRST DAY OF PESAḤ

A unique feature of the Yotzerot for Pesaḥ is the Piyutei Geula, which precede the blessing "who redeemed Israel." On the first day, Ashkenazi communities used to say the Yotzer "אוֹר יֶשַׁע מְאֻשָּׁרִים" (page 1161) by Rabbi Shlomo HaBavli (see commentary), whose format was closely followed by the Yotzerot for the second day and for Shabbat of Ḥol HaMo'ed. The Geula for the first day is a prayer for redemption. The first two stanzas are formal and dignified, with relatively balanced stichs and a concluding biblical verse, despite the troubles they describe. In the third stanza, the polished surface is broken: the stichs follow rapidly, and the stately prayer becomes a desperate cry.

Hasten, my Beloved, before the time comes for our youthful love;
have compassion for us once more, for the kings of the evil Edom,
our captors and tormentors, have almost destroyed us:
break them and uproot them from our midst!
Rebuild Your Temple, and let our offspring make music within.
"Here He stands behind our wall!" *Song. 2*

בְּרַח דּוֹדִי *Hasten, my Beloved.* A phrase from the last line of Song of Songs. The beloved (Israel) pleads with the lover (God) that they might flee together from exile back to the land of Israel, their home. Here, in the *Piyutei Geula*, the translation "Hasten" conveys the urgency in our longing for redemption. In the Song of Songs, we have used the more literal "Away with you" to voice the fervor of the beloved in her wish to be finally together with her lover in intimacy, in their shared home, away from the trappings of exile (see *page 968*).

עַד שֶׁתֶּחְפָּץ *Before the time comes.* Three times in the Song of Songs the beloved warns against arousing love prematurely "before its time," a warning against seeking premature redemption. However, the poet now urges God to redeem His people, for they are weak and weary, pilloried and persecuted.

אַהֲבַת כְּלוּלֵינוּ *Our youthful love.* A reference to Jeremiah 2:2 where the prophet speaks of Israel's willingness to follow God into the wilderness. We are still willing and waiting, the poet implies.

הִנֵּה־זֶה עוֹמֵד אַחַר כָּתְלֵנוּ *Here He stands behind our wall.* Another phrase from the Song of Songs, in which the beloved speaks of the lover as tantalizingly close yet distant; the feeling of Jews in exile that the Divine Presence is with them yet the longed-for redemption has not yet come despite a wait of many centuries.

פיוטי גאולה – ברח דודי

גאולה ליום טוב ראשון

*A unique feature of the יוצרות for פסח is the פיוטי גאולה, which precede the blessing
יוצר "אור יֵשַׁע" גָּאַל יִשְׂרָאֵל. On the first day, Ashkenazi communities used to say the
מְאֻשָּׁרִים" (page 1161) by Rabbi Shlomo HaBavli (see commentary), whose format
was closely followed by the יוצרות for the second day and for שבת חול המועד.
The גאולה for the first day is a prayer for redemption. The first two stanzas are
formal and dignified, with relatively balanced stichs and a concluding biblical
verse, despite the troubles they describe. In the third stanza, the polished surface is
broken: the stichs follow rapidly, and the stately prayer becomes a desperate cry.*

בְּרַח דּוֹדִי עַד שֶׁתֶּחְפָּץ אַהֲבַת כְּלוּלֵינוּ
שׁוּב לְרַחֵם, כִּי כָלוּנוּ
מַלְכֵי אֱדוֹם הָרְשָׁעָה, שׁוֹבֵינוּ, תּוֹלָלֵינוּ
הֲרֹס וְקַעְקַע בְּצָתָם מִתְּלֵנוּ
הָקֵם טוּרָךְ, נֵגֶן שְׁתִילֵינוּ   הִנֵּה־זֶה עוֹמֵד אַחַר כָּתְלֵנוּ:   שיר השירים ב

ברח דודי – HASTEN, MY BELOVED

Two poems based on fragments of verse from the Song of Songs, sung in the
course of Pesaḥ and particularly associated with it. The first day's poem was
written by Rabbi Shlomo ben Yehuda HaBavli (mid-tenth century), one of
the first European writers of liturgical poetry. He lived in Italy, was widely
esteemed as a master of the genre, and was a key figure in the spread of *piyut*
from the Jewish communities of the East (Israel and Babylon) to Italy and
from there to Germany. Rashi alludes to him in his commentary to the Torah
(to Exodus 26:15).

The second day's poem was composed by Rabbi Meshullam ben Kalony-
mus, a member of the remarkable Kalonymus family who moved from Italy to
Germany in the tenth century and over the next four hundred years provided
Rhineland Jewry with some of its greatest poets, moralists, preachers and
scholars as well as its most distinguished communal leaders, particularly
during the age of persecution that began with the First Crusade in 1096. At
least a dozen members of the family wrote liturgical poems. Meshullam,
who lived in the late tenth and early eleventh century, was a distinguished
Talmudist, often referred to as "the great."

Hasten, my Beloved, before the envisioned time blows by;
hurry, and let the shadows fly away from our midst.
The once despised [Messiah] shall be exalted, lofty, raised high;
he shall prosper; he shall reprove and preach to many nations.
Bare Your arm as we call out:
"The voice of my Beloved – I hear Him coming!" *Song. 2*

Hasten, my Beloved, and be like a gazelle; / reveal and bring near my time of redemption; / draw me out of my captivity / to be a crown of glory. We are despised, and long for the beautiful [Temple] Mount, / but there is neither leader nor prophet, /no [Elijah the] Tishbite to straighten my path or restore me; / so plead my cause, / erase my debt and my suffering, / let my enemy see it and be put to shame. Then shall I respond to my scorner, saying: /"This is my Beloved, my closest Redeemer, / my Companion and Cherished One, God, the God of my father!" *Song. 8*

For the sake of the ancestors, redeem the descendants,
bringing salvation to their children's children.
Blessed are You, LORD, who redeemed Israel.

Continue with the Amida on page 498.

GEULA FOR THE SECOND DAY OF PESAḤ

In the Geula for the second day, all four stanzas follow the same form: the first stich begins with "Hasten, my Beloved" followed by a reference to the Temple, the second is an admission of fault, the third a plea, and the last three stichs are a specific prayer.

Hasten, my Beloved, to the place You made for Your dwelling,
and though we have violated Your covenant,
please recall Your betrothal love for us.
Affirm the truth of Your word;
rebuild the city of Your joy,
and set her above Your highest joy!

---

the cognitive dissonance of medieval Jewry: beloved of God yet treated by others as a pariah people.

בְּרַח דּוֹדִי *Hasten, my Beloved.* A four-verse poem written in deliberate similarity to that of the first day, though by a different author. Each verse begins with the phrase "Hasten, my Beloved" followed by a reference to the Temple.

בְּרַח דּוֹדִי עַד שֶׁיָּפוּחַ קֵץ מַחֲזֶה
חִישׁ וְנָסוּ הַצְּלָלִים מִזֶּה
יָרוּם וְנִשָּׂא, וְגָבֹהַּ נִבְזֶה
יַשְׂכִּיל וְיוֹכִיחַ, וְגוֹיִם רַבִּים יַזֶּה
חֲשֹׂף זְרוֹעֲךָ, קְרָא כָזֶה — קוֹל דּוֹדִי הִנֵּה־זֶה: שיר השירים ב

בְּרַח דּוֹדִי וּדְמֵה־לְךָ לִצְבִי: / יָגַל, יָגֵשׁ, קֵץ קִצְבִּי / דַּלּוֹתִי מִשְּׁבִי שיר השירים ח
לַעֲטֶרֶת צְבִי / תְּעוּבִים, תְּאֵבִים הַר צְבִי / וְאֵין מֵבִיא וְנָבִיא
וְלֹא תִשְׁבִּי / מְשַׁוִּי, מְשִׁיבִי / רִיבָה רִיבִי / הָסֵר חוֹבִי וּכְאֵבִי
וְיֵרָא וְיֵבוֹשׁ אוֹיְבִי / וְאָשִׁיבָה חוֹרְפִי בְּנִיבִי
זֶה דוֹדִי, גּוֹאֲלִי, קְרוֹבִי / רֵעִי וַאֲהוּבִי / אֵל אֱלֹהֵי אָבִי.

בִּגְלַל אָבוֹת תּוֹשִׁיעַ בָּנִים, וְתָבִיא גְאֻלָּה לִבְנֵי בְנֵיהֶם
בָּרוּךְ אַתָּה יהוה, גָּאַל יִשְׂרָאֵל.

Continue with the עמידה *on page 499.*

גאולה ליום טוב שני

In the גאולה *for the second day, all four stanzas follow the same form: the first stich begins with "*בְּרַח דּוֹדִי*" followed by a reference to the Temple, the second is an admission of fault, the third a plea, and the last three stichs are a specific prayer.*

בְּרַח דּוֹדִי אֶל מָכוֹן לְשִׁבְתָּךְ
וְאִם עָבַרְנוּ אֶת בְּרִיתָךְ
אָנָּא זְכֹר אִוּוּי חֻפָּתָךְ
הָקֵם קֶשֶׁט מַלְּתָךְ / כּוֹנֵן מְשׂוֹשׂ קִרְיָתָךְ
הַעֲלוֹתָהּ עַל רֹאשׁ שִׂמְחָתָךְ

קוֹל דּוֹדִי הִנֵּה־זֶה *The voice of my beloved, I hear Him coming!* A cry of excitement, from Song of Songs, as the beloved sees the lover approach.

תְּעוּבִים *Despised.* In the second half of the poem the author speaks passionately about the contempt in which Jews are held. This is an expression of

Hasten, my Beloved, to Your tabernacle in Shalem [Jerusalem],
  and though we have strayed from Your path,
  please gaze out from Your gap,
  and save a destitute, oppressed nation;
  calm Your wrath against them,
  and let them find everlasting shelter under Your wing.

Hasten, my Beloved, to the place Your eyes and heart are set upon,
  and though we have neglected Your goodly Law,
  please listen to the roar of Your enemies and their tumult.
  Let their blood soak the earth;
  may the dust be saturated by their fats,
  and may the stench of their corpses rise.

Hasten, my Beloved, to Your lofty Home of old,
  and though we have betrayed by denying Your word,
  please, listen to the outpouring of our whispered prayers.
  Draw me out of the sinking mire;
  save those You hold close as the reflection in Your eye,
  as You once did [in Egypt], in [Nisan,] the first month.

For the sake of the ancestors, redeem the descendants,
bringing salvation to their children's children.
Blessed are You, LORD, who redeemed Israel.

Continue with the Amida on page 498.

שָׁלֵם סֻכָּךְ *Your tabernacle in Shalem.* Shalem was the original name of Jeru-
salem. The phrase is taken from Psalm 76:3, "His Tabernacle is in Shalem,
His dwelling place in Zion." As in the poem for the first day, the second half
of the poem is a cry born of an acute feeling of degradation and near-despair.

בְּרַח דּוֹדִי אֶל שָׁלֵם סֻכָּךְ
וְאִם תָּעִינוּ מִדַּרְכָּךְ
אָנָּא הָצֵץ מֵחֲרַכָּךְ
וְתוֹשִׁיעַ עַם עָנִי וּמְתֻכָּךְ / חֲמָתְךָ מֵהֶם לְשַׁכָּךְ
וּבְאֶבְרָתְךָ סֶלָה לְהִסְתּוֹכָךְ

בְּרַח דּוֹדִי אֶל לִבְּךָ וְעֵינֶיךָ שָׁם
וְאִם זָנַחְנוּ טוּב מֻרְשָׁם
אָנָּא שְׁמַע שַׁאֲגַת קוֹל צוֹרְרֶיךָ וְרִגְשָׁם
רַוֵּה מִדָּם גּוּשָׁם / וַעֲפָרָם מֵחֵלֶב יְדֻשָּׁם
וּפִגְרֵיהֶם, יַעֲלֶה בָאְשָׁם

בְּרַח דּוֹדִי אֶל מָרוֹם מֵרִאשׁוֹן
וְאִם בָּגַדְנוּ בְּכַחֲשׁוֹן
אָנָּא סְכוֹת צָקוּן לַחֲשׁוֹן
דְּלוּתִי מִטְּבוּעַ רִפְשׁוֹן / גְּאֹל נְצוּרֵי כְּאִישׁוֹן
כְּאָז בַּחֹדֶשׁ הָרִאשׁוֹן.

בִּגְלַל אָבוֹת תּוֹשִׁיעַ בָּנִים, וְתָבִיא גְאֻלָּה לִבְנֵי בְנֵיהֶם
בָּרוּךְ אַתָּה יהוה, גָּאַל יִשְׂרָאֵל.

Continue with the עמידה *on page 499.*

מְכוֹן לְשִׁבְתְּךָ *The place You made for Your dwelling.* A phrase describing the Temple, found both in the Song at the Sea (Ex. 15:17) and in Solomon's prayer at the Temple's dedication (1 Kings 8:13, 39, 43, 49).

GEULA FOR SHABBAT ḤOL HAMO'ED

On Shabbat of Ḥol HaMo'ed a third set of Yotzerot, composed by Rabbi Shimon ben Yitzḥak (see commentary to the Rosh HaShana Maḥzor, page 661), is said. Its Piyut Geula closely follows that for the second day of Pesaḥ, in both form and in content, but displays greater technical mastery: in all five stanzas, each of the stichs begins with the same word or phrase; the third stich invariably describes the sufferings endured by the Jews in Exile, and the last two are a direct plea for redemption. This poem was held in such high regard that in years in which the first and eighth days of Pesaḥ fall on Shabbat, and there is no Shabbat of Ḥol HaMo'ed, it is added to the Yotzer of the eighth day.

Hasten, my Beloved, to Your peaceful abode!
And though we have wearied You with our corrupted ways,
behold, we have suffered every sort of pain;
and You, LORD, are our Stronghold and Hope.
For You we wait all the day,
for You to redeem us, and make us like a watered garden.

Hasten, my Beloved, to the site of our Sanctuary!
And though our iniquity has gone beyond our heads,
behold, our bodies have been bound in iron chains;
and You, LORD, are our Light, our Holy One.
It is to You that we pour out our whispered prayers
that You, from Your holy abode, might redeem us and set us free.

Hasten, my Beloved, to our City of Righteousness!
And though we did not heed the voice of our Vindicator,
behold, our destroyers have devoured us with open mouths;
and You, LORD, are our Judge, our Lawgiver.
It is upon You that we cast our burden,
that You redeem us, supporting us in tranquility and safety.

---

works by HaKalir were not available (such as the second day of Yom Tov; HaKalir, writing in Israel, did not need to compose poems for these days), and many of his compositions were incorporated into the rites of Germany and France. What makes them distinctive is the undercurrent of tragedy they often contain. This was a period in which the position of Jews in Christian Europe began to worsen significantly. One historian has called it "the formation of a persecuting society." Jewish life in northern Europe from the tenth century onward had more than its share of persecutions and expulsions, and we hear in the literature they produced, beginning with Rabbi Shimon, the sound of tears and the language of lament.

גאולה לשבת חול המועד

On שבת חול המועד *a third set of* יוצרות*, composed by Rabbi Shimon ben Yitzhak (see commentary to the Rosh HaShana Mahzor, page 661), is said. Its* פיוט גאולה *closely follows that for the second day of* פסח*, in both form and in content, but displays greater technical mastery: in all five stanzas, each of the stichs begins with the same word or phrase; the third stich invariably describes the sufferings endured by the Jews in Exile, and the last two are a direct plea for redemption. This poem was held in such high regard that in years in which the first and eighth days of* פסח *fall on* שבת*, and there is no* שבת חול המועד*, it is added to the* יוצר *of the eighth day.*

בְּרַח דּוֹדִי אֶל שַׁאֲנָן נָוֶה אִם הֶלְאֵינוּ דֶּרֶךְ הַעֲוֵה
הִנֵּה לָקִינוּ בְּכָל מַדְוֶה וְאַתָּה יהוה מָעוֹז וּמִקְוֶה
עָלֶיךָ כָּל הַיּוֹם נְקַוֶּה לְגָאֳלֵנוּ וּלְשִׁיתֵנוּ כְּגַן רָוֶה.

בְּרַח דּוֹדִי אֶל מְקוֹם מִקְדָּשֵׁנוּ אִם עֲוֹנוֹת עָבְרוּ רֹאשֵׁנוּ
הִנֵּה בַּרְזֶל בָּאָה נַפְשֵׁנוּ וְאַתָּה יהוה אוֹרֵנוּ, קְדוֹשֵׁנוּ
עָלֶיךָ נִשְׁפֹּךְ שִׂיחַ רַחֲשֵׁנוּ לְגָאֳלֵנוּ מִמְּעוֹן קָדְשְׁךָ לְהַחְפִּישֵׁנוּ.

בְּרַח דּוֹדִי אֶל עִיר צִדְקֵנוּ אִם לֹא שָׁמַעְנוּ לְקוֹל מַצְדִּיקֵנוּ
הִנֵּה אֲכָלוּנוּ בְּכָל פֶּה מְדִיקֵנוּ וְאַתָּה יהוה שׁוֹפְטֵנוּ, מְחוֹקְקֵנוּ
עָלֶיךָ נַשְׁלִיךְ יְהַב חֶלְקֵנוּ לְגָאֳלֵנוּ בְּהַשְׁקֵט וּבְבִטְחָה לְהַחֲזִיקֵנוּ.

בְּרַח דּוֹדִי *Hasten, my Beloved.* This is the last section of a long liturgical poem written by Rabbi Shimon the Great of Mainz (for the other sections, see page 1201). The earliest liturgical poetry, including that of the great sixth- and seventh-century masters, Yannai and HaKalir, was written in the land of Israel. One of the first to bring this art to the Jewish communities of northern Europe was Rabbi Shimon bar Yitzhak, born in Mainz circa 950 where his grandfather, Rabbi Avuna, had settled after leaving Le Mans in France. Rabbi Shimon was an outstanding Talmudic scholar, colleague of the great Rabbeinu Gershom, and was held in high regard as one who "brought light to the exiles." Some considered him a miracle worker. He was revered in particular for halting a persecution of the Jews in Mainz in 1012. He became known as Rabbi Shimon the Great and it was said of him that in appearance he looked like "an angel of the Lord of hosts."

He was familiar with the work of Yannai and HaKalir, and his style was influenced by theirs. He was highly prolific. His poems filled the gaps where

Hasten, my Beloved, to the Tent of Meeting, Your Lofty Abode!
And though we were unwilling to burden ourselves with Your yoke,
behold, they have afflicted us with all methods of abuse;
but You, Lord, bring joy to the aggrieved.
It is You we await, to loosen our bindings,
to redeem us, making us great beyond our borders.

Hasten, my Beloved, to the most exalted mountain!
And though we have acted arrogantly, unrestrained,
behold, we have been overtaken by many terrible evils;
and You, Lord, are a God of salvation.
It is You we beseech when we cry out in prayer,
that You might redeem us, and adorn us with the delight of salvation.

For the sake of the ancestors, redeem the descendants,
bringing salvation to their children's children.
Blessed are You, Lord, who redeemed Israel.

On Yom Tov, say the Amida on page 498.
On Shabbat Ḥol HaMo'ed, say the Amida on page 924.

GEULA FOR THE SEVENTH DAY OF PESAḤ

The Yotzerot for the seventh and eighth days have no integral Piyutei Geula in them. However, on the seventh day, it is the custom to say the piyut of the ancient Spanish rite, by Rabbi Judah HaLevi, who signed his name in the acrostic. Its main theme is the parting of the Sea of Reeds, and the Song at the Sea, which occurred on this day. A secondary theme is the Mitzvot, such as circumcision, which distinguish the Jews from other nations. In many Ashkenazi communities, it is sung at a Brit Mila feast.

The day the depths turned to dry land,
the redeemed ones sang a new song of praise.

"the horsemen and their neighing steeds… and arrows notched against the string… while we pray to Almighty God, who maketh wars to cease" (A.M. Haberman, ed., *Liturgical Poems of Rabbi Simeon bar Isaac*, p. 162). There is an intensity here that is unmistakable, as the poet adds his lines to the blessing that speaks of God's redemption. "Hasten, my Beloved" is no longer a simple call of love. Here it has become a desperate cry for help from heaven.

יוֹם לְיַבָּשָׁה *The day the depths.* Judah HaLevi, one of Jewry's greatest poets,

בְּרַח דּוֹדִי אֶל וְעַד הַזְּבוּל — אִם עָלֶיךָ סָבַלְנוּ בְּלִי סָבוּל
הִנֵּה שִׁחֲתוּנוּ בְּכָל מִינֵי חִבּוּל — וְאַתָּה יהוה מְשַׂמֵּחַ אָבוּל
עָלֶיךָ נַסְבִּיר לְהַתִּיר כָּבוּל — לְגָאֳלֵנוּ לְהִתְגַּדֵּל מֵעַל גְּבוּל.

בְּרַח דּוֹדִי אֶל נִשָּׂא מִגְּבָעוֹת — אִם זֵדְנוּ בְּפֶרַע פְּרָעוֹת
הִנֵּה הִשִּׂיגוּנוּ צָרוֹת רַבּוֹת וְרָעוֹת — וְאַתָּה יהוה אֵל לְמוֹשָׁעוֹת
עָלֶיךָ נִתְחַנֵּן שִׂיחַ שְׁוָעוֹת — לְגָאֳלֵנוּ וּלְעַטְּרֵנוּ נֹעַם יְשׁוּעוֹת.

בִּגְלַל אָבוֹת תּוֹשִׁיעַ בָּנִים, וְתָבִיא גְאֻלָּה לִבְנֵי בְנֵיהֶם
בָּרוּךְ אַתָּה יהוה, גָּאַל יִשְׂרָאֵל.

On יום טוב, *say the* עמידה *on page 499. On* שבת חול המועד, *say the* עמידה *on page 925.*

גאולה לשביעי של פסח

The יוצרות *for the seventh and eighth days have no integral* פיוטי גאולה *in them. However, on the seventh day, it is the custom to say the piyut said according to the ancient Spanish rite, by Rabbi Judah HaLevi, who signed his name in the acrostic. Its main theme is the parting of the Sea of Reeds, and* שירת הים, *which occurred on this day. A secondary theme is the* מצוות, *such as* ברית מילה, *which distinguish the Jews from other nations. In many Ashkenazi communities, it is sung at a* סעודת ברית מילה.

יוֹם לְיַבָּשָׁה — נֶהֶפְכוּ מְצוּלִים
שִׁירָה חֲדָשָׁה — שִׁבְּחוּ גְאוּלִים.

In this poem of five verses, each of which begins with the words "Hasten, my Beloved" (taken from the last verse of the Song of Songs, the book we read today), the anguish of exile is palpable. The poet speaks of his people "afflicted with every sort of pain… fettered in an iron exile… struck with every kind of assault." The full force of the suffering the Jews of northern Europe were to endure had not yet been unleashed. The trauma of the Crusades and the massacre of Jewish communities in Worms, Speyer and Mainz (see Introduction, *page lxix*) still lay in the future. Yet intuitively Rabbi Shimon realized that a new era was dawning, one of immense danger to the Jews. European Christianity was becoming increasingly militant. There was talk of holy war. Jews, as the most significant non-Christian minority, were vulnerable and exposed. Rabbi Shimon wrote of the new breed of Christian warriors:

The day You were glorified through our oppressor, / You demonstrated Your love for me, / establishing Your praise / out of the mouths of babes.

Cunningly, You caused / the Anamite daughter's [Egypt's] feet to sink, / while the footsteps of the beloved Shulamite [Israel] / remained lovely in their sandals.

All those who saw me sang / when they witnessed Your glory: / "There is none like the God of Israel"/ – so shall our enemies testify.

May You raise my banner as You did then / over the remnants of my people, / and gather the dispersed / like one who gleans grain.

Those who have forged with You / a covenant with Your seal, / and from the womb, / are circumcised for Your name's sake.

They display their signs / for all to see; / to the corners of their garments / they have attached fringes.

For whom was this Torah written? / Please acknowledge the truth! / Whose is the seal / and whose are the threads?

Betroth her once more, / never to be banished again, / and let her rise as the sun / making all the shadows flee.

Your beloved nation exalted You / greeting You with song: / Who is like You / among the mighty, O Lord?

For the sake of the ancestors, redeem the descendants,
bringing salvation to their children's children.
Blessed are You, Lord, who redeemed Israel.

Continue with the Amida on the next page.

---

conceding the justice of her cause. We too bear the signs (the "seal" of circumcision and the "threads" of the tzitzit), implies the poet. Therefore You, God, must recognize the justice of our cause and redeem us from exile and the threat of death. HaLevi relies on his readers to hear the hint that, from Judah and Tamar was born Peretz, the ancestor of King David, the ancestor of the Messiah.

יוֹם בְּצַר נִכְבַּדְתָּ / וְאֵלַי נֶחְמַדְתָּ / וְלָךְ עֹז יִסַּדְתָּ   מִפִּי עוֹלָלִים.
הִטְבַּעְתָּ בְּתַרְמִית / רַגְלֵי בַּת עֲנָמִית / וּפַעֲמֵי שׁוּלַמִּית   יָפוּ בַּנְּעָלִים.
וְכָל רוֹאַי יְשׁוּרוּן / בְּעֵת הוֹדְךָ יְשֹׁרוּן / אֵין כָּאֵל יְשֻׁרוּן   וְאוֹיְבֵינוּ פְּלִילִים.
דְּגָלַי כֵּן תָּרִים / עַל הַנִּשְׁאָרִים / וּתְלַקֵּט נִפְזָרִים   כִּמְלַקֵּט שִׁבֳּלִים.
הַבָּאִים עִמְּךָ / בִּבְרִית חוֹתָמְךָ / וּמִבֶּטֶן לְשִׁמְךָ   הֵמָּה נִמּוֹלִים.
הֶרְאוּ אוֹתוֹתָם / לְכָל רוֹאֶה אוֹתָם / וְעַל כַּנְפֵי כְסוּתָם   עָשׂוּ גְדִילִים.
לְמִי זֹאת נִרְשֶׁמֶת / הַכֶּר נָא דְּבַר אֱמֶת / לְמִי הַחוֹתֶמֶת   וּלְמִי הַפְּתִילִים.
וְשׁוּב שֵׁנִית לְקַדְּשָׁהּ / וְאַל תּוֹסֵף לְגָרְשָׁהּ / וְהַעֲלֵה אוֹר שִׁמְשָׁהּ
וְנָסוּ הַצְּלָלִים.
יְדִידִים רוֹמְמוּךָ / בְּשִׁירָה קִדְּמוּךָ / מִי כָמֹכָה   יהוה בָּאֵלִים.

בִּגְלַל אָבוֹת תּוֹשִׁיעַ בָּנִים, וְתָבִיא גְאֻלָּה לִבְנֵי בְנֵיהֶם
בָּרוּךְ אַתָּה יהוה גָּאַל יִשְׂרָאֵל.

Continue with the עמידה *on the next page.*

---

imagines God gathering the scattered exiles of Israel like a farmer gathering sheaves – an unusual and lovely way of describing the redemption of the future.

הַבָּאִים עִמְּךָ *Those who have forged with You.* Despite their exile the Jewish people continue to carry the signs of the covenant, among them circumcision and tzitzit.

לְמִי הַחוֹתֶמֶת וּלְמִי הַפְּתִילִים *Whose is the seal and whose are the threads?* In another dazzling imaginative leap, HaLevi invokes the scene (Gen. 38:25) in which Tamar, wrongly accused, establishes the truth by showing Judah certain signs (a seal and threads) which he immediately recognizes,

THE AMIDA

The following prayer, until "in former years" on page 510, is said silently, standing with feet together. If there is a minyan, the Amida is repeated aloud by the Leader. Take three steps forward and at the points indicated by ▾, bend the knees at the first word, bow at the second, and stand straight before saying God's name.

O Lord, open my lips, so that my mouth may declare Your praise. *Ps. 51*

PATRIARCHS

▾בָּרוּךְ▾ Blessed are You, Lord our God and God of our fathers,
God of Abraham, God of Isaac and God of Jacob;
the great, mighty and awesome God, God Most High,
who bestows acts of loving-kindness and creates all,
who remembers the loving-kindness of the fathers
and will bring a Redeemer
to their children's children
for the sake of His name, in love.
King, Helper, Savior, Shield:
▾Blessed are You, Lord, Shield of Abraham.

DIVINE MIGHT

אַתָּה גִּבּוֹר You are eternally mighty, Lord.
You give life to the dead
and have great power to save.

On the first day:
He makes the wind blow and the rain fall.
In Israel, on the other days:
He causes the dew to fall.

He sustains the living with loving-kindness,
and with great compassion revives the dead.

"*I remember the kindness of your youth*, your love as a bride, how you followed Me in the wilderness, in a land not sown." The patriarchs and matriarchs were willing to undertake a physical and spiritual journey, fraught with risk, in response to the call of God. They listened to God. Therefore in their merit we ask God to listen to us. That is the historical basis on which we pray.

עמידה

The following prayer, until קַדְמֹנִיּוֹת *on page 511, is said silently, standing with feet together. If there is a* מנין*, the* עמידה *is repeated aloud by the* שליח ציבור*. Take three steps forward and at the points indicated by* ּ*, bend the knees at the first word, bow at the second, and stand straight before saying God's name.*

אֲדֹנָי, שְׂפָתַי תִּפְתָּח, וּפִי יַגִּיד תְּהִלָּתֶךָ: תהלים נא

אבות

בָּרוּךְ אַתָּה יהוה, אֱלֹהֵינוּ וֵאלֹהֵי אֲבוֹתֵינוּ
אֱלֹהֵי אַבְרָהָם, אֱלֹהֵי יִצְחָק, וֵאלֹהֵי יַעֲקֹב
הָאֵל הַגָּדוֹל הַגִּבּוֹר וְהַנּוֹרָא, אֵל עֶלְיוֹן
גּוֹמֵל חֲסָדִים טוֹבִים, וְקוֹנֵה הַכֹּל
וְזוֹכֵר חַסְדֵי אָבוֹת
וּמֵבִיא גוֹאֵל לִבְנֵי בְנֵיהֶם לְמַעַן שְׁמוֹ בְּאַהֲבָה.
מֶלֶךְ עוֹזֵר וּמוֹשִׁיעַ וּמָגֵן.
בָּרוּךְ אַתָּה יהוה, מָגֵן אַבְרָהָם.

גבורות

אַתָּה גִּבּוֹר לְעוֹלָם, אֲדֹנָי
מְחַיֵּה מֵתִים אַתָּה, רַב לְהוֹשִׁיעַ

On the first day:

מַשִּׁיב הָרוּחַ וּמוֹרִיד הַגֶּשֶׁם

In ארץ ישראל *on the other days:*

מוֹרִיד הַטָּל

מְכַלְכֵּל חַיִּים בְּחֶסֶד, מְחַיֵּה מֵתִים בְּרַחֲמִים רַבִּים

וְזוֹכֵר חַסְדֵי אָבוֹת *Remembers the loving-kindness of the fathers.* The reference is not just to obvious acts of kindness like Abraham offering hospitality to passersby, or Rebecca bringing water for a stranger and his camels – though these acts were essential in establishing a template of Jewish character, in seeking to be a blessing to others. There is also, in this phrase, an echo of Jeremiah (2:2):

He supports the fallen, heals the sick, sets captives free,
and keeps His faith with those who sleep in the dust.
Who is like You, Master of might,
and who can compare to You,
O King who brings death and gives life, and makes salvation grow?
Faithful are You to revive the dead.
Blessed are You, LORD, who revives the dead.

When saying the Amida silently, continue with "You are holy" on the next page.

KEDUSHA

During the Leader's Repetition, the following is said standing with feet together, rising on the toes at the words indicated by ▴.

Cong. then Leader: נְקַדֵּשׁ We will sanctify Your name on earth, as they sanctify it in the highest heavens, as is written by Your prophet, "And they [the angels] call to one another saying: *Is. 6*

Cong. then Leader: ▴Holy, ▴holy, ▴holy is the LORD of hosts; the whole world is filled with His glory.

Then with a sound of mighty noise, majestic and strong, they make their voice heard, raising themselves toward the Seraphim, and facing them say: "Blessed –"

Cong. then Leader: ▴"Blessed is the LORD's glory from His place." *Ezek. 3*

Reveal Yourself from Your place, O our King, and reign over us, for we are waiting for You. When will You reign in Zion? May it be soon in our days, and may You dwell there for ever and all time. May You be exalted and sanctified in the midst of Jerusalem, Your city, from generation to generation for evermore. May our eyes see Your kingdom, as is said in the songs of Your splendor, written by David Your righteous anointed one:

Cong. then Leader: ▴"The LORD shall reign for ever. He is your God, Zion, from generation to generation, Halleluya!" *Ps. 146*

Leader: From generation to generation we will declare Your greatness, and we will proclaim Your holiness for evermore. Your praise, our God, shall not leave our mouth forever, for You, God, are a great and holy King. Blessed are You, LORD, the holy God.

The Leader continues with "You have chosen us" on the next page.

סוֹמֵךְ נוֹפְלִים, וְרוֹפֵא חוֹלִים, וּמַתִּיר אֲסוּרִים
וּמְקַיֵּם אֱמוּנָתוֹ לִישֵׁנֵי עָפָר.
מִי כָמְוֹךָ, בַּעַל גְּבוּרוֹת, וּמִי דּוֹמֶה לָּךְ
מֶלֶךְ, מֵמִית וּמְחַיֶּה וּמַצְמִיחַ יְשׁוּעָה.
וְנֶאֱמָן אַתָּה לְהַחֲיוֹת מֵתִים.
בָּרוּךְ אַתָּה יהוה, מְחַיֵּה הַמֵּתִים.

When saying the עמידה *silently, continue with* אַתָּה קָדוֹשׁ *on the next page.*

קדושה

During the חזרת הש״ץ*, the following is said standing with feet together, rising on the toes at the words indicated by* ˄.

then קהל
ש״ץ: נְקַדֵּשׁ אֶת שִׁמְךָ בָּעוֹלָם, כְּשֵׁם שֶׁמַּקְדִּישִׁים אוֹתוֹ בִּשְׁמֵי מָרוֹם
כַּכָּתוּב עַל יַד נְבִיאֶךָ: וְקָרָא זֶה אֶל־זֶה וְאָמַר — ישעיה ו

then קהל
ש״ץ: ˄קָדוֹשׁ, ˄קָדוֹשׁ, ˄קָדוֹשׁ, יהוה צְבָאוֹת, מְלֹא כָל־הָאָרֶץ כְּבוֹדוֹ:
אָז בְּקוֹל רַעַשׁ גָּדוֹל אַדִּיר וְחָזָק, מַשְׁמִיעִים קוֹל
מִתְנַשְּׂאִים לְעֻמַּת שְׂרָפִים, לְעֻמָּתָם בָּרוּךְ יֹאמֵרוּ

then קהל
ש״ץ: ˄בָּרוּךְ כְּבוֹד־יהוה מִמְּקוֹמוֹ: — יחזקאל ג
מִמְּקוֹמְךָ מַלְכֵּנוּ תוֹפִיעַ וְתִמְלֹךְ עָלֵינוּ, כִּי מְחַכִּים אֲנַחְנוּ לָךְ
מָתַי תִּמְלֹךְ בְּצִיּוֹן, בְּקָרוֹב בְּיָמֵינוּ לְעוֹלָם וָעֶד תִּשְׁכֹּן
תִּתְגַּדַּל וְתִתְקַדַּשׁ בְּתוֹךְ יְרוּשָׁלַיִם עִירְךָ לְדוֹר וָדוֹר וּלְנֵצַח נְצָחִים.
וְעֵינֵינוּ תִרְאֶינָה מַלְכוּתֶךָ
כַּדָּבָר הָאָמוּר בְּשִׁירֵי עֻזֶּךָ עַל יְדֵי דָוִד מְשִׁיחַ צִדְקֶךָ

then קהל
ש״ץ: ˄יִמְלֹךְ יהוה לְעוֹלָם, אֱלֹהַיִךְ צִיּוֹן לְדֹר וָדֹר, הַלְלוּיָהּ: — תהלים קמו

ש״ץ: לְדוֹר וָדוֹר נַגִּיד גָּדְלֶךָ, וּלְנֵצַח נְצָחִים קְדֻשָּׁתְךָ נַקְדִּישׁ
וְשִׁבְחֲךָ אֱלֹהֵינוּ מִפִּינוּ לֹא יָמוּשׁ לְעוֹלָם וָעֶד
כִּי אֵל מֶלֶךְ גָּדוֹל וְקָדוֹשׁ אָתָּה.
בָּרוּךְ אַתָּה יהוה הָאֵל הַקָּדוֹשׁ.

The שליח ציבור *continues with* אַתָּה בְחַרְתָּנוּ *on the next page.*

When saying the Amida silently, continue here:

HOLINESS

אַתָּה קָדוֹשׁ You are holy and Your name is holy,
and holy ones praise You daily, Selah!
Blessed are You, LORD, the holy God.

HOLINESS OF THE DAY

אַתָּה בְחַרְתָּנוּ You have chosen us from among all peoples.
You have loved and favored us.
You have raised us above all tongues.
You have made us holy through Your commandments.
You have brought us near, our King, to Your service,
and have called us by Your great and holy name.

On Shabbat, add the words in parentheses:

וַתִּתֶּן לָנוּ And You, LORD our God, have given us in love
(Sabbaths for rest and) festivals for rejoicing, holy days and seasons for joy,
(this Sabbath day and) this day of the festival of Matzot,
the time of our freedom
(with love), a holy assembly in memory of the exodus from Egypt.

אֱלֹהֵינוּ Our God and God of our ancestors,
may there rise, come, reach, appear, be favored, heard,
regarded and remembered before You,
our recollection and remembrance,
as well as the remembrance of our ancestors,
and of the Messiah son of David Your servant,
and of Jerusalem Your holy city,
and of all Your people the house of Israel –
for deliverance and well-being, grace, loving-kindness and compassion,
life and peace, on this day of the festival of Matzot.

זִכְרוֹנֵנוּ וּפִקְדוֹנֵנוּ *Our recollection and remembrance.* According to Malbim, the verb *z-kh-r*, "remember," means the opposite of "forget." It is cognitive. The verb *p-k-d*, "to recollect," refers to an act of focused attention and may also involve the emotions and the will.

חַג הַמַּצּוֹת *The festival of Matzot.* Post-biblical tradition calls the festival that begins on 15 Nisan, Pesaḥ, whereas the Torah itself uses this word to designate

When saying the עמידה *silently, continue here:*

קדושת השם

אַתָּה קָדוֹשׁ וְשִׁמְךָ קָדוֹשׁ, וּקְדוֹשִׁים בְּכָל יוֹם יְהַלְלְוּךָ סֶּלָה.

בָּרוּךְ אַתָּה יהוה, הָאֵל הַקָּדוֹשׁ.

קדושת היום

אַתָּה בְחַרְתָּנוּ מִכָּל הָעַמִּים

אָהַבְתָּ אוֹתָנוּ וְרָצִיתָ בָּנוּ, וְרוֹמַמְתָּנוּ מִכָּל הַלְּשׁוֹנוֹת

וְקִדַּשְׁתָּנוּ בְּמִצְוֹתֶיךָ, וְקֵרַבְתָּנוּ מַלְכֵּנוּ לַעֲבוֹדָתֶךָ

וְשִׁמְךָ הַגָּדוֹל וְהַקָּדוֹשׁ עָלֵינוּ קָרָאתָ.

On שבת*, add the words in parentheses:*

וַתִּתֶּן לָנוּ יהוה אֱלֹהֵינוּ בְּאַהֲבָה

(שַׁבָּתוֹת לִמְנוּחָה וּ)מוֹעֲדִים לְשִׂמְחָה, חַגִּים וּזְמַנִּים לְשָׂשׂוֹן

אֶת יוֹם (הַשַּׁבָּת הַזֶּה וְאֶת יוֹם) חַג הַמַּצּוֹת הַזֶּה, זְמַן חֵרוּתֵנוּ

(בְּאַהֲבָה) מִקְרָא קֹדֶשׁ, זֵכֶר לִיצִיאַת מִצְרָיִם.

אֱלֹהֵינוּ וֵאלֹהֵי אֲבוֹתֵינוּ

יַעֲלֶה וְיָבוֹא וְיַגִּיעַ וְיֵרָאֶה וְיֵרָצֶה וְיִשָּׁמַע

וְיִפָּקֵד וְיִזָּכֵר זִכְרוֹנֵנוּ וּפִקְדוֹנֵנוּ וְזִכְרוֹן אֲבוֹתֵינוּ

וְזִכְרוֹן מָשִׁיחַ בֶּן דָּוִד עַבְדֶּךָ, וְזִכְרוֹן יְרוּשָׁלַיִם עִיר קָדְשֶׁךָ

וְזִכְרוֹן כָּל עַמְּךָ בֵּית יִשְׂרָאֵל, לְפָנֶיךָ

לִפְלֵיטָה, לְטוֹבָה, לְחֵן וּלְחֶסֶד וּלְרַחֲמִים

לְחַיִּים וּלְשָׁלוֹם בְּיוֹם חַג הַמַּצּוֹת הַזֶּה.

אַתָּה בְחַרְתָּנוּ *You have chosen us.* The three pilgrimage festivals, Pesaḥ, Shavuot and Sukkot are festivals of history. Therefore the Amida on these days emphasizes the uniqueness of Jewish history, for in and through the extraordinary story of the survival of the nation against all odds lies the most obvious outward sign of the Jewish mission, to be God's witnesses to the world.

On it remember us, Lord our God, for good;
recollect us for blessing, and deliver us for life.
In accord with Your promise
of salvation and compassion,
spare us and be gracious to us;
have compassion on us and deliver us,
for our eyes are turned to You
because You, God,
are a gracious and compassionate King.

On Shabbat, add the words in parentheses:

וְהַשִּׂיאֵנוּ Bestow on us, Lord our God,
the blessings of Your festivals
for good life and peace, joy and gladness,
as You desired and promised to bless us.
(Our God and God of our fathers, find favor in our rest.)
Make us holy through Your commandments
and grant us a share in Your Torah.
Satisfy us with Your goodness,
gladden us with Your salvation,
and purify our hearts to serve You in truth.
Grant us as our heritage,
Lord our God (with love and favor,)
with joy and gladness, Your holy (Sabbath and) festivals,
and may Israel, who sanctify Your name, rejoice in You.
Blessed are You, Lord,
who sanctifies (the Sabbath and) Israel and the festive seasons.

וְהַשִּׂיאֵנוּ *Bestow on us.* A verb that has a multiplicity of meanings, among
them: (1) giving a gift, (2) loading, (3) causing someone to receive a blessing,
(4) lifting, raising; and many others. The richness of resonances of the verb
may reflect the multidimensional nature of the experience of the pilgrimage
festivals: reliving history, celebrating the season and its harvest, together with
the joy of journeying to Jerusalem, being in the Temple and being part of a
thronged national celebration.

זָכְרֵנוּ יהוה אֱלֹהֵינוּ בּוֹ לְטוֹבָה

וּפָקְדֵנוּ בוֹ לִבְרָכָה

וְהוֹשִׁיעֵנוּ בוֹ לְחַיִּים.

וּבִדְבַר יְשׁוּעָה וְרַחֲמִים

חוּס וְחָנֵּנוּ, וְרַחֵם עָלֵינוּ וְהוֹשִׁיעֵנוּ

כִּי אֵלֶיךָ עֵינֵינוּ, כִּי אֵל מֶלֶךְ חַנּוּן וְרַחוּם אָתָּה.

On שבת, add the words in parentheses:

וְהַשִּׂיאֵנוּ יהוה אֱלֹהֵינוּ אֶת בִּרְכַּת מוֹעֲדֶיךָ

לְחַיִּים וּלְשָׁלוֹם, לְשִׂמְחָה וּלְשָׂשׂוֹן

כַּאֲשֶׁר רָצִיתָ וְאָמַרְתָּ לְבָרְכֵנוּ.

(אֱלֹהֵינוּ וֵאלֹהֵי אֲבוֹתֵינוּ, רְצֵה בִמְנוּחָתֵנוּ)

קַדְּשֵׁנוּ בְּמִצְוֹתֶיךָ, וְתֵן חֶלְקֵנוּ בְּתוֹרָתֶךָ

שַׂבְּעֵנוּ מִטּוּבֶךָ, וְשַׂמְּחֵנוּ בִּישׁוּעָתֶךָ

וְטַהֵר לִבֵּנוּ לְעָבְדְּךָ בֶּאֱמֶת.

וְהַנְחִילֵנוּ יהוה אֱלֹהֵינוּ (בְּאַהֲבָה וּבְרָצוֹן)

בְּשִׂמְחָה וּבְשָׂשׂוֹן (שַׁבָּת וּ)מוֹעֲדֵי קָדְשֶׁךָ

וְיִשְׂמְחוּ בְךָ יִשְׂרָאֵל מְקַדְּשֵׁי שְׁמֶךָ.

בָּרוּךְ אַתָּה יהוה, מְקַדֵּשׁ (הַשַּׁבָּת וְ)יִשְׂרָאֵל וְהַזְּמַנִּים.

the day before, when the Paschal lamb was offered. It calls the subsequent festival Ḥag HaMatzot, "the festival of unleavened bread." With characteristic love and grace, Rabbi Levi Yitzḥak of Berditchev gave the following explanation: Israel takes pride in God and God takes pride in Israel. God calls the festival Ḥag HaMatzot in praise of Israel who hastened to follow Him into the wilderness. Israel calls the festival Pesaḥ in praise of God who "passed over" the homes of the Israelites during the last plague, thus ensuring both their safety and their release.

TEMPLE SERVICE

רְצֵה Find favor, LORD our God,
in Your people Israel and their prayer.
Restore the service to Your most holy House,
and accept in love and favor
the fire-offerings of Israel and their prayer.
May the service of Your people Israel
always find favor with You.
And may our eyes witness Your return to Zion in compassion.
Blessed are You, LORD, who restores His Presence to Zion.

THANKSGIVING

Bow at the first nine words.

מוֹדִים We give thanks to You,
for You are the LORD our God
and God of our ancestors
for ever and all time.
You are the Rock of our lives,
Shield of our salvation
from generation to generation.
We will thank You and
declare Your praise for our lives,
which are entrusted into Your hand;
for our souls,
which are placed in Your charge;
for Your miracles
which are with us every day;
and for Your wonders and favors
at all times, evening,
morning and midday.
You are good –
for Your compassion never fails.
You are compassionate –
for Your loving-kindnesses never cease.
We have always placed our hope in You.

*During the Leader's Repetition,
the congregation says quietly:*
מוֹדִים We give thanks to You,
for You are the LORD our God
and God of our ancestors,
God of all flesh,
who formed us
and formed the universe.
Blessings and thanks
are due to Your great
and holy name for giving us
life and sustaining us.
May You continue
to give us life and sustain us;
and may You gather our
exiles to Your holy courts,
to keep Your decrees,
do Your will and serve You
with a perfect heart,
for it is for us
to give You thanks.
Blessed be God to whom
thanksgiving is due.

עבודה

רְצֵה יהוה אֱלֹהֵינוּ בְּעַמְּךָ יִשְׂרָאֵל וּבִתְפִלָּתָם

וְהָשֵׁב אֶת הָעֲבוֹדָה לִדְבִיר בֵּיתֶךָ

וְאִשֵּׁי יִשְׂרָאֵל וּתְפִלָּתָם בְּאַהֲבָה תְקַבֵּל בְּרָצוֹן

וּתְהִי לְרָצוֹן תָּמִיד עֲבוֹדַת יִשְׂרָאֵל עַמֶּךָ.

וְתֶחֱזֶינָה עֵינֵינוּ בְּשׁוּבְךָ לְצִיּוֹן בְּרַחֲמִים.

בָּרוּךְ אַתָּה יהוה, הַמַּחֲזִיר שְׁכִינָתוֹ לְצִיּוֹן.

הודאה

Bow at the first five words.

מוֹדִים אֲנַחְנוּ לָךְ

שָׁאַתָּה הוּא יהוה אֱלֹהֵינוּ

וֵאלֹהֵי אֲבוֹתֵינוּ לְעוֹלָם וָעֶד.

צוּר חַיֵּינוּ, מָגֵן יִשְׁעֵנוּ

אַתָּה הוּא לְדוֹר וָדוֹר.

נוֹדֶה לְּךָ וּנְסַפֵּר תְּהִלָּתֶךָ

עַל חַיֵּינוּ הַמְּסוּרִים בְּיָדֶךָ

וְעַל נִשְׁמוֹתֵינוּ הַפְּקוּדוֹת לָךְ

וְעַל נִסֶּיךָ שֶׁבְּכָל יוֹם עִמָּנוּ

וְעַל נִפְלְאוֹתֶיךָ וְטוֹבוֹתֶיךָ

שֶׁבְּכָל עֵת, עֶרֶב וָבֹקֶר וְצָהֳרָיִם.

הַטּוֹב, כִּי לֹא כָלוּ רַחֲמֶיךָ

וְהַמְרַחֵם, כִּי לֹא תַמּוּ חֲסָדֶיךָ

מֵעוֹלָם קִוִּינוּ לָךְ.

During the חזרת הש״ץ*,
the* קהל *says quietly:*

מוֹדִים אֲנַחְנוּ לָךְ

שָׁאַתָּה הוּא יהוה אֱלֹהֵינוּ

וֵאלֹהֵי אֲבוֹתֵינוּ

אֱלֹהֵי כָל בָּשָׂר

יוֹצְרֵנוּ, יוֹצֵר בְּרֵאשִׁית.

בְּרָכוֹת וְהוֹדָאוֹת

לְשִׁמְךָ הַגָּדוֹל וְהַקָּדוֹשׁ

עַל שֶׁהֶחֱיִיתָנוּ וְקִיַּמְתָּנוּ.

כֵּן תְּחַיֵּנוּ וּתְקַיְּמֵנוּ

וְתֶאֱסֹף גָּלֻיּוֹתֵינוּ

לְחַצְרוֹת קָדְשֶׁךָ

לִשְׁמֹר חֻקֶּיךָ וְלַעֲשׂוֹת רְצוֹנֶךָ

וּלְעָבְדְּךָ בְּלֵבָב שָׁלֵם

עַל שֶׁאֲנַחְנוּ מוֹדִים לָךְ.

בָּרוּךְ אֵל הַהוֹדָאוֹת.

וְעַל כֻּלָּם For all these things
may Your name be blessed and exalted, our King,
continually, for ever and all time.
Let all that lives thank You, Selah!
and praise Your name in truth,
God, our Savior and Help, Selah!
▾Blessed are You, LORD,
whose name is "the Good" and to whom thanks are due.

For the blessing of the Kohanim in Israel, see page 1150.
The Leader says the following during the Repetition of the Shaḥarit Amida.
It is also said in Israel when no Kohanim bless the congregation.

Our God and God of our fathers, bless us with the threefold blessing in the Torah, written by the hand of Moses Your servant and pronounced by Aaron and his sons the priests, Your holy people, as it is said:

May the LORD bless you and protect you. *Num. 6*
Cong: May it be Your will.
May the LORD make His face shine on you and be gracious to you.
Cong: May it be Your will.
May the LORD turn His face toward you, and grant you peace.
Cong: May it be Your will.

PEACE

שִׂים שָׁלוֹם Grant peace, goodness and blessing,
grace, loving-kindness and compassion
to us and all Israel Your people.
Bless us, our Father, all as one,
with the light of Your face,
for by the light of Your face
You have given us, LORD our God,
the Torah of life and love of kindness,
righteousness, blessing, compassion, life and peace.
May it be good in Your eyes
to bless Your people Israel
at every time, in every hour, with Your peace.
Blessed are You, LORD, who blesses His people Israel with peace.

וְעַל כֻּלָּם יִתְבָּרַךְ וְיִתְרוֹמַם שִׁמְךָ מַלְכֵּנוּ תָּמִיד לְעוֹלָם וָעֶד.
וְכֹל הַחַיִּים יוֹדוּךָ סֶּלָה, וִיהַלְלוּ אֶת שִׁמְךָ בֶּאֱמֶת
הָאֵל יְשׁוּעָתֵנוּ וְעֶזְרָתֵנוּ סֶלָה.
בָּרוּךְ אַתָּה יהוה
הַטּוֹב שִׁמְךָ וּלְךָ נָאֶה לְהוֹדוֹת.

For the blessing of the כהנים *in* ארץ ישראל *see page 1151.*
The שליח ציבור *says the following during the* חזרת הש״ץ *of* שחרית.
It is also said in ארץ ישראל *when no* כהנים *bless the congregation.*

אֱלֹהֵינוּ וֵאלֹהֵי אֲבוֹתֵינוּ, בָּרְכֵנוּ בַּבְּרָכָה הַמְשֻׁלֶּשֶׁת בַּתּוֹרָה, הַכְּתוּבָה עַל יְדֵי מֹשֶׁה עַבְדֶּךָ, הָאֲמוּרָה מִפִּי אַהֲרֹן וּבָנָיו כֹּהֲנִים עַם קְדוֹשֶׁיךָ, כָּאָמוּר

יְבָרֶכְךָ יהוה וְיִשְׁמְרֶךָ: קהל: כֵּן יְהִי רָצוֹן במדבר ו
יָאֵר יהוה פָּנָיו אֵלֶיךָ וִיחֻנֶּךָּ: קהל: כֵּן יְהִי רָצוֹן
יִשָּׂא יהוה פָּנָיו אֵלֶיךָ וְיָשֵׂם לְךָ שָׁלוֹם: קהל: כֵּן יְהִי רָצוֹן

ברכת שלום

שִׂים שָׁלוֹם טוֹבָה וּבְרָכָה
חֵן וָחֶסֶד וְרַחֲמִים
עָלֵינוּ וְעַל כָּל יִשְׂרָאֵל עַמֶּךָ.
בָּרְכֵנוּ אָבִינוּ כֻּלָּנוּ כְּאֶחָד בְּאוֹר פָּנֶיךָ
כִּי בְאוֹר פָּנֶיךָ
נָתַתָּ לָּנוּ יהוה אֱלֹהֵינוּ
תּוֹרַת חַיִּים וְאַהֲבַת חֶסֶד
וּצְדָקָה וּבְרָכָה וְרַחֲמִים וְחַיִּים וְשָׁלוֹם.
וְטוֹב בְּעֵינֶיךָ לְבָרֵךְ אֶת עַמְּךָ יִשְׂרָאֵל
בְּכָל עֵת וּבְכָל שָׁעָה בִּשְׁלוֹמֶךָ.
בָּרוּךְ אַתָּה הוה, הַמְבָרֵךְ אֶת עַמּוֹ יִשְׂרָאֵל בַּשָּׁלוֹם.

The following verse concludes the Leader's Repetition of the Amida.
Some also say it here as part of the silent Amida.

May the words of my mouth and the meditation of my heart find favor before You, LORD, my Rock and Redeemer. *Ps. 19*

אֱלֹהַי My God,
guard my tongue from evil and my lips from deceitful speech. *Berakhot 17a*
To those who curse me, let my soul be silent;
may my soul be to all like the dust.
Open my heart to Your Torah
and let my soul pursue Your commandments.
As for all who plan evil against me,
swiftly thwart their counsel and frustrate their plans.
Act for the sake of Your name;
act for the sake of Your right hand;
act for the sake of Your holiness;
act for the sake of Your Torah.
That Your beloved ones may be delivered, *Ps. 60*
save with Your right hand and answer me.
May the words of my mouth and the meditation of my heart *Ps. 19*
find favor before You, LORD, my Rock and Redeemer.

Bow, take three steps back, then bow, first left, then right, then center, while saying:

May He who makes peace in His high places,
make peace for us and all Israel – and say: Amen.

יְהִי רָצוֹן May it be Your will, LORD our God and God of our ancestors,
that the Temple be rebuilt speedily in our days,
and grant us a share in Your Torah.
And there we will serve You with reverence,
as in the days of old and as in former years.
Then the offering of Judah and Jerusalem *Mal. 3*
will be pleasing to the LORD as in the days of old and as in former years.

The Leader repeats the Amida (page 498).

In congregations which recite piyutim, the Repetition for the second day begins on page 1190; for the seventh day, on page 1218; and for the eighth day, on page 1248.

The following verse concludes the חזרת הש״ץ
Some also say it here as part of the silent עמידה.

יִהְיוּ לְרָצוֹן אִמְרֵי־פִי וְהֶגְיוֹן לִבִּי לְפָנֶיךָ, יהוה צוּרִי וְגֹאֲלִי: תהלים יט

אֱלֹהַי, ברכות יז.
נְצֹר לְשׁוֹנִי מֵרָע וּשְׂפָתַי מִדַּבֵּר מִרְמָה
וְלִמְקַלְלַי נַפְשִׁי תִדֹּם, וְנַפְשִׁי כֶּעָפָר לַכֹּל תִּהְיֶה.
פְּתַח לִבִּי בְּתוֹרָתֶךָ, וּבְמִצְוֹתֶיךָ תִּרְדֹּף נַפְשִׁי.
וְכָל הַחוֹשְׁבִים עָלַי רָעָה
מְהֵרָה הָפֵר עֲצָתָם וְקַלְקֵל מַחֲשַׁבְתָּם.
עֲשֵׂה לְמַעַן שְׁמֶךָ, עֲשֵׂה לְמַעַן יְמִינֶךָ
עֲשֵׂה לְמַעַן קְדֻשָּׁתֶךָ, עֲשֵׂה לְמַעַן תּוֹרָתֶךָ.
לְמַעַן יֵחָלְצוּן יְדִידֶיךָ, הוֹשִׁיעָה יְמִינְךָ וַעֲנֵנִי: תהלים ס
יִהְיוּ לְרָצוֹן אִמְרֵי־פִי וְהֶגְיוֹן לִבִּי לְפָנֶיךָ, יהוה צוּרִי וְגֹאֲלִי: תהלים יט

Bow, take three steps back, then bow, first left, then right, then center, while saying:

עֹשֶׂה שָׁלוֹם בִּמְרוֹמָיו
הוּא יַעֲשֶׂה שָׁלוֹם עָלֵינוּ וְעַל כָּל יִשְׂרָאֵל, וְאִמְרוּ אָמֵן.

יְהִי רָצוֹן מִלְּפָנֶיךָ יהוה אֱלֹהֵינוּ וֵאלֹהֵי אֲבוֹתֵינוּ
שֶׁיִּבָּנֶה בֵּית הַמִּקְדָּשׁ בִּמְהֵרָה בְיָמֵינוּ
וְתֵן חֶלְקֵנוּ בְּתוֹרָתֶךָ
וְשָׁם נַעֲבָדְךָ בְּיִרְאָה כִּימֵי עוֹלָם וּכְשָׁנִים קַדְמוֹנִיּוֹת.
וְעָרְבָה לַיהוה מִנְחַת יְהוּדָה וִירוּשָׁלָיִם כִּימֵי עוֹלָם וּכְשָׁנִים קַדְמֹנִיּוֹת: מלאכי ג

The שליח ציבור *repeats the* עמידה *(page 499).*

In congregations which recite piyutim, the חזרת הש״ץ
for the second day begins on page 1190;
for the seventh day, on page 1218;
and for the eighth day, on page 1248.

Hallel

On the first two days of Pesaḥ (in Israel on the first evening and day), Full
Hallel is said. On the last six days of Pesaḥ, Half Hallel is said.

בָּרוּךְ Blessed are You, LORD our God, King of the Universe,
who has made us holy through His commandments
and has commanded us to recite the Hallel.

---

deliverance from Haman (*Pesaḥim* 119a). The saying of Hallel was also
ordained after the victory of the Maccabees against the Seleucid Greeks.

Hallel is said during Pesaḥ, Shavuot, Sukkot, Shemini Atzeret, Simḥat
Torah and Ḥanukka – and in modern times, also on Yom HaAtzma'ut and
Yom Yerushalayim. It is a feature of the Pesaḥ Seder service (some also say
it in the synagogue at the end of Ma'ariv). On Rosh Ḥodesh and the last
days of Pesaḥ, the custom arose to say an abridged form (known as "Half
Hallel"). The reasons why a full Hallel is not said throughout Pesaḥ are
(1) because the main event of the exodus took place on the first day, so it is
here that our full praise is most appropriate; (2) because the sacrifices offered
on Pesaḥ were the same for each day of the festival, hence there was nothing
new in the service of the second and subsequent days (*Arakhin* 10b); and
(3) because the division of the Sea of Reeds, at which the Egyptians drowned,
took place on the seventh day of Pesaḥ. According to the Talmud (Megilla
10b; *Sanhedrin* 39b), when the angels wished to sing the Song at the Sea, God
refused, saying: "Shall you sing a song while My creatures are drowning?"
(*Beit Yosef*, ch. 490). On this last view, we extend the custom to say Half Hallel
even during Ḥol HaMo'ed so as not to treat the last days with less importance
than the intermediate days. The passages omitted in "Half Hallel" are the first
half of Psalm 115 and Psalm 116. This may be because the subjects of these
psalms are darker than the rest of Hallel. Both speak of distress, national in
the case of 115, personal in 116.

Hallel is supremely the poetry of the three pilgrimage festivals, as Jews
remember the deliverances of the past, give thanks for the present, and pray
for a safe future. It is constructed in three movements: (1) Psalms 113–115
are songs of collective gratitude and indebtedness to God, (2) Psalm 116 is a
song sung over a thanksgiving-offering (*korban toda*), and (3) Psalms 117–118
reflect the joy of the pilgrims as they celebrate in the Temple.

סדר הלל

On the first two days of פסח (*in* ארץ ישראל *on the first evening and day*),
הלל שלם *is said. On the last six days of* פסח, הלל בדילוג *is said.*

בָּרוּךְ אַתָּה יהוה אֱלֹהֵינוּ מֶלֶךְ הָעוֹלָם
אֲשֶׁר קִדְּשָׁנוּ בְּמִצְוֹתָיו וְצִוָּנוּ לִקְרֹא אֶת הַהַלֵּל.

HALLEL

The six psalms, 113–118, known as Hallel, form a distinct unit that was sung on festivals in the Second Temple. It is sometimes known as the Egyptian Hallel (because of the reference to the exodus from Egypt in the second paragraph) to distinguish it from the daily Hallel (Psalms 145–150) and the "Great Hallel," Psalms 135 and 136, sung on Shabbat.

To get a sense of what Hallel in the Temple was like, we have to imagine the throng of pilgrims who have come to Jerusalem from all over Israel to "appear before the Lord three times a year." Eyewitness testimony tells us that on one Pesaḥ when the worshipers were counted, there were found to be 1.2 million people, "twice the number of those who came out of Egypt." Jerusalem was packed, the roads leading up to it often blocked by the sheer number of pilgrims, and the Temple courtyard so full that it was considered a miracle that "though people stood crowded together, there was room enough for them to prostrate themselves."

The Levites sang, musical instruments played (something not permitted on holy days outside the Temple), and as the leader sang the verses, the crowd responded with refrains: "Halleluya," "His loving-kindness is for ever," "Lord, please, save us," and other responses. It was colorful, atmospheric, joyous: a people coming to pay homage to God who had brought it to freedom, watched over its destinies and saved it from its enemies.

Hallel is the oldest extended sequence of prayer that has been preserved in its entirety. The sages sensed in it echoes of ancient songs of deliverance: Moses and the Israelites after they had crossed the Sea of Reeds; Joshua and the Israelites after their battles of conquest; Deborah and Barak after they had defeated Sisera; Hezekiah and the people who survived the siege of Sennacherib; Hananiah, Mishael and Azariah after surviving Nebuchadnezzar's fiery furnace; and Mordekhai and Esther after their

הַלְלוּיָהּ **Halleluya!** Servants of the LORD, give praise; praise the name of the LORD. Blessed be the name of the LORD now and for evermore. From the rising of the sun to its setting, may the LORD's name be praised. High is the LORD above all nations; His glory is above the heavens. Who is like the LORD our God, who sits enthroned so high, yet turns so low to see the heavens and the earth? ▸ He raises the poor from the dust and the needy from the refuse heap, giving them a place alongside princes, the princes of His people. He makes the woman in a childless house a happy mother of children. Halleluya! *Ps. 113*

בְּצֵאת **When Israel** came out of Egypt, the house of Jacob from a people of foreign tongue, Judah became His sanctuary, Israel His dominion. The sea saw and fled; the Jordan turned back. The mountains skipped like rams, the hills like lambs. ▸ Why was it, sea, that you fled? Jordan, why did you turn back? Why, mountains, did you skip like rams, and you, hills, like lambs? It was at the presence of the LORD, Creator of the earth, at the presence of the God of Jacob, who turned the rock into a pool of water, flint into a flowing spring. *Ps. 114*

_____

are all equal in dignity under the sovereignty of God – was a revolutionary idea in the ancient world and remains so today.

בְּצֵאת יִשְׂרָאֵל מִמִּצְרָיִם *Psalm 114. When Israel came out of Egypt.* The psalm starts slowly, opening with a subordinate clause and delaying explicit mention of God's name until the penultimate verse. It builds to a tremendous climax, bringing together a series of miracles that happened to the Israelites in the days of Moses and Joshua. Inanimate nature – sea, river, mountains, hills, rock, flint – come alive, trembling and retreating at the approach of God.

הַיָּם רָאָה וַיָּנֹס *The sea saw and fled.* An elision of two separate events: the division of the Sea of Reeds in the days of Moses, and the parting of the Jordan in the days of Joshua.

הֶהָרִים רָקְדוּ *The mountains skipped.* A description, echoing Psalm 29, of how the earth moved when the Torah was given at Sinai.

מַה־לְּךָ *Why was it.* An unusual recasting of the previous two lines in the form of a series of rhetorical questions, heightening the tension before the triumphant declaration of the name of God.

הַהֹפְכִי הַצּוּר *Who turned the rock.* A reference to the occasions (Ex. 17; Num. 20) when God, through Moses, brought water from the rocks so that a parched and thirsty people could drink.

תהלים קיג

הַלְלוּיָהּ, הַלְלוּ עַבְדֵי יהוה, הַלְלוּ אֶת־שֵׁם יהוה: יְהִי שֵׁם יהוה מְבֹרָךְ, מֵעַתָּה וְעַד־עוֹלָם: מִמִּזְרַח־שֶׁמֶשׁ עַד־מְבוֹאוֹ, מְהֻלָּל שֵׁם יהוה: רָם עַל־כָּל־גּוֹיִם יהוה, עַל הַשָּׁמַיִם כְּבוֹדוֹ: מִי כַּיהוה אֱלֹהֵינוּ, הַמַּגְבִּיהִי לָשָׁבֶת: הַמַּשְׁפִּילִי לִרְאוֹת, בַּשָּׁמַיִם וּבָאָרֶץ: ‹ מְקִימִי מֵעָפָר דָּל, מֵאַשְׁפֹּת יָרִים אֶבְיוֹן: לְהוֹשִׁיבִי עִם־נְדִיבִים, עִם נְדִיבֵי עַמּוֹ: מוֹשִׁיבִי עֲקֶרֶת הַבַּיִת, אֵם־הַבָּנִים שְׂמֵחָה, הַלְלוּיָהּ:

תהלים קיד

בְּצֵאת יִשְׂרָאֵל מִמִּצְרָיִם, בֵּית יַעֲקֹב מֵעַם לֹעֵז: הָיְתָה יְהוּדָה לְקָדְשׁוֹ, יִשְׂרָאֵל מַמְשְׁלוֹתָיו: הַיָּם רָאָה וַיָּנֹס, הַיַּרְדֵּן יִסֹּב לְאָחוֹר: הֶהָרִים רָקְדוּ כְאֵילִים, גְּבָעוֹת כִּבְנֵי־צֹאן: ‹ מַה־לְּךָ הַיָּם כִּי תָנוּס, הַיַּרְדֵּן תִּסֹּב לְאָחוֹר: הֶהָרִים תִּרְקְדוּ כְאֵילִים, גְּבָעוֹת כִּבְנֵי־צֹאן: מִלִּפְנֵי אָדוֹן חוּלִי אָרֶץ, מִלִּפְנֵי אֱלוֹהַּ יַעֲקֹב: הַהֹפְכִי הַצּוּר אֲגַם־מָיִם, חַלָּמִישׁ לְמַעְיְנוֹ־מָיִם:

הַלְלוּיָהּ *Psalm 113. Halleluya!* A prelude to the praises that follow. The verb *h-l-l,* "to praise in joyous song" – from which come the words *Tehillim,* the generic name for the psalms, and *Halleluya,* "Praise God" – appears three times in the first verse, setting the mood of elation. It appears five times in the psalm, and ten times in Hallel as a whole.

מֵעַתָּה וְעַד־עוֹלָם: מִמִּזְרַח־שֶׁמֶשׁ *Now and for evermore. From the rising of the sun.* God's praises echo through all time and space.

הַמַּגְבִּיהִי לָשָׁבֶת: הַמַּשְׁפִּילִי לִרְאוֹת *Who sits enthroned so high, yet turns so low to see.* Though God is beyond the heavens, He sees all that happens on earth. God is close to all who seek to be close to Him, and He is never far from those who need His help.

מְקִימִי מֵעָפָר דָּל *He raises the poor from the dust.* This section is strikingly reminiscent of Hannah's song of thanksgiving after God answered her prayers for a child. She sang: "He lifts the poor out of the dust and rasises abject men from the dunghills, to seat them up there with princes, to bequeath them chairs of honor" (1 Sam. 2:6–7). God cares for great and small alike; in His eyes there are no distinctions of class or caste. God humbles the arrogant and lifts the humble. The deep underlying egalitarianism of the Hebrew Bible – that we

Omit on the last days of Pesaḥ:

לֹא לָנוּ Not to us, LORD, not to us, but to Your name give glory, for Your love, for Your faithfulness. Why should the nations say, "Where now is their God?" Our God is in heaven; whatever He wills He does. Their idols are silver and gold, made by human hands. They have mouths but cannot speak; eyes but cannot see. They have ears but cannot hear; noses but cannot smell. They have hands but cannot feel; feet but cannot walk. No sound comes from their throat. Those who make them become like them; so will all who trust in them. ‣ Israel, trust in the LORD – He is their Help and their Shield. House of Aaron, trust in the LORD – He is their Help and their Shield. You who fear the LORD, trust in the LORD – He is their Help and their Shield.

Ps. 115

---

is repeated in Moses' song at the end of his life, "I dreaded the taunt of the enemy, lest the adversary misunderstand and say, 'Our hand has triumphed; the LORD has not done all this'" (Deut. 32:27), and developed at length in Ezekiel 20. Israel are God's witnesses (Is. 43; 44). Therefore their fate affects how people think of God.

עֲצַבֵּיהֶם כֶּסֶף וְזָהָב *Their idols are silver and gold.* An extended polemic against idolatry. The contrast between God and the idols is brought out by the words *asa,* "Whatever He wills He does," and *ma'aseh,* "made by human hands." God *makes;* idols are *made.* God makes man in His image; man makes idols in his. Hence, "Those who make them become like them." We are shaped by what we worship. Those who worship lifeless icons become lifeless. Only by worshiping the God of life do we truly live.

יִשְׂרָאֵל בְּטַח בַּיהוה *Israel, trust in the LORD.* The Psalmist turns to three groups of people worshiping in the Temple: *Israel,* the Jewish worshipers, *House of Aaron,* the officiating priests and Levites, and *You who fear the* LORD, meaning converts (Rashi) or righteous gentiles of all nations (Ibn Ezra). In his song at the dedication of the Temple, Solomon foresaw that gentiles, not just Jews, would come to the Temple to pray (1 Kings 8:41–43). Isaiah envisions the day when "My House shall be called a house of prayer for all peoples" (Is. 56:7). The sharp opposition to idolatry in this psalm does not preclude a universalistic openness to humanity as a whole.

עֶזְרָם וּמָגִנָּם הוּא *He is their Help and their Shield.* This thrice-repeated phrase may originally have been a congregational response.

Omit on the last days of פסח:

תהלים קטו

לֹא לָנוּ יהוה לֹא לָנוּ, כִּי־לְשִׁמְךָ תֵּן כָּבוֹד, עַל־חַסְדְּךָ עַל־אֲמִתֶּךָ: לָמָּה יֹאמְרוּ הַגּוֹיִם אַיֵּה־נָא אֱלֹהֵיהֶם: וֵאלֹהֵינוּ בַשָּׁמָיִם, כֹּל אֲשֶׁר־חָפֵץ עָשָׂה: עֲצַבֵּיהֶם כֶּסֶף וְזָהָב, מַעֲשֵׂה יְדֵי אָדָם: פֶּה־לָהֶם וְלֹא יְדַבֵּרוּ, עֵינַיִם לָהֶם וְלֹא יִרְאוּ: אָזְנַיִם לָהֶם וְלֹא יִשְׁמָעוּ, אַף לָהֶם וְלֹא יְרִיחוּן: יְדֵיהֶם וְלֹא יְמִישׁוּן, רַגְלֵיהֶם וְלֹא יְהַלֵּכוּ, לֹא־יֶהְגּוּ בִּגְרוֹנָם: כְּמוֹהֶם יִהְיוּ עֹשֵׂיהֶם, כֹּל אֲשֶׁר־בֹּטֵחַ בָּהֶם: › יִשְׂרָאֵל בְּטַח בַּיהוה, עֶזְרָם וּמָגִנָּם הוּא: בֵּית אַהֲרֹן בִּטְחוּ בַּיהוה, עֶזְרָם וּמָגִנָּם הוּא: יִרְאֵי יהוה בִּטְחוּ בַּיהוה, עֶזְרָם וּמָגִנָּם הוּא:

Rabbi Joseph Soloveitchik has an insightful comment on this passage. There are two types of personal and political change, one brought about by physical force (conquest), the other by spiritual transformation (sanctity). Conquest involves a change of masters, but slaves remain slaves. Sanctity involves a change in the person him- or herself. The slave, achieving inner freedom, is no longer existentially a slave. Thus in Jewish law a slave whose master puts tefillin on him goes free (*Gittin* 40a), and a slave from outside Israel who escapes to Israel is not returned to his master (*Gittin* 45a). Sanctity liberates from within.

That is why the Israelites had to celebrate the first Passover while they were still in Egypt. "Had the Jews not first redeemed themselves by self-sanctification on that night-of-watching in Egypt, the redemption through conquest [the signs and wonders of the exodus] would not have been complete." Hence *When Israel came out of Egypt… Judah became His sanctuary, Israel His dominion.* Only after that, *the sea saw and fled.* The inner liberation had to precede the outer redemption (Rabbi J. Soloveitchik, *Festival of Freedom*).

לֹא לָנוּ *Psalm 115. Not to us.* According to some, this psalm is a continuation of the previous one. Recalling its past, Israel pledges itself to faith in God in the future (Radak). In the first three verses, the Psalmist pleads with God to protect His people, for His sake not ours.

לָמָּה יֹאמְרוּ הַגּוֹיִם אַיֵּה־נָא אֱלֹהֵיהֶם *Why should the nations say, "Where now is their God?"* The idea that Israel's sufferings constitute a desecration of God's name is first heard in Moses' plea after the sin of the golden calf: "Why should Egypt speak, and say, 'In an evil hour did He bring them out'" (Ex. 32:12). It

יהוה זְכָרָנוּ The Lord remembers us and will bless us. He will bless the house of Israel. He will bless the house of Aaron. He will bless those who fear the Lord, small and great alike. May the Lord give you increase: you and your children. May you be blessed by the Lord, Maker of heaven and earth. ▸ The heavens are the Lord's, but the earth He has given over to mankind. It is not the dead who praise the Lord, nor those who go down to the silent grave. But we will bless the Lord, now and for ever. Halleluya!

Omit on the last days of Pesaḥ:

אָהַבְתִּי I love the Lord, for He hears my voice, my pleas. He turns His ear to me whenever I call. The bonds of death encompassed me, the anguish of the grave came upon me, I was overcome by trouble and sorrow. Then I called on the name of the Lord: "Lord, I pray, save my life." Gracious is the Lord, and righteous; our God is full of compassion. The Lord protects the simple hearted. When I was brought low, He saved me. My soul, be at peace once more, for the Lord has been good to you. For You have rescued me from death, my eyes from weeping, my feet from stumbling. ▸ I shall walk in the presence of the Lord in the land of the living. I had faith, even when I said, "I am greatly afflicted," even when I said rashly, "All men are liars." Ps. 116

"I" and "my." It tells of how the speaker turned to God in deep distress, close to death. God answered his prayer and saved him. Therefore he is bringing a thanksgiving-offering to fulfill the vow he made then. Several of the words have unusual, antiquated and poeticized endings which further slow the pace. At the end the poet turns to address Jerusalem in the second person ("in your midst, Jerusalem") as if it were an intimate friend.

שֹׁמֵר פְּתָאיִם יהוה... שׁוּבִי נַפְשִׁי לִמְנוּחָיְכִי *The Lord protects the simple hearted... My soul, be at peace once more.* It is simple trust that has brought God's healing; therefore the poet urges himself not to be anxious but to trust and stay calm.

כִּי חִלַּצְתָּ נַפְשִׁי *For You have rescued me.* Now, becalmed, the poet turns directly to God, thanking Him for His deliverance.

בְּאַרְצוֹת הַחַיִּים *In the land of the living.* As was said in the previous psalm, "It is not the dead who praise the Lord." The poet is thanking God for the physical gift of life and the spiritual gift of being able to "walk in the presence of the Lord."

הֶאֱמַנְתִּי...אֲנִי אָמַרְתִּי בְחָפְזִי, כָּל־הָאָדָם כֹּזֵב *I had faith... even when I said rashly, "All men are liars."* The commentators relate this to King David who, when forced to

יהוה זְכָרָנוּ יְבָרֵךְ, יְבָרֵךְ אֶת־בֵּית יִשְׂרָאֵל, יְבָרֵךְ אֶת־בֵּית אַהֲרֹן:
יְבָרֵךְ יִרְאֵי יהוה, הַקְּטַנִּים עִם־הַגְּדֹלִים: יֹסֵף יהוה עֲלֵיכֶם, עֲלֵיכֶם
וְעַל־בְּנֵיכֶם: בְּרוּכִים אַתֶּם לַיהוה, עֹשֵׂה שָׁמַיִם וָאָרֶץ: ◂ הַשָּׁמַיִם
שָׁמַיִם לַיהוה, וְהָאָרֶץ נָתַן לִבְנֵי־אָדָם: לֹא הַמֵּתִים יְהַלְלוּ־יָהּ, וְלֹא
כָּל־יֹרְדֵי דוּמָה: וַאֲנַחְנוּ נְבָרֵךְ יָהּ, מֵעַתָּה וְעַד־עוֹלָם, הַלְלוּיָהּ:

Omit on the last days of פסח:

תהלים קטז

אָהַבְתִּי, כִּי־יִשְׁמַע יהוה, אֶת־קוֹלִי תַּחֲנוּנָי: כִּי־הִטָּה אָזְנוֹ לִי, וּבְיָמַי
אֶקְרָא: אֲפָפוּנִי חֶבְלֵי־מָוֶת, וּמְצָרֵי שְׁאוֹל מְצָאוּנִי, צָרָה וְיָגוֹן אֶמְצָא:
וּבְשֵׁם־יהוה אֶקְרָא, אָנָּה יהוה מַלְּטָה נַפְשִׁי: חַנּוּן יהוה וְצַדִּיק, וֵאלֹהֵינוּ
מְרַחֵם: שֹׁמֵר פְּתָאיִם יהוה, דַּלּוֹתִי וְלִי יְהוֹשִׁיעַ: שׁוּבִי נַפְשִׁי לִמְנוּחָיְכִי,
כִּי־יהוה גָּמַל עָלָיְכִי: כִּי חִלַּצְתָּ נַפְשִׁי מִמָּוֶת, אֶת־עֵינִי מִן־דִּמְעָה, אֶת־
רַגְלִי מִדֶּחִי: ◂ אֶתְהַלֵּךְ לִפְנֵי יהוה, בְּאַרְצוֹת הַחַיִּים: הֶאֱמַנְתִּי כִּי אֲדַבֵּר,
אֲנִי עָנִיתִי מְאֹד: אֲנִי אָמַרְתִּי בְחָפְזִי, כָּל־הָאָדָם כֹּזֵב:

יהוה זְכָרָנוּ *The Lord remembers us.* Still part of Psalm 115, the Psalmist asks God to bless the same three groups as above: Israel, the House of Aaron and those who fear the Lord among the nations.

הַשָּׁמַיִם שָׁמַיִם לַיהוה, וְהָאָרֶץ נָתַן לִבְנֵי־אָדָם *The heavens are the Lord's, but the earth He has given over to mankind.* When God is God, humanity can be humane, but when man tries to be like God he becomes inhumane. It was the attempt to build "a tower that reaches to the heavens" that was the sin of the builders of Babel (Gen. 11:4). God has given us the earth, but He reigns supreme; and we must have humility, knowing the proper limits of our striving. When humans have worshiped other humans as gods, the result has been hubris followed by nemesis, often involving tyranny and bloodshed on a massive scale.

לֹא הַמֵּתִים יְהַלְלוּ־יָהּ *It is not the dead who praise the Lord.* A theme sounded often in the book of Psalms. The God of life is to be found in life.

וַאֲנַחְנוּ נְבָרֵךְ יָהּ *But we will bless the Lord.* One of the best-known lines of Psalms, having been added as a conclusion to *Ashrei* and thus said three times daily.

אָהַבְתִּי *Psalm 116. I love the Lord.* The second section of Hallel is the slow movement in the symphony, significantly different in tone from those preceding it. It is deeply personal; it consistently uses the first person singular,

מָה־אָשִׁיב How can I repay the LORD for all His goodness to me? I will lift the cup of salvation and call on the name of the LORD. I will fulfill my vows to the LORD in the presence of all His people. Grievous in the LORD's sight is the death of His devoted ones. Truly, LORD, I am Your servant; I am Your servant, the son of Your maidservant. You set me free from my chains. ‣ To You I shall bring a thanksgiving-offering and call on the LORD by name. I will fulfill my vows to the LORD in the presence of all His people, in the courts of the House of the LORD, in your midst, Jerusalem. Halleluya.

הַלְלוּ Praise the LORD, all nations; acclaim Him, all you peoples;   *Ps. 117*
for His loving-kindness to us is strong,
and the LORD's faithfulness is everlasting.
Halleluya.

Second, it serves as a prelude to the great psalm that follows. Third, it is a call, a summons to the crowd inviting them to take part in what is about to follow: an act of praise and thanks that will involve their active participation.

At one level the leader is inviting the entire crowd, both Jews and gentiles (the "God-fearers" of the previous psalms) to join in an act of praise. At a deeper level he is articulating a belief that runs through Jewish history, beginning with God's first call to Abraham: "Through you all the nations of the earth shall be blessed." Jewish history is of significance not just to Jews but to humanity. Jews are God's witnesses to the world. Those who try to destroy people's belief in God – the God who stands above all nations and powers – try to destroy the Jewish people. Those who respect God tend to respect the Jewish people. The Jews are God's question mark over all attempts to rule by power and persuade by force.

חַסְדּוֹ...וֶאֱמֶת *His loving-kindness…faithfulness. Ḥesed* and *emet*, the two words used here, often appear together in Tanakh. They are the central covenantal virtues. Often translated as "kindness" and "truth," they have a highly specific meaning in the context of Judaism. *Ḥesed* is love-as-loyalty and loyalty-as-love. It means love not as an emotion but as a moral commitment, as in marriage. *Emet* means being true to your word, keeping your promises, honoring your pledge. It is not a cognitive term but a moral one, so it is best translated as "faithfulness." The Psalmist is calling on the world to witness and celebrate the special covenantal bond between God and His people.

מָה־אָשִׁיב לַיהוה, כׇּל־תַּגְמוּלוֹהִי עָלָי: כּוֹס־יְשׁוּעוֹת אֶשָּׂא, וּבְשֵׁם יהוה אֶקְרָא: נְדָרַי לַיהוה אֲשַׁלֵּם, נֶגְדָה־נָּא לְכׇל־עַמּוֹ: יָקָר בְּעֵינֵי יהוה, הַמָּוְתָה לַחֲסִידָיו: אָנָּה יהוה כִּי־אֲנִי עַבְדֶּךָ, אֲנִי־עַבְדְּךָ בֶּן־אֲמָתֶךָ, פִּתַּחְתָּ לְמוֹסֵרָי: ‹ לְךָ־אֶזְבַּח זֶבַח תּוֹדָה, וּבְשֵׁם יהוה אֶקְרָא: נְדָרַי לַיהוה אֲשַׁלֵּם, נֶגְדָה־נָּא לְכׇל־עַמּוֹ: בְּחַצְרוֹת בֵּית יהוה, בְּתוֹכֵכִי יְרוּשָׁלָםִ, הַלְלוּיָהּ:

תהלים קיז

הַלְלוּ אֶת־יהוה כׇּל־גּוֹיִם, שַׁבְּחוּהוּ כׇּל־הָאֻמִּים:
כִּי גָבַר עָלֵינוּ חַסְדּוֹ, וֶאֱמֶת־יהוה לְעוֹלָם
הַלְלוּיָהּ:

---

flee from Saul, felt betrayed by everyone. Alternatively, "Even when I was fleeing for my life, I knew that those [who preached despair] were false" (Radak).

מָה־אָשִׁיב לַיהוה *How can I repay the Lord.* A rhetorical question. We cannot repay God for what He has given us. Faith is, among other things, gratitude – the sense of life-as-a-gift that we often only have when we have come close to losing it.

כּוֹס־יְשׁוּעוֹת אֶשָּׂא *I will lift the cup of salvation.* A reference to the wine libation that accompanied a thanksgiving-offering (Rashi).

יָקָר בְּעֵינֵי יהוה, הַמָּוְתָה לַחֲסִידָיו *Grievous in the Lord's sight is the death of His devoted ones.* A reference back to the deliverance from death, to the memory of which this psalm is dedicated.

אָנָּה יהוה כִּי־אֲנִי עַבְדֶּךָ *Truly, Lord, I am Your servant.* The poet speaks of himself during his crisis, feeling as if he were a slave enchained by an angry master. Now, healed, he feels both forgiven and released.

נְדָרַי לַיהוה אֲשַׁלֵּם *I will fulfill my vows to the Lord.* This sentence appears twice in the psalm, which contains a number of other repetitions (such as "I am Your servant") for poetic effect.

הַלְלוּ *Psalm 117. Praise.* The briefest of psalms, the shortest chapter in Tanakh, this psalm fulfills three functions. First, it reestablishes the mood of public worship after the introspective and private nature of the previous psalm.

The following verses are chanted by the Leader.
At the end of each verse, the congregation responds, "Thank the LORD
for He is good; His loving-kindness is for ever."

הוֹדוּ Thank the LORD for He is good;   His loving-kindness is for ever. *Ps. 118*
Let Israel say   His loving-kindness is for ever.
Let the house of Aaron say   His loving-kindness is for ever.
Let those who fear the LORD say   His loving-kindness is for ever.

מִן־הַמֵּצַר In my distress I called on the LORD. The LORD answered me and set me free. The LORD is with me; I will not be afraid. What can man do to me? The LORD is with me. He is my Helper. I will see the downfall of my enemies. It is better to take refuge in the LORD than to trust in man. It is better to take refuge in the LORD than to trust in princes. The nations all surrounded me, but in the LORD's name I drove them off. They surrounded me on every side, but in the LORD's name I drove them off. They surrounded me like bees, they attacked me as fire attacks brushwood, but in the LORD's name I drove them off. They thrust so hard against me, I nearly fell, but the LORD came to my help.

---

choirs, or alternately by leader, Levites and congregation. The effect in any case is choral.

מִן־הַמֵּצַר...בַּמֶּרְחָב *In my distress ... set me free.* The Hebrew words carry the literal meanings of narrow straits and wide open spaces, conveying an almost physical sense of confinement and release.

טוֹב לַחֲסוֹת בַּיהוה *It is better to take refuge in the LORD.* A sentiment found repeatedly in Psalms. People disappoint, betray, fail to keep their promises, prove untrustworthy. Former allies become enemies. People in pursuit of wealth or power often let advantage override principle and loyalty. Hence the loneliness of public life. Trust in God is ultimately the only reliable source of strength.

כָּל־גּוֹיִם סְבָבוּנִי *The nations all surrounded me.* The geographical position of Israel meant that in both ancient and modern times it was peculiarly vulnerable to attack, bordering as it did on several states and within the reach of larger imperial powers.

כְּאֵשׁ קוֹצִים *As fire attacks brushwood.* Flaring up dramatically but quickly burning itself out.

The following verses are chanted by the שליח ציבור.
At the end of each verse, the קהל *responds:* הוֹדוּ לַיהוה כִּי־טוֹב, כִּי לְעוֹלָם חַסְדּוֹ.

תהלים קיח
הוֹדוּ לַיהוה כִּי־טוֹב כִּי לְעוֹלָם חַסְדּוֹ:
יֹאמַר־נָא יִשְׂרָאֵל כִּי לְעוֹלָם חַסְדּוֹ:
יֹאמְרוּ־נָא בֵית־אַהֲרֹן כִּי לְעוֹלָם חַסְדּוֹ:
יֹאמְרוּ־נָא יִרְאֵי יהוה כִּי לְעוֹלָם חַסְדּוֹ:

מִן־הַמֵּצַר קָרָאתִי יָּהּ, עָנָנִי בַמֶּרְחָב יָהּ: יהוה לִי לֹא אִירָא, מַה־יַּעֲשֶׂה לִי אָדָם: יהוה לִי בְּעֹזְרָי, וַאֲנִי אֶרְאֶה בְשֹׂנְאָי: טוֹב לַחֲסוֹת בַּיהוה, מִבְּטֹחַ בָּאָדָם: טוֹב לַחֲסוֹת בַּיהוה, מִבְּטֹחַ בִּנְדִיבִים: כָּל־גּוֹיִם סְבָבוּנִי, בְּשֵׁם יהוה כִּי אֲמִילַם: סַבּוּנִי גַם־סְבָבוּנִי, בְּשֵׁם יהוה כִּי אֲמִילַם: סַבּוּנִי כִדְבֹרִים, דֹּעֲכוּ כְּאֵשׁ קוֹצִים, בְּשֵׁם יהוה כִּי אֲמִילַם: דַּחֹה דְחִיתַנִי לִנְפֹּל, וַיהוה עֲזָרָנִי: עָזִּי וְזִמְרָת יָהּ, וַיְהִי־לִי לִישׁוּעָה:

הוֹדוּ *Psalm 118. Thank.* This extended psalm, written in four or five movements, is written to be sung antiphonally, the leader singing a line or half-line, with the congregation then responding. We do not know exactly how the psalm was sung in Temple times, and there are differences of custom even today, but this was the moment of maximum participation by the pilgrims, many of whom had traveled long distances to be there. It was a high point in the Temple service: a nation celebrating its past and praying for the future.

הוֹדוּ לַיהוה כִּי־טוֹב *Thank the Lord for He is good.* This verse was first recited by King David when he brought the ark to Jerusalem (1 Chron. 16:34).

יֹאמַר־נָא יִשְׂרָאֵל *Let Israel say.* The Psalmist turns to the same three groups – Israel, the House of Aaron, and God-fearers – as he has done in previous psalms.

מִן־הַמֵּצַר *In my distress.* Here, personal and national sentiments merge. At one level the Psalmist is speaking of an individual deliverance, at another he is speaking of the rescue of the nation from its foes. Note how, throughout this section of the psalm, phrases repeat themselves ("the Lord is with me," "It is better to take refuge," "they surrounded me," "right hand") two or three times. This may be because different lines were sung by different

The LORD is my strength and my song; He has become my salvation. Sounds of song and salvation resound in the tents of the righteous: "The LORD's right hand has done mighty deeds. The LORD's right hand is lifted high. The LORD's right hand has done mighty deeds." I will not die but live, and tell what the LORD has done. The LORD has chastened me severely, but He has not given me over to death. ▸ Open for me the gates of righteousness that I may enter them and thank the LORD. This is the gateway to the LORD; through it, the righteous shall enter.

אוֹדְךָ I will thank You, for You answered me, and became my salvation.
I will thank You, for You answered me, and became my salvation.

The stone the builders rejected has become the main cornerstone.
The stone the builders rejected has become the main cornerstone.

This is the LORD's doing. It is wondrous in our eyes.
This is the LORD's doing. It is wondrous in our eyes.

This is the day the LORD has made. Let us rejoice and be glad in it.
This is the day the LORD has made. Let us rejoice and be glad in it.

Leader followed by congregation:

אָנָּא LORD, please, save us.
LORD, please, save us.
LORD, please, grant us success.
LORD, please, grant us success.

זֶה־הַשַּׁעַר *This is the gateway.* A response to the pilgrims by the gatekeepers.

אוֹדְךָ *I will thank You.* From here to the end of the psalm the lines are repeated, in memory of the way they were sung responsively in the Temple.

אֶבֶן מָאֲסוּ הַבּוֹנִים *The stone the builders rejected.* This is a reference to the people of Israel. Two of the first references to Israel in non-Jewish sources – the Merneptah stele (Egypt, thirteenth century BCE) and the Mesha stele (Moab, ninth century BCE) – both declare that Israel has been destroyed. Israel is the people that outlives its obituaries.

אָנָּא יהוה הוֹשִׁיעָה נָּא *LORD, please, save us.* A dramatic sequence in which leader and congregation turn directly in plea to God. It became the basis of

קוֹל רִנָּה וִישׁוּעָה בְּאָהֳלֵי צַדִּיקִים, יְמִין יהוה עֹשָׂה חָיִל: יְמִין יהוה רוֹמֵמָה, יְמִין יהוה עֹשָׂה חָיִל: לֹא־אָמוּת כִּי־אֶחְיֶה, וַאֲסַפֵּר מַעֲשֵׂי יָהּ: יַסֹּר יִסְּרַנִּי יָּהּ, וְלַמָּוֶת לֹא נְתָנָנִי: ‹ פִּתְחוּ־לִי שַׁעֲרֵי־צֶדֶק, אָבֹא־בָם אוֹדֶה יָהּ: זֶה־הַשַּׁעַר לַיהוה, צַדִּיקִים יָבֹאוּ בוֹ:

אוֹדְךָ כִּי עֲנִיתָנִי, וַתְּהִי־לִי לִישׁוּעָה:
אוֹדְךָ כִּי עֲנִיתָנִי, וַתְּהִי־לִי לִישׁוּעָה:

אֶבֶן מָאֲסוּ הַבּוֹנִים, הָיְתָה לְרֹאשׁ פִּנָּה:
אֶבֶן מָאֲסוּ הַבּוֹנִים, הָיְתָה לְרֹאשׁ פִּנָּה:

מֵאֵת יהוה הָיְתָה זֹּאת, הִיא נִפְלָאת בְּעֵינֵינוּ:
מֵאֵת יהוה הָיְתָה זֹּאת, הִיא נִפְלָאת בְּעֵינֵינוּ:

זֶה־הַיּוֹם עָשָׂה יהוה, נָגִילָה וְנִשְׂמְחָה בוֹ:
זֶה־הַיּוֹם עָשָׂה יהוה, נָגִילָה וְנִשְׂמְחָה בוֹ:

שליח ציבור *followed by* קהל:

אָנָּא יהוה הוֹשִׁיעָה נָּא:
אָנָּא יהוה הוֹשִׁיעָה נָּא:
אָנָּא יהוה הַצְלִיחָה נָא:
אָנָּא יהוה הַצְלִיחָה נָא:

קוֹל רִנָּה *Sounds of song.* A prelude to the dramatic choral piece that follows, three phrases each beginning, "The LORD's right hand."

לֹא־אָמוּת כִּי־אֶחְיֶה, וַאֲסַפֵּר *I will not die but live, and tell.* A quintessential expression of the Jewish instinct for survival, itself intimately connected to the role of Jews as witnesses. A witness must survive if truth is not to be buried.

פִּתְחוּ־לִי שַׁעֲרֵי־צֶדֶק *Open for me the gates of righteousness.* In Temple times this referred literally to the gates of the city, and would have resonated with the pilgrims as they entered Jerusalem.

בָּרוּךְ Blessed is one who comes in the name of the Lord;
we bless you from the House of the Lord.

Blessed is one who comes in the name of the Lord;
we bless you from the House of the Lord.

The Lord is God; He has given us light. Bind the festival offering
with thick cords [and bring it] to the horns of the altar.

The Lord is God; He has given us light. Bind the festival offering
with thick cords [and bring it] to the horns of the altar.

You are my God and I will thank You; You are my God, I will exalt You.

You are my God and I will thank You; You are my God, I will exalt You.

Thank the Lord for He is good; His loving-kindness is for ever.

Thank the Lord for He is good; His loving-kindness is for ever.

יְהַלְלוּךָ All Your works will praise You, Lord our God,
and Your devoted ones – the righteous who do Your will,
together with all Your people the house of Israel –
will joyously thank, bless, praise, glorify, exalt, revere, sanctify,
and proclaim the sovereignty of Your name, our King.
▸ For it is good to thank You
and fitting to sing psalms to Your name,
for from eternity to eternity You are God.
Blessed are You, Lord,
King who is extolled with praises.

הוֹדוּ לַיהוה כִּי־טוֹב *Thank the Lord for He is good.* The psalm ends with the same
verse with which it began. Note the difference between praise (*hallel, shevaḥ*)
and thanks (*hoda'a*). Worship, both in the Temple and the synagogue, in both
Hallel and the Amida, begins with praise and ends with thanks. Praise is more
external and formal, thanks more inward and deeply felt.

יְהַלְלוּךָ...כָּל מַעֲשֶׂיךָ *All Your works will praise You.* Not part of Hallel itself, this
is a concluding blessing, similar to the one said after the Verses of Praise in
the morning service.

בָּרוּךְ הַבָּא בְּשֵׁם יהוה, בֵּרַכְנוּכֶם מִבֵּית יהוה:
בָּרוּךְ הַבָּא בְּשֵׁם יהוה, בֵּרַכְנוּכֶם מִבֵּית יהוה:

אֵל יהוה וַיָּאֶר לָנוּ, אִסְרוּ־חַג בַּעֲבֹתִים עַד־קַרְנוֹת הַמִּזְבֵּחַ:
אֵל יהוה וַיָּאֶר לָנוּ, אִסְרוּ־חַג בַּעֲבֹתִים עַד־קַרְנוֹת הַמִּזְבֵּחַ:

אֵלִי אַתָּה וְאוֹדֶךָּ, אֱלֹהַי אֲרוֹמְמֶךָּ:
אֵלִי אַתָּה וְאוֹדֶךָּ, אֱלֹהַי אֲרוֹמְמֶךָּ:

הוֹדוּ לַיהוה כִּי־טוֹב, כִּי לְעוֹלָם חַסְדּוֹ:
הוֹדוּ לַיהוה כִּי־טוֹב, כִּי לְעוֹלָם חַסְדּוֹ:

יְהַלְלְוּךָ יהוה אֱלֹהֵינוּ כָּל מַעֲשֶׂיךָ
וַחֲסִידֶיךָ צַדִּיקִים עוֹשֵׂי רְצוֹנֶךָ
וְכָל עַמְּךָ בֵּית יִשְׂרָאֵל בְּרִנָּה יוֹדוּ וִיבָרְכוּ וִישַׁבְּחוּ וִיפָאֲרוּ
וִירוֹמְמוּ וְיַעֲרִיצוּ וְיַקְדִּישׁוּ וְיַמְלִיכוּ אֶת שִׁמְךָ מַלְכֵּנוּ
◂ כִּי לְךָ טוֹב לְהוֹדוֹת וּלְשִׁמְךָ נָאֶה לְזַמֵּר
כִּי מֵעוֹלָם וְעַד עוֹלָם אַתָּה אֵל.
בָּרוּךְ אַתָּה יהוה, מֶלֶךְ מְהֻלָּל בַּתִּשְׁבָּחוֹת.

---

the extended litanies said on Sukkot during *Hakafot*, the procession around the altar in the Temple and the *bima* in the synagogue, as well as the source of the English word "hosanna" (=*hoshia na*).

בָּרוּךְ הַבָּא *Blessed is one who comes.* A greeting by the priests to the pilgrims (Rashi, Radak).

אֵל יהוה *The Lord is God.* A response by the pilgrims, declaring their intent to bring to the altar a festival offering: *ḥag* in biblical Hebrew, *ḥagiga* in rabbinic Hebrew.

אֵלִי אַתָּה *You are my God.* Said by the offerer at the time of the offering.

FULL KADDISH

Leader: יִתְגַּדַּל Magnified and sanctified
may His great name be,
in the world He created by His will.
May He establish His kingdom
in your lifetime and in your days,
and in the lifetime of all the house of Israel,
swiftly and soon –
and say: Amen.

All: May His great name be blessed for ever and all time.

Leader: Blessed and praised, glorified and exalted,
raised and honored, uplifted and lauded be
the name of the Holy One,
blessed be He, beyond any blessing,
song, praise and consolation
uttered in the world –
and say: Amen.

May the prayers and pleas of all Israel
be accepted by their Father in heaven –
and say: Amen.

May there be great peace from heaven,
and life for us and all Israel –
and say: Amen.

*Bow, take three steps back, as if taking leave of the Divine Presence,
then bow, first left, then right, then center, while saying:*
May He who makes peace in His high places,
make peace for us and all Israel –
and say: Amen.

*On Shabbat, the Song of Songs (page 946) is read at this point, followed
by the Mourner's Kaddish. If the first and last days of Pesaḥ fall
on Shabbat, the Song of Songs is read on the last day.*

קדיש שלם

ש״ץ: יִתְגַּדַּל וְיִתְקַדַּשׁ שְׁמֵהּ רַבָּא (קהל: אָמֵן)

בְּעָלְמָא דִּי בְרָא כִרְעוּתֵהּ

וְיַמְלִיךְ מַלְכוּתֵהּ

בְּחַיֵּיכוֹן וּבְיוֹמֵיכוֹן וּבְחַיֵּי דְכָל בֵּית יִשְׂרָאֵל

בַּעֲגָלָא וּבִזְמַן קָרִיב, וְאִמְרוּ אָמֵן. (קהל: אָמֵן)

קהל וש״ץ: יְהֵא שְׁמֵהּ רַבָּא מְבָרַךְ לְעָלַם וּלְעָלְמֵי עָלְמַיָּא.

ש״ץ: יִתְבָּרַךְ וְיִשְׁתַּבַּח וְיִתְפָּאַר

וְיִתְרוֹמַם וְיִתְנַשֵּׂא וְיִתְהַדָּר וְיִתְעַלֶּה וְיִתְהַלָּל

שְׁמֵהּ דְּקֻדְשָׁא בְּרִיךְ הוּא (קהל: בְּרִיךְ הוּא)

לְעֵלָּא מִן כָּל בִּרְכָתָא וְשִׁירָתָא

תֻּשְׁבְּחָתָא וְנֶחֱמָתָא

דַּאֲמִירָן בְּעָלְמָא, וְאִמְרוּ אָמֵן. (קהל: אָמֵן)

תִּתְקַבַּל צְלוֹתְהוֹן וּבָעוּתְהוֹן דְּכָל יִשְׂרָאֵל

קֳדָם אֲבוּהוֹן דִּי בִשְׁמַיָּא, וְאִמְרוּ אָמֵן. (קהל: אָמֵן)

יְהֵא שְׁלָמָא רַבָּא מִן שְׁמַיָּא

וְחַיִּים, עָלֵינוּ וְעַל כָּל יִשְׂרָאֵל, וְאִמְרוּ אָמֵן. (קהל: אָמֵן)

Bow, take three steps back, as if taking leave of the Divine Presence,
then bow, first left, then right, then center, while saying:

עֹשֶׂה שָׁלוֹם בִּמְרוֹמָיו

הוּא יַעֲשֶׂה שָׁלוֹם

עָלֵינוּ וְעַל כָּל יִשְׂרָאֵל, וְאִמְרוּ אָמֵן. (קהל: אָמֵן)

On שבת, שיר השירים (page 947) is read at this point, followed by קדיש יתום.
If the first and last days of פסח fall on שבת, שיר השירים is read on the last day.

REMOVING THE TORAH FROM THE ARK

אֵין־כָּמְוֹךָ There is none like You among the heavenly powers, *Ps. 86*
LORD, and there are no works like Yours.
Your kingdom is an eternal kingdom, *Ps. 145*
and Your dominion is for all generations.

The LORD is King, the LORD was King,
the LORD shall be King for ever and all time.
The LORD will give strength to His people; *Ps. 29*
the LORD will bless His people with peace.

Father of compassion,
favor Zion with Your goodness; rebuild the walls of Jerusalem. *Ps. 51*
For we trust in You alone, King, God, high and exalted, Master of worlds.

The Ark is opened and the congregation stands. All say:

וַיְהִי בִּנְסֹעַ Whenever the Ark set out, Moses would say, *Num. 10*
"Arise, LORD, and may Your enemies be scattered.
May those who hate You flee before You."
For the Torah shall come forth from Zion, *Is. 2*
and the word of the LORD from Jerusalem.
Blessed is He who in His Holiness gave the Torah to His people Israel.

On Shabbat, continue with "Blessed is the name" on page 534.

Thus from its earliest days the synagogue was a place of study as well as prayer. In Second Temple and later eras, the reading was accompanied by verse-by-verse translation into the vernacular, mainly Aramaic. In the course of time the act of taking the Torah from, and returning it to, the Ark became ceremonial moments in their own right.

אֵין־כָּמְוֹךָ בָאֱלֹהִים *There is none like You among the heavenly powers.* A collection of verses and phrases from the book of Psalms, focusing on God's sovereignty.

וַיְהִי בִּנְסֹעַ הָאָרֹן *Whenever the Ark set out.* A description of the Ark during the journeys of the Israelites in the wilderness. The parallel verse, "When the Ark came to rest," is recited when the Torah is returned to the Ark. Thus the taking of the *Sefer Torah* from the Ark and its return, recall the Ark of the Covenant which accompanied the Israelites in the days of Moses.

כִּי מִצִּיּוֹן תֵּצֵא תוֹרָה *For the Torah shall come forth from Zion.* Part of Isaiah's famous vision (2:2–4) of the end of days.

הוצאת ספר תורה

תהלים פו

אֵין־כָּמוֹךָ בָאֱלֹהִים, אֲדֹנָי, וְאֵין כְּמַעֲשֶׂיךָ:

תהלים קמה

מַלְכוּתְךָ מַלְכוּת כָּל־עֹלָמִים, וּמֶמְשַׁלְתְּךָ בְּכָל־דּוֹר וָדֹר:

יהוה מֶלֶךְ, יהוה מָלָךְ, יהוה יִמְלֹךְ לְעֹלָם וָעֶד.

תהלים כט

יהוה עֹז לְעַמּוֹ יִתֵּן, יהוה יְבָרֵךְ אֶת־עַמּוֹ בַשָּׁלוֹם:

תהלים נא

אַב הָרַחֲמִים, הֵיטִיבָה בִרְצוֹנְךָ אֶת־צִיּוֹן תִּבְנֶה חוֹמוֹת יְרוּשָׁלָֽ͏ִם:

כִּי בְךָ לְבַד בָּטָֽחְנוּ, מֶֽלֶךְ אֵל רָם וְנִשָּׂא, אֲדוֹן עוֹלָמִים.

The ארון קודש *is opened and the* קהל *stands. All say:*

במדבר י

וַיְהִי בִּנְסֹֽעַ הָאָרֹן וַיֹּֽאמֶר מֹשֶׁה

קוּמָה יהוה וְיָפֻֽצוּ אֹיְבֶֽיךָ וְיָנֻֽסוּ מְשַׂנְאֶֽיךָ מִפָּנֶֽיךָ:

ישעיה ב

כִּי מִצִּיּוֹן תֵּצֵא תוֹרָה וּדְבַר־יהוה מִירוּשָׁלָֽ͏ִם:

בָּרוּךְ שֶׁנָּתַן תּוֹרָה לְעַמּוֹ יִשְׂרָאֵל בִּקְדֻשָּׁתוֹ.

On שבת, *continue with* בְּרִיךְ שְׁמֵהּ *on page 535.*

READING OF THE TORAH

Since the revelation at Mount Sinai, the Jewish people has been a nation defined by a book: the Torah. The Mosaic books are more than sacred literature. They are the written constitution of the house of Israel as a nation under the sovereignty of God, the basis of its collective memory, the record of its covenant with God, the template of its existence as "a kingdom of priests and a holy nation" (Ex. 19:6), and the detailed specification of the task it is called on to perform – to construct a society on the basis of justice and compassion and the inalienable dignity of the human person as the image of God. Just as the Torah is central to Jewish life, so the reading of the Torah is central to the synagogue service.

The penultimate command Moses gave to the Israelites was the institution of a national assembly once every seven years when the king would read the Torah to the people (Deut. 31:10–13). The Tanakh records several key moments in Jewish history when national rededication was accompanied by a public reading of the Torah, most famously in the days of king Josiah (II Kings 23) and Ezra (Neh. 8). According to tradition, Moses ordained that the Torah be read regularly and publicly; a long reading on Shabbat morning and shorter readings on Mondays and Thursdays. Ezra, reinstituting this practice, added the reading on Shabbat afternoon.

The following (The Thirteen Attributes of Mercy) is said three times:

יהוה The LORD, the LORD, compassionate and gracious God, *Ex. 34*
slow to anger, abounding in loving-kindness and truth,
extending loving-kindness to a thousand generations,
forgiving iniquity, rebellion and sin,
and absolving [the guilty who repent].

Each individual says silently, inserting appropriate phrase/s in parentheses:

רִבּוֹנוֹ Master of the Universe, fulfill my heart's requests for good. Satisfy my
desire, grant my request, and enable me (*name*, son/daughter of *father's
name*), (and my wife/ husband, and my sons/daughters) and all the members
of my household to do Your will with a perfect heart. Deliver us from the
evil impulse, grant us our share in Your Torah, and make us worthy that
Your Presence may rest upon us. Confer on us a spirit of wisdom and
understanding, and may there be fulfilled in us the verse: "The spirit of the *Is. 11*
LORD will rest upon him – a spirit of wisdom and understanding, a spirit of
counsel and strength, a spirit of knowledge and reverence for the LORD." So
too may it be Your will, LORD our God and God of our ancestors, that we
be worthy to do deeds that are good in Your sight, and to walk before You in
the ways of the upright. Make us holy through Your holiness, so that we may
be worthy of a good and long life, and of the World to Come. Guard us from
evil deeds and bad times that threaten to bring turmoil to the world. May *Ps. 32*
loving-kindness surround one who trusts in the LORD. Amen.

יִהְיוּ May the words of my mouth and the meditation of my *Ps. 19*
heart find favor before You, LORD, my Rock and Redeemer.

Say the following verse three times:

וַאֲנִי As for me, may my prayer come to You, LORD, *Ps. 69*
at a time of favor. O God, in Your great love,
answer me with Your faithful salvation.

רִבּוֹנוֹ שֶׁל עוֹלָם *Master of the Universe.* The festivals are heightened times of
holiness, and the opening of the Ark is a moment when we most intensely
feel the transformative energy of the Divine Presence. Thus, when these two
sacred moments coincide, we say a personal prayer for God's blessing in our
lives and the lives of our family, that we may have a material and spiritual
environment that will allow us to serve God without distraction or hindrance.

The following (י״ג מידות הרחמים) *is said three times:*

שמות לד
יהוה, יהוה, אֵל רַחוּם וְחַנּוּן, אֶרֶךְ אַפַּיִם וְרַב־חֶסֶד וֶאֱמֶת: נֹצֵר חֶסֶד לָאֲלָפִים, נֹשֵׂא עָוֹן וָפֶשַׁע וְחַטָּאָה, וְנַקֵּה:

Each individual says silently, inserting appropriate phrase/s in parentheses:

רִבּוֹנוֹ שֶׁל עוֹלָם, מַלֵּא מִשְׁאֲלוֹת לִבִּי לְטוֹבָה, וְהָפֵק רְצוֹנִי וְתֵן שְׁאֵלָתִי, וְזַכֵּה לִי (פלוני(ת) בֶּן/בַּת פלוני) (וְאִשְׁתִּי/בַּעְלִי וּבָנַי וּבְנוֹתַי) וְכָל בְּנֵי בֵיתִי, לַעֲשׂוֹת רְצוֹנְךָ בְּלֵבָב שָׁלֵם, וּמַלְּטֵנוּ מִיֵּצֶר הָרָע, וְתֵן חֶלְקֵנוּ בְּתוֹרָתֶךָ, וְזַכֵּנוּ שֶׁתִּשְׁרֶה שְׁכִינָתְךָ עָלֵינוּ, וְהוֹפַע עָלֵינוּ רוּחַ חָכְמָה וּבִינָה. וְיִתְקַיֵּם בָּנוּ מִקְרָא
ישעיה יא
שֶׁכָּתוּב: וְנָחָה עָלָיו רוּחַ יהוה, רוּחַ חָכְמָה וּבִינָה, רוּחַ עֵצָה וּגְבוּרָה, רוּחַ דַּעַת וְיִרְאַת יהוה: וּבְכֵן יְהִי רָצוֹן מִלְּפָנֶיךָ יהוה אֱלֹהֵינוּ וֵאלֹהֵי אֲבוֹתֵינוּ, שֶׁתְּזַכֵּנוּ לַעֲשׂוֹת מַעֲשִׂים טוֹבִים בְּעֵינֶיךָ וְלָלֶכֶת בְּדַרְכֵי יְשָׁרִים לְפָנֶיךָ, וְקַדְּשֵׁנוּ בִּקְדֻשָּׁתֶךָ כְּדֵי שֶׁנִּזְכֶּה לְחַיִּים טוֹבִים וַאֲרוּכִים וּלְחַיֵּי הָעוֹלָם הַבָּא, וְתִשְׁמְרֵנוּ
תהלים לב
מִמַּעֲשִׂים רָעִים וּמִשָּׁעוֹת רָעוֹת הַמִּתְרַגְּשׁוֹת לָבוֹא לָעוֹלָם, וְהַבּוֹטֵחַ בַּיהוה חֶסֶד יְסוֹבְבֶנּוּ: אָמֵן.

תהלים יט
יִהְיוּ לְרָצוֹן אִמְרֵי־פִי וְהֶגְיוֹן לִבִּי לְפָנֶיךָ, יהוה צוּרִי וְגֹאֲלִי:

Say the following verse three times:

תהלים סט
וַאֲנִי תְפִלָּתִי־לְךָ יהוה, עֵת רָצוֹן, אֱלֹהִים בְּרָב־חַסְדֶּךָ עֲנֵנִי בֶּאֱמֶת יִשְׁעֶךָ:

THE THIRTEEN ATTRIBUTES OF MERCY

The "Thirteen attributes of compassion" is the name given by the sages to God's declaration to Moses when he prayed on the people's behalf after the golden calf. They constitute God's Self-definition as the source of compassion and pardon that frames the moral life. According to the Talmud (*Rosh HaShana* 17b), God made a covenant that no prayer for forgiveness accompanied by these words would go unanswered. This and the following prayer are not said on Shabbat since we do not make personal requests of God on that day.

On all days continue:

בְּרִיךְ Blessed is the name of the Master of the Universe. Blessed is Your crown and Your place. May Your favor always be with Your people Israel. Show Your people the salvation of Your right hand in Your Temple. Grant us the gift of Your good light, and accept our prayers in mercy. May it be Your will to prolong our life in goodness. May I be counted among the righteous, so that You will have compassion on me and protect me and all that is mine and all that is Your people Israel's. You feed all; You sustain all; You rule over all; You rule over kings, for sovereignty is Yours. I am a servant of the Holy One, blessed be He, before whom and before whose glorious Torah I bow at all times. Not in man do I trust, nor on any angel do I rely, but on the God of heaven who is the God of truth, whose Torah is truth, whose prophets speak truth, and who abounds in acts of love and truth. ‣ In Him I trust, and to His holy and glorious name I offer praises. May it be Your will to open my heart to the Torah, and to fulfill the wishes of my heart and of the hearts of all Your people Israel for good, for life, and for peace.

Zohar, Vayak-hel

Two Torah scrolls are removed from the Ark. The Leader takes one in his right arm and, followed by the congregation, says.

Listen, Israel: the LORD is our God, the LORD is One.

Deut. 6

Leader then congregation:

One is our God; great is our Master;
holy is His name.

The Leader turns to face the Ark, bows and says:

Magnify the LORD with me, and let us exalt His name together.

Ps. 34

The Ark is closed. The Leader carries the Torah scroll to the bima and the congregation says:

לְךָ Yours, LORD, are the greatness and the power, the glory and the majesty and splendor, for everything in heaven and earth is Yours. Yours, LORD, is the kingdom; You are exalted as Head over all.

1 Chr. 29

---

of reciting it has its origins in the circle of mystics in Safed associated with Rabbi Isaac Luria. It is a beautiful prayer in which we yearn to be open to the Torah and faithful to our vocation as a servant of the Holy One, for the highest privilege is to serve the Author of all. As the doors of the Ark open, so we open our hearts.

On all days continue:

זוהר ויקהל
בְּרִיךְ שְׁמֵהּ דְּמָרֵא עָלְמָא, בְּרִיךְ כִּתְרָךְ וְאַתְרָךְ. יְהֵא רְעוּתָךְ עִם עַמָּךְ יִשְׂרָאֵל
לְעָלַם, וּפֻרְקַן יְמִינָךְ אַחֲזֵי לְעַמָּךְ בְּבֵית מַקְדְּשָׁךְ, וּלְאַמְטוּיֵי לַנָא מִטּוּב נְהוֹרָךְ,
וּלְקַבֵּל צְלוֹתַנָא בְּרַחֲמִין. יְהֵא רַעֲוָא קֳדָמָךְ דְּתוֹרִיךְ לַן חַיִּין בְּטִיבוּ, וְלֶהֱוֵי
אֲנָא פְקִידָא בְּגוֹ צַדִּיקַיָּא, לְמִרְחַם עָלַי וּלְמִנְטַר יָתִי וְיַת כָּל דִּי לִי וְדִי לְעַמָּךְ
יִשְׂרָאֵל. אַנְתְּ הוּא זָן לְכֹלָּא וּמְפַרְנֵס לְכֹלָּא, אַנְתְּ הוּא שַׁלִּיט עַל כֹּלָּא, אַנְתְּ
הוּא דְשַׁלִּיט עַל מַלְכַיָּא, וּמַלְכוּתָא דִּילָךְ הִיא. אֲנָא עַבְדָּא דְקֻדְשָׁא בְּרִיךְ הוּא,
דְּסָגֵדְנָא קַמֵּהּ וּמִקַּמֵּי דִּיקַר אוֹרַיְתֵהּ בְּכָל עִדָּן וְעִדָּן. לָא עַל אֱנָשׁ רְחִיצְנָא וְלָא
עַל בַּר אֱלָהִין סָמִיכְנָא, אֶלָּא בֶּאֱלָהָא דִשְׁמַיָּא, דְּהוּא אֱלָהָא קְשׁוֹט, וְאוֹרַיְתֵהּ
קְשׁוֹט, וּנְבִיאוֹהִי קְשׁוֹט, וּמַסְגֵּא לְמֶעְבַּד טַבְוָן וּקְשׁוֹט. ◄ בֵּהּ אֲנָא רְחִיץ, וְלִשְׁמֵהּ
קַדִּישָׁא יַקִּירָא אֲנָא אֵמַר תֻּשְׁבְּחָן. יְהֵא רַעֲוָא קֳדָמָךְ דְּתִפְתַּח לִבַּאי בְּאוֹרַיְתָא,
וְתַשְׁלִים מִשְׁאֲלִין דְּלִבַּאי וְלִבָּא דְכָל עַמָּךְ יִשְׂרָאֵל לְטָב וּלְחַיִּין וְלִשְׁלָם.

Two ספרי תורה *are removed from the* ארון הקודש. *The* שליח צבור *takes one in his right arm, and, followed by the* קהל, *says:*

דברים ו
שְׁמַע יִשְׂרָאֵל, יהוה אֱלֹהֵינוּ, יהוה אֶחָד:

קהל *then* שליח ציבור:

אֶחָד אֱלֹהֵינוּ, גָּדוֹל אֲדוֹנֵינוּ, קָדוֹשׁ שְׁמוֹ.

The שליח ציבור *turns to face the* ארון קודש, *bows and says:*

תהלים לד
גַּדְּלוּ לַיהוה אִתִּי וּנְרוֹמְמָה שְׁמוֹ יַחְדָּו:

The ארון קודש *is closed. The* שליח ציבור *carries the* ספר תורה *to the* בימה *and the* קהל *says:*

דברי הימים א׳ כט
לְךָ יהוה הַגְּדֻלָּה וְהַגְּבוּרָה וְהַתִּפְאֶרֶת וְהַנֵּצַח וְהַהוֹד, כִּי־כֹל בַּשָּׁמַיִם
וּבָאָרֶץ, לְךָ יהוה הַמַּמְלָכָה וְהַמִּתְנַשֵּׂא לְכֹל לְרֹאשׁ:

בְּרִיךְ שְׁמֵהּ *Blessed is the name.* This passage, from the mystical text, the *Zohar*, is prefaced in its original context with the words: "Rabbi Shimon said: When the scroll of the Torah is taken out to be read in public, the Gates of Compassion are opened, and love is aroused on high. Therefore one should say [at this time]…" The words "Blessed is the name" then follow. The custom

רוֹמְמוּ Exalt the LORD our God and bow to His footstool; He is holy. *Ps. 99*
Exalt the LORD our God, and bow at His holy mountain, for holy is the LORD our God.

Over all may the name of the Supreme King of kings, the Holy One blessed be He, be magnified and sanctified, praised and glorified, exalted and extolled, in the worlds that He has created – this world and the World to Come – in accordance with His will, and the will of those who fear Him, and the will of the whole house of Israel. He is the Rock of worlds, LORD of all creatures, God of all souls, who dwells in the spacious heights and inhabits the high heavens of old. His holiness is over the Ḥayyot and over the throne of glory. Therefore may Your name, LORD our God, be sanctified among us
in the sight of all that lives. Let us sing before Him a new song, as it is written: "Sing *Ps. 68*
to God, make music for His name, extol Him who rides the clouds – the LORD is His name – and exult before Him." And may we see Him eye to eye when He returns to
His abode as it is written: "For they shall see eye to eye when the LORD returns to *Is. 52*
Zion." And it is said: "Then will the glory of the LORD be revealed, and all mankind *Is. 40*
together shall see that the mouth of the LORD has spoken."

Father of mercy, have compassion on the people borne by Him. May He remember the covenant with the mighty (patriarchs), and deliver us from evil times. May He reproach the evil instinct in the people by Him, and graciously grant that we be an eternal remnant. May He fulfill in good measure our requests for salvation and compassion.

The Torah scroll is placed on the bima and the Gabbai calls a Kohen to the Torah.

וְיַעֲזֹר May He help, shield and save all who seek refuge in Him,
and let us say: Amen. Let us all render greatness to our God
and give honor to the Torah. *Let the Kohen come forward.
Arise (*name* son of *father's name*), the Kohen.

**If no Kohen is present, a Levi or Yisrael is called up as follows:*

/As there is no Kohen, arise (*name* son of *father's name*) in place of a Kohen./

Blessed is He who, in His holiness, gave the Torah to His people Israel.

The congregation followed by the Gabbai:

You who cling to the LORD your God are all alive today. *Deut. 4*

The appropriate Torah portion is read.
The Torah portions for Yom Tov are to be found from page 544.

---

cally, known as the *ba'al koreh*), "so as not to shame those who do not know how to read" their own portions (see *Beit Yosef, Oraḥ Ḥayyim* 141). Instead, the *oleh* says the blessings before and after the portion, and recites the text silently along with the reader.

תהלים צט רוֹמְמוּ יהוה אֱלֹהֵינוּ וְהִשְׁתַּחֲווּ לַהֲדֹם רַגְלָיו, קָדוֹשׁ הוּא: רוֹמְמוּ יהוה אֱלֹהֵינוּ וְהִשְׁתַּחֲווּ לְהַר קָדְשׁוֹ, כִּי־קָדוֹשׁ יהוה אֱלֹהֵינוּ:

עַל הַכֹּל יִתְגַּדַּל וְיִתְקַדַּשׁ וְיִשְׁתַּבַּח וְיִתְפָּאַר וְיִתְרוֹמַם וְיִתְנַשֵּׂא שְׁמוֹ שֶׁל מֶלֶךְ מַלְכֵי הַמְּלָכִים הַקָּדוֹשׁ בָּרוּךְ הוּא בָּעוֹלָמוֹת שֶׁבָּרָא, הָעוֹלָם הַזֶּה וְהָעוֹלָם הַבָּא, כִּרְצוֹנוֹ וְכִרְצוֹן יְרֵאָיו וְכִרְצוֹן כָּל בֵּית יִשְׂרָאֵל. צוּר הָעוֹלָמִים, אֲדוֹן כָּל הַבְּרִיּוֹת, אֱלוֹהַ כָּל הַנְּפָשׁוֹת, הַיּוֹשֵׁב בְּמֶרְחֲבֵי מָרוֹם, הַשּׁוֹכֵן בִּשְׁמֵי שְׁמֵי קֶדֶם, קְדֻשָּׁתוֹ עַל הַחַיּוֹת, וּקְדֻשָּׁתוֹ עַל כִּסֵּא הַכָּבוֹד. וּבְכֵן יִתְקַדַּשׁ שִׁמְךָ בָּנוּ יהוה אֱלֹהֵינוּ לְעֵינֵי
תהלים סח כָּל חָי, וְנֹאמַר לְפָנָיו שִׁיר חָדָשׁ, כַּכָּתוּב: שִׁירוּ לֵאלֹהִים זַמְּרוּ שְׁמוֹ, סֹלּוּ לָרֹכֵב
ישעיה נב בָּעֲרָבוֹת, בְּיָהּ שְׁמוֹ, וְעִלְזוּ לְפָנָיו: וְנִרְאֵהוּ עַיִן בְּעַיִן בְּשׁוּבוֹ אֶל נָוֵהוּ, כַּכָּתוּב: כִּי
ישעיה מ עַיִן בְּעַיִן יִרְאוּ בְּשׁוּב יהוה צִיּוֹן: וְנֶאֱמַר: וְנִגְלָה כְּבוֹד יהוה, וְרָאוּ כָל־בָּשָׂר יַחְדָּו
כִּי פִּי יהוה דִּבֵּר:

אַב הָרַחֲמִים הוּא יְרַחֵם עַם עֲמוּסִים, וְיִזְכֹּר בְּרִית אֵיתָנִים, וְיַצִּיל נַפְשׁוֹתֵינוּ מִן הַשָּׁעוֹת הָרָעוֹת, וְיִגְעַר בְּיֵצֶר הָרָע מִן הַנְּשׂוּאִים, וְיָחֹן אוֹתָנוּ לִפְלֵיטַת עוֹלָמִים, וִימַלֵּא מִשְׁאֲלוֹתֵינוּ בְּמִדָּה טוֹבָה יְשׁוּעָה וְרַחֲמִים.

The ספר תורה *is placed on the* שולחן *and the* גבאי *calls a* כהן *to the* תורה.

וְיַעֲזֹר וְיָגֵן וְיוֹשִׁיעַ לְכָל הַחוֹסִים בּוֹ, וְנֹאמַר אָמֵן. הַכֹּל הָבוּ גֹדֶל לֵאלֹהֵינוּ וּתְנוּ כָבוֹד לַתּוֹרָה. *כֹּהֵן קְרַב, יַעֲמֹד (פלוני בֶּן פלוני) הַכֹּהֵן.

**If no* כהן *is present, a* לוי *or* ישראל *is called up as follows:*

/אֵין כָּאן כֹּהֵן, יַעֲמֹד (פלוני בֶּן פלוני) בִּמְקוֹם כֹּהֵן./

בָּרוּךְ שֶׁנָּתַן תּוֹרָה לְעַמּוֹ יִשְׂרָאֵל בִּקְדֻשָּׁתוֹ.

The קהל *followed by the* גבאי*:*

דברים ד וְאַתֶּם הַדְּבֵקִים בַּיהוה אֱלֹהֵיכֶם חַיִּים כֻּלְּכֶם הַיּוֹם:

The appropriate תורה *portion is read.*
The תורה *portions for* יום טוב *are to be found from page 545.*

ASCENT TO THE TORAH

The original custom was that each of those called to the Torah read his own portion. Not everyone was able to do this, so the practice developed of entrusting the reading to one with expertise (commonly, though ungrammati-

The Reader shows the oleh the section to be read. The oleh touches the scroll at that place
with the tzitzit of his tallit, which he then kisses. Holding the handles of the scroll, he says:

Oleh: Bless the LORD, the blessed One.

Cong: Bless the LORD, the blessed One, for ever and all time.

Oleh: Bless the LORD, the blessed One, for ever and all time.

Blessed are You, LORD our God, King of the Universe,
who has chosen us from all peoples
and has given us His Torah.
Blessed are You, LORD, Giver of the Torah.

After the reading, the oleh says:

Oleh: Blessed are You, LORD our God, King of the Universe,
who has given us the Torah of truth,
planting everlasting life in our midst.
Blessed are You, LORD, Giver of the Torah.

One who has survived a situation of danger, says:

Blessed are You, LORD our God, King of the Universe, who bestows good
on the unworthy, who has bestowed on me much good.

The congregation responds:
Amen. May He who bestowed much good on you
continue to bestow on you much good, Selah.

After a Bar Mitzva boy has finished the Torah blessing, his father says aloud:
Blessed is He who has released me from the responsibility for this child.

אֲשֶׁר נָתַן לָנוּ תּוֹרַת אֱמֶת *Who has given us the Torah of truth.* An act of affirma-
tion following the reading. There is truth that is thought and there is truth
that is lived. Judaism is about the transformative truths that we enact when
we align our will with that of God.

וְחַיֵּי עוֹלָם *Everlasting life.* Immortality lies not in how long we live but in how
we live. Reaching out to the Eternal and finding Him reaching out to us, we
touch eternity.

The קורא *shows the* עולה *the section to be read. The* עולה *touches the scroll at that place with the* ציצית *of his* טלית, *which he then kisses. Holding the handles of the scroll, he says:*

עולה: בָּרְכוּ אֶת יהוה הַמְבֹרָךְ.

קהל: בָּרוּךְ יהוה הַמְבֹרָךְ לְעוֹלָם וָעֶד.

עולה: בָּרוּךְ יהוה הַמְבֹרָךְ לְעוֹלָם וָעֶד.

בָּרוּךְ אַתָּה יהוה, אֱלֹהֵינוּ מֶלֶךְ הָעוֹלָם

אֲשֶׁר בָּחַר בָּנוּ מִכָּל הָעַמִּים וְנָתַן לָנוּ אֶת תּוֹרָתוֹ.

בָּרוּךְ אַתָּה יהוה, נוֹתֵן הַתּוֹרָה.

After the קריאת התורה, *the* עולה *says:*

עולה: בָּרוּךְ אַתָּה יהוה אֱלֹהֵינוּ מֶלֶךְ הָעוֹלָם

אֲשֶׁר נָתַן לָנוּ תּוֹרַת אֱמֶת וְחַיֵּי עוֹלָם נָטַע בְּתוֹכֵנוּ.

בָּרוּךְ אַתָּה יהוה, נוֹתֵן הַתּוֹרָה.

One who has survived a situation of danger, says:

בָּרוּךְ אַתָּה יהוה אֱלֹהֵינוּ מֶלֶךְ הָעוֹלָם הַגּוֹמֵל לְחַיָּבִים טוֹבוֹת

שֶׁגְּמָלַנִי כָּל טוֹב.

The קהל *responds:*

אָמֵן. מִי שֶׁגְּמָלְךָ כָּל טוֹב הוּא יִגְמָלְךָ כָּל טוֹב, סֶלָה.

After a בר מצווה *has finished the* תורה *blessing, his father says aloud:*

בָּרוּךְ שֶׁפְּטָרַנִי מֵעָנְשׁוֹ שֶׁלָּזֶה.

בָּרוּךְ יהוה *Bless the* LORD. An invitation to the congregation to join in blessing God, similar to the one that precedes communal prayer in the morning and evening services.

אֲשֶׁר בָּחַר בָּנוּ מִכָּל הָעַמִּים *Who has chosen us from all peoples.* This ancient blessing, to be said before Torah study as well as before the public reading of the Torah, makes it clear that chosenness is not a right but a responsibility.

FOR AN OLEH

May He who blessed our fathers, Abraham, Isaac and Jacob, bless (*name, son of father's name*) who has been called up in honor of the All-Present, in honor of the Torah, and in honor of (*On Shabbat:* the Sabbath and in honor of) the festival. As a reward for this, may the Holy One, blessed be He, protect and deliver him from all trouble and distress, all infection and illness, and send blessing and success to all the work of his hands, and may he merit to go up to Jerusalem for the festivals, together with all Israel, his brethren, and let us say: Amen.

FOR A SICK MAN

May He who blessed our fathers, Abraham, Isaac and Jacob, Moses and Aaron, David and Solomon, bless and heal one who is ill, (*sick person's name, son of mother's name*), on whose behalf (*name of the one making the offering*) is making a contribution to charity. As a reward for this, may the Holy One, blessed be He, be filled with compassion for him, to restore his health, cure him, strengthen and revive him, sending him a swift and full recovery from heaven to all his 248 organs and 365 sinews, amongst the other sick ones in Israel, a healing of the spirit and a healing of the body – though on (the Sabbath and) festivals it is forbidden to cry out, may healing be quick to come – now, swiftly and soon, and let us say: Amen.

FOR A SICK WOMAN

May He who blessed our fathers, Abraham, Isaac and Jacob, Moses and Aaron, David and Solomon, bless and heal one who is ill, (*sick person's name, daughter of mother's name*), on whose behalf (*name of the one making the offering*) is making a contribution to charity. As a reward for this, may the Holy One, blessed be He, be filled with compassion for her, to restore her health, cure her, strengthen and revive her, sending her a swift and full recovery from heaven to all her organs and sinews, amongst the other sick ones in Israel, a healing of the spirit and a healing of the body – though on (*On Shabbat:* the Sabbath and) festivals it is forbidden to cry out, may healing be quick to come – now, swiftly and soon, and let us say: Amen.

מי שברך לעולה לתורה

מִי שֶׁבֵּרַךְ אֲבוֹתֵינוּ אַבְרָהָם יִצְחָק וְיַעֲקֹב, הוּא יְבָרֵךְ אֶת (פלוני בֶּן פלוני), בַּעֲבוּר שֶׁעָלָה לִכְבוֹד הַמָּקוֹם וְלִכְבוֹד הַתּוֹרָה (בשבת: וְלִכְבוֹד הַשַּׁבָּת) וְלִכְבוֹד הָרֶגֶל. בִּשְׂכַר זֶה הַקָּדוֹשׁ בָּרוּךְ הוּא יִשְׁמְרֵהוּ וְיַצִּילֵהוּ מִכָּל צָרָה וְצוּקָה וּמִכָּל נֶגַע וּמַחֲלָה, וְיִשְׁלַח בְּרָכָה וְהַצְלָחָה בְּכָל מַעֲשֵׂה יָדָיו, וְיִזְכֶּה לַעֲלוֹת לָרֶגֶל עִם כָּל יִשְׂרָאֵל אֶחָיו, וְנֹאמַר אָמֵן.

מי שברך לחולה

מִי שֶׁבֵּרַךְ אֲבוֹתֵינוּ אַבְרָהָם יִצְחָק וְיַעֲקֹב, מֹשֶׁה וְאַהֲרֹן דָּוִד וּשְׁלֹמֹה הוּא יְבָרֵךְ וִירַפֵּא אֶת הַחוֹלֶה (פלוני בֶּן פלונית) בַּעֲבוּר שֶׁ(פלוני בֶּן פלוני) נוֹדֵר צְדָקָה בַּעֲבוּרוֹ. בִּשְׂכַר זֶה הַקָּדוֹשׁ בָּרוּךְ הוּא יִמָּלֵא רַחֲמִים עָלָיו לְהַחֲלִימוֹ וּלְרַפְּאתוֹ וּלְהַחֲזִיקוֹ וּלְהַחֲיוֹתוֹ וְיִשְׁלַח לוֹ מְהֵרָה רְפוּאָה שְׁלֵמָה מִן הַשָּׁמַיִם לִרְמַ״ח אֵבָרָיו וּשְׁסָ״ה גִּידָיו בְּתוֹךְ שְׁאָר חוֹלֵי יִשְׂרָאֵל, רְפוּאַת הַנֶּפֶשׁ וּרְפוּאַת הַגּוּף. יוֹם טוֹב הוּא (בשבת: שַׁבָּת וְיוֹם טוֹב הֵם) מִלִּזְעֹק וּרְפוּאָה קְרוֹבָה לָבוֹא, הַשְׁתָּא בַּעֲגָלָא וּבִזְמַן קָרִיב, וְנֹאמַר אָמֵן.

מי שברך לחולה

מִי שֶׁבֵּרַךְ אֲבוֹתֵינוּ אַבְרָהָם יִצְחָק וְיַעֲקֹב, מֹשֶׁה וְאַהֲרֹן דָּוִד וּשְׁלֹמֹה הוּא יְבָרֵךְ וִירַפֵּא אֶת הַחוֹלָה (פלונית בַּת פלונית) בַּעֲבוּר שֶׁ(פלוני בֶּן פלוני) נוֹדֵר צְדָקָה בַּעֲבוּרָהּ. בִּשְׂכַר זֶה הַקָּדוֹשׁ בָּרוּךְ הוּא יִמָּלֵא רַחֲמִים עָלֶיהָ לְהַחֲלִימָהּ וּלְרַפְּאתָהּ וּלְהַחֲזִיקָהּ וּלְהַחֲיוֹתָהּ וְיִשְׁלַח לָהּ מְהֵרָה רְפוּאָה שְׁלֵמָה מִן הַשָּׁמַיִם לְכָל אֵבָרֶיהָ וּלְכָל גִּידֶיהָ בְּתוֹךְ שְׁאָר חוֹלֵי יִשְׂרָאֵל, רְפוּאַת הַנֶּפֶשׁ וּרְפוּאַת הַגּוּף. יוֹם טוֹב הוּא (בשבת: שַׁבָּת וְיוֹם טוֹב הֵם) מִלִּזְעֹק וּרְפוּאָה קְרוֹבָה לָבוֹא, הַשְׁתָּא בַּעֲגָלָא וּבִזְמַן קָרִיב, וְנֹאמַר אָמֵן.

ON THE BIRTH OF A SON

May He who blessed our fathers, Abraham, Isaac and Jacob, Moses and Aaron, David and Solomon, Sarah, Rebecca, Rachel and Leah, bless the woman (*name*, daughter of *father's name*) who has given birth, and her son who has been born to her as an auspicious sign. Her husband, the child's father, is making a contribution to charity. As a reward for this, may father and mother merit to bring the child into the covenant of Abraham and to a life of Torah, to the marriage canopy and to good deeds, and let us say: Amen.

ON THE BIRTH OF A DAUGHTER

May He who blessed our fathers, Abraham, Isaac and Jacob, Moses and Aaron, David and Solomon, Sarah, Rebecca, Rachel and Leah, bless the woman (*name*, daughter of *father's name*) who has given birth, and her daughter who has been born to her as an auspicious sign; and may her name be called in Israel (*baby's name*, daughter of *father's name*). Her husband, the child's father, is making a contribution to charity. As a reward for this, may father and mother merit to raise her to a life of Torah, to the marriage canopy, and to good deeds, and let us say: Amen.

FOR A BAR MITZVA

May He who blessed our fathers, Abraham, Isaac and Jacob, bless (*name*, son of *father's name*) who has completed thirteen years and attained the age of the commandments, who has been called to the Torah to give praise and thanks to God, may His name be blessed, for all the good He has bestowed on him. May the Holy One, blessed be He, protect and sustain him and direct his heart to be perfect with God, to walk in His ways and keep the commandments all the days of his life, and let us say: Amen.

FOR A BAT MITZVA

May He who blessed our fathers, Abraham, Isaac and Jacob, Sarah, Rebecca, Rachel and Leah, bless (*name*, daughter of *father's name*) who has completed twelve years and attained the age of the commandments, and gives praise and thanks to God, may His name be blessed, for all the good He has bestowed on her. May the Holy One, blessed be He, protect and sustain her and direct her heart to be perfect with God, to walk in His ways and keep the commandments all the days of her life, and let us say: Amen.

מי שברך ליולדת בן

מִי שֶׁבֵּרַךְ אֲבוֹתֵינוּ אַבְרָהָם יִצְחָק וְיַעֲקֹב, מֹשֶׁה וְאַהֲרֹן דָּוִד וּשְׁלֹמֹה, שָׂרָה רִבְקָה רָחֵל וְלֵאָה הוּא יְבָרֵךְ אֶת הָאִשָּׁה הַיּוֹלֶדֶת (פלונית בַּת פלוני) וְאֶת בְּנָהּ שֶׁנּוֹלַד לָהּ לְמַזָּל טוֹב בַּעֲבוּר שֶׁבַּעְלָהּ וְאָבִיו נוֹדֵר צְדָקָה בַּעֲדָם. בִּשְׂכַר זֶה יִזְכּוּ אָבִיו וְאִמּוֹ לְהַכְנִיסוֹ בִּבְרִיתוֹ שֶׁל אַבְרָהָם אָבִינוּ וּלְגַדְּלוֹ לְתוֹרָה וּלְחֻפָּה וּלְמַעֲשִׂים טוֹבִים, וְנֹאמַר אָמֵן.

מי שברך ליולדת בת

מִי שֶׁבֵּרַךְ אֲבוֹתֵינוּ אַבְרָהָם יִצְחָק וְיַעֲקֹב, מֹשֶׁה וְאַהֲרֹן דָּוִד וּשְׁלֹמֹה, שָׂרָה רִבְקָה רָחֵל וְלֵאָה הוּא יְבָרֵךְ אֶת הָאִשָּׁה הַיּוֹלֶדֶת (פלונית בַּת פלוני) וְאֶת בִּתָּהּ שֶׁנּוֹלְדָה לָהּ לְמַזָּל טוֹב וְיִקָּרֵא שְׁמָהּ בְּיִשְׂרָאֵל (פלונית בַּת פלוני), בַּעֲבוּר שֶׁבַּעְלָהּ וְאָבִיהָ נוֹדֵר צְדָקָה בַּעֲדָן. בִּשְׂכַר זֶה יִזְכּוּ אָבִיהָ וְאִמָּהּ לְגַדְּלָהּ לְתוֹרָה וּלְחֻפָּה וּלְמַעֲשִׂים טוֹבִים, וְנֹאמַר אָמֵן.

מי שברך לבר מצווה

מִי שֶׁבֵּרַךְ אֲבוֹתֵינוּ אַבְרָהָם יִצְחָק וְיַעֲקֹב הוּא יְבָרֵךְ אֶת (פלוני בֶּן פלוני) שֶׁמָּלְאוּ לוֹ שְׁלֹשׁ עֶשְׂרֵה שָׁנָה וְהִגִּיעַ לְמִצְוֹת, וְעָלָה לַתּוֹרָה, לָתֵת שֶׁבַח וְהוֹדָיָה לְהַשֵּׁם יִתְבָּרַךְ עַל כָּל הַטּוֹבָה שֶׁגָּמַל אִתּוֹ. יִשְׁמְרֵהוּ הַקָּדוֹשׁ בָּרוּךְ הוּא וִיחַיֵּהוּ, וִיכוֹנֵן אֶת לִבּוֹ לִהְיוֹת שָׁלֵם עִם יהוה וְלָלֶכֶת בִּדְרָכָיו וְלִשְׁמֹר מִצְוֹתָיו כָּל הַיָּמִים, וְנֹאמַר אָמֵן.

מי שברך לבת מצווה

מִי שֶׁבֵּרַךְ אֲבוֹתֵינוּ אַבְרָהָם יִצְחָק וְיַעֲקֹב, שָׂרָה רִבְקָה רָחֵל וְלֵאָה, הוּא יְבָרֵךְ אֶת (פלונית בַּת פלוני) שֶׁמָּלְאוּ לָהּ שְׁתֵּים עֶשְׂרֵה שָׁנָה וְהִגִּיעָה לְמִצְוֹת, וְנוֹתֶנֶת שֶׁבַח וְהוֹדָיָה לְהַשֵּׁם יִתְבָּרַךְ עַל כָּל הַטּוֹבָה שֶׁגָּמַל אִתָּהּ. יִשְׁמְרֶהָ הַקָּדוֹשׁ בָּרוּךְ הוּא וִיחַיֶּהָ, וִיכוֹנֵן אֶת לִבָּהּ לִהְיוֹת שָׁלֵם עִם יהוה וְלָלֶכֶת בִּדְרָכָיו וְלִשְׁמֹר מִצְוֹתָיו כָּל הַיָּמִים, וְנֹאמַר אָמֵן.

TORAH READING FOR THE FIRST DAY OF PESAḤ

Moses called for all of the elders of Israel and told them, "Select *Ex. 12:21–51* and take lambs for yourselves, one for each family, and slaughter them as a Pesaḥ offering. Then take a bunch of hyssop, dip it in the blood that is on the threshold and apply of that blood to the lintel and the two side-posts; no man may exit the door of his house until morning. And the LORD shall come to strike Egypt; when He sees the blood upon the lintel and the two side-posts, He will pass over the opening and will not allow the Destroyer to come into your houses to strike you. You must observe this as a statute for you and for your children forever. LEVI And when you enter the land which the LORD shall give you as He promised, you shall observe this rite. And if your children should say to you: 'What is this service to you?' You shall say: 'It is a Pesaḥ offering for the LORD, for He passed over the houses of the children of Israel in Egypt while He struck the Egyptians, but saved those in our homes'" – and the people bowed and prostrated themselves.

---

children, and they on theirs, and so on to the end of time. Israel became the first people in history to predicate its survival on education – and it began here, in Moses' words shortly before the exodus. Already he is asking the Israelites to think not just about tomorrow but about the distant future and the education of their children.

מָה הָעֲבֹדָה הַזֹּאת לָכֶם *What is this service to you.* This question became associated in the Haggada with the "wicked" son. Three reasons have been given, each focusing on a different word in this verse. The Haggada finds rebellion in the word *lakhem*, "to you," implying, "but not to me." The Talmud Yerushalmi (*Pesaḥim* 10:4) focuses on the word *avoda*, which means both service and servitude. The use of this word by the child suggests that he is questioning the value of the hard work involved in Pesaḥ: "What is all this effort that you undertake?" It is as if he were saying: in Egypt we were Pharaoh's servants, now we are God's servants, but we are still servants and it still requires *avoda*, hard work. Other commentators point to the verb in this verse. Normally we

קריאה ליום הראשון של פסח

שמות
יב, כא–נא

וַיִּקְרָ֥א מֹשֶׁ֛ה לְכָל־זִקְנֵ֥י יִשְׂרָאֵ֖ל וַיֹּ֣אמֶר אֲלֵהֶ֑ם מִֽשְׁכ֗וּ וּקְח֨וּ
לָכֶ֥ם צֹ֛אן לְמִשְׁפְּחֹתֵיכֶ֖ם וְשַׁחֲט֥וּ הַפָּֽסַח: וּלְקַחְתֶּ֞ם אֲגֻדַּ֣ת אֵז֗וֹב
וּטְבַלְתֶּם֮ בַּדָּ֣ם אֲשֶׁר־בַּסַּף֒ וְהִגַּעְתֶּ֤ם אֶל־הַמַּשְׁקוֹף֙ וְאֶל־שְׁתֵּ֣י
הַמְּזוּזֹ֔ת מִן־הַדָּ֖ם אֲשֶׁ֣ר בַּסָּ֑ף וְאַתֶּ֗ם לֹ֥א תֵצְא֛וּ אִ֥ישׁ מִפֶּֽתַח־
בֵּית֖וֹ עַד־בֹּֽקֶר: וְעָבַ֣ר יהו֮ה לִנְגֹּ֣ף אֶת־מִצְרַ֒יִם֒ וְרָאָ֤ה אֶת־הַדָּם֙
עַל־הַמַּשְׁק֔וֹף וְעַ֖ל שְׁתֵּ֣י הַמְּזוּזֹ֑ת וּפָסַ֤ח יהוה֙ עַל־הַפֶּ֔תַח וְלֹ֤א יִתֵּן֙
הַמַּשְׁחִ֔ית לָבֹ֥א אֶל־בָּתֵּיכֶ֖ם לִנְגֹּֽף: וּשְׁמַרְתֶּ֖ם אֶת־הַדָּבָ֣ר הַזֶּ֑ה
לְחָק־לְךָ֥ וּלְבָנֶ֖יךָ עַד־עוֹלָֽם: וְהָיָ֞ה כִּֽי־תָבֹ֣אוּ אֶל־הָאָ֗רֶץ אֲשֶׁ֨ר

לוי

יִתֵּ֧ן יהו֛ה לָכֶ֖ם כַּאֲשֶׁ֣ר דִּבֵּ֑ר וּשְׁמַרְתֶּ֖ם אֶת־הָעֲבֹדָ֥ה הַזֹּֽאת: וְהָיָ֕ה
כִּֽי־יֹאמְר֥וּ אֲלֵיכֶ֖ם בְּנֵיכֶ֑ם מָ֛ה הָעֲבֹדָ֥ה הַזֹּ֖את לָכֶֽם: וַאֲמַרְתֶּ֡ם
זֶֽבַח־פֶּ֨סַח ה֜וּא לַֽיהו֗ה אֲשֶׁ֣ר פָּ֠סַח עַל־בָּתֵּ֤י בְנֵֽי־יִשְׂרָאֵל֙ בְּמִצְרַ֔יִם
בְּנָגְפּ֥וֹ אֶת־מִצְרַ֖יִם וְאֶת־בָּתֵּ֣ינוּ הִצִּ֑יל וַיִּקֹּ֥ד הָעָ֖ם וַיִּֽשְׁתַּחֲוֽוּ:

TORAH READING FOR THE FIRST DAY

This is Moses' address prior to the exodus, preparing the people for what
they must do on their last night in captivity. They were to offer a sacrifice,
sprinkling its blood on their doorposts. The Israelites had to perform an act
of spiritual liberation as preparation for their physical/political liberation. By
engaging in an act foreign to their Egyptian neighbors, and by being willing
to signal the fact on the doorposts of their houses, they showed they were
unafraid to be different: to take a risk for the sake of God.

Note the emphasis on children in this passage. Ancient Egypt and ancient
Israel were two civilizations that asked the fundamental question: how do we
achieve immortality? How do we ensure that something of us lives on? They
gave opposite answers. The Egyptians built pyramids, monuments in stone
that would outlast the sands and winds of time. Moses took a quite different
path. We become immortal by engraving our values on the hearts of their

So the children of Israel went and did just as the LORD had commanded Moses and Aaron; so it was done.

And when midnight came, the LORD slew every firstborn in the SHELISHI
land of Egypt: from the firstborn of Pharaoh sitting on his throne
to the firstborn of the captive in prison, and the firstborns of all
their livestock. And Pharaoh arose at night, he and all of his servants and all of Egypt; and there was a great cry in Egypt, for no
house was without one dead. So he called for Moses and Aaron at
night, and said: "Rise up, leave the midst of my people, you and
the children of Israel, and go worship the LORD as you said! Take
both your sheep and your cattle, as you requested, and go – and you
shall also bless me." All of Egypt urged the people, making haste (*Shabbat:*
to expel them from their land – for they said, "We are all dying!" REVI'I)
So the people carried their dough before it was leavened, their
kneading-troughs bound up in their clothes, slung over their shoulders. And the children of Israel did as Moses commanded: they
asked the Egyptians for silver vessels, golden vessels, and clothing.
And the LORD caused the people to find favor in the eyes of the

---

וַיִּשָּׂא הָעָם אֶת־בְּצֵקוֹ *So the people carried their dough.* There are still Jewish
communities in which the leader of the Seder dresses as if for a journey,
wrapping the matza in a cloth and slinging it over his shoulder. Matza on
Pesaḥ has a dual symbolism. On the one hand it is "the bread of affliction our
ancestors ate in the land of Egypt." On the other, it is the bread of freedom
they ate as they were *leaving* Egypt in haste. This duality is not accidental.
Part of the story of Pesaḥ consists in explaining how affliction can be turned
into freedom.

Matza is a symbol of suddenness. We can wait for freedom for years, but
it still takes us by surprise when it comes; and when it comes there must be
no delay, as there was no delay on the part of Abraham when God told him
to leave his father's house. Asked by Moses for His name, God replied *Ehyeh
asher ehyeh*, meaning "I will be what/how/when I will be" (Ex.3:14). God
cannot be predicted. To live by faith is to live in a state of openness and not
to hesitate when the moment comes.

וַיֵּלְכוּ וַיַּעֲשׂוּ בְּנֵי יִשְׂרָאֵל כַּאֲשֶׁר צִוָּה יהוה אֶת־מֹשֶׁה וְאַהֲרֹן
כֵּן עָשׂוּ׃ וַיְהִי ׀ בַּחֲצִי הַלַּיְלָה וַיהוה הִכָּה כָל־בְּכוֹר שלישי
בְּאֶרֶץ מִצְרַיִם מִבְּכֹר פַּרְעֹה הַיֹּשֵׁב עַל־כִּסְאוֹ עַד בְּכוֹר הַשְּׁבִי
אֲשֶׁר בְּבֵית הַבּוֹר וְכֹל בְּכוֹר בְּהֵמָה׃ וַיָּקָם פַּרְעֹה לַיְלָה הוּא
וְכָל־עֲבָדָיו וְכָל־מִצְרַיִם וַתְּהִי צְעָקָה גְדֹלָה בְּמִצְרָיִם כִּי־אֵין
בַּיִת אֲשֶׁר אֵין־שָׁם מֵת׃ וַיִּקְרָא לְמֹשֶׁה וּלְאַהֲרֹן לַיְלָה וַיֹּאמֶר
קוּמוּ צְּאוּ מִתּוֹךְ עַמִּי גַּם־אַתֶּם גַּם־בְּנֵי יִשְׂרָאֵל וּלְכוּ עִבְדוּ
אֶת־יהוה כְּדַבֶּרְכֶם׃ גַּם־צֹאנְכֶם גַּם־בְּקַרְכֶם קְחוּ כַּאֲשֶׁר דִּבַּרְתֶּם
וָלֵכוּ וּבֵרַכְתֶּם גַּם־אֹתִי׃ וַתֶּחֱזַק מִצְרַיִם עַל־הָעָם לְמַהֵר לְשַׁלְּחָם (בשבת רביעי)
מִן־הָאָרֶץ כִּי אָמְרוּ כֻּלָּנוּ מֵתִים׃ וַיִּשָּׂא הָעָם אֶת־בְּצֵקוֹ טֶרֶם
יֶחְמָץ מִשְׁאֲרֹתָם צְרֻרֹת בְּשִׂמְלֹתָם עַל־שִׁכְמָם׃ וּבְנֵי־יִשְׂרָאֵל
עָשׂוּ כִּדְבַר מֹשֶׁה וַיִּשְׁאֲלוּ מִמִּצְרַיִם כְּלֵי־כֶסֶף וּכְלֵי זָהָב וּשְׂמָלֹת׃

---

ask a question, but here the text says, "When your child *says* to you…" When we ask, we seek an answer. But when we say something, even in the form of a question, it is a sign that we do not really seek an answer. We are asking merely to mock (*Ḥashukei Kesef*).

וַיְהִי בַּחֲצִי הַלַּיְלָה *And when midnight came.* A terrifying passage, as the crime of killing the male Israelite children comes back to haunt and devastate the Egyptians. There is justice in this world, crimes against the innocent are punished – and though it was Pharaoh who instigated the attempted genocide, the people were willing accomplices.

וַיִּקְרָא לְמֹשֶׁה וּלְאַהֲרֹן לַיְלָה *So he called for Moses and Aaron at night.* Finally, too late, in the midst of grief, Pharaoh accedes to the request he should have granted at the outset.

וּבֵרַכְתֶּם גַּם־אֹתִי *And you shall also bless me.* A poignant and belated acknowledgement that there is a power in the universe greater than Egypt and its gods.

Egyptians – they let them have what they asked, and [thus the Israelites] depleted Egypt.

The children of Israel then traveled from Rameses to Sukkot – about six hundred thousand men on foot, as well as children. A mixed multitude went up with them as well, and sheep and cattle, herds of great number. They baked the dough they had taken out of Egypt, matza rounds, for they had not risen; for they were expelled from Egypt and could not delay, and they had not prepared any provisions for themselves. The children of Israel had dwelled in Egypt for four hundred and thirty years. And when four hundred and thirty years came to an end, on that very day, the LORD's hosts left Egypt. It was a night of guarding to the LORD, so as to bring them out of Egypt – this night is therefore safeguarded for the LORD, by all of the children of Israel for all generations.

REVI'I
(*Shabbat:*
ḤAMISHI)

וְלֹא יָכְלוּ לְהִתְמַהְמֵהַּ *And could not delay.* The Egyptians were pressing them to leave. The same verb appears in Genesis 19:16 when the angels urged Lot and his family to leave Sodom because the city was about to be destroyed. Lot delayed, and it was almost fatal. Here, God brought about a sequence of events that made it impossible for the Israelites to delay in case they had second thoughts. Their frequently expressed longing to return to Egypt during their years in the desert shows how necessary this was. Had they delayed, they might never have left.

שְׁלֹשִׁים שָׁנָה וְאַרְבַּע מֵאוֹת שָׁנָה *Four hundred and thirty years.* This reckoning starts from the time Abraham was given a vision of the future enslavement of his descendants (Gen. 15:13). The children of Israel were physically in Egypt for two hundred and ten years.

לֵיל שִׁמֻּרִים *A night of guarding.* The phrase has several senses. It means (1) the night for which the Israelites were watching and waiting (Rashbam), (2) the night ordained from the outset as the time of liberation (Rashi, Ramban), (3) the night they were protected from the plague that struck the Egyptians (Ibn Ezra), (4) the night designated for future remembrance (Ḥizkuni), and (5) a night of special divine protection through the ages (Rashi).

וַיהוָֹה נָתַ֨ן אֶת־חֵ֥ן הָעָ֛ם בְּעֵינֵ֥י מִצְרַ֖יִם וַיַּשְׁאִל֑וּם וַֽיְנַצְּל֖וּ אֶת־מִצְרָֽיִם:

רביעי (בשבת חמישי)

וַיִּסְע֧וּ בְנֵֽי־יִשְׂרָאֵ֛ל מֵרַעְמְסֵ֖ס סֻכֹּ֑תָה כְּשֵׁשׁ־מֵא֨וֹת אֶ֤לֶף רַגְלִי֙ הַגְּבָרִ֔ים לְבַ֖ד מִטָּֽף: וְגַם־עֵ֥רֶב רַ֖ב עָלָ֣ה אִתָּ֑ם וְצֹ֤אן וּבָקָר֙ מִקְנֶ֖ה כָּבֵ֥ד מְאֹֽד: וַיֹּאפ֨וּ אֶת־הַבָּצֵ֜ק אֲשֶׁ֨ר הוֹצִ֧יאוּ מִמִּצְרַ֛יִם עֻגֹ֥ת מַצּ֖וֹת כִּ֣י לֹ֣א חָמֵ֑ץ כִּֽי־גֹרְשׁ֣וּ מִמִּצְרַ֗יִם וְלֹ֤א יָֽכְלוּ֙ לְהִתְמַהְמֵ֔הַּ וְגַם־צֵדָ֖ה לֹֽא־עָשׂ֥וּ לָהֶֽם: וּמוֹשַׁב֙ בְּנֵ֣י יִשְׂרָאֵ֔ל אֲשֶׁ֥ר יָֽשְׁב֖וּ בְּמִצְרָ֑יִם שְׁלֹשִׁ֣ים שָׁנָ֔ה וְאַרְבַּ֥ע מֵא֖וֹת שָׁנָֽה: וַיְהִ֗י מִקֵּץ֙ שְׁלֹשִׁ֣ים שָׁנָ֔ה וְאַרְבַּ֥ע מֵא֖וֹת שָׁנָ֑ה וַיְהִ֗י בְּעֶ֨צֶם֙ הַיּ֣וֹם הַזֶּ֔ה יָֽצְא֛וּ כָּל־צִבְא֥וֹת יהוה מֵאֶ֥רֶץ מִצְרָֽיִם: לֵ֣יל שִׁמֻּרִ֥ים הוּא֙ לַֽיהוָ֔ה לְהֽוֹצִיאָ֖ם מֵאֶ֣רֶץ מִצְרָ֑יִם הֽוּא־הַלַּ֤יְלָה הַזֶּה֙ לַֽיהֹוָ֔ה שִׁמֻּרִ֛ים לְכָל־בְּנֵ֥י יִשְׂרָאֵ֖ל לְדֹֽרֹתָֽם:

וַֽיְנַצְּל֖וּ *And they depleted.* Benno Jacob translates, "and they saved." The meaning of this strange episode is given many years later in Deuteronomy (15:14) in the law of liberation of slaves. "When you set him free from your service you must not send him away empty-handed. You must give generously to him of your flock, your granary and your wine-vat with which the LORD your God has blessed you; so you shall give him" (see Torah Reading for the Eighth Day, page 580). The ceremony was intended to create a mood of closure. It is impossible to make good the years a slave has lost by forfeiting liberty, but an act of generosity allows the slave to leave without lingering resentment. Thus the act "saved" the Egyptians from future hate and desire for revenge on the part of the Israelites. Moses forbade them to "despise an Egyptian" (Deut. 23:8).

עֵרֶב רַב *A mixed multitude.* Pi-Ramses and the Nile Delta, where the Israelites lived during their time in Egypt, was a center for resident aliens and migrants from many lands. Some of these saw their chance of obtaining freedom along with the Israelites.

The LORD spoke to Moses and Aaron: These are the laws of the Pesaḥ offering: no stranger shall eat of it. Every man's slave that is bought for money must first be circumcised; after that he may eat of it. A sojourner or hired laborer may not eat of it. It must be eaten in one house – you may not take any of its meat outside the house, and you may not break any of its bones. All the community of Israel shall observe this. If a proselyte lives among you and brings a Pesaḥ offering to the LORD, he must circumcise all of his males – then he may come and offer it, just as one home-born in your land – no one uncircumcised may partake of it. The same law shall apply to one born in your land and to the proselyte who dwells among you. All of the children of Israel did as the LORD commanded Moses and Aaron; that is what they did.

ḤAMISHI (*Shabbat:* SHISHI)

(*Shabbat:* SHEVI'I)

It was on that very day that the LORD brought the children of Israel out of the land of Egypt, in all their hosts.

After Half Kaddish is said, the Maftir is read from the second Torah scroll (page 586).

TORAH READING FOR THE SECOND DAY OF PESAḤ

In Israel, where this is the reading for the first day of Ḥol HaMo'ed, the portion for Levi begins at "The LORD spoke" on the next page, Shelishi continues to the end and Revi'i is read from the second Torah scroll (page 832).

The LORD spoke to Moses, saying: When a bullock or lamb or goat is born, it shall remain with its mother for seven days; from the eighth day onwards it will be accepted as a sacrifice, a fire-offering

Lev. 22:26–23:44

---

unlike fifteenth-century Spain where, by the law of *limpieza de sangre*, "purity of blood," prejudice against Jews continued even after they had converted – an anticipation of the Nuremberg Laws in Nazi Germany.

TORAH READING FOR THE SECOND DAY

The core of the second day's reading is Leviticus 23, the first of three extended accounts of the festivals in the Torah. This sets out the basic structure of the

חמישי
(בשבת
ששי)

וַיֹּ֤אמֶר יהוה֙ אֶל־מֹשֶׁ֣ה וְאַהֲרֹ֔ן זֹ֖את חֻקַּ֣ת הַפָּ֑סַח כָּל־בֶּן־נֵכָ֖ר
לֹא־יֹ֥אכַל בּֽוֹ: וְכָל־עֶ֥בֶד אִ֖ישׁ מִקְנַת־כָּ֑סֶף וּמַלְתָּ֣ה אֹת֔וֹ אָ֖ז יֹ֥אכַל
בּֽוֹ: תּוֹשָׁ֥ב וְשָׂכִ֖יר לֹא־יֹ֥אכַל בּֽוֹ: בְּבַ֤יִת אֶחָד֙ יֵֽאָכֵ֔ל לֹא־תוֹצִ֧יא
מִן־הַבַּ֛יִת מִן־הַבָּשָׂ֖ר ח֑וּצָה וְעֶ֖צֶם לֹ֥א תִשְׁבְּרוּ־בֽוֹ: כָּל־עֲדַ֥ת

(בשבת
שביעי)

יִשְׂרָאֵ֖ל יַעֲשׂ֥וּ אֹתֽוֹ: וְכִֽי־יָג֨וּר אִתְּךָ֜ גֵּ֗ר וְעָ֣שָׂה פֶ֨סַח֙ לַֽיהוה֔ הִמּ֧וֹל
ל֣וֹ כָל־זָכָ֗ר וְאָז֙ יִקְרַ֣ב לַעֲשֹׂת֔וֹ וְהָיָ֖ה כְּאֶזְרַ֣ח הָאָ֑רֶץ וְכָל־עָרֵ֖ל
לֹא־יֹ֥אכַל בּֽוֹ: תּוֹרָ֣ה אַחַ֔ת יִהְיֶ֖ה לָֽאֶזְרָ֑ח וְלַגֵּ֖ר הַגָּ֥ר בְּתוֹכְכֶֽם:
וַיַּֽעֲשׂ֖וּ כָּל־בְּנֵ֣י יִשְׂרָאֵ֑ל כַּאֲשֶׁ֨ר צִוָּ֤ה יהוה֙ אֶת־מֹשֶׁ֣ה וְאֶֽת־אַהֲרֹ֔ן
כֵּ֖ן עָשֽׂוּ:   וַיְהִ֕י בְּעֶ֖צֶם הַיּ֣וֹם הַזֶּ֑ה הוֹצִ֨יא יהוה֜ אֶת־בְּנֵ֧י
יִשְׂרָאֵ֛ל מֵאֶ֥רֶץ מִצְרַ֖יִם עַל־צִבְאֹתָֽם:

After חצי קדיש is said, the מפטיר is read from the second ספר תורה (page 587).

קריאה ליום השני של פסח

In ארץ ישראל, where this is the reading for the first day of חול המועד, the
portion for לוי begins at "וַיְדַבֵּר" on the next page, for שלישי continues to
the end and רביעי is read from the second ספר תורה (page 833).

ויקרא כב,
כו–כג, מד

וַיְדַבֵּ֥ר יהוה֖ אֶל־מֹשֶׁ֥ה לֵּאמֹֽר: שׁ֣וֹר אוֹ־כֶ֤שֶׂב אוֹ־עֵז֙ כִּ֣י יִוָּלֵ֔ד
וְהָיָ֞ה שִׁבְעַ֤ת יָמִים֙ תַּ֣חַת אִמּ֔וֹ וּמִיּ֤וֹם הַשְּׁמִינִי֙ וָהָ֔לְאָה יֵרָצֶ֔ה

כָּל־בֶּן־נֵכָ֖ר לֹא־יֹ֥אכַל בּֽוֹ *No stranger shall eat of it.* The prohibition applies only to the Paschal offering itself.

תּוֹרָ֣ה אַחַ֔ת *The same law.* The reference is to a *ger tzedek*, a convert to Judaism. This principle of "one law" for the born Jew and the convert established the people of the covenant as a community of faith, not just an ethnic group defined by biological descent from Abraham and Sarah. The covenant with Abraham was based on kinship. The covenant to be initiated between God and Israel would be based on consent. Those who choose to become Jews are not to be discriminated against in any way. Racism is forbidden in Judaism,

to the LORD. Whether a bullock or a sheep, you may not slaughter the animal and its offspring on the same day. If you bring an offering of thanksgiving to God, offer it so that it will be accepted from you. It must be eaten on that very day; let none of it remain until morning; I am the LORD. Safeguard My commandments and perform them; I am the LORD. Do not profane My holy name; I shall be sanctified among the children of Israel; I am the LORD who sanctifies you, who has taken you out of the land of Egypt to be your God: I am the LORD.

The LORD spoke to Moses, saying: Speak to the children of Israel, saying to them: The appointed times of the LORD which you shall proclaim to be days of sacred assembly: these are My appointed times: For six days shall work be done, but the seventh day is a Sabbath of utter rest, a sacred assembly; you may not do any work. It is a Sabbath for the LORD in all of your dwellings.

אֲשֶׁר־תִּקְרְאוּ אֹתָם *Which you shall proclaim.* The determination of the calendar – whether a month is twenty-nine or thirty days, and whether to add a month to make a leap year – falls under the remit of the human court. The fixing of the calendar was the first command given to the Israelites as a people (Ex. 12:2). Only in Israel does the court have this authority. So in the fourth century, when the center of Jewish life moved to Babylon, it became necessary to determine the calendar on the basis of astronomical calculation rather than monthly and yearly decisions of the court.

אֵלֶּה הֵם מוֹעֲדָי *These are My appointed times.* The word *mo'ed* has the connotation of "meeting" (see Exodus 33:7 and Rashi ad loc.). These were days on which, as it were, God and Israel met. They were times designated for a collective encounter with the Divine.

שַׁבָּת *Sabbath.* Here included among the festivals. The term *Shabbat* means to cease, desist. Bodies persist in motion; nature never rests. What makes humans different and demonstrates their creation in the image of God is their capacity to stop. Why is God called *Shaddai*? Because He said to the universe, *dai*, "enough" (Rashi, Gen. 43:14). The ability to stop, cease, pause and rest, marks the primacy of choice over necessity, will over nature.

לְקָרְבַּן אִשֶּׁה לַיהוָה: וְשׁוֹר אוֹ־שֶׂה אֹתוֹ וְאֶת־בְּנוֹ לֹא תִשְׁחֲטוּ
בְּיוֹם אֶחָד: וְכִי־תִזְבְּחוּ זֶבַח־תּוֹדָה לַיהוָה לִרְצֹנְכֶם תִּזְבָּחוּ:
בַּיּוֹם הַהוּא יֵאָכֵל לֹא־תוֹתִירוּ מִמֶּנּוּ עַד־בֹּקֶר אֲנִי יְהוָה:
וּשְׁמַרְתֶּם מִצְוֹתַי וַעֲשִׂיתֶם אֹתָם אֲנִי יְהוָה: וְלֹא תְחַלְּלוּ אֶת־
שֵׁם קָדְשִׁי וְנִקְדַּשְׁתִּי בְּתוֹךְ בְּנֵי יִשְׂרָאֵל אֲנִי יְהוָה מְקַדִּשְׁכֶם:
הַמּוֹצִיא אֶתְכֶם מֵאֶרֶץ מִצְרַיִם לִהְיוֹת לָכֶם לֵאלֹהִים אֲנִי
יְהוָה:

וַיְדַבֵּר יְהוָה אֶל־מֹשֶׁה לֵּאמֹר: דַּבֵּר אֶל־בְּנֵי יִשְׂרָאֵל וְאָמַרְתָּ
אֲלֵהֶם מוֹעֲדֵי יְהוָה אֲשֶׁר־תִּקְרְאוּ אֹתָם מִקְרָאֵי קֹדֶשׁ אֵלֶּה
הֵם מוֹעֲדָי: שֵׁשֶׁת יָמִים תֵּעָשֶׂה מְלָאכָה וּבַיּוֹם הַשְּׁבִיעִי שַׁבַּת
שַׁבָּתוֹן מִקְרָא־קֹדֶשׁ כָּל־מְלָאכָה לֹא תַעֲשׂוּ שַׁבָּת הִוא לַיהוָה
בְּכֹל מוֹשְׁבֹתֵיכֶם:

Jewish calendar as a rhythm of holiness in time. The second, in Numbers
28–29, is a detailed account of the sacrifices to be offered on these days. The
third, in Deuteronomy 16, emphasizes the pilgrimage character of Pesaḥ,
Shavuot and Sukkot, together with the principle of social inclusion: they
were days on which the widow, orphan, Levite and stranger were all to be
included in the celebration. Note the significance of the number seven in the
architectonics of holy time. The seventh day, Shabbat, is holy. There are seven
other holy days: the first and last day of Pesaḥ, Shavuot, Rosh HaShana, Yom
Kippur, Sukkot and Shemini Atzeret. The greatest concentration of festivals
is in the seventh month.

אֹתוֹ וְאֶת־בְּנוֹ *The animal and its offspring.* Maimonides says that the reason is
compassion. The maternal instinct is strong in animals as in humans, and
it is cruel to kill young animals in the sight of the mother. The same logic
applies to the rule of sending the mother bird away (*Guide for the Perplexed*
3:48). Others give an ecological explanation. To kill both parent and child is
to risk the extinction of species. If either parent or child survives, they can
have further offspring, but not if both are killed.

These are the appointed times of the LORD, sacred assemblies, which you shall announce in their due seasons: In the first month, on the fourteenth of that month, in the afternoon, the Pesaḥ [offering shall be brought] to the LORD. And the fifteenth day of that month will be the festival of Matzot to the LORD; for seven days you shall eat matzot. On the first day there will be a sacred assembly; you shall do no laborious work. And you shall bring an offering consumed by fire to the LORD on each of the seven days; on the seventh day there shall be a sacred assembly: you shall do no laborious work. LEVI

The LORD spoke to Moses, saying: Speak to the children of Israel and tell them: When you enter the land which I am giving you, and you harvest its grains, you shall bring the first omer measure of your harvest to the priest. He shall wave the omer in the presence of the LORD so that it may be accepted from you; the priest shall wave it on the day following the [Pesaḥ] rest day. And on the day of waving the omer, you shall offer an unblemished yearling lamb as a burnt-offering to the LORD. And its meal-offering shall be two tenths of an ephah of fine flour mixed with oil, an offering consumed by fire, (*In Israel:* LEVI)

---

melakha, "work," forbidden on Shabbat, and *melekhet avoda*, "laborious, burdensome work," forbidden on festivals. The Torah itself (Ex. 12:16) clarifies this distinction: work involved in the preparation of food is work, but not burdensome; therefore, it is forbidden on Shabbat but permitted on festivals.

הָעֹמֶר *The Omer.* For an essay on the Omer, see Introduction, *page xlviii.*

מִמָּחֳרַת הַשַּׁבָּת *The day following the [Pesaḥ] rest day.* The meaning of this phrase became the occasion of one of the great controversies in Judaism between the Pharisees and those groups that did not accept the authority of the Oral Law and thus read "Shabbat" as meaning the seventh day of the week. The Boethusians, Sadducees and Karaites understood it as the day after the Sabbath during the festival week. The Qumran sect understood it as the Sunday after the end of the festival week. The Oral tradition understood it

אֵלֶּה מוֹעֲדֵי יהוה מִקְרָאֵי קֹדֶשׁ אֲשֶׁר־תִּקְרְאוּ אֹתָם בְּמוֹעֲדָם׃ לוי
בַּחֹדֶשׁ הָרִאשׁוֹן בְּאַרְבָּעָה עָשָׂר לַחֹדֶשׁ בֵּין הָעַרְבָּיִם פֶּסַח
לַיהוה׃ וּבַחֲמִשָּׁה עָשָׂר יוֹם לַחֹדֶשׁ הַזֶּה חַג הַמַּצּוֹת לַיהוה
שִׁבְעַת יָמִים מַצּוֹת תֹּאכֵלוּ׃ בַּיּוֹם הָרִאשׁוֹן מִקְרָא־קֹדֶשׁ יִהְיֶה
לָכֶם כָּל־מְלֶאכֶת עֲבֹדָה לֹא תַעֲשׂוּ׃ וְהִקְרַבְתֶּם אִשֶּׁה לַיהוה
שִׁבְעַת יָמִים בַּיּוֹם הַשְּׁבִיעִי מִקְרָא־קֹדֶשׁ כָּל־מְלֶאכֶת עֲבֹדָה
לֹא תַעֲשׂוּ׃

וַיְדַבֵּר יהוה אֶל־מֹשֶׁה לֵּאמֹר׃ דַּבֵּר אֶל־בְּנֵי יִשְׂרָאֵל וְאָמַרְתָּ (לוי בא״י)
אֲלֵהֶם כִּי־תָבֹאוּ אֶל־הָאָרֶץ אֲשֶׁר אֲנִי נֹתֵן לָכֶם וּקְצַרְתֶּם אֶת־
קְצִירָהּ וַהֲבֵאתֶם אֶת־עֹמֶר רֵאשִׁית קְצִירְכֶם אֶל־הַכֹּהֵן׃ וְהֵנִיף
אֶת־הָעֹמֶר לִפְנֵי יהוה לִרְצֹנְכֶם מִמָּחֳרַת הַשַּׁבָּת יְנִיפֶנּוּ הַכֹּהֵן׃
וַעֲשִׂיתֶם בְּיוֹם הֲנִיפְכֶם אֶת־הָעֹמֶר כֶּבֶשׂ תָּמִים בֶּן־שְׁנָתוֹ לְעֹלָה
לַיהוה׃ וּמִנְחָתוֹ שְׁנֵי עֶשְׂרֹנִים סֹלֶת בְּלוּלָה בַשֶּׁמֶן אִשֶּׁה לַיהוה

מִקְרָאֵי קֹדֶשׁ *Sacred assemblies.* From the word *k-r-a,* which means "to call, summon." These were times when the nation assembled, locally or centrally in Jerusalem (Nahmanides). There may also be a hint that these were times when the Torah was read or proclaimed (*mikra* became a Hebrew synonym for Torah).

חַג הַמַּצּוֹת *The festival of Matzot.* Traditionally, the festival of Matzot is known as Pesaḥ, but in fact these are different days. Pesaḥ was the offering of the Paschal lamb on the 14th of Nisan. It was a preparation for the festival, not a festival itself in the sense of a day on which it is forbidden to work. Nonetheless, since the festival was preceded by the offering of the Pesaḥ, the Paschal lamb, it eventually gave its name to the whole. The word *ḥag,* "festival," has the specific meaning of a pilgrimage, that is, a journey to the central place of worship, the Temple.

מְלֶאכֶת עֲבֹדָה *Laborious work.* There is a fundamental difference between

a pleasing scent for the LORD; its libation shall be a fourth of a hin of wine. You may not eat any bread, roasted grains or fresh kernels (of the new harvest) until this day, until you bring the offering of your God – this is an eternal ordinance for all your generations in all of your dwellings.

And you shall count seven complete weeks from the day following the [Pesaḥ] rest day, when you brought the omer as a wave-offering. To the day after the seventh week you shall count fifty days. Then you shall present a meal-offering of new grain to the LORD. You shall bring two loaves from your settlements as a wave-offering: they shall be made from two tenths of an ephah of fine flour; they shall be baked as leavened bread; first harvest for the LORD. And with this bread you shall offer seven unblemished yearling lambs, one young bullock and two rams: all as a burnt-offering to the LORD along with their meal-offerings and wine-libations, an offering consumed by fire, a pleasant scent for the LORD. And you shall bring one male goat for atonement and two yearling lambs as a peace-offering. And the priest shall wave them over the loaves made from the first harvest as a wave-offering in the presence of the LORD, and upon the two lambs – they shall be sanctified to the LORD, for the priest. And you shall proclaim on that day – it shall be a sacred assembly for you: you may not perform any laborious work – this is an eternal ordinance for all your generations in all of your dwellings. And when you reap the grain of your land, do not SHELISHI

---

single extended festival – agriculturally the start and finish of the grain harvest, historically the journey from Egypt to Mount Sinai, from exodus to revelation.

וּבְקֻצְרְכֶם אֶת־קְצִיר אַרְצְכֶם *And when you reap the grain of your land.* The laws of provisions for the poor are spelled out in greater detail elsewhere. They are mentioned here because of the association of Shavuot with the grain harvest. The book of Ruth gives us a picture of what this was like in practice. The festivals were to be times of national, collective celebration from which

רֵיחַ נִיחֹחַ וְנִסְכֹּה יַיִן רְבִיעִת הַהִין: וְלֶחֶם וְקָלִי וְכַרְמֶל לֹא
תֹאכְלוּ עַד־עֶצֶם הַיּוֹם הַזֶּה עַד הֲבִיאֲכֶם אֶת־קׇרְבַּן אֱלֹהֵיכֶם
חֻקַּת עוֹלָם לְדֹרֹתֵיכֶם בְּכֹל מֹשְׁבֹתֵיכֶם: וּסְפַרְתֶּם שלישי
לָכֶם מִמׇּחֳרַת הַשַּׁבָּת מִיּוֹם הֲבִיאֲכֶם אֶת־עֹמֶר הַתְּנוּפָה שֶׁבַע
שַׁבָּתוֹת תְּמִימֹת תִּהְיֶינָה: עַד מִמׇּחֳרַת הַשַּׁבָּת הַשְּׁבִיעִת תִּסְפְּרוּ
חֲמִשִּׁים יוֹם וְהִקְרַבְתֶּם מִנְחָה חֲדָשָׁה לַיהוָה: מִמּוֹשְׁבֹתֵיכֶם
תָּבִיאוּ ׀ לֶחֶם תְּנוּפָה שְׁתַּיִם שְׁנֵי עֶשְׂרֹנִים סֹלֶת תִּהְיֶינָה חָמֵץ
תֵּאָפֶינָה בִּכּוּרִים לַיהוָה: וְהִקְרַבְתֶּם עַל־הַלֶּחֶם שִׁבְעַת כְּבָשִׂים
תְּמִימִם בְּנֵי שָׁנָה וּפַר בֶּן־בָּקָר אֶחָד וְאֵילִם שְׁנָיִם יִהְיוּ עֹלָה
לַיהוָה וּמִנְחָתָם וְנִסְכֵּיהֶם אִשֵּׁה רֵיחַ־נִיחֹחַ לַיהוָה: וַעֲשִׂיתֶם
שְׂעִיר־עִזִּים אֶחָד לְחַטָּאת וּשְׁנֵי כְבָשִׂים בְּנֵי שָׁנָה לְזֶבַח שְׁלָמִים:
וְהֵנִיף הַכֹּהֵן ׀ אֹתָם עַל לֶחֶם הַבִּכֻּרִים תְּנוּפָה לִפְנֵי יְהוָה עַל־
שְׁנֵי כְּבָשִׂים קֹדֶשׁ יִהְיוּ לַיהוָה לַכֹּהֵן: וּקְרָאתֶם בְּעֶצֶם ׀ הַיּוֹם
הַזֶּה מִקְרָא־קֹדֶשׁ יִהְיֶה לָכֶם כׇּל־מְלֶאכֶת עֲבֹדָה לֹא תַעֲשׂוּ
חֻקַּת עוֹלָם בְּכׇל־מוֹשְׁבֹתֵיכֶם לְדֹרֹתֵיכֶם: וּבְקֻצְרְכֶם אֶת־קְצִיר

---

to mean the day after the first day of the festival: “the Sabbath” thus means “the day of rest.”

וְלֶחֶם...לֹא תֹאכְלוּ *You may not eat any bread.* The offering of the Omer permitted new produce to be eaten. Before satisfying our own hunger we must acknowledge God, thanking Him for the produce of the land.

וּסְפַרְתֶּם *And You shall count.* Shavuot is the one festival given no fixed calendrical date in the Torah. Depending on whether Nisan and Iyar were long or short months, it could fall on the fifth, sixth or seventh of Sivan. This led Nahmanides (on verse 36) to conclude that the seven weeks between Pesaḥ and Shavuot are like the seven days between Sukkot and Shemini Atzeret. From this standpoint, Pesaḥ and Shavuot are the beginning and end of a

finish reaping the corner of your field, and do not collect the fallen remnants of your harvest: you must leave them for the poor and for the stranger – I am the LORD your God.

The LORD spoke to Moses, saying: Speak to the children of Israel, saying: In the seventh month, on the first day of the month, you shall hold a rest day of remembrance by the shofar, a sacred assembly. You may not perform any laborious work, and you shall bring a fire-offering to the LORD. REVI'I

The LORD spoke to Moses, saying: Speak to the children of Israel, saying: On the tenth day of that seventh month, there shall be a Day of Atonement; it is a sacred assembly for you; you shall afflict your souls, and bring a fire-offering to the LORD. You may not perform any work on this day, for it is a Day of Atonement, to atone for you before the LORD your God. For any soul that is not afflicted on this very day will be cut off from its people. And any soul that performs any work on this very day – I shall cause that soul to be lost from among its people. You shall perform no work – this is an eternal ordinance for all your generations in all of your dwellings. It is a Sabbath of Sabbaths for you; you shall afflict your souls from the ninth of the month in the evening; you shall rest on your Sabbath until the following evening.

HaShana 16a), or God's call to us to return to Him (Maimonides, Laws of Repentance 3:4). Traditionally this is the beginning of a ten-day process of repentance culminating in Yom Kippur.

וְעִנִּיתֶם אֶת־נַפְשֹׁתֵיכֶם *You shall afflict your souls.* This phrase is mentioned five times in the Torah, and is thus understood as five forms of abstinence: from (1) eating and drinking, (2) bathing, (3) anointing, (4) sexual relations, and (5) the wearing of (leather) shoes.

יוֹם הַכִּפֻּרִים *Day of Atonement.* The term *kippurim*, "atonements," is in the plural, meaning both individual and collective atonement. This is the supreme day of repentance and forgiveness.

אַרְצְכֶ֗ם לֹֽא־תְכַלֶּ֞ה פְּאַ֤ת שָֽׂדְךָ֙ בְּקֻצְרֶ֔ךָ וְלֶ֥קֶט קְצִירְךָ֖ לֹ֣א תְלַקֵּ֑ט לֶֽעָנִ֤י וְלַגֵּר֙ תַּֽעֲזֹ֣ב אֹתָ֔ם אֲנִ֖י יהוה אֱלֹֽהֵיכֶֽם:

רביעי וַיְדַבֵּ֥ר יהוה אֶל־מֹשֶׁ֥ה לֵּאמֹֽר: דַּבֵּ֞ר אֶל־בְּנֵ֤י יִשְׂרָאֵל֙ לֵאמֹ֔ר בַּחֹ֨דֶשׁ הַשְּׁבִיעִ֜י בְּאֶחָ֣ד לַחֹ֗דֶשׁ יִהְיֶ֤ה לָכֶם֙ שַׁבָּת֔וֹן זִכְר֥וֹן תְּרוּעָ֖ה מִקְרָא־קֹֽדֶשׁ: כָּל־מְלֶ֥אכֶת עֲבֹדָ֖ה לֹ֣א תַֽעֲשׂ֑וּ וְהִקְרַבְתֶּ֥ם אִשֶּׁ֖ה לַֽיהוֽה: וַיְדַבֵּ֥ר יהוה אֶל־מֹשֶׁ֥ה לֵּאמֹֽר: אַ֡ךְ בֶּֽעָשׂ֣וֹר לַחֹ֩דֶשׁ֩ הַשְּׁבִיעִ֨י הַזֶּ֜ה י֧וֹם הַכִּפֻּרִ֣ים ה֗וּא מִֽקְרָא־קֹ֙דֶשׁ֙ יִהְיֶ֣ה לָכֶ֔ם וְעִנִּיתֶ֖ם אֶת־נַפְשֹֽׁתֵיכֶ֑ם וְהִקְרַבְתֶּ֥ם אִשֶּׁ֖ה לַֽיהוֽה: וְכָל־מְלָאכָ֗ה לֹ֤א תַֽעֲשׂוּ֙ בְּעֶ֙צֶם֙ הַיּ֣וֹם הַזֶּ֔ה כִּ֛י י֥וֹם כִּפֻּרִ֖ים ה֑וּא לְכַפֵּ֥ר עֲלֵיכֶ֖ם לִפְנֵ֥י יהוה אֱלֹֽהֵיכֶֽם: כִּ֤י כָל־הַנֶּ֙פֶשׁ֙ אֲשֶׁ֣ר לֹֽא־תְעֻנֶּ֔ה בְּעֶ֖צֶם הַיּ֣וֹם הַזֶּ֑ה וְנִכְרְתָ֖ה מֵֽעַמֶּֽיהָ: וְכָל־הַנֶּ֗פֶשׁ אֲשֶׁ֤ר תַּֽעֲשֶׂה֙ כָּל־מְלָאכָ֔ה בְּעֶ֖צֶם הַיּ֣וֹם הַזֶּ֑ה וְהַֽאֲבַדְתִּ֛י אֶת־הַנֶּ֥פֶשׁ הַהִ֖וא מִקֶּ֥רֶב עַמָּֽהּ: כָּל־מְלָאכָ֖ה לֹ֣א תַֽעֲשׂ֑וּ חֻקַּ֤ת עוֹלָם֙ לְדֹרֹ֣תֵיכֶ֔ם בְּכֹ֖ל מֹֽשְׁבֹֽתֵיכֶֽם: שַׁבַּ֨ת שַׁבָּת֥וֹן הוּא֙ לָכֶ֔ם וְעִנִּיתֶ֖ם אֶת־נַפְשֹֽׁתֵיכֶ֑ם בְּתִשְׁעָ֤ה לַחֹ֙דֶשׁ֙ בָּעֶ֔רֶב מֵעֶ֣רֶב עַד־עֶ֔רֶב תִּשְׁבְּת֖וּ שַׁבַּתְּכֶֽם:

---

no one was to be excluded. The solidarity and fraternity the people experienced through their sufferings in Egypt and their long stay in the desert were not to be forgotten when they entered the land. The welfare of the poor and inclusion of the lonely were fundamental to the ethos of the nation under God.

זִכְר֥וֹן תְּרוּעָ֖ה *Remembrance by the shofar.* This day later became known as Rosh HaShana, though it is not described as such in Tanakh. The *"terua"* blasts were to be sounded by a ram's horn (see Joshua 6:5) rather than by the silver trumpets mentioned in Numbers 10. Later tradition understood the blasts as either our call to God to remember the binding of Isaac and the willingness of Jews through the ages to make sacrifices for the sake of their faith (*Rosh*

The LORD spoke to Moses, saying: Speak to the children of Israel, and tell them: On the fifteenth day of this seventh month, there shall be a Festival of Booths for the LORD, for seven days. On the first day there shall be a sacred assembly; you shall do no laborious work. For seven days, you shall bring fire-offerings to the LORD; on the eighth day there will be a sacred assembly, and you shall bring another fire-offering to the LORD – it is a day of gathering; you shall do no laborious work. These are the appointed times of the LORD which you shall proclaim to be days of sacred assembly, bringing fire-offerings to the LORD: burnt-offerings, meal-offerings, peace-offerings and wine-libations, as ordained for each day, in addition to the LORD's Sabbath offerings, and your donated offerings, and all the vows and voluntary offerings which you may offer to the LORD. But on the fifteenth day of the seventh month, when you gather the harvest of the land, you shall celebrate the LORD's holiday for seven days; the first day shall be a day of rest, and the eighth day shall be a day of rest. And on the first day, you shall take for yourselves a fruit of the citron tree, palm fronds, myrtle branches and willows of the brook, and be joyous in the presence of the LORD your God for seven days. You shall celebrate it, a holiday for the LORD, seven days a year – this is an eternal ordinance for all your generations – you shall celebrate it in the seventh month. You shall dwell in booths for seven days; all those born among Israel shall dwell in booths, so that your descendants will know that I settled the children of Israel in booths when I brought them out of the land of Egypt; I am the LORD your God. And Moses related all of the LORD's festivals to the children of Israel. ḤAMISHI

After Half Kaddish is said, the Maftir is read from the second Torah scroll (page 586).

לְמַעַן יֵדְעוּ דֹרֹתֵיכֶם *So that your descendants will know.* As well as marking the cycle of seasons and the agricultural year, the festivals are also times of remembering and reenacting the history of the nation and handing on that memory across the generations. To be a Jew is to live history, celebrating the present in the context of past and future, memory and hope.

וַיְדַבֵּר יהוה אֶל־מֹשֶׁה לֵּאמֹר: דַּבֵּר אֶל־בְּנֵי יִשְׂרָאֵל לֵאמֹר חמישי
בַּחֲמִשָּׁה עָשָׂר יוֹם לַחֹדֶשׁ הַשְּׁבִיעִי הַזֶּה חַג הַסֻּכּוֹת שִׁבְעַת
יָמִים לַיהוה: בַּיּוֹם הָרִאשׁוֹן מִקְרָא־קֹדֶשׁ כָּל־מְלֶאכֶת עֲבֹדָה
לֹא תַעֲשׂוּ: שִׁבְעַת יָמִים תַּקְרִיבוּ אִשֶּׁה לַיהוה בַּיּוֹם הַשְּׁמִינִי
מִקְרָא־קֹדֶשׁ יִהְיֶה לָכֶם וְהִקְרַבְתֶּם אִשֶּׁה לַיהוה עֲצֶרֶת הִוא
כָּל־מְלֶאכֶת עֲבֹדָה לֹא תַעֲשׂוּ: אֵלֶּה מוֹעֲדֵי יהוה אֲשֶׁר־תִּקְרְאוּ
אֹתָם מִקְרָאֵי קֹדֶשׁ לְהַקְרִיב אִשֶּׁה לַיהוה עֹלָה וּמִנְחָה זֶבַח
וּנְסָכִים דְּבַר־יוֹם בְּיוֹמוֹ: מִלְּבַד שַׁבְּתֹת יהוה וּמִלְּבַד מַתְּנוֹתֵיכֶם
וּמִלְּבַד כָּל־נִדְרֵיכֶם וּמִלְּבַד כָּל־נִדְבֹתֵיכֶם אֲשֶׁר תִּתְּנוּ לַיהוה:
אַךְ בַּחֲמִשָּׁה עָשָׂר יוֹם לַחֹדֶשׁ הַשְּׁבִיעִי בְּאָסְפְּכֶם אֶת־תְּבוּאַת
הָאָרֶץ תָּחֹגּוּ אֶת־חַג־יהוה שִׁבְעַת יָמִים בַּיּוֹם הָרִאשׁוֹן שַׁבָּתוֹן
וּבַיּוֹם הַשְּׁמִינִי שַׁבָּתוֹן: וּלְקַחְתֶּם לָכֶם בַּיּוֹם הָרִאשׁוֹן פְּרִי עֵץ
הָדָר כַּפֹּת תְּמָרִים וַעֲנַף עֵץ־עָבֹת וְעַרְבֵי־נָחַל וּשְׂמַחְתֶּם לִפְנֵי
יהוה אֱלֹהֵיכֶם שִׁבְעַת יָמִים: וְחַגֹּתֶם אֹתוֹ חַג לַיהוה שִׁבְעַת יָמִים
בַּשָּׁנָה חֻקַּת עוֹלָם לְדֹרֹתֵיכֶם בַּחֹדֶשׁ הַשְּׁבִיעִי תָּחֹגּוּ אֹתוֹ: בַּסֻּכֹּת
תֵּשְׁבוּ שִׁבְעַת יָמִים כָּל־הָאֶזְרָח בְּיִשְׂרָאֵל יֵשְׁבוּ בַּסֻּכֹּת: לְמַעַן
יֵדְעוּ דֹרֹתֵיכֶם כִּי בַסֻּכּוֹת הוֹשַׁבְתִּי אֶת־בְּנֵי יִשְׂרָאֵל בְּהוֹצִיאִי
אוֹתָם מֵאֶרֶץ מִצְרָיִם אֲנִי יהוה אֱלֹהֵיכֶם: וַיְדַבֵּר מֹשֶׁה אֶת־מֹעֲדֵי
יהוה אֶל־בְּנֵי יִשְׂרָאֵל:

After חצי קדיש *is said, the* מפטיר *is read from the second* ספר תורה *(page 587)*.

בַּחֲמִשָּׁה עָשָׂר יוֹם *On the fifteenth day.* The festival of Sukkot, beginning on the day of the full moon of the seventh month, stands at the opposite end of the calendar from the festival of Matzot (Pesaḥ), which begins on the day of the full moon of the first month. Whereas the latter recalls the affliction and bitterness of slavery, Sukkot – the festival of ingathering of the produce of the land – is supremely a time of joy.

TORAH READING FOR THE SEVENTH DAY OF PESAḤ

Ex. 13:17–15:26

And so it was, when Pharaoh let the people go, God did not lead them by way of the land of the Philistines, which was near; for He said, "The people may change their minds when they see battle, and return to Egypt." So God led the people round about, by way of the wilderness of the Sea of Reeds; it was armed that the children of Israel ascended from the land of Egypt. And Moses carried the bones of Joseph with him, for [Joseph] had adjured the children of Israel, saying: "When God redeems you, you must take my bones up with you from this place." *They journeyed from Sukkot and encamped at Etam, at the edge of the wilderness. And the LORD went before them: by day in a pillar of cloud to show them the way; and by night in a pillar of fire to illuminate their path, so that they might walk by day and by night. Never did the pillar of cloud depart from before the people by day, nor the pillar of fire at night. (*Shabbat:* LEVI)

LEVI (*Shabbat:* SHELISHI) The LORD spoke to Moses, saying: "Speak to the children of Israel; they must turn back and encamp near Pi HaḤirot, between Migdol

---

יַם־סוּף *Sea of Reeds.* So called because of the papyrus reeds [Hebrew: *suf*] that grew there.

וַחֲמֻשִׁים *Armed.* In preparation for later battles. It was not because they were unarmed that God led them on a more circuitous route, but rather that they were psychologically unprepared for war at this point.

עַצְמוֹת יוֹסֵף *Bones of Joseph.* A moving fulfillment of Joseph's last request, shortly before he died (Gen. 50:25). It was a mark of honor that they were carried by Moses himself. A metaphor, also, of the Jewish condition: we keep our faith with those who came before us by carrying their memory with us. We do not live *in* the past, but *with* the past.

בְּעַמּוּד עָנָן *A pillar of cloud.* A symbol of God's protective presence (Abrabanel). Thomas Jefferson chose this image as his design for the Great Seal of the United States.

קריאה ליום השביעי של פסח

שמות
יג, יז–טו, כו

וַיְהִ֗י בְּשַׁלַּ֣ח פַּרְעֹה֮ אֶת־הָעָם֒ וְלֹא־נָחָ֣ם אֱלֹהִ֗ים דֶּ֚רֶךְ אֶ֣רֶץ
פְּלִשְׁתִּ֔ים כִּ֥י קָר֖וֹב ה֑וּא כִּ֣י ׀ אָמַ֣ר אֱלֹהִ֗ים פֶּֽן־יִנָּחֵ֥ם הָעָ֛ם בִּרְאֹתָ֥ם
מִלְחָמָ֖ה וְשָׁ֥בוּ מִצְרָֽיְמָה: וַיַּסֵּ֨ב אֱלֹהִ֧ים ׀ אֶת־הָעָ֛ם דֶּ֥רֶךְ הַמִּדְבָּ֖ר
יַם־ס֑וּף וַחֲמֻשִׁ֛ים עָל֥וּ בְנֵֽי־יִשְׂרָאֵ֖ל מֵאֶ֥רֶץ מִצְרָֽיִם: וַיִּקַּ֥ח מֹשֶׁ֛ה
אֶת־עַצְמ֥וֹת יוֹסֵ֖ף עִמּ֑וֹ כִּי֩ הַשְׁבֵּ֨עַ הִשְׁבִּ֜יעַ אֶת־בְּנֵ֤י יִשְׂרָאֵל֙ לֵאמֹ֔ר
פָּקֹ֨ד יִפְקֹ֤ד אֱלֹהִים֙ אֶתְכֶ֔ם וְהַעֲלִיתֶ֧ם אֶת־עַצְמֹתַ֛י מִזֶּ֖ה אִתְּכֶֽם:

(בשבת
לוי)

וַיִּסְע֖וּ מִסֻּכֹּ֑ת וַיַּחֲנ֣וּ בְאֵתָ֔ם בִּקְצֵ֖ה הַמִּדְבָּֽר: וַֽיהֹוָ֡ה הֹלֵךְ֩ לִפְנֵיהֶ֨ם
יוֹמָ֜ם בְּעַמּ֤וּד עָנָן֙ לַנְחֹתָ֣ם הַדֶּ֔רֶךְ וְלַ֥יְלָה בְּעַמּ֥וּד אֵ֖שׁ לְהָאִ֣יר לָהֶ֑ם
לָלֶ֖כֶת יוֹמָ֥ם וָלָֽיְלָה: לֹֽא־יָמִ֞ישׁ עַמּ֤וּד הֶֽעָנָן֙ יוֹמָ֔ם וְעַמּ֥וּד הָאֵ֖שׁ
לָ֑יְלָה לִפְנֵ֖י הָעָֽם:

לוי
(בשבת
שלישי)

וַיְדַבֵּ֥ר יְהֹוָ֖ה אֶל־מֹשֶׁ֥ה לֵּאמֹֽר: דַּבֵּר֮ אֶל־בְּנֵ֣י יִשְׂרָאֵל֒ וְיָשֻׁ֗בוּ וְיַחֲנוּ֙
לִפְנֵי֙ פִּ֣י הַֽחִירֹ֔ת בֵּ֥ין מִגְדֹּ֖ל וּבֵ֣ין הַיָּ֑ם לִפְנֵי֙ בַּ֣עַל צְפֹ֔ן נִכְח֥וֹ תַחֲנ֖וּ

TORAH READING FOR THE SEVENTH DAY

For an essay on the division of the Sea of Reeds, see Introduction, *page xciii*.

בְּשַׁלַּח פַּרְעֹה *When Pharaoh let the people go.* The verb *sh-l-ḥ* can also mean liberating a slave (see Deuteronomy 15:13). Thus it conveys a twofold sense of release: physical and legal.

דֶּרֶךְ אֶרֶץ פְּלִשְׁתִּים כִּי קָרוֹב הוּא *By the way of the land of the Philistines, which was near.* The direct route was along the coast to Gaza.

פֶּן־יִנָּחֵם הָעָם בִּרְאֹתָם מִלְחָמָה *The people may change their minds when they see battle.* At the time of the exodus this route was heavily fortified by Egyptian strongholds and fortresses, defending Egypt from attack from the north and serving as way stations for the army on its incursions into Asia. The Israelites, having spent their lives in slavery, were as yet unprepared for military confrontation on this scale.

and the sea, before Ba'al Tzefon; it is opposite this place that you shall encamp, alongside the sea. Pharaoh will say of the children of Israel: 'They are lost in the land: the wilderness has shut them in.' And I shall strengthen Pharaoh's heart, and he will pursue them, and I will be glorified through Pharaoh and all of his hosts; all of Egypt shall know that I am the LORD." And they did as [God had commanded]. Word reached the king of Egypt that the people (*Shabbat:* REVI'I) had fled, and the hearts of Pharaoh and his servants changed with regard to the people. They said, "What is it that we have done, releasing the Israelites from servitude to us?" He harnessed his chariot and took his men along with him: six hundred choice chariots he took, and all the other chariots of Egypt, with officers over all of them. The LORD strengthened the heart of Pharaoh, King of Egypt, and he pursued the children of Israel as they went out with an uplifted hand. The Egyptians pursued them and overtook them SHELISHI (*Shabbat:* ḤAMISHI) while they were encamped at the sea – all of Pharaoh's horses and chariots and his horsemen and army – at Pi HaḤirot, opposite Ba'al Tzefon. As Pharaoh drew near, the children of Israel raised their eyes and they saw: all of Egypt was marching behind them. They were very much afraid – and the children of Israel cried out to the LORD. They said to Moses, "Does Egypt lack graves, that you have

---

introduced into Egypt from Canaan. They constituted a revolution in military technology and gave the Egyptians an advantage over other armies of the time. The sight of their approach must have been terrifying to the Israelites.

וַיְחַזֵּק יהוה אֶת־לֵב פַּרְעֹה *The LORD strengthened the heart of Pharaoh.* Pharaoh regretted letting the people go; God did not stop him. Repeated cruelty hardens the heart so that its practitioners become enslaved to their own debased character (see Maimonides, Laws of Repentance 6:3).

בְּיָד רָמָה *With an uplifted hand.* That is, the Israelites left confidently – a description intended to emphasize the sudden change of heart they experienced afterward on seeing Pharaoh's chariots approaching.

הֲמִבְּלִי אֵין־קְבָרִים בְּמִצְרַיִם *Does Egypt lack graves.* The Hebrew contains a dou-

עַל־הַיָּם: וְאָמַר פַּרְעֹה לִבְנֵי יִשְׂרָאֵל נְבֻכִים הֵם בָּאָרֶץ סָגַר
עֲלֵיהֶם הַמִּדְבָּר: וְחִזַּקְתִּי אֶת־לֵב־פַּרְעֹה וְרָדַף אַחֲרֵיהֶם וְאִכָּבְדָה
בְּפַרְעֹה וּבְכָל־חֵילוֹ וְיָדְעוּ מִצְרַיִם כִּי־אֲנִי יהוה וַיַּעֲשׂוּ־כֵן:
(בשבת רביעי) וַיֻּגַּד לְמֶלֶךְ מִצְרַיִם כִּי בָרַח הָעָם וַיֵּהָפֵךְ לְבַב פַּרְעֹה וַעֲבָדָיו אֶל־
הָעָם וַיֹּאמְרוּ מַה־זֹּאת עָשִׂינוּ כִּי־שִׁלַּחְנוּ אֶת־יִשְׂרָאֵל מֵעָבְדֵנוּ:
וַיֶּאְסֹר אֶת־רִכְבּוֹ וְאֶת־עַמּוֹ לָקַח עִמּוֹ: וַיִּקַּח שֵׁשׁ־מֵאוֹת רֶכֶב
בָּחוּר וְכֹל רֶכֶב מִצְרָיִם וְשָׁלִשִׁם עַל־כֻּלּוֹ: וַיְחַזֵּק יהוה אֶת־
לֵב פַּרְעֹה מֶלֶךְ מִצְרַיִם וַיִּרְדֹּף אַחֲרֵי בְּנֵי יִשְׂרָאֵל וּבְנֵי יִשְׂרָאֵל
שלישי (בשבת חמישי) יֹצְאִים בְּיָד רָמָה: וַיִּרְדְּפוּ מִצְרַיִם אַחֲרֵיהֶם וַיַּשִּׂיגוּ אוֹתָם חֹנִים
עַל־הַיָּם כָּל־סוּס רֶכֶב פַּרְעֹה וּפָרָשָׁיו וְחֵילוֹ עַל־פִּי הַחִירֹת לִפְנֵי
בַּעַל צְפֹן: וּפַרְעֹה הִקְרִיב וַיִּשְׂאוּ בְנֵי־יִשְׂרָאֵל אֶת־עֵינֵיהֶם וְהִנֵּה
מִצְרַיִם | נֹסֵעַ אַחֲרֵיהֶם וַיִּירְאוּ מְאֹד וַיִּצְעֲקוּ בְנֵי־יִשְׂרָאֵל אֶל־
יהוה: וַיֹּאמְרוּ אֶל־מֹשֶׁה הֲמִבְּלִי אֵין־קְבָרִים בְּמִצְרַיִם לְקַחְתָּנוּ

וְיָדְעוּ מִצְרַיִם *All of Egypt shall know.* This is a continuing theme of the exodus narrative. The miracles, plagues and the division of the Reed Sea were aimed as much at Egypt as at the Israelites. It was not merely the physical enslavement of the Israelites that incurred divine disapproval. It was also the structure of Egyptian religion that turned Pharaoh into a demigod whose will was above the law. Tyranny is a form of idolatry for it involves the worship of a human being.

וַיֵּהָפֵךְ לְבַב פַּרְעֹה *And the hearts of Pharaoh … changed.* Pharaoh was expecting the Israelites to keep to their initial request to "travel three days" to worship and then return (Ex. 5:3). When it became clear that they were not coming back, he regretted letting them go. He had lost a source of cheap labor and risked Egypt's reputation for power being ridiculed by the fact that a substantial group of slaves had been able to leave.

וְכֹל רֶכֶב מִצְרַיִם *And all the other chariots of Egypt.* Horse-drawn chariots were

brought us to die in the desert? What have you done to us, bringing us out of Egypt? Is this not exactly what we told you when we were still there – 'Leave us be, just let us serve Egypt, for it is better for us to serve Egypt than to die in the desert!'" But Moses said to the people, "Do not fear. Stand here and witness the salvation that the LORD will perform for you today; for as you see the Egyptians today, you will not see them again as long as you live. The LORD will wage war for you, and you need only remain silent."

The LORD said to Moses, "Why do you cry out to Me? Tell the children of Israel that they must depart. And as for you – raise your staff and stretch your hand out over the sea and divide it, so that the children of Israel may come through the sea on dry land. And I – I shall make the hearts of Egypt bold and they will enter in after them, and I will be glorified through Pharaoh and all of his hosts, his chariots and horsemen; the Egyptians will know that I am the LORD when I am glorified through Pharaoh and all of his hosts, his chariots and horsemen. So the angel of God who walked before the Israelite camp departed and went behind them; and the pillar of cloud departed from in front of them and came to rest behind. And they came between the camp of Egypt and the camp of Israel; and

REVI'I (*Shabbat:* SHISHI)

---

group he said, "Stand firm"; to the second, "You will never see the Egyptians again"; to the third he said, "The LORD will fight for you"; and to the fourth, "Be silent" (Yerushalmi *Ta'anit* 2:5).

מַה־תִּצְעַק אֵלָי *Why do you cry out to Me?* An elision, since no prayer of Moses at the Reed Sea has been mentioned. God's reply does not mean that Moses was wrong to pray, but rather, now is the time for action not words.

וְאִכָּבְדָה *I will be glorified.* The false glory of Pharaoh and his vast and mighty army will be annulled, resulting in the glorification of God, the true Almighty King. Arrogance is punished by humiliation, hubris by nemesis. Those who worship power will eventually be shown to be powerless. This is a fundamental theme of Tanakh: "No king is saved by the size of his army; no warrior is

לָמ֣וּת בַּמִּדְבָּ֑ר מַה־זֹּאת֙ עָשִׂ֣יתָ לָּ֔נוּ לְהוֹצִיאָ֖נוּ מִמִּצְרָֽיִם׃ הֲלֹא־
זֶ֣ה הַדָּבָ֗ר אֲשֶׁ֩ר דִּבַּ֨רְנוּ אֵלֶ֤יךָ בְמִצְרַ֙יִם֙ לֵאמֹ֔ר חֲדַ֥ל מִמֶּ֖נּוּ וְנַעַבְדָ֣ה
אֶת־מִצְרָ֑יִם כִּ֣י ט֥וֹב לָ֙נוּ֙ עֲבֹ֣ד אֶת־מִצְרַ֔יִם מִמֻּתֵ֖נוּ בַּמִּדְבָּֽר׃
וַיֹּ֨אמֶר מֹשֶׁ֣ה אֶל־הָעָם֮ אַל־תִּירָאוּ֒ הִֽתְיַצְּב֗וּ וּרְאוּ֙ אֶת־יְשׁוּעַ֣ת
יְהוָ֔ה אֲשֶׁר־יַעֲשֶׂ֥ה לָכֶ֖ם הַיּ֑וֹם כִּ֗י אֲשֶׁ֨ר רְאִיתֶ֤ם אֶת־מִצְרַ֙יִם֙ הַיּ֔וֹם
לֹ֥א תֹסִ֛פוּ לִרְאֹתָ֥ם ע֖וֹד עַד־עוֹלָֽם׃ יְהוָ֖ה יִלָּחֵ֣ם לָכֶ֑ם וְאַתֶּ֖ם
תַּחֲרִשֽׁוּן׃

רביעי (בשבת ששי) וַיֹּ֤אמֶר יְהוָה֙ אֶל־מֹשֶׁ֔ה מַה־תִּצְעַ֖ק אֵלָ֑י דַּבֵּ֥ר אֶל־בְּנֵֽי־יִשְׂרָאֵ֖ל
וְיִסָּֽעוּ׃ וְאַתָּ֞ה הָרֵ֣ם אֶֽת־מַטְּךָ֗ וּנְטֵ֛ה אֶת־יָדְךָ֥ עַל־הַיָּ֖ם וּבְקָעֵ֑הוּ
וְיָבֹ֧אוּ בְנֵֽי־יִשְׂרָאֵ֛ל בְּת֥וֹךְ הַיָּ֖ם בַּיַּבָּשָֽׁה׃ וַאֲנִ֗י הִנְנִ֤י מְחַזֵּק֙ אֶת־
לֵ֣ב מִצְרַ֔יִם וְיָבֹ֖אוּ אַחֲרֵיהֶ֑ם וְאִכָּבְדָ֤ה בְּפַרְעֹה֙ וּבְכָל־חֵיל֔וֹ בְּרִכְבּ֖וֹ
וּבְפָרָשָֽׁיו׃ וְיָדְע֥וּ מִצְרַ֖יִם כִּֽי־אֲנִ֣י יְהוָ֑ה בְּהִכָּבְדִ֣י בְּפַרְעֹ֔ה בְּרִכְבּ֖וֹ
וּבְפָרָשָֽׁיו׃ וַיִּסַּ֞ע מַלְאַ֣ךְ הָאֱלֹהִ֗ים הַהֹלֵךְ֙ לִפְנֵי֙ מַחֲנֵ֣ה יִשְׂרָאֵ֔ל
וַיֵּ֖לֶךְ מֵאַחֲרֵיהֶ֑ם וַיִּסַּ֞ע עַמּ֤וּד הֶֽעָנָן֙ מִפְּנֵיהֶ֔ם וַֽיַּעֲמֹ֖ד מֵאַחֲרֵיהֶֽם׃

---

ble emphasis – literally, "Was it because Egypt was without graves, none?" – indicating their extreme emotion at this point.

מַה־זֹּאת עָשִׂיתָ לָּנוּ *What have you done to us?* The people blame Moses, as if the decision were his, not God's – an ominous precursor of many complaints that were to follow during their time in the wilderness.

הֲלֹא־זֶה הַדָּבָר אֲשֶׁר דִּבַּרְנוּ אֵלֶיךָ *Is this not exactly what we told you?* At this point the Israelites prefer slavery with security to freedom with risk. Slaves get used to their chains. The sages said that the Israelites were divided into four camps: (1) some said, Let us cast ourselves into the sea; (2) others said, Let us return to Egypt; (3) some said, Let us fight; (4) others said, Let us cry out.

אַל־תִּירָאוּ *Do not fear.* Moses answered the four groups in turn. To the first

when cloud and darkness came, the night was lit up – and one camp did not come near the other all that night. Moses raised his hand over the sea, and the LORD moved the sea with a strong easterly wind all that night; it turned the sea into dry land, and the waters were divided. So the children of Israel walked into the midst of the sea on dry land, and the water was like a wall for them on their right and on their left. The Egyptians pursued them, entering in after them, all the horses of Pharaoh, his chariots and horsemen, into the sea. And when the morning watch arrived, the LORD looked upon the Egyptian camp in a pillar of cloud and fire, and threw the Egyptian camp into confusion. The wheels of their chariots were unfastened and drove with difficulty. "Let us escape from Israel," said the Egyptians, "for the LORD is waging war for them against Egypt!"

The LORD said to Moses, "Raise your hand over the sea, and the waters will come down upon the Egyptians, their chariots and horsemen." Moses raised his hand over the sea, and as morning approached, the sea returned to its strength: all the Egyptians fled against it – and the LORD shook the Egyptians into the sea. The waters returned, covering the chariots and horsemen, along with

ḤAMISHI (*Shabbat:* SHEVI'I)

וַיַּשְׁקֵף *Looked upon.* A metaphorical expression of intense divine involvement. The verb *sh-k-f* is also used in the narrative of the destruction of Sodom (Gen. 19:28). It is intended to convey the idea that God is high above those who hold themselves to be above God.

וַיָּסַר אֵת אֹפַן מַרְכְּבֹתָיו *The wheels of their chariots were unfastened.* The chariots, source of Egyptian military strength, became bogged down in the mud. Strength was turned to weakness, and what gave the Egyptian army its speed now mires them in immobility.

נָסִים לִקְרָאתוֹ *Fled against it.* This phrase can also be read as "fled toward it" and, in this sense, is indicative of the confusion of the Egyptian army. Instead of fleeing to safety they fled toward their own destruction (*Shemot Raba* 15:15, Rashi).

וַיָּשֻׁבוּ הַמַּיִם וַיְכַסּוּ *The waters returned, covering.* This is the moral climax of the episode. Pharaoh had decreed that every male Israelite child be drowned. The

וַיָּבֹא בֵּין ׀ מַחֲנֵה מִצְרַיִם וּבֵין מַחֲנֵה יִשְׂרָאֵל וַיְהִי הֶעָנָן וְהַחֹשֶׁךְ
וַיָּאֶר אֶת־הַלָּיְלָה וְלֹא־קָרַב זֶה אֶל־זֶה כָּל־הַלָּיְלָה: וַיֵּט מֹשֶׁה
אֶת־יָדוֹ עַל־הַיָּם וַיּוֹלֶךְ יהוה ׀ אֶת־הַיָּם בְּרוּחַ קָדִים עַזָּה כָּל־
הַלַּיְלָה וַיָּשֶׂם אֶת־הַיָּם לֶחָרָבָה וַיִּבָּקְעוּ הַמָּיִם: וַיָּבֹאוּ בְנֵי־יִשְׂרָאֵל
בְּתוֹךְ הַיָּם בַּיַּבָּשָׁה וְהַמַּיִם לָהֶם חוֹמָה מִימִינָם וּמִשְּׂמֹאלָם:
וַיִּרְדְּפוּ מִצְרַיִם וַיָּבֹאוּ אַחֲרֵיהֶם כֹּל סוּס פַּרְעֹה רִכְבּוֹ וּפָרָשָׁיו
אֶל־תּוֹךְ הַיָּם: וַיְהִי בְּאַשְׁמֹרֶת הַבֹּקֶר וַיַּשְׁקֵף יהוה אֶל־מַחֲנֵה
מִצְרַיִם בְּעַמּוּד אֵשׁ וְעָנָן וַיָּהָם אֵת מַחֲנֵה מִצְרָיִם: וַיָּסַר אֵת אֹפַן
מַרְכְּבֹתָיו וַיְנַהֲגֵהוּ בִּכְבֵדֻת וַיֹּאמֶר מִצְרַיִם אָנוּסָה מִפְּנֵי יִשְׂרָאֵל
כִּי יהוה נִלְחָם לָהֶם בְּמִצְרָיִם:

חמישי (בשבת שביעי)

וַיֹּאמֶר יהוה אֶל־מֹשֶׁה נְטֵה אֶת־יָדְךָ עַל־הַיָּם וְיָשֻׁבוּ הַמַּיִם
עַל־מִצְרַיִם עַל־רִכְבּוֹ וְעַל־פָּרָשָׁיו: וַיֵּט מֹשֶׁה אֶת־יָדוֹ עַל־הַיָּם
וַיָּשָׁב הַיָּם לִפְנוֹת בֹּקֶר לְאֵיתָנוֹ וּמִצְרַיִם נָסִים לִקְרָאתוֹ וַיְנַעֵר
יהוה אֶת־מִצְרַיִם בְּתוֹךְ הַיָּם: וַיָּשֻׁבוּ הַמַּיִם וַיְכַסּוּ אֶת־הָרֶכֶב

---

delivered by great strength" (Ps. 33:16). "The race is not to the swift or the
battle to the strong" (Eccl. 9:11).

וַיְהִי הֶעָנָן וְהַחֹשֶׁךְ וַיָּאֶר אֶת־הַלָּיְלָה *And when cloud and darkness came, the night
was lit up.* An ambiguous phrase. It may mean that, as in the ninth plague,
there was light for the Israelites, darkness for the Egyptians (Rashi). This
allowed the Israelites to journey onward through the parted sea while the
Egyptians were forced to encamp in the darkness. This was also symbolic
of good and evil, characterized throughout Tanakh as forms, respectively,
of light and darkness.

בְּרוּחַ קָדִים... וְהַמַּיִם לָהֶם חוֹמָה *Easterly wind... the water was like a wall.* See
Introduction, *page xcvii.*

בְּאַשְׁמֹרֶת הַבֹּקֶר *The morning watch.* Refers to the last third of the night (Rashi),
or at dawn (*Mekhilta Beshallaḥ* 5).

all of Pharaoh's hosts who had entered the sea after them – not one survived. But the children of Israel walked on dry land in the midst of the sea, and the water was like a wall for them on their right and on their left. That day the LORD saved Israel from the hands of the Egyptians, and Israel saw the Egyptians lying dead on the seashore. When Israel saw the great power the LORD had displayed against the Egyptians, the people feared the LORD, and believed in the LORD and in His servant, Moses.

Then Moses and the Israelites sang this song to the LORD, saying: I will sing to the LORD, for He has triumphed gloriously; horse and rider He has hurled into the sea. The LORD is my strength and song; He has become my salvation. This is my God, and I will beautify Him, my father's God, and I will exalt Him. The LORD is a Master of war; LORD is His name. Pharaoh's chariots and army

---

the ancient world saw themselves as demigods who commanded obedience. The Torah insists that the truth is the opposite: greatness is humility, and to be a leader is to be a servant.

אָז יָשִׁיר־מֹשֶׁה וּבְנֵי יִשְׂרָאֵל אֶת־הַשִּׁירָה הַזֹּאת *Then Moses and the Israelites sang this song.* The first great celebratory song in Israel's history; it subsequently became known as "the song" par excellence. There are several views in the Mishna, Tosefta and Talmud (*Sota* 30b) as to how it was sung. Some say that the Israelites repeated "I will sing to the LORD" after each verse; others that they sang it line by line after Moses; others that Moses began each line and the Israelites completed it; yet others that the entire people were divinely inspired to sing it in unison. The song has three strophes: the first (verses 1–7) celebrating the victory at the sea, the second (8–12) restating it in more vivid imagery, and the third (13–19) looking toward the future. Music is the language of the soul; when we strive in language to leave the gravitational pull of earth and reach toward heaven, speech modulates into song.

עָזִּי וְזִמְרָת יָהּ *The LORD is my strength and song.* Or "my strength and might." The root *z-m-r* means both "to sing" and "to prune," and thus by extension "to cut off" an enemy.

יהוה אִישׁ מִלְחָמָה *The LORD is a Master of war.* But He is also the God of peace.

וְאֶת־הַפָּרָשִׁים לְכֹל חֵיל פַּרְעֹה הַבָּאִים אַחֲרֵיהֶם בַּיָּם לֹא־נִשְׁאַר
בָּהֶם עַד־אֶחָד: וּבְנֵי יִשְׂרָאֵל הָלְכוּ בַיַּבָּשָׁה בְּתוֹךְ הַיָּם וְהַמַּיִם
לָהֶם חֹמָה מִימִינָם וּמִשְּׂמֹאלָם: וַיּוֹשַׁע יְהוָה בַּיּוֹם הַהוּא אֶת־
יִשְׂרָאֵל מִיַּד מִצְרָיִם וַיַּרְא יִשְׂרָאֵל אֶת־מִצְרַיִם מֵת עַל־שְׂפַת
הַיָּם: וַיַּרְא יִשְׂרָאֵל אֶת־הַיָּד הַגְּדֹלָה אֲשֶׁר עָשָׂה יְהוָה בְּמִצְרַיִם
וַיִּירְאוּ הָעָם אֶת־יְהוָה וַיַּאֲמִינוּ בַּיהוָה וּבְמֹשֶׁה עַבְדּוֹ:

אָז יָשִׁיר־מֹשֶׁה וּבְנֵי יִשְׂרָאֵל אֶת־הַשִּׁירָה הַזֹּאת לַיהוָה וַיֹּאמְרוּ
לֵאמֹר   אָשִׁירָה לַּיהוָה כִּי־גָאֹה גָּאָה   סוּס
וְרֹכְבוֹ רָמָה בַיָּם: עָזִּי וְזִמְרָת יָהּ וַיְהִי־לִי
לִישׁוּעָה   זֶה אֵלִי וְאַנְוֵהוּ   אֱלֹהֵי
אָבִי וַאֲרֹמְמֶנְהוּ:   יְהוָה אִישׁ מִלְחָמָה יְהוָה

---

first plague, in which the river turned into blood, was intended to remind the Egyptians that they were being punished for this crime, but the plague made no impression on Pharaoh. He merely instructed his magicians to show that they could do likewise. Now the punishment comes, measure for measure: those who drowned innocent children were themselves drowned. According to *Targum Onkelos* this is the meaning of Jethro's later statement, "The matter in which they were presumptuous turned against them" (Ex. 18:11). The miracle at the sea was intended to demonstrate the moral truth that evil eventually turns against its perpetrator.

הַיָּד הַגְּדֹלָה *The great power.* The literal meaning, "the great hand," is used metaphorically for the power of God; the hand that embraces the faithful and rescues the oppressed also strikes the faithless and the oppressor.

וַיַּאֲמִינוּ *And believed.* Free of Egypt, on the far side of the sea, knowing that God had delivered them, the Israelites are suddenly liberated from fear and break out in song. This is one of the turning points of Jewish history – the first spontaneous, collective expression of faith. We recite it every day in our prayers.

וּבְמֹשֶׁה עַבְדּוֹ *And in His servant, Moses.* The phrase is pointed. The rulers of

He cast into the sea; the best of his officers drowned in the Sea of Reeds. The deep waters covered them; they went down to the depths like a stone. Your right hand, LORD, is majestic in power. Your right hand, LORD, shatters the enemy. In the greatness of Your majesty, You overthrew those who rose against You. You sent out Your fury; it consumed them like stubble. By the blast of Your nostrils the waters piled up. The surging waters stood straight like a wall; the deeps congealed in the heart of the sea. The enemy said, "I will pursue. I will overtake. I will divide the spoil. My desire shall have its fill of them. I will draw my sword. My hand will destroy them." You blew with Your wind; the sea covered them. They sank in the mighty waters like lead. Who is like You, LORD, among the mighty? Who is like You – majestic in holiness, awesome in glory, working wonders? You stretched out Your right hand, the earth swallowed them. In Your loving-kindness, You led the people You redeemed. In Your strength, You guided them to Your holy abode. Nations heard and trembled; terror gripped Philistia's inhabitants. The chiefs of Edom were dismayed, Moab's leaders were seized with trembling, the people of Canaan melted away. Fear and dread fell upon them.

מִי־כָמֹכָה בָּאֵלִם יהוה *Who is like You, LORD, among the mighty?* The concluding verse of each strophe (verses 7, 12, and 19) is a majestic statement of God's sovereignty and might.

נָחִיתָ בְחַסְדְּךָ... נֵהַלְתָּ בְעָזְּךָ *In Your loving-kindness, You led ... In Your strength, You guided.* Both phrases are suggestive of a shepherd leading his sheep, and indeed, both are echoed in Psalm 23, "The LORD is my Shepherd." The contrast is striking between the military images of God acting against the enemies of His people, and the pastoral imagery here of God's tender concern for His people, His flock.

שָׁמְעוּ עַמִּים יִרְגָּזוּן *Nations heard and trembled.* The song here gazes forward into the future. The assertion that the people of the land would be terrified when they heard of the miracle at the Reed Sea was confirmed by later reports in the days of Joshua (Josh. 2:9–11).

שְׁמוֹ: מַרְכְּבֹת פַּרְעֹה וְחֵילוֹ יָרָה בַיָּם וּמִבְחַר
שָׁלִשָׁיו טֻבְּעוּ בְיַם־סוּף: תְּהֹמֹת יְכַסְיֻמוּ יָרְדוּ בִמְצוֹלֹת כְּמוֹ־
אָבֶן: יְמִינְךָ יְהוָה נֶאְדָּרִי בַּכֹּחַ יְמִינְךָ
יְהוָה תִּרְעַץ אוֹיֵב: וּבְרֹב גְּאוֹנְךָ תַּהֲרֹס
קָמֶיךָ תְּשַׁלַּח חֲרֹנְךָ יֹאכְלֵמוֹ כַּקַּשׁ: וּבְרוּחַ
אַפֶּיךָ נֶעֶרְמוּ מַיִם נִצְּבוּ כְמוֹ־נֵד
נֹזְלִים קָפְאוּ תְהֹמֹת בְּלֶב־יָם: אָמַר
אוֹיֵב אֶרְדֹּף אַשִּׂיג אֲחַלֵּק שָׁלָל תִּמְלָאֵמוֹ
נַפְשִׁי אָרִיק חַרְבִּי תּוֹרִישֵׁמוֹ יָדִי: נָשַׁפְתָּ
בְרוּחֲךָ כִּסָּמוֹ יָם צָלֲלוּ כַּעוֹפֶרֶת בְּמַיִם
אַדִּירִים: מִי־כָמֹכָה בָּאֵלִם יְהוָה מִי
כָּמֹכָה נֶאְדָּר בַּקֹּדֶשׁ נוֹרָא תְהִלֹּת עֹשֵׂה
פֶלֶא: נָטִיתָ יְמִינְךָ תִּבְלָעֵמוֹ אָרֶץ: נָחִיתָ
בְחַסְדְּךָ עַם־זוּ גָּאָלְתָּ נֵהַלְתָּ בְעָזְּךָ אֶל־נְוֵה
קָדְשֶׁךָ: שָׁמְעוּ עַמִּים יִרְגָּזוּן חִיל
אָחַז יֹשְׁבֵי פְּלָשֶׁת: אָז נִבְהֲלוּ אַלּוּפֵי
אֱדוֹם אֵילֵי מוֹאָב יֹאחֲזֵמוֹ רָעַד נָמֹגוּ

War is not a value in Judaism but only a means to an end, the defense of the righteous against the wicked, or the oppressed against their oppressors. "Not by might nor by power, but by My spirit, says the LORD of hosts" (Zech. 4:6).

וּבְרוּחַ אַפֶּיךָ *By the blast of Your nostrils.* A vivid metaphor for the strong east wind that parted the waters for the Israelites.

אָמַר אוֹיֵב *The enemy said.* A striking use of alliteration: five consecutive words beginning with the letter *alef*, producing a staccato effect suggesting the haste of the Egyptians, expecting a quick and easy victory.

By the power of Your arm, they were still as stone – until Your people crossed, LORD, until the people You acquired crossed over. You will bring them and plant them on the mountain of Your heritage – the place, LORD, You made for Your dwelling, the Sanctuary, LORD, Your hands established. The LORD will reign for ever and all time. When Pharaoh's horses, chariots and riders went into the sea, the LORD brought the waters of the sea back over them, but the Israelites walked on dry land through the sea.

Miriam the prophetess, the sister of Aaron, took a tambourine in her hand, and all the women followed after her, with tambourines and dances. And Miriam led them singing, "Sing to the LORD, for He has triumphed gloriously; horse and rider He has hurled into the sea."

Moses led the Israelites away from the Sea of Reeds, setting out towards the wilderness of Shur; they walked across the wilderness for three days and did not find any water. And when they came to Marah, they could not drink water there, for it was bitter; and so that place was named Marah [Bitter]. So the people complained to Moses, saying, "What shall we drink?" He cried out to the LORD, and the LORD showed him a tree; he cast it into the waters, and the waters were sweetened; at that place He gave them statutes and ordinances, and there He tested them. He said, "If you heed

---

and death, but also a fundamental "rite of passage": Israel has become the nation whose sovereign is God Himself.

מִרְיָם הַנְּבִיאָה *Miriam the prophetess.* Though the text mentions Miriam singing only the first verse of the Song at the Sea, midrashic tradition says that she led the women as Moses led the men, singing the entire song (Rashi, Ḥizkuni).

חֹק וּמִשְׁפָּט *Statutes and ordinances.* Rashi says this means that Moses gave them specific laws: the Sabbath, the Red Heifer and the administration of justice. Rashbam understands it to mean that he began preparing them to receive the Law, Nahmanides that he taught them rules of good conduct.

כָּל יֹשְׁבֵי כְנָעַן: תִּפֹּל עֲלֵיהֶם אֵימָתָה

וָפַחַד בִּגְדֹל זְרוֹעֲךָ יִדְּמוּ כָּאָבֶן עַד־

יַעֲבֹר עַמְּךָ יהוה עַד־יַעֲבֹר עַם־זוּ

קָנִיתָ: תְּבִאֵמוֹ וְתִטָּעֵמוֹ בְּהַר נַחֲלָתְךָ מָכוֹן

לְשִׁבְתְּךָ פָּעַלְתָּ יהוה מִקְּדָשׁ אֲדֹנָי כּוֹנְנוּ

יָדֶיךָ: יהוה ׀ יִמְלֹךְ לְעֹלָם וָעֶד: כִּי

בָא סוּס פַּרְעֹה בְּרִכְבּוֹ וּבְפָרָשָׁיו בַּיָּם וַיָּשֶׁב יהוה עֲלֵהֶם אֶת־מֵי

הַיָּם וּבְנֵי יִשְׂרָאֵל הָלְכוּ בַיַּבָּשָׁה בְּתוֹךְ הַיָּם:

וַתִּקַּח מִרְיָם הַנְּבִיאָה אֲחוֹת אַהֲרֹן אֶת־הַתֹּף בְּיָדָהּ וַתֵּצֶאןָ

כָל־הַנָּשִׁים אַחֲרֶיהָ בְּתֻפִּים וּבִמְחֹלֹת: וַתַּעַן לָהֶם מִרְיָם שִׁירוּ

לַיהוה כִּי־גָאֹה גָּאָה סוּס וְרֹכְבוֹ רָמָה בַיָּם: וַיַּסַּע מֹשֶׁה

אֶת־יִשְׂרָאֵל מִיַּם־סוּף וַיֵּצְאוּ אֶל־מִדְבַּר־שׁוּר וַיֵּלְכוּ שְׁלֹשֶׁת־

יָמִים בַּמִּדְבָּר וְלֹא־מָצְאוּ מָיִם: וַיָּבֹאוּ מָרָתָה וְלֹא יָכְלוּ לִשְׁתֹּת

מַיִם מִמָּרָה כִּי מָרִים הֵם עַל־כֵּן קָרָא־שְׁמָהּ מָרָה: וַיִּלֹּנוּ הָעָם

עַל־מֹשֶׁה לֵּאמֹר מַה־נִּשְׁתֶּה: וַיִּצְעַק אֶל־יהוה וַיּוֹרֵהוּ יהוה עֵץ

וַיַּשְׁלֵךְ אֶל־הַמַּיִם וַיִּמְתְּקוּ הַמָּיִם שָׁם שָׂם לוֹ חֹק וּמִשְׁפָּט וְשָׁם

עַם־זוּ קָנִיתָ *The people You acquired.* By redeeming them from slavery and bringing them out of Egypt, God has "acquired" them in a legal sense. Many biblical terms have legal resonances, for the Torah is a book of law; and law, for the Torah, is the guarantor of order, dignity, and freedom, the essential mediator between love and justice.

יהוה יִמְלֹךְ *The Lord will reign.* A key verse, marking the first time in the Torah that God has been described as a King. Crossing the sea has been for the Israelites not just a miraculous experience, nor merely an escape from defeat

the voice of the Lord your God, and do what is right in His eyes, listening to all of His commandments and guarding all His statutes, I will not inflict upon you any of the diseases which I put upon the Egyptians, for I am the Lord, your Healer."

After Half Kaddish is said, the Maftir is read from the second Torah scroll (page 586).

TORAH READING FOR THE EIGHTH DAY OF PESAḤ

If the eighth day of Pesaḥ falls on Shabbat, begin here.
If it falls on a weekday, begin with "Every male firstborn" on page 582.

You must tithe all the produce of your grain, that which grows in the field, each year. You shall then eat it in the presence of the Lord your God, at the place He will choose as a dwelling place for His name; the tithes of your grain, wine and oil as well as the firstborn of your herd and flock, so that you might learn to hold the Lord

Deut. 14:22–16:17

---

agricultural year: Pesaḥ is the festival of spring, the countdown to Shavuot begins "from when the sickle begins in the standing grain," and Sukkot is celebrated at the time when "you gather in from your threshing floor and your winepress." These are dimensions of the festivals the people have not yet experienced as desert nomads, but they will once they enter and make their home in the land which the Lord has blessed.

Moses also emphasizes the important dimension of social inclusion. The festivals are times when people are to invite those at the margins of society: the widow, the orphan, the Levites who have no land of their own, the temporary residents, as well as slaves. No one is to be left out.

On Shabbat, when two extra people are called to the Torah, the reading begins with the preceding passages from Deuteronomy.

עַשֵּׂר תְּעַשֵּׂר *You must tithe.* This is the law of the second tithe. Unlike the first that was given to the Levites, this was taken by its owners to Jerusalem and eaten there, either in the form of the produce itself or money for which it had been exchanged. This reminded the nation that its wealth came from God who was a constant presence in its midst. Maimonides adds that since people could not eat all the food themselves, they would naturally give part of it to others as charity. This strengthened "the bond of love and brother-

נִסָּהוּ׃ וַיֹּאמֶר אִם־שָׁמוֹעַ תִּשְׁמַע לְקוֹל ׀ יְהוָה אֱלֹהֶיךָ וְהַיָּשָׁר
בְּעֵינָיו תַּעֲשֶׂה וְהַאֲזַנְתָּ לְמִצְוֺתָיו וְשָׁמַרְתָּ כָּל־חֻקָּיו כָּל־הַמַּחֲלָה
אֲשֶׁר־שַׂמְתִּי בְמִצְרַיִם לֹא־אָשִׂים עָלֶיךָ כִּי אֲנִי יְהוָה רֹפְאֶךָ׃

After חצי קדיש *is said, the* מפטיר *is read from the second* ספר תורה *(page 587).*

קריאה ליום אחרון של פסח

If the eighth day of פסח *falls on* שבת*, begin here.*
If it falls on a weekday, begin with כָּל־הַבְּכוֹר *on page 583.*

דברים יד,כב–טז,יז
עַשֵּׂר תְּעַשֵּׂר אֵת כָּל־תְּבוּאַת זַרְעֶךָ הַיֹּצֵא הַשָּׂדֶה שָׁנָה שָׁנָה׃
וְאָכַלְתָּ לִפְנֵי ׀ יְהוָה אֱלֹהֶיךָ בַּמָּקוֹם אֲשֶׁר־יִבְחַר לְשַׁכֵּן שְׁמוֹ
שָׁם מַעְשַׂר דְּגָנְךָ תִּירֹשְׁךָ וְיִצְהָרֶךָ וּבְכֹרֹת בְּקָרְךָ וְצֹאנֶךָ לְמַעַן

וְהַיָּשָׁר בְּעֵינָיו *What is right in His eyes.* The midrash understands this to mean honesty in business dealings (*Mekhilta Beshallaḥ, Vayasa* 1).

אֲנִי יהוה רֹפְאֶךָ *I am the Lord, your Healer.* There is a difference between a master giving orders to a slave and a doctor giving instructions to a patient. The master is acting for his own benefit, the doctor for the benefit of the patient. God is like a doctor not a master; the laws He gives us are for our good, not His (Malbim).

TORAH READING FOR THE EIGHTH DAY

The core of the reading for the eighth day is the passage dealing with the festivals in the book of Deuteronomy. The festivals are extensively described in three places in the Torah, in Leviticus (23), in Numbers (28–29), and here (Deut. 16). The sages explained that the first is to establish their order, the second to prescribe their sacrifices, and the third to explain them to the public (*Sifrei, Re'eh* 127).

Throughout Deuteronomy, Moses explains the laws to the people as a whole, reminding them of the historical background against which they are set, and the future of which they are the parameters. In the case of the festivals, Moses' presentation here has a strong emphasis on the seasons of the

your God in awe as long as you live. If the distance is very great for you, so that you cannot carry it all; if the place the LORD your God chooses as a dwelling place for His name is far away from you, and the LORD your God blesses you with plenty, then you may sell your produce for money and, holding that money in your hand, go to the place which the LORD your God will choose. You may purchase with that money anything you may wish for of the herd or flock, of wine or intoxicating drinks: anything your heart desires; and you shall eat there, in the presence of the LORD your God, and you and your household shall rejoice. As for the Levite who dwells within your gates – you shall not forsake him, for he does not have a portion or an inheritance among you.

At the end of every third year, you must take out all the tithes of your harvest from that year, and set them down within your gates. Then the Levite, who does not have a portion or an inheritance among you, along with the stranger and orphan and widow within your gates, shall come and eat and be satisfied; do this, so that the LORD your God might bless you in all that you do.

LEVI At the end of every seven years, you shall institute a release. And this is the manner of the release: every creditor shall let go of what he is entitled to from his debtor; he may not demand payment from his fellow or his kinsman, for a release has been proclaimed for [the honor of] the LORD. You may ask payment of a gentile, but any claim you hold against your kinsmen must be released. Nevertheless, you will not have paupers among you, for the LORD shall surely bless you in the

---

מִקֵּץ שֶׁבַע־שָׁנִים *At the end of every seven years.* The sequence here – second and poor person's tithe, and the release of debts and slaves in the seventh year – are ways in which we serve God *bekhol me'odekha*, "with all your wealth." We use our wealth to serve God when we ensure that those who have more than they need share their blessings with those who have less. In particular, we should ensure that no one in the nation God liberated from slavery is permanently enslaved, either by debt or poverty (the usual reason people sold themselves as slaves).

תִּלְמַד לְיִרְאָה אֶת־יהוה אֱלֹהֶיךָ כׇּל־הַיָּמִים: וְכִי־יִרְבֶּה מִמְּךָ
הַדֶּרֶךְ כִּי לֹא תוּכַל שְׂאֵתוֹ כִּי־יִרְחַק מִמְּךָ הַמָּקוֹם אֲשֶׁר יִבְחַר
יהוה אֱלֹהֶיךָ לָשׂוּם שְׁמוֹ שָׁם כִּי יְבָרֶכְךָ יהוה אֱלֹהֶיךָ: וְנָתַתָּה
בַּכָּסֶף וְצַרְתָּ הַכֶּסֶף בְּיָדְךָ וְהָלַכְתָּ אֶל־הַמָּקוֹם אֲשֶׁר יִבְחַר יהוה
אֱלֹהֶיךָ בּוֹ: וְנָתַתָּה הַכֶּסֶף בְּכֹל אֲשֶׁר־תְּאַוֶּה נַפְשְׁךָ בַּבָּקָר וּבַצֹּאן
וּבַיַּיִן וּבַשֵּׁכָר וּבְכֹל אֲשֶׁר תִּשְׁאָלְךָ נַפְשֶׁךָ וְאָכַלְתָּ שָׁם לִפְנֵי יהוה
אֱלֹהֶיךָ וְשָׂמַחְתָּ אַתָּה וּבֵיתֶךָ: וְהַלֵּוִי אֲשֶׁר־בִּשְׁעָרֶיךָ לֹא תַעַזְבֶנּוּ
כִּי אֵין לוֹ חֵלֶק וְנַחֲלָה עִמָּךְ: מִקְצֵה ׀ שָׁלֹשׁ שָׁנִים
תּוֹצִיא אֶת־כׇּל־מַעְשַׂר תְּבוּאָתְךָ בַּשָּׁנָה הַהִוא וְהִנַּחְתָּ בִּשְׁעָרֶיךָ:
וּבָא הַלֵּוִי כִּי אֵין־לוֹ חֵלֶק וְנַחֲלָה עִמָּךְ וְהַגֵּר וְהַיָּתוֹם וְהָאַלְמָנָה
אֲשֶׁר בִּשְׁעָרֶיךָ וְאָכְלוּ וְשָׂבֵעוּ לְמַעַן יְבָרֶכְךָ יהוה אֱלֹהֶיךָ בְּכׇל־
מַעֲשֵׂה יָדְךָ אֲשֶׁר תַּעֲשֶׂה: מִקֵּץ שֶׁבַע־שָׁנִים תַּעֲשֶׂה לוי
שְׁמִטָּה: וְזֶה דְּבַר הַשְּׁמִטָּה שָׁמוֹט כׇּל־בַּעַל מַשֵּׁה יָדוֹ אֲשֶׁר
יַשֶּׁה בְּרֵעֵהוּ לֹא־יִגֹּשׂ אֶת־רֵעֵהוּ וְאֶת־אָחִיו כִּי־קָרָא שְׁמִטָּה
לַיהוה: אֶת־הַנׇּכְרִי תִּגֹּשׂ וַאֲשֶׁר יִהְיֶה לְךָ אֶת־אָחִיךָ תַּשְׁמֵט
יָדֶךָ: אֶפֶס כִּי לֹא יִהְיֶה־בְּךָ אֶבְיוֹן כִּי־בָרֵךְ יְבָרֶכְךָ יהוה בָּאָרֶץ

---

hood" among the people as a whole, reinforcing civil society and the sense of national unity (*The Guide for the Perplexed* 3:39).

מִקְצֵה שָׁלֹשׁ שָׁנִים *At the end of every third year.* On the third and sixth year of each septennial cycle, the second tithe, instead of being consumed by its owners in Jerusalem, is given locally to the poor. This, the *ma'aser ani*, "poor person's tithe," is part of the Torah's elaborate welfare system, designed to ensure that no one is left destitute or without the means of a dignified existence.

לְמַעַן יְבָרֶכְךָ יהוה אֱלֹהֶיךָ *So that the Lord your God might bless you.* God blesses those who are a source of blessing to others.

land that He is giving you as a portion, to inherit it – but only if you heed the voice of the LORD your God, safeguarding and keeping all of the commandments I am commanding you today. For the LORD your God will bless you as He has promised you: you shall lend to many nations and you shall not borrow; you shall rule over many nations and shall not be ruled by others.

If there should be a poor person among you, one of your kinsmen in one of the cities in your land, which the LORD your God has given to you, you must not harden your heart and you must not close your hand to your impoverished kinsman. Rather, you must open your hand to him, making him a loan to tide him over his lack. Take care, lest evil thoughts enter your heart, saying: "The seventh year, the year of release draws near," causing you to treat your impoverished kins-man meanly, withholding loans from him; he might then call out to God because of you and it will be held against you as a sin. You must certainly give to him, and let your heart not be grudging when you give, for because of this deed, the LORD your God shall bless you in all that you do and in all of your endeavors. For there will never cease to be poor people in the land; and so I am commanding you: you must open your hand to your kinsman, to the poor and destitute in your land.

If your Hebrew kinsman or kinswoman is sold to you, he shall work for you for six years, and in the seventh year, you must release him from your service, free. When you set him free from your service you must not send him away empty-handed. You must give generously to him of your flock, your granary and your wine-vat with which the LORD your God has blessed you; so you shall give him. And you shall remember that you were once a slave in the land of Egypt and the LORD your God redeemed you; this is why, today, I command you thus. Should [the

---

הַעֲנֵיק תַּעֲנִיק *You must give to him.* There are three reasons for this law: first, to give the released slave the means to make a fresh start; second, to demon-strate your gratitude for the service he has given you; and third to establish closure with goodwill. There is something profoundly dehumanizing about

אֲשֶׁר֩ יהוה אֱלֹהֶ֜יךָ נֹתֵֽן־לְךָ֣ נַחֲלָ֖ה לְרִשְׁתָּֽהּ׃ רַ֚ק אִם־שָׁמ֣וֹעַ
תִּשְׁמַ֔ע בְּק֖וֹל יהוה אֱלֹהֶ֑יךָ לִשְׁמֹ֤ר לַעֲשׂוֹת֙ אֶת־כׇּל־הַמִּצְוָ֣ה
הַזֹּ֔את אֲשֶׁ֛ר אָנֹכִ֥י מְצַוְּךָ֖ הַיּֽוֹם׃ כִּֽי־יהוה אֱלֹהֶ֙יךָ֙ בֵּֽרַכְךָ֔ כַּאֲשֶׁ֖ר
דִּבֶּר־לָ֑ךְ וְהַעֲבַטְתָּ֞ גּוֹיִ֣ם רַבִּ֗ים וְאַתָּה֙ לֹ֣א תַעֲבֹ֔ט וּמָֽשַׁלְתָּ֙ בְּגוֹיִ֣ם
רַבִּ֔ים וּבְךָ֖ לֹ֥א יִמְשֹֽׁלוּ׃ ‏   כִּֽי־יִהְיֶה֩ בְךָ֨ אֶבְי֜וֹן מֵאַחַ֤ד
אַחֶ֙יךָ֙ בְּאַחַ֣ד שְׁעָרֶ֔יךָ בְּאַ֨רְצְךָ֔ אֲשֶׁר־יהוה אֱלֹהֶ֖יךָ נֹתֵ֣ן לָ֑ךְ לֹ֧א
תְאַמֵּ֣ץ אֶת־לְבָבְךָ֗ וְלֹ֤א תִקְפֹּץ֙ אֶת־יָ֣דְךָ֔ מֵאָחִ֖יךָ הָאֶבְיֽוֹן׃ כִּֽי־
פָתֹ֧חַ תִּפְתַּ֛ח אֶת־יָדְךָ֖ ל֑וֹ וְהַעֲבֵט֙ תַּעֲבִיטֶ֔נּוּ דֵּ֚י מַחְסֹר֔וֹ אֲשֶׁ֥ר
יֶחְסַ֖ר לֽוֹ׃ הִשָּׁ֣מֶר לְךָ֡ פֶּן־יִהְיֶ֣ה דָבָר֩ עִם־לְבָבְךָ֨ בְלִיַּ֜עַל לֵאמֹ֗ר
קָֽרְבָ֣ה שְׁנַֽת־הַשֶּׁ֗בַע שְׁנַ֣ת הַשְּׁמִטָּה֒ וְרָעָ֣ה עֵֽינְךָ֗ בְּאָחִ֙יךָ֙ הָֽאֶבְי֔וֹן
וְלֹ֥א תִתֵּ֖ן ל֑וֹ וְקָרָ֤א עָלֶ֙יךָ֙ אֶל־יהוה וְהָיָ֥ה בְךָ֖ חֵֽטְא׃ נָת֤וֹן תִּתֵּן֙
ל֔וֹ וְלֹא־יֵרַ֥ע לְבָבְךָ֖ בְּתִתְּךָ֣ ל֑וֹ כִּ֞י בִּגְלַ֣ל ׀ הַדָּבָ֣ר הַזֶּ֗ה יְבָרֶכְךָ֙ יהוה
אֱלֹהֶ֔יךָ בְּכׇֽל־מַעֲשֶׂ֔ךָ וּבְכֹ֖ל מִשְׁלַ֥ח יָדֶֽךָ׃ כִּ֛י לֹא־יֶחְדַּ֥ל אֶבְי֖וֹן
מִקֶּ֣רֶב הָאָ֑רֶץ עַל־כֵּ֞ן אָנֹכִ֤י מְצַוְּךָ֙ לֵאמֹ֔ר פָּ֠תֹ֠חַ תִּפְתַּ֨ח אֶת־
יָדְךָ֜ לְאָחִ֧יךָ לַעֲנִיֶּ֛ךָ וּלְאֶבְיֹנְךָ֖ בְּאַרְצֶֽךָ׃ ‏   כִּֽי־יִמָּכֵ֨ר לְךָ֜
אָחִ֣יךָ הָֽעִבְרִ֗י א֚וֹ הָֽעִבְרִיָּ֔ה וַעֲבָֽדְךָ֖ שֵׁ֣שׁ שָׁנִ֑ים וּבַשָּׁנָה֙ הַשְּׁבִיעִ֔ת
תְּשַׁלְּחֶ֥נּוּ חׇפְשִׁ֖י מֵעִמָּֽךְ׃ וְכִֽי־תְשַׁלְּחֶ֥נּוּ חׇפְשִׁ֖י מֵֽעִמָּ֑ךְ לֹ֥א תְשַׁלְּחֶ֖נּוּ
רֵיקָֽם׃ הַעֲנֵ֤יק תַּעֲנִיק֙ ל֔וֹ מִצֹּ֣אנְךָ֔ וּמִֽגׇּרְנְךָ֖ וּמִיִּקְבֶ֑ךָ אֲשֶׁ֧ר בֵּרַכְךָ֛
יהוה אֱלֹהֶ֖יךָ תִּתֶּן־לֽוֹ׃ וְזָכַרְתָּ֗ כִּ֣י עֶ֤בֶד הָיִ֙יתָ֙ בְּאֶ֣רֶץ מִצְרַ֔יִם וַֽיִּפְדְּךָ֖
יהוה אֱלֹהֶ֑יךָ עַל־כֵּ֞ן אָנֹכִ֧י מְצַוְּךָ֛ אֶת־הַדָּבָ֥ר הַזֶּ֖ה הַיּֽוֹם׃ וְהָיָה֩

כִּֽי־יִהְיֶה בְךָ אֶבְיוֹן *If there should be a poor person among you.* This passage became,
in the Talmud (*Bava Metzia* 31b), the basis of the elaborate laws of *tzedaka*,
one of the pillars of Jewish life, especially outside Israel where the agricultural
laws that formed the basis of the Torah's welfare legislation were less applicable.

slave] say: "I would not leave your home;" because he is fond of you and of your household, and is happy living with you, then you shall take an awl and pierce his ear upon the door with it, and he shall then be your slave forever; the same should be done with your female slave. Do not feel it a hardship when you release him from your service, free; for he has served you for six years – twice a hired hand's work, and now the LORD your God will bless you in all that you do.

If the eighth day of Pesaḥ falls on a weekday, start here:

Every male firstborn that is delivered among your herd and your flock, you shall consecrate to the LORD your God: you may not perform work with the male firstborn of your oxen, nor shear the male first-born of your sheep. You shall eat them in the presence of the LORD your God each year, you and your household, in the place which the LORD will choose. If it is blemished: lame or blind, or with any other serious blemish, you may not offer it to the LORD your God. Eat it within your gates; [it may be eaten by] pure and impure alike, as the gazelle and as the hart. But its blood you may not eat; you must spill it on the ground like water. *(Shabbat: SHELISHI)*

Remember the month of Aviv: bring a Pesaḥ offering to the LORD your God, for in the month of Aviv, the LORD your God took you out of Egypt at night. You shall bring a Pesaḥ offering to the LORD your God, sheep and cattle, at the place the LORD shall choose as a dwelling place for His name. You may not eat leaven with it; you must eat matzot, the bread of oppression, with it for seven days – for you left Egypt in great haste – so that you remember the day of your exodus from Egypt all the days of your life. And no leaven shall be seen by you within all your *LEVI (Shabbat: REVI'I)*

SHELISHI (Shabbat: ḤAMISHI)

---

means of adding an extra month (a second Adar) from time to time. A fixed calendar was adopted, by which seven leap years are observed in the course of nineteen years.

לֶחֶם עֹנִי *Bread of oppression.* It is this phrase that defines matza as the taste of servitude, either because the Israelite slaves were given it to eat in Egypt (being harder to digest than ordinary bread, it staved off hunger longer),

כִּי־יֹאמַ֣ר אֵלֶ֔יךָ לֹ֥א אֵצֵ֖א מֵעִמָּ֑ךְ כִּ֤י אֲהֵֽבְךָ֙ וְאֶת־בֵּיתֶ֔ךָ כִּי־ט֥וֹב
ל֖וֹ עִמָּֽךְ: וְלָקַחְתָּ֣ אֶת־הַמַּרְצֵ֗עַ וְנָתַתָּ֤ה בְאָזְנוֹ֙ וּבַדֶּ֔לֶת וְהָ֥יָה לְךָ֖
עֶ֣בֶד עוֹלָ֑ם וְאַ֥ף לַאֲמָתְךָ֖ תַּעֲשֶׂה־כֵּֽן: לֹא־יִקְשֶׁ֣ה בְעֵינֶ֗ךָ בְּשַׁלֵּֽחֲךָ֙
אֹת֤וֹ חָפְשִׁי֙ מֵֽעִמָּ֔ךְ כִּ֗י מִשְׁנֶה֙ שְׂכַ֣ר שָׂכִ֔יר עֲבָֽדְךָ֖ שֵׁ֣שׁ שָׁנִ֑ים וּבֵֽרַכְךָ֙
יְהֹוָ֣ה אֱלֹהֶ֔יךָ בְּכֹ֖ל אֲשֶׁ֥ר תַּעֲשֶֽׂה:

If the eighth day of פסח falls on a weekday, start here:

(בשבת שלישי)

כָּל־הַבְּכ֡וֹר אֲשֶׁר֩ יִוָּלֵ֨ד בִּבְקָרְךָ֤ וּבְצֹֽאנְךָ֙ הַזָּכָ֔ר תַּקְדִּ֖ישׁ לַֽיהֹוָ֣ה
אֱלֹהֶ֑יךָ לֹ֤א תַעֲבֹד֙ בִּבְכֹ֣ר שׁוֹרֶ֔ךָ וְלֹ֥א תָגֹ֖ז בְּכ֥וֹר צֹאנֶֽךָ: לִפְנֵי֩
יְהֹוָ֨ה אֱלֹהֶ֜יךָ תֹֽאכְלֶ֗נּוּ שָׁנָ֤ה בְשָׁנָה֙ בַּמָּק֖וֹם אֲשֶׁר־יִבְחַ֣ר יְהֹוָ֔ה
אַתָּ֖ה וּבֵיתֶֽךָ: וְכִֽי־יִהְיֶ֨ה ב֜וֹ מ֗וּם פִּסֵּ֙חַ֙ א֣וֹ עִוֵּ֔ר כֹּ֖ל מ֣וּם רָ֑ע לֹ֣א
תִזְבָּחֶ֔נּוּ לַֽיהֹוָ֖ה אֱלֹהֶֽיךָ: בִּשְׁעָרֶ֖יךָ תֹּֽאכְלֶ֑נּוּ הַטָּמֵ֤א וְהַטָּהוֹר֙
יַחְדָּ֔ו כַּצְּבִ֖י וְכָאַיָּֽל: רַ֥ק אֶת־דָּמ֖וֹ לֹ֣א תֹאכֵ֑ל עַל־הָאָ֥רֶץ תִּשְׁפְּכֶ֖נּוּ
כַּמָּֽיִם:

לוי (בשבת רביעי)

שָׁמוֹר֙ אֶת־חֹ֣דֶשׁ הָֽאָבִ֔יב וְעָשִׂ֣יתָ פֶּ֔סַח לַֽיהֹוָ֖ה אֱלֹהֶ֑יךָ כִּ֞י בְּחֹ֣דֶשׁ
הָֽאָבִ֗יב הוֹצִֽיאֲךָ֜ יְהֹוָ֧ה אֱלֹהֶ֛יךָ מִמִּצְרַ֖יִם לָֽיְלָה: וְזָבַ֥חְתָּ פֶּ֛סַח
לַֽיהֹוָ֥ה אֱלֹהֶ֖יךָ צֹ֣אן וּבָקָ֑ר בַּמָּקוֹם֙ אֲשֶׁ֣ר יִבְחַ֣ר יְהֹוָ֔ה לְשַׁכֵּ֥ן שְׁמ֖וֹ
שָֽׁם: לֹא־תֹאכַ֤ל עָלָיו֙ חָמֵ֔ץ שִׁבְעַ֥ת יָמִ֛ים תֹּֽאכַל־עָלָ֥יו מַצּ֖וֹת
לֶ֣חֶם עֹ֑נִי כִּ֣י בְחִפָּז֗וֹן יָצָ֨אתָ֙ מֵאֶ֣רֶץ מִצְרַ֔יִם לְמַ֣עַן תִּזְכֹּר֙ אֶת־י֣וֹם
צֵֽאתְךָ֙ מֵאֶ֣רֶץ מִצְרַ֔יִם כֹּ֖ל יְמֵ֥י חַיֶּֽיךָ: וְלֹֽא־יֵרָאֶ֨ה לְךָ֥ שְׂאֹ֛ר בְּכָל־

שלישי (בשבת חמישי)

---

servitude, for servant and master alike. The gift is a humanizing gesture that marks a benign end to a less-than-benign episode.

חֹ֣דֶשׁ הָאָבִ֑יב **The month of Aviv.** It is this requirement that Pesaḥ be celebrated in Aviv, "spring," that necessitates the complex system by which the lunar calendar of Judaism is coordinated with the solar cycle of the seasons, by

borders for seven days, and none of the meat which you offer in the evening of the first day shall be allowed to remain until morning. You may not sacrifice the Pesaḥ offering in any one of your cities, which the LORD your God gives you. Only at the place which the LORD your God shall choose as a dwelling place for His name – that is where you should sacrifice the Pesaḥ offering in the evening, before sunset, in the season of your exodus from Egypt. You shall cook it and eat it in the place the LORD your God will choose, and in the morning you shall turn back and go to your abode. For six days, you shall eat matzot; the seventh day is a day of assembly for the LORD your God: on it, you may not perform work.

REVI'I (*Shabbat:* SHISHI)

Count for yourselves seven weeks; when the sickle begins to cut the standing grain, then shall you begin to count the seven weeks. And you shall celebrate a Festival of Weeks [Shavuot] for the LORD your God, bringing a free-will offering, as much as you can afford, according to the blessing the LORD your God has given you. And you shall rejoice in the presence of the LORD your God: you and your sons and daughters, your male and female slaves, and the Levite who dwells within your gates, along with the stranger and orphan and widow that are among you, at the place that the LORD your God shall choose as a dwelling place for His name. And you shall remember that you were once a slave in Egypt; keep and fulfill all of these statutes.

ḤAMISHI (*Shabbat:* SHEVI'I)

You shall celebrate a Festival of Booths [Sukkot] for yourselves for seven days, when you gather [your produce] into your granary and wine-vat. And you shall rejoice on your festival: you and your sons and daughters, your male and female slaves, and the Levite, the stranger

---

their vocation as a holy nation in a holy land, keeping God's law, sensing His presence and celebrating His blessings. Note, however, that the word "rejoice" does not appear in the context of Pesaḥ, for it recalls two periods of suffering, the suffering inflicted on the Israelites by the Egyptians, and the subsequent suffering of the Egyptians themselves. Halakhically there is a mitzva of *simḥa* on Pesaḥ, but it comes on the first day(s) mixed with the taste of affliction and bitterness (matza and *maror*) and on the last with the memory of the

גְּבֻלְךָ שִׁבְעַת יָמִים וְלֹא־יָלִין מִן־הַבָּשָׂר אֲשֶׁר תִּזְבַּח בָּעֶרֶב בַּיּוֹם
הָרִאשׁוֹן לַבֹּקֶר׃ לֹא תוּכַל לִזְבֹּחַ אֶת־הַפָּסַח בְּאַחַד שְׁעָרֶיךָ
אֲשֶׁר־יְהוָה אֱלֹהֶיךָ נֹתֵן לָךְ׃ כִּי אִם־אֶל־הַמָּקוֹם אֲשֶׁר־יִבְחַר
יְהוָה אֱלֹהֶיךָ לְשַׁכֵּן שְׁמוֹ שָׁם תִּזְבַּח אֶת־הַפֶּסַח בָּעָרֶב כְּבוֹא
הַשֶּׁמֶשׁ מוֹעֵד צֵאתְךָ מִמִּצְרָיִם׃ וּבִשַּׁלְתָּ וְאָכַלְתָּ בַּמָּקוֹם אֲשֶׁר
יִבְחַר יְהוָה אֱלֹהֶיךָ בּוֹ וּפָנִיתָ בַבֹּקֶר וְהָלַכְתָּ לְאֹהָלֶיךָ׃ שֵׁשֶׁת
יָמִים תֹּאכַל מַצּוֹת וּבַיּוֹם הַשְּׁבִיעִי עֲצֶרֶת לַיהוָה אֱלֹהֶיךָ לֹא
רביעי (בשבת ששי) תַעֲשֶׂה מְלָאכָה׃ שִׁבְעָה שָׁבֻעֹת תִּסְפָּר־לָךְ מֵהָחֵל
חֶרְמֵשׁ בַּקָּמָה תָּחֵל לִסְפֹּר שִׁבְעָה שָׁבֻעוֹת׃ וְעָשִׂיתָ חַג שָׁבֻעוֹת
לַיהוָה אֱלֹהֶיךָ מִסַּת נִדְבַת יָדְךָ אֲשֶׁר תִּתֵּן כַּאֲשֶׁר יְבָרֶכְךָ יְהוָה
אֱלֹהֶיךָ׃ וְשָׂמַחְתָּ לִפְנֵי ׀ יְהוָה אֱלֹהֶיךָ אַתָּה וּבִנְךָ וּבִתֶּךָ וְעַבְדֶּךָ
וַאֲמָתֶךָ וְהַלֵּוִי אֲשֶׁר בִּשְׁעָרֶיךָ וְהַגֵּר וְהַיָּתוֹם וְהָאַלְמָנָה אֲשֶׁר
בְּקִרְבֶּךָ בַּמָּקוֹם אֲשֶׁר יִבְחַר יְהוָה אֱלֹהֶיךָ לְשַׁכֵּן שְׁמוֹ שָׁם׃
וְזָכַרְתָּ כִּי־עֶבֶד הָיִיתָ בְּמִצְרָיִם וְשָׁמַרְתָּ וְעָשִׂיתָ אֶת־הַחֻקִּים
הָאֵלֶּה׃
חמישי (בשבת שביעי) חַג הַסֻּכֹּת תַּעֲשֶׂה לְךָ שִׁבְעַת יָמִים בְּאָסְפְּךָ מִגָּרְנְךָ וּמִיִּקְבֶךָ׃
וְשָׂמַחְתָּ בְּחַגֶּךָ אַתָּה וּבִנְךָ וּבִתֶּךָ וְעַבְדְּךָ וַאֲמָתֶךָ וְהַלֵּוִי וְהַגֵּר

---

or because, eating it as they fled from Egypt, it served as a reminder of the slavery from which they were escaping.

וְשָׂמַחְתָּ *You shall rejoice.* There is greater emphasis on rejoicing in Deuteronomy than elsewhere in the Torah. The root *s-m-ḥ,* "to rejoice," appears only once in each of the books of Genesis, Exodus, Leviticus and Numbers, but twelve times in Deuteronomy as a whole. The previous books have been about the long journey, begun by Abraham, toward the fulfillment of the divine promises of children and a homeland. Deuteronomy is about the destination: a land where the people of the covenant can be free to pursue

and orphan and widow that dwell within your gates. You shall celebrate for seven days for the LORD your God in the place which the LORD shall choose, for the LORD your God shall bless you in all of your produce and all that you do; and you will be truly joyful. Three times in the year, all your males shall appear before the LORD your God at the place He will choose: on Pesaḥ, Shavuot and Sukkot. They shall not appear before the LORD empty-handed. Each shall bring such a gift as he can, in proportion to the blessing the LORD your God grants you.

HALF KADDISH

Before Maftir is read, the second Sefer Torah is placed on the bima and the Reader says Half Kaddish:

Reader: **יִתְגַּדַּל** Magnified and sanctified
may His great name be,
in the world He created by His will.
May He establish His kingdom
in your lifetime and in your days,
and in the lifetime of all the house of Israel,
swiftly and soon –
and say: Amen.

All: May His great name be blessed for ever and all time.

Reader: Blessed and praised, glorified and exalted,
raised and honored, uplifted and lauded
be the name of the Holy One, blessed be He,
beyond any blessing,
song, praise and consolation
uttered in the world –
and say: Amen.

Egyptians who died at the Sea of Reeds, and as Proverbs 24:17 states, "Do not rejoice when your enemy falls" (*Yalkut Shimoni, Emor,* 654).

וְהַיָּת֥וֹם וְהָאַלְמָנָ֖ה אֲשֶׁ֥ר בִּשְׁעָרֶֽיךָ׃ שִׁבְעַ֣ת יָמִ֗ים תָּחֹג֙ לַיהוָ֣ה
אֱלֹהֶ֔יךָ בַּמָּק֖וֹם אֲשֶׁר־יִבְחַ֣ר יְהוָ֑ה כִּ֣י יְבָרֶכְךָ֞ יְהוָ֣ה אֱלֹהֶ֗יךָ בְּכָל־
תְּבוּאָֽתְךָ֙ וּבְכֹל֙ מַעֲשֵׂ֣ה יָדֶ֔יךָ וְהָיִ֖יתָ אַ֥ךְ שָׂמֵֽחַ׃ שָׁל֣וֹשׁ פְּעָמִ֣ים ׀
בַּשָּׁנָ֡ה יֵרָאֶ֨ה כָל־זְכוּרְךָ֜ אֶת־פְּנֵ֣י ׀ יְהוָ֣ה אֱלֹהֶ֗יךָ בַּמָּקוֹם֙ אֲשֶׁ֣ר
יִבְחָ֔ר בְּחַ֧ג הַמַּצּ֛וֹת וּבְחַ֥ג הַשָּׁבֻע֖וֹת וּבְחַ֣ג הַסֻּכּ֑וֹת וְלֹ֧א יֵרָאֶ֛ה
אֶת־פְּנֵ֥י יְהוָ֖ה רֵיקָֽם׃ אִ֖ישׁ כְּמַתְּנַ֣ת יָד֑וֹ כְּבִרְכַּ֛ת יְהוָ֥ה אֱלֹהֶ֖יךָ
אֲשֶׁ֥ר נָֽתַן־לָֽךְ׃

חצי קדיש

Before מפטיר *is read, the second* ספר תורה *is placed on the* שולחן *and the* קורא *says* חצי קדיש*:*

קורא: יִתְגַּדַּל וְיִתְקַדַּשׁ שְׁמֵהּ רַבָּא (קהל: אָמֵן)
בְּעָלְמָא דִּי בְרָא כִרְעוּתֵהּ
וְיַמְלִיךְ מַלְכוּתֵהּ
בְּחַיֵּיכוֹן וּבְיוֹמֵיכוֹן וּבְחַיֵּי דְכָל בֵּית יִשְׂרָאֵל
בַּעֲגָלָא וּבִזְמַן קָרִיב
וְאִמְרוּ אָמֵן. (קהל: אָמֵן)

קהל וקורא: יְהֵא שְׁמֵהּ רַבָּא מְבָרַךְ לְעָלַם וּלְעָלְמֵי עָלְמַיָּא.

קורא: יִתְבָּרַךְ וְיִשְׁתַּבַּח וְיִתְפָּאַר וְיִתְרוֹמַם וְיִתְנַשֵּׂא
וְיִתְהַדָּר וְיִתְעַלֶּה וְיִתְהַלָּל
שְׁמֵהּ דְּקֻדְשָׁא בְּרִיךְ הוּא (קהל: בְּרִיךְ הוּא)
לְעֵלָּא מִן כָּל בִּרְכָתָא וְשִׁירָתָא
תֻּשְׁבְּחָתָא וְנֶחֱמָתָא
דַּאֲמִירָן בְּעָלְמָא
וְאִמְרוּ אָמֵן. (קהל: אָמֵן)

HAGBAHA AND GELILA

The first Torah scroll is lifted and the congregation says:

וְזֹאת הַתּוֹרָה This is the Torah Deut. 4
that Moses placed before the children of Israel,
at the LORD's commandment, by the hand of Moses. Num. 9

Some add: It is a tree of life to those who grasp it, *Prov. 3*
and those who uphold it are happy.
Its ways are ways of pleasantness, and all its paths are peace.
Long life is in its right hand; in its left, riches and honor.
It pleased the LORD for the sake of [Israel's] righteousness, *Is. 42*
to make the Torah great and glorious.

The first Torah scroll is bound and covered and the oleh for Maftir is called to the second Torah scroll.

MAFTIR

On the first and second day of Pesaḥ, start here:

On the fourteenth day of the first month there shall be a Pesaḥ offering to the LORD. And on the fifteenth day of this month there shall be a festival: seven days unleavened bread shall be eaten. On the first day there shall be a sacred assembly: you shall do no laborious work. *Num. 28*

On the seventh and eighth day of Pesaḥ, start here:

And you shall bring an offering consumed by fire, a burnt-offering to the LORD: two young bullocks, one ram, and seven yearling male lambs; they shall be to you unblemished. And you shall perform their meal-offerings, fine flour mixed with oil, three-tenths of an ephah for each bull, two-tenths of an ephah for the ram; and one-tenth of an ephah for each of the seven lambs; and one goat for a sin-offering, to make atonement for you. All this aside from the morning burnt-offering, the daily offering; You shall offer all of these as food, on each of the seven days, a burnt-offering by fire of pleasing aroma to the LORD, along with the regular daily offering and its libation. On the seventh day there shall be a sacred assembly: you shall do no laborious work.

הגבהה וגלילה

The first ספר תורה *is lifted and the* קהל *says:*

וְזֹאת הַתּוֹרָה אֲשֶׁר־שָׂם מֹשֶׁה לִפְנֵי בְּנֵי יִשְׂרָאֵל: דברים ד

עַל־פִּי יהוה בְּיַד מֹשֶׁה: במדבר ט

Some add עֵץ־חַיִּים הִיא לַמַּחֲזִיקִים בָּהּ וְתֹמְכֶיהָ מְאֻשָּׁר: משלי ג
דְּרָכֶיהָ דַרְכֵי־נֹעַם וְכָל־נְתִיבוֹתֶיהָ שָׁלוֹם:
אֹרֶךְ יָמִים בִּימִינָהּ, בִּשְׂמֹאולָהּ עֹשֶׁר וְכָבוֹד:
יהוה חָפֵץ לְמַעַן צִדְקוֹ יַגְדִּיל תּוֹרָה וְיַאְדִּיר: ישעיה מב

The first ספר תורה *is bound and covered and the* עולה
for מפטיר *is called to the second* ספר תורה.

מפטיר

On the first and second day of פסח*, start here:*

וּבַחֹדֶשׁ הָרִאשׁוֹן בְּאַרְבָּעָה עָשָׂר יוֹם לַחֹדֶשׁ פֶּסַח לַיהוה: במדבר כח, טז–כה
וּבַחֲמִשָּׁה עָשָׂר יוֹם לַחֹדֶשׁ הַזֶּה חָג שִׁבְעַת יָמִים מַצּוֹת יֵאָכֵל:
בַּיּוֹם הָרִאשׁוֹן מִקְרָא־קֹדֶשׁ כָּל־מְלֶאכֶת עֲבֹדָה לֹא תַעֲשׂוּ:

On the seventh and eighth day of פסח*, start here:*

וְהִקְרַבְתֶּם אִשֶּׁה עֹלָה לַיהוה פָּרִים בְּנֵי־בָקָר שְׁנַיִם וְאַיִל אֶחָד וְשִׁבְעָה כְבָשִׂים בְּנֵי שָׁנָה תְּמִימִם יִהְיוּ לָכֶם: וּמִנְחָתָם סֹלֶת בְּלוּלָה בַשָּׁמֶן שְׁלֹשָׁה עֶשְׂרֹנִים לַפָּר וּשְׁנֵי עֶשְׂרֹנִים לָאַיִל תַּעֲשׂוּ: עִשָּׂרוֹן עִשָּׂרוֹן תַּעֲשֶׂה לַכֶּבֶשׂ הָאֶחָד לְשִׁבְעַת הַכְּבָשִׂים: וּשְׂעִיר חַטָּאת אֶחָד לְכַפֵּר עֲלֵיכֶם: מִלְּבַד עֹלַת הַבֹּקֶר אֲשֶׁר לְעֹלַת הַתָּמִיד תַּעֲשׂוּ אֶת־אֵלֶּה: כָּאֵלֶּה תַּעֲשׂוּ לַיּוֹם שִׁבְעַת יָמִים לֶחֶם אִשֵּׁה רֵיחַ־נִיחֹחַ לַיהוה עַל־עוֹלַת הַתָּמִיד יֵעָשֶׂה וְנִסְכּוֹ: וּבַיּוֹם הַשְּׁבִיעִי מִקְרָא־קֹדֶשׁ יִהְיֶה לָכֶם כָּל־מְלֶאכֶת עֲבֹדָה לֹא תַעֲשׂוּ:

HAGBAHA AND GELILA

The second Torah scroll is lifted and the congregation says:

וְזֹאת הַתּוֹרָה This is the Torah   *Deut. 4*
that Moses placed before the children of Israel,
at the LORD's commandment, by the hand of Moses.   *Num. 9*

Some add: It is a tree of life to those who grasp it, and those who uphold it are happy. *Prov. 3*
Its ways are ways of pleasantness, and all its paths are peace.
Long life is in its right hand; in its left, riches and honor.
It pleased the LORD for the sake of [Israel's] righteousness,   *Is. 42*
to make the Torah great and glorious.

*The second Torah scroll is bound and covered and the oleh for Maftir
reads the Haftara. The Haftara for the second day is on page 594,
for the seventh day on page 600 and for the last day on page 606.*

BLESSING BEFORE READING THE HAFTARA

Before reading the Haftara, the person called up for Maftir says:

בָּרוּךְ Blessed are You, LORD our God, King of the Universe, who chose
good prophets and was pleased with their words, spoken in truth.
Blessed are You, LORD, who chose the Torah, His servant Moses, His
people Israel, and the prophets of truth and righteousness.

HAFTARA FOR THE FIRST DAY OF PESAH

*In some congregations, the Haftara begins at "At that time" on the next page (at the *).*

Joshua said to the people, "Sanctify yourselves, for tomorrow the   *Josh. 3:5–7*
LORD shall work wonders in your midst." And Joshua said to the
priests, "Lift up the Ark of the Covenant and walk ahead of the peo-
ple" – and so they walked out ahead of the people.

The LORD said to Joshua, "On this day I shall begin to exalt you in the

───────────────────────────────────

ceremony: the first had taken place in Egypt. The Torah stipulates that an
uncircumcised male may not eat the Paschal offering (Ex. 12:48). Those born
in the wilderness had not been circumcised because of the dangers involved
in performing the operation during a journey. The people never knew in
advance when they might have to set off, and this would have endangered
the newly circumcised children. So the new generation of males had to be
circumcised in order to celebrate Pesah.

הגבהה וגלילה

The second ספר תורה is lifted and the קהל says:

וְזֹאת הַתּוֹרָה אֲשֶׁר־שָׂם מֹשֶׁה לִפְנֵי בְּנֵי יִשְׂרָאֵל: דברים ד

עַל־פִּי יהוה בְּיַד מֹשֶׁה: במדבר ט

Some add עֵץ־חַיִּים הִיא לַמַּחֲזִיקִים בָּהּ וְתֹמְכֶיהָ מְאֻשָּׁר: משלי ג

דְּרָכֶיהָ דַרְכֵי־נֹעַם וְכָל־נְתִיבֹתֶיהָ שָׁלוֹם:

אֹרֶךְ יָמִים בִּימִינָהּ, בִּשְׂמֹאולָהּ עֹשֶׁר וְכָבוֹד:

יהוה חָפֵץ לְמַעַן צִדְקוֹ יַגְדִּיל תּוֹרָה וְיַאְדִּיר: ישעיה מב

The second ספר תורה is bound and covered and the עולה for מפטיר reads the הפטרה. The הפטרה for the second day is on page 595, for the seventh day on page 601 and for the last day on page 607.

ברכה קודם ההפטרה

Before reading the הפטרה, the person called up for מפטיר says:

בָּרוּךְ אַתָּה יהוה אֱלֹהֵינוּ מֶלֶךְ הָעוֹלָם אֲשֶׁר בָּחַר בִּנְבִיאִים טוֹבִים, וְרָצָה בְדִבְרֵיהֶם הַנֶּאֱמָרִים בֶּאֱמֶת. בָּרוּךְ אַתָּה יהוה, הַבּוֹחֵר בַּתּוֹרָה וּבְמֹשֶׁה עַבְדּוֹ וּבְיִשְׂרָאֵל עַמּוֹ וּבִנְבִיאֵי הָאֱמֶת וָצֶדֶק.

הפטרה ליום הראשון של פסח

*In some congregations, the הפטרה begins at "בָּעֵת הַהִיא" on the next page (at the *).*

יהושע ג,ה־ז וַיֹּאמֶר יְהוֹשֻׁעַ אֶל־הָעָם הִתְקַדָּשׁוּ כִּי מָחָר יַעֲשֶׂה יהוה בְּקִרְבְּכֶם נִפְלָאוֹת: וַיֹּאמֶר יְהוֹשֻׁעַ אֶל־הַכֹּהֲנִים לֵאמֹר שְׂאוּ אֶת־אֲרוֹן הַבְּרִית וְעִבְרוּ לִפְנֵי הָעָם וַיִּשְׂאוּ אֶת־אֲרוֹן הַבְּרִית וַיֵּלְכוּ לִפְנֵי הָעָם: וַיֹּאמֶר יהוה אֶל־יְהוֹשֻׁעַ הַיּוֹם הַזֶּה אָחֵל

HAFTARA FOR THE FIRST DAY

The Torah portion spoke of the first Pesaḥ in Egypt prior to the exodus. The Haftara speaks of the first Pesaḥ the Israelites celebrated in the Promised Land, bringing the long story of the exodus to a close after forty years. The passage also describes the second circumcision, that is, the second mass

eyes of all Israel, to have them know that just as I was with Moses, so will I be with you."

*At that time, the LORD said to Joshua: make knives of flint for yourself and circumcise the children of Israel again. So Joshua made for himself knives of flint and circumcised the children of Israel on the Hill of Aralot [foreskins]. This is why Joshua had to circumcise them. All of the males who had left Egypt, all the men of battle, had died in the desert on their way up from Egypt. For all of the nation who had left [Egypt] had been circumcised, but all of those born in the desert on the way up from Egypt had not been circumcised. For the children of Israel had journeyed in the desert for forty years until all of the people, the men of battle who had left Egypt, had perished, for they had not heeded the voice of the LORD, the LORD had sworn to them that they were not to see the land which the LORD had promised to their forefathers to give to us, a land flowing with milk and honey. But their children who survived them – they were circumcised by Joshua, for they were still uncircumcised, as they had not been circumcised on the journey. When all of the people had been circumcised, they stayed in the camp until they healed. *Josh. 5:2–6:1*

The LORD said to Joshua, "Today I have rolled the shame of Egypt away from you," and he named that place Gilgal ["rolling"], and so

---

the manna and the new opportunity to eat the grain of the land was a further sign that the exodus had reached closure and a new chapter in the history of Israel was about to begin.

This new phase is introduced by the appearance of a man who turns out to be an angel, telling Joshua that the time has come to wage the first major battle of the conquest, that of Jericho. In a clear evocation of the scene of Moses' first encounter with God at the burning bush, the angel repeats the words Moses had heard: "Remove the shoes from your feet, for the ground you stand on is holy" (see Exodus 3:5). The connection is poignant and powerful: Moses was not destined to complete the task of bringing the people into the Promised Land, but Joshua, his disciple and successor, did so. What we begin, others complete. We do not labor in vain.

גָּדֵ֣לְךָ֔ בְּעֵינֵ֖י כָּל־יִשְׂרָאֵ֑ל אֲשֶׁ֣ר יֵֽדְע֗וּן כִּ֚י כַּאֲשֶׁ֤ר הָיִ֙יתִי֙ עִם־מֹשֶׁ֔ה אֶהְיֶ֖ה עִמָּֽךְ׃

יהושע ה, ב-י, א

*בָּעֵ֣ת הַהִ֗יא אָמַ֤ר יהוה֙ אֶל־יְהוֹשֻׁ֔עַ עֲשֵׂ֥ה לְךָ֖ חַֽרְב֣וֹת צֻרִ֑ים וְשׁ֛וּב מֹ֥ל אֶת־בְּנֵֽי־יִשְׂרָאֵ֖ל שֵׁנִֽית׃ וַיַּֽעַשׂ־ל֣וֹ יְהוֹשֻׁ֔עַ חַֽרְב֣וֹת צֻרִ֑ים וַיָּ֙מָל֙ אֶת־בְּנֵ֣י יִשְׂרָאֵ֔ל אֶל־גִּבְעַ֖ת הָעֲרָלֽוֹת׃ וְזֶ֥ה הַדָּבָ֖ר אֲשֶׁר־מָ֣ל יְהוֹשֻׁ֑עַ כָּל־הָעָ֣ם הַיֹּצֵ֣א מִ֠מִּצְרַ֠יִם הַזְּכָרִ֞ים כֹּ֣ל ׀ אַנְשֵׁ֣י הַמִּלְחָמָ֗ה מֵ֤תוּ בַמִּדְבָּר֙ בַּדֶּ֔רֶךְ בְּצֵאתָ֖ם מִמִּצְרָֽיִם׃ כִּֽי־מֻלִ֣ים הָי֔וּ כָּל־הָעָ֖ם הַיֹּֽצְאִ֑ים וְכָל־הָ֠עָ֠ם הַיִּלֹּדִ֨ים בַּמִּדְבָּ֥ר בַּדֶּ֛רֶךְ בְּצֵאתָ֥ם מִמִּצְרַ֖יִם לֹא־מָֽלוּ׃ כִּ֣י ׀ אַרְבָּעִ֣ים שָׁנָ֗ה הָלְכ֣וּ בְנֵֽי־יִשְׂרָאֵל֮ בַּמִּדְבָּר֒ עַד־תֹּ֨ם כָּל־הַגּ֜וֹי אַנְשֵׁ֤י הַמִּלְחָמָה֙ הַיֹּֽצְאִ֣ים מִמִּצְרַ֔יִם אֲשֶׁ֥ר לֹֽא־שָׁמְע֖וּ בְּק֣וֹל יהו֑ה אֲשֶׁ֨ר נִשְׁבַּ֤ע יהוה֙ לָהֶ֔ם לְבִלְתִּ֞י הַרְאוֹתָ֣ם אֶת־הָאָ֗רֶץ אֲשֶׁר֩ נִשְׁבַּ֨ע יהו֤ה לַֽאֲבוֹתָם֙ לָ֣תֶת לָ֔נוּ אֶ֛רֶץ זָבַ֥ת חָלָ֖ב וּדְבָֽשׁ׃ וְאֶת־בְּנֵיהֶם֙ הֵקִ֣ים תַּחְתָּ֔ם אֹתָ֖ם מָ֣ל יְהוֹשֻׁ֑עַ כִּֽי־עֲרֵלִ֣ים הָי֔וּ כִּ֛י לֹא־מָ֥לוּ אוֹתָ֖ם בַּדָּֽרֶךְ׃ וַיְהִ֥י כַּֽאֲשֶׁר־תַּ֖מּוּ כָל־הַגּ֣וֹי לְהִמּ֑וֹל וַיֵּשְׁב֥וּ תַחְתָּ֛ם בַּֽמַּחֲנֶ֖ה עַ֥ד חֲיוֹתָֽם׃ וַיֹּ֤אמֶר יהוה֙ אֶל־יְהוֹשֻׁ֔עַ הַיּ֗וֹם גַּלּ֛וֹתִי אֶת־חֶרְפַּ֥ת מִצְרַ֖יִם מֵעֲלֵיכֶ֑ם וַיִּקְרָ֞א שֵׁ֣ם הַמָּק֤וֹם הַהוּא֙

Another element of Jewish law becomes clear through this narrative. The Torah had specified that an offering of the new barley harvest (Omer) had to be offered "on the day after the Sabbath," before grain of the new harvest could be eaten (Lev. 23:9–14). It now emerges that this law was to have historical, not just agricultural significance. The Omer represented not just the new harvest but also a remembrance of the first time the Israelites ate of the grain of the land after crossing the Jordan. The fact that they did so "on the day after Pesaḥ" (Josh. 5:11) is taken by Maimonides as biblical proof that the phrase "on the day after the Sabbath" in Leviticus means, as the oral tradition insisted, the day after the first day of the festival of Pesaḥ (*Mishneh Torah*, Laws of Continuous and Additional Offerings 7:11). The cessation of

it is known to this day. The children of Israel camped at Gilgal and they made the Pesaḥ offering on the fourteenth day of the month in the evening, on the plains of Jericho. They ate of the produce of the land on the day after the Pesaḥ, matzot and roasted grain, on that very day. And the manna ceased [to come down] the next day, when they ate of the produce of the land, and the children of Israel no longer had manna; they ate of the crops of the land of Canaan that year.

When Joshua was in Jericho, he raised his eyes and looked up – and a man was standing opposite him, with his sword drawn in his hand; Joshua approached him and said to him, "Are you for us or are you for our adversaries?" [The man] said, "No, for I am captain of the LORD's hosts; I have just arrived" – and Joshua fell upon his face to the ground and prostrated himself and said, "What words has my master to speak to his servant?" And the captain of the LORD's hosts said to Joshua, "Remove the shoes from your feet, for the place upon which you are standing is sanctified." And Joshua did as he had said. And Jericho was completely closed off for fear of the children of Israel: none went out and none came in.

Some add:
And the LORD was with Joshua, and his fame spread throughout the land. *Josh. 6:27*

Continue with the blessings after the Haftara on page 610.

HAFTARA FOR THE SECOND DAY OF PESAḤ (OUTSIDE ISRAEL)

In some congregations, the Haftara begins at
"Then the king commanded" on the next page (at the *).

So the king sent for all the elders of Judah and Jerusalem, and they came to him. The king went up to the Temple along with all the men of Judah and the inhabitants of Jerusalem and the priests and the *II Kings, 23:1–9*

---

life of the nation. During the long reign of King Manasseh, the kingdom of Judah had lapsed into the worst forms of idolatry: local shrines, altars in the Temple to foreign gods, the Assyrian astral cult, and Molech worship, which involved child sacrifice. Manasseh's grandson Josiah, ascending to the throne

גִּלְגָּל עַד הַיּוֹם הַזֶּה: וַיַּחֲנוּ בְנֵי־יִשְׂרָאֵל בַּגִּלְגָּל וַיַּעֲשׂוּ אֶת־הַפֶּסַח בְּאַרְבָּעָה עָשָׂר יוֹם לַחֹדֶשׁ בָּעֶרֶב בְּעַרְבוֹת יְרִיחוֹ: וַיֹּאכְלוּ מֵעֲבוּר הָאָרֶץ מִמָּחֳרַת הַפֶּסַח מַצּוֹת וְקָלוּי בְּעֶצֶם הַיּוֹם הַזֶּה: וַיִּשְׁבֹּת הַמָּן מִמָּחֳרָת בְּאׇכְלָם מֵעֲבוּר הָאָרֶץ וְלֹא־הָיָה עוֹד לִבְנֵי יִשְׂרָאֵל מָן וַיֹּאכְלוּ מִתְּבוּאַת אֶרֶץ כְּנַעַן בַּשָּׁנָה הַהִיא: וַיְהִי בִּהְיוֹת יְהוֹשֻׁעַ בִּירִיחוֹ וַיִּשָּׂא עֵינָיו וַיַּרְא וְהִנֵּה־אִישׁ עֹמֵד לְנֶגְדּוֹ וְחַרְבּוֹ שְׁלוּפָה בְּיָדוֹ וַיֵּלֶךְ יְהוֹשֻׁעַ אֵלָיו וַיֹּאמֶר לוֹ הֲלָנוּ אַתָּה אִם־לְצָרֵינוּ: וַיֹּאמֶר ׀ לֹא כִּי אֲנִי שַׂר־צְבָא־יְהוָה עַתָּה בָאתִי וַיִּפֹּל יְהוֹשֻׁעַ אֶל־פָּנָיו אַרְצָה וַיִּשְׁתָּחוּ וַיֹּאמֶר לוֹ מָה אֲדֹנִי מְדַבֵּר אֶל־עַבְדּוֹ: וַיֹּאמֶר שַׂר־צְבָא יְהוָה אֶל־יְהוֹשֻׁעַ שַׁל־נַעַלְךָ מֵעַל רַגְלֶךָ כִּי הַמָּקוֹם אֲשֶׁר אַתָּה עֹמֵד עָלָיו קֹדֶשׁ הוּא וַיַּעַשׂ יְהוֹשֻׁעַ כֵּן: וִירִיחוֹ סֹגֶרֶת וּמְסֻגֶּרֶת מִפְּנֵי בְּנֵי יִשְׂרָאֵל אֵין יוֹצֵא וְאֵין בָּא:

Some add:

יהושע ו,כז

וַיְהִי יְהוָה אֶת־יְהוֹשֻׁעַ וַיְהִי שָׁמְעוֹ בְּכָל־הָאָרֶץ:

Continue with the blessings after the הפטרה *on page 611.*

הפטרה ליום טוב שני של פסח (בחוץ לארץ)

In some congregations, the הפטרה *begins at "*וַיְצַו הַמֶּלֶךְ*" on the next page (at the *).*

מלכים ב׳
כג, א–ט

וַיִּשְׁלַח הַמֶּלֶךְ וַיַּאַסְפוּ אֵלָיו כָּל־זִקְנֵי יְהוּדָה וִירוּשָׁלָ͏ִם: וַיַּעַל הַמֶּלֶךְ בֵּית־יְהוָה וְכָל־אִישׁ יְהוּדָה וְכָל־יֹשְׁבֵי יְרוּשָׁלַ͏ִם אִתּוֹ וְהַכֹּהֲנִים

HAFTARA FOR THE SECOND DAY

For an essay on Josiah and the renewal of the covenant, see Introduction, section 9, *page lxxxix.*

Having read about one historic Pesaḥ on the first day, on the second we read about another, one of the great moments of religious renewal in the

prophets, and all the people, young and old, and he read to them all that was written in the Book of the Covenant that had been found in the Temple. The king stood on his platform and made a covenant before the LORD, [pledging] to walk after Him and to observe His commandments and statutes and laws with all his heart and all his soul, to observe the words of that covenant written in the scroll of the Torah – and all the people committed themselves to the covenant. *Then the king commanded Ḥilkiyahu the high priest and the priests second in rank and the gatekeepers, to take all of the vessels that had been made for Baʼal and Ashera and for all the hosts of the heavens out of the LORD's sanctuary; he burned all of these outside Jerusalem, on the fields of Kidron, and carried their ashes to Beit El. He put an end to the practice of the idolatrous priests who had been appointed by the kings of Judah, those who had offered up incense on the high places of worship in the cities of Judah and in places all around Jerusalem, as well as those who had burned incense to Baʼal and to the sun and moon and constellations and to all of the hosts of heaven. He took the Ashera out of the Temple and brought it out of Jerusalem to the Kidron Valley and burned it there, grinding it to fine dust, and threw its ashes upon the graves of the people. He destroyed the rooms of the male temple-prostitutes in the House of the LORD, where the women would weave hangings in honor of the Ashera. He brought in

---

עַל־הָעַמּוּד *On his platform.* The setting for one of the great covenant renewal ceremonies in Jewish history. Others took place at the end of Moses' life (Deut. 29:9), during Joshua's leadership, at Mount Eval and Mount Gerizim, and later at Shechem (Josh. 8:30–35; 24:1–28); by Jehoiada the priest at the enthronement of King Joash (II Kings 11:17); during the reign of Hezekiah (II Chr. 30); and then in the days of Ezra and Nehemiah after the return from Babylon (Ezra 9–10 and Nehemiah 9–10). The renewal in the days of Hezekiah was also associated with a major celebration of Pesaḥ.

עַל־קֶבֶר בְּנֵי הָעָם *Upon the graves of the people.* Those who had been idol worshipers (Radak, Ralbag).

וְהַנְּבִיאִ֖ים וְכָל־הָעָ֛ם לְמִקָּטֹ֥ן וְעַד־גָּד֖וֹל וַיִּקְרָ֣א בְאָזְנֵיהֶ֔ם אֶת־
כָּל־דִּבְרֵי֙ סֵ֣פֶר הַבְּרִ֔ית הַנִּמְצָ֖א בְּבֵ֥ית יְהֹוָֽה: וַיַּעֲמֹ֣ד הַמֶּ֡לֶךְ
עַל־הָֽעַמּ֡וּד וַיִּכְרֹ֣ת אֶֽת־הַבְּרִ֣ית ׀ לִפְנֵ֣י יְהֹוָ֡ה לָלֶ֣כֶת אַחַ֣ר יְהֹוָה֩
וְלִשְׁמֹ֨ר מִצְוֹתָ֜יו וְאֶת־עֵדְוֺתָ֤יו וְאֶת־חֻקֹּתָיו֙ בְּכָל־לֵ֣ב וּבְכָל־נֶ֔פֶשׁ
לְהָקִ֗ים אֶת־דִּבְרֵי֙ הַבְּרִ֣ית הַזֹּ֔את הַכְּתֻבִ֖ים עַל־הַסֵּ֣פֶר הַזֶּ֑ה וַיַּעֲמֹ֥ד
כָּל־הָעָ֖ם בַּבְּרִֽית: ⋆וַיְצַ֣ו הַמֶּ֡לֶךְ אֶת־חִלְקִיָּ֩הוּ֩ הַכֹּהֵ֨ן הַגָּד֜וֹל וְאֶת־
כֹּהֲנֵ֣י הַמִּשְׁנֶה֮ וְאֶת־שֹׁמְרֵ֣י הַסַּף֒ לְהוֹצִיא֙ מֵהֵיכַ֣ל יְהֹוָ֔ה אֵ֣ת כָּל־
הַכֵּלִ֗ים הָעֲשׂוּים֙ לַבַּ֣עַל וְלָֽאֲשֵׁרָ֔ה וּלְכֹ֖ל צְבָ֣א הַשָּׁמָ֑יִם וַֽיִּשְׂרְפֵ֞ם
מִח֤וּץ לִירֽוּשָׁלִַ֙ם֙ בְּשַׁדְמ֣וֹת קִדְר֔וֹן וְנָשָׂ֥א אֶת־עֲפָרָ֖ם בֵּֽית־אֵֽל:
וְהִשְׁבִּ֣ית אֶת־הַכְּמָרִ֗ים אֲשֶׁ֤ר נָֽתְנוּ֙ מַלְכֵ֣י יְהוּדָ֔ה וַיְקַטֵּ֖ר בַּבָּמ֑וֹת
בְּעָרֵ֤י יְהוּדָה֙ וּמְסִבֵּ֣י יְרֽוּשָׁלִָ֔ם וְאֶת־הַֽמְקַטְּרִ֣ים לַבַּ֗עַל לַשֶּׁ֤מֶשׁ
וְלַיָּרֵ֙חַ֙ וְלַמַּזָּל֔וֹת וּלְכֹ֖ל צְבָ֥א הַשָּׁמָֽיִם: וַיֹּצֵ֣א אֶת־הָאֲשֵׁרָ֩ה מִבֵּית֩
יְהֹוָ֨ה מִח֤וּץ לִירֽוּשָׁלִַ֙ם֙ אֶל־נַ֣חַל קִדְר֔וֹן וַיִּשְׂרֹ֥ף אֹתָ֖הּ בְּנַ֣חַל קִדְר֑וֹן
וַיָּ֣דֶק לְעָפָ֔ר וַיַּשְׁלֵךְ֙ אֶת־עֲפָרָ֔הּ עַל־קֶ֖בֶר בְּנֵ֥י הָעָֽם: וַיִּתֹּץ֙ אֶת־
בָּתֵּ֣י הַקְּדֵשִׁ֔ים אֲשֶׁ֖ר בְּבֵ֣ית יְהֹוָ֑ה אֲשֶׁ֣ר הַנָּשִׁ֗ים אֹֽרְג֥וֹת שָׁ֛ם בָּתִּ֖ים

---

at the age of eight, presided over a period of national rededication, removing the objects of Baal and Asherah worship and local shrines.

In the course of repairs to the Temple, Hilkiah the priest made the momentous discovery of a Torah scroll, probably hidden during Manasseh's reign to avoid destruction. Having received authentication of the scroll from the prophetess Huldah, the king was moved to tears on hearing the curses of Deuteronomy foretelling national catastrophe as a result of faithlessness. Tearing his clothes as a sign of mourning and repentance, Josiah read the Torah to the people, and together with them reaffirmed the covenant. The mood of national religious revival led to a spectacular celebration of Pesaḥ, on a scale and with a fervor that had not been seen for many centuries.

all of the priests from the cities of Judah; he defiled the high places upon which the priests had worshiped, from Geva [in the north] all the way to Be'er Sheva [in the south]; he shattered the high places of the gate which were at the gate of Joshua, the city sentry, to the left of those who entered the city's gates. But the priests of the high places were not allowed to go up the LORD's altar in Jerusalem, but only to eat matzot among their brethren.

II Kings 23:21–25

The king commanded all the people, saying: "Observe the Pesaḥ in honor of the LORD your God, as prescribed in this Book of the Covenant. For the Pesaḥ had not been observed [with such ceremony] since the days of the judges who judged Israel, nor throughout the times of all of the kings of Israel or the kings of Judea. Only in the eighteenth year of King Josiah was the Pesaḥ observed so, in honor of the LORD in Jerusalem. Moreover, those who divined by a ghost or a familiar spirit, and the idols and the graven images and all the detestable things which had ever been seen in the land of Judea and Jerusalem were also destroyed by King Josiah, to uphold the covenant prescribed in the scroll which Ḥilkiyahu the priest had found in the Temple. And like him there was no king before him, who returned to the LORD with all his heart and all his soul and all his might, following all that was written in the Torah of Moses; and none like him came after.

Continue with the blessings after the Haftara on page 610.

---

since the division of the kingdom since, with the fall of the Northern Kingdom, those who remained were reunited with the South in worshiping in Jerusalem (Radak). The second book of Chronicles (35:7–9) notes that the king supplied 33,000 lambs; goats and bullocks; the "chiefs of the House of God" donated 2,600 lambs, and the officers of the Levites 5,000 lambs for the Passover sacrifices. This suggests a gathering of approximately 250,000 people.

מִימֵי הַשֹּׁפְטִים *Since the days of the judges.* Scripture (II Chr. 35:18) specifies, "since the days of Samuel," referring to I Sam. 7, the last time the nation had been so profoundly united in faith (Radak).

לַאֲשֵׁרָה׃ וַיָּבֵא אֶת־כָּל־הַכֹּהֲנִים מֵעָרֵי יְהוּדָה וַיְטַמֵּא אֶת־הַבָּמוֹת
אֲשֶׁר קִטְּרוּ־שָׁמָּה הַכֹּהֲנִים מִגֶּבַע עַד־בְּאֵר שָׁבַע וְנָתַץ אֶת־בָּמוֹת
הַשְּׁעָרִים אֲשֶׁר־פֶּתַח שַׁעַר יְהוֹשֻׁעַ שַׂר־הָעִיר אֲשֶׁר־עַל־שְׂמֹאול
אִישׁ בְּשַׁעַר הָעִיר׃ אַךְ לֹא יַעֲלוּ כֹּהֲנֵי הַבָּמוֹת אֶל־מִזְבַּח יְהוָה
בִּירוּשָׁלָם כִּי אִם־אָכְלוּ מַצּוֹת בְּתוֹךְ אֲחֵיהֶם׃

מלכים ב׳ כג, כא–כה וַיְצַו הַמֶּלֶךְ אֶת־כָּל־הָעָם לֵאמֹר עֲשׂוּ פֶסַח לַיהוָה אֱלֹהֵיכֶם כַּכָּתוּב
עַל סֵפֶר הַבְּרִית הַזֶּה׃ כִּי לֹא נַעֲשָׂה כַּפֶּסַח הַזֶּה מִימֵי הַשֹּׁפְטִים
אֲשֶׁר שָׁפְטוּ אֶת־יִשְׂרָאֵל וְכֹל יְמֵי מַלְכֵי יִשְׂרָאֵל וּמַלְכֵי יְהוּדָה׃ כִּי
אִם־בִּשְׁמֹנֶה עֶשְׂרֵה שָׁנָה לַמֶּלֶךְ יֹאשִׁיָּהוּ נַעֲשָׂה הַפֶּסַח הַזֶּה לַיהוָה
בִּירוּשָׁלָם׃ וְגַם אֶת־הָאֹבוֹת וְאֶת־הַיִּדְּעֹנִים וְאֶת־הַתְּרָפִים וְאֶת־
הַגִּלֻּלִים וְאֵת כָּל־הַשִּׁקֻּצִים אֲשֶׁר נִרְאוּ בְּאֶרֶץ יְהוּדָה וּבִירוּשָׁלַם
בִּעֵר יֹאשִׁיָּהוּ לְמַעַן הָקִים אֶת־דִּבְרֵי הַתּוֹרָה הַכְּתֻבִים עַל־הַסֵּפֶר
אֲשֶׁר מָצָא חִלְקִיָּהוּ הַכֹּהֵן בֵּית יְהוָה׃ וְכָמֹהוּ לֹא־הָיָה לְפָנָיו מֶלֶךְ
אֲשֶׁר־שָׁב אֶל־יְהוָה בְּכָל־לְבָבוֹ וּבְכָל־נַפְשׁוֹ וּבְכָל־מְאֹדוֹ כְּכֹל
תּוֹרַת מֹשֶׁה וְאַחֲרָיו לֹא־קָם כָּמֹהוּ׃

Continue with the blessings after the הפטרה *on page 611.*

כָּל־הַכֹּהֲנִים מֵעָרֵי יְהוּדָה *All of the priests from the cities of Judah.* They were brought to Jerusalem to repent. They were no longer permitted to officiate at the Temple, but they nonetheless retained their priestly status, permitting them to eat portions of the offerings given to the priests (Mishna, *Menaḥot* 109a).

סֵפֶר הַבְּרִית *Book of the Covenant.* Possibly a reference to the book of Deuteronomy, read by the king to the nation every seven years (Deut. 31:11). Deuteronomy is structured as a covenantal document.

כִּי לֹא נַעֲשָׂה כַּפֶּסַח הַזֶּה *For the Pesaḥ had not been observed [with such ceremony].* It exceeded even the great Passover held, at a similar time of covenant renewal, by King Hezekiah (Rashi). It may have been the largest such Pesaḥ

HAFTARA FOR THE SEVENTH DAY OF PESAḤ

And David spoke the words of this song to the LORD – on the day *II Sam.* *22:1–51*
the LORD saved him from the hand of all his enemies, and from the
hand of Saul. And he said:

LORD, my Rock, my Fortress – and my Deliverer; my God, my
Rock – I shelter in Him; my Shield and the Strength for my sal-
vation; my Keep and my Refuge, my Savior; You save me from
violence. Praised One! I call to the LORD, and from my enemies
I am saved – for breaking-waves of death were all around me,
torrents of evil assailed me; the ropes of the grave encircled me,
traps of death were in front of me. In my anguish I called to the
LORD – to my God, I called out – and He heard from His sanctu-
ary, my voice and my pleas were in His ears. The land shook and
quaked, the foundations of the heavens trembled and shook from
His anger; smoke rose from His nostrils, consuming fire from
His mouth; coals flamed from Him. And He bent the heavens
and descended, heavy mist beneath His feet; upon a cherub He
rode, He flew and appeared on the wings of the wind. He placed
darkness as pavilions around Him, glooms of water, clouds of
the sky; from the brilliance before Him, fire-coals flamed. The
LORD thundered from heaven, the High One sounded His voice.

---

the Torah reading, the Song at the Sea, is obvious. Both are songs of thanks-
giving after great danger. David uses imagery that echoes the Song at the Sea.
He speaks of being almost overwhelmed by "breakers" and "torrents." He
says, "Channel-beds of the sea appeared … from the force of breath from His
nostrils." He feels as if God had "reached from the heights, He took me, He
drew me out from a mass of waters." The intertextuality – the linguistic and
metaphorical parallels between the two songs – is unmistakable.

The superscription describes this as a song David sang "on the day the
LORD saved him from the hand of all his enemies, and from the hand of
Saul," though it reads as if it was composed late in David's life. If so, then it
would show that his deliverance from Saul stayed vivid in his memory until

הפטרה לשביעי של פסח

וַיְדַבֵּר דָּוִד לַיהוָה אֶת־דִּבְרֵי הַשִּׁירָה הַזֹּאת בְּיוֹם שמואל ב׳ כב, א–נא
הִצִּיל יְהוָה אֹתוֹ מִכַּף כָּל־אֹיְבָיו וּמִכַּף שָׁאוּל׃
וַיֹּאמַר יְהוָה סַלְעִי וּמְצֻדָתִי וּמְפַלְטִי־לִי׃ אֱלֹהֵי
צוּרִי אֶחֱסֶה־בּוֹ מָגִנִּי וְקֶרֶן יִשְׁעִי מִשְׂגַּבִּי
וּמְנוּסִי מֹשִׁעִי מֵחָמָס תֹּשִׁעֵנִי׃ מְהֻלָּל
אֶקְרָא יְהוָה וּמֵאֹיְבַי אִוָּשֵׁעַ׃ כִּי אֲפָפֻנִי מִשְׁבְּרֵי־
מָוֶת נַחֲלֵי בְלִיַּעַל יְבַעֲתֻנִי׃ חֶבְלֵי
שְׁאוֹל סַבֻּנִי קִדְּמֻנִי מֹקְשֵׁי־
מָוֶת׃ בַּצַּר־לִי אֶקְרָא יְהוָה וְאֶל־
אֱלֹהַי אֶקְרָא וַיִּשְׁמַע מֵהֵיכָלוֹ
קוֹלִי וְשַׁוְעָתִי בְּאָזְנָיו׃ ותגעש וַיִּתְגָּעַשׁ
וַתִּרְעַשׁ הָאָרֶץ מוֹסְדוֹת הַשָּׁמַיִם
יִרְגָּזוּ וַיִּתְגָּעֲשׁוּ כִּי־חָרָה לוֹ׃ עָלָה
עָשָׁן בְּאַפּוֹ וְאֵשׁ מִפִּיו
תֹּאכֵל גֶּחָלִים בָּעֲרוּ מִמֶּנּוּ׃ וַיֵּט
שָׁמַיִם וַיֵּרַד וַעֲרָפֶל תַּחַת
רַגְלָיו׃ וַיִּרְכַּב עַל־כְּרוּב וַיָּעֹף וַיֵּרָא
עַל־כַּנְפֵי־רוּחַ׃ וַיָּשֶׁת חֹשֶׁךְ סְבִיבֹתָיו
סֻכּוֹת חַשְׁרַת־מַיִם עָבֵי שְׁחָקִים׃ מִנֹּגַהּ
נֶגְדּוֹ בָּעֲרוּ גַּחֲלֵי־אֵשׁ׃ יַרְעֵם מִן־שָׁמַיִם
יְהוָה וְעֶלְיוֹן יִתֵּן קוֹלוֹ׃ וַיִּשְׁלַח

HAFTARA FOR THE SEVENTH DAY

David's great song of deliverance, taken here from II Samuel 22, also appears in the book of Psalms (with minor differences) as Psalm 18. Its kinship with

He sent down arrows and scattered them, lightning and stunned them; channel-beds of the sea appeared, the foundations of the world were revealed – from the LORD's rebuke, from the force of breath from His nostrils. He reached from the heights, He took me, He drew me out from a mass of waters; He saved me from my strong enemy, from my haters who were mightier than me: they overtook me on my day of calamity, but the LORD was my stay: He brought me out to an open place, He delivered me – for He delighted in me. The LORD has rewarded me, according to my merit, according to the cleanness of my hands He has repaid me; because I kept the ways of the LORD, and was not corrupted away from my God; all His laws are before me and His statutes; I will not turn from them. I have been faultless before Him, and have kept myself from sin; the LORD has repaid me according to my merit, my cleanness before His eyes. With the constant person, You are constant; with the faultless hero, You are faultless; with the pure, You act with purity; with the perverse, You act with subtlety; an oppressed people, You save, and Your eyes on the haughty, humble them. You are my Lamp, LORD; the LORD illuminates my darkness. With You, I can run against a battalion; with my God, I can jump city walls. Awesome God, His way is perfect; the LORD's words are pure, He is the shield of all who take refuge in Him; for who is God, if not the LORD? Who is a Rock, if not our God? Awesome God, my Stronghold of strength, who perfects my way; He makes my feet like a deer's, and stands

---

the end (Rashi, Radak). Abrabanel, however, believed that David wrote it in his youth, sang it at various points in his life on occasions of deliverance from danger, and eventually edited it for public use in the form we have as Psalm 18.

The song itself, which occurs near the end of the second book of Samuel, recalls another song near the beginning of the books of Samuel – that of the once childless Hannah after she has borne a son (1 Sam. 2:1–10). Her song

חִצִּים וַיְפִיצֵם בָּרָק ויהמם: וַיֵּרָאוּ אֲפִקֵי וַיָּהֹם
יָם יִגָּלוּ מֹסְדוֹת תֵּבֵל בְּגַעֲרַת
יְהוָה מִנִּשְׁמַת רוּחַ אַפּוֹ: יִשְׁלַח מִמָּרוֹם
יִקָּחֵנִי יַמְשֵׁנִי מִמַּיִם רַבִּים: יַצִּילֵנִי
מֵאֹיְבִי עָז מִשֹּׂנְאַי כִּי אָמְצוּ
מִמֶּנִּי: יְקַדְּמֻנִי בְּיוֹם אֵידִי וַיְהִי
יְהוָה מִשְׁעָן לִי: וַיֹּצֵא לַמֶּרְחָב
אֹתִי יְחַלְּצֵנִי כִּי־חָפֵץ בִּי: יִגְמְלֵנִי
יְהוָה כְּצִדְקָתִי כְּבֹר יָדַי יָשִׁיב
לִי: כִּי שָׁמַרְתִּי דַּרְכֵי יְהוָה וְלֹא
רָשַׁעְתִּי מֵאֱלֹהָי: כִּי כָל־מִשְׁפָּטָו
לְנֶגְדִּי וְחֻקֹּתָיו לֹא־אָסוּר מִמֶּנָּה: וָאֶהְיֶה
תָמִים לוֹ וָאֶשְׁתַּמְּרָה מֵעֲוֺנִי: וַיָּשֶׁב יְהוָה לִי
כְּצִדְקָתִי כְּבֹרִי לְנֶגֶד עֵינָיו: עִם־
חָסִיד תִּתְחַסָּד עִם־גְּבוֹר תָּמִים
תִּתַּמָּם: עִם־נָבָר תִּתָּבָר וְעִם־
עִקֵּשׁ תִּתַּפָּל: וְאֶת־עַם עָנִי
תּוֹשִׁיעַ וְעֵינֶיךָ עַל־רָמִים תַּשְׁפִּיל: כִּי־
אַתָּה נֵירִי יְהוָה וַיהוָה יַגִּיהַּ
חָשְׁכִּי: כִּי בְכָה אָרוּץ גְּדוּד בֵּאלֹהַי
אֲדַלֶּג־שׁוּר: הָאֵל תָּמִים
דַּרְכּוֹ אִמְרַת יְהוָה צְרוּפָה מָגֵן
הוּא לְכֹל הַחֹסִים בּוֹ: כִּי מִי־אֵל מִבַּלְעֲדֵי
יְהוָה וּמִי צוּר מִבַּלְעֲדֵי אֱלֹהֵינוּ: הָאֵל
מָעוּזִּי חָיִל וַיַּתֵּר תָּמִים

me here in high places; He trains my hands for war, and He sets a copper bow in my arms. You have given me Your shield of protection; in descending to me, You have made me great. You widened my steps beneath me and my feet did not stumble; I pursued my enemies and destroyed them, I did not return until they were consumed; I consumed and crushed them so they could not rise, and they fell beneath my feet. You have girded me with the strength for war; those who rose against me, You have subdued beneath me; You gave me the necks of my enemies, my haters, so I could cut them down. They looked for help, but there was no rescuer; to the Lord, but they were not answered. And I ground them l ike dust of the earth, like mud in the streets I stamped and crushed them. You have saved me from disputes in my people; You have kept me to be a ruler of nations – a people I have not known will serve me, a foreign people will submit to me; when they hear of me, they will heed me; a foreign people will become weak and come trembling out of their fortresses. The Lord lives, blessed is my Rock, exalted; God, Rock of my salvation. Awesome God who avenges me, and who sinks peoples beneath me, who brings me out from before my enemies, and raises me above those who rise against me; from the man of violence, You save me. Therefore, I will thank You, Lord, among the nations, and to Your name I will sing praise. Tower of Salvation to His king, He shows kindness to His anointed, to David and his descendants for ever.

Continue with the blessings after the Haftara on page 610.

---

ends, "[The Lord] will grant His own king strength, He will raise proud the horns of His anointed," while David's ends, "Tower of Salvation to His king, He shows kindness to His anointed, to David and his descendants for ever." Thus the books of Samuel end on a note of closure – Hannah's prayers have been answered with the birth of Samuel, who goes on to anoint Israel's first two kings, the latter being David, author of this song of gratitude and praise.

דרכו: מְשַׁוֶּה רגליו כָּאַיָּלוֹת וְעַל־ דַּרְכִּי רַגְלַי
בָּמוֹתַי יַעֲמִידֵנִי: מְלַמֵּד יָדַי
לַמִּלְחָמָה וְנִחַת קֶשֶׁת־נְחוּשָׁה זְרֹעֹתָי: וַתִּתֶּן־
לִי מָגֵן יִשְׁעֶךָ וַעֲנֹתְךָ תַּרְבֵּנִי: תַּרְחִיב צַעֲדִי
תַּחְתֵּנִי וְלֹא מָעֲדוּ קַרְסֻלָּי: אֶרְדְּפָה
אֹיְבַי וָאַשְׁמִידֵם וְלֹא אָשׁוּב עַד־
כַּלּוֹתָם: וָאֲכַלֵּם וָאֶמְחָצֵם וְלֹא יְקוּמוּן וַיִּפְּלוּ
תַּחַת רַגְלָי: וַתַּזְרֵנִי חַיִל
לַמִּלְחָמָה תַּכְרִיעַ קָמַי תַּחְתֵּנִי: וְאֹיְבַי
תַּתָּה לִּי עֹרֶף מְשַׂנְאַי וָאַצְמִיתֵם: יִשְׁעוּ וְאֵין
מֹשִׁיעַ אֶל־יהוה וְלֹא עָנָם: וְאֶשְׁחָקֵם
כַּעֲפַר־אָרֶץ כְּטִיט־חוּצוֹת אֲדִקֵּם
אֶרְקָעֵם: וַתְּפַלְּטֵנִי מֵרִיבֵי עַמִּי תִּשְׁמְרֵנִי
לְרֹאשׁ גּוֹיִם עַם לֹא־יָדַעְתִּי
יַעַבְדֻנִי: בְּנֵי נֵכָר יִתְכַּחֲשׁוּ־לִי לִשְׁמוֹעַ
אֹזֶן יִשָּׁמְעוּ לִי: בְּנֵי נֵכָר יִבֹּלוּ וְיַחְגְּרוּ
מִמִּסְגְּרוֹתָם: חַי־יהוה וּבָרוּךְ צוּרִי וְיָרֻם
אֱלֹהֵי צוּר יִשְׁעִי: הָאֵל הַנֹּתֵן נְקָמֹת
לִי וּמוֹרִיד עַמִּים תַּחְתֵּנִי: וּמוֹצִיאִי
מֵאֹיְבָי וּמִקָּמַי תְּרוֹמְמֵנִי מֵאִישׁ חֲמָסִים
תַּצִּילֵנִי: עַל־כֵּן אוֹדְךָ יהוה בַּגּוֹיִם וּלְשִׁמְךָ
אֲזַמֵּר: מגדיל יְשׁוּעוֹת מִגְדּוֹל
מַלְכּוֹ וְעֹשֶׂה־חֶסֶד לִמְשִׁיחוֹ
לְדָוִד וּלְזַרְעוֹ עַד־עוֹלָם:

Continue with the blessings after the הפטרה *on page 611.*

HAFTARA FOR THE EIGHTH DAY OF PESAḤ

This day he will halt at Nob; he will wave his hand, mountain of the daughter of Zion, hill of Jerusalem. *Is. 10:32–12:6*

See, the sovereign LORD of hosts will lop off the boughs with an axe. The tall trees will be felled, the lofty ones laid low. He will cut down the forest thickets with an axe. Lebanon will fall before the Mighty One.

A shoot will grow from the stump of Jesse; from his roots a branch will bear fruit. The spirit of the LORD will rest on him – a spirit of wisdom and understanding, a spirit of counsel and power, a spirit of knowledge and the fear of the LORD, and he will delight in the fear of the LORD. He will not judge by what his eyes see, or decide by what his ears hear; with justice he will judge the poor, and with equity defend the humble in the land. He will strike the earth with the rod of his mouth; with the breath of his lips he will slay the wicked. Justice will be his belt and faithfulness the sash around his waist. The wolf will live with the lamb, the leopard will lie down with the kid, the calf and the lion and the yearling together; and a

---

cedars. The prophet says they will suffer the same fate at the hands of God.

וְיָצָא חֹטֶר *A shoot will grow.* Continuing the metaphor of trees, the prophet says that true greatness is not to be found in the arrogance of power (symbolized by the cedar), but in the humility of the descendant of king David ("stump," that is "son," of Jesse) whose strength lies in right, not might.

וְשָׁפַט בְּצֶדֶק דַּלִּים *With justice he will judge the poor.* Despite the messianic tone of this passage, the prophet is still thinking of a world in which there is poverty and wickedness. The difference between then and now will be that then, people will not try to resolve their disputes by violence and power but by justice and equity.

וְגָר זְאֵב עִם־כֶּבֶשׂ *The wolf will live with the lamb.* An unforgettable image of the peaceable kingdom.

הפטרה ליום האחרון של פסח

עוֹד הַיּוֹם בְּנֹב לַעֲמֹד יְנֹפֵף יָדוֹ הַר בית־צִיּוֹן גִּבְעַת בַּת־
ישעיהו י, לב–יב, ו יְרוּשָׁלִָם׃ הִנֵּה הָאָדוֹן יְהוָה צְבָאוֹת מְסָעֵף פֻּארָה
בְּמַעֲרָצָה וְרָמֵי הַקּוֹמָה גְּדֻעִים וְהַגְּבֹהִים יִשְׁפָּלוּ׃ וְנִקַּף סִבְכֵי
הַיַּעַר בַּבַּרְזֶל וְהַלְּבָנוֹן בְּאַדִּיר יִפּוֹל׃ וְיָצָא חֹטֶר
מִגֵּזַע יִשָׁי וְנֵצֶר מִשָּׁרָשָׁיו יִפְרֶה׃ וְנָחָה עָלָיו רוּחַ יְהוָה רוּחַ חָכְמָה
וּבִינָה רוּחַ עֵצָה וּגְבוּרָה רוּחַ דַּעַת וְיִרְאַת יְהוָה׃ וַהֲרִיחוֹ בְּיִרְאַת
יְהוָה וְלֹא־לְמַרְאֵה עֵינָיו יִשְׁפּוֹט וְלֹא־לְמִשְׁמַע אָזְנָיו יוֹכִיחַ׃ וְשָׁפַט
בְּצֶדֶק דַּלִּים וְהוֹכִיחַ בְּמִישׁוֹר לְעַנְוֵי־אָרֶץ וְהִכָּה־אֶרֶץ בְּשֵׁבֶט
פִּיו וּבְרוּחַ שְׂפָתָיו יָמִית רָשָׁע׃ וְהָיָה צֶדֶק אֵזוֹר מָתְנָיו וְהָאֱמוּנָה
אֵזוֹר חֲלָצָיו׃ וְגָר זְאֵב עִם־כֶּבֶשׂ וְנָמֵר עִם־גְּדִי יִרְבָּץ וְעֵגֶל וּכְפִיר

HAFTARA FOR THE EIGHTH DAY

As we saw in the Introduction (page xli), the exodus was not only an event in the past; it is also a prefiguration and promise of future redemption: "As in the days when I brought you out of Egypt, I will show them miracles" (Mic. 7:15). So on the last day of Pesaḥ, the Haftara speaks of future redemption in one of the most justly famous passages in the entire prophetic literature, in the words of Isaiah, the poet laureate of hope. Isaiah spells out the connection between past and future in the words, "On that day the Lord will reach out His hand a second time to reclaim the remnant that is left of His people" (11:11), this time bringing them back not from one place of exile but "from the four quarters of the earth."

עוֹד הַיּוֹם בְּנֹב לַעֲמֹד *This day he will halt at Nob.* The prophet refers to the Assyrian army and the arrogance of imperialism. Nob refers to one of the hills overlooking Jerusalem, possibly Mount Scopus or the Mount of Olives.

וְרָמֵי הַקּוֹמָה גְּדֻעִים *The tall trees will be felled.* In ancient inscriptions, Assyrian kings boasted that they felled nations the way woodchoppers felled

little child will lead them. The cow will graze with the bear, their young will lie down together, and the lion will eat straw like the ox. An infant will play near the cobra's hole, and a young child put his hand into the viper's nest. They will neither harm nor destroy on all My holy mountain, for the earth will be full of the knowledge of the LORD as the waters cover the sea.

On that day the stock of Jesse will stand as a banner for the peoples; nations will rally to him, and his place of rest will be glorious.

On that day the LORD will reach out His hand a second time to reclaim the remnant that is left of His people from Assyria, Lower Egypt, Pathros, Cush, Elam, Shinar, Hamath and the islands of the sea. He will raise a banner for the nations and gather the exiles of Israel; He will assemble the scattered people of Judah from the four quarters of the earth. Ephraim's jealousy will vanish, and Judah's harassment will end. Ephraim will not be jealous of Judah, nor will Judah be hostile toward Ephraim. They will swoop down on the slopes of Philistia to the west; together they will plunder the people to the east. Edom and Moab will be subject to them, and the Ammonites shall obey them. The LORD will dry up the gulf of the Egyptian sea; with a scorching wind He will sweep His hand over the Euphrates River. He will break it up into seven streams so that people can cross over in sandals. There will be a

---

World to Come. In that era, there will be neither famine nor war, neither jealousy nor strife. Blessings will be abundant, comforts within the reach of all. The one preoccupation of the whole world will be to know the LORD. Hence Israelites will be very wise, they will know the things that are now concealed and will attain an understanding of their Creator to the utmost capacity of the human mind, as it is written, "For the earth shall be full of the knowledge of the LORD, as the waters cover the sea" (Laws of Kings and their Wars 12:4–5).

וּמְרִיא֙ יַחְדָּ֔ו וְנַ֥עַר קָטֹ֖ן נֹהֵ֥ג בָּֽם: וּפָרָ֤ה וָדֹב֙ תִּרְעֶ֔ינָה יַחְדָּ֖ו יִרְבְּצ֣וּ
יַלְדֵיהֶ֑ן וְאַרְיֵ֖ה כַּבָּקָ֥ר יֹֽאכַל־תֶּֽבֶן: וְשִֽׁעֲשַׁ֥ע יוֹנֵ֖ק עַל־חֻ֣ר פָּ֑תֶן
וְעַל֙ מְאוּרַ֣ת צִפְעוֹנִ֔י גָּמ֖וּל יָד֥וֹ הָדָֽה: לֹֽא־יָרֵ֥עוּ וְלֹֽא־יַשְׁחִ֖יתוּ
בְּכָל־הַ֣ר קָדְשִׁ֑י כִּֽי־מָֽלְאָ֣ה הָאָ֗רֶץ דֵּעָה֙ אֶת־יהו֔ה כַּמַּ֖יִם לַיָּ֥ם
מְכַסִּֽים: וְהָיָ֣ה ׀ בַּיּ֣וֹם הַה֗וּא שֹׁ֣רֶשׁ יִשַׁ֗י אֲשֶׁ֤ר עֹמֵד֙ לְנֵ֣ס
עַמִּ֔ים אֵלָ֖יו גּוֹיִ֣ם יִדְרֹ֑שׁוּ וְהָֽיְתָ֥ה מְנֻֽחָת֖וֹ כָּבֽוֹד: וְהָיָ֣ה ׀
בַּיּ֣וֹם הַה֗וּא יוֹסִ֨יף אֲדֹנָ֤י ׀ שֵׁנִית֙ יָד֔וֹ לִקְנ֖וֹת אֶת־שְׁאָ֣ר עַמּ֑וֹ אֲשֶׁ֣ר
יִשָּׁאֵר֩ מֵֽאַשּׁ֨וּר וּמִמִּצְרַ֜יִם וּמִפַּתְר֣וֹס וּמִכּ֗וּשׁ וּמֵֽעֵילָ֤ם וּמִשִּׁנְעָר֙
וּמֵ֣חֲמָ֔ת וּמֵֽאִיֵּ֖י הַיָּֽם: וְנָשָׂ֙א נֵ֜ס לַגּוֹיִ֗ם וְאָסַף֙ נִדְחֵ֣י יִשְׂרָאֵ֔ל וּנְפֻצ֥וֹת
יְהוּדָ֖ה יְקַבֵּ֑ץ מֵֽאַרְבַּ֖ע כַּנְפ֥וֹת הָאָֽרֶץ: וְסָ֙רָה֙ קִנְאַ֣ת אֶפְרַ֔יִם וְצֹֽרְרֵ֥י
יְהוּדָ֖ה יִכָּרֵ֑תוּ אֶפְרַ֙יִם֙ לֹֽא־יְקַנֵּ֣א אֶת־יְהוּדָ֔ה וִֽיהוּדָ֖ה לֹֽא־יָצֹ֥ר
אֶת־אֶפְרָֽיִם: וְעָפ֨וּ בְכָתֵ֤ף פְּלִשְׁתִּים֙ יָ֔מָּה יַחְדָּ֖ו יָבֹ֣זּוּ אֶת־בְּנֵי־
קֶ֑דֶם אֱד֤וֹם וּמוֹאָב֙ מִשְׁל֣וֹחַ יָדָ֔ם וּבְנֵ֥י עַמּ֖וֹן מִשְׁמַעְתָּֽם: וְהֶֽחֱרִ֣ים
יהו֗ה אֵ֚ת לְשׁ֣וֹן יָם־מִצְרַ֔יִם וְהֵנִ֥יף יָד֛וֹ עַל־הַנָּהָ֖ר בַּֽעְיָ֣ם רוּח֑וֹ
וְהִכָּ֙הוּ֙ לְשִׁבְעָ֣ה נְחָלִ֔ים וְהִדְרִ֖יךְ בַּנְּעָלִֽים: וְהָֽיְתָ֣ה מְסִלָּ֗ה לִשְׁאָ֥ר

כִּֽי־מָֽלְאָ֣ה הָאָ֗רֶץ דֵּעָה֙ אֶת־יהוה *For the earth will be full of the knowledge of the* LORD. A benign flood, a chiasmic reversal of the flood in the days of Noah. Then there was violence and a flood of destruction; in the future there will be peace and a flood of knowledge. It was with this verse that Maimonides chose to end the *Mishneh Torah*, his great code of Jewish law:

> The sages and prophets did not long for the days of the Messiah that Israel might exercise dominion over the world, or rule over the heathens, or be exalted by the nations, or that it might eat and drink and rejoice. Their aspiration was that Israel be free to devote itself to the Torah and its wisdom, with no one to oppress or disturb it, and thus be worthy of life in the

highway for the remnant of His people that is left from Assyria, as there was for Israel when they came up from Egypt. In that day you will say: "I will praise You, O LORD. Although You were angry with me, Your anger has turned away and You have comforted me. Behold, God is my salvation; I will trust and not be afraid. The LORD, the LORD, is my strength and my song. He has become my salvation." With joy you will draw water from the springs of salvation. In that day you will say: "Give thanks to the LORD, call on His name; make known among the nations what He has done, and proclaim that His name is exalted. Sing to the LORD, for He has done glorious things; let this be known throughout the world. Shout aloud and sing for joy, people of Zion, for great is the Holy One of Israel among you."

BLESSINGS AFTER THE HAFTARA

After the Haftara, the person called up for Maftir says the following blessings:

בָּרוּךְ Blessed are You, LORD our God, King of the Universe, Rock of all worlds, righteous for all generations, the faithful God who says and does, speaks and fulfills, all of whose words are truth and righteousness. You are faithful, LORD our God, and faithful are Your words, not one of which returns unfulfilled, for You, God, are a faithful (and compassionate) King. Blessed are You, LORD, faithful in all His words.

רַחֵם Have compassion on Zion for it is the source of our life, and save the one grieved in spirit swiftly in our days. Blessed are You, LORD, who makes Zion rejoice in her children.

---

affirm our faith that the visions will come true. What God has promised, He will fulfill.

רַחֵם עַל צִיּוֹן *Have compassion on Zion.* Zion is a synonym for Jerusalem. There is, in this brief blessing, a piercing note of love for the holy city ("the source of our life") as well as sadness for its ruined state ("grieved in spirit"). Jerusalem is the home of the Jewish heart, the place from which the Divine Presence was never exiled (Maimonides, Laws of the Chosen House 6:16).

עִמּוֹ אֲשֶׁר יִשָּׁאֵר מֵאַשּׁוּר כַּאֲשֶׁר הָיְתָה לְיִשְׂרָאֵל בְּיוֹם עֲלֹתוֹ
מֵאֶרֶץ מִצְרָיִם: וְאָמַרְתָּ בַּיּוֹם הַהוּא אוֹדְךָ יהוה כִּי אָנַפְתָּ בִּי
יָשֹׁב אַפְּךָ וּתְנַחֲמֵנִי: הִנֵּה אֵל יְשׁוּעָתִי אֶבְטַח וְלֹא אֶפְחָד כִּי־
עָזִּי וְזִמְרָת יָהּ יהוה וַיְהִי־לִי לִישׁוּעָה: וּשְׁאַבְתֶּם־מַיִם בְּשָׂשׂוֹן
מִמַּעַיְנֵי הַיְשׁוּעָה: וַאֲמַרְתֶּם בַּיּוֹם הַהוּא הוֹדוּ לַיהוה קִרְאוּ בִשְׁמוֹ
הוֹדִיעוּ בָעַמִּים עֲלִילֹתָיו הַזְכִּירוּ כִּי נִשְׂגָּב שְׁמוֹ: זַמְּרוּ יהוה כִּי
גֵאוּת עָשָׂה מְיֻדַּעַת זֹאת בְּכָל־הָאָרֶץ: צַהֲלִי וָרֹנִּי יוֹשֶׁבֶת צִיּוֹן מוּדַעַת
כִּי־גָדוֹל בְּקִרְבֵּךְ קְדוֹשׁ יִשְׂרָאֵל:

ברכות לאחר ההפטרה

After the הפטרה*, the person called up for* מפטיר *says the following blessings:*

בָּרוּךְ אַתָּה יהוה אֱלֹהֵינוּ מֶלֶךְ הָעוֹלָם, צוּר כָּל הָעוֹלָמִים, צַדִּיק בְּכָל הַדּוֹרוֹת, הָאֵל הַנֶּאֱמָן, הָאוֹמֵר וְעוֹשֶׂה, הַמְדַבֵּר וּמְקַיֵּם, שֶׁכָּל דְּבָרָיו אֱמֶת וָצֶדֶק. נֶאֱמָן אַתָּה הוּא יהוה אֱלֹהֵינוּ וְנֶאֱמָנִים דְּבָרֶיךָ, וְדָבָר אֶחָד מִדְּבָרֶיךָ אָחוֹר לֹא יָשׁוּב רֵיקָם, כִּי אֵל מֶלֶךְ נֶאֱמָן (וְרַחֲמָן) אָתָּה. בָּרוּךְ אַתָּה יהוה, הָאֵל הַנֶּאֱמָן בְּכָל דְּבָרָיו.

רַחֵם עַל צִיּוֹן כִּי הִיא בֵּית חַיֵּינוּ, וְלַעֲלוּבַת נֶפֶשׁ תּוֹשִׁיעַ בִּמְהֵרָה בְיָמֵינוּ. בָּרוּךְ אַתָּה יהוה, מְשַׂמֵּחַ צִיּוֹן בְּבָנֶיהָ.

BLESSINGS AFTER THE HAFTARA

There are three blessings after each Haftara; a fourth is added on Shabbat and festivals.

בָּרוּךְ אַתָּה *Blessed are You.* The first of a sequence of blessings begins with this formula, but not the subsequent ones. The key word of this first paragraph is *ne'eman*, "faithful," meaning: God keeps His word. Many of the haftarot are prophetic visions of the future, communicated to the prophet by God Himself. Historically these have formed the basis of Jewish hope. Hence we

שַׂמְּחֵנוּ Grant us joy, Lord our God, through Elijah the prophet Your servant, and through the kingdom of the house of David Your anointed – may he soon come and make our hearts glad. May no stranger sit on his throne, and may others not continue to inherit his glory, for You promised him by Your holy name that his light would never be extinguished. Blessed are You, Lord, Shield of David.

On Shabbat, add the words in parentheses:

עַל הַתּוֹרָה For the Torah, for Divine worship, for the prophets (and for this Sabbath day), and for this day of the Festival of Matzot which You, Lord our God, have given us (for holiness and rest) for gladness and joy, for honor and glory – for all these we thank and bless You, Lord our God, and may Your name be blessed by the mouth of all that lives, continually, for ever and all time. Blessed are You, Lord, who sanctifies (the Sabbath and) Israel and the festive seasons.

On a weekday, the service continues with the various prayers for government on page 616.
On Shabbat continue:

יְקוּם פֻּרְקָן May deliverance arise from heaven, bringing grace, love and compassion, long life, ample sustenance and heavenly help, physical health and enlightenment of mind, living and thriving children who will neither interrupt nor cease from the words of the Torah – to our masters and teachers of the holy communities in the land of Israel and Babylon; to the leaders of assemblies and the leaders of communities in exile; to the heads of academies and to the judges in the gates; to all their disciples and their disciples' disciples, and to all who occupy themselves in study of the Torah. May the King of the Universe bless them, prolonging their lives, increasing their days, and adding to their years. May they be redeemed and

---

עַל הַתּוֹרָה *For the Torah.* A prayer specific to the day, be it Shabbat, festival or both.

יְקוּם פֻּרְקָן *May deliverance arise.* Two Aramaic prayers originating in Babylon in the age of the Geonim (late sixth to early eleventh century) for

שַׂמְּחֵנוּ יהוה אֱלֹהֵינוּ בְּאֵלִיָּהוּ הַנָּבִיא עַבְדֶּךָ, וּבְמַלְכוּת בֵּית דָּוִד מְשִׁיחֶךָ, בִּמְהֵרָה יָבוֹא וְיָגֵל לִבֵּנוּ. עַל כִּסְאוֹ לֹא יֵשֶׁב זָר, וְלֹא יִנְחֲלוּ עוֹד אֲחֵרִים אֶת כְּבוֹדוֹ, כִּי בְשֵׁם קָדְשְׁךָ נִשְׁבַּעְתָּ לּוֹ שֶׁלֹּא יִכְבֶּה נֵרוֹ לְעוֹלָם וָעֶד. בָּרוּךְ אַתָּה יהוה, מָגֵן דָּוִד.

On שבת*, add the words in parentheses:*

עַל הַתּוֹרָה וְעַל הָעֲבוֹדָה וְעַל הַנְּבִיאִים (וְעַל יוֹם הַשַּׁבָּת הַזֶּה), וְעַל יוֹם חַג הַמַּצּוֹת הַזֶּה, שֶׁנָּתַתָּ לָּנוּ יהוה אֱלֹהֵינוּ (לִקְדֻשָּׁה וְלִמְנוּחָה) לְשָׂשׂוֹן וּלְשִׂמְחָה, לְכָבוֹד וּלְתִפְאָרֶת. עַל הַכֹּל יהוה אֱלֹהֵינוּ אֲנַחְנוּ מוֹדִים לָךְ וּמְבָרְכִים אוֹתָךְ, יִתְבָּרַךְ שִׁמְךָ בְּפִי כָּל חַי תָּמִיד לְעוֹלָם וָעֶד. בָּרוּךְ אַתָּה יהוה, מְקַדֵּשׁ (הַשַּׁבָּת וְ)יִשְׂרָאֵל וְהַזְּמַנִּים.

On a weekday, the service continues with the various prayers for government on page 617.

On שבת *continue:*

יְקוּם פֻּרְקָן מִן שְׁמַיָּא, חִנָּא וְחִסְדָּא וְרַחֲמֵי וְחַיֵּי אֲרִיכֵי וּמְזוֹנֵי רְוִיחֵי, וְסִיַּעְתָּא דִשְׁמַיָּא, וּבַרְיוּת גּוּפָא וּנְהוֹרָא מְעַלְיָא, זַרְעָא חַיָּא וְקַיָּמָא, זַרְעָא דִּי לָא יִפְסֻק וְדִי לָא יִבְטֻל מִפִּתְגָּמֵי אוֹרַיְתָא, לְמָרָנָן וְרַבָּנָן חֲבוּרָתָא קַדִּישָׁתָא דִּי בְאַרְעָא דְיִשְׂרָאֵל וְדִי בְבָבֶל, לְרֵישֵׁי כַלָּה, וּלְרֵישֵׁי גַלְוָתָא, וּלְרֵישֵׁי מְתִיבָתָא, וּלְדַיָּנֵי דְבָבָא, לְכָל תַּלְמִידֵיהוֹן, וּלְכָל תַּלְמִידֵי תַלְמִידֵיהוֹן, וּלְכָל מָאן דְּעָסְקִין בְּאוֹרַיְתָא. מַלְכָּא דְעָלְמָא יְבָרֵךְ יָתְהוֹן, יַפֵּשׁ חַיֵּיהוֹן וְיַסְגֵּא יוֹמֵיהוֹן, וְיִתֵּן אַרְכָא לִשְׁנֵיהוֹן, וְיִתְפָּרְקוּן וְיִשְׁתֵּיזְבוּן מִן כָּל עָקָא

עַל כִּסְאוֹ לֹא יֵשֶׁב זָר *May no stranger sit on his throne.* A prayer for the return of the Davidic monarchy and the restoration of Jewish sovereignty over the land of Israel. There may be the hint here of a polemic against rival claims to sovereignty such as that of the Hasmonean kings of the Second Temple period who were not from the house of David.

delivered from all distress and illness. May our Master in heaven be their help at all times and seasons; and let us say: Amen.

יְקוּם פֻּרְקָן May deliverance arise from heaven, bringing grace, love and compassion, long life, ample sustenance and heavenly help, physical health and enlightenment of mind, living and thriving children who will neither interrupt nor cease from the words of the Torah – to all this holy congregation, great and small, women and children. May the King of the Universe bless you, prolonging your lives, increasing your days, and adding to your years. May you be redeemed and delivered from all distress and illness. May our Master in heaven be your help at all times and seasons; and let us say: Amen.

מִי שֶׁבֵּרַךְ May He who blessed our fathers, Abraham, Isaac and Jacob, bless all this holy congregation, together with all other holy congregations: them, their wives, their sons and daughters, and all that is theirs. May He bless those who unite to form synagogues for prayer and those who come there to pray; those who provide lamps for light and wine for Kiddush and Havdala, food for visitors and charity for the poor, and all who faithfully occupy themselves with the needs of the community. May the Holy One, blessed be He, give them their reward; may He remove from them all illness, grant them complete healing, and forgive all their sins. May He send blessing and success to all the work of their hands, together with all Israel their brethren; and let us say: Amen.

---

pecially those who contribute by time or money to its upkeep. Just as the Tabernacle – the first collective house of worship of the Jewish people – was made from voluntary contributions, so Jewish communities and their religious, educational and welfare institutions have been sustained ever since by offerings "from everyone whose heart prompts them to give" (Ex. 25:2). These three prayers were instituted to be said on the Sabbath and are usually not said at other times.

וּמִן כָּל מַרְעִין בִּישִׁין. מָרַן דִּי בִשְׁמַיָּא יְהֵא בְסַעְדְּהוֹן כָּל זְמַן וְעִדָּן, וְנֹאמַר אָמֵן.

יְקוּם פֻּרְקָן מִן שְׁמַיָּא, חִנָּא וְחִסְדָּא וְרַחֲמֵי וְחַיֵּי אֲרִיכֵי וּמְזוֹנֵי רְוִיחֵי, וְסִיַּעְתָּא דִשְׁמַיָּא, וּבַרְיוּת גּוּפָא וּנְהוֹרָא מְעַלְּיָא, זַרְעָא חַיָּא וְקַיָּמָא, זַרְעָא דִּי לָא יִפְסֻק וְדִי לָא יִבְטֻל מִפִּתְגָּמֵי אוֹרַיְתָא, לְכָל קְהָלָא קַדִּישָׁא הָדֵין, רַבְרְבַיָּא עִם זְעֵרַיָּא, טַפְלָא וּנְשַׁיָּא. מַלְכָּא דְעָלְמָא יְבָרֵךְ יָתְכוֹן, יַפֵּשׁ חַיֵּיכוֹן וְיַסְגֵּא יוֹמֵיכוֹן, וְיִתֵּן אַרְכָא לִשְׁנֵיכוֹן, וְתִתְפָּרְקוּן וְתִשְׁתֵּיזְבוּן מִן כָּל עָקָא וּמִן כָּל מַרְעִין בִּישִׁין. מָרַן דִּי בִשְׁמַיָּא יְהֵא בְסַעְדְּכוֹן כָּל זְמַן וְעִדָּן, וְנֹאמַר אָמֵן.

מִי שֶׁבֵּרַךְ אֲבוֹתֵינוּ אַבְרָהָם יִצְחָק וְיַעֲקֹב, הוּא יְבָרֵךְ אֶת כָּל הַקָּהָל הַקָּדוֹשׁ הַזֶּה עִם כָּל קְהִלּוֹת הַקֹּדֶשׁ, הֵם וּנְשֵׁיהֶם וּבְנֵיהֶם וּבְנוֹתֵיהֶם וְכֹל אֲשֶׁר לָהֶם, וּמִי שֶׁמְּיַחֲדִים בָּתֵּי כְנֵסִיּוֹת לִתְפִלָּה, וּמִי שֶׁבָּאִים בְּתוֹכָם לְהִתְפַּלֵּל, וּמִי שֶׁנּוֹתְנִים נֵר לַמָּאוֹר וְיַיִן לְקִדּוּשׁ וּלְהַבְדָּלָה וּפַת לָאוֹרְחִים וּצְדָקָה לָעֲנִיִּים, וְכָל מִי שֶׁעוֹסְקִים בְּצָרְכֵי צִבּוּר בֶּאֱמוּנָה. הַקָּדוֹשׁ בָּרוּךְ הוּא יְשַׁלֵּם שְׂכָרָם, וְיָסִיר מֵהֶם כָּל מַחֲלָה, וְיִרְפָּא לְכָל גּוּפָם, וְיִסְלַח לְכָל עֲוֹנָם, וְיִשְׁלַח בְּרָכָה וְהַצְלָחָה בְּכָל מַעֲשֵׂי יְדֵיהֶם עִם כָּל יִשְׂרָאֵל אֲחֵיהֶם, וְנֹאמַר אָמֵן.

---

the welfare of the leaders of the Jewish community. The "leaders of assemblies" were scholars who taught the public on Sabbaths and festivals. "Leaders of communities in exile" were the lay-leaders, headed in Babylon by the Exilarch. The second prayer is for the welfare of the members of the congregation.

מִי שֶׁבֵּרַךְ *May He who blessed.* This third prayer, a Hebrew equivalent and expansion of the previous one, is for the members of the congregation, es-

The Prayer for the Welfare of the Canadian Government is on the next page.

PRAYER FOR THE WELFARE OF THE AMERICAN GOVERNMENT

The Leader says the following:

הַנּוֹתֵן תְּשׁוּעָה May He who gives salvation to kings and dominion to princes, whose kingdom is an everlasting kingdom, who delivers His servant David from the evil sword, who makes a way in the sea and a path through the mighty waters, bless and protect, guard and help, exalt, magnify and uplift the President, Vice President and all officials of this land. May the Supreme King of kings in His mercy put into their hearts and the hearts of all their counselors and officials, to deal kindly with us and all Israel. In their days and in ours, may Judah be saved and Israel dwell in safety, and may the Redeemer come to Zion. May this be His will, and let us say: Amen.

PRAYER FOR THE SAFETY OF THE AMERICAN MILITARY FORCES

The Leader says the following:

אַדִּיר בַּמָּרוֹם God on high who dwells in might, the King to whom peace belongs, look down from Your holy habitation and bless the soldiers of the American military forces who risk their lives for the sake of peace on earth. Be their shelter and stronghold, and let them not falter. Give them the strength and courage to thwart the plans of the enemy and end the rule of evil. May their enemies be scattered and their foes flee before them, and may they rejoice in Your salvation. Bring them back safely to their homes, as is written: "The LORD will guard you from all harm, He will guard your life. The LORD will guard your going and coming, now and for evermore." And may there be fulfilled for us the verse: "Nation shall not lift up sword against nation, nor shall they learn war any more." Let all the inhabitants on earth know that sovereignty is Yours and Your name inspires awe over all You have created – and let us say: Amen.

Ps. 121

Is. 2

---

its peace, you shall find peace." This is the first statement in history of what it is to be a creative minority, integrating without assimilating, maintaining one's identity while contributing to society as a whole. Similar guidance

The Prayer for the Welfare of the Canadian Government is on the next page.

תפילה לשלום המלכות

The שליח ציבור *says the following:*

הַנּוֹתֵן תְּשׁוּעָה לַמְּלָכִים וּמֶמְשָׁלָה לַנְּסִיכִים, מַלְכוּתוֹ מַלְכוּת כָּל
עוֹלָמִים, הַפּוֹצֶה אֶת דָּוִד עַבְדּוֹ מֵחֶרֶב רָעָה, הַנּוֹתֵן בַּיָּם דֶּרֶךְ וּבְמַיִם
עַזִּים נְתִיבָה, הוּא יְבָרֵךְ וְיִשְׁמֹר וְיִנְצֹר וְיַעֲזֹר וִירוֹמֵם וִיגַדֵּל וִינַשֵּׂא
לְמַעְלָה אֶת הַנָּשִׂיא וְאֵת מִשְׁנֵהוּ וְאֶת כָּל שָׂרֵי הָאָרֶץ הַזֹּאת. מֶלֶךְ
מַלְכֵי הַמְּלָכִים, בְּרַחֲמָיו יִתֵּן בְּלִבָּם וּבְלֵב כָּל יוֹעֲצֵיהֶם וְשָׂרֵיהֶם
לַעֲשׂוֹת טוֹבָה עִמָּנוּ וְעִם כָּל יִשְׂרָאֵל. בִּימֵיהֶם וּבְיָמֵינוּ תִּוָּשַׁע יְהוּדָה,
וְיִשְׂרָאֵל יִשְׁכֹּן לָבֶטַח, וּבָא לְצִיּוֹן גּוֹאֵל. וְכֵן יְהִי רָצוֹן, וְנֹאמַר אָמֵן.

תפילה לשלום חיילי צבא ארצות הברית

The שליח ציבור *says the following:*

אַדִּיר בַּמָּרוֹם שׁוֹכֵן בִּגְבוּרָה, מֶלֶךְ שֶׁהַשָּׁלוֹם שֶׁלּוֹ, הַשְׁקִיפָה מִמְּעוֹן
קָדְשְׁךָ, וּבָרֵךְ אֶת חַיָּלֵי צְבָא אַרְצוֹת הַבְּרִית, הַמְחָרְפִים נַפְשָׁם
בְּלֶכְתָּם לָשִׂים שָׁלוֹם בָּאָרֶץ. הֱיֵה נָא לָהֶם מַחְסֶה וּמָעוֹז, וְאַל תִּתֵּן
לַמּוֹט רַגְלָם, חַזֵּק יְדֵיהֶם וְאַמֵּץ רוּחָם לְהָפֵר עֲצַת אוֹיֵב וּלְהַעֲבִיר
מֶמְשֶׁלֶת זָדוֹן, יָפוּצוּ אוֹיְבֵיהֶם וְיָנוּסוּ מְשַׂנְאֵיהֶם מִפְּנֵיהֶם, וְיִשְׂמְחוּ
תהלים קכא בִּישׁוּעָתֶךָ. הֲשִׁיבֵם בְּשָׁלוֹם אֶל בֵּיתָם, כַּכָּתוּב בְּדִבְרֵי קָדְשֶׁךָ: יְהוה
יִשְׁמָרְךָ מִכָּל־רָע, יִשְׁמֹר אֶת־נַפְשֶׁךָ: יְהוה יִשְׁמָר־צֵאתְךָ וּבוֹאֶךָ,
ישעיה ב מֵעַתָּה וְעַד־עוֹלָם: וְקַיֵּם בָּנוּ מִקְרָא שֶׁכָּתוּב: לֹא־יִשָּׂא גוֹי אֶל־גּוֹי
חֶרֶב, וְלֹא־יִלְמְדוּ עוֹד מִלְחָמָה: וְיֵדְעוּ כָּל יוֹשְׁבֵי תֵבֵל כִּי לְךָ מְלוּכָה
יָאֲתָה, וְשִׁמְךָ נוֹרָא עַל כָּל מַה שֶּׁבָּרָאתָ. וְנֹאמַר אָמֵן.

PRAYER FOR THE WELFARE OF THE GOVERNMENT

This prayer echoes the instruction of Jeremiah (29:7) to those dispersed at the time of the Babylonian exile (sixth century BCE): "Seek the peace of the city to which I have carried you in exile. Pray to the LORD for it, because in

PRAYER FOR THE WELFARE OF THE CANADIAN GOVERNMENT

The Leader says the following:

הַנּוֹתֵן תְּשׁוּעָה May He who gives salvation to kings and dominion to princes, whose kingdom is an everlasting kingdom, who delivers His servant David from the evil sword, who makes a way in the sea and a path through the mighty waters, bless and protect, guard and help, exalt, magnify and uplift the Prime Minister and all the elected and appointed officials of Canada. May the Supreme King of kings in His mercy put into their hearts and the hearts of all their counselors and officials, to deal kindly with us and all Israel. In their days and in ours, may Judah be saved and Israel dwell in safety, and may the Redeemer come to Zion. May this be His will, and let us say: Amen.

PRAYER FOR THE SAFETY OF THE CANADIAN FORCES

The Leader says the following:

אַדִּיר בַּמָּרוֹם God on high who dwells in might, the King to whom peace belongs, look down from Your holy habitation and bless the soldiers of the Canadian Forces who risk their lives for the sake of peace on earth. Be their shelter and stronghold, and let them not falter. Give them the strength and courage to thwart the plans of the enemy and end the rule of evil. May their enemies be scattered and their foes flee before them, and may they rejoice in Your salvation. Bring them back safely to their homes, as is written: "The LORD will guard you from all harm, He will guard your life. The LORD will guard your going and coming, now and for evermore." And may there be fulfilled for us the verse: "Nation shall not lift up sword against nation, nor shall they learn war any more." Let all the inhabitants on earth know that sovereignty is Yours and Your name inspires awe over all You have created – and let us say: Amen.

Ps. 121

Is. 2

---

we live, to work for the common good and for the good of all humankind, to care for the welfare of others, and to work for good relations between different groups.

תפילה לשלום המלכות

The שליח ציבור *says the following:*

הַנּוֹתֵן תְּשׁוּעָה לַמְּלָכִים וּמֶמְשָׁלָה לַנְּסִיכִים, מַלְכוּתוֹ מַלְכוּת כָּל עוֹלָמִים, הַפּוֹצֶה אֶת דָּוִד עַבְדּוֹ מֵחֶרֶב רָעָה, הַנּוֹתֵן בַּיָּם דֶּרֶךְ וּבְמַיִם עַזִּים נְתִיבָה, הוּא יְבָרֵךְ וְיִשְׁמֹר וְיִנְצֹר וְיַעֲזֹר וִירוֹמֵם וִיגַדֵּל וִינַשֵּׂא לְמַעְלָה אֶת רֹאשׁ הַמֶּמְשָׁלָה וְאֶת כָּל שָׂרֵי הָאָרֶץ הַזֹּאת. מֶלֶךְ מַלְכֵי הַמְּלָכִים, בְּרַחֲמָיו יִתֵּן בְּלִבָּם וּבְלֵב כָּל יוֹעֲצֵיהֶם וְשָׂרֵיהֶם לַעֲשׂוֹת טוֹבָה עִמָּנוּ וְעִם כָּל יִשְׂרָאֵל. בִּימֵיהֶם וּבְיָמֵינוּ תִּוָּשַׁע יְהוּדָה, וְיִשְׂרָאֵל יִשְׁכֹּן לָבֶטַח, וּבָא לְצִיּוֹן גּוֹאֵל. וְכֵן יְהִי רָצוֹן, וְנֹאמַר אָמֵן.

תפילה לשלום חיילי צבא קנדה

The שליח ציבור *says the following:*

אַדִּיר בַּמָּרוֹם שׁוֹכֵן בִּגְבוּרָה, מֶלֶךְ שֶׁהַשָּׁלוֹם שֶׁלּוֹ, הַשְׁקִיפָה מִמְּעוֹן
קָדְשְׁךָ, וּבָרֵךְ אֶת חַיָּלֵי צְבָא קָנָדָה, הַמְחָרְפִים נַפְשָׁם בְּלֶכְתָּם לָשִׂים
שָׁלוֹם בָּאָרֶץ. הֱיֵה נָא לָהֶם מַחֲסֶה וּמָעוֹז, וְאַל תִּתֵּן לַמּוֹט רַגְלָם, חַזֵּק
יְדֵיהֶם וְאַמֵּץ רוּחָם לְהָפֵר עֲצַת אוֹיֵב וּלְהַעֲבִיר מֶמְשֶׁלֶת זָדוֹן, יָפוּצוּ
אוֹיְבֵיהֶם וְיָנוּסוּ מְשַׂנְאֵיהֶם מִפְּנֵיהֶם, וְיִשְׂמְחוּ בִּישׁוּעָתֶךָ. הֲשִׁיבֵם
בְּשָׁלוֹם אֶל בֵּיתָם, כַּכָּתוּב בְּדִבְרֵי קָדְשֶׁךָ: יהוה יִשְׁמָרְךָ מִכָּל־רָע, תהלים קכא
יִשְׁמֹר אֶת־נַפְשֶׁךָ: יהוה יִשְׁמָר־צֵאתְךָ וּבוֹאֶךָ, מֵעַתָּה וְעַד־עוֹלָם:
וְקַיֵּם בָּנוּ מִקְרָא שֶׁכָּתוּב: לֹא־יִשָּׂא גוֹי אֶל־גּוֹי חֶרֶב, וְלֹא־יִלְמְדוּ עוֹד ישעיה ב
מִלְחָמָה: וְיֵדְעוּ כָּל יוֹשְׁבֵי תֵבֵל כִּי לְךָ מְלוּכָה יָאֲתָה, וְשִׁמְךָ נוֹרָא
עַל כָּל מַה שֶּׁבָּרָאתָ. וְנֹאמַר אָמֵן.

---

was given at a later period (first century CE) after the Roman conquest of Jerusalem: "Rabbi Ḥanina, the deputy High Priest, said: Pray for the welfare of the government, for were it not for fear of it, people would swallow one another alive" (*Avot* 3:2). To be a Jew is to be loyal to the country in which

PRAYER FOR THE STATE OF ISRAEL

The Leader says the following prayer:

אָבִינוּ שֶׁבַּשָּׁמַיִם Heavenly Father, Israel's Rock and Redeemer, bless the State of Israel, the first flowering of our redemption. Shield it under the wings of Your loving-kindness and spread over it the Tabernacle of Your peace. Send Your light and truth to its leaders, ministers and counselors, and direct them with good counsel before You.

Strengthen the hands of the defenders of our Holy Land; grant them deliverance, our God, and crown them with the crown of victory. Grant peace in the land and everlasting joy to its inhabitants.

As for our brothers, the whole house of Israel, remember them in all the lands of our (*In Israel say:* their) dispersion, and swiftly lead us (*In Israel say:* them) upright to Zion Your city, and Jerusalem Your dwelling place, as is written in the Torah of Moses Your servant: "Even if you are scattered to the furthermost lands under the heavens, from there the LORD your God will gather you and take you back. The LORD your God will bring you to the land your ancestors possessed and you will possess it; and He will make you more prosperous and numerous than your ancestors. Then the LORD your God will open up your heart and the heart of your descendants, to love the LORD your God with all your heart and with all your soul, that you may live." *Deut. 30*

Unite our hearts to love and revere Your name and observe all the words of Your Torah, and swiftly send us Your righteous anointed one of the house of David, to redeem those who long for Your salvation.

Appear in Your glorious majesty over all the dwellers on earth, and let all who breathe declare: The LORD God of Israel is King and His kingship has dominion over all. Amen, Selah.

---

powerlessness. It is hard not to see in this event the fulfillment of the vision of Moses at the end of his life: "Even if you are scattered to the furthermost lands under the heavens, from there the LORD your God will gather you and take you back" (Deut. 30:4).

תפילה לשלום מדינת ישראל

The שליח ציבור *says the following prayer:*

אָבִינוּ שֶׁבַּשָּׁמַיִם, צוּר יִשְׂרָאֵל וְגוֹאֲלוֹ, בָּרֵךְ אֶת מְדִינַת יִשְׂרָאֵל, רֵאשִׁית צְמִיחַת גְּאֻלָּתֵנוּ. הָגֵן עָלֶיהָ בְּאֶבְרַת חַסְדֶּךָ וּפְרֹשׂ עָלֶיהָ סֻכַּת שְׁלוֹמֶךָ, וּשְׁלַח אוֹרְךָ וַאֲמִתְּךָ לְרָאשֶׁיהָ, שָׂרֶיהָ וְיוֹעֲצֶיהָ, וְתַקְּנֵם בְּעֵצָה טוֹבָה מִלְּפָנֶיךָ.

חַזֵּק אֶת יְדֵי מְגִנֵּי אֶרֶץ קָדְשֵׁנוּ, וְהַנְחִילֵם אֱלֹהֵינוּ יְשׁוּעָה וַעֲטֶרֶת נִצָּחוֹן תְּעַטְּרֵם, וְנָתַתָּ שָׁלוֹם בָּאָרֶץ וְשִׂמְחַת עוֹלָם לְיוֹשְׁבֶיהָ.

וְאֶת אַחֵינוּ כָּל בֵּית יִשְׂרָאֵל, פְּקָד נָא בְּכָל אַרְצוֹת פְּזוּרֵינוּ, וְתוֹלִיכֵנוּ /בארץ ישראל: פְּזוּרֵיהֶם, וְתוֹלִיכֵם/ מְהֵרָה קוֹמְמִיּוּת לְצִיּוֹן עִירֶךָ וְלִירוּשָׁלַיִם

דברים ל

מִשְׁכַּן שְׁמֶךָ, כַּכָּתוּב בְּתוֹרַת מֹשֶׁה עַבְדֶּךָ: אִם־יִהְיֶה נִדַּחֲךָ בִּקְצֵה הַשָּׁמָיִם, מִשָּׁם יְקַבֶּצְךָ יהוה אֱלֹהֶיךָ וּמִשָּׁם יִקָּחֶךָ: וֶהֱבִיאֲךָ יהוה אֱלֹהֶיךָ אֶל־הָאָרֶץ אֲשֶׁר־יָרְשׁוּ אֲבֹתֶיךָ וִירִשְׁתָּהּ, וְהֵיטִבְךָ וְהִרְבְּךָ מֵאֲבֹתֶיךָ: וּמָל יהוה אֱלֹהֶיךָ אֶת־לְבָבְךָ וְאֶת־לְבַב זַרְעֶךָ, לְאַהֲבָה אֶת־יהוה אֱלֹהֶיךָ בְּכָל־לְבָבְךָ וּבְכָל־נַפְשְׁךָ, לְמַעַן חַיֶּיךָ:

וְיַחֵד לְבָבֵנוּ לְאַהֲבָה וּלְיִרְאָה אֶת שְׁמֶךָ, וְלִשְׁמֹר אֶת כָּל דִּבְרֵי תוֹרָתֶךָ, וּשְׁלַח לָנוּ מְהֵרָה בֶּן דָּוִד מְשִׁיחַ צִדְקֶךָ, לִפְדּוֹת מְחַכֵּי קֵץ יְשׁוּעָתֶךָ.

וְהוֹפַע בַּהֲדַר גְּאוֹן עֻזֶּךָ עַל כָּל יוֹשְׁבֵי תֵבֵל אַרְצֶךָ וְיֹאמַר כֹּל אֲשֶׁר נְשָׁמָה בְאַפּוֹ, יהוה אֱלֹהֵי יִשְׂרָאֵל מֶלֶךְ וּמַלְכוּתוֹ בַּכֹּל מָשָׁלָה, אָמֵן סֶלָה.

PRAYER FOR THE STATE OF ISRAEL

Introduced after the birth of the modern State of Israel in 1948 and the restoration of Jewish sovereignty after almost two millennia of homelessness and

PRAYER FOR ISRAEL'S DEFENSE FORCES

The Leader says the following prayer:

מִי שֶׁבֵּרַךְ May He who blessed our ancestors, Abraham, Isaac and Jacob, bless the members of Israel's Defense Forces and its security services who stand guard over our land and the cities of our God from the Lebanese border to the Egyptian desert, from the Mediterranean sea to the approach of the Aravah, and wherever else they are, on land, in air and at sea. May the LORD make the enemies who rise against us be struck down before them. May the Holy One, blessed be He, protect and deliver them from all trouble and distress, affliction and illness, and send blessing and success to all the work of their hands. May He subdue our enemies under them and crown them with deliverance and victory. And may there be fulfilled in them the verse, "It is the LORD your God who goes with you to fight for you against *Deut. 20* your enemies, to deliver you." And let us say: Amen.

PRAYER FOR THOSE BEING HELD IN CAPTIVITY

If Israeli soldiers or civilians are being held in captivity, the Leader says the following:

מִי שֶׁבֵּרַךְ May He who blessed our ancestors, Abraham, Isaac and Jacob, Joseph, Moses and Aaron, David and Solomon, bless, protect and guard the members of Israel's Defense Forces missing in action or held captive, and other captives among our brethren, the whole house of Israel, who are in distress or captivity, as we, the members of this holy congregation, pray on their behalf. May the Holy One, blessed be He, have compassion on them and bring them out from darkness and the shadow of death; may He break their bonds, deliver them from their distress, and bring them swiftly back to their families' embrace. Give thanks to the LORD for His loving-kindness *Ps. 107* and for the wonders He does for the children of men; and may there be fulfilled in them the verse: "Those redeemed by the LORD will return; they *Is. 35* will enter Zion with singing, and everlasting joy will crown their heads. Gladness and joy will overtake them, and sorrow and sighing will flee away." And let us say: Amen.

On the last day of Pesaḥ, Yizkor (on the next page) is said.
On other days continue with "LORD my God" on page 632; in some congregations, "LORD my God" is omitted on Shabbat and the service continues with "Happy are those" on page 634.

---

cal times (Deut. 20:4). Israel, always small and outnumbered by its neighbors, places its faith in God and the justice of its cause, not on military might alone.

מי שברך לחיילי צה"ל

The שליח ציבור says the following prayer:

מִי שֶׁבֵּרַךְ אֲבוֹתֵינוּ אַבְרָהָם יִצְחָק וְיַעֲקֹב הוּא יְבָרֵךְ אֶת חַיָּלֵי צְבָא הַהֲגָנָה לְיִשְׂרָאֵל וְאַנְשֵׁי כֹּחוֹת הַבִּטָּחוֹן, הָעוֹמְדִים עַל מִשְׁמַר אַרְצֵנוּ וְעָרֵי אֱלֹהֵינוּ, מִגְּבוּל הַלְּבָנוֹן וְעַד מִדְבַּר מִצְרַיִם וּמִן הַיָּם הַגָּדוֹל עַד לְבוֹא הָעֲרָבָה וּבְכָל מָקוֹם שֶׁהֵם, בַּיַּבָּשָׁה, בָּאֲוִיר וּבַיָּם. יִתֵּן יהוה אֶת אוֹיְבֵינוּ הַקָּמִים עָלֵינוּ נִגָּפִים לִפְנֵיהֶם. הַקָּדוֹשׁ בָּרוּךְ הוּא יִשְׁמֹר וְיַצִּיל אֶת חַיָּלֵינוּ מִכָּל צָרָה וְצוּקָה וּמִכָּל נֶגַע וּמַחֲלָה, וְיִשְׁלַח בְּרָכָה וְהַצְלָחָה בְּכָל מַעֲשֵׂי יְדֵיהֶם. יַדְבֵּר שׂוֹנְאֵינוּ תַּחְתֵּיהֶם וִיעַטְּרֵם בְּכֶתֶר יְשׁוּעָה וּבַעֲטֶרֶת נִצָּחוֹן. וִיקֻיַּם בָּהֶם הַכָּתוּב: כִּי יהוה אֱלֹהֵיכֶם הַהֹלֵךְ עִמָּכֶם לְהִלָּחֵם לָכֶם עִם־אֹיְבֵיכֶם לְהוֹשִׁיעַ אֶתְכֶם: וְנֹאמַר אָמֵן.

דברים כ

מי שברך לשבויים

If Israeli soldiers or civilians are being held in captivity, the שליח ציבור says the following:

מִי שֶׁבֵּרַךְ אֲבוֹתֵינוּ אַבְרָהָם יִצְחָק וְיַעֲקֹב, יוֹסֵף מֹשֶׁה וְאַהֲרֹן, דָּוִד וּשְׁלֹמֹה, הוּא יְבָרֵךְ וְיִשְׁמֹר וְיִנְצֹר אֶת נֶעְדְּרֵי צְבָא הַהֲגָנָה לְיִשְׂרָאֵל וּשְׁבוּיָיו, וְאֶת כָּל אַחֵינוּ הַנְּתוּנִים בְּצָרָה וּבְשִׁבְיָה, בַּעֲבוּר שֶׁכָּל הַקָּהָל הַקָּדוֹשׁ הַזֶּה מִתְפַּלֵּל בַּעֲבוּרָם. הַקָּדוֹשׁ בָּרוּךְ הוּא יִמָּלֵא רַחֲמִים עֲלֵיהֶם, וְיוֹצִיאֵם מֵחֹשֶׁךְ וְצַלְמָוֶת, וּמוֹסְרוֹתֵיהֶם יְנַתֵּק, וּמִמְּצוּקוֹתֵיהֶם יוֹשִׁיעֵם, וִישִׁיבֵם מְהֵרָה לְחֵיק מִשְׁפְּחוֹתֵיהֶם. יוֹדוּ לַיהוה חַסְדּוֹ וְנִפְלְאוֹתָיו לִבְנֵי אָדָם: וִיקֻיַּם בָּהֶם מִקְרָא שֶׁכָּתוּב: וּפְדוּיֵי יהוה יְשֻׁבוּן, וּבָאוּ צִיּוֹן בְּרִנָּה, וְשִׂמְחַת עוֹלָם עַל־רֹאשָׁם, שָׂשׂוֹן וְשִׂמְחָה יַשִּׂיגוּ, וְנָסוּ יָגוֹן וַאֲנָחָה: וְנֹאמַר אָמֵן.

תהלים קז

ישעיה לה

On the last day of פסח, יזכור (on the next page) is said.

On other days continue with "יָהּ אֵלִי" on page 633; in some congregations, "יָהּ אֵלִי"
is omitted on שבת and the service continues with "אַשְׁרֵי" on page 635.

PRAYER FOR ISRAEL'S DEFENSE FORCES
The verse with which the prayer ends is taken from the speech that the "priest anointed for war" spoke to the Israelites before they went into battle in bibli-

YIZKOR

On the last day of Pesaḥ, the Yizkor (memorial) service is said. In some communities, those who have not been bereaved of a parent or close relative do not participate in the service, but leave the synagogue and return for "Father of compassion" on page 630.

יהוה LORD, what is man that You care for him, a mortal that You notice him? *Ps. 144*
Man is like a fleeting breath, his days like a passing shadow.
In the morning he flourishes and grows; *Ps. 90*
in the evening he withers and dries up.
Teach us to number our days, that we may get a heart of wisdom.
Mark the blameless, note the upright, for the end of such a person is peace. *Ps. 37*
God will redeem my soul from the grave, for He will receive me, Selah. *Ps. 49*
My flesh and my heart may fail, *Ps. 73*
but God is the strength of my heart and my portion for ever.
The dust returns to the earth as it was, *Eccl. 12*
but the spirit returns to God who gave it.

---

for the sake of the future. This can be seen in the three cases in which the word *Yizkor* appears in connection with God in Genesis. God "remembered Noah" (8:1) and brought him out onto dry land. God "remembered Abraham" (19:29) and rescued his nephew Lot from the destruction of Sodom. God "remembered Rachel" (30:22) and gave her a child. In each case the act of remembering was for the sake of the future and of life.

Judaism gave two majestic ideas their greatest religious expression: *memory* and *hope*. Memory is our living connection to those who came before us. Hope is what we hand on to the generations yet to come. Those we remember live on in us: in words, gestures, a smile here, an act of kindness there, that we would not have done had that person not left their mark on our lives. That is what *Yizkor* is: memory as a religious act of thanksgiving for a life that was, and that still sends its echoes and reverberations into the life that is. For when Jews remember, they do so for the future, the place where, if we are faithful to it, the past never dies.

PRAYER FOR LIVING RELATIVES

Our Father in heaven: On this holy day, I give You thanks for my [father / mother / husband / wife / brother(s) / sister(s) / son(s) / daughter(s) / grandchild(ren)] who are with me in life, and for whose continued health and blessing I pray. Be with them, I pray You, in the days and months to come. Protect them from harm and distress, sickness and affliction, trouble

סדר הזכרת נשמות

On the last day of פסח*, the* יזכור *(memorial) service is said. In some communities, those who have not been bereaved of a parent or close relative do not participate in the service, but leave the* בית כנסת *and return for* אב הרחמים *on page 631.*

יהוה מָה־אָדָם וַתֵּדָעֵהוּ, בֶּן־אֱנוֹשׁ וַתְּחַשְּׁבֵהוּ: תהלים קמד
אָדָם לַהֶבֶל דָּמָה, יָמָיו כְּצֵל עוֹבֵר:
בַּבֹּקֶר יָצִיץ וְחָלָף, לָעֶרֶב יְמוֹלֵל וְיָבֵשׁ: תהלים צ
לִמְנוֹת יָמֵינוּ כֵּן הוֹדַע, וְנָבִא לְבַב חָכְמָה:
שְׁמָר־תָּם וּרְאֵה יָשָׁר, כִּי־אַחֲרִית לְאִישׁ שָׁלוֹם: תהלים לז
אַךְ־אֱלֹהִים יִפְדֶּה נַפְשִׁי מִיַּד שְׁאוֹל, כִּי יִקָּחֵנִי סֶלָה: תהלים מט
כָּלָה שְׁאֵרִי וּלְבָבִי, צוּר־לְבָבִי וְחֶלְקִי אֱלֹהִים לְעוֹלָם: תהלים עג
וְיָשֹׁב הֶעָפָר עַל־הָאָרֶץ כְּשֶׁהָיָה, וְהָרוּחַ תָּשׁוּב אֶל־הָאֱלֹהִים אֲשֶׁר נְתָנָהּ: קהלת יב

YIZKOR

From the eleventh century onward it has become customary to pray, at key moments in the year, for the souls of the departed. At first, this prayer was said only on Yom Kippur, but it was soon extended to the last days of the other festivals.

The formal name for this prayer is *Hazkarat Neshamot*, "the Remembrance of Souls," but it became popularly known as *Yizkor* because of the first word of the memorial prayer. Remembrance holds a special place in the Jewish soul. Jews were the first people to regard remembering as a religious duty. The verb "to remember" in one or other of its forms occurs 169 times in Tanakh.

At *Yizkor*, our memory reaches out to that of God. We ask Him to remember those of our family who are no longer here. We ask Him to look on the good we do, for it is because of their influence on us that we are in the synagogue; that we pray, and that we try to do good in this life. Hence it is a custom to donate a sum to charity at this time and dedicate it to the memory and merit of the departed ones. Nowadays, we also add prayers for the Jewish martyrs of the past and for the victims of the Holocaust, as well as those who went to their deaths defending the State of Israel, for we collectively are the guardians of their memory. A connection is thus made between the dead and the living. We remember them, and with God's help, their virtues live on in us. That is as much of immortality as we can know in the land of the living.

In Judaism we remember not just for the past but also, and especially,

יֹשֵׁב He who lives in the shelter of the Most High dwells in the shadow of the Almighty. I say of the Lord, my Refuge and Stronghold, my God in whom I trust, that He will save you from the fowler's snare and the deadly pestilence. With His pinions He will cover you, and beneath His wings you will find shelter; His faithfulness is an encircling shield. You need not fear terror by night, nor the arrow that flies by day; not the pestilence that stalks in darkness, nor the plague that ravages at noon. A thousand may fall at your side, ten thousand at your right hand, but it will not come near you. You will only look with your eyes and see the punishment of the wicked. Because you said, "the Lord is my Refuge," taking the Most High as your shelter, no harm will befall you, no plague will come near your tent, for He will command His angels about you, to guard you in all your ways. They will lift you in their hands, lest your foot stumble on a stone. You will tread on lions and vipers; you will trample on young lions and snakes. [God says:] "Because he loves Me, I will rescue him; I will protect him, because he acknowledges My name. When he calls on Me, I will answer him; I will be with him in distress, I will deliver him and bring him honor. With long life I will satisfy him and show him My salvation.
With long life I will satisfy him and show him My salvation. *Ps. 91*

For one's father:

יִזְכֹּר May God remember the soul of my father, my teacher (*name* son of *father's name*) who has gone to his eternal home, and to this I pledge (without formal vow) to give charity on his behalf, that his soul may be bound in the bond of everlasting life together with the souls of Abraham, Isaac and Jacob, Sarah, Rebecca, Rachel and Leah, and all the other righteous men and women in the Garden of Eden, and let us say: Amen.

For one's mother:

יִזְכֹּר May God remember the soul of my mother, my teacher (*name* daughter of *father's name*) who has gone to her eternal home, and to this I pledge (without formal vow) to give charity on her behalf, that her soul may be bound in the bond of everlasting life together with the souls of Abraham, Isaac and Jacob, Sarah, Rebecca, Rachel and Leah, and all the other righteous men and women in the Garden of Eden, and let us say: Amen.

---

the words of my mouth and the meditation of my heart find favor before You, my Rock and Redeemer.

תהלים צא יֹשֵׁב בְּסֵתֶר עֶלְיוֹן, בְּצֵל שַׁדַּי יִתְלוֹנָן: אֹמַר לַיהוה מַחְסִי וּמְצוּדָתִי, אֱלֹהַי אֶבְטַח־בּוֹ: כִּי הוּא יַצִּילְךָ מִפַּח יָקוּשׁ, מִדֶּבֶר הַוּוֹת: בְּאֶבְרָתוֹ יָסֶךְ לָךְ, וְתַחַת־כְּנָפָיו תֶּחְסֶה, צִנָּה וְסֹחֵרָה אֲמִתּוֹ: לֹא־תִירָא מִפַּחַד לָיְלָה, מֵחֵץ יָעוּף יוֹמָם: מִדֶּבֶר בָּאֹפֶל יַהֲלֹךְ, מִקֶּטֶב יָשׁוּד צָהֳרָיִם: יִפֹּל מִצִּדְּךָ אֶלֶף, וּרְבָבָה מִימִינֶךָ, אֵלֶיךָ לֹא יִגָּשׁ: רַק בְּעֵינֶיךָ תַבִּיט, וְשִׁלֻּמַת רְשָׁעִים תִּרְאֶה: כִּי־אַתָּה יהוה מַחְסִי, עֶלְיוֹן שַׂמְתָּ מְעוֹנֶךָ: לֹא־תְאֻנֶּה אֵלֶיךָ רָעָה, וְנֶגַע לֹא־יִקְרַב בְּאָהֳלֶךָ: כִּי מַלְאָכָיו יְצַוֶּה־לָּךְ, לִשְׁמָרְךָ בְּכָל־דְּרָכֶיךָ: עַל־כַּפַּיִם יִשָּׂאוּנְךָ, פֶּן־תִּגֹּף בָּאֶבֶן רַגְלֶךָ: עַל־שַׁחַל וָפֶתֶן תִּדְרֹךְ, תִּרְמֹס כְּפִיר וְתַנִּין: כִּי בִי חָשַׁק וַאֲפַלְּטֵהוּ, אֲשַׂגְּבֵהוּ כִּי־יָדַע שְׁמִי: יִקְרָאֵנִי וְאֶעֱנֵהוּ, עִמּוֹ־אָנֹכִי בְצָרָה, אֲחַלְּצֵהוּ וַאֲכַבְּדֵהוּ:
אֹרֶךְ יָמִים אַשְׂבִּיעֵהוּ, וְאַרְאֵהוּ בִּישׁוּעָתִי:
אֹרֶךְ יָמִים אַשְׂבִּיעֵהוּ, וְאַרְאֵהוּ בִּישׁוּעָתִי:

For one's father:

יִזְכֹּר אֱלֹהִים נִשְׁמַת אָבִי מוֹרִי (פלוני בֶּן פלוני) שֶׁהָלַךְ לְעוֹלָמוֹ, בַּעֲבוּר שֶׁבְּלִי נֶדֶר אֶתֵּן צְדָקָה בַּעֲדוֹ. בִּשְׂכַר זֶה תְּהֵא נַפְשׁוֹ צְרוּרָה בִּצְרוֹר הַחַיִּים עִם נִשְׁמוֹת אַבְרָהָם יִצְחָק וְיַעֲקֹב, שָׂרָה רִבְקָה רָחֵל וְלֵאָה, וְעִם שְׁאָר צַדִּיקִים וְצִדְקָנִיּוֹת שֶׁבְּגַן עֵדֶן, וְנֹאמַר אָמֵן.

For one's mother:

יִזְכֹּר אֱלֹהִים נִשְׁמַת אִמִּי מוֹרָתִי (פלונית בַּת פלוני) שֶׁהָלְכָה לְעוֹלָמָהּ, בַּעֲבוּר שֶׁבְּלִי נֶדֶר אֶתֵּן צְדָקָה בַּעֲדָהּ. בִּשְׂכַר זֶה תְּהֵא נַפְשָׁהּ צְרוּרָה בִּצְרוֹר הַחַיִּים עִם נִשְׁמוֹת אַבְרָהָם יִצְחָק וְיַעֲקֹב, שָׂרָה רִבְקָה רָחֵל וְלֵאָה, וְעִם שְׁאָר צַדִּיקִים וְצִדְקָנִיּוֹת שֶׁבְּגַן עֵדֶן, וְנֹאמַר אָמֵן.

---

and misfortune. Spread over them Your canopy of peace and may Your spirit live in the work of their hands. Prolong their days in goodness and happiness and may they and we have the privilege of seeing children and grandchildren occupying themselves with Torah and the life of the commandments. May

For martyrs:

יִזְכֹּר May God remember the soul of (*name, son/daughter of father's name*), and the souls of all my relatives, on my father's or mother's side, who were killed, murdered, slaughtered, burned, drowned or strangled for the sanctification of God's name, and to this I pledge (without formal vow) to give charity in their memory. May their souls be bound in the bond of everlasting life together with the souls of Abraham, Isaac and Jacob, Sarah, Rebecca, Rachel and Leah, and all the other righteous men and women in the Garden of Eden, and let us say: Amen.

For a male close relative:

אֵל מָלֵא רַחֲמִים God, full of mercy, who dwells on high, grant fitting rest on the wings of the Divine Presence, in the heights of the holy and the pure who shine like the radiance of heaven, to the soul of (*name son of father's name*) who has gone to his eternal home, and to this I pledge (without formal vow) to give charity in his memory, may his resting place be in the Garden of Eden. Therefore, Master of compassion, shelter him in the shadow of Your wings forever and bind his soul in the bond of everlasting life. The Lord is his heritage; may he rest in peace, and let us say: Amen.

For a female close relative:

אֵל מָלֵא רַחֲמִים God, full of mercy, who dwells on high, grant fitting rest on the wings of the Divine Presence, in the heights of the holy and the pure who shine like the radiance of heaven, to the soul of (*name daughter of father's name*) who has gone to her eternal home, and to this I pledge (without formal vow) to give charity in her memory, may her resting place be in the Garden of Eden. Therefore, Master of compassion, shelter her in the shadow of Your wings forever and bind her soul in the bond of everlasting life. The Lord is her heritage; may she rest in peace, and let us say: Amen.

For the Israeli soldiers:

אֵל מָלֵא רַחֲמִים God, full of mercy, who dwells on high, grant fitting rest on the wings of the Divine Presence, in the heights of the holy, the pure and the brave, who shine like the radiance of heaven, to the souls of the holy ones who fought in any of Israel's battles, in clandestine operations and in Israel's Defense Forces, who fell in battle and sacrificed their lives for the consecration of God's name, for the people and the land, and for this we pray for the ascent of their souls. Therefore, Master of compassion, shelter them in the shadow of Your wings forever, and bind their souls in the bond of everlast-

For martyrs:

יִזְכֹּר אֱלֹהִים נִשְׁמַת (*male* פלוני בֶּן פלוני / *female* פלונית בַּת פלוני) וְנִשְׁמוֹת כׇּל קְרוֹבַי וּקְרוֹבוֹתַי, הֵן מִצַּד אָבִי הֵן מִצַּד אִמִּי, שֶׁהוּמְתוּ וְשֶׁנֶּהֶרְגוּ וְשֶׁנִּשְׁחֲטוּ וְשֶׁנִּשְׂרְפוּ וְשֶׁנִּטְבְּעוּ וְשֶׁנֶּחְנְקוּ עַל קִדּוּשׁ הַשֵּׁם, בַּעֲבוּר שֶׁבְּלִי נֶדֶר אֶתֵּן צְדָקָה בְּעַד הַזְכָּרַת נִשְׁמוֹתֵיהֶם. בִּשְׂכַר זֶה תִּהְיֶינָה נַפְשׁוֹתֵיהֶם צְרוּרוֹת בִּצְרוֹר הַחַיִּים עִם נִשְׁמוֹת אַבְרָהָם יִצְחָק וְיַעֲקֹב, שָׂרָה רִבְקָה רָחֵל וְלֵאָה, וְעִם שְׁאָר צַדִּיקִים וְצִדְקָנִיּוֹת שֶׁבְּגַן עֵדֶן, וְנֹאמַר אָמֵן.

For a male close relative:

אֵל מָלֵא רַחֲמִים, שׁוֹכֵן בַּמְּרוֹמִים, הַמְצֵא מְנוּחָה נְכוֹנָה עַל כַּנְפֵי הַשְּׁכִינָה, בְּמַעֲלוֹת קְדוֹשִׁים וּטְהוֹרִים, כְּזֹהַר הָרָקִיעַ מַזְהִירִים, לְנִשְׁמַת (פלוני בֶּן פלוני) שֶׁהָלַךְ לְעוֹלָמוֹ, בַּעֲבוּר שֶׁבְּלִי נֶדֶר אֶתֵּן צְדָקָה בְּעַד הַזְכָּרַת נִשְׁמָתוֹ, בְּגַן עֵדֶן תְּהֵא מְנוּחָתוֹ. לָכֵן, בַּעַל הָרַחֲמִים יַסְתִּירֵהוּ בְּסֵתֶר כְּנָפָיו לְעוֹלָמִים, וְיִצְרֹר בִּצְרוֹר הַחַיִּים אֶת נִשְׁמָתוֹ, יהוה הוּא נַחֲלָתוֹ, וְיָנְוּחַ בְּשָׁלוֹם עַל מִשְׁכָּבוֹ, וְנֹאמַר אָמֵן.

For a female close relative:

אֵל מָלֵא רַחֲמִים, שׁוֹכֵן בַּמְּרוֹמִים, הַמְצֵא מְנוּחָה נְכוֹנָה עַל כַּנְפֵי הַשְּׁכִינָה, בְּמַעֲלוֹת קְדוֹשִׁים וּטְהוֹרִים, כְּזֹהַר הָרָקִיעַ מַזְהִירִים, לְנִשְׁמַת (פלונית בַּת פלוני) שֶׁהָלְכָה לְעוֹלָמָהּ, בַּעֲבוּר שֶׁבְּלִי נֶדֶר אֶתֵּן צְדָקָה בְּעַד הַזְכָּרַת נִשְׁמָתָהּ, בְּגַן עֵדֶן תְּהֵא מְנוּחָתָהּ. לָכֵן, בַּעַל הָרַחֲמִים יַסְתִּירֶהָ בְּסֵתֶר כְּנָפָיו לְעוֹלָמִים, וְיִצְרֹר בִּצְרוֹר הַחַיִּים אֶת נִשְׁמָתָהּ, יהוה הוּא נַחֲלָתָהּ, וְתָנְוּחַ בְּשָׁלוֹם עַל מִשְׁכָּבָהּ, וְנֹאמַר אָמֵן.

For the Israeli soldiers:

אֵל מָלֵא רַחֲמִים, שׁוֹכֵן בַּמְּרוֹמִים, הַמְצֵא מְנוּחָה נְכוֹנָה עַל כַּנְפֵי הַשְּׁכִינָה, בְּמַעֲלוֹת קְדוֹשִׁים טְהוֹרִים וְגִבּוֹרִים, כְּזֹהַר הָרָקִיעַ מַזְהִירִים, לְנִשְׁמוֹת הַקְּדוֹשִׁים שֶׁנִּלְחֲמוּ בְּכׇל מַעַרְכוֹת יִשְׂרָאֵל, בַּמַּחְתֶּרֶת וּבִצְבָא הַהֲגָנָה לְיִשְׂרָאֵל, וְשֶׁנָּפְלוּ בְּמִלְחַמְתָּם וּמָסְרוּ נַפְשָׁם עַל קְדֻשַּׁת הַשֵּׁם, הָעָם וְהָאָרֶץ, בַּעֲבוּר שֶׁאָנוּ מִתְפַּלְּלִים לְעִלּוּי נִשְׁמוֹתֵיהֶם. לָכֵן, בַּעַל

ing life. The LORD is their heritage; may the Garden of Eden be their resting place, may they rest in peace, may their merit stand for all Israel, and may they receive their reward at the End of Days, and let us say: Amen.

For the Holocaust victims:

אֵל מָלֵא רַחֲמִים God, full of mercy, Justice of widows and Father of orphans, please do not be silent and hold Your peace for the blood of Israel that was shed like water. Grant fitting rest on the wings of the Divine Presence, in the heights of the holy and the pure who shine and radiate light like the radiance of heaven, to the souls of the millions of Jews, men, women and children, who were murdered, slaughtered, burned, strangled, and buried alive, in the lands touched by the German enemy and its followers. They were all holy and pure; among them were great scholars and righteous individuals, cedars of Lebanon and noble masters of Torah, may the Garden of Eden be their resting place. Therefore, Master of compassion, shelter them in the shadow of Your wings forever, and bind their souls in the bond of everlasting life. The LORD is their heritage; may they rest in peace, and let us say: Amen.

Congregation and Leader:

אַב הָרַחֲמִים Father of compassion, who dwells on high: may He remember in His compassion the pious, the upright and the blameless – holy communities who sacrificed their lives for the sanctification of God's name. Lovely and pleasant in their lives, in death they were not parted. They were swifter than eagles and stronger than lions to do the will of their Maker and the desire of their Creator. O our God, remember them for good with the other righteous of the world, and may He exact retribution for the shed blood of His servants,
as it is written in the Torah of Moses, the man of God: "O nations, acclaim *Deut. 32*
His people, for He will avenge the blood of His servants, wreak vengeance on His foes, and make clean His people's land." And by Your servants, the
prophets, it is written: "I shall cleanse their blood which I have not yet *Joel 4*
cleansed, says the LORD who dwells in Zion." And in the holy Writings it says:
"Why should the nations say: Where is their God? Before our eyes, may those *Ps. 79*
nations know that You avenge the shed blood of Your servants." And it also
says: "For the Avenger of blood remembers them and does not forget the cry *Ps. 9*
of the afflicted." And it further says: "He will execute judgment among the *Ps. 110*
nations, filled with the dead, crushing rulers far and wide. From the brook by the wayside he will drink, then he will hold his head high."

הָרַחֲמִים יַסְתִּירֵם בְּסֵתֶר כְּנָפָיו לְעוֹלָמִים, וְיִצְרֹר בִּצְרוֹר הַחַיִּים אֶת נִשְׁמוֹתֵיהֶם, יהוה הוּא נַחֲלָתָם, בְּגַן עֵדֶן תְּהֵא מְנוּחָתָם, וְיָנוּחוּ בְשָׁלוֹם עַל מִשְׁכְּבוֹתֵיהֶם וְתַעֲמֹד לְכָל יִשְׂרָאֵל זְכוּתָם, וְיַעַמְדוּ לְגוֹרָלָם לְקֵץ הַיָּמִין, וְנֹאמַר אָמֵן.

For the Holocaust victims:

אֵל מָלֵא רַחֲמִים, דַּיַּן אַלְמָנוֹת וַאֲבִי יְתוֹמִים, אַל נָא תֶחֱשֶׁה וְתִתְאַפַּק לְדַם יִשְׂרָאֵל שֶׁנִּשְׁפַּךְ כַּמַּיִם. הַמְצֵא מְנוּחָה נְכוֹנָה עַל כַּנְפֵי הַשְּׁכִינָה, בְּמַעֲלוֹת קְדוֹשִׁים וּטְהוֹרִים, כְּזֹהַר הָרָקִיעַ מְאִירִים וּמַזְהִירִים, לְנִשְׁמוֹתֵיהֶם שֶׁל רִבְבוֹת אַלְפֵי יִשְׂרָאֵל, אֲנָשִׁים וְנָשִׁים, יְלָדִים וִילָדוֹת, שֶׁנֶּהֶרְגוּ וְנִשְׁחֲטוּ וְנִשְׂרְפוּ וְנֶחְנְקוּ וְנִקְבְּרוּ חַיִּים, בָּאֲרָצוֹת אֲשֶׁר נָגְעָה בָּהֶן יַד הַצּוֹרֵר הַגֶּרְמָנִי וּגְרוּרָיו. כֻּלָּם קְדוֹשִׁים וּטְהוֹרִים, וּבָהֶם גְּאוֹנִים וְצַדִּיקִים, אַרְזֵי הַלְּבָנוֹן אַדִּירֵי הַתּוֹרָה. בְּגַן עֵדֶן תְּהֵא מְנוּחָתָם. לָכֵן, בַּעַל הָרַחֲמִים יַסְתִּירֵם בְּסֵתֶר כְּנָפָיו לְעוֹלָמִים, וְיִצְרֹר בִּצְרוֹר הַחַיִּים אֶת נִשְׁמָתָם, יהוה הוּא נַחֲלָתָם, וְיָנוּחוּ בְשָׁלוֹם עַל מִשְׁכָּבָם, וְנֹאמַר אָמֵן.

The קהל *and the* שליח ציבור*:*

אַב הָרַחֲמִים שׁוֹכֵן מְרוֹמִים, בְּרַחֲמָיו הָעֲצוּמִים הוּא יִפְקֹד בְּרַחֲמִים הַחֲסִידִים וְהַיְשָׁרִים וְהַתְּמִימִים, קְהִלּוֹת הַקֹּדֶשׁ שֶׁמָּסְרוּ נַפְשָׁם עַל קְדֻשַּׁת הַשֵּׁם, הַנֶּאֱהָבִים וְהַנְּעִימִים בְּחַיֵּיהֶם, וּבְמוֹתָם לֹא נִפְרָדוּ, מִנְּשָׁרִים קַלּוּ וּמֵאֲרָיוֹת גָּבֵרוּ לַעֲשׂוֹת רְצוֹן קוֹנָם וְחֵפֶץ צוּרָם. יִזְכְּרֵם אֱלֹהֵינוּ לְטוֹבָה עִם שְׁאָר צַדִּיקֵי עוֹלָם, וְיִנְקֹם לְעֵינֵינוּ נִקְמַת דַּם עֲבָדָיו הַשָּׁפוּךְ, כַּכָּתוּב
דברים לב בְּתוֹרַת מֹשֶׁה אִישׁ הָאֱלֹהִים, הַרְנִינוּ גוֹיִם עַמּוֹ, כִּי דַם־עֲבָדָיו יִקּוֹם, וְנָקָם יָשִׁיב לְצָרָיו, וְכִפֶּר אַדְמָתוֹ עַמּוֹ: וְעַל יְדֵי עֲבָדֶיךָ הַנְּבִיאִים כָּתוּב
יואל ד לֵאמֹר, וְנִקֵּיתִי, דָּמָם לֹא־נִקֵּיתִי, וַיהוה שֹׁכֵן בְּצִיּוֹן: וּבְכִתְבֵי הַקֹּדֶשׁ
תהלים עט נֶאֱמַר, לָמָּה יֹאמְרוּ הַגּוֹיִם אַיֵּה אֱלֹהֵיהֶם, יִוָּדַע בַּגּוֹיִם לְעֵינֵינוּ נִקְמַת
תהלים ט דַּם־עֲבָדֶיךָ הַשָּׁפוּךְ: וְאוֹמֵר, כִּי־דֹרֵשׁ דָּמִים אוֹתָם זָכָר, לֹא־שָׁכַח צַעֲקַת
תהלים קי עֲנָוִים: וְאוֹמֵר, יָדִין בַּגּוֹיִם מָלֵא גְוִיּוֹת, מָחַץ רֹאשׁ עַל־אֶרֶץ רַבָּה: מִנַּחַל בַּדֶּרֶךְ יִשְׁתֶּה, עַל־כֵּן יָרִים רֹאשׁ:

Most congregations omit the following on days that Yizkor is said. Some also omit on Shabbat.

יָהּ אֵלִי **LORD my God and Redeemer, I will stand to greet You;**
[God] who was and will be, was and is,
the land of every nation is Yours.

The thanksgiving-offering, burnt-offering, meal-offering, sin-offering,
guilt-offering, peace-offering and inauguration-offering are all offerings to You.
Remember the weary nation that has borne much, and bring it back to Your
land. I will always praise You with "Happy are those who dwell in Your House."

Fine beyond fine, undecipherable, His understanding is unfathomable,
Awesome God who distinguishes between
good and evil with a single glance.

The thanksgiving-offering, burnt-offering, meal-offering, sin-offering,
guilt-offering, peace-offering and inauguration-offering are all offerings to You.
Remember the weary nation that has borne much, and bring it back to Your
land. I will always praise You with "Happy are those who dwell in Your House."

LORD of hosts, with many wonders, He joined all His tent,
making all blossom in the ways of the heart:
the Rock, perfect is His work.

The thanksgiving-offering, burnt-offering, meal-offering, sin-offering,
guilt-offering, peace-offering and inauguration-offering are all offerings to You.
Remember the weary nation that has borne much, and bring it back to Your
land. I will always praise You with "Happy are those who dwell in Your House." *Ps. 84*

---

the holiest name of God is that He is past, present and future, both in and
beyond time.

דַּק עַל דַּק **Fine beyond fine.** The universe is finely tuned for the emergence of
life, its delicately balanced mechanisms beyond the reach of human senses
and understanding.

בְּאַחַת סְקִירָה **With a single glance.** There is no time-lag between an event and
God's knowledge and judgment of it.

כָּל אָהֳלוֹ **All His tent.** A metaphor for the universe as a whole.

בִּנְתִיבוֹת לֵב **In the ways of the heart.** A mystical reference to thirty-two (the nu-
merical value of *lev*, "heart") paths of wisdom with which the universe was cre-
ated (*Sefer Yetzira*). God's name "*Elohim*" appears thirty-two times in Genesis 1.

Most congregations omit the following on days that יזכור *is said. Some also omit on* שבת*.*

יָהּ אֵלִי וְגוֹאֲלִי, אֶתְיַצְּבָה לִקְרָאתֶךָ
הָיָה וְיִהְיֶה, הָיָה וְהֹוֶה, כָּל גּוֹי אַדְמָתֶךָ.
וְתוֹדָה וְלָעוֹלָה וְלַמִּנְחָה וְלַחַטָּאת וְלָאָשָׁם
וְלַשְּׁלָמִים וְלַמִּלּוּאִים כָּל קָרְבָּנֶךָ.
זְכֹר נִלְאָה אֲשֶׁר נָשְׂאָה וְהָשִׁיבָה לְאַדְמָתֶךָ
סֶלָה אֲהַלְלֶךָ בְּאַשְׁרֵי יוֹשְׁבֵי בֵיתֶךָ.

דַּק עַל דַּק, עַד אֵין נִבְדַּק, וְלִתְבוּנָתוֹ אֵין חֵקֶר
הָאֵל נוֹרָא, בְּאַחַת סְקִירָה, בֵּין טוֹב לְרַע יְבַקֵּר.
וְתוֹדָה וְלָעוֹלָה וְלַמִּנְחָה וְלַחַטָּאת וְלָאָשָׁם
וְלַשְּׁלָמִים וְלַמִּלּוּאִים כָּל קָרְבָּנֶךָ.
זְכֹר נִלְאָה אֲשֶׁר נָשְׂאָה וְהָשִׁיבָה לְאַדְמָתֶךָ
סֶלָה אֲהַלְלֶךָ בְּאַשְׁרֵי יוֹשְׁבֵי בֵיתֶךָ.

אֲדוֹן צְבָאוֹת, בְּרֹב פְּלָאוֹת, חִבֵּר כָּל אָהֳלוֹ
בִּנְתִיבוֹת לֵב לְבַלֵּב, הַצּוּר תָּמִים פָּעֳלוֹ.
וְתוֹדָה וְלָעוֹלָה וְלַמִּנְחָה וְלַחַטָּאת וְלָאָשָׁם
וְלַשְּׁלָמִים וְלַמִּלּוּאִים כָּל קָרְבָּנֶךָ.
זְכֹר נִלְאָה אֲשֶׁר נָשְׂאָה וְהָשִׁיבָה לְאַדְמָתֶךָ
סֶלָה אֲהַלְלֶךָ בְּאַשְׁרֵי יוֹשְׁבֵי בֵיתֶךָ.

יָהּ אֵלִי *Lord my God.* A poem that originated in mystical circles, appearing for the first time in the Siddur of Rabbi Isaiah Horowitz (c. 1565–1630; known as *Shela*). It is a prelude, specific to the three pilgrimage festivals, to *Ashrei,* the first three words of which form its refrain. It expresses the sadness that we can no longer be present at the Temple bringing our offerings and rejoicing as our ancestors once did on these days when the nation came together in celebration. Some do not say it on Shabbat; some omit it on days when *Yizkor* is said, when our grief is specifically focused remembering the deceased.

הָיָה וְיִהְיֶה, הָיָה וְהֹוֶה *Who was and will be, was and is.* One of the senses of

אַשְׁרֵי Happy are those who dwell in Your House; *Ps. 84*
they shall continue to praise You, Selah!
Happy are the people for whom this is so; *Ps. 144*
happy are the people whose God is the Lord.
A song of praise by David. *Ps. 145*

I will exalt You, my God, the King, and bless Your name for
ever and all time. Every day I will bless You, and praise Your
name for ever and all time. Great is the Lord and greatly to be
praised; His greatness is unfathomable. One generation will
praise Your works to the next, and tell of Your mighty deeds.
On the glorious splendor of Your majesty I will meditate, and
on the acts of Your wonders. They shall talk of the power of
Your awesome deeds, and I will tell of Your greatness. They
shall recite the record of Your great goodness, and sing with
joy of Your righteousness. The Lord is gracious and compas-
sionate, slow to anger and great in loving-kindness. The Lord
is good to all, and His compassion extends to all His works. All
Your works shall thank You, Lord, and Your devoted ones shall
bless You. They shall talk of the glory of Your kingship, and
speak of Your might. To make known to mankind His mighty
deeds and the glorious majesty of His kingship. Your kingdom
is an everlasting kingdom, and Your reign is for all generations.
The Lord supports all who fall, and raises all who are bowed
down. All raise their eyes to You in hope, and You give them
their food in due season. You open Your hand, and satisfy every
living thing with favor. The Lord is righteous in all His ways,
and kind in all He does. The Lord is close to all who call on
Him, to all who call on Him in truth. He fulfills the will of those
who revere Him; He hears their cry and saves them. The Lord
guards all who love Him, but all the wicked He will destroy.
‣ My mouth shall speak the praise of the Lord, and all crea-
tures shall bless His holy name for ever and all time.

We will bless the Lord now and for ever. Halleluya! *Ps. 115*

תהלים פד
תהלים קמד
תהלים קמה

אַשְׁרֵי יוֹשְׁבֵי בֵיתֶךָ, עוֹד יְהַלְלוּךָ סֶּלָה:

אַשְׁרֵי הָעָם שֶׁכָּכָה לּוֹ, אַשְׁרֵי הָעָם שֶׁיהוה אֱלֹהָיו:

תְּהִלָּה לְדָוִד

אֲרוֹמִמְךָ אֱלוֹהַי הַמֶּלֶךְ, וַאֲבָרְכָה שִׁמְךָ לְעוֹלָם וָעֶד:

בְּכָל־יוֹם אֲבָרְכֶךָּ, וַאֲהַלְלָה שִׁמְךָ לְעוֹלָם וָעֶד:

גָּדוֹל יהוה וּמְהֻלָּל מְאֹד, וְלִגְדֻלָּתוֹ אֵין חֵקֶר:

דּוֹר לְדוֹר יְשַׁבַּח מַעֲשֶׂיךָ, וּגְבוּרֹתֶיךָ יַגִּידוּ:

הֲדַר כְּבוֹד הוֹדֶךָ, וְדִבְרֵי נִפְלְאֹתֶיךָ אָשִׂיחָה:

וֶעֱזוּז נוֹרְאֹתֶיךָ יֹאמֵרוּ, וּגְדוּלָּתְךָ אֲסַפְּרֶנָּה:

זֵכֶר רַב־טוּבְךָ יַבִּיעוּ, וְצִדְקָתְךָ יְרַנֵּנוּ:

חַנּוּן וְרַחוּם יהוה, אֶרֶךְ אַפַּיִם וּגְדָל־חָסֶד:

טוֹב־יהוה לַכֹּל, וְרַחֲמָיו עַל־כָּל־מַעֲשָׂיו:

יוֹדוּךָ יהוה כָּל־מַעֲשֶׂיךָ, וַחֲסִידֶיךָ יְבָרְכוּכָה:

כְּבוֹד מַלְכוּתְךָ יֹאמֵרוּ, וּגְבוּרָתְךָ יְדַבֵּרוּ:

לְהוֹדִיעַ לִבְנֵי הָאָדָם גְּבוּרֹתָיו, וּכְבוֹד הֲדַר מַלְכוּתוֹ:

מַלְכוּתְךָ מַלְכוּת כָּל־עֹלָמִים, וּמֶמְשַׁלְתְּךָ בְּכָל־דּוֹר וָדֹר:

סוֹמֵךְ יהוה לְכָל־הַנֹּפְלִים, וְזוֹקֵף לְכָל־הַכְּפוּפִים:

עֵינֵי־כֹל אֵלֶיךָ יְשַׂבֵּרוּ, וְאַתָּה נוֹתֵן־לָהֶם אֶת־אָכְלָם בְּעִתּוֹ:

פּוֹתֵחַ אֶת־יָדֶךָ, וּמַשְׂבִּיעַ לְכָל־חַי רָצוֹן:

צַדִּיק יהוה בְּכָל־דְּרָכָיו, וְחָסִיד בְּכָל־מַעֲשָׂיו:

קָרוֹב יהוה לְכָל־קֹרְאָיו, לְכֹל אֲשֶׁר יִקְרָאֻהוּ בֶאֱמֶת:

רְצוֹן־יְרֵאָיו יַעֲשֶׂה, וְאֶת־שַׁוְעָתָם יִשְׁמַע, וְיוֹשִׁיעֵם:

שׁוֹמֵר יהוה אֶת־כָּל־אֹהֲבָיו, וְאֵת כָּל־הָרְשָׁעִים יַשְׁמִיד:

◄ תְּהִלַּת יהוה יְדַבֶּר פִּי, וִיבָרֵךְ כָּל־בָּשָׂר שֵׁם קָדְשׁוֹ לְעוֹלָם וָעֶד:

וַאֲנַחְנוּ נְבָרֵךְ יָהּ מֵעַתָּה וְעַד־עוֹלָם, הַלְלוּיָהּ:

תהלים קטו

RETURNING THE TORAH TO THE ARK

The Ark is opened. All stand.
The Leader takes one of the Torah scrolls and says:

יְהַלְלוּ Let them praise the name of the LORD,   *Ps. 148*
for His name alone is sublime.

The congregation responds:

הוֹדוֹ His majesty is above earth and heaven.
He has raised the horn of His people,
for the glory of all His devoted ones,
the children of Israel, the people close to Him.
Halleluya!

While the Torah scrolls are being returned to the Ark, on a weekday the
following is said. On Shabbat, Psalm 29, on the next page, is said.

לְדָוִד מִזְמוֹר A psalm of David. The earth is the LORD's and all it *Ps. 24*
contains, the world and all who live in it. For He founded it on the
seas and established it on the streams. Who may climb the moun-
tain of the LORD? Who may stand in His holy place? He who has
clean hands and a pure heart, who has not taken My name in vain,
or sworn deceitfully. He shall receive blessing from the LORD, and
just reward from God, his salvation. This is a generation of those
who seek Him, the descendants of Jacob who seek Your presence,
Selah! Lift up your heads, O gates; be uplifted, eternal doors, so
that the King of glory may enter. Who is the King of glory? It is the
LORD, strong and mighty, the LORD mighty in battle. Lift up your
heads, O gates; be uplifted, eternal doors, so that the King of glory
may enter. ‣ Who is He, the King of glory? The LORD of hosts, He
is the King of glory, Selah!

"Lift up your heads, O gates" – makes this an appropriate psalm to say as we
open the doors of the Ark to receive the Torah scrolls.

הכנסת ספר תורה

The ארון קודש *is opened. All stand.*
The שליח ציבור *takes one of the* ספרי תורה *and says:*

תהלים קמח
יְהַלְלוּ אֶת־שֵׁם יהוה, כִּי־נִשְׂגָּב שְׁמוֹ, לְבַדּוֹ

The קהל *responds:*

הוֹדוֹ עַל־אֶרֶץ וְשָׁמָיִם:
וַיָּרֶם קֶרֶן לְעַמּוֹ
תְּהִלָּה לְכָל־חֲסִידָיו
לִבְנֵי יִשְׂרָאֵל עַם קְרֹבוֹ
הַלְלוּיָהּ:

While the ספרי תורה *are being returned to the* ארון קודש*, on a weekday the following is said. On* שבת*, Psalm 29, on the next page, is said.*

תהלים כד
לְדָוִד מִזְמוֹר, לַיהוה הָאָרֶץ וּמְלוֹאָהּ, תֵּבֵל וְיֹשְׁבֵי בָהּ: כִּי־הוּא
עַל־יַמִּים יְסָדָהּ, וְעַל־נְהָרוֹת יְכוֹנְנֶהָ: מִי־יַעֲלֶה בְהַר־יהוה,
וּמִי־יָקוּם בִּמְקוֹם קָדְשׁוֹ: נְקִי כַפַּיִם וּבַר־לֵבָב, אֲשֶׁר לֹא־נָשָׂא
לַשָּׁוְא נַפְשִׁי וְלֹא נִשְׁבַּע לְמִרְמָה: יִשָּׂא בְרָכָה מֵאֵת יהוה, וּצְדָקָה
מֵאֱלֹהֵי יִשְׁעוֹ: זֶה דּוֹר דֹּרְשָׁו, מְבַקְשֵׁי פָנֶיךָ, יַעֲקֹב, סֶלָה: שְׂאוּ
שְׁעָרִים רָאשֵׁיכֶם, וְהִנָּשְׂאוּ פִּתְחֵי עוֹלָם, וְיָבוֹא מֶלֶךְ הַכָּבוֹד:
מִי זֶה מֶלֶךְ הַכָּבוֹד, יהוה עִזּוּז וְגִבּוֹר, יהוה גִּבּוֹר מִלְחָמָה: שְׂאוּ
שְׁעָרִים רָאשֵׁיכֶם, וּשְׂאוּ פִּתְחֵי עוֹלָם, וְיָבֹא מֶלֶךְ הַכָּבוֹד: ◂ מִי
הוּא זֶה מֶלֶךְ הַכָּבוֹד, יהוה צְבָאוֹת הוּא מֶלֶךְ הַכָּבוֹד, סֶלָה:

לְדָוִד מִזְמוֹר *Psalm 24.* Associated with the occasion on which Solomon brought the Ark into the Temple. The reference to the opening of the gates –

On Shabbat the following is said:

מִזְמוֹר לְדָוִד A psalm of David. Render to the Lord, you angelic   *Ps. 29*
powers, render to the Lord glory and might. Render to the Lord
the glory due to His name. Bow to the Lord in the beauty of holi-
ness. The Lord's voice echoes over the waters; the God of glory
thunders; the Lord is over the mighty waters. The Lord's voice in
power, the Lord's voice in beauty, the Lord's voice breaks cedars,
the Lord shatters the cedars of Lebanon. He makes Lebanon skip
like a calf, Sirion like a young wild ox. The Lord's voice cleaves
flames of fire. The Lord's voice makes the desert quake, the Lord
shakes the desert of Kadesh. The Lord's voice makes hinds calve
and strips the forests bare, and in His temple all say: "Glory!" ‣ The
Lord sat enthroned at the Flood, the Lord sits enthroned as King
for ever. The Lord will give strength to His people; the Lord will
bless His people with peace.

As the Torah scrolls are placed into the Ark, all say:

וּבְנֻחֹה יֹאמַר When the Ark came to rest, Moses would say: *Num. 10*
"Return, O Lord, to the myriad thousands of Israel."
Advance, Lord, to Your resting place,   *Ps. 132*
You and Your mighty Ark.
Your priests are clothed in righteousness,
and Your devoted ones sing in joy.
For the sake of Your servant David,
do not reject Your anointed one.   *Prov. 4*
For I give you good instruction;
do not forsake My Torah.   *Prov. 3*
It is a tree of life to those who grasp it,
and those who uphold it are happy.

---

past, when the Israelites carried the Ark, containing the Tablets, with them
on all their journeys.

עֵץ־חַיִּים הִיא לַמַּחֲזִיקִים בָּהּ *It is a tree of life to those who grasp it.* The first humans

On שבת *the following is said:*

תהלים כט
מִזְמוֹר לְדָוִד, הָבוּ לַיהוה בְּנֵי אֵלִים, הָבוּ לַיהוה כָּבוֹד וָעֹז: הָבוּ
לַיהוה כְּבוֹד שְׁמוֹ, הִשְׁתַּחֲווּ לַיהוה בְּהַדְרַת־קֹדֶשׁ: קוֹל יהוה
עַל־הַמָּיִם, אֵל־הַכָּבוֹד הִרְעִים, יהוה עַל־מַיִם רַבִּים: קוֹל־יהוה
בַּכֹּחַ, קוֹל יהוה בֶּהָדָר: קוֹל יהוה שֹׁבֵר אֲרָזִים, וַיְשַׁבֵּר יהוה אֶת־
אַרְזֵי הַלְּבָנוֹן: וַיַּרְקִידֵם כְּמוֹ־עֵגֶל, לְבָנוֹן וְשִׂרְיוֹן כְּמוֹ בֶן־רְאֵמִים:
קוֹל־יהוה חֹצֵב לַהֲבוֹת אֵשׁ: קוֹל יהוה יָחִיל מִדְבָּר, יָחִיל יהוה
מִדְבַּר קָדֵשׁ: קוֹל יהוה יְחוֹלֵל אַיָּלוֹת וַיֶּחֱשֹׂף יְעָרוֹת, וּבְהֵיכָלוֹ,
כֻּלּוֹ אֹמֵר כָּבוֹד: › יהוה לַמַּבּוּל יָשָׁב, וַיֵּשֶׁב יהוה מֶלֶךְ לְעוֹלָם:
יהוה עֹז לְעַמּוֹ יִתֵּן, יהוה יְבָרֵךְ אֶת־עַמּוֹ בַשָּׁלוֹם:

As the ספרי תורה *are placed into the* ארון קודש*, all say:*

במדבר י
וּבְנֻחֹה יֹאמַר, שׁוּבָה יהוה רִבְבוֹת אַלְפֵי יִשְׂרָאֵל:
תהלים קלב
קוּמָה יהוה לִמְנוּחָתֶךָ, אַתָּה וַאֲרוֹן עֻזֶּךָ:
כֹּהֲנֶיךָ יִלְבְּשׁוּ־צֶדֶק, וַחֲסִידֶיךָ יְרַנֵּנוּ:
בַּעֲבוּר דָּוִד עַבְדֶּךָ אַל־תָּשֵׁב פְּנֵי מְשִׁיחֶךָ:
משלי ד
כִּי לֶקַח טוֹב נָתַתִּי לָכֶם, תּוֹרָתִי אַל־תַּעֲזֹבוּ:
משלי ג
עֵץ־חַיִּים הִיא לַמַּחֲזִיקִים בָּהּ, וְתֹמְכֶיהָ מְאֻשָּׁר:

מִזְמוֹר לְדָוִד *Psalm 29.* A psalm whose sevenfold reference to the "voice" of God shaking the earth and making the wilderness tremble is taken as an allusion to the giving of the Torah at Mount Sinai accompanied by thunder and lighting, when the mountain "trembled violently" (Exodus 19:18).

וּבְנֻחֹה יֹאמַר *When the Ark came to rest.* This is the verse (Num. 10:36) that describes the occasions in the wilderness years when the Israelites encamped. As at the opening of the Ark, a ceremony in the present recalls the ancient

Its ways are ways of pleasantness, and all its paths are peace.
▸ Turn us back, O LORD, to You, and we will return. *Lam. 5*
Renew our days as of old.

The Ark is closed.

In many congregations in Israel, on the first day of Pesaḥ, the Prayer for Dew, starting with "Dew – Grant it" on page 664, is said at this point.

HALF KADDISH

Leader: יִתְגַּדַּל Magnified and sanctified
may His great name be,
in the world He created by His will.
May He establish His kingdom
in your lifetime and in your days,
and in the lifetime of all the house of Israel,
swiftly and soon –
and say: Amen.

All: May His great name be blessed for ever and all time.

Leader: Blessed and praised,
glorified and exalted,
raised and honored,
uplifted and lauded
be the name of the Holy One,
blessed be He,
beyond any blessing,
song, praise and consolation
uttered in the world –
and say: Amen.

חַדֵּשׁ יָמֵינוּ כְּקֶדֶם *Renew our days as of old.* A poignant verse taken from the book of Lamentations. In Judaism – the world's oldest monotheistic faith – the new is old, and the old remains new. The symbol of this constant renewal is the Torah, the word of the One beyond time.

דְּרָכֶיהָ דַרְכֵי־נֹעַם וְכׇל־נְתִיבֹתֶיהָ שָׁלוֹם:

הֲשִׁיבֵנוּ יהוה אֵלֶיךָ וְנָשׁוּבָה, חַדֵּשׁ יָמֵינוּ כְּקֶדֶם: איכה ה

The ארון קודש *is closed.*

In many congregations in ארץ ישראל*, on the first day of* פסח*,* תפילת טל*,*
*starting with "*טַל תֵּן*" on page 665, is said at this point.*

חצי קדיש

ש״ץ: יִתְגַּדַּל וְיִתְקַדַּשׁ שְׁמֵהּ רַבָּא (קהל: אָמֵן)
בְּעָלְמָא דִּי בְרָא כִרְעוּתֵהּ
וְיַמְלִיךְ מַלְכוּתֵהּ
בְּחַיֵּיכוֹן וּבְיוֹמֵיכוֹן וּבְחַיֵּי דְכׇל בֵּית יִשְׂרָאֵל
בַּעֲגָלָא וּבִזְמַן קָרִיב
וְאִמְרוּ אָמֵן. (קהל: אָמֵן)

קהל וש״ץ: יְהֵא שְׁמֵהּ רַבָּא מְבָרַךְ לְעָלַם וּלְעָלְמֵי עָלְמַיָּא.

ש״ץ: יִתְבָּרַךְ וְיִשְׁתַּבַּח וְיִתְפָּאַר וְיִתְרוֹמַם וְיִתְנַשֵּׂא
וְיִתְהַדָּר וְיִתְעַלֶּה וְיִתְהַלָּל
שְׁמֵהּ דְּקֻדְשָׁא בְּרִיךְ הוּא (קהל: בְּרִיךְ הוּא)
לְעֵלָּא מִן כׇּל בִּרְכָתָא וְשִׁירָתָא
תֻּשְׁבְּחָתָא וְנֶחֱמָתָא
דַּאֲמִירָן בְּעָלְמָא
וְאִמְרוּ אָמֵן. (קהל: אָמֵן)

---

were forbidden to eat from the Tree of Life "lest they live forever" (Gen. 3:22). In this fine instance of intertextuality the book of Proverbs tells us that immortality is to be found in how we live, not how long. In the union of divine word and human mind we become part of something beyond time, chance and change. The first humans may have lost paradise, but by giving us the Torah, God has given us access to it again.

Musaf for Yom Tov

The following prayer, until "in former years" on page 658,
is said silently, standing with feet together.
Take three steps forward and at the points indicated by ˇ*, bend the knees at the first word,*
bow at the second, and stand straight before saying God's name.

Deut. 32

Ps. 51

When I proclaim the LORD's name, give glory to our God.

O LORD, open my lips, so that my mouth may declare Your praise.

PATRIARCHS

ˇבָּרוּךְ Blessed are You, LORD our God and God of our fathers,

God of Abraham, God of Isaac and God of Jacob;

the great, mighty and awesome God, God Most High,

who bestows acts of loving-kindness and creates all,

who remembers the loving-kindness of the fathers

and will bring a Redeemer

to their children's children

for the sake of His name, in love.

King, Helper, Savior, Shield:

ˇBlessed are You, LORD, Shield of Abraham.

DIVINE MIGHT

אַתָּה גִבּוֹר You are eternally mighty, LORD.

You give life to the dead

and have great power to save.

אֱלֹהֵינוּ וֵאלֹהֵי אֲבוֹתֵינוּ *Our God and God of our fathers.* This is the same sequence as in the Song at the Sea: "This is my God, and I will beautify Him, my father's God, and I will exalt Him" (Ex. 15:2). There are two kinds of inheritance. If I inherit gold, I need do nothing to maintain its value: it will happen inevitably. But if I inherit a business and do not work to maintain it, it will eventually be valueless. Faith is less like gold than like a business. I have to work to sustain its value if I am truly to inherit it. We have to make God *our* God if we are truly to honor the God of our ancestors.

אַתָּה גִבּוֹר *You are eternally mighty.* This paragraph, with its fivefold reference to the resurrection of the dead, reflects one of the major areas of contention

מוסף ליום טוב

The following prayer, until קַדְמֹנִיּוֹת *on page 659, is said silently, standing with feet together. Take three steps forward and at the points indicated by* ׳*, bend the knees at the first word, bow at the second, and stand straight before saying God's name.*

דברים לב — כִּי שֵׁם יהוה אֶקְרָא, הָבוּ גֹדֶל לֵאלֹהֵינוּ:

תהלים נא — אֲדֹנָי, שְׂפָתַי תִּפְתָּח, וּפִי יַגִּיד תְּהִלָּתֶךָ:

אבות

׳בָּרוּךְ אַתָּה יהוה, אֱלֹהֵינוּ וֵאלֹהֵי אֲבוֹתֵינוּ
אֱלֹהֵי אַבְרָהָם, אֱלֹהֵי יִצְחָק, וֵאלֹהֵי יַעֲקֹב
הָאֵל הַגָּדוֹל הַגִּבּוֹר וְהַנּוֹרָא, אֵל עֶלְיוֹן
גּוֹמֵל חֲסָדִים טוֹבִים, וְקוֹנֵה הַכֹּל
וְזוֹכֵר חַסְדֵי אָבוֹת
וּמֵבִיא גוֹאֵל לִבְנֵי בְנֵיהֶם לְמַעַן שְׁמוֹ בְּאַהֲבָה.
מֶלֶךְ עוֹזֵר וּמוֹשִׁיעַ וּמָגֵן.
׳בָּרוּךְ אַתָּה יהוה, מָגֵן אַבְרָהָם.

גבורות

אַתָּה גִּבּוֹר לְעוֹלָם, אֲדֹנָי
מְחַיֵּה מֵתִים אַתָּה, רַב לְהוֹשִׁיעַ

MUSAF

The Musaf service corresponds to the additional sacrifice that was offered in Temple times on Shabbat and festivals. The sacrificial element is more pronounced in Musaf than in other services, since the other services have a double aspect. On the one hand, they too represent sacrifice (except Ma'ariv, the evening service, because no sacrifices were offered at night). But they also represent the prayers of the patriarchs: the morning service is associated with Abraham, the afternoon service with Isaac, and the evening service with Jacob. Musaf has no such additional dimension. It is, simply, the substitute for a sacrifice. As our ancestors brought offerings in the Temple so we bring an offering of words.

On the first day of Pesaḥ (except in Israel; see law 29):
He makes the wind blow and the rain fall.

In Israel on other days:
He causes the dew to fall.

He sustains the living with loving-kindness,
and with great compassion revives the dead.
He supports the fallen,
heals the sick, sets captives free,
and keeps His faith with those who sleep in the dust.
Who is like You, Master of might,
and who can compare to You,
O King who brings death and gives life,
and makes salvation grow?
Faithful are You to revive the dead.
Blessed are You, LORD,
who revives the dead.

HOLINESS

אַתָּה קָדוֹשׁ You are holy and Your name is holy,
and holy ones praise You daily, Selah!
Blessed are You, LORD,
the holy God.

אַתָּה קָדוֹשׁ *You are holy.* The infinite light of God is hidden in the finite spaces
of the physical universe. Indeed the word *olam,* universe, is semantically
linked to the word *ne'elam,* hidden. "Holy" is the name we give to those spe-
cial times, places, people and deeds that are signals of transcendence, points
at which the infinity of God becomes manifest within the finite world. The
holiness of God therefore refers to divine transcendence: God beyond, not
within, the world. The holiness of Israel ("Be holy, for I the LORD your God
am holy" [Lev. 19:2]) refers to the points within our life where we efface
ourselves in order to become a vehicle through which God's light flows into
the world.

On the first day of פסח *(except in* ארץ ישראל*; see law 29):*

מַשִּׁיב הָרְוּחַ וּמוֹרִיד הַגֶּשֶׁם

In ארץ ישראל *on other days:*

מוֹרִיד הַטַּל

מְכַלְכֵּל חַיִּים בְּחֶסֶד, מְחַיֵּה מֵתִים בְּרַחֲמִים רַבִּים
סוֹמֵךְ נוֹפְלִים, וְרוֹפֵא חוֹלִים, וּמַתִּיר אֲסוּרִים
וּמְקַיֵּם אֱמוּנָתוֹ לִישֵׁנֵי עָפָר.
מִי כָמְוֹךָ, בַּעַל גְּבוּרוֹת
וּמִי דְּוֹמֶה לָּךְ
מֶלֶךְ, מֵמִית וּמְחַיֶּה וּמַצְמִיחַ יְשׁוּעָה.
וְנֶאֱמָן אַתָּה לְהַחֲיוֹת מֵתִים.
בָּרוּךְ אַתָּה יהוה, מְחַיֵּה הַמֵּתִים.

קדושת השם

אַתָּה קָדוֹשׁ וְשִׁמְךָ קָדוֹשׁ
וּקְדוֹשִׁים בְּכָל יוֹם יְהַלְלְוּךָ סֶּלָה.
בָּרוּךְ אַתָּה יהוה, הָאֵל הַקָּדוֹשׁ.

---

between the Pharisees and Sadducees in Second Temple times. The Sadducees, influenced by the Greeks, believed that the true home of the soul is in heaven, not on earth. Therefore the highest state is *Olam HaBa,* the World to Come, life after death. That anyone, having experienced such serenity and closeness to God, might wish to return to bodily life on earth was as unintelligible to them as it would have been to Plato. The Pharisees believed otherwise, that justice belongs on earth not only in heaven, and that those who died – including those who died unjustly or before their time – will one day live again, not just immortally in heaven but physically on earth. There is a World to Come, life after death, but there will also be in the future a resurrection of those who died. This is a deep and fundamental statement of Jewish faith.

HOLINESS OF THE DAY

אַתָּה בְחַרְתָּנוּ You have chosen us from among all peoples.

You have loved and favored us.

You have raised us above all tongues.

You have made us holy through Your commandments.

You have brought us near, our King, to Your service,

and have called us by Your great and holy name.

On Shabbat, add the words in parentheses:

וַתִּתֶּן לָנוּ And You, LORD our God, have given us in love

(Sabbaths for rest and) festivals for rejoicing,

holy days and seasons for joy,

(this Sabbath day and) this day of the festival of Matzot,

the time of our freedom

(with love), a holy assembly in memory of the exodus from Egypt.

וּמִפְּנֵי חֲטָאֵינוּ But because of our sins we were exiled from our land

and driven far from our country.

We cannot go up to appear and bow before You,

and to perform our duties in Your chosen House,

the great and holy Temple that was called by Your name,

because of the hand that was stretched out against Your Sanctuary.

---

containing many of the details of the sacrifices, the Torah states, "When a person offers *of you* an offering to the LORD" (Lev. 1:2). The order of the words is unexpected: it would be more natural to say, "When one of you brings an offering." From this, the Jewish mystics concluded that the real offering is "of you," that is, of self. The animals were the outer form of the command, but its essential core is the inward act of self-sacrificing love. That is why, after the destruction of the Temple, prayer could substitute for sacrifice, for true prayer *is* the giving of self, the acknowledgement that without God we are a mere concatenation of chemicals that will one day turn to dust. Only by the gift of self to the eternal God do we touch – and are touched by – eternity.

וּמִפְּנֵי חֲטָאֵינוּ גָּלִינוּ מֵאַרְצֵנוּ But because of our sins we were exiled from our land. An explanation of why we are no longer able to offer sacrifices in the Temple.

קדושת היום

אַתָּה בְחַרְתָּנוּ מִכָּל הָעַמִּים
אָהַבְתָּ אוֹתָנוּ וְרָצִיתָ בָּנוּ
וְרוֹמַמְתָּנוּ מִכָּל הַלְּשׁוֹנוֹת
וְקִדַּשְׁתָּנוּ בְּמִצְוֹתֶיךָ
וְקֵרַבְתָּנוּ מַלְכֵּנוּ לַעֲבוֹדָתֶךָ
וְשִׁמְךָ הַגָּדוֹל וְהַקָּדוֹשׁ עָלֵינוּ קָרָאתָ.

On שבת*, add the words in parentheses:*

וַתִּתֶּן לָנוּ יהוה אֱלֹהֵינוּ בְּאַהֲבָה
(שַׁבָּתוֹת לִמְנוּחָה וּ)מוֹעֲדִים לְשִׂמְחָה, חַגִּים וּזְמַנִּים לְשָׂשׂוֹן
אֶת יוֹם (הַשַּׁבָּת הַזֶּה וְאֶת יוֹם)
חַג הַמַּצּוֹת הַזֶּה, זְמַן חֵרוּתֵנוּ
(בְּאַהֲבָה) מִקְרָא קֹדֶשׁ, זֵכֶר לִיצִיאַת מִצְרָיִם.

וּמִפְּנֵי חֲטָאֵינוּ גָּלִינוּ מֵאַרְצֵנוּ, וְנִתְרַחַקְנוּ מֵעַל אַדְמָתֵנוּ
וְאֵין אֲנַחְנוּ יְכוֹלִים לַעֲלוֹת וְלֵרָאוֹת וּלְהִשְׁתַּחֲווֹת לְפָנֶיךָ
וְלַעֲשׂוֹת חוֹבוֹתֵינוּ בְּבֵית בְּחִירָתֶךָ
בַּבַּיִת הַגָּדוֹל וְהַקָּדוֹשׁ שֶׁנִּקְרָא שִׁמְךָ עָלָיו
מִפְּנֵי הַיָּד שֶׁנִּשְׁתַּלְּחָה בְּמִקְדָּשֶׁךָ.

אַתָּה בְחַרְתָּנוּ *You have chosen us.* The form of sacrifice in Judaism is different with and without a Temple, but its centrality remains. Where once our ancestors offered animals, now, lacking a Temple, we offer words. Yet the essential act is the same in both cases: a giving of self to God. In Judaism, to love is to give. Jewish marriage is consecrated by the gift of a ring. It is not that the recipient needs to receive. It is that love is emotion turned outward. Love is the sacrifice of self to other, and the result is *k-r-v,* the "coming close" that is the root of the word *korban,* "sacrifice." At the beginning of Leviticus, the book

May it be Your will, LORD our God and God of our ancestors,
merciful King,
that You in Your abounding compassion may once more
have mercy on us and on Your Sanctuary,
rebuilding it swiftly and adding to its glory.
Our Father, our King,
reveal the glory of Your kingdom to us swiftly.
Appear and be exalted over us in the sight of all that lives.
Bring back our scattered ones from among the nations,
and gather our dispersed people from the ends of the earth.
Lead us to Zion, Your city, in jubilation,
and to Jerusalem, home of Your Temple, with everlasting joy.
There we will prepare for You our obligatory offerings:
the regular daily offerings in their order
and the additional offerings according to their law.
And the additional offering(s of this Sabbath day and)
of this day of the festival of Matzot.
we will prepare and offer before You in love,
in accord with Your will's commandment,
as You wrote for us in Your Torah
through Your servant Moses,
by Your own word, as it is said:

———————————————————————

וַתִּתֶּן לָנוּ...וּמִפְּנֵי חֲטָאֵינוּ...אֱלֹהֵינוּ וֵאלֹהֵי אֲבוֹתֵינוּ *And You* [LORD *our God*] *have given us… But because of our sins… Our God and God of our ancestors.* Rabbi Joseph Soloveitchik suggests that this three-paragraph structure of the middle section of Musaf corresponds to the three passages in the Torah dealing with the festivals. The first paragraph, which identifies the theme of the festival, corresponds to Leviticus 23, which sets out the character and dates of the festivals. The second corresponds to Numbers 28–29, which specifies the sacrifices offered on each holy day. The third, with its reference to a reinstatement of pilgrimage to a rebuilt Temple, echoes a key theme of Deuteronomy 16.

יְהִי רָצוֹן מִלְּפָנֶיךָ יהוה אֱלֹהֵינוּ וֵאלֹהֵי אֲבוֹתֵינוּ

מֶלֶךְ רַחֲמָן

שֶׁתָּשׁוּב וּתְרַחֵם עָלֵינוּ וְעַל מִקְדָּשְׁךָ בְּרַחֲמֶיךָ הָרַבִּים

וְתִבְנֵהוּ מְהֵרָה וּתְגַדֵּל כְּבוֹדוֹ.

אָבִינוּ מַלְכֵּנוּ, גַּלֵּה כְּבוֹד מַלְכוּתְךָ עָלֵינוּ מְהֵרָה

וְהוֹפַע וְהִנָּשֵׂא עָלֵינוּ לְעֵינֵי כָּל חָי

וְקָרֵב פְּזוּרֵינוּ מִבֵּין הַגּוֹיִם, וּנְפוּצוֹתֵינוּ כַּנֵּס מִיַּרְכְּתֵי אָרֶץ.

וַהֲבִיאֵנוּ לְצִיּוֹן עִירְךָ בְּרִנָּה

וְלִירוּשָׁלַיִם בֵּית מִקְדָּשְׁךָ בְּשִׂמְחַת עוֹלָם

וְשָׁם נַעֲשֶׂה לְפָנֶיךָ אֶת קָרְבְּנוֹת חוֹבוֹתֵינוּ

תְּמִידִים כְּסִדְרָם וּמוּסָפִים כְּהִלְכָתָם

וְאֶת מוּסַף יוֹם / שבת: וְאֶת מוּסְפֵי יוֹם הַשַּׁבָּת הַזֶּה וְיוֹם/

חַג הַמַּצּוֹת הַזֶּה

נַעֲשֶׂה וְנַקְרִיב לְפָנֶיךָ בְּאַהֲבָה כְּמִצְוַת רְצוֹנֶךָ

כְּמוֹ שֶׁכָּתַבְתָּ עָלֵינוּ בְּתוֹרָתֶךָ

עַל יְדֵי מֹשֶׁה עַבְדֶּךָ

מִפִּי כְבוֹדֶךָ, כָּאָמוּר

The word ḥet, "sin," also means to miss a target. Avera, like the English word "transgression," means to cross a boundary into forbidden territory. Thus a sin is an act in the wrong place, one that disturbs the moral order of the universe. Its punishment, measure for measure, is that the sinner is sent to the wrong place, that is, into exile. For their sin, Adam and Eve were exiled from Eden. For our ancestors' sins they were exiled from their land. The Hebrew word teshuva, the proper response to sin, thus has the double sense of spiritual repentance for wrongdoing and physical return to the land.

On Shabbat:

וּבְיוֹם הַשַּׁבָּת On the Sabbath day, make an offering of two lambs a year old, without blemish, together with two-tenths of an ephah of fine flour mixed with oil as a meal-offering, and its appropriate libation. This is the burnt-offering for every Sabbath, in addition to the regular daily burnt-offering and its libation. *Num. 28*

On the first and second day of Pesaḥ start here:

וּבַחֹדֶשׁ הָרִאשׁוֹן On the fourteenth day of the first month *Ibid.*
there shall be a Pesaḥ offering to the LORD.
And on the fifteenth day of this month there shall be a festival:
seven days unleavened bread shall be eaten.
On the first day there shall be a sacred assembly:
you shall do no laborious work.

On the seventh and eighth day of Pesaḥ start here:

וְהִקְרַבְתֶּם And you shall bring an offering consumed by fire, *Ibid.*
a burnt-offering to the LORD: two young bullocks, one ram,
and seven yearling male lambs; they shall be to you unblemished.

And their meal-offerings and wine-libations as ordained:
three-tenths of an ephah for each bull,
two-tenths of an ephah for the ram,
one-tenth of an ephah for each lamb,
wine for the libations, a male goat for atonement,
and two regular daily offerings according to their law.

On Shabbat:

יִשְׂמְחוּ Those who keep the Sabbath and call it a delight shall rejoice in Your kingship. The people who sanctify the seventh day shall all be satisfied and take delight in Your goodness, for You favored the seventh day and declared it holy. You called it "most desirable of days" in remembrance of Creation.

אֱלֹהֵינוּ Our God and God of our ancestors,
merciful King, have compassion upon us.
You who are good and do good, respond to our call.
Return to us in Your abounding mercy
for the sake of our fathers who did Your will.

On שבת*:*

וּבְיוֹם הַשַּׁבָּת, שְׁנֵי־כְבָשִׂים בְּנֵי־שָׁנָה תְּמִימִם וּשְׁנֵי עֶשְׂרֹנִים סֹלֶת מִנְחָה בְּלוּלָה בַשֶּׁמֶן וְנִסְכּוֹ: עֹלַת שַׁבַּת בְּשַׁבַּתּוֹ, עַל־עֹלַת הַתָּמִיד וְנִסְכָּהּ: במדבר כח

On the first and second day of פסח*, start here:*

וּבַחֹדֶשׁ הָרִאשׁוֹן בְּאַרְבָּעָה עָשָׂר יוֹם לַחֹדֶשׁ, פֶּסַח לַיהוה: שם
וּבַחֲמִשָּׁה עָשָׂר יוֹם לַחֹדֶשׁ הַזֶּה חָג
שִׁבְעַת יָמִים מַצּוֹת יֵאָכֵל:
בַּיּוֹם הָרִאשׁוֹן מִקְרָא־קֹדֶשׁ
כָּל־מְלֶאכֶת עֲבֹדָה לֹא תַעֲשׂוּ:

On the seventh and eighth day of פסח*, start here:*

וְהִקְרַבְתֶּם אִשֶּׁה עֹלָה לַיהוה שם
פָּרִים בְּנֵי־בָקָר שְׁנַיִם וְאַיִל אֶחָד
וְשִׁבְעָה כְבָשִׂים בְּנֵי שָׁנָה
תְּמִימִם יִהְיוּ לָכֶם:

וּמִנְחָתָם וְנִסְכֵּיהֶם כִּמְדֻבָּר
שְׁלֹשָׁה עֶשְׂרֹנִים לַפָּר וּשְׁנֵי עֶשְׂרֹנִים לָאָיִל, וְעִשָּׂרוֹן לַכֶּבֶשׂ
וְיַיִן כְּנִסְכּוֹ, וְשָׂעִיר לְכַפֵּר, וּשְׁנֵי תְמִידִים כְּהִלְכָתָם.

On שבת*:*

יִשְׂמְחוּ בְמַלְכוּתְךָ שׁוֹמְרֵי שַׁבָּת וְקוֹרְאֵי עֹנֶג. עַם מְקַדְּשֵׁי שְׁבִיעִי כֻּלָּם יִשְׂבְּעוּ וְיִתְעַנְּגוּ מִטּוּבֶךָ, וּבַשְּׁבִיעִי רָצִיתָ בּוֹ וְקִדַּשְׁתּוֹ, חֶמְדַּת יָמִים אוֹתוֹ קָרָאתָ, זֵכֶר לְמַעֲשֵׂה בְרֵאשִׁית.

אֱלֹהֵינוּ וֵאלֹהֵי אֲבוֹתֵינוּ
מֶלֶךְ רַחֲמָן רַחֵם עָלֵינוּ, טוֹב וּמֵטִיב הִדָּרֶשׁ לָנוּ
שׁוּבָה אֵלֵינוּ בַּהֲמוֹן רַחֲמֶיךָ, בִּגְלַל אָבוֹת שֶׁעָשׂוּ רְצוֹנֶךָ.

Rebuild Your Temple as at the beginning,
and establish Your Sanctuary on its site.
Let us witness its rebuilding and gladden us by its restoration.
Bring the priests back to their service,
the Levites to their song and music,
and the Israelites to their homes.

וְשָׁם נַעֲלֶה There we will go up and appear and bow before You
on the three pilgrimage festivals,
as is written in Your Torah:

> "Three times in the year all your males shall appear   *Deut. 16*
> before the Lord your God at the place He will choose:
> on Pesaḥ, Shavuot and Sukkot.
> They shall not appear before the Lord empty-handed.
> Each shall bring such a gift as he can,
> in proportion to the blessing
> that the Lord your God grants you."

On Shabbat add the words in parentheses:

וְהַשִּׂיאֵנוּ Bestow on us, Lord our God,
the blessing of Your festivals
for life and peace, joy and gladness,
as You desired and promised to bless us.
(Our God and God of our fathers, find favor in our rest.)
Make us holy through Your commandments
and grant us a share in Your Torah;
satisfy us with Your goodness,
gladden us with Your salvation,
and purify our hearts to serve You in truth.
And grant us a heritage, Lord our God, (with love and favor,)
with joy and gladness, Your holy (Sabbath and) festivals.

---

gladness, refers to the outward signs of celebration. One can exist without the
other. A person can be inwardly joyful without showing it, or be dressed in

בְּנֵה בֵיתְךָ כְּבַתְּחִלָּה, וְכוֹנֵן מִקְדָּשְׁךָ עַל מְכוֹנוֹ
וְהַרְאֵנוּ בְּבִנְיָנוֹ, וְשַׂמְּחֵנוּ בְּתִקּוּנוֹ
וְהָשֵׁב כֹּהֲנִים לַעֲבוֹדָתָם, וּלְוִיִּם לְשִׁירָם וּלְזִמְרָם
וְהָשֵׁב יִשְׂרָאֵל לִנְוֵיהֶם.

וְשָׁם נַעֲלֶה וְנֵרָאֶה וְנִשְׁתַּחֲוֶה לְפָנֶיךָ בְּשָׁלֹשׁ פַּעֲמֵי רְגָלֵינוּ
כַּכָּתוּב בְּתוֹרָתֶךָ
שָׁלוֹשׁ פְּעָמִים בַּשָּׁנָה יֵרָאֶה כָל־זְכוּרְךָ אֶת־פְּנֵי יהוה אֱלֹהֶיךָ דברים טז
בַּמָּקוֹם אֲשֶׁר יִבְחָר
בְּחַג הַמַּצּוֹת, וּבְחַג הַשָּׁבֻעוֹת, וּבְחַג הַסֻּכּוֹת
וְלֹא יֵרָאֶה אֶת־פְּנֵי יהוה רֵיקָם:
אִישׁ כְּמַתְּנַת יָדוֹ, כְּבִרְכַּת יהוה אֱלֹהֶיךָ אֲשֶׁר נָתַן־לָךְ:

On שבת *add the words in parentheses:*

וְהַשִּׂיאֵנוּ יהוה אֱלֹהֵינוּ אֶת בִּרְכַּת מוֹעֲדֶיךָ
לְחַיִּים וּלְשָׁלוֹם, לְשִׂמְחָה וּלְשָׂשׂוֹן
כַּאֲשֶׁר רָצִיתָ וְאָמַרְתָּ לְבָרְכֵנוּ.
(אֱלֹהֵינוּ וֵאלֹהֵי אֲבוֹתֵינוּ, רְצֵה בִמְנוּחָתֵנוּ)
קַדְּשֵׁנוּ בְּמִצְוֹתֶיךָ, וְתֵן חֶלְקֵנוּ בְּתוֹרָתֶךָ
שַׂבְּעֵנוּ מִטּוּבֶךָ, וְשַׂמְּחֵנוּ בִּישׁוּעָתֶךָ
וְטַהֵר לִבֵּנוּ לְעָבְדְּךָ בֶּאֱמֶת
וְהַנְחִילֵנוּ יהוה אֱלֹהֵינוּ (בְּאַהֲבָה וּבְרָצוֹן)
בְּשִׂמְחָה וּבְשָׂשׂוֹן (שַׁבָּת וּ) מוֹעֲדֵי קָדְשֶׁךָ

לְשִׂמְחָה וּלְשָׂשׂוֹן *Joy and gladness.* The difference between these two terms, according to Malbim, is that *simḥa*, joy, refers to inward emotion. *Sasson*,

May Israel, who sanctify Your name, rejoice in You.
Blessed are You, LORD,
who sanctifies (the Sabbath and) Israel and the festive seasons.

TEMPLE SERVICE

רְצֵה Find favor, LORD our God,
in Your people Israel and their prayer.
Restore the service to Your most holy House,
and accept in love and favor
the fire-offerings of Israel and their prayer.
May the service of Your people Israel always find favor with You.
And may our eyes witness Your return to Zion in compassion.
Blessed are You, LORD, who restores His Presence to Zion.

THANKSGIVING

Bow at the first nine words.

מוֹדִים We give thanks to You,
for You are the LORD our God and God of our ancestors
for ever and all time.
You are the Rock of our lives,
Shield of our salvation from generation to generation.
We will thank You and declare Your praise for our lives,
which are entrusted into Your hand;
for our souls, which are placed in Your charge;
for Your miracles which are with us every day;
and for Your wonders and favors
at all times, evening, morning and midday.

מוֹדִים אֲנַחְנוּ לָךְ *We give thanks to You.* This, the middle of the closing three blessings, mirrors the middle of the first three blessings, with this difference – that where that paragraph spoke of God who restores life to the dead, here we speak of the no less miraculous fact that God gives life to the living. The fact that increasingly we can give scientific explanations for the *how* of life, does not

וְיִשְׂמְחוּ בְךָ יִשְׂרָאֵל מְקַדְּשֵׁי שְׁמֶךָ.
בָּרוּךְ אַתָּה יהוה, מְקַדֵּשׁ (הַשַּׁבָּת וְ) יִשְׂרָאֵל וְהַזְּמַנִּים.

עבודה

רְצֵה יהוה אֱלֹהֵינוּ בְּעַמְּךָ יִשְׂרָאֵל וּבִתְפִלָּתָם
וְהָשֵׁב אֶת הָעֲבוֹדָה לִדְבִיר בֵּיתֶךָ
וְאִשֵּׁי יִשְׂרָאֵל וּתְפִלָּתָם בְּאַהֲבָה תְקַבֵּל בְּרָצוֹן
וּתְהִי לְרָצוֹן תָּמִיד עֲבוֹדַת יִשְׂרָאֵל עַמֶּךָ.
וְתֶחֱזֶינָה עֵינֵינוּ בְּשׁוּבְךָ לְצִיּוֹן בְּרַחֲמִים.
בָּרוּךְ אַתָּה יהוה, הַמַּחֲזִיר שְׁכִינָתוֹ לְצִיּוֹן.

הודאה

Bow at the first five words.

מוֹדִים אֲנַחְנוּ לָךְ
שָׁאַתָּה הוּא יהוה אֱלֹהֵינוּ וֵאלֹהֵי אֲבוֹתֵינוּ לְעוֹלָם וָעֶד.
צוּר חַיֵּינוּ, מָגֵן יִשְׁעֵנוּ, אַתָּה הוּא לְדוֹר וָדוֹר.
נוֹדֶה לְּךָ וּנְסַפֵּר תְּהִלָּתֶךָ
עַל חַיֵּינוּ הַמְּסוּרִים בְּיָדֶךָ
וְעַל נִשְׁמוֹתֵינוּ הַפְּקוּדוֹת לָךְ
וְעַל נִסֶּיךָ שֶׁבְּכָל יוֹם עִמָּנוּ
וְעַל נִפְלְאוֹתֶיךָ וְטוֹבוֹתֶיךָ
שֶׁבְּכָל עֵת, עֶרֶב וָבֹקֶר וְצָהֳרָיִם.

---

festive clothes while feeling inwardly sad. Festivals are a time for both. They are or should be times of inward joy: that is why in Jewish law a festival brings to an end a time of mourning. They are also times of public gladness where we celebrate together by the way we dress, eat and sing.

You are good – for Your compassion never fails.
You are compassionate –
for Your loving-kindnesses never cease.
We have always placed our hope in You.
For all these things may Your name be blessed and exalted,
our King, continually, for ever and all time.
Let all that lives thank You, Selah!
and praise Your name in truth,
God, our Savior and Help, Selah!
ʼBlessed are You, LORD, whose name is "the Good"
and to whom thanks are due.

PEACE

שִׂים שָׁלוֹם Grant peace, goodness and blessing,
grace, loving-kindness and compassion to us
and all Israel Your people.
Bless us, our Father, all as one,
with the light of Your face,
for by the light of Your face You have given us,
LORD our God,
the Torah of life and love of kindness,
righteousness, blessing, compassion, life and peace.
May it be good in Your eyes to bless Your people Israel
at every time, in every hour, with Your peace.
Blessed are You, LORD, who blesses His people Israel with peace.

Some say the following verse:
May the words of my mouth and the meditation of my heart   *Ps. 19*
find favor before You, LORD, my Rock and Redeemer.

---

all the "wonders" that are with us at every moment. If we would only open
our eyes to the sheer improbability of existence we would realize that we are
surrounded by the astonishing, intricate beauty of God's constant creativity:
"Lift up your eyes on high, and see who has created these things" (Is. 40:26).

הַטּוֹב, כִּי לֹא כָלוּ רַחֲמֶיךָ
וְהַמְרַחֵם, כִּי לֹא תַמּוּ חֲסָדֶיךָ
מֵעוֹלָם קִוִּינוּ לָךְ.
וְעַל כֻּלָּם יִתְבָּרַךְ וְיִתְרוֹמַם שִׁמְךָ מַלְכֵּנוּ תָּמִיד לְעוֹלָם וָעֶד.
וְכֹל הַחַיִּים יוֹדְוּךָ סֶּלָה, וִיהַלְלוּ אֶת שִׁמְךָ בֶּאֱמֶת
הָאֵל יְשׁוּעָתֵנוּ וְעֶזְרָתֵנוּ סֶלָה.
'בָּרוּךְ אַתָּה יהוה, הַטּוֹב שִׁמְךָ וּלְךָ נָאֶה לְהוֹדוֹת.

שלום
שִׂים שָׁלוֹם טוֹבָה וּבְרָכָה חֵן וָחֶסֶד וְרַחֲמִים
עָלֵינוּ וְעַל כָּל יִשְׂרָאֵל עַמֶּךָ.
בָּרְכֵנוּ אָבִינוּ כֻּלָּנוּ כְּאֶחָד בְּאוֹר פָּנֶיךָ
כִּי בְאוֹר פָּנֶיךָ נָתַתָּ לָּנוּ, יהוה אֱלֹהֵינוּ
תּוֹרַת חַיִּים וְאַהֲבַת חֶסֶד
וּצְדָקָה וּבְרָכָה וְרַחֲמִים וְחַיִּים וְשָׁלוֹם.
וְטוֹב בְּעֵינֶיךָ לְבָרֵךְ אֶת עַמְּךָ יִשְׂרָאֵל
בְּכָל עֵת וּבְכָל שָׁעָה בִּשְׁלוֹמֶךָ.
בָּרוּךְ אַתָּה יהוה, הַמְבָרֵךְ אֶת עַמּוֹ יִשְׂרָאֵל בַּשָּׁלוֹם.

Some say the following verse:

תהלים יט יִהְיוּ לְרָצוֹן אִמְרֵי־פִי וְהֶגְיוֹן לִבִּי לְפָנֶיךָ, יהוה צוּרִי וְגֹאֲלִי:

---

diminish – indeed should intensify – our sense of wonder and gratitude at the *gift* of life. There is nothing "mere" about the fact that we are here. The more we learn about cosmology (the birth of the physical universe), life (the emergence of forms of self-organizing complexity), sentience (the fact that we can feel) and self-consciousness (the fact that we can stand outside our feelings, exercising freedom and asking the question, Why?) – the more we recognize

אֱלֹהַי My God, Berakhot 17a
guard my tongue from evil and my lips from deceitful speech.
To those who curse me, let my soul be silent;
may my soul be to all like the dust.
Open my heart to Your Torah
and let my soul pursue Your commandments.
As for all who plan evil against me,
swiftly thwart their counsel and frustrate their plans.

> Act for the sake of Your name;
> act for the sake of Your right hand;
> act for the sake of Your holiness;
> act for the sake of Your Torah.

That Your beloved ones may be delivered, Ps. 60
save with Your right hand and answer me.
May the words of my mouth Ps. 19
and the meditation of my heart find favor before You,
LORD, my Rock and Redeemer.

Bow, take three steps back, then bow, first left, then right, then center, while saying:
May He who makes peace in His high places,
make peace for us and all Israel –
and say: Amen.

יְהִי רָצוֹן May it be Your will, LORD our God and God of our ancestors,
that the Temple be rebuilt speedily in our days,
and grant us a share in Your Torah.
And there we will serve You with reverence,
as in the days of old and as in former years.
Then the offering of Judah and Jerusalem Mal. 3
will be pleasing to the LORD as in the days of old and as in former years.

נַפְשִׁי תִדֹּם *Let my soul be silent.* "The way of the just is to be insulted but not to insult; to hear yourself reviled but not to reply; to act out of love and to rejoice even in affliction" (Maimonides, Laws of Ethical Character 2:3, based on *Yoma* 23a).

ברכות יז.

אֱלֹהַי
נְצֹר לְשׁוֹנִי מֵרָע וּשְׂפָתַי מִדַּבֵּר מִרְמָה
וְלִמְקַלְלַי נַפְשִׁי תִדֹּם, וְנַפְשִׁי כֶּעָפָר לַכֹּל תִּהְיֶה.
פְּתַח לִבִּי בְּתוֹרָתֶךָ, וּבְמִצְוֹתֶיךָ תִּרְדֹּף נַפְשִׁי.
וְכָל הַחוֹשְׁבִים עָלַי רָעָה
מְהֵרָה הָפֵר עֲצָתָם וְקַלְקֵל מַחֲשַׁבְתָּם.
עֲשֵׂה לְמַעַן שְׁמֶךָ
עֲשֵׂה לְמַעַן יְמִינֶךָ
עֲשֵׂה לְמַעַן קְדֻשָּׁתֶךָ
עֲשֵׂה לְמַעַן תּוֹרָתֶךָ.
תהלים ס לְמַעַן יֵחָלְצוּן יְדִידֶיךָ, הוֹשִׁיעָה יְמִינְךָ וַעֲנֵנִי:
תהלים יט יִהְיוּ לְרָצוֹן אִמְרֵי־פִי וְהֶגְיוֹן לִבִּי לְפָנֶיךָ, יהוה צוּרִי וְגֹאֲלִי:

Bow, take three steps back, then bow, first left, then right, then center, while saying:

עֹשֶׂה שָׁלוֹם בִּמְרוֹמָיו
הוּא יַעֲשֶׂה שָׁלוֹם עָלֵינוּ וְעַל כָּל יִשְׂרָאֵל, וְאִמְרוּ אָמֵן.

יְהִי רָצוֹן מִלְּפָנֶיךָ יהוה אֱלֹהֵינוּ וֵאלֹהֵי אֲבוֹתֵינוּ
שֶׁיִּבָּנֶה בֵּית הַמִּקְדָּשׁ בִּמְהֵרָה בְיָמֵינוּ, וְתֵן חֶלְקֵנוּ בְּתוֹרָתֶךָ
וְשָׁם נַעֲבָדְךָ בְּיִרְאָה כִּימֵי עוֹלָם וּכְשָׁנִים קַדְמוֹנִיּוֹת.
מלאכי ג וְעָרְבָה לַיהוה מִנְחַת יְהוּדָה וִירוּשָׁלָיִם כִּימֵי עוֹלָם וּכְשָׁנִים קַדְמֹנִיּוֹת:

אֱלֹהַי, נְצֹר לְשׁוֹנִי *My God, guard my tongue.* Having asked God at the beginning of the Amida to "Open my lips, so that my mouth may declare Your praise," we now, at the end, ask God to help us close our lips from speaking harshly or deceitfully to others. Evil speech is one of the worst of all sins. It is especially wrong to pass from speaking well to God to speaking badly to our fellow humans, as if the one compensated for the other.

Leader's Repetition for Musaf

On the first day of Pesaḥ, the Ark is opened at the Repetition of the Musaf Amida. All stand. In Israel, if the Prayer for Dew was said before the silent Amida, continue as on other days.

The Leader takes three steps forward and at the points indicated by ▾, bends the knees at the first word, bows at the second, and stands straight before saying God's name.

When I proclaim the LORD's name, give glory to our God. *Deut. 32*
O LORD, open my lips, so that my mouth may declare Your praise. *Ps. 51*

PATRIARCHS

▾בָּרוּךְ Blessed are You, LORD our God and God of our fathers,
God of Abraham, God of Isaac and God of Jacob;
the great, mighty and awesome God, God Most High,
who bestows acts of loving-kindness and creates all,
who remembers the loving-kindness of the fathers
and will bring a Redeemer
to their children's children
for the sake of His name, in love.
King, Helper, Savior, Shield:

---

and blesses the people saying, "Your heavens shall also *drip* with dew" (Deut. 33:28). In the book of Judges, Gideon asks as a sign that the time is right to wage war against the Midianites, that his fleece be full of dew in the morning while the ground is dry (Judges 6:37–38). For Isaiah it evokes the idea of resurrection: "Let those who dwell in the dust awake and shout for joy – Your dew is like the dew of light; the earth will cast out the shades of the dead" (Is. 26:19). Hosea (14:6), Micah (5:6), and Zechariah (8:12), all use dew as an image of blessing.

The prayer for dew was composed by the greatest of Jewry's liturgical poets, Elazar HaKalir. Little is known about where and when he lived: the most likely hypothesis is that he flourished in the seventh century and lived in Israel. Drawing on his predecessors (especially Yannai) and hugely prolific, he developed a unique form of Hebrew poetry, intricate, erudite, full of wordplay and subtle acrostics, and rich in references to midrashic tradition. His work influenced many later liturgical poets.

חזרת הש״ץ למוסף

On the first day of פסח, the ארון קודש is opened at חזרת הש״ץ of the מוסף עמידה. All stand. In ארץ ישראל, if תפילת טל was said before the silent עמידה, continue as on other days. The שליח ציבור takes three steps forward and at the points indicated by ▾, bends the knees at the first word, bows at the second, and stands straight before saying God's name.

דברים לב — כִּי שֵׁם יהוה אֶקְרָא, הָבוּ גֹדֶל לֵאלֹהֵינוּ:
תהלים נא — אֲדֹנָי, שְׂפָתַי תִּפְתָּח, וּפִי יַגִּיד תְּהִלָּתֶךָ:

אבות

▾בָּרוּךְ אַתָּה יהוה, אֱלֹהֵינוּ וֵאלֹהֵי אֲבוֹתֵינוּ
אֱלֹהֵי אַבְרָהָם, אֱלֹהֵי יִצְחָק, וֵאלֹהֵי יַעֲקֹב
הָאֵל הַגָּדוֹל הַגִּבּוֹר וְהַנּוֹרָא, אֵל עֶלְיוֹן
גּוֹמֵל חֲסָדִים טוֹבִים, וְקֹנֵה הַכֹּל
וְזוֹכֵר חַסְדֵי אָבוֹת
וּמֵבִיא גוֹאֵל לִבְנֵי בְנֵיהֶם לְמַעַן שְׁמוֹ בְּאַהֲבָה.
מֶלֶךְ עוֹזֵר וּמוֹשִׁיעַ וּמָגֵן.

PRAYER FOR DEW

Pesaḥ, the festival of spring, marks the end of the rainy season. Accordingly, in Musaf of the first day we stop saying "He makes the wind blow and the rain fall" in the second paragraph of the Amida. The Sephardi and Israeli custom is to say instead, "He causes the dew to fall." Ashkenazim outside Israel do not have this custom. Nonetheless, to mark the change of season, we recite a special liturgical poem (*piyut*).

The land of Israel was, and remains, highly vulnerable to changing climatic conditions, especially the presence or absence of rain (Deut. 11:10–17). Dew, carried by night breezes, is significant in preserving the moisture and fertility of the land. Dew figures in the Torah as a symbol of fruitfulness and blessing. Isaac blesses Jacob and Esau with the phrase "the dew of heaven" (Gen. 27:28, 39). Dew accompanied the manna in the wilderness (Ex. 16:13–14, Num. 11:9). Moses uses the metaphor of dew for the gentle and life-giving character of sacred speech, ("My words will fall like the dew," Deut. 32:2)

On the first day of Pesaḥ, the Leader says "With His consent":

בְּדַעְתּוֹ With His consent I will speak of hidden things,
that for this people, by this prayer,
there may be joy in dew.
May the valley and its vegetation
be renewed through dew,
springing up under His shade anew.
Sign of regeneration,
shield of future generations – dew.

▾Blessed are You, LORD, Shield of Abraham.

אַתָּה גִּבּוֹר You are eternally mighty, LORD.
You give life to the dead and have great power to save.

In Israel (except for the first day):
He causes the dew to fall.

On the first day of Pesaḥ, the Leader continues with "The depths" and "Our God and God of our fathers" below. On other days he continues with "He sustains the living" (page 666).

תְּהוֹמוֹת The depths of the earth yearn for drops of dew;
all the green pastures long for them.
The mention of dew adds to His might,
inscribed as we approach in the Musaf prayer.
Dew – to revive those [buried] in the clefts of the rocks.

---

verbal resonances, strikes a mood of joy as if spring were the wedding of heaven and earth.

תְּהוֹמוֹת הֲדוֹם *The depths of the earth.* A meditation on the fact that dew (and rain) are mentioned in the second paragraph of the Amida, known as *Gevurot*, "Divine Might," whose dominant theme is the resurrection of the dead. Just as at the end of time God will revive the dead ("those [buried] in the clefts of the rocks"), so now dew revives the earth and makes it green again.

טַל זִכְרוֹ גְּבוּרוֹת מוֹסִיפִים *The mention of dew adds to His might.* An ambiguous phrase which also means "Dew is mentioned in (the second paragraph of the Amida known as) *Gevurot*, 'His might.'"

On the first day of פסח*, the* שליח ציבור *says* בְּדַעְתּוֹ:

בְּדַעְתּוֹ אַבִּיעָה חִידוֹת
בְּעַם זוּ בְּזוּ בְּטַל לְהַחֲדוֹת.
טַל גַּיְא וּדְשָׁאֶיהָ לַחֲדוֹת
דָּצִים בְּצִלּוֹ לְהֵחָדוֹת.
אוֹת יַלְדוּת טַל, לְהָגֵן לְתוֹלָדוֹת

׳בָּרוּךְ אַתָּה יהוה, מָגֵן אַבְרָהָם.
אַתָּה גִּבּוֹר לְעוֹלָם אֲדֹנָי
מְחַיֵּה מֵתִים אַתָּה, רַב לְהוֹשִׁיעַ

In ארץ ישראל *(except for the first day):*

מוֹרִיד הַטָּל

On the first day of פסח*, the* שליח ציבור *says* תְּהוֹמוֹת *and* אֱלֹהֵינוּ וֵאלֹהֵי אֲבוֹתֵינוּ*, below. On other days he continues with* מְכַלְכֵּל חַיִּים *(page 667).*

תְּהוֹמוֹת הֲדוֹם לִרְסִיסוֹ כְּסוּפִים
וְכָל נְאוֹת דֶּשֶׁא לוֹ נִכְסָפִים.
טַל זִכְרוֹ גְּבוּרוֹת מוֹסִיפִים
חָקוּק בְּגִישַׁת מוּסָפִים
טַל, לְהַחֲיוֹת בּוֹ נְקוּקֵי סְעִיפִים.

בְּדַעְתּוֹ *With His consent.* This preamble to the prayer involves an untranslatable play on the similar-sounding words *ḥidot* ("hidden things"), *lehaḥadot* ("have joy"), and *laḥadot* ("be as new": an Aramaic form of the Hebrew *ḥadash*). The fourth line is a complex allusion to a wedding, hinting at two words that appear together in the last of the seven marriage blessings (*ditza* and *ḥedva*). The word "shade" (meaning both cloud and divine protection) may also be a reference to the bridal canopy. Thus HaKalir, through complex

Some congregations say the piyut, אָרְשָׁה אֲרוֹשׁ, on page 1171.
In Israel, if the Prayer for Dew is said before the silent Amida, it begins here:

Our God and God of our fathers:

טַל Dew – Grant it to favor Your land;
in Your jubilation, set us as a blessing.
Increase for us our corn and wine.
Establish the city in which You delight – With dew.

טַל Dew – Decree it for a good and resplendent year;
may the fruit of the earth be fine and fair.
As for the city now deserted like a hut,
place it in Your hand like a crown – With dew.

טַל Dew – May it drop gently on the blessed land;
satisfy us with a blessing of the rich gifts of heaven.
Send light in the midst of darkness
to the stock [Israel] who are drawn to You – With dew.

טַל Dew – Let it sweeten the mountain streams;
let the chosen ones taste Your magnanimity.
Free Your beloved ones from captivity,
then sweetly we will raise our voices and sing – With dew.

טַל Dew – May it fill our granaries to overflowing.
Would that now You might renew our days.
Beloved! Let our name endure as Yours.
Make us like a well-watered garden – With dew.

כַּנָּה *To the stock.* The root or stem of a vine, a metaphor for Israel (see Psalm 80:16 and commentaries thereto). By comparing Israel to a plant, the poet can extend the metaphor of dew to the fortunes of the nation.

אַחֲרֶיךָ מְשׁוּכָה *Drawn to You.* Based on the phrase in Song of Songs, "Come, draw me after you, let us run" (1:4).

יַעֲסִיס צוּף הָרִים *Sweeten the mountain streams.* An image influenced by Amos (9:13): "New wine will drip from the mountains and flow from all the hills."

כְּעֶרְכְּךָ הַעֲמֵד שְׁמֵנוּ *Let our name endure as Yours.* Just as God is eternal, so may

Some congregations say the piyut, אַרְשָׁה אֱרוֹשׁ*, on page 1171.*
In ארץ ישראל *, if* תפילת טל *is said before the silent* עמידה*, it begins here:*

אֱלֹהֵינוּ וֵאלֹהֵי אֲבוֹתֵינוּ

טַל תֵּן לִרְצוֹת אַרְצָךְ   שִׁיתֵנוּ בְרָכָה בְּדִיצָךְ
רֹב דָּגָן וְתִירוֹשׁ בְּהַפְרִיצָךְ   קוֹמֵם עִיר בָּהּ חֶפְצָךְ   בְּטָל.

טַל צַוֵּה שָׁנָה טוֹבָה וּמְעֻטֶּרֶת   פְּרִי הָאָרֶץ לְגָאוֹן וּלְתִפְאֶרֶת
עִיר כַּסֻּכָּה נוֹתֶרֶת   שִׂימָהּ בְּיָדְךָ עֲטֶרֶת   בְּטָל.

טַל נוֹפֵף עֲלֵי אֶרֶץ בְּרוּכָה   מִמֶּגֶד שָׁמַיִם שַׂבְּעֵנוּ בְרָכָה
לְהָאִיר מִתּוֹךְ חֲשֵׁכָה   כַּנָּה אַחֲרֶיךָ מְשׁוּכָה   בְּטָל.

טַל יַעֲסִיס צוּף הָרִים   טְעֵם בִּמְאוֹדֶיךָ מֻבְחָרִים
חֲנוּנֶיךָ חַלֵּץ מִמַּסְגֵּרִים   זִמְרָה נַנְעִים וְקוֹל נָרִים   בְּטָל.

טַל וָשֹׂבַע מַלֵּא אֲסָמֵינוּ   הֲכָעֵת תְּחַדֵּשׁ יָמֵינוּ
דּוֹד, כְּעֶרְכְּךָ הַעֲמֵד שְׁמֵנוּ   גַּן רָוֶה שִׂימֵנוּ   בְּטָל.

טַל תֵּן לִרְצוֹת אַרְצָךְ *Dew – Grant it to favor Your land.* The six verses of the poem begin and end with the word "dew," and the whole is constructed as a reverse alphabetical acrostic, with two lines allocated to each of the last two letters (*bet* and *alef*). The poem deftly intertwines the themes of nature (spring, renewal) and history (asking God to bring His people back from the winter of exile to a spring of national renewal).

כַּסֻּכָּה נוֹתֶרֶת *Deserted like a hut.* Taken from Isaiah's image of Jerusalem in its desolation: "Like a hut in a vineyard, like a shed in a cucumber field, like a city under siege" (Is. 1:8).

עֲטֶרֶת *Like a crown.* Evoking Psalm 65:12, "You crown the year with Your bounty, and Your carts overflow with abundance."

מִמֶּגֶד שָׁמַיִם *Rich gifts of heaven.* A phrase from Moses' blessing to the tribe of Joseph: "May the Lord bless his land with the precious dew from heaven above and with the deep waters that lie below" (Deut. 33:13).

טַל Dew – With it bless our food;
in our fertile lands may there be no scarcity.
The nation You once led like a flock,
on her please, we pray, bestow Your favor – With dew.

Leader:

For You, LORD our God,
make the wind blow and the dew fall.

Congregation then Leader, responsively:

For blessing, and not for curse. *Cong:* Amen.
For life, and not for death. *Cong:* Amen.
For plenty, and not for scarcity. *Cong:* Amen.

The Ark is closed.

Outside Israel, the Leader continues the Repetition with "He sustains the living" below. In Israel, the Leader says Half Kaddish (page 640) and the Musaf Amida is recited with the addition of "He causes the dew to fall."

He sustains the living with loving-kindness,
and with great compassion revives the dead.
He supports the fallen, heals the sick, sets captives free,
and keeps His faith with those who sleep in the dust.
Who is like You, Master of might,
and who can compare to You,
O King who brings death and gives life,
and makes salvation grow?
Faithful are You to revive the dead.
Blessed are You, LORD,
who revives the dead.

לִבְרָכָה וְלֹא לִקְלָלָה *For blessing, and not for curse.* In this rousing three-line climax (paralleled in the prayer for rain), leader and congregation join in fervent prayer that the forces of nature, under the care of the Maker of nature, bring blessing to the land and its people.

טַל בּוֹ תְּבָרֵךְ מָזוֹן   בְּמַשְׁמַנֵּינוּ אַל יְהִי רָזוֹן
אֲיֻמָּה אֲשֶׁר הִסַּעְתָּ כַּצֹּאן   אָנָּא תָּפֵק לָהּ רָצוֹן   בְּטָל.

שליח ציבור:

שָׁאַתָּה הוּא יהוה אֱלֹהֵינוּ
מַשִּׁיב הָרְוּחַ וּמוֹרִיד הַטָּל

then קהל ,שליח ציבור*, responsively:*

לִבְרָכָה וְלֹא לִקְלָלָה   קהל: אָמֵן
לְחַיִּים וְלֹא לְמָוֶת   קהל: אָמֵן
לְשֹׂבַע וְלֹא לְרָזוֹן   קהל: אָמֵן

The ארון קודש *is closed.*

In חוץ לארץ*, the* שליח ציבור *continues the* חזרת הש״ץ *with* מְכַלְכֵּל חַיִּים *below. In* ארץ ישראל*, the* שליח ציבור *says* חצי קדיש *(page 641) and the* מוסף עמידה *is recited with the addition of* מוֹרִיד הַטָּל.

מְכַלְכֵּל חַיִּים בְּחֶסֶד, מְחַיֵּה מֵתִים בְּרַחֲמִים רַבִּים
סוֹמֵךְ נוֹפְלִים, וְרוֹפֵא חוֹלִים, וּמַתִּיר אֲסוּרִים
וּמְקַיֵּם אֱמוּנָתוֹ לִישֵׁנֵי עָפָר.
מִי כָמְוֹךָ, בַּעַל גְּבוּרוֹת, וּמִי דּוֹמֶה לָּךְ
מֶלֶךְ, מֵמִית וּמְחַיֶּה וּמַצְמִיחַ יְשׁוּעָה.
וְנֶאֱמָן אַתָּה לְהַחֲיוֹת מֵתִים.
בָּרוּךְ אַתָּה יהוה, מְחַיֵּה הַמֵּתִים.

---

be the people who carry His name. "Then all the peoples on earth will see that you are called by the name of the Lord" (Deut. 28:10).

בְּמַשְׁמַנֵּינוּ *In our fertile lands.* Literally, "In our fat places may there be no leanness."

KEDUSHA

The following is said standing with feet together, rising on the toes at the words indicated by ⌃.

The congregation then the Leader:

נַעֲרִיצְךָ We will revere and sanctify You
with the words uttered by the holy Seraphim
who sanctify Your name in the Sanctuary;
as is written by Your prophet: "They call out to one another, saying: *Is. 6*

The congregation then the Leader:

⌃Holy, ⌃holy, ⌃holy is the LORD of hosts;
the whole world is filled with His glory."
His glory fills the universe. His ministering angels ask each other,
"Where is the place of His glory?"
Those facing them say "Blessed –"

The congregation then the Leader:

⌃"Blessed is the LORD's glory from His place."   *Ezek. 3*
From His place may He turn with compassion
and be gracious to the people who proclaim the unity of His name,
morning and evening, every day, continually,
twice each day reciting in love the Shema:

The congregation then the Leader:

"Listen, Israel, the LORD is our God, the LORD is One."   *Deut. 6*
He is our God, He is our Father, He is our King,
He is our Savior – and He, in His compassion,
will let us hear a second time in the presence of all that lives,
His promise "to be your God.   *Num. 15*
I am the LORD your God."

---

often hidden, who sometimes sin and despair and lose their faith, but who
still turn their thoughts and hearts to the creative Source of the universe
and the redeeming Presence of history, the Infinite before whom we stand,
to whom we offer praise.

שְׁמַע יִשְׂרָאֵל *Listen, Israel.* With the exception of Yom Kippur, the Musaf
Kedusha is the only one to contain the first verse of the Shema. According to
a Geonic tradition (cited in *Or Zarua* 2:50), the custom to so include it origi-
nated at a time of persecution when Jews were forbidden publicly to declare
their faith by saying the Shema in the synagogue. To circumvent this they
incorporated its first line into the Musaf *Kedusha*, where it remains to this day.

קדושה

The following is said standing with feet together, rising on the toes at the words indicated by ▲.

The קהל *then the* שליח ציבור*:*

נַעֲרִיצְךָ וְנַקְדִּישְׁךָ כְּסוֹד שִׂיחַ שַׂרְפֵי קֹדֶשׁ, הַמַּקְדִּישִׁים שִׁמְךָ בַּקֹּדֶשׁ
ישעיה ו **כַּכָּתוּב עַל יַד נְבִיאֶךָ: וְקָרָא זֶה אֶל־זֶה וְאָמַר**

The קהל *then the* שליח ציבור*:*

▲קָדוֹשׁ, ▲קָדוֹשׁ, ▲קָדוֹשׁ, יהוה צְבָאוֹת, מְלֹא כָל־הָאָרֶץ כְּבוֹדוֹ:
כְּבוֹדוֹ מָלֵא עוֹלָם, מְשָׁרְתָיו שׁוֹאֲלִים זֶה לָזֶה, אַיֵּה מְקוֹם כְּבוֹדוֹ
לְעֻמָּתָם בָּרוּךְ יֹאמֵרוּ

The קהל *then the* שליח ציבור*:*

יחזקאל ג **▲בָּרוּךְ כְּבוֹד־יהוה מִמְּקוֹמוֹ:**
מִמְּקוֹמוֹ הוּא יִפֶן בְּרַחֲמִים, וְיָחֹן עַם הַמְיַחֲדִים שְׁמוֹ
עֶרֶב וָבֹקֶר בְּכָל יוֹם תָּמִיד, פַּעֲמַיִם בְּאַהֲבָה שְׁמַע אוֹמְרִים

The קהל *then the* שליח ציבור*:*

דברים ו **שְׁמַע יִשְׂרָאֵל, יהוה אֱלֹהֵינוּ, יהוה אֶחָד:**
הוּא אֱלֹהֵינוּ, הוּא אָבִינוּ, הוּא מַלְכֵּנוּ, הוּא מוֹשִׁיעֵנוּ
במדבר טו **וְהוּא יַשְׁמִיעֵנוּ בְּרַחֲמָיו שֵׁנִית לְעֵינֵי כָּל חָי, לִהְיוֹת לָכֶם לֵאלֹהִים**
אֲנִי יהוה אֱלֹהֵיכֶם:

KEDUSHA

Kedusha is the Everest of prayer, the summit of the spiritual life. It is based on the two mystical visions in which Isaiah and Ezekiel saw God in heaven, enthroned in glory and surrounded by a chorus of angels singing His praises. Isaiah heard them say "Holy, holy, holy… the whole world is filled with His glory" (Is. 6:3). Ezekiel heard them say, "Blessed is the LORD's glory from His place" (Ezek. 3:12). By saying *Kedusha* we join the angelic chorus, singing God's praises on earth as they do in heaven. What empowers us to do so is the declaration of Psalm 8:5–6, "What is man, that You are mindful of him, the son of man, that You think of him? Yet You have made him but little lower than the angels, and crowned him with glory and honor." The paradox is that though God is surrounded by angels singing His praises, what He seeks is *our* praise – the praise of free, fallible, finite agents for whom God is

The congregation then the Leader:

Glorious is our Glorious One, LORD our Master,
and glorious is Your name throughout the earth.
Then the LORD shall be King over all the earth;
on that day the LORD shall be One and His name One.

Ps. 8

Zech. 14

The Leader continues:

And in Your holy Writings it is written:

The congregation then the Leader:

ᵃ"The LORD shall reign for ever.
He is your God, Zion, from generation to generation, Halleluya!"

Ps. 146

The Leader continues:

לְדוֹר וָדוֹר From generation to generation we will declare Your greatness,
and we will proclaim Your holiness for evermore.
Your praise, our God, shall not leave our mouth forever,
for You, God, are a great and holy King.
Blessed are You, LORD, the holy God.

HOLINESS OF THE DAY

אַתָּה בְחַרְתָּנוּ You have chosen us from among all peoples.
You have loved and favored us.
You have raised us above all tongues.
You have made us holy through Your commandments.
You have brought us near, our King, to Your service,
and have called us by Your great and holy name.

On Shabbat, add the words in parentheses:

וַתִּתֶּן לָנוּ And You, LORD our God, have given us in love
(Sabbaths for rest and) festivals for rejoicing,
holy days and seasons for joy, (this Sabbath day and) this day of
the festival of Matzot, the time of our freedom
(with love), a holy assembly in memory of the exodus from Egypt.

וּמִפְּנֵי חֲטָאֵינוּ But because of our sins we were exiled from our land
and driven far from our country.
We cannot go up to appear and bow before You,
and to perform our duties in Your chosen House,

The קהל *then the* שליח ציבור*:*

אַדִּיר אַדִּירֵנוּ, יהוה אֲדֹנֵינוּ, מָה־אַדִּיר שִׁמְךָ בְּכָל־הָאָרֶץ: תהלים ח

וְהָיָה יהוה לְמֶלֶךְ עַל־כָּל־הָאָרֶץ זכריה יד

בַּיּוֹם הַהוּא יִהְיֶה יהוה אֶחָד וּשְׁמוֹ אֶחָד:

The שליח ציבור *continues:*

וּבְדִבְרֵי קָדְשְׁךָ כָּתוּב לֵאמֹר

The קהל *then the* שליח ציבור*:*

יִמְלֹךְ יהוה לְעוֹלָם, אֱלֹהַיִךְ צִיּוֹן לְדֹר וָדֹר, הַלְלוּיָהּ: תהלים קמו

The שליח ציבור *continues:*

לְדוֹר וָדוֹר נַגִּיד גָּדְלֶךָ, וּלְנֵצַח נְצָחִים קְדֻשָּׁתְךָ נַקְדִּישׁ
וְשִׁבְחֲךָ אֱלֹהֵינוּ מִפִּינוּ לֹא יָמוּשׁ לְעוֹלָם וָעֶד
כִּי אֵל מֶלֶךְ גָּדוֹל וְקָדוֹשׁ אָתָּה.
בָּרוּךְ אַתָּה יהוה, הָאֵל הַקָּדוֹשׁ.

קדושת היום

אַתָּה בְחַרְתָּנוּ מִכָּל הָעַמִּים
אָהַבְתָּ אוֹתָנוּ וְרָצִיתָ בָּנוּ, וְרוֹמַמְתָּנוּ מִכָּל הַלְּשׁוֹנוֹת
וְקִדַּשְׁתָּנוּ בְּמִצְוֹתֶיךָ, וְקֵרַבְתָּנוּ מַלְכֵּנוּ לַעֲבוֹדָתֶךָ
וְשִׁמְךָ הַגָּדוֹל וְהַקָּדוֹשׁ עָלֵינוּ קָרָאתָ.

On שבת*, add the words in parentheses:*

וַתִּתֶּן לָנוּ יהוה אֱלֹהֵינוּ בְּאַהֲבָה
(שַׁבָּתוֹת לִמְנוּחָה וּ)מוֹעֲדִים לְשִׂמְחָה, חַגִּים וּזְמַנִּים לְשָׂשׂוֹן
אֶת יוֹם (הַשַּׁבָּת הַזֶּה וְאֶת יוֹם) חַג הַמַּצּוֹת הַזֶּה, זְמַן חֵרוּתֵנוּ
(בְּאַהֲבָה) מִקְרָא קֹדֶשׁ, זֵכֶר לִיצִיאַת מִצְרָיִם.

וּמִפְּנֵי חֲטָאֵינוּ גָּלִינוּ מֵאַרְצֵנוּ, וְנִתְרַחַקְנוּ מֵעַל אַדְמָתֵנוּ
וְאֵין אֲנַחְנוּ יְכוֹלִים לַעֲלוֹת וְלֵרָאוֹת וּלְהִשְׁתַּחֲווֹת לְפָנֶיךָ
וְלַעֲשׂוֹת חוֹבוֹתֵינוּ בְּבֵית בְּחִירָתֶךָ

the great and holy Temple that was called by Your name,
because of the hand that was stretched out against Your Sanctuary.
May it be Your will, LORD our God and God of our ancestors,
merciful King,
that You in Your abounding compassion may once more
have mercy on us and on Your Sanctuary,
rebuilding it swiftly and adding to its glory.
Our Father, our King, reveal the glory of Your kingdom to us swiftly.
Appear and be exalted over us in the sight of all that lives.
Bring back our scattered ones from among the nations,
and gather our dispersed people from the ends of the earth.
Lead us to Zion, Your city, in jubilation,
and to Jerusalem, home of Your Temple, with everlasting joy.
There we will prepare for You our obligatory offerings:
the regular daily offerings in their order
and the additional offerings according to their law.
And the additional offering(s of this Sabbath day and) of this day of
the festival of Matzot,
we will prepare and offer before You in love,
in accord with Your will's commandment,
as You wrote for us in Your Torah
through Your servant Moses, by Your own word, as it is said:

On Shabbat:

וּבְיוֹם הַשַּׁבָּת On the Sabbath day, make an offering of two lambs a year old, *Num. 28*
without blemish, together with two-tenths of an ephah of fine flour mixed
with oil as a meal-offering, and its appropriate libation. This is the burnt-
offering for every Sabbath, in addition to the regular daily burnt-offering
and its libation.

On the first and second day of Pesaḥ start here:

וּבַחֹדֶשׁ הָרִאשׁוֹן On the fourteenth day of the first month *Num. 28*
there shall be a Pesaḥ offering to the LORD.
And on the fifteenth day of this month there shall be a festival:
seven days unleavened bread shall be eaten.
On the first day there shall be a sacred assembly:
you shall do no laborious work.

בְּבֵית הַגָּדוֹל וְהַקָּדוֹשׁ שֶׁנִּקְרָא שִׁמְךָ עָלָיו
מִפְּנֵי הַיָּד שֶׁנִּשְׁתַּלְּחָה בְּמִקְדָּשֶׁךָ.
יְהִי רָצוֹן מִלְּפָנֶיךָ יהוה אֱלֹהֵינוּ וֵאלֹהֵי אֲבוֹתֵינוּ, מֶלֶךְ רַחֲמָן
שֶׁתָּשׁוּב וּתְרַחֵם עָלֵינוּ וְעַל מִקְדָּשְׁךָ בְּרַחֲמֶיךָ הָרַבִּים
וְתִבְנֵהוּ מְהֵרָה וּתְגַדֵּל כְּבוֹדוֹ.
אָבִינוּ מַלְכֵּנוּ, גַּלֵּה כְּבוֹד מַלְכוּתְךָ עָלֵינוּ מְהֵרָה
וְהוֹפַע וְהִנָּשֵׂא עָלֵינוּ לְעֵינֵי כָּל חָי
וְקָרֵב פְּזוּרֵינוּ מִבֵּין הַגּוֹיִם, וּנְפוּצוֹתֵינוּ כַּנֵּס מִיַּרְכְּתֵי אָרֶץ.
וַהֲבִיאֵנוּ לְצִיּוֹן עִירְךָ בְּרִנָּה
וְלִירוּשָׁלַיִם בֵּית מִקְדָּשְׁךָ בְּשִׂמְחַת עוֹלָם
וְשָׁם נַעֲשֶׂה לְפָנֶיךָ אֶת קָרְבְּנוֹת חוֹבוֹתֵינוּ
תְּמִידִים כְּסִדְרָם וּמוּסָפִים כְּהִלְכָתָם
וְאֶת מוּסַף יוֹם / שבת: וְאֶת מוּסְפֵי יוֹם הַשַּׁבָּת הַזֶּה וְיוֹם/
חַג הַמַּצּוֹת הַזֶּה
נַעֲשֶׂה וְנַקְרִיב לְפָנֶיךָ בְּאַהֲבָה כְּמִצְוַת רְצוֹנֶךָ
כְּמוֹ שֶׁכָּתַבְתָּ עָלֵינוּ בְּתוֹרָתֶךָ
עַל יְדֵי מֹשֶׁה עַבְדֶּךָ מִפִּי כְבוֹדֶךָ, כָּאָמוּר

On שבת:

וּבְיוֹם הַשַּׁבָּת, שְׁנֵי־כְבָשִׂים בְּנֵי־שָׁנָה תְּמִימִם וּשְׁנֵי עֶשְׂרֹנִים סֹלֶת מִנְחָה בְּלוּלָה בַשֶּׁמֶן וְנִסְכּוֹ: עֹלַת שַׁבַּת בְּשַׁבַּתּוֹ, עַל־עֹלַת הַתָּמִיד וְנִסְכָּהּ: במדבר כח

On the first and second day of פסח*, start here:*

וּבַחֹדֶשׁ הָרִאשׁוֹן בְּאַרְבָּעָה עָשָׂר יוֹם לַחֹדֶשׁ, פֶּסַח לַיהוה: במדבר כח
וּבַחֲמִשָּׁה עָשָׂר יוֹם לַחֹדֶשׁ הַזֶּה חָג, שִׁבְעַת יָמִים מַצּוֹת יֵאָכֵל:
בַּיּוֹם הָרִאשׁוֹן מִקְרָא־קֹדֶשׁ, כָּל־מְלֶאכֶת עֲבֹדָה לֹא תַעֲשׂוּ:

On the seventh and eighth of Pesaḥ start here:

וְהִקְרַבְתֶּם And you shall bring an offering consumed by fire, *Num. 28*
a burnt-offering to the LORD:
two young bullocks, one ram, and seven yearling male lambs;
they shall be to you unblemished.

And their meal-offerings and wine-libations as ordained:
three-tenths of an ephah for each bull,
two-tenths of an ephah for the ram,
one-tenth of an ephah for each lamb,
wine for the libations, a male goat for atonement,
and two regular daily offerings according to their law.

On Shabbat:

יִשְׂמְחוּ Those who keep the Sabbath and call it a delight shall rejoice in Your kingship. The people who sanctify the seventh day shall all be satisfied and take delight in Your goodness, for You favored the seventh day and declared it holy. You called it "most desirable of days" in remembrance of Creation.

אֱלֹהֵינוּ Our God and God of our ancestors,
merciful King, have compassion upon us.
You who are good and do good, respond to our call.
Return to us in Your abounding mercy
for the sake of our fathers who did Your will.
Rebuild Your Temple as at the beginning,
and establish Your Sanctuary on its site.
Let us witness its rebuilding and gladden us by its restoration.
Bring the priests back to their service,
the Levites to their song and music, and the Israelites to their homes.

וְשָׁם נַעֲלֶה There we will go up and appear and bow before You
on the three pilgrimage festivals, as is written in Your Torah:
"Three times in the year all your males shall appear *Deut. 16*
before the LORD your God at the place He will choose:
on Pesaḥ, Shavuot and Sukkot.
They shall not appear before the LORD empty-handed.
Each shall bring such a gift as he can, in proportion
to the blessing that the LORD your God grants you."

On the seventh and eighth day of פסח*, start here:*

במדבר כח וְהִקְרַבְתֶּם אִשֶּׁה עֹלָה לַיהוה, פָּרִים בְּנֵי־בָקָר שְׁנַיִם וְאַיִל אֶחָד
וְשִׁבְעָה כְבָשִׂים בְּנֵי שָׁנָה, תְּמִימִם יִהְיוּ לָכֶם:

וּמִנְחָתָם וְנִסְכֵּיהֶם כִּמְדֻבָּר
שְׁלֹשָׁה עֶשְׂרֹנִים לַפָּר וּשְׁנֵי עֶשְׂרֹנִים לָאָיִל, וְעִשָּׂרוֹן לַכֶּבֶשׂ
וְיַיִן כְּנִסְכּוֹ, וְשָׂעִיר לְכַפֵּר, וּשְׁנֵי תְמִידִים כְּהִלְכָתָם.

On שבת*:*

יִשְׂמְחוּ בְמַלְכוּתְךָ שׁוֹמְרֵי שַׁבָּת וְקוֹרְאֵי עֹנֶג. עַם מְקַדְּשֵׁי שְׁבִיעִי
כֻּלָּם יִשְׂבְּעוּ וְיִתְעַנְּגוּ מִטּוּבֶךָ, וּבַשְּׁבִיעִי רָצִיתָ בּוֹ וְקִדַּשְׁתּוֹ, חֶמְדַּת
יָמִים אוֹתוֹ קָרָאתָ, זֵכֶר לְמַעֲשֵׂה בְרֵאשִׁית.

אֱלֹהֵינוּ וֵאלֹהֵי אֲבוֹתֵינוּ, מֶלֶךְ רַחֲמָן רַחֵם עָלֵינוּ
טוֹב וּמֵטִיב הִדָּרֶשׁ לָנוּ, שׁוּבָה אֵלֵינוּ בַּהֲמוֹן רַחֲמֶיךָ
בִּגְלַל אָבוֹת שֶׁעָשׂוּ רְצוֹנֶךָ.
בְּנֵה בֵיתְךָ כְּבַתְּחִלָּה וְכוֹנֵן מִקְדָּשְׁךָ עַל מְכוֹנוֹ
וְהַרְאֵנוּ בְּבִנְיָנוֹ, וְשַׂמְּחֵנוּ בְּתִקּוּנוֹ
וְהָשֵׁב כֹּהֲנִים לַעֲבוֹדָתָם, וּלְוִיִּם לְשִׁירָם וּלְזִמְרָם
וְהָשֵׁב יִשְׂרָאֵל לִנְוֵיהֶם.
וְשָׁם נַעֲלֶה וְנֵרָאֶה וְנִשְׁתַּחֲוֶה לְפָנֶיךָ בְּשָׁלֹשׁ פַּעֲמֵי רְגָלֵינוּ
כַּכָּתוּב בְּתוֹרָתֶךָ

דברים טז שָׁלוֹשׁ פְּעָמִים בַּשָּׁנָה יֵרָאֶה כָל־זְכוּרְךָ אֶת־פְּנֵי יהוה אֱלֹהֶיךָ
בַּמָּקוֹם אֲשֶׁר יִבְחָר
בְּחַג הַמַּצּוֹת, וּבְחַג הַשָּׁבֻעוֹת, וּבְחַג הַסֻּכּוֹת
וְלֹא יֵרָאֶה אֶת־פְּנֵי יהוה רֵיקָם:
אִישׁ כְּמַתְּנַת יָדוֹ, כְּבִרְכַּת יהוה אֱלֹהֶיךָ אֲשֶׁר נָתַן־לָךְ:

On Shabbat add the words in parentheses:

וְהַשִּׂיאֵנוּ Bestow on us, LORD our God, the blessing of Your festivals
for life and peace, joy and gladness,
as You desired and promised to bless us.
(Our God and God of our fathers, find favor in our rest.)
Make us holy through Your commandments
and grant us a share in Your Torah;
satisfy us with Your goodness, gladden us with Your salvation,
and purify our hearts to serve You in truth.
And grant us a heritage, LORD our God, (with love and favor,)
with joy and gladness, Your holy (Sabbath and) festivals.
May Israel, who sanctify Your name, rejoice in You.
Blessed are You, LORD,
who sanctifies (the Sabbath and) Israel and the festive seasons.

TEMPLE SERVICE

רְצֵה Find favor, LORD our God, in Your people Israel and their prayer.
Restore the service to Your most holy House,
and accept in love and favor the fire-offerings of Israel and their prayer.
May the service of Your people Israel always find favor with You.

> *If Kohanim say the Priestly Blessing during the Leader's Repetition, the following is said;
> otherwise the Leader continues with "And may our eyes" on the next page.*

All: וְתֶעֱרַב May our entreaty be as pleasing to You as a burnt-offering and
sacrifice. Please, Compassionate One, in Your abounding mercy restore
Your Presence to Zion, Your city, and the order of the Temple service
to Jerusalem. And may our eyes witness Your return to Zion in compas-
sion, there we may serve You with reverence as in the days of old and as
in former years.

Leader: Blessed are You, LORD, for You alone do we serve with reverence.

> *The service continues with "We give thanks" on the next page.*

> *In Israel the following formula is used instead:*

All: וְתֶעֱרַב May our entreaty be as pleasing to You as a burnt-offering and
sacrifice. Please, Compassionate One, in Your abounding mercy restore
Your Presence to Zion, Your city, and the order of the Temple service to
Jerusalem. That there we may serve You with reverence as in the days of
old and as in former years.

On שבת *add the words in parentheses:*

וְהַשִּׂיאֵנוּ יהוה אֱלֹהֵינוּ אֶת בִּרְכַּת מוֹעֲדֶיךָ
לְחַיִּים וּלְשָׁלוֹם, לְשִׂמְחָה וּלְשָׂשׂוֹן
כַּאֲשֶׁר רָצִיתָ וְאָמַרְתָּ לְבָרְכֵנוּ.
(אֱלֹהֵינוּ וֵאלֹהֵי אֲבוֹתֵינוּ, רְצֵה בִמְנוּחָתֵנוּ)
קַדְּשֵׁנוּ בְּמִצְוֹתֶיךָ, וְתֵן חֶלְקֵנוּ בְּתוֹרָתֶךָ
שַׂבְּעֵנוּ מִטּוּבֶךָ, וְשַׂמְּחֵנוּ בִּישׁוּעָתֶךָ, וְטַהֵר לִבֵּנוּ לְעָבְדְּךָ בֶּאֱמֶת
וְהַנְחִילֵנוּ יהוה אֱלֹהֵינוּ (בְּאַהֲבָה וּבְרָצוֹן) בְּשִׂמְחָה וּבְשָׂשׂוֹן
(שַׁבָּת וּ)מוֹעֲדֵי קָדְשֶׁךָ וְיִשְׂמְחוּ בְךָ יִשְׂרָאֵל מְקַדְּשֵׁי שְׁמֶךָ.
בָּרוּךְ אַתָּה יהוה, מְקַדֵּשׁ (הַשַּׁבָּת וְ)יִשְׂרָאֵל וְהַזְּמַנִּים.

עבודה

רְצֵה יהוה אֱלֹהֵינוּ בְּעַמְּךָ יִשְׂרָאֵל וּבִתְפִלָּתָם
וְהָשֵׁב אֶת הָעֲבוֹדָה לִדְבִיר בֵּיתֶךָ
וְאִשֵּׁי יִשְׂרָאֵל וּתְפִלָּתָם בְּאַהֲבָה תְקַבֵּל בְּרָצוֹן
וּתְהִי לְרָצוֹן תָּמִיד עֲבוֹדַת יִשְׂרָאֵל עַמֶּךָ.

If כהנים *say* ברכת כהנים *during* חזרת הש״ץ*, the following is said; otherwise the* שליח ציבור *continues with* וְתֶחֱזֶינָה *on the next page.*

קהל וש״ץ: וְתֶעֱרַב עָלֶיךָ עֲתִירָתֵנוּ כְּעוֹלָה וּכְקָרְבָּן. אָנָּא רַחוּם, בְּרַחֲמֶיךָ הָרַבִּים הָשֵׁב שְׁכִינָתְךָ לְצִיּוֹן עִירְךָ, וְסֵדֶר הָעֲבוֹדָה לִירוּשָׁלָיִם. וְתֶחֱזֶינָה עֵינֵינוּ בְּשׁוּבְךָ לְצִיּוֹן בְּרַחֲמִים. וְשָׁם נַעֲבָדְךָ בְּיִרְאָה כִּימֵי עוֹלָם וּכְשָׁנִים קַדְמוֹנִיּוֹת.

ש״ץ: בָּרוּךְ אַתָּה יהוה שֶׁאוֹתְךָ לְבַדְּךָ בְּיִרְאָה נַעֲבֹד.

The service continues with מוֹדִים *on the next page.*

In ארץ ישראל *the following formula is used instead:*

קהל וש״ץ: וְתֶעֱרַב עָלֶיךָ עֲתִירָתֵנוּ כְּעוֹלָה וּכְקָרְבָּן. אָנָּא רַחוּם, בְּרַחֲמֶיךָ הָרַבִּים הָשֵׁב שְׁכִינָתְךָ לְצִיּוֹן עִירְךָ, וְסֵדֶר הָעֲבוֹדָה לִירוּשָׁלָיִם. וְשָׁם נַעֲבָדְךָ בְּיִרְאָה כִּימֵי עוֹלָם וּכְשָׁנִים קַדְמוֹנִיּוֹת.

When the Priestly Blessing is not said, and also in Israel, the Leader continues:

And may our eyes witness Your return to Zion in compassion.
Blessed are You, LORD, who restores His Presence to Zion.

THANKSGIVING

Bow at the first nine words.

מוֹדִים We give thanks to You,
for You are the LORD our God
and God of our ancestors
for ever and all time.
You are the Rock of our lives,
Shield of our salvation
from generation to generation.
We will thank You and
declare Your praise for our lives,
which are entrusted into Your hand;
for our souls,
which are placed in Your charge;
for Your miracles
which are with us every day;
and for Your wonders and favors
at all times, evening,
morning and midday.
You are good –
for Your compassion never fails.
You are compassionate –
for Your loving-kindnesses never cease.
We have always placed our hope in You.

*As the Leader recites Modim,
the congregation says quietly:*

מוֹדִים We give thanks to You,
for You are the LORD our God
and God of our ancestors,
God of all flesh,
who formed us
and formed the universe.
Blessings and thanks
are due to Your great
and holy name for giving us
life and sustaining us.
May You continue
to give us life and sustain us;
and may You gather our
exiles to Your holy courts,
to keep Your decrees,
do Your will and serve You
with a perfect heart,
for it is for us
to give You thanks.
Blessed be God to whom
thanksgiving is due.

וְעַל כֻּלָּם For all these things may Your name be
blessed and exalted, our King, continually, for ever and all time.
Let all that lives thank You, Selah! and praise Your name in truth,
God, our Savior and Help, Selah!
Blessed are You, LORD, whose name is "the Good"
and to whom thanks are due.

When ברכת כהנים is not said, and also in ארץ ישראל, the שליח ציבור continues:

וְתֶחֱזֶינָה עֵינֵינוּ בְּשׁוּבְךָ לְצִיּוֹן בְּרַחֲמִים.
בָּרוּךְ אַתָּה יהוה, הַמַּחֲזִיר שְׁכִינָתוֹ לְצִיּוֹן.

הודאה

Bow at the first five words.

מוֹדִים אֲנַחְנוּ לָךְ
שָׁאַתָּה הוּא יהוה אֱלֹהֵינוּ
וֵאלֹהֵי אֲבוֹתֵינוּ לְעוֹלָם וָעֶד.
צוּר חַיֵּינוּ, מָגֵן יִשְׁעֵנוּ
אַתָּה הוּא לְדוֹר וָדוֹר.
נוֹדֶה לְּךָ וּנְסַפֵּר תְּהִלָּתֶךָ
עַל חַיֵּינוּ הַמְּסוּרִים בְּיָדֶךָ
וְעַל נִשְׁמוֹתֵינוּ הַפְּקוּדוֹת לָךְ
וְעַל נִסֶּיךָ שֶׁבְּכָל יוֹם עִמָּנוּ
וְעַל נִפְלְאוֹתֶיךָ וְטוֹבוֹתֶיךָ
שֶׁבְּכָל עֵת, עֶרֶב וָבֹקֶר וְצָהֳרָיִם.
הַטּוֹב, כִּי לֹא כָלוּ רַחֲמֶיךָ
וְהַמְרַחֵם, כִּי לֹא תַמּוּ חֲסָדֶיךָ
מֵעוֹלָם קִוִּינוּ לָךְ.

As the שליח ציבור recites מודים, the קהל says quietly:

מוֹדִים אֲנַחְנוּ לָךְ
שָׁאַתָּה הוּא יהוה אֱלֹהֵינוּ
וֵאלֹהֵי אֲבוֹתֵינוּ
אֱלֹהֵי כָל בָּשָׂר
יוֹצְרֵנוּ, יוֹצֵר בְּרֵאשִׁית.
בְּרָכוֹת וְהוֹדָאוֹת
לְשִׁמְךָ הַגָּדוֹל וְהַקָּדוֹשׁ
עַל שֶׁהֶחֱיִיתָנוּ וְקִיַּמְתָּנוּ.
כֵּן תְּחַיֵּנוּ וּתְקַיְּמֵנוּ
וְתֶאֱסֹף גָּלֻיּוֹתֵינוּ
לְחַצְרוֹת קָדְשֶׁךָ
לִשְׁמֹר חֻקֶּיךָ וְלַעֲשׂוֹת רְצוֹנֶךָ
וּלְעָבְדְּךָ בְּלֵבָב שָׁלֵם
עַל שֶׁאֲנַחְנוּ מוֹדִים לָךְ.
בָּרוּךְ אֵל הַהוֹדָאוֹת.

וְעַל כֻּלָּם יִתְבָּרַךְ וְיִתְרוֹמַם שִׁמְךָ מַלְכֵּנוּ תָּמִיד לְעוֹלָם וָעֶד.
וְכֹל הַחַיִּים יוֹדוּךָ סֶּלָה, וִיהַלְלוּ אֶת שִׁמְךָ בֶּאֱמֶת
הָאֵל יְשׁוּעָתֵנוּ וְעֶזְרָתֵנוּ סֶלָה.
בָּרוּךְ אַתָּה יהוה, הַטּוֹב שִׁמְךָ וּלְךָ נָאֶה לְהוֹדוֹת.

When the Priestly Blessing is not said, the Leader says the formula on page 688.
The following supplication is recited quietly while the Leader says "Let all that lives" above.

In some communities, the congregation says:	*The Kohanim say:*
יְהִי רָצוֹן May it be Your will, LORD our God and God of our ancestors, that this blessing with which You have commanded to bless Your people Israel should be a complete blessing, with neither hindrance nor sin, now and forever.	יְהִי רָצוֹן May it be Your will, LORD our God and God of our ancestors, that this blessing with which You have commanded us to bless Your people Israel should be a complete blessing, with neither hindrance nor sin, now and forever.

The following is recited quietly by the Leader:

אֱלֹהֵינוּ Our God and God of our fathers,
bless us with the threefold blessing in the Torah,
written by the hand of Moses Your servant
and pronounced by Aaron and his sons:

The Leader says aloud:

Kohanim!

In most places, the congregation responds:
Your holy people, as it said:

The Kohanim say the following blessing in unison:

בָּרוּךְ Blessed are You, LORD our God, King of the Universe,
who has made us holy with the holiness of Aaron,
and has commanded us to bless His people Israel with love.

Temple times, the priests blessed the people daily. That remains the custom in Israel. Outside Israel, our custom is that the priestly blessings are said only on festivals, for only then do we experience the joy that those who live in God's land feel every day.

During the Leader's Repetition of the Amida, and prior to the Priestly Blessings, the Kohanim remove their shoes and wash their hands in water poured from a special vessel by the Levites. When the Leader reaches "Find favor," they ascend to stand in front of the Ark. They cover the head and upper body with the tallit.

When blessing the people, the Kohanim raise their arms and hands as Aaron did when he first blessed the people (Lev. 9:22). Their fingers are spread apart, as a symbol of generosity of spirit (the closed hand symbolizes

When ברכת כהנים *is not said, the* שליח ציבור *says the formula on page 689.*
The following supplication is recited quietly while the שליח ציבור *says* וְכֹל הַחַיִּים, *above.*

The כהנים *say:*	*In some communities, the* קהל *says:*
יְהִי רָצוֹן מִלְּפָנֶיךָ, יהוה אֱלֹהֵינוּ וֵאלֹהֵי	יְהִי רָצוֹן מִלְּפָנֶיךָ, יהוה אֱלֹהֵינוּ וֵאלֹהֵי
אֲבוֹתֵינוּ, שֶׁתְּהֵא הַבְּרָכָה הַזֹּאת שֶׁצִּוִּיתָנוּ	אֲבוֹתֵינוּ, שֶׁתְּהֵא הַבְּרָכָה הַזֹּאת שֶׁצִּוִּיתָ
לְבָרֵךְ אֶת עַמְּךָ יִשְׂרָאֵל בְּרָכָה שְׁלֵמָה,	לְבָרֵךְ אֶת עַמְּךָ יִשְׂרָאֵל בְּרָכָה שְׁלֵמָה,
וְלֹא יִהְיֶה בָּהּ שׁוּם מִכְשׁוֹל וְעָוֹן מֵעַתָּה	וְלֹא יִהְיֶה בָּהּ שׁוּם מִכְשׁוֹל וְעָוֹן מֵעַתָּה
וְעַד עוֹלָם.	וְעַד עוֹלָם.

The following is recited quietly by the שליח ציבור:

אֱלֹהֵינוּ וֵאלֹהֵי אֲבוֹתֵינוּ, בָּרְכֵנוּ בַּבְּרָכָה הַמְשֻׁלֶּשֶׁת בַּתּוֹרָה
הַכְּתוּבָה עַל יְדֵי מֹשֶׁה עַבְדֶּךָ, הָאֲמוּרָה מִפִּי אַהֲרֹן וּבָנָיו

The שליח ציבור *says aloud:*

כֹּהֲנִים

In most places, the קהל *responds:*

עַם קְדוֹשֶׁךָ, כָּאָמוּר:

The כהנים *say the following blessing in unison:*

בָּרוּךְ אַתָּה יהוה אֱלֹהֵינוּ מֶלֶךְ הָעוֹלָם, אֲשֶׁר קִדְּשָׁנוּ בִּקְדֻשָּׁתוֹ שֶׁל אַהֲרֹן,
וְצִוָּנוּ לְבָרֵךְ אֶת עַמּוֹ יִשְׂרָאֵל בְּאַהֲבָה.

BIRKAT KOHANIM

The Priestly Blessings are unique among our prayers: not only are they or-
dained by the Torah itself, but so is their precise wording (Num. 6:24–26).
They are therefore our most ancient prayer. Beautifully constructed, the
blessings grow in length – the first line has three words; the second, five; the
third, seven – and in each, God's holiest name is the second word of the bless-
ing. They ascend thematically: the first is for material blessing, the second
for spiritual blessing, and the third for peace, without which no blessings
can be enjoyed.

The Torah is careful to state: "So they (the priests) shall place My name on
the Israelites and I will bless them" (Num. 6:27). Thus it is not the priests who
bless the people, but God. The priests – whose entire lives were dedicated to
divine service – were holy vehicles through which divine blessing flowed. In

The first word in each sentence is said by the Leader, followed by the
Kohanim. Some read silently the accompanying verses. One should remain
silent and not look at the Kohanim while the blessings are being said.

May [He] bless you	May the LORD, Maker of heaven and earth, bless you from Zion.	*Ps. 134*
The LORD	LORD, our Master, how majestic is Your name throughout the earth.	*Ps. 8*
And protect you.	Protect me, God, for in You I take refuge.	*Ps. 16*

Read the following silently while the Kohanim chant. Omit on Shabbat.

Master of the Universe, I am Yours and my dreams are Yours. I have dreamt a dream
and I do not know what it means. May it be Your will, LORD my God and God of
my fathers, that all my dreams be, for me and all Israel, for good, whether I have
dreamt about myself, or about others, or others have dreamt about me. If they are
good, strengthen and reinforce them, and may they be fulfilled in me and them like
the dreams of the righteous Joseph. If, though, they need healing, heal them as You
healed Hezekiah King of Judah from his illness, like Miriam the prophetess from her
leprosy, like Na'aman from his leprosy, like the waters of Mara by Moses our teacher,
and like the waters of Jericho by Elisha. And just as You turned the curses of Balaam
the wicked from curse to blessing, so turn all my dreams about me and all Israel to
good; protect me, be gracious to me and accept me. Amen.

Israel with love. A unique stipulation ("with love") which we do not find in
connection with any other command. According to Rashi (to Numbers 6:23),
God told Moses to instruct the priests that they should make the blessing
"with concentration and a full heart." Hillel suggested that it was Aaron's gift
for love and peace that made him and his children the conduit for divine
blessings: "Be among the disciples of Aaron, loving peace and pursuing
peace, loving people and drawing them close to Torah" (*Avot* 1:12). Love is
the conduit through which divine energy flows into the world.

יְבָרֶכְךָ *May the LORD bless you* with your material needs and good health and
protect you from harm. *May the LORD make His face shine on you*, granting
you spiritual growth, especially through Torah study (*Targum Yonatan*),
and be gracious to you, so that you find favor in the eyes of God and your
fellow humans. *May the LORD turn His face toward you*, bestowing on you
His providential care (Rashbam, Ibn Ezra), or, may He grant you eternal life
(Sforno), *and grant you peace*, external and internal, harmony with the world
and with yourself.

The first word in each sentence is said by the שליח ציבור*, followed by the* כהנים*. Some read silently the accompanying verses. One should remain silent and not look at the* כהנים *while the blessings are being said.*

יְבָרֶכְךָ יְבָרֶכְךָ יהוה מִצִּיּוֹן, עֹשֵׂה שָׁמַיִם וָאָרֶץ: תהלים קלד

יהוה יהוה אֲדֹנֵינוּ, מָה־אַדִּיר שִׁמְךָ בְּכָל־הָאָרֶץ: תהלים ח

וְיִשְׁמְרֶךָ: שָׁמְרֵנִי אֵל, כִּי־חָסִיתִי בָךְ: תהלים טז

Read the following silently while the כהנים *chant. Omit on* שבת*.*

רִבּוֹנוֹ שֶׁל עוֹלָם, אֲנִי שֶׁלָּךְ וַחֲלוֹמוֹתַי שֶׁלָּךְ. חֲלוֹם חָלַמְתִּי וְאֵינִי יוֹדֵעַ מַה הוּא. יְהִי רָצוֹן מִלְּפָנֶיךָ, יהוה אֱלֹהַי וֵאלֹהֵי אֲבוֹתַי, שֶׁיִּהְיוּ כָּל חֲלוֹמוֹתַי עָלַי וְעַל כָּל יִשְׂרָאֵל לְטוֹבָה, בֵּין שֶׁחָלַמְתִּי עַל עַצְמִי, וּבֵין שֶׁחָלַמְתִּי עַל אֲחֵרִים, וּבֵין שֶׁחָלְמוּ אֲחֵרִים עָלָי. אִם טוֹבִים הֵם, חַזְּקֵם וְאַמְּצֵם, וְיִתְקַיְּמוּ בִי וּבָהֶם, כַּחֲלוֹמוֹתָיו שֶׁל יוֹסֵף הַצַּדִּיק. וְאִם צְרִיכִים רְפוּאָה, רְפָאֵם כְּחִזְקִיָּהוּ מֶלֶךְ יְהוּדָה מֵחָלְיוֹ, וּכְמִרְיָם הַנְּבִיאָה מִצָּרַעְתָּהּ, וּכְנַעֲמָן מִצָּרַעְתּוֹ, וּכְמֵי מָרָה עַל יְדֵי מֹשֶׁה רַבֵּנוּ, וּכְמֵי יְרִיחוֹ עַל יְדֵי אֱלִישָׁע. וּכְשֵׁם שֶׁהָפַכְתָּ אֶת קִלְלַת בִּלְעָם הָרָשָׁע מִקְּלָלָה לִבְרָכָה, כֵּן תַּהֲפֹךְ כָּל חֲלוֹמוֹתַי עָלַי וְעַל כָּל יִשְׂרָאֵל לְטוֹבָה, וְתִשְׁמְרֵנִי וּתְחָנֵּנִי וְתִרְצֵנִי. אָמֵן.

possessiveness [Deut. 15:7]) and of the Divine Presence that shines through the spaces like the beloved in the Song of Songs who "peers through the lattices" (Song. 2:9; *Bemidbar Raba* 11:2). The priests cover their hands and faces with the tallit in memory of the Holy of Holies that was screened from public gaze by a curtain (*Beit Yosef*, *OḤ* 128).

The biblical command is preceded by the words, "The LORD said to Moses, 'Tell Aaron and his sons: This is how you are to bless the Israelites. *Say to them...*" (Num. 6:22–23). In memory of Moses instructing the priests, the custom is that the Leader recites each word, followed by the Kohanim (Maimonides, Laws of Prayer 14:3; others argue that the custom is merely to avoid error on the part of the priests).

During the blessings, the members of the congregation should be in front of the Kohanim. Those sitting behind should move forward at this time. Their faces should be turned toward the Kohanim, but they should not look directly at them while the blessings are being said (Rema, *OḤ* 128:23, following the Yerushalmi).

וְצִוָּנוּ לְבָרֵךְ אֶת עַמּוֹ יִשְׂרָאֵל בְּאַהֲבָה *And has commended us to bless His people*

May [He] make shine	May God be gracious to us and bless us; may He make His face shine upon us, Selah.	*Ps. 67*
The LORD	The LORD, the LORD, compassionate and gracious God, slow to anger, abounding in kindness and truth.	*Ex. 34*
His face	Turn to me and be gracious to me, for I am alone and afflicted.	*Ps. 25*
On you	To You, LORD, I lift up my soul.	*Ps. 25*
And be gracious to you.	As the eyes of slaves turn to their master's hand, or the eyes of a slave-girl to the hand of her mistress, so our eyes are turned to the LORD our God, awaiting His favor.	*Ps. 123*

Read the following silently while the Kohanim chant. Omit on Shabbat.

Master of the Universe, I am Yours and my dreams are Yours. I have dreamt a dream and I do not know what it means. May it be Your will, LORD my God and God of my fathers, that all my dreams be, for me and all Israel, for good, whether I have dreamt about myself, or about others, or others have dreamt about me. If they are good, strengthen and reinforce them, and may they be fulfilled in me and them like the dreams of the righteous Joseph. If, though, they need healing, heal them as You healed Hezekiah King of Judah from his illness, like Miriam the prophetess from her leprosy, like Na'aman from his leprosy, like the waters of Mara by Moses our teacher, and like the waters of Jericho by Elisha. And just as You turned the curses of Balaam the wicked from curse to blessing, so turn all my dreams about me and all Israel to good; protect me, be gracious to me and accept me. Amen.

May [He] turn	May he receive a blessing from the LORD and a just reward from the God of his salvation. And he will win grace and good favor in the eyes of God and man.	*Ps. 24* *Prov. 3*
The LORD	LORD, be gracious to us; we yearn for You. Be their strength every morning, our salvation in time of distress.	*Is. 33*
His face	Do not hide Your face from me in the day of my distress. Turn Your ear to me; on the day I call, swiftly answer me.	*Ps. 102*
Toward you	To You, enthroned in heaven, I lift my eyes.	*Ps. 123*

יָאֵר אֱלֹהִים יְחָנֵּנוּ וִיבָרְכֵנוּ, יָאֵר פָּנָיו אִתָּנוּ סֶלָה: תהלים סז

יהוה יהוה, יהוה, אֵל רַחוּם וְחַנּוּן, אֶרֶךְ אַפַּיִם וְרַב־חֶסֶד וֶאֱמֶת: שמות לד

פָּנָיו פְּנֵה־אֵלַי וְחָנֵּנִי, כִּי־יָחִיד וְעָנִי אָנִי: תהלים כה

אֵלֶיךָ אֵלֶיךָ יהוה נַפְשִׁי אֶשָּׂא: תהלים כה

וִיחֻנֶּךָּ: הִנֵּה כְעֵינֵי עֲבָדִים אֶל־יַד אֲדוֹנֵיהֶם תהלים קכג
כְּעֵינֵי שִׁפְחָה אֶל־יַד גְּבִרְתָּהּ, כֵּן עֵינֵינוּ אֶל־יהוה אֱלֹהֵינוּ
עַד שֶׁיְּחָנֵּנוּ:

Read the following silently while the כהנים *chant. Omit on* שבת.

רִבּוֹנוֹ שֶׁל עוֹלָם, אֲנִי שֶׁלָּךְ וַחֲלוֹמוֹתַי שֶׁלָּךְ. חֲלוֹם חָלַמְתִּי וְאֵינִי יוֹדֵעַ מַה הוּא. יְהִי רָצוֹן מִלְּפָנֶיךָ, יהוה אֱלֹהַי וֵאלֹהֵי אֲבוֹתַי, שֶׁיִּהְיוּ כָּל חֲלוֹמוֹתַי עָלַי וְעַל כָּל יִשְׂרָאֵל לְטוֹבָה, בֵּין שֶׁחָלַמְתִּי עַל עַצְמִי, וּבֵין שֶׁחָלַמְתִּי עַל אֲחֵרִים, וּבֵין שֶׁחָלְמוּ אֲחֵרִים עָלָי. אִם טוֹבִים הֵם, חַזְּקֵם וְאַמְּצֵם, וְיִתְקַיְּמוּ בִי וּבָהֶם, כַּחֲלוֹמוֹתָיו שֶׁל יוֹסֵף הַצַּדִּיק. וְאִם צְרִיכִים רְפוּאָה, רְפָאֵם כְּחִזְקִיָּהוּ מֶלֶךְ יְהוּדָה מֵחָלְיוֹ, וּכְמִרְיָם הַנְּבִיאָה מִצָּרַעְתָּהּ, וּכְנַעֲמָן מִצָּרַעְתּוֹ, וּכְמֵי מָרָה עַל יְדֵי מֹשֶׁה רַבֵּנוּ, וּכְמֵי יְרִיחוֹ עַל יְדֵי אֱלִישָׁע. וּכְשֵׁם שֶׁהָפַכְתָּ אֶת קִלְלַת בִּלְעָם הָרָשָׁע מִקְּלָלָה לִבְרָכָה, כֵּן תַּהֲפֹךְ כָּל חֲלוֹמוֹתַי עָלַי וְעַל כָּל יִשְׂרָאֵל לְטוֹבָה, וְתִשְׁמְרֵנִי וּתְחָנֵּנִי וְתִרְצֵנִי. אָמֵן.

יִשָּׂא יִשָּׂא בְרָכָה מֵאֵת יהוה, וּצְדָקָה מֵאֱלֹהֵי יִשְׁעוֹ: תהלים כד
וּמְצָא־חֵן וְשֵׂכֶל־טוֹב בְּעֵינֵי אֱלֹהִים וְאָדָם: משלי ג

יהוה יהוה חָנֵּנוּ, לְךָ קִוִּינוּ, הֱיֵה זְרֹעָם לַבְּקָרִים ישעיה לג
אַף־יְשׁוּעָתֵנוּ בְּעֵת צָרָה:

פָּנָיו אַל־תַּסְתֵּר פָּנֶיךָ מִמֶּנִּי בְּיוֹם צַר לִי, הַטֵּה־אֵלַי אָזְנֶךָ תהלים קב
בְּיוֹם אֶקְרָא מַהֵר עֲנֵנִי:

אֵלֶיךָ אֵלֶיךָ נָשָׂאתִי אֶת־עֵינַי, הַיֹּשְׁבִי בַּשָּׁמָיִם: תהלים קכג

And give   They shall place My name on the children of Israel,   *Num. 6*
and I will bless them.

You   Yours, LORD, are the greatness and the power,   *1 Chr. 29*
the glory, majesty and splendor, for everything
in heaven and earth is Yours. Yours, LORD, is the
kingdom; You are exalted as Head over all.

Peace.   "Peace, peace, to those far and near," says the LORD,   *Is. 57*
"and I will heal him."

Read the following silently while the Kohanim chant. Omit on Shabbat.

May it be Your will, LORD my God and God of my fathers, that You act for the sake
of Your simple, sacred kindness and great compassion, and for the purity of Your
great, mighty and awesome name of twenty-two letters derived from the verses of
the priestly blessing spoken by Aaron and his sons, Your holy people. May You be
close to me when I call to You. May You hear my prayer, plea and cry as You did the
cry of Jacob Your perfect one who was called "a plain man." May You grant me and
all the members of my household our food and sustenance, generously not meagerly,
honestly not otherwise, with satisfaction not pain, from Your generous hand, just as
You gave a portion of bread to eat and clothes to wear to Jacob our father who was
called "a plain man." May we find love, grace, kindness and compassion in Your sight
and in the eyes of all who see us. May my words in service to You be heard, as You
granted Joseph Your righteous one, at the time when he was robed by his father in a
cloak of fine wool, that he find grace, kindness and compassion in Your sight and in
the eyes of all who saw him. May You do wonders and miracles with me, and a sign
for good. Grant me success in my paths, and set in my heart understanding that I may
understand, discern and fulfill all the words of Your Torah's teachings and mysteries.
Save me from errors and purify my thoughts and my heart to serve You and be in
awe of You. Prolong my days (*add, where appropriate:* and those of my father, mother,
wife, husband, son/s, and daughter/s) in joy and happiness, with much strength and
peace. Amen, Selah.

The Leader continues with "Grant peace" on the next page.

וְשָׂמוּ אֶת־שְׁמִי עַל־בְּנֵי יִשְׂרָאֵל, וַאֲנִי אֲבָרְכֵם: **וְיָשֵׂם** במדבר ו

לְךָ יהוה הַגְּדֻלָּה וְהַגְּבוּרָה וְהַתִּפְאֶרֶת וְהַנֵּצַח וְהַהוֹד דברי הימים א׳ כט
כִּי־כֹל בַּשָּׁמַיִם וּבָאָרֶץ, לְךָ יהוה הַמַּמְלָכָה
וְהַמִּתְנַשֵּׂא לְכֹל לְרֹאשׁ:

שָׁלוֹם: שָׁלוֹם שָׁלוֹם לָרָחוֹק וְלַקָּרוֹב, אָמַר יהוה, וּרְפָאתִיו: ישעיה נז

Read the following silently while the כהנים *chant. Omit on* שבת*.*

יְהִי רָצוֹן מִלְּפָנֶיךָ, יהוה אֱלֹהַי וֵאלֹהֵי אֲבוֹתַי, שֶׁתַּעֲשֶׂה לְמַעַן קְדֻשַּׁת חֲסָדֶיךָ וְגֹדֶל רַחֲמֶיךָ הַפְּשׁוּטִים, וּלְמַעַן טָהֳרַת שִׁמְךָ הַגָּדוֹל הַגִּבּוֹר וְהַנּוֹרָא, בֶּן עֶשְׂרִים וּשְׁתַּיִם אוֹתִיּוֹת הַיּוֹצֵא מִפְּסוּקִים שֶׁל בִּרְכַּת כֹּהֲנִים הָאֲמוּרָה מִפִּי אַהֲרֹן וּבָנָיו עַם קְדוֹשֶׁךָ, שֶׁתִּהְיֶה קָרוֹב לִי בְּקָרְאִי לָךְ, וְתִשְׁמַע תְּפִלָּתִי נַאֲקָתִי וְאֶנְקָתִי תָּמִיד, כְּשֵׁם שֶׁשָּׁמַעְתָּ אֶנְקַת יַעֲקֹב תְּמִימֶךָ הַנִּקְרָא אִישׁ תָּם. וְתִתֶּן לִי וּלְכָל נַפְשׁוֹת בֵּיתִי מְזוֹנוֹתֵינוּ וּפַרְנָסָתֵנוּ בְּרֶוַח וְלֹא בְצִמְצוּם, בְּהֶתֵּר וְלֹא בְאִסּוּר, בְּנַחַת וְלֹא בְצַעַר, מִתַּחַת יָדְךָ הָרְחָבָה, כְּשֵׁם שֶׁנָּתַתָּ פִּסַּת לֶחֶם לֶאֱכֹל וּבֶגֶד לִלְבֹּשׁ לְיַעֲקֹב אָבִינוּ הַנִּקְרָא אִישׁ תָּם. וְתִתְּנֵנוּ לְאַהֲבָה, לְחֵן וּלְחֶסֶד וּלְרַחֲמִים בְּעֵינֶיךָ וּבְעֵינֵי כָל רוֹאֵינוּ, וְיִהְיוּ דְבָרַי נִשְׁמָעִים לַעֲבוֹדָתֶךָ, כְּשֵׁם שֶׁנָּתַתָּ אֶת יוֹסֵף צַדִּיקֶךָ בְּשָׁעָה שֶׁהִלְבִּישׁוֹ אָבִיו כְּתֹנֶת פַּסִּים לְחֵן וּלְחֶסֶד וּלְרַחֲמִים בְּעֵינֶיךָ וּבְעֵינֵי כָל רוֹאָיו. וְתַעֲשֶׂה עִמִּי נִפְלָאוֹת וְנִסִּים, וּלְטוֹבָה אוֹת, וְתַצְלִיחֵנִי בִדְרָכַי, וְתֵן בְּלִבִּי בִּינָה לְהָבִין וּלְהַשְׂכִּיל וּלְקַיֵּם אֶת כָּל דִּבְרֵי תַלְמוּד תּוֹרָתֶךָ וְסוֹדוֹתֶיהָ, וְתַצִּילֵנִי מִשְּׁגִיאוֹת, וּתְטַהֵר רַעְיוֹנַי וְלִבִּי לַעֲבוֹדָתֶךָ, וְתַאֲרִיךְ יָמַי (וִימֵי אָבִי וְאִמִּי / וְאִשְׁתִּי / וּבַעְלִי / וּבָנַי וּבְנוֹתַי) בְּטוֹב וּבִנְעִימוּת, בְּרֹב עֹז וְשָׁלוֹם, אָמֵן סֶלָה.

The שליח ציבור *continues with* שִׂים שָׁלוֹם *on the next page.*

The congregation says:

אַדִּיר Majestic One on high who dwells in power: You are peace and Your name is peace. May it be Your will to bestow on us and on Your people the house of Israel, life and blessing as a safeguard for peace.

The Kohanim say:

רִבּוֹנוֹ Master of the Universe: we have done what You have decreed for us. So too may You deal with us as You have promised us. Look down from Your holy dwelling place, from heaven, and bless Your people Israel and the land You have given us as You promised on oath to our ancestors, a land flowing with milk and honey. *Deut. 26*

If the Priestly Blessing is not said, the following is said by the Leader:

Our God and God of our fathers, bless us with the threefold blessing in the Torah, written by the hand of Moses Your servant and pronounced by Aaron and his sons the priests, Your holy people, as it is said:

May the LORD bless you and protect you. *Num. 6*
Cong: May it be Your will.
May the LORD make His face shine on you and be gracious to you.
Cong: May it be Your will.
May the LORD turn His face toward you, and grant you peace.
Cong: May it be Your will.

PEACE

שִׂים שָׁלוֹם Grant peace, goodness and blessing,
grace, loving-kindness and compassion to us
and all Israel Your people.
Bless us, our Father, all as one,
with the light of Your face,
for by the light of Your face You have given us, LORD our God,
the Torah of life and love of kindness,
righteousness, blessing,
compassion, life and peace.
May it be good in Your eyes to bless Your people Israel
at every time, in every hour, with Your peace.
Blessed are You, LORD,
who blesses His people Israel with peace.

May the words of my mouth and the meditation of my heart *Ps. 19*
find favor before You, LORD, my Rock and Redeemer.

The קהל *says:*

אַדִּיר בַּמָּרוֹם שׁוֹכֵן בִּגְבוּרָה, אַתָּה שָׁלוֹם וְשִׁמְךָ שָׁלוֹם. יְהִי רָצוֹן שֶׁתָּשִׂים עָלֵינוּ וְעַל כָּל עַמְּךָ בֵּית יִשְׂרָאֵל חַיִּים וּבְרָכָה לְמִשְׁמֶרֶת שָׁלוֹם.

The כהנים *say:*

רִבּוֹנוֹ שֶׁל עוֹלָם, עָשִׂינוּ מַה שֶּׁגָּזַרְתָּ עָלֵינוּ, אַף אַתָּה
דברים כו עֲשֵׂה עִמָּנוּ כְּמוֹ שֶׁהִבְטַחְתָּנוּ. הַשְׁקִיפָה מִמְּעוֹן
קָדְשְׁךָ מִן־הַשָּׁמַיִם, וּבָרֵךְ אֶת־עַמְּךָ אֶת־יִשְׂרָאֵל,
וְאֵת הָאֲדָמָה אֲשֶׁר נָתַתָּה לָנוּ, כַּאֲשֶׁר נִשְׁבַּעְתָּ
לַאֲבֹתֵינוּ, אֶרֶץ זָבַת חָלָב וּדְבָשׁ:

If ברכת כהנים *is not said, the following is said by the* שליח ציבור*:*

אֱלֹהֵינוּ וֵאלֹהֵי אֲבוֹתֵינוּ, בָּרְכֵנוּ בַּבְּרָכָה הַמְשֻׁלֶּשֶׁת בַּתּוֹרָה, הַכְּתוּבָה עַל יְדֵי מֹשֶׁה עַבְדֶּךָ, הָאֲמוּרָה מִפִּי אַהֲרֹן וּבָנָיו כֹּהֲנִים עַם קְדוֹשֶׁיךָ, כָּאָמוּר

במדבר ו יְבָרֶכְךָ יהוה וְיִשְׁמְרֶךָ: קהל: כֵּן יְהִי רָצוֹן
יָאֵר יהוה פָּנָיו אֵלֶיךָ וִיחֻנֶּךָּ: קהל: כֵּן יְהִי רָצוֹן
יִשָּׂא יהוה פָּנָיו אֵלֶיךָ וְיָשֵׂם לְךָ שָׁלוֹם: קהל: כֵּן יְהִי רָצוֹן

שלום

שִׂים שָׁלוֹם טוֹבָה וּבְרָכָה, חֵן וָחֶסֶד וְרַחֲמִים
עָלֵינוּ וְעַל כָּל יִשְׂרָאֵל עַמֶּךָ.
בָּרְכֵנוּ אָבִינוּ כֻּלָּנוּ כְּאֶחָד בְּאוֹר פָּנֶיךָ
כִּי בְאוֹר פָּנֶיךָ נָתַתָּ לָּנוּ, יהוה אֱלֹהֵינוּ
תּוֹרַת חַיִּים וְאַהֲבַת חֶסֶד
וּצְדָקָה וּבְרָכָה וְרַחֲמִים וְחַיִּים וְשָׁלוֹם.
וְטוֹב בְּעֵינֶיךָ לְבָרֵךְ אֶת עַמְּךָ יִשְׂרָאֵל
בְּכָל עֵת וּבְכָל שָׁעָה בִּשְׁלוֹמֶךָ.
בָּרוּךְ אַתָּה יהוה, הַמְבָרֵךְ אֶת עַמּוֹ יִשְׂרָאֵל בַּשָּׁלוֹם.

תהלים יט יִהְיוּ לְרָצוֹן אִמְרֵי־פִי וְהֶגְיוֹן לִבִּי לְפָנֶיךָ, יהוה צוּרִי וְגֹאֲלִי:

אַדִּיר בַּמָּרוֹם *Majestic One on high.* A prayer by the congregation, echoing three times the last word of the priestly blessing: peace.

FULL KADDISH

Leader: יִתְגַּדַּל Magnified and sanctified
may His great name be,
in the world He created by His will.
May He establish His kingdom
in your lifetime and in your days,
and in the lifetime of all the house of Israel,
swiftly and soon –
and say: Amen.

All: May His great name be blessed for ever and all time.

Leader: Blessed and praised,
glorified and exalted,
raised and honored,
uplifted and lauded be the name of the Holy One,
blessed be He, beyond any blessing,
song, praise and consolation
uttered in the world –
and say: Amen.

May the prayers and pleas of all Israel
be accepted by their Father in heaven –
and say: Amen.

May there be great peace from heaven,
and life for us and all Israel –
and say: Amen.

*Bow, take three steps back, as if taking leave of the Divine Presence,
then bow, first left, then right, then center, while saying:*
May He who makes peace in His high places,
make peace for us and all Israel –
and say: Amen.

קדיש שלם

ש״ץ: יִתְגַּדַּל וְיִתְקַדַּשׁ שְׁמֵהּ רַבָּא (קהל: אָמֵן)
בְּעָלְמָא דִּי בְרָא כִרְעוּתֵהּ
וְיַמְלִיךְ מַלְכוּתֵהּ
בְּחַיֵּיכוֹן וּבְיוֹמֵיכוֹן וּבְחַיֵּי דְכָל בֵּית יִשְׂרָאֵל
בַּעֲגָלָא וּבִזְמַן קָרִיב, וְאִמְרוּ אָמֵן. (קהל: אָמֵן)

קהל וש״ץ: יְהֵא שְׁמֵהּ רַבָּא מְבָרַךְ לְעָלַם וּלְעָלְמֵי עָלְמַיָּא.

ש״ץ: יִתְבָּרַךְ וְיִשְׁתַּבַּח וְיִתְפָּאַר
וְיִתְרוֹמַם וְיִתְנַשֵּׂא וְיִתְהַדָּר וְיִתְעַלֶּה וְיִתְהַלָּל
שְׁמֵהּ דְּקֻדְשָׁא בְּרִיךְ הוּא (קהל: בְּרִיךְ הוּא)
לְעֵלָּא מִן כָּל בִּרְכָתָא וְשִׁירָתָא
תֻּשְׁבְּחָתָא וְנֶחֱמָתָא
דַּאֲמִירָן בְּעָלְמָא, וְאִמְרוּ אָמֵן. (קהל: אָמֵן)

תִּתְקַבַּל צְלוֹתְהוֹן וּבָעוּתְהוֹן דְּכָל יִשְׂרָאֵל
קֳדָם אֲבוּהוֹן דִּי בִשְׁמַיָּא, וְאִמְרוּ אָמֵן. (קהל: אָמֵן)

יְהֵא שְׁלָמָא רַבָּא מִן שְׁמַיָּא
וְחַיִּים, עָלֵינוּ וְעַל כָּל יִשְׂרָאֵל, וְאִמְרוּ אָמֵן. (קהל: אָמֵן)

Bow, take three steps back, as if taking leave of the Divine Presence, then bow, first left, then right, then center, while saying:

עֹשֶׂה שָׁלוֹם בִּמְרוֹמָיו
הוּא יַעֲשֶׂה שָׁלוֹם
עָלֵינוּ וְעַל כָּל יִשְׂרָאֵל, וְאִמְרוּ אָמֵן. (קהל: אָמֵן)

אֵין כֵּאלֹהֵינוּ There is none like our God, none like our Lord,
none like our King, none like our Savior.
Who is like our God? Who is like our Lord?
Who is like our King? Who is like our Savior?
We will thank our God, we will thank our Lord,
we will thank our King, we will thank our Savior.
Blessed is our God, blessed is our Lord,
blessed is our King, blessed is our Savior.
You are our God, You are our Lord,
You are our King, You are our Savior.
You are He to whom our ancestors offered the fragrant incense.

פִּטּוּם הַקְּטֹרֶת The incense mixture consisted of balsam, onycha, galbanum and frankincense, each weighing seventy manehs; myrrh, cassia, spikenard and saffron, each weighing sixteen manehs; twelve manehs of costus, three of aromatic bark; nine of cinnamon; nine kabs of Carsina lye; three seahs and three kabs of Cyprus wine. If Cyprus wine was not available, old white wine might be used. A quarter of a kab of Sodom salt, and a minute amount of a smoke-raising herb. Rabbi Nathan says: Also a minute amount of Jordan amber. If one added honey to the mixture, he rendered it unfit for sacred use. If he omitted any one of its ingredients, he is guilty of a capital offence. *Keritot 6a*

Rabban Shimon ben Gamliel says: "Balsam" refers to the sap that drips from the balsam tree. The Carsina lye was used for bleaching the onycha to improve it. The Cyprus wine was used to soak the onycha in it to make it pungent. Though urine is suitable for this purpose, it is not brought into the Temple out of respect.

These were the psalms which the Levites used to recite in the Temple: *Mishna, Tamid 7*
On the first day of the week they used to say:
"The earth is the Lord's and all it contains, *Ps. 24*
the world and all who live in it."

פִּטּוּם הַקְּטֹרֶת *The incense mixture.* A Talmudic passage (*Keritot* 6a) describing the composition of the incense, burned in the Temple every morning and evening (Ex. 30:7–9).

הַשִּׁיר שֶׁהַלְוִיִּם הָיוּ אוֹמְרִים *These were the psalms which the Levites used to recite.* Each day of the week, after the regular offerings in the Temple, the Levites

אֵין כֵּאלֹהֵינוּ, אֵין כַּאדוֹנֵינוּ, אֵין כְּמַלְכֵּנוּ, אֵין כְּמוֹשִׁיעֵנוּ.
מִי כֵאלֹהֵינוּ, מִי כַאדוֹנֵינוּ, מִי כְמַלְכֵּנוּ, מִי כְמוֹשִׁיעֵנוּ.
נוֹדֶה לֵאלֹהֵינוּ, נוֹדֶה לַאדוֹנֵינוּ, נוֹדֶה לְמַלְכֵּנוּ, נוֹדֶה לְמוֹשִׁיעֵנוּ.
בָּרוּךְ אֱלֹהֵינוּ, בָּרוּךְ אֲדוֹנֵינוּ, בָּרוּךְ מַלְכֵּנוּ, בָּרוּךְ מוֹשִׁיעֵנוּ.
אַתָּה הוּא אֱלֹהֵינוּ, אַתָּה הוּא אֲדוֹנֵינוּ,
אַתָּה הוּא מַלְכֵּנוּ, אַתָּה הוּא מוֹשִׁיעֵנוּ.
אַתָּה הוּא שֶׁהִקְטִירוּ אֲבוֹתֵינוּ לְפָנֶיךָ אֶת קְטֹרֶת הַסַּמִּים.

כריתות ו.

פִּטּוּם הַקְּטֹרֶת. הַצֳּרִי, וְהַצִּפֹּרֶן, וְהַחֶלְבְּנָה, וְהַלְּבוֹנָה מִשְׁקַל שִׁבְעִים שִׁבְעִים מָנֶה, מֹר, וּקְצִיעָה, שִׁבֹּלֶת נֵרְדְּ, וְכַרְכֹּם מִשְׁקַל שִׁשָּׁה עָשָׂר שִׁשָּׁה עָשָׂר מָנֶה, הַקֹּשְׁטְ שְׁנֵים עָשָׂר, קִלּוּפָה שְׁלֹשָׁה, וְקִנָּמוֹן תִּשְׁעָה, בֹּרִית כַּרְשִׁינָה תִּשְׁעָה קַבִּין, יֵין קַפְרִיסִין סְאִין תְּלָת וְקַבִּין תְּלָתָא, וְאִם אֵין לוֹ יֵין קַפְרִיסִין, מֵבִיא חֲמַר חִוַּרְיָן עַתִּיק. מֶלַח סְדוֹמִית רֹבַע, מַעֲלֶה עָשָׁן כָּל שֶׁהוּא. רַבִּי נָתָן הַבַּבְלִי אוֹמֵר: אַף כִּפַּת הַיַּרְדֵּן כָּל שֶׁהוּא, וְאִם נָתַן בָּהּ דְּבַשׁ פְּסָלָהּ, וְאִם חִסַּר אֶחָד מִכָּל סַמָּנֶיהָ, חַיָּב מִיתָה.

רַבָּן שִׁמְעוֹן בֶּן גַּמְלִיאֵל אוֹמֵר: הַצֳּרִי אֵינוֹ אֶלָּא שְׂרָף הַנּוֹטֵף מֵעֲצֵי הַקְּטָף. בֹּרִית כַּרְשִׁינָה שֶׁשָּׁפִין בָּהּ אֶת הַצִּפֹּרֶן כְּדֵי שֶׁתְּהֵא נָאָה, יֵין קַפְרִיסִין שֶׁשּׁוֹרִין בּוֹ אֶת הַצִּפֹּרֶן כְּדֵי שֶׁתְּהֵא עַזָּה, וַהֲלֹא מֵי רַגְלַיִם יָפִין לָהּ, אֶלָּא שֶׁאֵין מַכְנִיסִין מֵי רַגְלַיִם בַּמִּקְדָּשׁ מִפְּנֵי הַכָּבוֹד.

משנה תמיד ז

הַשִּׁיר שֶׁהַלְוִיִּם הָיוּ אוֹמְרִים בְּבֵית הַמִּקְדָּשׁ:
בַּיּוֹם הָרִאשׁוֹן הָיוּ אוֹמְרִים

תהלים כד

לַיהוה הָאָרֶץ וּמְלוֹאָהּ, תֵּבֵל וְיֹשְׁבֵי בָהּ:

אֵין כֵּאלֹהֵינוּ *There is none like our God.* A poetic introduction to the reading of the passage about the incense offering in the Temple. The initial letters of the first three lines spell Amen, followed by several phrases beginning with "Blessed." Thus the poem is also a way of reaffirming the preceding prayers, a coded coda to the service as a whole.

On the second day they used to say:

    "Great is the Lᴏʀᴅ and greatly to be praised   *Ps. 48*

     in the city of God, on His holy mountain."

On the third day they used to say:

    "God stands in the divine assembly.   *Ps. 82*

     Among the judges He delivers judgment."

On the fourth day they used to say:

    "God of retribution, Lᴏʀᴅ, God of retribution, appear."   *Ps. 94*

On the fifth day they used to say:

    "Sing for joy to God, our strength.   *Ps. 81*

     Shout aloud to the God of Jacob."

On the sixth day they used to say:

    "The Lᴏʀᴅ reigns: He is robed in majesty;   *Ps. 93*

     the Lᴏʀᴅ is robed, girded with strength;

     the world is firmly established; it cannot be moved."

On the Sabbath they used to say:

    "A psalm, a song for the Sabbath day" –   *Ps. 92*

     [meaning] a psalm and song for the time to come,

     for the day which will be entirely Sabbath and rest for life everlasting

It was taught in the Academy of Elijah: Whoever studies [Torah] laws every day *Megilla 28b*
is assured that he will be destined for the World to Come, as it is said, "The ways *Hab. 3*
of the world are His" – read not, "ways" [*halikhot*] but "laws" [*halakhot*].

Rabbi Elazar said in the name of Rabbi Ḥanina: The disciples of the sages increase *Berakhot*
                                                              64a
peace in the world, as it is said, "And all your children shall be taught of the Lᴏʀᴅ, *Is. 54*
and great shall be the peace of your children [*banayikh*]." Read not *banayikh*,
"your children," but *bonayikh*, "your builders." Those who love Your Torah have *Ps. 119*
great peace; there is no stumbling block for them. May there be peace within your *Ps. 122*
ramparts, prosperity in your palaces. For the sake of my brothers and friends, I
shall say, "Peace be within you." For the sake of the House of the Lᴏʀᴅ our God,
I will seek your good. ‣ May the Lᴏʀᴅ grant strength to His people; may the *Ps. 29*
Lᴏʀᴅ bless His people with peace.

---

world. The full meaning of this statement is clear only at the end: "Read not
banayikh, 'your children' but *bonayikh* 'your builders.'" When scholars are
also builders, they create peace. At many stages during their wanderings in
the desert, there was dissension among the Israelites, but when they were
building the Tabernacle there was harmony. The best way to bring peace to
any fractured group is to build something together.

בַּשֵּׁנִי הָיוּ אוֹמְרִים

תהלים מח

גָּדוֹל יהוה וּמְהֻלָּל מְאֹד, בְּעִיר אֱלֹהֵינוּ הַר־קָדְשׁוֹ:

בַּשְּׁלִישִׁי הָיוּ אוֹמְרִים

תהלים פב

אֱלֹהִים נִצָּב בַּעֲדַת־אֵל, בְּקֶרֶב אֱלֹהִים יִשְׁפֹּט:

בָּרְבִיעִי הָיוּ אוֹמְרִים

תהלים צד

אֵל־נְקָמוֹת יהוה, אֵל נְקָמוֹת הוֹפִיעַ:

בַּחֲמִישִׁי הָיוּ אוֹמְרִים

תהלים פא

הַרְנִינוּ לֵאלֹהִים עוּזֵּנוּ, הָרִיעוּ לֵאלֹהֵי יַעֲקֹב:

בַּשִּׁשִּׁי הָיוּ אוֹמְרִים

תהלים צג

יהוה מָלָךְ גֵּאוּת לָבֵשׁ לָבֵשׁ יהוה עֹז הִתְאַזָּר

אַף־תִּכּוֹן תֵּבֵל בַּל־תִּמּוֹט:

בַּשַּׁבָּת הָיוּ אוֹמְרִים

תהלים צב

מִזְמוֹר שִׁיר לְיוֹם הַשַּׁבָּת:

מִזְמוֹר שִׁיר לֶעָתִיד לָבוֹא

לְיוֹם שֶׁכֻּלּוֹ שַׁבָּת וּמְנוּחָה לְחַיֵּי הָעוֹלָמִים.

מגילה כח:
חבקוק ג

תָּנָא דְבֵי אֵלִיָּהוּ: כָּל הַשּׁוֹנֶה הֲלָכוֹת בְּכָל יוֹם, מֻבְטָח לוֹ שֶׁהוּא בֶּן עוֹלָם הַבָּא, שֶׁנֶּאֱמַר, הֲלִיכוֹת עוֹלָם לוֹ: אַל תִּקְרֵי הֲלִיכוֹת אֶלָּא הֲלָכוֹת.

ברכות סד.
ישעיה נד
תהלים קיט
תהלים קכב
תהלים כט

אָמַר רַבִּי אֶלְעָזָר, אָמַר רַבִּי חֲנִינָא: תַּלְמִידֵי חֲכָמִים מַרְבִּים שָׁלוֹם בָּעוֹלָם, שֶׁנֶּאֱמַר, וְכָל־בָּנַיִךְ לִמּוּדֵי יהוה, וְרַב שְׁלוֹם בָּנָיִךְ: אַל תִּקְרֵי בָּנָיִךְ, אֶלָּא בּוֹנָיִךְ. שָׁלוֹם רָב לְאֹהֲבֵי תוֹרָתֶךָ, וְאֵין־לָמוֹ מִכְשׁוֹל: יְהִי־שָׁלוֹם בְּחֵילֵךְ, שַׁלְוָה בְּאַרְמְנוֹתָיִךְ: לְמַעַן אַחַי וְרֵעָי אֲדַבְּרָה־נָּא שָׁלוֹם בָּךְ: לְמַעַן בֵּית־יהוה אֱלֹהֵינוּ אֲבַקְשָׁה טוֹב לָךְ: ‹ יהוה עֹז לְעַמּוֹ יִתֵּן, יהוה יְבָרֵךְ אֶת־עַמּוֹ בַשָּׁלוֹם:

---

would sing a particular psalm. We still say these psalms, usually at the end of the service. In this way, a further connection is made between our prayers and the Temple service.

תַּלְמִידֵי חֲכָמִים מַרְבִּים שָׁלוֹם בָּעוֹלָם *The disciples of the sages increase peace in the*

THE RABBIS' KADDISH

The following prayer, said by mourners, requires the presence of a minyan.
A transliteration can be found on page 1288.

Mourner: **יִתְגַּדַּל** Magnified and sanctified
may His great name be,
in the world He created by His will.
May He establish His kingdom in your lifetime
and in your days,
and in the lifetime of all the house of Israel,
swiftly and soon –
and say: Amen.

All: May His great name be blessed for ever and all time.

Mourner: Blessed and praised, glorified and exalted,
raised and honored, uplifted and lauded
be the name of the Holy One, blessed be He,
beyond any blessing,
song, praise and consolation uttered in the world –
and say: Amen.

To Israel, to the teachers,
their disciples and their disciples' disciples,
and to all who engage in the study of Torah,
in this (*in Israel add:* holy) place or elsewhere,
may there come to them and you great peace,
grace, kindness and compassion, long life, ample sustenance
and deliverance, from their Father in Heaven –
and say: Amen.

May there be great peace from heaven,
and (good) life for us and all Israel –
and say: Amen.

Bow, take three steps back, as if taking leave of the Divine Presence,
then bow, first left, then right, then center, while saying:
May He who makes peace in His high places,
in His compassion make peace for us and all Israel –
and say: Amen.

קדיש דרבנן

The following prayer, said by mourners, requires the presence of a מנין.
A transliteration can be found on page 1288.

אבל: יִתְגַּדַּל וְיִתְקַדַּשׁ שְׁמֵהּ רַבָּא (קהל: אָמֵן)
בְּעָלְמָא דִּי בְרָא כִרְעוּתֵהּ
וְיַמְלִיךְ מַלְכוּתֵהּ
בְּחַיֵּיכוֹן וּבְיוֹמֵיכוֹן וּבְחַיֵּי דְכָל בֵּית יִשְׂרָאֵל
בַּעֲגָלָא וּבִזְמַן קָרִיב, וְאִמְרוּ אָמֵן. (קהל: אָמֵן)

קהל ואבל: יְהֵא שְׁמֵהּ רַבָּא מְבָרַךְ לְעָלַם וּלְעָלְמֵי עָלְמַיָּא.

אבל: יִתְבָּרַךְ וְיִשְׁתַּבַּח וְיִתְפָּאַר וְיִתְרוֹמַם וְיִתְנַשֵּׂא
וְיִתְהַדָּר וְיִתְעַלֶּה וְיִתְהַלָּל
שְׁמֵהּ דְּקֻדְשָׁא בְּרִיךְ הוּא (קהל: בְּרִיךְ הוּא)
לְעֵלָּא מִן כָּל בִּרְכָתָא וְשִׁירָתָא, תֻּשְׁבְּחָתָא וְנֶחֱמָתָא
דַּאֲמִירָן בְּעָלְמָא, וְאִמְרוּ אָמֵן. (קהל: אָמֵן)
עַל יִשְׂרָאֵל וְעַל רַבָּנָן
וְעַל תַּלְמִידֵיהוֹן וְעַל כָּל תַּלְמִידֵי תַלְמִידֵיהוֹן
וְעַל כָּל מָאן דְּעָסְקִין בְּאוֹרַיְתָא
דִּי בְּאַתְרָא (בארץ ישראל: קַדִּישָׁא) הָדֵין, וְדִי בְּכָל אֲתַר וַאֲתַר
יְהֵא לְהוֹן וּלְכוֹן שְׁלָמָא רַבָּא
חִנָּא וְחִסְדָּא, וְרַחֲמֵי, וְחַיֵּי אֲרִיכֵי, וּמְזוֹנֵי רְוִיחֵי
וּפֻרְקָנָא מִן קֳדָם אֲבוּהוֹן דִּי בִשְׁמַיָּא, וְאִמְרוּ אָמֵן. (קהל: אָמֵן)
יְהֵא שְׁלָמָא רַבָּא מִן שְׁמַיָּא
וְחַיִּים (טוֹבִים) עָלֵינוּ וְעַל כָּל יִשְׂרָאֵל, וְאִמְרוּ אָמֵן. (קהל: אָמֵן)

Bow, take three steps back, as if taking leave of the Divine Presence, then bow, first left, then right, then center, while saying:

עֹשֶׂה שָׁלוֹם בִּמְרוֹמָיו
הוּא יַעֲשֶׂה בְרַחֲמָיו שָׁלוֹם
עָלֵינוּ וְעַל כָּל יִשְׂרָאֵל, וְאִמְרוּ אָמֵן. (קהל: אָמֵן)

Stand while saying Aleinu. Bow at ˅.

עָלֵינוּ It is our duty to praise the Master of all,
and ascribe greatness to the Author of creation,
who has not made us like the nations of the lands
nor placed us like the families of the earth;
who has not made our portion like theirs,
nor our destiny like all their multitudes.
(For they worship vanity and emptiness,
and pray to a god who cannot save.)
˅But we bow in worship
and thank the Supreme King of kings, the Holy One, blessed be He,
who extends the heavens and establishes the earth,
whose throne of glory is in the heavens above,
and whose power's Presence is in the highest of heights.
He is our God; there is no other.
Truly He is our King, there is none else,
as it is written in His Torah:
"You shall know and take to heart this day that the LORD is God,   *Deut. 4*
in heaven above and on earth below.
There is no other."

Therefore, we place our hope in You, LORD our God,
that we may soon see the glory of Your power,
when You will remove abominations from the earth,
and idols will be utterly destroyed,
when the world will be perfected under the sovereignty of the Almighty,
when all humanity will call on Your name,
to turn all the earth's wicked toward You.
All the world's inhabitants will realize and know
that to You every knee must bow and every tongue swear loyalty.
Before You, LORD our God, they will kneel and bow down
and give honor to Your glorious name.
They will all accept the yoke of Your kingdom,
and You will reign over them soon and for ever.
For the kingdom is Yours, and to all eternity You will reign in glory,
as it is written in Your Torah: "The LORD will reign for ever and ever."   *Ex. 15*

Stand while saying עָלֵינוּ. *Bow at* ˺.

עָלֵינוּ לְשַׁבֵּחַ לַאֲדוֹן הַכֹּל, לָתֵת גְּדֻלָּה לְיוֹצֵר בְּרֵאשִׁית
שֶׁלֹּא עָשָׂנוּ כְּגוֹיֵי הָאֲרָצוֹת, וְלֹא שָׂמָנוּ כְּמִשְׁפְּחוֹת הָאֲדָמָה
שֶׁלֹּא שָׂם חֶלְקֵנוּ כָּהֶם וְגוֹרָלֵנוּ כְּכָל הֲמוֹנָם.
(שֶׁהֵם מִשְׁתַּחֲוִים לְהֶבֶל וָרִיק וּמִתְפַּלְלִים אֶל אֵל לֹא יוֹשִׁיעַ.)
˺וַאֲנַחְנוּ כּוֹרְעִים וּמִשְׁתַּחֲוִים וּמוֹדִים
לִפְנֵי מֶלֶךְ מַלְכֵי הַמְּלָכִים, הַקָּדוֹשׁ בָּרוּךְ הוּא
שֶׁהוּא נוֹטֶה שָׁמַיִם וְיוֹסֵד אָרֶץ
וּמוֹשַׁב יְקָרוֹ בַּשָּׁמַיִם מִמַּעַל
וּשְׁכִינַת עֻזּוֹ בְּגָבְהֵי מְרוֹמִים.
הוּא אֱלֹהֵינוּ, אֵין עוֹד.
אֱמֶת מַלְכֵּנוּ, אֶפֶס זוּלָתוֹ, כַּכָּתוּב בְּתוֹרָתוֹ
וְיָדַעְתָּ הַיּוֹם וַהֲשֵׁבֹתָ אֶל־לְבָבֶךָ דברים ד
כִּי יהוה הוּא הָאֱלֹהִים בַּשָּׁמַיִם מִמַּעַל וְעַל־הָאָרֶץ מִתָּחַת
אֵין עוֹד:

עַל כֵּן נְקַוֶּה לְּךָ יהוה אֱלֹהֵינוּ, לִרְאוֹת מְהֵרָה בְּתִפְאֶרֶת עֻזֶּךָ
לְהַעֲבִיר גִּלּוּלִים מִן הָאָרֶץ, וְהָאֱלִילִים כָּרוֹת יִכָּרֵתוּן
לְתַקֵּן עוֹלָם בְּמַלְכוּת שַׁדַּי.
וְכָל בְּנֵי בָשָׂר יִקְרְאוּ בִשְׁמֶךָ לְהַפְנוֹת אֵלֶיךָ כָּל רִשְׁעֵי אָרֶץ.
יַכִּירוּ וְיֵדְעוּ כָּל יוֹשְׁבֵי תֵבֵל
כִּי לְךָ תִּכְרַע כָּל בֶּרֶךְ, תִּשָּׁבַע כָּל לָשׁוֹן.
לְפָנֶיךָ יהוה אֱלֹהֵינוּ יִכְרְעוּ וְיִפֹּלוּ, וְלִכְבוֹד שִׁמְךָ יְקָר יִתֵּנוּ
וִיקַבְּלוּ כֻלָּם אֶת עֹל מַלְכוּתֶךָ
וְתִמְלֹךְ עֲלֵיהֶם מְהֵרָה לְעוֹלָם וָעֶד.
כִּי הַמַּלְכוּת שֶׁלְּךָ הִיא וּלְעוֹלְמֵי עַד תִּמְלֹךְ בְּכָבוֹד
כַּכָּתוּב בְּתוֹרָתֶךָ, יהוה יִמְלֹךְ לְעֹלָם וָעֶד: שמות טו

And it is said: "Then the LORD shall be King over all the earth; on that day the LORD shall be One and His name One." *Zech. 14*

Some add:

Have no fear of sudden terror or of the ruin when it overtakes the wicked. *Prov. 3*
Devise your strategy, but it will be thwarted; propose your plan, but it will not stand, for God is with us. *Is. 8*
When you grow old, I will still be the same. *Is. 46*
When your hair turns gray, I will still carry you.
I made you, I will bear you, I will carry you, and I will rescue you.

MOURNER'S KADDISH

The following prayer, said by mourners, requires the presence of a minyan. A transliteration can be found on page 1289.

Mourner: יִתְגַּדַּל Magnified and sanctified
may His great name be,
in the world He created by His will.
May He establish His kingdom
in your lifetime and in your days,
and in the lifetime of all the house of Israel,
swiftly and soon –
and say: Amen.

All: May His great name be blessed for ever and all time.

Mourner: Blessed and praised, glorified and exalted,
raised and honored, uplifted and lauded
be the name of the Holy One, blessed be He,
beyond any blessing, song, praise and consolation
uttered in the world –
and say: Amen.

May there be great peace from heaven,
and life for us and all Israel –
and say: Amen.

Bow, take three steps back, as if taking leave of the Divine Presence, then bow, first left, then right, then center, while saying:

May He who makes peace in His high places,
make peace for us and all Israel –
and say: Amen.

וְנֶאֱמַר, וְהָיָה יהוה לְמֶלֶךְ עַל־כָּל־הָאָרֶץ זכריה יד
בַּיּוֹם הַהוּא יִהְיֶה יהוה אֶחָד וּשְׁמוֹ אֶחָד:

Some add:

אַל־תִּירָא מִפַּחַד פִּתְאֹם וּמִשֹּׁאַת רְשָׁעִים כִּי תָבֹא: משלי ג
עֻצוּ עֵצָה וְתֻפָר, דַּבְּרוּ דָבָר וְלֹא יָקוּם, כִּי עִמָּנוּ אֵל: ישעיה ח
וְעַד־זִקְנָה אֲנִי הוּא, וְעַד־שֵׂיבָה אֲנִי אֶסְבֹּל, אֲנִי עָשִׂיתִי וַאֲנִי אֶשָּׂא וַאֲנִי אֶסְבֹּל וַאֲמַלֵּט: ישעיה מו

קדיש יתום

The following prayer, said by mourners, requires the presence of a מנין.
A transliteration can be found on page 1289.

אבל: יִתְגַּדַּל וְיִתְקַדַּשׁ שְׁמֵהּ רַבָּא (קהל: אָמֵן)
בְּעָלְמָא דִּי בְרָא כִרְעוּתֵהּ
וְיַמְלִיךְ מַלְכוּתֵהּ
בְּחַיֵּיכוֹן וּבְיוֹמֵיכוֹן וּבְחַיֵּי דְכָל בֵּית יִשְׂרָאֵל
בַּעֲגָלָא וּבִזְמַן קָרִיב, וְאִמְרוּ אָמֵן. (קהל: אָמֵן)

קהל ואבל: יְהֵא שְׁמֵהּ רַבָּא מְבָרַךְ לְעָלַם וּלְעָלְמֵי עָלְמַיָּא.

אבל: יִתְבָּרַךְ וְיִשְׁתַּבַּח וְיִתְפָּאַר
וְיִתְרוֹמַם וְיִתְנַשֵּׂא וְיִתְהַדָּר וְיִתְעַלֶּה וְיִתְהַלָּל
שְׁמֵהּ דְּקֻדְשָׁא בְּרִיךְ הוּא (קהל: בְּרִיךְ הוּא)
לְעֵלָּא מִן כָּל בִּרְכָתָא וְשִׁירָתָא, תֻּשְׁבְּחָתָא וְנֶחֱמָתָא
דַּאֲמִירָן בְּעָלְמָא, וְאִמְרוּ אָמֵן. (קהל: אָמֵן)

יְהֵא שְׁלָמָא רַבָּא מִן שְׁמַיָּא
וְחַיִּים, עָלֵינוּ וְעַל כָּל יִשְׂרָאֵל, וְאִמְרוּ אָמֵן. (קהל: אָמֵן)

Bow, take three steps back, as if taking leave of the Divine Presence, then bow, first left, then right, then center, while saying:

עֹשֶׂה שָׁלוֹם בִּמְרוֹמָיו
הוּא יַעֲשֶׂה שָׁלוֹם עָלֵינוּ וְעַל כָּל יִשְׂרָאֵל
וְאִמְרוּ אָמֵן. (קהל: אָמֵן)

THE DAILY PSALM

One of the following psalms is said on the appropriate day of the week as indicated.
After the psalm, the Mourner's Kaddish is said.
Many congregations say the Daily Psalm after the Song of Glory, page 710.

Sunday: הַיּוֹם Today is the first day of the week,
on which the Levites used to say this psalm in the Temple:

לְדָוִד מִזְמוֹר A psalm of David. The earth is the LORD's and all it contains, the world and all who live in it. For He founded it on the seas and established it on the streams. Who may climb the mountain of the LORD? Who may stand in His holy place? He who has clean hands and a pure heart, who has not taken My name in vain or sworn deceitfully. He shall receive a blessing from the LORD, and just reward from the God of his salvation. This is a generation of those who seek Him, the descendants of Jacob who seek Your presence, Selah! Lift up your heads, O gates; be uplifted, eternal doors, so that the King of glory may enter. Who is the King of glory? It is the LORD, strong and mighty, the LORD mighty in battle. Lift up your heads, O gates; be uplifted, eternal doors, that the King of glory may enter. ▸ Who is He, the King of glory? The LORD of hosts, He is the King of glory, Selah! *Ps. 24*

Mourner's Kaddish (page 714)

Monday: הַיּוֹם Today is the second day of the week,
on which the Levites used to say this psalm in the Temple:

שִׁיר מִזְמוֹר A song. A psalm of the sons of Koraḥ. Great is the LORD and greatly to be praised in the city of God, on His holy mountain – beautiful in its heights, joy of all the earth, Mount Zion on its northern side, city of the great King. In its citadels God is known as a stronghold. See how the kings joined forces, advancing together. They saw, they were astounded, they panicked, they fled. There fear seized them, like the pains of a woman giving birth, like ships of Tarshish wrecked by an eastern wind. What we had heard, *Ps. 48*

שִׁיר מִזְמוֹר לִבְנֵי־קֹרַח *Monday: Psalm 48.* A hymn of praise to the beauty and endurance of Jerusalem, the city that outlived all those who sought to conquer it.

A score of conquerors have held it as their choicest prize; and more than a dozen times has it been utterly destroyed. The Babylonians burnt it, and deported its population; the Romans slew a million of its inhabitants, razed it to the ground, passed the ploughshare over it, and strewed its furrows with salt; Hadrian banished its very name from the lips of men, changed it to *Aelia Capitolina*, and prohibited any Jew from entering its precincts on pain of

שיר של יום

One of the following psalms is said on the appropriate day of the week as indicated.
After the psalm, קדיש יתום *is said.*
Many congregations say the שיר של יום *after the* שיר הכבוד*,* *page 711.*

Sunday הַיּוֹם יוֹם רִאשׁוֹן בְּשַׁבָּת, שֶׁבּוֹ הָיוּ הַלְוִיִּם אוֹמְרִים בְּבֵית הַמִּקְדָּשׁ:

תהלים כד
לְדָוִד מִזְמוֹר, לַיהוה הָאָרֶץ וּמְלוֹאָהּ, תֵּבֵל וְיֹשְׁבֵי בָהּ: כִּי־הוּא עַל־יַמִּים
יְסָדָהּ, וְעַל־נְהָרוֹת יְכוֹנְנֶהָ: מִי־יַעֲלֶה בְהַר־יהוה, וּמִי־יָקוּם בִּמְקוֹם קָדְשׁוֹ:
נְקִי כַפַּיִם וּבַר־לֵבָב, אֲשֶׁר לֹא־נָשָׂא לַשָּׁוְא נַפְשִׁי, וְלֹא נִשְׁבַּע לְמִרְמָה:
יִשָּׂא בְרָכָה מֵאֵת יהוה, וּצְדָקָה מֵאֱלֹהֵי יִשְׁעוֹ: זֶה דּוֹר דֹּרְשָׁו, מְבַקְשֵׁי
פָנֶיךָ יַעֲקֹב סֶלָה: שְׂאוּ שְׁעָרִים רָאשֵׁיכֶם, וְהִנָּשְׂאוּ פִּתְחֵי עוֹלָם, וְיָבוֹא
מֶלֶךְ הַכָּבוֹד: מִי זֶה מֶלֶךְ הַכָּבוֹד, יהוה עִזּוּז וְגִבּוֹר, יהוה גִּבּוֹר מִלְחָמָה:
שְׂאוּ שְׁעָרִים רָאשֵׁיכֶם, וּשְׂאוּ פִּתְחֵי עוֹלָם, וְיָבֹא מֶלֶךְ הַכָּבוֹד: ‹ מִי הוּא
זֶה מֶלֶךְ הַכָּבוֹד, יהוה צְבָאוֹת הוּא מֶלֶךְ הַכָּבוֹד סֶלָה:

קדיש יתום (*page 715*)

Monday הַיּוֹם יוֹם שֵׁנִי בְּשַׁבָּת, שֶׁבּוֹ הָיוּ הַלְוִיִּם אוֹמְרִים בְּבֵית הַמִּקְדָּשׁ:

תהלים מח
שִׁיר מִזְמוֹר לִבְנֵי־קֹרַח: גָּדוֹל יהוה וּמְהֻלָּל מְאֹד, בְּעִיר אֱלֹהֵינוּ, הַר־קָדְשׁוֹ:
יְפֵה נוֹף מְשׂוֹשׂ כָּל־הָאָרֶץ, הַר־צִיּוֹן יַרְכְּתֵי צָפוֹן, קִרְיַת מֶלֶךְ רָב: אֱלֹהִים
בְּאַרְמְנוֹתֶיהָ נוֹדַע לְמִשְׂגָּב: כִּי־הִנֵּה הַמְּלָכִים נוֹעֲדוּ, עָבְרוּ יַחְדָּו: הֵמָּה
רָאוּ כֵּן תָּמָהוּ, נִבְהֲלוּ נֶחְפָּזוּ: רְעָדָה אֲחָזָתַם שָׁם, חִיל כַּיּוֹלֵדָה: בְּרוּחַ
קָדִים תְּשַׁבֵּר אֳנִיּוֹת תַּרְשִׁישׁ: כַּאֲשֶׁר שָׁמַעְנוּ כֵּן רָאִינוּ, בְּעִיר־יהוה צְבָאוֹת,
בְּעִיר אֱלֹהֵינוּ, אֱלֹהִים יְכוֹנְנֶהָ עַד־עוֹלָם סֶלָה: דִּמִּינוּ אֱלֹהִים חַסְדֶּךָ, בְּקֶרֶב

THE DAILY PSALM

A special psalm was said in the Temple on each of the seven days of the week. We say them still, in memory of those days and in hope of future restoration.

לְדָוִד מִזְמוֹר *Sunday: Psalm 24.* The opening verses mirror the act of creation, reminding us that each week mirrors the seven days of creation itself. The psalm also alludes to the Temple, built on "the mountain of the Lord." The connection between the two is based on the idea that the Temple was a microcosm of the universe, and its construction a human counterpart to the divine creation of the cosmos.

now we have seen, in the city of the Lord of hosts, in the city of our God. May God preserve it for ever, Selah! In the midst of Your Temple, God, we meditate on Your love. As is Your name, God, so is Your praise: it reaches to the ends of the earth. Your right hand is filled with righteousness. Let Mount Zion rejoice, let the towns of Judah be glad, because of Your judgments. Walk around Zion and encircle it. Count its towers, note its strong walls, view its citadels, so that you may tell a future generation ▸ that this is God, our God, for ever and ever. He will guide us for evermore.

Mourner's Kaddish (page 714)

Tuesday: הַיּוֹם Today is the third day of the week,
on which the Levites used to say this psalm in the Temple:

מִזְמוֹר לְאָסָף A psalm of Asaph. God stands in the Divine assembly. Among the judges He delivers judgment. How long will you judge unjustly, showing favor to the wicked? Selah. Do justice to the weak and the orphaned. Vindicate the poor and destitute. Rescue the weak and needy. Save them from the hand of the wicked. They do not know nor do they understand. They walk about in darkness while all the earth's foundations shake. I once said, "You are like gods, all of you are sons of the Most High." But you shall die like mere men, you will fall like any prince. ▸ Arise, O Lord, judge the earth, for all the nations are Your possession. *Ps. 82*

Mourner's Kaddish (page 714)

Wednesday: הַיּוֹם Today is the fourth day of the week,
on which the Levites used to say this psalm in the Temple:

אֵל־נְקָמוֹת God of retribution, Lord, God of retribution, appear! Rise up, Judge of the earth. Repay to the arrogant what they deserve. How long shall the wicked, Lord, how long shall the wicked triumph? They pour out insolent words. All the evildoers are full of boasting. They crush Your people, Lord, and oppress Your inheritance. They kill the widow and the stranger. They murder the orphaned. They say, "The Lord does not see. The God of Jacob pays no heed." Take heed, you most brutish people. You fools, when will you grow wise? Will He who implants the ear not hear? Will He who formed the eye not see? Will He who disciplines nations – He who teaches *Ps. 94*

אֵל־נְקָמוֹת יהוה *Wednesday: Psalm 94.* A psalm of intense power about the connection between religious faith and ethical conduct and their opposite: lack of faith and a failure of humanity. When man begins to worship himself, he dreams of becoming a god but ends by becoming lower than the beasts. Appropriately, some communities recite this psalm on Yom HaSho'a, Holocaust Memorial Day (27 Nisan).

הֵיכָלֶךָ: כְּשִׁמְךָ אֱלֹהִים כֵּן תְּהִלָּתְךָ עַל־קַצְוֵי־אֶרֶץ, צֶדֶק מָלְאָה יְמִינֶךָ:
יִשְׂמַח הַר־צִיּוֹן, תָּגֵלְנָה בְּנוֹת יְהוּדָה, לְמַעַן מִשְׁפָּטֶיךָ: סֹבּוּ צִיּוֹן וְהַקִּיפוּהָ,
סִפְרוּ מִגְדָּלֶיהָ: שִׁיתוּ לִבְּכֶם לְחֵילָה, פַּסְּגוּ אַרְמְנוֹתֶיהָ, לְמַעַן תְּסַפְּרוּ לְדוֹר
אַחֲרוֹן: › כִּי זֶה אֱלֹהִים אֱלֹהֵינוּ עוֹלָם וָעֶד, הוּא יְנַהֲגֵנוּ עַל־מוּת:

קדיש יתום (*page 715*)

Tuesday הַיּוֹם יוֹם שְׁלִישִׁי בְּשַׁבָּת, שֶׁבּוֹ הָיוּ הַלְוִיִּם אוֹמְרִים בְּבֵית הַמִּקְדָּשׁ:

תהלים פב מִזְמוֹר לְאָסָף, אֱלֹהִים נִצָּב בַּעֲדַת־אֵל, בְּקֶרֶב אֱלֹהִים יִשְׁפֹּט: עַד־מָתַי
תִּשְׁפְּטוּ־עָוֶל, וּפְנֵי רְשָׁעִים תִּשְׂאוּ־סֶלָה: שִׁפְטוּ־דַל וְיָתוֹם, עָנִי וָרָשׁ
הַצְדִּיקוּ: פַּלְּטוּ־דַל וְאֶבְיוֹן, מִיַּד רְשָׁעִים הַצִּילוּ: לֹא יָדְעוּ וְלֹא יָבִינוּ,
בַּחֲשֵׁכָה יִתְהַלָּכוּ, יִמּוֹטוּ כָּל־מוֹסְדֵי אָרֶץ: אֲנִי־אָמַרְתִּי אֱלֹהִים אַתֶּם, וּבְנֵי
עֶלְיוֹן כֻּלְּכֶם: אָכֵן כְּאָדָם תְּמוּתוּן, וּכְאַחַד הַשָּׂרִים תִּפֹּלוּ: › קוּמָה אֱלֹהִים
שָׁפְטָה הָאָרֶץ, כִּי־אַתָּה תִנְחַל בְּכָל־הַגּוֹיִם:

קדיש יתום (*page 715*)

Wednesday הַיּוֹם יוֹם רְבִיעִי בְּשַׁבָּת, שֶׁבּוֹ הָיוּ הַלְוִיִּם אוֹמְרִים בְּבֵית הַמִּקְדָּשׁ:

תהלים צד אֵל־נְקָמוֹת יהוה, אֵל נְקָמוֹת הוֹפִיעַ: הִנָּשֵׂא שֹׁפֵט הָאָרֶץ, הָשֵׁב גְּמוּל
עַל־גֵּאִים: עַד־מָתַי רְשָׁעִים, יהוה, עַד־מָתַי רְשָׁעִים יַעֲלֹזוּ: יַבִּיעוּ יְדַבְּרוּ
עָתָק, יִתְאַמְּרוּ כָּל־פֹּעֲלֵי אָוֶן: עַמְּךָ יהוה יְדַכְּאוּ, וְנַחֲלָתְךָ יְעַנּוּ: אַלְמָנָה
וְגֵר יַהֲרֹגוּ, וִיתוֹמִים יְרַצֵּחוּ: וַיֹּאמְרוּ לֹא יִרְאֶה־יָּהּ, וְלֹא־יָבִין אֱלֹהֵי יַעֲקֹב:
בִּינוּ בֹּעֲרִים בָּעָם, וּכְסִילִים מָתַי תַּשְׂכִּילוּ: הֲנֹטַע אֹזֶן הֲלֹא יִשְׁמָע, אִם־יֹצֵר
עַיִן הֲלֹא יַבִּיט: הֲיֹסֵר גּוֹיִם הֲלֹא יוֹכִיחַ, הַמְלַמֵּד אָדָם דָּעַת: יהוה יֹדֵעַ

---

death. Persians and Arabs, Barbarians and Crusaders and Turks took it and retook it, ravaged it and burnt it; and yet, marvellous to relate, it ever rises from its ashes to renewed life and glory. It is the Eternal City of the Eternal People. (Rabbi J.H. Hertz)

מִזְמוֹר לְאָסָף *Tuesday: Psalm 82*. A psalm about judges and justice. Justice, the application of law, brings order to society as scientific law brings order to the cosmos. Justice ultimately belongs to God. A judge must therefore act with humility and integrity, bringing divine order to human chaos. "A judge who delivers a true judgment becomes a partner of the Holy One, blessed be He, in the work of creation" (*Shabbat* 10a).

man knowledge – not punish? The LORD knows that the thoughts of man are a mere fleeting breath. Happy is the man whom You discipline, LORD, the one You instruct in Your Torah, giving him tranquility in days of trouble, until a pit is dug for the wicked. For the LORD will not forsake His people, nor abandon His heritage. Judgment shall again accord with justice, and all the upright in heart will follow it. Who will rise up for me against the wicked? Who will stand up for me against wrongdoers? Had the LORD not been my help, I would soon have dwelt in death's silence. When I thought my foot was slipping, Your loving-kindness, LORD, gave me support. When I was filled with anxiety, Your consolations soothed my soul. Can a corrupt throne be allied with You? Can injustice be framed into law? They join forces against the life of the righteous, and condemn the innocent to death. But the LORD is my stronghold, my God is the Rock of my refuge. He will bring back on them their wickedness, and destroy them for their evil deeds. The LORD our God will destroy them.

▸ Come, let us sing for joy to the LORD; let us shout aloud to the Rock of our salvation. Let us greet Him with thanksgiving, shout aloud to Him with songs of praise. For the LORD is the great God, the King great above all powers. *Ps. 95*

Mourner's Kaddish (page 714)

Thursday: הַיּוֹם Today is the fifth day of the week, on which the Levites used to say this psalm in the Temple:

לַמְנַצֵּחַ For the conductor of music. On the Gittit. By Asaph. Sing for joy to God, our strength. Shout aloud to the God of Jacob. Raise a song, beat the drum, play the sweet harp and lyre. Sound the shofar on the new moon, on our feast day when the moon is hidden. For it is a statute for Israel, an ordinance of the God of Jacob. He established it as a testimony for Joseph when He went forth against the land of Egypt, where I heard a language that I did not know. I relieved his shoulder of the burden. His hands were freed from the builder's basket. In distress you called and I rescued you. I answered you from the secret place of thunder; I tested you at the waters of Meribah, Selah! Hear, My people, and I will warn you. Israel, if you would only listen to Me! Let there be no strange god among you. Do not bow down to an alien god. I am the LORD your God who brought you out of the land of Egypt. Open your mouth wide and I will fill it. But My people would not listen to Me. Israel would have none of Me. So I left them to their stubborn hearts, letting them follow their own devices. If only My people would listen to Me, if Israel would walk in My ways, I would soon subdue their enemies, and turn My hand against their foes. Those who hate the LORD would cower before Him *Ps. 81*

מַחְשְׁבוֹת אָדָם, כִּי־הֵמָּה הָבֶל: אַשְׁרֵי הַגֶּבֶר אֲשֶׁר־תְּיַסְּרֶנּוּ יָּהּ, וּמִתּוֹרָתְךָ
תְלַמְּדֶנּוּ: לְהַשְׁקִיט לוֹ מִימֵי רָע, עַד יִכָּרֶה לָרָשָׁע שָׁחַת: כִּי לֹא־יִטֹּשׁ יהוה
עַמּוֹ, וְנַחֲלָתוֹ לֹא יַעֲזֹב: כִּי־עַד־צֶדֶק יָשׁוּב מִשְׁפָּט, וְאַחֲרָיו כָּל־יִשְׁרֵי־לֵב:
מִי־יָקוּם לִי עִם־מְרֵעִים, מִי־יִתְיַצֵּב לִי עִם־פֹּעֲלֵי אָוֶן: לוּלֵי יהוה עֶזְרָתָה לִּי,
כִּמְעַט שָׁכְנָה דוּמָה נַפְשִׁי: אִם־אָמַרְתִּי מָטָה רַגְלִי, חַסְדְּךָ יהוה יִסְעָדֵנִי:
בְּרֹב שַׂרְעַפַּי בְּקִרְבִּי, תַּנְחוּמֶיךָ יְשַׁעַשְׁעוּ נַפְשִׁי: הַיְחָבְרְךָ כִּסֵּא הַוּוֹת,
יֹצֵר עָמָל עֲלֵי־חֹק: יָגוֹדּוּ עַל־נֶפֶשׁ צַדִּיק, וְדָם נָקִי יַרְשִׁיעוּ: וַיְהִי יהוה לִי
לְמִשְׂגָּב, וֵאלֹהַי לְצוּר מַחְסִי: וַיָּשֶׁב עֲלֵיהֶם אֶת־אוֹנָם, וּבְרָעָתָם יַצְמִיתֵם,
יַצְמִיתֵם יהוה אֱלֹהֵינוּ:

תהלים צה
◂ לְכוּ נְרַנְּנָה לַיהוה, נָרִיעָה לְצוּר יִשְׁעֵנוּ: נְקַדְּמָה פָנָיו בְּתוֹדָה, בִּזְמִרוֹת
נָרִיעַ לוֹ: כִּי אֵל גָּדוֹל יהוה, וּמֶלֶךְ גָּדוֹל עַל־כָּל־אֱלֹהִים:

קדיש יתום (*page 715*)

Thursday הַיּוֹם יוֹם חֲמִישִׁי בְּשַׁבָּת, שֶׁבּוֹ הָיוּ הַלְוִיִּם אוֹמְרִים בְּבֵית הַמִּקְדָּשׁ:

תהלים פא
לַמְנַצֵּחַ עַל־הַגִּתִּית לְאָסָף: הַרְנִינוּ לֵאלֹהִים עוּזֵּנוּ, הָרִיעוּ לֵאלֹהֵי יַעֲקֹב:
שְׂאוּ־זִמְרָה וּתְנוּ־תֹף, כִּנּוֹר נָעִים עִם־נָבֶל: תִּקְעוּ בַחֹדֶשׁ שׁוֹפָר, בַּכֶּסֶה
לְיוֹם חַגֵּנוּ: כִּי חֹק לְיִשְׂרָאֵל הוּא, מִשְׁפָּט לֵאלֹהֵי יַעֲקֹב: עֵדוּת בִּיהוֹסֵף
שָׂמוֹ, בְּצֵאתוֹ עַל־אֶרֶץ מִצְרָיִם, שְׂפַת לֹא־יָדַעְתִּי אֶשְׁמָע: הֲסִירוֹתִי מִסֵּבֶל
שִׁכְמוֹ, כַּפָּיו מִדּוּד תַּעֲבֹרְנָה: בַּצָּרָה קָרָאתָ וָאֲחַלְּצֶךָּ, אֶעֶנְךָ בְּסֵתֶר רַעַם,
אֶבְחָנְךָ עַל־מֵי מְרִיבָה סֶלָה: שְׁמַע עַמִּי וְאָעִידָה בָּךְ, יִשְׂרָאֵל אִם־תִּשְׁמַע־
לִי: לֹא־יִהְיֶה בְךָ אֵל זָר, וְלֹא תִשְׁתַּחֲוֶה לְאֵל נֵכָר: אָנֹכִי יהוה אֱלֹהֶיךָ,
הַמַּעַלְךָ מֵאֶרֶץ מִצְרָיִם, הַרְחֶב־פִּיךָ וַאֲמַלְאֵהוּ: וְלֹא־שָׁמַע עַמִּי לְקוֹלִי,
וְיִשְׂרָאֵל לֹא־אָבָה לִי: וָאֲשַׁלְּחֵהוּ בִּשְׁרִירוּת לִבָּם, יֵלְכוּ בְּמוֹעֲצוֹתֵיהֶם: לוּ
עַמִּי שֹׁמֵעַ לִי, יִשְׂרָאֵל בִּדְרָכַי יְהַלֵּכוּ: כִּמְעַט אוֹיְבֵיהֶם אַכְנִיעַ, וְעַל־צָרֵיהֶם

לַמְנַצֵּחַ *Thursday: Psalm 81.* God pleads with His people: a classic expression of one of the great themes of the prophetic literature, the divine pathos – God's love for, but exasperation with, His children. "If only My people would listen to Me."

and their doom would last for ever. ▸ He would feed Israel with the finest wheat – with honey from the rock I would satisfy you.

Mourner's Kaddish (page 714)

Friday: הַיּוֹם Today is the sixth day of the week, on which the Levites used to say this psalm in the Temple:

יהוה מָלָךְ The LORD reigns. He is robed in majesty. The LORD is robed, girded *Ps. 93* with strength. The world is firmly established; it cannot be moved. Your throne stands firm as of old; You are eternal. Rivers lift up, LORD, rivers lift up their voice, rivers lift up their crashing waves. Mightier than the noise of many waters, than the mighty waves of the sea is the LORD on high. ▸ Your testimonies are very sure; holiness adorns Your House, LORD, for evermore.

Mourner's Kaddish (page 714)

Shabbat: הַיּוֹם Today is the holy Sabbath, on which the Levites used to say this psalm in the Temple:

מִזְמוֹר A psalm. A song for the Sabbath day. It is good to thank the LORD and *Ps. 92* sing psalms to Your name, Most High – to tell of Your loving-kindness in the morning and Your faithfulness at night, to the music of the ten-stringed lyre and the melody of the harp. For You have made me rejoice by Your work, O LORD; I sing for joy at the deeds of Your hands. How great are Your deeds, LORD, and how very deep Your thoughts. A boor cannot know, nor can a fool understand, that though the wicked spring up like grass and all evildoers flourish, it is only that they may be destroyed for ever. But You, LORD, are eternally exalted. For behold Your enemies, LORD, behold Your enemies will perish; all evildoers will be scattered. You have raised my pride like that of a wild ox; I am anointed with fresh oil. My eyes shall look in triumph on my adversaries; my ears shall hear the downfall of the wicked who rise against me. The righteous will flourish like a palm tree and grow tall like a cedar in Lebanon. Planted in the LORD's House, blossoming in our God's courtyards, ▸ they will still bear fruit in old age, and stay vigorous and fresh, proclaiming that the LORD is upright: He is my Rock, in whom there is no wrong.

Mourner's Kaddish (page 714)

lives will not be cut short by war or terror, and each being will recognize its integrity in the scheme of creation. It is, said the sages, a "song for the time to come, for the day which will be entirely Sabbath and rest for life everlasting" (Mishna, *Tamid* 7:4).

אָשִׁיב יָדִי: מְשַׂנְאֵי יהוה יְכַחֲשׁוּ־לוֹ, וִיהִי עִתָּם לְעוֹלָם: ◂ וַיַּאֲכִילֵהוּ מֵחֵלֶב חִטָּה, וּמִצּוּר, דְּבַשׁ אַשְׂבִּיעֶךָ:

קדיש יתום (*page 715*)

Friday הַיּוֹם יוֹם שִׁשִּׁי בְּשַׁבָּת, שֶׁבּוֹ הָיוּ הַלְוִיִּם אוֹמְרִים בְּבֵית הַמִּקְדָּשׁ:

תהלים צג
יהוה מָלָךְ, גֵּאוּת לָבֵשׁ, לָבֵשׁ יהוה עֹז הִתְאַזָּר, אַף־תִּכּוֹן תֵּבֵל בַּל־תִּמּוֹט: נָכוֹן כִּסְאֲךָ מֵאָז, מֵעוֹלָם אָתָּה: נָשְׂאוּ נְהָרוֹת יהוה, נָשְׂאוּ נְהָרוֹת קוֹלָם, יִשְׂאוּ נְהָרוֹת דָּכְיָם: מִקֹּלוֹת מַיִם רַבִּים, אַדִּירִים מִשְׁבְּרֵי־יָם, אַדִּיר בַּמָּרוֹם יהוה: ◂ עֵדֹתֶיךָ נֶאֶמְנוּ מְאֹד, לְבֵיתְךָ נַאֲוָה־קֹּדֶשׁ, יהוה לְאֹרֶךְ יָמִים:

קדיש יתום (*page 715*)

שבת הַיּוֹם יוֹם שַׁבַּת קֹדֶשׁ, שֶׁבּוֹ הָיוּ הַלְוִיִּם אוֹמְרִים בְּבֵית הַמִּקְדָּשׁ:

תהלים צב
מִזְמוֹר שִׁיר לְיוֹם הַשַּׁבָּת: טוֹב לְהֹדוֹת לַיהוה, וּלְזַמֵּר לְשִׁמְךָ עֶלְיוֹן: לְהַגִּיד בַּבֹּקֶר חַסְדֶּךָ, וֶאֱמוּנָתְךָ בַּלֵּילוֹת: עֲלֵי־עָשׂוֹר וַעֲלֵי־נָבֶל, עֲלֵי הִגָּיוֹן בְּכִנּוֹר: כִּי שִׂמַּחְתַּנִי יהוה בְּפָעֳלֶךָ, בְּמַעֲשֵׂי יָדֶיךָ אֲרַנֵּן: מַה־גָּדְלוּ מַעֲשֶׂיךָ יהוה, מְאֹד עָמְקוּ מַחְשְׁבֹתֶיךָ: אִישׁ־בַּעַר לֹא יֵדָע, וּכְסִיל לֹא־יָבִין אֶת־זֹאת: בִּפְרֹחַ רְשָׁעִים כְּמוֹ עֵשֶׂב, וַיָּצִיצוּ כָּל־פֹּעֲלֵי אָוֶן, לְהִשָּׁמְדָם עֲדֵי־עַד: וְאַתָּה מָרוֹם לְעֹלָם יהוה: כִּי הִנֵּה אֹיְבֶיךָ יהוה, כִּי־הִנֵּה אֹיְבֶיךָ יֹאבֵדוּ, יִתְפָּרְדוּ כָּל־פֹּעֲלֵי אָוֶן: וַתָּרֶם כִּרְאֵים קַרְנִי, בַּלֹּתִי בְּשֶׁמֶן רַעֲנָן: וַתַּבֵּט עֵינִי בְּשׁוּרָי, בַּקָּמִים עָלַי מְרֵעִים תִּשְׁמַעְנָה אָזְנָי: צַדִּיק כַּתָּמָר יִפְרָח, כְּאֶרֶז בַּלְּבָנוֹן יִשְׂגֶּה: שְׁתוּלִים בְּבֵית יהוה, בְּחַצְרוֹת אֱלֹהֵינוּ יַפְרִיחוּ: ◂ עוֹד יְנוּבוּן בְּשֵׂיבָה, דְּשֵׁנִים וְרַעֲנַנִּים יִהְיוּ: לְהַגִּיד כִּי־יָשָׁר יהוה, צוּרִי, וְלֹא־עַוְלָתָה בּוֹ:

קדיש יתום (*page 715*)

יהוה מָלָךְ *Friday: Psalm 93*. Speaking as it does of the completion of creation ("the world is firmly established"), this psalm is appropriate for the sixth day, when "the heavens and the earth were completed, and all their array" (Gen. 2:1).

מִזְמוֹר *The Sabbath: Psalm 92*. A psalm about the Sabbath of the end of days when the world will be restored to its primal harmony, violence will cease,

SONG OF GLORY

The Ark is opened and all stand.

Leader: I will sing sweet psalms and I will weave songs,
to You for whom my soul longs.

Cong: My soul yearns for the shelter of Your hand,
that all Your mystic secrets I might understand.

Leader: Whenever I speak of Your glory above,
my heart is yearning for Your love.

Cong: So Your glories I will proclaim,
and in songs of love give honor to Your name.

Leader: I will tell of Your glory though I have not seen You,
imagine and describe You, though I have not known You.

Cong: By the hand of Your prophets, through Your servants' mystery,
You gave a glimpse of Your wondrous majesty.

Leader: Recounting Your grandeur and Your glory,
of Your great deeds they told the story.

Cong: They depicted You, though not as You are,
but as You do: Your acts, Your power.

Leader: They represented You in many visions;
through them all You are One without divisions.

Cong: They saw You, now old, then young,
Your head with gray, with black hair hung.

You. The finite cannot truly know the Infinite; physical beings cannot fully understand the One who is non-physical.

הִנְּךָ אֶחָד בְּכָל דִּמְיוֹנוֹת *Through them all, You are One without divisions.* Literally, "You are One through all the images," a preface to the following verses which give examples of this theme.

זִקְנָה בְּיוֹם דִּין *Aged on the day of judgment.* A reference to the mystical vision in Daniel (7:9) of God sitting on the throne of judgment: "The hair of His head was white as wool."

שיר הכבוד

The ארון קודש *is opened and all stand.*

ש״ץ: אַנְעִים זְמִירוֹת וְשִׁירִים אֶאֱרֹג, כִּי אֵלֶיךָ נַפְשִׁי תַעֲרֹג.

קהל: נַפְשִׁי חִמְּדָה בְּצֵל יָדֶךָ, לָדַעַת כָּל רָז סוֹדֶךָ.

ש״ץ: מִדֵּי דַבְּרִי בִּכְבוֹדֶךָ, הוֹמֶה לִבִּי אֶל דּוֹדֶיךָ.

קהל: עַל כֵּן אֲדַבֵּר בְּךָ נִכְבָּדוֹת, וְשִׁמְךָ אֲכַבֵּד בְּשִׁירֵי יְדִידוֹת.

ש״ץ: אֲסַפְּרָה כְבוֹדְךָ וְלֹא רְאִיתִיךָ, אֲדַמְּךָ אֲכַנְּךָ וְלֹא יְדַעְתִּיךָ.

קהל: בְּיַד נְבִיאֶיךָ בְּסוֹד עֲבָדֶיךָ, דִּמִּיתָ הֲדַר כְּבוֹד הוֹדֶךָ.

ש״ץ: גְּדֻלָּתְךָ וּגְבוּרָתֶךָ, כִּנּוּ לְתֹקֶף פְּעֻלָּתֶךָ.

קהל: דִּמּוּ אוֹתְךָ וְלֹא כְּפִי יֶשְׁךָ, וַיְשַׁוּוּךָ לְפִי מַעֲשֶׂיךָ.

ש״ץ: הִמְשִׁילוּךָ בְּרֹב חֶזְיוֹנוֹת, הִנְּךָ אֶחָד בְּכָל דִּמְיוֹנוֹת.

קהל: וַיֶּחֱזוּ בְךָ זִקְנָה וּבַחֲרוּת, וּשְׂעַר רֹאשְׁךָ בְּשֵׂיבָה וְשַׁחֲרוּת.

ANIM ZEMIROT – SONG OF GLORY

Attributed to either Rabbi Yehuda HeḤasid (d. 1217) or his father Rabbi Shmuel, a hymn structured as an alphabetical acrostic, with a (non-acrostic) four-line introduction and a three-line conclusion, followed by biblical verses. The poem, with great grace and depth, speaks about the limits of language in describing the experience of God. On the one hand, God – infinite, eternal, invisible – is beyond the reach of language. On the other, we can only address Him in and through language. Hence the various literary forms – metaphor, image, mystic vision – used by the prophets and poets and their successors to indicate, through words, that which lies beyond words. The images are many, but God is One.

בְּצֵל יָדֶךָ *The shelter of Your hand.* An image of intimacy and protection (see Isaiah 49:2, 51:16; Song of Songs 2:3).

אֲדַמְּךָ אֲכַנְּךָ וְלֹא יְדַעְתִּיךָ *Imagine and describe You, though I have not known*

Leader: Aged on the day of judgment, yet on the day of war,
a young warrior with mighty hands they saw.

Cong: Triumph like a helmet He wore on his head;
His right hand and holy arm to victory have led.

Leader: His curls are filled with dew drops of light,
His locks with fragments of the night.

Cong: He will glory in me, for He delights in me;
My diadem of beauty He shall be.

Leader: His head is like pure beaten gold;
Engraved on His brow, His sacred name behold.

Cong: For grace and glory, beauty and renown,
His people have adorned Him with a crown.

Leader: Like a youth's, His hair in locks unfurls;
Its black tresses flowing in curls.

Cong: Jerusalem, His splendor, is the dwelling place of right;
may He prize it as His highest delight.

Leader: Like a crown in His hand may His treasured people be,
a turban of beauty and of majesty.

Cong: He bore them, carried them, with a crown He adorned them.
They were precious in His sight, and He honored them.

Leader: His glory is on me; my glory is on Him.
He is near to me when I call to Him.

Cong: He is bright and rosy; red will be His dress,
when He comes from Edom, treading the winepress.

Leader: He showed the tefillin-knot to Moses, humble, wise,
when the LORD's likeness was before his eyes.

Cong: He delights in His people; the humble He does raise –
He glories in them; He sits enthroned upon their praise.

בְּבוֹאוֹ מֵאֱדוֹם *When He comes from Edom.* An image of judgment at the end of days, taken from Isaiah 63:1–3. By invoking some of the most dramatic images of God in the Bible and rabbinic literature, the poet tells us that they are not to be understood literally: poetry, metaphor and imagery are ways in which prophets and mystics intimate what lies beyond the sayable.

ש״ץ: זִקְנָה בְּיוֹם דִּין וּבַחֲרוּת בְּיוֹם קְרָב, כְּאִישׁ מִלְחָמוֹת יָדָיו לוֹ רָב.

קהל: חָבַשׁ כּוֹבַע יְשׁוּעָה בְּרֹאשׁוֹ, הוֹשִׁיעָה לּוֹ יְמִינוֹ וּזְרוֹעַ קָדְשׁוֹ.

ש״ץ: טַלְלֵי אוֹרוֹת רֹאשׁוֹ נִמְלָא, קְוֻצּוֹתָיו רְסִיסֵי לָיְלָה.

קהל: יִתְפָּאֵר בִּי כִּי חָפֵץ בִּי, וְהוּא יִהְיֶה לִּי לַעֲטֶרֶת צְבִי.

ש״ץ: כֶּתֶם טָהוֹר פָּז דְּמוּת רֹאשׁוֹ, וְחַק עַל מֵצַח כְּבוֹד שֵׁם קָדְשׁוֹ.

קהל: לְחֵן וּלְכָבוֹד צְבִי תִפְאָרָה, אֻמָּתוֹ לוֹ עִטְּרָה עֲטָרָה.

ש״ץ: מַחְלְפוֹת רֹאשׁוֹ כְּבִימֵי בְחוּרוֹת, קְוֻצּוֹתָיו תַּלְתַּלִּים שְׁחוֹרוֹת.

קהל: נְוֵה הַצֶּדֶק צְבִי תִפְאַרְתּוֹ, יַעֲלֶה נָּא עַל רֹאשׁ שִׂמְחָתוֹ.

ש״ץ: סְגֻלָּתוֹ תְּהִי בְיָדוֹ עֲטֶרֶת, וּצְנִיף מְלוּכָה צְבִי תִפְאֶרֶת.

קהל: עֲמוּסִים נְשָׂאָם, עֲטֶרֶת עִנְּדָם, מֵאֲשֶׁר יָקְרוּ בְעֵינָיו כִּבְּדָם.

ש״ץ: פְּאֵרוֹ עָלַי וּפְאֵרִי עָלָיו, וְקָרוֹב אֵלַי בְּקָרְאִי אֵלָיו.

קהל: צַח וְאָדֹם לִלְבוּשׁוֹ אָדֹם, פּוּרָה בְדָרְכוֹ בְּבוֹאוֹ מֵאֱדוֹם.

ש״ץ: קֶשֶׁר תְּפִלִּין הֶרְאָה לֶעָנָו, תְּמוּנַת יהוה לְנֶגֶד עֵינָיו.

קהל: רוֹצֶה בְעַמּוֹ עֲנָוִים יְפָאֵר, יוֹשֵׁב תְּהִלּוֹת בָּם לְהִתְפָּאֵר.

בְּיוֹם קְרָב *Yet on the day of war.* From the vision of Zechariah (14:3).

טַלְלֵי אורות *Dew drops of light.* These and the following images are drawn from Isaiah and the Song of Songs.

פְּאֵרוֹ עָלַי וּפְאֵרִי עָלָיו *His glory is on me; my glory is on Him.* A reference to the daring metaphor of the sages (*Berakhot* 6a), that just as the children of Israel wear tefillin (an emblem of glory) containing the verse *Shema Yisrael*, proclaiming the Oneness of God, so God, as it were, wears tefillin containing the verse, "Who is like Your people Israel, a nation unique on earth?" – proclaiming the uniqueness of Israel. This is reiterated in the phrase of the next stanza, "He showed the tefillin-knot to Moses," a reference to Exodus 33:23, "You will see My back." Tefillin symbolize the bond of love between God and His people.

Leader: Your first word, Your call to every age, is true:
O seek the people who seek You.

Cong: My many songs please take and hear
and may my hymn of joy to You come near.

Leader: May my praise be a crown for Your head,
and like incense before You, the prayers I have said.

Cong: May a poor man's song be precious in Your eyes,
like a song sung over sacrifice.

Leader: To the One who sustains all, may my blessing take flight:
Creator, Life-Giver, God of right and might.

Cong: And when I offer blessing, to me Your head incline:
accepting it as spice, fragrant and fine.

Leader: May my prayer be to You sweet song.
For You my soul will always long.

The Ark is closed.

Yours, Lord, are the greatness and the power,   *1 Chr. 29*
the glory, the majesty and splendor, for everything in heaven and earth is Yours.
Yours, Lord, is the kingdom; You are exalted as Head over all.

‣ Who can tell of the mighty acts of the Lord and make all His praise be heard?   *Ps. 106*

MOURNER'S KADDISH

The following prayer, said by mourners, requires the presence of a minyan.
A transliteration can be found on page 1289.

Mourner: יִתְגַּדַּל **Magnified and sanctified**
may His great name be, in the world He created by His will.
May He establish His kingdom in your lifetime
and in your days,
and in the lifetime of all the house of Israel,
swiftly and soon – and say: Amen.

All: May His great name be blessed for ever and all time.

Mourner: Blessed and praised, glorified and exalted,
raised and honored, uplifted and lauded
be the name of the Holy One, blessed be He,

כִּי נַפְשִׁי תַעֲרֹג אֵלֶיךָ *For You my soul will always long.* The poet brings the song
to an end by referring back to the line with which it began.

ש״ץ: רֹאשׁ דְּבָרְךָ אֱמֶת קוֹרֵא מֵרֹאשׁ דּוֹר וָדוֹר, עַם דּוֹרֶשְׁךָ דְּרֹשׁ.
קהל: שִׁית הֲמוֹן שִׁירַי נָא עָלֶיךָ, וְרִנָּתִי תִּקְרַב אֵלֶיךָ.

ש״ץ: תְּהִלָּתִי תְּהִי לְרֹאשְׁךָ עֲטֶרֶת, וּתְפִלָּתִי תִּכּוֹן קְטֹרֶת.
קהל: תִּיקַר שִׁירַת רָשׁ בְּעֵינֶיךָ, כַּשִּׁיר יוּשַׁר עַל קָרְבָּנֶיךָ.

ש״ץ: בִּרְכָתִי תַעֲלֶה לְרֹאשׁ מַשְׁבִּיר, מְחוֹלֵל וּמוֹלִיד, צַדִּיק כַּבִּיר.
קהל: וּבְבִרְכָתִי תְנַעֲנַע לִי רֹאשׁ, וְאוֹתָהּ קַח לְךָ כִּבְשָׂמִים רֹאשׁ.

ש״ץ: יֶעֱרַב נָא שִׂיחִי עָלֶיךָ, כִּי נַפְשִׁי תַעֲרֹג אֵלֶיךָ.

The ארון קודש *is closed.*

לְךָ יהוה הַגְּדֻלָּה וְהַגְּבוּרָה וְהַתִּפְאֶרֶת וְהַנֵּצַח וְהַהוֹד (דברי הימים א׳ כט)
כִּי־כֹל בַּשָּׁמַיִם וּבָאָרֶץ
לְךָ יהוה הַמַּמְלָכָה וְהַמִּתְנַשֵּׂא לְכֹל לְרֹאשׁ:
◂ מִי יְמַלֵּל גְּבוּרוֹת יהוה, יַשְׁמִיעַ כָּל־תְּהִלָּתוֹ: (תהלים קו)

קדיש יתום

The following prayer, said by mourners, requires the presence of a מנין*.*
A transliteration can be found on page 1289.

אבל: יִתְגַּדַּל וְיִתְקַדַּשׁ שְׁמֵהּ רַבָּא (קהל: אָמֵן)
בְּעָלְמָא דִּי בְרָא כִרְעוּתֵהּ
וְיַמְלִיךְ מַלְכוּתֵהּ
בְּחַיֵּיכוֹן וּבְיוֹמֵיכוֹן וּבְחַיֵּי דְכָל בֵּית יִשְׂרָאֵל
בַּעֲגָלָא וּבִזְמַן קָרִיב, וְאִמְרוּ אָמֵן. (קהל: אָמֵן)

קהל ואבל: יְהֵא שְׁמֵהּ רַבָּא מְבָרַךְ לְעָלַם וּלְעָלְמֵי עָלְמַיָּא.

אבל: יִתְבָּרַךְ וְיִשְׁתַּבַּח וְיִתְפָּאַר
וְיִתְרוֹמַם וְיִתְנַשֵּׂא וְיִתְהַדָּר וְיִתְעַלֶּה וְיִתְהַלָּל
שְׁמֵהּ דְּקֻדְשָׁא בְּרִיךְ הוּא (קהל: בְּרִיךְ הוּא)

beyond any blessing, song, praise and consolation
uttered in the world – and say: Amen.

May there be great peace from heaven,
and life for us and all Israel – and say: Amen.

Bow, take three steps back, as if taking leave of the Divine Presence,
then bow, first left, then right, then center, while saying:

May He who makes peace in His high places,
make peace for us and all Israel – and say: Amen.

Many congregations sing Adon Olam at this point.

LORD OF THE UNIVERSE,
who reigned before the birth of any thing –

When by His will all things were made
then was His name proclaimed King.

And when all things shall cease to be
He alone will reign in awe.

He was, He is, and He shall be
glorious for evermore.

He is One, there is none else,
alone, unique, beyond compare;

Without beginning, without end,
His might, His rule are everywhere.

He is my God; my Redeemer lives.
He is the Rock on whom I rely –

My banner and my safe retreat,
my cup, my portion when I cry.

Into His hand my soul I place,
when I awake and when I sleep.

The LORD is with me, I shall not fear;
body and soul from harm will He keep.

לְעֵלָּא מִן כָּל בִּרְכָתָא וְשִׁירָתָא

תֻּשְׁבְּחָתָא וְנֶחֱמָתָא

דַּאֲמִירָן בְּעָלְמָא, וְאִמְרוּ אָמֵן. (קהל: אָמֵן)

יְהֵא שְׁלָמָא רַבָּא מִן שְׁמַיָּא

וְחַיִּים, עָלֵינוּ וְעַל כָּל יִשְׂרָאֵל, וְאִמְרוּ אָמֵן. (קהל: אָמֵן)

Bow, take three steps back, as if taking leave of the Divine Presence,
then bow, first left, then right, then center, while saying:

עֹשֶׂה שָׁלוֹם בִּמְרוֹמָיו

הוּא יַעֲשֶׂה שָׁלוֹם עָלֵינוּ וְעַל כָּל יִשְׂרָאֵל, וְאִמְרוּ אָמֵן. (קהל: אָמֵן)

Many congregations sing אֲדוֹן עוֹלָם *at this point.*

אֲדוֹן עוֹלָם

אֲשֶׁר מָלַךְ בְּטֶרֶם כָּל־יְצִיר נִבְרָא.

לְעֵת נַעֲשָׂה בְחֶפְצוֹ כֹּל אֲזַי מֶלֶךְ שְׁמוֹ נִקְרָא.

וְאַחֲרֵי כִּכְלוֹת הַכֹּל לְבַדּוֹ יִמְלֹךְ נוֹרָא.

וְהוּא הָיָה וְהוּא הֹוֶה וְהוּא יִהְיֶה בְּתִפְאָרָה.

וְהוּא אֶחָד וְאֵין שֵׁנִי לְהַמְשִׁיל לוֹ לְהַחְבִּירָה.

בְּלִי רֵאשִׁית בְּלִי תַכְלִית וְלוֹ הָעֹז וְהַמִּשְׂרָה.

וְהוּא אֵלִי וְחַי גּוֹאֲלִי וְצוּר חֶבְלִי בְּעֵת צָרָה.

וְהוּא נִסִּי וּמָנוֹס לִי מְנָת כּוֹסִי בְּיוֹם אֶקְרָא.

בְּיָדוֹ אַפְקִיד רוּחִי בְּעֵת אִישַׁן וְאָעִירָה.

וְעִם רוּחִי גְּוִיָּתִי יהוה לִי וְלֹא אִירָא.

Kiddush for Yom Tov Morning

On Shabbat Ḥol HaMo'ed, turn to page 1046.

On a Yom Tov that falls on Shabbat, start Kiddush here:

וְשָׁמְרוּ The children of Israel must keep the Sabbath, observing the Sabbath in every generation as an everlasting covenant. It is a sign between Me and the children of Israel for ever, for in six days the LORD made the heavens and the earth, but on the seventh day He ceased work and refreshed Himself. *Ex. 31*

זָכוֹר Remember the Sabbath day to keep it holy. Six days you shall labor and do all your work, but the seventh day is a Sabbath of the LORD your God; on it you shall not do any work – you, your son or daughter, your male or female slave, or your cattle, or the stranger within your gates. For in six days the LORD made heaven and earth and sea and all that is in them, and rested on the seventh day; *Ex. 20*

On a Yom Tov that falls on Shabbat, some start Kiddush here instead:

Therefore the LORD blessed the Sabbath day and declared it holy.

On a Yom Tov that falls on a weekday, start here:

אֵלֶּה These are the appointed times of the LORD, *Lev. 23*
sacred assemblies, which you shall announce in their due season.
Thus Moses announced the LORD's appointed seasons
to the children of Israel.

When saying Kiddush for others, add:

Please pay attention, my masters.

בָּרוּךְ Blessed are You, LORD our God, King of the Universe,
who creates the fruit of the vine.

---

festival (*Mishna Berura* 289:3). Hence it consists only of a blessing over wine, preceded by scriptural verses which speak of the honor or joy of the day. It is called "the great Kiddush" as if not to put it to shame when compared with its biblically mandated counterpart. There is a moral lesson here. If we institute customs (like covering the ḥalla or matza when making a declaration over wine) so as not to shame inanimate objects or abstract entities, how much more so should be careful never to shame a human being.

קידושא רבה

On שבת חול המועד *turn to page 1047.*

On יום טוב *that falls on* שבת, *start* קידוש *here:*

שמות לא

וְשָׁמְרוּ בְנֵי־יִשְׂרָאֵל אֶת־הַשַּׁבָּת, לַעֲשׂוֹת אֶת־הַשַּׁבָּת לְדֹרֹתָם בְּרִית
עוֹלָם: בֵּינִי וּבֵין בְּנֵי יִשְׂרָאֵל אוֹת הִוא לְעֹלָם, כִּי־שֵׁשֶׁת יָמִים עָשָׂה יהוה
אֶת־הַשָּׁמַיִם וְאֶת־הָאָרֶץ וּבַיּוֹם הַשְּׁבִיעִי שָׁבַת וַיִּנָּפַשׁ:

שמות כ

זָכוֹר אֶת־יוֹם הַשַּׁבָּת לְקַדְּשׁוֹ: שֵׁשֶׁת יָמִים תַּעֲבֹד, וְעָשִׂיתָ כָּל־מְלַאכְתֶּךָ:
וְיוֹם הַשְּׁבִיעִי שַׁבָּת לַיהוה אֱלֹהֶיךָ, לֹא־תַעֲשֶׂה כָל־מְלָאכָה אַתָּה וּבִנְךָ
וּבִתֶּךָ, עַבְדְּךָ וַאֲמָתְךָ וּבְהֶמְתֶּךָ, וְגֵרְךָ אֲשֶׁר בִּשְׁעָרֶיךָ: כִּי שֵׁשֶׁת־יָמִים
עָשָׂה יהוה אֶת־הַשָּׁמַיִם וְאֶת־הָאָרֶץ אֶת־הַיָּם וְאֶת־כָּל־אֲשֶׁר־בָּם, וַיָּנַח
בַּיּוֹם הַשְּׁבִיעִי

On יום טוב *that falls on* שבת, *some start* קידוש *here instead:*

עַל־כֵּן בֵּרַךְ יהוה אֶת־יוֹם הַשַּׁבָּת וַיְקַדְּשֵׁהוּ:

On יום טוב *that falls on a weekday, start here:*

ויקרא כג

אֵלֶּה מוֹעֲדֵי יהוה מִקְרָאֵי קֹדֶשׁ אֲשֶׁר־תִּקְרְאוּ אֹתָם בְּמוֹעֲדָם:
וַיְדַבֵּר מֹשֶׁה אֶת־מֹעֲדֵי יהוה אֶל־בְּנֵי יִשְׂרָאֵל:

When saying קידוש *for others, add:*

סַבְרִי מָרָנָן

בָּרוּךְ אַתָּה יהוה אֱלֹהֵינוּ מֶלֶךְ הָעוֹלָם, בּוֹרֵא פְּרִי הַגָּפֶן.

KIDDUSH

Kiddush on Sabbath and festival mornings is halakhically different from
its evening counterpart. In the evening, Kiddush is a biblically ordained
performative utterance, declaring the day holy in fulfillment of the com-
mand "Remember the Sabbath day to keep it holy," meaning, declare it holy
by a blessing made, if possible, over wine (Ex. 20:8; *Pesaḥim* 106a). In the
morning, the blessing over wine is a rabbinic command, part of a different
mitzva, *kevod Shabbat,* "honoring Shabbat" or *simḥat haregel,* rejoicing on the

Minḥa for Yom Tov

אַשְׁרֵי Happy are those who dwell in Your House; *Ps. 84*
they shall continue to praise You, Selah!
Happy are the people for whom this is so; *Ps. 144*
happy are the people whose God is the LORD.
A song of praise by David. *Ps. 145*

> I will exalt You, my God, the King, and bless Your name for ever
> and all time. Every day I will bless You, and praise Your name for
> ever and all time. Great is the LORD and greatly to be praised;
> His greatness is unfathomable. One generation will praise Your
> works to the next, and tell of Your mighty deeds. On the glorious
> splendor of Your majesty I will meditate, and on the acts of Your
> wonders. They shall talk of the power of Your awesome deeds,
> and I will tell of Your greatness. They shall recite the record of
> Your great goodness, and sing with joy of Your righteousness. The
> LORD is gracious and compassionate, slow to anger and great in
> loving-kindness. The LORD is good to all, and His compassion
> extends to all His works. All Your works shall thank You, LORD,
> and Your devoted ones shall bless You. They shall talk of the glory
> of Your kingship, and speak of Your might. To make known to
> mankind His mighty deeds and the glorious majesty of His king-
> ship. Your kingdom is an everlasting kingdom, and Your reign is
> for all generations. The LORD supports all who fall, and raises
> all who are bowed down. All raise their eyes to You in hope, and
> You give them their food in due season. You open Your hand, and
> satisfy every living thing with favor. The LORD is righteous in all
> His ways, and kind in all He does. The LORD is close to all who
> call on Him, to all who call on Him in truth. He fulfills the will
> of those who revere Him; He hears their cry and saves them. The
> LORD guards all who love Him, but all the wicked He will destroy.
> ‣ My mouth shall speak the praise of the LORD, and all creatures
> shall bless His holy name for ever and all time.

We will bless the LORD now and for ever. Halleluya! *Ps. 115*

מנחה ליום טוב

אַשְׁרֵי יוֹשְׁבֵי בֵיתֶךָ, עוֹד יְהַלְלְוּךָ סֶּלָה: תהלים פד
אַשְׁרֵי הָעָם שֶׁכָּכָה לּוֹ, אַשְׁרֵי הָעָם שֶׁיהוה אֱלֹהָיו: תהלים קמד
תְּהִלָּה לְדָוִד תהלים קמה

אֲרוֹמִמְךָ אֱלוֹהַי הַמֶּלֶךְ, וַאֲבָרְכָה שִׁמְךָ לְעוֹלָם וָעֶד:
בְּכָל־יוֹם אֲבָרְכֶךָּ, וַאֲהַלְלָה שִׁמְךָ לְעוֹלָם וָעֶד:
גָּדוֹל יהוה וּמְהֻלָּל מְאֹד, וְלִגְדֻלָּתוֹ אֵין חֵקֶר:
דּוֹר לְדוֹר יְשַׁבַּח מַעֲשֶׂיךָ, וּגְבוּרֹתֶיךָ יַגִּידוּ:
הֲדַר כְּבוֹד הוֹדֶךָ, וְדִבְרֵי נִפְלְאֹתֶיךָ אָשִׂיחָה:
וֶעֱזוּז נוֹרְאֹתֶיךָ יֹאמֵרוּ, וּגְדוּלָּתְךָ אֲסַפְּרֶנָּה:
זֵכֶר רַב־טוּבְךָ יַבִּיעוּ, וְצִדְקָתְךָ יְרַנֵּנוּ:
חַנּוּן וְרַחוּם יהוה, אֶרֶךְ אַפַּיִם וּגְדָל־חָסֶד:
טוֹב־יהוה לַכֹּל, וְרַחֲמָיו עַל־כָּל־מַעֲשָׂיו:
יוֹדְוּךָ יהוה כָּל־מַעֲשֶׂיךָ, וַחֲסִידֶיךָ יְבָרְכְוּכָה:
כְּבוֹד מַלְכוּתְךָ יֹאמֵרוּ, וּגְבוּרָתְךָ יְדַבֵּרוּ:
לְהוֹדִיעַ לִבְנֵי הָאָדָם גְּבוּרֹתָיו, וּכְבוֹד הֲדַר מַלְכוּתוֹ:
מַלְכוּתְךָ מַלְכוּת כָּל־עֹלָמִים, וּמֶמְשַׁלְתְּךָ בְּכָל־דּוֹר וָדֹר:
סוֹמֵךְ יהוה לְכָל־הַנֹּפְלִים, וְזוֹקֵף לְכָל־הַכְּפוּפִים:
עֵינֵי־כֹל אֵלֶיךָ יְשַׂבֵּרוּ, וְאַתָּה נוֹתֵן־לָהֶם אֶת־אׇכְלָם בְּעִתּוֹ:
פּוֹתֵחַ אֶת־יָדֶךָ, וּמַשְׂבִּיעַ לְכָל־חַי רָצוֹן:
צַדִּיק יהוה בְּכָל־דְּרָכָיו, וְחָסִיד בְּכָל־מַעֲשָׂיו:
קָרוֹב יהוה לְכָל־קֹרְאָיו, לְכֹל אֲשֶׁר יִקְרָאֻהוּ בֶאֱמֶת:
רְצוֹן־יְרֵאָיו יַעֲשֶׂה, וְאֶת־שַׁוְעָתָם יִשְׁמַע, וְיוֹשִׁיעֵם:
שׁוֹמֵר יהוה אֶת־כָּל־אֹהֲבָיו, וְאֵת כָּל־הָרְשָׁעִים יַשְׁמִיד:
‹ תְּהִלַּת יהוה יְדַבֶּר פִּי, וִיבָרֵךְ כָּל־בָּשָׂר שֵׁם קׇדְשׁוֹ לְעוֹלָם וָעֶד:
וַאֲנַחְנוּ נְבָרֵךְ יָהּ מֵעַתָּה וְעַד־עוֹלָם, הַלְלוּיָהּ: תהלים קטו

וּבָא לְצִיּוֹן גּוֹאֵל "A redeemer will come to Zion,   *Is. 59*
to those of Jacob who repent of their sins," declares the Lord.
"As for Me, this is My covenant with them," says the Lord.
"My spirit, that is on you, and My words I have placed in your
mouth will not depart from your mouth, or from the mouth of your
children, or from the mouth of their descendants from this time on
and for ever," says the Lord.

▸ You are the Holy One, enthroned on the praises of Israel.   *Ps. 22*
And [the angels] call to one another, saying, ◂ "Holy, holy, holy   *Is. 6*
is the Lord of hosts; the whole world is filled with His glory."
And they receive permission from one another, saying: *Targum*
"Holy in the highest heavens, home of His Presence; holy on earth,   *Yonatan*
the work of His strength; holy for ever and all time is the Lord of hosts;   *Is. 6*
the whole earth is full of His radiant glory."

▸ Then a wind lifted me up and I heard behind me the sound of a great   *Ezek. 3*
noise, saying, ◂ "Blessed is the Lord's glory from His place."
Then a wind lifted me up and I heard behind me   *Targum*
the sound of a great tempest of those who uttered praise, saying,   *Yonatan*
"Blessed is the Lord's glory from the place of the home of His Presence."   *Ezek. 3*

The Lord shall reign for ever and all time.   *Ex. 15*
The Lord's kingdom is established for ever and all time.   *Targum*
     Onkelos
     Ex. 15

יהוה Lord, God of Abraham, Isaac and Yisrael, our ancestors, may You   *1 Chr. 29*
keep this for ever so that it forms the thoughts in Your people's heart, and
directs their heart toward You. He is compassionate. He forgives iniquity   *Ps. 78*
and does not destroy. Repeatedly He suppresses His anger, not rousing
His full wrath. For You, my Lord, are good and forgiving, abundantly   *Ps. 86*
kind to all who call on You. Your righteousness is eternally righteous, and   *Ps. 119*
Your Torah is truth. Grant truth to Jacob, loving-kindness to Abraham, as   *Mic. 7*
You promised our ancestors in ancient times. Blessed is my Lord for day   *Ps. 68*
after day He burdens us [with His blessings]; is our salvation, Selah! The   *Ps. 46*
Lord of hosts is with us; the God of Jacob is our refuge, Selah! Lord   *Ps. 84*
of hosts, happy is the one who trusts in You. Lord, save. May the King   *Ps. 20*
answer us on the day we call.

וּבָא לְצִיּוֹן גּוֹאֵל, וּלְשָׁבֵי פֶשַׁע בְּיַעֲקֹב, נְאֻם יהוה: ישעיה נט
וַאֲנִי זֹאת בְּרִיתִי אוֹתָם, אָמַר יהוה
רוּחִי אֲשֶׁר עָלֶיךָ וּדְבָרַי אֲשֶׁר־שַׂמְתִּי בְּפִיךָ
לֹא־יָמוּשׁוּ מִפִּיךָ וּמִפִּי זַרְעֲךָ וּמִפִּי זֶרַע זַרְעֲךָ
אָמַר יהוה, מֵעַתָּה וְעַד־עוֹלָם:

◂ וְאַתָּה קָדוֹשׁ יוֹשֵׁב תְּהִלּוֹת יִשְׂרָאֵל: וְקָרָא זֶה אֶל־זֶה וְאָמַר ◂ תהלים כב ישעיה ו
קָדוֹשׁ, קָדוֹשׁ, קָדוֹשׁ, יהוה צְבָאוֹת, מְלֹא כָל־הָאָרֶץ כְּבוֹדוֹ:
וּמְקַבְּלִין דֵּין מִן דֵּין וְאָמְרִין, קַדִּישׁ בִּשְׁמֵי מְרוֹמָא עִלָּאָה בֵּית שְׁכִינְתֵּהּ תרגום יונתן ישעיה ו
קַדִּישׁ עַל אַרְעָא עוֹבַד גְּבוּרְתֵּהּ, קַדִּישׁ לְעָלַם וּלְעָלְמֵי עָלְמַיָּא
יהוה צְבָאוֹת, מַלְיָא כָל אַרְעָא זִיו יְקָרֵהּ.

◂ וַתִּשָּׂאֵנִי רוּחַ, וָאֶשְׁמַע אַחֲרַי קוֹל רַעַשׁ גָּדוֹל ◂ יחזקאל ג
בָּרוּךְ כְּבוֹד־יהוה מִמְּקוֹמוֹ:
וּנְטָלַתְנִי רוּחָא, וּשְׁמָעִית בַּתְרַי קָל זִיעַ סַגִּיא, דִּמְשַׁבְּחִין וְאָמְרִין תרגום יונתן יחזקאל ג
בְּרִיךְ יְקָרָא דַיהוה מֵאֲתַר בֵּית שְׁכִינְתֵּהּ.

יהוה יִמְלֹךְ לְעֹלָם וָעֶד: שמות טו
יהוה מַלְכוּתֵהּ קָאֵם לְעָלַם וּלְעָלְמֵי עָלְמַיָּא. תרגום אונקלוס שמות טו

יהוה אֱלֹהֵי אַבְרָהָם יִצְחָק וְיִשְׂרָאֵל אֲבֹתֵינוּ, שָׁמְרָה־זֹּאת לְעוֹלָם לְיֵצֶר דברי הימים א׳, כט
מַחְשְׁבוֹת לְבַב עַמֶּךָ, וְהָכֵן לְבָבָם אֵלֶיךָ: וְהוּא רַחוּם יְכַפֵּר עָוֹן וְלֹא־ תהלים עח
יַשְׁחִית, וְהִרְבָּה לְהָשִׁיב אַפּוֹ, וְלֹא־יָעִיר כָּל־חֲמָתוֹ: כִּי־אַתָּה אֲדֹנָי טוֹב תהלים פו
וְסַלָּח, וְרַב־חֶסֶד לְכָל־קֹרְאֶיךָ: צִדְקָתְךָ צֶדֶק לְעוֹלָם וְתוֹרָתְךָ אֱמֶת: תהלים קיט
תִּתֵּן אֱמֶת לְיַעֲקֹב, חֶסֶד לְאַבְרָהָם, אֲשֶׁר־נִשְׁבַּעְתָּ לַאֲבֹתֵינוּ מִימֵי קֶדֶם: מיכה ז
בָּרוּךְ אֲדֹנָי יוֹם יוֹם יַעֲמָס־לָנוּ, הָאֵל יְשׁוּעָתֵנוּ סֶלָה: יהוה צְבָאוֹת עִמָּנוּ, תהלים סח תהלים מו
מִשְׂגָּב לָנוּ אֱלֹהֵי יַעֲקֹב סֶלָה: יהוה צְבָאוֹת, אַשְׁרֵי אָדָם בֹּטֵחַ בָּךְ: יהוה תהלים פד תהלים כ
הוֹשִׁיעָה, הַמֶּלֶךְ יַעֲנֵנוּ בְיוֹם־קָרְאֵנוּ:

בָּרוּךְ Blessed is He, our God, who created us for His glory, separating us from those who go astray; who gave us the Torah of truth, planting within us eternal life. May He open our heart to His Torah, imbuing our heart with the love and awe of Him, that we may do His will and serve Him with a perfect heart, so that we neither toil in vain nor give birth to confusion.

יְהִי רָצוֹן May it be Your will, O Lord our God and God of our ancestors, that we keep Your laws in this world, and thus be worthy to live, see and inherit goodness and blessing in the Messianic Age and in the life of the World to Come. So that my soul may sing to You and not be silent. Lord, *Ps. 30* my God, for ever I will thank You. Blessed is the man who trusts in the *Jer. 17* Lord, whose trust is in the Lord alone. Trust in the Lord for evermore, *Is. 26* for God, the Lord, is an everlasting Rock. ▸ Those who know Your name *Ps. 9* trust in You, for You, Lord, do not forsake those who seek You. The Lord *Is. 42* desired, for the sake of Israel's merit, to make the Torah great and glorious.

HALF KADDISH

Leader. יִתְגַּדַּל Magnified and sanctified
may His great name be,
in the world He created by His will.
May He establish His kingdom
in your lifetime and in your days,
and in the lifetime of all the house of Israel,
swiftly and soon – and say: Amen.

All: May His great name
be blessed for ever and all time.

Leader: Blessed and praised,
glorified and exalted,
raised and honored,
uplifted and lauded
be the name of the Holy One, blessed be He,
beyond any blessing,
song, praise and consolation
uttered in the world – and say: Amen.

On Yom Tov falling on Shabbat, the Torah is read; continue with "As for me" on page 1056.
On a weekday continue with the Amida on the next page.

בָּרוּךְ הוּא אֱלֹהֵינוּ שֶׁבְּרָאָנוּ לִכְבוֹדוֹ, וְהִבְדִּילָנוּ מִן הַתּוֹעִים, וְנָתַן לָנוּ
תּוֹרַת אֱמֶת, וְחַיֵּי עוֹלָם נָטַע בְּתוֹכֵנוּ. הוּא יִפְתַּח לִבֵּנוּ בְּתוֹרָתוֹ, וְיָשֵׂם
בְּלִבֵּנוּ אַהֲבָתוֹ וְיִרְאָתוֹ וְלַעֲשׂוֹת רְצוֹנוֹ וּלְעָבְדוֹ בְּלֵבָב שָׁלֵם, לְמַעַן לֹא
נִיגַע לָרִיק וְלֹא נֵלֵד לַבֶּהָלָה.

יְהִי רָצוֹן מִלְּפָנֶיךָ יהוה אֱלֹהֵינוּ וֵאלֹהֵי אֲבוֹתֵינוּ, שֶׁנִּשְׁמֹר חֻקֶּיךָ בָּעוֹלָם
הַזֶּה, וְנִזְכֶּה וְנִחְיֶה וְנִרְאֶה וְנִירַשׁ טוֹבָה וּבְרָכָה, לִשְׁנֵי יְמוֹת הַמָּשִׁיחַ וּלְחַיֵּי
תהלים ל הָעוֹלָם הַבָּא. לְמַעַן יְזַמֶּרְךָ כָבוֹד וְלֹא יִדֹּם, יהוה אֱלֹהַי, לְעוֹלָם אוֹדֶךָּ:
ירמיה יז ישעיה כו בָּרוּךְ הַגֶּבֶר אֲשֶׁר יִבְטַח בַּיהוה, וְהָיָה יהוה מִבְטַחוֹ: בִּטְחוּ בַיהוה עֲדֵי־
תהלים ט עַד, כִּי בְּיָהּ יהוה צוּר עוֹלָמִים: ◂ וְיִבְטְחוּ בְךָ יוֹדְעֵי שְׁמֶךָ, כִּי לֹא־עָזַבְתָּ
ישעיה מב דֹרְשֶׁיךָ, יהוה: יהוה חָפֵץ לְמַעַן צִדְקוֹ, יַגְדִּיל תּוֹרָה וְיַאְדִּיר:

חצי קדיש

ש״ץ: יִתְגַּדַּל וְיִתְקַדַּשׁ שְׁמֵהּ רַבָּא (קהל: אָמֵן)
בְּעָלְמָא דִּי בְרָא כִרְעוּתֵהּ
וְיַמְלִיךְ מַלְכוּתֵהּ
בְּחַיֵּיכוֹן וּבְיוֹמֵיכוֹן וּבְחַיֵּי דְכָל בֵּית יִשְׂרָאֵל
בַּעֲגָלָא וּבִזְמַן קָרִיב
וְאִמְרוּ אָמֵן. (קהל: אָמֵן)

קהל וש״ץ: יְהֵא שְׁמֵהּ רַבָּא מְבָרַךְ לְעָלַם וּלְעָלְמֵי עָלְמַיָּא.

ש״ץ: יִתְבָּרַךְ וְיִשְׁתַּבַּח וְיִתְפָּאַר וְיִתְרוֹמַם
וְיִתְנַשֵּׂא וְיִתְהַדָּר וְיִתְעַלֶּה וְיִתְהַלָּל
שְׁמֵהּ דְּקֻדְשָׁא בְּרִיךְ הוּא (קהל: בְּרִיךְ הוּא)
לְעֵלָּא מִן כָּל בִּרְכָתָא וְשִׁירָתָא, תֻּשְׁבְּחָתָא וְנֶחֱמָתָא
דַּאֲמִירָן בְּעָלְמָא
וְאִמְרוּ אָמֵן. (קהל: אָמֵן)

On יום טוב *falling on* שבת, *the Torah is read; continue with* וַאֲנִי תְפִלָּתִי־לְךָ *on page 1057.*
On a weekday continue with the עמידה *on the next page.*

THE AMIDA

The following prayer, until "in former years" on page 736, is said silently, standing with feet together. If there is a minyan, the Amida is then repeated aloud by the Leader. Take three steps forward and at the points indicated by ▾, bend the knees at the first word, bow at the second, and stand straight before saying God's name.

When I proclaim the LORD's name, give glory to our God. *Deut. 32*
O LORD, open my lips, so that my mouth may declare Your praise. *Ps. 51*

PATRIARCHS

▾בָּרוּךְ Blessed are You, LORD our God and God of our fathers,
God of Abraham, God of Isaac and God of Jacob;
the great, mighty and awesome God, God Most High,
who bestows acts of loving-kindness and creates all,
who remembers the loving-kindness of the fathers
and will bring a Redeemer
to their children's children
for the sake of His name, in love.
King, Helper, Savior, Shield:
▾Blessed are You, LORD, Shield of Abraham.

DIVINE MIGHT

אַתָּה גִּבּוֹר You are eternally mighty, LORD.
You give life to the dead
and have great power to save.

In Israel:
He causes the dew to fall.

He sustains the living with loving-kindness,
and with great compassion revives the dead.
He supports the fallen, heals the sick, sets captives free,
and keeps His faith with those who sleep in the dust.
Who is like You, Master of might,
and who can compare to You,
O King who brings death and gives life, and makes salvation grow?
Faithful are You to revive the dead.
Blessed are You, LORD, who revives the dead.

When saying the Amida silently, continue with "You are holy" on the next page.

עמידה

The following prayer, until קַדְמֹנִיּוֹת *on page 737, is said silently, standing with feet together. If there is a* מנין*, the* עמידה *is then repeated aloud by the* שליח ציבור*. Take three steps forward and at the points indicated by* ', *bend the knees at the first word, bow at the second, and stand straight before saying God's name.*

כִּי שֵׁם יהוה אֶקְרָא, הָבוּ גֹדֶל לֵאלֹהֵינוּ: דברים לב

אֲדֹנָי, שְׂפָתַי תִּפְתָּח, וּפִי יַגִּיד תְּהִלָּתֶךָ: תהלים נא

אבות

'בָּרוּךְ אַתָּה יהוה, אֱלֹהֵינוּ וֵאלֹהֵי אֲבוֹתֵינוּ
אֱלֹהֵי אַבְרָהָם, אֱלֹהֵי יִצְחָק, וֵאלֹהֵי יַעֲקֹב
הָאֵל הַגָּדוֹל הַגִּבּוֹר וְהַנּוֹרָא, אֵל עֶלְיוֹן
גּוֹמֵל חֲסָדִים טוֹבִים, וְקוֹנֵה הַכֹּל
וְזוֹכֵר חַסְדֵי אָבוֹת
וּמֵבִיא גוֹאֵל לִבְנֵי בְנֵיהֶם לְמַעַן שְׁמוֹ בְּאַהֲבָה.
מֶלֶךְ עוֹזֵר וּמוֹשִׁיעַ וּמָגֵן.
'בָּרוּךְ אַתָּה יהוה, מָגֵן אַבְרָהָם.

גבורות

אַתָּה גִּבּוֹר לְעוֹלָם, אֲדֹנָי
מְחַיֵּה מֵתִים אַתָּה, רַב לְהוֹשִׁיעַ

In ארץ ישראל:

מוֹרִיד הַטָּל

מְכַלְכֵּל חַיִּים בְּחֶסֶד, מְחַיֵּה מֵתִים בְּרַחֲמִים רַבִּים
סוֹמֵךְ נוֹפְלִים, וְרוֹפֵא חוֹלִים, וּמַתִּיר אֲסוּרִים
וּמְקַיֵּם אֱמוּנָתוֹ לִישֵׁנֵי עָפָר.
מִי כָמוֹךָ, בַּעַל גְּבוּרוֹת, וּמִי דּוֹמֶה לָּךְ
מֶלֶךְ, מֵמִית וּמְחַיֶּה וּמַצְמִיחַ יְשׁוּעָה.
וְנֶאֱמָן אַתָּה לְהַחֲיוֹת מֵתִים.
בָּרוּךְ אַתָּה יהוה, מְחַיֵּה הַמֵּתִים.

When saying the עמידה *silently, continue with* אַתָּה קָדוֹשׁ *on the next page.*

KEDUSHA

*During the Leader's Repetition, the following is said standing
with feet together, rising on the toes at the words indicated by ˄.*

Cong. then נְקַדֵּשׁ We will sanctify Your name on earth,
Leader: as they sanctify it in the highest heavens,
  as is written by Your prophet,
  "And they [the angels] call to one another saying: *Is. 6*

Cong. then ˄Holy, ˄holy, ˄holy is the Lᴏʀᴅ of hosts;
Leader: the whole world is filled with His glory."
  Those facing them say "Blessed –"

Cong. then ˄"Blessed is the Lᴏʀᴅ's glory from His place."   *Ezek. 3*
Leader: And in Your holy Writings it is written thus:

Cong. then ˄"The Lᴏʀᴅ shall reign for ever. He is your God, Zion,   *Ps. 146*
Leader: from generation to generation, Halleluya!"

Leader: From generation to generation we will declare Your greatness,
  and we will proclaim Your holiness for evermore.
  Your praise, our God, shall not leave our mouth forever,
  for You, God, are a great and holy King.
  Blessed are You, Lᴏʀᴅ, the holy God.

The Leader continues with "You have chosen us" below.

When saying the Amida silently, continue here:

HOLINESS

אַתָּה קָדוֹשׁ You are holy and Your name is holy,
and holy ones praise You daily, Selah!
Blessed are You, Lᴏʀᴅ, the holy God.

HOLINESS OF THE DAY

אַתָּה בְחַרְתָּנוּ You have chosen us from among all peoples.
You have loved and favored us.
You have raised us above all tongues.
You have made us holy through Your commandments.
You have brought us near, our King, to Your service,
and have called us by Your great and holy name.

קדושה

During the חזרת הש״ץ*, the following is said standing with feet together, rising on the toes at the words indicated by* ▴.

then קהל ש״ץ: נְקַדֵּשׁ אֶת שִׁמְךָ בָּעוֹלָם, כְּשֵׁם שֶׁמַּקְדִּישִׁים אוֹתוֹ בִּשְׁמֵי מָרוֹם
כַּכָּתוּב עַל יַד נְבִיאֶךָ: וְקָרָא זֶה אֶל־זֶה וְאָמַר — ישעיה ו

then קהל ש״ץ: ▴קָדוֹשׁ, ▴קָדוֹשׁ, ▴קָדוֹשׁ, יהוה צְבָאוֹת, מְלֹא כָל־הָאָרֶץ כְּבוֹדוֹ:
לְעֻמָּתָם בָּרוּךְ יֹאמֵרוּ

then קהל ש״ץ: ▴בָּרוּךְ כְּבוֹד־יהוה מִמְּקוֹמוֹ: — יחזקאל ג
וּבְדִבְרֵי קָדְשְׁךָ כָּתוּב לֵאמֹר

then קהל ש״ץ: ▴יִמְלֹךְ יהוה לְעוֹלָם, אֱלֹהַיִךְ צִיּוֹן לְדֹר וָדֹר, הַלְלוּיָהּ: — תהלים קמו

ש״ץ: לְדוֹר וָדוֹר נַגִּיד גָּדְלֶךָ, וּלְנֵצַח נְצָחִים קְדֻשָּׁתְךָ נַקְדִּישׁ
וְשִׁבְחֲךָ אֱלֹהֵינוּ מִפִּינוּ לֹא יָמוּשׁ לְעוֹלָם וָעֶד
כִּי אֵל מֶלֶךְ גָּדוֹל וְקָדוֹשׁ אָתָּה.
בָּרוּךְ אַתָּה יהוה הָאֵל הַקָּדוֹשׁ.

The שליח ציבור *continues with* אַתָּה בְחַרְתָּנוּ *below.*

When saying the עמידה *silently, continue here:*

קדושת השם

אַתָּה קָדוֹשׁ וְשִׁמְךָ קָדוֹשׁ
וּקְדוֹשִׁים בְּכָל יוֹם יְהַלְלוּךָ סֶּלָה.
בָּרוּךְ אַתָּה יהוה, הָאֵל הַקָּדוֹשׁ.

קדושת היום

אַתָּה בְחַרְתָּנוּ מִכָּל הָעַמִּים
אָהַבְתָּ אוֹתָנוּ וְרָצִיתָ בָּנוּ
וְרוֹמַמְתָּנוּ מִכָּל הַלְּשׁוֹנוֹת
וְקִדַּשְׁתָּנוּ בְּמִצְוֹתֶיךָ, וְקֵרַבְתָּנוּ מַלְכֵּנוּ לַעֲבוֹדָתֶךָ
וְשִׁמְךָ הַגָּדוֹל וְהַקָּדוֹשׁ עָלֵינוּ קָרָאתָ.

On Shabbat, add the words in parentheses:

וַתִּתֶּן לָנוּ And You, LORD our God, have given us in love
(Sabbaths for rest and) festivals for rejoicing,
holy days and seasons for joy, (this Sabbath day and) this day of
the festival of Matzot, the time of our freedom
(with love), a holy assembly in memory of the exodus from Egypt.

אֱלֹהֵינוּ Our God and God of our ancestors,
may there rise, come, reach, appear, be favored, heard, regarded
and remembered before You, our recollection and remembrance,
as well as the remembrance of our ancestors,
and of the Messiah son of David Your servant,
and of Jerusalem Your holy city,
and of all Your people the house of Israel – for deliverance
and well-being, grace, loving-kindness and compassion,
life and peace, on this day of the festival of Matzot.
On it remember us, LORD our God, for good,
recollect us for blessing, and deliver us for life.
In accord with Your promise of salvation and compassion,
spare us and be gracious to us;
have compassion on us and deliver us,
for our eyes are turned to You
because You, God, are a gracious and compassionate King.

On Shabbat, add the words in parentheses:

וְהַשִּׂיאֵנוּ Bestow on us, LORD our God,
the blessings of Your festivals
for good life and peace, joy and gladness,
as You desired and promised to bless us.
(Our God and God of our fathers, find favor in our rest.)
Make us holy through Your commandments
and grant us a share in Your Torah.
Satisfy us with Your goodness, gladden us with Your salvation,
and purify our hearts to serve You in truth.
Grant us as our heritage, LORD our God (with love and favor,)
with joy and gladness, Your holy (Sabbath and) festivals,

On שבת, add the words in parentheses:

וַתִּתֶּן לָנוּ יהוה אֱלֹהֵינוּ בְּאַהֲבָה
(שַׁבָּתוֹת לִמְנוּחָה וּ)מוֹעֲדִים לְשִׂמְחָה, חַגִּים וּזְמַנִּים לְשָׂשׂוֹן
אֶת יוֹם (הַשַּׁבָּת הַזֶּה וְאֶת יוֹם) חַג הַמַּצּוֹת הַזֶּה, זְמַן חֵרוּתֵנוּ
(בְּאַהֲבָה) מִקְרָא קֹדֶשׁ, זֵכֶר לִיצִיאַת מִצְרָיִם.

אֱלֹהֵינוּ וֵאלֹהֵי אֲבוֹתֵינוּ
יַעֲלֶה וְיָבוֹא וְיַגִּיעַ, וְיֵרָאֶה וְיֵרָצֶה וְיִשָּׁמַע
וְיִפָּקֵד וְיִזָּכֵר זִכְרוֹנֵנוּ וּפִקְדוֹנֵנוּ וְזִכְרוֹן אֲבוֹתֵינוּ
וְזִכְרוֹן מָשִׁיחַ בֶּן דָּוִד עַבְדֶּךָ, וְזִכְרוֹן יְרוּשָׁלַיִם עִיר קָדְשֶׁךָ
וְזִכְרוֹן כָּל עַמְּךָ בֵּית יִשְׂרָאֵל, לְפָנֶיךָ
לִפְלֵיטָה, לְטוֹבָה, לְחֵן וּלְחֶסֶד וּלְרַחֲמִים
לְחַיִּים וּלְשָׁלוֹם בְּיוֹם חַג הַמַּצּוֹת הַזֶּה.
זָכְרֵנוּ יהוה אֱלֹהֵינוּ בּוֹ לְטוֹבָה
וּפָקְדֵנוּ בוֹ לִבְרָכָה, וְהוֹשִׁיעֵנוּ בוֹ לְחַיִּים.
וּבִדְבַר יְשׁוּעָה וְרַחֲמִים, חוּס וְחָנֵּנוּ, וְרַחֵם עָלֵינוּ וְהוֹשִׁיעֵנוּ
כִּי אֵלֶיךָ עֵינֵינוּ כִּי אֵל מֶלֶךְ חַנּוּן וְרַחוּם אָתָּה.

On שבת, add the words in parentheses:

וְהַשִּׂיאֵנוּ יהוה אֱלֹהֵינוּ אֶת בִּרְכַּת מוֹעֲדֶיךָ
לְחַיִּים וּלְשָׁלוֹם, לְשִׂמְחָה וּלְשָׂשׂוֹן, כַּאֲשֶׁר רָצִיתָ וְאָמַרְתָּ לְבָרְכֵנוּ.
(אֱלֹהֵינוּ וֵאלֹהֵי אֲבוֹתֵינוּ, רְצֵה בִמְנוּחָתֵנוּ)
קַדְּשֵׁנוּ בְּמִצְוֹתֶיךָ וְתֵן חֶלְקֵנוּ בְּתוֹרָתֶךָ
שַׂבְּעֵנוּ מִטּוּבֶךָ, וְשַׂמְּחֵנוּ בִּישׁוּעָתֶךָ
וְטַהֵר לִבֵּנוּ לְעָבְדְּךָ בֶּאֱמֶת.
וְהַנְחִילֵנוּ יהוה אֱלֹהֵינוּ (בְּאַהֲבָה וּבְרָצוֹן)
בְּשִׂמְחָה וּבְשָׂשׂוֹן (שַׁבַּת וּ)מוֹעֲדֵי קָדְשֶׁךָ

and may Israel, who sanctify Your name, rejoice in You.
Blessed are You, LORD,
who sanctifies (the Sabbath and) Israel and the festive seasons.

TEMPLE SERVICE

רְצֵה Find favor, LORD our God,
in Your people Israel and their prayer.
Restore the service to Your most holy House,
and accept in love and favor
the fire-offerings of Israel and their prayer.
May the service of Your people Israel always find favor with You.
And may our eyes witness Your return to Zion in compassion.
Blessed are You, LORD, who restores His Presence to Zion.

THANKSGIVING

Bow at the first nine words.

מוֹדִים We give thanks to You,
for You are the LORD our God
and God of our ancestors
for ever and all time.
You are the Rock of our lives,
Shield of our salvation
from generation to generation.
We will thank You and
declare Your praise for our lives,
which are entrusted into Your hand;
for our souls,
which are placed in Your charge;
for Your miracles
which are with us every day;
and for Your wonders and favors
at all times, evening, morning and midday.
You are good –
for Your compassion never fails.
You are compassionate –
for Your loving-kindnesses never cease.
We have always placed our hope in You.

*During the Leader's Repetition,
the congregation says quietly:*

מוֹדִים We give thanks to You,
for You are the LORD our God
and God of our ancestors,
God of all flesh,
who formed us
and formed the universe.
Blessings and thanks
are due to Your great
and holy name for giving us
life and sustaining us.
May You continue
to give us life and sustain us;
and may You gather our
exiles to Your holy courts,
to keep Your decrees,
do Your will and serve You
with a perfect heart,
for it is for us
to give You thanks.
Blessed be God to whom
thanksgiving is due.

וְיִשְׂמְחוּ בְךָ יִשְׂרָאֵל מְקַדְּשֵׁי שְׁמֶךָ.
בָּרוּךְ אַתָּה יהוה, מְקַדֵּשׁ (הַשַּׁבָּת וְ)יִשְׂרָאֵל וְהַזְּמַנִּים.

עבודה

רְצֵה יהוה אֱלֹהֵינוּ בְּעַמְּךָ יִשְׂרָאֵל וּבִתְפִלָּתָם
וְהָשֵׁב אֶת הָעֲבוֹדָה לִדְבִיר בֵּיתֶךָ
וְאִשֵּׁי יִשְׂרָאֵל וּתְפִלָּתָם בְּאַהֲבָה תְקַבֵּל בְּרָצוֹן
וּתְהִי לְרָצוֹן תָּמִיד עֲבוֹדַת יִשְׂרָאֵל עַמֶּךָ.
וְתֶחֱזֶינָה עֵינֵינוּ בְּשׁוּבְךָ לְצִיּוֹן בְּרַחֲמִים.
בָּרוּךְ אַתָּה יהוה, הַמַּחֲזִיר שְׁכִינָתוֹ לְצִיּוֹן.

הודאה

Bow at the first five words.

מוֹדִים אֲנַחְנוּ לָךְ
שָׁאַתָּה הוּא יהוה אֱלֹהֵינוּ
וֵאלֹהֵי אֲבוֹתֵינוּ לְעוֹלָם וָעֶד.
צוּר חַיֵּינוּ, מָגֵן יִשְׁעֵנוּ
אַתָּה הוּא לְדוֹר וָדוֹר.
נוֹדֶה לְּךָ וּנְסַפֵּר תְּהִלָּתֶךָ
עַל חַיֵּינוּ הַמְּסוּרִים בְּיָדֶךָ
וְעַל נִשְׁמוֹתֵינוּ הַפְּקוּדוֹת לָךְ
וְעַל נִסֶּיךָ שֶׁבְּכָל יוֹם עִמָּנוּ
וְעַל נִפְלְאוֹתֶיךָ וְטוֹבוֹתֶיךָ
שֶׁבְּכָל עֵת, עֶרֶב וָבֹקֶר וְצָהֳרָיִם.
הַטּוֹב, כִּי לֹא כָלוּ רַחֲמֶיךָ
וְהַמְרַחֵם, כִּי לֹא תַמּוּ חֲסָדֶיךָ
מֵעוֹלָם קִוִּינוּ לָךְ.

During the חזרת הש״ץ*, the* קהל *says quietly:*

מוֹדִים אֲנַחְנוּ לָךְ
שָׁאַתָּה הוּא יהוה אֱלֹהֵינוּ
וֵאלֹהֵי אֲבוֹתֵינוּ
אֱלֹהֵי כָל בָּשָׂר
יוֹצְרֵנוּ, יוֹצֵר בְּרֵאשִׁית.
בְּרָכוֹת וְהוֹדָאוֹת
לְשִׁמְךָ הַגָּדוֹל וְהַקָּדוֹשׁ
עַל שֶׁהֶחֱיִיתָנוּ וְקִיַּמְתָּנוּ.
כֵּן תְּחַיֵּנוּ וּתְקַיְּמֵנוּ
וְתֶאֱסֹף גָּלֻיּוֹתֵינוּ
לְחַצְרוֹת קָדְשֶׁךָ
לִשְׁמֹר חֻקֶּיךָ וְלַעֲשׂוֹת רְצוֹנֶךָ
וּלְעָבְדְּךָ בְּלֵבָב שָׁלֵם
עַל שֶׁאֲנַחְנוּ מוֹדִים לָךְ.
בָּרוּךְ אֵל הַהוֹדָאוֹת.

וְעַל כֻּלָּם For all these things
may Your name be blessed and exalted, our King,
continually, for ever and all time.
Let all that lives thank You, Selah!
and praise Your name in truth, God, our Savior and Help, Selah!
ᵞBlessed are You, LORD,
whose name is "the Good" and to whom thanks are due.

PEACE

שָׁלוֹם רָב Grant	*In Israel on Shabbat:*
great peace	שִׂים שָׁלוֹם Grant peace, goodness and blessing,
to Your people Israel	grace, loving-kindness and compassion
for ever,	to us and all Israel Your people.
for You are	Bless us, our Father, all as one,
the sovereign LORD	with the light of Your face,
of all peace;	for by the light of Your face
and may it be good	You have given us, LORD our God,
in Your eyes to bless	the Torah of life and love of kindness,
Your people Israel	righteousness, blessing, compassion,
at every time,	life and peace.
at every hour,	May it be good in Your eyes to bless
with Your peace.	Your people Israel at every time,
	in every hour, with Your peace.

Blessed are You, LORD, who blesses His people Israel with peace.

The following verse concludes the Leader's Repetition of the Amida.
Some also say it here as part of the silent Amida.

May the words of my mouth and the meditation of my heart   *Ps. 19*
find favor before You, LORD, my Rock and Redeemer.

אֱלֹהַי My God,   *Berakhot 17a*
guard my tongue from evil and my lips from deceitful speech.
To those who curse me, let my soul be silent;
may my soul be to all like the dust.
Open my heart to Your Torah
and let my soul pursue Your commandments.
As for all who plan evil against me,
swiftly thwart their counsel and frustrate their plans.

וְעַל כֻּלָּם יִתְבָּרַךְ וְיִתְרוֹמַם שִׁמְךָ מַלְכֵּנוּ תָּמִיד לְעוֹלָם וָעֶד.
וְכֹל הַחַיִּים יוֹדוּךָ סֶּלָה, וִיהַלְלוּ אֶת שִׁמְךָ בֶּאֱמֶת
הָאֵל יְשׁוּעָתֵנוּ וְעֶזְרָתֵנוּ סֶלָה.
׳בָּרוּךְ אַתָּה יהוה
הַטּוֹב שִׁמְךָ וּלְךָ נָאֶה לְהוֹדוֹת.

ברכת שלום

שָׁלוֹם רָב
עַל יִשְׂרָאֵל עַמְּךָ
תָּשִׂים לְעוֹלָם
כִּי אַתָּה הוּא מֶלֶךְ אָדוֹן
לְכָל הַשָּׁלוֹם.
וְטוֹב בְּעֵינֶיךָ לְבָרֵךְ
אֶת עַמְּךָ יִשְׂרָאֵל
בְּכָל עֵת וּבְכָל שָׁעָה
בִּשְׁלוֹמֶךָ.

In ארץ ישראל *on* שבת:

שִׂים שָׁלוֹם טוֹבָה וּבְרָכָה
חֵן וָחֶסֶד וְרַחֲמִים
עָלֵינוּ וְעַל כָּל יִשְׂרָאֵל עַמֶּךָ.
בָּרְכֵנוּ אָבִינוּ כֻּלָּנוּ כְּאֶחָד בְּאוֹר פָּנֶיךָ
כִּי בְאוֹר פָּנֶיךָ נָתַתָּ לָּנוּ יהוה אֱלֹהֵינוּ
תּוֹרַת חַיִּים וְאַהֲבַת חֶסֶד
וּצְדָקָה וּבְרָכָה וְרַחֲמִים וְחַיִּים וְשָׁלוֹם.
וְטוֹב בְּעֵינֶיךָ לְבָרֵךְ אֶת עַמְּךָ יִשְׂרָאֵל
בְּכָל עֵת וּבְכָל שָׁעָה בִּשְׁלוֹמֶךָ.

בָּרוּךְ אַתָּה יהוה, הַמְבָרֵךְ אֶת עַמּוֹ יִשְׂרָאֵל בַּשָּׁלוֹם.

The following verse concludes the חזרת הש״ץ.
Some also say it here as part of the silent עמידה.

יִהְיוּ לְרָצוֹן אִמְרֵי־פִי וְהֶגְיוֹן לִבִּי לְפָנֶיךָ, יהוה צוּרִי וְגֹאֲלִי: תהלים יט

אֱלֹהַי ברכות יז.
נְצֹר לְשׁוֹנִי מֵרָע וּשְׂפָתַי מִדַּבֵּר מִרְמָה
וְלִמְקַלְלַי נַפְשִׁי תִדֹּם, וְנַפְשִׁי כֶּעָפָר לַכֹּל תִּהְיֶה.
פְּתַח לִבִּי בְּתוֹרָתֶךָ, וּבְמִצְוֹתֶיךָ תִּרְדֹּף נַפְשִׁי.
וְכָל הַחוֹשְׁבִים עָלַי רָעָה
מְהֵרָה הָפֵר עֲצָתָם וְקַלְקֵל מַחֲשַׁבְתָּם.

Act for the sake of Your name;
act for the sake of Your right hand;
act for the sake of Your holiness;
act for the sake of Your Torah.

That Your beloved ones may be delivered,   *Ps. 60*
save with Your right hand and answer me.

May the words of my mouth and the meditation of my heart   *Ps. 19*
find favor before You, Lord, my Rock and Redeemer.

Bow, take three steps back, then bow, first left, then right, then center, while saying:

May He who makes peace in His high places,
make peace for us and all Israel –
and say: Amen.

יְהִי רָצוֹן May it be Your will, Lord our God and God of our ancestors,
that the Temple be rebuilt speedily in our days, and grant us a share in Your Torah.
And there we will serve You with reverence,
as in the days of old and as in former years.
Then the offering of Judah and Jerusalem   *Mal. 3*
will be pleasing to the Lord as in the days of old and as in former years.

FULL KADDISH

Leader: יִתְגַּדַּל Magnified and sanctified
may His great name be,
in the world He created by His will.
May He establish His kingdom
in your lifetime and in your days,
and in the lifetime of all the house of Israel,
swiftly and soon –
and say: Amen.

All: May His great name be blessed for ever and all time.

Leader: Blessed and praised,
glorified and exalted,
raised and honored, uplifted and lauded be
the name of the Holy One,
blessed be He,

עֲשֵׂה לְמַעַן שְׁמֶךָ, עֲשֵׂה לְמַעַן יְמִינֶךָ
עֲשֵׂה לְמַעַן קְדֻשָּׁתֶךָ, עֲשֵׂה לְמַעַן תּוֹרָתֶךָ.
לְמַעַן יֵחָלְצוּן יְדִידֶיךָ, הוֹשִׁיעָה יְמִינְךָ וַעֲנֵנִי: תהלים ס
יִהְיוּ לְרָצוֹן אִמְרֵי־פִי וְהֶגְיוֹן לִבִּי לְפָנֶיךָ, יהוה צוּרִי וְגֹאֲלִי: תהלים יט

Bow, take three steps back, then bow, first left, then right, then center, while saying:

עֹשֶׂה שָׁלוֹם בִּמְרוֹמָיו
הוּא יַעֲשֶׂה שָׁלוֹם עָלֵינוּ וְעַל כָּל יִשְׂרָאֵל
וְאִמְרוּ אָמֵן.

יְהִי רָצוֹן מִלְּפָנֶיךָ יהוה אֱלֹהֵינוּ וֵאלֹהֵי אֲבוֹתֵינוּ
שֶׁיִּבָּנֶה בֵּית הַמִּקְדָּשׁ בִּמְהֵרָה בְיָמֵינוּ
וְתֵן חֶלְקֵנוּ בְּתוֹרָתֶךָ
וְשָׁם נַעֲבָדְךָ בְּיִרְאָה כִּימֵי עוֹלָם וּכְשָׁנִים קַדְמֹנִיּוֹת.
וְעָרְבָה לַיהוה מִנְחַת יְהוּדָה וִירוּשָׁלָיִם כִּימֵי עוֹלָם וּכְשָׁנִים קַדְמֹנִיּוֹת: מלאכי ג

קדיש שלם

ש״ץ: יִתְגַּדַּל וְיִתְקַדַּשׁ שְׁמֵהּ רַבָּא (קהל: אָמֵן)
בְּעָלְמָא דִּי בְרָא כִרְעוּתֵהּ
וְיַמְלִיךְ מַלְכוּתֵהּ
בְּחַיֵּיכוֹן וּבְיוֹמֵיכוֹן וּבְחַיֵּי דְכָל בֵּית יִשְׂרָאֵל
בַּעֲגָלָא וּבִזְמַן קָרִיב
וְאִמְרוּ אָמֵן. (קהל: אָמֵן)

קהל וש״ץ: יְהֵא שְׁמֵהּ רַבָּא מְבָרַךְ לְעָלַם וּלְעָלְמֵי עָלְמַיָּא.

ש״ץ: יִתְבָּרַךְ וְיִשְׁתַּבַּח וְיִתְפָּאַר
וְיִתְרוֹמַם וְיִתְנַשֵּׂא וְיִתְהַדָּר וְיִתְעַלֶּה וְיִתְהַלָּל
שְׁמֵהּ דְּקֻדְשָׁא בְּרִיךְ הוּא (קהל: בְּרִיךְ הוּא)

beyond any blessing,
song, praise and consolation
uttered in the world –
and say: Amen.

May the prayers and pleas of all Israel
be accepted by their Father in heaven –
and say: Amen.

May there be great peace from heaven,
and life for us
and all Israel –
and say: Amen.

Bow, take three steps back, as if taking leave of the Divine Presence,
then bow, first left, then right, then center, while saying:

May He who makes peace in His high places,
make peace for us
and all Israel –
and say: Amen.

Stand while saying Aleinu. Bow at ˅.

עָלֵינוּ It is our duty to praise the Master of all,
and ascribe greatness to the Author of creation,
who has not made us like the nations of the lands
nor placed us like the families of the earth;
who has not made our portion like theirs,
nor our destiny like all their multitudes.
(For they worship vanity and emptiness,
and pray to a god who cannot save.)
˅But we bow in worship
and thank the Supreme King of kings,
the Holy One, blessed be He,
who extends the heavens and establishes the earth,
whose throne of glory is in the heavens above,
and whose power's Presence is in the highest of heights.

לְעֵלָּא מִן כָּל בִּרְכָתָא וְשִׁירָתָא,
תֻּשְׁבְּחָתָא וְנֶחֱמָתָא
דַּאֲמִירָן בְּעָלְמָא, וְאִמְרוּ אָמֵן. (קהל: אָמֵן)

תִּתְקַבַּל צְלוֹתְהוֹן וּבָעוּתְהוֹן דְּכָל יִשְׂרָאֵל
קֳדָם אֲבוּהוֹן דִּי בִשְׁמַיָּא
וְאִמְרוּ אָמֵן. (קהל: אָמֵן)

יְהֵא שְׁלָמָא רַבָּא מִן שְׁמַיָּא
וְחַיִּים, עָלֵינוּ וְעַל כָּל יִשְׂרָאֵל
וְאִמְרוּ אָמֵן. (קהל: אָמֵן)

Bow, take three steps back, as if taking leave of the Divine Presence, then bow, first left, then right, then center, while saying:

עֹשֶׂה שָׁלוֹם בִּמְרוֹמָיו
הוּא יַעֲשֶׂה שָׁלוֹם עָלֵינוּ וְעַל כָּל יִשְׂרָאֵל
וְאִמְרוּ אָמֵן. (קהל: אָמֵן)

Stand while saying עָלֵינוּ. *Bow at* ׳.

עָלֵינוּ לְשַׁבֵּחַ לַאֲדוֹן הַכֹּל, לָתֵת גְּדֻלָּה לְיוֹצֵר בְּרֵאשִׁית
שֶׁלֹּא עָשָׂנוּ כְּגוֹיֵי הָאֲרָצוֹת, וְלֹא שָׂמָנוּ כְּמִשְׁפְּחוֹת הָאֲדָמָה
שֶׁלֹּא שָׂם חֶלְקֵנוּ כָּהֶם וְגוֹרָלֵנוּ כְּכָל הֲמוֹנָם.
(שֶׁהֵם מִשְׁתַּחֲוִים לְהֶבֶל וָרִיק וּמִתְפַּלְלִים אֶל אֵל לֹא יוֹשִׁיעַ.)
׳וַאֲנַחְנוּ כּוֹרְעִים וּמִשְׁתַּחֲוִים וּמוֹדִים
לִפְנֵי מֶלֶךְ מַלְכֵי הַמְּלָכִים, הַקָּדוֹשׁ בָּרוּךְ הוּא
שֶׁהוּא נוֹטֶה שָׁמַיִם וְיוֹסֵד אָרֶץ
וּמוֹשַׁב יְקָרוֹ בַּשָּׁמַיִם מִמַּעַל
וּשְׁכִינַת עֻזּוֹ בְּגָבְהֵי מְרוֹמִים.

He is our God; there is no other.
Truly He is our King, there is none else,
   as it is written in His Torah:
"You shall know and take to heart this day   *Deut. 4*
   that the LORD is God, in heaven above and on earth below.
There is no other."

Therefore, we place our hope in You, LORD our God,
   that we may soon see the glory of Your power,
   when You will remove abominations from the earth,
   and idols will be utterly destroyed,
   when the world will be perfected
   under the sovereignty of the Almighty,
   when all humanity will call on Your name,
   to turn all the earth's wicked toward You.
   All the world's inhabitants will realize and know
   that to You every knee must bow and every tongue swear loyalty.
   Before You, LORD our God, they will kneel and bow down
   and give honor to Your glorious name.
   They will all accept the yoke of Your kingdom,
   and You will reign over them soon and for ever.
   For the kingdom is Yours, and to all eternity You will reign in glory,
   as it is written in Your Torah:
"The LORD will reign for ever and ever."   *Ex. 15*
► And it is said: "Then the LORD shall be King over all the earth;   *Zech. 14*
   on that day the LORD shall be One and His name One."

Some add:
Have no fear of sudden terror or of the ruin when it overtakes the wicked.   *Prov. 3*
Devise your strategy, but it will be thwarted; propose your plan,   *Is. 8*
   but it will not stand, for God is with us.
When you grow old, I will still be the same.   *Is. 46*
When your hair turns gray, I will still carry you.
I made you, I will bear you,
I will carry you, and I will rescue you.

הוּא אֱלֹהֵינוּ, אֵין עוֹד.

אֱמֶת מַלְכֵּנוּ, אֶפֶס זוּלָתוֹ, כַּכָּתוּב בְּתוֹרָתוֹ

דברים ד

וְיָדַעְתָּ הַיּוֹם וַהֲשֵׁבֹתָ אֶל־לְבָבֶךָ

כִּי יְהֹוָה הוּא הָאֱלֹהִים בַּשָּׁמַיִם מִמַּעַל וְעַל־הָאָרֶץ מִתָּחַת אֵין עוֹד:

עַל כֵּן נְקַוֶּה לְּךָ יְהֹוָה אֱלֹהֵינוּ, לִרְאוֹת מְהֵרָה בְּתִפְאֶרֶת עֻזֶּךָ לְהַעֲבִיר גִּלּוּלִים מִן הָאָרֶץ, וְהָאֱלִילִים כָּרוֹת יִכָּרֵתוּן לְתַקֵּן עוֹלָם בְּמַלְכוּת שַׁדַּי.

וְכָל בְּנֵי בָשָׂר יִקְרְאוּ בִשְׁמֶךָ לְהַפְנוֹת אֵלֶיךָ כָּל רִשְׁעֵי אָרֶץ.

יַכִּירוּ וְיֵדְעוּ כָּל יוֹשְׁבֵי תֵבֵל

כִּי לְךָ תִּכְרַע כָּל בֶּרֶךְ, תִּשָּׁבַע כָּל לָשׁוֹן.

לְפָנֶיךָ יְהֹוָה אֱלֹהֵינוּ יִכְרְעוּ וְיִפֹּלוּ

וְלִכְבוֹד שִׁמְךָ יְקָר יִתֵּנוּ

וִיקַבְּלוּ כֻלָּם אֶת עֹל מַלְכוּתֶךָ

וְתִמְלֹךְ עֲלֵיהֶם מְהֵרָה לְעוֹלָם וָעֶד.

כִּי הַמַּלְכוּת שֶׁלְּךָ הִיא וּלְעוֹלְמֵי עַד תִּמְלֹךְ בְּכָבוֹד

שמות טו

כַּכָּתוּב בְּתוֹרָתֶךָ, יְהֹוָה יִמְלֹךְ לְעֹלָם וָעֶד:

זכריה יד

‹ וְנֶאֱמַר, וְהָיָה יְהֹוָה לְמֶלֶךְ עַל־כָּל־הָאָרֶץ בַּיּוֹם הַהוּא יִהְיֶה יְהֹוָה אֶחָד וּשְׁמוֹ אֶחָד:

Some add:

משלי ג

אַל־תִּירָא מִפַּחַד פִּתְאֹם וּמִשֹּׁאַת רְשָׁעִים כִּי תָבֹא:

ישעיה ח

עֻצוּ עֵצָה וְתֻפָר, דַּבְּרוּ דָבָר וְלֹא יָקוּם, כִּי עִמָּנוּ אֵל:

ישעיה מו

וְעַד־זִקְנָה אֲנִי הוּא, וְעַד־שֵׂיבָה אֲנִי אֶסְבֹּל אֲנִי עָשִׂיתִי וַאֲנִי אֶשָּׂא וַאֲנִי אֶסְבֹּל וַאֲמַלֵּט:

MOURNER'S KADDISH

The following prayer, said by mourners, requires the presence of a minyan.
A transliteration can be found on page 1289.

Mourner: **יִתְגַּדַּל** Magnified and sanctified
may His great name be,
in the world He created by His will.
May He establish His kingdom in your lifetime
and in your days,
and in the lifetime of all the house of Israel,
swiftly and soon –
and say: Amen.

All: May His great name be blessed for ever and all time.

Mourner: Blessed and praised,
glorified and exalted,
raised and honored,
uplifted and lauded
be the name of the Holy One,
blessed be He,
beyond any blessing,
song, praise and consolation
uttered in the world –
and say: Amen.

May there be great peace from heaven,
and life for us and all Israel –
and say: Amen.

Bow, take three steps back, as if taking leave of the Divine Presence,
then bow, first left, then right, then center, while saying:
May He who makes peace in His high places,
make peace for us and all Israel –
and say: Amen.

For Ma'ariv of Yom Tov, turn to page 58.
For Ma'ariv of Motza'ei Yom Tov, turn to page 1088.

קדיש יתום

The following prayer, said by mourners, requires the presence of a מנין.
A transliteration can be found on page 1289.

אבל: יִתְגַּדַּל וְיִתְקַדַּשׁ שְׁמֵהּ רַבָּא (קהל: אָמֵן)

בְּעָלְמָא דִּי בְרָא כִרְעוּתֵהּ

וְיַמְלִיךְ מַלְכוּתֵהּ

בְּחַיֵּיכוֹן וּבְיוֹמֵיכוֹן וּבְחַיֵּי דְּכָל בֵּית יִשְׂרָאֵל

בַּעֲגָלָא וּבִזְמַן קָרִיב

וְאִמְרוּ אָמֵן. (קהל: אָמֵן)

קהל
ואבל: יְהֵא שְׁמֵהּ רַבָּא מְבָרַךְ לְעָלַם וּלְעָלְמֵי עָלְמַיָּא.

אבל: יִתְבָּרַךְ וְיִשְׁתַּבַּח וְיִתְפָּאַר

וְיִתְרוֹמַם וְיִתְנַשֵּׂא וְיִתְהַדָּר וְיִתְעַלֶּה וְיִתְהַלָּל

שְׁמֵהּ דְּקֻדְשָׁא בְּרִיךְ הוּא (קהל: בְּרִיךְ הוּא)

לְעֵלָּא מִן כָּל בִּרְכָתָא וְשִׁירָתָא, תֻּשְׁבְּחָתָא וְנֶחֱמָתָא

דַּאֲמִירָן בְּעָלְמָא

וְאִמְרוּ אָמֵן. (קהל: אָמֵן)

יְהֵא שְׁלָמָא רַבָּא מִן שְׁמַיָּא

וְחַיִּים, עָלֵינוּ וְעַל כָּל יִשְׂרָאֵל

וְאִמְרוּ אָמֵן. (קהל: אָמֵן)

*Bow, take three steps back, as if taking leave of the Divine Presence,
then bow, first left, then right, then center, while saying:*

עֹשֶׂה שָׁלוֹם בִּמְרוֹמָיו

הוּא יַעֲשֶׂה שָׁלוֹם עָלֵינוּ וְעַל כָּל יִשְׂרָאֵל

וְאִמְרוּ אָמֵן. (קהל: אָמֵן)

For מעריב *of* יום טוב, *turn to page 59.*
For מוצאי יום טוב *of* מעריב, *turn to page 1089.*

Shaḥarit for Ḥol HaMo'ed

Begin as on Yom Tov, pages 356–402.

A PSALM BEFORE VERSES OF PRAISE

מִזְמוֹר שִׁיר A psalm of David. A song for the dedication of the House. *Ps. 30*
I will exalt You, LORD, for You have lifted me up,
  and not let my enemies rejoice over me.
LORD, my God, I cried to You for help and You healed me.
LORD, You lifted my soul from the grave;
  You spared me from going down to the pit.
Sing to the LORD, you His devoted ones,
  and give thanks to His holy name.
For His anger is for a moment, but His favor for a lifetime.
At night there may be weeping, but in the morning there is joy.
When I felt secure, I said, "I shall never be shaken."
LORD, when You favored me,
You made me stand firm as a mountain,
  but when You hid Your face, I was terrified.
To You, LORD, I called; I pleaded with my LORD:
 "What gain would there be if I died and went down to the grave?
  Can dust thank You? Can it declare Your truth?
  Hear, LORD, and be gracious to me; LORD, be my help."
  You have turned my sorrow into dancing.
▸ You have removed my sackcloth and clothed me with joy,
  so that my soul may sing to You and not be silent.
  LORD my God, for ever will I thank You.

---

from rabbinic law. If the *ot* derives from the extra mitzvot of this period then these pertain to Ḥol HaMo'ed as well.

  The Sephardi tradition forbids *tefillin* on Ḥol HaMo'ed. The Ashkenazi tradition requires *tefillin* on Ḥol HaMo'ed. A compromise position is to wear *tefillin* without a blessing, which is the practice recommended by the *Mishna Berura* (31:8). Both Ashkenazi and Sephardi communities in Israel do not wear *tefillin*.

שחרית לחול המועד

Begin as on יום טוב, *pages 357–403.*

מזמור לפני פסוקי דזמרה

תהלים ל

מִזְמוֹר שִׁיר־חֲנֻכַּת הַבַּיִת לְדָוִד:

אֲרוֹמִמְךָ יהוה כִּי דִלִּיתָנִי, וְלֹא־שִׂמַּחְתָּ אֹיְבַי לִי:

יהוה אֱלֹהָי, שִׁוַּעְתִּי אֵלֶיךָ וַתִּרְפָּאֵנִי:

יהוה, הֶעֱלִיתָ מִן־שְׁאוֹל נַפְשִׁי, חִיִּיתַנִי מִיָּרְדִי־בוֹר:

זַמְּרוּ לַיהוה חֲסִידָיו, וְהוֹדוּ לְזֵכֶר קָדְשׁוֹ:

כִּי רֶגַע בְּאַפּוֹ, חַיִּים בִּרְצוֹנוֹ

בָּעֶרֶב יָלִין בֶּכִי וְלַבֹּקֶר רִנָּה:

וַאֲנִי אָמַרְתִּי בְשַׁלְוִי, בַּל־אֶמּוֹט לְעוֹלָם:

יהוה, בִּרְצוֹנְךָ הֶעֱמַדְתָּה לְהַרְרִי עֹז

הִסְתַּרְתָּ פָנֶיךָ הָיִיתִי נִבְהָל:

אֵלֶיךָ יהוה אֶקְרָא, וְאֶל־אֲדֹנָי אֶתְחַנָּן:

מַה־בֶּצַע בְּדָמִי, בְּרִדְתִּי אֶל שָׁחַת, הֲיוֹדְךָ עָפָר, הֲיַגִּיד אֲמִתֶּךָ:

שְׁמַע־יהוה וְחָנֵּנִי, יהוה הֱיֵה־עֹזֵר לִי:

◂ הָפַכְתָּ מִסְפְּדִי לְמָחוֹל לִי, פִּתַּחְתָּ שַׂקִּי, וַתְּאַזְּרֵנִי שִׂמְחָה:

לְמַעַן יְזַמֶּרְךָ כָבוֹד וְלֹא יִדֹּם, יהוה אֱלֹהַי, לְעוֹלָם אוֹדֶךָּ:

TEFILLIN ON ḤOL HAMO'ED

The wearing of *tefillin* on Ḥol HaMo'ed is the subject of rich debate. Essentially, the question goes to the heart of the nature of Shabbat and Yom Tov. What is their "*ot*" or distinguishing sign? Are they defined more by what is forbidden (*isur melakha*) or by what is required in the performance of extra mitzvot? If it is the former then *tefillin* would be required since *melakha* is only prohibited on Shabbat and Yom Tov. The Ḥol HaMo'ed restrictions on *melakha* stem

MOURNER'S KADDISH

The following prayer, said by mourners, requires the presence of a minyan.
A transliteration can be found on page 1289.

Mourner: יִתְגַּדַּל Magnified and sanctified
may His great name be,
in the world He created by His will.
May He establish His kingdom
in your lifetime
and in your days,
and in the lifetime of all the house of Israel,
swiftly and soon –
and say: Amen.

All: May His great name be blessed
for ever and all time.

Mourner: Blessed and praised,
glorified and exalted,
raised and honored,
uplifted and lauded
be the name of the Holy One,
blessed be He,
beyond any blessing,
song, praise and consolation
uttered in the world –
and say: Amen.

May there be great peace from heaven,
and life for us and all Israel – and say: Amen.

Bow, take three steps back, as if taking leave of the Divine Presence,
then bow, first left, then right, then center, while saying:
May He who makes peace in His high places,
make peace for us and all Israel –
and say: Amen.

קדיש יתום

The following prayer, said by mourners, requires the presence of a מנין.
A transliteration can be found on page 1289.

אבל: יִתְגַּדַּל וְיִתְקַדַּשׁ שְׁמֵהּ רַבָּא (קהל: אָמֵן)
בְּעָלְמָא דִּי בְרָא כִרְעוּתֵהּ
וְיַמְלִיךְ מַלְכוּתֵהּ
בְּחַיֵּיכוֹן וּבְיוֹמֵיכוֹן וּבְחַיֵּי דְּכָל בֵּית יִשְׂרָאֵל
בַּעֲגָלָא וּבִזְמַן קָרִיב
וְאִמְרוּ אָמֵן. (קהל: אָמֵן)

קהל ואבל: יְהֵא שְׁמֵהּ רַבָּא מְבָרַךְ לְעָלַם וּלְעָלְמֵי עָלְמַיָּא.

אבל: יִתְבָּרַךְ וְיִשְׁתַּבַּח וְיִתְפָּאַר
וְיִתְרוֹמַם וְיִתְנַשֵּׂא וְיִתְהַדָּר וְיִתְעַלֶּה וְיִתְהַלָּל
שְׁמֵהּ דְּקֻדְשָׁא בְּרִיךְ הוּא (קהל: בְּרִיךְ הוּא)
לְעֵלָּא מִן כָּל בִּרְכָתָא וְשִׁירָתָא
תֻּשְׁבְּחָתָא וְנֶחֱמָתָא
דַּאֲמִירָן בְּעָלְמָא
וְאִמְרוּ אָמֵן. (קהל: אָמֵן)

יְהֵא שְׁלָמָא רַבָּא מִן שְׁמַיָּא
וְחַיִּים, עָלֵינוּ וְעַל כָּל יִשְׂרָאֵל
וְאִמְרוּ אָמֵן. (קהל: אָמֵן)

Bow, take three steps back, as if taking leave of the Divine Presence,
then bow, first left, then right, then center, while saying:

עֹשֶׂה שָׁלוֹם בִּמְרוֹמָיו
הוּא יַעֲשֶׂה שָׁלוֹם עָלֵינוּ וְעַל כָּל יִשְׂרָאֵל
וְאִמְרוּ אָמֵן. (קהל: אָמֵן)

PESUKEI DEZIMRA

The introductory blessing to the Pesukei DeZimra (Verses of Praise) is said standing, while holding the two front tzitziot of the tallit. They are kissed and released at the end of the blessing at "songs of praise" (on the next page). From the beginning of this prayer to the end of the Amida, conversation is forbidden.

Some say:

I hereby prepare my mouth to thank, praise and laud my Creator, for the sake of the unification of the Holy One, blessed be He, and His Divine Presence, through that which is hidden and concealed, in the name of all Israel.

BLESSED IS HE WHO SPOKE

and the world came into being, blessed is He.

Blessed is He who creates the universe.

Blessed is He who speaks and acts.

Blessed is He who decrees and fulfills.

Blessed is He who shows compassion to the earth.

Blessed is He who shows compassion to all creatures.

Blessed is He who gives a good reward
to those who fear Him.

Blessed is He who lives for ever and exists to eternity.

Blessed is He who redeems and saves.

Blessed is His name.

---

the "Verses of Praise." The morning service from this point until the end is constructed in three movements, whose themes are: (1) *Creation:* God as He is in nature; (2) *Revelation:* God as He is in Torah and prayer; and (3) *Redemption:* God as He is in history and our lives. The theme of the Verses of Praise is Creation – God as Architect and Maker of a universe of splendor and diversity, whose orderliness testifies to the single creative will that underlies all that exists. The psalms tell this story not in scientific prose but majestic poetry, not *proving* but *proclaiming* the One at the heart of all.

פסוקי דזמרה

The introductory blessing to the פסוקי דזמרה *is said standing, while holding the two front* ציציות *of the* טלית*. They are kissed and released at the end of the blessing at* בַּתִּשְׁבָּחוֹת *(on the next page). From the beginning of this prayer to the end of the* עמידה*, conversation is forbidden.*

Some say:

הֲרֵינִי מְזַמֵּן אֶת פִּי לְהוֹדוֹת וּלְהַלֵּל וּלְשַׁבֵּחַ אֶת בּוֹרְאִי, לְשֵׁם יִחוּד קֻדְשָׁא בְּרִיךְ הוּא וּשְׁכִינְתֵּהּ עַל יְדֵי הַהוּא טָמִיר וְנֶעְלָם בְּשֵׁם כָּל יִשְׂרָאֵל.

בָּרוּךְ שֶׁאָמַר וְהָיָה הָעוֹלָם, בָּרוּךְ הוּא.

בָּרוּךְ עוֹשֶׂה בְרֵאשִׁית
בָּרוּךְ אוֹמֵר וְעוֹשֶׂה
בָּרוּךְ גּוֹזֵר וּמְקַיֵּם
בָּרוּךְ מְרַחֵם עַל הָאָרֶץ
בָּרוּךְ מְרַחֵם עַל הַבְּרִיּוֹת
בָּרוּךְ מְשַׁלֵּם שָׂכָר טוֹב לִירֵאָיו
בָּרוּךְ חַי לָעַד וְקַיָּם לָנֶצַח
בָּרוּךְ פּוֹדֶה וּמַצִּיל
בָּרוּךְ שְׁמוֹ.

PESUKEI DEZIMRA / VERSES OF PRAISE

"A person should first recount the praise of the Holy One, blessed be He, and then pray" (*Berakhot* 32b), hence the passages that follow, known as

Blessed are You, LORD our God,
King of the Universe,
God, compassionate Father,
extolled by the mouth of His people,
praised and glorified
by the tongue of His devoted ones and those who serve Him.
With the songs of Your servant David
we will praise You, O LORD our God.
With praises and psalms
we will magnify and praise You, glorify You,
Speak Your name and proclaim Your kingship,
our King, our God, ‣ the only One, Giver of life to the worlds,
the King whose great name is praised
and glorified to all eternity.
Blessed are You, LORD,
the King extolled with songs of praise.

הוֹדוּ לַיהוה Thank the LORD, call on His name, make His acts known *1 Chr. 16*
among the peoples. Sing to Him, make music to Him, tell of all
His wonders. Glory in His holy name; let the hearts of those who
seek the LORD rejoice. Search out the LORD and His strength; seek
His presence at all times. Remember the wonders He has done,
His miracles, and the judgments He pronounced. Descendants of
Yisrael His servant, sons of Jacob His chosen ones: He is the LORD
our God. His judgments are throughout the earth. Remember His
covenant for ever, the word He commanded for a thousand genera-
tions. He made it with Abraham, vowed it to Isaac, and confirmed it
to Jacob as a statute and to Israel as an everlasting covenant, saying,
"To you I will give the land of Canaan as your allotted heritage." You
were then small in number, few, strangers there, wandering from
nation to nation, from one kingdom to another, but He let no man
oppress them, and for their sake He rebuked kings: "Do not touch
My anointed ones, and do My prophets no harm." Sing to the LORD,
all the earth; proclaim His salvation daily. Declare His glory among

בָּרוּךְ אַתָּה יהוה אֱלֹהֵינוּ מֶלֶךְ הָעוֹלָם
הָאֵל הָאָב הָרַחֲמָן הַמְהֻלָּל בְּפִי עַמּוֹ
מְשֻׁבָּח וּמְפֹאָר בִּלְשׁוֹן חֲסִידָיו וַעֲבָדָיו
וּבְשִׁירֵי דָוִד עַבְדֶּךָ
נְהַלֶּלְךָ יהוה אֱלֹהֵינוּ.
בִּשְׁבָחוֹת וּבִזְמִירוֹת
נְגַדֶּלְךָ וּנְשַׁבֵּחֲךָ וּנְפָאֶרְךָ
וְנַזְכִּיר שִׁמְךָ וְנַמְלִיכְךָ
מַלְכֵּנוּ אֱלֹהֵינוּ, ◂ יָחִיד חֵי הָעוֹלָמִים
מֶלֶךְ, מְשֻׁבָּח וּמְפֹאָר עֲדֵי עַד שְׁמוֹ הַגָּדוֹל
בָּרוּךְ אַתָּה יהוה, מֶלֶךְ מְהֻלָּל בַּתִּשְׁבָּחוֹת.

דברי הימים א׳, טז

הוֹדוּ לַיהוה קִרְאוּ בִשְׁמוֹ, הוֹדִיעוּ בָעַמִּים עֲלִילֹתָיו: שִׁירוּ לוֹ,
זַמְּרוּ־לוֹ, שִׂיחוּ בְּכָל־נִפְלְאוֹתָיו: הִתְהַלְלוּ בְּשֵׁם קָדְשׁוֹ, יִשְׂמַח
לֵב מְבַקְשֵׁי יהוה: דִּרְשׁוּ יהוה וְעֻזּוֹ, בַּקְּשׁוּ פָנָיו תָּמִיד: זִכְרוּ
נִפְלְאֹתָיו אֲשֶׁר עָשָׂה, מֹפְתָיו וּמִשְׁפְּטֵי־פִיהוּ: זֶרַע יִשְׂרָאֵל עַבְדּוֹ,
בְּנֵי יַעֲקֹב בְּחִירָיו: הוּא יהוה אֱלֹהֵינוּ בְּכָל־הָאָרֶץ מִשְׁפָּטָיו:
זִכְרוּ לְעוֹלָם בְּרִיתוֹ, דָּבָר צִוָּה לְאֶלֶף דּוֹר: אֲשֶׁר כָּרַת אֶת־
אַבְרָהָם, וּשְׁבוּעָתוֹ לְיִצְחָק: וַיַּעֲמִידֶהָ לְיַעֲקֹב לְחֹק, לְיִשְׂרָאֵל
בְּרִית עוֹלָם: לֵאמֹר, לְךָ אֶתֵּן אֶרֶץ־כְּנָעַן, חֶבֶל נַחֲלַתְכֶם:
בִּהְיוֹתְכֶם מְתֵי מִסְפָּר, כִּמְעַט וְגָרִים בָּהּ: וַיִּתְהַלְּכוּ מִגּוֹי אֶל־
גּוֹי, וּמִמַּמְלָכָה אֶל־עַם אַחֵר: לֹא־הִנִּיחַ לְאִישׁ לְעָשְׁקָם, וַיּוֹכַח
עֲלֵיהֶם מְלָכִים: אַל־תִּגְּעוּ בִּמְשִׁיחָי, וּבִנְבִיאַי אַל־תָּרֵעוּ: שִׁירוּ
לַיהוה כָּל־הָאָרֶץ, בַּשְּׂרוּ מִיּוֹם־אֶל־יוֹם יְשׁוּעָתוֹ: סַפְּרוּ בַגּוֹיִם

the nations, His marvels among all the peoples. For great is the LORD and greatly to be praised; He is awesome beyond all heavenly powers. ▸ For all the gods of the peoples are mere idols; it was the LORD who made the heavens.

Before Him are majesty and splendor; there is strength and beauty in His holy place. Render to the LORD, families of the peoples, render to the LORD honor and might. Render to the LORD the glory due to His name; bring an offering and come before Him; bow down to the LORD in the splendor of holiness. Tremble before Him, all the earth; the world stands firm, it will not be shaken. Let the heavens rejoice and the earth be glad; let them declare among the nations, "The LORD is King." Let the sea roar, and all that is in it; let the fields be jubilant, and all they contain. Then the trees of the forest will sing for joy before the LORD, for He is coming to judge the earth. Thank the LORD for He is good; His loving-kindness is for ever. Say: "Save us, God of our salvation; gather us and rescue us from the nations, to acknowledge Your holy name and glory in Your praise. Blessed is the LORD, God of Israel, from this world to eternity." And let all the people say "Amen" and "Praise the LORD."

▸ Exalt the LORD our God and bow before His footstool: He is *Ps. 99*
holy. Exalt the LORD our God and bow at His holy mountain; for holy is the LORD our God.

He is compassionate. He forgives iniquity and does not destroy. *Ps. 78*
Repeatedly He suppresses His anger, not rousing His full wrath. You, *Ps. 40*
LORD: do not withhold Your compassion from me. May Your loving-
kindness and truth always guard me. Remember, LORD, Your acts of *Ps. 25*
compassion and love, for they have existed for ever. Ascribe power *Ps. 68*
to God, whose majesty is over Israel and whose might is in the skies. You are awesome, God, in Your holy places. It is the God of Israel who gives might and strength to the people, may God be blessed.
God of retribution, LORD, God of retribution, appear. Arise, Judge of *Ps. 94*
the earth, to repay the arrogant their just deserts. Salvation belongs *Ps. 3*
to the LORD; may Your blessing rest upon Your people, Selah! ▸ The *Ps. 46*
LORD of hosts is with us, the God of Jacob is our stronghold, Selah!

אֶת־כְּבוֹדוֹ, בְּכָל־הָעַמִּים נִפְלְאֹתָיו: כִּי גָדוֹל יהוה וּמְהֻלָּל מְאֹד,
וְנוֹרָא הוּא עַל־כָּל־אֱלֹהִים: ◄ כִּי כָּל־אֱלֹהֵי הָעַמִּים אֱלִילִים,
וַיהוה שָׁמַיִם עָשָׂה:

הוֹד וְהָדָר לְפָנָיו, עֹז וְחֶדְוָה בִּמְקֹמוֹ: הָבוּ לַיהוה מִשְׁפְּחוֹת
עַמִּים, הָבוּ לַיהוה כָּבוֹד וָעֹז: הָבוּ לַיהוה כְּבוֹד שְׁמוֹ, שְׂאוּ מִנְחָה
וּבֹאוּ לְפָנָיו, הִשְׁתַּחֲווּ לַיהוה בְּהַדְרַת־קֹדֶשׁ: חִילוּ מִלְּפָנָיו כָּל־
הָאָרֶץ, אַף־תִּכּוֹן תֵּבֵל בַּל־תִּמּוֹט: יִשְׂמְחוּ הַשָּׁמַיִם וְתָגֵל הָאָרֶץ,
וְיֹאמְרוּ בַגּוֹיִם יהוה מָלָךְ: יִרְעַם הַיָּם וּמְלוֹאוֹ, יַעֲלֹץ הַשָּׂדֶה
וְכָל־אֲשֶׁר־בּוֹ: אָז יְרַנְּנוּ עֲצֵי הַיָּעַר, מִלִּפְנֵי יהוה, כִּי־בָא לִשְׁפּוֹט
אֶת־הָאָרֶץ: הוֹדוּ לַיהוה כִּי טוֹב, כִּי לְעוֹלָם חַסְדּוֹ: וְאִמְרוּ,
הוֹשִׁיעֵנוּ אֱלֹהֵי יִשְׁעֵנוּ, וְקַבְּצֵנוּ וְהַצִּילֵנוּ מִן־הַגּוֹיִם, לְהֹדוֹת
לְשֵׁם קָדְשֶׁךָ, לְהִשְׁתַּבֵּחַ בִּתְהִלָּתֶךָ: בָּרוּךְ יהוה אֱלֹהֵי יִשְׂרָאֵל
מִן־הָעוֹלָם וְעַד־הָעֹלָם, וַיֹּאמְרוּ כָל־הָעָם אָמֵן, וְהַלֵּל לַיהוה:
◄ רוֹמְמוּ יהוה אֱלֹהֵינוּ וְהִשְׁתַּחֲווּ לַהֲדֹם רַגְלָיו, קָדוֹשׁ הוּא: תהלים צט
רוֹמְמוּ יהוה אֱלֹהֵינוּ וְהִשְׁתַּחֲווּ לְהַר קָדְשׁוֹ, כִּי־קָדוֹשׁ יהוה
אֱלֹהֵינוּ:

וְהוּא רַחוּם, יְכַפֵּר עָוֹן וְלֹא־יַשְׁחִית, וְהִרְבָּה לְהָשִׁיב אַפּוֹ, תהלים עח
וְלֹא־יָעִיר כָּל־חֲמָתוֹ: אַתָּה יהוה לֹא־תִכְלָא רַחֲמֶיךָ מִמֶּנִּי, חַסְדְּךָ תהלים מ
וַאֲמִתְּךָ תָּמִיד יִצְּרוּנִי: זְכֹר־רַחֲמֶיךָ יהוה וַחֲסָדֶיךָ, כִּי מֵעוֹלָם תהלים כה
הֵמָּה: תְּנוּ עֹז לֵאלֹהִים, עַל־יִשְׂרָאֵל גַּאֲוָתוֹ, וְעֻזּוֹ בַּשְּׁחָקִים: תהלים סח
נוֹרָא אֱלֹהִים מִמִּקְדָּשֶׁיךָ, אֵל יִשְׂרָאֵל הוּא נֹתֵן עֹז וְתַעֲצֻמוֹת
לָעָם, בָּרוּךְ אֱלֹהִים: אֵל־נְקָמוֹת יהוה, אֵל נְקָמוֹת הוֹפִיעַ: תהלים צד
הִנָּשֵׂא שֹׁפֵט הָאָרֶץ, הָשֵׁב גְּמוּל עַל־גֵּאִים: לַיהוה הַיְשׁוּעָה, תהלים ג
עַל־עַמְּךָ בִרְכָתֶךָ סֶּלָה: ◄ יהוה צְבָאוֹת עִמָּנוּ, מִשְׂגָּב לָנוּ אֱלֹהֵי תהלים מו

LORD of hosts, happy is the one who trusts in You. LORD, save! May *Ps. 84*
the King answer us on the day we call.

Save Your people and bless Your heritage; tend them and carry *Ps. 28*
them for ever. Our soul longs for the LORD; He is our Help and *Ps. 33*
Shield. For in Him our hearts rejoice, for in His holy name we have
trusted. May Your loving-kindness, LORD, be upon us, as we have
put our hope in You. Show us, LORD, Your loving-kindness and grant *Ps. 85*
us Your salvation. Arise, help us and redeem us for the sake of Your *Ps. 44*
love. I am the LORD your God who brought you up from the land of *Ps. 81*
Egypt: open your mouth wide and I will fill it. Happy is the people *Ps. 144*
for whom this is so; happy is the people whose God is the LORD. ‣
As for me, I trust in Your loving-kindness; my heart rejoices in Your *Ps. 13*
salvation. I will sing to the LORD for He has been good to me.

יְהִי כְבוֹד May the LORD's glory be for ever; may the LORD rejoice in *Ps. 104*
His works. May the LORD's name be blessed, now and for ever. From *Ps. 113*
the rising of the sun to its setting, may the LORD's name be praised.
The LORD is high above all nations; His glory is above the heavens.
LORD, Your name is for ever. Your renown, LORD, is for all generations. *Ps. 135*
The LORD has established His throne in heaven; His kingdom rules *Ps. 103*
all. Let the heavens rejoice and the earth be glad. Let them say among *1 Chr. 16*
the nations, "The LORD is King." The LORD is King, the LORD was
King, the LORD will be King for ever and all time. The LORD is King *Ps. 10*
for ever and all time; nations will perish from His land. The LORD *Ps. 33*
foils the plans of nations; He frustrates the intentions of peoples.
Many are the intentions in a person's mind, but the LORD's plan pre- *Prov. 19*
vails. The LORD's plan shall stand for ever, His mind's intent for all *Ps. 33*
generations. For He spoke and it was; He commanded and it stood
firm. For the LORD has chosen Zion; He desired it for His dwelling. *Ps. 132*
For the LORD has chosen Jacob as His own, Israel as His special trea- *Ps. 135*
sure. For the LORD will not abandon His people; nor will He forsake *Ps. 94*
His heritage. ‣ He is compassionate. He forgives iniquity and does *Ps. 78*
not destroy. Repeatedly He suppresses His anger, not rousing His
full wrath. LORD, save! May the King answer us on the day we call. *Ps. 20*

תהלים פד
תהלים כ
יַעֲקֹב סֶלָה: יהוה צְבָאוֹת, אַשְׁרֵי אָדָם בֹּטֵחַ בָּךְ: יהוה הוֹשִׁיעָה, הַמֶּלֶךְ יַעֲנֵנוּ בְיוֹם־קָרְאֵנוּ:

תהלים כח
הוֹשִׁיעָה אֶת־עַמֶּךָ, וּבָרֵךְ אֶת־נַחֲלָתֶךָ, וּרְעֵם וְנַשְּׂאֵם עַד־
תהלים לג
הָעוֹלָם: נַפְשֵׁנוּ חִכְּתָה לַיהוה, עֶזְרֵנוּ וּמָגִנֵּנוּ הוּא: כִּי־בוֹ יִשְׂמַח לִבֵּנוּ, כִּי בְשֵׁם קָדְשׁוֹ בָטָחְנוּ: יְהִי־חַסְדְּךָ יהוה עָלֵינוּ, כַּאֲשֶׁר
תהלים פה
תהלים מד
יִחַלְנוּ לָךְ: הַרְאֵנוּ יהוה חַסְדֶּךָ, וְיֶשְׁעֲךָ תִּתֶּן־לָנוּ: קוּמָה עֶזְרָתָה
תהלים פא
לָּנוּ, וּפְדֵנוּ לְמַעַן חַסְדֶּךָ: אָנֹכִי יהוה אֱלֹהֶיךָ הַמַּעַלְךָ מֵאֶרֶץ
תהלים קמד
מִצְרָיִם, הַרְחֶב־פִּיךָ וַאֲמַלְאֵהוּ: אַשְׁרֵי הָעָם שֶׁכָּכָה לּוֹ, אַשְׁרֵי
תהלים יג
הָעָם שֶׁיהוה אֱלֹהָיו: ◂ וַאֲנִי בְּחַסְדְּךָ בָטַחְתִּי, יָגֵל לִבִּי בִּישׁוּעָתֶךָ, אָשִׁירָה לַיהוה, כִּי גָמַל עָלָי:

תהלים קד
תהלים קיג
יְהִי כְבוֹד יהוה לְעוֹלָם, יִשְׂמַח יהוה בְּמַעֲשָׂיו: יְהִי שֵׁם יהוה מְבֹרָךְ, מֵעַתָּה וְעַד־עוֹלָם: מִמִּזְרַח־שֶׁמֶשׁ עַד־מְבוֹאוֹ, מְהֻלָּל שֵׁם יהוה:
תהלים קלה
רָם עַל־כָּל־גּוֹיִם יהוה, עַל הַשָּׁמַיִם כְּבוֹדוֹ: יהוה שִׁמְךָ לְעוֹלָם,
תהלים קג
יהוה זִכְרְךָ לְדֹר־וָדֹר: יהוה בַּשָּׁמַיִם הֵכִין כִּסְאוֹ, וּמַלְכוּתוֹ בַּכֹּל
דברי הימים
א' טז
מָשָׁלָה: יִשְׂמְחוּ הַשָּׁמַיִם וְתָגֵל הָאָרֶץ, וְיֹאמְרוּ בַגּוֹיִם יהוה מָלָךְ:
תהלים י
יהוה מֶלֶךְ, יהוה מָלָךְ, יהוה יִמְלֹךְ לְעוֹלָם וָעֶד. יהוה מֶלֶךְ עוֹלָם
תהלים לג
וָעֶד, אָבְדוּ גוֹיִם מֵאַרְצוֹ: יהוה הֵפִיר עֲצַת־גּוֹיִם, הֵנִיא מַחְשְׁבוֹת
משלי יט
עַמִּים: רַבּוֹת מַחֲשָׁבוֹת בְּלֶב־אִישׁ, וַעֲצַת יהוה הִיא תָקוּם:
תהלים לג
עֲצַת יהוה לְעוֹלָם תַּעֲמֹד, מַחְשְׁבוֹת לִבּוֹ לְדֹר וָדֹר: כִּי הוּא אָמַר
תהלים קלב
וַיֶּהִי, הוּא־צִוָּה וַיַּעֲמֹד: כִּי־בָחַר יהוה בְּצִיּוֹן, אִוָּה לְמוֹשָׁב לוֹ:
תהלים צד
תהלים קלה
כִּי־יַעֲקֹב בָּחַר לוֹ יָהּ, יִשְׂרָאֵל לִסְגֻלָּתוֹ: כִּי לֹא־יִטֹּשׁ יהוה עַמּוֹ,
תהלים עח
וְנַחֲלָתוֹ לֹא יַעֲזֹב: ◂ וְהוּא רַחוּם, יְכַפֵּר עָוֹן וְלֹא־יַשְׁחִית, וְהִרְבָּה
תהלים כ
לְהָשִׁיב אַפּוֹ, וְלֹא־יָעִיר כָּל־חֲמָתוֹ: יהוה הוֹשִׁיעָה, הַמֶּלֶךְ יַעֲנֵנוּ בְיוֹם־קָרְאֵנוּ:

The line beginning with "You open Your hand" should be said with special
concentration, representing as it does the key idea of this Psalm, and of Pesukei
DeZimra as a whole, that God is the creator and sustainer of all. Some have
the custom to touch the hand-tefillin at °, and the head-tefillin at °°.

אַשְׁרֵי Happy are those who dwell in Your House;   *Ps. 84*
they shall continue to praise You, Selah!

Happy are the people for whom this is so;   *Ps. 144*
happy are the people whose God is the LORD.

A song of praise by David.   *Ps. 145*

    I will exalt You, my God, the King, and bless Your name for ever
and all time. Every day I will bless You, and praise Your name for
ever and all time. Great is the LORD and greatly to be praised;
His greatness is unfathomable. One generation will praise Your
works to the next, and tell of Your mighty deeds. On the glorious
splendor of Your majesty I will meditate, and on the acts of Your
wonders. They shall talk of the power of Your awesome deeds,
and I will tell of Your greatness. They shall recite the record of
Your great goodness, and sing with joy of Your righteousness. The
LORD is gracious and compassionate, slow to anger and great in
loving-kindness. The LORD is good to all, and His compassion
extends to all His works. All Your works shall thank You, LORD,
and Your devoted ones shall bless You. They shall talk of the glory
of Your kingship, and speak of Your might. To make known to
mankind His mighty deeds and the glorious majesty of His king-
ship. Your kingdom is an everlasting kingdom, and Your reign is
for all generations. The LORD supports all who fall, and raises all
who are bowed down. All raise their eyes to You in hope, and You
give them their food in due season. °You open Your hand, °°and
satisfy every living thing with favor. The LORD is righteous in all
His ways, and kind in all He does. The LORD is close to all who
call on Him, to all who call on Him in truth. He fulfills the will
of those who revere Him; He hears their cry and saves them. The
LORD guards all who love Him, but all the wicked He will destroy.
‣ My mouth shall speak the praise of the LORD, and all creatures
shall bless His holy name for ever and all time.

We will bless the LORD now and for ever. Halleluya!   *Ps. 115*

The line beginning with פּוֹתֵחַ אֶת יָדֶךָ should be said with special concentration, representing as
it does the key idea of this psalm, and of פסוקי דזמרה as a whole, that God is the creator and
sustainer of all. Some have the custom to touch the תפילין של יד at °, and the תפילין של ראש
at °°.

תהלים פד
אַשְׁרֵי יוֹשְׁבֵי בֵיתֶךָ, עוֹד יְהַלְלוּךָ סֶּלָה:

תהלים קמד
אַשְׁרֵי הָעָם שֶׁכָּכָה לּוֹ, אַשְׁרֵי הָעָם שֶׁיהוה אֱלֹהָיו:

תהלים קמה
תְּהִלָּה לְדָוִד

אֲרוֹמִמְךָ אֱלוֹהַי הַמֶּלֶךְ, וַאֲבָרְכָה שִׁמְךָ לְעוֹלָם וָעֶד:

בְּכָל־יוֹם אֲבָרְכֶךָּ, וַאֲהַלְלָה שִׁמְךָ לְעוֹלָם וָעֶד:

גָּדוֹל יהוה וּמְהֻלָּל מְאֹד, וְלִגְדֻלָּתוֹ אֵין חֵקֶר:

דּוֹר לְדוֹר יְשַׁבַּח מַעֲשֶׂיךָ, וּגְבוּרֹתֶיךָ יַגִּידוּ:

הֲדַר כְּבוֹד הוֹדֶךָ, וְדִבְרֵי נִפְלְאֹתֶיךָ אָשִׂיחָה:

וֶעֱזוּז נוֹרְאֹתֶיךָ יֹאמֵרוּ, וּגְדוּלָּתְךָ אֲסַפְּרֶנָּה:

זֵכֶר רַב־טוּבְךָ יַבִּיעוּ, וְצִדְקָתְךָ יְרַנֵּנוּ:

חַנּוּן וְרַחוּם יהוה, אֶרֶךְ אַפַּיִם וּגְדָל־חָסֶד:

טוֹב־יהוה לַכֹּל, וְרַחֲמָיו עַל־כָּל־מַעֲשָׂיו:

יוֹדוּךָ יהוה כָּל־מַעֲשֶׂיךָ, וַחֲסִידֶיךָ יְבָרְכוּכָה:

כְּבוֹד מַלְכוּתְךָ יֹאמֵרוּ, וּגְבוּרָתְךָ יְדַבֵּרוּ:

לְהוֹדִיעַ לִבְנֵי הָאָדָם גְּבוּרֹתָיו, וּכְבוֹד הֲדַר מַלְכוּתוֹ:

מַלְכוּתְךָ מַלְכוּת כָּל־עֹלָמִים, וּמֶמְשַׁלְתְּךָ בְּכָל־דּוֹר וָדֹר:

סוֹמֵךְ יהוה לְכָל־הַנֹּפְלִים, וְזוֹקֵף לְכָל־הַכְּפוּפִים:

עֵינֵי־כֹל אֵלֶיךָ יְשַׂבֵּרוּ, וְאַתָּה נוֹתֵן־לָהֶם אֶת־אָכְלָם בְּעִתּוֹ:

°פּוֹתֵחַ אֶת־יָדֶךָ, °°וּמַשְׂבִּיעַ לְכָל־חַי רָצוֹן:

צַדִּיק יהוה בְּכָל־דְּרָכָיו, וְחָסִיד בְּכָל־מַעֲשָׂיו:

קָרוֹב יהוה לְכָל־קֹרְאָיו, לְכֹל אֲשֶׁר יִקְרָאֻהוּ בֶאֱמֶת:

רְצוֹן־יְרֵאָיו יַעֲשֶׂה, וְאֶת־שַׁוְעָתָם יִשְׁמַע, וְיוֹשִׁיעֵם:

שׁוֹמֵר יהוה אֶת־כָּל־אֹהֲבָיו, וְאֵת כָּל־הָרְשָׁעִים יַשְׁמִיד:

◀ תְּהִלַּת יהוה יְדַבֶּר פִּי, וִיבָרֵךְ כָּל־בָּשָׂר שֵׁם קָדְשׁוֹ לְעוֹלָם וָעֶד:

תהלים קטו
וַאֲנַחְנוּ נְבָרֵךְ יָהּ מֵעַתָּה וְעַד־עוֹלָם, הַלְלוּיָהּ:

הַלְלוּיָהּ Halleluya! Praise the LORD, my soul. I will praise the LORD all my life; I will sing to my God as long as I live. Put not your trust in princes, or in mortal man who cannot save. His breath expires, he returns to the earth; on that day his plans come to an end. Happy is he whose help is the God of Jacob, whose hope is in the LORD his God who made heaven and earth, the sea and all they contain; He who keeps faith for ever. He secures justice for the oppressed. He gives food to the hungry. The LORD sets captives free. The LORD gives sight to the blind. The LORD raises those bowed down. The LORD loves the righteous. The LORD protects the stranger. He gives courage to the orphan and widow. He thwarts the way of the wicked. ▸ The LORD shall reign for ever. He is your God, Zion, for all generations. Halleluya! *Ps. 146*

הַלְלוּיָהּ Halleluya! How good it is to sing songs to our God; how pleasant and fitting to praise Him. The LORD rebuilds Jerusalem. He gathers the scattered exiles of Israel. He heals the brokenhearted and binds up their wounds. He counts the number of the stars, calling each by name. Great is our LORD and mighty in power; His understanding has no limit. The LORD gives courage to the humble, but casts the wicked to the ground. Sing to the LORD in thanks; make music to our God on the harp. He covers the sky with clouds. He provides the earth with rain and makes grass grow on the hills. He gives food to the cattle and to the ravens when they cry. He does not take delight in the strength of horses nor pleasure in the fleetness of man. The LORD takes pleasure in those who fear Him, who put their hope in His loving care. Praise the LORD, Jerusalem; sing to your God, Zion, for He has strengthened the bars of your gates and blessed your children in your midst. He has brought peace to your borders, and satisfied you with the finest wheat. He sends His commandment to earth; swiftly runs His word. He spreads snow like fleece, sprinkles frost like ashes, scatters hail like crumbs. Who can stand His cold? He sends His word and melts them; He makes the wind blow and the waters flow. ▸ He has declared His words to Jacob, His statutes and laws to Israel. He has done this for no other nation; such laws they do not know. Halleluya! *Ps. 147*

תהלים קמו
הַלְלוּיָהּ, הַלְלִי נַפְשִׁי אֶת־יהוה: אֲהַלְלָה יהוה בְּחַיָּי, אֲזַמְּרָה
לֵאלֹהַי בְּעוֹדִי: אַל־תִּבְטְחוּ בִנְדִיבִים, בְּבֶן־אָדָם שֶׁאֵין לוֹ תְשׁוּעָה:
תֵּצֵא רוּחוֹ, יָשֻׁב לְאַדְמָתוֹ, בַּיּוֹם הַהוּא אָבְדוּ עֶשְׁתֹּנֹתָיו: אַשְׁרֵי
שֶׁאֵל יַעֲקֹב בְּעֶזְרוֹ, שִׂבְרוֹ עַל־יהוה אֱלֹהָיו: עֹשֶׂה שָׁמַיִם וָאָרֶץ,
אֶת־הַיָּם וְאֶת־כָּל־אֲשֶׁר־בָּם, הַשֹּׁמֵר אֱמֶת לְעוֹלָם: עֹשֶׂה מִשְׁפָּט
לָעֲשׁוּקִים, נֹתֵן לֶחֶם לָרְעֵבִים, יהוה מַתִּיר אֲסוּרִים: יהוה פֹּקֵחַ
עִוְרִים, יהוה זֹקֵף כְּפוּפִים, יהוה אֹהֵב צַדִּיקִים: יהוה שֹׁמֵר אֶת־
גֵּרִים, יָתוֹם וְאַלְמָנָה יְעוֹדֵד, וְדֶרֶךְ רְשָׁעִים יְעַוֵּת: ◂ יִמְלֹךְ יהוה
לְעוֹלָם, אֱלֹהַיִךְ צִיּוֹן לְדֹר וָדֹר, הַלְלוּיָהּ:

תהלים קמז
הַלְלוּיָהּ, כִּי־טוֹב זַמְּרָה אֱלֹהֵינוּ, כִּי־נָעִים נָאוָה תְהִלָּה: בּוֹנֵה
יְרוּשָׁלַםִ יהוה, נִדְחֵי יִשְׂרָאֵל יְכַנֵּס: הָרוֹפֵא לִשְׁבוּרֵי לֵב, וּמְחַבֵּשׁ
לְעַצְּבוֹתָם: מוֹנֶה מִסְפָּר לַכּוֹכָבִים, לְכֻלָּם שֵׁמוֹת יִקְרָא: גָּדוֹל
אֲדוֹנֵינוּ וְרַב־כֹּחַ, לִתְבוּנָתוֹ אֵין מִסְפָּר: מְעוֹדֵד עֲנָוִים יהוה, מַשְׁפִּיל
רְשָׁעִים עֲדֵי־אָרֶץ: עֱנוּ לַיהוה בְּתוֹדָה, זַמְּרוּ לֵאלֹהֵינוּ בְכִנּוֹר:
הַמְכַסֶּה שָׁמַיִם בְּעָבִים, הַמֵּכִין לָאָרֶץ מָטָר, הַמַּצְמִיחַ הָרִים חָצִיר:
נוֹתֵן לִבְהֵמָה לַחְמָהּ, לִבְנֵי עֹרֵב אֲשֶׁר יִקְרָאוּ: לֹא בִגְבוּרַת הַסּוּס
יֶחְפָּץ, לֹא־בְשׁוֹקֵי הָאִישׁ יִרְצֶה: רוֹצֶה יהוה אֶת־יְרֵאָיו, אֶת־
הַמְיַחֲלִים לְחַסְדּוֹ: שַׁבְּחִי יְרוּשָׁלַםִ אֶת־יהוה, הַלְלִי אֱלֹהַיִךְ צִיּוֹן:
כִּי־חִזַּק בְּרִיחֵי שְׁעָרָיִךְ, בֵּרַךְ בָּנַיִךְ בְּקִרְבֵּךְ: הַשָּׂם־גְּבוּלֵךְ שָׁלוֹם,
חֵלֶב חִטִּים יַשְׂבִּיעֵךְ: הַשֹּׁלֵחַ אִמְרָתוֹ אָרֶץ, עַד־מְהֵרָה יָרוּץ דְּבָרוֹ:
הַנֹּתֵן שֶׁלֶג כַּצָּמֶר, כְּפוֹר כָּאֵפֶר יְפַזֵּר: מַשְׁלִיךְ קַרְחוֹ כְפִתִּים, לִפְנֵי
קָרָתוֹ מִי יַעֲמֹד: יִשְׁלַח דְּבָרוֹ וְיַמְסֵם, יַשֵּׁב רוּחוֹ יִזְּלוּ־מָיִם: ◂ מַגִּיד
דְּבָרָו לְיַעֲקֹב, חֻקָּיו וּמִשְׁפָּטָיו לְיִשְׂרָאֵל: לֹא עָשָׂה כֵן לְכָל־גּוֹי,
וּמִשְׁפָּטִים בַּל־יְדָעוּם, הַלְלוּיָהּ:

הַלְלוּיָהּ Halleluya! Praise the LORD from the heavens, praise Him *Ps. 148* in the heights. Praise Him, all His angels; praise Him, all His hosts. Praise Him, sun and moon; praise Him, all shining stars. Praise Him, highest heavens and the waters above the heavens. Let them praise the name of the LORD, for He commanded and they were created. He established them for ever and all time, issuing a decree that will never change. Praise the LORD from the earth: sea monsters and all the deep seas; fire and hail, snow and mist, storm winds that obey His word; mountains and all hills, fruit trees and all cedars; wild animals and all cattle, creeping things and winged birds; kings of the earth and all nations, princes and all judges on earth; youths and maidens, old and young. ‣ Let them praise the name of the LORD, for His name alone is sublime; His majesty is above earth and heaven. He has raised the pride of His people, for the glory of all His devoted ones, the children of Israel, the people close to Him. Halleluya!

הַלְלוּיָהּ Halleluya! Sing to the LORD a new song, His praise in the *Ps. 149* assembly of the devoted. Let Israel rejoice in its Maker; let the children of Zion exult in their King. Let them praise His name with dancing; sing praises to Him with timbrel and harp. For the LORD delights in His people; He adorns the humble with salvation. Let the devoted revel in glory; let them sing for joy on their beds. Let high praises of God be in their throats, and a two-edged sword in their hand: to impose retribution on the nations, punishment on the peoples, ‣ binding their kings with chains, their nobles with iron fetters, carrying out the judgment written against them. This is the glory of all His devoted ones. Halleluya!

הַלְלוּיָהּ Halleluya! Praise God in His holy place; praise Him in the *Ps. 150* heavens of His power. Praise Him for His mighty deeds; praise Him for His surpassing greatness. Praise Him with blasts of the shofar; praise Him with the harp and lyre. Praise Him with timbrel and dance; praise Him with strings and flute. Praise Him with clashing cymbals; praise Him with resounding cymbals. ‣ Let all that breathes praise the LORD. Halleluya! Let all that breathes praise the LORD. Halleluya!

תהלים קמח

הַלְלוּיָהּ, הַלְלוּ אֶת־יהוה מִן־הַשָּׁמַיִם, הַלְלוּהוּ בַּמְּרוֹמִים:
הַלְלוּהוּ כָל־מַלְאָכָיו, הַלְלוּהוּ כָּל־צְבָאָו: הַלְלוּהוּ שֶׁמֶשׁ וְיָרֵחַ,
הַלְלוּהוּ כָּל־כּוֹכְבֵי אוֹר: הַלְלוּהוּ שְׁמֵי הַשָּׁמָיִם, וְהַמַּיִם אֲשֶׁר מֵעַל
הַשָּׁמָיִם: יְהַלְלוּ אֶת־שֵׁם יהוה, כִּי הוּא צִוָּה וְנִבְרָאוּ: וַיַּעֲמִידֵם לָעַד
לְעוֹלָם, חָק־נָתַן וְלֹא יַעֲבוֹר: הַלְלוּ אֶת־יהוה מִן־הָאָרֶץ, תַּנִּינִים
וְכָל־תְּהֹמוֹת: אֵשׁ וּבָרָד שֶׁלֶג וְקִיטוֹר, רוּחַ סְעָרָה עֹשָׂה דְבָרוֹ:
הֶהָרִים וְכָל־גְּבָעוֹת, עֵץ פְּרִי וְכָל־אֲרָזִים: הַחַיָּה וְכָל־בְּהֵמָה, רֶמֶשׂ
וְצִפּוֹר כָּנָף: מַלְכֵי־אֶרֶץ וְכָל־לְאֻמִּים, שָׂרִים וְכָל־שֹׁפְטֵי אָרֶץ:
בַּחוּרִים וְגַם־בְּתוּלוֹת, זְקֵנִים עִם־נְעָרִים: ◂ יְהַלְלוּ אֶת־שֵׁם יהוה,
כִּי־נִשְׂגָּב שְׁמוֹ לְבַדּוֹ, הוֹדוֹ עַל־אֶרֶץ וְשָׁמָיִם: וַיָּרֶם קֶרֶן לְעַמּוֹ,
תְּהִלָּה לְכָל־חֲסִידָיו, לִבְנֵי יִשְׂרָאֵל עַם קְרֹבוֹ, הַלְלוּיָהּ:

תהלים קמט

הַלְלוּיָהּ, שִׁירוּ לַיהוה שִׁיר חָדָשׁ, תְּהִלָּתוֹ בִּקְהַל חֲסִידִים: יִשְׂמַח
יִשְׂרָאֵל בְּעֹשָׂיו, בְּנֵי־צִיּוֹן יָגִילוּ בְמַלְכָּם: יְהַלְלוּ שְׁמוֹ בְמָחוֹל, בְּתֹף
וְכִנּוֹר יְזַמְּרוּ־לוֹ: כִּי־רוֹצֶה יהוה בְּעַמּוֹ, יְפָאֵר עֲנָוִים בִּישׁוּעָה: יַעְלְזוּ
חֲסִידִים בְּכָבוֹד, יְרַנְּנוּ עַל־מִשְׁכְּבוֹתָם: רוֹמְמוֹת אֵל בִּגְרוֹנָם, וְחֶרֶב
פִּיפִיּוֹת בְּיָדָם: לַעֲשׂוֹת נְקָמָה בַּגּוֹיִם, תּוֹכֵחוֹת בַּלְאֻמִּים: ◂ לֶאְסֹר
מַלְכֵיהֶם בְּזִקִּים, וְנִכְבְּדֵיהֶם בְּכַבְלֵי בַרְזֶל: לַעֲשׂוֹת בָּהֶם מִשְׁפָּט
כָּתוּב, הָדָר הוּא לְכָל־חֲסִידָיו, הַלְלוּיָהּ:

תהלים קנ

הַלְלוּיָהּ, הַלְלוּ־אֵל בְּקָדְשׁוֹ, הַלְלוּהוּ בִּרְקִיעַ עֻזּוֹ: הַלְלוּהוּ
בִגְבוּרֹתָיו, הַלְלוּהוּ כְּרֹב גֻּדְלוֹ: הַלְלוּהוּ בְּתֵקַע שׁוֹפָר, הַלְלוּהוּ
בְּנֵבֶל וְכִנּוֹר: הַלְלוּהוּ בְתֹף וּמָחוֹל, הַלְלוּהוּ בְּמִנִּים וְעֻגָב: הַלְלוּהוּ
בְצִלְצְלֵי־שָׁמַע, הַלְלוּהוּ בְּצִלְצְלֵי תְרוּעָה: ◂ כֹּל הַנְּשָׁמָה תְּהַלֵּל
יָהּ, הַלְלוּיָהּ: כֹּל הַנְּשָׁמָה תְּהַלֵּל יָהּ, הַלְלוּיָהּ:

בָּרוּךְ Blessed be the Lord for ever. Amen and Amen. *Ps. 89*
Blessed from Zion be the Lord *Ps. 135*
who dwells in Jerusalem. Halleluya!
Blessed be the Lord, God of Israel, *Ps. 72*
who alone does wonders.
▸ Blessed be His glorious name for ever,
and may all the earth be filled with His glory.
Amen and Amen.

Stand until after "Bless the Lord" on page 770.

וַיְבָרֶךְ David blessed the Lord in front of the entire assembly. David *1 Chr. 29*
said, "Blessed are You, Lord, God of our father Yisrael, for ever and
ever. Yours, Lord, are the greatness and the power, the glory, maj-
esty and splendor, for everything in heaven and earth is Yours. Yours,
Lord, is the kingdom; You are exalted as Head over all. Both riches
and honor are in Your gift and You reign over all things. In Your hand
are strength and might. It is in Your power to make great and give
strength to all. Therefore, our God, we thank You and praise Your glo-
rious name." You alone are the Lord. You made the heavens, *Neh. 9*
even the highest heavens, and all their hosts, the earth and all that is
on it, the seas and all they contain. You give life to them all, and the
hosts of heaven worship You. ▸ You are the Lord God who chose
Abram and brought him out of Ur of the Chaldees, changing his
name to Abraham. You found his heart faithful toward You, ◂ and You
made a covenant with him to give to his descendants the land of the
Canaanites, Hittites, Amorites, Perizzites, Jebusites and Girgashites.
You fulfilled Your promise for You are righteous. You saw the suffering
of our ancestors in Egypt. You heard their cry at the Sea of Reeds. You
sent signs and wonders against Pharaoh, all his servants and all the
people of his land, because You knew how arrogantly the Egyptians
treated them. You created for Yourself renown that remains to this day.
▸ You divided the sea before them, so that they passed through the sea
on dry land, but You cast their pursuers into the depths, like a stone
into mighty waters.

תהלים פט
בָּרוּךְ יהוה לְעוֹלָם, אָמֵן וְאָמֵן:

תהלים קלה
בָּרוּךְ יהוה מִצִּיּוֹן, שֹׁכֵן יְרוּשָׁלָםִ, הַלְלוּיָהּ:

תהלים עב
בָּרוּךְ יהוה אֱלֹהִים אֱלֹהֵי יִשְׂרָאֵל, עֹשֵׂה נִפְלָאוֹת לְבַדּוֹ:

‹ וּבָרוּךְ שֵׁם כְּבוֹדוֹ לְעוֹלָם
וְיִמָּלֵא כְבוֹדוֹ אֶת־כָּל־הָאָרֶץ, אָמֵן וְאָמֵן:

Stand until after בָּרְכוּ *on page 771.*

דברי הימים א׳, כט
וַיְבָרֶךְ דָּוִיד אֶת־יהוה לְעֵינֵי כָּל־הַקָּהָל, וַיֹּאמֶר דָּוִיד, בָּרוּךְ אַתָּה יהוה, אֱלֹהֵי יִשְׂרָאֵל אָבִינוּ, מֵעוֹלָם וְעַד־עוֹלָם: לְךָ יהוה הַגְּדֻלָּה וְהַגְּבוּרָה וְהַתִּפְאֶרֶת וְהַנֵּצַח וְהַהוֹד, כִּי־כֹל בַּשָּׁמַיִם וּבָאָרֶץ, לְךָ יהוה הַמַּמְלָכָה וְהַמִּתְנַשֵּׂא לְכֹל לְרֹאשׁ: וְהָעֹשֶׁר וְהַכָּבוֹד מִלְּפָנֶיךָ, וְאַתָּה מוֹשֵׁל בַּכֹּל, וּבְיָדְךָ כֹּחַ וּגְבוּרָה, וּבְיָדְךָ לְגַדֵּל וּלְחַזֵּק לַכֹּל: וְעַתָּה אֱלֹהֵינוּ מוֹדִים אֲנַחְנוּ לָךְ, וּמְהַלְלִים לְשֵׁם תִּפְאַרְתֶּךָ:

נחמיה ט
אַתָּה־הוּא יהוה לְבַדֶּךָ, אַתָּ עָשִׂיתָ אֶת־הַשָּׁמַיִם, שְׁמֵי הַשָּׁמַיִם וְכָל־צְבָאָם, הָאָרֶץ וְכָל־אֲשֶׁר עָלֶיהָ, הַיַּמִּים וְכָל־אֲשֶׁר בָּהֶם, וְאַתָּה מְחַיֶּה אֶת־כֻּלָּם, וּצְבָא הַשָּׁמַיִם לְךָ מִשְׁתַּחֲוִים: ‹ אַתָּה הוּא יהוה הָאֱלֹהִים אֲשֶׁר בָּחַרְתָּ בְּאַבְרָם, וְהוֹצֵאתוֹ מֵאוּר כַּשְׂדִּים, וְשַׂמְתָּ שְּׁמוֹ אַבְרָהָם: וּמָצָאתָ אֶת־לְבָבוֹ נֶאֱמָן לְפָנֶיךָ, ‹ וְכָרוֹת עִמּוֹ הַבְּרִית לָתֵת אֶת־אֶרֶץ הַכְּנַעֲנִי הַחִתִּי הָאֱמֹרִי וְהַפְּרִזִּי וְהַיְבוּסִי וְהַגִּרְגָּשִׁי, לָתֵת לְזַרְעוֹ, וַתָּקֶם אֶת־דְּבָרֶיךָ, כִּי צַדִּיק אָתָּה: וַתֵּרֶא אֶת־עֳנִי אֲבֹתֵינוּ בְּמִצְרָיִם, וְאֶת־זַעֲקָתָם שָׁמַעְתָּ עַל־יַם־סוּף: וַתִּתֵּן אֹתֹת וּמֹפְתִים בְּפַרְעֹה וּבְכָל־עֲבָדָיו וּבְכָל־עַם אַרְצוֹ, כִּי יָדַעְתָּ כִּי הֵזִידוּ עֲלֵיהֶם, וַתַּעַשׂ־לְךָ שֵׁם כְּהַיּוֹם הַזֶּה: ‹ וְהַיָּם בָּקַעְתָּ לִפְנֵיהֶם, וַיַּעַבְרוּ בְתוֹךְ־הַיָּם בַּיַּבָּשָׁה, וְאֶת־רֹדְפֵיהֶם הִשְׁלַכְתָּ בִמְצוֹלֹת כְּמוֹ־אֶבֶן, בְּמַיִם עַזִּים:

וַיּוֹשַׁע That day the Lord saved Israel from the hands of the Egyptians, and Israel saw the Egyptians lying dead on the seashore. ▸ When Israel saw the great power the Lord had displayed against the Egyptians, the people feared the Lord, and believed in the Lord and in His servant, Moses. *Ex. 14*

אָז יָשִׁיר־מֹשֶׁה Then Moses and the Israelites sang this song *Ex. 15*
to the Lord, saying:
I will sing to the Lord, for He has triumphed gloriously;
horse and rider He has hurled into the sea.
The Lord is my strength and song; He has become my salvation.
This is my God, and I will beautify Him,
my father's God, and I will exalt Him.
The Lord is a Master of war; Lord is His name.
Pharaoh's chariots and army He cast into the sea;
the best of his officers drowned in the Sea of Reeds.
The deep waters covered them;
they went down to the depths like a stone.
Your right hand, Lord, is majestic in power.
Your right hand, Lord, shatters the enemy.
In the greatness of Your majesty,
You overthrew those who rose against You.
You sent out Your fury; it consumed them like stubble.
By the blast of Your nostrils the waters piled up.
The surging waters stood straight like a wall;
the deeps congealed in the heart of the sea.
The enemy said, "I will pursue. I will overtake. I will divide the spoil.
My desire shall have its fill of them.
I will draw my sword. My hand will destroy them."
You blew with Your wind; the sea covered them.
They sank in the mighty waters like lead.
Who is like You, Lord, among the mighty?
Who is like You – majestic in holiness, awesome in glory,
working wonders?
You stretched out Your right hand, the earth swallowed them.

שמות יד

וַיּוֹשַׁע יהוה בַּיּוֹם הַהוּא אֶת־יִשְׂרָאֵל מִיַּד מִצְרָיִם, וַיַּרְא יִשְׂרָאֵל
אֶת־מִצְרַיִם מֵת עַל־שְׂפַת הַיָּם: ◂ וַיַּרְא יִשְׂרָאֵל אֶת־הַיָּד הַגְּדֹלָה
אֲשֶׁר עָשָׂה יהוה בְּמִצְרַיִם, וַיִּירְאוּ הָעָם אֶת־יהוה, וַיַּאֲמִינוּ
בַּיהוה וּבְמֹשֶׁה עַבְדּוֹ:

שמות טו

אָז יָשִׁיר־מֹשֶׁה וּבְנֵי יִשְׂרָאֵל אֶת־הַשִּׁירָה הַזֹּאת לַיהוה, וַיֹּאמְרוּ
לֵאמֹר,　　אָשִׁירָה לַיהוה כִּי־גָאֹה גָּאָה,　　סוּס
וְרֹכְבוֹ רָמָה בַיָּם: 　עָזִּי וְזִמְרָת יָהּ וַיְהִי־לִי
לִישׁוּעָה, 　　זֶה אֵלִי וְאַנְוֵהוּ, 　　אֱלֹהֵי
אָבִי וַאֲרֹמְמֶנְהוּ: 　יהוה אִישׁ מִלְחָמָה, יהוה
שְׁמוֹ: 　　מַרְכְּבֹת פַּרְעֹה וְחֵילוֹ יָרָה בַיָּם, 　וּמִבְחַר
שָׁלִשָׁיו טֻבְּעוּ בְיַם־סוּף: 　תְּהֹמֹת יְכַסְיֻמוּ, יָרְדוּ בִמְצוֹלֹת כְּמוֹ־
אָבֶן: 　יְמִינְךָ יהוה נֶאְדָּרִי בַּכֹּחַ, 　יְמִינְךָ
יהוה תִּרְעַץ אוֹיֵב: 　וּבְרֹב גְּאוֹנְךָ תַּהֲרֹס
קָמֶיךָ, 　　תְּשַׁלַּח חֲרֹנְךָ יֹאכְלֵמוֹ כַּקַּשׁ: 　וּבְרוּחַ
אַפֶּיךָ נֶעֶרְמוּ מַיִם, 　　נִצְּבוּ כְמוֹ־נֵד
נֹזְלִים, 　　קָפְאוּ תְהֹמֹת בְּלֶב־יָם: 　אָמַר
אוֹיֵב אֶרְדֹּף, אַשִּׂיג, 　אֲחַלֵּק שָׁלָל, תִּמְלָאֵמוֹ
נַפְשִׁי, 　אָרִיק חַרְבִּי תּוֹרִישֵׁמוֹ יָדִי: 　נָשַׁפְתָּ
בְרוּחֲךָ כִּסָּמוֹ יָם, 　צָלְלוּ כַּעוֹפֶרֶת בְּמַיִם
אַדִּירִים: 　מִי־כָמֹכָה בָּאֵלִם יהוה, 　מִי
כָּמֹכָה נֶאְדָּר בַּקֹּדֶשׁ, 　נוֹרָא תְהִלֹּת עֹשֵׂה
פֶלֶא: 　נָטִיתָ יְמִינְךָ תִּבְלָעֵמוֹ אָרֶץ: 　נָחִיתָ

In Your loving-kindness, You led the people You redeemed.
>   In Your strength, You guided them to Your holy abode.
Nations heard and trembled;
>   terror gripped Philistia's inhabitants.
The chiefs of Edom were dismayed,
>   Moab's leaders were seized with trembling,
>   the people of Canaan melted away.
Fear and dread fell upon them.
>   By the power of Your arm, they were still as stone –
>   until Your people crossed, LORD,
>   until the people You acquired crossed over.
You will bring them and plant them
>   on the mountain of Your heritage –
>   the place, LORD, You made for Your dwelling,
>   the Sanctuary, LORD, Your hands established.
>   The LORD will reign for ever and all time.

The LORD will reign for ever and all time.
The LORD's kingship is established for ever and to all eternity.

When Pharaoh's horses, chariots and riders went into the sea,
>   the LORD brought the waters of the sea back over them, but
>   the Israelites walked on dry land through the sea.

▸ For kingship is the LORD's   *Ps. 22*
and He rules over the nations.
Saviors shall go up to Mount Zion   *Ob. 1*
to judge Mount Esau,
and the LORD's shall be the kingdom.

Then the LORD shall be King over all the earth;   *Zech. 14*
on that day
the LORD shall be One and His name One,

(as it is written in Your Torah, saying:
Listen, Israel: the LORD is our God, the LORD is One.)   *Deut. 6*

בְחַסְדְּךָ עַם־זוּ גָּאָלְתָּ, נֵהַלְתָּ בְעָזְּךָ אֶל־נְוֵה
קָדְשֶׁךָ: שָׁמְעוּ עַמִּים יִרְגָּזוּן, חִיל
אָחַז יֹשְׁבֵי פְּלָשֶׁת: אָז נִבְהֲלוּ אַלּוּפֵי
אֱדוֹם, אֵילֵי מוֹאָב יֹאחֲזֵמוֹ רָעַד, נָמֹגוּ
כֹּל יֹשְׁבֵי כְנָעַן: תִּפֹּל עֲלֵיהֶם אֵימָתָה
וָפַחַד, בִּגְדֹל זְרוֹעֲךָ יִדְּמוּ כָּאָבֶן, עַד־
יַעֲבֹר עַמְּךָ יהוה, עַד־יַעֲבֹר עַם־זוּ
קָנִיתָ: תְּבִאֵמוֹ וְתִטָּעֵמוֹ בְּהַר נַחֲלָתְךָ, מָכוֹן
לְשִׁבְתְּךָ פָּעַלְתָּ יהוה, מִקְּדָשׁ אֲדֹנָי כּוֹנְנוּ
יָדֶיךָ: יהוה יִמְלֹךְ לְעֹלָם וָעֶד:

יהוה יִמְלֹךְ לְעֹלָם וָעֶד.
יהוה מַלְכוּתֵהּ קָאֵם לְעָלַם וּלְעָלְמֵי עָלְמַיָּא.

כִּי
בָא סוּס פַּרְעֹה בְּרִכְבּוֹ וּבְפָרָשָׁיו בַּיָּם, וַיָּשֶׁב יהוה עֲלֵהֶם אֶת־מֵי
הַיָּם, וּבְנֵי יִשְׂרָאֵל הָלְכוּ בַיַּבָּשָׁה בְּתוֹךְ הַיָּם:

תהלים כב ‹ כִּי לַיהוה הַמְּלוּכָה וּמֹשֵׁל בַּגּוֹיִם:
עובדיה א וְעָלוּ מוֹשִׁעִים בְּהַר צִיּוֹן
לִשְׁפֹּט אֶת־הַר עֵשָׂו
וְהָיְתָה לַיהוה הַמְּלוּכָה:

זכריה יד וְהָיָה יהוה לְמֶלֶךְ עַל־כָּל־הָאָרֶץ
בַּיּוֹם הַהוּא יִהְיֶה יהוה אֶחָד וּשְׁמוֹ אֶחָד:

דברים ו (וּבְתוֹרָתְךָ כָּתוּב לֵאמֹר, שְׁמַע יִשְׂרָאֵל, יהוה אֱלֹהֵינוּ יהוה אֶחָד:)

יִשְׁתַּבַּח May Your name be praised for ever, our King,
the great and holy God, King in heaven and on earth.
For to You,
LORD our God and God of our ancestors,
it is right to offer song and praise,
hymn and psalm,
strength and dominion,
eternity, greatness and power,
song of praise and glory,
holiness and kingship,
‣ blessings and thanks,
from now and for ever.
Blessed are You, LORD,
God and King,
exalted in praises,
God of thanksgivings,
Master of wonders,
who delights in hymns of song,
King, God, Giver of life to the worlds.

HALF KADDISH

Leader: יִתְגַּדַּל Magnified and sanctified
may His great name be, in the world He created by His will.
May He establish His kingdom
in your lifetime and in your days,
and in the lifetime of all the house of Israel,
swiftly and soon – and say: Amen.

All: May His great name be blessed for ever and all time.

Leader: Blessed and praised, glorified and exalted,
raised and honored, uplifted and lauded
be the name of the Holy One,
blessed be He, beyond any blessing,
song, praise and consolation
uttered in the world – and say: Amen.

יִשְׁתַּבַּח

שִׁמְךָ לָעַד, מַלְכֵּנוּ

הָאֵל הַמֶּלֶךְ הַגָּדוֹל וְהַקָּדוֹשׁ בַּשָּׁמַיִם וּבָאָרֶץ

כִּי לְךָ נָאֶה, יהוה אֱלֹהֵינוּ וֵאלֹהֵי אֲבוֹתֵינוּ

שִׁיר וּשְׁבָחָה, הַלֵּל וְזִמְרָה

עֹז וּמֶמְשָׁלָה, נֶצַח, גְּדֻלָּה וּגְבוּרָה

תְּהִלָּה וְתִפְאֶרֶת, קְדֻשָּׁה וּמַלְכוּת

‹ בְּרָכוֹת וְהוֹדָאוֹת, מֵעַתָּה וְעַד עוֹלָם.

בָּרוּךְ אַתָּה יהוה

אֵל מֶלֶךְ גָּדוֹל בַּתִּשְׁבָּחוֹת

אֵל הַהוֹדָאוֹת, אֲדוֹן הַנִּפְלָאוֹת

הַבּוֹחֵר בְּשִׁירֵי זִמְרָה

מֶלֶךְ, אֵל, חֵי הָעוֹלָמִים.

חצי קדיש

ש״ץ: יִתְגַּדַּל וְיִתְקַדַּשׁ שְׁמֵהּ רַבָּא (קהל: אָמֵן)

בְּעָלְמָא דִּי בְרָא כִרְעוּתֵהּ

וְיַמְלִיךְ מַלְכוּתֵהּ

בְּחַיֵּיכוֹן וּבְיוֹמֵיכוֹן וּבְחַיֵּי דְּכָל בֵּית יִשְׂרָאֵל

בַּעֲגָלָא וּבִזְמַן קָרִיב, וְאִמְרוּ אָמֵן. (קהל: אָמֵן)

קהל
 וש״ץ: יְהֵא שְׁמֵהּ רַבָּא מְבָרַךְ לְעָלַם וּלְעָלְמֵי עָלְמַיָּא.

ש״ץ: יִתְבָּרַךְ וְיִשְׁתַּבַּח וְיִתְפָּאַר וְיִתְרוֹמַם וְיִתְנַשֵּׂא

וְיִתְהַדָּר וְיִתְעַלֶּה וְיִתְהַלָּל

שְׁמֵהּ דְּקֻדְשָׁא בְּרִיךְ הוּא (קהל: בְּרִיךְ הוּא)

לְעֵלָּא מִן כָּל בִּרְכָתָא וְשִׁירָתָא, תֻּשְׁבְּחָתָא וְנֶחֱמָתָא

דַּאֲמִירָן בְּעָלְמָא, וְאִמְרוּ אָמֵן. (קהל: אָמֵן)

BLESSINGS OF THE SHEMA

The following blessing and response are said only in the presence of a minyan.
They represent a formal summons to the congregation to engage in an act of collective
prayer. The custom of bowing at this point is based on 1 Chronicles 29:20, "David said
to the whole assembly, 'Now bless the Lᴏʀᴅ your God.' All the assembly blessed the
Lᴏʀᴅ God of their fathers and bowed their heads low to the Lᴏʀᴅ and the King."
The Leader says the following, bowing at "Bless," standing straight at "the Lᴏʀᴅ."
The congregation, followed by the Leader, responds, bowing at "Bless,"
standing straight at "the Lᴏʀᴅ."

Leader: # BLESS
the Lᴏʀᴅ, the blessed One.

Congregation: Bless the Lᴏʀᴅ, the blessed One,
for ever and all time.

Leader: Bless the Lᴏʀᴅ, the blessed One,
for ever and all time.

The custom is to sit from this point until the Amida, since the predominant
emotion of this section of the prayers is love rather than awe.
Conversation is forbidden until after the Amida.

בָּרוּךְ Blessed are You, Lᴏʀᴅ our God,
King of the Universe,
who forms light and creates darkness,   *Is. 45*
makes peace and creates all.

הַמֵּאִיר In compassion He gives light to the earth
and its inhabitants,
and in His goodness continually renews the work of creation,
day after day.
How numerous are Your works, Lᴏʀᴅ;   *Ps. 104*
You made them all in wisdom;
the earth is full of Your creations.
He is the King exalted alone since the beginning of time – praised,
glorified and elevated since the world began.

קריאת שמע וברכותיה

The following blessing and response are said only in the presence of a מנין*. They represent a formal summons to the* קהל *to engage in an act of collective prayer. The custom of bowing at this point is based on* דברי הימים א׳ כט, כ*, "David said to the whole assembly, 'Now bless the* Lord *your God.' All the assembly blessed the* Lord *God of their fathers and bowed their heads low to the* Lord *and the King." The* שליח ציבור *says the following, bowing at* בָּרְכוּ*, standing straight at* ה׳*. The* קהל*, followed by the* שליח ציבור*, responds, bowing at* בָּרוּךְ*, standing straight at* ה׳*.*

ש״ץ: **בָּרְכוּ**

אֶת יהוה הַמְבֹרָךְ.

קהל: **בָּרוּךְ יהוה הַמְבֹרָךְ לְעוֹלָם וָעֶד.**

ש״ץ: **בָּרוּךְ יהוה הַמְבֹרָךְ לְעוֹלָם וָעֶד.**

The custom is to sit from this point until the עמידה*, since the predominant emotion of this section of the prayers is love rather than awe. Conversation is forbidden until after the* עמידה*.*

בָּרוּךְ אַתָּה יהוה אֱלֹהֵינוּ מֶלֶךְ הָעוֹלָם
יוֹצֵר אוֹר וּבוֹרֵא חֹשֶׁךְ ישעיה מה
עֹשֶׂה שָׁלוֹם וּבוֹרֵא אֶת הַכֹּל.

הַמֵּאִיר לָאָרֶץ וְלַדָּרִים עָלֶיהָ בְּרַחֲמִים
וּבְטוּבוֹ מְחַדֵּשׁ בְּכָל יוֹם תָּמִיד מַעֲשֵׂה בְרֵאשִׁית.
מָה־רַבּוּ מַעֲשֶׂיךָ יהוה, כֻּלָּם בְּחָכְמָה עָשִׂיתָ תהלים קד
מָלְאָה הָאָרֶץ קִנְיָנֶךָ:
הַמֶּלֶךְ הַמְרוֹמָם לְבַדּוֹ מֵאָז
הַמְשֻׁבָּח וְהַמְפֹאָר וְהַמִּתְנַשֵּׂא מִימוֹת עוֹלָם.

Eternal God,
in Your great compassion, have compassion on us,
LORD of our strength, Rock of our refuge,
Shield of our salvation, You are our stronghold.
The blessed God,
great in knowledge,
prepared and made the rays of the sun.
He who is good formed glory for His name,
surrounding His power with radiant stars.
The leaders of His hosts,
the holy ones,
exalt the Almighty,
constantly proclaiming God's glory and holiness.
Be blessed, LORD our God,
for the magnificence of Your handiwork
and for the radiant lights You have made.
May they glorify You, Selah!

תִּתְבָּרַךְ May You be blessed,
our Rock, King and Redeemer,
Creator of holy beings.
May Your name be praised for ever,
our King, Creator of the ministering angels,
all of whom stand in the universe's heights,
proclaiming together,
in awe, aloud,
the words of the living God, the eternal King.
They are all beloved, all pure, all mighty,
and all perform in awe and reverence the will of their Maker.
▸ All open their mouths in holiness and purity,
with song and psalm,
and bless, praise, glorify,
revere, sanctify and declare the sovereignty of – ◂
The name of the great, mighty and awesome God and King,
holy is He.

אֱלֹהֵי עוֹלָם

בְּרַחֲמֶיךָ הָרַבִּים רַחֵם עָלֵינוּ

אֲדוֹן עֻזֵּנוּ, צוּר מִשְׂגַּבֵּנוּ

מָגֵן יִשְׁעֵנוּ, מִשְׂגָּב בַּעֲדֵנוּ.

אֵל בָּרוּךְ גְּדוֹל דֵּעָה, הֵכִין וּפָעַל זָהֳרֵי חַמָּה

טוֹב יָצַר כָּבוֹד לִשְׁמוֹ, מְאוֹרוֹת נָתַן סְבִיבוֹת עֻזּוֹ

פִּנּוֹת צְבָאָיו קְדוֹשִׁים, רוֹמְמֵי שַׁדַּי

תָּמִיד מְסַפְּרִים כְּבוֹד אֵל וּקְדֻשָּׁתוֹ.

תִּתְבָּרַךְ יהוה אֱלֹהֵינוּ, עַל שֶׁבַח מַעֲשֵׂה יָדֶיךָ.

וְעַל מְאוֹרֵי אוֹר שֶׁעָשִׂיתָ, יְפָאֲרוּךָ סֶּלָה.

תִּתְבָּרַךְ

צוּרֵנוּ מַלְכֵּנוּ וְגוֹאֲלֵנוּ, בּוֹרֵא קְדוֹשִׁים

יִשְׁתַּבַּח שִׁמְךָ לָעַד

מַלְכֵּנוּ, יוֹצֵר מְשָׁרְתִים

וַאֲשֶׁר מְשָׁרְתָיו כֻּלָּם עוֹמְדִים בְּרוּם עוֹלָם

וּמַשְׁמִיעִים בְּיִרְאָה יַחַד בְּקוֹל

דִּבְרֵי אֱלֹהִים חַיִּים וּמֶלֶךְ עוֹלָם.

כֻּלָּם אֲהוּבִים, כֻּלָּם בְּרוּרִים, כֻּלָּם גִּבּוֹרִים

וְכֻלָּם עוֹשִׂים בְּאֵימָה וּבְיִרְאָה רְצוֹן קוֹנָם

◀ וְכֻלָּם פּוֹתְחִים אֶת פִּיהֶם בִּקְדֻשָּׁה וּבְטָהֳרָה

בְּשִׁירָה וּבְזִמְרָה

וּמְבָרְכִים וּמְשַׁבְּחִים וּמְפָאֲרִים

וּמַעֲרִיצִים וּמַקְדִּישִׁים וּמַמְלִיכִים ◀

אֶת שֵׁם הָאֵל הַמֶּלֶךְ הַגָּדוֹל, הַגִּבּוֹר וְהַנּוֹרָא

קָדוֹשׁ הוּא.

▸ All accept on themselves,
one from another,
the yoke of the kingdom of heaven,
granting permission to one another
to sanctify the One who formed them,
in serene spirit,
pure speech and sweet melody.
All, as one,
proclaim His holiness,
saying in awe:

All say aloud: Holy, holy, holy is the LORD of hosts; *Is. 6*
the whole world is filled with His glory.

▸ Then the Ophanim and the Holy Ḥayyot,
with a roar of noise,
raise themselves toward the Seraphim and,
facing them, give praise, saying:

All say aloud: Blessed is the LORD's glory from His place. *Ezek. 3*

לָאֵל To the blessed God they offer melodies.
To the King, living and eternal God,
they say psalms and proclaim praises.
For it is He alone
who does mighty deeds and creates new things,
who is Master of battles, and sows righteousness,
who makes salvation grow and creates cures,
who is revered in praises, LORD of wonders,
who in His goodness,
continually renews the work of creation, day after day,
as it is said:
"[Praise] Him who made the great lights, *Ps. 136*
for His love endures for ever."
▸ May You make a new light shine over Zion,
and may we all soon be worthy of its light.
Blessed are You, LORD, who forms the radiant lights.

◂ וְכֻלָּם מְקַבְּלִים עֲלֵיהֶם עֹל מַלְכוּת שָׁמַיִם זֶה מִזֶּה
וְנוֹתְנִים רְשׁוּת זֶה לָזֶה
לְהַקְדִּישׁ לְיוֹצְרָם בְּנַחַת רוּחַ
בְּשָׂפָה בְרוּרָה וּבִנְעִימָה
קְדֻשָּׁה כֻּלָּם כְּאֶחָד
עוֹנִים וְאוֹמְרִים בְּיִרְאָה

All say aloud קָדוֹשׁ, קָדוֹשׁ, קָדוֹשׁ יהוה צְבָאוֹת ישעיה ו
מְלֹא כָל־הָאָרֶץ כְּבוֹדוֹ:

◂ וְהָאוֹפַנִּים וְחַיּוֹת הַקֹּדֶשׁ
בְּרַעַשׁ גָּדוֹל מִתְנַשְּׂאִים לְעֻמַּת שְׂרָפִים
לְעֻמָּתָם מְשַׁבְּחִים וְאוֹמְרִים

All say aloud בָּרוּךְ כְּבוֹד־יהוה מִמְּקוֹמוֹ: יחזקאל ג

לָאֵל בָּרוּךְ נְעִימוֹת יִתֵּנוּ, לַמֶּלֶךְ אֵל חַי וְקַיָּם
זְמִירוֹת יֹאמֵרוּ וְתִשְׁבָּחוֹת יַשְׁמִיעוּ
כִּי הוּא לְבַדּוֹ
פּוֹעֵל גְּבוּרוֹת, עוֹשֶׂה חֲדָשׁוֹת
בַּעַל מִלְחָמוֹת, זוֹרֵעַ צְדָקוֹת
מַצְמִיחַ יְשׁוּעוֹת, בּוֹרֵא רְפוּאוֹת
נוֹרָא תְהִלּוֹת, אֲדוֹן הַנִּפְלָאוֹת
הַמְחַדֵּשׁ בְּטוּבוֹ בְּכָל יוֹם תָּמִיד מַעֲשֵׂה בְרֵאשִׁית
כָּאָמוּר
לְעֹשֵׂה אוֹרִים גְּדֹלִים, כִּי לְעוֹלָם חַסְדּוֹ: תהלים קלו
◂ אוֹר חָדָשׁ עַל צִיּוֹן תָּאִיר וְנִזְכֶּה כֻלָּנוּ מְהֵרָה לְאוֹרוֹ.
בָּרוּךְ אַתָּה יהוה, יוֹצֵר הַמְּאוֹרוֹת.

אַהֲבָה You have loved us with great love, LORD our God,
and with surpassing compassion
have You had compassion on us.
Our Father, our King,
for the sake of our ancestors who trusted in You,
and to whom You taught the laws of life,
be gracious also to us and teach us.
Our Father, compassionate Father,
ever compassionate,
have compassion on us.
Instill in our hearts
the desire to understand and discern,
to listen, learn and teach,
to observe, perform and fulfill
all the teachings of Your Torah in love.
Enlighten our eyes in Your Torah
and let our hearts cling to Your commandments.
Unite our hearts to love and revere Your name,
so that we may never be ashamed.
And because we have trusted
in Your holy, great and revered name,
may we be glad and rejoice in Your salvation.

At this point, gather the four tzitziot of the tallit, holding them in the left hand.
Bring us back in peace
from the four quarters of the earth
and lead us upright to our land.
‣ For You are a God who performs acts of salvation,
and You chose us from all peoples and tongues,
bringing us close to Your great name for ever in truth,
that we may thank You
and proclaim Your oneness in love.
Blessed are You, LORD,
who chooses His people Israel in love.

אַהֲבָה רַבָּה אֲהַבְתָּנוּ, יהוה אֱלֹהֵינוּ
חֶמְלָה גְדוֹלָה וִיתֵרָה חָמַלְתָּ עָלֵינוּ.
אָבִינוּ מַלְכֵּנוּ
בַּעֲבוּר אֲבוֹתֵינוּ שֶׁבָּטְחוּ בְךָ
וַתְּלַמְּדֵם חֻקֵּי חַיִּים
כֵּן תְּחָנֵּנוּ וּתְלַמְּדֵנוּ.
אָבִינוּ, הָאָב הָרַחֲמָן, הַמְרַחֵם
רַחֵם עָלֵינוּ
וְתֵן בְּלִבֵּנוּ לְהָבִין וּלְהַשְׂכִּיל
לִשְׁמֹעַ, לִלְמֹד וּלְלַמֵּד
לִשְׁמֹר וְלַעֲשׂוֹת, וּלְקַיֵּם
אֶת כָּל דִּבְרֵי תַלְמוּד תּוֹרָתֶךָ בְּאַהֲבָה.
וְהָאֵר עֵינֵינוּ בְּתוֹרָתֶךָ, וְדַבֵּק לִבֵּנוּ בְּמִצְוֹתֶיךָ
וְיַחֵד לְבָבֵנוּ לְאַהֲבָה וּלְיִרְאָה אֶת שְׁמֶךָ
וְלֹא נֵבוֹשׁ לְעוֹלָם וָעֶד.
כִּי בְשֵׁם קָדְשְׁךָ הַגָּדוֹל וְהַנּוֹרָא בָּטָחְנוּ
נָגִילָה וְנִשְׂמְחָה בִּישׁוּעָתֶךָ.

At this point, gather the four ציציות *of the* טלית*, holding them in the left hand.*

וַהֲבִיאֵנוּ לְשָׁלוֹם מֵאַרְבַּע כַּנְפוֹת הָאָרֶץ
וְתוֹלִיכֵנוּ קוֹמְמִיּוּת לְאַרְצֵנוּ.
► כִּי אֵל פּוֹעֵל יְשׁוּעוֹת אָתָּה
וּבָנוּ בָחַרְתָּ מִכָּל עַם וְלָשׁוֹן
וְקֵרַבְתָּנוּ לְשִׁמְךָ הַגָּדוֹל סֶלָה, בֶּאֱמֶת
לְהוֹדוֹת לְךָ וּלְיַחֶדְךָ בְּאַהֲבָה.
בָּרוּךְ אַתָּה יהוה, הַבּוֹחֵר בְּעַמּוֹ יִשְׂרָאֵל בְּאַהֲבָה.

The Shema must be said with intense concentration. In the first paragraph one should accept, with love, the sovereignty of God; in the second, the mitzvot as the will of God. The end of the third paragraph constitutes fulfillment of the mitzva to remember, morning and evening, the exodus from Egypt.
When not praying with a minyan, say:

God, faithful King!

The following verse should be said aloud, while covering the eyes with the right hand:

Deut. 6

Listen, Israel: the LORD is our God, the LORD is One.

Quietly: Blessed be the name of His glorious kingdom for ever and all time.

Touch the hand-tefillin at ° and the head-tefillin at °°.

Deut. 6

וְאָהַבְתָּ Love the LORD your God with all your heart, with all your soul, and with all your might. These words which I command you today shall be on your heart. Teach them repeatedly to your children, speaking of them when you sit at home and when you travel on the way, when you lie down and when you rise. °Bind them as a sign on your hand, and °°they shall be an emblem between your eyes. Write them on the doorposts of your house and gates.

Touch the hand-tefillin at ° and the head-tefillin at °°.

Deut. 11

וְהָיָה If you indeed heed My commandments with which I charge you today, to love the LORD your God and worship Him with all your heart and with all your soul, I will give rain in your land in its season, the early and late rain; and you shall gather in your grain, wine and oil. I will give grass in your field for your cattle, and you shall eat and be satisfied. Be careful lest your heart be tempted and you go astray and worship other gods, bowing down to them. Then the LORD's anger will flare against you and He will close the heavens so that there will be no rain. The land will not yield its crops, and you will perish swiftly from the good land that the LORD is giving you. Therefore, set these, My words, on your heart and soul. °Bind them as a sign on your hand, °°and they shall be an emblem between your eyes. Teach them to your children, speaking of them

The שמע must be said with intense concentration. In the first paragraph one should accept, with love, the sovereignty of God; in the second, the מצוות as the will of God. The end of the third paragraph constitutes fulfillment of the מצווה to remember, morning and evening, the exodus from Egypt.

When not praying with a מנין, say:

אֵל מֶלֶךְ נֶאֱמָן

The following verse should be said aloud, while covering the eyes with the right hand:

דברים ו שְׁמַע יִשְׂרָאֵל, יהוה אֱלֹהֵינוּ, יהוה | אֶחָד:

Quietly בָּרוּךְ שֵׁם כְּבוֹד מַלְכוּתוֹ לְעוֹלָם וָעֶד.

Touch the תפילין של יד *at* ° *and the* תפילין של ראש *at* °°.

דברים ו וְאָהַבְתָּ אֵת יהוה אֱלֹהֶיךָ, בְּכׇל־לְבָבְךָ וּבְכׇל־נַפְשְׁךָ וּבְכׇל־
מְאֹדֶךָ: וְהָיוּ הַדְּבָרִים הָאֵלֶּה, אֲשֶׁר אָנֹכִי מְצַוְּךָ הַיּוֹם, עַל־לְבָבֶךָ:
וְשִׁנַּנְתָּם לְבָנֶיךָ וְדִבַּרְתָּ בָּם, בְּשִׁבְתְּךָ בְּבֵיתֶךָ וּבְלֶכְתְּךָ בַדֶּרֶךְ,
וּבְשׇׁכְבְּךָ וּבְקוּמֶךָ: °וּקְשַׁרְתָּם לְאוֹת עַל־יָדֶךָ °°וְהָיוּ לְטֹטָפֹת
בֵּין עֵינֶיךָ: וּכְתַבְתָּם עַל־מְזֻזוֹת בֵּיתֶךָ וּבִשְׁעָרֶיךָ:

Touch the תפילין של יד *at* ° *and the* תפילין של ראש *at* °°.

דברים יא וְהָיָה אִם־שָׁמֹעַ תִּשְׁמְעוּ אֶל־מִצְוֺתַי אֲשֶׁר אָנֹכִי מְצַוֶּה אֶתְכֶם
הַיּוֹם, לְאַהֲבָה אֶת־יהוה אֱלֹהֵיכֶם וּלְעׇבְדוֹ, בְּכׇל־לְבַבְכֶם וּבְכׇל־
נַפְשְׁכֶם: וְנָתַתִּי מְטַר־אַרְצְכֶם בְּעִתּוֹ, יוֹרֶה וּמַלְקוֹשׁ, וְאָסַפְתָּ
דְגָנֶךָ וְתִירֹשְׁךָ וְיִצְהָרֶךָ: וְנָתַתִּי עֵשֶׂב בְּשָׂדְךָ לִבְהֶמְתֶּךָ, וְאָכַלְתָּ
וְשָׂבָעְתָּ: הִשָּׁמְרוּ לָכֶם פֶּן־יִפְתֶּה לְבַבְכֶם, וְסַרְתֶּם וַעֲבַדְתֶּם
אֱלֹהִים אֲחֵרִים וְהִשְׁתַּחֲוִיתֶם לָהֶם: וְחָרָה אַף־יהוה בָּכֶם, וְעָצַר
אֶת־הַשָּׁמַיִם וְלֹא־יִהְיֶה מָטָר, וְהָאֲדָמָה לֹא תִתֵּן אֶת־יְבוּלָהּ,
וַאֲבַדְתֶּם מְהֵרָה מֵעַל הָאָרֶץ הַטֹּבָה אֲשֶׁר יהוה נֹתֵן לָכֶם:
וְשַׂמְתֶּם אֶת־דְּבָרַי אֵלֶּה עַל־לְבַבְכֶם וְעַל־נַפְשְׁכֶם, °וּקְשַׁרְתֶּם
אֹתָם לְאוֹת עַל־יֶדְכֶם, °°וְהָיוּ לְטוֹטָפֹת בֵּין עֵינֵיכֶם: וְלִמַּדְתֶּם

when you sit at home and when you travel on the way, when you lie down and when you rise. Write them on the doorposts of your house and gates, so that you and your children may live long in the land that the LORD swore to your ancestors to give them, for as long as the heavens are above the earth.

Hold the tzitziot in the right hand also (some transfer to the right hand) kissing them at °.

וַיֹּאמֶר The LORD spoke to Moses, saying: Speak to the Israelites Num. 15
and tell them to make °tassels on the corners of their garments for all generations. They shall attach to the °tassel at each corner a thread of blue. This shall be your °tassel, and you shall see it and remember all of the LORD's commandments and keep them, not straying after your heart and after your eyes, following your own sinful desires. Thus you will be reminded to keep all My commandments, and be holy to your God. I am the LORD your God, who brought you out of the land of Egypt to be your God. I am the LORD your God.

°True –

The Leader repeats:

▸ The LORD your God is true –

וְיַצִּיב And firm, established and enduring,
right, faithful,
beloved, cherished, delightful, pleasant,
awesome, mighty, perfect, accepted,
good and beautiful
is this faith for us for ever.

True is the eternal God, our King,
Rock of Jacob,
Shield of our salvation.
He exists and His name exists
through all generations.
His throne is established,
His kingship and faithfulness endure for ever.

אֹתָם אֶת־בְּנֵיכֶם לְדַבֵּר בָּם, בְּשִׁבְתְּךָ בְּבֵיתֶךָ וּבְלֶכְתְּךָ בַדֶּרֶךְ,
וּבְשָׁכְבְּךָ וּבְקוּמֶךָ: וּכְתַבְתָּם עַל־מְזוּזוֹת בֵּיתֶךָ וּבִשְׁעָרֶיךָ: לְמַעַן
יִרְבּוּ יְמֵיכֶם וִימֵי בְנֵיכֶם עַל הָאֲדָמָה אֲשֶׁר נִשְׁבַּע יהוה לַאֲבֹתֵיכֶם
לָתֵת לָהֶם, כִּימֵי הַשָּׁמַיִם עַל־הָאָרֶץ:

Hold the ציציות *in the right hand also (some transfer to the right hand) kissing them at* °.

וַיֹּאמֶר יהוה אֶל־מֹשֶׁה לֵּאמֹר: דַּבֵּר אֶל־בְּנֵי יִשְׂרָאֵל וְאָמַרְתָּ במדבר טו
אֲלֵהֶם, וְעָשׂוּ לָהֶם °צִיצִת עַל־כַּנְפֵי בִגְדֵיהֶם לְדֹרֹתָם, וְנָתְנוּ
°עַל־צִיצִת הַכָּנָף פְּתִיל תְּכֵלֶת: וְהָיָה לָכֶם °לְצִיצִת, וּרְאִיתֶם
אֹתוֹ וּזְכַרְתֶּם אֶת־כָּל־מִצְוֹת יהוה וַעֲשִׂיתֶם אֹתָם, וְלֹא תָתוּרוּ
אַחֲרֵי לְבַבְכֶם וְאַחֲרֵי עֵינֵיכֶם, אֲשֶׁר־אַתֶּם זֹנִים אַחֲרֵיהֶם: לְמַעַן
תִּזְכְּרוּ וַעֲשִׂיתֶם אֶת־כָּל־מִצְוֹתָי, וִהְיִיתֶם קְדֹשִׁים לֵאלֹהֵיכֶם: אֲנִי
יהוה אֱלֹהֵיכֶם, אֲשֶׁר הוֹצֵאתִי אֶתְכֶם מֵאֶרֶץ מִצְרַיִם, לִהְיוֹת לָכֶם
לֵאלֹהִים, אֲנִי יהוה אֱלֹהֵיכֶם:

אֱמֶת°

The שליח ציבור *repeats:*

‹ יהוה אֱלֹהֵיכֶם אֱמֶת

וְיַצִּיב, וְנָכוֹן וְקַיָּם, וְיָשָׁר וְנֶאֱמָן
וְאָהוּב וְחָבִיב, וְנֶחְמָד וְנָעִים
וְנוֹרָא וְאַדִּיר, וּמְתֻקָּן וּמְקֻבָּל, וְטוֹב וְיָפֶה
הַדָּבָר הַזֶּה עָלֵינוּ לְעוֹלָם וָעֶד.

אֱמֶת אֱלֹהֵי עוֹלָם מַלְכֵּנוּ
צוּר יַעֲקֹב מָגֵן יִשְׁעֵנוּ
לְדוֹר וָדוֹר הוּא קַיָּם וּשְׁמוֹ קַיָּם
וְכִסְאוֹ נָכוֹן, וּמַלְכוּתוֹ וֶאֱמוּנָתוֹ לָעַד קַיֶּמֶת.

At °, kiss the tzitziot and release them.
His words live and persist,
faithful and desirable
°for ever and all time.
► So they were for our ancestors,
so they are for us,
and so they will be for our children
and all our generations
and for all future generations
of the seed of Israel, Your servants. ◄
For the early and the later generations
this faith has proved good
and enduring for ever –
True   and faithful, an irrevocable law.

True   You are the LORD: our God and God of our ancestors,
► our King and King of our ancestors,
our Redeemer and Redeemer of our ancestors,
our Maker,
Rock of our salvation,
our Deliverer and Rescuer:
this has ever been Your name.
There is no God but You.

עֶזְרַת You have always been the help of our ancestors,
Shield and Savior of their children after them
in every generation.
Your dwelling is in the heights of the universe,
and Your judgments and righteousness
reach to the ends of the earth.

Happy is the one who obeys Your commandments
and takes to heart Your teaching and Your word.

True   You are the Master of Your people
and a mighty King who pleads their cause.

At °, kiss the ציצית *and release them.*

וּדְבָרָיו חָיִים וְקַיָּמִים

נֶאֱמָנִים וְנֶחֱמָדִים

°לָעַד וּלְעוֹלְמֵי עוֹלָמִים

‹ עַל אֲבוֹתֵינוּ וְעָלֵינוּ

עַל בָּנֵינוּ וְעַל דּוֹרוֹתֵינוּ

וְעַל כָּל דּוֹרוֹת זֶרַע יִשְׂרָאֵל עֲבָדֶיךָ. ‹

עַל הָרִאשׁוֹנִים וְעַל הָאַחֲרוֹנִים

דָּבָר טוֹב וְקַיָּם לְעוֹלָם וָעֶד

אֱמֶת וֶאֱמוּנָה, חֹק וְלֹא יַעֲבֹר.

אֱמֶת שָׁאַתָּה הוּא יהוה אֱלֹהֵינוּ וֵאלֹהֵי אֲבוֹתֵינוּ

‹ מַלְכֵּנוּ מֶלֶךְ אֲבוֹתֵינוּ

גּוֹאֲלֵנוּ גּוֹאֵל אֲבוֹתֵינוּ

יוֹצְרֵנוּ צוּר יְשׁוּעָתֵנוּ

פּוֹדֵנוּ וּמַצִּילֵנוּ מֵעוֹלָם שְׁמֶךָ

אֵין אֱלֹהִים זוּלָתֶךָ.

עֶזְרַת אֲבוֹתֵינוּ אַתָּה הוּא מֵעוֹלָם

מָגֵן וּמוֹשִׁיעַ לִבְנֵיהֶם אַחֲרֵיהֶם בְּכָל דּוֹר וָדוֹר.

בְּרוּם עוֹלָם מוֹשָׁבֶךָ

וּמִשְׁפָּטֶיךָ וְצִדְקָתְךָ עַד אַפְסֵי אָרֶץ.

אַשְׁרֵי אִישׁ שֶׁיִּשְׁמַע לְמִצְוֹתֶיךָ

וְתוֹרָתְךָ וּדְבָרְךָ יָשִׂים עַל לִבּוֹ.

אֱמֶת אַתָּה הוּא אָדוֹן לְעַמֶּךָ

וּמֶלֶךְ גִּבּוֹר לָרִיב רִיבָם.

True   You are the first and You are the last.
          Beside You, we have no king, redeemer or savior.

          From Egypt You redeemed us,
          Lord our God,
          and from the slave-house You delivered us.
          All their firstborn You killed,
          but Your firstborn You redeemed.
          You split the Sea of Reeds
          and drowned the arrogant.
          You brought Your beloved ones across.
          The water covered their foes;   *Ps. 106*
          not one of them was left.

For this, the beloved ones praised
and exalted God,
the cherished ones sang psalms, songs and praises,
blessings and thanksgivings to the King,
the living and enduring God.
High and exalted, great and awesome,
He humbles the haughty and raises the lowly,
freeing captives and redeeming those in need,
helping the poor
and answering His people when they cry out to Him.

Stand in preparation for the Amida.
Take three steps back before beginning the Amida.

‣ Praises to God Most High,
   the Blessed One who is blessed.
   Moses and the children of Israel
   recited to You a song with great joy,
   and they all exclaimed:
          "Who is like You, Lord, among the mighty?   *Ex. 15*
          Who is like You, majestic in holiness,
          awesome in praises, doing wonders?"

אֱמֶת אַתָּה הוּא רִאשׁוֹן וְאַתָּה הוּא אַחֲרוֹן
וּמִבַּלְעָדֶיךָ אֵין לָנוּ מֶלֶךְ גּוֹאֵל וּמוֹשִׁיעַ.
מִמִּצְרַיִם גְּאַלְתָּנוּ, יהוה אֱלֹהֵינוּ
וּמִבֵּית עֲבָדִים פְּדִיתָנוּ
כָּל בְּכוֹרֵיהֶם הָרָגְתָּ, וּבְכוֹרְךָ גָּאָלְתָּ
וְיַם סוּף בָּקַעְתָּ
וְזֵדִים טִבַּעְתָּ
וִידִידִים הֶעֱבַרְתָּ
וַיְכַסּוּ־מַיִם צָרֵיהֶם, אֶחָד מֵהֶם לֹא נוֹתָר: תהלים קו

עַל זֹאת שִׁבְּחוּ אֲהוּבִים, וְרוֹמְמוּ אֵל
וְנָתְנוּ יְדִידִים זְמִירוֹת, שִׁירוֹת וְתִשְׁבָּחוֹת
בְּרָכוֹת וְהוֹדָאוֹת לְמֶלֶךְ אֵל חַי וְקַיָּם
רָם וְנִשָּׂא, גָּדוֹל וְנוֹרָא
מַשְׁפִּיל גֵּאִים וּמַגְבִּיהַּ שְׁפָלִים
מוֹצִיא אֲסִירִים, וּפוֹדֶה עֲנָוִים וְעוֹזֵר דַּלִּים
וְעוֹנֶה לְעַמּוֹ בְּעֵת שַׁוְּעָם אֵלָיו.

Stand in preparation for the עמידה*.*
Take three steps back before beginning the עמידה*.*

◂ תְּהִלּוֹת לְאֵל עֶלְיוֹן, בָּרוּךְ הוּא וּמְבֹרָךְ
מֹשֶׁה וּבְנֵי יִשְׂרָאֵל
לְךָ עָנוּ שִׁירָה בְּשִׂמְחָה רַבָּה
וְאָמְרוּ כֻלָּם
מִי־כָמֹכָה בָּאֵלִם, יהוה שמות טו
מִי כָּמֹכָה נֶאְדָּר בַּקֹּדֶשׁ
נוֹרָא תְהִלֹּת, עֹשֵׂה פֶלֶא:

▸ With a new song, the redeemed people praised
Your name at the seashore.
Together they all gave thanks,
proclaimed Your kingship,
and declared:
"The LORD shall reign for ever and ever."   *Ex. 15*

Congregants should end the following blessing together with the Leader so as to be able to move
directly from the words "redeemed Israel" to the Amida, without the interruption of saying Amen.

▸ צוּר יִשְׂרָאֵל Rock of Israel! Arise to the help of Israel.
Deliver, as You promised, Judah and Israel.
Our Redeemer, the LORD of hosts is His name,   *Is. 47*
the Holy One of Israel.
Blessed are You, LORD, who redeemed Israel.

THE AMIDA

The following prayer, until "in former years" on page 802, is said standing with feet
together in imitation of the angels in Ezekiel's vision (Ezek. 1:7). The Amida is said
silently, following the precedent of Hannah when she prayed for a child (1 Sam. 1:13).
If there is a minyan, it is repeated aloud by the Leader. Take three steps forward, as if
formally entering the place of the Divine Presence. At the points indicated by ▾, bend the
knees at the first word, bow at the second, and stand straight before saying God's name.

O LORD, open my lips,   *Ps. 51*
so that my mouth may declare Your praise.

PATRIARCHS

▾בָּרוּךְ Blessed are You, LORD our God and God of our fathers,
God of Abraham, God of Isaac and God of Jacob;
the great, mighty and awesome God, God Most High,
who bestows acts of loving-kindness and creates all,
who remembers the loving-kindness of the fathers and will bring
a Redeemer to their children's children
for the sake of His name, in love.
King, Helper, Savior, Shield:
▾Blessed are You, LORD, Shield of Abraham.

◂ שִׁירָה חֲדָשָׁה שִׁבְּחוּ גְאוּלִים
לְשִׁמְךָ עַל שְׂפַת הַיָּם
יַחַד כֻּלָּם הוֹדוּ וְהִמְלִיכוּ
וְאָמְרוּ
יהוה יִמְלֹךְ לְעֹלָם וָעֶד: שמות טו

The קהל *should end the following blessing together with the* שליח ציבור *so as to be able to move directly from the words* גָּאַל יִשְׂרָאֵל *to the* עמידה*, without the interruption of saying* אמן.

◂ צוּר יִשְׂרָאֵל, קוּמָה בְּעֶזְרַת יִשְׂרָאֵל
וּפְדֵה כִנְאֻמֶךָ יְהוּדָה וְיִשְׂרָאֵל.
גֹּאֲלֵנוּ יהוה צְבָאוֹת שְׁמוֹ, קְדוֹשׁ יִשְׂרָאֵל: ישעיה מז
בָּרוּךְ אַתָּה יהוה, גָּאַל יִשְׂרָאֵל.

עמידה

The following prayer, until קַדְמֹנִיּוֹת *on page 803, is said standing with feet together in imitation of the angels in Ezekiel's vision* (יחזקאל א, ז)*. The* עמידה *is said silently, following the precedent of Hannah when she prayed for a child* (שמואל א׳ א, יג)*. If there is a* מנין*, it is repeated aloud by the* שליח ציבור*. Take three steps forward, as if formally entering the place of the Divine Presence. At the points indicated by* ˚*, bend the knees at the first word, bow at the second, and stand straight before saying God's name.*

אֲדֹנָי, שְׂפָתַי תִּפְתָּח, וּפִי יַגִּיד תְּהִלָּתֶךָ: תהלים נא

אבות

˚בָּרוּךְ אַתָּה יהוה, אֱלֹהֵינוּ וֵאלֹהֵי אֲבוֹתֵינוּ
אֱלֹהֵי אַבְרָהָם, אֱלֹהֵי יִצְחָק, וֵאלֹהֵי יַעֲקֹב
הָאֵל הַגָּדוֹל הַגִּבּוֹר וְהַנּוֹרָא, אֵל עֶלְיוֹן
גּוֹמֵל חֲסָדִים טוֹבִים, וְקוֹנֵה הַכֹּל
וְזוֹכֵר חַסְדֵי אָבוֹת
וּמֵבִיא גוֹאֵל לִבְנֵי בְנֵיהֶם לְמַעַן שְׁמוֹ בְּאַהֲבָה.
מֶלֶךְ עוֹזֵר וּמוֹשִׁיעַ וּמָגֵן.
˚בָּרוּךְ אַתָּה יהוה, מָגֵן אַבְרָהָם.

DIVINE MIGHT

אַתָּה גִּבּוֹר You are eternally mighty, LORD.
You give life to the dead and have great power to save.

In Israel:
He causes the dew to fall.

He sustains the living with loving-kindness,
and with great compassion revives the dead.
He supports the fallen, heals the sick, sets captives free,
and keeps His faith with those who sleep in the dust.
Who is like You, Master of might,
and who can compare to You,
O King who brings death and gives life, and makes salvation grow?
Faithful are You to revive the dead.
Blessed are You, LORD, who revives the dead.

When saying the Amida silently, continue with "You are holy" on the next page.

KEDUSHA

During the Leader's Repetition, the following is said standing with feet together, rising on the toes at the words indicated by ▴.

Cong. then Leader: נְקַדֵּשׁ We will sanctify Your name on earth,
as they sanctify it in the highest heavens,
as is written by Your prophet,
"And they [the angels] call to one another saying: *Is. 6*

Cong. then Leader: ▴Holy, ▴holy, ▴holy is the LORD of hosts;
the whole world is filled with His glory."
Those facing them say "Blessed –"

Cong. then Leader: ▴"Blessed is the LORD's glory from His place." *Ezek. 3*
And in Your holy Writings it is written thus:

Cong. then Leader: ▴"The LORD shall reign for ever. He is your God, Zion, *Ps. 146*
from generation to generation, Halleluya!"

Leader: From generation to generation we will declare Your greatness,
and we will proclaim Your holiness for evermore.
Your praise, our God, shall not leave our mouth forever,
for You, God, are a great and holy King.
Blessed are You, LORD, the holy God.

The Leader continues with "You grace humanity" on the next page.

גבורות

אַתָּה גִּבּוֹר לְעוֹלָם, אֲדֹנָי
מְחַיֵּה מֵתִים אַתָּה, רַב לְהוֹשִׁיעַ

In ארץ ישראל*:*
מוֹרִיד הַטָּל

מְכַלְכֵּל חַיִּים בְּחֶסֶד, מְחַיֵּה מֵתִים בְּרַחֲמִים רַבִּים
סוֹמֵךְ נוֹפְלִים, וְרוֹפֵא חוֹלִים, וּמַתִּיר אֲסוּרִים
וּמְקַיֵּם אֱמוּנָתוֹ לִישֵׁנֵי עָפָר.
מִי כָמוֹךָ, בַּעַל גְּבוּרוֹת, וּמִי דּוֹמֶה לָּךְ
מֶלֶךְ, מֵמִית וּמְחַיֶּה וּמַצְמִיחַ יְשׁוּעָה.
וְנֶאֱמָן אַתָּה לְהַחֲיוֹת מֵתִים.
בָּרוּךְ אַתָּה יהוה, מְחַיֵּה הַמֵּתִים.

When saying the עמידה *silently, continue with* אַתָּה קָדוֹשׁ *on the next page.*

קדושה

During חזרת הש״ץ*, the following is said standing*
with feet together, rising on the toes at the words indicated by ˄.

קהל *then* ש״ץ: נְקַדֵּשׁ אֶת שִׁמְךָ בָּעוֹלָם, כְּשֵׁם שֶׁמַּקְדִּישִׁים אוֹתוֹ בִּשְׁמֵי מָרוֹם
ישעיה ו כַּכָּתוּב עַל יַד נְבִיאֶךָ, וְקָרָא זֶה אֶל־זֶה וְאָמַר

קהל *then* ש״ץ: ˄קָדוֹשׁ, ˄קָדוֹשׁ, ˄קָדוֹשׁ, יהוה צְבָאוֹת, מְלֹא כָל־הָאָרֶץ כְּבוֹדוֹ:
לְעֻמָּתָם בָּרוּךְ יֹאמֵרוּ

יחזקאל ג קהל *then* ש״ץ: ˄בָּרוּךְ כְּבוֹד־יהוה מִמְּקוֹמוֹ:
וּבְדִבְרֵי קָדְשְׁךָ כָּתוּב לֵאמֹר

תהלים קמו קהל *then* ש״ץ: ˄יִמְלֹךְ יהוה לְעוֹלָם, אֱלֹהַיִךְ צִיּוֹן לְדֹר וָדֹר, הַלְלוּיָהּ:

ש״ץ: לְדוֹר וָדוֹר נַגִּיד גָּדְלֶךָ, וּלְנֵצַח נְצָחִים קְדֻשָּׁתְךָ נַקְדִּישׁ
וְשִׁבְחֲךָ אֱלֹהֵינוּ מִפִּינוּ לֹא יָמוּשׁ לְעוֹלָם וָעֶד
כִּי אֵל מֶלֶךְ גָּדוֹל וְקָדוֹשׁ אָתָּה.
בָּרוּךְ אַתָּה יהוה, הָאֵל הַקָּדוֹשׁ.

The שליח ציבור *continues with* אַתָּה חוֹנֵן *on the next page.*

HOLINESS

אַתָּה קָדוֹשׁ You are holy and Your name is holy,
and holy ones praise You daily, Selah!
Blessed are You, LORD,
the holy God.

KNOWLEDGE

אַתָּה חוֹנֵן You grace humanity with knowledge
and teach mortals understanding.
Grace us with the knowledge, understanding
and discernment that come from You.
Blessed are You, LORD,
who graciously grants knowledge.

REPENTANCE

הֲשִׁיבֵנוּ Bring us back, our Father, to Your Torah.
Draw us near, our King, to Your service.
Lead us back to You in perfect repentance.
Blessed are You,
LORD, who desires repentance.

FORGIVENESS

Strike the left side of the chest at °.

סְלַח לָנוּ Forgive us, our Father, for we have °sinned.
Pardon us, our King, for we have °transgressed;
for You pardon and forgive.
Blessed are You, LORD,
the gracious One who repeatedly forgives.

REDEMPTION

רְאֵה Look on our affliction, plead our cause,
and redeem us soon for Your name's sake,
for You are a powerful Redeemer.
Blessed are You, LORD,
the Redeemer of Israel.

קדושת השם

אַתָּה קָדוֹשׁ וְשִׁמְךָ קָדוֹשׁ
וּקְדוֹשִׁים בְּכָל יוֹם יְהַלְלֽוּךָ סֶּֽלָה.
בָּרוּךְ אַתָּה יהוה, הָאֵל הַקָּדוֹשׁ.

דעת

אַתָּה חוֹנֵן לְאָדָם דַּֽעַת
וּמְלַמֵּד לֶאֱנוֹשׁ בִּינָה.
חָנֵּֽנוּ מֵאִתְּךָ דֵּעָה בִּינָה וְהַשְׂכֵּל.
בָּרוּךְ אַתָּה יהוה, חוֹנֵן הַדָּֽעַת.

תשובה

הֲשִׁיבֵֽנוּ אָבִֽינוּ לְתוֹרָתֶֽךָ
וְקָרְבֵֽנוּ מַלְכֵּֽנוּ לַעֲבוֹדָתֶֽךָ
וְהַחֲזִירֵֽנוּ בִּתְשׁוּבָה שְׁלֵמָה לְפָנֶֽיךָ.
בָּרוּךְ אַתָּה יהוה, הָרוֹצֶה בִּתְשׁוּבָה.

סליחה

Strike the left side of the chest at °.

סְלַח לָֽנוּ אָבִֽינוּ כִּי °חָטָֽאנוּ
מְחַל לָֽנוּ מַלְכֵּֽנוּ כִּי °פָשָֽׁעְנוּ
כִּי מוֹחֵל וְסוֹלֵֽחַ אָֽתָּה.
בָּרוּךְ אַתָּה יהוה, חַנּוּן הַמַּרְבֶּה לִסְלֹֽחַ.

גאולה

רְאֵה בְעָנְיֵֽנוּ, וְרִיבָה רִיבֵֽנוּ
וּגְאָלֵֽנוּ מְהֵרָה לְמַֽעַן שְׁמֶֽךָ
כִּי גּוֹאֵל חָזָק אָֽתָּה.
בָּרוּךְ אַתָּה יהוה, גּוֹאֵל יִשְׂרָאֵל.

HEALING

רְפָאֵנוּ Heal us, LORD, and we shall be healed.
Save us and we shall be saved, for You are our praise.
Bring complete recovery for all our ailments,

The following prayer for a sick person may be said here:
May it be Your will, O LORD my God and God of my ancestors, that You
speedily send a complete recovery from heaven, a healing of both soul and
body, to the patient (*name*), son/daughter of (*mother's name*) among the
other afflicted of Israel.

---

for You, God, King, are a faithful and compassionate Healer.
Blessed are You, LORD, Healer of the sick of His people Israel.

PROSPERITY

בָּרֵךְ Bless this year for us, LORD our God,
and all its types of produce for good.
Grant blessing on the face of the earth,
and from its goodness satisfy us,
blessing our year as the best of years.
Blessed are You, LORD, who blesses the years.

INGATHERING OF EXILES

תְּקַע Sound the great shofar for our freedom,
raise high the banner to gather our exiles,
and gather us together from the four quarters of the earth.
Blessed are You, LORD,
who gathers the dispersed of His people Israel.

JUSTICE

הָשִׁיבָה Restore our judges as at first,
and our counselors as at the beginning,
and remove from us sorrow and sighing.
May You alone, LORD,
reign over us with loving-kindness and compassion,
and vindicate us in justice.
Blessed are You, LORD,
the King who loves righteousness and justice.

רפואה

רְפָאֵנוּ יהוה וְנֵרָפֵא
הוֹשִׁיעֵנוּ וְנִוָּשֵׁעָה, כִּי תְהִלָּתֵנוּ אָתָּה
וְהַעֲלֵה רְפוּאָה שְׁלֵמָה לְכָל מַכּוֹתֵינוּ

The following prayer for a sick person may be said here:

יְהִי רָצוֹן מִלְּפָנֶיךָ יהוה אֱלֹהַי וֵאלֹהֵי אֲבוֹתַי, שֶׁתִּשְׁלַח מְהֵרָה רְפוּאָה שְׁלֵמָה
מִן הַשָּׁמַיִם רְפוּאַת הַנֶּפֶשׁ וּרְפוּאַת הַגּוּף לַחוֹלֶה/לַחוֹלָה *name of patient*
בֶּן/בַּת *mother's name* בְּתוֹךְ שְׁאָר חוֹלֵי יִשְׂרָאֵל.

כִּי אֵל מֶלֶךְ רוֹפֵא נֶאֱמָן וְרַחֲמָן אָתָּה.
בָּרוּךְ אַתָּה יהוה, רוֹפֵא חוֹלֵי עַמּוֹ יִשְׂרָאֵל.

ברכת השנים

בָּרֵךְ עָלֵינוּ יהוה אֱלֹהֵינוּ אֶת הַשָּׁנָה הַזֹּאת
וְאֶת כָּל מִינֵי תְבוּאָתָהּ, לְטוֹבָה
וְתֵן בְּרָכָה עַל פְּנֵי הָאֲדָמָה, וְשַׂבְּעֵנוּ מִטּוּבָהּ
וּבָרֵךְ שְׁנָתֵנוּ כַּשָּׁנִים הַטּוֹבוֹת.
בָּרוּךְ אַתָּה יהוה, מְבָרֵךְ הַשָּׁנִים.

קבוץ גלויות

תְּקַע בְּשׁוֹפָר גָּדוֹל לְחֵרוּתֵנוּ, וְשָׂא נֵס לְקַבֵּץ גָּלֻיּוֹתֵינוּ
וְקַבְּצֵנוּ יַחַד מֵאַרְבַּע כַּנְפוֹת הָאָרֶץ.
בָּרוּךְ אַתָּה יהוה, מְקַבֵּץ נִדְחֵי עַמּוֹ יִשְׂרָאֵל.

השבת המשפט

הָשִׁיבָה שׁוֹפְטֵינוּ כְּבָרִאשׁוֹנָה וְיוֹעֲצֵינוּ כְּבַתְּחִלָּה
וְהָסֵר מִמֶּנּוּ יָגוֹן וַאֲנָחָה
וּמְלֹךְ עָלֵינוּ אַתָּה יהוה לְבַדְּךָ בְּחֶסֶד וּבְרַחֲמִים
וְצַדְּקֵנוּ בַּמִּשְׁפָּט.
בָּרוּךְ אַתָּה יהוה, מֶלֶךְ אוֹהֵב צְדָקָה וּמִשְׁפָּט.

AGAINST INFORMERS

וְלַמַּלְשִׁינִים For the slanderers let there be no hope,
and may all wickedness perish in an instant.
May all Your people's enemies swiftly be cut down.
May You swiftly uproot, crush, cast down
and humble the arrogant swiftly in our days.
Blessed are You, LORD,
who destroys enemies and humbles the arrogant.

THE RIGHTEOUS

עַל הַצַּדִּיקִים To the righteous, the pious,
the elders of Your people the house of Israel,
the remnant of their scholars, the righteous converts, and to us,
may Your compassion be aroused, LORD our God.
Grant a good reward to all who sincerely trust in Your name.
Set our lot with them,
so that we may never be ashamed, for in You we trust.
Blessed are You, LORD,
who is the support and trust of the righteous.

REBUILDING JERUSALEM

וְלִירוּשָׁלַיִם To Jerusalem, Your city, may You return in compassion,
and may You dwell in it as You promised.
May You rebuild it rapidly in our days as an everlasting structure,
and install within it soon the throne of David.
Blessed are You, LORD,
who builds Jerusalem.

KINGDOM OF DAVID

אֶת צֶמַח May the offshoot of Your servant David soon flower,
and may his pride be raised high by Your salvation,
for we wait for Your salvation all day.
Blessed are You, LORD,
who makes the glory of salvation flourish.

ברכת המינים

וְלַמַּלְשִׁינִים אַל תְּהִי תִקְוָה, וְכָל הָרִשְׁעָה כְּרֶגַע תֹּאבֵד
וְכָל אוֹיְבֵי עַמְּךָ מְהֵרָה יִכָּרֵתוּ
וְהַזֵּדִים מְהֵרָה תְעַקֵּר וּתְשַׁבֵּר וּתְמַגֵּר וְתַכְנִיעַ בִּמְהֵרָה בְיָמֵינוּ.
בָּרוּךְ אַתָּה יהוה, שׁוֹבֵר אוֹיְבִים וּמַכְנִיעַ זֵדִים.

על הצדיקים

עַל הַצַּדִּיקִים וְעַל הַחֲסִידִים
וְעַל זִקְנֵי עַמְּךָ בֵּית יִשְׂרָאֵל
וְעַל פְּלֵיטַת סוֹפְרֵיהֶם
וְעַל גֵּרֵי הַצֶּדֶק, וְעָלֵינוּ
יֶהֱמוּ רַחֲמֶיךָ יהוה אֱלֹהֵינוּ
וְתֵן שָׂכָר טוֹב לְכָל הַבּוֹטְחִים בְּשִׁמְךָ בֶּאֱמֶת
וְשִׂים חֶלְקֵנוּ עִמָּהֶם, וּלְעוֹלָם לֹא נֵבוֹשׁ כִּי בְךָ בָטָחְנוּ.
בָּרוּךְ אַתָּה יהוה, מִשְׁעָן וּמִבְטָח לַצַּדִּיקִים.

בניין ירושלים

וְלִירוּשָׁלַיִם עִירְךָ בְּרַחֲמִים תָּשׁוּב
וְתִשְׁכֹּן בְּתוֹכָהּ כַּאֲשֶׁר דִּבַּרְתָּ
וּבְנֵה אוֹתָהּ בְּקָרוֹב בְּיָמֵינוּ בִּנְיַן עוֹלָם
וְכִסֵּא דָוִד מְהֵרָה לְתוֹכָהּ תָּכִין.
בָּרוּךְ אַתָּה יהוה, בּוֹנֵה יְרוּשָׁלָיִם.

מלכות בית דוד

אֶת צֶמַח דָּוִד עַבְדְּךָ מְהֵרָה תַצְמִיחַ, וְקַרְנוֹ תָּרוּם בִּישׁוּעָתֶךָ
כִּי לִישׁוּעָתְךָ קִוִּינוּ כָּל הַיּוֹם.
בָּרוּךְ אַתָּה יהוה, מַצְמִיחַ קֶרֶן יְשׁוּעָה.

RESPONSE TO PRAYER

שְׁמַע קוֹלֵנוּ Listen to our voice, LORD our God.
Spare us and have compassion on us,
and in compassion and favor accept our prayer,
for You, God, listen to prayers and pleas.
Do not turn us away, O our King, empty-handed from Your presence,
for You listen with compassion to the prayer of Your people Israel.
Blessed are You, LORD, who listens to prayer.

TEMPLE SERVICE

רְצֵה Find favor, LORD our God,
in Your people Israel and their prayer.
Restore the service to Your most holy House,
and accept in love and favor
the fire-offerings of Israel and their prayer.
May the service of Your people Israel always find favor with You.

אֱלֹהֵינוּ Our God and God of our ancestors,
may there rise, come, reach, appear, be favored, heard,
regarded and remembered before You,
our recollection and remembrance,
as well as the remembrance of our ancestors,
and of the Messiah son of David Your servant,
and of Jerusalem Your holy city,
and of all Your people the house of Israel –
for deliverance and well-being,
grace, loving-kindness and compassion, life and peace,
on this day of the Festival of Matzot.
On it remember us, LORD our God, for good;
recollect us for blessing, and deliver us for life.
In accord with Your promise of salvation and compassion,
spare us and be gracious to us;
have compassion on us and deliver us,
for our eyes are turned to You
because You, God, are a gracious and compassionate King.

שומע תפלה

שְׁמַע קוֹלֵנוּ יהוה אֱלֹהֵינוּ

חוּס וְרַחֵם עָלֵינוּ, וְקַבֵּל בְּרַחֲמִים וּבְרָצוֹן אֶת תְּפִלָּתֵנוּ

כִּי אֵל שׁוֹמֵעַ תְּפִלּוֹת וְתַחֲנוּנִים אָתָּה

וּמִלְּפָנֶיךָ מַלְכֵּנוּ רֵיקָם אַל תְּשִׁיבֵנוּ

כִּי אַתָּה שׁוֹמֵעַ תְּפִלַּת עַמְּךָ יִשְׂרָאֵל בְּרַחֲמִים.

בָּרוּךְ אַתָּה יהוה, שׁוֹמֵעַ תְּפִלָּה.

עבודה

רְצֵה יהוה אֱלֹהֵינוּ בְּעַמְּךָ יִשְׂרָאֵל וּבִתְפִלָּתָם

וְהָשֵׁב אֶת הָעֲבוֹדָה לִדְבִיר בֵּיתֶךָ

וְאִשֵּׁי יִשְׂרָאֵל וּתְפִלָּתָם בְּאַהֲבָה תְקַבֵּל בְּרָצוֹן

וּתְהִי לְרָצוֹן תָּמִיד עֲבוֹדַת יִשְׂרָאֵל עַמֶּךָ.

אֱלֹהֵינוּ וֵאלֹהֵי אֲבוֹתֵינוּ

יַעֲלֶה וְיָבוֹא וְיַגִּיעַ, וְיֵרָאֶה וְיֵרָצֶה וְיִשָּׁמַע

וְיִפָּקֵד וְיִזָּכֵר זִכְרוֹנֵנוּ וּפִקְדוֹנֵנוּ וְזִכְרוֹן אֲבוֹתֵינוּ

וְזִכְרוֹן מָשִׁיחַ בֶּן דָּוִד עַבְדֶּךָ

וְזִכְרוֹן יְרוּשָׁלַיִם עִיר קָדְשֶׁךָ

וְזִכְרוֹן כָּל עַמְּךָ בֵּית יִשְׂרָאֵל, לְפָנֶיךָ

לִפְלֵיטָה לְטוֹבָה, לְחֵן וּלְחֶסֶד וּלְרַחֲמִים, לְחַיִּים וּלְשָׁלוֹם

בְּיוֹם חַג הַמַּצּוֹת הַזֶּה.

זָכְרֵנוּ יהוה אֱלֹהֵינוּ בּוֹ לְטוֹבָה

וּפָקְדֵנוּ בוֹ לִבְרָכָה, וְהוֹשִׁיעֵנוּ בוֹ לְחַיִּים.

וּבִדְבַר יְשׁוּעָה וְרַחֲמִים

חוּס וְחָנֵּנוּ, וְרַחֵם עָלֵינוּ וְהוֹשִׁיעֵנוּ

כִּי אֵלֶיךָ עֵינֵינוּ, כִּי אֵל מֶלֶךְ חַנּוּן וְרַחוּם אָתָּה.

וְתֶחֱזֶינָה And may our eyes witness
Your return to Zion in compassion.
Blessed are You, LORD, who restores His Presence to Zion.

THANKSGIVING

Bow at the first nine words.

מוֹדִים We give thanks to You,
for You are the LORD our God
and God of our ancestors
for ever and all time.
You are the Rock of our lives,
Shield of our salvation
from generation to generation.
We will thank You and
declare Your praise for our lives,
which are entrusted into Your hand;
for our souls,
which are placed in Your charge;
for Your miracles
which are with us every day;
and for Your wonders and favors
at all times, evening,
morning and midday.
You are good –
for Your compassion never fails.
You are compassionate –
for Your loving-kindnesses never cease.
We have always placed our hope in You.

*During the Leader's Repetition,
the congregation says quietly:*

מוֹדִים We give thanks to You,
for You are the LORD our God
and God of our ancestors,
God of all flesh,
who formed us
and formed the universe.
Blessings and thanks are due
to Your great and holy name
for giving us life
and sustaining us.
May You continue
to give us life and sustain us;
and may You gather our exiles
to Your holy courts,
to keep Your decrees,
do Your will and serve You
with a perfect heart,
for it is for us to give You
thanks.
Blessed be God to whom
thanksgiving is due.

וְעַל כֻּלָּם For all these things may Your name be blessed
and exalted, our King, continually, for ever and all time.
Let all that lives thank You, Selah! and praise Your name in truth,
God, our Savior and Help, Selah!
Blessed are You, LORD, whose name is "the Good"
and to whom thanks are due.

וְתֶחֱזֶינָה עֵינֵינוּ בְּשׁוּבְךָ לְצִיּוֹן בְּרַחֲמִים.
בָּרוּךְ אַתָּה יהוה, הַמַּחֲזִיר שְׁכִינָתוֹ לְצִיּוֹן.

הודאה

Bow at the first five words.

מוֹדִים אֲנַחְנוּ לָךְ
שָׁאַתָּה הוּא יהוה אֱלֹהֵינוּ
וֵאלֹהֵי אֲבוֹתֵינוּ לְעוֹלָם וָעֶד.
צוּר חַיֵּינוּ, מָגֵן יִשְׁעֵנוּ
אַתָּה הוּא לְדוֹר וָדוֹר.
נוֹדֶה לְּךָ וּנְסַפֵּר תְּהִלָּתֶךָ
עַל חַיֵּינוּ הַמְּסוּרִים בְּיָדֶךָ
וְעַל נִשְׁמוֹתֵינוּ הַפְּקוּדוֹת לָךְ
וְעַל נִסֶּיךָ שֶׁבְּכָל יוֹם עִמָּנוּ
וְעַל נִפְלְאוֹתֶיךָ וְטוֹבוֹתֶיךָ
שֶׁבְּכָל עֵת,
עֶרֶב וָבֹקֶר וְצָהֳרָיִם.
הַטּוֹב, כִּי לֹא כָלוּ רַחֲמֶיךָ
וְהַמְרַחֵם, כִּי לֹא תַמּוּ חֲסָדֶיךָ
מֵעוֹלָם קִוִּינוּ לָךְ.

During חזרת הש״ץ*, the* קהל *says quietly:*

מוֹדִים אֲנַחְנוּ לָךְ
שָׁאַתָּה הוּא יהוה אֱלֹהֵינוּ
וֵאלֹהֵי אֲבוֹתֵינוּ
אֱלֹהֵי כָל בָּשָׂר
יוֹצְרֵנוּ, יוֹצֵר בְּרֵאשִׁית.
בְּרָכוֹת וְהוֹדָאוֹת
לְשִׁמְךָ הַגָּדוֹל וְהַקָּדוֹשׁ
עַל שֶׁהֶחֱיִיתָנוּ וְקִיַּמְתָּנוּ.
כֵּן תְּחַיֵּנוּ וּתְקַיְּמֵנוּ
וְתֶאֱסֹף גָּלֻיּוֹתֵינוּ
לְחַצְרוֹת קָדְשֶׁךָ
לִשְׁמֹר חֻקֶּיךָ וְלַעֲשׂוֹת רְצוֹנֶךָ
וּלְעָבְדְּךָ בְּלֵבָב שָׁלֵם
עַל שֶׁאֲנַחְנוּ מוֹדִים לָךְ.
בָּרוּךְ אֵל הַהוֹדָאוֹת.

וְעַל כֻּלָּם יִתְבָּרַךְ וְיִתְרוֹמַם שִׁמְךָ מַלְכֵּנוּ תָּמִיד לְעוֹלָם וָעֶד.
וְכֹל הַחַיִּים יוֹדְוּךָ סֶּלָה, וִיהַלְלוּ אֶת שִׁמְךָ בֶּאֱמֶת
הָאֵל יְשׁוּעָתֵנוּ וְעֶזְרָתֵנוּ סֶלָה.
בָּרוּךְ אַתָּה יהוה, הַטּוֹב שִׁמְךָ וּלְךָ נָאֶה לְהוֹדוֹת.

The following is said by the Leader during the Repetition of the Amida. In Israel, if Kohanim bless the congregation, turn to page 1150.

Our God and God of our fathers, bless us with the threefold blessing in the Torah, written by the hand of Moses Your servant and pronounced by Aaron and his sons the priests, Your holy people, as it is said:

> May the LORD bless you and protect you. *Num. 6*
> > *Cong:* May it be Your will.
> May the LORD make His face shine on you and be gracious to you.
> > *Cong:* May it be Your will.
> May the LORD turn His face toward you, and grant you peace.
> > *Cong:* May it be Your will.

PEACE

שִׂים שָׁלוֹם Grant peace, goodness and blessing,
grace, loving-kindness and compassion
to us and all Israel Your people.
Bless us, our Father, all as one, with the light of Your face,
for by the light of Your face You have given us, LORD our God,
the Torah of life and love of kindness,
righteousness, blessing, compassion, life and peace.
May it be good in Your eyes to bless Your people Israel
at every time, in every hour, with Your peace.
Blessed are You, LORD, who blesses His people Israel with peace.

The following verse concludes the Leader's Repetition of the Amida. Some also say it here as part of the silent Amida.

May the words of my mouth and the meditation of my heart *Ps. 19*
find favor before You, LORD, my Rock and Redeemer.

אֱלֹהַי My God, *Berakhot 17a*
guard my tongue from evil and my lips from deceitful speech.
To those who curse me, let my soul be silent;
may my soul be to all like the dust.
Open my heart to Your Torah and let my soul
pursue Your commandments.
As for all who plan evil against me,
swiftly thwart their counsel and frustrate their plans.

The following is said by the שליח ציבור *during* חורת הש״ץ*. In* ארץ ישראל *if* כהנים *say* ברכת כהנים *turn to page 1151.*

אֱלֹהֵינוּ וֵאלֹהֵי אֲבוֹתֵינוּ, בָּרְכֵנוּ בַבְּרָכָה הַמְשֻׁלֶּשֶׁת בַּתּוֹרָה, הַכְּתוּבָה עַל יְדֵי מֹשֶׁה עַבְדֶּךָ, הָאֲמוּרָה מִפִּי אַהֲרֹן וּבָנָיו כֹּהֲנִים עַם קְדוֹשֶׁךָ, כָּאָמוּר

במדבר ו יְבָרֶכְךָ יהוה וְיִשְׁמְרֶךָ: קהל: כֵּן יְהִי רָצוֹן

יָאֵר יהוה פָּנָיו אֵלֶיךָ וִיחֻנֶּךָּ: קהל: כֵּן יְהִי רָצוֹן

יִשָּׂא יהוה פָּנָיו אֵלֶיךָ וְיָשֵׂם לְךָ שָׁלוֹם: קהל: כֵּן יְהִי רָצוֹן

שלום

שִׂים שָׁלוֹם טוֹבָה וּבְרָכָה
חֵן וָחֶסֶד וְרַחֲמִים עָלֵינוּ וְעַל כָּל יִשְׂרָאֵל עַמֶּךָ.
בָּרְכֵנוּ אָבִינוּ כֻּלָּנוּ כְּאֶחָד בְּאוֹר פָּנֶיךָ
כִּי בְאוֹר פָּנֶיךָ נָתַתָּ לָּנוּ יהוה אֱלֹהֵינוּ
תּוֹרַת חַיִּים וְאַהֲבַת חֶסֶד
וּצְדָקָה וּבְרָכָה וְרַחֲמִים וְחַיִּים וְשָׁלוֹם.
וְטוֹב בְּעֵינֶיךָ לְבָרֵךְ אֶת עַמְּךָ יִשְׂרָאֵל
בְּכָל עֵת וּבְכָל שָׁעָה בִּשְׁלוֹמֶךָ.
בָּרוּךְ אַתָּה יהוה, הַמְבָרֵךְ אֶת עַמּוֹ יִשְׂרָאֵל בַּשָּׁלוֹם.

The following verse concludes the חזרת הש״ץ*.*
Some also say it here as part of the silent עמידה*.*

תהלים יט יִהְיוּ לְרָצוֹן אִמְרֵי־פִי וְהֶגְיוֹן לִבִּי לְפָנֶיךָ, יהוה צוּרִי וְגֹאֲלִי:

ברכות יז. **אֱלֹהַי**

נְצֹר לְשׁוֹנִי מֵרָע וּשְׂפָתַי מִדַּבֵּר מִרְמָה
וְלִמְקַלְלַי נַפְשִׁי תִדֹּם, וְנַפְשִׁי כֶּעָפָר לַכֹּל תִּהְיֶה.
פְּתַח לִבִּי בְּתוֹרָתֶךָ, וּבְמִצְוֹתֶיךָ תִּרְדֹּף נַפְשִׁי.
וְכָל הַחוֹשְׁבִים עָלַי רָעָה
מְהֵרָה הָפֵר עֲצָתָם וְקַלְקֵל מַחֲשַׁבְתָּם.

Act for the sake of Your name;
act for the sake of Your right hand;
act for the sake of Your holiness;
act for the sake of Your Torah.

That Your beloved ones may be delivered, *Ps. 60*
save with Your right hand and answer me.

May the words of my mouth and the meditation of my heart *Ps. 19*
find favor before You, LORD, my Rock and Redeemer.

Bow, take three steps back, then bow, first left, then right, then center, while saying:

May He who makes peace in His high places,
make peace for us and all Israel –
and say: Amen.

יְהִי רָצוֹן May it be Your will, LORD our God and God of our ancestors,
that the Temple be rebuilt speedily in our days,
and grant us a share in Your Torah.
And there we will serve You with reverence,
as in the days of old and as in former years.
Then the offering of Judah and Jerusalem will be pleasing to the LORD *Mal. 3*
as in the days of old and as in former years.

*When praying with a minyan, the Amida is repeated aloud by the Leader.
After the Repetition, the congregants remove their tefillin; some hold that the Leader
keeps them on until the Full Kaddish. On the first day of Ḥol HaMo'ed, some
have the custom to keep their tefillin on until the Reading of the Torah.*

עֲשֵׂה לְמַעַן שְׁמֶךָ
עֲשֵׂה לְמַעַן יְמִינֶךָ
עֲשֵׂה לְמַעַן קְדֻשָּׁתֶךָ
עֲשֵׂה לְמַעַן תּוֹרָתֶךָ.

לְמַעַן יֵחָלְצוּן יְדִידֶיךָ, הוֹשִׁיעָה יְמִינְךָ וַעֲנֵנִי: תהלים ס

יִהְיוּ לְרָצוֹן אִמְרֵי־פִי וְהֶגְיוֹן לִבִּי לְפָנֶיךָ, יהוה צוּרִי וְגֹאֲלִי: תהלים יט

Bow, take three steps back, then bow, first left, then right, then center, while saying:

עֹשֶׂה שָׁלוֹם בִּמְרוֹמָיו
הוּא יַעֲשֶׂה שָׁלוֹם עָלֵינוּ וְעַל כָּל יִשְׂרָאֵל
וְאִמְרוּ אָמֵן.

יְהִי רָצוֹן מִלְּפָנֶיךָ יהוה אֱלֹהֵינוּ וֵאלֹהֵי אֲבוֹתֵינוּ
שֶׁיִּבָּנֶה בֵּית הַמִּקְדָּשׁ בִּמְהֵרָה בְיָמֵינוּ
וְתֵן חֶלְקֵנוּ בְּתוֹרָתֶךָ
וְשָׁם נַעֲבָדְךָ בְּיִרְאָה כִּימֵי עוֹלָם וּכְשָׁנִים קַדְמוֹנִיּוֹת.
וְעָרְבָה לַיהוה מִנְחַת יְהוּדָה וִירוּשָׁלָםִ כִּימֵי עוֹלָם וּכְשָׁנִים קַדְמֹנִיּוֹת: מלאכי ג

When praying with a מנין*, the* עמידה *is repeated aloud by the* שליח ציבור*.*
After חזרת הש״ץ*, the congregants remove their* תפילין*; some hold that the* שליח ציבור *keeps them on until the* קדיש שלם*. On the first day of* חול המועד*, some have the custom to keep their* תפילין *on until the* קריאת התורה*.*

HALF HALLEL

בָּרוּךְ Blessed are You, LORD our God, King of the Universe, who has made us holy through His commandments and has commanded us to recite the Hallel.

הַלְלוּיָהּ Halleluya! Servants of the LORD, give praise; praise the name *Ps. 113* of the LORD. Blessed be the name of the LORD now and for evermore. From the rising of the sun to its setting, may the LORD's name be praised. High is the LORD above all nations; His glory is above the heavens. Who is like the LORD our God, who sits enthroned so high, yet turns so low to see the heavens and the earth? ‣ He raises the poor from the dust and the needy from the refuse heap, giving them a place alongside princes, the princes of His people. He makes the woman in a childless house a happy mother of children. Halleluya!

בְּצֵאת When Israel came out of Egypt, the house of Jacob from a *Ps. 114* people of foreign tongue, Judah became His sanctuary, Israel His dominion. The sea saw and fled; the Jordan turned back. The mountains skipped like rams, the hills like lambs. ‣ Why was it, sea, that you fled? Jordan, why did you turn back? Why, mountains, did you skip like rams, and you, hills, like lambs? It was at the presence of the LORD, Creator of the earth, at the presence of the God of Jacob, who turned the rock into a pool of water, flint into a flowing spring.

יהוה זְכָרָנוּ The LORD remembers us and will bless us. He will bless *Ps. 115* the house of Israel. He will bless the house of Aaron. He will bless those who fear the LORD, small and great alike. May the LORD give you increase: you and your children. May you be blessed by the LORD, Maker of heaven and earth. ‣ The heavens are the LORD's, but the earth He has given over to mankind. It is not the dead who praise the LORD, nor those who go down to the silent grave. But we will bless the LORD, now and for ever. Halleluya!

הלל (בדילוג)

בָּרוּךְ אַתָּה יהוה אֱלֹהֵינוּ מֶלֶךְ הָעוֹלָם
אֲשֶׁר קִדְּשָׁנוּ בְּמִצְוֹתָיו וְצִוָּנוּ לִקְרֹא אֶת הַהַלֵּל.

תהלים קיג

הַלְלוּיָהּ, הַלְלוּ עַבְדֵי יהוה, הַלְלוּ אֶת־שֵׁם יהוה: יְהִי שֵׁם יהוה
מְבֹרָךְ, מֵעַתָּה וְעַד־עוֹלָם: מִמִּזְרַח־שֶׁמֶשׁ עַד־מְבוֹאוֹ, מְהֻלָּל
שֵׁם יהוה: רָם עַל־כָּל־גּוֹיִם יהוה, עַל הַשָּׁמַיִם כְּבוֹדוֹ: מִי כַּיהוה
אֱלֹהֵינוּ, הַמַּגְבִּיהִי לָשָׁבֶת: הַמַּשְׁפִּילִי לִרְאוֹת, בַּשָּׁמַיִם וּבָאָרֶץ:
◂ מְקִימִי מֵעָפָר דָּל, מֵאַשְׁפֹּת יָרִים אֶבְיוֹן: לְהוֹשִׁיבִי עִם־נְדִיבִים,
עִם נְדִיבֵי עַמּוֹ: מוֹשִׁיבִי עֲקֶרֶת הַבַּיִת, אֵם־הַבָּנִים שְׂמֵחָה,
הַלְלוּיָהּ:

תהלים קיד

בְּצֵאת יִשְׂרָאֵל מִמִּצְרָיִם, בֵּית יַעֲקֹב מֵעַם לֹעֵז: הָיְתָה יְהוּדָה
לְקָדְשׁוֹ, יִשְׂרָאֵל מַמְשְׁלוֹתָיו: הַיָּם רָאָה וַיָּנֹס, הַיַּרְדֵּן יִסֹּב לְאָחוֹר:
הֶהָרִים רָקְדוּ כְאֵילִים, גְּבָעוֹת כִּבְנֵי־צֹאן: ◂ מַה־לְּךָ הַיָּם כִּי תָנוּס,
הַיַּרְדֵּן תִּסֹּב לְאָחוֹר: הֶהָרִים תִּרְקְדוּ כְאֵילִים, גְּבָעוֹת כִּבְנֵי־צֹאן:
מִלִּפְנֵי אָדוֹן חוּלִי אָרֶץ, מִלִּפְנֵי אֱלוֹהַּ יַעֲקֹב: הַהֹפְכִי הַצּוּר אֲגַם־
מָיִם, חַלָּמִישׁ לְמַעְיְנוֹ־מָיִם:

תהלים קטו

יהוה זְכָרָנוּ יְבָרֵךְ, יְבָרֵךְ אֶת־בֵּית יִשְׂרָאֵל, יְבָרֵךְ אֶת־בֵּית אַהֲרֹן:
יְבָרֵךְ יִרְאֵי יהוה, הַקְּטַנִּים עִם־הַגְּדֹלִים: יֹסֵף יהוה עֲלֵיכֶם, עֲלֵיכֶם
וְעַל־בְּנֵיכֶם: בְּרוּכִים אַתֶּם לַיהוה, עֹשֵׂה שָׁמַיִם וָאָרֶץ: ◂ הַשָּׁמַיִם
שָׁמַיִם לַיהוה, וְהָאָרֶץ נָתַן לִבְנֵי־אָדָם: לֹא הַמֵּתִים יְהַלְלוּ־יָהּ, וְלֹא
כָּל־יֹרְדֵי דוּמָה: וַאֲנַחְנוּ נְבָרֵךְ יָהּ, מֵעַתָּה וְעַד־עוֹלָם, הַלְלוּיָהּ:

מָה־אָשִׁיב How can I repay the Lᴏʀᴅ for all His goodness to me? I will lift *Ps. 116*
the cup of salvation and call on the name of the Lᴏʀᴅ. I will fulfill my vows
to the Lᴏʀᴅ in the presence of all His people. Grievous in the Lᴏʀᴅ's sight
is the death of His devoted ones. Truly, Lᴏʀᴅ, I am Your servant; I am Your
servant, the son of Your maidservant. You set me free from my chains. ▸ To
You I shall bring a thanksgiving-offering and call on the Lᴏʀᴅ by name. I will
fulfill my vows to the Lᴏʀᴅ in the presence of all His people, in the courts of
the House of the Lᴏʀᴅ, in your midst, Jerusalem. Halleluya.

הַלְלוּ Praise the Lᴏʀᴅ, all nations; acclaim Him, all you peoples; *Ps. 117*
for His loving-kindness to us is strong,
and the Lᴏʀᴅ's faithfulness is everlasting.
Halleluya.

The following verses are chanted by the Leader.
At the end of each verse, the congregation responds,
"Thank the Lᴏʀᴅ for He is good; His loving-kindness is for ever."

הוֹדוּ Thank the Lᴏʀᴅ for He is good;	His loving-kindness is for ever. *Ps. 118*
Let Israel say	His loving-kindness is for ever.
Let the house of Aaron say	His loving-kindness is for ever.
Let those who fear the Lᴏʀᴅ say	His loving-kindness is for ever.

מִן־הַמֵּצַר In my distress I called on the Lᴏʀᴅ. The Lᴏʀᴅ answered me and set
me free. The Lᴏʀᴅ is with me; I will not be afraid. What can man do to me?
The Lᴏʀᴅ is with me. He is my Helper. I will see the downfall of my enemies.
It is better to take refuge in the Lᴏʀᴅ than to trust in man. It is better to take
refuge in the Lᴏʀᴅ than to trust in princes. The nations all surrounded me,
but in the Lᴏʀᴅ's name I drove them off. They surrounded me on every side,
but in the Lᴏʀᴅ's name I drove them off. They surrounded me like bees, they
attacked me as fire attacks brushwood, but in the Lᴏʀᴅ's name I drove them
off. They thrust so hard against me, I nearly fell, but the Lᴏʀᴅ came to my
help. The Lᴏʀᴅ is my strength and my song; He has become my salvation.
Sounds of song and salvation resound in the tents of the righteous: "The
Lᴏʀᴅ's right hand has done mighty deeds. The Lᴏʀᴅ's right hand is lifted
high. The Lᴏʀᴅ's right hand has done mighty deeds." I will not die but live,
and tell what the Lᴏʀᴅ has done. The Lᴏʀᴅ has chastened me severely, but
He has not given me over to death. ▸ Open for me the gates of righteousness
that I may enter them and thank the Lᴏʀᴅ. This is the gateway to the Lᴏʀᴅ;
through it, the righteous shall enter.

תהלים קטז
מָה־אָשִׁיב לַיהוה, כָּל־תַּגְמוּלוֹהִי עָלָי: כּוֹס־יְשׁוּעוֹת אֶשָּׂא, וּבְשֵׁם יהוה אֶקְרָא: נְדָרַי לַיהוה אֲשַׁלֵּם, נֶגְדָה־נָּא לְכָל־עַמּוֹ: יָקָר בְּעֵינֵי יהוה, הַמָּוְתָה לַחֲסִידָיו: אָנָּה יהוה כִּי־אֲנִי עַבְדֶּךָ, אֲנִי־עַבְדְּךָ בֶּן־אֲמָתֶךָ, פִּתַּחְתָּ לְמוֹסֵרָי: ◂ לְךָ־אֶזְבַּח זֶבַח תּוֹדָה, וּבְשֵׁם יהוה אֶקְרָא: נְדָרַי לַיהוה אֲשַׁלֵּם, נֶגְדָה־נָּא לְכָל־עַמּוֹ: בְּחַצְרוֹת בֵּית יהוה, בְּתוֹכֵכִי יְרוּשָׁלָםִ, הַלְלוּיָהּ:

תהלים קיז
הַלְלוּ אֶת־יהוה כָּל־גּוֹיִם, שַׁבְּחוּהוּ כָּל־הָאֻמִּים:
כִּי גָבַר עָלֵינוּ חַסְדּוֹ, וֶאֱמֶת־יהוה לְעוֹלָם
הַלְלוּיָהּ:

The following verses are chanted by the שליח ציבור.
At the end of each verse, the קהל *responds:* הוֹדוּ לַיהוה כִּי־טוֹב, כִּי לְעוֹלָם חַסְדּוֹ.

תהלים קיח
הוֹדוּ לַיהוה כִּי־טוֹב — כִּי לְעוֹלָם חַסְדּוֹ:
יֹאמַר־נָא יִשְׂרָאֵל — כִּי לְעוֹלָם חַסְדּוֹ:
יֹאמְרוּ־נָא בֵית־אַהֲרֹן — כִּי לְעוֹלָם חַסְדּוֹ:
יֹאמְרוּ־נָא יִרְאֵי יהוה — כִּי לְעוֹלָם חַסְדּוֹ:

מִן־הַמֵּצַר קָרָאתִי יָּהּ, עָנָנִי בַמֶּרְחָב יָהּ: יהוה לִי לֹא אִירָא, מַה־יַּעֲשֶׂה לִי אָדָם: יהוה לִי בְּעֹזְרָי, וַאֲנִי אֶרְאֶה בְשֹׂנְאָי: טוֹב לַחֲסוֹת בַּיהוה, מִבְּטֹחַ בָּאָדָם: טוֹב לַחֲסוֹת בַּיהוה, מִבְּטֹחַ בִּנְדִיבִים: כָּל־גּוֹיִם סְבָבוּנִי, בְּשֵׁם יהוה כִּי אֲמִילַם: סַבּוּנִי גַם־סְבָבוּנִי, בְּשֵׁם יהוה כִּי אֲמִילַם: סַבּוּנִי כִדְבֹרִים, דֹּעֲכוּ כְּאֵשׁ קוֹצִים, בְּשֵׁם יהוה כִּי אֲמִילַם: דָּחֹה דְחִיתַנִי לִנְפֹּל, וַיהוה עֲזָרָנִי: עָזִּי וְזִמְרָת יָהּ, וַיְהִי־לִי לִישׁוּעָה: קוֹל רִנָּה וִישׁוּעָה בְּאָהֳלֵי צַדִּיקִים, יְמִין יהוה עֹשָׂה חָיִל: יְמִין יהוה רוֹמֵמָה, יְמִין יהוה עֹשָׂה חָיִל: לֹא־אָמוּת כִּי־אֶחְיֶה, וַאֲסַפֵּר מַעֲשֵׂי יָהּ: יַסֹּר יִסְּרַנִּי יָּהּ, וְלַמָּוֶת לֹא נְתָנָנִי: ◂ פִּתְחוּ־לִי שַׁעֲרֵי־צֶדֶק, אָבֹא־בָם אוֹדֶה יָהּ: זֶה־הַשַּׁעַר לַיהוה, צַדִּיקִים יָבֹאוּ בוֹ:

אוֹדְךָ I will thank You, for You answered me, and became my salvation.
I will thank You, for You answered me, and became my salvation.

The stone the builders rejected has become the main cornerstone.
The stone the builders rejected has become the main cornerstone.

This is the LORD's doing. It is wondrous in our eyes.
This is the LORD's doing. It is wondrous in our eyes.

This is the day the LORD has made. Let us rejoice and be glad in it.
This is the day the LORD has made. Let us rejoice and be glad in it.

Leader followed by congregation:

אָנָּא LORD, please, save us.
LORD, please, save us.
LORD, please, grant us success.
LORD, please, grant us success.

בָּרוּךְ Blessed is one who comes in the name of the LORD;
we bless you from the House of the LORD.
Blessed is one who comes in the name of the LORD;
we bless you from the House of the LORD.

The LORD is God; He has given us light. Bind the festival offering
with thick cords [and bring it] to the horns of the altar.
The LORD is God; He has given us light. Bind the festival offering
with thick cords [and bring it] to the horns of the altar.

You are my God and I will thank You; You are my God, I will exalt You.
You are my God and I will thank You; You are my God, I will exalt You.

Thank the LORD for He is good; His loving-kindness is for ever.
Thank the LORD for He is good; His loving-kindness is for ever.

יְהַלְלוּךָ All Your works will praise You, LORD our God, and Your
devoted ones – the righteous who do Your will, together with all Your
people the house of Israel – will joyously thank, bless, praise, glorify,
exalt, revere, sanctify, and proclaim the sovereignty of Your name, our
King. ‣ For it is good to thank You and fitting to sing psalms to Your
name, for from eternity to eternity You are God. Blessed are You, LORD,
King who is extolled with praises.

אוֹדְךָ כִּי עֲנִיתָנִי, וַתְּהִי־לִי לִישׁוּעָה:
אוֹדְךָ כִּי עֲנִיתָנִי, וַתְּהִי־לִי לִישׁוּעָה:
אֶבֶן מָאֲסוּ הַבּוֹנִים, הָיְתָה לְרֹאשׁ פִּנָּה:
אֶבֶן מָאֲסוּ הַבּוֹנִים, הָיְתָה לְרֹאשׁ פִּנָּה:
מֵאֵת יהוה הָיְתָה זֹּאת, הִיא נִפְלָאת בְּעֵינֵינוּ:
מֵאֵת יהוה הָיְתָה זֹּאת, הִיא נִפְלָאת בְּעֵינֵינוּ:
זֶה־הַיּוֹם עָשָׂה יהוה, נָגִילָה וְנִשְׂמְחָה בוֹ:
זֶה־הַיּוֹם עָשָׂה יהוה, נָגִילָה וְנִשְׂמְחָה בוֹ:

שליח ציבור *followed by* קהל:

אָנָּא יהוה הוֹשִׁיעָה נָּא:
אָנָּא יהוה הוֹשִׁיעָה נָּא:
אָנָּא יהוה הַצְלִיחָה נָא:
אָנָּא יהוה הַצְלִיחָה נָא:

בָּרוּךְ הַבָּא בְּשֵׁם יהוה, בֵּרַכְנוּכֶם מִבֵּית יהוה:
בָּרוּךְ הַבָּא בְּשֵׁם יהוה, בֵּרַכְנוּכֶם מִבֵּית יהוה:
אֵל יהוה וַיָּאֶר לָנוּ, אִסְרוּ־חַג בַּעֲבֹתִים עַד־קַרְנוֹת הַמִּזְבֵּחַ:
אֵל יהוה וַיָּאֶר לָנוּ, אִסְרוּ־חַג בַּעֲבֹתִים עַד־קַרְנוֹת הַמִּזְבֵּחַ:
אֵלִי אַתָּה וְאוֹדֶךָּ, אֱלֹהַי אֲרוֹמְמֶךָּ:
אֵלִי אַתָּה וְאוֹדֶךָּ, אֱלֹהַי אֲרוֹמְמֶךָּ:
הוֹדוּ לַיהוה כִּי־טוֹב, כִּי לְעוֹלָם חַסְדּוֹ:
הוֹדוּ לַיהוה כִּי־טוֹב, כִּי לְעוֹלָם חַסְדּוֹ:

יְהַלְלוּךָ יהוה אֱלֹהֵינוּ כָּל מַעֲשֶׂיךָ, וַחֲסִידֶיךָ צַדִּיקִים עוֹשֵׂי רְצוֹנֶךָ, וְכָל עַמְּךָ בֵּית יִשְׂרָאֵל בְּרִנָּה יוֹדוּ וִיבָרְכוּ וִישַׁבְּחוּ וִיפָאֲרוּ וִירוֹמְמוּ וְיַעֲרִיצוּ וְיַקְדִּישׁוּ וְיַמְלִיכוּ אֶת שִׁמְךָ מַלְכֵּנוּ, ◄ כִּי לְךָ טוֹב לְהוֹדוֹת וּלְשִׁמְךָ נָאֶה לְזַמֵּר, כִּי מֵעוֹלָם וְעַד עוֹלָם אַתָּה אֵל. בָּרוּךְ אַתָּה יהוה, מֶלֶךְ מְהֻלָּל בַּתִּשְׁבָּחוֹת.

FULL KADDISH

Leader: יִתְגַּדַּל Magnified and sanctified
may His great name be,
in the world He created by His will.
May He establish His kingdom
in your lifetime and in your days,
and in the lifetime of all the house of Israel,
swiftly and soon –
and say: Amen.

All: May His great name be blessed
for ever and all time.

Leader: Blessed and praised,
glorified and exalted,
raised and honored,
uplifted and lauded be
the name of the Holy One,
blessed be He, beyond any blessing,
song, praise and consolation
uttered in the world –
and say: Amen.

May the prayers and pleas of all Israel
be accepted by their Father in heaven –
and say: Amen.

May there be great peace from heaven,
and life for us and all Israel –
and say: Amen.

*Bow, take three steps back, as if taking leave of the Divine Presence,
then bow, first left, then right, then center, while saying:*

May He who makes peace in His high places,
make peace for us and all Israel –
and say: Amen.

קדיש שלם

ש״ץ: יִתְגַּדַּל וְיִתְקַדַּשׁ שְׁמֵהּ רַבָּא (קהל: אָמֵן)
בְּעָלְמָא דִּי בְרָא כִרְעוּתֵהּ
וְיַמְלִיךְ מַלְכוּתֵהּ
בְּחַיֵּיכוֹן וּבְיוֹמֵיכוֹן וּבְחַיֵּי דְכָל בֵּית יִשְׂרָאֵל
בַּעֲגָלָא וּבִזְמַן קָרִיב
וְאִמְרוּ אָמֵן. (קהל: אָמֵן)

קהל וש״ץ: יְהֵא שְׁמֵהּ רַבָּא מְבָרַךְ לְעָלַם וּלְעָלְמֵי עָלְמַיָּא.

ש״ץ: יִתְבָּרַךְ וְיִשְׁתַּבַּח וְיִתְפָּאַר
וְיִתְרוֹמַם וְיִתְנַשֵּׂא וְיִתְהַדָּר וְיִתְעַלֶּה וְיִתְהַלָּל
שְׁמֵהּ דְּקֻדְשָׁא בְּרִיךְ הוּא (קהל: בְּרִיךְ הוּא)
לְעֵלָּא מִן כָּל בִּרְכָתָא וְשִׁירָתָא
תֻּשְׁבְּחָתָא וְנֶחֱמָתָא
דַּאֲמִירָן בְּעָלְמָא
וְאִמְרוּ אָמֵן. (קהל: אָמֵן)

תִּתְקַבַּל צְלוֹתְהוֹן וּבָעוּתְהוֹן דְּכָל יִשְׂרָאֵל
קֳדָם אֲבוּהוֹן דִּי בִשְׁמַיָּא
וְאִמְרוּ אָמֵן. (קהל: אָמֵן)

יְהֵא שְׁלָמָא רַבָּא מִן שְׁמַיָּא וְחַיִּים, עָלֵינוּ וְעַל כָּל יִשְׂרָאֵל
וְאִמְרוּ אָמֵן. (קהל: אָמֵן)

Bow, take three steps back, as if taking leave of the Divine Presence, then bow, first left, then right, then center, while saying:

עֹשֶׂה שָׁלוֹם בִּמְרוֹמָיו
הוּא יַעֲשֶׂה שָׁלוֹם עָלֵינוּ וְעַל כָּל יִשְׂרָאֵל
וְאִמְרוּ אָמֵן. (קהל: אָמֵן)

REMOVING THE TORAH FROM THE ARK

The Ark is opened and the congregation stands. All say:

וַיְהִי בִּנְסֹעַ Whenever the Ark set out, Moses would say, "Arise, Lᴏʀᴅ, and   *Num. 10*
may Your enemies be scattered. May those who hate You flee before You."
For the Torah shall come forth from Zion, and the word of the Lᴏʀᴅ   *Is. 2*
from Jerusalem. Blessed is He who in His holiness gave the Torah to His
people Israel.

Blessed is the name of the Master of the Universe. Blessed is Your crown and Your place.   *Zohar,*
May Your favor always be with Your people Israel. Show Your people the salvation of Your   *Vayak-hel*
right hand in Your Temple. Grant us the gift of Your good light, and accept our prayers in
mercy. May it be Your will to prolong our life in goodness. May I be counted among the
righteous, so that You will have compassion on me and protect me and all that is mine
and all that is Your people Israel's. You feed all; You sustain all; You rule over all; You rule
over kings, for sovereignty is Yours. I am a servant of the Holy One, blessed be He, before
whom and before whose glorious Torah I bow at all times. Not in man do I trust, nor on
any angel do I rely, but on the God of heaven who is the God of truth, whose Torah is truth,
whose prophets speak truth, and who abounds in acts of love and truth. ▸ In Him I trust,
and to His holy and glorious name I offer praises. May it be Your will to open my heart to
the Torah, and to fulfill the wishes of my heart and of the hearts of all Your people Israel
for good, for life, and for peace.

*Two Torah scrolls are removed from the Ark. The Leader takes one
in his right arm and, followed by the congregation, says:*

Magnify the Lᴏʀᴅ with me, and let us exalt His name together.   *Ps. 34*

The Ark is closed. The Leader carries the Torah scroll to the bima and the congregation says:

לְךָ Yours, Lᴏʀᴅ, are the greatness and the power, the glory and the   *1 Chr. 29*
majesty and splendor, for everything in heaven and earth is Yours. Yours,
Lᴏʀᴅ, is the kingdom; You are exalted as Head over all.

רוֹמְמוּ Exalt the Lᴏʀᴅ our God and bow to His footstool; He is holy.   *Ps. 99*
Exalt the Lᴏʀᴅ our God, and bow at His holy mountain, for holy is the
Lᴏʀᴅ our God.

אַב הָרַחֲמִים May the Father of compassion have compassion on the peo-
ple borne by Him. May He remember the covenant with the mighty
[patriarchs], and deliver us from evil times. May He reproach the evil
instinct in the people carried by Him, and graciously grant that we be
an everlasting remnant. May He fulfill in good measure our requests for
salvation and compassion.

הוצאת ספר תורה

The ארון קודש *is opened and the* קהל *stands. All say:*

וַיְהִי בִּנְסֹעַ הָאָרֹן וַיֹּאמֶר מֹשֶׁה, קוּמָה יהוה וְיָפֻצוּ אֹיְבֶיךָ וְיָנֻסוּ מְשַׂנְאֶיךָ מִפָּנֶיךָ: כִּי מִצִּיּוֹן תֵּצֵא תוֹרָה וּדְבַר־יהוה מִירוּשָׁלָ͏ִם: בָּרוּךְ שֶׁנָּתַן תּוֹרָה לְעַמּוֹ יִשְׂרָאֵל בִּקְדֻשָּׁתוֹ.

במדברי

ישעיה ב

בְּרִיךְ שְׁמֵהּ דְּמָרֵא עָלְמָא, בְּרִיךְ כִּתְרָךְ וְאַתְרָךְ. יְהֵא רְעוּתָךְ עִם עַמָּךְ יִשְׂרָאֵל לְעָלַם, וּפֻרְקַן יְמִינָךְ אַחֲזֵי לְעַמָּךְ בְּבֵית מַקְדְּשָׁךְ, וּלְאַמְטוֹיֵי לָנָא מִטּוּב נְהוֹרָךְ, וּלְקַבֵּל צְלוֹתָנָא בְּרַחֲמִין. יְהֵא רַעֲוָא קֳדָמָךְ דְּתוֹרִיךְ לַן חַיִּין בְּטִיבוּ, וְלֶהֱוֵי אֲנָא פְּקִידָא בְּגוֹ צַדִּיקַיָּא, לְמִרְחַם עֲלַי וּלְמִנְטַר יָתִי וְיָת כָּל דִּי לִי וְדִי לְעַמָּךְ יִשְׂרָאֵל. אַנְתְּ הוּא זָן לְכֹלָּא וּמְפַרְנֵס לְכֹלָּא, אַנְתְּ הוּא שַׁלִּיט עַל כֹּלָּא, אַנְתְּ הוּא דְּשַׁלִּיט עַל מַלְכַיָּא, וּמַלְכוּתָא דִּילָךְ הִיא. אֲנָא עַבְדָּא דְּקֻדְשָׁא בְּרִיךְ הוּא, דְּסָגֵדְנָא קַמֵּהּ וּמִקַּמֵּי דִּיקַר אוֹרַיְתֵהּ בְּכָל עִדָּן וְעִדָּן. לָא עַל אֱנָשׁ רְחִיצְנָא וְלָא עַל בַּר אֱלָהִין סְמִיכְנָא, אֶלָּא בֵּאלָהָא דִשְׁמַיָּא, דְּהוּא אֱלָהָא קְשׁוֹט, וְאוֹרַיְתֵהּ קְשׁוֹט, וּנְבִיאוֹהִי קְשׁוֹט, וּמַסְגֵּא לְמֶעְבַּד טָבְוָן וּקְשׁוֹט. ◂ בֵּהּ אֲנָא רְחִיץ, וְלִשְׁמֵהּ קַדִּישָׁא יַקִּירָא אֲנָא אֵמַר תֻּשְׁבְּחָן. יְהֵא רַעֲוָא קֳדָמָךְ דְּתִפְתַּח לִבַּאִי בְּאוֹרַיְתָא, וְתַשְׁלִים מִשְׁאֲלִין דְּלִבַּאִי וְלִבָּא דְכָל עַמָּךְ יִשְׂרָאֵל לְטָב וּלְחַיִּין וְלִשְׁלָם.

זוהר ויקהל

Two ספרי תורה *are removed from the* ארון קודש. *The* שליח ציבור
takes one in his right arm and, followed by the קהל, *says:*

תהלים לד

גַּדְּלוּ לַיהוה אִתִּי וּנְרוֹמְמָה שְׁמוֹ יַחְדָּו:

The ארון קודש *is closed. The* שליח ציבור *carries the* ספר תורה *to the* בימה *and the* קהל *says:*

לְךָ יהוה הַגְּדֻלָּה וְהַגְּבוּרָה וְהַתִּפְאֶרֶת וְהַנֵּצַח וְהַהוֹד, כִּי־כֹל בַּשָּׁמַיִם וּבָאָרֶץ, לְךָ יהוה הַמַּמְלָכָה וְהַמִּתְנַשֵּׂא לְכֹל לְרֹאשׁ:

דברי הימים א, כט

רוֹמְמוּ יהוה אֱלֹהֵינוּ וְהִשְׁתַּחֲווּ לַהֲדֹם רַגְלָיו, קָדוֹשׁ הוּא: רוֹמְמוּ יהוה אֱלֹהֵינוּ וְהִשְׁתַּחֲווּ לְהַר קָדְשׁוֹ, כִּי־קָדוֹשׁ יהוה אֱלֹהֵינוּ:

תהלים צט

אַב הָרַחֲמִים הוּא יְרַחֵם עַם עֲמוּסִים, וְיִזְכֹּר בְּרִית אֵיתָנִים, וְיַצִּיל נַפְשׁוֹתֵינוּ מִן הַשָּׁעוֹת הָרָעוֹת, וְיִגְעַר בְּיֵצֶר הָרָע מִן הַנְּשׂוּאִים, וְיָחֹן אוֹתָנוּ לִפְלֵיטַת עוֹלָמִים, וִימַלֵּא מִשְׁאֲלוֹתֵינוּ בְּמִדָּה טוֹבָה יְשׁוּעָה וְרַחֲמִים.

The Torah scroll is placed on the bima and the Gabbai calls a Kohen to the Torah.
May His kingship over us be soon revealed and made manifest. May He be gracious to our surviving remnant, the remnant of His people the house of Israel in grace, loving-kindness, compassion and favor, and let us say: Amen. Let us all render greatness to our God and give honor to the Torah. *Let the Kohen come forward. Arise (*name* son of *father's name*), the Kohen.

*If no Kohen is present, a Levi or Yisrael is called up as follows:
/As there is no Kohen, arise (*name* son of *father's name*) in place of a Kohen./

Blessed is He who, in His holiness, gave the Torah to His people Israel.

Congregation followed by the Gabbai:
You who cling to the LORD your God are all alive today.   *Deut. 4*

The Reader shows the oleh the section to be read. The oleh touches the scroll at that place with the tzitzit of his tallit, which he then kisses. Holding the handles of the scroll, he says:

Oleh: Bless the LORD, the blessed One.

Cong: Bless the LORD, the blessed One, for ever and all time.

Oleh. Bless the LORD, the blessed One, for ever and all time.

Blessed are You, LORD our God, King of the Universe,
who has chosen us from all peoples
and has given us His Torah.
Blessed are You, LORD, Giver of the Torah.

After the reading, the oleh says:
Oleh: Blessed are You, LORD our God, King of the Universe,
who has given us the Torah of truth,
planting everlasting life in our midst.
Blessed are You, LORD, Giver of the Torah.

One who has survived a situation of danger says:
Blessed are You, LORD our God, King of the Universe,
who bestows good on the unworthy,
who has bestowed on me much good.

The congregation responds:
Amen. May He who bestowed much good on you
continue to bestow on you much good, Selah.

The ספר תורה *is placed on the* שולחן *and the* גבאי *calls a* כהן *to the* תורה.

וְתִגָּלֶה וְתֵרָאֶה מַלְכוּתוֹ עָלֵינוּ בִּזְמַן קָרוֹב, וְיָחֹן פְּלֵיטָתֵנוּ וּפְלֵיטַת עַמּוֹ בֵּית יִשְׂרָאֵל לְחֵן וּלְחֶסֶד וּלְרַחֲמִים וּלְרָצוֹן וְנֹאמַר אָמֵן. הַכֹּל הָבוּ גֹדֶל לֵאלֹהֵינוּ וּתְנוּ כָבוֹד לַתּוֹרָה. *כֹּהֵן קְרָב, יַעֲמֹד (פלוני בֶּן פלוני) הַכֹּהֵן.

**If no* כהן *is present, a* לוי *or* ישראל *is called up as follows:*

/אֵין כָּאן כֹּהֵן, יַעֲמֹד (פלוני בֶּן פלוני) בִּמְקוֹם כֹּהֵן./

בָּרוּךְ שֶׁנָּתַן תּוֹרָה לְעַמּוֹ יִשְׂרָאֵל בִּקְדֻשָּׁתוֹ.

The קהל *followed by the* גבאי:

וְאַתֶּם הַדְּבֵקִים בַּיהוה אֱלֹהֵיכֶם חַיִּים כֻּלְּכֶם הַיּוֹם: דברים ד

The קורא *shows the* עולה *the section to be read. The* עולה *touches the scroll at that place with the* ציצית *of his* טלית*, which he then kisses. Holding the handles of the scroll, he says:*

עולה: בָּרְכוּ אֶת יהוה הַמְבֹרָךְ.

קהל: בָּרוּךְ יהוה הַמְבֹרָךְ לְעוֹלָם וָעֶד.

עולה: בָּרוּךְ יהוה הַמְבֹרָךְ לְעוֹלָם וָעֶד.

בָּרוּךְ אַתָּה יהוה, אֱלֹהֵינוּ מֶלֶךְ הָעוֹלָם
אֲשֶׁר בָּחַר בָּנוּ מִכָּל הָעַמִּים וְנָתַן לָנוּ אֶת תּוֹרָתוֹ.
בָּרוּךְ אַתָּה יהוה, נוֹתֵן הַתּוֹרָה.

After the קריאת התורה*, the* עולה *says:*

עולה: בָּרוּךְ אַתָּה יהוה אֱלֹהֵינוּ מֶלֶךְ הָעוֹלָם
אֲשֶׁר נָתַן לָנוּ תּוֹרַת אֱמֶת וְחַיֵּי עוֹלָם נָטַע בְּתוֹכֵנוּ.
בָּרוּךְ אַתָּה יהוה, נוֹתֵן הַתּוֹרָה.

One who has survived a situation of danger says:

בָּרוּךְ אַתָּה יהוה אֱלֹהֵינוּ מֶלֶךְ הָעוֹלָם הַגּוֹמֵל לְחַיָּבִים טוֹבוֹת שֶׁגְּמָלַנִי כָּל טוֹב.

The קהל *responds:*

אָמֵן. מִי שֶׁגְּמָלְךָ כָּל טוֹב הוּא יִגְמָלְךָ כָּל טוֹב, סֶלָה.

The Reading for the second day of Pesaḥ in Israel is on page 550.

TORAH READING FOR THE THIRD DAY OF PESAḤ

If the third day of Pesaḥ falls on Shabbat, the Reading for Shabbat Ḥol HaMo'ed is read (page 982).

And the LORD spoke to Moses, saying: Consecrate every firstborn *Ex. 13:1–16*
to Me; that which first opens the wombs of the children of Israel, their people and their livestock, shall be Mine. And Moses said to the people: Remember this day, the day you came out of Egypt, out of the house of slavery, for it was with the strength of His hand that the LORD took you out of this place; no leaven may be eaten. You are going out today, in the month of Aviv. When the LORD brings you to LEVI
the land of the Canaanites, the Hittites, the Amorites, the Hivites and the Jebusites as He swore to your ancestors, giving you a land flowing with milk and honey, you must observe this rite in this month. For seven days you shall eat matzot, and the seventh day shall be a festival for the LORD. Matzot shall be eaten all these seven days; no leavened bread shall be seen by you, nor shall any leaven be seen by you within any of your borders. And you shall explain to your child on that day, "It is because of what the LORD did for me when I went out of Egypt." And this should be a sign on your arm, a remembrance between your

---

בְּחֹדֶשׁ הָאָבִיב *In the month of Aviv.* Later known as Nisan, "Aviv" signifies spring. Hence the dual structure of the Jewish calendar, lunar in relation to months, solar in relation to the seasons. The alignment is preserved by the addition of an extra month in leap years.

וְהִגַּדְתָּ לְבִנְךָ *And you shall explain to your child.* The act of remembering the exodus on its anniversary is to be a handing on of memory across the generations. This is one of the four references to the education of children in the context of the exodus (the others are Ex. 12:26, 13:14; Deut. 6:20), dramatized as the "four sons" of the Haggada. To be a Jewish parent is to be a guardian of the past for the sake of the future, so that the story of our ancestors lives on in us, and ours in those who come after us.

וְהָיָה לְךָ לְאוֹת *And this should be a sign.* This is the first of four passages (the others are Ex. 13:16, Deut. 6:8, 11:18) which specify the command of wearing tefillin as a continual reminder of the presence of God. This consciousness is to inform both action ("on your arm") and thought ("between your eyes").

The קריאת התורה for the second day of פסח in Israel is on page 551.

קריאה ליום השלישי של פסח

If the third day of פסח falls on שבת, the קריאת התורה for שבת חול המועד is read (page 982).

שמות
יג, א-טו

וַיְדַבֵּ֤ר יהוה֙ אֶל־מֹשֶׁ֣ה לֵּאמֹֽר: קַדֶּשׁ־לִ֨י כָל־בְּכֹ֜ור פֶּ֤טֶר כָּל־רֶ֙חֶם֙ בִּבְנֵ֣י יִשְׂרָאֵ֔ל בָּאָדָ֖ם וּבַבְּהֵמָ֑ה לִ֖י הֽוּא: וַיֹּ֨אמֶר מֹשֶׁ֜ה אֶל־הָעָ֗ם זָכֹ֞ור אֶת־הַיֹּ֤ום הַזֶּה֙ אֲשֶׁ֨ר יְצָאתֶ֤ם מִמִּצְרַ֙יִם֙ מִבֵּ֣ית עֲבָדִ֔ים כִּ֚י בְּחֹ֣זֶק יָ֔ד הוֹצִ֧יא יהו֛ה אֶתְכֶ֖ם מִזֶּ֑ה וְלֹ֥א יֵֽאָכֵ֖ל חָמֵֽץ: הַיֹּ֖ום אַתֶּ֣ם יֹֽצְאִ֑ים בְּחֹ֖דֶשׁ הָאָבִֽיב: וְהָיָ֣ה כִֽי־יְבִֽיאֲךָ֣ יהו֡ה אֶל־אֶ֣רֶץ הַֽכְּנַעֲנִ֡י לוי וְהַֽחִתִּי֩ וְהָֽאֱמֹרִ֨י וְהַֽחִוִּ֜י וְהַיְבוּסִ֗י אֲשֶׁ֨ר נִשְׁבַּ֤ע לַֽאֲבֹתֶ֙יךָ֙ לָ֣תֶת לָ֔ךְ אֶ֛רֶץ זָבַ֥ת חָלָ֖ב וּדְבָ֑שׁ וְעָֽבַדְתָּ֛ אֶת־הָֽעֲבֹדָ֥ה הַזֹּ֖את בַּחֹ֥דֶשׁ הַזֶּֽה: שִׁבְעַ֥ת יָמִ֖ים תֹּאכַ֣ל מַצֹּ֑ת וּבַיּוֹם֙ הַשְּׁבִיעִ֔י חַ֖ג לַֽיהוֹֽה: מַצּוֹת֙ יֵֽאָכֵ֔ל אֵ֖ת שִׁבְעַ֣ת הַיָּמִ֑ים וְלֹֽא־יֵֽרָאֶ֨ה לְךָ֜ חָמֵ֗ץ וְלֹֽא־יֵֽרָאֶ֥ה לְךָ֛ שְׂאֹ֖ר בְּכָל־גְּבֻלֶֽךָ: וְהִגַּדְתָּ֣ לְבִנְךָ֔ בַּיֹּ֥ום הַה֖וּא לֵאמֹ֑ר בַּֽעֲב֣וּר זֶ֗ה עָשָׂ֤ה יהוה֙ לִ֔י בְּצֵאתִ֖י מִמִּצְרָֽיִם: וְהָיָה֩ לְךָ֨ לְא֜וֹת עַל־יָֽדְךָ֗ וּלְזִכָּרוֹן֙

TORAH READING FOR THE THIRD DAY

This passage is part of God's and Moses' instructions to the Israelites prior to the exodus so that they would never forget the significance of that event throughout all future generations.

קַדֶּשׁ־לִי **Consecrate.** All firstborn Israelite males, spared during the tenth plague, were to be especially dedicated to God, a principle preserved in the rite of *Pidyon HaBen*, redemption of a firstborn son (see below, v. 13). The firstborn of cattle, sheep and goats were to be sacrificially offered to God as a reminder that all we have is ultimately His.

זָכֹור אֶת־הַיֹּום הַזֶּה **Remember this day.** Remember it each year on the anniversary of the exodus. Here, for the first time in history, remembering becomes a religious duty. There is a difference between history and memory. History is a record of the past; memory is the living presence of the past. In Judaism, history is transformed into memory so that it becomes part of who we are and how we live.

eyes, that the Lord's Torah be on your tongue always; for it was with a strong hand that the Lord took you out of Egypt. And you shall observe these laws at their appointed time, each and every year.

When the Lord brings you to the land of the Canaanites, as He swore to you and to your forefathers, and gives it to you, you shall set aside for the Lord all that first opens the womb; all that opens the womb, the offspring of livestock belonging to you – the males shall be for the Lord. And every firstborn donkey shall be redeemed with a lamb; if you do not redeem it, you must behead it. And every human firstborn among your sons you must redeem. And if in time to come your child should ask you, "What is this?" You shall say to him: "With a strong hand the Lord brought us out of Egypt, from the house of slavery. And when Pharaoh harshly refused to release us, the Lord slew every firstborn in the land of Egypt, from the firstborn sons to the firstborn cattle; that is why I offer up to the Lord every male animal that first opens the womb; and any firstborn son born to me I must redeem." This shall be a sign upon your hand and an emblem between your eyes; for by the strength of His hand the Lord took us out of Egypt.

SHELISHI

After Hagbaha (page 832), "And you shall bring"
is read for Revi'i from the second Torah scroll.

TORAH READING FOR THE FOURTH DAY OF PESAḤ

If the fourth day of Pesaḥ falls on Sunday, the Reading for the third day is read (page 816).

Should you lend money to one of My people, to a poor man among you, do not conduct yourself toward him as a usurer: do not burden

Ex. 22:24–23:19

וּלְטוֹטָפֹת *An emblem.* There are several conjectured etymologies of this unusual word. However it is clear from the parallel passage above (v. 9) that it means "memorial, reminder."

TORAH READING FOR THE FOURTH DAY

אִם־כֶּסֶף תַּלְוֶה *Should you lend money.* The word "should" is to be understood as "when." Helping the poor is not an option but an obligation.

עַמִּי...הֶעָנִי עִמָּךְ *My people – a poor man – among you.* From this sequence the sages derived an order of priorities in giving financial assistance: first the

בֵּין עֵינֶיךָ לְמַעַן תִּהְיֶה תּוֹרַת יהוה בְּפִיךָ כִּי בְּיָד חֲזָקָה הוֹצִאֲךָ
יהוה מִמִּצְרָיִם: וְשָׁמַרְתָּ אֶת־הַחֻקָּה הַזֹּאת לְמוֹעֲדָהּ מִיָּמִים
יָמִימָה:

שלישי וְהָיָה כִּי־יְבִאֲךָ יהוה אֶל־אֶרֶץ הַכְּנַעֲנִי כַּאֲשֶׁר נִשְׁבַּע לְךָ וְלַאֲבֹתֶיךָ
וּנְתָנָהּ לָךְ: וְהַעֲבַרְתָּ כָל־פֶּטֶר־רֶחֶם לַיהוה וְכָל־פֶּטֶר ׀ שֶׁגֶר בְּהֵמָה
אֲשֶׁר יִהְיֶה לְךָ הַזְּכָרִים לַיהוה: וְכָל־פֶּטֶר חֲמֹר תִּפְדֶּה בְשֶׂה וְאִם־
לֹא תִפְדֶּה וַעֲרַפְתּוֹ וְכֹל בְּכוֹר אָדָם בְּבָנֶיךָ תִּפְדֶּה: וְהָיָה כִּי־יִשְׁאָלְךָ
בִנְךָ מָחָר לֵאמֹר מַה־זֹּאת וְאָמַרְתָּ אֵלָיו בְּחֹזֶק יָד הוֹצִיאָנוּ יהוה
מִמִּצְרַיִם מִבֵּית עֲבָדִים: וַיְהִי כִּי־הִקְשָׁה פַרְעֹה לְשַׁלְּחֵנוּ וַיַּהֲרֹג
יהוה כָּל־בְּכוֹר בְּאֶרֶץ מִצְרַיִם מִבְּכֹר אָדָם וְעַד־בְּכוֹר בְּהֵמָה עַל־כֵּן
אֲנִי זֹבֵחַ לַיהוה כָּל־פֶּטֶר רֶחֶם הַזְּכָרִים וְכָל־בְּכוֹר בָּנַי אֶפְדֶּה: וְהָיָה
לְאוֹת עַל־יָדְכָה וּלְטוֹטָפֹת בֵּין עֵינֶיךָ כִּי בְּחֹזֶק יָד הוֹצִיאָנוּ יהוה
מִמִּצְרָיִם:

After הגבהה *(page 833)*, "וְהִקְרַבְתֶּם"
is read for רביעי *from the second* ספר תורה.

קריאה ליום הרביעי של פסח

If the fourth day of פסח *falls on Sunday, the* קריאת התורה *for the third day is read (page 816).*

שמות כב, כד–כג, יט אִם־כֶּסֶף ׀ תַּלְוֶה אֶת־עַמִּי אֶת־הֶעָנִי עִמָּךְ לֹא־תִהְיֶה לוֹ כְּנֹשֶׁה
לֹא־תְשִׂימוּן עָלָיו נֶשֶׁךְ: אִם־חָבֹל תַּחְבֹּל שַׂלְמַת רֵעֶךָ עַד־

וְכָל־פֶּטֶר חֲמֹר *Every firstborn donkey.* Because an ass is an unclean animal, ineligible for sacrifice, it had to be redeemed with a lamb.

וְהָיָה כִּי־יִשְׁאָלְךָ בִנְךָ *Your child should ask you.* A further reference to the role of parents as educators. To defend a country you need an army but to defend a civilization you need education. What we forget we eventually lose. Hence the primary role of parents as teachers, a principle already foreshadowed in God's words about Abraham: "For I have singled him out so that he may instruct his children and his posterity to keep the way of the Lord by doing what is just and right" (Gen. 18:19).

him with interest. Should you take the robe of your kinsman as collateral, you must return it to him before the sun sets. For that is his only clothing – the robe he wears upon his skin – with what is he to lie down? If he cries out to Me I will listen; for I am compassionate.

You shall not blaspheme God, nor shall you curse a leader among your people. You may not delay your bringing of the fullness of your harvest or the outflow of your presses. You shall give Me the firstborn of your sons. You shall do the same with your oxen and your flock – the young shall stay with their mothers for seven days, but on the eighth day you shall offer them to Me. Be sanctified people unto Me: do not eat meat that has been torn up in the field, but cast it away to the dogs. LEVI

Do not utter a false report; do not join hands with a wicked man by acting as a false witness. Do not follow a majority to condemn; do not follow the majority to speak in a dispute in a way which will pervert judgment. And neither may you favor a poor man in his case at law.

If you encounter your enemy's ox or donkey gone astray, you must certainly return it to him. If you see the donkey of your enemy

---

וְאַנְשֵׁי־קֹדֶשׁ *Sanctified people.* Holiness is to be translated into all aspects of life. Only an animal properly slaughtered in accordance with religious law may be eaten.

שֵׁמַע שָׁוְא *A false report.* A warning against gossip and slander as well as an admonition to judges not to heed false testimony.

אַחֲרֵי־רַבִּים לְרָעֹת *Do not follow a majority to condemn.* Do not assume that a majority is always right. The "herd instinct" is to be avoided. Popular sentiment often conflicts with truth and justice. We must never sacrifice individual judgment to conform to the crowd when we suspect they may be wrong.

וְדָל לֹא תֶהְדַּר *Neither may you favor a poor man.* Charity is one thing, justice another. We must never pervert the latter for the sake of the former. Each has its specific place in the moral life and they must not be confused.

שׁוֹר אֹיִבְךָ *Your enemy's ox.* Do not let animosity prevent you from helping someone in need of help. Helping your enemy is one way of healing the estrangement between you.

בֹּא הַשֶּׁמֶשׁ תְּשִׁיבֶנּוּ לוֹ: כִּי הִוא כְסוּתֹה לְבַדָּהּ הִוא שִׂמְלָתוֹ
לְעֹרוֹ בַּמֶּה יִשְׁכָּב וְהָיָה כִּי־יִצְעַק אֵלַי וְשָׁמַעְתִּי כִּי־חַנּוּן
אָנִי: אֱלֹהִים לֹא תְקַלֵּל וְנָשִׂיא בְעַמְּךָ לֹא תָאֹר: לוי

מְלֵאָתְךָ וְדִמְעֲךָ לֹא תְאַחֵר בְּכוֹר בָּנֶיךָ תִּתֶּן־לִי: כֵּן־תַּעֲשֶׂה
לְשֹׁרְךָ לְצֹאנֶךָ שִׁבְעַת יָמִים יִהְיֶה עִם־אִמּוֹ בַּיּוֹם הַשְּׁמִינִי תִּתְּנוֹ־
לִי: וְאַנְשֵׁי־קֹדֶשׁ תִּהְיוּן לִי וּבָשָׂר בַּשָּׂדֶה טְרֵפָה לֹא תֹאכֵלוּ לַכֶּלֶב
תַּשְׁלִכוּן אֹתוֹ:   לֹא תִשָּׂא שֵׁמַע שָׁוְא אַל־תָּשֶׁת
יָדְךָ עִם־רָשָׁע לִהְיֹת עֵד חָמָס: לֹא־תִהְיֶה אַחֲרֵי־רַבִּים לְרָעֹת
וְלֹא־תַעֲנֶה עַל־רִב לִנְטֹת אַחֲרֵי רַבִּים לְהַטֹּת: וְדָל לֹא תֶהְדַּר
בְּרִיבוֹ:   כִּי תִפְגַּע שׁוֹר אֹיִבְךָ אוֹ חֲמֹרוֹ תֹּעֶה הָשֵׁב
תְּשִׁיבֶנּוּ לוֹ:   כִּי־תִרְאֶה חֲמוֹר שֹׂנַאֲךָ רֹבֵץ תַּחַת מַשָּׂאוֹ

---

members of your family, then the members of your town, then those else-
where. We are most obligated to those closest to us.

כְּנֹשֶׁה *As a usurer* (previous page). Do not humiliate those unable to repay.
The Torah consistently stresses not just the material needs of the poor but
also their psychological need for self-respect. Human dignity is to be honored,
especially when it is most vulnerable.

אִם־חָבֹל תַּחְבֹּל שַׂלְמַת רֵעֶךָ *Should you take the robe of your kinsman as collateral.*
A further insistence on human dignity. The reference is to one who is unable
to repay the loan at its due date. If the borrower is so poor that he has no other
covering, the loan must be repeatedly returned to him when he needs it. A
legal right must not override considerations of compassion.

כִּי־יִצְעַק אֵלַי וְשָׁמַעְתִּי *If he cries out to Me I will listen.* God hears the cry of the
poor. So must we.

מְלֵאָתְךָ וְדִמְעֲךָ *The fullness of your harvest.* You must bring the first fruits of the
harvest to the priest.

בְּכוֹר בָּנֶיךָ *The firstborn of your sons.* A reference to *Pidyon HaBen*, redemption
of a firstborn son after he has reached the age of thirty days.

stooping under its load, and you hesitate to help – you must certainly help him.

Do not pervert the judgment of your poor in his case at law. Keep your distance from false speech, and do not cause the innocent and righteous to die; for I will not allow the wicked to be acquitted. And do not take bribes, for bribes blind those who see and pervert the words of the righteous. Do not press the stranger; you know the soul of the stranger, for you yourselves were strangers in the land of Egypt. For six years you may plant your land and gather its harvest. But in the seventh year you must leave it be and let it lie fallow, so that the poor among your people might eat of it, and the beasts of the field might eat what remains; this is what you shall do with your vineyards and olive orchards. Six days you may perform your work, but on the seventh day, you shall refrain from working, so that your ox and donkey might rest, and so that the child of your female slave, and the stranger, might find respite. Take care to adhere to all that I have commanded you, and do not pronounce the name of any foreign god; none of them should be heard from your mouth. You shall celebrate three festivals each year for Me. Keep the Festival of Matzot: eat matzot for seven days, as I have commanded you, in the season of the month of the Aviv, for that is when you came out of Egypt – do not come before Me empty-handed; SHELISHI

---

memory: we were once outsiders in Egypt. We know what it feels like to be strangers.

וְהַשְּׁבִיעִת *The seventh year.* The seventh year, like the seventh day, must be a time of rest – in this case for the land. The law, with its stipulation that the produce of the field should be available to all, appears here because of its association with other commands to have care for the poor.

תִּשְׁמְטֶנָּה *You shall refrain from working.* This verse emphasizes the social and moral dimension of Shabbat as a time when servants and domestic animals are, for a day each week, granted the experience of freedom.

שָׁלֹשׁ רְגָלִים *Three festivals each year.* There were to be three pilgrimage festivals, corresponding to key moments in the agricultural year: Pesaḥ in spring when the first grain ripens, Shavuot the time of first-fruits, and Sukkot, the

וְחָדַלְתָּ מֵעֲזֹב לוֹ עָזֹב תַּעֲזֹב עִמּוֹ׃ לֹא תַטֶּה מִשְׁפַּט שלישי
אֶבְיֹנְךָ בְּרִיבוֹ׃ מִדְּבַר־שֶׁקֶר תִּרְחָק וְנָקִי וְצַדִּיק אַל־תַּהֲרֹג כִּי
לֹא־אַצְדִּיק רָשָׁע׃ וְשֹׁחַד לֹא תִקָּח כִּי הַשֹּׁחַד יְעַוֵּר פִּקְחִים וִיסַלֵּף
דִּבְרֵי צַדִּיקִים׃ וְגֵר לֹא תִלְחָץ וְאַתֶּם יְדַעְתֶּם אֶת־נֶפֶשׁ הַגֵּר כִּי־
גֵרִים הֱיִיתֶם בְּאֶרֶץ מִצְרָיִם׃ וְשֵׁשׁ שָׁנִים תִּזְרַע אֶת־אַרְצֶךָ וְאָסַפְתָּ
אֶת־תְּבוּאָתָהּ׃ וְהַשְּׁבִיעִת תִּשְׁמְטֶנָּה וּנְטַשְׁתָּהּ וְאָכְלוּ אֶבְיֹנֵי עַמֶּךָ
וְיִתְרָם תֹּאכַל חַיַּת הַשָּׂדֶה כֵּן־תַּעֲשֶׂה לְכַרְמְךָ לְזֵיתֶךָ׃ שֵׁשֶׁת יָמִים
תַּעֲשֶׂה מַעֲשֶׂיךָ וּבַיּוֹם הַשְּׁבִיעִי תִּשְׁבֹּת לְמַעַן יָנוּחַ שׁוֹרְךָ וַחֲמֹרֶךָ
וְיִנָּפֵשׁ בֶּן־אֲמָתְךָ וְהַגֵּר׃ וּבְכֹל אֲשֶׁר־אָמַרְתִּי אֲלֵיכֶם תִּשָּׁמֵרוּ וְשֵׁם
אֱלֹהִים אֲחֵרִים לֹא תַזְכִּירוּ לֹא יִשָּׁמַע עַל־פִּיךָ׃ שָׁלֹשׁ רְגָלִים תָּחֹג
לִי בַּשָּׁנָה׃ אֶת־חַג הַמַּצּוֹת תִּשְׁמֹר שִׁבְעַת יָמִים תֹּאכַל מַצּוֹת
כַּאֲשֶׁר צִוִּיתִךָ לְמוֹעֵד חֹדֶשׁ הָאָבִיב כִּי־בוֹ יָצָאתָ מִמִּצְרָיִם וְלֹא־

עָזֹב תַּעֲזֹב עִמּוֹ *You must certainly help him.* The Hebrew word עִמּוֹ literally means "with him." From this the sages inferred that one is only bound to help someone who is willing, if able, to share in the task.

מִדְּבַר־שֶׁקֶר תִּרְחָק *Keep your distance from false speech.* Justice requires an insistence on truth.

וְנָקִי וְצַדִּיק *The innocent and righteous.* This is the basis of the ruling that if fresh evidence comes to light after an individual has been deemed guilty the case may be reopened. The reverse is not the case. If the accused has been acquitted, no retrial is ordered.

וְשֹׁחַד לֹא תִקָּח *Do not take bribes.* Bribery leads to injustice and must be avoided even by a judge convinced that he will not allow it to sway his opinion.

וְאַתֶּם יְדַעְתֶּם אֶת־נֶפֶשׁ הַגֵּר *For you know the soul of the stranger.* A remarkable phrase, placing empathy at the heart of the moral life. The sages noted that the Torah only once commands us to love our neighbor but many times commands us to love the stranger. Throughout history, outsiders have been feared and persecuted. The most powerful antidote is

and the Festival of Harvest, [when you shall offer] the first produce of the grain that you plant in the field, and the Festival of Gathering, at the end of the year, when you gather your harvest from the field. Three times a year all males shall present themselves before their Master, the LORD. Do not offer the blood of My sacrifice with leaven; the fats of My festive [Pesaḥ] offering may not remain until the morning. You shall bring the first fruits of your land to the House of the LORD your God. You may not cook a kid in its mother's milk.

After Hagbaha (page 832), "And you shall bring" is read for Revi'i from the second Torah scroll.

TORAH READING FOR THE FIFTH DAY OF PESAḤ

If the fifth day of Pesaḥ falls on Shabbat, the Reading for Shabbat of Ḥol HaMo'ed is read (page 982); *if it falls on Monday, the Reading for the fourth day is read* (*page 818*).

The LORD said to Moses: Carve out two stone tablets for yourself, *Ex. 34:1–26*
like the first ones, and I will inscribe on them the same words that were on the first tablets, which you broke. Prepare yourself by morning, for in the morning you shall go up to Mount Sinai and stand before Me there, at the summit. No one shall go up with you, nor shall anyone be seen anywhere on the mountain; even the sheep and cattle may not graze in front of that mountain. So LEVI
he carved out two stone tablets like the first ones; Moses arose early in the morning and walked up Mount Sinai as the LORD had commanded him, taking in his hand the two stone tablets. The LORD descended in a cloud, and stood with him there; and proclaimed in the name of the LORD. And the LORD passed by

---

accepted. God now commands him to prepare two tablets of stone to replace those that had been broken when Moses first descended and saw the people in disarray. These were to be a visible sign that the covenant between the people and God had been restored.

וַיַּעַל אֶל־הַר סִינַי [Moses] *walked up Mount Sinai.* According to tradition this was on the first of Elul. Moses stayed on the mountain for forty days, descending on the tenth of Tishrei, which became the Day of Atonement for all time, the day supremely associated with divine forgiveness (*Pirkei DeRabbi Eliezer*, 45).

יֵרָאוּ פָנַי רֵיקָם׃ וְחַג הַקָּצִיר בִּכּוּרֵי מַעֲשֶׂיךָ אֲשֶׁר תִּזְרַע בַּשָּׂדֶה
וְחַג הָאָסִף בְּצֵאת הַשָּׁנָה בְּאָסְפְּךָ אֶת־מַעֲשֶׂיךָ מִן־הַשָּׂדֶה׃
שָׁלֹשׁ פְּעָמִים בַּשָּׁנָה יֵרָאֶה כָּל־זְכוּרְךָ אֶל־פְּנֵי הָאָדֹן ׀ יְהוָה׃ לֹא־
תִזְבַּח עַל־חָמֵץ דַּם־זִבְחִי וְלֹא־יָלִין חֵלֶב־חַגִּי עַד־בֹּקֶר׃ רֵאשִׁית
בִּכּוּרֵי אַדְמָתְךָ תָּבִיא בֵּית יְהוָה אֱלֹהֶיךָ לֹא־תְבַשֵּׁל גְּדִי בַּחֲלֵב
אִמּוֹ׃

After הגבהה *(page 833), "*וְהִקְרַבְתֶּם*"*
is read for רביעי *from the second* ספר תורה*.*

קריאה ליום החמישי של פסח

If the fifth day of פסח *falls on* שבת*, the* קריאת התורה *for* שבת חול המועד *is read (page 983);*
if it falls on Monday, the קריאת התורה *for the fourth day is read (page 819).*

שמות לד,א–כו וַיֹּאמֶר יְהוָה אֶל־מֹשֶׁה פְּסָל־לְךָ שְׁנֵי־לֻחֹת אֲבָנִים כָּרִאשֹׁנִים
וְכָתַבְתִּי עַל־הַלֻּחֹת אֶת־הַדְּבָרִים אֲשֶׁר הָיוּ עַל־הַלֻּחֹת
הָרִאשֹׁנִים אֲשֶׁר שִׁבַּרְתָּ׃ וֶהְיֵה נָכוֹן לַבֹּקֶר וְעָלִיתָ בַבֹּקֶר אֶל־הַר
סִינַי וְנִצַּבְתָּ לִי שָׁם עַל־רֹאשׁ הָהָר׃ וְאִישׁ לֹא־יַעֲלֶה עִמָּךְ וְגַם־
אִישׁ אַל־יֵרָא בְּכָל־הָהָר גַּם־הַצֹּאן וְהַבָּקָר אַל־יִרְעוּ אֶל־מוּל
לוי הָהָר הַהוּא׃ וַיִּפְסֹל שְׁנֵי־לֻחֹת אֲבָנִים כָּרִאשֹׁנִים וַיַּשְׁכֵּם מֹשֶׁה
בַבֹּקֶר וַיַּעַל אֶל־הַר סִינַי כַּאֲשֶׁר צִוָּה יְהוָה אֹתוֹ וַיִּקַּח בְּיָדוֹ שְׁנֵי
לֻחֹת אֲבָנִים׃ וַיֵּרֶד יְהוָה בֶּעָנָן וַיִּתְיַצֵּב עִמּוֹ שָׁם וַיִּקְרָא בְשֵׁם

---

festival of ingathering when the harvest is stored to protect it from the early autumn rain.

לֹא־תְבַשֵּׁל גְּדִי בַּחֲלֵב אִמּוֹ *You may not cook a kid in its mother's milk.* A specific instance of the general prohibition of mixing meat and milk, stated three times in the Torah to forbid (1) the cooking itself, (2) eating, and (3) deriving benefit from the mixture.

TORAH READING FOR THE FIFTH DAY

Moses' plea for divine forgiveness after the sin of the golden calf has been

before him and proclaimed: "The LORD, the LORD, compassion-
ate and gracious God, slow to anger, abounding in loving-kindness
and truth, extending loving-kindness to a thousand generations,
forgiving iniquity, rebellion and sin, He shall not absolve [those
who do not repent], but shall visit the punishment of fathers' sins
upon their children and grandchildren to the third and fourth
generation." And Moses hastened to bow to the ground, prostrat-
ing himself. He said: "O LORD, if I find favor in Your eyes, please,
let the LORD go forth in our midst, for this is a stiff-necked people;
forgive us our iniquity and our sin, and take us as Your inheritance."
He said: "Behold, I will forge a covenant: in the presence of your
entire people I will work wonders like none ever formed in all the
world or for any nation; this people among whom you dwell shall
witness the works of the LORD, for what I will do for you is awe-
some indeed. Keep what I command you today; I shall expel the SHELISHI
Amorites, the Canaanites, the Hittites, the Perizzites, the Hivites
and the Jebusites for you. Guard yourselves against forging any cov-
enant with the inhabitants of the land that you are about to enter,
so that they do not become a snare in your path. Instead, shatter

---

to a transgression committed unwittingly, either because we did not know what we were doing or did not know that it was forbidden.

פֹּקֵד עֲוֺן אָבוֹת עַל־בָּנִים *Shall visit the punishment of fathers' sins upon their children.* The sages noted the seeming conflict between this idea and the principle that "Fathers shall not be put to death for their children, nor shall children be put to death for their fathers; every man shall be put to death [only] for his own sin" (Deut. 24:16). They resolved it by saying that children suffer for the sins of their parents only if they too commit the sins of their parents (*Berakhot* 7a).

כִּי עַם־קְשֵׁה־עֹרֶף *For this is a stiff-necked people.* Moses argued that, precisely because the Israelites were stiff-necked, they needed the constant, intimate presence of God in their midst (Nahmanides).

הִשָּׁמֶר לְךָ פֶּן־תִּכְרֹת בְּרִית לְיוֹשֵׁב הָאָרֶץ *Guard yourselves against forging any covenant with the inhabitants of the land.* Making a covenant with idolaters would

יְהוָה: וַיַּעֲבֹ֨ר יְהוָ֥ה ׀ עַל־פָּנָיו֮ וַיִּקְרָא֒ יְהוָ֣ה ׀ יְהוָ֔ה אֵ֥ל רַח֖וּם וְחַנּ֑וּן
אֶ֥רֶךְ אַפַּ֖יִם וְרַב־חֶ֥סֶד וֶאֱמֶֽת: נֹצֵ֥ר חֶ֙סֶד֙ לָאֲלָפִ֔ים נֹשֵׂ֥א עָוֺ֛ן וָפֶ֖שַׁע
וְחַטָּאָ֑ה וְנַקֵּה֙ לֹ֣א יְנַקֶּ֔ה פֹּקֵ֣ד ׀ עֲוֺ֣ן אָב֗וֹת עַל־בָּנִים֙ וְעַל־בְּנֵ֣י בָנִ֔ים
עַל־שִׁלֵּשִׁ֖ים וְעַל־רִבֵּעִֽים: וַיְמַהֵ֖ר מֹשֶׁ֑ה וַיִּקֹּ֥ד אַ֖רְצָה וַיִּשְׁתָּֽחוּ:
וַיֹּ֡אמֶר אִם־נָא֩ מָצָ֨אתִי חֵ֤ן בְּעֵינֶ֙יךָ֙ אֲדֹנָ֔י יֵֽלֶךְ־נָ֥א אֲדֹנָ֖י בְּקִרְבֵּ֑נוּ
כִּ֤י עַם־קְשֵׁה־עֹ֙רֶף֙ ה֔וּא וְסָלַחְתָּ֛ לַעֲוֺנֵ֥נוּ וּלְחַטָּאתֵ֖נוּ וּנְחַלְתָּֽנוּ:
וַיֹּ֗אמֶר הִנֵּ֣ה אָנֹכִי֮ כֹּרֵ֣ת בְּרִית֒ נֶ֤גֶד כָּֽל־עַמְּךָ֙ אֶעֱשֶׂ֣ה נִפְלָאֹ֔ת אֲשֶׁ֛ר
לֹא־נִבְרְא֥וּ בְכָל־הָאָ֖רֶץ וּבְכָל־הַגּוֹיִ֑ם וְרָאָ֣ה כָל־הָ֠עָם אֲשֶׁר־
אַתָּ֨ה בְקִרְבּ֜וֹ אֶת־מַעֲשֵׂ֤ה יְהוָה֙ כִּֽי־נוֹרָ֣א ה֔וּא אֲשֶׁ֥ר אֲנִ֖י עֹשֶׂ֥ה
עִמָּֽךְ: שְׁמָ֨ר־לְךָ֔ אֵ֛ת אֲשֶׁ֥ר אָנֹכִ֖י מְצַוְּךָ֣ הַיּ֑וֹם הִנְנִ֧י גֹרֵ֣שׁ מִפָּנֶ֗יךָ
אֶת־הָאֱמֹרִי֙ וְהַֽכְּנַעֲנִ֔י וְהַֽחִתִּי֙ וְהַפְּרִזִּ֔י וְהַחִוִּ֖י וְהַיְבוּסִֽי: הִשָּׁ֣מֶר לְךָ֗
פֶּן־תִּכְרֹ֤ת בְּרִית֙ לְיוֹשֵׁ֣ב הָאָ֔רֶץ אֲשֶׁ֥ר אַתָּ֖ה בָּ֣א עָלֶ֑יהָ פֶּן־יִהְיֶ֥ה
לְמוֹקֵ֖שׁ בְּקִרְבֶּֽךָ: כִּ֤י אֶת־מִזְבְּחֹתָם֙ תִּתֹּצ֔וּן וְאֶת־מַצֵּבֹתָ֖ם תְּשַׁבֵּר֑וּן

שלישי

וַיַּעֲבֹר יהוה **And the Lord passed by.** According to the sages, God, passing before Moses, showed him how to pray on future occasions when Israel sinned, by invoking the qualities known as the "Thirteen Attributes of Mercy" (*Rosh HaShana* 17b). These subsequently became the basis of *seliḥot*, penitential prayer, in Judaism.

יהוה יהוה **The Lord, the Lord.** The first word signifies God's attribute of compassion as opposed to strict justice. The second signals that God retains the same compassion even after we have sinned, thus making repentance possible.

אֵל רַחוּם **Compassionate.** The root *r-ḥ-m* is the same as "womb." Hence it means the kind of compassion a mother has for a child.

אֶרֶךְ אַפַּיִם **Slow to anger.** Thus giving time for wrongdoers to repent.

עָוֺן וָפֶשַׁע וְחַטָּאה **Iniquity, rebellion and sin.** An iniquity is a sin committed knowingly. A rebellion is a sin committed in a spirit of defiance. A sin refers

their altars, break apart their sacred pillars, and cut down their worshiped trees. For you may not bow to any other god, for the LORD's name is Jealous; He is a jealous God. [And so do this,] lest you make a covenant with an inhabitant of the land and, when they stray after their gods and offer sacrifices to them, he invite you to partake of his sacrifice, and you do. And lest you take of his daughters to marry your sons; and these daughters stray after their gods and cause your sons to worship them too. Do not make molten gods for yourselves. Observe the Festival of Matzot: you shall eat matzot for seven days as I have commanded you, at the season of the month of Aviv, for in the month of Aviv you went out of Egypt. Every firstborn that opens the womb is Mine, as well as every firstborn male of your herd, whether bullock or lamb. A firstborn donkey must be redeemed with a lamb, and if you do not redeem it, you must behead it; each of your own firstborn sons must be redeemed: do not approach Me empty-handed. Six days you shall do your work but on the seventh day you shall rest: in plowing and in sowing seasons too, you must rest. You shall celebrate a Festival of Weeks [Shavuot] at the time of the first wheat harvest, and a festival of ingathering [Sukkot] at the completion of the year. Three times a year all males shall present themselves before their Master, the LORD God of Israel. When I conquer nations for you and extend your borders, no one will covet your land when you go up to be seen by the LORD your God, three times each year. Do not slaughter My [Pesaḥ] offering along with leaven; the offering of the Pesaḥ festival must not be allowed to remain until morning. You shall bring the first fruits of your land to the House of the LORD your God. Do not cook a kid in its mother's milk.

After Hagbaha (page 832), "And you shall bring" is read for Revi'i from the second Torah scroll.

---

fail to keep the pilgrimage festivals for fear that while they are away from their homes and fields their enemies would attack and conquer their territory.

וְאֶת־אֲשֵׁרָיו תִּכְרֹתוּן׃ כִּי לֹא תִשְׁתַּחֲוֶה לְאֵל אַחֵר כִּי יְהוָה קַנָּא
שְׁמוֹ אֵל קַנָּא הוּא׃ פֶּן־תִּכְרֹת בְּרִית לְיוֹשֵׁב הָאָרֶץ וְזָנוּ ׀ אַחֲרֵי
אֱלֹהֵיהֶם וְזָבְחוּ לֵאלֹהֵיהֶם וְקָרָא לְךָ וְאָכַלְתָּ מִזִּבְחוֹ׃ וְלָקַחְתָּ
מִבְּנֹתָיו לְבָנֶיךָ וְזָנוּ בְנֹתָיו אַחֲרֵי אֱלֹהֵיהֶן וְהִזְנוּ אֶת־בָּנֶיךָ אַחֲרֵי
אֱלֹהֵיהֶן׃ אֱלֹהֵי מַסֵּכָה לֹא תַעֲשֶׂה־לָּךְ׃ אֶת־חַג הַמַּצּוֹת תִּשְׁמֹר
שִׁבְעַת יָמִים תֹּאכַל מַצּוֹת אֲשֶׁר צִוִּיתִךָ לְמוֹעֵד חֹדֶשׁ הָאָבִיב
כִּי בְּחֹדֶשׁ הָאָבִיב יָצָאתָ מִמִּצְרָיִם׃ כָּל־פֶּטֶר רֶחֶם לִי וְכָל־מִקְנְךָ
תִּזָּכָר פֶּטֶר שׁוֹר וָשֶׂה׃ וּפֶטֶר חֲמוֹר תִּפְדֶּה בְשֶׂה וְאִם־לֹא תִפְדֶּה
וַעֲרַפְתּוֹ כֹּל בְּכוֹר בָּנֶיךָ תִּפְדֶּה וְלֹא־יֵרָאוּ פָנַי רֵיקָם׃ שֵׁשֶׁת
יָמִים תַּעֲבֹד וּבַיּוֹם הַשְּׁבִיעִי תִּשְׁבֹּת בֶּחָרִישׁ וּבַקָּצִיר תִּשְׁבֹּת׃
וְחַג שָׁבֻעֹת תַּעֲשֶׂה לְךָ בִּכּוּרֵי קְצִיר חִטִּים וְחַג הָאָסִיף תְּקוּפַת
הַשָּׁנָה׃ שָׁלֹשׁ פְּעָמִים בַּשָּׁנָה יֵרָאֶה כָּל־זְכוּרְךָ אֶת־פְּנֵי הָאָדֹן ׀
יְהוָה אֱלֹהֵי יִשְׂרָאֵל׃ כִּי־אוֹרִישׁ גּוֹיִם מִפָּנֶיךָ וְהִרְחַבְתִּי אֶת־גְּבֻלֶךָ
וְלֹא־יַחְמֹד אִישׁ אֶת־אַרְצְךָ בַּעֲלֹתְךָ לֵרָאוֹת אֶת־פְּנֵי יְהוָה
אֱלֹהֶיךָ שָׁלֹשׁ פְּעָמִים בַּשָּׁנָה׃ לֹא־תִשְׁחַט עַל־חָמֵץ דַּם־זִבְחִי
וְלֹא־יָלִין לַבֹּקֶר זֶבַח חַג הַפָּסַח׃ רֵאשִׁית בִּכּוּרֵי אַדְמָתְךָ תָּבִיא
בֵּית יְהוָה אֱלֹהֶיךָ לֹא־תְבַשֵּׁל גְּדִי בַּחֲלֵב אִמּוֹ׃

After הגבהה *(page 833), "*וְהִקְרַבְתֶּם*"*
is read for רביעי *from the second* ספר תורה.

---

directly contravene the covenant with God. The commands that follow are directly related to the sin of the golden calf and the seriousness of any lapse from the worship of God alone.

בֶּחָרִישׁ וּבַקָּצִיר *In plowing and in sowing seasons too.* Even during the busiest times of the year, the command to rest on Shabbat must be kept.

וְלֹא־יַחְמֹד אִישׁ אֶת־אַרְצְךָ *No one will covet your land.* The people should not

TORAH READING FOR THE SIXTH DAY OF PESAḤ

The LORD spoke to Moses in the Sinai Desert, in the first month of the second year after their exodus from Egypt, saying, "The children of Israel must bring the Pesaḥ offering at its appointed time. It shall be offered on the fourteenth day of this month, in the afternoon, at its appointed time; all its statutes and rules must be observed." And Moses spoke to the children of Israel, and told them to bring the Pesaḥ offering. And so they brought the Pesaḥ offering on the afternoon of the fourteenth day of the first month, in the Sinai Desert; just as the LORD commanded Moses, so did the children of Israel do. There were some men who had been defiled by contact with death, so that they could not bring the Pesaḥ offering on that day; they approached Moses and Aaron on that very day. And the men said to Moses, "We are defiled by death; why should we be be excluded from bringing the LORD's sacrifice at its appointed time with the rest of the children of Israel?" Moses said to them, "Stand here, and I will hear what the LORD commands you to do."

Num. 9:1–14

LEVI

Then the LORD spoke to Moses, saying: "Any man who is defiled by death, or is on a long journey – now or in future generations – may still bring a Pesaḥ offering to the LORD. In the second month, on the afternoon of the fourteenth day shall they bring it; they must eat it with matzot and bitter herbs. They may not leave any of it until the morning, nor may they break any of its bones; they should bring it in accordance with all the rules of the Pesaḥ offering. But a man who is pure, and is not on a journey, and who neglects to bring

SHELISHI

---

necessary to signal that it was to be celebrated also in their first year in the wilderness.

לָמָּה נִגָּרַע *Why should we be excluded…?* Why should they be deprived of the opportunity to fulfill this fundamental command merely because they had become unclean, either by accident or in the course of performing a command by tending to the dead?

קריאה ליום הששי של פסח

במדבר
ט, א–יד

וַיְדַבֵּ֨ר יְהוָ֤ה אֶל־מֹשֶׁה֙ בְמִדְבַּר־סִינַ֜י בַּשָּׁנָ֣ה הַשֵּׁנִ֗ית לְצֵאתָ֛ם
מֵאֶ֧רֶץ מִצְרַ֛יִם בַּחֹ֥דֶשׁ הָרִאשׁ֖וֹן לֵאמֹֽר: וְיַעֲשֹ֥וּ בְנֵֽי־יִשְׂרָאֵ֖ל
אֶת־הַפָּ֥סַח בְּמוֹעֲדֽוֹ: בְּאַרְבָּעָ֣ה עָשָׂר־י֠וֹם בַּחֹ֨דֶשׁ הַזֶּ֜ה בֵּ֣ין
הָעַרְבַּ֗יִם תַּעֲשֹ֥וּ אֹת֖וֹ בְּמוֹעֲד֑וֹ כְּכָל־חֻקֹּתָ֛יו וּכְכָל־מִשְׁפָּטָ֖יו
תַּעֲשֹׂ֥וּ אֹתֽוֹ: וַיְדַבֵּ֥ר מֹשֶׁ֖ה אֶל־בְּנֵ֣י יִשְׂרָאֵ֑ל לַעֲשֹׂ֖ת הַפָּֽסַח:
וַיַּעֲשֹׂ֣וּ אֶת־הַפֶּ֡סַח בָּרִאשֹׁ֡ון בְּאַרְבָּעָה֩ עָשָׂ֨ר י֥וֹם לַחֹ֛דֶשׁ בֵּ֥ין
הָעַרְבַּ֖יִם בְּמִדְבַּ֣ר סִינָ֑י כְּ֠כֹל אֲשֶׁ֨ר צִוָּ֤ה יְהוָה֙ אֶת־מֹשֶׁ֔ה כֵּ֥ן עָשֹׂ֖וּ
לוי ‏בְּנֵ֥י יִשְׂרָאֵֽל: וַיְהִ֣י אֲנָשִׁ֗ים אֲשֶׁ֨ר הָי֤וּ טְמֵאִים֙ לְנֶ֣פֶשׁ אָדָ֔ם וְלֹא־
יָכְל֥וּ לַעֲשֹׂת־הַפֶּ֖סַח בַּיּ֣וֹם הַה֑וּא וַיִּקְרְב֞וּ לִפְנֵ֥י מֹשֶׁ֛ה וְלִפְנֵ֥י אַהֲרֹ֖ן
בַּיּ֥וֹם הַהֽוּא: וַ֠יֹּאמְר֠וּ הָאֲנָשִׁ֨ים הָהֵ֜מָּה אֵלָ֗יו אֲנַ֤חְנוּ טְמֵאִים֙
לְנֶ֣פֶשׁ אָדָ֔ם לָ֣מָּה נִגָּרַ֗ע לְבִלְתִּ֨י הַקְרִ֜יב אֶת־קָרְבַּ֤ן יְהוָה֙ בְּמֹ֣עֲד֔וֹ
בְּת֖וֹךְ בְּנֵ֥י יִשְׂרָאֵֽל: וַיֹּ֥אמֶר אֲלֵהֶ֖ם מֹשֶׁ֑ה עִמְד֣וּ וְאֶשְׁמְעָ֔ה מַה־
יְצַוֶּ֥ה יְהוָ֖ה לָכֶֽם:
שלישי ‏וַיְדַבֵּ֥ר יְהוָ֖ה אֶל־מֹשֶׁ֥ה לֵּאמֹֽר: דַּבֵּ֛ר אֶל־בְּנֵ֥י יִשְׂרָאֵ֖ל לֵאמֹ֑ר
אִ֣ישׁ אִ֣ישׁ כִּי־יִהְיֶ֣ה טָמֵ֣א ׀ לָנֶ֡פֶשׁ אוֹ֩ בְדֶ֨רֶךְ רְחֹקָ֜ה לָכֶ֗ם א֖וֹ
לְדֹרֹ֣תֵיכֶ֔ם וְעָ֥שָׂה פֶ֖סַח לַיהוָֽה: בַּחֹ֨דֶשׁ הַשֵּׁנִ֜י בְּאַרְבָּעָ֨ה עָשָׂ֥ר
י֛וֹם בֵּ֥ין הָעַרְבַּ֖יִם יַעֲשֹׂ֣וּ אֹת֑וֹ עַל־מַצּ֥וֹת וּמְרֹרִ֖ים יֹאכְלֻֽהוּ: לֹֽא־
יַשְׁאִ֤ירוּ מִמֶּ֨נּוּ֙ עַד־בֹּ֔קֶר וְעֶ֖צֶם לֹ֣א יִשְׁבְּרוּ־ב֑וֹ כְּכָל־חֻקַּ֥ת הַפֶּ֖סַח
יַעֲשֹׂ֥וּ אֹתֽוֹ: וְהָאִישׁ֩ אֲשֶׁר־ה֨וּא טָה֜וֹר וּבְדֶ֣רֶךְ לֹא־הָיָ֗ה וְחָדַל֙

TORAH READING FOR THE SIXTH DAY

The children of Israel must bring the Pesaḥ offering. In the book of Exodus, in addition to the Paschal sacrifice they offered in Egypt immediately prior to their departure, the Israelites were commanded to celebrate Pesaḥ only after arriving in the land of Israel (Ex. 12:25, 13:5). So this additional command was

the Pesaḥ offering – that soul will be cut off from among its people, for that man did not bring the LORD's offering at its appointed time, and he must bear his sin. If a proselyte lives among you and brings a Pesaḥ offering to the LORD, he must follow all the statutes and rules of the Pesaḥ offering; the same law shall apply to you, to the proselyte and to those born in your land.

HAGBAHA AND GELILA

The first Torah scroll is lifted and the congregation says:

וְזֹאת הַתּוֹרָה This is the Torah *Deut. 4*
that Moses placed before the children of Israel,
at the LORD's commandment, by the hand of Moses. *Num. 9*

Some add:

It is a tree of life to those who grasp it, and those who uphold it are happy. *Prov. 3*
Its ways are ways of pleasantness, and all its paths are peace.
Long life is at its right hand; at its left, riches and honor.
It pleased the LORD for the sake of [Israel's] righteousness, *Is. 42*
to make the Torah great and glorious.

On all days, Revi'i is read from the second Torah scroll:

Num. 28:19–25

And you shall bring an offering consumed by fire, a burnt-offering to the LORD: two young bullocks, one ram, and seven yearling male lambs; they shall be to you unblemished. And you shall perform their meal-offerings, fine flour mixed with oil, three-tenths of an ephah for each bull, two-tenths of an ephah for the ram; and one-tenth of an ephah for each of the seven lambs; and one goat for a sin-offering, to make atonement for you. All this aside from the morning burnt-offering, the daily offering; You shall offer all of these as food, on each of the seven days, a burnt-offering by fire of pleasing aroma to the LORD, along with the regular daily offering and its libation. On the seventh day there shall be a sacred assembly: you shall do no laborious work.

גֵּר *If a proselyte.* One might have thought that since his parents were not Israelites, the proselyte might share Israel's present and future but not its past and the festival that celebrates its past. Hence we are told that he too is to observe Pesaḥ, adopting Israel's collective memory as his own.

לַעֲשׂוֹת הַפֶּסַח וְנִכְרְתָה הַנֶּפֶשׁ הַהִוא מֵעַמֶּיהָ כִּי ׀ קׇרְבַּן יהוה
לֹא הִקְרִיב בְּמֹעֲדוֹ חֶטְאוֹ יִשָּׂא הָאִישׁ הַהוּא: וְכִי־יָגוּר אִתְּכֶם
גֵּר וְעָשָׂה פֶסַח לַיהוה כְּחֻקַּת הַפֶּסַח וּכְמִשְׁפָּטוֹ כֵּן יַעֲשֶׂה חֻקָּה
אַחַת יִהְיֶה לָכֶם וְלַגֵּר וּלְאֶזְרַח הָאָרֶץ:

הגבהה וגלילה

The first ספר תורה *is lifted and the* קהל *says:*

דברים ד — וְזֹאת הַתּוֹרָה אֲשֶׁר־שָׂם מֹשֶׁה לִפְנֵי בְּנֵי יִשְׂרָאֵל:

במדבר ט — עַל־פִּי יהוה בְּיַד מֹשֶׁה:

משלי ג — *Some add* עֵץ־חַיִּים הִיא לַמַּחֲזִיקִים בָּהּ וְתֹמְכֶיהָ מְאֻשָּׁר:
דְּרָכֶיהָ דַרְכֵי־נֹעַם וְכׇל־נְתִיבוֹתֶיהָ שָׁלוֹם:
אֹרֶךְ יָמִים בִּימִינָהּ, בִּשְׂמֹאולָהּ עֹשֶׁר וְכָבוֹד:
ישעיה מב — יהוה חָפֵץ לְמַעַן צִדְקוֹ יַגְדִּיל תּוֹרָה וְיַאְדִּיר:

On all days, רביעי *is read from the second* ספר תורה*:*

במדבר כח, יט–כה — וְהִקְרַבְתֶּם אִשֶּׁה עֹלָה לַיהוה פָּרִים בְּנֵי־בָקָר שְׁנַיִם וְאַיִל אֶחָד
וְשִׁבְעָה כְבָשִׂים בְּנֵי שָׁנָה תְּמִימִם יִהְיוּ לָכֶם: וּמִנְחָתָם סֹלֶת בְּלוּלָה
בַשָּׁמֶן שְׁלֹשָׁה עֶשְׂרֹנִים לַפָּר וּשְׁנֵי עֶשְׂרֹנִים לָאַיִל תַּעֲשׂוּ: עִשָּׂרוֹן
עִשָּׂרוֹן תַּעֲשֶׂה לַכֶּבֶשׂ הָאֶחָד לְשִׁבְעַת הַכְּבָשִׂים: וּשְׂעִיר חַטָּאת
אֶחָד לְכַפֵּר עֲלֵיכֶם: מִלְּבַד עֹלַת הַבֹּקֶר אֲשֶׁר לְעֹלַת הַתָּמִיד תַּעֲשׂוּ
אֶת־אֵלֶּה: כָּאֵלֶּה תַּעֲשׂוּ לַיּוֹם שִׁבְעַת יָמִים לֶחֶם אִשֵּׁה רֵיחַ־נִיחֹחַ
לַיהוה עַל־עוֹלַת הַתָּמִיד יֵעָשֶׂה וְנִסְכּוֹ: וּבַיּוֹם הַשְּׁבִיעִי מִקְרָא־
קֹדֶשׁ יִהְיֶה לָכֶם כׇּל־מְלֶאכֶת עֲבֹדָה לֹא תַעֲשׂוּ:

וְנִכְרְתָה הַנֶּפֶשׁ הַהִוא מֵעַמֶּיהָ *That soul will be cut off from among its people.* The act of observing Pesaḥ is a fundamental affirmation of membership in the community of Israel, participating in its covenant of fate: hence the severity of the punishment for one who deliberately does not do so.

HALF KADDISH

After the Reading of the Torah, the Reader says Half Kaddish:

Reader: יִתְגַּדַּל Magnified and sanctified
may His great name be,
in the world He created by His will.
May He establish His kingdom
in your lifetime and in your days,
and in the lifetime of all the house of Israel,
swiftly and soon –
and say: Amen.

All: May His great name be blessed for ever and all time.

Reader: Blessed and praised,
glorified and exalted,
raised and honored,
uplifted and lauded
be the name of the Holy One, blessed be He,
beyond any blessing, song,
praise and consolation
uttered in the world –
and say: Amen.

HAGBAHA AND GELILA

The second Torah scroll is lifted and the congregation says:

וְזֹאת הַתּוֹרָה This is the Torah   *Deut. 4*
that Moses placed before the children of Israel,
at the Lord's commandment, by the hand of Moses.   *Num. 9*

Some add:

It is a tree of life to those who grasp it, and those who uphold it are happy. *Prov. 3*
Its ways are ways of pleasantness, and all its paths are peace.
Long life is at its right hand; at its left, riches and honor.
It pleased the Lord for the sake of [Israel's] righteousness,   *Is. 42*
to make the Torah great and glorious.

On the first day of Ḥol HaMoʼed, some have the custom to remove their tefillin at this point.

חצי קדיש

After קריאת התורה*, the* קורא *says* חצי קדיש:

קורא: יִתְגַּדַּל וְיִתְקַדַּשׁ שְׁמֵהּ רַבָּא (קהל: אָמֵן)
בְּעָלְמָא דִּי בְרָא כִרְעוּתֵהּ
וְיַמְלִיךְ מַלְכוּתֵהּ
בְּחַיֵּיכוֹן וּבְיוֹמֵיכוֹן וּבְחַיֵּי דְכָל בֵּית יִשְׂרָאֵל
בַּעֲגָלָא וּבִזְמַן קָרִיב
וְאִמְרוּ אָמֵן. (קהל: אָמֵן)

קהל וקורא: יְהֵא שְׁמֵהּ רַבָּא מְבָרַךְ לְעָלַם וּלְעָלְמֵי עָלְמַיָּא.

קורא: יִתְבָּרַךְ וְיִשְׁתַּבַּח וְיִתְפָּאַר וְיִתְרוֹמַם וְיִתְנַשֵּׂא
וְיִתְהַדָּר וְיִתְעַלֶּה וְיִתְהַלָּל
שְׁמֵהּ דְּקֻדְשָׁא בְּרִיךְ הוּא (קהל: בְּרִיךְ הוּא)
לְעֵלָּא מִן כָּל בִּרְכָתָא וְשִׁירָתָא
תֻּשְׁבְּחָתָא וְנֶחֱמָתָא
דַּאֲמִירָן בְּעָלְמָא
וְאִמְרוּ אָמֵן. (קהל: אָמֵן)

הגבהה וגלילה

The second ספר תורה *is lifted and the* קהל *says:*

דברים ד — וְזֹאת הַתּוֹרָה אֲשֶׁר־שָׂם מֹשֶׁה לִפְנֵי בְּנֵי יִשְׂרָאֵל:
במדבר ט — עַל־פִּי יהוה בְּיַד מֹשֶׁה:

משלי ג — *Some add* עֵץ־חַיִּים הִיא לַמַּחֲזִיקִים בָּהּ וְתֹמְכֶיהָ מְאֻשָּׁר:
דְּרָכֶיהָ דַרְכֵי־נֹעַם וְכָל־נְתִיבוֹתֶיהָ שָׁלוֹם:
אֹרֶךְ יָמִים בִּימִינָהּ, בִּשְׂמֹאולָהּ עֹשֶׁר וְכָבוֹד:
ישעיה מב — יהוה חָפֵץ לְמַעַן צִדְקוֹ יַגְדִּיל תּוֹרָה וְיַאְדִּיר:

On the first day of חול המועד*, some have the custom to remove their* תפילין *at this point.*

RETURNING THE TORAH TO THE ARK

The Ark is opened. The Leader takes the Torah scroll and says:

יְהַלְלוּ Let them praise the name of the LORD, *Ps. 148*
for His name alone is sublime.

The congregation responds:

הוֹדוֹ His majesty is above earth and heaven.
He has raised the horn of His people,
for the glory of all His devoted ones,
the children of Israel, the people close to Him.
Halleluya!

As the Torah scroll is returned to the Ark, say:

לְדָוִד מִזְמוֹר A psalm of David. The earth is the LORD's and all it contains, *Ps. 24*
the world and all who live in it. For He founded it on the seas and established it on the streams. Who may climb the mountain of the LORD? Who may stand in His holy place? He who has clean hands and a pure heart, who has not taken My name in vain, or sworn deceitfully. He shall receive blessing from the LORD, and just reward from God, his salvation. This is a generation of those who seek Him, the descendants of Jacob who seek Your presence, Selah! Lift up your heads, O gates; be uplifted, eternal doors, so that the King of glory may enter. Who is the King of glory? It is the LORD, strong and mighty, the LORD mighty in battle. ‣ Lift up your heads, O gates; be uplifted, eternal doors, so that the King of glory may enter. Who is He, the King of glory? The LORD of hosts, He is the King of glory, Selah!

As the Torah scroll is placed into the Ark, say:

וּבְנֻחֹה יֹאמַר When the Ark came to rest, Moses would say: "Return, *Num. 10*
O LORD, to the myriad thousands of Israel." Advance, LORD, to Your *Ps. 132*
resting place, You and Your mighty Ark. Your priests are clothed in righteousness, and Your devoted ones sing in joy. For the sake of Your servant David, do not reject Your anointed one. For I give you good *Prov. 4*
instruction; do not forsake My Torah. It is a tree of life to those who *Prov. 3*
grasp it, and those who uphold it are happy. Its ways are ways of pleasantness, and all its paths are peace. ‣ Turn us back, O LORD, to You, and *Lam. 5*
we will return. Renew our days as of old.

The Ark is closed.

הכנסת ספר תורה

The ארון קודש *is opened. The* שליח ציבור *takes the* ספר תורה *and says:*

תהלים קמח
יְהַלְלוּ אֶת־שֵׁם יהוה, כִּי נִשְׂגָּב־שְׁמוֹ, לְבַדּוֹ

The קהל *responds:*

הוֹדוֹ עַל־אֶרֶץ וְשָׁמָיִם:
וַיָּרֶם קֶרֶן לְעַמּוֹ
תְּהִלָּה לְכָל־חֲסִידָיו
לִבְנֵי יִשְׂרָאֵל עַם קְרֹבוֹ, הַלְלוּיָהּ:

As the ספר תורה *is returned to the* ארון קודש*, say:*

תהלים כד
לְדָוִד מִזְמוֹר, לַיהוה הָאָרֶץ וּמְלוֹאָהּ, תֵּבֵל וְיֹשְׁבֵי בָהּ: כִּי־הוּא עַל־יַמִּים יְסָדָהּ, וְעַל־נְהָרוֹת יְכוֹנְנֶהָ: מִי־יַעֲלֶה בְהַר־יהוה, וּמִי־יָקוּם בִּמְקוֹם קָדְשׁוֹ: נְקִי כַפַּיִם וּבַר־לֵבָב, אֲשֶׁר לֹא־נָשָׂא לַשָּׁוְא נַפְשִׁי וְלֹא נִשְׁבַּע לְמִרְמָה: יִשָּׂא בְרָכָה מֵאֵת יהוה, וּצְדָקָה מֵאֱלֹהֵי יִשְׁעוֹ: זֶה דּוֹר דֹּרְשָׁו, מְבַקְשֵׁי פָנֶיךָ, יַעֲקֹב, סֶלָה: שְׂאוּ שְׁעָרִים רָאשֵׁיכֶם, וְהִנָּשְׂאוּ פִּתְחֵי עוֹלָם, וְיָבוֹא מֶלֶךְ הַכָּבוֹד: מִי זֶה מֶלֶךְ הַכָּבוֹד, יהוה עִזּוּז וְגִבּוֹר, יהוה גִּבּוֹר מִלְחָמָה: ◂ שְׂאוּ שְׁעָרִים רָאשֵׁיכֶם, וּשְׂאוּ פִּתְחֵי עוֹלָם, וְיָבֹא מֶלֶךְ הַכָּבוֹד: מִי הוּא זֶה מֶלֶךְ הַכָּבוֹד, יהוה צְבָאוֹת הוּא מֶלֶךְ הַכָּבוֹד, סֶלָה:

As the ספר תורה *is placed into the* ארון קודש*, say:*

במדבר י
וּבְנֻחֹה יֹאמַר, שׁוּבָה יהוה רִבְבוֹת אַלְפֵי יִשְׂרָאֵל:
תהלים קלב
קוּמָה יהוה לִמְנוּחָתֶךָ, אַתָּה וַאֲרוֹן עֻזֶּךָ: כֹּהֲנֶיךָ יִלְבְּשׁוּ־צֶדֶק, וַחֲסִידֶיךָ יְרַנֵּנוּ: בַּעֲבוּר דָּוִד עַבְדֶּךָ אַל־תָּשֵׁב פְּנֵי מְשִׁיחֶךָ:
משלי ד
כִּי לֶקַח טוֹב נָתַתִּי לָכֶם, תּוֹרָתִי אַל־תַּעֲזֹבוּ:
משלי ג
עֵץ־חַיִּים הִיא לַמַּחֲזִיקִים בָּהּ, וְתֹמְכֶיהָ מְאֻשָּׁר: דְּרָכֶיהָ דַרְכֵי־נֹעַם וְכָל־נְתִיבֹתֶיהָ שָׁלוֹם:
איכה ה
◂ הֲשִׁיבֵנוּ יהוה אֵלֶיךָ וְנָשׁוּבָה, חַדֵּשׁ יָמֵינוּ כְּקֶדֶם:

The ארון קודש *is closed.*

אַשְׁרֵי Happy are those who dwell in Your House; *Ps. 84*
they shall continue to praise You, Selah!
Happy are the people for whom this is so; *Ps. 144*
happy are the people whose God is the Lord.
A song of praise by David. *Ps. 145*
   I will exalt You, my God, the King, and bless Your name for
   ever and all time. Every day I will bless You, and praise Your
   name for ever and all time. Great is the Lord and greatly to be
   praised; His greatness is unfathomable. One generation will
   praise Your works to the next, and tell of Your mighty deeds.
   On the glorious splendor of Your majesty I will meditate, and
   on the acts of Your wonders. They shall talk of the power of
   Your awesome deeds, and I will tell of Your greatness. They
   shall recite the record of Your great goodness, and sing with
   joy of Your righteousness. The Lord is gracious and compas-
   sionate, slow to anger and great in loving-kindness. The Lord
   is good to all, and His compassion extends to all His works. All
   Your works shall thank You, Lord, and Your devoted ones shall
   bless You. They shall talk of the glory of Your kingship, and
   speak of Your might. To make known to mankind His mighty
   deeds and the glorious majesty of His kingship. Your kingdom
   is an everlasting kingdom, and Your reign is for all generations.
   The Lord supports all who fall, and raises all who are bowed
   down. All raise their eyes to You in hope, and You give them
   their food in due season. You open Your hand, and satisfy every
   living thing with favor. The Lord is righteous in all His ways,
   and kind in all He does. The Lord is close to all who call on
   Him, to all who call on Him in truth. He fulfills the will of those
   who revere Him; He hears their cry and saves them. The Lord
   guards all who love Him, but all the wicked He will destroy.
   ▸ My mouth shall speak the praise of the Lord, and all creatures
   shall bless His holy name for ever and all time.
We will bless the Lord now and for ever. Halleluya! *Ps. 115*

תהלים פד
אַשְׁרֵי יוֹשְׁבֵי בֵיתֶךָ, עוֹד יְהַלְלוּךָ סֶּלָה:

תהלים קמד
אַשְׁרֵי הָעָם שֶׁכָּכָה לּוֹ, אַשְׁרֵי הָעָם שֶׁיהוה אֱלֹהָיו:

תהלים קמה
תְּהִלָּה לְדָוִד

אֲרוֹמִמְךָ אֱלוֹהַי הַמֶּלֶךְ, וַאֲבָרְכָה שִׁמְךָ לְעוֹלָם וָעֶד:
בְּכָל־יוֹם אֲבָרְכֶךָּ, וַאֲהַלְלָה שִׁמְךָ לְעוֹלָם וָעֶד:
גָּדוֹל יהוה וּמְהֻלָּל מְאֹד, וְלִגְדֻלָּתוֹ אֵין חֵקֶר:
דּוֹר לְדוֹר יְשַׁבַּח מַעֲשֶׂיךָ, וּגְבוּרֹתֶיךָ יַגִּידוּ:
הֲדַר כְּבוֹד הוֹדֶךָ, וְדִבְרֵי נִפְלְאֹתֶיךָ אָשִׂיחָה:
וֶעֱזוּז נוֹרְאֹתֶיךָ יֹאמֵרוּ, וּגְדוּלָּתְךָ אֲסַפְּרֶנָּה:
זֵכֶר רַב־טוּבְךָ יַבִּיעוּ, וְצִדְקָתְךָ יְרַנֵּנוּ:
חַנּוּן וְרַחוּם יהוה, אֶרֶךְ אַפַּיִם וּגְדָל־חָסֶד:
טוֹב־יהוה לַכֹּל, וְרַחֲמָיו עַל־כָּל־מַעֲשָׂיו:
יוֹדוּךָ יהוה כָּל־מַעֲשֶׂיךָ, וַחֲסִידֶיךָ יְבָרְכוּכָה:
כְּבוֹד מַלְכוּתְךָ יֹאמֵרוּ, וּגְבוּרָתְךָ יְדַבֵּרוּ:
לְהוֹדִיעַ לִבְנֵי הָאָדָם גְּבוּרֹתָיו, וּכְבוֹד הֲדַר מַלְכוּתוֹ:
מַלְכוּתְךָ מַלְכוּת כָּל־עֹלָמִים, וּמֶמְשַׁלְתְּךָ בְּכָל־דּוֹר וָדֹר:
סוֹמֵךְ יהוה לְכָל־הַנֹּפְלִים, וְזוֹקֵף לְכָל־הַכְּפוּפִים:
עֵינֵי־כֹל אֵלֶיךָ יְשַׂבֵּרוּ, וְאַתָּה נוֹתֵן־לָהֶם אֶת־אָכְלָם בְּעִתּוֹ:
פּוֹתֵחַ אֶת־יָדֶךָ, וּמַשְׂבִּיעַ לְכָל־חַי רָצוֹן:
צַדִּיק יהוה בְּכָל־דְּרָכָיו, וְחָסִיד בְּכָל־מַעֲשָׂיו:
קָרוֹב יהוה לְכָל־קֹרְאָיו, לְכֹל אֲשֶׁר יִקְרָאֻהוּ בֶאֱמֶת:
רְצוֹן־יְרֵאָיו יַעֲשֶׂה, וְאֶת־שַׁוְעָתָם יִשְׁמַע, וְיוֹשִׁיעֵם:
שׁוֹמֵר יהוה אֶת־כָּל־אֹהֲבָיו, וְאֵת כָּל־הָרְשָׁעִים יַשְׁמִיד:
◂ תְּהִלַּת יהוה יְדַבֶּר פִּי, וִיבָרֵךְ כָּל־בָּשָׂר שֵׁם קָדְשׁוֹ לְעוֹלָם וָעֶד:

תהלים קטו
וַאֲנַחְנוּ נְבָרֵךְ יָהּ מֵעַתָּה וְעַד־עוֹלָם, הַלְלוּיָהּ:

וּבָא לְצִיּוֹן גּוֹאֵל "A redeemer will come to Zion,   *Is. 59*
to those of Jacob who repent of their sins," declares the LORD.
"As for Me, this is My covenant with them," says the LORD.
"My spirit, that is on you, and My words I have placed in your mouth
will not depart from your mouth, or from the mouth of your chil-
dren, or from the mouth of their descendants from this time on and
for ever," says the LORD.

‣ You are the Holy One, enthroned on the praises of Israel.   *Ps. 22*
  And [the angels] call to one another, saying, ‹ "Holy, holy, holy   *Is. 6*
  is the LORD of hosts; the whole world is filled with His glory."
  And they receive permission from one another, saying: *Targum Yonatan Is. 6*
  "Holy in the highest heavens, home of His Presence; holy on earth,
  the work of His strength; holy for ever and all time is the LORD of hosts;
  the whole earth is full of His radiant glory."

‣ Then a wind lifted me up and I heard behind me the sound of a great   *Ezek. 3*
  noise, saying, ‹ "Blessed is the LORD's glory from His place."
  Then a wind lifted me up and I heard behind me   *Targum Yonatan Ezek. 3*
  the sound of a great tempest of those who uttered praise, saying,
  "Blessed is the LORD's glory from the place of the home of His Presence."

  The LORD shall reign for ever and all time.   *Ex. 15*
  The LORD's kingdom is established for ever and all time.   *Targum Onkelos Ex. 15*

יהוה LORD, God of Abraham, Isaac and Yisrael, our ancestors, may   *1 Chr. 29*
You keep this for ever so that it forms the thoughts in Your people's
heart, and directs their heart toward You. He is compassionate. He   *Ps. 78*
forgives iniquity and does not destroy. Repeatedly He suppresses His
anger, not rousing His full wrath. For You, my LORD, are good and   *Ps. 86*
forgiving, abundantly kind to all who call on You. Your righteousness   *Ps. 119*
is eternally righteous, and Your Torah is truth. Grant truth to Jacob,   *Mic. 7*
loving-kindness to Abraham, as You promised our ancestors in ancient
times. Blessed is my LORD for day after day He burdens us [with His   *Ps. 68*
blessings]; is our salvation, Selah! The LORD of hosts is with us; the   *Ps. 46*
God of Jacob is our refuge, Selah! LORD of hosts, happy is the one who   *Ps. 84*
trusts in You. LORD, save. May the King answer us on the day we call.   *Ps. 20*

וּבָא לְצִיּוֹן גּוֹאֵל, וּלְשָׁבֵי פֶשַׁע בְּיַעֲקֹב, נְאֻם יהוה: ישעיה נט
וַאֲנִי זֹאת בְּרִיתִי אוֹתָם, אָמַר יהוה
רוּחִי אֲשֶׁר עָלֶיךָ וּדְבָרַי אֲשֶׁר־שַׂמְתִּי בְּפִיךָ
לֹא־יָמוּשׁוּ מִפִּיךָ וּמִפִּי זַרְעֲךָ וּמִפִּי זֶרַע זַרְעֲךָ
אָמַר יהוה, מֵעַתָּה וְעַד־עוֹלָם:

◂ וְאַתָּה קָדוֹשׁ יוֹשֵׁב תְּהִלּוֹת יִשְׂרָאֵל: וְקָרָא זֶה אֶל־זֶה וְאָמַר ◂ תהלים כב
קָדוֹשׁ, קָדוֹשׁ, קָדוֹשׁ, יהוה צְבָאוֹת, מְלֹא כָל־הָאָרֶץ כְּבוֹדוֹ: ישעיה ו
וּמְקַבְּלִין דֵּין מִן דֵּין וְאָמְרִין, קַדִּישׁ בִּשְׁמֵי מְרוֹמָא עִלָּאָה בֵּית שְׁכִינְתֵּהּ תרגום יונתן ישעיה ו
קַדִּישׁ עַל אַרְעָא עוֹבַד גְּבוּרְתֵּהּ, קַדִּישׁ לְעָלַם וּלְעָלְמֵי עָלְמַיָּא
יהוה צְבָאוֹת, מַלְיָא כָל אַרְעָא זִיו יְקָרֵהּ.

◂ וַתִּשָּׂאֵנִי רוּחַ, וָאֶשְׁמַע אַחֲרַי קוֹל רַעַשׁ גָּדוֹל ◂ יחזקאל ג
בָּרוּךְ כְּבוֹד־יהוה מִמְּקוֹמוֹ:
וּנְטָלַתְנִי רוּחָא, וּשְׁמָעִית בַּתְרַי קָל זִיעַ סַגִּיא, דִּמְשַׁבְּחִין וְאָמְרִין תרגום יונתן יחזקאל ג
בְּרִיךְ יְקָרָא דַיהוה מֵאֲתַר בֵּית שְׁכִינְתֵּהּ.

יהוה יִמְלֹךְ לְעֹלָם וָעֶד: שמות טו
יהוה מַלְכוּתֵהּ קָאֵם לְעָלַם וּלְעָלְמֵי עָלְמַיָּא. תרגום אונקלוס שמות טו

יהוה אֱלֹהֵי אַבְרָהָם יִצְחָק וְיִשְׂרָאֵל אֲבֹתֵינוּ, שָׁמְרָה־זֹּאת לְעוֹלָם דברי הימים א, כט
לְיֵצֶר מַחְשְׁבוֹת לְבַב עַמֶּךָ, וְהָכֵן לְבָבָם אֵלֶיךָ: וְהוּא רַחוּם יְכַפֵּר עָוֹן תהלים עח
וְלֹא־יַשְׁחִית, וְהִרְבָּה לְהָשִׁיב אַפּוֹ, וְלֹא־יָעִיר כָּל־חֲמָתוֹ: כִּי־אַתָּה אֲדֹנָי תהלים פו
טוֹב וְסַלָּח, וְרַב־חֶסֶד לְכָל־קֹרְאֶיךָ: צִדְקָתְךָ צֶדֶק לְעוֹלָם וְתוֹרָתְךָ תהלים קיט
אֱמֶת: תִּתֵּן אֱמֶת לְיַעֲקֹב, חֶסֶד לְאַבְרָהָם, אֲשֶׁר־נִשְׁבַּעְתָּ לַאֲבֹתֵינוּ מיכה ז
מִימֵי קֶדֶם: בָּרוּךְ אֲדֹנָי יוֹם יוֹם יַעֲמָס־לָנוּ, הָאֵל יְשׁוּעָתֵנוּ סֶלָה: יהוה תהלים סח תהלים מו
צְבָאוֹת עִמָּנוּ, מִשְׂגָּב לָנוּ אֱלֹהֵי יַעֲקֹב סֶלָה: יהוה צְבָאוֹת, אַשְׁרֵי תהלים פד
אָדָם בֹּטֵחַ בָּךְ: יהוה הוֹשִׁיעָה, הַמֶּלֶךְ יַעֲנֵנוּ בְיוֹם־קָרְאֵנוּ: תהלים כ

בָּרוּךְ Blessed is He, our God, who created us for His glory, separating us from those who go astray; who gave us the Torah of truth, planting within us eternal life. May He open our heart to His Torah, imbuing our heart with the love and awe of Him, that we may do His will and serve Him with a perfect heart, so that we neither toil in vain nor give birth to confusion.

יְהִי רָצוֹן May it be Your will, O Lord our God and God of our ances- tors, that we keep Your laws in this world, and thus be worthy to live, see and inherit goodness and blessing in the Messianic Age and in the life of the World to Come. So that my soul may sing to You and not *Ps. 30* be silent. Lord, my God, for ever I will thank You. Blessed is the man *Jer. 17* who trusts in the Lord, whose trust is in the Lord alone. Trust in the *Is. 26* Lord for evermore, for God, the Lord, is an everlasting Rock. ▸ Those *Ps. 9* who know Your name trust in You, for You, Lord, do not forsake those who seek You. The Lord desired, for the sake of Israel's merit, to make *Is. 42* the Torah great and glorious.

HALF KADDISH

Leader: יִתְגַּדַּל Magnified and sanctified
may His great name be,
in the world He created by His will.
May He establish His kingdom
in your lifetime and in your days,
and in the lifetime of all the house of Israel,
swiftly and soon – and say: Amen.

All: May His great name be blessed for ever and all time.

Leader: Blessed and praised, glorified and exalted,
raised and honored, uplifted and lauded
be the name of the Holy One, blessed be He,
beyond any blessing,
song, praise and consolation
uttered in the world – and say: Amen.

בָּרוּךְ הוּא אֱלֹהֵינוּ שֶׁבְּרָאָנוּ לִכְבוֹדוֹ, וְהִבְדִּילָנוּ מִן הַתּוֹעִים, וְנָתַן לָנוּ תּוֹרַת אֱמֶת, וְחַיֵּי עוֹלָם נָטַע בְּתוֹכֵנוּ. הוּא יִפְתַּח לִבֵּנוּ בְּתוֹרָתוֹ, וְיָשֵׂם בְּלִבֵּנוּ אַהֲבָתוֹ וְיִרְאָתוֹ וְלַעֲשׂוֹת רְצוֹנוֹ וּלְעָבְדוֹ בְּלֵבָב שָׁלֵם, לְמַעַן לֹא נִיגַע לָרִיק וְלֹא נֵלֵד לַבֶּהָלָה.

יְהִי רָצוֹן מִלְּפָנֶיךָ יהוה אֱלֹהֵינוּ וֵאלֹהֵי אֲבוֹתֵינוּ, שֶׁנִּשְׁמֹר חֻקֶּיךָ בָּעוֹלָם הַזֶּה, וְנִזְכֶּה וְנִחְיֶה וְנִרְאֶה וְנִירַשׁ טוֹבָה וּבְרָכָה, לִשְׁנֵי יְמוֹת הַמָּשִׁיחַ וּלְחַיֵּי הָעוֹלָם הַבָּא. לְמַעַן יְזַמֶּרְךָ כָבוֹד וְלֹא יִדֹּם, יהוה אֱלֹהַי, לְעוֹלָם אוֹדֶךָּ: בָּרוּךְ הַגֶּבֶר אֲשֶׁר יִבְטַח בַּיהוה, וְהָיָה יהוה מִבְטַחוֹ: בִּטְחוּ בַיהוה עֲדֵי־עַד, כִּי בְּיָהּ יהוה צוּר עוֹלָמִים: ‹ וְיִבְטְחוּ בְךָ יוֹדְעֵי שְׁמֶךָ, כִּי לֹא־עָזַבְתָּ דֹרְשֶׁיךָ, יהוה: יהוה חָפֵץ לְמַעַן צִדְקוֹ, יַגְדִּיל תּוֹרָה וְיַאְדִּיר:

(תהלים ל / ירמיה יז / ישעיה כו / תהלים ט / ישעיה מב)

חצי קדיש

ש״ץ: יִתְגַּדַּל וְיִתְקַדַּשׁ שְׁמֵהּ רַבָּא (קהל: אָמֵן)
בְּעָלְמָא דִּי בְרָא כִרְעוּתֵהּ
וְיַמְלִיךְ מַלְכוּתֵהּ
בְּחַיֵּיכוֹן וּבְיוֹמֵיכוֹן וּבְחַיֵּי דְכָל בֵּית יִשְׂרָאֵל
בַּעֲגָלָא וּבִזְמַן קָרִיב, וְאִמְרוּ אָמֵן. (קהל: אָמֵן)

קהל וש״ץ: יְהֵא שְׁמֵהּ רַבָּא מְבָרַךְ לְעָלַם וּלְעָלְמֵי עָלְמַיָּא.

ש״ץ: יִתְבָּרַךְ וְיִשְׁתַּבַּח וְיִתְפָּאַר וְיִתְרוֹמַם וְיִתְנַשֵּׂא
וְיִתְהַדָּר וְיִתְעַלֶּה וְיִתְהַלָּל
שְׁמֵהּ דְּקֻדְשָׁא בְּרִיךְ הוּא (קהל: בְּרִיךְ הוּא)
לְעֵלָּא מִן כָּל בִּרְכָתָא וְשִׁירָתָא
תֻּשְׁבְּחָתָא וְנֶחֱמָתָא
דַּאֲמִירָן בְּעָלְמָא, וְאִמְרוּ אָמֵן. (קהל: אָמֵן)

Musaf for Ḥol HaMo'ed

The following prayer, until "in former years" on page 856, is said silently, standing with feet together. If there is a minyan, the Amida is repeated aloud by the Leader. Take three steps forward and at the points indicated by ▾, bend the knees at the first word, bow at the second, and stand straight before saying God's name.

When I proclaim the LORD's name, give glory to our God. *Deut. 32*
O LORD, open my lips, so that my mouth may declare Your praise. *Ps. 51*

PATRIARCHS

▾בָּרוּךְ▾ Blessed are You, LORD our God and God of our fathers,
God of Abraham, God of Isaac and God of Jacob;
the great, mighty and awesome God, God Most High,
who bestows acts of loving-kindness and creates all,
who remembers the loving-kindness of the fathers
and will bring a Redeemer to their children's children
for the sake of His name, in love.
King, Helper, Savior, Shield:
▾Blessed are You, LORD, Shield of Abraham.

DIVINE MIGHT

אַתָּה גִּבּוֹר You are eternally mighty, LORD.
You give life to the dead
and have great power to save.

In Israel:
He causes the dew to fall.

He sustains the living with loving-kindness,
and with great compassion revives the dead.
He supports the fallen, heals the sick, sets captives free,
and keeps His faith with those who sleep in the dust.
Who is like You, Master of might,
and who can compare to You,
O King who brings death and gives life,
and makes salvation grow?
Faithful are You to revive the dead.
Blessed are You, LORD, who revives the dead.

תפילת מוסף לחול המועד

The following prayer, until קַדְמֹנִיּוֹת *on page 857, is said silently, standing with feet together. If there is a* מנין*, the* עמידה *is repeated aloud by the* שליח ציבור*. Take three steps forward and at the points indicated by* ׳*, bend the knees at the first word, bow at the second, and stand straight before saying God's name.*

כִּי שֵׁם יהוה אֶקְרָא, הָבוּ גֹדֶל לֵאלֹהֵינוּ: דברים לב

אֲדֹנָי, שְׂפָתַי תִּפְתָּח, וּפִי יַגִּיד תְּהִלָּתֶךָ: תהלים נא

אבות

׳בָּרוּךְ אַתָּה יהוה, אֱלֹהֵינוּ וֵאלֹהֵי אֲבוֹתֵינוּ
אֱלֹהֵי אַבְרָהָם, אֱלֹהֵי יִצְחָק, וֵאלֹהֵי יַעֲקֹב
הָאֵל הַגָּדוֹל הַגִּבּוֹר וְהַנּוֹרָא, אֵל עֶלְיוֹן
גּוֹמֵל חֲסָדִים טוֹבִים, וְקוֹנֵה הַכֹּל
וְזוֹכֵר חַסְדֵי אָבוֹת
וּמֵבִיא גוֹאֵל לִבְנֵי בְנֵיהֶם לְמַעַן שְׁמוֹ בְּאַהֲבָה.
מֶלֶךְ עוֹזֵר וּמוֹשִׁיעַ וּמָגֵן.
׳בָּרוּךְ אַתָּה יהוה, מָגֵן אַבְרָהָם.

גבורות

אַתָּה גִּבּוֹר לְעוֹלָם, אֲדֹנָי
מְחַיֵּה מֵתִים אַתָּה, רַב לְהוֹשִׁיעַ

In ארץ ישראל*:*
מוֹרִיד הַטָּל

מְכַלְכֵּל חַיִּים בְּחֶסֶד, מְחַיֵּה מֵתִים בְּרַחֲמִים רַבִּים
סוֹמֵךְ נוֹפְלִים, וְרוֹפֵא חוֹלִים, וּמַתִּיר אֲסוּרִים
וּמְקַיֵּם אֱמוּנָתוֹ לִישֵׁנֵי עָפָר.
מִי כָמוֹךָ, בַּעַל גְּבוּרוֹת, וּמִי דּוֹמֶה לָּךְ
מֶלֶךְ, מֵמִית וּמְחַיֶּה וּמַצְמִיחַ יְשׁוּעָה.
וְנֶאֱמָן אַתָּה לְהַחֲיוֹת מֵתִים.
בָּרוּךְ אַתָּה יהוה, מְחַיֵּה הַמֵּתִים.

When saying the Amida silently, continue with "You are holy" below.

KEDUSHA

> *During the Leader's Repetition, the following is said standing*
> *with feet together, rising on the toes at the words indicated by ˒.*

Cong. then נְקַדֵּשׁ We will sanctify Your name on earth,
Leader: as they sanctify it in the highest heavens,
 as is written by Your prophet,
 "And they [the angels] call to one another saying: *Is. 6*

Cong. then ˒Holy, ˒holy, ˒holy is the LORD of hosts;
Leader: the whole world is filled with His glory."
 Those facing them say "Blessed –"

Cong. then ˒"Blessed is the LORD's glory from His place."   *Ezek. 3*
Leader: And in Your holy Writings it is written thus:

Cong. then ˒"The LORD shall reign for ever. He is your God, Zion,   *Ps. 146*
Leader: from generation to generation, Halleluya!"

Leader: From generation to generation we will declare Your greatness,
 and we will proclaim Your holiness for evermore.
 Your praise, our God, shall not leave our mouth forever,
 for You, God, are a great and holy King.
 Blessed are You, LORD, the holy God.

The Leader continues with "You have chosen us" on the next page.

HOLINESS

אַתָּה קָדוֹשׁ You are holy and Your name is holy,
and holy ones praise You daily, Selah!
Blessed are You, LORD, the holy God.

HOLINESS OF THE DAY

אַתָּה בְחַרְתָּנוּ You have chosen us
from among all peoples.
You have loved and favored us.
You have raised us above all tongues.
You have made us holy through Your commandments.
You have brought us near, our King, to Your service,
 and have called us by Your great and holy name.

When saying the עמידה *silently, continue with* אַתָּה קָדוֹשׁ *below.*

קדושה

During the חזרת הש״ץ, *the following is said standing with feet together, rising on the toes at the words indicated by* ^.

then קהל ש״ץ: נְקַדֵּשׁ אֶת שִׁמְךָ בָּעוֹלָם, כְּשֵׁם שֶׁמַּקְדִּישִׁים אוֹתוֹ בִּשְׁמֵי מָרוֹם
כַּכָּתוּב עַל יַד נְבִיאֶךָ: וְקָרָא זֶה אֶל־זֶה וְאָמַר — ישעיה ו

then קהל ש״ץ: ^קָדוֹשׁ, ^קָדוֹשׁ, ^קָדוֹשׁ, יהוה צְבָאוֹת, מְלֹא כָל־הָאָרֶץ כְּבוֹדוֹ:
לְעֻמָּתָם בָּרוּךְ יֹאמֵרוּ

then קהל ש״ץ: ^בָּרוּךְ כְּבוֹד־יהוה מִמְּקוֹמוֹ: — יחזקאל ג
וּבְדִבְרֵי קָדְשְׁךָ כָּתוּב לֵאמֹר

then קהל ש״ץ: ^יִמְלֹךְ יהוה לְעוֹלָם, אֱלֹהַיִךְ צִיּוֹן לְדֹר וָדֹר, הַלְלוּיָהּ: — תהלים קמו

ש״ץ: לְדוֹר וָדוֹר נַגִּיד גָּדְלֶךָ, וּלְנֵצַח נְצָחִים קְדֻשָּׁתְךָ נַקְדִּישׁ,
וְשִׁבְחֲךָ אֱלֹהֵינוּ מִפִּינוּ לֹא יָמוּשׁ לְעוֹלָם וָעֶד,
כִּי אֵל מֶלֶךְ גָּדוֹל וְקָדוֹשׁ אָתָּה.
בָּרוּךְ אַתָּה יהוה, הָאֵל הַקָּדוֹשׁ.

The שליח ציבור *continues with* אַתָּה בְחַרְתָּנוּ *on the next page.*

קדושת השם

אַתָּה קָדוֹשׁ וְשִׁמְךָ קָדוֹשׁ וּקְדוֹשִׁים בְּכָל יוֹם יְהַלְלוּךָ סֶּלָה.
בָּרוּךְ אַתָּה יהוה, הָאֵל הַקָּדוֹשׁ.

קדושת היום

אַתָּה בְחַרְתָּנוּ מִכָּל הָעַמִּים
אָהַבְתָּ אוֹתָנוּ וְרָצִיתָ בָּנוּ
וְרוֹמַמְתָּנוּ מִכָּל הַלְּשׁוֹנוֹת
וְקִדַּשְׁתָּנוּ בְּמִצְוֹתֶיךָ
וְקֵרַבְתָּנוּ מַלְכֵּנוּ לַעֲבוֹדָתֶךָ
וְשִׁמְךָ הַגָּדוֹל וְהַקָּדוֹשׁ עָלֵינוּ קָרָאתָ.

וַתִּתֶּן לָנוּ And You, LORD our God, have given us in love
festivals for rejoicing, holy days and seasons for joy,
this day of the festival of Matzot, the time of our freedom,
a holy assembly in memory of the exodus from Egypt.

וּמִפְּנֵי חֲטָאֵינוּ But because of our sins we were exiled from our land
and driven far from our country.
We cannot go up to appear and bow before You,
and to perform our duties in Your chosen House,
the great and holy Temple that was called by Your name,
because of the hand that was stretched out against Your Sanctuary.
May it be Your will, LORD our God and God of our ancestors,
merciful King,
that You in Your abounding compassion may once more
have mercy on us and on Your Sanctuary,
rebuilding it swiftly and adding to its glory.
Our Father, our King, reveal the glory of Your kingdom to us swiftly.
Appear and be exalted over us in the sight of all that lives.
Bring back our scattered ones from among the nations,
and gather our dispersed people from the ends of the earth.
Lead us to Zion, Your city, in jubilation,
and to Jerusalem, home of Your Temple, with everlasting joy.
There we will prepare for You our obligatory offerings:
the regular daily offerings in their order
and the additional offerings according to their law.
And the additional offering of this day of the festival of Matzot,
we will prepare and offer before You in love,
in accord with Your will's commandment,
as You wrote for us in Your Torah
through Your servant Moses, by Your own word, as it is said:

וְהִקְרַבְתֶּם And you shall bring an offering consumed by fire *Num. 28*
a burnt-offering to the LORD:
two young bullocks, one ram, and seven yearling male lambs;
they shall be to you unblemished.

וַתִּתֶּן לָנוּ יהוה אֱלֹהֵינוּ בְּאַהֲבָה
מוֹעֲדִים לְשִׂמְחָה, חַגִּים וּזְמַנִּים לְשָׂשׂוֹן
אֶת יוֹם חַג הַמַּצּוֹת הַזֶּה, זְמַן חֵרוּתֵנוּ
מִקְרָא קֹדֶשׁ, זֵכֶר לִיצִיאַת מִצְרָיִם.

וּמִפְּנֵי חֲטָאֵינוּ גָּלִינוּ מֵאַרְצֵנוּ, וְנִתְרַחַקְנוּ מֵעַל אַדְמָתֵנוּ
וְאֵין אֲנַחְנוּ יְכוֹלִים לַעֲלוֹת וְלֵרָאוֹת וּלְהִשְׁתַּחֲווֹת לְפָנֶיךָ
וְלַעֲשׂוֹת חוֹבוֹתֵינוּ בְּבֵית בְּחִירָתֶךָ
בַּבַּיִת הַגָּדוֹל וְהַקָּדוֹשׁ שֶׁנִּקְרָא שִׁמְךָ עָלָיו
מִפְּנֵי הַיָּד שֶׁנִּשְׁתַּלְּחָה בְּמִקְדָּשֶׁךָ.
יְהִי רָצוֹן מִלְּפָנֶיךָ יהוה אֱלֹהֵינוּ וֵאלֹהֵי אֲבוֹתֵינוּ, מֶלֶךְ רַחֲמָן
שֶׁתָּשׁוּב וּתְרַחֵם עָלֵינוּ וְעַל מִקְדָּשְׁךָ בְּרַחֲמֶיךָ הָרַבִּים
וְתִבְנֵהוּ מְהֵרָה וּתְגַדֵּל כְּבוֹדוֹ.
אָבִינוּ מַלְכֵּנוּ, גַּלֵּה כְּבוֹד מַלְכוּתְךָ עָלֵינוּ מְהֵרָה
וְהוֹפַע וְהִנָּשֵׂא עָלֵינוּ לְעֵינֵי כָּל חָי
וְקָרֵב פְּזוּרֵינוּ מִבֵּין הַגּוֹיִם, וּנְפוּצוֹתֵינוּ כַּנֵּס מִיַּרְכְּתֵי אָרֶץ.
וַהֲבִיאֵנוּ לְצִיּוֹן עִירְךָ בְּרִנָּה
וְלִירוּשָׁלַיִם בֵּית מִקְדָּשְׁךָ בְּשִׂמְחַת עוֹלָם
וְשָׁם נַעֲשֶׂה לְפָנֶיךָ אֶת קָרְבְּנוֹת חוֹבוֹתֵינוּ
תְּמִידִים כְּסִדְרָם וּמוּסָפִים כְּהִלְכָתָם
וְאֶת מוּסַף יוֹם חַג הַמַּצּוֹת הַזֶּה
נַעֲשֶׂה וְנַקְרִיב לְפָנֶיךָ בְּאַהֲבָה כְּמִצְוַת רְצוֹנֶךָ
כְּמוֹ שֶׁכָּתַבְתָּ עָלֵינוּ בְּתוֹרָתֶךָ
עַל יְדֵי מֹשֶׁה עַבְדֶּךָ מִפִּי כְבוֹדֶךָ, כָּאָמוּר

וְהִקְרַבְתֶּם אִשֶּׁה עֹלָה לַיהוה, פָּרִים בְּנֵי־בָקָר שְׁנַיִם וְאַיִל אֶחָד במדבר כח
וְשִׁבְעָה כְבָשִׂים בְּנֵי שָׁנָה, תְּמִימִם יִהְיוּ לָכֶם:

And their meal-offerings and wine-libations as ordained:
three-tenths of an ephah for each bull,
two-tenths of an ephah for the ram,
one-tenth of an ephah for each lamb,
wine for the libations, a male goat for atonement,
and two regular daily offerings according to their law.

אֱלֹהֵינוּ Our God and God of our ancestors,
merciful King, have compassion upon us.
You who are good and do good, respond to our call.
Return to us in Your abounding mercy
for the sake of our fathers who did Your will.
Rebuild Your Temple as at the beginning,
and establish Your Sanctuary on its site.
Let us witness its rebuilding and gladden us by its restoration.
Bring the priests back to their service,
the Levites to their song and music,
and the Israelites to their homes.

וְשָׁם נַעֲלֶה There we will go up and appear and bow before You
on the three pilgrimage festivals, as is written in Your Torah:

> "Three times in the year all your males shall appear *Deut. 16*
> before the Lord your God at the place He will choose:
> on Pesaḥ, Shavuot and Sukkot.
> They shall not appear before the Lord empty-handed.
> Each shall bring such a gift as he can,
> in proportion to the blessing
> that the Lord your God grants you."

וְהַשִּׂיאֵנוּ Bestow on us, Lord our God,
the blessings of Your festivals
for good life and peace, joy and gladness,
as You desired and promised to bless us.
Make us holy through Your commandments
and grant us a share in Your Torah.
Satisfy us with Your goodness, gladden us with Your salvation,
and purify our hearts to serve You in truth.

וּמִנְחָתָם וְנִסְכֵּיהֶם כִּמְדֻבָּר
שְׁלֹשָׁה עֶשְׂרֹנִים לַפָּר וּשְׁנֵי עֶשְׂרֹנִים לָאָיִל
וְעִשָּׂרוֹן לַכֶּבֶשׂ, וְיַיִן כְּנִסְכּוֹ, וְשָׂעִיר לְכַפֵּר
וּשְׁנֵי תְמִידִים כְּהִלְכָתָם.

אֱלֹהֵינוּ וֵאלֹהֵי אֲבוֹתֵינוּ
מֶלֶךְ רַחֲמָן רַחֵם עָלֵינוּ, טוֹב וּמֵטִיב הִדָּרֶשׁ לָנוּ
שׁוּבָה אֵלֵינוּ בַּהֲמוֹן רַחֲמֶיךָ בִּגְלַל אָבוֹת שֶׁעָשׂוּ רְצוֹנֶךָ.
בְּנֵה בֵיתְךָ כְּבַתְּחִלָּה, וְכוֹנֵן מִקְדָּשְׁךָ עַל מְכוֹנוֹ
וְהַרְאֵנוּ בְּבִנְיָנוֹ, וְשַׂמְּחֵנוּ בְּתִקּוּנוֹ
וְהָשֵׁב כֹּהֲנִים לַעֲבוֹדָתָם, וּלְוִיִּם לְשִׁירָם וּלְזִמְרָם
וְהָשֵׁב יִשְׂרָאֵל לִנְוֵיהֶם.

וְשָׁם נַעֲלֶה וְנֵרָאֶה וְנִשְׁתַּחֲוֶה לְפָנֶיךָ בְּשָׁלֹשׁ פַּעֲמֵי רְגָלֵינוּ
כַּכָּתוּב בְּתוֹרָתֶךָ
דברים טז שָׁלוֹשׁ פְּעָמִים בַּשָּׁנָה יֵרָאֶה כָל־זְכוּרְךָ אֶת־פְּנֵי יהוה אֱלֹהֶיךָ
בַּמָּקוֹם אֲשֶׁר יִבְחָר
בְּחַג הַמַּצּוֹת, וּבְחַג הַשָּׁבֻעוֹת, וּבְחַג הַסֻּכּוֹת
וְלֹא יֵרָאֶה אֶת־פְּנֵי יהוה רֵיקָם:
אִישׁ כְּמַתְּנַת יָדוֹ, כְּבִרְכַּת יהוה אֱלֹהֶיךָ אֲשֶׁר נָתַן־לָךְ:

וְהַשִּׂיאֵנוּ יהוה אֱלֹהֵינוּ אֶת בִּרְכַּת מוֹעֲדֶיךָ
לְחַיִּים וּלְשָׁלוֹם, לְשִׂמְחָה וּלְשָׂשׂוֹן
כַּאֲשֶׁר רָצִיתָ וְאָמַרְתָּ לְבָרְכֵנוּ.
קַדְּשֵׁנוּ בְּמִצְוֹתֶיךָ, וְתֵן חֶלְקֵנוּ בְּתוֹרָתֶךָ
שַׂבְּעֵנוּ מִטּוּבֶךָ, וְשַׂמְּחֵנוּ בִּישׁוּעָתֶךָ
וְטַהֵר לִבֵּנוּ לְעָבְדְּךָ בֶּאֱמֶת.

Grant us as our heritage,
Lord our God with joy and gladness, Your holy festivals,
and may Israel, who sanctify Your name, rejoice in You.
Blessed are You, Lord, who sanctifies Israel and the festive seasons.

TEMPLE SERVICE

רְצֵה Find favor, Lord our God, in Your people Israel and their prayer.
Restore the service to Your most holy House,
and accept in love and favor
the fire-offerings of Israel and their prayer.
May the service of Your people Israel always find favor with You.
And may our eyes witness Your return to Zion in compassion.
Blessed are You, Lord, who restores His Presence to Zion.

THANKSGIVING

Bow at the first nine words.

מוֹדִים We give thanks to You,
for You are the Lord our God
and God of our ancestors
for ever and all time.
You are the Rock of our lives,
Shield of our salvation
from generation to generation.
We will thank You and
declare Your praise for our lives,
which are entrusted into Your hand;
for our souls,
which are placed in Your charge;
for Your miracles
which are with us every day;
and for Your wonders and favors
at all times, evening,
morning and midday.
You are good –
for Your compassion never fails.
You are compassionate –
for Your loving-kindnesses never cease.
We have always placed our hope in You.

*During the Leader's Repetition,
the congregation says quietly:*

מוֹדִים We give thanks to You,
for You are the Lord our God
and God of our ancestors,
God of all flesh,
who formed us
and formed the universe.
Blessings and thanks
are due to Your great
and holy name for giving us
life and sustaining us.
May You continue
to give us life and sustain us;
and may You gather our
exiles to Your holy courts,
to keep Your decrees,
do Your will and serve You
with a perfect heart,
for it is for us
to give You thanks.
Blessed be God to whom
thanksgiving is due.

וְהַנְחִילֵנוּ יהוה אֱלֹהֵינוּ בְּשִׂמְחָה וּבְשָׂשׂוֹן מוֹעֲדֵי קָדְשֶׁךָ
וְיִשְׂמְחוּ בְךָ יִשְׂרָאֵל מְקַדְּשֵׁי שְׁמֶךָ.
בָּרוּךְ אַתָּה יהוה, מְקַדֵּשׁ יִשְׂרָאֵל וְהַזְּמַנִּים.

עבודה

רְצֵה יהוה אֱלֹהֵינוּ בְּעַמְּךָ יִשְׂרָאֵל וּבִתְפִלָּתָם
וְהָשֵׁב אֶת הָעֲבוֹדָה לִדְבִיר בֵּיתֶךָ
וְאִשֵּׁי יִשְׂרָאֵל וּתְפִלָּתָם בְּאַהֲבָה תְקַבֵּל בְּרָצוֹן
וּתְהִי לְרָצוֹן תָּמִיד עֲבוֹדַת יִשְׂרָאֵל עַמֶּךָ.
וְתֶחֱזֶינָה עֵינֵינוּ בְּשׁוּבְךָ לְצִיּוֹן בְּרַחֲמִים.
בָּרוּךְ אַתָּה יהוה, הַמַּחֲזִיר שְׁכִינָתוֹ לְצִיּוֹן.

הודאה

Bow at the first five words.

מוֹדִים אֲנַחְנוּ לָךְ
שָׁאַתָּה הוּא יהוה אֱלֹהֵינוּ
וֵאלֹהֵי אֲבוֹתֵינוּ לְעוֹלָם וָעֶד.
צוּר חַיֵּינוּ, מָגֵן יִשְׁעֵנוּ
אַתָּה הוּא לְדוֹר וָדוֹר.
נוֹדֶה לְּךָ וּנְסַפֵּר תְּהִלָּתֶךָ
עַל חַיֵּינוּ הַמְּסוּרִים בְּיָדֶךָ
וְעַל נִשְׁמוֹתֵינוּ הַפְּקוּדוֹת לָךְ
וְעַל נִסֶּיךָ שֶׁבְּכָל יוֹם עִמָּנוּ
וְעַל נִפְלְאוֹתֶיךָ וְטוֹבוֹתֶיךָ
שֶׁבְּכָל עֵת, עֶרֶב וָבֹקֶר וְצָהֳרָיִם.
הַטּוֹב, כִּי לֹא כָלוּ רַחֲמֶיךָ
וְהַמְרַחֵם, כִּי לֹא תַמּוּ חֲסָדֶיךָ
מֵעוֹלָם קִוִּינוּ לָךְ.

During the חזרת הש״ץ*,*
the קהל *says quietly:*

מוֹדִים אֲנַחְנוּ לָךְ
שָׁאַתָּה הוּא יהוה אֱלֹהֵינוּ
וֵאלֹהֵי אֲבוֹתֵינוּ
אֱלֹהֵי כָל בָּשָׂר
יוֹצְרֵנוּ, יוֹצֵר בְּרֵאשִׁית.
בְּרָכוֹת וְהוֹדָאוֹת
לְשִׁמְךָ הַגָּדוֹל וְהַקָּדוֹשׁ
עַל שֶׁהֶחֱיִיתָנוּ וְקִיַּמְתָּנוּ.
כֵּן תְּחַיֵּנוּ וּתְקַיְּמֵנוּ
וְתֶאֱסֹף גָּלֻיּוֹתֵינוּ לְחַצְרוֹת קָדְשֶׁךָ
לִשְׁמֹר חֻקֶּיךָ וְלַעֲשׂוֹת רְצוֹנֶךָ
וּלְעָבְדְּךָ בְּלֵבָב שָׁלֵם
עַל שֶׁאֲנַחְנוּ מוֹדִים לָךְ.
בָּרוּךְ אֵל הַהוֹדָאוֹת.

וְעַל כֻּלָּם For all these things
may Your name be blessed and exalted, our King,
continually, for ever and all time. Let all that lives thank You, Selah!
and praise Your name in truth, God, our Savior and Help, Selah!
▾Blessed are You, LORD, whose name is "the Good"
and to whom thanks are due.

For the blessing of the Kohanim in Israel, *see page 1150.*
The Leader says the following during the Repetition of the Musaf Amida.
It is also said in Israel when no Kohanim bless the congregation.

Our God and God of our fathers,
bless us with the threefold blessing in the Torah,
written by the hand of Moses Your servant
and pronounced by Aaron and his sons the priests,
Your holy people, as it is said:
May the LORD bless you and protect you. *Num. 6*
Cong: May it be Your will.
May the LORD make His face shine on you and be gracious to you.
Cong: May it be Your will.
May the LORD turn His face toward you, and grant you peace.
Cong: May it be Your will.

PEACE

שִׂים שָׁלוֹם Grant peace, goodness and blessing,
grace, loving-kindness and compassion
to us and all Israel Your people.
Bless us, our Father, all as one,
with the light of Your face,
for by the light of Your face You have given us,
LORD our God,
the Torah of life and love of kindness,
righteousness, blessing, compassion, life and peace.
May it be good in Your eyes to bless Your people Israel
at every time, in every hour, with Your peace.
Blessed are You, LORD, who blesses His people Israel with peace.

וְעַל כֻּלָּם יִתְבָּרַךְ וְיִתְרוֹמַם שִׁמְךָ מַלְכֵּנוּ תָּמִיד לְעוֹלָם וָעֶד.
וְכֹל הַחַיִּים יוֹדְוּךָ סֶּלָה, וִיהַלְלוּ אֶת שִׁמְךָ בֶּאֱמֶת
הָאֵל יְשׁוּעָתֵנוּ וְעֶזְרָתֵנוּ סֶלָה.
בָּרוּךְ אַתָּה יהוה, הַטּוֹב שִׁמְךָ וּלְךָ נָאֶה לְהוֹדוֹת.

For the blessing of the כהנים *in* ארץ ישראל *see page 1151.*
The שליח ציבור *says the following during the* חזרת הש״ץ *of* מוסף*.*
It is also said in ארץ ישראל *when no* כהנים *bless the* קהל*.*

אֱלֹהֵינוּ וֵאלֹהֵי אֲבוֹתֵינוּ
בָּרְכֵנוּ בַּבְּרָכָה הַמְשֻׁלֶּשֶׁת בַּתּוֹרָה
הַכְּתוּבָה עַל יְדֵי מֹשֶׁה עַבְדֶּךָ
הָאֲמוּרָה מִפִּי אַהֲרֹן וּבָנָיו כֹּהֲנִים עַם קְדוֹשֶׁיךָ
כָּאָמוּר

יְבָרֶכְךָ יהוה וְיִשְׁמְרֶךָ: קהל: כֵּן יְהִי רָצוֹן במדבר ו
יָאֵר יהוה פָּנָיו אֵלֶיךָ וִיחֻנֶּךָּ: קהל: כֵּן יְהִי רָצוֹן
יִשָּׂא יהוה פָּנָיו אֵלֶיךָ וְיָשֵׂם לְךָ שָׁלוֹם: קהל: כֵּן יְהִי רָצוֹן

שלום

שִׂים שָׁלוֹם טוֹבָה וּבְרָכָה
חֵן וָחֶסֶד וְרַחֲמִים עָלֵינוּ וְעַל כָּל יִשְׂרָאֵל עַמֶּךָ.
בָּרְכֵנוּ אָבִינוּ כֻּלָּנוּ כְּאֶחָד בְּאוֹר פָּנֶיךָ
כִּי בְאוֹר פָּנֶיךָ נָתַתָּ לָּנוּ יהוה אֱלֹהֵינוּ
תּוֹרַת חַיִּים וְאַהֲבַת חֶסֶד
וּצְדָקָה וּבְרָכָה וְרַחֲמִים וְחַיִּים וְשָׁלוֹם.
וְטוֹב בְּעֵינֶיךָ לְבָרֵךְ אֶת עַמְּךָ יִשְׂרָאֵל
בְּכָל עֵת וּבְכָל שָׁעָה בִּשְׁלוֹמֶךָ.
בָּרוּךְ אַתָּה יהוה, הַמְבָרֵךְ אֶת עַמּוֹ יִשְׂרָאֵל בַּשָּׁלוֹם.

The following verse concludes the Leader's Repetition of the Amida. Some also say it here as part of the silent Amida.

May the words of my mouth and the meditation of my heart find favor before You, LORD, my Rock and Redeemer. *Ps. 19*

אֱלֹהַי My God, *Berakhot 17a*
guard my tongue from evil and my lips from deceitful speech.
To those who curse me, let my soul be silent;
may my soul be to all like the dust.
Open my heart to Your Torah and let my soul
pursue Your commandments.
As for all who plan evil against me,
swiftly thwart their counsel and frustrate their plans.
Act for the sake of Your name;
act for the sake of Your right hand;
act for the sake of Your holiness;
act for the sake of Your Torah.
That Your beloved ones may be delivered, *Ps. 60*
save with Your right hand and answer me.
May the words of my mouth and the meditation of my heart *Ps. 19*
find favor before You, LORD, my Rock and Redeemer.

Bow, take three steps back, then bow, first left, then right, then center, while saying:

May He who makes peace in His high places,
make peace for us and all Israel – and say: Amen.

יְהִי רָצוֹן May it be Your will, LORD our God and God of our ancestors,
that the Temple be rebuilt speedily in our days,
and grant us a share in Your Torah.
And there we will serve You with reverence,
as in the days of old and as in former years.
Then the offering of Judah and Jerusalem will be pleasing to the LORD *Mal. 3*
as in the days of old and as in former years.

The Leader repeats the Amida (page 844).

The following verse concludes the חזרת הש״ץ.
Some also say it here as part of the silent עמידה.

תהלים יט
יִהְיוּ לְרָצוֹן אִמְרֵי־פִי וְהֶגְיוֹן לִבִּי לְפָנֶיךָ, יהוה צוּרִי וְגֹאֲלִי:

ברכות יז.
אֱלֹהַי
נְצֹר לְשׁוֹנִי מֵרָע וּשְׂפָתַי מִדַּבֵּר מִרְמָה
וְלִמְקַלְלַי נַפְשִׁי תִדֹּם, וְנַפְשִׁי כֶּעָפָר לַכֹּל תִּהְיֶה.
פְּתַח לִבִּי בְּתוֹרָתֶךָ, וּבְמִצְוֹתֶיךָ תִּרְדֹּף נַפְשִׁי.
וְכָל הַחוֹשְׁבִים עָלַי רָעָה
מְהֵרָה הָפֵר עֲצָתָם וְקַלְקֵל מַחֲשַׁבְתָּם.
עֲשֵׂה לְמַעַן שְׁמֶךָ, עֲשֵׂה לְמַעַן יְמִינֶךָ
עֲשֵׂה לְמַעַן קְדֻשָּׁתֶךָ, עֲשֵׂה לְמַעַן תּוֹרָתֶךָ.

תהלים ס
לְמַעַן יֵחָלְצוּן יְדִידֶיךָ, הוֹשִׁיעָה יְמִינְךָ וַעֲנֵנִי:

תהלים יט
יִהְיוּ לְרָצוֹן אִמְרֵי־פִי וְהֶגְיוֹן לִבִּי לְפָנֶיךָ, יהוה צוּרִי וְגֹאֲלִי:

Bow, take three steps back, then bow, first left, then right, then center, while saying:

עֹשֶׂה שָׁלוֹם בִּמְרוֹמָיו
הוּא יַעֲשֶׂה שָׁלוֹם עָלֵינוּ וְעַל כָּל יִשְׂרָאֵל
וְאִמְרוּ אָמֵן.

יְהִי רָצוֹן מִלְּפָנֶיךָ יהוה אֱלֹהֵינוּ וֵאלֹהֵי אֲבוֹתֵינוּ
שֶׁיִּבָּנֶה בֵּית הַמִּקְדָּשׁ בִּמְהֵרָה בְיָמֵינוּ
וְתֵן חֶלְקֵנוּ בְּתוֹרָתֶךָ
וְשָׁם נַעֲבָדְךָ בְּיִרְאָה כִּימֵי עוֹלָם וּכְשָׁנִים קַדְמֹנִיּוֹת.

מלאכי ג
וְעָרְבָה לַיהוה מִנְחַת יְהוּדָה וִירוּשָׁלָםִ כִּימֵי עוֹלָם וּכְשָׁנִים קַדְמֹנִיּוֹת:

The Leader repeats the עמידה (page 845).

FULL KADDISH

Leader: יִתְגַּדַּל **Magnified and sanctified**
may His great name be,
in the world He created by His will.
May He establish His kingdom
in your lifetime and in your days,
and in the lifetime of all the house of Israel,
swiftly and soon –
and say: Amen.

All: May His great name be blessed
for ever and all time.

Leader: Blessed and praised,
glorified and exalted,
raised and honored,
uplifted and lauded be the name of the Holy One,
blessed be He, beyond any blessing,
song, praise and consolation
uttered in the world –
and say: Amen.

May the prayers and pleas of all Israel
be accepted by their Father in heaven –
and say: Amen.

May there be great peace from heaven,
and life for us and all Israel –
and say: Amen.

*Bow, take three steps back, as if taking leave of the Divine Presence,
then bow, first left, then right, then center, while saying:*

May He who makes peace in His high places,
make peace for us and all Israel –
and say: Amen.

קדיש שלם

ש״ץ: יִתְגַּדַּל וְיִתְקַדַּשׁ שְׁמֵהּ רַבָּא (קהל: אָמֵן)
בְּעָלְמָא דִּי בְרָא כִרְעוּתֵהּ
וְיַמְלִיךְ מַלְכוּתֵהּ
בְּחַיֵּיכוֹן וּבְיוֹמֵיכוֹן וּבְחַיֵּי דְכָל בֵּית יִשְׂרָאֵל
בַּעֲגָלָא וּבִזְמַן קָרִיב
וְאִמְרוּ אָמֵן. (קהל: אָמֵן)

קהל וש״ץ: יְהֵא שְׁמֵהּ רַבָּא מְבָרַךְ לְעָלַם וּלְעָלְמֵי עָלְמַיָּא.

ש״ץ: יִתְבָּרַךְ וְיִשְׁתַּבַּח וְיִתְפָּאַר
וְיִתְרוֹמַם וְיִתְנַשֵּׂא וְיִתְהַדָּר וְיִתְעַלֶּה וְיִתְהַלָּל
שְׁמֵהּ דְּקֻדְשָׁא בְּרִיךְ הוּא (קהל: בְּרִיךְ הוּא)
לְעֵלָּא מִן כָּל בִּרְכָתָא וְשִׁירָתָא, תֻּשְׁבְּחָתָא וְנֶחֱמָתָא
דַּאֲמִירָן בְּעָלְמָא
וְאִמְרוּ אָמֵן. (קהל: אָמֵן)

תִּתְקַבַּל צְלוֹתְהוֹן וּבָעוּתְהוֹן דְּכָל יִשְׂרָאֵל
קֳדָם אֲבוּהוֹן דִּי בִשְׁמַיָּא
וְאִמְרוּ אָמֵן. (קהל: אָמֵן)

יְהֵא שְׁלָמָא רַבָּא מִן שְׁמַיָּא
וְחַיִּים, עָלֵינוּ וְעַל כָּל יִשְׂרָאֵל
וְאִמְרוּ אָמֵן. (קהל: אָמֵן)

Bow, take three steps back, as if taking leave of the Divine Presence, then bow, first left, then right, then center, while saying:

עֹשֶׂה שָׁלוֹם בִּמְרוֹמָיו
הוּא יַעֲשֶׂה שָׁלוֹם עָלֵינוּ וְעַל כָּל יִשְׂרָאֵל
וְאִמְרוּ אָמֵן. (קהל: אָמֵן)

Stand while saying Aleinu. Bow at ˙.

עָלֵינוּ It is our duty to praise the Master of all,
and ascribe greatness to the Author of creation,
who has not made us like the nations of the lands
nor placed us like the families of the earth;
who has not made our portion like theirs,
nor our destiny like all their multitudes.
(For they worship vanity and emptiness,
and pray to a god who cannot save.)
˙But we bow in worship
and thank the Supreme King of kings, the Holy One, blessed be He,
who extends the heavens and establishes the earth,
whose throne of glory is in the heavens above,
and whose power's Presence is in the highest of heights.
He is our God; there is no other.
Truly He is our King, there is none else,
as it is written in His Torah:
"You shall know and take to heart this day that the Lord is God,   *Deut. 4*
in heaven above and on earth below. There is no other."

Therefore, we place our hope in You, Lord our God,
that we may soon see the glory of Your power,
when You will remove abominations from the earth,
and idols will be utterly destroyed,
when the world will be perfected
under the sovereignty of the Almighty,
when all humanity will call on Your name,
to turn all the earth's wicked toward You.
All the world's inhabitants will realize and know
that to You every knee must bow and every tongue swear loyalty.
Before You, Lord our God, they will kneel and bow down
and give honor to Your glorious name.
They will all accept the yoke of Your kingdom,
and You will reign over them soon and for ever.
For the kingdom is Yours, and to all eternity You will reign in glory,
as it is written in Your Torah: "The Lord will reign for ever and ever."   *Ex. 15*

Stand while saying עָלֵינוּ. *Bow at* ֿ.

עָלֵינוּ לְשַׁבֵּחַ לַאֲדוֹן הַכֹּל, לָתֵת גְּדֻלָּה לְיוֹצֵר בְּרֵאשִׁית

שֶׁלֹּא עָשָׂנוּ כְּגוֹיֵי הָאֲרָצוֹת, וְלֹא שָׂמָנוּ כְּמִשְׁפְּחוֹת הָאֲדָמָה

שֶׁלֹּא שָׂם חֶלְקֵנוּ כָּהֶם וְגוֹרָלֵנוּ כְּכָל הֲמוֹנָם.

(שֶׁהֵם מִשְׁתַּחֲוִים לְהֶבֶל וָרִיק וּמִתְפַּלְּלִים אֶל אֵל לֹא יוֹשִׁיעַ.)

ֿוַאֲנַחְנוּ כּוֹרְעִים וּמִשְׁתַּחֲוִים וּמוֹדִים

לִפְנֵי מֶלֶךְ מַלְכֵי הַמְּלָכִים, הַקָּדוֹשׁ בָּרוּךְ הוּא

שֶׁהוּא נוֹטֶה שָׁמַיִם וְיוֹסֵד אָרֶץ

וּמוֹשַׁב יְקָרוֹ בַּשָּׁמַיִם מִמַּעַל

וּשְׁכִינַת עֻזּוֹ בְּגָבְהֵי מְרוֹמִים.

הוּא אֱלֹהֵינוּ, אֵין עוֹד.

אֱמֶת מַלְכֵּנוּ, אֶפֶס זוּלָתוֹ, כַּכָּתוּב בְּתוֹרָתוֹ

וְיָדַעְתָּ הַיּוֹם וַהֲשֵׁבֹתָ אֶל־לְבָבֶךָ   דברים ד

כִּי יהוה הוּא הָאֱלֹהִים בַּשָּׁמַיִם מִמַּעַל וְעַל־הָאָרֶץ מִתָּחַת

אֵין עוֹד:

עַל כֵּן נְקַוֶּה לְּךָ יהוה אֱלֹהֵינוּ, לִרְאוֹת מְהֵרָה בְּתִפְאֶרֶת עֻזֶּךָ

לְהַעֲבִיר גִּלּוּלִים מִן הָאָרֶץ, וְהָאֱלִילִים כָּרוֹת יִכָּרֵתוּן

לְתַקֵּן עוֹלָם בְּמַלְכוּת שַׁדַּי.

וְכָל בְּנֵי בָשָׂר יִקְרְאוּ בִשְׁמֶךָ לְהַפְנוֹת אֵלֶיךָ כָּל רִשְׁעֵי אָרֶץ.

יַכִּירוּ וְיֵדְעוּ כָּל יוֹשְׁבֵי תֵבֵל

כִּי לְךָ תִּכְרַע כָּל בֶּרֶךְ, תִּשָּׁבַע כָּל לָשׁוֹן.

לְפָנֶיךָ יהוה אֱלֹהֵינוּ יִכְרְעוּ וְיִפֹּלוּ, וְלִכְבוֹד שִׁמְךָ יְקָר יִתֵּנוּ

וִיקַבְּלוּ כֻלָּם אֶת עֹל מַלְכוּתֶךָ

וְתִמְלֹךְ עֲלֵיהֶם מְהֵרָה לְעוֹלָם וָעֶד.

כִּי הַמַּלְכוּת שֶׁלְּךָ הִיא וּלְעוֹלְמֵי עַד תִּמְלֹךְ בְּכָבוֹד

כַּכָּתוּב בְּתוֹרָתֶךָ, יהוה יִמְלֹךְ לְעֹלָם וָעֶד: שמות טו

▸ And it is said: "Then the LORD shall be King over all the earth; on that day the LORD shall be One and His name One." *Zech. 14*

Some add:

Have no fear of sudden terror or of the ruin when it overtakes the wicked. *Prov. 3*
Devise your strategy, but it will be thwarted; propose your plan, *Is. 8*
but it will not stand, for God is with us.
When you grow old, I will still be the same. *Is. 46*
When your hair turns gray, I will still carry you.
I made you, I will bear you, I will carry you, and I will rescue you.

MOURNER'S KADDISH

The following prayer, said by mourners, requires the presence of a minyan.
A transliteration can be found on page 1289.

Mourner: יִתְגַּדַּל Magnified and sanctified
may His great name be,
in the world He created by His will.
May He establish His kingdom
in your lifetime and in your days,
and in the lifetime of all the house of Israel,
swiftly and soon – and say: Amen.

All: May His great name
be blessed for ever and all time.

Mourner: Blessed and praised,
glorified and exalted,
raised and honored, uplifted and lauded
be the name of the Holy One, blessed be He,
beyond any blessing,
song, praise and consolation
uttered in the world – and say: Amen.

May there be great peace from heaven,
and life for us and all Israel – and say: Amen.

Bow, take three steps back, as if taking leave of the Divine Presence,
then bow, first left, then right, then center, while saying:

May He who makes peace in His high places,
make peace for us and all Israel – and say: Amen.

וְנֶאֱמַר, וְהָיָה יהוה לְמֶלֶךְ עַל־כָּל־הָאָרֶץ זכריה יד
בַּיּוֹם הַהוּא יִהְיֶה יהוה אֶחָד וּשְׁמוֹ אֶחָד:

Some add:

אַל־תִּירָא מִפַּחַד פִּתְאֹם וּמִשֹּׁאַת רְשָׁעִים כִּי תָבֹא: משלי ג
עֻצוּ עֵצָה וְתֻפָר, דַּבְּרוּ דָבָר וְלֹא יָקוּם, כִּי עִמָּנוּ אֵל: ישעיה ח
וְעַד־זִקְנָה אֲנִי הוּא, וְעַד־שֵׂיבָה אֲנִי אֶסְבֹּל, אֲנִי עָשִׂיתִי וַאֲנִי אֶשָּׂא וַאֲנִי אֶסְבֹּל וַאֲמַלֵּט: ישעיה מו

קדיש יתום

The following prayer, said by mourners, requires the presence of a מנין.
A transliteration can be found on page 1289.

אבל: יִתְגַּדַּל וְיִתְקַדַּשׁ שְׁמֵהּ רַבָּא (קהל: אָמֵן)
בְּעָלְמָא דִּי בְרָא כִרְעוּתֵהּ
וְיַמְלִיךְ מַלְכוּתֵהּ
בְּחַיֵּיכוֹן וּבְיוֹמֵיכוֹן וּבְחַיֵּי דְכָל בֵּית יִשְׂרָאֵל
בַּעֲגָלָא וּבִזְמַן קָרִיב, וְאִמְרוּ אָמֵן. (קהל: אָמֵן)

קהל ואבל: יְהֵא שְׁמֵהּ רַבָּא מְבָרַךְ לְעָלַם וּלְעָלְמֵי עָלְמַיָּא.

אבל: יִתְבָּרַךְ וְיִשְׁתַּבַּח וְיִתְפָּאַר
וְיִתְרוֹמַם וְיִתְנַשֵּׂא וְיִתְהַדָּר וְיִתְעַלֶּה וְיִתְהַלָּל
שְׁמֵהּ דְּקֻדְשָׁא בְּרִיךְ הוּא (קהל: בְּרִיךְ הוּא)
לְעֵלָּא מִן כָּל בִּרְכָתָא וְשִׁירָתָא, תֻּשְׁבְּחָתָא וְנֶחֱמָתָא
דַּאֲמִירָן בְּעָלְמָא, וְאִמְרוּ אָמֵן. (קהל: אָמֵן)

יְהֵא שְׁלָמָא רַבָּא מִן שְׁמַיָּא
וְחַיִּים, עָלֵינוּ וְעַל כָּל יִשְׂרָאֵל, וְאִמְרוּ אָמֵן. (קהל: אָמֵן)

Bow, take three steps back, as if taking leave of the Divine Presence,
then bow, first left, then right, then center, while saying:

עֹשֶׂה שָׁלוֹם בִּמְרוֹמָיו
הוּא יַעֲשֶׂה שָׁלוֹם
עָלֵינוּ וְעַל כָּל יִשְׂרָאֵל, וְאִמְרוּ אָמֵן. (קהל: אָמֵן)

THE DAILY PSALM

One of the following psalms is said on the appropriate day of the week as indicated.

Sunday: Today is the first day of the week,
on which the Levites used to say this psalm in the Temple:

לְדָוִד מִזְמוֹר A psalm of David. The earth is the LORD's and all it contains, the world and all who live in it. For He founded it on the seas and established it on the streams. Who may climb the mountain of the LORD? Who may stand in His holy place? He who has clean hands and a pure heart, who has not taken My name in vain or sworn deceitfully. He shall receive a blessing from the LORD, and just reward from the God of his salvation. This is a generation of those who seek Him, the descendants of Jacob who seek Your presence, Selah! Lift up your heads, O gates; be uplifted, eternal doors, so that the King of glory may enter. Who is the King of glory? It is the LORD, strong and mighty, the LORD mighty in battle. Lift up your heads, O gates; be uplifted, eternal doors, that the King of glory may enter. ▸ Who is He, the King of glory? The LORD of hosts, He is the King of glory, Selah! *Ps. 24*

Mourner's Kaddish (page 870)

Monday: Today is the second day of the week,
on which the Levites used to say this psalm in the Temple:

שִׁיר מִזְמוֹר A song. A psalm of the sons of Koraḥ. Great is the LORD and greatly to be praised in the city of God, on His holy mountain – beautiful in its heights, joy of all the earth, Mount Zion on its northern side, city of the great King. In its citadels God is known as a stronghold. See how the kings joined forces, advancing together. They saw, they were astounded, they panicked, they fled. There fear seized them, like the pains of a woman giving birth, like ships of Tarshish wrecked by an eastern wind. What we had heard, now we have seen, in the city of the LORD of hosts, in the city of our God. May God preserve it for ever, Selah! In the midst of Your Temple, God, we meditate on Your love. As is Your name, God, so is Your praise: it reaches to the ends of the earth. Your right hand is filled with righteousness. Let Mount Zion rejoice, let the towns of Judah be glad, because of Your judgments. Walk around Zion and encircle it. Count its towers, note its strong walls, view its citadels, so that you may tell a future generation ▸ that this is God, our God, for ever and ever. He will guide us for evermore. *Ps. 48*

Mourner's Kaddish (page 870)

שיר של יום

One of the following psalms is said on the appropriate day of the week as indicated.

Sunday הַיּוֹם יוֹם רִאשׁוֹן בְּשַׁבָּת, שֶׁבּוֹ הָיוּ הַלְוִיִּם אוֹמְרִים בְּבֵית הַמִּקְדָּשׁ:

תהלים כד
לְדָוִד מִזְמוֹר, לַיהוה הָאָרֶץ וּמְלוֹאָהּ, תֵּבֵל וְיֹשְׁבֵי בָהּ: כִּי־הוּא עַל־
יַמִּים יְסָדָהּ, וְעַל־נְהָרוֹת יְכוֹנְנֶהָ: מִי־יַעֲלֶה בְהַר־יהוה, וּמִי־יָקוּם
בִּמְקוֹם קָדְשׁוֹ: נְקִי כַפַּיִם וּבַר־לֵבָב, אֲשֶׁר לֹא־נָשָׂא לַשָּׁוְא נַפְשִׁי, וְלֹא
נִשְׁבַּע לְמִרְמָה: יִשָּׂא בְרָכָה מֵאֵת יהוה, וּצְדָקָה מֵאֱלֹהֵי יִשְׁעוֹ: זֶה
דּוֹר דֹּרְשָׁיו, מְבַקְשֵׁי פָנֶיךָ יַעֲקֹב סֶלָה: שְׂאוּ שְׁעָרִים רָאשֵׁיכֶם, וְהִנָּשְׂאוּ
פִּתְחֵי עוֹלָם, וְיָבוֹא מֶלֶךְ הַכָּבוֹד: מִי זֶה מֶלֶךְ הַכָּבוֹד, יהוה עִזּוּז וְגִבּוֹר,
יהוה גִּבּוֹר מִלְחָמָה: שְׂאוּ שְׁעָרִים רָאשֵׁיכֶם, וּשְׂאוּ פִּתְחֵי עוֹלָם, וְיָבֹא
מֶלֶךְ הַכָּבוֹד: ‹ מִי הוּא זֶה מֶלֶךְ הַכָּבוֹד, יהוה צְבָאוֹת הוּא מֶלֶךְ הַכָּבוֹד
סֶלָה:

קדיש יתום (*page 871*)

Monday הַיּוֹם יוֹם שֵׁנִי בְּשַׁבָּת, שֶׁבּוֹ הָיוּ הַלְוִיִּם אוֹמְרִים בְּבֵית הַמִּקְדָּשׁ:

תהלים מח
שִׁיר מִזְמוֹר לִבְנֵי־קֹרַח: גָּדוֹל יהוה וּמְהֻלָּל מְאֹד, בְּעִיר אֱלֹהֵינוּ, הַר־
קָדְשׁוֹ: יְפֵה נוֹף מְשׂוֹשׂ כָּל־הָאָרֶץ, הַר־צִיּוֹן יַרְכְּתֵי צָפוֹן, קִרְיַת מֶלֶךְ
רָב: אֱלֹהִים בְּאַרְמְנוֹתֶיהָ נוֹדַע לְמִשְׂגָּב: כִּי־הִנֵּה הַמְּלָכִים נוֹעֲדוּ,
עָבְרוּ יַחְדָּו: הֵמָּה רָאוּ כֵּן תָּמָהוּ, נִבְהֲלוּ נֶחְפָּזוּ: רְעָדָה אֲחָזָתַם שָׁם,
חִיל כַּיּוֹלֵדָה: בְּרוּחַ קָדִים תְּשַׁבֵּר אֳנִיּוֹת תַּרְשִׁישׁ: כַּאֲשֶׁר שָׁמַעְנוּ
כֵּן רָאִינוּ, בְּעִיר־יהוה צְבָאוֹת, בְּעִיר אֱלֹהֵינוּ, אֱלֹהִים יְכוֹנְנֶהָ עַד־
עוֹלָם סֶלָה: דִּמִּינוּ אֱלֹהִים חַסְדֶּךָ, בְּקֶרֶב הֵיכָלֶךָ: כְּשִׁמְךָ אֱלֹהִים כֵּן
תְּהִלָּתְךָ עַל־קַצְוֵי־אֶרֶץ, צֶדֶק מָלְאָה יְמִינֶךָ: יִשְׂמַח הַר־צִיּוֹן, תָּגֵלְנָה
בְּנוֹת יְהוּדָה, לְמַעַן מִשְׁפָּטֶיךָ: סֹבּוּ צִיּוֹן וְהַקִּיפוּהָ, סִפְרוּ מִגְדָּלֶיהָ:
שִׁיתוּ לִבְּכֶם לְחֵילָה, פַּסְּגוּ אַרְמְנוֹתֶיהָ, לְמַעַן תְּסַפְּרוּ לְדוֹר אַחֲרוֹן:
‹ כִּי זֶה אֱלֹהִים אֱלֹהֵינוּ עוֹלָם וָעֶד, הוּא יְנַהֲגֵנוּ עַל־מוּת:

קדיש יתום (page 871)

Tuesday: Today is the third day of the week,
on which the Levites used to say this psalm in the Temple:

מִזְמוֹר לְאָסָף A psalm of Asaph. God stands in the Divine assembly. Among *Ps. 82* the judges He delivers judgment. How long will you judge unjustly, showing favor to the wicked? Selah. Do justice to the weak and the orphaned. Vindicate the poor and destitute. Rescue the weak and needy. Save them from the hand of the wicked. They do not know nor do they understand. They walk about in darkness while all the earth's foundations shake. I once said, "You are like gods, all of you are sons of the Most High." But you shall die like mere men, you will fall like any prince. ‣ Arise, O Lᴏʀᴅ, judge the earth, for all the nations are Your possession.

Mourner's Kaddish (page 870)

Wednesday: Today is the fourth day of the week,
on which the Levites used to say this psalm in the Temple:

אֵל־נְקָמוֹת God of retribution, Lᴏʀᴅ, God of retribution, appear! Rise up, *Ps. 94* Judge of the earth. Repay to the arrogant what they deserve. How long shall the wicked, Lᴏʀᴅ, how long shall the wicked triumph? They pour out insolent words. All the evildoers are full of boasting. They crush Your people, Lᴏʀᴅ, and oppress Your inheritance. They kill the widow and the stranger. They murder the orphaned. They say, "The Lᴏʀᴅ does not see. The God of Jacob pays no heed." Take heed, you most brutish people. You fools, when will you grow wise? Will He who implants the ear not hear? Will He who formed the eye not see? Will He who disciplines nations – He who teaches man knowledge – not punish? The Lᴏʀᴅ knows that the thoughts of man are a mere fleeting breath. Happy is the man whom You discipline, Lᴏʀᴅ, the one You instruct in Your Torah, giving him tranquility in days of trouble, until a pit is dug for the wicked. For the Lᴏʀᴅ will not forsake His people, nor abandon His heritage. Judgment shall again accord with justice, and all the upright in heart will follow it. Who will rise up for me against the wicked? Who will stand up for me against wrongdoers? Had the Lᴏʀᴅ not been my help, I would soon have dwelt in death's silence. When I thought my foot was slipping, Your loving-kindness, Lᴏʀᴅ, gave me support. When I was filled with anxiety, Your consolations soothed my soul. Can a corrupt throne be allied with You? Can injustice be framed into law? They join forces against the life of the righteous, and condemn the innocent to death. But the Lᴏʀᴅ is my stronghold, my God is the Rock of my refuge. He will bring back on them their wickedness, and destroy them for their evil deeds. The Lᴏʀᴅ our God will destroy them.

Tuesday הַיּוֹם יוֹם שְׁלִישִׁי בְּשַׁבָּת, שֶׁבּוֹ הָיוּ הַלְוִיִּם אוֹמְרִים בְּבֵית הַמִּקְדָּשׁ:

תהלים פב

מִזְמוֹר לְאָסָף, אֱלֹהִים נִצָּב בַּעֲדַת־אֵל, בְּקֶרֶב אֱלֹהִים יִשְׁפֹּט: עַד־
מָתַי תִּשְׁפְּטוּ־עָוֶל, וּפְנֵי רְשָׁעִים תִּשְׂאוּ־סֶלָה: שִׁפְטוּ־דַל וְיָתוֹם, עָנִי
וָרָשׁ הַצְדִּיקוּ: פַּלְּטוּ־דַל וְאֶבְיוֹן, מִיַּד רְשָׁעִים הַצִּילוּ: לֹא יָדְעוּ וְלֹא
יָבִינוּ, בַּחֲשֵׁכָה יִתְהַלָּכוּ, יִמּוֹטוּ כָּל־מוֹסְדֵי אָרֶץ: אֲנִי־אָמַרְתִּי אֱלֹהִים
אַתֶּם, וּבְנֵי עֶלְיוֹן כֻּלְּכֶם: אָכֵן כְּאָדָם תְּמוּתוּן, וּכְאַחַד הַשָּׂרִים תִּפֹּלוּ:
‹ קוּמָה אֱלֹהִים שָׁפְטָה הָאָרֶץ, כִּי־אַתָּה תִנְחַל בְּכָל־הַגּוֹיִם:

קדיש יתום (page 871)

Wednesday הַיּוֹם יוֹם רְבִיעִי בְּשַׁבָּת, שֶׁבּוֹ הָיוּ הַלְוִיִּם אוֹמְרִים בְּבֵית הַמִּקְדָּשׁ:

תהלים צד

אֵל־נְקָמוֹת יהוה, אֵל נְקָמוֹת הוֹפִיעַ: הִנָּשֵׂא שֹׁפֵט הָאָרֶץ, הָשֵׁב גְּמוּל
עַל־גֵּאִים: עַד־מָתַי רְשָׁעִים, יהוה, עַד־מָתַי רְשָׁעִים יַעֲלֹזוּ: יַבִּיעוּ
יְדַבְּרוּ עָתָק, יִתְאַמְּרוּ כָּל־פֹּעֲלֵי אָוֶן: עַמְּךָ יהוה יְדַכְּאוּ, וְנַחֲלָתְךָ יְעַנּוּ:
אַלְמָנָה וְגֵר יַהֲרֹגוּ, וִיתוֹמִים יְרַצֵּחוּ: וַיֹּאמְרוּ לֹא יִרְאֶה־יָּהּ, וְלֹא־יָבִין
אֱלֹהֵי יַעֲקֹב: בִּינוּ בֹּעֲרִים בָּעָם, וּכְסִילִים מָתַי תַּשְׂכִּילוּ: הֲנֹטַע אֹזֶן
הֲלֹא יִשְׁמָע, אִם־יֹצֵר עַיִן הֲלֹא יַבִּיט: הֲיֹסֵר גּוֹיִם הֲלֹא יוֹכִיחַ, הַמְלַמֵּד
אָדָם דָּעַת: יהוה יֹדֵעַ מַחְשְׁבוֹת אָדָם, כִּי־הֵמָּה הָבֶל: אַשְׁרֵי הַגֶּבֶר
אֲשֶׁר־תְּיַסְּרֶנּוּ יָּהּ, וּמִתּוֹרָתְךָ תְלַמְּדֶנּוּ: לְהַשְׁקִיט לוֹ מִימֵי רָע, עַד יִכָּרֶה
לָרָשָׁע שָׁחַת: כִּי לֹא־יִטֹּשׁ יהוה עַמּוֹ, וְנַחֲלָתוֹ לֹא יַעֲזֹב: כִּי־עַד־צֶדֶק
יָשׁוּב מִשְׁפָּט, וְאַחֲרָיו כָּל־יִשְׁרֵי־לֵב: מִי־יָקוּם לִי עִם־מְרֵעִים, מִי־יִתְיַצֵּב
לִי עִם־פֹּעֲלֵי אָוֶן: לוּלֵי יהוה עֶזְרָתָה לִּי, כִּמְעַט שָׁכְנָה דוּמָה נַפְשִׁי:
אִם־אָמַרְתִּי מָטָה רַגְלִי, חַסְדְּךָ יהוה יִסְעָדֵנִי: בְּרֹב שַׂרְעַפַּי בְּקִרְבִּי,
תַּנְחוּמֶיךָ יְשַׁעַשְׁעוּ נַפְשִׁי: הַיְחָבְרְךָ כִּסֵּא הַוּוֹת, יֹצֵר עָמָל עֲלֵי־חֹק:
יָגוֹדּוּ עַל־נֶפֶשׁ צַדִּיק, וְדָם נָקִי יַרְשִׁיעוּ: וַיְהִי יהוה לִי לְמִשְׂגָּב, וֵאלֹהַי
לְצוּר מַחְסִי: וַיָּשֶׁב עֲלֵיהֶם אֶת־אוֹנָם, וּבְרָעָתָם יַצְמִיתֵם, יַצְמִיתֵם
יהוה אֱלֹהֵינוּ:

‣ Come, let us sing for joy to the LORD; let us shout aloud to the Rock of our *Ps. 95* salvation. Let us greet Him with thanksgiving, shout aloud to Him with songs of praise. For the LORD is the great God, the King great above all powers.

Mourner's Kaddish on the next page.

Thursday: Today is the fifth day of the week,
on which the Levites used to say this psalm in the Temple:

לַמְנַצֵּחַ For the conductor of music. On the Gittit. By Asaph. Sing for joy to *Ps. 81* God, our strength. Shout aloud to the God of Jacob. Raise a song, beat the drum, play the sweet harp and lyre. Sound the shofar on the new moon, on our feast day when the moon is hidden. For it is a statute for Israel, an ordinance of the God of Jacob. He established it as a testimony for Joseph when He went forth against the land of Egypt, where I heard a language that I did not know. I relieved his shoulder of the burden. His hands were freed from the builder's basket. In distress you called and I rescued you. I answered you from the secret place of thunder; I tested you at the waters of Meribah, Selah! Hear, My people, and I will warn you. Israel, if you would only listen to Me! Let there be no strange god among you, Do not bow down to an alien god. I am the LORD your God who brought you out of the land of Egypt. Open your mouth wide and I will fill it. But My people would not listen to Me. Israel would have none of Me. So I left them to their stubborn hearts, letting them follow their own devices. If only My people would listen to Me, if Israel would walk in My ways, I would soon subdue their enemies, and turn My hand against their foes. Those who hate the LORD would cower before Him and their doom would last for ever. ‣ He would feed Israel with the finest wheat – with honey from the rock I would satisfy you.

Mourner's Kaddish on the next page.

Friday: Today is the sixth day of the week,
on which the Levites used to say this psalm in the Temple:

יהוה מָלָךְ The LORD reigns. He is robed in majesty. The LORD is robed, girded *Ps. 93* with strength. The world is firmly established; it cannot be moved. Your throne stands firm as of old; You are eternal. Rivers lift up, LORD, rivers lift up their voice, rivers lift up their crashing waves. Mightier than the noise of many waters, than the mighty waves of the sea is the LORD on high. ‣ Your testimonies are very sure; holiness adorns Your House, LORD, for evermore.

Mourner's Kaddish on the next page.

‹ לְכוּ נְרַנְּנָה לַיהוה, נָרִיעָה לְצוּר יִשְׁעֵנוּ: נְקַדְּמָה פָנָיו בְּתוֹדָה, בִּזְמִרוֹת נָרִיעַ לוֹ: כִּי אֵל גָּדוֹל יהוה, וּמֶלֶךְ גָּדוֹל עַל־כָּל־אֱלֹהִים: תהלים צה

on the next page. קדיש יתום

Thursday הַיּוֹם יוֹם חֲמִישִׁי בְּשַׁבָּת, שֶׁבּוֹ הָיוּ הַלְוִיִּם אוֹמְרִים בְּבֵית הַמִּקְדָּשׁ:

תהלים פא לַמְנַצֵּחַ עַל־הַגִּתִּית לְאָסָף: הַרְנִינוּ לֵאלֹהִים עוּזֵּנוּ, הָרִיעוּ לֵאלֹהֵי יַעֲקֹב: שְׂאוּ־זִמְרָה וּתְנוּ־תֹף, כִּנּוֹר נָעִים עִם־נָבֶל: תִּקְעוּ בַחֹדֶשׁ שׁוֹפָר, בַּכֵּסֶה לְיוֹם חַגֵּנוּ: כִּי חֹק לְיִשְׂרָאֵל הוּא, מִשְׁפָּט לֵאלֹהֵי יַעֲקֹב: עֵדוּת בִּיהוֹסֵף שָׂמוֹ, בְּצֵאתוֹ עַל־אֶרֶץ מִצְרָיִם, שְׂפַת לֹא־יָדַעְתִּי אֶשְׁמָע: הֲסִירוֹתִי מִסֵּבֶל שִׁכְמוֹ, כַּפָּיו מִדּוּד תַּעֲבֹרְנָה: בַּצָּרָה קָרָאתָ וָאֲחַלְּצֶךָּ, אֶעֶנְךָ בְּסֵתֶר רַעַם, אֶבְחׇנְךָ עַל־מֵי מְרִיבָה סֶלָה: שְׁמַע עַמִּי וְאָעִידָה בָּךְ, יִשְׂרָאֵל אִם־תִּשְׁמַע־לִי: לֹא־יִהְיֶה בְךָ אֵל זָר, וְלֹא תִשְׁתַּחֲוֶה לְאֵל נֵכָר: אָנֹכִי יהוה אֱלֹהֶיךָ, הַמַּעַלְךָ מֵאֶרֶץ מִצְרָיִם, הַרְחֶב־פִּיךָ וַאֲמַלְאֵהוּ: וְלֹא־שָׁמַע עַמִּי לְקוֹלִי, וְיִשְׂרָאֵל לֹא־אָבָה לִי: וָאֲשַׁלְּחֵהוּ בִּשְׁרִירוּת לִבָּם, יֵלְכוּ בְּמוֹעֲצוֹתֵיהֶם: לוּ עַמִּי שֹׁמֵעַ לִי, יִשְׂרָאֵל בִּדְרָכַי יְהַלֵּכוּ: כִּמְעַט אוֹיְבֵיהֶם אַכְנִיעַ, וְעַל־צָרֵיהֶם אָשִׁיב יָדִי: מְשַׂנְאֵי יהוה יְכַחֲשׁוּ־לוֹ, וִיהִי עִתָּם לְעוֹלָם: ‹ וַיַּאֲכִילֵהוּ מֵחֵלֶב חִטָּה, וּמִצּוּר, דְּבַשׁ אַשְׂבִּיעֶךָ:

on the next page. קדיש יתום

Friday הַיּוֹם יוֹם שִׁשִּׁי בְּשַׁבָּת, שֶׁבּוֹ הָיוּ הַלְוִיִּם אוֹמְרִים בְּבֵית הַמִּקְדָּשׁ:

תהלים צג יהוה מָלָךְ, גֵּאוּת לָבֵשׁ, לָבֵשׁ יהוה עֹז הִתְאַזָּר, אַף־תִּכּוֹן תֵּבֵל בַּל־תִּמּוֹט: נָכוֹן כִּסְאֲךָ מֵאָז, מֵעוֹלָם אָתָּה: נָשְׂאוּ נְהָרוֹת יהוה, נָשְׂאוּ נְהָרוֹת קוֹלָם, יִשְׂאוּ נְהָרוֹת דָּכְיָם: מִקֹּלוֹת מַיִם רַבִּים, אַדִּירִים מִשְׁבְּרֵי־יָם, אַדִּיר בַּמָּרוֹם יהוה: ‹ עֵדֹתֶיךָ נֶאֶמְנוּ מְאֹד, לְבֵיתְךָ נַאֲוָה־קֹדֶשׁ, יהוה לְאֹרֶךְ יָמִים:

on the next page. קדיש יתום

MOURNER'S KADDISH

The following prayer, said by mourners, requires the presence of a minyan.
A transliteration can be found on page 1289.

Mourner: יִתְגַּדַּל **Magnified and sanctified**
may His great name be,
in the world He created by His will.
May He establish His kingdom
in your lifetime and in your days,
and in the lifetime of all the house of Israel,
swiftly and soon –
and say: Amen.

All: May His great name
be blessed for ever and all time.

Mourner: Blessed and praised,
glorified and exalted,
raised and honored,
uplifted and lauded
be the name of the Holy One, blessed be He,
beyond any blessing,
song, praise and consolation
uttered in the world –
and say: Amen.

May there be great peace from heaven,
and life for us and all Israel –
and say: Amen.

Bow, take three steps back, as if taking leave of the Divine Presence,
then bow, first left, then right, then center, while saying:
May He who makes peace in His high places,
make peace for us and all Israel –
and say: Amen.

In Israel, continue on the next page.

קדיש יתום

The following prayer, said by mourners, requires the presence of a מנין.
A transliteration can be found on page 1289.

אבל: יִתְגַּדַּל וְיִתְקַדַּשׁ שְׁמֵהּ רַבָּא (קהל: אָמֵן)
בְּעָלְמָא דִּי בְרָא כִרְעוּתֵהּ
וְיַמְלִיךְ מַלְכוּתֵהּ
בְּחַיֵּיכוֹן וּבְיוֹמֵיכוֹן וּבְחַיֵּי דְּכָל בֵּית יִשְׂרָאֵל
בַּעֲגָלָא וּבִזְמַן קָרִיב
וְאִמְרוּ אָמֵן. (קהל: אָמֵן)

קהל
ואבל: יְהֵא שְׁמֵהּ רַבָּא מְבָרַךְ לְעָלַם וּלְעָלְמֵי עָלְמַיָּא.

אבל: יִתְבָּרַךְ וְיִשְׁתַּבַּח וְיִתְפָּאַר
וְיִתְרוֹמַם וְיִתְנַשֵּׂא וְיִתְהַדָּר וְיִתְעַלֶּה וְיִתְהַלָּל
שְׁמֵהּ דְּקֻדְשָׁא בְּרִיךְ הוּא (קהל: בְּרִיךְ הוּא)
לְעֵלָּא מִן כָּל בִּרְכָתָא וְשִׁירָתָא, תֻּשְׁבְּחָתָא וְנֶחֱמָתָא
דַּאֲמִירָן בְּעָלְמָא
וְאִמְרוּ אָמֵן. (קהל: אָמֵן)

יְהֵא שְׁלָמָא רַבָּא מִן שְׁמַיָּא
וְחַיִּים, עָלֵינוּ וְעַל כָּל יִשְׂרָאֵל
וְאִמְרוּ אָמֵן. (קהל: אָמֵן)

Bow, take three steps back, as if taking leave of the Divine Presence,
then bow, first left, then right, then center, while saying:

עֹשֶׂה שָׁלוֹם בִּמְרוֹמָיו
הוּא יַעֲשֶׂה שָׁלוֹם עָלֵינוּ וְעַל כָּל יִשְׂרָאֵל
וְאִמְרוּ אָמֵן. (קהל: אָמֵן)

In ארץ ישראל, *continue on the next page.*

אֵין כֵּאלֹהֵינוּ There is none like our God, none like our LORD,
none like our King, none like our Savior.
Who is like our God? Who is like our LORD?
Who is like our King? Who is like our Savior?
We will thank our God, we will thank our LORD,
we will thank our King, we will thank our Savior.
Blessed is our God, blessed is our LORD,
blessed is our King, blessed is our Savior.
You are our God, You are our LORD,
You are our King, You are our Savior.
You are He to whom our ancestors offered the fragrant incense.

פִּטּוּם הַקְּטֹרֶת The incense mixture consisted of balsam, onycha, galbanum and frankincense, each weighing seventy manehs; myrrh, cassia, spikenard and saffron, each weighing sixteen manehs; twelve manehs of costus, three of aromatic bark; nine of cinnamon; nine kabs of Carsina lye; three seahs and three kabs of Cyprus wine. If Cyprus wine was not available, old white wine might be used. A quarter of a kab of Sodom salt, and a minute amount of a smoke-raising herb. Rabbi Nathan says: Also a minute amount of Jordan amber. If one added honey to the mixture, he rendered it unfit for sacred use. If he omitted any one of its ingredients, he is guilty of a capital offence. *Keritot 6a*

Rabban Shimon ben Gamliel says: "Balsam" refers to the sap that drips from the balsam tree. The Carsina lye was used for bleaching the onycha to improve it. The Cyprus wine was used to soak the onycha in it to make it pungent. Though urine is suitable for this purpose, it is not brought into the Temple out of respect.

It was taught in the Academy of Elijah: Whoever studies [Torah] laws every day is assured that he will be destined for the World to Come, as it is said, "The ways of the world are His" – read not, "ways" [*halikhot*] but "laws" [*halakhot*]. *Megilla 28b* *Hab. 3*

Rabbi Elazar said in the name of Rabbi Ḥanina: The disciples of the sages increase peace in the world, as it is said, "And all your children shall be taught of the LORD, and great shall be the peace of your children [*banayikh*]." Read not *banayikh*, "your children," but *bonayikh*, "your builders." Those who love Your Torah have great peace; there is no stumbling block for them. May there be peace within your ramparts, prosperity in your palaces. For the sake of my brothers and friends, I shall say, "Peace be within you." For the sake of the House of the LORD our God, I will seek your good. ▸ May the LORD grant strength to His people; may the LORD bless His people with peace. *Berakhot 64a* *Is. 54* *Ps. 119* *Ps. 122* *Ps. 29*

אֵין כֵּאלֹהֵינוּ, אֵין כַּאדוֹנֵינוּ, אֵין כְּמַלְכֵּנוּ, אֵין כְּמוֹשִׁיעֵנוּ.
מִי כֵאלֹהֵינוּ, מִי כַאדוֹנֵינוּ, מִי כְמַלְכֵּנוּ, מִי כְמוֹשִׁיעֵנוּ.
נוֹדֶה לֵאלֹהֵינוּ, נוֹדֶה לַאדוֹנֵינוּ, נוֹדֶה לְמַלְכֵּנוּ, נוֹדֶה לְמוֹשִׁיעֵנוּ.
בָּרוּךְ אֱלֹהֵינוּ, בָּרוּךְ אֲדוֹנֵינוּ, בָּרוּךְ מַלְכֵּנוּ, בָּרוּךְ מוֹשִׁיעֵנוּ.
אַתָּה הוּא אֱלֹהֵינוּ, אַתָּה הוּא אֲדוֹנֵינוּ,
אַתָּה הוּא מַלְכֵּנוּ, אַתָּה הוּא מוֹשִׁיעֵנוּ.
אַתָּה הוּא שֶׁהִקְטִירוּ אֲבוֹתֵינוּ לְפָנֶיךָ אֶת קְטֹרֶת הַסַּמִּים.

פִּטּוּם הַקְּטֹרֶת. הַצֳּרִי, וְהַצִּפֹּרֶן, וְהַחֶלְבְּנָה, וְהַלְּבוֹנָה מִשְׁקַל שִׁבְעִים שִׁבְעִים מָנֶה, מֹר, וּקְצִיעָה, שִׁבֹּלֶת נֵרְדְּ, וְכַרְכֹּם מִשְׁקַל שִׁשָּׁה עָשָׂר שִׁשָּׁה עָשָׂר מָנֶה, הַקֹּשְׁטְ שְׁנֵים עָשָׂר, קִלּוּפָה שְׁלֹשָׁה, וְקִנָּמוֹן תִּשְׁעָה, בֹּרִית כַּרְשִׁינָה תִּשְׁעָה קַבִּין, יֵין קַפְרִיסִין סְאִין תְּלָת וְקַבִּין תְּלָתָא, וְאִם אֵין לוֹ יֵין קַפְרִיסִין, מֵבִיא חֲמַר חִוַּרְיָן עַתִּיק. מֶלַח סְדוֹמִית רֹבַע, מַעֲלֶה עָשָׁן כָּל שֶׁהוּא. רַבִּי נָתָן הַבַּבְלִי אוֹמֵר: אַף כִּפַּת הַיַּרְדֵּן כָּל שֶׁהוּא, וְאִם נָתַן בָּהּ דְּבַשׁ פְּסָלָהּ, וְאִם חִסַּר אֶחָד מִכָּל סַמָּנֶיהָ, חַיָּב מִיתָה. כריתות ו.

רַבָּן שִׁמְעוֹן בֶּן גַּמְלִיאֵל אוֹמֵר: הַצֳּרִי אֵינוֹ אֶלָּא שְׂרָף הַנּוֹטֵף מֵעֲצֵי הַקְּטָף. בֹּרִית כַּרְשִׁינָה שֶׁשָּׁפִין בָּהּ אֶת הַצִּפֹּרֶן כְּדֵי שֶׁתְּהֵא נָאָה, יֵין קַפְרִיסִין שֶׁשּׁוֹרִין בּוֹ אֶת הַצִּפֹּרֶן כְּדֵי שֶׁתְּהֵא עַזָּה, וַהֲלֹא מֵי רַגְלַיִם יָפִין לָהּ, אֶלָּא שֶׁאֵין מַכְנִיסִין מֵי רַגְלַיִם בַּמִּקְדָּשׁ מִפְּנֵי הַכָּבוֹד.

תָּנָא דְבֵי אֵלִיָּהוּ: כָּל הַשּׁוֹנֶה הֲלָכוֹת בְּכָל יוֹם, מֻבְטָח לוֹ שֶׁהוּא בֶּן עוֹלָם הַבָּא, שֶׁנֶּאֱמַר: הֲלִיכוֹת עוֹלָם לוֹ: אַל תִּקְרֵי הֲלִיכוֹת אֶלָּא הֲלָכוֹת. מגילה כח: חבקוק ג

אָמַר רַבִּי אֶלְעָזָר, אָמַר רַבִּי חֲנִינָא: תַּלְמִידֵי חֲכָמִים מַרְבִּים שָׁלוֹם בָּעוֹלָם, שֶׁנֶּאֱמַר, וְכָל־בָּנַיִךְ לִמּוּדֵי יהוה, וְרַב שְׁלוֹם בָּנָיִךְ: אַל תִּקְרֵי בָּנָיִךְ, אֶלָּא בּוֹנָיִךְ. שָׁלוֹם רָב לְאֹהֲבֵי תוֹרָתֶךָ, וְאֵין־לָמוֹ מִכְשׁוֹל: יְהִי־שָׁלוֹם בְּחֵילֵךְ, שַׁלְוָה בְּאַרְמְנוֹתָיִךְ: לְמַעַן אַחַי וְרֵעָי אֲדַבְּרָה־נָּא שָׁלוֹם בָּךְ: לְמַעַן בֵּית־יהוה אֱלֹהֵינוּ אֲבַקְשָׁה טוֹב לָךְ: ◂ יהוה עֹז לְעַמּוֹ יִתֵּן, יהוה יְבָרֵךְ אֶת־עַמּוֹ בַשָּׁלוֹם: ברכות סד. ישעיה נד תהלים קיט תהלים קכב תהלים כט

THE RABBIS' KADDISH

The following prayer, said by mourners, requires the presence of a minyan.
A transliteration can be found on page 1288.

Mourner: יִתְגַּדַּל Magnified and sanctified
may His great name be, in the world He created by His will.
May He establish His kingdom in your lifetime
and in your days, and in the lifetime of all the house of Israel,
swiftly and soon –
and say: Amen.

All: May His great name be blessed for ever and all time.

Mourner: Blessed and praised, glorified and exalted,
raised and honored, uplifted and lauded be
the name of the Holy One,
blessed be He,
beyond any blessing,
song, praise and consolation
uttered in the world –
and say: Amen.

To Israel, to the teachers,
their disciples and their disciples' disciples,
and to all who engage in the study of Torah,
in this (*in Israel add:* holy) place or elsewhere,
may there come to them and you great peace,
grace, kindness and compassion,
long life, ample sustenance
and deliverance, from their Father in Heaven –
and say: Amen.

May there be great peace from heaven,
and (good) life for us and all Israel –
and say: Amen.

Bow, take three steps back, as if taking leave of the Divine Presence,
then bow, first left, then right, then center, while saying:
May He who makes peace in His high places,
in His compassion make peace for us and all Israel –
and say: Amen.

קדיש דרבנן

The following prayer, said by mourners, requires the presence of a מנין.
A transliteration can be found on page 1288.

אבל: יִתְגַּדַּל וְיִתְקַדַּשׁ שְׁמֵהּ רַבָּא (קהל: אָמֵן)

בְּעָלְמָא דִּי בְרָא כִרְעוּתֵהּ

וְיַמְלִיךְ מַלְכוּתֵהּ

בְּחַיֵּיכוֹן וּבְיוֹמֵיכוֹן וּבְחַיֵּי דְכָל בֵּית יִשְׂרָאֵל

בַּעֲגָלָא וּבִזְמַן קָרִיב, וְאִמְרוּ אָמֵן. (קהל: אָמֵן)

קהל
ואבל: יְהֵא שְׁמֵהּ רַבָּא מְבָרַךְ לְעָלַם וּלְעָלְמֵי עָלְמַיָּא.

אבל: יִתְבָּרַךְ וְיִשְׁתַּבַּח וְיִתְפָּאַר וְיִתְרוֹמַם וְיִתְנַשֵּׂא

וְיִתְהַדָּר וְיִתְעַלֶּה וְיִתְהַלָּל

שְׁמֵהּ דְּקֻדְשָׁא בְּרִיךְ הוּא (קהל: בְּרִיךְ הוּא)

לְעֵלָּא מִן כָּל בִּרְכָתָא וְשִׁירָתָא, תֻּשְׁבְּחָתָא וְנֶחֱמָתָא

דַּאֲמִירָן בְּעָלְמָא, וְאִמְרוּ אָמֵן. (קהל: אָמֵן)

עַל יִשְׂרָאֵל וְעַל רַבָּנָן

וְעַל תַּלְמִידֵיהוֹן וְעַל כָּל תַּלְמִידֵי תַלְמִידֵיהוֹן

וְעַל כָּל מָאן דְּעָסְקִין בְּאוֹרַיְתָא

דִּי בְאַתְרָא (בארץ ישראל: קַדִּישָׁא) הָדֵין, וְדִי בְּכָל אֲתַר וַאֲתַר

יְהֵא לְהוֹן וּלְכוֹן שְׁלָמָא רַבָּא

חִנָּא וְחִסְדָּא, וְרַחֲמֵי, וְחַיֵּי אֲרִיכֵי, וּמְזוֹנֵי רְוִיחֵי

וּפֻרְקָנָא מִן קֳדָם אֲבוּהוֹן דִּי בִשְׁמַיָּא, וְאִמְרוּ אָמֵן. (קהל: אָמֵן)

יְהֵא שְׁלָמָא רַבָּא מִן שְׁמַיָּא

וְחַיִּים (טוֹבִים) עָלֵינוּ וְעַל כָּל יִשְׂרָאֵל, וְאִמְרוּ אָמֵן. (קהל: אָמֵן)

Bow, take three steps back, as if taking leave of the Divine Presence,
then bow, first left, then right, then center, while saying:

עֹשֶׂה שָׁלוֹם בִּמְרוֹמָיו

הוּא יַעֲשֶׂה בְרַחֲמָיו שָׁלוֹם

עָלֵינוּ וְעַל כָּל יִשְׂרָאֵל, וְאִמְרוּ אָמֵן. (קהל: אָמֵן)

Ma'ariv for Shabbat Ḥol HaMo'ed

KABBALAT SHABBAT

מִזְמוֹר A psalm. A song for the Sabbath day. *Ps. 92*
It is good to thank the Lord
and sing psalms to Your name, Most High –
to tell of Your loving-kindness in the morning
and Your faithfulness at night,
to the music of the ten-stringed lyre and the melody of the harp.
For You have made me rejoice by Your work, O Lord;
I sing for joy at the deeds of Your hands.
How great are Your deeds, Lord, and how very deep Your thoughts.
A boor cannot know, nor can a fool understand,
that though the wicked spring up like grass and all evildoers flourish,
it is only that they may be destroyed for ever.
But You, Lord, are eternally exalted.
For behold Your enemies, Lord, behold Your enemies will perish;
all evildoers will be scattered.
You have raised my pride like that of a wild ox;
I am anointed with fresh oil.
My eyes shall look in triumph on my adversaries,
my ears shall hear the downfall of the wicked who rise against me.
▸ The righteous will flourish like a palm tree
and grow tall like a cedar in Lebanon.
Planted in the Lord's House, blossoming in our God's courtyards,
they will still bear fruit in old age,
and stay vigorous and fresh, proclaiming that the Lord is upright:
He is my Rock, in whom there is no wrong.

יהוה מָלָךְ The Lord reigns. He is robed in majesty. *Ps. 93*
The Lord is robed, girded with strength.
The world is firmly established; it cannot be moved.
Your throne stands firm as of old; You are eternal.
Rivers lift up, Lord, rivers lift up their voice,
rivers lift up their crashing waves.

מעריב לשבת חול המועד

קבלת שבת

תהלים צב

מִזְמוֹר שִׁיר לְיוֹם הַשַּׁבָּת:
טוֹב לְהֹדוֹת לַיהוה, וּלְזַמֵּר לְשִׁמְךָ עֶלְיוֹן:
לְהַגִּיד בַּבֹּקֶר חַסְדֶּךָ, וֶאֱמוּנָתְךָ בַּלֵּילוֹת:
עֲלֵי־עָשׂוֹר וַעֲלֵי־נָבֶל, עֲלֵי הִגָּיוֹן בְּכִנּוֹר:
כִּי שִׂמַּחְתַּנִי יהוה בְּפָעֳלֶךָ, בְּמַעֲשֵׂי יָדֶיךָ אֲרַנֵּן:
מַה־גָּדְלוּ מַעֲשֶׂיךָ יהוה, מְאֹד עָמְקוּ מַחְשְׁבֹתֶיךָ:
אִישׁ־בַּעַר לֹא יֵדָע, וּכְסִיל לֹא־יָבִין אֶת־זֹאת:
בִּפְרֹחַ רְשָׁעִים כְּמוֹ עֵשֶׂב, וַיָּצִיצוּ כָּל־פֹּעֲלֵי אָוֶן
לְהִשָּׁמְדָם עֲדֵי־עַד:
וְאַתָּה מָרוֹם לְעֹלָם יהוה:
כִּי הִנֵּה אֹיְבֶיךָ יהוה, כִּי־הִנֵּה אֹיְבֶיךָ יֹאבֵדוּ
יִתְפָּרְדוּ כָּל־פֹּעֲלֵי אָוֶן:
וַתָּרֶם כִּרְאֵים קַרְנִי, בַּלֹּתִי בְּשֶׁמֶן רַעֲנָן:
וַתַּבֵּט עֵינִי בְּשׁוּרָי, בַּקָּמִים עָלַי מְרֵעִים תִּשְׁמַעְנָה אָזְנָי:
◂ צַדִּיק כַּתָּמָר יִפְרָח, כְּאֶרֶז בַּלְּבָנוֹן יִשְׂגֶּה:
שְׁתוּלִים בְּבֵית יהוה, בְּחַצְרוֹת אֱלֹהֵינוּ יַפְרִיחוּ:
עוֹד יְנוּבוּן בְּשֵׂיבָה, דְּשֵׁנִים וְרַעֲנַנִּים יִהְיוּ:
לְהַגִּיד כִּי־יָשָׁר יהוה, צוּרִי, וְלֹא־עַוְלָתָה בּוֹ:

תהלים צג

יהוה מָלָךְ, גֵּאוּת לָבֵשׁ
לָבֵשׁ יהוה עֹז הִתְאַזָּר, אַף־תִּכּוֹן תֵּבֵל בַּל־תִּמּוֹט:
נָכוֹן כִּסְאֲךָ מֵאָז, מֵעוֹלָם אָתָּה:
נָשְׂאוּ נְהָרוֹת יהוה, נָשְׂאוּ נְהָרוֹת קוֹלָם, יִשְׂאוּ נְהָרוֹת דָּכְיָם:

▸ Mightier than the noise of many waters,
than the mighty waves of the sea is the LORD on high.
Your testimonies are very sure;
holiness adorns Your House, LORD, for evermore.

MOURNER'S KADDISH

*The following prayer, said by mourners, requires the presence of a minyan.
A transliteration can be found on page 1289.*

Mourner: יִתְגַּדַּל Magnified and sanctified
may His great name be,
in the world He created by His will.
May He establish His kingdom
in your lifetime and in your days,
and in the lifetime of all the house of Israel,
swiftly and soon – and say: Amen.

All: May His great name
be blessed for ever and all time.

Mourner: Blessed and praised,
glorified and exalted,
raised and honored,
uplifted and lauded
be the name of the Holy One,
blessed be He,
beyond any blessing,
song, praise and consolation
uttered in the world – and say: Amen.

May there be great peace from heaven,
and life for us and all Israel – and say: Amen.

*Bow, take three steps back, as if taking leave of the Divine Presence,
then bow, first left, then right, then center, while saying:*

May He who makes peace in His high places,
make peace for us and all Israel – and say: Amen.

‹ מִקֹּלוֹת מַיִם רַבִּים, אַדִּירִים מִשְׁבְּרֵי־יָם, אַדִּיר בַּמָּרוֹם יהוה:
עֵדֹתֶיךָ נֶאֶמְנוּ מְאֹד, לְבֵיתְךָ נַאֲוָה־קֹּדֶשׁ, יהוה לְאֹרֶךְ יָמִים:

קדיש יתום

The following prayer, said by mourners, requires the presence of a מנין.
A transliteration can be found on page 1289.

אבל: יִתְגַּדַּל וְיִתְקַדַּשׁ שְׁמֵהּ רַבָּא (קהל: אָמֵן)
בְּעָלְמָא דִּי בְרָא כִרְעוּתֵהּ
וְיַמְלִיךְ מַלְכוּתֵהּ
בְּחַיֵּיכוֹן וּבְיוֹמֵיכוֹן וּבְחַיֵּי דְכָל בֵּית יִשְׂרָאֵל
בַּעֲגָלָא וּבִזְמַן קָרִיב, וְאִמְרוּ אָמֵן. (קהל: אָמֵן)

קהל
ואבל: יְהֵא שְׁמֵהּ רַבָּא מְבָרַךְ לְעָלַם וּלְעָלְמֵי עָלְמַיָּא.

אבל: יִתְבָּרַךְ וְיִשְׁתַּבַּח וְיִתְפָּאַר
וְיִתְרוֹמַם וְיִתְנַשֵּׂא וְיִתְהַדָּר וְיִתְעַלֶּה וְיִתְהַלָּל
שְׁמֵהּ דְּקֻדְשָׁא בְּרִיךְ הוּא (קהל: בְּרִיךְ הוּא)
לְעֵלָּא מִן כָּל בִּרְכָתָא וְשִׁירָתָא
תֻּשְׁבְּחָתָא וְנֶחֱמָתָא
דַּאֲמִירָן בְּעָלְמָא, וְאִמְרוּ אָמֵן. (קהל: אָמֵן)

יְהֵא שְׁלָמָא רַבָּא מִן שְׁמַיָּא
וְחַיִּים, עָלֵינוּ וְעַל כָּל יִשְׂרָאֵל, וְאִמְרוּ אָמֵן. (קהל: אָמֵן)

Bow, take three steps back, as if taking leave of the Divine Presence,
then bow, first left, then right, then center, while saying:

עֹשֶׂה שָׁלוֹם בִּמְרוֹמָיו
הוּא יַעֲשֶׂה שָׁלוֹם
עָלֵינוּ וְעַל כָּל יִשְׂרָאֵל, וְאִמְרוּ אָמֵן. (קהל: אָמֵן)

BLESSINGS OF THE SHEMA

The Leader says the following, bowing at "Bless,"
standing straight at "the Lord." The congregation, followed by the Leader,
responds, bowing at "Bless," standing straight at "the Lord."

Leader: # BLESS
the Lord, the blessed One.

Congregation: Bless the Lord, the blessed One,
for ever and all time.

Leader: Bless the Lord, the blessed One,
for ever and all time.

בָּרוּךְ Blessed are You,
Lord our God, King of the Universe,
who by His word brings on evenings,
by His wisdom opens the gates of heaven,
with understanding makes time change
and the seasons rotate,
and by His will
orders the stars in their constellations in the sky.
He creates day and night,
rolling away the light before the darkness,
and darkness before the light.
‣ He makes the day pass and brings on night,
distinguishing day from night:
the Lord of hosts is His name.
May the living and forever enduring God
rule over us for all time.
Blessed are You, Lord, who brings on evenings.

קריאת שמע וברכותיה

The שליח ציבור *says the following, bowing at* בָּרְכוּ*, standing straight at* ה׳*. The* קהל*, followed by the* שליח ציבור*, responds, bowing at* בָּרוּךְ*, standing straight at* ה׳*.*

ש״ץ: **בָּרְכוּ**

אֶת יהוה הַמְבֹרָךְ.

קהל: בָּרוּךְ יהוה הַמְבֹרָךְ לְעוֹלָם וָעֶד.

ש״ץ: בָּרוּךְ יהוה הַמְבֹרָךְ לְעוֹלָם וָעֶד.

בָּרוּךְ אַתָּה יהוה אֱלֹהֵינוּ מֶלֶךְ הָעוֹלָם
אֲשֶׁר בִּדְבָרוֹ מַעֲרִיב עֲרָבִים
בְּחָכְמָה פּוֹתֵחַ שְׁעָרִים
וּבִתְבוּנָה מְשַׁנֶּה עִתִּים וּמַחֲלִיף אֶת הַזְּמַנִּים
וּמְסַדֵּר אֶת הַכּוֹכָבִים בְּמִשְׁמְרוֹתֵיהֶם בָּרָקִיעַ כִּרְצוֹנוֹ.
בּוֹרֵא יוֹם וָלָיְלָה
גּוֹלֵל אוֹר מִפְּנֵי חֹשֶׁךְ וְחֹשֶׁךְ מִפְּנֵי אוֹר
◄ וּמַעֲבִיר יוֹם וּמֵבִיא לָיְלָה
וּמַבְדִּיל בֵּין יוֹם וּבֵין לָיְלָה
יהוה צְבָאוֹת שְׁמוֹ.
אֵל חַי וְקַיָּם תָּמִיד, יִמְלֹךְ עָלֵינוּ לְעוֹלָם וָעֶד.
בָּרוּךְ אַתָּה יהוה, הַמַּעֲרִיב עֲרָבִים.

אַהֲבַת עוֹלָם With everlasting love
have You loved Your people, the house of Israel.
You have taught us Torah and commandments,
decrees and laws of justice.
Therefore, LORD our God, when we lie down and when we rise up
we will speak of Your decrees, rejoicing in the words of Your Torah
and Your commandments for ever.
▸ For they are our life and the length of our days;
on them will we meditate day and night.
May You never take away Your love from us.
Blessed are You, LORD, who loves His people Israel.

The Shema must be said with intense concentration.
When not with a minyan, say:
God, faithful King!

The following verse should be said aloud, while covering the eyes with the right hand:

Listen, Israel: the LORD is our God, the LORD is One.

Deut. 6

Quietly: Blessed be the name of His glorious kingdom for ever and all time.

וְאָהַבְתָּ Love the LORD your God with all your heart, with all your soul, and with all your might. These words which I command you today shall be on yourheart. Teach them repeatedly to your children, speaking of them when you sit at home and when you travel on the way, when you lie down and when you rise. Bind them as a sign on your hand, and they shall be an emblem between your eyes. Write them on the doorposts of your house and gates.

Deut. 6

וְהָיָה If you indeed heed My commandments with which I charge you today, to love the LORD your God and worship Him with all your heart and with all your soul, I will give rain in your land in its season, the early and late rain; and you shall gather in your grain, wine and oil. I will give grass in your field for your cattle, and you shall eat and be satisfied. Be careful lest your heart be tempted and

Deut. 11

אַהֲבַת עוֹלָם בֵּית יִשְׂרָאֵל עַמְּךָ אָהָבְתָּ
תּוֹרָה וּמִצְוֹת, חֻקִּים וּמִשְׁפָּטִים, אוֹתָנוּ לִמַּדְתָּ
עַל כֵּן יהוה אֱלֹהֵינוּ בְּשָׁכְבֵנוּ וּבְקוּמֵנוּ נָשִׂיחַ בְּחֻקֶּיךָ
וְנִשְׂמַח בְּדִבְרֵי תוֹרָתֶךָ וּבְמִצְוֹתֶיךָ לְעוֹלָם וָעֶד
► כִּי הֵם חַיֵּינוּ וְאֹרֶךְ יָמֵינוּ, וּבָהֶם נֶהְגֶּה יוֹמָם וָלָיְלָה.
וְאַהֲבָתְךָ אַל תָּסִיר מִמֶּנּוּ לְעוֹלָמִים.
בָּרוּךְ אַתָּה יהוה, אוֹהֵב עַמּוֹ יִשְׂרָאֵל.

The שמע *must be said with intense concentration.*

When not with a מנין*, say:*

אֵל מֶלֶךְ נֶאֱמָן

The following verse should be said aloud, while covering the eyes with the right hand:

דברים ו שְׁמַע יִשְׂרָאֵל, יהוה אֱלֹהֵינוּ, יהוה ׀ אֶחָד:

Quietly בָּרוּךְ שֵׁם כְּבוֹד מַלְכוּתוֹ לְעוֹלָם וָעֶד.

דברים ו וְאָהַבְתָּ אֵת יהוה אֱלֹהֶיךָ, בְּכָל־לְבָבְךָ וּבְכָל־נַפְשְׁךָ וּבְכָל־
מְאֹדֶךָ: וְהָיוּ הַדְּבָרִים הָאֵלֶּה, אֲשֶׁר אָנֹכִי מְצַוְּךָ הַיּוֹם, עַל־לְבָבֶךָ:
וְשִׁנַּנְתָּם לְבָנֶיךָ וְדִבַּרְתָּ בָּם, בְּשִׁבְתְּךָ בְּבֵיתֶךָ וּבְלֶכְתְּךָ בַדֶּרֶךְ,
וּבְשָׁכְבְּךָ וּבְקוּמֶךָ: וּקְשַׁרְתָּם לְאוֹת עַל־יָדֶךָ וְהָיוּ לְטֹטָפֹת בֵּין
עֵינֶיךָ: וּכְתַבְתָּם עַל־מְזֻזוֹת בֵּיתֶךָ וּבִשְׁעָרֶיךָ:

דברים יא וְהָיָה אִם־שָׁמֹעַ תִּשְׁמְעוּ אֶל־מִצְוֹתַי אֲשֶׁר אָנֹכִי מְצַוֶּה אֶתְכֶם
הַיּוֹם, לְאַהֲבָה אֶת־יהוה אֱלֹהֵיכֶם וּלְעָבְדוֹ, בְּכָל־לְבַבְכֶם וּבְכָל־
נַפְשְׁכֶם: וְנָתַתִּי מְטַר־אַרְצְכֶם בְּעִתּוֹ, יוֹרֶה וּמַלְקוֹשׁ, וְאָסַפְתָּ
דְגָנֶךָ וְתִירֹשְׁךָ וְיִצְהָרֶךָ: וְנָתַתִּי עֵשֶׂב בְּשָׂדְךָ לִבְהֶמְתֶּךָ, וְאָכַלְתָּ
וְשָׂבָעְתָּ: הִשָּׁמְרוּ לָכֶם פֶּן־יִפְתֶּה לְבַבְכֶם, וְסַרְתֶּם וַעֲבַדְתֶּם

you go astray and worship other gods, bowing down to them. Then the LORD's anger will flare against you and He will close the heavens so that there will be no rain. The land will not yield its crops, and you will perish swiftly from the good land that the LORD is giving you. Therefore, set these, My words, on your heart and soul. Bind them as a sign on your hand, and they shall be an emblem between your eyes. Teach them to your children, speaking of them when you sit at home and when you travel on the way, when you lie down and when you rise. Write them on the doorposts of your house and gates, so that you and your children may live long in the land that the LORD swore to your ancestors to give them, for as long as the heavens are above the earth.

וַיֹּאמֶר The LORD spoke to Moses, saying: Speak to the Israelites and tell them to make tassels on the corners of their garments for all generations. They shall attach to the tassel at each corner a thread of blue. This shall be your tassel, and you shall see it and remember all of the LORD's commandments and keep them, not straying after your heart and after your eyes, following your own sinful desires. Thus you will be reminded to keep all My commandments, and be holy to your God. I am the LORD your God, who brought you out of the land of Egypt to be your God. I am the LORD your God. *Num. 15*

True –

The Leader repeats:

▸ The LORD your God is true –

וֶאֱמוּנָה – and faithful is all this,
and firmly established for us
that He is the LORD our God,
and there is none beside Him,
and that we, Israel, are His people.

אֱלֹהִים אֲחֵרִים וְהִשְׁתַּחֲוִיתֶם לָהֶם: וְחָרָה אַף־יהוה בָּכֶם, וְעָצַר
אֶת־הַשָּׁמַיִם וְלֹא־יִהְיֶה מָטָר, וְהָאֲדָמָה לֹא תִתֵּן אֶת־יְבוּלָהּ,
וַאֲבַדְתֶּם מְהֵרָה מֵעַל הָאָרֶץ הַטֹּבָה אֲשֶׁר יהוה נֹתֵן לָכֶם:
וְשַׂמְתֶּם אֶת־דְּבָרַי אֵלֶּה עַל־לְבַבְכֶם וְעַל־נַפְשְׁכֶם, וּקְשַׁרְתֶּם
אֹתָם לְאוֹת עַל־יֶדְכֶם, וְהָיוּ לְטוֹטָפֹת בֵּין עֵינֵיכֶם: וְלִמַּדְתֶּם
אֹתָם אֶת־בְּנֵיכֶם לְדַבֵּר בָּם, בְּשִׁבְתְּךָ בְּבֵיתֶךָ וּבְלֶכְתְּךָ בַדֶּרֶךְ,
וּבְשָׁכְבְּךָ וּבְקוּמֶךָ: וּכְתַבְתָּם עַל־מְזוּזוֹת בֵּיתֶךָ וּבִשְׁעָרֶיךָ: לְמַעַן
יִרְבּוּ יְמֵיכֶם וִימֵי בְנֵיכֶם עַל הָאֲדָמָה אֲשֶׁר נִשְׁבַּע יהוה לַאֲבֹתֵיכֶם
לָתֵת לָהֶם, כִּימֵי הַשָּׁמַיִם עַל־הָאָרֶץ:

וַיֹּאמֶר יהוה אֶל־מֹשֶׁה לֵּאמֹר: דַּבֵּר אֶל־בְּנֵי יִשְׂרָאֵל וְאָמַרְתָּ במדבר טו
אֲלֵהֶם, וְעָשׂוּ לָהֶם צִיצִת עַל־כַּנְפֵי בִגְדֵיהֶם לְדֹרֹתָם, וְנָתְנוּ
עַל־צִיצִת הַכָּנָף פְּתִיל תְּכֵלֶת: וְהָיָה לָכֶם לְצִיצִת, וּרְאִיתֶם אֹתוֹ
וּזְכַרְתֶּם אֶת־כָּל־מִצְוֹת יהוה וַעֲשִׂיתֶם אֹתָם, וְלֹא תָתֻרוּ אַחֲרֵי
לְבַבְכֶם וְאַחֲרֵי עֵינֵיכֶם, אֲשֶׁר־אַתֶּם זֹנִים אַחֲרֵיהֶם: לְמַעַן תִּזְכְּרוּ
וַעֲשִׂיתֶם אֶת־כָּל־מִצְוֹתָי, וִהְיִיתֶם קְדֹשִׁים לֵאלֹהֵיכֶם: אֲנִי יהוה
אֱלֹהֵיכֶם, אֲשֶׁר הוֹצֵאתִי אֶתְכֶם מֵאֶרֶץ מִצְרַיִם, לִהְיוֹת לָכֶם
לֵאלֹהִים, אֲנִי יהוה אֱלֹהֵיכֶם:

אֱמֶת

The שליח ציבור *repeats:*

◂ יהוה אֱלֹהֵיכֶם אֱמֶת

וֶאֱמוּנָה כָּל זֹאת וְקַיָּם עָלֵינוּ
כִּי הוּא יהוה אֱלֹהֵינוּ וְאֵין זוּלָתוֹ
וַאֲנַחְנוּ יִשְׂרָאֵל עַמּוֹ.

He is our King, who redeems us from the hand of kings
and delivers us from the grasp of all tyrants.
He is our God, who on our behalf repays our foes
and brings just retribution on our mortal enemies;
who performs great deeds beyond understanding
and wonders beyond number;
who kept us alive, not letting our foot slip;   *Ps. 66*
who led us on the high places of our enemies,
raising our pride above all our foes;
who did miracles for us
and brought vengeance against Pharaoh;
who performed signs and wonders
in the land of Ham's children;
who smote in His wrath all the firstborn of Egypt,
and brought out His people Israel from their midst
into everlasting freedom;
who led His children
through the divided Reed Sea,
plunging their pursuers and enemies into the depths.
When His children saw His might,
they gave praise and thanks to His name,
‣ and willingly accepted His Sovereignty.
Moses and the children of Israel
then sang a song to You with great joy,
and they all exclaimed:

> "Who is like You, Lord, among the mighty?   *Ex. 15*
> Who is like You, majestic in holiness,
> awesome in praises, doing wonders?"

‣ Your children beheld Your majesty
as You parted the sea before Moses.
"This is my God!" they responded, and then said:

> "The Lord shall reign for ever and ever."   *Ex. 15*

הַפּוֹדֵנוּ מִיַּד מְלָכִים

מַלְכֵּנוּ הַגּוֹאֲלֵנוּ מִכַּף כָּל הֶעָרִיצִים.

הָאֵל הַנִּפְרָע לָנוּ מִצָּרֵינוּ

וְהַמְשַׁלֵּם גְּמוּל לְכָל אוֹיְבֵי נַפְשֵׁנוּ.

הָעוֹשֶׂה גְדוֹלוֹת עַד אֵין חֵקֶר, וְנִפְלָאוֹת עַד אֵין מִסְפָּר

תהלים סו

הַשָּׂם נַפְשֵׁנוּ בַּחַיִּים, וְלֹא־נָתַן לַמּוֹט רַגְלֵנוּ:

הַמַּדְרִיכֵנוּ עַל בָּמוֹת אוֹיְבֵינוּ

וַיָּרֶם קַרְנֵנוּ עַל כָּל שׂוֹנְאֵינוּ.

הָעוֹשֶׂה לָּנוּ נִסִּים וּנְקָמָה בְּפַרְעֹה

אוֹתוֹת וּמוֹפְתִים בְּאַדְמַת בְּנֵי חָם.

הַמַּכֶּה בְעֶבְרָתוֹ כָּל בְּכוֹרֵי מִצְרָיִם

וַיּוֹצֵא אֶת עַמּוֹ יִשְׂרָאֵל מִתּוֹכָם לְחֵרוּת עוֹלָם.

הַמַּעֲבִיר בָּנָיו בֵּין גִּזְרֵי יַם סוּף

אֶת רוֹדְפֵיהֶם וְאֶת שׂוֹנְאֵיהֶם בִּתְהוֹמוֹת טִבַּע

וְרָאוּ בָנָיו גְּבוּרָתוֹ, שִׁבְּחוּ וְהוֹדוּ לִשְׁמוֹ

‹ וּמַלְכוּתוֹ בְּרָצוֹן קִבְּלוּ עֲלֵיהֶם.

מֹשֶׁה וּבְנֵי יִשְׂרָאֵל, לְךָ עָנוּ שִׁירָה בְּשִׂמְחָה רַבָּה

וְאָמְרוּ כֻלָּם

שמות טו

מִי־כָמֹכָה בָּאֵלִם יְהוה

מִי כָּמֹכָה נֶאְדָּר בַּקֹּדֶשׁ

נוֹרָא תְהִלֹּת עֹשֵׂה פֶלֶא:

‹ מַלְכוּתְךָ רָאוּ בָנֶיךָ, בּוֹקֵעַ יָם לִפְנֵי מֹשֶׁה

זֶה אֵלִי עָנוּ, וְאָמְרוּ

שמות טו

יְהוה יִמְלֹךְ לְעֹלָם וָעֶד:

▸ And it is said,
"For the LORD has redeemed Jacob Jer. 31
and rescued him from a power
stronger than his own."
Blessed are You, LORD,
who redeemed Israel.

הַשְׁכִּיבֵנוּ Help us lie down,
O LORD our God, in peace,
and rise up, O our King, to life.
Spread over us Your canopy of peace.
Direct us with Your good counsel,
and save us for the sake of Your name.
Shield us and remove from us every enemy,
plague, sword, famine and sorrow.
Remove the adversary from before and behind us.
Shelter us in the shadow of Your wings,
for You, God, are our Guardian and Deliverer;
You, God, are a gracious and compassionate King.
▸ Guard our going out and our coming in,
for life and peace, from now and for ever.
Spread over us Your canopy of peace.
Blessed are You, LORD,
who spreads a canopy of peace over us,
over all His people Israel, and over Jerusalem.

All stand and say:

וְשָׁמְרוּ The children of Israel must keep the Sabbath, Ex. 31
observing the Sabbath in every generation
as an everlasting covenant.
It is a sign between Me and the children of Israel for ever,
for in six days God made the heavens and the earth,
but on the seventh day He ceased work
and refreshed Himself.

וְנֶאֱמַר

ירמיה לא

כִּי־פָדָה יהוה אֶת־יַעֲקֹב, וּגְאָלוֹ מִיַּד חָזָק מִמֶּנּוּ:

בָּרוּךְ אַתָּה יהוה, גָּאַל יִשְׂרָאֵל.

הַשְׁכִּיבֵנוּ יהוה אֱלֹהֵינוּ לְשָׁלוֹם

וְהַעֲמִידֵנוּ מַלְכֵּנוּ לְחַיִּים

וּפְרֹשׂ עָלֵינוּ סֻכַּת שְׁלוֹמֶךָ

וְתַקְּנֵנוּ בְּעֵצָה טוֹבָה מִלְּפָנֶיךָ

וְהוֹשִׁיעֵנוּ לְמַעַן שְׁמֶךָ.

וְהָגֵן בַּעֲדֵנוּ

וְהָסֵר מֵעָלֵינוּ אוֹיֵב, דֶּבֶר וְחֶרֶב וְרָעָב וְיָגוֹן

וְהָסֵר שָׂטָן מִלְּפָנֵינוּ וּמֵאַחֲרֵינוּ, וּבְצֵל כְּנָפֶיךָ תַּסְתִּירֵנוּ

כִּי אֵל שׁוֹמְרֵנוּ וּמַצִּילֵנוּ אָתָּה

כִּי אֵל מֶלֶךְ חַנּוּן וְרַחוּם אָתָּה.

◂ וּשְׁמֹר צֵאתֵנוּ וּבוֹאֵנוּ לְחַיִּים וּלְשָׁלוֹם מֵעַתָּה וְעַד עוֹלָם.

וּפְרֹשׂ עָלֵינוּ סֻכַּת שְׁלוֹמֶךָ.

בָּרוּךְ אַתָּה יהוה

הַפּוֹרֵשׂ סֻכַּת שָׁלוֹם עָלֵינוּ

וְעַל כָּל עַמּוֹ יִשְׂרָאֵל וְעַל יְרוּשָׁלָיִם.

All stand and say:

שמות לא

וְשָׁמְרוּ בְנֵי־יִשְׂרָאֵל אֶת־הַשַּׁבָּת

לַעֲשׂוֹת אֶת־הַשַּׁבָּת לְדֹרֹתָם בְּרִית עוֹלָם:

בֵּינִי וּבֵין בְּנֵי יִשְׂרָאֵל, אוֹת הִוא לְעֹלָם

כִּי־שֵׁשֶׁת יָמִים עָשָׂה יהוה אֶת־הַשָּׁמַיִם וְאֶת־הָאָרֶץ

וּבַיּוֹם הַשְּׁבִיעִי שָׁבַת וַיִּנָּפַשׁ:

HALF KADDISH

Leader: יִתְגַּדַּל Magnified and sanctified may His great name be,
in the world He created by His will.
May He establish His kingdom
in your lifetime and in your days,
and in the lifetime of all the house of Israel,
swiftly and soon – and say: Amen.

All: May His great name be blessed for ever and all time.

Leader: Blessed and praised, glorified and exalted,
raised and honored, uplifted and lauded
be the name of the Holy One,
blessed be He, beyond any blessing,
song, praise and consolation
uttered in the world – and say: Amen.

THE AMIDA

*The following prayer, until "in former years" on page 898, is said silently, standing with
feet together. Take three steps forward and at the points indicated by ˙, bend the knees
at the first word, bow at the second, and stand straight before saying God's name.*

O Lord, open my lips,   *Ps. 51*
so that my mouth may declare Your praise.

PATRIARCHS

˙בָּרוּךְ Blessed are You, Lord our God and God of our fathers,
God of Abraham, God of Isaac and God of Jacob;
the great, mighty and awesome God, God Most High,
who bestows acts of loving-kindness and creates all,
who remembers the loving-kindness of the fathers
and will bring a Redeemer
to their children's children
for the sake of His name, in love.
King, Helper, Savior, Shield:
˙Blessed are You, Lord, Shield of Abraham.

חצי קדיש

ש״ץ: יִתְגַּדַּל וְיִתְקַדַּשׁ שְׁמֵהּ רַבָּא (קהל: אָמֵן)
בְּעָלְמָא דִּי בְרָא כִרְעוּתֵהּ
וְיַמְלִיךְ מַלְכוּתֵהּ
בְּחַיֵּיכוֹן וּבְיוֹמֵיכוֹן וּבְחַיֵּי דְכָל בֵּית יִשְׂרָאֵל
בַּעֲגָלָא וּבִזְמַן קָרִיב, וְאִמְרוּ אָמֵן. (קהל: אָמֵן)

קהל וש״ץ: יְהֵא שְׁמֵהּ רַבָּא מְבָרַךְ לְעָלַם וּלְעָלְמֵי עָלְמַיָּא.

ש״ץ: יִתְבָּרַךְ וְיִשְׁתַּבַּח וְיִתְפָּאַר וְיִתְרוֹמַם וְיִתְנַשֵּׂא
וְיִתְהַדָּר וְיִתְעַלֶּה וְיִתְהַלָּל
שְׁמֵהּ דְּקֻדְשָׁא בְּרִיךְ הוּא (קהל: בְּרִיךְ הוּא)
לְעֵלָּא מִן כָּל בִּרְכָתָא וְשִׁירָתָא, תֻּשְׁבְּחָתָא וְנֶחֱמָתָא
דַּאֲמִירָן בְּעָלְמָא, וְאִמְרוּ אָמֵן. (קהל: אָמֵן)

עמידה

The following prayer, until קַדְמֹנִיּוֹת *on page 899, is said silently, standing with feet together. Take three steps forward and at the points indicated by* ˺*, bend the knees at the first word, bow at the second, and stand straight before saying God's name.*

אֲדֹנָי, שְׂפָתַי תִּפְתָּח, וּפִי יַגִּיד תְּהִלָּתֶךָ: תהלים נא

אבות

˺בָּרוּךְ ˺אַתָּה יהוה, אֱלֹהֵינוּ וֵאלֹהֵי אֲבוֹתֵינוּ
אֱלֹהֵי אַבְרָהָם, אֱלֹהֵי יִצְחָק, וֵאלֹהֵי יַעֲקֹב
הָאֵל הַגָּדוֹל הַגִּבּוֹר וְהַנּוֹרָא, אֵל עֶלְיוֹן
גּוֹמֵל חֲסָדִים טוֹבִים, וְקוֹנֵה הַכֹּל
וְזוֹכֵר חַסְדֵי אָבוֹת
וּמֵבִיא גוֹאֵל לִבְנֵי בְנֵיהֶם לְמַעַן שְׁמוֹ בְּאַהֲבָה.
מֶלֶךְ עוֹזֵר וּמוֹשִׁיעַ וּמָגֵן.
˺בָּרוּךְ ˺אַתָּה יהוה, מָגֵן אַבְרָהָם.

DIVINE MIGHT

אַתָּה גִּבּוֹר You are eternally mighty, LORD.
You give life to the dead
and have great power to save.

In Israel:
He causes the dew to fall.

He sustains the living with loving-kindness,
and with great compassion revives the dead.
He supports the fallen, heals the sick, sets captives free,
and keeps His faith with those who sleep in the dust.
Who is like You, Master of might,
and who can compare to You,
O King who brings death and gives life, and makes salvation grow?
Faithful are You to revive the dead.
Blessed are You, LORD, who revives the dead.

HOLINESS

אַתָּה קָדוֹשׁ You are holy and Your name is holy,
and holy ones praise You daily, Selah!
Blessed are You, LORD, the holy God.

HOLINESS OF THE DAY

אַתָּה קִדַּשְׁתָּ You sanctified the seventh day
for Your name's sake,
as the culmination of the creation of heaven and earth.
Of all days, You blessed it; of all seasons You sanctified it –
and so it is written in Your Torah:

וַיְכֻלּוּ Then the heavens and the earth were completed, *Gen. 2*
and all their array.
With the seventh day, God completed the work He had done.
He ceased on the seventh day from all the work He had done.
God blessed the seventh day and declared it holy,
because on it He ceased from all His work
He had created to do.

גבורות

אַתָּה גִּבּוֹר לְעוֹלָם, אֲדֹנָי
מְחַיֵּה מֵתִים אַתָּה, רַב לְהוֹשִׁיעַ

In ארץ ישראל:
מוֹרִיד הַטָּל

מְכַלְכֵּל חַיִּים בְּחֶסֶד, מְחַיֵּה מֵתִים בְּרַחֲמִים רַבִּים
סוֹמֵךְ נוֹפְלִים, וְרוֹפֵא חוֹלִים, וּמַתִּיר אֲסוּרִים
וּמְקַיֵּם אֱמוּנָתוֹ לִישֵׁנֵי עָפָר.
מִי כָמוֹךָ, בַּעַל גְּבוּרוֹת, וּמִי דּוֹמֶה לָּךְ
מֶלֶךְ, מֵמִית וּמְחַיֶּה וּמַצְמִיחַ יְשׁוּעָה.
וְנֶאֱמָן אַתָּה לְהַחֲיוֹת מֵתִים.
בָּרוּךְ אַתָּה יהוה, מְחַיֵּה הַמֵּתִים.

קדושת השם

אַתָּה קָדוֹשׁ וְשִׁמְךָ קָדוֹשׁ, וּקְדוֹשִׁים בְּכָל יוֹם יְהַלְלוּךָ סֶּלָה.
בָּרוּךְ אַתָּה יהוה, הָאֵל הַקָּדוֹשׁ.

קדושת היום

אַתָּה קִדַּשְׁתָּ אֶת יוֹם הַשְּׁבִיעִי לִשְׁמֶךָ
תַּכְלִית מַעֲשֵׂה שָׁמַיִם וָאָרֶץ
וּבֵרַכְתּוֹ מִכָּל הַיָּמִים, וְקִדַּשְׁתּוֹ מִכָּל הַזְּמַנִּים
וְכֵן כָּתוּב בְּתוֹרָתֶךָ

וַיְכֻלּוּ הַשָּׁמַיִם וְהָאָרֶץ וְכָל־צְבָאָם: בראשית ב
וַיְכַל אֱלֹהִים בַּיּוֹם הַשְּׁבִיעִי מְלַאכְתּוֹ אֲשֶׁר עָשָׂה
וַיִּשְׁבֹּת בַּיּוֹם הַשְּׁבִיעִי מִכָּל־מְלַאכְתּוֹ אֲשֶׁר עָשָׂה:
וַיְבָרֶךְ אֱלֹהִים אֶת־יוֹם הַשְּׁבִיעִי, וַיְקַדֵּשׁ אֹתוֹ
כִּי בוֹ שָׁבַת מִכָּל־מְלַאכְתּוֹ, אֲשֶׁר־בָּרָא אֱלֹהִים לַעֲשׂוֹת:

אֱלֹהֵינוּ Our God and God of our ancestors,
may You find favor in our rest.
Make us holy through Your commandments
and grant us our share in Your Torah.
Satisfy us with Your goodness,
grant us joy in Your salvation,
and purify our hearts to serve You in truth.
In love and favor, O LORD our God,
grant us as our heritage Your holy Shabbat,
so that Israel, who sanctify Your name, may find rest on it.
Blessed are You, LORD, who sanctifies the Sabbath.

TEMPLE SERVICE

רְצֵה Find favor, LORD our God,
in Your people Israel and their prayer.
Restore the service to Your most holy House,
and accept in love and favor
the fire-offerings of Israel and their prayer.
May the service of Your people Israel
always find favor with You.

אֱלֹהֵינוּ Our God and God of our ancestors,
may there rise, come, reach, appear, be favored, heard,
regarded and remembered before You,
our recollection and remembrance,
as well as the remembrance of our ancestors,
and of the Messiah son of David Your servant,
and of Jerusalem Your holy city,
and of all Your people the house of Israel –
for deliverance and well-being,
grace, loving-kindness and compassion, life and peace,
on this day of the festival of Matzot.
On it remember us, LORD our God, for good;
recollect us for blessing, and deliver us for life.

אֱלֹהֵינוּ וֵאלֹהֵי אֲבוֹתֵינוּ, רְצֵה בִמְנוּחָתֵנוּ.
קַדְּשֵׁנוּ בְּמִצְוֹתֶיךָ, וְתֵן חֶלְקֵנוּ בְּתוֹרָתֶךָ
שַׂבְּעֵנוּ מִטּוּבֶךָ, וְשַׂמְּחֵנוּ בִּישׁוּעָתֶךָ
וְטַהֵר לִבֵּנוּ לְעָבְדְּךָ בֶּאֱמֶת.
וְהַנְחִילֵנוּ, יהוה אֱלֹהֵינוּ, בְּאַהֲבָה וּבְרָצוֹן שַׁבַּת קָדְשֶׁךָ
וְיָנוּחוּ בָהּ יִשְׂרָאֵל מְקַדְּשֵׁי שְׁמֶךָ.
בָּרוּךְ אַתָּה יהוה, מְקַדֵּשׁ הַשַּׁבָּת.

עבודה

רְצֵה יהוה אֱלֹהֵינוּ בְּעַמְּךָ יִשְׂרָאֵל וּבִתְפִלָּתָם
וְהָשֵׁב אֶת הָעֲבוֹדָה לִדְבִיר בֵּיתֶךָ
וְאִשֵּׁי יִשְׂרָאֵל וּתְפִלָּתָם בְּאַהֲבָה תְקַבֵּל בְּרָצוֹן
וּתְהִי לְרָצוֹן תָּמִיד עֲבוֹדַת יִשְׂרָאֵל עַמֶּךָ.

אֱלֹהֵינוּ וֵאלֹהֵי אֲבוֹתֵינוּ
יַעֲלֶה וְיָבוֹא וְיַגִּיעַ, וְיֵרָאֶה וְיֵרָצֶה וְיִשָּׁמַע
וְיִפָּקֵד וְיִזָּכֵר זִכְרוֹנֵנוּ וּפִקְדוֹנֵנוּ
וְזִכְרוֹן אֲבוֹתֵינוּ
וְזִכְרוֹן מָשִׁיחַ בֶּן דָּוִד עַבְדֶּךָ
וְזִכְרוֹן יְרוּשָׁלַיִם עִיר קָדְשֶׁךָ
וְזִכְרוֹן כָּל עַמְּךָ בֵּית יִשְׂרָאֵל, לְפָנֶיךָ
לִפְלֵיטָה, לְטוֹבָה, לְחֵן וּלְחֶסֶד וּלְרַחֲמִים, לְחַיִּים וּלְשָׁלוֹם
בְּיוֹם חַג הַמַּצּוֹת הַזֶּה.
זָכְרֵנוּ יהוה אֱלֹהֵינוּ בּוֹ לְטוֹבָה
וּפָקְדֵנוּ בוֹ לִבְרָכָה
וְהוֹשִׁיעֵנוּ בוֹ לְחַיִּים.

In accord with Your promise of salvation and compassion,
spare us and be gracious to us;
have compassion on us and deliver us,
for our eyes are turned to You
because You, God, are a gracious and compassionate King.

And may our eyes witness
Your return to Zion in compassion.
Blessed are You, Lord, who restores His Presence to Zion.

THANKSGIVING
Bow at the first nine words.
מוֹדִים We give thanks to You,
for You are the Lord our God and God of our ancestors
for ever and all time.
You are the Rock of our lives, Shield of our salvation
from generation to generation.
We will thank You and declare Your praise for our lives,
which are entrusted into Your hand;
for our souls, which are placed in Your charge;
for Your miracles which are with us every day;
and for Your wonders and favors
at all times, evening, morning and midday.
You are good – for Your compassion never fails.
You are compassionate – for Your loving-kindnesses never cease.
We have always placed our hope in You.
For all these things
may Your name be blessed and exalted, our King,
continually, for ever and all time.
Let all that lives thank You, Selah!
and praise Your name in truth,
God, our Savior and Help, Selah!
˅Blessed are You, Lord,
whose name is "the Good" and to whom thanks are due.

וּבִדְבַר יְשׁוּעָה וְרַחֲמִים
חוּס וְחָנֵּנוּ, וְרַחֵם עָלֵינוּ וְהוֹשִׁיעֵנוּ
כִּי אֵלֶיךָ עֵינֵינוּ, כִּי אֵל מֶלֶךְ חַנּוּן וְרַחוּם אָתָּה.

וְתֶחֱזֶינָה עֵינֵינוּ בְּשׁוּבְךָ לְצִיּוֹן בְּרַחֲמִים.
בָּרוּךְ אַתָּה יהוה, הַמַּחֲזִיר שְׁכִינָתוֹ לְצִיּוֹן.

הודאה

Bow at the first five words.

ׄמוֹדִים אֲנַחְנוּ לָךְ
שָׁאַתָּה הוּא יהוה אֱלֹהֵינוּ וֵאלֹהֵי אֲבוֹתֵינוּ לְעוֹלָם וָעֶד.
צוּר חַיֵּינוּ, מָגֵן יִשְׁעֵנוּ, אַתָּה הוּא לְדוֹר וָדוֹר.
נוֹדֶה לְּךָ וּנְסַפֵּר תְּהִלָּתֶךָ
עַל חַיֵּינוּ הַמְּסוּרִים בְּיָדֶךָ
וְעַל נִשְׁמוֹתֵינוּ הַפְּקוּדוֹת לָךְ
וְעַל נִסֶּיךָ שֶׁבְּכָל יוֹם עִמָּנוּ
וְעַל נִפְלְאוֹתֶיךָ וְטוֹבוֹתֶיךָ
שֶׁבְּכָל עֵת, עֶרֶב וָבֹקֶר וְצָהֳרָיִם.
הַטּוֹב, כִּי לֹא כָלוּ רַחֲמֶיךָ
וְהַמְרַחֵם, כִּי לֹא תַמּוּ חֲסָדֶיךָ
מֵעוֹלָם קִוִּינוּ לָךְ.
וְעַל כֻּלָּם יִתְבָּרַךְ וְיִתְרוֹמַם שִׁמְךָ מַלְכֵּנוּ תָּמִיד לְעוֹלָם וָעֶד.
וְכֹל הַחַיִּים יוֹדוּךָ סֶּלָה, וִיהַלְלוּ אֶת שִׁמְךָ בֶּאֱמֶת
הָאֵל יְשׁוּעָתֵנוּ וְעֶזְרָתֵנוּ סֶלָה.
ׄבָּרוּךְ אַתָּה יהוה, הַטּוֹב שִׁמְךָ וּלְךָ נָאֶה לְהוֹדוֹת.

PEACE

שָׁלוֹם רָב Grant great peace to Your people Israel for ever,
for You are the sovereign LORD of all peace;
and may it be good in Your eyes to bless Your people Israel
at every time, at every hour, with Your peace.
Blessed are You, LORD, who blesses His people Israel with peace.

Some say the following verse.

May the words of my mouth and the meditation of my heart   *Ps. 19*
find favor before You, LORD, my Rock and Redeemer.

אֱלֹהַי My God,   *Berakhot*
                                                                           17a
guard my tongue from evil and my lips from deceitful speech.
To those who curse me, let my soul be silent;
may my soul be to all like the dust.
Open my heart to Your Torah
and let my soul pursue Your commandments.
As for all who plan evil against me,
swiftly thwart their counsel and frustrate their plans.
        Act for the sake of Your name; act for the sake of Your right hand;
           act for the sake of Your holiness; act for the sake of Your Torah.
That Your beloved ones may be delivered,   *Ps. 60*
save with Your right hand and answer me.
May the words of my mouth and the meditation of my heart   *Ps. 19*
find favor before You, LORD, my Rock and Redeemer.

Bow, take three steps back, then bow, first left, then right, then center, while saying:
May He who makes peace in His high places,
make peace for us and all Israel – and say: Amen.

יְהִי רָצוֹן May it be Your will, LORD our God and God of our ancestors,
that the Temple be rebuilt speedily in our days,
and grant us a share in Your Torah.
And there we will serve You with reverence,
as in the days of old and as in former years.
Then the offering of Judah and Jerusalem   *Mal. 3*
will be pleasing to the LORD as in the days of old and as in former years.

ברכת שלום

שָׁלוֹם רָב עַל יִשְׂרָאֵל עַמְּךָ תָּשִׂים לְעוֹלָם
כִּי אַתָּה הוּא מֶלֶךְ אָדוֹן לְכָל הַשָּׁלוֹם.
וְטוֹב בְּעֵינֶיךָ לְבָרֵךְ אֶת עַמְּךָ יִשְׂרָאֵל
בְּכָל עֵת וּבְכָל שָׁעָה בִּשְׁלוֹמֶךָ.
בָּרוּךְ אַתָּה יהוה, הַמְבָרֵךְ אֶת עַמּוֹ יִשְׂרָאֵל בַּשָּׁלוֹם.

Some say the following verse.

יִהְיוּ לְרָצוֹן אִמְרֵי־פִי וְהֶגְיוֹן לִבִּי לְפָנֶיךָ, יהוה צוּרִי וְגֹאֲלִי: תהלים יט

אֱלֹהַי ברכות יז.
נְצֹר לְשׁוֹנִי מֵרָע וּשְׂפָתַי מִדַּבֵּר מִרְמָה
וְלִמְקַלְלַי נַפְשִׁי תִדֹּם, וְנַפְשִׁי כֶּעָפָר לַכֹּל תִּהְיֶה.
פְּתַח לִבִּי בְּתוֹרָתֶךָ, וּבְמִצְוֹתֶיךָ תִּרְדֹּף נַפְשִׁי.
וְכָל הַחוֹשְׁבִים עָלַי רָעָה
מְהֵרָה הָפֵר עֲצָתָם וְקַלְקֵל מַחֲשַׁבְתָּם.
עֲשֵׂה לְמַעַן שְׁמֶךָ, עֲשֵׂה לְמַעַן יְמִינֶךָ
עֲשֵׂה לְמַעַן קְדֻשָּׁתֶךָ, עֲשֵׂה לְמַעַן תּוֹרָתֶךָ.
לְמַעַן יֵחָלְצוּן יְדִידֶיךָ, הוֹשִׁיעָה יְמִינְךָ וַעֲנֵנִי: תהלים ס
יִהְיוּ לְרָצוֹן אִמְרֵי־פִי וְהֶגְיוֹן לִבִּי לְפָנֶיךָ, יהוה צוּרִי וְגֹאֲלִי: תהלים יט

Bow, take three steps back, then bow, first left, then right, then center, while saying:

עֹשֶׂה שָׁלוֹם בִּמְרוֹמָיו
הוּא יַעֲשֶׂה שָׁלוֹם עָלֵינוּ וְעַל כָּל יִשְׂרָאֵל, וְאִמְרוּ אָמֵן.

יְהִי רָצוֹן מִלְּפָנֶיךָ יהוה אֱלֹהֵינוּ וֵאלֹהֵי אֲבוֹתֵינוּ
שֶׁיִּבָּנֶה בֵּית הַמִּקְדָּשׁ בִּמְהֵרָה בְיָמֵינוּ, וְתֵן חֶלְקֵנוּ בְּתוֹרָתֶךָ
וְשָׁם נַעֲבָדְךָ בְּיִרְאָה כִּימֵי עוֹלָם וּכְשָׁנִים קַדְמֹנִיּוֹת.
וְעָרְבָה לַיהוה מִנְחַת יְהוּדָה וִירוּשָׁלָםִ כִּימֵי עוֹלָם וּכְשָׁנִים קַדְמֹנִיּוֹת: מלאכי ג

All stand and say:

וַיְכֻלּוּ Then the heavens and the earth were completed, Gen. 2
and all their array.
With the seventh day, God completed the work He had done.
He ceased on the seventh day from all the work He had done. God
blessed the seventh day and declared it holy,
because on it He ceased from all His work He had created to do.

The Leader continues:

בָּרוּךְ Blessed are You, Lord our God and God of our fathers,
God of Abraham, God of Isaac and God of Jacob,
the great, mighty and awesome God,
God Most High, Creator of heaven and earth.

The congregation then the Leader:

מָגֵן אָבוֹת By His word, He was the Shield of our ancestors.
By His promise, He will revive the dead.
There is none like the holy God
who gives rest to His people on His holy Sabbath day,
for He found them worthy of His favor to give them rest.
Before Him we will come in worship with reverence and awe,
giving thanks to His name daily, continually, with due blessings.
He is God to whom thanks are due,
the Lord of peace
who sanctifies the Sabbath and blesses the seventh day,
and in holiness gives rest to a people filled with delight,
in remembrance of the work of creation.

The Leader continues:

אֱלֹהֵינוּ Our God and God of our ancestors,
may You find favor in our rest.
Make us holy through Your commandments
and grant us our share in Your Torah.
Satisfy us with Your goodness, grant us joy in Your salvation,
and purify our hearts to serve You in truth.
In love and favor, Lord our God,
grant us as our heritage Your holy Sabbath,
so that Israel who sanctify Your name may find rest on it.
Blessed are You, Lord, who sanctifies the Sabbath.

All stand and say:

וַיְכֻלּוּ הַשָּׁמַיִם וְהָאָרֶץ וְכָל־צְבָאָם: בראשית ב
וַיְכַל אֱלֹהִים בַּיּוֹם הַשְּׁבִיעִי מְלַאכְתּוֹ אֲשֶׁר עָשָׂה
וַיִּשְׁבֹּת בַּיּוֹם הַשְּׁבִיעִי מִכָּל־מְלַאכְתּוֹ אֲשֶׁר עָשָׂה:
וַיְבָרֶךְ אֱלֹהִים אֶת־יוֹם הַשְּׁבִיעִי, וַיְקַדֵּשׁ אֹתוֹ
כִּי בוֹ שָׁבַת מִכָּל־מְלַאכְתּוֹ, אֲשֶׁר־בָּרָא אֱלֹהִים, לַעֲשׂוֹת:

The שליח ציבור *continues:*

בָּרוּךְ אַתָּה יהוה, אֱלֹהֵינוּ וֵאלֹהֵי אֲבוֹתֵינוּ
אֱלֹהֵי אַבְרָהָם, אֱלֹהֵי יִצְחָק, וֵאלֹהֵי יַעֲקֹב
הָאֵל הַגָּדוֹל הַגִּבּוֹר וְהַנּוֹרָא, אֵל עֶלְיוֹן, קֹנֵה שָׁמַיִם וָאָרֶץ.

The קהל *then the* שליח ציבור*:*

מָגֵן אָבוֹת בִּדְבָרוֹ, מְחַיֵּה מֵתִים בְּמַאֲמָרוֹ
הָאֵל הַקָּדוֹשׁ שֶׁאֵין כָּמוֹהוּ
הַמֵּנִיחַ לְעַמּוֹ בְּיוֹם שַׁבַּת קָדְשׁוֹ, כִּי בָם רָצָה לְהָנִיחַ לָהֶם
לְפָנָיו נַעֲבֹד בְּיִרְאָה וָפַחַד
וְנוֹדֶה לִשְׁמוֹ בְּכָל יוֹם תָּמִיד, מֵעֵין הַבְּרָכוֹת
אֵל הַהוֹדָאוֹת, אֲדוֹן הַשָּׁלוֹם
מְקַדֵּשׁ הַשַּׁבָּת וּמְבָרֵךְ שְׁבִיעִי
וּמֵנִיחַ בִּקְדֻשָּׁה לְעַם מְדֻשְּׁנֵי עֹנֶג, זֵכֶר לְמַעֲשֵׂה בְרֵאשִׁית.

The שליח ציבור *continues:*

אֱלֹהֵינוּ וֵאלֹהֵי אֲבוֹתֵינוּ, רְצֵה בִמְנוּחָתֵנוּ.
קַדְּשֵׁנוּ בְּמִצְוֹתֶיךָ וְתֵן חֶלְקֵנוּ בְּתוֹרָתֶךָ
שַׂבְּעֵנוּ מִטּוּבֶךָ וְשַׂמְּחֵנוּ בִּישׁוּעָתֶךָ
וְטַהֵר לִבֵּנוּ לְעָבְדְּךָ בֶּאֱמֶת.
וְהַנְחִילֵנוּ יהוה אֱלֹהֵינוּ בְּאַהֲבָה וּבְרָצוֹן שַׁבַּת קָדְשֶׁךָ
וְיָנוּחוּ בָהּ יִשְׂרָאֵל מְקַדְּשֵׁי שְׁמֶךָ.
בָּרוּךְ אַתָּה יהוה, מְקַדֵּשׁ הַשַּׁבָּת.

FULL KADDISH

Leader: יִתְגַּדַּל Magnified and sanctified
may His great name be,
in the world He created by His will.
May He establish His kingdom
in your lifetime and in your days,
and in the lifetime of all the house of Israel,
swiftly and soon –
and say: Amen.

All: May His great name be blessed
for ever and all time.

Leader: Blessed and praised,
glorified and exalted,
raised and honored,
uplifted and lauded be
the name of the Holy One,
blessed be He, beyond any blessing,
song, praise and consolation
uttered in the world –
and say: Amen.

May the prayers and pleas of all Israel
be accepted by their Father in heaven –
and say: Amen.

May there be great peace from heaven,
and life for us and all Israel –
and say: Amen.

*Bow, take three steps back, as if taking leave of the Divine Presence,
then bow, first left, then right, then center, while saying:*

May He who makes peace in His high places,
make peace for us and all Israel –
and say: Amen.

קדיש שלם

ש״ץ: יִתְגַּדַּל וְיִתְקַדַּשׁ שְׁמֵהּ רַבָּא (קהל: אָמֵן)
בְּעָלְמָא דִּי בְרָא כִרְעוּתֵהּ
וְיַמְלִיךְ מַלְכוּתֵהּ
בְּחַיֵּיכוֹן וּבְיוֹמֵיכוֹן וּבְחַיֵּי דְכָל בֵּית יִשְׂרָאֵל
בַּעֲגָלָא וּבִזְמַן קָרִיב
וְאִמְרוּ אָמֵן. (קהל: אָמֵן)

קהל וש״ץ: יְהֵא שְׁמֵהּ רַבָּא מְבָרַךְ לְעָלַם וּלְעָלְמֵי עָלְמַיָּא.

ש״ץ: יִתְבָּרַךְ וְיִשְׁתַּבַּח וְיִתְפָּאַר
וְיִתְרוֹמַם וְיִתְנַשֵּׂא וְיִתְהַדָּר וְיִתְעַלֶּה וְיִתְהַלָּל
שְׁמֵהּ דְּקֻדְשָׁא בְּרִיךְ הוּא (קהל: בְּרִיךְ הוּא)
לְעֵלָּא מִן כָּל בִּרְכָתָא וְשִׁירָתָא, תֻּשְׁבְּחָתָא וְנֶחֱמָתָא
דַּאֲמִירָן בְּעָלְמָא
וְאִמְרוּ אָמֵן. (קהל: אָמֵן)

תִּתְקַבַּל צְלוֹתְהוֹן וּבָעוּתְהוֹן דְּכָל יִשְׂרָאֵל
קֳדָם אֲבוּהוֹן דִּי בִשְׁמַיָּא
וְאִמְרוּ אָמֵן. (קהל: אָמֵן)

יְהֵא שְׁלָמָא רַבָּא מִן שְׁמַיָּא
וְחַיִּים, עָלֵינוּ וְעַל כָּל יִשְׂרָאֵל
וְאִמְרוּ אָמֵן. (קהל: אָמֵן)

Bow, take three steps back, as if taking leave of the Divine Presence, then bow, first left, then right, then center, while saying:

עֹשֶׂה שָׁלוֹם בִּמְרוֹמָיו
הוּא יַעֲשֶׂה שָׁלוֹם עָלֵינוּ וְעַל כָּל יִשְׂרָאֵל
וְאִמְרוּ אָמֵן. (קהל: אָמֵן)

KIDDUSH IN THE SYNAGOGUE

The Leader raises a cup of wine and says:
Please pay attention, my masters.

בָּרוּךְ Blessed are You, LORD our God, King of the Universe, who creates the fruit of the vine.

בָּרוּךְ Blessed are You, LORD our God, King of the Universe, who has made us holy with His commandments, has favored us, and in love and favor given us His holy Sabbath as a heritage, a remembrance of the work of creation. It is the first among the holy days of assembly, a remembrance of the exodus from Egypt. For You chose us and sanctified us from all the peoples, and in love and favor gave us Your holy Sabbath as a heritage. Blessed are You, LORD, who sanctifies the Sabbath.

The wine should be drunk by children under the age of Bar/Bat Mitzva or, if there are none, by the Leader.

COUNTING OF THE OMER

Some say the following meditation before the blessing:
For the sake of the unification of the Holy One, blessed be He, and His Divine Presence, in reverence and love, to unify the name *Yod-Heh* with *Vav-Heh* in perfect unity in the name of all Israel.

הִנְנִי I am prepared and ready to fulfill the positive commandment of Counting the Omer, as is written in the Torah, "You shall count seven complete *Lev. 23* weeks from the day following the [Pesaḥ] rest day, when you brought the Omer as a wave-offering. To the day after the seventh week you shall count fifty days. Then you shall present a meal-offering of new grain to the LORD." May the pleasantness of the LORD our God be upon us. Establish for us the *Ps. 90* work of our hands, O establish the work of our hands.

בָּרוּךְ Blessed are You, LORD our God, King of the Universe, who has made us holy through His commandments, and has commanded us about counting the Omer.

Insert the appropriate sefira for the day:
17 Nisan Today is the second day of the Omer.
19 Nisan Today is the fourth day of the Omer.

קידוש בבית הכנסת

The שליח ציבור *raises a cup of wine and says:*

סַבְרִי מָרָנָן

בָּרוּךְ אַתָּה יהוה אֱלֹהֵינוּ מֶלֶךְ הָעוֹלָם בּוֹרֵא פְּרִי הַגָּפֶן.

בָּרוּךְ אַתָּה יהוה אֱלֹהֵינוּ מֶלֶךְ הָעוֹלָם, אֲשֶׁר קִדְּשָׁנוּ בְּמִצְוֹתָיו,
וְרָצָה בָנוּ, וְשַׁבַּת קָדְשׁוֹ בְּאַהֲבָה וּבְרָצוֹן הִנְחִילָנוּ, זִכָּרוֹן לְמַעֲשֵׂה
בְרֵאשִׁית, כִּי הוּא יוֹם תְּחִלָּה לְמִקְרָאֵי קֹדֶשׁ, זֵכֶר לִיצִיאַת מִצְרָיִם,
כִּי בָנוּ בָחַרְתָּ וְאוֹתָנוּ קִדַּשְׁתָּ מִכָּל הָעַמִּים, וְשַׁבַּת קָדְשְׁךָ בְּאַהֲבָה
וּבְרָצוֹן הִנְחַלְתָּנוּ. בָּרוּךְ אַתָּה יהוה, מְקַדֵּשׁ הַשַּׁבָּת.

*The wine should be drunk by children under the age
of* בת מצווה *or* בר מצווה *or, if there are none, by the* שליח ציבור.

סדר ספירת העומר

Some say the following meditation before the blessing:

לְשֵׁם יִחוּד קֻדְשָׁא בְּרִיךְ הוּא וּשְׁכִינְתֵּהּ בִּדְחִילוּ וּרְחִימוּ
לְיַחֵד שֵׁם י״ה בו״ה בְּיִחוּדָא שְׁלִים בְּשֵׁם כָּל יִשְׂרָאֵל.

הִנְנִי מוּכָן וּמְזֻמָּן לְקַיֵּם מִצְוַת עֲשֵׂה שֶׁל סְפִירַת הָעֹמֶר. כְּמוֹ שֶׁכָּתוּב
בַּתּוֹרָה, וּסְפַרְתֶּם לָכֶם מִמָּחֳרַת הַשַּׁבָּת, מִיּוֹם הֲבִיאֲכֶם אֶת־עֹמֶר ויקרא כג
הַתְּנוּפָה, שֶׁבַע שַׁבָּתוֹת תְּמִימֹת תִּהְיֶינָה: עַד מִמָּחֳרַת הַשַּׁבָּת הַשְּׁבִיעִת
תִּסְפְּרוּ חֲמִשִּׁים יוֹם, וְהִקְרַבְתֶּם מִנְחָה חֲדָשָׁה לַיהוה: וִיהִי נֹעַם אֲדֹנָי תהלים צ
אֱלֹהֵינוּ עָלֵינוּ, וּמַעֲשֵׂה יָדֵינוּ כּוֹנְנָה עָלֵינוּ, וּמַעֲשֵׂה יָדֵינוּ כּוֹנְנֵהוּ:

בָּרוּךְ אַתָּה יהוה אֱלֹהֵינוּ מֶלֶךְ הָעוֹלָם
אֲשֶׁר קִדְּשָׁנוּ בְּמִצְוֹתָיו וְצִוָּנוּ עַל סְפִירַת הָעֹמֶר.

Insert the appropriate ספירה *for the day:*

יז בניסן הַיּוֹם שְׁנֵי יָמִים בָּעֹמֶר.	גבורה שבחסד
יט בניסן הַיּוֹם אַרְבָּעָה יָמִים בָּעֹמֶר.	נצח שבחסד

הָרַחֲמָן May the Compassionate One
restore the Temple service to its place
speedily in our days. Amen, Selah.

Some add:

לַמְנַצֵּחַ For the conductor of music. With stringed instruments. A psalm, a song. *Ps. 67*
May God be gracious to us and bless us. May He make His face shine on us,
Selah. Then will Your way be known on earth, Your salvation among all the
nations. Let the peoples praise You, God; let all peoples praise You. Let nations
rejoice and sing for joy, for You judge the peoples with equity, and guide the
nations of the earth, Selah. Let the peoples praise You, God; let all peoples
praise You. The earth has yielded its harvest. May God, our God, bless us. God
will bless us, and all the ends of the earth will fear Him.

אָנָּא Please, by the power of Your great right hand,
set the captive nation free.
Accept Your people's prayer.
Strengthen us, purify us, You who are revered.
Please, mighty One, guard like the pupil of the eye
those who seek Your unity.
Bless them, cleanse them, have compassion on them,
grant them Your righteousness always.
Mighty One, Holy One, in Your great goodness guide Your congregation.
Only One, exalted One, turn to Your people, who proclaim Your holiness.
Accept our plea and heed our cry, You who know all secret thoughts.
Blessed be the name of His glorious kingdom for ever and all time.

רִבּוֹנוֹ שֶׁל עוֹלָם Master of the Universe, You commanded us through Your servant
Moses to count the Omer, to cleanse our carapaces and impurities, as You have
written in Your Torah: "You shall count seven complete weeks from the day *Lev. 23*
following the [Pesaḥ] rest day, when you brought the Omer as a wave-offering.
To the day after the seventh week, you shall count fifty days." This is so that
the souls of Your people Israel may be purified from their uncleanliness. May
it also be Your will, LORD our God and God of our ancestors, that in the merit
of the Omer count that I have counted today, there may be rectified any defect
on my part in the counting of (*insert the appropriate sefira for this day*). May I be
cleansed and sanctified with Your holiness on high, and through this may there
flow a rich stream through all worlds, to rectify our lives, spirits and souls from
any dross and defect, purifying and sanctifying us with Your sublime holiness.
Amen, Selah.

הָרַחֲמָן הוּא יַחֲזִיר לָנוּ עֲבוֹדַת בֵּית הַמִּקְדָּשׁ לִמְקוֹמָהּ בִּמְהֵרָה בְיָמֵינוּ, אָמֵן סֶלָה.

Some add:

תהלים סז
לַמְנַצֵּחַ בִּנְגִינֹת, מִזְמוֹר שִׁיר: אֱלֹהִים יְחָנֵּנוּ וִיבָרְכֵנוּ, יָאֵר פָּנָיו אִתָּנוּ סֶלָה: לָדַעַת בָּאָרֶץ דַּרְכֶּךָ, בְּכָל־גּוֹיִם יְשׁוּעָתֶךָ: יוֹדוּךָ עַמִּים אֱלֹהִים, יוֹדוּךָ עַמִּים כֻּלָּם: יִשְׂמְחוּ וִירַנְּנוּ לְאֻמִּים, כִּי־תִשְׁפֹּט עַמִּים מִישֹׁר, וּלְאֻמִּים בָּאָרֶץ תַּנְחֵם סֶלָה: יוֹדוּךָ עַמִּים אֱלֹהִים, יוֹדוּךָ עַמִּים כֻּלָּם: אֶרֶץ נָתְנָה יְבוּלָהּ, יְבָרְכֵנוּ אֱלֹהִים אֱלֹהֵינוּ: יְבָרְכֵנוּ אֱלֹהִים, וְיִירְאוּ אוֹתוֹ כָּל־אַפְסֵי־אָרֶץ:

אָנָּא, בְּכֹחַ גְּדֻלַּת יְמִינְךָ, תַּתִּיר צְרוּרָה.
קַבֵּל רִנַּת עַמְּךָ, שַׂגְּבֵנוּ, טַהֲרֵנוּ, נוֹרָא.
נָא גִבּוֹר, דּוֹרְשֵׁי יִחוּדְךָ כְּבָבַת שָׁמְרֵם.
בָּרְכֵם, טַהֲרֵם, רַחֲמֵם, צִדְקָתְךָ תָּמִיד גָּמְלֵם.
חֲסִין קָדוֹשׁ, בְּרֹב טוּבְךָ נַהֵל עֲדָתֶךָ.
יָחִיד גֵּאֶה, לְעַמְּךָ פְּנֵה, זוֹכְרֵי קְדֻשָּׁתֶךָ.
שַׁוְעָתֵנוּ קַבֵּל וּשְׁמַע צַעֲקָתֵנוּ, יוֹדֵעַ תַּעֲלוּמוֹת.
בָּרוּךְ שֵׁם כְּבוֹד מַלְכוּתוֹ לְעוֹלָם וָעֶד.

רִבּוֹנוֹ שֶׁל עוֹלָם, אַתָּה צִוִּיתָנוּ עַל יְדֵי מֹשֶׁה עַבְדְּךָ לִסְפֹּר סְפִירַת הָעֹמֶר, כְּדֵי לְטַהֲרֵנוּ מִקְּלִפּוֹתֵינוּ וּמִטֻּמְאוֹתֵינוּ. כְּמוֹ שֶׁכָּתַבְתָּ בְּתוֹרָתֶךָ: וּסְפַרְתֶּם לָכֶם מִמָּחֳרַת הַשַּׁבָּת, מִיּוֹם הֲבִיאֲכֶם אֶת־עֹמֶר הַתְּנוּפָה, שֶׁבַע שַׁבָּתוֹת תְּמִימֹת תִּהְיֶינָה: עַד מִמָּחֳרַת הַשַּׁבָּת הַשְּׁבִיעִת תִּסְפְּרוּ חֲמִשִּׁים יוֹם: כְּדֵי שֶׁיִּטָּהֲרוּ נַפְשׁוֹת עַמְּךָ יִשְׂרָאֵל מִזֻּהֲמָתָם. וּבְכֵן יְהִי רָצוֹן מִלְּפָנֶיךָ יהוה אֱלֹהֵינוּ וֵאלֹהֵי אֲבוֹתֵינוּ, שֶׁבִּזְכוּת סְפִירַת הָעֹמֶר שֶׁסָּפַרְתִּי הַיּוֹם, יְתֻקַּן מַה שֶּׁפָּגַמְתִּי בִּסְפִירָה (*insert appropriate* ספירה *for each day*) וְאֶטָּהֵר וְאֶתְקַדֵּשׁ בִּקְדֻשָּׁה שֶׁל מַעְלָה, וְעַל יְדֵי זֶה יֻשְׁפַּע שֶׁפַע רַב בְּכָל הָעוֹלָמוֹת, לְתַקֵּן אֶת נַפְשׁוֹתֵינוּ וְרוּחוֹתֵינוּ וְנִשְׁמוֹתֵינוּ מִכָּל סִיג וּפְגָם, וּלְטַהֲרֵנוּ וּלְקַדְּשֵׁנוּ בִּקְדֻשָּׁתְךָ הָעֶלְיוֹנָה, אָמֵן סֶלָה. ויקרא כג

Stand while saying Aleinu. Bow at ▾.

עָלֵינוּ It is our duty to praise the Master of all,
and ascribe greatness to the Author of creation,
who has not made us like the nations of the lands
nor placed us like the families of the earth;
who has not made our portion like theirs,
nor our destiny like all their multitudes.
(For they worship vanity and emptiness,
and pray to a god who cannot save.)
▾But we bow in worship
and thank the Supreme King of kings, the Holy One, blessed be He,
who extends the heavens and establishes the earth,
whose throne of glory is in the heavens above,
and whose power's Presence is in the highest of heights.
He is our God; there is no other.
Truly He is our King, there is none else,
as it is written in His Torah:
"You shall know and take to heart this day *Deut. 4*
that the Lord is God, in heaven above and on earth below.
There is no other."

Therefore, we place our hope in You, Lord our God,
that we may soon see the glory of Your power,
when You will remove abominations from the earth,
and idols will be utterly destroyed,
when the world will be perfected under the sovereignty of the Almighty,
when all humanity will call on Your name,
to turn all the earth's wicked toward You.
All the world's inhabitants will realize and know
that to You every knee must bow and every tongue swear loyalty.
Before You, Lord our God, they will kneel and bow down
and give honor to Your glorious name.
They will all accept the yoke of Your kingdom,
and You will reign over them soon and for ever.
For the kingdom is Yours,
and to all eternity You will reign in glory,
as it is written in Your Torah: "The Lord will reign for ever and ever." *Ex. 15*

Stand while saying עָלֵינוּ. *Bow at* ׳.

עָלֵינוּ לְשַׁבֵּחַ לַאֲדוֹן הַכֹּל, לָתֵת גְּדֻלָּה לְיוֹצֵר בְּרֵאשִׁית
שֶׁלֹּא עָשָׂנוּ כְּגוֹיֵי הָאֲרָצוֹת, וְלֹא שָׂמָנוּ כְּמִשְׁפְּחוֹת הָאֲדָמָה
שֶׁלֹּא שָׂם חֶלְקֵנוּ כָּהֶם וְגוֹרָלֵנוּ כְּכָל הֲמוֹנָם.
(שֶׁהֵם מִשְׁתַּחֲוִים לְהֶבֶל וָרִיק וּמִתְפַּלְלִים אֶל אֵל לֹא יוֹשִׁיעַ.)
׳וַאֲנַחְנוּ כּוֹרְעִים וּמִשְׁתַּחֲוִים וּמוֹדִים
לִפְנֵי מֶלֶךְ מַלְכֵי הַמְּלָכִים, הַקָּדוֹשׁ בָּרוּךְ הוּא
שֶׁהוּא נוֹטֶה שָׁמַיִם וְיוֹסֵד אָרֶץ
וּמוֹשַׁב יְקָרוֹ בַּשָּׁמַיִם מִמַּעַל
וּשְׁכִינַת עֻזּוֹ בְּגָבְהֵי מְרוֹמִים.
הוּא אֱלֹהֵינוּ, אֵין עוֹד.
אֱמֶת מַלְכֵּנוּ, אֶפֶס זוּלָתוֹ
כַּכָּתוּב בְּתוֹרָתוֹ
דברים ד וְיָדַעְתָּ הַיּוֹם וַהֲשֵׁבֹתָ אֶל־לְבָבֶךָ
כִּי יהוה הוּא הָאֱלֹהִים בַּשָּׁמַיִם מִמַּעַל וְעַל־הָאָרֶץ מִתָּחַת, אֵין עוֹד:

עַל כֵּן נְקַוֶּה לְּךָ יהוה אֱלֹהֵינוּ, לִרְאוֹת מְהֵרָה בְּתִפְאֶרֶת עֻזֶּךָ
לְהַעֲבִיר גִּלּוּלִים מִן הָאָרֶץ, וְהָאֱלִילִים כָּרוֹת יִכָּרֵתוּן
לְתַקֵּן עוֹלָם בְּמַלְכוּת שַׁדַּי.
וְכָל בְּנֵי בָשָׂר יִקְרְאוּ בִשְׁמֶךָ לְהַפְנוֹת אֵלֶיךָ כָּל רִשְׁעֵי אָרֶץ.
יַכִּירוּ וְיֵדְעוּ כָּל יוֹשְׁבֵי תֵבֵל
כִּי לְךָ תִּכְרַע כָּל בֶּרֶךְ, תִּשָּׁבַע כָּל לָשׁוֹן.
לְפָנֶיךָ יהוה אֱלֹהֵינוּ יִכְרְעוּ וְיִפֹּלוּ, וְלִכְבוֹד שִׁמְךָ יְקָר יִתֵּנוּ
וִיקַבְּלוּ כֻלָּם אֶת עֹל מַלְכוּתֶךָ
וְתִמְלֹךְ עֲלֵיהֶם מְהֵרָה לְעוֹלָם וָעֶד.
כִּי הַמַּלְכוּת שֶׁלְּךָ הִיא וּלְעוֹלְמֵי עַד תִּמְלֹךְ בְּכָבוֹד
שמות טו כַּכָּתוּב בְּתוֹרָתֶךָ, יהוה יִמְלֹךְ לְעֹלָם וָעֶד:

▸ And it is said: "Then the Lord shall be King over all the earth; on that day the Lord shall be One and His name One." *Zech. 14*

Some add:

Have no fear of sudden terror or of the ruin when it overtakes the wicked. *Prov. 3*
Devise your strategy, but it will be thwarted; *Is. 8*
propose your plan, but it will not stand, for God is with us.
When you grow old, I will still be the same. *Is. 46*
When your hair turns gray, I will still carry you.
I made you, I will bear you, I will carry you, and I will rescue you.

MOURNER'S KADDISH

The following prayer, said by mourners, requires the presence of a minyan. A transliteration can be found on page 1289.

Mourner: יִתְגַּדַּל Magnified and sanctified
may His great name be,
in the world He created by His will.
May He establish His kingdom
in your lifetime and in your days,
and in the lifetime of all the house of Israel,
swiftly and soon –
and say: Amen.

All: May His great name be blessed for ever and all time.

Mourner: Blessed and praised, glorified and exalted,
raised and honored, uplifted and lauded
be the name of the Holy One, blessed be He,
beyond any blessing, song, praise and consolation
uttered in the world –
and say: Amen.

May there be great peace from heaven,
and life for us and all Israel –
and say: Amen.

Bow, take three steps back, as if taking leave of the Divine Presence, then bow, first left, then right, then center, while saying:

May He who makes peace in His high places,
make peace for us and all Israel –
and say: Amen.

◂ וְנֶאֱמַר, וְהָיָה יהוה לְמֶלֶךְ עַל־כָּל־הָאָרֶץ	זכריה יד
בַּיּוֹם הַהוּא יִהְיֶה יהוה אֶחָד וּשְׁמוֹ אֶחָד:

Some add:

אַל־תִּירָא מִפַּחַד פִּתְאֹם וּמִשֹּׁאַת רְשָׁעִים כִּי תָבֹא:	משלי ג
עֻצוּ עֵצָה וְתֻפָר, דַּבְּרוּ דָבָר וְלֹא יָקוּם, כִּי עִמָּנוּ אֵל:	ישעיה ח
וְעַד־זִקְנָה אֲנִי הוּא, וְעַד־שֵׂיבָה אֲנִי אֶסְבֹּל	ישעיה מו
אֲנִי עָשִׂיתִי וַאֲנִי אֶשָּׂא וַאֲנִי אֶסְבֹּל וַאֲמַלֵּט:

קדיש יתום

The following prayer, said by mourners, requires the presence of a מנין.
A transliteration can be found on page 1289.

אבל: יִתְגַּדַּל וְיִתְקַדַּשׁ שְׁמֵהּ רַבָּא (קהל: אָמֵן)
בְּעָלְמָא דִּי בְרָא כִרְעוּתֵהּ
וְיַמְלִיךְ מַלְכוּתֵהּ
בְּחַיֵּיכוֹן וּבְיוֹמֵיכוֹן וּבְחַיֵּי דְכָל בֵּית יִשְׂרָאֵל
בַּעֲגָלָא וּבִזְמַן קָרִיב, וְאִמְרוּ אָמֵן. (קהל: אָמֵן)

קהל ואבל: יְהֵא שְׁמֵהּ רַבָּא מְבָרַךְ לְעָלַם וּלְעָלְמֵי עָלְמַיָּא.

אבל: יִתְבָּרַךְ וְיִשְׁתַּבַּח וְיִתְפָּאַר
וְיִתְרוֹמַם וְיִתְנַשֵּׂא וְיִתְהַדָּר וְיִתְעַלֶּה וְיִתְהַלָּל
שְׁמֵהּ דְּקֻדְשָׁא בְּרִיךְ הוּא (קהל: בְּרִיךְ הוּא)
לְעֵלָּא מִן כָּל בִּרְכָתָא וְשִׁירָתָא, תֻּשְׁבְּחָתָא וְנֶחֱמָתָא
דַּאֲמִירָן בְּעָלְמָא, וְאִמְרוּ אָמֵן. (קהל: אָמֵן)

יְהֵא שְׁלָמָא רַבָּא מִן שְׁמַיָּא
וְחַיִּים, עָלֵינוּ וְעַל כָּל יִשְׂרָאֵל, וְאִמְרוּ אָמֵן. (קהל: אָמֵן)

Bow, take three steps back, as if taking leave of the Divine Presence, then bow, first left, then right, then center, while saying:

עֹשֶׂה שָׁלוֹם בִּמְרוֹמָיו
הוּא יַעֲשֶׂה שָׁלוֹם עָלֵינוּ וְעַל כָּל יִשְׂרָאֵל, וְאִמְרוּ אָמֵן. (קהל: אָמֵן)

Most congregations sing Yigdal at this point.
Some add Adon Olam (page 104).

GREAT

is the living God and praised.
He exists, and His existence is beyond time.

He is One, and there is no unity like His.
Unfathomable, His Oneness is infinite.

He has neither bodily form nor substance;
His holiness is beyond compare.

He preceded all that was created.
He was first: there was no beginning to His beginning.

Behold He is Master of the Universe; every creature
shows His greatness and majesty.

The rich flow of His prophecy He gave
to His treasured people in whom He gloried.

Never in Israel has there arisen another like Moses,
a prophet who beheld God's image.

God gave His people a Torah of truth
by the hand of His prophet, most faithful of His House.

God will not alter or change His law
for any other, for eternity.

He sees and knows our secret thoughts;
as soon as something is begun, He foresees its end.

He rewards people with loving-kindness according to their deeds;
He punishes the wicked according to his wickedness.

At the end of days He will send our Messiah,
to redeem those who await His final salvation.

God will revive the dead in His great loving-kindness.
Blessed for evermore is His glorious name!

Most congregations sing יִגְדַּל *at this point.*
Some add אֲדוֹן עוֹלָם (*page 105*).

יִגְדַּל

אֱלֹהִים חַי וְיִשְׁתַּבַּח, נִמְצָא וְאֵין עֵת אֶל מְצִיאוּתוֹ.

אֶחָד וְאֵין יָחִיד כְּיִחוּדוֹ, נֶעְלָם וְגַם אֵין סוֹף לְאַחְדּוּתוֹ.

אֵין לוֹ דְּמוּת הַגּוּף וְאֵינוֹ גוּף, לֹא נַעֲרֹךְ אֵלָיו קְדֻשָּׁתוֹ.

קַדְמוֹן לְכָל דָּבָר אֲשֶׁר נִבְרָא, רִאשׁוֹן וְאֵין רֵאשִׁית לְרֵאשִׁיתוֹ.

הִנּוֹ אֲדוֹן עוֹלָם, וְכָל נוֹצָר יוֹרֶה גְדֻלָּתוֹ וּמַלְכוּתוֹ.

שֶׁפַע נְבוּאָתוֹ נְתָנוֹ אֶל־אַנְשֵׁי סְגֻלָּתוֹ וְתִפְאַרְתּוֹ.

לֹא קָם בְּיִשְׂרָאֵל כְּמֹשֶׁה עוֹד נָבִיא וּמַבִּיט אֶת תְּמוּנָתוֹ.

תּוֹרַת אֱמֶת נָתַן לְעַמּוֹ אֵל עַל יַד נְבִיאוֹ נֶאֱמַן בֵּיתוֹ.

לֹא יַחֲלִיף הָאֵל וְלֹא יָמִיר דָּתוֹ לְעוֹלָמִים לְזוּלָתוֹ.

צוֹפֶה וְיוֹדֵעַ סְתָרֵינוּ, מַבִּיט לְסוֹף דָּבָר בְּקַדְמָתוֹ.

גּוֹמֵל לְאִישׁ חֶסֶד כְּמִפְעָלוֹ, נוֹתֵן לְרָשָׁע רָע כְּרִשְׁעָתוֹ.

יִשְׁלַח לְקֵץ יָמִין מְשִׁיחֵנוּ לִפְדּוֹת מְחַכֵּי קֵץ יְשׁוּעָתוֹ.

מֵתִים יְחַיֶּה אֵל בְּרֹב חַסְדּוֹ, בָּרוּךְ עֲדֵי עַד שֵׁם תְּהִלָּתוֹ.

Kiddush for Shabbat Evening

BLESSING THE CHILDREN

On the evenings of Shabbat and Yom Tov, many have the custom to bless their children.

To sons, say:	*To daughters, say:*
יְשִׂמְךָ May God make you like Ephraim and Manasseh.	יְשִׂימֵךְ May God make you like Sarah, Rebecca, Rachel and Leah.

Gen. 48

יְבָרֶכְךָ May the Lord bless you and protect you.
May the Lord make His face shine on you and be gracious to you.
May the Lord turn His face toward you and grant you peace.

Num. 6

Many people sing each of the four verses of the following song three times:

שָׁלוֹם עֲלֵיכֶם Welcome,
ministering angels, angels of the Most High,
from the Supreme King of kings,
the Holy One, blessed be He.

Enter in peace,
angels of peace, angels of the Most High,
from the Supreme King of kings,
the Holy One, blessed be He.

Bless me with peace,
angels of peace, angels of the Most High,
from the Supreme King of kings,
the Holy One, blessed be He.

Go in peace,
angels of peace, angels of the Most High,
from the Supreme King of kings,
the Holy One, blessed be He.

כִּי מַלְאָכָיו He will command His angels about you,
to guard you in all your ways.
May the Lord guard your going out and your return,
from now and for all time.

Ps. 91

Ps. 121

קידוש לליל שבת

ברכת הבנים

On ליל שבת *and* ערב יום טוב*, many have the custom to bless their children.*

To daughters, say:	*To sons, say:*
יְשִׂמֵךְ אֱלֹהִים	יְשִׂמְךָ אֱלֹהִים
כְּשָׂרָה רִבְקָה רָחֵל וְלֵאָה.	כְּאֶפְרַיִם וְכִמְנַשֶּׁה:

בראשית מח

במדבר ו

יְבָרֶכְךָ יהוה וְיִשְׁמְרֶךָ:

יָאֵר יהוה פָּנָיו אֵלֶיךָ וִיחֻנֶּךָּ:

יִשָּׂא יהוה פָּנָיו אֵלֶיךָ וְיָשֵׂם לְךָ שָׁלוֹם:

Many people sing each of the four verses of the following song three times:

שָׁלוֹם עֲלֵיכֶם

מַלְאֲכֵי הַשָּׁרֵת, מַלְאֲכֵי עֶלְיוֹן

מִמֶּלֶךְ מַלְכֵי הַמְּלָכִים, הַקָּדוֹשׁ בָּרוּךְ הוּא.

בּוֹאֲכֶם לְשָׁלוֹם

מַלְאֲכֵי הַשָּׁלוֹם, מַלְאֲכֵי עֶלְיוֹן

מִמֶּלֶךְ מַלְכֵי הַמְּלָכִים, הַקָּדוֹשׁ בָּרוּךְ הוּא.

בָּרְכוּנִי לְשָׁלוֹם

מַלְאֲכֵי הַשָּׁלוֹם, מַלְאֲכֵי עֶלְיוֹן

מִמֶּלֶךְ מַלְכֵי הַמְּלָכִים, הַקָּדוֹשׁ בָּרוּךְ הוּא.

צֵאתְכֶם לְשָׁלוֹם

מַלְאֲכֵי הַשָּׁלוֹם, מַלְאֲכֵי עֶלְיוֹן

מִמֶּלֶךְ מַלְכֵי הַמְּלָכִים, הַקָּדוֹשׁ בָּרוּךְ הוּא.

תהלים צא

כִּי מַלְאָכָיו יְצַוֶּה־לָּךְ, לִשְׁמָרְךָ בְּכָל־דְּרָכֶיךָ:

תהלים קכא

יהוה יִשְׁמָר־צֵאתְךָ וּבוֹאֶךָ, מֵעַתָּה וְעַד־עוֹלָם:

Some say:

רִבּוֹן כָּל הָעוֹלָמִים Master of all worlds, Lord of all souls, Lord of peace, mighty, blessed and great King, King who speaks peace, King who is glorious, enduring and pure, King who gives life to worlds, King who is good and does good, King alone and unique, great King who robes Himself in compassion, King who reigns over all kings, who is exalted and supports those who fall, King who is Author of creation, who redeems and rescues, who is radiant and ruddy, King who is holy, high and exalted, King who hears prayer, King whose way is just: I thank You, Lord my God and God of my ancestors, for all the loving-kindness You have done and will do for me, and all the members of my household and all my fellow creatures. Blessed are Your angels, holy and pure, who do Your will. Lord of peace, King to whom peace belongs, bless me with peace, and grant me and the members of my household, and all Your people the house of Israel, a good and peaceful life. King exalted over all the heavenly array, who formed me and who formed creation, I entreat Your radiant presence, that You find me and all the members of my household worthy of grace and good favor in Your eyes and the eyes of all people and all who see us, that we may serve You. May we be worthy to receive Sabbaths amidst great joy, wealth and honor, and few sins. May You remove from me and all the members of my household and all Your people the house of Israel all sickness and disease, all poverty, hardship and destitution. Grant us a virtuous desire to serve You in truth, awe and love. May we find honor in Your eyes and the eyes of all who see us, for You are the King of honor: to You it belongs, to You it accords. Please, King who reigns over all kings, command Your angels, ministering angels who minister to the Most High, to act compassionately toward me when they enter my house on our holy day, for I have lit my lights, spread my couch and changed my clothes in honor of the Sabbath; I have come to Your House to lay my pleas before You that You remove my sighs; I have testified that in six days You created all things, and said it a second time, and will testify to it a third time over my cup, in joy, as You commanded me to remember it, delighting in the extra soul You have given me. On it [the Sabbath] I shall rest as You have commanded me, thereby to serve You. So too I will declare Your greatness in joyful song, for I have set the Lord before me, that You may have compassion upon me in my exile, redeeming me and awakening my heart to Your love. Then I will keep Your commands and statutes without sadness, praying correctly as is right and fitting. Angels of peace, come in peace and bless me with peace; declare blessed the table I have prepared, and go in peace, now and forever. Amen, Selah.

Some say:

רִבּוֹן כָּל הָעוֹלָמִים, אֲדוֹן כָּל הַנְּשָׁמוֹת, אֲדוֹן הַשָּׁלוֹם. מֶלֶךְ אַבִּיר, מֶלֶךְ בָּרוּךְ, מֶלֶךְ גָּדוֹל, מֶלֶךְ דּוֹבֵר שָׁלוֹם, מֶלֶךְ הָדוּר, מֶלֶךְ וָתִיק, מֶלֶךְ זַךְ, מֶלֶךְ חֵי הָעוֹלָמִים, מֶלֶךְ טוֹב וּמֵטִיב, מֶלֶךְ יָחִיד וּמְיֻחָד, מֶלֶךְ כַּבִּיר, מֶלֶךְ לוֹבֵשׁ רַחֲמִים, מֶלֶךְ מַלְכֵי הַמְּלָכִים, מֶלֶךְ נִשְׂגָּב, מֶלֶךְ סוֹמֵךְ נוֹפְלִים, מֶלֶךְ עֹשֶׂה מַעֲשֵׂה בְרֵאשִׁית, מֶלֶךְ פּוֹדֶה וּמַצִּיל, מֶלֶךְ צַח וְאָדֹם, מֶלֶךְ קָדוֹשׁ, מֶלֶךְ רָם וְנִשָּׂא, מֶלֶךְ שׁוֹמֵעַ תְּפִלָּה, מֶלֶךְ תָּמִים דַּרְכּוֹ. מוֹדֶה אֲנִי לְפָנֶיךָ, יהוה אֱלֹהַי וֵאלֹהֵי אֲבוֹתַי, עַל כָּל הַחֶסֶד אֲשֶׁר עָשִׂיתָ עִמָּדִי וַאֲשֶׁר אַתָּה עָתִיד לַעֲשׂוֹת עִמִּי וְעִם כָּל בְּנֵי בֵיתִי וְעִם כָּל בְּרִיּוֹתֶיךָ, בְּנֵי בְרִיתִי. וּבְרוּכִים הֵם מַלְאָכֶיךָ הַקְּדוֹשִׁים וְהַטְּהוֹרִים שֶׁעוֹשִׂים רְצוֹנֶךָ. אֲדוֹן הַשָּׁלוֹם, מֶלֶךְ שֶׁהַשָּׁלוֹם שֶׁלּוֹ, בָּרְכֵנִי בַשָּׁלוֹם, וְתִפְקֹד אוֹתִי וְאֶת כָּל בְּנֵי בֵיתִי וְכָל עַמְּךָ בֵּית יִשְׂרָאֵל לְחַיִּים טוֹבִים וּלְשָׁלוֹם. מֶלֶךְ עֶלְיוֹן עַל כָּל צְבָא מָרוֹם, יוֹצְרֵנוּ, יוֹצֵר בְּרֵאשִׁית, אֲחַלֶּה פָנֶיךָ הַמְּאִירִים, שֶׁתְּזַכֶּה אוֹתִי וְאֶת כָּל בְּנֵי בֵיתִי לִמְצֹא חֵן וְשֵׂכֶל טוֹב בְּעֵינֶיךָ וּבְעֵינֵי כָל בְּנֵי אָדָם וּבְעֵינֵי כָל רוֹאֵינוּ לַעֲבוֹדָתֶךָ. וְזַכֵּנוּ לְקַבֵּל שַׁבָּתוֹת מִתּוֹךְ רֹב שִׂמְחָה וּמִתּוֹךְ עֹשֶׁר וְכָבוֹד וּמִתּוֹךְ מִעוּט עֲוֹנוֹת. וְהָסֵר מִמֶּנִּי וּמִכָּל בְּנֵי בֵיתִי וּמִכָּל עַמְּךָ בֵּית יִשְׂרָאֵל כָּל מִינֵי חֹלִי וְכָל מִינֵי מַדְוֶה וְכָל מִינֵי דַלּוּת וַעֲנִיּוּת וְאֶבְיוֹנוּת. וְתֵן בָּנוּ יֵצֶר טוֹב לְעָבְדְּךָ בֶּאֱמֶת וּבְיִרְאָה וּבְאַהֲבָה. וְנִהְיֶה מְכֻבָּדִים בְּעֵינֶיךָ וּבְעֵינֵי כָל רוֹאֵינוּ, כִּי אַתָּה הוּא מֶלֶךְ הַכָּבוֹד, כִּי לְךָ נָאֶה, כִּי לְךָ יָאֶה. אָנָּא, מֶלֶךְ מַלְכֵי הַמְּלָכִים, צַוֵּה לְמַלְאָכֶיךָ, מַלְאֲכֵי הַשָּׁרֵת, מְשָׁרְתֵי עֶלְיוֹן, שֶׁיִּפְקְדוּנִי בְּרַחֲמִים וִיבָרְכוּנִי בְּבוֹאָם לְבֵיתִי בְּיוֹם קָדְשֵׁנוּ, כִּי הִדְלַקְתִּי נֵרוֹתַי וְהִצַּעְתִּי מִטָּתִי וְהֶחֱלַפְתִּי שִׂמְלוֹתַי לִכְבוֹד יוֹם הַשַּׁבָּת וּבָאתִי לְבֵיתְךָ לְהַפִּיל תְּחִנָּתִי לְפָנֶיךָ, שֶׁתַּעֲבִיר אַנְחָתִי, וָאָעִיד אֲשֶׁר בָּרָאתָ בְשִׁשָּׁה יָמִים כָּל הַיְצוּר, וָאֶשְׁנֶה וַאֲשַׁלֵּשׁ עוֹד לְהָעִיד עַל כּוֹסִי בְּתוֹךְ שִׂמְחָתִי, כַּאֲשֶׁר צִוִּיתַנִי לְזָכְרוֹ וּלְהִתְעַנֵּג בְּיֶתֶר נִשְׁמָתִי אֲשֶׁר נָתַתָּ בִּי. בּוֹ אֶשְׁבֹּת כַּאֲשֶׁר צִוִּיתַנִי לְשָׁרְתֶךָ, וְכֵן אַגִּיד גְּדֻלָּתְךָ בְּרִנָּה, וְשִׁוִּיתִי יהוה לִקְרָאתִי שֶׁתְּרַחֲמֵנִי עוֹד בְּגָלוּתִי לְגָאֳלֵנִי לְעוֹרֵר לִבִּי לְאַהֲבָתֶךָ. וְאָז אֶשְׁמֹר פִּקּוּדֶיךָ וְחֻקֶּיךָ בְּלִי עֶצֶב, וְאֶתְפַּלֵּל כַּדָּת כָּרָאוּי וְכַנָּכוֹן. מַלְאֲכֵי הַשָּׁלוֹם, בּוֹאֲכֶם לְשָׁלוֹם, בָּרְכוּנִי לְשָׁלוֹם, וְאִמְרוּ בָּרוּךְ לְשֻׁלְחָנִי הֶעָרוּךְ, וְצֵאתְכֶם לְשָׁלוֹם מֵעַתָּה וְעַד עוֹלָם, אָמֵן סֶלָה.

אֵשֶׁת־חַיִל A woman of strength, who can find?   *Prov. 31*
    Her worth is far beyond pearls.
Her husband's heart trusts in her, and he has no lack of gain.
She brings him good, not harm, all the days of her life.
She seeks wool and linen, and works with willing hands.
She is like a ship laden with merchandise, bringing her food from afar.
She rises while it is still night, providing food for her household,
    portions for her maids.
She considers a field and buys it;
    from her earnings she plants a vineyard.
She girds herself with strength, and braces her arms for her tasks.
She sees that her business goes well; her lamp does not go out at night.
She holds the distaff in her hand,
    and grasps the spindle with her palms.
She reaches out her palm to the poor,
    and extends her hand to the needy.
She has no fear for her family when it snows,
    for all her household is clothed in crimson wool.
She makes elegant coverings;
    her clothing is fine linen and purple wool.
Her husband is well known in the gates,
    where he sits with the elders of the land.
She makes linen garments and sells them,
    and supplies merchants with sashes.
She is clothed with strength and dignity;
    she can laugh at the days to come.
She opens her mouth with wisdom,
    and the law of kindness is on her tongue.
She watches over the ways of her household,
    and never eats the bread of idleness.
Her children rise and call her happy; her husband also praises her:
"Many women have excelled, but you surpass them all."
Charm is deceptive and beauty vain:
    it is the God-fearing woman who deserves praise.
Give her the reward she has earned;
    let her deeds bring her praise in the gates.

משלי לא

אֵשֶׁת־חַיִל מִי יִמְצָא, וְרָחֹק מִפְּנִינִים מִכְרָהּ:
בָּטַח בָּהּ לֵב בַּעְלָהּ, וְשָׁלָל לֹא יֶחְסָר:
גְּמָלַתְהוּ טוֹב וְלֹא־רָע, כֹּל יְמֵי חַיֶּיהָ:
דָּרְשָׁה צֶמֶר וּפִשְׁתִּים, וַתַּעַשׂ בְּחֵפֶץ כַּפֶּיהָ:
הָיְתָה כָּאֳנִיּוֹת סוֹחֵר, מִמֶּרְחָק תָּבִיא לַחְמָהּ:
וַתָּקָם בְּעוֹד לַיְלָה, וַתִּתֵּן טֶרֶף לְבֵיתָהּ, וְחֹק לְנַעֲרֹתֶיהָ:
זָמְמָה שָׂדֶה וַתִּקָּחֵהוּ, מִפְּרִי כַפֶּיהָ נָטְעָה כָּרֶם:
חָגְרָה בְעוֹז מָתְנֶיהָ, וַתְּאַמֵּץ זְרוֹעֹתֶיהָ:
טָעֲמָה כִּי־טוֹב סַחְרָהּ, לֹא־יִכְבֶּה בַלַּיְלָה נֵרָהּ:
יָדֶיהָ שִׁלְּחָה בַכִּישׁוֹר, וְכַפֶּיהָ תָּמְכוּ פָלֶךְ:
כַּפָּהּ פָּרְשָׂה לֶעָנִי, וְיָדֶיהָ שִׁלְּחָה לָאֶבְיוֹן:
לֹא־תִירָא לְבֵיתָהּ מִשָּׁלֶג, כִּי כָל־בֵּיתָהּ לָבֻשׁ שָׁנִים:
מַרְבַדִּים עָשְׂתָה־לָּהּ, שֵׁשׁ וְאַרְגָּמָן לְבוּשָׁהּ:
נוֹדָע בַּשְּׁעָרִים בַּעְלָהּ, בְּשִׁבְתּוֹ עִם־זִקְנֵי־אָרֶץ:
סָדִין עָשְׂתָה וַתִּמְכֹּר, וַחֲגוֹר נָתְנָה לַכְּנַעֲנִי:
עוֹז־וְהָדָר לְבוּשָׁהּ, וַתִּשְׂחַק לְיוֹם אַחֲרוֹן:
פִּיהָ פָּתְחָה בְחָכְמָה, וְתוֹרַת־חֶסֶד עַל־לְשׁוֹנָהּ:
צוֹפִיָּה הֲלִיכוֹת בֵּיתָהּ, וְלֶחֶם עַצְלוּת לֹא תֹאכֵל:
קָמוּ בָנֶיהָ וַיְאַשְּׁרוּהָ, בַּעְלָהּ וַיְהַלְלָהּ:
רַבּוֹת בָּנוֹת עָשׂוּ חָיִל, וְאַתְּ עָלִית עַל־כֻּלָּנָה:
שֶׁקֶר הַחֵן וְהֶבֶל הַיֹּפִי, אִשָּׁה יִרְאַת־יהוה הִיא תִתְהַלָּל:
תְּנוּ־לָהּ מִפְּרִי יָדֶיהָ, וִיהַלְלוּהָ בַשְּׁעָרִים מַעֲשֶׂיהָ:

Some say:

Prepare the feast of perfect faith, joy of the holy King.
Prepare the royal feast.

This is the feast [mystically known as] 'the Field of Holy Apples' –
and 'the Small Face' and 'the Holy Ancient One'
[mystical terms for aspects of the Divine] come to partake in the feast with it.

With songs of praise I will cut away [evil forces],
    to enter the holy gates of 'the Field of Apples.'
We now invite Her [the Divine Presence] with a newly prepared table
    and a fine candelabrum spreading light upon our heads.
Between right and left is the bride, decked with jewelry, adorned and robed.
Her husband embraces her, and in the joy of their togetherness
    [evil forces] are crushed.
Cries and suffering stop and cease; a new face comes upon spirits and souls.
She will have great and doubled joy; light will come, and bounteous blessing.
Come near, dear friends, and prepare delicacies of many kinds, and fish and fowl.
Renewing souls and spirits through the thirty-two [paths of wisdom]
    and the three branches [of Scripture].
She [the Divine Presence] has seventy crowns, and above,
    the King is crowned with all in the Holy of Holies.
Engraved and hidden with her are all worlds,
    but the pestle of the Ancient of Days releases all that is hidden.
May it be His will that the Divine Presence rest on His people who,
    for His name's sake, delight in sweet foods and honey.
To the south, I will arrange the candelabrum of hidden [wisdom],
    to the north I will set the table with bread.
With wine in the cup, and myrtle clusters for bridegroom and bride,
    the weak will be given strength.
Let us make them crowns of precious words, seventy crowns beyond the fifty.
May the Divine Presence be crowned with six loaves on each side, like
    the two sets of six loaves [of showbread] and other articles [in the Temple].
[On the Sabbath] impure powers and afflicting angels cease and desist; and
    those who are confined have respite.
To break bread the size of an olive or an egg, for there are two ways of
    interpreting the *Yod* [of the Divine name], restrictively or expansively.
It is like pure olive oil, pressed in a mill, flowing like rivers, whispering secrets.
Let us speak of mysteries, secrets unrevealed, hidden and concealed.
To crown the bride with mysteries above, at this,
    the holy angels' wedding celebration.

Some say:

אַתְקִֽינוּ סְעוּדְתָא דִמְהֵימְנוּתָא שְׁלִימְתָא
חֶדְוְתָא דְמַלְכָּא קַדִּישָׁא.
אַתְקִֽינוּ סְעוּדְתָא דְמַלְכָּא.

דָּא הִיא סְעוּדְתָא דַּחֲקַל תַּפּוּחִין קַדִּישִׁין
וּזְעֵיר אַנְפִּין וְעַתִּיקָא קַדִּישָׁא אָתַיִן לְסַעֲדָה בַּהֲדָהּ.

אֲזַמֵּר בִּשְׁבָחִין / לְמֵעַל גּוֹ פִתְחִין / דְּבַחֲקַל תַּפּוּחִין / דְּאִנּוּן קַדִּישִׁין.
נְזַמֵּן לַהּ הַשְׁתָּא / בְּפָתוֹרָא חַדְתָּא / וּבִמְנָרְתָא טָבְתָא / דְּנָהֲרָה עַל רֵישִׁין.
יְמִינָא וּשְׂמָאלָא / וּבֵינַֽיְהוּ כַלָּה / בְּקִשּׁוּטִין אָזְלָא / וּמָנִין וּלְבוּשִׁין.
יְחַבֵּק לַהּ בַּעְלָהּ / וּבִיסוֹדָא דִי לַהּ / דְּעָבֵד נַיְחָא לַהּ / יְהֵא כָתֵשׁ כְּתִישִׁין.
צְוָחִין אוּף עָקְתִין / בְּטִילִין וּשְׁבִיתִין / בְּרַם אַנְפִּין חַדְתִּין / וְרוּחִין עִם נַפְשִׁין.
חֲדוּ סַגִּי יֵיתֵי / וְעַל חֲדָא תַרְתֵּי / נְהוֹרָא לַהּ יַמְטֵי / וּבִרְכָן דִּנְפִישִׁין.
קְרִיבוּ שׁוּשְׁבִינִין / עֲבִידוּ תִקּוּנִין / לְאַפָּשָׁה זֵינִין / וְנוּנִין עִם רַחֲשִׁין.
לְמֶעְבַּד נִשְׁמָתִין / וְרוּחִין חַדְתִּין / בְּתַרְתֵּי וּתְלָתִין / וּבִתְלָתָא שִׁבְשִׁין.
וְעִטְרִין שַׁבְעִין לַהּ / וּמַלְכָּא דִלְעֵלָּא / דְּיִתְעַטַּר כֹּלָּא / בְּקַדִּישׁ קַדִּישִׁין.
רְשִׁימִין וּסְתִימִין / בְּגַוַּהּ כָּל עָלְמִין / בְּרַם עַתִּיק יוֹמִין / הֲלָא בָטֵשׁ בְּטִישִׁין.
יְהֵא רַעֲוָה קַמֵּהּ / דְּתִשְׁרֵי עַל עַמֵּהּ / דְּיִתְעַנַּג לִשְׁמֵהּ / בְּמִתְקִין וְדֻבְשִׁין.
אֲסַדֵּר לִדְרוֹמָא / מְנָרְתָא דִסְתִימָא / וְשֻׁלְחָן עִם נַהֲמָא / בִּצְפוּנָא אַדְשִׁין.
בְּחַמְרָא גוֹ כָסָא / וּמְדָנֵי אָסָא / לְאָרוּס וַאֲרוּסָה / לְאַתְקָפָא חַלָּשִׁין.
נְעַבֵּד לוֹן כִּתְרִין / בְּמִלִּין יַקִּירִין / בְּשַׁבְעִין עִטּוּרִין / דְּעַל גַּבֵּי חַמְשִׁין.
שְׁכִינְתָּא תִתְעַטַּר / בְּשִׁית נַהֲמֵי לִסְטַר / בְּוָוִין תִּתְקַטַּר / וְזֵינִין דִּכְנִישִׁין.
(שְׁבִיתִין וּשְׁבִיקִין / מְסָאְבִין דְּדָחֲקִין / חֲבִילִין דִּמְעִיקִין / וְכָל זֵינֵי חַרְשִׁין.)
לְמִבְצַע עַל רִיפְתָּא / כְּזֵיתָא וּכְבֵיעָתָא / תְּרֵין יוּדִין נָקְטָא / סְתִימִין וּפְרִישִׁין.
מְשַׁח זֵיתָא דָכְיָא / דְּטָחֲנִין רֵיחַיָּא / וְנָגְדִין נַחֲלַיָּא / בְּגַוַּהּ בִּלְחִישִׁין.
הֲלָא נֵימָא רָזִין / וּמִלִּין דִּגְנִיזִין / דְּלֵיתֵיהוֹן מִתְחֲזִין / טְמִירִין וּכְבִישִׁין.
לְאַעְטָרָה כַלָּה / בְּרָזִין דִּלְעֵלָּא / בְּגוֹ הַאי הִלּוּלָה / דְּעִירִין קַדִּישִׁין.

KIDDUSH FOR SHABBAT EVENING

For Kiddush on Yom Tov see page 192.

Quietly: And it was evening, and it was morning –   *Gen. 1*

יוֹם הַשִּׁשִּׁי the sixth day.

Then the heavens and the earth were completed,   *Gen. 2*
and all their array.
With the seventh day, God completed the work He had done.
He ceased on the seventh day from all the work He had done.
God blessed the seventh day and declared it holy,
because on it He ceased from all His work He had created to do.

> *When saying Kiddush for others, add:*
> Please pay attention, my masters.

Blessed are You, LORD our God, King of the Universe,
who creates the fruit of the vine.

Blessed are You,
LORD our God, King of the Universe,
who has made us holy through His commandments,
who has favored us,
and in love and favor
gave us His holy Sabbath as a heritage,
a remembrance of the work of creation.
It is the first among the holy days of assembly,
a remembrance of the exodus from Egypt.
For You chose us and sanctified us from all the peoples,
and in love and favor gave us Your holy Sabbath as a heritage.
Blessed are You, LORD,
who sanctifies the Sabbath.

קידוש לליל שבת

For קידוש יום טוב *on* *see page 193.*

בראשית א

Quietly וַיְהִי־עֶרֶב וַיְהִי־בֹקֶר

יוֹם הַשִּׁשִּׁי:

בראשית ב

וַיְכֻלּוּ הַשָּׁמַיִם וְהָאָרֶץ וְכָל־צְבָאָם:
וַיְכַל אֱלֹהִים בַּיּוֹם הַשְּׁבִיעִי מְלַאכְתּוֹ אֲשֶׁר עָשָׂה
וַיִּשְׁבֹּת בַּיּוֹם הַשְּׁבִיעִי מִכָּל־מְלַאכְתּוֹ אֲשֶׁר עָשָׂה:
וַיְבָרֶךְ אֱלֹהִים אֶת־יוֹם הַשְּׁבִיעִי, וַיְקַדֵּשׁ אֹתוֹ
כִּי בוֹ שָׁבַת מִכָּל־מְלַאכְתּוֹ, אֲשֶׁר־בָּרָא אֱלֹהִים, לַעֲשׂוֹת:

When saying קידוש *for others, add:*

סַבְרִי מָרָנָן

בָּרוּךְ אַתָּה יהוה אֱלֹהֵינוּ מֶלֶךְ הָעוֹלָם
בּוֹרֵא פְּרִי הַגָּפֶן.

בָּרוּךְ אַתָּה יהוה אֱלֹהֵינוּ מֶלֶךְ הָעוֹלָם
אֲשֶׁר קִדְּשָׁנוּ בְּמִצְוֹתָיו, וְרָצָה בָנוּ
וְשַׁבַּת קָדְשׁוֹ בְּאַהֲבָה וּבְרָצוֹן הִנְחִילָנוּ
זִכָּרוֹן לְמַעֲשֵׂה בְרֵאשִׁית
כִּי הוּא יוֹם תְּחִלָּה לְמִקְרָאֵי קֹדֶשׁ, זֵכֶר לִיצִיאַת מִצְרָיִם
כִּי בָנוּ בָחַרְתָּ וְאוֹתָנוּ קִדַּשְׁתָּ מִכָּל הָעַמִּים
וְשַׁבַּת קָדְשְׁךָ בְּאַהֲבָה וּבְרָצוֹן הִנְחַלְתָּנוּ.
בָּרוּךְ אַתָּה יהוה, מְקַדֵּשׁ הַשַּׁבָּת.

Shaḥarit for Shabbat Ḥol HaMo'ed

Shaḥarit begins as on Yom Tov, from pages 356–484.

THE AMIDA

The following prayer, until "in former years" on page 936, is said silently, standing with feet together. If there is a minyan, the Amida is repeated aloud by the Leader. Take three steps forward and at the points indicated by ▾, bend the knees at the first word, bow at the second, and stand straight before saying God's name.

O LORD, open my lips, so that my mouth may declare Your praise. *Ps. 51*

PATRIARCHS

▾בָּרוּךְ▾ Blessed are You, LORD our God and God of our fathers,
God of Abraham, God of Isaac and God of Jacob;
the great, mighty and awesome God, God Most High,
who bestows acts of loving-kindness and creates all,
who remembers the loving-kindness of the fathers
and will bring a Redeemer
to their children's children
for the sake of His name, in love.
King, Helper, Savior, Shield:
▾Blessed are You, LORD, Shield of Abraham.

DIVINE MIGHT

אַתָּה גִּבּוֹר You are eternally mighty, LORD.
You give life to the dead
and have great power to save.

In Israel:
He causes the dew to fall.

He sustains the living with loving-kindness,
and with great compassion revives the dead.
He supports the fallen, heals the sick, sets captives free,
and keeps His faith with those who sleep in the dust.

שחרית לשבת חול המועד

שחרית begins as on יום טוב, from pages 357–485.

עמידה

The following prayer, until קַדְמֹנִיּוֹת on page 937, is said silently, standing with feet together. If there is a מנין, the עמידה is repeated aloud by the שליח ציבור. Take three steps forward and at the points indicated by ', bend the knees at the first word, bow at the second, and stand straight before saying God's name.

תהלים נא
אֲדֹנָי, שְׂפָתַי תִּפְתָּח, וּפִי יַגִּיד תְּהִלָּתֶךָ:

אבות

'בָּרוּךְ אַתָּה יהוה, אֱלֹהֵינוּ וֵאלֹהֵי אֲבוֹתֵינוּ
אֱלֹהֵי אַבְרָהָם, אֱלֹהֵי יִצְחָק, וֵאלֹהֵי יַעֲקֹב
הָאֵל הַגָּדוֹל הַגִּבּוֹר וְהַנּוֹרָא, אֵל עֶלְיוֹן
גּוֹמֵל חֲסָדִים טוֹבִים, וְקוֹנֵה הַכֹּל
וְזוֹכֵר חַסְדֵי אָבוֹת
וּמֵבִיא גוֹאֵל לִבְנֵי בְנֵיהֶם לְמַעַן שְׁמוֹ בְּאַהֲבָה.
מֶלֶךְ עוֹזֵר וּמוֹשִׁיעַ וּמָגֵן.
'בָּרוּךְ אַתָּה יהוה, מָגֵן אַבְרָהָם.

גבורות

אַתָּה גִּבּוֹר לְעוֹלָם, אֲדֹנָי
מְחַיֵּה מֵתִים אַתָּה, רַב לְהוֹשִׁיעַ

In ארץ ישראל:
מוֹרִיד הַטָּל

מְכַלְכֵּל חַיִּים בְּחֶסֶד, מְחַיֵּה מֵתִים בְּרַחֲמִים רַבִּים
סוֹמֵךְ נוֹפְלִים, וְרוֹפֵא חוֹלִים, וּמַתִּיר אֲסוּרִים
וּמְקַיֵּם אֱמוּנָתוֹ לִישֵׁנֵי עָפָר.

Who is like You, Master of might,
and who can compare to You,
O King who brings death and gives life,
and makes salvation grow?
Faithful are You to revive the dead.
Blessed are You, LORD, who revives the dead.

When saying the Amida silently, continue with "You are holy" on the next page.

KEDUSHA

*During the Leader's Repetition, the following is said standing
with feet together, rising on the toes at the words indicated by ˙.*

Cong. then   נְקַדֵּשׁ We will sanctify Your name on earth, as they sanctify it in   *Is. 6*
Leader: the highest heavens, as is written by Your prophet, "And they [the
angels] call to one another saying:

Cong. then ˙Holy, ˙holy, ˙holy is the LORD of hosts the whole world is filled
Leader: with His glory."
Then with a sound of mighty noise, majestic and strong, they make
their voice heard, raising themselves toward the Seraphim, and
facing them say: "Blessed –"

Cong. then ˙"Blessed is the LORD's glory from His place."   *Ezek. 3*
Leader: Reveal Yourself from Your place, O our King, and reign over us, for
we are waiting for You. When will You reign in Zion? May it be soon
in our days, and may You dwell there for ever and all time. May
You be exalted and sanctified in the midst of Jerusalem, Your city,
from generation to generation for evermore. May our eyes see Your
kingdom, as is said in the songs of Your splendor, written by David
Your righteous anointed one:

Cong. then ˙"The LORD shall reign for ever. He is your God, Zion, from   *Ps. 146*
Leader: generation to generation, Halleluya!"

Leader: From generation to generation we will declare Your greatness,
and we will proclaim Your holiness for evermore.
Your praise, our God, shall not leave our mouth forever,
for You, God, are a great and holy King.
Blessed are You, LORD, the holy God.

The Leader continues with "Moses rejoiced" on the next page.

מִי כָמְוֹךָ, בַּעַל גְּבוּרוֹת
וּמִי דּוֹמֶה לָּךְ
מֶלֶךְ, מֵמִית וּמְחַיֶּה וּמַצְמִיחַ יְשׁוּעָה.
וְנֶאֱמָן אַתָּה לְהַחֲיוֹת מֵתִים.
בָּרוּךְ אַתָּה יהוה, מְחַיֵּה הַמֵּתִים.

When saying the עמידה *silently, continue with* אַתָּה קָדוֹשׁ *on the next page.*

קדושה

During the חזרת הש״ץ*, the following is said standing with feet together, rising on the toes at the words indicated by* ˄.

קהל *then* ש״ץ: נְקַדֵּשׁ אֶת שִׁמְךָ בָּעוֹלָם, כְּשֵׁם שֶׁמַּקְדִּישִׁים אוֹתוֹ בִּשְׁמֵי מָרוֹם
ישעיה ו כַּכָּתוּב עַל יַד נְבִיאֶךָ: וְקָרָא זֶה אֶל־זֶה וְאָמַר

קהל *then* ש״ץ: ˄קָדוֹשׁ, ˄קָדוֹשׁ, ˄קָדוֹשׁ, יהוה צְבָאוֹת, מְלֹא כָל־הָאָרֶץ כְּבוֹדוֹ:
אָז בְּקוֹל רַעַשׁ גָּדוֹל אַדִּיר וְחָזָק, מַשְׁמִיעִים קוֹל
מִתְנַשְּׂאִים לְעֻמַּת שְׂרָפִים, לְעֻמָּתָם בָּרוּךְ יֹאמֵרוּ

יחזקאל ג קהל *then* ש״ץ: ˄בָּרוּךְ כְּבוֹד־יהוה מִמְּקוֹמוֹ:
מִמְּקוֹמְךָ מַלְכֵּנוּ תוֹפִיעַ וְתִמְלֹךְ עָלֵינוּ, כִּי מְחַכִּים אֲנַחְנוּ לָךְ
מָתַי תִּמְלֹךְ בְּצִיּוֹן, בְּקָרוֹב בְּיָמֵינוּ לְעוֹלָם וָעֶד תִּשְׁכֹּן
תִּתְגַּדַּל וְתִתְקַדַּשׁ בְּתוֹךְ יְרוּשָׁלַיִם עִירְךָ לְדוֹר וָדוֹר וּלְנֵצַח נְצָחִים.
וְעֵינֵינוּ תִרְאֶינָה מַלְכוּתֶךָ
כַּדָּבָר הָאָמוּר בְּשִׁירֵי עֻזֶּךָ עַל יְדֵי דָוִד מְשִׁיחַ צִדְקֶךָ

תהלים קמו קהל *then* ש״ץ: ˄יִמְלֹךְ יהוה לְעוֹלָם, אֱלֹהַיִךְ צִיּוֹן לְדֹר וָדֹר, הַלְלוּיָהּ:

ש״ץ: לְדוֹר וָדוֹר נַגִּיד גָּדְלֶךָ, וּלְנֵצַח נְצָחִים קְדֻשָּׁתְךָ נַקְדִּישׁ
וְשִׁבְחֲךָ אֱלֹהֵינוּ מִפִּינוּ לֹא יָמוּשׁ לְעוֹלָם וָעֶד
כִּי אֵל מֶלֶךְ גָּדוֹל וְקָדוֹשׁ אָתָּה.
בָּרוּךְ אַתָּה יהוה, הָאֵל הַקָּדוֹשׁ.

The שליח ציבור *continues with* יִשְׂמַח מֹשֶׁה *on the next page.*

HOLINESS

אַתָּה קָדוֹשׁ You are holy and Your name is holy,
and holy ones praise You daily, Selah!
Blessed are You, LORD, the holy God.

HOLINESS OF THE DAY

יִשְׂמַח Moses rejoiced at the gift of his portion
when You called him "faithful servant."
A crown of glory
You placed on his head
when he stood before You on Mount Sinai.
He brought down in his hands two tablets of stone
on which was engraved the observance of the Sabbath.
So it is written in Your Torah:

וְשָׁמְרוּ The children of Israel must keep the Sabbath,   *Ex. 31*
observing the Sabbath in every generation
as an everlasting covenant.
It is a sign between Me and the children of Israel for ever,
for in six days God made the heavens and the earth,
but on the seventh day
He ceased work and refreshed Himself.

וְלֹא You, O LORD our God, did not give it
to the other nations of the world,
nor did You, our King,
give it as a heritage to those who worship idols.
In its rest the uncircumcised do not dwell,
for You gave it in love to Israel Your people,
to the descendants of Jacob whom You chose.
May the people who sanctify the seventh day
all find satisfaction and delight in Your goodness,
for You favored the seventh day and made it holy,
calling it the most cherished of days,
a remembrance of the act of creation.

קדושת השם

אַתָּה קָדוֹשׁ וְשִׁמְךָ קָדוֹשׁ
וּקְדוֹשִׁים בְּכָל יוֹם יְהַלְלוּךָ סֶּלָה.
בָּרוּךְ אַתָּה יהוה, הָאֵל הַקָּדוֹשׁ.

קדושת היום

יִשְׂמַח מֹשֶׁה בְּמַתְּנַת חֶלְקוֹ
כִּי עֶבֶד נֶאֱמָן קָרָאתָ לּוֹ
כְּלִיל תִּפְאֶרֶת בְּרֹאשׁוֹ נָתַתָּ לּוֹ
בְּעָמְדוֹ לְפָנֶיךָ עַל הַר סִינַי
וּשְׁנֵי לוּחוֹת אֲבָנִים הוֹרִיד בְּיָדוֹ
וְכָתוּב בָּהֶם שְׁמִירַת שַׁבָּת
וְכֵן כָּתוּב בְּתוֹרָתֶךָ

וְשָׁמְרוּ בְנֵי־יִשְׂרָאֵל אֶת־הַשַּׁבָּת שמות לא
לַעֲשׂוֹת אֶת־הַשַּׁבָּת לְדֹרֹתָם בְּרִית עוֹלָם:
בֵּינִי וּבֵין בְּנֵי יִשְׂרָאֵל אוֹת הִוא לְעֹלָם
כִּי־שֵׁשֶׁת יָמִים עָשָׂה יהוה אֶת־הַשָּׁמַיִם וְאֶת־הָאָרֶץ
וּבַיּוֹם הַשְּׁבִיעִי שָׁבַת וַיִּנָּפַשׁ:

וְלֹא נְתַתּוֹ, יהוה אֱלֹהֵינוּ, לְגוֹיֵי הָאֲרָצוֹת
וְלֹא הִנְחַלְתּוֹ, מַלְכֵּנוּ, לְעוֹבְדֵי פְסִילִים
וְגַם בִּמְנוּחָתוֹ לֹא יִשְׁכְּנוּ עֲרֵלִים
כִּי לְיִשְׂרָאֵל עַמְּךָ נְתַתּוֹ בְּאַהֲבָה
לְזֶרַע יַעֲקֹב אֲשֶׁר בָּם בָּחָרְתָּ.
עַם מְקַדְּשֵׁי שְׁבִיעִי, כֻּלָּם יִשְׂבְּעוּ וְיִתְעַנְּגוּ מִטּוּבֶךָ
וּבַשְּׁבִיעִי רָצִיתָ בּוֹ וְקִדַּשְׁתּוֹ
חֶמְדַּת יָמִים אוֹתוֹ קָרָאתָ, זֵכֶר לְמַעֲשֵׂה בְרֵאשִׁית.

אֱלֹהֵינוּ Our God and God of our ancestors,
find favor in our rest.
Make us holy through Your commandments
and grant us our share in Your Torah.
Satisfy us with Your goodness,
grant us joy in Your salvation,
and purify our hearts to serve You in truth.
In love and favor, LORD our God,
grant us as our heritage Your holy Sabbath,
so that Israel who sanctify Your name may find rest on it.
Blessed are You, LORD, who sanctifies the Sabbath.

TEMPLE SERVICE
רְצֵה Find favor, LORD our God,
in Your people Israel and their prayer.
Restore the service to Your most holy House,
and accept in love and favor
the fire-offerings of Israel and their prayer.
May the service of Your people Israel
always find favor with You.

אֱלֹהֵינוּ Our God and God of our ancestors,
may there rise, come, reach, appear,
be favored, heard, regarded and remembered before You,
our recollection and remembrance,
as well as the remembrance of our ancestors,
and of the Messiah son of David Your servant,
and of Jerusalem Your holy city,
and of all Your people the house of Israel –
for deliverance and well-being, grace, loving-kindness and
compassion, life and peace,
on this day of the Festival of Matzot.
On it remember us, LORD our God, for good;
recollect us for blessing, and deliver us for life.

אֱלֹהֵינוּ וֵאלֹהֵי אֲבוֹתֵינוּ, רְצֵה בִמְנוּחָתֵנוּ
קַדְּשֵׁנוּ בְּמִצְוֹתֶיךָ וְתֵן חֶלְקֵנוּ בְּתוֹרָתֶךָ
שַׂבְּעֵנוּ מִטּוּבֶךָ וְשַׂמְּחֵנוּ בִּישׁוּעָתֶךָ
וְטַהֵר לִבֵּנוּ לְעָבְדְּךָ בֶּאֱמֶת
וְהַנְחִילֵנוּ, יהוה אֱלֹהֵינוּ, בְּאַהֲבָה וּבְרָצוֹן שַׁבַּת קָדְשֶׁךָ
וְיָנוּחוּ בוֹ יִשְׂרָאֵל מְקַדְּשֵׁי שְׁמֶךָ.
בָּרוּךְ אַתָּה יהוה, מְקַדֵּשׁ הַשַּׁבָּת.

עבודה

רְצֵה יהוה אֱלֹהֵינוּ בְּעַמְּךָ יִשְׂרָאֵל וּבִתְפִלָּתָם
וְהָשֵׁב אֶת הָעֲבוֹדָה לִדְבִיר בֵּיתֶךָ
וְאִשֵּׁי יִשְׂרָאֵל וּתְפִלָּתָם בְּאַהֲבָה תְקַבֵּל בְּרָצוֹן
וּתְהִי לְרָצוֹן תָּמִיד עֲבוֹדַת יִשְׂרָאֵל עַמֶּךָ.

אֱלֹהֵינוּ וֵאלֹהֵי אֲבוֹתֵינוּ
יַעֲלֶה וְיָבוֹא וְיַגִּיעַ וְיֵרָאֶה וְיֵרָצֶה וְיִשָּׁמַע
וְיִפָּקֵד וְיִזָּכֵר זִכְרוֹנֵנוּ וּפִקְדּוֹנֵנוּ
וְזִכְרוֹן אֲבוֹתֵינוּ
וְזִכְרוֹן מָשִׁיחַ בֶּן דָּוִד עַבְדֶּךָ
וְזִכְרוֹן יְרוּשָׁלַיִם עִיר קָדְשֶׁךָ
וְזִכְרוֹן כָּל עַמְּךָ בֵּית יִשְׂרָאֵל, לְפָנֶיךָ
לִפְלֵיטָה לְטוֹבָה, לְחֵן וּלְחֶסֶד וּלְרַחֲמִים, לְחַיִּים וּלְשָׁלוֹם
בְּיוֹם חַג הַמַּצּוֹת הַזֶּה.
זָכְרֵנוּ יהוה אֱלֹהֵינוּ בּוֹ לְטוֹבָה
וּפָקְדֵנוּ בוֹ לִבְרָכָה
וְהוֹשִׁיעֵנוּ בוֹ לְחַיִּים.

In accord with Your promise of salvation and compassion,
spare us and be gracious to us; have compassion on us and deliver us,
for our eyes are turned to You
because You, God, are a gracious and compassionate King.

And may our eyes witness Your return to Zion in compassion.
Blessed are You, LORD, who restores His Presence to Zion

THANKSGIVING

Bow at the first nine words.

מוֹדִים We give thanks to You,
for You are the LORD our God
and God of our ancestors
for ever and all time.
You are the Rock of our lives,
Shield of our salvation
from generation to generation.
We will thank You and
declare Your praise for our lives,
which are entrusted into Your hand;
for our souls,
which are placed in Your charge;
for Your miracles
which are with us every day;
and for Your wonders and favors
at all times, evening, morning and midday.
You are good –
for Your compassion never fails.
You are compassionate –
for Your loving-kindnesses never cease.
We have always placed our hope in You.

During the Leader's Repetition, the congregation says quietly:

מוֹדִים We give thanks to You,
for You are the LORD our God
and God of our ancestors,
God of all flesh,
who formed us
and formed the universe.
Blessings and thanks
are due to Your great
and holy name for giving us
life and sustaining us.
May You continue
to give us life and sustain us;
and may You gather our
exiles to Your holy courts,
to keep Your decrees,
do Your will and serve You
with a perfect heart,
for it is for us
to give You thanks.
Blessed be God to whom
thanksgiving is due.

וְעַל כֻּלָּם For all these things may Your name be blessed and exalted,
our King, continually, for ever and all time.
Let all that lives thank You, Selah! and praise Your name in truth,
God, our Savior and Help, Selah!
Blessed are You, LORD, whose name is "the Good"
and to whom thanks are due.

וּבִדְבַר יְשׁוּעָה וְרַחֲמִים
חוּס וְחָנֵּנוּ, וְרַחֵם עָלֵינוּ וְהוֹשִׁיעֵנוּ
כִּי אֵלֶיךָ עֵינֵינוּ, כִּי אֵל מֶלֶךְ חַנּוּן וְרַחוּם אָתָּה.

וְתֶחֱזֶינָה עֵינֵינוּ בְּשׁוּבְךָ לְצִיּוֹן בְּרַחֲמִים.
בָּרוּךְ אַתָּה יהוה, הַמַּחֲזִיר שְׁכִינָתוֹ לְצִיּוֹן.

הודאה

Bow at the first five words.

מוֹדִים אֲנַחְנוּ לָךְ
שָׁאַתָּה הוּא יהוה אֱלֹהֵינוּ
וֵאלֹהֵי אֲבוֹתֵינוּ לְעוֹלָם וָעֶד.
צוּר חַיֵּינוּ, מָגֵן יִשְׁעֵנוּ
אַתָּה הוּא לְדוֹר וָדוֹר.
נוֹדֶה לְּךָ וּנְסַפֵּר תְּהִלָּתֶךָ
עַל חַיֵּינוּ הַמְּסוּרִים בְּיָדֶךָ
וְעַל נִשְׁמוֹתֵינוּ הַפְּקוּדוֹת לָךְ
וְעַל נִסֶּיךָ שֶׁבְּכָל יוֹם עִמָּנוּ
וְעַל נִפְלְאוֹתֶיךָ וְטוֹבוֹתֶיךָ
שֶׁבְּכָל עֵת, עֶרֶב וָבֹקֶר וְצָהֳרָיִם.
הַטּוֹב, כִּי לֹא כָלוּ רַחֲמֶיךָ
וְהַמְרַחֵם, כִּי לֹא תַמּוּ חֲסָדֶיךָ
מֵעוֹלָם קִוִּינוּ לָךְ.

During the חזרת הש״ץ, *the* קהל *says quietly:*

מוֹדִים אֲנַחְנוּ לָךְ
שָׁאַתָּה הוּא יהוה אֱלֹהֵינוּ
וֵאלֹהֵי אֲבוֹתֵינוּ
אֱלֹהֵי כָל בָּשָׂר
יוֹצְרֵנוּ, יוֹצֵר בְּרֵאשִׁית.
בְּרָכוֹת וְהוֹדָאוֹת
לְשִׁמְךָ הַגָּדוֹל וְהַקָּדוֹשׁ
עַל שֶׁהֶחֱיִיתָנוּ וְקִיַּמְתָּנוּ.
כֵּן תְּחַיֵּנוּ וּתְקַיְּמֵנוּ
וְתֶאֱסֹף גָּלֻיּוֹתֵינוּ
לְחַצְרוֹת קָדְשֶׁךָ
לִשְׁמֹר חֻקֶּיךָ וְלַעֲשׂוֹת רְצוֹנֶךָ
וּלְעָבְדְּךָ בְּלֵבָב שָׁלֵם
עַל שֶׁאֲנַחְנוּ מוֹדִים לָךְ.
בָּרוּךְ אֵל הַהוֹדָאוֹת.

וְעַל כֻּלָּם יִתְבָּרַךְ וְיִתְרוֹמַם שִׁמְךָ מַלְכֵּנוּ תָּמִיד לְעוֹלָם וָעֶד.
וְכֹל הַחַיִּים יוֹדְוּךָ סֶּלָה, וִיהַלְלוּ אֶת שִׁמְךָ בֶּאֱמֶת
הָאֵל יְשׁוּעָתֵנוּ וְעֶזְרָתֵנוּ סֶלָה.
בָּרוּךְ אַתָּה יהוה, הַטּוֹב שִׁמְךָ וּלְךָ נָאֶה לְהוֹדוֹת.

The following is said by the Leader during the Repetition of the Amida.
In Israel, if Kohanim bless the congregation, turn to page 1150.

Our God and God of our fathers, bless us with the threefold blessing in the
Torah, written by the hand of Moses Your servant and pronounced by Aaron
and his sons the priests, Your holy people, as it is said:

> May the LORD bless you and protect you.   *Num. 6*
> > *Cong:* May it be Your will.
> May the LORD make His face shine on you and be gracious to you.
> > *Cong:* May it be Your will.
> May the LORD turn His face toward you, and grant you peace.
> > *Cong:* May it be Your will.

PEACE

שִׂים שָׁלוֹם Grant peace, goodness and blessing,
grace, loving-kindness and compassion
to us and all Israel Your people.
Bless us, our Father, all as one, with the light of Your face,
for by the light of Your face You have given us, LORD our God,
the Torah of life and love of kindness,
righteousness, blessing, compassion, life and peace.
May it be good in Your eyes to bless Your people Israel
at every time, in every hour, with Your peace.
Blessed are You, LORD,
who blesses His people Israel with peace.

The following verse concludes the Leader's Repetition of the Amida.
Some also say it here as part of the silent Amida.

May the words of my mouth and the meditation of my heart   *Ps. 19*
find favor before You, LORD, my Rock and Redeemer.

אֱלֹהַי My God,   *Berakhot*
                                                                  17a
guard my tongue from evil and my lips from deceitful speech.
To those who curse me, let my soul be silent;
may my soul be to all like the dust.
Open my heart to Your Torah and let my soul
pursue Your commandments.
As for all who plan evil against me,
swiftly thwart their counsel and frustrate their plans.

The following is said by the שליח ציבור *during* חורת הש״ץ. *In* ארץ ישראל *if* כהנים *say* ברכת כהנים *turn to page 1151.*

אֱלֹהֵינוּ וֵאלֹהֵי אֲבוֹתֵינוּ, בָּרְכֵנוּ בַּבְּרָכָה הַמְשֻׁלֶּשֶׁת בַּתּוֹרָה, הַכְּתוּבָה עַל יְדֵי מֹשֶׁה עַבְדֶּךָ, הָאֲמוּרָה מִפִּי אַהֲרֹן וּבָנָיו כֹּהֲנִים עַם קְדוֹשֶׁיךָ, כָּאָמוּר

יְבָרֶכְךָ יהוה וְיִשְׁמְרֶךָ: קהל: כֵּן יְהִי רָצוֹן במדבר ו

יָאֵר יהוה פָּנָיו אֵלֶיךָ וִיחֻנֶּךָּ: קהל: כֵּן יְהִי רָצוֹן

יִשָּׂא יהוה פָּנָיו אֵלֶיךָ וְיָשֵׂם לְךָ שָׁלוֹם: קהל: כֵּן יְהִי רָצוֹן

שלום

שִׂים שָׁלוֹם טוֹבָה וּבְרָכָה

חֵן וָחֶסֶד וְרַחֲמִים

עָלֵינוּ וְעַל כָּל יִשְׂרָאֵל עַמֶּךָ.

בָּרְכֵנוּ אָבִינוּ כֻּלָּנוּ כְּאֶחָד בְּאוֹר פָּנֶיךָ

כִּי בְאוֹר פָּנֶיךָ נָתַתָּ לָּנוּ יהוה אֱלֹהֵינוּ

תּוֹרַת חַיִּים וְאַהֲבַת חֶסֶד

וּצְדָקָה וּבְרָכָה וְרַחֲמִים וְחַיִּים וְשָׁלוֹם.

וְטוֹב בְּעֵינֶיךָ לְבָרֵךְ אֶת עַמְּךָ יִשְׂרָאֵל

בְּכָל עֵת וּבְכָל שָׁעָה בִּשְׁלוֹמֶךָ.

בָּרוּךְ אַתָּה יהוה, הַמְבָרֵךְ אֶת עַמּוֹ יִשְׂרָאֵל בַּשָּׁלוֹם.

The following verse concludes the חורת הש״ץ.
Some also say it here as part of the silent עמידה.

יִהְיוּ לְרָצוֹן אִמְרֵי־פִי וְהֶגְיוֹן לִבִּי לְפָנֶיךָ, יהוה צוּרִי וְגֹאֲלִי: תהלים יט

אֱלֹהַי ברכות יז.

נְצֹר לְשׁוֹנִי מֵרָע וּשְׂפָתַי מִדַּבֵּר מִרְמָה

וְלִמְקַלְלַי נַפְשִׁי תִדֹּם, וְנַפְשִׁי כֶּעָפָר לַכֹּל תִּהְיֶה.

פְּתַח לִבִּי בְּתוֹרָתֶךָ, וּבְמִצְוֹתֶיךָ תִּרְדֹּף נַפְשִׁי.

וְכָל הַחוֹשְׁבִים עָלַי רָעָה

מְהֵרָה הָפֵר עֲצָתָם וְקַלְקֵל מַחֲשַׁבְתָּם.

Act for the sake of Your name;
act for the sake of Your right hand;
act for the sake of Your holiness;
act for the sake of Your Torah.

That Your beloved ones may be delivered, *Ps. 60*
save with Your right hand and answer me.
May the words of my mouth and the meditation of my heart *Ps. 19*
find favor before You, LORD, my Rock and Redeemer.

Bow, take three steps back, then bow, first left, then right, then center, while saying:

May He who makes peace in His high places,
make peace for us and all Israel –
and say: Amen.

יְהִי רָצוֹן May it be Your will, LORD our God and God of our ancestors,
that the Temple be rebuilt speedily in our days,
and grant us a share in Your Torah.
And there we will serve You with reverence,
as in the days of old and as in former years.
Then the offering of Judah and Jerusalem will be pleasing to the LORD *Mal. 3*
as in the days of old and as in former years.

When praying with a minyan, the Amida is repeated aloud by the Leader.

עֲשֵׂה לְמַעַן שְׁמֶךָ
עֲשֵׂה לְמַעַן יְמִינֶךָ
עֲשֵׂה לְמַעַן קְדֻשָּׁתֶךָ
עֲשֵׂה לְמַעַן תּוֹרָתֶךָ.

לְמַעַן יֵחָלְצוּן יְדִידֶיךָ, הוֹשִׁיעָה יְמִינְךָ וַעֲנֵנִי: תהלים ס
יִהְיוּ לְרָצוֹן אִמְרֵי־פִי וְהֶגְיוֹן לִבִּי לְפָנֶיךָ, יהוה צוּרִי וְגוֹאֲלִי: תהלים יט

Bow, take three steps back, then bow, first left, then right, then center, while saying:

עֹשֶׂה שָׁלוֹם בִּמְרוֹמָיו
הוּא יַעֲשֶׂה שָׁלוֹם עָלֵינוּ וְעַל כָּל יִשְׂרָאֵל
וְאִמְרוּ אָמֵן.

יְהִי רָצוֹן מִלְּפָנֶיךָ יהוה אֱלֹהֵינוּ וֵאלֹהֵי אֲבוֹתֵינוּ
שֶׁיִּבָּנֶה בֵּית הַמִּקְדָּשׁ בִּמְהֵרָה בְיָמֵינוּ
וְתֵן חֶלְקֵנוּ בְּתוֹרָתֶךָ
וְשָׁם נַעֲבָדְךָ בְּיִרְאָה כִּימֵי עוֹלָם וּכְשָׁנִים קַדְמֹנִיּוֹת.
וְעָרְבָה לַיהוה מִנְחַת יְהוּדָה וִירוּשָׁלָםִ כִּימֵי עוֹלָם וּכְשָׁנִים קַדְמֹנִיּוֹת: מלאכי ג

When praying with a מנין*, the* עמידה *is repeated aloud by the* שליח ציבור.

HALF HALLEL

בָּרוּךְ Blessed are You, LORD our God, King of the Universe,
who has made us holy through His commandments
and has commanded us to recite the Hallel.

הַלְלוּיָהּ Halleluya! Servants of the LORD, give praise; praise the name   *Ps. 113*
of the LORD. Blessed be the name of the LORD now and for evermore.
From the rising of the sun to its setting, may the LORD's name be
praised. High is the LORD above all nations; His glory is above the
heavens. Who is like the LORD our God, who sits enthroned so high,
yet turns so low to see the heavens and the earth? ‣ He raises the poor
from the dust and the needy from the refuse heap, giving them a place
alongside princes, the princes of His people. He makes the woman in
a childless house a happy mother of children. Halleluya!

בְּצֵאת When Israel came out of Egypt, the house of Jacob from a   *Ps. 114*
people of foreign tongue, Judah became His sanctuary, Israel His
dominion. The sea saw and fled; the Jordan turned back. The moun-
tains skipped like rams, the hills like lambs. ‣ Why was it, sea, that you
fled? Jordan, why did you turn back? Why, mountains, did you skip
like rams, and you, hills, like lambs? It was at the presence of the LORD,
Creator of the earth, at the presence of the God of Jacob, who turned
the rock into a pool of water, flint into a flowing spring.

יהוה זְכָרָנוּ The LORD remembers us and will bless us. He will bless   *Ps. 115*
the house of Israel. He will bless the house of Aaron. He will bless
those who fear the LORD, small and great alike. May the LORD give
you increase: you and your children. May you be blessed by the LORD,
Maker of heaven and earth. ‣ The heavens are the LORD's, but the earth
He has given over to mankind. It is not the dead who praise the LORD,
nor those who go down to the silent grave. But we will bless the LORD,
now and for ever. Halleluya!

מָה־אָשִׁיב How can I repay the LORD for all His goodness to me? I will   *Ps. 116*
lift the cup of salvation and call on the name of the LORD. I will fulfill
my vows to the LORD in the presence of all His people. Grievous in

הלל (בדילוג)

בָּרוּךְ אַתָּה יהוה אֱלֹהֵינוּ מֶלֶךְ הָעוֹלָם
אֲשֶׁר קִדְּשָׁנוּ בְּמִצְוֹתָיו וְצִוָּנוּ לִקְרֹא אֶת הַהַלֵּל.

הַלְלוּיָהּ, הַלְלוּ עַבְדֵי יהוה, הַלְלוּ אֶת־שֵׁם יהוה: יְהִי שֵׁם יהוה תהלים קיג
מְבֹרָךְ, מֵעַתָּה וְעַד־עוֹלָם: מִמִּזְרַח־שֶׁמֶשׁ עַד־מְבוֹאוֹ, מְהֻלָּל שֵׁם
יהוה: רָם עַל־כָּל־גּוֹיִם יהוה, עַל הַשָּׁמַיִם כְּבוֹדוֹ: מִי כַּיהוה אֱלֹהֵינוּ,
הַמַּגְבִּיהִי לָשָׁבֶת: הַמַּשְׁפִּילִי לִרְאוֹת, בַּשָּׁמַיִם וּבָאָרֶץ: ‹ מְקִימִי
מֵעָפָר דָּל, מֵאַשְׁפֹּת יָרִים אֶבְיוֹן: לְהוֹשִׁיבִי עִם־נְדִיבִים, עִם נְדִיבֵי
עַמּוֹ: מוֹשִׁיבִי עֲקֶרֶת הַבַּיִת, אֵם־הַבָּנִים שְׂמֵחָה, הַלְלוּיָהּ:

בְּצֵאת יִשְׂרָאֵל מִמִּצְרָיִם, בֵּית יַעֲקֹב מֵעַם לֹעֵז: הָיְתָה יְהוּדָה תהלים קיד
לְקָדְשׁוֹ, יִשְׂרָאֵל מַמְשְׁלוֹתָיו: הַיָּם רָאָה וַיָּנֹס, הַיַּרְדֵּן יִסֹּב לְאָחוֹר:
הֶהָרִים רָקְדוּ כְאֵילִים, גְּבָעוֹת כִּבְנֵי־צֹאן: ‹ מַה־לְּךָ הַיָּם כִּי תָנוּס,
הַיַּרְדֵּן תִּסֹּב לְאָחוֹר: הֶהָרִים תִּרְקְדוּ כְאֵילִים, גְּבָעוֹת כִּבְנֵי־צֹאן:
מִלִּפְנֵי אָדוֹן חוּלִי אָרֶץ, מִלִּפְנֵי אֱלוֹהַּ יַעֲקֹב: הַהֹפְכִי הַצּוּר אֲגַם־
מָיִם, חַלָּמִישׁ לְמַעְיְנוֹ־מָיִם:

יהוה זְכָרָנוּ יְבָרֵךְ, יְבָרֵךְ אֶת־בֵּית יִשְׂרָאֵל, יְבָרֵךְ אֶת־בֵּית אַהֲרֹן: תהלים קטו
יְבָרֵךְ יִרְאֵי יהוה, הַקְּטַנִּים עִם־הַגְּדֹלִים: יֹסֵף יהוה עֲלֵיכֶם, עֲלֵיכֶם
וְעַל־בְּנֵיכֶם: בְּרוּכִים אַתֶּם לַיהוה, עֹשֵׂה שָׁמַיִם וָאָרֶץ: ‹ הַשָּׁמַיִם
שָׁמַיִם לַיהוה, וְהָאָרֶץ נָתַן לִבְנֵי־אָדָם: לֹא הַמֵּתִים יְהַלְלוּ־יָהּ, וְלֹא
כָּל־יֹרְדֵי דוּמָה: וַאֲנַחְנוּ נְבָרֵךְ יָהּ, מֵעַתָּה וְעַד־עוֹלָם, הַלְלוּיָהּ:

מָה־אָשִׁיב לַיהוה, כָּל־תַּגְמוּלוֹהִי עָלָי: כּוֹס־יְשׁוּעוֹת אֶשָּׂא, וּבְשֵׁם תהלים קטז
יהוה אֶקְרָא: נְדָרַי לַיהוה אֲשַׁלֵּם, נֶגְדָה־נָּא לְכָל־עַמּוֹ: יָקָר בְּעֵינֵי

the Lord's sight is the death of His devoted ones. Truly, Lord, I am Your servant; I am Your servant, the son of Your maidservant. You set me free from my chains. ‣ To You I shall bring a thanksgiving-offering and call on the Lord by name. I will fulfill my vows to the Lord in the presence of all His people, in the courts of the House of the Lord, in your midst, Jerusalem. Halleluya.

הַלְלוּ Praise the Lord, all nations; acclaim Him, all you peoples; *Ps. 117*
for His loving-kindness to us is strong,
and the Lord's faithfulness is everlasting.
Halleluya.

The following verses are chanted by the Leader. At the end of each verse, the congregation responds, "Thank the Lord for He is good; His loving-kindness is for ever."

הוֹדוּ Thank the Lord for He is good;	His loving-kindness is for ever. *Ps. 118*
Let Israel say	His loving-kindness is for ever.
Let the house of Aaron say	His loving-kindness is for ever.
Let those who fear the Lord say	His loving-kindness is for ever.

מִן־הַמֵּצַר In my distress I called on the Lord. The Lord answered me and set me free. The Lord is with me; I will not be afraid. What can man do to me? The Lord is with me. He is my Helper. I will see the downfall of my enemies. It is better to take refuge in the Lord than to trust in man. It is better to take refuge in the Lord than to trust in princes. The nations all surrounded me, but in the Lord's name I drove them off. They surrounded me on every side, but in the Lord's name I drove them off. They surrounded me like bees, they attacked me as fire attacks brushwood, but in the Lord's name I drove them off. They thrust so hard against me, I nearly fell, but the Lord came to my help. The Lord is my strength and my song; He has become my salvation. Sounds of song and salvation resound in the tents of the righteous: "The Lord's right hand has done mighty deeds. The Lord's right hand is lifted high. The Lord's right hand has done mighty deeds." I will not die but live, and tell what the Lord has done. The Lord has chastened me severely, but He has not given me over to death. ‣ Open for me the gates of righteousness that I may enter them and thank the Lord. This is the gateway to the Lord; through it, the righteous shall enter.

יהוה, הַמָּוְתָה לַחֲסִידָיו: אָנָּה יהוה כִּי־אֲנִי עַבְדֶּךָ, אֲנִי־עַבְדְּךָ
בֶּן־אֲמָתֶךָ, פִּתַּחְתָּ לְמוֹסֵרָי: ‹ לְךָ־אֶזְבַּח זֶבַח תּוֹדָה, וּבְשֵׁם יהוה
אֶקְרָא: נְדָרַי לַיהוה אֲשַׁלֵּם, נֶגְדָה־נָּא לְכָל־עַמּוֹ: בְּחַצְרוֹת בֵּית
יהוה, בְּתוֹכֵכִי יְרוּשָׁלָםִ, הַלְלוּיָהּ:

הַלְלוּ אֶת־יהוה כָּל־גּוֹיִם, שַׁבְּחוּהוּ כָּל־הָאֻמִּים: תהלים קיז
כִּי גָבַר עָלֵינוּ חַסְדּוֹ, וֶאֱמֶת־יהוה לְעוֹלָם
הַלְלוּיָהּ:

The following verses are chanted by the שליח ציבור*.*
At the end of each verse, the קהל *responds:* הוֹדוּ לַיהוה כִּי־טוֹב, כִּי לְעוֹלָם חַסְדּוֹ.

הוֹדוּ לַיהוה כִּי־טוֹב כִּי לְעוֹלָם חַסְדּוֹ: תהלים קיח
יֹאמַר־נָא יִשְׂרָאֵל כִּי לְעוֹלָם חַסְדּוֹ:
יֹאמְרוּ־נָא בֵית־אַהֲרֹן כִּי לְעוֹלָם חַסְדּוֹ:
יֹאמְרוּ־נָא יִרְאֵי יהוה כִּי לְעוֹלָם חַסְדּוֹ:

מִן־הַמֵּצַר קָרָאתִי יָּהּ, עָנָנִי בַמֶּרְחָב יָהּ: יהוה לִי לֹא אִירָא, מַה־
יַּעֲשֶׂה לִי אָדָם: יהוה לִי בְּעֹזְרָי, וַאֲנִי אֶרְאֶה בְשֹׂנְאָי: טוֹב לַחֲסוֹת
בַּיהוה, מִבְּטֹחַ בָּאָדָם: טוֹב לַחֲסוֹת בַּיהוה, מִבְּטֹחַ בִּנְדִיבִים:
כָּל־גּוֹיִם סְבָבוּנִי, בְּשֵׁם יהוה כִּי אֲמִילַם: סַבּוּנִי גַם־סְבָבוּנִי, בְּשֵׁם
יהוה כִּי אֲמִילַם: סַבּוּנִי כִדְבֹרִים, דֹּעֲכוּ כְּאֵשׁ קוֹצִים, בְּשֵׁם יהוה
כִּי אֲמִילַם: דָּחֹה דְחִיתַנִי לִנְפֹּל, וַיהוה עֲזָרָנִי: עָזִּי וְזִמְרָת יָהּ,
וַיְהִי־לִי לִישׁוּעָה: קוֹל רִנָּה וִישׁוּעָה בְּאָהֳלֵי צַדִּיקִים, יְמִין יהוה
עֹשָׂה חָיִל: יְמִין יהוה רוֹמֵמָה, יְמִין יהוה עֹשָׂה חָיִל: לֹא־אָמוּת
כִּי־אֶחְיֶה, וַאֲסַפֵּר מַעֲשֵׂי יָהּ: יַסֹּר יִסְּרַנִּי יָּהּ, וְלַמָּוֶת לֹא נְתָנָנִי:
‹ פִּתְחוּ־לִי שַׁעֲרֵי־צֶדֶק, אָבֹא־בָם אוֹדֶה יָהּ: זֶה־הַשַּׁעַר לַיהוה,
צַדִּיקִים יָבֹאוּ בוֹ:

אוֹדְךָ I will thank You, for You answered me, and became my salvation.
I will thank You, for You answered me, and became my salvation.

The stone the builders rejected has become the main cornerstone.
The stone the builders rejected has become the main cornerstone.

This is the LORD's doing. It is wondrous in our eyes.
This is the LORD's doing. It is wondrous in our eyes.

This is the day the LORD has made. Let us rejoice and be glad in it.
This is the day the LORD has made. Let us rejoice and be glad in it.

Leader followed by congregation:

אָנָּא LORD, please, save us.
LORD, please, save us.
LORD, please, grant us success.
LORD, please, grant us success.

בָּרוּךְ Blessed is one who comes in the name of the LORD;
we bless you from the House of the LORD.
Blessed is one who comes in the name of the LORD;
we bless you from the House of the LORD.

The LORD is God; He has given us light. Bind the festival offering
with thick cords [and bring it] to the horns of the altar.
The LORD is God; He has given us light. Bind the festival offering
with thick cords [and bring it] to the horns of the altar.

You are my God and I will thank You; You are my God, I will exalt You.
You are my God and I will thank You; You are my God, I will exalt You.

Thank the LORD for He is good; His loving-kindness is for ever.
Thank the LORD for He is good; His loving-kindness is for ever.

יְהַלְלוּךָ All Your works will praise You, LORD our God, and Your
devoted ones – the righteous who do Your will, together with all Your
people the house of Israel – will joyously thank, bless, praise, glorify,

אוֹדְךָ כִּי עֲנִיתָנִי, וַתְּהִי־לִי לִישׁוּעָה:

אוֹדְךָ כִּי עֲנִיתָנִי, וַתְּהִי־לִי לִישׁוּעָה:

אֶבֶן מָאֲסוּ הַבּוֹנִים, הָיְתָה לְרֹאשׁ פִּנָּה:

אֶבֶן מָאֲסוּ הַבּוֹנִים, הָיְתָה לְרֹאשׁ פִּנָּה:

מֵאֵת יהוה הָיְתָה זֹּאת, הִיא נִפְלָאת בְּעֵינֵינוּ:

מֵאֵת יהוה הָיְתָה זֹּאת, הִיא נִפְלָאת בְּעֵינֵינוּ:

זֶה־הַיּוֹם עָשָׂה יהוה, נָגִילָה וְנִשְׂמְחָה בוֹ:

זֶה־הַיּוֹם עָשָׂה יהוה, נָגִילָה וְנִשְׂמְחָה בוֹ:

שליח ציבור *followed by* קהל:

אָנָּא יהוה הוֹשִׁיעָה נָּא:

אָנָּא יהוה הוֹשִׁיעָה נָּא:

אָנָּא יהוה הַצְלִיחָה נָא:

אָנָּא יהוה הַצְלִיחָה נָא:

בָּרוּךְ הַבָּא בְּשֵׁם יהוה, בֵּרַכְנוּכֶם מִבֵּית יהוה:

בָּרוּךְ הַבָּא בְּשֵׁם יהוה, בֵּרַכְנוּכֶם מִבֵּית יהוה:

אֵל יהוה וַיָּאֶר לָנוּ, אִסְרוּ־חַג בַּעֲבֹתִים עַד־קַרְנוֹת הַמִּזְבֵּחַ:

אֵל יהוה וַיָּאֶר לָנוּ, אִסְרוּ־חַג בַּעֲבֹתִים עַד־קַרְנוֹת הַמִּזְבֵּחַ:

אֵלִי אַתָּה וְאוֹדֶךָּ, אֱלֹהַי אֲרוֹמְמֶךָּ:

אֵלִי אַתָּה וְאוֹדֶךָּ, אֱלֹהַי אֲרוֹמְמֶךָּ:

הוֹדוּ לַיהוה כִּי־טוֹב, כִּי לְעוֹלָם חַסְדּוֹ:

הוֹדוּ לַיהוה כִּי־טוֹב, כִּי לְעוֹלָם חַסְדּוֹ:

יְהַלְלוּךָ יהוה אֱלֹהֵינוּ כָּל מַעֲשֶׂיךָ, וַחֲסִידֶיךָ צַדִּיקִים עוֹשֵׂי רְצוֹנֶךָ, וְכָל עַמְּךָ בֵּית יִשְׂרָאֵל בְּרִנָּה יוֹדוּ וִיבָרְכוּ וִישַׁבְּחוּ וִיפָאֲרוּ וִירוֹמְמוּ

exalt, revere, sanctify, and proclaim the sovereignty of Your name, our King. ▸ For it is good to thank You and fitting to sing psalms to Your name, for from eternity to eternity You are God. Blessed are You, LORD, King who is extolled with praises.

FULL KADDISH

Leader: יִתְגַּדַּל Magnified and sanctified may His great name be,
in the world He created by His will.
May He establish His kingdom
in your lifetime and in your days,
and in the lifetime of all the house of Israel,
swiftly and soon –
and say: Amen.

All: May His great name be blessed for ever and all time.

Leader: Blessed and praised, glorified and exalted,
raised and honored, uplifted and lauded be
the name of the Holy One,
blessed be He, beyond any blessing,
song, praise and consolation uttered in the world –
and say: Amen.

May the prayers and pleas of all Israel
be accepted by their Father in heaven –
and say: Amen.

May there be great peace from heaven,
and life for us and all Israel –
and say: Amen.

Bow, take three steps back, as if taking leave of the Divine Presence,
then bow, first left, then right, then center, while saying:

May He who makes peace in His high places,
make peace for us and all Israel –
and say: Amen.

וְיַעֲרִיצוּ וְיַקְדִּישׁוּ וְיַמְלִיכוּ אֶת שִׁמְךָ מַלְכֵּנוּ, ◂ כִּי לְךָ טוֹב לְהוֹדוֹת וּלְשִׁמְךָ נָאֶה לְזַמֵּר, כִּי מֵעוֹלָם וְעַד עוֹלָם אַתָּה אֵל. בָּרוּךְ אַתָּה יהוה, מֶלֶךְ מְהֻלָּל בַּתִּשְׁבָּחוֹת.

קדיש שלם

ש״ץ: יִתְגַּדַּל וְיִתְקַדַּשׁ שְׁמֵהּ רַבָּא (קהל: אָמֵן)
בְּעָלְמָא דִּי בְרָא כִרְעוּתֵהּ
וְיַמְלִיךְ מַלְכוּתֵהּ
בְּחַיֵּיכוֹן וּבְיוֹמֵיכוֹן וּבְחַיֵּי דְכָל בֵּית יִשְׂרָאֵל
בַּעֲגָלָא וּבִזְמַן קָרִיב, וְאִמְרוּ אָמֵן. (קהל: אָמֵן)

קהל וש״ץ: יְהֵא שְׁמֵהּ רַבָּא מְבָרַךְ לְעָלַם וּלְעָלְמֵי עָלְמַיָּא.

ש״ץ: יִתְבָּרַךְ וְיִשְׁתַּבַּח וְיִתְפָּאַר
וְיִתְרוֹמַם וְיִתְנַשֵּׂא וְיִתְהַדַּר וְיִתְעַלֶּה וְיִתְהַלָּל
שְׁמֵהּ דְּקֻדְשָׁא בְּרִיךְ הוּא (קהל: בְּרִיךְ הוּא)
לְעֵלָּא מִן כָּל בִּרְכָתָא וְשִׁירָתָא
תֻּשְׁבְּחָתָא וְנֶחֱמָתָא
דַּאֲמִירָן בְּעָלְמָא, וְאִמְרוּ אָמֵן. (קהל: אָמֵן)

תִּתְקַבַּל צְלוֹתְהוֹן וּבָעוּתְהוֹן דְּכָל יִשְׂרָאֵל
קֳדָם אֲבוּהוֹן דִּי בִשְׁמַיָּא, וְאִמְרוּ אָמֵן. (קהל: אָמֵן)

יְהֵא שְׁלָמָא רַבָּא מִן שְׁמַיָּא
וְחַיִּים, עָלֵינוּ וְעַל כָּל יִשְׂרָאֵל, וְאִמְרוּ אָמֵן. (קהל: אָמֵן)

Bow, take three steps back, as if taking leave of the Divine Presence, then bow, first left, then right, then center, while saying:

עֹשֶׂה שָׁלוֹם בִּמְרוֹמָיו
הוּא יַעֲשֶׂה שָׁלוֹם עָלֵינוּ וְעַל כָּל יִשְׂרָאֵל, וְאִמְרוּ אָמֵן. (קהל: אָמֵן)

Song of Songs

1 Solomon's Song of Songs.

[*She*] Would that he kiss me with that mouth. Better than any wine is your love; the fragrance of your oils, finer. Your very name flows forth like scented oil; what wonder then that young girls love you? Come, draw me after you, let us run – the king has brought me into his chambers.

---

and the Lover, God Himself. Some lines are sung by friends of the beloved, the "daughters of Jerusalem," and two verses near the end by her brothers.

שִׁיר הַשִּׁירִים *Song of Songs.* Refers either to a collection of songs or the supreme song.

לִשְׁלֹמֹה *Solomon's.* This could mean the song was either written by or dedicated to Solomon. The rabbis, mindful of the Song's traditional meaning as a song of the love between God and Israel, understood the name *Shlomo*, Solomon, as a reference to *HaMelekh shehashalom shelo*, "the King to whom peace belongs," that is, a song dedicated to God Himself (*Shir HaShirim Raba* ad loc.).

יִשָּׁקֵנִי מִנְּשִׁיקוֹת *Would that he kiss me with that mouth.* Spoken by the young woman – the beloved, a metaphor for the children of Israel – and referring to God's embrace as He has held the Jewish people close to Him throughout history.

דֹּדֶיךָ *Your love.* The fact that You singled us out to be Your witnesses, bearers of Your name to the world.

לְרֵיחַ שְׁמָנֶיךָ *The fragrance of your oils.* The universe bears testimony to God in its intricate perfection, its precise tuning for the emergence of life, in the beauty of nature and the sublime grandeur of life. Even those who do not know You still sense the fragrance of Your Presence.

הֱבִיאַנִי הַמֶּלֶךְ חֲדָרָיו *The king has brought me into his chambers.* While others sense You from a distance we seek to know You in the immediacy of close encounter.

הַמֶּלֶךְ *The king.* The beloved alternates between calling the Lover a king and a shepherd. Once we identify the Lover with God, the tension disappears. God in His majesty is the King; in His tenderness He is the Shepherd.

שיר השירים

שִׁיר הַשִּׁירִים אֲשֶׁר לִשְׁלֹמֹה׃ יִשָּׁקֵנִי מִנְּשִׁיקוֹת פִּיהוּ כִּי־טוֹבִים א ב
דֹדֶיךָ מִיָּיִן׃ לְרֵיחַ שְׁמָנֶיךָ טוֹבִים שֶׁמֶן תּוּרַק שְׁמֶךָ עַל־כֵּן עֲלָמוֹת ג
אֲהֵבוּךָ׃ מָשְׁכֵנִי אַחֲרֶיךָ נָּרוּצָה הֱבִיאַנִי הַמֶּלֶךְ חֲדָרָיו נָגִילָה ד

SHIR HASHIRIM – SONG OF SONGS

For an essay on the Song of Songs, see Introduction, section 8, *page lxxi.*

The Song of Songs is the Holy of Holies of Judaism and without it we would lack the key that unlocks the central mystery of Tanakh. Where is there anything that vindicates the risk God took in creating humankind or in choosing the Israelites as His witnesses? Where is there, from earth to heaven, a declaration of a human love of God to set alongside the love with which God made and sustains the universe? God loves. The question is: Is God loved? *Shir HaShirim* is the answer. It is our song of love to God.

Jewish history is not just the story, recorded in Tanakh in unparalleled candor, of the Jewish people's backslidings and failures. It is also the story of a God-intoxicated people who predicated their entire destiny on staying faithful to the covenant their ancestors made with God at Mount Sinai. It is a love story, the love of a people for the God who put them through many trials, made almost unbearably high demands of them, and who often seemed hidden when they searched for Him, but in whom they never collectively lost faith. *Shir HaShirim* is the story of that love.

"I am dark yet fair" (1:5). The Jewish people know how they have often seemed to the world: small, insignificant, ungainly, lacking the grandeur of Egypt, the power of Babylon, the elegance of the Greeks, the resolution of the Romans. Jews, said Max Weber, have been cast in the role of the "pariah people." Yet Jews dared to believe that, dark though they were, they were "yet fair," because they were loved by God. That awareness of being loved sustained Jews through history's dark nights. Jewish history is testimony to the power of God's love to transform a nation, lifting it to the moral, intellectual and spiritual heights.

We are as great or small as our capacity for love; and our ability to love is born in the knowledge that we are loved. The Song of Songs is an opera in which the musical lines are divided between the beloved, a young woman, the voice of the congregation of Israel (the Jewish people through history),

[*Friends*] In you our joy, our happiness: your love possesses us more than any wine; flowing freely falls this love.

[*She*] I am dark yet fair, daughters of Jerusalem; black as the tents of Kedar, as Solomon's curtains. Do not look at me, I am scorched black: the sun has stared at me. My mother's sons were furious. They made me a keeper of the vineyards; my own vineyard, I did not keep.

[*She*] Tell me, you that I have loved, where will you pasture, where will you rest your flock at noon? Do not make me swathe my face and wander, among all the herds of your friends.

[*Friends*] If you do not know, most beautiful of women, then go out in the tracks of the flock; bring your own young goats to pasture where the shepherds' huts stand.

[*He*] My mare among Pharaoh's chariots, that is what you are to me, my love, your cheeks fair in their strings of beads, your neck, jewelled; I would make you strings of solid gold – with silver grains.

[*She*] As long as my king reclined to eat, my musk-root gave its scent; my beloved a bundle of myrrh to me resting between my breasts, my beloved a cluster of henna to me, in the spice-beds of Ein Gedi.

[*He*] You are beautiful, my love, how beautiful, your eyes like doves.

Egypt to make their husbands desire them so that they would continue to have children even during the harshest periods of slavery in Egypt. According to rabbinic tradition the women offered Moses the mirrors they had used to adorn themselves, to make the laver for the Sanctuary. Moses initially refused to accept them. What had such incitements to physical desire to do with the holiness of the Sanctuary? Yet God told Moses he was wrong: "These are, to Me, the most precious of all." (Rashi to Exodus 38:8; *Tanḥuma* ad loc.). Israel uses physical beauty to spiritual ends.

עַד־שֶׁהַמֶּלֶךְ *As long as my king.* The beloved speaks. In the context of the relationship between God and Israel in the wilderness years, a reference to the Sanctuary, which caused the Divine Presence to be permanently in the midst of the camp. It was as if the King were at His table, the altar, and as if the incense and the odor of sacrifice were *re'aḥ niḥo'aḥ,* "a precious aroma," to God.

הִנָּךְ יָפָה *You are beautiful.* God declares His love for Israel, for it is their

ה וְנִשְׂמְחָה בָּךְ נַזְכִּירָה דֹדֶיךָ מִיַּיִן מֵישָׁרִים אֲהֵבוּךָ׃ שְׁחוֹרָה
ו אֲנִי וְנָאוָה בְּנוֹת יְרוּשָׁלִָם כְּאָהֳלֵי קֵדָר כִּירִיעוֹת שְׁלֹמֹה׃ אַל־
תִּרְאוּנִי שֶׁאֲנִי שְׁחַרְחֹרֶת שֶׁשֱּׁזָפַתְנִי הַשָּׁמֶשׁ בְּנֵי אִמִּי נִחֲרוּ־בִי
ז שָׂמֻנִי נֹטֵרָה אֶת־הַכְּרָמִים כַּרְמִי שֶׁלִּי לֹא נָטָרְתִּי׃ הַגִּידָה לִּי
שֶׁאָהֲבָה נַפְשִׁי אֵיכָה תִרְעֶה אֵיכָה תַּרְבִּיץ בַּצָּהֳרָיִם שַׁלָּמָה
ח אֶהְיֶה כְּעֹטְיָה עַל עֶדְרֵי חֲבֵרֶיךָ׃ אִם־לֹא תֵדְעִי לָךְ הַיָּפָה
בַּנָּשִׁים צְאִי־לָךְ בְּעִקְבֵי הַצֹּאן וּרְעִי אֶת־גְּדִיֹּתַיִךְ עַל מִשְׁכְּנוֹת
ט י הָרֹעִים׃ לְסֻסָתִי בְּרִכְבֵי פַרְעֹה דִּמִּיתִיךְ רַעְיָתִי׃ נָאווּ
יא לְחָיַיִךְ בַּתֹּרִים צַוָּארֵךְ בַּחֲרוּזִים׃ תּוֹרֵי זָהָב נַעֲשֶׂה־לָּךְ עִם
יב יג נְקֻדּוֹת הַכָּסֶף׃ עַד־שֶׁהַמֶּלֶךְ בִּמְסִבּוֹ נִרְדִּי נָתַן רֵיחוֹ׃ צְרוֹר
יד הַמֹּר ׀ דּוֹדִי לִי בֵּין שָׁדַי יָלִין׃ אֶשְׁכֹּל הַכֹּפֶר ׀ דּוֹדִי לִי בְּכַרְמֵי עֵין
טו טז גֶּדִי׃ הִנָּךְ יָפָה רַעְיָתִי הִנָּךְ יָפָה עֵינַיִךְ יוֹנִים׃ הִנְּךָ יָפֶה

נָגִילָה וְנִשְׂמְחָה בָּךְ *In you our joy, our happiness.* A parenthesis sung by a chorus of friends. The world rejoices in the love between this people and God.

שְׁחוֹרָה אֲנִי *I am dark.* The beloved, Israel, knows that ostensibly she may not be as conventionally beautiful as others. She is small. She rules no empire. She does not delight in monumental architecture, great cities, palaces, ziggurats. She has suffered much, constantly exiled and reviled. Others deride her, but she knows she has an inner beauty, a love of life, an essential faithfulness. She knows the world does not see her beauty but she believes her Beloved, God, does.

אִם־לֹא תֵדְעִי לָךְ *If you do not know.* A parenthesis by the chorus. If you do not know where to find God, follow the "tracks of the flock," the path of the patriarchs and matriarchs of your people, who followed God's voice wherever it might lead.

לְסֻסָתִי בְּרִכְבֵי פַרְעֹה *My mare among Pharaoh's chariots.* This is the first time the Lover, God, speaks. He sees her beauty and promises to make it evident to the world. Perhaps he recalls the ornaments the Israelite women wore in

[*She*] How beautiful you are, beloved, and how good. Our bed is green, luscious. Our house is roofed with cedars; its rafters are juniper trees.

2 [*She*] I am a dune flower of the coast, I am a lily of the valleys.

[*He*] A lily among thorn weeds is my love among the girls.

[*She*] Amid the forest, an apple tree is my beloved among men. I treasure his shade, there I rest – and his fruit fills my mouth with sweetness.

[*She*] He has brought me to the wine house, and his flag flying over me is love. Sustain me now with raisin cakes, spread a bed for me among apples – for I am sick with love. My head rests in his left hand; his right arm is around me. Swear to me, daughters of Jerusalem, by the she-gazelles, by the does of the field; swear that you will not waken, will not rouse, this love before its time.

[*She*] The voice of my beloved – I hear him coming – springing over the hills, leaping the slopes; he is like a gazelle, my beloved, he is like a young

---

There, there was sin and estrangement, here intimacy and love. The garden has become, briefly, paradise regained.

בֵּית הַיַּיִן וְדִגְלוֹ *Wine house…flag.* The contrast continues. The wine house is normally a place of rowdiness; the flag is usually a symbol of readiness for war. Here both are transformed, testifying to the power of love "to tame the savageness of man and make gentle the life of this world."

שְׂמֹאלוֹ תַּחַת לְרֹאשִׁי וִימִינוֹ תְּחַבְּקֵנִי *My head rests in his left hand; his right arm is around me.* This became a key phrase in Jewish mysticism for the dual embrace of love. "Left hand" refers to justice tempered by compassion; "right arm" to closeness and rapture. A midrash (*Shir HaShirim Raba*) relates them to the first and second set of tablets; to tzitzit and tefillin; to the Shema and the Amida; and to the sukka and Clouds of Glory in the wilderness. The *Zohar* relates them to the Days of Judgment – Rosh HaShana and Yom Kippur – followed by the festival of joy, Sukkot.

וְאִם־תְּעוֹרְרוּ אֶת־הָאַהֲבָה עַד שֶׁתֶּחְפָּץ *Not rouse this love before its time.* The pace of love cannot be forced. It must unfold in its own way, faithful to its own rhythms. Love is patient.

קוֹל דּוֹדִי *The voice of my beloved.* Suddenly the beloved is excited at the prospect of the arrival of the Lover. The staccato sounds of this verse convey a sudden quickening of rhythm. This long song sung by the beloved begins

יז דּוֹדִי אַף נָעִים אַף־עַרְשֵׂנוּ רַעֲנָנָה: קֹרוֹת בָּתֵּינוּ אֲרָזִים רחיטנו רָהִיטֵנוּ
א ב בְּרוֹתִים: אֲנִי חֲבַצֶּלֶת הַשָּׁרוֹן שׁוֹשַׁנַּת הָעֲמָקִים: כְּשׁוֹשַׁנָּה בֵּין
ג הַחוֹחִים כֵּן רַעְיָתִי בֵּין הַבָּנוֹת: כְּתַפּוּחַ בַּעֲצֵי הַיַּעַר כֵּן דּוֹדִי
ד בֵּין הַבָּנִים בְּצִלּוֹ חִמַּדְתִּי וְיָשַׁבְתִּי וּפִרְיוֹ מָתוֹק לְחִכִּי: הֱבִיאַנִי
ה אֶל־בֵּית הַיָּיִן וְדִגְלוֹ עָלַי אַהֲבָה: סַמְּכוּנִי בָּאֲשִׁישׁוֹת רַפְּדוּנִי
ו בַּתַּפּוּחִים כִּי־חוֹלַת אַהֲבָה אָנִי: שְׂמֹאלוֹ תַּחַת לְרֹאשִׁי וִימִינוֹ
ז תְּחַבְּקֵנִי: הִשְׁבַּעְתִּי אֶתְכֶם בְּנוֹת יְרוּשָׁלַםִ בִּצְבָאוֹת אוֹ
בְּאַיְלוֹת הַשָּׂדֶה אִם־תָּעִירוּ ׀ וְאִם־תְּעוֹרְרוּ אֶת־הָאַהֲבָה עַד
ח שֶׁתֶּחְפָּץ: קוֹל דּוֹדִי הִנֵּה־זֶה בָּא מְדַלֵּג עַל־הֶהָרִים
ט מְקַפֵּץ עַל־הַגְּבָעוֹת: דּוֹמֶה דוֹדִי לִצְבִי אוֹ לְעֹפֶר הָאַיָּלִים הִנֵּה־

---

willingness to travel with God, answer His call and enter His covenant that vindicated God's faith in humankind while other nations were worshiping idols, constructing vast monuments dedicated to their own splendor, and building empires.

הִנְּךָ יָפֶה *How beautiful you are.* The beloved responds, answering love with love.

עַרְשֵׂנוּ... קֹרוֹת בָּתֵּינוּ... רָהִיטֵנוּ *Our bed… our house is roofed… its rafters.* Depending on how we interpret the poem, the reference is either to the bridal bed and the home the couple will inhabit together, or to the Temple. The Temple is described as "a house of cedar" in II Samuel 7:7.

חֲבַצֶּלֶת הַשָּׁרוֹן *A dune flower.* The beloved is modest. She is a flower but a common one, to be found uncultivated in open spaces, not a rare flower to be found only in a royal garden. This "Rose of Sharon" is identified with the white "sand daffodil" found on Israel's Mediterranean coast.

כְּשׁוֹשַׁנָּה בֵּין הַחוֹחִים *A lily among thorn weeds.* The Lover accepts her modesty but explains why He loves her. She is a flower; around her are thorns. She is different in kind from others, her head turned up toward the sun, gathering beauty not merely guarding her territory.

כְּתַפּוּחַ *An apple tree.* The beloved compares the Lover to a tree that gives fruit and shade. Contrast this scene and that of the first man and woman in Eden.

deer – here he stands, behind our wall, gazing through the windows, glimpsing through every gap.

My beloved, he spoke, he said to me, "Come, rise, my love, my beautiful one, let us leave. Winter is over. The rains have passed and left us. On the land, buds have appeared. The songbirds' time has come, and the turtle-dove's call sounds over our land. The fig has put out her young fruits, and the flowering vines give scent – so come, rise, my love, my beautiful one, let us leave."

[*He*] My dove, in the rock's cleft, in the cliff's shadow – show me your face, let me hear your voice, for it is lovely, your voice; your face so fair.

[*She*] Catch the foxes, the little foxes, ravaging the vineyards, just as our vineyard is in flower. My beloved is my own and I am his, who pastures among lilies. Until the day has breathed its light and the shadows have flown, turn like a gazelle, my beloved, turn like a young deer, to the riven hills.

3 [*She*] Upon my bed at night I search for the one I love; I search for him, I do
not find him. I shall rise, I shall go all around the town, through the streets,
across the squares; I am searching for the one I love – I search for him, I do

---

of openness and trust. Love is neither simple nor safe. There are those who are provoked by the sight of love and seek to undermine it. This and other notes of caution are interjected at various points in the Song.

דּוֹדִי לִי וַאֲנִי לוֹ *My beloved is my own and I am his.* The woman now returns to speaking in her own voice. Her expression of mutual belonging indicates the reciprocal, covenantal nature of love in Judaism. It is parallel to God's declaration, "I will be your God and you will be My people" (cf. Ex. 6:7; Lev. 26:12; Deut. 26:17–18).

עַד שֶׁיָּפוּחַ הַיּוֹם *Until the day has breathed its light.* Some interpret this as noon; others nightfall.

סֹב *Turn.* The moment is not right for the lovers to consummate their love. The song began with the Lover hastening to His beloved, urging her to leave with Him, but the beloved is cautious: not now, not yet.

עַל־מִשְׁכָּבִי בַּלֵּילוֹת בִּקַּשְׁתִּי *Upon my bed at night I search.* This may be a separate, self-contained song, or it may be that the beloved regrets not leaving with her Lover. She is haunted by a sense of loss. The Lover is not there. He who filled her world – where is He?

זֶה עוֹמֵד אַחַר כׇּתְלֵנוּ מַשְׁגִּיחַ מִן־הַחַלֹּנוֹת מֵצִיץ מִן־הַחֲרַכִּים׃
י יא עָנָה דוֹדִי וְאָמַר לִי קוּמִי לָךְ רַעְיָתִי יָפָתִי וּלְכִי־לָךְ׃ כִּי־הִנֵּה
יב הַסְּתָו עָבָר הַגֶּשֶׁם חָלַף הָלַךְ לוֹ׃ הַנִּצָּנִים נִרְאוּ בָאָרֶץ עֵת הַזָּמִיר
יג הִגִּיעַ וְקוֹל הַתּוֹר נִשְׁמַע בְּאַרְצֵנוּ׃ הַתְּאֵנָה חָנְטָה פַגֶּיהָ וְהַגְּפָנִים ׀
יד סְמָדַר נָתְנוּ רֵיחַ קוּמִי לכי רַעְיָתִי יָפָתִי וּלְכִי־לָךְ׃ יוֹנָתִי לָךְ
בְּחַגְוֵי הַסֶּלַע בְּסֵתֶר הַמַּדְרֵגָה הַרְאִינִי אֶת־מַרְאַיִךְ הַשְׁמִיעִנִי
טו אֶת־קוֹלֵךְ כִּי־קוֹלֵךְ עָרֵב וּמַרְאֵיךְ נָאוֶה׃ אֶחֱזוּ־לָנוּ
שׁוּעָלִים שֻׁעָלִים קְטַנִּים מְחַבְּלִים כְּרָמִים וּכְרָמֵינוּ סְמָדַר׃
טז יז דּוֹדִי לִי וַאֲנִי לוֹ הָרֹעֶה בַּשּׁוֹשַׁנִּים׃ עַד שֶׁיָּפוּחַ הַיּוֹם וְנָסוּ
הַצְּלָלִים סֹב דְּמֵה־לְךָ דוֹדִי לִצְבִי אוֹ לְעֹפֶר הָאַיָּלִים עַל־הָרֵי
א בָתֶר׃ עַל־מִשְׁכָּבִי בַּלֵּילוֹת בִּקַּשְׁתִּי אֵת שֶׁאָהֲבָה נַפְשִׁי
ב בִּקַּשְׁתִּיו וְלֹא מְצָאתִיו׃ אָקוּמָה נָּא וַאֲסוֹבְבָה בָעִיר בַּשְּׁוָקִים
וּבָרְחֹבוֹת אֲבַקְשָׁה אֵת שֶׁאָהֲבָה נַפְשִׁי בִּקַּשְׁתִּיו וְלֹא מְצָאתִיו׃

---

and ends with the key words "gazelle," "deer," and "hills." The Lover is swift and strong. Spring has arrived. There is an air of expectancy in nature. All around are signs of new life.

מַשְׁגִּיחַ מִן־הַחַלֹּנוֹת מֵצִיץ מִן־הַחֲרַכִּים *Gazing through the windows, glimpsing through every gap.* The woman is inside the house while the Lover, like a gazelle, is in the countryside beyond. Throughout *Shir HaShirim* there is a sense of tantalizing separation despite the lovers' desire for one another.

עָנָה דוֹדִי *My beloved, he spoke.* The woman tells of how the Lover called her – as God called Abraham – to leave the house and the confinements of the familiar, and join Him in the fields and hills of open space where they can be alone together.

שֻׁעָלִים קְטַנִּים מְחַבְּלִים כְּרָמִים *The little foxes, ravaging the vineyards.* Like the serpent in Eden, like Iago in *Othello*, a symbol of those who, through malice or otherwise, exploit or harm love. Love is risk. Love involves the vulnerabilities

not find him. The guards find me, those who go around the town: "The one that I love – have you seen him?" I have scarcely moved away from them when I find the one I love. I catch hold of him; I will not let him go, until I have brought him to my mother's house, to the chamber where I was conceived. Swear to me, daughters of Jerusalem, by the she-gazelles, by the does of the field; swear that you will not waken, will not rouse, this love before its time.

[*Friends*] Who is this, rising from the desert, like plumes of smoke, perfumed with myrrh and frankincense, and all the merchants' powders?

Here stands Solomon's bed, sixty soldiers all around it, heroes of Israel. Each carrying his sword, each learned in war, each with his sword at his thigh for very fear at night. King Solomon built a palace of Lebanon wood; He plated the pillars with silver, made the pillows of gold; his couch is purple silk, and all the space is lined with love by the daughters of Jerusalem. Go out and see, daughters of Zion, look at Solomon the king, in the crown his mother gave to him, on this his wedding day; on the day his heart rejoiced.

4 [*He*] How beautiful you are, my love, how beautiful, your eyes like doves seen through your tresses; your hair like a flock of goats flowing down Mount Gilead. Your teeth are like a flock of sheep, rising up from cleaning, each bearing twins, two and two, not one among them lost. Your lips are like a scarlet ribbon, and your speech is fair; your forehead, like a pomegranate

---

the earlier verse (2:7) – a musical pause, as if the beloved were already regretting her haste. Love has its own rhythms that cannot be hurried.

מִי זֹאת עֹלָה מִן־הַמִּדְבָּר *Who is this, rising from the desert.* The following verses constitute an extended sequence – perhaps a vision, a dream – in which the beloved sees a royal procession: King Solomon surrounded by sixty armed guards, resplendent in the crown he wore on his wedding day. The effect of the vision is to contrast the simplicity of the lovers of the Song with the pomp and grandeur of royalty. Yet there is similarity as well as contrast. In the world their love creates, the two lovers are royalty. On the day of their marriage every bride is a queen, every groom a king. King Solomon's palace was "lined with love." So is every home where love leads lovers to hold each other high.

הִנָּךְ יָפָה רַעְיָתִי *How beautiful you are, my love.* The song now passes to the Lover, who delivers a long paean to the beloved's beauty, reminding us of Wallace

ג מְצָאוּנִי הַשֹּׁמְרִים הַסֹּבְבִים בָּעִיר אֵת שֶׁאָהֲבָה נַפְשִׁי רְאִיתֶם׃
ד כִּמְעַט שֶׁעָבַרְתִּי מֵהֶם עַד שֶׁמָּצָאתִי אֵת שֶׁאָהֲבָה נַפְשִׁי אֲחַזְתִּיו
וְלֹא אַרְפֶּנּוּ עַד־שֶׁהֲבֵיאתִיו אֶל־בֵּית אִמִּי וְאֶל־חֶדֶר הוֹרָתִי׃
ה הִשְׁבַּעְתִּי אֶתְכֶם בְּנוֹת יְרוּשָׁלִַם בִּצְבָאוֹת אוֹ בְּאַיְלוֹת הַשָּׂדֶה
ו אִם־תָּעִירוּ ׀ וְאִם־תְּעוֹרְרוּ אֶת־הָאַהֲבָה עַד שֶׁתֶּחְפָּץ׃ מִי
זֹאת עֹלָה מִן־הַמִּדְבָּר כְּתִימְרוֹת עָשָׁן מְקֻטֶּרֶת מֹר וּלְבוֹנָה מִכֹּל
ז אַבְקַת רוֹכֵל׃ הִנֵּה מִטָּתוֹ שֶׁלִּשְׁלֹמֹה שִׁשִּׁים גִּבֹּרִים סָבִיב לָהּ
ח מִגִּבֹּרֵי יִשְׂרָאֵל׃ כֻּלָּם אֲחֻזֵי חֶרֶב מְלֻמְּדֵי מִלְחָמָה אִישׁ חַרְבּוֹ
ט עַל־יְרֵכוֹ מִפַּחַד בַּלֵּילוֹת׃ אַפִּרְיוֹן עָשָׂה לוֹ הַמֶּלֶךְ שְׁלֹמֹה
י מֵעֲצֵי הַלְּבָנוֹן׃ עַמּוּדָיו עָשָׂה כֶסֶף רְפִידָתוֹ זָהָב מֶרְכָּבוֹ אַרְגָּמָן
יא תּוֹכוֹ רָצוּף אַהֲבָה מִבְּנוֹת יְרוּשָׁלִָם׃ צְאֶינָה ׀ וּרְאֶינָה בְּנוֹת צִיּוֹן
בַּמֶּלֶךְ שְׁלֹמֹה בָּעֲטָרָה שֶׁעִטְּרָה־לּוֹ אִמּוֹ בְּיוֹם חֲתֻנָּתוֹ וּבְיוֹם
א שִׂמְחַת לִבּוֹ׃ הִנָּךְ יָפָה רַעְיָתִי הִנָּךְ יָפָה עֵינַיִךְ יוֹנִים
ב מִבַּעַד לְצַמָּתֵךְ שַׂעְרֵךְ כְּעֵדֶר הָעִזִּים שֶׁגָּלְשׁוּ מֵהַר גִּלְעָד׃ שִׁנַּיִךְ
כְּעֵדֶר הַקְּצוּבוֹת שֶׁעָלוּ מִן־הָרַחְצָה שֶׁכֻּלָּם מַתְאִימוֹת וְשַׁכֻּלָה
ג אֵין בָּהֶם׃ כְּחוּט הַשָּׁנִי שִׂפְתֹתַיִךְ וּמִדְבָּרֵךְ נָאוֶה כְּפֶלַח הָרִמּוֹן

הַשֹּׁמְרִים *The guards.* Here the guards represent a figure for humanity at large, the social order, the impersonal city. The beloved and the Lover share a private bond, not understood or appreciated by the world. Seeing the distraught young woman, the guards do not even bother to answer.

אֲחַזְתִּיו וְלֹא אַרְפֶּנּוּ *I catch hold of him; I will not let him go.* No sooner does she find the Lover than she seeks to make their bond permanent. They will marry. They will go to her mother's house where she was conceived – where love brought new life into the world – and they will thus link their love to the bond of past.

תְּעוֹרְרוּ אֶת־הָאַהֲבָה עַד שֶׁתֶּחְפָּץ *Not rouse, this love before its time.* A repetition of

glowing through your tresses. Your neck is like the Tower of David, built in splendor, a thousand shields adorning it, the shields of all the heroes. Your two breasts are like young twins of a she-gazelle, pasturing in lilies. Until the day has breathed its light, and the shadows have flown, I am going to the hill of myrrh, to the slopes of frankincense. And all of you is beauty, my love, is flawless; wholly.

Come with me from Lebanon, bride, come down with me from Lebanon; from the peak of Amana descend, from the peaks of Senir and Hermon, from the lions' haunts, the leopards' hills. You have taken my heart, my sister, my bride; either one of your eyes would take my heart, any strand of the necklace you wear. How beautiful your love is, my sister, my bride, how much better than any wine your love, and finer than all perfumes the scent of your oils. Your lips drip nectar, my bride; honey and milk lie under your tongue, and on your dress lingers Lebanon's scent.

A locked garden is my sister, my bride, a locked well, a spring sealed up – yet your dry ground is a grove of pomegranates, of the sweetest of fruits, henna

---

is telling the beloved that she is in a place of danger like the northern mountain peaks with their wild animals. With Him she will be safe. Note the repeated use of the prefix *mi-*, "from." The beloved is distant; the Lover wants her close.

לִבַּבְתִּנִי *You have taken my heart.* The language grows in intensity. Every detail of the beloved's appearance or her scent arouses passion.

אֲחֹתִי כַלָּה *My sister, my bride.* Conveying a sense of love and kinship combined.

דְּבַשׁ וְחָלָב *Honey and milk.* As with The Torah description of the Promised Land as "flowing with milk and honey," (Ex. 3:8) the phrase suggests a rich sweetness.

כְּרֵיחַ לְבָנוֹן *Lebanon's scent.* Probably cedarwood oil, used in perfume.

גַּן נָעוּל...גַּל נָעוּל מַעְיָן חָתוּם *A locked garden ... locked well, a spring sealed up.* Three expressions of chastity. The beloved is beautiful but also modest and moral.

פַּרְדֵּס רִמּוֹנִים *A grove of pomegranates.* The language grows languorous, mirroring the rich profusion of fruits and spices, in this poetic evocation of Eden as it might have been had love, long ago, preserved its innocence.

ד דַּרְקָתֵךְ מִבַּ֫עַד לְצַמָּתֵ֑ךְ: כְּמִגְדַּ֤ל דָּוִיד֙ צַוָּארֵ֔ךְ בָּנ֖וּי לְתַלְפִּיּֽוֹת

ה אֶ֤לֶף הַמָּגֵן֙ תָּל֣וּי עָלָ֔יו כֹּ֖ל שִׁלְטֵ֣י הַגִּבֹּרִֽים: שְׁנֵ֥י שָׁדַ֖יִךְ כִּשְׁנֵ֣י

ו עֳפָרִ֑ים תְּאוֹמֵ֣י צְבִיָּ֔ה הָרֹעִ֖ים בַּשּֽׁוֹשַׁנִּֽים: עַ֤ד שֶׁיָּפ֙וּחַ֙ הַיּ֔וֹם וְנָ֖סוּ

ז הַצְּלָלִ֑ים אֵ֤לֶךְ לִי֙ אֶל־הַ֣ר הַמּ֔וֹר וְאֶל־גִּבְעַ֖ת הַלְּבוֹנָֽה: כֻּלָּ֤ךְ יָפָה֙

ח רַעְיָתִ֔י וּמ֖וּם אֵ֥ין בָּֽךְ: אִתִּ֤י מִלְּבָנוֹן֙ כַּלָּ֔ה אִתִּ֖י מִלְּבָנ֣וֹן
תָּב֑וֹאִי תָּשׁ֣וּרִי ׀ מֵרֹ֣אשׁ אֲמָנָ֗ה מֵרֹ֤אשׁ שְׂנִיר֙ וְחֶרְמ֔וֹן מִמְּעֹנ֣וֹת

ט אֲרָי֔וֹת מֵהַֽרְרֵ֖י נְמֵרִֽים: לִבַּבְתִּ֖נִי אֲחֹתִ֣י כַלָּ֑ה לִבַּבְתִּ֙נִי֙ בְּאַחַ֣ת *[באחת]*

י מֵעֵינַ֔יִךְ בְּאַחַ֥ד עֲנָ֖ק מִצַּוְּרֹנָֽיִךְ: מַה־יָּפ֥וּ דֹדַ֖יִךְ אֲחֹתִ֣י כַלָּ֑ה מַה־

יא טֹּ֤בוּ דֹדַ֙יִךְ֙ מִיַּ֔יִן וְרֵ֥יחַ שְׁמָנַ֖יִךְ מִכָּל־בְּשָׂמִֽים: נֹ֛פֶת תִּטֹּ֥פְנָה
שִׂפְתוֹתַ֖יִךְ כַּלָּ֑ה דְּבַ֤שׁ וְחָלָב֙ תַּ֣חַת לְשׁוֹנֵ֔ךְ וְרֵ֥יחַ שַׂלְמֹתַ֖יִךְ כְּרֵ֥יחַ

יב לְבָנֽוֹן: גַּ֥ן ׀ נָע֖וּל אֲחֹתִ֣י כַלָּ֑ה גַּ֥ל נָע֖וּל מַעְיָ֥ן חָתֽוּם:

יג שְׁלָחַ֙יִךְ֙ פַּרְדֵּ֣ס רִמּוֹנִ֔ים עִ֖ם פְּרִ֣י מְגָדִ֑ים כְּפָרִ֖ים עִם־נְרָדִֽים: נֵ֥רְדְּ ׀

Stevens' phrase, "the particulars of rapture." The similes of this chapter – hair like a flock of goats, teeth like sheep, neck like a tower, and so on – are notoriously difficult to understand, but we should not assume that the poet is pointing to visual similarities. The Greece of Homer lacked a sense of color. When Homer spoke of "the wine-dark sea" he was not describing it as dark red; he was pointing to its texture, opaque, cloudy, impenetrable. So it may be here. Her eyes appear only briefly between her tresses like doves hiding in a tree. Her hair, like a flock of goats, is constantly in motion. Her forehead is briefly glimpsed through her hair like a pomegranate appearing through foliage. Her neck is regal, dignified, strong, encircled by a necklace. The overall portrait is of a young woman lively and reticent, modest in demeanor yet full of energy. She is altogether beautiful in His eyes.

עַד שֶׁיָּפוּחַ הַיּום *Until the day has breathed its light.* Repeating the words of the beloved in 2:17, urging her Lover to be patient, He nonetheless urges her ardently to come away with Him. His passion makes Him impatient.

אִתִּי מִלְּבָנוֹן *Come with me from Lebanon.* Not to be taken literally. The Lover

plants, musk-root; musk-root and saffron, calamus, cinnamon, every kind of fragrant tree. With myrrh plants and aloe, with all the finest spices; and a spring to water gardens, a well of living waters, waters flowing down from Lebanon.

[*She*] Wake now, north wind, south wind, come: breathe life into my garden, let its perfumes flow. Let my beloved come to his garden, and eat his sweetest fruits.

5 [*He*] I have come into my garden, my sister, my bride; I have gathered my myrrh and my balsam, I have eaten my honeycomb with honey, I have drunk my wine with milk –

[*Friends*] Eat, loved ones, eat; drink, drink deep of love.

[*She*] I am asleep; my heart is awake – my beloved's voice, knocking – "Open for me, my sister, my love, my dove, my perfection, for my head is covered with dew, my locks with fragments of the night." "I have taken off my dress, how can I put it on again? I have already washed my feet, how can I dirty them?" My beloved stretches his hand through the door – and my being longs for him. I rise to open the door for my beloved; my hands are dripping with myrrh, my fingers are streaming with myrrh oil, all over the handles of the latch. I open for my beloved – he has slipped away; gone. I had fainted for him as he spoke – I search for him, I cannot find him; I call out, but he does not answer. The guards find me, those who go around the town; they beat me, they wound me, they pull my scarf from me, those guardians of the

---

reaches the door He has gone. She rushes out to find Him but the moment is lost. Anguished and distracted she wanders through the streets in search of Him but no one knows His whereabouts, and the guards treat her with disdain.

This passage gave rise to one of the great essays of the late Rabbi Joseph Soloveitchik (*Kol Dodi Dofek*) about the presence of God in history. Often He is hidden, yet there are events that have the potential to transform the human situation. These are divine interventions in history – God "knocking on the door" of human consciousness, as it were. All depends, however, on our ability to wake from sleep and admit the Divine Presence into the human frame. One such moment in modern times, says Rabbi Soloveitchik, was the birth of the State of Israel.

וְכַרְכֹּם קָנֶה וְקִנָּמוֹן עִם כָּל־עֲצֵי לְבוֹנָה מֹר וַאֲהָלוֹת עִם כָּל־
טו רָאשֵׁי בְשָׂמִים: מַעְיַן גַּנִּים בְּאֵר מַיִם חַיִּים וְנֹזְלִים מִן־לְבָנוֹן:
טז עוּרִי צָפוֹן וּבוֹאִי תֵימָן הָפִיחִי גַנִּי יִזְּלוּ בְשָׂמָיו יָבֹא דוֹדִי לְגַנּוֹ
א וְיֹאכַל פְּרִי מְגָדָיו: בָּאתִי לְגַנִּי אֲחֹתִי כַלָּה אָרִיתִי מוֹרִי עִם־בְּשָׂמִי
אָכַלְתִּי יַעְרִי עִם־דִּבְשִׁי שָׁתִיתִי יֵינִי עִם־חֲלָבִי אִכְלוּ רֵעִים שְׁתוּ
ב וְשִׁכְרוּ דּוֹדִים: אֲנִי יְשֵׁנָה וְלִבִּי עֵר קוֹל ׀ דּוֹדִי דוֹפֵק
פִּתְחִי־לִי אֲחֹתִי רַעְיָתִי יוֹנָתִי תַמָּתִי שֶׁרֹּאשִׁי נִמְלָא־טָל קְוֻצּוֹתַי
ג רְסִיסֵי לָיְלָה: פָּשַׁטְתִּי אֶת־כֻּתָּנְתִּי אֵיכָכָה אֶלְבָּשֶׁנָּה רָחַצְתִּי
ד אֶת־רַגְלַי אֵיכָכָה אֲטַנְּפֵם: דּוֹדִי שָׁלַח יָדוֹ מִן־הַחוֹר וּמֵעַי הָמוּ
ה עָלָיו: קַמְתִּי אֲנִי לִפְתֹּחַ לְדוֹדִי וְיָדַי נָטְפוּ־מוֹר וְאֶצְבְּעֹתַי מוֹר
ו עֹבֵר עַל כַּפּוֹת הַמַּנְעוּל: פָּתַחְתִּי אֲנִי לְדוֹדִי וְדוֹדִי חָמַק עָבָר
נַפְשִׁי יָצְאָה בְדַבְּרוֹ בִּקַּשְׁתִּיהוּ וְלֹא מְצָאתִיהוּ קְרָאתִיו וְלֹא
ז עָנָנִי: מְצָאֻנִי הַשֹּׁמְרִים הַסֹּבְבִים בָּעִיר הִכּוּנִי פְצָעוּנִי נָשְׂאוּ אֶת־

בְּאֵר מַיִם חַיִּים *Well of living waters.* A symbol of purity.

עוּרִי צָפוֹן *Wake now, north wind.* The first half of the Song reaches its climax and closure with a duet between the lovers and a blessing from the chorus. First the woman sings, "Wake now, north wind." True to her reticence, she does not reply directly to the Lover, but asks the wind to bring Him to her through the scent it carries. The man replies, *I have come into my garden,* their sheltered space. Now they are together, united. The chorus sings, *Eat… drink,* celebrating their union. *Loved ones*: Ten times thus far we have heard the word *dodi,* "my beloved." This is the only time it appears in the plural. On this serene note, part one ends.

אֲנִי יְשֵׁנָה *I am asleep.* The drama of the moment lost. The beloved is sleeping lightly, having just bathed. She hears the Lover knocking at the door but delays her response. She is tired, undressed; she is loathe to get up and dress again. All her lassitude vanishes as she sees the Lover put His hand through the gap in the door. Hurriedly she rushes to open it, but by the time she

walls. Swear to me, daughters of Jerusalem; if you find my beloved, swear that you will tell him – tell him I am sick with love.

[*Friends*] What makes your lover so much more than other lovers, you most beautiful of women? What makes your lover so much more than other men, that this is what you have us swear?

[*She*] He is bright, my beloved, he is blooming; you would know him among ten thousand. His face glows like gold, fine gold, his hair in locks like palm-flowers, raven black. Yet his eyes are like doves, drinking at springs, washed in milk, at rest by the well. His cheeks are like beds of balsam, where perfume herbs are grown. His lips smell like lilies, flowing with myrrh oil. His arms are like golden bars, set with beryl stones. His stomach is hewn like solid ivory, inlaid with lapis lazuli. His legs stand firm as marble pillars, fixed on gold foundations. Seeing him is like looking at Lebanon, and he is as choice as its cedars. His mouth is filled with sweetness, for all of him, my longing. This is my beloved, this is my love, daughters of Jerusalem.

6 [*Friends*] Where has your beloved gone, most beautiful of women? Where has your beloved turned? We shall search for him with you.

[*She*] My beloved has gone to his garden, down to the beds of balsam; to pasture in the gardens, to gather in lilies. I am my beloved's – my beloved is my own, who pastures among the lilies.

[*He*] My love, you are as beautiful as Tirzah, as lovely as Jerusalem, terrifying as the flagged armies. Turn your eyes from me, for they have overwhelmed me. Your hair is like a flock of goats streaming down from Gilead. Your teeth

---

to His land, watches over their destiny and sees them through eyes of love and forgiveness.

זֶה דוֹדִי וְזֶה רֵעִי *This is my beloved, this is my love.* The simplest definition of what it is to be a Jew: to love God and to know that we are loved.

אָנָה הָלַךְ דּוֹדֵךְ *Where has your beloved gone.* The friends ask the beloved where she thinks the Lover might be. Calmer now, she replies. Though He is absent He is not lost, nor far away. Though the Jewish people may suffer exile, the Divine Presence goes with them. We may be far from home but God is not far from us.

יָפָה אַתְּ רַעְיָתִי *My love, you are as beautiful.* Meanwhile, elsewhere the Lover is singing His song of praise, matching hers and recalling the one He sang

ח רְדִידִי מֵעָלַי שֹׁמְרֵי הַחֹמוֹת: הִשְׁבַּעְתִּי אֶתְכֶם בְּנוֹת יְרוּשָׁלָ͏ִם
ט אִם־תִּמְצְאוּ אֶת־דּוֹדִי מַה־תַּגִּידוּ לוֹ שֶׁחוֹלַת אַהֲבָה אָנִי: מַה־
דּוֹדֵךְ מִדּוֹד הַיָּפָה בַּנָּשִׁים מַה־דּוֹדֵךְ מִדּוֹד שֶׁכָּכָה הִשְׁבַּעְתָּנוּ:
י יא דּוֹדִי צַח וְאָדוֹם דָּגוּל מֵרְבָבָה: רֹאשׁוֹ כֶּתֶם פָּז קְוֻצּוֹתָיו תַּלְתַּלִּים
יב שְׁחֹרוֹת כָּעוֹרֵב: עֵינָיו כְּיוֹנִים עַל־אֲפִיקֵי מָיִם רֹחֲצוֹת בֶּחָלָב
יג יֹשְׁבוֹת עַל־מִלֵּאת: לְחָיָו כַּעֲרוּגַת הַבֹּשֶׂם מִגְדְּלוֹת מֶרְקָחִים
יד שִׂפְתוֹתָיו שׁוֹשַׁנִּים נֹטְפוֹת מוֹר עֹבֵר: יָדָיו גְּלִילֵי זָהָב מְמֻלָּאִים
טו בַּתַּרְשִׁישׁ מֵעָיו עֶשֶׁת שֵׁן מְעֻלֶּפֶת סַפִּירִים: שׁוֹקָיו עַמּוּדֵי שֵׁשׁ
טז מְיֻסָּדִים עַל־אַדְנֵי־פָז מַרְאֵהוּ כַּלְּבָנוֹן בָּחוּר כָּאֲרָזִים: חִכּוֹ
א מַמְתַקִּים וְכֻלּוֹ מַחֲמַדִּים זֶה דוֹדִי וְזֶה רֵעִי בְּנוֹת יְרוּשָׁלָ͏ִם: אָנָה
ב הָלַךְ דּוֹדֵךְ הַיָּפָה בַּנָּשִׁים אָנָה פָּנָה דוֹדֵךְ וּנְבַקְשֶׁנּוּ עִמָּךְ: דּוֹדִי
ג יָרַד לְגַנּוֹ לַעֲרֻגוֹת הַבֹּשֶׂם לִרְעוֹת בַּגַּנִּים וְלִלְקֹט שׁוֹשַׁנִּים: אֲנִי
לְדוֹדִי וְדוֹדִי לִי הָרֹעֶה בַּשּׁוֹשַׁנִּים:

ד יָפָה אַתְּ רַעְיָתִי כְּתִרְצָה נָאוָה כִּירוּשָׁלָ͏ִם אֲיֻמָּה כַּנִּדְגָּלוֹת:
ה הָסֵבִּי עֵינַיִךְ מִנֶּגְדִּי שֶׁהֵם הִרְהִיבֻנִי שַׂעְרֵךְ כְּעֵדֶר הָעִזִּים שֶׁגָּלְשׁוּ

מַה־דּוֹדֵךְ מִדּוֹד *What makes your lover so much more than other lovers.* The friends ask the beloved, what is it about the Lover that makes her sick with love? Every nation has its gods. Each nation worships the forces on which its destiny depends. Why is your God different? Why does your whole existence revolve around Him? Why is your love so all-consuming?

דּוֹדִי צַח *He is bright, my beloved.* The beloved now recounts her praise of the Lover, her own "particulars of rapture," as the Lover did about her in chapter 4. He is handsome, bold, His hair is raven black, it curls. His face shines, He is strong, solid, tall, like a cedar of Lebanon. This is the voice of the God-intoxicated people who know that He is the presence who gives their life meaning, who rescued them from slavery, took them as His special treasure, made a covenant with them, gave them the laws of life, led them

are like a flock of ewes rising up from cleaning; each bears twins, two and two, not one among them lost. Your forehead, like a pomegranate, glows through your tresses. Queens there are sixty; eighty concubines, and maids there are without number. But my dove, my perfection, is one; one, unique to her mother – the shining one she bore. Look at her, you girls, acknowledge she is blessed; look, queens and concubines – and praise her."

[*Friends*] Who is this, gazing out like morning, beautiful as the moon, shining like the sun, terrifying as the flagged armies?

[*He*] I went down to the nut-garden, to see the plants of the stream; to see whether the vines were in flower, and if the pomegranate buds had burst.

[*She*] I did not know myself – I found myself – amid the chariots of my princely people.

7 [*Friends*] Turn, turn back, Shulamite girl; turn back, turn, let us see you.

[*He*] Why do you gaze at the Shulamite girl as if she were a Maḥanaim dancer? How lovely are your steps in sandals, prince's daughter, the turn of your thighs like jewelry, work of the artist's hands; your navel a circular

---

in which it is unclear who is speaking and what is being said. One possible interpretation is this: The Lover is, as the beloved said He was (6:2), in the garden. They had made a tryst. They would meet there. He is looking at the plants, waiting for her. In verse 12, the beloved speaks. She had intended to go to the garden, but she or her thoughts or both had wandered, and suddenly she found herself lost in the midst of a crowd of chariots. They had intended to be alone together but now she is caught in a procession of some kind not unlike the one referred to in chapter 3 (King Solomon's entourage) and the moment is lost, as it was on the night she heard the Lover knocking at the door and delayed in opening it. Throughout the Song of Songs, though the voices of the beloved and the Lover alternate and are constantly directed to one another, we almost never see them together. They are tantalizingly close but distant. Perhaps that is how it is between God and Israel: Each cries to the other, "Where are you?"

שׁוּבִי הַשּׁוּלַמִּית *Turn back, Shulamite girl.* The beloved is here addressed as the Shulamite, perhaps echoing the *Shlomo* of the song's title. It could mean, in the context of the love between Israel and God, the one dedicated to the

א מִן־הַגִּלְעָד: שִׁנַּ֙יִךְ֙ כְּעֵ֣דֶר הָֽרְחֵלִ֔ים שֶׁעָל֖וּ מִן־הָֽרַחְצָ֑ה שֶׁכֻּלָּם֙

ב מַתְאִימ֔וֹת וְשַׁכֻּלָ֖ה אֵ֣ין בָּהֶ֑ם: כְּפֶ֤לַח הָֽרִמּוֹן֙ רַקָּתֵ֔ךְ מִבַּ֖עַד לְצַמָּתֵֽךְ:

ג שִׁשִּׁ֥ים הֵ֙מָּה֙ מְלָכ֔וֹת וּשְׁמֹנִ֖ים פִּֽילַגְשִׁ֑ים וַעֲלָמ֖וֹת אֵ֥ין מִסְפָּֽר: אַחַ֨ת

היא יֽוֹנָתִ֤י תַמָּתִי֙ אַחַ֣ת הִ֔יא לְאִמָּ֔הּ בָּרָ֥ה הִ֖יא לְיֽוֹלַדְתָּ֑הּ רָא֣וּהָ

בָנוֹת֙ וַֽיְאַשְּׁר֔וּהָ מְלָכ֥וֹת וּפִֽילַגְשִׁ֖ים וַֽיְהַלְלֽוּהָ:   מִי־זֹ֙את

הַנִּשְׁקָפָ֖ה כְּמוֹ־שָׁ֑חַר יָפָ֣ה כַלְּבָנָ֗ה בָּרָה֙ כַּֽחַמָּ֔ה אֲיֻמָּ֖ה כַּנִּדְגָּלֽוֹת:

יא אֶל־גִּנַּ֤ת אֱגוֹז֙ יָרַ֔דְתִּי לִרְא֖וֹת בְּאִבֵּ֣י הַנָּ֑חַל לִרְאוֹת֙ הֲפָֽרְחָ֣ה

יב הַגֶּ֔פֶן הֵנֵ֖צוּ הָֽרִמֹּנִֽים: לֹ֣א יָדַ֔עְתִּי נַפְשִׁ֣י שָׂמַ֔תְנִי מַרְכְּב֖וֹת עַמִּ֥י

א נָדִֽיב: שׁ֤וּבִי שׁ֙וּבִי֙ הַשּׁ֣וּלַמִּ֔ית שׁ֥וּבִי שׁ֖וּבִי וְנֶֽחֱזֶה־בָּ֑ךְ מַֽה־תֶּחֱזוּ֙

ב בַּשּׁ֣וּלַמִּ֔ית כִּמְחֹלַ֖ת הַֽמַּחֲנָֽיִם: מַה־יָּפ֧וּ פְעָמַ֛יִךְ בַּנְּעָלִ֖ים בַּת־נָדִ֑יב

ג חַמּוּקֵ֣י יְרֵכַ֔יִךְ כְּמ֣וֹ חֲלָאִ֔ים מַֽעֲשֵׂ֖ה יְדֵ֣י אָמָּֽן: שָׁרְרֵךְ֙ אַגַּ֣ן הַסַּ֔הַר

---

earlier. As before (4:1–7), He speaks of her hair, her teeth, her forehead, her beauty; she is unique among women. But there is also a new note of fear at the sheer power of love. The Lover is overwhelmed by the beloved. When she looks at Him He finds the sensation so strong it is almost unbearable. She – or rather the love she arouses – is "as terrifying as the flagged armies," reminding us of Rilke's phrase "beauty is nothing but the beginning of terror, which we are still just able to endure" (Duino Elegies, 1). The chorus repeats the description.

There is terror in love. The passionate relationship between God and Israel is not the detached contemplation aspired to by the philosophers and mystics of the world. It is emotional, demanding, intense; it is full of risk that either may disappoint the other. Yet love cannot but take the risk. God chose to link His name with Israel, knowing its faults and fractiousness. Israel chose to bind their being to God, agreeing to the covenant even before knowing its terms ("We will do and we will hear," Exodus 24:7). Loves defies the cold air of reason, "For where thou art, there is the world itself, And where thou art not, desolation" (Shakespeare).

אֶל־גִּנַּת אֱגוֹז יָרַדְתִּי *I went down to the nut-garden.* A brief and cryptic passage

bowl – may it never lack wine; your waist curved like baled wheat, bounded round with lilies. Your two breasts are like young twins of a she-gazelle; your neck an ivory tower, your eyes like pools in Ḥeshbon, like pools by the Bat Rabbim Gate; your nose like the Tower of Lebanon gazing out to Damascus. Your head rises from you like the Carmel, its curls shine like purple silk – a king is tangled up in its tresses. How beautiful you are, how good; my love, in all its joys. Your bearing is like a date palm, your breasts its clustered fruits; but I said, "I shall climb the date palm, I shall take hold of its stems," and your breasts will be like clustered grapes, your breath, the scent of apples. And your mouth is like good wine, inside –

[*She*] It is for my beloved, flowing freely, bringing words to sleeping lips. I am my beloved's; and his longing is for me.

Come, my beloved, let us go to the field, let us lodge in the villages; we will get up early and go to the vineyards, to see if the vine has flowered, whether its blossoms have opened out, if the pomegranate buds have burst; and there shall I give you my love. The mandrakes give their scent, and on our own doorstep, the sweetest of fruits, new and old, my beloved, I have hoarded them for you.

8 [*She*] If only you could have been my brother; could have suckled at my mother's breast. I would find you outside, I would kiss you, yet no one would shame me. I would lead you, I would bring you to my mother's house, you

---

and Cain to be a slave to his emotions. Here *teshuka* is benign because it is mutual. In no other book in Tanakh do woman and man – and thus Israel and God – stand on such equal terms (the dominant voice in the Song is the woman). Longing, desire, passion – these are dangerously labile emotions. Yet the Judaic answer is not that state beloved of the Greek philosophers, namely *ataraxia*, serenity, affectlessness, the "therapy of desire," nor is it the *nirvana* of the Eastern mystics. In Judaism, joy, exhilaration, strong emotion, above all love "with all your heart, with all your soul and with all your might," are all part of the religious life. But we must master our desires if they are not to master us.

מִי יִתֶּנְךָ כְּאָח *If only you could have been my brother.* Having suggested to the Lover that they leave together, the beloved reflects on their situation here, now, in the city, in public, in the world with its powers and principalities. They cannot show affection for one another, which they could if they were

ד אַל־יֶחְסַר הַמָּזֶג בִּטְנֵךְ עֲרֵמַת חִטִּים סוּגָה בַּשּׁוֹשַׁנִּים: שְׁנֵי שָׁדַיִךְ
ה כִּשְׁנֵי עֳפָרִים תָּאֳמֵי צְבִיָּה: צַוָּארֵךְ כְּמִגְדַּל הַשֵּׁן עֵינַיִךְ בְּרֵכוֹת
בְּחֶשְׁבּוֹן עַל־שַׁעַר בַּת־רַבִּים אַפֵּךְ כְּמִגְדַּל הַלְּבָנוֹן צוֹפֶה פְּנֵי
ו דַמָּשֶׂק: רֹאשֵׁךְ עָלַיִךְ כַּכַּרְמֶל וְדַלַּת רֹאשֵׁךְ כָּאַרְגָּמָן מֶלֶךְ אָסוּר
ז ח בָּרְהָטִים: מַה־יָּפִית וּמַה־נָּעַמְתְּ אַהֲבָה בַּתַּעֲנוּגִים: זֹאת קוֹמָתֵךְ
ט דָּמְתָה לְתָמָר וְשָׁדַיִךְ לְאַשְׁכֹּלוֹת: אָמַרְתִּי אֶעֱלֶה בְתָמָר אֹחֲזָה
בְּסַנְסִנָּיו וְיִהְיוּ־נָא שָׁדַיִךְ כְּאֶשְׁכְּלוֹת הַגֶּפֶן וְרֵיחַ אַפֵּךְ כַּתַּפּוּחִים:
י יא וְחִכֵּךְ כְּיֵין הַטּוֹב הוֹלֵךְ לְדוֹדִי לְמֵישָׁרִים דּוֹבֵב שִׂפְתֵי יְשֵׁנִים: אֲנִי
יב לְדוֹדִי וְעָלַי תְּשׁוּקָתוֹ: לְכָה דוֹדִי נֵצֵא הַשָּׂדֶה נָלִינָה בַּכְּפָרִים:
יג נַשְׁכִּימָה לַכְּרָמִים נִרְאֶה אִם־פָּרְחָה הַגֶּפֶן פִּתַּח הַסְּמָדַר הֵנֵצוּ
יד הָרִמּוֹנִים שָׁם אֶתֵּן אֶת־דֹּדַי לָךְ: הַדּוּדָאִים נָתְנוּ־רֵיחַ וְעַל־
א פְּתָחֵינוּ כָּל־מְגָדִים חֲדָשִׁים גַּם־יְשָׁנִים דּוֹדִי צָפַנְתִּי לָךְ: מִי
יִתֶּנְךָ כְּאָח לִי יוֹנֵק שְׁדֵי אִמִּי אֶמְצָאֲךָ בַחוּץ אֶשָּׁקְךָ גַּם לֹא־יָבֻזוּ

One-to-whom-peace-belongs. She is dancing. In the first part of the verse the friends ask her to turn around so that they can see her from all angles. At this point the Lover interrupts, singing yet another song of praise to her beauty, this time starting from her feet, since she is dancing.

As His description reaches her mouth, she interrupts and continues the song. We find ourselves back where we began, with a kiss compared to wine. Now it is the turn of the woman to say that the two of them should go away together into the spring countryside.

וְעָלַי תְּשׁוּקָתוֹ *And his longing is for me.* A fine instance of intertextuality. The word "longing," *teshuka,* appears only twice elsewhere in Tanakh, in God's curse to Eve, "Your *longing* will be for your husband, and he will rule over you" (Gen. 3:16), and His warning to Cain about the danger of the violent anger he is feeling toward Abel: "Sin is crouching at your door; it *longs to have you,* but you must rule over it" (Gen. 4:7). In both places, longing is about the dangerous power of passion. It will cause Eve to be subservient to her husband

would teach me. I would give you to drink, spiced wine, my pomegranate juice. My head rests in his left hand, and his right arm is around me. Swear to me, daughters of Jerusalem, tell me, why do you seek to waken, why to rouse, this love before its time?

[*Friends*] Who is this, rising from the desert, leaning on her beloved?

[*She*] Beneath the apple tree I woke you; where your mother bore you, where in suffering she gave you birth. Set me like a seal upon your heart, like the seal upon your arm – for love is as powerful as death itself, and jealousy as unyielding as the grave; it burns with sparks of fire, with the LORD's own flame. Great waters cannot quench love, nor torrents sweep it by. If a man offered all his inheritance for love – they would laugh him to shame.

כִּי־עַזָּה כַמָּוֶת אַהֲבָה *Love is as powerful as death itself.* Both are inexorable, irresistible forces. Death is the extinction of self into nothingness. Love is the extinction of self into the Other. There is similarity, but the difference is total. Giving myself to the Other, I live in the Other's life. If the Other is eternal, then I am made eternal by our love. Thus the love of God is the force that defeats mortality.

קָשָׁה כִשְׁאוֹל קִנְאָה *Jealousy as unyielding as the grave.* Love is single-minded devotion. Lovers belong to one another at the deepest level of their being. Therefore, any kind of betrayal of that relationship is an ultimate wound and causes existential pain. *The grave*: the Hebrew word *She'ol* means the underworld, the realm of death.

רְשָׁפֶיהָ רִשְׁפֵּי אֵשׁ... מַיִם רַבִּים לֹא יוּכְלוּ לְכַבּוֹת אֶת־הָאַהֲבָה *It burns with sparks of fire... Great waters cannot quench love.* Love is fire. It warms but it can also burn. It bonds but it can also destroy. It is a primal force and must be guarded with absolute care. Here, for the first time, we encounter the other side of love. It is not simply the carefree, springtime idyll we have encountered until now in the Song. It demands total fidelity if it is not to become a consuming fire. Noting that the biblical words for man and woman, *ish* and *isha*, are composed of the word *esh*, "fire," with the addition of the letters *yod* and *heh*, which spell the divine name, Rabbi Meir said: "If they are worthy, the Divine Presence is between them. If they are unworthy, fire consumes them" (*Pesikta Zutreta*, Gen. 2).

לִי׃ אֶנְהָגְךָ אֲבִיאֲךָ אֶל־בֵּית אִמִּי תְּלַמְּדֵנִי אַשְׁקְךָ מִיַּיִן הָרֶקַח ב
מֵעֲסִיס רִמֹּנִי׃ שְׂמֹאלוֹ תַּחַת רֹאשִׁי וִימִינוֹ תְּחַבְּקֵנִי׃ הִשְׁבַּעְתִּי ג ד
אֶתְכֶם בְּנוֹת יְרוּשָׁלָ͏ִם מַה־תָּעִירוּ ׀ וּמַה־תְּעֹרְרוּ אֶת־הָאַהֲבָה
עַד שֶׁתֶּחְפָּץ׃ מִי זֹאת עֹלָה מִן־הַמִּדְבָּר מִתְרַפֶּקֶת ה
עַל־דּוֹדָהּ תַּחַת הַתַּפּוּחַ עוֹרַרְתִּיךָ שָׁמָּה חִבְּלַתְךָ אִמֶּךָ שָׁמָּה
חִבְּלָה יְלָדַתְךָ׃ שִׂימֵנִי כַחוֹתָם עַל־לִבֶּךָ כַּחוֹתָם עַל־זְרוֹעֶךָ ו
כִּי־עַזָּה כַמָּוֶת אַהֲבָה קָשָׁה כִשְׁאוֹל קִנְאָה רְשָׁפֶיהָ רִשְׁפֵּי אֵשׁ
שַׁלְהֶבֶתְיָה׃ מַיִם רַבִּים לֹא יוּכְלוּ לְכַבּוֹת אֶת־הָאַהֲבָה וּנְהָרוֹת ז
לֹא יִשְׁטְפוּהָ אִם־יִתֵּן אִישׁ אֶת־כָּל־הוֹן בֵּיתוֹ בָּאַהֲבָה בּוֹז יָבוּזוּ

---

brother and sister. If only they were, or people thought they were, they could spend idyllic time in one another's company. At this thought, feeling her passion rising again, for the third time she urges her friends to encourage her to stay calm.

מִי זֹאת עֹלָה מִן־הַמִּדְבָּר *Who is this, rising from the desert.* Here the Song rises to a momentous climax. No longer does it focus on the lovers and their feelings for one another. Instead it speaks of love itself, its sublime power and its danger. It begins with a rhetorical question asked by the chorus, similar to the one in 3:6. There, though, what was seen was a royal procession; here it is simply Lover and beloved, He supporting her. They are "rising from the desert" – deeply suggestive in the context of Pesaḥ and the exodus story. Here are God and Israel pictured as a loving couple emerging from a long stay in the wilderness together.

תַּחַת הַתַּפּוּחַ *Beneath the apple tree.* The sages related this to Mount Sinai. There, the love between God and Israel was consummated. There the nation was born (*Shir HaShirim Raba*).

שִׂימֵנִי כַחוֹתָם *Set me like a seal.* People wore seals which they pressed into soft clay as a form of signature attesting to a document. A seal was thus a sign of identity. The beloved is asking the Lover to let her be to Him what He is to Himself, part of His identity, indelible.

[*The Brothers*] We have a little sister, her breasts are not yet grown; what shall we do for our sister when a man comes for her? If she were a wall we would build a silver watchtower; if a door, then we would bar her up with cedar.

[*She*] But I am a wall. My breasts are like towers. It was when I was so that I found peace in his eyes.

Once, Solomon had a vineyard at Ba'al Hamon. He gave the vineyard over to the keepers; each keeper brought him in a silver thousand from the fruits. My vineyard stands before me, my own: Solomon, keep your thousand; pay two hundred to each keeper of the vines.

[*He*] "You who still sit in the gardens, friends listen for your voice. Have me hear."

[*She*] Away with you, my beloved, like a gazelle, or a young deer, over perfumed hills.

---

endedness that defies literary convention, with its expectation of "the sense of an ending." The story of Abraham begins with the promise of a land, but Genesis ends with his children in exile. Exodus begins with the promise of return, but Deuteronomy ends with the people still on the far side of the Jordan. The book of Joshua details the conquest of the land, but exile follows, and Tanakh ends with the people still in Babylon. Tanakh lacks closure because it opens into life, into our not-yet-written future. So the Song of Songs ends with the beloved telling the Lover to leave because she wants to be alone with Him in intimate privacy. They will meet and be together, but not here, not yet.

In the end their love has still not reached closure. Much turns on the episode at the beginning of chapter 5 when the beloved fails to rise to answer the door as her Lover knocks. The beloved is caught between delay and desire. And so the story continues, as life, the Jewish people, and its search for God continue. If only, the Song suggests, we could replay the scene, rewind history and start again, knowing what we know now. But such is the human condition; life is lived forward yet understood backwards. Only in retrospect, telling the story, do we see the fateful hesitations, the might-have-beens of history.

The Song says what in much of the rest of Tanakh is left unsaid. The extraordinary story of the Jewish people, with all its twists and turns, its triumphs and tragedies, its exiles and homecomings, is ultimately the story of the love of God for a people, and the love of a people for God.

ח לוֹ: אָחוֹת לָנוּ קְטַנָּה וְשָׁדַיִם אֵין לָהּ מַה־נַּעֲשֶׂה
ט לַאֲחוֹתֵנוּ בַּיּוֹם שֶׁיְּדֻבַּר־בָּהּ: אִם־חוֹמָה הִיא נִבְנֶה עָלֶיהָ טִירַת
י כָּסֶף וְאִם־דֶּלֶת הִיא נָצוּר עָלֶיהָ לוּחַ אָרֶז: אֲנִי חוֹמָה וְשָׁדַי
יא כַּמִּגְדָּלוֹת אָז הָיִיתִי בְעֵינָיו כְּמוֹצְאֵת שָׁלוֹם: כֶּרֶם הָיָה לִשְׁלֹמֹה
בְּבַעַל הָמוֹן נָתַן אֶת־הַכֶּרֶם לַנֹּטְרִים אִישׁ יָבִא בְּפִרְיוֹ אֶלֶף כָּסֶף:
יב כַּרְמִי שֶׁלִּי לְפָנָי הָאֶלֶף לְךָ שְׁלֹמֹה וּמָאתַיִם לְנֹטְרִים אֶת־פִּרְיוֹ:
יג יד הַיּוֹשֶׁבֶת בַּגַּנִּים חֲבֵרִים מַקְשִׁיבִים לְקוֹלֵךְ הַשְׁמִיעִנִי: בְּרַח ׀ דּוֹדִי
וּדְמֵה־לְךָ לִצְבִי אוֹ לְעֹפֶר הָאַיָּלִים עַל הָרֵי בְשָׂמִים:

אָחוֹת לָנוּ קְטַנָּה *We have a little sister.* After the intensity of the previous verses – the true climax of the Song – there follow two brief, sharp scenes in which the young woman, the beloved, asserts her independence from male dominance, first in the form of her two elder brothers, then of King Solomon himself. Both scenes refer back to a line near the beginning of the Song: "My mother's sons were furious. They made me a keeper of the vineyards; my own vineyard, I did not keep" (1:6). The woman's older brothers think of their sister as young and immature and in need of their protection. *But I am a wall*: She replies that she is old enough to take care of herself.

בְעֵינָיו כְּמוֹצְאֵת שָׁלוֹם *I found peace in his eyes.* This is a biblical phrase for finding approval; however, in this context it carries additional resonance. Young men need not do battle for her affections. She has already found peace in love.

כֶּרֶם הָיָה לִשְׁלֹמֹה *Once, Solomon had a vineyard.* The mention of "peace" in the previous verse recalls the name *Shlomo*, King Solomon, an underlying presence throughout the Song; and the appearance of the brothers reminds the beloved that until now she has been forced to look after their vineyard while neglecting her own. She is no longer willing to do so, not for her brothers, nor even for the king himself. Even were he to pay her she would still be uninterested, since she has found love, worth more (as she has just said) than any wealth.

הַיּוֹשֶׁבֶת בַּגַּנִּים *You who still sit in the gardens.* The last scene is a deliberate opening into the future. There is, in biblical narrative, a conspicuous open-

MOURNER'S KADDISH

The following prayer, said by mourners, requires the presence of a minyan.
A transliteration can be found on page 1289.

Mourner: יִתְגַּדַּל Magnified and sanctified
may His great name be,
in the world He created by His will.
May He establish His kingdom
in your lifetime and in your days,
and in the lifetime of all the house of Israel,
swiftly and soon –
and say: Amen.

All: May His great name be blessed for ever and all time.

Mourner: Blessed and praised,
glorified and exalted,
raised and honored,
uplifted and lauded
be the name of the Holy One,
blessed be He,
beyond any blessing,
song, praise and consolation
uttered in the world –
and say: Amen.

May there be great peace from heaven,
and life for us and all Israel –
and say: Amen.

Bow, take three steps back, as if taking leave of the Divine Presence,
then bow, first left, then right, then center, while saying:

May He who makes peace in His high places,
make peace for us and all Israel –
and say: Amen.

On Yom Tov, turn to page 530.

קדיש יתום

The following prayer, said by mourners, requires the presence of a מנין.
A transliteration can be found on page 1289.

אבל יִתְגַּדַּל וְיִתְקַדַּשׁ שְׁמֵהּ רַבָּא (קהל אָמֵן)
בְּעָלְמָא דִּי בְרָא כִרְעוּתֵהּ
וְיַמְלִיךְ מַלְכוּתֵהּ
בְּחַיֵּיכוֹן וּבְיוֹמֵיכוֹן וּבְחַיֵּי דְּכָל בֵּית יִשְׂרָאֵל
בַּעֲגָלָא וּבִזְמַן קָרִיב
וְאִמְרוּ אָמֵן. (קהל אָמֵן)

קהל ואבל יְהֵא שְׁמֵהּ רַבָּא מְבָרַךְ לְעָלַם וּלְעָלְמֵי עָלְמַיָּא.

אבל יִתְבָּרַךְ וְיִשְׁתַּבַּח וְיִתְפָּאַר
וְיִתְרוֹמַם וְיִתְנַשֵּׂא וְיִתְהַדָּר וְיִתְעַלֶּה וְיִתְהַלָּל
שְׁמֵהּ דְּקֻדְשָׁא בְּרִיךְ הוּא (קהל בְּרִיךְ הוּא)
לְעֵלָּא מִן כָּל בִּרְכָתָא וְשִׁירָתָא, תֻּשְׁבְּחָתָא וְנֶחֱמָתָא
דַּאֲמִירָן בְּעָלְמָא
וְאִמְרוּ אָמֵן. (קהל אָמֵן)

יְהֵא שְׁלָמָא רַבָּא מִן שְׁמַיָּא
וְחַיִּים, עָלֵינוּ וְעַל כָּל יִשְׂרָאֵל
וְאִמְרוּ אָמֵן. (קהל אָמֵן)

Bow, take three steps back, as if taking leave of the Divine Presence,
then bow, first left, then right, then center, while saying:

עֹשֶׂה שָׁלוֹם בִּמְרוֹמָיו
הוּא יַעֲשֶׂה שָׁלוֹם עָלֵינוּ וְעַל כָּל יִשְׂרָאֵל
וְאִמְרוּ אָמֵן. (קהל אָמֵן)

On יום טוב, *turn to page 531.*

REMOVING THE TORAH FROM THE ARK

אֵין־כָּמְוֹךָ There is none like You among the heavenly powers, *Ps. 86*
LORD, and there are no works like Yours.
Your kingdom is an eternal kingdom, *Ps. 145*
and Your dominion is for all generations.

The LORD is King, the LORD was King,
the LORD shall be King for ever and all time.
The LORD will give strength to His people; *Ps. 29*
the LORD will bless His people with peace.

Father of compassion,
favor Zion with Your goodness; rebuild the walls of Jerusalem. *Ps. 51*
For we trust in You alone, King, God,
high and exalted, Master of worlds.

The Ark is opened and the congregation stands. All say:

וַיְהִי בִּנְסֹעַ Whenever the Ark set out, Moses would say, *Num. 10*
"Arise, LORD, and may Your enemies be scattered.
May those who hate You flee before You."
For the Torah shall come forth from Zion, *Is. 2*
and the word of the LORD from Jerusalem.
Blessed is He who in His holiness
gave the Torah to His people Israel.

Zohar, Vayak-hel

Blessed is the name of the Master of the Universe. Blessed is Your crown and Your place. May Your favor always be with Your people Israel. Show Your people the salvation of Your right hand in Your Temple. Grant us the gift of Your good light, and accept our prayers in mercy. May it be Your will to prolong our life in goodness. May I be counted among the righteous, so that You will have compassion on me and protect me and all that is mine and all that is Your people Israel's. You feed all; You sustain all; You rule over all; You rule over kings, for sovereignty is Yours. I am a servant of the Holy One, blessed be He, before whom and before whose glorious Torah I bow at all times. Not in man do I trust, nor on any angel do I rely, but on the God of heaven who is the God of truth, whose Torah is truth, whose prophets speak truth, and who abounds in acts of love and truth. ▸ In Him I trust, and to His holy and glorious name I offer praises. May it be Your will to open my heart to the Torah, and to fulfill the wishes of my heart and of the hearts of all Your people Israel for good, for life, and for peace.

הוצאת ספר תורה

אֵין־כָּמְוֹךָ בָאֱלֹהִים, אֲדֹנָי, וְאֵין כְּמַעֲשֶׂיךָ: תהלים פו

מַלְכוּתְךָ מַלְכוּת כָּל־עֹלָמִים, וּמֶמְשַׁלְתְּךָ בְּכָל־דּוֹר וָדֹר: תהלים קמה

יהוה מֶלֶךְ, יהוה מָלָךְ, יהוה יִמְלֹךְ לְעֹלָם וָעֶד.

יהוה עֹז לְעַמּוֹ יִתֵּן, יהוה יְבָרֵךְ אֶת־עַמּוֹ בַשָּׁלוֹם: תהלים כט

אַב הָרַחֲמִים, הֵיטִיבָה בִרְצוֹנְךָ אֶת־צִיּוֹן תִּבְנֶה חוֹמוֹת יְרוּשָׁלָםִ: תהלים נא

כִּי בְךָ לְבַד בָּטָחְנוּ, מֶלֶךְ אֵל רָם וְנִשָּׂא, אֲדוֹן עוֹלָמִים.

The ארון קודש *is opened and the* קהל *stands. All say:*

וַיְהִי בִּנְסֹעַ הָאָרֹן וַיֹּאמֶר מֹשֶׁה במדבר י

קוּמָה יהוה וְיָפֻצוּ אֹיְבֶיךָ וְיָנֻסוּ מְשַׂנְאֶיךָ מִפָּנֶיךָ:

כִּי מִצִּיּוֹן תֵּצֵא תוֹרָה וּדְבַר־יהוה מִירוּשָׁלָםִ: ישעיה ב

בָּרוּךְ שֶׁנָּתַן תּוֹרָה לְעַמּוֹ יִשְׂרָאֵל בִּקְדֻשָּׁתוֹ.

זוהר ויקהל בְּרִיךְ שְׁמֵהּ דְּמָרֵא עָלְמָא, בְּרִיךְ כִּתְרָךְ וְאַתְרָךְ. יְהֵא רְעוּתָךְ עִם עַמָּךְ יִשְׂרָאֵל לְעָלַם, וּפֻרְקַן יְמִינָךְ אַחֲזֵי לְעַמָּךְ בְּבֵית מַקְדְּשָׁךְ, וּלְאַמְטוּיֵי לַנָא מִטּוּב נְהוֹרָךְ, וּלְקַבֵּל צְלוֹתַנָא בְּרַחֲמִין. יְהֵא רַעֲוָא קֳדָמָךְ דְּתוֹרִיךְ לַן חַיִּין בְּטִיבוּ, וְלֶהֱוֵי אֲנָא פְּקִידָא בְּגוֹ צַדִּיקַיָּא, לְמִרְחַם עָלַי וּלְמִנְטַר יָתִי וְיַת כָּל דִּי לִי וְדִי לְעַמָּךְ יִשְׂרָאֵל. אַנְתְּ הוּא זָן לְכֹלָּא וּמְפַרְנֵס לְכֹלָּא, אַנְתְּ הוּא שַׁלִּיט עַל כֹּלָּא, אַנְתְּ הוּא דְּשַׁלִּיט עַל מַלְכַיָּא, וּמַלְכוּתָא דִּילָךְ הִיא. אֲנָא עַבְדָּא דְקֻדְשָׁא בְּרִיךְ הוּא, דְּסָגֵדְנָא קַמֵּהּ וּמִקַּמֵּי דִּיקַר אוֹרַיְתֵהּ בְּכָל עִדָּן וְעִדָּן. לָא עַל אֱנָשׁ רָחִיצְנָא וְלָא עַל בַּר אֱלָהִין סָמִיכְנָא, אֶלָּא בֶּאֱלָהָא דִשְׁמַיָּא, דְּהוּא אֱלָהָא קְשׁוֹט, וְאוֹרַיְתֵהּ קְשׁוֹט, וּנְבִיאוֹהִי קְשׁוֹט, וּמַסְגֵּא לְמֶעְבַּד טַבְוָן וּקְשׁוֹט. ◂ בֵּהּ אֲנָא רָחִיץ, וְלִשְׁמֵהּ קַדִּישָׁא יַקִּירָא אֲנָא אֵמַר תֻּשְׁבְּחָן. יְהֵא רַעֲוָא קֳדָמָךְ דְּתִפְתַּח לִבַּאי בְּאוֹרַיְתָא, וְתַשְׁלִים מִשְׁאֲלִין דְּלִבַּאי וְלִבָּא דְכָל עַמָּךְ יִשְׂרָאֵל לְטָב וּלְחַיִּין וְלִשְׁלָם.

*Two Torah scrolls are removed from the Ark. The Leader takes one
in his right arm and, followed by the congregation, says:*

Listen, Israel: the LORD is our God, the LORD is One.   *Deut. 6*

Leader then congregation:

One is our God; great is our Master; holy is His name.

The Leader takes the Torah scroll in his right arm, bows toward the Ark and says:

Magnify the LORD with me, and let us exalt His name together.   *Ps. 34*

The Ark is closed. The Leader carries the Torah scroll to the bima and the congregation says:

לְךָ Yours, LORD, are the greatness and the power, the glory and the   *1 Chr. 29*
majesty and splendor, for everything in heaven and earth is Yours.
Yours, LORD, is the kingdom; You are exalted as Head over all.

רוֹמְמוּ Exalt the LORD our God and bow to His footstool; He is holy.   *Ps. 99*
Exalt the LORD our God, and bow at His holy mountain, for holy
is the LORD our God.

Over all may the name of the Supreme King of kings, the Holy One blessed be
He, be magnified and sanctified, praised and glorified, exalted and extolled, in the
worlds that He has created – this world and the World to Come – in accordance
with His will, and the will of those who fear Him, and the will of the whole house
of Israel. He is the Rock of worlds, LORD of all creatures, God of all souls, who
dwells in the spacious heights and inhabits the high heavens of old. His holiness is
over the Ḥayyot and over the throne of glory. Therefore may Your name, LORD our
God, be sanctified among us in the sight of all that lives. Let us sing before Him a
new song, as it is written: "Sing to God, make music for His name, extol Him who   *Ps. 68*
rides the clouds – the LORD is His name – and exult before Him." And may we see
Him eye to eye when He returns to His abode as it is written: "For they shall see   *Is. 52*
eye to eye when the LORD returns to Zion." And it is said: "Then will the glory of   *Is. 40*
the LORD be revealed, and all mankind together shall see that the mouth of the
LORD has spoken."

Father of mercy, have compassion on the people borne by Him. May He remember
the covenant with the mighty (patriarchs), and deliver us from evil times. May He
reproach the evil instinct in the people by Him, and graciously grant that we be
an eternal remnant. May He fulfill in good measure our requests for salvation and
compassion.

Two ספרי תורה *are removed from the* ארון קודש*. The* שליח ציבור *takes one in his right arm and, followed by the* קהל*, says:*

דברים ו

שְׁמַע יִשְׂרָאֵל, יהוה אֱלֹהֵינוּ, יהוה אֶחָד:

קהל *then* שליח ציבור*:*

אֶחָד אֱלֹהֵינוּ, גָּדוֹל אֲדוֹנֵינוּ, קָדוֹשׁ שְׁמוֹ.

The שליח ציבור *takes the* ספר תורה *in his right arm, bows toward the* ארון קודש *and says:*

תהלים לד

גַּדְּלוּ לַיהוה אִתִּי וּנְרוֹמְמָה שְׁמוֹ יַחְדָּו:

The ארון קודש *is closed. The* שליח ציבור *carries the* ספר תורה *to the* בימה *and the* קהל *says:*

דברי הימים א׳ כט

לְךָ יהוה הַגְּדֻלָּה וְהַגְּבוּרָה וְהַתִּפְאֶרֶת וְהַנֵּצַח וְהַהוֹד, כִּי־כֹל בַּשָּׁמַיִם וּבָאָרֶץ, לְךָ יהוה הַמַּמְלָכָה וְהַמִּתְנַשֵּׂא לְכֹל לְרֹאשׁ:

תהלים צט

רוֹמְמוּ יהוה אֱלֹהֵינוּ וְהִשְׁתַּחֲווּ לַהֲדֹם רַגְלָיו, קָדוֹשׁ הוּא: רוֹמְמוּ יהוה אֱלֹהֵינוּ וְהִשְׁתַּחֲווּ לְהַר קָדְשׁוֹ, כִּי־קָדוֹשׁ יהוה אֱלֹהֵינוּ:

עַל הַכֹּל יִתְגַּדַּל וְיִתְקַדַּשׁ וְיִשְׁתַּבַּח וְיִתְפָּאַר וְיִתְרוֹמַם וְיִתְנַשֵּׂא שְׁמוֹ שֶׁל מֶלֶךְ מַלְכֵי הַמְּלָכִים הַקָּדוֹשׁ בָּרוּךְ הוּא בָּעוֹלָמוֹת שֶׁבָּרָא, הָעוֹלָם הַזֶּה וְהָעוֹלָם הַבָּא, כִּרְצוֹנוֹ וְכִרְצוֹן יְרֵאָיו וְכִרְצוֹן כָּל בֵּית יִשְׂרָאֵל. צוּר הָעוֹלָמִים, אֲדוֹן כָּל הַבְּרִיּוֹת, אֱלוֹהַּ כָּל הַנְּפָשׁוֹת, הַיּוֹשֵׁב בְּמֶרְחֲבֵי מָרוֹם, הַשּׁוֹכֵן בִּשְׁמֵי שְׁמֵי קֶדֶם, קְדֻשָּׁתוֹ עַל הַחַיּוֹת, וּקְדֻשָּׁתוֹ עַל כִּסֵּא הַכָּבוֹד. וּבְכֵן יִתְקַדַּשׁ שִׁמְךָ בָּנוּ יהוה
תהלים סח אֱלֹהֵינוּ לְעֵינֵי כָּל חָי, וְנֹאמַר לְפָנָיו שִׁיר חָדָשׁ, כַּכָּתוּב: שִׁירוּ לֵאלֹהִים זַמְּרוּ שְׁמוֹ, סֹלּוּ לָרֹכֵב בָּעֲרָבוֹת, בְּיָהּ שְׁמוֹ, וְעִלְזוּ לְפָנָיו: וְנִרְאֵהוּ עַיִן בְּעַיִן בְּשׁוּבוֹ
ישעיה מ אֶל נָוֵהוּ, כַּכָּתוּב: כִּי עַיִן בְּעַיִן יִרְאוּ בְּשׁוּב יהוה צִיּוֹן: וְנֶאֱמַר: וְנִגְלָה כְּבוֹד יהוה, וְרָאוּ כָל־בָּשָׂר יַחְדָּו כִּי פִּי יהוה דִּבֵּר:

אַב הָרַחֲמִים הוּא יְרַחֵם עַם עֲמוּסִים, וְיִזְכֹּר בְּרִית אֵיתָנִים, וְיַצִּיל נַפְשׁוֹתֵינוּ מִן הַשָּׁעוֹת הָרָעוֹת, וְיִגְעַר בְּיֵצֶר הָרָע מִן הַנְּשׂוּאִים, וְיָחֹן אוֹתָנוּ לִפְלֵיטַת עוֹלָמִים, וִימַלֵּא מִשְׁאֲלוֹתֵינוּ בְּמִדָּה טוֹבָה יְשׁוּעָה וְרַחֲמִים.

The Torah scroll is placed on the bima and the Gabbai calls a Kohen to the Torah.

וְיַעֲזֹר May He help, shield and save all who seek refuge in Him,
and let us say: Amen. Let us all render greatness to our God
and give honor to the Torah. *Let the Kohen come forward.
Arise (*name* son of *father's name*), the Kohen.

> *If no Kohen is present, a Levi or Yisrael is called up as follows:*
> /As there is no Kohen, arise (*name* son of *father's name*) in place of a Kohen./

Blessed is He who, in His holiness, gave the Torah to His people Israel.

The congregation followed by the Gabbai:
You who cling to the LORD your God are all alive today.   *Deut. 4*

The Reader shows the oleh the section to be read.
The oleh touches the scroll at that place with the tzitzit of his tallit,
which he then kisses. Holding the handles of the scroll, he says:

Oleh: Bless the LORD, the blessed One.

Cong: Bless the LORD, the blessed One, for ever and all time.

Oleh: Bless the LORD, the blessed One, for ever and all time.

Blessed are You, LORD our God, King of the Universe,
who has chosen us from all peoples
and has given us His Torah.
Blessed are You, LORD, Giver of the Torah.

After the reading, the oleh says:
Oleh: Blessed are You, LORD our God, King of the Universe,
who has given us the Torah of truth,
planting everlasting life in our midst.
Blessed are You, LORD, Giver of the Torah.

After a Bar Mitzva boy has finished the Torah blessing,
his father says aloud:
Blessed is He who has released me
from the responsibility for this child.

The ספר תורה *is placed on the* שולחן *and the* גבאי *calls a* כהן *to the* תורה.

וְיַעֲזֹר וְיָגֵן וְיוֹשִׁיעַ לְכָל הַחוֹסִים בּוֹ, וְנֹאמַר אָמֵן. הַכֹּל הָבוּ גֹדֶל לֵאלֹהֵינוּ וּתְנוּ כָבוֹד לַתּוֹרָה. *כֹּהֵן קְרַב, יַעֲמֹד (פלוני בֶּן פלוני) הַכֹּהֵן.

**If no* כהן *is present, a* לוי *or* ישראל *is called up as follows:*

/אֵין כָּאן כֹּהֵן, יַעֲמֹד (פלוני בֶּן פלוני) בִּמְקוֹם כֹּהֵן./

בָּרוּךְ שֶׁנָּתַן תּוֹרָה לְעַמּוֹ יִשְׂרָאֵל בִּקְדֻשָּׁתוֹ.

The קהל *followed by the* גבאי*:*

וְאַתֶּם הַדְּבֵקִים בַּיהוה אֱלֹהֵיכֶם חַיִּים כֻּלְּכֶם הַיּוֹם: דברים ד

The קורא *shows the* עולה *the section to be read.*
The עולה *touches the scroll at that place with the* ציצית *of his* טלית*,*
which he then kisses. Holding the handles of the scroll, he says:

עולה: בָּרְכוּ אֶת יהוה הַמְבֹרָךְ.

קהל: בָּרוּךְ יהוה הַמְבֹרָךְ לְעוֹלָם וָעֶד.

עולה: בָּרוּךְ יהוה הַמְבֹרָךְ לְעוֹלָם וָעֶד.

בָּרוּךְ אַתָּה יהוה, אֱלֹהֵינוּ מֶלֶךְ הָעוֹלָם
אֲשֶׁר בָּחַר בָּנוּ מִכָּל הָעַמִּים
וְנָתַן לָנוּ אֶת תּוֹרָתוֹ.
בָּרוּךְ אַתָּה יהוה, נוֹתֵן הַתּוֹרָה.

After the קריאת התורה*, the* עולה *says:*

עולה: בָּרוּךְ אַתָּה יהוה אֱלֹהֵינוּ מֶלֶךְ הָעוֹלָם
אֲשֶׁר נָתַן לָנוּ תּוֹרַת אֱמֶת
וְחַיֵּי עוֹלָם נָטַע בְּתוֹכֵנוּ.
בָּרוּךְ אַתָּה יהוה, נוֹתֵן הַתּוֹרָה.

After a בר מצווה *has finished the* תורה *blessing, his father says aloud:*

בָּרוּךְ שֶׁפְּטָרַנִי מֵעָנְשׁוֹ שֶׁלָּזֶה.

FOR AN OLEH

May He who blessed our fathers, Abraham, Isaac and Jacob, bless (*name, son of father's name*) who has been called up in honor of the All-Present, in honor of the Torah, and in honor of Shabbat. As a reward for this, may the Holy One, blessed be He, protect and deliver him from all trouble and distress, all infection and illness, and send blessing and success to all the work of his hands , together with all Israel, his brethren, and let us say: Amen.

FOR A SICK MAN

May He who blessed our fathers, Abraham, Isaac and Jacob, Moses and Aaron, David and Solomon, bless and heal one who is ill, (*sick person's name, son of mother's name*), on whose behalf (*name of the one making the offering*) is making a contribution to charity. As a reward for this, may the Holy One, blessed be He, be filled with compassion for him, to restore his health, cure him, strengthen and revive him, sending him a swift and full recovery from heaven to all his 248 organs and 365 sinews, amongst the other sick ones in Israel, a healing of the spirit and a healing of the body – though on Shabbat it is forbidden to cry out, may healing be quick to come – now, swiftly and soon, and let us say: Amen.

FOR A SICK WOMAN

May He who blessed our fathers, Abraham, Isaac and Jacob, Moses and Aaron, David and Solomon, bless and heal one who is ill, (*sick person's name, daughter of mother's name*), on whose behalf (*name of the one making the offering*) is making a contribution to charity. As a reward for this, may the Holy One, blessed be He, be filled with compassion for her, to restore her health, cure her, strengthen and revive her, sending her a swift and full recovery from heaven to all her organs and sinews, amongst the other sick ones in Israel, a healing of the spirit and a healing of the body – though on Shabbat it is forbidden to cry out, may healing be quick to come – now, swiftly and soon, and let us say: Amen.

ON THE BIRTH OF A SON

May He who blessed our fathers, Abraham, Isaac and Jacob, Moses and Aaron, David and Solomon, Sarah, Rebecca, Rachel and Leah, bless

מי שברך לעולה לתורה

מִי שֶׁבֵּרַךְ אֲבוֹתֵינוּ אַבְרָהָם יִצְחָק וְיַעֲקֹב, הוּא יְבָרֵךְ אֶת (פלוני בֶּן פלוני), **בַּעֲבוּר שֶׁעָלָה לִכְבוֹד הַמָּקוֹם וְלִכְבוֹד הַתּוֹרָה וְלִכְבוֹד הַשַּׁבָּת. בִּשְׂכַר זֶה הַקָּדוֹשׁ בָּרוּךְ הוּא יִשְׁמְרֵהוּ וְיַצִּילֵהוּ מִכָּל צָרָה וְצוּקָה וּמִכָּל נֶגַע וּמַחֲלָה, וְיִשְׁלַח בְּרָכָה וְהַצְלָחָה בְּכָל מַעֲשֵׂה יָדָיו עִם כָּל יִשְׂרָאֵל אֶחָיו, וְנֹאמַר אָמֵן.**

מי שברך לחולה

מִי שֶׁבֵּרַךְ אֲבוֹתֵינוּ אַבְרָהָם יִצְחָק וְיַעֲקֹב, מֹשֶׁה וְאַהֲרֹן דָּוִד וּשְׁלֹמֹה הוּא יְבָרֵךְ וִירַפֵּא אֶת הַחוֹלֶה (פלוני בֶּן פלונית) **בַּעֲבוּר שֶׁ**(פלוני בֶּן פלוני) **נוֹדֵר צְדָקָה בַּעֲבוּרוֹ. בִּשְׂכַר זֶה הַקָּדוֹשׁ בָּרוּךְ הוּא יִמָּלֵא רַחֲמִים עָלָיו לְהַחֲלִימוֹ וּלְרַפְּאֹתוֹ וּלְהַחֲזִיקוֹ וּלְהַחֲיוֹתוֹ וְיִשְׁלַח לוֹ מְהֵרָה רְפוּאָה שְׁלֵמָה מִן הַשָּׁמַיִם לִרְמַ״ח אֵבָרָיו וּשְׁסָ״ה גִּידָיו בְּתוֹךְ שְׁאָר חוֹלֵי יִשְׂרָאֵל, רְפוּאַת הַנֶּפֶשׁ וּרְפוּאַת הַגּוּף. שַׁבָּת הִיא מִלִּזְעֹק וּרְפוּאָה קְרוֹבָה לָבוֹא, הַשְׁתָּא בַּעֲגָלָא וּבִזְמַן קָרִיב, וְנֹאמַר אָמֵן.**

מי שברך לחוֹלָה

מִי שֶׁבֵּרַךְ אֲבוֹתֵינוּ אַבְרָהָם יִצְחָק וְיַעֲקֹב, מֹשֶׁה וְאַהֲרֹן דָּוִד וּשְׁלֹמֹה הוּא יְבָרֵךְ וִירַפֵּא אֶת הַחוֹלָה (פלונית בַּת פלונית) **בַּעֲבוּר שֶׁ**(פלוני בֶּן פלוני) **נוֹדֵר צְדָקָה בַּעֲבוּרָהּ. בִּשְׂכַר זֶה הַקָּדוֹשׁ בָּרוּךְ הוּא יִמָּלֵא רַחֲמִים עָלֶיהָ לְהַחֲלִימָהּ וּלְרַפְּאֹתָהּ וּלְהַחֲזִיקָהּ וּלְהַחֲיוֹתָהּ וְיִשְׁלַח לָהּ מְהֵרָה רְפוּאָה שְׁלֵמָה מִן הַשָּׁמַיִם לְכָל אֵבָרֶיהָ וּלְכָל גִּידֶיהָ בְּתוֹךְ שְׁאָר חוֹלֵי יִשְׂרָאֵל, רְפוּאַת הַנֶּפֶשׁ וּרְפוּאַת הַגּוּף. שַׁבָּת הִיא מִלִּזְעֹק וּרְפוּאָה קְרוֹבָה לָבוֹא, הַשְׁתָּא בַּעֲגָלָא וּבִזְמַן קָרִיב, וְנֹאמַר אָמֵן.**

מי שברך ליולדת בן

מִי שֶׁבֵּרַךְ אֲבוֹתֵינוּ אַבְרָהָם יִצְחָק וְיַעֲקֹב, מֹשֶׁה וְאַהֲרֹן דָּוִד וּשְׁלֹמֹה,

the woman (*name,* daughter of *father's name*) who has given birth, and her son who has been born to her as an auspicious sign. Her husband, the child's father, is making a contribution to charity. As a reward for this, may father and mother merit to bring the child into the covenant of Abraham and to a life of Torah, to the marriage canopy and to good deeds, and let us say: Amen.

ON THE BIRTH OF A DAUGHTER

May He who blessed our fathers, Abraham, Isaac and Jacob, Moses and Aaron, David and Solomon, Sarah, Rebecca, Rachel and Leah, bless the woman (*name,* daughter of *father's name*) who has given birth, and her daughter who has been born to her as an auspicious sign; and may her name be called in Israel (*baby's name,* daughter of *father's name*). Her husband, the child's father, is making a contribution to charity. As a reward for this, may father and mother merit to raise her to a life of Torah, to the marriage canopy, and to good deeds, and let us say: Amen.

FOR A BAR MITZVA

May He who blessed our fathers, Abraham, Isaac and Jacob, bless (*name,* son of *father's name*) who has completed thirteen years and attained the age of the commandments, who has been called to the Torah to give praise and thanks to God, may His name be blessed, for all the good He has bestowed on him. May the Holy One, blessed be He, protect and sustain him and direct his heart to be perfect with God, to walk in His ways and keep the commandments all the days of his life, and let us say: Amen.

FOR A BAT MITZVA

May He who blessed our fathers, Abraham, Isaac and Jacob, Sarah, Rebecca, Rachel and Leah, bless (*name,* daughter of *father's name*) who has completed twelve years and attained the age of the commandments, and gives praise and thanks to God, may His name be blessed, for all the good He has bestowed on her. May the Holy One, blessed be He, protect and sustain her and direct her heart to be perfect with God, to walk in His ways and keep the commandments all the days of her life, and let us say: Amen.

שָׂרָה רִבְקָה רָחֵל וְלֵאָה הוּא יְבָרֵךְ אֶת הָאִשָּׁה הַיּוֹלֶדֶת (פלונית בַּת פלוני) וְאֶת בְּנָהּ שֶׁנּוֹלַד לָהּ לְמַזָּל טוֹב בַּעֲבוּר שֶׁבַּעְלָהּ וְאָבִיו נוֹדֵר צְדָקָה בַּעֲדָם. בִּשְׂכַר זֶה יִזְכּוּ אָבִיו וְאִמּוֹ לְהַכְנִיסוֹ בִּבְרִיתוֹ שֶׁל אַבְרָהָם אָבִינוּ וּלְגַדְּלוֹ לְתוֹרָה וּלְחֻפָּה וּלְמַעֲשִׂים טוֹבִים, וְנֹאמַר אָמֵן.

מי שברך ליולדת בת

מִי שֶׁבֵּרַךְ אֲבוֹתֵינוּ אַבְרָהָם יִצְחָק וְיַעֲקֹב, מֹשֶׁה וְאַהֲרֹן דָּוִד וּשְׁלֹמֹה, שָׂרָה רִבְקָה רָחֵל וְלֵאָה הוּא יְבָרֵךְ אֶת הָאִשָּׁה הַיּוֹלֶדֶת (פלונית בַּת פלוני) וְאֶת בִּתָּהּ שֶׁנּוֹלְדָה לָהּ לְמַזָּל טוֹב וְיִקָּרֵא שְׁמָהּ בְּיִשְׂרָאֵל (פלונית בַּת פלוני), בַּעֲבוּר שֶׁבַּעְלָהּ וְאָבִיהָ נוֹדֵר צְדָקָה בַּעֲדָן. בִּשְׂכַר זֶה יִזְכּוּ אָבִיהָ וְאִמָּהּ לְגַדְּלָהּ לְתוֹרָה וּלְחֻפָּה וּלְמַעֲשִׂים טוֹבִים, וְנֹאמַר אָמֵן.

מי שברך לבר מצווה

מִי שֶׁבֵּרַךְ אֲבוֹתֵינוּ אַבְרָהָם יִצְחָק וְיַעֲקֹב הוּא יְבָרֵךְ אֶת (פלוני בֶּן פלוני) שֶׁמָּלְאוּ לוֹ שְׁלֹשׁ עֶשְׂרֵה שָׁנָה וְהִגִּיעַ לְמִצְוֹת, וְעָלָה לַתּוֹרָה, לָתֵת שֶׁבַח וְהוֹדָיָה לְהַשֵּׁם יִתְבָּרַךְ עַל כָּל הַטּוֹבָה שֶׁגָּמַל אִתּוֹ. יִשְׁמְרֵהוּ הַקָּדוֹשׁ בָּרוּךְ הוּא וִיחַיֵּהוּ, וִיכוֹנֵן אֶת לִבּוֹ לִהְיוֹת שָׁלֵם עִם יהוה וְלָלֶכֶת בִּדְרָכָיו וְלִשְׁמֹר מִצְוֹתָיו כָּל הַיָּמִים, וְנֹאמַר אָמֵן.

מי שברך לבת מצווה

מִי שֶׁבֵּרַךְ אֲבוֹתֵינוּ אַבְרָהָם יִצְחָק וְיַעֲקֹב, שָׂרָה רִבְקָה רָחֵל וְלֵאָה, הוּא יְבָרֵךְ אֶת (פלונית בַּת פלוני) שֶׁמָּלְאוּ לָהּ שְׁתֵּים עֶשְׂרֵה שָׁנָה וְהִגִּיעָה לְמִצְוֹת, וְנוֹתֶנֶת שֶׁבַח וְהוֹדָיָה לְהַשֵּׁם יִתְבָּרַךְ עַל כָּל הַטּוֹבָה שֶׁגָּמַל אִתָּהּ. יִשְׁמְרֶהָ הַקָּדוֹשׁ בָּרוּךְ הוּא וִיחַיֶּהָ, וִיכוֹנֵן אֶת לִבָּהּ לִהְיוֹת שָׁלֵם עִם יהוה וְלָלֶכֶת בִּדְרָכָיו וְלִשְׁמֹר מִצְוֹתָיו כָּל הַיָּמִים, וְנֹאמַר אָמֵן.

TORAH READING FOR SHABBAT ḤOL HAMO'ED

Moses said to the LORD: Behold, You have told me to bring this people up [to the Land], but You have yet to inform me whom You shall send along with me; You have told me that You have singled me out and that I have found favor in Your eyes. Now, if I indeed find favor in Your eyes, let me know Your ways, so that I might become acquainted with You, so that I find favor in Your eyes: behold, this people is Your nation! He replied: My presence shall go forth and guide You. He said to Him: If Your countenance does not go with us, do not remove us from this place. How am I to know that I have found favor in Your eyes – I and Your people – if not through Your presence among us? Let me and Your people be chosen from all other nations in the land. *Ex. 33:12*

LEVI

The LORD said to Moses: I shall do this thing that you said, for you have found favor in My eyes, and I recognize you by name. He said: Please, show me Your glory! He said: I shall pass all My beneficence before you, calling out the name of the LORD in your presence, and I shall be gracious to whom I shall be gracious; I shall be merciful to whom I shall be merciful. He said: You cannot see My face, for no man can see Me and live.

SHELISHI

The LORD said: Behold, there is a place near Me, where you can stand upon the rock. When My glory passes, I shall put you in the rock's cave, and cover you with My palm until I pass. Then I shall remove My palm and you shall see My back, but My face may not be seen.

REVI'I

The LORD said to Moses: Carve out two stone tablets for yourself, like the first ones, and I will inscribe on them the same words that were on the first tablets, which you broke. Prepare yourself by morning, for in the morning you shall go up to Mount Sinai and stand before Me there, at the summit. No one shall go up with you, nor shall anyone be seen anywhere on the mountain; even the sheep and cattle may not graze in front of that mountain.

ḤAMISHI

So he carved out two stone tablets like the first ones; Moses arose early in the morning and walked up Mount Sinai as the LORD had commanded him, taking in his hand the two stone tablets. The LORD descended in a cloud, and stood with him there; and proclaimed in the name of the LORD. And the LORD passed by before

קריאה לשבת חול המועד

וַיֹּ֨אמֶר מֹשֶׁ֜ה אֶל־יְהֹוָ֗ה רְ֠אֵ֠ה אַתָּ֞ה אֹמֵ֤ר אֵלַי֙ הַ֣עַל אֶת־הָעָ֣ם הַזֶּ֔ה וְאַתָּה֙ לֹ֣א הֽוֹדַעְתַּ֔נִי אֵ֥ת אֲשֶׁר־תִּשְׁלַ֖ח עִמִּ֑י וְאַתָּ֤ה אָמַ֨רְתָּ֙ יְדַעְתִּ֣יךָ בְשֵׁ֔ם וְגַם־מָצָ֥אתָ חֵ֖ן בְּעֵינָֽי: וְעַתָּ֡ה אִם־נָא֩ מָצָ֨אתִי חֵ֜ן בְּעֵינֶ֗יךָ הוֹדִעֵ֤נִי נָא֙ אֶת־דְּרָכֶ֔ךָ וְאֵדָ֣עֲךָ֔ לְמַ֥עַן אֶמְצָא־חֵ֖ן בְּעֵינֶ֑יךָ וּרְאֵ֕ה כִּ֥י עַמְּךָ֖ הַגּ֥וֹי הַזֶּֽה: וַיֹּאמַ֑ר פָּנַ֥י יֵלֵ֖כוּ וַהֲנִחֹ֥תִי לָֽךְ: וַיֹּ֖אמֶר אֵלָ֑יו אִם־אֵ֤ין פָּנֶ֨יךָ֙ הֹלְכִ֔ים אַֽל־תַּעֲלֵ֖נוּ מִזֶּֽה: וּבַמֶּ֣ה ׀ יִוָּדַ֣ע אֵפ֗וֹא כִּֽי־מָצָ֨אתִי חֵ֤ן בְּעֵינֶ֨יךָ֙ אֲנִ֣י וְעַמֶּ֔ךָ הֲל֖וֹא בְּלֶכְתְּךָ֣ עִמָּ֑נוּ וְנִפְלִ֨ינוּ֙ אֲנִ֣י וְעַמְּךָ֔ מִכָּ֨ל־ הָעָ֔ם אֲשֶׁ֖ר עַל־פְּנֵ֥י הָאֲדָמָֽה:

וַיֹּ֤אמֶר יְהֹוָה֙ אֶל־מֹשֶׁ֔ה גַּ֣ם אֶת־הַדָּבָ֥ר הַזֶּ֛ה אֲשֶׁ֥ר דִּבַּ֖רְתָּ אֶֽעֱשֶׂ֑ה כִּֽי־מָצָ֤אתָ חֵן֙ בְּעֵינַ֔י וָאֵדָֽעֲךָ֖ בְּשֵֽׁם: וַיֹּאמַ֑ר הַרְאֵ֥נִי נָ֖א אֶת־כְּבֹדֶֽךָ: וַיֹּ֗אמֶר אֲנִ֨י אַעֲבִ֤יר כָּל־טוּבִי֙ עַל־פָּנֶ֔יךָ וְקָרָ֧אתִֽי בְשֵׁ֛ם יְהֹוָ֖ה לְפָנֶ֑יךָ

וְחַנֹּתִי֙ אֶת־אֲשֶׁ֣ר אָחֹ֔ן וְרִחַמְתִּ֖י אֶת־אֲשֶׁ֥ר אֲרַחֵֽם: וַיֹּ֕אמֶר לֹ֥א תוּכַ֖ל לִרְאֹ֣ת אֶת־פָּנָ֑י כִּ֛י לֹֽא־יִרְאַ֥נִי הָאָדָ֖ם וָחָֽי: וַיֹּ֣אמֶר יְהֹוָ֔ה הִנֵּ֥ה מָק֖וֹם אִתִּ֑י וְנִצַּבְתָּ֖ עַל־הַצּֽוּר: וְהָיָה֙ בַּעֲבֹ֣ר כְּבֹדִ֔י וְשַׂמְתִּ֖יךָ בְּנִקְרַ֣ת הַצּ֑וּר וְשַׂכֹּתִ֥י כַפִּ֛י עָלֶ֖יךָ עַד־עָבְרִֽי: וַהֲסִרֹתִי֙ אֶת־כַּפִּ֔י וְרָאִ֖יתָ אֶת־אֲחֹרָ֑י וּפָנַ֖י לֹ֥א יֵרָאֽוּ:

וַיֹּ֤אמֶר יְהֹוָה֙ אֶל־מֹשֶׁ֔ה פְּסָל־לְךָ֛ שְׁנֵֽי־לֻחֹ֥ת אֲבָנִ֖ים כָּרִאשֹׁנִ֑ים וְכָתַבְתִּי֙ עַל־הַלֻּחֹ֔ת אֶת־הַדְּבָרִ֔ים אֲשֶׁ֥ר הָי֛וּ עַל־הַלֻּחֹ֥ת הָרִאשֹׁנִ֖ים אֲשֶׁ֥ר שִׁבַּֽרְתָּ: וֶהְיֵ֥ה נָכ֖וֹן לַבֹּ֑קֶר וְעָלִ֤יתָ בַבֹּ֨קֶר֙ אֶל־הַ֣ר סִינַ֔י וְנִצַּבְתָּ֥ לִ֛י שָׁ֖ם עַל־רֹ֥אשׁ הָהָֽר: וְאִישׁ֙ לֹֽא־יַעֲלֶ֣ה עִמָּ֔ךְ וְגַם־אִ֖ישׁ אַל־יֵרָ֣א בְּכָל־הָהָ֑ר גַּם־הַצֹּ֤אן וְהַבָּקָר֙ אַל־יִרְע֔וּ אֶל־מ֖וּל הָהָ֥ר הַהֽוּא:

וַיִּפְסֹ֡ל שְׁנֵֽי־לֻחֹ֨ת אֲבָנִ֜ים כָּרִאשֹׁנִ֗ים וַיַּשְׁכֵּ֨ם מֹשֶׁ֤ה בַבֹּ֨קֶר֙ וַיַּ֨עַל֙ אֶל־הַ֣ר סִינַ֔י כַּאֲשֶׁ֛ר צִוָּ֥ה יְהֹוָ֖ה אֹת֑וֹ וַיִּקַּ֣ח בְּיָד֔וֹ שְׁנֵ֖י לֻחֹ֥ת אֲבָנִֽים: וַיֵּ֤רֶד יְהֹוָה֙

him and proclaimed: "The LORD, the LORD, compassionate and gracious God, slow to anger, abounding in loving-kindness and truth, extending loving-kindness to a thousand generations, forgiving iniquity, rebellion and sin, and absolving [the guilty who repent]; He shall not absolve [those who do not repent], but shall visit the punishment of fathers' sins upon their children and grandchildren to the third and fourth genera-tion." And Moses hastened to bow to the ground, prostrating himself. He said: "O LORD, if I find favor in Your eyes, please, let the LORD go forth in our midst, for this is a stiff-necked people; forgive us our iniquity and our sin, and take us as Your inheritance." He said: "Behold, I will forge a covenant: in the presence of your entire people I will work wonders like none ever formed in all the world or for any nation; this people among whom you dwell shall witness the works of the LORD, for what I will do for you is awesome indeed. Keep what I command you today; I SHISHI shall expel the Amorites, the Canaanites, the Hittites, the Perizzites, the Hivites and the Jebusites for you. Guard yourselves against forging any covenant with the inhabitants of the land that you are about to enter, so that they do not become a snare in your path. Instead, shatter their altars, break apart their sacred pillars, and cut down their worshiped trees. For you may not bow to any other god, for the LORD's name is Jealous; He is a jealous God. [And so do this,] lest you make a covenant with an inhabitant of the land and, when they stray after their gods and offer sac-rifices to them, he invite you to partake of his sacrifice, and you do. And lest you take of his daughters to marry your sons; and these daughters stray after their gods and cause your sons to worship them too. Do not make molten gods for yourselves. Observe the Festival of Matzot: you SHEVI'I shall eat matzot for seven days as I have commanded you, at the season of the month of Aviv, for in the month of Aviv you went out of Egypt. Every firstborn that opens the womb is Mine, as well as every firstborn male of your herd, whether bullock or lamb. A firstborn donkey must be redeemed with a lamb, and if you do not redeem it, you must behead it; each of your own firstborn sons must be redeemed: do not approach Me empty-handed. Six days you shall do your work but on the seventh day you shall rest: in plowing and in sowing seasons too, you must rest. You shall celebrate a Festival of Weeks [Shavuot] at the time of the first

בֶּעָנָן וַיִּתְיַצֵּב עִמּוֹ שָׁם וַיִּקְרָא בְשֵׁם יְהֹוָה: וַיַּעֲבֹר יְהֹוָה ׀ עַל־פָּנָיו
וַיִּקְרָא יְהֹוָה ׀ יְהֹוָה אֵל רַחוּם וְחַנּוּן אֶרֶךְ אַפַּיִם וְרַב־חֶסֶד וֶאֱמֶת:
נֹצֵר חֶסֶד לָאֲלָפִים נֹשֵׂא עָוֺן וָפֶשַׁע וְחַטָּאָה וְנַקֵּה לֹא יְנַקֶּה פֹּקֵד ׀
עֲוֺן אָבוֹת עַל־בָּנִים וְעַל־בְּנֵי בָנִים עַל־שִׁלֵּשִׁים וְעַל־רִבֵּעִים: וַיְמַהֵר
מֹשֶׁה וַיִּקֹּד אַרְצָה וַיִּשְׁתָּחוּ: וַיֹּאמֶר אִם־נָא מָצָאתִי חֵן בְּעֵינֶיךָ
אֲדֹנָי יֵלֶךְ־נָא אֲדֹנָי בְּקִרְבֵּנוּ כִּי עַם־קְשֵׁה־עֹרֶף הוּא וְסָלַחְתָּ לַעֲוֺנֵנוּ
וּלְחַטָּאתֵנוּ וּנְחַלְתָּנוּ: וַיֹּאמֶר הִנֵּה אָנֹכִי כֹּרֵת בְּרִית נֶגֶד כָּל־עַמְּךָ
אֶעֱשֶׂה נִפְלָאֹת אֲשֶׁר לֹא־נִבְרְאוּ בְכָל־הָאָרֶץ וּבְכָל־הַגּוֹיִם וְרָאָה
כָל־הָעָם אֲשֶׁר־אַתָּה בְקִרְבּוֹ אֶת־מַעֲשֵׂה יְהֹוָה כִּי־נוֹרָא הוּא
אֲשֶׁר אֲנִי עֹשֶׂה עִמָּךְ: שְׁמָר־לְךָ אֵת אֲשֶׁר אָנֹכִי מְצַוְּךָ הַיּוֹם הִנְנִי שישי
גֹרֵשׁ מִפָּנֶיךָ אֶת־הָאֱמֹרִי וְהַכְּנַעֲנִי וְהַחִתִּי וְהַפְּרִזִּי וְהַחִוִּי וְהַיְבוּסִי:
הִשָּׁמֶר לְךָ פֶּן־תִּכְרֹת בְּרִית לְיוֹשֵׁב הָאָרֶץ אֲשֶׁר אַתָּה בָּא עָלֶיהָ
פֶּן־יִהְיֶה לְמוֹקֵשׁ בְּקִרְבֶּךָ: כִּי אֶת־מִזְבְּחֹתָם תִּתֹּצוּן וְאֶת־מַצֵּבֹתָם
תְּשַׁבֵּרוּן וְאֶת־אֲשֵׁרָיו תִּכְרֹתוּן: כִּי לֹא תִשְׁתַּחֲוֶה לְאֵל אַחֵר כִּי
יְהֹוָה קַנָּא שְׁמוֹ אֵל קַנָּא הוּא: פֶּן־תִּכְרֹת בְּרִית לְיוֹשֵׁב הָאָרֶץ
וְזָנוּ ׀ אַחֲרֵי אֱלֹהֵיהֶם וְזָבְחוּ לֵאלֹהֵיהֶם וְקָרָא לְךָ וְאָכַלְתָּ מִזִּבְחוֹ:
וְלָקַחְתָּ מִבְּנֹתָיו לְבָנֶיךָ וְזָנוּ בְנֹתָיו אַחֲרֵי אֱלֹהֵיהֶן וְהִזְנוּ אֶת־בָּנֶיךָ
אַחֲרֵי אֱלֹהֵיהֶן: אֱלֹהֵי מַסֵּכָה לֹא תַעֲשֶׂה־לָּךְ: אֶת־חַג הַמַּצּוֹת שביעי
תִּשְׁמֹר שִׁבְעַת יָמִים תֹּאכַל מַצּוֹת אֲשֶׁר צִוִּיתִךָ לְמוֹעֵד חֹדֶשׁ
הָאָבִיב כִּי בְּחֹדֶשׁ הָאָבִיב יָצָאתָ מִמִּצְרָיִם: כָּל־פֶּטֶר רֶחֶם לִי וְכָל־
מִקְנְךָ תִּזָּכָר פֶּטֶר שׁוֹר וָשֶׂה: וּפֶטֶר חֲמוֹר תִּפְדֶּה בְשֶׂה וְאִם־לֹא
תִפְדֶּה וַעֲרַפְתּוֹ כֹּל בְּכוֹר בָּנֶיךָ תִּפְדֶּה וְלֹא־יֵרָאוּ פָנַי רֵיקָם: שֵׁשֶׁת
יָמִים תַּעֲבֹד וּבַיּוֹם הַשְּׁבִיעִי תִּשְׁבֹּת בֶּחָרִישׁ וּבַקָּצִיר תִּשְׁבֹּת: וְחַג
שָׁבֻעֹת תַּעֲשֶׂה לְךָ בִּכּוּרֵי קְצִיר חִטִּים וְחַג הָאָסִיף תְּקוּפַת הַשָּׁנָה:

wheat harvest, and a festival of ingathering [Sukkot] at the completion of the year. Three times a year all males shall present themselves before their Master, the Lord God of Israel. When I conquer nations for you and extend your borders, no one will covet your land when you go up to be seen by the Lord your God, three times each year. Do not slaughter My [Pesaḥ] offering along with leaven; the offering of the Pesaḥ festival must not be allowed to remain until morning. You shall bring the first fruits of your land to the House of the Lord your God. Do not cook a kid in its mother's milk.

HALF KADDISH

Before Maftir is read, the second Sefer Torah is placed on the bima and the Reader says Half Kaddish:

Reader: יִתְגַּדַּל Magnified and sanctified
may His great name be,
in the world He created by His will.
May He establish His kingdom
in your lifetime and in your days,
and in the lifetime of all the house of Israel,
swiftly and soon –
and say: Amen.

All: May His great name be blessed
for ever and all time.

Reader: Blessed and praised,
glorified and exalted,
raised and honored,
uplifted and lauded
be the name of the Holy One, blessed be He,
beyond any blessing,
song, praise and consolation
uttered in the world –
and say: Amen.

שָׁל֥שׁ פְּעָמִ֖ים בַּשָּׁנָ֑ה יֵרָאֶה֙ כָּל־זְכ֣וּרְךָ֔ אֶת־פְּנֵ֛י הָאָדֹ֥ן ׀ יְהוָ֖ה אֱלֹהֵ֥י
יִשְׂרָאֵֽל׃ כִּֽי־אוֹרִ֤ישׁ גּוֹיִם֙ מִפָּנֶ֔יךָ וְהִרְחַבְתִּ֖י אֶת־גְּבֻלֶ֑ךָ וְלֹא־יַחְמֹ֥ד
אִישׁ֙ אֶת־אַרְצְךָ֔ בַּעֲלֹֽתְךָ֗ לֵרָאוֹת֙ אֶת־פְּנֵי֙ יְהוָ֣ה אֱלֹהֶ֔יךָ שָׁלֹ֥שׁ
פְּעָמִ֖ים בַּשָּׁנָֽה׃ לֹֽא־תִשְׁחַ֥ט עַל־חָמֵ֖ץ דַּם־זִבְחִ֑י וְלֹא־יָלִ֣ין לַבֹּ֔קֶר
זֶ֖בַח חַ֥ג הַפָּֽסַח׃ רֵאשִׁ֗ית בִּכּוּרֵי֙ אַדְמָ֣תְךָ֔ תָּבִ֕יא בֵּ֖ית יְהוָ֣ה אֱלֹהֶ֑יךָ
לֹא־תְבַשֵּׁ֥ל גְּדִ֖י בַּחֲלֵ֥ב אִמּֽוֹ׃

חצי קדיש

Before מפטיר *is read, the second* ספר תורה *is placed on the* בימה*, and the* קורא *says* חצי קדיש*:*

קורא: יִתְגַּדַּל וְיִתְקַדַּשׁ שְׁמֵהּ רַבָּא (קהל: אָמֵן)
בְּעָלְמָא דִּי בְרָא כִרְעוּתֵהּ
וְיַמְלִיךְ מַלְכוּתֵהּ
בְּחַיֵּיכוֹן וּבְיוֹמֵיכוֹן וּבְחַיֵּי דְכָל בֵּית יִשְׂרָאֵל
בַּעֲגָלָא וּבִזְמַן קָרִיב
וְאִמְרוּ אָמֵן. (קהל: אָמֵן)

קהל וקורא: יְהֵא שְׁמֵהּ רַבָּא מְבָרַךְ לְעָלַם וּלְעָלְמֵי עָלְמַיָּא.

קורא: יִתְבָּרַךְ וְיִשְׁתַּבַּח וְיִתְפָּאַר וְיִתְרוֹמַם וְיִתְנַשֵּׂא
וְיִתְהַדָּר וְיִתְעַלֶּה וְיִתְהַלָּל
שְׁמֵהּ דְּקֻדְשָׁא בְּרִיךְ הוּא (קהל: בְּרִיךְ הוּא)
לְעֵלָּא מִן כָּל בִּרְכָתָא וְשִׁירָתָא
תֻּשְׁבְּחָתָא וְנֶחֱמָתָא
דַּאֲמִירָן בְּעָלְמָא
וְאִמְרוּ אָמֵן. (קהל: אָמֵן)

HAGBAHA AND GELILA

The Torah scroll is lifted and the congregation says:

וְזֹאת הַתּוֹרָה This is the Torah   *Deut. 4*

that Moses placed before the children of Israel,

at the LORD's commandment, by the hand of Moses.   *Num. 9*

Some add: It is a tree of life to those who grasp it, and those who uphold it are happy. *Prov. 3*
          Its ways are ways of pleasantness, and all its paths are peace.
          Long life is in its right hand; in its left, riches and honor.
          It pleased the LORD for the sake of [Israel's] righteousness,   *Is. 42*
          to make the Torah great and glorious.

The first Torah scroll is bound and covered and the oleh
for Maftir is called to the second Torah scroll.

MAFTIR

וְהִקְרַבְתֶּם And you shall bring an offering consumed by fire, a burnt   *Num.*
offering to the Lord: two young bullocks, one ram, and seven yearling   *28:19–25*
male lambs; they shall be to you unblemished. And you shall perform
their meal-offerings, fine flour mixed with oil, three-tenths of an ephah
for each bull, two-tenths of an ephah for the ram; and one-tenth of an
ephah for each of the seven lambs; and one goat for a sin-offering, to
make atonement for you. All this aside from the morning burnt-offering,
the daily offering; You shall offer all of these as food, on each of the seven
days, a burnt-offering by fire of pleasing aroma to the Lord, along with
the regular daily offering and its libation. On the seventh day there shall
be a sacred assembly: you shall do no laborious work.

HAGBAHA AND GELILA

The second Torah scroll is lifted and the congregation says:

וְזֹאת הַתּוֹרָה This is the Torah   *Deut. 4*

that Moses placed before the children of Israel,

at the LORD's commandment, by the hand of Moses.   *Num. 9*

Some add: It is a tree of life to those who grasp it, and those who uphold it are happy. *Prov. 3*
          Its ways are ways of pleasantness, and all its paths are peace.
          Long life is in its right hand; in its left, riches and honor.
          It pleased the LORD for the sake of [Israel's] righteousness,   *Is. 42*
          to make the Torah great and glorious.

The second Torah scroll is bound and covered and the oleh for Maftir reads the Haftara.

הגבהה וגלילה

The ספר תורה *is lifted and the* קהל *says:*

דברים ד וְזֹאת הַתּוֹרָה אֲשֶׁר־שָׂם מֹשֶׁה לִפְנֵי בְּנֵי יִשְׂרָאֵל:
במדבר ט עַל־פִּי יהוה בְּיַד מֹשֶׁה:

Some add
משלי ג עֵץ־חַיִּים הִיא לַמַּחֲזִיקִים בָּהּ וְתֹמְכֶיהָ מְאֻשָּׁר:
דְּרָכֶיהָ דַרְכֵי־נֹעַם וְכָל־נְתִיבוֹתֶיהָ שָׁלוֹם:
אֹרֶךְ יָמִים בִּימִינָהּ, בִּשְׂמֹאולָהּ עֹשֶׁר וְכָבוֹד:
ישעיה מב יהוה חָפֵץ לְמַעַן צִדְקוֹ יַגְדִּיל תּוֹרָה וְיַאְדִּיר:

The first ספר תורה *is bound and covered and the* עולה *for* מפטיר *is called to the second* ספר תורה.

מפטיר

במדבר כח, יט–כה וְהִקְרַבְתֶּם אִשֶּׁה עֹלָה לַיהוה פָּרִים בְּנֵי־בָקָר שְׁנַיִם וְאַיִל אֶחָד
וְשִׁבְעָה כְבָשִׂים בְּנֵי שָׁנָה תְּמִימִם יִהְיוּ לָכֶם: וּמִנְחָתָם סֹלֶת בְּלוּלָה
בַשָּׁמֶן שְׁלֹשָׁה עֶשְׂרֹנִים לַפָּר וּשְׁנֵי עֶשְׂרֹנִים לָאַיִל תַּעֲשׂוּ: עִשָּׂרוֹן
עִשָּׂרוֹן תַּעֲשֶׂה לַכֶּבֶשׂ הָאֶחָד לְשִׁבְעַת הַכְּבָשִׂים: וּשְׂעִיר חַטָּאת
אֶחָד לְכַפֵּר עֲלֵיכֶם: מִלְּבַד עֹלַת הַבֹּקֶר אֲשֶׁר לְעֹלַת הַתָּמִיד תַּעֲשׂוּ
אֶת־אֵלֶּה: כָּאֵלֶּה תַּעֲשׂוּ לַיּוֹם שִׁבְעַת יָמִים לֶחֶם אִשֵּׁה רֵיחַ־נִיחֹחַ
לַיהוה עַל־עוֹלַת הַתָּמִיד יֵעָשֶׂה וְנִסְכּוֹ: וּבַיּוֹם הַשְּׁבִיעִי מִקְרָא־
קֹדֶשׁ יִהְיֶה לָכֶם כָּל־מְלֶאכֶת עֲבֹדָה לֹא תַעֲשׂוּ:

הגבהה וגלילה

The second ספר תורה *is lifted and the* קהל *says:*

דברים ד וְזֹאת הַתּוֹרָה אֲשֶׁר־שָׂם מֹשֶׁה לִפְנֵי בְּנֵי יִשְׂרָאֵל:
במדבר ט עַל־פִּי יהוה בְּיַד מֹשֶׁה:

Some add
משלי ג עֵץ־חַיִּים הִיא לַמַּחֲזִיקִים בָּהּ וְתֹמְכֶיהָ מְאֻשָּׁר:
דְּרָכֶיהָ דַרְכֵי־נֹעַם וְכָל־נְתִיבוֹתֶיהָ שָׁלוֹם:
אֹרֶךְ יָמִים בִּימִינָהּ, בִּשְׂמֹאולָהּ עֹשֶׁר וְכָבוֹד:
ישעיה מב יהוה חָפֵץ לְמַעַן צִדְקוֹ יַגְדִּיל תּוֹרָה וְיַאְדִּיר:

The second ספר תורה *is bound and covered and the* עולה *for* מפטיר *reads the* הפטרה.

BLESSING BEFORE READING THE HAFTARA

Before reading the Haftara, the person called up for Maftir says:

בָּרוּךְ Blessed are You, LORD our God, King of the Universe, who chose good prophets and was pleased with their words, spoken in truth. Blessed are You, LORD, who chose the Torah, His servant Moses, His people Israel, and the prophets of truth and righteousness.

HAFTARA

The LORD pressed His hand upon me; He brought me out with His wind and placed me in the valley; it was filled with bones. He made me traverse them all around; and there were very many of them all over the valley, and they were very dry. He said to me "Son of man, can these bones be revived?" And I said, "LORD, O God, You alone know." He said to me, "Prophesy over these bones; say to them, 'O dry bones, listen to the word of the LORD! For so says the LORD God to these bones: Behold, I shall place My spirit within you and you shall live. I will place sinews upon you, pad you with flesh, and cover you with skin, and I shall place a spirit within you and you shall live; and you will know that I am the LORD.'" So I prophesied as I was commanded; and as I prophesied, there was a sound, a rattling noise – and the bones came together, each bone to its bone. And I watched as sinews were placed upon them, and flesh padded them, and skin covered them on the surface – but they were without breath. He said to me, "Prophesy, son of man, prophesy to the wind; say to the wind, 'Thus said the LORD God: Come, wind, from all four directions, and breathe into these slain ones, so that they might live.'" And I prophesied as He had commanded me, and the wind breathed into them and they were alive, and they stood upon their feet, an exceedingly vast army. He said to me, "Son of man, these bones are all the house of Israel: behold, they say, 'Our bones have dried, our hope is lost, our decree has been sealed.' Therefore, prophesy, saying to them, 'Thus spoke the LORD

Ezek. 37:1–14

HAFTARA FOR SHABBAT ḤOL HAMOʿED
See Introduction, *page xliii.*

ברכה קודם ההפטרה

Before reading the הפטרה*, the person called up for* מפטיר *says:*

בָּרוּךְ אַתָּה יהוה אֱלֹהֵינוּ מֶלֶךְ הָעוֹלָם אֲשֶׁר בָּחַר בִּנְבִיאִים טוֹבִים,
וְרָצָה בְדִבְרֵיהֶם הַנֶּאֱמָרִים בֶּאֱמֶת. בָּרוּךְ אַתָּה יהוה, הַבּוֹחֵר
בַּתּוֹרָה וּבְמֹשֶׁה עַבְדּוֹ וּבְיִשְׂרָאֵל עַמּוֹ וּבִנְבִיאֵי הָאֱמֶת וָצֶדֶק.

הפטרה

יחזקאל לז,א–יד

הָיְתָה עָלַי יַד־יהוה וַיּוֹצִאֵנִי בְרוּחַ יהוה וַיְנִיחֵנִי בְּתוֹךְ הַבִּקְעָה
וְהִיא מְלֵאָה עֲצָמוֹת: וְהֶעֱבִירַנִי עֲלֵיהֶם סָבִיב ׀ סָבִיב וְהִנֵּה
רַבּוֹת מְאֹד עַל־פְּנֵי הַבִּקְעָה וְהִנֵּה יְבֵשׁוֹת מְאֹד: וַיֹּאמֶר אֵלַי
בֶּן־אָדָם הֲתִחְיֶינָה הָעֲצָמוֹת הָאֵלֶּה וָאֹמַר אֲדֹנָי יֱהוִה אַתָּה
יָדָעְתָּ: וַיֹּאמֶר אֵלַי הִנָּבֵא עַל־הָעֲצָמוֹת הָאֵלֶּה וְאָמַרְתָּ אֲלֵיהֶם
הָעֲצָמוֹת הַיְבֵשׁוֹת שִׁמְעוּ דְּבַר־יהוה: כֹּה אָמַר אֲדֹנָי יֱהוִה
לָעֲצָמוֹת הָאֵלֶּה הִנֵּה אֲנִי מֵבִיא בָכֶם רוּחַ וִחְיִיתֶם: וְנָתַתִּי עֲלֵיכֶם
גִּידִים וְהַעֲלֵתִי עֲלֵיכֶם בָּשָׂר וְקָרַמְתִּי עֲלֵיכֶם עוֹר וְנָתַתִּי בָכֶם רוּחַ
וִחְיִיתֶם וִידַעְתֶּם כִּי־אֲנִי יהוה: וְנִבֵּאתִי כַּאֲשֶׁר צֻוֵּיתִי וַיְהִי־קוֹל
כְּהִנָּבְאִי וְהִנֵּה־רַעַשׁ וַתִּקְרְבוּ עֲצָמוֹת עֶצֶם אֶל־עַצְמוֹ: וְרָאִיתִי
וְהִנֵּה־עֲלֵיהֶם גִּדִים וּבָשָׂר עָלָה וַיִּקְרַם עֲלֵיהֶם עוֹר מִלְמָעְלָה
וְרוּחַ אֵין בָּהֶם: וַיֹּאמֶר אֵלַי הִנָּבֵא אֶל־הָרוּחַ הִנָּבֵא בֶן־אָדָם
וְאָמַרְתָּ אֶל־הָרוּחַ כֹּה־אָמַר ׀ אֲדֹנָי יֱהוִה מֵאַרְבַּע רוּחוֹת בֹּאִי
הָרוּחַ וּפְחִי בַּהֲרוּגִים הָאֵלֶּה וְיִחְיוּ: וְהִנַּבֵּאתִי כַּאֲשֶׁר צִוָּנִי וַתָּבוֹא
בָהֶם הָרוּחַ וַיִּחְיוּ וַיַּעַמְדוּ עַל־רַגְלֵיהֶם חַיִל גָּדוֹל מְאֹד מְאֹד:
וַיֹּאמֶר אֵלַי בֶּן־אָדָם הָעֲצָמוֹת הָאֵלֶּה כָּל־בֵּית יִשְׂרָאֵל הֵמָּה
הִנֵּה אֹמְרִים יָבְשׁוּ עַצְמוֹתֵינוּ וְאָבְדָה תִקְוָתֵנוּ נִגְזַרְנוּ לָנוּ: לָכֵן
הִנָּבֵא וְאָמַרְתָּ אֲלֵיהֶם כֹּה־אָמַר אֲדֹנָי יֱהוִה הִנֵּה אֲנִי פֹתֵחַ

God: Behold, I shall open your graves and lift you out of your graves, My people; I shall bring you to the land of Israel. And you will know that I am the LORD when I open your graves and lift you out of your graves, My people. I shall breathe My spirit into you and you shall live, and I shall place you upon your land, and you will know that I am the LORD: I have spoken and performed,' says the LORD."

BLESSINGS AFTER READING THE HAFTARA

After the Haftara, the person called up for Maftir says the following blessings:

בָּרוּךְ Blessed are You, LORD our God, King of the Universe, Rock of all worlds, righteous for all generations, the faithful God who says and does, speaks and fulfills, all of whose words are truth and righteousness. You are faithful, LORD our God, and faithful are Your words, not one of which returns unfulfilled, for You, God, are a faithful (and compassionate) King. Blessed are You, LORD, faithful in all His words.

רַחֵם Have compassion on Zion for it is the source of our life, and save the one grieved in spirit swiftly in our days. Blessed are You, LORD, who makes Zion rejoice in her children.

שַׂמְּחֵנוּ Grant us joy, LORD our God, through Elijah the prophet Your servant, and through the kingdom of the house of David Your anointed – may he soon come and make our hearts glad. May no stranger sit on his throne, and may others not continue to inherit his glory, for You promised him by Your holy name that his light would never be extinguished. Blessed are You, LORD, Shield of David.

עַל הַתּוֹרָה For the Torah, for Divine worship, for the prophets, and for this Sabbath day which You, LORD our God, have given us for holiness and rest, honor and glory – for all these we thank and bless You, LORD our God, and may Your name be blessed by the mouth of all that lives, continually, for ever and all time. Blessed are You, LORD, who sanctifies the Sabbath.

אֶת־קִבְרוֹתֵיכֶם וְהַעֲלֵיתִי אֶתְכֶם מִקִּבְרוֹתֵיכֶם עַמִּי וְהֵבֵאתִי אֶתְכֶם אֶל־אַדְמַת יִשְׂרָאֵל׃ וִידַעְתֶּם כִּי־אֲנִי יְהוָה בְּפִתְחִי אֶת־קִבְרוֹתֵיכֶם וּבְהַעֲלוֹתִי אֶתְכֶם מִקִּבְרוֹתֵיכֶם עַמִּי׃ וְנָתַתִּי רוּחִי בָכֶם וִחְיִיתֶם וְהִנַּחְתִּי אֶתְכֶם עַל־אַדְמַתְכֶם וִידַעְתֶּם כִּי אֲנִי יְהוָה דִּבַּרְתִּי וְעָשִׂיתִי נְאֻם־יְהוָה׃

ברכות לאחר ההפטרה

After the הפטרה*, the person called up for* מפטיר *says the following blessings:*

בָּרוּךְ אַתָּה יהוה אֱלֹהֵינוּ מֶלֶךְ הָעוֹלָם, צוּר כָּל הָעוֹלָמִים, צַדִּיק בְּכָל הַדּוֹרוֹת, הָאֵל הַנֶּאֱמָן, הָאוֹמֵר וְעוֹשֶׂה, הַמְדַבֵּר וּמְקַיֵּם, שֶׁכָּל דְּבָרָיו אֱמֶת וָצֶדֶק. נֶאֱמָן אַתָּה הוּא יהוה אֱלֹהֵינוּ וְנֶאֱמָנִים דְּבָרֶיךָ, וְדָבָר אֶחָד מִדְּבָרֶיךָ אָחוֹר לֹא יָשׁוּב רֵיקָם, כִּי אֵל מֶלֶךְ נֶאֱמָן (וְרַחֲמָן) אָתָּה. בָּרוּךְ אַתָּה יהוה, הָאֵל הַנֶּאֱמָן בְּכָל דְּבָרָיו.

רַחֵם עַל צִיּוֹן כִּי הִיא בֵּית חַיֵּינוּ, וְלַעֲלוּבַת נֶפֶשׁ תּוֹשִׁיעַ בִּמְהֵרָה בְיָמֵינוּ. בָּרוּךְ אַתָּה יהוה, מְשַׂמֵּחַ צִיּוֹן בְּבָנֶיהָ.

שַׂמְּחֵנוּ יהוה אֱלֹהֵינוּ בְּאֵלִיָּהוּ הַנָּבִיא עַבְדֶּךָ, וּבְמַלְכוּת בֵּית דָּוִד מְשִׁיחֶךָ, בִּמְהֵרָה יָבוֹא וְיָגֵל לִבֵּנוּ. עַל כִּסְאוֹ לֹא יֵשֶׁב זָר, וְלֹא יִנְחֲלוּ עוֹד אֲחֵרִים אֶת כְּבוֹדוֹ, כִּי בְשֵׁם קָדְשְׁךָ נִשְׁבַּעְתָּ לּוֹ שֶׁלֹּא יִכְבֶּה נֵרוֹ לְעוֹלָם וָעֶד. בָּרוּךְ אַתָּה יהוה, מָגֵן דָּוִד.

עַל הַתּוֹרָה וְעַל הָעֲבוֹדָה וְעַל הַנְּבִיאִים וְעַל יוֹם הַשַּׁבָּת הַזֶּה, שֶׁנָּתַתָּ לָּנוּ יהוה אֱלֹהֵינוּ לִקְדֻשָּׁה וְלִמְנוּחָה, לְכָבוֹד וּלְתִפְאָרֶת. עַל הַכֹּל יהוה אֱלֹהֵינוּ אֲנַחְנוּ מוֹדִים לָךְ וּמְבָרְכִים אוֹתָךְ, יִתְבָּרַךְ שִׁמְךָ בְּפִי כָּל חַי תָּמִיד לְעוֹלָם וָעֶד. בָּרוּךְ אַתָּה יהוה, מְקַדֵּשׁ הַשַּׁבָּת.

*The following three paragraphs are only said when praying with a
minyan (some say the first paragraph without a minyan).*

יְקוּם פֻּרְקָן May deliverance arise from heaven, bringing grace, love and
compassion, long life, ample sustenance and heavenly help, physical
health and enlightenment of mind, living and thriving children who will
neither interrupt nor cease from the words of the Torah – to our masters
and teachers of the holy communities in the land of Israel and Babylon;
to the leaders of assemblies and the leaders of communities in exile; to
the heads of academies and to the judges in the gates; to all their disciples
and their disciples' disciples, and to all who occupy themselves in study of
the Torah. May the King of the Universe bless them, prolonging their lives,
increasing their days, and adding to their years. May they be redeemed
and delivered from all distress and illness. May our Master in heaven be
their help at all times and seasons; and let us say: Amen.

יְקוּם פֻּרְקָן May deliverance arise from heaven, bringing grace, love and
compassion, long life, ample sustenance and heavenly help, physical
health and enlightenment of mind, living and thriving children who
will neither interrupt nor cease from the words of the Torah – to all this
holy congregation, great and small, women and children. May the King
of the Universe bless you, prolonging your lives, increasing your days,
and adding to your years. May you be redeemed and delivered from all
distress and illness. May our Master in heaven be your help at all times
and seasons; and let us say: Amen.

מִי שֶׁבֵּרַךְ May He who blessed our fathers, Abraham, Isaac and Jacob, bless
all this holy congregation, together with all other holy congregations:
them, their wives, their sons and daughters, and all that is theirs. May He
bless those who unite to form synagogues for prayer and those who come
there to pray; those who provide lamps for light and wine for Kiddush
and Havdala, food for visitors and charity for the poor, and all who faith-
fully occupy themselves with the needs of the community. May the Holy
One, blessed be He, give them their reward; may He remove from them
all illness, grant them complete healing, and forgive all their sins. May He
send blessing and success to all the work of their hands, together with all
Israel their brethren; and let us say: Amen.

The following three paragraphs are only said when praying with a מנין *(some say the first paragraph without a* מנין*).*

יְקוּם פֻּרְקָן מִן שְׁמַיָּא, חִנָּא וְחִסְדָּא וְרַחֲמֵי וְחַיֵּי אֲרִיכֵי וּמְזוֹנֵי רְוִיחֵי, וְסִיַּעְתָּא דִשְׁמַיָּא, וּבַרְיוּת גּוּפָא וּנְהוֹרָא מְעַלְּיָא, זַרְעָא חַיָּא וְקַיָּמָא, זַרְעָא דִּי לָא יִפְסֻק וְדִי לָא יִבְטֻל מִפִּתְגָּמֵי אוֹרַיְתָא, לְמָרָנָן וְרַבָּנָן חֲבוּרָתָא קַדִּישָׁתָא דִּי בְאַרְעָא דְיִשְׂרָאֵל וְדִי בְבָבֶל, לְרֵישֵׁי כַלָּה, וּלְרֵישֵׁי גָלְוָתָא, וּלְרֵישֵׁי מְתִיבָתָא, וּלְדַיָּנֵי דְבָבָא, לְכָל תַּלְמִידֵיהוֹן, וּלְכָל תַּלְמִידֵי תַלְמִידֵיהוֹן, וּלְכָל מָאן דְּעָסְקִין בְּאוֹרַיְתָא. מַלְכָּא דְעָלְמָא יְבָרֵךְ יָתְהוֹן, יַפֵּשׁ חַיֵּיהוֹן וְיַסְגֵּא יוֹמֵיהוֹן, וְיִתֵּן אַרְכָא לִשְׁנֵיהוֹן, וְיִתְפָּרְקוּן וְיִשְׁתֵּיזְבוּן מִן כָּל עָקָא וּמִן כָּל מַרְעִין בִּישִׁין. מָרַן דִּי בִשְׁמַיָּא יְהֵא בְסַעְדְּהוֹן כָּל זְמַן וְעִדָּן, וְנֹאמַר אָמֵן.

יְקוּם פֻּרְקָן מִן שְׁמַיָּא, חִנָּא וְחִסְדָּא וְרַחֲמֵי וְחַיֵּי אֲרִיכֵי וּמְזוֹנֵי רְוִיחֵי, וְסִיַּעְתָּא דִשְׁמַיָּא, וּבַרְיוּת גּוּפָא וּנְהוֹרָא מְעַלְּיָא, זַרְעָא חַיָּא וְקַיָּמָא, זַרְעָא דִּי לָא יִפְסֻק וְדִי לָא יִבְטֻל מִפִּתְגָּמֵי אוֹרַיְתָא, לְכָל קְהָלָא קַדִּישָׁא הָדֵין, רַבְרְבַיָּא עִם זְעֵרַיָּא, טַפְלָא וּנְשַׁיָּא. מַלְכָּא דְעָלְמָא יְבָרֵךְ יָתְכוֹן, יַפֵּשׁ חַיֵּיכוֹן וְיַסְגֵּא יוֹמֵיכוֹן, וְיִתֵּן אַרְכָא לִשְׁנֵיכוֹן, וְתִתְפָּרְקוּן וְתִשְׁתֵּיזְבוּן מִן כָּל עָקָא וּמִן כָּל מַרְעִין בִּישִׁין. מָרַן דִּי בִשְׁמַיָּא יְהֵא בְסַעְדְּכוֹן כָּל זְמַן וְעִדָּן, וְנֹאמַר אָמֵן.

מִי שֶׁבֵּרַךְ אֲבוֹתֵינוּ אַבְרָהָם יִצְחָק וְיַעֲקֹב, הוּא יְבָרֵךְ אֶת כָּל הַקָּהָל הַקָּדוֹשׁ הַזֶּה עִם כָּל קְהִלּוֹת הַקֹּדֶשׁ, הֵם וּנְשֵׁיהֶם וּבְנֵיהֶם וּבְנוֹתֵיהֶם וְכָל אֲשֶׁר לָהֶם, וּמִי שֶׁמְּיַחֲדִים בָּתֵּי כְנֵסִיּוֹת לִתְפִלָּה, וּמִי שֶׁבָּאִים בְּתוֹכָם לְהִתְפַּלֵּל, וּמִי שֶׁנּוֹתְנִים נֵר לַמָּאוֹר וְיַיִן לְקִדּוּשׁ וּלְהַבְדָּלָה וּפַת לָאוֹרְחִים וּצְדָקָה לָעֲנִיִּים, וְכָל מִי שֶׁעוֹסְקִים בְּצָרְכֵי צִבּוּר בֶּאֱמוּנָה. הַקָּדוֹשׁ בָּרוּךְ הוּא יְשַׁלֵּם שְׂכָרָם, וְיָסִיר מֵהֶם כָּל מַחֲלָה, וְיִרְפָּא לְכָל גּוּפָם, וְיִסְלַח לְכָל עֲוֹנָם, וְיִשְׁלַח בְּרָכָה וְהַצְלָחָה בְּכָל מַעֲשֵׂה יְדֵיהֶם עִם כָּל יִשְׂרָאֵל אֲחֵיהֶם, וְנֹאמַר אָמֵן.

The Prayer for the Welfare of the Canadian Government is on the next page.

PRAYER FOR THE WELFARE OF THE AMERICAN GOVERNMENT

The Leader says the following:

הַנּוֹתֵן תְּשׁוּעָה May He who gives salvation to kings and dominion to princes, whose kingdom is an everlasting kingdom, who delivers His servant David from the evil sword, who makes a way in the sea and a path through the mighty waters, bless and protect, guard and help, exalt, magnify and uplift the President, Vice President and all officials of this land. May the Supreme King of kings in His mercy put into their hearts and the hearts of all their counselors and officials, to deal kindly with us and all Israel. In their days and in ours, may Judah be saved and Israel dwell in safety, and may the Redeemer come to Zion. May this be His will, and let us say: Amen.

PRAYER FOR THE SAFETY OF THE AMERICAN MILITARY FORCES

The Leader says the following:

אַדִּיר בַּמָּרוֹם God on high who dwells in might, the King to whom peace belongs, look down from Your holy habitation and bless the soldiers of the American military forces who risk their lives for the sake of peace on earth. Be their shelter and stronghold, and let them not falter. Give them the strength and courage to thwart the plans of the enemy and end the rule of evil. May their enemies be scattered and their foes flee before them, and may they rejoice in Your salvation. Bring them back safely to their homes, as is written: "The LORD will guard you from all harm, He will guard *Ps. 121* your life. The LORD will guard your going and coming, now and for evermore." And may there be fulfilled for us the verse: "Nation *Is. 2* shall not lift up sword against nation, nor shall they learn war any more." Let all the inhabitants on earth know that sovereignty is Yours and Your name inspires awe over all You have created – and let us say: Amen.

The Prayer for the Welfare of the Canadian Government is on the next page.

תפילה לשלום המלכות

The שליח ציבור *says the following:*

הַנּוֹתֵן תְּשׁוּעָה לַמְּלָכִים וּמֶמְשָׁלָה לַנְּסִיכִים, מַלְכוּתוֹ מַלְכוּת כָּל עוֹלָמִים, הַפּוֹצֶה אֶת דָּוִד עַבְדּוֹ מֵחֶרֶב רָעָה, הַנּוֹתֵן בַּיָּם דֶּרֶךְ וּבְמַיִם עַזִּים נְתִיבָה, הוּא יְבָרֵךְ וְיִשְׁמֹר וְיִנְצֹר וְיַעֲזֹר וִירוֹמֵם וִיגַדֵּל וִינַשֵּׂא לְמַעְלָה אֶת הַנָּשִׂיא וְאֶת מִשְׁנֵהוּ וְאֶת כָּל שָׂרֵי הָאָרֶץ הַזֹּאת. מֶלֶךְ מַלְכֵי הַמְּלָכִים, בְּרַחֲמָיו יִתֵּן בְּלִבָּם וּבְלֵב כָּל יוֹעֲצֵיהֶם וְשָׂרֵיהֶם לַעֲשׂוֹת טוֹבָה עִמָּנוּ וְעִם כָּל יִשְׂרָאֵל. בִּימֵיהֶם וּבְיָמֵינוּ תִּוָּשַׁע יְהוּדָה, וְיִשְׂרָאֵל יִשְׁכֹּן לָבֶטַח, וּבָא לְצִיּוֹן גּוֹאֵל. וְכֵן יְהִי רָצוֹן, וְנֹאמַר אָמֵן.

תפילה לשלום חיילי צבא ארצות הברית

The שליח ציבור *says the following:*

אַדִּיר בַּמָּרוֹם שׁוֹכֵן בִּגְבוּרָה, מֶלֶךְ שֶׁהַשָּׁלוֹם שֶׁלּוֹ, הַשְׁקִיפָה מִמְּעוֹן קָדְשְׁךָ, וּבָרֵךְ אֶת חַיָּלֵי צְבָא אַרְצוֹת הַבְּרִית, הַמְחָרְפִים נַפְשָׁם בְּלֶכְתָּם לָשִׂים שָׁלוֹם בָּאָרֶץ. הֱיֵה נָא לָהֶם מַחְסֶה וּמָעוֹז, וְאַל תִּתֵּן לַמּוֹט רַגְלָם, חַזֵּק יְדֵיהֶם וְאַמֵּץ רוּחָם לְהָפֵר עֲצַת אוֹיֵב וּלְהַעֲבִיר מֶמְשֶׁלֶת זָדוֹן, יָפֽוּצוּ אוֹיְבֵיהֶם וְיָנוּסוּ מְשַׂנְאֵיהֶם מִפְּנֵיהֶם, וְיִשְׂמְחוּ בִּישׁוּעָתֶךָ. הֲשִׁיבֵם בְּשָׁלוֹם אֶל בֵּיתָם, כַּכָּתוּב בְּדִבְרֵי קָדְשֶׁךָ:
תהלים קכא — יהוה יִשְׁמָרְךָ מִכָּל־רָע, יִשְׁמֹר אֶת־נַפְשֶׁךָ: יהוה יִשְׁמָר־צֵאתְךָ
ישעיה ב — וּבוֹאֶךָ, מֵעַתָּה וְעַד־עוֹלָם: וְקַיֵּם בָּנוּ מִקְרָא שֶׁכָּתוּב: לֹא־
יִשָּׂא גוֹי אֶל־גּוֹי חֶרֶב, וְלֹא־יִלְמְדוּ עוֹד מִלְחָמָה: וְיֵדְעוּ כָּל יוֹשְׁבֵי תֵבֵל כִּי לְךָ מְלוּכָה יָאֲתָה, וְשִׁמְךָ נוֹרָא עַל כָּל מַה שֶּׁבָּרָאתָ. וְנֹאמַר אָמֵן.

PRAYER FOR THE WELFARE OF THE CANADIAN GOVERNMENT

The Leader says the following:

הַנּוֹתֵן תְּשׁוּעָה May He who gives salvation to kings and dominion to princes, whose kingdom is an everlasting kingdom, who delivers His servant David from the evil sword, who makes a way in the sea and a path through the mighty waters, bless and protect, guard and help, exalt, magnify and uplift the Prime Minister and all the elected and appointed officials of Canada. May the Supreme King of kings in His mercy put into their hearts and the hearts of all their counselors and officials, to deal kindly with us and all Israel. In their days and in ours, may Judah be saved and Israel dwell in safety, and may the Redeemer come to Zion. May this be His will, and let us say: Amen.

PRAYER FOR THE SAFETY OF THE CANADIAN FORCES

The Leader says the following:

אַדִּיר בַּמָּרוֹם God on high who dwells in might, the King to whom peace belongs, look down from Your holy habitation and bless the soldiers of the Canadian Forces who risk their lives for the sake of peace on earth. Be their shelter and stronghold, and let them not falter. Give them the strength and courage to thwart the plans of the enemy and end the rule of evil. May their enemies be scattered and their foes flee before them, and may they rejoice in Your salvation. Bring them back safely to their homes, as is written: "The LORD will guard you from all harm, He will guard *Ps. 121* your life. The LORD will guard your going and coming, now and for evermore." And may there be fulfilled for us the verse: "Nation *Is. 2* shall not lift up sword against nation, nor shall they learn war any more." Let all the inhabitants on earth know that sovereignty is Yours and Your name inspires awe over all You have created – and let us say: Amen.

תפילה לשלום המלכות

The שליח ציבור *says the following:*

הַנּוֹתֵן תְּשׁוּעָה לַמְּלָכִים וּמֶמְשָׁלָה לַנְּסִיכִים, מַלְכוּתוֹ מַלְכוּת כָּל עוֹלָמִים, הַפּוֹצֶה אֶת דָּוִד עַבְדּוֹ מֵחֶרֶב רָעָה, הַנּוֹתֵן בַּיָּם דֶּרֶךְ וּבְמַיִם עַזִּים נְתִיבָה, הוּא יְבָרֵךְ וְיִשְׁמֹר וְיִנְצֹר וְיַעֲזֹר וִירוֹמֵם וִיגַדֵּל וִינַשֵּׂא לְמַעְלָה אֶת רֹאשׁ הַמֶּמְשָׁלָה וְאֶת כָּל שָׂרֵי הָאָרֶץ הַזֹּאת. מֶלֶךְ מַלְכֵי הַמְּלָכִים, בְּרַחֲמָיו יִתֵּן בְּלִבָּם וּבְלֵב כָּל יוֹעֲצֵיהֶם וְשָׂרֵיהֶם לַעֲשׂוֹת טוֹבָה עִמָּנוּ וְעִם כָּל יִשְׂרָאֵל. בִּימֵיהֶם וּבְיָמֵינוּ תִּוָּשַׁע יְהוּדָה, וְיִשְׂרָאֵל יִשְׁכֹּן לָבֶטַח, וּבָא לְצִיּוֹן גּוֹאֵל. וְכֵן יְהִי רָצוֹן, וְנֹאמַר אָמֵן.

תפילה לשלום חיילי צבא קנדה

The שליח ציבור *says the following:*

אַדִּיר בַּמָּרוֹם שׁוֹכֵן בִּגְבוּרָה, מֶלֶךְ שֶׁהַשָּׁלוֹם שֶׁלּוֹ, הַשְׁקִיפָה
מִמְּעוֹן קָדְשְׁךָ, וּבָרֵךְ אֶת חַיָּלֵי צְבָא קָנָדָה, הַמְחָרְפִים נַפְשָׁם
בְּלֶכְתָּם לָשִׂים שָׁלוֹם בָּאָרֶץ. הֱיֵה נָא לָהֶם מַחְסֶה וּמָעוֹז, וְאַל
תִּתֵּן לַמּוֹט רַגְלָם, חַזֵּק יְדֵיהֶם וְאַמֵּץ רוּחָם לְהָפֵר עֲצַת אוֹיֵב
וּלְהַעֲבִיר מֶמְשֶׁלֶת זָדוֹן, יָפוּצוּ אוֹיְבֵיהֶם וְיָנוּסוּ מְשַׂנְאֵיהֶם
מִפְּנֵיהֶם, וְיִשְׂמְחוּ בִּישׁוּעָתֶךָ. הֲשִׁיבֵם בְּשָׁלוֹם אֶל בֵּיתָם, כַּכָּתוּב
בְּדִבְרֵי קָדְשֶׁךָ: יהוה יִשְׁמָרְךָ מִכָּל־רָע, יִשְׁמֹר אֶת־נַפְשֶׁךָ: יהוה תהלים קכא
יִשְׁמָר־צֵאתְךָ וּבוֹאֶךָ, מֵעַתָּה וְעַד־עוֹלָם: וְקַיֵּם בָּנוּ מִקְרָא
שֶׁכָּתוּב: לֹא־יִשָּׂא גוֹי אֶל־גּוֹי חֶרֶב, וְלֹא־יִלְמְדוּ עוֹד מִלְחָמָה: ישעיה ב
וְיֵדְעוּ כָּל יוֹשְׁבֵי תֵבֵל כִּי לְךָ מְלוּכָה יָאֲתָה, וְשִׁמְךָ נוֹרָא עַל כָּל
מַה שֶּׁבָּרָאתָ. וְנֹאמַר אָמֵן.

PRAYER FOR THE STATE OF ISRAEL

The Leader says the following prayer:

אָבִינוּ שֶׁבַּשָּׁמַיִם Heavenly Father, Israel's Rock and Redeemer, bless the State of Israel, the first flowering of our redemption. Shield it under the wings of Your loving-kindness and spread over it the Tabernacle of Your peace. Send Your light and truth to its leaders, ministers and counselors, and direct them with good counsel before You.

Strengthen the hands of the defenders of our Holy Land; grant them deliverance, our God, and crown them with the crown of victory. Grant peace in the land and everlasting joy to its inhabitants.

As for our brothers, the whole house of Israel, remember them in all the lands of our (*In Israel say:* their) dispersion, and swiftly lead us (*In Israel say:* them) upright to Zion Your city, and Jerusalem Your dwelling place, as is written in the Torah of Moses Your servant: "Even if you are scattered to the furthermost lands under the heavens, from there the Lord your God will gather you and take you back. The Lord your God will bring you to the land your ancestors possessed and you will possess it; and He will make you more prosperous and numerous than your ancestors. Then the Lord your God will open up your heart and the heart of your descendants, to love the Lord your God with all your heart and with all your soul, that you may live." *Deut. 30*

Unite our hearts to love and revere Your name and observe all the words of Your Torah, and swiftly send us Your righteous anointed one of the house of David, to redeem those who long for Your salvation.

Appear in Your glorious majesty over all the dwellers on earth, and let all who breathe declare: The Lord God of Israel is King and His kingship has dominion over all. Amen, Selah.

תפילה לשלום מדינת ישראל

The שליח ציבור *says the following prayer:*

אָבִינוּ שֶׁבַּשָּׁמַיִם, צוּר יִשְׂרָאֵל וְגוֹאֲלוֹ, בָּרֵךְ אֶת מְדִינַת יִשְׂרָאֵל, רֵאשִׁית צְמִיחַת גְּאֻלָּתֵנוּ. הָגֵן עָלֶיהָ בְּאֶבְרַת חַסְדֶּךָ וּפְרֹשׂ עָלֶיהָ סֻכַּת שְׁלוֹמֶךָ, וּשְׁלַח אוֹרְךָ וַאֲמִתְּךָ לְרָאשֶׁיהָ, שָׂרֶיהָ וְיוֹעֲצֶיהָ, וְתַקְּנֵם בְּעֵצָה טוֹבָה מִלְּפָנֶיךָ.

חַזֵּק אֶת יְדֵי מְגִנֵּי אֶרֶץ קָדְשֵׁנוּ, וְהַנְחִילֵם אֱלֹהֵינוּ יְשׁוּעָה וַעֲטֶרֶת נִצָּחוֹן תְּעַטְּרֵם, וְנָתַתָּ שָׁלוֹם בָּאָרֶץ וְשִׂמְחַת עוֹלָם לְיוֹשְׁבֶיהָ.

וְאֶת אַחֵינוּ כָּל בֵּית יִשְׂרָאֵל, פְּקָד נָא בְּכָל אַרְצוֹת פְּזוּרֵינוּ, וְתוֹלִיכֵנוּ / בארץ ישראל: פְּזוּרֵיהֶם, וְתוֹלִיכֵם/ מְהֵרָה קוֹמְמִיּוּת לְצִיּוֹן עִירֶךָ וְלִירוּשָׁלַיִם מִשְׁכַּן שְׁמֶךָ, כַּכָּתוּב בְּתוֹרַת מֹשֶׁה עַבְדֶּךָ:

אִם־יִהְיֶה נִדַּחֲךָ בִּקְצֵה הַשָּׁמָיִם, מִשָּׁם יְקַבֶּצְךָ יהוה אֱלֹהֶיךָ דברים ל
וּמִשָּׁם יִקָּחֶךָ: וֶהֱבִיאֲךָ יהוה אֱלֹהֶיךָ אֶל־הָאָרֶץ אֲשֶׁר־יָרְשׁוּ אֲבֹתֶיךָ וִירִשְׁתָּהּ, וְהֵיטִבְךָ וְהִרְבְּךָ מֵאֲבֹתֶיךָ: וּמָל יהוה אֱלֹהֶיךָ אֶת־לְבָבְךָ וְאֶת־לְבַב זַרְעֶךָ, לְאַהֲבָה אֶת־יהוה אֱלֹהֶיךָ בְּכָל־לְבָבְךָ וּבְכָל־נַפְשְׁךָ, לְמַעַן חַיֶּיךָ:

וְיַחֵד לְבָבֵנוּ לְאַהֲבָה וּלְיִרְאָה אֶת שְׁמֶךָ, וְלִשְׁמֹר אֶת כָּל דִּבְרֵי תוֹרָתֶךָ, וּשְׁלַח לָנוּ מְהֵרָה בֶּן דָּוִד מְשִׁיחַ צִדְקֶךָ, לִפְדּוֹת מְחַכֵּי קֵץ יְשׁוּעָתֶךָ.

וְהוֹפַע בַּהֲדַר גְּאוֹן עֻזֶּךָ עַל כָּל יוֹשְׁבֵי תֵבֵל אַרְצֶךָ וְיֹאמַר כֹּל אֲשֶׁר נְשָׁמָה בְאַפּוֹ, יהוה אֱלֹהֵי יִשְׂרָאֵל מֶלֶךְ וּמַלְכוּתוֹ בַּכֹּל מָשָׁלָה, אָמֵן סֶלָה.

PRAYER FOR ISRAEL'S DEFENSE FORCES

The Leader says the following prayer:

מִי שֶׁבֵּרַךְ May He who blessed our ancestors, Abraham, Isaac and Jacob, bless the members of Israel's Defense Forces and its security services who stand guard over our land and the cities of our God from the Lebanese border to the Egyptian desert, from the Mediterranean sea to the approach of the Aravah, and wherever else they are, on land, in air and at sea. May the LORD make the enemies who rise against us be struck down before them. May the Holy One, blessed be He, protect and deliver them from all trouble and distress, affliction and illness, and send blessing and success to all the work of their hands. May He subdue our enemies under them and crown them with deliverance and victory. And may there be fulfilled in them the verse, "It is the LORD your God who goes with you to fight for you against your enemies, to deliver you." And let us say: Amen. *Deut. 20*

PRAYER FOR THOSE BEING HELD IN CAPTIVITY

If Israeli soldiers or civilians are being held in captivity, the Leader says the following:

מִי שֶׁבֵּרַךְ May He who blessed our ancestors, Abraham, Isaac and Jacob, Joseph, Moses and Aaron, David and Solomon, bless, protect and guard the members of Israel's Defense Forces missing in action or held captive, and other captives among our brethren, the whole house of Israel, who are in distress or captivity, as we, the members of this holy congregation, pray on their behalf. May the Holy One, blessed be He, have compassion on them and bring them out from darkness and the shadow of death; may He break their bonds, deliver them from their distress, and bring them swiftly back to their families' embrace. Give thanks to the LORD for His loving-kindness and for the wonders He does for the children of men; and may there be fulfilled in them the verse: "Those redeemed by the LORD will return; they will enter Zion with singing, and everlasting joy will crown their heads. Gladness and joy will overtake them, and sorrow and sighing will flee away." And let us say: Amen. *Ps. 107* *Is. 35*

מי שברך לחיילי צה״ל

The שליח ציבור *says the following prayer:*

מִי שֶׁבֵּרַךְ אֲבוֹתֵינוּ אַבְרָהָם יִצְחָק וְיַעֲקֹב הוּא יְבָרֵךְ אֶת חַיָּלֵי
צְבָא הַהֲגָנָה לְיִשְׂרָאֵל וְאַנְשֵׁי כֹּחוֹת הַבִּטָּחוֹן, הָעוֹמְדִים עַל
מִשְׁמַר אַרְצֵנוּ וְעָרֵי אֱלֹהֵינוּ, מִגְּבוּל הַלְּבָנוֹן וְעַד מִדְבַּר מִצְרַיִם
וּמִן הַיָּם הַגָּדוֹל עַד לְבוֹא הָעֲרָבָה וּבְכָל מָקוֹם שֶׁהֵם, בַּיַּבָּשָׁה,
בָּאֲוִיר וּבַיָּם. יִתֵּן יהוה אֶת אוֹיְבֵינוּ הַקָּמִים עָלֵינוּ נִגָּפִים לִפְנֵיהֶם.
הַקָּדוֹשׁ בָּרוּךְ הוּא יִשְׁמֹר וְיַצִּיל אֶת חַיָּלֵינוּ מִכָּל צָרָה וְצוּקָה
וּמִכָּל נֶגַע וּמַחֲלָה, וְיִשְׁלַח בְּרָכָה וְהַצְלָחָה בְּכָל מַעֲשֵׂי יְדֵיהֶם.
יַדְבֵּר שׂוֹנְאֵינוּ תַּחְתֵּיהֶם וִיעַטְּרֵם בְּכֶתֶר יְשׁוּעָה וּבַעֲטֶרֶת נִצָּחוֹן.
וִיקֻיַּם בָּהֶם הַכָּתוּב: כִּי יהוה אֱלֹהֵיכֶם הַהֹלֵךְ עִמָּכֶם לְהִלָּחֵם דברים כ
לָכֶם עִם־אֹיְבֵיכֶם לְהוֹשִׁיעַ אֶתְכֶם: וְנֹאמַר אָמֵן.

מי שברך לשבויים

If Israeli soldiers or civilians are being held in captivity, the שליח ציבור *says the following:*

מִי שֶׁבֵּרַךְ אֲבוֹתֵינוּ אַבְרָהָם יִצְחָק וְיַעֲקֹב, יוֹסֵף מֹשֶׁה וְאַהֲרֹן,
דָּוִד וּשְׁלֹמֹה, הוּא יְבָרֵךְ וְיִשְׁמֹר וְיִנְצֹר אֶת נֶעְדְּרֵי צְבָא הַהֲגָנָה
לְיִשְׂרָאֵל וּשְׁבוּיָו, וְאֶת כָּל אַחֵינוּ הַנְּתוּנִים בַּצָּרָה וּבַשִּׁבְיָה,
בַּעֲבוּר שֶׁכָּל הַקָּהָל הַקָּדוֹשׁ הַזֶּה מִתְפַּלֵּל בַּעֲבוּרָם. הַקָּדוֹשׁ
בָּרוּךְ הוּא יִמָּלֵא רַחֲמִים עֲלֵיהֶם, וְיוֹצִיאֵם מֵחֹשֶׁךְ וְצַלְמָוֶת,
וּמוֹסְרוֹתֵיהֶם יְנַתֵּק, וּמִמְּצוּקוֹתֵיהֶם יוֹשִׁיעֵם, וִישִׁיבֵם מְהֵרָה
לְחֵיק מִשְׁפְּחוֹתֵיהֶם. יוֹדוּ לַיהוה חַסְדּוֹ וְנִפְלְאוֹתָיו לִבְנֵי אָדָם: תהלים קז
וִיקֻיַּם בָּהֶם מִקְרָא שֶׁכָּתוּב: וּפְדוּיֵי יהוה יְשֻׁבוּן, וּבָאוּ צִיּוֹן ישעיה לה
בְּרִנָּה, וְשִׂמְחַת עוֹלָם עַל־רֹאשָׁם, שָׂשׂוֹן וְשִׂמְחָה יַשִּׂיגוּ, וְנָסוּ
יָגוֹן וַאֲנָחָה: וְנֹאמַר אָמֵן.

The Leader says the first verse of Ashrei aloud and all continue:

אַשְׁרֵי Happy are those who dwell in Your House; *Ps. 84*
they shall continue to praise You, Selah!

Happy are the people for whom this is so; *Ps. 144*
happy are the people whose God is the LORD.

A song of praise by David. *Ps. 145*

I will exalt You, my God, the King, and bless Your name for ever
and all time. Every day I will bless You, and praise Your name for
ever and all time. Great is the LORD and greatly to be praised;
His greatness is unfathomable. One generation will praise Your
works to the next, and tell of Your mighty deeds. On the glorious
splendor of Your majesty I will meditate, and on the acts of Your
wonders. They shall talk of the power of Your awesome deeds,
and I will tell of Your greatness. They shall recite the record of
Your great goodness, and sing with joy of Your righteousness. The
LORD is gracious and compassionate, slow to anger and great in
loving-kindness. The LORD is good to all, and His compassion
extends to all His works. All Your works shall thank You, LORD,
and Your devoted ones shall bless You. They shall talk of the glory
of Your kingship, and speak of Your might. To make known to
mankind His mighty deeds and the glorious majesty of His king-
ship. Your kingdom is an everlasting kingdom, and Your reign is
for all generations. The LORD supports all who fall, and raises
all who are bowed down. All raise their eyes to You in hope, and
You give them their food in due season. You open Your hand, and
satisfy every living thing with favor. The LORD is righteous in all
His ways, and kind in all He does. The LORD is close to all who
call on Him, to all who call on Him in truth. He fulfills the will
of those who revere Him; He hears their cry and saves them. The
LORD guards all who love Him, but all the wicked He will destroy.
‣ My mouth shall speak the praise of the LORD, and all creatures
shall bless His holy name for ever and all time.

We will bless the LORD now and for ever. Halleluya! *Ps. 115*

The שליח ציבור *says the first verse of* אשרי *aloud and all continue:*

אַשְׁרֵי יוֹשְׁבֵי בֵיתֶךָ, עוֹד יְהַלְלוּךָ סֶּלָה: תהלים פד

אַשְׁרֵי הָעָם שֶׁכָּכָה לּוֹ, אַשְׁרֵי הָעָם שֶׁיהוה אֱלֹהָיו: תהלים קמד

תְּהִלָּה לְדָוִד תהלים קמה

אֲרוֹמִמְךָ אֱלוֹהַי הַמֶּלֶךְ, וַאֲבָרְכָה שִׁמְךָ לְעוֹלָם וָעֶד:

בְּכָל־יוֹם אֲבָרְכֶךָּ, וַאֲהַלְלָה שִׁמְךָ לְעוֹלָם וָעֶד:

גָּדוֹל יהוה וּמְהֻלָּל מְאֹד, וְלִגְדֻלָּתוֹ אֵין חֵקֶר:

דּוֹר לְדוֹר יְשַׁבַּח מַעֲשֶׂיךָ, וּגְבוּרֹתֶיךָ יַגִּידוּ:

הֲדַר כְּבוֹד הוֹדֶךָ, וְדִבְרֵי נִפְלְאֹתֶיךָ אָשִׂיחָה:

וֶעֱזוּז נוֹרְאֹתֶיךָ יֹאמֵרוּ, וּגְדוּלָּתְךָ אֲסַפְּרֶנָּה:

זֵכֶר רַב־טוּבְךָ יַבִּיעוּ, וְצִדְקָתְךָ יְרַנֵּנוּ:

חַנּוּן וְרַחוּם יהוה, אֶרֶךְ אַפַּיִם וּגְדָל־חָסֶד:

טוֹב־יהוה לַכֹּל, וְרַחֲמָיו עַל־כָּל־מַעֲשָׂיו:

יוֹדוּךָ יהוה כָּל־מַעֲשֶׂיךָ, וַחֲסִידֶיךָ יְבָרְכוּכָה:

כְּבוֹד מַלְכוּתְךָ יֹאמֵרוּ, וּגְבוּרָתְךָ יְדַבֵּרוּ:

לְהוֹדִיעַ לִבְנֵי הָאָדָם גְּבוּרֹתָיו, וּכְבוֹד הֲדַר מַלְכוּתוֹ:

מַלְכוּתְךָ מַלְכוּת כָּל־עֹלָמִים, וּמֶמְשַׁלְתְּךָ בְּכָל־דּוֹר וָדֹר:

סוֹמֵךְ יהוה לְכָל־הַנֹּפְלִים, וְזוֹקֵף לְכָל־הַכְּפוּפִים:

עֵינֵי־כֹל אֵלֶיךָ יְשַׂבֵּרוּ, וְאַתָּה נוֹתֵן־לָהֶם אֶת־אָכְלָם בְּעִתּוֹ:

פּוֹתֵחַ אֶת־יָדֶךָ, וּמַשְׂבִּיעַ לְכָל־חַי רָצוֹן:

צַדִּיק יהוה בְּכָל־דְּרָכָיו, וְחָסִיד בְּכָל־מַעֲשָׂיו:

קָרוֹב יהוה לְכָל־קֹרְאָיו, לְכֹל אֲשֶׁר יִקְרָאֻהוּ בֶאֱמֶת:

רְצוֹן־יְרֵאָיו יַעֲשֶׂה, וְאֶת־שַׁוְעָתָם יִשְׁמַע, וְיוֹשִׁיעֵם:

שׁוֹמֵר יהוה אֶת־כָּל־אֹהֲבָיו, וְאֵת כָּל־הָרְשָׁעִים יַשְׁמִיד:

◄ תְּהִלַּת יהוה יְדַבֶּר פִּי, וִיבָרֵךְ כָּל־בָּשָׂר שֵׁם קָדְשׁוֹ לְעוֹלָם וָעֶד:

וַאֲנַחְנוּ נְבָרֵךְ יָהּ מֵעַתָּה וְעַד־עוֹלָם, הַלְלוּיָהּ: תהלים קטו

RETURNING THE TORAH TO THE ARK

The Ark is opened. All stand. The Leader takes one of the Torah scrolls and says:

יְהַלְלוּ Let them praise the name of the LORD,   *Ps. 148*
for His name alone is sublime.

The congregation responds:

הוֹדוֹ His majesty is above earth and heaven.
He has raised the horn of His people,
for the glory of all His devoted ones,
the children of Israel, the people close to Him.
Halleluya!

While the Torah scrolls are being returned to the Ark, the following is said.

מִזְמוֹר לְדָוִד A psalm of David.   *Ps. 29*
Render to the LORD, you angelic powers,
render to the LORD glory and might.
Render to the LORD the glory due to His name.
Bow down to the LORD in the splendor of holiness.
The LORD's voice echoes over the waters; the God of glory thunders;
the LORD is over the mighty waters.
The LORD's voice in power, the LORD's voice in beauty,
the LORD's voice breaks cedars,
the LORD shatters the cedars of Lebanon.
He makes Lebanon skip like a calf, Sirion like a young wild ox.
The LORD's voice cleaves flames of fire.
The LORD's voice makes the desert quake,
the LORD shakes the desert of Kadesh.
The LORD's voice makes hinds calve and strips the forests bare,
and in His temple all say:
"Glory!" The LORD sat enthroned at the Flood,
the LORD sits enthroned as King for ever.
The LORD will give strength to His people;
the LORD will bless His people with peace.

הכנסת ספר תורה

The ארון קודש *is opened. All stand. The* שליח ציבור *takes one of the* ספרי תורה *and says:*

תהלים קמח

יְהַלְלוּ אֶת־שֵׁם יהוה, כִּי־נִשְׂגָּב שְׁמוֹ, לְבַדּוֹ

The קהל *responds:*

הוֹדוֹ עַל־אֶרֶץ וְשָׁמָיִם:

וַיָּרֶם קֶרֶן לְעַמּוֹ

תְּהִלָּה לְכָל־חֲסִידָיו

לִבְנֵי יִשְׂרָאֵל עַם קְרֹבוֹ

הַלְלוּיָהּ:

While the ספרי תורה *are being returned to the* ארון קודש, *the following is said.*

תהלים כט

מִזְמוֹר לְדָוִד, הָבוּ לַיהוה בְּנֵי אֵלִים, הָבוּ לַיהוה כָּבוֹד וָעֹז:

הָבוּ לַיהוה כְּבוֹד שְׁמוֹ, הִשְׁתַּחֲווּ לַיהוה בְּהַדְרַת־קֹדֶשׁ:

קוֹל יהוה עַל־הַמָּיִם, אֵל־הַכָּבוֹד הִרְעִים, יהוה עַל־מַיִם רַבִּים:

קוֹל־יהוה בַּכֹּחַ, קוֹל יהוה בֶּהָדָר:

קוֹל יהוה שֹׁבֵר אֲרָזִים, וַיְשַׁבֵּר יהוה אֶת־אַרְזֵי הַלְּבָנוֹן:

וַיַּרְקִידֵם כְּמוֹ־עֵגֶל, לְבָנוֹן וְשִׂרְיוֹן כְּמוֹ בֶן־רְאֵמִים:

קוֹל־יהוה חֹצֵב לַהֲבוֹת אֵשׁ:

קוֹל יהוה יָחִיל מִדְבָּר, יָחִיל יהוה מִדְבַּר קָדֵשׁ:

קוֹל יהוה יְחוֹלֵל אַיָּלוֹת וַיֶּחֱשֹׂף יְעָרוֹת

וּבְהֵיכָלוֹ, כֻּלּוֹ אֹמֵר כָּבוֹד:

יהוה לַמַּבּוּל יָשָׁב, וַיֵּשֶׁב יהוה מֶלֶךְ לְעוֹלָם:

יהוה עֹז לְעַמּוֹ יִתֵּן

יהוה יְבָרֵךְ אֶת־עַמּוֹ בַשָּׁלוֹם:

As the Torah scrolls are placed into the Ark, all say:

וּבְנֻחֹה יֹאמַר When the Ark came to rest, Moses would say: "Return,   *Num. 10*
O Lord, to the myriad thousands of Israel." Advance, Lord, to Your   *Ps. 132*
resting place, You and Your mighty Ark. Your priests are clothed in
righteousness, and Your devoted ones sing in joy. For the sake of
Your servant David, do not reject Your anointed one. For I give you   *Prov. 4*
good instruction; do not forsake My Torah. It is a tree of life to those   *Prov. 3*
who grasp it, and those who uphold it are happy. Its ways are ways of
pleasantness, and all its paths are peace. ‣ Turn us back, O Lord, to   *Lam. 5*
You, and we will return. Renew our days as of old.

The Ark is closed.

HALF KADDISH

Reader: יִתְגַּדַּל Magnified and sanctified
    may His great name be,
    in the world He created by His will.
    May He establish His kingdom
    in your lifetime and in your days,
    and in the lifetime of all the house of Israel,
    swiftly and soon –
    and say: Amen.

All: May His great name be blessed
    for ever and all time.

Reader: Blessed and praised,
    glorified and exalted,
    raised and honored,
    uplifted and lauded
    be the name of the Holy One, blessed be He,
    beyond any blessing, song,
    praise and consolation
    uttered in the world –
    and say: Amen.

As the ספרי תורה *are placed into the* ארון קודש*, all say:*

במדבר י וּבְנֻחֹה יֹאמַר, שׁוּבָה יהוה רִבְבוֹת אַלְפֵי יִשְׂרָאֵל: קוּמָה יהוה
תהלים קלב לִמְנוּחָתֶךָ, אַתָּה וַאֲרוֹן עֻזֶּךָ: כֹּהֲנֶיךָ יִלְבְּשׁוּ־צֶדֶק, וַחֲסִידֶיךָ
משלי ד יְרַנֵּנוּ: בַּעֲבוּר דָּוִד עַבְדֶּךָ אַל־תָּשֵׁב פְּנֵי מְשִׁיחֶךָ: כִּי לֶקַח
משלי ג טוֹב נָתַתִּי לָכֶם, תּוֹרָתִי אַל־תַּעֲזֹבוּ: עֵץ־חַיִּים הִיא לַמַּחֲזִיקִים
בָּהּ, וְתֹמְכֶיהָ מְאֻשָּׁר: דְּרָכֶיהָ דַרְכֵי־נֹעַם וְכָל־נְתִיבוֹתֶיהָ שָׁלוֹם:
איכה ה ‹ הֲשִׁיבֵנוּ יהוה אֵלֶיךָ וְנָשׁוּבָה, חַדֵּשׁ יָמֵינוּ כְּקֶדֶם:

The ארון קודש *is closed.*

חצי קדיש

קורא: יִתְגַּדַּל וְיִתְקַדַּשׁ שְׁמֵהּ רַבָּא (קהל: אָמֵן)
בְּעָלְמָא דִּי בְרָא כִרְעוּתֵהּ
וְיַמְלִיךְ מַלְכוּתֵהּ
בְּחַיֵּיכוֹן וּבְיוֹמֵיכוֹן וּבְחַיֵּי דְכָל בֵּית יִשְׂרָאֵל
בַּעֲגָלָא וּבִזְמַן קָרִיב
וְאִמְרוּ אָמֵן. (קהל: אָמֵן)

קהל וקורא: יְהֵא שְׁמֵהּ רַבָּא מְבָרַךְ לְעָלַם וּלְעָלְמֵי עָלְמַיָּא.

קורא: יִתְבָּרַךְ וְיִשְׁתַּבַּח וְיִתְפָּאַר וְיִתְרוֹמַם וְיִתְנַשֵּׂא
וְיִתְהַדָּר וְיִתְעַלֶּה וְיִתְהַלָּל
שְׁמֵהּ דְּקֻדְשָׁא בְּרִיךְ הוּא (קהל: בְּרִיךְ הוּא)
לְעֵלָּא מִן כָּל בִּרְכָתָא וְשִׁירָתָא
תֻּשְׁבְּחָתָא וְנֶחֱמָתָא
דַּאֲמִירָן בְּעָלְמָא
וְאִמְרוּ אָמֵן. (קהל: אָמֵן)

Musaf for Shabbat Ḥol HaMo'ed

The following prayer, until "in former years" on page 1024, is said silently, standing with feet together. If there is a minyan, the Amida is repeated aloud by the Leader. Take three steps forward and at the points indicated by ▾, bend the knees at the first word, bow at the second, and stand straight before saying God's name.

When I proclaim the LORD's name, give glory to our God. *Deut. 32*

O LORD, open my lips, so that my mouth may declare Your praise. *Ps. 51*

PATRIARCHS

▾בָּרוּךְ▾ Blessed are You, LORD our God and God of our fathers,
God of Abraham, God of Isaac and God of Jacob;
the great, mighty and awesome God, God Most High,
who bestows acts of loving-kindness and creates all,
who remembers the loving-kindness of the fathers
and will bring a Redeemer
to their children's children
for the sake of His name, in love.
King, Helper, Savior, Shield:
▾Blessed are You,
LORD, Shield of Abraham.

DIVINE MIGHT

אַתָּה גִּבּוֹר You are eternally mighty, LORD.
You give life to the dead
and have great power to save.

In Israel:
He causes the dew to fall.

He sustains the living with loving-kindness,
and with great compassion revives the dead.
He supports the fallen, heals the sick, sets captives free,
and keeps His faith with those who sleep in the dust.
Who is like You, Master of might,
and who can compare to You,

מוּסָף לְשַׁבַּת חוֹל הַמּוֹעֵד

The following prayer, until קַדְמֹנִיּוֹת *on page 1025, is said silently, standing with feet together. If there is a* מנין*, the* עמידה *is repeated aloud by the* שליח ציבור*. Take three steps forward and at the points indicated by* ˅*, bend the knees at the first word, bow at the second, and stand straight before saying God's name.*

דברים לב כִּי שֵׁם יהוה אֶקְרָא, הָבוּ גֹדֶל לֵאלֹהֵינוּ:
תהלים נא אֲדֹנָי, שְׂפָתַי תִּפְתָּח, וּפִי יַגִּיד תְּהִלָּתֶךָ:

אבות

˅בָּרוּךְ אַתָּה יהוה, אֱלֹהֵינוּ וֵאלֹהֵי אֲבוֹתֵינוּ
אֱלֹהֵי אַבְרָהָם, אֱלֹהֵי יִצְחָק, וֵאלֹהֵי יַעֲקֹב
הָאֵל הַגָּדוֹל הַגִּבּוֹר וְהַנּוֹרָא, אֵל עֶלְיוֹן
גּוֹמֵל חֲסָדִים טוֹבִים, וְקוֹנֵה הַכֹּל
וְזוֹכֵר חַסְדֵי אָבוֹת
וּמֵבִיא גוֹאֵל לִבְנֵי בְנֵיהֶם לְמַעַן שְׁמוֹ בְּאַהֲבָה.
מֶלֶךְ עוֹזֵר וּמוֹשִׁיעַ וּמָגֵן.
˅בָּרוּךְ אַתָּה יהוה, מָגֵן אַבְרָהָם.

גבורות

אַתָּה גִּבּוֹר לְעוֹלָם, אֲדֹנָי
מְחַיֵּה מֵתִים אַתָּה, רַב לְהוֹשִׁיעַ

In ארץ ישראל*:*
מוֹרִיד הַטָּל

מְכַלְכֵּל חַיִּים בְּחֶסֶד, מְחַיֵּה מֵתִים בְּרַחֲמִים רַבִּים
סוֹמֵךְ נוֹפְלִים, וְרוֹפֵא חוֹלִים, וּמַתִּיר אֲסוּרִים
וּמְקַיֵּם אֱמוּנָתוֹ לִישֵׁנֵי עָפָר.
מִי כָמוֹךָ, בַּעַל גְּבוּרוֹת
וּמִי דּוֹמֶה לָּךְ

O King who brings death and gives life, and makes salvation grow?
Faithful are You to revive the dead.
Blessed are You, Lord, who revives the dead.

When saying the Amida silently, continue with "You are holy" on the next page.

KEDUSHA

The following is said standing with feet together, rising on the toes at the words indicated by ▲.

Cong. then Leader: נַעֲרִיצְךָ We will revere and sanctify You with the words uttered by the holy Seraphim who sanctify Your name in the Sanctuary; as is written by Your prophet: "They call out to one another, saying: *Is. 6*

Cong. then Leader: ▲Holy, ▲holy, ▲holy is the Lord of hosts; the whole world is filled with His glory."
His glory fills the universe. His ministering angels ask each other, "Where is the place of His glory?" Those facing them say "Blessed –"

Cong. then Leader: ▲"Blessed is the Lord's glory from His place." *Ezek. 3*
From His place may He turn with compassion and be gracious to the people who proclaim the unity of His name, morning and evening, every day, continually, twice each day reciting in love the Shema:

Cong. then Leader: "Listen, Israel, the Lord is our God, the Lord is One." *Deut. 6*
He is our God, He is our Father, He is our King, He is our Savior – and He, in His compassion, will let us hear a second time in the presence of all that lives, His promise to be "Your God." *Num. 15*
"I am the Lord your God."

Leader: And in Your holy Writings it is written:

Cong. then Leader: ▲"The Lord shall reign for ever. He is your God, Zion, from generation to generation, Halleluya!" *Ps. 146*

Leader: From generation to generation we will declare Your greatness, and we will proclaim Your holiness for evermore. Your praise, our God, shall not leave our mouth forever, for You, God, are a great and holy King. Blessed are You, Lord, the holy God.

The Leader continues with "You have chosen us" on the next page.

מֶלֶךְ, מֵמִית וּמְחַיֶּה וּמַצְמִיחַ יְשׁוּעָה.
וְנֶאֱמָן אַתָּה לְהַחֲיוֹת מֵתִים.
בָּרוּךְ אַתָּה יהוה, מְחַיֵּה הַמֵּתִים.

When saying the עמידה silently, continue with אַתָּה קָדוֹשׁ *on the next page.*

קדושה

The following is said standing with feet together, rising on the toes at the words indicated by ˄.

קהל then ש״ץ: נַעֲרִיצְךָ וְנַקְדִּישְׁךָ כְּסוֹד שִׂיחַ שַׂרְפֵי קֹדֶשׁ, הַמַּקְדִּישִׁים שִׁמְךָ
ישעיה ו בַּקֹּדֶשׁ, כַּכָּתוּב עַל יַד נְבִיאֶךָ: וְקָרָא זֶה אֶל־זֶה וְאָמַר

קהל then ש״ץ: ˄קָדוֹשׁ, ˄קָדוֹשׁ, ˄קָדוֹשׁ, יהוה צְבָאוֹת, מְלֹא כָל הָאָרֶץ כְּבוֹדוֹ:
כְּבוֹדוֹ מָלֵא עוֹלָם, מְשָׁרְתָיו שׁוֹאֲלִים זֶה לָזֶה, אַיֵּה מְקוֹם כְּבוֹדוֹ,
לְעֻמָּתָם בָּרוּךְ יֹאמֵרוּ

יחזקאל ג קהל then ש״ץ: ˄בָּרוּךְ כְּבוֹד־יהוה מִמְּקוֹמוֹ:
מִמְּקוֹמוֹ הוּא יִפֶן בְּרַחֲמִים, וְיָחֹן עַם הַמְיַחֲדִים שְׁמוֹ, עֶרֶב וָבֹקֶר
בְּכָל יוֹם תָּמִיד, פַּעֲמַיִם בְּאַהֲבָה שְׁמַע אוֹמְרִים

דברים ו קהל then ש״ץ: שְׁמַע יִשְׂרָאֵל, יהוה אֱלֹהֵינוּ, יהוה אֶחָד:
הוּא אֱלֹהֵינוּ, הוּא אָבִינוּ, הוּא מַלְכֵּנוּ, הוּא מוֹשִׁיעֵנוּ, וְהוּא
במדבר טו יַשְׁמִיעֵנוּ בְּרַחֲמָיו שֵׁנִית לְעֵינֵי כָּל חָי, לִהְיוֹת לָכֶם לֵאלֹהִים,
אֲנִי יהוה אֱלֹהֵיכֶם:

ש״ץ: וּבְדִבְרֵי קָדְשְׁךָ כָּתוּב לֵאמֹר

תהלים קמו קהל then ש״ץ: ˄יִמְלֹךְ יהוה לְעוֹלָם, אֱלֹהַיִךְ צִיּוֹן לְדֹר וָדֹר, הַלְלוּיָהּ:

ש״ץ: לְדוֹר וָדוֹר נַגִּיד גָּדְלֶךָ, וּלְנֵצַח נְצָחִים קְדֻשָּׁתְךָ נַקְדִּישׁ, וְשִׁבְחֲךָ
אֱלֹהֵינוּ מִפִּינוּ לֹא יָמוּשׁ לְעוֹלָם וָעֶד, כִּי אֵל מֶלֶךְ גָּדוֹל וְקָדוֹשׁ אָתָּה.
בָּרוּךְ אַתָּה יהוה, הָאֵל הַקָּדוֹשׁ.

The שליח ציבור *continues with* אַתָּה בְחַרְתָּנוּ *on the next page.*

HOLINESS

אַתָּה קָדוֹשׁ You are holy and Your name is holy,
and holy ones praise You daily, Selah!
Blessed are You, LORD, the holy God.

HOLINESS OF THE DAY

אַתָּה בְחַרְתָּנוּ You have chosen us from among all peoples.
You have loved and favored us.
You have raised us above all tongues.
You have made us holy through Your commandments.
You have brought us near, our King, to Your service,
and have called us by Your great and holy name.

וַתִּתֶּן לָנוּ And You, LORD our God,
have given us in love
Sabbaths for rest and festivals for rejoicing,
holy days and seasons for joy,
this Sabbath day
and this day of the festival of Matzot, the time of our freedom
with love, a holy assembly in memory of the exodus from Egypt.

וּמִפְּנֵי חֲטָאֵינוּ But because of our sins we were exiled from our land
and driven far from our country.
We cannot go up to appear and bow before You,
and to perform our duties in Your chosen House,
the great and holy Temple that was called by Your name,
because of the hand that was stretched out against Your Sanctuary.
May it be Your will, LORD our God and God of our ancestors,
merciful King,
that You in Your abounding compassion may once more
have mercy on us and on Your Sanctuary,
rebuilding it swiftly and adding to its glory.
Our Father, our King, reveal the glory of Your kingdom to us swiftly.
Appear and be exalted over us in the sight of all that lives.
Bring back our scattered ones from among the nations,
and gather our dispersed people from the ends of the earth.

קדושת השם

אַתָּה קָדוֹשׁ וְשִׁמְךָ קָדוֹשׁ
וּקְדוֹשִׁים בְּכָל יוֹם יְהַלְלוּךָ סֶּלָה.
בָּרוּךְ אַתָּה יהוה, הָאֵל הַקָּדוֹשׁ.

קדושת היום

אַתָּה בְחַרְתָּנוּ מִכָּל הָעַמִּים
אָהַבְתָּ אוֹתָנוּ וְרָצִיתָ בָּנוּ, וְרוֹמַמְתָּנוּ מִכָּל הַלְּשׁוֹנוֹת
וְקִדַּשְׁתָּנוּ בְּמִצְוֹתֶיךָ, וְקֵרַבְתָּנוּ מַלְכֵּנוּ לַעֲבוֹדָתֶךָ
וְשִׁמְךָ הַגָּדוֹל וְהַקָּדוֹשׁ עָלֵינוּ קָרָאתָ.

וַתִּתֶּן לָנוּ יהוה אֱלֹהֵינוּ בְּאַהֲבָה
שַׁבָּתוֹת לִמְנוּחָה וּמוֹעֲדִים לְשִׂמְחָה, חַגִּים וּזְמַנִּים לְשָׂשׂוֹן
אֶת יוֹם הַשַּׁבָּת הַזֶּה וְאֶת יוֹם חַג הַמַּצּוֹת הַזֶּה, זְמַן חֵרוּתֵנוּ
בְּאַהֲבָה מִקְרָא קֹדֶשׁ, זֵכֶר לִיצִיאַת מִצְרָיִם.

וּמִפְּנֵי חֲטָאֵינוּ גָּלִינוּ מֵאַרְצֵנוּ, וְנִתְרַחַקְנוּ מֵעַל אַדְמָתֵנוּ
וְאֵין אֲנַחְנוּ יְכוֹלִים לַעֲלוֹת וְלֵרָאוֹת וּלְהִשְׁתַּחֲוֹת לְפָנֶיךָ
וְלַעֲשׂוֹת חוֹבוֹתֵינוּ בְּבֵית בְּחִירָתֶךָ
בַּבַּיִת הַגָּדוֹל וְהַקָּדוֹשׁ שֶׁנִּקְרָא שִׁמְךָ עָלָיו
מִפְּנֵי הַיָּד שֶׁנִּשְׁתַּלְּחָה בְּמִקְדָּשֶׁךָ.
יְהִי רָצוֹן מִלְּפָנֶיךָ יהוה אֱלֹהֵינוּ וֵאלֹהֵי אֲבוֹתֵינוּ, מֶלֶךְ רַחֲמָן
שֶׁתָּשׁוּב וּתְרַחֵם עָלֵינוּ וְעַל מִקְדָּשְׁךָ בְּרַחֲמֶיךָ הָרַבִּים
וְתִבְנֵהוּ מְהֵרָה וּתְגַדֵּל כְּבוֹדוֹ.
אָבִינוּ מַלְכֵּנוּ, גַּלֵּה כְּבוֹד מַלְכוּתְךָ עָלֵינוּ מְהֵרָה
וְהוֹפַע וְהִנָּשֵׂא עָלֵינוּ לְעֵינֵי כָּל חָי
וְקָרֵב פְּזוּרֵינוּ מִבֵּין הַגּוֹיִם, וּנְפוּצוֹתֵינוּ כַּנֵּס מִיַּרְכְּתֵי אָרֶץ.

Lead us to Zion, Your city, in jubilation,
and to Jerusalem, home of Your Temple, with everlasting joy.
There we will prepare for You our obligatory offerings:
the regular daily offerings in their order
and the additional offerings according to their law.
And the additional offerings of this Sabbath day and
of this day of the festival of Matzot.
we will prepare and offer before You in love,
in accord with Your will's commandment,
as You wrote for us in Your Torah
through Your servant Moses, by Your own word, as it is said:

וּבְיוֹם הַשַּׁבָּת On the Sabbath day,   *Num. 28*
make an offering of two lambs a year old, without blemish,
together with two-tenths of an ephah of fine flour
mixed with oil as a meal-offering, and its appropriate libation.
This is the burnt-offering for every Sabbath,
in addition to the regular daily burnt-offering and its libation.

וְהִקְרַבְתֶּם And you shall bring an offering consumed by fire   *Ibid.*
a burnt-offering to the LORD:
two young bullocks, one ram, and seven yearling male lambs;
they shall be to you unblemished.
And their meal-offerings and wine-libations as ordained:
three-tenths of an ephah for each bull,
two-tenths of an ephah for the ram,
one-tenth of an ephah for each lamb,
wine for the libations, a male goat for atonement,
and two regular daily offerings according to their law.

יִשְׂמְחוּ Those who keep the Sabbath and call it a delight
shall rejoice in Your kingship.
The people who sanctify the seventh day
shall all be satisfied and take delight in Your goodness,
for You favored the seventh day and declared it holy.
You called it "most desirable of days" in remembrance of Creation.

וַהֲבִיאֵנוּ לְצִיּוֹן עִירְךָ בְּרִנָּה
וְלִירוּשָׁלַיִם בֵּית מִקְדָּשְׁךָ בְּשִׂמְחַת עוֹלָם
וְשָׁם נַעֲשֶׂה לְפָנֶיךָ אֶת קׇרְבְּנוֹת חוֹבוֹתֵינוּ
תְּמִידִים כְּסִדְרָם וּמוּסָפִים כְּהִלְכָתָם
וְאֶת מוּסְפֵי יוֹם הַשַּׁבָּת הַזֶּה
וְיוֹם חַג הַמַּצּוֹת הַזֶּה
נַעֲשֶׂה וְנַקְרִיב לְפָנֶיךָ בְּאַהֲבָה כְּמִצְוַת רְצוֹנֶךָ
כְּמוֹ שֶׁכָּתַבְתָּ עָלֵינוּ בְּתוֹרָתֶךָ
עַל יְדֵי מֹשֶׁה עַבְדֶּךָ מִפִּי כְבוֹדֶךָ, כָּאָמוּר

וּבְיוֹם הַשַּׁבָּת, שְׁנֵי־כְבָשִׂים בְּנֵי־שָׁנָה תְּמִימִם במדבר כח
וּשְׁנֵי עֶשְׂרֹנִים סֹלֶת מִנְחָה בְּלוּלָה בַשֶּׁמֶן וְנִסְכּוֹ:
עֹלַת שַׁבַּת בְּשַׁבַּתּוֹ, עַל־עֹלַת הַתָּמִיד וְנִסְכָּהּ:

וְהִקְרַבְתֶּם אִשֶּׁה עֹלָה לַיהוה שם
פָּרִים בְּנֵי־בָקָר שְׁנַיִם וְאַיִל אֶחָד
וְשִׁבְעָה כְבָשִׂים בְּנֵי שָׁנָה, תְּמִימִם יִהְיוּ לָכֶם:
וּמִנְחָתָם וְנִסְכֵּיהֶם כִּמְדֻבָּר
שְׁלֹשָׁה עֶשְׂרֹנִים לַפָּר וּשְׁנֵי עֶשְׂרֹנִים לָאָיִל
וְעִשָּׂרוֹן לַכֶּבֶשׂ, וְיַיִן כְּנִסְכּוֹ, וְשָׂעִיר לְכַפֵּר
וּשְׁנֵי תְמִידִים כְּהִלְכָתָם.

יִשְׂמְחוּ בְמַלְכוּתְךָ שׁוֹמְרֵי שַׁבָּת וְקוֹרְאֵי עֹנֶג.
עַם מְקַדְּשֵׁי שְׁבִיעִי כֻּלָּם יִשְׂבְּעוּ וְיִתְעַנְּגוּ מִטּוּבֶךָ
וּבַשְּׁבִיעִי רָצִיתָ בּוֹ וְקִדַּשְׁתּוֹ
חֶמְדַּת יָמִים אוֹתוֹ קָרָאתָ, זֵכֶר לְמַעֲשֵׂה בְרֵאשִׁית.

אֱלֹהֵינוּ Our God and God of our ancestors,
merciful King, have compassion upon us.
You who are good and do good, respond to our call.
Return to us in Your abounding mercy
for the sake of our fathers who did Your will.
Rebuild Your Temple as at the beginning,
and establish Your Sanctuary on its site.
Let us witness its rebuilding and gladden us by its restoration.
Bring the priests back to their service,
the Levites to their song and music, and the Israelites to their homes.

וְשָׁם נַעֲלֶה There we will go up and appear and bow before You
on the three pilgrimage festivals,
as is written in Your Torah:

> "Three times in the year all your males shall appear *Deut. 16*
> before the LORD your God
> at the place He will choose:
> on Pesaḥ, Shavuot and Sukkot.
> They shall not appear before the LORD empty-handed.
> Each shall bring such a gift as he can,
> in proportion to the blessing
> that the LORD your God grants you."

וְהַשִּׂיאֵנוּ Bestow on us, LORD our God,
the blessing of Your festivals
for life and peace, joy and gladness,
as You desired and promised to bless us.
Our God and God of our fathers, find favor in our rest.
Make us holy through Your commandments
and grant us our share in Your Torah.
Satisfy us with Your goodness, grant us joy in Your salvation,
and purify our hearts to serve You in truth.
Grant us as our heritage, LORD our God, with love and favor,
with joy and gladness, Your holy Sabbath and festivals,
and may Israel, who sanctify Your name, rejoice in You.
Blessed are You, LORD,
who sanctifies the Sabbath and Israel and the festive seasons.

אֱלֹהֵינוּ וֵאלֹהֵי אֲבוֹתֵינוּ
מֶלֶךְ רַחֲמָן רַחֵם עָלֵינוּ, טוֹב וּמֵטִיב הִדָּרֶשׁ לָנוּ
שׁוּבָה אֵלֵינוּ בַּהֲמוֹן רַחֲמֶיךָ, בִּגְלַל אָבוֹת שֶׁעָשׂוּ רְצוֹנֶךָ.
בְּנֵה בֵיתְךָ כְּבַתְּחִלָּה, וְכוֹנֵן מִקְדָּשְׁךָ עַל מְכוֹנוֹ
וְהַרְאֵנוּ בְּבִנְיָנוֹ, וְשַׂמְּחֵנוּ בְּתִקּוּנוֹ
וְהָשֵׁב כֹּהֲנִים לַעֲבוֹדָתָם וּלְוִיִּם לְשִׁירָם וּלְזִמְרָם
וְהָשֵׁב יִשְׂרָאֵל לִנְוֵיהֶם.

וְשָׁם נַעֲלֶה וְנֵרָאֶה וְנִשְׁתַּחֲוֶה לְפָנֶיךָ בְּשָׁלֹשׁ פַּעֲמֵי רְגָלֵינוּ
כַּכָּתוּב בְּתוֹרָתֶךָ

שָׁלוֹשׁ פְּעָמִים בַּשָּׁנָה יֵרָאֶה כָל־זְכוּרְךָ אֶת־פְּנֵי יהוה אֱלֹהֶיךָ דברים טז
בַּמָּקוֹם אֲשֶׁר יִבְחָר
בְּחַג הַמַּצּוֹת, וּבְחַג הַשָּׁבֻעוֹת, וּבְחַג הַסֻּכּוֹת
וְלֹא יֵרָאֶה אֶת־פְּנֵי יהוה רֵיקָם:
אִישׁ כְּמַתְּנַת יָדוֹ, כְּבִרְכַּת יהוה אֱלֹהֶיךָ אֲשֶׁר נָתַן־לָךְ:

וְהַשִּׂיאֵנוּ יהוה אֱלֹהֵינוּ אֶת בִּרְכַּת מוֹעֲדֶיךָ
לְחַיִּים וּלְשָׁלוֹם, לְשִׂמְחָה וּלְשָׂשׂוֹן
כַּאֲשֶׁר רָצִיתָ וְאָמַרְתָּ לְבָרְכֵנוּ.
אֱלֹהֵינוּ וֵאלֹהֵי אֲבוֹתֵינוּ, רְצֵה בִמְנוּחָתֵנוּ
קַדְּשֵׁנוּ בְּמִצְוֹתֶיךָ וְתֵן חֶלְקֵנוּ בְּתוֹרָתֶךָ
שַׂבְּעֵנוּ מִטּוּבֶךָ וְשַׂמְּחֵנוּ בִּישׁוּעָתֶךָ
וְטַהֵר לִבֵּנוּ לְעָבְדְּךָ בֶּאֱמֶת
וְהַנְחִילֵנוּ, יהוה אֱלֹהֵינוּ, בְּאַהֲבָה וּבְרָצוֹן, בְּשִׂמְחָה וּבְשָׂשׂוֹן
שַׁבָּת וּמוֹעֲדֵי קָדְשֶׁךָ
וְיִשְׂמְחוּ בְךָ יִשְׂרָאֵל מְקַדְּשֵׁי שְׁמֶךָ.
בָּרוּךְ אַתָּה יהוה, מְקַדֵּשׁ הַשַּׁבָּת וְיִשְׂרָאֵל וְהַזְּמַנִּים.

TEMPLE SERVICE

רְצֵה Find favor, LORD our God, in Your people Israel and their prayer.
Restore the service to Your most holy House,
and accept in love and favor the fire-offerings of Israel and their prayer.
May the service of Your people Israel always find favor with You.
And may our eyes witness Your return to Zion in compassion.
Blessed are You, LORD, who restores His Presence to Zion.

THANKSGIVING

Bow at the first nine words.

מוֹדִים We give thanks to You,
for You are the LORD our God
and God of our ancestors
for ever and all time.
You are the Rock of our lives,
Shield of our salvation
from generation to generation.
We will thank You and
declare Your praise for our lives,
which are entrusted into Your hand;
for our souls,
which are placed in Your charge;
for Your miracles
which are with us every day;
and for Your wonders and favors
at all times, evening,
morning and midday.
You are good –
for Your compassion never fails.
You are compassionate –
for Your loving-kindnesses never cease.
We have always placed our hope in You.

*During the Leader's Repetition,
the congregation says quietly:*
מוֹדִים We give thanks to You,
for You are the LORD our God
and God of our ancestors,
God of all flesh,
who formed us
and formed the universe.
Blessings and thanks
are due to Your great
and holy name for giving us
life and sustaining us.
May You continue
to give us life and sustain us;
and may You gather our
exiles to Your holy courts,
to keep Your decrees,
do Your will and serve You
with a perfect heart,
for it is for us
to give You thanks.
Blessed be God to whom
thanksgiving is due.

וְעַל כֻּלָּם For all these things may Your name be blessed and exalted,
our King, continually, for ever and all time.

עבודה

רְצֵה יהוה אֱלֹהֵינוּ בְּעַמְּךָ יִשְׂרָאֵל וּבִתְפִלָּתָם
וְהָשֵׁב אֶת הָעֲבוֹדָה לִדְבִיר בֵּיתֶךָ
וְאִשֵּׁי יִשְׂרָאֵל וּתְפִלָּתָם בְּאַהֲבָה תְקַבֵּל בְּרָצוֹן
וּתְהִי לְרָצוֹן תָּמִיד עֲבוֹדַת יִשְׂרָאֵל עַמֶּךָ.
וְתֶחֱזֶינָה עֵינֵינוּ בְּשׁוּבְךָ לְצִיּוֹן בְּרַחֲמִים.
בָּרוּךְ אַתָּה יהוה, הַמַּחֲזִיר שְׁכִינָתוֹ לְצִיּוֹן.

הודאה

Bow at the first five words.

ˈמוֹדִים אֲנַחְנוּ לָךְ
שָׁאַתָּה הוּא יהוה אֱלֹהֵינוּ
וֵאלֹהֵי אֲבוֹתֵינוּ לְעוֹלָם וָעֶד.
צוּר חַיֵּינוּ, מָגֵן יִשְׁעֵנוּ
אַתָּה הוּא לְדוֹר וָדוֹר.
נוֹדֶה לְּךָ וּנְסַפֵּר תְּהִלָּתֶךָ
עַל חַיֵּינוּ הַמְּסוּרִים בְּיָדֶךָ
וְעַל נִשְׁמוֹתֵינוּ הַפְּקוּדוֹת לָךְ
וְעַל נִסֶּיךָ שֶׁבְּכָל יוֹם עִמָּנוּ
וְעַל נִפְלְאוֹתֶיךָ וְטוֹבוֹתֶיךָ
שֶׁבְּכָל עֵת, עֶרֶב וָבֹקֶר וְצָהֳרָיִם.
הַטּוֹב, כִּי לֹא כָלוּ רַחֲמֶיךָ
וְהַמְרַחֵם, כִּי לֹא תַמּוּ חֲסָדֶיךָ
מֵעוֹלָם קִוִּינוּ לָךְ.

During the חזרת הש״ץ, *the* קהל *says quietly:*

ˈמוֹדִים אֲנַחְנוּ לָךְ
שָׁאַתָּה הוּא יהוה אֱלֹהֵינוּ
וֵאלֹהֵי אֲבוֹתֵינוּ
אֱלֹהֵי כָל בָּשָׂר
יוֹצְרֵנוּ, יוֹצֵר בְּרֵאשִׁית.
בְּרָכוֹת וְהוֹדָאוֹת
לְשִׁמְךָ הַגָּדוֹל וְהַקָּדוֹשׁ
עַל שֶׁהֶחֱיִיתָנוּ וְקִיַּמְתָּנוּ.
כֵּן תְּחַיֵּנוּ וּתְקַיְּמֵנוּ
וְתֶאֱסֹף גָּלֻיּוֹתֵינוּ
לְחַצְרוֹת קָדְשֶׁךָ
לִשְׁמֹר חֻקֶּיךָ וְלַעֲשׂוֹת רְצוֹנֶךָ
וּלְעָבְדְּךָ בְּלֵבָב שָׁלֵם
עַל שֶׁאֲנַחְנוּ מוֹדִים לָךְ.
בָּרוּךְ אֵל הַהוֹדָאוֹת.

וְעַל כֻּלָּם יִתְבָּרַךְ וְיִתְרוֹמַם שִׁמְךָ מַלְכֵּנוּ תָּמִיד לְעוֹלָם וָעֶד.

Let all that lives thank You, Selah! and praise Your name in truth,
God, our Savior and Help, Selah!
˒Blessed are You, LORD, whose name is "the Good"
and to whom thanks are due.

The following is said by the Leader during the Repetition of the Amida.
In Israel, if Kohanim bless the congregation, turn to page 1150.

Our God and God of our fathers, bless us with the threefold blessing in the
Torah, written by the hand of Moses Your servant and pronounced by Aaron
and his sons the priests, Your holy people, as it is said:

> May the LORD bless you and protect you.   *Num. 6*
> > *Cong:* May it be Your will.
> May the LORD make His face shine on you and be gracious to you.
> > *Cong:* May it be Your will.
> May the LORD turn His face toward you, and grant you peace.
> > *Cong:* May it be Your will.

PEACE

שִׂים שָׁלוֹם Grant peace, goodness and blessing,
grace, loving-kindness and compassion
to us and all Israel Your people.
Bless us, our Father, all as one,
with the light of Your face,
for by the light of Your face You have given us,
LORD our God,
the Torah of life and love of kindness,
righteousness, blessing,
compassion, life and peace.
May it be good in Your eyes to bless Your people Israel
at every time, in every hour, with Your peace.
Blessed are You, LORD,
who blesses His people Israel with peace.

The following verse concludes the Leader's Repetition of the Amida.
Some also say it here as part of the silent Amida.

יִהְיוּ לְרָצוֹן May the words of my mouth and the meditation of my heart   *Ps. 19*
find favor before You, LORD, my Rock and Redeemer.

וְכֹל הַחַיִּים יוֹדְוּךָ סֶּלָה, וִיהַלְלוּ אֶת שִׁמְךָ בֶּאֱמֶת
הָאֵל יְשׁוּעָתֵנוּ וְעֶזְרָתֵנוּ סֶלָה.
יבָּרוּךְ אַתָּה יהוה, הַטּוֹב שִׁמְךָ וּלְךָ נָאֶה לְהוֹדוֹת.

The following is said by the שליח ציבור *during* חזרת הש״ץ. *In* ארץ ישראל *if* כהנים *say* ברכת כהנים *turn to page 1151.*

אֱלֹהֵינוּ וֵאלֹהֵי אֲבוֹתֵינוּ, בָּרְכֵנוּ בַּבְּרָכָה הַמְשֻׁלֶּשֶׁת בַּתּוֹרָה, הַכְּתוּבָה עַל יְדֵי מֹשֶׁה עַבְדֶּךָ, הָאֲמוּרָה מִפִּי אַהֲרֹן וּבָנָיו כֹּהֲנִים עַם קְדוֹשֶׁיךָ, כָּאָמוּר

במדבר ו
יְבָרֶכְךָ יהוה וְיִשְׁמְרֶךָ: קהל: כֵּן יְהִי רָצוֹן
יָאֵר יהוה פָּנָיו אֵלֶיךָ וִיחֻנֶּךָּ: קהל: כֵּן יְהִי רָצוֹן
יִשָּׂא יהוה פָּנָיו אֵלֶיךָ וְיָשֵׂם לְךָ שָׁלוֹם: קהל: כֵּן יְהִי רָצוֹן

שלום

שִׂים שָׁלוֹם טוֹבָה וּבְרָכָה
חֵן וָחֶסֶד וְרַחֲמִים
עָלֵינוּ וְעַל כָּל יִשְׂרָאֵל עַמֶּךָ.
בָּרְכֵנוּ אָבִינוּ כֻּלָּנוּ כְּאֶחָד בְּאוֹר פָּנֶיךָ
כִּי בְאוֹר פָּנֶיךָ נָתַתָּ לָּנוּ יהוה אֱלֹהֵינוּ
תּוֹרַת חַיִּים וְאַהֲבַת חֶסֶד
וּצְדָקָה וּבְרָכָה וְרַחֲמִים וְחַיִּים וְשָׁלוֹם.
וְטוֹב בְּעֵינֶיךָ לְבָרֵךְ אֶת עַמְּךָ יִשְׂרָאֵל
בְּכָל עֵת וּבְכָל שָׁעָה בִּשְׁלוֹמֶךָ.
בָּרוּךְ אַתָּה יהוה
הַמְבָרֵךְ אֶת עַמּוֹ יִשְׂרָאֵל בַּשָּׁלוֹם.

The following verse concludes the חזרת הש״ץ.
Some also say it here as part of the silent עמידה.

תהלים יט
יִהְיוּ לְרָצוֹן אִמְרֵי־פִי וְהֶגְיוֹן לִבִּי לְפָנֶיךָ, יהוה צוּרִי וְגֹאֲלִי:

אֱלֹהַי My God, *Berakhot 17a*
guard my tongue from evil and my lips from deceitful speech.
To those who curse me, let my soul be silent;
may my soul be to all like the dust.
Open my heart to Your Torah and let my soul
pursue Your commandments.
As for all who plan evil against me,
swiftly thwart their counsel and frustrate their plans.

Act for the sake of Your name;
act for the sake of Your right hand;
act for the sake of Your holiness;
act for the sake of Your Torah.

That Your beloved ones may be delivered, *Ps. 60*
save with Your right hand and answer me.
May the words of my mouth and the meditation of my heart *Ps. 19*
find favor before You, LORD, my Rock and Redeemer.

Bow, take three steps back, then bow, first left, then right, then center, while saying:

May He who makes peace in His high places,
make peace for us and all Israel –
and say: Amen.

יְהִי רָצוֹן May it be Your will, LORD our God and God of our ancestors,
that the Temple be rebuilt speedily in our days,
and grant us a share in Your Torah.
And there we will serve You with reverence,
as in the days of old and as in former years.
Then the offering of Judah and Jerusalem will be pleasing to the LORD *Mal. 3*
as in the days of old and as in former years.

When praying with a minyan, the Amida is repeated aloud by the Leader.

אֱלֹהַי ברכות יז.

נְצֹר לְשׁוֹנִי מֵרָע וּשְׂפָתַי מִדַּבֵּר מִרְמָה

וְלִמְקַלְלַי נַפְשִׁי תִדֹּם, וְנַפְשִׁי כֶּעָפָר לַכֹּל תִּהְיֶה.

פְּתַח לִבִּי בְּתוֹרָתֶךָ, וּבְמִצְוֹתֶיךָ תִּרְדֹּף נַפְשִׁי.

וְכָל הַחוֹשְׁבִים עָלַי רָעָה

מְהֵרָה הָפֵר עֲצָתָם וְקַלְקֵל מַחֲשַׁבְתָּם.

עֲשֵׂה לְמַעַן שְׁמֶךָ

עֲשֵׂה לְמַעַן יְמִינֶךָ

עֲשֵׂה לְמַעַן קְדֻשָּׁתֶךָ

עֲשֵׂה לְמַעַן תּוֹרָתֶךָ.

לְמַעַן יֵחָלְצוּן יְדִידֶיךָ, הוֹשִׁיעָה יְמִינְךָ וַעֲנֵנִי: תהלים ס

יִהְיוּ לְרָצוֹן אִמְרֵי־פִי וְהֶגְיוֹן לִבִּי לְפָנֶיךָ, יהוה צוּרִי וְגוֹאֲלִי: תהלים יט

Bow, take three steps back, then bow, first left, then right, then center, while saying:

עֹשֶׂה שָׁלוֹם בִּמְרוֹמָיו

הוּא יַעֲשֶׂה שָׁלוֹם עָלֵינוּ וְעַל כָּל יִשְׂרָאֵל

וְאִמְרוּ אָמֵן.

יְהִי רָצוֹן מִלְּפָנֶיךָ יהוה אֱלֹהֵינוּ וֵאלֹהֵי אֲבוֹתֵינוּ

שֶׁיִּבָּנֶה בֵּית הַמִּקְדָּשׁ בִּמְהֵרָה בְיָמֵינוּ, וְתֵן חֶלְקֵנוּ בְּתוֹרָתֶךָ

וְשָׁם נַעֲבָדְךָ בְּיִרְאָה כִּימֵי עוֹלָם וּכְשָׁנִים קַדְמוֹנִיּוֹת.

וְעָרְבָה לַיהוה מִנְחַת יְהוּדָה וִירוּשָׁלָםִ כִּימֵי עוֹלָם וּכְשָׁנִים קַדְמֹנִיּוֹת: מלאכי ג

When praying with a מנין*, the* עמידה *is repeated aloud by the* שליח ציבור.

FULL KADDISH

Leader: יִתְגַּדַּל Magnified and sanctified
may His great name be,
in the world He created by His will.
May He establish His kingdom
in your lifetime and in your days,
and in the lifetime of all the house of Israel,
swiftly and soon –
and say: Amen.

All: May His great name be blessed
for ever and all time.

Leader: Blessed and praised,
glorified and exalted,
raised and honored,
uplifted and lauded be the name of the Holy One,
blessed be He, beyond any blessing,
song, praise and consolation
uttered in the world –
and say: Amen.

May the prayers and pleas of all Israel
be accepted by their Father in heaven –
and say: Amen.

May there be great peace from heaven,
and life for us and all Israel –
and say: Amen.

*Bow, take three steps back, as if taking leave of the Divine Presence,
then bow, first left, then right, then center, while saying:*
May He who makes peace in His high places,
make peace for us and all Israel –
and say: Amen.

קדיש שלם

ש״ץ: יִתְגַּדַּל וְיִתְקַדַּשׁ שְׁמֵהּ רַבָּא (קהל: אָמֵן)
בְּעָלְמָא דִּי בְרָא כִרְעוּתֵהּ
וְיַמְלִיךְ מַלְכוּתֵהּ
בְּחַיֵּיכוֹן וּבְיוֹמֵיכוֹן וּבְחַיֵּי דְכָל בֵּית יִשְׂרָאֵל
בַּעֲגָלָא וּבִזְמַן קָרִיב
וְאִמְרוּ אָמֵן. (קהל: אָמֵן)

קהל
 וש״ץ:
יְהֵא שְׁמֵהּ רַבָּא מְבָרַךְ לְעָלַם וּלְעָלְמֵי עָלְמַיָּא.

ש״ץ: יִתְבָּרַךְ וְיִשְׁתַּבַּח וְיִתְפָּאַר
וְיִתְרוֹמַם וְיִתְנַשֵּׂא וְיִתְהַדָּר וְיִתְעַלֶּה וְיִתְהַלָּל
שְׁמֵהּ דְּקֻדְשָׁא בְּרִיךְ הוּא (קהל: בְּרִיךְ הוּא)
לְעֵלָּא מִן כָּל בִּרְכָתָא וְשִׁירָתָא, תֻּשְׁבְּחָתָא וְנֶחֱמָתָא
דַּאֲמִירָן בְּעָלְמָא
וְאִמְרוּ אָמֵן. (קהל: אָמֵן)

תִּתְקַבַּל צְלוֹתְהוֹן וּבָעוּתְהוֹן דְּכָל יִשְׂרָאֵל
קֳדָם אֲבוּהוֹן דִּי בִשְׁמַיָּא
וְאִמְרוּ אָמֵן. (קהל: אָמֵן)

יְהֵא שְׁלָמָא רַבָּא מִן שְׁמַיָּא
וְחַיִּים, עָלֵינוּ וְעַל כָּל יִשְׂרָאֵל
וְאִמְרוּ אָמֵן. (קהל: אָמֵן)

Bow, take three steps back, as if taking leave of the Divine Presence,
then bow, first left, then right, then center, while saying:

עֹשֶׂה שָׁלוֹם בִּמְרוֹמָיו
הוּא יַעֲשֶׂה שָׁלוֹם עָלֵינוּ וְעַל כָּל יִשְׂרָאֵל
וְאִמְרוּ אָמֵן. (קהל: אָמֵן)

אֵין כֵּאלֹהֵינוּ There is none like our God, none like our LORD,
none like our King, none like our Savior.
Who is like our God? Who is like our LORD?
Who is like our King? Who is like our Savior?
We will thank our God, we will thank our LORD,
we will thank our King, we will thank our Savior.
Blessed is our God, blessed is our LORD,
blessed is our King, blessed is our Savior.
You are our God, You are our LORD,
You are our King, You are our Savior.
You are He to whom our ancestors offered the fragrant incense.

פִּטּוּם הַקְּטֹרֶת The incense mixture consisted of balsam, onycha, galbanum and frankincense, each weighing seventy manehs; myrrh, cassia, spikenard and saffron, each weighing sixteen manehs; twelve manehs of costus, three of aromatic bark; nine of cinnamon; nine kabs of Carsina lye; three seahs and three kabs of Cyprus wine. If Cyprus wine was not available, old white wine might be used. A quarter of a kab of Sodom salt, and a minute amount of a smoke-raising herb. Rabbi Nathan says: Also a minute amount of Jordan amber. If one added honey to the mixture, he rendered it unfit for sacred use. If he omitted any one of its ingredients, he is guilty of a capital offence. *Keritot 6a*

Rabban Shimon ben Gamliel says: "Balsam" refers to the sap that drips from the balsam tree. The Carsina lye was used for bleaching the onycha to improve it. The Cyprus wine was used to soak the onycha in it to make it pungent. Though urine is suitable for this purpose, it is not brought into the Temple out of respect.

These were the psalms which the Levites used to recite in the Temple: *Mishna, Tamid 7*
On the first day of the week they used to say: "The earth is the LORD's *Ps. 24*
and all it contains, the world and all who live in it."
On the second day they used to say: "Great is the LORD and *Ps. 48*
greatly to be praised in the city of God, on His holy mountain."
On the third day they used to say: "God stands in the divine assembly. *Ps. 82*
Among the judges He delivers judgment."
On the fourth day they used to say: "God of retribution, LORD, *Ps. 94*
God of retribution, appear."
On the fifth day they used to say: "Sing for joy to God, our strength. *Ps. 81*
Shout aloud to the God of Jacob."
On the sixth day they used to say: "The LORD reigns: He is robed in majesty; *Ps. 93*
the LORD is robed, girded with strength;
the world is firmly established; it cannot be moved."
On the Sabbath they used to say: "A psalm, a song for the Sabbath day" – *Ps. 92*
[meaning] a psalm and song for the time to come,
for the day which will be entirely Sabbath and rest for life everlasting.

אֵין כֵּאלֹהֵינוּ, אֵין כַּאדוֹנֵינוּ, אֵין כְּמַלְכֵּנוּ, אֵין כְּמוֹשִׁיעֵנוּ.

מִי כֵאלֹהֵינוּ, מִי כַאדוֹנֵינוּ, מִי כְמַלְכֵּנוּ, מִי כְמוֹשִׁיעֵנוּ.

נוֹדֶה לֵאלֹהֵינוּ, נוֹדֶה לַאדוֹנֵינוּ, נוֹדֶה לְמַלְכֵּנוּ, נוֹדֶה לְמוֹשִׁיעֵנוּ.

בָּרוּךְ אֱלֹהֵינוּ, בָּרוּךְ אֲדוֹנֵינוּ, בָּרוּךְ מַלְכֵּנוּ, בָּרוּךְ מוֹשִׁיעֵנוּ.

אַתָּה הוּא אֱלֹהֵינוּ, אַתָּה הוּא אֲדוֹנֵינוּ,

אַתָּה הוּא מַלְכֵּנוּ, אַתָּה הוּא מוֹשִׁיעֵנוּ.

אַתָּה הוּא שֶׁהִקְטִירוּ אֲבוֹתֵינוּ לְפָנֶיךָ אֶת קְטֹרֶת הַסַּמִּים.

פִּטּוּם הַקְּטֹרֶת. הַצֳּרִי, וְהַצִּפֹּרֶן, וְהַחֶלְבְּנָה, וְהַלְּבוֹנָה מִשְׁקַל שִׁבְעִים שִׁבְעִים **כריתות ו**
מָנֶה, מֹר, וּקְצִיעָה, שִׁבֹּלֶת נֵרְדְּ, וְכַרְכֹּם מִשְׁקַל שִׁשָּׁה עָשָׂר שִׁשָּׁה עָשָׂר מָנֶה,
הַקֹּשְׁטְ שְׁנֵים עָשָׂר, קִלּוּפָה שְׁלֹשָׁה, וְקִנָּמוֹן תִּשְׁעָה, בֹּרִית כַּרְשִׁינָה תִּשְׁעָה
קַבִּין, יֵין קַפְרִיסִין סְאִין תְּלָת וְקַבִּין תְּלָתָא, וְאִם אֵין לוֹ יֵין קַפְרִיסִין, מֵבִיא
חֲמַר חִוְרְיָן עַתִּיק. מֶלַח סְדוֹמִית רֹבַע, מַעֲלֶה עָשָׁן כָּל שֶׁהוּא. רַבִּי נָתָן הַבַּבְלִי
אוֹמֵר: אַף כִּפַּת הַיַּרְדֵּן כָּל שֶׁהוּא, וְאִם נָתַן בָּהּ דְּבַשׁ פְּסָלָהּ, וְאִם חִסֵּר אֶחָד
מִכָּל סַמָּנֶיהָ, חַיָּב מִיתָה.

רַבָּן שִׁמְעוֹן בֶּן גַּמְלִיאֵל אוֹמֵר: הַצֳּרִי אֵינוֹ אֶלָּא שְׂרָף הַנּוֹטֵף מֵעֲצֵי הַקְּטָף.
בֹּרִית כַּרְשִׁינָה שֶׁשָּׁפִין בָּהּ אֶת הַצִּפֹּרֶן כְּדֵי שֶׁתְּהֵא נָאָה, יֵין קַפְרִיסִין שֶׁשּׁוֹרִין
בּוֹ אֶת הַצִּפֹּרֶן כְּדֵי שֶׁתְּהֵא עַזָּה, וַהֲלֹא מֵי רַגְלַיִם יָפִין לָהּ, אֶלָּא שֶׁאֵין מַכְנִיסִין
מֵי רַגְלַיִם בַּמִּקְדָּשׁ מִפְּנֵי הַכָּבוֹד.

הַשִּׁיר שֶׁהַלְוִיִּם הָיוּ אוֹמְרִים בְּבֵית הַמִּקְדָּשׁ: **משנה,** **תמיד ז**

בַּיּוֹם הָרִאשׁוֹן הָיוּ אוֹמְרִים, לַיהוה הָאָרֶץ וּמְלוֹאָהּ, תֵּבֵל וְיֹשְׁבֵי בָהּ: **תהלים כד**

בַּשֵּׁנִי הָיוּ אוֹמְרִים, גָּדוֹל יהוה וּמְהֻלָּל מְאֹד, בְּעִיר אֱלֹהֵינוּ הַר־קָדְשׁוֹ: **תהלים מח**

בַּשְּׁלִישִׁי הָיוּ אוֹמְרִים, אֱלֹהִים נִצָּב בַּעֲדַת־אֵל, בְּקֶרֶב אֱלֹהִים יִשְׁפֹּט: **תהלים פב**

בָּרְבִיעִי הָיוּ אוֹמְרִים, אֵל־נְקָמוֹת יהוה, אֵל נְקָמוֹת הוֹפִיעַ: **תהלים צד**

בַּחֲמִישִׁי הָיוּ אוֹמְרִים, הַרְנִינוּ לֵאלֹהִים עוּזֵּנוּ, הָרִיעוּ לֵאלֹהֵי יַעֲקֹב: **תהלים פא**

בַּשִּׁשִּׁי הָיוּ אוֹמְרִים, יהוה מָלָךְ גֵּאוּת לָבֵשׁ **תהלים צג**

לָבֵשׁ יהוה עֹז הִתְאַזָּר, אַף־תִּכּוֹן תֵּבֵל בַּל־תִּמּוֹט:

בַּשַּׁבָּת הָיוּ אוֹמְרִים, מִזְמוֹר שִׁיר לְיוֹם הַשַּׁבָּת: **תהלים צב**

מִזְמוֹר שִׁיר לֶעָתִיד לָבוֹא, לְיוֹם שֶׁכֻּלּוֹ שַׁבָּת וּמְנוּחָה לְחַיֵּי הָעוֹלָמִים.

It was taught in the Academy of Elijah: Whoever studies [Torah] laws every day *Megilla 28b* is assured that he will be destined for the World to Come, as it is said, "The ways *Hab. 3* of the world are His" – read not, "ways" [*halikhot*] but "laws" [*halakhot*].

Rabbi Elazar said in the name of Rabbi Ḥanina: The disciples of the sages increase *Berakhot 64a* peace in the world, as it is said, "And all your children shall be taught of the LORD, *Is. 54* and great shall be the peace of your children [*banayikh*]." Read not *banayikh*, "your children," but *bonayikh*, "your builders." Those who love Your Torah have *Ps. 119* great peace; there is no stumbling block for them. May there be peace within your *Ps. 122* ramparts, prosperity in your palaces. For the sake of my brothers and friends, I shall say, "Peace be within you." For the sake of the House of the LORD our God, I will seek your good. ‣ May the LORD grant strength to His people; may the *Ps. 29* LORD bless His people with peace.

THE RABBIS' KADDISH

The following prayer, said by mourners, requires the presence of a minyan.
A transliteration can be found on page 1288.

Mourner: יִתְגַּדַּל Magnified and sanctified
may His great name be,
in the world He created by His will.
May He establish His kingdom in your lifetime
and in your days,
and in the lifetime of all the house of Israel,
swiftly and soon –
and say: Amen.

All: May His great name be blessed for ever and all time.

Mourner: Blessed and praised, glorified and exalted,
raised and honored, uplifted and lauded
be the name of the Holy One, blessed be He,
beyond any blessing,
song, praise and consolation uttered in the world –
and say: Amen.

To Israel, to the teachers,
their disciples and their disciples' disciples,
and to all who engage in the study of Torah,
in this (*in Israel add:* holy) place or elsewhere,

מגילה כח: תָּנָא דְבֵי אֵלִיָּהוּ: כָּל הַשּׁוֹנֶה הֲלָכוֹת בְּכָל יוֹם מֻבְטָח לוֹ שֶׁהוּא בֶּן עוֹלָם
חבקוק ג הַבָּא, שֶׁנֶּאֱמַר הֲלִיכוֹת עוֹלָם לוֹ: אַל תִּקְרֵי הֲלִיכוֹת אֶלָּא הֲלָכוֹת.

ברכות סד. אָמַר רַבִּי אֶלְעָזָר, אָמַר רַבִּי חֲנִינָא: תַּלְמִידֵי חֲכָמִים מַרְבִּים שָׁלוֹם בָּעוֹלָם,
ישעיה נד שֶׁנֶּאֱמַר, וְכָל־בָּנַיִךְ לִמּוּדֵי יהוה, וְרַב שְׁלוֹם בָּנָיִךְ: אַל תִּקְרֵי בָּנָיִךְ, אֶלָּא
תהלים קיט תהלים קכב בּוֹנָיִךְ. שָׁלוֹם רָב לְאֹהֲבֵי תוֹרָתֶךָ, וְאֵין־לָמוֹ מִכְשׁוֹל: יְהִי־שָׁלוֹם בְּחֵילֵךְ,
שַׁלְוָה בְּאַרְמְנוֹתָיִךְ: לְמַעַן אַחַי וְרֵעָי אֲדַבְּרָה־נָּא שָׁלוֹם בָּךְ: לְמַעַן בֵּית־יהוה
תהלים כט אֱלֹהֵינוּ אֲבַקְשָׁה טוֹב לָךְ: ‹ יהוה עֹז לְעַמּוֹ יִתֵּן, יהוה יְבָרֵךְ אֶת־עַמּוֹ בַשָּׁלוֹם:

קדיש דרבנן

The following prayer, said by mourners, requires the presence of a מנין.
A transliteration can be found on page 1288.

אבל: יִתְגַּדַּל וְיִתְקַדַּשׁ שְׁמֵהּ רַבָּא (קהל: אָמֵן)
בְּעָלְמָא דִּי בְרָא כִרְעוּתֵהּ
וְיַמְלִיךְ מַלְכוּתֵהּ
בְּחַיֵּיכוֹן וּבְיוֹמֵיכוֹן וּבְחַיֵּי דְכָל בֵּית יִשְׂרָאֵל
בַּעֲגָלָא וּבִזְמַן קָרִיב, וְאִמְרוּ אָמֵן. (קהל: אָמֵן)

קהל ואבל: יְהֵא שְׁמֵהּ רַבָּא מְבָרַךְ לְעָלַם וּלְעָלְמֵי עָלְמַיָּא.

אבל: יִתְבָּרַךְ וְיִשְׁתַּבַּח וְיִתְפָּאַר וְיִתְרוֹמַם וְיִתְנַשֵּׂא
וְיִתְהַדָּר וְיִתְעַלֶּה וְיִתְהַלָּל
שְׁמֵהּ דְּקֻדְשָׁא בְּרִיךְ הוּא (קהל: בְּרִיךְ הוּא)
לְעֵלָּא מִן כָּל בִּרְכָתָא וְשִׁירָתָא, תֻּשְׁבְּחָתָא וְנֶחֱמָתָא
דַּאֲמִירָן בְּעָלְמָא, וְאִמְרוּ אָמֵן. (קהל: אָמֵן)

עַל יִשְׂרָאֵל וְעַל רַבָּנָן
וְעַל תַּלְמִידֵיהוֹן וְעַל כָּל תַּלְמִידֵי תַלְמִידֵיהוֹן
וְעַל כָּל מָאן דְּעָסְקִין בְּאוֹרַיְתָא
דִּי בְּאַתְרָא (בארץ ישראל: קַדִּישָׁא) הָדֵין, וְדִי בְּכָל אֲתַר וַאֲתַר

may there come to them and you great peace,
grace, kindness and compassion,
long life, ample sustenance
and deliverance, from their Father in Heaven –
and say: Amen.

May there be great peace from heaven,
and (good) life for us and all Israel –
and say: Amen.

Bow, take three steps back, as if taking leave of the Divine Presence,
then bow, first left, then right, then center, while saying:

May He who makes peace in His high places,
in His compassion make peace for us and all Israel –
and say: Amen.

Stand while saying Aleinu. Bow at ˅

עָלֵינוּ It is our duty to praise the Master of all,
and ascribe greatness to the Author of creation,
who has not made us like the nations of the lands
nor placed us like the families of the earth;
who has not made our portion like theirs,
nor our destiny like all their multitudes.
(For they worship vanity and emptiness,
and pray to a god who cannot save.)
˅But we bow in worship
and thank the Supreme King of kings, the Holy One, blessed be He,
who extends the heavens and establishes the earth,
whose throne of glory is in the heavens above,
and whose power's Presence is in the highest of heights.
He is our God; there is no other.
Truly He is our King, there is none else,
as it is written in His Torah:
"You shall know and take to heart this day that the Lord is God,   *Deut. 4*
in heaven above and on earth below.
There is no other."

יְהֵא לְהוֹן וּלְכוֹן שְׁלָמָא רַבָּא
חִנָּא וְחִסְדָּא, וְרַחֲמֵי, וְחַיֵּי אֲרִיכֵי, וּמְזוֹנֵי רְוִיחֵי
וּפֻרְקָנָא מִן קֳדָם אֲבוּהוֹן דִּי בִשְׁמַיָּא, וְאִמְרוּ אָמֵן. (קהל: אָמֵן)

יְהֵא שְׁלָמָא רַבָּא מִן שְׁמַיָּא
וְחַיִּים (טוֹבִים) עָלֵינוּ וְעַל כָּל יִשְׂרָאֵל, וְאִמְרוּ אָמֵן. (קהל: אָמֵן)

Bow, take three steps back, as if taking leave of the Divine Presence, then bow, first left, then right, then center, while saying:

עֹשֶׂה שָׁלוֹם בִּמְרוֹמָיו
הוּא יַעֲשֶׂה בְרַחֲמָיו שָׁלוֹם, עָלֵינוּ וְעַל כָּל יִשְׂרָאֵל
וְאִמְרוּ אָמֵן. (קהל: אָמֵן)

Stand while saying עָלֵינוּ*. Bow at* ▼.

עָלֵינוּ לְשַׁבֵּחַ לַאֲדוֹן הַכֹּל, לָתֵת גְּדֻלָּה לְיוֹצֵר בְּרֵאשִׁית
שֶׁלֹּא עָשָׂנוּ כְּגוֹיֵי הָאֲרָצוֹת, וְלֹא שָׂמָנוּ כְּמִשְׁפְּחוֹת הָאֲדָמָה
שֶׁלֹּא שָׂם חֶלְקֵנוּ כָּהֶם וְגוֹרָלֵנוּ כְּכָל הֲמוֹנָם.
(שֶׁהֵם מִשְׁתַּחֲוִים לְהֶבֶל וָרִיק וּמִתְפַּלְלִים אֶל אֵל לֹא יוֹשִׁיעַ.)
▼וַאֲנַחְנוּ כּוֹרְעִים וּמִשְׁתַּחֲוִים וּמוֹדִים
לִפְנֵי מֶלֶךְ מַלְכֵי הַמְּלָכִים, הַקָּדוֹשׁ בָּרוּךְ הוּא
שֶׁהוּא נוֹטֶה שָׁמַיִם וְיוֹסֵד אָרֶץ
וּמוֹשַׁב יְקָרוֹ בַּשָּׁמַיִם מִמַּעַל
וּשְׁכִינַת עֻזּוֹ בְּגָבְהֵי מְרוֹמִים.
הוּא אֱלֹהֵינוּ, אֵין עוֹד.
אֱמֶת מַלְכֵּנוּ, אֶפֶס זוּלָתוֹ, כַּכָּתוּב בְּתוֹרָתוֹ
וְיָדַעְתָּ הַיּוֹם וַהֲשֵׁבֹתָ אֶל־לְבָבֶךָ דברים ד
כִּי יהוה הוּא הָאֱלֹהִים בַּשָּׁמַיִם מִמַּעַל וְעַל־הָאָרֶץ מִתָּחַת
אֵין עוֹד:

Therefore, we place our hope in You, LORD our God,
that we may soon see the glory of Your power,
when You will remove abominations from the earth,
and idols will be utterly destroyed,
when the world will be perfected under the sovereignty of the Almighty,
when all humanity will call on Your name,
to turn all the earth's wicked toward You.
All the world's inhabitants will realize and know
that to You every knee must bow and every tongue swear loyalty.
Before You, LORD our God, they will kneel and bow down
and give honor to Your glorious name.
They will all accept the yoke of Your kingdom,
and You will reign over them soon and for ever.
For the kingdom is Yours,
and to all eternity You will reign in glory,
as it is written in Your Torah: "The LORD will reign for ever and ever."   *Ex. 15*
▸ And it is said: "Then the LORD shall be King over all the earth;   *Zech. 14*
on that day the LORD shall be One and His name One."

Some add:

Have no fear of sudden terror or of the ruin when it overtakes the wicked.   *Prov. 3*
Devise your strategy, but it will be thwarted; propose your plan,   *Is. 8*
but it will not stand, for God is with us.
When you grow old, I will still be the same.   *Is. 46*
When your hair turns gray, I will still carry you.
I made you, I will bear you, I will carry you, and I will rescue you.

MOURNER'S KADDISH

The following prayer, said by mourners, requires the presence of a minyan.
A transliteration can be found on page 1289.

Mourner: יִתְגַּדַּל Magnified and sanctified
may His great name be,
in the world He created by His will.
May He establish His kingdom
in your lifetime and in your days,
and in the lifetime of all the house of Israel,
swiftly and soon – and say: Amen.

עַל כֵּן נְקַוֶּה לְּךָ יהוה אֱלֹהֵינוּ, לִרְאוֹת מְהֵרָה בְּתִפְאֶרֶת עֻזֶּךָ
לְהַעֲבִיר גִּלּוּלִים מִן הָאָרֶץ, וְהָאֱלִילִים כָּרוֹת יִכָּרֵתוּן
לְתַקֵּן עוֹלָם בְּמַלְכוּת שַׁדַּי.
וְכָל בְּנֵי בָשָׂר יִקְרְאוּ בִשְׁמֶךָ לְהַפְנוֹת אֵלֶיךָ כָּל רִשְׁעֵי אָרֶץ.
יַכִּירוּ וְיֵדְעוּ כָּל יוֹשְׁבֵי תֵבֵל
כִּי לְךָ תִּכְרַע כָּל בֶּרֶךְ, תִּשָּׁבַע כָּל לָשׁוֹן.
לְפָנֶיךָ יהוה אֱלֹהֵינוּ יִכְרְעוּ וְיִפֹּלוּ, וְלִכְבוֹד שִׁמְךָ יְקָר יִתֵּנוּ
וִיקַבְּלוּ כֻלָּם אֶת עֹל מַלְכוּתֶךָ
וְתִמְלֹךְ עֲלֵיהֶם מְהֵרָה לְעוֹלָם וָעֶד.
כִּי הַמַּלְכוּת שֶׁלְּךָ הִיא וּלְעוֹלְמֵי עַד תִּמְלֹךְ בְּכָבוֹד
שמות טו כַּכָּתוּב בְּתוֹרָתֶךָ, יהוה יִמְלֹךְ לְעֹלָם וָעֶד:
זכריה יד ◄ וְנֶאֱמַר, וְהָיָה יהוה לְמֶלֶךְ עַל־כָּל־הָאָרֶץ
בַּיּוֹם הַהוּא יִהְיֶה יהוה אֶחָד וּשְׁמוֹ אֶחָד:

Some add:

משלי ג אַל־תִּירָא מִפַּחַד פִּתְאֹם וּמִשֹּׁאַת רְשָׁעִים כִּי תָבֹא:
ישעיה ח עֻצוּ עֵצָה וְתֻפָר, דַּבְּרוּ דָבָר וְלֹא יָקוּם, כִּי עִמָּנוּ אֵל:
ישעיה מו וְעַד־זִקְנָה אֲנִי הוּא, וְעַד־שֵׂיבָה אֲנִי אֶסְבֹּל
אֲנִי עָשִׂיתִי וַאֲנִי אֶשָּׂא וַאֲנִי אֶסְבֹּל וַאֲמַלֵּט:

קדיש יתום

The following prayer, said by mourners, requires the presence of a מנין.
A transliteration can be found on page 1289.

אבל: יִתְגַּדַּל וְיִתְקַדַּשׁ שְׁמֵהּ רַבָּא (קהל: אָמֵן)
בְּעָלְמָא דִּי בְרָא כִרְעוּתֵהּ
וְיַמְלִיךְ מַלְכוּתֵהּ
בְּחַיֵּיכוֹן וּבְיוֹמֵיכוֹן וּבְחַיֵּי דְכָל בֵּית יִשְׂרָאֵל
בַּעֲגָלָא וּבִזְמַן קָרִיב, וְאִמְרוּ אָמֵן. (קהל: אָמֵן)

All: May His great name
be blessed for ever and all time.

Mourner: Blessed and praised, glorified and exalted,
raised and honored, uplifted and lauded
be the name of the Holy One, blessed be He,
beyond any blessing,
song, praise and consolation
uttered in the world – and say: Amen.

May there be great peace from heaven,
and life for us and all Israel – and say: Amen.

Bow, take three steps back, as if taking leave of the Divine Presence,
then bow, first left, then right, then center, while saying:

May He who makes peace in His high places,
make peace for us and all Israel – and say: Amen.

Many congregations say the Daily Psalm after the Song of Glory on the next page.

Today is the holy Sabbath,
on which the Levites used to say this psalm in the Temple:

מִזְמוֹר A psalm. A song for the Sabbath day. It is good to thank the Lord *Ps. 92*
and sing psalms to Your name, Most High – to tell of Your loving-
kindness in the morning and Your faithfulness at night, to the music of
the ten-stringed lyre and the melody of the harp. For You have made me
rejoice by Your work, O Lord; I sing for joy at the deeds of Your hands.
How great are Your deeds, Lord, and how very deep Your thoughts. A
boor cannot know, nor can a fool understand, that though the wicked
spring up like grass and all evildoers flourish, it is only that they may
be destroyed for ever. But You, Lord, are eternally exalted. For behold
Your enemies, Lord, behold Your enemies will perish; all evildoers
will be scattered. You have raised my pride like that of a wild ox; I am
anointed with fresh oil. My eyes shall look in triumph on my adversar-
ies; my ears shall hear the downfall of the wicked who rise against me.
The righteous will flourish like a palm tree and grow tall like a cedar
in Lebanon. Planted in the Lord's House, blossoming in our God's
courtyards, ‣ they will still bear fruit in old age, and stay vigorous and
fresh, proclaiming that the Lord is upright: He is my Rock, in whom
there is no wrong.   *Mourner's Kaddish on the previous page.*

קהל
ואבל יְהֵא שְׁמֵהּ רַבָּא מְבָרַךְ לְעָלַם וּלְעָלְמֵי עָלְמַיָּא.

אבל יִתְבָּרַךְ וְיִשְׁתַּבַּח וְיִתְפָּאַר

וְיִתְרוֹמַם וְיִתְנַשֵּׂא וְיִתְהַדָּר וְיִתְעַלֶּה וְיִתְהַלָּל

שְׁמֵהּ דְּקֻדְשָׁא בְּרִיךְ הוּא (קהל בְּרִיךְ הוּא)

לְעֵלָּא מִן כָּל בִּרְכָתָא וְשִׁירָתָא, תֻּשְׁבְּחָתָא וְנֶחֱמָתָא

דַּאֲמִירָן בְּעָלְמָא, וְאִמְרוּ אָמֵן. (קהל אָמֵן)

יְהֵא שְׁלָמָא רַבָּא מִן שְׁמַיָּא

וְחַיִּים, עָלֵינוּ וְעַל כָּל יִשְׂרָאֵל, וְאִמְרוּ אָמֵן. (קהל אָמֵן)

Bow, take three steps back, as if taking leave of the Divine Presence,
then bow, first left, then right, then center, while saying:

עֹשֶׂה שָׁלוֹם בִּמְרוֹמָיו

הוּא יַעֲשֶׂה שָׁלוֹם עָלֵינוּ וְעַל כָּל יִשְׂרָאֵל

וְאִמְרוּ אָמֵן. (קהל אָמֵן)

Many congregations say the שיר של יום *after* שיר הכבוד *on the next page.*

הַיּוֹם יוֹם שַׁבַּת קֹדֶשׁ, שֶׁבּוֹ הָיוּ הַלְוִיִּם אוֹמְרִים בְּבֵית הַמִּקְדָּשׁ:

תהלים צב
מִזְמוֹר שִׁיר לְיוֹם הַשַּׁבָּת: טוֹב לְהֹדוֹת לַיהוה, וּלְזַמֵּר לְשִׁמְךָ עֶלְיוֹן:
לְהַגִּיד בַּבֹּקֶר חַסְדֶּךָ, וֶאֱמוּנָתְךָ בַּלֵּילוֹת: עֲלֵי־עָשׂוֹר וַעֲלֵי־נָבֶל, עֲלֵי
הִגָּיוֹן בְּכִנּוֹר: כִּי שִׂמַּחְתַּנִי יהוה בְּפָעֳלֶךָ, בְּמַעֲשֵׂי יָדֶיךָ אֲרַנֵּן: מַה־גָּדְלוּ
מַעֲשֶׂיךָ יהוה, מְאֹד עָמְקוּ מַחְשְׁבֹתֶיךָ: אִישׁ־בַּעַר לֹא יֵדָע, וּכְסִיל
לֹא־יָבִין אֶת־זֹאת: בִּפְרֹחַ רְשָׁעִים כְּמוֹ־עֵשֶׂב, וַיָּצִיצוּ כָּל־פֹּעֲלֵי אָוֶן,
לְהִשָּׁמְדָם עֲדֵי־עַד: וְאַתָּה מָרוֹם לְעֹלָם יהוה: כִּי הִנֵּה אֹיְבֶיךָ יהוה,
כִּי־הִנֵּה אֹיְבֶיךָ יֹאבֵדוּ, יִתְפָּרְדוּ כָּל־פֹּעֲלֵי אָוֶן: וַתָּרֶם כִּרְאֵים קַרְנִי,
בַּלֹּתִי בְּשֶׁמֶן רַעֲנָן: וַתַּבֵּט עֵינִי בְּשׁוּרָי, בַּקָּמִים עָלַי מְרֵעִים תִּשְׁמַעְנָה
אָזְנָי: צַדִּיק כַּתָּמָר יִפְרָח, כְּאֶרֶז בַּלְּבָנוֹן יִשְׂגֶּה: שְׁתוּלִים בְּבֵית יהוה,
בְּחַצְרוֹת אֱלֹהֵינוּ יַפְרִיחוּ: ◂ עוֹד יְנוּבוּן בְּשֵׂיבָה, דְּשֵׁנִים וְרַעֲנַנִּים יִהְיוּ:
לְהַגִּיד כִּי־יָשָׁר יהוה, צוּרִי, וְלֹא־עַוְלָתָה בּוֹ:

קדיש יתום *on the previous page.*

SONG OF GLORY

The Ark is opened and all stand.

Leader: I will sing sweet psalms and I will weave songs,
to You for whom my soul longs.

Cong: My soul yearns for the shelter of Your hand,
that all Your mystic secrets I might understand.

Leader: Whenever I speak of Your glory above,
my heart is yearning for Your love.

Cong: So Your glories I will proclaim,
and in songs of love give honor to Your name.

Leader: I will tell of Your glory though I have not seen You,
imagine and describe You, though I have not known You.

Cong: By the hand of Your prophets, through Your servants' mystery,
You gave a glimpse of Your wondrous majesty.

Leader: Recounting Your grandeur and Your glory,
of Your great deeds they told the story.

Cong: They depicted You, though not as You are,
but as You do: Your acts, Your power.

Leader: They represented You in many visions;
through them all You are One without divisions.

Cong: They saw You, now old, then young,
Your head with gray, with black hair hung.

Leader: Aged on the day of judgment, yet on the day of war,
a young warrior with mighty hands they saw.

Cong: Triumph like a helmet He wore on his head;
His right hand and holy arm to victory have led.

Leader: His curls are filled with dew drops of light,
His locks with fragments of the night.

Cong: He will glory in me, for He delights in me;
My diadem of beauty He shall be.

Leader: His head is like pure beaten gold;
Engraved on His brow, His sacred name behold.

Cong: For grace and glory, beauty and renown,
His people have adorned Him with a crown.

שִׁיר הַכָּבוֹד

The ארון קודש *is opened and all stand.*

ש״ץ: אַנְעִים זְמִירוֹת וְשִׁירִים אֶאֱרֹג, כִּי אֵלֶיךָ נַפְשִׁי תַעֲרֹג.

קהל: נַפְשִׁי חָמְדָה בְּצֵל יָדֶךָ, לָדַעַת כָּל רָז סוֹדֶךָ.

ש״ץ: מִדֵּי דַבְּרִי בִּכְבוֹדֶךָ, הוֹמֶה לִבִּי אֶל דּוֹדֶיךָ.

קהל: עַל כֵּן אֲדַבֵּר בְּךָ נִכְבָּדוֹת, וְשִׁמְךָ אֲכַבֵּד בְּשִׁירֵי יְדִידוֹת.

ש״ץ: אֲסַפְּרָה כְבוֹדְךָ וְלֹא רְאִיתִיךָ, אֲדַמְּךָ אֲכַנְּךָ וְלֹא יְדַעְתִּיךָ.

קהל: בְּיַד נְבִיאֶיךָ בְּסוֹד עֲבָדֶיךָ, דִּמִּיתָ הֲדַר כְּבוֹד הוֹדֶךָ.

ש״ץ: גְּדֻלָּתְךָ וּגְבוּרָתֶךָ, כִּנּוּ לְתֹקֶף פְּעֻלָּתֶךָ.

קהל: דִּמּוּ אוֹתְךָ וְלֹא כְּפִי יֶשְׁךָ, וַיַּשְׁווּךָ לְפִי מַעֲשֶׂיךָ.

ש״ץ: הִמְשִׁילוּךָ בְּרֹב חֶזְיוֹנוֹת, הִנְּךָ אֶחָד בְּכָל דִּמְיוֹנוֹת.

קהל: וַיֶּחֱזוּ בְךָ זִקְנָה וּבַחֲרוּת, וּשְׂעַר רֹאשְׁךָ בְּשֵׂיבָה וְשַׁחֲרוּת.

ש״ץ: זִקְנָה בְּיוֹם דִּין וּבַחֲרוּת בְּיוֹם קְרָב, כְּאִישׁ מִלְחָמוֹת יָדָיו לוֹ רָב.

קהל: חָבַשׁ כּוֹבַע יְשׁוּעָה בְּרֹאשׁוֹ, הוֹשִׁיעָה לּוֹ יְמִינוֹ וּזְרוֹעַ קָדְשׁוֹ.

ש״ץ: טַלְלֵי אוֹרוֹת רֹאשׁוֹ נִמְלָא, קְוֻצּוֹתָיו רְסִיסֵי לָיְלָה.

קהל: יִתְפָּאֵר בִּי כִּי חָפֵץ בִּי, וְהוּא יִהְיֶה לִּי לַעֲטֶרֶת צְבִי.

ש״ץ: כֶּתֶם טָהוֹר פָּז דְּמוּת רֹאשׁוֹ, וְחַק עַל מֵצַח כְּבוֹד שֵׁם קָדְשׁוֹ.

קהל: לְחֵן וּלְכָבוֹד צְבִי תִפְאָרָה, אֻמָּתוֹ לוֹ עִטְּרָה עֲטָרָה.

אַנְעִים זְמִירוֹת *Song of Glory.* Attributed to either Rabbi Yehuda HeḤasid (d. 1217) or his father Rabbi Shmuel, this hymn is structured as an alphabetical acrostic, with a (non-acrostic) four-line introduction and a three-line conclusion, followed by biblical verses. The poem, with great grace and depth, speaks about the limits of language in describing the experience of God. On the one hand, God – infinite, eternal, invisible – is beyond the reach of language. On the other, we can only address Him in and through language.

Leader: Like a youth's, His hair in locks unfurls;
Its black tresses flowing in curls.

Cong: Jerusalem, His splendor, is the dwelling place of right;
may He prize it as His highest delight.

Leader: Like a crown in His hand may His treasured people be,
a turban of beauty and of majesty.

Cong: He bore them, carried them, with a crown He adorned them.
They were precious in His sight, and He honored them.

Leader: His glory is on me; my glory is on Him.
He is near to me when I call to Him.

Cong: He is bright and rosy; red will be His dress,
when He comes from Edom, treading the winepress.

Leader: He showed the tefillin-knot to Moses, humble, wise,
when the Lord's likeness was before his eyes.

Cong: He delights in His people; the humble He does raise –
He glories in them, He sits enthroned upon their praise.

Leader: Your first word, Your call to every age, is true:
O seek the people who seek You.

Cong: My many songs please take and hear
and may my hymn of joy to You come near.

Leader: May my praise be a crown for Your head,
and like incense before You, the prayers I have said.

Cong: May a poor man's song be precious in Your eyes,
like a song sung over sacrifice.

Leader: To the One who sustains all, may my blessing take flight:
Creator, Life-Giver, God of right and might.

Cong: And when I offer blessing, to me Your head incline:
accepting it as spice, fragrant and fine.

Leader: May my prayer be to You sweet song.
For You my soul will always long.

The Ark is closed.

Yours, Lord, are the greatness and the power, the glory, the majesty and splendor, *1 Chr. 29*
for everything in heaven and earth is Yours. Yours, Lord, is the kingdom; You
are exalted as Head over all. ▸ Who can tell of the mighty acts of the Lord and *Ps. 106*
make all His praise be heard?

ש״ץ: מַחְלְפוֹת רֹאשׁוֹ כְּבִימֵי בְחוּרוֹת, קְוֻצּוֹתָיו תַּלְתַּלִּים שְׁחוֹרוֹת.
קהל: נְוֵה הַצֶּדֶק צְבִי תִפְאַרְתּוֹ, יַעֲלֶה נָּא עַל רֹאשׁ שִׂמְחָתוֹ.

ש״ץ: סְגֻלָּתוֹ תְּהִי בְיָדוֹ עֲטֶרֶת, וּצְנִיף מְלוּכָה צְבִי תִפְאֶרֶת.
קהל: עֲמוּסִים נְשָׂאָם, עֲטֶרֶת עִנְּדָם, מֵאֲשֶׁר יָקְרוּ בְעֵינָיו כִּבְּדָם.

ש״ץ: פְּאֵרוֹ עָלַי וּפְאֵרִי עָלָיו, וְקָרוֹב אֵלַי בְּקָרְאִי אֵלָיו.
קהל: צַח וְאָדֹם לִלְבוּשׁוֹ אָדֹם, פּוּרָה בְדָרְכוֹ בְּבוֹאוֹ מֵאֱדוֹם.

ש״ץ: קֶשֶׁר תְּפִלִּין הֶרְאָה לֶעָנָו, תְּמוּנַת יהוה לְנֶגֶד עֵינָיו.
קהל: רוֹצֶה בְעַמּוֹ עֲנָוִים יְפָאֵר, יוֹשֵׁב תְּהִלּוֹת בָּם לְהִתְפָּאֵר.

ש״ץ: רֹאשׁ דְּבָרְךָ אֱמֶת קוֹרֵא מֵרֹאשׁ דּוֹר וָדוֹר, עַם דּוֹרֶשְׁךָ דְּרֹשׁ.
קהל: שִׁית הֲמוֹן שִׁירַי נָא עָלֶיךָ, וְרִנָּתִי תִּקְרַב אֵלֶיךָ.

ש״ץ: תְּהִלָּתִי תְּהִי לְרֹאשְׁךָ עֲטֶרֶת, וּתְפִלָּתִי תִּכּוֹן קְטֹרֶת.
קהל: תִּיקַר שִׁירַת רָשׁ בְּעֵינֶיךָ, כַּשִּׁיר יוּשַׁר עַל קָרְבָּנֶיךָ.

ש״ץ: בִּרְכָתִי תַעֲלֶה לְרֹאשׁ מַשְׁבִּיר, מְחוֹלֵל וּמוֹלִיד, צַדִּיק כַּבִּיר.
קהל: וּבְבִרְכָתִי תְנַעֲנַע לִי רֹאשׁ, וְאוֹתָהּ קַח לְךָ כִּבְשָׂמִים רֹאשׁ.

ש״ץ: יֶעֱרַב נָא שִׂיחִי עָלֶיךָ, כִּי נַפְשִׁי תַעֲרֹג אֵלֶיךָ.

The ארון קודש is closed.

לְךָ יהוה הַגְּדֻלָּה וְהַגְּבוּרָה וְהַתִּפְאֶרֶת וְהַנֵּצַח וְהַהוֹד, כִּי־כֹל בַּשָּׁמַיִם דברי הימים א׳ כט
וּבָאָרֶץ, לְךָ יהוה הַמַּמְלָכָה וְהַמִּתְנַשֵּׂא לְכֹל לְרֹאשׁ: ‹ מִי יְמַלֵּל גְּבוּרוֹת תהלים קו
יהוה, יַשְׁמִיעַ כָּל־תְּהִלָּתוֹ:

Hence the various literary forms – metaphor, image, mystic vision – used by the prophets and poets and their successors to indicate, through words, that which lies beyond words. The images are many, but God is One.

In some communities the hymn is said each day. Many authorities, however, held that it was too sublime to be said daily, and limited its recital to Shabbat and Yom Tov.

MOURNER'S KADDISH

The following prayer, said by mourners, requires the presence of a minyan.
A transliteration can be found on page 1289.

Mourner: **יִתְגַּדַּל** Magnified and sanctified may His great name be,
in the world He created by His will.
May He establish His kingdom in your lifetime
and in your days,
and in the lifetime
of all the house of Israel,
swiftly and soon –
and say: Amen.

All: May His great name be blessed
for ever and all time.

Mourner: Blessed and praised,
glorified and exalted,
raised and honored,
uplifted and lauded
be the name of the Holy One, blessed be He,
beyond any blessing,
song, praise and consolation
uttered in the world –
and say: Amen.

May there be great peace from heaven,
and life for us and all Israel –
and say: Amen.

Bow, take three steps back, as if taking leave of the Divine Presence,
then bow, first left, then right, then center, while saying:

May He who makes peace in His high places,
make peace for us and all Israel –
and say: Amen.

קדיש יתום

The following prayer, said by mourners, requires the presence of a מנין.
A transliteration can be found on page 1289.

אבל: **יִתְגַּדַּל וְיִתְקַדַּשׁ שְׁמֵהּ רַבָּא** (קהל: אָמֵן)

בְּעָלְמָא דִּי בְרָא כִרְעוּתֵהּ

וְיַמְלִיךְ מַלְכוּתֵהּ

בְּחַיֵּיכוֹן וּבְיוֹמֵיכוֹן וּבְחַיֵּי דְכָל בֵּית יִשְׂרָאֵל

בַּעֲגָלָא וּבִזְמַן קָרִיב

וְאִמְרוּ אָמֵן. (קהל: אָמֵן)

קהל
ואבל: יְהֵא שְׁמֵהּ רַבָּא מְבָרַךְ לְעָלַם וּלְעָלְמֵי עָלְמַיָּא.

אבל: יִתְבָּרַךְ וְיִשְׁתַּבַּח וְיִתְפָּאַר

וְיִתְרוֹמַם וְיִתְנַשֵּׂא וְיִתְהַדָּר וְיִתְעַלֶּה וְיִתְהַלָּל

שְׁמֵהּ דְּקֻדְשָׁא בְּרִיךְ הוּא (קהל: בְּרִיךְ הוּא)

לְעֵלָּא מִן כָּל בִּרְכָתָא וְשִׁירָתָא,

תֻּשְׁבְּחָתָא וְנֶחֱמָתָא

דַּאֲמִירָן בְּעָלְמָא

וְאִמְרוּ אָמֵן. (קהל: אָמֵן)

יְהֵא שְׁלָמָא רַבָּא מִן שְׁמַיָּא

וְחַיִּים, עָלֵינוּ וְעַל כָּל יִשְׂרָאֵל

וְאִמְרוּ אָמֵן. (קהל: אָמֵן)

Bow, take three steps back, as if taking leave of the Divine Presence,
then bow, first left, then right, then center, while saying:

עֹשֶׂה שָׁלוֹם בִּמְרוֹמָיו

הוּא יַעֲשֶׂה שָׁלוֹם עָלֵינוּ וְעַל כָּל יִשְׂרָאֵל

וְאִמְרוּ אָמֵן. (קהל: אָמֵן)

LORD OF THE UNIVERSE,
who reigned before the birth of any thing –

When by His will all things were made
then was His name proclaimed King.

And when all things shall cease to be
He alone will reign in awe.

He was, He is, and He shall be
glorious for evermore.

He is One, there is none else,
alone, unique, beyond compare;

Without beginning, without end,
His might, His rule are everywhere.

He is my God; my Redeemer lives.
He is the Rock on whom I rely –

My banner and my safe retreat,
my cup, my portion when I cry.

Into His hand my soul I place,
when I awake and when I sleep.

The LORD is with me, I shall not fear;
body and soul from harm will He keep.

אֲדוֹן עוֹלָם

אֲשֶׁר מָלַךְ בְּטֶרֶם כָּל־יְצִיר נִבְרָא.

לְעֵת נַעֲשָׂה בְחֶפְצוֹ כֹּל אֲזַי מֶלֶךְ שְׁמוֹ נִקְרָא.

וְאַחֲרֵי כִּכְלוֹת הַכֹּל לְבַדּוֹ יִמְלֹךְ נוֹרָא.

וְהוּא הָיָה וְהוּא הֹוֶה וְהוּא יִהְיֶה בְּתִפְאָרָה.

וְהוּא אֶחָד וְאֵין שֵׁנִי לְהַמְשִׁיל לוֹ לְהַחְבִּירָה.

בְּלִי רֵאשִׁית בְּלִי תַכְלִית וְלוֹ הָעֹז וְהַמִּשְׂרָה.

וְהוּא אֵלִי וְחַי גּוֹאֲלִי וְצוּר חֶבְלִי בְּעֵת צָרָה.

וְהוּא נִסִּי וּמָנוֹס לִי מְנָת כּוֹסִי בְּיוֹם אֶקְרָא.

בְּיָדוֹ אַפְקִיד רוּחִי בְּעֵת אִישַׁן וְאָעִירָה.

וְעִם רוּחִי גְּוִיָּתִי יהוה לִי וְלֹא אִירָא.

Kiddush for Shabbat Morning

Some say:

אַתְקִינוּ Prepare the feast of perfect faith, joy of the holy King. Prepare the royal feast, this is the feast [mystically known as] "the Holy Ancient One" – and "the Small Face" and "the Field of Holy Apples" [mystical terms for aspects of the Divine] come to partake in the feast with it.

אֲסַדֵּר I will prepare the Sabbath morning feast, and invite to it "the Holy Ancient One." May His radiance shine on it, on the great Kiddush and goodly wine that gladdens the soul. May He send us His splendor; may we see His glory; may He reveal to us His whispered secrets. May He disclose to us the reason for the twelve loaves of bread, which are [the twelve combinations of the letters of] His name, and [the twelve sons of Jacob] the youngest patriarch. May we be united with the One above, who gives life to all; may our strength increase and [our prayers] reach [God's] head. Laborers in the field [of Torah] rejoice with speech and voice, speaking words sweet as honey. Before the Master of the Universe, reveal the meaning of, and give new interpretations to, matters veiled in mystery. To adorn the table with precious secrets, deep, esoteric, not widely to be shared. These words become sky; new heavens, and the sun then is the same. He will be lifted to a higher level, and [God] will take ⌊Israel⌋, from whom He had been separated, as His bride.

חַי יהוה The LORD lives; my Rock is blessed. My soul glories in the LORD. For the LORD gives light to my lamp; His radiance shines on my head. The LORD is my Shepherd, I shall not want. He leads me beside the still waters. He gives food to all flesh; He feeds me my daily bread. May it be Your will, You, my holy God, To prepare a table before me, to anoint my head with oil. Who will lay my rest before the LORD of peace, and grant that my children stay faithful, [blessed with] life and peace? May He send His angel before me, to accompany me on the way. I lift my face with a cup of salvation; my cup is filled to overflowing. My soul thirsts for God; may He fill my store with plenty. I lift my eyes to the sages, [celebrating Shabbat] like Hillel, not Shammai. Most delightful of days and eternity's years; awake, my soul, awake. Above my head let there shine as one, the lamp of the commandments and the Torah's light. Advance, LORD, to where I rest; You and Your mighty Ark. Please, God, take my blessing and strengthen the shield of Your seer.

מִזְמוֹר לְדָוִד A psalm of David. The LORD is my shepherd, I shall not want. He makes *Ps. 23* me lie down in green pastures. He leads me beside the still waters. He refreshes my soul. He guides me in the paths of righteousness for His name's sake. Though I walk through the valley of the shadow of death, I will fear no evil, for You are with me; Your rod and Your staff, they comfort me. You set a table before me in the presence of my enemies; You anoint my head with oil; my cup is filled to overflowing. May goodness and kindness follow me all the days of my life, and may I live in the House of the LORD for evermore.

קידוש ליום שבת

Some say:

אַתְקִֽינוּ סְעוּדְתָא דִמְהֵימְנוּתָא שְׁלִימְתָא, חֶדְוְתָא דְמַלְכָּא קַדִּישָׁא. אַתְקִֽינוּ סְעוּדְתָא דְמַלְכָּא. דָּא הִיא סְעוּדְתָא דְעַתִּיקָא קַדִּישָׁא, וּזְעֵיר אַנְפִּין וַחֲקַל תַּפּוּחִין קַדִּישִׁין אָתַיִן לְסַעֲדָה בַּהֲדֵהּ.

אֲסַדֵּר לִסְעוּדְתָא בְּצַפְרָא דְשַׁבַּתָּא וְאַזְמִין בַּהּ הַשְׁתָּא עַתִּיקָא קַדִּישָׁא.
נְהוֹרֵהּ יִשְׁרֵי בַהּ בְּקִדּוּשָׁא רַבָּה וּמֵחַמְרָא טָבָא דְּבֵהּ תֶּחְדֵּי נַפְשָׁא.
יְשַׁדַּר לַן שׁוּפְרֵהּ וְנֶחֱזֵי בִיקָרֵהּ וְיַחֲוֵי לַן סִתְרֵהּ דְּמִתְּמַר בִּלְחִישָׁא.
יְגַלֶּה לַן טַעְמֵי דְּבִתְרֵיסַר נַהֲמֵי דְּאִנּוּן אָת בִּשְׁמֵהּ כְּפִילָה וּקְלִישָׁא.
צְרוֹרָא דִלְעֵֽלָּא דְּבֵהּ חַיֵּי כֹלָּא וְיִתְרַבֵּי חֵילָא וְתִסַּק עַד רֵישָׁא.
חֲדוּ חַצְדֵי חַקְלָא בְּדִבּוּר וּבְקָלָא וּמַלְּלוּ מִלָּה מְתִיקָא כְּדֻבְשָׁא.
קֳדָם רִבּוֹן עָלְמִין בְּמִלִּין סְתִימִין תְּגַלּוֹן פִּתְגָמִין וְתֵימְרוּן חִדּוּשָׁא.
לְעַטֵּר פָּתוֹרָא בְּרָזָא יַקִּירָא עֲמִיקָא וּטְמִירָא וְלָאו מִלְּתָא אֱוָשָׁא.
וְאִלֵּין מִלַּיָּא יְהוֹן לִרְקִיעַיָּא חֲדָתִּין וּשְׁמַיָּא בְּכֵן הַהוּא שִׁמְשָׁא.
רְבוּ יַתִּיר יִסְגֵּי לְעֵילָּא מִן דַּרְגֵּהּ וְיִסַּב בַּת זוּגֵהּ דַּהֲוָת פְּרִישָׁא.

חַי יהוה וּבָרוּךְ צוּרִי, בַּיהוה תִּתְהַלֵּל נַפְשִׁי, כִּי יהוה יָאִיר נֵרִי, בְּהִלּוֹ נֵרוֹ עֲלֵי רֹאשִׁי.
יהוה רוֹעִי לֹא אֶחְסָר, עַל מֵי מְנוּחוֹת יְנַהֲלֵנִי, נוֹתֵן לֶחֶם לְכָל בָּשָׂר, לֶחֶם חֻקִּי הַטְרִיפֵנִי.
יְהִי רָצוֹן מִלְּפָנֶיךָ, אַתָּה אֱלֹהַי קְדוֹשִׁי, תַּעֲרֹךְ לְפָנַי שֻׁלְחָנֶךָ, תְּדַשֵּׁן בַּשֶּׁמֶן רֹאשִׁי.
מִי יִתֵּן מְנוּחָתִי, לִפְנֵי אֲדוֹן הַשָּׁלוֹם, וְהָיְתָה שְׁלֵמָה מִטָּתִי, הַחַיִּים וְהַשָּׁלוֹם.
יִשְׁלַח מַלְאָכוֹ לְפָנַי, לְלַוּוֹתִי לְוָיָה, בְּכוֹס יְשׁוּעוֹת אֶשָּׂא פָנַי, מְנָת כּוֹסִי רְוָיָה.
צָמְאָה נַפְשִׁי אֶל יהוה, יְמַלֵּא שֹׂבַע אֲסָמַי, אֶל הֶהָרִים אֶשָּׂא עֵינַי, כְּהִלֵּל וְלֹא כְשַׁמַּאי.
חֶדְוַת יָמִים וּשְׁנוֹת עוֹלָמִים, עוּרָה כְבוֹדִי עוּרָה, וְעַל רֹאשִׁי יִהְיוּ תַמִּים,
נֵר מִצְוָה וְאוֹר תּוֹרָה.
קוּמָה יהוה לִמְנוּחָתִי, אַתָּה וַאֲרוֹן עֻזֶּךָ, קַח נָא אֵל אֶת בִּרְכָתִי, וְהַחֲזֵק מָגֵן חוֹזֶךָ.

מִזְמוֹר לְדָוִד, יהוה רֹעִי לֹא אֶחְסָר: בִּנְאוֹת דֶּשֶׁא יַרְבִּיצֵנִי, עַל־מֵי מְנֻחוֹת תהלים כג
יְנַהֲלֵנִי: נַפְשִׁי יְשׁוֹבֵב, יַנְחֵנִי בְמַעְגְּלֵי־צֶדֶק לְמַעַן שְׁמוֹ: גַּם כִּי־אֵלֵךְ בְּגֵיא
צַלְמָוֶת לֹא־אִירָא רָע, כִּי־אַתָּה עִמָּדִי, שִׁבְטְךָ וּמִשְׁעַנְתֶּךָ הֵמָּה יְנַחֲמֻנִי:
תַּעֲרֹךְ לְפָנַי שֻׁלְחָן נֶגֶד צֹרְרָי, דִּשַּׁנְתָּ בַשֶּׁמֶן רֹאשִׁי, כּוֹסִי רְוָיָה: אַךְ טוֹב
וָחֶסֶד יִרְדְּפוּנִי כָּל־יְמֵי חַיָּי, וְשַׁבְתִּי בְּבֵית־יהוה לְאֹרֶךְ יָמִים:

SHABBAT MORNING KIDDUSH

On Yom Tov that falls on Shabbat, say the Kiddush on page 718

Some say:

אִם־תָּשִׁיב If you keep your feet from breaking the Sabbath, and from pursuing your affairs on My holy day, if you call the Sabbath a delight, and the LORD's holy day honorable, and if you honor it by not going your own way or attending to your own affairs, or speaking idle words, then you will find joy in the LORD, and I will cause you to ride on the heights of the earth and to feast on the inheritance of your father Jacob, for the mouth of the LORD has spoken. *Is. 58*

Most begin Kiddush here.

וְשָׁמְרוּ The children of Israel must keep the Sabbath, *Ex. 31*
observing the Sabbath in every generation
as an everlasting covenant.
It is a sign between Me and the children of Israel for ever,
for in six days the LORD made the heavens and the earth,
but on the seventh day He ceased work and refreshed Himself.

זָכוֹר Remember the Sabbath day to keep it holy. *Ex. 20*
Six days you shall labor and do all your work,
but the seventh day is a Sabbath of the LORD your God;
on it you shall not do any work –
you, your son or daughter,
your male or female slave, or your cattle,
or the stranger within your gates.
For in six days the LORD made heaven and earth
and sea and all that is in them,
and rested on the seventh day;
therefore the LORD blessed the Sabbath day
and declared it holy.

When saying Kiddush for others, add:
Please pay attention, my masters.

בָּרוּךְ Blessed are You, LORD our God, King of the Universe,
who creates the fruit of the vine.

קידושא רבה

On יום טוב that falls on שבת say the קידוש on page 719.

Some say:

ישעיה נח

אִם־תָּשִׁיב מִשַּׁבָּת רַגְלֶךָ עֲשׂוֹת חֲפָצֶךָ בְּיוֹם קָדְשִׁי, וְקָרָאתָ לַשַּׁבָּת
עֹנֶג לִקְדוֹשׁ יהוה מְכֻבָּד, וְכִבַּדְתּוֹ מֵעֲשׂוֹת דְּרָכֶיךָ מִמְּצוֹא חֶפְצְךָ וְדַבֵּר
דָּבָר: אָז תִּתְעַנַּג עַל־יהוה, וְהִרְכַּבְתִּיךָ עַל־בָּמֳתֵי אָרֶץ, וְהַאֲכַלְתִּיךָ
נַחֲלַת יַעֲקֹב אָבִיךָ, כִּי פִּי יהוה דִּבֵּר:

Most begin קידוש here.

שמות לא

וְשָׁמְרוּ בְנֵי־יִשְׂרָאֵל אֶת־הַשַּׁבָּת
לַעֲשׂוֹת אֶת־הַשַּׁבָּת לְדֹרֹתָם בְּרִית עוֹלָם:
בֵּינִי וּבֵין בְּנֵי יִשְׂרָאֵל אוֹת הִוא לְעֹלָם
כִּי־שֵׁשֶׁת יָמִים עָשָׂה יהוה אֶת־הַשָּׁמַיִם וְאֶת־הָאָרֶץ
וּבַיּוֹם הַשְּׁבִיעִי שָׁבַת וַיִּנָּפַשׁ:

שמות כ

זָכוֹר אֶת־יוֹם הַשַּׁבָּת לְקַדְּשׁוֹ:
שֵׁשֶׁת יָמִים תַּעֲבֹד, וְעָשִׂיתָ כָּל־מְלַאכְתֶּךָ:
וְיוֹם הַשְּׁבִיעִי שַׁבָּת לַיהוה אֱלֹהֶיךָ
לֹא־תַעֲשֶׂה כָל־מְלָאכָה אַתָּה וּבִנְךָ וּבִתֶּךָ
עַבְדְּךָ וַאֲמָתְךָ וּבְהֶמְתֶּךָ, וְגֵרְךָ אֲשֶׁר בִּשְׁעָרֶיךָ:
כִּי שֵׁשֶׁת־יָמִים עָשָׂה יהוה אֶת־הַשָּׁמַיִם וְאֶת־הָאָרֶץ
אֶת־הַיָּם וְאֶת־כָּל־אֲשֶׁר־בָּם
וַיָּנַח בַּיּוֹם הַשְּׁבִיעִי
עַל־כֵּן בֵּרַךְ יהוה אֶת־יוֹם הַשַּׁבָּת וַיְקַדְּשֵׁהוּ:

When saying קידוש for others, add:

סַבְרִי מָרָנָן

בָּרוּךְ אַתָּה יהוה אֱלֹהֵינוּ מֶלֶךְ הָעוֹלָם בּוֹרֵא פְּרִי הַגָּפֶן.

Minḥa for Shabbat

אַשְׁרֵי Happy are those who dwell in Your House; *Ps. 84*
they shall continue to praise You, Selah!

Happy are the people for whom this is so; *Ps. 144*
happy are the people whose God is the LORD.

A song of praise by David. *Ps. 145*
I will exalt You, my God, the King, and bless Your name for ever
and all time. Every day I will bless You, and praise Your name for
ever and all time. Great is the LORD and greatly to be praised;
His greatness is unfathomable. One generation will praise Your
works to the next, and tell of Your mighty deeds. On the glorious
splendor of Your majesty I will meditate, and on the acts of Your
wonders. They shall talk of the power of Your awesome deeds,
and I will tell of Your greatness. They shall recite the record of
Your great goodness, and sing with joy of Your righteousness. The
LORD is gracious and compassionate, slow to anger and great in
loving-kindness. The LORD is good to all, and His compassion
extends to all His works. All Your works shall thank You, LORD,
and Your devoted ones shall bless You. They shall talk of the glory
of Your kingship, and speak of Your might. To make known to
mankind His mighty deeds and the glorious majesty of His king-
ship. Your kingdom is an everlasting kingdom, and Your reign is
for all generations. The LORD supports all who fall, and raises
all who are bowed down. All raise their eyes to You in hope, and
You give them their food in due season. You open Your hand, and
satisfy every living thing with favor. The LORD is righteous in all
His ways, and kind in all He does. The LORD is close to all who
call on Him, to all who call on Him in truth. He fulfills the will
of those who revere Him; He hears their cry and saves them. The
LORD guards all who love Him, but all the wicked He will destroy.
▸ My mouth shall speak the praise of the LORD, and all creatures
shall bless His holy name for ever and all time.

We will bless the LORD now and for ever. Halleluya! *Ps. 115*

מנחה לשבת

תהלים פד אַשְׁרֵי יוֹשְׁבֵי בֵיתֶךָ, עוֹד יְהַלְלְוּךָ סֶּלָה:
תהלים קמד אַשְׁרֵי הָעָם שֶׁכָּכָה לּוֹ, אַשְׁרֵי הָעָם שֶׁיהוה אֱלֹהָיו:
תהלים קמה תְּהִלָּה לְדָוִד

אֲרוֹמִמְךָ אֱלוֹהַי הַמֶּלֶךְ, וַאֲבָרְכָה שִׁמְךָ לְעוֹלָם וָעֶד:
בְּכָל־יוֹם אֲבָרְכֶךָּ, וַאֲהַלְלָה שִׁמְךָ לְעוֹלָם וָעֶד:
גָּדוֹל יהוה וּמְהֻלָּל מְאֹד, וְלִגְדֻלָּתוֹ אֵין חֵקֶר:
דּוֹר לְדוֹר יְשַׁבַּח מַעֲשֶׂיךָ, וּגְבוּרֹתֶיךָ יַגִּידוּ:
הֲדַר כְּבוֹד הוֹדֶךָ, וְדִבְרֵי נִפְלְאוֹתֶיךָ אָשִׂיחָה:
וֶעֱזוּז נוֹרְאוֹתֶיךָ יֹאמֵרוּ, וּגְדוּלָּתְךָ אֲסַפְּרֶנָּה:
זֵכֶר רַב־טוּבְךָ יַבִּיעוּ, וְצִדְקָתְךָ יְרַנֵּנוּ:
חַנּוּן וְרַחוּם יהוה, אֶרֶךְ אַפַּיִם וּגְדָל־חָסֶד:
טוֹב־יהוה לַכֹּל, וְרַחֲמָיו עַל־כָּל־מַעֲשָׂיו:
יוֹדְוּךָ יהוה כָּל־מַעֲשֶׂיךָ, וַחֲסִידֶיךָ יְבָרְכְוּכָה:
כְּבוֹד מַלְכוּתְךָ יֹאמֵרוּ, וּגְבוּרָתְךָ יְדַבֵּרוּ:
לְהוֹדִיעַ לִבְנֵי הָאָדָם גְּבוּרֹתָיו, וּכְבוֹד הֲדַר מַלְכוּתוֹ:
מַלְכוּתְךָ מַלְכוּת כָּל־עֹלָמִים, וּמֶמְשַׁלְתְּךָ בְּכָל־דּוֹר וָדֹר:
סוֹמֵךְ יהוה לְכָל־הַנֹּפְלִים, וְזוֹקֵף לְכָל־הַכְּפוּפִים:
עֵינֵי־כֹל אֵלֶיךָ יְשַׂבֵּרוּ, וְאַתָּה נוֹתֵן־לָהֶם אֶת־אָכְלָם בְּעִתּוֹ:
פּוֹתֵחַ אֶת־יָדֶךָ, וּמַשְׂבִּיעַ לְכָל־חַי רָצוֹן:
צַדִּיק יהוה בְּכָל־דְּרָכָיו, וְחָסִיד בְּכָל־מַעֲשָׂיו:
קָרוֹב יהוה לְכָל־קֹרְאָיו, לְכֹל אֲשֶׁר יִקְרָאֻהוּ בֶאֱמֶת:
רְצוֹן־יְרֵאָיו יַעֲשֶׂה, וְאֶת־שַׁוְעָתָם יִשְׁמַע, וְיוֹשִׁיעֵם:
שׁוֹמֵר יהוה אֶת־כָּל־אֹהֲבָיו, וְאֵת כָּל־הָרְשָׁעִים יַשְׁמִיד:
◂ תְּהִלַּת יהוה יְדַבֶּר פִּי, וִיבָרֵךְ כָּל־בָּשָׂר שֵׁם קָדְשׁוֹ לְעוֹלָם וָעֶד:
תהלים קטו וַאֲנַחְנוּ נְבָרֵךְ יָהּ מֵעַתָּה וְעַד־עוֹלָם, הַלְלוּיָהּ:

וּבָא לְצִיּוֹן גּוֹאֵל "A redeemer will come to Zion,   *Is. 59*
to those of Jacob who repent of their sins," declares the Lord.
"As for Me, this is My covenant with them," says the Lord.
"My spirit, that is on you, and My words I have placed in your
mouth will not depart from your mouth, or from the mouth of your
children, or from the mouth of their descendants from this time on
and for ever," says the Lord.

▸ You are the Holy One, enthroned on the praises of Israel.   *Ps. 22*
   And [the angels] call to one another, saying, ◂ "Holy, holy, holy   *Is. 6*
   is the Lord of hosts; the whole world is filled with His glory."

   And they receive permission from one another, saying: *Targum*
   "Holy in the highest heavens, home of His Presence; holy on earth,   *Yonatan*
   the work of His strength; holy for ever and all time is the Lord of hosts; *Is. 6*
   the whole earth is full of His radiant glory."

▸ Then a wind lifted me up and I heard behind me the sound of a great   *Ezek. 3*
   noise, saying, ◂ "Blessed is the Lord's glory from His place."

   Then a wind lifted me up and I heard behind me   *Targum*
   the sound of a great tempest of those who uttered praise, saying,   *Yonatan*
   "Blessed is the Lord's glory from the place of the home of His Presence." *Ezek. 3*

   The Lord shall reign for ever and all time.   *Ex. 15*
   The Lord's kingdom is established for ever and all time.   *Targum*
                                                                          Onkelos
                                                                          Ex. 15

יהוה Lord, God of Abraham, Isaac and Yisrael, our ancestors, may   *1 Chr. 29*
You keep this for ever so that it forms the thoughts in Your people's
heart, and directs their heart toward You. He is compassionate. He   *Ps. 78*
forgives iniquity and does not destroy. Repeatedly He suppresses His
anger, not rousing His full wrath. For You, my Lord, are good and   *Ps. 86*
forgiving, abundantly kind to all who call on You. Your righteousness   *Ps. 119*
is eternally righteous, and Your Torah is truth. Grant truth to Jacob,   *Mic. 7*
loving-kindness to Abraham, as You promised our ancestors in ancient
times. Blessed is my Lord for day after day He burdens us [with His   *Ps. 68*
blessings]; is our salvation, Selah! The Lord of hosts is with us; the   *Ps. 46*
God of Jacob is our refuge, Selah! Lord of hosts, happy is the one   *Ps. 84*
who trusts in You. Lord, save. May the King answer us on the day   *Ps. 20*
we call.

ישעיה נט

וּבָא לְצִיּוֹן גּוֹאֵל, וּלְשָׁבֵי פֶשַׁע בְּיַעֲקֹב, נְאֻם יהוה:
וַאֲנִי זֹאת בְּרִיתִי אוֹתָם, אָמַר יהוה
רוּחִי אֲשֶׁר עָלֶיךָ וּדְבָרַי אֲשֶׁר־שַׂמְתִּי בְּפִיךָ
לֹא־יָמוּשׁוּ מִפִּיךָ וּמִפִּי זַרְעֲךָ וּמִפִּי זֶרַע זַרְעֲךָ
אָמַר יהוה, מֵעַתָּה וְעַד־עוֹלָם:

תהלים כב
ישעיה ו

◂ וְאַתָּה קָדוֹשׁ יוֹשֵׁב תְּהִלּוֹת יִשְׂרָאֵל: וְקָרָא זֶה אֶל־זֶה וְאָמַר ◂
קָדוֹשׁ, קָדוֹשׁ, קָדוֹשׁ, יהוה צְבָאוֹת, מְלֹא כָל־הָאָרֶץ כְּבוֹדוֹ:

תרגום
יונתן
ישעיה ו

וּמְקַבְּלִין דֵּין מִן דֵּין וְאָמְרִין, קַדִּישׁ בִּשְׁמֵי מְרוֹמָא עִלָּאָה בֵּית שְׁכִינְתֵּהּ
קַדִּישׁ עַל אַרְעָא עוֹבַד גְּבוּרְתֵּהּ, קַדִּישׁ לְעָלַם וּלְעָלְמֵי עָלְמַיָּא
יהוה צְבָאוֹת, מַלְיָא כָל אַרְעָא זִיו יְקָרֵהּ.

יחזקאל ג

◂ וַתִּשָּׂאֵנִי רוּחַ, וָאֶשְׁמַע אַחֲרַי קוֹל רַעַשׁ גָּדוֹל ◂
בָּרוּךְ כְּבוֹד־יהוה מִמְּקוֹמוֹ:

תרגום
יונתן
יחזקאל ג

וּנְטָלַתְנִי רוּחָא, וּשְׁמַעִית בַּתְרַי קָל זִיעַ סַגִּיא, דִּמְשַׁבְּחִין וְאָמְרִין
בְּרִיךְ יְקָרָא דַיהוה מֵאֲתַר בֵּית שְׁכִינְתֵּהּ.

שמות טו
תרגום
אונקלוס
שמות טו

יהוה יִמְלֹךְ לְעֹלָם וָעֶד:
יהוה מַלְכוּתֵהּ קָאֵם לְעָלַם וּלְעָלְמֵי עָלְמַיָּא.

דברי הימים
א, כט
תהלים עח

תהלים פו

תהלים קיט

מיכה ז

תהלים סח

תהלים מו
תהלים פד
תהלים כ

יהוה אֱלֹהֵי אַבְרָהָם יִצְחָק וְיִשְׂרָאֵל אֲבֹתֵינוּ, שָׁמְרָה־זֹּאת לְעוֹלָם
לְיֵצֶר מַחְשְׁבוֹת לְבַב עַמֶּךָ, וְהָכֵן לְבָבָם אֵלֶיךָ: וְהוּא רַחוּם יְכַפֵּר
עָוֹן וְלֹא־יַשְׁחִית, וְהִרְבָּה לְהָשִׁיב אַפּוֹ, וְלֹא־יָעִיר כָּל־חֲמָתוֹ: כִּי־
אַתָּה אֲדֹנָי טוֹב וְסַלָּח, וְרַב־חֶסֶד לְכָל־קֹרְאֶיךָ: צִדְקָתְךָ צֶדֶק
לְעוֹלָם וְתוֹרָתְךָ אֱמֶת: תִּתֵּן אֱמֶת לְיַעֲקֹב, חֶסֶד לְאַבְרָהָם, אֲשֶׁר־
נִשְׁבַּעְתָּ לַאֲבֹתֵינוּ מִימֵי קֶדֶם: בָּרוּךְ אֲדֹנָי יוֹם יוֹם יַעֲמָס־לָנוּ, הָאֵל
יְשׁוּעָתֵנוּ סֶלָה: יהוה צְבָאוֹת עִמָּנוּ, מִשְׂגָּב לָנוּ אֱלֹהֵי יַעֲקֹב סֶלָה:
יהוה צְבָאוֹת, אַשְׁרֵי אָדָם בֹּטֵחַ בָּךְ: יהוה הוֹשִׁיעָה, הַמֶּלֶךְ יַעֲנֵנוּ
בְיוֹם־קָרְאֵנוּ:

בָּרוּךְ Blessed is He, our God, who created us for His glory, separating us from those who go astray; who gave us the Torah of truth, planting within us eternal life. May He open our heart to His Torah, imbuing our heart with the love and awe of Him, that we may do His will and serve Him with a perfect heart, so that we neither toil in vain nor give birth to confusion.

יְהִי רָצוֹן May it be Your will, O LORD our God and God of our ancestors, that we keep Your laws in this world, and thus be worthy to live, see and inherit goodness and blessing in the Messianic Age and in the life of the World to Come. So that my soul may sing to You and *Ps. 30* not be silent. LORD, my God, for ever I will thank You. Blessed is the *Jer. 17* man who trusts in the LORD, whose trust is in the LORD alone. Trust *Is. 26* in the LORD for evermore, for God, the LORD, is an everlasting Rock. *Ps. 9*
▸ Those who know Your name trust in You, for You, LORD, do not forsake those who seek You. The LORD desired, for the sake of Israel's *Is. 42* merit, to make the Torah great and glorious.

HALF KADDISH

Leader: יִתְגַּדַּל Magnified and sanctified may His great name be,
in the world He created by His will.
May He establish His kingdom
in your lifetime and in your days,
and in the lifetime of all the house of Israel,
swiftly and soon –
and say: Amen.

All: May His great name be blessed for ever and all time.

Leader: Blessed and praised, glorified and exalted,
raised and honored, uplifted and lauded
be the name of the Holy One, blessed be He,
beyond any blessing,
song, praise and consolation uttered in the world –
and say: Amen.

בָּרוּךְ הוּא אֱלֹהֵינוּ שֶׁבְּרָאָנוּ לִכְבוֹדוֹ, וְהִבְדִּילָנוּ מִן הַתּוֹעִים, וְנָתַן
לָנוּ תּוֹרַת אֱמֶת, וְחַיֵּי עוֹלָם נָטַע בְּתוֹכֵנוּ. הוּא יִפְתַּח לִבֵּנוּ בְּתוֹרָתוֹ,
וְיָשֵׂם בְּלִבֵּנוּ אַהֲבָתוֹ וְיִרְאָתוֹ וְלַעֲשׂוֹת רְצוֹנוֹ וּלְעָבְדוֹ בְּלֵבָב שָׁלֵם,
לְמַעַן לֹא נִיגַע לָרִיק וְלֹא נֵלֵד לַבֶּהָלָה.

יְהִי רָצוֹן מִלְּפָנֶיךָ יהוה אֱלֹהֵינוּ וֵאלֹהֵי אֲבוֹתֵינוּ, שֶׁנִּשְׁמֹר חֻקֶּיךָ
בָּעוֹלָם הַזֶּה, וְנִזְכֶּה וְנִחְיֶה וְנִרְאֶה וְנִירַשׁ טוֹבָה וּבְרָכָה, לִשְׁנֵי יְמוֹת
הַמָּשִׁיחַ וּלְחַיֵּי הָעוֹלָם הַבָּא. לְמַעַן יְזַמֶּרְךָ כָבוֹד וְלֹא יִדֹּם, יהוה תהלים ל
אֱלֹהַי, לְעוֹלָם אוֹדֶךָּ: בָּרוּךְ הַגֶּבֶר אֲשֶׁר יִבְטַח בַּיהוה, וְהָיָה יהוה ירמיה יז
מִבְטַחוֹ: בִּטְחוּ בַיהוה עֲדֵי־עַד, כִּי בְּיָהּ יהוה צוּר עוֹלָמִים: ▸ וְיִבְטְחוּ ישעיה כו תהלים ט
בְךָ יוֹדְעֵי שְׁמֶךָ, כִּי לֹא־עָזַבְתָּ דֹרְשֶׁיךָ, יהוה: יהוה חָפֵץ לְמַעַן צִדְקוֹ, ישעיה מב
יַגְדִּיל תּוֹרָה וְיַאְדִּיר:

חצי קדיש

ש״ץ: יִתְגַּדַּל וְיִתְקַדַּשׁ שְׁמֵהּ רַבָּא (קהל: אָמֵן)
בְּעָלְמָא דִּי בְרָא כִרְעוּתֵהּ
וְיַמְלִיךְ מַלְכוּתֵהּ
בְּחַיֵּיכוֹן וּבְיוֹמֵיכוֹן וּבְחַיֵּי דְכָל בֵּית יִשְׂרָאֵל
בַּעֲגָלָא וּבִזְמַן קָרִיב, וְאִמְרוּ אָמֵן. (קהל: אָמֵן)

קהל וש״ץ: יְהֵא שְׁמֵהּ רַבָּא מְבָרַךְ לְעָלַם וּלְעָלְמֵי עָלְמַיָּא.

יִתְבָּרַךְ וְיִשְׁתַּבַּח וְיִתְפָּאַר וְיִתְרוֹמַם וְיִתְנַשֵּׂא
וְיִתְהַדָּר וְיִתְעַלֶּה וְיִתְהַלָּל
שְׁמֵהּ דְּקֻדְשָׁא בְּרִיךְ הוּא (קהל: בְּרִיךְ הוּא)
לְעֵלָּא מִן כָּל בִּרְכָתָא וְשִׁירָתָא, תֻּשְׁבְּחָתָא וְנֶחֱמָתָא
דַּאֲמִירָן בְּעָלְמָא
וְאִמְרוּ אָמֵן. (קהל: אָמֵן)

וַאֲנִי As for me, may my prayer come to You, Lord, *Ps. 69*
at a time of favor. O God, in Your great love,
answer me with Your faithful salvation.

The Ark is opened and the congregation stands. All say:

וַיְהִי בִּנְסֹעַ Whenever the Ark set out, Moses would say, *Num. 10*
"Arise, Lord, and may Your enemies be scattered.
May those who hate You flee before You."
For the Torah shall come forth from Zion, *Is. 2*
and the word of the Lord from Jerusalem.
Blessed is He who in His Holiness
gave the Torah to His people Israel.

Blessed is the name of the Master of the Universe. Blessed is Your crown and Your place. *Zohar, Vayak-hel* May Your favor always be with Your people Israel. Show Your people the salvation of Your right hand in Your Temple. Grant us the gift of Your good light, and accept our prayers in mercy. May it be Your will to prolong our life in goodness. May I be counted among the righteous, so that You will have compassion on me and protect me and all that is mine and all that is Your people Israel's. You feed all; You sustain all; You rule over all; You rule over kings, for sovereignty is Yours. I am a servant of the Holy One, blessed be He, before whom and before whose glorious Torah I bow at all times. Not in man do I trust, nor on any angel do I rely, but on the God of heaven who is the God of truth, whose Torah is truth, whose prophets speak truth, and who abounds in acts of love and truth. ▸ In Him I trust, and to His holy and glorious name I offer praises. May it be Your will to open my heart to the Torah, and to fulfill the wishes of my heart and of the hearts of all Your people Israel for good, for life, and for peace.

The Leader takes the Torah scroll in his right arm, bows toward the Ark and says:

Magnify the Lord with me, and let us exalt His name together. *Ps. 34*

The Ark is closed. The Leader carries the Torah scroll to the bima and the congregation says:

לְךָ Yours, Lord, are the greatness and the power, the glory and the majesty *1 Chr. 29* and splendor, for everything in heaven and earth is Yours. Yours, Lord, is the kingdom; You are exalted as Head over all.

רוֹמְמוּ Exalt the Lord our God and bow to His footstool; He is holy. Exalt the *Ps. 99* Lord our God, and bow at His holy mountain, for holy is the Lord our God.

אַב הָרַחֲמִים May the Father of compassion have compassion on the people borne by Him. May He remember the covenant with the mighty [patriarchs], and deliver us from evil times. May He reproach the evil instinct in the people carried by Him, and graciously grant that we be an everlasting remnant. May He fulfill in good measure our requests for salvation and compassion.

וַאֲנִי תְפִלָּתִי־לְךָ יהוה, עֵת רָצוֹן, אֱלֹהִים בְּרָב־חַסְדֶּךָ עֲנֵנִי בֶּאֱמֶת יִשְׁעֶךָ׃ תהלים סט

The ארון קודש *is opened and the* קהל *stands. All say:*

וַיְהִי בִּנְסֹעַ הָאָרֹן וַיֹּאמֶר מֹשֶׁה במדבר י

קוּמָה יהוה וְיָפֻצוּ אֹיְבֶיךָ וְיָנֻסוּ מְשַׂנְאֶיךָ מִפָּנֶיךָ׃

כִּי מִצִּיּוֹן תֵּצֵא תוֹרָה וּדְבַר־יהוה מִירוּשָׁלָםִ׃ ישעיה ב

בָּרוּךְ שֶׁנָּתַן תּוֹרָה לְעַמּוֹ יִשְׂרָאֵל בִּקְדֻשָּׁתוֹ.

בְּרִיךְ שְׁמֵהּ דְּמָרֵא עָלְמָא, בְּרִיךְ כִּתְרָךְ וְאַתְרָךְ. יְהֵא רְעוּתָךְ עִם עַמָּךְ יִשְׂרָאֵל לְעָלַם, וּפֻרְקַן יְמִינָךְ אַחֲזִי לְעַמָּךְ בְּבֵית מַקְדְּשָׁךְ, וּלְאַמְטוּיֵי לַנָא מִטּוּב נְהוֹרָךְ, וּלְקַבֵּל צְלוֹתַנָא בְּרַחֲמִין. יְהֵא רַעֲוָא קֳדָמָךְ דְּתוֹרִיךְ לַן חַיִּין בְּטִיבוּ, וְלֶהֱוֵי אֲנָא פְקִידָא בְּגוֹ צַדִּיקַיָּא, לְמִרְחַם עָלַי וּלְמִנְטַר יָתִי וְיַת כָּל דִּי לִי וְדִי לְעַמָּךְ יִשְׂרָאֵל. אַנְתְּ הוּא זָן לְכֹלָּא וּמְפַרְנֵס לְכֹלָּא, אַנְתְּ הוּא שַׁלִּיט עַל כֹּלָּא, אַנְתְּ הוּא דְּשַׁלִּיט עַל מַלְכַיָּא, וּמַלְכוּתָא דִּילָךְ הִיא. אֲנָא עַבְדָּא דְקֻדְשָׁא בְּרִיךְ הוּא, דְּסָגֵדְנָא קַמֵּהּ וּמִקַּמֵּי דִּיקַר אוֹרַיְתֵהּ בְּכָל עִדָּן וְעִדָּן. לָא עַל אֱנָשׁ רָחִיצְנָא וְלָא עַל בַּר אֱלָהִין סָמִיכְנָא, אֶלָּא בֶּאֱלָהָא דִשְׁמַיָּא, דְּהוּא אֱלָהָא קְשׁוֹט, וְאוֹרַיְתֵהּ קְשׁוֹט, וּנְבִיאוֹהִי קְשׁוֹט, וּמַסְגֵּא לְמֶעְבַּד טַבְוָן וּקְשׁוֹט. ◂ בֵּהּ אֲנָא רָחִיץ, וְלִשְׁמֵהּ קַדִּישָׁא יַקִּירָא אֲנָא אֵמַר תֻּשְׁבְּחָן. יְהֵא רַעֲוָא קֳדָמָךְ דְּתִפְתַּח לִבַּאי בְּאוֹרַיְתָא, וְתַשְׁלִים מִשְׁאֲלִין דְּלִבַּאי וְלִבָּא דְכָל עַמָּךְ יִשְׂרָאֵל לְטָב וּלְחַיִּין וְלִשְׁלָם. זוהר ויקהל

The שליח ציבור *takes the* ספר תורה *in his right arm, bows toward the* ארון קודש *and says:*

גַּדְּלוּ לַיהוה אִתִּי וּנְרוֹמְמָה שְׁמוֹ יַחְדָּו׃ תהלים לד

The ארון קודש *is closed. The* שליח ציבור *carries the* ספר תורה *to the* בימה *and the* קהל *says:*

לְךָ יהוה הַגְּדֻלָּה וְהַגְּבוּרָה וְהַתִּפְאֶרֶת וְהַנֵּצַח וְהַהוֹד, כִּי־כֹל בַּשָּׁמַיִם וּבָאָרֶץ: לְךָ יהוה הַמַּמְלָכָה וְהַמִּתְנַשֵּׂא לְכֹל לְרֹאשׁ׃ דברי הימים א׳ כט

רוֹמְמוּ יהוה אֱלֹהֵינוּ וְהִשְׁתַּחֲווּ לַהֲדֹם רַגְלָיו, קָדוֹשׁ הוּא: רוֹמְמוּ יהוה אֱלֹהֵינוּ וְהִשְׁתַּחֲווּ לְהַר קָדְשׁוֹ, כִּי־קָדוֹשׁ יהוה אֱלֹהֵינוּ׃ תהלים צט

אַב הָרַחֲמִים הוּא יְרַחֵם עַם עֲמוּסִים, וְיִזְכֹּר בְּרִית אֵיתָנִים, וְיַצִּיל נַפְשׁוֹתֵינוּ מִן הַשָּׁעוֹת הָרָעוֹת, וְיִגְעַר בְּיֵצֶר הָרָע מִן הַנְּשׂוּאִים, וְיָחֹן אוֹתָנוּ לִפְלֵיטַת עוֹלָמִים, וִימַלֵּא מִשְׁאֲלוֹתֵינוּ בְּמִדָּה טוֹבָה יְשׁוּעָה וְרַחֲמִים.

The Torah scroll is placed on the bima and the Gabbai calls a Kohen to the Torah.

וְתִגָּלֶה May His kingship over us be soon revealed and made manifest. May He be gracious to our surviving remnant, the remnant of His people the house of Israel in grace, loving-kindness, compassion and favor, and let us say: Amen. Let us all render greatness to our God and give honor to the Torah. *Let the Kohen come forward. Arise (*name* son of *father's name*), the Kohen.

If no Kohen is present, a Levi or Yisrael is called up as follows:
/As there is no Kohen, arise (*name* son of *father's name*) in place of a Kohen./

Blessed is He who, in His holiness, gave the Torah to His people Israel.

The congregation followed by the Gabbai:
You who cling to the LORD your God are all alive today.   *Deut. 4*

The Reader shows the oleh the section to be read.
The oleh touches the scroll at that place with the tzitzit
of his tallit or the fabric belt of the Torah scroll,
which he then kisses. Holding the handles of the scroll, he says:

Oleh: Bless the LORD, the blessed One.

Cong: Bless the LORD, the blessed One, for ever and all time.

Oleh: Bless the LORD, the blessed One, for ever and all time.

Blessed are You, LORD our God, King of the Universe,
who has chosen us from all peoples
and has given us His Torah.
Blessed are You, LORD,
Giver of the Torah.

After the reading, the oleh says:

Oleh: Blessed are You, LORD our God, King of the Universe,
who has given us the Torah of truth,
planting everlasting life in our midst.
Blessed are You, LORD,
Giver of the Torah.

The Reader reads the portion which is read on the Shabbat after Pesaḥ.

The ספר תורה *is placed on the* שולחן *and the* גבאי *calls a* כהן *to the* תורה.

וְתִגָּלֶה וְתֵרָאֶה מַלְכוּתוֹ עָלֵינוּ בִּזְמַן קָרוֹב, וְיָחֹן פְּלֵיטָתֵנוּ וּפְלֵיטַת עַמּוֹ בֵּית יִשְׂרָאֵל לְחֵן וּלְחֶסֶד וּלְרַחֲמִים וּלְרָצוֹן וְנֹאמַר אָמֵן. הַכֹּל הָבוּ גֹדֶל לֵאלֹהֵינוּ וּתְנוּ כָבוֹד לַתּוֹרָה. *כֹּהֵן קְרַב, יַעֲמֹד (פלוני בֶּן פלוני) הַכֹּהֵן.

**If no* כהן *is present, a* לוי *or* ישראל *is called up as follows:*

/אֵין כָּאן כֹּהֵן, יַעֲמֹד (פלוני בֶּן פלוני) בִּמְקוֹם כֹּהֵן./

בָּרוּךְ שֶׁנָּתַן תּוֹרָה לְעַמּוֹ יִשְׂרָאֵל בִּקְדֻשָּׁתוֹ.

The קהל *followed by the* גבאי:

וְאַתֶּם הַדְּבֵקִים בַּיהוה אֱלֹהֵיכֶם חַיִּים כֻּלְּכֶם הַיּוֹם: דברים ד

The קורא *shows the* עולה *the section to be read.*
The עולה *touches the scroll at that place with the* ציצית *of his* טלית
or the gartel of the ספר תורה, *which he then kisses.*
Holding the handles of the scroll, he says:

עולה: בָּרְכוּ אֶת יהוה הַמְבֹרָךְ.

קהל: בָּרוּךְ יהוה הַמְבֹרָךְ לְעוֹלָם וָעֶד.

עולה: בָּרוּךְ יהוה הַמְבֹרָךְ לְעוֹלָם וָעֶד.

בָּרוּךְ אַתָּה יהוה, אֱלֹהֵינוּ מֶלֶךְ הָעוֹלָם
אֲשֶׁר בָּחַר בָּנוּ מִכָּל הָעַמִּים
וְנָתַן לָנוּ אֶת תּוֹרָתוֹ.
בָּרוּךְ אַתָּה יהוה, נוֹתֵן הַתּוֹרָה.

After the קריאת התורה, *the* עולה *says:*

עולה: בָּרוּךְ אַתָּה יהוה אֱלֹהֵינוּ מֶלֶךְ הָעוֹלָם
אֲשֶׁר נָתַן לָנוּ תּוֹרַת אֱמֶת וְחַיֵּי עוֹלָם נָטַע בְּתוֹכֵנוּ.
בָּרוּךְ אַתָּה יהוה, נוֹתֵן הַתּוֹרָה.

The קורא *reads the* פרשה *which is read on the* שבת *after* פסח.

SHEMINI

On the eighth day, Moses summoned Aaron and his sons and the *Lev. 9:1–16* elders of Israel. He said to Aaron, "Take for yourself a young calf of the herd for a sin-offering, and a ram for a burnt offering, both unblemished, and bring them to the Lord. And speak to the children of Israel, telling them, 'Take a young goat as a sin-offering, and a yearling young calf and lamb, all unblemished, as a burnt offering. And an ox and ram for a peace-offering to offer up to the Lord along with a meal-offering mixed with oil; for today the Lord shall reveal Himself to you.'"

So they took all that Moses had commanded them to the entrance of the Tent of Meeting: the entire congregation came forth and stood in the presence of the Lord. Moses said, "This is what the Lord has commanded you to do in order that the glory of the Lord be revealed to you." And he told Aaron, "Draw close to the Altar and perform your LEVI sin-offering and your burnt offering in atonement for yourself and for the people; then perform the people's offering in atonement for them, as the Lord has commanded." So Aaron approached the Altar and slaughtered the calf of his sin-offering. Aaron's sons brought him the blood, and he dipped his finger in it, and applied it to the horns of the Altar; he poured the rest of the blood onto the base of the Altar. He then burned the fat of the sin-offering, its kidneys and the appendage of its liver like incense upon the Altar, as the Lord had commanded Moses. And he burned the flesh and the skin in a fire outside the camp. YISRAEL He then slaughtered the burnt offering; Aaron's sons handed him the blood, and he flung it upon the Altar round about. They handed him the pieces of the burnt offering and its head, and he burned them like incense on the Altar. He rinsed the innards and legs and burned them along with the burnt offering upon the Altar.

He then brought the people's offering: he took the people's sin-offering goat and slaughtered it and cleansed it as he had done with his first offering. And then he brought the burnt offering and performed it according to its laws.

Continue on page 1066.

שמיני

וַיְהִי בַּיּוֹם הַשְּׁמִינִי קָרָא מֹשֶׁה לְאַהֲרֹן וּלְבָנָיו וּלְזִקְנֵי יִשְׂרָאֵל: וַיֹּאמֶר אֶל־אַהֲרֹן קַח־לְךָ עֵגֶל בֶּן־בָּקָר לְחַטָּאת וְאַיִל לְעֹלָה תְּמִימִם וְהַקְרֵב לִפְנֵי יְהוָה: וְאֶל־בְּנֵי יִשְׂרָאֵל תְּדַבֵּר לֵאמֹר קְחוּ שְׂעִיר־עִזִּים לְחַטָּאת וְעֵגֶל וָכֶבֶשׂ בְּנֵי־שָׁנָה תְּמִימִם לְעֹלָה: וְשׁוֹר וָאַיִל לִשְׁלָמִים לִזְבֹּחַ לִפְנֵי יְהוָה וּמִנְחָה בְּלוּלָה בַשָּׁמֶן כִּי הַיּוֹם יְהוָה נִרְאָה אֲלֵיכֶם: וַיִּקְחוּ אֵת אֲשֶׁר צִוָּה מֹשֶׁה אֶל־פְּנֵי אֹהֶל מוֹעֵד וַיִּקְרְבוּ כָּל־הָעֵדָה וַיַּעַמְדוּ לִפְנֵי יְהוָה: וַיֹּאמֶר מֹשֶׁה זֶה הַדָּבָר אֲשֶׁר־צִוָּה יְהוָה תַּעֲשׂוּ וְיֵרָא אֲלֵיכֶם כְּבוֹד יְהוָה:

וַיֹּאמֶר מֹשֶׁה אֶל־אַהֲרֹן קְרַב אֶל־הַמִּזְבֵּחַ וַעֲשֵׂה אֶת־חַטָּאתְךָ וְאֶת־עֹלָתֶךָ וְכַפֵּר בַּעַדְךָ וּבְעַד הָעָם וַעֲשֵׂה אֶת־קָרְבַּן הָעָם וְכַפֵּר בַּעֲדָם כַּאֲשֶׁר צִוָּה יְהוָה: וַיִּקְרַב אַהֲרֹן אֶל־הַמִּזְבֵּחַ וַיִּשְׁחַט אֶת־עֵגֶל הַחַטָּאת אֲשֶׁר־לוֹ: וַיַּקְרִבוּ בְּנֵי אַהֲרֹן אֶת־הַדָּם אֵלָיו וַיִּטְבֹּל אֶצְבָּעוֹ בַּדָּם וַיִּתֵּן עַל־קַרְנוֹת הַמִּזְבֵּחַ וְאֶת־הַדָּם יָצַק אֶל־יְסוֹד הַמִּזְבֵּחַ: וְאֶת־הַחֵלֶב וְאֶת־הַכְּלָיֹת וְאֶת־הַיֹּתֶרֶת מִן־הַכָּבֵד מִן־הַחַטָּאת הִקְטִיר הַמִּזְבֵּחָה כַּאֲשֶׁר צִוָּה יְהוָה אֶת־מֹשֶׁה: *וְאֶת־הַבָּשָׂר וְאֶת־הָעוֹר שָׂרַף בָּאֵשׁ מִחוּץ לַמַּחֲנֶה: וַיִּשְׁחַט אֶת־הָעֹלָה וַיַּמְצִאוּ בְּנֵי אַהֲרֹן אֵלָיו אֶת־הַדָּם וַיִּזְרְקֵהוּ עַל־הַמִּזְבֵּחַ סָבִיב: וְאֶת־הָעֹלָה הִמְצִיאוּ אֵלָיו לִנְתָחֶיהָ וְאֶת־הָרֹאשׁ וַיַּקְטֵר עַל־הַמִּזְבֵּחַ: וַיִּרְחַץ אֶת־הַקֶּרֶב וְאֶת־הַכְּרָעָיִם וַיַּקְטֵר עַל־הָעֹלָה הַמִּזְבֵּחָה: וַיַּקְרֵב אֵת קָרְבַּן הָעָם וַיִּקַּח אֶת־שְׂעִיר הַחַטָּאת אֲשֶׁר לָעָם וַיִּשְׁחָטֵהוּ וַיְחַטְּאֵהוּ כָּרִאשׁוֹן: וַיַּקְרֵב אֶת־הָעֹלָה וַיַּעֲשֶׂהָ כַּמִּשְׁפָּט:

ויקרא
ט, א–טז

לוי

ישראל

Continue on page 1067.

AḤAREI MOT

After the deaths of Aaron's two sons, when they had drawn close to the LORD and died, the LORD spoke to Moses. And the LORD said to Moses: speak to Aaron your brother, that he come not at any time to the holiest place – behind the curtain, to the presence of the *kaporet* that covers the Ark – so that he does not die; for I shall be revealed in the cloud above the *kaporet*. *Lev. 16:1–17*

This is how Aaron shall come to the holiest place: he shall bring a young bull for a sin offering, and a ram for a burnt offering. He shall wear a consecrated linen tunic, and trousers of linen shall cover his skin; he shall tie a linen sash about him and bind a linen miter on his head. These are the consecrated garments; he shall wash his skin in water and then put them on. From the congregation of Israel he shall take two young goats as a sin offering, and a ram as a burnt offering. And Aaron shall offer up the sin-offering bullock that is his, as atonement for him and for his family.

LEVI

He shall take the two goats and stand them before the LORD at the opening of the Tent of Meeting. And for these two goats, Aaron shall draw lots – one lot for the LORD and one lot for Azazel. And Aaron shall offer up the goat whose lot falls to the LORD, and make it a sin offering. And the goat whose lot falls to Azazel shall be left to stand alive before the LORD, to be an atonement – to be sent away to Azazel, into the wastelands.

Aaron shall offer up the sin-offering bullock that is his, as atonement for him and for his family; he shall slaughter the sin-offering bullock that is his.

YISRAEL

Then he shall take a pan full of burning coals from the altar, from the presence of the LORD, and with his cupped handsful of finest incense, bring them within the curtain. He shall place the incense into the fire in the presence of the LORD, and a cloud of incense will engulf the *kaporet* over the [Ark of] Testimony – then he shall not die.

He shall take of the bullock's blood and sprinkle with his finger onto the *kaporet* before him – and in front of the *kaporet*, he shall sprinkle seven times from the blood with his finger. And he shall slaughter the

אַחֲרֵי מוֹת

וַיְדַבֵּ֤ר יְהוָֹה֙ אֶל־מֹשֶׁ֔ה אַחֲרֵ֣י מ֔וֹת שְׁנֵ֖י בְּנֵ֣י אַהֲרֹ֑ן בְּקָרְבָתָ֥ם לִפְנֵי־
יְהוָֹ֖ה וַיָּמֻֽתוּ: וַיֹּ֨אמֶר יְהוָֹ֜ה אֶל־מֹשֶׁ֗ה דַּבֵּר֙ אֶל־אַהֲרֹ֣ן אָחִ֔יךָ וְאַל־
יָבֹ֤א בְכָל־עֵת֙ אֶל־הַקֹּ֔דֶשׁ מִבֵּ֖ית לַפָּרֹ֑כֶת אֶל־פְּנֵ֨י הַכַּפֹּ֜רֶת אֲשֶׁ֤ר
עַל־הָֽאָרֹן֙ וְלֹ֣א יָמ֔וּת כִּ֚י בֶּֽעָנָ֔ן אֵֽרָאֶ֖ה עַל־הַכַּפֹּֽרֶת: בְּזֹ֛את יָבֹ֥א
אַהֲרֹ֖ן אֶל־הַקֹּ֑דֶשׁ בְּפַ֧ר בֶּן־בָּקָ֛ר לְחַטָּ֖את וְאַ֥יִל לְעֹלָֽה: כְּתֹֽנֶת־
בַּ֨ד קֹ֜דֶשׁ יִלְבָּ֗שׁ וּמִֽכְנְסֵי־בַד֮ יִהְי֣וּ עַל־בְּשָׂרוֹ֒ וּבְאַבְנֵ֥ט בַּד֙ יַחְגֹּ֔ר
וּבְמִצְנֶ֥פֶת בַּ֖ד יִצְנֹ֑ף בִּגְדֵי־קֹ֣דֶשׁ הֵ֔ם וְרָחַ֥ץ בַּמַּ֖יִם אֶת־בְּשָׂר֥וֹ
וּלְבֵשָֽׁם: וּמֵאֵ֗ת עֲדַת֙ בְּנֵ֣י יִשְׂרָאֵ֔ל יִקַּ֛ח שְׁנֵֽי־שְׂעִירֵ֥י עִזִּ֖ים לְחַטָּ֑את
וְאַ֥יִל אֶחָ֖ד לְעֹלָֽה: וְהִקְרִ֧יב אַהֲרֹ֛ן אֶת־פַּ֥ר הַֽחַטָּ֖את אֲשֶׁר־ל֑וֹ וְכִפֶּ֥ר
בַּעֲד֖וֹ וּבְעַ֥ד בֵּיתֽוֹ: וְלָקַ֖ח אֶת־שְׁנֵ֣י הַשְּׂעִירִ֑ם וְהֶעֱמִ֤יד אֹתָם֙ לִפְנֵ֣י
יְהוָֹ֔ה פֶּ֖תַח אֹ֣הֶל מוֹעֵֽד: וְנָתַ֧ן אַהֲרֹ֛ן עַל־שְׁנֵ֥י הַשְּׂעִירִ֖ם גֹּֽרָל֑וֹת
גּוֹרָ֤ל אֶחָד֙ לַיהוָֹ֔ה וְגוֹרָ֥ל אֶחָ֖ד לַעֲזָאזֵֽל: וְהִקְרִ֤יב אַהֲרֹן֙ אֶת־
הַשָּׂעִ֔יר אֲשֶׁ֨ר עָלָ֥ה עָלָ֛יו הַגּוֹרָ֖ל לַיהוָֹ֑ה וְעָשָׂ֖הוּ חַטָּֽאת: וְהַשָּׂעִ֗יר
אֲשֶׁר֩ עָלָ֨ה עָלָ֤יו הַגּוֹרָל֙ לַעֲזָאזֵ֔ל יָֽעֳמַד־חַ֛י לִפְנֵ֥י יְהוָֹ֖ה לְכַפֵּ֣ר עָלָ֑יו
לְשַׁלַּ֥ח אֹת֛וֹ לַעֲזָאזֵ֖ל הַמִּדְבָּֽרָה: וְהִקְרִ֤יב אַהֲרֹן֙ אֶת־פַּ֥ר הַֽחַטָּאת֙
אֲשֶׁר־ל֔וֹ וְכִפֶּ֥ר בַּעֲד֖וֹ וּבְעַ֣ד בֵּית֑וֹ וְשָׁחַ֛ט אֶת־פַּ֥ר הַֽחַטָּ֖את אֲשֶׁר־
לֽוֹ: וְלָקַ֣ח מְלֹֽא־הַ֠מַּחְתָּ֠ה גַּֽחֲלֵי־אֵ֞שׁ מֵעַ֤ל הַמִּזְבֵּ֨חַ֙ מִלִּפְנֵ֣י יְהוָֹ֔ה
וּמְלֹ֣א חָפְנָ֗יו קְטֹ֤רֶת סַמִּים֙ דַּקָּ֔ה וְהֵבִ֖יא מִבֵּ֣ית לַפָּרֹֽכֶת: וְנָתַ֧ן אֶת־
הַקְּטֹ֛רֶת עַל־הָאֵ֖שׁ לִפְנֵ֣י יְהוָֹ֑ה וְכִסָּ֣ה ׀ עֲנַ֣ן הַקְּטֹ֗רֶת אֶת־הַכַּפֹּ֛רֶת
אֲשֶׁ֥ר עַל־הָעֵד֖וּת וְלֹ֥א יָמֽוּת: וְלָקַח֙ מִדַּ֣ם הַפָּ֔ר וְהִזָּ֧ה בְאֶצְבָּע֛וֹ
עַל־פְּנֵ֥י הַכַּפֹּ֖רֶת קֵ֑דְמָה וְלִפְנֵ֣י הַכַּפֹּ֗רֶת יַזֶּ֧ה שֶֽׁבַע־פְּעָמִ֛ים מִן־הַדָּ֖ם
בְּאֶצְבָּעֽוֹ: וְשָׁחַ֞ט אֶת־שְׂעִ֤יר הַֽחַטָּאת֙ אֲשֶׁ֣ר לָעָ֔ם וְהֵבִיא֙ אֶת־
דָּמ֔וֹ אֶל־מִבֵּ֖ית לַפָּרֹ֑כֶת וְעָשָׂ֣ה אֶת־דָּמ֗וֹ כַּאֲשֶׁ֤ר עָשָׂה֙ לְדַ֣ם הַפָּ֔ר

sin-offering goat that is the people's, and bring its blood behind the curtain, and do with its blood as he did with the blood of the bullock: he shall sprinkle it onto the *kaporet* and in front of the *kaporet*. So shall he bring atonement to the holiest place, for the impurities of Israel, for their rebellions and for all their sins. And so shall he do also for the Tent of Meeting, which abides with them, in the midst of their impurities. No man shall be in the Tent of Meeting when [Aaron] comes to make atonement in the holiest place, until he leaves; and he shall atone himself and his family and all the community of Israel.

Continue on the next page.

KEDOSHIM

The LORD spoke to Moses saying: "Speak to the entire congregation of *Lev. 19:1–14* the children of Israel and tell them: You shall be holy, for I, the LORD your God, am holy. Each person must revere his mother and father, and keep my Sabbaths, for I am the LORD your God. Do not turn to false deities, and do not make molten gods for yourselves, for I am the LORD your God. If you should bring a peace-offering to the LORD, you must LEVI offer it in such a way that it will be accepted from you. It shall be eaten on the day it is offered and on the next day; whatever is left over until the third day must be burned in fire. And if it is eaten on the third day, it is a foul thing – it will not be accepted. One who eats it will bear his sin, for he has defiled the LORD's holy offering; that soul shall be cut off from its people. When you reap the grain of your land, do not complete reaping the corner of your field, and do not collect the remnants of your harvest. Do not glean your vineyard and do not gather the fallen grapes of your vineyard; you must leave them for the poor and for the stranger – I am the LORD your God. Do not steal, do not deceive, and YISRAEL do not act fraudulently with one another. And do not swear falsely in My name, thereby profaning the name of your God – I am the LORD. Do not oppress your fellow man and do not rob; do not withhold a worker's wages until the following morning. Do not curse the deaf and do not place a stumbling block in front of the blind; you shall hold your God in awe – I am the LORD."

וְהִזָּה אֹתוֹ עַל־הַכַּפֹּ֫רֶת וְלִפְנֵ֥י הַכַּפֹּ֫רֶת: וְכִפֶּ֣ר עַל־הַקֹּ֗דֶשׁ מִטֻּמְאֹת֙
בְּנֵ֣י יִשְׂרָאֵ֔ל וּמִפִּשְׁעֵיהֶ֖ם לְכָל־חַטֹּאתָ֑ם וְכֵ֤ן יַעֲשֶׂה֙ לְאֹ֣הֶל מוֹעֵ֔ד
הַשֹּׁכֵ֣ן אִתָּ֔ם בְּת֖וֹךְ טֻמְאֹתָֽם: וְכָל־אָדָ֞ם לֹא־יִהְיֶ֣ה ׀ בְּאֹ֣הֶל מוֹעֵ֗ד
בְּבֹא֛וֹ לְכַפֵּ֥ר בַּקֹּ֖דֶשׁ עַד־צֵאת֑וֹ וְכִפֶּ֤ר בַּעֲדוֹ֙ וּבְעַ֣ד בֵּית֔וֹ וּבְעַ֖ד כָּל־
קְהַ֥ל יִשְׂרָאֵֽל:

Continue on the next page.

קדושים

ויקרא
יט, א–יד

וַיְדַבֵּ֥ר יְהֹוָ֖ה אֶל־מֹשֶׁ֥ה לֵּאמֹֽר: דַּבֵּ֞ר אֶל־כָּל־עֲדַ֧ת בְּנֵֽי־יִשְׂרָאֵ֛ל
וְאָמַרְתָּ֥ אֲלֵהֶ֖ם קְדֹשִׁ֣ים תִּֽהְי֑וּ כִּ֣י קָד֔וֹשׁ אֲנִ֖י יְהֹוָ֥ה אֱלֹהֵיכֶֽם: אִ֣ישׁ
אִמּ֤וֹ וְאָבִיו֙ תִּירָ֔אוּ וְאֶת־שַׁבְּתֹתַ֖י תִּשְׁמֹ֑רוּ אֲנִ֖י יְהֹוָ֥ה אֱלֹהֵיכֶֽם:
אַל־תִּפְנוּ֙ אֶל־הָ֣אֱלִילִ֔ם וֵֽאלֹהֵי֙ מַסֵּכָ֔ה לֹ֥א תַעֲשׂ֖וּ לָכֶ֑ם אֲנִ֖י יְהֹוָ֥ה
אֱלֹהֵיכֶֽם: וְכִ֧י תִזְבְּח֛וּ זֶ֥בַח שְׁלָמִ֖ים לַיהֹוָ֑ה לִֽרְצֹנְכֶ֖ם תִּזְבָּחֻֽהוּ:

לוי

בְּי֧וֹם זִבְחֲכֶ֛ם יֵאָכֵ֖ל וּמִֽמָּחֳרָ֑ת וְהַנּוֹתָ֗ר עַד־י֥וֹם הַשְּׁלִישִׁ֖י בָּאֵ֥שׁ
יִשָּׂרֵֽף: וְאִ֛ם הֵאָכֹ֥ל יֵֽאָכֵ֖ל בַּיּ֣וֹם הַשְּׁלִישִׁ֑י פִּגּ֥וּל ה֖וּא לֹ֥א יֵרָצֶֽה:
וְאֹֽכְלָיו֙ עֲו‍ֹנ֣וֹ יִשָּׂ֔א כִּֽי־אֶת־קֹ֥דֶשׁ יְהֹוָ֖ה חִלֵּ֑ל וְנִכְרְתָ֛ה הַנֶּ֥פֶשׁ
הַהִ֖וא מֵֽעַמֶּֽיהָ: וּֽבְקֻצְרְכֶם֙ אֶת־קְצִ֣יר אַרְצְכֶ֔ם לֹ֧א תְכַלֶּ֛ה פְּאַ֥ת
שָׂדְךָ֖ לִקְצֹ֑ר וְלֶ֥קֶט קְצִֽירְךָ֖ לֹ֥א תְלַקֵּֽט: וְכַרְמְךָ֙ לֹ֣א תְעוֹלֵ֔ל וּפֶ֥רֶט

ישראל

כַּרְמְךָ֖ לֹ֣א תְלַקֵּ֑ט לֶֽעָנִ֤י וְלַגֵּר֙ תַּעֲזֹ֣ב אֹתָ֔ם אֲנִ֖י יְהֹוָ֥ה אֱלֹהֵיכֶֽם: לֹ֣א
תִּגְנֹ֑בוּ וְלֹא־תְכַחֲשׁ֥וּ וְלֹֽא־תְשַׁקְּר֖וּ אִ֥ישׁ בַּעֲמִיתֽוֹ: וְלֹֽא־תִשָּׁבְע֥וּ
בִשְׁמִ֖י לַשָּׁ֑קֶר וְחִלַּלְתָּ֛ אֶת־שֵׁ֥ם אֱלֹהֶ֖יךָ אֲנִ֥י יְהֹוָֽה: לֹֽא־תַעֲשֹׁ֥ק
אֶת־רֵֽעֲךָ֖ וְלֹ֣א תִגְזֹ֑ל לֹֽא־תָלִ֞ין פְּעֻלַּ֥ת שָׂכִ֛יר אִתְּךָ֖ עַד־בֹּֽקֶר:
לֹא־תְקַלֵּ֣ל חֵרֵ֔שׁ וְלִפְנֵ֣י עִוֵּ֔ר לֹ֥א תִתֵּ֖ן מִכְשֹׁ֑ל וְיָרֵ֥אתָ מֵּֽאֱלֹהֶ֖יךָ
אֲנִ֥י יְהֹוָֽה:

The Torah scroll is lifted and the congregation says:

וְזֹאת הַתּוֹרָה This is the Torah that

Deut. 4

Moses placed before the children of Israel,

at the LORD's commandment, by the hand of Moses.

Num. 9

Some add: It is a tree of life to those who grasp it, and those who uphold it are happy. *Prov. 3*
Its ways are ways of pleasantness, and all its paths are peace.
Long life is in its right hand; in its left, riches and honor.
It pleased the LORD for the sake of [Israel's] righteousness,   *Is. 42*
to make the Torah great and glorious.

The Torah scroll is bound and covered.
The Ark is opened. The Leader takes the Torah scroll and says:

יְהַלְלוּ Let them praise the name of the LORD,

Ps. 148

for His name alone is sublime.

The congregation responds:

הוֹדוֹ His majesty is above earth and heaven.

He has raised the horn of His people,

for the glory of all His devoted ones,

the children of Israel, the people close to Him.

Halleluya!

As the Torah scroll is returned to the Ark say:

לְדָוִד מִזְמוֹר A psalm of David. The earth is the LORD's and all it contains, *Ps. 24*
the world and all who live in it. For He founded it on the seas and
established it on the streams. Who may climb the mountain of the
LORD? Who may stand in His holy place? He who has clean hands and
a pure heart, who has not taken My name in vain, or sworn deceitfully.
He shall receive blessing from the LORD, and just reward from God,
his salvation. This is a generation of those who seek Him, the descen-
dants of Jacob who seek Your presence, Selah! Lift up your heads, O
gates; be uplifted, eternal doors, so that the King of glory may enter.
Who is the King of glory? It is the LORD, strong and mighty, the LORD
mighty in battle. Lift up your heads, O gates; be uplifted, eternal doors,
so that the King of glory may enter. Who is He, the King of glory? The
LORD of hosts, He is the King of glory, Selah!

The ספר תורה *is lifted and the* קהל *says:*

דברים ד וְזֹאת הַתּוֹרָה אֲשֶׁר־שָׂם מֹשֶׁה לִפְנֵי בְּנֵי יִשְׂרָאֵל:

במדבר ט עַל־פִּי יהוה בְּיַד מֹשֶׁה:

משלי ג *Some add* עֵץ־חַיִּים הִיא לַמַּחֲזִיקִים בָּהּ וְתֹמְכֶיהָ מְאֻשָּׁר:
דְּרָכֶיהָ דַרְכֵי־נֹעַם וְכָל־נְתִיבוֹתֶיהָ שָׁלוֹם:
אֹרֶךְ יָמִים בִּימִינָהּ, בִּשְׂמֹאולָהּ עֹשֶׁר וְכָבוֹד:

ישעיה מב יהוה חָפֵץ לְמַעַן צִדְקוֹ יַגְדִּיל תּוֹרָה וְיַאְדִּיר:

The ספר תורה *is bound and covered.*

The ארון קודש *is opened. The* שליח ציבור *takes the* ספר תורה *and says:*

תהלים קמח יְהַלְלוּ אֶת־שֵׁם יהוה, כִּי־נִשְׂגָּב שְׁמוֹ, לְבַדּוֹ

The קהל *responds:*

הוֹדוֹ עַל־אֶרֶץ וְשָׁמָיִם:
וַיָּרֶם קֶרֶן לְעַמּוֹ
תְּהִלָּה לְכָל־חֲסִידָיו
לִבְנֵי יִשְׂרָאֵל עַם קְרֹבוֹ
הַלְלוּיָהּ:

As the ספר תורה *is returned to the* ארון קודש*, say:*

תהלים כד לְדָוִד מִזְמוֹר, לַיהוה הָאָרֶץ וּמְלוֹאָהּ, תֵּבֵל וְיֹשְׁבֵי בָהּ: כִּי־הוּא עַל־יַמִּים יְסָדָהּ, וְעַל־נְהָרוֹת יְכוֹנְנֶהָ: מִי־יַעֲלֶה בְהַר־יהוה, וּמִי־יָקוּם בִּמְקוֹם קָדְשׁוֹ: נְקִי כַפַּיִם וּבַר־לֵבָב, אֲשֶׁר לֹא־נָשָׂא לַשָּׁוְא נַפְשִׁי וְלֹא נִשְׁבַּע לְמִרְמָה: יִשָּׂא בְרָכָה מֵאֵת יהוה, וּצְדָקָה מֵאֱלֹהֵי יִשְׁעוֹ: זֶה דּוֹר דֹּרְשָׁו, מְבַקְשֵׁי פָנֶיךָ, יַעֲקֹב, סֶלָה: שְׂאוּ שְׁעָרִים רָאשֵׁיכֶם, וְהִנָּשְׂאוּ פִּתְחֵי עוֹלָם, וְיָבוֹא מֶלֶךְ הַכָּבוֹד: מִי זֶה מֶלֶךְ הַכָּבוֹד, יהוה עִזּוּז וְגִבּוֹר, יהוה גִּבּוֹר מִלְחָמָה: שְׂאוּ שְׁעָרִים רָאשֵׁיכֶם, וּשְׂאוּ פִּתְחֵי עוֹלָם, וְיָבֹא מֶלֶךְ הַכָּבוֹד: מִי הוּא זֶה מֶלֶךְ הַכָּבוֹד, יהוה צְבָאוֹת הוּא מֶלֶךְ הַכָּבוֹד, סֶלָה:

As the Torah scroll is placed into the Ark, say:

וּבְנֻחֹה יֹאמַר When the Ark came to rest, Moses would say: "Return, *Num. 10*
O LORD, to the myriad thousands of Israel." Advance, LORD, to Your *Ps. 132*
resting place, You and Your mighty Ark. Your priests are clothed in
righteousness, and Your devoted ones sing in joy. For the sake of
Your servant David, do not reject Your anointed one. For I give you *Prov. 4*
good instruction; do not forsake My Torah. It is a tree of life to those *Prov. 3*
who grasp it, and those who uphold it are happy. Its ways are ways of
pleasantness, and all its paths are peace. ‣ Turn us back, O LORD, to *Lam. 5*
You, and we will return. Renew our days as of old.

The Ark is closed.

HALF KADDISH

Leader: יִתְגַּדַּל Magnified and sanctified
may His great name be,
in the world He created by His will.
May He establish His kingdom
in your lifetime and in your days,
and in the lifetime of all the house of Israel,
swiftly and soon –
and say: Amen.

All: May His great name be blessed
for ever and all time.

Leader: Blessed and praised,
glorified and exalted,
raised and honored,
uplifted and lauded
be the name of the Holy One, blessed be He,
beyond any blessing, song,
praise and consolation
uttered in the world –
and say: Amen.

On Yom Tov, continue with the Amida on page 726.

As the ספר תורה *is placed into the* ארון קודש*, say:*

וּבְנֻחֹה יֹאמַר, שׁוּבָה יהוה רִבְבוֹת אַלְפֵי יִשְׂרָאֵל: קוּמָה יהוה במדבר י
לִמְנוּחָתֶךָ, אַתָּה וַאֲרוֹן עֻזֶּךָ: כֹּהֲנֶיךָ יִלְבְּשׁוּ־צֶדֶק, וַחֲסִידֶיךָ יְרַנֵּנוּ: תהלים קלב
בַּעֲבוּר דָּוִד עַבְדֶּךָ אַל־תָּשֵׁב פְּנֵי מְשִׁיחֶךָ: כִּי לֶקַח טוֹב נָתַתִּי לָכֶם, משלי ד
תּוֹרָתִי אַל־תַּעֲזֹבוּ: עֵץ־חַיִּים הִיא לַמַּחֲזִיקִים בָּהּ, וְתֹמְכֶיהָ מְאֻשָּׁר: משלי ג
דְּרָכֶיהָ דַרְכֵי־נֹעַם וְכָל־נְתִיבֹתֶיהָ שָׁלוֹם: › הֲשִׁיבֵנוּ יהוה אֵלֶיךָ וְנָשׁוּבָה, איכה ה
חַדֵּשׁ יָמֵינוּ כְּקֶדֶם:

The ארון קודש *is closed.*

חצי קדיש

ש״ץ: יִתְגַּדַּל וְיִתְקַדַּשׁ שְׁמֵהּ רַבָּא (קהל: אָמֵן)
בְּעָלְמָא דִּי בְרָא כִרְעוּתֵהּ
וְיַמְלִיךְ מַלְכוּתֵהּ
בְּחַיֵּיכוֹן וּבְיוֹמֵיכוֹן, וּבְחַיֵּי דְכָל בֵּית יִשְׂרָאֵל
בַּעֲגָלָא וּבִזְמַן קָרִיב
וְאִמְרוּ אָמֵן. (קהל: אָמֵן)

קהל וש״ץ: יְהֵא שְׁמֵהּ רַבָּא מְבָרַךְ לְעָלַם וּלְעָלְמֵי עָלְמַיָּא.

ש״ץ: יִתְבָּרַךְ וְיִשְׁתַּבַּח וְיִתְפָּאַר וְיִתְרוֹמַם וְיִתְנַשֵּׂא
וְיִתְהַדָּר וְיִתְעַלֶּה וְיִתְהַלָּל
שְׁמֵהּ דְּקֻדְשָׁא בְּרִיךְ הוּא (קהל: בְּרִיךְ הוּא)
לְעֵלָּא מִן כָּל בִּרְכָתָא וְשִׁירָתָא
תֻּשְׁבְּחָתָא וְנֶחֱמָתָא
דַּאֲמִירָן בְּעָלְמָא
וְאִמְרוּ אָמֵן. (קהל: אָמֵן)

On יום טוב*, continue with the* עמידה *on page 727.*

AMIDA

The following prayer, until "in former years" on page 1082, is said silently, standing with feet together. If there is a minyan, the Amida is repeated aloud by the Leader. Take three steps forward and at the points indicated by ▾, bend the knees at the first word, bow at the second, and stand straight before saying God's name.

When I proclaim the LORD's name, give glory to our God. *Deut. 32*
O LORD, open my lips, so that my mouth may declare Your praise. *Ps. 51*

PATRIARCHS

▾בָּרוּךְ▾ Blessed are You, LORD our God and God of our fathers,
God of Abraham, God of Isaac and God of Jacob;
the great, mighty and awesome God, God Most High,
who bestows acts of loving-kindness and creates all,
who remembers the loving-kindness of the fathers
and will bring a Redeemer
to their children's children for the sake of His name, in love.
King, Helper, Savior, Shield:
▾Blessed are You, LORD,
Shield of Abraham.

DIVINE MIGHT

אַתָּה גִּבּוֹר You are eternally mighty, LORD.
You give life to the dead
and have great power to save.

In Israel:
He causes the dew to fall.

He sustains the living with loving-kindness,
and with great compassion revives the dead.
He supports the fallen, heals the sick, sets captives free,
and keeps His faith with those who sleep in the dust.
Who is like You, Master of might,
and who can compare to You,

עמידה

The following prayer, until קַדְמֹנִיּוֹת *on page 1083, is said silently, standing with feet together. If there is a* מנין*, the* עמידה *is repeated aloud by the* שליח ציבור*. Take three steps forward and at the points indicated by* ׳*, bend the knees at the first word, bow at the second, and stand straight before saying God's name.*

כִּי שֵׁם יהוה אֶקְרָא, הָבוּ גֹדֶל לֵאלֹהֵינוּ: דברים לב

אֲדֹנָי, שְׂפָתַי תִּפְתָּח, וּפִי יַגִּיד תְּהִלָּתֶךָ: תהלים נא

אבות

׳בָּרוּךְ אַתָּה יהוה, אֱלֹהֵינוּ וֵאלֹהֵי אֲבוֹתֵינוּ

אֱלֹהֵי אַבְרָהָם, אֱלֹהֵי יִצְחָק, וֵאלֹהֵי יַעֲקֹב

הָאֵל הַגָּדוֹל הַגִּבּוֹר וְהַנּוֹרָא, אֵל עֶלְיוֹן

גּוֹמֵל חֲסָדִים טוֹבִים, וְקוֹנֵה הַכֹּל

וְזוֹכֵר חַסְדֵי אָבוֹת

וּמֵבִיא גוֹאֵל לִבְנֵי בְנֵיהֶם לְמַעַן שְׁמוֹ בְּאַהֲבָה.

מֶלֶךְ עוֹזֵר וּמוֹשִׁיעַ וּמָגֵן.

׳בָּרוּךְ אַתָּה יהוה, מָגֵן אַבְרָהָם.

גבורות

אַתָּה גִּבּוֹר לְעוֹלָם, אֲדֹנָי

מְחַיֵּה מֵתִים אַתָּה, רַב לְהוֹשִׁיעַ

In ארץ ישראל*:*

מוֹרִיד הַטָּל

מְכַלְכֵּל חַיִּים בְּחֶסֶד, מְחַיֵּה מֵתִים בְּרַחֲמִים רַבִּים

סוֹמֵךְ נוֹפְלִים, וְרוֹפֵא חוֹלִים, וּמַתִּיר אֲסוּרִים

וּמְקַיֵּם אֱמוּנָתוֹ לִישֵׁנֵי עָפָר.

מִי כָמוֹךָ, בַּעַל גְּבוּרוֹת

וּמִי דּוֹמֶה לָּךְ

O King who brings death and gives life,
and makes salvation grow?
Faithful are You to revive the dead.
Blessed are You, LORD, who revives the dead.

When saying the Amida silently, continue with "You are holy" on the next page.

KEDUSHA

During the Leader's Repetition, the following is said standing with feet together, rising on the toes at the words indicated by ▴.

Cong. then Leader: נְקַדֵּשׁ We will sanctify Your name on earth,
as they sanctify it in the highest heavens,
as is written by Your prophet,
"And they [the angels] call to one another saying: *Is. 6*

Cong. then Leader: ▴Holy, ▴holy, ▴holy is the LORD of hosts;
the whole world is filled with His glory."
Those facing them say "Blessed –"

Cong. then Leader: ▴"Blessed is the LORD's glory from His place." *Ezek. 3*
And in Your holy Writings it is written thus:

Cong. then Leader: ▴"The LORD shall reign for ever. *Ps. 146*
He is your God, Zion,
from generation to generation, Halleluya!"

Leader: From generation to generation
we will declare Your greatness,
and we will proclaim Your holiness for evermore.
Your praise, our God,
shall not leave our mouth forever,
for You, God, are a great and holy King.
Blessed are You, LORD, the holy God.

The Leader continues with "You are one" on the next page.

מֶלֶךְ, מֵמִית וּמְחַיֶּה וּמַצְמִיחַ יְשׁוּעָה.
וְנֶאֱמָן אַתָּה לְהַחֲיוֹת מֵתִים.
בָּרוּךְ אַתָּה יהוה, מְחַיֵּה הַמֵּתִים.

When saying the עמידה *silently, continue with* אַתָּה קָדוֹשׁ *on the next page.*

קדושה

During the חורת הש״ץ*, the following is said standing with feet together, rising on the toes at the words indicated by* ˄.

קהל *then* ש״ץ: נְקַדֵּשׁ אֶת שִׁמְךָ בָּעוֹלָם
כְּשֵׁם שֶׁמַּקְדִּישִׁים אוֹתוֹ בִּשְׁמֵי מָרוֹם
כַּכָּתוּב עַל יַד נְבִיאֶךָ:
וְקָרָא זֶה אֶל־זֶה וְאָמַר ישעיה ו

קהל *then* ש״ץ: ˄קָדוֹשׁ, ˄קָדוֹשׁ, ˄קָדוֹשׁ, יהוה צְבָאוֹת
מְלֹא כָל־הָאָרֶץ כְּבוֹדוֹ:
לְעֻמָּתָם בָּרוּךְ יֹאמֵרוּ

קהל *then* ש״ץ: ˄בָּרוּךְ כְּבוֹד־יהוה מִמְּקוֹמוֹ: יחזקאל ג
וּבְדִבְרֵי קָדְשְׁךָ כָּתוּב לֵאמֹר

קהל *then* ש״ץ: ˄יִמְלֹךְ יהוה לְעוֹלָם, אֱלֹהַיִךְ צִיּוֹן לְדֹר וָדֹר, הַלְלוּיָהּ: תהלים קמו

ש״ץ: לְדוֹר וָדוֹר נַגִּיד גָּדְלֶךָ
וּלְנֵצַח נְצָחִים קְדֻשָּׁתְךָ נַקְדִּישׁ
וְשִׁבְחֲךָ אֱלֹהֵינוּ מִפִּינוּ לֹא יָמוּשׁ לְעוֹלָם וָעֶד
כִּי אֵל מֶלֶךְ גָּדוֹל וְקָדוֹשׁ אָתָּה.
בָּרוּךְ אַתָּה יהוה הָאֵל הַקָּדוֹשׁ.

The שליח ציבור *continues with* אַתָּה אֶחָד *on the next page.*

When saying the Amida silently, continue here:

HOLINESS

אַתָּה קָדוֹשׁ You are holy
and Your name is holy,
and holy ones praise You daily, Selah!
Blessed are You, LORD, the holy God.

HOLINESS OF THE DAY

אַתָּה You are One, Your name is One;
and who is like Your people Israel,
a nation unique on earth?
Splendor of greatness and a crown of salvation
is the day of rest and holiness
You have given Your people.
Abraham will rejoice, Isaac will sing for joy,
Jacob and his children will find rest in it –
a rest of love and generosity,
a rest of truth and faith,
a rest of peace and tranquility, calm and trust;
a complete rest in which You find favor.
May Your children recognize and know
that their rest comes from You,
and that by their rest they sanctify Your name.

אֱלֹהֵינוּ Our God and God of our ancestors,
find favor in our rest.
Make us holy through Your commandments
and grant us our share in Your Torah.
Satisfy us with Your goodness, grant us joy in Your salvation,
and purify our hearts to serve You in truth.
In love and favor, LORD our God,
grant us as our heritage Your holy Sabbaths,
so that Israel who sanctify Your name may find rest on them.
Blessed are You, LORD, who sanctifies the Sabbath.

When saying the עמידה silently, continue here:

קדושת השם

אַתָּה קָדוֹשׁ וְשִׁמְךָ קָדוֹשׁ
וּקְדוֹשִׁים בְּכָל יוֹם יְהַלְלוּךָ סֶּלָה.
בָּרוּךְ אַתָּה יהוה, הָאֵל הַקָּדוֹשׁ.

קדושת היום

אַתָּה אֶחָד וְשִׁמְךָ אֶחָד
וּמִי כְּעַמְּךָ יִשְׂרָאֵל גּוֹי אֶחָד בָּאָרֶץ.
תִּפְאֶרֶת גְּדֻלָּה וַעֲטֶרֶת יְשׁוּעָה
יוֹם מְנוּחָה וּקְדֻשָּׁה לְעַמְּךָ נָתָתָּ.
אַבְרָהָם יָגֵל, יִצְחָק יְרַנֵּן, יַעֲקֹב וּבָנָיו יָנוּחוּ בוֹ
מְנוּחַת אַהֲבָה וּנְדָבָה
מְנוּחַת אֱמֶת וֶאֱמוּנָה
מְנוּחַת שָׁלוֹם וְשַׁלְוָה וְהַשְׁקֵט וָבֶטַח
מְנוּחָה שְׁלֵמָה שֶׁאַתָּה רוֹצֶה בָּהּ.
יַכִּירוּ בָנֶיךָ וְיֵדְעוּ
כִּי מֵאִתְּךָ הִיא מְנוּחָתָם
וְעַל מְנוּחָתָם יַקְדִּישׁוּ אֶת שְׁמֶךָ.

אֱלֹהֵינוּ וֵאלֹהֵי אֲבוֹתֵינוּ, רְצֵה בִמְנוּחָתֵנוּ
קַדְּשֵׁנוּ בְּמִצְוֹתֶיךָ וְתֵן חֶלְקֵנוּ בְּתוֹרָתֶךָ
שַׂבְּעֵנוּ מִטּוּבֶךָ וְשַׂמְּחֵנוּ בִּישׁוּעָתֶךָ
וְטַהֵר לִבֵּנוּ לְעָבְדְּךָ בֶּאֱמֶת.
וְהַנְחִילֵנוּ יהוה אֱלֹהֵינוּ בְּאַהֲבָה וּבְרָצוֹן שַׁבְּתוֹת קָדְשֶׁךָ
וְיָנוּחוּ בָם יִשְׂרָאֵל מְקַדְּשֵׁי שְׁמֶךָ.
בָּרוּךְ אַתָּה יהוה, מְקַדֵּשׁ הַשַּׁבָּת.

TEMPLE SERVICE

רְצֵה Find favor, LORD our God,
in Your people Israel and their prayer.
Restore the service to Your most holy House,
and accept in love and favor
the fire-offerings of Israel and their prayer.
May the service of Your people Israel
always find favor with You.

אֱלֹהֵינוּ Our God and God of our ancestors,
may there rise, come, reach,
appear, be favored, heard,
regarded and remembered before You,
our recollection and remembrance,
as well as the remembrance of our ancestors,
and of the Messiah son of David Your servant,
and of Jerusalem Your holy city,
and of all Your people the house of Israel –
for deliverance and well-being,
grace, loving-kindness and compassion,
life and peace,
on this day of the festival of Matzot.
On it remember us, LORD our God, for good;
recollect us for blessing,
and deliver us for life.
In accord with Your promise
of salvation and compassion,
spare us and be gracious to us;
have compassion on us and deliver us,
for our eyes are turned to You
because You, God,
are a gracious and compassionate King.

עבודה

רְצֵה יהוה אֱלֹהֵינוּ בְּעַמְּךָ יִשְׂרָאֵל וּבִתְפִלָּתָם
וְהָשֵׁב אֶת הָעֲבוֹדָה לִדְבִיר בֵּיתֶךָ
וְאִשֵּׁי יִשְׂרָאֵל וּתְפִלָּתָם בְּאַהֲבָה תְקַבֵּל בְּרָצוֹן
וּתְהִי לְרָצוֹן תָּמִיד עֲבוֹדַת יִשְׂרָאֵל עַמֶּךָ.

אֱלֹהֵינוּ וֵאלֹהֵי אֲבוֹתֵינוּ
יַעֲלֶה וְיָבוֹא וְיַגִּיעַ
וְיֵרָאֶה וְיֵרָצֶה וְיִשָּׁמַע
וְיִפָּקֵד וְיִזָּכֵר זִכְרוֹנֵנוּ וּפִקְדוֹנֵנוּ
וְזִכְרוֹן אֲבוֹתֵינוּ
וְזִכְרוֹן מָשִׁיחַ בֶּן דָּוִד עַבְדֶּךָ
וְזִכְרוֹן יְרוּשָׁלַיִם עִיר קָדְשֶׁךָ
וְזִכְרוֹן כָּל עַמְּךָ בֵּית יִשְׂרָאֵל, לְפָנֶיךָ
לִפְלֵיטָה, לְטוֹבָה
לְחֵן וּלְחֶסֶד וּלְרַחֲמִים
לְחַיִּים וּלְשָׁלוֹם בְּיוֹם
חַג הַמַּצּוֹת הַזֶּה.
זָכְרֵנוּ יהוה אֱלֹהֵינוּ בּוֹ לְטוֹבָה
וּפָקְדֵנוּ בוֹ לִבְרָכָה
וְהוֹשִׁיעֵנוּ בוֹ לְחַיִּים.
וּבִדְבַר יְשׁוּעָה וְרַחֲמִים
חוּס וְחָנֵּנוּ, וְרַחֵם עָלֵינוּ וְהוֹשִׁיעֵנוּ
כִּי אֵלֶיךָ עֵינֵינוּ, כִּי אֵל מֶלֶךְ חַנּוּן וְרַחוּם אָתָּה.

וְתֶחֱזֶינָה And may our eyes witness Your return to Zion in compassion.
Blessed are You, LORD, who restores His Presence to Zion.

THANKSGIVING

Bow at the first nine words.

מוֹדִים We give thanks to You,
for You are the LORD our God
and God of our ancestors
for ever and all time.
You are the Rock of our lives,
Shield of our salvation
from generation to generation.
We will thank You and
declare Your praise for our lives,
which are entrusted into Your hand;
for our souls,
which are placed in Your charge;
for Your miracles
which are with us every day;
and for Your wonders and favors
at all times, evening,
morning and midday.
You are good –
for Your compassion never fails.
You are compassionate –
for Your loving-kindnesses never cease.
We have always placed our hope in You.

During the Leader's Repetition, the congregation says quietly:

מוֹדִים We give thanks to You,
for You are the LORD our God
and God of our ancestors,
God of all flesh,
who formed us
and formed the universe.
Blessings and thanks
are due to Your great
and holy name for giving us
life and sustaining us.
May You continue
to give us life and sustain us;
and may You gather our
exiles to Your holy courts,
to keep Your decrees,
do Your will and serve You
with a perfect heart,
for it is for us
to give You thanks.
Blessed be God to whom
thanksgiving is due.

וְעַל כֻּלָּם For all these things
may Your name be blessed and exalted, our King,
continually, for ever and all time.
Let all that lives thank You, Selah! and praise Your name in truth,
God, our Savior and Help, Selah!
Blessed are You, LORD, whose name is "the Good"
and to whom thanks are due.

וְתֶחֱזֶינָה עֵינֵינוּ בְּשׁוּבְךָ לְצִיּוֹן בְּרַחֲמִים.
בָּרוּךְ אַתָּה יהוה, הַמַּחֲזִיר שְׁכִינָתוֹ לְצִיּוֹן.

הודאה

Bow at the first five words.

מוֹדִים אֲנַחְנוּ לָךְ
שָׁאַתָּה הוּא יהוה אֱלֹהֵינוּ
וֵאלֹהֵי אֲבוֹתֵינוּ לְעוֹלָם וָעֶד.
צוּר חַיֵּינוּ, מָגֵן יִשְׁעֵנוּ
אַתָּה הוּא לְדוֹר וָדוֹר.
נוֹדֶה לְּךָ וּנְסַפֵּר תְּהִלָּתֶךָ
עַל חַיֵּינוּ הַמְּסוּרִים בְּיָדֶךָ
וְעַל נִשְׁמוֹתֵינוּ הַפְּקוּדוֹת לָךְ
וְעַל נִסֶּיךָ שֶׁבְּכָל יוֹם עִמָּנוּ
וְעַל נִפְלְאוֹתֶיךָ וְטוֹבוֹתֶיךָ
שֶׁבְּכָל עֵת
עֶרֶב וָבֹקֶר וְצָהֳרָיִם.
הַטּוֹב, כִּי לֹא כָלוּ רַחֲמֶיךָ
וְהַמְרַחֵם, כִּי לֹא תַמּוּ חֲסָדֶיךָ
מֵעוֹלָם קִוִּינוּ לָךְ.

During the חזרת הש״ץ, *the* קהל *says quietly:*

מוֹדִים אֲנַחְנוּ לָךְ
שָׁאַתָּה הוּא יהוה אֱלֹהֵינוּ
וֵאלֹהֵי אֲבוֹתֵינוּ
אֱלֹהֵי כָל בָּשָׂר
יוֹצְרֵנוּ, יוֹצֵר בְּרֵאשִׁית.
בְּרָכוֹת וְהוֹדָאוֹת
לְשִׁמְךָ הַגָּדוֹל וְהַקָּדוֹשׁ
עַל שֶׁהֶחֱיִיתָנוּ וְקִיַּמְתָּנוּ.
כֵּן תְּחַיֵּנוּ וּתְקַיְּמֵנוּ
וְתֶאֱסֹף גָּלֻיּוֹתֵינוּ
לְחַצְרוֹת קָדְשֶׁךָ
לִשְׁמֹר חֻקֶּיךָ
וְלַעֲשׂוֹת רְצוֹנֶךָ וּלְעָבְדְּךָ
בְּלֵבָב שָׁלֵם
עַל שֶׁאֲנַחְנוּ מוֹדִים לָךְ.
בָּרוּךְ אֵל הַהוֹדָאוֹת.

וְעַל כֻּלָּם יִתְבָּרַךְ וְיִתְרוֹמַם שִׁמְךָ מַלְכֵּנוּ תָּמִיד לְעוֹלָם וָעֶד.
וְכֹל הַחַיִּים יוֹדוּךָ סֶּלָה, וִיהַלְלוּ אֶת שִׁמְךָ בֶּאֱמֶת
הָאֵל יְשׁוּעָתֵנוּ וְעֶזְרָתֵנוּ סֶלָה.
בָּרוּךְ אַתָּה יהוה, הַטּוֹב שִׁמְךָ וּלְךָ נָאֶה לְהוֹדוֹת.

PEACE

שָׁלוֹם רָב Grant
great peace
to Your people Israel
for ever,
for You are
the sovereign LORD
of all peace;
and may it be good
in Your eyes
to bless Your people Israel
at every time,
at every hour,
with Your peace.

In Israel:

שִׂים שָׁלוֹם Grant peace,
goodness and blessing,
grace, loving-kindness and compassion
to us and all Israel Your people.
Bless us, our Father, all as one,
with the light of Your face,
for by the light of Your face
You have given us, LORD our God,
the Torah of life and love of kindness,
righteousness, blessing, compassion,
life and peace.
May it be good in Your eyes
to bless Your people Israel
at every time, in every hour, with Your peace.

Blessed are You, LORD, who blesses His people Israel with peace.

The following verse concludes the Leader's Repetition of the Amida.
Some also say it here as part of the silent Amida.

May the words of my mouth and the meditation of my heart   *Ps. 19*
find favor before You, LORD, my Rock and Redeemer.

אֱלֹהַי My God,   *Berakhot*
                                                                  17a
guard my tongue from evil and my lips from deceitful speech.
To those who curse me, let my soul be silent;
may my soul be to all like the dust.
Open my heart to Your Torah
and let my soul pursue Your commandments.
As for all who plan evil against me,
swiftly thwart their counsel and frustrate their plans.
        Act for the sake of Your name; act for the sake of Your right hand;
        act for the sake of Your holiness; act for the sake of Your Torah.
That Your beloved ones may be delivered,   *Ps. 60*
save with Your right hand and answer me.
May the words of my mouth and the meditation of my heart   *Ps. 19*
find favor before You, LORD, my Rock and Redeemer.
Bow, take three steps back, then bow, first left, then right, then center, while saying:
May He who makes peace in His high places,
make peace for us and all Israel – and say: Amen.

ברכת שלום

שָׁלוֹם רָב עַל יִשְׂרָאֵל עַמְּךָ
תָּשִׂים לְעוֹלָם
כִּי אַתָּה הוּא
מֶלֶךְ אָדוֹן לְכָל הַשָּׁלוֹם.
וְטוֹב בְּעֵינֶיךָ
לְבָרֵךְ אֶת עַמְּךָ יִשְׂרָאֵל
בְּכָל עֵת וּבְכָל שָׁעָה
בִּשְׁלוֹמֶךָ.

In ארץ ישראל:
שִׂים שָׁלוֹם טוֹבָה וּבְרָכָה
חֵן וָחֶסֶד וְרַחֲמִים
עָלֵינוּ וְעַל כָּל יִשְׂרָאֵל עַמֶּךָ.
בָּרְכֵנוּ אָבִינוּ כֻּלָּנוּ כְּאֶחָד בְּאוֹר פָּנֶיךָ
כִּי בְאוֹר פָּנֶיךָ נָתַתָּ לָּנוּ יהוה אֱלֹהֵינוּ
תּוֹרַת חַיִּים וְאַהֲבַת חֶסֶד
וּצְדָקָה וּבְרָכָה וְרַחֲמִים וְחַיִּים וְשָׁלוֹם.
וְטוֹב בְּעֵינֶיךָ לְבָרֵךְ אֶת עַמְּךָ יִשְׂרָאֵל
בְּכָל עֵת וּבְכָל שָׁעָה בִּשְׁלוֹמֶךָ.

בָּרוּךְ אַתָּה יהוה, הַמְבָרֵךְ אֶת עַמּוֹ יִשְׂרָאֵל בַּשָּׁלוֹם.

The following verse concludes the חזרת הש״ץ.
Some also say it here as part of the silent עמידה.

יִהְיוּ לְרָצוֹן אִמְרֵי־פִי וְהֶגְיוֹן לִבִּי לְפָנֶיךָ, יהוה צוּרִי וְגֹאֲלִי: תהלים יט

אֱלֹהַי ברכות יז.
נְצֹר לְשׁוֹנִי מֵרָע וּשְׂפָתַי מִדַּבֵּר מִרְמָה
וְלִמְקַלְלַי נַפְשִׁי תִדֹּם, וְנַפְשִׁי כֶּעָפָר לַכֹּל תִּהְיֶה.
פְּתַח לִבִּי בְּתוֹרָתֶךָ, וּבְמִצְוֹתֶיךָ תִּרְדֹּף נַפְשִׁי.
וְכָל הַחוֹשְׁבִים עָלַי רָעָה
מְהֵרָה הָפֵר עֲצָתָם וְקַלְקֵל מַחֲשַׁבְתָּם.
עֲשֵׂה לְמַעַן שְׁמֶךָ, עֲשֵׂה לְמַעַן יְמִינֶךָ
עֲשֵׂה לְמַעַן קְדֻשָּׁתֶךָ, עֲשֵׂה לְמַעַן תּוֹרָתֶךָ.
לְמַעַן יֵחָלְצוּן יְדִידֶיךָ, הוֹשִׁיעָה יְמִינְךָ וַעֲנֵנִי: תהלים ס
יִהְיוּ לְרָצוֹן אִמְרֵי־פִי וְהֶגְיוֹן לִבִּי לְפָנֶיךָ, יהוה צוּרִי וְגֹאֲלִי: תהלים יט

Bow, take three steps back, then bow, first left, then right, then center, while saying:

עֹשֶׂה שָׁלוֹם בִּמְרוֹמָיו
הוּא יַעֲשֶׂה שָׁלוֹם עָלֵינוּ וְעַל כָּל יִשְׂרָאֵל, וְאִמְרוּ אָמֵן.

יְהִי רָצוֹן May it be Your will, Lord our God and God of our ancestors,
that the Temple be rebuilt speedily in our days, and grant us a share in Your Torah.
And there we will serve You with reverence,
as in the days of old and as in former years.
Then the offering of Judah and Jerusalem *Mal. 3*
will be pleasing to the Lord as in the days of old and as in former years.

FULL KADDISH

Leader: יִתְגַּדַּל Magnified and sanctified may His great name be,
in the world He created by His will.
May He establish His kingdom
in your lifetime and in your days,
and in the lifetime of all the house of Israel,
swiftly and soon –
and say: Amen.

All: May His great name be blessed for ever and all time.

Leader: Blessed and praised, glorified and exalted,
raised and honored, uplifted and lauded be
the name of the Holy One,
blessed be He, beyond any blessing,
song, praise and consolation uttered in the world –
and say: Amen.

May the prayers and pleas of all Israel
be accepted by their Father in heaven –
and say: Amen.

May there be great peace from heaven,
and life for us and all Israel –
and say: Amen.

Bow, take three steps back, as if taking leave of the Divine Presence,
then bow, first left, then right, then center, while saying:

May He who makes peace in His high places,
make peace for us and all Israel –
and say: Amen.

יְהִי רָצוֹן מִלְּפָנֶיךָ יהוה אֱלֹהֵינוּ וֵאלֹהֵי אֲבוֹתֵינוּ
שֶׁיִּבָּנֶה בֵּית הַמִּקְדָּשׁ בִּמְהֵרָה בְיָמֵינוּ, וְתֵן חֶלְקֵנוּ בְּתוֹרָתֶךָ
וְשָׁם נַעֲבָדְךָ בְּיִרְאָה כִּימֵי עוֹלָם וּכְשָׁנִים קַדְמֹנִיּוֹת.
וְעָרְבָה לַיהוה מִנְחַת יְהוּדָה וִירוּשָׁלָםִ כִּימֵי עוֹלָם וּכְשָׁנִים קַדְמֹנִיּוֹת: מלאכי ג

קדיש שלם

ש״ץ: יִתְגַּדַּל וְיִתְקַדַּשׁ שְׁמֵהּ רַבָּא (קהל: אָמֵן)
בְּעָלְמָא דִּי בְרָא כִרְעוּתֵהּ
וְיַמְלִיךְ מַלְכוּתֵהּ
בְּחַיֵּיכוֹן וּבְיוֹמֵיכוֹן וּבְחַיֵּי דְכָל בֵּית יִשְׂרָאֵל
בַּעֲגָלָא וּבִזְמַן קָרִיב, וְאִמְרוּ אָמֵן. (קהל: אָמֵן)

קהל וש״ץ: יְהֵא שְׁמֵהּ רַבָּא מְבָרַךְ לְעָלַם וּלְעָלְמֵי עָלְמַיָּא.

ש״ץ: יִתְבָּרַךְ וְיִשְׁתַּבַּח וְיִתְפָּאַר
וְיִתְרוֹמַם וְיִתְנַשֵּׂא וְיִתְהַדָּר וְיִתְעַלֶּה וְיִתְהַלָּל
שְׁמֵהּ דְּקֻדְשָׁא בְּרִיךְ הוּא (קהל: בְּרִיךְ הוּא)
לְעֵלָּא מִן כָּל בִּרְכָתָא וְשִׁירָתָא
תֻּשְׁבְּחָתָא וְנֶחֱמָתָא
דַּאֲמִירָן בְּעָלְמָא, וְאִמְרוּ אָמֵן. (קהל: אָמֵן)

תִּתְקַבַּל צְלוֹתְהוֹן וּבָעוּתְהוֹן דְּכָל יִשְׂרָאֵל
קֳדָם אֲבוּהוֹן דִּי בִשְׁמַיָּא, וְאִמְרוּ אָמֵן. (קהל: אָמֵן)

יְהֵא שְׁלָמָא רַבָּא מִן שְׁמַיָּא
וְחַיִּים, עָלֵינוּ וְעַל כָּל יִשְׂרָאֵל, וְאִמְרוּ אָמֵן. (קהל: אָמֵן)

Bow, take three steps back, as if taking leave of the Divine Presence, then bow, first left, then right, then center, while saying:

עֹשֶׂה שָׁלוֹם בִּמְרוֹמָיו
הוּא יַעֲשֶׂה שָׁלוֹם עָלֵינוּ וְעַל כָּל יִשְׂרָאֵל, וְאִמְרוּ אָמֵן. (קהל: אָמֵן)

Stand while saying Aleinu. Bow at ˅.

עָלֵינוּ It is our duty to praise the Master of all,
and ascribe greatness to the Author of creation,
who has not made us like the nations of the lands
nor placed us like the families of the earth;
who has not made our portion like theirs,
nor our destiny like all their multitudes.
(For they worship vanity and emptiness,
and pray to a god who cannot save.)
˅But we bow in worship
and thank the Supreme King of kings, the Holy One, blessed be He,
who extends the heavens and establishes the earth,
whose throne of glory is in the heavens above,
and whose power's Presence is in the highest of heights.
He is our God; there is no other.
Truly He is our King, there is none else, as it is written in His Torah:
"You shall know and take to heart this day that the LORD is God,   *Deut. 4*
in heaven above and on earth below. There is no other."

Therefore, we place our hope in You, LORD our God,
that we may soon see the glory of Your power,
when You will remove abominations from the earth,
and idols will be utterly destroyed,
when the world will be perfected
under the sovereignty of the Almighty,
when all humanity will call on Your name,
to turn all the earth's wicked toward You.
All the world's inhabitants will realize and know
that to You every knee must bow and every tongue swear loyalty.
Before You, LORD our God, they will kneel and bow down
and give honor to Your glorious name.
They will all accept the yoke of Your kingdom,
and You will reign over them soon and for ever.
For the kingdom is Yours, and to all eternity You will reign in glory,
as it is written in Your Torah: "The LORD will reign for ever and ever."   *Ex. 15*
▸ And it is said: "Then the LORD shall be King over all the earth;   *Zech. 14*
on that day the LORD shall be One and His name One."

Stand while saying עָלֵינוּ*. Bow at* ▾.

עָלֵינוּ לְשַׁבֵּחַ לַאֲדוֹן הַכֹּל, לָתֵת גְּדֻלָּה לְיוֹצֵר בְּרֵאשִׁית
שֶׁלֹּא עָשָׂנוּ כְּגוֹיֵי הָאֲרָצוֹת, וְלֹא שָׂמָנוּ כְּמִשְׁפְּחוֹת הָאֲדָמָה
שֶׁלֹּא שָׂם חֶלְקֵנוּ כָּהֶם וְגוֹרָלֵנוּ כְּכָל הֲמוֹנָם.
(שֶׁהֵם מִשְׁתַּחֲוִים לְהֶבֶל וָרִיק וּמִתְפַּלְלִים אֶל אֵל לֹא יוֹשִׁיעַ.)
▾וַאֲנַחְנוּ כּוֹרְעִים וּמִשְׁתַּחֲוִים וּמוֹדִים
לִפְנֵי מֶלֶךְ מַלְכֵי הַמְּלָכִים, הַקָּדוֹשׁ בָּרוּךְ הוּא
שֶׁהוּא נוֹטֶה שָׁמַיִם וְיוֹסֵד אָרֶץ
וּמוֹשַׁב יְקָרוֹ בַּשָּׁמַיִם מִמַּעַל
וּשְׁכִינַת עֻזּוֹ בְּגָבְהֵי מְרוֹמִים.
הוּא אֱלֹהֵינוּ, אֵין עוֹד.
אֱמֶת מַלְכֵּנוּ, אֶפֶס זוּלָתוֹ, כַּכָּתוּב בְּתוֹרָתוֹ
וְיָדַעְתָּ הַיּוֹם וַהֲשֵׁבֹתָ אֶל־לְבָבֶךָ דברים ד
כִּי יהוה הוּא הָאֱלֹהִים בַּשָּׁמַיִם מִמַּעַל וְעַל־הָאָרֶץ מִתָּחַת, אֵין עוֹד:

עַל כֵּן נְקַוֶּה לְּךָ יהוה אֱלֹהֵינוּ, לִרְאוֹת מְהֵרָה בְּתִפְאֶרֶת עֻזֶּךָ
לְהַעֲבִיר גִּלּוּלִים מִן הָאָרֶץ, וְהָאֱלִילִים כָּרוֹת יִכָּרֵתוּן
לְתַקֵּן עוֹלָם בְּמַלְכוּת שַׁדַּי.
וְכָל בְּנֵי בָשָׂר יִקְרְאוּ בִשְׁמֶךָ לְהַפְנוֹת אֵלֶיךָ כָּל רִשְׁעֵי אָרֶץ.
יַכִּירוּ וְיֵדְעוּ כָּל יוֹשְׁבֵי תֵבֵל
כִּי לְךָ תִּכְרַע כָּל בֶּרֶךְ, תִּשָּׁבַע כָּל לָשׁוֹן.
לְפָנֶיךָ יהוה אֱלֹהֵינוּ יִכְרְעוּ וְיִפֹּלוּ, וְלִכְבוֹד שִׁמְךָ יְקָר יִתֵּנוּ
וִיקַבְּלוּ כֻלָּם אֶת עֹל מַלְכוּתֶךָ
וְתִמְלֹךְ עֲלֵיהֶם מְהֵרָה לְעוֹלָם וָעֶד.
כִּי הַמַּלְכוּת שֶׁלְּךָ הִיא וּלְעוֹלְמֵי עַד תִּמְלֹךְ בְּכָבוֹד
כַּכָּתוּב בְּתוֹרָתֶךָ, יהוה יִמְלֹךְ לְעֹלָם וָעֶד: שמות טו
◄ וְנֶאֱמַר, וְהָיָה יהוה לְמֶלֶךְ עַל־כָּל־הָאָרֶץ זכריה יד
בַּיּוֹם הַהוּא יִהְיֶה יהוה אֶחָד וּשְׁמוֹ אֶחָד:

Some add:

Have no fear of sudden terror or of the ruin when it overtakes the wicked.   *Prov. 3*
Devise your strategy, but it will be thwarted; propose your plan,   *Is. 8*
but it will not stand, for God is with us. When you grow old, I will still be the same. *Is. 46*
When your hair turns gray, I will still carry you. I made you, I will bear you,
I will carry you, and I will rescue you.

MOURNER'S KADDISH

The following prayer, said by mourners, requires the presence of a minyan.
A transliteration can be found on page 1289.

Mourner: יִתְגַּדַּל Magnified and sanctified may His great name be,
in the world He created by His will.
May He establish His kingdom in your lifetime
and in your days,
and in the lifetime of all the house of Israel,
swiftly and soon –
and say: Amen.

All: May His great name be blessed for ever and all time.

Mourner: Blessed and praised,
glorified and exalted,
raised and honored,
uplifted and lauded
be the name of the Holy One, blessed be He,
beyond any blessing,
song, praise and consolation
uttered in the world –
and say: Amen.

May there be great peace from heaven,
and life for us and all Israel – and say: Amen.

Bow, take three steps back, as if taking leave of the Divine Presence,
then bow, first left, then right, then center, while saying:

May He who makes peace in His high places,
make peace for us and all Israel –
and say: Amen.

Some add:

אַל־תִּירָא מִפַּחַד פִּתְאֹם וּמִשֹּׁאַת רְשָׁעִים כִּי תָבֹא: משלי ג

עֻצוּ עֵצָה וְתֻפָר, דַּבְּרוּ דָבָר וְלֹא יָקוּם, כִּי עִמָּנוּ אֵל: ישעיה ח

וְעַד־זִקְנָה אֲנִי הוּא, וְעַד־שֵׂיבָה אֲנִי אֶסְבֹּל, אֲנִי עָשִׂיתִי וַאֲנִי אֶשָּׂא וַאֲנִי אֶסְבֹּל וַאֲמַלֵּט: ישעיה מו

קדיש יתום

The following prayer, said by mourners, requires the presence of a מנין.
A transliteration can be found on page 1289.

אבל: יִתְגַּדַּל וְיִתְקַדַּשׁ שְׁמֵהּ רַבָּא (קהל: אָמֵן)
בְּעָלְמָא דִּי בְרָא כִרְעוּתֵהּ
וְיַמְלִיךְ מַלְכוּתֵהּ
בְּחַיֵּיכוֹן וּבְיוֹמֵיכוֹן וּבְחַיֵּי דְכָל בֵּית יִשְׂרָאֵל
בַּעֲגָלָא וּבִזְמַן קָרִיב, וְאִמְרוּ אָמֵן. (קהל: אָמֵן)

קהל ואבל: יְהֵא שְׁמֵהּ רַבָּא מְבָרַךְ לְעָלַם וּלְעָלְמֵי עָלְמַיָּא.

אבל: יִתְבָּרַךְ וְיִשְׁתַּבַּח וְיִתְפָּאַר
וְיִתְרוֹמַם וְיִתְנַשֵּׂא וְיִתְהַדָּר וְיִתְעַלֶּה וְיִתְהַלָּל
שְׁמֵהּ דְּקֻדְשָׁא בְּרִיךְ הוּא (קהל: בְּרִיךְ הוּא)
לְעֵלָּא מִן כָּל בִּרְכָתָא וְשִׁירָתָא
תֻּשְׁבְּחָתָא וְנֶחֱמָתָא
דַּאֲמִירָן בְּעָלְמָא, וְאִמְרוּ אָמֵן. (קהל: אָמֵן)

יְהֵא שְׁלָמָא רַבָּא מִן שְׁמַיָּא
וְחַיִּים, עָלֵינוּ וְעַל כָּל יִשְׂרָאֵל, וְאִמְרוּ אָמֵן. (קהל: אָמֵן)

Bow, take three steps back, as if taking leave of the Divine Presence,
then bow, first left, then right, then center, while saying:

עֹשֶׂה שָׁלוֹם בִּמְרוֹמָיו
הוּא יַעֲשֶׂה שָׁלוֹם
עָלֵינוּ וְעַל כָּל יִשְׂרָאֵל, וְאִמְרוּ אָמֵן. (קהל: אָמֵן)

Ma'ariv for Ḥol HaMo'ed
and Motza'ei Yom Tov

וְהוּא רַחוּם He is compassionate.   *Ps. 78*
He forgives iniquity and does not destroy.
Repeatedly He suppresses His anger,
not rousing His full wrath.
LORD, save! May the King, answer us on the day we call.   *Ps. 20*

BLESSINGS OF THE SHEMA

The Leader says the following, bowing at "Bless," standing straight
at "the LORD"; the congregation, followed by the Leader, responds,
bowing at "Bless," standing straight at "the LORD":

Leader: # BLESS
the LORD, the blessed One.

Congregation: Bless the LORD, the blessed One,
for ever and all time.

Leader: Bless the LORD, the blessed One,
for ever and all time.

בָּרוּךְ Blessed are You, LORD our God,
King of the Universe,
who by His word brings on evenings,
by His wisdom opens the gates of heaven,
with understanding makes time change
and the seasons rotate,
and by His will orders the stars in their constellations in the sky.

מעריב לחול המועד ולמוצאי יום טוב

וְהוּא רַחוּם, יְכַפֵּר עָוֹן וְלֹא־יַשְׁחִית תהלים עח
וְהִרְבָּה לְהָשִׁיב אַפּוֹ, וְלֹא־יָעִיר כָּל־חֲמָתוֹ:
יהוה הוֹשִׁיעָה, הַמֶּלֶךְ יַעֲנֵנוּ בְיוֹם־קָרְאֵנוּ: תהלים כ

קריאת שמע וברכותיה

The שליח ציבור *says the following, bowing at* בָּרְכוּ*, standing straight at* ה׳*; the* קהל*, followed by the* שליח ציבור*, responds, bowing at* בָּרוּךְ*, standing straight at* ה׳*:*

ש״ץ: בָּרְכוּ
אֶת יהוה הַמְבֹרָךְ.

קהל: בָּרוּךְ יהוה הַמְבֹרָךְ לְעוֹלָם וָעֶד.

ש״ץ: בָּרוּךְ יהוה הַמְבֹרָךְ לְעוֹלָם וָעֶד.

בָּרוּךְ אַתָּה יהוה אֱלֹהֵינוּ מֶלֶךְ הָעוֹלָם
אֲשֶׁר בִּדְבָרוֹ מַעֲרִיב עֲרָבִים
בְּחָכְמָה פּוֹתֵחַ שְׁעָרִים
וּבִתְבוּנָה מְשַׁנֶּה עִתִּים וּמַחֲלִיף אֶת הַזְּמַנִּים
וּמְסַדֵּר אֶת הַכּוֹכָבִים בְּמִשְׁמְרוֹתֵיהֶם בָּרָקִיעַ כִּרְצוֹנוֹ.

He creates day and night, rolling away the light before the darkness,
and darkness before the light.
▸ He makes the day pass and brings on night,
distinguishing day from night:
the LORD of hosts is His name.
May the living and forever enduring God rule over us for all time.
Blessed are You, LORD, who brings on evenings.

אַהֲבַת עוֹלָם With everlasting love
have You loved Your people, the house of Israel.
You have taught us Torah and commandments,
decrees and laws of justice.
Therefore, LORD our God, when we lie down and when we rise up
we will speak of Your decrees, rejoicing in the words of Your Torah
and Your commandments for ever.
▸ For they are our life and the length of our days;
on them will we meditate day and night.
May You never take away Your love from us.
Blessed are You, LORD, who loves His people Israel.

The Shema must be said with intense concentration.
When not with a minyan, say:
God, faithful King!

The following verse should be said aloud, while covering the eyes with the right hand:

Listen, Israel: the LORD is our God, the LORD is One.

Deut. 6

Quietly: Blessed be the name of His glorious kingdom for ever and all time.

וְאָהַבְתָּ Love the LORD your God with all your heart, with all your soul, and with all your might. These words which I command you today shall be on your heart. Teach them repeatedly to your children, speaking of them when you sit at home and when you travel on the way, when you lie down and when you rise. Bind them as a sign on your hand, and they shall be an emblem between your eyes. Write them on the doorposts of your house and gates. *Deut. 6*

בּוֹרֵא יוֹם וָלַיְלָה, גּוֹלֵל אוֹר מִפְּנֵי חֹשֶׁךְ וְחֹשֶׁךְ מִפְּנֵי אוֹר

‹ וּמַעֲבִיר יוֹם וּמֵבִיא לַיְלָה

וּמַבְדִּיל בֵּין יוֹם וּבֵין לַיְלָה

יְהוָה צְבָאוֹת שְׁמוֹ.

אֵל חַי וְקַיָּם תָּמִיד, יִמְלֹךְ עָלֵינוּ לְעוֹלָם וָעֶד.

בָּרוּךְ אַתָּה יְהוָה, הַמַּעֲרִיב עֲרָבִים.

אַהֲבַת עוֹלָם בֵּית יִשְׂרָאֵל עַמְּךָ אָהַבְתָּ

תּוֹרָה וּמִצְוֹת, חֻקִּים וּמִשְׁפָּטִים, אוֹתָנוּ לִמַּדְתָּ

עַל כֵּן יְהוָה אֱלֹהֵינוּ בְּשָׁכְבֵּנוּ וּבְקוּמֵנוּ נָשִׂיחַ בְּחֻקֶּיךָ

וְנִשְׂמַח בְּדִבְרֵי תוֹרָתֶךָ וּבְמִצְוֹתֶיךָ לְעוֹלָם וָעֶד

‹ כִּי הֵם חַיֵּינוּ וְאֹרֶךְ יָמֵינוּ, וּבָהֶם נֶהְגֶּה יוֹמָם וְלַיְלָה.

וְאַהֲבָתְךָ אַל תָּסִיר מִמֶּנּוּ לְעוֹלָמִים.

בָּרוּךְ אַתָּה יְהוָה, אוֹהֵב עַמּוֹ יִשְׂרָאֵל.

The שמע must be said with intense concentration.

When not with a מנין, say:

אֵל מֶלֶךְ נֶאֱמָן

The following verse should be said aloud, while covering the eyes with the right hand:

דברים ו **שְׁמַע יִשְׂרָאֵל, יְהוָה אֱלֹהֵינוּ, יְהוָה ׀ אֶחָד:**

Quietly בָּרוּךְ שֵׁם כְּבוֹד מַלְכוּתוֹ לְעוֹלָם וָעֶד.

דברים ו וְאָהַבְתָּ אֵת יְהוָה אֱלֹהֶיךָ, בְּכָל־לְבָבְךָ וּבְכָל־נַפְשְׁךָ וּבְכָל־מְאֹדֶךָ: וְהָיוּ הַדְּבָרִים הָאֵלֶּה, אֲשֶׁר אָנֹכִי מְצַוְּךָ הַיּוֹם, עַל־לְבָבֶךָ: וְשִׁנַּנְתָּם לְבָנֶיךָ וְדִבַּרְתָּ בָּם, בְּשִׁבְתְּךָ בְּבֵיתֶךָ וּבְלֶכְתְּךָ בַדֶּרֶךְ, וּבְשָׁכְבְּךָ וּבְקוּמֶךָ: וּקְשַׁרְתָּם לְאוֹת עַל־יָדֶךָ וְהָיוּ לְטֹטָפֹת בֵּין עֵינֶיךָ: וּכְתַבְתָּם עַל־מְזֻזוֹת בֵּיתֶךָ וּבִשְׁעָרֶיךָ:

וְהָיָה If you indeed heed My commandments with which I charge you today, to love the LORD your God and worship Him with all your heart and with all your soul, I will give rain in your land in its season, the early and late rain; and you shall gather in your grain, wine and oil. I will give grass in your field for your cattle, and you shall eat and be satisfied. Be careful lest your heart be tempted and you go astray and worship other gods, bowing down to them. Then the LORD's anger will flare against you and He will close the heavens so that there will be no rain. The land will not yield its crops, and you will perish swiftly from the good land that the LORD is giving you. Therefore, set these, My words, on your heart and soul. Bind them as a sign on your hand, and they shall be an emblem between your eyes. Teach them to your children, speaking of them when you sit at home and when you travel on the way, when you lie down and when you rise. Write them on the doorposts of your house and gates, so that you and your children may live long in the land that the LORD swore to your ancestors to give them, for as long as the heavens are above the earth. *Deut. 11*

וַיֹּאמֶר The LORD spoke to Moses, saying: Speak to the Israelites and tell them to make tassels on the corners of their garments for all generations. They shall attach to the tassel at each corner a thread of blue. This shall be your tassel, and you shall see it and remember all of the LORD's commandments and keep them, not straying after your heart and after your eyes, following your own sinful desires. Thus you will be reminded to keep all My commandments, and be holy to your God. I am the LORD your God, who brought you out of the land of Egypt to be your God. I am the LORD your God. *Num. 15*

True –

The Leader repeats:

▸ The LORD your God is true –

דברים יא
וְהָיָה אִם־שָׁמֹעַ תִּשְׁמְעוּ אֶל־מִצְוֺתַי אֲשֶׁר אָנֹכִי מְצַוֶּה אֶתְכֶם
הַיּוֹם, לְאַהֲבָה אֶת־יהוה אֱלֹהֵיכֶם וּלְעָבְדוֹ, בְּכָל־לְבַבְכֶם וּבְכָל־
נַפְשְׁכֶם: וְנָתַתִּי מְטַר־אַרְצְכֶם בְּעִתּוֹ, יוֹרֶה וּמַלְקוֹשׁ, וְאָסַפְתָּ דְגָנֶךָ
וְתִירֹשְׁךָ וְיִצְהָרֶךָ: וְנָתַתִּי עֵשֶׂב בְּשָׂדְךָ לִבְהֶמְתֶּךָ, וְאָכַלְתָּ וְשָׂבָעְתָּ:
הִשָּׁמְרוּ לָכֶם פֶּן־יִפְתֶּה לְבַבְכֶם, וְסַרְתֶּם וַעֲבַדְתֶּם אֱלֹהִים אֲחֵרִים
וְהִשְׁתַּחֲוִיתֶם לָהֶם: וְחָרָה אַף־יהוה בָּכֶם, וְעָצַר אֶת־הַשָּׁמַיִם
וְלֹא־יִהְיֶה מָטָר, וְהָאֲדָמָה לֹא תִתֵּן אֶת־יְבוּלָהּ, וַאֲבַדְתֶּם מְהֵרָה
מֵעַל הָאָרֶץ הַטֹּבָה אֲשֶׁר יהוה נֹתֵן לָכֶם: וְשַׂמְתֶּם אֶת־דְּבָרַי
אֵלֶּה עַל־לְבַבְכֶם וְעַל־נַפְשְׁכֶם, וּקְשַׁרְתֶּם אֹתָם לְאוֹת עַל־יֶדְכֶם,
וְהָיוּ לְטוֹטָפֹת בֵּין עֵינֵיכֶם: וְלִמַּדְתֶּם אֹתָם אֶת־בְּנֵיכֶם לְדַבֵּר בָּם,
בְּשִׁבְתְּךָ בְּבֵיתֶךָ וּבְלֶכְתְּךָ בַדֶּרֶךְ, וּבְשָׁכְבְּךָ וּבְקוּמֶךָ: וּכְתַבְתָּם
עַל־מְזוּזוֹת בֵּיתֶךָ וּבִשְׁעָרֶיךָ: לְמַעַן יִרְבּוּ יְמֵיכֶם וִימֵי בְנֵיכֶם עַל
הָאֲדָמָה אֲשֶׁר נִשְׁבַּע יהוה לַאֲבֹתֵיכֶם לָתֵת לָהֶם, כִּימֵי הַשָּׁמַיִם
עַל־הָאָרֶץ:

במדבר טו
וַיֹּאמֶר יהוה אֶל־מֹשֶׁה לֵּאמֹר: דַּבֵּר אֶל־בְּנֵי יִשְׂרָאֵל וְאָמַרְתָּ
אֲלֵהֶם, וְעָשׂוּ לָהֶם צִיצִת עַל־כַּנְפֵי בִגְדֵיהֶם לְדֹרֹתָם, וְנָתְנוּ
עַל־צִיצִת הַכָּנָף פְּתִיל תְּכֵלֶת: וְהָיָה לָכֶם לְצִיצִת, וּרְאִיתֶם אֹתוֹ
וּזְכַרְתֶּם אֶת־כָּל־מִצְוֺת יהוה וַעֲשִׂיתֶם אֹתָם, וְלֹא תָתֻרוּ אַחֲרֵי
לְבַבְכֶם וְאַחֲרֵי עֵינֵיכֶם, אֲשֶׁר־אַתֶּם זֹנִים אַחֲרֵיהֶם: לְמַעַן תִּזְכְּרוּ
וַעֲשִׂיתֶם אֶת־כָּל־מִצְוֺתָי, וִהְיִיתֶם קְדֹשִׁים לֵאלֹהֵיכֶם: אֲנִי יהוה
אֱלֹהֵיכֶם, אֲשֶׁר הוֹצֵאתִי אֶתְכֶם מֵאֶרֶץ מִצְרַיִם, לִהְיוֹת לָכֶם
לֵאלֹהִים, אֲנִי יהוה אֱלֹהֵיכֶם:

אֱמֶת

The שליח ציבור *repeats:*

› יהוה אֱלֹהֵיכֶם אֱמֶת

וֶאֱמוּנָה – and faithful is all this,
and firmly established for us
that He is the LORD our God,
and there is none beside Him,
and that we, Israel, are His people.
He is our King, who redeems us from the hand of kings
and delivers us from the grasp of all tyrants.
He is our God, who on our behalf repays our foes
and brings just retribution on our mortal enemies;
who performs great deeds beyond understanding
and wonders beyond number;
who kept us alive, not letting our foot slip;   *Ps. 66*
who led us on the high places of our enemies,
raising our pride above all our foes;
who did miracles for us
and brought vengeance against Pharaoh;
who performed signs and wonders
in the land of Ham's children;
who smote in His wrath all the firstborn of Egypt,
and brought out His people Israel from their midst
into everlasting freedom;
who led His children through the divided Reed Sea,
plunging their pursuers and enemies into the depths.
When His children saw His might,
they gave praise and thanks to His name,
‣ and willingly accepted His Sovereignty.
Moses and the children of Israel
then sang a song to You with great joy,
and they all exclaimed:

מִי־כָמֹכָה "Who is like You, LORD, among the mighty?   *Ex. 15*
Who is like You, majestic in holiness,
awesome in praises, doing wonders?"

וֶאֱמוּנָה כָּל זֹאת וְקַיָּם עָלֵינוּ
כִּי הוּא יהוה אֱלֹהֵינוּ וְאֵין זוּלָתוֹ
וַאֲנַחְנוּ יִשְׂרָאֵל עַמּוֹ.
הַפּוֹדֵנוּ מִיַּד מְלָכִים
מַלְכֵּנוּ הַגּוֹאֲלֵנוּ מִכַּף כָּל הֶעָרִיצִים.
הָאֵל הַנִּפְרָע לָנוּ מִצָּרֵינוּ
וְהַמְשַׁלֵּם גְּמוּל לְכָל אוֹיְבֵי נַפְשֵׁנוּ.
הָעוֹשֶׂה גְדוֹלוֹת עַד אֵין חֵקֶר, וְנִפְלָאוֹת עַד אֵין מִסְפָּר
הַשָּׂם נַפְשֵׁנוּ בַּחַיִּים, וְלֹא־נָתַן לַמּוֹט רַגְלֵנוּ: תהלים סו
הַמַּדְרִיכֵנוּ עַל בָּמוֹת אוֹיְבֵינוּ
וַיָּרֶם קַרְנֵנוּ עַל כָּל שׂוֹנְאֵינוּ.
הָעוֹשֶׂה לָּנוּ נִסִּים וּנְקָמָה בְּפַרְעֹה
אוֹתוֹת וּמוֹפְתִים בְּאַדְמַת בְּנֵי חָם.
הַמַּכֶּה בְעֶבְרָתוֹ כָּל בְּכוֹרֵי מִצְרָיִם
וַיּוֹצֵא אֶת עַמּוֹ יִשְׂרָאֵל מִתּוֹכָם לְחֵרוּת עוֹלָם.
הַמַּעֲבִיר בָּנָיו בֵּין גִּזְרֵי יַם סוּף
אֶת רוֹדְפֵיהֶם וְאֶת שׂוֹנְאֵיהֶם בִּתְהוֹמוֹת טִבַּע
וְרָאוּ בָנָיו גְּבוּרָתוֹ, שִׁבְּחוּ וְהוֹדוּ לִשְׁמוֹ
◂ וּמַלְכוּתוֹ בְּרָצוֹן קִבְּלוּ עֲלֵיהֶם.
מֹשֶׁה וּבְנֵי יִשְׂרָאֵל, לְךָ עָנוּ שִׁירָה בְּשִׂמְחָה רַבָּה
וְאָמְרוּ כֻלָּם
מִי־כָמְכָה בָּאֵלִם יהוה שמות טו
מִי כָּמְכָה נֶאְדָּר בַּקֹּדֶשׁ
נוֹרָא תְהִלֹּת עֹשֵׂה פֶלֶא:

▸ Your children beheld Your majesty
  as You parted the sea before Moses.
  "This is my God!" they responded, and then said:
      "The LORD shall reign for ever and ever."   *Ex. 15*

▸ And it is said,
      "For the LORD has redeemed Jacob   *Jer. 31*
       and rescued him from a power stronger than his own."
  Blessed are You, LORD, who redeemed Israel.

הַשְׁכִּיבֵנוּ Help us lie down, O LORD our God, in peace,
and rise up, O our King, to life.
Spread over us Your canopy of peace.
Direct us with Your good counsel,
and save us for the sake of Your name.
Shield us and remove from us every enemy,
plague, sword, famine and sorrow.
Remove the adversary from before and behind us.
Shelter us in the shadow of Your wings,
for You, God, are our Guardian and Deliverer;
You, God, are a gracious and compassionate King.
▸ Guard our going out and our coming in,
for life and peace, from now and for ever.
Blessed are You, LORD, who guards His people Israel for ever.

In Israel the service continues with Half Kaddish on page 1100.

בָּרוּךְ Blessed be the LORD for ever. Amen and Amen.   *Ps. 89*
Blessed from Zion be the LORD   *Ps. 135*
who dwells in Jerusalem. Halleluya.
Blessed be the LORD, God of Israel,   *Ps. 72*
who alone does wondrous things.
Blessed be His glorious name for ever,
and may the whole earth be filled with His glory.
Amen and Amen.

‹ מַלְכוּתְךָ רָאוּ בָנֶיךָ, בּוֹקֵעַ יָם לִפְנֵי מֹשֶׁה
זֶה אֵלִי עָנוּ, וְאָמְרוּ

שמות טו
יהוה יִמְלֹךְ לְעֹלָם וָעֶד:

‹ וְנֶאֱמַר

ירמיה לא
כִּי־פָדָה יהוה אֶת־יַעֲקֹב
וּגְאָלוֹ מִיַּד חָזָק מִמֶּנּוּ:
בָּרוּךְ אַתָּה יהוה, גָּאַל יִשְׂרָאֵל.

הַשְׁכִּיבֵנוּ יהוה אֱלֹהֵינוּ לְשָׁלוֹם
וְהַעֲמִידֵנוּ מַלְכֵּנוּ לְחַיִּים
וּפְרֹשׂ עָלֵינוּ סֻכַּת שְׁלוֹמֶךָ
וְתַקְּנֵנוּ בְּעֵצָה טוֹבָה מִלְּפָנֶיךָ
וְהוֹשִׁיעֵנוּ לְמַעַן שְׁמֶךָ.
וְהָגֵן בַּעֲדֵנוּ, וְהָסֵר מֵעָלֵינוּ אוֹיֵב, דֶּבֶר וְחֶרֶב וְרָעָב וְיָגוֹן
וְהָסֵר שָׂטָן מִלְּפָנֵינוּ וּמֵאַחֲרֵינוּ, וּבְצֵל כְּנָפֶיךָ תַּסְתִּירֵנוּ
כִּי אֵל שׁוֹמְרֵנוּ וּמַצִּילֵנוּ אָתָּה
כִּי אֵל מֶלֶךְ חַנּוּן וְרַחוּם אָתָּה.
‹ וּשְׁמֹר צֵאתֵנוּ וּבוֹאֵנוּ לְחַיִּים וּלְשָׁלוֹם מֵעַתָּה וְעַד עוֹלָם.
בָּרוּךְ אַתָּה יהוה, שׁוֹמֵר עַמּוֹ יִשְׂרָאֵל לָעַד.

In ארץ ישראל *the service continues with* חצי קדיש *on page* 1101.

תהלים פט
בָּרוּךְ יהוה לְעוֹלָם, אָמֵן וְאָמֵן:
תהלים קלה
בָּרוּךְ יהוה מִצִּיּוֹן, שֹׁכֵן יְרוּשָׁלָםִ, הַלְלוּיָהּ:
תהלים עב
בָּרוּךְ יהוה אֱלֹהִים אֱלֹהֵי יִשְׂרָאֵל, עֹשֵׂה נִפְלָאוֹת לְבַדּוֹ:
וּבָרוּךְ שֵׁם כְּבוֹדוֹ לְעוֹלָם
וְיִמָּלֵא כְבוֹדוֹ אֶת־כָּל־הָאָרֶץ, אָמֵן וְאָמֵן:

May the glory of the Lord endure for ever;   *Ps. 104*
may the Lord rejoice in His works.
May the name of the Lord be blessed now and for all time.   *Ps. 113*
For the sake of His great name   *1 Sam. 12*
the Lord will not abandon His people,
for the Lord vowed to make you a people of His own.
When all the people saw [God's wonders] they fell on their faces   *1 Kings 18*
and said: "The Lord, He is God; the Lord, He is God."
Then the Lord shall be King over all the earth;   *Zech. 14*
on that day the Lord shall be One and His name One.
May Your love, Lord, be upon us, as we have put our hope in You. *Ps. 33*
Save us, Lord our God, gather us and deliver us from the nations, *Ps. 106*
to thank Your holy name, and glory in Your praise.
All the nations You made shall come and bow before You, Lord,   *Ps. 86*
and pay honor to Your name,
for You are great and You perform wonders:
You alone are God.
We, Your people, the flock of Your pasture, will praise You for ever. *Ps. 79*
For all generations we will relate Your praise.

בָּרוּךְ Blessed is the Lord by day,
blessed is the Lord by night.
Blessed is the Lord when we lie down;
blessed is the Lord when we rise.
For in Your hand are the souls of the living and the dead,
[as it is written:] "In His hand is every living soul,   *Job 12*
and the breath of all mankind."
Into Your hand I entrust my spirit: *Ps. 31*
You redeemed me, Lord, God of truth.
Our God in heaven, bring unity to Your name,
establish Your kingdom constantly
and reign over us for ever and all time.

תהלים קד
יְהִי כְבוֹד יהוה לְעוֹלָם, יִשְׂמַח יהוה בְּמַעֲשָׂיו:

תהלים קיג
יְהִי שֵׁם יהוה מְבֹרָךְ מֵעַתָּה וְעַד־עוֹלָם:

שמואל א׳, יב
כִּי לֹא־יִטֹּשׁ יהוה אֶת־עַמּוֹ בַּעֲבוּר שְׁמוֹ הַגָּדוֹל
כִּי הוֹאִיל יהוה לַעֲשׂוֹת אֶתְכֶם לוֹ לְעָם:

מלכים א׳, יח
וַיַּרְא כָּל־הָעָם וַיִּפְּלוּ עַל־פְּנֵיהֶם
וַיֹּאמְרוּ, יהוה הוּא הָאֱלֹהִים, יהוה הוּא הָאֱלֹהִים:

זכריה יד
וְהָיָה יהוה לְמֶלֶךְ עַל־כָּל־הָאָרֶץ
בַּיּוֹם הַהוּא יִהְיֶה יהוה אֶחָד וּשְׁמוֹ אֶחָד:

תהלים לג
יְהִי־חַסְדְּךָ יהוה עָלֵינוּ, כַּאֲשֶׁר יִחַלְנוּ לָךְ:

תהלים קו
הוֹשִׁיעֵנוּ יהוה אֱלֹהֵינוּ, וְקַבְּצֵנוּ מִן־הַגּוֹיִם
לְהוֹדוֹת לְשֵׁם קָדְשֶׁךָ, לְהִשְׁתַּבֵּחַ בִּתְהִלָּתֶךָ:

תהלים פו
כָּל־גּוֹיִם אֲשֶׁר עָשִׂיתָ, יָבוֹאוּ וְיִשְׁתַּחֲווּ לְפָנֶיךָ, אֲדֹנָי
וִיכַבְּדוּ לִשְׁמֶךָ:
כִּי־גָדוֹל אַתָּה וְעֹשֵׂה נִפְלָאוֹת, אַתָּה אֱלֹהִים לְבַדֶּךָ:

תהלים עט
וַאֲנַחְנוּ עַמְּךָ וְצֹאן מַרְעִיתֶךָ, נוֹדֶה לְּךָ לְעוֹלָם
לְדוֹר וָדֹר נְסַפֵּר תְּהִלָּתֶךָ:

בָּרוּךְ יהוה בַּיּוֹם, בָּרוּךְ יהוה בַּלָּיְלָה
בָּרוּךְ יהוה בְּשָׁכְבֵנוּ, בָּרוּךְ יהוה בְּקוּמֵנוּ.
כִּי בְיָדְךָ נַפְשׁוֹת הַחַיִּים וְהַמֵּתִים.

איוב יב
אֲשֶׁר בְּיָדוֹ נֶפֶשׁ כָּל־חָי, וְרוּחַ כָּל־בְּשַׂר־אִישׁ:

תהלים לא
בְּיָדְךָ אַפְקִיד רוּחִי, פָּדִיתָה אוֹתִי יהוה אֵל אֱמֶת:
אֱלֹהֵינוּ שֶׁבַּשָּׁמַיִם, יַחֵד שִׁמְךָ וְקַיֵּם מַלְכוּתְךָ תָּמִיד
וּמְלֹךְ עָלֵינוּ לְעוֹלָם וָעֶד.

יִרְאוּ May our eyes see, our hearts rejoice,
and our souls be glad in Your true salvation,
when Zion is told, "Your God reigns."
The LORD is King, the LORD was King,
the LORD will be King for ever and all time.
▸ For sovereignty is Yours,
and to all eternity You will reign in glory,
for we have no king but You.
Blessed are You, LORD,
the King who in His constant glory will reign over us
and all His creation for ever and all time.

HALF KADDISH

Leader: יִתְגַּדַּל Magnified and sanctified
may His great name be,
in the world He created by His will.
May He establish His kingdom
in your lifetime and in your days,
and in the lifetime of all the house of Israel,
swiftly and soon –
and say: Amen.

All: May His great name be blessed for ever and all time.

Leader: Blessed and praised,
glorified and exalted,
raised and honored,
uplifted and lauded
be the name of the Holy One,
blessed be He,
beyond any blessing,
song, praise and consolation
uttered in the world –
and say: Amen.

יִרְאוּ עֵינֵינוּ וְיִשְׂמַח לִבֵּנוּ

וְתָגֵל נַפְשֵׁנוּ בִּישׁוּעָתְךָ בֶּאֱמֶת

בֶּאֱמֹר לְצִיּוֹן מָלַךְ אֱלֹהָיִךְ.

יהוה מֶלֶךְ, יהוה מָלָךְ, יהוה יִמְלֹךְ לְעֹלָם וָעֶד.

‹ כִּי הַמַּלְכוּת שֶׁלְּךָ הִיא, וּלְעוֹלְמֵי עַד תִּמְלֹךְ בְּכָבוֹד

כִּי אֵין לָנוּ מֶלֶךְ אֶלָּא אָתָּה.

בָּרוּךְ אַתָּה יהוה

הַמֶּלֶךְ בִּכְבוֹדוֹ תָּמִיד, יִמְלֹךְ עָלֵינוּ לְעוֹלָם וָעֶד

וְעַל כָּל מַעֲשָׂיו.

חצי קדיש

ש״ץ: יִתְגַּדַּל וְיִתְקַדַּשׁ שְׁמֵהּ רַבָּא (קהל: אָמֵן)

בְּעָלְמָא דִּי בְרָא כִרְעוּתֵהּ

וְיַמְלִיךְ מַלְכוּתֵהּ

בְּחַיֵּיכוֹן וּבְיוֹמֵיכוֹן וּבְחַיֵּי דְּכָל בֵּית יִשְׂרָאֵל

בַּעֲגָלָא וּבִזְמַן קָרִיב

וְאִמְרוּ אָמֵן. (קהל: אָמֵן)

קהל ושׁ״ץ: יְהֵא שְׁמֵהּ רַבָּא מְבָרַךְ לְעָלַם וּלְעָלְמֵי עָלְמַיָּא.

ש״ץ: יִתְבָּרַךְ וְיִשְׁתַּבַּח וְיִתְפָּאַר וְיִתְרוֹמַם וְיִתְנַשֵּׂא

וְיִתְהַדָּר וְיִתְעַלֶּה וְיִתְהַלָּל

שְׁמֵהּ דְּקֻדְשָׁא בְּרִיךְ הוּא (קהל: בְּרִיךְ הוּא)

לְעֵלָּא מִן כָּל בִּרְכָתָא וְשִׁירָתָא, תֻּשְׁבְּחָתָא וְנֶחֱמָתָא

דַּאֲמִירָן בְּעָלְמָא

וְאִמְרוּ אָמֵן. (קהל: אָמֵן)

THE AMIDA

The following prayer, until "in former years" on page 1116, is said silently, standing with feet
together. Take three steps forward and at the points indicated by ', bend the knees at
the first word, bow at the second, and stand straight before saying God's name.

O LORD, open my lips,   *Ps. 51*
so that my mouth may declare Your praise.

PATRIARCHS

'בָּרוּךְ Blessed are You, LORD our God and God of our fathers,
God of Abraham, God of Isaac and God of Jacob;
the great, mighty and awesome God, God Most High,
who bestows acts of loving-kindness and creates all,
who remembers the loving-kindness of the fathers
and will bring a Redeemer to their children's children
for the sake of His name, in love.
King, Helper, Savior, Shield:
'Blessed are You, LORD, Shield of Abraham.

DIVINE MIGHT

אַתָּה גִּבּוֹר You are eternally mighty, LORD.
You give life to the dead
and have great power to save.

> *In Israel:*
> He causes the dew to fall.

He sustains the living with loving-kindness,
and with great compassion revives the dead.
He supports the fallen, heals the sick, sets captives free,
and keeps His faith with those who sleep in the dust.
Who is like You, Master of might,
and who can compare to You,
O King who brings death and gives life,
and makes salvation grow?
Faithful are You to revive the dead.
Blessed are You, LORD, who revives the dead.

עמידה

The following prayer, until קַדְמֹנִיּוֹת *on page 1117, is said silently, standing with feet together. Take three steps forward and at the points indicated by* ▾*, bend the knees at the first word, bow at the second, and stand straight before saying God's name.*

אֲדֹנָי, שְׂפָתַי תִּפְתָּח, וּפִי יַגִּיד תְּהִלָּתֶךָ: תהלים נא

אבות

▾בָּרוּךְ אַתָּה יהוה, אֱלֹהֵינוּ וֵאלֹהֵי אֲבוֹתֵינוּ
אֱלֹהֵי אַבְרָהָם, אֱלֹהֵי יִצְחָק, וֵאלֹהֵי יַעֲקֹב
הָאֵל הַגָּדוֹל הַגִּבּוֹר וְהַנּוֹרָא, אֵל עֶלְיוֹן
גּוֹמֵל חֲסָדִים טוֹבִים, וְקוֹנֵה הַכֹּל
וְזוֹכֵר חַסְדֵי אָבוֹת
וּמֵבִיא גוֹאֵל לִבְנֵי בְנֵיהֶם לְמַעַן שְׁמוֹ בְּאַהֲבָה.
מֶלֶךְ עוֹזֵר וּמוֹשִׁיעַ וּמָגֵן.
▾בָּרוּךְ אַתָּה יהוה, מָגֵן אַבְרָהָם.

גבורות

אַתָּה גִּבּוֹר לְעוֹלָם, אֲדֹנָי
מְחַיֵּה מֵתִים אַתָּה, רַב לְהוֹשִׁיעַ

In ארץ ישראל*:*
מוֹרִיד הַטָּל

מְכַלְכֵּל חַיִּים בְּחֶסֶד, מְחַיֵּה מֵתִים בְּרַחֲמִים רַבִּים
סוֹמֵךְ נוֹפְלִים, וְרוֹפֵא חוֹלִים, וּמַתִּיר אֲסוּרִים
וּמְקַיֵּם אֱמוּנָתוֹ לִישֵׁנֵי עָפָר.
מִי כָמוֹךָ, בַּעַל גְּבוּרוֹת, וּמִי דּוֹמֶה לָּךְ
מֶלֶךְ, מֵמִית וּמְחַיֶּה וּמַצְמִיחַ יְשׁוּעָה.
וְנֶאֱמָן אַתָּה לְהַחֲיוֹת מֵתִים.
בָּרוּךְ אַתָּה יהוה, מְחַיֵּה הַמֵּתִים.

HOLINESS

אַתָּה קָדוֹשׁ You are holy and Your name is holy,
and holy ones praise You daily, Selah!
Blessed are You, LORD, the holy God.

KNOWLEDGE

אַתָּה חוֹנֵן You grace humanity with knowledge
and teach mortals understanding.

On Motza'ei Shabbat and Motza'ei Yom Tov add:

אַתָּה חוֹנַנְתָּנוּ You have graced us with the knowledge of Your To-
rah, and taught us to perform the statutes of Your will. You have
distinguished, LORD our God, between sacred and profane, light
and darkness, Israel and the nations, and between the seventh
day and the six days of work. Our Father, our King, may the days
approaching us bring peace; may we be free from all sin, cleansed
from all iniquity, holding fast to our reverence of You. And

Grace us with the knowledge, understanding
and discernment that come from You.
Blessed are You, LORD, who graciously grants knowledge.

REPENTANCE

הֲשִׁיבֵנוּ Bring us back, our Father, to Your Torah.
Draw us near, our King, to Your service.
Lead us back to You in perfect repentance.
Blessed are You, LORD, who desires repentance.

FORGIVENESS

Strike the left side of the chest at °.

סְלַח לָנוּ Forgive us, our Father, for we have °sinned.
Pardon us, our King, for we have °transgressed;
for You pardon and forgive.
Blessed are You, LORD, the gracious One who repeatedly forgives.

קדושת השם

אַתָּה קָדוֹשׁ וְשִׁמְךָ קָדוֹשׁ
וּקְדוֹשִׁים בְּכָל יוֹם יְהַלְלוּךָ סֶּלָה.
בָּרוּךְ אַתָּה יהוה, הָאֵל הַקָּדוֹשׁ.

דעת

אַתָּה חוֹנֵן לְאָדָם דַּעַת, וּמְלַמֵּד לֶאֱנוֹשׁ בִּינָה.

On מוצאי יום טוב *and* מוצאי שבת *add:*

אַתָּה חוֹנַנְתָּנוּ לְמַדַּע תּוֹרָתֶךָ, וַתְּלַמְּדֵנוּ לַעֲשׂוֹת חֻקֵּי רְצוֹנֶךָ, וַתַּבְדֵּל יהוה אֱלֹהֵינוּ בֵּין קֹדֶשׁ לְחֹל, בֵּין אוֹר לְחֹשֶׁךְ, בֵּין יִשְׂרָאֵל לָעַמִּים, בֵּין יוֹם הַשְּׁבִיעִי לְשֵׁשֶׁת יְמֵי הַמַּעֲשֶׂה. אָבִינוּ מַלְכֵּנוּ, הָחֵל עָלֵינוּ הַיָּמִים הַבָּאִים לִקְרָאתֵנוּ לְשָׁלוֹם, חֲשׂוּכִים מִכָּל חֵטְא וּמְנֻקִּים מִכָּל עָוֹן וּמְדֻבָּקִים בְּיִרְאָתֶךָ. וְ

חָנֵּנוּ מֵאִתְּךָ דֵּעָה בִּינָה וְהַשְׂכֵּל.
בָּרוּךְ אַתָּה יהוה, חוֹנֵן הַדָּעַת.

תשובה

הֲשִׁיבֵנוּ אָבִינוּ לְתוֹרָתֶךָ, וְקָרְבֵנוּ מַלְכֵּנוּ לַעֲבוֹדָתֶךָ
וְהַחֲזִירֵנוּ בִּתְשׁוּבָה שְׁלֵמָה לְפָנֶיךָ.
בָּרוּךְ אַתָּה יהוה, הָרוֹצֶה בִּתְשׁוּבָה.

סליחה

Strike the left side of the chest at °.

סְלַח לָנוּ אָבִינוּ כִּי °חָטָאנוּ
מְחַל לָנוּ מַלְכֵּנוּ כִּי °פָשָׁעְנוּ
כִּי מוֹחֵל וְסוֹלֵחַ אָתָּה.
בָּרוּךְ אַתָּה יהוה, חַנּוּן הַמַּרְבֶּה לִסְלֹחַ.

REDEMPTION

רְאֵה Look on our affliction,
plead our cause,
and redeem us soon for Your name's sake,
for You are a powerful Redeemer.
Blessed are You, LORD,
the Redeemer of Israel.

HEALING

רְפָאֵנוּ Heal us, LORD, and we shall be healed.
Save us and we shall be saved,
for You are our praise.
Bring complete recovery for all our ailments,

The following prayer for a sick person may be said here:
May it be Your will, O LORD my God and God of my ancestors, that You
speedily send a complete recovery from heaven, a healing of both soul
and body, to the patient (*name*), son/daughter of (*mother's name*) among
the other afflicted of Israel.

---

for You, God, King, are a faithful and compassionate Healer.
Blessed are You, LORD,
Healer of the sick of His people Israel.

PROSPERITY

בָּרֵךְ Bless this year for us, LORD our God,
and all its types of produce for good.
Grant blessing
on the face of the earth,
and from its goodness satisfy us,
blessing our year as the best of years.
Blessed are You, LORD,
who blesses the years.

גאולה

רְאֵה בְעָנְיֵנוּ, וְרִיבָה רִיבֵנוּ

וּגְאָלֵנוּ מְהֵרָה לְמַעַן שְׁמֶךָ

כִּי גּוֹאֵל חָזָק אָתָּה.

בָּרוּךְ אַתָּה יהוה, גּוֹאֵל יִשְׂרָאֵל.

רפואה

רְפָאֵנוּ יהוה וְנֵרָפֵא

הוֹשִׁיעֵנוּ וְנִוָּשֵׁעָה

כִּי תְהִלָּתֵנוּ אָתָּה

וְהַעֲלֵה רְפוּאָה שְׁלֵמָה לְכָל מַכּוֹתֵינוּ

The following prayer for a sick person may be said here:

יְהִי רָצוֹן מִלְּפָנֶיךָ יהוה אֱלֹהַי וֵאלֹהֵי אֲבוֹתַי, שֶׁתִּשְׁלַח מְהֵרָה רְפוּאָה שְׁלֵמָה מִן הַשָּׁמַיִם רְפוּאַת הַנֶּפֶשׁ וּרְפוּאַת הַגּוּף לַחוֹלֶה/לַחוֹלָה *name of patient* בֶּן/בַּת *mother's name* בְּתוֹךְ שְׁאָר חוֹלֵי יִשְׂרָאֵל.

כִּי אֵל מֶלֶךְ רוֹפֵא נֶאֱמָן וְרַחֲמָן אָתָּה.

בָּרוּךְ אַתָּה יהוה, רוֹפֵא חוֹלֵי עַמּוֹ יִשְׂרָאֵל.

ברכת השנים

בָּרֵךְ עָלֵינוּ יהוה אֱלֹהֵינוּ אֶת הַשָּׁנָה הַזֹּאת

וְאֶת כָּל מִינֵי תְבוּאָתָהּ, לְטוֹבָה

וְתֵן בְּרָכָה עַל פְּנֵי הָאֲדָמָה

וְשַׂבְּעֵנוּ מִטּוּבָהּ

וּבָרֵךְ שְׁנָתֵנוּ כַּשָּׁנִים הַטּוֹבוֹת.

בָּרוּךְ אַתָּה יהוה, מְבָרֵךְ הַשָּׁנִים.

INGATHERING OF EXILES

תְּקַע Sound the great shofar for our freedom,
raise high the banner to gather our exiles,
and gather us together
from the four quarters of the earth.
Blessed are You, LORD,
who gathers the dispersed of His people Israel.

JUSTICE

הָשִׁיבָה Restore our judges as at first,
and our counselors as at the beginning,
and remove from us sorrow and sighing.
May You alone, LORD,
reign over us
with loving-kindness and compassion,
and vindicate us in justice.
Blessed are You, LORD,
the King who loves righteousness and justice.

AGAINST INFORMERS

וְלַמַּלְשִׁינִים For the slanderers
let there be no hope,
and may all wickedness perish in an instant.
May all Your people's enemies swiftly be cut down.
May You swiftly uproot,
crush, cast down
and humble the arrogant
swiftly in our days.
Blessed are You, LORD,
who destroys enemies
and humbles the arrogant.

קבוץ גלויות

תְּקַע בְּשׁוֹפָר גָּדוֹל לְחֵרוּתֵֽנוּ
וְשָׂא נֵס לְקַבֵּץ גָּלֻיּוֹתֵֽינוּ
וְקַבְּצֵֽנוּ יַֽחַד מֵאַרְבַּע כַּנְפוֹת הָאָֽרֶץ.
בָּרוּךְ אַתָּה יהוה
מְקַבֵּץ נִדְחֵי עַמּוֹ יִשְׂרָאֵל.

השבת המשפט

הָשִֽׁיבָה שׁוֹפְטֵֽינוּ כְּבָרִאשׁוֹנָה
וְיוֹעֲצֵֽינוּ כְּבַתְּחִלָּה
וְהָסֵר מִמֶּֽנּוּ יָגוֹן וַאֲנָחָה
וּמְלֹךְ עָלֵֽינוּ אַתָּה יהוה לְבַדְּךָ בְּחֶֽסֶד וּבְרַחֲמִים
וְצַדְּקֵֽנוּ בַּמִּשְׁפָּט.
בָּרוּךְ אַתָּה יהוה
מֶֽלֶךְ אוֹהֵב צְדָקָה וּמִשְׁפָּט.

ברכת המינים

וְלַמַּלְשִׁינִים אַל תְּהִי תִקְוָה
וְכָל הָרִשְׁעָה כְּרֶֽגַע תֹּאבֵד
וְכָל אוֹיְבֵי עַמְּךָ מְהֵרָה יִכָּרֵֽתוּ
וְהַזֵּדִים מְהֵרָה
תְעַקֵּר וּתְשַׁבֵּר וּתְמַגֵּר וְתַכְנִֽיעַ
בִּמְהֵרָה בְיָמֵֽינוּ.
בָּרוּךְ אַתָּה יהוה
שׁוֹבֵר אוֹיְבִים וּמַכְנִֽיעַ זֵדִים.

THE RIGHTEOUS
עַל הַצַּדִּיקִים To the righteous, the pious,
the elders of Your people the house of Israel,
the remnant of their scholars,
the righteous converts, and to us,
may Your compassion be aroused,
LORD our God.
Grant a good reward to all
who sincerely trust in Your name.
Set our lot with them,
so that we may never be ashamed,
for in You we trust.
Blessed are You, LORD,
who is the support and trust of the righteous.

REBUILDING JERUSALEM
וְלִירוּשָׁלַיִם To Jerusalem, Your city,
may You return in compassion,
and may You dwell in it as You promised.
May You rebuild it rapidly in our days
as an everlasting structure,
and install within it soon the throne of David.
Blessed are You, LORD,
who builds Jerusalem.

KINGDOM OF DAVID
אֶת צֶמַח May the offshoot of Your servant David soon flower,
and may his pride be raised high by Your salvation,
for we wait for Your salvation all day.
Blessed are You, LORD,
who makes the glory of salvation flourish.

על הצדיקים

עַל הַצַּדִּיקִים וְעַל הַחֲסִידִים

וְעַל זִקְנֵי עַמְּךָ בֵּית יִשְׂרָאֵל

וְעַל פְּלֵיטַת סוֹפְרֵיהֶם

וְעַל גֵּרֵי הַצֶּדֶק, וְעָלֵינוּ

יֶהֱמוּ רַחֲמֶיךָ יהוה אֱלֹהֵינוּ

וְתֵן שָׂכָר טוֹב לְכָל הַבּוֹטְחִים בְּשִׁמְךָ בֶּאֱמֶת

וְשִׂים חֶלְקֵנוּ עִמָּהֶם

וּלְעוֹלָם לֹא נֵבוֹשׁ כִּי בְךָ בָּטָחְנוּ.

בָּרוּךְ אַתָּה יהוה, מִשְׁעָן וּמִבְטָח לַצַּדִּיקִים.

בניין ירושלים

וְלִירוּשָׁלַיִם עִירְךָ בְּרַחֲמִים תָּשׁוּב

וְתִשְׁכֹּן בְּתוֹכָהּ כַּאֲשֶׁר דִּבַּרְתָּ

וּבְנֵה אוֹתָהּ בְּקָרוֹב בְּיָמֵינוּ בִּנְיַן עוֹלָם

וְכִסֵּא דָוִד מְהֵרָה לְתוֹכָהּ תָּכִין.

בָּרוּךְ אַתָּה יהוה, בּוֹנֵה יְרוּשָׁלָיִם.

משיח בן דוד

אֶת צֶמַח דָּוִד עַבְדְּךָ מְהֵרָה תַצְמִיחַ

וְקַרְנוֹ תָּרוּם בִּישׁוּעָתֶךָ

כִּי לִישׁוּעָתְךָ קִוִּינוּ כָּל הַיּוֹם.

בָּרוּךְ אַתָּה יהוה, מַצְמִיחַ קֶרֶן יְשׁוּעָה.

RESPONSE TO PRAYER

שְׁמַע קוֹלֵנוּ Listen to our voice, LORD our God.
Spare us and have compassion on us,
and in compassion and favor accept our prayer,
for You, God, listen to prayers and pleas.
Do not turn us away, O our King,
empty-handed from Your presence,
for You listen with compassion to the prayer of Your people Israel.
Blessed are You, LORD, who listens to prayer.

TEMPLE SERVICE

רְצֵה Find favor, LORD our God,
in Your people Israel and their prayer.
Restore the service to Your most holy House,
and accept in love and favor
the fire-offerings of Israel and their prayer.
May the service of Your people Israel always find favor with You.

On Motza'ei Yom Tov of the last day of Pesah, continue with "And may our eyes" on the next page.

On Ḥol HaMo'ed, say:

אֱלֹהֵינוּ Our God and God of our ancestors,
may there rise, come, reach, appear, be favored, heard,
regarded and remembered before You,
our recollection and remembrance,
as well as the remembrance of our ancestors,
and of the Messiah son of David Your servant,
and of Jerusalem Your holy city,
and of all Your people the house of Israel –
for deliverance and well-being,
grace, loving-kindness and compassion, life and peace,
on this day of the festival of Matzot.
On it remember us, LORD our God, for good;
recollect us for blessing, and deliver us for life.

שומע תפלה

שְׁמַע קוֹלֵנוּ יהוה אֱלֹהֵינוּ
חוּס וְרַחֵם עָלֵינוּ
וְקַבֵּל בְּרַחֲמִים וּבְרָצוֹן אֶת תְּפִלָּתֵנוּ
כִּי אֵל שׁוֹמֵעַ תְּפִלּוֹת וְתַחֲנוּנִים אָתָּה
וּמִלְּפָנֶיךָ מַלְכֵּנוּ רֵיקָם אַל תְּשִׁיבֵנוּ
כִּי אַתָּה שׁוֹמֵעַ תְּפִלַּת עַמְּךָ יִשְׂרָאֵל בְּרַחֲמִים.
בָּרוּךְ אַתָּה יהוה, שׁוֹמֵעַ תְּפִלָּה.

עבודה

רְצֵה יהוה אֱלֹהֵינוּ בְּעַמְּךָ יִשְׂרָאֵל וּבִתְפִלָּתָם
וְהָשֵׁב אֶת הָעֲבוֹדָה לִדְבִיר בֵּיתֶךָ
וְאִשֵּׁי יִשְׂרָאֵל וּתְפִלָּתָם בְּאַהֲבָה תְקַבֵּל בְּרָצוֹן
וּתְהִי לְרָצוֹן תָּמִיד עֲבוֹדַת יִשְׂרָאֵל עַמֶּךָ.

On מוצאי יום טוב אחרון, *continue with* וְתֶחֱזֶינָה *on the next page.*

On חול המועד, *say:*

אֱלֹהֵינוּ וֵאלֹהֵי אֲבוֹתֵינוּ
יַעֲלֶה וְיָבוֹא וְיַגִּיעַ, וְיֵרָאֶה וְיֵרָצֶה וְיִשָּׁמַע
וְיִפָּקֵד וְיִזָּכֵר זִכְרוֹנֵנוּ וּפִקְדוֹנֵנוּ וְזִכְרוֹן אֲבוֹתֵינוּ
וְזִכְרוֹן מָשִׁיחַ בֶּן דָּוִד עַבְדֶּךָ, וְזִכְרוֹן יְרוּשָׁלַיִם עִיר קָדְשֶׁךָ
וְזִכְרוֹן כָּל עַמְּךָ בֵּית יִשְׂרָאֵל, לְפָנֶיךָ
לִפְלֵיטָה, לְטוֹבָה, לְחֵן וּלְחֶסֶד וּלְרַחֲמִים, לְחַיִּים וּלְשָׁלוֹם
בְּיוֹם חַג הַמַּצּוֹת הַזֶּה.
זָכְרֵנוּ יהוה אֱלֹהֵינוּ בּוֹ לְטוֹבָה, וּפָקְדֵנוּ בוֹ לִבְרָכָה
וְהוֹשִׁיעֵנוּ בוֹ לְחַיִּים.

In accord with Your promise of salvation and compassion,
spare us and be gracious to us;
have compassion on us and deliver us,
for our eyes are turned to You because You, God,
are a gracious and compassionate King.

וְתֶחֱזֶינָה And may our eyes witness
Your return to Zion in compassion.
Blessed are You, LORD, who restores His Presence to Zion.

THANKSGIVING

Bow at the first nine words.

▾מוֹדִים We give thanks to You,
for You are the LORD our God and God of our ancestors
for ever and all time.
You are the Rock of our lives,
Shield of our salvation from generation to generation.
We will thank You and declare Your praise for our lives,
which are entrusted into Your hand;
for our souls, which are placed in Your charge;
for Your miracles which are with us every day;
and for Your wonders and favors at all times,
evening, morning and midday.
You are good – for Your compassion never fails.
You are compassionate –
for Your loving-kindnesses never cease.
We have always placed our hope in You.
For all these things may Your name be blessed and exalted, our King, continually, for ever and all time.
Let all that lives thank You, Selah!
and praise Your name in truth,
God, our Savior and Help, Selah!
▾Blessed are You, LORD, whose name is "the Good"
and to whom thanks are due.

וּבִדְבַר יְשׁוּעָה וְרַחֲמִים

חוּס וְחָנֵּנוּ, וְרַחֵם עָלֵינוּ וְהוֹשִׁיעֵנוּ

כִּי אֵלֶיךָ עֵינֵינוּ, כִּי אֵל מֶלֶךְ חַנּוּן וְרַחוּם אָתָּה.

וְתֶחֱזֶינָה עֵינֵינוּ בְּשׁוּבְךָ לְצִיּוֹן בְּרַחֲמִים.

בָּרוּךְ אַתָּה יהוה, הַמַּחֲזִיר שְׁכִינָתוֹ לְצִיּוֹן.

הודאה

Bow at the first five words.

מוֹדִים אֲנַחְנוּ לָךְ

שָׁאַתָּה הוּא יהוה אֱלֹהֵינוּ וֵאלֹהֵי אֲבוֹתֵינוּ לְעוֹלָם וָעֶד.

צוּר חַיֵּינוּ, מָגֵן יִשְׁעֵנוּ אַתָּה הוּא לְדוֹר וָדוֹר.

נוֹדֶה לְּךָ וּנְסַפֵּר תְּהִלָּתֶךָ

עַל חַיֵּינוּ הַמְּסוּרִים בְּיָדֶךָ

וְעַל נִשְׁמוֹתֵינוּ הַפְּקוּדוֹת לָךְ

וְעַל נִסֶּיךָ שֶׁבְּכָל יוֹם עִמָּנוּ

וְעַל נִפְלְאוֹתֶיךָ וְטוֹבוֹתֶיךָ

שֶׁבְּכָל עֵת, עֶרֶב וָבֹקֶר וְצָהֳרָיִם.

הַטּוֹב, כִּי לֹא כָלוּ רַחֲמֶיךָ

וְהַמְרַחֵם, כִּי לֹא תַמּוּ חֲסָדֶיךָ

מֵעוֹלָם קִוִּינוּ לָךְ.

וְעַל כֻּלָּם יִתְבָּרַךְ וְיִתְרוֹמַם שִׁמְךָ מַלְכֵּנוּ תָּמִיד לְעוֹלָם וָעֶד.

וְכֹל הַחַיִּים יוֹדוּךָ סֶּלָה, וִיהַלְלוּ אֶת שִׁמְךָ בֶּאֱמֶת

הָאֵל יְשׁוּעָתֵנוּ וְעֶזְרָתֵנוּ סֶלָה.

בָּרוּךְ אַתָּה יהוה, הַטּוֹב שִׁמְךָ וּלְךָ נָאֶה לְהוֹדוֹת.

PEACE

שָׁלוֹם רָב Grant great peace to Your people Israel for ever,
for You are the sovereign Lᴏʀᴅ of all peace;
and may it be good in Your eyes to bless Your people Israel
at every time, at every hour, with Your peace.
Blessed are You, Lᴏʀᴅ, who blesses His people Israel with peace.

Some say the following verse:
May the words of my mouth and the meditation of my heart   *Ps. 19*
find favor before You, Lᴏʀᴅ, my Rock and Redeemer.

אֱלֹהַי My God,   *Berakhot*
guard my tongue from evil and my lips from deceitful speech.   *17a*
To those who curse me, let my soul be silent;
may my soul be to all like the dust.
Open my heart to Your Torah
and let my soul pursue Your commandments
As for all who plan evil against me,
swiftly thwart their counsel and frustrate their plans.
    Act for the sake of Your name; act for the sake of Your right hand;
    act for the sake of Your holiness; act for the sake of Your Torah.
That Your beloved ones may be delivered,   *Ps. 60*
save with Your right hand and answer me.
May the words of my mouth   *Ps. 19*
and the meditation of my heart find favor before You,
Lᴏʀᴅ, my Rock and Redeemer.

Bow, take three steps back, then bow, first left, then right, then center, while saying:
May He who makes peace in His high places,
make peace for us and all Israel – and say: Amen.

יְהִי רָצוֹן May it be Your will, Lᴏʀᴅ our God and God of our ancestors,
that the Temple be rebuilt speedily in our days, and grant us a share in Your Torah.
And there we will serve You with reverence, as in the days of old and as in former years.
Then the offering of Judah and Jerusalem   *Mal. 3*
will be pleasing to the Lᴏʀᴅ as in the days of old and as in former years.

*If Motza'ei Yom Tov of the last day falls on Motza'ei Shabbat, the Leader
continues with Half Kaddish and "May the pleasantness" on the next page.
On other evenings the Leader says Full Kaddish on page 1122.*

ברכת שלום

שָׁלוֹם רָב עַל יִשְׂרָאֵל עַמְּךָ תָּשִׂים לְעוֹלָם

כִּי אַתָּה הוּא מֶלֶךְ אָדוֹן לְכָל הַשָּׁלוֹם.

וְטוֹב בְּעֵינֶיךָ לְבָרֵךְ אֶת עַמְּךָ יִשְׂרָאֵל

בְּכָל עֵת וּבְכָל שָׁעָה בִּשְׁלוֹמֶךָ.

בָּרוּךְ אַתָּה יהוה, הַמְבָרֵךְ אֶת עַמּוֹ יִשְׂרָאֵל בַּשָּׁלוֹם.

Some say the following verse:

תהלים יט יִהְיוּ לְרָצוֹן אִמְרֵי־פִי וְהֶגְיוֹן לִבִּי לְפָנֶיךָ, יהוה צוּרִי וְגֹאֲלִי:

ברכות יז. אֱלֹהַי, נְצֹר לְשׁוֹנִי מֵרָע וּשְׂפָתַי מִדַּבֵּר מִרְמָה

וְלִמְקַלְלַי נַפְשִׁי תִדֹּם, וְנַפְשִׁי כֶּעָפָר לַכֹּל תִּהְיֶה.

פְּתַח לִבִּי בְּתוֹרָתֶךָ, וּבְמִצְוֹתֶיךָ תִּרְדֹּף נַפְשִׁי.

וְכָל הַחוֹשְׁבִים עָלַי רָעָה

מְהֵרָה הָפֵר עֲצָתָם וְקַלְקֵל מַחֲשַׁבְתָּם.

עֲשֵׂה לְמַעַן שְׁמֶךָ, עֲשֵׂה לְמַעַן יְמִינֶךָ

עֲשֵׂה לְמַעַן קְדֻשָּׁתֶךָ, עֲשֵׂה לְמַעַן תּוֹרָתֶךָ.

תהלים ס לְמַעַן יֵחָלְצוּן יְדִידֶיךָ, הוֹשִׁיעָה יְמִינְךָ וַעֲנֵנִי:

תהלים יט יִהְיוּ לְרָצוֹן אִמְרֵי־פִי וְהֶגְיוֹן לִבִּי לְפָנֶיךָ, יהוה צוּרִי וְגֹאֲלִי:

Bow, take three steps back, then bow, first left, then right, then center, while saying:

עֹשֶׂה שָׁלוֹם בִּמְרוֹמָיו

הוּא יַעֲשֶׂה שָׁלוֹם עָלֵינוּ וְעַל כָּל יִשְׂרָאֵל, וְאִמְרוּ אָמֵן.

יְהִי רָצוֹן מִלְּפָנֶיךָ יהוה אֱלֹהֵינוּ וֵאלֹהֵי אֲבוֹתֵינוּ

שֶׁיִּבָּנֶה בֵּית הַמִּקְדָּשׁ בִּמְהֵרָה בְיָמֵינוּ, וְתֵן חֶלְקֵנוּ בְּתוֹרָתֶךָ

וְשָׁם נַעֲבָדְךָ בְּיִרְאָה כִּימֵי עוֹלָם וּכְשָׁנִים קַדְמוֹנִיּוֹת.

מלאכי ג וְעָרְבָה לַיהוה מִנְחַת יְהוּדָה וִירוּשָׁלָםִ כִּימֵי עוֹלָם וּכְשָׁנִים קַדְמֹנִיּוֹת:

If מוצאי שבת *falls on* מוצאי יום טוב אחרון*, the* שליח ציבור *continues with* חצי קדיש *and* וִיהִי נֹעַם *on the next page.*

On other evenings the שליח ציבור *says* קדיש שלם *on page 1123.*

HALF KADDISH

Leader: יִתְגַּדַּל Magnified and sanctified may His great name be,
in the world He created by His will.
May He establish His kingdom
in your lifetime and in your days,
and in the lifetime of all the house of Israel,
swiftly and soon – and say: Amen.

All: May His great name be blessed for ever and all time.

Leader: Blessed and praised, glorified and exalted,
raised and honored, uplifted and lauded be
the name of the Holy One,
blessed be He, beyond any blessing,
song, praise and consolation
uttered in the world – and say: Amen.

וִיהִי נֹעַם May the pleasantness of the Lord our God be upon us. Establish for us the work of our hands, O establish the work of our hands. *Ps. 90*

יֹשֵׁב He who lives in the shelter of the Most High dwells in the shadow of the Almighty. I say of the Lord, my Refuge and Stronghold, my God in whom I trust, that He will save you from the fowler's snare and the deadly pestilence. With His pinions He will cover you, and beneath His wings you will find shelter; His faithfulness is an encircling shield. You need not fear terror by night, nor the arrow that flies by day; not the pestilence that stalks in darkness, nor the plague that ravages at noon. A thousand may fall at your side, ten thousand at your right hand, but it will not come near you. You will only look with your eyes and see the punishment of the wicked. Because you said, "The Lord is my Refuge," taking the Most High as your shelter, no harm will befall you, no plague come near your tent, for He will command His angels about you, to guard you in all your ways. They will lift you in their hands, lest your foot stumble on a stone. You will tread on lions and vipers; you will trample on young lions and snakes. [God says:] "Because he loves Me, I will rescue him; I will protect him, because he acknowledges My name. When he calls on Me, I will answer him; I will be with him in distress, I will deliver him and bring him honor. *Ps. 91*

▸ With long life I will satisfy him and show him My salvation.
With long life I will satisfy him and show him My salvation.

חצי קדיש

ש״ץ: יִתְגַּדַּל וְיִתְקַדַּשׁ שְׁמֵהּ רַבָּא (קהל: אָמֵן)

בְּעָלְמָא דִּי בְרָא כִרְעוּתֵהּ

וְיַמְלִיךְ מַלְכוּתֵהּ

בְּחַיֵּיכוֹן וּבְיוֹמֵיכוֹן וּבְחַיֵּי דְכָל בֵּית יִשְׂרָאֵל

בַּעֲגָלָא וּבִזְמַן קָרִיב, וְאִמְרוּ אָמֵן. (קהל: אָמֵן)

קהל
ושׁ״ץ: יְהֵא שְׁמֵהּ רַבָּא מְבָרַךְ לְעָלַם וּלְעָלְמֵי עָלְמַיָּא.

ש״ץ: יִתְבָּרַךְ וְיִשְׁתַּבַּח וְיִתְפָּאַר וְיִתְרוֹמַם וְיִתְנַשֵּׂא

וְיִתְהַדָּר וְיִתְעַלֶּה וְיִתְהַלָּל

שְׁמֵהּ דְּקֻדְשָׁא בְּרִיךְ הוּא (קהל: בְּרִיךְ הוּא)

לְעֵלָּא מִן כָּל בִּרְכָתָא וְשִׁירָתָא, תֻּשְׁבְּחָתָא וְנֶחֱמָתָא

דַּאֲמִירָן בְּעָלְמָא, וְאִמְרוּ אָמֵן. (קהל: אָמֵן)

תהלים צ
וִיהִי נֹעַם אֲדֹנָי אֱלֹהֵינוּ עָלֵינוּ וּמַעֲשֵׂה יָדֵינוּ כּוֹנְנָה עָלֵינוּ וּמַעֲשֵׂה יָדֵינוּ
כּוֹנְנֵהוּ:

תהלים צא
יֹשֵׁב בְּסֵתֶר עֶלְיוֹן, בְּצֵל שַׁדַּי יִתְלוֹנָן: אֹמַר לַיהוה מַחְסִי וּמְצוּדָתִי,
אֱלֹהַי אֶבְטַח־בּוֹ: כִּי הוּא יַצִּילְךָ מִפַּח יָקוּשׁ, מִדֶּבֶר הַוּוֹת: בְּאֶבְרָתוֹ
יָסֶךְ לָךְ, וְתַחַת־כְּנָפָיו תֶּחְסֶה, צִנָּה וְסֹחֵרָה אֲמִתּוֹ: לֹא־תִירָא מִפַּחַד
לָיְלָה, מֵחֵץ יָעוּף יוֹמָם: מִדֶּבֶר בָּאֹפֶל יַהֲלֹךְ, מִקֶּטֶב יָשׁוּד צָהֳרָיִם:
יִפֹּל מִצִּדְּךָ אֶלֶף, וּרְבָבָה מִימִינֶךָ, אֵלֶיךָ לֹא יִגָּשׁ: רַק בְּעֵינֶיךָ תַבִּיט,
וְשִׁלֻּמַת רְשָׁעִים תִּרְאֶה: כִּי־אַתָּה יהוה מַחְסִי, עֶלְיוֹן שַׂמְתָּ מְעוֹנֶךָ:
לֹא־תְאֻנֶּה אֵלֶיךָ רָעָה, וְנֶגַע לֹא־יִקְרַב בְּאָהֳלֶךָ: כִּי מַלְאָכָיו יְצַוֶּה־לָּךְ,
לִשְׁמָרְךָ בְּכָל־דְּרָכֶיךָ: עַל־כַּפַּיִם יִשָּׂאוּנְךָ, פֶּן־תִּגֹּף בָּאֶבֶן רַגְלֶךָ: עַל־
שַׁחַל וָפֶתֶן תִּדְרֹךְ, תִּרְמֹס כְּפִיר וְתַנִּין: כִּי בִי חָשַׁק וַאֲפַלְּטֵהוּ, אֲשַׂגְּבֵהוּ
כִּי־יָדַע שְׁמִי: יִקְרָאֵנִי וְאֶעֱנֵהוּ, עִמּוֹ אָנֹכִי בְצָרָה, אֲחַלְּצֵהוּ וַאֲכַבְּדֵהוּ:
‹ אֹרֶךְ יָמִים אַשְׂבִּיעֵהוּ, וְאַרְאֵהוּ בִּישׁוּעָתִי:
אֹרֶךְ יָמִים אַשְׂבִּיעֵהוּ, וְאַרְאֵהוּ בִּישׁוּעָתִי:

▸ You are the Holy One, enthroned on the praises of Israel.   *Ps. 22*

And [the angels] call to one another, saying, "Holy, holy, holy   *Is. 6*
is the Lord of hosts; the whole world is filled with His glory."

And they receive permission from one another, saying: "Holy in the highest   *Targum*
heavens, home of His Presence; holy on earth, the work of His strength; holy for   *Yonatan*
ever and all time is the Lord of hosts; the whole earth is full of His radiant glory."   *Is. 6*

▸ Then a wind lifted me up and I heard behind me the sound of a great   *Ezek. 3*
noise, saying, "Blessed is the Lord's glory from His place."

Then a wind lifted me up and I heard behind me the sound of a great tempest of   *Targum*
those who uttered praise, saying, "Blessed is the Lord's glory from the place of   *Yonatan*
the home of His Presence."   *Ezek. 3*

The Lord shall reign for ever and all time.   *Ex. 15*
The Lord's kingdom is established for ever and all time.   *Targum*
    Onkelos
    Ex. 15

יהוה Lord, God of Abraham, Isaac and Yisrael, our ancestors, may You   *1 Chr. 29*
keep this for ever so that it forms the thoughts in Your people's heart, and
directs their heart toward You. He is compassionate. He forgives iniquity   *Ps. 78*
and does not destroy. Repeatedly He suppresses His anger, not rousing
His full wrath. For You, my Lord, are good and forgiving, abundantly   *Ps. 86*
kind to all who call on You. Your righteousness is eternally righteous, and   *Ps. 119*
Your Torah is truth. Grant truth to Jacob, loving-kindness to Abraham, as   *Mic. 7*
You promised our ancestors in ancient times. Blessed is my Lord for day   *Ps. 68*
after day He burdens us [with His blessings]; God is our salvation, Selah!
The Lord of hosts is with us; the God of Jacob is our refuge, Selah! Lord   *Ps. 46*
    Ps. 84
of hosts, happy is the one who trusts in You. Lord, save! May the King   *Ps. 20*
answer us on the day we call.

בָּרוּךְ Blessed is He, our God, who created us for His glory, separating us
from those who go astray; who gave us the Torah of truth, planting within
us eternal life. May He open our heart to His Torah, imbuing our heart
with the love and awe of Him, that we may do His will and serve Him with
a perfect heart, so that we neither toil in vain nor give birth to confusion.

יְהִי רָצוֹן May it be Your will, O Lord our God and God of our ancestors,
that we keep Your laws in this world, and thus be worthy to live, see and
inherit goodness and blessing in the Messianic Age and in the life of the
World to Come. So that my soul may sing to You and not be silent. Lord,   *Ps. 30*

תהלים כב
ישעיהו ו

‏• וְאַתָּה קָדוֹשׁ יוֹשֵׁב תְּהִלּוֹת יִשְׂרָאֵל: וְקָרָא זֶה אֶל־זֶה וְאָמַר קָדוֹשׁ, קָדוֹשׁ, קָדוֹשׁ, יהוה צְבָאוֹת, מְלֹא כָל־הָאָרֶץ כְּבוֹדוֹ:

תרגום יונתן
ישעיהו ו

וּמְקַבְּלִין דֵּין מִן דֵּין וְאָמְרִין, קַדִּישׁ בִּשְׁמֵי מְרוֹמָא עִלָּאָה בֵּית שְׁכִינְתֵּהּ, קַדִּישׁ עַל אַרְעָא עוֹבַד גְּבוּרְתֵּהּ, קַדִּישׁ לְעָלַם וּלְעָלְמֵי עָלְמַיָּא יהוה צְבָאוֹת, מַלְיָא כָל אַרְעָא זִיו יְקָרֵהּ.

יחזקאל ג

‏• וַתִּשָּׂאֵנִי רוּחַ, וָאֶשְׁמַע אַחֲרַי קוֹל רַעַשׁ גָּדוֹל, בָּרוּךְ כְּבוֹד־יהוה מִמְּקוֹמוֹ:

תרגום יונתן
יחזקאל ג

וּנְטָלַתְנִי רוּחָא, וּשְׁמָעִית בַּתְרַי קָל זִיעַ סַגִּיא, דִּמְשַׁבְּחִין וְאָמְרִין, בְּרִיךְ יְקָרָא דַיהוה מֵאֲתַר בֵּית שְׁכִינְתֵּהּ.

שמות טו

יהוה יִמְלֹךְ לְעֹלָם וָעֶד:

תרגום
אונקלוס
שמות טו

יהוה מַלְכוּתֵהּ קָאֵם לְעָלַם וּלְעָלְמֵי עָלְמַיָּא.

דברי הימים
א׳ כט
תהלים עח

יהוה אֱלֹהֵי אַבְרָהָם יִצְחָק וְיִשְׂרָאֵל אֲבֹתֵינוּ, שָׁמְרָה־זֹּאת לְעוֹלָם לְיֵצֶר מַחְשְׁבוֹת לְבַב עַמֶּךָ, וְהָכֵן לְבָבָם אֵלֶיךָ: וְהוּא רַחוּם יְכַפֵּר עָוֹן וְלֹא־

תהלים פו

יַשְׁחִית, וְהִרְבָּה לְהָשִׁיב אַפּוֹ, וְלֹא־יָעִיר כָּל־חֲמָתוֹ: כִּי־אַתָּה אֲדֹנָי טוֹב

תהלים קיט

וְסַלָּח, וְרַב־חֶסֶד לְכָל־קֹרְאֶיךָ: צִדְקָתְךָ צֶדֶק לְעוֹלָם וְתוֹרָתְךָ אֱמֶת:

מיכה ז

תִּתֵּן אֱמֶת לְיַעֲקֹב, חֶסֶד לְאַבְרָהָם, אֲשֶׁר־נִשְׁבַּעְתָּ לַאֲבֹתֵינוּ מִימֵי קֶדֶם:

תהלים סח
תהלים מו

בָּרוּךְ אֲדֹנָי יוֹם יוֹם יַעֲמָס־לָנוּ, הָאֵל יְשׁוּעָתֵנוּ סֶלָה: יהוה צְבָאוֹת עִמָּנוּ,

תהלים פד
תהלים כ

מִשְׂגָּב לָנוּ אֱלֹהֵי יַעֲקֹב סֶלָה: יהוה צְבָאוֹת, אַשְׁרֵי אָדָם בֹּטֵחַ בָּךְ: יהוה הוֹשִׁיעָה, הַמֶּלֶךְ יַעֲנֵנוּ בְיוֹם־קָרְאֵנוּ:

בָּרוּךְ הוּא אֱלֹהֵינוּ שֶׁבְּרָאָנוּ לִכְבוֹדוֹ, וְהִבְדִּילָנוּ מִן הַתּוֹעִים, וְנָתַן לָנוּ תּוֹרַת אֱמֶת, וְחַיֵּי עוֹלָם נָטַע בְּתוֹכֵנוּ. הוּא יִפְתַּח לִבֵּנוּ בְּתוֹרָתוֹ, וְיָשֵׂם בְּלִבֵּנוּ אַהֲבָתוֹ וְיִרְאָתוֹ וְלַעֲשׂוֹת רְצוֹנוֹ וּלְעָבְדוֹ בְּלֵבָב שָׁלֵם, לְמַעַן לֹא נִיגַע לָרִיק וְלֹא נֵלֵד לַבֶּהָלָה.

יְהִי רָצוֹן מִלְּפָנֶיךָ יהוה אֱלֹהֵינוּ וֵאלֹהֵי אֲבוֹתֵינוּ, שֶׁנִּשְׁמֹר חֻקֶּיךָ בָּעוֹלָם הַזֶּה, וְנִזְכֶּה וְנִחְיֶה וְנִרְאֶה וְנִירַשׁ טוֹבָה וּבְרָכָה, לִשְׁנֵי יְמוֹת הַמָּשִׁיחַ וּלְחַיֵּי הָעוֹלָם הַבָּא. לְמַעַן יְזַמֶּרְךָ כָבוֹד וְלֹא יִדֹּם, יהוה אֱלֹהַי, לְעוֹלָם אוֹדֶךָּ:

תהלים ל

my God, for ever I will thank You. Blessed is the man who trusts in the   *Jer. 17*
LORD, whose trust is in the LORD alone. Trust in the LORD for evermore,   *Is. 26*
for God, the LORD, is an everlasting Rock. ▸ Those who know Your name   *Ps. 9*
trust in You, for You, LORD, do not forsake those who seek You. The LORD   *Is. 42*
desired, for the sake of Israel's merit, to make the Torah great and glorious.

FULL KADDISH

Leader: יִתְגַּדַּל Magnified and sanctified may His great name be,
in the world He created by His will.
May He establish His kingdom in your lifetime
and in your days,
and in the lifetime of all the house of Israel,
swiftly and soon –
and say: Amen.

All: May His great name be blessed for ever and all time.

Leader: Blessed and praised, glorified and exalted,
raised and honored, uplifted and lauded be
the name of the Holy One, blessed be He,
beyond any blessing,
song, praise and consolation uttered in the world –
and say: Amen.

May the prayers and pleas of all Israel
be accepted by their Father in heaven –
and say: Amen.

May there be great peace from heaven,
and life for us and all Israel –
and say: Amen.

Bow, take three steps back, as if taking leave of the Divine Presence,
then bow, first left, then right, then center, while saying:
May He who makes peace in His high places,
make peace for us and all Israel –
and say: Amen.

ישעיה כו
ירמיה יז
תהלים ט
ישעיה מב

בָּרוּךְ הַגֶּבֶר אֲשֶׁר יִבְטַח בַּיהוה, וְהָיָה יהוה מִבְטַחוֹ: בִּטְחוּ בַיהוה עֲדֵי־
עַד, כִּי בְּיָהּ יהוה צוּר עוֹלָמִים: ◄ וְיִבְטְחוּ בְךָ יוֹדְעֵי שְׁמֶךָ, כִּי לֹא־עָזַבְתָּ
דֹרְשֶׁיךָ, יהוה: יהוה חָפֵץ לְמַעַן צִדְקוֹ, יַגְדִּיל תּוֹרָה וְיַאְדִּיר:

קדיש שלם

ש״ץ: יִתְגַּדַּל וְיִתְקַדַּשׁ שְׁמֵהּ רַבָּא (קהל: אָמֵן)
בְּעָלְמָא דִּי בְרָא כִרְעוּתֵהּ
וְיַמְלִיךְ מַלְכוּתֵהּ
בְּחַיֵּיכוֹן וּבְיוֹמֵיכוֹן וּבְחַיֵּי דְכָל בֵּית יִשְׂרָאֵל
בַּעֲגָלָא וּבִזְמַן קָרִיב, וְאִמְרוּ אָמֵן. (קהל: אָמֵן)

קהל
 וש״ץ: יְהֵא שְׁמֵהּ רַבָּא מְבָרַךְ לְעָלַם וּלְעָלְמֵי עָלְמַיָּא.

ש״ץ: יִתְבָּרַךְ וְיִשְׁתַּבַּח וְיִתְפָּאַר
וְיִתְרוֹמַם וְיִתְנַשֵּׂא וְיִתְהַדָּר וְיִתְעַלֶּה וְיִתְהַלָּל
שְׁמֵהּ דְּקֻדְשָׁא בְּרִיךְ הוּא (קהל: בְּרִיךְ הוּא)
לְעֵלָּא מִן כָּל בִּרְכָתָא וְשִׁירָתָא, תֻּשְׁבְּחָתָא וְנֶחֱמָתָא
דַּאֲמִירָן בְּעָלְמָא, וְאִמְרוּ אָמֵן. (קהל: אָמֵן)

תִּתְקַבֵּל צְלוֹתְהוֹן וּבָעוּתְהוֹן דְּכָל יִשְׂרָאֵל
קֳדָם אֲבוּהוֹן דִּי בִשְׁמַיָּא, וְאִמְרוּ אָמֵן. (קהל: אָמֵן)

יְהֵא שְׁלָמָא רַבָּא מִן שְׁמַיָּא
וְחַיִּים, עָלֵינוּ וְעַל כָּל יִשְׂרָאֵל, וְאִמְרוּ אָמֵן. (קהל: אָמֵן)

Bow, take three steps back, as if taking leave of the Divine Presence,
then bow, first left, then right, then center, while saying:

עֹשֶׂה שָׁלוֹם בִּמְרוֹמָיו
הוּא יַעֲשֶׂה שָׁלוֹם
עָלֵינוּ וְעַל כָּל יִשְׂרָאֵל, וְאִמְרוּ אָמֵן. (קהל: אָמֵן)

COUNTING OF THE OMER

Some say the following meditation before the blessing:

For the sake of the unification of the Holy One, blessed be He,
and His Divine Presence, in reverence and love,
to unify the name *Yod-Heh* with *Vav-Heh*
in perfect unity in the name of all Israel.

הִנְנִי I am prepared and ready to fulfill the positive commandment of Counting the Omer, as is written in the Torah, "You shall count seven complete weeks from the day following the [Pesaḥ] rest day, when you brought the Omer as a wave-offering. To the day after the seventh week you shall count fifty days. Then you shall present a meal-offering of new grain to the LORD." *Lev. 23*
May the pleasantness of the LORD our God be upon us. Establish for us the work of our hands, O establish the work of our hands. *Ps. 90*

בָּרוּךְ Blessed are You, LORD our God, King of the Universe,
who has made us holy through His commandments,
and has commanded us about counting the Omer.

Insert the appropriate sefira for the day:

16 Nisan, Motza'ei First Day of Yom Tov — Today is the first day of the Omer.

17 Nisan, Motza'ei Second Day of Yom Tov — Today is the second day of the Omer.

18 Nisan — Today is the third day of the Omer.

19 Nisan — Today is the fourth day of the Omer.

20 Nisan — Today is the fifth day of the Omer.

22 Nisan, Motza'ei Pesaḥ (in Israel) — Today is the seventh day, making one week of the Omer.

23 Nisan, Motza'ei Pesaḥ — Today is the eigth day, making one week and one day of the Omer.

הָרַחֲמָן May the Compassionate One
restore the Temple service to its place speedily in our days.
Amen, Selah.

סדר ספירת העומר

Some say the following meditation before the blessing:

לְשֵׁם יִחוּד קֻדְשָׁא בְּרִיךְ הוּא וּשְׁכִינְתֵּהּ בִּדְחִילוּ וּרְחִימוּ
לְיַחֵד שֵׁם י״ה בו״ה בְּיִחוּדָא שְׁלִים בְּשֵׁם כָּל יִשְׂרָאֵל.

הִנְנִי מוּכָן וּמְזֻמָּן לְקַיֵּם מִצְוַת עֲשֵׂה שֶׁל סְפִירַת הָעֹמֶר. כְּמוֹ שֶׁכָּתוּב בַּתּוֹרָה,
וּסְפַרְתֶּם לָכֶם מִמָּחֳרַת הַשַּׁבָּת, מִיּוֹם הֲבִיאֲכֶם אֶת־עֹמֶר הַתְּנוּפָה, שֶׁבַע ויקרא כג
שַׁבָּתוֹת תְּמִימֹת תִּהְיֶינָה: עַד מִמָּחֳרַת הַשַּׁבָּת הַשְּׁבִיעִת תִּסְפְּרוּ חֲמִשִּׁים
יוֹם, וְהִקְרַבְתֶּם מִנְחָה חֲדָשָׁה לַיהוה: וִיהִי נֹעַם אֲדֹנָי אֱלֹהֵינוּ עָלֵינוּ, וּמַעֲשֵׂה תהלים צ
יָדֵינוּ כּוֹנְנָה עָלֵינוּ, וּמַעֲשֵׂה יָדֵינוּ כּוֹנְנֵהוּ:

בָּרוּךְ אַתָּה יהוה אֱלֹהֵינוּ מֶלֶךְ הָעוֹלָם
אֲשֶׁר קִדְּשָׁנוּ בְּמִצְוֹתָיו וְצִוָּנוּ עַל סְפִירַת הָעֹמֶר.

Insert the appropriate ספירה for the day:

טז בניסן, מוצאי חג ראשון (בישראל): הַיּוֹם יוֹם אֶחָד בָּעֹמֶר. חסד שבחסד

יז בניסן, מוצאי יום טוב שני: הַיּוֹם שְׁנֵי יָמִים בָּעֹמֶר. גבורה שבחסד

יח בניסן: הַיּוֹם שְׁלֹשָׁה יָמִים בָּעֹמֶר. תפארת שבחסד

יט בניסן: הַיּוֹם אַרְבָּעָה יָמִים בָּעֹמֶר. נצח שבחסד

כ בניסן: הַיּוֹם חֲמִשָּׁה יָמִים בָּעֹמֶר. הוד שבחסד

כב בניסן, מוצאי שביעי של פסח (בישראל): הַיּוֹם שִׁבְעָה יָמִים
שֶׁהֵם שָׁבוּעַ אֶחָד בָּעֹמֶר. מלכות שבחסד

כג בניסן, מוצאי אחרון של פסח: הַיּוֹם שְׁמוֹנָה יָמִים
שֶׁהֵם שָׁבוּעַ אֶחָד וְיוֹם אֶחָד בָּעֹמֶר. חסד שבגבורה

הָרַחֲמָן הוּא יַחֲזִיר לָנוּ עֲבוֹדַת בֵּית הַמִּקְדָּשׁ לִמְקוֹמָהּ
בִּמְהֵרָה בְיָמֵינוּ, אָמֵן סֶלָה.

Some add:

לַמְנַצֵּחַ For the conductor of music. With stringed instruments. A psalm, a song. *Ps. 67*
May God be gracious to us and bless us. May He make His face shine on us, Selah. Then will Your way be known on earth, Your salvation among all the nations. Let the peoples praise You, God; let all peoples praise You. Let nations rejoice and sing for joy, for You judge the peoples with equity, and guide the nations of the earth, Selah. Let the peoples praise You, God; let all peoples praise You. The earth has yielded its harvest. May God, our God, bless us. God will bless us, and all the ends of the earth will fear Him.

אָנָּא Please, by the power of Your great right hand,
set the captive nation free.
Accept Your people's prayer.
Strengthen us, purify us, You who are revered.
Please, mighty One, guard like the pupil of the eye
those who seek Your unity.
Bless them, cleanse them, have compassion on them,
grant them Your righteousness always.
Mighty One, Holy One, in Your great goodness guide Your congregation.
Only One, exalted One, turn to Your people, who proclaim Your holiness.
Accept our plea and heed our cry, You who know all secret thoughts.
Blessed be the name of His glorious kingdom for ever and all time.

רִבּוֹנוֹ שֶׁל עוֹלָם Master of the Universe, You commanded us through Your servant Moses to count the Omer, to cleanse our carapaces and impurities, as You have written in Your Torah: "You shall count seven complete weeks from the day *Lev. 23* following the [Pesaḥ] rest day, when you brought the Omer as a wave-offering. To the day after the seventh week, you shall count fifty days." This is so that the souls of Your people Israel may be purified from their uncleanliness. May it also be Your will, Lord our God and God of our ancestors, that in the merit of the Omer count that I have counted today, there may be rectified any defect on my part in the counting of (*insert the appropriate sefira for this day*). May I be cleansed and sanctified with Your holiness on high, and through this may there flow a rich stream through all worlds, to rectify our lives, spirits and souls from any dross and defect, purifying and sanctifying us with Your sublime holiness. Amen, Selah.

On Motza'ei Yom Tov which is not Motza'ei Shabbat, continue with Havdala on page 1134.
On Motza'ei Shabbat, continue "May God give you" on the next page.
On a weekday, the service continues with Aleinu on page 1136.

Some add:

לַמְנַצֵּֽחַ בִּנְגִינֹת, מִזְמוֹר שִׁיר: אֱלֹהִים יְחָנֵּֽנוּ וִיבָרְכֵֽנוּ, יָאֵר פָּנָיו אִתָּֽנוּ סֶֽלָה: תהלים סז
לָדַֽעַת בָּאָֽרֶץ דַּרְכֶּֽךָ, בְּכָל־גּוֹיִם יְשׁוּעָתֶֽךָ: יוֹדֽוּךָ עַמִּים אֱלֹהִים, יוֹדֽוּךָ עַמִּים
כֻּלָּם: יִשְׂמְחוּ וִירַנְּנוּ לְאֻמִּים, כִּי־תִשְׁפֹּט עַמִּים מִישֹׁר, וּלְאֻמִּים בָּאָֽרֶץ תַּנְחֵם
סֶֽלָה: יוֹדֽוּךָ עַמִּים אֱלֹהִים, יוֹדֽוּךָ עַמִּים כֻּלָּם: אֶֽרֶץ נָתְנָה יְבוּלָהּ, יְבָרְכֵֽנוּ
אֱלֹהִים אֱלֹהֵֽינוּ: יְבָרְכֵֽנוּ אֱלֹהִים, וְיִירְאוּ אוֹתוֹ כָּל־אַפְסֵי־אָֽרֶץ:

אָנָּא, בְּכֹֽחַ גְּדֻלַּת יְמִינְךָ, תַּתִּיר צְרוּרָה.
קַבֵּל רִנַּת עַמְּךָ, שַׂגְּבֵֽנוּ, טַהֲרֵֽנוּ, נוֹרָא.
נָא גִבּוֹר, דּוֹרְשֵׁי יִחוּדְךָ כְּבָבַת שָׁמְרֵם.
בָּרְכֵם, טַהֲרֵם, רַחֲמֵם, צִדְקָתְךָ תָּמִיד גָּמְלֵם.
חֲסִין קָדוֹשׁ, בְּרֹב טוּבְךָ נַהֵל עֲדָתֶֽךָ.
יָחִיד גֵּאֶה, לְעַמְּךָ פְּנֵה, זוֹכְרֵי קְדֻשָּׁתֶֽךָ.
שַׁוְעָתֵֽנוּ קַבֵּל וּשְׁמַע צַעֲקָתֵֽנוּ, יוֹדֵֽעַ תַּעֲלוּמוֹת.
בָּרוּךְ שֵׁם כְּבוֹד מַלְכוּתוֹ לְעוֹלָם וָעֶד.

רִבּוֹנוֹ שֶׁל עוֹלָם, אַתָּה צִוִּיתָֽנוּ עַל יְדֵי מֹשֶׁה עַבְדְּךָ לִסְפֹּר סְפִירַת הָעֹֽמֶר,
כְּדֵי לְטַהֲרֵֽנוּ מִקְּלִפּוֹתֵֽינוּ וּמִטֻּמְאוֹתֵֽינוּ. כְּמוֹ שֶׁכָּתַֽבְתָּ בְּתוֹרָתֶֽךָ: וּסְפַרְתֶּם ויקרא כג
לָכֶם מִמָּחֳרַת הַשַּׁבָּת, מִיּוֹם הֲבִיאֲכֶם אֶת־עֹֽמֶר הַתְּנוּפָה, שֶֽׁבַע שַׁבָּתוֹת
תְּמִימֹת תִּהְיֶֽינָה: עַד מִמָּחֳרַת הַשַּׁבָּת הַשְּׁבִיעִת תִּסְפְּרוּ חֲמִשִּׁים יוֹם: כְּדֵי
שֶׁיִּטָּהֲרוּ נַפְשׁוֹת עַמְּךָ יִשְׂרָאֵל מִזֻּהֲמָתָם. וּבְכֵן יְהִי רָצוֹן מִלְּפָנֶֽיךָ יהוה אֱלֹהֵֽינוּ
וֵאלֹהֵי אֲבוֹתֵֽינוּ, שֶׁבִּזְכוּת סְפִירַת הָעֹֽמֶר שֶׁסָּפַֽרְתִּי הַיּוֹם, יְתֻקַּן מַה שֶּׁפָּגַֽמְתִּי
בִּסְפִירָה (*insert appropriate* ספירה *for each day*) וְאֶטָּהֵר וְאֶתְקַדֵּשׁ בִּקְדֻשָּׁה
שֶׁל מַֽעְלָה, וְעַל יְדֵי זֶה יֻשְׁפַּע שֶֽׁפַע רַב בְּכָל הָעוֹלָמוֹת, לְתַקֵּן אֶת נַפְשׁוֹתֵֽינוּ
וְרוּחוֹתֵֽינוּ וְנִשְׁמוֹתֵֽינוּ מִכָּל סִיג וּפְגָם, וּלְטַהֲרֵֽנוּ וּלְקַדְּשֵֽׁנוּ בִּקְדֻשָּׁתְךָ הָעֶלְיוֹנָה,
אָמֵן סֶֽלָה.

On מוצאי יום טוב *which is not* מוצאי שבת*, continue with* הבדלה *on page 1135.*

On מוצאי שבת*, continue* וְיִתֶּן־לְךָ *on the next page.*

On a weekday, the service continues with עָלֵֽינוּ *on page 1137.*

BIBLICAL VERSES OF BLESSING

וְיִתֶּן־לְךָ May God give you dew from heaven and the richness of the earth, and   *Gen. 27*
corn and wine in plenty. May peoples serve you and nations bow down to you.
Be lord over your brothers, and may your mother's sons bow down to you. A
curse on those who curse you, but a blessing on those who bless you.

וְאֵל שַׁדַּי May God Almighty bless you; may He make you fruitful and numerous   *Gen. 28*
until you become an assembly of peoples. May He give you and your descendants
the blessing of Abraham, that you may possess the land where you are now staying,
the land God gave to Abraham. This comes from the God of your father – may   *Gen. 49*
He help you – and from the Almighty – may He bless you with blessings of the
heaven above and the blessings of the deep that lies below, the blessings of breast
and womb. The blessings of your father surpass the blessings of my fathers to the
bounds of the endless hills. May they rest on the head of Joseph, on the brow of
the prince among his brothers. He will love you and bless you and increase your   *Deut. 7*
numbers. He will bless the fruit of your womb and the fruit of your land: your
corn, your wine and oil, the calves of your herds and the lambs of your flocks,
in the land He swore to your fathers to give you. You will be blessed more than
any other people. None of your men or women will be childless, nor any of your
livestock without young. The Lord will keep you free from any disease. He will
not inflict on you the terrible diseases you knew in Egypt, but He will inflict them
on those who hate you.

הַמַּלְאָךְ May the angel who rescued me from all harm, bless these boys. May   *Gen. 48*
they be called by my name and the names of my fathers Abraham and Isaac,
and may they increase greatly on the earth. The Lord your God has increased   *Deut. 1*
your numbers so that today you are as many as the stars in the sky. May the
Lord, God of your fathers, increase you a thousand times, and bless you as
He promised you.

בָּרוּךְ You will be blessed in the city, and blessed in the field. You will be blessed   *Deut. 28*
when you come in, and blessed when you go out. Your basket and your kneading
trough will be blessed. The fruit of your womb will be blessed, and the crops of
your land, and the young of your livestock, the calves of your herds and the lambs
of your flocks. The Lord will send a blessing on your barns, and on everything
you put your hand to. The Lord your God will bless you in the land He is giving
you. The Lord will open for you the heavens, the storehouse of His bounty, to
send rain on your land in season, and to bless all the work of your hands. You
will lend to many nations but will borrow from none. For the Lord your God   *Deut. 15*
will bless you as He has promised: you will lend to many nations but will borrow
from none. You will rule over many nations, but none will rule over you. Happy   *Deut. 33*

פסוקי ברכה

וְיִתֶּן־לְךָ הָאֱלֹהִים מִטַּל הַשָּׁמַיִם וּמִשְׁמַנֵּי הָאָרֶץ, וְרֹב דָּגָן וְתִירֹשׁ: יַעַבְדוּךָ בראשית כז
עַמִּים וְיִשְׁתַּחֲוֻ לְךָ לְאֻמִּים, הֱוֵה גְבִיר לְאַחֶיךָ וְיִשְׁתַּחֲווּ לְךָ בְּנֵי אִמֶּךָ,
אֹרְרֶיךָ אָרוּר וּמְבָרְכֶיךָ בָּרוּךְ:

וְאֵל שַׁדַּי יְבָרֵךְ אֹתְךָ וְיַפְרְךָ וְיַרְבֶּךָ, וְהָיִיתָ לִקְהַל עַמִּים: וְיִתֶּן־לְךָ אֶת־ בראשית כח
בִּרְכַּת אַבְרָהָם, לְךָ וּלְזַרְעֲךָ אִתָּךְ, לְרִשְׁתְּךָ אֶת־אֶרֶץ מְגֻרֶיךָ אֲשֶׁר־נָתַן
אֱלֹהִים לְאַבְרָהָם: מֵאֵל אָבִיךָ וְיַעְזְרֶךָּ וְאֵת שַׁדַּי וִיבָרְכֶךָּ, בִּרְכֹת שָׁמַיִם בראשית מט
מֵעָל בִּרְכֹת תְּהוֹם רֹבֶצֶת תָּחַת, בִּרְכֹת שָׁדַיִם וָרָחַם: בִּרְכֹת אָבִיךָ גָּבְרוּ
עַל־בִּרְכֹת הוֹרַי עַד־תַּאֲוַת גִּבְעֹת עוֹלָם, תִּהְיֶיןָ לְרֹאשׁ יוֹסֵף וּלְקָדְקֹד
נְזִיר אֶחָיו: וַאֲהֵבְךָ וּבֵרַכְךָ וְהִרְבֶּךָ, וּבֵרַךְ פְּרִי־בִטְנְךָ וּפְרִי־אַדְמָתֶךָ, דְּגָנְךָ דברים ז
וְתִירֹשְׁךָ וְיִצְהָרֶךָ, שְׁגַר־אֲלָפֶיךָ וְעַשְׁתְּרֹת צֹאנֶךָ, עַל הָאֲדָמָה אֲשֶׁר־נִשְׁבַּע
לַאֲבֹתֶיךָ לָתֶת לָךְ: בָּרוּךְ תִּהְיֶה מִכָּל־הָעַמִּים, לֹא־יִהְיֶה בְךָ עָקָר וַעֲקָרָה
וּבִבְהֶמְתֶּךָ: וְהֵסִיר יהוה מִמְּךָ כָּל־חֹלִי, וְכָל־מַדְוֵי מִצְרַיִם הָרָעִים אֲשֶׁר
יָדַעְתָּ, לֹא יְשִׂימָם בָּךְ, וּנְתָנָם בְּכָל־שֹׂנְאֶיךָ:

הַמַּלְאָךְ הַגֹּאֵל אֹתִי מִכָּל־רָע יְבָרֵךְ אֶת־הַנְּעָרִים, וְיִקָּרֵא בָהֶם שְׁמִי וְשֵׁם בראשית מח
אֲבֹתַי אַבְרָהָם וְיִצְחָק, וְיִדְגּוּ לָרֹב בְּקֶרֶב הָאָרֶץ: יהוה אֱלֹהֵיכֶם הִרְבָּה דברים א
אֶתְכֶם, וְהִנְּכֶם הַיּוֹם כְּכוֹכְבֵי הַשָּׁמַיִם לָרֹב: יהוה אֱלֹהֵי אֲבוֹתֵיכֶם יֹסֵף
עֲלֵיכֶם כָּכֶם אֶלֶף פְּעָמִים, וִיבָרֵךְ אֶתְכֶם כַּאֲשֶׁר דִּבֶּר לָכֶם:

בָּרוּךְ אַתָּה בָּעִיר, וּבָרוּךְ אַתָּה בַּשָּׂדֶה: בָּרוּךְ אַתָּה בְּבֹאֶךָ, וּבָרוּךְ אַתָּה דברים כח
בְּצֵאתֶךָ: בָּרוּךְ טַנְאֲךָ וּמִשְׁאַרְתֶּךָ: בָּרוּךְ פְּרִי־בִטְנְךָ וּפְרִי אַדְמָתְךָ וּפְרִי
בְהֶמְתֶּךָ, שְׁגַר אֲלָפֶיךָ וְעַשְׁתְּרוֹת צֹאנֶךָ: יְצַו יהוה אִתְּךָ אֶת־הַבְּרָכָה
בַּאֲסָמֶיךָ וּבְכֹל מִשְׁלַח יָדֶךָ, וּבֵרַכְךָ בָּאָרֶץ אֲשֶׁר־יהוה אֱלֹהֶיךָ נֹתֵן לָךְ:
יִפְתַּח יהוה לְךָ אֶת־אוֹצָרוֹ הַטּוֹב אֶת־הַשָּׁמַיִם, לָתֵת מְטַר־אַרְצְךָ בְּעִתּוֹ,
וּלְבָרֵךְ אֵת כָּל־מַעֲשֵׂה יָדֶךָ, וְהִלְוִיתָ גּוֹיִם רַבִּים וְאַתָּה לֹא תִלְוֶה: כִּי־יהוה דברים טו
אֱלֹהֶיךָ בֵּרַכְךָ כַּאֲשֶׁר דִּבֶּר־לָךְ, וְהַעֲבַטְתָּ גּוֹיִם רַבִּים וְאַתָּה לֹא תַעֲבֹט,
וּמָשַׁלְתָּ בְּגוֹיִם רַבִּים וּבְךָ לֹא יִמְשֹׁלוּ: אַשְׁרֶיךָ יִשְׂרָאֵל, מִי כָמוֹךָ, עַם דברים לג

are you, Israel! Who is like you, a people saved by the Lord? He is your Shield and Helper and your glorious Sword. Your enemies will cower before you, and you will tread on their high places.

מָחִיתִי I have wiped away your transgressions like a cloud, your sins like the morn- *Is. 44* ing mist. Return to Me for I have redeemed you. Sing for joy, O heavens, for the Lord has done this; shout aloud, you depths of the earth; burst into song, you mountains, you forests and all your trees, for the Lord has redeemed Jacob, and will glory in Israel. Our Redeemer, the Lord of hosts is His name, the Holy One *Is. 47* of Israel.

יִשְׂרָאֵל Israel is saved by the Lord with everlasting salvation. You will never be *Is. 45* ashamed or disgraced to time everlasting. You will eat your fill and praise the *Joel 2* name of the Lord your God, who has worked wonders for you. Never again shall My people be shamed. Then you will know that I am in the midst of Israel, that I am the Lord your God, and there is no other. Never again will My people be shamed. You will go out in joy and be led out in peace. The mountains and *Is. 55* hills will burst into song before you, and all the trees of the field will clap their hands. Behold, God is my salvation, I will trust and not be afraid. The Lord, the *Is. 12* Lord, is my strength and my song. He has become my salvation. With joy you will draw water from the springs of salvation. On that day you will say, "Thank the Lord, proclaim His name, make His deeds known among the nations." Declare that His name is exalted. Sing to the Lord, for He has done glorious things; let this be known throughout the world. Shout aloud and sing for joy, you who dwell in Zion, for great in your midst is the Holy One of Israel. On that *Is. 25* day they will say, "See, this is our God; we set our hope in Him and He saved us. This is the Lord in whom we hoped; let us rejoice and be glad in His salvation."

בֵּית Come, house of Jacob: let us walk in the light of the Lord. He will be the *Is. 2* *Is. 32* sure foundation of your times; a rich store of salvation, wisdom and knowl- edge – the fear of the Lord is a person's treasure. In everything he did, David *1 Sam. 18* was successful, for the Lord was with him.

פָּדָה He redeemed my soul in peace from the battle waged against me, for the *Ps. 55* sake of the many who were with me. The people said to Saul, "Shall Jonathan *1 Sam. 14* die – he who has brought about this great deliverance in Israel? Heaven forbid! As surely as the Lord lives, not a hair of his head shall fall to the ground, for he did this today with God's help." So the people rescued Jonathan and he did not die. Those redeemed by the Lord shall return; they will enter Zion singing; *Is. 35* everlasting joy will crown their heads. Gladness and joy will overtake them, and sorrow and sighing will flee away.

נוֹשַׁע בַּיהוה, מָגֵן עֶזְרֶךָ וַאֲשֶׁר־חֶרֶב גַּאֲוָתֶךָ, וְיִכָּחֲשׁוּ אֹיְבֶיךָ לָךְ, וְאַתָּה
עַל־בָּמוֹתֵימוֹ תִדְרֹךְ:

מָחִיתִי כָעָב פְּשָׁעֶיךָ וְכֶעָנָן חַטֹּאותֶיךָ, שׁוּבָה אֵלַי כִּי גְאַלְתִּיךָ: רָנּוּ שָׁמַיִם ישעיה מד
כִּי־עָשָׂה יהוה, הָרִיעוּ תַּחְתִּיּוֹת אָרֶץ, פִּצְחוּ הָרִים רִנָּה, יַעַר וְכָל־עֵץ בּוֹ,
כִּי־גָאַל יהוה יַעֲקֹב וּבְיִשְׂרָאֵל יִתְפָּאָר: גֹּאֲלֵנוּ, יהוה צְבָאוֹת שְׁמוֹ, קְדוֹשׁ ישעיה מז
יִשְׂרָאֵל:

יִשְׂרָאֵל נוֹשַׁע בַּיהוה תְּשׁוּעַת עוֹלָמִים, לֹא־תֵבֹשׁוּ וְלֹא־תִכָּלְמוּ עַד־עוֹלְמֵי ישעיה מה
עַד: וַאֲכַלְתֶּם אָכוֹל וְשָׂבוֹעַ, וְהִלַּלְתֶּם אֶת־שֵׁם יהוה אֱלֹהֵיכֶם אֲשֶׁר־עָשָׂה יואל ב
עִמָּכֶם לְהַפְלִיא, וְלֹא־יֵבֹשׁוּ עַמִּי לְעוֹלָם: וִידַעְתֶּם כִּי בְקֶרֶב יִשְׂרָאֵל
אָנִי, וַאֲנִי יהוה אֱלֹהֵיכֶם וְאֵין עוֹד, וְלֹא־יֵבֹשׁוּ עַמִּי לְעוֹלָם: כִּי־בְשִׂמְחָה ישעיה נה
תֵצֵאוּ וּבְשָׁלוֹם תּוּבָלוּן, הֶהָרִים וְהַגְּבָעוֹת יִפְצְחוּ לִפְנֵיכֶם רִנָּה, וְכָל־עֲצֵי
הַשָּׂדֶה יִמְחֲאוּ־כָף: הִנֵּה אֵל יְשׁוּעָתִי אֶבְטַח, וְלֹא אֶפְחָד, כִּי־עָזִּי וְזִמְרָת ישעיה יב
יָהּ יהוה, וַיְהִי־לִי לִישׁוּעָה: וּשְׁאַבְתֶּם־מַיִם בְּשָׂשׂוֹן, מִמַּעַיְנֵי הַיְשׁוּעָה:
וַאֲמַרְתֶּם בַּיּוֹם הַהוּא, הוֹדוּ לַיהוה קִרְאוּ בִשְׁמוֹ, הוֹדִיעוּ בָעַמִּים עֲלִילֹתָיו,
הַזְכִּירוּ כִּי נִשְׂגָּב שְׁמוֹ: זַמְּרוּ יהוה כִּי גֵאוּת עָשָׂה, מוּדַעַת זֹאת בְּכָל־
הָאָרֶץ: צַהֲלִי וָרֹנִּי יוֹשֶׁבֶת צִיּוֹן, כִּי־גָדוֹל בְּקִרְבֵּךְ קְדוֹשׁ יִשְׂרָאֵל: וְאָמַר ישעיה כה
בַּיּוֹם הַהוּא, הִנֵּה אֱלֹהֵינוּ זֶה קִוִּינוּ לוֹ וְיוֹשִׁיעֵנוּ, זֶה יהוה קִוִּינוּ לוֹ, נָגִילָה
וְנִשְׂמְחָה בִּישׁוּעָתוֹ:

בֵּית יַעֲקֹב לְכוּ וְנֵלְכָה בְּאוֹר יהוה: וְהָיָה אֱמוּנַת עִתֶּיךָ, חֹסֶן יְשׁוּעֹת ישעיה ב / ישעיה לג
חָכְמַת וָדָעַת, יִרְאַת יהוה הִיא אוֹצָרוֹ: וַיְהִי דָוִד לְכָל־דְּרָכָו מַשְׂכִּיל, שמואל א׳ יח
וַיהוה עִמּוֹ:

פָּדָה בְשָׁלוֹם נַפְשִׁי מִקְּרָב־לִי, כִּי־בְרַבִּים הָיוּ עִמָּדִי: וַיֹּאמֶר הָעָם אֶל־ תהלים נה / שמואל א׳ יד
שָׁאוּל, הֲיוֹנָתָן יָמוּת אֲשֶׁר עָשָׂה הַיְשׁוּעָה הַגְּדוֹלָה הַזֹּאת בְּיִשְׂרָאֵל,
חָלִילָה, חַי־יהוה אִם־יִפֹּל מִשַּׂעֲרַת רֹאשׁוֹ אַרְצָה, כִּי־עִם־אֱלֹהִים עָשָׂה
הַיּוֹם הַזֶּה, וַיִּפְדּוּ הָעָם אֶת־יוֹנָתָן וְלֹא־מֵת: וּפְדוּיֵי יהוה יְשֻׁבוּן וּבָאוּ צִיּוֹן ישעיה לה
בְּרִנָּה, וְשִׂמְחַת עוֹלָם עַל־רֹאשָׁם, שָׂשׂוֹן וְשִׂמְחָה יַשִּׂיגוּ, וְנָסוּ יָגוֹן וַאֲנָחָה:

הָפַכְתָּ You have turned my sorrow into dancing. You have removed my sackcloth and clothed me with joy. The LORD your God refused to listen to Balaam; instead the LORD your God turned the curse into a blessing, for the LORD your God loves you. Then maidens will dance and be glad; so too will young men and old together; I will turn their mourning into gladness; I will give them comfort and joy instead of sorrow. *Ps. 30* *Deut. 23* *Jer. 31*

בּוֹרֵא I create the speech of lips: Peace, peace to those far and near, says the LORD, and I will heal them. Then the spirit came upon Amasai, chief of the captains, and he said: "We are yours, David! We are with you, son of Jesse! Peace, peace to you, and peace to those who help you; for your God will help you." Then David received them and made them leaders of his troop. And you shall say: "To life! Peace be to you, peace to your household, and peace to all that is yours!" The LORD will give strength to His people; the LORD will bless His people with peace. *Is. 57* *I Chr. 12* *I Sam. 25* *Ps. 29*

אָמַר Rabbi Yoḥanan said: Wherever you find the greatness of the Holy One, blessed be He, there you find His humility. This is written in the Torah, repeated in the Prophets, and stated a third time in the Writings. It is written in the Torah: "For the LORD your God is God of gods and LORD of lords, the great, mighty and awe-inspiring God, who shows no favoritism and accepts no bribe." Immediately afterwards it is written, "He upholds the cause of the orphan and widow, and loves the stranger, giving him food and clothing." It is repeated in the Prophets, as it says: "So says the High and Exalted One, who lives for ever and whose name is Holy: I live in a high and holy place, but also with the contrite and lowly in spirit, to revive the spirit of the lowly, and to revive the heart of the contrite." It is stated a third time in the Writings: "Sing to God, make music for His name, extol Him who rides the clouds – the LORD is His name – and exult before Him." Immediately afterwards it is written: "Father of the orphans and Justice of widows, is God in His holy habitation." *Megilla 31a* *Deut. 10* *Is. 57* *Ps. 68*

יְהִי May the LORD our God be with us, as He was with our ancestors. May He never abandon us or forsake us. You who cleave to the LORD your God are all alive this day. For the LORD will comfort Zion, He will comfort all her ruins; He will make her wilderness like Eden, and her desert like a garden of the LORD. Joy and gladness will be found there, thanksgiving and the sound of singing. It pleased the LORD for the sake of [Israel's] righteousness to make the Torah great and glorious. *I Kings 8* *Deut. 4* *Is. 51* *Is. 42*

שִׁיר הַמַּעֲלוֹת A song of ascents. Happy are all who fear the LORD, who walk in His ways. When you eat the fruit of your labor, happy and fortunate are you. Your wife shall be like a fruitful vine within your house; your sons like olive saplings around your table. So shall the man who fears the LORD be blessed. May the LORD bless you from Zion; may you see the good of Jerusalem all the days of your life; and may you live to see your children's children. Peace be on Israel! *Ps. 128*

הָפַכְתָּ מִסְפְּדִי לְמָחוֹל לִי, פִּתַּחְתָּ שַׂקִּי, וַתְּאַזְּרֵנִי שִׂמְחָה: וְלֹא־אָבָה יהוה תהלים ל
אֱלֹהֶיךָ לִשְׁמֹעַ אֶל־בִּלְעָם, וַיַּהֲפֹךְ יהוה אֱלֹהֶיךָ לְּךָ אֶת־הַקְּלָלָה לִבְרָכָה, דברים כג
כִּי אֲהֵבְךָ יהוה אֱלֹהֶיךָ: אָז תִּשְׂמַח בְּתוּלָה בְּמָחוֹל, וּבַחֻרִים וּזְקֵנִים יַחְדָּו, ירמיה לא
וְהָפַכְתִּי אֶבְלָם לְשָׂשׂוֹן, וְנִחַמְתִּים, וְשִׂמַּחְתִּים מִיגוֹנָם:

בּוֹרֵא נִיב שְׂפָתָיִם, שָׁלוֹם שָׁלוֹם לָרָחוֹק וְלַקָּרוֹב אָמַר יהוה, וּרְפָאתִיו: וְרוּחַ ישעיה נז
לָבְשָׁה אֶת־עֲמָשַׂי רֹאשׁ הַשָּׁלִישִׁים, לְךָ דָוִיד וְעִמְּךָ בֶן־יִשַׁי, שָׁלוֹם שָׁלוֹם דברי הימים א׳ יב
לְךָ וְשָׁלוֹם לְעֹזְרֶךָ, כִּי עֲזָרְךָ אֱלֹהֶיךָ, וַיְקַבְּלֵם דָּוִיד וַיִּתְּנֵם בְּרָאשֵׁי הַגְּדוּד:
וַאֲמַרְתֶּם כֹּה לֶחָי, וְאַתָּה שָׁלוֹם וּבֵיתְךָ שָׁלוֹם וְכֹל אֲשֶׁר־לְךָ שָׁלוֹם: יהוה שמואל א׳ כה תהלים כט
עֹז לְעַמּוֹ יִתֵּן, יהוה יְבָרֵךְ אֶת־עַמּוֹ בַשָּׁלוֹם:

אָמַר רַבִּי יוֹחָנָן: בְּכָל מָקוֹם שֶׁאַתָּה מוֹצֵא גְּדֻלָּתוֹ שֶׁל הַקָּדוֹשׁ בָּרוּךְ מגילה לא.
הוּא, שָׁם אַתָּה מוֹצֵא עַנְוְתָנוּתוֹ. דָּבָר זֶה כָּתוּב בַּתּוֹרָה, וְשָׁנוּי בַּנְּבִיאִים,
וּמְשֻׁלָּשׁ בַּכְּתוּבִים. כָּתוּב בַּתּוֹרָה: כִּי יהוה אֱלֹהֵיכֶם הוּא אֱלֹהֵי הָאֱלֹהִים דברים י
וַאֲדֹנֵי הָאֲדֹנִים, הָאֵל הַגָּדֹל הַגִּבֹּר וְהַנּוֹרָא, אֲשֶׁר לֹא־יִשָּׂא פָנִים וְלֹא יִקַּח
שֹׁחַד: וּכְתִיב בַּתְרֵהּ: עֹשֶׂה מִשְׁפַּט יָתוֹם וְאַלְמָנָה, וְאֹהֵב גֵּר לָתֶת לוֹ לֶחֶם
וְשִׂמְלָה: שָׁנוּי בַּנְּבִיאִים, דִּכְתִיב: כִּי כֹה אָמַר רָם וְנִשָּׂא שֹׁכֵן עַד וְקָדוֹשׁ ישעיה נז
שְׁמוֹ, מָרוֹם וְקָדוֹשׁ אֶשְׁכּוֹן, וְאֶת־דַּכָּא וּשְׁפַל־רוּחַ, לְהַחֲיוֹת רוּחַ שְׁפָלִים
וּלְהַחֲיוֹת לֵב נִדְכָּאִים: מְשֻׁלָּשׁ בַּכְּתוּבִים, דִּכְתִיב: שִׁירוּ לֵאלֹהִים, זַמְּרוּ תהלים סח
שְׁמוֹ, סֹלּוּ לָרֹכֵב בָּעֲרָבוֹת בְּיָהּ שְׁמוֹ, וְעִלְזוּ לְפָנָיו: וּכְתִיב בַּתְרֵהּ: אֲבִי
יְתוֹמִים וְדַיַּן אַלְמָנוֹת, אֱלֹהִים בִּמְעוֹן קָדְשׁוֹ:

יְהִי יהוה אֱלֹהֵינוּ עִמָּנוּ כַּאֲשֶׁר הָיָה עִם־אֲבֹתֵינוּ, אַל־יַעַזְבֵנוּ וְאַל־יִטְּשֵׁנוּ: מלכים א׳ ח
וְאַתֶּם הַדְּבֵקִים בַּיהוה אֱלֹהֵיכֶם, חַיִּים כֻּלְּכֶם הַיּוֹם: כִּי־נִחַם יהוה צִיּוֹן, נִחַם דברים ד ישעיה נא
כָּל־חָרְבֹתֶיהָ, וַיָּשֶׂם מִדְבָּרָהּ כְּעֵדֶן וְעַרְבָתָהּ כְּגַן־יהוה, שָׂשׂוֹן וְשִׂמְחָה יִמָּצֵא
בָהּ, תּוֹדָה וְקוֹל זִמְרָה: יהוה חָפֵץ לְמַעַן צִדְקוֹ, יַגְדִּיל תּוֹרָה וְיַאְדִּיר: ישעיה מב

שִׁיר הַמַּעֲלוֹת, אַשְׁרֵי כָּל־יְרֵא יהוה, הַהֹלֵךְ בִּדְרָכָיו: יְגִיעַ כַּפֶּיךָ כִּי תֹאכֵל, תהלים קכח
אַשְׁרֶיךָ וְטוֹב לָךְ: אֶשְׁתְּךָ כְּגֶפֶן פֹּרִיָּה בְּיַרְכְּתֵי בֵיתֶךָ, בָּנֶיךָ כִּשְׁתִלֵי זֵיתִים,
סָבִיב לְשֻׁלְחָנֶךָ: הִנֵּה כִי־כֵן יְבֹרַךְ גָּבֶר יְרֵא יהוה: יְבָרֶכְךָ יהוה מִצִּיּוֹן, וּרְאֵה
בְּטוּב יְרוּשָׁלָםִ, כֹּל יְמֵי חַיֶּיךָ: וּרְאֵה־בָנִים לְבָנֶיךָ, שָׁלוֹם עַל־יִשְׂרָאֵל:

HAVDALA IN THE SYNAGOGUE

Some say the full Havdala on page 1140.
On Motza'ei Yom Tov that is not on Motza'ei Shabbat,
the blessings for the spices and flame are omitted.

The Leader takes the cup of wine in his right hand, and says:
Please pay attention, my masters.

Blessed are You, LORD our God,
King of the Universe,
who creates the fruit of the vine.

Holding the spice box, the Leader says:
Blessed are You, LORD our God,
King of the Universe,
who creates the various spices.

The Leader smells the spices and puts the spice box down.
He lifts his hands toward the flame of the Havdala candle, and says:
Blessed are You, LORD our God,
King of the Universe,
who creates the lights of fire.

He lifts the cup of wine in his right hand, and says:
Blessed are You, LORD our God,
King of the Universe,
who distinguishes between sacred and secular,
between light and darkness,
between Israel and the nations,
between the seventh day and the six days of work.
Blessed are You, LORD,
who distinguishes between sacred and secular.

הבדלה בבית הכנסת

Some say the full הבדלה *on page 1141.*
On מוצאי שבת *that is not on* מוצאי יום טוב*,*
the blessings for the spices and flame are omitted.

The שליח ציבור *takes the cup of wine in his right hand, and says:*

סַבְרִי מָרָנָן

בָּרוּךְ אַתָּה יהוה אֱלֹהֵינוּ מֶלֶךְ הָעוֹלָם
בּוֹרֵא פְּרִי הַגָּפֶן.

Holding the spice box, the שליח ציבור *says:*

בָּרוּךְ אַתָּה יהוה אֱלֹהֵינוּ מֶלֶךְ הָעוֹלָם
בּוֹרֵא מִינֵי בְשָׂמִים.

The שליח ציבור *smells the spices and puts the spice box down.*
He lifts his hands toward the flame of the הבדלה *candle, and says:*

בָּרוּךְ אַתָּה יהוה אֱלֹהֵינוּ מֶלֶךְ הָעוֹלָם
בּוֹרֵא מְאוֹרֵי הָאֵשׁ.

He lifts the cup of wine in his right hand, and says:

בָּרוּךְ אַתָּה יהוה אֱלֹהֵינוּ מֶלֶךְ הָעוֹלָם
הַמַּבְדִּיל בֵּין קֹדֶשׁ לְחוֹל
בֵּין אוֹר לְחֹשֶׁךְ
בֵּין יִשְׂרָאֵל לָעַמִּים
בֵּין יוֹם הַשְּׁבִיעִי לְשֵׁשֶׁת יְמֵי הַמַּעֲשֶׂה.
בָּרוּךְ אַתָּה יהוה, הַמַּבְדִּיל בֵּין קֹדֶשׁ לְחוֹל.

Stand while saying Aleinu. Bow at ˅.

עָלֵינוּ It is our duty to praise the Master of all,
and ascribe greatness to the Author of creation,
who has not made us like the nations of the lands
nor placed us like the families of the earth;
who has not made our portion like theirs,
nor our destiny like all their multitudes.
(For they worship vanity and emptiness,
and pray to a god who cannot save.)
˅But we bow in worship and thank the Supreme King of kings,
the Holy One, blessed be He,
who extends the heavens and establishes the earth,
whose throne of glory is in the heavens above,
and whose power's Presence is in the highest of heights.
He is our God; there is no other.
Truly He is our King, there is none else, as it is written in His Torah:
"You shall know and take to heart this day that the LORD is God,   *Deut. 4*
in heaven above and on earth below. There is no other."

Therefore, we place our hope in You, LORD our God,
that we may soon see the glory of Your power,
when You will remove abominations from the earth,
and idols will be utterly destroyed,
when the world will be perfected under the sovereignty of the Almighty,
when all humanity will call on Your name,
to turn all the earth's wicked toward You.
All the world's inhabitants will realize and know
that to You every knee must bow and every tongue swear loyalty.
Before You, LORD our God, they will kneel and bow down
and give honor to Your glorious name.
They will all accept the yoke of Your kingdom,
and You will reign over them soon and for ever.
For the kingdom is Yours, and to all eternity You will reign in glory,
as it is written in Your Torah:
"The LORD will reign for ever and ever."   *Ex. 15*
▸ And it is said: "Then the LORD shall be King over all the earth;   *Zech. 14*
on that day the LORD shall be One and His name One."

Stand while saying עָלֵינוּ*. Bow at* ▾.

עָלֵינוּ לְשַׁבֵּחַ לַאֲדוֹן הַכֹּל, לָתֵת גְּדֻלָּה לְיוֹצֵר בְּרֵאשִׁית
שֶׁלֹּא עָשָׂנוּ כְּגוֹיֵי הָאֲרָצוֹת, וְלֹא שָׂמָנוּ כְּמִשְׁפְּחוֹת הָאֲדָמָה
שֶׁלֹּא שָׂם חֶלְקֵנוּ כָּהֶם וְגוֹרָלֵנוּ כְּכָל הֲמוֹנָם.
(שֶׁהֵם מִשְׁתַּחֲוִים לְהֶבֶל וָרִיק וּמִתְפַּלְלִים אֶל אֵל לֹא יוֹשִׁיעַ.)
▾וַאֲנַחְנוּ כּוֹרְעִים וּמִשְׁתַּחֲוִים וּמוֹדִים
לִפְנֵי מֶלֶךְ מַלְכֵי הַמְּלָכִים, הַקָּדוֹשׁ בָּרוּךְ הוּא
שֶׁהוּא נוֹטֶה שָׁמַיִם וְיוֹסֵד אָרֶץ, וּמוֹשַׁב יְקָרוֹ בַּשָּׁמַיִם מִמַּעַל
וּשְׁכִינַת עֻזּוֹ בְּגָבְהֵי מְרוֹמִים.
הוּא אֱלֹהֵינוּ, אֵין עוֹד.
אֱמֶת מַלְכֵּנוּ, אֶפֶס זוּלָתוֹ, כַּכָּתוּב בְּתוֹרָתוֹ
וְיָדַעְתָּ הַיּוֹם וַהֲשֵׁבֹתָ אֶל־לְבָבֶךָ — דברים ד
כִּי יהוה הוּא הָאֱלֹהִים בַּשָּׁמַיִם מִמַּעַל וְעַל־הָאָרֶץ מִתָּחַת
אֵין עוֹד:

עַל כֵּן נְקַוֶּה לְּךָ יהוה אֱלֹהֵינוּ, לִרְאוֹת מְהֵרָה בְּתִפְאֶרֶת עֻזֶּךָ
לְהַעֲבִיר גִּלּוּלִים מִן הָאָרֶץ, וְהָאֱלִילִים כָּרוֹת יִכָּרֵתוּן
לְתַקֵּן עוֹלָם בְּמַלְכוּת שַׁדַּי.
וְכָל בְּנֵי בָשָׂר יִקְרְאוּ בִשְׁמֶךָ לְהַפְנוֹת אֵלֶיךָ כָּל רִשְׁעֵי אָרֶץ.
יַכִּירוּ וְיֵדְעוּ כָּל יוֹשְׁבֵי תֵבֵל, כִּי לְךָ תִּכְרַע כָּל בֶּרֶךְ, תִּשָּׁבַע כָּל לָשׁוֹן.
לְפָנֶיךָ יהוה אֱלֹהֵינוּ יִכְרְעוּ וְיִפֹּלוּ, וְלִכְבוֹד שִׁמְךָ יְקָר יִתֵּנוּ
וִיקַבְּלוּ כֻלָּם אֶת עֹל מַלְכוּתֶךָ וְתִמְלֹךְ עֲלֵיהֶם מְהֵרָה לְעוֹלָם וָעֶד.
כִּי הַמַּלְכוּת שֶׁלְּךָ הִיא וּלְעוֹלְמֵי עַד תִּמְלֹךְ בְּכָבוֹד
כַּכָּתוּב בְּתוֹרָתֶךָ
יהוה יִמְלֹךְ לְעֹלָם וָעֶד: — שמות טו
◂ וְנֶאֱמַר, וְהָיָה יהוה לְמֶלֶךְ עַל־כָּל־הָאָרֶץ — זכריה יד
בַּיּוֹם הַהוּא יִהְיֶה יהוה אֶחָד וּשְׁמוֹ אֶחָד:

Some add:

Have no fear of sudden terror or of the ruin when it overtakes the wicked.   *Prov. 3*

Devise your strategy, but it will be thwarted; propose your plan,   *Is. 8*

but it will not stand, for God is with us. When you grow old, I will still be the same.   *Is. 46*

When your hair turns gray, I will still carry you. I made you, I will bear you,

I will carry you, and I will rescue you.

MOURNER'S KADDISH

The following prayer, said by mourners, requires the presence of a minyan.
A transliteration can be found on page 1289.

Mourner: יִתְגַּדַּל Magnified and sanctified

may His great name be,

in the world He created by His will.

May He establish His kingdom

in your lifetime and in your days,

and in the lifetime of all the house of Israel,

swiftly and soon –

and say: Amen.

All: May His great name be blessed for ever and all time.

Mourner: Blessed and praised, glorified and exalted,

raised and honored, uplifted and lauded

be the name of the Holy One,

blessed be He,

beyond any blessing, song, praise and consolation

uttered in the world –

and say: Amen.

May there be great peace from heaven,

and life for us and all Israel –

and say: Amen.

Bow, take three steps back, as if taking leave of the Divine Presence,
then bow, first left, then right, then center, while saying:

May He who makes peace in His high places,

make peace for us and all Israel –

and say: Amen.

Some add:

אַל־תִּירָא מִפַּחַד פִּתְאֹם וּמִשֹּׁאַת רְשָׁעִים כִּי תָבֹא: משלי ג

עֻצוּ עֵצָה וְתֻפָר, דַּבְּרוּ דָבָר וְלֹא יָקוּם, כִּי עִמָּנוּ אֵל: ישעיה ח

וְעַד־זִקְנָה אֲנִי הוּא, וְעַד־שֵׂיבָה אֲנִי אֶסְבֹּל, אֲנִי עָשִׂיתִי וַאֲנִי אֶשָּׂא וַאֲנִי אֶסְבֹּל וַאֲמַלֵּט: ישעיה מו

קדיש יתום

The following prayer, said by mourners, requires the presence of a מנין*.*
A transliteration can be found on page 1289.

אבל: יִתְגַּדַּל וְיִתְקַדַּשׁ שְׁמֵהּ רַבָּא (קהל: אָמֵן)

בְּעָלְמָא דִּי בְרָא כִרְעוּתֵהּ

וְיַמְלִיךְ מַלְכוּתֵהּ

בְּחַיֵּיכוֹן וּבְיוֹמֵיכוֹן וּבְחַיֵּי דְכָל בֵּית יִשְׂרָאֵל

בַּעֲגָלָא וּבִזְמַן קָרִיב

וְאִמְרוּ אָמֵן. (קהל: אָמֵן)

קהל ואבל: יְהֵא שְׁמֵהּ רַבָּא מְבָרַךְ לְעָלַם וּלְעָלְמֵי עָלְמַיָּא.

אבל: יִתְבָּרַךְ וְיִשְׁתַּבַּח וְיִתְפָּאַר

וְיִתְרוֹמַם וְיִתְנַשֵּׂא וְיִתְהַדָּר וְיִתְעַלֶּה וְיִתְהַלָּל

שְׁמֵהּ דְּקֻדְשָׁא בְּרִיךְ הוּא (קהל: בְּרִיךְ הוּא)

לְעֵלָּא מִן כָּל בִּרְכָתָא וְשִׁירָתָא, תֻּשְׁבְּחָתָא וְנֶחֱמָתָא

דַּאֲמִירָן בְּעָלְמָא

וְאִמְרוּ אָמֵן. (קהל: אָמֵן)

יְהֵא שְׁלָמָא רַבָּא מִן שְׁמַיָּא

וְחַיִּים, עָלֵינוּ וְעַל כָּל יִשְׂרָאֵל

וְאִמְרוּ אָמֵן. (קהל: אָמֵן)

Bow, take three steps back, as if taking leave of the Divine Presence,
then bow, first left, then right, then center, while saying:

עֹשֶׂה שָׁלוֹם בִּמְרוֹמָיו

הוּא יַעֲשֶׂה שָׁלוֹם עָלֵינוּ וְעַל כָּל יִשְׂרָאֵל

וְאִמְרוּ אָמֵן. (קהל: אָמֵן)

HAVDALA AT HOME

*On Motza'ei Yom Tov that is not on Motza'ei Shabbat, the first
paragraph and the blessings for the spices and flame are omitted.*

*At the end of Pesaḥ, some have the custom to make Havdala on beer,
in which case the "Shehakol" blessing ("By whose word") is said instead
of the blessing on wine ("Who creates fruit of the vine").*

Taking a cup of wine in the right hand, say:

הִנֵּה Behold, God is my salvation. I will trust and not be afraid.   *Is. 12*
The LORD, the LORD, is my strength and my song.
He has become my salvation.
With joy you will draw water from the springs of salvation.
Salvation is the LORD's; on Your people is Your blessing, Selah.   *Ps. 3*
The LORD of hosts is with us, the God of Jacob is our stronghold, Selah.   *Ps. 46*
LORD of hosts: happy is the one who trusts in You.   *Ps. 84*
LORD, save! May the King answer us on the day we call.   *Ps. 20*
For the Jews there was light and gladness, joy and honor –   *Esther 8*
so may it be for us.
I will lift the cup of salvation and call on the name of the LORD.   *Ps. 116*

When making Havdala for others, add:
Please pay attention, my masters.

Blessed are You, LORD our God, King of the Universe,
who creates the fruit of the vine.

If Havdala is made on beer, substitute:

Blessed are You, LORD our God, King of the Universe,
by whose word all things came to be.

Hold the spice box and say:

Blessed are You, LORD our God, King of the Universe,
who creates the various spices.

*Smell the spices and put the spice box down.
Lift the hands toward the flame of the Havdala candle and say:*

Blessed are You, LORD our God, King of the Universe,
who creates the lights of fire.

Holding the cup of wine again in the right hand, say:

בָּרוּךְ Blessed are You, LORD our God, King of the Universe, who distinguishes
between sacred and secular, between light and darkness, between Israel and
the nations, between the seventh day and the six days of work. Blessed are
You, LORD, who distinguishes between sacred and secular.

סדר הבדלה בבית

On מוצאי יום טוב that is not on מוצאי שבת, the first paragraph and the blessings for the spices and flame are omitted. At the end of פסח, some have the custom to make הבדלה on beer, in which case שֶׁהַכֹּל is said instead of בּוֹרֵא פְּרִי הַגָּפֶן.

Taking a cup of wine in the right hand, say:

הִנֵּה אֵל יְשׁוּעָתִי אֶבְטַח, וְלֹא אֶפְחָד ישעיה יב
כִּי־עָזִּי וְזִמְרָת יָהּ יהוה, וַיְהִי־לִי לִישׁוּעָה:
וּשְׁאַבְתֶּם־מַיִם בְּשָׂשׂוֹן, מִמַּעַיְנֵי הַיְשׁוּעָה:
לַיהוה הַיְשׁוּעָה, עַל־עַמְּךָ בִרְכָתֶךָ סֶּלָה: תהלים ג
יהוה צְבָאוֹת עִמָּנוּ, מִשְׂגָּב לָנוּ אֱלֹהֵי יַעֲקֹב סֶלָה: תהלים מו
יהוה צְבָאוֹת, אַשְׁרֵי אָדָם בֹּטֵחַ בָּךְ: תהלים פד
יהוה הוֹשִׁיעָה, הַמֶּלֶךְ יַעֲנֵנוּ בְיוֹם־קָרְאֵנוּ: תהלים כ
לַיְּהוּדִים הָיְתָה אוֹרָה וְשִׂמְחָה וְשָׂשֹׂן וִיקָר: כֵּן תִּהְיֶה לָּנוּ. אסתר ח
כּוֹס־יְשׁוּעוֹת אֶשָּׂא, וּבְשֵׁם יהוה אֶקְרָא: תהלים קטז

When making הבדלה for others, add:

סַבְרִי מָרָנָן

בָּרוּךְ אַתָּה יהוה אֱלֹהֵינוּ מֶלֶךְ הָעוֹלָם, בּוֹרֵא פְּרִי הַגָּפֶן.

If הבדלה is made on beer, substitute:

בָּרוּךְ אַתָּה יהוה אֱלֹהֵינוּ מֶלֶךְ הָעוֹלָם, שֶׁהַכֹּל נִהְיָה בִּדְבָרוֹ.

Hold the spice box and say:

בָּרוּךְ אַתָּה יהוה אֱלֹהֵינוּ מֶלֶךְ הָעוֹלָם, בּוֹרֵא מִינֵי בְשָׂמִים.

Smell the spices and put the spice box down. Lift the hands toward the flame of the הבדלה candle and say:

בָּרוּךְ אַתָּה יהוה אֱלֹהֵינוּ מֶלֶךְ הָעוֹלָם, בּוֹרֵא מְאוֹרֵי הָאֵשׁ.

Holding the cup of wine again in the right hand, say:

בָּרוּךְ אַתָּה יהוה אֱלֹהֵינוּ מֶלֶךְ הָעוֹלָם, הַמַּבְדִּיל בֵּין קֹדֶשׁ לְחֹל, בֵּין אוֹר לְחֹשֶׁךְ, בֵּין יִשְׂרָאֵל לָעַמִּים, בֵּין יוֹם הַשְּׁבִיעִי לְשֵׁשֶׁת יְמֵי הַמַּעֲשֶׂה. בָּרוּךְ אַתָּה יהוה, הַמַּבְדִּיל בֵּין קֹדֶשׁ לְחֹל.

הַמַּבְדִּיל He who distinguishes between sacred and secular,
may He forgive our sins.
May He multiply our offspring and wealth like the sand,
and like the stars at night.

The day has passed like a palm tree's shadow;
I call on God to fulfill what the watchman said: *Is. 21*
"Morning comes, though now it is night."

Your righteousness is as high as Mount Tabor.
May You pass high over my sins.
[Let them be] like yesterday when it has passed, *Ps. 90*
like a watch in the night.

The time of offerings has passed. Would that I might rest.
I am weary with my sighing, every night I drench [with tears]. *Ps. 6*

Hear my voice; let it not be cast aside. Open for me the lofty gate.
My head is filled with the dew of dawn, *Song. 5*
my hair with raindrops of the night.

Heed my prayer, revered and awesome God.
When I cry, grant me deliverance at twilight, *Prov. 7*
as the day fades, or in the darkness of the night.

I call to You, Lord: Save me. Make known to me the path of life.
Rescue me from misery before day turns to night.

Cleanse the defilement of my deeds, lest those who torment me say,
"Where is the God who made me, *Job 35*
who gives cause for songs in the night?"

We are in Your hands like clay:
please forgive our sins, light and grave.
Day to day they pour forth speech, *Ps. 19*
and night to night [they communicate knowledge].

הַמַּבְדִּיל בֵּין קֹדֶשׁ לְחֹל, חַטֹּאתֵינוּ הוּא יִמְחֹל
זַרְעֵנוּ וְכַסְפֵּנוּ יַרְבֶּה כַּחוֹל וְכַכּוֹכָבִים בַּלָּיְלָה.

יוֹם פָּנָה כְּצֵל תֹּמֶר, אֶקְרָא לָאֵל עָלַי גּוֹמֵר
אָמַר שֹׁמֵר, אָתָא בֹקֶר וְגַם־לָיְלָה: ישעיה כא

צִדְקָתְךָ כְּהַר תָּבוֹר, עַל חֲטָאַי עָבוֹר תַּעֲבֹר
כְּיוֹם אֶתְמוֹל כִּי יַעֲבֹר, וְאַשְׁמוּרָה בַלָּיְלָה: תהלים צ

חָלְפָה עוֹנַת מִנְחָתִי, מִי יִתֵּן מְנוּחָתִי
יָגַעְתִּי בְאַנְחָתִי, אַשְׂחֶה בְכָל־לַיְלָה: תהלים ו

קוֹלִי בַּל יֻנְטַל, פְּתַח לִי שַׁעַר הַמְנֻטָּל
שֶׁרֹּאשִׁי נִמְלָא טָל, קְוֻצּוֹתַי רְסִיסֵי לָיְלָה: שיר השירים ה

הֵעָתֵר נוֹרָא וְאָיֹם, אֲשַׁוֵּעַ, תְּנָה פִדְיוֹם
בְּנֶשֶׁף־בְּעֶרֶב יוֹם, בְּאִישׁוֹן לָיְלָה: משלי ז

קְרָאתִיךָ יָהּ, הוֹשִׁיעֵנִי, אֹרַח חַיִּים תּוֹדִיעֵנִי
מִדַּלָּה תְבַצְּעֵנִי, מִיּוֹם עַד לָיְלָה.

טַהֵר טִנּוּף מַעֲשַׂי, פֶּן יֹאמְרוּ מַכְעִיסַי
אַיֵּה אֱלוֹהַּ עֹשָׂי, נֹתֵן זְמִרוֹת בַּלָּיְלָה: איוב לה

נַחְנוּ בְיָדְךָ כַּחֹמֶר, סְלַח נָא עַל קַל וָחֹמֶר
יוֹם לְיוֹם יַבִּיעַ אֹמֶר, וְלַיְלָה לְּלָיְלָה: תהלים יט

BRIT MILA

When the baby is brought in, all stand and say:
Blessed is he who comes.

The mohel (in some congregations, all) say (in Israel omit):

וַיְדַבֵּר The Lᴏʀᴅ spoke to Moses, saying: Pinehas the son of Elazar, the *Num. 25* son of Aaron the priest, turned back My rage from the children of Israel, when he was zealous for Me among them, and I did not annihilate the children of Israel in My own zeal. And so tell him, that I now give him My covenant for peace.

The following verses, through "Lᴏʀᴅ, please, grant us success," are only said in Israel.

Mohel: Happy are those You choose and bring near to dwell in Your courts. *Ps. 65*

All: May we be sated with the goodness of Your House,
Your holy Temple.

The father takes the baby in his hands and says quietly.

אִם אֶשְׁכָּחֵךְ If I forget you, Jerusalem, may my right hand forget its skill. *Ps. 137* May my tongue cling to the roof of my mouth, if I do not remember you, if I do not set Jerusalem above my highest joy.

The father says aloud, followed by the congregation:
Listen, Israel: the Lᴏʀᴅ is our God, the Lᴏʀᴅ is One. *Deut. 6*

The Mohel, followed by the congregation,
recites each of the following three phrases twice:
The Lᴏʀᴅ is King, the Lᴏʀᴅ was King,
the Lᴏʀᴅ shall be King for ever and all time.
Lᴏʀᴅ, please, save us. *Ps. 118*
Lᴏʀᴅ, please, grant us success.

The baby is placed on Eliyahu's seat, and the Mohel says:
This is the throne of Elijah the prophet, may he be remembered for good.

The Mohel continues:

לִישׁוּעָתְךָ For Your salvation I wait, O Lᴏʀᴅ. I await Your deliverance, *Gen. 49* Lᴏʀᴅ, and I observe Your commandments. Elijah, angel of the covenant, *Ps. 119* behold: yours is before you. Stand at my right hand and be close to me. I await Your deliverance, Lᴏʀᴅ. I rejoice in Your word like one who finds *Ibid.* much spoil. Those who love Your Torah have great peace, and there is

סדר ברית מילה

When the baby is brought in, all stand and say:

בָּרוּךְ הַבָּא.

The מוהל *(in some congregations, all) say (in* ארץ ישראל *omit):*

במדבר כה וַיְדַבֵּר יהוה אֶל־מֹשֶׁה לֵּאמֹר: פִּינְחָס בֶּן־אֶלְעָזָר בֶּן־אַהֲרֹן הַכֹּהֵן הֵשִׁיב אֶת־חֲמָתִי מֵעַל בְּנֵי־יִשְׂרָאֵל, בְּקַנְאוֹ אֶת־קִנְאָתִי בְּתוֹכָם, וְלֹא־כִלִּיתִי אֶת־בְּנֵי־יִשְׂרָאֵל בְּקִנְאָתִי: לָכֵן אֱמֹר, הִנְנִי נֹתֵן לוֹ אֶת־בְּרִיתִי שָׁלוֹם:

The following verses, through אָנָּא יהוה הַצְלִיחָה נָא *are only said in Israel.*

תהלים סה המוהל: אַשְׁרֵי תִּבְחַר וּתְקָרֵב, יִשְׁכֹּן חֲצֵרֶיךָ

הקהל: נִשְׂבְּעָה בְּטוּב בֵּיתֶךָ, קְדֹשׁ הֵיכָלֶךָ:

The father takes the baby in his hands and says quietly:

תהלים קלז אִם־אֶשְׁכָּחֵךְ יְרוּשָׁלָםִ, תִּשְׁכַּח יְמִינִי: תִּדְבַּק לְשׁוֹנִי לְחִכִּי אִם־לֹא אֶזְכְּרֵכִי,
אִם־לֹא אַעֲלֶה אֶת־יְרוּשָׁלַםִ עַל רֹאשׁ שִׂמְחָתִי:

The father says aloud, followed by the קהל*:*

דברים ו שְׁמַע יִשְׂרָאֵל, יהוה אֱלֹהֵינוּ, יהוה אֶחָד:

The מוהל *repeats each of the following three phrases twice, followed by the* קהל*:*

יהוה מֶלֶךְ, יהוה מָלָךְ, יהוה יִמְלֹךְ לְעוֹלָם וָעֶד.
תהלים קיח אָנָּא יהוה הוֹשִׁיעָה נָּא
אָנָּא יהוה הַצְלִיחָה נָא:

The baby is placed on the כסא של אליהו*, and the* מוהל *says:*

זֶה הַכִּסֵּא שֶׁל אֵלִיָּהוּ הַנָּבִיא זָכוּר לַטּוֹב.

The מוהל *continues:*

בראשית מט תהלים קיט לִישׁוּעָתְךָ קִוִּיתִי יהוה: שִׂבַּרְתִּי לִישׁוּעָתְךָ יהוה, וּמִצְוֹתֶיךָ עָשִׂיתִי:
אֵלִיָּהוּ מַלְאַךְ הַבְּרִית, הִנֵּה שֶׁלְּךָ לְפָנֶיךָ, עֲמֹד עַל יְמִינִי וְסָמְכֵנִי.
תהלים קיט שִׂבַּרְתִּי לִישׁוּעָתְךָ יהוה: שָׂשׂ אָנֹכִי עַל־אִמְרָתֶךָ, כְּמוֹצֵא שָׁלָל רָב:

no stumbling block before them. Happy are those You choose and bring near to dwell in Your courts. *Ps. 65*

All respond:

May we be sated with the goodness of Your House, Your holy Temple.

The baby is placed on the knees of the Sandak, and the Mohel says:

בָּרוּךְ Blessed are You, Lord our God, King of the Universe,
who has made us holy through His commandments,
and has commanded us concerning circumcision.

Immediately after the circumcision, the father says:

בָּרוּךְ Blessed are You, Lord our God, King of the Universe,
who has made us holy through His commandments,
and has commanded us to bring him [our son]
into the covenant of Abraham, our father.

In Israel the father adds (some outside Israel add it as well):

בָּרוּךְ Blessed are You, Lord our God, King of the Universe,
who has given us life, sustained us, and brought us to this time.

All respond:

אָמֵן Amen. Just as he has entered into the covenant,
so may he enter into Torah, marriage and good deeds.

---

the covenant of Abraham, our father – a separate blessing, referring not to the circumcision itself, but what it is a sign of – namely entry into the life of the covenant, under the sheltering wings of the Divine Presence (*Arukh HaShulḥan, Yoreh De'ah* 365:5); (3) *Who made the beloved one* [*Isaac*] *holy from the womb* – a blessing of acknowledgment. Isaac was the first child to have a circumcision at the age of eight days. He was consecrated before birth, Abraham having been told that it would be Isaac who would continue the covenant (Gen. 17:19, 21).

כְּשֵׁם שֶׁנִּכְנַס לַבְּרִית *Just as he has entered into the covenant:* Mentioned already in early rabbinic sources as the response of those present. The three phrases refer to the duties of a parent to a child: (1) to teach him Torah; (2) to ensure that he marries; and (3) to train him to do good deeds, as the Torah says in the case of Abraham: "For I have singled him out so that he may instruct his children and his posterity to keep the way of the Lord by doing what is just and right" (Gen. 18:19).

שָׁלוֹם רָב לְאֹהֲבֵי תוֹרָתֶךָ, וְאֵין־לָֽמוֹ מִכְשׁוֹל: אַשְׁרֵי תִּבְחַר וּתְקָרֵב, יִשְׁכֹּן חֲצֵרֶיךָ תהלים סה

All respond:

נִשְׂבְּעָה בְּטוּב בֵּיתֶךָ, קְדֹשׁ הֵיכָלֶךָ:

The baby is placed on the knees of the סנדק*, and the* מוהל *says:*

בָּרוּךְ אַתָּה יהוה אֱלֹהֵינוּ מֶלֶךְ הָעוֹלָם
אֲשֶׁר קִדְּשָׁנוּ בְּמִצְוֹתָיו, וְצִוָּנוּ עַל הַמִּילָה.

Immediately after the circumcision, the father says:

בָּרוּךְ אַתָּה יהוה אֱלֹהֵינוּ מֶלֶךְ הָעוֹלָם, אֲשֶׁר קִדְּשָׁנוּ
בְּמִצְוֹתָיו, וְצִוָּנוּ לְהַכְנִיסוֹ בִּבְרִיתוֹ שֶׁל אַבְרָהָם אָבִינוּ.

In ארץ ישראל *the father adds (some in* חוץ לארץ *add it as well):*

בָּרוּךְ אַתָּה יהוה אֱלֹהֵינוּ מֶלֶךְ הָעוֹלָם
שֶׁהֶחֱיָנוּ וְקִיְּמָנוּ וְהִגִּיעָנוּ לַזְּמַן הַזֶּה.

All respond:

אָמֵן. כְּשֵׁם שֶׁנִּכְנַס לַבְּרִית
כֵּן יִכָּנֵס לְתוֹרָה וּלְחֻפָּה וּלְמַעֲשִׂים טוֹבִים.

SERVICE AT A CIRCUMCISION

Since the days of Abraham (Gen. 17:4–14), circumcision has been the sign, for Jewish males, of the covenant between God and His people. Despite the fact that the law was restated by Moses (Lev. 12:3), it remains known as the "Covenant of Abraham." The ceremony – always performed on the eighth day, even on Shabbat, unless there are medical reasons for delay – marks the entry of the child into the covenant of Jewish fate and destiny. The duty of circumcision devolves, in principle, on the father of the child; in practice it is performed only by a qualified *mohel.*

בָּרוּךְ *Blessed are You:* There are three blessings to be said at a circumcision: (1) *And has commanded us concerning circumcision* – a blessing over the commandment itself, the "about" formula signaling that the *mohel* is performing the commandment on behalf of the father; (2) *To bring him [our son] into*

After the circumcision has been completed, the Mohel (or another honoree) takes a cup of wine and says:

בָּרוּךְ Blessed are You, Lord our God, King of the Universe, who creates the fruit of the vine.

בָּרוּךְ Blessed are You, Lord our God, King of the Universe, who made the beloved one [Isaac] holy from the womb, marked the decree of circumcision in his flesh, and gave his descendants the seal and sign of the holy covenant. As a reward for this, the Living God, our Portion, our Rock, did order deliverance from destruction for the beloved of our flesh, for the sake of His covenant that He set in our flesh. Blessed are You, Lord, who establishes the covenant.

אֱלֹהֵינוּ Our God and God of our fathers, preserve this child to his father and mother, and let his name be called in Israel (*baby's name* son of *father's name*). May the father rejoice in the issue of his body, and the mother be glad with the fruit of her womb, as is written, "May your father and mother rejoice, and she who bore you be glad." And it is said, "Then I passed by you and saw you downtrodden in your blood, and I said to you: In your blood, live; and I said to you: In your blood, live." *Prov. 23* *Ezek. 16*

וְנֶאֱמַר And it is said, "He remembered His covenant for ever; the word He ordained for a thousand generations; the covenant He made with Abraham and gave on oath to Isaac, confirming it as a statute for Jacob, an everlasting covenant for Israel." And it is said, "And Abraham circumcised his son Isaac at the age of eight days, as God had commanded him." Thank the Lord for He is good; His loning-kindness is for ever. *Ps. 105* *Gen. 21* *Ps. 118*

All respond:

Thank the Lord for He is good; His loving-kindness is for ever.

The Mohel (or honoree) continues:

May this child (*baby's name* son of *father's name*) become great. Just as he has entered into the covenant, so may he enter into Torah, marriage and good deeds.

The Sandak also drinks some of the wine; some drops are given to the baby. The cup is then sent to the mother, who also drinks from it.

All say Aleinu on page 1136, and Mourner's Kaddish on page 1138 is said.

After the circumcision has been completed, the מוהל
(or another honoree), takes a cup of wine and says:

בָּרוּךְ אַתָּה יהוה אֱלֹהֵינוּ מֶלֶךְ הָעוֹלָם, בּוֹרֵא פְּרִי הַגָּפֶן.

בָּרוּךְ אַתָּה יהוה אֱלֹהֵינוּ מֶלֶךְ הָעוֹלָם, אֲשֶׁר קִדֵּשׁ יְדִיד מִבֶּטֶן,
וְחֹק בִּשְׁאֵרוֹ שָׂם, וְצֶאֱצָאָיו חָתַם בְּאוֹת בְּרִית קֹדֶשׁ. עַל כֵּן בִּשְׂכַר
זֹאת, אֵל חַי חֶלְקֵנוּ צוּרֵנוּ צַוֵּה לְהַצִּיל יְדִידוּת שְׁאֵרֵנוּ מִשַּׁחַת,
לְמַעַן בְּרִיתוֹ אֲשֶׁר שָׂם בִּבְשָׂרֵנוּ. בָּרוּךְ אַתָּה יהוה, כּוֹרֵת הַבְּרִית.

אֱלֹהֵינוּ וֵאלֹהֵי אֲבוֹתֵינוּ, קַיֵּם אֶת הַיֶּלֶד הַזֶּה לְאָבִיו וּלְאִמּוֹ, וְיִקָּרֵא
שְׁמוֹ בְּיִשְׂרָאֵל (פלוני בֶּן פלוני). יִשְׂמַח הָאָב בְּיוֹצֵא חֲלָצָיו וְתָגֵל אִמּוֹ
משלי כג בִּפְרִי בִטְנָהּ, כַּכָּתוּב: יִשְׂמַח־אָבִיךָ וְאִמֶּךָ, וְתָגֵל יוֹלַדְתֶּךָ: וְנֶאֱמַר:
יחזקאל טז וָאֶעֱבֹר עָלַיִךְ וָאֶרְאֵךְ מִתְבּוֹסֶסֶת בְּדָמָיִךְ, וָאֹמַר לָךְ בְּדָמַיִךְ חֲיִי,
וָאֹמַר לָךְ בְּדָמַיִךְ חֲיִי:

תהלים קה וְנֶאֱמַר: זָכַר לְעוֹלָם בְּרִיתוֹ, דָּבָר צִוָּה לְאֶלֶף דּוֹר: אֲשֶׁר כָּרַת אֶת־
אַבְרָהָם, וּשְׁבוּעָתוֹ לְיִשְׂחָק: וַיַּעֲמִידֶהָ לְיַעֲקֹב לְחֹק, לְיִשְׂרָאֵל
בראשית כא בְּרִית עוֹלָם: וְנֶאֱמַר: וַיָּמָל אַבְרָהָם אֶת־יִצְחָק בְּנוֹ בֶּן־שְׁמֹנַת יָמִים,
תהלים קיח כַּאֲשֶׁר צִוָּה אֹתוֹ אֱלֹהִים: הוֹדוּ לַיהוה כִּי־טוֹב, כִּי לְעוֹלָם חַסְדּוֹ:

All respond:

הוֹדוּ לַיהוה כִּי־טוֹב, כִּי לְעוֹלָם חַסְדּוֹ:

The מוהל *(or honoree) continues:*

(פלוני בֶּן פלוני) זֶה הַקָּטֹן גָּדוֹל יִהְיֶה, כְּשֵׁם שֶׁנִּכְנַס לַבְּרִית, כֵּן יִכָּנֵס
לְתוֹרָה וּלְחֻפָּה וּלְמַעֲשִׂים טוֹבִים.

The סנדק *also drinks some of the wine; some drops are given to the baby.*
The cup is then sent to the mother, who also drinks from it.
All say עָלֵינוּ*, on page 1137, and* קדיש יתום *on page 1139 is said.*

BIRKAT KOHANIM IN ISRAEL

In Israel, the following is said by the Leader during the Repetition of the Amida when Kohanim bless the congregation. If there is more than one Kohen, a member of the congregation calls:

Kohanim!

The Kohanim respond:

Blessed are You, Lord our God, King of the Universe, who has made us holy with the holiness of Aaron, and has commanded us to bless His people Israel with love.

The Leader calls word by word, followed by the Kohanim:

יְבָרֶכְךָ May the Lord bless you and protect you. (*Cong:* Amen.) *Num. 6*
May the Lord make His face shine on you and be gracious to you.
(*Cong:* Amen.)
May the Lord turn His face toward you, and grant you peace.
(*Cong:* Amen.)

The congregation says:

אַדִּיר Majestic One on high who dwells in power: You are peace and Your name is peace. May it be Your will to bestow on us and on Your people the house of Israel, life and blessing as a safeguard for peace.

The Kohanim say:

רִבּוֹנוֹ Master of the Universe: we have done what You have decreed for us. So too may You deal with us as You have promised us. Look down from Your holy dwelling place, from heaven, and bless Your people Israel and the land You have given us as You promised on oath to our ancestors, a land flowing with milk and honey. *Deut. 26*

The Leader continues:

שִׂים שָׁלוֹם Grant peace, goodness and blessing, grace, loving-kindness and compassion to us and all Israel Your people. Bless us, our Father, all as one, with the light of Your face, for by the light of Your face You have given us, Lord our God, the Torah of life and love of kindness, righteousness, blessing, compassion, life and peace. May it be good in Your eyes to bless Your people Israel at every time, in every hour, with Your peace. Blessed are You, Lord, who blesses His people Israel with peace.

The following verse concludes the Leader's Repetition of the Amida.

May the words of my mouth and the meditation of my heart find favor before You, Lord, my Rock and Redeemer. *Ps. 19*

On Yom Tov, Shaharit continues with Hallel on page 512;
Musaf continues with Full Kaddish on page 690.
On Ḥol HaMo'ed, Shaḥarit continues with Hallel on page 804;
Musaf continues with Full Kaddish on page 858.
On Shabbat Ḥol HaMo'ed, Shaḥarit continues with Hallel on page 938;
Musaf continues with Full Kaddish on page 1026.

ברכת כהנים בארץ ישראל

In ארץ ישראל*, the following is said by the* שליח ציבור *during the* חזרת הש״ץ *when* כהנים *say* ברכת כהנים*. If there is more than one* כֹּהֵן*, a member of the* קהל *calls:*

כֹּהֲנִים

The כהנים *respond:*

בָּרוּךְ אַתָּה יהוה אֱלֹהֵינוּ מֶלֶךְ הָעוֹלָם, אֲשֶׁר קִדְּשָׁנוּ בִּקְדֻשָּׁתוֹ שֶׁל אַהֲרֹן וְצִוָּנוּ לְבָרֵךְ אֶת עַמּוֹ יִשְׂרָאֵל בְּאַהֲבָה.

The שליח ציבור *calls word by word, followed by the* כהנים*:*

במדבר ו
יְבָרֶכְךָ יהוה וְיִשְׁמְרֶךָ: קהל: אָמֵן
יָאֵר יהוה פָּנָיו אֵלֶיךָ וִיחֻנֶּךָּ: קהל: אָמֵן
יִשָּׂא יהוה פָּנָיו אֵלֶיךָ וְיָשֵׂם לְךָ שָׁלוֹם: קהל: אָמֵן

The קהל *says:*

אַדִּיר בַּמָּרוֹם שׁוֹכֵן בִּגְבוּרָה, אַתָּה שָׁלוֹם וְשִׁמְךָ שָׁלוֹם. יְהִי רָצוֹן שֶׁתָּשִׂים עָלֵינוּ וְעַל כָּל עַמְּךָ בֵּית יִשְׂרָאֵל חַיִּים וּבְרָכָה לְמִשְׁמֶרֶת שָׁלוֹם.

The כהנים *say:*

רִבּוֹנוֹ שֶׁל עוֹלָם, עָשִׂינוּ מַה שֶּׁגָּזַרְתָּ עָלֵינוּ, אַף אַתָּה
דברים כו
עֲשֵׂה עִמָּנוּ כְּמוֹ שֶׁהִבְטַחְתָּנוּ. הַשְׁקִיפָה מִמְּעוֹן קָדְשְׁךָ מִן־הַשָּׁמַיִם, וּבָרֵךְ אֶת־עַמְּךָ אֶת־יִשְׂרָאֵל, וְאֵת הָאֲדָמָה אֲשֶׁר נָתַתָּה לָנוּ, כַּאֲשֶׁר נִשְׁבַּעְתָּ לַאֲבֹתֵינוּ, אֶרֶץ זָבַת חָלָב וּדְבָשׁ:

The שליח ציבור *continues:*

שִׂים שָׁלוֹם טוֹבָה וּבְרָכָה, חֵן וָחֶסֶד וְרַחֲמִים עָלֵינוּ וְעַל כָּל יִשְׂרָאֵל עַמֶּךָ. בָּרְכֵנוּ אָבִינוּ כֻּלָּנוּ כְּאֶחָד בְּאוֹר פָּנֶיךָ, כִּי בְאוֹר פָּנֶיךָ נָתַתָּ לָּנוּ יהוה אֱלֹהֵינוּ, תּוֹרַת חַיִּים וְאַהֲבַת חֶסֶד, וּצְדָקָה וּבְרָכָה וְרַחֲמִים וְחַיִּים וְשָׁלוֹם. וְטוֹב בְּעֵינֶיךָ לְבָרֵךְ אֶת עַמְּךָ יִשְׂרָאֵל, בְּכָל עֵת וּבְכָל שָׁעָה בִּשְׁלוֹמֶךָ. בָּרוּךְ אַתָּה יהוה, הַמְבָרֵךְ אֶת עַמּוֹ יִשְׂרָאֵל בַּשָּׁלוֹם.

The following verse concludes the חזרת הש״ץ*.*

תהלים יט
יִהְיוּ לְרָצוֹן אִמְרֵי־פִי וְהֶגְיוֹן לִבִּי לְפָנֶיךָ, יהוה צוּרִי וְגֹאֲלִי:

On יום טוב*,* שחרית *continues with* הלל *on page 513;*
מוסף *continues with* קדיש שלם *on page 691.*
On חול המועד*,* שחרית *continues with* הלל *on page 805;*
מוסף *continues with* קדיש שלם *on page 859.*
On שבת חול המועד*,* שחרית *continues with* הלל *on page 939;*
מוסף *continues with* קדיש שלם *on page 1027.*

סדר קרבן פסח

כמנהג הגר"א

שמות יב, כא-כח
וַיִּקְרָא מֹשֶׁה לְכָל־זִקְנֵי יִשְׂרָאֵל וַיֹּאמֶר אֲלֵהֶם מִשְׁכוּ וּקְחוּ לָכֶם צֹאן לְמִשְׁפְּחֹתֵיכֶם וְשַׁחֲטוּ הַפָּסַח: וּלְקַחְתֶּם אֲגֻדַּת אֵזוֹב וּטְבַלְתֶּם בַּדָּם אֲשֶׁר־בַּסַּף וְהִגַּעְתֶּם אֶל־הַמַּשְׁקוֹף וְאֶל־שְׁתֵּי הַמְּזוּזֹת מִן־הַדָּם אֲשֶׁר בַּסָּף וְאַתֶּם לֹא תֵצְאוּ אִישׁ מִפֶּתַח־בֵּיתוֹ עַד־בֹּקֶר: וְעָבַר יהוה לִנְגֹּף אֶת־מִצְרַיִם וְרָאָה אֶת־הַדָּם עַל־הַמַּשְׁקוֹף וְעַל שְׁתֵּי הַמְּזוּזֹת וּפָסַח יהוה עַל־הַפֶּתַח וְלֹא יִתֵּן הַמַּשְׁחִית לָבֹא אֶל־בָּתֵּיכֶם לִנְגֹּף: וּשְׁמַרְתֶּם אֶת־הַדָּבָר הַזֶּה לְחָק־לְךָ וּלְבָנֶיךָ עַד־עוֹלָם: וְהָיָה כִּי־תָבֹאוּ אֶל־הָאָרֶץ אֲשֶׁר יִתֵּן יהוה לָכֶם כַּאֲשֶׁר דִּבֵּר וּשְׁמַרְתֶּם אֶת־הָעֲבֹדָה הַזֹּאת: וְהָיָה כִּי־יֹאמְרוּ אֲלֵיכֶם בְּנֵיכֶם מָה הָעֲבֹדָה הַזֹּאת לָכֶם: וַאֲמַרְתֶּם זֶבַח־פֶּסַח הוּא לַיהוה אֲשֶׁר פָּסַח עַל־בָּתֵּי בְנֵי־יִשְׂרָאֵל בְּמִצְרַיִם בְּנָגְפּוֹ אֶת־מִצְרַיִם וְאֶת־בָּתֵּינוּ הִצִּיל וַיִּקֹּד הָעָם וַיִּשְׁתַּחֲווּ: וַיֵּלְכוּ וַיַּעֲשׂוּ בְּנֵי יִשְׂרָאֵל כַּאֲשֶׁר צִוָּה יהוה אֶת־מֹשֶׁה וְאַהֲרֹן כֵּן עָשׂוּ:

שמות יב, מג-נ
וַיֹּאמֶר יהוה אֶל־מֹשֶׁה וְאַהֲרֹן זֹאת חֻקַּת הַפָּסַח כָּל־בֶּן־נֵכָר לֹא־יֹאכַל בּוֹ: וְכָל־עֶבֶד אִישׁ מִקְנַת־כָּסֶף וּמַלְתָּה אֹתוֹ אָז יֹאכַל בּוֹ: תּוֹשָׁב וְשָׂכִיר לֹא־יֹאכַל בּוֹ: בְּבַיִת אֶחָד יֵאָכֵל לֹא־תוֹצִיא מִן־הַבַּיִת מִן־הַבָּשָׂר חוּצָה וְעֶצֶם לֹא תִשְׁבְּרוּ־בוֹ: כָּל־עֲדַת יִשְׂרָאֵל יַעֲשׂוּ אֹתוֹ: וְכִי־יָגוּר אִתְּךָ גֵּר וְעָשָׂה פֶסַח לַיהוה הִמּוֹל לוֹ כָל־זָכָר וְאָז יִקְרַב לַעֲשֹׂתוֹ וְהָיָה כְּאֶזְרַח הָאָרֶץ וְכָל־עָרֵל לֹא־יֹאכַל בּוֹ: תּוֹרָה אַחַת יִהְיֶה לָאֶזְרָח וְלַגֵּר הַגָּר בְּתוֹכְכֶם: וַיַּעֲשׂוּ כָּל־בְּנֵי יִשְׂרָאֵל כַּאֲשֶׁר צִוָּה יהוה אֶת־מֹשֶׁה וְאֶת־אַהֲרֹן כֵּן עָשׂוּ:

ויקרא כג, ד-ה
אֵלֶּה מוֹעֲדֵי יהוה מִקְרָאֵי קֹדֶשׁ אֲשֶׁר־תִּקְרְאוּ אֹתָם בְּמוֹעֲדָם: בַּחֹדֶשׁ הָרִאשׁוֹן בְּאַרְבָּעָה עָשָׂר לַחֹדֶשׁ בֵּין הָעַרְבָּיִם פֶּסַח לַיהוה:

במדבר
ט, א-יד

וַיְדַבֵּר יְהוָה אֶל־מֹשֶׁה בְמִדְבַּר־סִינַי בַּשָּׁנָה הַשֵּׁנִית לְצֵאתָם מֵאֶרֶץ מִצְרַיִם בַּחֹדֶשׁ הָרִאשׁוֹן לֵאמֹר: וְיַעֲשׂוּ בְנֵי־יִשְׂרָאֵל אֶת־הַפָּסַח בְּמוֹעֲדוֹ: בְּאַרְבָּעָה עָשָׂר־יוֹם בַּחֹדֶשׁ הַזֶּה בֵּין הָעַרְבַּיִם תַּעֲשׂוּ אֹתוֹ בְּמֹעֲדוֹ כְּכָל־חֻקֹּתָיו וּכְכָל־מִשְׁפָּטָיו תַּעֲשׂוּ אֹתוֹ: וַיְדַבֵּר מֹשֶׁה אֶל־בְּנֵי יִשְׂרָאֵל לַעֲשֹׂת הַפָּסַח: וַיַּעֲשׂוּ אֶת־הַפֶּסַח בָּרִאשׁוֹן בְּאַרְבָּעָה עָשָׂר יוֹם לַחֹדֶשׁ בֵּין הָעַרְבַּיִם בְּמִדְבַּר סִינָי כְּכֹל אֲשֶׁר צִוָּה יְהוָה אֶת־מֹשֶׁה כֵּן עָשׂוּ בְּנֵי יִשְׂרָאֵל: וַיְהִי אֲנָשִׁים אֲשֶׁר הָיוּ טְמֵאִים לְנֶפֶשׁ אָדָם וְלֹא־יָכְלוּ לַעֲשֹׂת־הַפֶּסַח בַּיּוֹם הַהוּא וַיִּקְרְבוּ לִפְנֵי מֹשֶׁה וְלִפְנֵי אַהֲרֹן בַּיּוֹם הַהוּא: וַיֹּאמְרוּ הָאֲנָשִׁים הָהֵמָּה אֵלָיו אֲנַחְנוּ טְמֵאִים לְנֶפֶשׁ אָדָם לָמָּה נִגָּרַע לְבִלְתִּי הַקְרִב אֶת־קָרְבַּן יְהוָה בְּמֹעֲדוֹ בְּתוֹךְ בְּנֵי יִשְׂרָאֵל: וַיֹּאמֶר אֲלֵהֶם מֹשֶׁה עִמְדוּ וְאֶשְׁמְעָה מַה־יְצַוֶּה יְהוָה לָכֶם:

וַיְדַבֵּר יְהוָה אֶל־מֹשֶׁה לֵּאמֹר: דַּבֵּר אֶל־בְּנֵי יִשְׂרָאֵל לֵאמֹר אִישׁ אִישׁ כִּי־יִהְיֶה טָמֵא ׀ לָנֶפֶשׁ אוֹ בְדֶרֶךְ רְחֹקָה לָכֶם אוֹ לְדֹרֹתֵיכֶם וְעָשָׂה פֶסַח לַיהוָה: בַּחֹדֶשׁ הַשֵּׁנִי בְּאַרְבָּעָה עָשָׂר יוֹם בֵּין הָעַרְבַּיִם יַעֲשׂוּ אֹתוֹ עַל־מַצּוֹת וּמְרֹרִים יֹאכְלֻהוּ: לֹא־יַשְׁאִירוּ מִמֶּנּוּ עַד־בֹּקֶר וְעֶצֶם לֹא יִשְׁבְּרוּ־בוֹ כְּכָל־חֻקַּת הַפֶּסַח יַעֲשׂוּ אֹתוֹ: וְהָאִישׁ אֲשֶׁר־הוּא טָהוֹר וּבְדֶרֶךְ לֹא־הָיָה וְחָדַל לַעֲשׂוֹת הַפֶּסַח וְנִכְרְתָה הַנֶּפֶשׁ הַהִוא מֵעַמֶּיהָ כִּי ׀ קָרְבַּן יְהוָה לֹא הִקְרִיב בְּמֹעֲדוֹ חֶטְאוֹ יִשָּׂא הָאִישׁ הַהוּא: וְכִי־יָגוּר אִתְּכֶם גֵּר וְעָשָׂה פֶסַח לַיהוָה כְּחֻקַּת הַפֶּסַח וּכְמִשְׁפָּטוֹ כֵּן יַעֲשֶׂה חֻקָּה אַחַת יִהְיֶה לָכֶם וְלַגֵּר וּלְאֶזְרַח הָאָרֶץ:

במדבר
כח, טז

וּבַחֹדֶשׁ הָרִאשׁוֹן בְּאַרְבָּעָה עָשָׂר יוֹם לַחֹדֶשׁ פֶּסַח לַיהוָה:

דברים
טז, א-ח

שָׁמוֹר אֶת־חֹדֶשׁ הָאָבִיב וְעָשִׂיתָ פֶּסַח לַיהוָה אֱלֹהֶיךָ כִּי בְּחֹדֶשׁ הָאָבִיב הוֹצִיאֲךָ יְהוָה אֱלֹהֶיךָ מִמִּצְרַיִם לָיְלָה: וְזָבַחְתָּ פֶּסַח לַיהוָה אֱלֹהֶיךָ צֹאן וּבָקָר בַּמָּקוֹם אֲשֶׁר יִבְחַר יְהוָה לְשַׁכֵּן שְׁמוֹ שָׁם: לֹא־

תֹאכַל עָלָיו חָמֵץ שִׁבְעַת יָמִים תֹּאכַל־עָלָיו מַצּוֹת לֶחֶם עֹנִי כִּי בְחִפָּזוֹן יָצָאתָ מֵאֶרֶץ מִצְרַיִם לְמַעַן תִּזְכֹּר אֶת־יוֹם צֵאתְךָ מֵאֶרֶץ מִצְרַיִם כֹּל יְמֵי חַיֶּיךָ׃ וְלֹא־יֵרָאֶה לְךָ שְׂאֹר בְּכָל־גְּבֻלְךָ שִׁבְעַת יָמִים וְלֹא־יָלִין מִן־הַבָּשָׂר אֲשֶׁר תִּזְבַּח בָּעֶרֶב בַּיּוֹם הָרִאשׁוֹן לַבֹּקֶר׃ לֹא תוּכַל לִזְבֹּחַ אֶת־הַפָּסַח בְּאַחַד שְׁעָרֶיךָ אֲשֶׁר־יְהוָה אֱלֹהֶיךָ נֹתֵן לָךְ׃ כִּי אִם־אֶל־הַמָּקוֹם אֲשֶׁר־יִבְחַר יְהוָה אֱלֹהֶיךָ לְשַׁכֵּן שְׁמוֹ שָׁם תִּזְבַּח אֶת־הַפֶּסַח בָּעָרֶב כְּבוֹא הַשֶּׁמֶשׁ מוֹעֵד צֵאתְךָ מִמִּצְרָיִם׃ וּבִשַּׁלְתָּ וְאָכַלְתָּ בַּמָּקוֹם אֲשֶׁר יִבְחַר יְהוָה אֱלֹהֶיךָ בּוֹ וּפָנִיתָ בַבֹּקֶר וְהָלַכְתָּ לְאֹהָלֶיךָ׃ שֵׁשֶׁת יָמִים תֹּאכַל מַצּוֹת וּבַיּוֹם הַשְּׁבִיעִי עֲצֶרֶת לַיהוָה אֱלֹהֶיךָ לֹא תַעֲשֶׂה מְלָאכָה׃

יהושע ה, י–יא
וַיַּחֲנוּ בְנֵי־יִשְׂרָאֵל בַּגִּלְגָּל וַיַּעֲשׂוּ אֶת־הַפֶּסַח בְּאַרְבָּעָה עָשָׂר יוֹם לַחֹדֶשׁ בָּעֶרֶב בְּעַרְבוֹת יְרִיחוֹ׃ וַיֹּאכְלוּ מֵעֲבוּר הָאָרֶץ מִמָּחֳרַת הַפֶּסַח מַצּוֹת וְקָלוּי בְּעֶצֶם הַיּוֹם הַזֶּה׃

מלכים ב׳ כג, כא–כב
וַיְצַו הַמֶּלֶךְ אֶת־כָּל־הָעָם לֵאמֹר עֲשׂוּ פֶסַח לַיהוָה אֱלֹהֵיכֶם כַּכָּתוּב עַל סֵפֶר הַבְּרִית הַזֶּה׃ כִּי לֹא נַעֲשָׂה כַּפֶּסַח הַזֶּה מִימֵי הַשֹּׁפְטִים אֲשֶׁר שָׁפְטוּ אֶת־יִשְׂרָאֵל וְכֹל יְמֵי מַלְכֵי יִשְׂרָאֵל וּמַלְכֵי יְהוּדָה׃

דברי הימים ב׳ ל, א–כ
וַיִּשְׁלַח יְחִזְקִיָּהוּ עַל־כָּל־יִשְׂרָאֵל וִיהוּדָה וְגַם־אִגְּרוֹת כָּתַב עַל־אֶפְרַיִם וּמְנַשֶּׁה לָבוֹא לְבֵית־יְהוָה בִּירוּשָׁלָםִ לַעֲשׂוֹת פֶּסַח לַיהוָה אֱלֹהֵי יִשְׂרָאֵל׃ וַיִּוָּעַץ הַמֶּלֶךְ וְשָׂרָיו וְכָל־הַקָּהָל בִּירוּשָׁלָםִ לַעֲשׂוֹת הַפֶּסַח בַּחֹדֶשׁ הַשֵּׁנִי׃ כִּי לֹא יָכְלוּ לַעֲשֹׂתוֹ בָּעֵת הַהִיא כִּי הַכֹּהֲנִים לֹא־הִתְקַדְּשׁוּ לְמַדַּי וְהָעָם לֹא־נֶאֶסְפוּ לִירוּשָׁלָםִ׃ וַיִּישַׁר הַדָּבָר בְּעֵינֵי הַמֶּלֶךְ וּבְעֵינֵי כָּל־הַקָּהָל׃ וַיַּעֲמִידוּ דָבָר לְהַעֲבִיר קוֹל בְּכָל־יִשְׂרָאֵל מִבְּאֵר־שֶׁבַע וְעַד־דָּן לָבוֹא לַעֲשׂוֹת פֶּסַח לַיהוָה אֱלֹהֵי־יִשְׂרָאֵל בִּירוּשָׁלָםִ כִּי לֹא לָרֹב עָשׂוּ כַּכָּתוּב׃ וַיֵּלְכוּ הָרָצִים בָּאִגְּרוֹת מִיַּד

הַמֶּ֨לֶךְ וְשָׂרָ֜יו בְּכָל־יִשְׂרָאֵ֤ל וִֽיהוּדָה֙ וּכְמִצְוַ֣ת הַמֶּ֔לֶךְ לֵאמֹ֑ר בְּנֵ֣י יִשְׂרָאֵ֗ל
שׁ֣וּבוּ אֶל־יְהוָ֗ה אֱלֹהֵי֙ אַבְרָהָ֔ם יִצְחָ֖ק וְיִשְׂרָאֵ֑ל וְיָשֹׁב֙ אֶל־הַפְּלֵיטָ֔ה
הַנִּשְׁאֶ֣רֶת לָכֶ֔ם מִכַּ֖ף מַלְכֵ֥י אַשּֽׁוּר׃ וְאַל־תִּהְי֗וּ כַּאֲבֽוֹתֵיכֶם֙ וְכַ֣אֲחֵיכֶ֔ם
אֲשֶׁ֣ר מָעֲל֔וּ בַּיהוָ֖ה אֱלֹהֵ֣י אֲבֽוֹתֵיהֶ֑ם וַיִּתְּנֵ֥ם לְשַׁמָּ֖ה כַּאֲשֶׁ֥ר אַתֶּ֖ם
רֹאִֽים׃ עַתָּ֕ה אַל־תַּקְשׁ֥וּ עָרְפְּכֶ֖ם כַּאֲבֽוֹתֵיכֶ֑ם תְּנוּ־יָ֨ד לַֽיהוָ֜ה וּבֹ֣אוּ
לְמִקְדָּשׁוֹ֙ אֲשֶׁ֣ר הִקְדִּ֣ישׁ לְעוֹלָ֔ם וְעִבְדוּ֙ אֶת־יְהוָ֣ה אֱלֹֽהֵיכֶ֔ם וְיָשֹׁ֥ב
מִכֶּ֖ם חֲר֥וֹן אַפּֽוֹ׃ כִּ֣י בְשׁוּבְכֶ֞ם עַל־יְהוָ֗ה אֲחֵיכֶ֨ם וּבְנֵיכֶ֜ם לְֽרַחֲמִ֗ים לִפְנֵי֙
שֽׁוֹבֵיהֶ֔ם וְלָשׁ֖וּב לָאָ֣רֶץ הַזֹּ֑את כִּֽי־חַנּ֤וּן וְרַחוּם֙ יְהוָ֣ה אֱלֹֽהֵיכֶ֔ם וְלֹֽא־
יָסִ֤יר פָּנִים֙ מִכֶּ֔ם אִם־תָּשׁ֖וּבוּ אֵלָֽיו׃ וַיִּהְי֨וּ הָרָצִ֜ים עֹבְרִ֨ים
מֵעִ֧יר ׀ לָעִ֛יר בְּאֶֽרֶץ־אֶפְרַ֥יִם וּמְנַשֶּׁ֖ה וְעַד־זְבֻל֑וּן וַיִּֽהְיוּ֙ מַשְׂחִיקִ֣ים
עֲלֵיהֶ֔ם וּמַלְעִגִ֖ים בָּֽם׃ אַךְ אֲנָשִׁ֛ים מֵאָשֵׁ֥ר וּמְנַשֶּׁ֖ה וּמִזְּבֻל֑וּן נִכְנְע֔וּ
וַיָּבֹ֖אוּ לִירוּשָׁלִָֽם׃ גַּ֣ם בִּֽיהוּדָ֗ה הָֽיְתָה֙ יַ֣ד הָֽאֱלֹהִ֔ים לָתֵ֥ת לָהֶ֖ם לֵ֣ב
אֶחָ֑ד לַעֲשׂוֹת֙ מִצְוַ֣ת הַמֶּ֔לֶךְ וְהַשָּׂרִ֖ים בִּדְבַ֥ר יְהוָֽה׃ וַיֵּאָסְפ֤וּ יְרוּשָׁלִַ֙ם֙
עַם־רָ֔ב לַעֲשׂ֛וֹת אֶת־חַ֥ג הַמַּצּ֖וֹת בַּחֹ֣דֶשׁ הַשֵּׁנִ֑י קָהָ֖ל לָרֹ֥ב מְאֹֽד׃ וַיָּקֻ֗מוּ
וַיָּסִ֙ירוּ֙ אֶת־הַֽמִּזְבְּח֔וֹת אֲשֶׁ֖ר בִּירוּשָׁלִָ֑ם וְאֵ֣ת כָּל־הַֽמְקַטְּר֗וֹת הֵסִ֙ירוּ֙
וַיַּשְׁלִ֖יכוּ לְנַ֥חַל קִדְרֽוֹן׃ וַיִּשְׁחֲט֣וּ הַפֶּ֔סַח בְּאַרְבָּעָ֥ה עָשָׂ֖ר לַחֹ֣דֶשׁ הַשֵּׁנִ֑י
וְהַכֹּהֲנִ֨ים וְהַלְוִיִּ֜ם נִכְלְמ֗וּ וַיִּֽתְקַדְּשׁ֔וּ וַיָּבִ֥יאוּ עֹל֖וֹת בֵּ֥ית יְהוָֽה׃ וַיַּֽעַמְד֤וּ
עַל־עָמְדָם֙ כְּמִשְׁפָּטָ֔ם כְּתוֹרַ֖ת מֹשֶׁ֣ה אִישׁ־הָאֱלֹהִ֑ים הַכֹּהֲנִים֙ זֹרְקִ֣ים
אֶת־הַדָּ֔ם מִיַּ֖ד הַלְוִיִּֽם׃ כִּי־רַבַּ֥ת בַּקָּהָ֖ל אֲשֶׁ֣ר לֹֽא־הִתְקַדָּ֑שׁוּ וְהַלְוִיִּ֞ם
עַל־שְׁחִיטַ֣ת הַפְּסָחִ֗ים לְכֹל֙ לֹ֣א טָה֔וֹר לְהַקְדִּ֖ישׁ לַיהוָֽה׃ כִּ֣י מַרְבִּ֣ית
הָעָ֡ם רַבַּת֩ מֵאֶפְרַ֨יִם וּמְנַשֶּׁ֜ה יִשָּׂשכָ֤ר וּזְבֻלוּן֙ לֹ֣א הִטֶּהָ֔רוּ כִּֽי־אָכְל֥וּ
אֶת־הַפֶּ֖סַח בְּלֹ֣א כַכָּת֑וּב כִּי֩ הִתְפַּלֵּ֨ל יְחִזְקִיָּ֤הוּ עֲלֵיהֶם֙ לֵאמֹ֔ר יְהוָ֥ה
הַטּ֖וֹב יְכַפֵּ֥ר בְּעַֽד׃ כָּל־לְבָב֣וֹ הֵכִ֗ין לִדְר֛וֹשׁ הָאֱלֹהִ֖ים ׀ יְהוָ֣ה אֱלֹהֵ֣י
אֲבוֹתָ֑יו וְלֹ֕א כְּטָהֳרַ֖ת הַקֹּֽדֶשׁ׃ וַיִּשְׁמַ֤ע יְהוָה֙ אֶל־יְחִזְקִיָּ֔הוּ
וַיִּרְפָּ֖א אֶת־הָעָֽם׃

דברי הימים ב׳
לה, א-יט

וַיַּ֨עַשׂ יֹאשִׁיָּ֧הוּ בִירוּשָׁלַ֛͏ִם פֶּ֖סַח לַיהוָ֑ה וַיִּשְׁחֲט֣וּ הַפֶּ֔סַח בְּאַרְבָּעָ֥ה עָשָׂ֖ר לַחֹ֥דֶשׁ הָרִאשֽׁוֹן: וַיַּעֲמֵ֤ד הַכֹּֽהֲנִים֙ עַל־מִשְׁמְרוֹתָ֔ם וַֽיְחַזְּקֵ֖ם לַעֲבוֹדַ֥ת

הַמְּבִינִ֣ים בֵּ֣ית יְהֹוָ֑ה: וַיֹּ֣אמֶר לַ֠לְוִיִּ֠ם הַמְּבִינִ֣ים לְכָל־יִשְׂרָאֵ֜ל הַקְּדוֹשִׁ֣ים לַיהֹוָ֗ה תְּנ֤וּ אֶת־אֲרוֹן־הַקֹּ֙דֶשׁ֙ בַּ֠בַּ֠יִת אֲשֶׁ֨ר בָּנָ֜ה שְׁלֹמֹ֤ה בֶן־דָּוִיד֙ מֶ֣לֶךְ יִשְׂרָאֵ֔ל אֵ֥ין־לָכֶ֛ם מַשָּׂ֖א בַּכָּתֵ֑ף עַתָּ֗ה עִבְדוּ֙ אֶת־יְהֹוָ֣ה אֱלֹֽהֵיכֶ֔ם וְאֵ֖ת עַמּ֥וֹ

וְהָכִ֥ינוּ יִשְׂרָאֵֽל: והכונו לְבֵית־אֲבֽוֹתֵיכֶ֖ם כְּמַחְלְקֽוֹתֵיכֶ֑ם בִּכְתָ֗ב דָּוִיד֙ מֶ֣לֶךְ יִשְׂרָאֵ֔ל וּבְמִכְתַּ֖ב שְׁלֹמֹ֥ה בְנֽוֹ: וְעִמְד֣וּ בַקֹּ֗דֶשׁ לִפְלֻגּוֹת֙ בֵּ֣ית הָֽאָב֔וֹת לַאֲחֵיכֶ֖ם בְּנֵ֣י הָעָ֑ם וַחֲלֻקַּ֥ת בֵּֽית־אָ֖ב לַלְוִיִּֽם: וְשַׁחֲט֣וּ הַפָּ֑סַח וְהִֽתְקַדְּשׁ֗וּ וְהָכִ֙ינוּ֙ לַֽאֲחֵיכֶ֔ם לַעֲשׂ֥וֹת כִּדְבַר־יְהוָ֖ה בְּיַד־מֹשֶֽׁה:

וַיָּ֣רֶם יֹאשִׁיָּ֣הוּ לִבְנֵ֣י הָעָם֩ צֹ֨אן כְּבָשִׂ֜ים וּבְנֵֽי־עִזִּ֗ים הַכֹּ֤ל לַפְּסָחִים֙ לְכָל־הַנִּמְצָ֔א לְמִסְפַּ֖ר שְׁלֹשִׁ֣ים אֶ֑לֶף וּבָקָ֖ר שְׁלֹ֣שֶׁת אֲלָפִ֑ים אֵ֖לֶּה מֵרְכ֥וּשׁ הַמֶּֽלֶךְ: וְשָׂרָ֞יו לִנְדָבָ֗ה לָעָ֛ם לַכֹּהֲנִ֥ים וְלַלְוִיִּ֖ם הֵרִ֑ימוּ חִלְקִיָּ֡ה

וּזְכַרְיָ֣הוּ וִיחִיאֵל֩ נְגִידֵ֨י בֵּ֣ית הָאֱלֹהִ֜ים לַכֹּהֲנִ֗ים נָתְנ֤וּ לַפְּסָחִים֙ אַלְפַּ֣יִם וְשֵׁ֣שׁ מֵא֔וֹת וּבָקָ֖ר שְׁלֹ֥שׁ מֵאֽוֹת: וְכָונַנְיָ֡הוּ וּשְׁמַעְיָ֣הוּ וּנְתַנְאֵל֩ אֶחָ֨יו וַחֲשַׁבְיָ֤הוּ וִיעִיאֵל֙ וְיוֹזָבָ֔ד שָׂרֵ֖י הַלְוִיִּ֑ם הֵרִ֙ימוּ֙ לַלְוִיִּ֣ם לַפְּסָחִ֔ים חֲמֵ֥שֶׁת אֲלָפִ֖ים וּבָקָ֥ר חֲמֵ֥שׁ מֵאֽוֹת: וַתִּכּ֖וֹן הָעֲבוֹדָ֑ה וַיַּֽעַמְד֨וּ הַכֹּהֲנִ֜ים עַל־עָמְדָ֗ם וְהַלְוִיִּ֛ם עַל־מַחְלְקוֹתָ֖ם כְּמִצְוַ֥ת הַמֶּֽלֶךְ: וַיִּשְׁחֲט֣וּ הַפָּ֑סַח וַיִּזְרְק֤וּ הַכֹּהֲנִים֙ מִיָּדָ֔ם וְהַלְוִיִּ֖ם מַפְשִׁיטִֽים: וַיָּסִ֙ירוּ֙ הָעֹלָ֔ה לְתִתָּ֛ם לְמִפְלַגּ֥וֹת לְבֵית־אָב֖וֹת לִבְנֵ֣י הָעָ֑ם לְהַקְרִיב֙ לַֽיהוָ֔ה כַּכָּת֖וּב בְּסֵ֣פֶר מֹשֶׁ֑ה וְכֵ֖ן לַבָּקָֽר: וַֽיְבַשְּׁל֥וּ הַפֶּ֛סַח בָּאֵ֖שׁ כַּמִּשְׁפָּ֑ט וְהַקֳּדָשִׁ֣ים בִּשְּׁל֗וּ בַּסִּיר֤וֹת וּבַדְּוָדִים֙ וּבַצֵּ֣לָח֔וֹת וַיָּרִ֖יצוּ לְכָל־בְּנֵ֥י הָעָֽם: וְאַחַ֗ר הֵכִ֤ינוּ לָהֶם֙ וְלַכֹּ֣הֲנִ֔ים כִּ֤י הַכֹּֽהֲנִים֙ בְּנֵ֣י אַהֲרֹ֔ן בְּהַֽעֲל֤וֹת הָֽעוֹלָה֙ וְהַחֲלָבִ֔ים עַד־לָ֑יְלָה וְהַלְוִיִּם֙ הֵכִ֣ינוּ לָהֶ֔ם וְלַכֹּהֲנִ֖ים בְּנֵ֥י אַהֲרֹֽן: וְהַמְשֹׁרְרִ֤ים בְּנֵֽי־אָסָף֙ עַל־מַ֣עֲמָדָ֔ם כְּמִצְוַ֤ת דָּוִיד֙ וְאָסָ֣ף וְהֵימָ֔ן וִֽידֻת֥וּן חוֹזֵ֖ה הַמֶּ֑לֶךְ וְהַשֹּֽׁעֲרִים֙ לְשַׁ֣עַר וָשַׁ֔עַר אֵ֣ין לָהֶ֔ם לָס֖וּר מֵעַ֣ל עֲבֹדָתָ֑ם כִּֽי־אֲחֵיהֶ֥ם הַלְוִיִּ֖ם הֵכִ֥ינוּ לָהֶֽם:

וַתִּכּוֹן כָּל־עֲבוֹדַת יְהוָה בַּיּוֹם הַהוּא לַעֲשׂוֹת הַפֶּסַח וְהַעֲלוֹת עֹלוֹת
עַל מִזְבַּח יְהוָה כְּמִצְוַת הַמֶּלֶךְ יֹאשִׁיָּהוּ׃ וַיַּעֲשׂוּ בְנֵי־יִשְׂרָאֵל הַנִּמְצְאִים
אֶת־הַפֶּסַח בָּעֵת הַהִיא וְאֶת־חַג הַמַּצּוֹת שִׁבְעַת יָמִים׃ וְלֹא־נַעֲשָׂה
פֶסַח כָּמֹהוּ בְּיִשְׂרָאֵל מִימֵי שְׁמוּאֵל הַנָּבִיא וְכָל־מַלְכֵי יִשְׂרָאֵל ׀
לֹא־עָשׂוּ כַּפֶּסַח אֲשֶׁר־עָשָׂה יֹאשִׁיָּהוּ וְהַכֹּהֲנִים וְהַלְוִיִּם וְכָל־יְהוּדָה
וְיִשְׂרָאֵל הַנִּמְצָא וְיוֹשְׁבֵי יְרוּשָׁלָֽם׃ בִּשְׁמוֹנֶה עֶשְׂרֵה שָׁנָה
לְמַלְכוּת יֹאשִׁיָּהוּ נַעֲשָׂה הַפֶּסַח הַזֶּה׃

Some have the custom to read the description of the offering of the Paschal lamb in the Temple, beginning with כָּךְ הָיְתָה עֲבוֹדַת *on page 45.*

Continue with מעריב *on page 59 (on a Friday night, page 53).*

פיוטים נוספים

ADDITIONAL PIYUTIM

מערבות לליל ראשון של פסח

Some add the following alphabetical piyut, by Rabbi Meir ben Isaac of Worms (eleventh century), at the end of מערבות *for the first night.*

אֶזְכְּרָה שְׁנוֹת עוֹלָמִים, יָמִים מִקֶּדֶם
בַּנְּעָלִים יְפֵיפִית, בַּת נָדִיב הַקּוֹדֵם
גְּבוּל גָּבְוֹהַּ תְּחוּם צָעִיר רוֹדֵם
דְּגִמַת מְלָכִים בֵּית אֱלֹהִים אֲדַדֵּם
הֵרָאוֹת בָּעֲזָרָה, בְּקָרְבַּן פָּנִים לְקַדֵּם
וּבִדְמֵי פְּסָחַי מִזְבַּח הַקֹּדֶשׁ לְאַדֵּם.

זֶבַח הַמְיֻחָד לְשֵׁם בֹּקֶר וָעֶרֶב
חֹק הֲלִיכָתוֹ כָּל הַשָּׁנָה קָרֵב
טָעוּן הַקְדָּמָה, עֶרֶב פְּסָחִים לְהִתְקָרֵב
יְרוּשָׁלַיִם הַבְּנוּיָה, צֶדֶק יָלִין בָּהּ בְּקֶרֶב
כְּאֵין אַחֲרֶיהָ הֶתֵּר, וְהַמִּקְדָּשׁ חָרֵב
לַעֲבֹד בַּפֶּה נִכְסַפְתִּי, לְרֵיחַ עָרֵב.

מִדְבָּר נָוֶה, מְשׂוֹשׂ כָּל הָאָרֶץ וְעִלּוּסֶיהָ
נִשְׁחַט בָּהּ הַפֶּסַח בִּשְׁלוֹשׁ אֲכְלוּסֶיהָ
סוֹדֶרֶת עֲנִיַּת הַלֵּל לְוִיָּה בְּקִלּוּסֶיהָ
פִּרְחֵי אַהֲרֹן עוֹמְדִים בְּשׁוּרוֹת פְּלוּסֶיהָ
צִדֵּי הַיְסוֹד זוֹרֵק דְּמֵי מְקֻלָּסֶיהָ
קַטֵּר אֵמוּרִין עַל מִזְבַּח מִלּוּסֶיהָ.

רֵעִים מְנוּיָיו בַּלַּיְלָה נֶאֱכָל צָלִי
שִׂשִׂים מִצְוֹת טָעוּן וְרִבּוּעַ חֲכָלִיל
תֹּף וְחָלִיל יִשְׂאוּ יְהוּדָה וְגָלִיל
מֵקִים דְּבַר עַבְדּוֹ, וַעֲצָתוֹ בַּעֲלִיל
אוֹמֵר לִירוּשָׁלַיִם תּוּשַׁב, וְחָרְבוֹתֶיהָ אֲתַלִּיל
בְּרִבְיוֹן יֹפִי, צִיּוֹן חֹק תַּכְלִיל
חֵילָהּ וְאַרְמְנוֹתֶיהָ בְּסֻכַּת שָׁלֵם תַּטְלִיל
תַּחְפֹּץ זִבְחֵי־צֶדֶק, עוֹלָה וְכָלִיל: תהלים נא

*Continue with "*בָּרוּךְ*" on page 71.*

יוצר ליום טוב ראשון של פסח

שחרית is said up to and including בָּרְכוּ *(page 461).*

בָּרוּךְ אַתָּה יהוה אֱלֹהֵינוּ מֶלֶךְ הָעוֹלָם
יוֹצֵר אוֹר וּבוֹרֵא חְשֶׁךְ
עֹשֶׂה שָׁלוֹם וּבוֹרֵא אֶת הַכֹּל.

אוֹר עוֹלָם בְּאוֹצַר חַיִּים, אוֹרוֹת מֵאְפֶל אָמַר וַיֶּהִי.

The piyutim said by the שליח ציבור *in* שחרית *are commonly called* יוצרות*. The* יוצר *for the first day of* פסח*, composed by Rabbi Shlomo HaBavli (see commentary on page 487), follows a clear pattern: every stanza includes the first words of a verse of* שיר השירים*. This pattern was scrupulously followed by many later composers of* יוצרות*, including those for the second day and for* שבת חול המועד*.*

*The name "*יוצר*" refers only to the first piyut, said at the beginning of the first blessing of the* שמע*. The* יוצר *of this set follows a quadruple alphabetic acrostic in the first and third stichs of each stanza; the second stich creates an acrostic of the composer's name and a prayer for himself, and the fourth is a quote from* שיר השירים א:א–ג׳*. This piyut gained wide popularity; the line* טָס מַטַּע מְזָרִים... *was mentioned by Rashi in his commentary to* שמות כו, טו*, and the final line by the* תוספות *on* בבא בתרא יד ע״א*.*

אוֹר יֶשַׁע מְאֻשָּׁרִים שִׁמּוּר זֶה מְכֻשָּׁרִים
אֲהוּדֶנּוּ בִּידִידָיו כְּשָׁרִים שִׁיר הַשִּׁירִים.

אַיֶּלֶת אִוּוּי תְּשׁוּקוֹת לְחִלּוּחַ עִיּוּף שׁוֹקֵקוֹת
אֲסָמַי שַׂבַע לְהַשְׁקוֹת יִשָּׁקֵנִי מִנְּשִׁיקוֹת.

בְּרוּכֵי מֵעֲלָמוֹת מִשְׁמַנֶּיךָ מוֹשְׁלֵי גִּנְזֵי מִכְמַנֶּךָ
בְּשַׂמְתָּם תַּמְרוּק סַמְמָנֶיךָ לְרֵיחַ שְׁמָנֶיךָ.

בְּנֵי בֵיתְךָ וְחוֹרֶיךָ הִנָּם חָזֵי סְחָרֶךָ
בֵּית מִדִּין צְחָרֶיךָ מָשְׁכֵנִי אַחֲרֶיךָ.

גֵּאֶה וְרַב עֲנָוָה הוֹדִי מִבָּנוֹת נָוָה
גַּם כִּי דָוָה שְׁחוֹרָה אֲנִי וְנָאוָה.

גַּחַל כִּי מְחֻרְחֶרֶת קָרַב רַגָּז סְחַרְחֶרֶת
גַּחַן קְדוֹרַנִּית כַּחֶרֶת אַל־תִּרְאֻנִי שֶׁאֲנִי שְׁחַרְחֹרֶת.

דּוֹלִי וּמִכְמְדְלִי בְּדָלִי   טוֹטֶפֶת כְּלִילוֹ גְּדָלִי
דִּגְלִי עֹז מִגְדָּלִי   הַגִּידָה לִּי.

דָּרְבוֹנִי מְלַמֵּד מַרְדְּעִי   נָתוּן רוֹעֶה דַּרְדְּעִי
דָּן וְהוֹכִיחַ פִּדְעִי   אִם־לֹא תֵדְעִי.

הִדְרִיךְ סוּס לִמְנוּסָתִי   בַּיָּם בְּקַע לְבְסִיסָתִי
הֱמִירוֹ וּמָלֵא בְּפִסָּתִי   לְסֻסָתִי.

הִתְרַנִּי מִלֵּי חַיַּיִךְ   רְטִיַּת נוֹמֵי מְחַיַּיִךְ
הַזֶּה וְהַבָּא לְתַחַיַּיִךְ   נָאווּ לְחָיַיִךְ.

וְחַנְנִי חֵן מְצֹהָב   בְּנִצּוּל צוּל רַהַב
וְכַבִּיר הִצְבִּיר יְהַב   תּוֹרֵי זָהָב.

וְלִבִּי גַּס בּוֹ   יָדַע סִיג סְבוֹ
וְסַר בְּאוֹכֶל עֶשְׂבּוֹ   עַד־שֶׁהַמֶּלֶךְ בִּמְסִבּוֹ.

זִמֵּן זְמַן מִזְמוֹר   יִחוּר עָרִיצִים לִזְמֹר
זִבְלַנִי בַּצַּר לִכְמֹר   צְרוֹר הַמֹּר.

זִלְזוּל כְּרוּם כֹּפֶר   הִזִּיל כַּרְכֹּם חֵפֶר
זִיף חוֹב מִסֵּפֶר   אֶשְׁכֹּל הַכֹּפֶר.

חָשַׁק חִבַּת רֵעוּתִי   וְחָפֵץ חֶלְבֵי רַעְוָתִי
חִוָּה לְחֻפַּת יְרִיעָתִי   הִנָּךְ יָפָה רַעְיָתִי.

חָשׁ חִפְּשִׂי מִדּוּדִי   דִּיֵּץ בְּרִוּוּי דוֹדִי
חִנַּנְתִּיו, חֲתָנִי יְדִידִי   הִנְּךָ יָפֶה דוֹדִי.

טִלְטֵל פְּנִיקְטֵי נִתְרָזִים   הָרִים עוֹקֵר וּתְרָזִים
טָס מַטַּע מְזֹרָזִים   קֹרוֹת בָּתֵּינוּ אֲרָזִים.

טִירַת בֵּיתוֹ נֶאֱצֶלֶת   יִתְּנֵנִי רֹן מְצַהֶלֶת
טַכְסִיס חֲתֻנָּה מְצַלְצֶלֶת   אֲנִי חֲבַצֶּלֶת.

יַעֲלוּ רוֹם מְתוּחִים   חֲרוּשִׁים, דּוּשִׁים, תְּחוּחִים
יָאִים, עֲרֵבִי נִיחוֹחִים   כְּשׁוֹשַׁנָּה בֵּין הַחוֹחִים.

יָצִיץ וְלֹא לְמִצְעָר   יֶתֶר שְׂאָר מִזְעָר
יִפְרַח לִוּוּי מַעַר   כְּתַפּוּחַ בַּעֲצֵי הַיַּעַר.

כִּתְּרַנִי מֵהַכְשֵׁר זַיִן   הִרְכַּבַנִי מְלֹא עַיִן
כְּתָב רְאָיָה וּמִנְיָן   הֱבִיאַנִי אֶל־בֵּית הַיָּיִן.

כִּלְכַּל עֶדְנִי מִתְּשִׁישׁוּת   יִסְּרַנִי קָשׁוֹת מְקֻשָּׁשׁוֹת
כּוֹנַנְתִּי חוֹלַת חֲשָׁשׁוֹת   סַמְּכוּנִי בָּאֲשִׁישׁוֹת.

לֹא דֶרֶךְ כְּהִפְלִישִׁי   גַּם צִיָּה כְּהִפְרִישִׁי
לְמָסָךְ וּפִנּוּי טְרָשִׁי   שְׂמֹאלוֹ תַּחַת לְרֹאשִׁי.

לֵב אֶחָד וּשְׁכֶם   דָּאִים כְּעָב לְמָשְׁכֶם
לַאֲסִירִים יַחְפֹּץ כְּסֶכֶם   הִשְׁבַּעְתִּי אֶתְכֶם.

מִבּוֹר תַּחְתִּית רְדוּדִי   לַחַץ עַקְרַבֵּי גְּדוּדִי
מִהֵר, קִדֵּר מְדוּדִי   קוֹל דּוֹדִי.

מִבֵּית חֹמֶר קִצְבִי   בֵּית חַיִּים נִצְּבִי
מְצַפִּי, מְצִיפִי, מַצְבִּי   דּוֹמֶה דוֹדִי לִצְבִי.

נַחֲלָה שָׁפְרָה לִי   תִּקְוַת שִׁלּוּשׁ גּוֹרָלִי
נְעִימוֹת בְּמַר לִי   עָנָה דוֹדִי וְאָמַר לִי.

נָם תַּתִּי סְבָר   וְרַק אֵין דָּבָר
נוּסוּ, נוּדוּ כְּבָר   כִּי־הִנֵּה הַסְּתָו עָבָר.

סַרְסוּר זֵרוּז מֶרֶץ   רֹאשׁ פֵּרוּז הֶרֶץ
סְלֹל שָׁלוֹם וָתֶרֶץ   הַנִּצָּנִים נִרְאוּ בָאָרֶץ.

סַפֵּק עַתִּיק מְפִיגֶיהָ   הָפֵק מַמְתִּיק פִּיגֶיהָ
סַלֵּת סֹלֶת סְפוּגֶיהָ   הַתְּאֵנָה חָנְטָה פַגֶּיהָ.

עֲקַלָּתוֹן נוֹשֵׁף קֶלַע וּפִיתוֹם מְכַשֵּׁף נִצְלַע
עָרֵב סִלְסוּל בְּהַקְלַע יוֹנָתִי בְּחַגְוֵי הַסֶּלַע.

עֲרוּדִים עִם עֲלִים מַדּוּ זָדוּ שְׁעוּלִים
עִנְיַן לֹא מַעֲלִים אֶחֱזוּ־לָנוּ שׁוּעָלִים.

פְּתִיגִיל וְעָגִיל בְּדָלִי עֲנוּק פְּנוּק קְדָלִי
פָּנִים בְּפָנִים הִשְׁדִּילִי דּוֹדִי לִי.

פֹּעַל בָּם תָּפוּחַ שָׂכָר לֹא קָפוּחַ
פְּקֹד דָּר טָפוּחַ עַד שֶׁיָּפוּחַ.

צִמְצֵם שִׁכְנוֹ מֶרְכָּבִי יוֹם חִנּוּךְ כַּרְכּוּבִי
צִפִּיתִי פֹּה עִכּוּבִי עַל־מִשְׁכָּבִי.

צְבִי קֹדֶשׁ מְנֵּה מְקוֹם מִבְחַר מָנָה
צִיּוֹן רֹאשׁ אֲמָנָה אָקוּמָה נָּא.

קָרַצְתִּי, דַּצְתִּי בְּאוֹמְרִים טַפְתִּי, נַפְתִּי בְּמוֹרִים
קִלְקַלְתִּי שְׁמָנִים שְׁמָרִים מְצָאוּנִי הַשֹּׁמְרִים.

קִנְיַן כִּי שָׁבַרְתִּי וְטוּב לֹא סָבַרְתִּי
קָדְשׁוֹ לוּלֵא חִבַּרְתִּי כִּמְעַט שֶׁעָבַרְתִּי.

רָשַׁם אִסָּר בִּצְבָאוֹתֵיכֶם בְּזִעְזוּעַ חִיל אֱיָלוּתְכֶם
רִחוּק דִּחוּק אוֹתְכֶם הִשְׁבַּעְתִּי אֶתְכֶם.

רֵישׁ גָּלֵי כְּהֶעֱלָה יוֹנָה תַּמָּה עֲלָה
רָגְשׁוּ בְּנֵי עַוְלָה מִי זֹאת עֹלָה.

שֵׁרוּת שַׁפְרִיר שִׁטָּתוֹ מַטּוֹת וְרִבּוֹא חִטָּתוֹ
שַׁעַר צֵא וְשִׁטָּתוֹ הִנֵּה מִטָּתוֹ.

שִׁירַת עִרְבּוּב מִלְּעָרֵב אָמְנוּת אַבּוּב עָרֵב
שִׁירוֹת נִבּוּב הֶרֶב כֻּלָּם אֲחֻזֵי חֶרֶב.

תָּאָיו פֶּסֶק לוֹ מְלֵאוֹת כְּנֵי טְרַסְקֵלוֹ
תַּטְלִיל חָסָה לוֹ אַפִּרְיוֹן עָשָׂה לוֹ.

תֹּאַר פָּנִים מֵהַכֶּסֶף נְעָמוֹ יְדִידוּת כֶּסֶף
תַּבְנִית אוֹת יוֹסֵף עַמּוּדָיו עָשָׂה כֶסֶף.

The יוצר *is immediately followed by a second piyut, in which each stanza has three stichs, the first of which is a quote from* שיר השירים ג:יא–ה:ט*. The words* מַה־דּוֹדֵךְ מִדּוֹד *appear twice in verse* ה:ט*, which is reflected in their repetition in this piyut. The opening word of the piyut's final stanza,* דּוֹדִי*, is also the start of* שיר השירים ה:י*, leading us to "*הַמֵּאִיר לָאָרֶץ*".*

In many congregations, the five opening lines are recited responsively: the שליח ציבור *recites the biblical quote, then the* קהל *says the rest of the line together.*

צְאֶינָה וּרְאֶינָה מַשְׂכִּיל שִׁיר יְדִידִים / רִנַּת חֲתֻנַּת דּוֹדִים.
הִנָּךְ יָפָה דַּת דִּין וּפִקּוּדִים / כָּפַל יָחִיד לִפְקוּדִים.
שִׁנַּיִךְ הַרְחֵק כְּאוֹר חֲמוּדִים / קָשׁוּט לָשׁוֹן לְמוֹדִים.
כְּחוּט הַשָּׁנִי טַעַם זְיַן יְלִידִים / נֶגְדּוֹ שִׁלֵּם לַיְלָדִים.
כְּמִגְדַּל דָּוִיד יִקְרַת פִּנַּת יְסוֹדִים / גְּבוּל הוֹרָיוֹת יְסוֹדִים.

All:

שְׁנֵי שָׁדַיִךְ דִּבּוּק אַחִים חֲסִידִים / לְרוֹעִים תַּיָּרִים חֲסוּדִים.
עַד שֶׁיָּפוּחַ הַיּוֹם יוֹם צְדָקָה לַחֲרֵדִים / חִבּוּל זֵדִים זֵרְדִים.
כֻּלָּךְ יָפָה בְּלִי מוּם מְכֻבָּדִים / תָּם וְחֶלְקוֹ מְזֻבָּדִים.
אִתִּי מִלְּבָנוֹן כַּלָּה וְעוֹד שְׁכִינָה בְּשִׁעְבּוּדִים / רָצוּף בְּבוֹא מֵאֲבוּדִים.
לִבַּבְתִּנִי אֲחֹתִי כַלָּה הַבַּת בַּת נְגִידִים / אַהֲבַת חִבַּת אֲגוּדִים.
מַה־יָּפוּ דֹדַיִךְ
אֲחֹתִי כַלָּה מְנוּחָה וּשְׁאָר וְעוּדִים / וּשְׁמָנַיִךְ קְרִית מוֹעֲדִים.
נֹפֶת תִּטֹּפְנָה
שִׂפְתוֹתַיִךְ כַּלָּה אַחֲוַת מְשִׁיחִים עוֹמְדִים / מִבְּלִי קִנְאָה מְצֻמָּדִים.
גַּן נָעוּל נָקָם וְאֵין מַגִּידִים / סָתוּם לְתִלְבֹּשֶׁת הַבְּגָדִים.
שְׁלָחַיִךְ פַּרְדֵּס שְׁפַר נָאִים וַהֲדוּרִים / לְטַכְסִיס מְלָכִים אֲדוּרִים.
נֵרְדְּ וְכַרְכֹּם מֶזֶה וּמִזֶּה סְדוּרִים / הַחוּט הַמְשֻׁלָּשׁ גְּדוּרִים.

מַעְיַן גַּנִּים הֲדָחַת קַלִּים וַחֲמוּרִים / טְבִילַת נְקִיּוּת שְׁמוּרִים.
עוּרִי צָפוֹן וּבוֹאִי תֵימָן יַחַד לִכְנֵס נִסְעָרִים / גָּלוּת כָּל שְׁעָרִים.
בָּאתִי לְגַנִּי אֲחֹתִי כַלָּה דְּגִמַת מִלּוּאִים גְּמוּרִים / לְקַבֵּל אֵיבָרִים וְאֵמוּרִים.
אֲנִי יְשֵׁנָה בִּיאַת עִיר מִשְׁעִירִים / תּוֹחֶלֶת יִסְחָבוּם צְעִירִים.
פָּשַׁטְתִּי אֶת־כֻּתָּנְתִּי רַבָּתִי וּשְׁנֵי כְּתָרִים / הָאוּרִים וְתֻמֵּי סְתָרִים.
דּוֹדִי שָׁלַח יָדוֹ אָז לִסְעֹד הוֹרִים / מְזֻמָּן עוֹד לְנִמְהָרִים.
קַמְתִּי נִצַּבְתִּי בְּחֶמֶד הָרִים / וְדַצְתִּי אִצְּתִי בְּזָהֳרִים.
פָּתַחְתִּי מֵאֵלִי בְּנִטּוּף מוֹרִים / נַעֲשֶׂה וְנִשְׁמַע אֲמָרִים.
מְצָאֻנִי לְגִיּוֹנוֹת סְבָבוּנִי כִּנְהָרִים / עוֹמֵד כַּהֲדַסִּים בֶּהָרִים.
הִשְׁבַּעְתִּי דְּרֹשׁ דּוֹד מֵישָׁרִים / סוּר מֵרְכְסֵי קְשָׁרִים.
מַה־דּוֹדֵךְ מִדּוֹד לֶעָתִיד שְׁאוּל נִפְשָׁרִים / הֵם בָּאֻמּוֹת הַכְּשֵׁרִים.

מַה־דּוֹדֵךְ מִדּוֹד נוֹאֲמִים בָּזֶה הַקּוֹשְׁרִים / נֶגֶד נֶהֱרָגִים כַּשְּׁוָרִים.
נֵזֶר יִחוּדוֹ קוֹשְׁרִים / נֶצַח מַלְכוּתוֹ שָׁרִים.

דּוֹדִי נָעֳמוֹ עִמּוֹ מֵישָׁרִים / נִכְתָּב וְנִקְרָא בַּשִּׁירִים
צִדְקוֹתָיו לְרֵיקִים מְחַזְּרִים / צְבִיוֹנוֹ עֲשׂוֹת מִתְאַזְּרִים
צְפוּתֵנוּ צְפוּת מְשַׁחֲרִים / צִיּוּן עַמּוּד שְׁחָרִים
צוּר קוֹנֵנוּ מַכְתִּירִים / צָרְכֵּנוּ בְּפֶלֶל מַעְתִּירִים
חָזֵה נֶחֱזֶה בְּבֵאוּרִים / חָשְׁכֵּנוּ לָעַד לְאוֹרִים
‹ חַי זַכֵּנוּ כְּמִתְפָּאֲרִים / קַיָּם לְדוֹר דּוֹרִים
הַמֵּאִיר לָאָרֶץ וְלַדָּרִים.

*Continue with "*הַמֵּאִיר לָאָרֶץ*" on page 463 (on* שבת*, with "*הַכֹּל יוֹדוּךָ*" on page 465) to "*מְלֹא כָל־הָאָרֶץ כְּבוֹדוֹ*" on page 471.*

The following piyut, known as the אופן*, comprises the second part of the* יוצר*. Its six stichs begin with the opening words of* שיר השירים ה:יא–טו*, continuing where the previous piyut left off. The piyut is followed by the stanza* וְהַחַיּוֹת יְשׁוֹרֵרוּ*, as per the Ashkenazi format of the* יוצרות*.*

רֹאשׁוֹ כֶּתֶם פָּז
תָּג עִטּוּר כֶּתֶר / תָּחֵן יוֹחַן עֶתֶר
שִׁכְנוֹ בְּיוֹשֵׁב סֵתֶר / שָׁלִיחַ מְפָרֵשׁ פּוֹתֵר
רָם וְנִשָּׂא בְּיוֹתֵר / רַב בַּנְיָן וְסוֹתֵר
קוֹרְאָיו פֶּתַח חוֹתֵר / קִבֵּל כִּנְתוּחַ בֶּתֶר.

עֵינָיו כְּיוֹנִים
צַד רִבּוּעַ דְּפָנִים / צוֹפוֹת צָפִים צְפוּנִים
פְּתוּחוֹת שִׂיחַ סְפוּנִים / פּוֹנוֹת לְאֵלָיו פּוֹנִים
עָתִיד וְגָנוּז פְּנִינִים / עָרוּךְ נֶגְדּוֹ מִלְּפָנִים
סִכְיוֹנוֹ אֵין לְפָנִים / שְׂרָפִים וְחַיּוֹת וְאוֹפַנִּים.

לְחָיָו
נְטוּף מוֹר לְקָחִים / נְעִימִים אֲמָרִים מַלְקוֹחִים
מִגְדְּלוֹת מֶרְקַח רִקּוּחִים / מַתַּן לְנֶפֶשׁ פִּקּוּחִים
לוּחוֹת חֲרוּת מְשִׂיחִים / לֵב עָלֵב מְשַׂמְּחִים
כְּאֵב מַמְרִיחִים וּמוֹשְׁחִים / כַּעֲרוּגַת עֲרֵבִים שִׂיחִים.

יָדָיו
יְדֵי אָדָם פְּשׁוּטוֹת / יְצוּרָיו לְקַבֵּל מַלְשָׁטוֹת
טוֹעִים דֶּרֶךְ קוֹשְׁטוֹת / טֶרֶף לְכָל מוֹשִׁיטוֹת
חֲזָקוֹת וּמַחֲזִיקוֹת מָטוֹת / חִישׁ מְדֻחֵי מְלַקְּטוֹת
זְכוּת מְגַלְגְּלוֹת וּמַטּוֹת / זַעַם הַדִּין מְלַנְּטוֹת.

שׁוֹקָיו
וָעַד כָּתְלֵנוּ מְצָרֵף / וְתַחַת רַגְלָיו שְׂרַפְרֵף
הֲדוֹמוֹ מַרְעִיד וּמְרַפְרֵף / הַיָּם מַלְחִיךְ וּמְשָׂרֵף.

חִכּוֹ מַמְתַקִּים
דָּת מְשָׁלִים עַתִּיקִים / גּוֹזֵר אֹמֶר וּמֵקִים
בְּדִבְרוֹ שֻׁפַּר שְׁחָקִים / אָמַר וַיִּקְרָא אֲרָקִים
שִׁבְחוֹ לְגִיוֹנָיו מְפִיקִים / הֲמֻלַּת הָמוֹן אֲפִיקִים
חָלִים, זָעִים, קְרִיאַת שִׁלּוּשׁ קְדֻשָּׁה מַסְפִּיקִים.

וְהַחַיּוֹת יְשׁוֹרֵרוּ
וּכְרוּבִים יְפָאֵרוּ
וּשְׂרָפִים יָרֹנּוּ
וְאֶרְאֶלִּים יְבָרֵכוּ
פְּנֵי כָל חַיָּה וְאוֹפָן וּכְרוּב לְעֻמַּת שְׂרָפִים
לְעֻמָּתָם מְשַׁבְּחִים וְאוֹמְרִים

All say aloud:

יחזקאל ג

בָּרוּךְ כְּבוֹד־יהוה מִמְּקוֹמוֹ:

*Continue with "*לְאֵל בָּרוּךְ*" on page 473 to "*אֵין אֱלֹהִים זוּלָתֶךָ*" on page 483.*

The third piyut in the יוצר *is known as the* זולת.

The last stich of each stanza continues the verses of שיר השירים *from the previous piyut. The three closing lines, beginning with* מִשְׁוִיּוֹת, מַסְרִיחַ רְדִידִי*, all paraphrase the final verse,* שיר השירים ח:יד.

אֲהֵבוּךָ נֶפֶשׁ לְהָדֵךְ / מוֹנִים בּוֹטֵחַ וְשׁוֹדֵךְ   אָנָה הָלַךְ דּוֹדֵךְ.
בְּשׁוּב נוֹחֵךְ גְּנוּנוֹ / רְבָבָה תְּרַנֵּן בְּגִינוֹ   דּוֹדִי יָרַד לְגַנּוֹ.
גָּשִׁים נִבְנָה כְּהַחְדִּילִי / דּוֹבְבִים נֵלְכָה לְהַבְדִּילִי   אֲנִי לְדוֹדִי וְדוֹדִי לִי.
דִּמֵּנִי נָאוָה וּתְרוּצָה / כִּנֵּנִי בְּלֹא פִרְצָה   יָפָה אַתְּ רַעְיָתִי כְּתִרְצָה.
הִזְהִירַנִי מִמַּעַשׂ מְעַנַּיִךְ / הִתְעֵב גֵּיא כְנַעֲנַיִךְ   הָסֵבִּי עֵינַיִךְ.
וְעַמֵּךְ כֻּלָּם הִלּוּלִים / קֹדֶשׁ וְלֹא חֻלִּים   שִׁנַּיִךְ כְּעֵדֶר הָרְחֵלִים.
זְבֻלֵנִי זְבוּל אַרְמוֹן / טִיֵּב יוֹשְׁבֵי אָמוֹן   כְּפֶלַח הָרִמּוֹן.
חַכְמֵי מַלְאֲכוֹת מְלָאכוֹת / נֶצַח עוֹלָם הֲלִיכוֹת   שִׁשִּׁים הֵמָּה מְלָכוֹת.
טוֹעֲנִים אֲסֻפּוֹת גַּנָּתִי / יַחַד נוֹטְעִים כַּנָּתִי   אַחַת הִיא יוֹנָתִי.
יְשָׁרָם יָלִיץ הַתְּקָפָה / גַּבְהוּת קֶרֶן זְקוּפָה   מִי־זֹאת הַנִּשְׁקָפָה.
כַּעַס וּשְׂחוֹק יָגוֹז / דַּלַּת רֹאשׁ מִלָּגוֹז   אֶל־גִּנַּת אֱגוֹז.
לְגוֹלֵל אֶבֶן צִמְּתַתְנִי / בְּאֵר חַיֵּי צִימַּתְנִי   לֹא יָדַעְתִּי נַפְשִׁי שָׂמַתְנִי
מָתַי לְחָצִיר נַעֲמִית / תּוֹעָה וּמַתְעָה לְהַעֲמִית   שׁוּבִי שׁוּבִי הַשּׁוּלַמִּית.
נָאִים לְהִתְנַדֵּב מְעֻלִּים / רְאוּת וּלְקַלֵּס מוֹעֲלִים   מַה־יָּפוּ פְעָמַיִךְ בַּנְּעָלִים.

סֵדֶר עֲבוֹדָה מְהֻגָּן / הֵשַׁב לְשִׁיתוֹ נִגָּן שָׁרְרֵךְ אַגַּן.
עֵרֶךְ אֵילִים וּפָרִים / כְּאָז בְּיַד סוֹפְרִים שְׁנֵי שָׁדַיִךְ כִּשְׁנֵי עֳפָרִים.
פֶּתַח שִׁיר מְלַדֵּל / הֲדַר זָקֵן מְגַדֵּל צַוָּארֵךְ כְּמִגְדָּל.
צוּ חֶסֶד כְּגוֹמֵל / וְנִשָּׂא כְּאָמוּר חוֹמֵל רֹאשֵׁךְ עָלַיִךְ כַּכַּרְמֶל.
קֶלֶס תָּמוּר אַשְׁמַת / גְּנַאי זִכְרוֹנֵךְ שַׁמַּת מַה־יָּפִית וּמַה־נָּעַמְתְּ.
רִיב לְטוֹב יוֹמַר / וּלְשִׁפְלוּת עֵמֶק יְזַמֵּר זֹאת קוֹמָתֵךְ דָּמְתָה לְתָמָר.
שַׁתֵּף בְּכָל מִשְׁמָר / כֻּלָּם צַדִּיקִים בְּמַאֲמָר אָמַרְתִּי אֶעֱלֶה בְתָמָר.
תַּעַן דָּבָר טוֹב / שׁוּרָה אַחַת לַחֲטֹב וְחִכֵּךְ כְּיֵין הַטּוֹב.

שְׁחוֹרָה וְנָאוָה תְּשׁוּקָתוֹ / לֹא מֵרֹב חֲשׁוּקָתוֹ אֲנִי לְדוֹדִי וְעָלַי תְּשׁוּקָתוֹ.
מֵחֲפוּרִים שׁוּר שְׁפוּרִים / הִסְתַּכֵּל בְּךָ כּוֹפְרִים
לְכָה דוֹדִי, נֵצֵא הַשָּׂדֶה נָלִינָה בַּכְּפָרִים.

בִּינָה רְצוּי תּוֹרְמִים / בִּיסוּס עוֹלָם גּוֹרְמִים נַשְׁכִּימָה לַכְּרָמִים.
יִתֵּן קוֹל צוֹרֵחַ / הַטּוֹבוֹת וְהָרָעוֹת הַפֹּרֵחַ הַדּוּדָאִים נָתְנוּ־רֵיחַ.
דּוֹדִי נוֹחַ לִי / הַמְנַחֲמִי וּמוֹחֵל לִי מִי יִתֶּנְךָ כְּאָח לִי.
חֲזוּת כְּאָז צְבָאֲךָ / זֹהַר שְׁכִינַת מוֹרָאֲךָ אֶנְהָגְךָ, אֲבִיאֲךָ.
קְרוֹבְךָ עַם דַּבְקֵנִי / וְסַת שִׁבְחֲךָ סַפְּקֵנִי
שְׂמֹאלוֹ תַּחַת רֹאשִׁי וִימִינוֹ תְּחַבְּקֵנִי.
אַחֲרִית לְטַהֵר שׁוּלַיִם / מַהֵר לְשַׁלֵּשׁ בִּכְפָלַיִם
הִשְׁבַּעְתִּי אֶתְכֶם, בְּנוֹת יְרוּשָׁלָיִם.
צִיּוּן רְשָׁפִים מְלַבֵּךְ / מִי זֹאת כִּלְבָבֵךְ שִׂימֵנִי כַחוֹתָם עַל־לִבֶּךָ.
אוֹדוֹת רְאוּת מְרֻבִּים / דֶּרֶךְ לַעֲבֹר מְסֻבִּים מַיִם רַבִּים.

בִּיטָה עֲנִיָּה לְנַחֲמָה / תַּעֲרֹת אָחוֹת אִם חוֹמָה אֲנִי חוֹמָה.
וִיהוּדָה כֶּרֶם גַּפְנִי / רֶגֶל הַהֵיכָל לִפְנִי כַּרְמִי שֶׁלִּי לְפָנָי.
אֶלֶף הַמָּגֵן מְגִנִּים / אֶדֶר שָׂרִים סְגָנִים הַיּוֹשֶׁבֶת בַּגַּנִּים.
מִסְרִיּוֹת מַסְרִיחַ רְדִידַי / נֵרְדְּ וָרֶד יְדִידַי בְּרַח דּוֹדִי.
וּדְמֵה־לְךָ בְּטִיּוּלִים / אַמֵּץ כְּאָז חֲיָלִים לִצְבִי אוֹ לְעֹפֶר הָאַיָּלִים.
מִשְׁקַל בְּמִשְׁקַל סַמִּים / נִיחוֹחַ מֹר שָׁמִים עַל הָרֵי בְשָׂמִים.

The זולת *is followed by three short stanzas, which follow the form of a* סילוק*, a piyut before* קדושה *(for example, see page 1198). These lead to the description of* שירת הים*, indicating that it was intended to supersede the passage beginning with "*עֶזְרַת אֲבוֹתֵינוּ*", and to be followed with "*מִי־כָמֹכָה בָּאֵלִם ה׳*"; however, this is not followed by Ashkenazi custom.*

עַל הָרֵי בְשָׂמִים סֹב דְּמֵה־לְךָ דוֹדִי / מַשְׁגִּיחַ, מֵצִיץ מֵחֲרַכֵּי בֵּית וַעֲדִי
קוּמִי לָךְ רַעְיָתִי, דְּפֹק לְעוֹדְדִי / כִּי דַלּוֹתִי מְאֹד, מַמְתֶּנֶת מְעִידִי
תהלים ג יוֹשֶׁבֶת עֲגוּמָה וַעֲגוּנָה וְאֵין מְוַעֲדִי / וְאַתָּה יהוה מָגֵן בַּעֲדִי.

אֶל גִּבְעַת הָעֲרָלוֹת / מֹר וּלְבוֹנָה וַאֲהָלוֹת / הַבֵּט מִמַּעֲלוֹת
כִּי מַכּוֹת נַחְלוֹת / קוּמָה, קַדְּמָה חוֹפֵשׂ עוֹלוֹת, עֲלִילוֹת
טֶנֶף וּגְעִילוֹת / יְחַלֵּל קֹדֶשׁ מְעִילוֹת / נָא שְׁבֹר זְרוֹעוֹ מִלְּהַעֲלוֹת תְּעָלוֹת
וְעַם קְהִלּוֹת בְּמַקְהֵלוֹת / לְהוֹדוֹת הַלֵּלוֹת.

עַל הָרֵי בָתֶר, עַל אַחַד הֶהָרִים / יֵרָאֶה לִבְחִירִים / גְּמוּל פֹּעַל הוֹרִים
דֻּבִּים, נְמֵרִים / אֲרָיוֹת וַחֲזִירִים / פָּרִים אַבִּירִים / לְפַסֵּג גִּזְרֵי גְזָרִים
כִּיקַר כָּרִים / כָּלִים גְּמוּרִים / תּוֹר וְגוֹזָל שְׁלֵמִים, וְלֹא חֲסֵרִים
שְׁמוּרִים בְּלֵיל שִׁמֻּרִים / הַלֵּל גּוֹמְרִים / כְּעוֹבְרִים שָׁרִים זְמָרִים
אָשִׁירָה לַיהוה אוֹמְרִים.

*Continue with "*עֶזְרַת אֲבוֹתֵינוּ*" on page 483.*

מוסף ליום טוב ראשון של פסח

תפילת טל ארוכה

On the Festivals, the Ashkenazi custom is to say only one קרובה *(cycle of piyutim) each day of* יום טוב*. Normally, the* קרובה *is said during the* חזרת הש״ץ *of* שחרית*; however, on the first day of* פסח*,* תפילת טל *is said as a* קרובה *during* מוסף *(likewise, on* שמיני עצרת*,* תפילת גשם *is the* קרובה *of* מוסף*).*
The format of this קרובה *is different from that of most* קרובות*: it included a piyut for each of the seven blessings (according to the Ashkenazi custom, only the piyutim for the first two blessing are said). Usually positioned before the* קדושה*, most of this* קרובה *precedes the announcement "*מַשִּׁיב הָרוּחַ וּמוֹרִיד הַטָּל*". Following the piyut for the second blessing, a* רשות *(prefatory prayer, asking permission) is said, followed by several piyutim. Nowadays, most congregations omit this section, continuing with the concluding piyut "*טַל תֵּן*".*

חזרת הש״ץ is said up to נְקוּקֵי סְעִיפִים *(page 663).*

אֵרָשֶׁה אֶרֶשׁ רַחֲשׁוֹן / בְּאֶרֶשׁ נִיב וְלָשׁוֹן
אַתְחִין בְּחִין לַחֲשׁוֹן / דִּבְבִי מִלַּעֲשׁוֹן
בְּעַד נְצוּרֵי כְּאִישׁוֹן / אֶפְגְּעָה בְּלִי לִישׁוֹן
בַּקָּשָׁה כְּשֵׁי נַחְשׁוֹן / אֲרָצֶה בָּרִאשׁוֹן.

גְּרוֹנִי בַּל יְנֻטַּל / מִקְרָא לְרָם וְנִטָּל
גֵּוִי בַּל יֻטַּל / מֵהַזְכִּיר גְּבוּרוֹת טַל
דֵּעִי בַּל יְבֻטַּל / רְשׁוּת מִלְּטַל
דּוֹדִי יִתְנַטַּל / בְּשֶׂיחַ תְּפִלַּת טָל.

הֲמוֹן לוֹ נִכְסָף / לַעֲדַת אֵל אֶאֱסַף
הוּא אִתָּם יִתְאַסַּף / וּלְמַעֲשָׂיו יִכְסַף
וְאֶתְיַצְּבָה בַּסַּף / לְחַלּוֹת פְּנֵי יָסַף
וְאִמְרַת טַל אֶחֱסַף / לְחַבְּרֶנָּה בְּמוּסָף.

זֶבֶד מַשְׂאַת בָּר / וְאָבִיב נְשִׁיקוֹת בָּר
זַעַק פִּי יְכֻבָּר / וְשִׂיחַ לְשׁוֹנִי יְגֻבָּר
חֵן וָחֶסֶד יְחֻבָּר / לְחַנְנִי עַל דָּבָר
חַשְׁרַת מַיִם יְעֻבָּר / כִּי־הִנֵּה הַסְּתָו עָבָר: שיר השירים ב

טַעַם רִנּוּן / וְשַׁאַג שִׁנּוּן
טַלְתִּי בְּתַחֲנוּן / אֶת פְּנֵי חַנּוּן
יְשִׁישַׁי לְחַנֵּן / בְּזֵכֶר יֵין לְבָנוֹן
יְדוּעַי לְגַנּוֹן / בְּפָסוּחַ וְגָנוֹן.

כְּשָׁרִים וְכַחֲלָלִים / אֲהַלֵּל כְּבַחֲלִילִים
כְּמִפִּי עוֹלָלִים / אֲשׁוֹרֵר הִלּוּלִים
לְשָׂא דֵעַ פְּלִילִים / צַגְתִּי בְּמַסְלוּלִים
לְהַזְכִּיר בְּפִלּוּלִים / שֵׁוַע גְּבוּרוֹת טְלָלִים.

מִטַּעַם זְקֵנִים / אֶתְבּוֹנֵן עַד זְקוּנִים
מוֹרִים תִּקּוּנִים / כְּדַת מְתֻקָּנִים
נֹפֶת נְבוֹנִים / בִּינַת עַם מְבִינִים
נְטִיעַת דָּרְבוֹנִים / תּוֹכְנִי בֵּין שְׁנֵי לֻחוֹת אֲבָנִים.

שְׂפָתַי בְּשֶׁוַע אֶפְתַּח / כְּאוּלָם הַמְפֻתָּח
שִׂיחוֹת פִּי אֶפְתַּח / כְּאִיתוֹן אֲשֶׁר נִפְתָּח
עֹז וְכֹחַ לִי יִמְתַּח / כְּדֹק אֲשֶׁר מָתַח
עָב טַל יְפַתַּח / וְחֹרֶב בַּל יְרֻתָּח.

פְּנֵי רָם וְנִשָּׂא / עֵין בְּחִין אֶשָּׂא
פְּאֵרוֹ לְנוֹסְסָה / כְּמוֹ בְטַל נָסָּה
צְבָאָיו לוֹ אֲגַיְּסָה / וְאִתָּם אֶתְגַּיָּסָה
צַעַק בַּעֲדָם אֶתְנַגְּשָׁה / וְלֹא בְרוּחַ גַּסָּה.

קַמְתִּי מִמִּשְׁפְּתַיִם / לְהַפְגִּיעַ בְּעַד לְנֵי שְׂפָתַיִם
קוֹל מָה אֶתֵּן בְּשִׁפְתוֹתַיִם / הֵן אֲנִי עֲרַל שְׂפָתַיִם
רֹן בְּלִי עֲצַלְתַּיִם / עָרַכְתִּי בְּמַחֲנוֹתַיִם
רָחַשְׁתִּי גִּישׁוֹת שְׁתַּיִם / בְּעַד שְׁאֵלוֹת שְׁתַּיִם.

שַׁחֲרִית חַנּוֹתִי לַמָּטָר / בְּלָקְשׁוֹ גֵּיא לְעַטַּר
שַׁבְּתִּי לִקְחִי עוֹד לִנְטַר / מִתְּבַע עֱרֹף מָטָר
תְּפִלַּת גְּבוּרוֹת טַל / חַלֹּתִי בַּצֹּהַר לִנְטַל
תִּזַּל אִמְרָתִי כַּטַּל / לְקַוֵּי רְסִיסֵי טָל.

In תפילת טל*, Rabbi Elazar HaKalir describes the importance of dew throughout history. The first piyut, which follows a quadruple alphabetic acrostic, begins with the Creation and continues to the ordaining of Joshua, and the preparation to enter the land of Israel.*

אֶאֱגְרָה בְּנֵי אִישׁ הַמְּשֹׁרָר בְּטַל
אִוָּעֵד אִתָּם, לְחַנֵּן בְּעַד טַל
אֲבַשֵּׂר בְּקָהָל רַב זֵכֶר גְּבוּרוֹת טַל
אֲחַלֶּה פְּנֵי צוּרָם בְּזִיל אִמְרַת טָל.

בְּפִתְחוֹן פִּי אֲיַחֲלֶנּוּ עֲלֵי טַל
בְּמַעֲנֵה לְשׁוֹנִי אֲפַתֶּנּוּ עֲדֵי טַל
בַּהֲפִיקִי מַעַן, יֵרָצֶה כִּרְסִיס טַל
בְּגִשְׁתִּי, צְקוּנִי יַעַל כְּשִׁכְבַת טָל.

גַּל בֵּינוֹ לְבֵינִי סִיּוּם אוֹת טַל
גָּלוּי לַכֹּל כְּאֵשׁ אוֹכְלָה, וְלִי כִּפְרִיחַת טַל
גָּמַר מֵאָז אֹמֶר הֱיוֹת לִי כַּטַּל
גַּם בְּהוֹפִיעוֹ בִּי דָּפַק בְּרֹאשׁ נִמְלָא טָל.

דָּרַשׁ וְחָקַר מֵאָז וְחֶלֶשׁ הֵטַל
דֹּק וָחֶלֶד לְכוֹנֵן בְּקֵץ עִתּוֹתֵי טַל
דָּת קְנוּיַת קֶדֶם, רְשׁוּת מֶנָּה נָטַל
דֵּעַ בָּהּ נוֹעַץ, וּמְאוּם לֹא בִטַּל.

הִטְבִּיעַ אַדְנֵי נְשִׁי הֲדוֹם וְכֵס הַמְנֻטָּל
הוֹלִיד בְּתוֹלְדוֹתָם תּוֹלְדוֹת אֶגְלֵי טַל
הִשְׁתִּיל שְׁתִילֵי עֵדֶן בְּרִוּוּי עֲנִינַת טַל
הֱכִין וְתִקֵּן בַּשַּׁחַק אֹסֶם אוֹצְרוֹת טָל.

וּמִשְׁתִיַּת אֶבֶן מְקוֹם חֶרְמוֹן טַל
וְתִיק לְהַשְׁתּוֹת שְׁתוֹתֵי טַל
וּמִשָּׁם צָר חֹמֶר גֹּלֶם מִטָּל
וְנָפַח בּוֹ נֶשֶׁם חַיּוּת בְּחַיֵּי טָל.

זָבַת מִקֶּדֶם אִשֵּׁשׁ בְּאֵד טַל
זֶרַע וָדֶשֶׁא וָפֶרַח לְפַרְנֵס בְּמַתַּן טַל
זֶרֶם עַד לֹא הִמְטִיר, וְגֶשֶׁם הֵטַל
זְבָדָהּ וְעִדְּנָהּ חֲיוֹת בְּטִפֵּי טָל.

חֲבָלִים נָפְלוּ לָהּ, אֲסָמֵי אוֹרוֹת טַל
חַיַּת יְשֵׁנֶיהָ לְהַחֲיוֹת בְּאוֹר טַל
חַשְׁרַת מֵי גֶשֶׁם עָלֶיהָ לְהָטַל
חָזִיז לְאַרְבָּעִים שָׁנָה לְפָקְדָהּ יְטָל.

טֹרַח מִטְרוֹת עֹז עַד עַתָּה לֹא הֻטַּל
טְלָלָה עַד דּוֹר עֲשִׂירִי, מִתְנוֹבֶבֶת בְּטַל
טָפְשׁוּ דָּרֶיהָ וְגָאוּ בְּאֵד טַל
טָרְחוֹת גְּשָׁמִים מַה צֹּרֶךְ, דַּיֵּנוּ בְּטַל.

יַעַן כַּאֲשֶׁר מַדּוּ, מָדַד וְהֵטַל
יְקוּמָם מָחָה וְזִכְרָם בִּטַּל
יָקָר כַּעְסָם כַּחוֹל, וְכָאֶבֶן נֵטָל
יְזֹרְבוּ, נִצְמְתוּ בְּחֹרֶב וְחֹם טָל.

כְּמוֹס גֶּפֶר וְלִוּוּיָו מִכֹּל נָטַל
כִּי מֵי נֹחַ זֹאת לִי לְעוֹלָם בְּלִי לְבַטַּל
כָּרַת לוֹ וּלְנֶשִׁי אוֹת בַּל יְבֻטַּל
כָּל יְמֵי הָאָרֶץ לְהַקְווֹת בְּקִוּוּי מָטָר וָטָל.

לֹא בָנוּ נוֹסְעֵי קֶדֶם מִשְׁאוֹן הַמְּקֻטָּל
לְהָקִיו וְיָזְמוּ עֲלוֹת לְדֹק הַמְנֻטָּל
לִבָּם חָלַק וַעֲצָתָם בֻּטַּל
לְנֶפֶץ וּלְזֶרֶם לְצוּל לְהִטַּלְטַל.

מוֹט הִתְמוֹטְטָה גַּיְא בְּחֹרֶב בְּלִי טַל
מְאֻסָּה עַד צָץ אָב וְהִפְרִיחָהּ כְּטַל
מְתֵי הֶרֶג הִסְלִיל וְהִטְלִילָם בְּטַל
מִשָּׁם צֶדֶק נְחוֹל לְיַלְדוֹתָיו טָל.

נֶחֱצַב כְּצוּר אֹטֶם זֶרֶם מִלְּהָטַל
נֶחְשַׁב אֶת עֶדְנוֹ לְהִפָּקֵד בְּעֵת טַל
נִפְקְדוּ בְּמוֹעֵד זֶה בְּקֵץ זְכִירַת טַל
נֶעֱקַד לְהַפְרִיחַ כְּשׁוֹשַׁנָּה בְטָל.

שׁדֵד תְּלָם לְזֶרַע, וּבִקְצִירוֹ לָן טַל
שָׂדֶה מְבֹרָךְ כְּהֵרָיַח, בֵּרְכוֹ בְּמַתַּן טַל
סְכָם אִתּוֹ צִיר חָתוּם בְּבִרְכַּת טַל
שָׂרִיגָיו לְהִתְבַּדֵּד בְּבֶטַח עֲרֵף שְׁמֵי טָל.

עֲנָפָיו שֹׁרְדוּ הֱיוֹת בַּגּוֹיִם כְּטַל
עֲלֵי עַיִן לְבָרֵךְ מִמֶּגֶד וּמִטַּל
עֲדָיו נָעוּ לְוֹדָה וְנָוֶם טִלְטַל
עֹל בַּרְזֶל שָׁם עָלֵימוֹ לְהָטַל.

פָּסַע וְדִלֵּג קֵץ כְּזֹכֶר בְּרִית טַל
פְּתָחַי דָּפַק בְּרֹאשׁ נִמְלָא טַל
פְּדוּת שָׁלַח לְיֶשַׁע בָּרִאשׁוֹן לְהַרְסִיס טַל
פֶּגַע בְּכֵן חַקְתִּי בָּרִאשׁוֹן לְהַזְכִּיר פְּגִיעַת טָל.

צֵאתִי לֶאֱלוּשׁ עֲדַנְתִּי בְּרֶדֶת טַל
צַעֲקָתִי וְהִזְכַּר לִי בְּרִית יַלְדוּת טַל
צְבָאַי כָּלְכְּלוּ בְּמָן אֵבוּר טַל
צֵידָה שָׁלַח לָהֶם לָשֹׂבַע כַּעֲלוֹת שִׁכְבַת טָל.

קָבַצְתִּי לְהַר חֶמֶד, נְחֹל אִמְרֵי טַל
קְהָלַי עַל אֶבְרַת נְשָׁרִים נִטַּל
קוֹל וּבָרָק וְנֶטֶף זִילַת טַל
קוֹוֵי עָלַי הִזִּיל עֲיֵפוּת לְהָקֵר בְּטָל.

רִשְׁפֵּי לַהַב וְקוֹל כֹּחַ הֵירַד לִי בְּטַל
רַעַשׁ בְּשׁוּרֵי חָלְתִּי וַיְעוֹרְרֵי בְּטַל
רֶגֶשׁ שִׁבְעַת עֲנָנֵי הוֹד מָסַךְ וְהֵטַל
רָצִים לְפָנַי תּוּר אֶרֶץ שְׂבֵעַת מִשְׁמַנֵּי טָל.

שְׁכִינָה אֹהֶל צִיר בֵּין שָׁדַי בְּלִין טַל
שֶׁמֶן מָשַׁח אָח שֶׁיּוֹרֵד כְּטַל
שְׁבָטַי בֵּרַךְ בְּעֵקֶב כְּעֵין נִתְבָּרַךְ בְּטַל
שִׁירָה שָׁר לָמוֹ בְּאֹמֶר זִיל טָל.

תַּחְתָּיו צָג נֵצֶר מִגֶּזַע מְבֹרַךְ בְּטַל
תֵּבֵל עַם לְהַנְחִיל בְּתוֹךְ עֵינוֹת טַל
תִּרְגַּלְתָּ נְשָׂאָם בְּשֶׁכֶם כְּאוֹמֵן בֵּן נָטַל
תְּקוּפַת צַר וָאוֹר בְּשֶׁלֶם בְּטַל.

The second piyut follows a complex acrostic: the first stich of each line begins with the letters according to תשר״ק, and the first letters of the second stichs create HaKalir's signature. This piyut continues with the historical account, beginning with the ordaining of Gideon (Judges 6), to the ultimate Redemption.

תַּחַת אֵלַת עֹפֶר, בֵּרַךְ מוֹשִׁיעַ בְּטַל   אִמֵּץ וְנִסֵּס כְּאֵיתָן בְּחֹרֶב בְּגִזַּת טַל
שְׁעֻנָתִי מֵאָז וְעַד אָז בְּהַבְטָחַת טַל   לָעַד בְּלִי לְהִמָּנַע מֵאִתִּי טַל
רָגַז תִּשְׁבִּי כְּחָר וְעָצַר טַל   עַל פַּת לֶחֶם וָטֶרֶף טֹרַף וְטִלְטַל
קָדוֹשׁ כְּהִבִּיט לְבַל תּוּפַר בְּרִית טַל   זִלְעֵף רוּחַ לַיֶּלֶד וְנַפְשׁוֹ נָטַל
צָרְפִית בְּצִיר רָגְנָה תְּנוּאוֹת לְהַטַּל   רְאוֹתוֹ כִּי פַס בֵּן, הִתִּיר נֶדֶר טַל
פֶּשַׁע אֲשֶׁר הֶעֱוָה עֲדֵי עֲצִירַת טַל   בְּכֵן עָרַךְ תַּחַן לְמוֹלִיד אֶגְלֵי טַל
עָתַר לִפְנֵי חַי, מְחַיֶּה כֹּל בְּטַל   יְחִידַת יֶלֶד הֵשִׁיב בְּהַתָּרַת טַל
סָדַר וְחָשַׂף לַכֹּל כֹּחַ גְּבוּרוֹת טַל   רָמַז כִּי שְׁכוּנִים יָקִיצוּ בְּטַל
נִכְרְתָה זֹאת לְהַרְרֵי קֶדֶם בְּמַתְּנַת טַל   בְּלֹא יְקַוֶּה לְאִישׁ, לְיַחֵל לְטַל
מִמָּחֳרַת הַפֶּסַח יְחַנְּנוּ בְּעַד טַל   יְנִיפוּ בְּמַעֲלֶה וּמוֹרִיד, לְהָנִיף רֹעַ טָל
לָכֵן מִלִּפְנֵי עֹמֶר אַזְכִּיר בְּתַחַן טַל   קָדוּם לַיְלָה אֶחָד לְהָלִין בּוֹ טַל
כֹּרְתָה לְחַיִּים מְחַיַּת יְרִידַת טַל   לַמֵּתִים חָפְשִׁי הוּכְנָה תְּחִיַּת טָל
יְעוֹרְרוּ יְזוֹרְרוּ יְחִיוּ בְּרֶדֶת טַל   יַעַמְדוּ, יָקוּמוּ, יַעֲלוּ כְּשִׁכְבַת טַל
טַעַם זְמִירוֹת יַשְׁמִיעוּ בְּטַל אוֹרוֹת טַל   רֹן יוֹשְׁבֵי סֶלַע אֲשֶׁר חָיוּ בְּטָל
חֲבַצֶּלֶת וַעֲרָבָה תָּגֵלְנָה בִּפְרִיחַת טַל   מִדְבָּר וְצִיָּה יְשׂוּשׂוּם בְּטִלּוּל טַל
זָרָב וְשָׁרָב וְשֶׁמֶשׁ וָחֹרֶב וְחֻמַּת טַל   קָמוֹת לֹא יַקְדִּירוּ בְּגֵיא טְלוּלַת טָל
וְסֻכָּה תִּהְיֶה לְצֵל קָרִים מִלְּהַטַּל   רְבוּצִים עַל כָּבוֹד חֻפַּת עָב טַל
הוֹגֵי הֲמֻלָּה יָנִיפוּ רְסִיסֵי טַל   יִפָּתְחוּ אֲסָמִים לְהַטִּיף נִזְלֵי טָל

דִּדּוּי הָמוֹן חוֹגֵג, שְׁאֵרִיתָם כְּטַל   תַּרְשִׁישִׁים יְנַהֲלוּם בְּמַרְפֵּא כְּנַף טַל
גִּיל בְּקוֹל רִנָּה לַעֲבֹר בַּסָּךְ וְטַל   סְלוּלִים עֲלוֹת אֶל נָכוֹן נִשָּׂא וְנִטָּל

בְּשׁוּרָם מֵאֲמָנָה עַל חֶרְמוֹן טַל   פֶּרַח יִפְרְחוּ, כְּשׁוֹשַׁנָּה בְּטַל
אֶל־אֶרֶץ דָּגָן וְתִירוֹשׁ אַף־שָׁמָיו יַעַרְפוּ־טָל: דברים לג
וְרָאוּתָם אֵשׁ אוֹכֶלֶת כִּי נִהְיֶה כְּטָל.

In the third piyut, HaKalir shows his technical virtuosity with a complex structure. As well as the quadruple acrostic, the odd-numbered stanzas refer alternately to a month of the Jewish calendar and its sign of the zodiac; while the even-numbered stanzas refer obliquely to the twelve tribes of Israel.

אֵלִים בְּיוֹם מְחֻסָּן / חִלּוּ פְּנֵי מְנוּסָּן
טַל אוֹרוֹת לְנוֹסְסָן / לְהַטְלִילָם בְּעֶצֶם נִיסָן.
אֶשְׁאֲלָה בַּעֲדָם מַעַן / גְּבוּרוֹת טַל לְהַעַן
טַל אָב הִבְטַח לִשְׁעַן / יִתֵּן לְהַמְתִּיק לַעַן.

בְּשִׁמְךָ טַל אֶטְלֶה / בְּיַלְדוּת טַל לְהִטָּלֶה
טַל בּוֹ אֵיתָן מְטְלֶה / בַּדָּיו יִרְעוּ כְּמוֹ טָלֶה.
בְּרִית כְּרוּתָה לְרֹאשׁ אָבוֹת / חֲיָלָיו בְּטַל לְהַרְבּוֹת
טַל בַּל יָזִיז מִבְּנֵי אָבוֹת / לְהַרְסִיס עִם נְדָבוֹת

גֶּזַע כּוֹכָבִים טַל מְשִׂיר / שִׁשִּׁים וְאַחַת אָרְחוֹ בְּמְשִׁיר
טַל גַּד לְצַדֵּם תָּיִר / מֵחֲמִשָּׁה עָשָׂר בְּאִיָּר.
גִּיל טַל לְכָל יְגֵעִים / וְדוּדָאֵי בְּכוֹר בּוֹ רוֹגְעִים
טַל גְּאוּלִים בּוֹ גֵּאִים / עִם כְּטַל נִשְׁאֲרוּ בַּגּוֹיִם.

דּוֹפְקֵי דְּלָתֶיךָ לָשׁוּר / הַטְלִילֵם בְּמַעְגַּל מִישׁוֹר
טַל דֹּק לָמוֹ חֲשׁוֹר / עַד קֵץ לְחִיכַּת שׁוֹר.
דִּגְלֵי אֲסוּר מֹף עֲנֵה / וְגֵיא וּדְגָנֶיהָ תַּעֲנֶה
טַל דְּשָׁאֵימוֹ יַחֲנֶה / כְּטַל סְבִיבוֹת הַמַּחֲנֶה.

הַפְגָּעַת טַל תְּכֻוָּן / מוּל מְכוֹן שֶׁבֶת כֻּוָּן
טַל הֲנָפַת עָב תִּתְכַּוָּן / בְּמַתְּנַת טַל סִיוָן.
הִלּוּל קֹדֶשׁ תִּירוֹשִׁי / יַמְגִּיד בְּטַל קְדוֹשִׁי
טַל הֲלָנַת קָצִיר שָׁרְשִׁי / יָלִין בְּטַל לְהַשְׁרִישִׁי.

וְאוֹת לַחֲשׂף חֲתוּמִים / וְרֶמֶז לְצַחְצֵחַ כְּתָמִים
טַל וַתֵּר לִתְמִימִים / לְהֵאָחוֹת בּוֹ כִּתְאוֹמִים.
וְרֵד עִם אֵל לְהָכֵן / וְנֵס מְנַשִּׁי לְתַכֵּן
טַל וְעֵד צוּר לִשְׁכֵּן / אִתּוֹ כְּנָם לַעֲשׂוֹת כֵּן.

זַעֲקִי בַּל תָּבוֹז / לְהַטְלִילִי מֵעוֹץ וּמִבּוֹז
טַל זְמַנְתָּ לְרָמוּז / לְחַתֵּל בּוֹ כְּאָב תַּמּוּז
זֶרַע בֵּין עִתִּים חִפֵּשׂ / לָעַד בַּל יֶאְפַּס
טַל זוֹרֵד עַל פַּס / כְּבַמִּדְבָּר דַּק מְחֻסְפָּס.

חֲבָא מִשֹּׁד שָׂטָן / פְּסוּחֶיךָ בְּלִי לִסְטַן
טַל חַיִּים יִרְטַן / לְהַפְסֵחַ כְּגוֹן סַרְטָן.
חוּף יַמִּים בְּצִינּוֹ / מֵרְאִיַּת טְלָלֵי נִצָּנוֹ
טַל חֲשֹׂר לְרֶבֶץ צֹאנוֹ / וּכְטַל עַל־עֵשֶׂב רְצוֹנוֹ: משלי יט

טְלָלֵי יֶשַׁע אֶשְׁאַב / בְּשׂוֹשׂ מִמַּשְׁאָב
טַל טַעַם אָב / יַטְעִימֵנוּ אֵל וָאָב.
טִלּוּל יְדִידוּת שִׁכְנִי / יִשְׁכֹּן לָבֶטַח לְשָׁכְנִי
טַל טֹהַר מִשְׁכָּנִי / יִשְׁקֹט כְּעָב טַל עַל מְכוֹנִי.

יַלְדוּת טַל תָּאֳרִי / כְּמֵאָז בּוֹ לְפָאֲרִי
טַל יָפִיק לְבֵית יַעֲרִי / לִשְׁאָג בּוֹ כַּאֲרִי.
יוֹם טוֹבָה בְּטוֹב אֲבִילָה / בְּזִנּוּק בָּשָׁן לְהִתְהַלְּלָה
טַל יְבוּלִי אֵל הַטְלִילָה / כְּעַל הַמַּחֲנֶה לַיְלָה.

כְּרְסִיס רַד בְּרֹאשׁ תָּלוּל / בְּקֵץ רִאשׁוֹן לְטִלּוּל
טַל כֵּן יְהֵא כָּלוּל / לְהַדְשִׁיא פִּרְחֵי אֱלוּל.
כְּמֵהִים שָׂבֵעַ, רָצוֹן לְהַסְפִּק / בְּלַחְלוּחַ נֶגֶב לְהָאֲפִק
טַל כְּנֶסֶת עַל דּוֹדָהּ תִּרְפֵּק / לְעוֹרְרָהּ בְּקוֹל דּוֹפֵק.

לְאוֹת טוֹב טַל נִתְלָה / תֵּת לְעוֹלָם חֲתֻלָּה
טַל לְנוֹבֵב תְּנוּב שְׁתוּלָה / לְהָגִיל בְּמָשׂוֹשׂ בְּתוּלָה.
לְיִגּוּד גְּדוּד יְשֻׁפַּר / לְהַעֲצִים גְּדוּדָיו בְּלִי מִסְפָּר
טַל לְהָקִיץ בְּקוֹל שׁוֹפָר / אֲטוּמִים שׁוֹכְנֵי עָפָר.

מִכָּל אֹם יְאַשְּׁרִי וַאֲהוֹדֶנּוּ מְשִׁירִי
טַל מֵאֶגְלוֹ יְעַשְּׁרִי / לְהַסְפִּיק עַד קֵץ תִּשְׁרִי.
מִשְׁמַן לֶחֶם מַקָּחִי / מֵעֲסִיס יַיִן רִקּוּחִי
טַל מְלֵא מִשְׁאֲלוֹת מַלְקוֹחִי / יַעֲרֹף כַּמָּטָר לִקְחִי: דברים לב

נַאַק נוֹשְׂאֵי לְךָ עֵינַיִם / לַעֲנוֹתָם הַט אָזְנַיִם
טַל נוֹפֵף לִמְחוֹלַת מַחֲנַיִם / לְהַכְרִיעַ צִדְקָם בְּמֹאזְנַיִם.
נִתְבָּרַךְ מִמֶּגֶד וּמִטַּל / כִּבְאַחִים מְנַשֶּׁא וּמְנֻטָּל
טַל נֶשֶׁב אֲגָלִים תִּטַּל / מוֹלִיד אֶגְלֵי טָל.

שִׂיחַ זוּ אֹזֶן לְיַשְּׁבָן / בֶּטַח לְהוֹשִׁיבָן
טַל שְׂעִירִים לְחַשְּׁבָן / מֵעֵת מַרְחֶשְׁוָן.
סִדּוּר עָבִים לְהַטְלִילָם / כְּיֶלֶד שַׁעֲשׁוּעִים לְנַטְּלָם
טַל שְׂבַע לְטַלְּלָם / צַו לַשָּׁמַיִם תֵּת טַלָּם.

עֲתִירַת טַל תֶּעֱרַב / וּלְפָנֶיךָ תִּקְרַב
טַל עֲלֵי שָׁרָב / יִפְרַח כְּבִמְקוֹם עִקָּרָב.
עֲלוֹת שִׁכְבַת מְפֻרַחַת / בְּאִבֵּי נַחַל מַאֲרַחַת
טַל עֲלֵי עַיִן לְבָרֵךְ מֵרוֹם וּמִתַּחַת / וּמִתְּהוֹם רֹבֶצֶת תָּחַת: דברים לג

פִּרְחֵי חֶלֶד תַּשְׁלוּ / בְּטַל שַׁאֲנָן וְשָׁלֵו
טַל פֶּרַח לְהַדְגִּיא וּלְהַשְׁלֵו / צִמְחֵי תְּנוּב כִּסְלֵו.
פְּקֹד חֹרֶב בְּצִיּוֹן / לְטַלְּלָם בְּחֹרֶב צִחָיוֹן
טַל פֵּרוֹת לְבָרֵךְ בְּצִבְיוֹן / כְּטַל־חֶרְמוֹן שֶׁיֹּרֵד עַל־הַרְרֵי צִיּוֹן: תהלים קלג

צִיָּה אִם מְלֻקֶּשֶׁת / וּמַלְקוֹשׁ אִם מְבַקֶּשֶׁת
טַל צוּק עָבִים תְּהֵא מְאַשֶּׁשֶׁת / כְּבַעֲנִינַת קֶשֶׁת.
צִמְאוֹן צָהֳרַיִם / בַּל יַשְׁזִיף עֲדָנִים אֲחוֹרַיִם
טַל צְלִיחַת אִתּוּי נַהֲרַיִם / תַּצְלִיחַ בּוֹ יְהוּדָה וְאֶפְרַיִם.

קָלִי בַּל יְצֻבַּט / בְּלִי בְּחוֹרֶב יְלֻבַּט
טַל קֹרַח יְחֻבַּט / לְזֵרְעוֹנֵי טֵבֵת וּשְׁבָט.
קוֹרְאֶיךָ לְטוּב תִּקֹּב / לְהָסִיר מֵהֶם לֵב הֶעָקֹב
טַל קָמוֹת בְּלִי לִרְקֹב / לִשְׁכֹּן בֶּטַח בָּדָד עֵין יַעֲקֹב.

רֶשַׁע מַר מִדְּלִי / מִצְּלָם הַחֲדִילִי
טַל רְסִיסִים תִּדְלִי / לְהַזִּיל לְגַדְּאֵי כִּמְדַלִּי.
רַשֵּׁף נִיצוֹצִים בְּאוּר חֵדֶק / בְּצֵל צַלְמוֹן צוֹרֵם לְהָדֵק
טַל רַחֵף עָלַי זוּ בְּצֶדֶק / וּשְׁחָקִים יִרְעֲפוּ טַל וְיִזְּלוּ צֶדֶק.

שֶׁפֶר אֲסָמַי טַל דָּר / בְּקֹדֶשׁ נֶאְדָּר
טַל שְׁתִילִים יְהֻדָּר / הַחֲנוּטִים מֵאֲדָר.
תַּדְגִּיא תְּנוּב שָׁנָה / בְּשַׁעַר דָּגִים מְדֻשָּׁנָה
טַל תַּשְׁרִישׁ אִבֵּי יְשֵׁנָה / לְהַפְרִיחַ כְּטַל שׁוֹשַׁנָּה.

Continue with "טַל תֵּן" on page 665.

יוצר ליום טוב שני של פסח

שחרית is said up to and including בָּרְכוּ *(page 461).*

בָּרוּךְ אַתָּה יהוה אֱלֹהֵינוּ מֶלֶךְ הָעוֹלָם
יוֹצֵר אוֹר וּבוֹרֵא חֹשֶׁךְ
עֹשֶׂה שָׁלוֹם וּבוֹרֵא אֶת הַכֹּל.

אוֹר עוֹלָם בְּאוֹצַר חַיִּים, אוֹרוֹת מֵאֹפֶל אָמַר וַיֶּהִי.

The יוצר *for the second day of* פסח*, composed by Rabbi Meshullam ben Kalonymus of Mainz, closely follows that of the first day in its form. It follows a quadruple alphabetic acrostic in the first and third stichs of each stanza, and the fourth is a quote from* שיר השירים א:א–ג:י*. The only structural difference is that the author did not sign his name. In content, however, there is a marked difference: whereas the* יוצר *for the first day speaks of the redemption from Egypt and the journey to the land of Israel, that of the second day mentions also the exile, and generally has a darker tone.*

אָפִיק רֶנֶן וְשִׁירִים   לְנוֹשְׂאִי עַל נְשָׁרִים
אֲשׁוֹרֵר פְּעֻזֵּי שָׁרִים   שִׁיר הַשִּׁירִים.

אָיֹם שִׁבַּע שׁוֹקֵקוֹת   נָחֲנִי עֲסִיסוֹ לְהַשְׁקוֹת
אִלְּפַנִי דָּת בִּנְשִׁיקוֹת   יִשָּׁקֵנִי מִנְּשִׁיקוֹת.

בַּטְּחָה לֵאוֹת מַאֲמִינֶיךָ   הַמְטַרְתָּ לָמוֹ מַנֶּךָ
בְּחַרְתָּם הִשְׁתַּעֲשַׁע בְּאָמְנָךְ   לְרֵיחַ שְׁמָנֶיךָ.

בִּהַקְתָּ אוֹר שַׁחְרֶךָ   זָרוּעַ לְאֹם מְשַׁחֲרֶיךָ
בּוֹאִי בְּנִצּוּחַ לְשַׁחֲרֶךָ   מָשְׁכֵנִי אַחֲרֶיךָ.

גֵּאֶה עֲדוּי גַּאֲוָה   עָבֹר בְּרָאשֵׁי הִתְאַוָּה
גּוֹרָלִי הִשְׁפִּיר וְהִנְוָה   שְׁחוֹרָה אֲנִי וְנָאוָה.

גִּלֵּף לוּחוֹת חָרֻת   יְקָרָה מִדַּר וְסוֹחֶרֶת
גֵּאֲנִי וְלֹא לַאֲחֶרֶת   אַל־תִּרְאֻנִי שֶׁאֲנִי שְׁחַרְחֹרֶת.

דִּלֵּג קֵץ לְהַבְדִּילִי   מִמְּשׁוּלֵי מַר מִדְּלִי
דִּגְלַנִי וְשָׁח לְגַדְּלִי   הַגִּידָה לִּי.

דְּרוֹר קָרָא לְפָדְעִי   כְּאָב מְיַסְּרִי וּמְיַדְּעִי
דָּרְבָן כַּבָּקָר רִדְּעִי   אִם־לֹא תֵדְעִי.

הֵנִיס יָם וּקְרָעוֹ וְצָר בְּסַאסְּאָה פְּרָעוֹ
הִקְדִּים פָּנָיו וְהִכְרִיעוֹ לְסֻסָתִי בְּרִכְבֵי פַרְעֹה.

הֱבִינַנִי סוֹדֵי סְתָרִים עִנְּדַנִי שְׁלוֹשׁ כְּתָרִים
הִשְׁמִיעַ לְמִנְחַת תּוֹרִים נָאווּ לְחָיַיִךְ בַּתֹּרִים.

וְתֵר דֵּי זָהָב אוֹיְבַי זִקֵּר טַהַב
וְהֶעֱנִיק לְזֶרַע אָהַב תּוֹרֵי זָהָב.

וְזָכַר בְּרִית סָבוֹ וּמִפְּלֶשֶׁת עַם הֱסִבּוֹ
וְנִכַּח סִין סִבְבוֹ עַד־שֶׁהַמֶּלֶךְ בִּמְסִבּוֹ.

זְכוּת עֲקוּד מוֹר אָץ רַחֲמִים לִכְמֹר
זִלְעֵף בְּשַׂר חֲמוֹר צְרוֹר הַמֹּר.

זִכְרוֹן מִשְׁלֵי אֵפֶר בְּגִינָם חַק בַּסֵּפֶר
זָרִים תֵּת כֹּפֶר אֶשְׁכֹּל הַכֹּפֶר.

חָבַשׁ מַחַץ טְרִיָּתִי כִּסָּה עָרוֹם עֶרְיָתִי
חִבְּבַנִי כְּשַׁע גַּעְיָתִי הִנָּךְ יָפָה רַעְיָתִי.

חִבֵּל עַל רוֹדִי נָגַף שׁוֹלְלֵי רְדִידִי
חִדַּשְׁתִּי שִׁיר לִידִידִי הִנְּךָ יָפֶה דוֹדִי.

טָהוֹר פַּעֲנֵחַ רָזִים חֲכָמֵי מִדּוֹת מַפְרִיזִים
טַעֲמֵי תוֹרוֹת חוֹרְזִים קֹרוֹת בָּתֵּינוּ אֲרָזִים.

טוֹב עֵרָה מְנֻצֶּלֶת עֶגְלָה גוֹי מְפַצֶּלֶת
טְלָאַי סָךְ כִּבְחוֹצֶלֶת אֲנִי חֲבַצֶּלֶת.

יִשְּׁרַנִי מֵעִקּוּשׁ זְחִיחִים חֲשָׂכַנִי מִבּוּל שׁוֹחֲחִים
יְקָרַנִי בְּגֵיא צְחִיחִים כְּשׁוֹשַׁנָּה בֵּין הַחוֹחִים.

יוֹשְׁבֵי נוֹף כְּגָעַר חַיַּת קָנֶה יִגְעַר
יְחַלְּצֵנִי מִמִּכְרְסֵם מִיַּעַר כְּתַפּוּחַ בַּעֲצֵי הַיַּעַר.

כְּגִבּוֹר מִתְרוֹנֵן מִיַּיִן יָקֵץ וְהֵרִיק זַיִן
כֹּהֲנַי לְנַסֵּךְ יַיִן הֱבִיאַנִי אֶל־בֵּית הַיָּיִן.

כַּפּוֹת מְשִׁיחֲכֶם בּוֹשְׁשׁוֹת חֲרְפוּנִי טוּחֵי עֲשָׁשׁוֹת
כְּלַפִּיד אֵשׁ בַּחֲשָׁשׁוֹת סַמְּכוּנִי בָּאֲשִׁישׁוֹת.

לִי יִשְׁקֹד לְדָרְשִׁי מִכַּף מְשַׁדְּדַי וְחוֹרְשִׁי
לְהַרְבִּיצֵנִי בִּנְוֵה מִדְרָשִׁי שְׂמֹאלוֹ תַּחַת לְרֹאשִׁי.

לִסְבֹּל עֹל גָּלוּתְכֶם בְּלִי לִדְחֹק גְּאֻלַּתְכֶם
לְהָחִישׁ יֶשַׁע בְּעִתְּכֶם הִשְׁבַּעְתִּי אֶתְכֶם.

מֵרִים רֹאשִׁי וּכְבוֹדִי לֶקַח טוֹב הִזְבִּידִי
מַלְאָכָיו צִוּ לְדַדִּי קוֹל דּוֹדִי.

מִגֵּר בְּאַף מַעֲצִיבִי נִחֲלַנִי חֶמְדַּת צְבִי
מְדַמֶּה לְעֹפֶר נְצִיבִי דּוֹמֶה דוֹדִי לִצְבִי.

נִעֵר מֵצֵר לִי עָנָנִי בַּצַּר לִי
נִינַי, חֲסוּ בְּצִלִּי עָנָה דוֹדִי וְאָמַר לִי.

נְגִידִים לִי דִבֵּר שִׁבְעָה קוֹלוֹת כְּמִדְבָּר
נִטְפֵי מֹר הֶעֱבַר כִּי־הִנֵּה הַסְּתָו עָבָר.

סָכַת שַׁוְעִי וַיֶּרֶץ שָׁלַח גּוֹדְרֵי פֶרֶץ
סֻנִּים חֵבֶל בְּמֶרֶץ הַנִּצָּנִים נִרְאוּ בָאָרֶץ.

סוּגָה עִוְעוּ מוֹגֶיהָ מִן כַּדּוֹנַג לְמוֹגְגֶיהָ
סוֹעֲרָה מֵאֲנָחָה לְהַפִּיגֶיהָ הַתְּאֵנָה חָנְטָה פַגֶּיהָ.

עִזִּים שָׁת כַּסֶּלַע רָאשֵׁי תַנִּינִים לְקַלַּע
עֲלוֹת פְּדוּיָה לְצַלַּע יוֹנָתִי בְּחַגְוֵי הַסֶּלַע.

עִזּוּז הִדְרִיךְ בִּנְעָלִים יְפִי פְעָמַי נְעָלִים
עֲרֹף קָמַי בַּשְּׁעוּלִים אֶחֱזוּ־לָנוּ שׁוּעָלִים.

פָּץ לִי מַחֲשִׁילִי מַה דּוֹדֵךְ מִשֶּׁלִּי
פּוֹצִי מֵרֶפֶשׁ וּמַדְלִי דּוֹדִי לִי.

פִּלַּלְתִּי לְנוֹרָא וְאָיֹם רְאוֹת כָּמוּס יוֹם
פְּקַח קוֹחַ אֲסִירַיִךְ לְפִדְיוֹם עַד שֶׁיָּפוּחַ הַיּוֹם.

צָעַקְתִּי לַצּוּר מִכְּאֵבִי מָתַי חִתּוּל מַכְאוֹבִי
צְפוּת בְּאָבְדַן מְרַכְּבִי עַל־מִשְׁכָּבִי.

צַחֲנָתִי הָתֵם נָא שׁוּר מֵרֹאשׁ אֲמָנָה
צִיּוֹן קִרְיָה נֶאֱמָנָה אָקוּמָה נָּא.

קִוִּיתִי לְמַשְׁפִּיל וּמֵרִים לְחַפְּשִׁי כְּאָז מֵחֲמוּרִים
קוֹבֶלֶת מֵאֲרָיוֹת וּנְמֵרִים מְצָאוּנִי הַשֹּׁמְרִים.

קְרָנוֹת עֶשֶׂר שִׁבַּרְתִּי לְאֻמִּים תַּחְתֵּךְ הִדְבַּרְתִּי
קוֹלוֹ שִׁמְעִנִי וְהִגְבַּרְתִּי כִּמְעַט שֶׁעָבַרְתִּי.

רוֹמַמְתִּי קֶרֶן נְגִידְכֶם יֶשַׁע אָשִׁית מְדִיכֶם
רוֹגְנִים מִלְּגַלּוֹת סוֹדְכֶם הִשְׁבַּעְתִּי אֶתְכֶם.

רַבָּתִי אָשִׁים בְּעוּלָה מִכָּל עֲלָמוֹת לְעַלָּה
רְצוּיָה כְּרֵיחַ עוֹלָה מִי זֹאת עֹלָה.

שָׁרֵת בְּבֵית אוּלַמּוֹ אַפִּדְנֵי שִׁבּוּץ יַהֲלוֹמוֹ
שְׁתִיָּה מִכְלַל עוֹלָמוֹ הִנֵּה מִטָּתוֹ שֶׁלִּשְׁלֹמֹה.

שׁוֹאֲגֵי בְּקוֹל עָרֵב יִחוּד בֹּקֶר וָעֶרֶב
שְׁנוּן שְׁחוֹרוֹת כָּעוֹרֵב כֻּלָּם אֲחֻזֵי חֶרֶב.

תַּלְפִּיּוֹת דְּבִיר הֵיכָלוֹ כָּבוֹד אֹמֵר כֻּלּוֹ
תֵּעַף רְאֵם הִכְלִילוֹ אַפִּרְיוֹן עָשָׂה לוֹ.

תַּחֲנָתוֹ אִוָּה וְכִסֵּף לוֹ הַזָּהָב וְהַכֶּסֶף
תָּאָיו רִצֵּף בְּכֶסֶף עַמּוּדָיו עָשָׂה כֶסֶף.

The additional piyut following the יוצר *is shorter than the previous piyut; it is one long stanza, with fourteen rhyming stichs, each of which opens with a quote from* שיר השירים ג:יא–ד:יא*. With a rapid pace, it visualizes a future redemption arising from the darkness of exile, thus recasting the opening stanza of every* יוצר*, "*אוֹרוֹת מֵאֹפֶל אָמַר וַיֶּהִי*", in a historical context.*

In many congregations, the five opening lines are recited responsively: the שליח ציבור *recites the biblical quote, then the* קהל *says the rest of the line together.*

צְאֶינָה וּרְאֶינָה מֶלֶךְ בְּיָפְיוֹ מְכֻלָּל
הִנָּךְ יָפָה שׁוּבָה מְחַלֶּקֶת שָׁלָל
שִׁנַּיִךְ לְחַתֵּךְ פְּרָט וּכְלָל
כְּחוּט הַשָּׁנִי מְשׁוֹרֶרֶת לוֹ מַהֲלָל
כְּמִגְדַּל דָּוִיד בְּרוּם אָשְׁיוֹתָיו מְתֻלָּל

All:

שְׁנֵי שָׁדַיִךְ יָכִילוּ מְלֹא כָל הֶחָלָל
עַד שֶׁיָּפוּחַ רֵיחַ נִדְבָּכִין מְגֻלָּל
כֻּלָּךְ בָּרָה כְּנוֹצְצִים כְּעֵין קָלָל
אִתִּי יָפָתִי קִשּׁוּרַיִךְ לְהִתְכַּלָּל
לִבַּבְתִּנִי וְאֵרַשְׂתִּיךְ, נוֹגְשַׁיִךְ יִתְעוֹלָל
מַה־יָּפוּ מַעְגְּלוֹתַיִךְ וְאָרְחֵךְ סוֹלָל
נֹפֶת חִכֵּךְ, זֶבֶד קֹדֶשׁ לִכְלָל
לְרוֹמֵם לְגָדוֹל וּמְהֻלָּל / הַמֵּאִיר גֵּיא וְחָלָל.

*Continue with "*הַמֵּאִיר לָאָרֶץ*" on page 463 to "*מְלֹא כָל־הָאָרֶץ כְּבוֹדוֹ*" on page 471.*

The אופן *continues both the pace and the theme of the previous piyut. Each stich opens with the first word/s of* שיר השירים ד:יב–ו:ג*. Once again, it seems to be composed with the traditional Ashkenazi format of* יוצרות *in mind, with "*וְהַחַיּוֹת יְשׁוֹרֵרוּ*" as its natural continuation.*

גַּן נָעוּל אִוָּה שׁוֹכֵן תַּרְשִׁישִׁים   שְׁלָחַיִךְ בָּחַר כְּעִירִין וְקַדִּישִׁין
נֵרְדְּ וְכַרְכֹּם גְּמַר תִּימְרוֹתַיִךְ לְהַעֲשִׁין   מַעְיַן דָּלוּחַ גָּעַל וְהָאֱשִׁים.

עוּרִי הַמַּחֲצֶבֶת רַהַב לְגָזִים   בָּאתִי וְהוּשַׁת לִי דֶּרֶךְ בְּעַזִּים
אֲנִי יְשֵׁנָה, זָךְ הֱנִיעַנִי בַּחֲרוּזִים   פָּשַׁטְתִּי חֶלְיָתִי בְּכָרְעִי לִתְרָזִים.

דּוֹדִי טִכְּסַנִי תַּבְנִית מֶרְכָּבוֹ   קַמְתִּי, יִחַדְתִּיו כַּחֲצוּבֵי שַׁלְהָבוֹ
פָּתַחְתִּי כְּבוֹדוֹ חָמַק מִלָּבוֹא   מְצָאֻנִי לוֹחֲמַי, פְּצָעוּנִי בְנָוּוֹ.

הִשְׁבַּעְתִּי מַחֲלָתִי לְדוֹדִי לְחַוּוֹת   מַה־דּוֹדֵךְ נְמוּ, אֲלָתִי קוֹשְׁבוֹת
דּוֹדִי סִלְסוּלוֹ בְּרִבֵּי רְבָבוֹת   רֹאשׁוֹ עָטוּר, וְכוֹבוֹ בָּעֲרָבוֹת.

עֵינָיו כְּיוֹנִים פּוֹנוֹת בְּכָל חֶבְיוֹנִים   לְחָיָו כַּעֲרוּגַת צוֹמְחוֹת בֹּשֶׂם רְגִיוֹנִים
יָדָיו קְשׁוּטוֹת, מְקַבְּלוֹת הֶגְיוֹנִים   שׁוֹקָיו רָמוּ לַהֲדֹךְ גְּאֵיוֹנִים.

חִכּוֹ מַמְתַקִּים, שַׁעֲשׁוּעַ מִדְרָשׁ וְחֻקִּים
אָנָה הָלַךְ, שֶׁרְעִיָּתוֹ מַדְקִים וְשׁוֹחֲקִים
דּוֹדִי תְּפוּצוֹתַי יְכַנֵּס מִמֶּרְחַקִּים
אֲנִי תִּפְאַרְתּוֹ אֲשַׁנֵּן כְּלוֹהֲטִים הַמִּתְלַהֲקִים.

וְהַחַיּוֹת יְשׁוֹרֵרוּ / וּכְרוּבִים יְפָאֵרוּ
וּשְׂרָפִים יָרֹנּוּ / וְאֶרְאֶלִּים יְבָרֵכוּ
פְּנֵי כָל חַיָּה וְאוֹפָן וּכְרוּב לְעֻמַּת שְׂרָפִים
לְעֻמָּתָם מְשַׁבְּחִים וְאוֹמְרִים

All say aloud:

בָּרוּךְ כְּבוֹד־יהוה מִמְּקוֹמוֹ: יחזקאל ג

*Continue with "*לָאֵל בָּרוּךְ*" on page 473 to "*אֵין אֱלֹהִים זוּלָתֶךָ*" on page 483.*

Many old Ashkenazi texts include two additional piyutim, one before each of the two blessings before the שמע *(similar to the structure of the* מערבות*,* *see page 109**). This may account for the eight missing verses before the* זולת *– Rabbi Meshullam might have written two short piyutim of one stanza each; however, no record of them is known. Likewise, the omision of the six concluding verses might indicate another missing piyut, probably before the verse "*מִי־כָמֹכָה בָּאֵלִם ה׳*". In the* זולת*, each stanza consists of three rhyming stichs, the third of which is a quote from* שיר השירים ו:יב–ז:ח*. The concluding stanza breaks out of this pattern and is a prayer for redemption, echoing in its last stich the words of the opening of the* יוצר*. This thematic completeness, however, casts a doubt on the conjecture mentioned above, regarding possible missing parts of the piyut.*

אוֹדְךָ כִּי עֲנִיתָנִי / מוֹעֵד מִפֶּרֶךְ הִדְרַרְתָּנִי   לֹא יָדַעְתִּי, נַפְשִׁי שָׂמַתְנִי.
בְּחַרְתַּנִי סֶגֶל לְהַעֲמִית / שֶׁפֶר נַחֲלָתְךָ עוֹלָמִית   שׁוּבִי שׁוּבִי הַשּׁוּלַמִּית.
גְּאַלְתִּיךְ מִלַּחַץ מְזוֹעִימַיִךְ / לָחֹג חַגֵּי מַנְעִימַיִךְ   מַה־יָּפוּ פְעָמַיִךְ.
דִּמְיוֹן מַשְׂכִּילַיִךְ יַזְהִר / מַרְאֵיהֶן כָּרָקִיעַ מֻנְהָר   שָׁרְרֵךְ אַגַּן הַסַּהַר.
הִצַּמְתִּי כָּל מַעֲבִידַיִךְ / בְּהִתְלוֹנְנִי בֵּין בַּדַּיִךְ   שְׁנֵי שָׁדַיִךְ.
וְכִתַּתִּי צָרַיִךְ לֶעָשֵׁן / יָדַעְתִּיךְ לָאֵפוֹד וְלַחֹשֶׁן   צַוָּארֵךְ כְּמִגְדַּל הַשֵּׁן.
זִעַכְתִּי קָמַיִךְ לְהַאֲמֵל / רִצַּצְתִּים כְּקָנֶה קָמֵל   רֹאשֵׁךְ עָלַיִךְ כַּכַּרְמֶל.
חֹשֶׁר לַחְמִי הֻטְעַמְתְּ / בְּשֹׂבַע שְׂמָחוֹת הָנְעַמְתְּ
מַה־יָּפִית וּמַה־נָּעַמְתְּ.

טִוּוּי יְרִיעוֹת רִקְמָתֵךְ / יְדִידוּת שֶׁכֶן הֲקָמָתֵךְ   זֹאת קוֹמָתֵךְ.
יַחַד רֵיחֵךְ תְּמַר / קֹדֶשׁ קָדָשִׁים לִתְמַר   אָמַרְתִּי, אֶעֱלֶה בְתָמָר.
כִּנַּסְתִּיךְ לְהָדָר הַטּוֹב / לִרְחֹשׁ דָּבָר טוֹב   וְחִכֵּךְ כְּיֵין הַטּוֹב.
לֶאֱגֹד נִדָּחַי וּלְוַעֲדִי / וְלִרְאוֹת בְּקִרְיַת מוֹעֲדִי   אֲנִי לְדוֹדִי.
מָעוֹן נֶחֱרַשׁ כַּשָּׂדֶה / נָאוֹר, מִזִּיוְךָ תְּחַדֶּה   לְכָה דוֹדִי, נֵצֵא הַשָּׂדֶה.
נָא שְׁאַג מִמְּרוֹמִים / יֵרְדוּ לַטֶּבַח רְאֵמִים   נַשְׁכִּימָה לַכְּרָמִים.

סוּרָה בְּאוֹרְךָ תַּזְרִיחַ / מִנְחָתָהּ כְּקֶדֶם תָּרִיחַ   הַדּוּדָאִים נָתְנוּ־רֵיחַ.
עֲלֹז בְּקִרְיַת אַרְמוֹנְךָ / וְלָדוּץ בְּיוֹם חֲתֻנָּתְךָ   מִי יִתֶּנְךָ.
פְּרָזוֹת מוֹשַׁב צְבָאֲךָ / סַבֵּב כְּחָזֶה נְבִיאֲךָ   אֶנְהָגְךָ, אֲבִיאֲךָ.
צִפְצוּף נֹעַם בְּדָרְשִׁי / חֲמוּדִים מִפָּז בְּפָרְשִׁי   שְׂמֹאלוֹ תַּחַת רֹאשִׁי.

קֵץ אֲהַב נִדְבַתְכֶם / זְמַנּוֹ מִלְּעוֹרֵר מְתִיכֶם הִשְׁבַּעְתִּי אֶתְכֶם.
רְצוּצַת זָרִים וּרְעוּלָה / קוֹמְמִיּוּת הוֹלֶכֶת וּמִתְעַלָּה
מִי זֹאת עֹלָה.
שְׁעֵה שִׁיר מְכִתָּם / חֲשׁוּבֵי מְזֻיָּדִים, וְאֵיתָם שִׂימֵנִי כַחוֹתָם.
תְּקֶף עֹז אֲהָבִים / בַּל יִשְׁטְפוּן רְהָבִים מַיִם רַבִּים.
מַיִם רַבִּים תְּלַלֶּת עֲרֵמוֹת אַדִּיר בַּמְּרוֹמוֹת.
תָּשִׁית יָם לַחֲרָמוֹת וְנָפִיק לְךָ רוֹמְמוֹת.

Continue with "עֶזְרַת אֲבוֹתֵינוּ" on page 483.

חזרת הש״ץ לשחרית ליום טוב שני של פסח

As mentioned above (page 1171), the Ashkenazi custom is to say a קרובה *on the second day only in the* חזרת הש״ץ *of* שחרית. *This* קרובה, *composed by Rabbi Elazar HaKalir, focuses on the opening verse of today's Torah reading, "*שׁוֹר אוֹ־כֶשֶׂב*".*

In many congregations, the five opening lines are recited responsively: the שליח ציבור *recites the biblical quote, then the* קהל *says the rest of the line together.*

The ארון קודש *is opened.*

The שליח ציבור *takes three steps forward and at the points indicated by* ▾, *bends the knees at the first word, bows at the second, and stands straight before saying God's name.*

אֲדֹנָי, שְׂפָתַי תִּפְתָּח, וּפִי יַגִּיד תְּהִלָּתֶךָ: תהלים נא

אבות

▾בָּרוּךְ אַתָּה יהוה
אֱלֹהֵינוּ וֵאלֹהֵי אֲבוֹתֵינוּ
אֱלֹהֵי אַבְרָהָם, אֱלֹהֵי יִצְחָק, וֵאלֹהֵי יַעֲקֹב
הָאֵל הַגָּדוֹל הַגִּבּוֹר וְהַנּוֹרָא, אֵל עֶלְיוֹן
גּוֹמֵל חֲסָדִים טוֹבִים, וְקוֹנֵה הַכֹּל
וְזוֹכֵר חַסְדֵי אָבוֹת
וּמֵבִיא גוֹאֵל לִבְנֵי בְנֵיהֶם
לְמַעַן שְׁמוֹ בְּאַהֲבָה.
מֶלֶךְ עוֹזֵר וּמוֹשִׁיעַ וּמָגֵן.

The רשויות *(prefatory prayers, asking permission to commence) consist only of the standard opening "*מִסּוֹד חֲכָמִים...*".*

מִסּוֹד חֲכָמִים וּנְבוֹנִים
וּמִלֶּמֶד דַּעַת מְבִינִים
אֶפְתְּחָה פִּי בְּשִׁיר וּבִרְנָנִים
לְהוֹדוֹת וּלְהַלֵּל פְּנֵי שׁוֹכֵן מְעוֹנִים

The מגן*, the first piyut of the* קרובה*, follows a simple alphabetic acrostic. It opens with a reference to* תהלים סח:ז*, and ends with an allusion to the Torah reading of the day. The concluding stanza stands apart from the others, and returns to the theme of protection of the blessing "*מָגֵן אַבְרָהָם*".*

As part of the חזרת הש״ץ*, all the piyutim should ideally be said by the* שליח ציבור *alone. However, the prevailing custom is for the* קהל *to participate, and some of the piyutim are said together, with the* שליח ציבור *raising his voice only toward the end.*

All:

אֲסִירִים אֲשֶׁר בַּכֹּשֶׁר שִׁעֲשַׁעְתָּ
בַּעֲנָם, שׁוּעַ צְקוּנָם שָׁעַתָּ
גּוֹי וֵאלֹהָיו יַחַד הוֹשַׁעְתָּ
דִּלַּגְתָּ קֵץ, וְאִתָּם נוֹשַׁעְתָּ.

הִמְשַׁכוּ אַחֲרֶיךָ בַּמִּדְבָּר כִּבְהֵמָה
וְצוֹרְרֵיהֶם הֵמַתָּ בְּשִׁלּוּשׁ מְהוּמָה
זְעַמּוּ בְּעֶשֶׂר מַכּוֹת בְּאַף וּבְחֵמָה
חֲנוּנֶיךָ בְּפָסוֹחַ וְגָנוֹן לְרַחֲמָה.

טֶרֶם חִמְּצָה חֲרָרָה, חָפְזוּ לָצֵאת בְּבִישׁוּר
יָצְאוּ לְקֵץ רָץ דּוֹד רַךְ לִתְשׁוֹר
◂ כּוֹנַנְתָּ בְּכֵן חַג בַּעֲבוֹתוֹת קְשׁוֹר
לַהֲגוֹת בּוֹ בְּקֵץ עֵרֶךְ עִנְיַן שׁוֹר.

All:

אֲהֵבוּךָ אוֹהֲבֶיךָ, אוֹתָם חֲנַן / בְּהַר הַלְּבָנוֹן
◂ בְּפָסוֹחַ וְגָנוֹן / בַּעֲדָם תִּגְנוֹן.

The שליח ציבור *continues:*

בָּרוּךְ אַתָּה יהוה, מָגֵן אַבְרָהָם.

גבורות

אַתָּה גִּבּוֹר לְעוֹלָם, אֲדֹנָי
מְחַיֵּה מֵתִים אַתָּה, רַב לְהוֹשִׁיעַ

In ארץ ישראל:
מוֹרִיד הַטָּל

מְכַלְכֵּל חַיִּים בְּחֶסֶד
מְחַיֵּה מֵתִים בְּרַחֲמִים רַבִּים
סוֹמֵךְ נוֹפְלִים, וְרוֹפֵא חוֹלִים, וּמַתִּיר אֲסוּרִים
וּמְקַיֵּם אֱמוּנָתוֹ לִישֵׁנֵי עָפָר.
מִי כָמוֹךָ, בַּעַל גְּבוּרוֹת, וּמִי דּוֹמֶה לָּךְ
מֶלֶךְ, מֵמִית וּמְחַיֶּה וּמַצְמִיחַ יְשׁוּעָה.
וְנֶאֱמָן אַתָּה לְהַחֲיוֹת מֵתִים.

The מחיה*, the second piyut of the* קרובה*, follows a double alphabetic acrostic, continuing from the letter* ל *where the* מגן *left off. It is mentioned by* תוספות *on* מגילה כה ע״א.

All:

מָה אֵילוּ פִּלְאֵי נִסֶּיךָ
מִתְנוֹסֵס נֵס אֶת מְנוּסֶיךָ
נָאוֹר, רַחֲמֶיךָ עַל כָּל מַעֲשֶׂיךָ
נִפְלָאִים יָתֵר אֶת עֲמוּסֶיךָ.

סוֹךְ מֶסֶךְ רַעַל לְלוֹדִים מָסַכְתָּ
שִׂיחַ נוֹאֲקֶיךָ עֵת שָׁם הִסְכַּתָּ
עִוְרִים בְּעֶבְרָתְךָ חָשַׂכְתָּ
עִבְרִים בְּאֶבְרָתְךָ סַכֹּתָ.

פַּצְתָּ, תְּנוּךְ הַטּוּ וְאַל תֶּחֶטְאוּ
פְּסִילֵי פוּרְכִים לְעֻמָּם לַהֲטוּ
◂ צֹאן לַפֶּסַח מִשְׁכוּ וְשַׁחֲטוּ
צַדְּקוּ, אֹתוֹ וְאֶת בְּנוֹ בְּיוֹם אֶחָד בַּל תִּשְׁחֲטוּ.

All:

מַחְשְׁבוֹתֶיךָ לְרַחֲמֵנוּ / מִפְּעֲלוֹתֶיךָ לְרוֹמְמֵנוּ

◂ מְעוֹרֵר רְדוּמֵינוּ / מֵרְעִיף מְרוֹמְמֵנוּ.

The שליח ציבור *continues:*

בָּרוּךְ אַתָּה יהוה, מְחַיֵּה הַמֵּתִים.

The third piyut of the קרובה*, the* משלש*, follows a quadruple alphabetic acrostic, continuing from the letter* צ *where the* מחיה *left off.*

All:

קָמֵי קְהָלֶךָ / קִצַּצְתָּ בְּחֵילֶךָ

קִפַּצְתָּ חֲמֵשׁ מֵאוֹת מַהֲלָךְ / קָנוֹת לְךָ עַם מְיַחֲלָךְ.

רִשַּׁפְתָּ צָרִים / רִבּוּעַ מַכּוֹת צוֹרְרִים

רָאָה יִרְאוּ כֵּן צָרִים / רוֹמֵם צוּרִים בְּשִׁלּוּחַ צִירִים.

שַׁחַת מְשׁוּלֵי קַשׁ בְּאֹסֶר / שִׁלּוּם קַרְנוֹת עֶשֶׂר

שַׁלְהֲבֵם כְּאָכְלוֹ קַשׁ בְּחֹסֶר / שְׁטַר תִּכְלִית מַכּוֹת עֶשֶׂר.

תַּמּוּ בְּרוּחַ זִלְעָפוֹת / תְּמִימִים כְּיָצְאוּ בְּתוֹעָפוֹת

◂ תְּחַזֵּק יָדַיִם רָפוֹת / תִּפְסַח עָלֵינוּ כְּצִפֳּרִים עָפוֹת.

The קהל *aloud, followed by the* שליח ציבור*:*

תהלים קמו יִמְלֹךְ יהוה לְעוֹלָם

אֱלֹהַיִךְ צִיּוֹן לְדֹר וָדֹר, הַלְלוּיָהּ:

תהלים כב וְאַתָּה קָדוֹשׁ, יוֹשֵׁב תְּהִלּוֹת יִשְׂרָאֵל:

אֵל נָא.

The שליח ציבור*:*

עֶרֶב אֲשֶׁר עָלָה אֶת עַם הִסְבַּבְתָּ

בְּכָשְׁלוֹ נוֹקְשׁוּ עֲשׁוֹת זָרוֹת תִּעַבְתָּ

וּמִכִּסְלֵי כּוּר הֵם לְךָ חָצַבְתָּ

וּכְתוֹעַ הָאסַפְסוּף בְּלִי לִתְעוֹת צִוִּיתָ

וּמֵאָז מֵכְאוֹב כְּדַעְתָּהּ, הִבְלַגְתָּ וְהִרְהַבְתָּ
וּלְהַעֲלוֹת תַּעַל לְתָאַל תָּאַבְתָּ
וּכְתַבְנִית אֲשֶׁר הֻמִּירוֹךָ לְעֵין כֹּל חִבַּבְתָּ
שׁוֹר בְּעַד שׁוֹר לִתְשׁוּר הֵסַבְתָּ
וְעַל כָּל תְּשׁוּרָה תְּשׁוּרוֹ סִגַּבְתָּ
שִׁמְצָם הֶעֱבַרְתָּ, דָּפִים הִצְלַלְתָּ
קִצְפָּם הִשְׁבַּתָּ, לְחַתְּלָם חִשַּׁבְתָּ
וְיֶשְׁעָם קֵרַבְתָּ, בְּוַעֲדָם נִצַּבְתָּ
וּבְקִרְבָּם נִשְׂגַּבְתָּ וְנִתְקַדַּשְׁתָּ.

The קהל *aloud, followed by the* שליח ציבור*:*

חַי וְקַיָּם, נוֹרָא וּמָרוֹם וְקָדוֹשׁ.

All:

אָז עַל כָּל חַיְתוֹ יַעַר נִשֵּׂאתָ שׁוֹר
וְעַל כָּל נִיחוֹחַ, עִלֵּיתָ תְּשׁוּרַת שׁוֹר
לְיִצִּיר כַּף רָצִיתָ בַּהֲטָבַת פַּר שׁוֹר
לְחַוּוֹת כִּי בְּהַרְרֵי אֶלֶף כְּנַן כֹּחַ שׁוֹר.

עָלָה וְיֻחַס שֵׁמוֹת חֲמִשָּׁה
עֵגֶל, פַּר, אֶלֶף, שׁוֹר, בָּקָר בְּדַת חֲמִשָּׁה
זְמַן כִּפּוּר בְּעַד נֶפֶשׁ נְקוּבַת חֲמִשָּׁה
נֶפֶשׁ, רוּחַ, חַיָּה, נְשָׁמָה, יְחִידָה מְחֻמָּשָׁה.

רָץ אֶל בָּקָר אָב בְּזֶה מוֹעֵד
עֵת אֲשֶׁר גְּדוּדִים לְהַזְמִין וִיעֵד
בְּכֵן זִכְרוֹן שׁוֹר אֶחֹג בְּזֶה מוֹעֵד
שׁוֹר אוֹ כֶשֶׂב אוֹ עֵז, לִהְיוֹת לִי לְעֵד.

יוֹקְשִׁים כְּהִתְעוּ זוּ בְּמַעֲשֵׂה הָעֵגֶל
רַבִּים עָלְצוּ, וּפָצוּ אֵין יְשׁוּעָתָה לִסְגֻל
רָם כְּחָפֵץ לְהַצְדִּיק מְלֻמֶּדֶת עֵגֶל
חַק בְּלֶדֶת שׁוֹר, בְּלִי לְהַזְכִּיר עֵגֶל.

בִּטּוּ מְרֵי דְלִי, רַע דִּבָּה קֶשֶׁר
בְּעַם הַמְּמִירִים כָּבוֹד בְּתַבְנִית שׁוֹר
יָהּ לְהוֹדִיעָם כִּי נִחַם בְּאֹרַח מִישׁוֹר
לְכָל עוֹרְכֵי שַׁי הִקְדִּים קָרְבַּן שׁוֹר.

קוֹל צִפְצְפָה יוֹנַת אֵלֶם, אֵיךְ בִּי יִבְחַר
בְּקוֹל עֲנוֹת אֲשֶׁר שָׁמַעְתִּי, חַג לַיהוה מָחָר
לְפִידָהּ נָתַן שׁוּעַ בְּלִי עוֹד לְחַרְחַר
כִּי תְּמוּר חַג מָחָר, חֲגִיגַת שׁוֹר לְחַג בָּחַר.

יָקֵשׁ אֵלֶּה אֱלֹהֶיךָ, אֲשֶׁר תָּעוּ בִּלְעָדַי
יְכַפֵּר אֵלֶּה, בְּאֵלֶּה הֵם מוֹעֲדַי
◂ רְצוּי שְׁלֹשֶׁת אֵלֶּה יַגִּישׁוּ עָדַי
וְאֶזְכְּרָה לָמוֹ בְּרִית שְׁלֹשֶׁת עֵדַי.

The following verses are said in several קרובות*,*
usually before the most complex piyut of the set.

The שליח ציבור*:*

אֵל נָא, לְעוֹלָם תֻּעֲרָץ וּלְעוֹלָם תֻּקְדָּשׁ
וּלְעוֹלְמֵי עוֹלָמִים תִּמְלֹךְ וְתִתְנַשֵּׂא
הָאֵל מֶלֶךְ נוֹרָא מָרוֹם וְקָדוֹשׁ.
כִּי אַתָּה הוּא מֶלֶךְ מַלְכֵי הַמְּלָכִים, מַלְכוּתוֹ נֶצַח
נוֹרְאוֹתָיו שִׂיחוּ, סַפְּרוּ עֻזּוֹ, פָּאֲרוּהוּ צְבָאָיו
קַדְּשׁוּהוּ, רוֹמְמוּהוּ / רֹן שִׁיר / שֶׁבַח תֹּקֶף / תְּהִלּוֹת תִּפְאַרְתּוֹ.

The following piyut elaborates on several verses of the Torah reading. Many congregations omit and continue with "וַאֲמַרְתֶּם זֶבַח פֶּסַח" on the next page.

ויקרא כב וּבְכֵן, שׁוֹר אוֹ־כֶשֶׂב אוֹ־עֵז כִּי יִוָּלֵד:

שׁוֹר אֲשֶׁר מֵאָז עָלַי עֹפֶר פָּסַח
בְּמַקְרִין וּמַפְרִיס תֵּת כָּפְרוֹ שָׂח
גְּמוּלָיו צוּר צִוָּה עָלֵימוֹ לִפְסַח
שמות יב בְּאֹמֶר, וַאֲמַרְתֶּם זֶבַח־פֶּסַח הוּא לַיהוה אֲשֶׁר פָּסַח:

שׁוֹר דָּרַשׁ אָב, לְהַאֲרִיךְ קְרִיאֵי אֵל
הֵכִין עוּגוֹת מֵאָז הִמְשִׁכוּ אַחֲרֵי אֵל
וּבְצִדְקוֹ חָפְשׁוּ יִשְׁרֵי אֵל
שם אֲשֶׁר פָּסַח עַל־בָּתֵּי בְנֵי־יִשְׂרָאֵל:

שׁוֹר זַעַם יְחוּמֵי אֲרַם נַהֲרַיִם
חִיְּבוּ בְּתַבְנִיתוֹ לָשׁוּב אֲחוֹרַיִם
טוֹב זָכַר לָמוֹ יוֹשֵׁב כְּחֹם צָהֳרַיִם
שם בְּמִצְרַיִם בְּנָגְפּוֹ אֶת־מִצְרַיִם:

שׁוֹר יִמַּן מַעֲשֵׂה שׁוֹר בּוֹ לְהַצִּיל
כּוֹנְנוּ בְּמִלּוּאִים פְּסוּחִים בּוֹ לְהַצִּיל
לְהָגֵן לְמַלֵּט לִפְסֹחַ וּלְהַצִּיל
שם כְּמוֹ בְּחֹם, וְאֶת־בָּתֵּינוּ הִצִּיל:

שׁוֹר מְכַפֵּר בְּעָשׂוֹר מְשׁוּחִים בּוֹ כְּחִיְּבוּ
נֶעְלַם דָּבָר בָּעֵדָה בּוֹ יֶאֱהָבוּ
סְלִיחָה מָצְאוּ שׁוֹבָבִים כְּהֶעֱווּ
שם וַיִּקֹּד הָעָם וַיִּשְׁתַּחֲווּ:

שׁוֹר עָלַי מְשׁוֹרְרִים בְּהַדְרַת קֹדֶשׁ
פִּשְׁעָם לִמְחֹל לְשָׁרֵת בַּקֹּדֶשׁ
צֶדֶק הֱיוֹת רֹאשׁ לְנִיחוֹחֵי קֹדֶשׁ
ויקרא כג בְּאֵלֶּה מוֹעֲדֵי יהוה מִקְרָאֵי קֹדֶשׁ:

שׁוֹר קָצַב לְחָגֵג כֶּשֶׂב וָעֵז בְּמֶלֶל
רֶנֶן עָלֵימוֹ קְרִיאַת הַלֵּל
שָׁלוֹשׁ כִּתִּים, גְּבוּרוֹת בָּם לְמַלֵּל
תּוֹדָה וְקוֹל זִמְרָה, לְהוֹדוֹת וּלְהַלֵּל.

יוֹצְאֵי חִפָּזוֹן / סִפְּקָם מָזוֹן / לְשֹׂבַע וְלֹא לְרָזוֹן / קָדוֹשׁ.

This piyut, well known from its inclusion in the הגדה*,*
is said in many congregations before קדושה*.*

וּבְכֵן, וַאֲמַרְתֶּם זֶבַח פֶּסַח

אֹמֶץ גְּבוּרוֹתֶיךָ הִפְלֵאתָ בַּפֶּסַח
בְּרֹאשׁ כָּל מוֹעֲדוֹת נִשֵּׂאתָ פֶּסַח
גִּלִּיתָ לְאֶזְרָחִי חֲצוֹת לֵיל פֶּסַח
וַאֲמַרְתֶּם זֶבַח פֶּסַח

דְּלָתָיו דָּפַקְתָּ כְּחֹם הַיּוֹם בַּפֶּסַח
הִסְעִיד נוֹצְצִים עֻגוֹת מַצּוֹת בַּפֶּסַח
וְאֶל הַבָּקָר, רָץ זֵכֶר לְשׁוֹר עֵרֶךְ פֶּסַח
וַאֲמַרְתֶּם זֶבַח פֶּסַח

זֹעֲמוּ סְדוֹמִים, וְלֹהֲטוּ בָאֵשׁ בַּפֶּסַח
חֻלַּץ לוֹט מֵהֶם, וּמַצּוֹת אָפָה בְּקֵץ פֶּסַח
טִאטֵאתָ אַדְמַת מֹף וְנֹף בְּעָבְרְךָ בַּפֶּסַח
וַאֲמַרְתֶּם זֶבַח פֶּסַח

יָהּ, רֹאשׁ כָּל אוֹן מָחַצְתָּ בְּלֵיל שִׁמּוּר פֶּסַח
כַּבִּיר, עַל בֵּן בְּכוֹר פָּסַחְתָּ בְּדַם פֶּסַח
לְבִלְתִּי תֵּת מַשְׁחִית לָבֹא בִּפְתָחַי בַּפֶּסַח
וַאֲמַרְתֶּם זֶבַח פֶּסַח

מְסֻגֶּרֶת סֻגָּרָה בְּעִתּוֹתֵי פֶּסַח
נִשְׁמְדָה מִדְיָן בִּצְלִיל שְׂעוֹרֵי עֹמֶר פֶּסַח
שֹׂרְפוּ מִשְׁמַנֵּי פּוּל וְלוּד, בִּיקַד יְקוֹד פֶּסַח
וַאֲמַרְתֶּם זֶבַח פֶּסַח

עוֹד הַיּוֹם בְּנֹב לַעֲמוֹד, עַד גָּעָה עוֹנַת — פֶּסַח
פַּס יַד כָּתְבָה לְקַעֲקֵעַ צוּל — בַּפֶּסַח
צָפֹה הַצָּפִית עָרוֹךְ הַשֻּׁלְחָן — בַּפֶּסַח
וַאֲמַרְתֶּם זֶבַח פֶּסַח

קָהָל כִּנְּסָה הֲדַסָּה, צוֹם לְשַׁלֵּשׁ — בַּפֶּסַח
רֹאשׁ מִבֵּית רָשָׁע מָחַצְתָּ בְּעֵץ חֲמִשִּׁים — בַּפֶּסַח
שְׁתֵּי אֵלֶּה, רֶגַע תָּבִיא לְעוּצִית — בַּפֶּסַח
תָּעֹז יָדְךָ, תָּרוּם יְמִינְךָ, כְּלֵיל הִתְקַדֵּשׁ חַג — פֶּסַח
וַאֲמַרְתֶּם זֶבַח פֶּסַח

All:

וּבְכֵן, וּלְךָ תַעֲלֶה קְדֻשָּׁה, כִּי אַתָּה קְדוֹשׁ יִשְׂרָאֵל וּמוֹשִׁיעַ.

The סילוק, the prelude to the קדושה, is a long prayer describing the plague of the death of the firstborn and the subsequent liberation of the people of Israel. Based on the midrash (שמות יב, מא following, שמות רבה טו, ו and מכילתא, מסכתא דפסחא ט) which states that the מלאכי השרת left Egypt together with the Israelites, it describes this double exodus – introducing the theme of the angels praising God as Israel do, thus leading to the קדושה.

Because of its length, many congregation omit the סילוק;
those who do so continue with "נְקַדֵּשׁ אֶת שִׁמְךָ" on page 501.

בְּעֶשֶׂר מַכּוֹת פַּתְרוּסִים הִפְרַכְתָּ — וְאַרְכָּה לָמוֹ הֶאֱרַכְתָּ
לְשַׁלַּח בְּלִי עִכּוּב עַם אֲשֶׁר בֵּרַכְתָּ — וְכַמָּה פְעָמִים בָּמוֹ הֵעַרְתָּ
וְכָאֵלֶּה כַּמָּה בָם הִתְרֵיתָ — וְכִלָּיוֹן עֲלֵיהֶם לֹא גָמַרְתָּ
עַד כִּי גָמְרוּ רִשְׁעָם, כַּאֲשֶׁר גָּזַרְתָּ — וְנִאֲצוּ לְמוּל צִיר אֲשֶׁר בָּחַרְתָּ
מִי יהוה אֲשֶׁר אָמַרְתָּ — לְשַׁלַּח אֶת הָעָם אֲשֶׁר דִּבַּרְתָּ
וְאַתָּה לְעַמָּם קִנְאָה אָזַרְתָּ — וּכְגִבּוֹר מִתְרוֹנֵן מִשֵּׁנָה הֵעַרְתָּ
כְּלֵי קְרָב חָגַרְתָּ, בְּאַרְצָם עָבַרְתָּ — בְּכוֹרֵיהֶם פִּגַּרְתָּ
רֵאשִׁית אוֹנָם הִדְבַּרְתָּ — וְהַבֵיהֶם שִׁבַּרְתָּ
בְּשׁוֹפְטֵי שְׁפָטִים עָשִׂיתָ — לַיְלָה חָצִיתָ, רֹאשׁ מָחַצְתָּ
תַּנִּין רִעַצְתָּ, רֹאשׁ לִוְיָתָן רִצַּצְתָּ — בְּכָל גֵּיא אוֹתוֹ הֵפַצְתָּ
לְמַעַן סַפֵּר שִׁמְךָ עִצַּתָּ — חֲמֵשׁ מֵאוֹת מַהֲלָךְ רַצְתָּ

וּבְסוּף בַּסּוּף לַחְמוֹ נִפְצַת   וְכָל שְׁאוֹנוֹ בְּסַאסְּאָה לְחַצַּת
וְעַל הֶהָרִים קְפָצַת   וּלְיֵשַׁע עַמְּךָ יָצָאת
וְאוֹתָם בִּזְרוֹעַ הוֹצֵאתָ   וְכָל הֲמוֹנֵי חָם כְּחוֹחִים הִצַּתָּ
כִּי כְמִדָּתָם לָמוֹ מָדַדְתָּ   וְכָל הַיְקוּם בָּם לְמַדְתָּ
וּכְמוֹ עִנּוּ עַם אֲשֶׁר חָמַדְתָּ   בָּהּ בְּמִדָּה אוֹתָם הִשְׁמַדְתָּ.

הֵם שָׁפְכוּ כַּמַּיִם דַּם עוֹלְלֵיהֶם   לָכֵן לְדָם נֶהֶפְכוּ נוֹזְלֵיהֶם
הֵם מְעַכּוּם לְמַעַן הַשְׁחִיתָם   לָכֵן עָלְתָה צְפַרְדֵּעַ וְתַשְׁחִיתֵם
הֵם לְחָצוּם בְּעָפָר וָחֹמֶר לִלְבֹּן לְבֵנִים   לָכֵן הוּמַר עֲפָרָם לְכִנִּים
הֵם הֶגְלוּם לְהָבִיא חַיּוֹת לְהַצְדָּאוֹת   לָכֵן עָרוֹב בָּא בִּגְבוּלָם לְהִצָּדוֹת
הֵם הֶשִׁיתוּם כְּמוֹ חַלְלֵי קֶבֶר   לָכֵן חַיָּתָם סֻגְּרָה לַדֶּבֶר
הֵם אֲסָרוּם לְהָרִיק רְבוּעוֹת   לָכֵן מַס חֲמוּדָם בַּאֲבַעְבּוּעוֹת
הֵם הֶעֱבִידוּם בְּחֹם וָנֶשֶׁף   לָכֵן סֻגַּר מִקְנָם לַבָּרָד וְגַם רֶשֶׁף
הֵם גָּאוּ בְּמֶלֶךְ אֵין לָאַרְבֶּה   לָכֵן לֹא הָיָה כֵן אַרְבֶּה
הֵם הֶאֱפִילוּ בָּרָה כַּשֶּׁמֶשׁ   לָכֵן חָשַׁךְ אוֹרָם לָאֶמֶשׁ
הֵם יָעֲצוּ לְאַבֵּד בֵּן בְּכוֹר   לָכֵן חֲצוֹת לַיְלָה, נָגַף בָּם כָּל בְּכוֹר
הֵם זָמְמוּ לְאַבְּדָם בַּמַּיִם   לָכֵן בָּאוּ בָאֵשׁ וּבַמַּיִם.

וְאַתָּה פָּסַחְתָּ בַּחֲצִי לֵיל עַל פְּתָחִים   בְּאָכְלָם זִבְחֵי פְסָחִים
וּבְעֶצֶם הַיּוֹם הוֹצֵאתָם שְׂמֵחִים   לְעֵין פַּתְרוּסִים וְכַסְלוּחִים
וְהִצַּתּוּ כְּקוֹצִים כְּסוּחִים   וְשׁוֹשַׁנִּים כְּלִקְטוּ מִבֵּין הַחוֹחִים
רֶנֶן וְהַלֵּל וְשִׁיר מְשׁוֹחֲחִים   רְנָנוֹת לְךָ מְשִׂיחִים
תּוֹדָה וְקוֹל זִמְרָה פּוֹצְחִים.

וְאַתָּה בְּשִׂמְחָתָם שָׂמַחְתָּ   וּבִישׁוּעָתָם נוֹשַׁעְתָּ
וּבְכָל צָרָתָם צַרְתָּ   בְּכֵן קָצָם קָצַרְתָּ
וּכְמוֹ הָיוּ בֵּין הַחוֹחִים   לְנֶאֱמָן בֵּית נִגְלֵיתָ בַּסְּנֶה בַּחוֹחִים
וּכְמוֹ לְחָצוּ בִּלְבֵנִים וָחֹמֶר   כֵּן נִגְלֵיתָ בִּלְבְנַת סַפִּיר בָּאֹמֶר

וּכְהוֹצֵאתָם מִתַּחַת סִבְלוֹת	אִתָּם הוֹצֵאתָ מִסִּבְלוֹת
וּכְהוּבָאוּ בָּבֶלָה	לְמַעַנָם שֻׁלַּחְתָּ בָּבֶלָה
וּכְנָעוּ לְעֵילָם	כִּסְאֲךָ הוּשַׂם בְּעֵילָם
וּכְנָדוּ לְיָוָן	עוֹרַרְתָּ בּוֹא לְיָוָן
וּבְגָלוּתָם לְשֵׂעִיר	אֵלַי קוֹרֵא מִשֵּׂעִיר
וּבְשׁוּבָם מֵאֱדוֹם	אִתָּם תָּבֹא אֱדוֹם

ישעיה סג בְּאֹמֶר, מִי־זֶה בָּא מֵאֱדוֹם:

וּבְבוֹאֲךָ לְדַלְתֵי לְבָנוֹן	אִתְּךָ יָבֹאוּ לַלְּבָנוֹן
כִּי מֵרֶחֶם אוֹתָם נָשָׂאתָ	וּמִבֶּטֶן אוֹתָם הֶעֱמַסְתָּ
כְּרֵעִים וְאַחִים הֵם לְךָ הִתְאַמְתָּ	בִּרְדְתָּם לְחָם עִמָּם יָרַדְתָּ
וְכָל מַחֲנֶיךָ הוֹרַדְתָּ	בַּעֲלוֹתָם אִתָּם עָלִיתָ
וְכָל מְשָׁרְתֶיךָ הֶעֱלִיתָ	וּבְצֵאתָם הוֹצֵאתָ
כִּי בְּעִנּוּיָם נִמְצֵאתָ	וּבְנוּחָם מָנוֹחַ מָצָאתָ
וְצִבְאוֹתֶיךָ אֲשֶׁר בְּמַעְלָה הוֹצֵאתָ	לְהוֹדִיעָם כִּי בָמוֹ נִרְצֵיתָ
וּבִשְׁבִילָם גֵּיא וָדֹק יָצַרְתָּ	וּבְקִרְבָּם נִתְקַדַּשְׁתָּ וְנִשְׂגַּבְתָּ וְנֶעֱרַצְתָּ
וְנִתְהַדַּרְתָּ וְנֶאֱדַרְתָּ	וְכִפְאֵר מַעְלָה פְּאֵרָם אִמַּצְתָּ
וּכְשִׁירוֹת מַעְלָה שִׁירָתָם חָפַצְתָּ	וְכִקְדֻשַּׁת מָרוֹם, קְדֻשָּׁתָם הֱיוֹת פִּצַּתָּ

וּבְכִנּוּי שֵׁם גָּבֹהַּ שְׁמוֹתָם חָצַצְתָּ.

אֵלִים בְּשֵׁם אֵלִים	אֱלֹהִים בְּשֵׁם אֱלֹהִים
בָּנִים בְּשֵׁם בָּנִים	מַחֲנוֹת בְּשֵׁם מַחֲנוֹת
מְחִיצוֹת בְּשֵׁם מְחִיצוֹת	שֵׁמוֹת בְּשֵׁם שֵׁמוֹת
אֵין כָּאֵל בְּשֵׁם מִיכָאֵל	גִּבּוֹרֵי אֵל בְּשֵׁם גַּבְרִיאֵל
בְּנֵי יַעֲקֹב בְּשֵׁם אֱלֹהֵי יַעֲקֹב	קְדוֹשׁ יַעֲקֹב בְּשֵׁם קְדוֹשׁ יַעֲקֹב

מְשַׁלְּשֵׁי בַקֹּדֶשׁ בְּשֵׁם מְשַׁלְּשֵׁי קֹדֶשׁ.

Continue with "כַּכָּתוּב עַל יַד נְבִיאֶךָ" on page 501.

יוצר לשבת חול המועד פסח

On שבת חול המועד, no קרובה is said; however, a יוצר is said. It was composed by Rabbi Shimon "the great" (see page 493), and is another variation on "אוֹר יֵשַׁע", the יוצר for the first day of פסח. This יוצר is said whenever שיר השירים is read in the synagogue; if there is no שבת חול המועד, it is read on the seventh or eighth day of פסח.

שחרית is said up to and including בָּרְכוּ (page 461).

בָּרוּךְ אַתָּה יהוה אֱלֹהֵינוּ מֶלֶךְ הָעוֹלָם
יוֹצֵר אוֹר וּבוֹרֵא חֹשֶׁךְ
עֹשֶׂה שָׁלוֹם וּבוֹרֵא אֶת הַכֹּל.

אוֹר עוֹלָם בְּאוֹצַר חַיִּים, אוֹרוֹת מֵאֹפֶל אָמַר וַיֶּהִי.

Stylistically, this יוצר is complex. In its forty-four stanzas, the opening letters of the first and third stichs create a quadruple alphabetic acrostic; while in those of the second stichs the author signed his name and a prayer for success. The fourth stich forms the opening words of a verse from שיר השירים א:א–ג:י. In terms of content, it is remarkable for the more consistent use of the first person, and the abundance of endearments in its opening stanzas.

אֲהוּבֶיךָ אֲהֵבְוּךָ מֵישָׁרִים   שִׁירָתְךָ נוֹגְנִים וְשׁוֹרְרִים
אַחֲרֶֽימוֹ קִדְּמוּ שָׂרִים   שִׁיר הַשִּׁירִים.

אֱמוּנַת עִתֵּי חֻקּוֹת   מִפֶּה אֶל פֶּה נֶעְתָּקוֹת
אֲמָרוֹת חֵךְ מַמְתִּיקוֹת   יִשָּׁקֵֽנִי מִנְּשִׁיקוֹת.

בַּעֲשׂוֹתְךָ נוֹרָאוֹת לַהֲמוֹנֶֽיךָ   עַזִּים נָסוּ מִפָּנֶֽיךָ
בָּאוּרִים כִּבְּדְוּךָ מְרַנְּנֶֽיךָ   לְרֵֽיחַ שְׁמָנֶֽיךָ.

בְּרוּכֵי רַֽחַם מְשַׁחֲרֶֽיךָ   וְעָֽדוּ לִקְרַאת דְּבָרֶֽיךָ
בְּאַֽהַב הֱבִיאַֽנִי חֲדָרֶֽיךָ   מָשְׁכֵֽנִי אַחֲרֶֽיךָ.

גִּדְּלַֽנִי וְרוֹמְמַֽנִי לְתַאֲוָה   נִנְעַמְתִּי בְּשִׁמּוּר מִצְוָה
גָּדַר בְּשׁוּמִי עַוָּה   שְׁחוֹרָה אֲנִי וְנָאוָה.

גַּפֵּי מְרֹמֵי קָֽרֶת: בֻּרַדְתִּי מִהְיוֹת גְּבֶֽרֶת   משלי ט
גֹּאֲלִי חַי אֲנִי מַזְכֶּֽרֶת   אַל־תִּרְאֽוּנִי שֶׁאֲנִי שְׁחַרְחֹֽרֶת.

דִּבַּרְתִּי בְּפִי לִמְחוֹלְלִי   רִבְצִי בְּצֹהַר לְהַשְׂכִּילִי
דּוֹדִי פּוֹדִי וְגוֹאֲלִי   הַגִּידָה לִּי.

דַּרְכֵי הוֹרִים דְּעִי   יוֹנֶקֶת חֶמֶד מַטָּעִי
דִּירַת מִשְׁכְּנוֹתָם תֵּדְעִי   אִם־לֹא תֵדְעִי.

הַפְלֵא וָפֶלֶא הֶרְאֵיתִי   צֵאתִי לְיֵשַׁע רַעְיָתִי
הֲמוֹן לוֹדָה הִתְעֵיתִי   לְסֻסָתִי.

הָקְשַׁרְתִּי יֹפִי כְּתָרִים   חֶמְדַּת נִצּוּל מִצְרִים
הֲקִימוֹתִי בְּרִית בְּתָרִים   נָאווּ לְחָיַיִךְ בַּתֹּרִים.

וְאֵלַי קֵרַבְתִּיךְ בְּאַהַב   קוֹל הִשְׁמַעְתִּיךְ מִלַּהַב
וַתַּעְדִּי עֲדִי מֻצְהָב   תּוֹרֵי זָהָב.

וְעַם בָּחַרְתִּי בוֹ   יָצָא שֶׁכֶל מִלִּבּוֹ
וְהֵמִיר כְּבוֹד מִשְׂגַּבּוֹ   עַד־שֶׁהַמֶּלֶךְ בִּמְסִבּוֹ.

זַעַף אֶשָּׂא לִכְמוֹר   גַּעַל פֶּשַׁע לִשְׁמוֹר
זִמַּת אִוֶּלֶת לִזְמוֹר   צְרוֹר הַמֹּר.

זַעַם עָצַר עֹפֶר   דָּפִי צַחַן כִּפֵּר
זִכָּרוֹן כָּתוּב בַּסֵּפֶר   אֶשְׁכֹּל הַכֹּפֶר.

חֹבֶשׁ חָשׁ וּתְרוּפָה   לְכַנְפֵי כֶסֶף נֶחְפָּה
חֵן וָחֶסֶד מְרֻעָפָה   הִנָּךְ יָפָה.

חַנּוּן מֵשִׂים פֶּה   בְּרֹגֶז רַחֵם מְצַפֶּה
חַי סֵתֶר צוֹפֶה   הִנְּךָ יָפֶה.

טִירַת מְצוּקֵי נַעֲזָזִים   תְּאַר אֵיתָנֵי חֲרוּזִים
טֶכֶס זְרוֹעֵי מְפֻזָּזִים   קֹרוֹת בָּתֵּינוּ אֲרָזִים.

טֹרַח עֹל סוּבֶּלֶת   וְלֹא נִכְזָבָה תּוֹחֶלֶת
טָמוּן וְסָפוּן מְנַצֶּלֶת   אֲנִי חֲבַצֶּלֶת.

יָקָר נֶעֱרָב כְּנִיחוֹחִים   רַחַשׁ תַּחַן נֶאֱנָחִים
יְדָעָם בְּגֵיא כַּסְלֻחִים   כְּשׁוֹשַׁנָּה בֵּין הַחוֹחִים.

יוֹרְשֵׁי הַר לְמִצְעָר   הִכִּיר וְאָהַב מִנֹּעַר
יְחָדוּהוּ זָקֵן וָנַעַר   כְּתַפּוּחַ בַּעֲצֵי הַיַּעַר.

כִּלְכַּלְתִּי בְּצִיָּה מְסוֹבֶבֶת   וְנִפְרַע נִשְׁיוֹן מַגֶּבֶת
כְּנָסַנִי לְאֶרֶץ נוֹשָׁבֶת   הֱבִיאַנִי אֶל־בֵּית.

כִּלְּלַנִי בְּעֹז מִדְרָשׁוֹת   בְּשִׁבְעִים פָּנִים נִדְרָשׁוֹת
כְּבוֹדָם חֵקֶר מִלְּהַחֲשׁוֹת   סַמְּכוּנִי בָּאֲשִׁישׁוֹת.

לֹא עֲזָבַנִי לִנְטֹשִׁי   מְגִנִּי וּמֵרִים רֹאשִׁי
לוֹדִים מֵרְרוּ בְּקֹשִׁי   שְׂמֹאלוֹ תַּחַת לְרֹאשִׁי.

לְנַחֵץ קֵץ יִשְׁעֲכֶם   צֵאת מֵאֹסֶר כִּבְלֵיכֶם
לְהַמְתִּין בּוֹא עִתְּכֶם   הִשְׁבַּעְתִּי אֶתְכֶם.

מִסֵּבֶל עֹל רוֹדִי   וְעָדְנִי צוּר פּוֹדִי
מְמַהֵר יֶשַׁע בַּעֲדִי   קוֹל דּוֹדִי.

מְקַצֵּר זְמַן אָבִי   תֵּת צֳרִי לְמַכְאוֹבִי
מְדַלֵּג מְקַפֵּץ לְהַאֲהִיבִי   דּוֹמֶה דוֹדִי לִצְבִי.

נִגְדְּשָׁה סְאַת שׁוֹדְדַי   וְהִגִּיעַ עֵת מוֹעֲדִי
נִסְעִי נָא וְהִכָּבְדִי   עָנָה דוֹדִי.

נִגְדַּע עֹל וְנִשְׁבַּר   בְּאֵין מַחְסוֹר דָּבָר
נֶאֱמָן רוֹעֶה גָּבַר   כִּי־הִנֵּה הַסְּתָו עָבָר.

שָׂרֵי מוֹפֵת נִבְרָאוּ   מְלִיצֵי יֹשֶׁר נִקְרָאוּ
סוֹרְרִים תָּמְהוּ כְּרָאוּ   הַנִּצָּנִים נִרְאוּ.

סִבּוּ עֶגְלָה הוֹרְגֶיהָ   עֲבוֹתֶיהָ לְקַצֵּץ וְעוֹגֶיהָ
סוֹף לְהַשְׁבִּית סִיגֶיהָ   הַתְּאֵנָה חָנְטָה פַגֶּיהָ.

עֹז תּוּשִׁיָּה מִלְּגַלֵּעַ   סָבִיב הָגְבְּלוּ בְּצֶלַע
עָמְדָה בְּמִישׁוֹר מִלְּקַלֵּעַ   יוֹנָתִי בְּחַגְוֵי הַסֶּלַע.

עֲוִילִים הִצְּעוּ חֲלָלִים   יְצִיאֵי עַקְרַבֵּי אֲמֵלָלִים
עָמְדָם לְזַנֵּב נֶחֱשָׁלִים   אֶחֱזוּ־לָנוּ שׁוּעָלִים.

פְּרַס עָנָן לְהַאֲהִילִי   מַגִּיהַּ בְּלֵיל הִלִּי
פִּנּוּקִים שָׁלוֹשׁ הֶאֱכִילִי   דּוֹדִי לִי.

פְּעֻלַּת שָׂכָר קָפוּחַ   טָפַלְתִּי כְּנוֹד נָפוּחַ
פִּלַּצְתִּי בִּשְׂאֵת סָפוּחַ   עַד שֶׁיָּפוּחַ.

צִפִּיתִי עֹצֶב בִּי   וָתִיק רְחַק מִקִּרְבִּי
צַגְתִּי לְבַקֵּשׁ אֹהֲבִי   עַל־מִשְׁכָּבִי.

צִיר עֲלוֹת בִּתְחִנָּה   בַּקֵּשׁ צָרִי לְמִי מָנָה
צְעֹק וְחַלּוֹת אָנָּא   אָקוּמָה נָּא.

קָשְׁרוּ לְוִיִּם קִשּׁוּרִים   יָפִי תְּמִים וְאוּרִים
קוּמָם לְהַכּוֹת בּוֹעֲרִים   מְצָאוּנִי הַשֹּׁמְרִים

קַבֵּל מָרוֹם תְּפִלָּתִי   מָחַל פֶּשַׁע חַטָּאתִי
קִרְבָתוֹ שָׁת בַּעֲדָתִי   כִּמְעַט שֶׁעָבַרְתִּי.

רְאוּ בָּחַרְתִּי בָּכֶם   אַל תְּנַחֲצוּ יְצִיאַתְכֶם
רְאוֹת בְּצִיָּה עִתּוֹתֵיכֶם   הִשְׁבַּעְתִּי אֶתְכֶם.

רָמָה קֶרֶן סְגֻלָּה   מִמִּדְבָּר יָצְאָה נִדְגָּלָה
רוֹזְנִים נוֹסְדוּ לְמַעְלָה   מִי זֹאת עֹלָה.

שִׁכֵּן בָּאָדָם שְׁכִינָתוֹ   נִכְלָלָה מִצִּיּוֹן יִפְעָתוֹ
שִׁתֵּת אֶבֶן שְׁתִיָּתוֹ   הִנֵּה מִטָּתוֹ.

שְׁלָמִים וְעוֹלוֹת לְקָרֵב   סֵדֶר בֹּקֶר וָעֶרֶב
שָׁת כֹּהֲנֵי לְהִתְקָרֵב   כֻּלָּם אֲחֻזֵי חֶרֶב.

תִּכֵּן אֲרוֹן מִכְלוּלוֹ   לְחוֹת מְנָחוֹת בְּצִלּוֹ
תַּבְנִית כְּרוּבִים לְהַאֲהִילוֹ   אַפִּרְיוֹן עָשָׂה לוֹ.

תְּעוּדָה נְתוּנָה בְּחֹסֶף   הֲמוֹן עָם בְּהִתְאַסֵּף
תֵּאֵר סִפְרָהּ בְּכֹסֶף   עַמּוּדָיו עָשָׂה כֶסֶף.

This "צְאֶינָה וּרְאֶינָה" piyut continues the referencing to verses from שיר השירים ג:יא–ה:ט*. Those second stichs are all short (of three words each), and their first letters are another acrostic of the author's name. The last stanza, "מַה־דּוֹדֵךְ", is of a different form, and it leads to the* קדושה *– which might indicate that originally the "צְאֶינָה וּרְאֶינָה" piyutim were supposed to be said at a later point – perhaps before "תִּתְבָּרַךְ, צוּרֵנוּ" (page 469).*

In many congregations, the five opening lines are recited responsively: the שליח ציבור *recites the biblical quote, then the* קהל *says the rest of the line together.*

צְאֶינָה וּרְאֶינָה — שׁוּר בַּעֲטָרָה הַמְעֻטֶּרֶת
הִנָּךְ יָפָה — מֹר וּלְבֹנָה מְקֻטֶּרֶת
שִׁנַּיִךְ — עוֹרְכֵי טַעֲמֵי מָסֹרֶת
כְּחוּט הַשָּׁנִי — וָתֵק שִׂפְתוֹתַיִךְ מְדַבֶּרֶת
כְּמִגְדַּל דָּוִיד — נוֹשְׁקֵי הַגִּבּוֹרִים נֶאֱזֶרֶת

All:

שְׁנֵי שָׁדַיִךְ — בְּמַלְכוּת וּכְהֻנָּה מְכֻתֶּרֶת
עַד שֶׁיָּפוּחַ — רֶגֶשׁ הַמִּלָּה עוֹבֶרֶת
כֻּלָּךְ יָפָה — יְפֵיפִית לִהְיוֹת גְּבֶרֶת
אִתִּי מִלְּבָנוֹן כַּלָּה — צְעָדֵי טוֹטֶפֶת מְקֻשֶּׁרֶת
לִבַּבְתִּנִי — חֹסֶן יְקָרֵי מַזְכֶּרֶת
מַה־יָּפוּ — קְשׁוּטַיִךְ בְּעֹז וְתִפְאֶרֶת
נֹפֶת — חִכֵּךְ הָרִים עוֹקֶרֶת
גַּן נָעוּל — זוֹרַעַת חֶסֶד וְקוֹצֶרֶת
שְׁלָחַיִךְ — קְבוּצֵי סַלְסוּל מְגַבֶּרֶת
נֵרְדְּ וְכַרְכֹּם — בְּשׁוּמֵךְ בְּאַפִּי קְטֹרֶת
מַעְיַן גַּנִּים — תְּעוּדָה דּוֹרֶשֶׁת וְגוֹמֶרֶת
עוּרִי צָפוֹן — וּבוֹאִי לְהַעֲלוֹת תִּימֹרֶת
בָּאתִי לְגַנִּי — רְאוֹת גֻּלַּת הַכֹּתֶרֶת
אֲנִי יְשֵׁנָה — הַלֵּב עֵר בְּמִשְׁמֶרֶת
פָּשַׁטְתִּי — אֶדֶר כְּתֹנֶת מְשֻׁזֶּרֶת
דּוֹדִי — מוֹשִׁיעַ פְּלֵיטָה הַנִּשְׁאֶרֶת

קַמְתִּי נִצּוּחַ קְדֻשָּׁתוֹ מְסַפֶּרֶת
פָּתַחְתִּי סִגּוּב תְּהִלָּתוֹ מְזַמֶּרֶת
מְצָאֻנִי לְיִשְׁעוֹ מְקַוָּה וּמְסַבֶּרֶת
הִשְׁבַּעְתִּי הֲמוֹן מַלְאֲכֵי הַשָּׁרֵת
מַה־דּוֹדֵךְ שְׁאָלוּנִי תָּמִיד, מְחַטֶּבֶת וּמַאֲמֶרֶת
נַעֲרָץ וְנִשְׂגָּב, תִּכֵּן שְׁחָקִים בַּזֶּרֶת
הַנִּקְדָּשׁ בְּשִׁלּוּשׁ קְדֻשָּׁה הַמְאֻשֶּׁרֶת.

Continue with "הַכֹּל יוֹדוּךָ" on page 465 to "מְלֹא כָל־הָאָרֶץ כְּבוֹדוֹ" on page 471.

Like the other piyutim in this יוצר, the author signed his name and a prayer in the acrostic, with the variation of his name in the acrostic of the first and third stichs of each stanza, and his prayer in the second and fourth stichs. Each stanza is predeceed by a quote from שיר השירים ה:י–ו:ג, which stands alone. Once again, the author took great care to parallel the content of the piyut with that of the verses – praise of the Lover for her Beloved (God) – and toward the end, mentioning the מלאכי השרת, as the congregation is in the middle of the קדושה.

In some congregations, the following אופן is not said, and "מַה־דּוֹדֵךְ מִדּוֹד בְּחוּרָה מֵעֲלָמוֹת" (below) is recited instead.

דּוֹדִי שַׁלִּיט בְּכָל מִפְעָל הַכֹּל לְמַעֲנֵהוּ פָּעַל
מֵרְבָבָה דָּגוּל וּמוּעָל קָדוֹשׁ בְּמַטָּה וּבְמָעַל.

רֹאשׁוֹ עָטוּר פַּז כֶּתֶר טָהוֹר צוֹפֶה כָּל סֵתֶר
וּמַאֲזִין לְקוֹל עֶתֶר נַעֲרָץ בְּשָׂפָה יֶתֶר

עֵינָיו נֶגְדּוֹ יְיַשֵּׁירוּ חוֹזִים יָהּ חֲכַם הָרָזִים
בָּחוּר נָעִים כָּאֲרָזִים זַךְ עֹשֶׂה חֲזִיזִים.

לְחָיָו רֶקַח מִגְדְּלוֹת בְּשָׂמִים כַּבִּיר מֵשִׁיב טְעָמִים
יֹשֶׁר אֲמָרָיו נְעִימִים הֶגְיוֹנָיו בֵּין מְחֻכָּמִים.

יָדָיו צֶדֶק וּמִשְׁפָּט מִפְלָאִים לִגְלִילֵי תַרְשִׁישׁ מְמֻלָּאִים
חֵילֵי צְבָאָיו נוֹרָאִים חַתִּים מִפָּנָיו יְרֵאִים.

שׁוֹקָיו קוֹמַת עַמּוּדֵי שֵׁשׁ יְסוֹד עוֹלָם לְהִתְאַשֵּׁשׁ
בַּשְּׁבִיעִי לְמַעְלָה מִשֵּׁשׁ יָפֶה כִּסְאוֹ לְיַשֵּׁשׁ.

חִכּוֹ רְבֵי תוֹרוֹת וְחֻקִּים יְחוּדוֹ בְּתֵבֵל וּבִשְׁחָקִים
אַדִּירֵי חַשְׁמַלֵּי בְרָקִים עֹצֶם קְדֻשָּׁתוֹ מְפִיקִים.

אָנָה בָּרוּךְ וּמְבוֹרָךְ שְׁמוֹ דוֹרְשִׁים אֶרְאֶלֵּי מְרוֹמוֹ
וְזֶה לָזֶה קוֹרֵא נְאָמוֹ אֹמֶר קָדוֹשׁ בְּשַׁלְּשֵׁמוֹ.

דּוֹדִי נוֹתֵן לְעַמּוֹ עֹז מִפִּימוֹ יִתְבָּרֵךְ בְּמָעוֹז
אֲנִי אֲחַזֵּק תְּהִלָּה וָעֹז נֹעַם לְשֵׁם מִגְדַּל עֹז.

Continue with "וְהַחַיּוֹת יְשׁוֹרֵרוּ" on the next page.

In some congregations, the following אופן, from the קרובה by Rabbi Binyamin bar Shmuel, is said. It begins with the last verse of the "צְאֶינָה וּרְאֶינָה" said previously. This discrepancy might not be considered critical, as the quote "מַה־דּוֹדֵךְ" is repeated twice also in the piyutim for the first day (page 1166).

מַה־דּוֹדֵךְ מִדּוֹד בְּחוּרָה מֵעֲלָמוֹת
דּוֹדִי נִכְבָּד וְנוֹרָא, לָבַשׁ גֵּאוּת וְרוֹמֵמוֹת
רֹאשׁוֹ יְשׁוּעוֹת כּוֹבַע, חַיִל וְאֵימוֹת
עֵינָיו מְצַפּוֹת, מְפַעַנְחוֹת רָזֵי תַּעֲלוּמוֹת
לְחָיָו יָצְרוּ כָּל דִּמְיוֹנֵי יְקוּמוֹת
יָדָיו נָטוּ שָׁמַיִם וְתַחְתִּיּוֹתֵי תְהוֹמוֹת
שׁוֹקָיו פִּנּוֹת עוֹלָם בָּם מִתְקַיְּמוֹת
חִכּוֹ וְנִיבוֹ מַבִּיעִים חָכְמוֹת
אָנָה יְקַר תִּפְאֶרֶת גְּדֻלּוֹתָיו הָעֲצוּמוֹת
דּוֹדִי טָמוּן וְחָבוּי מֵעֵין כָּל נְפוּחֵי נְשָׁמוֹת
אֲנִי נוֹרְאוֹתָיו אֲשַׁרֵר בְּבָרוּךְ
כְּאוֹפַנֵּי מְרוֹמוֹת.

וְהַחַיּוֹת יְשׁוֹרֵרוּ / וּכְרוּבִים יְפָאֵרוּ
וּשְׂרָפִים יָרֹנּוּ / וְאֶרְאֶלִּים יְבָרֵכוּ
פְּנֵי כָל חַיָּה וְאוֹפָן וּכְרוּב לְעֻמַּת שְׂרָפִים
לְעֻמָּתָם מְשַׁבְּחִים וְאוֹמְרִים

All say aloud:

יחזקאל ג בָּרוּךְ כְּבוֹד־יהוה מִמְּקוֹמוֹ:

Continue with "לְאֵל בָּרוּךְ" on page 473 to "אֵין אֱלֹהִים זוּלָתֶךָ" on page 483.

As in the יוצר *set for the second day, the* זולת *begins and ends with reference to* שיר השירים ו:יב *and* ח:ו *respectively. However, unlike Rabbi Meshullam's composition (see page 1182), that of Rabbi Shimon is extant in its entirety. The two short piyutim before the blessings are not said; but the last section, which refers to the final verses of* שיר השירים *and introduces* שירת הים, *is appended to the* זולת *in the Ashkenazi rite.*

אֵלֶּה וְכָאֵלֶּה הֶרְאִיתַנִי / שָׁמְעָה אָזְנִי וְהִבַּנְתִּי   לֹא יָדַעְתִּי, נַפְשִׁי שָׂמַתְנִי.
בְּבוֹאֲךָ לְהָדִיץ דְּאֵבִי / מֶלֶל פָּצְתָ לְהֵיטִיבִי   שׁוּבִי שׁוּבִי.
גֵּיא חִזָּיוֹן תְּחוּמֵיִךְ / עֲלוֹתֵךְ לְהַגִּישׁ שְׁלָמַיִךְ   מַה־יָּפוּ פְעָמַיִךְ.
דְּגָלַיִךְ יַזְהִירוּ כְּזֹהַר / וּכְעֶצֶם הַשָּׁמַיִם לָטֹהַר   שָׁרְרֵךְ אַגַּן הַסַּהַר.
הֲדַר כִּהוּן אִפּוּדַיִךְ / נֹעַם מַלְכוּת כְּבוּדַיִךְ   שְׁנֵי שָׁדַיִךְ.
וְנַחַת שֻׁלְחָן דָּשֵׁן / בְּנֹכַח מְנוֹרָה לְדַשֵּׁן   צַוָּארֵךְ כְּמִגְדַּל הַשֵּׁן.
זְבוּל קֹדֶשׁ הִלּוּלַיִךְ / רֶפֶד יֹפִי מִכְלוּלַיִךְ   רֹאשֵׁךְ עָלַיִךְ.
חַיִל לִמְאֹד עָצַמְתְּ / בְּרִבֵּי תוֹרָה נִתְחַכַּמְתְּ   מַה־יָּפִית וּמַה־נָּעַמְתְּ.
טַכְסִיס נוֹי תְּהִלָּתֵךְ / יִתְאַוּוּ לְאֻמִּים לִרְאוֹתֵךְ   זֹאת קוֹמָתֵךְ.
יְדוּעַיִךְ נְטוּעִים בְּמִשְׁמָר / צְנוּעִים בְּכָל מִשְׁמָר   אָמַרְתִּי אֶעֱלֶה בְתָמָר.
כְּתוֹרָה בְּשֵׂכֶל טוֹב / חֲמוּדָה מִזָּהָב טוֹב   וְחִכֵּךְ כְּיֵין הַטּוֹב.
לָאֵל אֲקַוֶּה לְסַעֲדִי / קְדוֹשִׁי, פּוֹדִי וּכְבוֹדִי   אֲנִי לְדוֹדִי.
מְפֻזֶּרֶת מִקָּצֶה לְקָצָה / חַנּוּן סְגוּלֶיהָ הַיְצֵא   לְכָה דוֹדִי, נֵצֵא.
נַהֵל מְעוּטֵי עַמִּים / זְרַח אוֹרְךָ לַעֲמוּמִים   נַשְׁכִּימָה לַכְּרָמִים.
שׂוֹשׂ מְסִבָּה לְהַאֲרִיחַ / קוֹל קוֹרֵא לְהַצְרִיחַ   הַדּוּדָאִים נָתְנוּ־רֵיחַ.
עִמְּךָ בְּוַעַד לְהַאֲהִילִי / וְלָבוֹא בְּשִׂמְחַת גִּילִי   מִי יִתֶּנְךָ כְּאָח לִי.

פַּנּוֹת דֶּרֶךְ בְּבוֹאֲךָ / אֶל מְכוֹנְךָ וּמִקְרָאֲךָ אֶנְהָגְךָ, אֲבִיאֲךָ.
צֵאת מִמַּסְגֵּר נַפְשִׁי / מִבֵּין מַעֲבִידַי בְּקֹשִׁי שְׂמֹאלוֹ תַּחַת רֹאשִׁי.
קַוּוֹת מוֹעֵד עִתְּכֶם / צִיּוֹן עֲלוֹת לְקִרְיַתְכֶם הִשְׁבַּעְתִּי אֶתְכֶם.
רוֹאֵי מוֹפְתֵי הַגְּאֻלָּה / אֹמֶר יַעֲנוּ בְּמִלָּה מִי זֹאת עֹלָה.
שֹׁכְנֵי בְּגֵיא גָּלוּתָם / מַהֵר מֵאִתְּךָ תְּהִלָּתָם שִׂימֵנִי כַחוֹתָם.
תֹּקֶף עֹז אֲהָבִים / נִגּוּן שִׁירִים עֲרֵבִים כְּעַל מַיִם רַבִּים.

מַיִם רַבִּים שַׂמְתָּ נְתִיבָה
אָחוֹת מְשַׁכְתָּ לְךָ בְּאַהֲבָה
אִם עָנִיתִי וְנַפְשִׁי תְּאֵבָה
אֲנִי חוֹמָה וְשָׁדַי לְאֵין קִצְבָה
כֶּרֶם נָעִים וְנַחֲלָה חֲשׁוּבָה
כַּרְמִי בְּזָזוּ וְשָׁמוּנִי חֲרֵבָה
הַיּוֹשֶׁבֶת רְבוּצָה וְיֵשַׁע מְקַוָּה
בְּרַח יֵשַׁע הַפֶּלֶא, דָּגוּל מֵרְבָבָה
דּוֹדִי צוּר נַעֲרָץ בְּאַלְפֵי רְבָבָה
וּדְמֵה־לְךָ חַי כְּעַל מֵי תְהוֹם רַבָּה
קְדוֹשִׁים שֶׁבְּחוּךְ שִׁירָה עֲרֵבָה.

Continue with "עֶזְרַת אֲבוֹתֵינוּ" on page 483.

יוצר לשביעי של פסח

On the last two days of פסח, the יוצרות follow the standard format, opening with "אור עולם" followed by a יוצר piyut, an אופן between the verses of the קדושה, and a זולת in the middle of the blessing after the שמע. If the seventh day of פסח falls on a שבת, the יוצר for שבת חול המועד (page 1201) is said instead.

שחרית is said up to and including בָּרְכוּ (page 461).

בָּרוּךְ אַתָּה יהוה אֱלֹהֵינוּ מֶלֶךְ הָעוֹלָם
יוֹצֵר אוֹר וּבוֹרֵא חֹשֶׁךְ
עֹשֶׂה שָׁלוֹם וּבוֹרֵא אֶת הַכֹּל.

אוֹר עוֹלָם בְּאוֹצַר חַיִּים, אוֹרוֹת מֵאֹפֶל אָמַר וַיֶּהִי.

The יוצר piyut for the seventh day of פסח was composed by Rabbi Shimon "the great" (see page 493) who as usual, signed his name in the second stich of each stanza. The first word of each stanza is the opening word of שירת הים (Ex. 15); the third stich is taken from Psalm 114, which celebrates the parting of the Sea and God's miracles in general.

וַיּוֹשַׁע שׁוֹשַׁנֵּי פֶּרַח מַזְרִיחַ מְאוֹרַיִם
שְׁמָרָם כְּאִישׁוֹן כְּרָדְפוּ אֲחוֹרַיִם
בְּצֵאת יִשְׂרָאֵל מִמִּצְרָיִם: תהלים קיד

וַיַּרְא מְשִׁסַּת מִסְתּוֹלֵל בּוֹ לְהַלְעֵז
מְמֻשָּׁךְ מִפֶּרֶךְ בְּיָד רָמָה לְהָעֵז
בֵּית יַעֲקֹב מֵעַם לֹעֵז:

אָז יָשִׁיר עָנָו וְסִיעָתוֹ לְהַקְדִּישׁוֹ
עֱזוּז יְמִינוֹ וּזְרוֹעַ קָדְשׁוֹ
הָיְתָה יְהוּדָה לְקָדְשׁוֹ:

שִׁמְךָ עַל כֹּל יִתְגַּדַּל וְיִתְקַדַּשׁ / מוֹשָׁבְךָ בָּרוּם וְהִלּוּכְךָ בַּקֹּדֶשׁ
עֵדֹתֶיךָ נֶאֶמְנוּ מְאֹד לְבֵיתְךָ נַאֲוָה־קֹדֶשׁ: / קָדוֹשׁ. תהלים צג

עָזִּי וְזִמְרָת יָהּ, שׁוֹרְרוּ לוֹ מִקְהֲלוֹתָיו
וְשִׁווּ הוֹד וְהָדָר בִּתְהִלּוֹתָיו
יִשְׂרָאֵל מַמְשְׁלוֹתָיו: תהלים קיד

יהוה נִגְלָה לְעַמּוֹ הֱיוֹת מָנוֹס
נוֹזְלִים צָּגוּ כְּמוֹ נֵד לִכְנֹס
הַיָּם רָאָה וַיָּנֹס:

מַרְכְּבוֹת בּוֹגֵד בָּלְעוּ בְּסוּף וְשִׁיחוֹר
בִּנְהָרִים חָרָה אַפּוֹ וְנֶהֶפְכוּ סְחַרְחוֹר
הַיַּרְדֵּן יִסֹּב לְאָחוֹר:

תְּהֹמוֹת רָגְזוּ וַיֶּהֱמוּ גַּלִּים
רָאוּךָ מַּיִם מֵאֵימָתְךָ חָלִים
הֶהָרִים רָקְדוּ כְאֵילִים:

יְמִינְךָ יֶשַׁע הָחִישָׁה בְּעֵת רָצוֹן
יִרְעֲשׁוּ הָרִים וְעַמּוּדֶיהָ יִתְפַּלָּצוּן
גְּבָעוֹת כִּבְנֵי־צֹאן:

וּבְרֹב צִדְקָתְךָ מַפַּלְתָּם תִּקְנֹס
צוּלָה חָרְבָה וְנַהֲרוֹתֶיהָ תֶּאֱנֹס
מַה־לְּךָ הַיָּם כִּי תָנוּס:

וּבְרוּחַ חָזָק סְעַרְתָּם בְּחַרְחוּר
חוֹמָה וּמְסִלָּה לְעַמְּךָ תִּבְחֹר
הַיַּרְדֵּן תִּסֹּב לְאָחוֹר:

אָמַר, קַבֵּץ כְּעָמִיר שָׂרֵי אֱוִילִים
קַלַּע נַפְשׁוֹתָם חָפְצוּ לְהַשְׁלִים
הֶהָרִים תִּרְקְדוּ כְאֵילִים:

נָשַׁפְתָּ, חֲמָתְךָ תִּבְעַר פְּנִימִי וְחִיצוֹן
חֶלֶד הִתְפּוֹרְרָה תֹּהוּ וְקִיצוֹן
גְּבָעוֹת כִּבְנֵי־צֹאן:

מִי כָמֹכָה זְמִיר עָרִיצִים יַעֲנֶה בְּמֶרֶץ
זְרוֹעַ חָשַׂפְתָּ וְהִתְמוֹטְטָה הָאָרֶץ
מִלִּפְנֵי אָדוֹן חוּלִי אָרֶץ:

נָטִיתָ קַשְׁתְּךָ רֹאשׁ פְּרָזִים לִנְקֹב
קְרִיוֹת וּמִבְצָרִים נֶחְשְׁבוּ לְרָקָב
מִלִּפְנֵי אֱלוֹהַּ יַעֲקֹב:

נָחִיתָ וְנֵהַלְתָּ עַם עֲמוּסֵי מֵעַיִם
וְלֹא מָנַעְתָּ מִפִּיהֶם דְּגַן שָׁמַיִם
הַהֹפְכִי הַצּוּר אֲגַם־מָיִם:

שָׁמְעוּ אָמְצָךְ כָּל אַפְסֵי תְחוּמַיִם
אֶדֶר הוֹדְךָ עַל אֶרֶץ וְשָׁמַיִם
חַלָּמִישׁ לְמַעְיְנוֹ־מָיִם:

אָז מָצְאוּ אָבוֹת חֵן וּבְצִלְּךָ לָנוּ
אָנָּא הַבֶּט נָא עַמְּךָ כֻלָּנוּ
לֹא לָנוּ יהוה לֹא לָנוּ: תהלים קטו

תְּפֹל צָרָה בְּעֵדִינָה מֵאֱנוֹשׁ לֶאֱבֹד
צַוֵּה יְשׁוּעוֹת יַעֲקֹב, אוֹתְךָ לַעֲבֹד
כִּי־לְשִׁמְךָ תֵּן כָּבוֹד:

תְּבִאֵמוֹ אֲגוּדִים יַחַד לִמְכוֹן שִׁבְתֶּךָ
וְתִטָּעֵמוֹ בְּהַר צְבִי, קֹדֶשׁ נַחֲלָתֶךָ
עַל־חַסְדְּךָ עַל־אֲמִתֶּךָ:

יהוה מְקַוֶּיךָ מְקַבְּלִים עֹל מַלְכוּתְךָ עֲלֵיהֶם
נָא הֱיֵה סֵתֶר לָמוֹ מִפְּנֵי שׁוֹלְלֵיהֶם
לָמָּה יֹאמְרוּ הַגּוֹיִם, אַיֵּה־נָא אֱלֹהֵיהֶם:

כִּי בָא נוֹגֵשׂ וְכָל חֵילוֹ בַּמַּיִם
נָא שִׁית אֱדוֹם לְמוֹרַשׁ קִפֹּד וְאַגְמֵי מָיִם
וְיֵדְעוּ כִּי אֲנַחְנוּ עַמּוֹ, וֵאלֹהֵינוּ בַשָּׁמָיִם.

כְּהִפְלֵאתָ לְדוֹר רִאשׁוֹן רֹב נִסֶּיךָ / הַפְלֵא עִם אַחֲרוֹנִים, מְחַכֶּיךָ וְחוֹסֶיךָ
וְכָל פֶּה יְהַלֶּלְךָ, מָה רַבּוּ מַעֲשֶׂיךָ / קָדוֹשׁ.

Continue with "הַמֵּאִיר לָאָרֶץ" on page 463 (on Shabbat, with "הַכֹּל" on page 465) to "מְלֹא כָל־הָאָרֶץ כְּבוֹדוֹ" on page 471.

In medieval times, the custom was not to say an אופן *piyut, because according to tradition, God forbade the angels to sing before Him when the Egyptians drowned* (מגילה י ע״ב). *Only in the communities of Eastern Europe was an* אופן *added. The* אופן *for the seventh day of* פסח *was originally "יְדוּעֵי שֵׁם" (on the next page), but it was gradually superseded by the following piyut, author unknown, possibly because the first words of its stichs were those of* שירת הים. *However, its form indicates that it was originally written as a* יוצר *– the refrain following the first stanza (compare to page 1161).*

Some recite the piyut "יְדוּעֵי שֵׁם" on the next page instead of this piyut.

וַיּוֹשַׁע אֵל אֱמוּנָה אֻיָּמָּה אַחַת
וַיַּרְא בְּצָרָתָהּ וּמַפְרִיכָהּ יִחַת
אָז גְּאָלָהּ מִפֶּרֶךְ וְרוּחָה נַחַת.

וְצַח נָצַח נְצָחִים / וְצִחְצַח צַחֲצוּחַ מְצַחְצְחִים
אֲצוּ פוֹצְחִים וּמְנַצְּחִים / לְמָרוֹם וְקָדוֹשׁ.

עֻזִּי דָּאָה כְּבָחוּר עַל יָמָּה
יהוה הַמְפֹאָר בְּפִי כָל הַנְּשָׁמָה
מַרְכְּבֹת פַּרְעֹה וְחֵילוֹתָיו שִׁקַּע בִּתְהוֹמָה.

תְּהֹמֹת זָחֲלוּ וְחָלוּ מֵאֵימָתֶךָ
יְמִינְךָ חִילָה בְּכֹחַ הַדְרָתֶךָ
וּבְרֹב טוּבְךָ נִהַגְתָּ רַעְיָתֶךָ.

וּבְרוּחַ יָהִיר זְעַמְתָּ יַם סוּף
אָמַר כַּבִּיר לְהֻמָּם לִשְׁסוּף
נָשַׁפְתָּ לְמַעֲנִי בְּיָמִין חָשׂוּף.

מִי כָמֹכָה, מִלְּלוּ בְּמֶלֶל
נָטִיתָ נֶגְדָּם פִּגְרָם לְחַלֵּל
נָחִיתָ סְגֻלִּים עֻזְּךָ לְהַלֵּל.

שָׁמְעוּ עַמִּים וּבְרֶתֶת רוֹפְפוּ
אָז פְּלִילֶימוֹ בְּרַעַד זָלְעָפוּ
תִּפֹּל צְוָחָה עֲלֵימוֹ וְיַחְדָּיו יָסוּפוּ.

תְּבִאֵמוֹ קִרְיַת חָנָה דָוִד
יהוה רָם וְנִשָּׂא תַּרְבִּיד
יִמְלֹךְ שֵׁם תִּפְאַרְתֶּךָ, עֲדִינָה תַּאֲבִיד.

וְהַחַיּוֹת יְשׁוֹרֵרוּ / וּכְרוּבִים יְפָאֵרוּ
וּשְׂרָפִים יָרֹנּוּ / וְאֶרְאֶלִּים יְבָרֵכוּ
פְּנֵי כָל חַיָּה וְאוֹפָן וּכְרוּב לְעֻמַּת שְׂרָפִים
לְעֻמָּתָם מְשַׁבְּחִים וְאוֹמְרִים

All say aloud:

יחזקאל ג בָּרוּךְ כְּבוֹד־יהוה מִמְּקוֹמוֹ:

Continue with "לְאֵל בָּרוּךְ" on page 473 to "אֵין אֱלֹהִים זוּלָתֶךָ" on page 483.

Some recite this piyut, also by an anonymous author, as the אופן, despite it being different from most אופנים, both in form (with the verse repeated as a refrain) and content (describing the מלאכי השרת). The refrain is דברים י:יז, a verse which speaks of of the all-powerful God, acting to save the oppressed (see page 1133) as He did at the Sea of Reeds.

יְדוּעֵי שֵׁם בְּבוֹר נֶשֶׁם וּבְנִקְיוֹן רַעְיוֹנִים
עֵת פָּלְטוּ וְנִתְמַלְּטוּ מִכּוּר בַּרְזֶל סְוֵנִים
קוֹל נוֹפְפוּ וְלֹא רוֹפְפוּ כְּמוֹ אָבוֹת כֵּן בָּנִים
בְּכֵן יַחַד קוֹל אֶחָד כִּי צוּר שׁוֹכֵן מְעוֹנִים

דברים י הוּא אֱלֹהֵי הָאֱלֹהִים וַאֲדֹנֵי הָאֲדֹנִים:

עֲדַת עֲנָמִים עֲבוּר עֲגוּמִים עֲלֵיהֶם מָרוֹם הֵרְעִים
וּשְׁפָטָם וַחֲבָטָם אֵל, בַּעֲשָׂרָה נְגָעִים
וַיְשִׁמֵּם וַיְשִׁימֵם בְּלֵב יַמִּים נִטְבָּעִים
וְנִצְּלוּ וְנִגְאֲלוּ פְּלֵטֵי הֲמוֹן נוֹשָׁעִים
אָז שׁוֹרְרוּ וְאָז פֵּאֲרוּ בִּזְמָרִים וּבִרְנָנִים.
הוּא אֱלֹהֵי הָאֱלֹהִים וַאֲדֹנֵי הָאֲדֹנִים:

קִבֵּל מְרוֹמוֹ יוֹם בְּיוֹמוֹ כֵּן יְבָרְכוּ שֵׁם כְּבוֹדוֹ
וּכְשָׁמְעָם כֵּן בְּרַעַם מֵאֲחוֹרֵי פַּרְגּוֹדוֹ
יִקֹּדוּן וְיִסְגְּדוּן מֵחֲזוֹת שְׁכִינַת הוֹדוֹ
מִי יֶחֱזֶה זֶה אוֹ זֶה נִסְתְּרָה בְּעָבֵי עֲנָנִים
הוּא אֱלֹהֵי הָאֱלֹהִים וַאֲדֹנֵי הָאֲדֹנִים:

וְהַחַיּוֹת בְּרוּם עֲלִיּוֹת כֵּס יְקָרוֹ תִּשֶּׂאנָה
בְּכַנְפֵיהֶן גַּבֵּיהֶן וּגְוִיּוֹתֵיהֶן תְּכַסֶּינָה
בְּקוֹל נָשְׁקָן בְּהַחֲזִיקָן כַּנְפֵיהֶם תְּרִימֶינָה
וּבְעָמְדָם בְּמַעֲמָדָם כַּנְפֵיהֶם תְּרַפֶּינָה
גַּם בְּלֶכְתָּם לְעֻמָּתָם יֵלְכוּ הָאוֹפַנִּים
הוּא אֱלֹהֵי הָאֱלֹהִים וַאֲדֹנֵי הָאֲדֹנִים:

בְּנֵי סְגֻלָּה מִתְּחִלָּה הֵם יַקְדִּישׁוּ בְּמַטָּה
בְּרוּם קוֹלָם אֲדוֹן עוֹלָם אֲשֶׁר אוֹר לָבַשׁ וְעָטָה
וְאָז הַמְּלָה מִלְמַעְלָה יַעֲרִיצוּהוּ בְּמִבְטָא
חֲבוּרַת אֵל כְּנֶגֶד אֵל מְסַדְּרִים כְּמוֹ שִׁיטָה
אֵל מְפָאֲרִים וּמְהַדְּרִים וְהֵם אוֹמְרִים וְגַם עוֹנִים
הוּא אֱלֹהֵי הָאֱלֹהִים וַאֲדֹנֵי הָאֲדֹנִים:

Continue with "וְהַחַיּוֹת יְשׁוֹרֵרוּ" on the previous page.

On both the seventh and eighth days, the following זולת *composed by Rabbi Shimon "the great" (see page 493) is said. The first and third stich of each stanza create an alphabetic acrostic, and his name is hinted at in the last stanza. It describes various occasions on which the people of Israel sang in praise of God.*

אִי פַּתְרוֹס בְּעָבְרְךָ, רֹאשׁ תַּנִּין לְהַדֵּשׁ
בִּמְלֹאת סִפְקוֹ סְאוֹנוֹ מֹד בְּגֹדֶשׁ
בְּאוֹכְלֵי פְּסָחִים נִתְקַדַּשְׁתָּ בְּשִׁיר לְחַדֵּשׁ
הַשִּׁיר יִהְיֶה לָכֶם כְּלֵיל חַג הִתְקַדֵּשׁ.

גָּזוּ בְּעַזִּים צִבְאוֹת יִשְׁרֵי אֵל
הִפְלֵאתָ לָמוֹ צְדָקָה כְּהַרְרֵי אֵל
דּוֹלְקֵימוֹ נִשְׁפַּטְתָּ תְּהוֹם רַבָּה לְהִתְאֵל
אָז יָשִׁיר־מֹשֶׁה וּבְנֵי יִשְׂרָאֵל: שמות טו

הֵן עַל הַבְּאֵר שׁוֹרְרוּ בְּעַלִּיזוּת
בְּהַשְׁקָת הָרִים אֶת וָהֵב לַחֲזוֹת
וּבְסֵפֶר מִלְחָמוֹת רְשׁוּמָה בְּשִׁיטֵי חֲרוּזוֹת
אָז יָשִׁיר יִשְׂרָאֵל אֶת־הַשִּׁירָה הַזֹּאת: במדבר כא

זֹהַר שֶׁמֶשׁ הִדְמִים דּוֹדִי וּמַאֲמִירִי
וְיָרֵחַ הֶעֱמִיד כְּיוֹם תָּמִים תְּמוּרִי
חֲקוּקָה בְּסֵפֶר הַיָּשָׁר שִׁירַת מִזְמוֹרִי
אָז יְדַבֵּר יְהוֹשֻׁעַ לַיהוה בְּיוֹם תֵּת יהוה אֶת־הָאֱמֹרִי: יהושע י

טָפְשׁוּ חָנֵף מָלְכוּ מִמּוֹקְשֵׁי עָם
שָׁבוּ וְשִׁחֲרוּ אֵל, וְצִוָּה לְהוֹשִׁיעָם
יָבִין וּנְגִיד חֲרֹשֶׁת לְמַפָּלָה הִכְנִיעָם
וַתָּשַׁר דְּבוֹרָה וּבָרָק בֶּן־אֲבִינֹעַם: שופטים ה

כְּלַל וְהוּקַם עַל בִּמְלָכִים לְהִתְאַשְּׁרָה
זְמִירוֹת הַנְּעִים וְהִלֵּךְ אֹרַח יְשָׁרָה
לְעֵת זִקְנָתוֹ הוֹסִיף שֶׁבַח לְשׁוֹרְרָה
וַיְדַבֵּר דָּוִד לַיהוה אֶת־דִּבְרֵי הַשִּׁירָה: שמואל ב׳ כב

מָסַר הָאָב לִבְנוֹ צָרְכֵי הַבַּיִת לְהַזְבִּיד
לִמְצֹא מָקוֹם נַפְשׁוֹ בְּנֶדֶר הֶעֱבִיד
נִקְרָא עַל שְׁמוֹ כִּי בְמַשָּׂאוֹ הִכְבִּיד
תהלים ל מִזְמוֹר שִׁיר־חֲנֻכַּת הַבַּיִת לְדָוִד:

שְׂמָחוֹת רַבּוּ, וְהֻגַּהּ כָּל מַאֲפֵל
בִּיסוֹד הַבַּיִת, וְנִבְצַר בְּחַן וָעֹפֶל
עוֹלוֹת וּזְבָחִים לָרֹב וּשְׁלָמִים לְהִטָּפֵל
מלכים א׳ ח אָז אָמַר שְׁלֹמֹה, יהוה אָמַר לִשְׁכֹּן בָּעֲרָפֶל:

פִּגְרוּ שֵׂעִיר וְעַמּוֹן וּמוֹאָב וְחֵיל מָדָנִי
בְּמַעֲלֵה הַצִּיץ רְאוֹת יְשׁוּעַת יהוה
צוֹרְבוּ לְמַשְׁחִית אִישׁ בְּרֵעֵהוּ לְעֵינַי
דברי הימים
ב׳ כ נִקְהֲלוּ לְעֵמֶק בְּרָכָה, כִּי שָׁם בֵּרְכוּ אֶת־יהוה:

קוֹל שִׁירוֹת תֵּשַׁע שָׁמַעְנוּ בְמֶרֶץ
וְהָעֲשִׂירִית עוֹד נִשְׁמַע מִכְּנַף הָאָרֶץ
רָנּוּ שָׁמַיִם וְהָרִיעוּ תַּחְתִּיּוֹת אָרֶץ
ישעיה מב שִׁירוּ לַיהוה שִׁיר חָדָשׁ, תְּהִלָּתוֹ מִקְצֵה הָאָרֶץ:

שִׁירוֹת אֵלֶּה לְשׁוֹן שִׁירָה מְיֻסָּדִים
כִּי תְשׁוּעָתָם כַּיּוֹלֵדָה לָבוֹא צָרוֹת וּמִסְפְּדִים
תֹּקֶף שִׁיר אַחֲרוֹן כִּזְכָרִים לֹא יוֹלְדִים
תהלים קמט שִׁירוּ לַיהוה שִׁיר חָדָשׁ, תְּהִלָּתוֹ בִּקְהַל חֲסִידִים:

שִׁעְבּוּד מַלְכִיּוֹת עֻקַּר וְנִסִּים מְרֻבִּים
בִּרְאוֹת מַפַּלְתָּם יִשְׂמְחוּ אִיִּים רַבִּים
יְצִיאַת חָנֵס קָרֹא בְּטֶפֶל נֶאֱהָבִים
חֲזֵק קְדֻשָּׁתְךָ, כְּעַל זֹאת שִׁבְּחוּ אֲהוּבִים.

Continue with "עֶזְרַת אֲבוֹתֵינוּ" on page 483.

חזרת הש״ץ לשחרית לשביעי של פסח

If the seventh day of פסח *falls on a Sunday, the* קרובה *beginning* ״אֵימַת נוֹרְאוֹתֶיךָ״ *(page 1248) is said instead.*

אֲדֹנָי, שְׂפָתַי תִּפְתָּח, וּפִי יַגִּיד תְּהִלָּתֶךָ׃ תהלים נא

אבות

בָּרוּךְ אַתָּה יהוה, אֱלֹהֵינוּ וֵאלֹהֵי אֲבוֹתֵינוּ
אֱלֹהֵי אַבְרָהָם, אֱלֹהֵי יִצְחָק, וֵאלֹהֵי יַעֲקֹב
הָאֵל הַגָּדוֹל הַגִּבּוֹר וְהַנּוֹרָא, אֵל עֶלְיוֹן
גּוֹמֵל חֲסָדִים טוֹבִים, וְקוֹנֵה הַכֹּל
וְזוֹכֵר חַסְדֵי אָבוֹת
וּמֵבִיא גוֹאֵל לִבְנֵי בְנֵיהֶם, לְמַעַן שְׁמוֹ בְּאַהֲבָה.
מֶלֶךְ עוֹזֵר וּמוֹשִׁיעַ וּמָגֵן.

מִסּוֹד חֲכָמִים וּנְבוֹנִים
וּמִלֶּמֶד דַּעַת מְבִינִים
אֶפְתְּחָה פִּי בְּשִׁיר וּבִרְנָנִים
לְהוֹדוֹת וּלְהַלֵּל פְּנֵי שׁוֹכֵן מְעוֹנִים

In medieval times, many communities had the custom to say ״אֵימַת נוֹרְאוֹתֶיךָ״ *on the seventh day, and* ״אוֹתוֹתֶיךָ אָז רָאִינוּ״ *on the eighth. Our custom follows the ruling of Rabbi Isaac Tirna (Austria, fifteenth century), to say the following* קרובה*, composed by Rabbi Shimon "the great" (see page 493), on the seventh day in which the* יוצרות *he composed are said. The exception is when the eighth day falls on* שבת *(when we recite a complete* יוצר *of Rabbi Shimon, page 1201), in which case the following* קרובה *is said on the eighth day.*

All:

אוֹתוֹתֶיךָ אָז רָאִינוּ בְּעַיִן   בְּעֶטוֹתְךָ כְּמְעִיל תִּלְבֹּשֶׁת זַיִן
גּוֹיִם נֶגְדְּךָ הָיוּ כְּאַיִן   דָּחוּ וְנָפְלוּ כְּשִׁכּוֹרֵי יָיִן.

הַנָּאוָה הַיּוֹצֵאת מֵאִסּוּר כֶּבֶל   וְשִׁכְמָהּ הוּסַר מֵעִנּוּי סֵבֶל
זֵד תַּנִּין מְנָאֵץ וּמְנַבֵּל   חָפַז אַחֲרֶיהָ לְהַשְׁחִית וּלְחַבֵּל.

טָסוּ אֲגַפָּיו כְּנֶשֶׁר לְמַהֵר יָעֲצוּ אַבִּירָיו בְּחַיִל לְדַהֵר
כְּסִיל בְּאִוֶּלֶת שָׁנָה לְהִתְיַהֵר לֹא יָדַע לְהָבִין וּלְהִזָּהֵר.

מַחֲנֵהוּ קִבֵּץ, וְכָל יוֹעֲצָיו נִכְבָּדָיו וְשָׂרָיו וְגַם מְלִיצָיו
סָעוּ כְּאַחַת בְּהַשָּׁאַת מִפְלַצָּיו עֲרוּכֵי מִלְחֶמֶת נוֹסְפוּ נִקְבָּצָיו.

פָּחֲזוּ כַּמַּיִם בְּלִי לְהוֹתִיר צִבְאוֹת קֹדֶשׁ לִרְדֹּף וּלְהַכְתִּיר
קָדוֹשׁ סִבַּבְתָּם דֶּרֶךְ לְהַאֲתִיר רִחַפְתָּם בְּצִלְּךָ וּבְמָגִנְּךָ לְהַסְתִּיר.

שִׁלַּחְתָּ בְּצָרִים עֶבְרָה וָזַעַם שָׁמַרְתָּ בְּאֶבְרָתְךָ יְפֵיפִי פָּעַם
▸ תֹּקֶף פְּלָאוֹת הִפְלֵאתָ בְּנֹעַם תַּנִּין בְּעֵת שִׁלַּח אֶת הָעָם.

All:

אָזְנֵי שָׁמְעוּ מוֹפְתֵי עִנְיָנֶיךָ וְנֵצַח בִּרְכָתְךָ יַזְכִּירוּ צְפוּנֶיךָ
▸ חָפַצְתָּ לִפְסֹחַ וּלְהָגֵן הֲמוֹנֶיךָ קָדוֹשׁ כֵּן חָפֵץ לְגוֹנְנֵהוּ בְּמָגִנֶּךָ.

The שליח ציבור *continues:*

ּבָּרוּךְ אַתָּה יהוה, מָגֵן אַבְרָהָם.

גבורות

אַתָּה גִּבּוֹר לְעוֹלָם, אֲדֹנָי
מְחַיֵּה מֵתִים אַתָּה, רַב לְהוֹשִׁיעַ

In ארץ ישראל*:*
מוֹרִיד הַטָּל

מְכַלְכֵּל חַיִּים בְּחֶסֶד
מְחַיֵּה מֵתִים בְּרַחֲמִים רַבִּים
סוֹמֵךְ נוֹפְלִים, וְרוֹפֵא חוֹלִים, וּמַתִּיר אֲסוּרִים
וּמְקַיֵּם אֱמוּנָתוֹ לִישֵׁנֵי עָפָר.
מִי כָמְוֹךָ, בַּעַל גְּבוּרוֹת, וּמִי דּוֹמֶה לָּךְ
מֶלֶךְ, מֵמִית וּמְחַיֶּה וּמַצְמִיחַ יְשׁוּעָה.
וְנֶאֱמָן אַתָּה לְהַחֲיוֹת מֵתִים.

After the מגן*, which described the destruction of the Egyptians as they pursued the Israelites into the Sea of Reeds, the* מחיה *turns to the redeemed people. As in many* קרובה *sets, the opening letters of the lines of the* מחיה *form a reverse alphabetic acrostic (*תשר״ק*).*

All:

תִּרְגַּלְתָּ עֲמוּסִים מִמִּצְרַיִם בְּצֵאתָם
שָׂרִים כַּחֹלְלִים וּמְבָרְכִים בְּמַקְהֲלוֹתָם
רוֹדְפֵיהֶם בִּמְצוּלוֹת יָם הֶאֱבַדְתָּם
קְנוּיֶיךָ קָחְתָּ עַל זְרוֹעוֹתָם.

צוֹעֲנִים אֲשֶׁר נֶאֶסְפוּ לַמִּלְחָמָה
פִּגְרֵיהֶם מִגַּרְתָּ וְנִגְרְפוּ הַיָּמָּה
עֶשֶׂר מַכּוֹת הֻכּוּ בְּמִצְרַיְמָה
סָפוּ בְּאַחַת עֶשֶׂר בְּיָד הָרָמָה.

נָבְקָה רוּחָם וְנִבְלְעָה עֲצָתָם
מֶסֶךְ עִוְעִים נִמְסְכוּ לְהַתְעוֹתָם
לִבָּם נָמַס וְנָמַקּוּ גְּוִיָּתָם
כָּלוּ בַבֶּהָלוֹת הֲמוֹן שְׁאֵרִיתָם.

יָזְמוּ לִרְדֹּף וּלְהָסִיר כֶּתֶר
טֹרַח עֲבוֹדָה וְנִצּוּל חֶתֶר
חֲזָקָה לְהוֹסִיף שְׁבוּעַת בֶּתֶר
זְהָבֵי תוֹרִים וּנְקֻדַּת יֶתֶר.

וְטֶרֶם הַגָּעַת עִתּוֹתֵי דוֹדִים
הָפְכוּ בְּקֶרֶב אֶפְרָתִים יְדִידִים
דִּגְּלוּ כְּחֵפֶץ גְּאֻלָּתָם לְהַקְדִּים
גְּדָעוּם אַנְשֵׁי גַת הַנּוֹלָדִים.

בַּעֲבוּר זֹאת הוּסַבּוּ מִדֶּרֶךְ
בְּמַפַּלְתָּם מַרְאוֹת לְיִרְאָם בְּמֹרֶךְ
◂ אִמַּצְתָּ וְחִזַּקְתָּ כּוֹשְׁלֵי בֶּרֶךְ
אֲשׁוּרֵינוּ כּוֹנַנְתָּ בַּהֲסִבַּת דֶּרֶךְ.

All:

אַשׁוּרַי שָׁמַרְתָּ עֲקֵב צִדְקָתֶךָ
וְנֹגַהּ כָּאוֹר פֵּאַרְתָּנוּ בְּאַהֲבָתֶךָ
◂ בַּעֲבוּר אוֹהֲבֶיךָ שׁוֹמְרֵי בְרִיתֶךָ
תְּשַׁמְּרֵנוּ וּתְחַיֵּינוּ בְּטַל תְּחִיָּתֶךָ.

The שליח ציבור *continues:*

בָּרוּךְ אַתָּה יהוה, מְחַיֵּה הַמֵּתִים.

In the משלש*, the focus turns to* שירת הים*. The author signed his name in the acrostic.*

All:

שִׁבְטֵי יָהּ הוֹצֵאתָ לִפְדְיוֹם   שְׁלֵמִים כַּצָּהֳרַיִם בְּעֶצֶם הַיּוֹם
שַׁדַּי כְּמוֹ כֵן הָחִישׁ בְּצִבְיוֹן   שְׁנַת שִׁלּוּמִים לְרִיב צִיּוֹן: ישעיה לד

מִגַּרְתָּ וְנֵאַרְתָּ שֵׁבֶט הָרֶשַׁע   מַכְבִּיד אָזְנָיו וְעֵינָיו הָשַׁע
מַהֲלוּמוֹת וְכִתַּתָּ לְגֵו נִפְשָׁע   מָחַצְתָּ רֹאשׁ מִבֵּית רָשָׁע: חבקוק ג

עוּרִי עוּרִי זְרוֹעַ יַד הַגְּדוֹלָה   עֲדִינָה תִּמְחַץ וְשִׁיתָהּ כָּלָה
עֶרְיָה תֵעוֹר מֵאֱנוֹשׁ לְחַלְלָה   עָרוֹת יְסוֹד עַד־צַוָּאר סֶלָה: שם

וּבְצֵאתְךָ לְיֵשַׁע בְּעֹז אָזוּר   וְצֹאן יָדְךָ בַּעֲדִי נָזוּר
וְעוֹיְנִים נִפְרְדוּ כְּאֵפֶר פָּזוּר   וְכָשַׁל עוֹזֵר וְנָפַל עָזֻר: ישעיה לא

נָאוֹר, בִּרְאוֹתְךָ דָּם מִתְבּוֹסֵס   נֶגְפַּת פּוֹרְכִים פָּרִים לְקוֹסֵס
נֶפֶשׁ וּבָשָׂר כִּמְסוֹס נוֹסֵס   נָתַתָּה לִּירֵאֶיךָ נֵּס לְהִתְנוֹסֵס: תהלים ס

בִּיטָה וּמַהֵר שְׁנַת גְּאוּלִים   בַּגֵּד בּוֹגְדִים וַחֲלֹף אֱלִילִים
בְּמַלְכוּת זָדוֹן הַפֵּל חֲלָלִים   בְּיוֹם הֶרֶג רָב בִּנְפֹל מִגְדָּלִים: ישעיה ל

רַחֵם וַחֲמֹל בֵּן יַקִּיר   רַוֵּה נֶפֶשׁ שׁוֹקֵקָה לְהָקִיר
רְאֵה כִּי גָבְרָה יַד הַמַּדְקִיר   רוּחַ עָרִיצִים כְּזֶרֶם קִיר: ישעיה כה

יוֹם לְיוֹם נְצַפֶּה גְּאֻלָּתֵנוּ   יָגַעְנוּ בְקָרְאֵנוּ נִחַר גְּרוֹנֵנוּ
יָד אָזְלָה וְתַשׁ כֹּחֵנוּ   יהוה חָנֵּנוּ, לְךָ קִוִּינוּ:   ישעיה לג

צֹאנְךָ פְּקֹד וְהָשֵׁב תְּפוּצָתוֹ צְפֵה כִּי שֻׁדְּדָה מַרְעִיתוֹ
ישעיה כח צַמֶּת עֲוֵן בָּתָּה לַהֲשִׁיתוֹ צִיצַת נֹבֵל צְבִי תִפְאַרְתּוֹ:

חָפְשׁוּ עַם מִפֶּרֶךְ בִּכְסֵף חֲשׁוּקֵי חֶמֶד זָהָב וָכֶסֶף
חֵרוּת הַמְצִיא וְהַשְׁמִיעֵנוּ בְּחֹסֶף חִנָּם נִמְכַּרְתֶּם תִּגָּאֲלוּ וְלֹא בְכֶסֶף.

קְהִלּוֹת יַעֲקֹב בְּשֵׁם יִקְרָאוּךָ קוֹיְנוּ לוֹ לָז לְלָז יְרָאוּךָ
ישעיה כה ◂ קְדֻשָּׁתְךָ יַעֲרִיצוּ וּבְרֹן יְנַשְּׂאוּךָ קִרְיַת גּוֹיִם עָרִיצִים יִירָאוּךָ:

The קהל *says the next two verses aloud, followed by the* שליח ציבור*:*

תהלים קמו
יִמְלֹךְ יהוה לְעוֹלָם
אֱלֹהַיִךְ צִיּוֹן לְדֹר וָדֹר, הַלְלוּיָהּ:
תהלים כב
וְאַתָּה קָדוֹשׁ, יוֹשֵׁב תְּהִלּוֹת יִשְׂרָאֵל:
אֵל נָא.

In its original form, the following piyut was recited by the שליח ציבור*, with the* קהל *saying the refrain after every three stanzas; nowadays, the refrain is usually said only as a preface to the piyut. Each set of three stanzas describes a biblical occasion of human hubris, and the divine retribution for it. The author signed his name in the acrostic.*

The שליח ציבור*, then the* קהל*:*

ישעיה נט
כְּעַל גְּמֻלוֹת כְּעַל יְשַׁלֵּם: / לְחֵיק זֵדִים לֹא יָדְעוּ הִכָּלֵם
לְאִיִּים גְּמוּל יְשַׁלֵּם. / קָדוֹשׁ.

All:

אִמְרוּ לֵאלֹהִים אַדִּירִים / מְאֹד מַעֲשָׂיו נָאִים וַהֲדוּרִים
בְּתִתּוֹ אוֹת וּמוֹפֵת בְּצָרִים.

נֶהֱרָגִים הוֹרְגִים אֶת הוֹרְגֵיהֶם / וְנִצְלָבִים צוֹלְבִים אֶת צוֹלְבֵיהֶם
וְנִשְׁקָעִים שׁוֹקְעִים אֶת שׁוֹקְעֵיהֶם.

יְהִירִים אֲשֶׁר זָדוּ בְּזָדוֹן / נִמְדְּדוּ בְּסַאסְּאָה כְּפָעֳלָם לָדוֹן
וְהוּרַד גְּאוֹנָם שְׁאוֹל וַאֲבַדּוֹן.

כְּעַל גְּמֻלוֹת כְּעַל יְשַׁלֵּם: / לְחֵיק זֵדִים לֹא יָדְעוּ הִכָּלֵם
לְאִיִּים גְּמוּל יְשַׁלֵּם. / קָדוֹשׁ.

שְׁטוּפֵי זַעַם, נִשְׁכְּחֵי רֶגֶל / הָהְפַּךְ עֲלֵיהֶם בַּלָּהוֹת לְגַלְגַּל
כְּהוּחַל לִקְרֹא בְּשֵׁם וּלְרַגֵּל.

מָרוֹם קָרָא לְמֵי הַיָּם / וַאֲרֻבּוֹת הַשָּׁמַיִם פָּתַח בְּעַיִם
וַיִּמַח יְקוּמָם בְּשֶׁטֶף דָּכְיָם.

עֲלֵיהֶם סִדְרֵי בְּרֵאשִׁית נִשְׁתַּנּוּ / בְּשַׁחֲתָם אֶת דַּרְכָּם נִתְגַּנּוּ
בָּרוֹתְחִין קִלְקְלוּ וּבָרוֹתְחִין נִדּוֹנוּ.

כְּעַל גְּמֻלוֹת כְּעַל יְשַׁלֵּם: / לְחֵיק זֵדִים לֹא יָדְעוּ הַכֹּלֵם
לְאִיִּים גְּמוּל יְשַׁלֵּם. / קָדוֹשׁ.

וּבְנָסְעָם מִקֶּדֶם יוֹשְׁבֵי שִׁנְעָר / בְּבִנְיַן הַמִּגְדָּל לִבָּם נִבְעַר
וְיָזְמוּ לְהַגְבִּיהוֹ לְאֵין מִשְׁעָר.

נוֹעֲצוּ לֵב וְנוֹסְדוּ מְזִמּוֹת / אִם נִצְטָרֵךְ לְטִפֵּי מֵימוֹת
נַעֲלֶה לָרָקִיעַ וְנַכֵּנוּ בְּקַרְדֻּמּוֹת.

בָּלַל לְשׁוֹנָם וְחִלְּשָׁם וְהִתִּישָׁם / וּבִנְיָנָם הִשְׁחִית עֲבוּר לְבַיְּשָׁם
וַיָּפֶץ יהוה אֹתָם מִשָּׁם: בראשית יא

כְּעַל גְּמֻלוֹת כְּעַל יְשַׁלֵּם: / לְחֵיק זֵדִים לֹא יָדְעוּ הַכֹּלֵם
לְאִיִּים גְּמוּל יְשַׁלֵּם. / קָדוֹשׁ.

רָעִים בְּגוּפָם, וְחַטָּאִים בְּמְאוֹדָם / גְּאוֹן שִׂבְעַת לֶחֶם הָיָה יְסוֹדָם
וְעָנִי וְאֶבְיוֹן לֹא הֶחֱזִיקָה יָדָם.

יָהּ בִּרְאוֹת כְּנִתְמַלֵּא סִפְקָם / פַּחִים וְרוּחַ זִלְעָפוֹת הִשִּׁיקָם
תַּחַת־רְשָׁעִים סְפָקָם: איוב לד

צִדְקַת אֶזְרָח אָדוֹן זָכַר / וּבֶן אָחִיו נִמְלַט מִלְּהִתְמַכֵּר
בְּשַׁחֵת אֱלֹהִים אֶת־עָרֵי הַכִּכָּר: בראשית יט

כְּעַל גְּמֻלוֹת כְּעַל יְשַׁלֵּם: / לְחֵיק זֵדִים לֹא יָדְעוּ הַכֹּלֵם
לְאִיִּים גְּמוּל יְשַׁלֵּם. / קָדוֹשׁ.

חֵרְפוּ וְגִדְּפוּ מַלְאֲכֵי תִלְגַּת / בְּצִוּוּי אֲדוֹנֵיהֶם לְגַדֵּל לַעֲגַת
וּמַלְאָךְ יָצָא וּבְעָטָם כַּגַּת.

קַנּוֹא גִּלַּח בְּתַעַר הַשְּׂכִירָה / בְּעֶבְרֵי נָהָר מֶלֶךְ אַשּׁוּרָה
וְלֹא נוֹתַר בָּם כִּי אִם עֲשָׂרָה.

בְּהִשְׁתַּחֲוֹתוֹ לְנִסְרֹךְ דַּרְכּוֹ יָרַט / וּבָנָיו הִכּוּהוּ וַיִּזָּן מְמֹרָט
וְהֵמָּה נִמְלְטוּ אֶרֶץ אֲרָרָט: מלכים ב׳ יט

כְּעַל גְּמֻלוֹת כְּעַל יְשַׁלֵּם: / לְחֵיק זֵדִים לֹא יָדְעוּ הִכָּלֵם
לְאֹיְבִים גְּמוּל יְשַׁלֵּם. / קָדוֹשׁ.

רָם וְנִתְגַּדֵּל מַשּׁוֹר עַל מְנִיפוֹ / וְאָמַר עֲלוֹת לִמְרוֹמֵי גַפּוֹ
כִּי פָקַד עָלָיו חֲרוֹן אַפּוֹ.

אָדוֹן הֱסִירוֹ מִמְּלֹךְ בִּמְלוּכָה / וּמִבְּנֵי אָדָם טְרָדוֹ לְשַׁלְּכָה
עִם בְּהֵמוֹת שֶׁבַע לְהַלְּכָה.

בְּבוֹא פְקֻדָּתוֹ נִסְחַף פִּגְרוֹ / וּכְנֵצֶר נִתְעָב הָשְׁלַךְ מִקִּבְרוֹ
כְּפֶגֶר מוּבָס הָבְאַשׁ בְּשָׂרוֹ.

כְּעַל גְּמֻלוֹת כְּעַל יְשַׁלֵּם: / לְחֵיק זֵדִים לֹא יָדְעוּ הִכָּלֵם
לְאֹיְבִים גְּמוּל יְשַׁלֵּם. / קָדוֹשׁ.

וּבְעַזּוּת פָּנִים הֵעִיז בֵּלְשַׁאצַּר / וְצִוָּה וְהוֹצִיאוּ מִן הָאוֹצָר
כֵּלִים אֲשֶׁר הֶגְלָה נְבוּכַדְנֶצַּר.

נִתְגָּאָה לִשְׁתּוֹת בָּם תִּירוֹשָׁיו / הוּא וְשָׂרָיו וְנָשָׁיו וּפִילַגְשָׁיו
וּפַסַּת יָד כָּתְבָה פֵּרוּשָׁיו.

חֲמוּדוֹת בֵּאֵר לוֹ הָאוֹתִיּוֹת / כִּי קָצַף עָלָיו רַב הָעֲלִילִיּוֹת
וּבוֹ בַּלַּיְלָה נֶהֱרַג בְּשִׁאִיּוֹת.

כְּעַל גְּמֻלוֹת כְּעַל יְשַׁלֵּם: / לְחֵיק זֵדִים לֹא יָדְעוּ הִכָּלֵם
לְאֹיְבִים גְּמוּל יְשַׁלֵּם. / קָדוֹשׁ.

זָד אֲגָגִי לַהֲרֹג וּלְאַבֵּד / בָּנִים אֲשֶׁר בָּם אָב מִתְכַּבֵּד
פִּתְאוֹם הָיָה כִּכְלִי אוֹבֵד.

קֵצַץ עֵץ מִשְׁנֶה לִתְלוֹת / וּלְעַצְמוֹ הֵכִינוֹ עָלָיו לְהִתָּלוֹת
וִיהוּדִי עָשׂ מִלְחָמָה בְּתַחְבּוּלוֹת.

וּבְגָמֶץ אֲשֶׁר חָפַר נִשְׁדַּד / וּבִסְאָה אֲשֶׁר מָדַד הַמְּדַד
וְעָנוּ עָלָיו הֵידָד הֵידָד.

כְּעַל גְּמֻלוֹת כְּעַל יְשַׁלֵּם: / לְחֵיק זֵדִים לֹא יָדְעוּ הַכְּלֵם
לְאִיִּים גְּמוּל יְשַׁלֵּם. / קָדוֹשׁ.

אָמְנָם כָּל אֵלּוּ הַמַּכְעִיסִים / הָיָה לָהֶם עַל לֵב לְהָשִׁים
לְהַעֲרִים וּלְהִוָּסֵר מִמֶּלֶךְ חֲנֵסִים.

מֵאֵן לְשַׁלַּח עַם הֲמוֹנַי / וְשָׁאַג וְאָמַר, מִי יהוה
לֹא יָדַעְתִּי אֶת־יהוה: שמות ה

צוּר נְגָפוֹ בְּעֶשֶׂר לְהַכּוֹ / וּבַעֲבוּר זֹאת הֶעֱמִידוֹ וְהֶאֱרִיכוֹ
לְהוֹדִיעַ לַכֹּל מַה הִגִּיעוֹ בְּכֹה.

כְּעַל גְּמֻלוֹת כְּעַל יְשַׁלֵּם: / לְחֵיק זֵדִים לֹא יָדְעוּ הַכְּלֵם
לְאִיִּים גְּמוּל יְשַׁלֵּם. / קָדוֹשׁ.

בְּחַבּוּרוֹת וּפְצָעִים אוֹתוֹ אִלַּח / וּבִירִית חִצָּיו כְּבֵדוֹ פִּלַּח
וְאַחֲרֵי כֵן חָזְקָה יָדוֹ לְשַׁלַּח.

תְּחוּם מִצְרַיִם עַד לֹא הִרְחִיקוּ / הוּא וַעֲבָדָיו עֵצָה הֶעֱמִיקוּ
לִרְדֹּף אַחֲרֵיהֶם מָגֵן הֶחֱזִיקוּ.

וְצוּר נַעֲרָץ בְּסוֹד קְדֹשִׁים רַבָּה / שָׂת אֶת הַיָּם לֶחָרָבָה
בַּיָּם נָתַן דֶּרֶךְ, וּבְמַיִם עַזִּים נְתִיבָה.

כְּעַל גְּמֻלוֹת כְּעַל יְשַׁלֵּם: / לְחֵיק זֵדִים לֹא יָדְעוּ הַכְּלֵם
לְאִיִּים גְּמוּל יְשַׁלֵּם. / קָדוֹשׁ.

רֶסֶן מַתְעֶה הִרְסִין עֲנָמִים / וְנִהֲגָם בִּכְבֵדוּת לְגַלֵּי הוֹמִים
וְצָלְלוּ כַּעוֹפֶרֶת בְּעִמְקֵי יַמִּים.

הוֹלְכֵי נְתִיבוֹת בְּמַעֲמַקֵּי מַיִם / שִׁבְּחוּ וְהוֹדוּ לְאֵל הַשָּׁמַיִם
אֲשֶׁר נִלְחַם לָהֶם בְּמִצְרָיִם.

מֵאָז וְהָלְאָה הָקְבַּע לְדוֹרוֹת / לְסַפֵּר לָעַד כֹּחַ וּגְבוּרוֹת
וּלְהַזְכִּיר יְצִיאַת מִצְרַיִם בְּשִׁירוֹת.

◂ כְּעַל גְּמֻלוֹת כְּעַל יְשַׁלֵּם: / לְחֵיק זֵדִים לֹא יָדְעוּ הַכְּלֵם
לְאֹיְבִים גְּמוּל יְשַׁלֵּם. / קָדוֹשׁ.

In the following long piyut, each stanza expands on one of the verses of שירת הים*. Each stanza is followed by a refrain which ends with the biblical verse. In some congregations, these refrains are said responsively; in others the* שליח ציבור *says the first two stichs aloud and the* קהל *recites the third.*

וּבְכֵן, וַיּוֹשַׁע יהוה בַּיּוֹם הַהוּא: שמות יד

אֵילֵי הַצֶּדֶק יְדוּעִים
בָּנִים מְגֻדָּלִים כִּנְטִיעִים
גֶּזַע תִּפְאֶרֶת מֻטָּעִים
דְּבֵקִים, חֲשׁוּקִים, דַּרְדָּעִים
הֲגוּיִים, הֲגוּנִים וְנִשְׁמָעִים
וָתִיקִים, נִבְחָרִים מִשִּׁבְעִים
זַרְעָם בַּגּוֹיִם נוֹדָעִים
חֲמוּדִים, וּמַעֲשֵׂיהֶם נָעִים
טוֹבִים בָּאֲרָצוֹת מוֹדָעִים
יוֹדְעִים, יְדוּעִים וּמְיֻדָּעִים
כַּחוֹתָם בִּזְרוֹעַ נִקְבָּעִים
לְמוּדֵי נִסִּים וְנוֹשָׁעִים.

וְנוֹשָׁעִים מִבֵּין קִצְרֵי יָד / תַּתָּה לָמוֹ שֵׁם וָיָד
וַיַּרְא יִשְׂרָאֵל אֶת־הַיָּד:

מְחוֹלֶלֶת תַּנִּין בִּגְעָרָה
נוֹתֶנֶת בַּיָּם מַעְבָּרָה
סוֹעֶרֶת גַּלִּים בִּסְעָרָה
עוֹרֶכֶת מְסִלָּה יְשָׁרָה
פְּלָאוֹת וְנוֹרָאוֹת מַאְדִּירָה
צוֹלֶלֶת קָמִים בִּגְבוּרָה
קִנְאַת מִלְחֶמֶת מְעִירָה
רַהַב מַחְצֶבֶת בְּעֶבְרָה
שׁוֹלֶפֶת חֶרֶב מִתְעָרָהּ
תַּמָּתוֹ לְהוֹשִׁיעַ מִצָּרָה.

מִצְרָה נִצְּלוּ עַם אֵל / וְהִגִּידוּ צִדְקָתוֹ כְּהַרְרֵי אֵל
אָז יָשִׁיר־מֹשֶׁה וּבְנֵי יִשְׂרָאֵל:

שֶׁבַח וְהוֹדָאָה מַעְלָה · מַלְכוּת שְׂרָרָה וּמֶמְשָׁלָה
עֹז וְתַעֲצוּמוֹת לְאֵילָה · וְרוֹמְמוּת לְמַעְלָה לְמַעְלָה
נֶצַח, גְּבוּרָה וּגְדֻלָּה · בְּרָכָה וְשִׁירָה מְהֻלָּלָה
רִנָּה וְזִמְרָה וְצָהֳלָה · יִחוּד קְדֻשָּׁה וּתְפִלָּה
צְפִירַת תִּפְאֶרֶת לְסַלְסְלָה · חָסִין לִמְאֹד נַעֲלָה
קוֹל תּוֹדָה לְצַלְצְלָה · נֵזֶר וַעֲטָרָה לְכַלָּה.

לְכַלָּה בְּרֹן וְהוֹדְיָה / לְצוּר הָעוֹנָה בַּמֶּרְחַב יָהּ
עָזִּי וְזִמְרָת יָהּ:

תָּמַךְ בְּמַעְגְּלוֹתָיו אֲשׁוּרַי · שִׁחֵת בַּחֲמָתוֹ צוֹרְרַי
רָאֲתָה עֵינִי בְּשׁוּרָי · קָמֵי הֻכְרְעוּ וְשׁוֹרְרַי
צוּר עוֹלָמִים בְּעֶזְרָי · פִּתַּח מִמַּסְגֵּר אֲסִירַי
עוֹיְנֵי מַפְרִיכַי וְצָרַי · סֻגְּרוּ הֱיוֹתָם בְּעוֹכְרַי
נֶצַח יְנַצְּחוּהוּ אַדִּירַי · מְלַמְּדַי מַשְׂכִּילַי וְסוֹפְרָי.

וְסוֹפְרַי רוֹמְמוּ יְמִין רוֹמֵמָה / כִּי לַיהוה הַמִּלְחָמָה
יהוה אִישׁ מִלְחָמָה:

לוֹבֵשׁ צְדָקָה כַּשִּׁרְיָן · כֹּחַ וּגְבוּרָה מְזֻיָּן
יוֹדֵעַ וָעֵד וְדַיָּן · טַכְסִיסֵי מַלְכוּת מְצֻיָּן
חָצָה וְדִלֵּג מִנְיָן · זְמַן שִׁעְבּוּד תִּנְיָן
וּבִרְכוּשׁ מִקְנֶה וְקִנְיָן · הוֹצִיא צְבָאוֹתָיו בְּמִנְיָן
דֶּרֶךְ חוֹמוֹת בִּנְיָן · גְּזָרִים הִסְלִיל כְּעִנְיָן
בְּשׂוּמוֹ מַעֲמַקֵּי יָם · אֹרַח מַסְלוּל מְסַיֵּם.

מְסַיֵּם לְהַעֲבִיר כָּל חֵילוֹ / וַיְנַעֵר בְּאֹמֶץ גָּדְלוֹ
מַרְכְּבֹת פַּרְעֹה וְחֵילוֹ:

אִבַּד וְשִׁבֵּר וְכִלָּם | בָּאֵשׁ בְּמַהֲמוּרוֹת הִפִּילָם
גַּלִּים כִּסּוּ קְהָלָם | דֹּעֲכוּ כַּפִּשְׁתָּה כֻּלָּם
הֵסִיר אוֹפַנֵּי גַּלְגַּלָּם | וַיְנַהֲגֵם בִּכְבֵדוּת לְהַכְשִׁילָם
זֹרְמוּ עָבוֹת לְמוּלָם | חֲצָצֶיךָ הָלְכוּ לְשַׁכְּלָם
טָבְעוּ בְּבוּץ רַגְלָם | יָשׁוּב בְּרֹאשָׁם עֲמָלָם
כָּרְעוּ קָרְסוּ בְּנָפְלָם | לְהָסִיר מֵעֲלֵיהֶם צִלָּם.

צִלָּם הוּסַר וְנִזְעָמוּ / וּבוֹשׁוּ וְגַם נִכְלָמוּ
תְּהֹמֹת יְכַסְיֻמוּ:

מִשְׁבָּרִים נִתְחַטְּאוּ גַּלִּים | נֶגֶד שָׂרֵי אֱוִילִים
סוֹעֲרִים הוֹמִים וּמִתְנַטְּלִים | עוֹזְרֵי רַהַב מַפִּילִים
פִּגְרֵיהֶם הִצְּעוּ חֲלָלִים | צָלְלוּ כַּעוֹפֶרֶת מִסְתּוֹלְלִים
קְנוּיִים עָבְרוּ גְּאוּלִים | רוֹמְמוֹת יְמִינְךָ מַגְדִּילִים
שָׂרִים מְתוֹפְפִים כַּחֲלִילִים | תִּשְׁבָּחוֹת וְשִׁירִים וְהִלּוּלִים.

וְהִלּוּלִים לְתוֹחַלְתִּי וְסִבְרִי / עַל מְשַׂנְאַי לְהַגְבִּירִי
יְמִינְךָ יהוה נֶאְדָּרִי.

תהלים קד | שִׁתְּתָהּ עוֹלָם בְּבִנְיָנֶךָ | מָלְאָה הָאָרֶץ קִנְיָנֶךָ:
תהלים צא | עֶלְיוֹן שַׂמְתָּ מְעוֹנֶךָ: | וְהוֹד וְהָדָר לְפָנֶיךָ
נְעִמוֹת נֶצַח בִּימִינֶךָ | בְּצֵאתְךָ לְיֵשַׁע בָּנֶיךָ
רָעֲשׁוּ הָרִים מִפָּנֶיךָ | יָחִילוּ מַיִם מֵחֲרוֹנֶךָ
תהלים מח | צֶדֶק מָלְאָה יְמִינֶךָ: | חַיִל וְיֶשַׁע לַהֲמוֹנֶיךָ
תהלים סג | קַנּוֹא וְנוֹקֵם לְשׂוֹטְנֶיךָ | כִּי תָמְכָה יְמִינֶךָ:

יְמִינְךָ הַגְּבֻרָה לַעֲרֹס / וְאוֹתִי בֶּאֱמוּנָה לֶאֱרֹס
וּבְרֹב גְּאוֹנְךָ תַּהֲרֹס:

תַּלְמִיד לוֹמֵד וּמְלַמְּדוֹ שׁוֹטֵר וּמוֹשֵׁל וּפְקִידוֹ
רַכָּב סוּסוֹ וּפִרְדּוֹ קָרוֹב וְגוֹאֲלוֹ וְדוֹדוֹ
צָעִיר וְיָשִׁישׁ וּמְכַבְּדוֹ פּוֹעֵל וְאִכָּר וְצִמְדּוֹ
עָשִׁיר וְרֵעוֹ וִידִידוֹ שָׂכִיר וְשׁוֹכֵר וּמְשַׁחֲדוֹ
נָדִיב וְנִינוֹ וְנֶכְדּוֹ מְשָׁרֵת אֲדוֹנוֹ וְעַבְדּוֹ
לָאֲבַדּוֹן הוּרַד כְּבוֹדוֹ הַפֶּרַע וְכָל הַבָּא בְיָדוֹ.

בְּיָדוֹ כָּל חֵיל מִצְרַיִם / בָּאוּ בָאֵשׁ וּבַמַּיִם
וּבְרוּחַ אַפֶּיךָ נֶעֶרְמוּ מַיִם:

לְכָדוּ פְּנֵי תְהוֹמוֹת כְּאֶבֶן נִתְחַבְּאוּ מֵימוֹת
יָשְׁרוּ מְסִלּוֹת רָמוֹת טִירוֹת גְּבוֹהוֹת כַּחוֹמוֹת
חָזוּ מַלְכֵי אֲדָמוֹת זָעוּ וְנִתְפַּלְּצוּ בְּאֵימוֹת
וְנָתְנוּ לָאֵל רוֹמְמוֹת הַנּוֹתֵן עֹז וְתַעֲצֻמוֹת
דִּקְדֵּק בְּצָרִים נְקָמוֹת גָּבַר וְהִשְׁבִּית מִלְחָמוֹת
בָּאָרֶץ שָׂם שַׁמּוֹת אִדְּרוּהוּ שִׁירוֹת נְעִימוֹת.

נְעִימוֹת לְשַׁבֵּחַ וְלַעֲדֹף / בְּהַפִּילוֹ צַר לַהֲדֹף
אָמַר אוֹיֵב אֶרְדֹּף:

אוֹיְבִים נֶחְלְקוּ לְכִתּוֹת בְּהַשָּׁאַת פֶּתֶן לְפַתּוֹת
גִּבּוֹר הַמַּפְלִיא אוֹתוֹת דְּרָכָם וּבְעֵטָם כְּגִתּוֹת
הִכָּם בְּתַחֲלוּאֵי מִיתוֹת וְכֻלָּם בְּנֶגֶף לְכַתּוֹת
זֵדִים עוֹרְרֵי חֲנִיתוֹת חֲגוּרֵי חֲרָבוֹת וּקְשָׁתוֹת
טוֹרְפוּ בְּמִכְמוֹרֵי רְשָׁתוֹת יֵין הַחֵמָה לִשְׁתּוֹת
כְּזָכְרְךָ שְׁבוּעַת בְּרִיתוֹת לְצָרָה נִשְׂגַּבְתָּ לְעִתּוֹת.

לְעִתּוֹת בַּצָּרָה נִמְצֵאתָ לָמוֹ / וּבְעִזִּים הִשְׁלְכוּ צָרֵימוֹ
נָשַׁפְתָּ בְרוּחֲךָ כִּסָּמוֹ:

מֵי יַם סוּף הוּצָפוּ | נִבְכֵיהֶם לְרֹאשָׁם צָפוּ
סְלִית צָרִים וְנִשְׁטָפוּ | עֶבְרָה וָזַעַם נֶאֱפָפוּ
פַּחִים לְרַגְלָם הֻקָּפוּ | צִירִים אֲחָזוּם וְנֶהְדָּפוּ
קְלָעָה נַפְשָׁם וְנִגָּפוּ | רָאוּ וּפְנֵיהֶם חָפוּ
שֻׁבְּרוּ עַצְמוֹתָם וְשֻׁפּוּ | תְּנוּפַת שָׁוְא הוּנָפוּ.

הוּנְפוּ וְהוּמְכוּ חֲלָלִים / וְקוֹל הִשְׁמִיעוּ גְּאוּלִים
מִי־כָמֹכָה בָּאֵלִם:

שַׁלִּיט חָסִין וְנוֹרָא | מְאֹד סְבִיבָיו נִסְעָרָה
עֲלִיּוֹת בַּמַּיִם קֵרָה | וְשׁוֹמֵעַ וּמַאֲזִין עֲתִירָה
נַעֲרָץ בִּקְדוֹשֵׁי טָהֳרָה | בַּקֹּדֶשׁ נֶאְדָּר לְפָאֳרָה
רוֹפֵף עַמּוּדִים בִּגְעָרָה | יָרוּץ דְּבָרוֹ מְהֵרָה
צְבָאוֹתָיו אֵין לְשַׁעֲרָה | חָשִׁים בְּמִשְׁלַחְתּוֹ לְמַהֲרָה
קַנּוֹא וְנוֹקֵם בְּעֶבְרָה | וּמֵחִישׁ עֶזְרָה בַּצָּרָה.

בַּצָּרָה גּוֹנַנְתָּם וַתְּפַלְּטֵמוֹ / וּבְפוֹרְכֵיהֶם רָאוּ עֵינֵימוֹ
נָטִיתָ יְמִינְךָ, תִּבְלָעֵמוֹ:

תְּהוֹם זֶרֶקֶן לְיַבֶּשֶׁת | שׁוּר בְּפִגְרֵי חֲשׁוּפֵי שֵׁת
רוֹעֶדֶת תֵּבֵל וּמִרְגֶּשֶׁת | קִבְרָם אֵינָהּ מְבַקֶּשֶׁת
צוֹחָה וּפָתְחָה בַּאֲרֶשֶׁת | פְּחָדָה מֵהַכְּלֵם בְּבֹשֶׁת
עֵת לָדִין מִתְבַּקֶּשֶׁת | שִׂיחַ מָה רוֹחֶשֶׁת
נִזְכֶּרֶת הֶבֶל וְנִרְעֶשֶׁת | מִקֶּדֶם נֶאֱרֶרֶת וְנֶחֱלֶשֶׁת
בִּרְאוֹתָהּ יְמִינְךָ מְאַשֶּׁשֶׁת | אָז עָרְבָה לָגֶשֶׁת.

לָגֶשֶׁת וְלִבְלֹעַ אוּם הַלֵּזוּ / וִידִידִים עָבְרוּ וְגָזוּ
נָחִיתָ בְחַסְדְּךָ עַם־זוּ:

לֹא כְּמַעֲשֵׂה יְדֵיהֶם כִּי אִם בְּחַסְדְּךָ עֲלֵיהֶם
יָדַעְתָּ לְכָל אוֹיְבֵיהֶם טוּבְךָ וְחַסְדְּךָ עֲלֵיהֶם
חֹק שְׁבוּעַת אֲבוֹתֵיהֶם זָכַרְתָּ לִפְדּוֹתָם מִמְּעַנֵּיהֶם
וּבְעַמּוּד עָנָן לִפְנֵיהֶם הוֹלַכְתָּ וְנֵהַלְתָּ שִׁבְטֵיהֶם
דָּתְךָ הוֹדַעְתָּ לָהֶם גְּבוּרוֹת פָּעַלְתָּ לִמְעַנֵּיהֶם
בַּעֲשׂוֹתְךָ נוֹרָאוֹת לְעֵינֵיהֶם אָפְפוּ חִתַּת כָּל שׁוֹמְעֵיהֶם.

שׁוֹמְעֵיהֶם מִשְׁמַנָּם יֵרָזוּן / וּבְעָתָה וּפַלָּצוּת יֹאחֵזוּן
שָׁמְעוּ עַמִּים יִרְגָּזוּן:

אוֹתוֹת וּמוֹפְתִים וְנִסִּים בְּהוֹצִיאֲךָ מִפֶּרֶךְ אֲנוּסִים
גָּאַלְתָּ בִּזְרוֹעַ חוּסִים דְּרוֹר קָרָאתָ לַעֲמוּסִים
הוֹצֵאתָם בְּשָׂשׂוֹן שָׂשִׂים וַיִּנָּצְלוּ אֶת אֶרֶץ חֲנֵסִים
זֵדוֹנִים וְשָׂרֵי מִסִּים חֵילָם בְּרַגְלָם רְמוּסִים
טָבְעוּ וְצָלְלוּ פַּתְרֻסִים יַמִּים עֲלֵיהֶם מְכַסִּים
כִּקְדֹחַ אֵשׁ הֲמָסִים: לָבְשׁוּ חֲרָדוֹת מַכְעִיסִים. ישעיה סד

מַכְעִיסִים יָשְׁבוּ בָּדָד לְדֹם / כִּי נִכְרְתוּ צָרִים מֵהֲדוֹם
אָז נִבְהֲלוּ אַלּוּפֵי אֱדוֹם:

אַלּוּפֵי אֱדוֹמִים וּמוֹאֲבִים בִּרְגָזָה וּבִדְאָגָה כּוֹאֲבִים
גָּרֵי כְּנַעַן וְהַיּוֹשְׁבִים דֹּמוּ בְּמַפֶּלֶת לְהָבִים
הַגּוֹי הָעַז הַחֲשׁוּבִים וּמַמְלָכוֹת אֶשְׁכָּרָם מְשִׁיבִים
זְעוּכִים רְמוּסִים וְנִסְחָבִים חֲשׁוּכִים וְכַפִּשְׁתָּה כָּבִים
טְבוּעִים בְּגַלֵּי רְהָבִים יִמְתְּקוּ לָמוֹ רְגָבִים
כְּמוֹ כֵן, גַּם הֵם נֶחֱרָבִים לְיוֹם תּוֹכֵחָה קְרוֹבִים.

קְרוֹבִים וּרְחוֹקִים אֲחָזוּם בְּעָתָה / וְצוּר עִתְּדָם לִמְחִתָּה
תִּפֹּל עֲלֵיהֶם אֵימָתָה:

מְרוֹמְמוּתְךָ נָדְדוּ עַמִּים   נוֹאֲלוּ שָׂרִים וַחֲכָמִים
שָׂמִים יָד לְפֶה וְנֶאֱלָמִים   עֲגוּמִים בְּפָנִים נִזְעָמִים
פֶּן יִקְרָאֵם כַּעֲנָמִים   צִירִים אֲחָזוּם מִתְקוֹמְמִים
קְנוּיִים, לְקוּחִים מֵעֲמָמִים   רָצוּ וְנִמְשְׁכוּ מְשֻׁלָּמִים
שַׁדַּי הוֹלִיכָם שְׁלֵמִים   תִּרְגְּלָם לְבֵית עוֹלָמִים.

עוֹלָמִים הִנְחַלְתָּ לִסְגֻלָּתְךָ / וְכַנֶּשֶׁר נְשָׂאתָם בְּאֶבְרָתְךָ
תְּבִאֵמוֹ וְתִטָּעֵמוֹ בְּהַר נַחֲלָתְךָ:

אַרְבָּעָה נִקְרְאוּ נַחֲלָה   בְּחֵפֶץ וּבְאַהֲבָה כְּלוּלָה
גְּבוּל אֶרֶץ הַמְעֻלָּה   דִּירַת בִּנְיָן זְבֻלָּה
הַנְּתוּנָה מִיָּמִין הַגְּדוֹלָה   וּמְקַבְּלֶיהָ בְּרֶטֶת וְחִילָה
זֶה הַיּוֹם נָגִילָה   חֵרוּת הִמְצִיא לִסְגֻלָּה
טְרוּדִים עַתָּה בְּגוֹלָה   יְזַמְּנוּ לְיוֹם גְּאֻלָּה
כַּאֲשֶׁר שֵׁמַע לְעֶגְלָה   לֶאֱדוֹם יַעֲשֶׂה כָּלָה.

כָּלָה וְנֶחֱרָצָה לְהַרְעֵד / בְּיוֹם כִּי אֶקַּח מוֹעֵד
יהוה יִמְלֹךְ לְעֹלָם וָעֶד:

מְלוּכָה וּגְבוּרָה שֶׁלּוֹ   נִשְׁתַּחֲוֶה לַהֲדוֹם רַגְלוֹ
שִׂמְחַת עוֹלָם בְּהַגְדִּילוֹ   עָלַי בְּאַהַב בְּהַדְגִּילוֹ
פִּנּוֹת אוֹיֵב וּלְהַשְׁפִּילוֹ   צֹאנוֹ לִרְעוֹת בְּצִלּוֹ
קַרְנוֹת גּוֹיִם בְּהַפִּילוֹ   רוֹמְמוֹתָיו לְהַגִּיד וְחֵילוֹ
שְׁכֶם אֶחָד לַעֲבֹד לוֹ   תֵּבֵל וּמְלוֹאָהּ לְהַלְלוֹ.

לְהַלְלוֹ יְחוּדוּ לְהַעֲרֵץ / יהוה מָלָךְ תָּגֵל הָאָרֶץ: תהלים צז
וְהָיָה יהוה לְמֶלֶךְ עַל־כָּל־הָאָרֶץ: זכריה יד

שֵׁם יִקָּרֵא כִּכְתִיבָתוֹ   מֵחֶצְיוֹ תִּתְמַלֵּא תֵּבָתוֹ
עוֹד תִּתְנַשֵּׂא מַלְכוּתוֹ   וְכִסְאוֹ יִכּוֹן בִּמְלֵאָתוֹ
נֶכְדֵי שֵׂעִיר בְּהַכּוֹתוֹ   בֶּאֱדוֹם יִתֵּן נִקְמָתוֹ

רְבוֹת מוֹפְתֵי גְבוּרָתוֹ | יִתָּקַע בַּשּׁוֹפָר בְּסַעֲרָתוֹ
צִיּוֹן יְקַנֵּא בְּקִנְאָתוֹ | חַיַּת קָנֶה בְּגַעֲרָתוֹ
קִרְיַת מֶלֶךְ בִּבְנוּתוֹ | חֶבְיוֹן עֻזּוֹ וְתִפְאַרְתּוֹ
זְרוּיִים בְּקַצְוֵי אַדְמָתוֹ | קְבוּצִים בְּבֵית תְּפִלָּתוֹ
וְשָׁם נְשׁוֹרֵר תְּהִלָּתוֹ | אֹמֶץ חַסְדּוֹ וְצִדְקָתוֹ
מוֹרֵה צֶדֶק לַעֲדָתוֹ | בְּתוֹכָם יַצִּיב שְׁכִינָתוֹ.

שְׁכִינָתוֹ עִמָּנוּ לְהִתְאַחֵד / וְאוֹתָנוּ יַעֲשֶׂה לְגוֹי אֶחָד
זכריה יד בַּיּוֹם הַהוּא יִהְיֶה יהוה אֶחָד וּשְׁמוֹ אֶחָד:

All:

וּבְכֵן, וּלְךָ תַעֲלֶה קְדֻשָּׁה, כִּי אַתָּה קְדוֹשׁ יִשְׂרָאֵל וּמוֹשִׁיעַ.

The סילוק*, the prelude to the* קדושה*, is a long prayer describing the enslavement in Egypt and the redemption, culminating with* שירת הים*. This is followed by a long prayer for redemption, ending with the* קדושה*.*
Because of its length, many congregations omit the סילוק*;* *those who do so continue with "*נְקַדֵּשׁ אֶת שִׁמְךָ*" on page 501.*

All:

ישעיה סג חַסְדֵי יהוה אַזְכִּיר, תְּהִלֹּת יהוה
כְּעַל כֹּל אֲשֶׁר־גְּמָלָנוּ יהוה
וְרַב טוּב לְבֵית אֵיתָנַי
אֲשֶׁר גְּמָלָם כְּרַחֲמָיו וּכְרֹב חֲסָדָיו לְעֵינַי
וַיֹּאמֶר אַךְ עַמִּי הֵמָּה וּבָנַי
בָּנִים לֹא יְשַׁקְּרוּ נֶאֱמָנַי
בְּנֵי אֱמוּנַי, בְּנֵי בְחוּנַי
וַיְהִי לָהֶם לְמוֹשִׁיעַ מִיגוֹנַי
בְּכָל צָרָתָם לוֹ צָר בְּעִנְיָנַי
וּמַלְאַךְ פָּנָיו הוֹשִׁיעַ הֲמוֹנַי
בְּאַהֲבָתוֹ וּבְחֶמְלָתוֹ גְּאָלָם מִמְּעַנַּי
שמואל א׳ ז וַיְנַטְּלֵם וַיְנַשְּׂאֵם, עַד־הֵנָּה עֲזָרָנוּ יהוה:

וְלֹא הֵסִיר חַסְדּוֹ מֵהֶם בְּכָל מְקוֹם גָּלוּתָם
וְלֹא מְאָסָם וְלֹא גְעָלָם לְכַלּוֹתָם
גָּלוּ תְּחִלָּה לְמִצְרַיִם בְּשִׁבְעִים נַפְשׁוֹתָם
וַיִּפְרוּ וַיַּעַצְמוּ בִּמְאֹד מְאֹד לְהַרְבּוֹתָם
וַיִּתְחַכְּמוּ עֲלֵיהֶם פּוֹטִים לְהַשְׁחִיתָם
הָפַךְ לִבָּם לִשְׂנֹאתָם
וּלְהִתְנַכֵּל בְּסִבְלוֹתָם
וַיַּעֲבִידוּם בְּפֶרֶךְ בְּכָל עֲבֹדוֹתָם
וַיָּשִׂימוּ עֲלֵיהֶם שָׂרֵי מִסִּים לְעַנּוֹתָם
וַיִּצְעֲקוּ אֶל יהוה בַּצַּר לָהֶם מִמְּצוּקוֹתָם
וְלִמְעוֹן קָדְשׁוֹ הַשָּׁמַיְמָה עָלְתָה שַׁוְעָתָם
וַיָּקֶם לָהֶם מוֹשִׁיעִים לְהוֹשִׁיעָם מִצָּרָתָם
שָׁלַח מֹשֶׁה עַבְדּוֹ וְאַהֲרֹן, אֲשֶׁר בָּחַר בָּהֶם בִּשְׁלִיחוּתָם
וְשָׂם בְּמִצְרַיִם אוֹתוֹתָיו וּמוֹפְתָיו לְהַרְאוֹתָם
וַיַּהֲפֹךְ לְדָם יְאֹרֵיהֶם וְכָל נַהֲרוֹתָם
הָפַךְ אֶת־מֵימֵיהֶם לְדָם, וַיָּמֶת אֶת־דְּגָתָם: תהלים קה
אָמַר וַיָּבֹא עָרֹב וְכִנִּים בְּכָל עַפְרוֹתָם
וְשִׁלַּח בָּם עָרֹב וַיֹּאכְלֵם וּצְפַרְדֵּעַ וַתַּשְׁחִיתֵם
וַיִּתֵּן לֶחָסִיל יְבוּלָם וְלָאַרְבֶּה תְּבוּאָתָם
וַיֹּאכַל כָּל עֵשֶׂב בְּאַרְצָם וְכָל פְּרִי אַדְמָתָם
וַיַּהֲרֹג בַּבָּרָד גַּפְנָם, וּבַחֲנָמַל שִׁקְמָתָם
וַיַּסְגֵּר לַדֶּבֶר בְּעִירָם וְלָרְשָׁפִים בְּהֶמְתָּם
וְשִׁלַּח בָּם חֲרוֹן אַפּוֹ, עֶבְרָה וָזַעַם וְצָרָה, לְהַבְעִיתָם
וּמַלְאֲכֵי רָעִים הָיוּ בְּמִשְׁלַחְתָּם
וְלֹא חָשַׂךְ מִמָּוֶת נַפְשָׁם וְחַיָּתָם
וַיַּךְ כָּל בְּכוֹר בְּמִצְרַיִם וְאוֹנֵי רֵאשִׁיתָם
וַיּוֹצִיאֵם בְּכֶסֶף וּבְזָהָב, וְאֵין כּוֹשֵׁל בְּמַחֲנוֹתָם
נָפַל פַּחְדָּם עַל מִצְרַיִם, וְשָׂמְחוּ בְּצֵאתָם

פָּרַשׂ עָנָן לְמָסָךְ וְאֵשׁ לְהָאִיר אֲפֵלָתָם
וַיּוֹצֵא עַמּוֹ בְשָׂשׂוֹן, בְּחִירָיו בְּרִנָּתָם
וַיִּסְעוּ מֵרַעְמְסֵס לְסֻכּוֹת וּמִסֻּכּוֹת לְאֵיתָם
וּמֵאֵיתָם לִפְנֵי פִּי הַחִירֹת הָיְתָה חֲנִיָּתָם
בֵּין מִגְדֹּל וּבֵין הַיָּם בְּאֶמְצָעִיתָם
לִפְנֵי בַּעַל צְפֹן הַנִּשְׁאָר מִכָּל אֱלִילֵי פַּחֲזוּתָם
וְלָמָּה נִשְׁאַר הוּא כְּדֵי לְהַשִּׂיאָם וּלְהַתְעוֹתָם
שֶׁיֹּאמְרוּ קָשָׁה יִרְאָתָם שֶׁלֹּא לָקְתָה כְּמוֹתָם
שָׁם חָנוּ בַּיּוֹם הַשְּׁלִישִׁי לִנְסִיעָתָם
וּבָרְבִיעִי מְתַקְּנִים כְּלֵיהֶם וּמַצִּיעִים בְּהֶמְתָּם
וְאָמְרוּ לָהֶם הָאוֹקְטוֹרִין בְּמִלָּתָם
הִגַּעְתֶּם תְּחוּם אֲשֶׁר קָבְעוּ לָכֶם צוֹעֲנִים בְּטוֹבָתָם
אֲשֶׁר אֲמַרְתֶּם דֶּרֶךְ שְׁלֹשֶׁת יָמִים לֵילֵךְ, וְלָשׁוּב לַעֲבוֹדָתָם
וּגְאוּלִים הֵשִׁיבוּ לֹא יָצָאנוּ בִּרְשׁוּתָם
כִּי אִם בְּיָד רָמָה בְּעַל כָּרְחָם שֶׁלֹּא בְּטוֹבָתָם
וְהֵם עָנוּ רוֹצִים וְלֹא רוֹצִים כְּפִי שִׂיחָתָם
סוֹפְכֶם לְקַיֵּם דְּבַר מַלְכוּת, וְלֹא לַעֲבֹר עַל דַּעְתָּם
וְעָמְדוּ עֲלֵיהֶם וְהִכּוּם וּפְצָעוּם וְהָרְגוּ מִקְצָתָם
וְהֵם הָלְכוּ וְהִגִּידוּ לְפַרְעֹה כָּל קוֹרוֹתָם
וַיֵּהָפֵךְ לִבּוֹ וּלְבַב עֲבָדָיו לִרְדֹּף אוֹתָם
וַיֹּאמְרוּ מַה־זֹּאת עָשִׂינוּ: וַיָּשֹׁמּוּ עַל־עֵקֶב בָּשְׁתָּם: שמות יד / תהלים מ
וְאָמְרוּ נְבֻכִים הֵם, וְעִבְּטוּ אָרְחוֹתָם
נִרְדְּפָה אַחֲרֵיהֶם, וְנִרְאֶה בְּרָעָתָם
וַיֶּאְסֹר אֶת רִכְבּוֹ בְּעַצְמוֹ כְּדֵי לְזָרְזָם וּלְפַתּוֹתָם
וְאֶת עַמּוֹ לָקַח עִמּוֹ בִּדְבָרִים לְרַמּוֹתָם
דֶּרֶךְ מְלָכִים לְהִתְנַהֵג אַחֲרֵי חֵילוֹתָם
וַאֲנִי אַקְדִּים רִאשׁוֹן לְהִלָּחֵם בְּמִלְחַמְתָּם
דֶּרֶךְ מְלָכִים לִטֹּל חֵלֶק רֵאשִׁית בִּזָּתָם

וַאֲנִי אֶשְׁוֶה עִמָּכֶם בְּשָׁלָל צִבְעֵי רִקְמָתָם
וְעוֹד אֶפְתַּח אוֹצְרוֹתַי וּקְחוּ כָּל שְׂכִיּוֹת חֶמְדָּתָם
מִיָּד יָצְאוּ כֻּלָּם בְּלֵב אֶחָד וְעָרְכוּ מַעַרְכוֹתָם
וַיִּקַּח שֵׁשׁ מֵאוֹת רֶכֶב בָּחוּר עִם כָּל כְּלֵי מַשְׁחִיתָם
וְכֹל רֶכֶב מִצְרַיִם עִמָּהֶם בְּעֶזְרָתָם
וַיַּשִּׂיגוּ אוֹתָם חֹנִים עַל הַיָּם בְּמַקְהֲלוֹתָם
וְנָשְׂאוּ עֵינֵיהֶם, וְרָאוּ צָרֵיהֶם בְּקָרְבָתָם
חִיל וָרֶתֶת וּרְעָדָה שָׁם אֲחָזָתַם
וְזָעֲקוּ בִּתְפִלָּה, וְתָפְשׂוּ אֻמָּנוּת אֲבוֹתָם
גּוֹאֲלָם חָזָק וְנוֹקֵם נִקְמָתָם
וַיַּרְא בַּצַּר לָהֶם בְּשָׁמְעוֹ אֶת־רִנָּתָם: תהלים קו
וַיּוֹשִׁיעֵם לְמַעַן שְׁמוֹ, וַיִּגְאָלֵם מִצָּרָתָם
מִנֹּגַהּ נֶגְדּוֹ עָבָיו עָבְרוּ בָּרָד וְאֵשׁ גַּחֲלָתָם
וַיִּשְׁלַח חִצָּיו וַיְפִיצֵם, וּבְרָקִים רָב לַהֲמוֹתָם
וַיִּגְעַר בְּיַם סוּף וַיֶּחֱרָב, וַיּוֹלִיכֵם בִּתְהוֹמוֹת בִּמְסִלָּתָם
וְשִׁבְטֵי יָהּ עָמְדוּ עַל הַיָּם לֵירֵד בִּירִידָתָם
וְשָׁם בִּנְיָמִן צָעִיר רֹדֵם, וְשָׂרֵי יְהוּדָה רִגְמָתָם
וְכֻלָּם עָבְרוּ בַּיַּבָּשָׁה, בְּמַיִם עַזִּים נְתִיבָתָם
וְהַמַּיִם לָהֶם חוֹמָה מִימִינָם וּמִשְּׂמֹאלָם בַּהֲלִיכָתָם
וְרֶסֶן מַתְעֶה עַל לְחָיֵי עֲנָמִים, לַהֲבִיאָם בַּמַּיִם לְכַלּוֹתָם
וְנִהֲגָם בִּכְבֵדֻת וַיָּסַר אֵת אוֹפַנֵּי מַרְכְּבוֹתָם
וַיָּשֻׁבוּ הַמַּיִם וַיְכַסּוּ אֶת הָרֶכֶב וְאֶת הַפָּרָשִׁים בִּשְׁטִיפָתָם
וְנִעֵר פַּרְעֹה וְחֵילוֹ בְּיַם סוּף, וְכָל צִבְאוֹתָם
וַיְכַסּוּ מַיִם צָרֵיהֶם, אֶחָד מֵהֶם לֹא נוֹתַר בִּשְׁאֵרִיתָם
וִידִידִים עָבְרוּ וָגָזוּ, וְרָאוּ פִּגְרֵי שׂוֹנְאֵיהֶם בְּמַפַּלְתָּם
וַיַּאֲמִינוּ בִּדְבָרוֹ, וַיָּשִׁירוּ תְּהִלָּתוֹ בִּתְהִלָּתָם.

וְאִם כָּל הַיַּמִּים דְּיוֹ וַאֲגַמִּים קוּלְמוּסִים
וּבְנֵי אָדָם לַבְלָרִין וִירִיעוֹת אֲרָצוֹת פְּרוּסִים
וְכָל שַׂעֲרוֹת אָדָם פִּיּוֹת וּלְשׁוֹנוֹת מְקַלְּסִים
אֵינָן מַסְפִּיקִין לַחְקֹר פְּלָאוֹת וְנִסִּים
אַחַת מֵאֶלֶף אַלְפֵי אֲלָפִים וְרִבֵּי רְבָבוֹת הַנַּעֲשִׂים
אֲשֶׁר פָּעַל אָדוֹן לְעַם מִבֶּטֶן עֲמוּסִים
כִּי מִי גוֹי גָּדוֹל אֲשֶׁר בְּנִסִּים מִתְנוֹסְסִים
אוֹ הֲנִסָּה אֱלֹהִים לָבוֹא לָקַחַת לוֹ גוֹי מִקֶּרֶב שׁוֹסִים
בְּמַסֹּת בְּאֹתֹת וּבְמוֹפְתִים וּבְמִלְחָמָה נֶהֱרָסִים
כְּכֹל אֲשֶׁר עָשָׂה לָנוּ אֲדוֹן כָּל הַמַּעֲשִׂים.

חַסְדֵי יהוה כִּי לֹא תָמְנוּ
וְלֹא כָלוּ רַחֲמָיו מִמֶּנּוּ
יוֹם יוֹם יַעֲמָס־לָנוּ, הָאֵל יְשׁוּעָתֵנוּ: תהלים סח
בְּמִצְרַיִם נִגְלָה עֲבוּר לְגָאֳלֵנוּ
וּבְכָל צָרָה עִמָּנוּ נִמְצָא לְהוֹשִׁיעֵנוּ
לֹא מְאָסָנוּ וְלֹא גְעָלָנוּ לְכַלּוֹתֵנוּ
וְלֹא עָשָׂה עִמָּנוּ כָּלָה כְּחַטֹּאתֵינוּ
וּבְכָל עֵת יָדוֹ נְטוּיָה עָלֵינוּ
בְּגָלוּת שִׁנְעָר שֻׁלַּח לְמַעֲנֵנוּ
וּבְעֵילָם שָׂם כִּסְאוֹ לְרַחֲמֵנוּ
וּבְעַבְדוּתֵנוּ לֹא עֲזָבָנוּ אֱלֹהֵינוּ
וַיֵּט עָלֵינוּ חֶסֶד לִפְנֵי שׁוֹבֵינוּ
לָתֵת לָנוּ מִחְיָה לְרוֹמֵם בֵּית מַאֲוַיֵּנוּ
גֵּרְנוּ מֶשֶׁךְ עִם קֵדָר לִשְׁכֵנֵנוּ
וְלֹא עָשָׂה כָּלָה עִם שְׁאֵרִיתֵנוּ

וּבֶאֱדוֹם כִּמְעַט שָׁכְנָה דוּמָה נַפְשֵׁנוּ
לוּלֵי יהוה שֶׁהָיָה בְּעֶזְרָתֵנוּ
כִּי בְכָל פֶּה אֲכָלוּנוּ לְהַדִּיקֵנוּ
וְעֻלָּם הַכָּבֵד מַכְבִּידִים עָלֵינוּ
עַד יֵעָרֶה רוּחַ מִמָּרוֹם לְנַחֲמֵנוּ
וּבֶאֱדוֹם יִתֵּן נִקְמָתוֹ בְּיָדֵינוּ
כִּי אֵיד עֵשָׂו יָבוֹא עָלָיו עֵת יִפְקְדֵנוּ
שֻׁדַּד זַרְעוֹ וְאֶחָיו וּשְׁכֵנָיו וְאֵינֶנּוּ
וְקֻבַּעַת כּוֹס הַתַּרְעֵלָה יַשְׁקֵנוּ
קָטֹן בַּגּוֹיִם בָּזוּי בָּאָדָם יִתְּנֵנוּ
וְאִם יַגְבִּיהַּ קִנּוֹ כַּנֶּשֶׁר מִשָּׁם יוֹרִידֶנּוּ
בְּדֶבֶר וּבְדָם יִשְׁפְּטֶנּוּ
כְּמַהְפֵּכַת סְדֹם וַעֲמֹרָה יַהַפְכֶנּוּ
נִקְמַת דַּם עֲבָדָיו יִוָּדַע בַּגּוֹיִם לְעֵינֵינוּ
וְשִׁבְעָתַיִם יָשִׁיב אֶל חֵיקָם לִשְׁכֵנֵינוּ
כִּי יהוה שֹׁפְטֵנוּ יהוה מְחֹקְקֵנוּ ישעיה לג
יהוה מַלְכֵּנוּ הוּא יוֹשִׁיעֵנוּ:
כַּאֲשֶׁר שֵׁמַע לְמִצְרַיִם יַשְׁמִיעַ לְאוֹיְבֵינוּ
בְּיִשְׁמָעֵאל וּבֶאֱדוֹם וּבְכָל צָרֵינוּ
יהוה חָנֵּנוּ, לְךָ קִוִּינוּ שם
הֱיֵה זְרֹעָם לַבְּקָרִים אַף־יְשׁוּעָתֵנוּ:
וְלֹא נָסוֹג אָחוֹר, מִמְּךָ תְּחַיֵּינוּ
תְּמַהֵר לִשְׁכֹּן כָּבוֹד בְּאַרְצֵנוּ
וְיָבוֹא מְבַשֵּׂר שָׁלוֹם לְבַשְּׂרֵנוּ
וְיִשְׂאוּ קוֹל לְרַנֵּן כָּל צוֹפֵינוּ
בַּבֹּקֶר חַסְדְּךָ שַׂבְּעֵנוּ
וּרְנָנָה וְשִׂמְחָה בְּכָל יָמֵינוּ

כְּמוֹת עִנִּיתָנוּ שַׂמְּחֵנוּ
וּמַעֲשֵׂה יָדֵינוּ כּוֹנְנָה עָלֵינוּ
הוֹשִׁיעָה יְמִינְךָ וַעֲנֵנוּ
וּמִתְּהוֹמוֹת הָאָרֶץ תָּשׁוּב תַּעֲלֵנוּ
יְשׁוּעָתְךָ אֱלֹהִים תְּשַׂגְּבֵנוּ
וּנְהַלְלָה שִׁמְךָ בְּשִׁיר וּנְגַדְּלֶנּוּ
כִּי אֱלֹהִים יוֹשִׁיעַ צִיּוֹן בְּיָמֵינוּ
וְיִבְנֶה עָרֵי יְהוּדָה וּבָהֶם יוֹשִׁיבֵנוּ
וְזֶרַע עֲבָדָיו וְאוֹהֲבֵי שְׁמוֹ בָהֶם יִשְׁכְּנוּ
וּמִבָּשָׁן וּמִמְּצֻלוֹת יָם יְשִׁיבֵנוּ
עוּזָּה אֱלֹהִים זוּ פָּעַלְתָּ לָּנוּ
הַשָּׂם בַּחַיִּים נַפְשֵׁנוּ, וְלֹא נָתַן לַמּוֹט רַגְלֵנוּ
כִּי בְחַנְתָּנוּ כַּכֶּסֶף לְצָרְפֵנוּ
הֲבֵאתָנוּ בַמְּצוּדָה, שַׂמְתָּ מוּעָקָה בְמָתְנֵינוּ
הִרְכַּבְתָּ אֱנוֹשׁ לְרֹאשֵׁנוּ
בָּאנוּ בָאֵשׁ וּבַמַּיִם לָרְוָיָה תוֹצִיאֵנוּ
תְּחָנֵּנוּ וּתְבָרְכֵנוּ, וְתָאִיר פָּנֶיךָ אֵלֵינוּ
תָּאִיר נֵרֵנוּ וְתַגִּיהַּ חָשְׁכֵּנוּ
חֲזֵה צִיּוֹן קִרְיַת מוֹעֲדֵנוּ
כִּי אִם שָׁם אַדִּיר יהוה אֲדוֹנֵינוּ
חָרְבוֹת יְרוּשָׁלַיִם יִפְצְחוּ רִנּוּנֵינוּ
כִּי נִחַם יהוה צִיּוֹן בֵּית מִקְדָּשֵׁנוּ
חָשַׂף זְרוֹעַ קָדְשׁוֹ לִנְקֹם נִקְמָתֵנוּ
וְרָאוּ כָּל־אַפְסֵי־אָרֶץ אֵת יְשׁוּעַת אֱלֹהֵינוּ: ישעיה נב
בְּשׁוּבוֹ עִמָּנוּ מִגָּלוּתֵנוּ
וְיִצְמַח צֶמַח צַדִּיק לַעֲדָתֵנוּ
וְזֶה־שְּׁמוֹ אֲשֶׁר־יִקְרְאוּ יהוה צִדְקֵנוּ: ירמיה כג

וְאָז תִּתְגַּדֵּל וְתִתְקַדֵּשׁ / אֵלִי, מַלְכִּי בַּקֹּדֶשׁ
נוֹרָא אֱלֹהִים מִמִּקְדָּשׁ קֹדֶשׁ / אֱלֹהִים דַּרְכְּךָ בַּקֹּדֶשׁ
מִי כָּמֹכָה נֶאְדָּר בַּקֹּדֶשׁ / אֵל נַעֲרָץ בְּאֵלֵי קֹדֶשׁ
וִיהַלְלוּךָ בְּהַדְרַת קֹדֶשׁ / וְיִשְׁתַּחֲווּ בְּהַר הַקֹּדֶשׁ
בְּאֶרְאֶלִּים וְחַשְׁמַלֵּי קֹדֶשׁ / יַקְדִּישׁוּ וְיַעֲרִיצוּ בַּקֹּדֶשׁ
וְקוֹל כַּנְפֵי חַיּוֹת הַקֹּדֶשׁ / כְּקוֹל מַיִם רַבִּים בַּקֹּדֶשׁ
וְקוֹל אוֹפַנֵּי הַקֹּדֶשׁ / לְעֻמָּתָם מְנַשְּׂאִים בַּקֹּדֶשׁ
קוֹל רַעַשׁ גָּדוֹל בַּקֹּדֶשׁ / וְקוֹל דְּמָמָה דַקָּה בַּקֹּדֶשׁ.

קוֹרְאִים זֶה לָזֶה / וְשׁוֹאֲלִים זֶה לָזֶה / וְנִרְשִׁים זֶה מִזֶּה
וְזֶה לְעֻמַּת זֶה / וְזֶה מוּל זֶה / וְזֶה כְּנֶגֶד זֶה
מִזֶּה וּמִזֶּה / מְשַׁלְּשִׁים בְּשִׁלּוּשׁ קְדֻשָּׁה.

Continue with "כַּכָּתוּב עַל יַד נְבִיאֶךָ" on page 501

יוצר ליום האחרון של פסח

If the seventh day of פסח *falls on a* שבת*, the* יוצר *for* המועד לשבת חו *(page 1201) is said instead.* שחרית *is said up to and including* בָּרְכוּ *(page 461).*

בָּרוּךְ אַתָּה יהוה אֱלֹהֵינוּ מֶלֶךְ הָעוֹלָם
יוֹצֵר אוֹר וּבוֹרֵא חֹשֶׁךְ
עֹשֶׂה שָׁלוֹם וּבוֹרֵא אֶת הַכֹּל.

אוֹר עוֹלָם בְּאוֹצַר חַיִּים, אוֹרוֹת מֵאֹפֶל אָמַר וַיֶּהִי.

On the last day of פסח*, an ancient piyut by an unknown author is said as a* יוצר*. Each stanza ends with a reference to one of the verses of* שירת הים*, which is the theme of the piyut. The opening letters of the stichs form a quadruple alphabetic acrostic. Unlike most* יוצר *piyutim, it does not lead to either "*הַמֵּאִיר לָאָרֶץ*" or to* קדושה*; in the Italian rite, a short piyut, "*וַתַּעַן לָהֶם מִרְיָם*", is added, leading to "*הַמֵּאִיר לָאָרֶץ*".*

אַתָּה הֵאַרְתָּ יוֹמָם וָלַיְלָה לִפְנֵי מַחֲנַי
אַחֲרֵי רָדְפוּ מַרְכְּבוֹת מְעַנַּי
אֲבֵדַת גּוּפָם עַל שְׂפַת יָם רָאוּ עֵינַי
אֱמוּנִים שׁוֹרְרוּ בַּיּוֹם הַהוּא, וַיּוֹשַׁע יהוה.

בְּרִית בְּתָרִים הִזְהִיר דַּיָּן וְגוֹאֵל
בִּנְטוֹתוֹ זְרוֹעוֹ וּגְדֻלַּת יָד כָּאֵל
בְּכֵן עַם יְרֵאָיו לְהַאֲמִין בּוֹ כִּי הוּא אֵל
בְּלוּעֵי גֵּיא יַם סוּף, וַיַּרְא יִשְׂרָאֵל.

גְּאוּלִים כְּיָצְאוּ מִכּוּר לְחֵירוּת חָפְשִׁי
גָּשׁוּ לְיַם סוּף וְלַמָּוֶת אֲנוּשִׁי
גֵּאִים רָדְפוּ וְאָבְדוּ בְּגַלֵּי יָם חֲלוּשִׁי
גָּאֹה גָּאָה, שִׁיר יְשׁוּעָה אָז יָשִׁיר מֹשֶׁה.

דָּפַק פִּתְחֵי יְשֵׁנָה בְּנֶפֶשׁ בְּזוּיָה
דְּרוֹר נַחַת מֵעַבְדוּת לְחֵרוּת עֲטוּיָה
דּוֹדָהּ הוֹצִיאָהּ בִּזְרוֹעַ נְטוּיָה
דּוֹבְבוּ יוֹנְקִים, זֶה אֵלִי, עָזִּי וְזִמְרָת יָהּ.

הָלְכוּ בְּתוֹךְ הַיָּם וְהַמַּיִם לָהֶם חוֹמָה
הוֹלִיכָם בַּתְּהוֹמוֹת כְּבַבִּקְעָה, אָדָם וּבְהֵמָה
הַבָּאִים אַחֲרֵיהֶם זְעֲמוּ בְּאַף וּבְחֵמָה
הֲדוּרִים שִׁבְּחוּ לִשְׁמוֹ וְנָמוּ יהוה אִישׁ מִלְחָמָה.

וַיְּחַזֵּק לִבּוֹ לִרְדֹּף עִם כָּל צְבָא קְהָלוֹ
וְשֵׁשׁ מֵאוֹת רֶכֶב בָּחוּר לָקַח לוֹ
וַיּוֹרֵם בְּחִצֵּי אֵשׁ וְהָמָם וְהִבְהִילוֹ
וְטֻבְּעוּ בְיַם סוּף מַרְכְּבֹת פַּרְעֹה וְחֵילוֹ.

זָמְמוּ פֶּן יִרְבֶּה יוֹעֲצֵי תוֹלָלֵימוֹ
זָדוּ בְּפֶרֶךְ וְהִכְבִּירוּ עֻלָּמוֹ
זְדוֹן מַחְשְׁבוֹתָם נֶהְפַּךְ עָלֵימוֹ
זוֹרְקֵי יָלוּד בַּמַּיִם, תְּהֹמֹת יְכַסְיֻמוּ.

חֻתַּם עַל הָרֵי בֶתֶר נִקְמַת דִּינַי
חִבֵּל נוֹגְשַׂי וְדָן דִּינַי
חֻלְּקוּ בְּגַלֵּי יָם פִּגְרֵי מְדָנַי
חִזַּקְתַּנִי בְּכֹחַ נֶאְדָּרִי יְמִינְךָ יהוה.

טֻמְּנוּ בְּנֶגֶף בְּכוֹרֵי שׂוֹטְנֶיךָ
טוֹרְדוּ פַּעֲמֵי רוֹדְפֵי הֲמוֹנֶיךָ
טֻבְּעוּ בְּלִבּוֹתֵי יָם צוֹרְרֵי אֱמוּנֶיךָ
טָאטְאוּ קָמֶיךָ בַּחֲרוֹנְךָ וּבְרֹב גְּאוֹנְךָ.

יָרִיתָ בְּאֵשׁ וְעָנָן חִצֵּי רְשָׁפֶיךָ
יָרְדוּ עַל מַחֲנוֹת צְבָא מְחָרְפֶיךָ
יַעַן כִּי רָדְפוּ אַחַר עַם מְצַפֶּיךָ
יִקַפְתָּ תְּהוֹם כְּקֶרַח וּבְרוּחַ אַפֶּיךָ.

כְּנֵס כָּל עַמּוֹ יָהִיר חֲסַר לֵב
כַּעְסוֹ הֵעִיר לִרְדֹּף כְּדֹב אוֹרֵב
כְּחָפַר בּוֹר לִנְפֹּל בּוֹ חֶיֵּב
כָּלָה לְהוֹרִישׁ שׁוֹר וָשֶׂה אָמַר אוֹיֵב.

לִשְׁפֹּט זֵדִים לַמַּבּוּל יָשַׁבְתָּ
לְאַדִּירֵי מַיִם כְּדָגִים לָרֶשֶׁת אָסַפְתָּ
לְלוֹחֲצֵי עַמְּךָ מַכּוֹת עַל מַכּוֹת הוֹסַפְתָּ
לְכַסּוֹתָם מֵי יַם סוּף בְּרוּחֲךָ נָשַׁפְתָּ.

מוֹשָׁעֵי יַם סוּף בְּשִׁירָה קִדְּמוּךָ
מְסַפְּרִים מַעֲשֶׂיךָ וְרֶנֶן הִנְעִימוּךָ
מְנַשְּׂאִים כְּבוֹדְךָ בְּהִלּוּל רוֹמְמוּךָ
מְשַׁבְּחִים לְשִׁמְךָ נָמוּ יהוה מִי כָמֹכָה.

נֶאֶנְחוּ מֵעַבְדוּת וְאֹזֶן הִטִּיתָ
נְקָמָה לָבַשְׁתָּ וְקִנְאָה עָטִיתָ
נוֹגְשֵׂימוֹ נִעַרְתָּ וְכֻלָּם טֵאטֵאתָ
נִבְלְתָם לִבְלֹעַ גֵּיא יְמִינְךָ נָטִיתָ.

סוּבְלֵי עֹל כָּבֵד לַחֲצָם רָאִיתָ
סְכוּרֵי כּוּר בַּרְזֶל מִתּוֹכָם הוֹצֵאתָ
סוֹטְנֵימוֹ נִעַרְתָּ וְלִתְהוֹם דָּחִיתָ
סְמוּכִים עַל שֵׁם קָדְשְׁךָ בְּחַסְדְּךָ נָחִיתָ.

עוֹרֵר סְעָרָה בְּשַׁאֲגַת רְעָמִים
עוֹכֵר זֵדִים בְּמִשְׁבְּרֵי יַמִּים
עָרַץ גֵּאִים וְהִשְׁפִּיל רָמִים
עֲלִילוֹת נִסֵּי נוֹרְאוֹתֶיךָ שָׁמְעוּ עַמִּים.

פְּדוּיִים לְחֵרוּת לְגוֹאֲלָם הִלְלוּ
פְּזוּרֵי כְנַעַן רָגְזוּ וְחָלוּ
פַּאֲתֵי מוֹאָב רָעֲדוּ וְחַלְחָלוּ
פַּחֲתֵי אַלּוּפֵי אֱדוֹם אָז נִבְהֲלוּ.

צִיר חִנֵּן לְהָנִיא עוֹבְדֵי פְסִילֵיהֶם
צְוָחוֹת פִּימוּ לִדֹּם כְּאַבְנֵי אֱלִילֵיהֶם
צֹאנְךָ לְהַעֲבִיר עַד גְּבוּלֵיהֶם
צוּקַת פַּחַד וְאֵימָתָה תִּפֹּל עֲלֵיהֶם.

קְהִלּוֹת בֵּית יַעֲקֹב, בִּרְכַּת אָב תַּשְׂבִּיעֵמוֹ
קָמֵיהֶם תַּפִּיל וּמִיָּדָם תּוֹשִׁיעֵמוֹ
קַבֵּץ פְּזוּרִים וּבְשִׁבְטְךָ תִּרְעֵמוֹ
קִרְיַת הַר נַחֲלָתְךָ תְּבִאֵמוֹ וְתִטָּעֵמוֹ.

רַחֲבַת יָדַיִם גָּעַר וְהִרְעִד
רָפוּת יָדַיִם לְהַעֲבִיר בָּהּ וָעֵד
רָז הַמְּלוּכָה יְשֻׁרוּן לְהָעֵד
רֶנֶן וְשִׁירָה נָמוּ, יהוה יִמְלֹךְ לְעֹלָם וָעֶד.

שָׁאַג אֵל כְּאַרְיֵה וְחָשַׂף זְרוֹעוֹ
שִׁפְעַת יַם סוּף חָרַב וְהִבְקִיעוֹ
שִׁדְּפוֹ בְּרוּחַ קָדִים וְהִפְרִיעוֹ
שָׁב וַיְכַס רִכְבּוֹ וְחֵילוֹ, כִּי בָא סוּס פַּרְעֹה.

תֹּקֶף בֵּית יַעֲקֹב אַדֶּרֶת עֲטָיִם
תִּפְאֶרֶת בְּרֹאשָׁם וַעֲטֶרֶת עֲדָיִם
תּוֹפְפוּ בִּמְחוֹלוֹת כְּיָצְאוּ מִן הַיָּם
תְּעוּדָה שִׁירָה נָמָה, וַתִּקַּח מִרְיָם.

Continue with "הַמֵּאִיר לָאָרֶץ" on page 463 (on Shabbat, with "הַכֹּל יוֹדוּךָ" on page 465) to "מְלֹא כָל־הָאָרֶץ כְּבוֹדוֹ" on page 471.

In most congregations, the following אופן *is said. Opening with the song of Miriam, it continues the* יוצר *piyut. The verse "*יוֹדוּ לַה' חַסְדּוֹ*" which is repeated four times in Psalm 107, is repeated here as well. According to the Talmud (*ברכות נד ע״ב*), this is the psalm of thanksgiving, for both personal and national deliverance. Since the establishment of the State of Israel, the prayers of* יום העצמאות *have opened with a communal recital of this psalm. Some recite the piyut "*לְבַעַל הַתִּפְאֶרֶת*" on the next page instead of this piyut.*

מְחוּלֶּלֶת מְהֻלֶּלֶת נֶאְדָּרִי עַל מוּקְדָּם
שַׁלְהֶבֶת מַחֲצֶבֶת נִרְאֵית כְּמוֹ נֶאְדָּם
הֲמוֹן עָפִים מִתְרוֹפְפִים מִכְּחָהּ בְּמַעֲמָדָם
רוֹם טִפְחָה וְאַף בְּשִׂיחָה נוֹטֵיהֶם וְתַפְקִידָם
תִּמְצָא שְׁנָא טִבְעָה נָא בְּעֵת רָפָה יָדָם
יוֹדוּ לַיהוה חַסְדּוֹ, וְנִפְלְאוֹתָיו לִבְנֵי אָדָם: תהלים קז

וּמִתְחַדְּשִׁים וּמִתְאַשְּׁשִׁים שׂוֹרְפִים כֹּל בְּלַפִּידָם
בִּרְעָדוֹת וּבִקְדוֹת מִשְׁתַּחֲוִים לְצוּר הוֹדָם
רוֹמְמוֹת אֵל יִשְׂרָאֵל מַעֲרִיבִים בְּסִלּוּדָם
יוֹם שִׁירָה וְלֵיל זִמְרָה בְּגִילָה וּבְכָל מְאֹדָם
יוֹדוּ לַיהוה חַסְדּוֹ, וְנִפְלְאוֹתָיו לִבְנֵי אָדָם:

צִבְאוֹת הֲדוֹם לְצַח וְאָדוֹם יַעֲלִיצוּ נִפְלָאִים
חֵקֶר אֵין סְאוֹן סֹאֵן וְגַם מַעֲשָׂיו נוֹרָאִים
קָרוֹב הוּא לְקוֹרְאֵהוּ וּמוֹשִׁיעַ נִדְכָּאִים
תּוֹעֵי הָמוֹן בִּישִׁימוֹן עִיר מוֹשָׁב לֹא מוֹצְאִים
הִשְׂבִּיעָם בַּל יִנְעַם חֵלֶף יְסַפְּרוּ בְּעוֹדָם
יוֹדוּ לַיהוה חַסְדּוֹ, וְנִפְלְאוֹתָיו לִבְנֵי אָדָם:

יָמִין וּשְׂמֹאל לָהּ לֶאֱמֹל צַד הוֹלְכִים וּבָאִים
לֹא יָדְעוּ מָה יֵרְעוּ וּרְעֵבִים וְגַם צְמֵאִים
וּבְחָזְקָה מִמְּצוּקָה קָרְאוּ לְשׁוֹנֵא גֵאִים
וּבִמְהֵרָה הַעֲתִירָה נִתְקַבְּלָה פְּרוֹס דָּאִים
וּבְאֵימָה צָבָא רוֹמָה מְשַׁלְּשִׁים קְדֻשָּׁה בְּעָמְדָם
יוֹדוּ לַיהוה חַסְדּוֹ, וְנִפְלְאוֹתָיו לִבְנֵי אָדָם:

וְהַחַיּוֹת יְשׁוֹרֵרוּ / וּכְרוּבִים יְפָאֵרוּ
וּשְׂרָפִים יָרֹנּוּ / וְאֶרְאֶלִּים יְבָרֵכוּ
פְּנֵי כָל חַיָּה וְאוֹפָן וּכְרוּב לְעֻמַּת שְׂרָפִים
לְעֻמָּתָם מְשַׁבְּחִים וְאוֹמְרִים

All say aloud:

בָּרוּךְ כְּבוֹד־יהוה מִמְּקוֹמוֹ: יחזקאל ג

Continue with "לְאֵל בָּרוּךְ" on page 473 to "אֵין אֱלֹהִים זוּלָתֶךָ" on page 483.
Then, "אִי פַּתְרוֹס" (page 1216) is said as on the seventh day,
after which the service continues with "עֶזְרַת אֲבוֹתֵינוּ" on page 483

Some recite this piyut, composed by Rabbi Binyamin bar Zeraḥ (late tenth century) instead of the previous one. Each stanza consists of four lines: the first describes God, the second and third the praising choir of angels. The first stich of the fourth line begins with a verse from שיר השירים in which the heroine (understood by the sages as personifying Israel) speaks directly, using the word "וַאֲנִי".

לְבַעַל הַתִּפְאֶרֶת / מְתַקֵּן רוֹם בְּזֶרֶת
מַעֲצִימִים אַדֶּרֶת / מַלְאֲכֵי הַשָּׁרֵת
נוֹחִים לוֹ לְתִשְׁחֹרֶת / כַּהֲלָכָה וּמָסֹרֶת
וַאֲנִי שְׁחַרְחֹרֶת / תְּהִלָּה בְּפִי סוֹדֶרֶת.

לְנִקְרָא רִאשׁוֹן וְאַחֲרוֹן / מֶלֶךְ אַדִּירִירוֹן
מַבִּיעִים סֶלֶד וָרוֹן / בְּטֹהַר וּבְכִשְׁרוֹן
וְאִתָּם מְטַטְרוֹן / פִּסְקוֹן אִטְמוֹן סִגְרוֹן
וַאֲנִי חֲבַצֶּלֶת הַשָּׁרוֹן / מִשְׁתַּחֲוָה פְּנֵי אָרוֹן.

לְיָהּ חוֹצֵב לֶהָבָה / נַעֲרָץ בְּסוֹד קְדֹשִׁים רַבָּה
וְעִירֵי מֶרְכָּבָה / וְקַדִּישֵׁי שַׁלְהָבָה
מִתְגַּבְּרִים לְהַקְשִׁיבָה / קְדֻשָּׁה כְּאַחַת חֲטִיבָה
וַאֲנִי חוֹלַת אַהֲבָה / בַּקָּשָׁה עֲרֵבָה.

לְמַפְלִיא פְּלָאוֹת / אֲדוֹן כָּל מִפְעָלוֹת
כִּתִּים וַחֲיָלוֹת / בְּחַדְרֵי הֵיכָלוֹת
רוֹעֲשִׁים בְּקוֹלוֹת / נוֹעָדִים בְּמַקְהֵלוֹת
וַאֲנִי חוֹמָה וְשָׁדַי כַּמִּגְדָּלוֹת / תִּשְׁבָּחוֹת וּתְהִלּוֹת.

לְנֶאֱמָן בִּבְרִיתוֹ / וְקַיָּם בִּשְׁבוּעָתוֹ
חַשְׁמַלֵּי שֵׁרוּתוֹ / מִתְבַּהֲלִים מִשְּׂאֵתוֹ
מְרַתְּתִים מֵאֵימָתוֹ / מַגִּידִים אֱלָהוּתוֹ
וַאֲנִי לְדוֹדִי וְעָלַי תְּשׁוּקָתוֹ / בָּרוּךְ שֵׁם כְּבוֹד מַלְכוּתוֹ.

Continue with "וְהַחַיּוֹת יְשׁוֹרֵרוּ" on the previous page.

חזרת הש״ץ לשחרית לאחרון של פסח

If the last day of פסח *falls on a Sunday, the* קרובה *beginning* "אוֹתוֹתֶיךָ אָז רָאִינוּ" *(page 1210) is said instead.*

אֲדֹנָי, שְׂפָתַי תִּפְתָּח, וּפִי יַגִּיד תְּהִלָּתֶךָ׃ תהלים נא

אבות

בָּרוּךְ אַתָּה יהוה, אֱלֹהֵינוּ וֵאלֹהֵי אֲבוֹתֵינוּ
אֱלֹהֵי אַבְרָהָם, אֱלֹהֵי יִצְחָק, וֵאלֹהֵי יַעֲקֹב
הָאֵל הַגָּדוֹל הַגִּבּוֹר וְהַנּוֹרָא, אֵל עֶלְיוֹן
גּוֹמֵל חֲסָדִים טוֹבִים, וְקוֹנֵה הַכֹּל
וְזוֹכֵר חַסְדֵי אָבוֹת
וּמֵבִיא גוֹאֵל לִבְנֵי בְנֵיהֶם, לְמַעַן שְׁמוֹ בְּאַהֲבָה.
מֶלֶךְ עוֹזֵר וּמוֹשִׁיעַ וּמָגֵן.

מִסּוֹד חֲכָמִים וּנְבוֹנִים
וּמִלֶּמֶד דַּעַת מְבִינִים
אֶפְתְּחָה פִּי בְּשִׁיר וּבִרְנָנִים
לְהוֹדוֹת וּלְהַלֵּל פְּנֵי שׁוֹכֵן מְעוֹנִים

The קרובה *for the final day of* פסח *was composed by Rabbi Meshullam ben Kalonymus (see page 487), and set the format for later* קרובות*, including* "אוֹתוֹתֶיךָ אָז רָאִינוּ"*. As in the* קרובה *for the seventh day, the first three parts describe the exodus from Egypt; however, they follow a simpler, chronological structure. The* מגן *begins with the sending forth of Israel.*

All:

אֵימַת נוֹרְאוֹתֶיךָ בִּשְׂדֵה צֹעַן כְּהִשְׁלַחְתָּ
בְּעַר כְּסִלְּךָ בְּצִיר אֲשֶׁר שָׁלַחְתָּ
גּוֹי מִקֶּרֶב גּוֹי בְּמַסּוֹת לָקַחְתָּ
דְּבָרְךָ לְהָקִים כְּמוֹ לְאָב הִבְטַחְתָּ.

הֲעֵז יָהִיר וְנִאֵץ מוּל שְׁלוּחֶךָ
וְנָם, מִי יהוה אֲשֶׁר שְׁלָחֶךָ
זַעַם וְעֶבְרָה בּוֹ בְּאַף בְּשַׁלְּחֶךָ
חָזַר בְּעַל כָּרְחוֹ עֲשׂוֹת מִשְׁלָחֶךָ.

טָפַשׁ לִבּוֹ וְנִבְעַר אַחֲרֵי זֹאת
יָעַץ רְדֹף אַחֲרֵימוֹ לָבֹז בִּזּוֹת
כְּלֵי קְרָב נָשָׂא וַחֲרָבוֹת שְׁחוּזוֹת
לְהָשִׁיב לְעַבְדוּת אוֹם נָאוָה בַּחֲרוּזוֹת.

מוֹעֵד שְׁלֹשֶׁת יָמִים חִכָּה לַחֲזֹר
נֶהְפַּךְ לִבּוֹ כְּלֹא אָבוּ חֲזוֹר
סְפוּנֵי גְנָזָיו פִּנָּה לְחֵילוֹתָיו לָבוֹז
עֲבוּר בְּכָל לֵב אוֹתוֹ לַעְזוֹר.

פָּרָשַׁת דְּרָכִים כְּנֶגַע עַם מְשֻׁלָּח
צִדְדָם מֵאֹרַח פְּלֶשֶׁת, טוֹב וְסַלָּח
◂ קַלְגַּסִּים מֵרְאוֹת עַצְמוֹת זָבָד וְשׁוּתֶלַח
רִחֲקָם מִדֶּרֶךְ אוֹתָם צַר בְּשַׁלַּח.

All:

עַבְדוֹ שִׁלַּח, וְהוֹצִיא עַמּוֹ בְּשָׂשׂוֹן
שׁוֹדְדֵיהֶם שָׁת בָּם מַכַּת אָסוֹן
◂ תָּמִים זָכַר מְנֻסֶּה וְנִמְצָא חָסוֹן
תּוֹלְדוֹתָיו לְהָגֵן נַחֲלַת אָב לַחְסֹן.

The שליח ציבור *continues:*

בָּרוּךְ אַתָּה יהוה, מָגֵן אַבְרָהָם.

גבורות

אַתָּה גִּבּוֹר לְעוֹלָם, אֲדֹנָי
מְחַיֵּה מֵתִים אַתָּה, רַב לְהוֹשִׁיעַ

In ארץ ישראל:
מוֹרִיד הַטָּל

מְכַלְכֵּל חַיִּים בְּחֶסֶד
מְחַיֵּה מֵתִים בְּרַחֲמִים רַבִּים
סוֹמֵךְ נוֹפְלִים, וְרוֹפֵא חוֹלִים, וּמַתִּיר אֲסוּרִים
וּמְקַיֵּם אֱמוּנָתוֹ לִישֵׁנֵי עָפָר.
מִי כָמְוֹךָ, בַּעַל גְּבוּרוֹת, וּמִי דּוֹמֶה לָּךְ
מֶלֶךְ, מֵמִית וּמְחַיֶּה וּמַצְמִיחַ יְשׁוּעָה.
וְנֶאֱמָן אַתָּה לְהַחֲיוֹת מֵתִים.

In the מחיה*, the author describes God's strategic masterstroke that led Pharaoh to pursue the Israelites to the Sea in which his army was destroyed. Like the* מחיה *of the seventh day, the first letters of its stichs follow the order* תשר״ק.

All:

תַּחְבּוּלוֹת עָשׂ רַב עֵצָה וּגְבוּרָה
שׁוֹכְנֵי חֶלֶד לְלַמֵּד חָכְמָה מִגְּבוּרָה
רֶסֶן מַתְעֶה הִרְסִין שַׂר הַבִּירָה
קְהָלָיו לְהַקְהִיל לִרְדֹּף יָפָה וּבָרָה.

צִלּוּל כְּחָבוּ מַשְׁלִיכֵי יְאוֹר זְכָרִים
פּוֹרַע פִּלְּשָׁם סוּף הֱיוֹת סְכוּרִים
עֵצוֹת מֵרָחוֹק אֹמֶן לְעַם נִכְּרִים
שִׂיחַ אֲשֶׁר שָׂח לְשֹׁרֶשׁ בִּכּוּרִים.

נוֹאֲלוּ שָׂרֵי צֹעַן עֵצָה נִבְעָרָה
מִצְעָדֵי זֹאת שָׂגַת לַהֲפִיצָהּ בִּסְעָרָה
לוּלֵי אֵל שֶׁהוֹצִיא חַרְבּוֹ מִתַּעְרָהּ
כָּרְתוּ יַעְרָהּ וּבִעֲרוּ בָהּ הַבְעָרָה.

יוֹשֵׁב בַּשָּׁמַיִם שָׂחַק וְהִלְעִיג לָמוֹ
טַכְסִיס גִּיסָיו כְּגִיסוֹ לָצֵאת עָלֵימוֹ
חָז כִּי יוֹם גְּמוּלֵמוֹ
זֹאת תַּחַת, זֹאת נִקְמַת עוֹלָלֵימוֹ.

וְלַעֲשׂוֹת בָּהֶם מִשְׁפָּט הַכָּתוּב בְּחִסּוּף
הֵשִׁב גְּמוּלָם כְּזָדוּ בְּעַם הַכָּסוּף
◂ דֶּרֶךְ הֵסֵב לִגְאוּלֵי בִּזְרוֹעַ חָשׂוּף
גִּלְגְּלָם מִדְבָּרָה דֶּרֶךְ יַם סוּף.

All:

מַעֲלָלָיו בִּקְהַל עָם תָּמִיד אֲרַנֵּן
בַּבֹּקֶר לְהַגִּיד חַסְדּוֹ וֶאֱמוּנָתוֹ בְּהִתְלוֹנֵן
◂ אוֹרוֹת טַלְלֵי תְּחִי מֶנּוּ אֶתְחוֹנֵן
אֲטוּמִים לְהַחֲיוֹת עַם בְּצִלּוֹ מִתְלוֹנֵן.

The שליח ציבור *continues:*

בָּרוּךְ אַתָּה יהוה, מְחַיֵּה הַמֵּתִים.

In the original form of the קרובה*, several biblical verses were recited before the last stanzas of the* מגן*,* מחיה *and* משלש*. Even after it became customary to omit the verses, the* שליחי ציבור *continued to say the preceding line aloud (see above).*
In this משלש*, Rabbi Meshullam interweaves verses several times: after the basic piyut, which is arranged according to* א״ת ב״ש *and describes the drowning of Pharaoh's army; and after each of the three concluding verses, which describe the defeat of Sisra (echoing Judges 5), the victories of David (echoing II Samuel 22), and the future redemption.*

All:

אָיֹם וְנוֹרָא, מִי לֹא יִרָאֲךָ
תּוֹעֵי לֵב לֹא הִכִּירוּ מוֹרָאֲךָ
בַּחוּרֵי אָוֶן וּפִי בֶּסֶת דִּין בְּהֵרָאֲךָ
שׁוֹמְעֵי שִׁמְעֲךָ רָגְזוּ וְחָלוּ מִמּוֹרָאֲךָ.

גֹּדֶל נוֹרְאוֹתֶיךָ מִי יוּכַל לְסַפֵּר
רַבּוּ עַד לִמְאֹד וְעָצְמוּ מִסַּפֵּר
דְּיוֹ הַיָּם וְכָל יְצִיר סוֹפֵר
קְצָת לֹא יוּכְלוּ לָחֹק בַּסֵּפֶר.

הִלּוּךְ חָמֵשׁ מֵאוֹת קָפְצַת מִמְּעוֹנֶךָ
צוֹרְרֶיךָ הִצְמַתָּ, כְּהֵרֵעוּ בִּטְלָאֵי עֲנֶךָ
וּבְמַחְמַדֵּי בִּטְנָם לֹא חָסָה עֵינֶךָ
פִּטְרֵי רֶחֶם וְרָאשֵׁי אוֹן בְּעַנֶּךָ.

זְעָכָם בְּעֶשֶׂר, בְּחֹמֶשׁ יָד הַגְּדוֹלָה
עוֹלוֹת אַחַת לְחָמֵשׁ בְּעָבוֹת גְּדֵלָה
חֲסָפוּ זְרוֹעַ אֲשֶׁר מְאֹד גָּדְלָה
סֵעֲפָם עַל אַחַת חָמֵשׁ בִּגְדוֹלָה.

טְבוּעִים בְּיָוֵן מְצוּל בְּתִלּוּל הַגְּשִׁיר
נֶגֶף אֶבֶן הָסֵר וְעָקוֹב הַיְשִׁיר
◂ יֶשַׁע מִצִּיּוֹן שְׁלַח, וְחָדָשׁ נָשִׁיר
כֶּתֶר לְךָ לָתֵת כְּאָז יָשִׁיר.

All:

חָרְשׁוּ יוֹשְׁבֵי חֲרֹשֶׁת לְאַבֵּד יָפָה וּבָרָה
נָתַשׁ וְאִבֵּד שֵׁם וּשְׁאָר בִּגְבוּרָה
◂ נַחַל קִישׁוֹן גְּרָפָם וּזְרוֹעָם נִשְׁבָּרָה
אָז לָבְשָׁה רוּחַ וְשָׁרָה דְּבוֹרָה.

All:

קָם עַל רַבּוֹ קָמָיו לִלְזוֹת
לְחַמְּתָ לוֹחֲמָיו וְהִכְנַעְתָּ, אוֹתָם לְהַבְזוֹת
◂ נֹעַם זְמִירוֹת בִּטָּה לְךָ לַחֲזוֹת
יַחַד וְדִבֵּר אֶת הַשִּׁירָה הַזֹּאת.

All:

מִכְלַל יֹפִי עַל מִשְׁפָּטוֹ יְחֻדַּשׁ
וְעוֹד נָוֶךָ בּוֹ כְּקֶדֶם יִתְחַדֵּשׁ
◂ שִׂיאוֹ לְמַעְלָה לְמַעְלָה יָרוּם וְיִגְדַּשׁ
סֶלָה בְּתוֹכוֹ נָשִׁיר שִׁיר חָדָשׁ.

The שליח ציבור *says the next two verses aloud, followed by the* קהל*:*

יִמְלֹךְ יהוה לְעוֹלָם תהלים קמו

אֱלֹהַיִךְ צִיּוֹן לְדֹר וָדֹר, הַלְלוּיָהּ:

וְאַתָּה קָדוֹשׁ, יוֹשֵׁב תְּהִלּוֹת יִשְׂרָאֵל: תהלים כב

אֵל נָא.

This piyut continues the theme of Israel's history as preordained; however, at the same time it describes God reacting to the deeds of men, caring for His creation rather than executing a pre-thought plan.

All:

אֲדֹנִי חֶלֶד עַד לֹא טְבוּעִים
וְקֶדֶם תְּלוּלֵי רוֹם לְאֹהֶל קְבוּעִים
מֵאָז הֶעֱלָה בְּמַחֲשֶׁבֶת דִּגְלֵי רְבוּעִים
הֱיוֹת לוֹ מִכָּל אוֹם תְּבוּעִים.

וּבְהִמָּלֵךְ לִבְרֹאת יְצִיר רֹאשׁ טְבוּעִים
בַּעֲדָם חָלוּ מֶלֶךְ וּמְשָׁרְתָיו מַצְבִּיעִים
וּמֵאָז בְּחֶלְקוֹ עָלוּ מֵחֲלָשִׁים שִׁבְעִים
וְסִגְּלָם לוֹ לְחֶבֶל נַחֲלָה מְקֻבָּעִים.

וּכְחָבְבוּ גֵּרוּת וְעִנּוּי, וּקְבָעוּם קוֹבְעִים
נִתְגַּלְגְּלוּ רַחֲמָיו לְסוֹף שְׁלֹשִׁים שָׁבוּעִים
וַיֵּט חֶסֶד עַל בְּנֵי רְבֵעִים
וְהִטָּה אֹזֶן וְסָכַת שִׂיחַ מְשַׁוְּעִים
וַיִּקַץ כְּיָשֵׁן, וַיַּךְ צָרָיו בְּגוֹוְעִים
הִכָּה וּפָצַע בְּכָל מַכָּה וַאֲבַעְבּוּעִים.

וְאַחֲרֵי כֵן שִׁלְּחוּם בִּרְכוּשׁ שְׂבֵעִים
בְּפָז וּבְכֶסֶף וּבְכָל מִינֵי צְבָעִים
וְעוֹד מָסַךְ בְּקִרְבָּם רוּחַ עִוְעִים
וַיְסִיתֵם רְדֹף אַחֲרֵימוֹ בְּשִׁרְיוֹנוֹת וְכוֹבָעִים

וְאָז עָלְתָה חֲמָתוֹ, וְשִׁקְעָם בְּטִבּוּעִים
וְנָפְלוּ וְנִשְׁבְּרוּ כְּשֶׁבֶר נֵבֶל לְמַבּוּעִים

The שליח ציבור*, then the* קהל*:*

בִּגְזֵרַת

חַי וְקַיָּם, נוֹרָא וּמָרוֹם וְקָדוֹשׁ.

In its original form, the following piyut was recited by the שליח ציבור*, with the* קהל *saying the refrain after every three stanzas. Nowadays, the refrain is usually said only as a preface to the piyut. Its theme is followed closely by the piyut "*אִמְרוּ לֵאלֹהִים אַדִּירִים*" (page 1222), which was said on the seventh day. The author signed his name in a double acrostic.*

The שליח ציבור*, then the* קהל*:*

חֲכַם לֵבָב וְאַמִּיץ כֹּחַ / מִי יוּכַל אֵלָיו לְנַכֵּחַ
אֲשֶׁר בְּיָדוֹ הַגְּבוּרָה וְהַכֹּחַ / קָדוֹשׁ.

All:

מַה מּוֹעִיל רֶשַׁע בְּעָלָיו / וּמַה יָּעֹז זֵד בְּמַעֲלָלָיו
פְּנֵי מְשַׁלֵּם לְאִישׁ כְּמִפְעָלָיו.
מֶרֶד הֵיוּכַל עֲרֹךְ חֹמֶר / נֹכַח יוֹצֵר כֹּל בְּאֹמֶר
וְרוּחוֹ וְנִשְׁמָתוֹ בְּיָדוֹ שׁוֹמֵר.
שִׁכְנוֹ שָׁת בְּרוּם עוֹלָם / וּמֶמְשַׁלְתּוֹ עַל כָּל הָעוֹלָם
מִי הִקְשָׁה אֵלָיו וַיִּשְׁלָם.

חֲכַם לֵבָב וְאַמִּיץ כֹּחַ / מִי יוּכַל אֵלָיו לְנַכֵּחַ
אֲשֶׁר בְּיָדוֹ הַגְּבוּרָה וְהַכֹּחַ / קָדוֹשׁ.

שְׁלִישִׁים פָּתְחוּ רִאשׁוֹן לְקַלְקֵל / אָצוּ סְלֹל אֹרַח לְעַקֵּל
שֵׁם אֵל בֶּאֱלִיל לְהָקֵל.
הֲעַל פָּרְצוּ גֶּדֶר עוֹלָם / פָּרַץ מֵי הַיָּם בִּגְבוּלָם
וְשִׁטְּפָם וְאִבְּדָם מִן הָעוֹלָם.
הֶרְאָה בָּם דִּין לְדוֹרוֹת / לְבִלְתִּי פְּלֹחַ לְכָל יְצִירוֹת
כִּי אִם לְקוֹרֵא הַדּוֹרוֹת.

חֲכַם לֵבָב וְאַמִּיץ כֹּחַ / מִי יוּכַל אֵלָיו לְנַכֵּחַ
אֲשֶׁר בְּיָדוֹ הַגְּבוּרָה וְהַכֹּחַ / קָדוֹשׁ.

בַּעֲלֵי זְרוֹעַ הֶחֱלוּ לָרֹב / וַיֹּאמְרוּ לָאֵל, סוּר מִקְּרֹב
כִּמְלֹא בָתֵּיהֶם טוֹבוֹת רֹב.
בָּעֲטוּ בְּאֵד עוֹלֶה מִן הָאָרֶץ /וְנִאֲצוּ לְמַמְטִיר עַל הָאָרֶץ
מַה לָּנוּ לְמִטְרוֹת עֶרֶץ.
רָם מָתַח דִּין בָּהֶם / וּמִטְרוֹת עֹז שָׁפַךְ עֲלֵיהֶם
וַיִּמַח אֶת כָּל יְקוּמֵיהֶם.

חֲכַם לֵבָב וְאַמִּיץ כֹּחַ / מִי יוּכַל אֵלָיו לְנֹכַח
אֲשֶׁר בְּיָדוֹ הַגְּבוּרָה וְהַכֹּחַ / קָדוֹשׁ.

רָמָה רוּחַ יוֹשְׁבֵי שִׁנְעָר / וְלַעֲלוֹת לְשַׁחֵק לִבָּם נִבְעַר
וְהֱפִיצָם בְּרוּחַ סוֹעָה וָסָעַר.
בַּד בְּבַד פָּרַע שְׁאוֹנָם / וְנֶפֶץ מוּל נֶפֶץ דָּנָם
וּבִטְּלָה עֲצָתָם כְּפֶלֶג לְשׁוֹנָם.
בַּאֲשֶׁר הֵם בְּשָׂפָה זָדוּ / וּבַאֲגֻדָּה אַחַת כֻּלָּם נוֹעֲדוּ
בִּלֵּל לְשׁוֹנָם וּמִשָּׁם נִפְרָדוּ.

חֲכַם לֵבָב וְאַמִּיץ כֹּחַ / מִי יוּכַל אֵלָיו לְנֹכַח
אֲשֶׁר בְּיָדוֹ הַגְּבוּרָה וְהַכֹּחַ / קָדוֹשׁ.

יָקְשׁוּ צָרֵי עַיִן בְּבֶצַע / וּמֵאֲנוּ פְּרוֹסָה לָרָעֵב לִבְצֹעַ
וְהֶאֱרִיכוּ וְקִצְּרוּ אֶת הַמַּצָּע.
יָד קָפְצוּ מֵעָנִי וָדַל / וְעוֹבֵר אֹרַח מֵעֲלֵיהֶם חָדַל
וְכָבֵד עָוֹן וְחֵטְא גָּדַל.
קִלְקְלוּ צַעֲדֵי יֹשֶׁר לְסַלֵּף / וְאוֹצָרוֹ הַטּוֹב עֲלֵיהֶם חִלֵּף
וַהֲפָכָם מִשֹּׁרֶשׁ דּוֹרוֹת לְאַלֵּף.

חֲכַם לֵבָב וְאַמִּיץ כֹּחַ / מִי יוּכַל אֵלָיו לְנֹכַח
אֲשֶׁר בְּיָדוֹ הַגְּבוּרָה וְהַכֹּחַ / קָדוֹשׁ.

קָחַת מוּסָר מֵאֲנוּ צוֹעֲנִים / וְלֹא לָמְדוּ דַּעַת מִקַּדְמוֹנִים
הֵרֵעוּ מִכָּל אֲשֶׁר לְפָנִים.
לָחֲצוּ בְּמֶרֶד זֶרַע חֲסִידָיו / וְאִכְזְרוּ גְּזֵרוֹת לִבְנֵי יְדִידָיו
וַיַּרְא יהוה וַיְעוֹרֵר חֲסָדָיו.
לְמַלֹּאות דְּבָרוֹ וּלְהָחִישׁ עֶזְרָה / אָחוֹר הֵשִׁיב חֶשְׁבּוֹן גְּזֵרָה
וְעַל תַּנִּין שָׁפַךְ עֶבְרָה.

חֲכַם לֵבָב וְאַמִּיץ כֹּחַ / מִי יוּכַל אֵלָיו לְנֹכַח
אֲשֶׁר בְּיָדוֹ הַגְּבוּרָה וְהַכֹּחַ / קָדוֹשׁ.

וְלֹא בְכֹחַ לְפִי הַגְּדֻלָּה / הֵחֵל בְּבַעֲלֵי זְרוֹעַ תְּחִלָּה
כִּי אִם בַּעֲנָוָה גְדוֹלָה.
וְאוֹת וּמוֹפֵת שָׁלַח לְהַרְאוֹת / וְהִקְשָׁה עֹרֶף וְהִכְבִּיד תְּלָאוֹת
אָז הִכָּהוּ מַכּוֹת נוֹרָאוֹת.
נָאוֹר אַף לְפִי חֲמָתוֹ / לֹא עָבַר דִּין אֲמִתּוֹ
כִּי אִם בְּיֹשֶׁר מִדָּתוֹ.

חֲכַם לֵבָב וְאַמִּיץ כֹּחַ / מִי יוּכַל אֵלָיו לְנֹכַח
אֲשֶׁר בְּיָדוֹ הַגְּבוּרָה וְהַכֹּחַ / קָדוֹשׁ.

נֶגַע אֲשֶׁר בְּסוֹף הִבְעִיתוֹ / בּוֹ הִקְדִּים תְּחִלָּה לְהַתְרוֹתוֹ
וּמִקֵּץ לְקֵץ הֶאֱרִיךְ עֶבְרָתוֹ.
יָהּ מַכָּה לֹא הִכָּהוּ / עַד שֶׁלֹּא קָדַם וְהִתְרָהוּ
וְאַחַר כָּךְ שָׁלַח וְהִלְקָהוּ.
יֶרַח הַקְּצָב לְכָל מַכָּה / וּשְׁלֹשֶׁת חֲלָקִים הֵעִיד וְחִכָּה
וּרְבִיעַ הַחֹדֶשׁ שִׁמְּשָׁה הַמַּכָּה.

חֲכַם לֵבָב וְאַמִּיץ כֹּחַ / מִי יוּכַל אֵלָיו לְנֹכַח
אֲשֶׁר בְּיָדוֹ הַגְּבוּרָה וְהַכֹּחַ / קָדוֹשׁ.

מָחַץ בּוֹ מֶחֱצוֹת תֵּשַׁע / וְלֹא נִכְנַע וְלֹא שָׁע
וּבָעֲשִׂירִית נִשְׁבַּר מַטֵּה הָרֶשַׁע.
מֵעֶרֶס יְצוּעוֹ קָם לַיְלָה / וּבְאֶרֶץ פַּתְרוֹס צְוָחָה גְדוֹלָה
מֵאֵין בַּיִת בְּלֹא יְלָלָה.
וּפֶה שֶׁאָמַר לֹא אֲשַׁלַּח / הוּא הַפֶּה חִנֵּן לְשַׁלַּח
קוּמוּ צְאוּ כְּדַבֶּרְכֶם לִפְלַח.

חֲכַם לֵבָב וְאַמִּיץ כֹּחַ / מִי יוּכַל אֵלָיו לְנֹכַח
אֲשֶׁר בְּיָדוֹ הַגְּבוּרָה וְהַכֹּחַ / קָדוֹשׁ.

וְלָמָּה זֶה לַחֲשׁוּבֵי כְּאַיִן / לִקְנוֹת חָכְמָה וְלֵב אַיִן
מִתָּרִים כְּנוֹגֵעַ בְּבָבַת עַיִן.
שֵׂכֶל זֹאת לֹא יָבִינוּ / פּוּטִים אֲשֶׁר בְּתֵחֶל הִתְקִינוּ
כְּעִקְּלוּ בְסוֹף, כָּךְ נִדּוֹנוּ.
שְׂעִיר וּטְפוּלָיו אֲשֶׁר לְחָרְבָּה / נִתְכּוֹנְנוּ מֵרֹאשׁ וְעַד קִצְבָּה
מַה יַּעֲשׂוּ בְּלַהַט הַיּוֹם הַבָּא.

בַּעֲטוֹתוֹ קִנְאָה, בְּלָבְשׁוֹ נָקָם / לְהָרִיעַ וּלְהַצְרִיחַ, מְקָמָיו לְהִתְנַקֵּם
שִׁבְעָתַיִם יָשִׁיב אֶל חֵיקָם / קָדוֹשׁ.

As with the אופן *(see page 1214), the old Ashkenazi custom was not to say "*אֵל נָא, לְעוֹלָם תֵּעָרָץ*" on the seventh and eighth day of* פסח*, because the full* הלל *is not said. However, some congregations do say it at this point.*

The שליח ציבור*:*

אֵל נָא, לְעוֹלָם תֵּעָרָץ וּלְעוֹלָם תֻּקְדָּשׁ
וּלְעוֹלְמֵי עוֹלָמִים תִּמְלֹךְ וְתִתְנַשֵּׂא
הָאֵל מֶלֶךְ נוֹרָא מָרוֹם וְקָדוֹשׁ.
כִּי אַתָּה הוּא מֶלֶךְ מַלְכֵי הַמְּלָכִים, מַלְכוּתוֹ נֶצַח
נוֹרְאוֹתָיו שִׂיחוּ, סַפְּרוּ עֻזּוֹ, פָּאֲרוּהוּ צְבָאָיו
קַדְּשׁוּהוּ, רוֹמְמוּהוּ / רֹן שִׁיר / שֶׁבַח תֹּקֶף / תְּהִלּוֹת תִּפְאַרְתּוֹ.

The following piyut is Rabbi Meshullam's poetic expansion of שירת הים*. The different customs of public recital are the same as of its counterpart "*אֵילֵי הַצֶּדֶק יְדוּעִים*" which was said on the seventh day (see page 1226), and follows it closely in themes and format.*

The שליח ציבור*, then the* קהל*:*

שמות יד **וּבְכֵן, וַיּוֹשַׁע יהוה בַּיּוֹם הַהוּא:**

אֲצוּלִים מִפֶּרֶךְ סְוֵנִים   בְּחֹזֶק יָד וְנִסְיוֹנִים
גּוֹי שׁוֹמֵר אֱמוּנִים   דֵּעָה וְחָכְמָה חֲנוּנִים
הַהוֹגִים בִּיקָרָה מִפְּנִינִים   וּמִצְוֹתֶיהָ וְהוֹרָיוֹתֶיהָ מְבִינִים
זְמִירוֹת לָאֵל נוֹתְנִים   חֶבֶל נַחֲלָתוֹ מְכֻנִּים
טְפוּלִים בּוֹ וְעָלָיו נִשְׁעָנִים   יוֹדְעִים מַה פָּעַל דָּר מְעוֹנִים
כָּאֵזוֹר בְּמָתְנַיִם נְתוּנִים   לוֹ דְּבֵקִים וּבְצִלּוֹ לָנִים.

לָנִים מִסְתּוֹפְפִים בְּצֵל אֵל / וּבְצוֹרְרֵיהֶם נִלְחַם הָאֵל
וַיַּרְא יִשְׂרָאֵל:

מוֹתַחַת גָּבְהֵי מְרוֹמִים   נוֹטַעַת אַדְנֵי הֲדוֹמִים
סוֹעֶרֶת שְׁאוֹן יַמִּים   עוֹרֶפֶת הֲמוֹן קָמִים
פּוֹרַעַת דִּין עֲנָמִים   צוֹדָה מְחַבְּלִים כְּרָמִים
קוֹלַעַת עַד צִית רָמִים   רוֹטֶשֶׁת עַד חוּג תְּהוֹמִים
שׁוֹפֶטֶת דִּין יְתוֹמִים   תְּהִלָּתוֹ תָּמִיד הֱיוֹת נוֹאֲמִים.

נוֹאֲמִים שְׁלֹל חֵילָם בְּלֵב מִקְשֶׁה / כְּסִכְּרוּ בְּיַד אֲדֹנִים קָשֶׁה
אָז יָשִׁיר־מֹשֶׁה:

תּוֹדָה וְקוֹל זִמְרָה   שֶׁבַח וְהַלֵּל וּצְפִירָה
רֹן וָעֹז וְתִפְאָרָה   קוֹל אוֹמְרִים אָשִׁירָה
צִלְצוּל לְדָר בִּנְהוֹרָא   פּוֹדֶה וּמֵחִישׁ עֶזְרָה
עוֹנֶה בְּעֵת צָרָה   סוֹכֵת מֵעַמּוֹ עֲתִירָה
נוֹתֵן תְּשׁוּעָה לְעַם נִבְרָא   מַצְלִיל קָמֵיהֶם בְּעֶבְרָה.

בְּעֶבְרָה הֵשַׁח יְפֵהפִיָּה / וְדָלַנִי מִשְּׁאוֹל תַּחְתִּיָּה
עָזִּי וְזִמְרָת יָהּ:

לוֹ חִכְּתָה נַפְשִׁי   כְּבוֹדִי וּמֵרִים רֹאשִׁי
יָדַע בְּצַעַר נַפְשִׁי   טָס עַל עָב קַל לְהַנְפִּישִׁי
חָמַל עָלַי וְשָׁע רַחֲשִׁי   זָכַר חַסְדּוֹ וֶאֱמוּנָתוֹ לְהַחְפִּישִׁי
וַיַּעֲלֵנִי מִטִּיט רִפְשִׁי   הַמּוֹצִיאִי מִמַּסְגֵּר לַחָפְשִׁי
דִּיעֵךְ וְצִמֵּת מַבְאִישִׁי   גִּלָּה כְבוֹדוֹ עָלַי לְדָרְשִׁי
בַּצַּר לִי קְרָאתִיו וְלֹא נְטָשִׁי   אִילִי וְחִילִי וְלֹא בָזָה לַחֲשִׁי.

לַחֲשִׁי בָּן וַיֵּצֵא בְּחֵמָה / מוּל צָר לְהִלָּחֵמָה
יהוה אִישׁ מִלְחָמָה:

אָזַר עֹז וְעָט קִנְאָה   בְּשִׁרְיוֹן וְכוֹבַע נִרְאָה
גֵּאוּת לָבַשׁ וְנִתְגָּאָה   דָּרַךְ קַשְׁתּוֹ, וּבְרַק חֲנִית הֶרְאָה
הִרְעִים רַעַשׁ וְקוֹל תְּשׁוּאָה   וַתִּתְגָּעַשׁ, וַתִּרְעַשׁ אֶרֶץ וּמְלוֹאָהּ
זִלְעֵף פּוּט וְלוּד בִּמְשׁוֹאָה   חָרוֹב וְהֶחֱרִיב בְּלִי רְפוּאָה
טָרַף זָרוּעַ וְקָדְקֹד וּפֵאָה   יַחַד שׁוֹעַ וְקוֹעַ וְשַׂר מֵאָה
כֻּלָּם נִעֵר בְּכַלָּאָה   לְבַעֲבוּר אֹם נֶהֱלָאָה.

נֶהֱלָאָה רִחֵף בְּצִלּוֹ / וְצַר בְּתוֹךְ יָם הִצְלִילוֹ
מַרְכְּבֹת פַּרְעֹה וְחֵילוֹ:

מַחֲנֵה צַר וְכָל שְׁאוֹנוֹ   נָגִיד וְנוֹשֵׂא כְּלֵי זְיָנוֹ
שַׂר כָּל פֶּלֶךְ וָפֶלֶךְ וּלְגִיוֹנוֹ   עָטוּר כּוֹבַע וְלָבוּשׁ שִׁרְיוֹנוֹ
פָּרָשׁ וְרַכָּב וּמְצַמֶּדֶת עַל מָתְנוֹ   צוֹעֵד בְּרֶגֶל וְקוֹלֵעַ בְּאַבְנוֹ
קָצִין וְנִקְלֶה, עֶבֶד וַאֲדוֹנוֹ   רוֹבֶה קֶשֶׁת וְאִטֵּר יַד יְמִינוֹ
שָׁם פַּרְעֹה וְכָל הֲמוֹנוֹ   תַּמּוּ וְנִכְרְתוּ, וְהוּרַד שְׁאוֹל גְּאוֹנוֹ.

גְּאוֹנוֹ בֻּלַּע וּשְׁאוֹנוֹ נֶחֱרָמוּ / וְיַחַד כֻּלָּם נֶהֱמָמוּ
תְּהֹמֹת יְכַסְיֻמוּ:

תְּהוֹם אֶל תְּהוֹם קָרָא   שְׁאוֹן סוּף לְעֻמָּם נִתְגָּרָה
רַעַם וָרַעַשׁ וְקוֹל עֶבְרָה   קָדִים סוּפָה וּסְעָרָה
צִנּוֹרוֹת מִפֹּה וּמִפֹּה מְקַלְּחִין בִּגְבוּרָה   פְּלָגִים יִבְלֵי נְהָרָה
תהלים עח עֶבְרָה וָזַעַם וְצָרָה: סָבִיב בְּעַתוּהוּ צַר עִם כָּל שְׁיָרָה
נִשְׁקְעוּ כֻּלָּם כַּאֲבָרָה   מִבְּלִי הוֹתִיר מוֹלִיךְ בְּשׂוֹרָה.

בְּשׂוֹרָה יָצְאָה וְחָלוּ כָּל בַּעֲלֵי מְדָנַי / וְאַדִּירוּ יַחַד צִיר וְכָל הֲמוֹנַי
יְמִינְךָ יהוה:

לְמַעַן סַפֵּר בְּכָל גֵּיא שְׁמֶךָ   כֹּחֲךָ הֶרְאֵיתָ בְּמִתְקוֹמְמֶיךָ
חבקוק ג יָצָאתָ לְיֵשַׁע עַמֶּךָ:   טִבְחָה לָשִׁית בְּקָמֶיךָ
חָשַׂפְתָּ יְמִין תַּעֲצוּמֶיךָ   זְרוֹת כַּמּוֹץ לוֹחֲמֶיךָ
וַתִּנְהֹם בְּשַׁאֲגַת רְעָמֶיךָ   הֲמוֹן הוֹמִים לְעֻמֶּךָ
דִּין גָּמוּר דַּנְתָּ כִּנְאֻמֶךָ   גּוֹי הַמַּעֲבִיר רְחוּמֶיךָ
בְּכָל גּוֹיִם נִשְׁמַע נְקָמֶיךָ   אֲשֶׁר עָשִׂיתָ לְעַמֶּךָ.

לְעַמֶּךָ קוֹלָם הִסְכֵּיתָ מִמְּעוֹנְךָ / וְרוֹדְפֵיהֶם הִכְנַעְתָּ בַּחֲרוֹנְךָ
וּבְרֹב גְּאוֹנְךָ:

אֶדֶר גֵּאוּת לָבַשְׁתָּ   בְּעָזְּךָ יָם כְּפוֹרַרְתָּ
גַּאֲוַת עָרִיצִים הִשְׁפַּלְתָּ   דָּכְאוֹת דַּכִּים רוֹמַמְתָּ
הֲלוֹא מֵי יַם סוּף הוֹבַשְׁתָּ   וּבְמַעֲמַקֵּי יָם דֶּרֶךְ שַׂמְתָּ
זַכִּים בּוֹ הֶעֱבַרְתָּ   חֲנֵפִים בְּתוֹכוֹ שִׁקַּעְתָּ
טִבְעֲךָ בָּעוֹלָם הוֹדַעְתָּ   יִרְאָתְךָ עַל פְּנֵי כָּל הָעַמִּים נָתַתָּה
כַּסְּלוּחִים עֵת הִכְנַעְתָּ   לְבַדְּךָ עַל כָּל אֱלוֹהַּ נִתְגַּדַּלְתָּ.

נִתְגַּדַּלְתָּ לְשַׁבֵּר רָאשֵׁי תַנִּינִים בְּתָקְפֶּךָ / וְהִסְעַרְתָּ לֵב יָם בְּזַעְפֶּךָ
וּבְרוּחַ אַפֶּיךָ:

מִפֶּה וּמִפֶּה עֲרֵמוֹת נוֹזְלִים צָגוּ כַּחוֹמוֹת
סוֹעֲרוּ וְקָפְאוּ תְהוֹמוֹת עָמְדוּ צְרוּרִים כְּחֵמוֹת
פָּנוּ כָּאן וְכָאן שָׁלִישׁ רוּם מֵימוֹת צוֹעוּ הַנּוֹתָרִים לְמִדְרַס פְּעָמוֹת
קָרְעוּ אֶת שֶׁבִּנְהָרִים וַאֲגַמּוֹת רִבָּה בּוֹר וָשִׁיחַ וְנִקְרַת אֲדָמוֹת
שְׁאוּבִים, אַף שֶׁהָיוּ בְּכָל מְקוֹמוֹת תְּוֹכוּ יַחַד בִּגְזֶרֶת לוֹבֵשׁ נְקָמוֹת.

נְקָמוֹת וְקִנְאָה יָעַט, שׂוֹנְאַי לַהֲדֹף / כְּמוֹ לְשֶׁעָבַר עָט לִנְדֹּף
אָמַר אוֹיֵב אֶרְדֹּף:

תַּעֲלוּלֵי צַר וְרַע מַעֲלָלֵהוּ שָׁקֵט וְשָׁלֵו לֹא הִנִּיחוּהוּ
רוּחַ עִוְעִים הִתְעָהוּ קִיאוּ לָשׁוּב לְבַלְעֵהוּ
צוּר עֲבוּר לִגְבוּת שְׁטַר נְשִׁיֵהוּ פִּלֵּג לִבּוֹ וְהִשְׁגָּהוּ
עַם הַנִּתָּק מִמְּתַלְּעוֹת פִּיהוּ שָׁח אֶרְדֹּף אַשִּׂיג וַאֲכַלֵּהוּ
נִפְרַע סְאָה בִּסְאָה בְּרִשְׁעֵהוּ מָדְדוּ לוֹ כְּנֶגֶד מִדּוֹתֵיהוּ.

מִדּוֹתֵיהוּ נִאֵץ מִי יהוה, מוּל שְׁלוּחֶךָ / גֵּרַתּוּ בְּמֵי יָם לְהוֹדִיעוֹ כֹּחֶךָ
נָשַׁפְתָּ בְרוּחֲךָ:

לְהָשִׁיב יָם לְאֵיתָנוֹ כִּפְנוֹת בֹּקֶר לְעִנְיָנוֹ
יָם הַגָּדוֹל פָּרַץ מֵאָגְנוֹ טָרַף זֶה בְּזֶה, לְהַגְבִּיר שְׁאוֹנוֹ
חַי כָּל אֶחָד וְאֶחָד בְּעוֹד יְשְׁנוֹ זִלְעֵף רוּחוֹ בְּתוֹךְ נְדָנוֹ
וַיַּעֲלֵם עַד רוּם מְעוֹנוֹ הוֹרִידָם לְמַטָּה בְּדָכְיוֹת עִשּׁוּנוֹ
דִּבֵּק סוּס בְּרֶכֶב וְהִשְׁמִיט אוֹפַנּוֹ גְּדָדָם בְּכֹבֶד בְּמֶתֶג רִסְנוֹ
בְּלֶב יָם הֱבִיאָם בְּעֹצֶם אוֹנוֹ אֲכָלוּ כְּקַשׁ יָבֵשׁ בַּחֲרוֹנוֹ.

בַּחֲרוֹנוֹ יָרָה בַּיָּם אֱוִילִים / וְשׁוֹרְרוּ לוֹ בְּנֵי אֵלִים
מִי־כָמֹכָה בָּאֵלִם:

אֱלוֹהַּ עַל כָּל אֱלֹהִים　　בּוֹרֵא עֹמֶק וְרוּם גְּבוֹהִים
גּוֹזֵר יָם גַּלָּיו, לְבַל יֶהֱווּ זוֹהִים　　דּוֹק וָחֶלֶד מֵאֵימָתוֹ נִרְהִים
הָאוֹמֵר לַחֶרֶס וְזָהֳרָיו כֵּהִים　　וְחוֹתֵם בְּעַד הַלִּים וְלֹא מַגִּיהִים
זִקִּים וּבְרָקִים מֶנּוּ נִשְׁלָחִים　　חָשִׁים בִּשְׁלִיחוּתוֹ וְלֹא שׁוֹהִים
טֵכֵּס גַּלְגַּל קָבוּעַ וּמַזָּלוֹת צוֹמְחִים　　יַחַד כְּסִיל וְכִימָה עִמָּם זוֹרְחִים
כּוֹנֵן עָשׁ בַּצָּפוֹן וְעַקְרָב בַּדָּרוֹם מוּנָחִים　　לְיִחוּד שְׁמוֹ כֻּלָּם מוֹכִיחִים.

מוֹכִיחִים מַעֲשֶׂיךָ אַהֲבַת אֱמוּנֶיךָ / לִבְלֹעַ לוֹחֲצֵי הֲמוֹנֶיךָ
נָטִיתָ יְמִינְךָ:

מוּמָתִים וְלֹא מֵתִים בְּעוֹדָם　　נַפְשׁוֹתָם עֲדַיִן צְרוּרוֹת בְּחֶלְדָּם
סַעַר סוּף לְיַבֶּשֶׁת לְיַדָּם　　עֵיפָתָה אַף הִיא קְלָעָתָם לְבֵית מְצוּדָם
פְּצוּעִים וְנִפְצָעִים וּמְפֻלָּח כְּבֵדָם　　צְנוּפִים כַּדּוּר עִם מֶרְכָּבוֹת כְּבוֹדָם
קָרוּעַ וּרְקוּעָה נֶחֱרִים בַּעֲדָם　　רִיב וּמַצָּה נִתְגָּרוּ עַל יָדָם
שַׁדַּי הַמְשַׁלֵּם לְשׂוֹנְאָיו לְהַאֲבִידָם　　שָׁט יְמִינוֹ לָאָרֶץ לִגְמֹל לָמוֹ חַסְדָּם
תָּפְתָּה פָּעֲרָה פִיהָ וּבָלְעָה הוֹדָם　　תַּחְתָּיו יַחַד וְעִמָּם סוּס וָרֶכֶב נִרְדָּם

נִרְדָּם וְאָבַד שְׁאוֹן בּוֹגְדֶיךָ / וּבְנֵי זֶרַע חֲסִידֶיךָ
נָחִיתָ בְחַסְדְּךָ:

אֹרַח עוֹלָם עֲלֵיהֶם בְּאַהַב שָׁנִיתָ　　בְּנֵי עֲבָדֶיךָ בְּדֶרֶךְ אֲדוֹנִים הִנְחִיתָ
גַּעְגּוּעִים כְּאָב לְבָנִים לָמוֹ עָשִׂיתָ　　דְּבַשׁ מִסֶּלַע אוֹתָם הֵנִיקִיתָ
הִרְחַצְתָּ וְהִלְבַּשְׁתָּ וְהִנְעַלְתָּ וְסַכְתָּ　　וּבְסֹלֶת וּדְבַשׁ וָשֶׁמֶן, אוֹתָם הִרְוִיתָ
זֶה בְּעַמּוּד עָנָן הִנְחִיתָ　　חֹשֶׁךְ בְּעַמּוּד אֵשׁ, כִּמְנַהִיר נַעֲשֵׂיתָ
טַל מִתַּחַת וְלֶחֶם מִמַּעַל לָמוֹ הֶחֱשַׁרְתָּ　　יְאוֹרִים לִצְמָאָם מִצּוּר הוֹצֵאתָ
כִּנַּסְתָּם לְהַר חֶמֶד, וּמִצְוֹת　　
וְחֻקִּים הוֹרֵיתָ　　לְמַעַנְךָ כְּגֹדֶל חַסְדְּךָ, לִנְוֵה קָדְשֶׁךָ נָחִיתָ.

נָחִיתָ סְגוּלֶיךָ יָם כְּגִזּוֹן / וְרוֹדְפֵיהֶם, צִירִים כְּיוֹלֵדָה אֲחָזוּן
שָׁמְעוּ עַמִּים יִרְגָּזוּן:

מִקּוֹל מַפֶּלֶת שְׁאוֹן פּוֹרְכִים נִרְעֲשׁוּ אִיִּים וְיוֹשְׁבֵי כְּרַכִּים
סְלָעָמוֹ סוֹד נִמְלָכִים עָלְפוּ וְנָסוֹגוּ אָחוֹר נְסִיכִים
פַּחוֹת וּסְגָנִים נִמְרָכִים צוֹר וְצִידוֹן וְכָל גְּלִילוֹת פְּלֶשֶׁת נְבוּכִים
קָצִין וָרָשׁ וְאִישׁ תְּכָכִים רֶטֶט הֶחֱזִיקוּ, וְכַמַּיִם נִשְׁפָּכִים
שָׁמְמוּ עֲלֵיהֶם הוֹלְכֵי דְרָכִים תִּמָּהוֹן קָמוּ מִכִּסְאוֹתָם מְלָכִים.

מְלָכִים הוֹלְלוּ וְהָרְעָלוּ / וְשֵׂעִיר וְזִמִּי וַאֲרוֹרִי חַלְחָלוּ
אָז נִבְהֲלוּ:

תֵּימָן וְיוֹשְׁבָיו נְפוּגִים שִׁבְרוֹן לֵב וְרִפְיוֹן יָד מַשִּׂיגִים
רַבֵּי מוֹאָב מִתְמוֹגְגִים קִינִים וּנְהִי בְּפִיהֶם הוֹגִים
צְעִיר חָם וְכָל אֵלָיו זוּגִים פָּחֲדוּ וְרָעֲדוּ וְכַדּוֹנַג נְמוֹגִים
עַרְקִי וְסִינִי כַּשִּׁכּוֹר הוֹגִים סוֹעָה וָסַעַר בָּם מַנְהִיגִים
נִבְעֲרוּ כֻּלָּם וְנַעֲשׁוּ שׁוֹגִים מְדַמְּמִים לָאָרֶץ יָשְׁבוּ נוּגִים.

נוּגִים קְטַנִּים וּגְדוֹלִים כְּאֶחָד / כְּאָז כֵּן עַתָּה, כָּל צוֹרְרֵיהֶם יַחַד
תִּפֹּל עֲלֵיהֶם אֵימָתָה וָפַחַד:

לְמַעַן לָמוֹג לְבָבֵיהֶם כּוֹס חֲמָתְךָ מְסֹךְ בֵּינֵיהֶם
יִרְאָה וָרַעַד יָבֹא בָהֶם טֵרוּף דַּעַת בִּלְבָבֵיהֶם
חַלְחָלָה וּמַעַד בְּמָתְנֵיהֶם זִיעַ וָרֶתֶת בְּכָל אֵיבְרֵיהֶם
וְכָשְׁלוּ מֵהֶם וּבָהֶם הֹוָה עַל הֹוָה תָּבוֹא אֲלֵיהֶם
דּוּמָם יֵשְׁבוּ תַּחְתֵּיהֶם גַּעַר מְלָאִים וְאֵין מַרְפֵּא לָהֶם
בָּנֶיךָ עַד יַעַבְרוּ לִגְבוּלֵיהֶם אֶל הָאָרֶץ אֲשֶׁר נִשְׁבַּעְתָּ לַאֲבוֹתֵיהֶם.

לַאֲבוֹתֵיהֶם טוּב פִּצִּתָ מַלֵּא לְבָנֵימוֹ / וְאֶל הַר מְרוֹם מַאֲוַיֵּמוֹ
תְּבִאֵמוֹ וְתִטָּעֵמוֹ:

אֶרֶץ מִכָּל אֲרָצוֹת עִשּׂוּר מְפֹרָשָׁה
בְּעֶשֶׂר קְדֻשּׁוֹת מְקֻדָּשָׁה
גַּם עוֹד מִמֶּנָּה מַעֲשֵׂר מִן הַמַּעֲשֵׂר מְנָת גָּבוֹהַּ הֻפְרָשָׁה
דִּירַת יְבוּסִי הִיא הָעִיר הַקְּדוֹשָׁה
הוּעֲלָה מֵאָז בְּמַחֲשֶׁבֶת עַד לֹא קְרוֹת יַבָּשָׁה.
וְתָמִיד עֵינֵי אֱלֹהִים בָּהּ לְדָרְשָׁהּ
זִמְּנָהּ לוֹ לְכֵס שֶׁבֶת, וּלְיִשְׂרָאֵל יְרֻשָּׁה
חֲנוֹת בְּתוֹכָהּ, סֻכּוֹת מֵהֶם לְחִישָׁה
טַלְּלָם בְּצֵל, מֵחֹרֶב מְצֹא נְפִישָׁה
יַחַד לְחָשְׂכָם מִזֶּרֶם וְרוּחַ קָשָׁה
כָּל נֶגַע וְכָל מַכָּה אֲנוּשָׁה.
לְהָסִיר מֵאֹם מְשֻׁלָּשָׁה.

מְשֻׁלָּשָׁה נִבְטָא בְּרוּחַ לְהָעֵד / וּבִלְשׁוֹן עָתִיד פָּתְחָה וְסִיְּמָה לְהָעֵד
יהוה יִמְלֹךְ לְעֹלָם וָעֶד:

The קהל, quietly:

מַלְכוּת עַד לֹא קֶדֶם קְדוּמָה | נֵצַח נְצָחִים מְקֻיָּמָה
סוֹף וָקֶדֶם וְתָוֶךְ עֲצוּמָה | עַד עוֹלְמֵי עַד מְקֻיָּמָה
פּוֹטִים כְּכַלָּה בִּמְהוּמָה | צְנִיף מְלוּכָה נְוּוּהוּ דִּגְלֵי אֲיֻמָּה
קוּמוּ לְעַד דּוּמָה לְהוֹמְמָה | רוֹם וְתַחַת יַמְלִיכוּהוּ בְּאֵימָה
שָׁמַיִם יִפְצְחוּ רֶנֶן נְעִימָה | תְּהִלָּתוֹ יִתְּנוּ כָּל יוֹשְׁבֵי אֲדָמָה.

The שליח ציבור:

אָז יַהֲפֹךְ אֶל עַמִּים שָׂפָה בְרוּרָה יַחַד
לִקְרֹא כֻלָּם בְּשֵׁם הַמְיֻחָד
וִימְאֲסוּן אִישׁ אֱלִילֵי כַסְפּוֹ, וְאִישׁ אֱלִילֵי זְהָבוֹ בְּכַחַד
וְיַטּוּ שְׁכֶם אֶחָד לְעָבְדוֹ בְּפַחַד.
בְּפַחַד וּבְרַעַד יַמְלִיכוּהוּ גּוֹי אֶחָד

All:

בַּיּוֹם הַהוּא יִהְיֶה יהוה אֶחָד וּשְׁמוֹ אֶחָד: זכריה יד

All:

וּבְכֵן, וּלְךָ תַעֲלֶה קְדֻשָּׁה, כִּי אַתָּה קְדוֹשׁ יִשְׂרָאֵל וּמוֹשִׁיעַ.

The סילוק, the prelude to the קדושה, is a long prayer describing the enslavement in Egypt and the redemption, culminating with שירת הים. The piyut reinterprets the midrash about the silence of the angels at the Sea of Reeds, suggesting the angels gave the people of Israel the opportunity to sing their song first.

Because of its length, many congregations omit the סילוק; those who do so continue with "נְקַדֵּשׁ אֶת שִׁמְךָ" on page 501.

All:

אֹמֶץ גְּבוּרוֹתֶיךָ מִי יְמַלֵּל
וּמִי יַעֲצֹר כֹּחַ, שִׁבְחֲךָ לְמַלֵּל
אִלּוּ פִינוּ מָלֵא שִׁירָה כַּיָּם וְהַלֵּל
וְכָל שַׂעֲרוֹת רֹאשֵׁנוּ לְשׁוֹנוֹת לְהִתְפַּלֵּל
וּבָם אָנוּ עֲסוּקִים יוֹם וָלֵיל
לֹא נוּכַל לְהַסְפִּיק מֶלֶל
עַל אַחַת מֵרִבֵּי רְבָבוֹת שִׁמְךָ לְהַלֵּל
אֲשֶׁר הִפְלֵאתָ וְחָשַׁבְתָּ לְהִתְעוֹלֵל
עַל עַם אֲשֶׁר לְךָ מִתְחוֹלֵל
בְּטֶרֶם הָרִים יֻלָּדוּ וָאֶרֶץ תְּחוֹלֵל
חֲשַׁקְתָּם לְשִׁמְךָ בְּאַהַב לְכַלֵּל
הֱיוֹת לְךָ לְבָנִים וְאַתָּה לָמוֹ מְחוֹלֵל
בְּצֵל יָדְךָ אוֹתָם לְהַטְלֵל
עַל כָּל עַם וְלָשׁוֹן רֹאשָׁם לְהַתְלֵל
בְּאֹרַח חַיִּים אוֹתָם לְהַסְלֵל
בְּלִי לְהַחֲלִיפָם בְּאֻמָּה אַחֶרֶת אוֹתָם לְחַלֵּל
לְהִתְפָּאֵר בָּם, וְהֵם בְּךָ לְהִתְהַלֵּל.

כִּי מִי אֱלוֹהַּ זוּלָתְךָ בָּעֶלְיוֹנִים
וּמִי כְּעַמְּךָ יִשְׂרָאֵל גּוֹי אֶחָד בַּתַּחְתּוֹנִים
אֲשֶׁר הָלְכוּ אֱלֹהִים לִפְדּוֹתָם מִמְּעַנִּים
בְּמַסֹּת, בְּאֹתֹת, וּבְמוֹפְתִים מְשֻׁנִּים
כַּאֲשֶׁר עָשִׂיתָ, אֲדוֹן הָאֲדוֹנִים
לִבְנֵי שְׁלֹשֶׁת אֵיתָנִים
אֲשֶׁר בִּשְׁבִילָם טַסְתָּ מִמְּעוֹנִים
בְּרֹכֶב כְּרוּב וְרוּחַ וַעֲנָנִים
וְנִגְלֵיתָ בִּכְבוֹדְךָ בְּאַדְמַת צוֹעֲנִים
וְנָעוּ מִלְּפָנֶיךָ אֲשֵׁרִים וְחַמָּנִים
וּלְבַב מִצְרַיִם הִמְסֵיתָ בִּדְוָיוֹנִים
בְּמַכּוֹת גְּדוֹלוֹת וָחֳלָאִים נֶאֱמָנִים
וַתּוֹצֵא אֶת עַמְּךָ יִשְׂרָאֵל מִקֶּרֶב מוֹנִים
כְּעוּבָּר הַנִּשְׁמָט מֵרֶחֶם בְּתוֹךְ זְמַנִּים
בְּלֹא פְגָם וָנֶזֶק וְצַעַר בָּנִים
וְשֶׁלֹּא לִתֵּן פִּתְחוֹן פֶּה לַמִּינִים
לוֹמַר כְּעֶבֶד שֶׁבָּרַח מֵאֲדוֹנוֹ, כֵּן בָּרְחוּ אֱמוּנִים
וְלֹא הוֹצֵאתָם בְּשָׁעָה שֶׁבְּנֵי אָדָם יְשֵׁנִים
כִּי אִם לְאוֹר הַבֹּקֶר לְעֵין כָּל הֲמוֹנִים
כְּתוֹעֲפוֹת רְאֵם רָמִים וְעֶלְיוֹנִים
וְעַל כַּנְפֵי נֶשֶׁר נִטְעָנִים
שִׁיר וָשֶׁבַח וְהַלֵּל רוֹנְנִים
בְּתֹף וְכִנּוֹר וְעוּגָב וּמִנִּים
וּלְקַיֵּם דְּבָרְךָ אֲשֶׁר יַעַצְתָּ לְרֹאשׁ מַאֲמִינִים
לֹא הוֹצֵאתָם בְּפַחֵי נֶפֶשׁ רֵיקָנִים
כִּי אִם מְלֵאִים כָּרִמּוֹנִים
כְּלֵי כֶסֶף וּכְלֵי זָהָב, וְטוֹבוֹת אֲבָנִים

וּבִגְדֵי חֹפֶשׁ וְרִקְמַת צִבְעוֹנִים
שְׂכַר שִׁעְבּוּד חֹמֶר וּלְבֵנִים
וּמִפְּנֵי הָרוּחוֹת וּנְשִׁיכַת צִפְעוֹנִים
חוֹפַפְתָּם בְּטִלּוּל שִׁבְעַת עֲנָנִים
מֵעָלָה וּמַטָּה וּמֵאַרְבַּע רוּחוֹת גְּנוּנִים
לְחָשְׂכָם מִזֶּרֶם וְחֹרֶב צִיּוֹנִים
וְעַיִן בְּעַיִן כְּבוֹדְךָ מְהַלֵּךְ לְפָנִים
בֶּעָנָן יוֹמָם לַנְחוֹתָם נְתִיבוֹת מְתֻקָּנִים
וּבָאֵשׁ לַיְלָה בְּלִי לְהִכָּשֵׁל בְּאִישׁוֹנִים
מְנָוֶה טוֹב לְנָוֶה טוֹב נוֹסְעִים וְחוֹנִים
לֹא צְמֵאִים וְלֹא מְכֻפָּנִים
כִּי מְרַחֲמָם יְנַהֲגֵם בְּמַבּוּעֵי שְׁמָנִים
וְהוּא יְנַהֲלֵם עַל מַבּוּעֵי עֲיָנִים
וְשַׂר נֹא יוֹשֵׁב עַל מִפְתַּן אַרְמוֹנִים
מְצַפֶּה יַד דֶּרֶךְ לְיָמִים הַנִּתָּנִים
וְהִנֵּה כְּתַב אֵלָיו מֵאֶרֶץ תֵּימָנִים
וְשׁוֹמְרִים שֶׁהִפְקִיד עֲלֵיהֶם מְמֻנִּים
הִתְחִילוּ כָּזֹאת אֵלָיו מְתַנִּים
וְהֶרְאוּהוּ פְּצָעִים שֶׁפְּצָעוּם פִּרְחֵי נֶאֱמָנִים
וְצָוַח וַי וַי, וְכָל עֲבָדָיו אַחֲרָיו עוֹנִים
וְנָמוּ מַה זֹּאת עָשִׂינוּ כִּסְכְלוֹנִים
כִּי שִׁלַּחְנוּ עֲבָדִים שֶׁתַּחַת יָדֵינוּ מְכֻדָּנִים
מִי יִרְמֹס לָנוּ חֹמֶר, וּמִי יַחֲזִיק לָנוּ מַלְבְּנִים
וּמִי יִבְנֶה לָנוּ חוֹמוֹת וּבִנְיָנִים
הָעֵת יַגְדִּילוּ עָלֵינוּ שְׁכֵנִים
וְגַם מְלָכִים שֶׁמַּס לָנוּ נוֹתְנִים
שׁוּב לֹא יְהוּ אֵלֵינוּ פּוֹנִים

כִּי יֹאמְרוּ, הִנֵּה עֲבָדִים שֶׁתַּחַת יָדָם נְתוּנִים
הֵם פָּשְׁעוּ בָם וּבָהֶם לֹא סוֹפְנִים
אַף כִּי אֲנַחְנוּ, חוֹרֵי הָאָרֶץ וּקְצִינִים
וּבְכֵן, שָׁלַח וְקִבֵּץ אֶת כָּל חַרְטֻמֵּי מִצְרַיִם וְאִסְטַגְנִינִים
וְגַם אֶת הָאוֹבוֹת וְאֶת הַיִּדְּעוֹנִים
וַיִּוָּעֵץ בָּם, וְאֶל הַזְּקֵנִים
וַיֵּצְאוּ כֻּלָּם בְּעֵצָה אַחַת מְכֻוָּנִים
לִרְדֹּף אַחֲרֵיהֶם וּלְבַלְּעָם כְּתַנִּינִים
וַיְצַוּ וַיַּעֲבִירוּ קוֹל בְּאֶרֶץ סְוֵנִים
כָּל שׁוֹלֵף חֶרֶב הֱיוֹת מוּכָנִים
וַיֵּאָסְפוּ כֻּלָּם, כְּאִישׁ אֶחָד מְזֻמָּנִים
וְהָאֲחַשְׁדַּרְפְּנִים וְהַפַּחוֹת וְהַסְּגָנִים
וְאַנְשֵׁי הַצָּבָא, אִישׁ וְאִישׁ בִּכְלֵי זְיָנִים
אָז פָּתַח אוֹצְרוֹת גִּנְזֵי מַטְמוֹנִים
אֲשֶׁר גָּנַז הוּא וּמְלָכִים קַדְמוֹנִים
וְהוֹצִיא כְּלֵי יְקָר וַאֲדַרְכְּמוֹנִים
וְחִלֵּק לְכָל אֶחָד וְאֶחָד כְּפִי הֲגוּנִים
וְשִׁדְּלָם בִּדְבָרִים וְהִסְבִּיר לָמוֹ פָּנִים
וְכֹה אָמַר לָהֶם בְּשִׂיחַ מַעֲנִים
מִשְׁפַּט הַמֶּלֶךְ, כָּל הָעָם בּוֹזְזִים וּלְפָנָיו נוֹתְנִים
וַאֲנִי, כְּאֶחָד מִכֶּם אֶטֹּל מָנִים
מִשְׁפַּט הַמֶּלֶךְ, עֲבָדָיו יוֹצְאִים רִאשׁוֹנִים
וַאֲנִי אֵצֵא רִאשׁוֹן וְאַתֶּם צְאוּ אַחֲרוֹנִים
מִשְׁפַּט הַמֶּלֶךְ, עֲבָדָיו אוֹסְרִים מֶרְכַּבְתּוֹ וּמְתַקְּנִים
וַאֲנִי בְּעַצְמִי אֶאֱסֹר רִכְבִּי וְאָשִׂים רְסָנִים
וְנִתְרַצּוּ יַחַד גְּדוֹלִים וּקְטַנִּים
וַיָּשִׂימוּ כּוֹבַע עַל רָאשֵׁיהֶם, וְלָבְשׁוּ שִׁרְיוֹנִים

וַיַּחְגְּרוּ אִישׁ חַרְבּוֹ, וְנָטְלוּ כִּידוֹנִים
וַיִּקְחוּ אִישׁ רֹמַח בְּיָדוֹ, וַיַּחֲזִיקוּ מָגִנִּים
וְנָשְׂאוּ קֶשֶׁת, וּמָלְאוּ שִׁלְטֵיהֶם חִצִּים שְׁנוּנִים
וְהַקַּלָּעִים אִישׁ קַלְעוֹ בְּיָדוֹ, לְקַלַּע בָּאֲבָנִים
וַיֵּצְאוּ יַחַד בְּלֵב שָׁלֵם וּבְצִבְיוֹנִים
וְלֹא נִכְשַׁל אֶחָד מֵהֶם, וְלֹא אֵרְעוּהוּ סִימָנִים
לְבִלְתִּי לְנַחֵשׁ לָשׁוּב לִמְלוֹנִים
כִּי חֻקּוֹת הָעַמִּים, מְנַחֲשִׁים וּמְעוֹנְנִים.

וְאִישׁ יִשְׂרָאֵל עַל שְׂפַת יָם חוֹנִים
וַיִּשְׂאוּ עֵינֵיהֶם וְהִנֵּה מִצְרַיִם נוֹסְעִים כַּעֲנָנִים
וְאֵין מָקוֹם לָנוּס, לֹא לְאָחוֹר וְלֹא לְפָנִים
וְאַף לֹא מִדְּפָנוֹת מִפְּנֵי חַיּוֹת וּפְתָנִים
וַיִּצְעֲקוּ אֶל יהוה, וְהִפִּילוּ לְפָנָיו תַּחֲנוּנִים
וַיִּמָּצֵא לָהֶם, הַמָּצוּי בְּכָל עִדָּנִים
וַיִּגְעַר בְּיַם סוּף, וְחָרְבוּ זְדוֹנִים
וַיֵּלְכוּ בִּתְהוֹמוֹת כְּעַל דְּרָכִים מְפֻנִּים
מִזֶּה וּמִזֶּה הֶעֱלָה אִילָנוֹת טְעוּנִים
וּבְתוֹךְ תְּהוֹמוֹת הִמְתִּיק מַעְיָנִים
וְעָשָׁן לִפְנֵיהֶם קְטֹרֶת סַמְמָנִים
וַיַּנְחֵם אֶל מְחוֹז חֶפְצָם שַׁאֲנַנִּים
וְכַעֲלוֹת לְצַד זֶה עַל שְׂפַת יָם כֵּנִים
בָּאוּ מִצַּד זֶה לְתוֹךְ יָם סְוֵנִים
תְּחִלָּה בְּרָצוֹן, וְסוֹף בְּרֶסֶן מְרֻסָּנִים
כִּי סִדְרֵי בְּרֵאשִׁית עֲלֵיהֶם מִשְׁתַּנִּים
דֶּרֶךְ אֶרֶץ סוּסִים מוֹשְׁכִים אוֹפַנִּים
וְנֶהְפַּךְ בָּם, וְנִמְשְׁכוּ סוּסִים אַחַר הַסְּדָנִים

דֶּרֶךְ אֶרֶץ, מְקוֹם שֶׁרַכָּב מַנְהִיג שָׁם מוֹשְׁכִים פּוֹנִים
וְכָאן, מַנְהִיג וּמוֹשֵׁךְ בְּעַל כֹּרַח נִפְנִים
וּבָאוּ לְתוֹךְ יָם בְּאֶמְצַע שְׁאוֹנִים
וְהִנֵּה כְּבוֹד אֱלֹהֵי יִשְׂרָאֵל בָּא בְּרוֹב לִגְיוֹנִים
וַיִּרְכַּב עַל כְּרוּב, וַיֵּדֶא מוּל בַּעֲלֵי מְדָנִים
וְעִמּוֹ שַׂרְפֵי הַקֹּדֶשׁ וְחַיּוֹת וְאוֹפַנִּים
וְאֶלֶף אֲלָפִים וְרִבּוֹא רִבְבָן גְּדוּדֵי שִׁנְאַנִּים
וְרֶכֶב אֵשׁ וְסוּסֵי אֵשׁ וְכָל דִּמְיוֹנִים
כְּמַרְאָה אֲשֶׁר רָאָה צִיר בְּחֶזְיוֹנִים
סוּסִים אֲדֻמִּים וְסוּסִים שְׁחוֹרִים, שְׂרֻקִּים וּלְבָנִים
וַיַּחֲנוּ אֵלֶּה נֹכַח אֵלֶּה אֲפוּנִים
מַחֲנֶה אֵשׁ מוּל מַחֲנֶה קַשׁ, פָּנִים בְּפָנִים
וּלְפִי הִרְגִּישׁ כָּל צְבָא מְעוֹנִים
בִּזְרוֹעַ עֻזּוֹ נִלְחָם רַב אוֹנִים
לֹא בְּעֹצֶם יָד חֵיל שׁוֹטְנִים
הֲלֹא הַנְּפִילִים וְאַנְשֵׁי הַשֵּׁם מְכֻנִּים
מֵרוּחַ אַפּוֹ כָּלוּ, וְהִנָּם טְמוּנִים
וְאַף כִּי מְשׁוּלִים בְּמִשְׁעֶנֶת קָנִים
אֲשֶׁר הֶבֶל וָרִיק לְעֶזְרָה מִתְכַּנִּים
כִּי אִם לְהוֹדִיעַ חִבַּת אָב לְבָנִים
וַיַּרְעֵם בְּקוֹל גְּאוֹנוֹ עַל גֵּאֵיוֹנִים
וַיָּרָץ לִקְרָאתָם בְּמָגֵן וְצִנִּים
וַיַּדְרִיכֵם בְּאַפּוֹ, וַיִּרְמְסֵם בַּחֲמָתוֹ, כְּחֹמֶר טִינִים
וְהֶדִישָׁם כְּהִדּוּשׁ מַתְבֵּן, כְּמוֹ מַדְמֵנִים
וְאָז שַׂר יָם עִם שַׂר חָם יַחַד נְדוֹנִים
זֶה לְעֻמַּת זֶה נֶאֶבְקוּ בִּמְעוֹנִים
וַיֶּחֱזַק רַהַב עַל שַׂר אֲוֵנִים
וַיַּשְׁלִיכֵהוּ אַרְצָה וַיִּרְמְסֵהוּ בְּעֶזְרַת דַּר אוֹפַנִּים.

וְעַם זוּ בְּשׂוֹרָם בְּאֵלֶּה דִּינִים
עוֹזֵר וְעָזוּר בְּקַו נְדוֹנִים
פָּתְחוּ פִיהֶם בְּשִׁיר וּרְנָנִים
עָזִּי וְזִמְרָת יָהּ, פָּצְחוּ רְנָנִים
לָרָם עַל רָמִים וּמִתְגָּאֶה עַל גֵּיוְתָנִים
לְשׁוֹמֵעַ אֶנְקַת אֶבְיוֹנִים
לְמַשְׁפִּיל רָמִים וּמֵרִים מִסְכֵּנִים
וְקִדְּמוּ שָׂרִים אַחַר נוֹגְנִים
וּבְתוֹךְ עֲלָמוֹת תּוֹפְפוּ נִגּוּנִים
וְאַחַר כָּךְ הָרְשׁוּ שִׁנְאַנִּים.

*Continue with "*כַּכָּתוּב עַל יַד נְבִיאֶךָ*" on page 501.*

הלכות תפילה

HALAKHA GUIDE

GUIDE TO PESAḤ

EREV PESAḤ (14TH OF NISAN)

1 On the night before Pesaḥ, as soon as possible after dark, one is required to do *Bedikat Ḥametz* in one's home (page 3) [שו״ע או״ח, תלא: א]; the custom is to use a candle, although a flashlight is more effective. Before beginning the search one says the blessing עַל בִּעוּר חָמֵץ [שו״ע או״ח, תלב: א]. It is customary for a household member to hide ten pieces of *ḥametz* to be found during the search [רמ״א או״ח, תלב: ב]. After completion of the search, one says כָּל חֲמִירָא (page 3), an Aramaic formula disclaiming one's ownership of any *ḥametz* the whereabouts of which are unknown.

2 Shaḥarit: as for weekdays. מִזְמוֹר לְתוֹדָה and לַמְנַצֵּחַ are omitted [רמ״א או״ח, נא: ט].

3 First born males are required to fast (תַּעֲנִית בְּכוֹרוֹת), unless they attend a *siyum* (celebratory meal to mark the completion of a unit of Torah study), which is traditionally held immediately following Shaḥarit [שו״ע או״ח, תע: א].

4 One may not eat any matza on Erev Pesaḥ [רמ״א או״ח, תעא: ב]. Many have the custom not to eat any matza from Rosh Ḥodesh Nisan [משנ״ב, שם: יב]. It is permissible to eat non-*ḥametz* bread which is not considered proper matza, such as matza made with juice instead of water, or which was cooked or fried after it was baked [שו״ע או״ח תעא, ב].

5 One is forbidden from eating *ḥametz* from the end of the first third of the day, which is 4/12 of the time between daybreak and nightfall [שו״ע או״ח, תמג: א].

6 One is forbidden from owning *ḥametz* from the end of the first 5/12 of the day, by which time one should burn or otherwise destroy any *ḥametz* remaining in one's possession [שם]. One should say כָּל חֲמִירָא (page 5) a second time before the end of the first 5/12 of the day [שו״ע או״ח, תלד: ב].

7 One should not perform *melakha* (labor forbidden on *Ḥol HaMo'ed*) on Erev Pesaḥ, especially after midday [שו״ע או״ח, תסח: א ומשנ״ב, שם: ז].

8 If the first day of Pesaḥ falls on Thursday, each household must prepare an *Eiruv Tavshilin* (page 7); this makes it permissible to prepare food on Friday for the Shabbat meals [שו״ע או״ח, תקכז].

9 After Minḥa, it is customary to say the biblical verses describing the bringing of the Pesaḥ lamb as a sacrifice (Ex. 12:1–13) [משנ״ב או״ח, תעא: כב].

10 If Pesaḥ falls on Sunday, the Fast of the Firstborn is held on the preceding Thursday [שו״ע ורמ״א או״ח, תע: ב]. *Bedikat Ḥametz* is done on Thursday night, and the *ḥametz* is burned (see law 6) on Friday morning without saying כָּל חֲמִירָא, while leaving enough for the Shabbat meals. On Shabbat morning, after eating the *ḥametz*, any *ḥametz* which was left must be given to a non-Jew or made inedible (e.g. by pouring bleach on it, or by flushing it down the toilet) by the end of the fifth hour of Shabbat [שו״ע או״ח, תמד: ב].

11 If Erev Pesaḥ falls on Shabbat, *Se'uda Shelishit* is problematic, as one can eat neither *ḥametz* nor matza (see laws 4–5). Several solutions have been suggested: to eat matza which is not forbidden (see law 4) [ט״ז או״ח תמד: א]; to eat the *se'uda* without bread [רמ״א, שם]; or to divide the morning *se'uda* in two, saying *Birkat HaMazon* and waiting a short while between the two meals, relying on the opinions which say *Se'uda Shelishit* may be eaten before Minḥa [משנ״ב, שם: ח בשם הגר״א] וְדַוְקָא אִם יֵשׁ שְׁהוּת לְהַפְסִיק בֵּינֵיהֶם, כְּדֵי שֶׁלֹּא לְבָרֵךְ בְּרָכָה שֶׁאֵינָה צְרִיכָה. Some congregations hold services early on this Shabbat, in order to allow enough time to eat and then destroy the *ḥametz* which is left.

FIRST AND SECOND DAYS OF PESAḤ (15TH–16TH OF NISAN)

Pesaḥ Evening

12 Candle lighting: Two blessings are said: (1) לְהַדְלִיק נֵר שֶׁל יוֹם טוֹב and (2) שֶׁהֶחֱיָנוּ. When Pesaḥ evening falls on Friday night, the conclusion of the first blessing is modified as follows: לְהַדְלִיק נֵר שֶׁל שַׁבָּת וְיוֹם טוֹב.

13 Ma'ariv: The congregation says the special verse for Yom Tov (וַיְדַבֵּר מֹשֶׁה), before saying the Amida for Yom Tov (page 73). In some congregations Hallel is said

after the Amida [שו״ע ורמ״א או״ח, תפז: ד]. This is followed by Full Kaddish, *Aleinu*, and Mourner's Kaddish. It is customary to conclude with the singing of *Adon Olam* or *Yigdal*.

14 When Pesaḥ evening falls on Friday night, Ma'ariv for Shabbat is preceded by the last two psalms of *Kabbalat Shabbat*: מִזְמוֹר שִׁיר לְיוֹם הַשַּׁבָּת and ה׳ מָלָךְ, גֵּאוּת לָבֵשׁ (page 53), but not בַּמֶּה מַדְלִיקִין. וְשָׁמְרוּ (page 73) precedes the Yom Tov Amida, which is said with additions for Shabbat. After the Amida, the congregation says וַיְכֻלּוּ, but the *Shaliaḥ Tzibbur* does not say the abbreviated Repetition of the Amida [שו״ע או״ח, תפז: א].

15 If either of the first nights of Pesaḥ falls on Motza'ei Shabbat, the congregation adds the paragraph וַתּוֹדִיעֵנוּ in the middle section of the Amida on that night.

▸ LAWS OF THE SEDER

16 Telling the story of the exodus fulfills an affirmative mitzva from the Torah [רמב״ם הל׳ חמץ ומצה פ״ז ה״א]. The story of the exodus should be told in the format of questions and answers. Since Second Temple times, the text of the Haggada has governed the telling of the story of the exodus; over the centuries, an organized service called the Seder has developed around the Haggada.

17 The Seder begins after nightfall with the Kiddush for Pesaḥ, concluding with the blessing of שֶׁהֶחֱיָנוּ ("Who has given us life"). When Pesaḥ evening falls on Friday night, the additions to the Kiddush for Shabbat are said.

18 When the second night of Pesaḥ falls on Saturday night, the two blessings for Havdala are inserted prior to the blessing שֶׁהֶחֱיָנוּ; thus the order of blessings is: wine, Kiddush, candle, Havdala, שֶׁהֶחֱיָנוּ (in Hebrew, יַיִן קִדּוּשׁ נֵר הַבְדָּלָה זְמַן, which is abbreviated יקנה״ז) [שו״ע או״ח, תעג: א].

19 On Seder night, in addition to the cup of wine drunk with Kiddush, three additional cups of wine are drunk upon completion of three separate mitzvot: (1) Telling the story of the exodus; (2) *Birkat HaMazon*; and (3) Hallel [שו״ע או״ח, תעב: ח]. The four cups of wine represent four different terms of deliverance transmitted by God to Moses (Ex. 6:6–7). Women are obligated to drink the four cups of wine [שם: יד].

20 On Seder night, one drinks the wine and eats the matza while leaning on one's left side "in the manner of free men," in imitation of the feasting habits of the wealthy at the time of the Second Temple [שם: ב]. Some opinions hold that women are not obligated to lean, especially a married woman in the presence of her husband. But many hold that women today are obligated to lean because they are no longer subordinate to men [שם: ד].

21 Each of the four cups should be filled to the brim. The cup should hold at least a *revi'it* (around 3.05 ounces or 86.5 grams) of wine. If possible, one should drink the entire cup, or at least more than half of the cup [שם: ט]. The wine should be red [שם: יא]. Those who dislike wine should try to drink it, but if it causes physical discomfort, one may drink grape juice [שם: י ומשנ״ב שם: לז].

22 After Kiddush, one washes hands (without saying a blessing), dips a vegetable in salt water, makes the blessing and eats it. The second cup is poured, and a child (customarily the youngest at the table) says מַה נִּשְׁתַּנָּה. In reply, the leader of the Seder begins *Maggid*, the telling of the story of the exodus. After completing *Maggid*, the second cup is drunk.

23 The meal begins with eating a *kezayit* (around 27 grams) of matza. Eating matza fulfills an affirmative mitzva from the Torah [רמב״ם הל׳ חמץ ומצה פ״ו ה״א]. Women are obligated in this mitzva [שם, ה״י].

24 After the matza, one eats a *kezayit* of *maror*; in the absence of a Paschal sacrifice, eating *maror* fulfills a rabbinic mitzva [פסחים קכ]. Of the vegetables mentioned in the Talmud as meeting the definition of *maror*, there are two that are commonly eaten today: lettuce and horseradish. Of these, lettuce is preferable

25 After the *maror*, one performs *korekh* – the sandwich of *maror* and matza. This is followed by the meal, which concludes with eating the *Afikoman* – another *kezayit* of matza. The *Afikoman* reminds us of the Paschal sacrifice, which was eaten at the end of the Pesaḥ meal [שו״ע או״ח, תעז: א]. The *Afikoman* should be eaten before the midpoint of the night; eating after the *Afikoman* is not permitted [שו״ע או״ח, תעח: א]. *Birkat HaMazon* is said and the third cup of wine is drunk. Hallel is said, followed by the fourth cup of wine. After the fourth cup, one should not drink anything besides water [שו״ע או״ח, תפא: א].

Pesaḥ Day

26 Shaharit on page 405: The *Shaliaḥ Tzibbur* for Shaḥarit begins from the words הָאֵל בְּתַעֲצוּמוֹת עֻזֶּךָ (page 455). After *Barekhu*, the congregation says הַמֵּאִיר לָאָרֶץ or, if it is also Shabbat, הַכֹּל יוֹדוּךָ. The Amida for Yom Tov is said (page 499); if also Shabbat, one says the additions for Shabbat. This is followed by Hallel, Full Kaddish and removing the Torah from the Ark. Most congregations recite the "Thirteen Attributes of Mercy" and a special supplication (page 533), except on Shabbat.

27 Torah Reading: first day – Ex. 12:21–51; second day – Lev. 22:26–23:44. Five men are called up, seven on Shabbat. Maftir: Num. 28:16–25. Haftara: first day – Josh. 5:2–6:1; second day – II Kings 23:1–25 [שו״ע או״ח, תפח: ג; שם, תצ: א].

28 The Haftara is followed by (*Yekum Purkan* on Shabbat, then) the prayers for the government and the State of Israel. The *Shaliaḥ Tzibbur* says יָהּ אֵלִי וְגוֹאֲלִי (page 633); however, in many congregations it is omitted on Shabbat. The congregation says *Ashrei,* and the Torah scrolls are returned to the Ark. The *Shaliaḥ Tzibbur* says Half Kaddish.

29 Musaf on page 643: On Shabbat, one says the additions for Shabbat. It is customary for the *Shaliaḥ Tzibbur* to wear a *kittel* on the first day of Pesaḥ. The Repetition of the Amida begins with the opening of the Ark, and the *Shaliaḥ Tzibbur* says תפילת טל (page 661). From this point on, מַשִּׁיב הָרוּחַ is no longer said (many congregations in Israel follow the custom of saying תפילת טל before the silent Amida). The Kohanim say *Birkat Kohanim.* After the Repetition the *Shaliaḥ Tzibbur* says Full Kaddish, and the conclusion of the service is as for Shabbat and Yom Tov (page 691).

30 One ceases to say מַשִּׁיב הָרוּחַ in Musaf [שו״ע או״ח, תפח: ג]. Some have the custom to still say it in the silent Amida [משנ״ב, תפח: יא]. If one erroneously says מַשִּׁיב הָרוּחַ in the spring and summer months, one must repeat the Amida. If one realizes the error after completing the blessing מְחַיֵּה הַמֵּתִים, then one must repeat the Amida from the beginning [שו״ע או״ח, קיד: ד].

31 Minḥa: When Pesaḥ falls on Shabbat, the Torah is removed from the Ark and the beginning of the portion of the week (page 1057) is read. After returning the Torah to the Ark, the *Shaliaḥ Tzibbur* says Half Kaddish, and the congregation says the Amida for Festivals (page 727).

▸ LAWS OF SEFIRAT HA'OMER

32 On the second night of Pesaḥ, one begins counting the Omer (page 95) [שו״ע או״ח, תפט: א]. Some have the custom to count the first night of the Omer at the second Seder.

33 One counts the Omer for a given day after nightfall. The custom is to count standing up [שו״ע או״ח, תפט: א].

34 One who forgets to count at night may count prior to nightfall of the following day, although no blessing is said when counting during daylight hours [שם: ז].

35 One who forgets to count for an entire 24-hour period continues counting the Omer from the following day, but without the blessing [שם: ח].

ḤOL HAMOʾED PESAḤ

36 During Shaḥarit, Minḥa and Maʾariv, יַעֲלֶה וְיָבוֹא is added to the seventeenth blessing of the Amida (רְצֵה). It is also added during *Birkat HaMazon* (page 203) [שו״ע או״ח, תצ: ב]. If יַעֲלֶה וְיָבוֹא is forgotten in the Amida, one should repeat the Amida, but if forgotten in *Birkat HaMazon*, one need not repeat [שם].

37 The traditional Ashkenazi practice is to wear tefillin during Shaḥarit until the recitation of Hallel. However, according to Hasidic custom, tefillin are not worn on Ḥol HaMoʾed. This is also the practice in Israel [שו״ע ורמ״א או״ח, לא: ב].

38 First Evening of Ḥol HaMoʾed: Maʾariv for weekdays (page 1089) is said. In the fourth blessing of the Amida, the paragraph of אַתָּה חוֹנַנְתָּנוּ (page 1105) is said. In the ninth blessing of the Amida (ברכת השנים) one begins to say וְתֵן בְּרָכָה, a practice which will continue until December 4th or 5th. If one erroneously says וְתֵן טַל וּמָטָר לִבְרָכָה in the spring and summer months, one must repeat the Amida. If one realizes the error before completing the Amida, then one must repeat the Amida from the beginning of ברכת השנים [שו״ע או״ח, קיז: ג]. In the seventeenth blessing of the Amida (רְצֵה), יַעֲלֶה וְיָבוֹא is added.

39 The Omer is counted prior to *Aleinu*. Havdala is said over a cup of wine or grape juice; no blessing is made over spices or a flame (except on Motzaʾei Shabbat).

40 Shaḥarit: as for weekdays (page 745), but omitting מִזְמוֹר לְתוֹדָה. After the Repetition of the Amida, the congregation says Half Hallel [שו״ע או״ח, תצ: ד]. The *Shaliaḥ Tzibbur* says Full Kaddish and two Torah scrolls are taken from the Ark.

41 Torah Reading: Four men are called up, *Reviʾi* is read from the second scroll [שו״ע או״ח, תצ: ד-ה]. If the first day of Pesaḥ falls on Shabbat or Sunday, when there is no Shabbat Ḥol HaMoʾed, the Readings are as listed on pages 817–833. Otherwise, the portions of the first, second and fourth day are read on the weekdays of Ḥol HaMoʾed, as the portion for the third day is included in the reading for Shabbat Ḥol HaMoʾed.

42 After the Torah reading, Half Kaddish is said, the Torah is returned to the Ark, and *Ashrei* and וּבָא לְצִיּוֹן are said. The *Shaliaḥ Tzibbur* says Half Kaddish.

43 Musaf: as for Festivals (page 845). The *kedusha* for weekdays is said; *Birkat Kohanim* is omitted. After the Repetition of the Amida, the *Shaliaḥ Tzibbur* says Full Kaddish. This is followed by *Aleinu*, Mourner's Kaddish, the Daily Psalm, and Mourner's Kaddish.

SHABBAT ḤOL HAMO'ED PESAḤ

44 Ma'ariv for Shabbat is preceded by the last two psalms of *Kabbalat Shabbat.* Psalms 92 and 93: מִזְמוֹר שִׁיר לְיוֹם הַשַּׁבָּת and ה׳ מָלָךְ, גֵּאוּת לָבֵשׁ (page 877). בַּמֶּה מַדְלִיקִין is not said. The Amida for Shabbat is said with the addition of יַעֲלֶה וְיָבוֹא [שו״ע או״ח, תרסג:ב]. The rest of Ma'ariv is as on a regular Shabbat (page 891), with the addition of the counting of the Omer before *Aleinu.*

45 Shaḥarit: as for Yom Tov (page 405). The Amida for Shabbat is said with the addition of יַעֲלֶה וְיָבוֹא. The Repetition of the Amida is followed by Half Hallel, Full Kaddish, the reading of שיר השירים and Mourner's Kaddish [רמ״א או״ח, תצ:ט].

46 Torah Reading on pages 983–987. Ex. 33:12–34:26. Seven men are called up. Maftir: Num. 28:19–25. Haftara: Ezek. 37:1–14.

47 After the Haftara, the congregation says *Yekum Purkan.* This is followed by the prayers for the government and the State of Israel. *Ashrei* is said and the Torah scrolls are returned to the Ark. The *Shaliaḥ Tzibbur* says Half Kaddish.

48 Musaf: as for Festivals with additions for Shabbat (page 1011). However, אַדִּיר אַדִּירֵנוּ is not added to *Kedusha,* and *Birkat Kohanim* is not said. After the Repetition of the Amida, the *Shaliaḥ Tzibbur* says Full Kaddish. This is followed by *Ein Keloheinu* (page 1029), and the conclusion of Musaf as for Shabbat.

49 Minḥa: as for Shabbat (page 1051). The Torah is removed from the Ark and the beginning of the portion of the week is read. After returning the Torah to the Ark, the *Shaliaḥ Tzibbur* says Half Kaddish, and the congregation says the Amida for Shabbat with the addition of יַעֲלֶה וְיָבוֹא.

50 Motza'ei Shabbat – Ma'ariv: After the Amida, וִיהִי נֹעַם is omitted, and the *Shaliaḥ Tzibbur* says Full Kaddish. וְיִתֶּן לְךָ (page 1129) is said as usual [רמ״א או״ח, רצה].

SEVENTH AND EIGHTH DAYS OF PESAḤ (21ST–22ND NISAN)

51 If the seventh day of Pesaḥ falls on Friday, each household must prepare an *Eiruv Tavshilin* (page 7); this makes it permissible to prepare food on Friday for the Shabbat meals [שו״ע או״ח, תקכז].

52 Candle lighting: One blessing is said: לְהַדְלִיק נֵר שֶׁל יוֹם טוֹב (שֶׁהֶחֱיָנוּ is not said)

[שו״ע או״ח, תצ:ז]. When Pesaḥ evening falls on Friday night, the conclusion of the first blessing is modified as follows: לְהַדְלִיק נֵר שֶׁל שַׁבָּת וְיוֹם טוֹב.

53 Ma'ariv on page 59: The congregation says the special verse for Yom Tov (וַיְדַבֵּר מֹשֶׁה), before saying the Amida for Festivals (page 73). This is followed by Full Kaddish, the counting of the Omer, *Aleinu*, and Mourner's Kaddish. It is customary to conclude with the singing of *Adon Olam* or *Yigdal*.

54 When the evening of the seventh or eighth day falls on Friday night, Ma'ariv for Shabbat is preceded by the last two psalms of *Kabbalat Shabbat*: מִזְמוֹר שִׁיר לְיוֹם הַשַּׁבָּת and ה׳ מָלָךְ, גֵּאוּת לָבֵשׁ (page 53). בַּמֶּה מַדְלִיקִין is omitted. וְשָׁמְרוּ (page 73) precedes the Yom Tov Amida, which is said with additions for Shabbat. After the Amida, the congregation says וַיְכֻלּוּ, and the *Shaliaḥ Tzibbur* says the abbreviated Repetition of the Amida as is customary on Shabbat evening [שו״ע או״ח, תרמב: א].

55 When the evening of the eighth day falls on Motza'ei Shabbat, the congregation adds the paragraph וַתּוֹדִיעֵנוּ in the middle section of the Amida. Similarly, in Kiddush, the two blessings for Havdala are inserted; thus the order of blessings is: wine, Kiddush, flame, havdala (page 193).

56 Shaḥarit on page 405: The *Shaliaḥ Tzibbur* for Shaḥarit begins from the words הָאֵל בְּתַעֲצוּמוֹת עֻזֶּךָ (page 455). After *Barekhu*, the congregation says הַמֵּאִיר לָאָרֶץ or, if it is also Shabbat, הַכֹּל יוֹדוּךָ. The Amida for Yom Tov is said (page 499); if also Shabbat, one says the additions for Shabbat. This is followed by Half Hallel, Full Kaddish and, if Shabbat, the reading of שיר השירים and the Mourner's Kaddish. Two Torah scrolls are removed from the Ark. Most congregations recite the "Thirteen Attributes of Mercy" and a special supplication (page 533), except on Shabbat.

57 Torah Reading: seventh day – Ex. 13:17–15: 26 (page 563) eighth day – Deut. 15:19–16:17 (page 577; on Shabbat, begin at 14:22). Five men are called up, seven on Shabbat. Maftir: Num. 28:19–25. Haftara, seventh day: II Sam. 22:1–51; eighth day: Is. 10:32–12:6.

58 After the Haftara, if also Shabbat, the congregation says *Yekum Purkan*. This is followed by the prayers for the government and the State of Israel. On the eighth day, *Yizkor* (page 625) is said, followed by אַב הָרַחֲמִים. The *Shaliaḥ Tzibbur* says יָהּ אֵלִי וְגוֹאֲלִי (although most omit this if *Yizkor* was said, and some omit it on Shabbat as well), the congregation says *Ashrei*, and the Torah scrolls are returned to the Ark. The *Shaliaḥ Tzibbur* says Half Kaddish.

59 Musaf: as for Festivals. If also Shabbat, one says the additions for Shabbat. The kohanim say *Birkat HaKohanim*. The *Shaliaḥ Tzibbur* says Full Kaddish. This

is followed by *Ein Keloheinu* (page 693), and the conclusion of Musaf as for Shabbat.

60 Minḥa: When the seventh or eighth day falls on Shabbat, the Torah is removed from the Ark and the beginning of the portion of the week (page 1061) is read. After the Torah is returned to the Ark, the *Shaliaḥ Tzibbur* says Half Kaddish, and the congregation says the Amida for Festivals (page 727).

MOTZA'EI PESAḤ

61 Ma'ariv: as for weekdays. In the fourth blessing of the Amida (page 1105) אַתָּה חוֹנַנְתָּנוּ is said. Havdala is recited, preferably over a cup of wine or grape juice; no blessing is made over spices or a flame (unless it is Motza'ei Shabbat) [שו״ע או״ח, תצא: א].

A HALAKHIC GUIDE TO PRAYER FOR VISITORS TO ISRAEL

General Rules
Public vs. Private Conduct

62 For halakhic purposes, the definition of "visitor" is one who intends to return to his place of origin within one year [משנ״ב, קיז: ה]. Unmarried students may be considered visitors as long as they are supported by their parents [שו״ת אגרות משה או״ח ח״ב, קא].

63 In general, a visitor to Israel should continue to follow his or her customs in private. In public, however, one should avoid conduct that deviates from local practice [שו״ע או״ח, תסח: ד; משנ״ב, שם: יד]. Hence, a visitor to Israel should generally pray in accordance with his non-Israeli customs. This rule is limited, however, to one's private prayers.

64 If one is serving as *Shaliaḥ Tzibbur,* one is required to pray in accordance with the local Israeli custom. This includes, for example, repeating the Amida according to Israeli practice: saying מוֹרִיד הַטָּל in the summer, and saying שִׂים שָׁלוֹם during Minḥa on Shabbat (page 1081). This also includes saying *Ein Keloheinu* at the end of weekday Shaḥarit (page 873).

65 If one is serving as *Shaliaḥ Tzibbur* for Musaf on Yom Tov in a congregation of Israelis, in the silent Amida one should say the *Korbanot* as said outside Israel, but when repeating the Amida, say them following the Israeli practice [יום טוב שני כהלכתו, א (בשם שערי יצחק)].

66 Even if one is not serving as *Shaliaḥ Tzibbur,* a visitor praying with Israelis should say the following prayers, because of their public nature, following local Israeli custom:

a On the first night of Pesaḥ, Full Hallel (page 513) is said after the Ma'ariv Amida.

b *Birkat Kohanim* is said daily in Shaḥarit and Musaf.

c In the Rabbis' Kaddish, the word קַדִּישָׁא is added after the words דִּי בְּאַתְרָא.

Laws of Tefillin on Ḥol HaMo'ed

67 The custom in Israel is not to put on tefillin on Ḥol HaMo'ed. One whose custom is to put on tefillin on Ḥol HaMo'ed may, when visiting Israel, put on tefillin in private, but should not do so when praying with a congregation [שו״ת אגרות משה או״ח ח״ד, קה: ה].

Laws of Second Day Yom Tov – יום טוב שני של גלויות

68 Most authorities require a visitor to Israel to celebrate two days of Yom Tov [משנ״ב, תצו: יג]. Some hold that one should not publicly celebrate the second day, but say the festival prayers in private [שם]. Others permit organizing a public service for visitors on the second day of Yom Tov, and this has become the accepted practice. If, however, there are fewer than ten visitors, they should pray privately, rather than recruit Israeli residents to complete a *minyan* [אשי ישראל, טו: יח (בשם רש״ז אויערבאך)].

69 Some authorities rule that a visitor to Israel should celebrate only one day of Yom Tov, but, on the next day (Yom Tov outside Israel, but either Ḥol HaMo'ed or *Isru Ḥag* in Israel), one should abstain from labor and perform the **מצוות עשה דאורייתא** associated with Yom Tov [עיר הקודש והמקדש ח״ג, פ: יא]:

- **a** On the second night of Pesaḥ, one should say (or listen to) Kiddush, eat a *kezayit* of matza (without saying עַל אֲכִילַת מַצָּה) and read the Haggada (without the final blessings), because all of these are affirmative mitzvot from the Torah. One should refrain from performing labor, but say Ḥol HaMo'ed prayers, rather than those of Yom Tov.
- **b** On the eighth day of Pesaḥ, one abstains from labor and eating *ḥametz*, but prays the weekday prayers (putting on tefillin in the morning, if applicable).

70 Some authorities rule that a visitor to Israel should celebrate only one day of Yom Tov. According to this view, the visitor should follow local Israeli practice without deviation [שו״ת חכם צבי, קסז].

71 If the eighth day of Pesaḥ outside Israel falls on Shabbat, a visitor to Israel may be called to the Torah, even though the portion being read is for Shabbat, not Yom Tov [אשי ישראל, לח: ל (בשם רש״ז אויערבאך)].

72 On a day when *Yizkor* is said in Israel, a visitor should not join, but should say *Yizkor* the following day with a *minyan* of visitors. If such a *minyan* will not be available, some rule that one should join with the Israelis [שו״ת רבבות אפרים ח״א, שמב: ב]; others rule that *Yizkor* be said in private the following day [שו״ת בצל החכמה ח״ד, קכ: א].

Laws of קריאת התורה

73 When the eighth day of Pesaḥ falls on Shabbat, congregations in Israel will read the appropriate weekly Torah portion, while congregations outside Israel will read the special portion for Yom Tov. As a result, a person traveling to or from Israel may hear the same Torah reading two weeks in a row or miss an entire Torah portion. One who misses the reading of a Torah portion may (some say, should) organize a *minyan* for the reading of that portion for oneself [אשי ישראל לח, כט: פח].

RABBIS' KADDISH

Mourner Yitgadal ve-yitkadash shemeh raba. (Cong. Amen)
         Be-alma di-vera khir'uteh,
         ve-yamlikh malkhuteh,
         be-hayyeikhon uv-yomeikhon uv-hayyei de-khol beit Yisrael,
         ba-agala uvi-zman kariv,
         ve-im'ru Amen. (Cong. Amen)

All   Yeh'é shemeh raba mevarakh le-alam ul-alami almaya.

Mourner Yitbarakh ve-yishtabah ve-yitpa'ar ve-yitromam ve-yitnasé
         ve-yit'hadar ve-yit'aleh ve-yit'hallal
         shemeh dekudsha, berikh hu, (Cong. berikh hu)
         le-ela min kol bikh'hata ve-shirata,
         tushbehata ve-nehemata,
         da-amiran be-alma,
         ve-im'ru Amen. (Cong. Amen)

         Al Yisrael ve-al rabanan,
         ve-al talmideihon ve-al kol talmidei talmideihon,
         ve-al kol man de-askin be-orayta
         di be-atra ha-dein ve-di be-khol atar va-atar,
         yehé l'hon ul-khon shelama raba,
         hina ve-hisda ve-rahamei,
         ve-hayyei arikhei u-mezonei revihei
         u-furkana min kodam avuhon di vi-shemaya,
         ve-im'ru Amen. (Cong. Amen)

         Yehé shelama raba min shemaya,
         ve-hayyim (tovim) aleinu ve-al kol Yisrael,
         ve-im'ru Amen. (Cong. Amen)

         Bow, take three steps back, bow left, right, and center, while saying:
         May He who makes peace in His high holy places bring peace upon us.

         Oseh shalom bim'romav,
         hu ya'aseh ve-rahamav shalom aleinu, ve-al kol Yisrael,
         ve-im'ru Amen. (Cong. Amen)

RABBIS' KADDISH

Mourner: Yitgadal ve-yitkadash shemeh raba. (*Cong:* Amen)
Be-alema di vera khir'uteh,
ve-yamlikh malkhuteh,
be-ḥayyeikhon, uv-yomeikhon, uv-ḥayyei de-khol beit Yisrael,
ba-agala uvi-zman kariv,
ve-imru Amen. (*Cong:* Amen)

All: Yeheh shemeh raba mevarakh le'alam ul-alemei alemaya.

Mourner: Yitbarakh ve-yishtabaḥ ve-yitpa'ar ve-yitromam ve-yitnaseh
ve-yit-hadar ve-yit'aleh ve-yit-hallal
shemeh dekudsha, berikh hu. (*Cong:* Berikh hu)
Le-ela min kol birkhata ve-shirata,
tushbeḥata ve-neḥemata,
da-amiran be-alema,
ve-imru, Amen. (*Cong:* Amen)

Al Yisrael, ve-al rabanan,
ve-al talmideihon, ve-al kol talmidei talmideihon,
ve-al kol man de-asekin be-oraita
di be-atra (*In Israel:* kadisha) ha-dein ve-di be-khol atar va-atar,
yeheh lehon ul-khon shelama raba,
ḥina ve-ḥisda, ve-raḥamei,
ve-ḥayyei arikhei, um-zonei re-viḥei,
u-furkana min kodam avuhon di vish-maya,
ve-imru Amen. (*Cong:* Amen)

Yeheh shelama raba min shemaya
ve-ḥayyim (tovim) aleinu ve-al kol Yisrael,
ve-imru Amen. (*Cong:* Amen)

*Bow, take three steps back, as if taking leave of the Divine Presence,
then bow, first left, then right, then center, while saying:*
Oseh shalom bim-romav,
hu ya'aseh ve-raḥamav shalom aleinu, ve-al kol Yisrael,
ve-imru Amen. (*Cong:* Amen)

MOURNER'S KADDISH

Mourner: Yitgadal ve-yitkadash shemeh raba. (*Cong:* Amen)
Be-alema di vera khir'uteh,
ve-yamlikh malkhuteh,
be-ḥayyeikhon, uv-yomeikhon, uv-ḥayyei de-khol beit Yisrael,
ba-agala uvi-zman kariv,
ve-imru Amen. (*Cong:* Amen)

All: Yeheh shemeh raba mevarakh le'alam ul-alemei alemaya.

Mourner: Yitbarakh ve-yishtabaḥ ve-yitpa'ar ve-yitromam ve-yitnaseh
ve-yit-hadar ve-yit'aleh ve-yit-hallal
shemeh dekudsha, berikh hu. (*Cong:* Berikh hu)
Le-ela min kol birkhata ve-shirata,
tushbeḥata ve-neḥemata,
da-amiran be-alema,
ve-imru, Amen. (*Cong:* Amen)

Yeheh shelama raba min shemaya
ve-ḥayyim aleinu ve-al kol Yisrael,
ve-imru Amen. (*Cong:* Amen)

*Bow, take three steps back, as if taking leave of the Divine Presence,
then bow, first left, then right, then center, while saying:*
Oseh shalom bim-romav,
hu ya'aseh shalom aleinu, ve-al kol Yisrael,
ve-imru Amen. (*Cong:* Amen)

קוֹרֶן ירושלים